हिन्दी पत्रकारिता : संवाद और विमर्श

हिन्दी पत्रकारिता
संवाद और विमर्श

कैलाश नाथ पांडेय

लोकभारती प्रकाशन

लोकभारती प्रकाशन
पहली मंजिल, दरबारी बिल्डिंग, महात्मा गांधी मार्ग,
प्रयागराज–211 001
शाखाएँ : 1–बी, नेताजी सुभाष मार्ग, दरियागंज,
नई दिल्ली–110 002
अशोक राजपथ, साइंस कॉलेज के सामने,
पटना–800 006
1, अनमोल सोराबजी संतुक लेन, धोबी तलाव,
मरीन लाइंस, मुम्बई–400 002
वेबसाइट : www.lokbhartiprakashan.com
ई-मेल : info@lokbhartiprakashan.com

पहला संस्करण : 2017
This book is printed on **Print on Demand**
Technology : 2025

HINDI PATRAKARITA
SAMVAD AUR VIMARSH
by Kailash Nath Pandey

ISBN : 978-93-86863-27-0

मूल्य : ₹ 1950

प्रीतिकर आश्वस्ति

अपेक्षित संसाधन से रिकत नितान्त प्रतिकूल वातावरण में अपनी पुष्ट निष्ठा और सहज प्रेरणा से पुरानी पीढ़ी के विद्या-साधक जिस स्तर की साधना सम्पन्न कर समृद्धि के ऊँचे सोपान की रचना करते रहे हैं, आज उसकी कल्पना भी सम्भव नहीं है। हर प्रकार के सुविधा संसाधन सहज सुलभ होने के बावजूद विद्यव्रती की विहित साधना-चर्या में शोचनीय गिरावट आई है। विशिष्ट विद्यापीठों और पत्रकारिता के साम्प्रतिक-परिदृश्य को लक्ष्यकर अपने सधे अन्दाज में अज्ञेयजी ने बड़ी व्यंजक टिप्पणी की है, पहले के लोग हिन्दी की सेवा करते थे, अब लोग हिन्दी का सेवन करते हैं। सन्दर्भ-विशेष में आज की पत्रकारिता के चरित्र पर अज्ञेयजी ने तीखी टिप्पणी की है, "हिन्दी पत्रकारिता के आरम्भ के युग में हमारे पत्रकारों की जो प्रतिष्ठा थी, वह आज नहीं है। साधारण रूप से तो यह बात कही जा ही सकती है, अपवाद खोजने चलें तो भी यही पावेंगे कि आज का एक भी पत्रकार या सम्पादक वह सम्मान नहीं पाता जो कि पचास-पचहत्तर वर्ष पहले के अधिकतर पत्रकारों को प्राप्त था।...आज के सम्पादक-पत्रकार अगर इस अन्तर पर विचार करें तो स्वीकार करने को बाध्य होंगे कि वे न केवल कम सम्मान पाते हैं बल्कि कम सम्मान के पात्र हैं...या कदाचित् सम्मान के पात्र बिलकुल नहीं हैं, जो पाते हैं वह पात्रता से नहीं, इतर कारणों से।

"अप्रतिष्ठा का प्रमुख कारण यह है कि उनके पास मानदंड नहीं है। यहीं हरिश्चन्द्र कालीन सम्पादक-पत्रकार या उतनी दूर न जावें तो महावीर प्रसाद द्विवेदी का समकालीन भी हम से अच्छा था। उसके पास मानदंड थे, नैतिक आधार थे और स्पष्ट नैतिक उद्देश्य भी। उनमें से कोई ऐसे भी थे जिनके विचारों को हम दकियानूसी कहते भी उनका सम्मान करने को बाध्य होते थे, क्योंकि स्पष्ट नैतिक आधार पाकर वे उस पर अमल भी करते थे—वे चरित्रवान थे। आज विचार-क्षेत्र में हम अग्रगामी भी कहला लें, तो कर्म के नैतिक आधारों की अनुपस्थिति में निजी रूप से हम चरित्रहीन ही हैं और सम्मान के पात्र नहीं हैं।" (आत्मपरक)

यह ग्लानि अपने समय के शीर्ष कृति पुरुष की है, जिन्होंने अपनी प्रतिभा साधना से पत्रकारिता और रचना कर्म एवं साहित्य-चिन्तन को उत्कर्ष बिन्दु पर पहुँचाया है। विद्या-कुल की जिस भयावह ढाली की ओर जी ने त्रासद संकेत किया है, उसका आभास ज्येष्ठ पीढ़ी को बहुत मिल गया था। प्रथम सम्पादक सम्मेलन के अध्यक्ष-पद से वृन्दावन में 1925 में पं. बाबू राव विष्णु पराड़कर ने कहा था, "पत्र बेचने के लाभ से अश्लील समाचारों को महत्त्व देकर तथा दुराचरण मूलक अपराधों का चित्ताकर्षक वर्णन कर हम परमात्मा की दृष्टि में अपराधियों से भी बड़े अपराधी ठहर रहे हैं, इस बात को भी न भूलना चाहिए। अपराधी एकाध पर अत्याचार करके दंड पाता है और हम सारे समाज की रुचि बिगाड़ कर आदर पाना चाहते हैं।" सन् 1930 में विष्णुदत्त शुक्ल की पुस्तक 'पत्रकार कला' की भूमिका लिखते हिन्दी पत्रकारिता के श्लाका पुरुष गणेश शंकर विद्यार्थी ने भारतीय पत्रकारिता के मूल्य-क्षरण को लक्ष्य कर गहरी चिन्ता प्रकट की थी, "अभी यहाँ पूरा अन्धकार नहीं हुआ है। किन्तु लक्षण वैसे ही हैं। कुछ ही समय पश्चात् यहाँ समाचार-पत्र भी मशीन के सदृश हो जाएँगे और उनमें काम करने वाले पत्रकार केवल मशीन के पुरजे। व्यक्तित्व न रहेगा, सत्य और असत्य का अन्तर न रहेगा, अन्याय के विरुद्ध डट जाने और न्याय के लिए आफतों के बुलाने की चाह न रहेगी, रह जाएगा केवल खिची

हुई लकीर पर चलना। ऐसे बड़े की अपेक्षा छोटे और छोटे से भी छोटे, किन्तु कुछ सिद्धान्तों वाले कहीं अच्छा।'' यह मूल्य भित्तिक पीढ़ी के कृति पुरुष का पुष्ट प्रत्यय और आलोकवर्षी आदर्श था, जिससे रोशनी की क्षीण कतरा भी ग्रहण को परवर्ती पीढ़ी का चरित्र तैयार नहीं है। सारे मूल्यों को दरेरा देकर ग्लानि की बात को गर्वपूर्वक उच्चारते औचित्य का गला घोंटते व्यवसायवाद की महिमा निर्लज्ज मुद्रा में गाते रहते हैं यह घिनौना राम पत्रकारिता की दुनिया में ही नहीं, बल्कि विद्यापीठ परिदृश्य में भी गूँजता रहता है, समान ध्वनि में।

संसाधन की समृद्धि जिस मात्रा में उन्नत हुई है, वेतनमान जितना ऊँचा हुआ है, स्वधर्म-धरातल का विवेक उतना ही दुर्बल हुआ है। महाविद्यालय-विश्वविद्यालय में अध्यापना से जुड़े बेहद विरल चरित्र हैं, जिनका विद्या-व्यापार से गहरा सरोकार है। सच्ची विद्या-निष्ठा और अध्ययन-अनुशील के संस्कार पर प्रपंच और विजातीय कर्मकांड का वर्चस्व विद्यापीठों की शोचनीय नियति बन गई है।

इस डरावने तमस् से मुठभेड़ करते डॉ. कैलाश नाथ पांडेय जैसे प्राध्यापक स्वधर्म-धरातल के प्रति संवेदनशील और प्रतिश्रुत हैं। ठेठ गाँव के प्रपंच-प्रदूषित महाविद्यालय में अध्यापना से जुड़े कृतकार्य डॉ. पांडेय अपेक्षित संसाधन से रिक्त होते हुए कक्षा-कक्ष और अनुशीलन कार्य के प्रति पूरी तरह दायित्वशील रहे हैं। अपनी पुष्टि निष्ठा के बल पर ही प्राध्यापक पांडेयजी ने अपने समय का रचनात्मक उपयोग किया है।

भाषा विज्ञान और पत्रकारिता उनकी रुचि के विषय हैं, जिन्हें उपजीव्य बनाकर अध्येता और छात्रों के लिए, कठोर परिश्रम से, परिणत वय में महत्त्वपूर्ण पुस्तकें तैयार की हैं। पत्रकारिता के चरित्र का समग्र परिचय रचते डॉ. पांडेय ने पत्रकारिता के उद्भव विकास से जुड़े अनेक आधार बिन्दुओं को स्पर्श किया है। अनेक आयामों की गहरी पड़ताल कर विद्याव्रतियों के लिए यह बड़ी पुस्तक तैयार की है। डॉ. कैलाशनाथ पांडेय जैसे अधीत पुरुष और गम्भीर अध्येता की पुस्तक को किसी की संस्तुति की अपेक्षा नहीं है, किन्तु डॉ. पांडेयजी का आग्रह मेरी ओर से अनुत्तरित न रहे, इस चिन्ता से, प्रसंगवश, कुछ पंक्तियाँ लिखने को निरुपाय था, इतना ही। जटिल प्रति कूलता के बीच रहते पांडेय ने बड़ा काम किया, सघन अन्धकार में यह प्रीतिकर आश्वासन है।

पत्रकारिता के मूल्यों में जितनी गिरावट आई है, विश्वविद्यालय की दुनिया में स्वतंत्र पाठ्य चर्या के रूप में वह उतनी ही लोकप्रिय हुई है। जीविका के लिए छात्रों की रुचि इस पाठ्य चर्या के प्रति बढ़ी है इसलिए मैं आश्वस्त हूँ, मूल्यवान तथ्यों से सम्पन्न डॉ. पांडेय जी की पत्रकारिता विषयक यह पुस्तक इनकी दूसरी पुस्तकों की तरह पत्रकारिता के छात्रों-अध्येताओं के जगत में लोकप्रिय होगी आपकी कठोर तपस्या प्रेरक है।

हार्दिक बधाई। एवमस्तु।

—कृष्ण बिहारी मिश्र

पुस्तक के बारे में

केन्द्रीय हिन्दी निदेशालय (मानव संसाधन विकास मंत्रालय) दिल्ली की वित्तीय सहायता से प्रकाशित मेरी एक बहुचर्चित कृति भाषा-विज्ञान का रसायन का विमोचन दिल्ली दूरदर्शन के एक कार्यक्रम में करते हुए सुप्रसिद्ध कीर्ति धर्मी चक्रवर्ती आलोचक-चिन्तक और वाचिक परम्परा के विद्वान डॉ. नामवर सिंह ने मेरी ओर कई बार गौर से देखा। उत्सुकतावश मैंने बाद में उनसे जब इसका कारण जानना चाहा, तब उन्होंने कहा—"पांडेय जी! देख नहीं रहा था, उस समय सोच रहा था कि भाषा-विज्ञान जैसे गम्भीर विषय पर घर देहात में पढ़ाने वाले अध्यापक ने बहुत ही महत्त्वपूर्ण काम किया है। चकित कर देने वाला है।" बहुत बड़ी हैसियत के आलोचक से अपने सृजन-कर्म की प्रशंसा सुनकर मन-ही मन में विस्मय-विमुग्ध हुआ, क्योंकि प्रशंसा व्यक्ति के चरित्र का सबसे कमजोर पक्ष होती है। बहरहाल, मैं भी इसका शिकार हुआ। दरअसल मेरी प्रसन्नता का एक अन्य कारण और भी था, कि डॉ. नामवर सिंह की मशहूयित सर्वमान्य श्रेष्ठ आलोचक की तो है ही, उनकी एक गम्भीर पुस्तक 'हिन्दी के विकास में अपभ्रंश का योग', जिसे मैंने बहुत ध्यानपूर्वक पढ़ा है—उन्हें बहुत बड़ा भाषा वैज्ञानिक भी सिद्ध करती है। अतः एक बहुत बड़े भाषा वैज्ञानिक से भाषा-विज्ञान सम्बन्धी अपनी पुस्तक की श्लाघा सुनकर प्रफुल्लित होना मुझ जैसे अल्पज्ञात लेखक के लिए स्वाभाविक ही था। इसके बाद उनसे हमारी कभी भेंट नहीं हुई, जब कि हमारे और उनके गाँव के बीच में फासले के नाम पर केवल गंगा जी बहती हैं।

उस मनीषी की प्रशंसा ने मेरा उत्साह बढ़ाया। उसके बाद मेरी दो गम्भीर पुस्तकें—प्रयोजनमूलक हिन्दी की नई भूमिका (लोकभारती प्रकाशन, इलाहाबाद) तथा कार्यालयीय हिन्दी (प्रभात प्रकाशन, दिल्ली) प्रकाशित हुईं। सौभाग्य से उक्त दोनों पुस्तकें तत्कालीन केन्द्रीय शिक्षा मंत्री तथा उत्तर प्रदेश के पूर्व मुख्यमंत्री के हाथों सम्मानित हुईं। इसी बीच पत्रकारिता के हलके में 'पेड न्यूज' को लेकर बहुत बड़ी हलचल, कोलाहल, कोहराम और शोरोगुल हुआ। लोकसभा और विधानसभाओं के चुनावों के समय यह तुमुलनाद और अधिक हौलनाक-खौफ़नाक़ हो गया कि चुनाव आयोग के निर्देश के बावजूद कुछ राजनीतिक दल और उनके प्रत्याशी जनमत को अपने पक्ष में प्रभावित करने के लिए अखबार प्रबन्धन को पैसा देकर, अपनी खबरें विज्ञापन की शक्ल में अखबारों में छपवा रहे हैं, इस तरह ये अखबार के 'कॉलम' और 'स्पेश' की खरीद-फरोख्त कर 'पेड न्यूज' को बढ़ावा दे रहे हैं।

परिणाम हुआ, इस दौर में पत्रकार और पत्रकारिता—दोनों लांछित हुए किसी ने पत्रकारों को 'न्यूज ट्रेडर' कहा तो किसी ने 'वेश्या', वहीं कुछ लोगों ने आज की पत्रकारिता को 'सेल्फी' कहा तो कुछ ने 'सुपारी' जैसे गन्दे शब्दों से इसे पैबस्त किया पत्रकारिता पर आरोपों के गोले दगने शुरू हुए, तो रुकने का नाम नहीं ले रहे थे। आवाज उठी कि आज की पत्रकारिता मीडिया आउटलेट बनकर बाजारू हो गई है, रुपया उगलनेवाली कलकतिहा 'टकसाल' और 'मिन्ट-हाउस' हो गई है। यह 'खबरनवीस' कम,'मत प्रवक्ता' अधिक हो गई है। सवालों के नए कल्ले पुनः फूटे कि अपने वर्तमान से पत्रकारिता का संवाद आखिर कैसा और कितना रह गया है? स्वतंत्रता संग्राम के समय जो पत्रकारिता बुनियादी रूप से एक 'मिशन' थी, आज बुद्धिनिष्ठं सम्मानित 'व्यवसाय' के रूप में लगभग स्थापित हो चुकने के बाद भी उसमें पेशेवर या व्यावसायिक कौशल का निराशाजनक अभाव क्यों है? 'मिशनरी' मूल्यों से कटती-छीजती पूँजी और सरमाया का यारबाश बन महज़ 'प्रोडक्ट' के रूप में तब्दील हो चुकी आज

की पत्रकारिता का सामाजिक दायित्व पूँजी के चरित्र के आगे घुटने क्यों टेक चुका है? क्या आज का अखबार सिफत पूँजीवाद की औलाद है, जिसकी सारी रुग्णताएँ पत्रकारिता में खरामह-खरामह रिसती चली आई हैं, जो पूँजीवादी समाज की हैं? अपने को अतीत की जुझारू विरासत का विकास बताने वाली पत्रकारिता में अतीत की विरासत का आखिर विकृतीकरण क्यों हुआ है? इतनी ही नहीं, आज अखबार पहले की तुलना में बहुत सज-धजकर छप रहे हैं, उनकी प्रसार संख्या काफी बढ़ी है, पत्रकारों के ठाट भी बढ़े हैं, लेकिन क्या आज किसी पत्रकार की तुलना श्री भारतेन्दु हरिश्चन्द्र, मदनमोहन मालवीय, विष्णुराव पराड़कर, गणेश शंकर विद्यार्थी, महावीर प्रसाद द्विवेदी, प्रेमचन्द, माधवराय सप्रे या माखनलाल चतुर्वेदी से की जा सकती है? आखिर, किसी जुझारू पत्रकारिता का 'मिशन', 'संकल्प', 'लक्ष्य और ध्येय' तथा 'तपिश एवं ताप' साम्प्रतिक पत्रकारिता में कहाँ बिला गया?

पुनः टिप्पणियाँ शुरू हुईं कि, ''समाचार पत्रों को अपने नाम के अनुरूप समाज के 'सम' + समाचारों का दर्पण होना चाहिए था, लेकिन आज वह बाजारवादी जड़ता का शिकार हो, सामान्य आचरण का दस्तावेज न होकर 'विषम' + आचरण के असामान्य व्यवहार का अभिलेख हो गया है। यहाँ अब 'पेड न्यूज' के रूप में 'खबर' की जगह 'अखबार' छप रही है। अतः किसी ने व्यंग्य और तंज कहा कि कहीं इसीलिए इसे 'अखबार' तो नहीं कहा गया? मैंने कहीं पढ़ा है कि विश्वकवि रवीन्द्र नाथ टैगोर ने 'अखबार' को कभी **'अँधेरे का अग्निसेतु'** कहा था तो निराला ने **'अँधेरे की रोशनी'।** इसी तरह पत्रकारिता से जुड़े पश्चिम के मार्केस और अपने रघुवीर सहाय ने पत्रकारिता और रचनात्मक साहित्य में बहुत फर्क-फॉक नहीं माना था। हाँ, यदि फर्क माना था तो फ़क़त संवेदना का। इनका कहना था कि गहरी संवेदना पत्रकारिता को रचनात्मक साहित्य में बदल देती है। इधर, बोर्खेस ने अखबार को **'क्षणभंगुर छिटपुट का अजायबघर'** कहा था। सारांश यह कि इस दौर में पत्रकारिता एक गम्भीर किस्म की बीमारी 'इन्फोटेनमेंट' का ग्रास बन धंधेबाज हो गई। उसकी निगाह महज मुनाफे और फायदे पर टिक गई। वह क्षत-विक्षत होकर इकहरी, संकीर्ण और खंडित हो गई। समाज से उसका सीधा और सार्थक संवाद कट गया। युग के दर्द, संत्रास, विकलता और पीड़ा से विच्छिन्न वह समाज के संस्कार, संस्कृति और परम्परा से विलग होकर निस्पन्द-निष्प्राण और उदासीन-अनुत्साहित हो तंगदिली एवं तंगनजरी में गिरफ्त हो गई। सभी जानते हैं, पत्रकारिता सामयिक जगत की हलचल का केन्द्र होती है। पाठक उसका शाश्वत सत्य होता है। पाठक से उसका गहरा लश्तगा और सरोकार होता है। पाठक की चेतना का वह धरातल भी होती है, पर, दुर्भाग्य से वह इस दौर में कुछ लोगों की प्रशंसा-निन्दा के सरलीकरण का विकृत शिकार हो गई। उसमें दोषों के अनगिनत सुराख और छेद हो गए। इधर, सत्ता से खबर लेने वाले, 'खबरची' भी अपने आप में सत्ता हो गए। यह सिलसिला यहीं नहीं रुका। बेखौफ-बेबाक़, बेलौस अन्दाजे-बयाँ, साफगोई और किस्सागोई की कला से खबरें चटपटी-चटक़दार बनने लगीं। रउवा सभी जानते हैं, सूचना स्वतः में असीमित शक्तिसम्पन्न होती है। सही-सटीक सूचनाओं के प्रसार से लोगों का सशक्तीकरण होता है। पर, दुर्भाग्य से सूचनाओं-खबरों के साथ अनावश्यक तसर्रूफ ने बुलन्द और खूबसूरत जिस्म वाली पत्रिकारिता की रूह को नासाज बना दिया। विधायिका, कार्यपालिका और न्यायपालिका के साथ पत्रकारिता को भारतीय समाज में सादर 'संवादपालिका' कहा जाता है, किन्तु खबरों को व्यावसायिक उत्पाद (प्रोडक्ट) बना, उनकी खरीद-फरोख्त कर इस संवादपालिका को भी ध्वस्त करने की कोशिश की गई।

आप जानते हैं, 'न्यूज' को पत्रकारिता की साँस कहा जाता है, अखबार-प्रबन्धन ने उसकी भी परिभाषा बदशक्ल और बदनुमा बना दी। 'एक्सक्ल्यूसिव' बदलकर 'स्कूप' हो गया। पत्रकारिता की साख दाँव पर लग गई। वह बाजार के फैशनेबुल होड़ का शिकार बन गई, फल हुआ, बाजार की होड़ में बेजान, नीरस हास्यास्पद तथा अविश्वसनीय खबरों से लैस पत्रों की धूम मच गई। इस तरह सम्पूर्ण भारतीय, खासकर उत्तर भारतीय पत्रकारिता **'बिग पर्पज ऑफ पॉलिटिकल कॉमर्स'** का जरखरीद लठैत हो गई। इतना ही नहीं, इस दरम्यान पत्रकारिता की भाषा से भी छेड़छाड़ की गई, परिणामतः शब्दों का ताप और तेजमरा, पतनोन्मुखी भाषिक प्रयोग से शब्द अर्थहीन हुए तो भाव लकवाग्रस्त

और मरणासन्न, यथा वेतनवृद्धि की घोषणा के बाद 'गुरु जी मालामाल हो गए तो कार्रवाई की खबर से अफसर नप गए' (जैसे दर्जी की दुकान पर सिलने के लिए कोई ग्राहक कपड़ा नपवा रहा हो) और विरोध प्रदर्शन को लेकर 'जनता ने जमकर बवाल काटा'। कुछ और तुकबन्दी वाले शीर्षक देखिए, 'राजा का बाजा बजा', 'मनमोहने में विफल मनमोहन', प्रणव मुखर्जी वित्तमंत्री से 'दादा' और कभी रेलमंत्री रहीं ममता बनर्जी 'दीदी' बन गईं।

सुना है, किसी भी लोकतांत्रिक देश की पत्रकारिता साध्वी के ब्रह्मचर्य की तरह अक्षत् मानी जाती है। वह 'जनतंत्र की गीता' का पहला अध्याय और किसी भी देश की संस्कृति का अक्षय कोष होती है। संवाद और सवाल जीवन्त पत्रकारिता की उपलब्धि के सूचकांक माने जाते हैं। इसकी विस्तृत और अपरिमित दुनिया सरोकारों से बनती है। फिर, भारतीय पत्रकारिता के विषय में क्या कहना और पूछना? इसने तो गुलामी के दरमियान अपनी जमीन से उखड़कर फ़लकजद हो भटक गए लोगों को अँधेरे में मशाल थमाया। व्यक्ति और समाज के बीच जीवित संवाद, विभिन्न तरह के विमर्श और समय की विशिष्ट दस्तक बनी। भारत की परम्परा, संस्कृति, विचार आदि की धरोहर को वहन कर—इन सभी को अपने भीतर अक्षुण्ण रख भारतीय सर्जनात्मकता का अमोघ संकल्प बनी। स्वतंत्रता आन्दोलन के दौर में वह गुलामी और अन्धकार, हताशा और दुख से लड़ने का औजार और उपकरण थी। दुनिया में किसी भी देश की पत्रकारिता ऐसी नहीं है, जिसने अपने देश की स्वतंत्रता की लड़ाई में इतनी बड़ी भूमिका जीया हो। कुल मिलाकर यह कि भारतीय पत्रकारिता ने भारतीय धरती के रूप-रंग, गन्ध-रस—इन सबका समय-समय पर एहसास कराया। आजादी-आन्दोलन के वस्त में मुरझाए मनों को अपनी विशिष्ट ऊर्जा-जल से सींचकर हरा किया। विचारों के बंजरपन, द्वन्द्व और संशय में इसने जीवन संघर्ष के जीवट और सृजन की प्रेरणा दी। खुलासा यह कि हर तरह की जड़ता के विरुद्ध भारतीय पत्रकारिता ने संस्कृति की गतिशीलता की लड़ाई लड़ी। इतना ही नहीं, इसने देश की उदारता, परिवेश, छवि और संवेदना—इन सभी को विशिष्ट चिन्तन सरणि के लौह साँचे में ढालकर एकसार तथा भिन्नताहीन बनाया। आज भी इसके भीतर इस देश का सम्पूर्ण इतिहास फेटकर समाहित है।

पर, दुर्भाग्य से भारतीय स्वतंत्रता संग्राम की अपराजेय और अप्रतिम योद्धा, सम्पूर्ण भाषायी पत्रकारिता सम्प्रति तमाम तरह के झोल और आरोपित जटिलता का संकट झेल रही है। कभी पूरे मुल्क की पुख्ता आवाज तथा धुर अतीत के पुनर्जागरणकालीन अनेक मनीषियों की स्वर्णलोक बनी भारतीय पत्रकारिता आज अपने ही देश में जैसे पनाहगुजीन बन खून और खाक में घिसट रही है। तथाकथित नीम-हकीम पत्रकारों तथा कुछ अखबार प्रबन्धन ने इसे भारतीय रंगमंच की **'यवनिका'** बना दिया। भारतीय पत्रकारिता के बेदाग फ़लक पर 'पेड न्यूज' का ऐबदार दाग़ और कलंकित धब्बा लगा। पर, इसमें दोष पत्रकारिता का तो है नहीं, दोष तो इसे साधने और इससे लाभ लेने वालों का है, अतः ऐसी स्थिति में यह सवाल कर सकती है कि,—**"नजर तो तेरी बुरी, बुर्क़ा मैं पहनूँ"?**

बहरकैफ़, पत्रकारिता के साथ हो रही नाइंसाफी से मेरा मन व्यथित हुआ। वीतरागी बन हिन्दी पत्रकारिता को 'रीइन्वेंट' करने का भाव मन में जगा। पर, ऐन वक्त कई तरह के संकट काली बिल्ली की तरह मेरा रास्ता काटने लगे। मसलन, अव्वल तो यह कि मैं पत्रकार नहीं हूँ और न तो पत्रकारिता सम्बन्धी किसी तरह की पढ़ाई और प्रशिक्षण ही कभी लिया है। पुस्तक लिखने से पहले मैं पत्रकारिता का 'ककहरा' भी नहीं जानता था और न तो इस समय ही पत्रकारिता की कोई पुख्ता-मुकम्मल और ठोस समझ मेरे पास थी। अगली समस्या थी, पत्रकारिता पर गम्भीर पुस्तक लिखने के लिए मेरे पास अपेक्षित संसाधन—पुस्तकें, रिसाला, पत्र-पत्रिकाएँ—भी नहीं थीं। साफ शब्दों में, सृजन-यात्रा शुरू करने से पहले संकटों के झुंड मेरे सामने आकर खड़े हो गए। पर, उक्त तमाम बाधाओं के बावजूद मैं हतसाहस और पस्तहिम्मत नहीं हुआ। यहाँ मुझे एक प्रेरणास्पद प्रसंग स्मरण हो रहा है। विश्वभारती शान्ति निकेतन में श्रीमती इन्दिरा गांधी आचार्य प्रवर, पुण्यश्लोक पं. हजारी प्रसाद द्विवेदी की शिष्या रही थीं। बाद में इन्दिरा गांधी के एक पत्र का जवाब देते हुए द्विवेदी जी ने लिखा,—"आप के पत्र से यह जानकर प्रसन्नता हुई कि आप वेदान्त के तत्त्व ज्ञान को भारतीय मनीषा की सबसे बड़ी देन समझती हैं और उसके अनुसार

चलने का प्रयत्न भी कर रही हैं ××× जब मैं विद्यार्थी था, उन्हीं दिनों पूज्य मालवीय जी से महाभारत का एक श्लोक सुना था। वह श्लोक कठिनाइयों के समय मुझे सदा बल देता रहा है। उसे आप तक पहुँचा देने का प्रलोभन रोक नहीं पा रहा हूँ। श्लोक इस प्रकार है,—

सुखं वा यदि वा दुःखं, प्रियं वा यदि वा प्रियम् ।
प्राप्तं प्राप्तमुपासीत् हृदयेनापराजिता॥

अर्थात् सुख हो या दुख, प्रिय हो या अप्रिय, जो मिल जाए, उसे 'प्रसाद' रूप में ग्रहण कर लेना चाहिए, लेकिन सदा हृदय या मन से अपराजित रहकर। हृदय या मन को सदा अपराजित रहना चाहिए। पूरे महाभारत का यही उपदेश है। इन पंक्तियों से मुझे भी बहुत उत्साह मिलता है।

भोजपुरी माँटी की गँवई गन्ध, धान-पान, रीति-रिवाज वाली संस्कृति की, उपज, बंगीय पीठिका की वैष्णवता सम्पृक्त, बांग्ला और हिन्दी की सांस्कृतिक विरासत को चिरस्थायी सेतु की तरह जोड़ने वाले सुप्रसिद्ध ललित निबन्धकार आदरास्पद डॉ. कृष्ण बिहारी मिश्र ने मेरी पुस्तक की 'प्रीतिकार आश्वस्ति' लिखकर अपना आशीर्वाद दिया है, उन्हें मैं बार-बार नमन करता हूँ। वरिष्ठ पत्रकार तथा माखनलाल चतुर्वेदी राष्ट्रीय पत्रकारिता एवं संचार विश्वविद्यालय-भोपाल (म.प्र.) के पूर्व कुलपति पूज्य श्री अच्युतानन्द मिश्र, भारतीय जन संचार संस्थान हिन्दी पत्रकारिता-विभाग (सूचना प्रसारण मंत्रालय-भारत सरकार) के एसोशियेट प्रोफेसर तथा 'संचार माध्यम' (जे.एन.यू. कैम्पस) के प्रधान सम्पादक डॉ. आनन्द प्रधान और नार्थईस्ट हिल यूनिवर्सिटी-शिलांग, (मेघालय) के हिन्दी-विभाग में प्राध्यापक डॉ. हितेन्द्र मिश्र की इल्मीयत का मुझे प्रचुर लाभ मिला है। इसी तरह विद्वान् पत्रकार डॉ. अर्जुन तिवारी के सम्पादकत्व में उत्तर प्रदेश राजर्षि टंडन मुक्त विश्वविद्यालय-इलाहाबाद (उ.प्र.) से प्रकाशित पत्रकारिता सम्बन्धी पाठ्य-सामग्री ने पत्रकारिता की बुनियादी समझ मेरे भीतर पैदा की। इसी क्रम में पी.जी. कॉलेज गाजीपुर के इतिहास-विभाग में रीडर—डॉ. अशोक कुमार सिंह, स्वामी सहजानन्द पी.जी. कॉलेज गाजीपुर की उर्दू विभागाध्यक्ष मुहतरमा डॉ. ओबैदा बेगम, राजनीतिशास्त्र विभाग में एसोशियेट प्रोफेसर डॉ. नरनारायण राय तथा 'गाजीपुर समाचार' के प्रधान सम्पादक श्री कमला शंकर यादव ने पुस्तक-लेखन में यथासम्भव मेरी मदद की। उक्त सभी आलिम-इल्मदाँ मित्रों एवं शुभ-चिन्तकों को मेरी सदशुक्रिया और कृतज्ञता।

मैंने सतत् प्रयास किया है कि यह पुस्तक बीजू आम की तरह खालिस बनी रहे, पर इस प्रकार की पुस्तकों में, तमाम सजगताओं के बावजूद—'कलमीपन' आ ही जाता है। यह भी प्रयास किया है कि पुस्तक की आखिरी पंक्ति तक पाठक की दृष्टि और दिमाग लगा रहे तथा पुस्तक की कमनीयता और पठनीयता छीजने न पाए। यह पुस्तक प्रभूत मात्रा में सन्दर्भ-सम्पन्न है। अपनी बात की पुष्टि के लिए जिन विद्वानों की पुस्तकों और अन्य पत्र-पत्रिकाओं से उद्धरणों का 'प्रसाद' मैंने ग्रहण किया है उन्हें मन-ही-मन धन्यवाद देता हूँ। पुस्तक में हिज्जे, वर्त्तनी या प्रूफ सम्बन्धी अशुद्धियाँ यदि रह गईं हों, तो क्षमा करेंगे। अन्त में अपने आराध्य और सीताराम के अनन्य सेवक पवन तनय श्री हनुमान जी का पवित्र स्मरण करते और पुस्तक में जो भूल रह गई हो—उसके लिए आपसे क्षमा चाहते यह ग्रन्थ आप को सादर सौंप रहा हूँ—

एकैकस्योपकाराय प्राणान् दास्येमि ते कपे ।
शेषस्येहोपकारणां भवाम् ऋणिनो वयम् ॥

पत्रकारिता-दिवस
30 मई, 2016ई.

—डॉ. कैलाश नाथ पांडेय
पूर्व रीडर तथा अध्यक्ष
हिन्दी विभाग, पी.जी. कॉलेज-मलिकपूरा,
जनपद-गाजीपुर—233001, (उ.प्र.)

विषयानुक्रमणिका

प्रथम पर्व

खंड 'क' : द्वितीय पर्व

खंड 'ख' : द्वितीय पर्व

तृतीय पर्व

खंड-'ब'

खंड-'स' 269

खंड-'द'

प्रूफ पठन और प्रूफ संशोधन (Proof Reading and Proof Rectification)
अथवा
प्रूफ रीडिंग की तकनीकी जानकारी

खंड-'य'

पृष्ठ सज्जा (Make-up) या पृष्ठ-विन्यास
तथा
ले-आउट (Lay Out) या अभिन्यास

भाग-2
प्रिन्ट मीडिया में समाचार रिपोर्टिंग या समाचार-प्रेषण

भाग-3
समाचार-पत्रकारिता 364

भाग-4
समाचार-पत्र-प्रबन्धन : समाचार-पत्र के विभिन्न विभागों के आन्तरिक संगठन और प्रकार्य पत्रकारिता/प्रेस-प्रबन्धन : प्रशासनिक व्यवस्था, विक्री-वितरण तथा विज्ञापन

भाग-5

सम्पादक, सम्पादकीय विभाग की संरचना तथा समाचार-पत्र सम्पादन में सम्पादक की भूमिका

भाग-6

मुख्य उपसम्पादक (Chief Sub-editor), उप सम्पादक (Sub-editor), कॉपी एडीटर, सम्पादकीय (Editorial page), तथा सम्पादक के नाम पत्र (Letters to Editor)

भाग-7

समाचार लेखन के विविध रूप या कुछ महत्त्वपूर्ण समाचार लेखन

भाग-8

प्रेस कॉपी एवं डमी (Press copy and Dummy)

भाग-9

समाचार शीर्षकीकरण (Headline writing) या शीर्षक लेखन

भाग-10

समाचार आमुख, अग्रांश इंट्रो (Intro) या कथामुख

अथवा

लीड (Lead) या मुखड़ा तथा समाचार की प्रस्तुति-प्रक्रिया

भाग-11

फीचर (रूपक) लेखन (Feature Writing)

भाग-12

खोजी समाचार (Investigative Reporting)

भाग-13

समाचारों का अनुवर्तन (Follow up) और उसकी प्रविधि

भाग-14

पत्रकार वार्ता (Press Conference), पत्रकार संम्मेलन या संवाददाता सम्मेलन

भाग-15

साक्षात्कार विधा (Interview) या मौखिक प्रश्नावली

अथवा

भेंटवार्त्ता या विशेष-परिचर्चा या समालाप

भाग-16

संवाददाता (Reporters) या समाचार-पत्र का जीवनरक्त (Life Blood) अथवा समाचार-पत्र का तीसरा खम्भा (Third Pillar) या समाचार सूँघा

पाँचवाँ पर्व

भाग-एक

भाग-दो

भाग-3

भाग-4

भाग-5

छठाँ पर्व

भाग-4

हिन्दी पत्रकारिता : कुछ समसामयिक मुद्दे तथा नई प्रवृत्तियाँ

भाग-5

पत्रकारिता और आचार संहिता (Code of Conduct)

या

पत्रकार कला का नीतिशास्त्र (Ethics of Journalism)

भाग-6

प्रेस आयोग (Press Commission) एवं इनकी संहिता

भाग-7

भारतीय प्रेस-परिषद् (Press Council of India) एवं इसके दिशा-निर्देश

भाग-8

प्रसार भारती (Prasar Bharti)

भाग-9

(क) मीडिया कर्मी और उनके लिए बने वेतनमान

परिशिष्ट

अध्याय - 1	# प्रथम पर्व
	## पत्रकारिता : स्वरूप, अर्थ, अवधारणा, क्षेत्र या प्रकार तथा सिद्धान्त

"ऐ अहले नजर शौके नजर खूब है लेकिन।
जो सच की हक़ीक़त को ना समझे वो नजर क्या?।।"

(अल्लामा इक़बाल)

पराधीनता के काले दौर अर्थात् स्वतंत्रता पूर्व 'अखबार' महज़ संवाद, सूचना, सन्देश, इत्तिला, पैग़ाम और समाचार प्रसारित करनेवाले कोरे अखबार ही नहीं थे, बल्कि वह खबरगीरी के साथ-साथ वृहत्तर-महत्तर उद्देश्यों से सम्पृक्त स्वतंत्रता संग्राम के स्वतः स्फूर्त स्वयं में बहुत बड़े आन्दोलन भी थे। इस समय के समाचार-पत्रों ने उन दबे-कुचले वर्ग के लोगों की दर्द और दंश को शब्द दिए, जिनकी अपनी कोई आवाज़ पहचान नहीं थी। स्पष्टतः यह कि इस समय की पत्रकारिता खोई हुई हाशिये की आवाज के तलाश का माध्यम बनती थी, तत्कालीन समाचार-पत्रों ने शोषितों और बेजुबानों के कष्टों को साझा किया, जन आन्दोलनों का माध्यम बन, उनके संघर्षमयी जीवन गाथा के मुखर प्रवक्ता बने। पर, देश के स्वाधीन होते ही एक चकित कर देनेवाला सच सामने आया कि वही पत्रकारिता कालान्तर में मिशन (Mission) के स्थान पर पैसा कमाने की 'मशीन' (Machine) तथा 'कमीशन-एम्बीशन' (Commission-दलाली, Ambition-महत्त्वाकांक्षा) के साथ-साथ 'प्रोफेशन (Profession-पेशा, वृत्ति या धंधा) से आगे बढ़ कर 'सेंसेशन (Sensation-सनसनी) की ओर चली गई। फिलवक्त, वह वाणीबीर और शब्दशूर बन गरज रही है। उसके सामने भरोसे का जबर्दस्त संकट बिना हल किए सवाल की तरह सम्प्रति आन खड़ा हुआ है। कुल मिलाकर सियासी ढपली की शिकार पत्रकारिता में बिलाशक स्वस्थ विचारों का आपात्काल लगा हुआ है।

अब यहाँ पर वाजिब-मुनासिब कुछ सवाल दरपेश हैं, यथा-क्या इस समय के अखबारों में विचारों का अन्त हो गया है? यदि नहीं, तो फिर समाचार और विचार के बीच सम्प्रति अन्तर्द्वन्द्व क्यों बढ़ा है? अगला सवाल है कि समाचार-पत्रों में पत्रकारीय मूल्य अभी कितना बचा है? प्रश्न है कि समाचार-पत्रों से पाठक की आस्था गिरी-ठिठकी क्यों है? प्रश्न तो यह भी है कि हाशिये पर फेंके जा रहे सर्वहारा मनुष्य के पक्ष में निरन्तर लाम लेने वाली पत्रकारिता को ग्लैमर की भूख ने फ़लकजद क्यों बना दिया? अभी सवालों की कड़ी टूटी नहीं है कि आज़ की पत्रकारिता अपनी पाखंडी शालीनता कब तक दिखाती रहेगी? सभी जानते हैं, भारत में पत्रकारिता की नींव तल्ख-तेवर और विरोध के स्वरों के साथ पड़ी थी, पर, बाद में वही पत्रकारिता अपना अनुशासन तोड़ हक़-हलाल की कमाई में क्यों लग गई? दरअसल, कुछ अपवादों को छोड़कर पत्रकारिता सम्बन्धी उक्त त्रासद विडम्बनाओं की वजह से अखबारी दुनिया में भरोसे के लिए इस समय कुछ नहीं बचा है।

वस्तुतः इस देश में नव उदार पूँजीवादियों का एक व्यापक, विशाल बाजार बन गया है। यद्यपि अस्सी के दशक में पैदा हुए इस बाजार का फिलवक्त कोई राष्ट्रीय चरित्र तो नहीं है, फिर भी, सुप्रसिद्ध पत्रकार स्व. **प्रभाष जोशी** मानते थे कि भारत में हालिया जन्मा बाजार आज की सबसे बड़ी शक्ति है, पूँजी ब्रह्म है और मुनाफा मोक्ष। एक खासियत यह कि इस बाजार का निर्लज्ज उपभोक्तावादी वर्ग

भी बगल में खड़ा है। आज की पत्रकारिता इसी बाजार की शक्ति से परिचालित है। यह बाजार ही पत्रकारिता का मूल मंत्र बन गया है। सच तो यह है कि आज यह बाजार पसरता जा रहा है। यह बाजार आदमी को माल की तरह खरीद रहा है। जिस पत्रकारिता को विद्वानों ने आदरपूर्वक 'पाँचवाँ वेद' तथा वर्तमान युग का सबसे प्रभावशाली 'आविष्कार' कहा था[1], सम्प्रति वही पत्रकारिता विश्वास, मूल्य और भावनाओं को ठेस पहुँचाती बाजार और मंडी का माल बन गई है। आज के इस बाजारवादी दौर में पत्रकारिता ने बाजारवादी लटके-झटके अख्तियार कर लिया। आम और सर्वजन की आवाज अखबारों से गायब होती चली गई। 'पॉजिटिव न्यूज' के नाम पर मुद्दे भुला दिए गए। अपने विशिष्ट वर्गीय-चरित्र के तहत आज का अखबार प्रभुत्वशाली और प्रभुवर्ग के हितों का पोषक हो गया। सम्पादक और पत्रकार का भी चरित्र बदला :—

''भाँट और भोंपू बने दर-दर घूमें आज।
चंगू मंगू, हो चले पत्रकार महराज।।
पत्रकार महाराज साज इनकी अब भारी।
पत्रकारिता छोड़ करें सचमुच बटमारी।।
असहायों पर रोब, सबल की ठकुरसुहाती।
लुप्त हुआ आदर्श हाय कुछ लाज न आती।।[2]

सम्पादक और पत्रकार के लिए 'टेक्नो-फ्रेंडली' होना बहुत आवश्यक हो गया। उपसम्पादकों, संवाददाताओं की भी योग्यता का यही अनिवार्य हिस्सा बन गया। सम्पादक की भूमिका बदलकर सामग्री प्रबन्धक के बतौर ज्यादा उभरी। आशय यह कि आज की पत्रकारिता पाठक केन्द्रित न रहकर मालिक, मालिक-सेवक, सम्पादक/पत्रकार केन्द्रित हो गई। दुर्भाग्य से बाजार से धन-उगाहू पतिष्णु नियति के कारण 'सम्पादक' संस्था में गिरावट आई। इसी छिछोर प्रवृत्ति के कारण पत्रकारिता के पवित्र दरख्त में 'पेड न्यूज' नाम का घुन और टाँड़ा लगना शुरू हुआ, अखबार और चैनलों में सम्पादक की हैसियत घटी। पत्रकार भी 'वॉच-डॉग' से 'लैप डॉग' बन गया, कॉरपोरेट सेक्टर ने पहले 'मीडिया फिक्सिंग' की, बाद में उसे हाइजैक कर लिया। अखबारों में बड़ी पूँजी का हित प्रधान हो गया। प्रचार और उपहारों को प्रमुखता मिलने लगी। इन सबका कुपरिणाम यह हुआ कि समाचार-पत्रों की मानसिक बुनावट (Mind-set) बदल गई। अखबारों में खबरों की जगह सिकुड़ती चली गई, फलतः समाचारों की दुनिया छोटी हो गई। इन सभी का उल्लेख पुस्तक में आगे चलकर यथावसर किया जाएगा।

(1) पत्र, समाचार-पत्र (अखबार) तथा पत्रकार

यांत्रिक विकास के चरम् चरण 'नवीन प्रौद्योगिकी' से लैस उन्नत संचार माध्यमों की उपस्थिति ने देश की कई पारम्परिक और प्रचलित तकनीकों का खात्मा कर दिया। अभी हाल ही में 15 जुलाई सन् 2013 ई. से देश में टेलीग्राम सेवा बन्द कर दी गई। पहली बार सन् 1850 ई. में इस देश में कोलकाता से डायमंड हार्बर तक इसकी प्रायोगिक शुरुआत हुई थी। इसके बाद सन् 1854 ई. में तत्कालीन ब्रिटिश सरकार ने भारत के लिए पहला टेलीग्राफ कानून पारित कर इसे आम जनता के उपयोग के लिए भी सुलभ बना दिया था। पर आज टेलींग्राम से कई गुना अधिक मौजूद सशक्त संचार साधनों ने अलाभदायक सिद्ध कर इसे इतिहास का दुखद अन्त वाला अध्याय बना दिया। ठीक यही स्थिति हाथ से लिखे जानेवाले निजी **पत्र** की भी हुई थी। ये पत्र कभी आन्तरिक अभिव्यक्ति और संवाद के पुख्ता माध्यम हुआ करते थे। अनुभव और संवेदना के लेप के रसायन से लिखे गए ये पत्र जीवन में नई स्फूर्ति पैदा करते थे, पर दुर्भाग्य से अब उन पत्रों का जीवन से विलोप हो रहा है। उन पत्रों के विलोप का अर्थ जीवन से महत्त्वपूर्ण संवाद का गायब होना है। अब *''हमने सनम को कोई खत नहीं लिखा''* तथा *''आएगी जरूर चिट्ठी मेरे नाम से सब देखना''* की भी अब कोई

1. पत्रकारिता के अनुभव—डॉ. इन्द्रवाचस्पति, पृ. 82
2. आधुनिक पत्रकारिता—डॉ. अर्जुन तिवारी, पृ. 165, विश्वविद्यालय प्रकाशन वाराणसी, सन् 1990ई.

विश्वसनीयता नहीं रही। नवगीत के अजीमुश्शान और बड़े मर्तबेवाले गीतकार जन्नतनशीं **नईम** को भी पता नहीं कि इस तरह के पत्राचार के दिन अब पुनः लौटेंगे या नहीं,—

"चिट्ठी पत्री ख़तों किताबत के मौसम फिर कब आएँगे।
रब्बा जाने सदी इबादत के मौसम फिर कब आएँगे।
जीने से भी बड़ी शहादत के मौसम फिर कब आएँगे?"[1]

लोग इन पत्रों को कभी बेहद जज्बे, जौक तथा शौक से लिखते थे। प्रेम और उछाह-उमंग से रससिक्त, घर के किसी एकान्त और सूने प्रकोष्ठ में बैठकर निजी हाथ से सांस रोक-रोक कर सीधी-सपाट या टेढ़ी-मेढ़ी इबारत में अपने या किसी हमजोली से लिखे-लिखवाए या टाँके गए ये पत्र जुदा हो गए या दूर चले गए अपनों के भीतर खूबसूरत जज्बात के साथ-साथ जीवन जीने की नई ललक पैदा करते थे। स्पष्टतः यह कि ये पत्र कभी सपनों और सोच के प्रभावी दस्तावेज हुआ करते थे। पर, अब सिवाय सरकारी पत्र-लेखन के, *'फूल तुम्हें भेजा है खत में', वाले पत्र*—लेखन की परम्परा नेस्त-नाबूद हो रही है। 'ई-मेल' और 'सेल फोन' ने **निजी पत्र-लेखन की विधा** को मारा तो 'विज्ञापनबाजी' और 'ब्रान्ड'—**पत्रकारिता** के सामने संकट की तरह सम्प्रति खड़े हो गए हैं। कुल मिलाकर नई तकनीक की भयानक जंग में निजी पत्र-लेखन दम तोड़कर अब महज़ स्मृति की वस्तु 'डायनासोर' बन गए हैं। इधर, तमाम तरह के विरोधाभासों से घिरी पत्रकारिता कालयात्री की तरह अभी अपनी अविराम यात्रा कर रही है।

दरअसल, विचारणीय प्रश्न यहाँ यह है कि आजकल निजी पत्र कौन लिखता ही है? जिन पत्रों में व्यक्ति अपनी अभिलाषाओं, इच्छाओं और सपनों को बुनता था, वे पत्र-लेखन और पठन के दिन अब लद-बीत गए। तो क्या यह मान लिया जाए कि व्यक्ति के सपने मर गए? सपनों को तो सभ्यता का पहिया कहा गया है। सपनों का मरना सभ्यता पर विराम लगना माना जाता है। सपनों के बिना भविष्य सन्दिग्ध-सन्देहास्पद हो जाता है। क्रान्तिकारी कवि **पाश** 'सपनों' को व्यक्ति और राष्ट्र के लिए बेहद जरूरी बताते हैं—

"मेहनत की लूट सबसे खतरनाक नहीं होती,
पुलिस की मार सबसे खतरनाक नहीं होती,
गद्दारी-लोभ की मुट्ठी/सबसे खतरनाक नहीं होती,
बैठे-बिठाए पकड़ा जाना बुरा तो है,
सहमी-सी चुप्पी जकड़ जाना बुरा तो है,
पर सबसे खतरनाक नहीं होता...
सबसे खतरनाक होता है, मुर्दा शान्ति से मर जाना,
न होना तड़प का सब सहन कर जाना...
सबसे खतरनाक होता है/ हमारे सपनों का मर जाना।"

जो पत्र कभी मानवीय सम्बन्धों और रिश्तों की संहिता का कागज़ी पैरहन और वेशभूषा होता था, जो कभी पुस्तकों के सफों और पन्नों में सूखे फूलों के साथ स्मृतियों और अनन्त उम्मीदों के रूप में चिपका रहता था—

"तब रंगीन लगती थीं श्वेत-श्याम तस्वीरें,
और किताबों के बीच चुपके से रखे गए सूखे फूल,
बोसीदा कमरे में भर देते थे सुगन्ध...।"

सम्प्रति वे निजी पत्र अब नहीं लिखे जाते। तो क्या समय बदल गया है—

"वह कोई दूसरा समय था—
इतिहास का एक बनता हुआ कालखंड
समय की खराद पर,
उसी में ढलना था हम सबका जीवन।"

---

1. नया ज्ञानोदय—नईस का देवास लेख (यश मालवीय), पृ. 9, अंक-87, सन् 2010 ई. भारतीय ज्ञानपीठ की मासिक साहित्यिक पत्रिका, मू. 30 रुपये, दिल्ली।

संवेदना और शिल्प की जिन्दा-जीवन्त प्रतिमूर्ति उन पत्रों को क्या समय ने अपने आगोश और लपेटे में ले लिया है?—

"दुनिया बदलती जा रही है, पल-प्रतिपल,
तमाम जतन और जुगत के बावजूद,
हर ओर सतत् जारी है कुरूपताओं का कारोबार,
बढ़ता ही जा रहा है, कूड़ा-कबाड़
फिर भी मन का कोई कोना
खोजता है एकान्त...।"

अब भी मन कागज पर सीधे-सादे, टेढ़े-मेढ़े अक्षरों में उगे भाव-प्रणव-प्रधान पत्रों को न पाकर कुलबुलाता रहता है,—

"अब भी मँडराती हैं
ढेर सारी कटी पतंगें,
तलाशती हुई अपनी डोरियाँ,
अपनी लटाइयाँ,
और अपने-अपने, हिस्से का आकाश।"

कुल मिलाकर 'पेपरलेस कम्युनिकेशन' के इस दौर में निजी पत्र लेखन अब महज स्मृतियों की टटोल की वस्तु बन कर रह गया है।[1]

बहरहाल, गत्यर्थक + पत् धातु में ष्ट्रन् प्रत्यय लगने पर **पत्र** शब्द व्युत्पन्न होता है। पत्र शब्द बहुलार्थी है। यहाँ भी पत्र शब्द के विविध अर्थ हैं, जो समय-समय पर अपना विस्तार पाते गए हैं। पत्र का अर्थ पत्ता, पत्तर, पत्तल, पतला, पतलो तथा पातर इत्यादि होता है, जिसमें एक भाव है—कोई ऐसी वस्तु जिसकी मोटाई अत्यन्त कम हो, अतएव हल्की हो जिससे उसकी गति आसान हो, इसीलिए 'चिट्ठी' अर्थ में 'पत्र' व्यवहृत हुआ, परन्तु वह तो व्यक्तिगत सम्बन्धों के भीतर की बात थी, बाद में व्यावसायिक एवं प्रशासनिक क्षेत्रों में भी राजपत्र (Gazette), अनुबन्ध पत्र (Agreement) आदि से लेकर संविदा पत्र (Contract) में 'पत्र' औपचारिक रूप से व्यवहृत हुआ है। व्यावसायिक क्षेत्रों से इसका विस्तार होकर मास मीडिया (Mass-Media) अर्थात् जन संचार के क्षेत्र में पहुँचकर यह पत्र वस्तुतः अंग्रेजी के 'जर्नल' (Journal) शब्द के अर्थ में भी आज व्यवहृत होता है।

जर्नल (Journal) शब्द मूलतः लैटिन भाषा के शब्द 'द अर्नलिस' का अंग्रेजी संस्करण है। वहाँ (लैटिन में) उसका अर्थ था—'रोजनामचा'। अंग्रेजी में रोज-रोज अर्थात् प्रतिदिन का लेखा-जोखा रखनेवाले दस्तावेज के अर्थ में 'जर्नल' शब्द व्यवहृत होने लगा। इसका विस्तार रोज-रोज की राजनैतिक, आर्थिक, आदि परिघटनाओं का लेखा-जोखा रखनेवाले जन संचार का माध्यम 'पत्र' के रूप में अब स्थिर हो गया है। यह पत्र अनियतिकालीन, नियतिकालिक, पूर्ण कालिक आदि विभिन्न कालखंडों के अनुसार तथा विभिन्न परिघटनाओं की भिन्न प्रकृति के निरूपण के आधार पर भिन्न-भिन्न नामों से भी व्यवहृत होता है, जैसे वाणिज्यिक पत्र, खेल समाचार-पत्र तथा मनोरंजन पत्र आदि। पत्र के सामाजिक चरित्र के कारण उसके विविध आयाम बन सकते हैं, इसलिए बड़े पत्रों में विविध आयामों को समेटा जाता है तथा विविध आयामों को स्वतंत्र रूप से भी अलग-अलग रूप में प्रकाशित किया जाता है। इस प्रकार आधुनिक विश्व में पत्र अत्यन्त व्यापक एवं जटिल आयामों के साथ जन संचार माध्यम के रूप में समाहित है और अब तो इसके स्वरूप में सगुण से निर्गुण की दिशा में भी यात्रा होती दिख रही है। सर्वप्रथम 'प्रिन्ट मीडिया' (Print-Media) के रूप में इसकी व्याप्ति थी, जो शुद्ध सगुण रूप का उदाहरण है, परन्तु इलेक्ट्रॉनिक मीडिया (Electronic-Media) इसके निर्गुण रूप का उदाहरण है। दूरदर्शन अथवा कम्प्यूटर के परदे पर आने वाला सगुण का अनुकरण होता हुआ भी स्वरूप से निर्गुण ही रहता है क्योंकि दृश्य (Visible)

1. कार्यालयीय हिन्दी—डॉ. कैलाशनाथ पांडेय, पृ. 8, प्रभात प्रकाशन, 4/19, आसफ अली रोड, नई दिल्ली, मूल्य-500 रुपये, सन् 2013

रूप में होकर भी अत्यन्त सूक्ष्म तरंगों के रूप में तीन लाख किलोमीटर प्रति सेकेंड की विद्युत गति से यह पत्र पल भर में सम्पूर्ण विश्व में व्याप्त होता है। इससे देश काल का कोई अंश अछूता नहीं रह जाता, यह है इसका निर्गुण माहात्म्य। इसके प्रभाव की गम्भीरता को देखते हुए राज्य एवं राजनीति, वाणिज्य एवं बाजार तथा धर्म एवं विज्ञान—सभी इससे जुड़े रहने की लालसा रखते हैं। अतः यह शक्ति का एक रूप भी है। इस शक्ति पर अधिकार करने की होड़ लगी रहती है। इसी के माध्यम से 'जन चेतना' (Mass opinion) बनाई एवं बदली जाती है, चरित्र गढ़े जाते हैं तथा अवमूल्यित भी किए जाते हैं। अतः शक्ति के इस रूप पर अधिकार करना आज की राजनीति एवं बाजार दोनों की प्रबल इच्छा होती है, किन्तु यह शक्ति इतनी प्रबल है कि सारे बन्धनों को तोड़कर सार्वजनिक एवं वैश्विक ही बने रहना चाहती है। यह राष्ट्रीय सीमा नहीं जानती, भूगोल नहीं जानती। यह परमशक्ति है। इसका न कोई अपना है और न पराया, यह सबकी है। बस, इससे सम्पर्क के लिए एक ही पात्रता चाहिए, वह है—इंटरनेट के प्रयोग का ज्ञान। हाल की कुछ अन्तर्राष्ट्रीय घटनाएँ इस पत्र के उक्त स्वरूप का बोध कराती हैं, जैसे—मिस्र, लीबिया, ट्यूनेशिया आदि देशों में जनक्रान्ति के चलते तख्तापलट हुआ। भारत में भी श्री अन्ना हजारे और श्री अरविन्द केजरीवाल जैसे नायकों के पीछे कुछ बड़ी शक्ति का बल रहा है, जो इंटरनेट की दुनिया में रमती हैं। वहाँ इस पत्र की शक्ति का भयावह रूप सरकार को भी चिन्तित किए रहता है। अतः यह पत्र का अद्यतन रूप है, जो अभी विकास के रूप में है। ट्विटर, फेसबुक एवं ब्लॉग के जरिए कोई भी व्यक्ति निर्भय होकर इस पत्र को सृजित, सम्पादित एवं प्रेषित कर सकता है, जो क्षण भर में सम्पूर्ण विश्व में परिव्याप्त हो सकता है। जिस गति से इलेक्ट्रॉनिक मीडिया का इंटरनेट स्वरूप विस्तार पा रहा है, इसे देखते हुए भविष्य में मास मीडिया सच्चे अर्थों में आम अवाम की चीज होगी, उपयोग में ही नहीं मालिकाने में भी और यही इस पत्र के लोकतांत्रिक चरित्र को उद्घाटित करता है।

विज्ञान के विकास से पहले सन्देश भरे पत्र व्यक्ति-शक्ति से ही एक जगह से दूसरी जगह पहुँचाए जाते थे। उस समय पत्रों को कई दिनों तक एक स्थान पर एकत्र किया जाता था, बाद में उन्हें सार्वजनिक रूप से संग्रहित करते थे, जिन्हें कालान्तर में *समाचार-पत्र'* (Newspaper) नाम दिया जाने लगा। बहरहाल, हमें यहाँ ध्यान रखना चाहिए कि व्यक्तिगत पत्रों को ही अमूमन *'पत्र'* की संज्ञा दी जाती है, किन्तु सार्वजनिक समाचारों का प्रकाशन समाचार-पत्र ही करता है। अब यहाँ एक जिज्ञासा पैदा होती है कि आखिर 'समाचार' किसे कहते हैं? दरअसल, किसी अनोखी या असाधारण घटना की अविलम्ब सूचना को समाचार कहते हैं, जिसके बारे में प्रायः लोग पहले से कुछ न जानते हों, लेकिन जिसे तुरन्त ही जानने की रुचि अधिक-से-अधिक लोगों की हो।[1] अगला सवाल बनता है कि 'समाचार-पत्र' क्या है? उत्तर बन सकता है,—जिस पत्र में समाज के समाचार, सभी प्रकार की जानकारी, घटित घटनाएँ एक नियत समय पर एक निश्चित मूल्य के साथ दी जाती हैं, उन्हें हम 'समाचार-पत्र' कह सकते हैं।

वस्तुतः **पत्र** और **समाचार-पत्र** में कई बुनियादी फासले होते हैं। सुप्रसिद्ध आलोचक, चिन्तक **डॉ. पी.एन. सिंह**[2] कहते हैं कि **पत्र** व्यक्तिगत सरोकारों से (Individual concern) से जुड़े होते हैं। इसमें व्यक्ति अपने बारे में मनोभिनिवेश करता और लिखता है, जब कि **समाचार-पत्र** (Newspaper) सामूहिक सरोकारों (Collective Concern) से ही जुड़े होते हैं, पर ऐसा भी नहीं है कि पत्र खाँटी या पूर्णतः व्यक्तिगत सरोकारों (Personal Concern) से ही जुड़ा हो, क्योंकि इसमें भी व्यक्तिगत होते-होते व्यक्ति निर्वैयक्तिक (Impersonal) हो जाया करता है। दरअसल, व्यक्तिगत समाचार लिखते समय उसमें बहुत सी चीजें ऐसी भी आ जाती हैं, जो वैयक्तिकता की सीमा को अतिक्रमित करती हैं। इधर समाचार-पत्र के सरोकार तो वस्तुनिष्ठ (Objective) होते हैं, लेकिन किसी भी समाचार को देते समय यहाँ हमेशा अपने कोण (Angle) से ही देखते हैं, इसलिए निर्वैयक्तिकता यहाँ शर्त तो है, लेकिन इस शर्त का उल्लंघन बहुधा हो जाया करता है, जैसे—साहित्य वैयक्तिक सरोकार तो है, लेकिन साहित्यिक आचरण या बरताव (Treatment) वैयक्तिक होते हुए निर्वैयक्तिक भी होता है। ठीक यही स्थिति पत्र

1. Public Opinion and Government in India-Dr. Sushila Aggrawal, P.36
2. डॉ. पी.एन. सिंह से लेखक की निजी बातचीत के आधार पर, फरवरी 2013

की होती है। पत्र में भी महज़ अपनी ही भावना (Feelings) व्यक्त नहीं होती, बल्कि अपने गाँव, जवार, परिवार और समाज के अन्य जुड़े हुए लोग भी आ जाते हैं। समाचार-पत्र में मूलतः एक ही घटना को विभिन्न पत्रकार भिन्न-भिन्न कोणों से देखते हैं। अलग-अलग सिरनामा (Titles) होती है, इसका मतलब वहाँ भी व्यक्तिगत सरोकार होता है।

पर, पत्रों की दुनियाँ तो अब खतम हो रही है, लेकिन समाचार-पत्र अभी चल रहे हैं। पत्रों की जगह टेलीफोन और मोबाइल फोन ने ले लिया है, जिनमें बातें नितान्त निजी और परमावश्यक होती हैं, क्योंकि यहाँ एक ओर पैसा और दूसरी ओर समय का ध्यान रखते हैं। उक्त सूचना-प्रेषक उपकरणों ने पत्र-लेखन के साथ-साथ 'टेलीग्राम' (Telegram)[1] को भी समाप्त कर दिया है। बहरहाल समाचार-पत्रों में भी आत्मगतता (Subjectivity) रहती है तो पत्र भी आत्मगत (Subjective) होते हैं, जब कि समाचार-पत्र वस्तुगत या वस्तुनिष्ठ (Objective) भी होते हैं। यह उसकी आदर्श स्थिति है। दोनों अपने आदर्शगत स्थिति में यही होंगे अर्थात् एक 'Subjective' होता है तो दूसरा 'Objective' होता है। पत्रों की दुनिया अब लगभग वैयक्तिक नहीं रह गई है। हाँ, अभी कार्यालयीय पत्र (Official-letter) के रूप में वह शेष रह गई है और इस दुनिया को तो जिन्दा रहना ही है। कुल मिलाकर यह कि अब नितान्त निजी या वैयक्तिक (Subjective) पत्र की दुनिया नहीं रह गई है, बल्कि वस्तुनिष्ठ पत्रों (Objective letters) की दुनिया बची रह गई है, पर यहाँ हमें यह ध्यान रखना चाहिए कि वैयक्तिक पत्रों (Subjective letters) में भी वस्तुनिष्ठ (Objective) तत्त्व विद्यमान रहते हैं। दरअसल, नितांत आत्मगत (Subjective) पत्र लिखना बड़ा मुश्किल काम है, जैसे विभिन्न कार्यालयों के अधिकारियों के पत्र लिखने की भाषा भिन्न होती है, अतः इस दृष्टि से देखने पर यहाँ हमें वैयक्तिक तत्त्व (Subjective Element) दिखायी देंगे अतः पूर्णतः निर्वैयक्तिक होकर पत्र लिखना बेहद मुश्किल काम लगता है।

इधर सुप्रसिद्ध कवि और चिन्तक **डॉ. राम प्रकाश कुशवाहा**[2] कहते हैं कि **पत्र** एवं **समाचार-पत्र** में तुलना करें तो दोनों में दो समानधर्मी गुण हम पाते हैं। पहली समानता लिखने के लिए कागज के अर्थ में *पत्र* शब्द का प्रयोग है। उल्लेखनीय है कि प्राचीनकाल में लेखन की शुरुआत तालपत्र, भोजपत्र और पीपल पत्र अर्थात् पत्तों पर ही होती थी। आज का 'पत्र' शब्द भी लिखने की उसी प्राचीन शैली की स्मृति का अर्थ विस्तार है। इस अर्थ में पत्र शब्द कागज का ही संज्ञान्तरण है। 'पत्र' शब्द से सामान्य आशय उस कागज से ही है, जिस पर कुछ लिखा गया हो। इसी तरह **समाचार-पत्र** से आशय उस कागज से है, जिस पर कुछ समाचार लिखे गए हों। दोनों में दूसरी समानता भाषा-माध्यम में अभिव्यक्ति की है। दोनों में ही भाषा-माध्यम और शब्दों का प्रयोग होता है। इन समानताओं से अलग दोनों ही मानव के ज्ञानात्मक व्यवहार के भिन्न क्षेत्रों एवं आवश्यकताओं से सम्बद्ध हैं। पत्र जहाँ दो व्यक्तियों

---

1. तत्कालीन कांग्रेस उपाध्यक्ष राहुल गांधी को भेजे गए आखिरी टेलीग्राम के साथ ही 163 साल पुरानी टेलीग्राम सेवा भारतीय इतिहास के पन्नों में समा गई। 15 जुलाई सन् 2013, रविवार की रात 11:45 बजे भारत में टेलीग्राम सेवा बन्द हो गई और इसके जरिए आखिरी टेलीग्राम जनपथ स्थित केन्द्रीय तार घर (सी.टी.ओ.) से अश्विनी मिश्रा नामक व्यक्ति ने भेजा, जो राहुल गांधी और डीडी न्यूज के महानिदेशक एस.एम. खान को भेजा गया था। भारतीयों की कई पीढ़ियों को अच्छी और बुरी खबरें देने वाली टेलीग्राम सेवा के विदाई के दिन इससे 68,837 रुपये का राजस्व प्राप्त हुआ। 15 जुलाई 2013 को कुल 2,197 टेलीग्राम बुक किए गए जिनमें से कम्प्यूटर के माध्यम से 1,329 और फोन के जरिए 91 टेलीग्राम बुक कराए गए। कई लोगों ने सीटीओ भी जाकर अपने टेलीग्राम बुक कराए। भारत में टेलीग्राम सेवा की शुरुआत 1850 में कोलकाता और डायमंड हार्बर के बीच प्रायोगिक तौर पर की गई थी। अगले साल ब्रिटिश इंडिया कम्पनी ने इसका खूब उपयोग किया। सन् 1854 में यह सेवा जनता के लिए उपलब्ध करा दी गई थी। उन दिनों यह संचार का इतना महत्त्वपूर्ण माध्यम था कि देश की आजादी के लिए लड़ने वाले क्रान्तिकारी अंग्रेजों को संचार से वंचित करने के लिए टेलीग्राम लाइनें ही काट डालते थे। बुजुर्गों को आज भी याद है कि टेलीग्राम के मिलने पर अजीब सी अनुभूति होती थी। टेलीग्राम मिलने पर लोग अपनों की खैरियत को लेकर मन ही मन आशंकित हो उठते थे। जवानों या सशस्त्र बलों को छुट्टी माँगना हो, तबादले का इंतजार करना हो, या ज्वाइनिंग रिपोर्ट की प्रतीक्षा करनी हो, संचार के इसा 'हैंडी मोड' टेलीग्राम से फौरन सूचना मिल जाती थी। एसएमएस, ई-मेल और मोबाइल फोन जैसी आधुनिक प्रौद्योगिकी की वजह से लोग टेलीग्राम सेवा का उपयोग बेहद कम करने लगे और यह प्रतिष्ठित सेवा धीरे-धीरे गुमनामी में खोती चली गई और अन्ततः 15 जुलाई 2013 को सदैव के लिए भारत से विदा हो गई।
2. डा. आर.पी. कुशवाहा से लेखक की निजी बातचीत के आधार पर, फरवरी 2013

के बीच लिखित संवाद के ही रूप-विशेष हैं, वहाँ समाचार-पत्र सूचना के सार्वजनिक मंच हैं। भाषा-संरचना के धरातल पर समाचार-पत्र इस अर्थ में सामान्य पत्र से अलग होते हैं। वे किसी व्यक्ति-विशेष को सम्बोधित नहीं होते। समाचार-पत्र अपनी सामाजिक भूमिका में कुछ-कुछ 'परिपत्र' (Circular Letter) की तरह होते हैं, एक ऐसा पत्र, जो सभी के लिए लिखा गया हो और जिसे कोई भी पढ़ सकता हो लेकिन यहाँ यंह भी सच है कि समाचार-पत्रों ने बिल्कुल भिन्न और बहुआयामी प्रस्तुति शैली विकसित की है। एक आदर्श समाचार-पत्र सूचनाओं को तटस्थ निरपेक्ष एवं पूर्ण कलाकृति के रूप में प्रस्तुत करता है। वह एक निर्लिप्त संसूचक है। उसकी भाषिक प्रस्तुति न तो किसी के पक्ष में होती है और न ही विपक्ष में। वह संवेदनाओं एवं संवेगों से काटकर घटनाओं का विवरण प्रस्तुत करता है, जबकि निजी या सामान्य पत्र में संवेग एवं संवेदनाएँ हो सकती हैं। दूसरे शब्दों में पत्र की तरह समाचार-पत्रों में भावावेगों एवं भावुक प्रस्तुति के लिए स्थान नहीं है। सामान्य या निजी पत्र की प्रस्तुति संवादधर्मी होती है, जबकि समाचार-पत्र की प्रकृति सूचनाधर्मी। एक अन्य अन्तर यह है कि निजी या सामान्य पत्र एकल प्रस्तुति के रूप में लिखे जाते हैं, जब कि समाचार-पत्र सामूहिक सृजनशीलता एवं उत्पादकता के परिणाम होते हैं। समाचार-पत्र के लेखकों का आग्रह यह रहता है कि वे तथ्यों को पूरी स्वायत्तता एवं स्पष्टता के साथ प्रस्तुत कर सकें, जबकि निजी या सामान्य पत्र-लेखक अपना पक्ष या मत प्रस्तुत करता है। पत्र, किसी विशेष के प्रति एक सम्बोधित लेखन के परिणाम होते हैं, जबकि समाचार-पत्र लेखक पूरे भाषाभाषी पाठक समुदाय के प्रति। दोनों को वैयक्तिक एवं सार्वजनिक लेखन-शैली के अलग प्रकार के रूप में भी देखा जा सकता है।

सच तो यह है कि, समाचार-पत्र सूचनाओं के सैलाब होते हैं। समाज और जिन्दगी की दास्तान के एक-एक रोएँ-रेशे से बुने ये समाचार-पत्र समय-समय पर नई बहसों को भी जन्म देते हैं। युग के संघर्षों, प्रश्नों, अन्तर्विरोधों को समझने का कीमती खजाना होते हैं। युग का यथार्थ उनमें झाँकता है। सम्भवतः इसीलिए पश्चिम के **हार्पर लीच** तथा **जान सी. कैरोल**[1] ने समाचार-पत्र को समय के करघे पर इतिहास के बहुरंगे और बेलबूटेदार कपड़ों को बुनने वाला माध्यम बताया था। **पंडित विष्णुदत्त शुक्ल**[2] समाचार-पत्रों के जन्मने का एक रोचक किस्सा इस प्रकार बताते हैं—"पहिले-पहिल समाचार-पत्रों का जन्म विशेष कर्मचारियों या संवाददाताओं द्वारा अधिकारियों के पास भेजे जानेवाली चिट्ठियों से हुआ। ये चिट्ठियाँ एक साथ जिल्द बाँधकर सार्वजनिक मिसल (Public Record) की भाँति रखी जाती थीं। इसलिए पहिले नाम 'न्यूज बुक' (News Book) या 'समाचार-ग्रन्थ' रखा गया, फिर जब कि संवाददाता अनेक अधिकारियों के पास समाचार चिट्ठियाँ भेजने लगा, तब इसका नाम 'न्यूज लेटर' (News Letter) अर्थात् 'समाचार चिट्ठी' तथा आगे चलकर 'न्यूज शीट' (News Sheet) अर्थात् 'समाचार कागज़' पड़ा। इसके बाद धीरे-धीरे समाचार-पत्रों की विशेष उन्नति हुई और इनका भी नाम 'न्यूज पेपर' (News Paper) अर्थात् 'समाचार-पत्र' पड़ा। हिन्दी ने इसी नाम को अपना लिया।" इंग्लैंड के 'न्यूज पेपर लायबल रजिस्ट्रेशन ऐक्ट' के अनुसार,—"कोई भी पर्चा समाचार-पत्र कहा जाएगा, बशर्ते उसमें सार्वजनिक समाचार, सूचनाएँ छपी हों अथवा इन समाचारों के सम्बन्ध में कोई टीका-टिप्पणी हो और एक निश्चित अवधि के बाद जो 27 दिन से अधिक भी न हो, बिक्री के लिए प्रकाशित हो,—"Any paper containing public news, intelligence or cocurance or any remark or observations their in printed for sale and published periodically or in parts or numbers at intervals not exceeding 27 days." **इनसाइक्लोपीडिया ब्रिटानिका** के अनुसार 'समाचार-पत्र एक अजिल्द धारावाही प्रकाशन है, जो नियमित समय के अन्तर से प्रकाशित होता है और जिसमें समाचारों को प्रमुखता दी जाती है। अधिकांश समाचार-पत्र दैनिक या साप्ताहिक होते हैं। कुछ अर्ध साप्ताहिक भी होते हैं। पाक्षिक और मासिक समाचार-पत्रों के उदाहरण शायद ही कभी मिले हों। समाचार-पत्र और पत्रिका का अन्तर भी रोचक है, विशेष रूप से साप्ताहिक प्रकाशनों के बीच। यदि प्रकाशन सजिल्द है, तो पत्रिका कहा

1. वृहत् हिन्दी पत्रकारिता कोश, पृ. 677
2. आधुनिक पत्रकार कला—विष्णुदत्त शुक्ल, पृ. 98

जाता है। समाचार पत्रों के लिए पृष्ठ संख्या और आकार का निर्धारण कभी नहीं किया गया, "A newspaper is an unbound serial publication issued at frequent intervals and devoted primarily to news. Most newspaper are issued daily or weekly. Some are published a semi Weekly and there have been rare example of fortnightly and monthly newspapers. The distinction between the newspaper and the magzine is sometimes a nice one, especially among weeklies in general the pubilcation is called magzine, if it is bound within neither a page size nor a number of pages has even been fixed for the newspaper".

वैभव और अधिकाधिक पैसा कमाने की होड़ तथा कई तरह की पूँजी के अतिरेक ने सम्प्रति समाचार-पत्रों को पतन के ढलान पर ढकेल दिया है, अन्यथा **अकबर इलाहाबादी** कहते हैं कि शेख साहब कुरान शरीफ के पाठ के पूर्व समाचार-पत्र पढ़ते हैं—

"नहीं शेख साहिब की वह आदत,
वजू की ओर मुनाजाते सहर की।
मगर वो चाय पीकर हस्बे दस्तूर,
तिलावत करते हैं वह पायनियर की।।"

समाचार-पत्र, वस्तुतः अल सुबह की खबरों की भूख होते हैं। पढ़े-अनपढ़े, साक्षर-निरक्षर सभी को ताजा समाचार के लिए इनकी तलाश और प्रतीक्षा रहती है। ये ज्ञान के वातायन और गवाक्ष होते हैं। समाज-सुधार में ये महत्त्वपूर्ण पड़ाव होते हैं। भटकन की गुमनाम गली में भटक रहे व्यक्ति को समय-समय पर सचेष्ट करते रहते हैं। ये पारसमणि होते हैं—

"ज्यों पारस लगि होत है, लोहा कनक समान।
त्यो पत्रन के पठन ते, मूर्ख होत मतिमान।।"

विद्वानों ने समाचार-पत्र को सर्वाधिक गतिशील, आकर्षक कोटि का सरस साहित्य माना है। समाचार-पत्रों पर आज शिक्षित वर्ग की निर्भरता बढ़ गई है। उसे अपनी प्रत्येक वृत्ति की तुष्टि का माध्यम समाचार-पत्र प्रतीत होता है। इसी तथ्य का अनुभव करते हुए **वेण्डेल फिलिप्स**[1] ने लिखा है कि,—"आज का समाचार-पत्र एक बारगी जनवर्ग का माता-पिता, स्कूल, कॉलेज, शिक्षक, थियेटर, आदर्श और उदाहरण, परामर्शदाता और साथी हो गया है।"

कुल मिलाकर समाचार-पत्र जन-मानस को जगाने का सर्वोत्तम माध्यम है। आम आदमी की दुर्दशा, अपमान में जलती जनता के आक्रोश के साथ तमाम तरह की नैतिकता, सदाचार आदि पर प्रकाश डालते समाचार-पत्र अँधेरे कोनों को रोशन करते हैं। हमारे देश में समाचार-पत्रों की स्वस्थ और शानदार परम्परा रही है। इन्होंने जिन्दगी की सच्चाइयों को समय-समय पर हू-ब-हू रूपायित किया। महत्त्वपूर्ण घटनाओं को टेपित-टंकित कर अपनी महत्त्वपूर्ण सामाजिक भूमिका अदा की है। जाति, सम्प्रदाय और धर्म की सीमाओं-सरहदों के पार सभी के समाचार छापकर समाचार-पत्रों ने देश में एक मिश्रित संस्कृति का निर्माण किया। **महात्मा गांधी** जैसे मनीषियों ने भी यह अनुभव किया था कि आज के संघर्षशील युग में पत्रकारिता का संबल किसी भी आन्दोलन की सफलता के लिए आवश्यक है। इसीलिए उन्होंने स्पष्ट रूप से लिखा था कि, "मेरा ख्याल है कि ऐसी कोई भी लड़ाई जिसका आधार आत्मबल हो, अखबार की सहायता के बिना नहीं चलाई जा सकती। अगर मैंने अखबार निकाल कर दक्षिण अफ्रीका में बसी हुई भारतीय जमात को उसकी स्थिति न समझाई होती और सारी दुनिया में फैले हुए भारतीयों को दक्षिण अफ्रीका में क्या हो रहा है, इससे 'इंडियन ओपिनियन' के सहारे अवगत न किया होता तो मैं अपने उद्देश्य में सफल नहीं हो सकता था।"

पर, दुर्भाग्य से सम्प्रति पूँजी की प्रधानता वाले जटिलतर होते समाज में दीर्घ बौद्धिक संघर्ष से अर्जित अतीत की महान परम्पराओं को आज के समाचार-पत्रों ने लोभ-लाभ की विकृत गणित के कारण भुला दिया है। अन्ध उपभोक्तावाद ने इन्हें आज अपने लक्ष्य से भटका कर स्खलित कर दिया है। बाजार का 'कॉस्मोपोलिटन कल्चर' (Cosmopolitan Culture) समाचार-पत्रों के नुक्ते-निगाह को बदल इन्हें नकारा बनाने पर आमादा हो गया है। समाचार-पत्रों के सरोकार और मंसूबे बदल गए। आज समाचार-

---

1. वृहत् हिन्दी पत्रकारिता कोश, पृ. 680

पत्रों की स्थिति उस बाल्टी की तरह हो गई है, जिसके ऊपर 'आग' तो लिखा होता है, किन्तु अन्दर बालू और पानी भरा होता है। फिर भी, तमाम लांछनों और अपमानों को झेलने के बाद यह समाचार-पत्र ही है, जो व्यक्ति के अकेलेपन, भटकाव, बेचैनी और दिशाहीनता की स्थिति में सदाशय हो शरण देता है। मॉरीशस के चर्चित कवि **श्री वशिष्ठ कुमार झमन** ने आज के समाचार-पत्र (अखबार) का एक खूबसूरत बिम्ब **मैं अखबार हूँ** शीर्षक कविता में इस प्रकार उकेरा है,—

"दस रुपए में बिकता हूँ रोज
और खो देता हूँ रोज ये भी मोल
पढ़े-लिखे शिक्षित लोगों के हाथों में
रोता हूँ बार-बार

शर्मनाक खबरों से बनी
अपनी अस्मिता पर

कभी लिख दिया जाता है मुझ पर
हजारों लोगों के पसीने को पीकर
घूमता है कोई बड़ी-बड़ी गाड़ियों में
फिर भी कहता है
मेरी प्यास नहीं बुझी
मुझे तुम्हारा खून भी चाहिए
एक कायर सी लौ जगती है लोगों में
जो शीघ्र ही बुझ जाती है

अँधेरे के डर से
मेरी बिक्री बढ़ जाती है जब
बलात्कार को सनसनीखेज बनाकर
मेरा विज्ञापन किया जाता है
और ढिंढोरा पीटता हूँ मैं
किसी की तबाही का

दए रुपए में
और फिर

वही कायर सी लौ
बेइमानी, चोरी, भ्रष्टाचार
बच्चों पर जुल्म, स्त्रियों पर अत्याचार
नेताओं के ढकोसले
बयान करता हूँ रोज,

चिल्ला-चिल्लाकर
और फिर
वही कायर सी लौ

इस जलने-बुझने तक ही
सीमित रह गई है
परिभाषा मेरी
फिर भी तसल्ली दे देता हूँ खुद को
कि आज का इनसान भी
मेरी तरह जीता है
पर न जाने क्यूँ
इनसानों सा जीना
मुझे अबतक
रास नहीं आता।"[1]

"पत्रं करोति इति पत्रकारः" अर्थात् जो पत्र बनाता है, सृजित करता है, सम्पादित करता है एवं जगत में प्रेषित करता है, वह **पत्रकार** कहलाता है। यहाँ पर 'पत्र' शब्द की ही भाँति 'पत्रकार' शब्द का भी क्रमिक विकास हुआ है। यह एक आधुनिक भावबोध है। प्रिन्ट और इलेक्ट्रॉनिक मीडिया—दोनों में पत्रकार की भिन्न श्रेणियाँ हैं, यथा—संवाददाता (Reporter), फीचर लेखक (Feature Writer) विशेष संवाददाता (Special Correspondent) उपसम्पादक (Sub-Editor), खेल सम्पादक (Sports Editor), सम्पादक (Editor), सहायक उपसम्पादक (Assistant Editor), शहर या स्थानीय सम्पादक (City Editor), समाचार सम्पादक (News Editor), व्यापार-वाणिज्य सम्पादक (Commercial Editor) आदि। ये सभी पत्रकार बिरादरी के ही विभिन्न रूप कहे जा सकते हैं। सम्पादन कार्य में भी पत्रकार के विभिन्न रूप हैं, जैसे—प्रशासक, प्रबन्धन, समाचार सम्पादक आदि। इन सभी के अलावा उसके कार्यों का दायरा और भी अधिक विस्तृत होता है। उदाहरण के लिए अपराध जगत, कानून-व्यवस्था, राजनीति, न्यायालय, विधायिका, फैशन, कला, संगीत, नाटक तथा साहित्य—इन सभी पर वह अपनी लेखनी निर्द्वन्द्व भाव से चला सकता है। ब्रिटेन में पत्रकारिता के प्रारम्भिक काल में 'गुप्तचरों' को संवाददाता,

1. विश्व हिन्दी पत्रिका ('मैं अखबार हूँ' शीर्षक कविता)—श्री वशिष्ठ कुमार झमन, पृ. 165, सम्पादक -श्री गंगाधर सिंह सुखलाल, विश्व हिन्दी सचिवालय, स्विफ्ट लेन, फॉरेस्ट साइड, मॉरीशस, सन् 2012

'रजिस्टर निरीक्षकों' को सम्पादक तथा 'क्लर्कों' को उपसम्पादक कहा गया। इसी तरह कहा जा सकता है कि पत्रकार समाचार-पत्र-कार्यालय के सम्पादकीय विभाग का क्लर्क मुहर्रिर या पेशकार होता है।[1]

इलेक्ट्रॉनिक मीडिया के पत्रकार भी कमोबेश इन्हीं श्रेणियों में विभक्त होते हैं, फिर भी इतने तकनीकी विशेषज्ञ होने के कारण इनका विशेष महत्त्व होता है। अतः श्रव्य-दृश्य माध्यमों के इस युग में हाथ में इलेक्ट्रॉनिक उपकरणों-टैबलेट, लैपटॉप, आईपॉड, कैमरा आदि लिए इलेक्ट्रॉनिक मीडिया के पत्रकार प्रिन्ट मीडिया के पत्रकार से भिन्न होते हैं। आउट डोर ब्रॉड कॉस्टिंग वैन (ओ.वी. वैन) जन संचार माध्यम का चलता-फिरता संयंत्र है, जिस पर लगे डिश एन्टिना सीधे उपग्रह से जुड़े होते हैं। इस वैन में बैठे पत्रकार तकनीकी ज्ञान से लैस होने के कारण समाचार के संग्रह, सम्पादन एवं प्रसारण में प्रिन्ट मीडिया के पत्रकारों से कोसों आगे हैं। इनका चरित्र वैश्विक होता है। ये पत्रकार अपने पत्र-जगत में किसी प्रशासनिक अधिकारी, राजनेता अथवा कॉरपोरेट जगत के प्रशासकों से कम शक्तिशाली नहीं होते हैं, इसलिए इनसे सभी भय खाते हैं। टेलीविजन चैनल्स की भरमार इसकी सामाजिक शक्ति की स्वीकृति का एक प्रमाण है।

ट्विटर, फेसबुक, ब्लॉग जैसे इंटरनेट जगत के पत्रकार सर्वथा स्वतंत्र होते हैं। इन्हें कोई नियुक्त नहीं करता। ये पत्रकार वस्तुतः लोकतंत्र की इकाई-व्यक्ति की शक्ति के द्योतक होते हैं, जो मनचाहा समाचार सृजित करते हैं, सम्पादित करते हैं एवं प्रेषित करते हैं। साथ ही अपने लोगों के साथ वैश्विक स्तर पर जुड़े रहकर संगठित शक्ति का परिचय भी देते हैं। अतः इंटरनेट जगत का यह पत्रकार वस्तुतः जनता स्वयं है, यह विकेन्द्रीकृत शक्ति का एक नमूना है। यह पत्रकार अव्याहत रूप से अपनी बात रख सकता है, इस पर किसी का वश नहीं। पत्रकार का यह रूप अधुनातन (Latest) है, जो अभी हाल ही में साकार हुआ है और उत्तरोत्तर जनता के अधिकांश को व्याप्त करने की नियति रखता है। बहरहाल, पत्रकार तो पत्रकार है, अलग-अलग सन्दर्भों और समयों में इन दोनों का विशिष्ट महत्त्व होता है। **काशीनाथ उपाध्याय 'बेधड़क बनारसी'** ने इलेक्ट्रॉनिक मीडिया के पत्रकारों से उम्र में बड़े प्रिन्ट मीडिया के पत्रकारों के लिए कभी कहा था—

"शकल से देखने में ये न गोरे हैं न काले हैं,
ना इनके पास पिस्टल है, न इनके पास भाले हैं,
भले हों बेधड़क बेकार, फाकामस्त जीवन में,
कलम के और कागज के धनी अखबार वाले हैं।।"

बहरहाल, पत्रकार किसी भी मीडिया के हों, इनका व्यक्तित्व विराट होता है। वह अपनी स्वस्थ, सार्थक चिन्तन की मशाल से समाज के कोने-अँतरे को आलोकित करते हैं। समयानुकूल वह अपने तल्ख अहसास और छाँह जैसी शीतल छुअन से अपनी सामाजिक भूमिका का निर्वहन करते हैं। वह सही समय पर सही सूचना देकर समाज को सोते से जगाते हैं, सामाजिक बुराइयों, दोषों, कुरीतियों आदि को दूर करने के साथ-साथ समाचार-पत्रों के माध्यम से नये आचार-विचार और व्यवहार को गति देते हैं। समय और समाज के सन्दर्भ में सजग रहकर देश के नागरिकों को समय-समय पर उनके दायित्वों का बोध कराते हैं। पत्रकार लोकतंत्र के रक्षक तथा समाज के पथ-प्रदर्शक होते हैं। लोग उन्हें समाज का शिल्पकार, मनोवेत्ता और भविष्यदृष्टा मानते हैं। समाज के सुख-दुख की थाह लगाकर वह अपनी प्रतिभा और बुद्धि के चातुर्य के बल पर उसे शासन को पहुँचाते हैं। शासन के कमजोर तन्तु और नाकामियों पर भी ध्यान रखते हैं। उनके पास सुलझी हुई सुधारात्मक दृष्टि होती है। पत्रकारों के दायित्व बोध को विविध मनोरम-मनोहारी उपमाओं द्वारा **श्री प्रकाश चन्द्र भुवालपुरी**[2] ने अधोलिखित रूप में रूपांकित किया है—

"वह साहित्यकार की तरह मधुव्रती बनकर जीवन के बिखरे हुए सत्य का मात्र संचयन ही नहीं करता, वरन् उसे देवर्षि नारद-सा भ्रमणशील, संजय-सा दूर दृष्टिसम्पन्न, अर्जुन-सा लक्ष्यनिष्ठ, एकलव्य-सा अध्यवसायी, अभिमन्यु-सा निर्भीक, परशुराम-सा साहसी, सुदामा-सा सन्तोषी, दधीचि-सा त्यागी, धर्मराज-

1. आधुनिक पत्रकारिता—डॉ. अर्जुन तिवारी, पृ. 66, विश्वविद्यालय प्रकाशन-वाराणसी, मूल्य 120 रुपये, सन् 1990
2. मणिमय—'प्रकाश चन्द्र भुवालपुरी', पृ. 291

सा सत्यव्रती, भीष्म-सा अडिग, गणेश-सा प्रतिभासम्पन्न, कृष्ण-सा ज्ञानी एवं कर्मयोगी, राम-सा मर्यादावादी, कृष्ण-द्वैपायन-सा प्रगतिशील और भगवान शिव-सा लोकमंगल के लिए विषपायी होना पड़ता है। ये सभी गुण किसी एक में समवेत होकर उसे सम्मानित पत्रकार बनाते हैं और ऐसा पत्रकार ही अपनी पत्रकारिता को, अपने दायित्व बोध को, सामने ले आकर सामाजिक सम्मान और समादर का सच्चा अधिकारी बनता है।'' कुल मिलाकर, उसका कार्य-चुनौतीपूर्ण और जोखिम भरा होता है। मानवीय सरोकार, मूल्य और निष्काम भावना उसकी मूल सम्पदा और जीवन की गाँठ होती है। कहा जाता है कि पत्रकारिता सीखने की कोई पाठशाला नहीं होती, पत्रकार तो जन्मजात पैदा होता है,—"A journalist is born not made, that, you could not push a man through a journalism school and he would emerge at the other end a journalist. Mahatma Gandhi, never saw the inside of a journalism school. Neither did Bal Gangadhar Tilak, Nor did a score of distiguisehed editors since James Augustus Hicky brought out of the first full-fledged printed news paper in India...they were men who brought much honour to the profession"[1]

अन्ततः यह कि प्याज के छिलके की तरह उसके व्यक्तित्व में नेता, मंत्री, समाज सुधारक, आन्दोलनकर्ता, न्यायकर्ता आदि सभी रूप एक साथ समाहित रहते हैं। वस्तुतः पत्रकार जनता की आवाज होता है। **पं. कमलापति त्रिपाठी**[2] कहते हैं,—"सार और तत्त्व की बातों को क्षणमात्र में पकड़ लेना, मानसिक सतर्कता, समयानुसार अपने को तदनुकूल बना लेने की क्षमता, सूक्ष्म विवेचनात्मक बुद्धि और दृष्टि, संवाद को सूँघकर ढूँढ़ निकालने की योग्यता आदि ऐसी बातें हैं, जो उसकी सफलता के लिए आवश्यक हैं। फिर, सहनशीलता और साहस, सतर्कता और मौलिकता, कल्पना और पारदर्शी दृष्टि, निर्लिप्तता और निर्भीकता सबसे बढ़कर जगत और जीवन के प्रति हृदय में संवेदना तथा उदार भावना उसके आवश्यक गुण हैं, जिनका विकास किए बिना पत्रकारी में आगे बढ़ना और सफलता प्राप्त करना सम्भव नहीं है।'' वह अपने कैमरे और कलम से नागरिक समाज की रोजमर्रा की जिन्दगी को निरन्तर उतारता रहता है। वह खबरों के प्रति तटस्थता और भरोसा पैदा करता है। वह अस्त-व्यस्त और मनहूस खबरों को सुन्दर साँचे-ढाँचे में प्रस्तुत करता है, अनियमितताओं और गड़बड़ियों की वह मजल्लत करता है। वह अपने अखबार एवं रिसाला के माध्यम से यह प्रयास करता है कि समाज में अभिव्यक्ति का लोकतंत्र जिन्दा रहे। खबरों की साख उसकी मूल पूँजी, गाँठ, धरोहर और सम्पदा होती है तो पत्रकारिता के मूल्य, और मानक उसके ओढ़ना-बिछौना। एक शब्द में यह कि सफल पत्रकार मार्केट लीडर की जगह मॉस लीडर होता है।

(2) 'अखबार' (समाचार-पत्र) शब्द के लिए विभिन्न भाषाओं-बोलियों में प्रयुक्त होनेवाले विभिन्न नाम

हिन्दी *'समाचार-पत्र'* (Newspaper) को फारसी, अरबी तथा उर्दू में *'अखबार'* या *'अख्बार'* कहा जाता है। उर्दू में कभी-कभी *मजल्लः* तथा *रिसाला* (पत्रिका) शब्द भी इस सन्दर्भ में प्रयुक्त कर दिए जाते हैं। वस्तुतः अरबी तथा फारसी शब्द *खबर* का बहुवचन है— *'अखबार'।* अखबार में खबर देने, लिखने वाले लोग *'खबरनवीस'* कहलाते हैं। यही *'खबरनवीस'* हिन्दी में *पत्रकार* नाम से जाने जाते हैं। लोकतांत्रिक शासन में इनके द्वारा की गई पत्रकारिता का विशेष महत्त्व होता है। *'समाचार-पत्र'* को लोकशाही का *चतुर्थ स्तम्भ* (Fourth Estate) कहा जाता है।

लेकिन निजी या व्यक्तिगत पत्र लिखने वाले को **खतनवीस** कहते थे।[3] दरअसल, उन्नीसवीं सदी और बीसवीं सदी के पूर्वार्द्ध तक हमारे देश में पढ़े-लिखे लोगों की बहुत कमी थी। भयंकर अशिक्षा। स्थिति इतनी गम्भीर थी कि लोग अपने व्यक्तिगत पत्र भी दूसरों से लिखवाते-पढ़वाते थे। परिणामतः कोर्ट-कचहरी से लेकर गाँवों तक में **खतनवीस** हुआ करते थे, जो अपढ़ जनता के लिए ख़त लिखने और पढ़ने का काम किया करते थे और उसके एवज़ में पैसे लिया करते थे। वे खतनवीस अपने कान

1. Professional Journalism- M.V. Kamath, Rs.75, Vikash Publishing House, New Delhi, 1995
2. पत्रकारिता के सिद्धान्त—कमलापति त्रिपाठी, पृष्ठ.32
3. नया ज्ञानोदय (गालिब का मुहावरा)—अब्दुल बिस्मिल्लाह, पृ. 74, जुलाई 2012, मूल्य-30 रुपये।

पर क़लम रखकर गाँव-गाँव घूमा करते थे। निश्चय ही यह उनका व्यवसाय था 'कान पर क़लम' रखकर घूमने वालों की उस समय क्या अहमियत रही होगी, ग़ालिब से पूछिए—

मगर लिखवाए कोई उसको खत तो हमसे लिखवाए।
हुई सुबह और घर से कान पर रखकर क़लम निकले।।

मूल विषय का पुनः स्पर्श करते हुए मैं आपको बताना चाहूँगा कि समाचार-पत्र को हिन्दी में अधिकांश साक्षरों-सुशिक्षितों के बीच **अखबार** ही कहा जाता है। कभी-कभी कुछ लोग इसके लिए **पत्र** शब्द का इस्तेमाल करते हैं। आप सभी जानते हैं, अंग्रेजी में इसे **न्यूज पेपर** (Newspaper) कहते हैं। 1566 ई. में यूरोप के शहरों में युद्ध एवं व्यापार से सन्दर्भित हस्तलिखित पत्र जब श्रोतागण सुनते थे तो उसके लिए उन्हें एक **गजेटा** (छोटा सिक्का) देना पड़ता था। इसी गजेटा के नाम पर समाचार-पत्रों को **गजेटा** कहा जाने लगा। सम्प्रति **गजट** तो सूचना-पत्र और समाचार-पत्र का पर्याय हो चुका है।[1] अखबार को पंजाबी में **अखबारां** कहते हैं, पर कश्मीरी में **अखबार** शब्द ही चलता है। सिन्धी में इसके लिए **अखबारुँ** शब्द व्यवहृत होता है। मराठी में अखबार को **वृत्त पत्र, वृत्तपत्रे** तथा **वृत्त** कहने की परम्परा है। इतना ही नहीं, **वर्तमान** तथा **वर्तमान पत्र** शब्दों का भी प्रयोग बहुत बार समाचार-पत्र के सन्दर्भ में मराठी में हुआ है। मुंबई में सायंकाल प्रकाशित होनेवाले गुजराती भाषा के एक पत्र का नाम **सांजवर्तमान** है। बाँग्ला में अखबार को **दैनिक पत्रिका, संवाद पत्र** और **वार्त्तावह** कहा जाता है पर, बांग्ला में बहुत लोग समाचार-पत्र को **खबर कागज** या **खबरेर कागज** भी कहते हैं। इधर, उड़िया में इसे **खबरकागज** ही कहते हैं। गुजराती में इसे **वर्तमान पत्रो** कहते हैं तो असमिया में **काकॉट** तथा **बातुरी।** त्रिपुरा के आदिवासी इसे...कहते हैं। संस्कृत में इसे **दैनिकानि** नाम से जानते हैं। दक्षिण की चारों भाषाओं- तेलुगु में—**मास पत्रिकलु,** मलयालम में—**दिनपत्रडःकलुम,** तमिल में **वारिपत्र कैघल** तथा कन्नड़ में समाचार-पत्र को **पत्रकंगलु** या **नियतकालिकंगलु** कहते हैं। भारत में मुग़लकाल के समय समाचार-पत्र को **फरमान, दस्तक, विक्रीनामा, महजर, एकाउंटपेपर** तथा **परवाना** जैसे अनेक शब्द प्रयोग में लाए जाते थे। इससे समाचार-पत्र के विभिन्न रूपों का हमें पता चलता है। हाँ, महज समाचार के पर्याय के रूप में हिन्दी में समय-समय पर **संवाद, विवरण, वृत्तान्त, वार्त्ता, सूचना, वृत्ति, प्रवृत्ति** तथा **उदन्त** जैसे अनेक शब्द इस्तेमाल किए जाते रहे हैं।

(3) पत्रकारिता : शाब्दिक अर्थ, स्वरूप तथा आशय

'पत्रकारिता' शब्द अंग्रेजी, जर्नलिज़्म' (Journalism) का हिन्दी अनुवाद है। अंग्रेजी के 'जर्नलिस्ट' (Journalist) को हिन्दी में **पत्रकार** कहते हैं। अतः इस आधार पर 'जर्नलिज्म' को हिन्दी में **पत्रकारता** कहना चाहिए था, परन्तु अनुवादक के प्रमाद या अनाड़ीपन के चलते **पत्रकारिता** शब्द चलन में आ गया। यदि इसमें से भाववाचक प्रत्यय 'ता' हटा लें तो **पत्रकारिन्** प्रातिपदिक (Stem) बचता है, जिसका पद रूप **पत्रकारी** है। प्रातिपदिक पत्रकारिन् में भाववाचक 'ता' जुड़ने पर **पत्रकारिता** बन सकता है, लेकिन **पत्रकारिन्** शब्द अथवा **पत्रकारी** शब्द स्वयं में असाधु है, क्योंकि हिन्दी में इनका प्रचलन नहीं है और न ही होना चाहिए था क्योंकि उसका अर्थ होता—**पत्रकारवाला**। जिसके पास पत्रकार है वह है—**पत्रकारिन्** अथवा **पत्रकारी**। भला, ऐसा कौन व्यक्ति होगा, जिसके पास गुण के रूप में **पत्रकार** होगा। कुल मिलाकर यह असंगत—अस्वाभाविक कल्पना होगी। दरअसल पत्रकारिता शब्द में लगा 'ता' प्रत्यय कर्म या व्यवसाय-पेशा का भी वाचक है, अर्थात् पत्रकारिता एक व्यवसाय है और व्यवसाय की तरह इसमें भी प्रोफेसनलिज्म' (Professionalism) अर्थात् व्यावसायिकता एक मूल्य है और यह मूल्य राजनैतिक एवं व्यापारिक दोनों ही क्षेत्रों में महत्त्व रखता है। सच तो यह है कि जैसे अधिकारी में 'अधिकार' होता है, वैसे, पत्रकारी में **पत्रकार** नहीं हो सकता, क्योंकि पत्रकार कोई गुण नहीं होता। स्पष्टतः यह कि यह समवाय सम्बन्ध व्यक्ति में नहीं होता, अतः जब 'अधिकारी' की तरह 'पत्रकारी' नहीं हो सकता तो 'पत्रकारिता' कैसे हो सकता है?

1. आधुनिक पत्रकारिता—डॉ. अर्जुन तिवारी, पृ. 20, विश्वविद्यालय प्रकाशन, वाराणसी, सन् 1999, मूल्य 120 रुपये

तमाम तरह के मूल्य और मानकों के बदलने के बावजूद आज मध्यवर्ग के सामने उपलब्ध आजीविका क्षेत्रों में से पत्रकारिता एक सम्मानित और लाभप्रद (Gainfull) व्यवसाय है। इसका अपना अनुशासन है। सामाजिक दायित्व एवं अधिकार इसके लिए बहुत महत्त्वपूर्ण हैं। 'प्रेस अधिनियम' के तहत इन्हें अनुशासित किया गया है। इस व्यवसाय में उचित पात्रों के प्रवेश के लिए उचित शिक्षा, प्रशिक्षण एवं परीक्षण के लिए देश में पत्रकारिता सम्बन्धी कई उच्च संस्थान और विश्वविद्यालय भी स्थापित किए गए हैं। अतः पत्रकारिता व्यवसाय के रूप में एक सम्मान की ही वस्तु नहीं, शक्ति का भी उपकरण है। इस व्यवसाय में आगे बढ़े लोग सत्ता-प्रतिष्ठानों में दखल रखते हैं, तभी तो इस पेशे को लोकतंत्र का चौथा स्तम्भ कहा जाता है। पत्रकारिता को लोकतंत्र के चौथे स्तम्भ के रूप में मान्यता प्रदान करने का श्रेय ब्रिटेन के विदेशमंत्री लॉर्ड बर्के को है। उन्होंने 1832 ई. में अपने ऐतिहासिक भाषण में पत्रकारिता को महिमा मंडित किया। बर्के ने 'पार्लियामेंटरी रिफॉर्म' पर अप्रैल 1832 ई. में Burliegh and His Times' नामक ऐतिहासिक भाषण में कहा,—"The gallery in which the reporters sit has become a fourth estate of the realm, the publication of the debates, a practice which seemed to the most literal statesmen of the old school full of danger to the great safeguards of public property is now regarded by many persons as a safeguard tantamount, and more than tautamount, to all the rest togather अर्थात् सत्ता के जिस गलियारे में पत्रकार बैठते हैं, वह चौथा स्तम्भ बन गया है। पहले सरकारी रिपोर्ट के प्रकाशन को सार्वजनिक हितों की सुरक्षा की दृष्टि से कुछ राजनीतिज्ञ खतरनाक समझते थे। अब संसद की रिपोर्टों के प्रकाशन को जनहित की दृष्टि से सुरक्षित माना जाने लगा है। इस प्रकार सत्ता के साथ एक स्तम्भ और जुड़ गया तथा बर्के का वह **फोर्थ स्टेट** पत्रकार के लिए अन्तर्राष्ट्रीय पहचान बन गई।

पर, बदकिस्मती से पत्रकारिता का दर्शन आज बदल गया है। वह तमाम तरह की नापाकियों और लांछनों से लांछित हो रही है। अतः उसे अपनी पुरानी साख और प्रतिष्ठा बचाने के लिए बाजार की बेशरम चापलूसी, सामाजिक गैर-जिम्मेदारी और कई अन्य तरह के बेजां समझौते से बचकर निर्भीकता और जिम्मेदारी से काम करना चाहिए, क्योंकि उसके पास अपने पारम्परिक लोकतांत्रिक मूल्य हैं, उसे इसकी सदैव रक्षा करनी चाहिए,—"Journalism is a profession based on certain values. It is a means of public education., It is about people and is produced for people. Journalists are not mere news collectors and disseminators, They are, indeed, the guardians of public interest, They are the promoters of social welfare.'[1]

'पत्रकारिता' शब्द का जन्म संस्कृत भाषा के 'पत्र' शब्द में 'कृ' (करना) धातु, जिन+तल् + टाप् प्रत्ययों के योग से हुआ है, जिसका आशय होता है—पत्र-पत्रिकाओं के लिए समाचार और लेख आदि लिखना। इधर, उर्दू में पत्रकारिता के लिए 'खबरनवीसी' कहते हैं। इस खबरनवीसी या पत्रकारिता के लिए अंग्रेजी में, 'जर्नलिज्म' (Journalism) शब्द का इस्तेमाल किया जाता है। इस 'जर्नलिज्म' शब्द का मूल उत्स 'जर्नल' (Journal) है। विद्वान् बताते हैं कि 'जर्नलिज्म' शब्द की व्युत्पत्ति फ्रांसीसी भाषा के 'जर' और 'जर्नल' शब्द से हुई है जिसका शाब्दिक अर्थ फ्रांसीसी भाषा में 'एकदिन' और 'समाचार-पत्र' है। **अमेरिकन इनसाइक्लोपीडिया** के अनुसार,—'जर्नलिज्म' फ्रैंच शब्द 'जर्नी' से व्युत्पन्न है, जिसका अर्थ होता है—एक-एक दिवस का कार्य या उसकी विवरणिका प्रस्तुत करना। पत्रकारिता दैनिक जीवन की घटनाओं और उनके आधार पर प्रकाशित पत्रों की संवाहिका होती है। इससे घटनाओं, तथ्यों, व्यवस्थापरकता के साथ-साथ राजनीतिक, सामाजिक, धार्मिक और कलात्मक सन्दर्भों की प्रस्तुति होती है। विश्व प्रसिद्ध ग्रन्थ **इनसाइक्लोपीडिया ब्रिटानिया** की बात मानें तो रोजाना के कार्यकलापों एवं गतिविधियों, सरकारी बैठकों का विवरण 'जर्नल' में निहित रहता था। सत्रहवीं और अठारहवीं शताब्दी में 'पीरियाडिकल' के स्थान पर लैटिन शब्द 'डियूरनल' एवं 'जर्नल' शब्दों के प्रयोग हुए। इसके पश्चात् बीसवीं शताब्दी में गम्भीर समालोचना और विद्वतापूर्ण प्रकाशन को इसके अन्तर्गत् माना गया। 'जर्नल' से बना 'जर्नलिज्म' अपेक्षाकृत व्यापक शब्द है। समाचार-पत्रों एवं विविधकालिक पत्रिकाओं के सम्पादन एवं लेखन और तत्सम्बन्धी कार्यों को पत्रकारिता के अन्तर्गत् रखा गया। इस प्रकार समाचारों का संकलन-

1. What is a Journalist—Ralph D. Blumenfield. Page-58

प्रसारण, विज्ञापन की कला एवं पत्र का व्यावसायिक संगठन पत्रकारिता है। समसामयिक गतिविधियों के संचार से सम्बद्ध सभी साधन चाहे वह रेडियो हो या दूरदर्शन—इसी के अन्तर्गत् समाहित हैं—"Journal, a word, which came into English from the late Latin Diurnalis, through French journals with the original meaning of 'daily'...Later and current meanings are derived from the idea of daily entries, journals as officials record of meeting...Journalism includes the writing and editing of newspapers and periodicals. Although this is the basic definition various tasks and processes connected with the production of serial-publications are commonly classified as journalistic. Thus, the gathering and transmission of news, business management of jouranals and advertising in all its phases are often thought of as coming within the field of journalism and following the advent of radio and television, there was a trend—towards including all communication dealing with current affairs in the terms."

(4) पत्रकारिता के लिए हिन्दी में समय-समय पर प्रयुक्त हुए विभिन्न नाम

पत्रकारिता का कार्य खालिस समाचारों का संकलन-प्रसारण, आकर्षक शीर्षक तथा उद्योग धन्धों के विज्ञापन छापना आदि ही नहीं है, बल्कि यह न्याय परायण, तेजस्विनी, पुण्य संचारिणी होने के साथ-साथ समाज के मंगलकारी तत्त्वों का भी प्रकाशन करती है। कभी इसे **जागरण काल की पत्रकारिता** कहकर सम्मानित किया गया तो कभी **अग्निवर्षी** नाम से नवाजा गया। सच तो यह है कि यह कठोपनिषद् के "उत्तिष्ठ जाग्रत प्राप्य वरान्निबोधयत" की शंखनाद है। इसने पराधीनता के दौर में "भारत के हम और हमारा भारत", "स्वतंत्रता है, हमारा जन्मसिद्ध अधिकार" तथा "डूबत भारतनाथ वेणि जागो, अब जागो" का मंत्र युवा पीढ़ी को जगाने के लिए फूँका। कुल मिलाकर पत्रकारिता सदैव समादृत और सच्चाई का अनुष्ठान रही है। सम्भवतः इसीलिए विद्वानों ने समय-समय पर इसके लिए विभिन्न हिन्दी नामों का इस्तेमाल किया। मैं समझता हूँ, ये सभी नाम इसके ताजीम और अदब के लिए मौके,-मौके पर गढ़े-रचे गए। **श्री रामकृष्ण रघुनाथ खाडिलकर** ने पत्रकारिता के लिए **पत्रकला** और **पत्रकार कला**—इन दोनों शब्दों का प्रयोग किया।[1] इसी तरह पुणे विश्वविद्यालय के पूर्व हिन्दी विभागाध्यक्ष **श्री ला.ना. गोखले** ने पत्रकारिता को **वृत्त पत्र विद्या** नाम दिया है। पत्रकारिता के लिए उक्त नामों के अतिरिक्त **संवाद पत्र कला, समाचार-पत्र सम्पादन, पत्रकारी, वृत्त विवेचन, समाचारों का संकलन** तथा **समाचारों का प्रसारण** आदि नामों से भी जाना जाता था, किन्तु आज उक्त सभी नामों की जगह फ़क़त **पत्रकारिता** शब्द ही चलन में है। पत्रकारिता को पहले जल्दबाजी, हड़बड़ाहट या झटके में रचा इतिहास या साहित्य समझा जाता था, लेकिन सरकते समय के अनुसार इसके प्रति सतही धारणा बदली। आज यह 'सुरसरि सम सब कहँ हित होई', 'लोक कल्याण कारी', 'शुभदृष्टि', 'समदृष्टि' सम्पृक्त तो है ही बक़ौल **डॉ. अर्जुन तिवारी**[2] असत्य, अशिव और असुन्दर पर 'सत्यं', 'शिवं', 'सुन्दरम्' की शंखध्वनि भी हो गई है। कुछ लोग इसे 'लोकतंत्र का चौथा खम्भा' या स्तम्भ' (fourth state of democracy) तो कुछ लोग 'शासन की वास्तविक शक्ति' (Power behind the throne) भी कहते हैं।

(5) प्रेस और समाचार-पत्र : अन्तः सम्बन्ध

समाचार-पत्र प्रारम्भ में प्रेस अर्थात् मुद्रणालय से निर्गत होनेवाले माध्यम के रूप में प्रचलित रहे हैं परन्तु बाजार में व्याप्ति और प्रतियोगिता के चलते प्रेस अपर्याप्त लगने लगे। जिस प्रभूत मात्रा में पाठकों तक पहुँच अपेक्षित थी, उसके अनुसार प्रेस की यथेष्टगति सम्भव नहीं थी, क्योंकि इस प्रणाली में मुद्रण की गति अत्यन्त सीमित ही होती है। ऑफसेट प्रिंटिंग प्रेस तकनीक आने के बाद से समाचार-पत्रों के प्रसार में विस्तार तो हुआ, किन्तु यह विस्तार देश काल की सीमा में बँधा हुआ था और इधर, बाजार वैश्विक हो चला अर्थात् समाचार-पत्र ऑफसेट प्रिंटिंग की सीमा में नहीं रह सकता था। फलतः इलेक्ट्रॉनिक

1. आधुनिक पत्रकार कला—आचार्य रामकृष्ण रघुनाथ खाडिलकर, पृ. 2
2. आधुनिक पत्रकारिता—डॉ. अर्जुन तिवारी, पृ. 9

युग के अनुरूप इंटरनेट संस्करण ने समाचार-पत्रों को परम्परागत प्रेस से मुक्ति दी, परन्तु यह मुक्ति आत्यंतिक अर्थों में नहीं है क्योंकि इंटरनेट पर 'अपलोड' होने के पहले समाचार-पत्र मुद्रित स्वरूप में परम्परागत प्रेस से ही निर्गत होता है। आगे की यात्रा, प्रेस से मुक्त होकर विद्युतीय-चुम्बकीय तरंगों की दुनिया में विद्युत की गति से यात्रा करने की है और यही समाचार-पत्र देश-काल की सीमा को तोड़कर सच्चे अर्थों में वैश्विक आयाम पाता है। अतः यह कहा जा सकता है कि आज का समाचार-पत्र 'प्रेस' पर खड़ा तो है, परन्तु वहाँ से छलांग लगाने के लिए वह तैयार भी है।

अतः प्रेस और समाचार-पत्र के अन्तःसम्बन्ध का निहितार्थ मात्र यही है कि समाचार-पत्र यदि वायुयान है तो प्रेस उसका 'रनवे' है। प्रेस आधारभूत संरचना (Infrastructure) है और अन्तरिक्ष में परिव्याप्त इंटरनेट उसका ऊपरी ढाँचा (Super Structure) है। प्रेस समाचार-पत्र की जड़ है और इंटरनेट समाचार-पत्र के वृक्ष का पुष्प और पल्लव है। पुष्प और पल्लव अपनी समृद्धि के साथ सबको आकृष्ट करते हैं, परन्तु इन सबका संजीवन रसायन वह प्रेस रूपी जड़ से ही पाता है। इस तरह प्रेस और समाचार-पत्र के बीच यह सम्बन्ध बच्चे और माँ के बीच गर्भनाल जैसा होता है। कुल मिलाकर प्रेस और समाचार-पत्र का सम्बन्ध अन्योन्याश्रित होता है। विद्वानों का विचार है कि चीन, जर्मनी, फ्रांस, इंग्लैंड, पुर्तगाल तथा भारत आदि देशों में छापने की कला से ही पत्रकारिता का उद्‌भव हुआ है। भारत में छपाई की यह कला 1550 में गोवा में आई, इसके बाद मुम्बई में 1662 ई. में, मद्रास में 1772 ई. में तथा कोलकाता में 1779 ई. में प्रेस खोले गए। 29 जनवरी 1780 में एक गैर भारतीय द्वारा समाचार-पत्र प्रकाशित हुआ। इसके बाद इंडियन गजट (1780), बंगाल जर्नल (1744) तथा इंडियन वर्ल्ड (1791) कोलकाता से प्रकाशित हुए। तत्पश्चात् राजाराम मोहन राय के प्रयास से 1818 ई. में बंगाल, गजट, 1821 ई. में संवाद कौमुदी तथा मिरातुल अखबार प्रकाशित हुए।

(6) पत्रकारिता : अवधारणाएँ तथा परिभाषाएँ

समाज एवं समय के सन्दर्भ में सजग और सचेत या जागरूक रहकर नागरिकों में दायित्व-बोध कराने की कला को पत्रकारिता कहते हैं। श्रीमद्‌भागवत गीता में स्थान-स्थान पर 'शुभदृष्टि' का प्रयोग हुआ है। यह शुभदृष्टि ही पत्रकारिता है, जिसमें गुणों को परखना और मंगलकारी तत्त्वों को प्रकाश में लाना सम्मिलित है। महात्मा गांधी तो इसमें 'समदृष्टि' को महत्त्व प्रदान करते थे। समाज के हित में सम्यक् प्रकाशन को पत्रकारिता की संज्ञा से अभिहित किया जाता है। असत्य, अशिव एवं असुन्दर पर 'सत्यं, शिवं सुन्दरं' की शंखध्वनि ही को पत्रकारिता कहा जाता है। *जोसेफ पुलित्जर* ने पत्रकारिता के विषय में अपने विचार व्यक्त करते हुए लिखा है—"Nothing less than the highest ideals, the most scrupulous anxiety to do night, the most accurate knowledge of the problems it has to meet and a sincere sense of social responsibility will save journalism". *आचार्य रामकृष्ण रघुनाथ खाडिलकर* ने 'पत्रकला' और 'पत्रकार कला' इन दो शब्दों का प्रयोग इसके लिए किया है। उनके विचारानुसार,'' ज्ञान और विचार शब्दों और चित्रों के रूप में दूसरे तक पहुँचाना ही पत्रकला है।''[1] प्रारम्भ में पत्रकारिता का आशय समाचारों का संकलन और प्रसारण था, किन्तु जैसे-जैसे समाचार-पत्रों में समाचार प्रेषक, मुद्रण एवं वितरण के साधनों में वैज्ञानिक, प्राविधिक एवं शिल्पगत प्रगति होती गई, पत्रकारिता का क्षेत्र विस्तृत होता गया।[2] आगे खाडिलकर पुनः कहते हैं, "छापने वाले लेख—समाचार तैयार करना ही पत्रकारी नहीं रह गई। आकर्षक शीर्षक देना, पृष्ठों का आकर्षक बनाव-ठनाव, जल्दी-से-जल्दी समाचार देने की होड़, देश-विदेश के प्रमुख उद्योग धन्धों के विज्ञापन प्राप्त करने की चतुराई, सुन्दर छपाई और पाठक के हाथ में सबसे जल्दी पत्र पहुँचा देने की त्वरा, ये सब पत्रकार कला के अन्तर्गत् आ गए।''[3]

बहरहाल, पूँजीवादी सभ्यता के विकारों, वैश्विक हलचलों, बाजारवादी आक्रामकताओं आदि के कारण आज की पत्रकारिता भले ही पथ-स्खलित हो गई हो, परन्तु उसके पास परम्परा से प्राप्त

1. आधुनिक पत्रकार कला—आचार्य रामकृष्ण रघुनाथ खाडिलकर, पृ. 2
2. पत्रकारिता के सिद्धान्त—कमलापति त्रिपाठी, पृ. 78, अनीता प्रकाशन, नई सड़क, दिल्ली, मू. 40 रुपये
3. आधुनिक पत्रकारिता—आचार्य रामकृष्ण रघुनाथ खाडिलकर, पृ. 2

शानदार संस्कार अब भी सुरक्षित हैं। आज भी वह साम्प्रतिक मुद्दों और समस्याओं से टकराती है एवं अपनी लक्ष्य भेदी दृष्टि से एक तार्किक सन्निधि तक पहुँचती है। आज भी उसके भीतर सर्जनात्मक ऊर्जा है, समाज सुधार का जज्बा तथा रागदीप्त सच सुरक्षित है। आज भी वह अपनी अदम्य आशावादिता से लैस है। उपभोक्ता संस्कृति की मुक्त बाज़ार व्यवस्था के दबाव के बावजूद आज भी वह खोखली व्यवस्था का चेहरा बेनकाब करती है। आज भी वह अनैतिकता, अर्थ आधारित छद्म जीवन शैली, दूषित होते मूल्यों तथा अन्यान्य तरह के पतन का निषेध करती है। 'पेड न्यूज' अर्थात् पैसा लेकर खबर छापने के कारण भले ही इसकी कटु निन्दा और आलोचना हुई, क्योंकि भ्रष्टाचार भी हिंसा का ही संस्करण माना जाता है—फिर भी भारतीय बुद्धि जगत से लेकर आमजनों के बीच इसके प्रति लोगों के मन में विश्वास एवं समादर बना हुआ है। विद्वानों ने अत्यन्त सम्मान तथा आदर के साथ पत्रकारिता को समय-समय पर परिभाषित किया है, इनमें से कुछ मुख्य को हम अधोलिखित रूप में इस प्रकार देख सकते हैं—

(1) **डॉ. कृष्ण बिहारी मिश्र**[1] के अनुसार,—पत्रकारिता वह विद्या है, जिसमें पत्रकारों के कार्यों, कर्तव्यों और उद्देश्यों का विवेचन किया जाता है। जो अपने युग और अपने सम्बन्ध में लिखा जाए, वही पत्रकारिता है।''

(2) **डॉ. राम मोहन पाठक**[2] कहते हैं कि, ''पत्रकारिता सूचना का एक माध्यम है। पत्रकारिता दिन भर की घटनाओं की सूचना, उसकी आख्या, और सामान्यजन की जिज्ञासा तथा ज्ञान पिपासा के समाधान का भी आधार है। यह मूल रूप में समाचार है।''

(3) **डॉ. हरिमोहन**[3] का विचार है कि ''पत्रकारिता नवीनतम घटनाओं की जानकारी एवं विचारों को सावधानीपूर्वक, चुनकर उनका मूल्यांकन कर, यथावश्यक उनका विश्लेषण या उनकी समीक्षा करते हुए किसी भी तरह के संचार माध्यम (मुद्रित अथवा श्रव्य-दृश्य) की सहायता से जन-जन तक पहुँचाने की प्रक्रिया है।''

(4) **डॉ. रामचन्द्र तिवारी**[4] के अनुसार, ''ज्ञान तथा विचारों को समीक्षात्मक टिप्पणियों एवं चित्रों सहित विशाल जनमानस तक पहुँचाना ही पत्रकारिता है।''

(5) **एम. वी. कामथ**[5] पत्रकारिता को रूपायित-रेखांकित करते लिखते हैं कि—"Journalism no doubt is a profession...The History of Journalism is littered with the lives of men whose snobbery would not permit them to see themselves as businessmen and traders as well."

(6) **डॉ. संजीव भानावत**[6] का मानना है कि, ''आज पत्रकारिता सूचनाओं और समाचारों का संकलन मात्र न होकर मानव जीवन के व्यापक परिदृश्य को अपने में समेटे हुए है। वह शाश्वत, नैतिक, सांस्कृतिक मूल्यों को समसामयिक घटनाचक्र की कसौटी पर कसने का साधन बन गई है। ज्ञान, विज्ञान, साहित्य-संस्कृति, आशा, निराशा, संघर्ष-क्रान्ति, जय-पराजय, उत्थान-पतन आदि जीवन की विविध भावभूमियों की मनोहारी एवं यथार्थ छवि हम युगीन पत्रकारिता के दर्पण में देख सकते हैं।''

(7) **डॉ. बद्रीनाथ कपूर**[7] के अनुसार, ''पत्रकारिता पत्र-पत्रिकाओं के लिए समाचार, लेख आदि एकत्रित तथा सम्पादित करने, प्रकाशन आदि देने का कार्य है।''

---

1. हिन्दी पत्रकारिता—डॉ. कृष्ण बिहारी मिश्र, पृ. 70, भारतीय ज्ञानपीठ, मूल्य-140 रु. सन् 2000 ई.
2. साहित्यिक पत्रकारिता—डॉ. राम मोहन पाठक, पृ. 19, ज्ञानमंडल लि. वाराणसी, मू. 50 रु. सन् 1989 ई.
3. सम्पादन कला एवं प्रूफ पठन—डॉ. हरिमोहन, पृ. 12, तक्षशिला प्रकाशन, दरियागंज, दिल्ली, मू. 100 रु. सन् 1990 ई.
4. पत्रिका सम्पादन कला—डॉ. रामचन्द्र तिवारी, पृ. 58
5. Professional Journalism-M.V. Kamath, P. 5, Vikas Publishing House, Delhi
6. पत्रकारिता का इतिहास एवं जनसंचार माध्यम—डॉ. संजीव भानावत, पृ. 1, जयपुर, सन् 2000ई.
7. वैज्ञानिक परिभाषा कोश, सं. डॉ. बद्रीनाथ कपूर, पृ. 117

(8) **टाइम पत्रिका**[1] के हिसाब से,—"Journalism is the conveying of information from here to there with accuracy, insight and despatch in such a manner that the truth is saved and rightness of thing is made slowly even if not immediatly more evident." अर्थात् पत्रकारिता इधर से उधर एकत्रित सूचना का केन्द्र है, जो सही अन्तर्दृष्टि और प्रेषण का कार्य इस ढंग से करती है कि सत्य का पालन हो और घटनाओं के सहीपन को देखा गया हो, भले ही तुरन्त न सही, पर अधिक साक्षी हो।"

(9) **डॉ. भँवर सुराणा**[2] कहते हैं कि "पत्रकारिता वह धर्म है, जिसका सम्बन्ध पत्रकार के उस कर्म से है, जिससे वह तात्कालिक घटनाओं और समस्याओं का सबसे अधिक सही और निष्पक्ष विवरण पाठकों के समक्ष प्रस्तुत करें और समस्त जनमत जागृत करने का श्रम करें।" तथा

(10) **डॉ. प्रेमनाथ चतुर्वेदी**[3] का विचार है कि "पत्रकारिता विशिष्ट देश काल, परिस्थितिगत तथ्यों को अमूर्त्त, परोक्ष, मूल्यों के सन्दर्भ और आलोक में उपस्थित करती है।"

(7) पत्रकारिता : महत्त्व एवं उपादेयता

पत्रकारिता का यदि बेजां, टुच्चा, स्वार्थपरक और व्यावसायिक इस्तेमाल न किया जाए तो कहा जा सकता है कि वह आज के इस आपाधापी वाले परिवेश में सांस्कृतिक मूल्यों की संरक्षिका—सुरक्षिका तो है ही, मनुष्य-मनुष्य के बीच तेजी से क्षरण-छीज और सूख रहे सौहार्द्र को जोड़ने का पुल भी है। यह परम्परा साहित्य, कला, मानवीय मूल्य और आदर्श आदि-इन सबकी पहरुआ है। झूठ पड़ते जा रहे सामाजिक सम्बन्ध और सरोकार, पाँव पसारते राजनीतिक विद्रूप, चरमराती व्यवस्था, दम तोड़ते न्याय तंत्र और अर्थ तंत्र, आत्मपरक हो बेमानी बन गए मानवीय रिश्ते तथा अन्यान्य तरह की विडम्बना और त्रासदियों को समय-समय पर यह अपना विषय बना सामाजिक जागरूकता पैदा करती है। इस तरह से पत्रकारिता के अपने दायरे में ढेरों दाय हैं। लोकहित साधन और लोकरुचि का परिष्कार करना इसका मूल शंखनाद है। सामाजिक यथार्थ की अवहेलना से यह ठिठकती है, उसकी जगह मानवीय मूल्यों के उत्थान की नई-नई सम्भावनाओं को टटोलती है। बढ़ती अराजकता और स्वेच्छाचारिता को उनकी औक़ात बताती है। इसी तरह, कभी-कभी जब प्रतिपक्षी पार्टियों का सफाया हो जाता है तो यह विधानसभाओं और लोकसभा में विपक्ष की भूमिका में जीती है। यह है—पत्रकारिता का अवदान, महत्त्व एवं उपादेयता। स्वतंत्रता आन्दोलन में इसने अंग्रेजों के दाँत खट्टे किए तो आपातकाल में अतिवादी शक्तियों से लाभ लिया। कुल मिलाकर यह लोगों को सूचित करती है, घटनाओं के रोएँ-रेशे को प्याज के छिलके की तरह छीलकर लोगों के समक्ष निर्भीकता और बेबाकी से रखती है, मार्गदर्शक की भूमिका में जीती है। कार्टूनों, चित्रों आदि के माध्यम से विशेष तथ्यों की ओर लोगों का ध्यान खींचती है। सुप्रसिद्ध पत्रकार **श्री विष्णु राव पराड़कर** ने समाचार-पत्र के दो मुख्य धर्म माने हैं,—"एक तो समाज का चित्र खींचना और दूसरे उसे सदुपदेश देना।"[4] **सी.जी. मूलर**[5] के विचारानुसार सामाजिक ज्ञान का व्यवसाय ही पत्रकारिता है। इसमें तथ्यों की प्राप्ति, उनका मूल्यांकन और समुचित प्रस्तुतीकरण होता है,—"Journalism is the business of timely knowledge, the business of obtaining the necessary facts of evaluating them carefully and of presenting them fully and of acting on them wisely."

समाचारों के अतिरिक्त अब पत्रकारिता के क्षेत्र में आकाशवाणी और दूरदर्शन भी आ चुके हैं। इसलिए इसकी व्यापक अवधारणा होनी चाहिए। प्रकाशन, चित्रों द्वारा प्रस्तुतीकरण एवं प्रसारण के लिए सामयिक और सरस तथ्यों के संकलन तथा सम्पादन को पत्रकारिता कहा जा सकता है। हम सारांश में यह कह सकते हैं कि ज्ञान और विचारों को समीक्षात्मक टिप्पणियों के साथ शब्द, ध्वनि और चित्रों

1. Time Magzine, P. 11
2. राजस्थान में हिन्दी पत्रकारिता का उद्‌गम और विकास—डॉ. भँवर सुराणा, पृ. 14
3. समाचार सम्पादन—डॉ. प्रेमनाथ चतुर्वेदी, पृ. 16
4. वृहत् हिन्दी पत्रकारिता कोश, पृ. 676
5. पत्रकारिता के सिद्धान्त—कमलापति त्रिपाठी, पृ. 80

के द्वारा जन साधारण तक पहुँचाना ही पत्रकारिता है। यह वह विद्या है जिसमें सभी तरह के पत्रकारों के कार्यों, लक्ष्यों और कर्तव्यों का विवेचन होता है।[1] **डॉ. संजीव भानावत**[2] का विचार है कि पत्रकारिता वस्तुतः जनभावना की यथार्थ अभिव्यक्ति है जो न सिर्फ असहायों, दलितों, पीड़ितों और दुखी व्यक्तियों की सहायिका है, वरन् शासक वर्ग की मार्गदर्शिका भी है। भारतीय स्वाधीनता संघर्ष में पत्रकारिता की भूमिका अप्रतिम रही है। स्वाधीनता के बाद अब भारत के सामाजिक-सांस्कृतिक नव निर्माण की ओर पत्रकारिता सक्रिय है। देश की आर्थिक परियोजनाओं में आमजन को भागीदार बनाने तथा सामाजिक कुरीतियों के विरुद्ध जन-चेतना जागृत करने में पत्रकारिता की महत्त्वपूर्ण भूमिका है। इसके अतिरिक्त पत्रकारिता जन-जन को उसके कर्तव्यबोध का अहसास कराकर राष्ट्र की गौरममयी परम्पराओं को भी उजागर करती है। पत्रकारिता का क्षेत्र अत्यन्त व्यापक है। शिक्षा, विज्ञान, राजनीति, जन-कल्याण, धर्म-दर्शन, साहित्य-संस्कृति आदि विविध क्षेत्रों की गतिविधियाँ पत्रकारिता के माध्यम से ही प्रचारित-प्रसारित होती हैं। साम्प्रदायिक सौहार्द्र तथा राष्ट्रीय एकता और समन्वय की दिशा में पत्रकारिता का महत्त्वपूर्ण स्थान है। **हैरम्ब मिश्र**[3] के हिसाब से पत्रकारिता का फ़लक अत्यन्त विशाल एवं व्यापक है जिनमें जीवन का हर क्षेत्र समाया हुआ है। इसका मूल लक्ष्य ही अन्याय का उद्‌घाटन, दोषों का परिहार करना, असहाय और पीड़ितों की रक्षा एवं सहयोग करना तथा जनता का पथ-प्रदर्शन करना है। समग्र रूप में पत्रकारिता के तीन प्रमुख दायित्वों को इन तीन बातों में समाहित किया जा सकता है—

(1) विशाल मानव परिवार की एकता (विश्व बन्धुत्व),

(2) जन सेवा (सामाजिक एवं आर्थिक स्थिति में सुधार के लिए प्रयत्नशील रहना) तथा

(3) शान्ति स्थापना।

ये उद्‌देश्य अपने में इतने पूर्ण हैं कि इनमें मानव कल्याण की सभी बातें—सामाजिक सुधार से लेकर झकझोर देनेवाली आर्थिक क्रान्ति तक आ सकती है।

जैफर्सन[4] ने तो समाचार-पत्र जगत् को स्वतंत्र समाज में यह कहकर सर्वोच्च स्थान दिया है कि, ''यदि उनको एक समाचार-विहीन शासन-व्यवस्था और शासन-विहीन समाचार-पत्र वाले समाज में से चुनने को कहा जाए, तो वह निःसन्देह समाचार-पत्र वाली व्यवस्था को अंगीकार करेंगे।'' शारीरिक अथवा सामाजिक दंड देने की सीधी शक्ति न रखते हुए भी केवल लोकमत के बल पर वर्तमान पत्र इतने सशक्त होते हैं कि उन्हें **फोर्थ एस्टेट, पावर बिहाइंड द थ्रोन, आल पॉवर फुल** आदि नामों से पुकारा जाता है।[5] **बर्क** ने पत्रकारिता को **चौथी सत्ता** कहा है तो **आस्कर वाइल्ड** कहते हैं कि, ''आज तो प्रेस ही एकमात्र रियासत है।''[6] लोकतंत्र के चार स्तम्भों की अवधारणा करते हुए सुप्रसिद्ध हिन्दी दैनिक समाचार-पत्र 'जनसत्ता' के पूर्व सम्पादक स्व. श्री प्रभाष जोशी ने कहा था कि, ''न्यायपालिका, कार्यपालिका, विधायिका और प्रेस में मैं **चौथा खम्भा** हूँ तो पत्रकार होने के नाते मेरा अधिकार और कर्तव्य है कि इन तीनों खम्भों को मैं 'जज' करूँ''।[7]

कुल मिलाकर पत्रकारिता इधर-उधर से एकत्र सूचना का केन्द्र है, जो सही अन्तर्दृष्टि और सम्प्रेषण का कार्य इस ढंग से करती है कि सत्य का पालन हो और घटनाओं के सहीपन को देखा गया हो, भले ही तुरन्त न सही, पर अधिक साक्षी हो,—Journalism is the conveying of information from here to there with accuracy, insight and despatch and in such a manner that the

---

1. पत्रकारिता के सिद्धान्त—कमलापति त्रिपाठी, पृ. 80
2. समाचार लेखन के सिद्धान्त और तकनीक—डॉ. संजीव भानावत, पृ. 120, यूनिवर्सिटी पब्लिकेशंस, जयपुर, मू. 150 रु., सन् 1997 ई.
3. पत्रकारिता : संकट और संत्रास—हैरम्ब मिश्र, पृ. 2
4. स्वान-पृ. 17, अप्रैल, 1966
5. हिन्दी पत्रकारिता : विकास और विविध आयाम—डॉ. (श्रीमती) सुशीला जोशी, पृ. 10, मूल्य 80 रु., राजस्थान हिन्दी ग्रन्थ अकादमी, प्लाट नं. 1, झालना सांस्थानिक क्षेत्र, जयपुर, पंचम संस्करण, सन् 2006 ई.
6. पत्र और पत्रकार—कमलापति त्रिपाठी, पृ. 13
7. दिनमान—प्रभाष जोशी का लेख, 10 से 16 मार्च, 1985

truth is assured and the rightness of thing is made slowly even if not immediately, more evident." प्रायः पत्रकारिता के तीन उद्देश्य बताए गए हैं—(1) सूचना देना, (2) शिक्षित बनाना तथा (3) मनोरंजन प्रदान करना, इसलिए कि एक ज्ञान सम्पन्न, जागरूक समाज का निर्माण उसका लक्ष्य है।[1] अन्ततः यह कि आज के युग में पिछड़ी हुई जातियों के उत्थान में समाचार-पत्र ने बहुत बड़ी भूमिका निभाई है। समाचार-पत्र का उद्देश्य आम जनता की समस्याओं की ओर ध्यान आकर्षित करना तथा सामाजिक क्रान्ति की दिशा में चेतना जागृत करना है। समाज में व्याप्त विश्वासों के विरुद्ध समाचार-पत्र अपना युद्ध छेड़ सकता है। जाति-पाँति, छुआछूत, बाल-विवाह, बेमेल-विवाह के विरुद्ध व विधवा-विवाह आदि तथा सामाजिक विकास के पक्ष में समाचार-पत्र लेखों द्वारा जन मानस को जागृत कर सकते हैं। लेखनी तलवार से अधिक शक्ति शाली होती है। एक समाचार जनता में बवंडर उत्पन्न कर सकता है तो दूसरी ओर वह समाज में शान्ति कायम रखने में सहायक हो सकता है। समाचार-पत्र सामाजिक अज्ञान के विरुद्ध संघर्ष छेड़ते हैं, क्योंकि समाचार-पत्र ही 'विचित्र बातें', 'ज्ञान-विज्ञान', 'अवलोकन', 'विश्वचक्र' आदि प्रभावशाली कॉलमों के द्वारा जनता में व्याप्त अन्धविश्वासों को मिटा सकता है।[2]

(8) पत्रकारिता : प्रयोजन लक्ष्य या उद्देश्य

प्रयोजनमनुद्दिश्य न मन्दोऽपि प्रवर्त्तते।
एवमेव प्रवृत्तिश्चेच्चैतन्येनास्यकिंभवेत्।।[3]

आज बाजारवादी दबाव के कारण पत्रकारिता भले ही पीत, शीत, मीत और क्रीत रोगों का शिकार होकर अपने लक्ष्यों और मिशन से स्खलित हो गई हो, संयम की जगह प्रलोभन के दबाव में भले ही मनोरंजन का उद्योग बन गई हो, आज इसके रूप, 'स्वरूप' और अन्तर्वस्तु में भले ही अराजक उलट-पुलट हो रही हो, पश्चिम की आवारा पूँजी ने भले ही 'कल्चर इन्डस्ट्री' अर्थात् संस्कृति उद्योग में तब्दील कर दिया हो, आज इसमें भले ही विचारधाराओं का लोप होने के कारण यह फ़लक़जद हो गई हो, पर इन सबके बरक्स यह अकाट्य सत्य है कि कभी पत्रकारिता परम पावन 'मिशन' थी, जिसके अपने कुछ परम पावन उद्देश्य थे और आज भी हैं। देशहित और आजादी के लिए किए गए इसके संघर्ष के शानदार इतिहास को कैसे भूला जा सकता है? राजनीतिक दासता से मुक्ति, ब्रिटिश शासकों की दमन और शोषणकारी नीति से भारतीयों को मुक्त कराना आदि इसके प्रमुख प्रयोजन और लक्ष्य थे। राष्ट्रीय भावना को मजबूती प्रदान करना, क्षेत्रीयता की संकीर्ण-संकुचित भावना का खात्मा करना साथ ही समाज में फैली बुराइयों, जादू-टोना जैसे अन्ध विश्वासों, कुंठा, नैराश्य और संत्रास को समाप्त कर इनकी जगह सामाजिक चेतना का चिराग जलाना, सामाजिक सुधार आदि का आन्दोलन चलाना ही पत्रकारिता के प्रमुख प्रयोजन और उद्देश्य थे। अपने जन्म के समय में ही समाचार-पत्र और पत्रकारों ने तमाम तरह की दुश्वारियाँ, अभावग्रस्तता और फ़ाकाकशी करते हुए, राष्ट्रीय चेतना का उद्बोधन किया, जो उनके अपने तत्कालीन उद्देश्य थे,—

सरफ़रोशी की तमन्ना अब हमारे दिल में है,
देखना है जोर कितना बाजु-ए-क़ातिल में है।
अब न अगले वलवले हैं और न अरमानों की भीड़,
एक मिट जाने की हसरत, बस दिलो, बिस्मिल' में है।
आज मक़तब में यह क़ातिल कह रहा है बार-बार,
अब भला शौके शहादत भी किसी के दिल में है।

1. सम्पादन कला एवं प्रूफ पठन—डॉ. हरिमोहन, पृ. 19, तक्षशिला प्रकाशन, अंसारी रोड, दरियागंज, मू. 100 रु., सन् 1995 ई.
2. हिन्दी पत्रकारिता : विकास और विविध आयाम—डॉ. श्रीमती सुशीला जोशी, पृ. 11-12
3. श्लोक वार्तिक—कुमारिल भट्ट, सम्बन्धाक्षेप, परिहार, 55

स्वतंत्रता संग्राम में भारतीय नौजवानों में ओज, जोश का संचार करनेवाली यह पत्रकारिता ही थी और यही इसका लक्ष्य भी था,—

झंडा ऊँचा रहे हमारा, विजयी विश्व तिरंगा प्यारा।
सदा शक्ति बरसाने वाला, प्रेम सुधा बरसाने वाला।।
वीरों को हरषाने वाला, मातृ भूमि का तन-मन सारा।
झंडा ऊँचा रहे हमारा।।

महात्मा गांधी ने सन् 1908 ई. में ही पत्रकारिता के लक्ष्यों और प्रयोजनों को स्पष्ट कर दिया था,—"समाचार-पत्र का पहला उद्देश्य जनता की इच्छाओं, विचारों को समझना और उन्हें व्यक्त करना है। दूसरा उद्देश्य जनता में वांछनीय भावनाओं को जाग्रत करना है, तीसरा उद्देश्य सार्वजनिक दोषों को निर्ममता पूर्वक प्रकट करना है।[1] इस तरह हम देखते हैं कि पत्रकारिता का प्रमुख उद्देश्य सम्पूर्ण मानव जीवन में नव संचार, सजीवता, जागरण, नवस्फूर्ति, सक्रियता और गतिमयता के सन्देश का प्रचार-प्रसार करना है।"[2]

पूँजी प्रवाह पर नौकायन करती पत्रकारिता को आज का बाज़ार भले ही 'पैराडाइम' अर्थात् स्वर्ग लग रहा हो, किन्तु कभी इसका लक्ष्य 'बसुधैव कुटुम्बकम्', 'सर्वजनहिताय' और 'सर्वजन सुखाय' ही प्रमुख रूप से था। समाज सेवा इसके प्रमुख लक्ष्यों में रहा है, "Thus whether the journalist likes it or not, he is a public servant. The forces that he represents generaly Influences that are in turn, brought to bear upon him in the arena of public affairs. Among these are the manifold pressures of government, industry, labour the art and sciences and sports, the persuation of public relations operators, the alternate rivalry and comaraderie within his own employers and finally, his own intellectual background his habits, and his training, Out of all these, some how, he must be able to determine the truth and present it to the public"[3] राष्ट्रीय आन्दोलन के दौरान समाज सुधार आन्दोलन भी बराबर चलता रहा और हर पत्र-पत्रिका, समसामयिक लेखों में, अग्रलेखों में सामाजिक विषयों पर लिखती रहीं। उदाहरण स्वरूप 'प्रभा' में प्रकाशित कुछ चुने हुए सामाजिक लेखों के शीर्षक देखिए,—"सामाजिक पवित्रता", "समाज के पुराने बन्धनों पर एक दृष्टि", "समाजशास्त्र में परिवर्तन की आवश्यकता", "सामाजिक बहिष्कार", "भारत की विधवाएँ", "विधता-विवाह और महात्मा गांधी", "वेश्यावृत्ति", "स्त्री शिक्षा", "संसार में स्त्री का स्थान", "स्त्रियों के राजनैतिक आधार", "भारतीय महिलाएँ और वोट देने का अधिकार", "जाति पान्ति", "वर्ण व्यवस्था", "अछूत जातियों का प्रश्न", "हिन्दू जाति की शारीरिक हीनता", "बाल विवाह" और "दीर्घ जीवन" आदि। इस तरह से स्पष्ट है कि हिन्दी पत्र-पत्रिकाओं ने सामाजिक सुधारवादी आन्दोलन को गति दी।[4]

परतंत्रता की बेड़ियों में जकड़ी भारत माता को मुक्त कराने के साथ-साथ इसके अन्य लक्ष्यों में 'लिपि विस्तार परिषद्' के माध्यम से देवनागरी लिपि का प्रचार-प्रसार तो था ही, हिन्दी को राष्ट्रभाषा का दर्जा दिलाना भी एक महत् लक्ष्य था। तत्कालीन पत्रकारों—मदन मोहन मालवीय, शिवप्रसाद गुप्त, डॉ. श्यामसुन्दर, महावीर प्रसाद द्विवेदी, पंडित भरत लाल चक्रवर्ती ने समय-समय पर अपने लेखों में राष्ट्रभाषा का मुद्दा उठाया। परिणाम हुआ—सन् 1900 ई. में हिन्दी भाषा को कचहरियों में स्थान मिला और भारत के प्रत्येक जिले में नागरी प्रचारिणी सभा की स्थापना हुई। सन् 1905 ई. में स्वदेशी आन्दोलन ने भी इस दिशा में अपना काफी सहयोग दिया। **नृसिंह** ने अपने प्रथम सम्पादकीय में ही ललकारा,—"अब समय आ गया है कि समस्त भारतवासी विद्वान, अथवा मूर्ख तन, मन, धन से स्वदेशोन्नति के लिए कमर कसकर खड़े हो जाएँ। सर्वसाधारण को जगाने का काम विदेशी भाषा से कभी नहीं हो

1. हिन्दी पत्रकारिता का वृहद् इतिहास—डॉ. अर्जुन तिवारी, पृ. 31
2. हिन्दी पत्रकारिता का विकास—डॉ. एन.सी.पन्त, पृ. 267
3. History of Press, Press Laws and Communications- B.N. Ahuja p.164, Surjeet Publication, Kamala Nagar, Delhi, Rs.95, Second Edition-1993
4. हिन्दी पत्रकारिता के प्रतिमान—डॉ. हरदान हर्ष, पृ. 62, रचना प्रकाशन, जयपुर, मू. 100 रु., सन् 1999

सकता। उसके लिए ही राष्ट्रभाषा का प्रयोजन है।'' सबके सम्मिलित प्रयास ने असर किया और सन् 1920 ई. के कांग्रेस अधिवेशन में हिन्दी को भारत की राष्ट्रभाषा स्वीकार कर लिया गया। नृसिंह के ही अंक 4 के दूसरे लेख, ''परदेशी भारतवासी'' में सम्पादक श्री **अम्बिका प्रसाद बाजपेयी** ने देशवासियों का आह्वान किया,—''आओ समस्त देशवासियों'' हम लोग उपनिवेश और उसके पिट्ठू इग्लैंड की वस्तुओं का बहिष्कार करें, जिससे उन्हें जान पड़े कि हिन्दुस्तानी निरे मुर्दे नहीं हैं। हमलोग दिखा दें कि हम आत्माभिमानी हैं और तुम्हें, तुम्हारे पाप कर्मों का फल चखाने को बुद्ध परिवार है। मद्रास ने इस विषय का श्रीगणेश किया है। जो प्रान्त वा प्रदेश इस समय अपने कर्तव्य से च्युत होगा, उसका नाम सदैव के लिए कलंकित हो जाएगा।''

कुल मिलाकर भारतीय स्वतंत्रता आन्दोलन के पक्ष में जनमत बनाने एवं पत्रकारिता के दायित्व-निर्वाह में हिन्दी समाचार-पत्रों का बड़ा योगदान रहा है।[1] यही पत्रकारिता का लक्ष्य और प्रयोजन भी रहा है। सच तो यह है कि स्वतंत्रता पूर्व पत्रकारिता के लक्ष्यों में भारतीयों के मन में स्वतंत्रता की अलख जगाना, राष्ट्रीय अस्मिता की रक्षा करना, साम्राज्यवादी, उपनिवेशवादी, दमनकारी ब्रिटिश हुकूमत के विरुद्ध सख्त सन्देश देना, राष्ट्रीय जागरण, जन जागरण तथा नवजागरण की भावना को पुख्ता करना साथ ही बरतानिया शासन के कुत्सित, घृणित और वीभत्स स्वरूप को पूरी दुनिया के सामने उजागर करना, धार्मिक तथा समाज सुधार आन्दोलन एवं पुनर्जागरण के हवाले से भारत, भारतीयता और भारतीय संस्कृति की महानता की ओर लोगों का ध्यान खींचना आदि-पत्रकारिता के प्रयोजन रहे हैं, पर, देश के स्वतंत्र होने के बाद भी पत्रकारिता के दायित्वों और उद्देश्यों में किसी भी तरह की कमी नहीं आई है।

देश के **स्वतंत्र होने के बाद** भी सम्प्रति इसके लक्ष्यों में कमी नहीं आई है, बल्कि इसके उत्तरदायित्वों का पहले की तुलना में और अधिक विस्तार हुआ है। भारतीय समाज में फैली तमाम तरह की कुप्रथाएँ, बुराइयाँ, अस्पृश्यता, बेरोजगारी, भुखमरी, कुपोषण, अशिक्षा, गरीबी, भ्रष्टाचार, लूटपाट, अपहरण, छिनैती, बलात्कार, हत्या, अन्धविश्वास, स्त्रियों के विरुद्ध हो रही हिंसा आदि का पर्दाफाश करना पत्रकारिता के लक्ष्य होते हैं। इसी तरह किसी राष्ट्र की सभ्यता, धर्म, समाज आदि के वैशिष्ट्य की ओर लोगों का ध्यान खींचना भी इसका लक्ष्य होता है। दरअसल, अंग्रेजी हुकूमत ने इस देश में समाचार-पत्रों और प्रेस की स्थापना अपने देश की सभ्यता, संस्कृति, धर्म, शिक्षा आदि के प्रचार-प्रसार के लिए ही किया था। अपने इस उद्देश्य में वे बहुत सफल भी रहे। सभ्यता, संस्कृति के प्रचार-प्रसार के साथ-साथ ज्ञान-विज्ञान, कृषि, व्यापार, खेल कूद, शेयर बाजार, उद्योग, प्रदूषण, शिक्षा आदि की सही-सटीक जानकारी देना भी पत्रकारिता के लक्ष्य की परिधि में होते हैं। इन सबके साथ कला, दर्शन, साहित्य, देशी-विदेशी राजनीति, अन्य देशों से अपने देश का कूटनीतिक सम्बन्ध, अर्थ नीति, सामरिक स्थिति, समाजनीति, इतिहास, कृषक, मजदूर आदि की समस्याओं पर समय-समय पर सम्यक् प्रकाश डालना भी इसके प्रयोजन होते हैं। समाज में उत्पन्न अराजकता की ओर लोगों को इशारा करना भी इसके कर्तव्य और लक्ष्य होते हैं, तभी यह **पत्रकार कला** कहलाती है।

इन सबके अतिरिक्त समाज हित में समस्त सरकारी कार्यों, गतिविधियों, नीतियों, घटनाओं, कृषि तथा वैज्ञानिक अनुसन्धानों, ज्ञान-विज्ञान की अनेक खोजों-शोधों की सटीक जानकारी देना भी—पत्रकारिता के लक्ष्य होते हैं। छोटी-बड़ी नौकरियों, सामान्य ज्ञान की विश्वसनीय सूचना देना भी पत्रकारिता के उद्देश्य होते हैं साथ ही नियुक्ति स्थानान्तरण, कार्यपालिका, विधायिका आदि की खबरों को जन-सामान्य तक पहुँचाना पत्रकारिता के ध्येय होते हैं—''सरकार की मान्यताएँ, नीतियाँ, समय-समय पर की गई घोषणाएँ आदि समाचार-पत्रों में समय-समय पर प्रकाशित होती रहती हैं, जिनके द्वारा सामान्य जन को पता चलता रहता है कि शासन तंत्र किन नीतियों का अनुसरण कर रहा है।''[2] पत्रकारिता के उद्देश्यों में जन हित का ध्यान रखते बैंकिंग सम्बन्धी जानकारी, बाजार, रेलवे तथा अन्य अनेक तरह के परिवहन, टेन्डर, नीलामी, सभा, गोष्ठी, सेमिनार, धरना, प्रदर्शन, हड़ताल आदि की सूचना देना पत्रकारिता के

1. भारत में पत्रकारिता—आलोक मेहता, पृ. 15
2. हिन्दी पत्रकारिता, विकास और विविध आयाम—डॉ. (श्रीमती) सुशीला जोशी, पृ. 9

लक्ष्य होते हैं। लोगों की असामयिक मृत्यु, उठावना, नाम परिवर्तन, धर्म-परिवर्तन, वैवाहिक सूचना, तालाब में उगे सिघाड़े की तरह भ्रष्टाचारों, घोटालों का खुलासा तथा नक्सली, आतंकी आदि कई तरह की उपद्रवी गतिविधियों आदि की जानकारी देना भी इसके लक्ष्य होते हैं। पत्रकारिता के तमाम उद्देश्यों में राष्ट्रीय, अन्तर्राष्ट्रीय शान्ति में सहयोग प्रदान करना भी है। समय-समय पर प्रकाशित—छपनेवाले लेखों, आलेखों, टिप्पणियों, सम्पादक के नाम पत्रों तथा सम्पादकीय लेखों के माध्यम से राष्ट्रीय तथा वैश्विक स्तर पर सरकारों को विभिन्न मुद्दों से अवगत करा समस्याओं का समाधान कराना भी पत्रकारिता के लक्ष्य होते हैं। कुल मिलाकर समाज सेवा इसके प्रमुख लक्ष्य होते हैं—"Journalism is a profession based on certain values, It is a means of public education, It is about people and is produced for people. Journalists are not mere news collectors and disseminators. They are indeed, the guardians of public interest. They are the promoters of social welfare. They have to be aware of the changes in the lives of the people. Every journalist in sooner or later buttion-holed by the critic who asks," What have you done to the society ?" Journalists are answerable to the people...This implies a great deal more about a journalist's responsibility to search out the facts and give a judicious picture about men and materials".[1] जनसत्ता में एक बार एक लेख प्रकाशित हुआ था, शीर्षक था,—"जो चादर मैली करते हैं" उसमें छपा था—"अखबार ही नहीं हम सब जानते हैं कि हमारी जिन्दगियाँ दूध की धोई नहीं हैं। हम क्रपड़े पहनते हैं और उन्हें मैले कर देते हैं। दूध हो या न हो, पत्रकारिता बेचारी जरूर धोबिन है। राजनीतिज्ञ से लेकर मशहूर कलाकार, तक के कपड़े धोकर साफ करनेवाली पत्रकारिता को सनसनीखेज और भयावह रूप से पीत कहते हैं। धन्य है।"[2]

कुल मिलाकर पत्रकारिता का लक्ष्य लोक शक्ति का सृजन करना होता है। जब राजशक्ति अपनी हैसियत और हद को भूलती है तो यह लोकशक्ति के माध्यम से उसके ऊपर सिविल नाफरनामी का चाबुक लगाती है। इसके साथ ही इसका लक्ष्य परिवार, समाज, पुलिस, कानून, नौकरशाह, सत्ता तंत्र को अपने-अपने दायरे में रहना सिखाना भी है। यह कभी रूढ़िवादी, मध्ययुगीन मानसिकता, बर्बर किस्म की निरंकुशता तथा रूढ़िवादी ताने-बाने को आधुनिक समाज के अनुकूल बनने के लिए प्रेरित करती है तो कभी समय और समाज के अनुकूल प्रश्नों, चुनौतियों तथा समस्याओं का विवेचन-विश्लेषण कर उनका समाधान भी प्रस्तुत करती है। यही सब पत्रकारिता के वृहत्तर उद्देश्य और लक्ष्य हैं।

(9) पत्रकारों की कुछ प्रमुख कोटियाँ : कार्य एवं दायित्वबोध

(क) स्वतंत्र पत्रकार

इन्हें 'सिटीजन जर्नलिस्ट' अर्थात् 'नागरिक पत्रकार' भी कहते हैं। ये किसी समाचार-पत्र समूह के नियमित कर्मचारी नहीं होते तथा इस सन्दर्भ में इनके पास अपनी स्वतंत्र बेवसाइट भी नहीं होती। वस्तुतः समाचार-पत्र प्रायः किसी-न-किसी रूप में औद्योगिक घरानों या समूहों की सम्पत्ति होते हैं और स्वामियों के हित के अनुरूप ही समाचार पत्रों की दिशा-दशा निरुपित होती है। सम्पादकीय कैसा होगा, किसी परिघटना की व्याख्या कैसी करनी है, किसी परिघटना को उपेक्षित करना है या नमक-मिर्च लगाकर तूल देना है, इत्यादि राजनीतिक सरोकार वस्तुतः इन्हीं स्वामियों के होते हैं, जो सत्ता-प्रतिष्ठान के साथ सम्बन्ध के आधार पर स्वरूप पाते हैं। अब इस सच्चाई को देखते हुए कोई पत्रकार, चाहे वह कितना ही सुयोग्य हो, वस्तुतः पराधीन ही होता है इसलिए कुछ पत्रकार जो अपनी आत्मा बेचना नहीं चाहते, हानि-लाभ की चिन्ता किए बगैर अपने पाठकों को समाचारों की सच्चाई से अवगत कराने का व्रत लेते हैं, वे कथमपि किसी सुसंगठित समूह के समाचार-पत्र में काम नहीं करते। वे तो रवीन्द्रनाथ ठाकुर के सिद्धान्त 'एकला चलो' के अनुयायी होते हैं। साफ शब्दों में स्वतंत्र पत्रकार 'परम स्वतंत्र न सिर पर कोऊ' की धारा के अनुपालक होते हैं। इन्हें ही स्वतंत्र पत्रकार कह सकते हैं।

1. Journalism by Old and New Masters-Baldev Raj Gupta, P.01, Vishwa Vidyalaya Prakashan, Chowk, Varanasi, Rs. 250, Edition-1997.
2. जनसत्ता, 31 मई, 1986, दिल्ली संस्करण।

इस प्रकार कुल मिलाकर स्वतंत्र पत्रकार किसी पत्र-पत्रिका के नियमित वैतनिक कर्मचारी नहीं होते। Free Lance Writing अर्थात् स्वतंत्र पत्रकारिता के विषय में रेण्डम हाउस डिक्शनरी (The Random House Dictionary) में कहा गया है कि, "The Random House Dictionary of the English language defines a free-lances a person who works as a writer, designer, performer etc, but not on a regular salary basis for any one employer, organisation or the like. The description or definition obviously stem from the fact that in the middle ages, military adventurers, often of knightly rank, offered their mercenary services to whoever paid them best, Their lances were, so to speak, available to the highest bidder, The term is now applicable to writers, designer who sell their work to whoever offers them the best terms."[1] ये लोग विभिन्न दैनिक समाचार-पत्र, साप्ताहिक, पाक्षिक या मासिक पत्र-पत्रिकाओं में बतौर 'स्वतंत्र पत्रकार' की हैसियत से काम करते हैं। बहुत सी पत्र-पत्रिकाएँ स्वतंत्र पत्रकारों के ऊपर ही आधारित होती हैं। इस तरह के पत्रकारों की एक खास विशेषता यह होती है कि ये किसी निश्चित या किसी एक पत्र-पत्रिका से ही नहीं जुड़े होते।

सम्प्रति स्वतंत्र पत्रकारों की माँग दिन-पर-दिन बढ़ रही है। इनकी माँग पत्र-पत्रिकाओं के साथ-साथ आकाशवाणी एवं दूरदर्शन में भी काफी रहती है। यहाँ इनके द्वारा संकलित लेखों पर उचित मूल्य भुगतान किया जाता है। सच तो यह है कि अधिकांश पत्र-पत्रिकाएँ पत्रकारों की नियुक्ति नहीं करतीं, बल्कि वे समाचार-संकलन या फीचर-लेखन के लिए इन्हीं पत्रकारों की सहायता लेते हैं। स्वतंत्र पत्रकार चूँकि शौकिया लेखन करते हैं, अतः अपने लेखन में ये गुणवत्ता और विशिष्टता आदि तत्त्वों का बराबर ध्यान रखते हैं। इस तरह का लेखन बहुत सरल न होकर श्रमसाध्य होता है। आत्मकथा, अनुवाद, एकांकी, लेख, समीक्षा, यात्रा-वृत्तान्त, रेखाचित्र, व्यंग्य, फीचर तथा रिपोर्ताज आदि विधाओं में इस समय स्वतंत्र लेखन खूब फल-फूल रहा है। स्वतंत्र लेखन से यदि एक ओर रचनात्मकता बनी रहती है तो दूसरी ओर मुद्रा, यश-प्रतिष्ठा और सन्तुष्टि भी खूब मिलती है। स्वतंत्र पत्रकारों की संख्या होती तो कम है, कभी-कभी इनकी आवाज नक्कारखाने में तूती जैसी ही रह जाती है, फिर भी यदि इनकी कद-काठी अच्छी है, नाम, यश कमा लिया है, तो लोग इन्हें सुनना-पढ़ना भी चाहते हैं। ऐसे पत्रकार अपनी स्वतंत्रता के साथ जनता का विश्वास और स्नेह पा लेते हैं। स्वतंत्र पत्रकारों में स्व. खुशवन्त सिंह, दीनानाथ मिश्र, भानुप्रताप शुक्ल, राजीव शुक्ला, सुभाषिनी अली, तवलीन सिंह, तथा आशारानी बोहरा आदि पत्रकार मुख्य धारा के पत्रकार न होते हुए भी अपने व्यक्तित्व-चरित्र के अनुसार इनकी अपनी निजी हैसियत बन चुकी है।

(ख) पूर्ण कालिक पत्रकार

जो पत्रकार एक पेशे के रूप में पत्रकारिता को अपनाते हैं, शौक के रूप में नहीं—उन्हें हम पूर्णकालिक पत्रकार कह सकते हैं, क्योंकि शौकिया पत्रकार कभी-कभी पत्रकारिता से जुड़ता है, अन्य समयों में वह पत्रकार नहीं होता। व्यावसायिक (Professional) होने के कारण पूर्णकालिक पत्रकार प्रायः किसी संगठित समूह समाचार-पत्र से जुड़ता है अन्यथा अपनी औक़ात और क्षमता के अनुसार वह स्वतंत्र रहकर कार्य करता है, लेकिन वह पत्रकार बारहमासी होता है अर्थात् पूर्णकालिक होता है। यही उसकी आजीविका होती है। यदि पत्रकार की आजीविका पत्रकारिता से भिन्न क्षेत्रों से होती है, तो वह निश्चय ही पूर्णकालिक नहीं होगा, क्योंकि व्यावसायिकता और पूर्णकालिकता एक ही सिक्के के दो पहलू होते हैं।

(ग) स्टाफ पत्रकार

बड़े समाचार माध्यम, चाहे वे प्रिन्ट मीडिया से सम्बन्धित होते हैं या इलेक्ट्रॉनिक मीडिया से, किसी-न-किसी औद्योगिक घराने से वित्तपोषित होते हैं। वस्तुतः यह पत्रकारिता औद्योगिक घराने का ही एक व्यावसायिक क्षेत्र है, अतः किसी संगठित क्षेत्र की भाँति यहाँ वेतन भोगी पत्रकार रखे जाते हैं। प्रबन्धकीय व्यवस्था में लगे सम्पादक मंडल के पत्रकार से लेकर समाचार-संयोजन आदि करनेवाले छोटे पत्रकार तक, इस माध्यम में बड़ी मशीन के छोटे-बड़े पुर्जों की तरह होते हैं। प्रशासकीय वर्ग के पत्रकारों की

1. Professional Journalism-M.V. Kamath, P.S, Vikas Publishing Housh, P.V.T. New Delhi, Rs.75, 1995

सापेक्षता में बहुसंख्यक कर्मचारी वर्गीय पत्रकार ही स्टाफ पत्रकार कहलाते हैं। प्रशासकीय पत्रकार, कर्मचारी पत्रकारों (Staff) की नियुक्ति, प्रोन्नति, बोनस एवं अवकाश आदि के मामले निर्धारित करते हैं, अतः उच्च सोपान पर विद्यमान ये पत्रकार बहुत सीमा तक अधिकार सम्पन्न होते हैं। स्टाफ पत्रकार इनके रहमोकरम पर ही जीवित होते हैं। स्टाफ पत्रकार अन्य कर्मचारियों की तरह किसी कर्मचारी संगठन से जुड़कर या अपना नया संगठन बनाकर अपने अधिकारों की सुरक्षा करते हैं। दूसरे शब्दों में, ये किसी-न-किसी ट्रेड यूनियन से सम्बद्ध होते हैं। इनका चरित्र किसी भी मिल अथवा फैक्ट्री के कर्मचारी जैसा होता है। बुद्धिजीवी वर्ग का होने मात्र से इनका स्वरूप अन्य कर्मचारियों से भिन्न होता है।

(घ) श्रमजीवी पत्रकार

'श्रमजीवी पत्रकार अधिनियम' के अनुसार श्रमजीवी पत्रकार की परिभाषा इस प्रकार है,—''ऐसा व्यक्ति, जिसका मुख्य व्यवसाय पत्रकार का है और उसके अन्तर्गत् सम्पादक, अग्रलेख लेखक, समाचार सम्पादक, उपसम्पादक, फीचर लेखक, प्रकाशन-विवेचक, रिपोर्टर, संवाददाता, व्यंग्य-चित्रकार, फ्रूफ रीडर, समाचार-छाया चित्रकार भी हैं, किन्तु ऐसा कोई व्यक्ति इसके अन्तर्गत् नहीं है जो,—

(1) मुख्य रूप से प्रबन्धकीय या प्रशासकीय हैसियत में नियोजित है,

(2) पर्यवेक्षकीय हैसियत में नियोजित होते हुए या तो अपने पद से संलग्न कर्तव्यों की प्रकृति के कारण या अपने में निहित शक्तियों के कारण ऐसे कृत्यों का पालन करता है, जो मुख्यतः प्रबन्धकीय प्रवृत्ति के हैं।

श्रमजीवी पत्रकार सापेक्ष शब्द है। इसकी पृष्ठभूमि में बुद्धिजीवी पत्रकार स्थित है। आमतौर पर पत्रकार बुद्धिजीवी ही होता है, किन्तु अपनी औक़ात के कारण बड़े समाचार माध्यमों से जुड़ा होकर वह सम्पादन एवं विवेचन की क्रिया तक केन्द्रित होते हैं क्योंकि वह पत्रकारिता का शक्तिकेन्द्र होता है। यह बुद्धिजीवी पत्रकार क्षेत्रों में पूरे उपकरणों (Outdoor-O.B. Van) के साथ काम करनेवाले समाचार संग्राहकों, साक्षात्कार लेनेवाले पत्रकार सहयोगियों के साथ अनवरत जुड़े रहते हैं। भरसक श्रमजीवी पत्रकार किसी बड़े वित्तीय समूह से जुड़े होते हैं। ये पत्रकार निष्कर्षतः बुद्धिजीवी पत्रकार की ही श्रेणी में रखे जाते हैं, किन्तु छोटे-छोटे आंचलिक पत्रों से जुड़े पत्रकार सारे कार्य-समाचार संग्रह, सम्पादन, विज्ञापन की व्यवस्था आदि स्वयं करते हैं। औक़ात में छोटे होने के कारण उनकी पहचान उनके श्रम से होती है। प्रायः ये निम्न मध्यम वर्गीय हैसियत के होते हैं, जैसे छोटे व्यापारी, किसान, मजदूर आदि। इन्हें सरकारी विज्ञापनों के लिए दफ्तरों की खाक छाननी पड़ती है। ये अच्छे और स्थापित लेखकों को मूल्य चुकाने में असमर्थ होते हैं, इसलिए कुछ स्थानीय लेखकों से विविध विषयों पर लेख प्राप्त करके अपनी पत्रकारिता को जीवित रखते हैं। संक्षेप में श्रमजीवी पत्रकार, लघु पत्रकार ही होता है, जो प्रायः ग्रामीण, कस्बाई एवं शहरीकरण की प्रक्रिया से गुजर रहे आधे शहरी, आधे देहाती (Rural + Urban) क्षेत्रों में क्रियाशील रहते हैं। अपने अस्तित्व रक्षा के लिए प्रायः ये संघबद्ध भी होते हैं, जैसे—'श्रमजीवी पत्रकार संगठन'। कुल मिलाकर हम कह सकते हैं कि श्रमजीवी पत्रकार, वे बुद्धिजीवी पत्रकार हैं, जो श्रम और मेहनत के सहारे अपना व्यवसाय चलाते हैं।

(10) पत्रिका सम्पादन

कुछ दशक पहले जब इलेक्ट्रॉनिक जन संचार माध्यमों, खासकर दूरदर्शन तथा कुछ निजी क्षेत्र के खबरिया चैनल्स ने भारत में सम्पूर्ण धूमधड़ाके के साथ अवतार लिया, तब यह अनुमान लगाया जाने लगा कि इनके मायावी प्रभाव से मुद्रित माध्यम अर्थात् पत्र-पत्रिकाओं के सामने उनके अस्तित्व को लेकर एक नई शामत और नुहूसत आ जाएगी। लोगों ने इनकी अस्मिता—अस्तित्व को लेकर शोकगीत लिखना शुरू कर दिया था। कुछ ऐसा लगा भी कि प्रिन्ट माध्यमों के सामने सचमुच का खतरा पैदा हो गया है, क्योंकि देश की अनेक नामी-गिरामी पत्रिकाओं के प्रकाशन बन्द होने लगे। पत्र-पत्रिकाओं के पाठक निराशा-हताशा में ऊभने-चूभने लगे क्योंकि दूरदर्शन ने कुछ समय के लिए दर्शकों को अपने मन रिझाऊ कला माध्यम से अपनी ओर आकर्षित कर लिया था। कई लोगों ने यह भी अनुमान लगाया था कि

अब सभी कार्यालय कागज विहीन हो जाएँगे, छपे और मुद्रित अक्षर चलन से बाहर हो जाएँगे। इन लोगों के अनुसार स्पष्टतः यह कि छपे हुए शब्द बहुत ही जल्द 'नास्टेल्जिया' बन जाएँगे, क्योंकि प्रिन्ट बहुत तेजी से नास्टेल्जिया की ओर बढ़ रहा है। पर, हुआ इसके ठीक उलट। मुद्रित शब्द ब्रह्म की तरह आज भी अपने प्रभामंडल से कागजों को आलोकित कर रहे हैं। इनके अस्त होने की कल्पना छद्म सिद्ध हुई, बल्कि कह सकते हैं कि इंटरनेट, और ई-बुक तथा तमाम चैनल्स को प्रिन्ट मीडिया ने परास्त कर अपना पुराना सिक्का जमा लिया और पत्र-पत्रिकाएँ पहले की तुलना में अब और अधिक प्रकाशित और छपने लगीं। एक विशेषता यह रही है कि पत्रिकाएँ अब पुराने सरोकारों से हटकर नये लिबास में निकल रही हैं। सरोकारों का अर्थ यहाँ यह कि इन नई पत्रिकाओं के विषय भी अब नये हो गए हैं। पत्रकार **संजीव चन्द्र**[1] लिखते हैं कि एक समय प्रतीत होने लगा था कि पत्रकारिता जगत में समाचार चैनलों के पदार्पण से पत्र-पत्रिकाओं का महत्त्व खत्म हो जाएगा, पर हुआ इसका ठीक उल्टा। अपनी कार्यशैली एवं विश्वसनीयता के चलते ये पत्र-पत्रिकाएँ समाचार चैनलों को भी टक्कर देने लगे। अंग्रेजी की चमकती दुनियाँ एवं तकनीकीकरण के बावजूद हिन्दी के समाचार-पत्र शिखर पर हैं। यह एक जीता-जागता उदाहरण है कि हिन्दी के एक समाचार-पत्र को प्रायः दस लोग पढ़ते हैं।

बढ़ती प्रतिस्पर्धा के बावजूद दिन-ब-दिन नई पत्र-पत्रिकाएँ एवं उनके संस्करण निकल रहे हैं तथा रोजगार पाने की आस बनी हुई है। एक हिन्दी भाषी को किसी पत्र-पत्रिका में स्थापित होने के लिए कई अवसर उपलब्ध होते हैं, जिसमें संवाददाता, उपसम्पादक, प्रूफरीडर, फोटोग्राफर, समाचार सम्पादक, डिजाइनर, कार्टूनिस्ट तथा सम्पादक आदि प्रमुख हैं। इसके अलावा अन्य बहुत से विकल्प हैं, जो लोगों को अपने से बाँधे रखते हैं। शुरुआती दौर में भले ही संघर्ष की स्थिति आए, परन्तु एक दो वर्षों के अनुभव के बाद गाड़ी पटरी पर सरपट दौड़ने लगती है। यदि कोई इन पत्र- पत्रिकाओं में बँधकर काम नहीं करना चाहता है तो वह स्वतंत्र रूप से (फ्रीलांसिंग के तौर पर) भी कॉलम लिखने, फीचर लिखने, डिजाइनिंग, कार्टूनिस्ट तथा खबरें उपलब्ध कराने का काम आसानी से कर सकता है। एक अन्य पत्रकार **जे. अश्विनी**[2] भी उक्त बात की पुष्टि करते लिखते हैं कि 'प्रिन्ट की दुनिया खत्म होनेवाली है, पत्र-पत्रिकाओं की जिन्दगी के अब कुछ ही दिन बाकी हैं, डिजिटल क्रान्ति की लहर में ऐसा बहुत से लोग सोचते हैं, लेकिन हकीकत तो कुछ और है। अनेक विकसित देशों में पत्रिकाएँ एक नये कलेवर के साथ सामने आ रही हैं और डिजिटल क्रान्ति को जमकर चुनौती भी दे रही हैं। लन्दन की किसी भी बड़ी बुकशॉप में जाकर इस बात को पुख्ता किया जा सकता है। फिर चाहे वह 'फोयल बुकशॉप' हो या लीड्स में बनी 'कलर्स में वैरें' या पूर्वी लन्दन में बनी 'मैटीरियल'। इन दुकानों पर जाकर कोई भी व्यक्ति खूबसूरत पत्रिकाओं के एक नये युग में दाखिल हो सकता है। यहाँ मिलने वाली 'आर्टिकल', 'किनफोल्क' और 'ग्रीन सोसर' जैसी पत्रिकाओं में प्रोडक्शन, डिजाइन और एडिटोरियल के जिन नये विचारों पर काम किया जा रहा है, वे किसी भी पाठक को पत्रिकाओं की तरफ दोबारा आकर्षित कर सकते हैं। इन पत्रिकाओं में से ज्यादातर के पास विज्ञापन नहीं है। इनका प्रिन्ट रन भी बहुत कम है। इन पत्रिकाओं ने परम्परागत ढाँचागत व्यवस्था को भी तोड़ा है, फिर भी इन्हें निहारना और अपने पास रखने की इच्छा करने से कोई भी खुद को रोक नहीं सकता। आप इन्हें कॉफी टेबल बुक्स कह सकते हैं। इनमें कंटेंट, फोटोग्राफी और पेपर स्टॉफ का एक अद्भुत प्रबन्धन भी सामने आता है। इनका डिजाइन और टेक्सचर आपको अपने पास बुलाता है, बिठाता है और बाध्य करता है कि आप उसे सिर्फ न छुएँ, उसके पन्ने पल्टें, बल्कि अपनी आलमारी में भी सहेज कर रखें। इंस्टाग्राम, पीइंट्रेस्ट और सोशल नेटवर्क की दुनियाँ में भी ये पत्रिकाएँ अपना अलग मुकाम बनाने में सफल हो रही हैं। इनमें से ज्यादातर पत्रिकाओं को नए-नए ग्रेजुएट लोगों ने तैयार किया है। यही कारण है कि इनमें नई तकनीक का भरपूर इस्तेमाल दिखता है। यह वही तकनीक है जिस पर प्रिन्ट की दुनिया को खत्म करने का आरोप भी लगाया जा रहा है। ये पत्रिकाएँ आनलाइन ही बेंची और बाँटी जाती हैं। इनके लिए फंड भी आनलाइन ही जुटाया जाता है और इंटरनेट की दुनिया में विचरते

1. हिन्दुस्तान, 5 जून, 2008 ई., वाराणसी संस्करण।
2. अमर उजाला (पन्ने तो अब भी पलटे जाएँगे-लेख)—23 फरवरी 2014, वाराणसी संस्करण।

हुए ही इन पत्रिकाओं ने अपना नया बिजनेस मॉडल ईजाद किया है। 'वर्ड्स दैट वर्क' मैग्जीन ने तो सोशल डिस्ट्रीब्यूशन मॉडल ही तैयार कर डाला है। इस मॉडल के तहत पाठकों को यह मैग्जीन बुक स्टोर्स तक पहुँचाने के लिए पैसे दिए जाते हैं। इसके दूसरे अंक में सम्पादक पीटर बिल ने लिखा है,— इस मॉडल को सफल बनाने में पाठकों ने हमारा साथ दिया। इसलिए अब जब भी पाठक दस से ज्यादा मैग्जीन ऑर्डर करते हैं, हम कुल कीमत का आधा ही उनसे लेते हैं।'' इस तरह की पत्रिकाओं की 'टाइमलाइफ ही अलग है। इनमें से कुछ साल में दो बार आती हैं, कुछ चार-चार महीने के अन्तर पर। हाँ, इतना जरूर है कि मानसिक रूप से इनकी शेल्फ लाइफ काफी लम्बी है, क्योंकि इन पत्रिकाओं में पढ़ने, देखने और समझने के लिए काफी कुछ है। सेलिब्रिटी और पब्लिसिस्ट की बजाय इन पत्रिकाओं को जिन्दा रखता है, इन पत्रिकाओं में काम करनेवालों का जज्बा और रणनीति।

इसी तरह लेखक, चिन्तक और पत्रकार श्री **राजीव कटारा**[1] का भी विचार है कि टेबलेट क्रान्ति के बाद प्रिन्ट की दुनिया थोड़ी और असुरक्षित महसूस कर रही है। आखिर उसमें आई पैड का इस्तेमाल कर अखबार और पत्रिका निकालने की बात है, लेकिन जर्मनी के मशहूर मीडिया समूह ह्यूबर्ट बुर्दा मीडिया के सीईओ पॉल बर्नहार्ड कैलेन मानने को तैयार नहीं हैं कि वह कभी प्रिन्ट या प्रकाशन कारोबार की जगह ले पाएगा। उनकी 250 से ऊपर पत्रिकाएँ प्रकाशित हो रही हैं और दुनिया भर में चल रही हैं। आगे वे कहते हैं कि अपने यहाँ अखबार पर तो नहीं, लेकिन पत्रिकाओं को लेकर संकट साफ दिखायी पड़ता है। हमने पत्रिकाओं को एक-एक कर मरते देखा है। हमारे बचपन-लड़कपन की ढेरों पत्रिकाएँ अब इतिहास बन चुकी हैं। मसलन, हिन्दी में धर्मयुग, साप्ताहिक हिन्दुस्तान, सारिका, वामा, पराग, दिनमान, रविवार तथा गंगा वगैरह-वगैरह या अंग्रेजी में इलेस्ट्रेटिड वीकली, स्पोर्ट्सवीक, जेन्टलमेन, मिरर, संडे वगैरह-वगैरह, लेकिन अपने देश में अखबार बेतरह बढ़े हैं। प्रिन्ट का कुल बढ़ाव कम नहीं है। इधर मीडिया के जानकार कहते रहे हैं कि अब सिर्फ खास तरह की पत्रिकाएँ ही चलेंगी। एक विषय पर केन्द्रित पत्रिकाएँ। एक दौर में सबके लिए पत्रिकाएँ खूब थीं। ऐसी पत्रिकाएँ, जिन्हें सब पढ़ सकें। आज लोग कह रहे हैं कि एक वर्ग को फोकस की गई पत्रिकाओं का दौर है। मसलन, फैशन, विज्ञान, धर्म, अध्यात्म, बागवानी, पर्यटन, अर्थ वगैरह। कैलन का मानना है कि अगर पूरे जब्जे और बेहतरी के साथ कोई पत्रिका निकालते हैं, तो उसे चलना ही है।

बहरहाल, आज के इस प्रतिस्पर्धी इलेक्ट्रॉनिक युग में पत्रिकाओं के सम्पादन का कार्य बहुत सरल नहीं रह गया है, बल्कि इसे जटिल कार्य अवश्य कह सकते हैं। सामग्री का चयन, उनकी प्रामाणिकता, पाठकों की रुचि-रुझान, उनकी भाषा आदि का ध्यान रखकर ही पत्रिका का प्रकाशन किया जाता है। पहले की तुलना में पत्रिका के सम्पादकीय मंडल में भी तमाम तरह के बदलाव हुए हैं। पत्रिका का स्वरूप, गेट अप, आकार-प्रकार, मुखड़ा आदि को ध्यान में रखकर सम्पादकीय तंत्र में बहुत श्रमी और शातिर दिमाग के लोगों को अब रखा जाता है, क्योंकि यही सम्पादकीय मंडली पत्रिका के प्रकाशन के लिए सामग्री संकलन से लेकर छपाई तक के उत्तरदायित्व का निर्वहन करती है। पत्रिका चाहे साप्ताहिक हो, पाक्षिक हो, मासिक हो, नियतकालीन या अनियतकालीन हो—पत्रिका का सम्पादक अपने सहयोगियों के परामर्श से ही पत्रिका के आगामी अंक की योजना तैयार करता है। पत्रिका का सम्पादक मंडल-मिलकर यह तय करता है कि पत्रिका कितने पृष्ठ की होगी, सामग्री की स्तरीयता बनी रहे, विशेषज्ञ इस बात पर भी निरन्तर ध्यान देते हैं।

पत्रिका के कुछ नियमित लेखक होते हैं, तो कभी-कभी कुछ नये लेखकों से, जो अपने क्षेत्र में दक्ष और निष्णात् होते हैं,—से सामग्री प्राप्त की जाती है। समय-समय पर पत्रिकाओं के विशेषांक भी निकाले जाते हैं। पत्रिका का प्रकाशन निरन्तर होता रहे, पाठकों की रुचि पत्रिका के प्रति निरन्तर बनी रहे- आदि के लिए कुछ प्रमुख पक्षों पर हमेशा ध्यान देते रहने की आवश्यकता होती है। दरअसल, पत्रिका का प्रकाशन आर्थिक दृष्टि से बेहद दुष्कर कार्य हो गया है। कागज, छपाई, मुद्रण, चित्र, मुख पृष्ठ आदि का निर्माण आज के युग में बेहद खर्चीला सिद्ध हो रहा है। पत्रिका का लागत मूल्य निकलना

1. हिन्दुस्तान (रविवार) राजीव कटारा, पृ. 12, सन् 2011, वाराणसी संस्करण

सम्प्रति मुश्किल हो गया है। ज्यादा मूल्य की होने से पत्रिका का बिकना मुश्किल हो जाता है, इधर, कम मूल्य से लागत नहीं निकल पाती, अतः ऐसी स्थिति में पत्रिकाओं के लिए विभिन्न जगहों से **विज्ञापन** प्राप्त करके उन्हें प्रकाशित करना अनिवार्य हो जाता है। सच तो यह है कि वस्तुओं के उत्पाद के प्रचार-प्रसार के लिए कम्पनियाँ प्रिन्ट और इलेक्ट्रॉनिक मीडिया में उन्हें विज्ञापित करती हैं। इसके बदले वे पत्रिकाओं को इसका मूल्य चुकाती हैं। यही कारण है कि पत्रिकाओं के दाम कम रखे जाते हैं परन्तु यहाँ यह भी ध्यान रखा जाता है कि ज्यादा विज्ञापनों से पत्रिका के प्रति कहीं पाठकों के मन में विकर्षण न पैदा हो जाए। पत्रिका का एक सशक्त पहलू उसकी **छपाई** है। कुशल सम्पादक को इस पर भी हमेशा ध्यान देते रहना पड़ता है। परम्परागत छपाई के साधन बन्द हो जाने के बाद अब मुद्रण सम्बन्धी सभी कार्य कम्प्यूटर के माध्यम से हो रहा है। यहाँ अच्छे फाँट का चयन, फोटो, कार्टून, कम्पोजिंग, प्रूफ-रीडिंग आदि पर विशेष ध्यान देने की जरूरत होती है। कुल मिलाकर पत्रिका की **साज सज्जा** अब पहले की तुलना में बहुत आसान हो गई है। अतः इसमें किसी तरह की कोताही नहीं होनी चाहिए। बिना **चित्र** के किसी पत्रिका की कल्पना सम्भव नहीं है। दूरदर्शन में निरन्तर उगने वाले चित्रों ने दर्शकों, पाठकों को चित्रोन्मुखी मानसिकता का बना दिया है। कुछ पत्रिकाएँ, विशेष रूप से फिल्म, फैशन, विज्ञापन और उपभोक्ताओं से सम्बन्धित पत्रिकाएँ तो ऐसी भी हैं, जो पत्रिका कम, फोटो एलबम अधिक लगती हैं। फोटो, पेंटिंग, ग्राफ या रेखाचित्र विषय के प्रभाव को बढ़ा देते हैं और उनकी सहायता से विषय को समझना सरल हो जाता है। चित्र कितनी मात्रा में लिए जाएँ, यह पत्रिका की विषय सामग्री पर निर्भर करता है। इस सम्बन्ध में कोई निश्चित परिमाप निर्धारित नहीं किया जा सकता। हाँ, यह ध्यान रखा जाए कि चित्र विषय के पूरक ही रहें। उस पर हावी न हो जाएँ। उदाहरण के लिए यदि किसी व्यक्ति का चित्रण किया जा रहा हो तो उसके विभिन्न पोर्ट्रेन्ट देने की बजाय एक-दो पोर्ट्रेन्ट तथा शेष उसकी उपलब्धियों या जीवन की घटनाओं से सम्बन्धित चित्र दिए जाएँ। यह भी देखना होगा कि कहाँ और कितनी मात्रा में रंगीन चित्र लेने हैं, कहाँ और कितने श्याम-श्वेत चित्र लेने हैं। रंगीन चित्र तैयार करने पर लागत अधिक आने के साथ-साथ उसकी छपाई भी काफी महँगी होती है। अतः चित्रों का चयन करते समय पत्रिका की अर्थव्यवस्था पर भी ध्यान देना होगा। चित्रों के अनावश्यक प्रयोग से बचना चाहिए। कई बार उपलब्ध फोटो का मुद्रित प्रभाव अच्छा नहीं आता तो उसकी मदद से रेखाचित्र बनवाया जा सकता है। कई विषयों में काल्पनिक रेखाचित्र या कार्टून बनाकर उन्हें रचना के साथ छापने से विषय का प्रभाव कई गुना बढ़ जाता है। किसी पत्रिका के कला-विभाग का पत्रिका को लोकप्रिय बनाने में काफी हाथ होता है। अब तो रेखाचित्र या इलस्ट्रेशन और चित्र कम्प्यूटर पर भी बनने लगे हैं। इससे पत्रिका का मुद्रण बहुत जल्दी हो जाता है।[1]

इसी तरह यह भी प्रयास होना चाहिए कि पत्रिका में प्रकाशित लेख, रिपोर्ट और टिप्पणियाँ आदि प्रामाणिक हों। उनसे प्रेस सम्बन्धी कानूनों का उल्लंघन नहीं होना चाहिए। पत्रिका में निरन्तर रोचकता बनी रहनी चाहिए। शुष्क और जटिल विषय की प्रस्तुति पत्रिका को उबाऊ बना सकती है। अतः पाठकों की दृष्टि से जो सामग्री निरर्थक या बेजां हो, उसे निर्ममतापूर्वक पत्रिका से निकाल देना चाहिए। पत्रिका में सरल भाषा का इस्तेमाल होना चाहिए। दरअसल, हर प्रकृति की पत्रिकाओं की अपनी-अपनी भाषा होती है, किन्तु यह ध्यान देना चाहिए कि पत्रिका आम, खास या प्रबुद्धवर्ग के लिए प्रकाशित हुई है। अतः भाषा का समंजन-सामंजस्य बेहद जरूरी होता है। शीर्षकों का चयन, समय-समय पर पैराग्राफ का बदलाव आदि पर ध्यान देते रहने से पत्रिका में चार चाँद लगता रहता है। शीर्षक आकर्षक हों। ले-आउट और मुखड़ा या पत्रिका के मुख पृष्ठ का कलेवर खूबसूरत होना चाहिए, क्योंकि पत्रिका का आवरण पृष्ठ पाठकों को अपनी ओर खींचता है। कुल मिलाकर उपरोक्त तथ्यों पर यदि ध्यान दें तो पत्रिका दिनोदिन अपने चरम उत्कर्ष को प्राप्त होती रहेगी और पाठकों का स्नेह और दुलार भी उसे निरन्तर मिलता रहेगा तथा वह अपने आप में मुकम्मल पत्रिका भी बनी रहेगी।

---

1. संचार माध्यम, (पत्रिका सम्पादन लेख)—सुभाष सेतिया, पृ. 19, प्रकाशन विभाग, भारतीय जन संचार संस्थान, अरुणा आसफ अली रोड, जे.एन.यू. कैम्पस, नई दिल्ली, जुलाई-सितम्बर 2001, मूल्य एक प्रति 15 रुपये।

(11) पत्रिका-लेखन

पत्रिका शब्द अपने स्वरूप से ही 'पत्रक' का स्त्री लिंग रूप है। 'पत्रक' का आशय लघु पत्र है। 'पत्रिका' में भी तो यही मूल भाव लघु पत्र का ही है, परन्तु इसके अर्थ में विस्तार हो गया है। अन्य पत्र जहाँ समाचार संग्रह एवं उसकी समीक्षा को केन्द्रस्थ रखते हैं, वहीं पत्रिकाएँ सप्ताह, पक्ष, मास आदि कालखंडों की परिघटनाओं पर एक सुसंगत व्याख्या एवं आलोचना प्रस्तुत करती हैं। यदि पत्रिका विशेष अभिरुचि एवं क्षेत्र की हुई, यथा-साहित्य, खेल, सिनेमा तथा सामाजिक श्रेणियाँ अथवा दलित, पिछड़ा, अल्पसंख्यक तथा भाषिक समूह आदि की तो- इन क्षेत्रों, दिशाओं अथवा सन्दर्भों में घटित महत्त्वपूर्ण घटनाओं की समीक्षा एवं विमर्श ही इनका केन्द्रीय तत्त्व होता है। तात्पर्य यह है कि पत्रिकाएँ सरोकारों से जुड़ी होती हैं, व्यावसायिकता इसमें गौड़ होती है। आर्थिक सुदृढ़ीकरण के लिए विज्ञापन, चन्दा आदि के माध्यम से अपने प्रचार एवं प्रसार के लिए सचेष्ट रहती हैं। माध्यमों के जगत में पत्रिकाएँ प्रमुख औद्योगिक घरानों एवं संगठित क्षेत्रों की अभिरुचि के केन्द्र में नहीं होतीं। पत्रिकाएँ बुद्धिजीवियों, कला प्रेमियों एवं विशेष अभियानों में जुड़े हुए संकल्पबद्ध लोगों से बँधी होती हैं, इसीलिए यह दैनन्दिन स्वभाव की न होकर नियत अथवा अनियतकालीन होती हैं। समाज में प्रायः आन्दोलनों की दशा एवं दिशा को बल प्रदान करने के लिए आन्दोलन से जुड़े लोग मुख पत्र अथवा पत्रिका अवश्य प्रकाशित करते-कराते हैं। आजकल बड़े आन्दोलन यथा दलित-विमर्श, स्त्री-विमर्श आदि पत्रिकाओं के माध्यम से अपना पक्ष समाज के सामने रख पाते हैं। इस प्रकार पत्रिकाएँ विभिन्न सरोकारों, अभिरुचियों, चिन्ताओं एवं संकल्पों को साकार करने की माध्यम हो चली हैं और यही इनका पत्रों से स्पष्ट विभाजक-धर्म है।

वास्तव में पत्रिका-लेखन का दायरा काफी पसरा हुआ है। इस देश में पत्रिका लेखन, प्रकाशन स्वतंत्रता पूर्व से ही हो रहा है। उस समय इन पत्रिकाओं ने स्वतंत्रता आन्दोलन में बढ़-चढ़ कर हिस्सा लिया। उस समय पत्रिका प्रकाशन काफी जोखिम और चुनौती भरा काम माना जाता था, किन्तु स्वतंत्रता प्राप्ति के बाद पत्रिकाओं के स्वर बदल गए। इस देश में अनेक भाषाओं में पत्रिकाएँ निकलती थीं, किन्तु हिन्दी में अन्य पत्रिकाओं के साथ-साथ धर्मयुग, संगम, साप्ताहिक हिन्दुस्तान, सारिका, नये पत्ते, नई कविता, प्रतीक, कल्पना, नया साहित्य, नया पथ, सरस्वती, हंस, संकेत, वीणा तथा कालान्तर में इंडिया टुडे, रविवार, संडे, आब्जर्वर, फ्रंट लाइन, आउट लुक, द हिन्दू, आनन्द बाजार पत्रिका, फिल्म फेयर, स्पोर्ट्स वर्ल्ड, शुक्रवार, मीडिया-विमर्श, शेष, अवसर, संगना, समकालीन सोच, नया ज्ञानोदय, संचार माध्यम तथा आजतक आदि अनेक पत्रिकाएँ प्रकाशित हो रही हैं। इधर लघु पत्रिका, इन पत्रिकाओं के समक्ष नई चुनौती बनकर उभरी है।

(12) पत्रकार, सम्पादक बनाम माध्यम मालिक

आज हर माध्यम, चाहे मुद्रित हो या इलेक्ट्रॉनिक—लाखों, करोड़ों लोगों तक पहुँच रखने के कारण प्रभूत शक्ति सम्पृक्त हैं। अपने आकार के कारण वित्तीय, सांगठनिक एवं प्रशासनिक दृष्टि से यह किसी भी उद्योग की तरह हैं। हर उद्योग चरित्र से आज 'कॉरपोरेट' है अर्थात् इसका स्वामित्व व्यक्तिनिष्ठ न होकर समाजनिष्ठ है। स्वामित्व में हिस्सेदारियाँ हैं। ये हिस्सेदारियाँ बाजार के उतार-चढ़ाओं से प्रभावित होती हैं। तात्पर्य यह है कि औद्योगिक जगत के सभी गुण-दोष माध्यम जगत में भी आ गए हैं। करोड़ों की पूँजी लगाने वाले मालिक नीति निर्माता होते हैं। सत्ता-प्रतिष्ठानों से इनका सम्पर्क रहता है। राजनैतिक समीकरणों के फेरबदल से इनकी नीतियों में भी यथोचित संशोधन-परिवर्तन होता है। ये सारे सरोकार मालिकों के हैं। किसी भी उद्योग का प्रबन्धकीय दायित्व पेशेवर लोगों के जिम्मे होता है। माध्यम जगत में ये पेशेवर सम्पादक-पत्रकार के रूप में जाने जाते हैं। ये नीतियों के निर्माता नहीं होते, निर्माता तो माध्यमों के मालिक होते हैं। सम्पादक तो मालिकों द्वारा दी गई नीतियों का क्रियान्वयन करते हैं। इस दृष्टि से सम्पादक स्वतंत्र नहीं होते। नीतियों की सीमा में रहते हुए इनकी सापेक्ष स्वतंत्रता तो होती है, लेकिन नीतियों की लक्ष्मण रेखा का उल्लंघन ये कथमपि नहीं करते, क्योंकि ये सेवक होते हैं। सम्पूर्ण सम्पादक मंडल उद्योगों के प्रबन्धक बोर्ड (Managerial Board) की तरह होता है, जो मालिकों, निदेशक मंडल (Board of Directors) द्वारा प्राप्त आदेशों का सुचारू रूप से अनुपालन करते हैं। ये सम्पादक

अपने कार्य-निष्पादन (Job Performance) के अनुसार प्रोत्साहन अथवा चेतावनी पाते रहते हैं। अतः यह कहना अतिशयोक्ति नहीं होगी कि सेवक-स्वामी सम्बन्ध से बँधे सम्पादक एवं माध्यम मालिक यथार्थतः वह सब कुछ करते हैं कि, जो बाजार की दुनिया में सहज रूप से प्रचलन में है। यहाँ न कोई शुचिता है, न संकल्प-केवल आर्थिक एवं राजनैतिक लाभ ही एक मात्र संकल्प होता है।

दरअसल, आज बाजार ने अखबारों में सब कुछ उलट-पुलट दिया है। सम्पादक नाम की संस्था अब यहाँ महज हाथी के दाँत की तरह दिखाने के लिए रह गई है। आज हमारा समाचार-पत्र उद्योग इसी बर्बर बवंडर के हवाले हो गया है। इसीलिए उसके 'रूप', 'स्वरूप' और 'अन्तर्वस्तु' में अराजक उलट-पुलट तथा तोड़ फोड़ चल रही है। वह समाज को सूचना सम्पन्न बनाने की आड़ में 'विचार' और 'बोध' के नये संकट की तरफ धकेल रहा है। निश्चय ही ऐसे में उनके लिए अखबार में लगभग 'आत्मा' की तरह मौजूद 'सम्पादकीय संस्था' को धीरे-धीरे अवसान की तरफ धकेलना जरूरी हो गया है, क्योंकि अखबार के पृष्ठ पर कोने में छोटी-सी जगह में बैठा हुआ, वह गाहे-ब-गाहे अड़ जाता था कि मैं यह नहीं होने दूँगा। उसे सुनकर लगता था कि वहाँ से राष्ट्र बोल रहा है, वहाँ से आदर्श और मूल्य बोल रहे हैं। वहाँ से एक निर्भीक दहाड़ उठा करती थी, जो विचार या विचारधारा के साहचर्य से उस सबको भयभीत करती थी, जो अनैतिक और मूल्यहीन और जन कल्याण से दूर था।...कहना न होगा कि अब अखबार, सम्पादक का नहीं रह गया है। फूल की पुड़िया के साथ सुबह-सुबह घर के दरवाजे से भीतर फेंक दिए गए इस ''दैनन्दिन-उत्पाद' की उत्तरजीविता उसके छपने के साथ समाप्त हो चुकती है और कहने की जरूरत नहीं कि सम्पादक की हत्या इसी ''पाठक बनाम ग्राहक'' ने की है। हकीकतन, अब वहाँ सम्पादक नहीं है और ना ही, उसकी दहाड़। वहाँ स्वर नहीं, दृश्य है। एक अदृश्य हो चुकी नस्ल का भाँय-भाँय करता दृश्य। वहाँ अब कोई शेर नहीं, किन्तु शेर की भूसा भरी खालें है। यह क्षेत्रीय 'प्रेस' नहीं, सिर्फ 'रेस' है।[1]

कुल मिलाकर यह कि सम्प्रति अखबार का सब कुछ अखबार स्वामी का बन गया है, क्योंकि पूँजी यहाँ उसी की लगी है। यह स्थिति यहाँ वैसे ही हो गई है, जैसे पहले आवारा तत्त्वों के बल पर नेता चुनाव जीतते थे, बाद में इन तत्त्वों ने देखा कि कि मेरे ही बल पर जब ये नेता चुनाव जीत रहे हैं, तो वे खुद ही नेता क्यों न बन जाएँ और बन भी गए। फल यह हुआ कि जब से अखबार-मालिकों ने अखबारों का नियंत्रण अपने हाथ में लिया, तब से अखबारों में, 'माल-मुद्रा' प्रधान हो गया। 'मूल्य गायब हो गए एवं ''न्यूज यू कैन यूज़'' हो गए। धीरे-धीरे पूँजी व आर्थिक हित इतने ज्यादा प्रभावी हो गए कि राजस्व को प्राथमिक एवं समाचार को द्वितीयक-चीज की संज्ञा देने में भी कोई हिचक नहीं रही।[2] अखबारों पर मालिकों का नियंत्रण होते ही अखबारों के एजेन्डा बदल गए। अखबारों की साख और समाचारों की विश्वसनीयता गिरी। मुनाफे की चिन्ता ने अखबारों को विज्ञापनों से पाट दिया। पेशा और मिशन में बहस बढ़ी। कुल मिलाकर सम्पादकीय स्वायत्तता खतरे में पड़ गई। सम्पादकीय कार्य में प्रबन्धक के अनावश्यक हस्तक्षेप से पत्रकारिता, बिलकुल नये अन्दाज में अब सामने आई। अखबार मालिकों द्वारा अपने व्यावसायिक एवं आर्थिक स्वार्थों की पूर्ति के लिए समाचार-पत्रों के इस्तेमाल के कारण एक ओर अखबरों की साख का संकट खड़ा हुआ तो दूसरी ओर अखबार, सम्पादक और पत्रकार-ये दोनों कतिपय अपवादों को छोड़कर अखबार मालिक के सामने सिर झुकाऊ बन कर रह गए।

(13) पत्रकार और साहित्यकार : समानधर्मा?

साहित्यकार, वह बुद्धिजीवी होता है, जो स्वान्तः सुखाय सर्जना में अपना योगदान करता है। साहित्यकार अपनी स्वतंत्र हैसियत और इयत्ता रखता है। समाज अपने कारणों से उसका मूल्यांकन या अवमूल्यन कर सकता है। साहित्यकार का सरोकार मात्र परिवेश से उस पर पड़ने वाले प्रभावों की प्रतिक्रिया स्वरूप कलात्मक

1. मीडिया विमर्श (अब अखबार सम्पादक का नहीं रहा)—प्रभु जोशी, पृ. 60, 428, रोहित नगर, फेज-1, भोपाल, जनवरी-मार्च, 2011, मूल्य-25 रुपये।
2. संचार माध्यम, ('सम्पादक का पराभव विचार का अन्त'—लेख-विष्णु राजगढ़िया) पृ. 19, जुलाई-दिसम्बर अंक, खंड-2, जे.एन.यू. कैम्पस, दिल्ली।

अभिव्यक्ति से ही है। वह परिवेश का नीति-निर्धारक नहीं होता। वह हस्तक्षेप की मंशा भी नहीं रखता, परन्तु पत्रकार जनमत (Mass Openion) को प्रभावित ही नहीं करता, बल्कि निर्मित करने की औकात भी रखता है। जितना बड़ा पत्रकार होगा, उतनी ही बड़ी उसकी शक्ति होगी। समाचार माध्यम से जुड़कर पत्रकार सत्ता-प्रतिष्ठानों में भी दखल रखता है। अतः कहा जा सकता है कि पत्रकार का चरित्र राजनैतिक होता है, क्योंकि राजनीति निरपेक्ष पत्रकारिता कल्पना भर है, यथार्थ नहीं। साहित्यकार तो गैर राजनीतिक और राजनीतिक—दोनों हो सकता है। सीधे-सीधे राजनीति से जुड़कर साहित्यकार प्रतिबद्ध साहित्यकार के रूप में खेमेबन्दी का शिकार हो जाता है। अतः आदर्श रूप में राजनीति निरपेक्ष होना साहित्यकार का चरित्र होता है। इतना अवश्य है कि साहित्यकार का कोई भी कार्य समाज द्वारा राजनीतिक भाव में भी हो सकता है, लेकिन इसके पीछे साहित्यकार की राजनीतिक मंशा भी होगी,—कोई जरूरी नहीं। अन्तर फलितार्थ राजनीति भले हो, साहित्यकार का अपना व्यक्तित्व राजनीतिक सरोकारों से मुक्त होकर ही यथेष्ट रूप पाता है। इस प्रकार चरित्रगत भेद के स्पष्ट स्वरूप के कारण साहित्यकार और पत्रकार समान धर्म के नहीं हो सकते।

हाँ, कोई पत्रकार व्यक्तिगत रूप से अच्छा साहित्यकार भी हो सकता है, इसके कई उदाहरण भी हैं, परन्तु पत्रकारिता के पेशे में पड़कर पत्रकार में निहित साहित्यकार विकृत ही होता है। अतः साहित्य, पत्रकार का व्यक्तिगत सरोकार होकर ही रहता है, व्यवसाय राजनीतिक होता है, सार्वजनिक होता है और उसकी साहित्य साधना निजी दुनिया की वस्तु होती है। एतदर्थ, पत्रकार और साहित्यकार—दोनों समाज से जुड़कर भी एक दूसरे से भिन्न होते हैं। इधर, साहित्य पेशा नहीं होता, जब कि पत्रकारिता तो पेशा ही होती है। अतः (पेशेवर) साहित्यकार, एक गाली जैसा लगता है, परन्तु पेशेवर पत्रकार एक सम्मान की बात होती है। यह ज्वलन्त तथ्य है कि किसी पत्रकार में निहित साहित्यकार कुंठित होने को अभिशप्त होता है और किसी साहित्यकार में निहित पत्रकार कुंठित तो नहीं होता, परन्तु बहुत प्रभावशाली भी नहीं होता, क्योंकि साहित्यकार साहित्य का प्रचार-प्रसार तो चाहता है, परन्तु यह प्रचार-प्रसार पत्रकारिता की सवारी करके नहीं हो सकता। साहित्यकार का वाहन तो वही हंस होगा, जो सरस्वती का होगा, परन्तु पत्रकारिता शक्ति, सत्ता से जुड़ी होने के कारण अपने वाहन के रूप में उसी उल्लू को पाती है, जो लक्ष्मी का वाहन होता है। हंस में विवेक होता है, लाभ-हानि का हिसाब-किताब नहीं होता। परन्तु पत्रकारिता का वही अपना बही-खाता होता है। हानि-लाभ, राजनीतिक समीकरणों की चिन्ता-पत्रकारिता का अपना सरोकार होता है, जिससे वह मुक्त नहीं हो सकती।

अतः निष्कर्षतः स्पष्ट है कि पत्रकार और साहित्यकार समान धर्मा नहीं होते। बहुत सीमा तक ये भिन्न ही नहीं, एक-दूसरे के विरुद्ध भी लिखते हैं। साहित्य तो सन्तों की दुनिया जैसी दुनिया सृजित करता है तो फिर "सन्तन को कहाँ सीकरी सो काम", परन्तु इधर सत्ता-प्रतिष्ठानों से जुड़कर पत्रकारिता सीकरी अर्थात् राजशक्ति से अपना जीवन रस पाता है। यह मृग और सिंह जाति के जीवों का एक ही घाट पर पानी पीना यथार्थ में परिकल्पना मात्र है। कुछ लोग पत्रकारिता को जल्दबाजी में लिखा जाने वाला साहित्य कहते हैं। सम्भवतः इसीलिए पत्रकार अपने इर्द-गिर्द के जिन दृश्यों को स्थूल रूप से बुनता है, उसका प्रभाव भी तात्कालिक होता है। इधर, साहित्यकार की दृष्टि सूक्ष्म मानी जाती है। वह सामान्य तथ्यों को भी शाश्वत तथ्यों एवं उच्चतर मूल्यों से सम्पृक्त करने की कोशिश करता है। साहित्यकार के लेखन में एक विशेष प्रकार की ऊर्जा एवं रचनात्मक शक्ति निहित होती है, किन्तु पत्रकार के यहाँ इस तरह के स्थायित्व का अभाव होता है।

किन्तु कहीं-कहीं इसके ठीक उलट मुझे यह पढ़ने के लिए मिला है कि साहित्य के सुदीर्घ जीवी होने के लिए उसमें पत्रकारिता का समावेश आवश्यक होता है। पत्रकार द्वारा जब सामयिक सन्दर्भों को शाश्वत मूल्यों के साथ लिखा जाता है, तब वही कालान्तर में साहित्य का दर्जा प्राप्त करता है। इधर साहित्यकार द्वारा रचे गए शाश्वत साहित्य की गतिमानता पत्रकारिता द्वारा ही दस्तयाब मानी जाती है। अतः कहा जा सकता है कि साहित्य और पत्रकारिता—एक दूसरे से गहरे जुड़े हैं। आदरास्पद बालकृष्ण राव कहते हैं कि[1] समसामयिक परिवेश से किसी-न-किसी रूप में प्रत्येक लेखक प्रेरणा ग्रहण करता

1. माध्यम—बालकृष्ण राव, पृ. 21, अंक-1, वर्ष-1

है, चाहे वह साहित्यकार हो या पत्रकार। दोनों ही लेखक हैं, दोनों ही सर्जनाकार हैं, दोनों के कार्य किन्ही ऐसे गुणों की अपेक्षा करते हैं, जो दोनों के लिए अपरिहार्य हैं—अनाविल दृष्टि, चिन्तन, लेखन में प्रेषणीयता की शक्ति। दोनों देश और काल के आयामों पर अपनी-अपनी विशिष्ट परम्पराओं के अतिरिक्त उस संश्लिष्ट सांस्कृतिक पंरपरा, उस सामाजिक चेतना-प्रवाह से भी सम्बद्ध हैं, जिससे उन्हें अपनी बात औरों के प्रति निवेदित करने की प्रेरणा और शक्ति मिलती है। प्रत्येक पत्रकार अंशतः साहित्यकार भी है, प्रत्येक साहित्यकार अनिवार्यतः पत्रकार भी।''

(14) पत्रकारिता के सिद्धान्त

विश्व बाजारवाद ने दुनिया की शक्ल बहुत तेजी से बदली है। स्वार्थ और शोषण की पद्धतियाँ अब पहले के मुकाबले कहीं जटिल हैं। आज बाजार हर चीज और प्रसंग पर हावी है। उक्त बाजारवाद के कारण भारतीय समाज में भयावह अराजकता और बेमरजाद हालात पैदा हो गए हैं। दुर्भाग्य से पत्रकारिता के चरित्र को भी इसने स्खलित कर दिया है। पत्रकारिता के सरोकार बदल गए। इसके सारे मूल्य तंग हाशिए पर चले गए। आज के समाचार-पत्र खबरों, लेखों और विश्लेषणों से नहीं, बल्कि बाजार को साधने के उपकरणों से भर गए। सम्प्रति राष्ट्रीय सरोकार पर, कुछ अपवादों को छोड़कर अधिकांश अखबार 'स्टैंड' नहीं लेते। वे महज मुनाफा कमाऊ साधन बन कर रह गए हैं। समाज सेवा को अपना स्वधर्म मानने वाली पत्रकारिता आज कई अन्तर्विरोधों का शिकार हो गई। इसका बौद्धिक तेज फिलवक्त चुका हुआ दिखायी देता है। वह सम्प्रति अपने पुराने वैचारिक बोझ से मुक्त हो गई है।

किन्तु पराधीन समय की पत्रकारिता अपने सर्जनात्मक और बौद्धिक उदग्र प्रतिभा से तत्कालीन चुनौतियों से जूझने में सन्नद्ध थी। अव्वल तो यह कि उस समय की पत्रकारिता ने अपने देश की सांस्कृतिक पहचान और विरासत की रक्षा की। सहकार-संवाद को आगे बढ़ाया। उस समय हर मोर्चे पर टूट रही जिन्दगी की लय को फोकस किया, साझी पहचान की रक्षा की। अपने उद्देश्यों और आशयों की प्रपूर्ति के लिए तत्कालीन पत्रकारिता ने निरंकुश सत्ता से कभी घटिया और छिछोर समझौता नहीं किया। अकूत साहसिकता और विवेक सम्मत तर्क से समय-समय पर बेखौफ हो, वास्तविकता का उद्घाटन किया। कुल मिलाकर अपने सृजन, चिन्तन-मनन से दूसरे लोगों को सोते से जगाया-जागरूक किया। संवेदना और मानवता का नया भूगोल बनाया। पराधीनता के दौर में पत्रकारिता ने एक परिपक्व बुद्धिजीवी की जिम्मेदारी बखूबी निभाते समाज में व्याप्त तमाम तरह के पाखंडों पर हमला किया और सच्चे विचारों और मूल्यों को वाणी दी।

कहीं पत्रकारिता अपने लक्ष्य से फलकज़द हो भटक न जाए, संजीदगी बनी रहे, उसकी प्रकृति चौकस-चौकन्नी बनी रहे, विराट चरित्र और मकसदों से लैस पत्रकारिता का बेलागपन और अनुशासनबद्धता की लय अटूट-अजस्त्रम बनी रहे, अतः इसके लिए तत्कालीन पत्रकारिता-पुरुषों, मनीषियों ने कुछ सिद्धान्तों की कल्पना की थी। इस दिशा में प्रथम प्रयास बंगला के समाचार-पत्र 'सुलभ समाचार' ने किया था। बाद में भारतेन्दु बाबू हरिश्चन्द्र ने अपनी सुप्रसिद्ध पत्रिका—'कविवचन सुधा' में पत्रकारिता के उक्त सिद्धान्तों को हू-ब-हू प्रकाशित किया। उक्त सिद्धान्तों की कुल मिलाकर संख्या 16 है, जिन्हें 'सुलभ समाचार' से लेकर यहाँ उद्धत किया जा रहा है। पर, लोभ-लाभ की गणित में कालान्तर की पत्रकारिता ने इन सिद्धान्तों को प्रणाम कर इनसे अपना तौबा कर लिया। फलतः आज की पत्रकारिता इकहरेपन और विद्रूप नियति की ग्रास बन गई। उसकी तल्खी और रौ श्रीहीन हो गए। बहरहाल, पत्रकारिता सम्बन्धी उन सिद्धान्तों को इस प्रकार देखा जा सकता है,—

1. ठीक संवाद जान करके उस पर अपना मत प्रकट करना तदनन्तर उसे वर्णन करना।
2. बातें बहुत बढ़ा कर नहीं बोलना।
3. खास किसी एक मनुष्य का चरित्र भेजें खोद-विनोद न करना।
4. दुर्बल शत्रु को दोष की अवस्था में पावे मनमोहन बातें सुना कर उसे दुःखित करने अथवा उसे चिढ़ा कर आप आनन्दित होने की चेष्टा छोड़ देनी चाहिए।

5. अपने मन का वास्तविक दुष्ट अभिप्राय गुप्त रखने के निमित्त छिपे-छिपे किसी के विरुद्ध कपट-भाव से स्पष्ट बातें न बोलना।
6. जिस विषय का स्थिर, परिष्कृत, सिद्धान्त न पाना उसे पत्र में न प्रकट करना।
7. अपने विरुद्ध जो जी चोखे और परद्र पक्ष कहीं से पाना अथवा अन्य किसी संवादपत्र में लिखे देखना तो उन्हें अपने पत्र में उद्धृत करके प्रकट करना।
8. मन में किसी से अकास न रखना।
9. लिखना वही ठीक है जिसे शत्रु भी बाँच के मुँह न बिचका कर प्रत्युत उसके द्वारा अपने को उपकृत बोध करे।
10. तेज कलम चलाना अथवा सुन्दर बातें बनाना अपना प्रधान कर्म न समझना।
11. लोगों के बीच प्रशंसा पाने निमित्त बहुत छटपटाना अच्छा नहीं।
12. मनुष्य को बहुत-सा न दबा के काम पड़ने पर उसके कार्य-भर का विवरण कर देना काफी है।
13. सत्य की जाँच में अधिक प्यार करना, निर्भय होकर बोलना पर शान्ति और उदारता के साथ।
14. देश को सुधारना अपना प्रधान उद्देश्य समझना, उस विषय का जो कुछ सर्वसाधारण मत पाना ऊपर प्रकाश करना और जो कुछ मान और विवेचना उसमें बाकी देखना, नीचे लिख देना।
15. बनाने की इच्छा छोड़ कभी किसी के बिगाड़ने की इच्छा मन में न उठने देना।
16. जब कुछ लिख कर प्रकट करना तो समालोचना करनेवालों का मुँह बन्द रखने के निमित्त नहीं किन्तु अपनी भूल सुधार देने निमित्त अनुरोध करना।

विवेकी, भद्र, न्यायपरायण, निरपेक्ष, सम्पादक होने की इच्छा रक्खे तो इन सोलहों बातों को चित्त पर चढ़ाये रहे, आशा है कि हमारे भाई और सम्पादक लोग भी इस लेख को आदरपूर्वक ग्रहण करेंगे न कि इससे अपमान-भावना का बोध करेंगे, इन बातों को पुरानी लिखी समझ कर उपेक्षा करनी उचित नहीं वरन आदर्श प्रारूप प्रतिपक्ष चित्त में चढ़ावे ही रहने में हमारा कल्याण और भलाई है, आओ हम सब आदर्श के समान इन सब बातों को सदा अपने स्मृति पंथ पर आरूढ़ रक्खें और काम पड़ने पर इन्हीं की ओर निहार कर लेखनी चलावें।

(15) पत्रकारिता के विविध रूप या प्रमुख प्रकार या पुनर्वर्गीकरण

पत्रकारिता जीवन का स्पन्दन है। विभिन्न तरह के अनुभवों का उच्चतर संश्लेष है। समय के परदों को लाँघकर यह घूस के रूप में नोटों का बंडल ले रहे हाथों को पकड़ती है तो निर्लज्ज और निश्चिंत हो चुकी घाघ सत्ता को उसकी हैसियत की ओर इशारा भी करती है। पस्त और लाचार हो चुके व्यक्ति को जीवन के गर्भनाल से जोड़ती है। कुल मिलाकर इसका चरित्र विविधधर्मी और बहुआयामी होता है। आज यह अपने द्युति और आभामय निष्पक्ष तेवर के कारण 'आग का मौन दर्प' हो चुकी है। राजनीति, समाज, धर्म, खेल, व्यापार, सूचना, शिक्षा तथा संसद के साथ-साथ ग्राम समाज की छवियों का भी ध्वन्यंकन करती है। आज यह अपनी नई भूमिका में विचारों की नई पैरहन के साथ खड़ी हुई है। अतः इस आधार पर पत्रकारिता के क्षेत्र और क्षितिज का विस्तार हुआ है।

पत्रकारिता पर गहन शोध करनेवाले **डॉ. ज्ञान पाठक**[1] का विचार है कि आज जिस अर्थ में पत्रकारिता प्रचलित है, वह 17वीं सदी की देन है और तभी से इसे प्रेस के रूप में जाना जाता रहा है लेकिन 20वीं सदी में रेडियो, टेलिविजन और इंटरनेट के आने के कारण सूचनाओं के अनेक माध्यम हो गए और इसे मीडिया कहा जाने लगा। इस तरह प्रिन्ट पत्रकारिता, रेडियो पत्रकारिता, टी.वी पत्रकारिता आदि के रूप में इनका वर्गीकरण होने लगा। साथ-साथ पुराना वर्गीकरण भी चलता रहा,—जैसे खेल पत्रकारिता तथा फिल्म पत्रकारिता आदि। पहले तरह का वर्गीकरण जहाँ एक ओर पत्रकारिता का नहीं, बल्कि पत्रकारिता के विषयों का वर्गीकरण था। पत्रकारिता की पढ़ाई 19वीं सदी के अन्तिम वर्षों में शुरू हुई थी और 1900

1. "Forms of Journalism : An Internal and External History" पुस्तक के लेखक डॉ. ज्ञान पाठक को अभी विगत दिनों—"Forms of Journalism: Past and Present and theirrelation to literature" शोध प्रबन्ध पर डॉक्टर ऑफ फिलॉसोफी की उपाधि दी गई है।

तक सिर्फ दो ही पुस्तकें प्रकाशित हो पाई थीं। बीसवीं सदी के 20 के दशक में विख्यात अमेरिकी दार्शनिक और मानवशास्त्री जॉर्ज हर्बर्ट मीड ने सही दिशा में इसके वर्गीकरण की शुरुआत अपने एक आलेख में किया और कहा कि पत्रकारिता सिर्फ दो तरह की होती है—सूचनात्मक और कथात्मक। बाद में विख्यात अमेरिकी प्राध्यापक सर एडविन डायमंड, जो विख्यात टीवी शख्सीयत भी रहे, ने 1982 में नई पत्रकारिता को **डिस्को पत्रकारिता** माना, लेकिन उन्होंने ही बाद में कहा कि ऐसा कहना अतिरंजना थी। इस तरह उन्होंने भी दो तरह की पत्रकारिता पर ही रजामन्दी जाहिर की, जिनका प्रतिपादन हर्बर्ट मीड ने किया था।

लेकिन पत्रकारिता इतनी ही नहीं रह गई, सूचनात्मक पत्रकारिता में जहाँ एक ओर तथ्यों को ज्यों-त्यों रखा जाता है, वही कथात्मक पत्रकारिता में सत्य को सौन्दर्य बोध के साथ कुछ इस तरह से पेश किया जाता है कि उसे समझना ज्यादा आसान हो जाए। स्पष्ट है, साहित्य में कहानी का जो लक्ष्य है, वही लक्ष्य कथात्मक पत्रकारिता का भी है, लेकिन कथात्मक पत्रकारिता कला में कहानी की प्रस्तुति से अलग इसलिए है क्योंकि इसमें सूचनाओं को सटीक रखने का मौलिक कर्तव्य भी शामिल है। आधुनिक पत्रकारिता सिर्फ सूचनात्मक और कथात्मक ही नहीं है। काफी समय से इसमें रेखाचित्रों, छायाचित्रों, कार्टूनों, ग्राफों आदि का प्रयोग भी होता रहा है। इस तरह पत्रकारिता का स्वरूप विस्तारित हो गया। इंटरव्यू और परिचर्चाओं ने पत्रकारिता को इंटरनेक्टिव बना दिया, जिसमें पत्रकारिता के अलावा अन्य लोग भी शामिल होते हैं। इस तरह पत्रकारिता में दो और वर्गीकरण सामने आ गए—मिश्रित पत्रकारिता और इंटरेक्टिव पत्रकारिता।

बीसवीं सदी में रेडियो और टेलिविजन में समाचारों की प्रस्तुति में शैली की भिन्नताओं, आर्क लाइट, छवियों का आना और जाना, ट्यून आदि ने पत्रकारिता में एक और वर्गीकरण को आवश्यक बना दिया। जिस तरह नाटकों का मंचन परफोर्मेस आर्ट हो गया, उसी तरह समाचारों की प्रस्तुति परफोर्मेंस जर्नलिज्म हो गई है। हम समाचारों को मंचित करने लग गए हैं। इस तरह पत्रकारिता के पाँच भेद हो गए हैं,—इन्फोर्मेशन जर्नलिज्म, स्टोरी ऑफ जर्नलिज्म, मिक्स्ड फॉर्म ऑफ जर्नलिज्म, इंटरेक्टिव जर्नलिज्म और परफोर्मेन्स जर्नलिज्म। पत्रकारिता के वर्गीकरण में विषयों—फिल्म, खेल, विधि, अपराध, विज्ञान को विशेषण के रूप में पत्रकारिता के साथ जोड़ देने से कुछ समस्याएँ हल हो जाती हैं, लेकिन ये भी अनिवार्यतः या तो सूचनात्मक होंगे या कथात्मक, इंटरेक्टिव होंगे या परफॉरमेंन्स या मिश्रित। इसी तरह रचनात्मक, सकारात्मक, सनसनीखेज आदि वर्गीकरण भी पत्रकारिता का वर्गीकरण नहीं, बल्कि उसके प्रभावों का वर्गीकरण है। कुछ विद्वानों ने पत्रकारिता में रचनाधर्मिता की बात कही है और इस सन्दर्भ में कार्टून तथा कमेंटरी आदि का उल्लेख करते हैं, लेकिन वे इस तथ्य को नजर अन्दाज करते हैं कि ऐसी पत्रकारिता रचनाधर्मिता से ज्यादा विश्लेषणात्मक टिप्पणियाँ हैं।[1] बहरहाल, अब हम पत्रकारिता के कुछ मुख्य प्रचलित भेदों को अधोलिखित रूप में इस प्रकार देख सकते हैं—

(1) खोजी या अन्वेषी पत्रकारिता

'इन्वेस्टीगेट' (खोज सम्बन्धी) शब्द लैटिन भाषा के 'वेस्टीजीयम' से आया है, जिसका अर्थ होता है 'पदचिह्न'। खोज सम्बन्धी सूचनाओं का विकास उन्नीसवीं अर्ध-शताब्दी में हुआ। उस समय इसका उद्देश्य जल्दी, छोटी और सही सूचना देना था, जो कुछ भी पिछले 24 घंटे में घटित हुआ, उसे तुरन्त समाचार-पत्रों द्वारा पाठकों को बताना था।[2] वस्तुतः जिन तथ्यों, सूचनाओं को कोई जानबूझ कर छिपाना चाहे, उन्हें चुपचाप पूरे परिप्रेक्ष्य में उद्घाटित कर प्रकाश में लाना खोजी पत्रकारिता के अन्तर्गत् आता है। सत्य अथवा प्रमाणों पर आधारित अनुद्घाटित सूचनाओं का उद्घाटन करना स्वस्थ खोजी पत्रकारिता का लक्ष्य होना चाहिए। अफवाहों, काल्पनिक प्रसंगों, अप्रमाणिक तथ्यों को लेकर गढ़ी गई सनसनीखेज सामग्री खोजी या अन्वेषी पत्रकारिता के लिए घातक है,[3] क्योंकि,—"The first investigative reporting is the publishing of significant material that someone is trying to hide, Second, the findings are reporters own work-product not leaked material".

1. कथादेश (पत्रकारिता का पुनर्वर्गीकरण लेख)—डॉ. ज्ञानपाठक, पृ. 182, अगस्त 2009, मूल्य 60 रुपये।
2. स्वर्ण जयन्ती समारोह—मैसूर हिन्दी प्रचार परिषद—बैंगलोर, पृ. 229
3. सम्पादन कला एवं प्रूफ पठन—डॉ. हरिमोहन, पृ. 15

खोजी पत्रकारिता को वास्तव में एक धर्म युद्ध की संज्ञा दी जा सकती है। पूरी ईमानदारी और सत्यनिष्ठा के साथ एवं पूर्वाग्रह रहित होकर यह जनता के हित के लिए उन तत्त्वों के विरुद्ध गम्भीरतापूर्वक छेड़ी गई लड़ाई हैं, जो उक्त जनता और समाज के शत्रु हैं। यह लड़ाई व्यापक और लम्बी है साथ ही जोखिम भरी भी लेकिन खोजी पत्रकार इससे न घबराते हैं, न हताश होते हैं। वैसे भी पत्रकार, मूलतः खोजी प्रकृति का ही होता है। पत्रकार चाहे फील्ड में हो या टेबुल पर कुछ नया करने की आकांक्षा उसके अन्दर घुमड़ती ही रहती है। खबरों के पीछे छिपी खबरों की तलाश और खबरों के बीच से खबरें निकाल लेने की ललक उसके अन्दर होती है। वह अपनी कल्पनाशक्ति, विश्लेषण-क्षमता तथा सूक्ष्म-दृष्टि की सहायता से खबरें खोजता और गढ़ता है।[1]

(2) आर्थिक पत्रकारिता

'सर्वेगुणाः कांचनमाश्रदन्ति' अर्थात् इस धरती पर आज के भौतिकवादी समय में हर वस्तु अर्थ केन्द्रित हो गई है। सम्बन्धों की गणित अर्थाधारित होकर बन-बिगड़ रही है। जाहिर है, आज की पत्रकारिता भी इससे अछूती नहीं है। पहले की तुलना में समाचार-पत्रों में एक नहीं, कई पन्ने-बाजार, पंचवर्षीय योजना, शेयर के प्रचार, वस्तुओं के विज्ञापन, बैंक-बीमा सम्बन्धी सूचनाओं से अँटे-पटे होते हैं। कुल मिलाकर वाणिज्य, तकनीक और अर्थशास्त्र सम्बन्धी सूचना देती आज की पत्रकारिता' आर्थिक पत्रकारिता को पुष्ट कर रही है,—Many multilevel and multidimensional trends have been developed in recent years in the field of Journalism. Many new disciplines have now become the target area of reporting, analysing of news and editing. Fast changing technologies have made a dent in mass communication Science in all its forms is fast becoming a part of every body's life : so is economics. Economic Journalism or Business Journalism of to day was earlier known as Commorcial Journalism. In present day, money has great impact on human begin's life. Modern sophisticated men call it money matters or financial Journalism"[2]

(3) ग्रामीण, आंचलिक या कृषि पत्रकारिता

कृषि प्रधान देश होने के कारण इस देश में ग्रामीण-पत्रकारिता काफी लोकप्रिय हुई है। आर्थिक पत्रकारिता की तरह ग्रामीण पत्रकारिता में देश की जनता को कृषि अर्थात् बीज, पशुपालन, कीटनाशक, सहकारिता, फलों, सब्जियों के उगाने का समय, फसलों की सुरक्षा, उनके रख-रखाव की मुकम्मल जानकारी दी जा रही है। अब तो मोबाइल फोन से भी एस.एम.एस. का फसलों के रखरखाव की जानकारी मुहैया की जा रही है। ग्रामीण पत्रकारिता के कुछ मुख्य विषयों की ओर **डॉ. प्रवीण दीक्षित**[3] ने निम्न प्रकार संकेत किया है,—

(1) मुद्रा एवं कृषि रसायन (Soil and Agricultural Chemistry),
(2) कृषि अर्थशास्त्र (Agricultural Economics),
(3) कृषि कीटशास्त्र और जीवविज्ञान (Agricultural Entomology and Zoology),
(4) कृषि प्रसार (Agricultural Extension),
(5) शस्त्र-विज्ञान (Agronomy),
(6) पशु पालन और दुग्ध-उद्योग (Animal Husbandry and Dairying),
(7) वंशागति और पादप प्रजनन (Genetics and Plant Bree ding),
(8) उद्यान शास्त्र (Horticulture),
(9) पादप रोग-विज्ञान (Plant Pathology),
(10) पादप क्रिया शारीरिक (Plant Physiology) तथा
(11) भूमि-संरक्षण (Soil Conservation)।

---

1. सोच विचार (खोजी पत्रकारिता लेख)—सुनीता गौतम, पृ. 39, सम्पादकीय कार्यालय-के. 67/135 (ए), ईश्वरगंगी, वाराणसी, (उ.प्र.) जून 2013, मूल्य-25 रुपये।
2. Journalism By Old And New Masters-Dr. Baldev Raj Gupta. P. 186
3. हिन्दी पत्रकारिता : विविध आयाम—सं. डॉ. वेदप्रताप वैदिक, पृ. 362

सम्प्रति आर्थिक पत्रकारिता का महत्त्व दिनोदिन बढ़ता जा रहा है। कुछ नई-पुरानी पत्रिकाएँ इस प्रकार हैं—उन्नति कृषि (नई दिल्ली), उद्यान जगत (कैथल), कृषक जगत (भोपाल), किसान भारती (पन्त नगर), खेती (नई दिल्ली), गाँव, ग्रामीण दुनिया (नई दिल्ली), प्रोल्ट्री गाइड (नई दिल्ली), सेवा ग्राम (दिल्ली), कृषि और पशुपालन (लखनऊ)। कृषि से सम्बन्धित उक्त पत्रिकाओं का विशेष योगदान है। इससे कृषक समुदाय समय-समय पर लाभान्वित होता रहता है।

(4) विकास पत्रकारिता

डॉ. भारती शर्मा[1] के अनुसार पहले यह धारणा बन चुकी थी कि पत्रकारिता का सम्बन्ध तो केवल राजनीति से है। उसे विभिन्न योजनाओं, विकास कार्यक्रमों, तकनीकी अभिवृद्धि से क्या लेना-देना? किन्तु, अब यह भ्रम दूर हो जाना चाहिए कि सामाजिक, आर्थिक, वैज्ञानिक एवं प्राविधिकी से सम्बन्धित समस्त विकास के पक्षों पर प्रकाश डालने वाली विकास पत्रकारिता है, जिसमें कभी-कभी सनसनी खेज तथा उत्तेजनात्मक तथ्य आ जाते हैं। आगरा में ताजमहल के पास कोरीडोर निर्माण की सूचना आकर्षक है। विकास पत्रकारिता के अन्तर्गत् भ्रष्टाचार और गबन के रोचक मामले प्रकाश में आते हैं, क्योंकि, "The more money is made available for development the more corruption there seems to be." विकास पत्रकारिता की दृष्टि विकास, पर केन्द्रित होती है, चाहे वह उद्योग, विज्ञान, औषधि प्राविधिकी अथवा अन्य किसी भी क्षेत्र में, यहाँ तक कि पत्रकारिता जगत के द्रुतगति विकास को भी यही प्रकट करती है।

(5) खेल पत्रकारिता

जनपद स्तर से लेकर प्रदेश, देश तथा अन्तर्राष्ट्रीय स्तर पर खेलों का रुझान बढ़ा है। निजी स्तर से लेकर सरकारी स्तर तक खेलों को बढ़ावा देने के लिए 'खेल कोटा' निर्धारित किया गया है। इलेक्ट्रॉनिक मीडिया में खेलों के प्रसारण के लिए बाकायदा 'प्रायोजक' होते हैं। प्रिन्ट मीडिया तथा पत्र पत्रिकाओं में भी खेलों से सम्बन्धित विज्ञापनों की भीड़ होती है। इस तरह से खेल-रिपोर्टरों की 'खेल-समीक्षा' ने खेल-पत्रकारिता को काफी लोकप्रिय बनाया है। खेल-पत्रकारिता की शुरुआत भारत में सन् 1951 से मानी-जाती है। कुछ लोगों ने आरम्भिक खेल-पत्रकारिता को दो भागों में बाँटा है,—अनुवादित और मौलिक। 'धर्मयुग' साप्ताहिक भी बहुत दिनों तक खेल अंग्रेजी खेल-समीक्षकों से लिखवाकर, उसका अनुवाद अपने यहाँ प्रकाशित करता रहा था। सन् 1971 में हिन्दी 'स्पोर्ट्स वींक' मुम्बई से शुरू हुई तो उसे काफी सफलता मिली थी। फरवरी, 1972 में इन्दौर से 'खेलकूद' मासिक पत्रिका निकली, मगर आठ-दस अंकों बाद बन्द कर दी गई।[2] अन्य पत्रिकाओं का भी यही हाल हुआ, फिर हिन्दी खेल-पत्रिकाएँ 1985 के बाद पनपीं।[3]

(6) व्याख्यात्मक पत्रकारिता

अंग्रेजी में इसे Interpretative Journalism कहते हैं। इस तरह की पत्रकारिता हमें समाचारों के यथार्थ से परिचय कराती है और जागरूक भी करती है। हमारे भीतर स्थितियों को बेहतर ढंग से समझने की तमीज पैदा करती है। सच तो यह है कि इसी तरह की पत्रकारिता आज के युग की माँग भी है। यही कारण है कि प्रायः सभी पत्र-पत्रिकाओं, रेडियो तथा टेलीविजन के कार्यक्रमों में भी हम व्याख्यात्मक पत्रकारिता के दर्शन कर सकते हैं। वहाँ स्वतंत्र रूप से समाचार विश्लेषण या समाचार भूमि अवस्थित है। इस तरह की पत्रकारिता में समाचार एजेन्सियाँ समाचार एकत्र कर, महत्त्वपूर्ण समाचारों का विश्लेषण करती हैं, साथ ही उनकी पृष्ठभूमि तथा उनके भावी परिणामों की ओर संकेत करते हुए विस्तृत व्याख्या वाली विचार वीथी अपनी ओर से विभिन्न समाचार माध्यमों को उपलब्ध कराती हैं।[4]

---

1. प्रयोजनमूलक हिन्दी—डॉ. भारती शर्मा, पृ. 132, आगरा, मूल्य 160 रुपये
2. हिन्दी पत्रकारिता : विविध आयाम, सं. डॉ. वेदप्रताप वैदिक, पृ. 328
3. आधुनिक पत्रकारिता : चुनौतियाँ और संभावनाएँ—डॉ. अशोक कुमार शर्मा, पृ. 101
4. सम्पादक कला एवं प्रूफ पठन—डॉ. हरिमोहन, पृ. 16

(7) संसदीय पत्रकारिता

संसदीय पत्रकारिता के लिए अंग्रेजी में Parliamentary Journalism शब्द व्यवहृत होता हैं। लोकसभा, राज्यसभा, विधान सभाएँ तथा विधान-परिषदें—खबरों, समाचारों की कारखाना होती है। चूँकि पहले की तुलना में शहर से लेकर गाँव-जवार तक साक्षरता, शिक्षा जाग़रूकता, देश-विदेश की खबरों के प्रति ललक लोगों में बढ़ी है। लोकसभा से लेकर विधान सभाओं में सांसदों तथा विधायकों के बीच परस्पर ठहाकों से लेकर हाथापाई, मारपीट, कुर्सी फेकौवल-सब कुछ हम दूरदर्शन पर सीधे प्रसारण के माध्यम से देखते हैं। रेडियो पर उसकी समीक्षा सुनते हैं, किन्तु पत्र-पत्रिकाओं में, चूँकि इनकी तुलना में विस्तृत पड़ताल होती है, अतः संसदीय पत्रकारिता का महत्त्व काफी बढ़ा है। अन्तर्राष्ट्रीय सम्बन्ध, सुरक्षा, नीतिगत घोषणा, अवमानना, लेखानुदान पर होनेवाली बहसें आदि ही इस पत्रकारिता की मूल जमीन होती हैं।

(8) विधि या विधिक पत्रकारिता

भारत में विधि पत्रकारिता का उद्‌भव राष्ट्रीय आन्दोलन के दौर में हुआ था। उस समय यह मिशनरी भावना से ओत-प्रोत थी, लेकिन स्वतंत्रता प्राप्ति के बाद दुर्भाग्यवश पत्रकारिता पर व्यावसायिक और वाणिज्यिक प्रवृत्ति हावी होने के कारण इसके विकास में अनेक प्रकार के अवरोधों का उभरना स्वाभाविक ही था। निहित स्वार्थों और भौतिकवादी दृष्टिकोण के प्रभाव स्वरूप सामान्य व्यक्ति को न्याय अलम्य सा लगने लगा। फलतः प्रबुद्ध विधि मनीषियों में विधि के क्षेत्र में सैद्धान्तिक और व्यापारिक पक्षों के बीच मानव मूल्यों के विघटन के द्रुत-विकास की प्रक्रिया पर अंकुश लगने की भावना प्रबल होने लगी।[1] बहरहाल, विधि पत्रकारिता आज काफी समृद्ध हो गई है।

विधि पत्रकारिता के लिए पत्रकारों को कुछ खास बिन्दुओं पर ध्यान देना चाहिए, यथा—जो व्यक्ति पत्रकारिता के क्षेत्र में कार्य कर रहे हैं उन्हें ऐसी सभी विधियों का अच्छा ज्ञान होना चाहिए, जो प्रवर्त्तन में हैं, चाहे वे विशेष समाचार-पत्र-विधियाँ हों या सामान्यतः प्रयुक्त होनेवाली विधियाँ हों। कभी-कभी नई विधियाँ अधिनियमित की जाती हैं। पत्रकार को इन सभी बातों का सतर्कतापूर्वक ध्यान रखना होता है। उसे किसी भी समय प्रवर्त्तनशील विधि की सीमाओं के भीतर कार्य करना पड़ता है, अन्यथा वह और उसका पत्र कठिनाई में पड़ जाएगा। किसी समय प्रभावशाली, किन्ही विशेष विधियों के अधीन पत्रकार को उन विधियों में से कुछ महत्त्वपूर्ण विधियों का ज्ञान होना चाहिए, जो समाचार-पत्रों को (और सभी नागरिकों को) प्रभावित करती है। उन विधियों को स्थूल रूप से निम्न श्रेणियों में विभाजित किया जा सकता है,—(1) अपमान, लेख तथा मानहानि विधि, (2) न्यायालय अवमान विधि, (3) विधान-मंडल अवमान विधि, (4) कॉपीराइट विधि तथा (5) आपात् विधि के दौरान लागू किए जानेवाले सुरक्षा अधिनियम जैसी सामान्य विनियामक विधियाँ।[2]

(9) शैक्षिक पत्रकारिता

शिक्षा-पत्रकारिता का विकास भी हिन्दी में परम्परागत रूप में परिलक्षित होता है। 'शिक्षा', 'नई तालीम', 'शिक्षण-पत्रिका' एवं 'शिक्षक बन्धु आदि के माध्यम से यह परम्परा विकसित हुई है। शोध अनुसन्धान, अन्वेषण, इतिहास और पुरातत्त्व को आधार बना कर भी हिन्दी पत्रकारिता का विकास हुआ है। वस्तुतः यूनेस्को ने सामग्री के आधार पर पत्रिकाओं का जो वर्गीकरण किया है, उसमें शिक्षा सम्बन्धी पत्रिकाएँ भी शामिल हैं। शिक्षा मंत्रालय, विश्वविद्यालय अनुदान आयोग, राष्ट्रीय शैक्षिक अनुसन्धान व प्रशिक्षण-परिषद्, केन्द्रीय माध्यमिक शिक्षा मंडल, केन्द्रीय विद्यालय संगठन, अखिल भारतीय प्रौढ़ शिक्षा संघ, राज्य सरकारों के शिक्षा-विभाग, राज्यों की शैक्षिक अनुसन्धान व प्रशिक्षण परिषदें, विश्वविद्यालयों के विभिन्न विभाग, महाविद्यालय और विद्यालय नियमित रूप से कोई-न-कोई प्रकाशन निकालते हैं। मोटे तौर पर इनकी सामग्री दो प्रकार की होती है,—(1) शिक्षा के बारे में समाचार और लेख, (2) शिक्षकों और छात्रों द्वारा लिखे गए लेख तथा संस्था की गतिविधियों का विवरण। इनमें से ज्यादातर पत्रिकाएँ वार्षिक होती हैं, लेकिन काफी पत्रिकाएँ अन्य

1. हिन्दी पत्रकारिता का विकास—एन.सी. पन्त, पृ. 299, राधा पब्लिकेशंस, दिल्ली, मूल्य-300 रुपये।
2. पत्रकारिता के सिद्धान्त—डॉ. रमेश चन्द्र त्रिपाठी, पृ. 324

आवर्त्तिताओं की भी होती हैं। ऐसी पत्रिकाएँ भारत भर में निकलती हैं और अंग्रेजी के अलावा काफी भारतीय भाषाओं में भी निकलती हैं। इन पत्रिकाओं का एक निश्चित पाठक वर्ग भी है। कुछ पत्रिकाओं को निकलते हुए 50 साल से भी ज्यादा समय हो गया है। इतने लम्बे समय से काफी शिक्षकों, प्रशासकों और छात्रों का सहयोग इन्हें मिलता रहा है तथा इनके प्रकाशन में अब तक लाखों रुपए खर्च हो चुके हैं और अभी हो रहे हैं, ऐसी स्थिति में इनके महत्त्व को नकारा नहीं जा सकता क्योंकि इन सब पत्रिकाओं ने मिलकर इस देश के शिक्षा जगत का चित्र आम आदमी के सामने रखने की कोशिश की है।[1]

(10) वाणिज्यिक पत्रकारिता

भारत में वाणिज्यिक पत्रकारिता का शुभारंभ ब्रिटिश मैनेजिंग एजेन्सियों के प्रोत्साहन से हुआ। सन् 1886 में, 'कैपिटल' नामक प्रथम वाणिज्यिक पत्रिका कलकत्ता से प्रकाशित हुई थी। इसके लगभग 50 वर्ष उपरान्त बम्बई में कॉमर्स नाम से पत्र निकला सन् 1928 एवं 1943 में दिल्ली से क्रमशः 'इंडियन टाइम्स' एवं ईस्टर्न इकोनॉमिस्ट' प्रकाशित हुआ। हिन्दी के दैनिक पत्रों में वाणिज्यिक समाचारों को सर्वप्रथम प्रकाशित करने का श्रेय 'नवभारत टाइम्स', 'टाइम्स ऑफ इंडिया', 'स्टेट्स मैन', 'इंडियन एक्सप्रेस', आदि महत्त्वपूर्ण दैनिकों को है, जिनमें वाणिज्य से सम्बन्धित समाचार छपते तो थे, लेकिन वर्तमान की भाँति उनकी स्थिति अथवा छवि कोई विशेष नहीं थी, परन्तु आज प्रत्येक दैनिक समाचार-पत्र चाहे वह किसी भी भाषा का क्यों न हो, व्यापार-वाणिज्य जगत से सम्बन्धित समाचारों के लिए अलग से पृष्ठ निर्धारित करके बड़ी तन्मयता से इनको प्रकाशित करता है। वाणिज्यिक पत्रकारिता के क्षेत्र में गुजराती भाषा के 'व्यापार' पत्र का विशेष योगदान है। श्री नेकीराम गुप्त ने श्री केसर सिंह और कैलाश चन्द्र के सहयोग से दिल्ली से सन् 1972 में 'दैनिक व्यापार भारती' की शुरुआत की। बाद में श्री केसर सिंह ने दिल्ली से ही 'व्यापार केसरी' नामक पत्र प्रकाशित किया। इधर, 'प्रत्यक्षकर' और 'उद्योग भारती' कलकत्ता से प्रकाशित होते हैं। वाणिज्यिक पत्रकारिता के क्षेत्र में 'उद्योग विकास', 'आर्थिक सम्पदा', 'आर्थिक समीक्षा', 'जागृति', 'जन उद्योग', 'राजस्थान लघु उद्योग व्यापार पत्रिका' आदि पत्रों का नाम भी उल्लेखनीय है। 'विश्वमित्र' हिन्दी का प्रथम समाचार-पत्र है, जिसने वाणिज्यिक समाचारों को नियमित रूप से प्रकाशित करने का कार्य किया। दिल्ली से प्रकाशित होनेवाले 'नवभारत टाइम्स', 'हिन्दुस्तान' 'जनसत्ता' एवं 'पंजाब केसरी' नामक पत्रों में भी नेशनल न्यूज सर्विस द्वारा वाणिज्यिक समाचार दिए जाते हैं। 'राष्ट्रीय सहारा' 'कारोबार' नामक शीर्षक के अन्तर्गत् इन समाचारों को प्रकाशित करता है।[2]

(11) स्वास्थ्य पत्रकारिता

'जान है तो जहान है' यह कहावत पूर्णतया सत्य है। चाहे मनुष्य पर मुसीबत का पहाड़ टूट पड़े, अगर वह निरोग है, तो मुसीबतों को हँसते-हँसते झेल जाता है। किस देश में कौन-कौन से रोगों की क्या-क्या दवा निकली तथा उस पर क्या प्रयोग हुए व कितनी सफलता मिली आदि अनगिनत प्रश्न हैं, जिनका हमारे स्वास्थ्य से सीधा सम्बन्ध है। आज स्वास्थ्य व औषधि सम्बन्धी अनेक पत्रिकाएँ प्रकाशित होती हैं। होम्योपैथी, एलोपैथी, आयुर्वेदिक, नेचुरोपैथी आदि सभी विषयों पर पत्र-पत्रिकाएँ हैं, जिनसे रोगों के विषय में नए-नए अनुसन्धानों का पता चलता है। आजकल कैंसर, मधुमेह आदि अनेक असाध्य रोगों पर अनुसन्धान हो रहे हैं। इन सबकी जानकारी चिकित्सा सम्बन्धी पत्रिकाओं में हमें पूर्ण रूप से मिलती है। चिकित्सा-विज्ञान से सम्बन्धित कुछ मुख्य पत्रिकाएँ निकल रही हैं तथा कुछ बन्द हो गई हैं।[3]

वस्तुतः यह एक प्रकार की **मेडिको-सोशल पत्रकारिता** है। स्वास्थ्य पत्रकारिता से अपेक्षा की जाती है कि[4]

(क) पत्रकार सनसनीखेज ही नहीं, सार्थक और शिक्षाप्रद लिखें,

(ख) चिकित्सा क्षेत्र में होनेवाली नई खोजों की पूरी जानकारी दी जाए,

1. संचार माध्यम, राजेन्द्र सिंह का लेख, पृ. 02 जुलाई-दिसम्बर, 1984, अंक 10, नई दिल्ली।
2. आधुनिक पत्रकारिता—डॉ. अर्जुन तिवारी, पृ. 21
3. हिन्दी पत्रकारिता : विकास और विविध आयाम—डॉ. श्रीमती सुशीला जोशी, पृ. 148, जयपुर 2006.
4. आधुनिक पत्रकारिता—डॉ. अर्जुन तिवारी, पृ. 37

(ग) किसी एक बीमारी, आयु या वर्ग पर केन्द्रित होकर शिक्षा दें,
(घ) पाठकों के बीच आशा की किरण जगाएँ। महामारियों के बारे में आज पाठकों को शिक्षित करने तथा आशावादी दृष्टिकोण विकसित करने की जरूरत है, ताकि पाठकों का मनोबल बढ़ सके,
(ङ) पत्रकार मेकेनिकल रूप में ही नहीं, वरन् संवेदना से भर कर लिखें।
(च) नये आविष्कारों को सत्य के आधार पर आकर्षक ढंग से प्रस्तुत करें,
(छ) परिवार कल्याण, जनस्वास्थ्य, एड्स, कन्या भ्रूण हत्या आदि के खिलाफ एक सकारात्मक अभियान चलाकर स्वास्थ्य पत्रकारिता को सशक्त, सार्थक एवं संवेदनशील बनाया जाना चाहिए। कुछ प्रमुख पत्र पत्रिकाएँ इस प्रकार हैं, यथा—होम्योवाणी, आयुर्वेद विकास, जीवन रक्षा, स्वास्थ्य और जीवन, आयुर्वेद सन्देश, चिकित्सक, आरोग्य, शुचि, चिकित्सक, प्राकृतिक जीवन, धन्वन्तरि, औषधि संसार, आपका स्वास्थ्य।

(12) विज्ञान-पत्रकारिता

आज का युग विज्ञान का है। विज्ञान से आज जन-जीवन का प्रत्येक क्षेत्र इतना अधिक प्रभावित हो चुका है कि वह हमारे जीवन का एक अपरिहार्य अंग बन गया है। इसके विकास की गति के समानान्तर ही इसमें लोक-रुचि और जिज्ञासा की भी वृद्धि हुई। फलतः विज्ञान पत्रकारिता के रूप में हिन्दी पत्रकारिता का एक नवीन रूप अस्तित्व में आया। यह स्फुट स्तम्भों के रूप में अनेक पत्र-पत्रिकाओं में नियमित रूप में स्थान पाता रहा है और क्रमशः उसका पृथक और स्वतंत्र रूप भी विकसित होता गया है। डॉ. हरीश अग्रवाल के अनुसार विज्ञान-पत्रकारिता का क्षेत्र कहीं अधिक व्यापक है और वह हमारे सामने जीवन से काफी गहरी जुड़ी है। गरीबी, गाँवों की टेक्नोलॉजी, ऊर्जा के साधन, पोषण, स्वास्थ्य, शिक्षा, परिवहन, मकान, वातावरण की रक्षा आदि विषय ऐसे हैं जिनका सम्बन्ध विज्ञान से है।

विज्ञान पत्रकारिता का आज हिन्दी में समुचित विकास हो चुका है। ऐतिहासिक दृष्टिकोण से इलाहाबाद की विज्ञान-परिषद ने 'विज्ञान' नामक एक मासिक पत्रिका का प्रकाशन सन् 1915 ई. में आरम्भ किया था। इस दिशा में एक अन्य उल्लेखनीय प्रयास 'कौंसिल ऑफ साइंटिफिक ऐण्ड इन्डस्ट्रियल रिसर्च' नई दिल्ली के द्वारा भी किया गया। 'विज्ञान कला', 'विज्ञान कीर्ति', 'विज्ञान जगत', विज्ञान ज्योति', 'विज्ञान-दूत', 'विज्ञानपुरी', 'विज्ञान पुष्प', 'विज्ञान-भारती', 'विज्ञान वैचारिकी', और 'विज्ञान शिखर' के माध्यम से इसका समुचित विकास हुआ है।[1] विज्ञान-पत्रकारिता करने के लिए कुछ थोड़ी सी औपचारिकताएँ है, यथा—"A Journalist, who wishes to practice science Journalism need not be a scientist by training but should acquire some knowledge of general science, appreciation of the scientific method and ability to search inormation through books, encyclopaedias, glossaries of science words,-computerised data base and abstracts. He should also have access to experts in different fields of science. A science Journalist should be able to select, package and present science information in appropriate medium, mode and language for different target groups of audience".[2]

(13) अपराध पत्रकारिता

इसके लिए कृपया इस पुस्तक का 'प्रिन्ट मीडिया में समाचार रिपोर्टिंग' या 'समाचार-प्रेषण' शीर्षक के तहत 'अपराध रिपोर्टिंग' पढ़ें।

(14) राजनीतिक-सामाजिक पत्रकारिता

हिन्दी में राजनैतिक पत्रकारिता का इतिहास भारत के राष्ट्रीय आन्दोलन से जुड़ा हुआ है। 'स्वराज्य' के सम्पादकों ने तो राष्ट्र-प्रेम के स्वर को इतना बल दिया कि उनमें से अनेक को राजद्रोह के अपराध में अनेक बार जेल जाना पड़ा। अन्त में यह विज्ञापन उसमें प्रकाशित किया गया कि, "स्वराज्य के अखबार के लिए एक ऐसा सम्पादक चाहिए, जिसे दो सूखी रोटियाँ, एक गिलास ठंडा पानी और हर

1. वृहत् हिन्दी पत्रकारिता कोश, पृ. 671
2. Journalism By Old And New Marpers-Dr. Baldev Raj Gupta. P. 160

सम्पादकीय पर दस वर्ष की सजा मिलेगी''। राजनैतिक पत्रकारिता के विकास में एक नया चरण अम्बिका प्रसाद वाजपेयी के 'नृसिंह से आरम्भ होता है। उन्होंने राजनैतिक पत्र के सम्पादन-प्रकाशन की समसामयिक परिप्रेक्ष्य में आवश्यकता को समझा और पहले साप्ताहिक तथा बाद में मासिक रूप में इसका आरम्भ किया। उन्होंने लिखा है, ''मेरे पास कुछ रुपए हो गए थे इसलिए मुझे मासिक पत्र निकालने की सूझी। अनेक मासिक पत्र निकलते थे, किन्तु उनमें कोई राजनैतिक पत्र न था, इसलिए इस अभाव की पूर्ति का ठेकेदार मैं बना'। वस्तुतः राजनैतिक पत्रकारिता का विकास विभिन्न विचारधाराओं के पोषक और समर्थक दलों की प्रेरणा, प्रभाव और सहयोग से हुआ है। इनमें गांधीवादी अहिंसक विचारधारा, हिंसा मूलक क्रान्तिकारी विचारधारा, साम्यवादी विचारधारा तथा पूँजीवादी विचारधारा आदि को आधार बनाया गया है। इस वर्ग की पत्रिकाओं में 'स्वाधीन', 'विश्वमित्र', 'स्वतंत्र', 'विजय', 'स्वयं सेवक', 'छत्तीसगढ़ केसरी', 'हरिजन सेवक', 'मजदूर आवाज', 'समाज', विप्लव', 'संघर्ष', अभ्युदय', 'पाँचजन्य', 'कर्मवीर', वीर अर्जुन, 'सैनिक', तथा 'हुंकार' आदि के नाम उल्लिखित किए जा सकते हैं।

हिन्दी पत्रकारिता ने राजनैतिक चेतना को जाग्रत करने के साथ ही सामाजिक नवजागरण का भी आवाहन किया है। ऐतिहासिक दृष्टिकोण से हिन्दी में सामाजिक पत्रकारिता का विकास मुख्यतः विभिन्न समाज सुधारपरक आन्दोलनों की संचालक संस्थाओं आदि के माध्यम से हुआ है। इनमें मुख्यतः हरिजन कल्याण, ग्रामोत्थान, अस्पृश्यता निवारण, कुरीति उन्मूलन, जाति उत्थान आदि की भावना प्रमुख है। 'दलित प्रकाश', 'वालंटियर', 'मंजिल', 'समाज सेवक' तथा 'सेवा' आदि पत्र-पत्रिकाएँ इस दृष्टि से विशेष रूप से उल्लेखनीय हैं।[1]

(15) साहित्यिक-सांस्कृतिक पत्रकारिता

साहित्यिक पत्रकारिता का स्वतंत्रता संग्राम से गहरा रिश्ता रहा है। आजादी से पहले की साहित्यिक पत्रिकाओं को देखें, तो उनका सम्बन्ध एक तरफ राष्ट्रीय स्वाधीनता आन्दोलन के मूल्यों तथा आदर्शों से था और दूसरी तरफ हिन्दी के नये बनते हुए बाजार से, जो उस समय छोटा ही था, लेकिन उसमें बढ़ने-फैलने की बड़ी सम्भावनाएँ थीं। यही कारण था कि उस समय की साहित्यिक पत्रिकाओं की अन्तर्वस्तु प्रत्यक्ष या परोक्ष रूप में राजनीतिक होती थी और उनकी प्रस्तुति साधारण पाठकों के लिए आकर्षक तथा सहज बोधगम्य। संक्षेप में, वह एक प्रकार की सोद्देश्य और जनोन्मुख पत्रकारिता थी और इसीलिए समाज में उसका आदर था। वस्तुतः साहित्यिक पत्रकारिता का उद्देश्य साहित्य के जरिए मनुष्य और समाज को तथा स्वयं साहित्य और साहित्यिक गतिविधि को बेहतर बनाना होता है। केवल साहित्य सृजन से यह उद्देश्य पूरा नहीं होता, इसलिए साहित्यकारों को साहित्यिक पत्रिकाएँ निकालने की जरूरत पड़ती है। भारतेन्दु हरिश्चन्द्र हों या प्रेमचन्द्र, पन्त हो या निराला, यशपाल हों या अज्ञेय, धर्मवीर भारती हों या भैरव प्रसाद गुप्त, नामवर सिंह हों या रामविलास शर्मा, कमलेश्वर हों या राजेन्द्र यादव, राजेश जोशी हों या स्वयं प्रकाश, आधुनिक हिन्दी साहित्य के प्रत्येक काल में अनेक साहित्यकार साहित्यिक पत्रिकाएँ निकालते रहे हैं और आज भी निकाल रहे हैं।[2]

साहित्यिक पत्रकारिता व्यवसाय-प्रधान दृष्टिकोण से युक्त पत्रकारी से भिन्न होती है। ऐतिहासिक दृष्टिकोण से हिन्दी पत्रकारिता का उद्भव उन्नीसवीं शताब्दी में हुआ था। हिन्दी के सर्वप्रथम पत्रकार युगल किशोर शुक्ल ने जब कलकत्ता से 'उदन्त-मार्तण्ड' शीर्षक पत्र का प्रकाशन किया, तो उसकी पृष्ठभूमि में व्यावसायिकता का उद्देश्य नहीं था, परन्तु दुर्भाग्यवश आर्थिक संकट के कारण और ग्राहकों की कमी को दृष्टि में रखते हुए इसका प्रकाशन उन्हें स्थगित करना पड़ा। यह हिन्दी की साहित्यिक पत्रकारिता के लिए एक बड़ी चुनौती थी। कालान्तर में साहित्यिक पत्रकारिता के क्षेत्र में 'देवनागर' के प्रकाशन से एक नई गतिशीलता आई। इसका प्रकाशन न्यायमूर्ति शारदाचरण मित्र द्वारा संचालित ''एक लिपि विस्तार-परिषद'' के तत्त्वावधान में और यशोदानन्द अखौरी के सम्पादकत्त्व में होता था। साहित्यिक

1. वृहत् हिन्दी पत्रकारिता कोश, पृ. 669
2. भारतीय लेखक त्रैमासिक पत्रिका में रमेश उपाध्याय का लेख, 'जनोन्मुख साहित्यिक पत्रकारिता', पृ. 45 डी-180, सेक्टर-10, नोएडा, गौतमबुद्ध नगर (उ.प्र.), वर्ष-1, अंक 2, जनवरी-मार्च 2003 ई.

पत्रकारिता से जुड़ी हुई आर्थिक संघर्षशीलता का अनुभव करके ही सम्भवतः प्रतापनारायण मिश्र ने जब सन् 1883 में 'ब्राह्मण' का प्रकाशन आरम्भ किया तो प्रथम अंक में ही स्पष्ट रूप से लिख दिया कि,—*"हमारी दक्षिणा भी बहुत ही न्यून है। फिर यदि निर्वाह मात्र भी होता रहेगा तो हम चाहे जो हो, अपना वचन निबाहे जाएँगे। हमने इस पत्र को अपने लाभ की गरज से नहीं निकाला। लै-दै बराबर हो जाए, यही गनीमत है"* परन्तु एक ही वर्ष में उन्होंने क्षुब्ध होकर एक अंक में लिखा,— *"साल पूरा होने आया, कुछ-न-कुछ इसके सबब से लोगों को लाभ ही हुआ होगा, हानि किसी तरह की नहीं। इस पर भी जो इसके मूल्य पर ध्यान दिया जाए तो एक रुपया साल के हिंसाब से महीने में सिर्फ पाँच पैसे और एक पाई होती है। गँवई गाँव के लोग गंगापुत्र को कम-से-कम पाँच टका की बछिया पुण्य करते हैं। क्या हिन्दुस्तानी रईस लोग इस विद्यानुरागी 'ब्राह्मण' को महीने भर में बछिया के आधे दाम भी नहीं दे सकते हैं।"* इसी प्रकार सातवें वर्ष के बारहवें अंक में 'अन्तिम सम्भाषण' शीर्षक से अपनी मर्म व्यथा को व्यक्त करते हुए उन्होंने लिखा था,—"सात वर्ष का तमाशा देखते-देखते जी ऊब गया है। यद्यपि उन लोगों से विदा होते मोह लगता है, जिनके साथ इतने दिनों का सम्बन्ध रहा है, पर क्या कीजिए, समय का प्रभाव रोकना किसी का साध्य नहीं है। अतः छाती पर पत्थर रखकर बिदा होते हैं।"[1]

ठीक इसी तरह आज से 100 वर्ष पूर्व 'हिन्दी प्रदीप' का प्रकाशन बन्द हुआ था। प्रदीप का बुझना साहित्यिक पत्रिकाओं के लिए एक सबक अवश्य था। यह ठीक था कि 'प्रदीप' औपनिवेशिक शासन की प्रकट निष्ठुरता से, उस दौर में 3000/ की जमानत माँगने से बन्द हुआ, लेकिन क्या वह आखिरी तिनका तो नहीं था। 'प्रदीप' के सम्पादक की व्यथा तो अपनों की उदासीनता में भी थी। उसने उनके मन में इतनी कड़वाहट, इतनी खटास भर दी थी कि उनकी सम्पादकीय भाषा भी तिक्त हो चुकी थी, *"उन चांडाल महापतियों को कौन सी उपाधि दें, जो बरसों तक बराबर पत्र गटकते गए, माँगते-माँगते हैरान हो गए, पर मूल्य न पाया।...और हरामी पिल्लों की जथा अलबत्ता जुदी है, जिनका मनसूबा यही रहता है कि साल भर पत्र लेने के उपरान्त निबुआ नोन चटा देंगे।"*[2]

भारतेन्दु हरिश्चन्द्र द्वारा सम्पादित 'कवि वचनसुधा', बाल कृष्ण भट्ट द्वारा सम्पादित 'हिन्दी प्रदीप', प्रताप नारायण मिश्र द्वारा सम्पादित 'ब्राह्मण', महावीर प्रसाद द्विवेदी द्वारा सम्पादित 'सरस्वती', प्रेमचन्द्र द्वारा सम्पादित 'हंस', सूर्यकान्त त्रिपाठी निराला द्वारा सम्पादित 'मतवाला', रूपनारायण पांडेय द्वारा सम्पादित 'माधुरी' आदि-साहित्यिक पत्रकारिता की स्तरीय उपलब्धियाँ हैं। साहित्यिक पत्रकारिता के क्षेत्र में देश के विभिन्न भागों से बहुसंख्यक प्रयास हुए हैं, जिनमें से अनेक का ऐतिहासिक महत्त्व है। 'सरस्वती', 'नया समाज', 'हंस', 'कल्पना', 'साहित्य सन्देश', 'ब्रजभारती', 'चाँद', 'माधुरी', 'लहर', 'विशाल भारत', 'वीणा', 'हिमालय', 'प्रतीक', 'युगधारा', 'युग चेतना', 'कल्पना', 'आलोचना', 'क ख ग', 'संकेत', 'निकष', 'माध्यम', 'नया आलोचक' आदि इस दृष्टि से विशेष महत्त्वपूर्ण हैं। सच तो यह है कि हिन्दी की साहित्यिक पत्रकारिता का इतिहास लगभग 180 वर्षों का है। इस बीच इसने अपने कई रूप विकसित किए हैं, जैसे—(1) *अवधि परक पत्रिका*—इसे मासिक, द्विमासिक, त्रैमासिक, अर्द्धवार्षिक, वार्षिक और अनियतिकालीन नाम दिया जा सकता है।, (2) *भाषिक आधार पर*—यह द्विभाषी, त्रिभाषी और बहुभाषी कही जा सकती है। (3) *स्तर के आधार पर*—इसके दो रूप हैं, (अ) लघु पत्रकारिता, (ब) वृहत पत्रकारिता (जैसे—हंस), जिसका प्रसार सम्प्रति लाखों में है, (4) *प्रकाशन के आधार पर*—इनके चार रूप दिखायी देते हैं, (अ) सरकारी संस्थाओं द्वारा प्रकाशित, (ब) स्वायत्त संस्थाओं द्वारा प्रकाशित, (स) सहकारिता के आधार पर प्रकाशित तथा (द) व्यक्ति विशेष द्वारा प्रकाशित, (5) *विषय वस्तु के आधार पर*—इस आधार पर इनके दो भेद किए जा सकते हैं, (अ) पूर्णतः साहित्यिक, (ब) अंशतः साहित्यिक अर्थात् जिसमें साहित्य का नियमित स्तम्भ रहता है, (6) *विधा परक आधार पर*—इस आधार पर इनके पाँच भेद किए जा सकते हैं, (अ) कविता परक, (ब) कहानी परक, (स) नाटक में केन्द्रित, (द) शोध-समीक्षा परक तथा (य) मिश्रित विधा। कुछ पत्रिकाएँ रचनाकार विशेष के नाम पर चलती रही हैं, जैसे—कबीर, साखी, तुलसीदास, मानस, भारतेन्दु, हरिऔध तथा प्रसाद आदि

1. वृहत् हिन्दी पत्रकारिता कोश, पृ. 671
2. भारत भवन, भोपाल में लघु पत्रिकाओं से सम्बन्धित तीन दिवसीय परिसंवाद (12, 13 और 14 जून 2009) में तत्कालीन संस्कृति सचिव मनोजकुमार श्रीवास्तव द्वारा दिए गए स्वागत एवं समापन भाषण से उद्धृत।

के नाम पर और (7) *माध्यम के आधार पर*—इस आधार पर इनके चार रूप देखे जा सकते हैं, (अ) प्रिन्ट मीडिया द्वारा प्रकाशित, (ब) रेडियो पत्रकारिता, (स) दूरदर्शन पत्रकारिता तथा (द) इंटरनेट पोर्टल पत्रकारिता।[1]

यहाँ आज की साहित्यिक पत्रकारिता से सम्बन्धित कुछ नये सवाल उठ सकते हैं, यथा—क्या साहित्यिक पत्रकारिता आज के समय की एक नैतिक साक्षी मात्र है? क्या साहित्यिक पत्रकारिता एक निबन्ध है या एक कमेंट्री? क्या साहित्यिक पत्रकारिता तथ्यों के ऐतिहासिक या राजनैतिक टेक्स्ट को हटाकर उनकी एक एसेंशियलिस्ट फ्रेमवर्क में व्याख्या है? या वह ऐसी पत्रकारिता है, जिसमें सब्स्टेंस से ज्यादा शिल्प को महत्त्व है? दरअसल, पश्चिम के रोन रोसेनबम ने ठीक ही कहा था कि—"Literary journalism is not about literary flourishes it is not about literary references. Literary journalism at its best asks the questions that literatures asks: about the nature of human nature and its place in the cosmos तो इस तरह एक ओर साहित्यिक पत्रिकाएँ और पत्रकारिता अपने आप में अध्ययन की विषय वस्तु हैं, दूसरी ओर हमें उन तौर तरीकों पर भी गौर करना चाहिए, जिनके जरिए वे किसी कृति या साहित्यान्दोलन को फ्रेम करती हैं। कई बार ये पत्रिकाएँ एक तरह की डबल प्लीडिंग के चलते एक साहित्यान्दोलन तो क्या, एक राजनीतिक आन्दोलन को भी चलाती रही हैं।[2]

सम्प्रति साहित्यिक पत्रकारिता संकटापन्न स्थिति में है। कारण है,—पठनीयता का दिनोदिन गिरता ग्राफ, इसीलिए सरस्वती, माधुरी, कल्पना, धर्मयुग, साप्ताहिक हिन्दुस्तान, दिनमान, सारिका, नागरी प्रचारिणी पत्रिका आदि पत्रिकाएँ बन्द हो गईं। लघु पत्रिकाएँ बड़ी त्वरा के साथ दम तोड़ती दिख रही हैं। आश्चर्य यह है कि बड़े औद्योगिक प्रतिष्ठानों द्वारा वित्तपोषित पत्र भी निःशेष रह गए हैं, क्योंकि इनके लाभ का औसत अन्य उद्योगों के अनुपात में कम है और जनमानस में उनका प्रभाव न के बराबर है। इसका जिम्मेदार समाज भी है और पत्रकार भी हैं, जो इस विभीषिका से सामंजस्य नहीं बिठा पा रहा है। इस विडम्बना के कई कारण हैं,—

(1) साहित्यिक पत्रिकाएँ दलबन्दी से ग्रस्त होने के कारण केवल अपना 'प्रोपेगंडा' कर रही हैं, जिससे पाठक वर्ग ऊब गया है,
(2) पत्रिकाओं की प्रकाशित जनमनोविज्ञान (जनरुचि) के अनुकूल नहीं, अतः वे अग्राह्य हैं,
(3) सम्पादक इस दौर में यथेष्ट श्रम नहीं कर रहे हैं, अतः प्रस्तुति बिगड़ गई है,
(4) पठनवृत्ति अब दिनचर्या का अंग नहीं रह गई है। इसका प्रभाव पठनीयता और ग्राहकी पर पड़ा है,
(5) संकीर्ण मतवाद से ग्रस्त लघु पत्रकारिता ने साहित्य के आस्वाद को विकृत किया है,
(6) पूँजीवादी पत्रकारिता ने साहित्यिकता का रूप बिगाड़ दिया है,
(7) इलेक्ट्रॉनिक मीडिया की चकाचौंध में छापे के अक्षरों वाली साहित्यिक पत्रकारिता, निष्प्रभाव हो गई है।
(8) अखबारीपन साहित्यिक पत्रकारिता को निगले जा रहा है तथा
(9) साहित्यिक पत्रों का लागत मूल्य पाठकों की क्षमता से ऊपर हो गया है और भी कारण हो सकते हैं।

(16) सन्दर्भ-पत्रकारिता

जहाँ तक समाचार-पत्रों और पत्रिकाओं का सम्बन्ध है, सूचना, जानकारी अथवा सन्दर्भ के बिना उनका अस्तित्व एक अनगढ़ चट्टान की तरह होता है, तराशी हुई मूर्ति की तरह नहीं। पत्र-पत्रिकाओं का सम्पादकीय विभाग उनका 'मस्तिष्क होता है, जिसे संवाद समितियों, अपने संवाददाताओं, पुस्तकालय एवं सम्बद्ध सन्दर्भ-विभाग से निरन्तर जानकारी मिलती रहती है। साधारण समाचारों की पूर्ति तो समाचार एजेन्सियाँ और संवाददाता भी कर सकते हैं, लेकिन जहाँ सम्पादकीय अथवा अन्य लेख लिखने या महत्त्वपूर्ण समाचारों में भी अतीत का सन्दर्भ जोड़ना आवश्यक होता है, वहाँ सन्दर्भ विभाग की उपयोगिता अपने आप प्रकट हो जाती है। यही कारण है कि सन्दर्भ-सेवा के लिए सभी बड़े-बड़े समाचार-पत्र प्रतिष्ठानों और पुस्तक

1. वीणा में. डॉ. सूर्य प्रसाद दीक्षित का लेख 'साहित्यिक पत्रकारिता की दशा : दिशा', पृ. 88, सितम्बर 2002 ई., 11, रवीन्द्रनाथ टैगोर मार्ग, इन्दौर (म. प्रदेश)।
2. कथादेश में मनोज कुमार श्रीवास्तव का लेख 'लघु पत्रिकाएँ एवं साहित्यिक पत्रकारिता', पृ. 236, अगस्त 2009, सी-52/जेड-3, दिलशान गार्डेन, दिल्ली, मूल्य-60 रुपये।

प्रकाशन प्रतिष्ठानों के अपने-अपने पुस्तकालय होते हैं। एक कुशल शिल्पी की मदद से जिस प्रकार अच्छे औजार तैयार करते हैं, उसी प्रकार सन्दर्भ-विभाग एक जागरूक पत्रकार की सहायता प्रतिक्षण करता है।

इस सन्दर्भ-सेवा को सन्दर्भ-पत्रकारिता भी कह सकते हैं, जिसका काम समाचारों, लेखों और टिप्पणियों के लिए सही तथ्य एवं आँकड़े उपलब्ध कराना होता है। उदाहरणार्थ, किसी महान व्यक्ति के देहावसान का समाचार प्रकाशित अथवा प्रसारित करना हो तो केवल मृत्यु का समाचार मात्र देने से खबर अधूरी और पंगु बनेगी। समाचार के साथ उस व्यक्ति का व्यक्तित्व एवं कृतित्व प्रस्तुत करना भी बहुत जरूरी है, जिसकी पूर्ति सन्दर्भ-सेवा करती है।[1]

(17) वृत्तान्त पत्रकारिता

इसे अंग्रेजी में Commentary Journalism कहते हैं। दृश्य-श्रव्य के माध्यमों से एक स्थान पर आयोजित समारोह, मेला, प्रतियोगिता के संवाद का प्रसारण पत्रकारिता की एक विधा है। सजीव प्रसारण से सम्बद्ध वृत्तान्तकार विशिष्ट पत्रकार होते हैं, जिनमें स्वर की गुणवत्ता, निष्पक्षता, भाषा पर अप्रतिम अधिकार, घटना-ज्ञान और उत्तरदायित्व बोध होता है। 'आँखों देखा हाल' जो रेडियो और दूरर्शन से सम्प्रेषित होता है, वह वृत्तान्त पत्रकारिता का एक भाग है, जिसमें सामाजिकता का प्रमुख गुण सन्निहित है।[2]

डॉ. प्रवीण दीक्षित[3] हिन्दी के वृत्तान्त या कमेंटरी पत्रकारिता की शुरुआत का श्रेय आकाशवाणी को देते हैं। 30 जनवरी, 1948 ई. को दिल्ली में महात्मा गांधी की हत्या के बाद लगातार आठ घंटे तक राष्ट्रपिता के अन्तिम संस्कार का हिन्दी में वर्णन करके आकाशवाणी के मैलविक डीमैलो ने इस विधा का आरम्भ किया। सन् 1959 से इस दिशा में आकाशवाणी ने सुनियोजित प्रयास किए और सर्वप्रथम कानपुर में भारत-आस्ट्रेलिया क्रिकेट मैच का आँखों देखा हाल प्रसारित किया गया। फिर सन् 1963-64 से दिल्ली केन्द्र ने हॉकी, फुटबाल, एशियन खेलों और ओलंपिक आदि का कवरेज हिन्दी में भी कराना शुरू कर दिया। टोकियो ओलंपिक में 1964 में हुए भारत-पाक हॉकी मुकाबले का आँखों देखा हाल सरदार जयदेव सिंह ने, जिस शानदार यादगार रूप से सुनाया, उससे प्रसारण जगत में हिन्दी कमेंटरी तथा जयदेव सिंह दोनों का ही नाम स्थायी हो गया। वृत्तान्त पत्रकारिता कई प्रकार की होती है, यथा- राष्ट्रीय समारोह, धार्मिक पर्व, राष्ट्रीय शोक, सांस्कृतिक कार्यक्रम और खेलकूद समारोहों का विवरण।

(18) अनुसन्धानात्मक एवं अन्वेषणात्मक पत्रकारिता

अनुसन्धानात्मक एवं अन्वेषणात्मक पत्रकारिता एक-दूसरे के पर्यायवाची लगते हैं, परन्तु इनमें भी कुछ महत्त्वपूर्ण अन्तर है। अनुसन्धानात्मक पत्रकारिता में किसी महत्त्वपूर्ण घटना, व्यक्ति, तथ्य अथवा अप्रकट दस्तावेज को अपने शोध-प्रयत्नों से उसे उद्घाटित करने का प्रयास होता है। इससे मिले निष्कर्ष एवं प्रमाण राष्ट्रीय जीवन को प्रभावित करते हैं। वाटरगेट कांड इसका महत्त्वपूर्ण उदाहरण है। पर यहीं किसी व्यक्ति के चरित्र हनन, किसी संस्था में बदनाम करने के लिए अनुसन्धानात्मक पत्रकारिता का इस्तेमाल उसे स्वस्थ, निर्भीक, जनहित को समर्पित आचरण की शुद्धता की पत्रकारिता को 'पीत पत्रकारिता' में बदल देती है।

अन्वेषणात्मक पत्रकारिता अथवा अन्वेषी पत्रकारिता में तथ्य की सप्रमाण खोज ही महत्त्वपूर्ण होती है, परन्तु इसमें अनुसन्धानात्मक पत्रकारिता की तरह किसी घटना अथवा स्थिति का विधिवत योजनावद्ध वैज्ञानिक रूप से अध्ययन या अनुसन्धान नहीं होता परन्तु अनुसन्धानपरक पत्रकारिता की शर्त ही ऐसा अध्ययन है।[4]

(19) ब्रेल पत्रकारिता

ब्रेल (Braille) का हिन्दी में अर्थ होता है—उत्कीर्ण लेख। बहरहाल, ब्रेल पत्रकारिता का विकास भी हिन्दी में हुआ है। इसका आधार हिन्दी 'ब्रेल लिपि' है, जो दृष्टिहीनों के द्वारा प्रयुक्त की जाती है। हिन्दी में ब्रेल पत्रकारिता के प्रवर्त्तन का श्रेय ठाकुर विश्व नारायण सिंह को है। वह सन् 1957 में भारत के प्रथम ब्रेल

---

1. हिन्दी पत्रकारिता : विविध आयाम—सं. वेदप्रताप वैदिक में कशमीरी लाल शर्मा का लेख, पृ. 172
2. पत्रकारिता के सिद्धान्त—कमलापति त्रिपाठी, पृ. 88, अनीता प्रकाशन दिल्ली, मू. 40 रु.
3. जनमाध्यम और पत्रकारिता—डॉ. प्रवीण दीक्षित, पृ. 425
4. हिन्दी पत्रकारिता : स्वरूप एवं सन्दर्भ—डॉ. विनोद गोदरे, पृ. 26, वाणी प्रकाशन दिल्ली, मू. 175 रु. सन् 2000 ई.

सम्पादक बने। उस समय से लेकर वर्तमान काल तक वे 'शिशु आलोक' तथा 'नयन रश्मि' नामक पत्र-पत्रिकाओं का सम्पादन कर चुके हैं। 'शिशु आलोक' एक त्रैमासिक पत्रिका है। इसका प्रकाशन दृष्टि-बाधितार्थ राष्ट्रीय संस्थान, देहरादून के तत्त्वावधान में होता है। इसी क्रम में 'नयन रश्मि' का नाम भी उल्लेखनीय है। यह एक मासिक पत्रिका है और इसका प्रकाशन 1957 में हुआ था। हिन्दी ब्रेललिपि के माध्यम से नेत्रहीनों के बीच भारत तथा विश्व के अनेक देशों में हिन्दी साहित्य एवं कला तथा भारतीय राजनीति और दर्शन का प्रचार प्रसार इसका उद्देश्य है। हिन्दी में ब्रेल पत्रकारिता के विकास की दृष्टि से इसका बहुत महत्त्व है।[1]

(20) बाल पत्रकारिता

बाल पत्रकारिता का प्रारम्भ 1882 में प्रकाशित 'बाल दर्पण' से माना जा सकता है। स्वतंत्रता से पूर्व इलाहाबाद से 'बाल सखा' का प्रारम्भ 1917 से हुआ। इसके अतिरिक्त एक और पत्र जिसका प्रकाशन 1926 में आचार्य रामलोचन शरण ने 'बालक' के नाम से किया। यह पत्र साठ वर्ष तक प्रकाशित हुआ। 'बाल भारती' का प्रकाशन गत चालीस वर्षों से निरन्तर हो रहा है। स्वतंत्रता से पूर्व', चुन्नू-मुन्नू' के सम्पादक पं. जयनाथ मिश्र, 'किशोर' के सम्पादक पं. देवकुमार मिश्र थे। 'शिशवानर' के सम्पादक पं. रामनरेश त्रिपाठी, 'मनमोहन' के सम्पादक सत्यव्रत, 'बच्चों की दुनिया' के सम्पादक जहूर बख्श थे। स्वतंत्रता के पश्चात् बाल पत्रकारिता का निरन्तर विकास हो रहा है। सम्प्रति अनेक लेखक इस कार्य में प्रयत्नशील हैं।[2] इन पत्रिकाओं के माध्यम से बच्चों को अनेक प्रकार की शिक्षा प्रदान की जाती है और उन्हें अनेक प्रकार की जानकारी दिलाई जाती है। सन् 1947 के पश्चात् मुख्य रूप से जो बालपत्रिकाएँ लोकप्रिय हुई हैं, उनका संक्षिप्त विवरण निम्न प्रकार है[3]—

क्रम सं.	बाल पत्रिका का नाम	प्रकाशन स्थान	वर्ष
1.	लल्ला	इलाहाबाद	1948
2.	बालभारती	दिल्ली	1948
3.	चन्दामामा	मद्रास	1949
4.	चुन्नू-मुन्नू	पटना	1950
5.	नन्ही दुनिया	देहरादून	1951
6.	पराग	मुम्बई	1958
7.	विज्ञान प्रगति	दिल्ली	1952
8.	बाल लीला	दिल्ली	1959
9.	तितली	लुधियाना	1959
10.	ज्ञान भारती	दिल्ली	1962
11.	इन्द्रजाल कॉमिक्स	लखनऊ	1964
12.	नन्दन	मुम्बई	1964
13.	बाल जगत	पटना	1966
14.	शिशु बन्धु	लखनऊ	1966
15.	चमकते सितारे	पटना	1966
16.	मनमोहन	इलाहाबाद	1967
17.	चम्पक	दिल्ली	1968
18.	बाल रंगभूमि	दिल्ली	1970
19.	गोलगप्पा	दिल्ली	1970
20.	नन्ही कलियाँ	दिल्ली	1971
21.	हँसती दुनियाँ	दिल्ली	1971
22.	चमाचम	लखनऊ	1972
23.	गुड़िया	मद्रास	1973
24.	बालरुचि	लखनऊ	1075

1. वृहत्त हिन्दी पत्रकारिता कोश, पृ. 674
2. पत्रकारिता के सिद्धान्त—डॉ. गुरुशरण लाल पृ,135, भारत बुक सेन्टर लखनऊ, मूल्य. 200 रु., सन् 2000 ई.
3. हिन्दी पत्रकारिता का विकास—एन.सी. पन्त, पृष्ठ-189, राधा पब्लिकेशन, दिल्ली

25.	बाल दर्शन	कानपुर	1975
26.	कलरव	दिल्ली	1977
27.	लल्लू पंजू	लखनऊ	1077
28.	मेला	कोलकाता	1979
29.	मधु मुस्कान	दिल्ली	1979
30.	नन्हे तारे	चंडीगढ़	1981
31.	सुमन सौरभ	दिल्ली	1983
32.	चकमक	भोपाल	1985
33.	बाल मंच	दिल्ली	1987
34.	बालमेला	दिल्ली	1989

(21) पीत, सनसनीखेज या गटर पत्रकारिता

इस तरह की पत्रकारिता को कुछ लोग नई, तेजमिजाज, आक्रामक, सनसनीखेज या गटर पत्रकारिता भी नाम देते हैं। अंग्रेजी में इसे Yellow Journalism कहते हैं। अपने आदर्श और मानक रूप को त्याग कर जब समाचार-पत्र हकीर, ओछी, भद्दी और सनसनीखेज खबरों का प्रकाशन करते हैं, तब वहाँ इस तरह की सतही पत्रकारिता जन्मती है। बताते हैं, इसके पीछे की मंशा भयादोहन, किसी को अपमानित करने और पैसा कमाने की होती है। जब इस तरह की गन्दी और प्रदूषित खबरें छपती हैं, तो बाद में रस्म अदायगी के नाम पर क्षमा माँगने और भूलवश समाचार छप जाने की बात कही जाने लगती है। *डॉ. अर्जुन तिवारी* लिखते हैं, कुकृत्यों से सम्बद्ध उत्तेजनात्मक एवं विस्मयकारी समाचारों को प्रकाशित करने की वृत्ति को पीत पत्रकारिता कहते हैं।[1] *ओस्वाल्ड गैरीसन विलाड ने* ऐसी पत्रकारिता को 'गटर पत्रकारिता' एवं सम्पादक *चार्ल्स ए. डाना ने* 'यलो प्रेस' की संज्ञा दी है।[2] 'गटर' का अर्थ 'गन्दा जीवन' या 'सामाजिक अधःपतन' है। आक्सफोर्ड कैम्पेनियन के अनुसार,—"Yellow Journalism, a name given to the sensational journalism of America, which developed about 1880. The term of a number of the 'Newyork World' in which a child in a Yellow dress (The yellowkid) was the central figure of the Cartoon, this being an experiment in colour printing designed to attract purchasers. The Yellow Press in a term applied in England to sensational periodicals." डॉ. तिवारी आगे बताते हैं कि पीत पत्रकारिता ऐसी विचित्र पत्रकारिता है, जिसमें और सभी तत्त्व होते हैं, परन्तु उसकी आत्मा ही नहीं होती। तथ्यों को तोड़-मरोड़कर ऐसे उत्तेजक नशीले समाचार छापे जाते हैं, जिससे पाठकों का समूह उस पर टूट पड़ता है। ऐसे समाचार पाप, यौन तथा हिंसा से सम्बद्ध होते हैं, जैसा कि *एडविन एमरी* ने लिखा है,—

"Yellow Journalism, at its worst, was the new journalism without a soul....Their was a stricking, gaudy, sensation loving, devil-may care kind of journalism which lured the reader by any possible means xxxxx It made the high drama of a life a cheap melo drama....Sex and Violence."[3]

सच तो यह है कि हिंसा, आतंक, अपहरण, बलात्कार, चोरी-डकैती, छीना-झपटी, मारधाड़, आपाधापी, नग्नता, अश्लीलता, अनैतिकता 'पीत पत्रकारिता' के विषय बन गए हैं। राजनेताओं का छींकना, अभिनेताओं का खासना और बाहुबलियों की हुंकार आज के पत्रों के प्राण तत्त्व बन गए हैं। धर्म, दर्शन, संस्कृति, शिक्षा, साहित्य, शोध-शिल्प, सुरक्षा और विज्ञान अब पत्रकारिता के मुख्य विषय नहीं रहे। कुल मिलाकर भारतीय संस्कृति में पीला रंग शुभ, ब्रह्मचर्य और मंगल का प्रतीक है, जब कि पत्रकारिता में पीला मनगढ़ंत, भ्रमोत्पादक, प्रतिष्ठा विहीन क्रिया-कलाप है। पीत पत्रकारिता में 'रेप या गैंगरेप को सनसनीखेज बनाया जाता है। दहेज की घटना हो या जलकर मरने का समाचार हो, उसे विस्तार से नमक-मिर्च लगाकर उछाला जाता है। प्रथम पृष्ठ पर चटकीले और भड़काऊ शीर्षक दिए जाते हैं। ऐसी पत्रकारिता समाज में गन्दगी फैलाती है, समाज के स्वरूप को विकृत, कुत्सित, मलिन और दूषित बनाती है।[4]

1. आधुनिक पत्रकारिता—डॉ. अर्जुन तिवारी, पृ. 89, विश्वविद्यालय प्रकाशन, वाराणसी
2. Yellow press: "Newspapers abounding in Sensational article and prone to reckless-exaggeration".
3. The Press and America-Edvin Emery. p. 415
4. सोच विचार साहित्यिक पारिवारिक मासिक में अनीता का लेख 'पीत पत्रकारिता : एक चुनौती', पृ. 37, सन् जून 13

(22) सर्वोदय पत्रकारिता

इस तरह की पत्रकारिता में 'सबका उदय' अर्थात् 'सर्वे भवन्तु सुखिनः सर्वे सन्तुनिरामयाः' की भावना प्रधान होती है। यहाँ रागद्वेष, छल-कपट और वैमनस्य से दूर 'सुरसरि सम सब कहँ हित होई' का उदात्त और अनाविल भाव प्रबल होता है। नाम से ही स्पष्ट है—जहाँ सबके भले की कामना हो वह 'सर्वोदय' है। कुल मिलाकर यह कि ऐसी पत्रकारिता में उत्तर आधुनिक समय की हिंसा, क्रूरता और अमानवीय होते संसार से सजग रहने का सन्देश निहित होता है। यहाँ शिव तत्त्व प्रबल होता है। सर्वोदय पत्रकारिता के उदाहरण के लिए विद्वान् 'नवजीवन', 'हिन्दी नवजीवन', 'यंग इंडिया' तथा 'हरिजन' समाचार-पत्रों को सर्वोत्तम मानते हैं। सर्वोदय पत्रकारिता में व्यंग और बोली-ठोली तथा कटाक्ष आदि के लिए स्थान नहीं होता, बल्कि परिपक्व, सधी हुई और संजीदा-सीधी भाषा में निष्कपट, निरामिष मन से समाज को आज की विस्फोटक भयावह और अराजक स्थितियों से सजग-सतर्क रहने की सलाह दी जाती है।

(23) भंडाफोड़ पत्रकारिता

सभी जानते हैं, तथाकथित साम्प्रदायिक और विघटनकारी ताकतों से देश को सुरक्षित रखने के लिए भारत की तत्कालीन प्रधानमंत्री मुहतरमा श्रीमती इन्दिरा गांधी ने राष्ट्रपति के माध्यम से 26 जून सन् 1975 को देश में आपात्काल की घोषणा करवा दी। चूँकि उनकी इच्छा के अनुकूल देश के समाचार-पत्र समाचार नहीं छाप रहे थे, अतः उन्होंने समाचार-पत्रों पर सेंसर लागू कर दिया और बहुतों को नजरबन्द भी करवा दिया। इधर, 19 महीने के देश में आपात् काल के समापन के बाद 1977 में उन लोगों को छोड़ दिया गया था, जो जेलों में बन्द थे और साथ ही छब्बीस संगठनों पर प्रतिबन्ध हटा दिए गए थे। प्रेस सेंसर शिप समाप्त हो गई थी और इसी बीच आपात् काल में जो अनियमितताएँ या ज्यादतियाँ हुईं थीं, उनकी खुली जाँच, 'शाह आयोग', 'खन्ना आयोग' तथा अन्य आयोगों द्वारा शुरू हो गई। इन सभी आयोगों में प्रेस को रिपोर्ट करने की स्वाधीनता थी, इसलिए समाचार-पत्रों में इन आयोगों के समक्ष दिए गए बयान बड़े आकर्षक और सनसनीखेज शीर्षकों के साथ प्रकाशित किए गए। आयोग भी बड़े उत्साह के साथ अपनी कार्रवाई को प्रचारित कराने में सहयोग देते थे। आपात् काल के समय जो बातें प्रकाश में नहीं आ सकी थीं, वे इन आयोगों के जरिए और पृथक समाचारों के रूप में प्रकाशित हुईं। कुल मिलाकर यह कि आपात् कालीन प्रतिबन्धों से मुक्त होकर अखबारों ने सरकार की 'पोल-खोल' और अनेक गोपनीय तथ्यों का भंडाफोड़ करना शुरू किया। उस समय समाचार-पत्र सनसनी खेज सूचनाओं से लैस और लबालब होते थे। अनेक रहस्यों, घोटालों आदि का उद्घाटन इस समय हुआ। अतः यहीं से भंडाफोड़ पत्रकारिता की शुरुआत मानी जा सकती है।

(24) कला पत्रकारिता

इस कृति के पाठकों को यह पढ़कर थोड़ा अजूबा लगेगा कि पत्रकारिता के क्षेत्र में अलग से 'कला पत्रकारिता' का अर्थ क्या होता है? क्या यह पत्रकारिता की कोई नई शाखा के रूप में उगी है? इसकी प्रासंगिकता और सार्थकता क्या है। क्या कला के प्रति लोगों का रुझान बढ़ाने के लिए 'कला' को पत्रकारिता के साथ साटना उपयुक्त है? कुल मिलाकर इसके होने का अर्थ क्या है? क्या कला के विकास के लिए 'कला पत्रकारिता' आवश्यक है? वस्तुतः कला जगत में आज जितनी गतिविधियाँ तथा घटनाएँ घट रही हैं, विदेशों से लेकर जनपदों तक कला के प्रति जनमानस के रुझान में जो बदलाव आए हैं, उन सबका किसी-न-किसी रूप से जन-जन तक पहुँचाना लोगों की अपेक्षाएँ बनती जा रही हैं। समाचार माध्यम जितनी कलात्मक सामग्रियाँ अभी अपने पाठकों, दर्शकों, श्रोताओं के समक्ष प्रस्तुत कर रहे हैं, वह माँग की तुलना में कम ही हैं।

वस्तुतः देश में पत्रकारिता का जो मॉडल वर्तमान समय में अस्तित्व में है तथा जिसका निरन्तर विस्तार हो रहा है, उसमें बगैर किसी वजह अथवा प्रासंगिकता के न-तो कोई सामग्री प्रस्तुत की जा रही है और न उसे पसन्द किया जा रहा है। ऐसे में गत कुछ वर्षों की अवधि में कला पत्रकारिता की जो पहचान मीडिया में विकसित हुई है, उससे एक और सवाल उठ खड़ा हुआ है कि वह कौन-सी वजह है कि कला सामग्री राजनीति, आर्थिक, वाणिज्य, खेल, सिनेमा आदि की मौजूदगी में आज मीडिया

पर छा रही है। इसके साथ ही यह प्रश्न भी विचारणीय है कि यदि मीडिया अपनी पाठक संख्या बढ़ाने के विचार से कला पत्रकारिता को बढ़ावा दे रहा है तो वास्तविक अर्थों में उसकी प्रासंगिकता क्या है? बहरहाल, इसमें दो राय नहीं कि मानव जीवन और समाज से कला बहुत करीब से जुड़ी है। इसके बाद भी कला समाज में वह स्थान नहीं बना सकी है, जो खेल, सिनेमा या राजनीति को प्राप्त है। इससे यह अर्थ निकलता है कि पत्रकारिता में भी कला का स्थान राजनीति, खेल, सिनेमा आदि के बाद ही आता है। यद्यपि जैसे-जैसे कला के प्रति समाज का दृष्टिकोण बदला, इसे प्रतिष्ठित समाज का प्रश्रय मिलने लगा, समाचार माध्यम जगत की दृष्टि भी कला के प्रति बदली और उसे सम्मानजनक स्थान प्राप्त हुआ।[1]

(25) जैन पत्रकारिता

परम्परावादी विश्वास के अनुसार जैन धर्म अनादि है और अनन्तकाल से इसका अस्तित्व बना हुआ है। यह भी माना जाता है कि अनेक तीर्थंकारों द्वारा इसका उपदेश किया जाता रहा है। अन्तिम तीर्थंकर महावीर गौतमबुद्ध के समकालीन थे, मगर वे केवल एक भिक्षु थे और दीक्षा ग्रहण करने के बाद तीर्थंकर के रूप में विख्यात हुए। आज जैन संस्कृति का जो स्वरूप हम देखते हैं, वह बहुत कुछ भगवान महावीर के दर्शन और सिद्धान्त पर ही आधारित है। सत्य, अहिंसा और अपरिग्रह-महावीर के उपदेश सार्वकालिक हैं और सदियों से एक आदर्श समाज का मार्ग प्रशस्त करते आए हैं। बाद में कई जैन आचार्यों ने महावीर के सिद्धान्तों को आगे बढ़ाया। यह सुखद तथ्य है कि जैन दर्शन ने समकालीन परिस्थितियों की तरफ से बिल्कुल आँख नहीं मूँदी, बल्कि सामाजिक, राजनीतिक और आर्थिक, चुनौतियों का सामना करते हुए एक उन्नत समाज की रचना में अपना योगदान दिया। सामाजिक संघर्षों और आर्थिक विषमताओं के दौर में ही जैन पत्रकारिता का उदय हुआ और आज पत्रकारिता की स्वतंत्र शाखा के रूप में इसने अपनी अलग पहचान बनाई है।[2]

बताते हैं, गांधी जी की रणनीति का ब्रह्मास्त्र 'अहिंसा के सिद्धान्त' के प्रचार-प्रसार में इस धर्म ने बेहद महत्त्वपूर्ण भूमिका निभाई है। वस्तुतः जैन पत्रकारिता का मूल स्वर ही आध्यात्मिक रहा है। समय-समय पर इस धर्म के मुख्य स्वर 'अहिंसा के व्यापक फैलाव के उद्देश्य से पत्र-पत्रिकाओं का प्रकाशन होता रहा है। कहते हैं, पहला जैन-पत्र, हिन्दी के पहले समाचार-पत्र उदन्त मार्तण्ड (1826) के ठीक 54 वर्ष बाद निकला। इलाहाबाद से सन् 1880 में, जैन पत्रिका' का प्रकाशन हुआ। इसे ही हिन्दी भाषा की प्रथम 'जैन पत्रिका' स्वीकार किया जाता है। सूचना मिलती है कि कालान्तर में जैन धर्म संघर्ष में आ गया, अतः इस धर्म के प्रति लोगों का रुझान बढ़ाने के लिए एक ही साथ दो समाचार-पत्रों का प्रकाशन सन् 1884 में 'जैन' और 'जीयालाल प्रकाश' नाम से हुआ। कालान्तर में 'जैन समाचार', 'जैन गजट', 'जैन मित्र' (मुम्बई सन् 1900 ई.) का प्रकाशन हुआ। स्वतंत्रता संघर्ष के दौरे में भी कई 'जैन पत्रों का प्रकाशन शुरु हुआ, उनके नाम हैं—'जैन हितेच्छु', 'जैन आदित्य', 'जैन पताका'।

कालान्तर में कोलकाता से 1940 में 'विजय सिंह नाहर तथा भँवरमल सिन्धी के सम्पादकत्व में जैन पत्र 'तरुण ओसवाल' का शुभारंभ हुआ। किन्तु कुछ दिनों बाद इस पत्र का नाम 'तरुण जैन' कर दिया गया। इधर, महाराष्ट्र के वर्धा से भी एक जैन पत्र का प्रकाशन हुआ, नाम था—'संगम', प्रकाशक थे—स्वामी सत्यभक्त। इस बीच के दौर में जैन पत्रकारिता का काफी विस्तार हुआ। बंगाल में 'जिनवाणी' तथा 'श्रमण' का प्रकाशन हुआ तो मराठी में 'जैन बन्धु', तीर्थंकर', 'प्रगति' और 'प्रभावन' समाचार-पत्रों का जन्म हुआ। जैन पत्रकारिता का चेहरा अब अखिल देशीय हो गया था। अब इसे पूरे देश में मुकम्मल पहचान मिल गई थी। सुदूर दक्षिण की कन्नड़ भाषा में 'जिन विजय', तेलुगु में 'जीवबन्धु', तमिल में 'धर्मसीलम' तो अंग्रेजी भाषा में 'वायस ऑफ अहिंसा' (Voice of Ahimsa) जैसे लोकप्रिय समाचार-पत्रों का प्रकाशन हुआ। फिलवक्त पूरे देश में जैन धर्म से सम्बन्धित ढेरों पत्र-पत्रिकाएँ छप रहे हैं, ये सभी जैन पत्रकारिता को समृद्ध कर रहे हैं।

1. संचार माध्यम में रूपक प्रियदर्शी का लेख 'पत्र-पत्रिकाओं में कला कलेवर', पृ. 13 सन् अक्टूबर-1991
2. संचार माध्यम 'जैन पत्रकारिता के विविध पहलू' समीक्षा—श्याम माथुर, पृ. 30, सन् दिसम्बर-1991

(26) आर्य समाजी पत्रकारिता

बताते हैं, 1870 में शाहजहाँपुर में मुंशी बख्तावर सिंह ने सबसे पहले आर्यसमाज की स्थापना के लगभग पाँच वर्ष बाद 'आर्य दर्पण' नामक साप्ताहिक समाचार-पत्र का प्रकाशन कर आर्य समाजी पत्रकारिता का शुभारंभ किया। उसके बाद 1878 ई. में स्वामी दयानन्द के सम्पादकत्त्व में फर्रुखाबाद (उ.प्र.) से 'भारत सुदशा प्रवर्त्तक' का प्रकाशन हुआ। आर्य समाजी पत्रकारिता रूढ़ियों के विरुद्ध राष्ट्रीय भाषा व जन चेतना की पत्रकारिता थी। पंजाब का प्रथम हिन्दी साप्ताहिक 'सन्दर्भ प्रचारक' आर्य समाजी नेता मुंशीराम (स्वामी श्रद्धानन्द) ने प्रकाशित किया। हिन्दी पत्रकारिता का स्वरूप, जो आज हम देख रहे हैं, यह दूर तक न होता, अगर महात्मा मुंशीराम 'गुरुकुल कांगड़ी' की स्थापना करते। इसी गुरुकुल कांगड़ी ने हिन्दी को श्रेष्ठ पत्रकार दिए।

महात्मा मुंशीराम, जब स्वामी श्रद्धानन्द बने तो उन्होंने 'सन्दर्भ प्रचारक' नामक समाचार-पत्र का भार प्रो. इन्द्र वाचस्पति को सौंप कर 'श्रद्धा' नामक साप्ताहिक समाचार-पत्र निकाला। कुछ दिन बाद 'सन्दर्भ प्रचारक' को दैनिक कर दिया गया। स्वामी श्रद्धानन्द की दीक्षा और प्रेरणा से ही दैनिक प्रकाशित करके हिन्दी पत्रकारिता को जो तेवर और गति दी, उसी पर आज हिन्दी दैनिक पत्रकारिता का महल खड़ा है। पराधीनता को धिक्कार कर स्वाधीनता का शंखनाद करनेवाले समाचार-पत्रों में इन पत्रों का महत्त्वपूर्ण स्थान है।[1]

(27) नागरिक पत्रकारिता

सुप्रसिद्ध मीडिया लेखक श्री **धनंजय चोपड़ा**[2] का विचार है कि नागरिक पत्रकारिता ने अपने समय की मीडिया को नया रूप देने में कोई कोर कसर बाकी नहीं रखी है। नागरिक पत्रकारिता यानी 'सिटीजन जर्नलिज्म' पश्चिम से आयातित प्रवृत्ति है, जिसे भारतीय पत्रकारिता में बहुत तेजी के साथ आत्मसात् कर लिया गया। दर्शकों और पाठकों को खबरनवीस बनाने का चलन अब आम हो गया है। अब लोग सिर्फ टी.वी. पर खबरें देखते ही नहीं हैं, बल्कि खुद रिपोर्टरों की तरह खबरें भेजते भी हैं। कैमरा, मोबाइल और हैंडीकैम अब आम हो गए हैं। लोग राह चलते हुई किसी घटना-दुर्घटना को अपने कैमरे में कैद कर लेते हैं और चैनलों या फिर अखबारों को भेज देते हैं। न्यूज चैनल व अखबार इन्हें खुशी-खुशी प्रकाशित व प्रसारित भी करते हैं। हर कोई 'लाइव' होने की होड़ में आगे निकलना चाहता है। किसी घटना-दुर्घटना के बाद खबरिया चैनल लोगों से उनके द्वारा खींची गई तस्वीरों को माँगने लगते हैं और 'नागरिक पत्रकार' कहे जाने के लिए लोग सक्रियता के साथ स्वयं द्वारा अपने मोबाइल कैमरों या हैंडी कैम द्वारा ली गई तस्वीरें इन चैनलों को मुहैया कराने लगते हैं। कुछ चैनलों ने तो बाकायदा 'सिटीजन जर्नलिस्ट' नाम से सेगमेंट ही बना दिया है। यह सेगमेंट नागरिक पत्रकारों द्वारा दी गई तस्वीरों व खबरों की जाँच पड़ताल भी करता है, ताकि न्यूज चैनल को 'इस्तेमाल' होने और दर्शकों को भ्रमित होने से बचाया जा सके।

(28) जड़ित पत्रकारिता

अंग्रेजी में इसे Embeded Journalism कहते हैं। 'जड़ित' शब्द सम्भवतः पश्चिमी मीडिया में कुछ समय से प्रचलित हुआ है। यह 'इम्बेडेड जर्नलिज्म' का खूबसूरत अनुवाद है। कहना न होगा कि अपनी खूबसूरत अभिव्यक्ति और पत्रकारिता के एकदम नये चलन को शुरू करने के चलते ही यह शब्द बहुत जल्दी चलन में आ गया है। सम्बन्धित सेनाओं के साथ उनके संरक्षण और निगरानी में उनके विमानों, टैंकों, बख्तरबन्द गाड़ियों पर चलते हुए युद्ध क्षेत्र में पहुँचना, उनका ही राशन खाकर, उनके ही प्रचार माध्यमों का इस्तेमाल करते हुए खबर देना ही जड़ित पत्रकारिता है। फौज की संगति में रहने वाले पत्रकार 'जड़ित पत्रकार' कहलाने लगे हैं।[3]

सम्भवतः तकनीकी रूप से यह पहली बार सम्भव हुआ है, जब युद्ध क्षेत्र से जुड़ा एक पत्रकार/संवाददाता ने सीधे-सीधे सही समय पर वास्तविक घटनाओं की जिन्दा-जीवन्त तस्वीर हमारे सामने प्रस्तुत किया। इस

1. हिन्दी-पत्रकारिता : एक परिचय—सुरेन्द्र बीनू सिन्हा, डॉ. आशीष कुमार मैसी, पृ. 37, भारतीय पत्रकारिता संस्थान, बरेली
2. पत्रकारिता तब से अब तक—धनंजय चोपड़ा, पृ. 104, उत्तर प्रदेश हिन्दी संस्थान लखनऊ, मू. 70 रु. सन् 2007 ई.
3. संचार माध्यम में अरविन्द मोहन का लेख 'जड़ित पत्रकारिता : नई शुरुआत या शर्मनाक इस्तेमाल?', पृ. 18, खंड-20, अंक-2, जुलाई-दिसम्बर सन् 2003 ई.

तरह का कवरेज बेहद जटिल, जोखिम भरा और संघर्षपूर्ण होता है। युद्ध की गतिशीलता स्पष्ट रूप से हमारे सामने इलेक्ट्रॉनिक माध्यमों से आती रहती है। महाभारत युद्ध में अन्धे धृतराष्ट्र के लिए संजय की रिपोर्टिंग की तरह जड़ित पत्रकार/संवाददाता अपने प्राणों को पत्ते पर निरन्तर रखे रहता है। आग की तरह आसमान से गिरते गोले और अस्त्र-शस्त्र की मारक क्षमता से साबका लेते इस तरह के अनेक रिपोर्टर कई बार अपनी जान गवाँ देते हैं या अपाहिज हो जाते हैं। सन् 1962 और 65 के युद्ध में भी भारतीय पत्रकारों ने इस तरह के युद्ध का 'आँखों देखा हाल' की रिपोर्टिंग की थी। जी. वर्गीस उन्हीं में से एक थे, किन्तु उन्हें 'जड़ित पत्रकार' नहीं कहा गया, बल्कि 'युद्ध संवाददाता' माना गया। बहरहाल, इस तरह की पत्रकारिता में दो देशों की सेनाओं के बीच हो रहे युद्ध के बीच काफी भीतर तक जाकर सूचनाओं और दृश्यों को लेना पड़ता है। एक समय इराक युद्ध में 903 जड़ित संवाददाता/पत्रकार थे। इसमें इंग्लैंड की सेना के 136 जड़ित संवाददाता थे।

(29) धार्मिक पत्रकारिता

पूरे देश में सम्प्रति विभिन्न विषयों की करीब 20 हजार पत्र-पत्रिकाएँ निकलती हैं। उनमें धार्मिक पत्रिकाओं की संख्या डेढ़ हजार के आस-पास है। अनुपात की दृष्टि से यह संख्या कोई कम नहीं है। सौ से ज्यादा पत्रिकाओं की दस हजार से अधिक प्रतियाँ छपती और बिकती हैं। प्रसार संख्या की दृष्टि से कुछ वर्ष पहले तक धार्मिक पत्र 'कल्याण' ही सबसे आगे था। अगर व्यावसायिक पत्रकारिता का अर्थ एक खास किस्म की व्यावसायिकता और विक्रय तंत्र नहीं है तो इस लिहाज से भी धार्मिक पत्रिकाओं को यूँ ही नजरंदाज नहीं किया जा सकता। कल्याण, अखंड ज्योति, अग्निशिखा, पुरोधा, अखंडआनन्द और परमार्थ जैसी पत्रिकाओं ने तो वास्तव में इतनी प्रतिष्ठा अर्जित की है कि इन्हें धर्मग्रन्थों की तरह मँगाया तथा पढ़ा जाता है। कल्याण के मानस अंशम और शक्ति अंक का पाठ-परायण तक हुआ है और नवरात्रियों में लोगों ने इनको साधना ग्रन्थों की तरह प्रयोग किया है। अब भी कल्याण मँगाना परिवार के धर्मप्राण होने का परिचायक माना जाता है।[1]

कुल मिलाकर भारत में विभिन्न धर्मों को मानने वाले लोग रहते हैं। अपने-अपने धर्म के प्रचार हेतु प्रत्येक धर्म के अनुयायियों द्वारा पत्रिकाओं का प्रकाशन किया जाता है। साथ ही साथ धर्म की अन्ध विश्वसनीयता का खंडन-मंडन भी इन पत्रिकाओं में देखने को मिलता है। अखंड ज्योति (मथुरा), अणुव्रत (दिल्ली), आध्यात्म (प्रयाग), आर्य मित्र (लखनऊ), कल्याण (गोरखपुर), चंडी (प्रयाग), चिन्मय प्रदीप (मुम्बई), जनवाणी (जयपुर), जैन मित्र (सूरत), दार्शनिक (जयपुर), धर्मदूत (सारनाथ), परमार्थ (शाहजहाँपुर), पुरोधा (पांडिचेरी), भगवत दर्शन (वृंदावन), भागवत पत्रिका (मथुरा), मनन (मुम्बई), मानसमणि (सतना), योग विद्या (राजनन्द गाँव), योगवेदान्त (ऋषिकेष), विश्वज्योति (होशियारपुर), वैदिक धर्म (पारडी), शाश्वत वाणी (नई दिल्ली), श्रमण (वाराणसी), श्री कृष्ण सन्देश (मथुरा), सर्वेश्वर (वृन्दावन) आदि धार्मिक पत्रिकाओं का हिन्दी जगत में अपना उल्लेखनीय स्थान है।[2]

(30) औद्योगिक पत्रकारिता

विकसित और विकासशील देशों में उद्योगों का विकास होता जा रहा है। प्रत्येक उद्योग में अनेक कर्मचारी कार्यरत रहते हैं। उद्योग अपने लक्ष्यों में सफलता पाने के लिए सदैव अपने कर्मचारियों और उपभोक्ताओं पर निर्भर करता है। कर्मचारियों और उपभोक्ताओं के सुख-दुख में उद्योग की हिस्सेदारी की आवश्यकता पड़ती है। अपने विचार कर्मचारियों और उपभोक्ताओं तक पहुँचाने के लिए और उनकी बातों की जानकारी प्राप्त करने के लिए बड़े-बड़े उद्योग समूह पत्र-पत्रिकाओं का प्रकाशन करते हैं। उपभोक्ताओं और कर्मचारियों के विचार प्राप्त कर, उद्योगों को अपने उत्पादन में सुधार लाने का मौका मिलता है। औद्योगिक पत्रकारिता, संगठन को मजबूत करने में काफी सहायक सिद्ध हुई है। संगठन द्वारा प्रकाशित पत्रिकाओं का वितरण निःशुल्क किया जाता है। औद्योगिक पत्रकारिता के लिए कहा जाता है कि यह बिना लाभ का नियमित

1. प्रेस : दायित्व और यथार्थ—सं. ज्ञानेन्द्र रावत, पृ. 102, यूनिवर्सिटी पब्लिकेशन 7/31, अंसारी रोड, दरियागंज, नई दिल्ली, मू. 450 रु. सन् 2006 ई.।
2. हिन्दी पत्रकारिता का विकास—एन.सी. पन्त, पृ. 220।

प्रकाशन है, जिसे संगठन अपने कर्मचारियों और जनता से सम्पर्क स्थापित करने के लिए प्रकाशित करता है। औद्योगिक पत्रिकाएँ तीन प्रकार की होती हैं,—

(क) आन्तरिक जनसम्पर्क पत्रिका,

(ख) बाह्य जनसम्पर्क पत्रिका,

(ग) संयुक्त जनसम्पर्क पत्रिका।[1]

कुल मिलाकर आज के इस औद्योगिकीकरण के युग में उद्योग से जुड़ी पत्र-पत्रिकाओं का विशेष स्थान है। ज्यों-ज्यों व्यवसाय-व्यापार में अभिवृद्धि हुई है, त्यों-त्यों उद्योग सम्बन्धी पत्रकारिता का भी दिन-ब-दिन विकास हो रहा है। जब से शेयर और यूनिटों का प्रचलन बढ़ा है, तब से इससे सम्बन्धित पत्र-पत्रिकाओं में भी अभिवृद्धि हुई है। नवभारत टाइम्स तो इसका अलग से परिशिष्ट ही निकालने लग गया है। टेक्सटाइल न्यूज, आर्थिक जगत, मार्केट सर्किल, व्यापार भारती, उद्यम, आर्थिक समीक्षा, उद्योगव्यापार पत्रिका, उद्योग विकास, आर्थिक चेतना, खादी ग्रामोद्योग, जन उद्योग, राजस्थान लघु उद्योग आदि ऐसी कई पत्र-पत्रिकाएँ हैं, जो व्यापार, वाणिज्य और उद्योग से जुड़ी हुई हैं। इस दिशा में इकोनॉमिक टाइम्स तथा फाइनेन्सियल एक्सप्रेस आदि का स्थान बहुत महत्त्वपूर्ण है।[2]

(31) हैंडबिल पत्रकारिता

पत्रकारिता के इस अत्यन्त लघु और खामोश रूप को इसकी प्रकृति और स्वभाव के आधार पर हम चाहें तो इसे **इश्तिहार पत्रकारिता** भी कह सकते हैं। सुबह अखबार पढ़ते समय उत्पाद या वस्तुओं के विज्ञापन से सम्बन्धित एक छोटा सा पन्ना चिकने, खुरदरे, रंगीन या श्वेत-सादे कागज़ की शक्ल में अखबार उलटते समय अखबार के पन्नों के बीच से आपके सामने गिरता है या हाथ में आ जाता है, यही इश्तिहार यानी किसी वस्तु का प्रचार-प्रसार, मुनादी, प्रोपेगेन्डा, विज्ञापन या घोषणा होता है। 'मुनादी' यद्यपि किसी वस्तु के प्रचार-प्रसार के लिए डुगडुगी पीट कर करने को कहते हैं, इसे हम 'मुश्तहरी' का पर्चा भी कह सकते हैं। इस इश्तिहार में कपड़ा, दवा, सोने-चाँदी के गहने, नये विद्यालय खुलने की सूचना, आज कल जगह-जगह खुल रहे मॉल, मार्ट, पब, घरेलू जीन्स, प्रदर्शनी, हड़ताल, धरना प्रदर्शन, मुहल्ले की बिजली और पानी बन्द होने की सूचना, कभी-कभी अपराधी को पकड़ने की सूचना, गुमशुदा की तलाश, खोया-पाया और नकली सामानों से सजग-सतर्क रहने की सूचना आदि दी जाती है। अंग्रेजी भाषा में इसे पैम्फलेट (Pamphlet) और हिन्दी में, चौपन्ना 'कह सकते हैं। इस हैंडबिल में वस्तुओं के प्रचार-प्रसार के कुछ नमूने इस प्रकार होते हैं, यथा ''इस दीपावली में कीजिए, खुशियों की शुरुआत, 'श्री सिद्धी विनायक ज्वेलर्स के साथ', 'डायमंड ज्वेलरी पर 20% छूट, ब्रांडेड हीरा', 'सोना के जेवर का विशाल संग्रह', 'हालमार्क' के जेवर उपलब्ध-मिश्र बाजार, गाजीपुर, बाजार भाव से। 1000/- की नगद छूट, इसी तरह 'रोशनी का त्योहार, हम बनाये कुछ खास', धनतेरस और दीपावली के शुभ अवसर पर सोने के जेवर के भाव में 1000/- की विशेष छूट, धनतेरस पर ऑफर की बौछार, मेकिंग चार्ज फ्री, ''आफर निश्चित समय के लिए सीमित स्थान—कम्प्यूटर सीखें', मात्र 200/-महीने में Courses: A.D.C.A., D.T.P.& D.C.F.A''। इस तरह के विज्ञापन की भाषा— 'खुशखबरी, खुल गया, खुल गया, सीटें कम, ऑफर ज्यादा', अभी से सुरक्षित करा लीजिए—बम्पर सेल, आज नगद, कल उधार आदि होती हैं।

(32) फोल्डर पत्रकारिता

अंग्रेजी Folder शब्द का अर्थ होता है—तह लगाना, तहाना, चपोतना। मेरे विचार से फोल्डर पत्रकारिता इश्तिहार पत्रकारिता का बड़ा रूप है, सम्भवतः इसीलिए इसे कुछ लोग **लघु पुस्तिका** भी कहते हैं। इसका आकार-प्रकार इश्तिहार से कुछ बड़ा होता है। इसके माध्यम से प्रचारक, कम्पनी, संस्था, सरकार या नेता अपनी बात को जनसामान्य तक पहुँचाते हैं। चूँकि अभी मैंने बताया है कि फोल्डर की शक्ल

1. पत्रकारिता जगत—अशोक प्रियदर्शी, सुनील कुमार सिन्हा, पृ. 85, मगध कलाकार प्रकाशन, पटना, मू. 60 रु. 1996 ई.
2. पत्रकारिता एवं प्रेस विधि—डॉ. बसन्ती लाल बावेल, पृ. 9, सुविधा लॉ हाउस प्रा.लि. भोपाल, मू. 175 रु. जून 2008 ई.

हैंडबिल से बड़ी होती है, अतः यहाँ हैंडबिल से ज्यादा बातें लिखकर अँटायी जाती हैं। यहाँ तथ्य और चित्र दोनों साथ-साथ छपते हैं।

दरअसल, कभी-कभी केन्द्र या प्रादेशिक सरकारें तथा राजनीतिक दल अपनी-अपनी नीतियों के प्रचार-प्रसार, कम्पनियाँ अपने-अपने उत्पाद आदि को आमजन तक पहुँचाने के लिए इसका प्रयोग करती हैं। बताते हैं, पर्यटन-विभाग इसका सर्वाधिक उपयोग अपने पर्यटन स्थलों के प्रचार-प्रसार के लिए करता है। इस माध्यम से यह विभाग पर्यटकों को यह बताता है कि देश में पर्यटन के कौन-कौन से केन्द्र हैं। उनके यहाँ पहुँचने का मार्ग क्या है? वहाँ किस मौसम में पहुँचा जा सकता है? वहाँ ठहरने की व्यवस्था क्या है? यही है—फोल्डर पत्रकारिता और उसकी उपादेयता।

(33) पोस्टर पत्रकारिता

इसे हम हैंडबिल और फोल्डर पत्रकारिता का ही एक प्रकार कह सकते हैं। अन्तर केवल इतना भर है कि पत्रकारिता के उक्त दोनों भेदों में कागज़ के रंग-बिरंगे पन्नों में छोटे आकार में अपने उत्पाद, नीतियों, कार्यक्रमों आदि की जानकारी दी जाती है। यहाँ वही प्रक्रिया बड़े कलेवर के पन्ने में सम्पादित कर उसे चट्टी-चौराहे, भीड़-भरे बाजारों में खम्भों, दीवालों, पेड़ों, बस स्टेशन और रेलवे स्टेशनों पर बड़े आकार की 'होर्डिंग' के रूप में टाँग दिया जाता है। अब घर-घर में दूरदर्शन के प्रवेश कर जाने के बाद भले ही इस तरह के छपे अक्षरों की पत्रकारिता का थोड़ा महत्त्व कम हो गया हो, लेकिन अभी कुछ दिन पहले तक पोस्टर पत्रकारिता ही वस्तुओं और नीतियों के प्रचार का बड़ा और लोकप्रिय माध्यम थी। सच तो यह है कि पोस्टर (Poster) का अर्थ ही होता है, इश्तिहार, विज्ञापन और प्रज्ञापक। फिल्म जगत इस तरह के प्रचार-प्रसार से बहुत लाभान्वित होता था। इसके माध्यम से लोगों को सन्देश-सूचना देना मूल आशय होता है। खुले में बड़े आकार और बड़े अक्षरों में टँगे होने के कारण इसका सीधा असर जन-सामान्य पर पड़ता है। तमाम तरह के दिवसों के प्रचार-प्रसार, यथा-महिला-दिवस, हिन्दी-दिवस, बाल-दिवस, विकलांग-दिवस, स्वतंत्रता-दिवस, रक्षा-दिवस, बचत-दिवस आदि का यह सशक्त माध्यम है।

(34) दीवार पत्रकारिता

भारत में दीवाल समाचार-पत्रों का कोई क्रमबद्ध इतिहास नहीं मिलता, लेकिन चीन की ही भाँति भारत में भी इनका उदय चित्रों के माध्यम से ही हुआ। प्राचीनकाल के भित्ति चित्र किसी-न-किसी रूप में वर्तमान समय के दीवाल समाचार-पत्र ही थे। दीवालों या पत्थरों पर चित्रों का उत्कीर्णन तथा उनके माध्यम से सन्देशों का प्रसारण करने के पीछे मुख्य कारण यही था कि उस समय लोग निरक्षर थे तथा अक्षरों की भाषा नहीं समझते थे। शिक्षा का प्रसार होने के बाद शिला लेखों का प्रचलन बढ़ा। प्रजा तक अपनी बात पहुँचाने के लिए शासक वर्ग शिला लेखों का ही सहारा लेता था। छपाई की तकनीक विकसित होने के बाद समाचार को कागज पर छाप कर दीवाल पर चिपकाया जाने लगा तथा इस तरह आधुनिक सन्दर्भों में दीवाल समाचार-पत्र की शुरुआत हुई।

बहरहाल, समय बदला और बदले समय में आज जब बड़े अक्षरों में छपी सामग्री, पोस्टर के रूप में विज्ञापन के लिए दीवालों पर चस्पा की जाती है, तो उसे दीवार पत्रकारिता कहते हैं। इनका भी प्रयोग केन्द्र तथा राज्य सरकारों के साथ-साथ निजी क्षेत्र के लोग भी अपनी बात जन- सामान्य तक पहुँचाने के लिए करते हैं। यहाँ सामग्री ज्यादा छापी जा सकती है। यहाँ भी तथ्य तथा दृश्य-चित्र दोनों का प्रयोग होता है। इसे भी भीड़भाड़ वाली जगहों की दीवारों पर चस्पा किया जाता है। इसका सीधा असर साक्षर और पढ़े-लिखे लोगों पर पड़ता है। वस्तुओं, नीतियों, विचारों, उत्पादों, भावी योजनाओं, नशीले पदार्थों के सेवन से होनेवाली हानियों आदि की जानकारी और विज्ञापन का यह सुलभ, सस्ता, टिकाऊ और असर कारक माध्यम है।

अन्त में कुल मिलाकर यह कि दीवाल समाचार-पत्रों में स्थानीय समाचारों को प्रमुखता दी जाती है तथा जनरुचि के विषयों को उठाया जाता है। इसी वजह से वे जनता में अधिक लोकप्रिय होते हैं।

ये विशेष रूप से निरक्षर लोगों में भी लोकप्रिय होते हैं, क्योंकि वे लोग चित्रों के माध्यम से तथा आस-पास खड़े साक्षर व्यक्तियों से सुनकर समाचारों को जान और समझ लेते हैं। इसके साथ ही ये समाचार आर्थिक रूप से कमजोर लोगों के लिए भी आकर्षण का केन्द्र होते हैं, क्योंकि ये लोग समाचार-पत्र खरीदे बिना ही पूरी जानकारी प्राप्त कर सकते हैं।[1]

(35) बुलेटिन पत्रकारिता

'Bulletin' का अर्थ होता है—एक प्रकार की विज्ञप्ति, किन्तु प्रिन्ट मीडिया की भाषा में इसे हम एक प्रकार का **अतिलघुकाय समाचार-पत्र** या **पत्रिका** कह सकते हैं। बुलेटिन शब्द का व्यवहार इलेक्ट्रॉनिक मीडिया यथा—रेडियो और दूरदर्शन समाचारों के लिए भी किया जाता है, यथा—'शेष अगले बुलेटिन में'। बहरहाल, बुलेटिन प्रिन्ट की हो या इलेक्ट्रॉनिक की हो इसका भी मुख्य उद्देश्य होता है—लोगों तक सरकारी, गैर सरकारी बातों को पहुँचाना। प्रिन्ट मीडिया की बुलेटिन अत्यन्त क्षीणकाय अर्थात् दो या तीन पृष्ठ की होती है। इसका कागज़, छपाई, गेट अप आदि मोहक होते हैं। यहाँ अपनी बात अति संक्षेप में लोगों तक पहुँचाई जाती है।

(36) टेलीफोनिक पत्रकारिता

सम्प्रति मीडिया जगत में टेलीफोनिक पत्रकारिता काफी पनप चुकी है। विश्लेषकों के अनुसार इसके नफा-नुकशान दोनों हैं। दरअसल, विज्ञान ने जिस उपकरण को मात्र सूचना लेने के लिए उपयोगी बनाया है, उससे लोग पूरा इतिहास लेने लगे हैं। पहले खबरें घटना स्थल पर जाकर और लौटने के बाद लिखी जाती थीं। अब यह काम टेलीफोन पर किया जा रहा है। कुल मिलाकर यह कहना गलत नहीं होगा कि अब टेलीफोन पत्रकारिता का युग आ गया है। अभी भी घटना स्थल पर जाकर सूचनाएँ एकत्र करना और खबरें लिखना ही स्वस्थ पत्रकारिता है। इसके कई फायदे हैं, यानी सकारात्मक पक्ष। घटना स्थल पर पहुँचने के बाद घटना के सम्बन्ध में शत प्रतिशत सही जानकारी के मिलने की उम्मीद रहती है। हालाँकि इस मामले में यह कत्तई नहीं है कि किसी संवाददाता का सूत्र उन्हें घटना के बारे में गलत जानकारी देता है। इस मामले में यह अवश्य सम्भव है कि सूचना देने में वह अपने निजी हित का ख्याल रखता है। आवश्यकता पड़ने पर वह सूचना देने के क्रम को भुनाने का प्रयास भी करता है। घटना स्थल पर नहीं जाने पर मामले की तह तक जाने में काफी दिक्कत होती है। कुछ मामलों में तो अफवाहों पर ही खबरें बना दी जाती हैं। घटना की सच्चाई जानने के लिए 'क्रास चेक' भी कर पाना मुश्किल होता है। ऐसी स्थिति में कई बार सच्चाई सामने भी नहीं आ पाती है।

बावजूद, इसके इस बात से इनकार नहीं किया जा सकता है कि टेलीफोनिक पत्रकारिता की इस नई परम्परा से पाठक और इस पेशे-दोनों को घाटा हुआ है। नई परम्परा से लोगों को सही एवं गहन सूचना मिल पाने में दिक्कत हो रही है। उसी तरह पत्रकारिता से लोगों का विश्वास भी कम हो रहा है। अखबारों की निष्पक्षता को लेकर लोगों में शंका पहले से ही पनप रही है। लोगों का मानना है कि, अखबार निष्पक्ष नहीं होते। पैसे के बल पर खबरों के प्रकाशन पर काफी हद तक काबू पाया जा सकता है। अब अखबार विज्ञापन को केन्द्र में रखकर निकाले जा रहे हैं। ऐसी स्थिति में पत्रकारिता की इस नई परम्परा से इस जगत को और अधिक हाँनि पहुँचने की आशंका है। पत्रकारिता के विश्वास को बनाये रखने के लिए इस बिन्दु पर प्रबन्धक, सम्पादक और संवाददाता-तीनों को समान रूप और गहनता से विचार करने की आवश्यकता है।[2]

(37) कम्प्यूटर पत्रकारिता

कलम लिखने का औजार होती है। कलम से पहले भी पत्रकारिता होती थी, जैसे पहले डॉक्टरों के पास आला नहीं था, वह नाड़ी पकड़कर नब्ज टटोलते थे और बीमारी का पता कर लेते थे, लेकिन

---

1. संचार माध्यम, अम्बरीष सक्सेना का लेख, पृ. 27, अक्टूबर-दिसम्बर-1998
2. संचार माध्यम में कुमार राजेश का लेख 'टेलीफोनिक पत्रकारिता का युग', पृ. 28, जुलाई-सितम्बर सन् 2001 ई.

बाद में जब आले का आविष्कार हुआ तो चिकित्सा के क्षेत्र में व्यापक विस्तार हुआ। कहने का तात्पर्य यह है कि हम विकसित होते समाज में हैं। तकनीकी विकास समाज का गुण है। ऐसे में यदि कलम की जगह कम्प्यूटर आ जाता है, तो वह पत्रकारिता की परिभाषा को परिवर्तित नहीं कर सकता है। कम्प्यूटर ने कलम की जगह ली है और हमें कोशिश यह करनी चाहिए कि पत्रकारिता से जो पहले समाजसेवा करते थे, उसे और तेज गति से और विस्तार से कम्प्यूटर के जरिए की जाए।[1]

सच तो यह है कि पत्रकारिता में कम्प्यूटर आने के बाद, कुछ ही समय में पत्रकारों ने कम्प्यूटरों का बेहतर इस्तेमाल सीख लिया। कम्प्यूटरों की मदद से भी रिपोर्टिंग और रिसर्च का काम होने लगा। इसे **पॉवर जर्नलिज्म** या **कम्प्यूटर एसिस्टेड रिपोर्टिंग (कार)** कहा जाता है। बहरहाल, कम्प्यूटरों के आ जाने से यह मुमकिन हुआ कि मौके पर ही रिपोर्ट बनाई और उसे फैक्स, मोडेम या इंटरनेट के माध्यम से भेज दिया जाए। ऐसी कोई संचार सुविधा न मिलने पर रास्ते में लैपटॉप पर सामग्री तैयार की और पहले ही मौके पर कम-से-कम समय में उसे अखबार के दफ्तर में भेज दिया। सम्प्रति पत्रकारिता में कम्प्यूटर एक सर्वशक्तिमान माध्यम बन गया है। इसके माध्यम से शोध, लेखन, त्रुटियों की जाँच, सामग्री को एक स्थान से दूसरे स्थान भेजना, पेज मेकिंग, इलेस्ट्रेशन, ले-आउट, प्री-प्रेस सेटिंग्स, मुद्रण तथा अन्य कार्य सम्भव हो गए हैं। आज के समय में कम्प्यूटर समाचार संस्थानों के हर विभाग की जान है। कुल मिलाकर, कम्प्यूटर किसी भी पत्रकार को अपनी रपट उस रूप में लिखने में सक्षम बनाता है, जिस रूप में कोई भी पत्रकार अपनी खबर को पढ़ना चाहेगा। वह डिजिटल कैमरे में संग्रहित चित्रों को भी खबर के साथ देख सकता है, जरूरी संशोधन कर सकता है और अपनी खबर को पत्र के सभी संस्करणों को गुप्त तथा दूसरों के न पढ़े जाने योग्य स्वरूप में भेज सकता है।[2]

(38) वेब या आन लाइन पत्रकारिता

वेब पत्रकारिता, पत्रकारिता की दुनिया में एक, क्रान्तिकारी परिवर्तन है। परम्परागत् माध्यमों (प्रिन्ट, टेलीविजन, रेडियो) से इतर इंटरनेट के जरिए की जानेवाली पत्रकारिता को ऑन लाइन पत्रकारिता कहा जाता है। किसी भी यथार्थ का या वास्तविक जीवन की घटनाओं के तथ्यों और सयम-समय पर घटने वाली घटनाओं का रिपोर्टरों, लेखकों और सम्पादकों द्वारा किसी खास दृष्टिकोण से किया गया वर्णन पत्रकारिता है। परम्परागत पत्रकारिता में किसी घटना को अखबार में छापते हैं या टेलीविजन और रेडियो द्वारा प्रसारित करते हैं, लेकिन वेब पत्रकारिता इन सभी का सम्मिलित रूप है। 'ऑनलाइन पत्रकारिता' में वर्ल्ड वाइड वेब (WWW) पर विश्व के किसी कोने में समाचार को पढ़ा जा सकता है, देखा व सुना जा सकता है। जैसे ही कोई वेब पत्रकार किसी घटना से अवगत होता है, तो वह उस खबर को तुरन्त, ऑन लाइन कर देता है और समय-समय पर अपडेट भी करता रहता है। वेब पत्रकारिता के अन्तर्गत् फीचर, लेख, समसामयिक विषयों पर आलेख इत्यादि का चैनल भी होता है, जिसे पाठक जब चाहे तब अपनी इच्छानुसार एवं अपने व्यक्तिगत समय प्रबन्धन को ध्यान में रखते हुए उसका उपयोग कर सकते हैं। यहाँ वे वीडियो क्लीपिंग एवं ऑडियो क्लीपिंग का भी लाभ उठा सकते हैं। वेब पत्रकारिता अपने स्वभाव एवं विस्तार में अन्तरसम्बन्ध मूलक होती है। वेब पत्रकारिता में लाइब्रेरी की सुविधा भी उपलब्ध कराई जाती है।

वेब पत्रकारिता और कानून का अटूट सम्बन्ध होता है। 18 अक्टूबर सन् 2000 ई. से सूचना प्रौद्योगिकी कानून देश में प्रभावी है। इसमें चार अनुसूचियों के साथ 13 अध्याय और 90 से ज्यादा धाराएँ शामिल हैं। इस कानून के प्रभावी होने से ई-दस्तावेजों और ई-हस्ताक्षरों को कानूनी मान्यता मिल गई है। आणविक शक्ति के विकास के बाद इंटरनेट बीसवीं शताब्दी की सबसे महत्त्वपूर्ण उपलब्धि है। इन्दौर के 'नई दुनिया' अखबार द्वारा 'वेब दुनिया' के नाम से हिन्दी में पहला समाचार पोर्टल शुरू

1. मीडिया-विमर्श में वरिष्ठ पत्रकार अनिल चमड़िया का लेख 'जरूरी है एक बड़ा सांस्कृतिक आन्दोलन', पृ. 54, जनवरी मार्च 2009 ई. 428-रोहित नगर, फेज-1, भोपाल (म.प्र.)
2. आधुनिक पत्रकारिता : चुनौतियाँ और संभावनाएँ—डॉ. अशोक कुमार शर्मा, पृ. 78, डायमंड पॉकेट बुक्स (प्रा.लि.), नई दिल्ली, मू. 95 रुपये, सन् 2006 ई.

करने के साथ ही हिन्दी पत्रकारिता में एक नये युग की शुरुआत हुई। वेब पत्रकारिता द्वारा देश तेजी से विकास की ओर उन्मुख हो रहा है। इसका भविष्य उज्ज्वल है।[1]

(39) पेज थ्री पत्रकारिता

कुछ दिनों पहले तक समाचारों को उनकी प्रकृति, मिजाज और महत्त्व के हिसाब से समाचार-पत्रों में अलग-अलग पृष्ठों पर छापा जाता था और इस लिहाज से समाचार-पत्रों के प्रत्येक पृष्ठ का अपना महत्त्व हुआ करता था। समाचार-पत्र के प्रत्येक पृष्ठ का अलग-अलग नामकरण भी होता था, जैसे—पेज-वन, पेज-टू, पेज-थ्री तथा पेज-सेवेन आदि। पेज-वन पर राष्ट्रीय अन्तर्राष्ट्रीय महत्त्व की खबरें प्रकाशित होती थीं, तो पेज-सेवेन पर बहुधा सम्पादकीय होते थे। ठीक उसी तरह पेज-थ्री भी एक 'कान्सेप्ट' था, उस पर 'Life Style', 'Cinema', Passion तथा मनोरंजन आदि की खबरें होती थीं। कुल मिलाकर यह अखबारी पन्ना बहुत महत्त्वपूर्ण नहीं माना जाता था, किन्तु अब हाल के वर्षों में यह अखबारी मिथक भी टूटा है। पेज थ्री' पर छपने वाले छुटभैये नेता अब पेज-वन पर छप रहे हैं। यह पत्रकारिता के स्खलन का द्योतन करता है। विकसित देशों के 'पेज थ्री' पत्रकारिता को अंग्रेजी पत्रकारिता ने जब करीब छह-सात साल पहले अपनाया था, तब हिन्दी अखबारों ने खूब-नाक-भौं सिकोड़ा था, लेकिन इन्हीं पृष्ठों पर दलाली और दूसरे दोयम तरीके से सामाज में बेहतर आर्थिक हैसियत और राजनैतिक रसूख हासिल कर चुके राजनेताओं के एक लिजलिजे वर्ग ने कब्जा जमाना शुरू किया तो अंग्रेजी पत्रकारिता ने इसे हाथों-हाथ लिया। इस पेज थ्री पत्रकारिता की सहायता से कई लोगों ने अपनी राजनीतिक हैसियत में और इजाफा कर लिया है। इसका असर पेज थ्री पत्रकारिता पर भी पड़ा है। इन पृष्ठों पर प्रकाशित होने वाले छपास रोगी राजनेताओं, पत्रकारिता से इतर कर्म करने के बावजूद पत्रकार कहने वाले कथित पत्रकार, सोशलाइट और नवधनाढ्यों ने इन पृष्ठों का रसूख बढ़वाने में भरपूर कोशिश की, किन्तु इन पृष्ठों पर अक्सर साया होनेवाली हस्तियों की प्रतिबद्धता किसके प्रति है—ये हाल के दिनों में पूरी शिद्दत से जाहिर हुआ है। पेज थ्री पर साया होनेवाली हस्तियों को मीडिया जम कर स्पेस देता रहा है, लेकिन इनमें से ज्यादातर के लिए सार्वजनिक सामाजिक भूमिका का कोई मतलब नहीं है।

पेज-थ्री को देर से ही सही, हिन्दी अखबारों ने आत्मसात् तो कर लिया, लेकिन अंग्रेजी अखबारों की तरह वे पेज-थ्री और थोड़ी-बहुत बची असल पत्रकारिता को अलग नहीं बनाये रख सके। हिन्दी अखबारों के पृष्ठों को देखकर इसे आसानी से समझा जा सकता है। हिन्दी अखबारों में पेज थ्री वाले राजनेता मुख्य पृष्ठ पर भरपूर जगह हासिल करते हैं। उन्हें रातोरात महान नेता बनाने में भी आज की पत्रकारिता कोई कोर-कसर नहीं छोड़ती।[2]

(40) अन्तरिक्ष अनुसन्धान पत्रकारिता

आजकल अन्तरिक्ष की उपलब्धियों पर ही विश्व के उन्नत राष्ट्र गर्व कर रहे हैं। अन्तरिक्ष यान ही राष्ट्रों की आँख और कान हैं। सन् 1962 में, अन्तरिक्ष अनुसन्धान समिति के गठन के पश्चात् अन्तरिक्ष के भाल पर भारत की सफलता अंकित हुई। थुम्बा मध्यरेखीय राकेट प्रक्षेपण केन्द्र (1962), त्रिवेन्द्रम स्थित अन्तरिक्ष विज्ञान और तकनीकी केन्द्र (1965), अहमदाबाद स्थित प्रायोगिक उपग्रह संचार भू-केन्द्र (1967), आर्यभट्ट (1975), 'भास्कर प्रथम' (1979), प्रथम उपग्रह प्रक्षेपन यान' एस.एल.वी.—3' (1980), 'एपल' (1981) एवं 'भास्कर द्वितीय' (1981), के कारण भारत विश्व रंगमंच पर प्रदीप हुआ। 30 अगस्त, 1983 को बहुउद्देशीय उपग्रह, इंसेट-1, बी अमेरिकी अन्तरिक्ष

1. सोच-विचार में सरिता यादव का लेख 'हिन्दी : वेब पत्रकारिता', पृ. 38, ईश्वरगंगी, वाराणसी, मू. 25 रु. 2013
2. संचार माध्यम में डॉ. उमेश चतुर्वेदी का लेख—'पत्रकारिता के किन्तु-परन्तु', पृ. 29, जुलाई दिसम्बर, खंड-22, अंक-2, सन् 2005 ई.

शटल 'चैलेन्जर' द्वारा प्रक्षिप्त हुआ, जिसने मौसम सम्बन्धी सूचनाएँ दीं तथा संचार एवं प्रसारण के क्षेत्र में क्रान्ति कर दी। इसी तरह 17 मार्च, 1988 को सोवियत संघ से भारत का दूरसंवेदी उपग्रह 'आई.आर.एस.-1' का प्रक्षेपण हुआ। समुद्र विज्ञान, मौसम-विज्ञान, मत्स्यपालन, सूखे और बाढ़ की मॉनीटरिंग, पैट्रोलियम उद्गमों एवं प्राकृतिक संसाधनों सम्बन्धी सामयिक सूचनाएँ प्राप्त करने के लिए इस उपग्रह का उपयोग हुआ। पृथ्वी पर मौसम की सतत् जानकारी, रेडियो के क्षेत्रीय एवं राष्ट्रीय कार्यक्रमों का प्रसारण, पूरे देश में दूरदर्शन-कार्यक्रमों का सीधा-प्रसारण एवं दूर संचार व्यवस्था को विकसित करना ही इसका उद्देश्य है। इंसेट-1बी का ही यह सहयोगी उपग्रह है। दूरदर्शन कार्यक्रमों के प्रसारण को सुविधाजनक और सर्वसुलभ बनाने में इसका योगदान महत्त्वपूर्ण है।[1]

इलेक्ट्रॉनिक (विद्युतीय) माध्यम की पत्रकारिता

(41) केबल पत्रकारिता

दृश्य-श्रव्य माध्यमों में दूरदर्शन का कोई मुकाबला नहीं। सत्तर के दशक में इसकी शुरुआत भारत में हुई। उस समय दूरदर्शन से भारत में बहुत ही कम प्रसारण किया जाता था। फिर भी, दूरदर्शन भारत में धीरे-धीरे लोकप्रिय हो रहा था। इधर, प्रसारण कम होने की वजह से दूरदर्शन का विकल्प खोजा जाने लगा। लोगों का ध्यान, 'वीडियो कैसेट रिकॉर्डर' (वी.सी.आर.) की ओर गया, फलतः विदेशों से वी.सी.आर. भारत में आया, किन्तु कम आमदनीवालों के लिए यह सहज सुलभ और मयस्सर नहीं होता था। लोगों ने इसे किराए पर लेकर समूह में इकट्ठा होकर रंगीन दूरदर्शन में वी.सी.आर. फिल्में देखना शुरू किया। बाद में पुनः 1984 में एक तकनीकी खोज हुई, जो केबल टी.वी.के रूप में सामने आई। केबल टी.वी. के माध्यम से लोगों ने मासिक शुल्क देकर रोजाना एक या दो फिल्में देखना शुरू किया। इस तरह मुम्बई का यह व्यवसाय पूरे देश में फैल गया। गाँव-गाँव इसकी उपस्थिति हो गई।

केबल सबसे पहले 1984 में मुम्बई में पैदा हुआ। यह महाराष्ट्र व गुजरात में सबसे ज्यादा प्रभाव जमाने में कामयाब रहा। सन् 1992 की केबल और उपग्रह टी.वी. एक स्टेटस रिपोर्ट के अनुसार, मुम्बई में दिसम्बर, 1991 में 1,85,1,000 में से 24.1 प्रतिशत यानी कि 4,72,000 परिवार और महाराष्ट्र प्रान्त में 15.9 प्रतिशत तथा गुजरात में 29 प्रतिशत परिवार केबल कार्यक्रमों से जुड़े हुए थे। दूसरे हिन्दी भाषी प्रान्तों में इसका प्रभाव शुरुआत में काफी कम रहा, परन्तु सन् 2004 तक केबल का व्यापार प्रचार-प्रसार व उपयोग जारी था। इस माध्यम में केबल आपरेटर को पहले काफी पैसा लगाना पड़ता है, डिश-एंटिना और केबल खरीदने के लिए एक बड़े कमरे का इंतजाम करना पड़ता है। बहरहाल, केबल से दिखाए जानेवाले चैनलों में दूरदर्शन के नेशनल व न्यूज चैनल भी शामिल हैं। शुरू में तो केबल ऑपरेटरों ने कई कॉपीराइट व अनसैंसर्ड फिल्म व कार्यक्रम दिखाए, लेकिन धीरे-धीरे कॉपीराइट समस्या आने लगी, किन्तु जल्दी ही इस समस्या का हल खोज लिया गया, जब कई बड़ी कम्पनियों व निर्माताओं से वी.सी.आर. राइट्स ले लिए। ग्राहकों से मासिक शुल्क के अलावा कुछ केबल ऑपरेटर विज्ञापन दिखाकर भी कुछ कमाई कर लेते हैं।[2]

(42) साइबर पत्रकारिता

साइबर पत्रकारिता अर्थात् कागज, कलम विहीन पत्रकारिता। सम्पूर्ण पत्रकारिता केवल कम्प्यूटर के 'स्क्रीन' पर हो रही है। इस तरह की पत्रकारिता में सूचनाओं-समाचारों का आदान-प्रदान बहुत क्षिप्र गति से होता है। हाल के वर्षों में सूचना-प्रौद्योगिकी का विकास सम्पूर्ण दुनिया में बहुत क्षिप्र गति से हुआ है। भारत तो आई.टी. क्षेत्र में प्रतिष्ठित नाम हो चुका है। अतः इस तरह की पत्रकारिता का चलन

1. आधुनिक पत्रकारिता—डॉ. अर्जुन तिवारी, पृ. 38
2. हिन्दी पत्रकारिता का इतिहास-जगदीश प्रसाद चतुर्वेदी, पृ. 387, प्रभात प्रकाशन, दिल्ली।

इस देश में सम्प्रति काफी बढ़ा है। छपे शब्द वाले समाचार-पत्र न भी मिलें, तो भी उसके विकल्प के रूप में इंटरनेट पर अखबार आ गए हैं। सूचना क्रान्ति और सूचना-विस्फोट ने यह सब कमाल कर दिखाया है। बस केवल आपको वेबसाइट की जानकारी होनी चाहिए। जनसंचार माध्यमों के अन्तर्राष्ट्रीय फलक—कम्प्यूटर और इंटरनेट पर साइबर पत्रकारिता खूब हो रही है। सूचना के उक्त नये माध्यमों ने पत्रकारिता के परम्परागत मिथक और स्वरूप को तोड़ा है। अब खबरें कम्प्यूटर और साइबर कैफे में भरी पड़ी हैं। जब चाहें, सुबह-शाम, दिन-रात अपने पाठकों को उपलब्ध हैं। आजकल की नई भाषा में इन्हें **साइबर न्यूज पेपर** कहते हैं। इस साइबर न्यूज पेपर पर, जहाँ चाहें वहाँ खबरें पाठक की सेवा में उपलब्ध उपस्थित हैं। अब सुबह के समाचार-पत्र की बहुत जरूरत नहीं रह गई है। साइबर न्यूज पेपर पर महज अब केवल एक क्लिक दबाइए, विज्ञापन, फोटो, आलेखों, विवरणों-आँकड़ों, साफ शब्दों में, जो चीज छपे अखबारों में प्राप्त करते थे, उसे अब यहाँ प्राप्त कर सकते हैं। समय और दूरी का बन्धन नहीं। यही है—साइबर जर्नलिज्म अर्थात् साइबर पत्रकारिता।

(43) फिल्म (Film-चलचित्र) पत्रकारिता

भावपूर्ण बिम्बों और सुन्दर तकनीक के साथ विचारों और भावनाओं की मूर्त्त अभिव्यक्ति का मनोहर संगुफन के साथ सशक्त और जोरदार माध्यम या मचान है—फिल्म। फिल्मकार **सत्यजीत रे** कहते हैं कि,—"फिल्म चित्र है, फिल्म शब्द है, फिल्म आन्दोलन है, फिल्म नाटक है। आजकल हमें यह भी जोड़ना चाहिए कि फिल्म रंग है। यहाँ तक कि फिल्म का एक खंड, जो मुश्किल से एक मिनट चलता है, उन सभी आयामों को साथ-साथ प्रदर्शित कर सकता है।" **डॉ. जेम्स. एस. मूर्ति**[1] का विचार है कि साहित्य, चित्रकला यहाँ तक कि रेडियो की तुलना में फिल्म एक नया माध्यम है। यह सबसे बड़ा सहयोगात्मक माध्यम है, जिसमें लेखन, अभिनय, नाट्य एवं तकनीकी ज्ञान-विज्ञान जैसी कलाएँ अन्तर्निहित होती हैं। फिल्म अनेक कलाओं और विज्ञानों का समागम है। वस्तुतः बक़ौल **डॉ. जयमोहन झा**[2] समाचार-पत्रों के बाद जनसंचार का जो माध्यम 19वीं शताब्दी में सबसे पहले सूचना तथा विचारों को फैलाने में समर्थ हुआ, वह है—चलचित्र, क्योंकि सर्वप्रथम इसी साधन में एक साथ देखने और सुनने की सुविधा थी तथा इसे पेश करने का ढंग भी मनोरंजनात्मक था। इस कारण यह काफी लोकप्रिय हुआ।

बहरहाल, यह संयोग देखिए कि—जैसे-जैसे फिल्मों का प्रचार-प्रसार सम्प्रति बढ़ा है, फिल्मी पत्रकारिता भी उसी के साथ अपनी समानान्तर यात्रा कर रही है। आज शायद ही भारत में किसी भी भाषा में प्रकाशित होनेवाली ऐसी पत्र-पत्रिकाएँ होंगी, जहाँ फिल्मों की समीक्षाएँ न प्रकाशित होती हों। इनमें फिल्मों की स्वस्थ समीक्षा, उनकी कमी, किरदारों द्वारा निभाई गई भूमिकाओं में कमी, चित्रकथा, कार्टून, बॉक्स ऑफिस पर फिल्म की सम्भावना तथा उसमें प्राप्त होनेवाले सामाजिक-सन्देश आदि की चर्चा की जाती है। फिल्मों से सम्बन्धित पत्र-पत्रिकाएँ, दैनिक, साप्ताहिक, पाक्षिक तथा मासिक होते हैं। बताते हैं, सन् 1952 में रंगभूमि के प्रकाशन से फिल्म पत्रकारिता की शुरुआत हुई। इसके सम्पादक श्री लेखराम जी थे। इसका दाम महज दो पैसा था। इसमें 'कवर पेज' पर किसी अभिनेत्री का चित्र होता था तो भीतर फिल्मों की पटकथा की समीक्षा, फिल्म-निर्माता का परिचय, फिल्मों के गीत और शेरो-शायरी हुआ करते थे। तब से आज तक अनेक पत्रिकाएँ प्रकाशित हुईं और आज भी हो रही हैं। फिल्मों का निर्माण, उनका वितरण और प्रदर्शन आदि फिल्म पत्रिकाओं के मुख्य विषय रहे हैं। फिल्म पत्रकारिता को आज बेहद सम्मान प्राप्त है। देश के अधिकांश बड़े और प्रतिष्ठित अखबार प्रकाशन समूहों ने अपने यहाँ फिल्म समीक्षा का एक पन्ना निश्चित दिन के साथ तय कर लिया है। जनसत्ता, मिलाप, नव भारत टाइम्स, हिन्दुस्तान, दैनिक जागरण, अमर उजाला, पंजाब केसरी, स्वतंत्र भारत, नवजीवन तथा आज आदि समाचार-पत्र फिल्मों से सम्बन्धित सामग्री को उचित स्थान देते हैं। इसी तरह धर्मयुग, सारिका, साप्ताहिक हिन्दुस्तान, रजनीगन्धा, उर्वसी, रस नटराज, चित्रावली, माधुरी, सिने पत्र, फिल्म-संसार, सिने एडवांस, छायाकार, चित्रलेखा,

1. दृश्य-श्रव्य सम्प्रेषण और पत्रकारिता—डॉ. जेम्स. एस. मूर्ति, पृ. 109
2. दूरदर्शन एवं सामाजिक विकास—डॉ. जयमोहन झा, पृ. 53, सन् 2001, मू. 200 रुपये

फिल्म रेखा, फिल्मी संयोग, प्रिया, युगछाया, सिनेदर्पण, मायापुरी, फिल्म दुनिया, फिल्मी कलियाँ, पालकी, फिल्म एरर, फिल्में-ही-फिल्में, रूपवती शबनम, अनुपम, रसभरी, चित्रकार तथा कल्पना आदि पत्र-पत्रिकाएँ फिल्म-जगत की गतिविधियों को प्रकाशित करती रही हैं, यद्यपि इनमें कई पत्रिकाएँ बन्द भी हो गई हैं। हाँ, भोपाल से प्रकाशित पत्रकारिता से सम्बन्धित हिन्दी की बहुत ही चर्चित पत्रिका 'मीडिया विमर्श' ने तो बाकायदा दो खंडों में फिल्म विशेषांक ही हाल में प्रकाशित किया है। वहीं से प्रकाशित एक अन्य पत्रिका 'मीडिया-मीमांसा' ने भी समय-समय पर फिल्मों से जुड़ी सामग्री को प्रकाशित किया है।

(44) फोटो या छायांकन पत्रकारिता

(क) फोटोग्राफी का सफरनामा

(1) पहले किसी का चित्र बनाने के लिए पेंटिंग की जाती थी जिसमें चित्र को कागज और कपड़े पर उकेरा जाता था।

(2) इसके बाद चित्रों को सबसे पहले ऑब्सक्यूरा कैमरे के माध्यम से लिया जाता था। इसे पहला कैमरा भी माना जाता है, लेकिन इसमें फोटोग्राफी से जुड़ी कई कमियाँ थीं।

(3) 16वीं शताब्दी में इसमें कई बदलाव हुए, 1826 में पहली बार फ्रांस के जोसेफ नीसफोर नीफसे ने पहली फोटो को कैमरे से लिया। इन्हें फोटोग्राफी का जनक माना जाता है। यह फोटो फ्रांस के प्राकृतिक दृश्य की थी। यहीं से फोटोग्राफी की शुरुआत मानी जाती है। इस समय फोटो लेने के लिए आठ घंटे सूर्य की रोशनी की जरूरत पड़ती थी। इस समस्या को दूर करने के लिए फ्रांस के लुइस डेग्युरे ने कई परीक्षण किए, जिसमें सफल होने के बाद कैमरे से ली गई फोटो को आधे घंटे के बाद देखा जा सकता था।

(4) 1938 में डेग्युरे ने पहली बार किसी व्यक्ति की फोटो खींची, जिसे 1839 में फ्रांस की उपलब्धि के रूप में जाना गया।

(5) 1835 में विलियम हेनरी फॉक्स टेलबॉट ने पेपर निगेटिव बनाया। यह खोज फोटोग्राफी में काफी कारगर साबित हुई। तब कैमरे से ली गई फोटो की दूसरी कॉपी नहीं बनाई जा सकती थी। अब ऐसा करना बेहद आसान हो गया है। सन् 1844 में टेलबॉट ने फोटो की प्रदर्शनी 'द पेंसिल ऑफ नेचर' के नाम से लगायी।

(6) 1861 में जेम्स क्लार्क मैक्सवेल ने श्वेत-श्याम फोटो की दुनिया में रंगभरकर पहली रंगीन फोटो बनाई। इन चित्रों में तीन रंगों—लाल, हरा और नीला का प्रयोग किया जाता था।

(7) 1888 में कोडक कम्पनी ने अपना पहला कैमरा निकाला। फोटोग्राफी की दुनिया में यह बेहतरीन खोज न्यूयार्क के एक बैंक में काम करनेवाले जार्ज ईस्टमैन ने की। इसकी खासियत कैमरे के साथ रील का होना था, जिससे 100 फोटो एक रील से ली जा सकती थी। रील खत्म हो जाने के बाद इसे कम्पनी में भेजकर दूसरी रील डलवायी जाती थी।

(8) 1975 में कोडक कम्पनी के इन्जीनियर स्टीवन ने पहला डिजिटल कैमरा बनाया।

(9) 1988 में कोडक ने कैमरा डिस्क बनाई।

(10) 1990 में फोटोशॉप सॉफ्टवेयर बनाया गया तथा

(11) 2000 में पहला कैमरा फोन जापान में बनाया गया।

(ख) फोटो पत्रकारिता

'फोटोग्राफी, (Photography) शब्द का हिन्दी अर्थ छायांकन, छाया-चित्रण होता है। 'फोटोचित्रण' भी कहीं-कहीं कहा जाता है। ललित कलाओं में जिस प्रकार चित्रकला का विशेष तथा प्रमुख स्थान है, उसी तरह पत्रकारिता में 'फोटो पत्रकारिता' का विशेष महत्त्व होता है,—"Pictorial journalism is a branch of journalism which enables journalists, to express their opinions through the medium of picture. The pictures may take the form of photographs or hand-drawn illustrations. These are meant to supplement the written ideas of the journalist or to replace them in simple picture form. Often the picture represents the idea in a more effective way than the written word and sets a true evidence of the idea which the journalist wants to dipicit.

Picture serves as a vivid form of Communication…the modern photo journalist tells with his snapshot what he sees around in the present society"[1]

जिस प्रकार चित्रकला अर्थात् तैल चित्र, रंगीन चित्रकारी, वाटर कलर, छायाचित्र आदि मनुष्य की रचनात्मक प्रवृत्तियों की अभिव्यक्ति है, उसी प्रकार फोटोग्राफी भी—काले-सफेद फोटो, रंगीन फोटो, प्रकाश छाया के सामंजस्य वाले फोटो आदि के द्वारा—चित्रकला के समान ही, कला के रूप में विकसित हो चुकी है।[2] दरअसल, फोटोग्राफी ''फोटोज'' × ''ग्राफी'' दो शब्दों के मेल से बना है। ग्रीक भाषा में 'फोटोज' का अर्थ है—'प्रकाश' एवं 'ग्राफी' का अर्थ है—'उद्रेखण' या चित्रित करना अर्थात् प्रकाश के माध्यम से जो भी चित्रित किया जाए, फोटोग्राफी कहलाता है। फोटोग्राफी कला भी है, विज्ञान और व्यवसाय भी। आधुनिक युग में मानव जीवन के विभिन्न आवश्यक कार्यकलापों में यह विशिष्ट स्थान रखती है। उद्योग, विज्ञान, चिकित्सा, अपराध, प्रचार, मनोरंजन, ज्योतिष अन्तरिक्ष, ज्ञान, मुद्रण एवं अनुसन्धान के साथ ही पत्रकारिता के क्षेत्र में भी इसका महत्त्वपूर्ण योगदान रहा है। पत्रकार के लिए कैमरा एक नोटबुक की तरह है, जो घटनाओं एवं विषयों का रिकॉर्ड रखता है।[3]

दरअसल, छायांकन के बिना वर्तमान युग की कल्पना करना असम्भव है। एक चीनी लोकोक्ति के अनुसार, ''एक चित्र एक हजार शब्दों के योग्य होता है।'' फोटो पत्रकारिता का स्वर्ण युग सन् 1940 में प्रारम्भ हुआ, जब 35 मि. मी. कैमरा इसके विकास में एक मूलकारक सिद्ध हुआ। 1927 तक की जर्मनी की पत्रिकाएँ, मार्टिन मंकेवसी, आन्द्रे कर्टेज इत्यादि छायाकारों की रिपोर्ताज प्रकाशित करने लगी थीं। 1933 के बाद जर्मनी में नाजीवाद के साथ ही इस नई फोटो-पत्रकारिता में उतार आ गया, परन्तु इसे कुछ पत्रिकाओं जैसे—फ्रांस की वीय, इंग्लैंड की 'फिक्चर पोस्ट' एवं अमरीका की 'लाइफ एंड लुक' में नया स्थान मिल गया। 'स्टर्न', 'लाइफ' एवं 'नेशनल जियोग्राफिक' जैसी पत्रिकाओं में फोटो-कहानी या फोटो-निबन्ध काफी फले-फूले। भारत में भी 'स्पोर्ट्स वर्ल्ड', 'फेमिना', 'सन्डे', 'द इलस्ट्रेटेड वीकली इंडिया', 'इंडिया टुडे' एवं विभिन्न दैनिक समाचार-पत्रों ने अपने पाठकों पर यथेष्ट स्थान छोड़ने के लिए फोटो-पत्रकारिता का प्रयोग प्रारम्भ किया।[4] पहले की तुलना में आज पत्र-पत्रिकाओं में फोटोग्राफ काफी बढ़ा है। आज का पाठक जब कोई पत्रिका देखता है तो शीर्षक पढ़ता है और फोटो देखता है, क्योंकि वक्त की कमी के कारण पूरा समाचार-पत्र पढ़ना किसी के लिए सम्भव नहीं होता। अतः ऐसी स्थिति में यदि एक संवाददाता अच्छा फोटोग्राफर भी है, तो यह उसकी दोहरी योग्यता मानी जाएगी। वैसे प्रेस फोटोग्राफर में "News Germs" जरूर होने चाहिए। प्रेस फोटोग्राफर को कई बार अपना कर्तव्य निभाते हुए कठिनाइयों का सामना भी करना पड़ता है। बम विस्फोट, आग लगने, रेल उलटने, भूचाल आने, दंगा होने जैसी बड़ी घटनाओं की तस्वीरें लेना प्रायः साहस और जोखिम का काम होता है। सफल फोटोग्राफर वही है, जो कैमरा क्लिक करने के बाद तेजी से Film Develop करके, फोटो तैयार करके अपने समाचार-पत्र कार्यालय में पहुँचा देता है और समाचार-पत्र वही सफल है, जो खबर के साथ सम्बद्ध फोटो भी प्रकाशित करता है। खबर आज, फोटो कल या खबर कहीं, फोटो कहीं—यह किसी अच्छे अखबार की निशानी नहीं है।[5]

(45) रेडियो (प्रसारण) पत्रकारिता

रेडियो सूचना या समाचार संवहन का तीव्र और सशक्त संसाधन है। संचार का यह माध्यम बिना विद्युतीय अवलम्ब के—मैदान, पहाड़, जंगल, समुद्र—हर जगह अपनी उपस्थिति बहुत सुभीते से दर्ज करा लेता है। अपने विविध कार्यक्रमों के माध्यम से रेडियो अवसाद, निराशा, कुंठा और जड़ता की धुंध को साफ

1. History of Press, Press Laws and Communication-B.N. Ahuja p. 223
2. विश्व हिन्दी कोश, 8वाँ भाग, पृ., 142
3. पत्रकारिता और पत्रकारिता—डॉ. अरुण-जैन, पृ. 204
4. दृश्य-श्रव्य सम्प्रेषण और पत्रकारिता—डॉ. जेम्स.एस. मूर्ति, पृ. 68
5. हिन्दी पत्रकारिता : सिद्धान्त और स्वरूप—डॉ. सविता चड्ढा, पृ. 71

कर जीवन जीने की ललक, हुमस और स्फूर्ति पैदा करता है। पढ़े-निरक्षर, सब इससे मोहित होते हैं। आकाशवाणी से प्रसारित होनेवाले कार्यक्रमों की लम्बी कतार है, यथा—वार्ता (Talk), साक्षात्कार (Interview), समाचार (News), परिचर्चा (Discussion), फीचर (Feature), नाटक (Play), रिपोर्ट (Report), कवि सम्मेलन (Kavi Sammelan), मुशायरा, वाद्य संगीत (Instrumental), गायन (Vocal), फिल्म संगीत (Film Music), शास्त्रीय संगीत (Classical), सुगम संगीत (Light Classical), पारम्परिक संगीत (Traditional Music), लोक संगीत (Folk Music), रोजगार समाचार, विधान सभाओं और राज्यसभा—लोकसभा की समीक्षा, रेडियो न्यूज रील (Radio News Reel), राज्यों और जनपदों की चिट्ठियाँ, अंग्रेजी में धीमी गति का समाचार, महिला कार्यक्रम, खेल जगत, बच्चों के कार्यक्रम, कृषि जगत, जयंतियाँ, विज्ञान, परिवार नियोजन से सम्बन्धित कार्यक्रम आदि—सबको सुन्दर लगते हैं। इन कार्यक्रमों में रेडियो समाचार वाचन, समाचार-दर्शन, सामूहिक समीक्षा, पुस्तक समीक्षा, समाचार संकलन, कृषि दर्शन, वाणिज्य और स्वास्थ्य से सम्बन्धित वार्ता, फीचर लिखना, कहानी, कविता, नाटक तथा आँखों देखा हाल आदि ये सभी रेडियो पत्रकारिता के प्रमुख विषय माने जा सकते हैं।

दरअसल, प्रसारण पत्रकारिता की दृष्टि से रेडियो की विधा टेलीविजन के मुकाबले अधिक समृद्ध है और उसकी परम्परा भी अधिक लम्बी है। दृश्य के साथ समेकित करने की अनिवार्यता न होने के कारण रेडियो पर समाचार प्रसारण अपेक्षाकृत सरल है और उसके विस्तार में जाना भी सम्भव है। पुनः नवीनतम् समाचार देने के मामले में वह टी.वी. से बराबरी भी कर सकता है। हालाँकि वह टी.वी. जैसा प्रभाव छोड़ने में सक्षम नहीं है। इसके बावजूद आज भी रेडियो को एक सस्ते, सुलभ, और सम्पूर्ण माध्यम की प्रतिष्ठा प्राप्त है और इसका वह हकदार भी है। टी.वी. के विदेशी चैनलों तक पहुँच के लिए केबल आदि की व्यवस्था करनी होती है और टी.वी. को यात्रा करते हुए अपने साथ नहीं ले जाया जा सकता। लेकिन ट्रांजिस्टर को जेब में डालकर मजे से न केवल स्वदेशी वरन् विदेशी समाचार बुलेटिन भी सुने जा सकते हैं।[1]

आरम्भ में भारतीय रेडियो पत्रकारिता भी अभावों में ही शुरू हुई। जैसे-जैसे संचार-सुविधाएँ बढ़ती गयीं, वैसे-वैसे इस विधा का भी विकास होता गया।[2] आरम्भिक दौर में रेडियो के पास समाचार इकट्ठा करने का कोई स्वतंत्र साधन नहीं था। इसलिए तमाम रेडियो समाचार उस दौर की प्रमुख समाचार एजेन्सियों से लिया जाता था। ये एजेन्सियाँ तार से खबर भेजती थीं, किन्तु जल्दी ही रेडियो के खिलाफ अनेक समाचार संगठन एक हो गए। उन्होंने यह दबाव डाला कि रेडियो अखबारों को दी जानेवाली खबरों का इस्मेमाल न करे। मजबूरन यह सोचा गया कि रेडियो अपनी खबर खुद जुटाए। तब रेडियो ने लोगों से अपील की कि फोन से खबर रेडियो को बताएँ। जनता ने इस विचार को काफी पसन्द किया। रेडियो के पास जल्दी ही अपने लोगों का एक समाचार तंत्र विकसित होने लगा।[3]

सुन्दर संवाद, असरकारक शैली, यशस्वी रेडियो लेखकों तथा उद्घोषकों ने रेडियो पत्रकारिता को आज काफी लोकप्रिय बना दिया है। आकाशवाणी के पास स्वतंत्र समाचार-सेवा विभाग हैं। इस विभाग की छह इकाइयाँ—जनरल न्यूज रूम, संवाददाता यूनिट, भारतीय भाषा यूनिट, हिन्दी यूनिट, न्यूज रील यूनिट तथा मॉनटरिंग यूनिट हैं। इन सभी के सहयोग से घरेलू सेवाएँ, खेल-प्रसारण, नाटकों का मंचन, सांस्कृतिक कार्यक्रम, परिवार कल्याण, युववाणी सेवा, शैक्षिक कार्यक्रम, सामाजिक घटनाएँ, ग्रामीण रोजगार, यूनिसेफ के कार्यक्रम, कृषि कार्यक्रम, संयुक्त राष्ट्र विकास कार्यक्रम, पुरस्कार वितरण, विज्ञापन सेवा, विदेश प्रसारण सेवा आदि सफलतापूर्वक संचालित हो रहे हैं और यही उक्त सभी कार्यक्रम रेडियो पत्रकारिता का पुख्ता और ठोस रूप बनते हैं।

(46) वीडियो पत्रकारिता

पत्रकारिता में बार-बार नए-नए आन्दोलन शुरू हुए। हर बार जो परिवर्तन आया उसे नई धारा का खिताब मिला। साठ-सत्तर के दशक में नई पत्रकारिता का आन्दोलन शुरू हुआ था, उसका नाम ही 'न्यू जर्नलिज्म'

1. उत्तर आधुनिक मीडिया तकनीक—डॉ. हर्षदेव, पृ. 103
2. संचार क्रान्ति और पत्रकारिता—अशोक कुमार शर्मा, पृ. 55
3. Mass Communication-James.D Harles. P.250

पड़ गया। जैसे भारतीय साहित्य में नई कविता का आन्दोलन चला था और उस युग को अब इसी नाम से जाना जाने लगा। न्यू जर्नलिज्म ने इस दृश्य-श्रव्य संचार माध्यम को यह सुविधा दी कि उसमें समाचार वाचक अपनी बात किसी टिप्पणीकार की तरह कहे अर्थात् वह हिन्दुस्तानी दूरदर्शनी समाचार वाचक की तरह तटस्थ और भावहीन नहीं दिखे, बल्कि अपने चेहरे से, अपनी भंगिमा से, अपनी आवाज के चढ़ाव-उतार से, भाषा और पृष्ठभूमि में दिखाए जानेवाले दृश्यों से भी कुछ अतिरिक्त प्रेषित करता हुआ मालूम हो। वह श्रोता से बातचीत करता हुआ लगे। अमेरिका में न्यू जर्नलिज्म का आन्दोलन तभी प्रारम्भ हो चुका था, जब वहाँ टेलीविजन का प्रारम्भ हुआ। यह प्रक्रिया वहाँ पर लगभग 70 वर्ष पुरानी हो चुकी है। इसी प्रक्रिया का रूप 'वीडियो पत्रकारिता' के नाम से भारत में भी जन्म ले चुका है।[1]

वीडियो पत्रकारिता के भविष्य को लेकर मीडिया विशेषज्ञ दुविधा में हैं। कुछ लोगों का विचार है कि इसकी सम्भावना अनिश्चय के दोराहे पर खड़ी है, तो कुछ लोग कहते हैं कि इसका भविष्य बहुत उज्ज्वल है। **डॉ. अशोक कुमार शर्मा**[2] कहते हैं कि खबरों की इस दुनिया में वीडियो पत्रकारिता की भूमिका भी महत्त्वपूर्ण रही। हालाँकि यह विधा 1990 में पनपती दिखी और 1993 आते-आते लगभग सभी प्रमुख हिन्दी वीडियो पत्रिकाएँ बाजार से गायब भी हो गयीं। इलेक्ट्रॉनिक मीडिया की दुनिया में भी छोटी मछली को बड़ी मछली खा जाती है, वाला सिद्धान्त प्रभावी है, इसलिए ऐसा हुआ। विख्यात टेलीविजन कार्यक्रम निर्माता व दर्पण वीडियो इंडिया के स्वामी **ब्रजेन्द्र रेही**[3] बताते हैं कि वीडियो पत्रकारिता सबसे पहले अमरीका में शुरू हुई थी। भारत में इसके शुरुआती दौर में पी.टी. आई.-टी.वी.यू., एन.आई.-टी.वी., आई.टी.वी., टाइम्स टेलीविजन, हिन्दुस्तान टाइम्स टेलीविजन, लीविंग मीडिया तथा कुछ फिल्मी वीडियो निर्माता ही इस क्षेत्र में छाए हुए थे। टी.वी.-वीडियो स्तम्भ लेखक **रामहित नन्दन**[4] के अनुसार अभी वीडियो पत्रकारिता का भविष्य साफ नहीं है, क्योंकि यदि वीडियो, पत्रिकाएँ टेलीविजन पर दिखायी जाएँ, तब वीडियो पत्रकारिता व टेलीविजन के बीच अच्छी प्रतिस्पर्धा की सम्भावना बनती है। दूसरी ओर **विनोद दुआ** (चुनाव परिणाम विश्लेषक) की धारणा थी कि जब तक टेलीविजन है, तब तक वीडियो पत्रिकाओं की जरूरत नहीं पड़ेगी।

इधर, **डॉ. अर्जुन तिवारी**[5] वीडियो पत्रकारिता के भविष्य को लेकर काफी आश्वस्त और उत्साहित हैं। वे कहते हैं कि आज वीडियो पत्र-पत्रिकाओं की धूम मची हुई है। सम्पूर्ण बुद्धिजीवी जगत में वीडियो क्रान्ति देखी जा रही है। इंडियन बुक हाउस ने वीडियो कैसेट पर एक पत्रिका 'मूवी वीडियो' का प्रकाशन सन् 1988 ई. के मार्च महीने में प्रारम्भ किया। 15000 वीडियो कैसेटों की प्रसार संख्या वाली इस पत्रिका में शूटिंग समाचार, गप-शप, *अभिनेता-अभिनेत्रियों से साक्षात्कार, फिल्मी-गानें समाहित हैं।* डेढ़ सौ रुपयों वाली इस वीडियो कैसेट का नया अंक बाजार में प्रतिमाह आ जाता है, जिसमें प्रचुर विज्ञापन भी होता है। **डॉ. हरिमोहन**[6] भी कहते हैं कि वीडियो पत्रिकाएँ इस दिशा में अच्छी लोकप्रियता अर्जित कर रही हैं। 'काल चक्र' हिन्दी में आई पहली वीडियो पत्रिका है। लहरें, फिल्म्स ट्रैक्स, गणभूमि वीडियो जैसी पत्रिकाओं से इसका बाजार सफल लगता है।

(47) दूरदर्शन पत्रकारिता

(क) दूरदर्शन का सफरनामा

(1) संयुक्त राष्ट्र महासभा ने 21 नवम्बर को 'विश्व टेलीविजन डे' के रूप में मनाने का संकल्प 17 दिसम्बर, 1996 को लिया था। दुनिया में शान्ति और सुरक्षा के खतरों की तरफ लोगों का ध्यान आकर्षित करने और दूसरे महत्त्वपूर्ण आर्थिक-सामाजिक मसलों पर ध्यान केन्द्रित करने में टी.वी. की बढ़ती भूमिका को देखते हुए यह निर्णय लिया गया।

---

1. हिन्दी पत्रकारिता का विकास—एन. सी. पन्त, पृ. 25
2. संचार क्रान्ति और हिन्दी पत्रकारिता—डॉ. अशोक कुमार शर्मा, पृ. 109
3. संचार क्रान्ति और हिन्दी पत्रकारिता—डॉ. अशोक कुमार शर्मा, पृ. 109
4. जनसत्ता, 23 फरवरी, 1990, दिल्ली संस्करण
5. आधुनिक पत्रकारिता—डॉ. अर्जुन तिवारी, पृ. 129
6. सम्पादन कला एवं प्रूफ पठन—डॉ. हरिमोहन, पृ. 405

(2) टेलीविजन शब्द प्राचीन ग्रीक भाषा के शब्द 'टेली' और लेटिन भाषा के शब्द 'विजियो' को मिला कर बना है। टेली का मतलब होता है—दूर और 'विजियो' का मतलब होता है—देखना।
(3) पहली बार टी.वी. का प्रायोगिक तौर पर इस्तेमाल 1920 के ही दशक में ही शुरू हो गया था, लेकिन द्वितीय विश्वयुद्ध के बाद यह काफी लोकप्रिय हो सका।
(4) 26 जनवरी, 1926 को स्कॉटलैंड के इंजीनियर जे. एल. वेयर्ड ने टी.वी. प्रसारण का प्रदर्शन किया, इसलिए उन्हें ही टी.वी. का आविष्कारक माना जाता है। इसके बाद उन्होंने 3 जुलाई, 1928 को रंगीन टी.वी. का प्रसारण प्रायोगिक स्तर पर करके दिखाया।
(5) इलेक्ट्रॉनिक टी.वी. का एक और प्रदर्शन 7 सितम्बर, 1927 को अमेरिकी शहर सैनफ्रांसिस्को में किया गया था।
(6) इसका विकास 21 वर्षीय आविष्कारक फिलो टेलर फ्रैंसवर्थ ने किया था। दिलचस्प बात यह है कि 14 साल की उम्र होने तक फिलो के घर में बिजली भी नहीं थी।
(7) इस तरह फिलो फ्रैंसबर्थ ने दुनिया का पहला वर्किंग टी.वी. सिस्टम बनाया।
(8) न्यूयार्क की जनरल इलेक्ट्रिक फैक्टरी द्वारा पहली बार 13 जनवरी, 1928 को प्रायोगिक तौर पर एक टी.वी. स्टेशन स्थापित किया गया।
(9) 2 नवम्बर, 1936 को बी.बी.सी. ने दुनिया में पहली बार आम जनता के लिए टी.वी. प्रसारण सेवा शुरू की।
(10) पूरी तरह से कलर टी.वी. प्रसारण 1953 में अमेरिका में ही शुरू हुआ।
(11) एक आँकड़े के अनुसार वर्ष 2009 तक दुनिया के करीब 78 फीसदी घरों में कम-से-कम एक टी.वी. सेट जरूर था।
(12) वर्ष 2013 में दुनिया में कुल टी.वी. बिक्री का करीब 87 फीसदी हिस्सा एलसीडी टी.वी का था।
(13) भारत में टी.वी. प्रसारण पहली बार 15 सितम्बर, 1959 को नई दिल्ली में शुरू हुआ, हालाँकि डेली प्रसारण आल इंडिया रेडियो के तहत ही 1965 से शुरू हुआ।
(14) वर्ष 1976 में भारत में टी.वी. प्रसारण को आल इंडिया रेडियो से अलग किया गया तथा
(15) देश में राष्ट्रीय प्रसारण की शुरुआत 1982 में हुई और उसी साल रंगीन टी.वी. प्रसारण की शुरुआत भी हुई।

(ख) दूरदर्शन पत्रकारिता

'कागद की लेखी के साथ आँखिन की देखी' अर्थात् अपनी निष्पक्ष और सत्य प्रस्तुति के कारण दूरदर्शन की पत्रकारिता किसी कुँआरी लड़की की तरह पवित्र और अनाविल मानी जाती है। यहाँ खबर छिपती नहीं है। टेलीविजन में 'देखो, सुनो और समझो' को चरितार्थ किया जाता है। सम्भवतः इसीलिए रेडियो की तुलना में पत्रकारिता का विलक्षण और प्रामाणिक हथियार है—दूरदर्शन। शायद इसीलिए दूरदर्शन, रेडियो और समाचार-पत्र की पत्रकारिता में बुनियादी अन्तर भी होता है। इस विषय से जुड़े एक सुप्रसिद्ध लेखक **श्री प्रवीण दीक्षित**[1] लिखते हैं कि टेलीविजन में न तो समाचार-पत्रों की तरह विलोमी स्तूप (Inverted Pyramid) संरचना पर जोर दिया जाता है और न रेडियो के समान ब्रिलियन्ट डायमंड (Brilliant Diamond) जैसी संरचना को प्रमुखता दी जाती है। टेलीविजन के लिए संवाद संरचना में वही पत्रकार सफल होते हैं, जिनका भाषा शैली पर पूरा अधिकार होता है। टेलीविजन का एक विशेष गुण 'प्रदर्शन' होता है, जो रेडियो में नहीं होता। टेलीविजन में जो कुछ चित्रों से दिखाया जाता है, उसी को शब्दों में बताया जाता है। टेलीविजन में नाटकीयता का भी विशेष महत्त्व होता है। टेलीविजन संवाद को एक बार लिखने के बाद आदि, मध्य या अन्त से उसी प्रकार से नहीं काटा जा सकता, जिस प्रकार समाचार-पत्रों के समाचारों में किया जा सकता है।

दूरदर्शन पत्रकारिता में सीधा प्रसारण, साक्षात्कार, समाचार, खेलकूद, दैवी आपदा, सूचना, शिक्षा, कला एवं सांस्कृतिक गरिमा की जागरुकता, परिवार कल्याण, जनसंख्या नियंत्रण, वैज्ञानिक चेतना,

1. जनमाध्यम और पत्रकारिता—प्रवीण दीक्षित, भाग-दो, पृ. 405

राष्ट्रीय एकीकरण से सम्बन्धित बातें, कृषि-उत्पादन, पशुपालन, सामाजिक चेतना या जागरुकता, गरीब-निर्बल लोगों के लिए सामाजिक कल्याण, पत्रिका यथा—समाचार पत्रिका, साहित्यिक पत्रिका, सांस्कृतिक पत्रिका, डॉक्यूमेंटरी, वृत्त चित्र आदि विविध विषय अन्तर्भुक्त किए जा सकते हैं। अपनी विशिष्ट लेखकीय क्षमता, चमत्कृत प्रस्तुति, निपुण छायांकन आदि गुणों के कारण दूरदर्शन पत्रकारिता ने मुद्रण तथा अन्य विद्युतीय माध्यमों की पत्रकारिता के समक्ष कुछ चुनौतियाँ खड़ी कर दिया है, शायद इसीलिए साप्ताहिक हिन्दुस्तान के पूर्व सम्पादक **श्री मनोहर श्याम जोशी** ने कहा था कि, "हिन्दी पत्रकारिता हो या अंग्रेजी पत्रकारिता टेलीविजन क्रान्ति की बदौलत अखबारनवीसी को चुनौतियाँ तथा प्रेरणाएँ दोनों ही मिलीं।" इधर, धर्मयुग के पूर्व वरिष्ठ सम्पादक **गणेश मंत्री** भी अपनी सहमति जताते लिखते हैं कि, "दूरदर्शन ने चित्रों वाली पत्रकारिता को या विस्तार से घटना विशेष की पृष्ठभूमि बताने वाली पत्रकारिता को एक तरह से आवश्यक बना दिया। दूरदर्शन का एक तरह से आक्रमण हुआ है—घर के भीतर। उससे बाजार घर के भीतर आ गया। फलस्वरूप दैनिक समाचार-पत्र घटनाओं की पृष्ठभूमि विस्तार से देने लगे। फॉलोअप भी देने लगे। इससे पत्रिकाओं के सामने संकट भी खड़ा हो गया।"[1] बहरहाल, 'टेलीविजन विस्फोट' ने पत्रकारिता जगत में नई क्रान्ति घटित की है। इसका भविष्य बहुत सुखद और उज्ज्वल है।

(48) इंटरनेट पत्रकारिता

इंटरनेट सूचना-बैंक है। सूचना के स्तर पर इसने सम्पूर्ण धरती को 'खगोलीय ग्राम' में तब्दील कर एक छत और छाते के नीचे खड़ा कर दिया है। कुल मिलाकर सूचना प्रौद्योगिकी का यह अन्तहीन सम्भावनाओं तथा उपयोगिता वाला क्षेत्र है। समाज का हर कुनबा और तबका, हर पेशे के लोग—डॉक्टर, अध्यापक, सामान्य गृहिणी, फैशन, डिजाइनर—अपने-अपने मतलब की चीज या जरूरत को तलाश सकते हैं, रेल, जहाज पर टिकटों के आरक्षण के साथ चिकित्सा, विज्ञान, कृषि, जमीन का मोलभाव, किसी वस्तु की खरीद-बेच और शिक्षा-रक्षा सम्बन्धी हर तरह की ताजा-टटकी सूचना इसके पास बिना ना-नुकुर के उपलब्ध है। सच तो यह है कि यही इसकी पत्रकारिता का भी क्षेत्र है। फसलों को रोग मुक्त रखने, पैदावार बढ़ाने, उन्नत बीजों का प्रयोग, मिट्टी का स्तरोन्नयन, बनाने के लिए इस प्रौद्योगिकी ने काफी मदद की है। पशुपालन, मधुमक्खी पालन, मुर्गी पालन, मत्स्य पालन, रेशम के कीड़ों का उत्पादन, नगदी फसलों का उत्पादन आदि के लिए इसने काफी सूचना मुहैया करायी है। ग्रामीण परिवारों की स्वास्थ्य सम्बन्धी सूचनाओं, गर्भावस्था से सम्बन्धित जानकारी, भूमि से सम्बन्धित अभिलेखों के रख-रखाव में इस प्रौद्योगिकी से बहुत लाभ हुआ है। स्वास्थ्य रक्षा के क्षेत्र में, परिवार नियोजन के क्षेत्र में, कम उम्र में लड़कियों के विवाह तथा कम उम्र में बच्चा पैदा करने के खतरों से सम्बन्धित जानकारी, मलेरिया, कुष्ठ, तपेदिक, घेंघा, हैजा, डिफ्थीरिया, कालाजार के साथ-साथ मौसम, वातावरण, सूखा, बाढ़, भूकम्प जैसी आपदाओं के प्रबन्धन में इस तकनीक ने बड़ा योगदान किया है। ग्रामीण क्षेत्रों में शिक्षा का प्रसार, प्रौढ़-शिक्षा तथा प्राइमरी से लेकर माध्यमिक तथा विश्वविद्यालय की शिक्षा में गुणवत्ता वृद्धि के लिए इंटरनेट ने कुशल पत्रकार की भूमिका निभाई है।

(49) मुग़ल कालीन पत्रकारिता

प्राचीन भारतीय समाज में लिखने की परम्परा नहीं थी, बल्कि स्मरण-मूलक सूचना प्रणाली का प्रचलन था। किस्से, कहानियों द्वारा सूचनाएँ एक-दूसरे के पास पहुँचती थीं। मुद्रण-कला उपलब्ध न होने के कारण छन्दबद्ध सूचनाओं के आदान-प्रदान होते थे जो शीघ्र ही लोगों को कंठस्थ हो जाते थे। इस तरह एक मुख से दूसरे मुख तक सूचनाएँ पहुँचती रहती थी। "शिव जी ने सर्व प्रथम पार्वती से संवाद स्थापित कर न सिर्फ संचार की प्रक्रिया की शुरुआत की, बल्कि नारी को बराबर का अधिकार देकर समाज में इसकी गरिमा भी स्थापित की।" बहरहाल, बहुत आगे आकर मुगल साम्राज्य की स्थापना के साथ ही संवाद सेवाओं के क्षेत्र में विस्तार हुआ। औरंगजेब ने राज्य व्यवस्था ठीक रखने और सैन्य-व्यवस्था की चुस्ती के लिए सूचनाओं और आदेशों को पहुँचाने की सुदृढ़ व्यवस्था की। उस समय 'वाक्यानवीस'। (संवाद लेखक),

1. हस्तक्षेप, राष्ट्रीय सहारा, पृ. 2, नवम्बर, 1992 ई.

'खुपिया नवीस' (गुप्त लेखक) और 'सवानहनवीस' (जीवनी लेखक) राज्य के विभिन्न कार्यों पर कड़ी नजर रखते थे। इस काल में एक प्रकार के समाचार-पत्र की सूचना मिलती है, किन्तु इस प्रकार के समाचार-पत्र सर्व साधारण के लिए नहीं। अपितु शाही दरबार के लिए होते थे। ये समाचार-पत्र हाथ से लिखे जाते थे। राजदरबार में 'अखबारनवीस' विशेष घटनाओं को संग्रहित कर हस्तलिखित पत्र निकालनेवालों के पास भेज देते थे। पानीपत के युद्ध में बाबर द्वारा अखबार पढ़ने का उल्लेख मिलता है। उसी काल में 'पैग़ामे हिन्द' नामक हस्तलिखित अखबार की जानकारी मिलती है।[1] शाहजहाँ ने आगरे के मुहर्रम के दरबार में कहा था,—"अखबार में यह पढ़कर मालूमात हुई कि इलाहाबाद की हिन्दू प्रजा में विद्रोह के लक्षण दीख पड़ते हैं।" सम्राट औरंगजेब की मृत्यु औरंगाबाद में हुई थी, उनकी बीमारी की खबर और ब्यौरा फारसी के 'पैगामे हिन्द' नामक अखबार में निकलता था, किन्तु इन अखबारों का सम्बन्ध साधारण जनता से नहीं था। ये समाचार-पत्र हस्तलिखित होते थे। इनका प्रकाशन नियमित रूप से नहीं होता था।

वस्तुतः ये विविध दरबारों के वाक्यातों को इकट्ठा करके कभी-कभी हस्तलिखित रूप में निकाले जाते थे। महत्त्वपूर्ण जिलों में 'वाक्यानवीस' रखे भी जाते थे, जो विशेष घटनाओं के समाचार संग्रहीत करते थे। सवारों, कारवाओं और हरकारों द्वारा समाचार भेजे जाते थे। समाचारों में राजदरबारों, दरबारियों तथा उन्हीं से सम्बन्धित घटनाओं का संग्रह रहा करता था। कभी-कभी इन हस्तलिखित समाचारों के आधार पर ही राजकीय निर्णय तक होते थे। सरकारी घोषणाओं पर भी इन हस्तलिखित समचार पत्रों का प्रभाव पड़ता था। मुगलों के अन्तिम दिनों में भी इन हस्तलिखित समाचार-पत्रों का प्रचलन था। बहादुर शाह के शासन काल में हस्तलिखित 'सिराज उल अखबार' प्रसिद्ध था। दरबारों के प्रभावशाली अमीर उमरा भी हस्तलिखित अखबार निकालते थे। इनको 'अखबार नवीस' कहते थे। अवध के नवाबों के यहाँ ऐसे सैकड़ों 'अखबार नवीस' थे, किन्तु ये न तो छपते थे, न इनका प्रकाशन ही नियमित था और जो चाहे, इन्हें खरीद भी नहीं सकता था, इसलिए ठीक अर्थों में इन्हें समाचार-पत्र कहना उपयुक्त नहीं है। मुग़ल काल के सैकड़ों 'अखबारनवीसों' के वर्णन आज भी लन्दन में 'रायल एशियाटिक सोसाइटी' में सुरक्षित हैं। भारत में मुद्रण-कला के विकास के आरम्भिक दिनों में लिखित समाचार-पत्रों का प्रचलन था। अंग्रेज शासन के विरुद्ध आन्दोलन के समय इन लिखित समाचार-पत्रों की भूमिका प्रमुख थी। इसकी पुष्टि करते हुए **डॉ. वी. लक्ष्मण रेड्डी** का कहना है कि—,"सर जान मालकोम, जो फोर्ट सेईट जार्ज के गुप्तचर-वर्ग के कर्मचारी थे, उनके 12 अप्रैल, 1822 के डिसपैच में सरकार के विरुद्ध निकलने वाले एक लिखित समाचार-पत्र का उल्लेख मिलता है। वह पत्र सन् 1800 के आसपास दक्षिण भारत के हर गाँव तक पहुँचा करता था। आन्ध्र प्रदेश के 'नेल्लुर विद्रोह' के समय में (1800-1806) ऐसे अनेक लिखित समाचार-पत्र निकलते थे। सन् 1857 के प्रथम स्वातंत्र्य आन्दोलन के समय भी इन लिखित समाचार-पत्रों की महत्त्वपूर्ण भूमिक़ा रही थीं।[2]

मुगलकालीन समाचार लेखन, संवाद-प्रेषण व्यवस्था 18वीं शताब्दी के पूर्वार्द्ध तक बिना किसी अवरोध के जारी थी, किन्तु उत्तरोत्तर गिरती शासन व्यवस्था का उस पर प्रतिकूल असर पड़ा। उत्तरकालीन मुगल बादशाह भी वाकयानवीसों पर बहुत विश्वास करते थे। फर्रुखसियर ने आगरा के सूबेदार छबीलेराम द्वारा की गई वाकयानवीस की शिकायत को नज़रंदाज कर दिया था। अठारहवीं शताब्दी के उत्तरार्द्ध में बंगाल में अंग्रेजों ने यह व्यवस्था बनी रहने दी। सन् 1773 में शाकिरउद्दौला को बंगाल-बिहार का वाकयानवीस नियुक्त किया गया था। उसे दो हजार रुपए मासिक वेतन तथा 80 लाख की जागीर दी गई थी। सन् 1757-1825 के मध्य बंगाल और बिहार के ब्रिटिश अभिलेखों में बख्शी, वाकयानवीस तथा सबानीहनिगार आदि शब्द मिलते हैं। राजस्थान तथा महाराष्ट्र में मध्यकाल में निजी वाकयानवीस रखने की प्रथा थी। इन निजी अखबारातों के संग्रह को 'वकील अखबार' 'वाक्या परचा' 'खतूत महाराजगन' तथा 'अहल कारन' कहा जाता था। इनमें दैनिक घटनाओं, प्रान्तीय दरबारों की कार्यवाही, शासकों की निजी बातें, पड़ोसी राज्यों से सम्बन्धित समाचारों का लेखा-जोखा होता था। मराठा इतिहास के विद्वान् ग्रांट डफ ने अपने शोधकार्य में पूना दरबार में निजी पत्रों के प्रभाव की चर्चा की है। मांडला के धनाढ्य

1. संचार माध्यम में नवीन कुमार का लेख 'संचार के विकास की कहानी', पृ. 26, अक्टूबर दिसम्बर-1997
2. संचार माध्यम में नरसा रेड्डी का लेख 'प्राचीन भारत में समाचार प्रसार के साधन' पृ. 10, दिसम्बर, 1991

व्यापारी खेमकरन मंशाराम ने समाचार संकलन की प्रभावशाली निजी व्यवस्था की थी। 'भास्कर' नामक पत्र ने तो पानीपत के तृतीय युद्ध में मराठों के पतन का सजीव चित्रण किया था। सन् 1773 में पेशवा नारायणराव की हत्या की खबर पूना स्थित संवाददाता मिराज के पटवर्धन ने अखबार में केवल दो ही घंटे में दे दी थी। सन् 1792 में दिल्ली के अनेक पत्रों ने मुगल बादशाह तथा महाद जी सिंधिया के बारे में अनेक महत्त्वपूर्ण समाचार छापे थे। सन् 1813 में कश्मीर विजय के लिए रंजीत सिंह व फतेहखान के संयुक्त प्रयास की चर्चा दिल्ली और लाहौर के पत्रों ने की थी।[1]

(50) हिन्दी में दलित पत्रकारिता

"Proud Caste men of my unfortunate Country!
Through aside your pride of caste-
Lest on your own unwilling head,
Should be heaped the burning insults,
That you now shower on others,
You have deprived the Out castes,
Of the common rights of man,
With your very eyes,
You have beheld their misery,
And yet you have refused to take them to your heart
But remember, please do remember!
"Some day you shall have to be
The equal of them all in ignominy".[2]

—Gitanjali

हिन्दी की दुनिया में पिछले कई दशकों से तमाम तरह के कल्पित-अकल्पित 'विमर्श' और 'चिन्तन' अपने शबाब और तारुण्य पर हैं, यथा—'समकालीन विमर्श', 'स्त्रीवादी विमर्श' या 'चिन्तन', 'दलित (अश्वेत) चिन्तन या विमर्श', 'नव इतिहासवादी विमर्श', 'सांस्कृतिक विमर्श', 'सत्ता विमर्श', अस्मिता विमर्श', 'संस्कृति विमर्श' आदि—किन्तु इनके बीच सम्प्रति दलित इलाके में खासी सरगर्मी है। यह विमर्श फिलवक्त अपने उफान और उच्चता पर है। साफ शब्दों में, 'दलित-विमर्श' या 'दलित-चिन्तन' सभी 'विमर्शों' और 'चिन्तनों' को पीछे ढकेल इस समय शबारोज है। पर, दुर्भाग्य से जब हम थोड़ा आगे बढ़ते हैं, तो पता चलता है कि दलित साहित्य को लेकर हिन्दी में खासा-विवाद और रार है। धड़ेबन्दियाँ और शिविरवादिता है। कुछ लोग कहते हैं कि "साहित्य तो समाज का हितु है, उसका दलित होना, साहित्य की परिभाषा को चुनौती देना है। अगली बात यह कि दलित लेखन, जन्मना दलित ही कर सकता है। जिसका जन्म दलित जाति में हुआ, वही दलितों का साहित्य लिख सकता है, क्योंकि दलितों के अनुभव गैर दलितों से भिन्न हैं। अतः दलितों द्वारा, दलितों के लिए, दलित साहित्य होना चाहिए।"[3] इस बात की पुष्टि दलित लेखक **डॉ. धर्मवीर**[4] करते भी हैं,—"दलित साहित्य वह है, जिसे दलित लेखक (जन्म से) लिखता है। हिन्दी साहित्य के दो भाग अवश्य किए जाने चाहिए—हिन्दू साहित्य और दलित साहित्य"। सम्भवतः इसीलिए ये लोग अपने दलित-चिन्तकों को सजग-सतर्क करते हुए कहते हैं,—"सवर्णवादी संस्कृतिकरण का शिकार होकर, सवर्णों द्वारा ही महिमामंडित होने और पुरस्कृत होने से, दलित लेखकों-बौद्धिकों को बचना होगा, वरना हमारे पास मायावती तो होंगी, अक्का महादेवी नहीं, रामविलास पासवान तो होंगे, कबीर नहीं।"[5]

1. पराड़कर और हिन्दी पत्रकारिता की चुनौतियाँ—सं. श्री अच्युतानन्दमिश्र, पृ. 135, मुद्रण एवं प्रकाशन, सहकारी समिति लिमिटेड, वाराणसी—1986 ई.
2. Dr. Ambedkar and the Dalit Future-Justice V.R.Krishna Iyer, P/62, B.R. Publishing Corporation, Ashok Vihar Phase-IV. Rs.295, 2010
3. वीणा में डॉ. कला जोशी का लेख साहित्य बनाम दलित साहित्य, पृ. 62, जुलाई सन् 2002 ई.
4. दलित साहित्य—डॉ. धर्मवीर, पृ. 39
5. नया ज्ञानोदय ('दलित विमर्श के आयाम' पुस्तक समीक्षा), पृ. 120, मई 2010 ई.

बहरहाल, महात्मा गांधी तथाकथित दलित चिन्तन का पहला निशाना हैं, जिन्होंने छुआ छूत मिटाने और वंचित वर्गों के उत्थान को अपने कार्यक्रम का महत्त्वपूर्ण हिस्सा बनाया और जो प्रमुख राजनेताओं में ऐसा करनेवाले कदाचित पहले थे। प्रेमचन्द भी दलित चिन्तकों के निशाने पर हैं। दलित लेखक यह समझने को तैयार नहीं हैं कि गांधी या प्रेमचन्द ने जो कुछ भी किया या लिखा, उस समय सामाजिक परिदृश्य कैसा था। 'कफन' कहानी के जरिए प्रेमचन्द ने निष्ठुर ग्रामीण समाज का चित्र प्रस्तुत करते हुए उस 'परजीवी' प्रवृत्ति को उजागर किया है, जो शोषित तबकों में समाज ने पैदा कर दी थी।'' गोंड़ के घर में दाना, गोड़ सोए उताना'' जैसी उक्तियों का प्रचलन तत्कालीन समाज की पैदा की गई उसी प्रवृत्ति को दर्शाता है। प्रेमचन्द के समय में समाज में जो जाति सूचक शब्द या अपशब्द प्रचलित थे, उनका लेखन में प्रयोग न होता तो साहित्य समाज का दर्पण कैसे बनता? इसी तरह 'गोदान' के माता दीन-सिलिया प्रसंग के बताए गए संवाद कैसे दलित विरोधी हैं, यह समझ से परे है। ये संवाद प्रेमचन्द की परिभाषा या पूर्वाग्रह को नहीं, बल्कि तत्कालीन समाज की परिभाषा और पूर्वाग्रह को प्रस्तुत करते हैं।[1] वे बेहद आक्रोश भरे शब्दों में कहते हैं—

''तुम्हारी नैतिकता की छतरी में,
छेद ही छेद हैं।
अनाचारों के,
और पैनाए हुए हैं,
धर्म की आड़ में,
हिंसा के नाखून;
यदि,
देश का दलित,
अंग्रेजी पढ़-लिख गया,
तो फिर,
इस महान देश में,
कहाँ से आएँगे,
गुलामी करने के लिए,
हिन्दी पढ़े-लिखे चपरासी।''[2]

किन्तु क्या दलित-चिन्तक इस बात को भूल गए हैं कि हिन्दी की प्रथम दलित रचना के प्रकाशन का श्रेय 'सरस्वती' को ही है। ''हिन्दी की प्रथम दलित रचना एक कविता थी, जो इंडियन प्रेस, इलाहाबाद से आचार्य महावीर प्रसाद द्विवेदी के सम्पादन में प्रकाशित होनेवाली पत्रिका 'सरस्वती' के सितम्बर, 1914 ई. के अंक में प्रकाशित हुई थी। 'अछूत की शिकायत' शीर्षक से प्रकाशित इस कविता के रचयिता पटना (बिहार) के हीरा डोम माने जाते हैं। 'सरस्वती' में प्रकाशित हिन्दी की यह प्रथम रचना सम्भवतः भोजपुरी की प्रथम रचना भी है।[3] 'हीरा डोम' की जाति पर कुछ लोगों को सन्देह है। बहरहाल, मैथिलीशरण गुप्त की शुरुआती कविताएँ इसी पत्रिका में छपी थीं। रामचन्द्र शुक्ल को तराश कर आलोचक बनाने का कार्य भी इसी पत्रिका ने किया। सन् 1982 में इस पत्रिका का प्रकाशन बन्द हो गया।[4] वस्तुतः आचार्य महावीर प्रसाद द्विवेदी द्वारा हीरा डोम की कविता 'सरस्वती' में छापना गौरतलब है। हीरा डोम की कविता भोजपुरी में लिखी गई है। उस दौर में 'सरस्वती' में सामान्यतः ब्रजभाषा अथवा खड़ीबोली की कविता को ही जगह मिलती थी। 'सरस्वती' तब हिन्दी की सबसे महत्त्वपूर्ण साहित्यिक पत्रिका थी और आचार्य द्विवेदी सबसे प्रभावशाली सम्पादक। 'सरस्वती'

---

1. जनसत्ता में चौपाल कॉलम 'कैसा दलित विमर्श' मनु मनोज, 6 अप्रैल 2015
2. इंडिया टुडे में सूरजपाल चौहान का कविता संकलन 'क्यों विमर्श करूँ, वाणी प्रकाशन, दरियागंज, नई दिल्ली-2, मू. 70 रु., पृ. 60 से। 12 जुलाई, 2004 ई., समीक्षक-अजय नावरिया।
3. 'तहलका', साहित्य विशेषांक, सं. तरुण तेजपाल, पृ. 89, अंक-11, 30 जून 2010
4. 'हंस में हिन्दी की साहित्यिक पत्रकारिता' लेख—रामकृष्ण यादव, पृ. 61, अक्षर प्रकाशन, दरियागंज, मू. 30 रु. नवम्बर-2011 ई.।

में किसी रचना के छपने का खास मतलब होता था। आचार्य द्विवेदी ऐसे सम्पादक थे, जो सूर्यकान्त त्रिपाठी 'निराला' की कविता भी लौटा सकते थे। उन द्विवेदी जी का हीरा डोम रचित समुदाय विशेष की यातना को बताने वाली और इस तरफ सोचने का आग्रह करनेवाली कविता को छापना मायने रखता है।[1]

इसी तरह इनका आक्रोश **मीडिया** के प्रति भी खासा तुर्श-तरूर है। इनके अनुसार इस समय भारतीय मीडिया पर सवर्णों का कब्जा है। भारतीय मीडिया में दलित, पिछड़े और अल्पसंख्यक हाशिए पर हैं, जब कि समाज में सिर्फ आठ फीसदी की आबादी वाली अगड़ी जातियों ने सत्तर फीसदी जगहों पर कब्जा कर लिया है।[2] इनका कहना है कि मीडिया द्विजों की है। इनके अनुसार आँकड़े बताते हैं कि देश की कुल जनसंख्या में मात्र आठ प्रतिशत होने के बावजूद ऊँची जातियों का, मीडिया हाउसों पर 71% शीर्ष पदों पर कब्जा बना हुआ है। आँकड़ों के अनुसार कुल 49 प्रतिशत ब्राह्मण, 14 प्रतिशत कायस्थ, वैश्य/जैन व राजपूत 7-7 प्रतिशत, खत्री 9 प्रतिशत, गैर द्विज उच्च जाति 2 और अन्य पिछड़ी जाति 4 प्रतिशत है। इसमें दलित कहीं नहीं आते यानी ढूँढ़ते रह जाओगे। जहाँ तक सरकारी मीडिया का सवाल है तो इसमें अनुसूचित जाति/अनुसूचित जन जाति के लोग भारतीय सूचना के तहत विभिन्न सरकारी मीडिया में कार्यरत हैं। सूचना एवं प्रसारण मंत्रालय की वेबसाइट से प्राप्त आँकड़ों के अनुसार, सरकारी मीडिया के ग्रुप-ए में उच्चतर वर्ग से लेकर जूनियर वर्ग में लगभग आठ प्रतिशत अनुसूचित जाति के लोग हैं, वहीं ग्रुप-बी में लगभग 15 प्रतिशत अनुसूचित जाति के हैं,...लेकिन निजी मीडिया में कोई प्रयास नहीं होने की वजह से दलित नहीं दिखते।[3] कुल मिलाकर इनका कहना है कि भारत की सवर्ण मीडिया आरम्भ से ही बेईमान और दोगले चरित्र का है। उसकी कथनी और करनी में अन्तर है।[4] मीडिया जातीय लबादे से बाहर नहीं निकल पाई है।[5] बहरहाल, अब आइए, सवाल की मूल जमीन पर उतर कर हिन्दी में हुए दलित-पत्रकारीय कर्म को देखा जाए। वस्तुतः मराठी की देखादेखी इधर हिन्दी में भी दलित साहित्य और दलित पत्रकारिता की चर्चा अक्सर होने लगी है। देर से ही सही पर हिन्दी में दलित साहित्य का प्रस्फुटन ज्यादा तेजी से हुआ है। अलबत्ता हिन्दी पत्रकारिता में दलितों की भागीदारी एक शून्यता का अहसास कराती है। इसके लिए मराठी और हिन्दी के लोकमानस के अन्तर को भी जानना होगा। मंडल आन्दोलन के बाद जो नई दलित चेतना उभरी है, उसके तहत जरूर पत्रकारिता के प्रति दलितों का रुझान बढ़ा है। आजादी की लड़ाई के दौरान उत्तर में दलितों में पत्रकारिता के मिशन में निष्ठा थी, इसकी खोजबीन अब शुरू हुई है। **डॉ. श्योराज सिंह, बेचैन**[6] ने इस दिशा में असाधारण काम किया है। अपनी नई किताब **हिन्दी की दलित पत्रकारिता पर पत्रकार अम्बेडकर का प्रभाव** में डॉ. बेचैन ने हिन्दी की उन तमाम पत्रिकाओं व पत्रों को खोज निकाला है, जो पैसे के अभाव के चलते दम तोड़ गयीं। जिन्हें दलित वर्गों ने निकाला—'आदि मानव' (1927) 'समता' (1934), 'परिवर्तन' (1950), 'सिंहनाद' (1957), 'उत्थान' (1959) आदि पत्र दलितों में पुनर्जागरण के प्रतीक थे। भाषायी या सम्पादकीय दृष्टि से ये कत्तई कमजोर नहीं थे। सुप्रसिद्ध दलित साहित्यकार डॉ. श्योराज सिंह बेचैन ने हिन्दी में अब तक हुए दलित पत्रकारिता सम्बन्धी कामों का एक सुन्दर लेखा-जोखा प्रस्तुत किया है, जिन्हें उनसे साभार मैं यहाँ प्रस्तुत कर रहा हूँ।

---

1. आउट लुक में डॉ. राजीव रंजन गिरि का लेख—'यातना का यथार्थ और मुक्ति का स्वप्न', पृ. 54, सफदरगंज, दिल्ली, मार्च 2012 ई.
2. जनसत्ता, 27 दिसम्बर, 2010 ई., लखनऊ संस्करण।
3. मीडिया विमर्श में संजय कुमार का लेख 'जनान्दोलन और मीडिया', पृ. 119, 428-रोहित नगर भोपाल, अप्रैल-जून 2012 ई.
4. दलित साहित्य के यक्ष प्रश्न—डॉ. रामगोपाल भारतीय, पृ. 97
5. दलित पत्रकारिता : मूल्यांकन और मुद्दे, पृ. 143
6. हिन्दी की दलित पत्रकारिता पर पत्रकार अम्बेडकर का प्रभाव डॉ. श्योराज सिंह बेचैन, समता प्रकाशन, विश्वासनगर, शाहदरा, मूल्य 450 रु., सन् 1998 ई.

हिन्दी दलित पत्रकारिता का इतिहास सौ वर्षों से भी ज्यादा पुराना है। हिन्दी क्षेत्र ही नहीं बल्कि गैर-हिन्दी क्षेत्र के कई प्रदेशों से हिन्दी की ढेरों दलित पत्र-पत्रिकाएँ प्रकाशित हुई हैं। इनमें से कई का प्रकाशन बन्द हो गया जबकि कई आज भी छप रही हैं। इन पत्र-पत्रिकाओं के सन्दर्भ में यह जानकारी 'हिन्दी की दलित पत्रकारिता' विषय पर हिन्दी क्षेत्र के पहले शोधार्थी रहे डॉ. श्यौराज सिंह बेचैन ने प्रस्तुत किया है।

उत्तर प्रदेश

हिन्दी भाषा में दलित पत्रकारिता का उदय उस समय हुआ, जब बाबा साहब डॉ. अम्बेडकर का जन्म भी नहीं हुआ था। समकालीन पत्रकारों में ज्योतिबा फुले ही थे, जिन्होंने इस क्षेत्र में मौलिक एवं आधारभूत काम किया था। वहाँ गोपाल बुबा बलंकर पहले दलित पत्रकार थे। उन्होंने *अस्पृश्यता-नाशनी* पत्रिका प्रकाशित की थी। हिन्दी में 1905 में स्वामी अछूतानन्द हरिहर ने दिल्ली से *अछूत और 1917 के आदि हिन्दू* (कानपुर, उ.प्र. से) समाचार-पत्र प्रकाशित किया।

आदि हिन्दू पाक्षिक का मोटो था 'स्वत्वरक्षक' और सम्पादक स्वामी अछूतानन्द द्वारा रचित कविता की छह पंक्तियाँ मुख्यपृष्ठ शीर्षक के नीचे नियमित छपा करती थीं—

हैं अछूत छूत से हम हैं वरी।
आदि हिन्दू हैं न संकर वर्ण में हम हैं
हरी हैं निवासी हिन्द के प्राचीन हैं, हकदर हम।
हा! बनाया शूद्र हम को थे कभी सरदार हम।
जुल्म 'हरिहर' मत सहो।
तोड़ दो जंजीर क्यों गुलामी में रहो।

हिन्दी पत्रकारिता की भाँति दलित पत्रकारिता का नेतृत्व भी उत्तर प्रदेश ने ही किया था। मूल सामाजिक सरोकारों की इस पत्रकारिता की पृष्ठभूमि के सन्दर्भ में यह उल्लेख करना समीचीन होगा कि हिन्दी में दलित पत्रकारिता के शुरुआती दौर में यानी 1924 में 'जात-पान्त तोड़क मंडल' के मूर्धन्य हिन्दी सेवी सन्तराम (बी.ए.) की ऊषा मासिक ने सामाजिक प्रश्नों को काफी जगह दी थी। यहाँ सर्वप्रथम उत्तर प्रदेश के दलित पत्रों से अध्ययन आरम्भ किया जा रहा है—

समता (साप्ताहिक) : गांधी जी के *हरिजन* पत्र की प्रतिक्रिया में 1 जून, 1934 में मुंशी हरिप्रसाद टम्टा ने कृष्ण प्रिंटिंग प्रेस, अल्मोड़ा से प्रदेशवार तस्वीर पेश करने के क्रम में प्रकाशित किया था। इसके शीर्ष आमुख में अछूत-दलित, आदि-हिन्दू, शिल्पकार, मजदूर तथा कृषकों का पत्र लिखा गया।

परिवर्तन (पाक्षिक) : यह पत्र 1950 में स्वामी अयोध्यानाथ दंडी ने अलीगढ़ से निकाला। आज यह पत्र चन्द प्रतियाँ छोड़कर अनुपलब्ध बताया जाता है। पाक्षिक के संस्थापक परसराम धर्मवीर जी थे। वे इसे शोषितों के लिए काफी समय तक निर्भीकता और निष्पक्षतापूर्वक निकालते रहे।

सिंहनाद (सा.) : पत्र की संस्थापना 1957 में दयानन्द व्यास ने की। विधिवेत्ता सुन्दरलाल सागर को उन्होंने सम्पादक नियुक्त किया। पत्र का शीर्ष वाक्य 'जनवाणी का अग्रदूत' लिखा गया।

शोषित पुकार (सा.) : सितम्बर, 1966 में बलवीर सिंह आजाद द्वारा बुलन्दशहर से प्रकाशित यह पत्र स्वतंत्रता, बन्धुत्व एवं न्याय पर आधारित व्यवस्था का प्रेरक के रूप में आज भी स्वस्थ सामग्री के साथ जीवित है। शीर्ष पर बुलन्दशहर का एक मात्र साप्ताहिक लिखा होता है।

अनार्य भारत (पाक्षिक) : सम्पादक-संस्थापक सुन्दरलाल सागर ने मई, 1990 मैनपुरी (उ.प्र.) से शुरू किया। इस पत्र के सम्पादक अजय सागर हैं। शीर्षक के बीच में दहाड़ते सिंह को भारत के मानचित्र में दर्शाया गया है। इसे अनार्य का प्रतीक माना गया है। यह शीर्षक डॉ. अम्बेडकर के *बहिष्कृत भारत* पत्र का अनुकरण लगता है।

क्योंकि बहिष्कृत जातियों का गौरव-स्वत्व वापस दिलाने के उद्देश्य से अखबार पर बब्बर शेरों के चित्र छापे जाते थे।

भीम सैनिक (सा.) : सितम्बर, 1970 में साप्ताहिक पत्र के रूप में मेरठ से पी.एस. मौर्य के स्वामित्व एवं सम्पादन में प्रकाशित हुआ।

दलित चेतना (सा.) : इसे 3 मार्च, 1978 से मोतीराम शास्त्री ने 'रायल होटल' लखनऊ से प्रारम्भ किया। तीन साल चल कर 1981 के अन्त में यह पत्र बन्द हो गया।

दलित-केसरी (पाक्षिक) : यह पत्र 1985 में सदर बाजार कैंट इलाहाबाद (उ.प्र.) से अपने आमुख में 'शोषित, पीड़ित, मानवता के उत्थान व देशद्रोहियों के विरुद्ध जनाक्रोश के प्रतिनिधित्व में निष्पक्ष एवं निर्भीक पाक्षिक' जैसे विशेषणों की संकल्पना के साथ आया। प्रबुद्ध सम्पादक, प्रकाशक एस. राव संजीवन नाथ बौद्धाचार्य हैं। पत्र के लिए पाँच सदस्यी सम्पादक मंडल व दो सदस्यी सलाहकार मंडल था तथा दिल्ली, पंजाब, बंगाल, राजस्थान, हिमाचल प्रदेश, महाराष्ट्र से एक-एक प्रतिनिधि (अवैतनिक) नियुक्त किए गए। छायाकार, व्यवस्थापक के साथ इन सभी के नाम मुख पृष्ठ पर दिए जाते थे।

दलित जन उद्‌गार (पाक्षिक) : 1991 में प्रधान सम्पादक मुद्रक एवं प्रकाशक 1937 का 'डेहरी-पडाव' नामक स्थान पर हुए, 'शोषित समाज दल' के तीन दिवसीय राष्ट्रीय सम्मेलन पर केन्द्रित अंक के रूप में निकला। इसके प्रकाशक रघुराम शास्त्री सम्पादक प्रो. जयराम सिंह हैं। यह पत्र शोषित समाज दल का मुख पत्र लगता है। पत्र शान्ति प्रिंटिंग प्रेस पटना से छपता है।

पंजाब के दलित पत्र

भीम पत्रिका (पाक्षिक) : जालन्धर से लाहौरीराम (एल.आर.) बाली ने 1958 में शुरू किया। पत्रिका आज भी नियमित निकल रही है। हिन्दी के अलावा पंजाबी और अंग्रेजी में भी कभी-कभी इसका एकाध अंक छप जाता है। इसमें आवेश और उत्तेजना वृद्धि करनेवाली सामग्री अधिक छपती है।

बौद्ध धर्म प्रचारक (मासिक) : 'पंजाब-बुद्ध-महासभा' की ओर से आनन्द बुद्ध बिहार, आनन्दगढ़ होशियारपुर से प्रकाशित होती है। प्रधान सम्पादक दिवंगत सोहनलाल शास्त्री ने इसे बौद्ध धर्म केन्द्रित पत्रिका बनाया। सम्पादक द्वारका राजू हैं।

जन्तक लहर (उजागर राम दग्गड) जालन्धर, *जनता दर्पण* (अलायक सिंह भारतीय) पटियाला, *साडाविरवा साडा गौरव* (डॉ. भूषण) लुधियाना, *नव विजय* (एस.एल.धनी) चंडीगढ़, *लहू दी लाठ* (एस.एल. मोभी) जालन्धर, *शक्ति* (शन्नोदेवी) लाहौर, *पंजाबवाणी* (एन.एम.) फिल्लौर, *धम्म कीर्ति* (हुसैनलाल) जालन्धर आदि उल्लेखनीय दलित पत्र हैं।

दिल्ली

उत्थान (मासिक) : 'अम्बेडकर भवन से सम्बद्ध परिगणित जाति कल्याण संस्थान' का मुख पत्र था। इसका प्रवेशांक नवम्बर, 1959 में पाठकों के हाथों में आया। सम्पादक एवं प्रकाशक राय सिंह थे।

विद्रोही : 1959 से प्रकाशित होने लगा।

हिमायती (पाक्षिक) : 1960 से नियमित प्रकाशित हो रहा है। सम्पादक दलित साहित्य अकादमी के राष्ट्रीय अध्यक्ष डॉ. सोहनपाल सुमनाक्षर हैं। पत्र 37 वर्ष से एक ही आकार-प्रकार में प्रकाशित हो रहा था। लेकिन 2004 से इनमें प्रिन्ट के स्तर पर काफी सुधार हुआ है।

बुद्धघोष (सा.) : 1968 से सुश्री विमला जी द्वारा सम्पादित यह पत्र कई वर्ष तक पहाड़गंज से अनियमित छपता रहा।

भीम सन्देश (मासिक) : 14 अप्रैल, 1969 को एन.एस., बनाफल के सम्पादकत्व में प्रकाशित हुआ। आमुख में 'दलित एकता, समता, सत्यता, निष्पक्षता और राष्ट्रीय चेतना' की मासिक पत्रिका लिखा गया।

बहुजन संगठक (दैनिक-साप्ताहिक) : इस पत्र का प्रवेशांक 14 नवम्बर, 1980 को दैनिक पत्र के रूप में सन्तनगर, करोलबाग से प्रकाशित हुआ। प्रवेशांक वामसेफ के द्वितीय राष्ट्रीय अधिवेशन के समय हिन्दी अंग्रेजी दो भाषाओं में बड़े आकार में प्रकाशित हुआ। सम्पादक, प्रकाशक एवं स्वामी

कांशीराम हैं। *बहुजन संगठक* की दैनिक आवृत्ति अल्पजीवी रही और साप्ताहिक आज भी जारी है। रुझान केवल राजनीतिक है।

वॉयस ऑफ दि वीक (मासिक) : पत्र का प्रवेशांक मार्च, 1948 बापू भवन, करोलबाग से प्रकाशित हुआ। पत्र का आमुख वाक्य है—'निर्बलजन मुखपत्र'। के.आर. सुंडा इसके सम्पादक हैं।

बहुजन संघर्ष (सा.) : इसके सम्पादक जितेन्द्र कुमार हैं। 22 फरवरी, 1987 से 'वामसेफ' के मुखपत्र के रूप में छप रहा है। यह पत्र मराठी में *बहुजन चेतना,* अंग्रेजी में *बहुजन वॉयस* तथा पंजाबी में *बहुजन जागृति* का हिन्दी संस्करण है।

काला भारत (पाक्षिक) : अक्टूबर, 1978 से के.एस. गौतम के सम्पादकत्व में शाहदरा से प्रकाशित हुआ।

अन्य पत्र-पत्रिकाएं

दिल्ली की दहाड़ (राजबीर सिंह सागर) बिहारी कॉलोनी, *शाहदरा, कंचन एक्सप्रेस* (ओम प्रकाश, प्रवीण कुमार हरित) शाहदरा, *समय की आवाज* (मासिक) (श्रीमती शकुंतला) करोलबाग, *अछूत* (देवी नन्द कौर) त्रैमासिक, *धम्मदर्पण* (1929 टी.आर. आनन्द) अम्बेडकर भवन, *नया खून* (मासिक) एस. कपूर, आजादपुर, *सर्वहारा बुलेट* (इंद्रसिंह धिगान), जहाँगीरपुरी, *प्रजापति जगत* (मासिक) सोहनलाल मधुप, अर्जुन नगर, *बढ़ते कदम* (सा.) बाबूलाल दोषी, किशनगंज, *युग उत्पीड़न* (मासिक 1977) बापूराव पाखिड्डे, विकासपुरी, *संघ प्रकाश, शाहदरा, लौकिक धर्म,* (मासिक) बी.के. दीवान, गोविन्दपुरी, *प्रसन्नजीत* (मासिक) खेमचन्द, न्यू सीलमपुर, *चैत्यभूमि,* जे.बी. बनाफल, नेहरूनगर, *अम्बेडकर न्यूज बुलेटिन,* डॉ. डोरीलाल, *आक्रोश,* (मासिक) आनन्द, पहाड़गंज, *समता सैनिक,* भगवान दास, मुनीरका, *दलित पतवार* (मासिक 1988) रणजीत सिंह, राम कृष्णपुरम, *मुक्ति दिवस स्मारिक* (1967) अशोक घनेश्वर, सुमित्रा पाखिडे, जनकपुरी, *दलित* (14 अप्रैल, 1975) सतीशचन्द्र, अजमेरी गेट, *न्यायचक्र* (मासिक) रामविलास पासवान (1960) 12 जनपथ दिल्ली, *हम दलित,* प्रेम कपाड़िया, लोदी कॉलोनी, *दलित प्रक्रिया* (मासिक) कृष्णा आनन्द, डॉ. श्यौराज सिंह बेचैन, *दबी चेतना* (सा.) केसरी सिंह गुज्जर, *वॉयस ऑफ बुद्धा* (सं. रामराज उर्फ उदितराज), *दलित हितैषी* (मंजू मौर्या/के.पी. मौर्या), *दलित साहित्य वार्षिकी* (सं. जयप्रकाश कर्दम), *अपेक्षा* (सं. तेजसिंह) आदि।

राजस्थान

फौलादी एकता/संयुक्त एकता (सां.) : 1985 से 88 तक *फौलादी एकता* का सम्पादक सुरेन्द्र प्रभात खुरदिया ने किया। यह भारत प्रिन्टर्स शाहपुरा (भीलवाड़ा) से प्रकाशित हुआ। 21 जुलाई, 1989 में *संयुक्त एकता* साप्ताहिक शुरू किया।

दलित ज्योति (सा.) : राजाराम एडवोकेट द्वारा 1974 से) अजन्ता प्रिंटिंग प्रेस—झुंझुनू ने नियमित प्रकाशित हो रहा है।

दलित हिमायती (पाक्षिक) : पत्र 15 अक्टूबर, 1988 से प्रकाशित हो रहा है। सम्पादक बी.एल. देवड़ा हैं। पत्र में आठ सदस्यीय प्रतिनिधि मंडल हैं। यह बीकानेर से प्रकाशित होता है। शुरू के अंकों में साहित्यिक सामग्री का भारी अभाव है।

प्रबुद्ध अम्बेडकर (मासिक) : पत्र का सम्पादन, प्रकाशन रामस्वरूप बौद्ध द्वारा किया जाता है। यह पत्र भारतीय बौद्ध महासभा अजमेर का मुख पत्र है। इसका प्रवेशांक 15 फरवरी, 1969 को अजमेर से निकला था। प्रवेशांक की पहली खबर अम्बडेकर जयन्ती की तैयारियाँ हैं।

रिपब्लिकन भारत (सा.) : पत्र की स्थापना 1962 में हुई। सम्पादकीय कार्यालय जयपुर में था। पत्र अपने समय के पत्रों में अपेक्षाकृत स्वस्थ एवं सशक्त था। उपलब्ध फाइल में इसके सम्पादक का नाम अज्ञात है।

सामाजिक आजादी (मासिक) : अप्रैल, 1972 में 'भारत ज्योति' प्रेस जोधपुर से नरसिंहदेव गुजराती ने प्रकाशित किया।

अक्षर का वजन (सा.) : सम्पादक बी.एल. नरवार हैं।

हकदार (पाक्षिक) : लोक कवि पन्नालाल 'प्रेमी' द्वारा सम्पादित प्रकाशित इस पत्र का प्रवेशांक 1 फरवरी, 1969 को बीकानेर से प्रकाशित हुआ।

राजस्थान के अन्य पत्र

पिछड़े आगे बढ़ें (सं. बलवन्त सिंह निडर) पाक्षिक 1993 अम्बेडकर कालोनी, हनुमान टाउन, राजस्थान, *अम्बेडकर और बहुजन* (सं. सत्यपाल मेघवाल, सूरतगढ़, *अम्बेडकर रथ* (पाक्षिक) श्रीमती सुशीला देवड़ा, बीकानेर, *सामाजिक परिवर्तन-श्यामबाबू* वर्मा श्रमिक, नीदड़ू जयपुर, *राजस्थान सम्राट* (कालूराम आर्य), *जयपुर, सम्यक्‌दृष्टि* (राहुल सुमन छाबड़ा) अजमेर, *आदिवासी जागृति/अभ्युदय* (एल.के. चावड़) धनौज मेंहसाना, *नया मार्ग* (चन्द्र मेहरि) अहमदाबाद, *पेंथर* (रमेश चन्द्र परमार) अहमदाबाद, *तमन्ना* (जयतिन्त सूर्य) अहमदाबाद, *रैन बसेरा* (अहमदाबाद)। मेघवीर (एल.आर. वीवान) बीकानेर, *मधु संकलन* (जय सुमन बिहारी) अजमेर, *दृष्टिकोण* (पाक्षिक) (मेरुलाल मेघवाल) उदयपुर, *अरावली उद्‌घोष* (बी.पी. वर्मा) उदयपुर, *भारत रक्षक* (सीताराम मौर्य), गंगानगर *वाल्मीकि संवाद* (रामप्रसाद गोचर)।

महाराष्ट्र के दलित पत्र

अंगुत्तर (हिन्दी त्रैमासिक) : पत्रिका का प्रकाशन अखिल भारतीय हिन्दी दलित लेखक सम्मेलन के तत्वावधान में हुआ। 1993 से ऋचा आफसेट नागपुर से नियमित छपी। करीब दो दर्जन अंकों के बाद बन्द हो गई। पत्रिका का कार्यालय नागपुर है और सम्पादक डॉ. विमल कीर्ति हैं।

नागसेन : हिन्दी और मराठी दो भाषाओं में एक साथ छपनेवाला महाराष्ट्र का यह प्रमुख दलित पत्र है।

उत्तर प्रदेश

जमीं के तारे : 1962 में द्वितीय विश्वयुद्ध के योद्धा स्वतंत्रता सेनानी मेवाराम महाशय ने दीपनगर, अलीगढ़ से इसे शुरू किया। पत्र का सम्पादन कार्य मिश्रीलाल दीपक ने किया। रामचरन सिंह पत्र के नये सम्पादक हैं।

स्वाधीन भारत (सा.) : 1968 में अलीगढ़ (उ.प्र.) से प्रकाशित हुआ। यह पत्र हर शनिवार को छपता था, इस पत्र की जीर्ण-शीर्ण दो-तीन प्रतियाँ ही उपलब्ध हुई हैं, जिनसे प्रेस व सम्पादक का नाम ज्ञात नहीं हो पाया।

समता शक्ति (सा.) : मेरठ से मोहनदास नैमिशराय ने इस पत्र को जन्म दिया था। इसका प्रवेशांक 1 जनवरी, 1972 में निकला। यह पत्र अल्पजीवी रहा।

बहुजन अधिकार (पाक्षिक) : अक्टूबर, 1981 से शुरू हुआ। इस पत्र के पास कई दलित पत्रों की भाँति कोई सम्पादक मंडल या टीम नहीं थी। स्वामी, सम्पादक, मुद्रक, प्रकाशक नैमिशराय ही हैं। नवम्बर 81 के अंक के अनुसार आमुख में 'जनचेतना का हिन्दी पाक्षिक' लिखा गया। सम्पादक आज स्वतंत्र लेखक हैं।

भूमि भूमि (सा.) : सम्पादक आर.के. गौतम ने 1982 में बुलन्दशहर से प्रकाशित किया।

निर्णय। निर्णायक भीम (मासिक) : 6 दिसम्बर, 1977 को 'अम्बेडकर परिनिर्वाण दिवस विशेषांक' के रूप में विजयनगर, कानपुर से *निर्णय* नाम से एक पत्रिका प्रकाशित हुई। सम्पादक डॉ. कवलधारी पी.एच.डी. व सम्पादक मंडल में डॉ. नन्दूराम, डी.आर. प्रसाद, रा.रा., अम्बेडकर और राजेन्द्र प्रसाद शामिल थे। प्रवेशांक 30 पृष्ठों का था। दिसम्बर, 1978 में *निर्णय, निर्णायक* भीम के रूप में संज्ञापित हुआ।

लोकचिन्ता (सा.) : 1978 में डी.आर.एस. आजाद ने बुलन्दशहर में आजाद प्रिंटिंग प्रेस से शुरू किया। छह पृष्ठीय इस पत्र का आकार-प्रकार सामान्य है। छह वर्ष तक नियमित चलने के बाद पत्र बन्द हो गया।

हिन्द सैनानी (दैनिक) : दुर्गा प्रसाद देशमुख ने आगरा से 4 अगस्त, 1985 से शुरू किया। यह पत्र हिन्दी का पहला 'दलित दैनिक' है। इसके कार्यकारी सम्पादक अमर सिंह एवं सह-सम्पादक सतीशचन्द्र हैं। चार पृष्ठीय बड़े आकार में निकालने में कठिनाई, तकनीकी अकुशलता व अन्य संकटों के बावजूद यह पत्र कई वर्ष तक नियमित प्रकाशित होता रहा।

बहुजन दिग्दर्शक (सा.) : अप्रैल, 1990 में रामसमुझ ने आलम नगर, लखनऊ से प्रकाशित किया। अंक 17-24 सितम्बद, 1990 के आमुख के अनुसार पत्र सम्पादक, एस. राव संजीवन नाथ बौद्धाचार्य हैं। पत्र के लिए पाँच सदस्यीय सम्पादक मंडल व दो सदस्यीय सलाहाकार मंडल बना है दिल्ली, बंगाल, राजस्थान, हिमाचल प्रदेश, पंजाब, बिहार, हरियाणा, उत्तर प्रदेश, महाराष्ट्र से एक-एक प्रतिनिधि (अवैतनिक) नियुक्त किए हैं। छायाकार और व्यवस्थापक के साथ इन सभी के नाम मुखपृष्ठ पर दिए जाते हैं।

दलित जन उद्गार (पाक्षिक) : 1991 में प्रधान सम्पादक, मुद्रक एवं प्रकाशक सुभद्रा देवी ने कमल प्रिंटिंग प्रेस मैनपुरी (उ.प्र.) से शुरू किया है। पत्र अनियमित है और झुकाव विशेष रूप से स्त्रियों की ओर है।

उत्तर प्रदेश के कुछ और दलित पत्रों का जिक्र इस प्रकार है : *सा. अम्बेडकर उजाला* (हरीसिंह मौर्य) अमरोहा, *लक्ष्य सन्धान* (रामेश्वर पवन एडवोकेट) बहराइच, *अपना अभियान कानपुर, रिपब्लिकन टाइम्स* (रघुवीर सिंह राही), अलीगढ़, *अधिकार भारती* (मेहर सिंह) बिजनौर, बौद्ध बन्धु, उरई, *नाग टाइम्स* (टी.पी. आजाद) सीतापुर, *शोषित समता* (एल.आर. कैन) मेरठ, *शोषित दर्पण* (शिवदयाल सिंह चौरसिया) लखनऊ, *कल्याण कुटुंब, कानपुर, अपनी राय* (नगेश्वर वाल्मीकि) हापुड़ *गुरुवाणी* (डॉ. के. एस. आजाद), मथुरा, *दुर्बल की आवाज* (रामजीलाल) रायपुर, *गरिमा भारती* (छेदीलाल साथी) लखनऊ, *समाज गौरव* (रमेश सूर्यवंशी) सहारनपुर, *प्रिय सम्पादक* (उग्रनाथ नागरिक) लखनऊ, *कैलाश भारती* (जी.सी.सी.एल. बोधी) लखनऊ, *किरणों का बसेरा* (मंगाराम शिबा. एन.के. गौतम-लौधीकुमार) सहारनपुर, *सावधान* (तिलक कुरील) कानपुर, *समता सन्देश* (रामगोपाल भारतीय) गाजियाबाद, *भीम भारती* (डॉ. एल.बी. रामानन्त) गाजियाबाद, *अर्जक* (रामस्वरूप वर्मा, महाराज सिंह भारती), लखनऊ, *झलकारी सन्देश* (आर.एस. माहौर) आगरा, *ऐतिहासिक छलांग* (बलवन्त सिंह चार्वाक) सहारनपुर, *प्रजापति तरंग* (नारायण दास प्रजापति) कानपुर, *निडर* (ओम प्रकाश निडर) अलीगढ़, *वीरव्रत* (विनोद प्रकाश) सहारनपुर, *भीम आदेश* (तेजपाल आजाद) मथुरा, दलित एशिया टुडे, *दलित लिबरेशन टुडे* (वेद कुमार, डॉ. शूरा दारापुरी) लखनऊ, *रजतबन्धु, जौनपुर,* वाल्मीकि प्रकाश (दिनेश मानव) इलाहाबाद, *दर्द की दुनिया* (डॉ. बी.आर. कुरील) गाजीपुर, *दलित प्रकाश* (लक्ष्मी शंकर वाजपेयी, ललित श्रीवास्तव) कानपुर, *उत्थान, लखनऊ, बुद्ध उपदेश* (राम अवतार) मुरादाबाद, *बहुजन का भाईचारा* (डॉ. क्रान्ति) बदायूं, *रिपब्लिकन इंकलाब* (मिथन सिंह बौद्ध) हापुड़, *अम्बेडकर विकास पत्र* (हरदयाल सिंह भारतीय) बिलारी मुरादाबाद, *बहुजन, लखनऊ, बहुजन प्रभात* (जे.पी. शास्त्री), *शोषित समाज* (रघुवर दयाल मेहता, बाबू राम प्रजापति) इटावा, *प्रज्ञा साहित्य, फर्रुखाबाद, भोजपुरी लोक एवं अवध पुष्पांजलि* (लखनऊ), *दलित गौरव* (देहरादून), *दलित टुडे* (महीपाल सिंह) गाजियाबाद।

बिहार

शोषित (साप्ताहिक) : 15 मार्च, 1968 में प्रो. जयराम प्रसाद सिंह ने पटना से सम्पादित कर प्रकाशित किया।

हरियाणा के दलित पत्र

जागता इंसान (सा.) चौधरी चाँदराम के संरक्षण एवं अजीत सिंह अहलावत द्वारा सम्पादित 1968 से छप रहा है।

द्राविड़ आन्दोलन (पाक्षिक) ; पत्र का सम्पादन दरयाल सिंह धानक करते हैं। पत्र सिरसा से प्रकाशित होता है।

मध्य प्रदेश के दलित पत्र

बैरवा-चेतना (मासिक) : 'बैरवा समाज कल्याण परिषद' उज्जैन की यह मासिक पत्रिका सुकवि पुरुषोत्तम सत्यप्रेमी के संरक्षण में सौ इन्दिरा सत्यप्रेमी द्वारा सम्पादित हो रही है। कोयलों के स्वर (मासिक) : जमींदार परिवार में जन्में किन्तु बचपन से ही यायावरी प्रवृत्ति के रहे 'भरत बेचैन' ने *मासिक* को 1976 में जन्म दिया। तब वह 'राष्ट्रीय स्वयंसेवक संघ' के अनुशासित कार्यकर्ता थे।

परिषद सन्देश (मासिक) : अनुसूचित जातियों के आर्थिक एवं शैक्षणिक विकास से प्रतिबद्ध पत्रिका के रूप में भोपाल से प्रकाशित हो रही है। इस पत्रिका का सम्पादन श्रीमती प्रभा. बी. से करती हैं।

दलित वॉयस (मासिक) : बी.टी. राजशेखर द्वारा भोपाल से सम्पादित एवं प्रकाशित की जाती है। यह मध्य प्रदेश की प्रमुख दलित पत्रिका है। यह हिन्दी के साथ-साथ अंग्रेजी, उर्दू, तमिल, तेलुगु और मलयालम में भी एक साथ प्रकाशित होती है।

नागमय संस्कृति (सा.) : 1988 से लगातार प्रकाशित इस पत्रिका का सम्पादन श्रीमती कला मरमट कर रही हैं। यह पत्र 'पंचशील प्रिंटिंग प्रेस' उज्जैन से प्रकाशित होता है।

पूर्वदेवा : मध्य प्रदेश हिन्दी दलित साहित्य अकादमी की ओर से त्रैमासिक शोध पत्रिका के रूप में 1994 से सुंदर, प्रिंटिंग प्रेस से छपना आरम्भ हुई है। सम्पादक डॉ. हरिमोहन धवन हैं। वह और अवंतिका प्रसाद मरमट समाज से जुड़े इतिहास के विशेषज्ञ हैं। पत्रिका हिन्दी में आने वाली संस्थागत पत्रिकाओं में सबसे आगे है।

छत्तीसगढ़

प्रबुद्ध आवाज (सा.) : मुख्य सम्पादक, स्वामित्व प्रकाशक सुपरिचित अम्बेडकरवादी नेता भाऊ साहेब खोतापड़े का यह पत्र 'प्रबुद्ध प्रिन्टर्स' द्वारा ममतानगर राजनादगाँव से प्रकाशित हो रहा है। इसका सम्पादक राजेश कुमार गोन्नाड़े करते हैं।

गुजरात के पत्र

दलित बन्धु (एस. विन्जुहा) भावनगर—सौराष्ट्र, *कर्मपुत्र* (कुमारी अंजना अधीर), अहमदाबाद-*महिला समाज* (कमला गुर्जर) शाहीबाग-अहमदाबाद, *परिषद सन्देश* (बालकृष्ण) आनन्द)।[1]

51. भारत में उर्दू सहाफ़त (पत्रकारिता) : उद्भव तथा विकास

(क) उर्दू : पत्रकारिता का इतिहास-विकास

अगर हम उर्दू पत्रकारिता की दिशा और गति को देखें तो इसके दौर को आसानी से तीन बड़े युगों में बाँट सकते हैं,—

(क) पहला युग 19वीं सदी का है, जब भारत में उर्दू पत्रकारिता का आरम्भ हुआ था,

(ख) दूसरा युग 1901 से भारत-विभाजन यानी 1947 तक का है तथा

(ग) तीसरा युग विभाजन से लेकर आधुनिक दौर का है।

ये तीनों युग ऐतिहासिक दृष्टि से बहुत महत्त्वपूर्ण हैं, लिहाजा पत्रकारिता के मैदान में भी इन युगों में बड़े परिवर्तन देखने को मिलते हैं। पहले प्रेस कमीशन के अनुसार 1953 में भारत से प्रकाशित होनेवाले उर्दू अखबारों की संख्या 436 थी, जो चार साल बाद बढ़कर 513 हो गई। सन् 1983 से देश से उर्दू में प्रकाशित होनेवाले अखबारों की कुल संख्या (दैनिक, साप्ताहिक, पाक्षिक तथा मासिक) 1330 थी। इसमें अन्दाजा लगाया जा सकता है कि उर्दू अखबार पढ़ने वाले भारी संख्या में थे। अखबारों के प्रकाशन और संख्या में तेजी से वृद्धि हो रही थी। इस दौर के प्रसिद्ध अखबार 'मिलाप' और 'प्रताप' दिल्ली से प्रकाशित होना शुरू हुए और 'हिन्द समाचार' ने पंजाब के जालन्धर से अपना नाम कमाया। ये अखबार आज भी शान से प्रकाशित हो रहे हैं। हैदराबाद से निकलने वाला अखबार 'मुंसिफ' और

1. राष्ट्रीय सहारा (हस्तक्षेप)—25 जनवरी, 1997

मुम्बई से प्रकाशित होनेवाला उर्दू अखबार 'इंकलाब' आज भी पत्रकारिता के क्षितिज पर कायम हैं। इधर, 'रोजनामा' राष्ट्रीय सहारा ने सम्प्रति काफी लोकप्रियता हासिल की है। उर्दू पत्रकारिता का अतीत शानदार तो रहा है, लेकिन इसके भविष्य को लेकर पत्रकारों के जेहन में कोई साफ और स्पष्ट लक्ष्य नहीं है।

उर्दू पत्रकारिता के उद्भव और विकास पर विचार करते समय यहाँ हिन्दी, बंगला और कन्नड़ पत्रकारिता की तरह चिन्ता और चिन्तन के तौर पर कई सवाल उछलते हैं, यथा, उर्दू पत्रकारिता के जन्म की सही तारीख क्या है? किस अखबार को उर्दू का पहला समाचार-पत्र माना जाए? यहाँ भी इस सवाल पर विद्वानों, कोविदों और आलिमों में विचार के स्तर पर एका नहीं है। अतः हमारे लिए अच्छा होगा कि इस प्रश्न पर विचार करने से पहले यह तय कर लिया जाए कि उर्दू का पहला अखबार आखिर कौन है?

उर्दू का पहला अखबार : एकराय नामकरण का अभाव—एक विद्वान् का विचार है कि उर्दू का पहला पत्र टीपू सुल्तान के समय में निकला था, लेकिन प्रतिसप्ताह सिर्फ फौजियों के लिए निकलने वाले उस पत्र को सही मायनों में समाचार-पत्र नहीं कहा जा सकता।[1] इसी तरह एक उर्दू आलिम का कहना है कि एक लम्बे समय तक यह समझा जाता रहा कि मौलाना मुहम्मद हुसैन आजाद के पिता मौलवी मुहम्मद बाक़र द्वारा दिल्ली से 1836 में प्रकाशित 'देहली-उर्दू अखबार' उर्दू का पहला समाचार-पत्र है, लेकिन अब शोध से यह स्पष्ट हो चुका है कि उर्दू भाषा का पहला समाचार-पत्र 'जामे-जहाँनुमा' है, जो 27 मार्च, 1822 को कोलकाता से प्रकाशित हुआ था। इसी तरह हिन्दी के एक विद्वान् **डॉ. गुरुशरण लाल**[2] का कहना है कि उर्दू में सबसे पहले प्रकाशित होनेवाले पत्र 'फवाबुल-नजरीन' और 'किरन-उस-जैदी' का प्रकाशन सन् 1852 ईसवी में हुआ। इसके सम्पादक ईसाई धर्म को स्वीकार करनेवाले श्री रामचन्द्र थे। 'फवाबुल-नजरीन' का उद्देश्य सामान्य समाचार को सामान्य पाठक तक पहुँचना था, जब कि 'किरन-उस-जैदी' का प्रकाशन वैज्ञानिक विषयों के प्रचार के लिए किया गया था, Urdu press in India to-day is the fourth largest numerical group. Delhi's earliest Urdu news-papers, Fawaid-ul-Nazarin and Kiran-us- Sadai (1852) were edited by a Christian Convert, Ram Chandra, The Fawaid-ul-Nazarin was aimed at the general readers while the other journal published articles on scientific subjects".[3] दरअसल, यह सूचना महज दिल्ली के समाचार-पत्रों की थी।

सच तो यह है कि उर्दू और फारसी के पत्रों को लेकर विद्वानों में कुछ भ्रान्तियाँ पैदा हो गई थीं। 'जामे जहाँनुमा' को कुछ ने फारसी का पत्र माना और कुछ ने उर्दू का। लिपि एक ही थी और उस समय की उर्दू, फारसी भाषा के शब्दों से भरी होती थी, इसलिए यह गलतफ़हमी स्वाभाविक थी, परन्तु 'जामे जहाँनुमा' फारसी पत्र के रूप में पहले प्रकाशित हुआ। वर्ष 1822 तक फारसी भारत की राजभाषा थी। कलकत्ता की सदर दीवानी और सदर निजामत अदालतों की कारवाई भी फारसी में ही होती थी। सन् 1867 से पहले उत्तर प्रदेश का हाई कोर्ट 'आगरा हाई कोर्ट', कहलाता था और प्रान्त का नाम था-सूबा आगरा और अवध। आगरा हाई कोर्ट में बहसें उर्दू-फारसी में होती थीं। अंग्रेज जजों के फैसले अंग्रेजी में होते थे, जिनका अनुवाद करने के लिए 'जजमेंट राइटर (Judgement writer) नाम से फारसी दाँ विद्वान् रखे जाते थे। सन् 1836 तक ब्रिटिश साम्राज्य की राजभाषा फारसी थी। सन् 1837 से प्रान्तीय कचहरियों में प्रान्तीय भाषाओं का व्यवहार होने लगा, परन्तु उत्तर पश्चिमी प्रदेश (वर्तमान उत्तर प्रदेश) में फारसी के स्थान पर हिन्दुस्तानी के नाम से उर्दू शुरू कर दी गई। इसी कारण आगरा, उर्दू अखबारों के मामले में दिल्ली से पीछे नहीं था।[4]

कुल मिलाकर, पत्रकारीय दृष्टि से अधिसंख्य विद्वानों की राय है कि 1822 ई. में निकलने वाले पत्र *'जामे-जहाँनुमा'* उर्दू का पहला अखबार है। इसका प्रकाशन श्री हरिदत्त और सम्पादन मुंशी सदा सुखलाल

1. आधुनिक पत्रकारिता—डॉ. अर्जुन तिवारी, पृ. 69
2. पत्रकारिता के सिद्धान्त—डॉ. गुरुशरण लाल, पृ. 40
3. Journalism in India-Ranga Swami Parthasarathy. P.190
4. हिन्दी पत्रकारिता का इतिहास—जगदीश प्रसाद चतुर्वेदी, पृ. 09

ने किया था,—"The first news paper of Urdu language was Jam-i-Jan-Numa, founded by Harihar Dutta in 1822 in Kolkata (then Calcutta). He was the son of Tara Chand Dutta, eminent Bengali journalist and one of the founders of Bengali weekly Sambad Koumudi, Editor of this three page weekly paper was Sadasukhlal. After English and Bengali, it was the third language newspaper in India. It continued to be published till 1888." वास्तव में संस्कृत के प्रति प्रगाढ़ ममत्व और प्रेम के बावजूद राष्ट्रीय एकता को पुख्ता और प्रौढ़ बनाने के लिए हिन्दू विद्वानों ने उर्दू को अपनी भाषा के रूप में अपनाया और जामे-जहाँनुमा का प्रकाशन तथा सम्पादन किया। हिन्दुओं द्वारा उर्दू को बढ़ावा दिए जाने का इससे बड़ा प्रमाण और क्या हो सकता है? इतना ही नहीं, उर्दू का पहला कवि होने का श्रेय भी श्री मुनी रशिकोवादी को जाता है। उनकी निश्छल राष्ट्र भक्ति एवं साम्प्रदायिक एकता को तोड़ने के लिए अंग्रेजों ने उन्हें कालापानी की सजा दी थी।

बहरहाल, जामे-जहाँनुमा साप्ताहिक समाचार-पत्र था, जो छह पृष्ठों में प्रकाशित होता था। मुहम्मद अतीक सिद्दीकी और मुहम्मद असलम सिद्दीकी के शोध के अनुसार जामे-जहाँनुमा 28 मार्च, 1822 को जारी हुआ, किन्तु मौलाना इमदाद साबरी और डॉ. अब्दुस्सलाम खुर्शीद ने विभिन्न तर्कों और सबूतों के आधार पर यह साबित किया है कि यह समाचार-पत्र 27 मार्च, 1822 को निकलना शुरू हुआ। नादिर अली खाँ ने भी कुछ ऐतिहासिक सन्दर्भों से इस बात की पुष्टि की है। आरम्भ में यह अखबार उर्दू में प्रकाशित होता था, चूँकि उस समय फारसी का चलन था, उर्दू पढ़ने वाले लोग कम थे, इसलिए मई 1824 ई. से फारसी में यह प्रकाशित होने लगा, किन्तु एक वर्ष बाद पुनः 'जामे जहाँनुमा' उर्दू में निकलने लगा। इसके मूल में वे यूरोपियन थे, जो उर्दू का शौक रखते थे तथा उर्दू भाषा सीखना चाहते थे। इस अखबार के प्रकाशित होने का एक मुख्य उद्देश्य शैक्षणिक आवश्यकता की पूर्ति भी था। इस बात को स्पष्ट करते हुए जामे जहाँनुमा के तत्कालीन सम्पादक ने एक समाचार इस प्रकार छापा था,—"सम्पादक जहाँनुमा बहुत आदर के साथ यह बात जनता की जानकारी में दे रहा है कि अखबार के सहयोगी वर्ग के यूरोपीय वर्ग के लिए अखबार को अधिक रोचक और उपयोगी बनाने के ध्येय से उसने यह निर्णय लिया है कि वह आगामी दिनों में अखबार का एक संक्षिप्त अंक शुद्ध हिन्दोस्तानी या उर्दू भाषा में प्रकाशित करें।[1]

अलबत्ता उर्दू जामे जहाँनुमा का अन्दाज फारसी जामे जहाँनुमा से कुछ भिन्न था, महत्त्वपूर्ण समाचारों के अतिरिक्त अंग्रेजी या फारसी के अनुवाद भी इसमें होते थे। सरकारी समाचार नहीं होते थे, भाषा, सादी, आसान और आम लोगों की समझ में आने वाली होती थी। कठिन, क्लिष्ट और कम प्रयोग में आनेवाले शब्दों के प्रयोग से इसलिए परहेज किया जाता था कि अंग्रेज इस अखबार को उर्दू भाषा सीखने और उसमें महारत हासिल करने के लिए खरीदते थे। यही कारण था कि इसमें लम्बे किस्से और उपन्यासों के अनुवाद किश्तवार प्रकाशित होते थे। सन् 1826 ई. में उर्दू अखबार 'जामे जहाँनुमा' बन्द हो गया और फारसी अखबार जामे जहाँनुमा पूर्ण रूप से फारसी भाषा में बारह पृष्ठों में प्रकाशित होने लगा। इसके उर्दू संस्करण के बन्द होने पर सम्पादक ने दुःख व्यक्त करते हुए लिखा, "इस लेहाज से कि बेहतर क़द्रशनास, जिन्होंने कि लुत्फ गुस्तरी से इस कागज के रौनक और शोहरत पाई, उर्दू एबारत से ज़ौक नहीं रखते थे, और अहलेहिन्द, जिनकी ज़बान है, वह फारसी तहरीर चाहते हैं, खाकसार ने मुनासिब समझा कि आइन्दा हफ्ते से हिन्दी फरमान के एवज एक फरमान और भी फ़ारसी में लिखा जाए, जिसमें इस अखबार के पढ़ने वाले खुशी से पढ़ें और यह कागज़ नमूद पाये और खरीदारों के लिए कोई रंज न हो। आज तक आठ सफहे फारसी और चार उर्दू के छपते थे। आइन्दा से बारह सफहे फ़ारसी में छापे जाएँगे और तीन रुपए माहवार बदस्तूर रहेंगे।"[2] बहरहाल, मैंने कहीं पढ़ा है कि अंग्रेजों ने अपने हितों के लिए इसे कभी फारसी में तो कभी उर्दू में प्रकाशित कराया, फिर इस अखबार से एक गलती हो गई, जिसकी वजह से इसे अंग्रेजी सरकार की ज्यादतियों का शिकार होना पड़ा। इस अखबार ने अंग्रेजों द्वारा पंजाब के सिख राज्य पर हमला करने की तैयारी का भंडाफोड़ कर दिया था, जिसकी वजह से इस अखबार को ही बन्द कर दिया गया था।

1. Indo-Iranica, Oct. P.18, 1947.
2. अखबार जामे-जहाँनुमा, उर्दू 1 अक्टूबर-1825

जामे जहाँनुमा के बाद उर्दू सहाफत (पत्रकारिता) का सिलसिला रुक सा गया और आइना-सिकन्दरी को छोड़कर, जो 26 अप्रैल, 1822 को मुम्बई से फारसी भाषा में निकलना शुरू हुआ था और 1834 में उर्दू जबान में उसका संक्षिप्त अंक प्रकाशित होने लगा। 'देहली' उर्दू अखबार को निकलने तक कोई अखबार प्रकाशित नहीं हो सका। इस तरह लगभग चौदह वर्षों तक कोई अखबार उर्दू पत्रकारिता में वृद्धि नहीं कर सका। इसकी एक बुनियादी वजह हुकूमत की तरफ से 'प्रेस आर्डिनेन्स' का लागू किया जाना था, किन्तु सन् 1835 में गवर्नर-जनरल सर चार्ल्स मेटकाफ ने समाचार-पत्रों से प्रतिबन्ध हटा लिया, जिसके कारण एक बार फिर सहाफत को स्वतंत्रता के साथ काम करने का अवसर मिला और उर्दू सहाफत की तरक्की का रास्ता साफ हुआ। इसी समय मध्य भारत में लीथो द्वारा छपाई शुरू हुई। सन् 1836 से पूर्व अखबार टाइप पर छपते थे, किन्तु लीथो के आरम्भ होने के बाद छपाई आसान और सस्ती हो गई। इससे समाचार-पत्रों की दुनिया में एक नई क्रान्ति आई।

देहली उर्दू अखबार (1836-1857)

उत्तरी भारत का पहला उर्दू अखबार 'देहली उर्दू अखबार' है, जिसके विषय में इतिहासकारों का कहना है कि यह अखबार 1836 में जारी हुआ और इसके सम्पादक मौलाना मुहम्मद हुसैन आजाद के पिता मौलवी मुहम्मद बाक़र थे। मौलाना मोहम्मद हुसैन अपनी पुस्तक 'आबेहयात' में इस विषय में लिखते हैं—"1836 ई. में उर्दू का अखबार देहली में जारी हुआ और यह इस जबान में पहला अखबार था, जो मेरे वालिद मरहूम की कलम से निकला"।[1] अखबार निकलने के सिलसिले में मौलाना मोहम्मद हुसेन आजाद की बात ज्यादा सही मालूम होती है, क्योंकि आजाद एक जिम्मेदार की हैसियत से जुड़े रहे। उर्दू के एक आलिम प्रो. इश्तियाक़ कुरैशी ने इस अखबार का आरम्भ 1837 ई. बतलाया है। बताते हैं, यह अखबार सच्चाई और अभिव्यक्ति की स्वतंत्रता का प्रतीक था। इसमें राजनैतिक, सामाजिक, शैक्षणिक और साहित्यिक हर प्रकार के समाचार प्रकाशित होते थे। इसमें हुकूमत पर टीका-टिप्पणी और उसकी दुर्व्यवस्था पर आलोचना भी होती थी। **इमदाद साबरी**[2] इस अखबार पर अपनी राय इस प्रकार देते हैं,—"हिन्दुस्तान की रियासतों और देहली के दरबार की खबरों के साथ इनकी बदइन्तेजामियों पर संजीदगी और आजादी के साथ तबसेरे होते, एडीटर की कलम की जद में ईस्ट इंडिया कम्पनी के होक्काम भी आ जाते, इस अखबार का एडीटर बुराई के खिलाफ आवाज़ उठाना फर्जे मनसबी समझता था, उसके जेहन में अमीर-गरीब, हिन्दू व मुस्लिम और सिक्ख व ईसाई का इस्तेमाल नहीं था, जिसमें अच्छाई देखता, उसका बरमेला इज़हारे करता।"

इस अखबार के सम्पादक मौलवी मोहम्मद बाक़र सत्यवादी और निर्भीक इंसान थे। उन्होंने उर्दू सहाफत (पत्रकारिता) को अपने खून से सींचा और उसको परवान चढ़ाया। आप उद्देश्य युक्त सहाफ़त पर विश्वास करते थे। जनता के हालात को सुधारने और उसमें बेहतरी लाने के लिए उसको प्रभावी माध्यम समझते थे। मौलवी मोहम्मद बाकर ने 1857 ई. के स्वतंत्रता संग्राम में महत्त्वपूर्ण भूमिका निभाई थी। हुकूमत के विरुद्ध लिखने से झिझकते नहीं थे। परिणाम हुआ बग़ावत के इल्जाम में उन्हें गिरफ्तार कर लिया गया और गोली मार कर उन्हें शहीद कर दिया गया। बाक़र साहब पहले उर्दू सहाफी अर्थात् पत्रकार/सम्पादक थे, जिन्होंने विचारों की स्वतंत्रता और अभिव्यक्ति के जुर्म में शहादत का जाम पिया और अपने शहादत के खून से सहाफ़त की सच्चाई को स्थिरता प्रदान की। उन्हीं जैसे उर्दू सहाफियों पर उर्दू पत्रकारिता को गर्व है। उनकी शहादत ने उर्दू पत्रकारिता को सारे देश में प्रतिष्ठा दिलाई।

उर्दू समाचार-पत्रों की अस्ल प्रगति का दरवाजा उस समय खुला, जब 1836 में ईस्ट इंडिया कम्पनी ने फारसी की जगह उर्दू को सरकारी जबान का स्थान दिया। यह और बात है कि उर्दू को यह सम्मान सरकारी हुकूमती लाभों के आधार पर मिला। यद्यपि इससे पूर्व भी उर्दू लिखी और बोली जाती थी और 1800 ई. में फोर्ट विलियम कॉलेज के स्थापित हो जाने से, उर्दू से काफी हद तक लोग जानकार हो गए थे, फिर भी इसे वह लोकप्रियता नहीं मिल पाई थी, जिसकी वह हक़दार थी। उर्दू को सरकारी

1. आबेहयात-मोहम्मद हुसेन आजाद, पृ. 51
2. तारीखे सहाफत, इमदाद साबरी, पृ. 108

जबान का स्थान प्राप्त होने के बाद उर्दू साहित्य व सहाफत ने बहुत तेज़ी के साथ प्रगति की और मुंबई तथा मद्रास से कई समाचार-पत्र निकलना शुरू हो गए। सन् 1855 में मुम्बई में *'कशफ़ुल (काशेफ़ुल) अखबार'* निकला, जो मुंशी अमान अली के सम्पादन में प्रकाशित हुआ। इस समाचार-पत्र की अनोखी बात यह थी कि इसका विज्ञापन पद्य में प्रकाशित होता था और 'कवरपेज' (मुख पृष्ठ) पर छपता था। 16 मई 1861 के अंक का इस अखबार में छपा यह अशआर देखिए,—

''कर चुका है पहले बहुक्मे खबर, हम्दे खालिक व नाते पैगंबर।
तब बहुत दिल मेरा बहाल हुआ, भदहे अखबार का ख्याल हुआ।
नामे अखबार अब करें इजहार, कशफ़ुल अखबार काशेफ़ुल अखबार।
है यह उम्मीद अहले दौलत से, दस्तगीरी करें एनायत से।''[1]

डॉ. अतीक़ सिद्दीकी के अनुसार **जामेउल अखबार** मद्रास का पहला अखबार है। वह लिखते हैं कि मुझे जो पहला अखबार प्रथमतः प्राप्त हुआ, वह 1848 ई. में जारी हुआ था। इधर, **डॉ. अब्दुल हक़** के अनुसार मद्रास का सबसे प्राचीन अखबार **जामेउल अखबार** है। अलबत्ता उन्होंने भी जारी होने का समय सन् 1848 ही लिखा है। जामेउल अखबार अपनी विषय वस्तु और सम्पादन के लिहाज से तमाम अखबारों में अच्छा था। यह अंग्रेजी अखबारों के पैटर्न पर प्रकाशित होता था तथा संसाधनों की कमी के बावजूद भी दूरस्थ क्षेत्रों का समाचार उपलब्ध कराता था। **प्रो. नादिर अली खाँ** इस अखबार पर अपनी राय देते हुए लिखते हैं कि,—''जामेउल अखबार अपने युग का रोचक और सार्थक प्रतिनिधित्व करता था। इसमें न केवल देशी रियासतों के राजाओं और देहली के बादशाहों तथा लखनऊ की दुर्व्यवस्था, सल्तनत की लापरवाही, बन्दगी व बेचारगी के जीवन्त चित्र उपस्थित हैं, अपितु सरकार कम्पनी बहादुर के अस्तित्व से भी बेजारी का एहसास होता है।

इन महत्त्वपूर्ण अखबारों के अतिरिक्त भी उन्नीसवीं सदी के आधे समय तक अर्थात् 1957 तक अनगिनत अखबार अस्तित्व में आए। मद्रास, मुम्बई, देहली, आगरा, लखनऊ और पटना से बहुत से समाचार-पत्र प्रकाशित हुए। कुछ महत्त्वपूर्ण अखबारों के नाम और जारी होने का सन् निम्नलिखित हैं,—

कुछ महत्त्वपूर्ण प्राचीन उर्दू समाचार-पत्र

सन्	समाचार-पत्र का नाम	लेखक का नाम	प्रकाशन स्थान
1822	जामे जहाँनुमा	मुंशी सदासुख लाल	कोलकाता (उर्दू का पहला सामाचार पत्र)
1837	देहली उर्दू अखबार	मौलवी मु. वाकिर	दिल्ली (उत्तरी भारत का पहला अखबार
	सैयदुल अखबार	सैयद मोहम्मद	दिल्ली (बाद में यह सैयदुल मुताबिए हो गया)
	खैरख्वाहे हिन्द	पादरी माथुर	मिर्जापुर (उ.प्र.)
	करीमुल अखबार	मौलवी करीमुद्दीन	दिल्ली
	सादिकुल अखबार	मौलवी इनायत अली	दिल्ली (पहले फारसी में छपता था)
	सदरुल अखबार	सी.सी. फनैन	आगरा
	फवाएदुल शायकीन	प्रभु दयाल	दिल्ली
1847	जामे जमशेद	बाबू शुभचन्द्र सेन	मेरठ
	जामे जमशेद	बाबू शुभचन्द्र सेन	कोलकाता
	असदूल अखबार	मौलवी कमरुद्दीन	आगरा
	मिरातुले अखबार		कोलकाता
	खुलासाए अतराफ्त	मथुरादास	दिल्ली
	सादिकुल अखबार	शेख इमदात हुसैन	दिल्ली
	मजहरहक	इनायम हुसैन	दिल्ली
	लखनऊ अखबार	लालजी	लखनऊ

1. कशफ़ुल अखबार, 16 मई, 1861 ई.

	बनारस गजट	बाबू रघुनाथ घोष	बनारस
	मैआरुल शोअरा	मौलवी अबूहसन	आगरा
	उमदतुल अखबार		बरेली
1849	मीरातुल अलूम		बनारस
	जियाउल अखबार	मो. जियाउल हक़	दिल्ली
	कोहेनूर	मुंशी सदासुखराय	लाहौर
	गुलजारे पंजाब	मुंशी गंडामल	गुजरांवाला
	खुरशीद आलम	मुंशी दीवानचन्द्र	सियालकोट (महाराजा बनारस के संरक्षण में)
	अखबार मुम्बई	रहीमुद्दीन	मुम्बई
	नूरुल अलानूर	मु. हुसैन	लुधियाना
	दरयाए नूर	शेख सवारुद्दीन	लाहौर
	बनारस हरकारा		बनारस
	मिरातुल ख्याल		कोलकाता
	मालवा अखबार		इन्दौर
1851	अंजुमन आरा		कोलकाता
1852	गवर्नमेंट गजट	ईश्वरी प्रसाद	आगरा (1859 में इलाहाबाद से शुरु हुआ)
	नरुल अखबार	सदासुख लाल	आगरा
	जामेउल अखबार	सैयद रहमत अली	मद्रास
	रियाजुलनूर	मौलवी नसीरुद्दीन	मुल्तान
	ग्वालियर गजट	पं. उमाचरण	ग्वालियर (ग्वालियर का सरकारी पत्र)
	वहीदुल अखबार		दिल्ली
	कुतुबुल अखबार		आगरा
	चश्म-ए-फैज	दीवानचन्द्र	सियालकोट
1853	जुबेदतुल अखबार	अमजद अली	आगरा
	मुफादे हिन्द	लाला हरबंसलाल	बनारस
	नूरुल अखबार	मो. हासिम बिलग्रामी	आरा
	सादिकुल अखबार	मुस्तफाखान	दिल्ली
	विक्टोरिया पेपर	राय दीवान चन्द्र	सियालकोट
	आफताबे हिन्द	बाबू गोपी चन्द	बनारस
	गुलशन नौ बहार	अब्दुल कादिर	कोलकाता
	कशकुल अखबार	मुंशी गुलाम हुसैन	मुम्बई
	नैयर आजुम	मुफ्ती मो. बख्श	सियालकोट
1854	उमदतुल अखबार		मुम्बई
1855	रियाजुल नूर	मेंहदी हसन अफसर	मुल्तान
	सादेकुल अखबार	मो. सादिक	दिल्ली
	फतेहुल अखबार	कृपाशंकर सिकंदराबादी	अलीगढ़
	बाशिफुल इसरार	अमान अली लखनवी	मुम्बई
	मजाक	अब्दुल जलील नोमानी	रामपुर
	नैयर आजुम		बटाला
	मुर्तजा		पेशावर
	हरकारा		पटना

1856	मतलाए खुर्शीदे हिन्द	मिर्जा मो. शफी	कराची
	सफीर आगरा	नवल किशोर	आगरा
	वीकली रिपोर्ट	जैराम मुख्तार	गया
	मजहरुल अखबार	ख्वाजा बादशाह	मद्रास
	मुफीदुल खलायक	लाला मुकुन्द लाल	आगरा
	सहीले पंजाब		रावलपिंडी
1857	तिलस्म लखनऊ	मो. याकूब अंसारी	लखनऊ
	सहर सामरी	वेद नारायण	लखनऊ
	तिलस्मे हैरत	गुलाम मोइउद्दीन	मद्रास
	अखबार मतबए पंजाब		लाहौर

दरअसल, उर्दू प्रेस ने शुरू से ही राष्ट्रीय जीवनधारा और स्वतंत्रता संग्राम की सहायता की। इसके कारण उर्दू पत्रकारिता ने तीन दशकों में अपना विशेष स्थान बना लिया। अंग्रेज उससे डरने लगे थे। वे उनके लेखों में विद्रोह की आग दहकते हुए देखते थे। प्रायः 1857 के प्रथम स्वतंत्रता संग्राम के समय तत्कालीन गवर्नर जनरल लार्ड कैनिंग ने पत्र-पत्रिकाओं और पुस्तकों पर तरह-तरह की पाबन्दी लगायी। इसके कारण पूर्वांचल और उत्तरांचल की अनेक पत्रिकाएँ बन्द हो गयीं। श्री जे. नटराजन के अनुसार लार्ड कैनिंग का कानून केवल एक साल ही लागू रहा, परन्तु उसी अवधि में दिल्ली के अधिकांश पत्र बन्द हो गए। उसके एक वर्ष बाद 1858 में लखनऊ से उर्दू में 'अवध अखबार' मुंशी नवल किशोर जी ने निकाला। उसके पहले उन्होंने 'मर्त्तवा-ए-नवल किशोर' नामक एक प्रकाशन गृह खोला, जो बाद में उर्दू का एशिया में सबसे बड़ा प्रकाशन गृह बन गया। उर्दू पत्रकारिता के इतिहासकार मो. इमदाद साबरी के अनुसार मुंशी नवल किशोर के जीवन काल में उनके उर्दू प्रेस से उर्दू की 4000 पुस्तकें निकलीं/छपीं थीं। उनका 'अवध अखबार' हिन्दू-मुस्लिम एकता का जबर्दस्त हिमायती था। उसका मत था कि समाचार-पत्रों को धार्मिक विवादों से परे होना चाहिए। 'अवध अखबार' के लेखों को अलीगढ़ मुस्लिम विश्वविद्यालय के संस्थापक सर सैयद अहमद खाँ अपने 'इन्स्टीट्यूट गजट' में अक्सर छापा करते थे। जिस 'कोहिनूर' अखबार का मैंने अभी ऊपर उल्लेख किया है वह,—On 14 January 1850, Munshi Harsukh Rai started the weekly Kohinoor, which had a remarkably high (for those times) circulation of 350 copies, In 1858 Manbir Kabiruddin started the **Urdu Guide,** the first Urdu daily, from Calcutta. Another important paper. founded that year was **Raznamha-e-Panjab** from Lahore. **Oudh Akhbar** by Munshi Nawal Kishore was the first Urdu newspaper from Lucknow also began in 1858.

बीसवीं सदी की उर्दू पत्रकारिता ने राष्ट्रीय एकता की अपनी विरासत को कायम ही नहीं रखा, बल्कि विषयवस्तु, कलेवर और कला की दृष्टि से उसे बहुत आगे बढ़ाया। **बीसवीं सदी** के शुरू में उर्दू के ख्यातनामा पत्र मैदान में आ गए थे। उनमें मुंशी दयाराम निगम का 'जमाना' (1903 में लखनऊ से प्रकाशित), मौलाना हसरत मोहनी का 'उर्दू-ए-मोआला (अलीगढ़ 1903), लाला दीनानाथ का 'हिन्दुस्तान' (लाहौर 1904), मौलाना जाफर अली खाँ का 'जमीन्दार' (लाहौर 1909), मौलाना अब्दुल कलाम आजाद का 'अलहिलाल' (कोलकाता 1912), मजीद हसन का 'मदीना' (बिजनौर 1912), मौ. मोहम्मद अली का 'हमदर्द' (दिल्ली 1913), महाशय कृष्ण प्रताप का 'प्रताप' (लाहौर 1919), लाला लाजपतराय का 'वन्देमातरम्' (लाहौर 1920), महाशय खुशहाल चन्द का 'मिलायर' (लाहौर 1923), दीवान सिंह माफ्लून का 'रियासत' (दिल्ली 1924), जमीयत उलामा का 'अलजमीयत' (दिल्ली 1925) और अन्य पत्रों ने उर्दू पत्रकारिता को उच्च शिखर पर पहुँचा दिया।[1]

1. संचार माध्यम में जी.डी. चन्दन का लेख, पृ. 22, सितम्बर-1989

इसके पहले थोड़ा सा ध्यान दें तो सन् 1860 ईसवी के दशक में उर्दू के 6 महत्त्वपूर्ण समाचार-पत्रों का प्रकाशन होता था। उन सभी का प्रकाशन राष्ट्रभक्तों द्वारा किया जाता था। इनमें सबसे अधिक महत्त्वपूर्ण उर्दू पत्र 'अकमल-उल-अकबर' था, जिसके प्रकाशक हकीम अब्दुल मजीद खाँ थे। सन् 1880 ईसवी के दशक में बारह से अधिक समाचार-पत्र उर्दू में प्रकाशित होते थे। अंजुमन इस्लामिया के संस्थापक सदस्यों में एक मौलवी नजीर अली ने सन् 1877 ई. में तीन उर्दू समाचार-पत्रों-'नसीरत-उल-अकबर', 'नसरल-उल-इस्लाम' तथा 'मिहिर-ए-दराक्षन- का प्रकाशन किया। दिल्ली के साथ इस समय मेरठ, आगरा, लखनऊ, अलीगढ़ और लाहौर से भी साप्ताहिक, पाक्षिक तथा मासिक समाचार-पत्रों का प्रकाशन हो रहा था। इस शताब्दी के प्रथम दस वर्ष का सबसे महत्त्वपूर्ण जर्नल मौलाना अब्दुल कमाल आजाद का 'अलहिलाल (कोलकाता-1912) था। इस अखबार के लिए पंडित नेहरू ने लिखा, 'अब्दुल कलाम आजाद ने अपने साप्ताहिक पत्र 'अलहिलाल' में मुसलमानों के लिए एक नई उर्दू को पेश किया। इससे जागरूक उर्दू पत्रकारों एवं युवा लेखकों को एक नई दिशा प्राप्त हुई,[1] "**Al Hilal** marked a turning point in the history of Urdu Journalism. It achieved unprecedented popularity within a short time. Al Hilal created a revolutionary stiramong the messes. The demand for it was so great that within the first three months all the old issues had to be reprinted as every new subscriber wanted the entire set. Within two years Al Hilal reached a circulation of 26,000 Copies a week."[2]

केवल राजनीतिक अखबार ही नहीं, उर्दू की सामाजिक और साहित्यिक पत्र-पत्रिकाओं ने भी राष्ट्रीय एकता को बढ़ावा देने में यथेष्ट भूमिका अदा की। इनमें 'उर्दू-ए-मुअल्ला' और 'जमाना' प्रमुख थे। 'जमाना' से दो वर्ष पहले 1901 में लाहौर से 'मख़जन' नामक एक पत्रिका निकलती थी, यद्यपि वह साहित्यिक पत्रिका थी। 'मख़ज़न' के सम्पादक श्री शेख अब्दुल कादर ने 'जमाना' को मुख्यतः साहित्यिक पत्रिका बनाये रखने की सलाह दी थी, परन्तु उसके सम्पादक श्री दयानारायण निगम ने दो टूक उत्तर दिया,—''गुलाम देश का कोई भी पत्र या पत्रकार देश की राजनीतिक गतिविधियों से अपने को दूर नहीं रख सकता।'' सन् 1920 में लाला लाजपत राय जी ने भारत लौटकर दो पत्र निकालने की योजना बनाई, एक उर्दू दैनिक और दूसरा अंग्रेजी साप्ताहिक। उर्दू दैनिक को चलाने के लिए एक कम्पनी का निर्माण किया गया। उर्दू दैनिक का नाम **वन्देमातरम्** रखा गया। लाला जी इसके सम्पादक थे। अपने शुरुआती दौर में ही यह पत्र शिखर पर पहुँच गया। यह अपनी तरह का पहला समाचार-पत्र था, जिसमें सभी कर्मचारी थे और सभी मालिक थे। इस पत्र ने बहुत जल्द ही अन्य उर्दू समाचार-पत्रों को पीछे छोड़ते हुए अपने ग्राहकों की संख्या बढ़ाई। 'वन्देमातरम' एक प्रशिक्षण केन्द्र की तरह हो गया था। यह अपनी तरह का सन्दर्भ में भी पहला पत्र था, जिसमें 'हेड लाइन' कई कॉलमों में रहती थी।

बहरहाल, हालिया छपी एक रिपोर्ट के अनुसार दिसम्बर, 1993 तक जहाँ। 11,638 हिन्दी पत्र-पत्रिकाएँ अस्तित्व में थी, वहीं 5,139 अंग्रेजी, 2,120 उर्दू, 1,994 बंगला प्रकाशनों की भी मजबूत उपस्थिति रही। भाषायी प्रेस प्रसार की दृष्टि से हिन्दी प्रेस सर्वोच्च स्थान पर तथा अंग्रेजी एवं बंगला के बाद उर्दू चौथे स्थान पर रही। प्रकाशन की दृष्टि से उर्दू की कुल 2,003 पत्र-पत्रिकाएँ हैं, जिनमें 373 दैनिक शामिल हैं। कुल प्रकाशनों में आन्ध्र प्रदेश में 405, उत्तर प्रदेश में 497, दिल्ली में 361, जम्मू एवं कश्मीर में 184, महाराष्ट्र में 148, बिहार में 156, पंजाब में 105, गुजरात में 02, हरियाणा में 16, हिमाचल प्रदेश में 06, कर्नाटक में 101, मध्य प्रदेश में 21, उड़ीसा में 27, राजस्थान में 19, तमिलनाडु में 12, पं.बंगाल में 63 तथा चंडीगढ़ में प्रकाशित दो उर्दू पत्रिकाएँ शामिल हैं।[3] आज पत्रों की संख्या की दृष्टि से हिन्दी और अंग्रेजी पत्रकारिता के बाद भारत में पत्रकारिता का काफी बड़ा समूह उर्दू पत्रकारिता का है। 'मुशीर-ए-दक्कन', 'सियासत', 'रहनुमा-ए-दक्कन', 'मुंसिक' (चारों हैदराबाद), 'सदर', 'पासवान', 'आजाद', (तीनों बैंगलूर), 'मुसलमान'

1. पत्रकारिता के सिद्धान्त—डॉ. गुरुशरण लाल, पृ. 75
2. Journalism in India-Ranga Swami Partha sarathy. P. 191
3. संचार माध्यम, पृ. 22, 1996

(मद्रास), 'असर-ए-जदीद', 'आजाद हिन्द', 'इमरोज' (तीनों कोलकाता), 'कौमी आवाज', (लखनऊ), 'उर्दू टाइम', 'इंकलाब' (दोनों मुम्बई), 'सियासत-ए-जदीद' (कानपुर), 'जदीद-इन-दीनन' (दिल्ली) आदि उर्दू के दैनिक प्रमुख पत्र हैं। सावधिक पत्रिकाओं में 'लुब्ना' (हैदराबाद), 'बीसवीं सदी', 'शमा' (दोनों दिल्ली) और 'उर्दू ब्लिट्ज' (मुम्बई) प्रमुख हैं। वर्ष 1996 में उर्दू में कुल 2567 पत्र प्रकाशित हो रहे थे, जिनकी सम्मिलित प्रसार संख्या 58,17,000 प्रतियाँ प्रति प्रकाशन दिवस थीं। इन पत्रों में 473 दैनिक, 20 द्वि/त्रि/दैनिक, 1198 साप्ताहिक, 340 पाक्षिक, 472 मासिक, 46 त्रिमासिक और 18 अन्य कोटि के सावधिक पत्र थे, 2567 पत्रों में से मात्र 428 पत्रों ने प्रसार सम्बन्धी वार्षिक विवरणी प्रस्तुत की थी, जिसके अनुसार एक पत्र बड़े आकार का, 70 पत्र मध्यम आकार के और 357 पत्र छोटे आकार के थे। आज उर्दू का सर्वाधिक प्रसार संख्या वाला दैनिक पत्र है—'जदीद-इन-दीनन' (दिल्ली-76,600 प्रतियाँ प्रति प्रकाशन दिवस) सर्वाधिक प्रसार-संख्या वाली सावधिक पत्रिका है—'साप्ताहिक 'लुब्ना' (दिल्ली 73,500 प्रतियाँ प्रति प्रकाशन दिवस)[1] सम्प्रति तंजीम बिहार, झारखंड, अनवर-ए-कयूम, अवधनामा, आवाज-ए-मुल्क, डेली सलार, डेली शाम-ए-रहबर, हिन्दुस्तान, एक कौम, श्री नगर टाइम्स, इत्तेमाद, कौमी समाचार, हिन्द समाचार, हिन्दुस्तान एक्सप्रेस, इंकलाब, मिलाप, प्रताप, कौमी तंजीम, कुतुबमेल रहनुमा, डक्कन गवाह, उर्दू वीकली, रोजनामा, राष्ट्रीय सहारा, सल्तनत, सहाफत, शोला, जमानत, तंजुमा-मिलिक, आदि उर्दू में प्रकाशित होनेवाली 2015-16 ई. की प्रमुख पत्र-पत्रिकाएँ हैं।

(ख) स्वतंत्रता संग्राम में उर्दू सहाफ़त (पत्रकारिता) की भूमिका

> *"एक जौ की रोटी और एक प्याला पानी-यह शरेह-तनख्वाह (वेतन) है जिस पर स्वराज इलाहाबाद के वास्ते एक एडीटर मतलूब (आवश्यकता) है। यह वह अखबार है, जिसके दो एडीटर बग़ावत आमेज़ मज़ामीन (विद्रोहात्मक) लेखों की मुहब्बत में गिरफ्तार हो चुके हैं। अब तीसरा एडीटर मुहैया करने के लिए, जो इश्तिहर दिया जाता है, उसमें जो शरेह तनख्वाह जाहिर की गई है कि ऐसे एडीटर की दरकार है, जो अपने ऐशो-आराम पर जेलखाने में रह कर जौ की रोटी और एक प्याला पानी की तरजीह दे।"*[2]

उक्त पंक्तियों से ही जंग-ए-आजादी में उर्दू पत्रकारिता की भूमिका की थाह लगायी जा सकती है। कुछ अपवादों को छोड़ दें तो मुल्क में समाजी एकतसादी और मुल्क की सेकुलर सोच को उर्दू पत्रकारिता पुख्ता करती है। देश के स्वतंत्र होने से पहले जंग-ए-आजादी को इसने आराधना और परस्तारी की तरह जीया, शोरोगुल और आपाधापी की चकाचौंध से दूर देश स्वातंत्र्य का अपने भीतर बृहत्तर और विराट लक्ष्य लेकर पहरेदारी की और देश के स्वतंत्र होने के बाद भी आज यह जम्हूरियत (लोकतंत्र) को मजबूत कर ही रही है, सामाजिक भूमिका की खास किरदार भी रखती है। उक्त दोनों भूमिकाओं में उर्दू पत्रकारिता का चरित्र असन्दिग्ध, बेबाक-बेदाग, निर्दोष, तफर्रुद, निष्कलंक, उज्ज्वल, पवित्र, अनाविल और गोशानशीन है। स्वतंत्रता संग्राम में इसने सोते लोगों को जगाया, विलासिता की गुमनाम गली में भटककर फलकज़द हो गए लोगों को रास्ता दिखाया। उस संक्रमण काल में इसने अलग-अलग वर्गों और समुदायों को जोड़ने में पुल का सार्थक काम किया, परीशांहाली, गुलामी, नाइंसाफी के बरक्स हुंकार भरी। गुलामी की जंजीर, शृंखला और साँकर को तोड़ने में जंबूर का काम किया। सन् 1857 से 1947 तक स्वाधीनता आन्दोलन और राष्ट्रीय एकता को देशव्यापी स्तर पर शक्ति प्रदान करने का श्रेय यदि किसी भाषा की पत्रकारिता को जाता है, तो वह उर्दू ही है। उर्दू के ही एक पत्रकार और सम्पादक मौलवी मुहम्मद बाक़र सर्वप्रथम स्वतंत्रता संग्राम (1857) में शहीद हुए। उर्दू के ही पत्र-पत्रिकाओं के सम्पादकों और मालिकान को ब्रिटिश शासन के अत्याचारों का सबसे अधिक सामना करना पड़ा,

---

1. आधुनिक पत्रकारिता—डॉ. अर्जुन तिवारी, पृ. 56
2. स्वराज नामक उर्दू अखबार का यह विज्ञापन "जू-उल-करनीन" ने फरवरी, 1909 ई. के अंक में छापा था।

जेल जाना पड़ा, चक्कियों की मशक्कतें झेलनी पड़ीं, प्रेस और जमानतें जब्त की गयीं, लेकिन उन्होंने हर मुसीबत का डटकर और मरदानावार मुक़ाबला किया। ये उर्दू के एक क्रान्तिकारी पत्रकार ही थे— मौलाना हसरत मोहानी, जिन्होंने सर्वप्रथम पूर्ण स्वतंत्रता का प्रस्ताव पेश किया। दरअसल, उस समय किसी और देशी भाषा के समाचार-पत्र बहुत कम निकलते थे, जो निकलते थे, उनका प्रभाव क्षेत्र सीमित था। अंग्रेजी के समाचार-पत्र प्रायः अंग्रेजों के समर्थक थे। ले-देकर उर्दू पत्रकारिता थी, जिसके कंधे पर राष्ट्रीय आन्दोलन अथवा स्वतंत्रता संग्राम के अगले मोर्चे संभालने की जिम्मेदारी थी और यह कर्तव्य उसने अपनी सम्पूर्ण शक्ति के साथ निभाया।[1]

साफ शब्दों में, 1857 के स्वतंत्रता संग्राम ने जहाँ भारत के तमाम विभागों पर प्रभाव डाला, उर्दू सहाफत (पत्रकारिता) भी इससे अछूती नहीं रही। वस्तुतः 10 मई 1857 का दिन भारत के इतिहास का ऐसा महत्त्वपूर्ण दिन है, जिसने भारतवासियों के दिलों में स्वतंत्रता की भावना जागृत की। अपने जाएज़ अधिकारों को प्राप्त करने के लिए जनता को जगाया। गुलामी की जिन्दगी से नफरत और शत्रुता की लहर पैदा की। जालिम ताक़तों से लड़ने का हौसला पैदा किया। भारतीय अवाम पर जब अत्याचारों की इन्तेहा हो गई तो जुल्म और सरकशी का लावा फूट पड़ा और मई की 10 तारीख को भारतीय सैनिकों ने बग़ावत का झंडा बुलन्द किया। यह एक ऐसी बग़ावत थी, जिसने सम्पूर्ण क्रान्ति की शक्ल ओढ़-अख्तियार कर ली। हिन्दू, मुसलमान, सिक्ख, ईसाई, सभी ने एक साथ इस संग्राम में हिस्सा लिया, साथ ही उर्दू पत्रकारिता भी इसमें आगे-आगे चलती रही।

उन महत्त्वपूर्ण अखबारों में, जिन्होंने 1857 के स्वतंत्रता संग्राम में महत्त्वपूर्ण भूमिका अदा की— 'देहली उर्दू अखबार', 'सादेकुल अखबार', 'तिलिसमे लखनऊ', 'सहरे सॉमरी', 'हबीबुल अखबार' (बदायूँ), 'उमदतुल अखबार', (बरेली) आदि प्रमुखता के साथ उल्लेखनीय हैं। बताते हैं', 11 मई की सुबह जब, अंग्रेजी हुकूमत के बाग़ी लोग मेरठ से दिल्ली आए और फिर देहली में अशान्ति और हंगामा बरपा किया तो 17 मई 1857 को देहली उर्दू अखबार ने अपने ताजा अंक में क्रान्ति के समाचारों को पहले पृष्ठ पर प्रमुखता से छापा। क्रान्ति ने इसके अन्दर भी जोश और जज्बा कूट-कूट कर भर दिया था। 'कवर पेज' पर जो सबसे बड़ी खबर लगी थी, उसका शीर्षक कुराने करीम के इस आयते करीम से होता है,—'फ़ातबरु या अलिल अबसार' अर्थात् ''ऐ निगाह वाले, इबरत पकड़ो''। इसी में मुहम्मद हसन आजाद की एक लम्बी नज्म (कविता) 'तारीखे इंकलाबे इबरत अफ़जा' शीर्षक से मिलती है, 19 अशआर (शेर का बहुवचन) पर आधारित इस नज्म के आखिरी तीन शेर बतौर बानगी यहाँ दर्ज किए जाते हैं,—

''क्या कहिए कि दम मारने की जाए नहीं है,
हैराँ हैं सब आईना सिफत पुश्त-ब-दीवार।
हुक्कामे नसारा का ये दीं दानिशों-बीनश,
मिट जाए निशां ख़ल्फ़ में इस तरह से यकबार।
इस वाकिया की पाईं ये आजाद ने तारीख,
दिल ने कहा कुल फ़तबरू या ऊललुल अबसार।''

दूसरा महत्त्वपूर्ण अखबार, जिसने अंग्रेजों के विरुद्ध स्वतंत्रता संग्राम में खुलकर भारतीयों का साथ दिया और अंग्रेजों की खूनी दास्तान को बयान करता रहा, वह है—**सादेकुल अखबार, देहली** । देहली के इस अखबार को काफी लोकप्रियता मिली। इसने उलेमा का वह फ़तवा भी प्रकाशित किया, जिसमें अंग्रेजों के विरुद्ध, क्रान्तिकारी युद्ध को जेहाद करार दिया गया था। फतवा का मूल रूप में प्रश्न व उत्तर के साथ इस प्रकार उपलब्ध है,—

प्रश्न—क्या फरमाते हैं, उलेमा-ए-दीन, इस विषय में कि अब जो अंग्रेज दिल्ली पर चढ़ आए हैं, और इस्लाम को मानने वालों की जान व माल के खात्मा का इरादा रखते हैं,—इस स्थिति में अब

1. मीडिया विमर्श में शाहिद सिद्दीकी का लेख 'उर्दू के साथ नहीं है बाजार', पृ. 30, 428, रोहित नगर फेज-1, भोपाल, वर्ष-5, अंक-19, अप्रैल-जून 2011 ई.

शहर वालों पर जेहाद फर्ज है या नहीं, और वह फर्ज है तो अति आवश्यक फ़र्ज़ है या नहीं तथा जो लोग शहरों और बस्तियों के रहने वाले हैं, उनको भी जेहाद चाहिए या नहीं, ब्यान करो, अल्लाह तुम को अच्छा बदला दे।

उत्तर—सबको इस मौके पर अपना फर्ज अदा करना चाहिए, वरना सब गुनाहगार हो जाएँगे।

बहरहाल, आगे चलकर सादेकुल अखबार के सम्पादक सैयद जमीलद्दीन हिज्र को गिरफ्तार कर लिया गया। उन पर फर्जे जुर्म का मोक़दमा लगाया गया और तीन साल की कैद बामशक्कत की सजा सुनायी गई। सादेकुल अखबार अपने 3 अगस्त 1857 के सम्पादकीय में लिखता है,—''गौरे हजारों सब अतराफ (दिखाओ) से खिंचकर आए। फिरंगियों ने देहली के कब्जे की लाख तदबीर की, मगर न गोरों की वीरता यहाँ काम आई और न कुछ तदबीर-तक़दीर के आगे पेश गई। जहाँ-तहाँ वे कुफ्फार गाजर की तरह काटे और हर एक खेत पर मूली की तरह छाँटे गए। बाकी जो कुछ अलीपुर में है, उनके बारे में कुछ ही दिन में सुन लेंगे कि ईश्वरीय प्रकोप के झाड़ू से ये थोड़े फूस-पात समाप्त हुए और सम्राट का आधिपत्य सम्पूर्ण भारत में हो गया।'' तीन साल क़ैद की यातना बर्दाश्त करने के बाद 1864 ई. में एक बार फिर उन्होंने ताजादम होकर सहाफ़त के मैदान में कदम रखा और 'अलारेन्स गजट' के नाम से एक दूसरा अखबार मेरठ से जारी किया। सन् 1857 की बग़ावत पर सादे कुल अखबार ने अपना जो सम्पादकीय लिखा, इससे उसकी निर्भीकता का अनुमान लगाया जा सकता है। इस अखबार ने 13 अगस्त 1857 के अंक में अपने सम्पादकीय में जो लिखा है, उसके कुछ अंश देखिए—

''है यह दुनिया अजीब जाए नापाएदार,
नहीं यहाँ किसी को है, असलन करार।।''

उस युग का एक और महत्त्वपूर्ण अखबार **तिलिस्म** है, जो लखनऊ से हर शुक्रवार को निकलता था। जुलाई 1856 को यह अखबार सामने आया। इसके सम्पादक मौलवी मुहम्मद याक़ूब अंसारी फिरंगी महली थे। यह अखबार ईस्ट इंडिया कम्पनी के विरुद्ध लिखने में कभी डरा नहीं। इसके एक सम्पादकीय से इसका अन्दाजा लगाया जा सकता है। यह सम्पादकीय 16 जनवरी 1857 के अंक का एक छोटा अंश है,—''लखनऊ में शनीचर आया है, चोरों ने हंगामा मचाया है, जो घटना है, अनोखी है।'' लखनऊ का **सहरे सामरी** 17 नवम्बर 1856 से प्रकाशित होना आरम्भ हुआ। यह साप्ताहिक अखबार था। इसके सम्पादक नारायण ऐय्याश और पंडित बैजनाथ थे। यह अखबार वास्तव में फिरंगियों के लिए 'सहरे सामरी' से कम नहीं था। इसने कभी अंग्रेजों की नाराजगी की चिन्ता नहीं की। सन् 1857 के स्वतंत्रता संग्राम में इस अखबार ने आम राय बनाने में महत्त्वपूर्ण भूमिका अदा की। इन अखबारों के साथ-साथ कई और भी अखबार थे, जिन्होंने स्वतंत्रता संग्राम में महत्त्वपूर्ण भूमिका निभाई। उमदतुल अखबार और हबीबुल अखबार उन्हीं में से थे। इन अखबारों के सम्पादकों को अंग्रेजों ने बग़ावत के जुर्म में जेल की सलाखों के पीछे डाल दिया और उनके प्रेस को जब्त कर लिया। इतना ही नहीं, गवर्नर जनरल लार्ड कैनिंग ने 13 जून 1857 को एक ऐक्ट जारी किया, जिसे ''कानून जबाँबन्दी'' (Gagging Act) कहा जाता है। इस कानून के द्वारा गवर्नर ने सहाफ़त की स्वतंत्रता को छीनने का प्रयास किया, ताकि अखबार न निकल सकें। इस ऐक्ट का प्रभाव हुआ, अंग्रेजी हुकूमत के साये में प्रगति कर रही उर्दू सहाफ़त का रास्ता अवरुद्ध हो गया। कितने ही अखबार और प्रेस को अंग्रेजों ने जब्त कर लिया। सम्पादक भी गिरफ्तार हुए। लगभग आठ-नौ वर्षों तक कोई अखबार प्रकाशित नहीं हो सका। इस बीच दो वर्षों-1858 और 1860 के मध्य मुम्बई, कोलकाता, लखनऊ, मद्रास, जौनपुर, अजमेर, कानपुर, बैगलोर, कोटा, सूरत और फतेहगढ़ से महज ग्यारह अखबर ही प्रकाशित हो पाए।

एक विद्वान् **जे. नटराजन**[1] ने अपनी एक पुस्तक में लिखा है कि 1857 के गदर की असफलता ने मुसलमानों को पत्रकारिता से बेदखल कर दिया। जो उर्दू पत्र उस समय अभी प्रकाशित हो रहे थे या नये प्रकाशित हुए उसके सम्पादक हिन्दू थे,—

1. Hisrory of Indian Journalism-J. Nat Rajan, P.58

"इंकलाब बरपा होते ही पश्चिमोत्तर राज्यों के अधिकतर उर्दू समाचार-पत्र बन्द हो गए। बहुत से उर्दू समाचार-पत्र विद्रोह के दौरान बन्द हो गए थे। उनकी जगह नये समाचार-पत्र निकल आए जिनके सम्पादक हिन्दू थे। सन् 1857 ई. में उर्दू भाषा के समाचार-पत्रों की संख्या 35 थी। सन् 1858 ई. की सूची में सिर्फ 12 समाचार-पत्र रह गए। इनमें छह पिछले समाचार-पत्र थे और छह नए। इन बारह समाचार-पत्रों में सिर्फ एक का सम्पादक मुसलमान था"। लगभग सभी इतिहासकारों ने नटराजन की बात को स्वीकार किया है, अलबत्ता एक विद्वान् **डॉ. ताहिर मसऊद**[1] ने उनके उक्त वक्तव्य से विरोध करते हुए लिखा है,—"नटराजन का यह ब्यान कि 1958 ई. में एक अखबार का ही सम्पादक कोई मुसलमान था, स्वीकार्य नहीं है, क्योंकि मुसलमानों के पुराने अखबारों में कशफ़ुल अखबार मुम्बई और पंजाबी अखबार लाहौर का प्रकाशन जारी था और यह 1858 ई. में तीन नये अखबार 'बर्क़े खातिफ' (मुम्बई), 'उर्दू गाइड (कोलकाता) और सरकारी अखबार 'लाहौर' जारी हुए। इनमें पहले वर्णित दोनों अखबारों को निकालने वाले मुसलमान थे, इस प्रकार नटराजन का यह ब्यान कि केवल एक अखबार का सम्पादक मुसलमान था,—स्वीकार्य नहीं है।" नटराजन ने यह भी लिखा है कि क्रान्ति होते ही उत्तर पश्चिमी राज्यों के अधिकतर उर्दू अखबार बन्द हो गए। मुसलमानों के साथ, आम तौर पर उर्दू सहाफ़त के साथ विशेष रूप से शत्रुतापूर्ण और पक्षपात-सम्पृक्त व्यवहार इसलिए रखा गया कि 1857 के ग़दर में उर्दू अखबार बहुत सक्रिय थे।

बहरकैफ, इसी अनुक्रम में 'मिलाप', 'प्रताप', 'तेज', 'सियासत', 'सरफराज' आदि पत्रों ने देश के स्वाधीनता संग्राम में बहुत ही महत्त्वपूर्ण भूमिका निभायी। इन्होंने देश वासियों को निरन्तर संघर्ष करते रहने की प्रेरणा दी। 'प्रताप' और 'मिलाप' लाहौर से छपते थे। सन् 1919 ई. में महाशय कृष्ण ने 'प्रताप' का प्रकाशन शुरू किया। उसके चार वर्षों बाद महाशय खुशाल चन्द ने 'मिलाप' छापना शुरू किया। इधर, एक अन्य किन्तु बहुत ही अहम अखबार 'तेज' दिल्ली से छपता था। यह दैनिक समाचार-पत्र था। इसकी शुरुआत सन् 1923 में स्वामी श्रद्धानन्द ने की थी। इसके प्रथम सम्पादक देशबन्धु गुप्त थे। यह ओजस्वी भावना पैदा करनेवाला अखबार था,—"Urdu nationalist paper's had their share of persecution at the hands of the alien rulers during the freedom struggle and there were many who made great sacrifices in the patriotic movements. One of them was *Milap of* Lahore, a daily started in 1923 by the Arya Samaj. Its powerful editorials espousing the cause of freedom provoked the British rulers who demanded securities from it only to for fiet the deposits as often as they were demanded. Another Urdu daily which suffered for its part in the freedom movement was **Pratap** of Lahore, Started by Mahshe Krishan in 1919. It vigoroualy supported Gandhi's policies and the Congress-objectives. It was a victim of government harassment and was forced to furnish securities at frequent intervals which were forfeited. Between 1919 and 1936, the paper suspended publication many times. A prominent Urdu daily in Delhi in 1923 was the **Tej** founded by Swami Shradhanand, Its first editor was Lala Desh Bandhu Gupta, a leading congressman. It faced government wrath many times and had to pay the penalty by having its copies confiscated on a number of ocassion. It was banned in a number of native states".[2]

दरअसल, जबान बन्दी कानून बहुत अधिक कड़े हो जाने के कारण उर्दू के अनेक अखबार बन्द हो गए। पेशावर के अखबार **मुर्तजाई** के सम्पादक को कैदे-बामुशक्कत हुई और समाचार-पत्र पर भी पाबन्दी लग गई। समाचार-पत्र **दूरबीन** और **सुल्तानूल अखबार** पर मुकदमा चलाया गया। **गुलशने-नौबहार** की प्रेस जब्ती हुई। **देहली उर्दू अखबार** के सम्पादक मौलवी मुहम्मद बाक़र को गोली मारी गई और उनकी सम्पत्ति भी जब्त हुई। **सादिकुल अखबार** के सम्पादक जमील उद्दीन खाँ पर मुकदमा चलाकर उन्हें तीन वर्ष की कैद की सजा दी गई। कई अखबारों के लाइसेंस रद्द कर दिए गए। लाहौर

1. उर्दू सहाफ़त : उन्नीसवीं सदी में—डॉ. ताहिर मसऊद, पृ. 399
2. Journalism In India-Ranga Swami Partha Sarathy. P.190

क्रानिकल ने अपने एक सम्पादकीय लेख में 18 नवम्बर 1857 ई. के संस्करण में लिखा कि,— "हम फिर पुकार कर कहते हैं कि एक खूनी इंतकाम (बदला) ले लो। जिस गाँव में हमारे निम्न-से-निम्न अंग्रेज बाशिन्दे की जरा-सी भी तौहीन हुई, उसे जलाकर राख कर दिया जाए। उसमें लोग आबाद हैं, उसे बर्बाद कर दिया जाए। कोई बचने न पाए। आज हमारी संगीन लहू से सुर्ख होने दो ताकि आनेवाले जमाने में अंग्रेज औरत के खून से किसी क़ातिल का चेहरा लिप्त न हो सके।[1]

कुल मिलाकर कहा जा सकता है कि स्वतंत्रता संघर्ष के दौर में उर्दू-पत्रकारिता ने देश को स्वाधीनता दिलाने के लिए ईमानदारी और नैतिकता के साथ नाना तरह का जोखिम लिया, हुंकार भरी, कुर्बानी दी, पाखंडों के बरक्स लाम लिया, सार्वजनिक नागरिक जीवन में अभिव्यक्ति की स्वतंत्रता और भारतीय बहुलता पर होनेवाले हमलों के विरुद्ध अपनी आवाज पूरी निर्भीकता से हर मंच और मोर्चे पर उठाई। बिना बड़बोलापन के अपनी सूझ-बूझ से स्वतंत्रता संग्राम के आन्दोलन को धार देने में हिन्दी पत्रकारिता के साथ साझा करते हुए अपनी उपस्थिति दर्ज करायी, कठिनाईयों के जब्र माहौल में भी उर्दू अखबारों को अपने लहू से सींचते रहे, अपनी पूँजी, अपना वक्त और फ़न उर्दू पत्रकारिता की इशाअत और नश्र में खर्च किया। फाँसी के तख्ते पर झूलने के बाद भी अपनी क़लम की आबरू को यह मुनादी करते हुए बनाये रखा कि,— *"हम इस बाजार में लाभ का सौदा करने के लिए नहीं, घाटे व नुकसान की तलाश में आए हैं, सिला और तारीफ के लिए नहीं, बल्कि नफ़रत व दुशनाम के तलबगार हैं। ऐश के फूल नहीं, खलिश और बेचैनी के काँटे ढूँढ़ते हैं"*—

"हुआ उजाला तो हम उनके नाम भूल गए।
जो बुझ गए हैं, चिराग़ों की लौ बढ़ाते हुए।।"

(ग) भारत में उर्दू पत्रकारिता : समस्याओं तथा समाधान सम्बन्धी कुछ महत्त्वपूर्ण सुझाव

"मैं कहाँ रुकता हूँ, अर्श-ओ-फर्श की आवाज से।
मुझको जाना है, बहुत ऊँचा हद-ए-परवाज से।।"

पर संकट यह है कि उर्दू वालों के हिसाब से उर्दू पत्रकारिता के सामने दुश्वारियों और मुश्किलों की एक लम्बी और बड़ी फेहरिश्त एवं शृंखला है, अतः ऐसी विषम स्थिति में उर्दू पत्रकारिता की यात्रा भविष्य में कैसे सतत् चलती रह सकती है। सभी जानते हैं, जंग-ए-आजादी के दौर में उर्दू-पत्रकारिता, पत्रकारिता के इतिहास की किताब में 'तारीखी पत्रकारिता' रही है। इसका चरित्र शानदार, तशीह और देश भक्त यानी ताबिए फरमान रहा है, किन्तु आज यह अपने अस्तित्व के संकट से जद्दोजहद तथा जदल-हुज्जत कर रही है। आखिर ऐसी स्थिति उर्दू पत्रकारिता के साथ क्यों है?

उर्दू पत्रकारिता से जुड़े लोग बताते हैं कि दुनिया के अधिसंख्य अखबार विज्ञापन की आमदनी से चलते हैं, पर दुर्भाग्य से उर्दू अखबारों को बहुत ही कम कॉरपोरेट विज्ञापन मिलते हैं। सरकारी विज्ञापन भी उम्मीद से बहुत कम मिलते हैं। वस्तुतः जब से इलेक्ट्रॉनिक मीडिया का पदार्पण हुआ है, तब से प्रिन्ट मीडिया को कॉरपोरेट इश्तेहार मिलने कम हो गए हैं। अतः ऐसी स्थिति में आर्थिक लिहाज से उर्दू अखबारात बहुत कमजोर हो गए हैं। इतना ही नहीं, सितम जरीफी यह है कि पहले विज्ञापन एबीसी (Audit Bueerau of Circulation) की बुनियाद पर मिलते थे, लेकिन अब एन आर एस (National Readership Survey) के आधार पर मिलते हैं और जाहिर सी बात है कि इस समय उर्दू की रीडरशिप बहुत कम है, अतः ऐसी स्थिति में प्रचुर मात्रा में उर्दू अखबारों को विज्ञापन नहीं मिल पाते। उर्दू अखबारात को डी.ए.वी.पी. विज्ञापन का महज़ 2 से 2.5 फीसदी ही मिलता है। बड़ी-बड़ी मल्टी-नेशनल कम्पनियाँ भी विज्ञापन नहीं देतीं। जहाँ तक हुकूमत का सवाल है वह लफ्जी जमा खर्च के अलावा कुछ नहीं करना चाहती। हाँ, चुनाव के वक्त कुछ खास उर्दू अखबारात को खुश करने के लिए 'विज्ञापन' जरूर दे देती है। विज्ञापन सम्बन्धी उर्दू-पत्रकारों का आरोप यह भी है कि उर्दू के वास्ते जो विज्ञापन पॉलिसी

---

1. संवेद मासिक में मुहम्मद शाहिद का लेख 'अट्ठारह सौ सत्तावन और उर्दू अखबार', पृ. 297 अनु., जफरुल्लाह अंसारी, एफ-3/78-79, सेक्टर-16, रोहिणी, दिल्ली, वर्ष, 4, अंक 1, मूल्य 50 रुपये, जनवरी-2012 ई.

है, वह दुरुस्त नहीं है। सर्कुलेशन के हिसाब से विज्ञापन का रेट फिक्स है, जो विज्ञापन का घपला है, उसमें अंग्रेजी अखबारों को ज्यादा पैसा मिलता है। उसके बाद हिन्दी अखबारों का नम्बर आता है। उर्दू अखबारों का दर्जा निम्न है, जबकि विज्ञापन का पैसा सबको बराबर मिलना चाहिए। विज्ञापन में उर्दू-पत्रकारिता का शेयर फिक्स हो। इसी प्रकार निजी सेक्टर के विज्ञापन भी इसे मिलने चाहिए। जहाँ एक ओर हिन्दी तथा दूसरी भाषाओं को निजी संस्थानों से विज्ञापन मिल जाते हैं, उर्दू वालों को ले-देकर हमदर्द का रूह-अफ़ज़ा और इसी प्रकार के कुछ दूसरे विज्ञापनदाताओं का ही सहारा है। इसलिए उर्दू पत्रकारिता पूरी तरह से सरकारी रहमो-करम पर ही टिकी दिखायी देती है। इसी कारण उर्दू पत्रकारों को कहीं-न-कहीं दोधारी तलवार पर चलने की मजबूरी से जूझना पड़ता है। अगर वह सरकार की कमियों को उजागर करते हैं, तो विज्ञापन छिन जाने का डर मँडराता है और अगर नजर बचाकर गुज़रते हैं, तो पत्रकारिता के पवित्र पेशे पर दाग़ लगने की चिन्ता भी सताती है।

वस्तुतः उर्दू पत्रकारिता की कुछ अन्य समस्याओं में उर्दू अखबारों में प्रशिक्षित लोगों की कमी भी है। यह कमी आज की नहीं है, बल्कि वर्षों से चली आ रही है। दूसरी जुबानों के अखबारों के लिए अलग-अलग प्रशिक्षण-संस्थान हैं, लेकिन उर्दू के लिए सम्भवतः नहीं है। बताते हैं, इन अखबारों की खबरें भी पुरानी होती हैं, कागज की किस्म घटिया होती है, ले-आउट डिजाइन पर बहुत ध्यान नहीं दिया जाता है। अतः उक्त तथा अन्यान्य कारणों से उर्दू पत्रकारिता की अहमियत कुछ कम हो गई है। इधर, उर्दू अखबारों के पास फराहमी यानी पूँजी की भारी कमी है, जिससे वह नई-नई तकनीक का इस्तेमाल नहीं कर पाते हैं। अगली बात यह कि उर्दू पत्रकारिता के कमर्शियल पत्रकारिता में तब्दील होने के बाद उर्दू अखबारों में इस्लामी जगत की खबरें और धार्मिक खबरें कुछ ज्यादा ही छपने लगी हैं। मुस्लिमों की मसायल को उनकी जरूरत को पूरा करने के लिए मुस्लिम समाज में जुड़ी खबरें ज्यादा शाया की जाती हैं। उर्दू में साफ्टवेयर की कमी है। उर्दू पत्रकारिता में तकनीक का विकास नहीं हो पाया है। कभी-कभी देखा जाता है कि अखबार का मालिक ही उसका सम्पादक भी है, भले ही उसे पत्रकारिता के बारे में कोई विशेष जानकारी न हो। ऐसी हालत में उर्दू अखबारों से ताजा-तरीन खबरों और बेहतरीन लेखों की उम्मीद करना ही बेमानी है। ऐसे अखबार मालिकों का मकसद जैसे-तैसे अखबार प्रकाशित कर खुद को पत्रकार घोषित करना ही रहता है। शायद यह आत्मसन्तुष्टि का ही एक हिस्सा है। सैकड़ों अखबार ऐसे हैं, जो सिर्फ फाइलों में सँजोने के लिए प्रकाशित किए जाते हैं। मंजर आम पर ऐसे अख़बार कहीं दिखायी नहीं देते।[1] अगली बात यह कि उर्दू अखबारों को आकर्षक वेतन नहीं दिया जाता, जबकि दूसरी जुबानों के अखबारों में पहले से ही आकर्षक वेतन है। अतः ऐसी स्थिति में पत्रकारों की नई नस्ल उर्दू पत्रकारिता में क्यों आएगी?

बाजार भी आज उर्दू पत्रकारिता के साथ नहीं है, जिसके कारण उसे जज्बात या फिर सरकार पर निर्भर रहना पड़ता है। केवल बेचना या आत्मा का सौदा करना पड़ता है। उर्दू पत्रकारिता की एक खास कमी पाठकों की है। मुम्बई में भिंडी बाजार, जोगेश्वरी, मीरा रोड और मुम्ब्रा में उर्दू पढ़ने वाले लाखों में नहीं तो एक लाख से ज्यादा जरूर हैं, लेकिन इस सच्चाई पर किसी को भी आश्चर्य होगा कि इन उर्दूदां इलाकों में मुम्बई से प्रकाशित होनेवाले सभी उर्दू दैनिक समाचार-पत्रों की कुल संख्या का एक-दो हजार से ज्यादा भी नहीं बिकता है। इस सच्चाई की न्यूजपेपर स्टाल और हॉकरों से जाँच की जा सकती है। ऐसी ही जाँच रेलवे के जाने-माने बुक स्टाल ए.एच. ह्वीलर से भी की जा सकती है। मुम्बई में अत्यन्त भीड़भाड़ वाले स्टेशनरों पर भी उर्दू के सभी अखबारों की 30 प्रतियों से ज्यादा नहीं बिकती हैं। ''उर्दूमुहल्लों'' में उर्दू पढ़ने वाले घरों, परिवारों में आपको उर्दू अखबार नहीं मिलेंगे। दो-चार अपवाद हो सकते हैं, लेकिन थोड़ी भी अंग्रेजी पढ़ने वाले, उर्दू वाले अंग्रेजी अखबार को ही तरजीह देते हैं। अंग्रेज़ी अखबारों में, उर्दू वालों को, बल्कि दूसरी भाषाओं के लोगों को भी, वह सब कुछ मिल जाता है, जो वह पढ़ना या जानना चाहते हैं। उनमें राजनीति के अतिरिक्त विज्ञान, बाज़ार, मनोरंजन, स्वास्थ्य, टूरिज्म तरह-तरह की नौकरियों, रोजगार की जानकारी, स्पोर्ट्स और दुनिया भर की खबरें होती हैं।

1. मीडिया-विमर्श, पृ. 27, अप्रैल-जून 2011 ई.

मज़ाक में यह भी कहा जाता है कि अंग्रेजी अखबारों की रद्दी के भाव भी ज्यादा मिलते हैं। 'उर्दू मुहल्लों' में आम तौर पर चाय की दुकानों, ढाबों और हेयर कटिंग सैलून में एक साथ कई अखबार मिल जाएँगे, जहाँ चाय की चुस्की या बाल कटाई पर 'पालिटिक्स पर बहस होती है। ध्यान देने की बात है कि मुंबई जैसे खाते-पीते महानगर में दस लाख से ज्यादा उर्दू पढ़नेवालों की मौजूदगी में उर्दू अखबारों का प्रकाशन 35-40 हजार से ज्यादा नहीं होता है। दिल्ली, कोलकाता, पटना, लखनऊ, कानपुर में भी कुछ हजारों में ही उर्दू अखबार प्रकाशित होते हैं। यहाँ तक कि उर्दू भाषियों की अच्छी खासी आबादी वाले हैदराबाद में भी 'सियासत' जैसा अखबार 35-40 हजार से ज्यादा प्रकाशित नहीं होता है। अलबत्ता उर्दू का क्षेत्र नहीं समझे जानेवाले पँजाब के उर्दू दैनिक हिन्द समाचार के जालन्धर और पटियाला संस्करणों की 30-30 हजार से ज्यादा प्रतियाँ प्रकाशित होती हैं। इसका मतलब यह हुआ कि इस क्षेत्र में उर्दू पढ़नेवाला हर व्यक्ति अखबार खरीदता है। ध्यान देनेवाली बात यह है कि उत्तर प्रदेश, बिहार, दिल्ली, आन्ध्र प्रदेश, पश्चिम बंगाल, महाराष्ट्र, मध्यप्रदेश, झारखंड और कर्नाटक में उर्दू पढ़ने वाले कम ही व्यक्ति उर्दू पत्र खरीदते और पढ़ते हैं। उर्दू अखबारों और उर्दू पत्रकारिता की हर गोष्ठी, सेमिनार, वर्कशाप में यह बात बार-बार उठती है या उठाई जाती है कि उर्दू वाले, उर्दू का अखबार न तो खरीदते हैं, न पढ़ते हैं। इसी के साथ यह सवाल भी जुड़ा है कि उर्दू पढ़ने वाले, उर्दू के अखबार क्यों खरीदें और क्यों पढ़ें? इस सवाल का जवाब कुछ कसीला लेकिन आसान है कि उर्दू अखबारों में होता क्या है, जो पढ़ा जाए? उर्दू अखबारों की खबरें, टिप्पणियाँ, विरोध लेख, सम्पादकीय कालम सीधे मुसलमानों से ही जुड़े होते हैं। उनके साथ मजहबी विषयों की तरजीह दी जाती है। कुल मिलाकर एक नजर डालने से ही साफ पता चल जाता है कि उर्दू अखबार केवल और केवल मुसलमान पाठकों के लिए ही हैं। यहाँ-वहाँ राष्ट्रीय-अन्तर्राष्ट्रीय समाचार होते हैं, लेकिन उनका भी चयन 'मुसलमानी ढंग' से होता है।[1]

अगली समस्या उर्दू पत्रकारिता में अनुवाद की है। उर्दू समाचार-पत्रों में दूसरी भाषाओं की तुलना में अनुवाद का अधिक सहारा लेना पड़ता है। इसका कारण, उर्दू विद्वानों की कमी नहीं, बल्कि संसाधन, विशेष रूप से धन की कमी है। उर्दू पत्रकारिता में अनुवादक ही उप-सम्पादक कहलाते हैं, जबकि अंग्रेजी भाषा में उप सम्पादक की जिम्मेदारियाँ और कार्य शैली भिन्न होती है। उर्दू समाचार-पत्रों में आम तौर से उप सम्पादक को न केवल अनुवादक का काम करना होता है, अपितु उसमें प्रवीणता भी पैदा करनी होती है। बहरहाल, यदि अनुवादक में कार्य कुशलता नहीं है तो समाचार-पत्र को वह दूसरे अन्य आवश्यक समाचारों से वंचित रख सकता है। सच तो यह है कि उर्दू-पत्रकारिता सम्बन्धी उक्त समस्याओं को यदि हम गौर करें तो कह सकते हैं कि वे अंगद के पाँव नहीं हैं, जिन्हें सुलझाया नहीं जा सकता। शुमाली हिन्द में उर्दू पत्रकारिता को बेहतर बनाने की पहली कोशिश यह होनी चाहिए कि जो अखबार वहाँ चल रहे हैं, सरकार को चाहिए कि उर्दू अखबारों को ज्यादा से ज्यादा विज्ञापन दे। उर्दू अखबारों को न्यूज प्रिन्ट में जो क़ागज प्रयुक्त होता है, उस पर छूट देने की कोशिश करे। सरकार को उर्दू पत्रकारिता को बेहतर बनाने के लिए उर्दू अखबारों को विज्ञापन और पत्रकारों को प्रशिक्षित करने के अलावा उर्दू तालीम पर विशेष ध्यान देना चाहिए। उर्दू पत्रकारों तथा कर्मचारियों को अच्छा वेतन मिलना, चाहिए, तभी उर्दू का नौजवान पत्रकार यहाँ रागिब होगा। बेहतर प्रबन्धकीय क्षमता के जरिए अखबार को गाँव-गाँव तक पहुँचाने की व्यवस्था होनी चाहिए। उर्दू इदारों (मीडिया) में ज्यादा से ज्यादा पूँजी-पसार लगनी चाहिए। आने वाली हर तकनीक का प्रयोग उर्दू सहाफत में होना चाहिए। सरमाया अर्थात् पूँजी के साथ-साथ इसके प्रति कमजोर नजरिया न हो। अखबारों के माली एतबार को मजबूत बनाये रखने के लिए उर्दू अखबारात को सस्ती ब्याज दरों पर लोन देना चाहिए। मार्केटिंग, सर्कुलेशन और एडीटोरियल पर विशेष ध्यान देना चाहिए। सर्कुलेशन बेहतर करने के लिए एडीटोरियल का बेहतर होना आवश्यक है। सफ़हा (पृष्ठ) पर जो मैटर दें, वह पाठकों के लिए उपयोगी हो, शिक्षाप्रद, ज्ञानवर्द्धक और जॉब ओरियेन्टेड हो। जब एडीटोरियल बेहतर होगा, तो सर्कुलेशन और मार्केटिंग बेहतर होगी तथा इससे विज्ञापन आएँगे।

1. मीडिया-विमर्श में फीरोज़ अशरफ साहब का लेख 'उर्दू अखबारों का संकट'—पृ. 21, अप्रैल-जून 2011 ई.

अगली बात यह कि उर्दू जबान को रोजी-रोटी से जोड़ने का प्रयास हो। उर्दू पत्रकारिता को फरोग देने तथा उसे जिन्दा रखने के लिए यह एक खुश आईंद कदम हो सकता है। उर्दू पत्रकारिता में भारी संख्या में तजुर्बेकार लोगों को लाना होगा, क्योंकि अच्छी सेलरी के अभाव में योग्य तथा युवा पत्रकार इधर नहीं आते हैं। ले-आउट तथा डिजाइन को बेहतर बनाना होगा। मदरसों तक सिमटी उर्दू को बाहर लाना होगा और अन्त में बहुत ही महत्त्वपूर्ण बात यह कि उर्दू पत्रकारिता का इस्लामीकरण और मुस्लिमीकरण न हो। साम्प्रदायिकता और कट्टर धार्मिकता की ताप-तपिश से उर्दू को बचाना होगा। बहुत बड़े चिन्तक श्री *रघुठाकुर* के अनुसार—"1947 के बाद की उर्दू पत्रकारिता बहुत हद तक मुस्लिम परम्पराओं के कट्टरपंथ तक सिकुड़ी हुई है और कुछेक अपवाद छोड़ दें तो अधिकांश ने प्रगतिशील या परिवर्तन के विचारों को तरजीह नहीं दी है। या तो उनका प्रयास मुस्लिम भाइयों को भयभीत कर साथ में लाने के लिए एक ऐसा वातावरण बनाना रहा है, जिससे ऐसा लगे कि देश में मुस्लिम आबादी खतरे में है और इस्लाम तथा मजहबी परम्पराएँ हिन्दू वादी कट्टरपंथियों या ईसाई धर्मावलंबियों के द्वारा हमलों की शिकार हो रही हैं। उर्दू पत्रकारिता ने आम तौर पर कभी भी लम्बे चिन्तन का प्रमाण नहीं दिया है।[1]

1. मीडिया विमर्श में रघुठाकुर का लेख 'भाषा का धर्म से रिश्ता नहीं होता', पृ. 33-34, अप्रैल-जून 2011ई.

अध्याय -2	खंड 'क' : द्वितीय पर्व
	भारत में पत्रकारिता का आरम्भ या उद्भव-विकास (Development of Press in India) अथवा स्वतंत्रता पूर्व एवं बाद की भारतीय पत्रकारिता

(अ) भारत में आरम्भिक जन संचार-व्यवस्था

(1) (क) जनसंचार माध्यम : संकल्पना, स्वरूप, अवधारणा

भारत में जनसंचार (Mass Communication) की अवधारणा काफी पुरानी है। **श्री पी.एन. मल्हन**[1] ने भारत की संचार व्यवस्था को महर्षि नारद तथा संजय जैसे चरित्रों से जोड़कर मौर्यवंश तथा मध्यकालीन भारत की संचार व्यवस्था का विस्तार से वर्णन किया है। सम्प्रेषण (Communication) की आवश्यकता मनुष्य को उसी भाँति है, जिस भाँति भोजन और पानी। सम्प्रेषण एक अत्यन्त व्यापक अवधारणा है, जिसमें मनुष्य द्वारा अभिव्यक्ति के सभी प्रकार के माध्यम—शब्द, चित्र, संगीत, अभिनय, मुद्रण आदि समाहित किए जा सकते हैं।[2] सच तो यह है कि संचार भी उतना ही पुराना है, जितना पुराना मानव। संचार जीवन की धूप, हवा, पानी जैसी अनिवार्यता है। चाहे केवल दो व्यक्तियों के बीच हो या व्यक्ति समूहों के बीच—संचार सभी की आवश्यकता है। लोग हमेशा संचाररत रहते हैं, चाहे वे घर में हों या काम पर गए हों, यात्रा कर रहे हों, या कहीं भी हों। इसके लिए भाषा का माध्यम बनना अनिवार्य नहीं है। संकेत, हाव-भाव, ध्वनियाँ गीत, नृत्य—सभी के द्वारा संवाद स्थापित किया जा सकता है। कोई भी बिना संचार के नहीं जी सकता।[3]

कुल मिलाकर संचार आज सभी के लिए एक मूलभूत सामाजिक आवश्यकता बन गया है। वस्तुतः संचार एक सहज प्रवृत्ति है। समस्त प्राणि जगत संचार की एक लम्बी नैसर्गिक श्रृंखला से जुड़ा हुआ है अर्थात् ऐसा कोई भी क्षण नहीं होता, जब हम संचार की प्रक्रिया से न गुजर रहे हों। मस्तिष्क विज्ञानियों का कहना है कि हमारे शरीर की लाखों कोशिकाएँ भी लगातार एक-दूसरे से संचार करती रहती हैं और जिस क्षण यह संचार प्रक्रिया बन्द हो जाती है, उसी क्षण हम मृत्यु का ग्रास बन जाते हैं। मृत्यु का दूसरा नाम सम्प्रेषणहीनता अथवा संचार शून्यता है। वैज्ञानिकों का अनुमान है कि अमेरिका का हर व्यक्ति अपनी जाग्रतावस्था का सत्तर प्रतिशत संचार जैसे—सुनने, बोलने, पढ़ने और लिखने में व्यतीत करता है। संचार का सामान्य अर्थ है—विचारों, मतों—अभिमतों, धारणाओं-अवधारणाओं, अनुभवों-अनुभूतियों का आदान-प्रदान।[4] **एम.वी. कामथ**[5] तो संचार और उसके साधनों के महत्त्व पर प्रकाश डालते कहते हैं कि, "Everybody would agree that the Communications media are important

1. Communication Media—Yesterday, Today and Tomorrow—P.N. Malhan, P.15
2. पत्रकारिता का इतिहास एवं जनसंचार माध्यम—डॉ. संजीव भानावत, पृष्ठ 152 रु. यूनिवर्सिटी पब्लिकेशन, जयपुर, सन् 2000
3. पत्रकारिता : परिचय और विश्लेषण—डॉ. प्रीता व्यास, पृष्ठ 211, अयन प्रकाशन, दिल्ली, मूल्य 225 रु. सन् 1996।
4. जनसंचार—सं. डॉ. राधेश्याम शर्मा, पृष्ठ 97, हरियाणा साहित्य अकादमी, चंढ़ीगढ़, मूल्य 75 रु. सन् 1933।
5. Professional Journalism—M. V. Kamath P. 263, Vikas Publishing House, New Delhi, Rs. 75, Ed. 1995

instruments to involve the masses towords achieving national aspirations. Next, perhaps, to politics the mass media is the most potent instrument of a society for economic and social transformation." इसी तरह की एक सूचना के अनुसार "For a country of 640 million, the total circulation of all our dailies was only 9.38 million in 1976, according to the report of the Registrar of Newspapers for 1977-78, which is about the circulation of just one Japanese paper. And the total newsprint consumed in India is less than what a number of daily newspapers in Eagland and the United States singly consumes." इस तरह हम देखते हैं कि संचार साधनों ने सम्पूर्ण दुनियाँ को बहुत छोटा अर्थात् Global village बना दिया है। तार-बेतार, टेलीफोन, रेडियो, दूरदर्शन ने बहुत हद तक भौगोलिक दूरियों का मतलब ही बदल दिया है। यह संचार सार्वभौमिक मानवाधिकार है, व्यक्तियों के बीच की एक दो-तरफा प्रक्रिया है, वैयक्तिक जरूरत है और किसी सन्देश के विनिमय की प्रविधि और तकनीक भी है।

संचार और उसके साधनों-माध्यमों से हमारा रिश्ता आदिम है, किन्तु पिछले कुछ सालों से अर्थात् जब से सूचना का विस्फोट, रेडियो, टेलीविजन, कम्प्यूटर, इंटरनेट तथा उपग्रहों का फैलाव और जनसंचार टेक्नोलॉजी की विकास क्षिप्र गति से—पूरी दुनिया को ताल ठोंकते हुआ है—तब से यह शब्द हमारे और नज़दीक आ गया है। इसके माध्यमों से दुर्लभ सूचनाएँ बह रही हैं। महीना मिनट में तब्दील हो गया है। ऐसा लगता है, जैसे हमारे देश में हालिया जन्मा यह अजूबा है, कोई नूतन जन्मी तकनीक या विधा है, पर आपको बताते मुझे गर्व हो रहा है कि जनसंचार भी अब एक विज्ञान की स्थिति को प्राप्त हो गया है, क्योंकि इनके परिणाम यथा तथ्य विज्ञानों (Positive Science) की तरह पहले से ही निश्चित किए जाते हैं, तभी तो जनसम्पर्क को जनमत निर्माण की इंजीनियरी या अभियांत्रिकी (Science of Public Engineering) कहते हैं।[1]

पर, जिस धरती को नापने के लिए भगवान सूरज को रात और दिन के रूप में डूबना और उतराना पड़ता है, उसी ब्रह्मांड को 'कन्दुक इव' बना देनेवाला 'संचार' शब्द आज खुद-ब-खुद कई तरह की अर्थगत खामियों और भ्रान्तियों का शिकार हो गया है। साफ शब्दों में संचार शब्द इस समय काफी भ्रामक अर्थ दे रहा है। दरअसल, इसके पर्याय के रूप में कहीं, 'संचार' तो कहीं 'जनसंचार', कहीं 'जन माध्यम' तो कहीं 'सम्पर्क' तो कहीं 'जनसम्पर्क' तो कहीं 'लोक सम्पर्क' शब्दों का प्रयोग चल रहा है। सवाल है, क्या उक्त सभी शब्द अर्थ की एक ही छँटा बिखेर रहे हैं, या अलग-अलग। अपनी अल्प बुद्धि और अध्ययन के बल पर मैंने निष्कर्ष निकाला है कि विद्वान् भी इन शब्दों के अर्थ को लेकर अनिश्चय के धुन्ध में बौड़िया रहे हैं, अपनी-अपनी ढपली और अपने-अपने राग बजा रहे हैं। कुछ लोग कहते हैं कि इनमें अर्थगत अन्तर नहीं है, तो कुछ लोग इनमें सूक्ष्म अन्तर मानते हैं।

'सम्+चर्+घञ्' से बने संचार शब्द का अर्थ होता है—गति, गमन, यात्रा—''स पुनः पार्थ संचारं सञ्चरत्यवनी पति।'' यह दो या दो से अधिक व्यक्तियों के बीच सम्बन्धों को स्पर्श कराता है। संचार शब्द के लिए लेटिन या लातीनी भाषा में 'कम्युनिस' (Communis) शब्द का प्रयोग होता है। इस शब्द का अर्थ होता है—''किसी वस्तु या विषय का सबके लिए साझा होना।'' Communis शब्द ही अंग्रेजी भाषा में—Communication[2] बना। संस्कृत में संचार के लिए 'चर' धातु का प्रयोग होता है। ''चर'' का अभिप्राय

1. जनसंचार—सं. डॉ. राधेश्याम शर्मा (डॉ. राजेन्द्र का लेख), पृष्ठ 287।
2. कम्युनिकेशन (Communication) शब्द को अभिव्यक्त करने के लिए बैब्सटर अंग्रेजी कोश में जो शब्द पर्याय के रूप में दिए गए हैं, उनका हिन्दी अर्थ इस प्रकार है—भाषण, रहस्योद्घाटन, वार्तालाप, विचार-विमर्श, संवाद, प्रवचन, सम्मेलन, सम्पर्क, सम्बोध, समरस, विकीर्ण (फैलाना अर्थात् प्रचार या प्रसार), (सूचना), हस्तान्तरण, अवगत कराने का कार्य (सूचना) देना, सूचित परामर्श, अधिसूचना, परिचित करना, तथ्योद्घाटन, अनुसन्धान, कहना, प्रस्तुति, पहुँचाना, आदान-प्रदान, विवरण, छद्म आवरण हटाना, उद्घोषणा, उल्लेख, सामने रखना, वैचारिक सम्पर्क, समागम, सार्वजनिक घोषणा, वितरण, सम्प्रेषण, बलपूर्वक कथन, प्रसारण, बिखेरना, अतीन्द्रिय अनुभव, प्रकाशन, लेखन, चित्रण, संकेत, संचार, हस्ताक्षर, रेडियो प्रसारण, जानकारी में आना, अनुवाद तथा व्याख्या। इसी कोश में कम्युनिकेशन के शब्दार्थ इस प्रकार हैं—
   (1) सम्प्रेषण का कार्य, सूचना देना अथवा सूचना, संकेत या सन्देश का आदान-प्रदान, जो वार्तालाप, हावभाव या लेखन द्वारा किया जाता है।
   (2) सन्देश भेजने और प्राप्त करने का ऐसा तंत्र जो टेलीफोन, टेलीग्राफ, रेडियो द्वारा सम्पन्न होता है। उत्तर आधुनिक मीडिया तकनीक—डॉ. हर्षदेव, पृष्ठ 11, वाणी प्रकाशन, दिल्ली, सन् 2004

है—'चलना', 'आगे बढ़ना', 'फैलाना'। इधर, Communication शब्द का भी अर्थ होता है—वह प्रक्रिया, जिसके द्वारा किसी भाव, विचार या जानकारी को हम दूसरों तक पहुँचाते हैं। जहाँ तक **जनसंचार**[1] शब्द का सवाल है, इसे अंग्रेजी में Mass Communication कहते हैं। इसमें 'संचार' शब्द की व्युत्पत्ति संस्कृत की 'चर' धातु ही है। पर संचार और जनसंचार में थोड़ा अन्तर है। संचार में किसी भाव, विचार और जानकारी को हम दूसरों तक पहुँचाते हैं, किन्तु जब यह प्रक्रिया सामूहिक पैमाने पर होती है, तब वह 'जनसंचार' या Mass Communication कही जाती है। साफ शब्दों में, मानव समुदाय के सभी मिले-जुले वर्गों तक बड़े पैमाने पर, चाहे वह समीप ही हो या दूर, कुछ विचार, भाव या सूचनाएँ शब्दों या अन्य प्रतीकों द्वारा सम्प्रेषित किए जाते हैं और इस काम के लिए इलेक्ट्रॉनिक उपकरणों का प्रयोग किया जाता है, तब ऐसी स्थिति में कहा जाता है कि ''जनसंचार'' की प्रक्रिया चालू है।[2] दरअसल, संचार (Communication) एवं माध्यम (Media) शब्दावलियों के साथ एक नई शब्दावली 'जन' (Mass) का समावेश किया गया है, जिससे उपभोक्ता उत्पादों से सम्बन्धित शब्दों जैसे—'बहुमात्र उत्पादन' (Mass Production) और 'जन-वितरण' (Mass Distribution) के साथ समानता का बोध होता है, परन्तु 'जनसंचार' एवं 'जन माध्यम' की संकल्पना का उद्‌भव अपेक्षाकृत नया है, तथापि इस शब्दावली को मूल रूप में हर्बर्ट ब्लूमर ने सन् 1939 में परिभाषित कर लिया था। ब्लूमर ने समान शब्दावलियों, जैसे—'समूह' (Group) 'भीड़' (Crowd) और 'जन समुदाय' (Public) के विरोधी रूपों का प्रयोग कर मूल परिभाषा दी।[3]

जनसम्पर्क शब्द संस्कृत के ''पृच्'' धातु से बना है, जिसका अर्थ होता है—मिलना, मेल बढ़ाना। इस तरह ''सम्'' और ''पर्क'' ('पृच्' से बनी क्रियार्थक संज्ञा) से 'सम्पर्क' बना और उससे कालान्तर में ''जन सम्पर्क'' की निर्मिति हुई। जन सम्पर्क को अंग्रेजी में ''Public Relations'' कहते हैं। जनता से अथवा जनमत से तालमेल रखना और इसे आवश्यकतानुसार वांछित दिशा में परिवर्तित करना ही जनसम्पर्क कहा जाता है। United Kindom की Institute of Public Relations के अनुसार उन सुविचारित और सुनियोजित उपायों एवं प्रयत्नों को जनसम्पर्क कहते हैं, जिनका उद्‌देश्य परस्पर तालमेल और आपसी विश्वास के आधार पर जनता की सद्‌भावना प्राप्त करना और सहयोग बनाये रखना है।[4] विद्वान् कहते हैं[5] कि **जनसंचार** की तुलना अगर रथ से की जाए तो **जनसम्पर्क** का स्थान सारथि का होगा। दूसरे शब्दों में, जनसंचार को सफल बनाने के लिए जनसम्पर्क द्वारा निर्देशन अपरिहार्य है। जनसंचार को यदि विभिन्न माध्यमों—मौखिक एवं मुद्रित शब्द, दृश्य—श्रव्य साधन, प्रचार सामग्री, चलचित्र, रेडियो, दूरदर्शन आदि सभी इलेक्ट्रानिक उपकरणों की संरचना और उनके प्रयोग का 'विज्ञान' मान लिया जाए तो 'जनसम्पर्क' उस कला को कहेंगे, जिसकी सहायता से जनसंचार के माध्यमों का इस्तेमाल करके पब्लिसिटी या प्रचार के लक्ष्यों में अधिक-से-अधिक सफलता प्राप्त की जा सकती है। कुल मिलाकर जनसम्पर्क एक 'आर्ट' (Art) है, जिसकी साधना के लिए 'जनसंचार' साधन उपलब्ध करता है।

ठीक इसी तरह **लोकसम्पर्क** और **जनसंचार** भी समानार्थी नहीं माने जाते। वस्तुतः उन सुविचारित और सुनियोजित तथा अनवरत प्रयत्नों को हम लोक सम्पर्क कहते हैं, जो परस्पर तालमेल के आधार पर जनता का विश्वास जीतने और उसे बनाये रखने के लिए किया करते हैं। इस आधार पर हम कह सकते हैं कि लोकसम्पर्क और जनसंचार का वही नाता है जो एक कला (Art) और उसकी तकनीक (Technic) में है। लोकसम्पर्क एक 'आर्ट' है, जिसके साधन के लिए जनसंचार साधन जुटाता है। अन्त में हम कह

1. डॉ. प्रीता व्यास के अनुसार संचार (Communication) और जनसंचार (Mass Communication) में थोड़ा-सा अन्तर है, वह यह कि संचार में प्राप्तकर्त्ता की संख्या एक भी हो सकती है, एक से अधिक भी, सन्देश एक व्यक्ति द्वारा किसी भी व्यक्तिगत माध्यम से दिया जा सकता है, जबकि जनसंचार के अर्थों में इसका स्वरूप व्यापक हो जाता है। किसी भी वय, जाति, लिंग के अधिक व्यक्तियों को एक साथ किसी जन माध्यम के जरिये सन्देश पहुँचाया जाता है। पत्रकारिता : परिचय और विश्लेषण, पृष्ठ 217
2. जनसंचार—डॉ. राजेन्द्र, पृष्ठ 287
3. दृश्य—श्रव्य सम्प्रेषण और पत्रकारिता—डॉ. जेम्स. एस. मूर्ति पृष्ठ 7, भारतीय भाषा पीठ, नई दिल्ली, मूल्य 200 रु. सन् 1990
4. Institute of Public Relations—United Kingdom (Guide to Public Relations), P. 109
5. जनसंचार—डॉ. राजेन्द्र, पृष्ठ. 268

सकते हैं कि **संचार** सन्देशों के विनिमय एवं पारस्परिक समझ के निर्माण की प्रक्रिया है। वस्तुतः यह अर्थपूर्ण सन्देशों का ऐसा पारस्परिक आदान-प्रदान है, जिसका उद्देश्य आपसी समझ को उत्पन्न करना तथा पारस्परिक मानव व्यवहार को प्रभावित करना है, जबकि मुद्रित शब्दों (Printed word), मौखिक शब्दों (Spoken word) और मूर्त्त शब्दों (Image symbolised) के सम्यक् प्रयोग का दूसरा नाम **जनसम्पर्क** है।

कुल मिलाकर डेनिस मैक रवैल ने अपनी एक पुस्तक ''टुवर्ड्स एसोशियालॉजी ऑफ कम्यूनिकेशन'' में कहा है कि—''संचार वह प्रक्रिया है, जिसमें समता और सामुदायिकता की वृद्धि होती है।[1] भारतीय संस्कृति में 'ओम' के साथ सृष्टि की रचना और 'शब्द ब्रह्म' की परिकल्पना से स्पष्ट है कि सम्प्रेषण को जीवन की अनिवार्यताओं में स्वीकारा गया है। मानव सभ्यता और लिपि के विकास के साथ 'पत्रकारिता और संचार के विभिन्न साधनों का विकास हुआ।[2]

(ख) जनसंचार माध्यमों का विकास

भावों का संचरण 'संचार' और संवाद मनुष्य की सहज प्रवृत्ति हैं। सभी जानते हैं, गाँवों के निरन्तर नष्ट होने और शहरों के बेहयाई के साथ पसरते जाने के बावजूद भारत मूलतः गँवई देश है, अतः जिनका रिश्ता आज भी गाँवों से है, वे जानते हैं कि तमाम तरह की विसंगतियों, विद्रूपताओं, घृणा, एतराज, राग, द्वेष के बावजूद गाँव का सामाजिक शीराजा, नागरिकशास्त्र या समाजशास्त्र इन्हीं संवादों और विचारों के परस्पर संचार के कारण पुख्ता या सुदृढ़ रूप में संघटित है। संचार जीवन का मूल तत्त्व है। इसके बिना जीवन बेस्वाद, बेरंग और गन्धहीन है। यही ग्रामगन्धी छुअन है। संचार और संवादरहित मनुष्य पशु से भी बदतर या साक्षात् मृत्यु है, जीवित शव है। संवादों के महत्त्व को इतने से ही जाना जा सकता है कि जब भी किसी को किसी तरह की सजा दी जाती है, गाँव की पंचायत सबसे पहले उसका सामाजिक बहिष्कार अर्थात् 'हुक्का पानी' बन्द कराती है, अपराधी को कारागार के भीतर 'एकान्त कोठरी' या 'काल कोठरी' की सजा दी जाती है, अंग्रेजों के समय में यही सजा 'कालापानी' थी। मैंने भाषा-विज्ञान की एक पुस्तक में पढ़ा है कि राजा दशरथ के समय में पशु-पक्षी भी परस्पर दुखों-सुखों को बाँटने के लिए आपस में संवाद, वार्तालाप करते थे—'खग जानै खगही की भाषा' तो फिर ऐसी स्थिति में मनुष्य के लिए संवाद-संचार के महत्त्व को स्वतः जाना जा सकता है।

संचार का अँखुआ सबसे पहले कब डिभियाया, इस सम्बन्ध में भाषाविदों में वैचारिक एका नहीं है। हाँ, सम्भवतः सभी लोग इस बात पर एकमत हैं कि मनुष्य और संचार शुरू से ही साथ-साथ समानान्तर यात्रा कर रहे हैं। संचार का स्वरूप उस समय दूसरा था। अभिव्यक्ति के लिए भाषा और शब्द जब नहीं थे, तब हाथ-पाँव हिला-डुलाकर, संकेतों या विचित्र किसिम की आवाजों से काम लिया जाता था। बाद में भाषा जन्मी और उसके बाद उसे टाँकने वाली लिपि का जन्म हुआ। ईसाइयों के अनुसार आदम और हव्वा के बीच पहला संवाद स्थापित हुआ। इधर, भारत में भी जनसंचार माध्यमों का विकास प्राचीन युग से ही प्रारम्भ हो गया था। संगीत, नृत्य, गीत, बोली, भाषा, लिपि आदि का विकास प्रकृति की नकल करने और उसमें सुधार करने से ही सम्भव हुआ है। कबीलों के बीच संवाद हेतु प्रतीक भाषा-बोली का विकास हुआ। ढोल, मृदंग, मादल इसी प्रकार के चर्म वाद्य सर्वप्रथम जन संवाद के साधन बने। ढोल का प्रयोग एक प्रभावशाली संचार माध्यम के लिए किया जाता था, ताकि आपसी मेल-मिलाप से सूचनाओं का आदान-प्रदान हो सके। वैदिक काल में यज्ञों का आयोजन जनसंचार के लिए किया जाता था। गुरु-शिष्यों के बीच अनेक विषयों पर बातचीत होती थी, जिससे ज्ञान का प्रचार-प्रसार होता था। नृत्य, गीत, नाटक, संगीत भाषण संवाद के द्वारा सूचनाओं का आदान-प्रदान सामान्य जनता तक होता था।[3]

लेकिन प्राचीन भारत में संचार माध्यम यांत्रिक न होकर व्यक्तिपरक था। मौखिक संचार अन्य संचार प्रक्रिया की अपेक्षा अधिक प्रभावी था। वैदिक समाज में लोगों के बीच होनेवाले वाद-विवाद समाज के लिए महत्त्वपूर्ण होते थे। इस प्रकार के संचार माध्यम को अन्तर्वैयक्तिक माध्यम कहा जाता है। प्राचीन भारत में सन्त, साधु, चारण, भाट, साहित्य-सभा, समिति, शास्त्रार्थ, राजा की घोषणाएँ, दूत.सन्देश

1. Towards a Sociology of Communication-Denish Mack Rawell, p. 23
2. मीडिया-मीमांसा-सं. अच्युतानन्द मिश्र, पृष्ठ-22, ई-8, त्रिलंगा, वर्ष-3, अंक-2, अक्टूबर-दिसम्बर-2009, भोपाल
3. जनसंचार माध्यमों में हिन्दी—डॉ. चन्द्र कुमार, पृष्ठ 10

वाहक प्रमुख थे, जो संचार माध्यम का कार्य करते थे।[1] **डॉ. प्रीता व्यास**[2] लिखती हैं कि पौराणिक सन्दर्भ के आधार पर नारद को प्रथम प्रवर्तक माना जा सकता है। रामायण काल में, वाल्मीकि रामायण के अयोध्या कांड[3] में श्री दशरथ द्वारा श्रीराम को राज सौंपने के बारे में विचारार्थ विभिन्न नगरवासियों, प्रधानों को बुलाकर मंत्रणा की गई, यह संचार का ही रूप है। गोस्वामी तुलसीदास के श्री रामचरितमानस में भी इसका वर्णन है।[4] केवल रामायण में ही नहीं, बल्कि महाभारत काल में कृष्ण व अर्जुन का संवाद संचार का एक ऐसा विशिष्ट रूप है, जिसे गीता के रूप में लिपिबद्ध किया गया है। सदियाँ बीत जाने के बाद भी गीता का सन्देश उतना ही सजीव और प्रभावी है। श्रीकृष्ण के संवाद को कला के विभिन्न रूपों द्वारा अभिव्यक्ति मिली है। मूर्तिकार ने मूर्ति गढ़ी, चित्रकार ने रंगों, रेखाओं से व्यक्त किया, गीतकार ने गीतों में ढाला, भक्तों और सन्तों ने स्तुति गाई, लेखकों ने कहानियों और लेखों में, आख्यानों में उस संवाद को जीवित बनाये रखा। इस तरह संचार के विभिन्न साधनों ने गीता को काल की परिधि में सीमित न होने देकर अमर कर दिया। **डॉ. चन्द्र कुमार**[5] रामायण और महाभारत कालीन संचार साधनों का बहुत प्रामाणिक और सुन्दर खाका खींचते लिखते हैं कि रामायण, महाभारत काल में समाचारों को रथों और घोड़ों द्वारा एक स्थान से दूसरे स्थान तक पहुँचाया जाता था। ऋषि-मुनि परिभ्रमण के द्वारा एक राज्य की सूचनाएँ दूसरे राज्य को देते थे। महाभारत में संजय द्वारा युद्ध का वर्णन संचार माध्यम का महत्त्वपूर्ण उदाहरण है। महाभारत काल में जो भी कथाएँ थीं, सभी परम्परागत ढंग से 'सूत जी, व्यास द्वारा कही गई हैं। छापा-खाने के अभाव में पुराण, गीता, वेद, उपनिषद आदि को कंठस्थ कर लिया जाता था और आगे आने वाली पीढ़ी को सौंप दिया जाता था। प्रवचन, कथा, कहानी, वार्ता के द्वारा जनसंचार अभी भी किया जाता है, जिससे बहुतायत प्रभावित होते हैं। ×××शंकराचार्य ने चार मठ बनवाकर पूरे देश में सूचना, संचार का जाल बिछा दिया। अर्द्धकुम्भ, महाकुम्भ आदि का आयोजन करके लाखों की संख्या के बीच अपनी विचारधाराएँ पहुँचाई जाती हैं। बौद्धों का सिद्धान्त 'चरैवेति-चरैवेति' तथा हिन्दी के सन्तों ने कहा 'रमता जोगी, बहता पानी' संचार व्यवस्था का ही सिद्धान्त है।

वैदिक काल में देवासुर संग्राम में देवताओं द्वारा विजेताओं पर प्रसंगानुसार पुष्प वर्षा, नारद जी का सन्देश वाहक के रूप में तीनों लोकों में विचरण करना, गुरुओं द्वारा अपने शिष्यों को ज्ञान देना, राजाओं द्वारा राजसूय यज्ञों का आयोजन करना—यह सब उस काल में संचार का एक अंग था। परवर्ती काल में अशोक के शिला लेख, चित्तौड़ का कीर्ति स्तम्भ तथा अन्य शिला लेख आदि भी जनसंचार के तरीके थे। मध्यकालीन भारत में कला और धार्मिक परम्पराओं का प्रयोग संचार के रूप में बहुत हुआ है। त्योहारों और उत्सवों को मनाने के पीछे भी यही उद्देश्य होता था कि अधिक लोग एक जगह मिल सकें, विचारों का आदान-प्रदान कर सकें। महात्मा बुद्ध ने अभियान चलाकर अपने सिद्धान्तों का प्रचार किया।[6] **डॉ. उषा अरोड़ा**[7] कहती हैं कि मध्यकाल को जनजागरण का युग कहा जाता है। मध्यकालीन भारत में मुगल सम्राट और दूसरे बड़े-बड़े राजा और शासक समाचारों के एकत्रीकरण का प्रबन्ध करते थे। राज दरबार में एक विशेष विभाग होता था जो हर प्रान्त या जिले में नियुक्त वाकियानवीस द्वारा भेजे हुए समाचारों को संकलित करके सम्राट को प्रस्तुत करता था। **डॉ. हर्षदेव**[8] का विचार है कि ये वाकियानवीस, वाकिया निगार, सवानह नसीह और हरकारा शासक को सूचनाएँ पहुँचाने के अलावा

1. संचार क्रान्ति और विश्व जन माध्यम—डॉ. अनिल अंकित, पृष्ठ 32
2. पत्रकारिता : परिचय और विश्लेषण—डॉ. प्रीता व्यास, पृष्ठ 210
3. "नाना नगर वास्तव्यान् पृथग्जानपदापपि।
   समानिनाय मेदिन्याम् प्रधानान् पृथिवीपतिः।।" (अयोध्या कांड, प्रथम सर्ग-46)
4. "मुदित महीपति मन्दिर आए। सेवक सचिव सुमंत्र बोलाए।।
   कहिजयजीव सीस तिन्ह नाए। भूप सुमंगल बचन सुनाए।।
   जौ पाँचहि मत लागै नीका। करहु हरषि हिम रामहि टीका।।"
5. जनसंचार माध्यमों में हिन्दी—डॉ. चन्द्र कुमार, पृष्ठ 10
6. पत्रकारिता : परिचय और विश्लेषण—डॉ. प्रीता व्यास, पृष्ठ 211
7. संचार का बदलता स्वरूप—डॉ. उषा अरोड़ा, पृष्ठ 91
8. उत्तर आधुनिक मीडिया तकनीक—डॉ. हर्षदेव, पृष्ठ 32

राज-सी पत्र भी तैयार करते थे। इनका दायित्व जनता में विद्रोह या शान्ति की जानकारी राजा को देना होता था। राजा और प्रजा के मध्य सूचना और संवाद के सूत्र यही लोग होते थे।

गुप्त काल में जनसंचार का विकास कला, साहित्य और धार्मिक परम्पराओं के प्रयोग के रूप में स्थान-स्थान पर प्राप्त होता है। इस काल में काव्य, नाटक, संगीत, नृत्य, स्थापत्य, तक्षण, चित्रण, वास्तुकला, ललितकला, तीर्थ, मेले, उत्सव, रामलीला, रासलीला, स्वाँग या नौटंकी, माच या नटों के खेल, कठपुतली, लोकनृत्य—'जात्रा' (बंगाल), 'तमाशा' (महाराष्ट्र), 'भवई' (गुजरात), 'भाँड-जशन' (कश्मीर), 'तुल्लस', 'कथकली' (मलयालम), 'भाँड़' (पंजाबी), 'कोखंजी' (तमिल), 'कुचिपुड़ी' या 'बोझलाटु' (तेलुगु), 'यक्षगान' (कन्नड़) के रूप में जनसंचार का विकास हुआ।

अंग्रेजी राजसत्ता के समय जनसंचार के निमित्त विरोध पूर्ण दृष्टिकोण और प्रेस के प्रति दमनकारी नीति अपनाई गई। पत्रकारिता पर अंकुश लगा, किन्तु भारतीय जनता से लड़ाई लड़ने और अपनी 'पब्लिसिटी' के लिए 'पब्लिसिटी बोर्ड' की स्थापना इस सरकार ने कालान्तर में की। बाद में 'दैनिक टाइम्स ऑफ इंडिया' मुम्बई के सम्पादक सर स्टैले रीड के सुझाव पर Central Board of Information की स्थापना हुई। इलाहाबाद विश्वविद्यालय के तत्कालीन प्रोफेसर, इतिहासकार रशब्रुक विलियम्स इस बोर्ड के पहले डाइरेक्टर बने। इसे ही आजकल 'सूचना और प्रसारण मंत्रालय' कहा जाता है। दूसरे विश्व युद्ध में पत्र सूचना कार्यालय (Press Information Bureau) को नया रूप दिया गया। इसी समय All India Radio तथा Films Division के रूप में जनसंचार का प्रचुर विकास हुआ। अंग्रेजी सरकार ने अपनी नीतियों के प्रचार-प्रसार के लिए क्षेत्रीय प्रचार संस्था (Field Publicity Organisation) का निर्माण किया।

स्वतंत्रता प्राप्ति के बाद सरकार और जनता के बीच सम्बन्धों में अभूतपूर्व परिवर्तन हुआ। जनसंचार माध्यमों में अधिकांश सरकारी मशीनरी के अंग बने। यांत्रिक संचार साधनों यथा—प्रेस, पत्रकारिता, रेडियो, फिल्म, दूरदर्शन आदि को नया रूप मिला। फिल्म, चलचित्र या सिनेमा जनसंचार का प्रभावशाली माध्यम बनकर उभरा, इसने दर्शकों की चेतना को झकझोरा। रेडियो तथा दूरदर्शन ने विद्युतीय (Electronic) संचार माध्यम के रूप में समाज पर गहरा असर डाला। कुल मिलाकर आजाद देश में जनसंचार माध्यमों ने नई शक्ल-शबीह, नया स्वरूप तो प्राप्त ही किया, नई गति भी इन्हें मिली। संचार माध्यमों के फैले जंजाल ने पूरी दुनिया को अपने घेरे में ले लिया है। संचार के साधनों में दूरदर्शन का यदि कोई मुकाबला नहीं है तो आकाशवाणी भी सूचना प्राप्त करने, सूचना और ज्ञान देने तथा मनोरंजन करने में अद्‌भुत वैज्ञानिक उपलब्धि है। इसी तरह स्पीड पोस्ट, कम्प्यूटर, इंटरनेट, टेलीप्रिन्टर, दूरभाष, इलेक्ट्रॉनिक मेल (ई-मेल), ई-कामर्स, वीडियो टैक्स्ट, टेलीग्राफ, टेली टैक्स्ट, टेली कॉन्फ्रेंस, मोडम, सचल उपग्रह सेवाओं ने जनसंचार के क्षेत्र में बेमिसाल क्रान्ति की है।

(2) भारत में पत्रकारिता का आरम्भ तथा कुछ महत्त्वपूर्ण प्रारम्भिक समाचार-पत्र

अपनी भावनाओं और अहसास को दूसरों तक पहुँचाने के निमित्त ही खबर की बुनियाद पड़ी, फिर धीरे-धीरे उन्हीं खबरों ने दास्तान तथा इतिहास का रूप धारण कर लिया। कल की खबर आज की कहानी बन गई और फिर एक समय ऐसा आया, जब यह एक पेशा बन गया। कागज, स्याही और प्रेस के आविष्कारों से पहले खबरें बनतीं और फैलती थीं तथा लोगों को शासकों से बाखबर रखा जाता था। इसलिए सबसे बेहतर तरीका यह था कि धार्मिक स्थलों के मुख्य द्वार पर महत्त्वपूर्ण खबरें और शाही घोषणाओं व आदेशों को लिखवा दिया जाता था, क्योंकि इस समय यही वह स्थान होता था, जहाँ आम लोग भारी संख्या में जमा होते थे। अगर हम इतिहास के पन्ने पलटकर देखें तो पाएँगे हर राज्य और देश में **खबरी कारिंदे** किसी-न-किसी रूप में मौजूद रहते थे। मुगलकाल में इन लोगों को **घटनाकार** नाम से जाना जाता था। वे जनता के बीच में रहकर काम करते थे, किन्तु लोगों को उनके पेशे से सम्बन्धित कोई जानकारी नहीं होती थी। पश्चिमी देशों में तो 18वीं सदी के मध्य में ही इन खबरों ने अखबार का रूप ले लिया था, किन्तु भारत में इसकी शुरुआत 19वीं सदी में हुई।[1]

1. See more at : http://w.w.w. chauthi duniya. com/2011/06/urdu-patrakarita-ki-disha-our-dasha.htw#sthash. Jtr 2u Mdl. dput.

दरअसल, इस धरती पर कौन घटना कहाँ घटी, कब घटी, अपने से दूर या नजदीक घटी इसे जानने की जिज्ञासा मनुष्य में शुरू से ही रही है। चूँकि शुरुआती दौर में आज की तुलना में संचार साधनों का अभाव था, इसलिए सूचनाएँ और घटनाएँ लोगों को सहज रूप में उपलब्ध नहीं हो पाती थीं। सो मनुष्य ने कई पीढ़ियों तक सतत् प्रयास, प्रयोगों-तरीकों द्वारा घटनाओं—सूचनाओं को जानने की विधियों का इजाद किया। बहरहाल, पौराणिक कथाओं के आधार पर कहा जाता है कि महर्षि नारद इस देश के आदि पत्रकार या खोजी पत्रकारिता के जनक हैं और महर्षि व्यास प्रथम सम्पादक। नारद जी स्वर्ग से धरती तक सारी सूचनाओं को मौखिक रूप से वितरित करते थे। सही अर्थों में पुख्ता, शुद्ध और निष्पक्ष सूचना देने के कारण वे सभी के प्रिय थे। हाथ में वीणा लिए नारद जी बादलों पर सवार होकर अपनी यात्रा करते थे। उन्हें यातायात की कोई असुविधा नहीं थी। बिना-लाग लपेट और निर्भीक सूचना सम्प्रेषण के कारण उन्हें 'सुपर जर्नलिस्ट' की संज्ञा दी गई थी—

"Hindu mythology records the exploits of a one-man oral newspaper who supplied news to baoth heaven and earth, to Gods, demons and humans alike. He was Narad, a Rishi, who by modern standards must be considered an ace reporter, who was welcome everywhere....where, he went, the first question asked of him was—" What is the news Narada? He was a super journalist who carried a man crusad against injustice and evil and followed a unique method of provoking conflict so that good might result."[1]

सभी जानते हैं, भारतवर्ष में अंग्रेज छोटे व्यापारी के रूप में आए थे। सर्वप्रथम इन लोगों ने सूरत शहर में अपना व्यापार स्थापित किया। समयानुसार अंग्रेज कोलकाता, मद्रास आदि स्थानों में बसने लगे। दिनानुदिन इनका व्यापार भी बढ़ता गया। एक क्षेत्र के व्यापार की स्थिति दूसरे क्षेत्र में जानने के लिए कोई माध्यम नहीं था। आपस में व्यापारिक तालमेल बनाये रखने के लिए तथा सूचनाओं के आदान-प्रदान के लिए अखबार एक सशक्त माध्यम था। अतः इस दिशा में **विलियम बोल्ट्स** नामक अंग्रेज ने अपना कदम बढ़ाया।[2] बोल्ट्स का कहना था कि वह जनता को सूचित करना चाहते हैं कि उनके पास लिखित रूप में ऐसी जानकारी है, जिससे हर व्यक्ति को गहरी जानकारी मिलेगी। जो जिज्ञासु व्यक्ति चाहें, उन्हें बोल्ट्स के घर में वह सामग्री पढ़ने एवं नकल करनी की अनुमति होगी।[3] पर, दुर्भाग्य से विचार अभिव्यक्ति की स्वतंत्रता की माँग करनेवाले इन अंग्रेज पत्रकारों को भी तत्कालीन सरकार ने नहीं बक्शा। विचार अभिव्यक्ति की माँग करने पर पहला शिकार विलियम बोल्ट्स ही हुआ—"In 1768 Mr. William Bolts proposed to setup a printing press in Calcutta. But before the proposal could materialise the select committe of the council at fort William directed him to quit Bengal and proceed to Madras on the first ship that shall sail from that presidency in order to take his passage from thence to Europe.[4] 18 अप्रैल, 1767 को जारी एक आदेश के तहत उसे देश से निर्वासित कर दिया गया।[5] इसके विरुद्ध जारी अभियोग पत्र में कहा गया था कि— "यह माना गया कि उसने (बोल्ट्स) प्रशासन के ऊपर कलंक लगाने और समझौते के प्रति असन्तोष और मतभेदों को उभारने का प्रयास किया तथा कम्पनी की सुरक्षा के लिए कम्पनी के मामलों में उसकी अधिक लिप्तता को अनुपयोगी माना गया।[6]

(क) भारत का पहला प्रतिबन्धित समाचार-पत्र

इसके बावजूद, एक अन्य अंग्रेज **जेम्स ऑगस्टन हिक्की** ने कोलकाता से एक पत्र 29 जनवरी 1780 ई. में निकालकर अपनी निर्भीकता का परिचय दिया। वह पत्र था—'बंगला गजट'। यही पत्र आगे चलकर 'हिन्दी गजट' के नाम से प्रसिद्ध हुआ। जेम्स ऑगस्टन हिक्की की मान्यता थी कि अखबार में प्रशासन

1. Journalism in India-Rangawami Parthsarathy, p. 2 Delhi, 1995
2. पत्रकारिता जगत—अशोक प्रियदर्शी, सुनील कुमार सिन्हा, पृष्ठ-4, मगध कला प्रकाशन केन्द्र, पटना, मू. 60 रु., 1996
3. History of the Press in India : S. Natrajan. p. 10
4. History of Press Laws and Communications : B. N. Ahuja. p. 73, Surjeet Publications Delhi, 1993
5. पत्रकारिता का इतिहास एवं जनसंचार माध्यम-डॉ. संजीव भानावत, पृष्ठ-19, जयपुर, सन् 2000 ई.
6. The Indian Press : Margarita Barua. p. 45

की खामियों की आलोचना की जाए, तब उनमें सुधार हो सकता है।[1] यद्यपि इस पत्र में हिक्की ने लोगों के व्यक्तिगत जीवन पर श्लील-अश्लील टिप्पणियाँ की और वारेन हेंस्टिग्स को तानाशाह तक घोषित किया—"James Augustus Hicky has the distinction of launching the first newspaper in India. His Bengal Gazettee alias, Calcutta General Advertiser" came January 29, 1780 in Calcutta as two, sheet weekly. It declared itself as a weekly political and commercial paper open to all parties but influenced by none." Hicky had a column to himself through which he used to talk to his readers directly...It was described as a wily and paper and very soon earned the enemity of Warren Hastings, the Governor-General and Chief Justice Eligah Impey....Director."[2]

यह एक विडम्बना ही कही जाएगी कि **जिस व्यक्ति ने भारत में प्रथम समाचार-पत्र प्रकाशित किया, उसी समाचार-पत्र को अश्लीलता के प्रश्न पर सबसे पहले प्रतिबन्धित भी होना पड़ा।** इसे 'बंगाल गजट', 'हिन्दी गजट' तो कहते ही थे 'केलकटा जनरल एडवर्टाइजर' के नाम से भी लोग जानते थे। बहरहाल, हिक्की के समाचार-पत्र का उपशीर्षक था—"राजनीतिक और व्यावसायिक समाचार-पत्र, जो सभी पार्टियों के लिए खुला है, पर किसी से प्रभावित नहीं है।" यह पत्र दुर्भाग्यवश मुश्किल से केवल डेढ़ वर्ष तक ही प्रकाशित हो सका। इस पत्र ने मुख्यतः उन कारणों का ध्यान आकर्षित किया, जिन पर सामान्यतः किसी (भी सम्पादक) को गर्व नहीं होगा। **हिकी भारत का पहला पत्रकार था,** पर उसे ऐसे लेख लिखने में आनन्द आता था, जिन्हें पढ़कर स्त्री-पुरुष सभी लज्जित हो शर्म के मारे मुँह छिपा लेते थे। अपनी पुस्तक 'ईकोज ऑफ केलकटा'[3] में एच.डी. बस्टीड ने हिक्की को भारतीय प्रेस का अगुआ मान कर उसके सम्बन्ध में पूरे एक पृष्ठ में विस्तार से भले ही लिखा, पर बस्टीड ने हिकी के सम्बन्ध में जो कुछ लिखा है, उसे पढ़कर यह समझने में देर नहीं लगती कि बस्टीड हिकी से घृणा करता था। इसी कारण हिकी को उसने निकम्मा कहा। इसी प्रकार मार्गीटा बार्नेस ने अपनी पुस्तक में हिकी के सम्बध में लिखा है कि उसने जितनी हिम्मत दिखायी, उससे अधिक खोया।[4] कोलकाता के राष्ट्रीय पुस्तकालय में 'बंगाल गजट' की जो प्रतियाँ हैं, उन्हें देखने से पता चलता है कि हिकी ने किस प्रकार धृष्टता (साहस) से लोगों के सम्बन्ध में लिखा। अपने समय के लगभग सभी प्रसिद्ध लोगों (स्त्री-पुरुष दोनों) को उसने अपनी लेखनी का शिकार बनाया। हिकी को शीघ्र ही पता चल गया कि बहुत से लोग अखबार में अपना नाम देखने को उतावले रहते थे, भले ही उनके सम्बन्ध में कुछ भी लिखा जाए। उनकी इसी कमजोरी का लाभ उठाकर उसने अपने अखबार की प्रसार संख्या बढ़ाई। बस्टीड के शब्दों में—"जो लोग हिकी या उसके अखबार में लिखने वालों के कोप के शिकार होते थें, उनकी खबर कविताओं के माध्यम से ली जाती थी, महिलाओं का नाम न लिखकर केवल प्रथमाक्षर (initial) से काम चलाया जाता था। उनकी वैवाहिक सम्भावनाएँ, उनके गुणों के साथ ही उनके कारनामे, उनके प्रेमी आदि सभी का विवरण निर्बाध रूप से और कभी-कभी प्रशंसात्मक दृष्टि से भी दिया जाता था। समाज के अति महत्त्वपूर्ण व्यक्तियों की बखिया ऐसे नाम लिखकर उधेड़ी जाती थी कि जानकार लोगों को सही व्यक्ति का पता लगाने में मुश्किल न हो।" गवर्नर जनरल को **ग्रेट मुगल** या **टाइगर ऑफ वार** से सम्बोधित किया जाता था। चीफ जस्टिस इम्पी को **फूलबदी का जज जेफरीन**, पुराने किले के एक अफसर को **मिस्टर पुराना किला** और मिल्टन नाम के एक अफसर को **मिस्टर पेराडाइज लास्ट** से पाठक जानने लगे थे। स्पष्टतः हिकी का मुख्य निशाना वारेन हेस्टिंग्स और सर एलीजा इम्पी थे। हिकी की भाषा अत्यन्त रुक्ष होती थी। उसकी टिप्पणियाँ और कविताएँ अश्लीलता की परिभाषा में उसी सीमा में फिट बैठती थीं जो हम आज की पीत पत्रकारिता में देखते हैं। हेस्टिंग्स की पत्नी से सभी अंग्रेज परेशान थे। हिकी तो था ही। अतः अब हेस्टिंग्स ने देखा कि पानी सिर के ऊपर चला आ रहा है तो 14 नवम्बर 1780 को हिकी के गजट को डाक से भेजे जाने का लायसेंस निरस्त कर दिया गया। इसका कारण बतलाते

1. पत्रकारिता जगत—अशोक प्रियदर्शी, पृष्ठ-4
2. Journalism in India-Rangaswami Parthsarathy, p. 19
3. Echoes of Calcutta-H.E. Bustead. P. 74
4. The Indian Press : A History of the Growth of Public Opinion : Margreeta Barness, P. 28

हुए सरकार की ओर से कहा गया कि 'कुछ लोगों के व्यक्तिगत जीवन एवं चरित्र के सम्बन्ध में इसमें ऐसी बातें लिखी गई हैं, जिससे बंगाल में शान्ति भंग होने की आशंका है।'[1]

बहरहाल हिकी के उक्त ''आपत्तिजनक लेखन'' के कारण गवर्नर जनरल वारेन हेस्टिंग्स ने पत्र के खिलाफ कड़ी कार्यवाही की। हिकी को जून 1781 में 80,000 रुपयों का जुर्माना अदा न कर सकने के कारण गिरफ्तार कर जेल में डाल दिया गया। हिकी 19 माह तक जेल में अकेला काल कोठरी में पड़ा रहा। उसका शरीर अत्यन्त ही दुर्बल हो गया। उसकी अपीलों से सुप्रीम कोर्ट के जजों का भी दिल नहीं पसीजा। इसी कारण उसकी पत्नी और बच्चों को भी काफी कष्ट सहन करना पड़ा और हिकी भी फिर वह नहीं रहा जो पहले था। हिकी का अपना गुमराही व्यवहार भले ही विषवमन एवं अशिष्टता की श्रेणी में रखा जाए, जिसकी उसे सजा भी मिली, पर इस बात के लिए तो उसके साहस की प्रशंसा करनी ही पड़ेगी के उसने अंग्रेजों के तानाशाही शासन के खिलाफ अपनी आवाज उठाई और अन्त समय तक वह उससे जूझता रहा।[2] इतना ही नहीं, पोस्ट ऑफिस द्वारा उसके पत्र को भेजने पर भी प्रतिबन्ध लगा दिया गया।[3] **एम. चेलपति राव**[4] के अनुसार हिक्की तथा उसके अनुयायी अश्लील लेखन तथा स्वतंत्रता के पथ-प्रदर्शक बने। पत्रों पर पाबन्दी का सिलसिला यहीं नहीं रुका। 'इंडियन वर्ल्ड' के सम्पादक मि. डुएन भी इसके शिकार हुए। डुएन ने लार्ड कार्नवालिस के खिलाफ कुछ लिखा, फल हुआ, कार्नवालिस ने उन्हें बन्दी बनवा दिया। दोनों के बीच यह खींचतान का सिलसिला जब चरम पर पहुँच गया तो अन्ततः डुएन का देश निकाला हो गया। इसी तरह 'टेलीग्राफ' के सम्पादक मेकैनली ने 1796 में अपने पत्र में एक लेख छापकर अधिकारियों को नाराज कर दिया। उन्हें भी दंडित किया गया। उसी साल 'कलकत्ता गजट' के सम्पादक पर भी अभियोग लगाकर उन्हें प्रताड़ित किया गया।

अब आगे बढ़ते हुए आपको बताऊँ कि दूसरा साप्ताहिक पत्र 1780 में कोलकाता से पीडर रोड ने निकाला, नाम था—'इंडियन गजट'। यह पत्र लगातार 50 वर्ष तक निकला। सन् 1784 में कोलकाता से ही फ्रांसिस ग्लेडविन ने शासकीय संरक्षण में एक साप्ताहिक पत्र 'कलकत्ता गजट' का प्रकाशन किया। इसके ठीक एक साल बाद 1785 में कोलकाता से 'ओरियन्टल मैगजीन' तथा 'बंगाल जनरल' का प्रकाशन हुआ तो इसी साल मद्रास से 'मेड्रास कूरियर' निकला। सन् 1789 में मुम्बई से 'बाम्बे हेराल्ड' नाम का साप्ताहिक पत्र निकला। सन् 1791 में, 'बोम्बे गजट', 1790 में 'बाम्बे कूरियर', 1818 में 'दिग्दर्शन', जो बाद में 'समाचार दर्पण' नाम से जाना गया—का प्रकाशन हुआ। सन् 1821 में राजाराम मोहन राय ने 'मिरातुल अखबार' निकाला, तो मुम्बई से 1838 में 'टाइम्स ऑफ इंडिया', 1868 में 'अमृत बाजार पत्रिका', 1865 में इलाहाबाद से 'पायनियर', 1881 में 'ट्रिब्यून', 1878 में 'हिन्दू' तथा 1923 में 'हिन्दुस्तान टाइम्स' का प्रकाशन शुरू हुआ। बाद में गांधी जी की देखरेख में 'हरिजन' और 'यंग इंडिया' पत्रों का प्रकाशन हुआ।

(3) स्वातंत्र्योत्तर हिन्दी पत्रकारिता : प्रमुख प्रवृत्तियाँ और विकास

कृपया इस पुस्तक के 'हिन्दी पत्रकारिता : उद्भव तथा विकास' के अन्तर्गत् 'स्वातंत्र्योत्तर हिन्दी पत्रकारिता (1947 से अब तक) शीर्षक देखें।

(4) हिन्दी पत्रकारिता की नकारात्मक प्रवृत्तियाँ, वर्तमान परिवेश और स्थिति

30 मई 1826 को कानपुर निवासी श्री युगल किशोर शुक्ल ने जिस पत्रकारिता की बुनियाद कोलकाता में 'उदंत मार्तण्ड' के रूप में रखी थी, आज वह काफी गज्झिन ओर झकोर हो गई है! यद्यपि उनका पत्र अर्थाभाव के कारण भारत में लगे आपात् काल की उम्र अर्थात् महज 19 महीने में ही बन्द हो गया, किन्तु हिन्दी पत्रकारिता का रहनुमा वह अवश्य बना। स्वतंत्रता संग्राम में, सभी जानते हैं, हिन्दी पत्रकारिता

1. वर्तमान साहित्य, पृष्ठ-61, अप्रैल 2003, (महेन्द्र राजा जैन का लेख-प्रतिबन्धित पुस्तकें), गाजियाबाद, मू. 15 रुपये
2. वर्तमान साहित्य, पृष्ठ-62, अप्रैल 2003, (महेन्द्र राजा जैन का लेख-प्रतिबन्धित पुस्तकें), गाजियाबाद, मू. 15 रुपये
3. पत्रकारिता का इतिहास एवं जनसंचार माध्यम—डॉ. संजीव भानावत, पृष्ठ-16
4. Vidura (दिल्ली से प्रकाशित होने वाली विदुर पत्रिका), पृष्ठ-7, फरवरी, 1980

ने अगुवाई किया, बढ़-चढ़कर हिस्सा लिया, त्याग की मिसाल-मशाल बनी। सतत् संघर्ष करते-करते अपने प्रिंट वाले स्वरूप से आज की पत्रकारिता का स्वरूप काफी बदल गया है। नवीन सूचना-तकनीक के आ जाने से प्रिन्ट वाली पत्रकारिता नई पैरहन-परिधान में लकदक रूप में हमारे सामने उपस्थित हुई है। इसका क्षेत्र सम्प्रति बढ़ा है। इसके दायरे में फैशन, चिकित्सा, उद्योग, कृषि, साहित्य, खोज, खेल, फिल्म आदि तमाम हलचलें आ गई हैं। विद्युतीय माध्यमों ने सुन्दर छपाई में सहयोग दिया है। देश में जगह-जगह प्रेस लॉ, विज्ञापन और पब्लिक रिलेशंस की शिक्षा दी जा रही है। हल्ला हो रहा है कि कागज, कलम और कार्यालय-विहीन पत्रकारिता अब खाँटी रूप में 'ऑनलाइन' हो जाएगी। मोबाइल, लैपटॉप, कम्प्यूटर, ई-मेल, शार्ट मेसेज सर्विस (एस.एम.एस.) आदि ने छापेखाने की पत्रकारिता के पैर में नया जुराब पहना दिया है, जिसका परिणाम हुआ है—आज की पत्रकारिता ई-जर्नलिज्म तक पहुँच गई है।

पर स्वतंत्रता संग्राम के संघर्ष को अपने बूते लक्ष्य को प्राप्त करा देनेवाली पत्रकारिता कालान्तर में, दुर्भाग्य से कई तरह की लद्धड़ जड़ता और नकारात्मक प्रवृत्तियों की शिकार हो गई। हंगामा और सनसनी पैदा करनेवाले समाचार, उत्तेजना और सिहरन-रोमांच उत्पन्न करनेवाली पतिष्णु भावनाएँ, टी.आर.पी. और 'सर्कुलेशन' बढ़ाने के रोग आदि ने इसे पीत पत्रकारिता का सहपंथी और हमराही बना दिया। पत्रकारिता धन्धेबाज हो गई। राष्ट्रीयता बोध की जगह इसमें मुनाफा मुख्य लक्ष्य बन गया। यह ग़लत प्रचार तंत्र का माध्यम बन गई। आज के उत्तर औद्योगिक मुख्य पूँजीवादी कॉरपोरेट यथार्थ में हिंसा, सतहा मनोरंजन परोसकर मुनाफा कमाना इसका मुख्य लक्ष्य हो गया। इसकी जहीनियत को अजीरियत अपने भीतर लील गई। युगों से संचित इसके सारे मूल्य-मानक इसे सलाम-प्रणाम बोल चले गए। इसके बचे-खुचे मूल्यों को प्रबन्धन ने ध्वस्त कर दिया। इन्होंने सम्पादकों को हाशिए पर रखकर पर्दे की आड़-ओट में स्वतः सम्पादक बन पत्रकारिता को जोकर बना दिया। तभी से इसकी मनोज्ञता-मनोरमता, दिलकशपन और रौनक समाप्त हो सूख गए। कुल मिलाकर यह मसखरापन और प्रहसन का शिकार हो दिग्भ्रमित-दिशा हीन हो गई है। गम्भीर मसलों की जगह आज उसमें चुटकुलों, मजाकिया लतीफों की भरमार हो गई है। सुनता हूँ, अखबार पहले भी व्यावसायिक हुआ करते थे,लेकिन सच्ची खबरों से महरूम हो, आज यह जितना अपने समय के यथार्थ से विच्छेदित हो संस्थानीकारण की गिरफ्त में हैं, उतने कभी नहीं थे।

इलेक्ट्रॉनिक और प्रिन्ट मीडिया—दोनों ने मिलकर सम्प्रति एक नई संस्कृति और नये वर्चस्व का निर्माण किया है। इस समय पत्रकारिता साम्राज्यवादी पूँजी के घेरे में है। आज यह स्वतः सूचना उत्पाद बन आदमी के दिमाग को 'डस्टबीन' बना दिया है। सुविधा, पुरस्कार, टैक्स माफ, मकान आदि इसके मित्र बन गए हैं। साफ शब्दों में आज यह बाजार को साध रही है, मुनाफा इसका सोच है। प्रारम्भ से ही हिन्दी में दो प्रकार की साहित्यिक पत्रिकाएँ निकलती रही हैं—एक व्यक्तियों के द्वारा और दो, सरकारी गैर सरकारी संस्थानों के द्वारा। दोनों प्रकार की पत्रिकाएँ बन्द हुई हैं, लेकिन उनके बन्द होने के कारण अलग-अलग रहे हैं। संस्थानों की पत्रिकाएँ इसलिए बन्द हुई हैं कि उन्होंने मुनाफा नहीं कमाया है। व्यक्तियों के द्वारा निकाली गई पत्रिकाएँ इसलिए बन्द हुई हैं कि साधन बिल्कुल चुक गए हैं। कम संस्थानों ने पत्रिकाएँ बन्द करके निकालने की कोशिश की है। व्यक्तियों ने बार-बार पत्रिकाएँ निकाली हैं और बन्द की हैं। संस्थानों से कहीं अधिक साहस व्यक्तियों ने दिखाया है। 'आलोचना' कितनी बार बन्द हुई और निकली है, लेकिन 'समीक्षा' विगत 33 वर्षों से निरन्तर निकल रही है। पूँजीवाद के इस जमाने में पूँजीपतियों की एकमात्र प्रेरणा 'शुभलाभ' है, बाकी सब व्यर्थ है। तब साहित्यिक पत्रिकाएँ वे क्यों निकालेंगे? वे लाभ तो नहीं कमातीं। मूल्यों की चिन्ता करनेवाला पहले का जमाना देखते-देखते यूँ पलटा कि तकलीफदेह हो गया। पहले इन्हीं अखबारों के पृष्ठों पर विचार-प्रधान आलेखों में भारतीय कला, साहित्य संस्कृति तथा इन्हीं की छाया में राजनीति की दुहाई दी जाती थी, मूल्यों के ह्रास हो जाने पर चिन्ता प्रकट की जाती थी, साहित्य के प्रयोजनों के भीतर सन्तुलित साहित्य को मूल्यवान माना जाता था तथा पश्चिमी सभ्यता के आतंककारी अश्लील दृश्यों, पॉप संगीत-नृत्यों, सेक्सी मुद्राओं की निन्दा की जाती थी, उन्हीं पृष्ठों पर अब ये विदेशी झाकियाँ धड़ल्ले से परोसी जाने लगी हैं और पाठकों को गुमराह तथा प्रदूषित करने में लगी हैं। प्रिन्ट मीडिया की ही इस गिरावट पर उसे कोसते हुए क्यों अटैक हो रहे हैं? विजुअल मीडिया को भी

देख जाइए जरा! निजी चैनलों की बात न कर सिर्फ प्रसार भारती के प्रोग्रामों का दूरदर्शन पर एक सप्ताह भर में जाएजा ले लें। एक तेरह-चौदह मिनट का साहित्य परोसने वाली 'पत्रिका' का क्या हश्र हो रहा है?[1]

कुल मिलाकर आज की पत्रकारिता कई अन्य अनेक तरह की नकारात्मक प्रवृत्तियों की शिकार हो गई है। महज़ मुनाफे की बोली समझने वाली पत्रकारिता इस समय जनता के प्रति अपनी जवाबदेही से भी बच रही है। बाजार और मुनाफे का पाठ इसका मूल ध्येय बन गया है। सत्ता की निगरानी करनेवाली पत्रकारिता आज स्वतः सत्ता की निगरानी में आ गई है। इसे सत्ता-सुविधा की गन्धमादनी राह ही सूझती है। यहाँ छपनेवाले विज्ञापनों ने खबरों की शक्ल-सवीह और परिभाषा बदल दी है। स्पष्टतः यह कि विज्ञापनों ने पत्रकारिता का सम्पूर्ण स्वरूप ही बदल दिया। यह 'पेड न्यूज' जैसी खूंखार नकारात्मक प्रवृत्ति की शिकार हो अपने उद्देश्यों से फलकजद हो गई। सत्ता को ताल ठोंक ललकारने वाली पत्रकारिता मुख्यधारा की पत्रकारिता से कट कॉरपोरेटीकरण के नये जद में घिर गई। लब्बोलुवाब यह कि सूचना-संवाद की दुकानदारी और धन्धेबाजी करनेवाले लोकतंत्र के इस चौथे खम्भे के सामने उक्त नकारात्मक-निषिद्ध और समाज-विरोधी प्रवृत्तियों ने फिलवक्त भरोसे और कयास का संकट खड़ा कर दिया है।

(ब) भारत में हिन्दी पत्रकारिता की कालजयी परम्परा तथा भारतीय नवजागरण

(1) हिन्दी पत्रकारिता : उद्भव कालीन सन्दर्भ एवं आयाम

हिन्दी पत्रकारिता के प्रक्षेत्र में एक सवाल बहुत दिनों (लगभग 1931) तक खदबदाता रहा कि हिन्दी का पहला समाचार-पत्र 'बनारस अखबार' है, जिसका प्रकाशन राजा शिवप्रसाद सिंह की प्रेरणा से सन् 1845 ई. में बनारस में हुआ—या कोई और समाचार-पत्र? यद्यपि 'बनारस अखबार' के सम्पादक एक बंगाली विद्वान श्री तारामोहन मित्र थे। कभी इसके सम्पादक मराठी भाषी गोविन्द नाथ थन्ते भी थे। यह अखबार लीथो या शिलापट्ट पर मुद्रित होता था। अरबी, फारसी, शब्दों की इसमें बहुतायत होती थी। वस्तुतः हिन्दी प्रदेश से निकलने वाला यह प्रथम पत्र था, किन्तु हिन्दी का यह पहला दैनिक समाचार-पत्र नहीं था। दरअसल, बंगाल के प्राचीन पत्रों के अन्वेषी एवं उद्धारक श्री बृजेन्द्र नाथ बंद्योपाध्याय ने नवम्बर सन् 1931 में 'विशाल भारत' में एक लेख 'हिन्दी समाचार-पत्रों की आरम्भिक कथा' लिखकर इस बात का तथ्यपूर्ण खुलासा किया कि,—'बनारस अखबार' नहीं, बल्कि कलकत्ते में सन् 1826 ई. में शुरू हुआ, पं. जुगल किशोर शुक्ल द्वारा सम्पादित 'उदन्त मार्तण्ड' हिन्दी का प्रथम समाचार-पत्र है। सच तो यह है कि 19वीं शती के प्रारम्भ में राजा राम मोहन राय सरीखे राष्ट्रवादी और पुनरुत्थानवादी विद्वानों ने हिन्दी पत्रकारिता की ओर ध्यान दिया। इस समय कलकत्ते में छापेखाने के खुल जाने पर हिन्दी में समाचार-पत्रों का प्रकाशन सुलभ हो गया था। यहाँ यह बताना भी अनुचित नहीं होगा कि प्रयाग के रहने वाले श्रीरायचन्द्र बसु की प्रेरणा से लगभग 1903 के करीब हिन्दी में वर्णमाला कार्ड्स प्रकाशित हुए एवं हिन्दी आशुलेखन प्रणाली की भी उद्भावना हुई।[2]

यहाँ हमारा मूल प्रश्न यह नहीं है कि कौन अखबार हिन्दी का पहला अखबार है और कौन दूसरा, बल्कि मुख्य मुद्दा यह भी नहीं है कि पत्रकारिता, चाहे जिस कालखंड की रही हो, देश के जिस भूखंड की रही हो, जिस भाषा की रही हो, जिस धर्म, सम्प्रदाय, पंथ और विचारधारा को मानने वाले लोगों द्वारा साया की गई हो, सबके अपने-अपने सन्दर्भ और विविध आयाम रहे हैं। खासकर, आज की पत्रकारिता को छोड़ दें तो उद्भव कालीन पत्रकारिता का अपना विशिष्ट तेवर और चरित्र था। वह विविध अर्थी थी। उदाहरण के लिए उदन्त मार्तण्ड को ही ले सकते हैं।

प्रथम हिन्दी समाचार-पत्र उदन्त मार्तण्ड 30 मई 1826 को प्रकाशित हुआ। यह एक हिन्दी साप्ताहिक अखबार था जिसके प्रकाशन की अभिलाषा सम्पादक पं. जुगल किशोर शुक्ल को अर्से से रही। कई भाषाओं के अखबार पहले से ही छपते थे एक हिन्दी भाषा ही थी जिसके सर्वाधिक पाठक होने के बावजूद हिन्दी का कोई अपना अखबार नहीं था। हिन्दी भाषी समाज को देश के वर्तमान व ताजे सन्दर्भों, अत्याधुनिक ज्ञान, विज्ञान व सूचनाओं से जोड़ने जैसी महत्त्वाकांक्षा की

---

1. संचेतना में श्याम विमल का लेख 'अखबार के बाजार में साहित्यकार', पृष्ठ-16, मार्च 2001 ई.
2. बंगरे बाहिरे बांगाली-ज्ञानेन्द्र मोहनदास, पृष्ठ-151

बलवती प्रेरणा का ही परिणाम था कि पं. जुगल किशोर शुक्ल द्वारा हिन्दी के प्रथम समाचार-पत्र उदन्त मार्तण्ड का (30 मई 1826 को) प्रकाशन आरम्भ हुआ।

प्रकाशन का मूल उद्देश्य था कि हिन्दी भाषी समाज को मानसिक परावलम्बन से मुक्ति दिलाकर उन्हें इस योग्य बनाना कि वे अपने व अपनी सन्तति को स्वतंत्र चिन्तन जैसी दिव्य दृष्टि प्रदान कर राष्ट्र की मुख्य धारा से जोड़ सके। उन्होंने अपने अखबार के प्रथम अंक में ही प्रतिज्ञा की और उसकी घोषणा भी किया कि यह समाचार-पत्र 'हिन्दुस्तानियों' के हित हेतु, प्रकाशित किया जा रहा है। आपने लिखा कि 'यह उदन्त मार्तण्ड अब पहले पहल हिन्दुस्तानियों के हित के हेतु, जो आज तक किसी ने नहीं चलाया, पर अंग्रेजी ओ फारसी, ओ बंगले में जो समाचार का कागज छपता है उसका सुख उन बोलियों के जाने ओ पढ़नेवालों को ही होता है और सब लोग पराये सुख सुखी होते हैं। जैसे पराये धन धनी होगा, ओ अपनी रहते परायी आँख देखना, वैसे ही जिस गुण में जिसकी पैठ न हो, उसको उसके रस का मिलना कठिन ही है और हिन्दुस्तानियों में बहुतेरे जैसे हैं कि पराई चाले देखकर अपनी यहाँ तक भूले हैं कि परायों में जो बुद्धिमत है वे अपनी तो बनाई है पर भले-बुरे का बराव करने का बाना बाँधते हैं, जैसी को धन कहा चाहिए जो इसमें वे बड़े कायर है जो इतने पर भी भाग टटोलते हैं, वहीं जो आँखों से सहज में देख सकेगें, उसको धोखे भी न देखकर आँखों को व्यर्थ माथे चढ़ावते हैं। ऐसी-ऐसी बातों के विचार से नाना देश के सत्य समाचार हिन्दुस्तानी (हिन्दी भाषा भाषी) लोग देखकर आप पढ़ ओ समझ लें, ओ परायी अपेक्षा जो अपने भाषे के उपज न छोड़े, इसलिए बड़े दयावान करुणा वो गुणनि के निधान सबके कल्याण के विषय गवरनर जनरल बहादुर की आयस से ऐसे साहस में चित्त लगाय के एक प्रकार से यह नया ठाट ठाटा।

तत्कालीन ईस्ट इंडिया कम्पनी के शासक भारत में प्रेस को दबाकर रखना चाहते थे ताकि कम्पनी के आर्थिक व प्रशासनिक भ्रष्टाचार आम लोगों की जानकारी में न आ सके। 4 अक्टूबर 1813 को लार्ड हैस्टिंग्ज को भारत का गवर्नर जनरल बनाया गया। इस व्यक्ति का तौर तरीका तथा प्रशासनिक दृष्टि भारत के अखबारों के प्रति नरम और मानवीय थी। अतएव, 9 जनवरी, 1823 को हैस्टिंग्ज के स्थान पर जान एडम की नियुक्ति कर दी गई।

वह व्यक्ति प्रेस की आजादी का कट्टर विरोधी था। उसने आते ही 14 मार्च 1823 को एक अध्यादेश जारी किया कि 'अब कोई भी समाचार पत्र, पत्रिका आदि के प्रकाशन के पूर्व शासन से लायसेंस प्राप्त करना आवश्यक होगा। लायसेंस प्राप्त करने के लिए एक शपथ-पत्र में असत्य जानकारी देता है तो वह शपथ-पत्र निरस्त हो जाएगा और पुनः नवीन शपथ-पत्र देना होगा। लायसेंस किसी भी समय निरस्त करने का विशेषाधिकार गवर्नर जनरल के पास होगा।

तमाम विपरीत परिस्थितियों के बावजूद हिन्दी भाषा-भाषियों के कल्याण व हित के लिए पंडित जुगल किशोर शुक्ल ने उदन्त मार्तण्ड का प्रकाशनारम्भ किया। जब उदन्त मार्तण्ड (अर्थात् उगता हुआ सूर्य) ने अपने नाम के अनुरूप तत्कालीन राजनीतिक, प्रशासनिक, सामाजिक तथा शैक्षिक गतिविधियों की यथार्थ तस्वीर खींचनी शुरू की, तो उसे जन्मते ही ईस्ट इंडिया कम्पनी के अफसरों का कोपभाजन बनना पड़ा। उदन्त मार्तण्ड के ऐसे पाठक कम थे जो अखबार को खरीद कर पढ़ना चाहते थे। पढ़ना तो सभी चाहते थे किन्तु शुल्क देकर नहीं। हिन्दी भाषा भाषी इस मुद्दे पर पत्र से उदासीन थे और स्पष्टवादी व मुखर लेखन के धनी पंडित जुगल किशोर शुक्ल जी की लेखनी के चलते प्रारम्भ में ही कम्पनी के अफसर क्रुद्ध रहने लगे थे। उस समय श्री रामपुर मिशनरी के कुछ अन्य भाषाओं के छपनेवाले अखबार थे जिन्हें कम्पनी बहादुर द्वारा वित्तीय मदद मिलती थी। गवर्नर जनरल सर जान एडम्स ने सभी सरकारी, सुरक्षा विभागीय दफ्तरों, शिविरों तथा शिक्षण संस्थाओं को लिखित आदेश कर दिया था कि 'अमुक मिशनरी से प्रकाशित अंग्रेजी, फारसी, बंगला भाषा के समाचार-पत्रों को अग्रिम वार्षिक मूल्य देकर खरीदा जाए।' पंडित जुगल किशोर शुक्ल ने भी गवर्नर जनरल को एक आवेदन पत्र लिखा कि जिस प्रकार अन्य भाषा भाषी सज्जनों को देश, काल, परिस्थिति तथा नवीन ज्ञान विज्ञान की जानकारी देना कम्पनी बहादुर का कर्तव्य है उसी प्रकार हिन्दी भाषियों को भी उपरोक्त जानकारी देनेवाले एक

मात्र हिन्दी अखबार उदन्त मार्तण्ड की मदद कर इस पत्र के प्रकाशन की निरन्तरता बनाये रखना भी कम्पनी बहादुर का गुरुतर उत्तरदायित्व है।

कुछ दिन तक इस प्रार्थना पत्र के उत्तर की प्रतीक्षा कर रहे सम्पादक श्री शुक्ल को जब इन्तजार करना असह्य हो गया तब वे अपने गृहजनपद कानपुर (उत्तर प्रदेश) गए और अपनी पुश्तैनी चल अचल सम्पत्ति बेंच कर वापस कोलकाता चले आए। उन्होंने पूरी लगन और उत्साह से उदन्त मार्तण्ड का प्रकाशन जारी रखा जब तक पैसा था शुक्ल जी ने अखबार का प्रकाशन किया, जब पैसा खत्म हो गया तब फिर बड़ी ही विनम्रता से गवर्नर जनरल को एक पत्र लिखा कि 'उदन्त मार्तण्ड' अर्थाभाव में है यह हिन्दी भाषा का एक मात्र अखबार है, अतः हिन्दी भाषा भाषियों के हित में इसका प्रकाशन जारी रहना चाहिए। अस्तु पत्र की मदद की जाए' इस बार गवर्नर जनरल ने दफ्तर के उदन्त मार्तण्ड की मदद करने से स्पष्ट इनकार कर दिया। भारत के प्रथम हिन्दी सम्पादक पंडित जुगल किशोर शुक्ल ने अपने अखबार के बन्द होने से मर्माहत होकर निम्नांकित पंक्तियों में अपनी पीड़ा व्यक्त किया—'आज दिवस लौं उगि चुक्यों मार्तण्ड उदन्त, अस्ताचल को जात हौं दिनकर दिन अब अन्त।'

इस अखबार की स्मृति में प्रकाशनारम्भ की तारीख 30 मई को भारत सरकार ने हिन्दी पत्रकारिता दिवस घोषित किया है, इस तिथि को देश स्तर पर हिन्दी पत्रकारिता से जुड़े तमाम प्रख्यात पत्रकारों का स्मरण किया जाता है और पत्रकारिता के गौरवशाली इतिहास की चर्चा की जाती है। आज का दिन अर्थात हिन्दी पत्रकारिता दिवस हिन्दी समाचार-पत्रों के प्रगति व विकास के लिए संकल्प दिवस के रूप में मनाया जाता है। पुनः आज के परिपेक्ष्य में स्वयं के आत्मावलोचन, अपने कर्तव्यों के मूल्यांकन और पत्रकारिता कर्म व धर्म के मीमांसा की आवश्यकता है ताकि पंडित जुगल किशोर शुक्ल का बलिदान व्यर्थ न जाए और अब कोई हिन्दी पत्र अकाल मृत्यु को प्राप्त न हो।

इन सबके अलावा देश भक्ति और ओज का स्वर भी उद्‌भवकालीन पत्रकारिता के मुख्य सन्दर्भ एवं आयाम रहे हैं। तत्कालीन पत्रकारिता ने समय-समय पर जनता की निरन्तर बढ़ती बदहाली, साम्राज्यवादी शक्तियों का उभार, उनकी बर्बरता, पतनशीलता, अपसंस्कृति, मानवीय मूल्यों का ह्रास, तानाशाही, पाखंड, रंग, नस्ल, धर्म भेद तथा उनके राक्षसी चरित्र से जनता को चेताया और सजग किया। इतना ही नहीं, दासता की स्थाई संस्कृति से मुक्ति, अपनी बोली-भाषा, अस्मिता, पहचान की रक्षा का पाठ भी इस समय की पत्रकारिता ने तत्कालीन जनता को पढ़ाया। आत्म संघर्ष के लिए ललकारा, भीतर सो गए मूल्यबोध को जगाया, समय-समय पर हताशा और कुंठा से सजग-चैतन्य किया। यही उद्‌भव-कालीन पत्रकारिता का बहुआयामीपन था। वस्तुतः हिन्दी पत्रकारिता जन्मते ही कुलांचे भरने लगी थी। उन्नीसवीं सदी के उत्तर्राद्ध में बंगाल में आँख खोलने के कुछ ही वर्षों में वह स्वतंत्रता संग्राम, समाज सुधार,धर्म-प्रचार और राजनीति का प्रमुख माध्यम बन गई। इस समय की पत्रकारिता स्वराज और जनकल्याण के लिए प्रतिबद्ध थी। तमाम तरह की पाबन्दी, आकिंचनता, परीशाँहाली और जुर्माना झेलने के बाद भी उद्‌भव कालीन पत्रकारिता ने मजदूर, किसान, विद्यार्थी और जनता को जगाया। भारतीय अस्मिता की रक्षा और स्वतंत्रता—इस समय की पत्रकारिता के मुख्य संकल्प थे। हिन्दी पत्रकारिता ने अपने उद्‌भवकाल या उषाकाल से ही जन जागरण का सन्देश देना शुरू किया। सामाजिक, आर्थिक, राजनीतिक और सांस्कृतिक नवजागरण के स्वर उसमें फूटने शुरू हुए। गरीबी, दहेज समस्या आदि पर उद्‌भव कालीन पत्रकारिता का मुख्य फोकस था—"विरादरी में दो दिन की वाहवाही के लिए ऋण काढ़ के लिए सैकड़ों की आतिशबाजी दिन भर में फूंक के सन्तान के माथे मढ़ जाना दहेज की दुष्ट प्रथा के मारे नई पौध की उन्नति, मिट्टी में मिलाना कहाँ तक उचित है?"[1] उसने यह भी चेताया—

"सकल दोष की खॉनि, वीर्य हरन दारिद्रकरण।
आलस की जड़ जाति, त्यागहु बाराय विवाह को।।"[2]

---

1. ब्राह्मण—प्रतापनारायण मिश्र, खंड-6, सं. 2
2. हिन्दी प्रदीप-बालकृष्णभट्ट, पृष्ठ-4, सितम्बर सन् 1880 ई.

कुल मिलाकर जब हम उद्भवकालीन पत्रकारिता के इतिहास पर दृष्टि डालते हैं, तो उसे विभिन्न आन्दोलनों और अभियानों के वाहन के रूप में पाते हैं। सौ साल से भी पहले जब भारतेन्दु हरिश्चन्द्र काशी में पत्रकारिता के माध्यम से भारतवासियों को 'निज भाषा' और स्वदेश के प्रति अनुराग विकसित कर रहे थे, उस समय देश दोहरे दबाव में फँसा था। यूरोपीय सभ्यता और विज्ञान के प्रति-आकर्षण और एक विदेशी सत्ता की दासता का एहसास, हिन्दी पत्रकारिता के दो प्रमुख केन्द्रों कलकत्ता और काशी की प्रारम्भिक पत्रकारिता में इन दोनों दबावों को स्पष्ट रूप से देखा जा सकता था, किन्तु इसमें कोई अनिश्चय नहीं था। कुछ 'आधुनिक' सुविधाओं और मान्यताओं को स्वीकार करने के बावजूद प्रमुख स्वर स्पष्ट था। विदेशी शासन से मुक्ति और उसके लिए सामाजिक, धार्मिक और राजनैतिक परिवर्तन सौ साल पहले की हिन्दी पत्रकारिता की प्रेरक भावना थी। इस भावना की तीव्रता जो दीवानगी की हद तक जाती है, उस समय के एक विज्ञापन में दिखती है। यह विज्ञापन 1907 में प्रकाशित 'स्वेदश' पत्रिका में सम्पादक पद पर नियुक्ति के लिए दिया गया था—"वेतन दो सूखे टिक्कड़, रोटियाँ, गिलास भर पानी और हर सम्पादकीय लिखने पर दस साल का कालापानी।" शान्तिनारायण भटनागर द्वारा स्थापित इस पत्रिका के कुल 75 अंक छपे। इस बीच भटनागर समेत इसके आठ सम्पादक जेल गए और प्रेस कुर्क हुआ।[1]

सच तो यह है कि अपने देश में प्रेस की एक ऐतिहासिक भूमिका रही है जो उसके प्रति लोगों का रवैया तय करती है। अपनी प्रेस ने आजादी के आन्दोलन में तो बढ़-चढ़कर भाग लिया ही, देश के सामाजिक, राजनैतिक और सांस्कृतिक जागरण में भी उसकी बड़ी भूमिका रही है। अंग्रेजों के खिलाफ लड़ाई में राजनैतिक पक्ष पर अपनी प्रेस ने जितना जोर दिया, आजादी के बाद समाज में उतनी ही राजनैतिक जिम्मेदारी उसकी मानी गई। चूँकि हमने बालिग मताधिकार पर चलनेवाली संसदीय लोकतांत्रिक प्रणाली स्वीकार की, इसलिए लोकमत बनाने में स्वाभाविक ही प्रेस का बड़ा महत्त्व हो गया। दूसरे कई विकसित देशों की तरह अपने यहाँ प्रेस सूचना और विज्ञापन के उद्योग की तरह फैली-पनपी नहीं। अंग्रेज बहादुर हिकी ने जो पहला अखबार इस देश में निकाला वह भी धन्धे और मुनाफे के लिए नहीं था। उसका भी उद्देश्य ईस्ट इंडिया कम्पनी में चलते घोटालों का भंडाफोड़ करना था। कोई अचरज नहीं कि कम्पनी बहादुर ने उन्हें देश निकाला दिलवाकर उनके अखबार को बन्द करवा दिया। लगता है हिकी का जर्नल इसका प्रमाण है कि भारत में किसी अंग्रेज ने भी अखबार निकाला तो वह अंग्रेजी प्रतिष्ठान के खिलाफ ही निकाला। प्रतिष्ठान-विरोध भारतीय पत्रकारिता का जैसे मूल स्वभाव ही है और इसलिए उसका अंग्रेजी साम्राज्यवाद के खिलाफ आजादी के आन्दोलन का हथियार बनना उसकी नियति में ही था। अपने जन्म से ही, बल्कि यों कहिए कि सामाजिक राजनैतिक, सांस्कृतिक जिम्मेदारियाँ निभाने के लिए ही भारत में प्रेस का जन्म हुआ और तभी से वह ये जिम्मेदारियाँ निभा रही है।[2]

(2) भारतीय नवजागरण और हिन्दी पत्रकारिता

(क) नवजागरण : अर्थ और आरम्भ

भारतीय नवजागरण अंग्रेजी शासन के समय सामाजिक-सांस्कृतिक-आर्थिक उथल-पुथल के बीच आरम्भ हुआ। अंग्रेजी की दमनकारी नीतियों के कारण भारतीय मानस एवं विचारधारा में परिवर्तन आया और सम्पूर्ण समाज नवीन विकास की ओर उन्मुख हुआ, जिसे 'नवजागरण' या 'पुनर्जागरण' कहा गया।[3] इधर, **डॉ. रामस्वरूप चतुर्वेदी**[4] ने 'पुनर्जागरण, को परिभाषित करते इस प्रकार लिखा है—"नवजागरण एक ऐसी सांस्कृतिक प्रक्रिया है, जो बहुत से देशों के इतिहास में घटित होती रहती है। इनके कालखंड एवं निमित्त अलग-अलग रहे हैं।...भारत के सन्दर्भ में 'पुनर्जागरण' 19वीं शती के प्रारम्भ से माना जाता

1. जनसत्ता में प्रसिद्ध पत्रकार श्री जवाहरलाल कौल का लेख—'हिन्दी पत्रकारिता के सौ साल' 4 फरवरी, 1990
2. जनसत्ता के तत्कालीन सम्पादक स्व. प्रभाष जोशी का प्रसिद्ध कॉलम 'कागद कारे' में एक दिन प्रेस का हो या न हो दिल्ली 21 नवम्बर सन् 1999 ई.
3. वैचारिकी में प्रो. साधना झा का लेख 'हिन्दी नवजागरण और रामविलास शर्मा', पृष्ठ-38, भारतीय विद्या मंदिर 12/1 नेलीसेन गुप्ता सरणि, कोलकाता, नवम्बर-दिसम्बर 2014 ई.
4. हिन्दी साहित्य और संवेदना का विकास-डॉ. रामस्वरूप चतुर्वेदी, पृष्ठ-94, लोकभारती प्रकाशन-इलाहाबाद सन् 1993 ई.

है।...नई यूरोपीय वैज्ञानिक सांस्कृतिक और पुरानी भारतीय धार्मिक संस्कृति के टकराहट के फलस्वरूप'। वस्तुतः जिसे आज हम 'नवजागरण' कह रहे हैं, कुछ समय पूर्व इसे पुनर्जागरण का नाम भी दिया जाता रहा है तथा इस शताब्दी के आरम्भिक दशक में सुप्रसिद्ध पत्रकार-लेखक **माधव प्रसाद सप्रे** ने इसके लिए 'पुनरुद्धार' नाम स्वीकार किया था। **दीनबन्धु एन्ड्रयूज** की एक पुस्तक है-**रिनेसाँ इन इंडिया।** इसी पुस्तक पर श्री सप्रे का एक समीक्षात्मक लेख 'राष्ट्रीय जागृति की मीमांसा' (मर्यादा', सचित्र मासिक पत्रिका में प्रकाशित) शीर्षक से 1915 ई. में प्रकाशित हुआ था, उसी में यह शब्द रूप-'रिनेसाँ', के हिन्दी रूपान्तर के रूप में प्रयुक्त हुआ है। इससे स्पष्ट है कि इस शती के शुरुआती वर्षों से ही नवजागरण की आहट हमारे देश में महसूस की जाने लगी थी।[1]

आलोचक चिन्तक **विनोद शाही**[2] का विचार है कि भारत के आधुनिक नवजागरण के मूल्यांकनों और पुनर्मूल्यांकनों का सिलसिला, हमारे मौजूदा समय तक आते-आते गोया एक पूरी वृत्तपरिधि में घूम गया लगता है। नवजारण का आरम्भिक दौर था—1857 के बाद वाला रामकृष्ण परमहंस और दयानन्द सरस्वती जैसे लोगों के कार्य कलापों से जुड़ा काल-खंड, जिसे सर सैय्यद अहमद, राममोहन राय और विवेकानन्द जैसे लोगों ने एक ऊँचाई प्रदान करते हुए बीसवीं सदी में प्रवेश के लायक बनाया था। अपने शिखर काल में यह नवजागरण विवेकानन्दोत्तर लोगों के महान जीवन और चुनौतियों से भरी कर्मभूमि के रूप में सामने आता है—जिसमें देवेन्द्र नाथ ठाकुर, रवीन्द्र, केशवचन्द्र, अरविन्द, गोखले, तिलक आदि से होते हुए हम इसके आखिरी महामानव महात्मा गांधी तक पहुँचते हैं, जिसके व्यक्तित्व में उसके सहयोगी नेहरू और बीनोवाभावे जैसे पूरक व्यक्तित्व ही नहीं, अम्बेडकर, कृपलानी, जयप्रकाश और लोहिया जैसे भिन्न-व्यक्तित्व भी किसी-न-किसी अर्थ में समाहित होते दिखायी देने लगते हैं। गांधी का 1920 का असहयोग आन्दोलन और 1930-32 का सविनय अवज्ञा आन्दोलन इसी शिखर काल के आखिरी महा-अध्याय हैं, जिसके बाद इस भारतीय नवजागरण और समान्तर रूप में महात्मा गांधी—इन दोनों के उत्तर-काल के आरम्भ होने का—एक तरह के मोहभंग और निराशा के दौर के आरम्भ होने का—तीखा और भयावह बोध ऐतिहासिक वास्तविकता बनने लगता है। इसी काल में भारतीय नवजागरण के मूल्यांकन की भूमिका बनती है।

डॉ. रामविलास शर्मा[3] हिन्दी नवजारण के पुरोधा माने जाते हैं। उन्होंने इसका घनिष्ट सम्बन्ध 1857 के स्वतंत्रता संग्राम से माना है। डॉ. शर्मा भक्तिकाल में फैलाए गए 'जनजागरण' को 'लोकजागरण' की संज्ञा देते हैं। हिन्दी नवजागरण की व्याख्या करते हुए वे इसके कई चरणों का उल्लेख करते हैं। उनके अनुसार हिन्दी नवजागरण का **पहला-चरण** गदर का या 1857 का स्वाधीनता संग्राम है। **दूसरा चरण** भारतेन्दु युग और **तीसरा चरण** महावीर प्रसाद द्विवेदी और उनके सहयोगियों का कार्यकाल है। डॉ. रामस्वरूप चतुर्वेदी ने लिखा है—"भारतेन्दु, महावीर प्रसाद द्विवेदी, निराला—इन तीनों लेखकों के माध्यम से डॉ. रामविलास शर्मा ने हिन्दी नवजागरण का बड़ा स्पष्ट और स्वच्छ नक्शा तैयार किया है। उन्होंने अपनी प्रसिद्ध पुस्तक में इसका रेखांकन इस प्रकार किया है—"गदर या सन् 1857 का स्वाधीनता संग्राम, हिन्दी प्रदेश के नवजागरण की पहली मंजिल है। दूसरी मंजिल भारतेन्दु हरिश्चन्द्र का युग है...हिन्दी नवजागरण का तीसरा चरण महावीर प्रसाद द्विवेदी और उनके सहयोगियों का कार्यकाल है। हिन्दी नवजागरण के सन्दर्भ में निराला का लेखन महावीर प्रसाद द्विवेदी के ही कार्य की अगली कड़ी है।[4] डॉ. रामविलास शर्मा भारत में अंग्रेजों के मुख्य सहायक यहाँ के सामन्तों को मानते हैं। उनका विचार है कि सन् 1857 में कश्मीर से लेकर हैदराबाद तक और महाराष्ट्र, राजस्थान से लेकर बंगाल तक के जमींदारों और राजाओं-

---

1. भाषा में डॉ. बंशीधर का लेख-'राष्ट्रीय नवजागरण और हिन्दी कविता-, पृष्ठ-53, जुलाई-अगस्त 97, वर्ष-छत्तीस, अंक छः केन्द्रीय हिन्दी निदेशालय, शिक्षा-विभाग, मानव संसाधन विकास मंत्रालय, भारत सरकार, पश्चिमी खंड-VII, आर.के. पुरम, दिल्ली
2. वागर्थ में आलोचक भगवान सिंह की पुस्तक ' गांधी और दलित जागरण' की आलोचक विनोद शाही द्वारा की गई समीक्षा, पृष्ठ-113, नवम्बर 2009 ई., भारतीय भाषा-परिषद्, 36A शेक्सपियर सरणि, कोलकाता-700017
3. परम्परा का मूल्यांकन—डॉ. रामविलास शर्मा, पृष्ठ-24, राजकमल प्रकाशन, नेताजी सुभाष रोड, दिल्ली
4. समयान्तर में आलोचक डॉ. शम्भुनाथ की पुस्तक 'हिन्दी नवजागरण और संस्कृति' की समीक्षक डॉ. काँति मोहन द्वारा की गई समीक्षा, पृष्ठ- 53, अक्टूबर 2004 ई. 79-A, दिलशाद गार्डेन, दिल्ली मू. 15 रुपये।

नवाबों ने अंग्रेजों की मदद की। हिन्दुस्तान में, अंग्रेजी राज में सबसे बड़ी भूमिका जमींदार निभा रहे थे। ये नये जमींदार पुराने जमींदारों से कहीं अधिक क्रूर और शोषक थे।

आलोचक, चिन्तक डॉ. शम्भुनाथ[1] ने डॉ. रामविलास शर्मा की नवजागरण सम्बन्धी अवधारणा की पाँच मुख्य विशिष्टताएँ गिनाई हैं। **पहली** यह कि वह नवजागरण को 13वीं सदी से ही उसकी निरन्तरता में देखते हैं,—"उन्होंने हिन्दी नवजागरण या आधुनिक काल के दो हिस्से किए। एक को लोकजागरण कहा, दूसरे को नवजागरण। पहले हिस्से के लिए साहित्यिक साक्ष्य उपस्थित किया जबकि दूसरे हिस्से के लिए 1857 के स्वाधीनता संग्राम का विस्तृत राजनीतिक साक्ष्य भी दिया।" **दूसरी** विशेषता यह है कि उन्होंने हिन्दी नवजागरण का सम्बन्ध हिन्दी जाति के निर्माण और आत्मपहचान से स्थापित किया। **तीसरी** बड़ी विशिष्टता यह है कि रामविलास शर्मा हिन्दी जातीय सन्दर्भ का उद्‌घाटन करने की प्रक्रिया में वस्तुतः 'रेनेसां' से लगातार7 एक दूरी बनाते चले गए। जाहिर है, इससे उन्हें यह दावा करना आसान लगा होगा कि भारत में अंग्रेज न आए होते तो भी सांस्कृतिक नवजागरण सम्भव था। **चौथी** बड़ी विशिष्टता है, हिन्दी नवजागरण को पहले चरण में सामन्तवाद साम्राज्यवाद विरोधी।" **पाँचवी** बड़ी विशिष्टता है, सम्प्रदायवाद, पृथकतावाद, रीतिवाद, नस्लवाद और संकीर्ण जातीयतावाद का विरोध करते हुए भारतीय राष्ट्रीयता और संस्कृति के भीतर ही हिन्दी जाति की परिकल्पना। इसमें हिन्दी और उर्दू-दोनों को समान जगह दी गई।"

कुल मिलाकर यह कि[2] यद्यपि देश में नवजागरण के आरम्भ को लेकर विद्वानों में मतमतान्तर हैं। कुछ के अनुसार यह प्लासी के युद्ध (सन् 1757 ई) से शुरू हो जाता है, तो कुछ इसे राजा राममोहन राय के कलकत्ता में आकर स्थायी हो जाने के बाद (यानी 1814 ई) से आरम्भ हुआ मानते हैं। डॉ. रामविलास शर्मा ने लिखा है कि बंगाल में भले ही इसका प्रारम्भ राजाराम मोहन राय से हुआ हो, हिन्दी प्रदेश में तो नवजागरण का प्रारम्भ 1857 ई. के बाद हुआ है। इन विविध मतों का निष्कर्ष एक ही है कि नवजागरण का आन्दोलन हिन्दुस्तान में अंग्रेजों के आगमन के बाद शुरू हुआ। इस आन्दोलन के दो पक्ष हैं—एक तो है राजनीतिक चेतना का, जिसके दर्शन हमें 1857 ई. के स्वतंत्रता समर एवं इसके परवर्ती काल में होते हैं। दूसरा है, समाज-सुधार आन्दोलन का, जिसका नेतृत्व राजाराम मोहन राय से लेकर महात्मा गांधी तक इस देश के अनेक महापुरुषों ने स्वतंत्र रूप में तथा विविध समाजों के माध्यम से किया। यह भी दृढ़ता पूर्वक कहा गया है कि उक्त दोनों ही प्रकार की चेतनाओं को जागृत करने में अंग्रेजी शिक्षा-दीक्षा और पाश्चात्य-सभ्यता-सस्कृति के सम्पर्क का विशेष योगदान रहा है। परन्तु इसका अर्थ यह कदापि नहीं लिया जाना चाहिए कि पश्चिम की भाषा एवं संस्कृति के सम्पर्क के बिना इस देश में इस तरह की राजनीतिक एवं सामाजिक जागृति कभी हुई ही नहीं थी या हो नहीं सकती थी। हमें यह नहीं भूलना चाहिए कि जब-जब इस देश पर कोई बाहरी आक्रमण हुआ है, तब-तब यहाँ के राजनीतिक एवं सामाजिक जीवन में एक आलोड़न पैदा हुआ है। देश की स्वतंत्रता एवं संस्कृति पर जब भी संकट आया है, समाज के लोगों ने उसका जमकर विरोध किया है। संघर्ष एवं युद्ध की चिनगारियों से भारतवर्ष के इतिहास का पृष्ठ-पृष्ठ ज्योतित है। सिकन्दर के आक्रमण से लेकर मुसलमानों के शासन काल तक की ऐतिहासिक परम्परा इसकी साक्षी है। हिन्दी साहित्य का सम्पूर्ण भक्ति आन्दोलन हमारी सामाजिक-सांस्कृतिक जागृति का ही प्रतीक है।

(ख) नवजागरण काल और हिन्दी पत्रकारिता

नवजागरण काल में हिन्दी पत्रकारिता एक दूसरे के प्रतिनिधि और बिम्ब हो गए थे। भारतीय पुनर्जागरण के लिए प्रेस का वरदान अत्यधिक मूल्यवान सिद्ध हुआ। पुनर्जागरण के नेताओं ने इस माध्यम का पूरा-पूरा उपयोग किया। मुद्रणालयों का प्रभाव साहित्य के लिए भी अत्यन्त हितकर सिद्ध हुआ। भारतेन्दु के समय में शायद ही कोई ऐसा साहित्यकार रहा हो, जिसका सम्बन्ध किसी-न-किसी पत्र पत्रिका से न रहा हो। पत्र-पत्रिकाओं में—साहित्यिक रचनाओं के प्रकाशन के साथ ही समसामजिक समस्याओं पर भी प्रकाश डाला

1. समयान्तर में आलोचक डॉ. शम्भुनाथ की पुस्तक 'हिन्दी नवजागरण और संस्कृति' की समीक्षक डॉ. काति मोहन द्वारा की गई समीक्षा, पृष्ठ- 53, अक्टूबर 2004 ई. 79-, दिलशाद गार्डेन, दिल्ली मू. 15 रुपये।
2. भाषा-पृष्ठ 53, जुलाई-अगस्त-1997 ई.

जाता था। इस प्रकार उनके प्रकाशन का अर्थ था—दूसरों की समस्याओं में साझेदारी करना और उनको लेकर नई-नई वैचारिक भूमियाँ तैयार करना। ये पत्र-पत्रिकाएँ एक ओर जनतांत्रिक भावनाओं का पोषण कर रही थीं और दूसरी ओर समाज की रूढ़ियों पर प्रहार करती हुई राष्ट्रीय चेतना के निर्माण में महत्त्वपूर्ण योग दे रही थीं। मुद्रण यंत्र के कारण साहित्य में वैयक्तिकता की भावना भी आई। इसके पूर्व साहित्य सामान्यतः श्रुत हुआ करता था। उसके प्रशंसकों की संख्या सीमित हुआ करती थी इसलिए साहित्यकारों के लिए आवश्यक था कि अपने श्रोताओं की रुचि का ध्यान रखते, पर छापेखाने ने सारी स्थिति ही उलट दी। अब साहित्यकार और समाज का सीधा सम्बन्ध नहीं रह गया था—बल्कि मुद्रण के माध्यम से ही वे एक-दूसरे से सम्बद्ध हो पाते थे। इस माध्यम ने साहित्यकार को अवसर दिया कि वह बहुत कुछ व्यक्तिगत भी अभिव्यक्त कर सके। मुद्रण-यंत्र के आविष्कार के पूर्व साहित्य में वैयक्तिकता का समावेश अत्यल्प था, पर बाद में भारतेन्दु तथा उनके सहयोगियों के वैयक्तिक निबन्धों में इस प्रवृत्ति का समावेश प्रचुर मात्रा में देखा जा सकता है।[1]

वस्तुतः इस समय की पत्रकारिता में राष्ट्रीयता की धारा व्यापक रूप से विस्तृत और प्राणवान हुई। इस युग की पत्रकारिता समाज सुधार मूलक, चरित्र प्रतिष्ठापक और जीवन मूल्यों की तलाश में सन्नद्ध दिखायी देती है। नवजागरणकालीन पत्रकारिता ने सामाजिक, सांस्कृतिक, आर्थिक आदि विभिन्न घटकों की स्वावलम्बी चेतना को जागृत किया। स्वतंत्रता आन्दोलन को नई धार दिया। उन्नीसवीं शताब्दी भारतवर्ष के लिए सांस्कृतिक पुनर्जागरण का समय था, जब भारतीय राष्ट्रवाद की तेज धारा को उस युग के सुधार आन्दोलनों ने अभूतपूर्व बल प्रदान किया। शताब्दियों तक विदेशियों की पराधीनता में रहने के कारण हिन्दू अपने सांस्कृतिक वैभव को भूल चुके थे। भारत में ब्रिटिश राज्य की स्थापना के साथ-साथ ईसाई धर्म का भी आगमन हुआ, जो हिन्दू धर्म के अस्तित्व तक को चुनौती देता मालूम पड़ने लगा। यह स्पष्ट था कि उस समय हिन्दू धर्म धीरे-धीरे विनाश की ओर बढ़ रहा था और उसकी रक्षा तभी हो सकती थी, जब कि वह अपनी सामाजिक कुरीतियों को दूर कर देता। उन्नीसवीं शताब्दी के शुरू में पश्चिमी ज्ञान के आलोक से आँखें खुलने पर और पराधीनता की पीड़ा अनुभव करने पर दूरदर्शी भारतीयों ने अपने देश की दुरावस्था देखी। उन्हें इसमें संशोधन करने की आवश्यकता अनुभव हुई। इसी के परिणाम आधुनिक धार्मिक सुधार आन्दोलन थे। इसी समय ब्रह्मसमाज, आर्यसमाज, रामकृष्ण मिशन इत्यादि कई संस्थाओं का जन्म हुआ। भारतीय स्वतंत्रता संग्राम के उद्भव में इन सुधार आन्दोलनों का निर्णायक हाथ रहा है। इनके नेताओं ने हिन्दू धर्म और समाज की उन कुरीतियों को दूर करने का प्रयास किया, जो राष्ट्रीय भावना के विकास में बाधक थीं।[2]

बहरहाल, कुल मिलाकर यह कि मुद्रण यंत्रों के विस्तार और समाचार-पत्रों के प्रकाशन ने जन-जागरण का सन्देश तो दिया ही, मातृभक्ति, स्वदेशी वस्तुओं का व्यवहार, गोरक्षा, बाल-विवाह निषेध, शिक्षा प्रसार का महत्त्व, गद्य निषेध तथा भ्रूण हत्या आदि गन्दी प्रवृत्तियों पर भी पर्याप्त ध्यान दिया। इस युग की पत्रकारिता पर दृष्टि-निक्षेप करने पर हम सहज रूप से इस निष्कर्ष पर पहुँच जाते हैं कि वह तत्कालीन भटकी हुई जनता के लिए दिशा-निर्देशक सिद्ध हुई। इसने युग जीवन को वाणी दी। आत्मगौरव, उत्साह एवं प्रेरणा का संचार किया। देश के अतीत कालीन गौरवपूर्ण इतिहास को लोगों के सामने रखा। इस तरह हम यह मान सकते हैं कि इस युग की पत्रकारिता समृद्ध परिणाम तथा गुण-दोनों से ही प्रभूत-भरपूर लैस है।

(3) हिन्दी पत्रकारिता का आरम्भिक गद्य और उसकी भाषा-शैली

हिन्दी पत्रकारिता के आरम्भिक गद्य की भाषा के परिष्कार-निखार, उसे माँजने-सँवारने में भारतेन्दु और द्विवेदी युग के पत्रकारों का विशेष योगदान रहा है। हिन्दी गद्य-शैली के स्वरूप-निर्माण में इनकी विशिष्ट भूमिका को नकारा नहीं जा सकता है। इस युग के कई ऐसे गद्य-लेखक हैं, जिन्होंने हिन्दी पत्रकारिता

1. हिन्दी साहित्य का इतिहास-सं. डॉ. नगेन्द्र, पृष्ठ-442, नेशनल पब्लिशिंग हाउस, 23, दरियागंज, दिल्ली, मू. 18 रुपये, प्रथम संस्करण-1973 ई.
2. नागरी पत्रिका में डॉ. पद्माकर पांडेय का लेख 'राष्ट्रीय आन्दोलन और हिन्दी पत्रकारिता', पृष्ठ-29, अगस्त-सितम्बर-1997, नागरी प्रचारिणी सभा, वाराणसी।

के आरम्भिक गद्य को पुष्ट-प्रांजल बनाने के लिए ब्रजभाषा के स्थान पर खड़ी बोली को माध्यम के रूप में अपनाया। शुरुआती दौर के प्रमुख गद्य लेखकों राजा लक्ष्मण सिंह (1826-1896), राजा शिवप्रसाद सिंह सितारे हिन्द (1823-1895), नवीन चन्द्र राय (1837-1890) तथा श्रद्धाराम फुल्लौरी आदि की कृतियों का साहित्यिक महत्त्व चाहे जितना हो, किन्तु हिन्दी-पत्रकारिता के आरम्भिक गद्य को एक दिशा और लय देने में इन्होंने कोई कोर-कसर नहीं छोड़ी। उपर्युक्त लेखकों ने खड़ीबोली गद्य के स्वरूप-विकास के क्रम में बेहद महत्त्वपूर्ण भूमिका अदा की। वस्तुतः इस युग में मुख्य संघर्ष हिन्दी की स्वीकृति और प्रतिष्ठा को लेकर था—फारसी के स्थान पर हिन्दी को प्रतिष्ठा दिलाने के लिए किए गए प्रयत्न ही जागरण के आधार बने। इस युग के दो प्रसिद्ध लेखकों-राजा शिवप्रसाद सिंह और राजा लक्ष्मण सिंह—ने हिन्दी के स्वरूप-निर्धारण के प्रश्न पर दो सीमान्तों का अनुगमन किया। राजालक्ष्मण सिंह ने विशुद्ध संस्कृतिनिष्ठ हिन्दी का समर्थन किया और राजा शिव प्रसाद सिह ने हिन्दी का गवारूँपन दूर करते-करते उसे उर्दू-ए-मुअल्ला बना दिया। इन दोनों के बीच सर्वमान्य हिन्दी-गद्य की प्रतिष्ठा कर गद्य-साहित्य की विविध विधाओं के विकास का ऐतिहासिक कार्य भारतेन्दु-युग में पूरा हुआ।[1]

पंडित बालकृष्ण भट्ट और प्रतापनारायण मिश्र आदि ने हिन्दी पत्रकारिता के आरम्भिक गद्य को और विकसित तथा समृद्ध किया। आचार्य रामचन्द्र शुक्ल ने तो इन्हें हिन्दी का **स्टील** तथा **एडीसन** कहा है। वस्तुतः भारतेन्दु युग के अन्य गद्य-लेखक यथा, भारतेन्दु हरिश्चन्द्र, बदरीनारायण चौधरी 'प्रेमघन', लाला श्री निवासदास, राधाचरण गोस्वामी, काशी नाथ खत्री आदि किसी-न-किसी पत्र-पत्रिका से भी जुड़े थे। उदाहरण के लिए भारतेन्दु ने 'हरिश्चन्द्र मैगजीन', प्रतापनारायण मिश्र ने 'ब्राह्मण', बालकृष्ण भट्ट ने 'हिन्दी प्रदीप', बदरीनारायण चौधरी 'प्रेमघन' ने 'आनन्द कादम्बनी', श्री निवासदास ने 'सदादर्श' (1874 ई.) और राधाचरण गोस्वामी ने 'भारतेन्दु' का सम्पादन किया था। इन पत्र-पत्रिकाओं में इनके तथा समकालीन अन्य लेखकों के निबन्ध, नाटक, पुरातत्व, इतिहास, धर्म, कला, जीवनी, यात्रा-वृत्तान्त, समाज-सुधार, भाषा तथा साहित्य सम्बन्धी लेख समय-समय पर प्रकाशित होते थे। इनके माध्यम से इन्होंने तत्कालीन पत्रकारिता की भाषा में अद्‌भुत आकर्षण पैदा किया। बालकृष्ण भट्ट के हिन्दी प्रदीप में अपेक्षाकृत गम्भीर आलोचनाएँ छपती थीं, बल्कि कहा जा सकता है कि अभिव्यक्ति की ऐसी कोई भंगिमा नहीं है, जिसका प्रकाशन इसमें न हुआ हो। असल में, जिस समय पंडित बालकृष्ण भट्ट ने लिखना-आरम्भ किया था, उस समय तक लेखन प्रणाली में तीन, प्रकार की भाषाओं का उपयोग होता था—एक तो वह, जिसके प्रवर्तक राजा शिवप्रसाद जी थे, जिसमें उर्दू शब्द तत्सम रूप में ही प्रयुक्त होते थे, साथ ही वाक्यों का उतार-चढ़ाव और विशेष्य-विशेषणों का सम्बन्ध भी उर्दू ढंग का था, दूसरा वह, जिसमें अन्य भाषाओं के शब्दों का पूर्ण बहिष्कार ही समीचीन माना जाता था और जिसके प्रवर्तक राजा लक्ष्मण सिंह थे। तीसरा रूप वह था, जिसका निर्माण भारतेन्दु जी ने किया था और जिसमें मध्यम मार्ग का अवलम्बन किया जाता था। इसमें शब्द तो उर्दू के भी लिए जाते थे, परन्तु वे या तो बहुत चलते होते थे या विकृत होकर हिन्दी बने। इन तीनों पद्धतियों के अनुसार यदि विचार किया जाए तो भट्ट जी में भी शैली की द्विधा वृत्ति ही प्रयुक्त मिलेगी अर्थात् कहीं उर्दू का ठाठ सामने आता है और कहीं मध्यम मार्ग की सहज विशेषता दिखायी पड़ती है। भट्ट जी उर्दू शब्दों का प्रयोग प्रायः करते थे और वह भी तत्सम रूप में। ऐसी अवस्था में हम उन्हें शुद्धिवादियों में स्थान नहीं दे सकते थे। कहीं-कहीं तो वे हमें राजा शिव प्रसाद सिंह के रूप में मिलते हैं, जैसे—

"मृतक के लिए लोग हजारों लाखों खर्च कर आलीशान रौजे मकबरे कब्रें संगमरमर या संगमूसा की बनवा देते हैं, कीमती पत्थर माणिक जमुर्रद से उन्हें आरान्ता करते हैं, पर वे मकबरे क्या उसकी रूह को उतनी राहत पहुँचा सकते हैं, जितनी उसकी दोस्त आँसू टपकाकर पहुँचाते हैं?"[2]

भट्ट जी में भाषा को व्यापक बनाने की विशेष जागरूकता दिखायी देती है। यह बात उनकी रचनाओं को देखने से स्पष्ट प्रकट होती है। अंग्रेजी राज्य के साथ-साथ अंग्रेजी सभ्यता और भाषा का विस्तार

1. हिन्दी साहित्य का इतिहास-सं. डॉ. नगेन्द्र, पृष्ठ-474
2. साहित्य-सुमन आँसू शीर्षक निबन्ध-बालकृष्ण भट्ट।

बढ़ता ही जाता था। इसका असर यह हुआ कि वे अपने लेखन में अंग्रेजी के शब्द ही उठाकर रख देते थे, जैसे कैरेक्टर, फीलिंग, फिलॉसोफी, स्पीच आदि। यहीं तक नहीं, कभी-कभी शीर्षक तक अंग्रेजी के दे देते थे। इसके अतिरिक्त उनकी रचना में स्थान-स्थान पर पूर्वी ढंग के 'समुझाव', 'बुझाव' आदि प्रयोग तथा आफिकाई' जैसे रूप भी दिखायी पड़ते हैं।[1]

सुश्री उषा शर्मा 'सुरभि'[2] का विचार है, "यों तो 1826[3] से 1873[4] तब बहुत से साहसी व्यक्ति अखाड़े में उतरे थे, किन्तु उन सबमें अधिक प्रतिभाशाली व्यक्तित्व भारतेन्दु हरिश्चन्द्र (1850 से 1885) का था। उन्होंने, 'हरिश्चन्द्र मैगजीन' नामक पत्रिका का प्रकाशन करके, भारतीय पत्र-कारिता को ही नहीं, अपितु हिन्दी भाषा एवं शैली को भी नई दिशा की ओर मोड़ दिया।" हिन्दी गद्य का परिष्कृत रूप प्रारम्भ में इसी पत्रिका में प्रकट हुआ।[5] भारतेन्दु ने अपनी 'कालचक्र' नामक पुस्तक में लिखा है—"हिन्दी नई चाल में ढली 1873 से"। नई चाल में ढलने का तात्पर्य है, हिन्दी गद्य को परम्परागत ब्रजभाषा, संस्कृत तथा उर्दू-फारसी के शब्द-बाहुल्य से मुक्ति दिलाकर ऐसे व्यवस्थित एवं परिनिष्ठित रूप में प्रस्तुत करना जो जन सामान्य से लेकर विद्वानों तथा कलकत्ते से लेकर काश्मीर तक, सभी को मान्य हो। आचार्य रामचन्द्र शुक्ल के अनुसार,—"जिस प्यारी हिन्दी को देश ने अपनी विभूति समझा, जिसको जनता ने उत्कंठा पूर्वक दौड़कर अपनाया, उसका दर्शन इसी पत्रिका (हरिश्चन्द्र चन्द्रिका) में हुआ।"[6] दरअसल, भारतेन्दु का स्थान हिन्दी पत्रकारिता के क्षेत्र में अन्यतम है। उन्हीं के काल में हिन्दी के आरम्भिक गद्य और उसकी भाषा का रूप स्थिर और परिमार्जित होना शुरू हुआ। पत्र-पत्रिकाओं में गम्भीर लेख प्रकाशित हुए। इस समय की पत्रिकाओं और पत्रों को पढ़ने से हिन्दी भाषा की शक्ति तथा लोकप्रियता का पता चलता है। आलोचक-चिन्तक **डॉ. रामचन्द्र तिवारी**[7] का विचार है कि भारतेन्दु युगीन गद्य-शैली पर तीन दृष्टियों से विचार किया जा सकता है,—(1) भाषा की मूल जातीय प्रकृति को परखकर उसका सामान्य रूप स्थिर करने की दृष्टि से, (2) क्रमशः परिष्कृत, परिमार्जित, सशक्त और प्रौढ़ होने की दृष्टि से, (3) लेखकों की व्यक्तिगत रुचि, प्रवृत्ति, संस्कार एवं व्यक्तिगत-भेद के प्रभाव से उत्पन्न भंगिमा-वैशिष्ट्य की दृष्टि से। जहाँ तक भाषा के सामान्य स्वरूप का प्रश्न है, यह निर्विवाद है कि उसे भारतेन्दु द्वारा स्थिर किया जा चुका था। इस सम्बन्ध में आचार्य रामचन्द्र शुक्ल ने लिखा है, "जब भारतेन्दु अपनी मँजी हुई परिष्कृत भाषा सामने लाए, तब हिन्दी बोलने वाली जनता को गद्य के लिए खड़ी बोली का प्रकृत साहित्यिक रूप मिल गया और भाषा के स्वरूप का प्रश्न न रह गया। प्रस्ताव काल समाप्त हुआ और भाषा का स्वरूप स्थिर हुआ।"[8] भारतेन्दु द्वारा स्थिर किए गए खड़ी बोली गद्य के स्वरूप-निर्माण के तीन आधार थे—(1) मुख्यतः हिन्दी के तद्भव और प्रचलित हिन्दी शब्दों का प्रयोग; (2) उर्दू-फारसी के लोक-व्यवहार में प्रचलित शब्दों का प्रयोग और (3) आवश्यकता पड़ने पर संस्कृत के मूल स्रोतों से शब्दों को ग्रहण करने की नीति। इसी नीति का अनुसरण भारतेन्दु के अनुयायियों ने भी किया। परिष्कार, शक्ति और प्रौढ़ता की दृष्टि से देखा जाए तो भारतेन्दुकालीन गद्य पहले से बहुत-कुछ निखरकर भी पूर्णतः परिमार्जित नहीं हुआ था। भारतेन्दु युग के लेखक, 'दिखाकर', 'खिलाकर' के स्थान पर 'दिखाय' 'खिलाय' लिखते थे।' कैसे के स्थान पर 'क्यों कर' और 'ले', 'दे' के स्थान पर 'लै', 'दै' का प्रयोग प्रचलित था अर्थात् उच्चारण के अनुसार शब्द-रचना की जाती थी, इसीलिए

1. नागरी पत्रिका (बालकृष्ण भट्ट विशेषांक) में डॉ. जगन्नाथ शर्मा का लेख 'बालकृष्ण भट्ट की गद्य शैली' पृ. 33
2. हिन्दी पत्रकारिता : विविध आयाम—सं. डॉ. वेद प्रताप वैदिक में सुश्री उषा शर्मा सुरभि का लेख-'पुराने पत्रकारों की गद्य-शैली', पृष्ठ-30।
3. 30 मई 1826 को हिन्दी का प्रथम पत्र 'उदन्त मार्तण्ड' प्रकाशित हुआ था
4. 15 अक्टूबर 1873 से भारतेन्दु ने 'हरिश्चन्द्र मैगजीन' नामक मासिक पत्रिका आरम्भ की थी। आठ अंकों के पश्चात् इसका नाम बदलकर 'हरिश्चन्द्र चन्द्रिका' रख दिया गया।
5. हिन्दी साहित्य कोश, भाग-2, पृष्ठ-641, (प्रथम संस्करण), वाराणसी।
6. हिन्दी साहित्य का इतिहास-आचार्य रामचन्द्र शुक्ल, पृष्ठ 435, नागरी प्रचारिणी सभा, काशी, सं. 2025 वि.
7. हिन्दी का गद्य साहित्य- डॉ. रामचन्द्र तिवारी, पृष्ठ-109, विश्वविद्यालय प्रकाशन, वाराणसी।
8. हिन्दी साहित्य का इतिहास-आचार्य रामचन्द्र शुक्ल, पृष्ठ-450।

'इसके' और 'उसके' के स्थान पर क्रमशः 'इस्के' और 'उस्के' लिखा जाता था। कहीं-कहीं व्याकरण-विरुद्ध प्रयोग भी हो जाते थे। यह अवश्य है कि हिन्दी गद्य मँज रहा था और उसकी अभिव्यक्ति-क्षमता बढ़ रही थी। व्यक्तित्व-भेद से उत्पन्न भंगिमा-वैशिष्ट्य की दृष्टि से देखा जाए तो प्रत्येक लेखक की निजी शैली रही है। भारतेन्दु की शैली व्यवस्थित और सजीव है। वाक्य हृदय की अनुभूति लड़ियों के प्रतीक से लगते हैं। उनमें विन्यास की जटिलता न होकर प्रवाह है। शब्द-प्रयोग सधा हुआ है। भारतेन्दु का गद्य उनकी मनः प्रवृत्ति का परिचालक है[1] आचार्य शुक्ल ने उनकी गद्य शैली के दो रूप लक्षित किए हैं—(1) भावावेश की शैली, (2) तथ्य-निरूपण की शैली। इन दोनों के अतिरिक्त विचार प्रधान शैली, व्यंग-विनोद शैली, उद्बोधन शैली आदि भी उनके गद्य में लक्षित होती है। वस्तुतः विषय और परिस्थिति के अनुसार भारतेन्दु की गद्य-शैली का ढलाव बदलता गया है। हिन्दी प्रदेश की मूल-चेतना से जुड़ा होने के कारण ही उनका गद्य सर्वमान्य हुआ।[2]

इधर, पूर्व कुलपति और सुप्रसिद्ध पत्रकार-साहित्यकार **श्रीअच्युतानन्द मिश्र**[3] लिखते हैं कि, भारतेन्दु युग हो या महावीर प्रसाद द्विवेदी युग, हिन्दी गद्य के निर्माण में पत्रकारिता की महत्त्वपूर्ण भूमिका को सभी ने एक स्वर में स्वीकार किया है। साहित्य की निरन्तरता और पत्रकारिता की आधुनिकता के बावजूद लोक भाषाओं से मिल सांस्कृतिक विरासत और सम्पूर्ण शब्द-सम्पदा-दोनों की संयुक्त और अविभाज्य धरोहर है। लगभग दो सौ वर्ष के सह-विकास का यह रिश्ता अटूट है। अपने दौर के श्रेष्ठतम साहित्य सर्जकों और सम्पादकों ने इतिहास के इस शानदार और गौरवपूर्ण अध्याय के साथ-साथ लिखा और जिया है। उन्नीसवीं शताब्दी के दौरान राजनीति, समाज और धर्म तथा शिक्षा के सभी मनीषियों ने इस तथ्य को स्वीकार किया था कि हिन्दी पूरे देश में समझी जानेवाली एक मात्र सम्पर्क भाषा है...भारतेन्दु हरिश्चन्द्र आधुनिक हिन्दी के जन्मदाता के रूप में सर्वमान्य हैं। उनकी एक पत्रिका 'कवि वचन सुधा' मूलतः कविता की पत्रिका थी। दूसरी 'हरिश्चन्द्र पत्रिका' गद्य की पत्रिका थी। प्रताप नारायण मिश्र का साहित्य हिन्दी का अक्षय कोष माना जाता है।[4] मुहावरों का प्रयोग उनकी शैली की बहुत बड़ी विशेषता है।[5] **डॉ. शंकर दयाल चौत्रऋषि**[6] के अनुसार,—"भारतेन्दु-युग में ही नहीं, आगे द्विवेदी युगीन भाषण के वैभवशाली दिनों में भी मिश्र जी की भाषा जैसी जिन्दादिली तथा मुहावरेबाजी अन्य किसी शैलीकार में नहीं आ सकी।" इसी तरह **आचार्य शुक्ल**[7] ने भी कहा है कि ये पूरबी की परवाह न करके लेखों में अपने बैसवारे की ग्राम्य कहावतें बेधड़क रख दिया करते थे। यह ग्रामीणता ही उनके मुहावरों की सबसे बड़ी सीमा है, अन्यथा मुहावरे और लोकोक्तियों का इतना अधिक प्रयोक्ता हिन्दी गद्य-लेखकों में कोई दूसरा नहीं दिखायी देता। मुहावरों की झड़ी के लिए उनका 'बात' शीर्षक लेख बहुत प्रसिद्ध है। उसी लेख से कुछ पंक्तियाँ यहाँ प्रस्तुत हैं—

"बड़ी बात, छोटी बात, सीधी बात, टेढ़ी बात, खरी बात, खोटी बात, मीठी बात, कड़वी बात, भली बात, बुरी बात, सुहानी बात, लगती बात इत्यादि सब बात ही तो है। इनके अतिरिक्त बात बनती है, बात बिगड़ती है, बात आ पड़ती है, बात जाती है, बात खुलती है, बात छिपती है, बात अड़ती है, बात जमती है, बात उखड़ती है...।"

द्विवेदी युग में खड़ी बोली पूर्णतः प्रतिष्ठित हुई। पत्रकारिता की भाषा को पंडिताऊपन एवं ठेठ गँवारूपन से मुक्त करके माँजा-सँवारा गया। भाषिक रूढ़ियाँ टूटी। भाषा को युग की नई चेतना की अभिव्यक्ति के लिए सक्षम बनाने की चेष्टा की गई। इस युग के एक अन्य पत्रकार श्री बालमुकुन्द गुप्त जी छोटे और

1. हिन्दी साहित्य का इतिहास-सं. डॉ. नगेन्द्र, पृष्ठ-490 में डॉ. रामचन्द्र तिवारी का लेख 'भारतेन्दु युग : गद्य साहित्य'।
2. हिन्दी साहित्य का इतिहास-आचार्य रामचन्द्र शुक्ल, पृष्ठ-436।
3. समकालीन सोच में श्री अच्युतानन्द मिश्र का लेख 'साहित्य, पत्रकारिता और मीडिया', पृष्ठ-17 सम्पादक-डॉ. पी.एन. सिंह, गौतम बुद्ध कॉलोनी, मालगोदाम, गाजीपुर, वर्ष-20, अंक-54, जुलाई-दिसम्बर 2012 ई.
4. प्रताप नारायण मिश्र—जीवन और साहित्य-डॉ. सुरेश चन्द्र शुक्ल, पृष्ठ-87
5. हिन्दी पत्रकारिता विविध आयाम सं. डॉ. वेद प्रताप वैदिक, पृष्ठ-324
6. द्विवेदी युग की हिन्दी गद्य शैलियों का अध्ययन- डॉ. शंकर दयाल चौत्रऋषि, पृष्ठ-122
7. हिन्दी साहित्य का इतिहास-डॉ. रामचन्द्र शुक्ल, पृष्ठ-426

चुभते हुए वाक्य लिखने में अद्वितीय थे। उन्होंने पत्रकारिता से सीख लिया था कि वाक्यावली और मुहावारेदार सरल भाषा, प्रभाव की दृष्टि से बहुत ही उपयोगी होती है।[1] उनके सुप्रसिद्ध चिट्ठों की भाषा ऐसी ही है। शिवशम्भू शर्मा के चिट्ठे से एक उदाहरण लीजिए,—"इतने में देखा कि बादल उमड़ रहे हैं। चीलें नीचे उतर रही हैं। तबियत भुरभुरा उठी। इधर घटा, बहार में बहार। इतने में वायुवेग बढ़ा। चीलें अदृश्य हुई, अँधेरा छाया, बूँदें गिरने लगीं...बूटी तैयार हुई। बमभोला कह शर्मा जी ने एक लोटा-भर चढ़ाई।" शैली की दृष्टि से इस प्रसंग को वर्णनात्मक कहा जाएगा। इस शैली में इतने छोटे-छोटे वाक्य उस काल के अन्य लेखकों की लेखनी से नहीं निकले। भावावेग के समय भी उनके वाक्य इतने ही छोटे रहते थे।[2] कुल मिलाकर यह कि इस युग में पत्रकारिता के गद्य और उसकी भाषा शैली को व्यापक प्रतिष्ठा प्राप्त हुई।

(4) हिन्दी गद्य-लेखन में हिन्दी पत्रकारिता का योगदान तथा हिन्दी समाचार-पत्र और इनके स्तम्भों का गद्य

हिन्दी गद्य-लेखन के विकास में पत्रकारिता की महत्त्वपूर्ण भूमिका रही है। शब्द सम्पदा बढ़ाने और वर्तनी के मानकीकरण में हिन्दी के स्वनामधन्य पत्रकारों/सम्पादकों का उल्लेखनीय योगदान रहा है। आज बाजारवाद के दौर में हिन्दी पत्रकारिता की भाषा में भले ही स्खलन, मिलावट-गिरावट आ गई हो, लेकिन इसके पूर्व के हिन्दी गद्य को खूबसूरत और व्यवस्थित स्वरूप देने में भारतेन्दु और द्विवेदी युग के पत्रकारों को सारा श्रेय जाता है। इनका योगदान अविस्मरणीय है। इन पत्रकारों में हिन्दी गद्य को एक मानक रूप दिया। उसको संस्कारित किया, उसमें प्रचुरमात्रा में साहित्य रचा। उसमें ज्ञान का भंडारण किया। साफ शब्दों में, उक्त काल के पत्रकारों/सम्पादकों ने हिन्दी को राष्ट्रीय संवाद की भाषा बनाया। भारतेन्दु ने स्वयं स्तरीय निबन्ध लिखे तथा दूसरों को लिखने की प्रेरणा दी। भारतेन्दु जी सामाजिक, राजनीतिक, ऐतिहासिक, धार्मिक, पौराणिक, भौगोलिक तथा साहित्यिक अनेक प्रकार के निबन्ध लिखते थे। निश्चय ही इतने विविधता पूर्व निबन्ध किसी एक शैली में सफलता एवं सरलतापूर्वक नहीं लिखे जा सकते, इसीलिए भारतेन्दु को अनेकानेक शैलियों में रचना करने के लिए मजबूर होना पड़ा था। इन निबन्धों में सर्वाधिक मात्रा सामाजिक तथा राष्ट्रीय निबन्धों की है। इन विषयों को वे चुटकी लेते हुए, व्यंग्य में लिखा करते थे। भारतेन्दु जी के साहित्य में संस्कृत, फारसी, उर्दू के अतिरिक्त ब्रज, बंगला तथा भोजपुरी शब्द बहुला भाषा के लेख भी सरलता पूर्वक खोजे जा सकते हैं। एक प्रहसन में तो उन्होंने, बनारस के पंडों से लेकर गुण्डों तक का आधा दर्जन भाषाओं से अधिक के कथोपकथन कराए हैं। इतना ही नहीं, उन्होंने स्वर्ग एवं ईश्वर को आधार बनाकर शासन पर व्यंग्य-वर्षा भी की है और चूँकि शासकों की भाषा अंग्रेजी थी, अतः इस प्रसंग में ढेर सारे अंग्रेजी शब्दों का निःसंकोच प्रयोग किया है। 'स्वर्ग में विचार सभा' शीर्षक से एक नमूना लीजिए :

"ईश्वर ने दोनों दलों के डेप्यूटेशन को बुलाकर कहा...डेप्यूटेशन वाले परमेश्वर की ऐसी कुछ खिजलाई हुई बात सुनकर डर गए। बड़ा निवेदन-सिवेदन किया...अतः परमेश्वर ने विचार हेतु एक सिलेक्ट कमेटी स्थापन की।...सिटोवायके बाप को कमेटी का एक्सआफिसियो मैंबर बनाया।...जरदुश्त जी को कारस्पौंडिग आनरेरी मैम्बर नियुक्त किया...।"[3]

गोपाल शर्मा, प्रतापनारायण मिश्र, बालमुकुन्द गुप्त, गोकुल नाथ शर्मा, बलभद्र मिश्र, अम्बिकादत्त व्यास आदि ने क्रमशः 'दयानन्द दिग्विजय', (1881), 'आर्यचरितामृत' (1884), 'हरिदास गुरमानी' (1896), श्री देवी सहाय चरित्र (1897), 'स्वामी दयानन्द महाराज का जीवन चरित्र' (1897), और स्वामी भास्करानन्द से सम्बद्ध 'स्वामी चरितामृत' (1899) नामक जीवनी ग्रन्थ लिखकर हिन्दी गद्य-लेखन को प्रौढ़ बनाया। सच तो यह है कि हिन्दी गद्य-साहित्य के विकास, क्रम में भारतेन्दु के पत्रकारों/सम्पादकों का अवदान, महत्त्व और मूल्य असाधारण है। इनके गद्य में कलात्मकता की गन्ध बिखरी मिलती है। इन्होंने हिन्दी गद्य शैली के विकास में—कम-से-कम उसे विविध विषयों की अभिव्यक्ति में सक्षम बनाने

---

1. हिन्दी गद्य शैली का विकास—डॉ. जगन्नाथ प्रसाद शर्मा, पृ. 10
2. हिन्दी पत्रकारिता में विविध आयाम—सं. वेदप्रताप वैदिक, पृ. 318
3. हिन्दी पत्रकारिता : विविध आयाम—सं. वेदप्रताप वैदिक, पृ. 305

में अपना महत्त्वपूर्ण योगदान देकर तत्कालीन हिन्दी गद्य को समृद्ध किया। साहित्य-सर्जन की दृष्टि से हिन्दी गद्य की प्रायः सभी विधाओं का सूत्रपात इस युग में हुआ। नाटक, निबन्ध तथा हास्य व्यंग्यादि लेखन में इन्हें अपूर्व सफलता मिली। उदाहरणार्थ, प्रतापनारायण मिश्र को हम ले सकते हैं। दरअसल, प्रताप नारायण मिश्र की शैली में एक प्रकार का मनमौजीपन है। उनमें कटुता नहीं है। विनोदपूर्ण वक्रता तथा बैसवाड़ी बोली की सहज ग्रामीण स्वच्छन्दता ने उनकी शैली को अत्यन्त सजीव बना दिया है। मिश्र जी गम्भीर विषय को भी हास्य-रंजित करके प्रस्तुत करने की कला में अद्वितीय थे। उन्होंने ग्राम्य कहावतों और मुहावरों का खुलकर प्रयोग किया है। वे बराबर अपने पाठकों से तादात्म्य बनाये रखते हैं। यथा—

"ले भला बताइए तो आप क्या हैं? आप कहते होंगे, वाह आप तो आप ही हैं। पर कहाँ की आपदा आई? यह भी कोई पूछने का ढंग है? पूछा होता कि आप कौन हैं? तो बतला देते कि हम आपके पत्र के पाठक हैं और आप ब्राह्मण सम्पादक हैं अथवा आप पंडित जी हैं, आप राजा जी हैं, आप सेठ जी हैं, आप लाला जी हैं, आप बाबू जी हैं, आप मियाँ साहब, आप निरे साहब हैं।"

बदरीनारायण चौधरी 'प्रेमघन' की शैली उपर्युक्त सभी लेखकों से भिन्न है। उन्होंने अपने गद्य को कलात्मक बनाने की चेष्टा की है। उनके वाक्य लम्बे हैं और भाषा सायास गढ़ी हुई है। उनमें कवित्त्व है लेकिन सहज भावोच्छ्वास नहीं। सीधी सी बात को भी वे कलात्मक विधान के साथ प्रस्तुत करते हैं। उनमें संस्कृत भाषा की पद-रचना के संस्कार प्रबल हैं, जैसा उदाहरण से स्पष्ट है,—

"धन्य धन्य उस परब्रह्म सच्चिदानन्द घन को कि जिसकी कृपा वारिबिन्दु वर्षा से आनन्द प्रमत्त हो अचानक आज फिर यह मनमयूर उत्साह आलम्बन कर आनन्द कादम्बिनी के आनन्द विस्तार लालसा से थिरकने लगा और बिना किसी सोच-विचार के लेखनी चातक बन चँहकार चली कि मेरे प्यारे रसिकों! आओ आज के समागम चिर वियोग दुख को भूलें और बहुत दिनों से मानवती बैठी वार्त्ता बधूड़ी के आरम्भ घूँघट को खोल उसके आनन्द-मन्द-स्मित का सारस्य अनुभव करें।"[1]

द्विवेदी-युग में नाटक, उपन्यास प्रभृति मुख्य गद्य विधाओं के अतिरिक्त कुछ अन्य गद्य-रूपों, जीवनी यात्रावृत्त, संस्मरण पत्र-साहित्य-के विकास परिष्कार की ओर भी ध्यान दिया गया। इनमें से अन्तिम तीन का तो प्रवर्तन ही इस युग में हुआ। वैसे पत्रकारिता की बहुमुखी उन्नति के फलस्वरूप इन सभी साहित्य रूपों के विकास की गति भारतेन्दु युग की तुलना में कहीं अधिक व्यवस्थित और द्रुत रही। इस युग के पत्रकारों/सम्पादकों ने राजनीति, अर्थशास्त्र, धर्मशास्त्र, नीतिशास्त्र शिक्षाशास्त्र, इतिहास, भाषा, व्याकरण, कोश-विज्ञान आदि पर लेखन कर हिन्दी गद्य-साहित्य को परिमार्जित और सम्पन्न बनाया। मुद्रण व्यवस्था ने हिन्दी गद्य-लेखन को और समुन्नत किया। कुल मिलाकर यह कि हिन्दी गद्य-लेखन, साहित्य समृद्धि एवं भाषा परिष्कार में द्विवेदी युगीन पत्र-पत्रिकाओं का भी बहुत बड़ा योगदान है। भारतेन्दु युग में तो पत्रकारिता और साहित्य-दोनों प्रायः एक ही स्तर पर विकसित हो रहे थे। द्विवेदी युग में इस स्थिति में कुछ अन्तर आया। कुछ गम्भीर साहित्यिक पत्रिकाएँ प्रकाशित होने लगीं, जो समाज-सुधार या राजनीतिक उथल-पुथल से प्रत्यक्ष सम्बन्ध नहीं रखती थीं। गद्य की विविध शैलियों एवं विधाओं के विकास में आलोच्य युग की पत्रिकाओं का स्थायी योगदान है। इस श्रेणी की पत्रिकाओं में 'सरस्वती' अन्यतम थी। इसमें सन्देह नहीं कि 'सरस्वती' ने भाषा और साहित्य-दोनों क्षेत्रों में नये युग का निर्माण किया। वह सचमुच आलोच्य युग की साहित्यिक उच्चता का निकर्ष बन गई थी।[2] आदारास्पद **डॉ. कृष्ण बिहारी मिश्र**[3] कहते हैं,—"आधुनिक हिन्दी भाषा साहित्य के विकास क्रम में से हिन्दी पत्रकारिता की विकासधारा जुड़ी हुई है। हिन्दी पत्रकारिता आधुनिक चेतना और ज्ञान-विज्ञान द्युति संवादिका रही हैं, लोक रुचि के परिष्कार और विकास का सशक्त माध्यम रही है, भाषा साहित्य और संस्कृति की उन्नायिका रही है तथा जातीय-चेतना प्रवाह को इसने एक विशेष कोटि की गतिशीलता दी है"

---

1. हिन्दी साहित्य का इतिहास-सं. डॉ. नगेन्द्र, पृष्ठ-439
2. हिन्दी साहित्य का इतिहास-सं. डॉ. नगेन्द्र, पृष्ठ-439
3. हिन्दी पत्रकारिता—डॉ. कृष्ण बिहारी मिश्र, पृष्ठ-94, भारतीय ज्ञानपीठ, 18, इन्स्टीटूशनल एरिया, लोदी-रोड, नई दिल्ली, मू. पेपरबैक संस्करण-140 रुपये सन् 2000 ई.

(5) हिन्दी पत्रकारिता : उद्‌भव विकास तथा काल-विभाजन का संक्षिप्त इतिहास अथवा हिन्दी पत्रकारिता की परम्परा धारा और उसका काल-विभाजन

"खीचों न कमान न तलवार निकालो।
जब तोप मुकाबिल हो तो अखबार निकालो।।" *(अकबर इलाहाबादी)*

हिन्दी पत्रकारिता तत्कालीन बरतानी हुकूमत की फासीवादी और साम्राज्यवादी नीतियों के विरोध की ही उपज है, भारतीय जनता पर उनकी जकड़वन्दी, कुंठा, संत्रास, निराशा, बेबसी की अभिव्यक्ति की छटपटाहट है, राष्ट्रीय जनजागरण, समाज-सुधार, अपने हक़ की लड़ाई का बयान है, कुल मिलाकर समकालीन विडम्बनाओं, विभिन्न जटिलताओं, वर्जनाओं त्रासद प्रतिक्रियाओं का मुकम्मल ब्यौरा है। स्वतंत्रता आन्दोलन के दौर में इसकी शानदार और जीवन्त रचनात्मक भूमिका रही है। अतः इसके उद्‌भव, विकास के इतिहास और परम्परा को समझने के लिए हमें चाहिए कि शुरू से लेकर अब तक की उसकी समग्र यात्रा को कालखंडों में विभक्त कर लिया जाए, या विद्वानों द्वारा विभक्त कालों को देख लिया जाए—

हिन्दी पत्रकारिता का काल-विभाजन—विभिन्न विद्वानों द्वारा पत्रकारिता के काल-विभाजन से ध्वनित होता है कि यह कार्य बहुत सरल और आसान नहीं है। श्री बनारसीदास चतुर्वेदी ने एक स्थान पर लिखा है कि—पत्रकारिता में युगों की अवधि को ठीक-ठीक निश्चित करना बहुत सहज नहीं है। एक युग दूसरे युग से मिल जाता है। वास्तव में हिन्दी पत्रकारिता का तार्किक और वैज्ञानिक आधार पर निश्चित काल-विभाजन करना कुछ कठिन कार्य है। सर्वप्रथम राधाकृष्ण दास ने ऐसा प्रारम्भिक प्रयास किया था। उसके बाद विशाल भारत के नवम्बर 30 के अंक में विष्णुदत्त शुक्ल ने इस प्रश्न पर विचार किया, किन्तु वे भी किसी निर्णय पर नहीं पहुँच पाए।[1] बहरहाल, कुछ प्रमुख विभाजनों को इस प्रकार देखिए,—

(1) काशी नागरी प्रचारिणी सभा द्वारा विभाजन[2]—

(1) प्रथम उत्थान—सन् 1826 से 1867 तक,
(2) द्वितीय उत्थान—सन् 1868 से 1920 तक तथा
(3) आधुनिक काल—1920 के बाद।

(2) श्री बालमुकुन्द गुप्त का विभाजन[3]—

(1) प्रथम चरण—सन् 1845 से 1877 तक
(2) द्वितीय चरण—सन् 1877 से 1890 तक
(3) तृतीय चरण—1890 के बाद।

(3) श्री एस. नटराजन का विभाजन[4]—

(i) Seed Time (बीज वपन काल)
(ii) Influence of British Opinion (ब्रिटिश विचारधारा का प्रभाव)
(iii) The National Awakening (राष्ट्रीय जागरण), तथा
(iv) Democracy and the Press (लोकतंत्र और प्रेस)

(4) श्री बाँके बिहारी भटनागर का विभाजन[5]—

(1) प्रथम चरण—सन् 1826 से 1857 तक
(2) द्वितीय चरण—भारतेन्दु युग, सन् 1857 से 1890 तक,
(3) तीसरा चरण—सन् 1890 से 1918
(4) चौथा चरण— गांधीयुग, सन् 1918 से स्वतंत्रता तक।

---

1. पत्रकारिता का इतिहास एवं जनसंचार माध्यम—डॉ. संजीव भानावत, पृष्ठ-18
2. हिन्दी साहित्य का इतिहास-काशी नागरी प्रचारिणी सभा, पृष्ठ-215
3. गुप्त निबन्धावली-बालमुकुन्द गुप्त, पृष्ठ-97
4. A History of the Press in India-S.Natrajan. P. 112
5. पत्रकारिता का इतिहास एवं जन संचार माध्यम—डॉ. संजीव भानावत की पुस्तक, पृष्ठ-19 से

(5) डॉ. रामरतन भटनागर का विभाजन[1]—

(1) The beginning (आरम्भिक युग) सन् 1826 से 1867 तक,

(2) Rise and Growth (उत्थान एवं अभिवृद्धि)

(क) प्रथम चरण—(1867-1833) The age of Consolidation of Language and Form (भाषा एवं स्वरूप के समेकन का युग)

(ख) द्वितीय चरण—(1833-1900) The age of propoganda (प्रेस के प्रचार का युग),

(3) Development (विकास युग) (1) प्रथम (1900-1921)।

(6) डॉ. कृष्ण बिहारी मिश्र का विभाजन[2]—

(1) भारतीय नवजागरण और हिन्दी पत्रकारिता का उदय (सन् 1826-1867),

(2) राष्ट्रीय आन्दोलन की प्रगति-दूसरे दौर की हिन्दी पत्रकारिता (सन् 1867-1900)

(3) बीसवीं शताब्दी का आरम्भ और हिन्दी पत्रकारिता का तीसरा दौर—इस काल खंड का अध्ययन करते समय उन्होंने इसे तिलक युग तथा गांधी युग में विभक्त किया है।

(7) डॉ. संजीव भानावत का विभाजन[3]—

(1) भारत में पत्रकारिता का ऐतिहासिक विकास (सन् 1820-1900 ई. तक)

(2) भारतीय राष्ट्रीय आन्दोलन में पत्रकारिता की भूमिका (सन् 1900-1947 ई. तक),

(3) स्वातंत्र्योत्तर भारत में पत्रकारिता (1947 से आज तक)।

(8) डॉ. रामचन्द्र तिवारी का विभाजन[4]—

(1) उदय काल (सन् 1826-1867 तक),

(2) भारतेन्दु काल (सन् 1867-1900 तक),

(3) द्विवेदी युग या तिलक युग (सन् 1900-1920 तक),

(4) गांधी युग (सन् 1920-1947 तक) तथा

(5) स्वातंत्र्योत्तर युग (सन् 1947 से आज तक)।

(9) डॉ. अर्जुन तिवारी का विभाजन[5]—

(1) उद्भव काल या उद्बोधन काल (1826 से 1884 ई. तक)

(2) विकास काल—

स्वातंत्र्य पूर्व— (क) जागरणकाल (1874 से 1919 ई. तक)

(ख) क्रान्तिकाल (1920 से 1947 ई. तक)

स्वातंत्र्योत्तर—नव निर्माण काल (1948 से 1974 ई. तक)

(3) वर्तमान काल या व्यावसायिक काल (सन् 1975 से...)।

(10) पत्रकार डॉ. धीरेन्द्र नाथ सिंह का विभाजन[6]—

(1) आदिकाल या भारतेन्दु-पूर्व की पत्रकारिता—सन् 1826 से 1866 ई. तक,

(2) नवजागरण या भारतेन्दु युग की पत्रकारिता—सन् 1867 से 1884 ई. तक,

(3) 19वीं सदी के उत्तरार्द्ध की पत्रकारिता—सन् 1885 से 1900 ई. तक,

---

1. The Rise and Growth of Hindi Journalism -Dr. Ram Ratan Bhatanagar P. 81, विश्वविद्यालय प्रकाशन, चौक, वाराणसी, (पृष्ठ- 562) मूल्य रु. 800, सन् 2002 ई.।
2. हिन्दी पत्रकारिता—डॉ. कृष्ण बिहारी मिश्र, पृष्ठ-94, भारतीय ज्ञानपीठ, 18, इन्स्टीट्यूशनल एरिया, लोदी-रोड, नई दिल्ली, मू. पेपरबैक संस्करण-140 रुपये सन् 2000 ई.।
3. हिन्दी पत्रकारिता का इतिहास-एवं जनसंचार माध्यम-डॉ. संजीव भानावत, पृष्ठ-20 यूनिवर्सिटी पब्लिकेशंस, लाल कोठी, जयपुर, मू. 200 रुपये, सन् 2000 ई.।
4. पत्रकारिता के विविध रूप—डॉ. रामचन्द्र तिवारी, पृष्ठ 7, आलेख प्रकाशन।
5. हिन्दी पत्रकारिता का वृहद इतिहास-डॉ. अर्जुन तिवारी, पृष्ठ-104
6. हिन्दी पत्रकारिता (भारतेन्दु पूर्व से छायावादोत्तर काल तक) डॉ. धीरेन्द्र नाथ सिंह, पृष्ठ-7, विश्वविद्यालय प्रकाशन, वाराणसी, मूल्य-पच्चीस रुपये सन् 2000 ई.

(4) छायावाद युग की पत्रकारिता—सन् 1919 से 1936 ई. तक,

(5) छायावादोत्तर-काल की पत्रकारिता—सन् 1937 से 1947 ई. तक।

बहरहाल, अब हम 'हिन्दी पत्रकारिता के उद्‌भव और विकास' पर प्रकाश डाल रहे हैं—

(1) हिन्दी की उद्‌भव कालीन पत्रकारिता (1826 से 1867 तक)

भारतेन्दु के उदय के पूर्व पत्र-पत्रिकाओं के विकास का प्रथम दौर पूरा हो चुका था। पत्र-पत्रिकाओं का सम्बन्ध सीधे जन-जागरण से है। किसी प्रकार के अन्याय या पक्षपात का प्रतिकार करने के लिए जनता जब उठ खड़ी होती है, तो उसे अपनी आवाज बुलन्द करने के लिए पत्र-पत्रिकाओं का सहारा लेना पड़ता है। उन दिनों जन-जागरण का केन्द्र कोलकाता नगर था। हिन्दी पत्रकारिता का आरम्भ वहीं से हुआ। सन् 1868 ई. में भारतेन्दु ने काशी से 'कविवचन सुधा' का प्रकाशन आरम्भ किया। यहाँ से पत्र-पत्रिकाओं के विकास का दूसरा उत्थान माना जा सकता है। प्रथम काल में प्रकाशित कुछ प्रमुख पत्र-पत्रिकाएँ इस प्रकार हैं,—

सन्	पत्र का नाम	सम्पादक/प्रकाशक	स्थान	भाषा
30 मई, 1826	उदन्त मार्तण्ड	पं. युगल किशोर सुकुल	कोलकाता	हिन्दी
10 मई, 1829	बंगदूत	श्री राजा राममोहन राय आदि	कोलकाता	हिन्दी
1830	सद्धर्मप्रचारक	जे.पी. चौधरी काव्यतीर्थ	काशी	हिन्दी
जून 1834	प्रजामित्र	अनिश्चित	काशी	हिन्दी
जून 1845	बनारस अखबार	शिवप्रसाद सिंह	काशी	हिन्दी
11 जून, 1846	मार्तण्ड	नसीरुद्‌दीन	कोलकाता	बांग्ला, हिन्दी, उर्दू, फारसी
1846	ज्ञानदीप	प्र. अली	कोलकाता	...
1 जनवरी, 1848	शिमला अखबार	शेख अब्दुल्ला	शिमला	हिन्दी, उर्दू
1848	मालवा अखबार	प्रेमनारायण	इन्दौर	हिन्दी मराठी
1849	जगद्वीप भास्कर	...	कोलकाता	हिन्दी, बांग्ला
1850	साम्यदंड भास्कर	युगल किशोर सुकुल	कोलकाता	हिन्दी
1850	सुधाकर	सं. तारामोहन मिश्र	काशी	हिन्दी
1850	सामदंड मार्तण्ड	सं. तारामोहन मिश्र	कोलकाता	हिन्दी
1850	मजहरुल सरुर	भरतपुर दरबार का मुख पत्र	भरतपुर	हिन्दी, उर्दू
1852	बुद्धिप्रकाश	...	आगरा	हिन्दी
1854	समाचार सुधा वर्षण	...	कोलकाता	हिन्दी (दैनिक)
1855	प्रजा हितैषी	...	आगरा	हिन्दी
1856	राजपूताना अखबार	...	जयपुर	हिन्दी
1861	जगलाम चिन्तक	...	अजमेर	हिन्दी
1863	जगहित कारक	...	अजमेर	हिन्दी
1865	तत्त्वबोधिनी पत्रिका	...	बरेली	हिन्दी
1867	वृत्तान्त विलास	...	जम्मू	हिन्दी (मासिक)

तंगनजर में उलझा बड़ा सवाल

हिन्दी का पहला समाचार-पत्र आखिर कौन?

हिन्दी भाषा के उद्‌भव काल तथा हिन्दी की पहली कहानी कौन? जैसे सवालों की तरह "हिन्दी का पहला समाचार-पत्र कौन?" प्रश्न आज भी संभ्रम और विवादों की जलकुंभी में उलझा हुआ है। इस सवाल को हल करने की पहलकदमी कई विद्वानों ने किया है। समय-समय पर सार्थक और विचारोत्तेजक बहसें हुईं हैं लेकिन आजतक यह सवाल मुकम्मल रूप में हल नहीं हो पाया है। अपने स्पष्ट, एकराय तथा सर्वानुमति उत्तर की तलाश इसे आज भी उतनी ही है, जितनी कल थी। कुल मिलाकर अब तक कोई कारगर हस्तक्षेप

सामने नहीं आ पाया है। असहमति की गुंजाइश सदैव बनी रही है। तकरीबन 195 साला उमरदराज यह महत्त्वपूर्ण सवाल आज भी हिन्दी पत्रकारिता का शिशु प्रश्न बन तंगनजरी का शिकार हो गया है। दरअसल, जो समाधान प्रस्तुत किए गए, वे महज वाचाल नारेबाजी से कुछ अधिक सिद्ध नहीं हुए। उनमें विचार और मत की क्रमछिन्नता निरन्तर बनी रही है। आश्वस्त करनेवाला कोई पुख्ता उत्तर सामने अभी तक नहीं आ पाया है। विद्वानों द्वारा सुझाए गए सभी उत्तर तर्कों की अपनी-अपनी सख्त जमीन पर टिके हैं। उक्त सवाल के उत्तर में सुझाए गए सभी समाधान दही के थक्के की तरह संशयग्रस्तता में आज भी लभराए-लिपटे हैं। कुल मिलाकर यह कि विद्वानों के उत्तरों में एका नहीं है, इसलिए सटीक और प्रामाणिक उत्तर का कोई ठोस पड़ाव मिलना बहुत सरल भी नहीं लगता है, फिर भी पूर्व की तरह भविष्य में भी इस सवाल के समाधान के प्रयास तो समय-समय पर होते ही रहेंगे और सम्प्रति हो भी रहे हैं। बहरहाल, हिन्दी के पहले समाचार-पत्र के नामकरण के सन्दर्भ में विद्वानों और हिन्दी साहित्य के इतिहासकारों द्वारा भिन्न-भिन्न समयों में जो नाम पेश किए गए, उनमें कुछ प्रमुख इस प्रकार हैं, यथा—(1) बनारस अखबार (Benaras Akhbar, (2) दिग्दर्शन (Digdarshan), (3) दरबार रोजनामचा (Darbar Rojanamacha), (4) सुधाकर (Sudhakar), (5) प्रजा हितैषी (Praja Hitaishi), (6) बुद्धि प्रकाश (Buddhi Prakash), (7) गास्पल मैगजीन (Gospel Magzine) तथा (8) उदन्त मार्तण्ड(Oodunt Martand)।

प्रकाशन तिथि तथा तत्कालीन सरकार से विधिवत अनुमति लेकर प्रकाशित समाचार-पत्र **उदन्त मार्तण्ड** हिन्दी का पहला अखबार अवश्य है, लेकिन कई ऐसे विद्वान् हैं, जो इस तथ्य को स्वीकार नहीं करते। श्री राधाकृष्ण दास[1] तथा बाद में श्री बालमुकुन्द गुप्त[2] ने राजा शिव प्रसाद सितारे हिन्द के अखबार **बनारस अखबार** (1845) को हिन्दी का प्रथम समाचार-पत्र माना था। इधर, मिश्र बन्धुओं ने भी अपनी पुस्तक 'मिश्र बन्धु विनोद' के तीसरे खंड में हिन्दी भाषा के समाचार-पत्रों के सम्बन्ध में लिखते हुए इसी मत का समर्थन किया है[3] अर्थात् बनारस अखबार को ही हिन्दी का प्रथम समाचार-पत्र माना है। दरअसल, हिन्दी प्रदेशों में सबसे पहले समाचार-पत्रों का प्रकाशन काशी में हुआ। काशी हिन्दी का मुख्य केन्द्र तो थी ही, पत्रकारिता का भी मुख्य केन्द्र थी। काशी से जो पहला साप्ताहिक पत्र प्रकाशित हुआ, वह 'बनारस अखबार' था। 'बनारस अखबार' के बारे में सबसे पहले सूचना राधाकृष्ण दास ने देते हुए लिखा था—"हिन्दी में सबसे पहिले सन् 1845 ई. के जनवरी में राजा शिवप्रसाद की सहायता से 'बनारस अखबार' का जन्म हुआ। यह पत्र लीथो में बहुत ही दरिद्र कागज पर छपता था। इसके सम्पादक गोविन्द रघुनाथ थत्ते थे। राजा साहेब के आदेशानुसार लिखते थे। इसका मोटो था—

"सुबनारस अखबार यह शिवप्रसाद आधार।
बुधि विवेक जन निपुन को चितहित बारंबार।।
गिरिजापति नगरी जहाँ गंग अमल जलधार।
नेत शुभाशुभ मुकुर को, लखो विचार-विचार।।"

राधाकृष्ण दास की उपर्युक्त सूचना के आधार पर बाद में हिन्दी के विद्वानों तथा समीक्षकों ने कहा कि 'बनारस अखबार' राजा शिवप्रसाद सितारे हिन्द का था। चूँकि शिवप्रसाद उर्दू परस्त थे, इसलिए 'बनारस अखबार' की भाषा उर्दू थी।[4] इधर, आचार्य रामचन्द्र शुक्ल ने अपनी पुस्तक 'हिन्दी साहित्य का इतिहास' में लिखा है,—"संवत् 1902 में यद्यपि राजा शिवप्रसाद शिक्षा-विभाग में नहीं आए थे, पर विद्या-व्यसनी होने के कारण अपनी भाषा हिन्दी की ओर उनका ध्यान था। अतः इधर-उधर दूसरी भाषाओं में समाचार-पत्र निकलते देख उन्होंने उक्त संवत् में उद्योग करके काशी से 'बनारस अखबार' निकलवाया।[5] अब यहाँ पर आचार्य शुक्ल के उक्त कथन पर यदि विचार किया जाए तो स्पष्ट होता है कि दूसरी भाषाओं

1. हिन्दी भाषा के सामायिक पत्रों का इतिहास—राधाकृष्ण दास, पृ. 105
2. गुप्त निबन्धावली—बालमुकुन्द गुप्त, पृ. 75
3. मिश्र बन्धु विनोद—मिश्र बन्धु, तीसरा खंड, पृ. 331
4. हिन्दी पत्रकारिता (भारतेन्दु-पूर्व से छायावादोत्तर काल तक)—डॉ. धीरेन्द्र नाथ सिंह, पृ. 15, विश्वविद्यालय प्रकाशन-वाराणसी, सन् 2003
5. हिन्दी साहित्य का इतिहास—आचार्य रामचन्द्र शुक्ल, पृ. 251, नागरी प्रचारिणी सभा-काशी

में संवत् 1902 से पहले समाचार-पत्र छपते थे, किन्तु हिन्दी में कोई अखबार तब तक नहीं निकलता था। हो सकता है, उक्त विद्वानों को 'बनारस अखबार' (जनवरी-1845ई.) से पहले हिन्दी में छपनेवाले किसी अन्य अखबार की सूचना न रही हो। यह अखबार बनारस के दूध विनायक मुहल्ले से 1870-72 तक प्रकाशित होता रहा। दरअसल, 'बनारस अखबार' हिन्दी भाषी प्रदेशों से निकलने वाला हिन्दी का पहला अखबार था, जिसे कुछ विद्वानों ने भूलवश हिन्दी का पहला समाचार-पत्र घोषित किया था।

मेरे निजी पुस्तकालय में नागरी प्रचारिणी सभा काशी से प्रकाशित बेहद पुरानी, फटी-चिथड़ी एक पत्रिका है। इसके पहले और बाद के काफी पन्ने फट चुके हैं। इसके पृ. 222 पर एक महत्त्वपूर्ण लेख अखोरी गंगा प्रसाद सिंह, काशी का लिखा हुआ छपा है, शीर्षक है—'बुद्धि प्रकाश'। इसमें वे लिखते हैं, ''हिन्दी साहित्य के इतिहास के अध्ययन से पता चलता है कि सन् 1850 के लगभग हिन्दी में कुल दो-तीन समाचार-पत्र निकलते थे और बस। 'सरस्वती' के पहले भाग की आठवीं संख्या में राजा लक्ष्मण सिंह के जीवन चरित्र में श्री युत पं. किशोरीलाल जी गोस्वामी ने लिखा है—हिन्दी में सबसे पहले सन् 1845 ई. में राजा शिवप्रसाद की सहायता से 'बनारस अखबार' नामक पत्र निकला[1] यहाँ पं. किशोरी लाल जी ने बनारस अखबार के बाद **सुधाकर** और **प्रजा हितैषी** को ही वरीयता दी है। गंगा प्रसाद सिंह ने आगे लिखा है,—इधर, हिन्दी के वयोवृद्ध साहित्यसेवी श्रद्धेय बा. श्यामसुन्दर दास जी के यहाँ से हमें हिन्दी के एक ऐसे प्राचीन साप्ताहिक पत्र की कुछ संख्याएँ मिली हैं जिसका जन्म प्रजा हितैषी से बहुत पहले हुआ था। इस पत्र का नाम **बुद्धि प्रकाश** है। हिन्दी साहित्य के इतिहास ग्रन्थों में अभी तक इसके सम्बन्ध में 'कोई प्रकाश नहीं डाला गया है। वर्ष भर में इसके 52 अंक निकलते थे और हर एक अंक में 8 पृष्ठ होते थे। यह लीथो पर छपता था और इसके प्रत्येक पृष्ठ में दो कॉलम रहते थे। इसका आकार 12-9/ 2×6-3×4 इंच है। कागज पतला और सफेद है। जिल्द 2, नवम्बर 10 के प्रारम्भ, बुधवार 9 मार्च, 1953 लिखा हुआ है। यह प्रति बुधवार को नियमित रूप से आगरे शहर से प्रकाशित हुआ करता था। इसके हिसाब लगाने पर पता चलता है कि इस पत्र का प्रकाशन 1 जनवरी सन् 1852 ई. से हुआ होगा। इसके प्रत्येक अंक के अन्त में ''मुंशी सदासुखलाल मोहतमिम नूरुल अबसार छापेखाने के इहतमाम से आगरे के मुहल्ले मोती कटरे में छपा'' लिखा है।[2] इस अखबार में इतिहास, भूगोल, शिक्षा, गणित, विज्ञान आदि के लेख प्रकाशित होते थे। सरकार इसकी दो सौ प्रतियाँ खरीदकर विभिन्न विद्यालयों में भेजवाती थी। बहरहाल, उक्त पंक्तियों में लेखक श्री गंगा प्रसाद सिंह यह लिखकर कि, ''जिसका जन्म प्रजाहितैषी से बहुत पहले हुआ था'' क्या यह संकेत करना चाहते हैं कि कहीं यही समाचार-पत्र हिन्दी का पहला समाचार-पत्र तो नहीं है?

ठीक इसी तरह से एक अन्य समाचार-पत्र **दरबार रोजनामचा** (Darbar Rojanamacha)[3] को भी कतिपय विद्वानों ने हिन्दी का पहला पत्र घोषित किया। यह पत्र राजस्थान प्रान्त के बूँदी जिले से 1818-1820 के बीच 'दरबार रोजनामचा' (Court-Journal) नाम से प्रकाशित होता था। लगभग इसी समय कलकत्ता के धर्मतल्ला स्थित स्कूल प्रेस से एक पत्रिका का प्रकाशन हुआ। इसका नाम था—**गास्पल मैगजीन** (Gospel Magzine)। यह पत्रिका नियमित रूप से नागरी लिपि में प्रकाशित होती थी, इसका प्रवेशांक सन् 1819 ई. के दिसम्बर महीने में निकला। एक विद्वान् डॉ. आनन्द ने अपने शोध के आधार पर इसे हिन्दी भाषा का प्रथम समाचार-पत्र माना है। हिन्दी मासिक पत्रिका 'आज कल' के दिसम्बर, 1984 के अंक में डॉ. जे.एच. आनन्द ने इस समस्या पर नया प्रकाश डालने का प्रयास किया है। डॉ. आनन्द ने लन्दन में रहकर हिन्दी भाषा एवं साहित्य पर व्यापक शोध कार्य किया है। उन्हें भी अपने शोध के दौरान हालाँकि 'हिन्दी दिग्दर्शन' की कोई प्रति तो उपलब्ध नहीं हो सकी है, किन्तु इस खोज यात्रा में उन्हें 'गास्पल मैगजीन' की एक प्रति अवश्य प्राप्त हो गई।

---

1. हिन्दी साहित्य का इतिहास—आचार्य रामचन्द्र शुक्ल, पृ. 410
2. काशी नागरी प्रचारिणी पत्रिका में अखौरी गंगा प्रसाद सिंह, काशी का लेख 'बुद्धि-प्रकाश', पृ. 222 (तिथि, सन् का पता नहीं)
3. Anuals and Antiqnities of Rajasthan—Col. James Todd, Part-II, P.407.

वे लिखते हैं,—"जब मैंने इस हिन्दी पत्रिका का टाइटल पेज देखा तो मैं आनन्द के मारे उछल पड़ा। प्रकाशन तिथि सन् 1820 है। 'उदन्त मार्तण्ड' सन् 1826-27 में प्रकाशित हुआ था, पर उसके छह सात वर्ष पहले 'गास्पल मैगजीन' कलकत्ता से नियमित रूप से नागरी लिपि में प्रकाशित हो रही थी। मैं इस अंक की फोटो प्रति लाया हूँ"।[1]

विद्वानों का एक बड़ा समूह अप्रैल 1818 ई. में कोलकाता के श्री रामपुर के पादरियों द्वारा बंगला तथा हिन्दी में एक साथ प्रकाशित **दिग्दर्शन** को बंगला तथा हिन्दी भाषा का पहला पत्र मानता है। डॉ. महादेव साहा[2] डॉ. जोगेन्द्र सक्सेना, डॉ. शिवनारायण खन्ना, बनारसी दास चतुर्वेदी तथा कोलकाता विश्वविद्यालय के पूर्व हिन्दी विभागाध्यक्ष प्रो. कल्याणमल लोढ़ा, डॉ. प्रेमचन्द गोस्वामी[3] डॉ. रत्नाकर पांडेय[4] तथा आदरास्पद डॉ. अरविन्द जैन[5] प्रभृति विद्वानों ने दिग्दर्शन को ही हिन्दी भाषा का प्रथम समाचार-पत्र माना है। दरअसल, डॉ. साहा ने गम्भीर शोध कर दिग्दर्शन को हिन्दी भाषा का प्रथम समाचार-पत्र सिद्ध किया, बाद के इन विद्वानों ने इस पर अपनी स्वीकृति की मुहर लगायी। डॉ. साहा ने यह शोध 55 वर्ष पहले किया था। डॉ. अरविन्द जैन[6] लिखते हैं कि डॉ. महादेव साहा ने अपने शोध के माध्यम से यह रहस्योद्घाटन किया कि भारत में हिन्दी भाषा का सर्वप्रथम पत्र निकालने का श्रेय ईसाई मिशनरियों को मिलना चाहिए। उनके अनुसार वास्तव में हिन्दी भाषा में निकलने वाला पहला पत्र था—'दिग्दर्शन'। यह एक बहुभाषी पत्र था, जो हिन्दी के साथ-साथ अंग्रेजी और बंगला में भी प्रकाशित होता था। डॉ. महादेव साहा ने सर्वप्रथम 'राष्ट्रभारती' (जुलाई-1959) तथा फिर 'सरस्वती' (जनवरी-1960) में दिग्दर्शन' के बारे में प्रारम्भिक जानकारियाँ प्रस्तुत कीं। तत्पश्चात बनारसीदास चतुर्वेदी और कोलकाता विश्वविद्यालय के प्रो. कल्याणमल लोढ़ा जैसे विद्वानों ने डॉ. साहा की सूचना और उससे सम्बद्ध जानकारियों को अपनी ओर से मान्यता प्रदान की। दिग्दर्शन की भूमिका तैयार हुई सन् 1793 में जब विलियम कैरे का भारत आगमन हुआ। आनेवाले कुछ ही वर्षों में देश में अनेक मिशनरी-सोसायटियाँ स्थापित हो गयीं। भारत में ईसाई धर्म का व्यापक प्रचार-प्रसार करने के उद्देश्य से पवित्र धर्मग्रन्थ 'बाइबल' के सर्वप्रथम हिन्दी अनुवाद की योजना विलियम कैरे ने अपने साथियों के साथ मिलकर बनाई। डॉ. जैन आगे कहते हैं कि उन्नीसवीं सदी के दूसरे दशक तक शिक्षा तथा सामान्य ज्ञान की बंगला, हिन्दुस्तानी, संस्कृत तथा अन्य भारतीय भाषाओं की पुस्तकों का सर्वथा अभाव था। मिशनरियों ने सबसे पहले इन भाषाओं के टाइप तैयार करवाए, फिर प्रेस स्थापित कर पुस्तकें प्रकाशित करवायीं। मिशनरी स्कूलों के लिए पुस्तकें तैयार करवाने के उद्देश्य से जुलाई 1817 में 'कलकत्ता स्कूल बुक सोसाइटी' की स्थापना भी की गई। इसी सोसाइटी के प्रयासों से भारतीय भाषा (बंगला) का प्रथम पत्र 'दिग्दर्शन' नाम से 1 अप्रैल 1818 से आरम्भ हुआ। इस मासिक पत्र के सम्पादक थे—जोशुआ मार्शमैन के सुपुत्र जॉन क्लार्क मार्शमैन। 'दिग्दर्शन' की सामग्री तथा उसकी उपयोगिता-उपादेयता से प्रभावित होकर कुछ ही समय बाद सोसायटी ने यह तय किया कि इस पत्र के हिन्दी और अंग्रेजी संस्करण भी प्रकाशित किए जाएँ। कलकत्ता बुक सोसाइटी की द्वितीय रिपोर्ट (21सितम्बर, 1819) से यह प्रमाणित होता है कि उसी वर्ष 'हिन्दुस्तानी' अर्थात् हिन्दी भाषा में 'दिग्दर्शन' के प्रथम अंक की दो हजार प्रतियाँ मुद्रित किए जाने का प्रावधान किया गया था। दिग्दर्शन के प्रथम तीन अंक हिन्दी तथा 'नागरी अक्षरों' में प्रकाशित होने का स्पष्ट प्रमाण 'The second Report of the Institution for the support and encouragement of Native schools 1818' से उपलब्ध होता है। भारत के विभिन्न भागों में स्थापित नेटिव स्कूलों में हिन्दी

1. आजकल (मासिका पत्रिका) में डॉ. जे.एच. आनन्द का लेख, पृ. 51, सन् 1984
2. साप्ताहिक हिन्दुस्तान (हिन्दी की प्रथम पत्रिका) पृ. 14, 23 मार्च, 1976
3. पत्रकारिता के प्रतिमान—डॉ. प्रेमचन्द गोस्वामी, पृ. 85, प्रथम संस्करण सन् 1977
4. धर्मयुग में डॉ. रत्नाकर पांडेय का लेख, पृ. 18, 30 मार्च, 1976
5. राष्ट्रीय सहारा में डॉ. अरविन्द जैन का लेख—"क्या 'दिग्दर्शन' हिन्दी भाषा का प्रथम पत्र था", 27 मार्च, 2004, गोरखपुर, संस्करण
6. राष्ट्रीय सहारा—डॉ. अरविन्द जैन, 27 मार्च 2004, गोरखपुर संस्करण।

'दिग्दर्शन' के ये अंक भेजे गए थे। दिग्दर्शन एक शिक्षाप्रद मासिक पत्र था, जिसके प्रकाशन का उद्देश्य भारतीय विद्यार्थियों तथा प्रौढ़ नवशिक्षितों को ज्ञानवर्द्धक, शिक्षाप्रद तथा मनोरंजक जानकारी उपलब्ध करवाना था। 'दिग्दर्शन' के हिन्दी संस्करण तैयार करने में कैप्टन गॉवन का सहयोग महत्त्वपूर्ण रहा, जिन्होंने दिल्ली के दो विद्वान् पंडितों तथा अन्य मिशनरी पंडितों के सहयोग से यह ऐतिहासिक कार्य सम्पन्न करवाया। कलकत्ता बुक सोसाइटी की दूसरी रिपोर्ट के पृ. 12 पर उल्लेख है,—"The Rew rend Mr. Koorie has undertaken to render the 'Digdarshan' into 'Hindoostani for the society. Part of the first number is nearly reddy in the Press, the first edition will comprise two thousand copies in the Nustlick character". दिग्दर्शन के प्रकाशन की अवधि के मध्य ही 'बंगाल ग़ज़ट' नामक पत्र प्रकाशित हुआ। 'समाचार दर्पण' के सम्पादक जोशुआ मार्शमैन ही थे। अतः उसे 'दिग्दर्शन' का संयुक्त संस्करण मानकर स्वीकार किया जाता था। अन्त में डॉ. जैन लिखते हैं कि 'दिग्दर्शन' के हिन्दी संस्करण के प्रथम पत्र होने के उपर्युक्त प्रमाणों के आधार पर यह कहा जा सकता है कि 'उदन्त मार्तण्ड' से सात-आठ वर्ष पहले प्रकाशित हुआ यह पत्र ही सम्भवतः हिन्दी भाषा का प्रथम पत्र था।[1]

डॉ. जोगेन्द्र सक्सेना भी 'दिग्दर्शन' को ही हिन्दी का प्रथम समाचार-पत्र मानते कहते हैं, कि अप्रैल 1818 से मार्च, 1819 और जनवरी से अप्रैल 1820 तक इस मासिक पत्र के कुल सोलह अंक अंग्रेजी और बंगला में प्रकाशित हुए थे। दिल्ली से आदमी लाकर इसके तीन अंक निकाले गए। इस तरह 'दिग्दर्शन' बंगला का पहला पत्र होने के साथ ही हिन्दी का भी पहला पत्र है।[2] इस मासिक पत्र के अंग्रेजी तर्जुमे की जरूरत के बारे में दिसम्बर 1818 के 'Friend of India' में लिखा था—"It has been suggested that certain article in the Monthly Digdarshan, might not be wholly uninteresting to our youth in general..."। किन्तु, डॉ. जगदीश प्रसाद चतुर्वेदी और डॉ. ईश्वर प्रसाद तिवारी 'दिग्दर्शन' को हिन्दी भाषा का प्रथम समाचार-पत्र मानने को तैयार नहीं हैं। डॉ. जगदीश प्रसाद चतुर्वेदी ने ब्रिटेन जाकर 'दिग्दर्शन' का अध्ययन करने का प्रयास किया। उन्होंने डॉ. साहा के मत की समीक्षा करते हुए लिखा है कि, "ऐसा लगता है कि 'दिग्दर्शन' कलकत्ता स्कूल बुक सोसायटी के अनुरोध पर ही बंगला और अंग्रेजी में प्रकाशित हुआ और बाद में इसको एक जिल्द में छापकर स्थायी पुस्तक का रूप दे दिया गया। इसका आकार भी डबल क्राउन सोलह पेजी है, जो उस समय पुस्तकों का साधारण आकार होता था। ब्रिटिश संग्रहालय में हिन्दी 'दिग्दर्शन' की कोई प्रति नहीं है और न ही श्री रामपुर कॉलेज के पुस्तकालयाध्यक्ष को भी इस प्रकार की किसी प्रति का पता है, इसलिए यदि यह मान भी लिया जाए कि बंगला 'दिग्दर्शन' के दो-तीन अंक हिन्दी में निकले हों तो भी यह मानने का कोई कारण नहीं है कि 'दिग्दर्शन' कोई मासिक या नियतिकालीन पत्र था, जिसको पत्रकारिता की भाषा के अन्तर्गत् समाचार-पत्र या मासिक पत्र कहा जा सकता है"[3]। ठीक इसी तरह डॉ. ईश्वर प्रसाद तिवारी लिखते हैं कि,—"दिग्दर्शन हिन्दी पत्रकारिता का आदि संस्थापक पत्र न होकर हिन्दी पत्रकारिता की दिशा में बढ़ने का आरम्भिक प्रयास मात्र है, क्योंकि उदन्त मार्तण्ड की तरह इसके प्रकाशन के लिए न तो कोई अनुमति ली गई थी और न ही इसे पत्र का रूप दिया गया था। यह तो स्कूली विद्यार्थियों को पढ़ने के लिए एक टेक्स्ट बुक मासिक सिरीज के रूप में निकलता था। वैसे इसे आदि प्रयास के स्थान का हकदार कतिपय घटनाओं के कुछ दबे समाचार बना देते हैं, जो हर अंक के अन्त में निकले हैं। 'उदन्त मार्तण्ड' की तरह यह हिन्दुस्तानियों के हित के हेतु न निकलकर विद्यार्थियों के हित हेतु निकला था। देश-विदेश, गाँव-शहर, हाट-बाजार, सरकार, जनता, सभा-संस्था आदि के विभिन्न समाचारों, सूचनाओं विज्ञप्तियों, सन्धियों आदि को लेकर सम्पादकीय टिप्पणियों या आलोचनाओं के साथ निकलने वाले 'उदन्त मार्तण्ड' की पत्रकारिता-विशेषताओं का इसमें बहुत दूर तक अभाव सा मिलता

1. राष्ट्रीय सहारा-अरविन्द जैन, 26 मार्च, 2004
2. हिन्दी पत्रकारिता : विविध आयाम—सं. वेद प्रताप वैदिक, पृ. 343, हिन्दी बुक सेन्टर, दिल्ली, मू. 150 रुपये, सन् 2002 ई.
3. नवभारत टाइम्स में जगदीश प्रसाद चतुर्वेदी का लेख—'उदंत-मार्तण्ड' की कहानी'—30 मई, सन् 1983

है। इसलिए हिन्दी पत्रकारिता का आदि मार्तण्ड होने का गौरव 'दिग्दर्शन' को न प्राप्त होकर 'उदन्त मार्तण्ड' (30 मई, 1826) को ही प्राप्त है और यदि 'दिग्दर्शन' को प्राप्त है तो हिन्दी पत्रकारिता की ओर दिशा-दर्शन का गौरव...[1]।

लेकिन आज मकर संक्रान्ति (14 जनवरी, 2017) को लगभग 196 वर्षीय 'उदन्त मार्तण्ड' को ही अधिसंख्य विद्वान् हिन्दी का पहला समाचार-पत्र मानते हैं। तत्कालीन 'प्रवासी' के उप सम्पादक श्री वृजेन्द्र नाथ वन्द्योपाध्याय,[2] अम्बिका प्रसाद बाजपेयी[3] आचार्य श्री रामचन्द्र शुक्ल[4] डॉ. लक्ष्मी सागर वाष्णेय[5] हिन्दी पत्रकारिता पर गहन-गम्भीर शोध करनेवाले आदरणीय डॉ. कृष्ण बिहारी मिश्र,[6] गुरुवर डॉ. रामरतन भटनागर,[7] कालिदास मुकर्जी एम.आर.ए.एस. लन्दन,[8] डॉ. श्री कृष्ण लाल[9] तथा डॉ. रंगा स्वामी पार्थसारथी[10] प्रभृति विद्वान पत्रकार 'उदन्त मार्तण्ड' को ही हिन्दी का निर्विवाद पहला समाचार-पत्र होने का गौरव देते हैं,—"The earliest Hindi news paper was started in Calcutta in 1826. It was weekly," Ooudunt Martand" Its editor, Juglul Kishor Sukul, faced many difficulties in running it. He needed. postal facilities to dispatch it to readers outside Bengal. The Government when approached refused to grant him postal concessions. He was unable to face the ligh postal rates, had to close down the paper within a year". दरअसल, फरवरी-अप्रैल, 1931 के 'विशाल भारत के अंक में प्रकाशित बृजेन्द्रनाथ बन्दोपाध्याय के एक शोध-लेख के परिणाम स्वरूप 'उदन्त मार्तण्ड' प्रकाश में आया।[11] इधर, कालिदास मुकर्जी एक जगह लिखते हैं,—"प्राचीन पुस्तकों की खोज में मुझे संवत् 1883 (सन् 1926) का 'उदन्त-मार्तण्ड' नामक समाचार-पत्र देखने को मिला है एवं वह भी एक ही प्रति नहीं क्रमशः 76 अंक एक पुस्तकाकार में संकलित किए हुए मिले हैं। आलोच्य समाचार के अति प्राचीन होने के कारण कीड़ों ने उस पर अपनी असीम कृपा प्रदर्शित कर उसे बहुत कुछ नष्ट कर दिया है तिस पर भी आधुनिक अवस्था में पत्रिका बहुत उपयोगी है।...अन्त में इतना कहकर इस लेख को समाप्त करना है कि सन् 1826 ई. में हिन्दी समाचार-पत्र का अभ्युदय हुआ। इसके पहले यदि कोई था भी तो उसका पता आज तक नहीं चला है।"[12] इतना ही नहीं, इस समाचार-पत्र के सम्पादक स्वतः 'उदन्त मार्तण्ड' को हिन्दी का पहला समाचार-पत्र होने का दावा और मुनादी करते कहते हैं,—"यह उदन्त मार्तण्ड अब पहिले पहल हिन्दुस्तानियों के हित के हेतु जो आज तक किसी ने नहीं चलाया पर अंगरेजी ओ पारसी ओ बंगले में जो समाचार का कागज छपता है उसका सुख उन बोलियों के जान्ने ओ पढ़ने वाले को ही होता है। इससे सत्य समाचार हिन्दुस्तानी लोग देखकर आप पढ़ ओ समझ लेंय ओ पराई अपेक्षा न करें ओ अपने भाषे की उपज न छोंड़ें, इसलिए बड़े दयावान करुणा ओ गुणनि के निधान सबके कल्याण के विषय श्री मान् गवरनर जेनेरल बहादुर की आयास से अैसे साहस में चित्त लगाय के एक प्रकार से यह नया ठाट ठाटा जो कोई प्रशस्त लोग इस खबर के कागज के लेने की इच्छा करें तो अमड़ा-तला की गली 36 अंक मार्तण्ड छापाघर में अपना नाम ओ ठिकाना भेजने ही से सतवारे के सतवारे यहाँ के रहने वाले

1. हिन्दी पत्रकारिता—डॉ. ईश्वर प्रसाद तिवारी, पृ. 41
2. हिन्दी समाचार पत्रों की आरम्भिक कथा—वृजेन्द्र नाथ बन्द्योपाध्याय, पृ. 106
3. समाचार पत्रों का इतिहास—अम्बिका प्रसाद बाजपेयी, पृ. 99, ज्ञानमंडल लिमिटेड, वाराणसी, सं. 2010
4. हिन्दी साहित्य का इतिहास—आचार्य रामचन्द्र शुक्ल, पृ. 251
5. हिन्दी साहित्य का संक्षिप्त इतिहास-लक्ष्मीसागर वार्ष्णेय, पृ. 39
6. हिन्दी पत्रिकारिता—डॉ. कृष्ण बिहारी मिश्र, पृ. 205
7. The Rise nad Growth of Hindi Journalism-Dr. Ram Ratan Bhatnagar, P.89,
8. नागरी प्रचारिणी पत्रिका (त्रैमासिक), कालिदास मुकर्जी का लेख—'एक प्राचीन हिन्दी समाचार पत्र' पृ. 98, काशी सं. 2059
9. आधुनिक हिन्दी साहित्य का इतिहास—डॉ. श्री कृष्ण लाल, पृ. 382
10. Journalism in India-Ranga Swami Parthsarthy, P.187
11. राष्ट्रीय सहारा में अरविन्द जैन का उक्त लेख, पृ. 8
12. नागरी प्रचारिणी पत्रिका में कालिदास मुकर्जी का उक्त लेख, पृ. 101

घर बैठे ओ बाहिर के रहने वाले डाक पर कागज पाया करेंगे, इसका मोल महीने में दो रुपया ओ डाक का महसूल लिया जाएगा ओ यहाँ से बाहिर रहते हैं उनकी यहाँ रुपये की मनौती कर देनी होयगी काहे से कि महीने महीने के अन्तर रुपये भर पावने की रसीद भेजने में किसी जगह डेढ़ ओ कहीं एक रुपया डाक का महसूल लगेगा ओ कोई कारण पाय करके उसी मध्ये फिर लिखना पड़े तो फिर उतना खरच बैठेगा। इसमें दो रुपये के पटने में दो तीन रुपया महसूल का देना लगेगा इससे यहाँ की मनौती रहने से इतना खरच ओ अबरे ओ कलेश न होयगा। हिन्दुस्तानियों के बीच में छापा करावने के लायक काम काज व्यवहार ओ नया कागज ओ नई कोठी यहाँ होय अथवा कुछ माल चोरी हो जाए अथवा कोई बात जो सभी को जनाया चाहिए ओ उस बात के काम पड़े पर मन्जिल पहुँचाय सकें ऐसी ऐसी सच सच खबरें मार्तण्ड छापा में भेजाकर उनके हेत निखरचे छापा हो जाएगा।''[1]

यह एक सुखद आश्चर्य ही माना जाएगा कि अहिन्दी भाषी प्रदेश कलकत्ता (अब कोलकाता) हिन्दी के कई सुप्रसिद्ध समाचार-पत्रों की जन्मभूमि है। बताते हैं, 1690 में कलकत्ता शहर की बुनियाद पड़ी थी। प्लासी और बक्सर के युद्धों के बाद भारत की राजधानी कलकत्ता बनाई गई। खरामह-खरामह यह नगर, महानगर की शक्ल ओढ़ता हुआ शक्ति का बहुत बड़ा केन्द्र बन गया। देश के कई प्रदेशों के लोग नौकरी, वाणिज्य, व्यवसाय, अध्ययन-अध्यापन आदि के निमित्त इस महानगर में समय-समय पर आते गए। उसी क्रम में कई हिन्दी प्रदेशों से भी लोग इस महानगर में आए। बढ़ती भीड़ का कोई खास असर इस महानगर के ऊपर नहीं हुआ, क्योंकि हिन्दी भाषी प्रदेशों से गए लोगों ने अपनी अकूत रचनात्मक ऊर्जा, मेधा तथा श्रम से इस शहर को खूब सवाँरा। कहते हैं, बंगाल अरसे से हिन्दी भाषी समाज का स्वप्न लोक रहा है। शायद इसीलिए कवि त्रिलोचन की कविता ''चंपा काले-काले अक्षर नहीं चीन्हती'' की आखिरी पंक्ति 'कलकत्ता पर बजर गिरे' में व्यक्त विरह कथा से लेकर हिन्दी भाषी क्षेत्र के लोगों को ''जब-जब झुलनियाँ का धक्का लगता है—तब-तब वे कलकत्ता भागते हैं और यह सदासय कलकत्ता है कि उन्हें तथा उनकी हिन्दी को शरण देता रहता है। सच तो यह है कि बंगाल से हिन्दी का रिश्ता बहुत पुराना है। श्री युगल किशोर सुकुल भी हिन्दी भाषी प्रदेश कानपुर से कलकत्ता गए थे। वे वहाँ सदर दीवानी में क्लर्क नियुक्त हुए, बाद में वहीं वकील बन गए। उन्हें फारसी और अंग्रेजी भाषा का थोड़ा बहुत ज्ञान था। उन्हें इस बात की गहरी पीड़ा थी कि इतने बड़े देश में हिन्दी भाषा का कोई अखबार नहीं है। इसी भावना से उन्होंने कालान्तर में हिन्दी पत्रकारिता का मील का पत्थर बना अखबार 'उदन्त-मार्तण्ड' का प्रकाशन 30 मई सन् 1826 को कोलकाता से शुरू किया। श्री सुकुल ने अखबार के प्रकाशन सम्बन्धी सरकारी औपचारिकता पूरी करने हेतु तत्कालीन सरकार को लाइसेंस प्रदान करने के लिए प्रार्थना पत्र दिया था, जिसके आधार पर 16 फरवरी, 1826 को उन्हें पत्र निकालने की अनुमति प्रदान कर दी गई थी। इस पत्र के मुद्रक और मैनेजर श्री मुन्नू ठाकुर थे।[2]

9 फरवरी, सन् 1826 को श्री सुकुल ने सरकार के मुख्य सचिव श्री लगसिंटन को यह आवेदन पत्र प्रस्तुत किया—

महाशय,

हिन्दी भाषा और देव नागरी लिपि में एक साप्ताहिक समाचार-पत्र 'उदन्त मार्तण्ड' को प्रकाशन का आकांक्षी होकर, मैं आपकी अनुमति से मजिस्ट्रेट के सम्मुख अपने और मुन्नू ठाकुर द्वारा परिपुष्ट अपेक्षित 'शपथ पत्र' प्रेषित करना एवं उसके लिए सरकारी स्वीकृति का अनुरोध करता हूँ।

हस्ताक्षर[3]

युगल किशोर सुकुल

---

1. 'उदन्त-मार्तण्ड', 30 मई, 1826, कोलकाता
2. पत्रकारिता का इतिहास एवं जनसंचार माध्यम—डॉ. संजीव भानावत, पृ. 23, मू. 200 रुपये, सन् 2000, जयपुर
3. Development of Hindi Prose Literature-Dr. Sharda Devi Vedalankar. P. 175

इसके प्रत्युत्तर में सरकार के मुख्य सचिव ने लिखा—

"सपरिषद् गवर्नर जनरल शपथ पत्र में उल्लिखित भवन तथा स्थान 37, अमरतल्ला लेन, कलकत्ता से अन्य किसी स्थान से नहीं, मुन्नू ठाकुर को एक समाचार-पत्र 'उदन्त-मार्तण्ड' के मुद्रित एवं प्रकाशित करने का अधिकार प्रदान करते हैं। किसी भी दशा में मुन्नू के अतिरिक्त और कोई व्यक्ति या व्यक्ति समूह प्रकाशक नहीं हो सकता और न युगल किशोर सुकुल के अतिरिक्त कोई अन्य व्यक्ति समूह संचालक ही हो सकता है।

आदेशानुसार,
सपरिषद् महामहिम गवर्नर जनरल,
16 फरवरी, 1826[1]

17 जून, सन् 1826 को 'समाचार चन्द्रिका' बंगला साप्ताहिक में प्रकाशित इस कथन से भी यह स्पष्ट है कि इस समय तक हिन्दी में पत्र का प्रकाशन प्रारम्भ हो गया था[2] "अंग्रेजी और बंगला पत्रों के बाद कुछ दिनों तक उर्दू में भी पत्र प्रकाशित हुए और अब नागरी भाषा में 'उदन्त-मार्तण्ड' प्रकाशित हुआ है, जिससे हमें बड़ी प्रसन्नता है...[3]

कोलकाता यद्यपि बंगला और अंग्रेजी भाषा का केन्द्र था, किन्तु श्री सुकुल अपने इस अखबार में जिस भाषा का प्रयोग करते थे, उस पर ब्रजभाषा का प्रभाव था। यह भाषा उस समय लिखी जानेवाली किसी भाषा से हीन नहीं थी। दरअसल, उनके पास भाषा का अच्छा संस्कार था। सम्भवतः इसीलिए उदन्त मार्तण्ड भाषा और विचारों की दृष्टि से सुसम्पादित अखबार बन बाद में प्रकाशित होनेवाले हिन्दी पत्रों के लिए प्रेरणा स्रोत बन सका। श्री सुकुल जी ने अपने द्वारा सम्पादित समाचार-पत्र के उद्देश्यों के बारे में खुलासा करते लिखा था—

"दिवाकान्त कान्ति विनाध्वान्तमन्तं,
न चाप्नोति तद्वज्जगत्यज्ञ लोकः।
समाचार सेवामृते ज्ञत्वमाप्तं,
न शक्नोति तस्मात्करोमीति यत्नः।।"

अर्थात् सूर्य के प्रकाश के बिना अन्धकार समाप्त नहीं होता, उसी प्रकार अपढ़ समाज भी संसार में समाचार (पत्र) की सेवा के बिना ज्ञान प्राप्त नहीं कर सकता। अतः यह प्रयत्न कर रहा हूँ।

'उदन्त-मार्तण्ड' में प्रकाशित एक अन्य संस्कृत श्लोक के नीचे हिन्दी में निम्नलिखित दोहा छपता था—

"दिनकर-कर प्रगटत दिनहि, यह प्रकाश अठयाम।
ऐसो रवि अब उग्यो महि जेहि तेहि सुखकी धाम।।
उत कमलनि विकसित करत, बढ़त चाव चित बाम।
लेत नाम या पत्र को होत हर्ष अरु काम।।"

उस पत्र के प्रत्येक अंक के अन्त में संस्कृत का निम्नलिखित श्लोक छपता था—

"युगल किशोर : कथयति धीरः
सविनयमेतत् सुकुलजवंशः।
उदिते दिनकृत सति मार्तण्डे
तद्वत् विलसति लोक उदन्ते"।।

अर्थात् शुक्ल वंशीय विवेकी युगल किशोर (विवेकी युगल किशोर सुकुल) विनम्रता से कहते हैं कि (जिस प्रकार) सूर्य के निकलने पर संसार सुशोभित (प्रफुल्लित) होता है, उसी प्रकार उदन्त-मार्तण्ड के निकलने पर भी होगा।

1. Development of Hindi Prose Litirature-Dr. Sharda Devi Vedalankar. P.176
2. पत्रकारिता का इतिहास एवं जन संचार माध्यम—डॉ. संजीव भानावत, पृ. 23
3. समाचार पत्रों का इतिहास—अम्बिका प्रसाद बाजपेयी, पृ. 94-95

इस समाचार-पत्र में सभी प्रकार की खबरें यथा—बाजार दर, हिन्दुस्तान एवं विलायत की खबर, नये सरकारी कानून, गवर्नर जनरल के विचरण एवं स्थान-परिवर्तन की सूचना के साथ-साथ विज्ञापन भी दिए जाते थे। "अैसा', 'तुर्त', 'मनोर्थ', 'सुन्ना', 'चढ़ावते', 'ओ', 'होयगी', 'खरच', 'बड़ाव', 'महसूल' आदि शब्दों का प्रयोग इस अखबार में हुआ मिलता है। यहाँ बृजभाषा के साथ-साथ बंगला की भी छाप दिखायी देती है, यथा—"इसका मोल सब सुद्धा" आदि। अरबी-फारसी के शब्द कम मिलते हैं, विरामादि चिह्न भी कम दिखायी देते हैं, वाक्य लम्बे-लम्बे हैं एवं जगह-जगह रोमन प्रथमानुसार फुलस्टॉप (Full Stop) का चिह्न (.) मिलता है। अखबार में हर अंक के अन्त में यह लिखा हुआ मिलता है,—"यह उदन्त-मार्तण्ड कलकत्ते के कोल्हू-टोला के अमड़ा-तला की गली के 37 अंक की हवेली के मार्तण्ड छापा में हर सतवारे मंगलवार को छापा होता है, जिनको लेने का काम पड़े वे उस छापा घर में अपना नाम भेजने ही से उनके समीप भेजा जाएगा। उसका मोल महीने में दो रुपया। जिन्होंने सही की है जो उनके पास कागज न पहुँचे तो उस छापेखाने में कहला भेजने से तुर्त उनके यहाँ भेजा जाएगा।" 15 अंक तक यह इसी प्रकार लिखा हुआ मिलता है, उसके बाद 16वें अंक में मासिक मूल्य "दो रुपया" न लिखकर "अंक दर आठ आना" लिखा हुआ मिलता है। एक खासियत यह कि इस अखबार के किसी भी अंक में सम्पादक के नाम का उल्लेख नहीं मिलता। हाँ, 46 वें अंक में सम्पादक का नाम "श्री युगल किशोर सुकुल" लिखा मिलता है, जिसे हम इस प्रकार देख सकते हैं,—

To,

Juggul Kissore Sookool,

Editor and Proprietor of the
Nagree News Paper Called
The Odunta Martunda,

I have been instructed by my client Baboo Bhowany Churu Bannerjee to institute proceedings against you in the Supreme Court of Judicature for the libellous matter contained in your paper of the Odunta Martunda of the 27th March last affecting the character and reputation of my client.

I request you will inform me of the name of your Attorney that I may communicate with him accordingly.

Calcutta
5th April, 1827

Yours obediently,
R.W. Poe
Attorney-at-Law

इस अखबार के पृष्ठों की लम्बाई एक फुट एवं चौड़ाई 8 इंच है। प्रथम अखबार का अंक नम्बर चार है एवं अन्तिम का 79 है। 79वें अंक के अन्त में एक 'नोट' मिलता है, जिससे ज्ञात होता है कि इस पत्र का उसी अंक में अन्त हो गया। वह नोट इस प्रकार है,—

"उदन्त-मार्तण्ड" की यात्रा

मिती पौष बदी 1 भौम संवत् 1884 तारीख। डिसेंबर सन् 1827।।

कुल मिलाकर हिन्दुस्तानियों के हित के हेत सतवारे के सतवारे छपनेवाला हिन्दी का पहला अखबार अपने जन्म के डेढ़ साल बाद 4 दिसम्बर, 1827 को बन्द हो गया,—

"आज दिवस लौं उग चुक्यों मार्तण्ड उदन्त।
अस्ताचल को जात है दिनकर-दिन अब अन्त।।"

उक्त पंक्तियों के नीचे चार चरण और हैं, जो पढ़े नहीं जा सके, क्योंकि कीड़ों ने उन्हें बुरी तरह से काटा है। बहरहाल, हिन्दी के इस प्रथम समाचार-पत्र का दुखद अन्त हुआ, क्योंकि ग्राहकों का अभाव, सहकारी-सरकारी इमदाद की कमी के साथ-साथ सुकुल जी ने लिखा कि,—"शूद्र चाकरी करते हैं,

उन्हें पढ़ाई-लिखाई आदि से मतलब नहीं। कायस्थ फारसी-उर्दू पढ़ा करते हैं और वैश्य अक्षर समूह सीखकर बही खाता करते हैं। खत्री बजाती आदि करते हैं, पढ़ते-लिखते नहीं और ब्राह्मणों ने तो कलियुगी ब्राह्मण बनकर पठन-पाठन को तिलांजलि दे रखी है, फिर हिन्दी का समाचार-पत्र कौन पढ़े और खरीदे?''[1]

(2) भारतेन्दु युगीन पत्रकारिता (1867 से 1900 तक)

भारतेन्दु युग को हिन्दी पत्रकारिता के विकास का दूसरा उत्थान माना जा सकता है। इस युग की पत्रकारिता का केन्द्रीय स्वर जनजागरण है, किसी प्रकार के अन्याय या पक्षपात का प्रतिकार है, मातृभूमि स्वदेशी वस्तुओं का व्यवहार, गोरक्षा, बाल-विवाह निषेध, शिक्षा-प्रसार, मद्य-निषेध, भ्रूण हत्या की निन्दा का उद्बोधन है। साफ शब्दों में, इस काल की पत्रकारिता का फलक अत्यन्त विस्तृत है। ब्रह्म समाज, प्रार्थना समाज, आर्य समाज, रामकृष्ण परमहंस, विवेकानन्द के विचार तथा थियोसॉफिकल सोसाइटी के सिद्धान्तों का प्रभाव भी भारतेन्दु युगीन पत्रकारिता पर स्पष्ट रूप से देखा जा सकता है। मुद्रण यंत्रों का विस्तार तथा समाचार-पत्रों का पहले की तुलना में सहजता से प्रकाशन—इस युग की पत्रकारिता को पनपाता है। अंग्रेजों की शोषण-नीति का खुलासा करते भारतेन्दु जी लिखते हैं—

भीतर भीतर सब रस चूसै, हँसि-हँसि के तन मन धन मूसै।
जाहिर बातन में अतितेज, क्यों सखि साजन! नहिं अँगरेज।।

भारतेन्दु युग की पत्रकारिता में नारी शिक्षा, विधवा-विवाह, अस्पृश्यता, धार्मिक सहिष्णुता, समन्वय भावना, विदेशी शासन, पश्चिमी सभ्यता तथा सुधारवादी जीवन दृष्टि से सम्बन्धित अभिव्यक्ति का खरापन वृहत्तर आयाम के साथ जुड़ता दीख पड़ता है। परिष्कार, शक्ति और प्रौढ़ता की दृष्टि से, वाक्य-विन्यास की दृष्टि से, भाषा की मूल जातीय प्रकृति की दृष्टि से इस काल की पत्रकारिता पहले की तुलना में प्रौढ़ और वयस्क होने की सूचना देती है। **डॉ. राजेन्द्र शर्मा** लिखते हैं कि, ''हिन्दी पत्रकार कला का प्रारम्भ यों तो विद्वान् 30 मई, सन् 1826 से मानते हैं, जिस दिन हिन्दी का प्रथम समाचार-पत्र 'उदन्त मार्तण्ड' निकला, किन्तु हिन्दी पत्रकार कला का वास्तविक प्रारम्भ सन् 1868 से माना जाता है, जब भारतेन्दु द्वारा सम्पादित 'कविवचन सुधा' का प्रकाशन प्रारम्भ हुआ। इससे पूर्व हिन्दी में जितने भी पत्र निकलते थे, उनकी निश्चित शैली नहीं थी।'' एक आँकड़ा के अनुसार इस काल में लगभग दो सौ साहित्यिक पत्र-पत्रिकाओं ने पत्रकारिता को पुष्ट और प्रौढ़ किया, जिनमें से कुछ को इस प्रकार देखा जा सकता है—

पत्र का नाम	सम्पादक	स्थान	मासिक / पाक्षिक	सन्
कवि वचन सुधा	भारतेन्दु हरिश्चन्द्र	काशी	मासिक पाक्षिक, साप्ताहिक	1868
समय विनोद	बद्रीदत्त ज्योतिर्विद	नैनीताल	पाक्षिक	1869
उदय गजट	मुंशी नवल किशोर	उदयपुर	मासिक	1869
जगत समाचार	...	आगरा	साप्ताहिक	1869
बुद्धि विलास	...	जम्मू	मासिक	1870
ज्ञानप्रकाश	मुंशी नवल किशोर	कानपुर	साप्ताहिक	1870
सुलभ समाचार	...	कलकत्ता	साप्ताहिक	1871
अल्मोड़ा अखबार	मुंशी सदानन्द सनवात	अल्मोड़ा	साप्ताहिक	1871
बिहार बन्धु	केशव राम भट्ट	बाँकीपुर	मासिक	1871
हिन्दी दीप्ति प्रकाश	कार्तिक प्रसाद खत्री	कलकत्ता	साप्ताहिक	1872
श्री हरिचन्द्र चन्द्रिका	भारतेन्दु हरिश्चन्द्र	काशी	मासिक	1873
हरिश्चन्द्र मैग्जीन	भारतेन्दु हरिश्चन्द्र	काशी	मासिक	1873

1. दैनिक हिन्दुस्तान, 25 मई, 2005, वाराणसी संस्करण

प्रिंस ऑफ वेल्स	...	मुरादाबाद	साप्ताहिक	1873
चरणादि चन्द्रिका	जयराम	काशी	साप्ताहिक	1873
बाला बोधिनी	...	काशी	मासिक	1874
भारत बन्धु	तोताराम वर्मा	अलीगढ़	साप्ताहिक	1874
सदादर्श	श्री निवास दास	दिल्ली	साप्ताहिक	1874
भगवत् भक्तितोषिणी	...	काशी	साप्ताहिक	1874
सकल सम्बोधिनी	सरदार सन्तोष सिंह	अमृतसर	मासिक	1875
नीति प्रकाश	कन्हैया लाल	लुधियाना	मासिक	1875
आनन्द लहरी	धीरज शास्त्री	काशी	साप्ताहिक	1876
काशी पत्रिका	बालेश्वर प्रसाद	काशी	साप्ताहिक	1876
सुदर्शन समाचार	मुरलीधर	प्रयाग	मासिक	1876
हिन्दी प्रदीप	बालकृष्ण भट्ट	प्रयाग	मासिक	1877
नागरी पत्रिका	सदासुख लाल	प्रयाग	मासिक	1877
मित्र विलास	पं. मुकुन्द लाल	लाहौर	साप्ताहिक	1877
कायस्थ समाचार	...	प्रयाग	मासिक	1878
ज्ञानचन्द्र	रतननाथ	प्रयाग	साप्ताहिक	1878
भारत मित्र	छोटूलाल मिश्र	कलकत्ता	दैनिक, पाक्षिक	1878
सज्जन विनोद	कृष्ण लाल	आगरा	साप्ताहिक	1878
आर्यमित्र	...	काशी	मासिक	1878
जयपुर गजट	महेन्द्र नाथ सेन	जयपुर	मासिक	1878
सारसुधानिधि	सदानन्द मिश्र	कलकत्ता	साप्ताहिक	1879
सज्जन कीर्ति	महाराणा सज्जन सिंह	उदयपुर	साप्ताहिक	1879
उचितवक्ता	दुर्गाप्रसाद मिश्र	कलकत्ता	साप्ताहिक	1880
क्षत्रिय पत्रिका	बाबू रामदीन सिंह	बाँकीपुर	मासिक	1880
आनन्द कादम्बिनी	बदरी नारायण चौधरी	मिर्जापुर	मासिक	1881
प्रयाग समाचार	देवकी नन्दन तिवारी	प्रयाग	मासिक	1882
वैष्णव पत्रिका	अम्बिकादत्त व्यास	काशी, भागलपुर	मासिक	1883
इन्दु	...	लाहौर	मासिक	1883
जगविलास	पं. विन्ध्याचल प्रसाद	बाँकीपुर	मासिक	1883
सदाचार मार्तण्ड	पं. लालचन्द्र शास्त्री	जयपुर	मासिक	1883
भारतेन्दु	पं. राधाचरण गोस्वामी	वृन्दावन	मासिक	1883
इन्द्रप्रस्थ प्रकाश	जयन्ती प्रसाद शर्मा	दिल्ली	मासिक	1883
काशी समाचार	बिहारी सिंह	काशी	मासिक	1883
सत्य प्रकाश	राम वंशीलाल	बरेली	मासिक	1883
दिनकर प्रकाश	रामदास वर्मा	लखनऊ	मासिक	1883
ब्राह्मण	प्रताप नारायण मिश्र	कानपुर	मासिक	1883
पीयूष प्रवाह	पं. अम्बिका दत्त	भागलपुर	मासिक	1883
कान्यकुब्ज प्रकाश	...	लखनऊ		1884
भारत जीवन	रामकृष्ण वर्मा	काशी	साप्ताहिक	1884
चंपारन हितकारी	...	बेतिया	मासिक	1884

हिन्दुस्तान	राजा रामपाल सिंह	कालाकांकर	दैनिक	1885
भारतोदय	बाबू सीताराम	कानपुर	दैनिक	1885
भारत प्रकाश	बनवारी लाल	मुरादाबाद	मासिक	1885
सत्य प्रकाश	पं. ज्वाला प्रसाद	आगरा	मासिक	1885
विद्या विलास	पं. दुर्गा प्रसाद मिश्र	कलकत्ता	मासिक	1885
भारत पंचामृत	बालगोविन्द मिश्र	कलकत्ता	मासिक	1885
काव्यामृत वर्षिणी	शिवदत्त मिश्र	लखनऊ	मासिक	1885
भारत चन्द्रोदय	गुरुबख्श सिंह	बिठूर, कानपुर	मासिक	1885
रसिक पंच	बालभद्र मिश्र	प्रयाग	मासिक	1886
सुख संवाद	लक्ष्मण प्रसाद ब्रह्मचारी	लखनऊ	मासिक	1886
शुभ-चिन्तक	रामगुलाम अवस्थी	जबलपुर	साप्ताहिक	1887
आयुर्वेदोद्धारक	दत्तराय चौबे	मथुरा	मासिक	1887
भारत भ्राता	लाल बलदेव सिंह	रीवाँ	साप्ताहिक	1887
गुर्जर समाचार	पं. राम नारायण	मथुरा	मासिक	1887
प्रयाग मित्र	देशोपकारक प्रेस	प्रयाग	पाक्षिक	1887
आर्यावर्त्त	...	कलकत्ता	साप्ताहिक	1887
सभापत्र	हर सहाय मल	मुरादाबाद		1888
रहस्य चन्द्रिका	...	काशी	पाक्षिक	1888
भारत भार्गनी	श्रीमती महादेवी	प्रयाग, लाहौर	पाक्षिक	1888
भारतवर्ष	राम नारायण वाजपेयी	बिठूर, कानपुर	मासिक	1889
प्रजा हितैषी	राम नारायण वाजपेयी	जबलपुर	मासिक	1889
आरोग्य जीवन	पं. गजानन राव	प्रयाग	मासिक	1889
विद्याधर्म दीपिका	चन्द्रशेखर मिश्र	गोरखपुर, चंपारन	मासिक	1889
सुगृहिणी (स्त्री पत्रिका)	हेमन्त कुमारी चौधरी	शिलाँग	मासिक	1889
बुद्धि प्रकाश	चन्द्रशंकर गौड़	लखनऊ	पाक्षिक	1889
द्विज पत्रिका	दीनदयाल सिंह	बाँकीपुर	पाक्षिक	1889
तराई गजट	लखपत राय	जसपुर	साप्ताहिक	1889
भारत दर्पण	विष्णुनाथ ब्रह्मचारी	कलकत्ता	साप्ताहिक	1889
भारत मार्तण्ड	विष्णुनाथ ब्रह्मचारी	कलकत्ता	साप्ताहिक	1889
मित्त	पं. दामोदर विष्णु सप्रे	काशी	साप्ताहिक	1889
राजस्थान समाचार	मुंशी समर्थदान	अजमेर	मासिक	1889
कवित तेन्दु	श्री गणेश नारायण घोरपड़े	अमरावती	मासिक	1890
गोरक्षा	...	नागपुर	मासिक	1890
सरस्वती विलास	नन्हे लाल	नरसिंहपुर	मासिक	1890
निगमागम चन्द्रिका	पं. ठाकुर प्रसाद शर्मा	मेरठ		1890
बाल सुधा	...	होशंगाबाद	मासिक	1890
मोतीचूर	मुंशी अमीर हसन	बाँकीपुर	मासिक	1890
सत्य		मुरादाबाद	मासिक	1890
सज्जन सुधायान	पं. बैजनाथ व्यास	तिलहारा	साप्ताहिक	1890
तिमिर नाशक	पं. कृपाराम	काशी	साप्ताहिक	1890

जयपुर समाचार	अमर नारायण माथुर	जयपुर	साप्ताहिक	1890
सम्पादन चन्द्रिका	पं. भुवनेश्वर मिश्रा	सदर बेतिया	साप्ताहिक	1890
हिन्दी बंगवासी	अमृत लाल चक्रवर्ती	कलकत्ता	साप्ताहिक	1890
सर्वाहित	राम प्रताप शर्मा	बूँदी	पाक्षिक	1890
खिचड़ी समाचार	माथन प्रसाद खत्री	मिर्ज़ापुर	साप्ताहिक	1891
कवि और चित्रकार	पं. कुन्दन लाल	फतेहगढ़	त्रैमासिक	1891
धूर्त्त पंच	दामोदर प्रसाद शर्मा	कलकत्ता	मासिक	1891
विद्या प्रकाश	रामनारायण	लखनऊ	मासिक	1891
नौका जगहित	बंशीधर	बनारस	मासिक	1891
रामजन मित्र	पं. गणपत राव	बनारस	मासिक	1891
रामपताका	पं. राधा मोहन शुक्ल	प्रयाग	मासिक	1891
शिक्षक	एम. एल. शुक्ला	मथुरा	मासिक	1891
व्यापार	सीताराम	कानपुर	मासिक	1891
व्यापार हितैषी	हनुमान प्रसाद	काशी	साप्ताहिक	1892
भारत भूषण	बाबू गोपाल राम गहमरी	मुम्बई	मासिक	1892
भारत हितैषी	विशन स्वरूप	फर्रुखाबाद	मासिक	1892
ब्राह्मण हितकारी	पं. कृपा राम	काशी	मासिक	1892
सरस्वती प्रकाश	बनवारी लाल	काशी	मासिक	1892
नागरी नीरद	बद्री नारायण चौधरी 'प्रेमघन'	मिर्ज़ापुर	मासिक, साप्ताहिक	1893
भारत प्रताप	प्रताप कृष्ण आगा	मुरादाबाद	मासिक	1893
सुधा सागर	छदम्मी लाल दूबे	कानपुर	मासिक	1893
सत्यवक्ता	गोपाल प्रसाद	होशंगाबाद	मासिक	1893
साहित्य सुधानिधि	देवकीनन्दन खत्री	मुजफ्फरपुर	मासिक	1893
वनिता हितैषी	सीताराम	कानपुर	मासिक	1894
रत्नाकर	पं. शिवराम पांडेय	प्रयाग	मासिक	1894
सर्व हितैषी	पं. रामस्वरूप बनवारी लाल	मुरादाबाद	मासिक	1894
सारन सरोज	अवध बिहारी शरण	छपरा	मासिक	1894
न्याय पत्र	विद्यावर्द्धिनी सभा	प्रयाग	मासिक	1894
नाट्य पत्र	विद्यावर्द्धिनी सभा	प्रयाग	मासिक	1894
दिनचर्या	पं. मोहन लाल विष्णु	नाथद्वारे	मासिक	1894
प्रभाकर	लाल पांड्या	मुम्बई	मासिक	1895
संसार दर्पण	पं. अयोध्या प्रसाद	झाँसी	मासिक	1895
एलोपैथिक डॉक्टर	जगन्नाथ शर्मा	प्रयाग	मासिक	1895
विद्या विनोद		बाँकीपुर	मासिक	1895
प्रश्नोत्तर	भिखारी चरण	काशी	मासिक	1895
कुसुमांजली	बाबूबलुक प्रसाद	काशी	मासिक	1895
नागरी प्रचारिणी पत्रिका	श्यामसुन्दर दास	काशी	मासिक	1896
श्री वेंकटेश्वर समाचार	सेठ खेमराज	मुम्बई	साप्ताहिक	1896
प्रताप	श्री ज्वाला प्रसाद	अलीगढ़	साप्ताहिक	1896
उदयपुर गजट	राज्यपत्र	उदयपुर	मासिक	1896

रसिक मित्र	ब्रजभूषण लाल गुप्त	कानपुर	मासिक	1896
रसिक वाटिका	ब्रजभूषण लाल गुप्त	कानपुर	मासिक	1896
कवि और समालोचक	...	बलिया	मासिक	1897
भारतोपदेशक	ब्रह्मानन्द सरस्वती	मेरठ	मासिक	1897
चन्द्रिका	हजारी लाल	लखनऊ	मासिक	1897
त्रिवेणी तरंग	विद्याधर्मबर्द्धिनी सभा	प्रयाग	मासिक	1897
स्वदेशी वस्तु प्रचारक		पंजाब	मासिक	1897
शिक्षा	पं. सकलनारायण शर्मा	बाँकीपुर	मासिक	1897
भारत मार्तण्ड	पं. रामकिरण शर्मा, 'श्याम'	जोधपुर	साप्ताहिक	1898
उपन्यास		काशी	मासिक	1898
पंडित पत्रिका		काशी	मासिक	1898
तंत्र प्रभाकर	कन्हैयालाल शर्मा	मुरादाबाद	मासिक	1898
नृत्य पत्र	देवकी नन्दन	प्रयाग	मासिक	1898
प्रेम पत्रिका	मनोहर लाल मिश्र	कानपुर	मासिक	1899
देश-हितकारी		मेरठ	मासिक	1899
सर्वहितकारक	लाल देवीदास	अल्मोड़ा	मासिक	1899
सरस्वती	श्यामसुन्दर दास आदि	प्रयाग	मासिक	1900
काव्य कलानिधि	महावीर प्रसाद भालवी	कोंद (ज्ञानपुर)	मासिक	1900
काव्य सुधानिधि	राम भरोसे शर्मा	काशी	मासिक	1900
छत्तीसगढ़ मित्र	माधव राव सप्रे	विलासपुर	मासिक	1900
बड़ा बाजार गजट	बाबू राम लाल	कलकत्ता	साप्ताहिक	1900[1]

(3) द्विवेदी युगीन पत्रकारिता (सन् 1900 से 1920 तक)

"देश भक्त वीरों, मरने से नेक नहीं डरना होगा।
प्राणों का बलिदान देश की वेदी पर करना होगा।।"

तथा—

"वन्दनीय वह देश जहाँ के देशी निज अभिमानी हों।
बान्धवता में बँधे परस्पर परता के अज्ञानी हों।।"

आत्माभिमान एवं देशाभिमान तथा स्वतंत्रता प्राप्ति के लिए क्रान्ति और आत्मोत्सर्ग की प्रेरणा, पराधीनता को सबसे बड़ा अभिशाप, स्वदेशी वस्तुओं का प्रयोग, विदेशी वस्तुओं का बहिष्कार, अतीत का गौरव, वर्तमान-दशा पर क्षोभ, हर तरह के शोषण, सामाजिक कुरीतियाँ, धर्माडंबर, हिन्दी अनुराग, बाल-विवाह पर तीखा व्यंग, विधवाओं और अछूतों का दारुण दुख, शुभ पक्ष को प्रोत्साहन, अशुभ पक्ष का तिरस्कार, परम्परा के उपयोगी तत्त्वों का पोषण एवं समर्थन, सांस्कृतिक पुनरुत्थान आदि विविध उच्चादर्श द्विवेदी युगीन पत्रकारिता में अद्भुत विस्तार तो पाते ही हैं, यही भावनाएँ इस युग की पत्रकारिता की मूल धड़कन एवं केन्द्रीय स्वर हैं। भारतेन्दु युग की तुलना में इस युग में शास्त्रीय रूढ़ियाँ टूटती हैं, पत्रकारिता पंडिताऊपन एवं ठेठ गवाँरूपन से मुक्त होती है, इसका उद्देश्य व्यापक जन समुदाय को प्रभावित करना और दायित्वबोध जगाना बनता है। पत्रकारिता की शैली बदलती है, भाषा और व्याकरण के शुद्ध प्रयोग पर बल दिया जाता है। आलोच्ययुगीन पत्रकारिता पर बाल गंगाधर तिलक का प्रभाव स्पष्ट दिखायी पड़ता है। वस्तुतः उन्होंने 1908 ई. से अपने 'केसरी' पत्र का हिन्दी-संस्करण 'हिन्दी केसरी' नाम से प्रकाशित करना आरम्भ किया। इसमें उनकी ओजस्वी और विद्वतापूर्ण टिप्पणियाँ प्रकाशित होती थीं। राजनीति में गणेश शंकर

1. हिन्दी साहित्य का इतिहास—सं. डॉ. नगेन्द्र, पृ. 532, नेशनल पब्लिसिंग हाउस, दिल्ली, सन् 1973, प्र.सं.

विद्यार्थी तिलक के समर्थक थे। हिन्दी प्रदेश के तत्कालीन राजनीतिक हिन्दी पत्रों को विद्यार्थी जी ने बहुत प्रभावित किया। कलकत्ता की पत्रकारिता को भी तिलक ने प्रभावित किया। बीसवीं शती के प्रथम चरण में हिन्दी प्रदेश में दो प्रकार की पत्र-पत्रिकाएँ प्रकाशित होती थी—(1) राजनीतिक तथा (2) साहित्यिक।

साहित्यिक-सांस्कृतिक पत्रिकाओं में 1900 ई. में मासिक प्रकाशित होनेवाली 'सरस्वती' मशाल के रूप में जलती है। इसके सम्पादकों में श्री कार्तिक प्रसाद खत्री, किशोरी लाल गोस्वामी, जगन्नाथ दास बी.ए., बाबू राधाकृष्ण दास तथा बाबू श्याम सुन्दर दास बी.ए. थे। कालान्तर में श्री महावीर प्रसाद द्विवेदी के सम्पादकत्व में इस पत्रिका को नई ताकत मिली। साफ शब्दों में 'सरस्वती' इस युग की सर्वाधिक महत्त्वपूर्ण पत्रिका थी और संस्मरण साहित्य ने इसके माध्यम से ही अपने अस्तित्व की सूचना दी। इसके विभिन्न अंकों में समय-समय पर अनेक रोचक संस्मरण प्रकाशित होते रहे।[1] बहरहाल, इस युग की कुछ प्रमुख पत्र-पत्रिकाओं को इस प्रकार देखा जा सकता है, 1900 में सरस्वती, सुदर्शन, कालिदास, काव्य कला निधि, जैन मित्र, छत्तीसगढ़ मित्र, भाषा चन्द्रिका, 1901 में उपन्यास, ऐतिहासिक लफक मित्र, समालोचक, जयपुर मित्र, अवध समाचार, गोपाल-पत्रिका, 1902 में उपन्यास लहरी, अनाथ रक्षक, वसुन्धरा, गया समाचार, आर्य वनिता, 1903 में वाणिज्य सुखदायक, उपदेशक, समय, रसिक लहरी, कायस्थ कुलभास्कर, 1904 में हितवाणी, कुसुमांजलि, निगमागम चन्द्रिका, मित्र गोष्ठी पत्रिका, 1905 में इतिहास, इतिहास माला, भारतेन्दु, सनातन धर्म, 'स्वदेश बन्धु', 'कान्यकुब्ज', कलवार क्षत्रिय मित्र, सन्तीतमृत प्रवाह, सद्वैयक्कोस्तुभ, 1906 में गुप्तचर, भारती, विनोद वाटिका, कनवजिया, कान्यकुब्ज बन्धु, ब्राह्मण कुल चन्द्रिका, अग्रवाल, कलवार गजट, नागरी हितैषिणी पत्रिका, गढ़वाल, समाचार, बाल प्रभाकर, वैदिक सर्वस्व, 1907 में अभ्युदय, हिन्दी केसरी, उपन्यास बहार, नागरी प्रचारिणी पत्रिका, रामायण, नृसिंह, देवनागर, विद्या भास्कर, भारतभूमि, मारवाड़ी बन्धु, दयानन्द पत्रिका, आनन्द, अद्‌भुत मित्र, 1908 में सुन्दर शृंगार समाचार, हिन्दू मंच, भारतवासी, भारत, काव्य कला निधि, खत्री हितकारी, व्यापारी व कारीगर, कलवार मित्र, क्षत्रिय, भारती, कमला, प्रभाकर, ज्ञानोदय, 1909 में देहाती, नागरी प्रचारिणी लेखमाला, इन्दु, बाल प्रभाकर, सारस्वत, क्षत्रिय मित्र, कर्मयोगी, भारत बन्धु, वीरभारत, चाँद, उषा, सारस्वत, ज्योति प्रभा, हिन्दी बाल प्रभा, किसानी माला, धर्मालय दीपिका, जान्हवी, कवि, साधु समाचार, गृहलक्ष्मी, स्त्रीधर्म रक्षक, मर्यादा, 1910 में प्रताप, आयुर्वेद, सुधानिधि, कुलश्रेष्ठ, नवजीवन, प्रजाबन्धु, सुधांशु, सेवक, साधु, व्यापार समाचार, बालवार समाचार, त्रिशुल, 1911 में अलीगढ़ डिस्ट्रिक्ट गजट, कूर्मांचल केसरी, महिला हितकारक, कामधेनु, तेली समाचार, श्री सरयूपारीण, जैन नारी हितकारी, आचार्य, आयुर्वेद मार्तण्ड, स्त्री चिकित्सक, हिन्दी चित्रमय जगत, क्षत्रिय समाचार, जमींदार, बाल हितैषी, क्षत्रिय मित्र, बाबा भगवानदास, किसान मित्र, 1912 में मनोरंजन, भारत मित्र, प्रेम, वैश्य, मॉनीटर, सत्य प्रकाश, सिन्धु भास्कर, निर्भय, योगी, 1913 में कानपुर गजट, हिन्दी विहारी, वेंकटेश्वर समाचार, पाटलिपुत्र, अल्मोड़ा, अग्रवाल, अग्रवाल सेवक, भारत महिला, यादव मित्र, मारवाड़ी हितैषी, कोइरी हित चिन्तक, कन्या मनोरंजन, कन्या सर्वस्व, स्त्री शिक्षा, विशाल कीर्ति, सम्मेलन पत्रिका, देहाती, सनातन धर्ममंडल, किसानोपकारक, नवनीत, प्रभा, प्रियंवदा, कारीगर, कन्या पताका, हिन्दी साहित्य, आरोग्य सिन्धु, प्रताप, 1914 में कलकत्ता समाचार, बिहारी, सर्वहितैषी, अवधवासी, हिन्दी केसरी, डिस्ट्रिक्ट गजट बुलन्दशहर, अवध केसरी, कबीर पंथी, आर्य, विद्यार्थी, साहित्य सरोवर, सनाढ्य, हलवाई वैश्य हितैषी, तुलसीपत्र, वैद्यमृत, वैद्यभूषण, कला कुशल, शिल्प कला, हिन्दी प्रकाश, कृषि सुधार, बालमनोरंजन, हिन्दी सर्वस्व, धौलपुर स्टेट गजट, आनन्द संगीत पत्रिका, भक्ति प्रचारक, 1915 में तरंगिणी, बालबोध, प्रह्लाद, हलवाई वैश्य संरक्षक, खंडेलवाल जैन हितैषी, ब्रह्मभट्ट हितैषी, पालीवाल ब्रह्मोदय, जातीय, विज्ञान, डॉक्टर, देशी डॉक्टर, वैद्य भाषा, गृहस्थ, शिशु, मनोरमा, सत्य समाचार, मनोरमा, ब्रह्मचारी, 1916 में विश्वमित्र, मथुरा समाचार, वैद्य सम्मेलन, श्री वैष्णव, सुधावर्षण, सर्वाशिक्षक, सेवक, माथुर वैश्य हितकारी, जैन मार्तण्ड, भूमिहार ब्राह्मण, 1917 में निर्बल सेवक, विद्यार्थी सखा, भारतबन्धु, उषा, श्री विद्या, समाज, स्कूल मास्टर, 'इंडियन सेटलर' 1918 में आर्य महिला, बृहतशक्ति, सूर्य, हिन्दी

1. हिन्दी साहित्य का इतिहास—सं. डॉ. नगेन्द्र, पृ. 532, नेशनल पब्लिसिंग हाउस, दिल्ली सन् 1973 प्र.सं.

गल्प माला, कालिन्दी, संकल्प, विश्वमित्र, कानपुर समाचार, ब्रह्मर्षि, धर्मवीर, उत्साह, मथुरा गजट, सत्केतु, युगान्तर, राष्ट्र सेवक, ललिता, धर्मवीर, विवेचक, हितैषी, आर्य महिला, सत्यवादी, अमीर समाचार, कायस्थ कुलसेवक, कायस्थ महिला हितैषी, क्षत्रिय हितकारी, लड़ाई अखबार, कुसुमांजलि, विश्वविद्यालय प्रचारक, 1919 में विजय, वीरभारत, औदुधर, नवजीवन, सत्याग्रही, सिन्धु समाचार, अरोड़वंश मिलाय, भविष्य, गोग्रास, शक्ति, श्री अग्रवाल, अग्रवाल बन्धु, हृदयवंश समाचार, पुष्कर ब्राह्मण, बरनवाल चन्द्रिका, त्यागी ब्राह्मण, जैन समाचार, माहुरी मयंक, वैश्य शुभचिन्तक, कान्यकुब्ज नायक, सैनी शुभचिन्तक, सैनी समाचार, महिला, बिजली, सभ्यता, किसान, सेवा, हिमालय, प्रकाश, व्यापार तथा 1920 में अहिंसा, अहिंसा समाचार, आज, नागरी प्रचारिणी माला, वैश्य बन्धु, स्वार्थ तथा श्री शारदा आदि।

(4) छायावादयुगीन पत्रकारिता (1920 से 1947 तक)

छायावादी युग भारत के लिए अस्मिता की खोज का युग है। इस युग की प्रतिभा सर्जना के विविध क्षेत्रों में गतिशील होती है। हर विधा की मूल चिन्ता पाश्चात्य सभ्यता और शासन से मुक्ति है, पाश्चात्य साम्राज्यवादियों के क्रूर शासन के विराट तूफान को कैसे पार किया जाए, आजादी के लिए जनता के भीतर संघर्ष का जज्बा और माद्दा कैसे पैदा किया जाए—इस पर कवियों ने लिखा—

"क्या? देख न सकती जंजीरों का गहना।
हथकड़ियाँ क्यों? यह ब्रिटिश राज्य का गहना।।
कोल्हू का चर्रक चूँ? जीवन का तान।
मिट्टी पर लिखे अँगुलियों ने क्या गान?"

तथा—

"ओ भिखमंगे, अ़रे पराजित, ओ मजलूम, अरे चिरदोहित,
तू अखंड भंडार शक्ति का, जाग अरे निद्रा सम्मोहित।
प्राणों को तड़पाने वाली हुँकारों से जल थल भर दे,
अँगारों के अम्बारों में अपना ज्वलित पलीता धर दे।।"

सदियों से रूढ़िग्रस्त भारत में वैज्ञानिक समृद्धि की आहट, संचार व्यवस्था, यातायात और यांत्रिकता के विकास का प्रभाव पत्रकारिता पर पड़ता है और इस पत्रकारिता में स्वदेशी के प्रति आग्रह और विदेशी के प्रति असन्तोष की धमक-धाक पुरजोर सुनायी पड़नी शुरू हो जाती है—

"We are dis-satisfied with the fiscal and economic conditions of British Rule in India, With the foreign exploitation of the country, the continual bleeding of its resources, the chronic famine and rapid impoverishment which result[1]..."

बहरहाल, समीक्ष्य काल में मर्यादा, चाँद, माधुरी, कल्याण, हंस, मतवाला, जागरण, भारत, आज के साथ-साथ उपन्यास बहार, स्वार्थ, गोरक्षण, देशदूत, मर्यादा, सूर्य, हलवाई वैश्य, संरक्षक, कुशवाहा क्षत्रिय मित्र, प्रियंवदा, भारत धर्म नेता, भूमिहार, ब्राह्मण पत्रिका, ग्रामवासी, बंग साहित्य, उत्साह, बिजनेस जाब्स, भाँड़, भूत, योग प्रचारक, रंगमंच, बरनवाल, पत्रिका, वाणिज्य, आर्य-ज्योति, कुर्मी क्षत्रिय दिवाकर, योग रहस्य, वर्णाश्रम, आदर्श, मौजी, समन्वय, सरोज, श्रीकृष्ण सन्देश, कर्मवीर, देश, हिन्दी नवजीवन, सेनापति, हिन्दू पंच, दैनिक विश्वामित्र, भारत मित्र, कलकत्ता समाचार आदि पत्र-पत्रिकाएँ, पत्रकारिता जगत की मुख्य मनका हैं। एक इतिहासकार लिखते हैं कि इस काल की अधिकांश पत्र-पत्रिकाओं को कई स्तरों पर संघर्ष करना पड़ा, जिनमें दो मुख्य हैं—(1) अंग्रेजों का दमन तथा (2) आर्थिक स्तर पर जद्दोजहद और कशमकश। आर्थिक आधार कमजोर होने के कारण—"Their get-up and printing was poor, the reading material not quite upto the mark and the editorials unwieldy and lengthy. The weeklies were better edited." **मर्यादा** का प्रकाशन 1923 तक हुआ। इसका सम्पादन पहले कृष्णकान्त मालवीय, फिर बाबू सम्पूर्णानन्द ने और कुछ

1. The News paper in India-Hemendra Prasad Ghose P. 83

समय के लिए प्रेमचन्द ने किया। इसमें साहित्य, समाजशास्त्र और राजनीति विषयक विद्वतापूर्ण लेख ही नहीं, कहानियाँ, कविताएँ और उपन्यास भी प्रकाशित होते थे। **चाँद** (प्रयाग) का प्रकाशन आरम्भ में 1920 में साप्ताहिक पत्र के रूप में हुआ था, किन्तु 1923 ई. से रामरख सहगल और चंडी प्रसाद 'हृदयेश' के सम्पादन में इसका प्रकाशन मासिक पत्रिका के रूप में हुआ। इसमें नारी विषयक समस्याओं तथा लेखिकाओं को प्राथमिकता मिलती थी। इस काल की दूसरी प्रमुख पत्रिका **प्रभा** (कानपुर) बालकृष्ण शर्मा 'नवीन' के सम्पादकत्व में निकलती थी। 'प्रभा' में ही 'भावों की भिड़न्त' नामक वह ऐतिहासिक लेख प्रकाशित हुआ, जिसमें यह सिद्ध किया गया कि निराला की बहुत-सी कविताएँ रवीन्द्रनाथ ठाकुर की कविताओं की नकल हैं। **माधुरी** (लखनऊ) का प्रकाशन 1922 ई. में दुलारे लाल भार्गव, रूप नारायण पांडेय, कृष्णबिहारी मिश्र की देखरेख में हुआ। माधुरी उन कुछ थोड़ी सी पत्रिकाओं में थी, जिनसे छायावाद को समर्थन मिला। **सुधा** (लखनऊ) के सम्पादकीय विभाग में निराला के प्रवेश करते ही इसका साहित्यिक रूप सर्वथा बदल गया।

हिन्दी जगत का सबसे लोकप्रिय मासिक **कल्याण** (1925) ई. में प्रकाशित होना आरम्भ हुआ। इसका उद्‌देश्य था—भक्ति, ज्ञान, वैराग्य और सदाचार का उपदेश देना और आज भी यह कार्य इसके द्वारा सम्पन्न हो रहा है। विवेच्य काल की मासिक पत्रिकाओं में **विशाल भारत** (1928) का प्रकाशन बनारसीदास चतुर्वेदी के सम्पादन में कलकत्ता से हुआ। इसमें उच्च कोटि की साहित्यिक रचनाएँ प्रकाशित होती थीं। इसके 'कला अंक' को विशेष प्रसिद्धि प्राप्त हुई। इसी पत्रिका में 'उग्र' के साहित्य को 'घासलेटी' संज्ञा दी गई। प्रेमचन्द द्वारा सम्पादित **हंस (1930-**बनारस) भी तत्कालीन, साहित्यिक गतिविधियों का महत्त्वपूर्ण माध्यम बनने में समर्थ हुआ था। प्रकाशित होते ही 'हंस' समकालीन हिन्दी कथा-साहित्य का प्रतिनिधि पत्र बन गया। प्रेमचन्द की मृत्यु के बाद शिवदान सिंह चौहान, अमृतराय आदि ने इसका सम्पादन किया। यह पुनः 1987 से कथाकार स्व. श्री राजेन्द्र यादव के सम्पादन में प्रकाशित हुआ और अभी हो रहा है। **आज** 1920 में वाराणसी से निकला। यह कई दृष्टियों से हिन्दी का सर्वश्रेष्ठ दैनिक था। श्री प्रकाश, बाबूराव विष्णुराव पराड़कर, कमलापति त्रिपाठी जैसे व्यक्तियों के सक्रिय सहयोग से 'आज' ने स्वाधीनता संग्राम के लिए जनमत तैयार करने के साथ-साथ साहित्यिक गतिविधियों की अभिव्यक्ति की दृष्टि से भी महत्त्वपूर्ण भूमिका निभाई। कभी इसकी तुलना 'टाइम्स आफ लन्दन' से की जाती थी—"In 1920 the Aaj was started in Banaras and it was to play a very notable part in freedom struggle. Its first editor was Shri Prakasha, a great freedom fighter who occupied positions of power and prestige in free India. He was assisted by Babu Rao Vishnu Pararkar, whose contribution to the development of Hindi Journalism was considerable. The Aaj which was a half anna paper become a natioal institution and-admirers compared it to the 'Times of London.' It set the tone and style for Hindi journalism and was acclaimed for its impartial and objective reporting and illuminating and fearless editorials."[1] **समन्वय** का प्रकाशन सन् 1922 ई. में रामकृष्ण मिशन के स्वामी माधवानन्द के सम्पादन में आरम्भ हुआ। इसमें धार्मिक, आध्यात्मिक और सामाजिक विषयों की प्रधानता के साथ उच्च कोटि की साहित्यिक सामग्री का भी प्रकाशन होता था। **सरोज** का प्रकाशन 1928 में कलकत्ता से नवजादिकलाल श्रीवास्तव के सम्पादकत्व में हुआ। यह शुद्ध साहित्यिक पत्र था। जुलाई, 1937 में गुलाब राय के सम्पादकत्व में **साहित्य सन्देश** का प्रकाशन आगरा से हुआ। यह आलोचनात्मक पत्र था। **मतवाला** 1923 में कलकत्ता से निकला, जिसके घोषित सम्पादक तो महादेव प्रसाद सेठ थे, पर इसके सम्पादन विभाग में शिवपूजन सहाय, नवजादिकलाल श्रीवास्तव और निराला भी थे। यह हिन्दी का पहला हास्य व्यंग प्रधान साप्ताहिक था। शिवपूजन सहाय के सम्पादकत्व में प्रकाशित **जागरण** (बनारस) इस काल का दूसरा प्रमुख साहित्यिक पत्र था। यह छायावाद का घोर पक्षधर था। पटना से प्रकाशित **देश** (1920) कांग्रेस का मुखपत्र था।

1. Journalism in India—Ranga Swami Parthsarathy, P.190

राजेन्द्र प्रसाद इसके सम्पादक थे। इसका प्रकाशन व्यावसायिक दृष्टि से नहीं किया था, बल्कि इसके पीछे निर्भीक पत्रकारिता का भाव मुख्य था।[1] बक़ौल डॉ. राजेन्द्र प्रसाद—"We started getting quite a number of advertisements but the manager had made the mistake of gradually reducing the advertisement rates with the result that as the circulation went on rising..."[2] ठीक इसी तरह **मनोहर कहानियाँ** (1940) का प्रकाशन इलाहाबाद से श्री क्षितीन्द्र मोहन मित्र द्वारा किया गया तो **सरिता** का प्रकाशन 1945 में मासिक पत्रिका के रूप में किया गया। **आर्यावर्त** का प्रकाशन 1940 में दरभंगा के महाराजा कामेश्वर सिंह की देखरेख में पटना से किया गया तो **नवभारत टाइम्स** का प्रकाशन 4 अप्रैल, 1947 में श्री हरिशंकर द्विवेदी के सम्पादकत्व में शुरू किया गया। **नई दुनिया** का प्रकाशन 5 जनवरी, 1947 में श्री कृष्ण चन्द्र मुद्गल तथा श्री कृष्णकान्त व्यास के प्रयत्नों से इन्दौर से प्रारम्भ हुआ तो **दैनिक जागरण** का प्रकाशन श्री पूर्ण चन्द्र गुप्त ने कानपुर से 1947 में प्रारम्भ किया। आज यह अपनी लोकप्रियता की शिखर ऊँचाई पर पहुँचकर देश के कई शहरों से प्रकाशित हो रहा है। हिन्दी दैनिक **हिन्दुस्तान टाइम्स** का प्रकाशन दिल्ली से 1936 में किया गया। यह राष्ट्रवादी विचारधारा का पोषक पत्र है—"Hindustan Times is one of the great nationalist English dailies which suffered and sacrified in the cause of freedom. Wide news coverage and a variety of special features marked The Hindustan."[3]

(5) स्वातंत्र्योत्तर हिन्दी पत्रकारिता (1947 से अब तक)

स्वतंत्रता प्राप्ति के बाद पत्रकारिता की प्रकृति और चरित्र में बदलाव हुआ। ज्ञान-विज्ञान, साहित्य और संस्कृति, तकनीक और राष्ट्र-निर्माण की नई ललक पत्रकारिता के मूल विषय बने। स्वतंत्रता के लिए संघर्ष करते-करते पत्रकारिता का जो दीपक खाकसार हो जाने की नियति को प्राप्त होनेवाला था, वही अब नई रोशनी के साथ आभामयी दीपशिखा बन निष्कम्प लौ बिखेरना शुरू कर देता है—

"सब बुझे दीपक जला लूँ।
घिर रहा तम आज दीपक रागिनी अपनी जगा लूँ।।"

स्वतंत्रता के पूर्व हिन्दी पत्रकारिता जिन उद्देश्यों और लक्ष्यों के लिए समर्पित थी, वह अब बदल गए। पहले पत्रकारिता का मूल लक्ष्य था—देश की आजादी। स्वतंत्र भारत में पत्रकारिता का लक्ष्य हो गया—देश के आर्थिक-सामाजिक विकास में जन-जन की सक्रिय भागीदारी को प्रोत्साहन करना। राष्ट्र ने लोकतंत्रात्मक शासन पद्धति को स्वीकार किया। यह पद्धति तभी सफल हो सकती है जब आम जन इस शासन पद्धति से सीधे जुड़े। इस प्रकार सत्ता और जनता के मध्य एक कड़ी के रूप में कार्य करने का भारी दायित्व स्वातंत्र्योत्तर युगीन पत्रकारिता के कंधों पर आ पड़ा है।[4] मुद्रण कला के पर्याप्त विकास कर लेने के कारण स्वतंत्र भारत में समाचार-पत्रों और पत्रिकाओं के प्रकाशन में बहुत अधिक वृद्धि हुई है। समाचार-पत्रों को ताजा-टटकी सूचनाओं की जानकारी देने के लिए "रजिस्ट्रार ऑफ न्यूज पेपर्स" कार्यालय की स्थापना हुई। कई समाचार समितियों का गठन हुआ। कुल मिलाकर हिन्दी-पत्रकारिता का अपेक्षित विकास हुआ। हिन्दी में ढेरों दैनिक त्रि/द्वि-साप्ताहिक, साप्ताहिक, पाक्षिक, मासिक, त्रैमासिक, चतुर्मासिक पत्रों—पत्रिकाओं का प्रकाशन इसका पुख्ता सबूत है। भारत के समाचार-पत्र के पंजीयक के 1979 के प्रतिवेदन के अनुसार वर्ष 1978 में पहली बार हिन्दी समाचार-पत्रों की प्रसार संख्या अन्य भाषाओं के समाचार-पत्रों की प्रसार संख्या से अधिक हो गई। इसी वर्ष हिन्दी-पत्रकारिता ने अंग्रेजी पत्रकारिता के वर्चस्व को प्रसार संख्या की दृष्टि से पीछे छोड़ दिया। हिन्दी पत्रों की प्रसार संख्या 97,06,000 थी, जबकि अंग्रेजी पत्रों की संख्या 90,30,000 थी।

1. हिन्दी साहित्य का इतिहास—सं. डॉ. नगेन्द्र, पृ. 606 से साभार
2. Journalism in India-Ranga Swami Parthsarathy P.191
3. Journalism in India-Ranga Swami Parthsarathy P.191
4. पत्रकारिता का इतिहास एवं जन संचार माध्यम-डॉ. संजीव भानावत पृ. 117

बहरहाल, स्वतंत्र भारत में हिन्दी पत्रकारिता में समाचार एवं सामयिक विषयों, चिकित्सा एवं स्वास्थ्य, धर्म एवं दर्शन, साहित्य एवं संस्कृति, खेल, श्रम, समाज कल्याण, विधि, विज्ञान एवं प्रौद्योगिकी, नारी, कृषि, बीमा-बैंकिंग व्यवसाय आदि विषयों से सम्बन्धित स्वस्थ पत्रकारिता की शुरुआत हुई। जनसत्ता, राष्ट्रीय सहारा, दैनिक जागरण, पंजाब केसरी, नवभारत टाइम्स, हिन्दुस्तान, अमर उजाला, आज, कुबेर टाइम्स, वीर अर्जुन, सन्मार्ग, विश्वमित्र, दैनिक ट्रिब्यून, उदय भारत, आज का आनन्द, नई दुनिया, चौथा संसार, दैनिक भास्कर, देश बन्धु, दैनिक नवज्योति, राष्ट्रदूत, जननायक, उदयपुर एक्सप्रेस, गांडीव, सीमा सन्देश, समाचार जगत, अमृत प्रभात, स्वराज्य टाइम्स, जय राजस्थान, प्रातःकाल, न्याय प्रदीप, सान्ध्य टाइम्स, वीर प्रताप, दैनिक समाचार मेल, जे.वी.जी.सन्ध्या प्रहरी आदि पत्र हिन्दी पत्रकारिता के मानक को सुरक्षित रखने की कोशिश कर रहे हैं। ठीक इसी तरह साप्ताहिक, पाक्षिक, मासिक, त्रैमासिक और चतुर्मासिक हिन्दी पत्रिकाओं ने भी स्वतंत्र भारत की हिन्दी पत्रकारिता को, निबन्ध, नाटक, एकांकी, समीक्षा, व्यापार-बाजार, राजनीति, संस्कृति, देश-विदेश, खेलकूद, नारी और फिल्म से सम्बन्धित सामग्री छापकर स्वस्थ और बेदाग रखने की कोशिश की है। इन पत्रिकाओं में कुछ प्रमुख इस प्रकार हैं— कल्याण, अखंड ज्योति, अणुव्रत, जिनवाणी जैन मित्र, श्रमण, श्रीकृष्ण सन्देश, गीता ज्योति, सनातन धर्म, सुदर्शन, श्री वैष्णव सम्मेलन, माया, मनोरमा, मनोहर कहानियाँ, सरिता, धर्मयुग, साप्ताहिक हिन्दुस्तान, दिनमान, इंडिया टुडे, कादंबिनी, मुक्ता, चंपक, पाँचजन्य, इतवारी पत्रिका, बालहंस, नन्दन, कविता, नई कविता, हिन्दी अनुशीलन, समकालीन सोच, आलोचना, संचेतना, वर्तमान साहित्य, शोभारती, दस्तावेज, लहर, सारिका, रंगयोग, रंगायन, नटरंग, प्रकार, मधुमाधवी, नवनीत, कल्पना, भाषा, समाज कल्याण, नया शिक्षक, चन्दामामा, बालभारती, विज्ञान-प्रगति, रविवार, ब्लिट्ज, इन्द्रजाल, कामिक्स, लोटपोट, संडेमेल, साप्ताहिक नई जमीन, नूतन सवेरा, राष्ट्र टाइम्स, उभरती दिल्ली, सारिका, मुक्ता, पुनर्वास, सुषमा, शिविरा, नवनीत, कुरुक्षेत्र, पराग, गुड़िया, गृहशोभा, प्रतियोगिता सम्राट, प्रतियोगिता दर्पण आदि। कुल मिलाकर आज हिन्दी पत्रकारिता समृद्ध तो हो ही गई है, अपनी खोजी मिजाज के कारण यह निर्भीकता की नई सकल भी धारण कर चुकी है। हिन्दी पत्रों की संख्या जहाँ—"In 1980, Hindi Dailies were being published from Eleven States and two Union Territories which have English dailies. According to the registrar of newspapers, there was a record increase of Hindi newspapers from 5936 in 1983 to 6370 in 1984. The largest number of Hindi papers come from Uttar Pradesh in 1982 with 2052 and other states which accounted for 10 per cent of their number are Rajasthan, Delhi, Bihar and Madhya Pradesh. There were 13 big dailies in 1983." थी वहाँ आज इनकी संख्या 20,000 से ऊपर है।

(6) कुछ विशिष्ट, अनुकरणीय भारतीय हिन्दी पत्रकारों तथा पत्र-पत्रिकाओं का परिचयात्मक उल्लेख

(1) युगल किशोर शुक्ल तथा उदन्त मार्तण्ड

आज की खगोलीकृत व्यवस्था में समाचारपत्र प्रकाशन बेशक, बेहद मुनाफादेह कारोबार बन गया है। शालीन और सुसंस्कृत विमर्शों की जगह यहाँ नृशंसता और क्रूरता ने ले ली है। कुछ अपवादों को छोड़ अब आज की पत्रकारिता को जिन्दगी के पिछवाड़े बज बजा रहे दीन-हीन कातर दृश्य कम सूझते हैं। सौहार्द्र और भाई चारे की जगह यहाँ साम्प्रदायिकता और जातिवाद की अभिव्यक्ति हो रही है, किन्तु इसके ठीक उलट प्रारम्भिक दौर की पत्रकारिता आदर्शों तथा सिद्धान्तों के लिए जीती-मरती थी। सच तो यह है कि हिन्दी पत्रकारिता का जन्म ही गैर साम्प्रदायिकता की कोख से हुआ था। बताते हैं भारतेन्दु हरिश्चन्द्र वैष्णव थे, पर उन्होंने पाँचों पैगम्बरों की जीवनियाँ लिखीं थीं और कुरान शरीफ का हिन्दी अनुवाद भी लिखना प्रारम्भ किया था। ठीक इसी क्रम में हिन्दी का जो पहला समाचार-पत्र उदन्त मार्तण्ड (1826) प्रकाशित हुआ था, उसका भी आदर्श वाक्य था—"हिन्दुस्तानियों के हित हेतु।" साफ शब्दों में, उदन्त मार्तण्ड का प्रकाशन महज हिन्दुओं के हित के निहित नहीं हुआ था, बल्कि वह अखबार सर्वधर्म समभाव जैसी विराट भावना की अनाविल और पाकज़ाद जमीन पर पनपा-उगा था।

"यह उदन्त मार्तण्ड 'पहले-पहल हिन्दुस्तानियों के हित के हेतु जो आज तक किसी ने नहीं चलाया, पर अँगरेजी ओ पारसी ओ बंगाले में जो समाचार का कागज छपता है, उसका सुख उन बोलियों के जानने और पढ़नेवालों को ही होता है। इससे सत्य समाचार हिन्दुस्तानी लोग देखकर आप पढ़ ओ समझ लेय ओ पराई अपेक्षा न करें ओ अपने भाषा की उपज न छोड़ें इसलिए बड़े दयावान करुणा और गुणनि के निधान सबके कल्यान के विषय गवर्नर जेनेरल बहादुर की आयस से है अैसे साहस में चित्त लगाय के एक प्रकार से यह नया ठाट ठाटा"[1] ताकि "नाना देश के सत्य समाचार हिन्दुस्तानी लोग देखकर आप पढ़ओ समझ लें" जाहिर है, जातीय दुर्भाग्य-काल में युगल किशोर शुक्ल जैसे जागरूक शिक्षितों के हृदय में अपने समाज के समग्र अभ्युत्थान की व्याकुल चिन्ता थी और साम्राज्यशाही, अभिशाप से आक्रान्त देश की अस्मिता के उद्धार के लिए वे नाना भूमिका में क्रियाशील थे।[2]

इस प्रथम समाचार-पत्र के नामकरण के विषय में श्री शुक्ल लिखते हैं,—"इस 'उदन्त मार्तण्ड' के नाव पड़ने के पहिले तो पछाहियों के चित्त का इस कागज न होने से हमारे मनोर्थ सफल होने का बड़ा उतसा था। इसलिए लोग हमारे बिन कहे भी इन कागज की सही की बही पर सही करते गए पै हमें पूछिए तो इनकी मायावी दया से सरकार अंगरेज कम्पनी महाप्रतापी की कृपा कटाक्ष जैसे औरों पर पड़ी वैसे पड़ जाने की बड़ी आशा थी और मैंने इस विषय में उपाय यथोचित किया पै करम की रेख कौन मेटै तिस पर भी सही की बही देख जी सुखी होता रहा अन्त में नटों कैसे आम दिखायी दिए, इस हेत स्वारथ अकारथ जान निरे परमारथ को कहाँ तक बनजिए अब अपने व्यवसाई भाइयों से मन की बात बताय बिदा होते हैं। हमारे कुछ कहे सुने का मन में न लाइयौ जो देव और भूधर मेरी अन्तरव्यथा और इस गुण को विचार सुवि करेंगे तो मेरे ही हैं। शुभमिति।"[3] 'उदन्त मार्तण्ड' के प्रथम अंक में संस्कृत के दो श्लोक और ब्रजभाषा में दो दोहे थे, जो इस प्रकार थे,—

"दिवाकान्तकान्ति विना ध्वान्तप्तान्त न चाप्नोति तदज्जगत्यज्ञलोकः।
समाचारसेवामृते ज्ञप्तिमाप्तुं न शक्नोति तस्मात्करोमीति यत्नम्।।
युगल किशोरः कथयति धीरः सविनयमेतत् सुकुलजवंशः।
उदिते दिन कृति सति मार्तण्डे तद्वत् विलसति लोक उदन्ते।।
दिनकर कर प्रगटत दिनहिं यह प्रकाश अठयाम।
ऐसो रवि अब उग्यो महि जेहि तेहि सुख को धाम।।
उत कमलनि बिगसित करत बढ़त चाव चित बाम।
लेत नाम या पत्र को होत हर्ष अरु काम।।"

श्री युगल किशोर शुक्ल का प्रामाणिक जीवन-चरित अभी तक प्राप्त नहीं हो सका है, परन्तु उनके पत्र के बारे में बँगला पत्र 'समाचार चन्द्रिका' में 11 मार्च, 1826 को एक सूचना प्रकाशित हुई थी, उसमें

1. समाचार पत्रों का इतिहास—अम्बिका प्रसाद बाजपेयी, पृ. 97
2. मीडिया-मीमांसा में डॉ. कृष्ण बिहारी मिश्र का लेख 'पैकेज की गिरफ्त में पत्रकारिता के मूल्य', पृ. 6, सम्पादक- अच्युतानन्द मिश्र, जुलाई-सितम्बर 2009, वर्ष-3, अंक-1, ई-8, त्रिलंगा, भोपाल, मू. 30 रुपये।
3. हिन्दी पत्रकारिता—डॉ. कृष्ण बिहारी मिश्र, पृ. 477, भारतीय ज्ञानपीठ, नई दिल्ली, तीसरा संस्करण सन् 2000 ई. मू. 140रु.

यह बताया गया था कि नगर में एक नया समाचार-पत्र प्रकाशित होनेवाला है जिसके संचालक कानपुर के मूल निवासी श्री युगल किशोर शुक्ल हैं। श्री युगल किशोर शुक्ल पहले सदर दीवानी अदालत में क्लर्क थे और बाद में वहाँ वकील हो गए। उन्होंने उदन्त मार्तण्ड में दो प्रकार की भाषाओं का उपयोग किया था। कविता की भाषा तो उसमें ब्रजभाषा है ही, उन्होंने पत्र के अन्तिम अंक में ब्रज भाषा में कुछ लिखा है और बाद में उन्होंने जिस भाषा में लिखा है, उसे 'मध्यदेशीय भाषा' कहा है। उदन्त मार्तण्ड के प्रथम अंक से ज्ञात होता है कि युगल किशोर शुक्ल ब्रजभाषा में कविता भी कर सकते थे। उनकी गद्य की भाषा में बोलचाल की उर्दू और फारसी के शब्दों का प्रयोग शुद्ध रूप में हुआ है। यह सही है कि 'उदन्त मार्तण्ड' की भाषा आज के हिन्दी समाचार-पत्रों की भाषा से बहुत भिन्न है, फिर भी हम यह कह सकते हैं कि खड़ी बोली शैली का मूल रूप उसमें परिलक्षित होता है। पत्र में श्लोक भी है। उनमें से एक श्लोक से यह भी विदित होता है कि श्री युगल किशोर शुक्ल की पकड़ संस्कृत, ब्रजभाषा, फारसी और खड़ी बोली पर समान रूप से थी। एक प्रकार से युगल किशोर शुक्ल ने भविष्य के हिन्दी पत्रों और हिन्दी के गद्य का वह रूप स्थापित किया, जो भारतेन्दु हरिश्चन्द्र के उदय से पूर्व हिन्दी पत्रों का मानक रहा। भारतेन्दु ने भी अपने पत्रों में कविता के लिए ब्रजभाषा के प्रयोग को श्री युगल किशोर शुक्ल के लेखन के नमूने पर ही कायम रखा, लेकिन गद्य को उन्होंने नया रूप दिया और उसके बारे में लिखा—'हिन्दी नये साँचे में ढली'।[1]

बहरहाल, इस समाचार-पत्र में विविध तरह की जानकारियाँ दी जाती थीं। बाजार भाव से लेकर स्टीमरों के आने-जाने तक की सूचना भी दी जाती थी। दुर्भाग्य से यह पत्र कोलकाता के हिन्दी-भाषी व्यापारियों का समर्थन नहीं पा सका। पत्र को बन्द करने से पूर्व 11 दिसम्बर, 1827 के अंक में सम्पादक ने जो 'अन्तरव्यथा' लिखी, वह अन्तर्वेदना हिन्दी पत्रों की परम्परा का एक भाग बन गई। शुक्ल जी को न तो सरकारी समर्थन मिला (जैसा कि 'समाचार दर्पण', 'जामे-जहाँनुमा' तथा अन्य पत्रों को मिलता था) और न पाठकों ने ही समय पर चन्दा दिया। विज्ञापनों का उन दिनों कोई मतलब ही नहीं था। इसके कुल 79 अंक ही निकल पाये और अन्ततः तमाम दुश्वारियों को झेलता यह पहला ही समाचार-पत्र—"The earliest Hindi newspaper was started in Calcutta in 1826. It was a Weekly Oodunt Martand. Its editor, Jooghul Kishore Sookool, faced many difficulties in running it. He needed postal facilities to dispatch it to readers out side Bengal and the government when approached refused to grant him postal concessions. He was unable to face the high postal rates and had to close down the paper within a year Sookool made in attempt to Start another paper in 1850 called Samayadani Martand but this also failed."[2] अकाल मृत्यु का शिकार यह कहते हुए हो गया,

"आज दिवस लौं उग चुक्यौ यह मार्तण्ड उदन्त।
अस्ताचल को जात है, दिनकर दिन अब अन्त।।"

(2) राजा शिवप्रसाद सिंह 'सितारे हिन्द' और बनारस अखबार

बक़ौल शमशेर,

"ईश्वर, अगर मैंने अरबी में,
प्रार्थना की तो तू मुझसे,
नाराज हो जाएगा,
अल्लाह, यदि मैंने संस्कृत में सन्ध्या कर ली तो,
तू मुझे दोजख में डालेगा।"

या

---

1. हिन्दी पत्रकारिता का इतिहास—जगदीश प्रसाद चतुर्वेदी, पृ. 23, प्रभात प्रकाशन, नई दिल्ली सन् 2011, मू. पाँच सौ रुपये
2. Journalism in India—Ranga Swami Parthsarathy. P.187, Sterling Publishers, New Delhi, Third Edition-1995, Rs-125.

राही मासूम रजा के शब्दों में,

"ऐ अल्लाह, रहीम, करीम,
ऐ मेरी अमानत,
ऐ श्री राम। रघुपति राघव,
ऐ मेरे मर्यादा पुरुषोत्तम,
ये आपकी दौलत,
आप सँभालें,
मैं बेबस हूँ,
आग और खून के इस दलदल में।"

यही भाषाई विवाद है—'बनारस अखबार' के साथ कि उसे उर्दू भाषा का अखबार माना जाए या हिन्दी भाषा का? दरअसल, हिन्दी गद्य के विकास, निर्माण और सम्बर्द्धन में दो राजाओं का एक साथ अवतरित होना हिन्दी भाषा और साहित्य की अपूर्व घटना है। इनमें से एक हैं—राजा शिवप्रसाद सिंह (1823-1895) तथा दूसरे हैं—राजा लक्ष्मण सिंह (1826-1896)। दोनों लगभग समवयस्क। हिन्दी गद्य को निखारने-सवाँरने के निमित्त दोनों की चिन्ताएँ और सरोकार एक। इनका गद्य हिन्दी भाषा और साहित्य की लोकतांत्रिक बहुलता का उजला तथा प्रेरक साक्ष्य है। दोनों संजीदा सिन्फ। दोनों अपने लेखन में उच्च मूल्यों के पैरवीकार। दोनों में अपने समय के नये यथार्थ को देखने और महसूस करने की बेचैनी। दोनों में लहजे और मिजाज को बदलने की कोशिश। ये दोनों ऐसे समय के गद्य लेखक हैं, जब इस देश में अंग्रेजों का बर्बर और क्रूर शासन था। चारों और अकेलापन और जनता निहत्थी। समाज में घोर निराशा, आपाधापी, मूल्यहीनता, रिश्तों की पवित्रता का ह्रास, भीतरघात-विश्वासघात, असुरक्षा, अराजक होतीं स्थितियाँ, उत्पीड़न, पीछा करते खौफ और त्रासदियाँ। कुल मिलाकर हाहाकर करते मंजर। ऐसे आक्रामक, भागमभाग और तपिश भरे माहौल में दोनों का—पुख्ता सोच, परिपक्व अनुभव और शऊर के साथ हिन्दी के तत्कालीन संकटकालीन फ़लक पर उदय, 'तपन में शीतल मन्द बयार' सिद्ध हुआ, किन्तु दोनों में बारीक अन्तर भी थे। चूँकि राजा शिवप्रसाद सिंह सरकारी नौकरी में थे, अतः इनकी भाषिक सोच, उसमें शब्दों के प्रयोग और लहजे में राजा लक्ष्मण सिंह से कुछ बुनियादी फासला भी था। राजा लक्ष्मण सिंह आम आदमी और आम आदमी की भाषा के लेखक थे। इन्होंने शिवप्रसाद सिंह की भाषा नीति के बरक्स शुद्ध, सरल और प्रवाहमयी हिन्दी शैली का निर्माण करते अरबी-फारसी के शब्दों का बहिष्कार किया।

किन्तु इसके ठीक उलट, राजा शिवप्रसाद सिंह में उर्दू का अनुराग बार-बार झाँकता है। अमृत के बोतल में शराब की भाँति ही उन्होंने नाम तो शुद्ध संस्कृत का लिया और शैली उर्दू परस्त ही रही। इसके लिए अंग्रेजी परस्त और अंग्रेजी अफसरों में राजा साहब का सम्मान भी अच्छा रहा, जिसे वे छोड़ना नहीं चाहते थे। इस प्रकार शिवप्रसाद सिंह न तो स्वस्थ हिन्दी गद्य का निर्माण कर सके और न तो हिन्दुस्तानी का ही।[1]

खाक भी जिस जमीं की पारस है।
शहर मशहूर वह बनारस है।।

की पवित्रतोया जमीन की उपज राजा शिवप्रसाद सिंह सितारे हिन्द ने वाराणसी से हिन्दी समाचार-पत्र 'बनारस अखबार' का प्रकाशन सन् 1845 ई. में किया। यह अखबार हिन्दी में निकलने पर भी भाषा की दृष्टि से उर्दू का माना गया। साफ शब्दों में, 1845 में उत्तर प्रदेश के बनारस से जारी होनेवाला हिन्दी का पहला समाचार-पत्र 'बनारस अखबार' भाषायी-विवाद का शिकार हो गया। इस अखबार की भाषा पर आपत्ति करते श्री अम्बिका प्रसाद वाजपेयी ने लिखा है कि यह महज नाम मात्र का ही हिन्दी अखबार है, वास्तव में यह उर्दू का अखबार है,—"मुंशी शीतल सिंह ने जो कथा लिखकर सम्पादक की हँसी उड़ाई है और भाषा के लिए उसे दोषी ठहराया है, वह उनका अन्याय

1. हिन्दी साहित्य : एक परिचय—डॉ. त्रिभुवनसिंह, पृ. 210, हिन्दी प्रचारक संस्थान, पिशाचमोचन, वाराणसी

है। यद्यपि सम्पादक गोबिन्द रघुनाथ थत्ते मराठी भाषी थे और हिन्दी वैसे ही जानते थे जैसी बनारस में रहने वाले अन्य भाषा भाषी जानते हैं, तथापि भाषा की गड़बड़ी का उत्तरदायित्व 'बनारस अखबार' के मालिक शिवप्रसाद सितारे हिन्द पर था। वे 'हिन्दुस्तानी' नाम की नई भाषा चलाने के पक्षपाती थे, जो हिन्दी की अपेक्षा उर्दू ही अधिक होती थी। रही लिंग ज्ञान की गड़बड़ी सो उसे सुधारने की चेष्टा राजा शिवप्रसाद ने कभी की इसका कोई प्रमाण नहीं मिलता।''[1] इसी तरह इतिहासकार नादिर अली खाँ भी लिखते हैं,—'' 'बनारस अखबार' भी असल में एक उर्दू अखबार है, हालाँकि इसकी लिपि नागरी है। यह लीथो प्रणाली से छपता है। इसमें साधारणतया धर्मशास्त्र और इसी प्रकार की संस्कृत पुस्तकों के अनुवाद छपते हैं। इसके अलावा इसमें स्थानीय समाचारों को छोड़कर और कुछ नहीं है और ये भी साधारणतया अन्य समाचार-पत्रों से नकल किए जाते हैं। मूल्य एक रुपया वार्षिक है।''[2] 'बनारस अखबार' का मोटो था,—

सुबनारस अखबार यह शिवप्रसाद आधार।
बुद्धि विवेक जन निपुन को चितहित बारंबार।।
गिरिजापति नगरी जहाँ गंग अमल जलधार।
नेत शुभाशुभ मुकुर को, लखो विचार-विचार।।

चूँकि शिवप्रसाद उर्दू-परस्त थे, इसलिए 'बनारस अखबार' की भाषा उर्दू थी।[3] इस अखबार की भाषा उर्दू क्यों थी, इसका रहस्य इस पत्र की ग्राहक सूची से खुलता है। वर्ष 1848 की सरकारी रिपोर्ट में कहा गया है कि ''इस पत्र की प्रतिमास आय चौवालीस रुपए थी, जिसमें तेईस रुपए यूरोपियनों से मिलते थे और इक्कीस हिन्दुओं से।''[4]

वस्तुतः इस अखबार के संचालक और सम्पादक गोविन्द रघुनाथ थत्ते थे। काशी के दूध विनायक मुहल्ले में रहते थे, वहीं उनका अपना प्रेस था जिसका नाम मतवा बनारस अखबार था। उसी प्रेस से हिन्दी भाषा में 'बनारस अखबार' और उर्दू में 'बनारस गजट' का प्रकाशन होता था। उस अखबार का प्रकाशन जनवरी 1845 ई. में हुआ। राजा शिवप्रसाद सितारेहिन्द उस समय मात्र शिवप्रसाद थे। कर्ज से लदे थे। उनके पिता की मृत्यु हो चुकी थी। उनके समक्ष आजीविका की समस्या थी। वे आजीविका की तलाश में 1840 में भरतपुर रियासत में वकील बन गए। पैसा कमाकर लौटे, 1844 के दिसम्बर में और 1845 में नौकरी की तलाश में पुनः निकले। उन्हें ईस्ट इंडिया कम्पनी में नौकरी मिली तथा 1845 के दिसम्बर में वे सिक्खों के युद्ध में शामिल होने के लिए अंग्रेजों की ओर से पंजाब चले गए। अतः ऐसी स्थिति में इस पत्र की सहायता करने का कोई प्रश्न नहीं उठता। साथ ही इस अखबार को नेपाल की महारानी ने अवश्य आर्थिक सहयोग किया था। धार्मिक साहित्य का धारावाहिक प्रकाशन पत्र में होता था। 'सुबनारस अखबार यह शिव प्रसाद आधार' से लोगों को भ्रम हुआ हो। यहाँ शिवप्रसाद शब्द का प्रयोग राजा शिवप्रसाद के लिए नहीं किया गया है बल्कि भगवान शिव के लिए किया गया है। इस सिद्धान्त वाक्य का अर्थ यह है कि,—''भगवान शिव की कृपा से 'बनारस अखबार' का प्रकाशन हो रहा है। इस अखबार के द्वारा समाज के हितों की रक्षा की जाएगी। गिरिजापति की नगरी यानि शिव की नगरी काशी से यह पत्र प्रकाशित हो रहा है, जहाँ पवित्र गंगा प्रवाहित होती रहती हैं। जैसे गंगाजी में स्वच्छ और गन्दा जल भी प्रवाहित होता है, उसी तरह इस पत्र में अच्छे और गलत समाचार भी प्रकाशित हो सकते हैं। पाठकों से निवेदन है कि गलत समाचारों को सुधार कर पढ़ें।'' 'बनारस अखबार' की फाइल अब नहीं मिलती, किन्तु 'बनारस अखबार' 1870-72 तक प्रकाशित होता रहा।[5]

---

1. समाचार पत्रों का इतिहास—पं. अम्बिका प्रसाद वाजपेयी, पृ. 105
2. A History of Urdu Journalism-Nadir Ali Khan, P.215
3. हिन्दी भाषा के सामयिक पत्रों का इतिहास—श्री राधाकृष्ण दास, पृ. 81
4. A History of Indian Journalism-J. Nat Rajom. Prakashan Vibhag. P.12
5. हिन्दी पत्रकारिता (भारतेन्दु-पूर्व से छायावादोत्तर काल तक)—डॉ. धीरेन्द्र नाथ सिंह, 15-16, वाराणसी

(3) राजाराम मोहन राय और बंगदूत

अहिन्दी भाषी प्रदेश बंगाल में सामान्य जन के मन में हिन्दी के विरुद्ध न तो परम्परा का कट्टरपन है और न उद्धत नकार।[1] बंगाल अरसे से हिन्दी भाषी समाज का स्वप्न लोक रहा है। शायद इसीलिए कवि त्रिलोचन की कविता 'चंपा काले-काले अक्षर नहीं चीन्हती' की आखिरी पंक्ति 'कलकत्ता पर बजर गिरे' में व्यक्त विरह कथा से लेकर हिन्दी भाषी क्षेत्र के लोगों को जब-जब 'झुलनियाँ' का धक्का लगता है,—तब-तब वे कलकत्ता भागते हैं और यह सदाशय 'कोलकाता' है कि उन्हें तथा उनकी हिन्दी को शरण देता रहता है। सच तो यह है कि बंगाल से हिन्दी का रिश्ता बहुत पुराना है। आधुनिक काल के बंग भाषी मनीषियों ने बंगाल में हिन्दी को अपनी मातृ भाषा बंगला के बगल में जगह देने में कोताही नहीं बरतीं। इन पूज्य लोगों में तारिणी चरण मित्र, राजा राममोहन राय, ईश्वर चन्द्र विद्या सागर, केशवचन्द्र सेन, बाबू नवीन चन्द्र राय, उनकी पुत्री श्रीमती हेमन्त कुमारी देवी, भूदेव मुखोपाध्याय, तारा मोहन मित्र, महर्षि अरविन्द, न्यायपति शारदा चरण मित्र, अमृतलाल, चक्रवर्ती, महामना आशुतोष मुखोपाध्याय, ब्रह्म बान्धव उपाध्याय, क्षितिमोहन सेन, बंग महिला, बंकिम चन्द्र चट्टोपाध्याय, विश्व कवि श्री रविन्द्रनाथ ठाकुर, सुभाष चन्द्र बोस, सुरेश चन्द्र समाजपति, शरत् चन्द्र चट्टोपाध्याय, ताराशंकर वन्दोपाध्याय, रमेश चन्द्र आई.सी.एस. नगेन्द्र नाथ बसु, आशापूर्णा देवी, स्वामी लोकेश्वरानन्द, हीरेन मुखर्जी, रेवती रंजन सिंह, सागरमय घोष, जीवनानन्द दास, श्री विधुभूषण दास गुप्त, वरुण सेन गुप्त, प्रमेन्द्र गुप्त, स्वर्ण कुमारी घोषाल, श्यामसुन्दर सेन, राधिकानाथ वन्दोपाध्याय, नारायण दास मौलिक, चिन्तामणि घोष, रामानन्द चटर्जी, अन्नदाशंकर राय, सुनील गंगोपाध्याय, श्री गोपाल वेदान्त शास्त्री, डॉ. राजेन्द्र लाल मित्र, गोविन्द गोपाल मुखर्जी, अशोक कुमार भट्टाचार्य, वरुण सेन, वीरेन्द्र नाथ चक्रवर्ती, डॉ. सुनीति कुमार चटर्जी, श्यामा प्रसाद मुखर्जी, बुद्धदेव बसु तथा विमल मित्र आदि प्रज्ञा पुरुष इस सन्दर्भ में स्तुत्य और श्लाघनीय हैं। बंगलाभाषी इन हिन्दी सेवियों ने जिस निष्ठा, नैतिकता एवं ईमानदारी से हिन्दी की सेवा की है, उसे देखकर हर हिन्दी भाषी के मन में इनके प्रति असीम और लोकोत्तर श्रद्धा छलकनी चाहिए। बंगाल में हिन्दी की यह सेवा हिन्दी के प्रति इनकी तीक्ष्ण जागरुकता और सोच को ही रेखांकित करती है।

बंगाली मनीषा की एक अन्य अभूतपूर्व देन हिन्दी को है। यह देन अपने आप में विलक्षण और दिमाग को चौंधिया देनेवाली है कि हिन्दी का पहला दैनिक समाचार-पत्र विचारों की आधुनिकता के साथ मशीनी संस्कृति से लैस हो चुके कोलकाता की ऐतिहासिक जमीन से निकला था, नाम था—'समाचार सुधावर्षण'। सम्पादक थे—आदरणीय श्याम सुन्दर सेन। वस्तुतः जमीनी सच्चाई यह है कि हिन्दी पत्रकारिता का तो पहला चिराग़ कोलकाता की गौरवशाली भूमि पर जला ही था, भारतीय पत्रकारिता की भी प्रसव-भूमि बंगाल ही है। कोलकाता में ही पत्रकारिता के जन्म के साथ-साथ उसका विकास भी हुआ। सन् 1755 ई. में कोलकाता में छपाई शुरू हुई थी। यह भी एक हैरत की ही बात है कि 'हिन्दी के टाइप' भी पहले पहल बंगाल के

1. साहित्य के विश्व शहर कोलकाता में इस वक्त प्रकाशित होने वाली 3400 पत्र-पत्रिकाओं में 1751 बांग्ला, 978 अंग्रेजी, 362 हिन्दी, 110 उर्दू और बाकी दूसरी भाषाओं में निकलती हैं। कई पत्रिकाएँ तो द्विभाषी हैं—डॉ. कैलाश नाथ पांडेय

ही श्रीरामपुर जिले के पंचानन कर्मकार ने बनाये थे। 29.01.1780 में भारत के पहले समाचार-पत्र 'बंगाल गज़ट' की स्थापना हुई। नवम्बर 1780 में 'इंडिया गजट' के नाम से दूसरा पत्र शुरू किया गया। सन् 1796 ई. में गुजराती टाइप तैयार किया गया, 1802 ई. में मराठी छपाई शुरू हुई। प्रेस की स्थापना 1812 में हुई और गुजराती का पहला समाचार-पत्र 'मुम्बई समाचार' प्रकाशित हुआ। सन् 1818 ई. में बंगाली भाषा का मासिक 'दिग्दर्शन' प्रकाशित हुआ। सन् 1820 में राजा राममोहन राय, श्री ताराचन्द और श्री भवानी चरण बैनर्जी ने 'संवाद कौमुदी' प्रकाशित की। हिन्दी का प्रथम पत्र ''उदन्त मार्तण्ड'' 30 मई 1826 ई. में प्रकाशित हुआ। इस पत्र की स्थापना श्री युगल किशोर शुक्ल ने की थी। श्री युगल किशोर जी कानपुर के निवासी थे, परन्तु यह पत्र उन्होंने कलकत्ता से ही निकाला था इसलिए कलकत्ता और महत्त्वपूर्ण हो गया। उदन्त मार्तण्ड 1 वर्ष 7 माह तक चला। प्रति मंगलवार को प्रकाशित होनेवाला यह साप्ताहिक पत्र आर्थिक विषमताओं के कारण और अधिक दिन तक नहीं चल सका और 4 दिसम्बर, 1827 ई. को हमेशा के लिए बन्द हो गया। इसके अन्तिम अंक में सम्पादक ने लिखा था कि—

आज दिवस लौं उग चुक्यों मार्तण्ड उदन्त।
अस्ताचल को जात है दिनकर दिन अब अन्त।।

सरकारी सहायता के अभाव एवं अल्प ग्राहकों के कारण यह पत्र जल्द बन्द हो गया था। हिन्दी पत्रों में दूसरा पत्र था 'बंगदूत'। इस पत्र के सम्पादक श्री नीलरतन हालदार थे। यह प्रत्येक रविवार को प्रकाशित होता था तथा इसका मासिक मूल्य एक रुपया था। इस प्रकार कलकत्ता बहुत दिनों तक हिन्दी पत्रकारिता का केन्द्र बना रहा। 1857 के आस-पास वहाँ से कई पत्र प्रारम्भ हुए, जिनमें 'बंगदूत', 'प्रजामित्र', 'साम्यदन्त मार्तण्ड', तथा 'समाचार सुधावर्षण' उल्लेखनीय हैं। 1857 की जन जागृति के फलस्वरूप बाद में 'भारत मित्र' (1878), 'सार सुधा निधि' (1899) तथा 'उचित वक्ता' (1880), 'हिन्दी बंगवासी' (1890) आदि ने महत्त्वपूर्ण भूमिकाएँ निभायीं। इसी तरह निराला का 'मतवाला' (1923), 'विशाल भारत' (1928) तथा इला चन्द्र जोशी का 'जहाज का पंछी'—इन सबकी डिभ्भी—पुनर्जागरण का केन्द्र रहे बंगाल से ही फूटी है। 11 जून, 1846 को ''मार्तण्ड'' नाम का एक साप्ताहिक पत्र कलकत्ता से प्रकाशित हुआ। यह पाँच भाषाओं में प्रकाशित होता था। मार्तण्ड के सम्पादक श्री नसीरुद्दीन थे। ''बनारस सुधाकर'' नाम से दूसरा पत्र 1850 ई. में प्रकाशित हुआ। इसके सम्पादक एवं प्रकाशक श्री तारा मोहन मैत्र थे। तीन वर्षों तक तो यह पत्र बंगाली एवं हिन्दी-दोनों भाषाओं में निकला और 1853 से यह केवल हिन्दी में छपने लगा। 17 मई, 1878 ई. को कलकत्ता का 'भारत मित्र' नामक समाचार-पत्र पाक्षिक रूप में निकला। बाद में यह दैनिक हो गया।

हिन्दी का प्रथम दैनिक समाचार-पत्र 'समाचार सुधावर्षण' सन् 1854 में कलकत्ता से प्रकाशित हुआ। यह पत्र हिन्दी तथा बंगला—दोनों भाषाओं में एक साथ प्रकाशित होता था। श्री श्याम सुन्दर सेन के सम्पादकत्व में प्रकाशित यह पत्र 14 वर्ष तक निकलता रहा। समाचार सुधावर्षण के 11 संवत् 1912 ई. के अंक में ''विधवा विवाह'' शीर्षक सम्पादकीय टिप्पणी में विधवा विवाह का विरोध इस प्रकार किया गया था—''बंगदेश में विधवा का विवाह के लिए कॉलेज के पंडितवर श्रीयुत् ईश्वरचन्द्र विद्यासागर ने नाना प्रकार के छोटे-छोटे ग्रन्थ और प्रमाण रचना कर बंगालियों के सभा में प्रकाश लिये और बंगालियों को बड़ा प्रिय बोध भया इंगरेज लोगों को इतना प्रिय नहीं यह क्या आश्चर्य की बात है बंगदेशीय मनुष्यों में विद्या का बड़ा प्रचार है, परन्तु धर्माधर्म्म कुछ भी विचार नहीं करते क्या महामाया का प्रभाव है क्योंकि कुमारी का विवाह सर्वशास्त्र में लिखा है लेकिन विधवा का विवाह कोई शास्त्रवेद में लिखा नहीं और सुनने में भी आया नहीं केवल इसी देश में इसी देश के पंडितों के मुख से सुनने में आता है और कोई देश में नाममात्र चर्चा भी होती नहीं क्या आश्चर्य की बात है पंडित क्या और किसी देश में होते नहीं या विधवा होती नहीं जो इसका विधवा विवाह का विधि विचारे मगर इसी देश के आदमियों का विचार शास्त्र का विचार नहीं क्योंकि श्री काशी जी में महामहोपाध्याय श्री काकाराम पंडित जी के घर में भी युवती विधवा बैठी है वे क्या निर्दयी

अविचारी हैं कि विधवा का विवाह नहीं कर देते।''[1] कुल मिलाकर यह कि हिन्दी पत्रकारिता सोने के पालने में झूलती हुई बंगाल में ही जवान हुई और यहीं इसके प्रौढ़ व्यक्तित्व ने आकार ग्रहण किया। यहीं इसके प्राणों में चुलबुलापन आया और यहीं गठी हुई भाषा में जन समाज की बोली बनी। यही बंगाल की सबसे बड़ी देन है हिन्दी को। क्या अभी भी आपको इसमें किसी तरह की संशय-आशंका है?

बंगाल में हिन्दी का विशाल फलक तैयार करने और उसे बहुमान दिलाने में प्रगतिशील विचारों के सम्पोषक उदारपंथी [2] तथा ब्रह्म समाज (बंगाल में ब्रह्मसमाज) के संस्थापक श्री राजाराम मोहन राय जी का योगदान कम नहीं है। पाश्चात्य प्रभावों एवं राष्ट्रीय रूढ़िवादिता के चतुष्पथ पर खड़े भारत में 'ब्रह्म समाज' की स्थापना कर 'एकमेवाद्वितीयम्' ब्रह्म के अद्वैत सिद्धान्त पर आधारित मानवमात्र की एकता का एक नया आध्यात्मिक सन्देश देनेवाले, पथान्वेषक एवं भारतीय नव-जागृति के प्रथम अग्रदूत, 22 मई 1772 ई. को पश्चिमी बंगाल के राधा नगर के संभ्रात ब्राह्मण श्री रमाकान्त के घर जन्मे श्री राजाराम मोहन राय ने बंगाल में हिन्दी के गद्य साहित्य को एक नई पहचान दिलवाई। इन्होंने 1815 ई. में अपने 'वेदान्तसार' नामक ग्रन्थ का हिन्दी अनुवाद कर, हिन्दी के प्रचार-प्रसार के लिए उसकी प्रतियाँ लोगों में निःशुल्क बँटवाईं। इतना ही नहीं, हिन्दी के अखिल देशीय महत्त्व को जानते हुए श्री राय ने 10 मई 1829 को 'बंगदूत' नामक समाचार-पत्र का सम्पादन बेहद सफलता के साथ शुरू किया। सच तो यह है कि हमारे राष्ट्रीय आन्दोलन के नेता भारत की विभिन्न भाषाओं में से एक ऐसी भाषा को ग्रहण करना चाहते थे जो सर्व-जन-बोध्य एवं भारत के विभिन्न स्थानों में सर्वाधिक प्रचलित हो और यह हिन्दी ही थी। इस बात को ध्यान में रखकर स्वार्थहीन नेताओं तथा विद्वानों ने हिन्दी को सर्वभारतीय भाषा का पद देकर उसके प्रसार एवं प्रचार का काम शुरू किया। यह आश्चर्य की बात है कि बंगाल में हर दृष्टि से समृद्ध तथा लोकप्रिय बँगला भाषा के रहते हुए भी, उस समय में जब भारत में लोग ऐक्य के लिये प्रयत्नशील थे, हिन्दी के प्रचार की ओर बंगाली नेताओं और विद्वानों का ध्यान आकर्षित हुआ। इस सम्बन्ध में सर्वप्रथम उल्लेखनीय व्यक्ति हैं राजाराम मोहन राय। आधुनिक भारत में नवचेतना का प्रसार करनेवाले सबसे पहले व्यक्ति थे राजाराम मोहन राय। समाज के पुनर्गठन और आधुनिक विचारों के प्रचारार्थ राममोहन राय ने हिन्दी का पक्ष लिया। राजाराम मोहन राय और उनके सहयोगी द्वारकानाथ टैगोर ने अनुभव किया कि सामाजिक-आर्थिक-राजनीतिक सुधार आन्दोलन की सक्रियता के लिए स्वतंत्र पत्रों की प्राथमिक आवश्यकता है। इसी दृष्टि से उन्होंने कलकत्ता से सन् 1826 में 'बंगदूत' नामक पत्र निकाला जो चार भाषाओं में छपता था—हिन्दी, अंग्रेजी, बँगला और फारसी। पत्र प्रकाशन की मूल दृष्टि को स्पष्ट करते हुए राजाराम मोहन राय ने लिखा था—'मेरा उद्‌देश्य मात्र इतना ही है कि जनता के सामने ऐसे बौद्धिक निबन्ध उपस्थिति करूँ जो उनके अनुभव को बढ़ाएँ और सामाजिक प्रगति में सहायक सिद्ध हों। मैं अपनी शक्ति भर शासकों को उनकी प्रजा की परिस्थितियों का सही परिचय देना चाहता हूँ और प्रजा को उनके शासकों द्वारा स्थापित विधि व्यवस्था से परिचित कराना चाहता हूँ ताकि शासक जनता को अधिक-से-अधिक सुविधा देने का अवसर पा सकें और जनता उन उपायों से अवगत हो सके जिनके द्वारा शासकों से सुरक्षा पाई जा सके और अपनी उचित माँगें पूरी कराई जा सकें''[3]

वस्तुतः भारतीय नवजागरण का पहला अनुभव बंगाल ने किया था और बंगाल की खाड़ी से ही भारत में आधुनिकता का प्रवेश हुआ था। स्वभावतः भारतीय पत्रकारिता की जन्मभूमि बंगाल है और हिन्दी पत्रकारिता का जन्म एवं विकास भी कलकत्ते में ही हुआ है।

---

1. मैसूर हिन्दी प्रचार परिषद (राजीव गांधी की स्मृति में)—हिन्दी पत्रकारिता का क्रमिक विकास-स्त्रविता चड्ढा, पृ. 223, प्रकाशक—डॉ. रत्नाकर पांडेय, अध्यक्ष, मैसूर हिन्दी प्रचार परिषद, स्वर्ण जयन्ती समारोह, 16-सी, फिरोजशाह रोड, नई दिल्ली, मू. 5.00 रुपये, अक्टूबर, 1995
2. बंगेर बाहिरे बंगाली—ज्ञानेन्द्र मोहनदास, पृ. 151
3. हेमेन्द्र प्रसाद घोष, द न्यूजपेपर इन इंडिया, पृ. 25-26।

19वीं शती के प्रारम्भ में राजाराम मोहन राय सरीखे राष्ट्रवादी और पुनरुत्थानवादी विद्वानों ने हिन्दी पत्रकारिता की ओर ध्यान दिया क्योंकि इस सर्वभारतीय भाषा के द्वारा ही वे सामाजिक आर्थिक तथा राजनैतिक सुधार का प्रसार करना चाहते थे। इस समय कलकत्ते में छापेखाने के खुल जाने पर हिन्दी में समाचारपत्रों का प्रकाशन सुलभ हो गया था। यहाँ यह बताना अनुचित नहीं होगा कि प्रयाग के रहने वाले श्रीशचन्द्र बसु की प्रेरणा से लगभग 1903 के करीब हिन्दी में वर्णमाला कार्ड्स प्रकाशित हुए एवं हिन्दी आशुलेखन प्रणाली की भी उद्भावना हुई।

यों तो हिन्दी का प्रथम समाचार-पत्र 'उदन्त मार्तण्ड' है जिसका प्रकाशन सन् 1826 में कलकत्ते से शुरू हुआ था जिसके सम्पादक कानपुर के पं. युगलकिशोर शुक्ल थे। यह पत्र साप्ताहिक था। यह एक सुखद आश्चर्य है कि बँगला के प्राचीन पत्रों के अन्वेषी एवं उद्धारक ब्रजेन्द्रनाथ बंद्योपाध्याय के प्रयत्नों से ही इसका सही पता लग सका क्योंकि सन् 1931 तक लोगों की यह गलत धारणा थी कि हिन्दी का पहला पत्र 'बनारस अखबार' है जिसका प्रकाशन राजा शिवप्रसाद की प्रेरणा से सन् 1845 ई. में बनारस से हुआ था, यद्यपि 'बनारस अखबार' के सम्पादक एक बंगाली विद्वान् तारामोहन मित्र थे। हिन्दी प्रदेश से निकलने वाला यह प्रथम पत्र था, मगर हिन्दी का यह पहला दैनिक पत्र नहीं था। नवम्बर, 1931 के 'विशाल भारत' में 'हिन्दी समाचार-पत्रों की आरम्भिक कथा' लिखकर ब्रजेन्द्रनाथ बंद्योपाध्याय ने इतिहासकारों की इस भ्रामक धारणा का खंडन किया और 'उदन्त मार्तण्ड' को हिन्दी का प्रथम पत्र घोषित किया।

'उदन्त मार्तण्ड' के प्रकाशन के तीन वर्ष बाद राजाराम मोहन राय की पत्रिका 'बंगदूत' प्रकाशित हुई। 'बंगदूत' के हिन्दी अंश के ऊपर यह छंद रहता था—

दूतन की यह रीति बहुत थोरे में भाषै।
लोगनि को बहु लाभ होय याही ते लाखैं।
बंगाला को दूत दूत यहि वायु को जानौ।
होय विदित सब देश क्लेश को लेश न मानौ।

राजा साहब वर्षों बड़े अध्यवसाय के साथ इसका सम्पादन करते रहे। पं. रामचन्द्र शुक्ल के अनुसार राजा साहब की भाषा में एक आध जगह कुछ बँगलापन जरूर मिलता है, पर उसका रूप प्रायः वही है जो शास्त्रज्ञ विद्वानों के व्यवहार में आता है। उदाहरण के लिए—

"जो सब ब्राह्मण सांगवेद अध्ययन नहीं करते सो सब व्रात्य हैं, यह प्रमाण करने की इच्छा करके ब्राह्मण-धर्म-परायण सुब्रह्मण्य शास्त्री जी ने जो मंत्र सांगवेदाध्ययनहीन अनेक इस देश के ब्राह्मणों के समीप पठाया है, उसमें देखा जो उन्होंने लिखा है—वेदाध्ययनहीन मनुष्य को स्वर्ग और मोक्ष होने शक्ता नहीं"[1]

(4) भारतेन्दु हरिश्चन्द्र और कविवचन सुधा

विधाओं की विविधता अर्थात् हिन्दी निबन्ध, कहानी, यात्रा वृत्तान्त, जीवनी एवं पत्रकारिता, उपन्यास, व्यंग्य, नाटक आदि के विकास क्रम में यदि किसी का नाम अनायास जिह्वा पर आ जाता है, तो वह नाम है—पुण्यश्लोक, महाभाग बाबू भारतेन्दु हरिश्चन्द्र का। अपने चिन्तन, मनन और सृजन से उन्होंने कई विधाओं को पूर्ण प्रौढ़ता प्रदान कर उनका भविष्य पथ निर्दिष्ट किया। इस प्रकार हिन्दी गद्य-शिल्पी के रूप में भारतेन्दु जी अप्रतिम और बेजोड़ हैं तथा ऐसा ही सप्राणवान है—उनका व्यक्तित्व। भारतेन्दु जी ने अपने समाज के धुप अन्धेरों और खोखलेपन को अपने सम्पन्न अनुभव और संवेदना से देसी ठाठ, ठसक और कहीं-कहीं बतकही शैली में तराशा। सच तो यह है कि वे साहित्य के एकनिष्ठ तपस्वी की तरह हैं। उनके गद्य और पद्य ने हिन्दी साहित्य की कलात्मकता को बोध और विस्तार दिया है। सांस्कृतिक अस्मिता के खोजी, संस्कृति बोध के गम्भीर चिन्तकों-विचारकों में उनका नाम स्मरणीय रहेगा। निराला जी ने कहीं एकबार कहा था कि "गद्य जीवन संग्राम की भाषा है," पर इसका अर्थ यह एकदम नहीं है कि "पद्य जीवन संग्राम से पलायन की भाषा है"। बहरहाल, उक्त प्रश्नों का उत्तर जो भी हो, पर यह तय है कि गद्य और पद्य-दोनों पर भारतेन्दु जी का समान अधिकार है। खुलासा यह कि अपनी प्रज्ञा की भट्टी में उन्होंने हिन्दी गद्य-पद्य की भाषा को खूब पकाया, इस प्रकार हिन्दी उनकी महसूल है।

1. हिन्दी साहित्य का इतिहास—रामचन्द्र शुक्ल, पृ. 176, नागरी प्रचारिणी सभा, काशी।

पर, उक्त विशेषताओं के अलावा श्री भारतेन्दु हरिश्चन्द्र जी एक निर्भीक और बेबाक पत्रकार भी थे। 'कविवचन सुधा' और 'हरिश्चन्द्र चन्द्रिका' उनके सम्पादन में प्रकाशित होनेवाली अपने समय की प्रसिद्ध पत्रिकाएँ थीं। कविवचन सुधा के सम्पादक भारतेन्दु हरिश्चन्द्र (1850-1885) भी बनारस के ही थे। इतिहास प्रसिद्ध सेठ अमीचन्द की वंश परम्परा में उत्पन्न भारतेन्दु हरिश्चन्द्र एक ही साथ कवि, निबन्धकार, नाटककार तो थे ही—'कविवचन सुधा' और 'हरिश्चन्द्र चन्द्रिका' जैसी प्रसिद्ध पत्रिकाओं के सम्पादन ने उन्हें प्रौढ़ पत्रकार और मँजा-सधा हुआ सम्पादक भी सिद्ध कर दिया।' हरिश्चन्द्र चन्द्रिका' की 'टाइटिल' (शीर्षक) अंग्रेजी में इस प्रकार छपती थी—

HARISCHANDRA'S MAGAZINE
A Monthaly Journal

Published in counection with the Kavi Vachan Sudha containing articles on literary, Seientific, political and religious subjects, antiquities, reviews, dramas, history, novels, poetic selections, gossip, humour and wit edited by Harischandra. बहुत सारी तकलीफ, दहशत, उम्मीद, सपनों से बुनी उनकी पत्रकारिता तत्कालीन जनता की आवाज थी।

डॉ. लक्ष्मी शंकर व्यास[1] लिखते हैं कि हिन्दी पत्रकारिता का नया अध्याय 15 अगस्त, 1867 में आरम्भ हुआ, जब भारतेन्दु हरिश्चन्द्र ने 'कविवचन सुधा' मासिक पत्रिका का प्रकाशन आरम्भ किया। आरम्भ में इस पत्रिका में प्रसिद्ध कवियों की कविताओं का प्रकाशन होता था। साहित्य का जनचेतना तथा लोकमानस पर किस प्रकार मनोवैज्ञानिक प्रभाव पड़ता है, 'कविवचन सुधा' उसका श्रेष्ठ उदाहरण है। इसमें देव कवि का 'अष्टयाम', दीनदयाल गिरि का अनुराग बाग, चन्द का रासो, जाएसी का पद्मावत, कबीर की साखी आदि का प्रकाशन होता था। 'कविवचन सुधा' शीघ्र ही मासिक से पाक्षिक हो गई। इसमें पद्य के साथ-साथ गद्य का भी समावेश हुआ। सन् 1875 में 'कविवचन सुधा' साप्ताहिक हुई और 1885 तक प्रकाशित होती रही। पत्रिका के पाक्षिक होने पर भारतेन्दु हरिश्चन्द्र ने इसमें आधुनिक विषयों राजनीति और समाज नीति पर भी लेख सामग्री तथा समाचार प्रकाशित किए। इस पाक्षिक पत्रिका में जब राष्ट्रीय भावों तथा विचारों का प्रकाशन हुआ तो उसका व्यापक प्रचार हुआ। शासन पर भी इसका प्रभाव पड़ा और भारतेन्दु के स्वतंत्र भावों के प्रति सरकार सशंक हो गई। 'कविवचन सुधा' का हिन्दी पत्रकारिता में इसलिए भी ऐतिहासिक महत्त्व है कि इसके लक्ष्य पद्य के माध्यम से भारतेन्दु ने 1857 के प्रथम स्वातंत्र्य संग्राम के एक दशक बाद सन् 1867 में देश की स्वाधीनता की माँग की। इस लक्ष्य पद्य में जब भारतेन्दु ने 'सत्त्व निज भारत गहै' कह कर स्वाधीनता की माँग की। उस समय न तो भारतीय राष्ट्रीय कांग्रेस की स्थापना हुई थी और न 'स्वराज्य हमारा जन्मसिद्ध अधिकार' का मंत्र घोषित हुआ था। इस नीति पद्य में 'नर नारि होहि सम' तथा 'कर दुख कहे' कहकर स्त्री-पुरुष की समानता तथा विदेशी सरकार के कर नीति के शोषक स्वरूप का संकेत किया गया था। इस प्रकार काशी की पत्रकारिता और हिन्दी पत्रकारिता के माध्यम से स्वतंत्रता का जयघोष हुआ। केवल जयघोष ही नहीं, देश के शोषक-विहीन तथा स्त्री-पुरुष की समानता वाले कल्याणकारी समाज की भी परिकल्पना की गई। काशी की हिन्दी पत्रकारिता को यह असाधारण गौरव प्राप्त है, इसमें सन्देह नहीं।' कविवचन सुधा' का यह सिद्धान्त-पद्य इस प्रकार है,—

"खल गमन सों सज्जन दुखी मति होहिं, हरि पद मति रहै।
अपधर्म छूटै, सत्व निज भारत गहै, कर दुख बहै।।
बुध तजसि मत्सर, नारिनर समहोंहि जगआनन्द लहै।
तजि ग्राम कविता, सुकविजन की अमृतवाणी सब कहै।।"

इस सिद्धान्त-पद्य का महत्त्व इस तथ्य में भी है कि इसमें साहित्यिक, सामाजिक, राजनीतिक के साथ ही आध्यात्मिक उत्थान की भी भावना व्यक्त की गई है।

1. संचार माध्यम में डॉ. लक्ष्मी शंकर व्यास का लेख 'स्वाधीनता के परिप्रेक्ष्य में काशी की पत्रकारिता', पृ. 9, अक्टूबर-दिसम्बर-1998, दिल्ली।

जन मानस में साहित्य के माध्यम से नवीन शक्ति और स्फूर्ति उत्पन्न होती है। भारतेन्दु ने इसका सफल प्रयोग किया। राष्ट्रीय उत्थान में युवकों के महत्त्व को वे अच्छी तरह समझते थे। सम्भवतः इसीलिए आपने 'हरिश्चन्द्र मैगजीन' और बाद में उसी के परिवर्त्तित रूप 'हरिश्चन्द्र चन्द्रिका' का सम्पादन और प्रकाशन किया। 'हरिश्चन्द्र मैगजीन' का प्रकाशन 15 अक्टूबर 1873 ई. में हुआ। आठ अंकों के प्रकाशन के बाद जून 1874 ई. में इसका नाम 'हरिश्चन्द्र चन्द्रिका' हो गया। सन् 1880 ई. में हरिचन्द्र चन्द्रिका 'मोहन चन्द्रिका' से मिला दी गई। इस रूप में यह पत्रिका अनेक वर्षों तक प्रकाशित होती रही। सन् 1884 ई. में भारतेन्दु ने 'नवोदित हरिश्चन्द्र चन्द्रिका' नाम से पत्रिका निकाली। इसके दो अंक प्रकाशित होने के बाद ही भारतेन्दु का 1885 ई. में निधन हो गया। भारतेन्दु ने 'नर नारी होहिं सम' का केवल नारा ही नहीं लगाया, अपितु 1 जनवरी 1874 को नारी जागरण के लिए 'बाला बोधिनी' नामक पत्रिका का भी प्रकाशन किया। भारतेन्दु के शब्दों में यह 'स्त्री-जनों की प्यारी, हिन्दी भाषा में सुधारी' पत्रिका थी। इस प्रकार प्रमुख लोगों के साथ ही देश के युवकों और स्त्री-समाज के उत्थान के लिए भी भारतेन्दु ने पत्रिकाएँ प्रकाशित कर युग का सन्देश दिया।

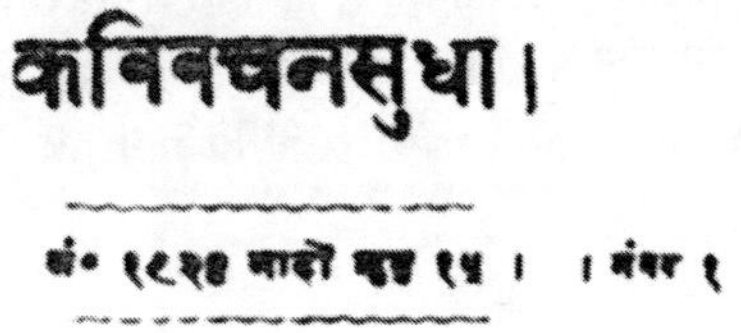
कविवचनसुधा।

जिल्द १। सं० १९२६ भादों सुद १५। । नंबर १

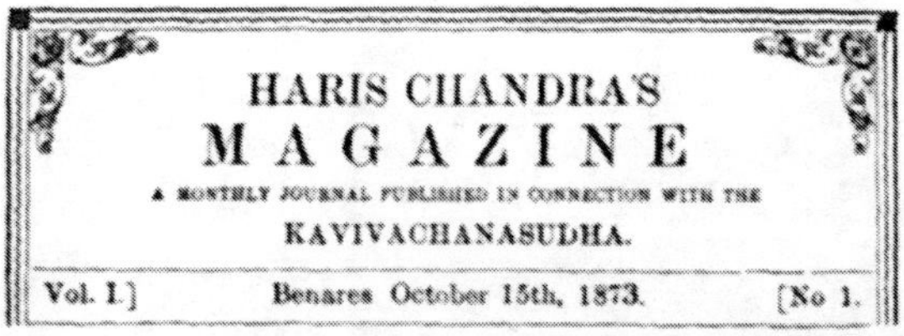
HARIS CHANDRA'S
MAGAZINE
A MONTHLY JOURNAL PUBLISHED IN CONNECTION WITH THE
KAVIVACHANASUDHA.

Vol. I.] Benares October 15th, 1873. [No 1.

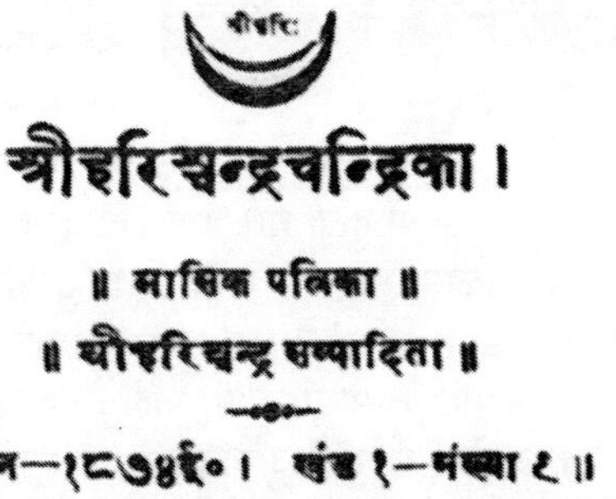
श्रीहरिश्चन्द्रचन्द्रिका।

॥ मासिक पत्रिका ॥

॥ श्रीहरिश्चन्द्र सम्पादिता ॥

॥ जून—१८७४ई०। खंड १—संख्या ९ ॥

भारतेन्दु हरिश्चन्द्र को हिन्दी पत्रकारिता का पिता इसलिए माना जा सकता है कि उन्होंने केवल हिन्दी में पत्रिकाएँ प्रकाशित करने की प्रेरणा ही नहीं दीं, बल्कि हिन्दी पत्रिकाओं को राजनीति, साहित्य, बाल साहित्य, समाज सुधार और धर्मदर्शन सभी विषयों को पत्रिकाओं के दायरे में लाया। इसका प्रभाव बीसवीं सदी के पहले चरण की सभी पत्रिकाओं पर पड़ा। 'सरस्वती' में विषय सम्बन्धी विविधता इसी का परिणाम है। इनकी पत्रिका 'कविवचन सुधा' को पहले अंग्रेजों का कोप भाजन बनना पड़ा। यह स्वाभाविक था। जब तक अंग्रेज शासक समझते थे कि पत्रिका 'साहित्य' तक ही सीमित है, तब तक सदाशयता दिखाने के लिए प्रशासन उसकी सौ प्रतियाँ खरीदता रहा, लेकिन जब उन्हें मालूम हुआ कि 'कविवचन' कहानी, कविता, नाटक के अतिरिक्त देश और व्यापक जन के बारे में भी प्रेरणा देने लगा है तो उसका रुख बदल गया, लेकिन 'कविवचन सुधा' इससे नहीं मरी। मरी वह तब, जब 1883

में इलवर्ट विधेयक के मामले पर भारतीय नेता और बुद्धिजीवी बँट गए। इस समय भारतेन्दु इसके सम्पादक नहीं थे। तत्कालीन सम्पादक ने इस विधेयक पर जो नीति अपनाई, वह देशभक्तों को स्वीकार नहीं थी। 'सुधा' की प्रतिष्ठा गिरी और भारतेन्दु के देहावसान के साथ ही सुधा भी मर गई।[1]

(5) बालकृष्ण भट्ट और हिन्दी प्रदीप

भारतेन्दु युग के प्रौढ़ व्यक्तित्व में पं. बालकृष्ण भट्ट ने आकार पाया। गम्भीरता और व्यंग का प्रभावशाली मिश्रण भट्ट जी में है। बालकृष्ण भट्ट जैसा गम्भीर लेखक, स्वाधीन विचारक तथा समाज चिन्तक बहुत विरल मिलते हैं। भारतेन्दु के बाद हिन्दी के सबसे बड़े हिमायती साहित्य-स्रष्टा भट्ट जी ही हैं। भट्ट जी अपने जीवन के सभी अभाव समेटे, आजीवन चिन्ताओं की चादर लपेटे, 33 वर्ष तक **हिन्दी प्रदीप** में अपने प्राणों का रक्तभर उसे जलाते रहे, किन्तु कभी विपरीत स्थितियों में भी विचलित नहीं हुए। अडिग आस्था, सबल विश्वास, दृढ़ संकल्प और स्पृहणीय वीरता से साहित्य, समाज और राष्ट्र की सेवा में लगे रहे। बालकृष्ण भट्ट जी अपने युग के सर्वश्रेष्ठ निबन्धकार हैं। स्वाधीन विचार, अभिभूत भावना, प्राणवान व्यक्तित्व, सशक्त प्रभावशाली शैली, असीमित विषय क्षेत्र में विचरण तथा तर्कपूर्ण—विवेचनात्मक पद्धति—सभी कुछ हमें भट्ट जी में एक साथ मिल जाता है। सच तो यह है कि भट्ट जी के विचार तोता रटंत से निर्मित नहीं हुए और न उनकी आस्थाएँ परम्परा की अन्धी नकल ही हैं।[2]

भारतेन्दु मंडल के निबन्धकार श्री बालकृष्ण भट्ट, आचार्य श्री रामचन्द्र शुक्ल के शब्दों में **पश्चिम के एडीसन** थे। आपने समकालीन गद्य विधा को विकसित, प्रौढ़ और प्रांजल रूप दिया। आपके सम्पादकत्व में 7 सितम्बर 1877 को इलाहाबाद से 'हिन्दी प्रदीप' मासिक पत्र का प्रकाशन शुरू हुआ। 16 पृष्ठ के इस पत्र में विविध विषयों से सम्बन्धित सामग्री का प्रकाशन होता था। दुर्भाग्य से बीच में 1910 ई. तक इस पर प्रतिबन्ध भी लगा था। बहरहाल, यदि यह मान लिया जाए कि 'सरस्वती' हिन्दी की साहित्यिक पत्रकारिता के गौरवपथ का प्रथम मील-पत्थर थी तो, पं. बालकृष्ण भट्ट द्वारा सम्पादित मासिक पत्रिका 'हिन्दी प्रदीप' को उसकी सुदृढ़ नींव मानना होगा। संयोग की बात है कि हिन्दी की इन दोनों मासिक पत्रिकाओं का प्रकाशन स्थल इलाहाबाद था। 'हिन्दी प्रदीप' का प्रकाशनारंभ सन् 1877 और 'सरस्वती' का प्रकाशनारंभ 23 वर्ष बाद सन् 1900 ई. में हुआ था। इधर, हिन्दी के कई विद्वानों की यह धारणा बनी है कि जिस साहित्यिक पत्रकारिता का विकास 'सरस्वती' ने किया था, उसके शुभारंभ का श्रेय 'हिन्दी प्रदीप' को था। सम्यक् आलोचना का सूत्रपात, 'हिन्दी प्रदीप' ने किया था, यह बात तो आचार्य शुक्ल ने भी रेखांकित किया था।

'हिन्दी प्रदीप' के सम्पादक पं. बालकृष्ण भट्ट की गणना भारतेन्दु युग के साहित्यकारों में की जाती है, हालाँकि आयु में वे भारतेन्दु बाबू हरिश्चन्द्र से छह वर्ष बड़े थे। हिन्दी साहित्य के इतिहासकार भारतेन्दु बाबू हरिश्चन्द्र को हिन्दी की साहित्यिक पत्रकारिता का जनक मानते हैं और मानते हैं कि सन् 1868 में

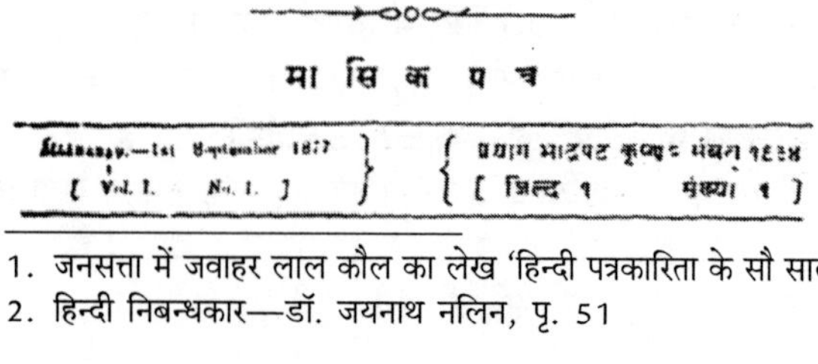

प्रकाशित पत्रिका 'कवि वचनसुधा' और 1873 में प्रकाशित 'हरिश्चन्द्र मैगजीन' हिन्दी की पहली साहित्यिक पत्रिकाएँ थीं। जब हम इन दोनों की तुलना 'हिन्दी प्रदीप' से करते हैं, तो विषय वस्तु और विधागत विविधता की दृष्टि से 'हिन्दी प्रदीप' को हम श्रेष्ठ पाते हैं। हमारा मत है कि 1857

1. जनसत्ता में जवाहर लाल कौल का लेख 'हिन्दी पत्रकारिता के सौ साल', 28 फरवरी सन् 2000 ई. दिल्ली संस्करण।
2. हिन्दी निबन्धकार—डॉ. जयनाथ नलिन, पृ. 51

की सैनिक क्रान्ति की विफलता के बाद 'हिन्दी प्रदीप' हिन्दी का पहला मासिक पत्र था, जिसने साहित्य को प्रखर राष्ट्रीय चेतना से जोड़कर बड़ी निर्भीकता से जनजागरणोन्मुख बनाया था और जिसे अपने तीखे राजनीतिक तेवर के कारण एक-दो बार तत्कालीन ब्रिटिश सरकार का कोपभाजन भी बनना पड़ा था।[1] कुल मिलाकर हिन्दी पत्रकारिता के क्षेत्र में हिन्दी प्रदीप का उदय एक, क्रान्तिकारी घटना थी। इसने हिन्दी पत्रकारिता को नई दिशा दी। बाल-विवाह पर इसने अपनी राय इस प्रकार रखी,—''कन्या की आयु 12 वर्ष या 14 वर्ष और लड़के की आयु 18 या 20 वर्ष होनी चाहिए।[2]

'हिन्दी प्रदीप' हिन्दी का प्रथम राजनीतिक पत्र माना जाता है। इसे कानूनी व्यवधानों से गुजरते हुए अन्ततः 1908 ई. में बन्द हो जाना पड़ा, क्योंकि बंगभंग आन्दोलन के दौर में बम बनाने और फेंकने की क्रान्तिकारी गतिविधियों के बीच उसने माधव शुक्ल विरचित एक कविता छाप दी थी—

बम क्या है?

''कुछ डरो न केवल इसमें भरम है। सोचो यह क्या है जो कहलाता बम है।।
यही नहीं स्वदेशी आन्दोलन का फल है। नहीं 'बायकॉट' अथवा 'स्वराज्य' की कल है।।
जब-जब नृप अत्याचार महा करते हैं। और प्रजा दुखी चिल्लाते ही रहते हैं।।
नहीं दीनों की जब कहीं सुनायी होती। तब इतिहास की बात सत्य ही होती।।
'माधव' कहता यह किसका बुरा करम है। सोचो यह क्या है जो कहलाता बम है।''

अन्ततः यह कि मिशनरी राष्ट्रीय पत्रकारिता के पुरोधा पं. बालकृष्ण भट्ट निश्चय ही वन्दनीय हैं, अभिनन्दनीय हैं।

(6) प्रताप नारायण मिश्र और ब्राह्मण

एक परम्परागत रूढ़िनिष्ठ ब्राह्मण परिवेश में पले-पनपे, शुक्ल जी के शब्दों में, हिन्दी निबन्ध के उन्नायक **रिचर्ड स्टील,** कवि, युगचेता, सम्पादक-पत्रकार, निबन्धकार श्री प्रताप नारायण मिश्र के हृदय में स्वतंत्रता की स्निग्ध मधुर ज्योति और लौ-लपक युवावस्था में ही भड़क उठी थी। ब्रिटिश साम्राज्यवादियों के घोर उत्पीड़न और अत्याचार के उस दौर में उनके शातिरपने को उनके सामने ही ताल ठोंक ललकारना, उजागर करना तथा उनकी धज्जियाँ उड़ाना—कम साहस का काम नहीं था। एक सम्पादक और पत्रकार को राजनीतिक दृष्टि से कितना सजग-सतर्क और जागरूक-चैतन्य रहना चाहिए और जनता का पक्ष लेते हुए देश के प्रति निष्ठा दिखानी चाहिए, एक संगठित, देशभक्त समाज के निर्माण की भूमिका में पत्रकारों को भी किस तरह खड़ा रहना चाहिए—इन सभी बातों की सीख, उपदेश और खुलासा हमें प्रतापनारायण मिश्र और उनके द्वारा सम्पादित समाचार-पत्र 'ब्राह्मण' से मुकम्मल रूप में मिल जाती है।

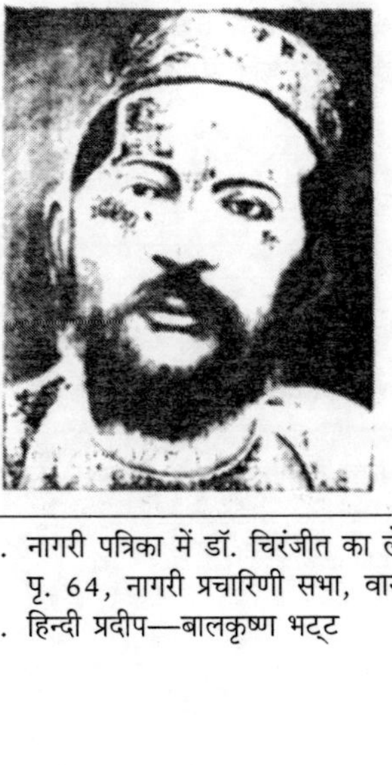

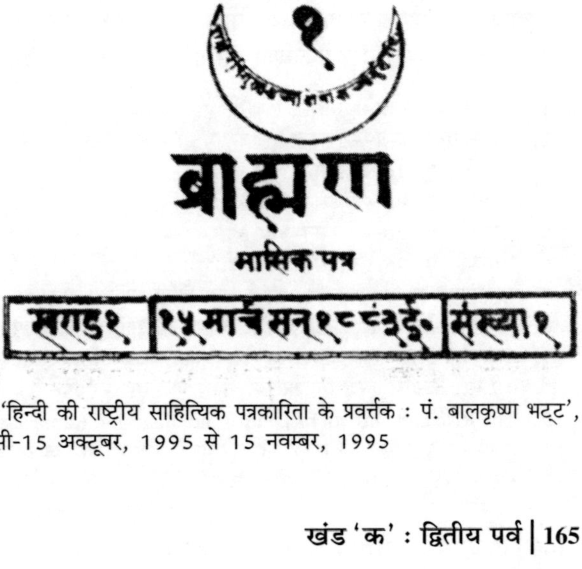

1. नागरी पत्रिका में डॉ. चिरंजीत का लेख 'हिन्दी की राष्ट्रीय साहित्यिक पत्रकारिता के प्रवर्त्तक : पं. बालकृष्ण भट्ट', पृ. 64, नागरी प्रचारिणी सभा, वाराणसी-15 अक्टूबर, 1995 से 15 नवम्बर, 1995
2. हिन्दी प्रदीप—बालकृष्ण भट्ट

सच तो यह है कि भारतेन्दु हरिश्चन्द्र, प्रताप नारायण मिश्र और बदरीनारायण चौधरी 'प्रेमघन'—ये तीनों भारतीय हिन्दी मनीषा के अद्वितीय साक्ष्य हैं, तीनों समादृत, तीनों विराट, तीनों अपने-अपने लक्ष्यों के प्रति स्पष्ट और बेबाक, तीनों अपने-अपने क्षेत्रों की लीक-लकीर खींचने वाले। यदि कहीं तीनों की राहें टकराती हैं, तो एक-दूसरे के प्रति गहरे सम्मान का भाव रखते हुए। आलोचकों को उनकी भाषा में विकार नजर आया था और शैली में भदेसपन की गन्ध मिली थी। उनकी काव्य-चेतना विषयक इतस्ततः अवान्तर चर्चाएँ,—''जब से अंग्रेज के राज भयो, बनि आई है नंगन-नंगिन को'' जैसे स्पष्ट लेखन के तेवर, व्यथोद्घाटन और विरोधमूलक प्रवृत्तियों के प्रकटीकरण हेतु नहीं, बल्कि उन्हें लापरवाह,[1] उच्छृंखल[2] लाचनीबाज,[3] काहिल,[4] दिल्लगीबाज,[5] फक्कड़[6] हँसोड़[7] और हाजिरजवाब[8] सिद्ध करने के मानदंडों तक ही सिमटी रह गई। वस्तुतः वे किसी वैचारिक संम्प्रदाय से नहीं बँधे, बल्कि स्व विवेक से देशोन्नति और स्वदेश के लिए अपने निजी विचार बेरोक प्रस्तुत करते रहे।[9] सच तो यह है कि भारतेन्दु के गद्य और मिश्र जी के पद्य का सम्बन्ध बहुत गहरा माना जा सकता है। मिश्र जी के गद्य बनने में भारतेन्दु जी के पद्य का बड़ा हाथ है। भाषा को बरतने और उसे नई तरह से सिरजने में मिश्र जी 'ब्राह्मण' में बहुत सजग-सावधान रहते थे।

वस्तुतः 'ब्राह्मण' जनसाधारण का पत्र था। इस पत्र में जो कुछ भी प्रकाशित होता था, वह जनता के हित एवं मनोरंजन को ही दृष्टि में रखकर प्रकाशित किया जाता था। इस पत्र का मुख्य लक्ष्य साधारण जनता में हिन्दी का प्रचार करना और उसके हित के विषय में ही उन तक बात पहुँचाना था। जन-साधारण का पत्र होने के कारण इसकी भाषा अत्यन्त सरल, प्रवाहमयी, प्रभावशाली एवं जनता के अनुकूल थी। यही कारण है कि डॉ. रामरतन भटनागर इसकी लोकप्रियता का कारण इसकी मनोरंजक भाषा को ही मानते हैं।[10] बताते हैं, मिश्र जी समाचार संकलन के लिए बाहरी पत्रों पर निर्भर करते थे। कुछ ऐसे समाचार भी छाप लेते थे, जो उनके सुने-सुनाये होते थे। दूसरे समाचार-पत्रों से भी वे आवश्यक सूचनाएँ संकलित कर लेते थे। वे ऐसे ही समाचार प्रकाशित करते थे जो जनहितकारी होते थे, या जिनसे जनता को लाभ हो सकता था।[11] उनके समाचार संकलन का एक छोटा उदाहरण यहाँ द्रष्टव्य है,—''हमें इस बात को प्रकाश करते बड़ा ही आनन्द होता है कि भारत के एक मात्र सच्चे हितैषी श्री युत् राजा रामपाल सिंह जी महामान्य ने विलायत जाकर हम लोगों के हितार्थ एक मासिक पत्र निकाला है। इसका नाम 'हिन्दोस्थान', भाषा अंग्रेजी और हिन्दी, गुण निर्भयत्व, निष्पक्षत्व, देश हितैषित्व है। परमेश्वर को अनेकानेक धन्यवाद है कि उसने इस चिरकालिक अद्यःपतित पराधीन देश की सुधि ले के ऐसे पुरुषोत्तम उत्पन्न किए हैं, जो सहस्रावधि रुपए और वर्षावधि समय लगा के नाना कष्ट उठा के दूर देश भाइयों की हीन दशा ठीक ठाक दिखला के उनके सुख साधन का प्रयत्न करते हैं।''[12]

उन्नाव में जन्मे कवि, निबन्धकार और नाटककार प्रतापनारायण मिश्र (1856-1894) स्वाभिमानी पत्र ब्राह्मण के कुशल सम्पादक थे। कानपुर से इसका प्रथम अंक 15 मार्च सन् 1883 ई. को निकला देश भाइयों का सुख-दुख प्रकाशित करना ही इसका मुख्य और प्रथम लक्ष्य था। समकालीन पत्रकारिता

1. प्रतापनारायण मिश्र—रामचन्द्र तिवारी, पृ. 19 तथा 70
2. प्रतापनारायण मिश्र—रामचन्द्र तिवारी, पृ. 19 तथा 70
3. सरस्वती, पृ. 96-97, सन् 1906ई.
4. सरस्वती, पृ. 96-97, सन् 1906ई.
5. सरस्वती, पृ. 96-97, सन् 1906ई.
6. सरस्वती, पृ. 96-97, सन् 1906ई.
7. भारतमित्र—पृ. 04, सन् 1907ई. तथा हिन्दी साहित्य कोश, पृ. 344, भाग-दो
8. भारतमित्र—पृ. 04, सन् 1907ई. तथा हिन्दी साहित्य कोश, पृ. 344, भाग-दो
9. भाषा में डॉ. कृष्णानन्द द्विवेदी का लेख 'प्रताप नारायण मिश्र और उनकी काव्य चेतना', पृ. 69, सितम्बर-अक्टूबर-1999, केन्द्रीय हिन्दी निदेशालय, रामकृष्ण पुरम, नई दिल्ली
10. The Rise and Growth of Hindi Journalism-Dr. Ram Ratan Bhatnagar, P.482
11. प्रताप नारायण मिश्र की हिन्दी गद्य को देन—डॉ. शान्ति प्रकाश वर्मा, पृ. 165
12. ब्राह्मण, खंड-1, सं. 6 की समाचारावली

में महत्त्वपूर्ण स्थान रखनेवाले इस पत्र का प्रकाशन...सन् 1894 में स्थगित हो गया। बहरहाल, मिश्र जी के 'ब्राह्मण' में राष्ट्रीय चिन्तनधारा की अनुगूँज है, मध्यमवर्गीय सामाजिक परिवेश, नारी शिक्षा, विधवा दुर्दशा, भूखे-मरते किसान, अस्पृश्यता, अर्थ-व्यवस्था, सांस्कृतिक चेतना, भाषायी वितंडावाद का सुधारवादी दृष्टिकोण तथा पराधीन भारतीय मानसिकता के दंश का स्पष्ट चित्रण हुआ है,—

"भूखो मरत किसान तहूँ पर कर हित डपट न थोरी है।
गारी देत दुष्ट चपरासी, तकति बिचारी छोरी है।।"

मिश्र जी को अंग्रेज सरकार की उपलब्धियाँ—रेल, डाक, तार अभिभूत नहीं करतीं। हाँ, टैक्स, रिश्वत और 'मेड इन इंग्लैंड' वाले माल का विक्रय आर्थिक दोहन जैसा लगता है। उनकी नजर में यह प्रवृत्ति भारतवर्ष की हीनावस्था का सबसे बड़ा कारण है। बल, मान और वैभव से सम्पन्न भारतवर्ष की लक्ष्मी लन्दन जा रही हैं और यहाँ के निवासी— *"नोन महँग अति मिलत रहहिं तरसत तिहि के हित"* अर्थात् नोन, तेल लकड़ी के लिए तरसने लगे हैं। इतना ही नहीं, *"सब चुंगी चन्दा टिक्कस बस सागर पार गयो री"*, स्पष्ट है, इस आर्थिक दोहन से अंग्रेज सरकार यहाँ के लोगों का नहीं, अपना कल्याण चाहती है,—

"अंगरेजन को का कहिए, अहे विदेशी भूप।
चाहत राज दृढ़ आपनो, हिन्द परे बहु कूप।।"

मिश्र जी बाल-विधवा को दिल दहला देनेवाला सामाजिक अभिशाप मानते हैं,— *"कौन करेजो नहिं कसकत सुनि विपति बाल विधवन की।"* बाल-विवाह के विषय में उनकी धारणा है कि—[1]

"बाल विवाह ने बल नहीं रक्खा, चलते काया डोली है।
नहीं आने की मुख पर लाली, वृथा बिगाड़ी रोली है।।"

कुल मिलाकर, मिश्र जी की पत्रकारिता जीवन के दीर्घ अनुभव से छनी-निथरी पत्रकारिता है। वह अधिकतर संवेदना के बारीक तन्तुओं से बुनी है। उनकी पत्रकारिता की भाषा, बहुत जीवन्त, महीन मिट्टी की सोंधी गन्ध से रची-पची, सहज और प्रेषणीय है। भाषा में लय है और मार्मिकता भी है। कहीं-कहीं शिल्पगत चुस्ती न होने के कारण वर्ण्य-विषय में गाँठे और भटकाव भी हैं, फिर भी जनाकांक्षाओं को प्रश्रय देनेवाला मासिक 'ब्राह्मण' हास्य-व्यंग के साथ-साथ विनोदपरक टिप्पणियों के लिए भी ख्यात था,—"...इसकी नस-नस में जो शरारत और विद्रोह भरा हुआ था, वह उसकी एक-एक लाइन से प्रकट होता था। हास्य-विनोद के साथ स्वाधीन चेतना फैलाने में यह पत्र सबसे आगे था।"[2] प्रतापनारायण मिश्र में एक निपुण एवं कुशल पत्रकार के सभी गुण विद्यमान थे। उनमें किसी भी प्रकार की दलगत संकीर्णता नहीं थी।[3] ब्राह्मण में लिखी हुई उनकी टिप्पणियाँ, स्फूर्ति, साहस भरने वाली और जिस पर प्रहार किया जाता, उसे तिलमिला देनेवाली थीं। खतरा मोल लेकर भी वे विदेशी सरकार का तीव्र विरोध करते रहे।[4]

(7) मदन मोहन मालवीय और दैनिक हिन्दोस्थान

महामना मदन मोहन मालवीय भारतीय नवजागरण के महत्त्वपूर्ण व्यक्तित्व थे। वे हिन्दी क्षेत्र के उन थोड़े से लोगों में थे, जिनकी पहचान अखिल भारतीय थी। रोमां रोला ने कहा था,—"गांधी जी के बाद (मदन मोहन मालवीय) भारत के सम्माननीय व्यक्तियों में एक हैं, वे ऐसे महान राष्ट्रीयतावादी हैं, जो प्राचीनतम हिन्दू विश्वासों तथा आधुनिकतम वैज्ञानिक विचारों में 'समन्वय कर सकते थे।'। हिन्दी पत्रकारिता के माध्यम से मालवीय जी ने नवजागरण की विचार चेतना का विकास किया। ब्रिटिश साम्राज्यवाद की आलोचना की, हिन्दू मुस्लिम एकता का आह्वान किया, हिन्दी भाषा और देवनागरी लिपि की वकालत की, बनारस हिन्दू विश्वविद्यालय की स्थापना में सक्रिय रहे।

---

1. भाषा, पृ. 69, अंक-1, वर्ष-39, सन् 1999
2. भारतेन्दु युग और हिन्दी की विकास परम्परा—डॉ. रामविलास शर्मा, पृ. 27, राजकमल प्रकाशन, नई दिल्ली।
3. पत्रकारिता के सिद्धान्त कमलापति त्रिपाठी, पृ. 20
4. हिन्दी साहित्य का विकास और कानपुर—नरेश चन्द्र चतुर्वेदी, पृ. 171, सन् 1957 ई.

मालवीय जी हिन्दू हितों के समर्थक थे, लेकिन उनके हिन्दुत्त्व का भारतीय राष्ट्रवाद से वैसा टकराव कभी नहीं था, जैसा सदाशिव राव गोलवलकर के हिन्दुत्व का था। मालवीय जी जिस नवजागरण और स्वाधीनता आन्दोलन की उपज थे, उसमें धर्म की विधेयात्मक भूमिका रही है। स्वाधीनता आन्दोलन के ज्यादातर राष्ट्रीय नेता महात्मा गांधी, बालगंगाधर तिलक, मौलाना हुसेन अहमद मदनी, मौलाना अबुल कलाम आजाद आदि मूलतः धार्मिक विचारों के ही थे, लेकिन उसका मूल्यांकन वर्तमान धर्मनिरपेक्षता की मौजूदा परिभाषाओं से सम्भव न होगा। अतीत को वर्तमान समझकर विचार करना, फैसला सुनना न तर्क-सम्मत है, न इतिहास-सम्मत। दिक्कत यह है कि हम यही नहीं देखते कि मौलाना आजाद के मुसलमान और जिन्ना के मुसलमान में अन्तर है। उसी तरह मदनमोहन मालवीय के हिन्दू और गोलवलकर के हिन्दू में अन्तर है। दुर्भाग्य की बात है कि अब हिन्दी नवजागरण को हिन्दू नवजागरण में संकुचित कर देखा जा रहा है। मौजूदा दौर में मालवीय जी के सन्दर्भ में हिन्दू महासभा की अध्यक्षता, गोरक्षा आन्दोलन आदि के पहलू उठाकर मालवीय जी को संकीर्ण हिन्दूवादी बताने की कोशिश में उन्हें साम्प्रदायिकता की ओर भी धकेलने की अजीब कोशिशें हो रही हैं, किन्तु राष्ट्रीयता, भाषा, शिक्षा खासकर स्त्री-शिक्षा और हिन्दू-मुस्लिम एकता पर उनके विचारों को जैसे नजरंदाज कर दिया जाता है।[1]

सच तो यह है कि मालवीय जी पत्रकारिता के आदर्श पुरुष थे और इसी रूप में उन्हें सम्मान भी मिला। पत्रकारिता को सामाजिक सरोकारों से जोड़े रखने की उनमें अद्‌भुत और विलक्षण क्षमता थी। उन्होंने पत्रकारिता पेशे में आदर्श की स्थापना की। प्रतिष्ठित पदों को त्यागने में वे कभी नहीं हिचके। महामना मालवीय का पत्रकारिता क्षेत्र में दिया गया योगदान अविस्मरणीय है। हिन्दोस्थान नामक साप्ताहिक पत्र को उन्होंने दैनिक पत्र के रूप में उत्तर प्रदेश के प्रतापगढ़ जिले में स्थित कालाकाँकर क्षेत्र से सम्पादित किया। वह सम्पादक की स्वतंत्रता तथा गरिमा के प्रबल पक्षधर थे। कालाकाँकर के राजा और इस पत्र के मालिक राजा रामपाल सिंह ने एक दिन शराब के नशे में उनसे बात की। स्वाभिमानी और सिद्धान्तों में विश्वास रखनेवाले मालवीय जी ने इसके बाद हिन्दोस्थान से नाता तोड़ लिया। बाद में इंडियन ओपीनियन, लीडर, मर्यादा, सनातन धर्म तथा अभ्युदय के सम्पादन के माध्यम से उन्होंने पत्रकारिता की सेवा की। वह भारतीय पत्रकारिता के स्तम्भ के रूप में समादृत हैं।[2] उन्होंने 'साप्ताहिक अभ्युदय' का कुशलता के साथ सम्पादन किया। दो वर्ष बाद 'लीडर' नामक दैनिक समाचार-पत्र प्रारम्भ कर 'अभ्युदय' का कार्य राजर्षि पुरुषोत्तम दास टंडन को सौंप दिया। 'अभ्युदय' और 'लीडर' के कुछ महत्त्वपूर्ण अंक झालावाड़ (राजस्थान) में पं. रामनिवास शर्मा के व्यक्तिगत पुस्तकालय में अब भी सुरक्षित हैं।[3] सन् 1885 में एक नवम्बर से कालाकाँकर से दैनिक 'हिन्दोस्थान' का प्रकाशन प्रारम्भ हुआ। वैसे यह मासिक के रूप में लन्दन से सन् 1883 में ही निकलने लगा था। उस समय

1. मदनमोहन मालवीय और हिन्दी नवजागरण—डॉ. समीर कुमार पाठक, पृ. 104, यश पब्लिकेशंस, दिल्ली
2. मनीषी महामना का सम्मान—डॉ. राममोहन पाठक, दैनिक जागरण, वाराणसी संस्करण, 25 दिसम्बर 2014
3. वैचारिकी में रमेश वारिद का लेख 'पं. मदन मोहन मालवीय : एक सर्वतोभद्र व्यक्तित्व', पृ. 65, कोलकाता, फरवरी 2012

यह हिन्दी, उर्दू और अंग्रेजी—तीनों भाषाओं में छपता था। सन् 1884 में इसे साप्ताहिक कर दिया गया और जब सन् 1885 में राजा रामपाल सिंह को अपने पितामह श्री हनुमन्त सिंह की मृत्यु के बाद राजगद्दी सँभालने के लिए स्वदेश वापस लौटना पड़ा तो उन्होंने कालाकाँकर से दैनिक 'हिन्दोस्थान' हिन्दी और 'साप्ताहिक हिन्दोस्थान' अंग्रेजी में निकालना प्रारम्भ किया।[1]

प्रारम्भ में सम्पादक के रूप में राजा रामपाल सिंह का ही नाम जाता था। सन् 1886 की कोलकाता कांग्रेस में श्री मदनमोहन मालवीय का भाषण सुनकर उन्होंने उन्हें दैनिक 'हिन्दोस्थान' का सम्पादक बनने के लिए कालाकाँकर आने का निमंत्रण दिया। मालवीय जी उस समय सरकारी स्कूल में अध्यापक थे और इलाहाबाद से ही प्रकाशित होनेवाले 'इंडियन ओपीनियन', जो श्री अयोध्यानाथ कुंजरू का पत्र था, में सहयोग देते थे। मालवीय जी ने जुलाई 1887 में 'हिन्दोस्थान' का सम्पादन भार सम्हाला। वे अपने साथ श्री बालमुकुन्द गुप्त, जो उन दिनों लाहौर के दैनिक' 'कोहेनूर' के सम्पादक थे, को 'हिन्दोस्थान' और हिन्दी पत्रकारिता में ले आए। इनके अतिरिक्त इस पत्र में श्री प्रतापनारायण मिश्र, श्री अमृतलाल चक्रवर्ती, श्री गोपालराम गहमरी, श्री शशिभूषण चटर्जी, श्री लालबहादुर बी.ए., श्री गुलाबचन्द्र चौबे, श्री शीतल प्रसाद उपाध्याय, ठाकुर प्रसाद सिंह और बाबू शिवनारायण सिंह थे। इनमें से कई बाद में 'भारत मित्र' तथा अन्य प्रमुख हिन्दी पत्रों के सम्पादक रहे।[2] 'हिन्दोस्थान' अपने जीवन के प्रारम्भिक दस वर्षों में विशुद्ध भारतीय विचारधारा तथा जातीय स्वर को उजागर करनेवाला समाचार-पत्र था। एक ओर वह हिन्दी भाषा और देवनागरी लिपि का संवर्द्धन कर रहा था, दूसरी ओर हिन्दू और हिन्दुस्तान की समस्या को उजागर करने तथा देश को स्वतंत्रता दिलाने के लिए भी प्रयत्नशील था। कांग्रेस की स्थापना से लगभग एक माह पूर्व 'हिन्दोस्थान' का प्रकाशन हुआ, किन्तु कुछ समय बाद वह पत्र कांग्रेस का पक्षधर बन गया। राजा साहब भी कांग्रेस के सदस्य थे। इस कारण समाचार-पत्र ने जमकर कांग्रेस का समर्थन किया तथा राष्ट्रीय धारा में जनता को भी शामिल किया। इसके बाद वह पत्र राजनीतिक तथा राष्ट्रीय धारा से अलग हट गया और सुधारवादी बन गया। राजा साहब संस्कार से सामन्तवादी तथा आधुनिक विचारधारा के व्यक्ति थे। उनकी पाश्चात्य शिक्षा और संस्कृति के प्रति गहरी रुझान थी। वे पत्र को भी उस दिशा में ले जा रहे थे। उन्होंने सरकार की आलोचना करना बन्द कर दिया था, फिर भी राजा साहब प्रतिमास हजारों रुपए की क्षति उठाकर हिन्दी, हिन्दू, हिन्दुस्तान की सेवा कर हिन्दी पत्रकारिता को नई दिशा दी और साथ ही हिन्दी प्रदेश को प्रथम हिन्दी दैनिक समाचार-पत्र प्रकाशन का गौरव प्रदान किया।[3]

(8) महावीर प्रसाद द्विवेदी और सरस्वती

यदि यह कहा जाए कि महावीर प्रसाद द्विवेदी अपने आप में एक संस्थान या 'स्कूल' हैं, तो कोई बेजां नहीं होगा। भारतेन्दु युग में विविध रूपों में साहित्य-निर्माण हुआ। यह पूरा युग अलमस्ती और निराली धुन का प्रतीक बन गया था। निबन्धकारों में लिखने का जोश बाढ़ की तरह उमड़ पड़ता था। इस युग में गद्य का आशातीत सृजन हुआ, पर स्वरूप-संगठन, वाक्य-विन्यास, व्याकरणिक शुद्धता, विराम चिह्नों का प्रयोग और भाषा की एकरूपता तथा शैलीगत विशेषताओं पर बहुत कम ध्यान दिया गया। साहित्य-रचना सरिता अपने स्वाभाविक पथ पर बहती रही, पर गद्य को व्यवस्थित और नियमित स्वरूप-संगठन तथा विधान-बद्ध करने का काम जिस युग में हुआ, वह युग था 'द्विवेदी युग'। आचार्य महावीर प्रसाद द्विवेदी ने सन् 1903 में 'सरस्वती' पत्रिका का सम्पादन कार्य संभाला। यह पत्रिका द्विवेदी जी के भाषा-संस्कार सम्बन्धी कार्य का सफल और सबल साधन बनी। 'सरस्वती' के द्वारा द्विवेदी जी ने निबन्धकारों को उनकी भूलें बताना शुरू किया। व्याकरण सम्बन्धी भूलों की वह कड़ी आलोचना करते थे। विराम चिह्नों के प्रयोग और उपयोग पर प्रकाश डालते थे। भाषा के स्वरूप को शुद्ध रखने

1. हिन्दी पत्रकारिता का इतिहास—जगदीश प्रसाद चतुर्वेदी, पृ. 68
2. हिन्दी पत्रकारिता का इतिहास—जगदीश प्रसाद चतुर्वेदी, पृ. 69
3. हिन्दी पत्रकारिता (भारतेन्दु पूर्व से छायावादोत्तर-काल तक) डॉ. धीरेन्द्र नाथ सिंह, पृ. 55

के लिए वह दूसरी भाषाओं के शब्दों के प्रयोग के विरोधी नहीं थे। उनका कहना था कि शब्दों का शुद्ध, सार्थक रूप और उनका नियमित प्रयोग ही भाषा में सुन्दर प्रवाह पैदा कर सकता है। उनकी कामना थी कि हिन्दी के पास उसका सशक्त शब्द भंडार हो, इसके लिए वे निरन्तर जूझते रहे।[1]

आचार्य द्विवेदीः अमूल्य प्रदेय

सच तो यह है कि हिन्दी कविता को शृंगारिकता से राष्ट्रीयता, जड़ता से प्रगति तथा रूढ़ि से स्वच्छन्दता के दरवाजे पर खड़ा करनेवाले हिन्दी साहित्य के एक विशिष्ट कालखंड के पथ-प्रदर्शक, विचारक, सर्वस्वीकृत साहित्य नेता महावीर प्रसाद द्विवेदी सुप्रसिद्ध पत्रिका 'सरस्वती' के यशस्वी सम्पादक सिद्ध हुए। संस्कृत, गुजराती, मराठी, अंग्रेजी आदि भाषाओं के विज्ञ आदरणीय द्विवेदी के सम्पादकत्व में साया होनेवाली इस पत्रिका के सम्पादक मंडल में समय-समय पर राधाकृष्ण दास, कार्तिक प्रसाद खत्री, जगन्नाथ दास रत्नाकर, किशोरी लाल गोस्वामी और श्यामसुन्दर दास ने अपनी सार्थक भूमिका निभाई। अपनी छपाई, सफाई, चित्रों तथा नियमित प्रकाशित होने के कारण हिन्दी की यह पहली सार्वजनिक साहित्यिक पत्रिका काफी लोकप्रिय हो गई थी,—"A literary magazine which set the standard for Hindi journals in the years of the century was "Sarswati", a monthly, edited by Mahavir Prasad Dwivedi. It standardised the style and pattern of Hindi journalism and developed literary criticism and book reviews."[2]

द्विवेदी जी अक्षर पुरुष हैं। वे मसिजीवी मनीषी हैं। हिन्दी की आरम्भिक भाषा और साहित्य के अनन्य आराधक, युग निर्माता आचार्य महावीर प्रसाद द्विवेदी ने 74 वर्षों के संघर्षशील जीवन में 85 पुस्तकों का प्रणयन किया, 16 वर्षों तक अहर्निश संलग्न रहकर 'सरस्वती' जैसी कालजयी यशस्वी पत्रिका का सम्पादन किया। अत्यधिक मानसिक श्रम के कारण आजीवन अनिद्रा रोग से पीड़ित रहे। रायबरेली (उ.प्र.) के एक पिछड़े गाँव दौलतपुर में पैदा हुए इस अक्षर पुरुष का सम्पूर्ण जीवन संघर्षों, अभावों की प्रेरणास्पद दास्तान है। कोई भी प्रलोभन उन्हें आजीवन डिगा नहीं सका। यहाँ तक कि 'सरस्वती' में छपने के लिए उन्हें अनेक लोगों ने, प्रलोभनों की अनेक फेहरिस्तें दीं, पर, उन्होंने सखेद सधन्यवाद अस्वीकार कर दिया। उनका लेखकीय स्वाभिमान कितना दीप्त था, इसका अन्दाजा 1928 में लिखे उस तीखे पत्र से लगता है, जो उन्होंने तब के युवा पत्रकार बनारसी दास चतुर्वेदी के नाम लिखा था। बनारसीदास जी ने द्विवेदी जी को अपने संस्मरण लिखने के लिए पारिश्रमिक का प्रलोभन दिया था। द्विवेदी जी ने लगभग फटकारते हुए उन्हें आगाह किया था,—"यह चिट्ठी लोकोक्ति कोष वाले खत्री जी (शायद दामोदर दास) को दिखाइए और उनसे कहिए कि मैं उनसे, मुर्शिदाबाद वाले नवाबों, जगत्सेठों से तथा कारनेगी और राक़फेलर से भी अधिक अमीर हूँ। अमीर किसे कहते हैं, शायद वे नहीं जानते...मैं तो दुनिया भर के अमीरों को, लक्षाधीशों ही को नहीं, कोट्याधीशों को भी अपने सामने तृणवत समझता हूँ।" ऐसे अलभ्य व्यक्तित्व वाले आचार्य महावीर प्रसाद द्विवेदी का साहित्यिक प्रदेय और उनका ऐतिहासिक साहित्यिक संघर्ष कम दिलचस्प नहीं है।[3]

1. हिन्दी निबन्धकार—डॉ. जयनाथ नलिन, पृ. 82
2. Journalism in India—Ranga Swami Parthsarathy, P.188
3. इंडिया टुडे में, 'महावीर प्रसाद द्विवेदी रचनावली' (15 खंड), सं. डॉ. भारत यायावर, किताबधर, 24, अंसारी रोड, दिल्ली-2, सम्पूर्ण सेट :4500रु. की डॉ. अरविन्द त्रिपाठी की समीक्षा, 31 दिसम्बर-1997 ई.

सच तो यह है कि सन् 1900 में काशी नागरी प्रचारिणी सभा के अनुमोदन से हिन्दी की ऐतिहासिक पत्रिका 'सरस्वती' का प्रकाशन हिन्दी पत्रकारिता के क्षेत्र में युगान्तर उपस्थित करनेवाला था। इसका सिद्धान्त वाक्य था—''सरस्वती श्रुति महती होयताम्''। सरस्वती के प्रकाशन का उद्देश्य था हिन्दी रसिकों के मनोरंजन के साथ भाषा के सरस्वती भंडार की अंग पुष्टि और पूर्ति तथा पत्रिका में गद्य, पद्य, काव्य, नाटक, उपन्यास, चंपू, इतिहास, जीवन चरित्र, पत्र, हास्य-परिहास, कौतुक, पुरावृत्त, विज्ञान, शिक्षा, कला-कौशल आदि साहित्यिक ग्रन्थों की समालोचना के प्रकाशन की सूचना देना। इससे पत्रिका के साहित्यिक और सांस्कृतिक स्वरूप का परिचय मिल जाता है। बाद में 'सरस्वती' इंडियन प्रेस, इलाहाबाद से निकलने लगी और 75 वर्षों तक सतत् निकलती रही। सन् 1903 में इस पत्रिका के सम्पादक आचार्य महावीर प्रसाद द्विवेदी हो गए और उन्होंने हिन्दी पत्रकारिता में युग प्रवर्त्तन किया। हिन्दी पत्रकारिता ही नहीं, आधुनिक हिन्दी भाषा एवं साहित्य के निर्माण की दिशा में काशी से 'सरस्वती' का प्रकाशन एक ऐतिहासिक घटना रही है। इसका योगदान हिन्दी पत्रकारिता की विकास-यात्रा में स्मरणीय रहेगा।[1] हिन्दी की सर्वश्रेष्ठ पत्रिका 'सरस्वती' का प्रकाशन 1982 तक होता रहा। 'सरस्वती' का प्रकाशन समय-समय पर किन-किन साहित्यकारों ने किया, इसका विवरण इस प्रकार है,—[2]

* जनवरी, 1900-दिसम्बर, 1900-सम्पादक समिति—
  (1) बाबू कार्तिक प्रसाद खत्री,
  (2) बाबू राधाकृष्ण दास,
  (3) पं. किशोरीलाल गोस्वामी,
  (4) बाबू जगन्नाथदास,
  (5) बाबू श्यामसुन्दर दास।
* जनवरी, 1901-दिसम्बर, 1902—बाबू श्यामसुन्दर दास।
* जनवरी, 1903-दिसम्बर, 1920—पं. महावीर प्रसाद द्विवेदी।
* 1903 से 1920 के बीच द्विवेदी जी के अस्वस्थ होने पर 1910 में देवी प्रसाद शुक्ल 'भगवन' एक साल के लिए सम्पादक रहे।
* 1919 में महावीर प्रसाद द्विवेदी के पुनः बीमार होने पर इलाहाबाद में उनका कामकाज देवीप्रसाद शुक्ल देखते थे, इसलिए द्विवेदी जी के साथ शुक्ल जी का भी नाम प्रकाशित होता था।
* जुलाई, 1920 से दिसम्बर, 1920 तक द्विवेदी जी के साथ पदुमलाल पुन्नालाल बख्शी का नाम भी सम्पादक के रूप में छपा।
* द्विवेदी जी के लम्बे सम्पादन-कार्य में कई सहायकों के नाम भी आते हैं, लेकिन इनके नाम कभी छपे नहीं। जैसे—उदयनारायण वाजपेयी, पं. जनार्दन प्रसाद झा उर्फ जनसीदन, गणेश शंकर विद्यार्थी, हरिभाऊ उपाध्याय, पं. बदरी प्रसाद भट्ट, कामताप्रसाद गुरु, लल्ली-प्रसाद पांडेय।
* जनवरी, 1921—अक्टूबर, 1925—पदुमलाल पुन्नालाल बख्शी, देवीदत्त शुक्ल।
* जनवरी, 1926 से फरवरी, 1947 तक—पं. देवीदत्त शुक्ल
  (इस बीच अप्रैल, 1927 से दिसम्बर, 1928 तक बख्शी जी के साथ शुक्ल जी)
* शुक्ल जी के साथ ठाकुर श्री नाथ सिंह और उमेशचन्द्र देव मिश्र का नाम भी सम्पादक के रूप में छपा।
* मार्च, 1947 से नवम्बर, 1951 हरिकेशव घोष और उमेशचन्द्रदेव मिश्र (9 जून, 1951 तक)
* दिसम्बर, 1951—जून, 1955—पदुमलाल पुन्नालाल बख्शी, देवीदयाल चतुर्वेदी, 'मस्त'।
* जुलाई, 1955-दिसम्बर, 1975—पं. श्री नारायण चतुर्वेदी।
* जुलाई, 1961 से दिसम्बर, 1973—तक श्रीमती शीला शर्मा और जनवरी, 1974 से जून, 1975 तक पं. बलभद्र प्रसाद मिश्र सहायक।
* जनवरी, 1976 से मई, 1982-निशीथ कुमार दास।

---

1. संचार माध्यम में लक्ष्मी शंकर व्यास का लेख 'स्वाधीनता के परिप्रेक्ष्य में काशी की पत्रकारिता, 'पृ. 9, दिसम्बर' 98
2. 'सरस्वती' : उद्भव और विकास (अप्रकाशित शोध-प्रबन्ध) डॉ. मुश्ताक अली, प्रयाग के सौजन्य से।

कभी-कभी द्विवेदी जी छद्म नामों से भी लिखते थे। उनकी इस तरह की रचनाएँ ज्यादातर सरस्वती में छपीं, शेष अन्य पत्र-पत्रिकाओं में भी समय-समय पर प्रकाशित हुईं। उन्होंने हिन्दी के आरम्भिक गद्य की भाषा को एक नया संस्कार दिया। जो खड़ी बोली भारतेन्दु के जमाने में अपनी खड़खड़ाहट के नाते काव्य क्षेत्र के लिए निषिद्ध समझी गई, उसी बोली में स्वयं कविताएँ लिखकर द्विवेदी जी ने प्रमाणित किया कि खड़ी बोली में काव्य लिखना नये जमाने की चाल में ढली खड़ी बोली की दुनिया का स्वागत करना है।[1] उन्होंने सरस्वती के माध्यम से सम्पादन और पत्रकारिता के नये मानदंडों की स्थापना कर देश की गुलाम जनता में स्वाधीनता की चेतना को विकसित करने के लिए स्वदेशी चिन्तन को एक जन-आन्दोलन के रूप में प्रतिष्ठित किया।

(9) गणेश शंकर विद्यार्थी और प्रताप

''जन्म अक्टूबर 1890, अतरसुइया, प्रयाग; पिता-जयनारायण, शि. एन्ट्रेन्स, क्राइस्ट चर्च कॉलेज-कानपुर, पृथ्वी नाथ हाईस्कूल, कानपुर में अध्यापन, सर्वप्रथम 'कर्मयोगी' (हिन्दी), 'स्वराज्य' (उर्दू) और 'हितवाणी' (कोलकाता) में लेख लिखे, द्विवेदी जी द्वारा 'सरस्वती' के सम्पादन-विभाग में आमंत्रण (2 नवम्बर, 1911), उन्हीं दिनों 'अभ्युदय' (इलाहाबाद) में, सम्पादक-प्रकाशन साप्ताहिक 'प्रताप' (कानपुर, 9 नवम्बर, 1913), सं. दैनिक 'प्रताप' (कानपुर, देवोत्थानी एकादशी, 1920), भाषा-हिन्दी, उर्दू, अंग्रेजी। 'प्रताप' कार्यालय क्रान्तिकारियों का विश्राम स्थल था, प्रथम-जेलयात्रा,—रायबरेली के किसानों पर हुई गोलीवर्षा के विरुद्ध लेख लिखने पर, 1920 में, 'कांग्रेस नेता और सम्पादक के नाते अनेक जेल-यात्राएँ; 1930 के सत्याग्रह में शामिल, उ.प्र. विधान परिषद् के सदस्य, हिन्दू-मुस्लिम दंगे के समय शान्ति स्थापना के प्रयास में 25 मार्च सन् 1931 को शहीद हुए।''

हिन्दी पत्रकारिता के इस 'पराभव काल' में गणेश शंकर विद्यार्थी की स्मृति-उदासी और उम्मीद का एक मिला-जुला भाव लेकर आती है। उदासी इस बात की कि हिन्दी पत्रकारिता की जो गौरवशाली परम्परा गणेश शंकर विद्यार्थी और उनके समकालीनों ने शुरू की थी, उसे हमने कहाँ पहुँचा दिया है और उम्मीद यह कि शायद उसी परम्परा की बची-खुची चीजें अभी भी हमारी रोशनी बन सकें। प्रथम विश्व युद्ध, रूसी क्रान्ति, गांधी जी का सत्यांग्रह, क्रान्तिकारी आन्दोलन, ब्रिटिश दमन, राष्ट्रीयता के गहरे-गम्भीर प्रश्न यह सब उस दौर के बेहद जलते हुए और कहीं-कहीं परस्पर टकराते हुए मुद्दे भी थे। इन सारे मुद्दों पर विद्यार्थी जी ने बेबाक होकर लिखा। राष्ट्रीयता और अन्तर्राष्ट्रीयता के बीच की बारीक परख उन्हें थी। गांधी जी के प्रति गहरी श्रद्धा रखते हुए भी भारतीय क्रान्तिकारियों के प्रति उनके मन में गहरा सम्मान था। रूसी क्रान्ति उन्हें आकर्षित करती थी और राष्ट्रीयता की अवधारणा उन्हें अपने ढंग से प्रिय थी। इसके अतिरिक्त उन्होंने साहित्य और पत्रकारिता के दूरगामी सवालों पर भी विचार किया था। वे पश्चिमी ढंग से भारतीय समाचार-पत्रों के विकास को बहुत अच्छी तरह से नहीं देखते थे, चूँकि उसके अन्तर्निहित खतरों को वे पहचानते थे। आज जब इन खतरों से हमारा सीधा सामना हो रहा है, हम विद्यार्थी जी की चिन्ता की 'वास्तविकता' को सराहे बिना नहीं रह सकते। साथ ही उनका निर्भीक, स्वतंत्र तथा कभी न झुकने वाला, किसी से न डरने वाला और किसी की भी सही आलोचना करने से न हिचकने वाला बहुआयामी व्यक्तित्व उनके पत्रकारिता कर्म में बार-बार उभरता है।[2]

1. इंडिया टुडे—पृ. 49, 31 दिसम्बर-1997
2. जनसत्ता में 'युगधर्म, स्वाधीनता और जातीय संस्कृति'—गणेश शंकर विद्यार्थी, प्रकाशक-अप्रतिम प्रकाशन, बी.-206, सादतपुर, दिल्ली, मू. 140 रु. की 'हिन्दी पत्रकारिता की एक विरासत' शीर्षक समीक्षा से।

विद्यार्थी जी ने अपने तीन साथियों शिवनारायण मिश्र, नारायण प्रसाद अरोड़ा व यशोदा नन्दन के साथ मिलकर 9 नवम्बर, 1913 का उत्तर प्रदेश के कानपुर शहर में 'प्रताप' की नींव डाली थी। जन्म काल से ही 'प्रताप' का दफ्तर क्रान्तिकारियों की शरणस्थली था तो युवाओं के लिए पत्रकारिता का प्रशिक्षण केन्द्र। विद्यार्थी जी ने महज पाठकों के लिए ही नहीं लिखा, बल्कि नये पत्रकार तैयार करने और पत्रकारिता को मिशन बनाने की दिशा में भी काम किया। 'प्रताप' के माध्यम से जनजागरण का अभियान चलाया। जन-आन्दोलन को आगे बढ़ाने के पुरस्कार-स्वरूप बार-बार कारावास की सजा काटी।[1] बहरहाल, 'प्रताप की नीति' शीर्षक से विद्यार्थी जी का लिखा हुआ पहला सम्पादकीय ही हिन्दी पत्रकारिता का अमूल्य अभिलेख बन चुका है।[2]

उन्होंने पत्रकार और पत्रकारिता की अवधारणा पर 'प्रताप की नीति' नामक लेख में फोकस डालते लिखा,—"पत्रकार कैसा हो, इस सम्बन्ध में दो राय है। एक तो यह कि उसे सत्य या असत्य, न्याय और अन्याय के आँकड़े में नहीं पड़ना चाहिए। एक पत्र में वह नरम बात कहे तो दूसरे में बिना हिचक वह गरम कह सकता है। जैसा वातावरण देखे, वैसा करे, अपने लिखने की शक्ति से हटकर पैसा कमाए, धर्म-अधर्म के झगड़े में न अपना समय खर्च करे, न अपना दिमाग ही। दूसरी राय की पत्रकार की समाज के प्रति बड़ी जिम्मेदारी है। वह अपने विवेक के अनुसार अपने पाठकों को ठीक मार्ग पर ले जाता है। वह जो कुछ लिखे, प्रमाण और परिणाम का लिखे और अपनी मति-गति में सदैव शुद्ध और विवेकशील रहे। पैसा कमाना उसका ध्येय नहीं है। लोक सेवा उसका ध्येय है और अपने काम से जो पैसा वह कमाता है, वह ध्येय तक पहुँचने के लिए एक साधन-मात्र है। संसार के पत्रकारों में दोनों तरह के आदमी हैं। पहले दूसरी तरह के पत्रकार अधिक थे, अब इस उन्नति के युग में पहली तरह के। उन्नति समाचार-पत्रों के आकार-प्रकार में हुई है। खेद की बात कि उन्नति उधर हो या नहीं, किन्तु कम-से-कम वे आचरण के क्षेत्र में पीछे न हटें और जो सज्जन इन पंक्तियों को पढ़ें, वे अपने आचरण से सम्बन्धित आदर्श को सदा ऊँचा समझे, पैसे का मोह और बल की तृष्णा भारतवर्ष में किसी भी नये पत्रकार को उसके आचरण और पवित्र आदर्श से बहकने न दे, यही मेरे हृदय की एकमात्र अभिलाषा है।[3]

कहते हैं, महाराणा प्रताप के सिद्धान्तों और उद्देश्यों से प्रभावित होकर उन्होंने अपने अखबार का नाम 'प्रताप' रखा था। 'प्रताप' के उद्देश्यों को स्पष्ट रूप में उन्होंने रेखांकित करते हुए लिखा,—"हम अपनी प्राचीन सभ्यता और जातीय गौरव की प्रशंसा करने में किसी से पीछे न रहेंगे और अपने पूजनीय पुरुषों के साहित्य, दर्शन, विज्ञान और धर्म-भाव का यश सदैव गाएँगे, किन्तु अपनी जातीय निर्बलताओं और सामाजिक कुसंस्कारों तथा दोषों को प्रकट करने में हम कभी बनावटी जोश या मसलहत-वक्त से काम न लेंगे, क्योंकि हमारा विश्वास है कि मिथ्या अभिमान जातियों के सर्वनाश का कारण होता है।[4]

'प्रताप' ने एक ओर तिलक और गांधी के मार्ग का समर्थन किया तो दूसरी ओर 'बिस्मिल' और भगत सिंह की राह को भी बुरा नहीं माना। यह तो इतिहास प्रसिद्ध है कि भगत सिंह कुछ समय के लिए बलवन्त सिंह के नाम से 'प्रताप' के लिए काम करते रहे। 'प्रताप' की सेवा में रहते हुए भगत सिंह ने अपने तथा दूसरों के लिए प्रकाशनों का वितरण किया...भगत सिंह ने कानपुर में ही 1924 की भीषण बाढ़ के दौरान बाढ़ पीढ़ितों के शिविरों में सहायतार्थ काम किया।[5]

1. अन्तिमजन में अटल तिवारी का लेख 'प्रताप की पत्रकारिता और विद्यार्थी', पृ. 37, मई 2014
2. वह सम्पादकीय इस प्रकार था—"आज अपने हृदय में नई-नई आशाओं को धारण करके अपने उद्देश्य पर पूर्ण विश्वास रखकर प्रताप कर्मक्षेत्र में आता है। समस्त मानव जाति का कल्याण हमारा उद्देश्य है और उद्देश्य की प्राप्ति का एक बहुत बड़ा और बहुत जरूरी साधन हम भारतवर्ष की उन्नति को समझते हैं।"—गणेश शंकर विद्यार्थी रचना संचयन—सं. सुरेश सलिल, पृ. 20, साहित्य अकादमी, दिल्ली, सन् 1998 ई.
3. 1930 में, 'प्रताप' परिवार से जुड़े पत्रकार विष्णुदत्त शुक्ल की पुस्तक 'पत्रकार-कला' की भूमिका के रूप में लिखे गए लेख का अंश।
4. गणेश शंकर विद्यार्थी रचना संचयन—सं. सुरेश सलिक, पृ. 20, प्रथम संस्करण-1998 ई.
5. योद्धा पत्रकार-हेमन्त, पृ. 85, 86, सामयिक प्रकाशन, दिल्ली, सन् 2008 ई.

'हिन्दी पत्रकारिता' जैसी बेहद गम्भीर पुस्तक के लेखक और सुप्रसिद्ध ललित निबन्धकार **डॉ. कृष्ण बिहारी मिश्र**[1] का विचार है कि आजकल की 'स्टिंग ऑपरेशन' पत्रकारिता का जब हल्ला नहीं था, तब 'प्रताप' ने आम नागरिकों की छोटी-छोटी समस्याओं और देशी रियासतों के भ्रष्टाचार को उजागर किया था। देश के चिन्तनशील जगत् का ध्यान उस ओर आकृष्ट किया, जिससे राष्ट्र की नींव कमजोर हो रही थी, इसलिए 'प्रताप' ने भारतीय नवजागरण के पुरोधाओं स्वामी दयानन्द, विवेकानन्द, तिलक आदि के सुधारवादी विचारों का प्रबल समर्थन किया। गणेश शंकर विद्यार्थी के अग्रलेखों ने बेलाग टिप्पणी की—भारतीय विश्वास और संस्कृति के नाम पर चलनेवाली रूढ़ियों, वर्जना, विकृतियों पर, धर्म की आड़ में क्रियाशील कठमुल्लापन पर, राष्ट्रवाद के आग्रह से जन्मी असहिष्णुता और हिंसा की राह से सरपट दौड़ने वाली राष्ट्रद्रोही अन्धी नकल पर। स्वतंत्रता सेनानियों को जब यह लगने लगा कि अब भारत को आजाद होने से कोई रोक नहीं सकता, तो उन्हें राष्ट्रीय ध्वज के सम्मान में एक गीत की ज़रूरत महसूस हुई, जिसे 1938 में कांग्रेस के हरिपुरा अधिवेशन में स्वीकार किया गया। उस समय सभी सेनानी कानपुर के नरवल निवासी **श्यामलाल गुप्त पार्षद** जी की काव्य कला से काफी प्रभावित थे। झंडा गीत के इतिहास के मुताबिक पार्षद जी के काव्य-कौशल के कायल **गणेश शंकर विद्यार्थी** ने सुझाया कि झंडा गीत उन्हीं से लिखाया जाए। विद्यार्थी जी के कहने पर पार्षद जी झंडागीत रचने के काम में जुट गए। वे लिखने बैठते, कुछ लिखते, लेकिन उन्हें पसन्द न आता। इस तरह कई दिन निकल गए और उन्हें झंडा गीत लिखने में कामयाबी नहीं मिल पाई। एक दिन विद्यार्थी जी ने पार्षद जी से आग्रह किया कि सुबह तक उन्हें हर हाल में झंडागीत चाहिए। इस पर श्यामलाल गुप्त पार्षद रात में कागज, कलम लेकर बैठ गए, किन्तु उन्हें फिर भी सफलता नहीं मिल पाई। रात को लगभग दो बजे, जब वे सोने के लिए बिस्तर पर लेटे तो अचानक उनके मन में एक गीत के बोल अपने आप आते चले गए। वे तुरन्त उठे और कागज, कलम लेकर बैठ गए। उन्हें ऐसा लगा जैसे कलम अपने आप चल रही है और कोई जादुई शक्ति उनके जरिए कागज पर अक्षर उकेर रही है। इस तरह उनकी कलम से निकला—**विजयी विश्व तिरंगा प्यारा, झंडा ऊँचा रहे हमारा**। इस गीत को लेकर पार्षद जी अगले दिन सुबह ही विद्यार्थी जी के पास पहुँच गए। विद्यार्थी जी को यह गीत बहुत पसन्द आया और उन्होंने पार्षद जी की जमकर तारीफ की। इसके बाद यह गीत महात्मा गांधी के पास भेजा गया, जिन्होंने इसे छोटा करने की सलाह दी। सन् 1938 में कांग्रेस के हरिपुरा अधिवेशन में अध्यक्ष के रूप में नेता जी सुभाष चन्द्र बोस ने इसे झंडा गीत के रूप में स्वीकार किया और उनके साथ मौजूद पाँच हजार से ज्यादा लोगों ने इसे पूरे जज्बे के साथ गाया।

अन्त में कुल मिलाकर यह कि विद्यार्थी जी सामाजिक क्रान्ति, जातीय गौरव और साहित्यिक-सांस्कृतिक विरासत के लिए 'प्रताप' में समानान्तर संघर्ष चला रहे थे। सच तो यह है कि वह महज एक अच्छे राजनेता ही नहीं, बल्कि वे एक अच्छे पत्रकार भी थे। उनका 'प्रताप' आज भी हिन्दी पत्रकारिता के इतिहास में मील का पत्थर है। विद्यार्थी जी एक कर्मठ सामाजिक कार्यकर्त्ता भी थे। आज जब राजनीति में साम्प्रदायिकता और जातीयता का मुद्दा छाया हुआ है, तब विद्यार्थी जी के ये विचार कितने सार्थक समीचीन लगते हैं,—"वह दिन निःसन्देह अत्यन्त बुरा था, जिस दिन स्वाधीनता के क्षेत्र में खिलाफत, मुल्ला-मौलवियों और धर्माचार्यों को स्थान दिया जाना आवश्यक समझा गया" 'हिन्दू-मुस्लिम एकता के लिए विद्यार्थी जी शहीद हुए। 25 मार्च, 1939 को दंगाइयों की हिंसा के विद्यार्थी जी शिकार हुए। वह भी तब जब विद्यार्थी जी कानपुर के एक हिन्दू बहुल मुहल्ले से एक मुस्लिम परिवार को सुरक्षित निकाल लाए थे, उसी वक्त उन्हें खबर मिली कि शहर के एक मुस्लिम मुहल्ले में कुछ हिन्दू परिवार फँस गए हैं। विद्यार्थी जी आगे न जाइए, दंगाई असलहे लेकर बाहर से आए हैं। पर, विद्यार्थी जी गए और वहीं किसी ने उन्हें छुरा घोंप दिया। विद्यार्थी जी की मृत्यु से कानपुर में हाहाकार मच गया। दंगा फौरन शान्त हो गया। उनकी चिता पर जाकर हिन्दू-मुसलमानों ने आत्मग्लानि में डूबकर शपथ ली—**बस, अब कानपुर में दंगा नहीं होने देंगे।** इसका

1. पत्रकारिता : इतिहास और प्रश्न—डॉ. कृष्ण बिहारी मिश्र, पृ. 84, वाणी प्रकाशन, दिल्ली, द्वितीय संस्करण, सन् 2004 ई.

असर पड़ा, पूरे साठ वर्षों तक कानपुर में हिन्दू-मुसलमान दंगा नहीं हुआ। सन् 1947 ई. में भी कानपुर में कोई अशोभनीय घटना नहीं घटी।

(10) बाबू विष्णुराव पराड़कर और आज

आधुनिक हिन्दी पत्रकारिता के प्रकाश-स्तम्भ, सम्पादकाचार्य, स्व. बाबू विष्णुराव पराड़कर का बहुमुखी कृतित्व और व्यक्तित्व आज भी प्रेरणास्रोत है। एक आदर्शवादी, गम्भीर सम्पादक होने के साथ ही पराड़कर जी ने भाषा और शैली के विचारों की नवीनता, विषय के विश्लेषण, भावाभिव्यक्ति की विविधता तथा निर्भीकता की दृष्टि से हिन्दी पत्रकारिता को नया स्वरूप और कलेवर प्रदान किया। पराड़कर जी ने 1906 में पत्रकारिता के क्षेत्र में प्रवेश किया और 1955 ई. तक अनवरत पत्रकारिता की सेवा में लगे रहे। सन् 1920 में 'आज' के प्रकाशन के प्रारम्भ से ही वे इसके सम्पादकीय विभाग में वरिष्ठ सम्पादक नियुक्त हुए। निर्भीक, राष्ट्रीय नीति और अंग्रेजी सत्ता की कटु आलोचना के कारण पराड़कर जी पर राजद्रोह का मुकदमा भी चला। उनके सम्पादकत्व में 'आज' ने राष्ट्रीय आन्दोलन तथा स्वाधीनता संग्राम में जो योगदान किया, वह अभूतपूर्व एवं चिरस्मरणीय है।[1] हिन्दी भाषा और साहित्य के उन्नयन में अपने सम्पूर्ण जीवन को समर्पित करते हुए उसे राष्ट्रभाषा के गौरवशाली पद पर आसीन करने का श्रेय जिन महानुभावों को जाता है, उनमें पंडित बाबू विष्णुराव पराड़कर का नाम सर्वप्रमुख है। मूलतः अहिन्दी भाषाभाषी होते हुए भी आपने अपना कार्यक्षेत्र हिन्दी को चुना तथा आजीवन हिन्दी की साधना में लीन रहे। पराड़कर जी का जन्म काशी में 16 नवम्बर सन् 1883 ई. में हुआ था। आपके पिता का नाम पं. विष्णु शास्त्री पराड़कर और माता का नाम श्रीमती अन्नपूर्णा बाई था। पिता श्री विष्णु शास्त्री महाराष्ट्र के कन्हाड़े परिवार के थे जो शिक्षा समाप्ति के बाद काशी आ गए थे। काशी आने पर ही उनका विवाह हुआ और काशी में रहते हुए उनके घर बालक 'सदाशिव' का जन्म हुआ, जो बाद में बाबू विष्णु पराड़कर के नाम से प्रसिद्ध हुए।[2]

वाराणसी के लक्षाधिपति, राष्ट्रभक्त और समाज-सुधाकर बाबू शिव प्रसाद गुप्त ने दो वर्षों तक विदेश की यात्रा की थी। लन्दन में अंग्रेजी दैनिक 'लन्दन टाइम्स' देखकर वे बहुत प्रभावित हुए। उनका ऐसा विचार था कि हिन्दी में उसी स्तर का दैनिक काशी से निकालना चाहिए। इसी विचार को ध्यान में रखकर उन्होंने 5 सितम्बर, 1920 ई. को हिन्दी दैनिक 'आज' का प्रकाशन किया। 'आज' के प्रथम प्रधान सम्पादक श्री प्रकाश जी थे। उन्होंने सात-आठ महीनों के बाद 'आज' छोड़ दिया। उनके बाद बाबू विष्णुराय पराड़कर उसके प्रधान सम्पादक हुए। पराड़कर जी 1920 से 1956 तक 'आज' के प्रधान सम्पादक बने रहे। बीच में वे 'आज' छोड़कर 'संसार' में चले गए। तब श्रीकान्त ठाकुर और उनके पहले विद्याभास्कर जी सम्पादक हुए। पराड़कर जी के बाद इस अखबार के सम्पादक आर. आर खाडिलकर हुए। उनके बाद श्री सत्येन्द्र, कुमार गुप्त और बाद में श्री शार्दूलगुप्त हुए। 'आज' राष्ट्रीय पत्र है। देश की आजादी की लड़ाई में 'आज' अपने लेखों, समाचारों तथा अग्रलेखों द्वारा राष्ट्रीय चेतना को उद्बुद्ध करता रहा। 'आज' कांग्रेस का पत्र नहीं था, पर 'आज' ने कांग्रेस के राष्ट्रीय आन्दोलन का पूरा समर्थन किया। पराड़कर जी ने अखबार प्रकाशित करने से पूर्व लोकमान्य तिलक बाल गंगाधर तिलक का आशीर्वाद प्राप्त किया था। 'आज' ने ब्रिटिश सत्ता का खुलकर विरोध किया तथा महात्मा गांधी के आन्दोलन का समर्थन। 'आज' स्वतंत्रता-संग्राम आन्दोलन का दस्तावेज है,[3]—Aj not only served the cause, it also helped spread the popularity of Hindi literature among Commontrs in Hindi heartland and among on-Hindi areas as well. Once it was said if you want to leasn Hindi "read Aj." This newspaper was founded by Shiv Prasad Gupta and its publication from Varanasi started on 5 September 1920, Its first Chief

---

1. साहित्यिक पत्रकारिता—डॉ. राममोहन पाठक, पृ. 87
2. पराड़कर और हिन्दी पत्रकारिता की चुनौतियाँ—सं. अच्युतानन्द मिश्र तथा बच्चन सिंह में डॉ. रामसुधार सिंह का लेख 'हिन्दी पत्रकारिता के महारथी : पराड़कर', पृ. 01, प्रकाशक-सहकारी समिति लिमिटेड, वाराणसी
3. हिन्दी पत्रकारिता (भारतेन्दु-पूर्व से छायावादोत्तर-काल तक)—डॉ. धीरेन्द्र नाथ सिंह, पृ. 84-85

editor was Shri Prakash and Babarao Vishnu Paradkar, a noted journalist, was its editor. Another noted journalist, Ram Krishna Raghunath Khadilkar was the next chief editor from 1954-59. Kamalapati Tripathi also served as its Chief editor. Between 1975 and 1985, Six new editions of Aj were commenced from Kanpur (1975), Patna (1979) Gorakhpur (1980), Allahabad, Agra and Ranchi (1984), In 1989, four new editions from Jamshedpur, Dhanbad, Lucknow and Bareilly were started. Barriely edition's and Haldwani editions. General Manager was Sanjeev Krishan Tripathi. Haldwani edition was launched in 2013, with Dinesh Joshi, an eminent journalist with sound knowledge of newspaper working, as state Head of Uttarakhand."

बाबूराव विष्णु पराड़कर

बनारस में भूमिगत पत्रकारिता को आरम्भ करने का श्रेय श्री बाबूराव विष्णु पराड़कर को दिया जा सकता है। प्रत्यक्ष रूप तो पराड़कर जी दैनिक समाचार-पत्र 'आज' के प्रधान सम्पादक के रूप में विख्यात थे, लेकिन परोक्ष रूप से वे सन् 1930 से सन् 1942 तक काशी की भूमिगत पत्रकारिता से सम्बद्ध रहे। यहाँ यह उल्लेख करना उचित 'होगा कि 20वीं शती के पूर्वार्द्ध में पत्रकारिता को पत्रकारों ने एक पेशे के रूप में नहीं, बल्कि उसे धर्म के रूप में अपनाया।[1] उनके क्रान्तिकारी व्यक्तित्व पर लोकमान्य तिलक, क्रान्तिकारी श्री सखाराम देउस्कर जैसे महान राष्ट्रीय विचारकों के विचारों की अमिट छाप थी। लोकमान्य तिलक के 'पूर्णस्वाधीनता' उद्घोष को मूल मंत्र मानकर और उनके प्रभावशाली व्यक्तित्व से क्रान्ति की प्रेरणा लेकर श्री पराड़कर जी केवल बंगाल में ही नहीं, बनारस के भूमिगत क्रान्तिकारी संगठनों की गतिविधियों में भी सक्रिय योगदान देते रहे और अपनी सशक्त लेखनी के माध्यम से ब्रिटिश शासन की दमनपूर्ण क्रूर नीतियों का डटकर विरोध करते रहे।[2] दैनिक पत्र 'आज' के प्रथम अंक में प्रकाशित उनके सम्पादकीय लेख का कुछ अंश यहाँ उद्धृत करना आवश्यक प्रतीत होता है, जो पराड़कर जी के उद्देश्यों और विचारों को स्पष्ट करता है,—"हमारा उद्देश्य अपने देश के लिए सब प्रकार से स्वातंत्र्य उपार्जन है। हम हर बात में स्वतंत्र होना चाहते हैं। हमारा लक्ष्य यह है कि हम अपने देश का गौरव बढ़ाएँ, अपने स्वाभिमान का संचार करें, उनको ऐसा बनावें कि भारतीय होने का उनको अभिमान हो, संकोच न हो।"[3] सन् 1929-30 में 'आज' समाचार-पत्र के प्रकाशन पर प्रतिबन्ध लग जाने के कारण श्री पराड़कर जी ने भूमिगत समाचार-पत्र 'रणभेरी' का प्रकाशन अपने कुछ मित्रों एवं सहयोगियों की सहायता से आरम्भ किया, जिनमें श्री महताब राय, श्री मोती लाल मेढ़, श्री कुंदनलाल मेहता, बाबू दामोदर दास, श्री विश्वनाथ शर्मा, श्री गौरी शंकर मिश्र, श्री सन्तशरण मेहरोत्रा, मुंशी प्रेमचन्द्र, श्री कमलापति त्रिपाठी तथा श्री सत्येन्द्र कुमार वसु आदि प्रमुख थे।[4]

कुल मिलाकर 'आज' के माध्यम से पराड़कर जी ने देश की स्वतंत्रता की लड़ाई में अपने ऐतिहासिक अग्रलेखों से जो योगदान किया, वह अभूतपूर्व है। 'आज' के सम्पादन के माध्यम से आपने राजनीतिक तथा सामाजिक चेतना का ही विकास नहीं किया, अपितु हिन्दी भाषा तथा साहित्य के निर्माण में भी महान योगदान किया। पराड़कर जी का हिन्दी पत्रकारिता में ऐतिहासिक योगदान है। आप के सम्पादकीय लेख तथा टिप्पणियाँ, भाषा और भाव-सभी दृष्टियों से मार्मिक प्रभाव जमाने वाली होती थी, इनसे देश

1. हिन्दी पत्रकारिता—डॉ. कृष्ण बिहारी मिश्र, पृ. 313
2. पराड़कर जी एवं पत्रकारिता—लक्ष्मी शंकर व्यास, पृ. 63
3. 'आज' दैनिक समाचार पत्र (प्रथमांक), 5 सितम्बर-1920 ई.
4. हिन्दी पत्रकारिता में काशी का योगदान—डॉ. वशिष्ट नारायण सिंह, पृ. 93

के सहस्त्रों लोगों को देश की स्वतंत्रता के लिए मर मिटने की प्रेरणा मिली। हिन्दी के नवीन साहित्यकारों की पीढ़ी को भी प्रोत्साहन तथा मार्गदर्शन का श्रेय आपको है। आपका स्पष्ट मत था कि पत्रकार बनने के पूर्व आदमी को समझ लेना चाहिए कि यह मार्ग त्याग का है, जोड़ का नहीं।[1]

(11) माखनलाल चतुर्वेदी और कर्मवीर

भारतीय परम्परा और संस्कृति के शाश्वत मूल्यों के पोषक, अत्यन्त उदारमना, मृदुलातिमृदुल, नवोन्मेषशालिनी प्रतिभा सम्पृक्त, वैचारिक पूर्वग्रहों से मुक्त आदरास्पद श्री माखनलाल चतुर्वेदी जैसा अन्तरंग व्यक्तित्व वाला पत्रकार पत्रकारिता जगत में शायद ही मिले। जीवन-भर संघर्ष करते, दुख को जीवन का सार बनाते और समूची मानवता-मनुष्यता के लिए जीने वाले चतुर्वेदी जी ने पत्रकारिता के हलके में आदर्श स्थापित किया। साधनहीनता के बावजूद वे बेहद जीवट वाले व्यक्ति थे। वस्तुतः पत्रकारिता माखन लाल चतुर्वेदी जी के लिए पेशा नहीं थी बल्कि मासिक पत्रिका 'प्रभा' में सहायक सम्पादक होने के लिए उन्होंने रोजी-रोटी देनेवाली सरकारी अध्यापकी भी छोड़ी, जो उन्हें 1913 में भी वेतन के तेरह और ट्यूशनों के कोई पचास रुपए दिला देती थी। भरे-पूरे परिवार को चलाने के लिए उन्हें 'प्रभा' से तीस रुपए महीने मिलने की बात पक्की हुई थी। कोई नहीं जानता कि यह पैसा उन्हें नियमित मिला या नहीं, लेकिन दो साल चलकर 'प्रभा' जब बन्द हुई, तो टी.बी. की शिकार माखनलाल जी की बीस वर्षीय जीवन प्रभा ग्यारसी बाई के इलाज का पैसा उनके पास नहीं था। पत्नी के अन्तिम संस्कार के लिए खंडवा की किसी परोपकारी संस्था ने लकड़ियाँ भेजवाईं थीं। समर्पित पत्रकारिता के चलते माखनलाल जी छब्बीस वर्ष की उमर में ही विधुर हो गए थे और दुनिया के लाख मनाने पर भी उन्होंने फिर शादी नहीं की, किन्तु माखनलाल जी ने कभी नहीं कहा कि हिन्दी पत्रकारिता पर उन्होंने अपनी पत्नी की बलि चढ़ा दी। उनके लिए पत्रकारिता देश के लिए बलिदान की पगडंडी थी।[2]

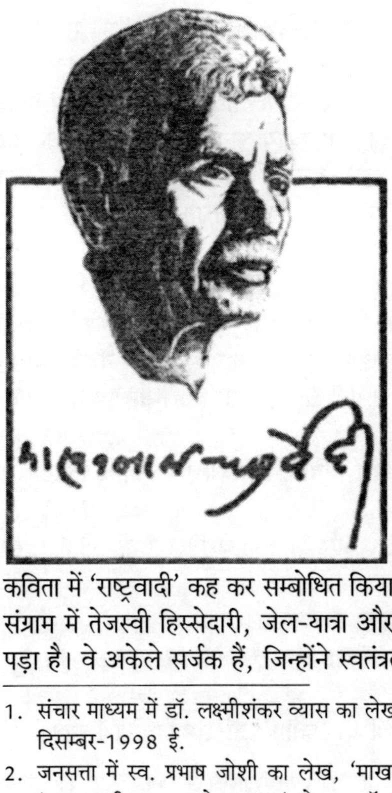

4 अप्रैल 1889 को जन्मे माखनलाल चतुर्वेदी जी मनुष्य की स्वाधीनता के कवि हैं। उन्होंने इस चेतना की अभिव्यक्ति के लिए कविता, कहानी, ललित निबन्ध, पत्रकारिता, भाषण और सक्रिय राजनीति जैसे विभिन्न मोर्चे चुने और हर मोर्चे पर अद्वितीय योगदान किया। उनकी रचनाएँ हमें आज भी ओज, यौवन और ताजगी से भर देती हैं तो इसलिए कि उनमें मनुष्य की मुक्ति चेतना के बुनियादी सत्य की आँच है।[3] उम्र में छोटे होते हुए भी कानपुरवासी गणेश शंकर विद्यार्थी माखनलाल जी के मित्र ही नहीं, बल्कि प्रेरणास्रोत भी थे। बीमार माखनलाल जी को विद्यार्थी जी ने कानपुर लाकर उनके जीवन को सहेजा ही नहीं, बल्कि उनके द्वारा खंडवा में शुरू की गई पत्रिका 'प्रभा' का फिर से प्रकाशन भी कानपुर से ही कराया। मैथिलीशरण गुप्त को गांधी जी ने 1936 में 'राष्ट्रकवि' की उपाधि दी थी। बाद में इसी रूप में विख्यात भी हुए। पर इसके बीस वर्ष पहले सबसे पहले 1916 में माखनलाल ने ही उन्हें अपनी 'पुष्पांजलि' शीर्षक कविता में 'राष्ट्रवादी' कह कर सम्बोधित किया था। राष्ट्रीय धारा की कविताओं की रचना के साथ ही स्वतंत्रता संग्राम में तेजस्वी हिस्सेदारी, जेल-यात्रा और कुरबानियों के कारण माखनलाल का योगदान विलक्षण बन पड़ा है। वे अकेले सर्जक हैं, जिन्होंने स्वतंत्रता के बाद भी अपनी त्याग-तपस्या को भुनाया नहीं। वे किसी

1. संचार माध्यम में डॉ. लक्ष्मीशंकर व्यास का लेख, 'स्वाधीनता के परिप्रेक्ष्य में काशी की पत्रकारिता', पृ. 10, अक्टूबर-दिसम्बर-1998 ई.
2. जनसत्ता में स्व. प्रभाष जोशी का लेख, 'माखनलाल के कर्ज में डूबे हम', 9 अप्रैल-1989 ई.
3. 'एक भारतीय आत्मा के आयाम' लेख—डॉ. धर्मवीर भारती, जनसत्ता, 4 अप्रैल-1989 ई.

राजधानी की ओर नहीं दौड़े। खंडवा (म.प्र.) में ही अपनी अलख जगाए रखे। **कर्मवीर** जैसे पत्र द्वारा ब्रिटिश राज को चुनौती देते हुए माखनलाल जी ने मिशन भावना से जुड़ी पत्रकारिता का उदाहरण प्रस्तुत किया। जिस आजादी की लड़ाई लड़ते हुए उन्होंने जीवन के अट्ठावन साल झोंक दिए थे, वह जब 1947 में आई तो माखन लाल जी सत्ता के केन्द्र दिल्ली, जयपुर या भोपाल नहीं गए। खंडवा में ही 'कर्मवीर' का सम्पादन करने जैसे लौट आए, 'वेणु लै गूँजे धरा मेरे सलोने श्याम'। और तो और, अपने दल और उसकी सत्ता का इस्तेमाल 'कर्मवीर' को व्यावसायिक रूप से जमाने और सफल करने में भी नहीं किया, हालाँकि, हिन्दी की ऐसी सम्पादन कला और आर्थिक आत्म निर्भरता का सपना खुद उन्होंने ही भरतपुर में 1927 में हुई पत्रकार परिषद में अपने ऐतिहासिक भाषण में हिन्दी पत्रकारों के सामने रखा था।

उनका उपनाम 'एक भारतीय आत्मा' ही उन्हें उस युग के कवियों से अलग ला खड़ा करता है। वे स्वतंत्रता संग्राम के युग में पहली पंक्ति के लेखक थे। रचना कर्म और जेल यातना के बीच के गहरे अन्तः सूत्र को माखनलाल जी ने विलक्षण रूप में गूँथा है। राष्ट्रीय कवि की तरह ही माखनलाल जी राष्ट्रीय धारा के पत्रकार भी थे। माखनलाल जी ने दमन और यातना के सभी संकट झेलते हुए 'कर्मवीर' द्वारा ब्रिटिश राज को चुनौती दी थी। 'सुबोध सिन्धु' में प्रकाशित 'शक्तिपूजा' विषयक लेख के लिए उन पर पहली बार राजद्रोह का आरोप लगा था और फिर तो यह अनवरत सिलसिला ही बन गया। माखनलाल जी की काल-दृष्टि बहु आयामी थी। उनके भीतर एक सजग संवेदनशील चित्रकार-मूर्तिकार और पत्रकार पैठा हुआ था। उनका साहित्य बोध राजनीति से नीचे नहीं, बल्कि उससे ऊपर उठा दिखायी देता है। उन्होंने अपने युग की माँग श्रमजीवी पत्रकार के रूप में, साहित्य की माँग कवि और लेखक के रूप में और राजनीति की माँग स्वतंत्रता सेनानी के रूप में पूरी की। वे अपने समय के बलिपंथी कवि हैं। राष्ट्रीयता और सामयिकता की स्थूल दृष्टि से तमिल के सुब्रह्मण्यम भारती और मलयालम के वल्लतोल नारायण मेनन से माखनलाल की तुलना की जा सकती है।

मध्य प्रदेश की हिन्दी पत्रकारिता की विराट उपलब्धि का नाम साप्ताहिक 'कर्मवीर' है। राजनीतिक एवं साहित्यिक इस पत्र का प्रकाशन 17 जनवरी, 1920 को राष्ट्रभक्त कवि एवं निर्भीक पत्रकार पं. माखनलाल चतुर्वेदी ने किया था। राष्ट्रसेवा लिमिटेड, जबलपुर से प्रकाशित इस पत्र के प्रधानसम्पादक माधवराव सप्रे थे और ठाकुर छेदीलाल एवं विष्णुदत्त शुक्ल का सम्पादकीय कार्यों में सहयोग था। 'कर्मवीर' जब तक जीवित रहा, राष्ट्रीय भावना की धुरी पर घूमता रहा। अन्याय एवं विदेशी दासता के विरुद्ध निरन्तर मुखर पं. माखनलाल चतुर्वेदी को 1922 में जेल जाना पड़ा। इस दौरान सम्पादक का दायित्व कुलदीप सहाय ने निभाया और राघवेन्द्र पत्र के नियंत्रक बने। माखनलाल चतुर्वेदी 1925 में 'कर्मवीर' का प्रकाशन खंडवा से करने लगे। 11 जुलाई, 1959 तक कुछ व्यवधानों के (1930 में श्री चतुर्वेदी जी के जेल जाने के कारण प्रकाशन स्थगित था) बाद भी निरन्तर जारी रहा। 'कर्मवीर' शनिवार को निकलता था।[1] माखनलाल चतुर्वेदी एक प्रखर जागरूक पत्रकार थे। ब्रिटिश दासता और देशी रियासतों के राजाओं के दमन के जमाने में पत्र निकालना एक बड़ी चुनौती थी। पत्रकारिता सम्बन्धी उनके जीवन की कुछ प्रमुख घटनाएँ इस प्रकार हैं,—

(1) 1908-हिन्दी 'केसरी' में राष्ट्रीय आन्दोलन और बहिष्कार विषय पर निबन्ध लिखने का प्रथम पुरस्कार। उन्नीस वर्ष की आयु में।

(2) 1911-पं. माधव राव सप्रे जैसे राष्ट्रीय पत्रकार और लोकमान्य तिलक के 'गीता रहस्य' के अनुवादक से पहली भेंट।

(3) 1912-'शक्तिपूजा' निबन्ध लिखने पर राजद्रोह का आरोप।

(4) 1913-'प्रभा' का सम्पादन। इस मासिक का पहला अंक 7 अप्रैल को निकला।

(5) 1920-जलबपुर से 'कर्मवीर' का प्रकाशन।

(6) 1921-गिरफ्तार होने पर गणेश शंकर विद्यार्थी के 'प्रताप' का सम्पादकीय लिखा।

---

1. नागरी प्राचारिणी पत्रिका में डॉ. धीरेन्द्र, पाठक का लेख, 'मध्यप्रदेश की पत्रकारिता का मूल्यांकन', पृ. 18, नागरी प्रचारिणी सभा, वाराणसी, अप्रैल 2010 से जून 2010 तक

(7) 1923-24-अक्टूबर 23, 1923 से मार्च, 1924 तक 'प्रताप' का सम्पादन।

(8) 1925-4 अप्रैल से खंडवा से 'कर्मवीर' का प्रकाशन।

(9) 1929-भरतपुर के सम्पादक सम्मेलन की अध्यक्षता।

(10) 1935-प्रेमचन्द से खंडवा में भेट और अभिनन्दन पत्र अर्पण। इसी वर्ष अखिल भारतीय हिन्दी साहित्य सम्मेलन के 25 वें अधिवेशन, इन्दौर में, गांधी जी की अध्यक्षता में सम्बोधन।

मध्य प्रदेश के प्रायः सभी छोटे-बड़े पत्रकार 'दादा' (माखनलाल चतुर्वेदी) के चरणों में बैठकर पत्रकारिता के प्रथम पाठ सीखे। बाहर के भी कई लोग-अनन्त गोपाल शेवड़े, भवानी प्रसाद तिवारी, भवानी प्रसाद मिश्र, खोड़े, काशीनाथ त्रिवेदी आदि-आदि-ने उनसे पत्रकारिता के गुर सीखे। दादा के लिए पत्रकारिता स्वतंत्रता संग्राम का एक अस्त्र थी। वे पत्रकारिता को धंधा या व्यवसाय नहीं मानते थे। अतः उसके लिए बड़ा से बड़ा त्याग करने को तैयार रहते थे। उन्हें जीवन में सदा उपेक्षा मिली। पर वे कभी निराश नहीं हुए। सम्मान भी बहुत देर बाद जीवन संध्या में मिले, यथा—

(1) 1955-हिमतरंगिणी पर साहित्य अकादमी पुरस्कार।

(2) 1959-सागर विश्वविद्यालय (म.प्र.) से मानद 'डी.लिट्.'।

(3) 1963-पद्म भूषण (1967 में राष्ट्रभाषा आन्दोलन में इस पदवी का त्याग)।

(4) 1965-मध्यप्रदेश शासन द्वारा 7500 रुपए की राशि तत्कालीन मुख्यमंत्री स्व. डॉ. द्वारका प्रसाद मिश्र ने खंडवा में जाकर उन्हें चरणस्पर्श करके दिया।

उनके कविता संग्रह भी बहुत देर से छपे। पहला कविता संग्रह 54 वर्ष की आयु में 1943 में। कुल आठ संग्रह, अन्तिम 1963 में। कई कविताएँ मरणोपरान्त श्री कान्त जोशी सम्पादित 'रचनावली'—(10 खंडों में)। माखन लाल चतुर्वेदी ने हिन्दी पत्रकारिता को दस नई बातें इस प्रकार दीं,

(1) मूक, अनपढ़, किसान और गरीब जनता की शिकायतों को वाणी दीं।

(2) देश की राजनीति पर बेबाक और निर्भीक टिप्पणियाँ लिखीं।

(3) किसी भी बड़े-से बड़े प्रलोभन के वे शिकार न होकर सेठों, साहूकारों, सामन्तों और सत्ताधीशों को ललकारा।

(4) पत्रकारिता के स्वाभिमान को अक्षुण्ण रखा।

(5) विज्ञापन दाताओं की याचना नहीं की, उनके आगे नहीं झुके।

(6) पत्रकारिता में उच्चकोटि की साहित्यिकता का संगम कराया। उत्तम पुस्तकों की समीक्षाएँ, रेखाचित्र, गद्य काव्य, कविताएँ, चुन-चुनकर प्रकाशित कीं।

(7) विभिन्न विचारधाराओं के लेखकों, कवियों और विचारकों को अभिव्यक्ति की पूरी स्वतंत्रता दी।

(8) अन्तर्राष्ट्रीय विषयों का अध्ययन किया, उन पर स्वयं लिखा और लिखवाया।

(9) भारत को केवल अपने प्रदेश, नगर या मित्र मंडली तक सीमित नहीं किया। सदा व्यापक, उदार, सर्व संग्राहक दृष्टि रखी, जातिभेद, धर्मभेद, प्रदेश भेद, भाषा भेद से ऊपर उठकर सबको अपनाया। सबके बारे में लिखा।

(10) समाज के उपेक्षित, दलित वर्ग, पिछड़ी हुई अल्पसंख्यक इकाइयों को प्रोत्साहन दिया। स्त्रियों के समानाधिकार और न्यायोचित माँगों पर डटकर लिखा।[1]

अन्त में कुल मिलाकर यह कि 'दादा' माखनलाल चतुर्वेदी जी स्वतंत्रता संग्राम के महान युग के भोक्ता और द्रष्टा—दोनों थे। उनकी पत्रकारिता और साहित्य में उनके ये दोनों रूप मुखर हुए हैं। वहाँ क्रान्ति का शंखनाद भी है और सौन्दर्य की अनुभूति भी। उन्होंने अपने लौकिक प्रेम को उसी तरह राष्ट्र प्रेम में रूपान्तरित कर दिया, जैसे महादेवी वर्मा ने आध्यात्मिकता में, इसलिए उनका मुख्य स्वर क्रान्ति और विद्रोह का ही बन पड़ा है। वे अपने समकालीनों से समरस होकर भी अलग खड़े हैं। वे बाँसुरी के स्थान पर पाँचजन्य उठाते हैं और पिस्तौल रखकर गांधी की गोष्ठीयों में भी शामिल हो जाते हैं तभी तो उनका पाँचजन्य अहिंसक

1. माखनलाल चतुर्वेदी (हिन्दी साहित्य के निर्माता सीरीज)—डॉ. प्रभाकर माचवे, पृ. 32-32, राजपाल ऐण्ड संस, दिल्ली, 1988 ई.

युद्ध का उद्‌घोष करने लगता है। वे देश भक्ति, उत्साह और ओज के अद्‌भुत कवि हैं। उनकी भाषा बहुत जीवन्त है, फिर भी उसमें अनगढ़ता है। पाठकों तक भाव-सम्प्रेषण में कहीं कोई परेशानी पेश नहीं आती। वाणी की उन जैसी आत्मीयता और निर्भीकता अब विरल होती जा रही है। वास्तव में वे निरन्तर चलते रहने में विश्वास करनेवाले असाधारण यात्रा-पुरुष थे। वे पत्रकारिता के आदि गुरु हैं, उन्हें शत-शत प्रणाम।

(12) माधवराव सप्रे तथा छत्तीसगढ़ मित्र

समय और सच के साथ अटूट अनन्यता रखने वाले अध्येता और चिन्तक, सामने परोसी हुई नौकरियाँ ठुकरा कर जीवन पर्यन्त आर्थिक तंगी में जीवन के सपने बुनने वाले श्री माधवराव सप्रे ने हिन्दी नवजागरण को विशेष गति और शक्ति से लैस किया। सप्रे जी भारतेन्दु युग के लेखकों की तरह पत्रकार और साहित्यकार थे।[1] उनके पास अपनी बुद्धिमत्ता थी। सुप्रसिद्ध पत्रकार-साहित्यकार **श्री अच्युतानन्द मिश्र**[2] के शब्दों में श्री माधवराव सप्रे उस पीढ़ी के ऐसे नायक हैं, जिनके अग्रज विद्वानों के रूप में पं. बालकृष्ण भट्ट, केशवराम भट्ट, सम्पादकाचार्य रुद्रदत्त शर्मा, प्रतापनारायण मिश्र और द्वारका प्रसाद मिश्र, सेठ गोविन्ददास जैसे लोग अनुवर्त्ती होकर उभरे थे। छत्तीसगढ़ मित्र, हिन्दी केसरी और धर्मवीर जैसे समाचार-पत्रों के भी प्रणेता सप्रे जी ही हैं।

सच तो यह है कि विचारशीलता में दुर्लभ और अपने सृजनात्मक व्यवहार में अद्वितीय, अपने समय के श्रेष्ठ अनुवादक, वरिष्ठ पत्रकार, कहानीकार (सरस्वती में छपी 'एक टोकरी भर मिट्टी' 1901) श्री सप्रे जी विलक्षण पत्रकारीय विभूति हैं। वे आजीवन लोकप्रियता के प्रलोभन से बचते रहे। उन्होंने साधनों की कंगाली के बावजूद, दुस्साहसिकता से लाम लेते अपनी राह खुद बनाने की जोखिम उठाते रहे। अनुभव के नये और अनोखे मार्ग खोजने वाले सप्रे जी जीवन पर्यंत मुश्किलें उठायीं, किन्तु पत्रकारिता की प्रतिष्ठा और शुद्धता बचाए रखने के लिए उन्होंने कभी भी बाजार से समझौता नहीं किया। उनके पास पत्रकारिता को देखने-समझने की सुलझी दृष्टि थी।

मूलतः मराठी भाषी सप्रे जी ने अपना अधिकतर लेखन हिन्दी में किया। वे द्विवेदी युग के महत्त्वपूर्ण लेखक थे। उनके लिए पत्रकारिता उपनिवेशवाद के विरुद्ध राष्ट्रीय जागृति का एक जूझारू माध्यम थी। हिन्दी पत्रकारिता को सप्रे जी की देन कभी विस्मृत नहीं की जा सकती। 'छत्तीसगढ़मित्र' के रूप में सन् 1900 ई. में पेंड्रा, बिलासपुर (छत्तीसगढ़) में सर्वप्रथम समाचारपत्र निकालने का श्रेय भी उन्हीं को है। इसके अतिरिक्त उन्होंने, हिन्दी केसरी' का भी सम्पादन किया था और 'शारदा' व 'कर्मवीर' जैसे पत्रों के प्रेरणा स्रोत भी वही थे। आपके गहन अध्ययन, सतर्क बुद्धि और प्रौढ़ भाषा का परिचय उनकी टिप्पणियों और अग्रलेखों में देखने को मिलता था। सप्रे जी का जन्म 19 जून 1871 को दमोह (म.प्र.) के पथरिया ग्राम में हुआ था, किन्तु कालान्तर में छत्तीसगढ़ उनका कार्यक्षेत्र बना और रायपुर में 23 अप्रैल, 1926 ई. को उनका देहावसान हुआ। मध्यम परिवार में जन्म लेने के कारण अभावों के बीच विद्याध्ययन करते हुए आपने सन् 1887 में मिडिल की और सन् 1898 ई. में कोलकाता विश्वविद्यालय से बी.ए. की परीक्षा उत्तीर्ण की। छात्रावस्था में ही राष्ट्रवादी होने के कारण आपने नायब तहसीलदार के पद का 'आफर' ठुकरा दिया और पेंड्रा के जागीरदार के यहाँ शिक्षक हो गए। इसके बाद तो पत्रकारिता के क्षेत्र में आए और जनवरी, 1900 ई. में 'छत्तीसगढ़' मित्र का पेंड्रा से प्रकाशन प्रारम्भ किया। इसके सम्पादक थे पं. रामराव चिंचोलकर और पं. माधवराव सप्रे। मार्लिक थे श्री वामनराव लाखे। यह मासिक पत्रिका कय्यूमी प्रेस, रायपुर से मुद्रित होती थी। इसमें 8'' × 6'' आकार के 32 पृष्ठ रहते थे और मूल्य था केवल डेढ़ रुपए। इसके पहले चार और अन्तिम चार पृष्ठ रंगीन कागज़ पर छपते थे और इनमें अनुक्रमणिका, नियमावली, समाचार घोषणाएँ, विज्ञापन, पाठकों के पत्र आदि का समावेश रहता था।

''पापान्नि वारयति योजयते हिताय / गृहनानि, ग्रहति गुणान प्रकटी करोति।
आपद्वतं च न जहाति ददादि काले / सनमित्र लक्ष्मणमिद प्रवदंति सन्तः।।''

---

1. माधव राव सप्रे : प्रतिनिधि-संकलन-सं. डॉ. मैनेजर पांडेय, प्रधान सं. डॉ. नामवर सिंह, पृ. 21, नेशनल बुक ट्रस्ट, 5, इस्टीट्यूशनल एरिया, फेज-2, वसन्त कुंज, नई दिल्ली, मू. 90 रुपये, सन् 2008 ई.
2. मीडिया-विमर्श में श्री अच्युतानन्द मिश्र का लेख 'सप्रे जी और हिन्दी नवजागरण', पृ. 51, जन. मार्च-2009 ई.

प्रथम अंक में प्रकाशन के उद्देश्य पर प्रकाश डालते हुए लिखा गया था, ''सम्प्रति छत्तीसगढ़ प्रभाग को छोड़ ऐसी एक भी प्रति नहीं है, जहाँ दैनिक, साप्ताहिक, मासिक या त्रैमासिक पत्र प्रकाशित न होता हो। इसमें कुछ सन्देह नहीं सुसम्पादित पत्रों के द्वारा हिन्दी भाषा की उन्नति हुई है। अतएव यहाँ भी 'छत्तीसगढ़ मित्र' हिन्दी भाषा की उन्नति करने में विशेष प्रकार से ध्यान देवे। आजकल भाषा में बहुत सा कूड़ा करकट जमा हो रहा है, वह न होने पाए। इसलिए प्रकाशित ग्रन्थों पर प्रसिद्ध मार्मिक विद्वानों के द्वारा समालोचना भी करें।[1]

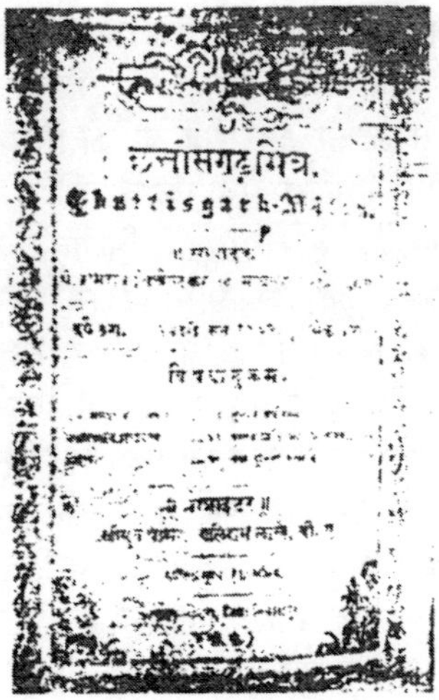
छत्तीसगढ़मित्र.

''छत्तीसगढ़' में **संवाददाता चाहिए** की सूचना जिस प्रकार प्रकाशित की जाती थी, वह उनकी उस भावना को उजागर करता है कि वे एक पत्रकार को किस रूप में देखना चाहते थे, ''संवाददाता को स्मरण हो कि सत्य, सत्य समाचार भेजें। झूठ-मूठ किसी पर आक्षेप या गपोड़ी कपोल कल्पित बात कदापि न भेजें। जो महाशय संवाददाता होना चाहते हैं, शीघ्र ही पत्र द्वारा हमें सूचित करें। 'मित्र' की एक प्रति बिना मूल्य के उनके पास भेजी जाएगी।'' अंग्रेजी हुकूमत के खिलाफ वे कितने सुन्दर ढंग से टिप्पणी करते थे कि 'घाव करे गम्भीर' वाली कहावत चरितार्थ होती थी, देखिए—''अकाल निवारणार्थ सभा बिलासपुर में तारीख 17 मार्च को सब जमींदारों और बस्ती के महाजनों की भारी सभा हुई थी। मान्यवर डिप्टी कमिश्नर बहादुर अध्यक्ष बने थे। इंडियन चैरेंटेबुल फंड के लिए चन्दा वसूल किया गया। लगभग 7 हजार रुपए वसूल हुए। काम बहुत अच्छा है, पर दुष्काल पीड़ितों के लिए खर्च किया जाए तब।''

यदि इस समाचार को तत्कालीन सन्दर्भ में देखें, तो सप्रे जी की साहसिकता की प्रशंसा करनी ही पड़ेगी, क्योंकि उस समय शासन के विरुद्ध बोलना गुनाह माना जाता था। 'छत्तीसगढ़ मित्र' तीन वर्ष चलकर बन्द हो गया। 'छत्तीसगढ़ मित्र' के उद्देश्य पर प्रकाश डालते सप्रे जी ने लिखा था,—''अब समय आ गया है कि हमारे इच्छा रूपी बीज का सिंचन लोकाश्रय के जेल से हो तथा उसका फल जन साधारण को प्राप्त हो।'' सप्रे जी ने आजीवन आम आदमी के लिए अपना जीवन समर्पित कर दिया। छत्तीसगढ़ मित्र के दूसरे वर्ष की समाप्ति पर मालिक के प्रति आभार व्यक्त करते हुए सप्रे जी ने मैनेजर के साथ कम्पोजीटर का भी आभार माना। उनके ही शब्दों में,—''रायपुर के कय्यूमी प्रेस ने छत्तीसगढ़ मित्र का काम चला दिया। उसके लिए मैनेजर मुंशी अब्दुल गफ्फार खाँ साहब तथा प्रोपराइटर मुल्ला शमशुद्दीन साहब को तथा मित्र पं. लक्ष्मीनारायण कम्पोजीटर को हृदय से धन्यवाद देते हैं।'' 'छत्तीसगढ़ मित्र' के अवसान की सूचना देते हुए सप्रे जी लिखते हैं,—''प्रिय पाठकगण, आइए प्रेम पूर्वक आलिंगन कीजिए, अब यह वियोग का समय है। मित्र के अपराधों को क्षमा कीजिए। अपने

1. वीणा में डॉ. बृजभूषण सिंह 'आदर्श' का लेख 'हिन्दी पत्रकारिता के महारथी : स्व. माधवराव सप्रे' पृ. 75, अमृतोत्सव अंक, 11, रवीन्द्रनाथ टैगोर मार्ग, इन्दौर (म.प्र.), सितम्बर, सन् 2002 ई.

विशाल अन्तःकरण में थोड़ा सा स्थान दीजिए। हाँ, दुर्दैव क्या अब फिर कभी आप से मिलने का प्रसंग नहीं आएगा?'' 'छत्तीसगढ़ मित्र' के बन्द होने के बाद सप्रे जी नागपुर जाकर देश सेवक प्रेस में काम करने लगे। उन्होंने तिलक के 'मराठी केशरी' का प्रकाशन नागपुर से हिन्दी में आरम्भ किया। 13 अप्रैल, 1907 को इसका प्रवेशांक क्या निकला कि हलचल मच गई। इस साप्ताहिक पत्र के विषय में एक विद्वान श्री सुन्दर लाल ने लिखा कि, सप्रेजी के 'हिन्दी केशरी' से मुझे देशभक्ति की स्फूर्ति मिली।[1] इसी तरह प्रयाग दत्त शुक्ल ने इस पत्र के विषय में लिखा,—''हिन्दी केशरी अपने युग का हिन्दी का सर्वश्रेष्ठ साप्ताहिक था और ग्राहक संख्या सात हजार थी। इतनी ग्राहक संख्या उन दिनों किसी समाचार-पत्र की नहीं थी। 'हिन्दी केशरी' में आपत्तिजनक लेख छापने के आरोप में देश सेवक प्रेस के कोल्टकर और सप्रे जी को गिरफ्तार किया गया। उनके विरुद्ध देश द्रोह का मुकदमा चलाया गया। सप्रे जी को पारिवारिक कारणों से माँफी माँगकर बाहर आना पड़ा। पर वे बाहर आकर संन्यासी का जीवन जीने लगे। मधुकरी-भिक्षावृत्ति से जीवन का निर्वाह करने लगे। इसी समय उन्होंने 'दासबोध', 'गीता रहस्य' और 'महाभारत मीमांसा' जैसे श्रेष्ठ ग्रन्थों का अनुवाद किया। सप्रे जी ने अपने को लगभग एकदम से अलग कर लिया था, पर राजनैतिक नेता और बुद्धिजीवियों ने उन्हें पुनः सक्रिय किया। वे जबलपुर गए और सन् 1909 में 'कर्मवीर' का प्रकाशन कराया। बहरहाल, सन् 1900 से मृत्यु पर्यन्त 1926 तक सप्रे जी पत्रकारिता के पावन कार्य में लगे रहे। कर्मवीर के लिए घूमघूम कर चन्दा एकत्र करके उसे नये सिरे से चलाने का उन्होंने प्रयास किया और इसी कार्य में उन्होंने अपने जीवन की आहुति दे दी। पं. रघुवीर प्रसाद द्विवेदी जी ने 2 अक्टूबर, 1926 को लिखा था, ''सप्रे जी इस कर्मवीर की सहायता के लिए दरदर भिखारी बनकर अपना स्वास्थ्य ही खो बैठे और अल्प अवस्था में ही अपनी सांसारिक लीला संवरणकर चले गए। इधर, 4 अप्रैल, 1925 को कर्मवीर तो फिर से प्रकाशित हो गया, पर देहरादून में हुए 15वें हिन्दी साहित्य सम्मेलन की अध्यक्षता कर लौटने के बाद वे संसार छोड़ कर चले गए। हिन्दी पत्रकारिता को सार्थक दिशा और पत्रकारिता से जुड़े प्रत्येक व्यक्ति को समान महत्त्व देनेवाले सप्रे जी पत्रकारिता के इतिहास में हमेशा याद किए जाएँगे।[2]

(13) महात्मा गांधी और इंडियन ओपीनियन

महात्मा गांधी अक्षर देह के रूप में, महज अब लोगों के सामने हैं। ऊबड़-खाबड़ रास्ते पर चलते समय हाथ में भरोसे की लाठी, आँख पर वर्तमान और भविष्य को पढ़ने का चश्मा और सूत कातते चरखा से लैस उनका विराट व्यक्तित्व इतिहास के विराट, कालखंड के भीतर से पूरी दुनियाँ का अब भी मार्गदर्शन कर रहा है। पर, दुर्भाग्य से गांधी को बेनक़ाब-बदनाम, दकियानूस तथा कुछ ही लोगों का हित-चिन्तक बताने की निरन्तर कोशिशें समय-समय पर होती रहती हैं। दरअसल, गांधी को देखने-समझने के लिए लोगों ने कहीं पारम्परिक लेंस का इस्तेमाल किया, कहीं बाइफोकल तो कहीं प्रोग्रेसिव, बल्कि इसका अल्प-विस्तार कर यह भी स्वीकार कीजिए कि स्वतंत्रता आन्दोलन की ताकत को तीक्ष्ण धार और शादकाम देनेवाले 'गांधी, खादी और हिन्दी'—ये तीनों आज विचारों की फूहड़ किल्लत और खुदफरोशी के शिकार हैं। गांधी जी आजादी के महानायक। इस देश में स्वतंत्रता का चिराग जलाने वालों के अगुवा, जिनकी अहिंसा की लाठी ने अंग्रेजों को इस देश को छोड़ने के लिए विवश किया—आज अपने ही देश में जैसे तंगबख्त एवं अप्रासंगिक हो—अपने ही लोगों से हारी हुई लड़ाई लड़ रहे हैं। कभी अल्पसंख्यकों के नाम पर, कभी अम्बेडकर से वैचारिक फासले के नाम पर, तो कभी 'हरिजन' शब्द के प्रयोक्ता के नाम पर इस महापुरुष का आदमकद व्यक्तित्व और कृतित्व आज की टुच्ची, विद्रूप और भद्दी राजनीति का खिसियाया शिकार बन रहा है। यह अलहदा बात है कि इन आलोचनाओं के भीतर से वे निरन्तर, बेदाग़ और अनाविल होकर निकले हैं।

बहरहाल, महात्मा गांधी ने पत्रकारिता की शुरुआत, डरबन में, 'सम्पादक के नाम पत्र' लिखकर की थी। यह पत्र उन्होंने तब लिखा, जब उनसे कोर्ट में पगड़ी उतारने को कहा गया था और उन्होंने

1. भारत में अंग्रेजी राज-सुन्दर लाल, पृ. 85
2. जनसत्ता (माधव राव सप्रे के जन्म दिवस—19 जून पर विशेष), 11 जून, 1989, दिल्ली संस्करण।

ऐसा करने से इनकार कर दिया था। इस विरोध के साथ शुरू हुई पत्रकारिता बाद में इंडियन ओपीनियन, नवजीवन, हरिजन के प्रकाशन और कई अखबारों में लेख लिखने के साथ बढ़ती गई। गांधी जी पत्रकारिता का महत्त्व जानते थे। वे उस युग के थे, जब टी.वी. और रेडियो तो नहीं ही थे, अखबार भी नाम मात्र के हुआ करते थे और उनमें से भी ज्यादातर के मालिक अंग्रेज थे। सन् 1903 में उन्होंने दक्षिण अफ्रीका में इंडियन ओपीनियम का प्रकाशन शुरू करवाया। यह अखबार चार भाषाओं—हिन्दी, अंग्रेजी, तमिल और गुजराती में छपता था। सच तो यह है कि महात्मा गांधी ने अपनी पत्रकारिता की शुरुआत सन् 1888 में लन्दन से ही कर दी थी। गांधी जी ने पत्रकारिता का उपयोग दो प्रकार से किया—'इंग्लैंड में प्रवास काल (जुलाई 1888, जून 1891) तथा दक्षिण अफ्रीका में देशी-विदेशी समाचार-पत्रों के माध्यम से गांधी ने अपने कार्यों एवं विचारों को पाठकों तक पहुँचाने का कार्य किया और उन्हें वहाँ के समाचार-पत्रों में विशेष स्थान मिलता गया। गांधी ने पत्रकारिता के माध्यम से दक्षिण अफ्रीका से लेकर भारत तक में भारत और भारतीयों के अधिकारों के लिए आवाज उठाई। सन् 1886 से 1888 तक का समय गांधी जी के पत्रकारिता के सन्दर्भ में आने का समय कहा जा सकता है।[1]

खुलासा यह कि गांधी जी ने सक्रिय पत्रकारिता के क्षेत्र में सन् 1904 में प्रवेश किया। दक्षिण अफ्रीका में उन्होंने 'इंडियन ओपीनियन' नाम के साप्ताहिक पत्र को जन्म दिया। सन् 1914 तक गांधी जी इस पत्र के सर्वेसर्वा थे। पत्रकारिता के क्षेत्र में उन्होंने सत्य को कभी आँच नहीं आने दी। प्रथम विश्व युद्ध के समय वह भारत आए और यहाँ आकर 'यंग इंडिया' और 'नव जीवन' पत्रों का प्रकाशन शुरू किया। उनका 'नव जीवन' यंग इंडिया का गुजराती संस्करण था। यह पत्र 1931 तक निकलता रहा। सन् 1933 में उन्होंने अंग्रेजी और हिन्दी भाषाओं में, 'हरिजन' नाम से अखबार निकाला जो सन् 1948 तक निकलता रहा। गांधी जी अखबार यानी 'न्यूजपेपर' को 'व्यूजपेपर' कहकर व्याख्यायित करते थे क्योंकि उनके लिए अखबार राजनीतिक और सामाजिक आन्दोलनों पर विचार करने और जरूरी कदम उठाने के लिए आम राय बनाने के लिए सर्वाधिक महत्त्वपूर्ण साधन मानते थे।[2] गांधी जी अंग्रेजी पत्रों की अपेक्षा देशी भाषाओं के पत्रों के पक्ष में अधिक थे। वह जानते थे कि हिन्दी पत्र के माध्यम से ही जनता तक पहुँचा जा सकता है। गांधी जी की पत्रकारिता का लक्ष्य पैसा कमाना नहीं था। पत्रों में विज्ञापन देने के पक्ष में वह नहीं थे। पत्र के लिए किसी से कर्ज लेना भी उन्हें पसन्द नहीं था। उनकी मान्यता थी कि जो पत्र आर्थिक दृष्टि से स्वावलम्बी नहीं है, उसको चलाने से कोई लाभ नहीं है। गांधी जी स्वयं पत्रकार तो थे ही, उन्होंने देश के कई प्रमुख नेताओं को भी पत्रकार बना दिया। उनकी प्रेरणा से काशी के शिवप्रसाद गुप्त ने 1920 में दैनिक 'आज' की स्थापना की। इस पत्र ने अपनी स्पष्टवादिता और निर्भीक नीति से देश के हिन्दी दैनिकों में अपना प्रमुख स्थान बना लिया। हिन्दी के यशस्वी पत्रकार श्री प्रकाश और बाबूराव विष्णु पराड़कर के सम्पादन में इस पत्र की कीर्ति सारे देश में फैल गई। गांधी

1. अन्तिम जन में रामशंकर का लेख ' गांधी की पत्रकारिता की एक झलक', पृ. 46, दिसम्बर 2013 ई. गांधी दर्शन, राजघाट, नई दिल्ली, मू. 10 रुपये।
2. अन्तिम जन में कृष्ण कान्त का लेख ' गांधी, पत्रकारिता और आम आदमी', पृ. 36, अक्टूबर 2012 ई.

जी की प्रेरणा से राजेन्द्र बाबू ने 1920 में पटना से 'देश' का प्रकाशन प्रारम्भ किया। इस साप्ताहिक पत्र ने बिहार के गाँव-गाँव में गांधी जी के सन्देश को पहुँचाने में महत्त्वपूर्ण योगदान किया।

अमर शहीद गणेश शंकर विद्यार्थी ने गांधी जी के भारत आगमन के पूर्व 1939 में 'प्रताप' को जन्म दे दिया था। सन् 1920 में गांधी जी के आन्दोलन से प्रभावित होकर उन्होंने इसे साप्ताहिक से दैनिक कर दिया। विद्यार्थी जी के चरणों में बैठकर बालकृष्ण शर्मा नवीन, श्रीराम शर्मा, कृष्णदत्त पालीवाल आदि दिग्गज पत्रकारों ने पत्रकारिता का पाठ पढ़ा। गांधी के आन्दोलन ने ही हरिभाऊ उपाध्याय को 1923 में 'मालव विहार' निकालने के लिए प्रेरित किया। बिहार में रामवृक्ष बेनीपुरी के 'युवक' और 'जनता' ने तथा स्वामी सहजानन्द के 'कृषक' और 'हुंकार' ने जनजागृति का कार्य किया। इसी तरह देश के कई नेताओं ने गांधी जी का अनुकरण कर पत्रकारिता में प्रवेश किया। डॉ. भगवानदास और आचार्य नरेन्द्र देव के सम्पादकत्व में काशी विद्यापीठ की पत्रिका 'विद्यार्थी' ने गांधी दर्शन और कांग्रेस की विचारधारा का समर्थन किया। डॉ. सम्पूर्णानन्द ने 'समाज' और 'मर्यादा' का सम्पादन किया। कमलापति त्रिपाठी के 'संसार', इन्द्र वाचस्पति के 'अर्जुन' और जयनारायण व्यास के 'अखंड भारत' ने भी कांग्रेस की गतिविधियों का प्रचार कर स्वतंत्रता संग्राम को बल दिया। गांधी जी की प्रेरणा से सेठ गोविन्ददास ने जबलपुर से 'लोकमत' और 'जयहिन्द' पत्रों को प्रकाशित किया। ब्रजकाल बियाणी ने 'नव राजस्थान', आगरकर ने 'स्वराज्य', माखन लाल चतुर्वेदी में 'कर्मवीर', पथिक जी ने 'राजस्थान केसरी', हरिभाऊ उपाध्याय ने 'त्यागभूमि', अचलेश्वर प्रसाद शर्मा ने 'प्रजा सेवक' और दुर्गा प्रसाद चौधरी ने 'नवज्योति' के माध्यम से जन-जागरण के क्षेत्र में महत्त्वपूर्ण कार्य किया।

गांधी जी के सुपुत्र देवदास गांधी ने 1936 में दैनिक हिन्दुस्तान को जन्म दिया। यह पत्र गांधी जी और कांग्रेस की विचारधारा का प्रबल पोषक था। 'विश्वमित्र', 'नवभारत', 'जागरण', 'लोकवाणी', 'भारत', 'स्वतंत्र भारत', 'प्रदीप', 'आर्यावर्त्त', 'नई दुनिया' आदि पत्र भी स्वतंत्रता से पूर्व निकले और इन्होंने भी राष्ट्रीय आन्दोलन में महत्त्वपूर्ण योगदान किया। 'हंस', 'सरस्वती', 'चाँद', 'माधुरी' आदि पत्रिकाओं पर भी गांधी जी के चिन्तन का प्रभाव स्पष्ट दिखायी देता था। 'चाँद' का फाँसी अंक अंग्रेज सरकार द्वारा जब्त कर लिया गया था। खादीग्रामोद्योग, बुनियादी शिक्षा, राष्ट्रभाषा प्रचार, महिला सुधार, हरिजन सेवा और प्राकृतिक चिकित्सा गांधी जी के रचनात्मक कार्यक्रम के कुछ प्रमुख अंग थे। इन प्रत्येक अंगों के समुचित विकास के लिए उनकी प्रेरणा से कुछ पत्र-पत्रिकाओं का प्रकाशन हुआ। सन् 1923 में 'अखिल भारतीय खादी समाचार' और 1933 में 'महाराष्ट्र खादी पत्रिका' का प्रकाशन हुआ। सन् 1941 में 'खादी जगत' और 1937 में 'ग्रामोद्योग' पत्रिका का प्रकाशन शुरू हुआ। 'नई तालीम', 'महिला आश्रम पत्रिका', 'सबकी बोली', 'हिन्दी प्रचारक', 'राष्ट्रभाषा', 'नया हिन्दू', 'हरिजन सेवक', 'जीवन साहित्य', 'सर्वोदय', ' गांधी जी के पथपर', 'भूदान यज्ञ', 'ग्रामभावना', 'ग्रामराज' आदि पत्रिकाओं ने गांधी जी के रचनात्मक कार्यक्रमों को प्रचारित किया। दरअसल, स्वतंत्रता आन्दोलन के दौरान जितने भी पत्र प्रकाशित हुए, उनमें प्रायः सभी में गांधी जी का प्रभाव किसी-न-किसी रूप में परिलक्षित होता था। निःसन्देह, गांधी जी ने पत्रकारिता में उच्च आदर्श कायम करने के साथ देश को अनेक ओजस्वी पत्रकार भी दिए। गांधी युग में पत्रकारिता एक मिशन थी, किन्तु आज इसने व्यावसायिकता का रूप ले लिया है। देश सेवा, त्याग और बलिदान की भावना उन दिनों के पत्रकारों में थी, वह आज दिखायी नहीं देती। समय की माँग है कि गांधी युग के पत्रकारों के आदर्शों को अपनाकर पत्रकारिता की पवित्रता और गरिमा की रक्षा की जाए[1] और उनके द्वारा बताए गए पत्रकारिता के उद्देश्यों को अमल किया जाए, यथा—

(1) पत्रकारिता का पहला काम जनभावनाओं को समझना और उन्हें अभिव्यक्ति देना है,
(2) पत्रकारिता का दूसरा उद्देश्य लोगों में जरूरी भावनाओं को जाग्रत करना है तथा
(3) पत्रकारिता का तीसरा उद्देश्य निर्भीक तरीके से गड़बड़ियों को उजागर करना है।[2]

1. संचार माध्यम में ' गांधी जी और हिन्दी पत्रकारिता' सम्बन्धी देवकृष्ण व्यास का लेख, पृ. 32, अक्टूबर-1997 ई.
2. "इंडियन ओपीनियन" का प्रथम अंक, 4 जून, 1903 ई.

(14) मुंशी प्रेमचन्द तथा हंस

हिन्दी सर्जना एवं संवेदना के भूगोल में दुर्लभ व्यक्तित्व के साथ पैदा हुए कथाकार, कहानीकार और पत्रकार मुंशी प्रेमचन्द भारतीय संस्कृति के बेलौस उद्‌गाता हैं। भारतीय इतिहास के एक-एक सफों-पृष्ठों को पलटते हुए मुंशी प्रेमचन्द इस देश की संस्कृति, सभ्यता, तमद्‌दुन, धर्म, दर्शन आदि के साथ अपने समय और समाज में व्याप्त विसंगतियों की जितनी सुन्दर और सूक्ष्म पड़ताल करते हैं, वह उन्हें हमकलम कथाकारों/पत्रकारों से अलग पहचान दिलाता है। हमें यह बेबाक स्वीकार करना पड़ेगा कि मुंशी प्रेमचन्द हिन्दी पत्रकारिता के एक विशिष्ट कालखंड की उस तेजस्वी परम्परा की लगभग आखिरी निशानी थे, जिसकी चमक में खड़ी हिन्दी पत्रकारिता का स्वर्णयुग बनता है। कथाकार कहानीकार के क्षेत्र में उनकी कहानियाँ सामाजिक सरोकार तथा वैचारिक सुलझेपन को इतनी स्पष्ट एवं शिशु सुलभ भोलेपन के साथ व्यक्त करती हैं कि पाठक इन कहानियों में अनायास और निरापद भाव से शामिल हो जाता है तथा अपने 'हंस' के माध्यम से वे समाज के उन कोनों-अँतरों में फोकस डालते हैं, जो प्रायः अदेख और पीड़ित हैं। उक्त सारी विशेषताएँ प्रेमचन्द जी को हिन्दी-पत्रकारिता का पुरोधा, और शिखर-शलाका पुरुष तो सिद्ध करती ही हैं, वे यह भी बताती हैं कि प्रेमचन्द जी कथाकार-कहानीकार की तरह पत्रकार कला में कला-नैपुण्य और कमालेफ़न भी हैं।

सन् 1920 में प्रेमचन्द के मासिक पत्र 'हंस' ने हिन्दी की साहित्यिक पत्रकारिता को नई दिशा दी। 'हंस' के प्रथम सम्पादकीय लेख में प्रेमचन्द जी ने लिखा है कि 'हंस' भी अपनी चोंच में थोड़ीसी मिट्टी लेकर देश की आजादी की लड़ाई में कूद पड़ा है। 'हंस' के आत्मकथांक, स्वदेशांक, काशी अंक आदि विशेषांकों के माध्यम से हिन्दी पत्रकारिता को जो उच्च स्तर दिया, वह स्मरणीय रहेगा। 'हंस' एक समय राष्ट्र का मुख पत्र बन गया था। इसमें विभिन्न विषयों के समावेश के साथ अन्तर प्रान्तीय साहित्य का भी समावेश रहता था।[1] इसका प्रथम अंक इतना सजधज कर प्रकाशित किया गया कि स्वयं आधुनिक कहानियों की प्रतिनिधि पत्रिका के रूप में 'हंस' चर्चित हो गया। इसके प्रथम अंक में प्रेमचन्द की 'मधुआ', 'जुलूस' और 'परमेश्वर' तथा प्रसाद जी की सुप्रसिद्ध कहानी 'गूँज' जैसी कहानियाँ भी प्रकाशित हुई। सन् 1933 में 'हंस' का काशी अंक प्रकाशित हुआ। यह अंक साहित्यिक पत्रकारिता में अपना ऐतिहासिक महत्त्व रखता है। काशी के विषय में इसमें अनेक शोध पूर्ण निबन्धों का प्रकाशन हुआ। इस अंक में हमें काशी की महत्ता, परम्परा, इतिहास, दर्शन, राजनीति तथा सामाजिक जीवन की प्रवृत्तियों की स्पष्ट झलक दिखायी पड़ती है। इस विशेषांक में काशी को कई दृष्टियों से देखा गया है, यथा—दार्शनिक, सांस्कृतिक और ऐतिहासिक काशी, साहित्यिक काशी, सामाजिक, राजनीतिक काशी, नूतन परम्पराओं की जन्मदात्री काशी तथा व्यावसायिक काशी आदि।[2] इस तरह हंस मुख्यतः तत्कालीन हिन्दी कथा-साहित्य का प्रतिनिधि पत्र हो गया, किन्तु इसका अर्थ यह नहीं कि हंस में कविता, एकांकी, आलोचना, निबन्ध आदि साहित्य रूपों का अभाव था। साहित्य के विविध रूपों का सामंजस्य हंस में रहता था। हंस के द्वारा प्रेमचन्द ने हिन्दी कथा-साहित्य को बहुत ऊँचे धरातल पर पहुँचा दिया। दर्जनों कहानी लेखकों को उन्होंने साहित्य-सर्जना के लिए प्रोत्साहित किया। हंस, बहुत जल्द ही विविध भारतीय भाषाओं की श्रेष्ठ रचनाओं का प्रतिनिधि पत्र बन गया। सन् 1936 में प्रेमचन्द की अध्यक्षता में प्रगतिशील लेखक संघ की स्थापना हुई। स्वभावतः हंस पर प्रगतिशील विचारधारा का प्रभाव पड़ा।

1. संचार माध्यम—पृ. 11, सन् 1998
2. हंस में रामकृष्ण यादव का लेख,—'हिन्दी की साहित्यिक पत्रकारिता : एक अवलोकन', पृ. 62, नवम्बर 2011 ई.

हंस के जुलाई, 1933 के अंक में श्री शिवनारायण टंडन की एक कहानी 'क्रान्तिकारी की माँ' प्रकाशित हुई थी, इस कहानी को आपत्तिजनक मानते हुए तत्कालीन जिलाधीश बनारस ने हंस के सम्पादक प्रेमचन्द को चेतावनी दी,—"पुलिस फाइल 1905/1932, पृ. 29, उत्तर प्रदेश अभिलेखागार की एक सूचना द्वारा ज्ञात होता है कि, 'क्रान्तिकारी की माँ कहानी 'गोर्की के उपन्यास पर आधारित थी, जिसमें रूस के क्रान्तिकारियों की माताओं द्वारा वहाँ के जारशाही शासन के विरुद्ध आवाज उठाई गई थी।[1] यद्यपि इस चेतावनी से हंस थोड़ा-सा भी डिगा नहीं, बल्कि जन जागरण में और जोर-शोर से लगा। साहित्य की समृद्धि के लिए हंस मासिक के समय-समय पर प्रकाशित विशेषांकों ने उल्लेखनीय योगदान दिया। इनमें प्रमुख विशेषांक हैं—आत्म कथा अंक, काशी अंक तथा प्रेमचन्द स्मृति अंक। बाबू विष्णु पराड़कर ने हंस के माध्यम से प्रेमचन्द द्वारा किए गए साहित्यिक योगदान की प्रशंसा करते लिखा कि,—"प्रेमचन्द ने हिन्दी साहित्य को जनता का साहित्य बना दिया। प्रेमचन्द के पात्र जनवर्ग के प्रतिबिम्ब हैं। प्रेमचन्द के विचार वर्गों को उठाने और मिलाने के भगीरथ प्रयत्न के द्योतक हैं। स्वयं प्रेमचन्द जनता के प्रतीक हैं। उनका यह उज्ज्वल प्रतीक तब तक रहेगा, जब कि हिन्दी रहेगी और उसके बोलने वाले रहेंगे।[2] सन् 1930 में प्रेमचन्द हंस के माध्यम से स्वतंत्रता की लड़ाई का आगाज कर लोगों को ऊर्जावान बनाने में लग गए। मार्च, 1930 से सितम्बर, 1936 तक 'हंस' के 36 अंक निकले। प्रेमचन्द ने मुक्त रूप से राष्ट्र की समस्याओं को देखा-जाना, परखा और अपने विवेक से उसका समाधान प्रस्तुत किया। वे स्वराज और जन कल्याण के लिए प्रतिबद्ध थे। कई बार हंस पर प्रतिबन्ध लगाये गए, अर्थदंड चुकता किया गया। सेठ गोविन्द दास के नाटक, विचार स्वातंत्र्य' के प्रकाशन के कारण अंग्रेज सरकार ने एक हजार रुपए की जमानत माँगी। बहरहाल, प्रेमचन्द के बाद शिवरानी देवी, पराड़कर जी, जैनेन्द्र कुमार, शिवदान सिंह चौहान, श्रीपतराय, अमृतराय और नरोत्तम नागर 'हंस' के सम्पादक बने। सन् 1942 ई. के आन्दोलन के दौरान कठोर सरकारी प्रतिबन्धों की अवज्ञा करने के लिए 'हंस' ने अपना फैसला सुनाया,—"देश की प्रत्येक संस्था, संगठन और व्यक्ति की यह आवाज होनी चाहिए कि कांग्रेस को कानूनी घोषित किया जाए, राष्ट्रीय नेताओं और दूसरे सभी देशभक्तों को रिहा किया जाए, जापान से लड़ने के लिए जनता को संगठित करने हेतु तुरन्त राष्ट्रीय सरकार का निर्माण किया जाए। मजदूर, किसान, विद्यार्थी और नगर की जनता अपनी माँगों के आधार पर, संगठन बनाकर—इन नारों को देश के कोने-कोने में गुँजा दे, अपने संगठित प्रदर्शनों, सभाओं और आन्दोलनों द्वारा नौकरशाही को दमन करने से रोके।[3]

सन् 1930 में भयंकर राजनीतिक उथल-पुथल के दौर में कथा सम्राट मुंशी प्रेमचन्द ने वाराणसी से 'हंस' निकालना शुरू किया। पत्रिका का शीर्षक छायावादी कवि जयशंकर प्रसाद ने दिया था। प्रकाशित होते ही 'हंस' समकालीन हिन्दी कथा साहित्य का प्रतिनिधि पत्र बन गया।[4] हंस के सम्पादक मंडल में महात्मा गांधी, काका कालेलकर, चक्रवर्ती राजगोपालाचारी, शिवदान सिंह चौहान, कन्हैयालाल माणिक लाल मुंशी समय-समय पर जुड़े रहे। अभी यह भी बताया गया है कि प्रेमचन्द के बाद 1936 में शिवरानी देवी, सितम्बर, 1937 में जैनेन्द्र कुमार, अप्रैल, 1939 में श्रीपतराय इसके सम्पादक बनाये गए। सन् 1957 में प्रेमचन्द की पुण्यतिथि पर इसके अन्तिम अंक का सम्पादन बाल कृष्णराव और अमृतराय ने किया। सन् 1936 में रोग शय्या पर पड़े रहने पर भी प्रेमचन्द ने 'हंस' की जमानत के लिए आवश्यक प्रबन्ध किया। 'हंस' उन्हें अत्यन्त प्रिय था और वे उसे किसी भी कीमत पर बन्द नहीं होने देना चाहते थे। 'हंस' के लिए उन्होंने फिल्मी दुनिया में कदम रखा था, किन्तु मन नहीं रमा। साहित्य और कला के क्षेत्र में उन्होंने वणिक वृत्ति को कभी प्रश्रय नहीं दिया। बहरहाल, प्रेमचन्द के हाथ से 'हंस' निकल गया।[5] इसकी बड़ी पीड़ा उन्हें थी, जिसे उन्होंने अख्तर हुसैन रायपुरी को अपने 28 फरवरी, 1936 ई. के पत्र में व्यक्त की,—

1. स्वतंत्रता आन्दोलन और हिन्दी पत्रकारिता—डॉ. अर्जुन तिवारी, पृ. 303
2. हंस—(प्रेमचन्द स्मृति अंक)—बाबू, विष्णुराव पराड़कर, 1937
3. हंस, अगस्त, 1942
4. हिन्दी साहित्य का इतिहास-सं. डॉ. नगेन्द्र, पृ. 604
5. हिन्दी पत्रकारिता (भारतेन्दु पूर्व से छायावादोत्तर-काल तक)—डॉ. धीरेन्द्र नाथ सिंह, पृ. 98

"अब मेरा किस्सा सुनो। मैं करीब एक माह से बीमार हूँ। मेदे में गैस्ट्रिक-अल्सर की शिकायत है। मुँह से खून आ जाता है, इसलिए काम कुछ नहीं करता। दवा कर रहा हूँ, मगर अभी तक तो कोई इफाका नहीं। अगर बच गया तो 'बीसवीं सदी' नाम का रिसाला अपने लोगों के खयालात की इशाअत के लिए जरूर निकालूँगा। 'हंस' से मेरा ताल्लुक टूट गया। मुफ्त की सरमगजी। बनियों के साथ काम करके शुक्रिया की जगह ये सिला मिला कि तुमने 'हंस' में जियादा रुपया सर्फ कर दिया। इसके लिए मैंने दिलो-जान से काम किया। बिल्कुल अकेला। अपने वक्त और मेहनत का कितना खून किया। उसका किसी ने लिहाज न किया। मैंने 'हंस' उन लोगों को इस खयाल से दिया था कि वो मेरे प्रेस में छपता रहेगा और मुझे प्रेस की जानिब से गोना बेफिक्री रहेगी लेकिन अब वो देहली में सस्ता साहित्य मंडल की जानिब से निकलेगा और इस तबादले में परिषद को अन्दाजन पचास रुपया महीना की बचत हो जाएगी। मैं भी खुश हूँ। 'हंस' जिस लिटरेचर की इशाअत कर रहा था, वो हमारा लिटरेचर नहीं है।"
बहरहाल, 29 साल बन्द रहने के बाद 1986 में स्व. श्री राजेन्द्र यादव ने इसे फिर से निकालना शुरू किया। राजेन्द्र यादव के सम्पादन में इस पत्रिका ने अब तक 25 वर्ष और 300 अंकों का सफर तय किया है। इस दौरान इस पत्रिका ने हिन्दी की साहित्यिक पत्रकारिता में एक नया प्रतिमान बनाया है। परम्परा, मूल्यों, सिद्धान्तों, धार्मिक आडंबरों की शल्य-क्रिया करने के साथ ही 'हंस' ने 'दलित विमर्श' और 'स्त्री विमर्श' को एक नया आयाम दिया है। सन् 1986 से अब तक हिन्दी की सर्वश्रेष्ठ कहानियाँ एवं अन्य रचनाएँ 'हंस' में ही प्रकाशित हुई हैं।[1] स्व. डॉ. राजेन्द्र यादव के निधन के बाद सम्प्रति 'हंस' का सम्पादन सुप्रसिद्ध कथाकार-कहानीकार डॉ. श्रीमती मन्नू भंडारी कर रही हैं।

(15) शिवपूजन सहाय और पाक्षिक जागरण

साहित्य के तमाम आयामों के प्रति सजग-सतर्क, सही मायने में आचार्य श्री शिवपूजन सहाय (शिवजी) एक ही साथ कहानीकार भी थे, उपन्यासकार भी, व्यक्तिगत निबन्ध लेखक भी और निबन्धकार भी, साथ ही भाषा-संशोधक, आन्दोलनकर्ता और संगठन कर्त्ता एवं आलोचक भी थे। वे सम्पादन कला एवं प्रूफ रीडिंग में दक्ष और निष्णात् होने के साथ-साथ अपने समय के बड़े पत्रकार भी थे। शिवपूजन सहाय को लोग मारे आदर के संक्षेप में 'शिव जी' या 'शिवबाबू' भी कहते थे। कुछ लोगों को कहते मैंने सुना है कि शिवबाबू साहित्य निर्माता तो थे ही, वे साहित्यकारों के भी निर्माता थे। कई लोग शिवपूजन सहाय के समग्र व्यक्तित्व को महावीर प्रसाद द्विवेदी के व्यक्तित्व से कई सन्दर्भों में श्रेष्ठ मानते हैं, वहीं कई अन्य विद्वानों का आकलन है कि यदि उनकी सम्पूर्ण क्षमता रचनात्मक लेखन को ही समर्पित होती तो वे दूसरे प्रेमचन्द होते। बहरहाल, जो भी हो, बेबाक यह कि शिवपूजन बाबू हिन्दी साहित्य पथ के सहचर थे, खादी टोपी निरन्तर धारण करने के बावजूद राजनीति से उनका कभी कोई सरोकार नहीं रहा। वे ऐसे आचार्य थे जिन्होंने लगभग हर विधा में श्रेष्ठतम निदर्शन प्रस्तुत किया। वे आलिमे बाअमल थे और उनका घर आलिमों का खानक़ाह था।

शिवपूजन सहाय का रचना संसार

स्व-रचित सम्पादित पुस्तकें—1. हिन्दी ट्रांसलेशन (1919, प्र. ग्रंथमाला कार्यालय, पटना), 2. प्रेमकली (1919, प्र. प्रेम मंदिर, आरा), 3. प्रेम-पुष्पांजलि, (1919, प्र. वही), 4. त्रिवेणी (1919, प्र. वही), 5. संसार के पहलवान (1935, प्र. पुस्तक भंडार, लहेरियासराय), 6. साहित्य-सरिता (गद्य-संग्रह, 1947, प्र. पुस्तक भंडार, पटना), 7. बापू के कदमों में (ले. डॉ. राजेन्द्र प्रसाद, 1950, प्र. अजन्ता प्रेस), 8. व्याकरण-दर्पण (1950, प्र. अशोक प्रेस, पटना), 9. राष्ट्रपति राजेन्द्र प्रसाद (1951, प्र. ग्रन्थमाला कार्यालय, पटना), 10. मेरा बचपन (1960, प्र. साहित्य साधना प्रकाशन, पटना), 11. अमर सेनानी वीर कुंअर सिंह (1962, प्र. वही), 12. मंगल-कलश (कहानी-संग्रह, 1963, प्र. वही), 13. गद्य-कलश (गद्य-संग्रह, 1963, प्र. वही), 14. वे दिन : वे लोग (1965,

1. हंस में रामकृष्ण यादव का लेख 'हिन्दी की साहित्यिक पत्रकारिता', पृ. 60, अंसारी रोड, दरियागंज, मू. 30 रु. नवम्बर 2011 ई.

प्र. राजकमल प्रकाशन दिल्ली, बिम्ब : प्रतिबिम्ब 1967 प्र. वागीश्वरी प्रकाशन), 15. मेरा जीवन (1985, प्र. पारिज़ात प्रकाशन), 16. अपना देश महान (1992, प्र. अनामिका प्रकाशन, पटना), 17. खूंटा पंडित (1992, प्र. वही), 18. राष्ट्र भाषा और हिन्दी (1992 पहल पुस्तिका, इलाहाबाद), 19. स्मृतिशेष (1994, प्र. राजकमल प्रकाशन, दिल्ली)।

रचनावली—शिवपूजन रचनावली : प्रथम खंड (1956, प्र. बिहार राष्ट्रभाषा परिषद, पटना) 1. बिहार का बिहार (1919, प्र. ग्रन्थमाला कार्यालय, पटना), 2. विभूति (1922, मूल शीर्षक 'महिला-महत्त्व', (प्र. जित्तू प्रसाद रामसुन्दर, 54 सुकिया स्ट्रीट, कलकत्ता, परिवर्द्धित संस्करण 'विभूति' शीर्षक से 1926 में पुस्तक भंडार, लहेरियासराय से प्रकाशित), 3. देहाती दुनिया (1926, प्र. पुस्तक भंडार, लहेरियासराय)।

शिवपूजन रचनावली : द्वितीय खंड (1957, प्र. बिहार राष्ट्रभाषा परिषद्, पटना) 1. भीष्म (1922, हिन्दी साहित्य प्रचार कार्यालय, 162-164, हरिसन रोड, कलकत्ता), 2. अर्जुन (1923, प्र. वही) 3. ग्राम-सुधार (1947, प्र. अजन्ता प्रेस, पटना), 4. दो घड़ी (1949, प्र. वही), 5. मां के सपूत (1948, प्र. वही), 6. अन्नपूर्णा के मंदिर में (1950, प्र. वही), 7. महिला-महत्त्व (पुस्तकाकार अप्रकाशित), 8. बालोद्यान (पुस्तकाकार अ.प्र.), 9. साहित्यिक भाषणावली (पुस्तकाकार अ. प्र.) 10. सेवा-धर्म (अनूदित 1919, प. प्रेम मंदिर आरा) 11. आदर्श परिचय (पुस्तकाकार अ.प्र.)।

शिवपूजन रचनावली : तृतीय खंड (1957, प्र. बिहार राष्ट्र भाषा परिषद, पटना) सन् 1912 से विभिन्न पत्र-पत्रिकाओं में प्रकाशित लगभग 140 साहित्यिक रचनाएँ।

शिवपूजन रचनावली : चतुर्थ खंड (1959, प्र. बिहार राष्ट्रभाषा परिषद् पटना) सन् 1912 से विभिन्न पत्र-पत्रिकाओं में प्रकाशित लगभग 70 जीवनियाँ एवं संस्मरण; (उत्तरांश में :) स्व-सम्पादित 'मारवाड़ी सुधार' (1921-23); 'गंगा' (1931), पाक्षिक 'जागरण' (1932), 'हिमालय' (1946) तथा त्रैमासिक 'साहित्य' (1940-1962) की लगभग 150 सम्पादकीय टिप्पणियाँ।

प्रमुख सम्पादित ग्रन्थ पुस्तकें—1. रंगभूमि (ले. प्रेमचन्द, 1925, प्र. गंगा पुस्तकमाला कार्यालय, लखनऊ), 2. द्विवेदी-अभिनन्दन-ग्रन्थ (1933, प्र. काशी नागरी प्रचारिणी सभा), 3. राजराजेश्वरी-ग्रन्थावली, (1937, प्र.श्री राजराजेश्वरी साहित्य मंदिर, सूर्यपुरा 4. जयन्ती-स्मारक-ग्रन्थ (1942, प्र. पुस्तक भंडार, लहेरियासराय), 5. आत्मकथा (ले. डॉ. राजेन्द्र प्रसाद, 1947, साहित्य-संसार, पटना), 6. राजेन्द्र-अभिनन्दन-ग्रन्थ (1950, आरा नागरी प्रचारिणी सभा), 7 सरोज-रचनावली (राजा कमलानन्द ग्रन्थावली, 1957, प्र. पुस्तक भंडार, पटना), 8. उर्दू शायरी और बिहार (1957, प्र. बिहार हिन्दी साहित्य सम्मेलन, पटना), 9. अयोध्या प्रसाद खत्री स्मारक ग्रन्थ (1960, प्र. बिहार राष्ट्रभाषा परिषद्, पटना), 10. हिन्दी साहित्य और बिहार (द्वितीय खंड, 1963, प्र. वही) 11. बिहार की महिलाएँ (राजेन्द्र-अभिनन्दन-ग्रन्थ, 1962, प्र. महिला चर्खा समिति, पटना)।

सम्पादित पत्र-पत्रिकाएं—1. मारवाड़ी-सुधार (1921-23, प्र. मारवाड़ी सुधार समिति, आरा), 2. मतवाला (1923-24, प्र. महादेव प्र. सेठ, बालकृष्ण प्रेस, कलकत्ता), 3. माधुरी (1924, सम्पादकीय सहयोग, प्र. दुलारेलाल भार्गव, गंगा-पुस्तक-माला कार्यालय, लखनऊ), 4. आदर्श (1922, प्र. दीनानाथ सिगतिया, घोष प्रेस, कलकत्ता), 5. समन्वय (1925, सम्पादकीय सहयोग, प्र. 'समन्वय' कार्यालय कलकत्ता), 6. मौजी (1925), 7. गोलमाल (1925, प्र. दीनानाथ सिगतिया, कलकत्ता), 8. बालक (1930, प्र. पुस्तक भंडार, लहेरियासराय), 9. गंगा (1931, प्र. कुमार कृष्णानन्द सिंह, सुलतानगंज, भागलपुर), 10. जागरण (पाक्षिक, 1932, प्र. पुस्तक-मंदिर, काशी), 11. हिमालय (1946, प्र. पुस्तक भंडार, पटना), 12. साहित्य (त्रैमासिक, 1950-62, प्र. बिहार हिन्दी साहित्य, सम्मेलन, पटना)

अप्रकाशित/असंगृहीत साहित्य—1. भीम (अपूर्ण पांडुलिपि), 2. अभिमन्यु (अ.पां.) 3. भरत-चरित (अ.पां.), 4. असमंजस (अपूर्ण, अर्द्ध-मुद्रित उपन्यास), 5. माया-मंदिर (अपूर्ण अर्द्ध-मुद्रित उपन्यास), 6. किस्सा तोता-मैना (अपूर्ण), 7. 'मतवाला' के अग्रलेख, 8. व्यंग्य-टिप्पणियाँ, 9. 'साहित्य' की सम्पादकीय टिप्पणियाँ एवं समीक्षाएँ, 10. डायरियाँ (1939 से 1963 तक), 11. साहित्यिक पत्रावली, 12. निबन्ध एवं लेख (1959 के बाद के लिखे), अन्यान्य विविध साहित्यिक सामग्री।

मतवाला मंडल से लेकर माधुरी तक उन्होंने साहित्यिक पत्रकारिता द्वारा हर रचना की भाषा को संशोधित, संवर्द्धित करके छापा। इस क्रम में प्रेमचन्द और जयशंकर प्रसाद से लेकर अनेक हिन्दी लेखक भाषा की सर्वोत्तम ऊँचाई प्राप्त करने में सफल हुए। उनके गद्य जैसी विविधता हिन्दी के दूसरे गद्यकार में नहीं है। उन्होंने साहित्य की लगभग सोलह विधाओं, जिनमें जीवनी, संस्मरण, रेखाचित्र, उपन्यास, कहानी, इतिहास लेखन आदि में लिखा। सच तो यह है कि आचार्य शिवपूजन सहाय शुद्ध साहित्य सर्जक होने के साथ-साथ दुर्लभ गुणों से युक्त श्रेष्ठ पत्रकार थे। वे पत्रकारिता को एक निर्मम सत्यनिष्ठ साधना के रूप में लेते थे। उनका मानना था कि जो व्यक्ति अपनी पत्रकारिता की साधना में अपनी अस्थियों को गला देने के लिए तैयार हो, उसे ही इसके तलवार जैसी धार के मार्ग पर बढ़ने का निश्चय करना चाहिए और एक बार निश्चय कर लेने के बाद न तो किसी प्रकार के दबाव में आना चाहिए और न ही पलायन करना चाहिए। वे सामग्री संशोधन से लेकर भाषा-संशोधन तक के पीछे कठोर श्रम करते थे और लगभग उनका कार्य उस जौहरी के समान होता था, जो किसी रत्नखंड पर जमी गर्द या विजातीय पदार्थों को बड़ी सहजता और कुशलता से दूर कर उसके आलोक को और ज्यादा प्रभावशाली बना देता है। बिहार राष्ट्रभाषा परिषद के पूर्व निदेशक **डॉ. रामधारी सिंह दिनकर** के शब्दों में जब हिन्दी साहित्य अपनी शैशवावस्था में था, उस समय भाषा को व्यवस्थित करने का महत्त्वपूर्ण काम शिवपूजन बाबू ने किया। उनका योगदान सम्पादन, शोध और भाषा-संस्कार—इन तीन क्षेत्रों में सबसे महत्त्वपूर्ण है। हिन्दी का ऐसा सेवक दुर्लभ है। पूरे हिन्दी क्षेत्र में वे एक प्रकार से 'मैगनेट' थे। उनके चुम्बकीय व्यक्तित्व के कारण बिहार के तमाम साहित्यकार राष्ट्रभाषा परिषद प्रांगण के सदस्य बने हुए थे। दिनकर, बेनीपुरी, मोहनलाल महतो 'वियोगी', मुक्त जी और ऐसे तमाम साहित्यकार शिव जी से बड़ी गहराई, श्रद्धा और सम्मान के साथ जुड़े थे। आचार्य शिवपूजन जैसी विद्वता और समर्पण उनके पहले भी दुर्लभ था और परवर्ती काल में तो अकल्पनीय ही बन गया। इधर कवि, समीक्षक **प्रो. रवीन्द्र राजहंस** का मानना है कि शिवपूजन सहाय शब्द, वाक्य-विन्यास और मुहावरों के प्रति अत्यन्त सजग लेखक रहे हैं इसलिए उनकी एक अपनी अनूठी गद्य-शैली रही है। चार दशकों (1920 से 1960) तक आचार्य शिवपूजन सहाय पत्रकारिता के माध्यम से हिन्दी-सेवा निरन्तर एक निष्ठभाव से करते रहे। स्वतंत्रता आन्दोलन के दौरान अधिकतर दैनिक और कुछ साप्ताहिक पत्र राष्ट्रीय चेतना से पूरी तरह अभिभूत हो समाचारों का प्रकाशन कर रहे थे, वहीं कुछ ऐसी पत्रिकाएँ भी थीं जो राष्ट्रीय चेतना के साथ साहित्यिक चेतना को जगाए रखने, कविता और कहानियों के माध्यम से राष्ट्रीय चेतना पैदा करने का भी काम करती थीं। ऐसी पत्रिकाओं में काशी से प्रकाशित तथा आचार्य शिवपूजन सहाय द्वारा सम्पादित 'पाक्षिक' जागरण था। वह साहित्यिक धारा की उत्कृष्ट पत्रिका थी। पत्रिका हिन्दी की विशुद्ध साहित्यिक पत्रिका थी, इसलिए उसमें सम्पादक का प्रयास था कि हिन्दी की विभिन्न विधाओं पर रचनाएँ प्रकाशित की जाएँ। 'जागरण' का पहला अंक बसन्त पंचमी, मंगलवार, संवत् 1988 वि. (11 फरवरी, 1932) को प्रकाशित हुआ। जागरण के पहले अंक में ही 'प्रसाद' जी की प्रसिद्ध कविता 'ले चल वहाँ भुलावा देकर' जागरण शीर्षक से प्रकाशित हुई थी। शिवपूजन सहाय की सम्पादन कला में पत्रिका अधिक आलोकित हुई। पत्रिका का प्रकाशन सन् 1932, जुलाई में बन्द हो गया।[1]

1. हिन्दी पत्रकारिता—डॉ. धीरेन्द्र नाथ सिंह, पृ. 106

कुल मिलाकर शिव जी अपने प्रारम्भिक जीवन से ही एक कुशल पत्रकार थे, जिन्होंने हिन्दी की साहित्यिक पत्रकारिता को एक सर्वथा नई दिशा दी, उन पत्रकारों में शिवजी अग्रणी थे। पत्रकार जीवन 1921 (28 वर्ष की उम्र) में आरा से प्रकाशित होनेवाले 'मारवाड़ी सुधार' नामक मासिक पत्र के सम्पादन से शुरू हुआ था। इसके बाद वे अपने साहित्यिक गुरु पंडित ईश्वरी प्रसाद शर्मा की प्रेरणा पर 1923 में कोलकाता जाकर 'मतवाला मंडल' में शामिल हो गए। इस मंडल में उन दिनों महाप्रसाद सेठ, नवजादिक लाल श्रीवास्तव, पांडेय बेचन शर्मा 'उग्र' और सूर्यकान्त त्रिपाठी 'निराला' थे। 'मतवाला' में उनकी सम्पादन प्रतिभा का अच्छा विकास हुआ। कोलकाता प्रवास के उन दिनों शिवजी ने 'मतवाला' के अलावा 'मौजी', 'आदर्श', 'गोलमाल', 'उपन्यास तरंग' और 'समन्वय' आदि कई पत्रों के सम्पादन में भी महत्त्वपूर्ण योगदान किया। सन् 1925 में उन्होंने कुछ महीने के लिए 'माधुरी' के सम्पादकीय विभाग को अपनी सेवाएँ दीं। सन् 1930 में सुल्तानगंज (भागलपुर) से प्रकाशित होनेवाली 'गंगा' नामक पत्रिका के सम्पादक मंडल के सदस्य बने। एक वर्ष बाद काशी में रहकर साहित्यिक पाक्षिक 'जागरण' का सम्पादन किया। सन् 1934 में लहेरिया सराय (दरभंगा) जाकर मासिक पत्र 'बालक' का सम्पादन किया। देश की आजादी के बाद वे बिहार हिन्दी साहित्य सम्मेलन की ओर से प्रकाशित 'साहित्य' नामक शोध समीक्षा प्रधान त्रैमासिक पत्रिका के सम्पादक बने। शिवजी बिहार राष्ट्रभाषा परिषद् के संस्थापक-संचालक थे। अपने जीवन के आखिरी दौर में उन्होंने अपनी सम्पूर्ण ऊर्जा परिषद के निर्माण और विकास को समर्पित कर दी थी। उनके ही प्रयास से बिहार में अद्वितीय साहित्यिक जागरण हुआ।[1]

(16) प्रभाष जोशी और जनसत्ता

जोशी जी रुक जाइए, कलम माँगती मौन।
पाठक सब मर जाएँगे, फिर पूछेगा कौन?

संक्षिप्त परिचय—प्रभाष जोशी 15 जुलाई, 1937 को मध्यप्रदेश में सिहोर जिले के आष्टा गाँव में पैदा हुए। शिक्षा इंदौर के महाराजा शिवा जी राव मिडिल स्कूल और हाई स्कूल में हुई। होल्कर कॉलेज, गुजराती कॉलेज और क्रिश्चियन कॉलेज में पहले गणित और विज्ञान पढ़े। देवास के सुनवानी महाकाल में ग्राम सेवा और अध्यापन किया। पत्रकारिता को समाज परिवर्तन का माध्यम मानकर सन् 60 में 'नई दुनिया' में काम शुरू किया। राजेन्द्र माथुर, शरद जोशी और राहुल बारपुते के साथ काम किया। यहीं विनोबा की पहली नगर यात्रा की रिपोर्टिंग की। 1966 में शरद जोशी के साथ भोपाल से दैनिक 'मध्यप्रदेश' निकाला।1968 में दिल्ली आकर राष्ट्रीय गांधी समिति में प्रकाशन की जिम्मेदारी ली। 1972 में चम्बल और बुंदेलखंड के डाकुओं के समर्पण के लिए जयप्रकाश नारायण के साथ काम किया। अहिंसा के इस प्रयोग पर अनुपम मिश्र और श्रवण कुमार गर्ग के साथ पुस्तक लिखी-*चम्बल की बन्दूकें, गांधी के चरणों में*। 1974 में 'प्रजानीति' (साप्ताहिक) और 'आस-पास' निकाली जो इमरजेंसी में बन्द हो गई। जनवरी '78 से अप्रैल 81 तक चंडीगढ़ में 'इंडियन एक्सप्रेस' का सम्पादन किया। फिर 'इंडियन एक्सप्रेस' (दिल्ली संस्करण) के दो साल तक सम्पादक रहे। सन् 83 में प्रभाष जोशी के सम्पादन में 'जनसत्ता' का प्रकाशन हुआ। प्रभाष जोशी की पुस्तक *मसि कागद और हिन्दू होने का धर्म* भी है। 5 नवम्बर, 2009 को दिल्ली में निधन हुआ।

मालवा की तेजस्वी बौद्धिक सर्जनात्मक परम्परा की अन्तिम निशानी स्व. प्रभाष जोशी असाधारण बौद्धिक साहस के धनी थे। जनसत्ता के संस्थापक-सम्पादक जोशी जी पेशेवर निष्ठावाली हिन्दी पत्रकारिता के युग-पुरुष थे। वे बिना थके और बिना रुके समाज के वंचित और बेजुबान लोगों की आजीवन आवाज थे। प्रेस की स्वतंत्रता के लिए अथक प्रयास करनेवाले जोशी जी सुविख्यात, निडर, उत्कृष्ट एवं मौलिक चिन्तक-लेखक तो थे ही, पत्रकारिता की गरिमा बनाये रखने, उस पर किसी तरह की आँच न आने देनेवाले निष्पक्ष, खुशामद और चाटुकर्म न पसन्द करनेवाले पत्रकार थे। सूचना का अधिकार, रोजगार गारंटी और 'पेड न्यूज' के बरक्स हुए आन्दोलनों में जोशी जी ने सक्रिय भूमिका निभाई थी। हिन्दी पत्रकारिता को सही मायने में एक नया आयाम देनेवाले प्रभाष जी ताजीन्दगी सामाजिक सरोकारों से जुड़े रहे। साफ शब्दों

1. जनसत्ता, 9 अगस्त, 1998 ई. दिल्ली संस्करण।

में, पत्रकारिता के सशक्त स्तम्भ जोशी जी की कलम ने आम आदमी के हितों से जुड़े मुद्दों को हमेशा प्राथमिकता दी। नवोदित पत्रकारों के लिए वे मिसाल और जलती मशाल थे। उन्होंने जनसत्ता को आम आदमी के सरोकारों से जोड़कर नये मानक स्थापित किया। उन्हीं के प्रयास से अपने उच्च मानदंडों के कारण जनसत्ता ने दूसरे मीडिया घरानों के सामने एक अच्छा उदाहरण प्रस्तुत किया है।

प्रभाष जोशी ने भारतीय पत्रकारिता की भाषा, परिभाषा और तेवर बदला, उसे नई शैली और पैरहन में ढाला। स्पष्टतः यह कि नये पत्रकारीय प्रतिमान और छवि में हिन्दी पत्रकारिता को सजाया। लोकभाषा को हिन्दी में समाहित कर हिन्दी को समृद्ध किया। सच तो यह है कि जिन्दादिल इंसान और बहु आयामी व्यक्तित्व के धनी श्री जोशी जी हिन्दी पत्रकारिता के फिरिश्त : सूरत और सूरज थे। वे जाने-माने खेल लेखक-समीक्षक, राजनीतिक विश्लेषक और टेलीविजन के लोकप्रिय टिप्पणीकार थे। हिन्दी में उनके सर्वमान्य बुद्धिजीवी कम ही हैं, जिन्हें सभी ध्यान से पढ़ते हों। जोशी ने अनोखी-लेखनी विकसित की और पत्रकारिता के माध्यम से हिन्दी को बेहतरीन गद्य दिया। उन्होंने आम आदमी की भाषा को एक बड़े अखबार की भाषा बना दिया। **डॉ. नामवर सिंह** तो मानते हैं कि उनका हर वाक्य जैसे खादी का पवित्र धागा है। भाषा की शुद्धता उनकी खासीयत थी। प्रभाष जी का सम्पूर्ण जीवन लोक संस्कृति, लोक कला और लोक भाषा के लिए समर्पित था। क्रिकेट, कुमार गन्धर्व, राजनीति और हिन्द स्वराज जैसे विपरीत ध्रुवों को एक साथ साधना हर किसी के बूते का नहीं था। उन्होंने हमेशा अन्याय, पाखंड आदि कुरीतियों के विरुद्ध आवाज उठाई।

प्रभाष जोशी की गिनती देश के बिरले सम्पादकों में होती है। उन्होंने हिन्दी पत्रकारिता की नई राह बनाई, उसे नया अन्दाज, नये तेवर और नये मुहावरे दिए। श्रेष्ठ पत्रकारों की कतार खड़ी की। वे निरे पेशेवर सम्पादक नहीं थे। उन्होंने साम्प्रदायिकता से लोहा लिया, 'पेड न्यूज' के खिलाफ मोर्चा खोला। प्रभाष जी ने स्तम्भकार और वक्ता के रूप में भी अपनी छाप छोड़ी। वे होते तो आज चौरासी के होते। **जनसत्ता**[1] हिन्दी का पहला अखबार है, जिसने अपने सम्पादकीय, 'गप-शप', 'कार्टून' एवं चौपाल के माध्यम से अच्छी और सार्थक बहसें खड़ी कीं एवं इनके जरिए पत्रकारिता का नया मानदंड निर्मित किया। इसने समय-समय पर पत्रकारिता के पीछे की गन्दगी और फ़िरोमायगी-अधमता की भी खबर ली। **सबकी खबर ले और सबको खबर दे** के अपने आदर्श वाक्य को यह समाचार-पत्र आज भी निभा रहा है। इसने बाजार में घुसने के लिए किसी तरह का कभी तीन-तिकड़म और फरेबीपन नहीं किया, बल्कि तमाम तरह की बाजारू चुनौतियाँ मिलने के बाद भी आम आदमी की पत्रकारिता की, जन सामान्य की लड़ाई लड़ी। पाठक से इसका सीधा संवाद रहा है। इसकी भाषा सामान्य आदमी की समझ की बनाई गई। इसमें भारतीय मिथक, देशज शब्दावली और स्थानीय मुहावरों का समय-समय पर हुआ प्रयोग इसे प्रतिष्ठा के नये पायदान पर पहुँचा देता है। जनसत्ता के पहले पृष्ठ पर अन्दर के लेखों के जिक्र के साथ अक्सर छपता है 'और खूबसूरत तस्वीरें'! अभी तक रंगीन परिशिष्ट की खबर पहले पृष्ठ पर अखबारों में अवश्य देखी जाती है, किन्तु यह पहला उदाहरण होगा, जहाँ बिल्कुल मामूली और अदना तस्वीरों के लिए प्रथम पृष्ठ पर इतनी लुभावनी, मनपसन्द और सुसज्जिता पंक्तियाँ लिखी जाती हैं।

1. Jansatta (हिन्दी जनसत्ता), is a leading Hindi daily newspaper belonging to the Indian Express Group of renowed industrialist Ram Nath Goenka, Established in 1983 at New Delhi, to day it is regularly published from Delhi, Kolkata, Lucknow and Chandigarh. The Indian Express Group was known for its proximity to Jaya Prakash Narayan, fondly known as J.P. Jansatta was founded by Ram Nath Goenka, who was the then owner of Indian Express Group as well as a devotee of J.P., with the help of JP, s admires and associates. Prabhash Joshi, who had been with the Indian Express Group in various capacities and Satish Jha, who was a young assistant editor and had worked with JP in the early 70. It was started on Nov. 16, 1983 and was one of the first newspapers in India to attain a circulation of 100,000 copies per day within six months. Very soon it became known for its bold Journalism, divers views that normally stood up to the State and big businesses and a Hindi language that was no longer translated out of the reports of the English wireline agencies copies. Besides Prabhash Joshi, Banwari, Hari Shankar Vyas, om Thanvi, Rahul Dev, Achyutanand Mishra, Shyam Acharya, Manglesh Dabral and Ram Bahadur Rai, amoug several other editorial performers, contributed in building it as a bold and innovative Hindi newspaper that resonated with people across north, Central and East India...The four pages Sunday's special magzine of Jansatta is called 'Ravivari Jansatta The newspaper also publishes an anunal Journal around Diwali or New Year which is dedicated to Indian litarature, cultural and environmental issues and reviews on important events of the year.

सच तो यह है कि जनसत्ता की वैचारिक पक्षधरता ईमानदार किस्म की है और इसकी बुनियाद स्व. प्रभाष जोशी ने ही डाली थी। वस्तुतः प्रभाष जोशी हिन्दी पत्रकारिता की वह शख्सियत थे जिन्होंने न सिर्फ खरा-खरा लिखा, वरन् पूरे देश में घूम-घूम कर अलख भी जगाया। वे एक ऐक्टिविस्ट पत्रकार थे। उनके भाषण-व्याख्यान पता नहीं कितने सुरक्षित हैं, लेकिन जनसत्ता, प्रथम प्रवक्ता और तहलका के लिए लिखे गए उनके लेख अब पुस्तकाकार रूप में उपलब्ध हैं,—'21वीं सदीः पहला दशक' और 'आगे अन्धी गली है', '21 वीं सदी': पहला दशक' में जनसत्ता में 2001 से 2009 तक के 127 लेख संकलित हैं, जिनमें राजनीति, अर्थनीत, देश विदेश और खेल, सभी समाहित हैं। मानना होगा कि जोशी क्रिकेट से लेकर कुमार गन्धर्व तक और भवानी भाई से लेकर रामधारी सिंह दिनकर तक जिस पर भी लिखते थे, उसमें उनकी नितान्त अपनी शैली होती थी, जिसे पढ़ते ही पता चल जाता है कि ये उनके ही शब्द हैं,—''सम्पूर्ण क्रान्ति आन्दोलन और जेपी की सबसे बड़ी त्रासदी यही है कि जनता सरकार बनने के बाद कोई ढाई साल तक जेपी जीवित रहे...भारत के इतिहास में यह दूसरी बार हुआ था कि सत्ता से दूर रहने वाले जननेता को उसी के अनुयायियों ने उसी की दिलाई सत्ता में जाने के बाद धोखा दिया था। पहली बार यह त्रासदी सन् सैतालिस में गांधी के साथ हुई और दूसरी बार तीस साल बाद जेपी के साथ। बहरहाल, जोशी जी किसी एक 'पक्ष' के पत्रकार नहीं थे। वे हमेशा प्रतिपक्ष में रहे, गलत का विरोध और सच कहने का साहस तो शायद उनके 'जीन' में था, जिसे रामनाथ गोयनका ने बखूबी पहचाना और उन्हें अपनी बात बिना किसी दबाव, भय और लिहाज के कहने की पूरी स्वतंत्रता दी। गोयनका के जाने के बाद भी जोशी ने जनसत्ता के 'सबकी खबर ले और सबको खबर दे' का संकल्प छोड़ा नहीं, '21वीं सदीः पहला दशक' और 'आगे अन्धी गली है' इसके जीवन्त साक्ष्य हैं[1]। पत्रकार श्री राजकिशोर का विचार है कि राजेन्द्र माथुर अगर हिन्दी पत्रकारिता के सूफी थे तो प्रभाष जी को राणा प्रताप कहने में अर्थ-विकृति का डर नहीं है। जनसत्ता के पूर्व सम्पादक, चिन्तक, पत्रकार-साहित्यकार श्री ओम थानवी कहते हैं कि प्रभाष जी ने जनसत्ता को एक अपूर्व ऊँचाई पर पहुँचाया। व्यावसायिक सफलता के अर्थ में भी। अखबार का प्रसार उसके प्रकाशन के दूसरे ही वर्ष इस कदर बढ़ा कि उन्हें पाठकों से 'जनसत्ता' मिल-बाँटकर पढ़ने की अपील करनी पड़ी।[2] हेमन्त शर्मा का विचार है कि प्रभाष जी एक साथ कई मोर्चों पर काम कर रहे थे। वे एक तरफ तो हिन्दी पत्रकारिता को संस्कृतनिष्ठ जनभाषा के दलदल से निकाल रहे थे, दूसरी तरफ पत्रकारिता को कला, संगीत, लोकरंग और साहित्य से जोड़ रहे थे। उन्होंने हिन्दी पत्रकारिता को गहरी निराशा से बाहर निकाला। अंग्रेजी पत्रकारिता के आगे निरीह हालत वाली हिन्दी पत्रकारिता को तेवर दिए। नये शब्द गढ़े। ताजा भाषा दी। सिर्फ भाषा को नहीं, हिन्दी पत्रकारों को भी तेवर दिए।

कुल मिलाकर, श्री ओम थानवी के शब्दों में—विचलन के जिस दौर में देश की पत्रकारिता, समाज और राजनीति को प्रभाष जी जैसे विवेक की उत्कट जरूरत थी, वे हमारे बीच नहीं रहे। हिन्दी पत्रकारिता के उज्ज्वल नक्षत्र, जनपक्षीय पत्रकारिता के महान और मजबूत स्तम्भ, हिन्दी पत्रकारिता के आखिरी 'सम्पादक' और 'स्टेट्स मैन' श्री प्रभाष जी जोशी जैसा समाज में स्वीकार्यता वाला पत्रकार न हुआ और न कभी होगा। असमय हमसे विदा हुए जीवट एवं ऐडवेंचर से लबालब भरे उस मनस्वी और साधक तथा उनके **कागद कारे** को सुप्रसिद्ध शायर शहरयार के शब्दों में यह कहते हुए मेरा प्रणाम कि—

''आँख को फ़ख्र है, इस पर कि तुम्हे देखा है,
होंठ शर्मिंदा हैं इस पर कि कोई बात न की।
आमने-सामने तुम आए कई बार मेरे,—
जी ने हर बार यही चाहा कि तुमसे यह कहूँ।

1. इंडिया टुडे में अवनिजेश अवस्थी की समीक्षा 'सबकी खबर लेते हुए', पृ. 61,16 फरवरी 2011 ई.।
2. जनसत्ता में 'पत्रकारिता के आकाश में जैसे ध्रुव तारा' शीर्षक लेख, 15 जुलाई 2012 ई. दिल्ली संस्करण।

आलमी ख्वाब परेशान तुम्हे रखते थे,
गुफ्तगू में मगर महदूद, मसायल घर के।
यानी इस मुल्क को आइंदा पे तुम हैरां थे,
मुझको बस फ़ख्र है, इस पर कि तुम्हे देखा है,
होठ शर्मिदा हैं, इस पर कि कोई बात न की।।''

(17) अच्युतानन्द मिश्र और मीडिया मीमांसा

''प्रियप्राया वृत्तिविनयमधुरो वाचि नियमः
प्रकृत्या कल्याणी मतिरनवगीतः परिचयः।
पुरो वा पश्चात् वा तदिदमविपर्यासितरसं
रहस्यं साधूनामनुपधि विशुद्धम विजयते।''

अर्थात् प्रेम में परिपूर्ण व्यवहार, विनय, मधुर वाणी में संयम, स्वभावतः कल्याणी बुद्धि, विशेष परिचय और मिलने के पहले या बाद में अपरिवर्तित स्नेह से युक्त सज्जनों का निष्कपट और विशुद्ध चरित्र सदा विजयी होता है।

संक्षित परिचय

पिता–स्व. श्री रामचन्द्र मिश्र

जन्मतिथि–2 दिसम्बर, 1937 ई.

वर्तमान पता–419, रॉयल टॉवर, शिप्रा सन सिटी, इन्दिरापुरम् गाजियाबाद (उ.प्र.)

स्थाई निवास–3/25, पत्रकार पुरम, विनय खंड, गोमती नगर, लखनऊ, (उ.प्र.)

शिक्षा–एम.ए. (राजनीति विज्ञान), काशीहिन्दू विश्वविद्यालय, वाराणसी

रुचियाँ–पत्रकारिता लेखन और पत्रकारिता शिक्षण

पत्रकारीय अनुभव : (1) विशेष संवाददाता और ब्यूरो प्रमुख 'अमर उजाला' दैनिक, लखनऊ कार्यालय (1972-1985); (2) समाचार सम्पादक 'जनसत्ता' दैनिक (इंडियन एक्सप्रेस समूह दिल्ली—1986-1991); (3) संस्थापक सम्पादक 'अमर उजाला' कानपुर संस्करण (1992); (4) वरिष्ठ सम्पादक और सम्पादक समाचार सेवा—'नवभारत टाइम्स' दिल्ली (1993-1995); (5) वरिष्ठ सम्पादक और कार्यकारी सम्पादक 'जनसत्ता' (1996-1998); (6) प्रधान सम्पादक 'लोकमत समाचार' दैनिक (नागपुर, अकोला और औरंगाबाद से प्रकाशित 2001-2004); (7) कुलपति, माखनलाल चतुर्वेदी राष्ट्रीय पत्रकारिता विश्वविद्यालय-भोपाल (15 जनवरी 2005)

उल्लेखनीय—श्रमजीवी पत्रकारों की सबसे बड़ी संस्था 'नेशनल यूनियन ऑफ जर्नलिस्ट' (इंडिया) के संस्थापक सदस्य और पूर्व राष्ट्रीय अध्यक्ष।

(1) हिन्दी के प्रतिष्ठित दैनिक समाचार-पत्रों और पत्रिकाओं में लगभग तीन दशक से लेखन, (2) हिन्दी पत्रकारिता के शीर्षस्थ सम्पादक पंडित बाबूराव विष्णु पराड़कर पर सम्पादित एक पुस्तक, (3) समसामयिक विषयों पर लेखों का एक संकलन 'सरोकारों के दायरे' 2005 में प्रकाशित, (4) हिन्दी के तीन प्रसिद्ध सम्पादकों—अज्ञेय, धर्मवीर भारती और रघुवीर सहाय के पत्रकारीय योगदान पर एक पुस्तक लेखन जारी। (5) माखन लाल चतुर्वेदी पत्रकारिता विश्वविद्यालय से हिन्दी के प्रमुख समाचार-पत्रों-पत्रिकाओं का सम्पादन चार खंडों में तथा (6) हनुमान प्रसाद पोद्दार पर आधारित पुस्तक 'पत्रों में समय संस्कृति' का सम्पादन (2014 ई.)

सम्मान—(1) श्री गणेश शंकर विद्यार्थी, पत्रकारिता पुरस्कार (महामहिम राष्ट्रपति द्वारा-2002 ई.); (2) हिन्दी साहित्य सम्मेलन 'प्रयाग' द्वारा 'श्री अम्बिका प्रसाद वाजपेयी' सम्मान; (3) उत्तर प्रदेश हिन्दी संस्थान द्वारा 'पत्रकार भूषण' सम्मान (2003 ई.); (4) उत्तर प्रदेश सरकार का वर्ष 2006 का 'यश भारती सम्मान'—16.01. 2006 ई.; (5) अन्तर्राष्ट्रीय विश्व हिन्दी सम्मेलन 'न्यूयार्क' में जुलाई 2007 में सम्मानित।

विदेश यात्राएँ—(अन्तर्राष्ट्रीय पत्रकार सम्मेलनों में)—संयुक्त राज्य अमरीका, कनाडा, इंग्लैंड, जर्मनी, फ्रांस, स्विट्‌जरलैंड, बेल्जियम, हालैंड, मारीशस और दक्षिण पूर्व एशिया के अनेक देशों की यात्राएँ।

तेजस्वी और बहुआयामी व्यक्तित्व के प्रभामंडल से सम्पृक्त, विलक्षण विचारधारा से लबालब, ज्ञानवान मुस्कान, गम्भीर संस्कृति-विमर्शकार के रूप में सराहे गए, अत्यन्त उदारमना, वैचारिक पूर्वाग्रहों से मुक्त होकर मुक्त हस्त से लोगों की मदद करनेवाले, भारतीय परम्परा और संस्कृति के शाश्वत मूल्यों के पोषक और पैरवीकार, कठिन, बर्बर, जटिल और लोभी समय में पत्रकारीय कर्म बेहद ईमानदारी और निष्पक्षता से कर रहे सुप्रसिद्ध पत्रकार तथा माखन लाल चतुर्वेदी राष्ट्रीय पत्रकारिता विश्वविद्यालय के पूर्व कुलपति **श्री अच्युतानन्द मिश्र** अपनी विरल सादगी, समय और समयान्तर के दुर्लभ विवेक हैं। दरअसल, श्री मिश्र जी सजग और निष्कम्प लौ मस्तक पर धरे पत्रकारिता की शानदार परम्परा पर जलते हुए दीपक हैं। बोलने और लिखने की भाषा आपको ईश्वरीय उपहार में मिली है, न कहीं शिथिलता, न झिझक, न विरलता न किसी तरह का अँटक-विराम। आपके गद्य गहन अध्ययन के विस्तृत पटल पर बने जागरण के मनोहर चित्र हैं। मितभाषी-मृदुभाषी पत्रकार-साहित्यकार श्री मिश्र की निहायत सभ्य शालीन अन्दाज में बात को रखने की शैली अपनी है। परम्परा का भाव-रसायन उनकी पत्रकारिता में छलकता है। वस्तुतः मिश्र जी गाँव की लोक-संवेदना और गवँई-गन्ध में रगे-पगे पत्रकार हैं। सच तो

यह है कि हमारे समय के बेहद महत्त्वपूर्ण सम्पादक, पत्रकार, लेखक, पत्रकार संगठनों के अगुआ, शिक्षाविद्, आयोजनकर्त्ता और सामाजिक कार्यकर्त्ता जैसी अच्युतानन्द मिश्र की अनेक छवियाँ हैं। उनकी हर छवि न सिर्फ पूर्णता लिए हुए हैं वरन् लोगों को जोड़ने वाली साबित हुई हैं। उन्हें देखकर ऐसा लगता है कि मानव की सहज कमजोरियाँ भी उनके आस-पास से होकर नहीं गुजरी हैं। राग-द्वेष और अपने-पराए के भेद से परे जैसी दुनिया उन्होंने रची है। उसमें सबके लिए आदर है, प्यार है, सम्मान है और कुछ देने का भाव है। देश के आला अखबारों-जनसत्ता, नवभारत टाइम्स, अमर उजाला, लोकमत समाचार के सम्पादक के नाते उन्हें हिन्दी की दुनिया ने देखा है, पढ़ा है।[1]

'अच्युत' अर्थात् अपने स्वरूप से न गिरा हुआ, दृढ़, स्थिर-स्थायी, निर्विकार, अचल-अनश्वर,—'तः विष्णु, सर्वशक्तिमान प्रभु,-गच्छाम्यच्युतदर्शनेन'—जो किसी तरह की वासनाओं का शिकार न हो। 'भी इस्तेदाद' तथा 'जी कमाल' अर्थात् विद्वान, योग्य, गुणवान,गुणी, हुनरमन्द—इसमें रंचमात्र भी संशय

1. अजातशत्रु अच्युतानन्द-सं. संजय द्विवेदी, (सम्पादकीय), यश पब्लिकेशंस 1/11848, पंचशील गार्डेन, शाहदरा, दिल्ली, मू. 395 रु. सन् 2015 ई.

नहीं। बक़ौल सुप्रसिद्ध समीक्षक **डॉ. विजय बहादुर सिंह**—अपनी सामर्थ्य का एहसास होने पर भी किसी दम्भ या मुग़ालते से बचते हुए जीना अच्युतानन्द जी का सौन्दर्य है। एक तेवर वाले समय में इस तरह की भंगिमाशून्यता और विनय उनकी पहचान है। अच्युतानन्द गंगा-यमुना की मिट्टी में सवाँरे गए इंसान हैं। इसलिए उनमें एक निरभिमानी समतलता और कालबन्धी मर्यादा-सजगता है। एक सीमित समय में किसी अग्निपुंज की तरह धधक कर जलना और चमत्कृत कर देना उनके अस्तित्व का स्वभाव नहीं है। अच्युता जी सही मायने में एक्टिविस्ट पत्रकार रहे हैं। हिन्दी के लिए अब भी कहीं आन्दोलन नजर आए, वहाँ खड़ा होना वे अपना नैतिक दायित्व मानते हैं। पत्रकारों के हक की बात करना भी उनके रिश्तों में बाधा नहीं बनता। इसके साथ ही वे संस्थाएँ बनाने और उनके जरिए रचनात्मक योगदान देने में भी पीछे नहीं रहते। वाराणसी में महामना संस्थान बनाकर वे वहाँ रचनात्मक विलोड़न पैदा करने की कोशिश कर रहे हैं। 78 साल की उम्र में भी उनकी सक्रियता देखते ही बनती है। अखबारों के पतन पर वे चिन्तित हैं। वे पत्रकारिता के लोकतंत्र के पक्षधर भी हैं। वे मानते हैं कि पत्रकारिता में गिरावट को रोकने में अब सजग पाठक ही कामयाब हो सकते हैं।[1] एक बार एक पत्रकार ने श्री मिश्र जी से सवाल पूछा कि,—Many journalists who are doing well in the field do not possess any formal education in the field. How far is a degree in journalism useful for a career in the field? इस प्रश्न का कितना खूबसूरत और सही-सटीक उत्तर आपने दिया,—"Journalism is not medicine. The lack of a proper degree does not make you a quack. But at the same time, having prior knowledge and training before entering into the profession does have its advantages. The nuances which would have otherwise taken years to master are taught within a specified time-frame by experts in the field…A degree in media makes its easier for an individual to gain entry in to the field of making a better journalist:[2]

मिश्र जी जनपक्षीय पत्रकारिता को मजबूत और व्यापक बनाने के पक्षधर हैं। सभी जानते हैं, "आज की पत्रकारिता नई पूँजी और राजसत्ता की दलाल हो गई है। खासकर, कॉरपोरेट मीडिया में जनपक्षधरता के लिए कोई जगह नहीं बची है। पत्रकार मजबूर है, सम्पादक के सामने और सम्पादक विवश-बेबस है—मीडिया घरानों के मालिकों के सामने।" श्री मिश्र जी ने अपने पत्रकारीय जीवन में स्वतंत्र प्रेस, स्वतंत्र सम्पादक-पत्रकार की लड़ाई खूब लड़ी, सत्ता प्रतिष्ठानों और मीडिया घरानों से उसे व्यापक जनस्वीकृति दिलवाई। आपने पत्रकारिता को कुछ खास लोगों के हितलाभ से दूर हटाकर उसे जन सरोकारों से जोड़ा-जुड़वाया। साफ शब्दों में, धन और धन्धे वाली पत्रकारिता से आपको काफी चिढ़ और रंज है।

अच्युतानन्द मिश्र द्वारा सम्पादित 'मीडिया-मीमांसा' के प्रकाशन की समय बद्धता भी रेखांकित करने योग्य है। प्रथम वर्ष का इसका जो नया अंक नये वर्ष में पाठकों के सामने आया, वह लगा सचमुच एक नया इतिहास रच रहा है। इस अंक के विषय में सम्पादक ने लिखा,—"वर्तमान अंक न्यू मीडिया की चुनौतियों को ध्यान में रखकर तैयार किया गया है। इस अंक के अतिथि सम्पादक हैं—बालेन्दु दधीचि, जिन्होंने इस अंक को सँवार कर विशेषांक बना दिया है।[3] बहरहाल, मीडिया-मीमांसा में व्यंग, शोधपरक आलेख, कार्टून, मीडिया से जुड़े जनसाक्षात्कार, महत्त्वपूर्ण समाचार, सूचनाएँ, समस्याएँ, मीडियागत विज्ञानों की छानबीन और उनकी संगतियों-विसंगतियों का विश्लेषण, महत्त्वपूर्ण भाषण, पत्रकारिता की दिशा-दशा से सम्बन्धित छपे लेख आज भी बड़ी बहसों को जन्म देते हैं। प्रभात प्रकाशन से प्रकाशित मिश्र जी की चर्चित कृति **सरोकारों के दायरे** को लेकर भी हिन्दी जगत में काफी बहस हुई। जीवन भर दलितों-शोषितों की लड़ाई लड़ने वाली, उपन्यासकार, विदुषी और चिन्तक मुहतरमा महाश्वेता देवी मिश्र जी की उक्त कृति के बारे में लिखती हैं कि भारतीय बुद्धिजीवियों के दायित्व बोध की चर्चा करते

1. यथावत् सं. रामबहादुर राय में उमेश चतुर्वेदी का लेख—'सबके अच्युतानन्द', पृ. 50, प्रवासी भवन, दीनदयाल उपाध्याय मार्ग,1-15 अक्टूबर 2014
2. Educare (fountain Head- Achyuta Nand Mishra), 10 September-2006
3. 'संकल्प' में स्व. डॉ. विवेकी राय का लेख 'अच्युतानन्द मिश्र,' मीडिया मीमांसा और पत्रकारिता प्रकल्प के बढ़ते चरण, पृ. 31, अक्टूबर-दिसम्बर 2009 ई.

हुए अच्युतानन्द मिश्र इस नतीजे पर पहुँचते हैं कि आजादी के बाद के पाँच दशक बौद्धिक पाखंड के दशक रहे हैं।[1] वहीं इस पुस्तक पर ललित निबन्धकार और हिन्दी पत्रकारिता पर मानक और प्रामाणिक ग्रन्थ लिखने वाले विद्वान् डॉ. कृष्ण बिहारी मिश्र का कहना है कि इस पुस्तक में जागरुक पत्रकार अच्युतानन्द मिश्र छल मुद्रा पर विलक्षण टिप्पणी करते हैं, विभिन्न प्रसंगों में[2]। सच तो यह है कि मिश्र जी के पास पत्रकारिता एवं सार्वजनिक जीवन का लम्बा अनुभव है। वे इसका उपयोग लेखों को सत्यस्पर्शी एवं मार्मिक बनाने में करते हैं। पुस्तक की भाषा सरल और शैली अलंकारों से मुक्त सुगम्य है। इससे कठिन एवं दुरुह विषयों को समझना आसान हो जाता है।[3] सम्पादक के रूप में सुदीर्घ अनुभव रखनेवाले अच्युतानन्द मिश्र के अध्ययन, चिन्तन और मनन का एक महत्त्वपूर्ण विषय 'साहित्य और पत्रकारिता के अन्तर्सम्बन्ध' रहा है और इसकी झलक इस पुस्तक में भी मिलती है। श्री मिश्र जी ने स्त्री अस्मिता और स्त्री मुक्ति के प्रश्नों पर विचार किया है तो कामगारों और उनके जन आन्दोलनों पर भी।[4]

कुल मिलाकर, बिकती खबरों के विरुद्ध तल्ख तथा तुर्श-तुरुर तेवर रखनेवाले श्री मिश्र जी ने जीवन भर अपने पत्रकारीय कर्म का सौदा नहीं किया। दुर्निवार्य दायित्व और बौद्धिक ईमानदारी में महज आपने भरोसा किया। श्री मिश्र जी दृष्टि सम्पन्न क्रियाशील व्यक्तित्व के धनी हैं। वे सर्वसमावेशी हैं तो सहज व्यक्तित्व के गम्भीर लेखक भी हैं। उनकी निराभिमानी विद्वता आतंकित नहीं करती, बल्कि मुग्ध करती है। 'यथा नाम ततो गुणः' को चरितार्थ करनेवाले मिश्र जी पूर्व कुलपति डॉ. सच्चिदानन्द जोशी के शब्दों में 'सज्जन सकृत सिन्धु सम' हैं। वे एक ओर ऋषि परम्परा के वाहक हैं तो दूसरी ओर अन्धयुग के प्रकाशपुंज भी हैं। वे लोकव्यवहार के धनी हैं, अद्‌भुत और अतुलनीय हैं, विविध वैचारिकी के समन्वयक हैं, मूल्यपरक पत्रकारिता के स्तम्भ हैं तथा धवल-अनाविल व्यक्तित्व सम्पन्न हैं और अन्त में कुल मिलाकर **अजातशत्रु हैं अच्युतानन्द जी।** आपके सुदीर्घ एवं स्वस्थ जीवन के लिए मेरी शुभकामना है, फिर 'श्रेयसि केन तृप्यते' अर्थात् शुभ और भली चीजों से भला किसे तृप्ति हो सकती है?

(18) संजय द्विवेदी और मीडिया विमर्श

अध्यक्ष : *जनसंचार विभाग।*

माखनलाल चतुर्वेदी राष्ट्रीय पत्रकारिता एवं संचार विश्वविद्यालय, भोपाल

कार्यकारी सम्पादकः *मीडिया विमर्श (जनसंचार के सरोकारों पर केन्द्रित त्रैमासिक पत्रिका)*

जन्म : 7 फरवरी, 1974 ग्राम-बतासपुर, जिला-अम्बेडकरनगर, उत्तर प्रदेश

पिता : डॉ. परमात्मा नाथ द्विवेदी, सेवानिवृत्त एसोसिएट प्रोफेसर : किसान पीजी कालेज, बस्ती

माँ : श्रीमती निर्मला द्विवेदी,

धर्मपत्नी : श्रीमती भूमिका द्विवेदी

शिक्षा : पत्रकारिता एवं जनसंचार में स्नातकोत्तर

पत्रकारिता : चौदह साल सक्रिय पत्रकारिता। भोपाल, रायपुर, बिलासपुर, मुम्बई के दैनिक भास्कर, स्वदेश, नवभारत, हरिभूमि जैसे अखबारों में स्थानीय सम्पादक, समाचार सम्पादक जैसी जिम्मेदारियाँ निभायीं। इंफो इंडिया डाट काम, मुंबई से भी जुड़े रहे। छत्तीसगढ़ के पहले सेटलाइट चैनल जी 24 घंटे छत्तीसगढ़ में इनपुट एडीटर और एंकर रहे। देश के अनेक प्रमुख, समाचार-पत्रों व पत्रिकाओं में राजनीति और मीडिया के सन्दर्भों पर नियमित लेखन।

मीडिया शिक्षा : कुशाभाऊ ठाकरे पत्रकारिता एवं जनसंचार विश्वविद्यालय, रायपुर में रीडर और विवि की कार्यपरिषद के सदस्य रहे। फिलहाल भोपाल स्थित माखनलाल चतुर्वेदी राष्ट्रीय पत्रकारिता एवं संचार विश्वविद्यालय में एसोसिएट प्रोफेसर एवं जनसंचार विभाग के अध्यक्ष हैं।

---

1. हिन्दुस्तान में स्व. महाश्वेता देवी का लेख, 'जातीय मनोरचना को ताप देते निबन्ध, 25 अक्टूबर 2009 ई.
2. प्रभात खबर में डॉ. कृष्ण बिहार मिश्र का लेख 'सरोकारों के संवेदनशील दायरे' 30 मार्च 2006 ई.
3. इंडियाटुडे में राकेश सिन्हा का लेख,—'अहम प्रश्नों पर बेबाक राय', पृ. 54, 21 दिसम्बर 2005 ई.
4. सहारा समय (शब्दलोक) में डॉ. कृपाशंकर चौबे का लेख, 'एक पत्रकार के सरोकार', 13 मई 2006 ई.

पुरस्कार : 1. मा.गो.वैद्य स्मृति रजत पदक (पत्रकारिता विवि, भोपाल); 2. वाङ्मय पुरस्कार (मप्र राष्ट्रभाषा प्रचार समिति, भोपाल); 3. अम्बिका प्रसाद दिव्य अलंकरण (सागर); 4. धुन्नी दुबे आंचलिक पत्रकारिता सम्मान (रायपुर); 5. पं. प्रतापनारायण मिश्र युवा साहित्यकार सम्मान (लखनऊ); 6. सृजनगाथा सम्मान (रायपुर) से सम्मानित; 7. प्रवक्ता सम्मान-2013 (प्रवक्ता डाट काम, दिल्ली द्वारा)।

पुस्तकें—1. सुर्खियाँ (लेख संग्रह), 2. मत पूछ हुआ क्या-क्या (लेख संग्रह), 3. इस सूचना समर में (लेख संग्रह), 4. सर्वेश्वर दयाल सक्सेना और उनकी पत्रकारिता (शोध), 5. शावक (बाल कविता संग्रह), 6. मीडिया : नया दौर, नई चुनौतियाँ (लेख संग्रह), 7. कुछ भी उल्लेखनीय नहीं (लेख संग्रह), 8. मोदी लाइव (राजनीतिक विश्लेषण)

सम्पादित पुस्तकें—1. यादें-सुरेन्द्र प्रताप सिंह (पत्रकार सुरेन्द्र प्रताप सिंह पर एकाग्र), 2. प्रभाष स्मृति (पत्रकार प्रभाष जोशी पर एकाग्र), 3. मीडिया शिक्षा : मुद्दे और अपेक्षाएँ, 4. उर्दू पत्रकारिता का भविष्य, 5. सोशल नेटवर्किंग : नये समय का संवाद, 6. कर्मपथ (राजनेता और वरिष्ठ पत्रकार बी.आर. यादव पर एकाग्र), 7. मीडिया, भूमंडलीकरण और समाज,8. अजातशत्रु अच्युतानन्द (वरिष्ठ पत्रकार अच्युतानन्द मिश्र पर एकाग्र)

सम्पादन सहयोग : अर्जुन सिंह : सेवा और समर्पण की अर्द्धशती (आठ खंडों में प्रकाशित ग्रन्थ)

जागरण पुस्तिका : मैं अन्ना हूं (अन्ना हजारे के आन्दोलन पर एकाग्र)

शोधकार्य : बिलासपुर जिले की पत्रकारिता

सम्पर्क : संजय द्विवेदी, अध्यक्ष : जनसंचार विभाग, माखनलाल चतुर्वेदी राष्ट्रीय पत्रकारिता एवं संचार विश्वविद्यालय, विकास भवन, प्रेस काम्पलेक्स, एमपी नगर, भोपाल-462011 (मप्र)

मोबाइल : 09893598888

आवास : 20-शुभालय विहार, ई-8 एक्सटेंशन, बावडिया कला, भोपाल, 39

ई-मेल : 123dwivedi@gmail.com

ब्लाग : http://sanjayubach.blogspot.in।

भोपाल शहर से प्रकाशित होनेवाली जनसंचार के सरोकारों पर केन्द्रित त्रैमासिक पत्रिका 'मीडिया विमर्श' यदि बुद्धिजीवी पाठकों की पत्रिका है, तो इसके यशस्वी सम्पादक (कार्यकारी) डॉ. संजय द्विवेदी जुझारू और बेदाग़-बेऐब तथा निखालिश समर्पित पत्रकार हैं। आधुनिक पत्रकारिता में अपनी अलग और विशिष्ट छाप छोड़ने वाले पत्रकार डॉ. द्विवेदी निजी जीवन में अपनी सहजता, मानवीयता और आत्मीयता के कारण सबसे प्रिय हैं। परम्परागत साँचे-ढाँचे में ढली पत्रकारिता को आपने समय-समय पर बदलने का प्रयास किया है, अधिकारों से वंचित जन की लड़ाई आपके पत्रकारीय कर्म का मुख्य उद्देश्य है। अपनी शैली एवं सर्जनात्मक भाषा से आपने पत्रकारिता को माँजा-सवाँरा है। व्यक्ति निजता, आजादी और आत्म निर्णय के आप मुखर वकील हैं। आप, आधुनिकता की चपेट में बढ़ते पूँजीवाद और विश्वस्तर पर फैल रहे बाजारवाद की दुर्गन्ध से पत्रकारिता को दूर रखना चाहते हैं।

मीडिया-विमर्श आपके व्यापक आकर्षण का निश्चय ही मूलाधार है। इस पत्रिका के सम्पादकीय इतने लोकप्रिय रहे हैं कि उन्होंने आपको पत्रकारिता के श्रेष्ठ परिसर में प्रवेश कराकर लोकप्रियता के शिखर पर पहुँचा दिया है। इस समय हिन्दी की यह सम्भवतः अकेली ऐसी पत्रिका है, जो अपनी रचनाओं के लिए चाव और मनोयोग से पढ़ी जाती है। इस पत्रिका में निरन्तर उठने वाले नए-नए मुद्दे, विचार विश्लेषण, व्यापक और गहरे अर्थों में, जैसे साहित्यिक और सामाजिक अभियान हों। मीडिया विमर्श वंचित और शोषण के शिकार लोगों की पुख्ता आवाज है। सत्ता तथा व्यवसाय की दौड़ में फँसी आज की पत्रकारिता, जहाँ अपने मूल उद्देश्य से फलक़जद हो स्खलित हो रही है, वहाँ मीडिया विमर्श भटकन की गुमनाम गली में भटक गए लोगों को आस्था की अक्षत् मशाल बन राह दिखा रही है। सच तो यह है कि मीडिया-विमर्श में विषय और भाषा को लेकर अनेक बार-बेहतर प्रयोग हुए हैं। यह बड़े सरोकार की पत्रिका है। नाउम्मीदी, मायूसी तथा अँधेरे में यह उम्मीद की दिपती लौ-लपक है। यह हमें उत्सवों की उस सपनीली दुनिया में ले जाती है, जहाँ उजाला है, अच्छाईयाँ है और जहाँ तपिश-ताप से मुक्ति

है। मीडिया-विमर्श के 'मीडिया और लोकतंत्र', 'पत्रकार राम बहादुर राय पर एकाग्र', 'बहादुर कलम', 'उर्दू पत्रकारिता-विशेषांक' तथा दो खंडों में प्रकाशित 'सिनेमा विशेषांक' सम्पूर्ण पत्रकारिता जगत की अमूल्य सम्पदा हैं।

द्विवेदी जी मिशनरी पत्रकार-सम्पादक हैं। विशेष समाचार, खोजखबर की खूबसूरत और प्रामाणिक रिपोर्टिंग में आप प्रवीण, दक्ष और कादिर अन्दाज हैं। बहुबिधि समस्याओं पर कलम चलाने वाले श्रेष्ठ कलमकारों में आप गिने जाते हैं। पत्रकारिता में यथार्थ के पोषक डॉ. संजय द्विवेदी पीत-पत्रकारिता, भयादोहन और पत्रकारीय माफियागिरी के अन्यतम विरोधी रहे हैं। आप पत्रकारों के बीच श्रेष्ठ पत्रकार, साहित्यकारों के बीच साहित्यकार और समाजसेवियों के बीच श्रेष्ठ और आदरास्पद समाजसेवी भी हैं। जनहित से जुड़ा सटीक, सकारात्मक सोच, पैनी दृष्टि, तेजस्वी लेखनी तथा निर्भीक हस्तक्षेप आपके पत्रकार व्यक्तित्व के मुख्य आयाम हैं। अनावश्यक टोका-टोकी, बेजाँ सवाल-जवाब, सन्देह-इल्जाम, पल-पल दहशत, डर और आतंक से आपकी पत्रकारिता खार खाती है।

मीडियाकर्मियों के आत्मचिंतन और आत्ममंथन का प्रकल्प

मीडिया विमर्श

MEDIA VIMARSH

वर्ष–3, अंक–12, जुलाई–सितंबर 2009

www.mediavimarsh.com

दैनिक भास्कर, स्वदेश, नवभारत और हरिभूमि जैसे प्रतिष्ठित अखबारों में, गाँवों और सुदूर बियाबान अंचलों की समस्याओं को भी आपने समय-समय पर पूरे तीखेपन के साथ उठाया है। कुल मिलाकर आप सम्प्रति निर्भीक, साहसी और मूल्यपरक पत्रकारिता के एक निष्ठावान पत्रकार-सम्पादक हैं। कबीर ने कहा था—"हमन हैं इश्क मसताना, हसन को होशियारी क्या", साफ शब्दों में पत्रकारिता में फक़ीरी, इश्क या मूल्यनिष्ठा में जोड़ तोड़ नहीं चलती। वस्तुतः मूल्यों को समर्पित पत्रकार-सम्पादक डॉ. संजय द्विवेदी उसी राह के पथिक हैं। आपके यहाँ शब्दाडंबर नहीं हैं। आपकी पत्रकारिता में सरलता, सत्य एवं मृदुता का विरल-विलक्षण संयोग विद्यमान है। आप में ज्ञान के प्रति प्रभूत आकर्षण है, आप जीवट के पत्रकार हैं,—

"सब कुछ किया हमने, पर ऐसा नहीं किया।
अपने जमीरो जर्फ से, सौदा नहीं किया।।"

अध्याय -2	खंड 'ख' : द्वितीय पर्व विश्व, खासकर योरोपीयों की पत्रकारिता का उदय तथा विकास अथवा विदेशों में पत्रकारिता (Journalism in Abroad)

(क) अन्तर्राष्ट्रीय पत्रकारिता का इतिहास : एक दृष्टि

तमाम आरोपों और जड़ लांछनाओं के साथ-साथ आज की पत्रकारिता पर भले ही यह भी तोहमत थोप दी जाए कि वह सम्प्रति मूल्यों को न जीकर मौके को जी रही है, किन्तु यदि उसके अतीत के पृष्ठों-सफ़ों को पलटा जाए तो हमें पता चलेगा कि उसका शानदार और बेदाग़ अतीत भी रहा है। सच कहने का विवेक और विरोध सहने का साहस इसी के पास है। इसके भीतर तत्कालीन समाज और संस्कृति संरक्षित और सुरक्षित तो रहते ही हैं, तमाम सामाजिक मुद्दे, बौद्धिक हलचलों, मानवीय अधिकारों तथा पाखंडों को बेबाकी से यह उजागर भी करती है। यह परिवेश के प्रति सजग-सचेत और चिन्तनशील होती है। इसकी प्रकृति, पंथ, धर्म, जाति निरपेक्ष जनवादी होती है। यह तमाम तरह की सामाजिक जड़ताओं को तोड़ उनकी जगह नई संवेदना, चेतना, सौन्दर्यबोध और रुचि का परिष्कार-विस्तार करती है। कुल मिलाकर यह कि भीतर की सारी अव्यक्त-अबूझ वेदनाओं-उलझनों तथा मन के भीतर के दर्द-दंश की गाँठ को मुकम्मल रूप में यह खोलती है। यह सवाल पूछने वाली प्रश्नकर्त्ता है तो समाधान करनेवाली प्रज्ञा-पुरुष भी।

अपने उक्त गुणों के कारण यह पत्रकारिता आज विश्वव्यापी चरित्र की हो गई है। इस पत्रकारिता पर कहीं कुछ बन्दिशें हैं, तो कहीं वह मुक्त-उन्मुक्त भी है। कुछ देशों में वह क्रूर और जटिल कानूनों की शिकार है, तो कहीं-कहीं वह अपनी स्वतंत्रता के लिए संघर्षरत भी है। स्पष्टतः यह कि इसकी उपस्थिति विश्व के अधिकांश हिस्सों में हो गई है। वस्तुतः जानने की जिज्ञासा व्यक्ति के भीतर जन्मना होती है। वह प्रत्येक वस्तु, दृश्य और खबर के विषय में अधिक-से-अधिक जान लेना चाहता है। युद्ध भूमि में लक्ष्मण का रावण के पास जाकर उससे रण कौशल तथा अन्य अनेक तरह की विद्याओं को सीखने की जिज्ञासा व्यक्त करना तथा इसी तरह महाभारत के अन्धे धृतराष्ट्र अपने सारथी संजय से यह जानने की जिज्ञासा व्यक्त करते हैं कि सम्प्रति युद्ध भूमि में क्या हो रहा है? उक्त तथ्य के कई पुख्ता प्रमाण भी हैं। कुल मिलाकर जानने और जनवाने की जिज्ञासा ही पत्रकारिता के जन्मने का मूल उत्स होती है। इस तरह समाचारों को जानने की भूख का दायरा किसी एक देश या कुछ देशों तक सीमित न रहकर अखिल विश्व तक फैल गया और आज तो बेहद क्षिप्र गति से इसका विस्तार हो रहा है। विश्व के कुछ देशों ने यह स्वीकार भी किया था कि किसी स्वस्थ लोकतांत्रिक राष्ट्र के लिए समाचार-पत्र का होना बेहद जरूरी है।

वस्तुतः समाचार-पत्रों के इतिहास को अगर पलट कर देखें, तो यही पता चलता है कि इनका उद्भव विभिन्न देशों में भिन्न परिवेश व परिस्थितियों की वजह से सम्भव हुआ। बीसवीं शताब्दी के प्रारम्भिक दशकों में विश्व का मानचित्र ही उपनिवेशवाद की पृष्ठभूमि पर तैयार किया गया था। पश्चिम के राष्ट्रों ने जिसमें खासकर इंग्लैंड, अमेरिका व जर्मनी शामिल थे, न सिर्फ एशिया, अफ्रीका एवं लैटिन अमेरिका के देशों को अपनी राजनीतिक महत्त्वाकांक्षा का शिकार बनाया, बल्कि साथ-ही-साथ उनका भरपूर सामाजिक और आर्थिक शोषण किया। नतीजतन् द्वितीय विश्व के बाद स्वतंत्रता की नई लहर से जहाँ नव स्वतंत्र राष्ट्रों का एक समूह उभर कर विश्व पटल पर सामने आया, वहीं उनकी कमजोर एवं जर्जरस्थिति ने उनके सामने कई सामूहिक चुनौतियाँ रखीं, जिनसे आज तक पूर्ण रूप से उबरना सम्भव नहीं हो पाया। इन परिस्थितियों में, जहाँ पश्चिमी राष्ट्रों के लिए समाचार-पत्रों की उपयोगिता अपने संसाधनों व उपलब्धियों

से लोगों को परिचित करवाना रहा, वहीं परतंत्र राष्ट्रों में देशीय समाचार-पत्रों के उद्भव ने स्वतंत्रता हेतु जनजागरण सन्देशों को ओजस्वी ढंग से लोगों तक पहुँचाने का कार्य किया। विदेशी हुकूमतों द्वारा किस स्तर तक स्थानीय संसाधनों का शोषण किया जा रहा है, इसकी सही तस्वीर को जन-जन तक पहुँचाना एवं उन्हें हुकूमत के खिलाफ लड़ने की प्रेरणा देना ही मूल मकसद था। इसका दिलचस्प पहलू यह था कि उस वक्त स्थानीय समाचार-पत्रों की बागडोर मुख्य रूप से उन लोगों के हाथ में थी, जिन्होंने स्वतंत्रता संघर्ष की लगाम भी अपने-अपने देशों में थाम रखा था। भारत में जहाँ महात्मा गांधी, तिलक, नेहरू, इस भूमिका को निभा रहे थे, वहीं अफ्रीका के विभिन्न राष्ट्रों में ज्यूलियस न्यरेरे, जोमो केन्याता, हास्टिंग बाँडा (मालावी), काम निकरूमाह (घाना), नामादि आजिकिव (नाइजीरिया), मोबुतसेसेसेकि एवं पैट्रिक लुमुम्बा (कांगो) सरीखे व्यक्तित्व अपने संघर्ष की सफलता के लिए समाचारपत्रों को भी एक सशक्त माध्यम बनाया।[1]

छापाखाने का आविष्कार होने से पूर्व समाचार हाथ से लिखे जाते थे। हाथ से समाचार लिखने वाले संवाद लेखक ईसा पूर्व पाँचवीं शताब्दी में रोम से दूर-दराज के निवासियों को समाचार-पहुँचाने का काम करते थे। रोमन साम्राज्य का कार्यभार संभालने के बाद जूलियस सीजर ने सबसे पहले ई.पू. 60 में, 'एक्टा डार्यना' नामक समाचार दैनिक बुलेटिन प्रकाशित कराया था। इस दैनिक बुलेटिन में खास तौर से सरकारी घोषणाएँ प्रकाशित करायी जाती थीं। 'एक्टा सिनेटस' में रोमन सीनेट की कार्यवाही का विवरण प्रकाशित किया जाता था और 'एक्टा पब्लिक' में आम जनता से सम्बन्धित समाचार प्रकाशित किए जाते थे। यों शिलालेखों या पत्थरों पर खुदी सूचनाओं, डुग्गी बजाकर सूचना की घोषणा करनेवालों आदि को समाचार-पत्रों का पूर्व रूप कहा जा सकता है। सोलहवीं शताब्दी में पश्चिम जर्मनी और अन्य योरोपीय देशों में मेलों और दुकानों पर चटपटी खबरें छपी पर्चियाँ बिकती थीं। इन पर्चियों में युद्ध की खबरें, सनसनीखेज समाचार और राजदरबारों के किस्से प्रकाशित किए जाते थे। 17वीं शताब्दी के शुरू के दो दशकों में खुले टाइप की सहायता से छपे हुए पर्चे किसी-न-किसी रूप में, जर्मनी, आस्ट्रिया, नीदरलैंड और इटली में छपने लग गए थे।[2]

अब हम इसके बाद विश्व के कुछ अन्य प्रमुख देशों में पत्रकारिता सम्बन्धी हुए कुछ प्रमुख कार्यों को इस प्रकार देखेंगे,—

(1) ब्रिटेन में पत्रकारिता (British Journalism)

ब्रिटेन में पत्रकारिता का प्रारम्भिक स्वरूप 16वीं शताब्दी में इस दिशा में किए गए प्रयत्नों में स्पष्ट देखा जा सकता है। शुरू में 'न्यूज लेटर' के रूप में इधर-उधर की बातों व समाचारों को संगृहीत कर विभिन्न स्थानों पर भेजा जाता था। ये 'न्यूज लेटर', अधिकांशतः हाथ से लिखे जाते थे। प्रारम्भिक प्रयत्नों की दृष्टि से सन् 1561 ई. में 'न्यूज आउट केंट' (एक पृष्ठीय पत्र), 1675 ई. में अनियतिकालीन पत्र 'न्यू न्यूज' आदि प्रमुख हैं। सन् 1621ई. में एक-एक तथा दो-दो पृष्ठों के दो समाचार-पत्रों के प्रकाशन के उल्लेख मिलते हैं। सन् 1921 ई. में आर्चर ने 'डच न्यूज शीट' का प्रकाशन प्रारम्भ किया और उसे इस 'दुस्साहस' के लिए दंडित किया गया। 23 मई, सन् 1622 ई. को बोर्ने व आर्चर ने 'वीकली न्यूज' का प्रकाशन किया।[3] इधर, **श्री रंगा स्वामी पार्थ सारथी**[4] का विचार है कि In the Summer of 1621 every rudimentary prototype of the modern newspaper appeared in the streets of London. It was primitive news-sheet called coranto. The corantos lacked the regularity that maked a newspaper and they were too specialised in content, but they satisfied a long felt need. It was not until 1624 that the corantos began to be identified by name. One of them was called,—"The continuation of our

1. संचार माध्यम (पिछड़े देशों में समाचार पत्र-लेख-स्नेहांशु शेखर) पृ, 33, अक्टूबर-दिसम्बर, 1998, नई दिल्ली
2. पत्रकारिता और पत्रकारिता—डॉ. अरुण जैन, पृ. 20 हिन्दी बुक सेन्टर, नई दिल्ली, मूल्य 275 रु. सन् 2003
3. पत्रकारिता का इतिहास एवं जन-संचार माध्यम-डॉ. संजीव भानावत, पृ. 191, यूनिवर्सिटी पब्लिकेशन जयपुर
4. Journalism in India-Ranga Swami Parthsarathy-P.4, Sterling Publishers, New Delhi.

weekly news" and the publisher was mentioned as the office of Bourne and Butter. Initially. the corantos carried only foreign news...The oldest known "Diurnal" was John Thomas "Diurnal occurrences" which first came out on November 29, 1641." वीकली न्यूज' नामक पत्र कई साल तक प्रकाशित होता रहा। इस साप्ताहिक के मुक़ाबले में बटर ने एक अन्य साप्ताहिक निकालना प्रारम्भ किया। 1642 में बोर्ने व बटर ने मिलकर नवम्बर में 'डायर्नल अकरनसेस' समाचार-पत्र निकाला, जिसमें संसद की कार्यवाही प्रकाशित की जाती थी। इस दौरान ब्रिटेन में राजभक्तों व सांसदों के बीच भारी मतभेद हुआ, नौबत टकराव की आ गई। उसी समय 'मरक्यूरियस ओलिकस' नामक समाचार-पत्र राजभक्तों की ओर से प्रकाशित किया गया, पर शीघ्र ही जवाबी कार्यवाही हुई और क्रामवेल ने जनता तक अपना पक्ष पहुँचाने के लिए 'मरक्यू पालिटिक्स' नामक समाचार-पत्र प्रकाशित किया। कुछ समय बाद दोनों समाचार-पत्र बन्द कर दिए गए। उसके बाद सरकार की ओर से 'आक्सफोर्ड गजट' नामक समाचार-पत्र मुडमेन ने शुरू किया। चौबीस अंक निकालने के बाद इसे लन्दन से निकाला जाने लगा, इसका ही नाम 'लन्दन गजट' पड़ा, जो आज भी प्रकाशित हो रहा है।[1]

इसके उपरान्त ब्रिटेन में भी सत्ता और पत्रकारिता का संघर्ष चलता रहा। सरकार ने प्रेस को नियंत्रित करने के लिए मुद्रणालय सम्बन्धी कठोर कानून बना रखे थे। सेंसर की व्यवस्था भी कर रखी थी। इनके अतिरिक्त संसदीय कार्यवाही के प्रकाशन पर भी प्रतिबन्ध लगा रखा था। इनके उल्लंघन करने पर पत्र-पत्रकारों पर राजद्रोह के मुकदमे चलाये गए। समाचार-पत्रों को नियंत्रित करने के उद्देश्य से सन् 1712 ई. में स्टाम्प ड्यूटी भी लगायी गई थी। स्टाम्प ड्यूटी के अतिरिक्त विज्ञापन तथा कागज पर भी कर लगा दिए गए लेकिन यह स्थिति अधिक समय तक नहीं रह सकी।[2] यहाँ पर पहला अंग्रेजी दैनिक 11 मार्च 1702 को प्रकाशित हुआ। दरअसल अठारहवीं शताब्दी का प्रथम चरण पत्रकारिता का महत्त्वपूर्ण युग कहा जा सकता है। डेफो, स्विफ्ट, फीलिंडिग, सेमुअल जॉनसन और विशेष रूप से एडीसन और स्टील के नाम अंगरेजी पत्रकारिता और साहित्य-दोनों में उल्लेखनीय हैं। 'लन्दन डेली एडवाइज़र' का प्रारम्भ 1726 में हुआ। 1 जनवरी 1785 को 'लन्दन डेली यूनिवर्सल रजिस्टर' का सूत्रपात हुआ। तीन वर्ष बाद इसका नाम 'टाइम्स' कर दिया गया। यह आज भी महत्त्वपूर्ण दैनिक के रूप में मान्य है। कुछ और उल्लेखनीय समाचार-पत्र-मार्निंग क्रानिकल (1769), मार्निंग पोस्ट' (1772), डेली न्यूज (1846), डेली टेलीग्राफ (1855) और डेली स्टैन्डर्ड (1857) आदि हैं। दूसरे महायुद्ध के बाद कागज के संकट के कारण अंगरेजी पत्रकारिता को कुछ समय तक बुरे दिन देखने पड़े। इंग्लैंड में प्रादेशिक पत्रकारिता का श्रीगणेश 1706 में नारविच में हुआ। मैंचेस्टर गार्जियन का जन्म 1821 में एक साप्ताहिक पत्र के रूप में हुआ। रविवासरीय पत्र 'आब्जर्वर' एक राजनीतिक पत्र के रूप में 1791 में शुरू हुआ था। संडे टाइम्स की स्थापना 1822 में हुई। बीसवीं शताब्दी में सबसे अधिक बिकने वाले रविवासीय पत्र 'न्यूज ऑफ दि वर्ल्ड' का आरम्भ 1843 में हुआ।[3] "This phase of journalism in Britain overlaps the infant years of the American press, but because colonial editors were in influenced by their British contemporaries, it is pertinent to mention some of the later press developments abroad. The first half of the eighteenth century produced some great journalists in England. Defoe, Swift, Addison, Steele, Fielding and Samuel Johnson edited newspapers or wrote essays and other pieces for popular prints at one time or another."[4] इधर, इस सम्बन्ध में **डॉ. रंगास्वामी** का विचार है कि, "The 18th century saw the emergence in England of great writers-and

1. हिन्दी-पत्रकारिता : एक परिचय-सुरेन्द्र बीनू सिन्हा तथा डॉ. आशीष कुमार मैसी, पृ. 18, भारतीय पत्रकारिता संस्थान, बरेली, मूल्य-100 रुपये, सन् 1993ई.
2. पत्रकारिता का इतिहास—डॉ. संजीव भानावत, पृ. 192
3. पत्रकारिता प्रशिक्षण—डॉ. शार्दूल विक्रम सिंह तथा डॉ. ऋचा सुकुमार, पृ. 13, भवदीय प्रकाशन अयोध्या।
4. History of Press Laws and Comunications-B.N. Ahuja.P.10

Journalists like Deniel Defoe, author of Robinson Crusoe, Jonathan Swift (Gulliver's Travels) and Henry, Fielding...Cal themselves journalists and over the years they helped to raise the standard of writing and reporting often to great heights."[1]

ब्रिटेन के कुछ अन्य प्रमुख समाचार-पत्र—एक सूचना के अनुसार ब्रिटेन में नौ 'नेशनल' (राष्ट्रीय) स्तर के समाचार-पत्र प्रकाशित किए जाते हैं,—"The nine 'nationals' placed in alphabetical order to prevent any argument as to their merits are the Daily Express, the Daily Herald, the Daily Mail, the Daily Mirror, the Daily Sketch, the Daily Telegraph, the Daily Worker, the News Chronicle and the Times." इसी तरह सात प्रातः कालीन समाचार-पत्र प्रकाशित किए जाते हैं,—"The other seven London morning newspaper are The Financial Times, The Greyhound Express and coursing News the Industrial Daily News, Lloyd Shipping Gazette Morning Advertiser, Public Ledger and Sporting Life."[2] इनके अतिरिक्त ब्रिटेन का पहला समाचार-पत्र 'यूज आउट ऑफकेन्ट', ब्रिटेन का दूसरा समाचार-पत्र 'न्यू न्यूज' माना जाता है। उक्त के अलावा 'वीकली न्यूज' (एक पृष्ठ का), 'द लंदन गजट' (प्रथम वास्तविक समाचार-पत्र), डेली करंट, 'टाइटलर', 'स्पेक्टेटर', 'डेली एडवरटाइजर', 'आब्जर्वर', 'गार्जियन', 'मैनचेस्टर गार्जियन', (साप्ताहिक), 'संडे टाइम्स', 'डेली न्यूज', 'डेली रीडर', 'डेली हेराल्ड', 'यूनिवर्सल रजिस्टर (अब बदला नाम—'टाइम्स') आदि। ब्रिटिश अखबार 'न्यूज ऑफ द वर्ल्ड' ने 10 जुलाई 2011 को बिना किसी विज्ञापन के अड़तीस पन्ने का संस्करण निकाला और पहले पन्ने पर बड़े अक्षरों में लिखा,—"थैंक यू ऐंड गुड बॉय'। यह अखबार का आखिरी संस्करण था। सम्पादक कॉलिन मेयर ने इसे साढ़े सत्तर लाख पाठकों की श्रद्धांजलि कहा। इसके मालिक मीडिया मुगल रूपर्ट मर्डोक एक और अखबार "सैटरडे" के भी स्वामी हैं।

(2) अमेरिका में पत्रकारिता (American Journalism)

पहला अमेरिकी पत्र बेंजामिन हेरिस नामक एक अंगरेज के प्रयास से प्रकाशित हुआ। 24 अप्रैल 1704 को नियतकालीक समाचार-पत्र की शुरुआत हुई, जिसका नाम था—'बोस्टन न्यूज लेटर'। इस पत्र का प्रारम्भ बोस्टन के पोस्टमास्टर जॉन कैंपवेल ने किया था[3] The first American newspaper in Boston on April 24, 1704 and the editor and publisher was Post master John Campbell. It was called the Boston News letter. It was followed in 1721 by the Franklin Brother's New England Courant and Andrew Brad Ford's American Weekly Mercury. The Boston Newsletter was printed on both sides of sheet and consisted of items taken from incoming London Newspapers, already weeks old. ...The first daily newspaper was started by Benjamin. Towne in Philadelphia, in 1783. called the Pennsylvania Evening Post it had a brief existence of 17 months, By 1800, most big ports and commercial centres in America had daily newspapers. In 1820, of the 512 papers that were being brought out, 24 were dailies 66 were semi-weeklies or tri-weeklies and 422 weeklies. They were patronised by the more prosperous citizens and the price was more than the over age citizen could afford."[4] इधर, 8 नवम्बर 1725 को विलियम ब्रेडफोर्ड ने न्यूयार्क गजट की नींव डाली। 5 नवम्बर, 1733 को न्यूयार्क वीकली जर्नल का प्रकाशन हुआ। 1765 तक अमेरिका के उत्तर और दक्षिणी उपनिवेशों से लगभग 50 समाचार-पत्र छपने लगे थे। न्यूयार्क टाइम्स 1851 में प्रकाशित हुआ। 1860 और 1875 के बीच असंख्य पत्रों का उदय हुआ। इनकी संख्या बढ़कर 3,000 हो गई। सन् 1914 में अमेरिका में 15,000 दैनिक एवं साप्ताहिक पत्र प्रकाशित होते थे। अमेरिका के कुछ विश्व प्रसिद्ध समाचार-पत्रों के नामों का

1. Journalism in India-Ranga Swiami Parthasaralhy. P.7
2. History of Press Laws and Communications. B.N. Ahuja. P.12
3. पत्रकारिता प्रशिक्षण—डॉ. शार्दूल व्रिकम सिंह, तथा डॉ. ऋचा सुकुमार, पृ. 13
4. Journalism in India-Ranga Swami Parthsarathy. P.15

उल्लेख करना उचित होगा, यथा-बोस्टन ग्लोब (1872), वाशिंगटन पोस्ट (1877), द क्रिश्चियन साइंस मानीटर (1908)।[1]

सन् 1914 ई. में अमेरिका में 15 हजार दैनिक व साप्ताहिक पत्र प्रकाशित होते थे। बाद में पत्रों में साज-सज्जा की ओर विशेष ध्यान दिया जाने लगा। इस दृष्टि से 1919 में प्रकाशित 'न्यूयार्क डेली' का स्थान प्रमुख था। इस बीच पत्रकारिता में व्यावसायिक प्रशिक्षण देने के लिए भी कुछ संगठन बने और सम्पादकीय विभागों में काम करनेवालों की यूनियनें भी बनीं। पत्रकारिता का स्तर ऊँचा उठाने के लिए पुलिट्ज़र पुरस्कार भी प्रारम्भ किया गया।[2] अमेरिका के ख्यातिलब्ध समाचार-पत्र न्यूयार्क टाइम्स के विषय में **श्री कर्पूर चन्द कुलिश** ने एक जगह लिखा है—"पांडवों के बारे में कहा जाता है कि उनमें चार भाई जितना आहार लेते थे, उन सबके बराबरी का भोजन अकेला भीम ग्रहण करता था। आज के जमाने में अखबारी कागज की खपत का लेखा-जोखा किया जाए तो कहना पड़ेगा कि समूचे भारत के अखबार जितना कागज खपाते हैं, उतना कागज अकेला, 'न्यूयार्क टाइम्स' खपा जाता है।"[3] आज अमेरिका में प्रेस स्वतंत्र और आधुनिक संचार साधनों से लैस हैं—"Today, in America, the traditional definitions of newspaper are being modified and expanded to accommodate changes in society, reader demands and new technology. But the traditional roles remain too. In the words of an American writer. The newspaper is historian, reporter, analyst, communicator, salesman and advocate. Information is the staple of any good newspaper But most hope to influence other readers as were as inform them. Newspapers influence Through their total presentations and their image in the community and not through their advocacies alone."[4]

अमेरिका के कुछ प्रमुख समाचार-पत्र—अमेरिका का पहला पत्र 'पब्लिक अकरेंसेज बोथ फॉरेन ऐण्ड डोमेस्टिक' (बोस्टन से), वीकली मरक्यूरी, न्यू इंग्लैंड क्यूसेन्ट, मेरी लैंड गजट, अमेरिका की पहली मासिक पत्रिका—'द अमेरिकन मैगजीन', 'मार्निंग क्रानिकल', 'मार्निंग पोस्ट', 'डेली एडवरटाइजर, टास्क्रिप्ट, लिबरेटर, न्यूयार्क सेन, न्यूयार्क ट्रिब्यून, न्यूज ऑफ द वर्ल्ड, न्यूयार्क टाइम्स, बोस्टन ग्लोब, वाशिंगटन पोस्ट, द क्रिश्चियन साइंस मानीटर, न्यूयार्क डेली न्यूज, न्यूयार्क हेराल्ड, ट्रिब्यून, न्यूयार्क डेली मिरर, मार्निंग क्रानिकल तथा ग्लोब ऐण्ड द मेल आदि।

(3) फ्रांस में पत्रकारिता (The French Press)

फ्रांस में भी पत्र-प्रकाशन की बहुत पुरानी परम्परा का पता चलता है। सन् 1631 में थियोफ्रास्टे रैंदो (Theophraste Renaudot) ने फ्रांस का प्रथम नियमित पत्र 'लॉ गजट' (Lagazitee) का प्रकाशन किया। इस समाचार-पत्र में विदेशी खबरों की प्रमुखता रहती थी। पर, बाद में फ्रांस सरकार ने पत्र-प्रकाशन के सन्दर्भ में अपनी नीति बदली। बिना 'पत्र-प्रकाशन का लाइसेंस' लिए समाचार-पत्रों का प्रकाशन कोई नहीं कर सकता था। हाँ, बहुत प्रयास के बाद साहित्यिक या वैज्ञानिक विषयों से सम्बन्धित पत्रों के प्रकाशन का लाइसेंस मिल पाता था। कुल मिलाकर सरकार ने लाइसेंस की आड़ में राजनीतिक विषयों से सम्बन्धित समाचार-पत्रों के प्रकाशन पर प्रतिबन्ध लगा दिया। पर, शताधिक वर्षों बाद अर्थात् 1789 ई. में यहाँ क्रान्ति हुई और इस क्रान्ति में मानव अधिकारों की रक्षा के लिए अभिव्यक्ति की स्वतंत्रता की कुछ छूट मिली। परिणाम हुआ, फ्रांस में अखबारों की संख्या बढ़ने लगी। सन् 1789 से 1800 ई. के मध्य 1350 अखबारों का प्रकाशन फ्रांस की धरती से हुआ। हालाँकि फ्राँस की तत्कालीन सरकार ने पुनः इन समाचार-पत्रों पर कुछ अंकुश लगाने का प्रयास किया, किन्तु लुईस अठारहवें ने सन् 1815 में अपनी नरम पंथी नीति के तहत अखबारों पर प्रतिबन्ध लगाने से इनकार किया, फल हुआ, अब वहाँ का प्रेस पहले की तुलना में और अधिक स्वतंत्र हुआ। यद्यपि सरकार में बैठे कुछ लोगों ने वहाँ के विरोधी समाचार-पत्रों पर अंकुश लगाने के लिए उन पर मुकदमे किए एवं उन पर सख्ती

1. पत्रकारिता प्रशिक्षण—डॉ. शार्दूल विक्रम सिंह तथा डॉ. ऋचा कुमार, पृ. 13
2. पत्रकारिता और पत्रकारिता—डॉ. अरुण जैन, पृ. 22
3. राजस्थान पत्रिका, पृ. 29, 8 जुलाई सन् 1982
4. Journalism in India-Ranga Swami Parthsarathy. P. 18

से सम्बन्धित कुछ कानून पारित करवाए। कानून की इस लुका-छिपी और शह-मात की लड़ाई में 1881 ई. में वहाँ प्रेस को पुनः खुली हवा में घूमने का मौका मिला। सन् 1789 ई. के मानवीय अधिकारों का सन्दर्भ देकर सन् 1958 ई. में फ्रांस में प्रेस से पूर्णतः प्रतिबन्धों का खात्मा कर दिया गया। आज वहाँ व्यक्ति और प्रेस अभिव्यक्ति के लिए पूर्णतः स्वतंत्र हैं।

पेरिस के दैनिक पत्र फ्रांस सोइर की प्रसार संख्या दस लाख से अधिक है। सान्ध्यकालीन फ्रेंच भाषा का दैनिक लगातार कई संस्करण प्रकाशित करता है तथा प्रमुख घटनाओं को बड़े शीर्षकों के माध्यम से प्रस्तुत करता है। 'लॉ परिशयन लिब्रे' फ्रांस का प्रमुख तथा सर्वाधिक प्रसार का दैनिक पत्र है। 'लॉफिगरो' ने 1967 ई. में सौ वर्ष पूरे कर लिए थे। 'लॉ मोन्डे' नामक पत्र का फ्रांस में अच्छा प्रभाव है। 'लॉस इकोस' आर्थिक विषयों का समाचार-पत्र है। 'ला नो व्यू जर्नल' (Le Nouveau Journal) स्टॉक तथा 'लइक्व' (L. Equipe) खेलकूद से सम्बन्धित विषयों के समाचार-पत्र हैं।[1]

फ्रांस के कुछ अन्य प्रमुख समाचार-पत्र—ले पार्शियन लिबरे (Le Parisien Libere), केरेफोर (Carefour), पाइंट ड्यू व्यू इमेजेस ड्यू मांडे (Point du Vue-Images du Monde) आदि का प्रकाशन अमारी प्रकाशन समूह (Amaury Publication Group) से होता है। इधर, फ्रांस सोइर (France-Soir), पेरिस प्रेस (Paris Presse) इल्ले (Elle) आदि समाचार-पत्रों का प्रकाशन फ्रांस एडीशंस ऐट पब्लिकेशन ग्रुप (France Editions et Publication Group) से होता है। इसी तरह पेरिसमेच साप्ताहिक (Paris Metch), मेरी क्लेयर मासिक (Mariecalaire) प्रोवोस्ट समूह (Provost Group) से प्रकाशित होते हैं। नोस ड्यूएक्स (Nous Deunx), इंटीमिटी (Intimity), लॉ आई एन फ्लेयर (Lavie En Fleur) का प्रकाशन डेलडूका ग्रुप (Dleduca Group) से होता है। जैने आफ्रिक, ले मोन्ह तथा ल मॉद आदि फ्रांस के प्रमुख समाचार-पत्र हैं।

(4) चीन में पत्रकारिता (The Press in China)

चीन में मुद्रण कला का आविष्कार बहुत पहले से ही हो चुका था। लकड़ी-निर्मित 'ब्लॉक' से वहाँ पुस्तक भी छपीं,—"The Chinese discovered the art of printing also. In 868 A.D. Wang Chieh published a book printed from blocks. Copies of it still survive as man's oldest printed book. The first known use of movable types was by another Chinese, Pi Cheng, in 1045 A.D. The oldest evidence of Chinese printing is a Budhist scripture known as "Diamond Sutra" dated 868 A.D. The Printing was done by carving the Chinese characters in relief (and in reverse) on wooden blocks, then spreading the raised surface of the block with ink and pressing the paper on it, the ink was made from a mixture of lampblack and resin or gum"[2] पर, दुर्भाग्य से वहाँ आज पत्रकारिता तथा अन्य तरह के प्रकाशन पर खुलापन नहीं है। वहाँ का प्रेस-प्रकाशन सम्बन्धी कबीलाई आदिम नियम आज भी लागू है। कुल मिलाकर यह कि पत्रकारिता आज भी सीधे-सीधे सरकार से नियंत्रित होती है। चीन जैसे बड़े देश में आज भी पत्रकारिता के परिसर में नवाचार दिखायी नहीं देता। एक शब्द में यह कि वहाँ की पत्रकारिता साम्यवादी कब्जे में है। 'पीपुल्स डेली' चीन का प्रसार और प्रभाव की दृष्टि से बड़ा अखबार है, किन्तु इस महत्त्वपूर्ण दैनिक पत्र का प्रकाशन, दुर्भाग्य से सरकारी नियंत्रण में है। यह समाचार-पत्र बहुत दिनों तक चीन देश का एकमात्र महत्त्वपूर्ण अखबार था, किन्तु इधर, ढेर सारे गैर समाचारीय पत्र-पत्रिकाओं का प्रकाशन चीन में बहुलता से हो रहा है। चूँकि 'पीपुल्स डेली' सरकारी प्रकाशन है, जाहिर है, इसमें समाचार भी सरकारी नीतियों के अनुरूप ही छपते होंगे और छपते भी हैं। दरअसल, सन् 1949 ई. में चीन में साम्यवादी शासन की स्थापना हुई, तभी से वहाँ से सरकार-विरोधी विचारों को बढ़ावा देनेवाले अखबारों का प्रकाशन बन्द कर दिया गया। चीन में 'नवचीन' नाम की समाचार समिति समाचारों के संग्रह का काम करती है, "The Chinese Communist policy towards privately owned newspapers has not been so straight forward or simple. In this field, it has been far more subtle and complex, a

1. पत्रकारिता का इतिहास एवं जन संचार माध्यम—डॉ. संजीव भानावत, पृ. 198-199
2. Journalism in India-Rangaswami Parthasarthy. P.03

consequence of Chinese version of Communist Theory of the state in the transitional period of "people's dictatorship" according to which all elements of society with few exceptions are entitled to enjoy all political rights, including that of having their own newspapers".[1] चीन में, 'लिबरेशन आर्मी डेली', तथा 'जिन्ह मिन्ह पाओ' अखबारों के साथ सम्प्रति वहाँ 2000 से ऊपर समाचार-पत्र छप रहे हैं, किन्तु स्वतंत्रता के एक निश्चित दायरे में।

(5) आस्ट्रेलिया में पत्रकारिता (The Press in Australia)

भारत की तरह आस्ट्रेलिया में भी पूर्णतः प्रेस स्वातंत्र्य है। अभिव्यक्ति-बन्धन से परे यहाँ के अखबार लोकतंत्र की रक्षा करते हैं। स्वस्थ और निष्पक्ष खबरों से लैस यहाँ के अखबार उच्चस्तरीय गुणवत्ता के लिए जाने जाते हैं। हाँ, किसी राष्ट्रीय संकट या आपात् काल के समय ही इन पर प्रतिबन्ध या सेंसर लगाया जाता है। आस्ट्रेलिया में मुकम्मल रूप से अखबारों का प्रकाशन सन् 1803 से शुरू हुआ। सन् 1803 में सरकारी प्रेस ने चार पृष्ठ का 'सिडनी गजट' छापा। उसके पश्चात् इक्कीस वर्ष बाद अर्थात् 1824 ई. में 'द आस्ट्रेलियन' नाम का पहला स्वतंत्र समाचार-पत्र प्रकाशित हुआ। यह पत्र 26 साल तक प्रकाशित होता रहा। 'द आस्ट्रेलियन' के सात वर्ष बाद एक पत्र 'सिडनी मार्निंग हेराल्ड' प्रकाशित हुआ। सौभाग्य से सन् 1831 से प्रकाशित यह समाचार-पत्र आज भी अपनी उम्र जी रहा है। आस्ट्रेलिया की राजधानी से सम्प्रति 20 दैनिक पत्रों का प्रकाशन हो रहा है। इन्हें प्रकाशित करनेवाले तीन प्रमुख समाचार-पत्र प्रकाशन समूह हैं। 'APP' अर्थात् 'आस्ट्रेलियन एसोसिएटेड प्रेस' आस्ट्रेलिया की प्रमुख संवाद समिति है।

आस्ट्रेलिया से प्रकाशित कुछ प्रमुख समाचार-पत्र—आस्ट्रेलिया में इस समय लगभग 700 से ऊपर समाचार-पत्र-पत्रिकाएँ छप रही हैं। आस्ट्रेलिया के प्रमुख पत्रों में मेलबोर्न से प्रकाशित 'हेराल्ड' तथा 'वीकली टाइम्स लि.', 'एज', 'आस्ट्रेलियन' तथा सिडनी से प्रकाशित 'डेली मिरर', 'सन् न्यूज-पिक्टोरियल', 'डेली टेलीग्राफ' (सिडनी), 'मार्निंग हेराल्ड', 'द सन' आदि हैं।

(6) पश्चिमी तथा पूर्वी जर्मनी में पत्रकारिता (The Press in West and East Germany)

कुछ विद्वानों का विचार है कि मुद्रण कला का आविष्कार जर्मन गणराज्य में ही हुआ था। बहरहाल, दो भागों में विभक्त जर्मनी में अभिव्यक्ति की स्वतंत्रता का अधिकार का स्वरूप अलग-अलग रहा है। प्रारम्भ में यहाँ अभिव्यक्ति स्वातंत्र्य मुक्त नहीं थी। सम्भवतः यही कारण है कि यहाँ पत्रों का प्रकाशन बहुत बाद अर्थात् सत्रहवीं शताब्दी में शुरू हुआ। यहाँ से प्रकाशित होनेवाला पहला पत्र 'जीतुंग' (Zeitung) था। सन् 1729 ई. में फ्रेडरिक विलियम प्रथम ने एक विज्ञापन समाचार-पत्र में निकलवाया। इसका नाम था—'इंटेलिजुंआग' (Intelligeujung)। कालान्तर में अभिव्यक्ति सम्बन्धी नियम कुछ शिथिल हुए। अतः 19वीं शताब्दी में मनोरंजन, सामाजिक, राजनीतिक तथा सूचनाप्रद पत्र-पत्रिकाएँ काफी संख्या में प्रकाशित हुईं। अंग्रेजी भाषी देशों की तुलना में जर्मन में प्रेस सम्बन्धी छूट काफी मिली थी, परिणाम हुआ—विलियम द्वितीय के शासन में प्रकाशित होनेवाले पत्रों की संख्या 3500 से ऊपर चली गई। एक नई बात जर्मनी में यह हुई कि 1874 में प्रेस प्रतिबन्ध शिथिल होने के कारण प्रादेशिक पत्रकारिता को फलने-फूलने का काफी अवसर मिला। मई, 1949 ई. में अभिव्यक्ति स्वातंत्र्य को कानूनी मान्यता मिली। यह स्वतंत्रता सौभाग्य से सतत् जारी है। द्वितीय विश्व युद्ध के बाद जर्मनी में प्रेस का उत्तरोत्तर विकास हुआ,—The importance of press freedom is an environment of freedom of an enterprise is perhaps best illustrated in West Germany and Austria. Only in May, 1945, after years of strict control by the National Socialist regime during which all media of information were instruments of the state, the press restrictions ceased to exist. Of West Germany's 10 largest newspapers, nine are operated as commercial enterprises, ...Together with these large papers 5080 were newspapers, with 690 main editions and 774 regional or subsidiary editions, publish 173 million copies in West Germany and West Berlin each day[2]

1. History of Press Laws and Communications. B.N. Ahija, P. 46
2. History of Press Laws and Communications. B.N. Ahuja, P. 41742

पश्चिमी जर्मनी के कुछ प्रमुख पत्र—साप्ताहिक डेर पेट्रियाट (Der Patriot), डाई डिस्कोर्स डेर मार्लेन (Die Discourse der Marlern), बाइडरमेन (Bieder man), एक्ल जीसर स्प्रिंगर (Axel Casar springer—यह जर्मनी का सर्वाधिक प्रचार-प्रसार वाला पत्र है), बिल्ड-जीतुंग (Bild-Zeitung-सबसे बड़ा पत्र), बिल्डेम सोनट्ग (Bildum Sountag) जर्मनी में अधिकांश समाचार-पत्र प्रातः कालीन हैं।

पूर्वी जर्मनी के कुछ प्रमुख पत्र—न्यूज़ डीश्चलैंड (Neues Deutschland), डेर मोरगन (Der Margen), न्यू जीट (Neue Zeit), नेशनल जीतुंग (Natioual Zeitung), बेयूरन इको (Bauern Echo), ट्रिब्यून (Tribune) तथा जुंग वेल्ट (Jung Welt)। इनमें से अधिकांश पत्र राजनैतिक दलों से सम्बन्धित हैं।

(7) जापान में पत्रकारिता (The Press in Japan)

सुदूर पूर्व के देशों में जापान का उल्लेख एक *'चालू पाठक जाति'* के रूप में इसलिए किया जाता है क्योंकि इस देश के प्रत्येक परिवार में प्रतिदिन औसत दो समाचार-पत्र पढ़े जाते हैं। जापान में समाचार-पत्र-पत्रिकाओं का विशाल परिचलन है तथा समूचे देश में सूचना प्रसार के लिए एक महत्त्वपूर्ण माध्यम है। वर्तमान में 100 से अधिक समाचार-पत्र दैनिक हैं। प्रमुख समाचार-पत्र प्रातः और सायंकालीन दोनों संस्करण प्रकाशित करते हैं। यदि दोनों संस्करणों की पृथक गणना की जाए तो कुल दैनिक वितरण 370 लाख के लगभग है। समस्त देश में वितरित होनेवाले समाचार-पत्रों का वितरण भाग कुल दैनिक वितरण का आधे से अधिक है। जापान के राष्ट्रीय समाचार-पत्रों में प्रमुख हैं,—असाहीशिंबून, मेनेचि शिंबून तथा योमिसरी शिंबून। इनके प्रातः कालीन संस्करण की प्रसार संख्या 30 से 45 लाख तक है। ये पत्र अपने दोनों संस्करणों के अतिरिक्त साप्ताहिक, मासिक तथा सचित्र पत्रिकाएँ भी प्रकाशित करते हैं। अंग्रेजी भाषा के समाचार-पत्रों में 'द जापान टाइम्स', 'द असांही-इवनिंग न्यूज', 'मैनिची डेली न्यूज' और 'द योमिरूरी' के नाम उल्लेखनीय हैं। जापानी समाचार-पत्रों को पूरी स्वतंत्रता प्राप्त है। किसी भी राष्ट्रीय दैनिक पत्र का किसी भी राजनीतिक दल अथवा वर्ग से सम्बन्ध नहीं है।[1] इधर, **वी.एन. आहूजा** कहते हैं कि The situation in Japan, where the industrial economy including the press has long been characterized by cartelization by powerful zaiabstu (family groups), illustrates this point. These national dailies Asahi, Maimich and Younitri account for 43 of the total (25 million) circulation. When two other papers of a similar character Sankei and Nihon Keizai are added the proportion rise to 54…It is in the grip of impartiality gone haywire only two of the nation's papers-the Communist Akahata (circulation-30,000) and the thrice monthly Socialist Shakai Shinpo (circulation-80,000) advance any creed."[2]

(8) सोवियत संघ में पत्रकारिता (The Press in, Soviet Union)

डॉ. संजीव भानावत[3] कहते हैं कि कम्युनिस्ट राष्ट्रों में अभिव्यक्ति स्वातंत्र्य का तात्पर्य सत्ता पक्ष की विचारधारा का प्रतिनिधित्व करना है। अभिव्यक्ति के विविध उपकरणों पर सरकार का नियंत्रण रहता है। वही स्थिति यहाँ भी रही है। बहरहाल, एक पुराने आँकड़े के अनुसार सोवियत संघ में 70 भाषाओं में 7200 से अधिक समाचार-पत्र तथा 2000 से अधिक पत्रिकाएँ प्रकाशित होती हैं। इनमें दैनिक पत्रों की संख्या 650 तक है। सन् 1955 में समाचार-पत्रों की दैनिक औसत बिक्री 4 करोड़ 90 लाख थी, जो 1917 की अक्टूबर क्रान्ति की तुलना में 15 गुना अधिक थी। रूस में कोई भी ऐसा जिला नहीं है, जहाँ एक भी स्थानीय समाचार-पत्र न हो। सोवियत संघ में कम्युनिस्ट शासन प्रणाली के कारण वहाँ भारत का अन्य लोकतांत्रिक देशों की तरह निजी स्वामित्व में निकलने वाले समाचार-पत्र नहीं है। मास्को से निकलने वाले निम्नलिखित केन्द्रीय समाचार-पत्र अत्यधिक लोकप्रिय हैं। 'प्रावदा' कम्युनिस्ट पार्टी की केन्द्रीय समिति

1. पत्रकारिता और पत्रकारिता—डॉ. अरुण जैन, पृ. 57
2. History of Press Laws and Communications. B.N. Ahuja. P. 42-43
3. पत्रकारिता का इतिहास एवं जन संचार माध्यम—डॉ. संजीव भानावत, पृ. 201

का पत्र है। 'इजवेस्तिया' सोवियत संघ की मेहनतकश जनता का पत्र है। 'त्राद' श्रमिक संघों की अखिल संघीय केन्द्रीय परिषद का समाचार-पत्र है। 'क्रास्नाया ज्विज्दा' (लाल सितारा) प्रतिरक्षा मंत्रालय का पत्र है। मास्को से प्रकाशित प्रमुख अंग्रेजी पत्र 'द न्यूज टाइम्स' है।''[1] In Soviet Union a law of 1932 that Interprets and implements the economic corollary of the constitutional guarantee states that printing offices of any kind, including those using duplicating machines, as well as those dealing in printing equipment, may be maintained only by government agencies must obtain special strictly accountable for supplies of paper, inks type metal etc.[2]

(9) कनाडा, (10) इटली, (11) आस्ट्रिया में पत्रकारिता (Press in Canada, Italy and Austria)

पत्र-पत्रिकाओं के प्रकाशन के सन्दर्भ में *कनाडा* काफी सम्पन्न है। यहाँ सम्प्रति 120 से ऊपर दैनिक समाचार-पत्र प्रकाशित हो रहे हैं। कनाडा के सबसे प्रसिद्ध पत्र का नाम 'रिफॉर्म' है। *इटली* भी पत्र-पत्रिकाओं के प्रकाशन का बड़ा केन्द्र है। यह देश पूर्वी यूरोप तथा यूरोप के देशों में किसी से पीछे नहीं है। इनमें से कुछ समाचार-पत्र राजनीतिक दलों की ओर से प्रकाशित किए जाते हैं, जब कि दो-तिहाई स्वतंत्र रूप से छपते हैं। इन समाचार-पत्रों में धर्म, राजनीति, बैंक-उद्योग और वहाँ का समाज-सब कुछ छपता है। कुछ लोगों का यद्यपि कहना है कि वहाँ के समाचार-पत्र आर्थिक रूप से बहुत समृद्ध नहीं हैं, कुछ घाटे में चलते हैं। बहरहाल, परिवर्तनशील समय ने वहाँ भी कई तरह के बदलाव किए हैं। सूचनाएँ मुक्त हैं। प्रेस पर बहुत प्रतिबन्ध, पहले की तुलना में अब नहीं रह गया है,—"In Italy, of the 95 daily newspapers published, one third are either owned or financially underwritten by political parties, while the other two thirds are independent. The later are owned by industry, religious groups, banks and large land owners. Circulations range from a few thousand to several hundred thousand. The economic position of most Italian newspapers, is very limited and most of them, operating at a loss, are kept alive by subsidies from known and unknown sources[3] इटली के कुछ प्रमुख पत्रों में पासे डेला सेरा (Paese Della Sera), वीनो (Vie Nuove) तथा रेनेसिटा (Renascita) खास चर्चित हैं। 'ल उनिता' नामक समाचार-पत्र कम्युनिस्ट समाचार-पत्र बताया जाता है, जबकि 'इल पोपोलो' (Ie Popolo) क्रिश्चियन डेमोक्रेटिक समाचार-पत्र माना जाता है।

आस्ट्रिया भी अपनी हैसियत तथा जागरूक जनता के हिसाब से समाचार-पत्रों के प्रकाशन में यदि बहुत आगे नहीं है, तो पीछे भी नहीं है। यहाँ पर 40 से अधिक दैनिक समाचारपत्र छपते हैं। इनमें से सात प्रमुख पत्रों के स्थानीय संस्करण प्रकाशित होते हैं। ये सभी सातों समाचार-पत्र कम्युनिस्ट पार्टी द्वारा संचालित किए जाते हैं। चार समाजवादी विचारधारा से सम्बन्धित लोगों के नियंत्रण में हैं, एक वहाँ की 'फेडरल सरकार' के अधीन है और एक प्रेस 'कोऑपरेटिव' के। आस्ट्रिया में 108 के लगभग साप्ताहिकों का प्रकाशन होता है। इनमें से कुछ साप्ताहिकों का प्रकाशन श्रमिक संघों द्वारा किया जाता है, कुछ का वहाँ के अल्पसंख्यकों द्वारा, कुछ राजनीतिक दलों द्वारा तथा कुछ वहाँ के व्यापारिक संघों द्वारा प्रकाशित किए जाते हैं,—"Austria has 36 daily newspapers, including seven branch editions of main newspapers. Of this total seven are owned by the Communist Party, four by the Socialist Party, one by the Federal Government and by a press co-operative. The remainder are published by privately owned commercial interprises, Of these letter 11 are independent in polities, five support the Austrian Peoples Party, In addition, 108 weeklies are published co-operatives labour unions, ethnic minority associations, political parties and Commercial enterprises"[4]

1. पत्रकारिता और पत्रकारिता—डॉ. अरुण जैन, पृ. 57-58
2. History of Press Laws and Communications, B.N. Ahuja. P. 40
3. History of Press Laws and Communications, B.N. Ahuja. P. 42
4. History of press Laws and Communications, B.N. Ahuja. P. 43

(12) नेपाल, (13) पाकिस्तान, (14) श्रीलंका, (15) बांग्लादेश, (16) क्यूबा, (17) बोलिविया, (18) इन्डोनेशिया तथा (19) मिस्त्र में पत्रकारिता

वैसे तो पत्रकारिता का आरम्भ **नेपाल** में सन् 1883 में ही हो गया था, लेकिन इसका बाकायदा सूत्रपात पं. मोती राम भट्ट ने किया। सन् 1916 के आसपास से महाराज महेन्द्र वीर विक्रम शाहदेव ने पत्रकारिता के विकास में महती भूमिका निभायी। उन्होंने अनेक पत्र-पत्रिकाओं को आर्थिक सहायता प्रदान की, जिनमें 'रमझम' का नाम प्रमुखता से लिया जा सकता है। अवधी में कार्यक्रम प्रसारित करनेवाले नेपाली रेडियो चैनल, 'रू-ब-रू' का काम इधर सराहा जा रहा है। पहले की बात करें तो 'समाज' और 'गोरखा-पत्र' जैसे अनेक दैनिक पत्रों ने उल्लेखनीय भूमिकाएँ निभाई हैं। इसी प्रकार मासिक पत्रिकाओं में 'कल्पना' और 'रत्न श्री' तथा त्रैमासिक पत्रिकाओं में 'मानु' और 'नेपाली' के नाम लिए जा सकते हैं। साप्ताहिक पत्रों के अलावा कुछ पाक्षिक पत्र भी चर्चित रहे, यथा-'प्रतिध्वनि' और 'कंचनजंघा'। अगर नेपाल के सन्दर्भ में राजनीतिक समाचारों की चर्चा करें तो हिन्दी दैनिक पत्र 'नेपाली' का नाम शानदार तरीके से हमारे सामने आता है, जिसकी स्थापना के समय सन् 1951 ई. में उमाकान्त दास इसके सम्पादक थे। यह काठमांडू से प्रकाशित होता था। सन् 1980 से त्रिभुवन विश्वविद्यालय से 'साहित्य लोक' नामक त्रैमासिक पत्रिका भी प्रकाशित हो रही है, जो इस अर्थ में नवाचार-प्रधान है कि यह पूर्ण रूप से साहित्यिक है।[1] 'राइजिंग नेपाल' (Rising Nepal) नेपाल का राजकीय दैनिक पत्र है तथा 'नया युग' वहाँ का प्रमुख साप्ताहिक है। 'शेयर बाजार वीकली' (सम्पादक-दिनेश आचार्य) नेपाल का नया प्रकाशित पत्र है।

पाकिस्तान के समाचार-पत्रों में, जंग, डान, मुशावरात, नवा-ए-वक़्त, पाकिस्तान टाइम्स, पाकिस्तान इकॉनामिस्ट जनरल, शाहबाज, जसारत, द मार्निंग न्यूज, 'फ्राम द उर्दू प्रेस' आदि प्रसिद्ध हैं। पाकिस्तान में कुछ समाचार-पत्र सरकारी नियंत्रण में हैं। भारत की तरह इस देश में प्रेस अधिकांश सैनिक तानाशाही के कारण बहुत खुले नहीं है। वे वहाँ की सरकारों के उत्पीड़न के शिकार हैं। **श्री लंका** के प्रमुख पत्रों में 'सीलोन डेली मिरर' का नाम उल्लेखनीय हैं। 1975 ई. में भारत में प्रभावशाली सेंसर की तरह श्रीलंका के समाचार-पत्रों पर भी सेंसर शिप लागू की गई। मार्च, 1971 के चेगुवारिस्ट-विद्रोह के परिप्रेक्ष्य में श्री लंका के पत्रों पर कठोर नियंत्रण लागू किया गया। मास्को समर्थित कम्युनिस्ट पार्टी के प्रमुख पत्र 'अत्था' (दैनिक) के सभी सरकारी विज्ञापन 1971 ई. से बन्द कर दिए गए। यहाँ सिंहली, तमिल तथा अंग्रेजी के समाचार-पत्र सीमित संख्या में प्रकाशित होते हैं।[2] भुखमरी, कुपोषण, अशिक्षा तथा पिछड़ेपन के कारण **बांग्लादेश** में अन्य देशों की तुलना में पत्रकारिता का अपेक्षित विकास नहीं हो पाया। इस देश में सम्प्रति 35 से अधिक दैनिक तथा 140 से ऊपर साप्ताहिक पत्र हैं। यहाँ के प्रमुख पत्रों में 'शांगबाद', 'बंगलादेश ऑब्जरवर' तथा 'डेली स्टार' हैं जिनका प्रकाशन उस देश की राजधानी ढाका से होता है। **क्यूबा, बोलिविया, इन्डोनेशिया** तथा **मिस्त्र** आदि देशों में पत्रकारिता की स्थिति बहुत अच्छी नहीं है। इन्डोनेशिया मुस्लिम बहुल राष्ट्र है। आर्थिक दुर्व्यवस्था के शिकार इस देश में अधिकांश समाचार-पत्र सरकारी नियंत्रण में हैं। सन् 1971 ई. में यहाँ 50 दैनिक प्रकाशित होते थे। उस समय यहाँ महज 5 साप्ताहिकों का प्रकाशन होता था। उनमें भी अधिकांश आपत्तिजनक सामग्री छापने के कारण बन्द कर दिए गए। इन्डोनेशिया का प्रसिद्ध पत्र 'अंगातन बेरसेनजाता' है, पर बाद में इसका नाम बदलकर 'कार्तिका' रख दिया गया। यहाँ के साप्ताहिक पत्र का नाम 'टेम्पो' है। बोलिविया में अधिकांश पत्रों पर सरकारी नियंत्रण है। आर्थिक तंत्र कमजोर होने के कारण क्यूबा में भी पत्रकारिता की स्थिति बहुत सन्तोषजनक नहीं है,—"In Bolivia, government's actual control of newspapers was chiefly exercised through its control of newsprint which was used as a Sword of Damocles over the heads of editors who might be tempted to criticise the government or its officials. The government office for the control of the news was

1. नया ज्ञानोदय-सम्पादक-ममता कालिया (भारतीय ज्ञानपीठ की मासिक साहित्यिक पत्रिका), पृ. 58, अंक 87, मई 2010
2. History of Press Laws and Communication, B.N. Ahuja. P. 42

copied from the similar institution created by Paron. The ultimate manifestation of such economic control measures used by authoritasion regimes include confiscation, as occurred at Cuba on February 23, 1960, nationalisation, as decreed on may 24, 1960, in Egypt (UAR) and suppression followed by "Supervision" as decreed in Indonesia on October 5, 1960."[1]

(20) रूमानिया, (21) बल्गारिया तथा (22) अल्बानिया में पत्रकारिता

उक्त राष्ट्र बहुत विकसित नहीं होने के कारण पत्रकारिता कर्म के लिए कम जाने जाते हैं। दरअसल, विश्व के अधिकांश कम्युनिस्ट देशों में प्रेस सरकारी नियंत्रण में होते हैं। अतः यहाँ प्रेस को वही कहना पड़ता है, जो वहाँ की सरकार चाहती है। **रूमानिया** में कुछ दिनों तक तो प्रेस स्वतंत्र था, किन्तु बाद में वहाँ की सरकार ने प्रेस स्वातंत्र्य को छीन लिया, बल्कि यह कहा जा सकता है कि आज वहाँ कोई समाचार-पत्र मुक्त, स्वतंत्र और निजी हाथों में नहीं है। यही स्थिति **बल्गारिया** और **अल्बानिया** की भी है। इन दोनों देशों में पत्रों का प्रकाशन और वितरण पूर्णतः प्रादेशिक सरकारों के हाथों में होता है,—"In Rumania, economic harassment of the press begun by the Soviet Armistice Commission was continued by the Communist Rumanian authorities within two years (1947) of freedom of the press had, ceased. To day, there are no privately owned or independent newspapers. Similarly, in Bulgaria and Albania there are no independent newspapers and all the economic requirements for the publication of news, in terms of both-production and distribution, are firmly in the hands of the State."[2]

(23) यूगोस्लाविया, (24) थाइलैंड, (25) मंगोलिया तथा (26) सिंगापुर में पत्रकारिता

उपरोक्त देशों की तुलना में **यूगोस्लाविया** में पत्रकारिता की स्थिति ठीक है। वहाँ हुई आर्थिक क्रान्ति के बाद पत्र-पत्रिकाओं के प्रकाशन में काफी प्रगति हुई। यूगोस्लाविया में प्रेस-प्रकाशन के अलग-अलग समूह बने हुए हैं। इन्हें वहाँ की भाषा में 'सोसाइटी' कहा जाता है। एक विशेषता यह कि प्रकाशन संस्थानों में कार्य करनेवाले अधिकांश कर्मचारी ही वहाँ पत्रों का प्रकाशन भी करते हैं,—"In Yugoslavia certain principles that have characterised the economic revolution peculiar to this country since 1948 also apply to the Press. Each newspaper is operated by its employees, but it is owned by what Yugoslavia call "Society" They hold that- "ownership by society" is not the same as ownership by the state. The system of self administration applied to the press by the laws of June 26, 1956 has had the effect of freeing the Yugoslavia press from the financial control of the state which originally, as in every Communist Society, provided the necessary funds and equipment for the press enterprises. The result has been a great degree of independence with considerably broader possibilities of expression than in other Communist countries."[3]

सुप्रसिद्ध पत्रकार **डॉ. अरुण जैन**[4] के अनुसार **थाइलैंड, मंगोलिया** तथा **सिंगापुर** आदि देशों के समाचार-पत्र अपनी जनोन्मुखी नीतियों तथा उदात्त आदर्शों के प्रति समर्पित हैं। *मंगोलिया* 'दूर-पूर्व' में 1921 की जन-क्रान्ति से पूर्व बहुत कम समाचार-पत्र थे। वस्तुतः जन क्रान्ति के बाद ही मंगोलिया में जनता की आकांक्षा को प्रतिबिम्बित करनेवाले समाचार-पत्रों का उद्भव हुआ। 'मोगोलिन उकेन' (मंगोलियन सत्य) का प्रकाशन 1920 में हुआ। क्रान्ति के बाद समाचार-पत्रों ने तेजी से तरक्की की। वर्तमान में मंगोलियाई जन गणराज्य में लगभग 35 समाचार-पत्र, 25 पत्रिकाएँ प्रकाशित हो रही हैं। इसी तरह सिंगापुर में श्रेष्ठ समाचार-पत्रों की संख्या सीमित है। यहाँ का अंग्रेजी दैनिक पत्र 'सिंगापुर हेराल्ड' आर्थिक क्षति के कारण 28 मई, 1971 से बन्द है। **थाइलैंड** के बैंकाक से सम्प्रति कई स्तरीय पत्र प्रकाशित हो रहे हैं। यहाँ

1. History of Press Laws and Communication- B.N. Ahuja. P. 45
2. History of Press Laws and Communication- B.N. Ahuja. P. 45
3. Hisrory of Press Laws and Communication- B.N. Ahuja. P. 40
4. पत्रकारिता और पत्रकारिता—डॉ. अरुण जैन, पृ. 60

का सुप्रसिद्ध पत्र 'द नेशन' है। यह अंग्रेजी भाषा का पत्र है। इस पत्र-प्रबन्धन के सहयोग से थाई-भाषा में एक नई साप्ताहिक पत्रिका का प्रकाशन सन् 1973 से हो रहा है। इस पत्रिका का नाम 'प्रचाचात' है। थाईलैंड से ही 'बैंकाक पोस्ट' अखबार प्रकाशित होता है। इसका प्रकाशन विदेशी संस्थानों द्वारा किया जाता है। थाई लैंड में प्रकाशित होनेवाले कुछ अन्य प्रमुख समाचार-पत्र इस प्रकार हैं—डेलीन्यूज (प्रसार-संख्या-1लाख 20 हजार), थाई रस (प्रसार संख्या-40 हजार), सियामरथ (प्रसार संख्या-60 हजार), सोशल साइंस रिव्यू (प्रसार संख्या-55 हजार) तथा प्रच्चाति पथाई (प्रसार संख्या-50 हजार)।

स्कैडिनेवियन देशों में पत्रकारिता (Press in Scandinavion Countries)

(27) डेनमार्क, (28) स्वीडेन तथा (29) नार्वे की पत्रकारिता

स्कैडिनेवियन देशों में डेनमार्क, स्वीडेन तथा नार्वे आदि देशों की गणना प्रमुख रूप से होती है। इन देशों में पत्रकारिता में गम्भीर कार्य होने की सूचना मिलती है। **डेनमार्क** में पत्रकारिता की जड़ें पुरानी हैं। यहाँ से प्रकाशित होनेवाले पत्र-पत्रिकाओं ने अपने सामाजिक उत्तरदायित्वों को बखूबी निभाते हुए परिवेश को प्रभावी ढंग से रूपायित किया है। डेनमार्क में विपुल संख्या में समाचार-पत्र प्रकाशित होते हैं। इनमें से कुछ स्थानीय स्तर पर परस्पर सहयोग से, कुछ निजी स्तर पर प्रकाशित किए जाते हैं, कुछ राजनीतिक दलों के सहयोग से छपते हैं। डेनमार्क में प्रेस अन्य पड़ोसी देशों की तुलना में स्वतंत्र हैं,—"In Denmark a large number of the newspapers are the property of small shareholders of the local population. Still others are published by individual owners (although there are no "newspaper barons") and by political parties. One newspaper, Information, is operated by a funded foudations."[1]

स्वीडन में भी पत्रकारिता की पुरानी परम्परा का पता चलता है। ये पत्र वहाँ के समाज, व्यक्ति, चर्च, राजनीति, संस्कृति, सभ्यता आदि की जानकारी समय-समय पर अपने पाठकों को देते रहते हैं। कभी-कभी साहित्यिक विषयों के विशेषांक भी निकलते रहते हैं। वैचारिक मतभेद के बाद भी लोकतांत्रिक समाज की स्थापना इन पत्रों का मुख्य उद्‌देश्य होता है। एक पुराने आँकड़े के अनुसार स्वीडन में छह ऐसे समाचार-पत्र प्रकाशित होते थे, जिनकी प्रसार संख्या एक लाख से ऊपर थी। पाँच समाचार-पत्र ऐसे थे, जिन्हें तीन लोगों के सहयोग से पोषित-प्रकाशित किया जाता था। स्वीडेन में ये समाचार-पत्र वहाँ की जनता की आवाज माने जाते हैं। इस देश में 40 साप्ताहिक पत्र प्रकाशित किए जाते हैं, जिनकी वितरण संख्या एक लाख चालीस हजार के आसपास है। इन पत्रों में विज्ञापन भी प्रचुर मात्रा में होते हैं—"According to international standards there are no great privately owned chains in Sweden. Of the six largest newspapers (all with more than 100,000 circulation), five are owned and dominated by three men. Ownership of the sixth, Svenska. Dagbla det, one of Sweden's most influential dailies. is vested in an endowed foundation."[2] **नार्वे** में पत्रकारिता बहुत नियंत्रण में नहीं है। इन पत्रों में वहाँ भी समय-समय पर वहाँ के वंचित और जरूरतमन्द समाज अपनी अभिव्यक्ति पाता है। इन समाचार-पत्रों की अपनी साख और पहचान है। इनमें से कुछ स्वतंत्र और कुछ निजी क्षेत्रों की ओर से प्रकाशित होते हैं। कुछ स्थानीय राजनीतिक दलों द्वारा, कुछ वहाँ की लेबर पार्टी एवं कम्युनिस्ट पार्टी द्वारा संचालित होते हैं तो कुछ का प्रकाशन ट्रस्ट के माध्यम से भी होता है,—"In Norway most daily papers are published by independently owned companies in which the local political organisations hold a portion of the shares. But a few papers are owned by political parties in Norway, among such are Oslo's Arbeiderb ladet the daily organ of the Labour Party, and the Communist Party's Friheten, also published in Oslo."[3]

1. History of Press Laws and Commuincation. B.N. Ahuja. P. 42
2. History of Press Laws and Commuincation. B.N. Ahuja. P. 45
3. History of Press Laws and Communication. B.N. Ahuja. P. 43

(30) अंगोला में पत्रकारिता (The Press in Angola)

अंगोला में पत्रकारिता का इतिहास लगभग दो शतक से पहले नहीं जा पाता। अंगोला में पत्रों के प्रकाशन के उद्देश्यों में एक उद्देश्य वहाँ की वास्तविक समस्याओं और मुद्दों से भटक गए शासन का ध्यान आकर्षित करना भी रहा है। कुशासन और अराजकता पर बहस इन पत्रों का मुख्य लक्ष्य रहा है। अंगोला में पत्रकारिता का प्रारम्भ 13 सितम्बर 1845 से हुआ। इस दिन बोलीटिम् जीर्ल डॉ. प्रोविन्शया डी. अंगोला (Boletim Geral do Provincia de Angola) का प्रकाशन हुआ। स्वतंत्र प्रेस का उद्भव ''ए सिविलिजेका डा अफ्रीका पोर्तगुसा'' के प्रकाशन के साथ हुआ। इस पत्र का प्रकाशन सन् 1886 में हुआ। शताब्दी के अन्त तक अंगोला में 59 पत्र-पत्रिकाओं का प्रकाशन हुआ। अंगोला के हितों की रक्षा के लिए पत्रकारिता का प्रारम्भ सन् 1881 में 'इको डी अंगोला' (Echo de Angola) से होता है। 16 अगस्त, 1923 को 'प्रोविन्शिया डी अंगोला' (Provincia de Angola) के प्रकाशन के साथ अंगोला में व्यावसायिक पत्रकारिता का विकास होने लगा। इन्हीं दिनों में प्रकाशित अन्य पत्रों में—ओप्लेनल्टा (O planalto), ओ लोबिटा (Olobito), ओ कोमीरिका (O Comerica) आदि प्रमुख हैं। 1946 ई. में अंगोला नोर्टी (Angola Norte), 1955 में जर्नल डा हुला (Journal da Hula), 1958 में, जर्नल डो कोन्गा (Journal do Congo) का प्रकाशन हुआ।[1]

(31) अरब जगत में पत्रकारिता (Press in Arab-World)

जाने-माने पत्रकार **डॉ. अरुण जैन**[2] के विचार से मध्य-पूर्व अथवा प. एशिया के अरब देशों में यूँ तो अनेक समाचार-पत्र प्रकाशित होते हैं, तथापि **मिस्त्र** (Egypt) की राजधानी काहिरा से प्रकाशित 'अल-अहराम' एक मात्र ऐसा पत्र है, जो अपनी विशिष्ट गुणवत्ता के कारण समूचे विश्व का ध्यान आकर्षित करता है। 'अल-अखबार' और 'अल-वतन' भी यहाँ के प्रमुख पत्र हैं। 'दा स्क्राइब' (अरब रिव्यू) अंग्रेजी आदि पाँच भाषाओं में काहिरा से प्रतिमाह प्रकाशित होता है। **लीबिया** का प्रमुख दैनिक 'अल-फज्र अल-जदीद' है। अरब जगत के एक प्रमुख राष्ट्र **तुर्की** में लगभग 300 दैनिक पत्रों का प्रकाशन होता है, जिनमें उल्लेखनीय पत्र अंकारा तथा इस्ताम्बूल से प्रकाशित होते हैं। 'अल-जमहूरिया' और 'बगदाद-आब्जरर्वर' **इराक** के प्रमुख समाचार-पत्र हैं। अल थावरा, इराकी बाथ पार्टी का पत्र है। 'अस-सय्याद' **बेरूत** (लेबनान) का प्रभावशाली साप्ताहिक है, जब कि 'अन-नाहर' लोकप्रिय दैनिक पत्र। **सऊदी अरब** का प्रसिद्ध समाचार-पत्र' 'अल-मदीना' है। 'जेरुशलम पोस्ट' और 'हर-आरेत्ज' **इजराइल** के प्रभावशाली पत्र हैं। **कुवैत** के दैनिक पत्रों में 'अस-सियास्साह' अग्रणी है। **यूनान** का प्रसिद्ध अंग्रेजी दैनिक 'एथेन्स-न्यूज' है।

(32) दक्षिण अफ्रीका अर्थात् पिछड़े देशों में पत्रकारिता (Press in South Africa)

दक्षिण अफ्रीकी देश शुरू से ही उपनिवेशवाद, आर्थिक असमानता एवं शोषण, अशिक्षा, घोर गरीबी, पिछड़ेपन, जातीय संरचना तथा भाषायी विभाजन, बेडोल भौगोलिक ढाँचा एवं दास प्रथा आदि विद्रूपताओं के शिकार रहे हैं। इन देशों ने समय-समय पर उक्त समस्याओं से अपने को मुक्त करने का प्रयास भी किया तो तानाशाही, सैनिक शासन और राजनीतिक तंत्र ने इन्हें दबोच लिया, फलतः आमजन की अभिव्यक्ति की आवाज 'समाचार-पत्रों' को फलने-फूलने का अवसर नहीं मिल सका। सन् 60 एवं 70 के दशक में यूरोपीय उपनिवेशवाद से मुक्ति के बाद सामाजिक, भौगोलिक एवं आर्थिक कारणों ने इन्हें विकसित नहीं होने दिया। इन पिछड़े देशों में बहुत प्रयास के बाद जो समाचार-पत्र प्रकाशित भी हुए, उनमें सत्ता अर्थात् गोरे शासकों का गुणगान, उनकी नीतियों एवं कार्यक्रमों का ही प्रचार-प्रसार होता था। सुप्रसिद्ध पत्रकार **स्नेहांशु शेखर** के अनुसार नब्बे के दशक के प्रारम्भिक वर्षों में उपलब्ध आँकड़ों के अनुसार पूरे अफ्रीका में दैनिक समाचार-पत्रों की कुल संख्या केवल 387 थी। करोड़ों की जनसंख्या के बीच यह छोटी संख्या अपनी दयनीयता की कहानी खुद कहती है। जहाँ एक तरफ उत्तरी अमेरिका में 160,000 की जनसंख्या पर एक दैनिक समाचार-पत्र की उपलब्धता थी, वहीं पिछड़े देशों में 2.5 करोड़ की जनसंख्या पर एक दैनिक समाचार-पत्र उपलब्ध था। इसमें गौरतलब पहलू यह था कि जो भी अल्प-संख्या में समाचार-पत्र

1. पत्रकारिता का इतिहास एवं जन संचार माध्यम डॉ. संजीव भानावत, पृ. 201
2. संचार माध्यम,-पृ. 33, अक्टूबर-दिसम्बर-1998, दिल्ली

उपलब्ध थे, उनमें अधिकतर गोरे शासकों द्वारा नियंत्रित थे। जाहिर है, उनमें उन्हीं समाचारों को प्रमुखता दी जाती थी, जो उनके शासन के हित में था। समाचार-पत्रों की छपाई कहीं और होती थी एवं उसके बाद समुद्र के रास्ते से मँगाकर लोगों के लिए उपलब्ध करवाया जाता था। इस प्रकार के समाचार-पत्रों में स्थानीय दशा एवं अपेक्षाओं को पूरी तरह से नजरंदाज किया गया। कुछ समाचार-पत्र ऐसे भी थे, जो स्थानीय लोगों द्वारा संचालित थे, परन्तु उनकी संख्या कम थी। इन समाचार-पत्रों का उद्देश्य व सामग्री बिल्कुल भिन्न थी। तत्कालीन भारतीय समाचार-पत्रों की तरह इन समाचार-पत्रों में भी क्रान्ति व व्याप्त असन्तोष को प्रमुखता दी गई। इसकी प्रमुख वजह थी कि इन समाचार-पत्रों की लगाम ऐसे लोगों के हाथों में थी, जो स्वतंत्रता संघर्ष में भी लोगों का नेतृत्व कर रहे थे। उदाहरण स्वरूप-तंजानिया के ज्यूलियस न्येरेरे 'स्वाति-यॉ-तानु' के सम्पादक थे, उसी प्रकार, जोमो केन्याता 'मुईग्युतानिया' का प्रकाशन कर रहे थे।

सच तो यह है कि उक्त अविकसित देशों के समाचार-पत्र कुशल व प्रशिक्षित पत्रकारों के अभाव से भी पिछड़ते जा रहे हैं। इन पिछड़े मुल्कों की त्रासदी यह है कि सरकारी स्तर पर कुशल व अशिक्षित पत्रकारों के विकास हेतु कोई पर्याप्त व्यवस्था नहीं हो पा रही है। यूनेस्को द्वारा 1997 में किए गए एक सर्वेक्षण के अनुसार अविकसित देशों में प्रति 1,000 (एक हजार) व्यक्तियों पर विभिन्न देशों में समाचार-पत्रों की उपलब्धता का आँकड़ा निम्न है, कुछ देशों में जैसे अल्जीरिया में 45, मिस्र में 63, मरीशस में 68, नामीबिया में 100, रियूनियन में 45, सेशेल्स में 43, द. अफ्रीका में 34, ट्यूनिशया में 45, स्थिति कुछ हद तक ठीक है, परन्तु कुछ देश जैसे बुरकीना, फ्रांसो में 01, चॉड में 01, बुरुंडी में 03, मालावी में 02, एवं खांडा में 00, ऐसे हैं, जहाँ तुरन्त ध्यान देने की आवश्यकता है। इधर यूनेस्को पहली अन्तर्राष्ट्रीय संस्था थी, जिसने 'स्वतंत्र प्रेस' के विचार को मान्यता प्रदान की। जहाँ तक अविकसित देशों के प्रति यूनेस्को की भूमिका का प्रश्न है, 1993 ई. के बाद से यूनेस्को ने एक योजना 'अफ्रीका में स्वतंत्र व बहुआयामी प्रेस का विकास' को प्रारम्भ किया। सन् 1996 में यूनेस्को ने एक अन्य योजना के तहत तकरीबन 108 पत्रकारों को तकनीकी व व्यावसायिक प्रशिक्षण दिया। इनमें महिलाओं की संख्या 33 थी। इस ढंग का प्रशिक्षण 20 अन्य अविकसित देशों में खासकर केन्द्रीय व पश्चिमी अफ्रीका में दिया गया। कुल मिलाकर दक्षिणी देशों में बेतहाशा गरीबी, साक्षरता की कमी, क्रय क्षमता का ह्रास, कागज के बढ़ते मूल्य, विज्ञापन शून्यता, स्थानीय जनता की समाचार-पत्रों के प्रति बढ़ती अरुचि तथा सिकुड़ते बाजार आदि ने अखबार प्रकाशन में रुकावट पैदा की है। बहुत प्रयास के बाद यदि अखबार प्रकाशन में लोगों ने थोड़ी रुचि भी ली तो काले-गोरों के संघर्ष के शिकार ये पत्र बन्द या प्रतिबन्धित कर दिए गए। 'दवर्ल्ड' तथा 'वीक एंड वर्ल्ड' अखबारों के साथ यही हादसा हुआ। कुल मिलाकर **एल.बी.नायडू** के अनुसार दक्षिण अफ्रीका में समाचार-पत्रों की स्वतंत्रता का गला घोट दिया गया है।

(33) नीदरलैंड तथा (34) माली में पत्रकारिता

इधर **नीदरलैंड** से लगभग 125 समाचार-पत्र प्रकाशित होते हैं। 'डी वारेहिड' कम्युनिस्ट विचारों से प्रभावित अखबार है। 'द टाइम' यहाँ का प्रमुख पत्र है। 'फ्री पीपुल' की प्रसार संख्या 3 लाख से ऊपर है। 'टेलीग्राम', 'वाचवर्ल्ड', 'लायलटी', 'डेली न्यूज' और 'द मास टाउन मैंसेजर' यहाँ के राष्ट्रीय स्तर के अखबार हैं। अभावग्रस्तता के कारण ही एक करोड़ से ऊपर की आबादी वाले देश माली में महज चार राष्ट्रीय दैनिक समाचार-पत्र प्रकाशित होते हैं।

(ख) विश्व के कुछ प्रमुख समाचार-पत्र

(1) वाशिंगटन पोस्ट (अमेरिका)

कभी अपने शहर का अति सामान्य समाचार-पत्र, जिसका नाम कम ही लोग सुने थे, अपने तल्ख तेवर और रौ के साथ अपनी भंडाफोड़ी और खोजी पत्रकारिता की प्रकृति के कारण आज अमेरिका में ही नहीं, बल्कि सम्पूर्ण विश्व-प्लेटफॉर्म पर विख्यात और आदर्श पत्रों में शुमार किया जाता है। सुप्रसिद्ध मीडिया

लेखक **श्री प्रांजलधर**[1] के अनुसार अपने ट्रेंड और नवाचार के चलते अपनी अलग छवि बना चुके इस समाचार-पत्र की आवाज अटलांटिक और महासागर की लहरों पर सवार होकर दूर-दूर तक पहुँचती है। अखबार के बदलते ट्रेंड के किसी भी सार्थक अध्ययन में प्रतिष्ठित अमरीकी समाचार-पत्र 'वाशिंगटन पोस्ट' का नाम लिया जाना अनिवार्य है। 'वाशिंगटन पोस्ट' ने जिस प्रकार वाटरगेट कांड का भंडाफोड़ किया था, उससे उसकी रिपोर्टिंग खोजी पत्रकारिता का आदर्श बन गई। यह बात अलग से विचारणीय है कि आज खोजी पत्रकारिता किस प्रकार भंडाफोड़ में और स्टिंग ऑपरेशनों में तब्दील हो गई है, जहाँ पत्रकारीय नैतिकता पर अनेक प्रश्न उठने लगते हैं, लेकिन 'वाशिंगटन पोस्ट' की प्रसिद्धि के पीछे वाटरगेट के कारण होने से इनकार नहीं किया जा सकता और एक परिवर्तन या ट्रेंड के रूप में चाहे वाटरगेट का खुलासा हो या फिर रिचर्ड निक्सन का त्यागपत्र-यह अचानक ही हुआ था, न कि धीमे-धीमे। जैसा कि 'न्यूजवीक' की सम्पादक और कैथरीन ग्राहम की पुत्री लैली वेमाउथ ने अपने एक हालिया, साक्षात्कार में बताया है कि वाटरगेट का खुलासा करने में कैथरीन ग्राहम को या अन्य पत्रकारों को बहुत अधिक खतरे मोल लेने पड़े थे।

दरअसल, वाटरगेट कांड का खुलासा इस समाचार-पत्र की प्रसिद्धि के लिए वरदान सिद्ध हुआ। इस खुलासे का साहस करना अपने आप में अपूर्व था, सत्ता से सीधे तीखी मुठभेड़ थी, जिसकी कीमत इस अखबार और सम्बन्धित पत्रकारों को चुकानी पड़ी। अपने प्रकाशन के शुरुआती दौर में वाशिंगटन पोस्ट एक अदना सा मामूली स्थानीय अखबार की तरह अनजाना था। इसकी स्थापना सन् 1877 ई. में अमरीका की एक राजनैतिक पार्टी, जिसका नाम 'डेमोक्रेटिक दल' था—ने इसे शुरू किया। कालान्तर में इसी पार्टी के एक सक्रिय कार्यकर्त्ता जॉन मैक्लीन ने इसे 1905 ई. में खरीद लिया। बताते हैं, प्रकाशन के इसके प्रारम्भिक दिनों में ख्यातिलब्ध कहानीकार केनन डायल और एमिला जोला की कहानियाँ छपती थीं। उसके बाद सन् 1933 ई. में इस अखबार को अमरीका के चर्चित उद्योगपति तथा बैंक मालिक यूजीत मेयर ने जॉन मैक्लीन से खरीदा और इसे प्रतिष्ठित तथा स्तरीय दर्जा देने के लिए इसमें काफी पूँजी लगाया। परिणाम हुआ, पहले की तुलना में इसका महत्त्व कुछ बढ़ा और इसकी लगभग एक हजार प्रतियाँ बिकने लगीं। अपने समय के पूरी दुनिया में सुप्रसिद्ध स्तम्भकार वाल्टर लिपमैन के स्तम्भों के छपने की वजह से यह अखबार और भी चर्चित हो गया।

यूजीन मेयर की एक बेटी कैथरीन ग्राहम थीं। इनकी शादी फिलिप ग्राहम से हुई थी। यूजीन मेयर ने सन् 1945 ई. में अपने दामाद अर्थात् कैथरीन के पति फिलिप ग्राहम को वाशिंगटन पोस्ट में अपना सहकर्मी-सहयोगी बना लिया। ग्राहम ने इस अखबार की उन्नति के लिए समय-समय पर कई तरह के प्रयोग और तजुर्बे किए। परिणाम हुआ, अखबार से आय बढ़ी। उन्होंने इस बढ़ी हुई आय से रेडियो और दूरदर्शन केन्द्र खरीदे। इसके बाद उन्होंने खेल पत्रकारिता पर विशेष बल देते हुए खेल लेखकों को प्रोत्साहित और सम्मानित किया। इस बीच ग्राहम लोकप्रियता के शिखर पर पहुँचे। बताते हैं, इस बीच वह निक्सन और कैनेडी के मित्र बन गए। उन्होंने अपने इस अखबार को 'न्यूयार्क टाइम्स' तथा 'लन्दन टाइम्स' की तरह विश्व प्रसिद्ध राजनीतिक समाचार-पत्र बनाने का प्रयास किया। अमरीकी राष्ट्रपतियों के चुनाव पत्रकारिता के लिए बहुत महत्त्वपूर्ण होते थे। ग्राहम ने सन् 1952 ई. में जनरल आइजन हावर को राष्ट्रपति के रूप में समर्थन किया। इस तरह वाशिंगटन पोस्ट राजधानी का एक शक्ति केन्द्र बन गया। लगभग इसी समय दुर्भाग्य से ग्राहम की मृत्यु 1963 ई. में हो गई। उनकी मृत्यु के बाद पत्नी कैथरीन ग्राहम ने पत्र के प्रकाशन का भार सभाँला बाद में पत्र के सम्पादक ब्रैन बैडली बनाये गए। ब्रैडली ने भी पत्र की समुन्नति के लिए काफी श्रम किया। नए-नए संवाददाताओं की नियुक्ति की, स्तम्भों का स्तर बढ़ाया, परिणाम हुआ, समाचार-पत्र का स्तर बहुत बढ़ गया और अन्ततः यह 'न्यूयार्क टाइम्स' की तरह सरकार का ही पत्र माना जाने लगा।

अन्ततः वह समय आ ही गया, जब यह अखबार प्रसिद्धि के बुलंदियों पर पहुँच गया। इसने अमेरिकी इतिहास की एक बड़ी घटना अर्थात् "वाटरगेट" घोटाले का पर्दाफाश किया और उस आन्दोलन को अपने अखबार में इतनी अधिक किश्तों में प्रकाशित किया कि तत्कालीन राष्ट्रपति श्री निक्सन को अन्ततः त्याग पत्र देना पड़ा। अन्य जो लोग घोटाले में लिप्त पाये गए, उन्हें दंडित किया गया। इस पत्र ने

1. नया ज्ञानोदय, पृ. 56, मई 2014, दिल्ली।

इस घोटाले का भंडाफोड़ बहुत बड़े भ्रष्टाचार के रूप में किया, परिणाम हुआ, विश्व पत्रकारिता के इतिहास में यह एक बहुत बड़े पड़ाव के रूप में ख्यात हो गया। इसने तत्कालीन पत्रकारिता की दिशा-दशा ही बदल दी। अन्त में यह कि जो अखबार महज वाशिंगटन शहर तक ही सीमित था, पत्रकारिता के प्रति अपनी निष्ठा से वह अन्तर्राष्ट्रीय स्तर का हो गया। प्रसार और वितरण की दृष्टि से 'न्यूयार्क टाइम्स', 'शिकाकोटिब्यून' या 'लास ऐंजिलिस टाइम्स' इस पत्र से भले ही आगे हो सकते हैं, किन्तु जितना महत्त्व वाशिंगटन पोस्ट में छपे समाचारों को मिलता है, उतना उन पत्रों को कदापि नहीं।

(2) डाइवेल्ट (पश्चिमी जर्मनी)

साख आधारित पत्रकारिता के लिए सुप्रसिद्ध समाचार-पत्र डाइवेल्ट का प्रकाशन जर्मनी से होता है। अभी इसकी उम्र सातवें दशक को पार नहीं की है अर्थात् जर्मनी से इसका प्रकाशन सन् 1946 ई. में शुरू हुआ। अतः इस सन्दर्भ में अभी यह नया या शिशु समाचार-पत्र कहा जा सकता है। कुल मिलाकर इसकी स्थापना ही द्वितीय विश्व युद्ध के बाद हुई है। अंग्रेज कर्नल गारलैंड इसके संस्थापक थे। इसकी स्थापना के मूल में उनकी मंशा थी कि जर्मनी में लोकतंत्र की रक्षा के लिए निष्पक्ष और स्वतंत्र अखबार का होना बहुत आवश्यक है अतः इस सिलसिले में उन्होंने अपने करीबी कुशाग्र बुद्धि सम्पृक्त मि. जेहरर को इस समाचार-पत्र का सम्पादक बनाया। जेहरर ने अपने सम्पादकीय में इसका प्रकाशन 2 अप्रैल, 1946 ई. को हेमबर्ग से शुरू बताया। बहरहाल, जेहरर इतने उत्साहित थे कि डाइवेल्ट के साथ-साथ 'लन्दन टाइम्स' तथा 'जर्मन पत्र' भी प्रकाशित करना चाहते थे, पर दुर्भाग्य से ऐसा नहीं हो सका। यह पत्र सप्ताह में दो बार प्रकाशित होता था। अपने उत्तरदायित्वों के प्रति पूर्णरूप से सजग इस पत्र के साथ ऐसा संयोग जुटा कि पहले सप्ताह में ही इसकी एक लाख, साठ हजार प्रतियाँ बिक गयीं। बाद में यह पत्र ब्रिटिश अधिकारियों की देखरेख में छपना शुरू हुआ। इसकी लोकप्रियता चरम पर पहुँच गई और यह जर्मन अनुदारवादी विचारधारा के पोषकों का प्रमुख पत्र हो गया।

मैंने कहीं पढ़ा है कि डाइवेल्ट अपनी प्रतिबद्धता के लिए ख्यात था। इसे न अपने अखबार की रीडरशिप की चिन्ता थी और न सर्कुलेशन की। यह आमजन का विश्वासी अखबार बन गया था। अतः इसमें जो सूचनाएँ और समाचार प्रकाशित होते थे, लोगों की दृष्टि में वे बेहद विश्वस्त होते थे। कभी यह समाचार-पत्र आणविक परीक्षकों का बहुत विरोधी था और पर्यावरण की रक्षा का समर्थक था, परन्तु कालान्तर में स्प्रिंगर परिवार ने इसमें दखल देना शुरू किया। आर्थिक नीतियों ने इसकी पहले की विचारधारा को बदला, फलतः इसकी लोकप्रियता उतार पर आ गई। इसी बीच एक घटना घटी। पूर्वी बर्लिन और पश्चिमी बर्लिन के बीच एक भेदक दीवाल खड़ी की गई। इस मुद्दे को लेकर इसे प्रचार का एक मौका मिला। परिणाम हुआ, यह अखबार कम्युनिस्ट विरोधी घोषित हो गया, जिसके कारण इसकी लोकप्रियता का ग्राफ घट गया। सन् 1970 में वहाँ के विद्यार्थियों के बीच इसकी बीस हजार प्रतियाँ बिक जाती थीं, पर कम्युनिस्ट विरोधी होने के कारण उन्होंने 'डाइवेल्ट' की प्रतियाँ खरीदना ही बन्द कर दिया। इधर, दुर्भाग्य से वहाँ के राजनीतिक हलकों में भी इसका विरोध शुरू हो गया। जब विरोध शिखर पर पहुँच गया और इसकी लोकप्रियता पहले की तुलना में और घटनी शुरू हुई, तो इसका प्रकाशन पश्चिमी जर्मनी की राजधानी बोन से शुरू हुआ। परन्तु, इसकी बिक्री नहीं बढ़ पाई। हेमबर्ग संस्करण तो जारी रहा, किन्तु बर्लिन संस्करण बन्द करना पड़ा।

इस बीच आशा-निराशा के बीच झूलता यह अखबार कभी बहुत सफल रहे पत्रकार पीटर वाइनिश के हाथों सौंपा गया। वे इसके सम्पादक बने। पीटर वाइनिश ने डाइवेल्ट की नीतियों, कलेवर आदि में काफी फेर-बदल किया। उन्होंने पत्र की नीति उदार बनाई, सशक्त रिपोर्टिंग पर ध्यान दिया एवं उक्त अखबार की पूर्व की गलत नीतियों का परिमार्जन किया। इसका सुखद निष्कर्ष यह हुआ कि एक वर्ष में इसकी दो लाख पचास हजार प्रतियाँ बिकीं। इधर, पत्र के कर्मचारियों और पृष्ठ संख्या में भी घटोत्तरी की गई। खबरों को महत्त्व देने के लिए विज्ञापनों की छपाई महज चौथाई पृष्ठों में होने लगी। इन सबका परिणाम यह हुआ कि अभी कुछ दिन पहले तक जो अखबार घाटे में चल रहा था, वह शीघ्र ही मुनाफा और प्रतिष्ठा पुनः अर्जित करने लगा।

(3) प्रावदा (सोवियत संघ)

अपनी जरूरत 'क्रेडिबिलिटी' के लिए ख्यात महज सरोकारवादी खबरों को छापने के लिए चर्चित आठ बार भिन्न-भिन्न नामों से कई जगहों से प्रकाशित होनेवाला अखबार 'प्रावदा' सोवियत संघ का बड़ी हैसियत रखनेवाला समाचार-पत्र है। इसके प्रकाशन का मुख्य केन्द्र मास्को है, यद्यपि मास्को के अलावा यह बहुत दूर साइबेरिया तक प्रकाशित होता है। इसी तरह यह सोवियत संघ के कई अन्य शहरों में भी प्रकाशित होता रहा है। इसका प्रकाशन प्रथमतः सन् 1908 ई. में वियना से हुआ। इसके प्रकाशक-संस्थापक थे—लिओन ट्राटस्की। 5 मई सन् 1912 ई. में यह लेनिनग्राद नगर से भी प्रकाशित हुआ, लेकिन यहाँ इसे प्रकाशित करने से पहले रूस के सम्राट की अनुमति लेनी पड़ी। कुछ लोगों का कहना है कि प्रावदा कभी साम्यवादी दल का प्रतिनिधि नहीं था। बहरहाल, जो, हो, बाद में यह अल्पसंख्यक दल का प्रतिनिधि अवश्य बना, बल्कि यह भी कह सकते हैं कि लेनिनग्राद में छपते समय यह पत्र लेनिन के बोलशेविक दल का पत्र बन गया। अभी ऊपर यह कहा गया है कि लेनिनग्राद में यह पत्र चूँकि 5 मई, 1912 ई. को पहली बार छपा, अतः सम्पूर्ण सोवियत संघ में इसी दिन 'समाचार-पत्र दिवस' मनाने की परम्परा शुरू हुई।

यह पत्र विविध विचारधाराओं का पोषक है। इसने बहुत उतार-चढ़ाव भी देखा है। भाषा, अनुभव और कथ्य के स्तर पर भी यह विविध प्रयोगों से गुजरा है। कभी इसमें लेनिन भी छपे, वहीं दूसरी ओर मजदूर वर्गों की भावनाएँ भी यहाँ मूर्त्त हुईं तो कभी रूस की संसद के समाजवादी विचारधारा के पोषक लोग भी अपनी अभिव्यक्ति को यहाँ आकार देते थे। कभी-कभी जोखिम उठाने में यह साजिश और दुर्घटनाओं का शिकार हो जाता था। हुआ यह कि कभी इसके सम्पादक स्टालिन थे। उन्होंने इसके प्रचार-प्रसार, संख्या वृद्धि, वितरण तथा इसके अन्य तरह के विकास के लिए मुद्रा एकत्र करने हेतु नृत्य का आयोजन किया। स्टालिन का यह आयोजन वहाँ के जार को कुछ ठीक नहीं लगा, परिणामतः उन्होंने स्टालिन पर जुर्माना किया। प्रावदा के 645 अंक की जब्ती करवाया और समय-समय पर इसके 36 सम्पादकों पर मुकदमा चलवाया। इन सबसे बचाव के लिए प्रावदा के प्रबन्धन ने इसे आठ भिन्न-भिन्न नामों से छापा। अपनी नीतियों में बदलाव करते हुए किसानों और मजदूरों को इसका संवाददाता बनाया, परिणाम हुआ, प्रावदा सोवियत संघ का प्रमुख और शक्तिशाली अखबार बन गया। रूसी क्रान्ति के समय इसकी प्रतियाँ मुफ्त, निःशुक्ल बँटती थीं। उस समय यह सोवियत कम्युनिष्ट पार्टी का पत्र था और उस समय के नियम के अनुसार सोवियत कम्युनिस्ट पार्टी की केन्द्रीय समिति का एक सदस्य इसका सम्पादक होता था। ख्रुश्चेव के समय पावेल सत्युकोव इसके सम्पादक बनाये गए थे। सत्युकोव के समय इस अखबार में रूसी अर्थ व्यवस्था पर काफी बहस होती थी। यह पत्र वहाँ के समाज की आकांक्षाओं की प्रपूर्ति में निरन्तर सन्नद्ध रहता है। सम्भवतः 6 लाख रूसी पाठकों के पत्र इस समाचार-पत्र को हर साल प्राप्त होते हैं। पत्र-प्रबन्धन उनका उचित उत्तर, उचित समय पर देता रहता है। इतना ही नहीं, शिकायती पत्रों की जाँच के लिए कुछ लोगों की एक समिति बनी हुई है। यदि प्रेषक की शिकायत सही पाई गई तो दोषी व्यक्ति के विरुद्ध अनुशासनात्मक कार्रवाई की जाती है। इस तरह यह पत्र आम जन में लोकप्रिय तो हुआ ही है, बहुत बड़े समाज सुधारक के रूप में भी यह निरन्तर सक्रिय रहता है। बदलते सोवियत संघ का असर सम्प्रति इस अखबार पर बखूबी देखा जा सकता है। इसके पास 60 हजार पत्रकारों की एक बड़ी फौज है और एक सूचना के अनुसार 'प्रावदा' की प्रसार-वितरण संख्या एक करोड़ से ऊपर है। यह इसकी लोकप्रियता का पुख्ता प्रमाण है।

(4) न्यूयार्क टाइम्स (अमेरिका)

कई सन्दर्भों में इस पत्र को हम वाशिंगटन पोस्ट का हमशक्ल या द्वितीय संस्करण कह सकते हैं। भंडाफोड़ पत्रकारिता का श्रेष्ठ नमूना प्रस्तुत करनेवाले इस पत्र का आदर्श वाक्य है,—**वे सारे समाचार, जो छपने योग्य हों।** अमरीकी पत्रों में श्रेष्ठता और प्रसिद्धि इस पत्र को तब मिली, जब इसने अमरीका में हुए एक भ्रष्टाचार का उद्‌घाटन किया और लिखा,—"किसी खलीफा, खान या सीजर की शक्ति व सम्पत्ति इतने कम समय में इतनी नहीं बढ़ी है, जितनी ट्वीड की। वहाँ बैठा हुआ हमारे धन को अपनी जेब में डालकर वह हँस रहा है।" इस पत्र की शुरुआत 1851 ई. में हुई। इसके प्रथम सम्पादक बने—हेनरी रेमंड।

रेमंड अमरीका के कई पत्रों के मशहूर सम्पादक होरेस ग्रीली के प्रिय शिष्य थे। यह पत्र वहाँ के मध्यवर्गीय लोगों का हित-पोषक था। अमरीकी समाज में कई तरह के सुधारवादी आन्दोलन चलाने वाला यह पत्र अपनी निष्पक्षता, प्रखरता, निर्भीकता आदि गुणों के कारण बहुत जल्द ही वहाँ के समाज में लोकप्रिय हो गया था। प्रकाशन शुरू होते ही दस दिनों के भीतर ही इसकी 10 हजार प्रतियों का बिकना इसकी लोकप्रियता का ही बयान करता है। आगे चलकर एक साल में इसकी 25000 प्रतियाँ बिकीं।

हेनरी रेमंड कुशल सम्पादक थे। उनकी अपनी दृष्टि थी। समाचारों को सूँघ-परख कर वे उनका प्रकाशन न्यूयार्क टाइम्स में करते थे। अतः समाचार-पत्र के साथ-साथ उनकी भी प्रसिद्धि दिन-ब-दिन बढ़ती गई। यही कारण है कि 1859 में आस्ट्रिया और फ्रांस के बीच हुए युद्ध के समय वह संवाददाता की हैसियत से वहाँ गए थे। समय को पढ़ने वाले रेमंड को 'रिपब्लिकन' दल का 'धर्मपिता' भी माना जाता है। जाहिर है, न्यूयार्क टाइम्स पर भी इस दल का असर पड़ा होगा और पड़ा भी। वहाँ के गृह युद्ध में सटीक और विश्वसनीय सूचनाएँ मुहैया कराकर इस अखबार ने लोकप्रियता के सारे कीर्तिमान ध्वस्त किया। इस समय इस अखबार में एक महिला के साथ कुल 36 संवाददाता हैं। यह अखबार उस समय और बुलंदियों पर जा पहुँचा, जब डेमोक्रेट ट्वीड की लूट-खसोट का 25 दिसम्बर 1870 को इसने जबर्दस्त और बेखौफ खुलासा किया। इस समाचार-पत्र ने सम्भवतः पहली बार पहले ही पृष्ठ पर तीन कॉलम का समाचार छापा। प्रमाण के तौर पर फर्जी हिसाबों का अलग से चार पृष्ठों का एक पृथक परिशिष्ट भी निकाला। परिणाम हुआ, ट्वीड महोदय के खिलाफ कानूनी कार्रवाई हुई। परन्तु, इस कार्रवाई का परिणाम इस अखबार को बुरी तरह झेलना पड़ा। इसी समय एक और घटना घटी। वहाँ के राष्ट्रपति के चुनाव में इस पत्र ने अपनी पार्टी अर्थात् रिपब्लिकन का समर्थन न कर दूसरे उम्मीदवार ग्रोवर क्लीववैंड का समर्थन किया। परिणाम अन्ततः दुखद हुआ। रिपब्लिकन ने इस अखबार से अपना सम्बन्ध तोड़ लिया, जिससे इसकी प्रसार संख्या घटकर 8 हजार प्रतियाँ हो गयीं।

कालान्तर में इस पत्र को एडोल्फ ओक्स ने खरीदा। एडोल्फ जर्मन यहूदी आव्रजक से सम्बन्ध रखते थे। एडोल्फ ने इस पत्र की परम्परागत नीतियों में कुछ बदलाव किया। उन्होंने इस पत्र में बैंकिंग तथा वित्तीय समस्याओं पर ध्यान देना शुरू किया। अन्ततः न्यूयार्क टाइम्स व्यापारियों का पत्र घोषित हो गया एवं इसे अन्य समकालीन समाचार-पत्रों से अधिक विज्ञापन मिलने लगे। उस समय के चर्चित जर्नल 'वर्ल्ड एवं ट्रस्ट' भी इससे पीछे हो गए। इतना ही नहीं, इसकी प्रसार संख्या में भी प्रचुर वृद्धि हुई। एक साल में इसकी 22 हजार प्रतियाँ बिकीं। विज्ञापन भी पहले की तुलना में दूना हो गया। तत्कालीन प्रबन्धन ने इसकी प्रसार संख्या बढ़ाने के लिए एक नया उपाय किया। दरअसल, एक बार अमेरिका का स्पेन के साथ युद्ध हुआ, उसी समय इसका मूल्य तीन सेंट से कम कर केवल एक सेंट कर दिया गया। परिणाम हुआ, इसकी प्रसार संख्या 25,000 से बढ़कर यकाएक 76,000 हो गई। यही नहीं, प्रथम विश्व युद्ध की रिपोर्टिंग की समाप्ति के समय इसकी प्रसार संख्या चौबीस गुनी हो गई और विज्ञापन भी सात गुना बढ़ गया। इस समाचार-पत्र की अपनी आदर्श आचार संहिता थी, जिसने इसे और भी ख्याति दी।

(5) असाही शिम्बुन (जापान)

...Japan too stands out for its great progress in quality journalism and popular journalism, **Asahi** is without doubt the best quality daily in Japan and shows that an important daily paper can, with editorial flexibilily and sagecity, develop a large circulation within a free-market press system.[1] इंग्लैंड के 'लन्दन टाइम्स' और 'गार्जियन', अमरीका के 'न्यूयार्क टाइम्स' तथा 'मिलवोकी जनरल', भारत के 'द हिन्दुस्तान टाइम्स', 'स्टेट्समैन', 'दि हिन्दू', 'टाइम्स ऑफ इंडिया' तथा 'जनसत्ता' आदि सुप्रसिद्ध समाचार-पत्रों से टक्कर लेने वाला जापानी समाचार-पत्र **असाही शिम्बुन** पत्रों की भीड़ में अपनी विशिष्ट पहचान के लिए विश्व विख्यात है। 'असाही' शब्द का अर्थ जापानी भाषा में 'उगता हुआ सूरज' है। साफ शब्दों में यह समाचार-पत्र जापान की उगती हुई प्रगाढ़ राष्ट्रीयता

1. History of Press Laws and Communications-B.N. Ahuja, P.03

का पुख्ता द्योतन करता है। सन् 1876 ई. में इसका प्रकाशन ओसाका से प्रारम्भ हुआ। जापान के मुरायामा और व्यापारी किमूरा के संयुक्त स्वामित्व में इस पत्र का जन्म हुआ। किन्ही कारणों से व्यापारी किमूरा ने इस समाचार-पत्र के अपने हिस्से को बाद में जापानी परिवार यूएनो को बेंच दिया, किन्तु आज भी मुरायामा परिवार के पास इस पत्र का 44 प्रतिशत शेयर है और यूएनो परिवार के पास केवल 20 प्रतिशत शेयर हैं। शेष हिस्सा इस समाचार-पत्र में कार्यरत कर्मचारियों का है। नियंत्रण भी उन्हीं का है।

असाही, कई सन्दर्भों में विश्व का अनोखा समाचार-पत्र है। बताते हैं, जापान के कम्पनी-कानून में यह नियम है कि जो लोग समाचार-पत्र के कर्मचारी नहीं हैं, वे इसके शेयर नहीं खरीद सकते। सम्भवतः यही कारण है कि आज भी यह विश्व विख्यात समाचार-पत्र दो मालिकों और कर्मचारियों के साझे में सफलतापूर्वक प्रकाशित हो रहा है। लगभग सवा सौ साल पुराने इस समाचार-पत्र की आज भी करोड़ों प्रतियाँ छपती-बिकती हैं। यह किसी भी प्रतिष्ठित अखबार के लिए अनोखा कीर्तिमान और मानक है। पत्रकारिता जगत के कुछ अनुभवी लोग इसे जापान के 'पुनर्जागरण काल' का पत्र मानते हैं। वजह, सम्भवतः यही है कि इसने वहाँ की पत्रकारिता में लोकतंत्र की स्थापना के लिए अकूत जीवट के साथ सतत् संघर्ष किया और अपने उद्देश्य में सफल भी रहा। इस पत्र की एक अनोखी विशेषता यह है कि आज भी इसमें जितनी आधुनिकता दिखती है, परम्पराओं से भी इसका उतना ही पुराना रिश्ता बना हुआ है। इसे हम 'परम्पराओं का आधुनिक संस्करण' कह सकते हैं। इस पत्र की श्रेष्ठता का पता इसी बात से चलता है कि इसके अधिकांश पाठक बुद्धिजीवी कुनबे से आते हैं। संसद के आधे से अधिक सदस्य, विश्वविद्यालयों तथा अन्य शिक्षण संस्थाओं से जुड़े लोग, डॉक्टर, वैज्ञानिक, सरकारी अधिकारी तथा वकील आदि 'इलीट सेक्सन' में यह पत्र बहुत चाव से पढ़ा जाता है। बताते हैं, इस समादृत पत्र में दो से आठ-छह टन भार वाले ट्रकों से भरा अखबारी कागज रोज छापने में खर्च हो जाता है।

समाचार-पत्र असाही की एक विशेषता यह है कि यह विज्ञापनों पर निर्भर रहने वाला अखबार नहीं है। चूँकि यह चटपटी और सनसनीखेज समाचारों को छापने में विश्वास नहीं करता, अतः इसकी विश्वसनीयता आज भी उतनी ही बनी हुई है, जितनी पहले इसके जन्मने के समय थी। इसमें एक ही साथ विज्ञान समाचार छपते हैं तो जापानी साहित्य और संस्कृति का जो श्रेष्ठ है, वह भी छपता है। स्पष्टतः यह कि ज्ञान की हर विधा का यह प्रतिनिधित्व करता है। सांस्कृतिक आयोजनों, खेलकूद, रंगमंच, कृषि, व्यापार-वाणिज्य, विदेशी सम्बन्धों से लेकर वैज्ञानिक खोजों की ताजा-टटकी सूचनाओं से यह समाचार-पत्र लबरेज रहता है। यहाँ श्रेष्ठ रिपोर्टिंग सीखने विश्वविद्यालय के छात्र आते हैं। यहाँ के कर्मचारियों का वेतन जापानी उद्योगपतियों द्वारा अपने कर्मचारियों को दिए जानेवाले वेतन से ज्यादा होता है। इस अखबार में एक पृष्ठ की विज्ञापन दर 60 हजार पौण्ड से अधिक है। सन् 1988 ई. में इसकी 75 लाख 40 हजार 651 प्रातः कालीन प्रतियाँ छपती थीं और 47 लाख दो हजार सायंकालीन संस्करण छपते थे। उस समय इसमें कार्यरत लोगों की संख्या 8 हजार से ऊपर थी। तीन हजार पत्रकारों वाला असाही शिम्बुन जापान के टोक्यो तथा उकेडो प्रान्त से भी छपता है। जापान के सत्ता प्रतिष्ठानों में इसका खासा दखल रहा है। कुल मिलाकर इस अखबार ने जापान की साम्राज्यवादी तथा सैनिक शक्तियों से लाम ले, पत्रकारिता जगत में स्वस्थ, निष्पक्ष तथा पूँजीवादी पत्रों की प्रकृति से भिन्न अखबारों में अगली कतार में खड़ा होनेवाला जापान का ही नहीं, बल्कि पूरे विश्व का बेहद गम्भीर और प्रतिष्ठित समाचार-पत्र बन गया है।

(6) कोरियरे डेलासोरा (इटली)

आम फहम भाषा में प्रकाशित आमजन की आवाज कोरियरे डेलासोरा महज इटली में ही नहीं, बल्कि विश्व फ़लक पर शानदार प्रतिष्ठा का अखबार है। भाषायी स्वायत्तता, अभिव्यक्ति का लोकतंत्र और रचनाशीलता का प्रवाह-यह सब कुछ यहाँ एकमंच पर देखा जा सकता है। डेलासोरा, बाजार का नहीं, अपितु आमजन के भरोसे का अखबार है। इसकी अपनी साख और विश्वास है। यह बचत और मुनाफे का नहीं, बल्कि इटली के नागरिक समाज का अखबार है। इटली की राजधानी रोम है, लेकिन इसकी विशेषता यह है कि यह राजधानी मुख्यालय से न निकलकर सुदूर उत्तरी क्षेत्र में स्थित औद्योगिक शहर

'मिलानो' से प्रकाशित होता है। इस समाचार-पत्र का प्रकाशन वर्ष 1876 ई. है, तब उस समय केवल इसकी तीन हजार प्रतियाँ छपती थीं। इसके प्रथम सम्पादक रिकार्डो पवेसी थे। यू जैनियो टोरेली विलोलियर पवेसी के मित्र थे, जो इस अखबार के प्रकाशन में सहयोग करते थे।

इस अखबार को इटली में बड़ा उतार-चढ़ाव और समय के संकटों से जूझना पड़ा। इस समाचार-पत्र ने इटली में जब होश संभाला ही था, कि पूरा देश अराजकता का शिकार हो गया। दो-तिहाई जनसंख्या निरक्षर थी, बोलियाँ बहुत थीं, किन्तु सम्पूर्ण देश में एक भी बोली समान रूप से बोली-समझी नहीं जाती थी। सम्पूर्ण देश में अनुशासनहीनता तथा विक्षिप्तता का माहौल पसर गया था। आपसी तालमेल और समंजन का बहुत बड़ा संकट वहाँ व्याप्त हो गया था। इटली और सिसली में उपद्रवों को शान्त करने के लिए सेना तैनात की जाती थी। इटली में न कोई बड़ा राजनीतिक दल था न संसदीय लोकतंत्र, न संविधान-पालन की निष्ठा, बल्कि वहाँ भ्रष्टाचार का अखंड अन्तहीन साम्राज्य व्याप्त था। ऐसी विकट-विषम स्थिति में इस समाचार-पत्र ने पत्रकारिता सदाचारिता का परिचय दिया। इटली में फैले अनेक तरह के अवरोधों को दूर करने के लिए इसने कई तरह की पहल की, यथा-जनता को सुनिश्चित करने का संकल्प लिया, साहित्यकारों-बुद्धिजीवियों के देश हितैषी लेख छाप देश और उन्हें प्रोत्साहित किया, मजदूर, किसान, व्यवसायी आदि वर्गों के हितों की बात समय-समय पर उठाकर उनके हक-हुकूक़ की लड़ाई लड़ा। इस तरह-इटली में मेल-जोल का माहौल बमुश्किल बन पाया।

इटली के एक उद्योगपति बेननो क्रैप्सी ने सन् 1885 ई. में डेलासोरा को खरीदा। इसके स्तर को ऊँचा करने के लिए उन्होंने एक लाख लीरा की पूँजी इसमें लगायी। परिणामतः कुछ दिनों बाद 30 हजार प्रतियाँ इसकी छपने लगीं। इस समाचार-पत्र की प्रतियाँ अधिकाधिक बढ़ाने तथा उसे वैश्विक ऊँचाई देने के लिए इसमें कई अन्य तरह के सुधार किए गए। यथा-अखबार प्रबन्धन ने पहली बार फ्रांस की राजधानी पेरिस में विदेशी संवाददाता नियुक्त किया। कुछ दिनों बाद बर्लिन और लन्दन में भी संवाददाता नियुक्त किए गए, अफ्रीका में एक संवाददाता पाँच महीने के लिए भेजा गया। इन सबका सकारात्मक असर हुआ। इसकी प्रतियाँ अब तीस हजार से बढ़कर 50 हजार छपने लगीं।

पर, यकायक इस समाचार-पत्र पर एक बड़ा संकट आ गया। वह संकट था—इटली में मुसोलिनी के उदय के रूप में इस अखबार का संकट। दरअसल, डेलासोरा और मुसोलिनी में किसी बात को लेकर वैचारिक मतभेद पैदा हो गया। फलतः कुछ दिनों बाद यह पत्र मुसोलिनी-विरोधी हो गया। परिणाम हुआ, इस समाचार-पत्र के कार्यालय पर बम फेंके जाने लगे। सेंसरशिप लागू हो गई, पत्रकारों को मारा-पीटा जाने लगा। समाचार-पत्र बिकने वाले स्थानों को नष्ट किया जाने लगा। परेशान कर्मचारियों ने त्यागपत्र देना शुरू कर दिया। कुल मिलाकर समकालीन अन्य पत्रों की तरह इस पत्र पर भी अभिव्यक्ति स्वातंत्र्य की बन्दिशें लगा दी गयीं। बीच का रास्ता निकालने के लिए मुसोलिनी ने अपने एक प्रतिनिध को इस समाचार-पत्र का नियंत्रक बना दिया। किन्तु बात बनी नहीं, सभी पुराने पत्रकार और कर्मचारी डेलासोरा छोड़कर अन्यत्र चले गए। फलतः पत्र बन्द हो गया और पत्र-प्रबन्धक मेरियो क्रेम्पी गिरफ्तार कर लिए गए।

इसी बीच एक नई घटना ने जन्म लिया। मिश्र देश की सेनाओं ने इटली के औद्योगिक शहर, जहाँ से यह पत्र निकलता था, पर आक्रमण कर दिया। उक्त घटनाओं को रूपाकार देने के लिए डेलासोरा के एक पुराने पत्रकार ने 'कोरेरा डेलासोरा' नामक एक नया समाचार-पत्र निकालना शुरू कर दिया। कुछ दिनों बाद यह पत्र भी पुराने समाचार-पत्र 'कोरियरे डेलासोरा' की राह चल पड़ा। बहरहाल, 1970 ई. में इस पत्र के सामने नया आर्थिक संकट पैदा हुआ। वामपंथी नीति अपनाने और नये पाठकों की तलाश का उद्यम करने के बाद भी पत्र का आर्थिक संकट दूर नहीं हो सका। फलतः यह समाचार-पत्र एक नये प्रकाशन रिजौली के हाथों में बेच देना पड़ा। इस पत्र को चलाने के लिए पत्रकारों ने ट्रस्ट बनाना चाहा, पर प्रबन्धन की असहमति आड़े आ गई। बहरकैफ, इस पत्र के महत्त्व को इतने से ही आँका जा सकता है कि इटली के प्रधानमंत्री श्री गिवानी स्पांडोलिनी चार वर्ष तक इसके प्रतिष्ठित सम्पादक बने रहे। स्पष्टतः यह कि इटली के राजनैतिक जीवन में सवा सौ साल बाद भी यह कितना महत्त्वपूर्ण था। इस समाचार-पत्र का अगला महत्त्व इस बात में है कि इसके एक संवाददाता तथा मिलान पत्रकार-

संघ के सचिव वाल्टर दुबागी को आतंकवादियों ने सन् 1980 ई. में पत्र-कार्यालय के बाहर ही गोली मारकर उनकी हत्या कर दी।

(7) ल मान्द, ली मान्द या ले मोंदे (फ्रांस)

सुप्रसिद्ध पत्रकार और जनसत्ता दैनिक के पूर्व सम्पादक **स्व. श्री प्रभाष जोशी** पत्रकारिता को एक खुला और जवाबदेही वाला अनुष्ठान मानते थे। उनका कहना था कि पत्रकारिता का लक्ष्य लोकहित और आमजन के न्याय के लिए 'वाचडॉग, का होना चाहिए। विस्तारवादी शोषण, साम्राज्यवादी दमन और उत्पीड़न की ईमानदार अभिव्यक्ति पत्रकारिता में होनी चाहिए। उक्त सभी तथ्यों का हू-ब-हू अंकन फ्रांस से प्रकाशित विश्व प्रसिद्ध समाचार-पत्र ला माँद या ली माँद में दिखायी देता है। फ्रांस के अपने समय के बहुचर्चित जनरल दि गाल या द गाल ने इस समाचार-पत्र की स्थापना 18 दिसम्बर, 1944 ई. में की थी। चूँकि यह राष्ट्र अपने समय के तानाशाह हिटलर के शिकंजे से अभी हालिया ही मुक्त हुआ था, सो फ्रांस की स्वाधीनता के परम उपलक्ष्य और याद में इस अखबार की बुनियाद पड़ी। इसके प्रथम सम्पादक होबर्ट ब्यूबी बनाये गए।

ल माँद ने अपने प्रवेशांक के पहले ही अग्रलेख में साफ-साफ लिखा कि पत्रकारिता का इस्तेमाल सनसनी फैलाने के लिए नहीं किया जाएगा। ल माँद ने आगे घोषित किया कि आमजन को जो सूचनाएँ मुहैया कराई जाएँगी, वह स्पष्ट और साफ होंगी लेकिन सूचनाएँ प्राप्त करने के लिए मॉद असभ्य और सन्दिग्ध तरीके नहीं अपनाएगा। पत्र ने पाठकों से स्वतंत्र सलाह और सहमति भी माँगी। इसने अपनी अगली मुनादी में कहा कि यह पत्र वैचारिक आजादी का पुरजोर समर्थन करता है, पूँजी की लूट का विरोध करता है, व्यक्ति के लोकतांत्रिक अधिकारों का वकील यह पत्र बाजारवादी लटकों-झटकों से बहुत दूर रहेगा। जनहित, इसका प्रथम लक्ष्य है, मुनाफा कत्तई नहीं। सम्भवतः यही कारण था कि इसमें न तो बहुत विज्ञापनबाजी होती थी, न तो चित्रों की सजावट, बल्कि खबरों की गुणवत्ता और विविधता होती थी, जिसकी भरपूर प्रशंसा उस समय के लोग करते थे। इस अखबार के उत्कृष्ट चरित्र का ही यह प्रमाण है कि अपने संस्थापक जनरल दिगाल भी इसकी आलोचनाओं से बच नहीं पाते थे। सम्भवतः यही निष्पक्षता इसे लोकप्रिय बनाने में महत्त्वपूर्ण कारक बनी।

इस पत्र के अपने भिन्न कॉलम होते हैं। किन्ही में स्वदेशी नीतियों की आलोचना होती है, तो किन्ही में आर्थिक, सामाजिक और राजनीतिक चर्चा होती है। खेल के पन्ने अलग हैं तो पर्यावरण, बाजार की गतिविधि के लिए अलग स्तम्भ होते हैं। इससे जो लोग वैचारिक तालमेल नहीं रखते, वे भी इसकी निष्पक्षता, तटस्थता और देशहित में सुझाए गए अमूल्य सुझाओं को लेकर इसकी प्रशंसा करते हैं। अल्जीरिया युद्ध के समय ली माँद ने जनरल दिगाल को पुनः फ्रांस का राष्ट्रपति बनाने की माँग की, दिगाल पुनः राष्ट्रपति बने भी, किन्तु जनरल दिगाल को इस बार इस समाचार-पत्र में जहाँ भी किसी तरह की खामियाँ दिखीं, उन्होंने इसकी आलोचना की। परिणाम हुआ, इस शुचिता-निष्पक्षता के कारण इसकी प्रसार संख्या बेतहाशा बढ़ी। इसकी वितरण संख्या एक लाख चौसठ हजार से बढ़कर 1968 ई. में 3 लाख 54 हजार हो गई। यह पत्र अपने प्रारम्भिक दिनों में महज छोटे-छोटे दो पन्ने में छपता था लेकिन लोकप्रियता की ऊँचान पाते ही यह 30 पृष्ठ का हो गया। अब विज्ञापन भी भरपूर दिए जाने लगे। इस पत्र की एक खासियत यह थी कि इसमें अधिकांश नीतिगत निर्णय वहाँ के पत्रकारों द्वारा ही लिए जाते रहे हैं। इसकी रजत जयन्ती के अवसर पर श्री ब्यूबे मेरी ने अवकाश ले लिया। कुल मिलाकर यह कि ल माँद फ्रांस का इतना शक्तिशाली समाचार-पत्र रहा है कि इसी के प्रचार के फलस्वरूप फ्रेक्वेस मितरा फ्रांस के राष्ट्रपति बनाये गए। फ्रांसीसी समाचार-पत्र ले मोदे ने 27 मई 2014 को भावी दुनिया को आकार देने की क्षमता रखनेवाली दुनियाभर की शीर्ष 70 हस्तियों की सूची में भारतीय लेखक राणादास गुप्ता का नाम शामिल किया। फ्रांसीसी दूतावास के अनुसार अपनी 70वीं वर्ष गाँठ के उपलक्ष्य में फ्रांसीसी समाचार-पत्र ले मोंदे ने दुनिया भर की 70 हस्तियों का विस्तृत विवरण प्रकाशित किया है, जो अपने-अपने तरीके से अर्थशास्त्र और राजनीतिशास्त्र से लेकर कला व खेल

जगत तक के अलग-अलग क्षेत्रों में कल की दुनिया को आधार देने की क्षमता रखते हैं। इस अखबार ने भारतीय लेखक राणादास गुप्ता को भारत की संस्कृति का प्रतिनिधित्व करने के लिए चुना था।

(8) द टाइम्स (इंग्लैंड)

स्वदेशी परम्परा की गहरी समझ, सम्पादकीय प्रखरता, बारीक बयानी और विचारों की जड़ता तोड़ने वाले समाचार-पत्र 'द टाइम्स' की इंग्लैंड में खास जगह है। यथार्थ को कुशल करीने से प्रस्तुत करनेवाला 'द टाइम्स' समाज के लिए मूल्यवत्ता तथा उत्कृष्टता पर ज्यादा बल दे रहा है। दक्षता और कुशल संचार साधनों से लबरेज यह अखबार पत्रकारिता जगत में निरन्तर नई सम्भावना खोजने पर बल देता रहा है,—According to the Royal Commission, The Times and the Daily Telegraph are known to the trade as 'quality' newspapers to distinguish them from the 'popular' newspapers, which on occasion publish leading articles and special articles of a very high quality indeed. Equally the Times and the Daily Telegraph mightresent the idea that they are run by superior persons for the declaration of superior persons. But to whichever category the papers may belong they over look the fact that their primary purpose is to give the news, whatever trimmings they may surround it with."[1]

अपनी खरी और सूक्ष्म परिस्कृत भाषा-प्रयोग के लिए मशहूर 'द टाइम्स' समाज में संवाद और सहकार का मुखर प्रवक्ता रहा है। इन सारी विशेषताओं से सम्पृक्त इस अखबार का नाम 1985 ई. तक 'द डेली यूनिवर्सल रजिस्टर' था, किन्तु इसके संस्थापक-सम्पादक जान वाल्टर ने किन्ही कारणों से इसका नाम बदलकर 'द टाइम्स' कर दिया। अपने बेबाकीपन और खबरों की विश्वसनीयता के लिए यह अखबार कभी इतना नामी-गिरामी था कि ब्रिटेन के तत्कालीन विदेशमंत्री ताजा-टटकी और सही खबरों के लिए महज इसी अखबार से सम्पर्क रखते थे। 'द टाइम्स' राजनीति और साहित्य का बेहद खूबसूरत विश्लेषण प्रस्तुत करता था। बाद में जॉन स्टोडार्ट को इसका सम्पादक बनाया गया, जिन्हें वेतन के रूप में अखबार प्रबन्धन बहुत बड़ी रकम देता था। कुछ दिनों बाद एक नये सम्पादक थामस बार्नेज बनाये गए। इनके सम्पादकत्व में अखबार की प्रतिष्ठा बढ़ी। बार्नेज चूँकि राजनीतिक विचारधारा के थे, सो इसका लाभ इस अखबार को मिला। इसकी प्रतियाँ विदेश भेजी जाने लगीं। बार्नेज ने इसे और भी अधिक समुन्नत बनाने के लिए इसके प्रकाशन में नई-नई तकनीकों और सूचना माध्यमों का इस्तेमाल किया। पर, दुर्भाग्य से कुछ दिनों बाद बार्नेज की असामयिक मृत्यु हो गई और सन् 1841 ई. में 'द टाइम्स' के नये सम्पादक ड्यूस डीलेन नियुक्त किए गए।

कहते हैं, ब्रिटेन में कोई भी सरकार हो, 'द टाइम्स' को सभी 'मुखपत्र' मानते हैं। खबरों की प्रभावी उपस्थिति, जीवन की सर्वोपरि रचनात्मक विभूति भाषा के सुन्दर प्रयोग से इस समाचार-पत्र ने ब्रिटेन में ही नहीं, पूरे विश्व में अपना महत्त्वपूर्ण स्थान बना लिया है। अच्छा पारिश्रमिक देकर अखबार के आलोचना स्तम्भ को इसने मजबूत किया। इस समाचार-पत्र से उस समय के बड़े कवि और गद्य लेखक जुड़ने में अपनी प्रतिष्ठा समझते थे। इस अखबार का आदर्श वाक्य था, **समाचार भंडाफोड़ से जीवित रहते हैं या समाचार-पत्र का कर्तव्य है कि वह सत्य की खोज करे और निश्चित सिद्धान्तों के आधार पर संसार के मामलों में उसका प्रयोग करे।** द टाइम्स ने समय-समय पर विज्ञान और साहित्य की पत्रकारिता कर उन्हें लोकप्रिय बनाया। बहरहाल, बाद में इस अखबार के सामने एक बार फिर गम्भीर आर्थिक संकट पैदा हुआ। यह स्थिति सन् 1905 में पैदा हुई। सुप्रसिद्ध अखबार 'डेली मेल' (Daily Mail) के मालिक लॉर्ड नार्थ क्लिफ ने इस विषम स्थिति में तीन लाख बीस हजार पौण्ड में द टाइम्स को खरीदा। अखबार, तमाम अन्तर्विरोधों को झेलता हुआ प्रकाशित होता रहा, पर दुर्भाग्य से 14 अगस्त, 1922 को क्लिफ की मृत्यु हो गई और यह अखबार ब्रिटेन के ही एस्टर खानदान के हाथों आ गया। इन लोगों ने इस अखबार को चलाने के लिए एक ट्रस्ट बनाया, परन्तु दुर्भाग्य ने इस अखबार का पीछा यहाँ भी नहीं छोड़ा। घाटे के कारण यह यहाँ से भी बिक गया, किन्तु पत्रकारिता की एक स्वस्थ परम्परा की बहुत पुख्ता लकीर खींचकर यह अखबार ब्रिटेन और पत्रकारिता के विश्व इतिहास में अमर हो गया।

1. History of Press Laws and Communications-B.N. Ahuja, P.11

(ग) विदेशों में हिन्दी पत्रकारिता : स्वरूप और रूपरेखा

दो व्यक्तियों के बीच संवाद स्थापन में भाषा महत्त्वपूर्ण 'टूल' या औजार (Implement) का काम करती है। इस दृष्टि से हिन्दी बेहद उपयुक्त भाषा सिद्ध हुई है। ऐसी रवाँ-दवाँ जबान कम मिलती है। अभिव्यक्ति अंकन में पूर्ण रूप से सक्षम-समर्थ होने के कारण पूरी धरती पर आज हिन्दी का लोकतंत्र पहले की तुलना में काफी व्यापक हुआ है। हिन्दी की सृजनशीलता का वृत्त सम्प्रति बहुत सारे देशों में अपनी परिधियों का विस्तार कर रहा है। यह बेहद प्रसन्नता का विषय है। यही इसका सरमाया है। आज विश्व के भाषायी खाके में हिन्दी का विशिष्ट महत्त्व है। दुनिया के अनेक देशों ने भारतीय संस्कृति तथा साहित्य को समझने-गुनने के उपक्रम में विविध स्तरों पर हिन्दी का पठन-पाठन आरम्भ किया हुआ है। विदेशियों के अलावा भारतीय मूल के आप्रवासी भारतीयों का भी दुनिया भर में हिन्दी के प्रचार-प्रसार की दिशा में महत्त्वपूर्ण योगदान जारी है। आज हिन्दी की पढ़ाई विश्व के लगभग 150 विश्वविद्यालयों में हो रही है। 50 से अधिक देश हिन्दी का प्रयोग किसी-न-किसी रूप में कर रहे हैं। सम्प्रति इसके बोलने वालों की संख्या **डॉ. नौटियाल** के अनुसार 1 अरब, 10 करोड़ तथा 30 लाख है। चीनी भाषा इससे पीछे हो गया है। अमेरिका, कनाडा, मैक्सिको, क्यूबा, रूस, ब्रिटेन, जर्मनी, फ्रांस, मॉरीशस, बेल्जियम, हालैंड, जर्मनी, आस्ट्रिया, नार्वे, स्विटजरलैंड, डेनमार्क, स्वीडन, फिनलैंड, इटली, पोलैंड, चेक, हंगरी, रोमानिया, बल्गारिया, यूक्रेन, क्रोएशिया, पाकिस्तान, बांग्लादेश, श्रीलंका, भूटान, नेपाल, म्यामार (बर्मा), चीन, जापान, दक्षिण कोरिया, मंगोलिया, उजबेकिस्तान, ताजाकिस्तान, तुर्की, थाइलैंड, आस्ट्रेलिया, अफगानिस्तान, अर्जेन्टीना, अल्जीरिया, इक्वोडोर, इन्डोनेशिया, इराक, इरान, युगांडा, ओमान, कजाकिस्तान, कतर, कुवैत, केन्या, आइवरी कोस्ट, ग्वाटेमाला, जमाइका, जांबिया, तंजानिया, नाइजीरिया, न्यूजीलैंड, पनामा, पुर्त्तगाल, पेरू, पैरागुए, फिलीपींस, ब्राजील, मलेशिया, सउदी अरब, सिंगापुर, सूडान, सेशेल्स, स्पेन, हांगकांग, फीजी, सूरीनाम, गुयाना, त्रिनिडाड, टोबैको आदि देशों में कुछ में तो हिन्दी का प्रयोग सम्पर्क भाषा के रूप में हो भी रहा है, कुछ देश ऐसे हैं, जहाँ लोग शौकिया हिन्दी सीख-पढ़ और लिख रहे हैं। कुछ देश ऐसे हैं, जहाँ हिन्दी अध्ययन-अध्यापन के लिए विधिवत व्यवस्था की गई है।

अपनी विलक्षण रचनात्मक संलग्नता की अकूत ताकत और औघड़ अन्दाज के कारण हिन्दी आज पूरे विश्व की मुक्त रूप से पुरलुफ्त सैर कर रही है। ढेर सारे विदेशियों तथा गिरमिटिया मजदूर बन कर गए आप्रवासी भारतीयों ने हिन्दी के प्रचार-प्रसार और बढ़ाव-विकास में काफी सहयोग किया है। गुलाम भारत में अंग्रेजों ने अपने-उपनिवेशों में कृषि तथा अन्य कार्य करने के लिए उत्तर प्रदेश तथा बिहार आदि प्रदेशों में बहुत अधिक संख्या में 'गुलाम' या 'दास' बनाकर मजदूर ले गए थे। इन्हें ही 'गिरमिटिया मजदूर' कहते हैं। वस्तुतः 19वीं शताब्दी के ब्रिटिश शासन काल में जलयान, रेल और दूसरे आवागमन के साधनों का विकास होने के बाद बिहार के भोजपुर इलाके से बड़े पैमाने पर पलायन का दौर शुरू हुआ, जो समय के साथ बढ़ता ही गया। कोलोनियल इमीग्रेशन डिपार्टमेंट[1] की 1883 की एक रिपोर्ट[2] भी इस बात की तस्दीक करती है, जिसमें कहा गया है कि जनसंख्या के दबाव के कारण लोग उन इलाकों से ज्यादा पलायन के लिए मजबूर हुए जहाँ जनसंख्या घनत्व ज्यादा था। अंग्रेज अफसर और विद्वान् फ्रांसिस बुकानिन ने इस इलाके का अनुभव अपनी आँखों से किया था और उसने अपनी एक रिपोर्ट[3] में इसका जिक्र भी किया है।[4]

19वीं शताब्दी की शुरुआत में ही यूरोप में गुलाम प्रथा की समाप्ति की घोषणा हुई। तब तक यूरोपीय देशों ने दुनिया के कई सुदूर क्षेत्रों में अपने उपनिवेश की स्थापना कर ली थी और उन्हें वहाँ

1. Gen. Dept. (Colonial Emigration) June-1883 Nos. 20-21
2. It will be seen that the emigrants registered as the pressure of population. In the 24 Paraganas, Patna and North Sahabad, where the pressure of population is high, the numuber of registration is large : and in Munger and Gaya,where the pressure is low, the number of registration is small."
3. An Account of the District of Sahabad-Francis Buchanan. P. 430
4. Rural poverty seems to have been most accute in those areas north to the Ganges where settlement was dense.

खेती के काम के लिए सस्ते मजदूरों की जरूरत थी, क्योंकि गुलामी से आजाद हुए वहाँ के स्थानीय निवासियों ने अपने खेतों में काम करना बेहतर समझा था।[1] विदेसिया संस्कृति पर काम करनेवाले समकालीन भारतीय विद्वान **बद्री नारायण तिवारी** ने अपनी पुस्तक 'बिदेसिया, पलायन, बदलाव और लोक संस्कृति'[2] में इसका विस्तार से जिक्र किया है।[3] ऐसे में ब्रिटिश शासन कर्त्ताओं की नजर भारत के इस बेकार पड़े *'वर्क फोर्स'* पर गई, जो रोजगार के अभाव में पहले ही पलायन को तैयार बैठी थी। **जार्ज ग्रियर्सन** की एक रिपोर्ट भी इस बात की तस्दीक करती है।[4] पहली बार 1834 में एक डच उपनिवेश में भारतीय मजदूरों को भेजने से शुरू हुआ यह गिरमिटिया मजदूरों का सिलसिला आखिरकार एक लम्बे संघर्ष के बाद 1916 में ही थम सका पर तब तक लाखों की संख्या में लोगों को बेवतन होना पड़ा, जहाँ से उनके लौटने की उम्मीद बहुत कम थी।[5] बड़ी संख्या में यह मजदूर लम्बी यात्रा में ही दम तोड़ देते थे, बाकी जो वहाँ पहुँचते थे, नये वातावरण में तारतम्य न बिठा पाने के कारण बेमौत मारे जाते थे। उस पर भी जो बच गया, वह अंग्रेजों के छल का शिकार हुआ और इस तरह गई हुई आबादी का बहुत कम ही हिस्सा वापस लौट पाया। सन् 1910 में बहुत सारी शिकायत मिलने पर 'इंडेचर लेबर' की समस्याओं और उसकी जरूरत को समझने के लिए ब्रिटिश सरकार ने सैंडर्शन कमेटी का गठन किया। सैंडर्शन कमेटी की रिपोर्ट दर्शाती है कि इस व्यवस्था का कितना लाभ उन्हें मिला।[6]

बहरहाल, विदेशों में हिन्दी की स्थिति को स्थूल रूप में तीन वर्गों में देखा जा सकता है। पहले वर्ग में वे लोग आते हैं, जो जीविकोपार्जन के लिए पीढ़ियों पहले भारत से विदेश आ बसे। हिन्दी को अपनी अस्मिता के साथ उन्होंने जोड़े रखा। इन देशों में मारीशस, सूरीनाम, फीजी, त्रिनिदाद, गुयाना आदि देशों को शामिल किया जा सकता है। दूसरे वर्ग में भारत के पड़ोसी देश हैं, जहाँ अनायास ही हिन्दी, भाषा के रूप में विद्यमान है। इन देशों में नेपाल, भूटान, म्यायार, श्रीलंका, पाकिस्तान, चीन आदि देशों का समावेश हो सकता है। तीसरे वर्ग में ब्रिटेन, कनाडा, जर्मनी, फ्रांस, स्वीडन, बेल्जियम, चेकोस्लोवाकिया, रूस, जापान, आदि देशों को रखा जा सकता है। इन देशों में भारतीयों की संख्या इधर काफी बढ़ी है। व्यापार, रोजगार, आदि क्षेत्रों में भारतीय आप्रवासी लोगों की संख्या निरन्तर बढ़ रही है। सच तो यह है कि भूमंडलीकरण के इस दौर में व्यापार और वाणिज्य की परिधियाँ देशों की सीमाएँ लाँघ रही हैं। अनेक पत्र-पत्रिकाएँ अब इंटरनेट पर आ चुकी हैं। प्रसिद्ध सर्च इंजन गूगल के प्रमुख एरिक शिमट का मानना है कि अगले पाँच से दस वर्ष के भीतर हिन्दी इंटरनेट पर छा जाएगी। दरअसल, हिन्दी की इसी व्यापक उपयोगिता को देखते हुए गूगल के अलावा, माइक्रोसाफ्ट, सन, याहू, आईबीएम और ओरेकल जैसी विश्वस्तर की कम्पनियाँ भी अपने मुनाफे की अपार सम्भावनाओं के चलते हिन्दी को अपनाने में पहल कर रही हैं। वेब के साथ ही मोबाइल सम्प्रेक्षण में एस.एम.एस. माध्यम में भी अब हिन्दी का प्रयोग बढ़ रहा है। अमेरिका से भारत दौरे पर आए माइक्रोसॉफ्ट के प्रमुख बिलगेट्स ने मुम्बई में कहा था कि भारत को हिन्दी सॉफ्टवेयर की आवश्यकता है और यह आवश्यकता पूरी करने के लिए माइक्रोसॉफ्ट तैयार है। उनके इस वक्तव्य को भारत के सभी भाषाओं के अखबारों ने

1. संचार माध्यम में सुप्रसिद्ध रंगकर्मी और शोध छात्र मृत्युंजय प्रभाकर का लेख 'भिखारी ठाकुर का रंगमंच : लोक जीवन से संवाद', पृ. 84, जनवरी-दिसम्बर, 2007, खंड-24, अंक-1-2, जे.एन.यू. दिल्ली।
2. बिदेसिया, पलायन, बदलाव और लोक संस्कृति-बद्री नारायण तिवारी, पृ. 21, इलाहाबाद, 2005
3. "In the nineteenth century and in to the early twentieth, as the absolution of slavery progressed around the world, European colonies found themselves in great need of manpower for their plantations. India, meanwhile, was suffering from an economic depression, due to both the decline of the weaving industry caused by the Industrial Revolution in England, and the extreme population pressure on agriculture and cultivable lands. This pressure on the resources of the country, combined with the colonial master's demand for cheap and abundant labour led to the migration of a large number of migrant labourers from the Bhojpuree region."
4. And major Inquiry into Emigration Proceeding. Nos. 9-15, Reverse and Agriculture Dept.-George Abraham Grierson-1883.
5. The first ship taking the indentured labourers left the shore of Calcutta in 1834. The labourers were sent to work for a Dutch Colony.
6. Sanderson Committee Report, vol. 27, Page-25, 1910

प्रमुखता से छापा। दो वर्ष के भीतर ही उन्होंने हिन्दी और भारतीय भाषाओं के कम्प्यूटर बाजार में लाए, जिनमें पहली बार परिचालन प्रणाली भी हिन्दी में है। इस तरह हिन्दी के महत्त्व को विश्वस्तर पर स्वीकार किया गया। 20 अप्रैल 2007 को बिल गेट्स ने चीन में कहा कि आर्थिक विकास का भावी केन्द्र यदि एशिया को कहा जा रहा है तो हिन्दी की भूमिका और महत्त्वपूर्ण हो उठेगी।[1]

उक्त विदेशियों ने अपनी जमीन पर रहकर हिन्दी की हर विधा में अपनी कलम चलाई है। आलोचना, कविता, कहानी, नाटक, रिपोर्ताज, निबन्ध, उपन्यास के साथ-साथ साहित्य की एक प्रमुख और सशक्त विधा 'पत्रकारीय कर्म' भी इनका प्रिय शगल रहा है। इनके द्वारा सम्पादित-प्रकाशित पत्र-पत्रिकाओं को देखने से पता चलता है कि इन देशों में सहज और सम्प्रेषणीय लेखन परम्परा हिन्दी भाषा में निर्मित हो चुकी है। खूबसूरत भाषा, शिल्प और शैली में सुसज्जित पत्र-पत्रिकाएँ अपने सीमित दायरे में ही सही, अपने लक्ष्य को साधने में लगी हैं। ये पत्र-पत्रिकाएँ संकटग्रस्त समाज के अँधेरे में पनपती आस्था थी परिचायक हैं। अपने समय को समझने के अनुभवों को बाँटने में ये बहुत सहायक हैं। किस दौर के समाज और साहित्य के भीतर क्या जुड़ता-टूटता अथवा बनता-बिगड़ता रहा है, ये पत्रिकाएँ उनका मुकम्मल दस्तावेज और बयान हैं। विदेशों में प्रकाशित, इन पत्र-पत्रिकाओं में वहाँ के पत्रकारों-लेखकों ने अपनी गहरी रचनाधर्मिता को सहज भाषा में पाठकों तक पहुँचाया है। अपने समकालीन सवालों से टकराती इन पत्रिकाओं में इनके तत्कालीन शोषणधर्मी विकट समाज का सच मौजूद है। स्पष्टतः यह कि इनमें समकालीन समाज बहुत शिद्दत से झाँकता दिखायी देता है। इनमें एक ओर नये मूल्यों की सृष्टि हो रही है तो दूसरी ओर इनमें इतिहास के एक व्यापक कालखंड की सच्चाइयाँ रेखांकित हुई दिखायी देती हैं। भारत की तरह इन देशों में भी दैनिक, साप्ताहिक, पाक्षिक, मासिक, चौमाही, अर्द्धवार्षिक, वार्षिक, मुखपत्र, वार्षिक बुलेटिन, अवसरानुकूल विशेषांक, अभिनन्दन ग्रन्थ, समारोहपत्रिका, धार्मिक विशेषांक आदि समय-समय पर हिन्दी में प्रकाशित होते रहते हैं।

कुल मिलाकर इन पत्र-पत्रिकाओं के माध्यम से यही लगता है कि हिन्दी की वैश्विक-व्यापकता का संघर्ष निरन्तर जारी है। ये पत्रिकाएँ अपने कलात्मक अनुशासन और व्यंजनाधर्मी चरित्र के साथ आज भी छप रही हैं। जिन्दगी के हर मुख्तसर मसले इनके प्रिय विषय होते हैं। जीवनाशा का दीपक जलाए इन पत्रिकाओं की भाषा पुष्कल और जीवन्त होती है, जिन्हें बारी-बारी से अधोलिखित रूप में इस प्रकार देखा जा सकता है,—

(1) इंग्लैंड में हिन्दी पत्रकारिता

उदारवादी लोकतंत्र इंग्लैंड में सम्प्रति भारतीयों की संख्या निरन्तर बढ़ रही है। एक सर्वेक्षण में बताया गया है कि लन्दन की दूसरी भाषा हिन्दी या हिन्दुस्तानी होती जा रही है। बहरहाल, इंग्लैंड से हिन्दी का रिश्ता बहुत पुराना है। सम्भवतः इसीलिए विदेशों में प्रकाशित होनेवाला हिन्दी का पहला पत्र 'हिन्दुस्तान' था, जो कालाकांकर के राजा श्री रामपाल सिंह के प्रयत्नों के फलस्वरूप सन् 1883 से 1885 ई. के मध्य एक त्रैमासिक पत्र के रूप में लन्दन से प्रकाशित हुआ। सन् 1887 से यह दैनिक रूप से प्रकाशित हुआ। **श्री बंकट लाल ओझा** के अनुसार सन् 1915 में लन्दन के इंडिया ऑफिस से ''युद्ध समाचार'' प्रकाशित होता था, जिसमें अधिकांश सामग्री युद्ध सम्बन्धी होती थी। आर्य समाज के मुख्य पत्र ''वैदिक पब्लिकेशंस'' का प्रकाशन भी इंग्लैंड से ही हुआ था। वर्तमान में लन्दन से 'प्रवासिनी' (नवीन वीकली), 'अमरदीप' साप्ताहिक का प्रकाशन हो रहा है। हिन्दी प्रचार परिषद, लन्दन की प्रेरणा से श्री धर्मेन्द्र गौतम ने 'प्रवासिनी' का प्रकाशन 1964 से प्रारम्भ किया। स्व. प्रधान मंत्री श्री मोरार जी देसाई ने 'प्रवासिनी' के अंक-3 के लिए लिखा था, ''ग्रेट ब्रिटेन में रहते हुए भी हिन्दी भाषा के विकास के लिए आप और आपके साथ जो प्रगति कर रहे हैं, उसे जानकर मुझे खुशी हुई।'' लन्दन से उर्दू साप्ताहिक 'मिलाप वीकली' में जून, 1966 से दो पृष्ठ हिन्दी के भी रहते थे। इस पत्र के सम्पादक

1. विश्व हिन्दी पत्रिका-प्रधान सम्पादिका-श्रीमती पूनम जुनेजा, पृ. 5, विश्व हिन्दी सचिवालय, स्विफ्ट लेन, फारेस्ट साइड, मॉरीशस, सन् 2012 ई.

श्री रमेश कुमार सोनी ने बाद में इसका नाम बदलकर 'नवीन वीकली' कर दिया।[1] इधर, यू.के. हिन्दी समिति की ओर से 'हिन्दी' त्रैमासिक पत्र का प्रकाशन जुलाई, 1990 में निकला। इसके संस्थापक-सम्पादक श्री प्रेमचन्द सूद थे। सन् 1967 में ज्योति प्रिन्टर्स से हिन्दी-गुजरात मासिक पत्र 'सर्जन' प्रकाशित हुआ। इसके बाद अंग्रेजी और हिन्दी में आर्य सन्देश मासिक पत्र भी निकला। विगत दशक से 'पुरवाई' हिन्दी मासिक पत्र का प्रकाशन हो रहा है, जिसके सम्पादक श्री पद्मेश गुप्ता, सह-सम्पादिका श्रीमती उषा राजे सक्सेना हैं। कामन वेल्थ ऑफ नेशंस के बैनर तले 'वर्तमान राष्ट्रकुल' नाम से एक पत्रिका लन्दन से प्रकाशित हुई। आर्य समाज, लन्दन द्वारा 'आर्य पत्रिका' का प्रकाशन भी सम्प्रति हो रहा है।[2]

(2) दक्षिण अफ्रीका में हिन्दी पत्रकारिता

कभी ब्रिटेन का उपनिवेश और दीर्घकाल तक रंगभेद का शिकार रहे दक्षिण अफ्रीका का नाम लेते ही हिन्दी के सबसे बड़े समर्थक आदरास्पद गांधी जी का स्मरण हो आता है। यह महाद्वीप गांधी जी की कर्मस्थली रहा है। सन् 1903 में डरबन शहर से लगभग 13 मील दूर फिनिक्स आश्रम में इंडियन ओपनियन साप्ताहिक अंग्रेजी पत्र का हिन्दी संस्करण प्रकाशित हुआ। इस साप्ताहिक के प्रथम सम्पादक श्री मनसुख लाल नाजर थे। यह पत्र फिनिक्स आश्रम में ही रहते श्री मदनजीत नाम से हिन्दी प्रेमी के प्रेस में मुद्रित हुआ करता था। कहते हैं, दक्षिण अफ्रीका में रहते महात्मा गांधी ने इस पत्र को अपना आशीर्वाद देकर पोषित, प्रोत्साहित एवं प्रकाशित किया था। फल हुआ, इस पत्र ने वहाँ के प्रवासी भारतीयों के भीतर जीवन जीने की ललक और जीवटता पैदा किया था। इस समाचार-पत्र ने नेटाल इंडियन कांग्रेस ब्रिटिश उपनिवेश आन्दोलन में अपनी सार्थक भूमिका अदा की थी। नाजर के देहावसान के बाद महात्मा गांधी के अंग्रेज मित्र श्री हर्बट किचेन एवं उसके बाद एस.एल. पौलक ने इस पत्र के प्रकाशन का उत्तरदायित्व अपने ऊपर ले लिया। तदनन्तर 5 मई सन् 1922 ई. में वहीं से एक दूसरी हिन्दी साप्ताहिक पत्रिका छपी, जिसका नाम था—'हिन्दी'। इसके प्रथम सम्पादक बने श्री भवानी दयाल संन्यासी। इस पत्रिका से दक्षिण अफ्रीका में हिन्दी के प्रचार-प्रसार में काफी सहयोग मिला।

दरअसल, दक्षिण अफ्रीका से 'इंडियन ओपनियन' नामक जो अंग्रेजी पत्र प्रकाशित हुआ था, उसके हिन्दी संस्करण का सम्पादन भवानी दयाल संन्यासी ने ही किया था। गांधी जी के दक्षिण अफ्रीका से वापस आने के बाद भवानी दयाल जी ने दक्षिण अफ्रीका में हिन्दी प्रचार का कार्य किया था। जर्मिस्टन शहर में इन्होंने 'ट्रान्सवाल' हिन्दी प्रचारिणी सभा की स्थापना की थी, जिसका साप्ताहिक अधिवेशन हर रविवार को होता था। सन् 1922 ई. में भवानी दयाल जी ने हिन्दी और अंग्रेजी—दोनों भाषाओं में जिस 'हिन्दी' नामक साप्ताहिक पत्र का प्रकाशन आरम्भ किया, उसने हिन्दी पत्रकारिता के क्षेत्र में वहाँ एक प्रतिमान स्थापित किया। सन् 1922 ई. में डरबन के निकट 'जैकोब्स' नामक एक प्रेस खोला। इसी प्रेस से मुद्रित होकर मई के प्रथम सप्ताह में 'हिन्दी' का प्रथमांक निकला। यह पत्रिका सचित्र और विषयवस्तु की दृष्टि से समुन्नत थी। इस पत्रिका के कई सचित्र विशेषांक यथा,—'राष्ट्रीय अंक', 'तिलक अंक', 'दीपावली अंक' बेहद शानदार ढंग से निकले। हिन्दी सेवी श्री संन्यासी ने इसके पहले सन् 1912 ई. में नटाल में 'धर्मवीर' नामक एक साप्ताहिक पत्र का प्रकाशन किया था। नटाल में ही सन् 1910 ई. में एक अन्य पत्र 'सिन्धु' का प्रकाशन हो चुका था। सन् 1948 ई. में नरदेव वेदालंकार ने "हिन्दी शिक्षा संघ" की स्थापना की थी, जिसकी देखरेख में, 'संघ समाचार' का प्रकाशन हुआ। इस पत्र के सम्पादक थे—डॉ. रामप्रसाद हेमराज। इस पत्र में बच्चों को हिन्दी की ओर प्रोत्साहित-प्रेरित करने के लिए 'बाल कोना स्तम्भ' की व्यवस्था अलग से की जाती थी।

(3) अमेरिका में हिन्दी पत्रकारिता

कहते हैं, अमेरिका कविता की पुस्तकों का केन्द्र है। बुद्धि और सृजन के स्तर पर अमेरिका में एक जीवन्त लोकतंत्र है और उसके विश्वविद्यालयों में मुक्त चिन्तन का अवकाश है। हिन्दी के लिए यहाँ

1. हिन्दी पत्रकारिता के प्रतिमान—आचार्य हरदास हर्ष, पृ. 22-23, रचना प्रकाशन, जयपुर, मू. 100 रुपये सन् 1999 ई.
2. विश्व हिन्दी पत्रिका-प्रधान सम्पादिका-श्रीमती पूनम जुनेजा, पृ. 27

और सर्वोत्तम वातावरण है। समय-समय पर यहाँ हिन्दी में ढेरों उत्सव-आयोजन होते रहते हैं। न्यूयार्क में अभी विश्व हिन्दी सम्मेलन हुआ था। पहली बार अमरीका के उस पार दक्षिणी अमरीका में अन्तर्राष्ट्रीय हिन्दी सम्मेलन 16 से 20 अप्रैल तक 1992 ई. में हुआ था। सम्प्रति अमेरिका में हिन्दी फल-फूल रही है। शिकागो से हिन्दी की एक लोकप्रिय पत्रिका 'महफिल' का प्रकाशन निरन्तर हो रहा है। सन् 1986 में भारत समारोह के अन्तर्गत् 'भारतीय कविता उत्सव' का सफल आयोजन हुआ था। न्यूयार्क में स्थापित 'भारतीय विद्या भवन' में विदुषी वसुधा डालमिया की देखरेख में सुप्रसिद्ध कवि स्व. अज्ञेय पर एक भव्य काव्य आयोजन हुआ था।

दरअसल, अमरीका में अप्रवासी भारतीयों की भारी तादात बसती है। इनमें हिन्दी भाषियों की संख्या प्रभूत रूप में है। वहाँ बसने के बाद भी इन्होंने अपनी मातृभाषा से अभी वही जमीनी और पुराना लश्तगा बनाये रखा है। वर्षों की विषम-विपरीत स्थितियों और अनुभवों के बीच हिन्दी पत्रकारिता में इन्होंने वहाँ श्लाघनीय काम किया है। इस दिशा में सन् 1909 में 'संजीवनी' नामक मासिक पत्र के प्रकाशन का पहला चिराग वहाँ की धरती पर जला। लगभग इसी समय के आसपास 'गदर की गूँज' पत्रिका भी प्रकाशित हुई। सन् 1947 ई. में स्थापित 'यूनेस्को कूरियर' का हिन्दी संस्करण मैक्सिको से लगातार छप रहा है। इधर, 'अमेरिका में हिन्दी पत्र-पत्रिकाओं के प्रकाशन के सन्दर्भ में कुछ नई प्रगति हुई है। काफी लोग आगे आए हैं। इन्होंने हिन्दी पत्रकारिता को वहाँ नई शक्ल और नया कलेवर दिया है। 18 अक्टूबर सन् 1980 ई. को रोजलिन (वजीर्निया) में भारतवंशी डॉ. कुँवर चन्द्र प्रकाश सिंह ने 'अन्तर्राष्ट्रीय हिन्दी समिति' का गठन किया। इस समिति के माध्यम से नये विचारों और नये चिन्तन से लैस 'विश्व त्रैमासिक पत्रिका' का प्रकाशन शुरू हुआ। इस पत्रिका के प्रथम सम्पादक श्री रंजन कुमार सिंह थे। इस पत्रिका में प्रचुर और अनेकमुखी सामग्री छपती है। भाषा की सफाई इस पत्रिका की अपनी विशेषता है। सम्भवतः इसीलिए अबतक इसके अनेक विशेषांक निकल चुके हैं। हिन्दी के प्रचार-प्रसार के लिए लेख, समसामयिक, साहित्यिक-सांस्कृतिक गतिविधियों पर लोगों का ध्यान आकर्षित करने के लिए सामग्री का प्रकाशन इस पत्रिका में आए दिन होता रहता है। हिन्दी के वैश्विक चरित्र के निर्माण के लिए इसमें समय-समय पर हिन्दी साहित्य, भाषा और भारतीय संस्कृति पर लेख छपते रहते हैं। इधर, हाल ही में न्यूयार्क से एक समाचार-पत्र, 'संवाद सूत्र' का प्रकाशन शुरू हुआ है। यह पत्र त्रैमासिक है। जनवरी, 1984 से 'हिन्दी साहित्य सभा' के तत्त्वावधान में 'भारतीय पत्रिका' प्रकाशित हो रही है। अमेरिका के इलिनाय शहर से 'भारतीय द्वैमासिक' पत्र भी छप रहा है। इसी तरह 'सौरभ' नाम का त्रैमासिक पत्र भी अमेरिकी हिन्दी भाषियों के बीच काफी लोकप्रिय हुआ है। प्रो. विश्वदान शर्मा ने 'विश्व-विवेक' नाम की एक पत्रिका का प्रकाशन सन् 1996 ई. में किया था, जिसका विमोचन त्रिनिडाड में हुआ था। न्यू आरालियस अमेरिका से हिन्दी में प्रकाशित होनेवाली तीसरी पत्रिका थी।

(4) कनाडा में हिन्दी पत्रकारिता

कनाडा में हिन्दी भाषा और साहित्य को लेकर बहुत उत्साह है। यहाँ अनेक भारतीय हिन्दी प्रेमी और बुद्धिजीवी हिन्दी के प्रचार-प्रसार के लिए पिछले कई दशकों से सतत् प्रयासरत हैं। उनके प्रयास से ही हिन्दी कनाडा में लोकप्रिय हो रही है। इन हिन्दी प्रेमियों ने कनाडा के टोरंटों शहर में हिन्दी का एक अच्छा-खासा पुस्तकालय स्थापित कर लिया है। इनके पास अपना एक सुसज्जित सभागार भी है। सन् 1967 से श्रीमती स्नेह ठाकुर की देख-रेख में 'वसुधा' नामक पत्रिका का प्रकाशन अविराम हो रहा है। श्री त्रिलोचन सिंह गिल के सम्पादकत्व में एक मासिक पत्र 'भारती' का प्रकाशन टोरंटो शहर से 1975 से ही हो रहा है। यह पत्र हिन्दी, अंग्रेजी दोनों भाषाओं में प्रकाशित होता है। एक अन्य हिन्दी ध्वजवाही *श्री रघुवीर सिंह* कनाडा से 'विश्व भारती' नामक पाक्षिक पत्र का प्रकाशन कर रहे हैं। यहीं से एक अन्य हिन्दी पाक्षिक पत्र 'संगम' भी प्रकाशित होता है साथ ही 'कर्तव्य' नाम की एक चर्चित पत्रिका भी यहीं से छपती है।

इसी तरह हिन्दी साहित्य परिषद् -सरी, कनाडा से आर्य समाज द्वारा एक आर्य पत्रिका का प्रकाशन हो रहा है। श्रीमती मधु वार्ष्णेय इसकी सम्पादिका हैं। हिन्दी में छपनेवाले पत्र-पत्रिकाओं के प्रकाशन का क्रम आगे बढ़ाते हुए यहाँ के हिन्दी-प्रेमियों ने 'हिन्दी लिटरेरी सोसाइटी ऑफ कनाडा' (Hindi Literary society of Kanada) के संरक्षणत्व में 'हिन्दी संवाद' नाम का त्रैमासिक पत्र निकाला है। इसके पहले सम्पादक श्रीनाथ प्रसाद द्विवेदी थे, अब कौन है, मुझे नहीं मालूम। सन् 1982 ई. से 'हिन्दी चेतना' का प्रकाशन श्रीमती डॉ. सुधा ओम ढींगरा कर रही हैं। नवम्बर, 1982 से ही एक अन्य मासिक पत्र "जीवन ज्योति" का प्रकाशन हो रहा है। सुप्रसिद्ध प्रवासी कवि और संगीतज्ञ *प्रो. हरिशंकर आदेश* इसका सम्पादन कर रहे हैं। वस्तुतः यह पत्रिका संगीत और सांस्कृतिक गतिविधियों पर आधारित रहती है। कुल मिलाकर बकौल **डॉ. अनिरुद्ध सिंह सेंगर**[1] कनाडा में हिन्दी का प्रचलन, बोलचाल, शैक्षणिक तथा साहित्यिक भाषा के रूप में बढ़ा है। आज ढेरों हिन्दी पत्रिकाएँ नगरों, महानगरों में उपलब्ध हैं। हिन्दी के विकास के लिए ढेरों संस्थाएँ कार्यरत हैं। साप्ताहिक पत्रों में हिन्दी-टाइम्स, हिन्दी एब्राड, नमस्ते कनाडा आदि प्रमुख हैं। कनाडा में प्रमुख रूप से जाने माने कवि हैं,—सर्वश्री प्रो. हरिशंकर आदेश, श्याम त्रिपाठी, सुरेन्द्रपाल, रत्नाकर नराले, सन्दीप त्यागी, राकेश तिवारी, भगवत शरण श्रीवास्तव, भारतेन्दु श्रीवास्तव, ब्रजराज कश्यप, अरविन्द नराले, शिवनन्दन यादव, विक्रान्त, स्नेह-सिंघवी, स्नेह ठाकुर, शैलजा सक्सेना, भुवनेश्वरी पांडेय, सुशीला गुप्ता, आशा बर्मन, सरोज भटनागर, प्रमिला भार्गव आदि। कनाडा में भारतीय कौंसलावास, पनोरमा, हिन्दी प्रचारिणी सभा, कनेडियन कौंसिल ऑफ हिन्दूज, हिन्दी साहित्य सभा आदि द्वारा समय-समय पर कवि सम्मेलनों, कवि गोष्ठियों का आयोजन किया जाता है।

(5) नार्वे में हिन्दी पत्रकारिता

नार्वे यूरोप महाद्वीप में उत्तर-पश्चिमी छोर पर स्थित है। इसके उत्तर में आर्कटिक सागर है। दक्षिण में उत्तरी सागर और पश्चिमी में नार्वीजियन सागर है। इसके पूर्व में स्वीडन है तथा उत्तर पूर्व में फिनलैंड एवं रूस है। नार्वे में आप्रवासी भारतीयों की संख्या लगभग पाँच हज़ार है। आप्रवासी भारतीयों की सर्वाधिक संख्या ओसलो नगर में है। हिन्दी शिक्षण की व्यवस्था बालवाड़ी से लेकर विश्वविद्यालय स्तर तक है। संस्कृत, हिन्दी एवं भारतीय भाषाओं की पढ़ाई ओसलो विश्वविद्यालय के 'इन्डो-ईरानी इन्स्टीट्यूट' में होती है। इन्स्टीट्यूट का पुस्तकालय अत्यन्त समृद्ध है। यहाँ नार्वेजियन भाषा में 'भगवद्गीता' का अनुवाद हो चुका है।

नार्वे में सर्वप्रथम 1979 ई. में 'परिचय' द्वैमासिक पत्र का प्रकाशन हुआ था। इस पत्र के सम्पादक थे श्री सुरेश चन्द्र शुक्ल आलोक। बाद में यही पत्र 'स्पाइल दर्पण' के नाम से प्रकाशित होना शुरू हुआ।[2] नार्वे की भाषा नार्वेजीय है,—नीनोर्श्क और बुकमोल। सामी लोगों की भाषा सामी है। नार्वे में कोई भी समाचार-पत्र अंग्रेजी भाषा में नहीं छपता। सभी समाचार-पत्र नार्वेजीय भाषा में छपते हैं। पिछले चार-पाँच वर्षों से नार्वे की दो पत्रिकाएँ हिन्दी में छपती हैं—'स्पाइल दर्पण' तथा 'वैश्विका'। 'स्पाइल दर्पण' द्वैमासिक है और 'वैश्विका' अनियमित है। ये दोनों ही राजधानी ओस्लो से प्रकाशित होती हैं। 'स्पाइल दर्पण' के सम्पादक ने पत्रिका का शुभारंभ 1988 में किया। सन् 2008-09 में लखनऊ विश्वविद्यालय के डॉ. योगेन्द्र प्रताप सिंह की छात्रा गरिमा तिवारी ने 'स्पाइल दर्पण' पर शोध कार्य किया है, यह पत्रिका नार्वे से निकलने वाली हिन्दी की द्वैमासिक व द्वैभाषिक पत्रिका है। इस पत्रिका ने 2009 से भारत में रंगमंच के क्षेत्र में काम कर रहे रंगकर्मियों को सम्मानित करना आरम्भ किया है। 29 दिसम्बर 2009 को स्पाइल दर्पण ने लखनऊ में आनन्द शर्मा के निर्देशन में खेले जानेवाले सुप्रसिद्ध नाटक 'गुड़िया का घर' को उमानाथ रायबली हॉल में पुरस्कृत और सम्मानित किया।

'परिचय' नार्वे की ही नहीं, बल्कि स्कैनडिनेवियाई देशों (नार्वे, स्वीडन, डेनमार्क, फिनलैंड तथा आइसलैंड) की प्रथम हिन्दी पत्रिका थी, जिसका सम्पादन सुरेशचन्द्र शुक्ल ने हिन्दी में 1980 से 1985

1. विश्व हिन्दी पत्रिका-सं. श्रीमती पूनम जुनेजा, पृ. 40 सन् 2012 ई.
2. 'भाषा' केन्द्रीय हिन्दी निदेशालय, पश्चिमी खंड-7, रामकृष्ण पुरम, में ओमप्रकाश सिंहत्व का लेख, पृ. 47, मई-जून, 1997

तक किया। 'परिचय' हिन्दी और पंजाबी भाषा में मूलतः छपती थी, जिसमें अंग्रेजी के भी पृष्ठ होते थे। इंदरजीत पाल ने 'प्रवासी' नाम से एक वार्षिक पत्रिका का प्रकाशन शुरू किया है। 'वैश्विका' पत्रिका का प्रकाशन सन् 2007 में शुरू हुआ। बीच-बीच में कई अन्य पत्रिकाएँ छपती रहीं। 'स्पाइल दर्पण' का लोकार्पण जोहांसबर्ग, दक्षिण अफ्रीका में सम्पन्न विश्व हिन्दी सम्मेलन में मॉरीशस के कला व संस्कृति मंत्री मुकेश्वर चुन्नी, सांसद और लेखक सत्यव्रत चतुर्वेदी तथा भारत की तत्कालीन विदेश राज्य मंत्री श्रीमती प्रनीत कौर ने किया था।[1] दरअसल, नार्वे में हिन्दी पत्रकारिता का इतिहास बहुत पुराना नहीं है। 'परिचय' तथा 'पहचान' पत्रिकाएँ कुछ दिनों तक छपने के बाद बन्द हो गयीं। सन् 1990 में 'शान्तिदूत' का प्रकाशन प्रारम्भ हुआ। यह पत्रिका अद्यावधि नियमित रूप से प्रकाशित हो रही है। जनवरी सन् 1993 से श्री कैलाश राय के सम्पादकत्व में 'त्रिवेणी' नामक द्वैमासिक पत्रिका का प्रकाशन शुरू हुआ। तीन-चार अंकों के प्रकाशन के बाद यह पत्रिका बन्द हो गई। जन 1995 में 'आप्रवासी टाइम्स' नामक द्वैमासिक का प्रकाशन शुरू हुआ। यह 'सान्ध्य समाचार' के आकार की सोलह पृष्ठीय त्रिभाषीय-हिन्दी, अंग्रेजी तथा नार्वेजियन पत्रिका है।

(6) जापान में हिन्दी पत्रकारिता

पूर्वी एशिया का दूसरा सबसे महत्त्वपूर्ण देश **जापान** है। इसे **सूर्योदय की भूमि** (Land of Rising Sun) कहते हैं। यहाँ के निवासी अपने आप को सूर्य का वंशज मानते हैं। इस छोटे से सुगठित देश ने पहले 1869 ई. के बाद फिर 1954 ई. में सर्वस्व धूल धूसरित होने के बाद चहुँमुखी विकास का जो रूप विश्वमंच पर प्रस्तुत किया, वह स्वयमेव भगवान सूर्य के प्रभाव के समकक्ष है। जापान ने **दशक का विकास एक वर्ष में** (Decade in year) को चरितार्थ कर दिखाया है।[2] तोक्यो विश्वविद्यालय जापान का विश्व प्रसिद्ध विश्वविद्यालय है, जहाँ हिन्दी विदेशी भाषा के रूप में पढ़ाई जाती है। चार वर्ष का स्नातकीय और छह वर्ष का-स्नातकोत्तर पाठ्यक्रम। जापानी और भारतीय प्रोफेसरों के सहयोग से हिन्दी की यह यात्रा वर्णमाला से प्रारम्भ होकर महादेवी वर्मा, डॉ. हरिवंश राय बच्चन और मोहन राकेश के साहित्य के अन्तिम पड़ाव को छूती है। जापान के ओसाका विश्वविद्यालय में भी हिन्दी का एक विभाग प्रतिष्ठित है। बहुत सारे जापानियों ने भारत में समय-समय पर आकर हिन्दी सीखी और शोध भी किया है।[3]

जापान में हिन्दी सम्प्रति पत्र-पत्रिकाओं और मीडिया-मंच आदि के सहारे भलीभाँति प्रसार पा रही है। रेडियो जापान भी हिन्दी के प्रचार-प्रसार में अपनी महत्त्वपूर्ण भूमिका अदा कर रहा है। जापान में सन् 1964 ई. में 'अंक' नामक एक मासिक पत्र के प्रकाशन का शुभारंभ हुआ। उसके बाद एक धार्मिक पत्र का प्रकाशन हुआ, उसका नाम था—'सर्वोदय'। इस पत्र को लोग भारत-जापान मैत्री संघ के प्रतीक के रूप में मानते हैं। सर्वोदय नामक पत्र में हिन्दी साहित्य से सम्बन्धित सामग्री भी छपती है। बताते हैं, अब तक के उक्त सभी पत्र जापानी से अनूदित होकर ही हिन्दी में छपते रहे हैं। जापान का प्रथम हिन्दी पत्र 'ज्वालामुखी' था। यह सितम्बर, 1980 में तोक्यो से प्रकाशित हुआ, लेकिन इसका मुद्रण शाहदरा, दिल्ली से होता था। इसके प्रथम संस्थापक-सम्पादक *श्री योशिअकि सुजुकि* थे। श्री सुजुकि जापानी भाषा के विशेषज्ञ थे। इस पत्र के छपने के तमाम उद्देश्यों में से एक हिन्दी भाषा के माध्यम से जापानी साहित्य का परिचय भारतीयों को कराना भी था। इसके अन्त में लेखकों के पते भी दिए जाते थे। इस पत्र का ज्वालामुखी नाम जापान के फुजि पर्वत के प्रतीक के रूप में रखा गया था। साफ शब्दों में फुजिपर्वत की तरह यह पत्र भी सदैव गतिशील और क्रियाशील बना रहे। यह पूर्णतः साहित्यिक पत्र था। समय-समय पर इसके विशेषांक भी प्रकाशित होते रहे। जनवरी, 1986 में इसका जापानी

1. विश्व हिन्दी पत्रिका, सं. श्रीमती पूनम जुनेजा, पृ. 43
2. विश्व का प्रादेशिक भूगोल-डॉ. चतुर्भुज मामोरिया तथा डॉ. दीपक माहेश्वर, पृ. 167, साहित्य भवन पब्लिकेशंस, आगरा, मूल्य-150 रुपये, सन् 2011 ई.
3. स्वर्ण जयन्ती समारोह, स्मारिका, पृ. 155, मैसूर हिन्दी प्रचार परिषद-बंगलोर, विज्ञान भवन, नई दिल्ली, मू. 500 रु., 28-29 अक्टूबर-1995 ई.

साहित्य विशेषांक प्रकाशित हुआ था। विशेषांक का भाषा सौष्ठव, व्यंजना-सामर्थ्य और सौन्दर्य देखते ही बनता था। यह जापानियों द्वारा सृजित हिन्दी का महत्त्वपूर्ण पत्र था।

(7) म्यामांर (बर्मा) में हिन्दी पत्रकारिता

दक्षिणी पूर्वी एशिया में 70% से अधिक कृषि पर आधारित रहने वाली जनसंख्या वाला बर्मा भारत का पड़ोसी राष्ट्र है। छोटे-मोटे अपवादों को छोड़कर बर्मा देश से भारत का रिश्ता, अमूमन सामान्य रहा है। भूमंडलीकरण के इस दौर में वार्णिज्य और व्यापार की परिधियाँ पहले की तुलना में सरहदों को लाँघ रही हैं। उत्पादन और बाजार ने दोनों देशों के उपभोक्ताओं को समीप ला दिया है। यद्यपि बर्मा में अधिकांश पत्र-पत्रिकाएँ 'बर्मी', और अंग्रेजी भाषा में ही प्रकाशित होते रहे हैं, फिर भी समय-समय पर बर्मा में बसने वाले हिन्दी प्रेमियों ने वहाँ के जन-जीवन, रंग-ढंग, रहन-सहन आदि को हिन्दी में भी शब्द-बद्ध किया है। बर्मा में अधिकांश पत्र-पत्रिकाओं का प्रकाशन केन्द्र रंगून है। बताते हैं, श्री एल.बी. लाठिया ने अपने सम्पादन में 'बर्मा समाचार' अखबार निकालकर पहली बार बर्मा में हिन्दी पत्रकारिता की शुरुआत की। इसे हम बर्मा में हिन्दी पत्रकारिता की प्रथम बुनियाद कह सकते हैं। यद्यपि श्री लाठिया का उक्त प्रयास अर्थात् 'बर्मा समाचार' बहुत कम उम्र तक जी सका। उसके बाद श्री अनन्त राम मिश्र और श्री श्याम मिश्र की देख रेख में रंगून में एक मासिक पत्र ''प्राची कलश' का प्रकाशन सन् 1934 ई. में हुआ। इसी समय ''प्राची कलश'' नामक हिन्दी दैनिक पत्रिका भी निकली। कालान्तर में श्री श्याम नारायण मिश्र जी ने स्वतंत्र रूप से 'प्रवासी' नामक साप्ताहिक पत्र निकाला। यह श्रमसाध्य कार्य उन्होंने स्वयं संस्थापक, सम्पादक और प्रकाशक के रूप में किया। कुछ दिनों बाद वहाँ के एक अन्य हिन्दी सेवी श्री रामप्रसाद वर्मा ने सन् 1951 ई. में हिन्दी दैनिक 'नवजीवन' का प्रकाशन शुरू किया, पर दुर्भाग्य से आर्थिक कठिनाइयों ने इस पत्र को आगे जीने नहीं दिया और यह समाचार-पत्र भी दम तोड़ गया।

बहरहाल, तमाम आर्थिक झंझावातों के बाद भी हिन्दी पत्रकारिता वहाँ साँस लेती, चलती-फिरती रही 'पत्र-पत्रिकाएँ' अपने नये रूप, कथ्य, शिल्प-पैरहन में छपती एवं बन्द होती रहीं। कभी स्फुट तो कभी समवेत प्रयासों से पत्र-पत्रिकाएँ वहाँ जन्मती रहीं। कुछ हिन्दी प्रेमियों के हौसला के परिणाम स्वरूप जन्मा—''जागृति' समाचार-पत्र। पश्चात रंगून से श्री ब्रह्मानन्द तथा श्री रामप्रसाद वर्मा ने क्रमशः प्रकाशक तथा सम्पादक के रूप में सन् 1953 ई. में 'ब्रह्म भूमि' मासिक पत्र का प्रकाशन किया। तदनन्तर सन् 1970 ई. में रंगून से ही एक अन्य पत्र 'आर्य युवक जागृति' प्रकाशित हुआ, किन्तु कुछ दिनों बाद इस पत्र का भी इंतिकाल हो गया। बावजूद, इसके कुछ लोग वहाँ नये सिरे से पत्र-पत्रिकाओं के प्रकाशन में सतत लगे हुए हैं।

(8) चीन में हिन्दी पत्रकारिता

एशिया महाद्वीप के पूर्वी भाग में 18^0 उत्तरी अक्षांश से 53^0 उत्तरी अक्षांश तथा 74^0 पूर्वी देशान्तर से 134^0 पूर्वी देशान्तर के मध्य लगभग 95.61 लाख वर्ग किलो मीटर क्षेत्र में विस्तृत **चीन का जनवादी गणतंत्र** (The People Rupbulic of China) क्षेत्रफल की दृष्टि से विश्व का तीसरा विशाल देश है, जब कि जनसंख्या की दृष्टि से यह देश विश्व में प्रथम स्थान रखता है। जनसंख्या एवं क्षेत्रफल दोनों ही की दृष्टि से यह एशिया महाद्वीप का अग्रणी देश है तथा इस महाद्वीप के लगभग एक चौथाई क्षेत्र को घेरे हुए है। क्षेत्रफल में चीन समस्त योरोप महाद्वीप के बराबर है। इसका उत्तर-दक्षिण विस्तार लगभग 5,500 किलोमीटर तथा पूर्व-पश्चिम विस्तार लगभग 5000 कि.मीटर है। इसकी अन्तर्राष्ट्रीय सीमाएँ उत्तर कोरिया, रूसी-गणराज्य, मंगोलिया, जनवादी प्रजातंत्र कजाकिस्तान, वर्जीस्तान, तजाकिस्तान, पाकिस्तान, उत्तर, नेपाल, भूटान, म्यामार (ब्रह्मा), लाओस तथा वियतनाम के 13 देशों से लगी है। प्रशान्त महासागर के साथ इसकी लगभग 14,000 किलो मीटर तटरेखा फैली हुई है। भारत में जन्मे बौद्ध धर्म तथा भारतीय संस्कृति की अमिट छाप चीन में देखने को मिली है।[1]

1. प्रादेशिक भूगोल-प्रो. एस. एम. जैन, पृ. 293, साहित्य भवन पब्लिकेशंस, आगरा, मू. 100 रु. सन् 2001

बहरहाल, भूमंडलीकरण-बाजारीकरण के इस दौर में हिन्दी-चीनी भाई-भाई का पुराना नारा कभी आगे बढ़ता है, तो कभी चीन द्वारा भारतीय सीमाओं के अतिक्रमण और घुसपैठ के कारण पीछे हटता है। हिन्दी भी वहाँ घड़ी के पेन्डुलम की तरह भारत-चीन के बनते-बिगड़ते रिश्ते के आधार पर हिलती-डुलती रहती है। बाजार की जरूरतों ने हिन्दी को चीन में इस समय नया सम्मान दिया है। साफ शब्दों में अपने उत्पादों को बेचने की गरज से हिन्दी-चीन की जरूरत बनी है। यद्यपि चीन विश्व के विभिन्न देशों में अपनी संस्कृति के प्रचार-प्रसार हेतु 'चीन सचित्र' नाम का एक हिन्दी दैनिक पत्र का प्रकाशन बहुत पहले से कर रहा है। सम्भवतः सन् 1975 ई. से ही यह पत्र उत्कृष्ट रंगीन मासिक के रूप में छप रहा है। यह पत्र 19 भाषाओं में एक साथ बीजिंग से मुद्रित एवं प्रकाशित होता है। अब तक इसके हिन्दी में 400 से ऊपर अंक प्रकाशित हो चुके हैं। इधर, हिन्दी में वहाँ छपनेवाले किसी समाचार-पत्र की जानकारी मुझे नहीं है।

(9) त्रिनिडाड में हिन्दी पत्रकारिता

त्रिनिडाड अटलांटिक महासागर के किनारे बसा एक छोटा किन्तु अत्यन्त समृद्ध देश है। सन् 1962 में इस देश को आजादी मिली थी। आजादी तक पहुँचने की एक लम्बी कहानी है। सन् 1845 में यहाँ कुछ प्रवासी आए। सन् 1947 ई. में पहला रेडियो स्टेशन त्रिनिडाड एवं टोबेगो के नाम से बना। सन् 1946 में यहाँ के निवासियों को मतदान के अधिकार मिले। निवासी अधिकांश भारतीय एवं नीग्रो थे त्रिनिडाड से लगे हुए अनेक छोटे-छोटे द्वीप हैं, उनमें सबसे बड़ा द्वीप टोबेगो है। मतदान का अधिकार मिलते ही यहाँ पर स्वतंत्रता की भावना पैदा हुई। भारत के एक इंजीनियर श्री रणजीत कुमार ने संघर्ष किया और पहली बार हिन्दुस्तानी भाषा में चुनाव-प्रचार भी। यह दुर्भाग्य यहाँ भी रहा कि 1947 में हिन्दू मुस्लिम वर्ग के बीच झगड़े हुए और खासा खून-खराबा भी। बाद में ये भेद कम हुए। सबने मिलकर इस द्वीप को स्वीकारा, सजाया तथा सवाँरा। सन् 1947 में कमालुद्दीन मोहम्मद ने पहला रेडियो स्टेशन त्रिनिडाड में स्थापित किया एवं हिन्दुस्तानी में कार्यक्रम का प्रसारण आरम्भ हुआ। दीनदयाल सिंह और मोहम्मद अकबर-दोनों मिलकर रेडियो से कार्यक्रम प्रसारित करते थे। अब तो यहाँ कई रेडियो स्टेशन बन गए हैं।[1]

अपने संघर्ष के प्रारम्भिक दौर में भारतवंशियों ने यहाँ तीन आरकेस्ट्रा केन्द्र भी खोले थे, जिनकी संख्या बढ़कर इस समय 1,000 से बहुत ऊपर हो गई है। सबसे पहले हिन्दी फिल्म, 'बाला जोगन', इस देश में पहुँची थी। यहाँ की राजनीतिक सत्ता हिन्दुस्तानियों और नीग्रो के बीच बँटी हुई है। यहाँ की संसद में सन् 1996 ई. में 36, स्थान थे। इन स्थानों का वितरण इनकी जनसंख्या को लेकर हुआ है। यहाँ कभी हिन्दुस्तानी सरकार बनाते हैं तो कभी नीग्रो। यहाँ 17 अप्रैल को प्रातः काल विश्व के दक्षिणी गोलार्द्ध के पहले अन्तर्राष्ट्रीय हिन्दी सम्मेलन का उद्घाटन त्रिनिडाड के तत्कालीन प्रधानमंत्री श्री पेट्रिक मेनिंग ने किया था।

श्री चंका सीताराम, देवदत्त ओझा और रवि जी महाराज के प्रयत्नों से त्रिनिडाड में हिन्दी का विकास हो रहा है। हिन्दी वहाँ अब पाठशालाओं, विश्वविद्यालयों में पढ़ाई जा रही है। हिन्दी अब वहाँ रेडियो तथा टेलीविजन की भाषा भी बन चुकी है। पृथ्वी के इस गोलार्द्ध में सन् 1968 ई. में श्री बच्चू लाला ने 'दैनिक कोहिनूर' अखबार का प्रकाशन कर पत्रकारिता का श्री गणेश किया। भारतीय विद्या संस्थान की देखरेख में 'ज्योति पत्रिका' का प्रकाशन नियमित हो रहा है। इस पत्रिका के सम्पादक हैं—सुप्रसिद्ध संगीतज्ञ और विद्वान, पत्रकार श्री हरिशंकर आदेश। इस पत्रिका में भारतीय सुरों और लयों का बुनियादी परिचय दिया जाता है। त्रिनिडाड में स्थापित हिन्दी निधि संस्थान से 'हिन्दी परिचय' तथा 'हिन्दी निधि' पत्रिकाओं का प्रकाशन हो चुका है। श्री चंका सीताराम ने इन पत्रिकाओं के प्रकाशन में काफी सक्रिय सहयोग दिया था। सम्प्रति श्री एल. मिश्र के सम्पादन में आर्य समाज के जरिए 'आर्य सन्देश' मासिक का प्रकाशन अनवरत हो रहा है।

1. नागरी पत्रिका, नागरी प्रचारिणी सभा, वाराणसी, पृ. 18, जनवरी-मार्च, 1996 ई.

(10) सूरीनाम में हिन्दी पत्रकारिता

सूरीनाम प्रवासी भारतीय बहुल राष्ट्र है। भारत से मजदूर बनाकर ले गए भारतीयों की सर्वाधिक संख्या इस देश में बसती है। प्रवासी भारतीयों ने बहुत जतन से इस देश में अपनी भाषा, संस्कृति, कला, तमद्दुन, संगीत आदि को आपस में सहयोग और सद्भाव की भावना से सुरक्षित रखा, जिसका परिणाम हुआ है, भौगोलिक रूप से बेहद खूबसूरत इस द्वीप में हिन्दी इनकी आस्था के रूप में आज भी जिन्दा-जीवन्त है। इस देश में महत्त्वपूर्ण और समकालीन साहित्य हिन्दी की कई विधाओं में प्रकाशित होता रहता है। कुछ लोगों ने अभिव्यक्ति प्रकाशन के लिए समय-समय पर पत्रकारिता को भी माध्यम बनाया। इस सन्दर्भ में यहाँ आर्य समाज द्वारा ''आर्य दिवाकर'' नाम का पहला अखबार सन् 1964 ई. में पं. शिवरतन शास्त्री के सम्पादकत्त्व में छपा। इस समाचार-पत्र में आर्य समाज से सम्बन्धित अन्य कई तरह की साहित्यिक सामग्री समय-समय पर छपती रही है। सन् 1964 में ही पं. शिवरतन शास्त्री के सम्पादकत्त्व में सरस्वती प्रेस से 'सरस्वती' नामक मासिक पत्र का प्रकाशन हुआ। 'सरस्वती' वस्तुतः लघु पत्र है। कालान्तर में भारतोदय प्रेस निकेरी नगर से 'भारतोदय' पत्र निकला।

सन् 1975 में 'धर्म प्रकाश' नाम का पत्र प्रकाशित हुआ। इसके सम्पादक डॉ. ज्ञान हंस 'अधीन' थे। इसके बाद सन् 1797 ई. में 'वैदिक सन्देश' पत्र का प्रकाशन शुरू हुआ। इसके भी सम्पादक पं. शिवरतन शास्त्री ही थे। बताते हैं, उक्त दोनों पत्र कई कारणों से अधिक दिन तक प्रकाशित नहीं हो सके। बाद में हिन्दी और डच भाषा में 'प्रेम सन्देश' तथा 'धर्मप्रकाश' नाम के मासिक पत्रों की छपाई शुरू हुई। इन दोनों पत्रों के सम्पादक सूरीनामी हिन्दी लेखक प्रेमानन्द जी थे। कुछ लोग इनका नाम 'प्रेमचन्द' भी बताते हैं। इन पत्रों की खासियत यह थी कि इनका प्रकाशन साइक्लोस्टाइल पद्धति से होता था, जिसमें साहित्य की प्रत्येक विधा को स्थान मिलता था। पर, दुर्भाग्य से यह पत्र भी महज दो-तीन वर्षों तक ही वहाँ के हिन्दी सेवियों की सेवा कर सका। इसके बाद वहाँ हिन्दी के एक अधिकारी विद्वान् श्री महातिम सिंह ने एक पत्र निकाला था। उसका नाम था—''शान्तिदूत''। पहले यह पत्र साप्ताहिक था, बाद में मासिक हो गया। इसी नाम का एक पत्र फीजी से भी निकलता था। सन् 1985 से डॉ. कामता कमलेश के निर्देशन एवं प्रेरणा से 'हिन्दी परिषद-सूरीनाम' से 'सूरीनाम दर्पण' का प्रकाशन हुआ। इस पत्र के सम्पादक हरिदेव सहतू और जानकी प्रसाद सिंह हैं। यह पत्र अब भी निकल रहा है। डॉ. कमलेश ने इसका आदर्श वाक्य दिया है,— *'हिन्दी पढ़ो ही नहीं, वरन् लिखो भी'*। सन् 1983 से 'भासा' मासिक द्वैमासिक हिन्दी और डच में निकला। सन् 1985 में सूरीनाम से 'भारत समाचार' मासिक पत्र का सम्पादन भी होता है।[1]

(11) गुयाना में हिन्दी पत्रकारिता

कुछ लोग इस देश को 'गयाना' भी कहते हैं। यह देश पहले 'ब्रिटिश-गुयाना' नाम से भी जाना जाता था। यहाँ भी हिन्दी किसी-न-किसी रूप में अधिसंख्य लोगों की अभिव्यक्ति का माध्यम बनी हुई है। कहीं वह अंग्रेजी मिश्रित रूप में तो कहीं स्थानीय बोलियों के रूप में आपसी संवाद और सहकार का माध्यम बनी हुई है। इस देश में कुछ हिन्दी-हितैषियों ने एक हिन्दी पत्र का प्रकाशन प्रथमतः 'रविवारी' परिशिष्ट के अंग के रूप में किया। वस्तुतः यहाँ पर सर्वप्रथम एक अंग्रेजी पत्र 'आग्रोसी' का प्रकाशन शुरू हुआ। इस अंग्रेजी पत्र के रविवारी अंक में ही एक पन्ना हिन्दी का होता था। 'आग्रोसी' नाम के पत्र के साथ छपनेवाला हिन्दी का यह एक पृष्ठीय अंक लगातार पाँच वर्ष तक चला, उसके बाद कई कारणों से वह बन्द हो गया। बाद में यहाँ बसने वाले आर्य समाजियों ने 'आर्य ज्योति' का प्रकाशन किया। लगभग इसी समय सनातन धर्मियों ने भी 'अमर ज्योति' नाम की पत्रिका का प्रकाशन किया। इन पत्रों के बाद एक स्तरीय मासिक पत्र का प्रकाशन हुआ, नाम था—'ज्ञानदा'। इसके सम्पादक थे पं. योगिराज शर्मा। यह पत्र खाँटी साहित्यिक पत्र था, किन्तु दुर्भाग्य से यह पत्र भी प्रेस सम्बन्धी असुविधाओं के कारण सम्प्रति बन्द हो गया। दरअसल, इसकी सामग्री साइक्लोस्टाइल पद्धति से छपती

1. विश्व हिन्दी पत्रिका—सम्पादिका, श्रीमती पूनम जुनेजा, पृ. 31

थी, इस पद्धति से छपने के बाद यह पत्र अब नहीं छपता। हाँ, पंडित रामलाल यहाँ के उभरते हुए हिन्दी पत्रकार अवश्य हैं, जिन्होंने हिन्दी पत्रकारिता को पुनः एक नई पहचान देने के लिए अपने को समर्पित कर दिया है।

(12) हालैंड (नीदरलैंड) में हिन्दी पत्रकारिता

इस देश का नया नाम अब, 'नीदरलैंड' हो गया है। यहाँ भी कई लाख भारतीय प्रवासी निवास करते हैं। ये भारतीय प्रवासी सीधे भारत से वहाँ न जाकर सूरीनाम होते हुए वहाँ पहुँचे हैं। तमाम तरह की दुश्वारियों को झेलने के बाद भी इन्हें अपने पूर्वजों की भूमि, भाषा, कभी विस्मृत नहीं हुई। अपनी मातृभाषा हिन्दी को, इन्होंने बहुत बड़ी पूँजी और सम्पदा के रूप में सुरक्षित रखने का जतन निरन्तर किया है। हालैंड में प्रवास करनेवाले भारतीयों की एक बहुत पुरानी और प्रसिद्ध सतत् सक्रिय संस्था है—'लालारुख'। इसी संस्था के प्रयास से यहाँ, 'लालारुख' नाम का हिन्दी और डच भाषाओं में एक पत्र निकलता है। यह पत्र मासिक है। डॉ. जे.पी. कोलेश्वर सुकुल इस पत्र के कुशल, सक्षम-समर्थ प्रथम सम्पादक हैं। यहाँ के एक अन्य हिन्दी सेवी और साधक आदरणीय डॉ. जीतनारायण सिंह के सम्पादकत्व में 'सरस्वती' नाम का एक अन्य पत्र प्रकाशित होता है। बाद में आर्य समाजियों की ओर से सन् 1986ई. में 'आसन सन्देश' और 'वर्तमान पत्र' निकले। सुन्दर भाषा और मनोरम कलेवर में 'ओमवाणी' नाम की एक पत्रिका भी यहाँ से नियमित प्रकाशित होती है। लालारुख की तरह इसका प्रकाशन हिन्दी के साथ-साथ डच भाषा में भी होता है। श्री ओमप्रकाश सामवेदी के सम्पादकत्व में सन् 1990 ई. के आसपास से 'संगठन' नाम का एक हिन्दी पत्र नियमित प्रकाशित हो रहा है। कालान्तर में कुछ हिन्दी प्रेमियों ने 'हिन्दी' नाम का एक पत्र निकाला। यह अखबार भी, हिन्दी के साथ-साथ डच भाषा में निकलता है। इस पत्र का आदर्श वाक्य रखा गया है,— *"चाहे पंथ अनेक हैं, फिर भी हिन्दू एक हैं।'* आर्य समाज के अनेक उत्साही जनों ने पुनः एक पत्रिका का प्रकाशन किया, नाम है—'दिव्य सन्देश'। यह पत्रिका मासिक है। चूँकि यह पत्रिका आर्य समाज से सम्बन्धित' है, अतः इसमें उक्त समाज से ही सम्बन्धित सामग्री का प्रकाशन अपेक्षाकृत ज्यादा होता है। इधर, 1980 ई. से एक अखबार हालैंड के देनहाग से प्रकाशित होने की सूचना मिली है।

(13) चेकोस्लोवाकिया में हिन्दी पत्रकारिता

चेकोस्लोवाकिया गणराज्य सम्प्रति दो टुकड़ों में बँट चुका है। पहला है—'चेक' तथा दूसरा है—'स्लोवाक'। यह एक विचित्रता ही कही जाएगी कि हिन्दी और चेक भाषा में कई स्तरों और सन्दर्भों में यहाँ बेहद समानता है। इस गणराज्य में हिन्दी की पैठ दो तरह से हुई है—एक तो आप्रवासी भारतीयों ने अपने संघर्षों से हिन्दी के प्रसार-प्रचार में सहयोग दिया तो दूसरी और यहाँ के कुछ मूल निवासियों ने हिन्दी की विशेषताओं से आकर्षित होकर उसे जीवन भर बखूबी मनोयोग और ईमानदारी के साथ जीया और बरता। 18 अगस्त, 1928 ई. को चेकोस्लोवाकिया गणराज्य में जन्मे डॉ. स्मेकल उन्हीं कुछ लोगों में से एक हैं। उन्होंने पार्ल्स विश्वविद्यालय से हिन्दी से एम.ए. किया तथा बाद में पी.एच्.डी. की उपाधि हासिल की, डॉ. स्मेकल भारत में चेक गणराज्य के कुछ दिनों तक राजदूत रहे। जाहिर है, उन्हें यहाँ अपनी हिन्दी को माँजने का खूब अवसर मिला। हिन्दी को अपनी दूसरी मातृ भाषा मानने वाले स्मेकल ने प्रेमचन्द के उपन्यास गोदान का चेक भाषा में अनुवाद किया। इस तरह से उनके माध्यम से भारत चेक मैत्री के प्रगाढ़ होने का खूब लाभ मिला। इधर, विसेंस पोसीज्का, जो चेक गणराज्य के प्रथम हिन्दी प्राध्यापक थे-ने वहाँ हिन्दी के बढ़ाव-विकास में काफी सहयोग दिया। वे हिन्दी को साड़ी पहनी चेक भाषा कहते थे। चेकोस्लोवाकिया में सन् 1945 ई. में 'नव प्राच्य' (नोवी आरिएंत) नाम की एक पत्रिका का प्रकाशन शुरू हुआ था। यह पत्रिका मासिक थी। इसके सम्पादक आचार्य लेसली थे। इस पत्रिका में हिन्दी साहित्यकारों एवं उनके साहित्य पर लेख छपा करते थे। हिन्दी के कई साहित्यकार अभी भी वहाँ पत्र-पत्रिकाओं के प्रकाशन में सक्रिय हैं।

(14) नेपाल में हिन्दी पत्रकारिता

पूरब की ओर शिवालिक श्रेणियाँ, माउंट एवरेस्ट, कंचन जंगा, मकालू तथा धौलागिरि जैसी विश्व प्रसिद्ध ऊँची चोटियाँ, काली, तिस्ता और गंडक के साथ-साथ पूरब की ओर अविरल प्रवाहित कोसी और उसकी सात सहायक नदियाँ तथा काठमांडू एवं पोखरा जैसी दुर्गम घाटियाँ-नेपाल को रचती हैं। हिमालय उसका रक्षक है। नेपाल भारत का पड़ोसी मित्र राष्ट्र है। समय-समय पर अवसरवादी हवाओं द्वारा पैदा किए गए छोटे-मोटे झोंकों और मनमुटाव के बावजूद नेपाल और भारत के बीच सम्बन्धों की संहिता बहुत पुख्ता है। दरअसल, दोनों की प्रकृति, संस्कृति, धर्म, राजनीति, साहित्य और भाषा लगभग समान है। नेपाल की शिनाख्त एशिया के गरीब देशों में होती है, पर नेपाली समाज को जागरूक बनानेवाली पत्रकारिता के दरख्त की जड़ें यहाँ बहुत गहरे तक हैं। पंडित मोती राम भट्ट ने सन् 1883 के आसपास ही प्रेस और पत्रकारिता की बुनियाद नेपाल में डाल दी थी। नेपाल की राजधानी काठमंडू (अब काठमाड़ौ) हिन्दी पत्र-पत्रिकाओं के प्रकाशन का प्रमुख गढ़ रहा है। दोनों देशों के सांस्कृतिक आदान-प्रदान के तहत वहाँ के राजाओं ने हिन्दी को बढ़ावा दिया। भारत में भी नेपाली, गोरखाली को विभिन्न मंचों पर बेहद सम्मान प्राप्त है। बहरहाल, नेपाल के राजाधिराज श्री महेन्द्र वीर विक्रम शाह देव ने वहाँ पत्रकारीय कर्म को प्रोत्साहित किया। बाद में कई राजाओं ने भी समय-समय पर आर्थिक मदद देकर पत्रकारिता के विकास में सहयोग दिया एवं कई पत्रों एवं पत्रिकाओं को अकाल मृत्यु से बचाया। राजदरबार से निकलने वाली 'रमझम' नाम की पत्रिका राजाओं की पत्रकारिता के प्रति रुचि का उत्तम उदाहरण है।

काठमांडू से समय-समय पर 'हिमालय', 'हिमोवत-संस्कृत', 'सही रास्ता' तथा 'नव नेपाल' आदि का प्रकाशन होता रहा है। कभी वहाँ की जनता द्वारा 'समाज', और 'गोरखा पत्र' बड़े चाव से पढ़े जाते थे। उक्त पत्रों के आलावा 'बालक', 'महिमा', 'बोल्छिन', 'पंचायत', 'मजदूर', 'रूपरेखा' और 'विद्वान' नाम के पत्र भी वहाँ की अधिसंख्य जनता के बीच काफी लोकप्रिय रहे हैं। 'भानु' और 'नेपाली', नाम के पत्र भी खासे पढ़े जाते रहे हैं। 'कल्पना' और 'रत्नश्री' काठमांडू से निकलने वाले द्वैमासिक पत्र हैं लेकिन इन सभी अखबारों में अपना विशिष्ट महत्त्व रखनेवाले 'गोरखा' तथा 'कंचन जंगा' नामक पत्र सर्वाधिक लोकप्रिय रहे हैं। त्रिभुवन विश्वविद्यालय-नेपाल से निकलने वाला 'पत्र', 'जर्नल ऑफ द त्रिभुवन यूनिवर्सिटी' (Journal of the Tribhuvan University) साप्ताहिक पत्र के रूप में प्रकाशित होता है। इसी तरह 'निज भाँति सेवा पत्रिका' 'हुलाक', 'शिक्षा' 'नेपाल टाइम्स' (Nepal Times) तथा 'राइजिंग नेपाल' (Rising Nepal) नेपाली सरकार की ओर से प्रकाशित होते हैं। सन् 1956 ई. से काठमांडू से 'नेपाली' नाम के हिन्दी दैनिक का प्रकाशन हो रहा है। इसके सम्पादक श्री उमाकान्त दास हैं। इस पत्र में राजनीति और साहित्य-दोनों तरह की सामग्री का प्रकाशन होता है। बाद में त्रिभुवन विश्वविद्यालय से ही डॉ. श्री कृष्ण चन्द्र के सम्पादकत्व में सन् 1979 ई. में 'साहित्य लोक' त्रैमासिकी का प्रकाशन शुरू हुआ। यह पत्रिका खाँटी साहित्यिक है। अब यहाँ से 'हिमालिनी' त्रैमासिक पत्रिका का प्रकाशन शुरू हुआ है। इसकी सम्पादिका डॉ. उषा ठाकुर हैं। बीच में एक बार जनवरी, 1967 ई. को एक सौ पृष्ठों का 'नेपाल भारत मैत्री विशेषांक' भी प्रकाशित हुआ था। इनके अतिरिक्त 'शारदा', 'चर्चा', 'जन चेतना', 'नेपाल- सन्देश', 'आरोहण', 'मुवा-मदन' पत्रों का भी समय-समय पर प्रकाशन होता रहा है।

(15) तिब्बत में हिन्दी पत्रकारिता

पराधीन तिब्बत में भी कभी-कभी हिन्दी की हलचल का पता चलता रहता है। कुछ हिन्दी प्रेमी तथा हिन्दुस्तान से रागात्मक अनुराग रखनेवाले कुछ सक्रिय संगठन हिन्दी भाषा में अखबारों के प्रकाशन तथा उनके प्रसार में रुचि लेते रहते हैं। यह बात दीगर है कि यहाँ से प्रकाशित होनेवाले अखबारों का हिन्दी भाषा में अपेक्षित-उपयुक्त परिष्कार नहीं होता, फिर भी उनकी प्रशंसा करनी होगी कि अपने निश्चित शब्द-भंडार तथा शब्द-ज्ञान से अपनी अभिव्यक्ति की भड़ांस वे हिन्दी के माध्यम से व्यक्त करते रहते हैं।

'तिब्बत बुलेटिन' तिब्बत से हिन्दी में प्रकाशित होनेवाली हिन्दी की प्रथम पत्रिका है। इस पहली हिन्दी पत्रिका का प्रकाशन सन् 1988 ई. में तिब्बत के धर्मशाला में हुआ। प्रकाशित करनेवाली संस्था का नाम था—'डिपार्टमेंट ऑफ इन्फार्मेशन ऐण्ड इंटरनेशनल रिलेसंस-केन्द्रीय तिब्बत सचिवालय, धर्मशाला, (Department of Information And International Relations, Central Tibbet Secretariate Dharmshala)। इस प्रथम हिन्दी पत्रिका का प्रकाशन श्री सोनम तोद्ग्याल ने किया था और सम्पादन श्री अर्नेस्ट एल्बर्ट ने। इस पत्रिका में सामान्यतः राजनीतिक विषय से सम्बन्धित लेख छपते हैं। साफ शब्दों में, यह पत्रिका तिब्बत के स्वाधीनता संघर्ष की पत्रिका है। तिब्बत, स्वातंत्र्य इसका मुख्य लक्ष्य है। इस पत्रिका में लिखने वाले, अधिकांश भारतीय मूल के लोग हैं। पाठक भी अधिकांश वही हैं। तिब्बती लोग, जो थोड़ी-बहुत हिन्दी जानते हैं,—इस पत्रिका से अपना सरोकार बनाये रखते हैं। सम्प्रति तिब्बत से एक अन्य हिन्दी मासिक 'तिब्बत समाचार' भी सामने आया है।

(16) श्रीलंका में हिन्दी पत्रकारिता

भारत और श्रीलंका के बीच सांस्कृतिक सम्बन्ध लगभग ढाई हजार साल पुराने हैं। श्रीलंका प्राचीन काल में **स्वर्ण नगरी** कहलाती थी। कई दृष्टियों से इस समय भी यह देश धनी देशों में शुमार किया जाता था। आज भी श्रीलंका को **रत्न द्वीप** (Isle of Gems) तथा **पूर्व का मोती** (Pearl of Orient) नाम से अभिहित किया जाता है। दरअसल, श्रीलंका मूल्यवान रत्नों (Gems) की खान है। बताते हैं, जितने रत्न इस देश में मिलते हैं, उतने संसार के किसी भी देश में शायद नहीं मिलते। रत्नों की अधिक उपलब्धता के कारण ही यहाँ एक शहर का नाम रत्नपुरा नगर अर्थात् रत्नों का नगर (City of Gems) रखा गया है। इस नगर में चन्द्रमणि, रूबी, पुखराज, नीलम, सेफायर, जिरकन, गारनेट, लाल, कैटस, आइज इत्यादि बहुमूल्य रत्न प्राप्त होते हैं।

श्रीलंका में तमिल सिहंली—दोनों निवास करते हैं। कुछ तमिल वहाँ भारतीय मूल के हैं, जो चाय बागानों में काम करते हैं। बहरहाल, सिंहली वहाँ की राष्ट्रीय भाषा है। श्रीलंका में एक सिंहल द्वीप है, जिसे 'सीलोन' भी कहा जाता है। तमिलों की अच्छी-खासी आबादी होने के बाद भी श्रीलंका में सिंहली भाषा में ही राजकाज सम्पादित किया जाता है। यहाँ उच्च शिक्षा के लिए कई विश्वविद्यालय स्थापित किए गए हैं। इन विश्वविद्यालयों में पालि, संस्कृत, तमिल, अंग्रेजी, हिन्दी आदि भाषाओं की पढ़ाई होती है। अंग्रेजी, तमिल तथा सिंहली भाषाओं में ही अधिकतर पत्र-पत्रिकाओं का प्रकाशन होता है। 'जनता', 'दवस', 'सवस', 'जनदिन', 'दिनमिन', 'लंकाद्वीप' 'ऐते' सिंहली भाषा में छपनेवाले कुछ चर्चित अखबार हैं। 'बुद्धसरण', 'मिहिर', 'ज्ञानार्थ प्रदीप', 'इरनम', 'सिंहल बौद्धया', 'बनिता विहिथ', 'सरसविय', 'विसिर्धुर' 'मऊबिभ', 'टिकिरा', आदि सिंहली के साप्ताहिक पत्र हैं। मासिक पत्रों में 'दूतया', 'युद्धघोषाव', 'रसवाहिनी', 'वैदलनया' सिंहली भाषा के मासिक पत्र हैं। इधर, हाल के दिनों में श्री वेंकट लाल ओझा तथा श्रीमती हेमन्त कुमारी के सहसम्पादकत्व में 'सुगृहिणी' मासिक पत्रिका प्रकाशित हुई है। श्रीलंका में नई ऊर्जा तथा नये उत्साह के साथ हिन्दी पत्र-पत्रिकाओं के प्रकाशन के क्षेत्र में कुछ नये युवाओं का एक नया समूह सामने आया है।

(17) बांग्लादेश में हिन्दी पत्रकारिता

मलमल के लिए पूरी दुनिया में प्रसिद्ध ढाका बांग्लादेश की राजधानी है। बांग्लादेश वस्तुतः ब्रिटिश काल से ही अविकसित दशा में ग्रामीण अर्थव्यवस्था वाला देश रहा है। स्वतंत्रता प्राप्ति के बाद पाकिस्तान के अधीन होने के बाद भी पाकिस्तानी सरकार ने इसके विकास के लिए कोई कदम नहीं उठाया। फलतः बांग्लादेश आज भी 'रोटी-भात' के लिए संघर्ष करनेवाला देश बन कर रह गया है। कुछ समय पहले तक इसे 'पूर्वी पाकिस्तान' कहते थे, किन्तु 17 दिसम्बर, 1971 ई. को इस गणतंत्र का नाम बदलकर 'बांग्लादेश' या 'बंगलादेश' कर दिया गया। शेख मुजीबुर्रहमान इसके प्रथम प्रधानमंत्री हुए। कभी हिन्दी की ब्रजबुलि का प्रवेश बांग्लादेश में था, लेकिन सम्प्रति बांग्ला भाषा इस देश की मुख्य भाषा है।

भारत, पाकिस्तान और बांग्लादेश के विभाजन से पूर्व आज के बांग्लादेश की राजधानी ढाका कभी हिन्दी पत्रकारिता की मुख्य स्थली थी। यहाँ से 1871 ई. में प्रकाशित होनेवाली 'बिहार बन्धु' पहली प्रकाशित अर्थात् सबसे प्राचीन पत्रिका है। कालान्तर में सन् 1880 ई. में धर्मनीति तत्त्व', सन् 1888 ई. में 'विद्याधर्म दीपिका' तथा 1889 ई. में 'द्विज' नाम की पत्रिकाओं का प्रकाशन हुआ। 'द्विज' पाक्षिक पत्रिका थी। हिन्दी में प्रकाशित होनेवाले पत्र-पत्रिकाओं की यह शृंखला उन्नीसवीं शताब्दी में भी चलती रही। सन् 1905 ई. में 'मेल-मिलाप' नाम की पत्रिका प्रकाशित हुई। इसी समय 'नागरी हितैषी' नामक पत्र भी प्रकाशित हुआ। पत्र-पत्रिकाओं के प्रकाशन का यह सिलसिला आगे भी चलता रहा। सन् 1911ई. में 'तत्त्व दर्शन' का प्रकाशन हुआ। इन पत्र-पत्रिकाओं के अतिरिक्त 'मौजी' एवं 'साहित्य' (त्रैमासिक) नाम के पत्रों ने भी वहाँ के पाठकों में अपनी अमिट छाप छोड़ी।

(18) पाकिस्तान में हिन्दी पत्रकारिता

15 अगस्त सन् 1947 को भारत के स्वतंत्र होते ही देश को दो भागों—भारत और पाकिस्तान में विभाजित कर दिया गया। पाकिस्तान का निर्माण धार्मिक कट्टरता के आधार पर हुआ, अतः हिन्दी पत्रकारिता वहाँ आगे न बढ़ सकी।[1] स्वतंत्रता से पूर्व अविभाजित पंजाब की हिन्दी पत्रकारिता का मुख्य क्षेत्र लाहौर था। 13 अगस्त, 1947 के दिन वहाँ के 'हिन्दू' कहे जानेवाले समाचार-पत्रों के कार्यालय इस आशा के साथ बन्द किए गए थे कि 19 अगस्त को फिर खोले जाएँगे। परन्तु यह सम्भव नहीं हो सका। लाहौर (अब वर्तमान पाकिस्तान में) से अनेक पत्र-पत्रिकाएँ प्रकाशित हुईं, जिसमें 'भारतीय', 'विश्वबन्धु', 'आर्यबन्धु', 'आर्य', 'आर्य जगत', 'शान्ति', 'सुधाकर', 'क्षत्रिय पत्रिका', 'मित्र-विलास', 'बूटी', 'दर्पण' और 'आकाशवाणी' आदि प्रमुख हैं। सन् 1914 में लाहौर से 'आर्य प्रभा' मासिक पत्रिका प्रकाशित हुई, जिसके सम्पादक श्री सन्तराम थे। सन् 1918 में चार वर्ष बाद 'आर्य प्रभा' साप्ताहिक पत्र के रूप में प्रकाशित होने लगा। सन् 1914 में ही सन्तराम जी ने 'उषा' नामक पत्रिका का प्रकाशन भी किया, जो सन् 1916 तक अस्तित्व में रही।

इसी तरह 11 सितम्बर, 1927 को लाहौर से हिन्दी 'मिलाप' पत्र का प्रकाशन महात्मा आनन्द स्वामी। (खुशहाल चन्द सुर्सन्द) ने किया। सुदर्शन एवं बद्रीनाथ वर्मा इसके सम्पादक थे। सर्वश्री हरेकृष्ण प्रेमी, जयनाथ नलिन और सन्तराम जैसे वरिष्ठ पत्रकार एवं साहित्यकार भी इसके सम्पादकीय विभाग से जुड़े रहे। 23 सितम्बर, 1949 ई. से यश के सम्पादकत्व में हिन्दी 'मिलाप' जालन्धर से पुनः प्रकाशित हुआ। उसका एक अन्य संस्करण लन्दन से निकल रहा है।[2]

(19) जर्मनी में हिन्दी पत्रकारिता

जर्मनी के बारे में एक कहावत मशहूर है कि "आज अगर जर्मनी को सर्दी लग जाती है, तो समूचा यूरोपीय संघ छींकने लगता है।" शेष भूमंडल भी मिजाजपुर्सी करने पहुँच जाता है। बहरहाल, जर्मनी की अर्थ व्यवस्था का स्थान विश्व में चौथा है। जर्मनी में दो ही दल प्रमुख हैं,—सीडीयू-सीएस यू तथा एसपीडी। जर्मनी में कन्जर्वेटिव ईसाई मूल्यों को मानने वाले लोग भी हैं, तो समाजवादी, साम्यवादी तथा पर्यावरणवादी मतों के पोषक भी हैं। एक महत्त्वपूर्ण बात यह कि भारत और जर्मनी के सम्बन्ध किसी भी सरकार के होते हुए खराब नहीं हुए, बल्कि वहाँ की वैज्ञानिक, विदुषी और चांसलर आंगेला मेर्केल को सन् 2009 ई. में 'जवाहरलाल नेहरू अवॉर्ड फार इंटरनेशनल' अंडर स्टैंडिंग सम्मान से सम्मानित भी किया गया था। कुल मिलाकर यह कि दोनों देशों के बीच मधुर सम्बन्धों का लाभ वहाँ हिन्दी को मिला है।

जर्मन संघीय गणराज्य है। यहाँ भी कुछ स्वयं सेवी संस्थाएँ तथा हिन्दी के प्रति कुछ जुनूनी और समर्पित लोग हिन्दी के प्रचार-प्रसार का कार्य कर रहे हैं। इधर, नवउदारवादी नीतियों से भूमंडलीकरण की बही बयार ने भी जर्मनी में हिन्दी के बढ़ाव-विकास में काफी सहयोग किया है। जर्मनी के लोठार

1. पत्रकारिता के सिद्धान्त—गुरुशरण लाल, पृ. 33
2. हिन्दी पत्रकारिता के प्रतिमान—हरदान हर्ष, पृ. 21

लुत्से हिन्दी के विदेशी साहित्यकार के रूप में अत्यन्त चर्चित नाम है। 7 दिसम्बर, 1927 ई. को साइलेशिया में जन्मे डॉ. लोठार लुत्से हाइडेलबर्ग विश्वविद्यालय में भाषा-विज्ञान विभाग के अध्यक्ष थे। डॉ. लुत्से ने हिन्दी कविताओं का जर्मन में अनुवाद किया डॉ. लुत्से ने हिन्दी छात्रों के लिए एक पाठ्य-पुस्तक भी तैयार की। उन्होंने अशोक वाजपेयी और विद्या खरे की कविताओं का जर्मन में अनुवाद किया है। इधर कई दशकों से भारत में नई दिल्ली स्थित संघीय जर्मन-गणराज्य के दूतावास से एक बुलेटिन हिन्दी भाषा में प्रकाशित होती रही है, उसका नाम है—'जर्मन समाचार'। पहले इसके सम्पादक डॉ. पेटर ओम्मान थे। कहते हैं', 'भारत-जर्मन मैत्री' को पुख्ता और दृढ़ आकार प्रदान करना ही इस बुलेटिन के प्रकाशन का मूल मकसद था। एक सर्वेक्षण के अनुसार इस पत्रिका के पाठक दोनों देशों में समान रूप से फैले हुए हैं, क्योंकि जर्मन में रहने वाले भारतीयों को इस पत्रिका के माध्यम से अपनी सांस्कृतिक जड़ों से जुड़े रहने में सुविधा होती है। यह पत्रिका किसी एक खास विषय पर केन्द्रित लेख, चिकित्सा, फिल्म, खेल, उत्पादन, बाजार, अर्थ-व्यवस्था आदि विषयों पर समय-समय पर सामग्री छापती रहती है। इस पत्रिका में कोई स्थायी स्तम्भ नहीं होता।

(20) स्वीडन में हिन्दी पत्रकारिता

इस धरती पर ढेरों ऐसे देश हैं, जहाँ प्रेस स्वतंत्र नहीं हैं। कहीं प्रेस परम्पराग्रस्त हैं, तो कहीं अधिनायकवादी दबाव में हैं, कहीं समाजवादी नियंत्रण में हैं, तो कहीं प्रेस का संचालन पूँजीपतियों के हाथों में है, पर स्वीडन ऐसा देश है, जहाँ भारत की तरह प्रेस मुक्त और स्वतंत्र हैं। वहाँ बोलने पर बन्दिश नहीं है। यहाँ सन् 1766 ई. से ही अखबारों को अनावश्यक बन्धन से मुक्त रखा गया है। सम्भवतः यही कारण है कि इस देश में अ़खबारों के पाठक पूरी दुनिया में सबसे अधिक मिलते हैं, इंग्लैंड और जापान से भी अधिक। यहाँ पत्रों के प्रकाशन में संहकारी समितियों तथा श्रमिक संघों का सहयोग मिलता रहता है। लघु समाचार-पत्रों को वहाँ का शासन आर्थिक सहायता मुहैय्या कराता है। इतना ही नहीं, वहाँ अखबारों की गतिविधियाँ तथा अन्य क्रिया-कलापों के प्रति सजगता का ही यह परिणाम है कि 'प्रेस लोकायुक्त' वहाँ स्थापित है। वहाँ के कुछ मूल हिन्दी प्रेमी तथा भारतवंशी साहित्यकार समय-समय पर हिन्दी की अलख जगाते रहते हैं, अपनी रागात्मक रचनात्मकता से पत्रकारीय कर्म करते रहते हैं। इन अखबारों में समय-समय पर इनके लेख, कविता, कहानी आदि छपते रहते हैं। अतः इस दृष्टि से लगता है कि हिन्दी पत्रकारिता का भविष्य वहाँ उज्ज्वल है।

(21) रूस में हिन्दी पत्रकारिता

वर्तमान समय में रूस कई देशों में बँट चुका है 'अतः रूस को केन्द्र में रखकर ही पत्र-पत्रिकाओं के प्रकाशन पर प्रकाश डाला जा रहा है। सन् 1802 ई. में गेरासिस लेवदेव ने पिट्सवर्ग में एक प्रेस स्थापित किया, जिसमें संस्कृत, हिन्दुस्तानी और बंगाली भाषा में छपाई होती थी। डॉ. पी.ए. वारान्निकोव ने 'नीक' नाम की पत्रिका निकाली। 'नीक' अवधी भाषा शब्द है, जिसका अर्थ है—'अच्छा'। वारान्निकोव रामचरित मानस के मर्मज्ञ विद्वान थे। 'नीक' पत्रिका मुख्यतया भारतीय सिनेमा पर सामग्री प्रकाशित करती थी, जो रूस के सैकड़ों नगरों में बड़े चाव से पढ़ी जाती थी। भारतीय सिने-कलाकारों की कहानी, गीत इसमें प्रकाशित होते थे। इसके कुल तीन अंक ही निकले।

'सोवियत संघ' पत्रिका सन् 1972 से प्रकाशित हो रही है। 'सोवियत नारी' नाम से एक मासिक पत्रिका भी निकलती है। इसके अतिरिक्त 'दीवार', 'वोस्तोव (पूरब) बुलेटिन', का भी प्रकाशन हो चुका है। सोवियत दूतावास से 'सोवियत दर्पण' प्रकाशित होती है। 'यूनोस्त', 'युवक दर्पण' मासिक, 'सोवियत भूमि', 'दस्तावेज' आदि पत्र भी प्रकाशित हो चुके हैं। यूनोस्त लेखक यूनियन द्वारा प्रकाशित लोकप्रिय समाचार-पत्र है। यह सन् 1955 से प्रकाशित हो रहा है। इसका आदर्श वाक्य है— *'दुनिया में गैर दिलचस्प व्यक्ति कोई नहीं'* का प्रतिबिम्ब है। सन् 1995 में मास्को से 'भारत भूमि' मासिक पत्र का प्रकाशन हो रहा है, जिसके प्रकाशन में प्रसन्न वर्मा, दिनेश त्रिपाठी तथा सुनीत बनर्जी का सहयोग होता है।[1]

1. विश्व हिन्दी-पत्रिका-सम्पादिका-श्रीमती पूनम जुनेजा, पृ. 25

(22) फीजी में हिन्दी पत्रकारिता

न्यूजीलैंड से लगभग 1100 मील उत्तर में स्थित फीजी भौगोलिक दृष्टि से 80 द्वीपों का समूह है। यहाँ भारतीयों का बहुतायत बसाव है। कुछ लोगों को फीजी में 'लघु भारत' का रूप दिखायी देता है। फीजी द्वीप में हिन्दी पत्रकारिता का इतिहास पर्याप्त पुराना है। आज से 100 वर्ष पूर्व डॉ. मणिलाल ने भारतीयों को, जो गिरमिट मजदूर के रूप में फीजी पहुँचे थे, संगठित करने के लिए 1913 ई. में 'द सेटलर' नाम से एक अंग्रेजी पत्र का प्रकाशन प्रारम्भ किया था। यह पत्र भारतीय समाज में अत्यन्त लोकप्रिय हुआ। इसकी लोकप्रियता से प्रभावित होकर तथा यह सोचकर कि जो भारतीय ग्रामीण क्षेत्र में बसे हुए हैं, वे भी इसके समाचारों से लाभाविन्त हो सकें, इसका हिन्दी संस्करण साइक्लोस्टाइल रूप में निकाला गया। यह हिन्दी संस्करण पं. शिवराम शर्मा की देखरेख में प्रकाशित हुआ। 'द सेटलर' के इसी हिन्दी संस्करण को फीजी का पहला हिन्दी समाचार-पत्र होने का गौरव दिया जा सकता है। दूसरे दशक में फीजी में कई हिन्दी पत्रों का प्रकाशन हुआ। फीजी समाचार, भारतपुत्र, वृद्धि तथा वृद्धिवाणी आदि पत्र प्रकाशित हुए, किन्तु 'फीजी समाचार' के अतिरिक्त अन्य हिन्दी पत्र अधिक समय तक नहीं चल सके एवं शीघ्र ही बन्द हो गए। 'फीजी समाचार' का प्रकाशन 1923 में प्रारम्भ हुआ और यह पत्र 1957 तक निकलता रहा। इस पत्र का प्रकाशन इंडियन प्रिंटिंग तथा पब्लिशिंग कम्पनी द्वारा किया जाता था तथा इसके प्रथम सम्पादक बाबू रामसिंह तथा अन्तिम सम्पादक नौसोरी के पं. चन्द्रदेव सिंह थे।

इसी समय के आसपास 'भारत पुत्र', 'बुद्धि', और 'बुद्धिवाली' पत्र भी प्रकाशित हुए थे यद्यपि ये सभी अखबार भी बहुत दिनों तक प्रकाशित नहीं हो सके। पश्चात् 'वैदिक सन्देश' तथा 'सनातन धर्म' पत्र लगभग 1930-40 के बीच प्रकाशित हुए। इन्हें प्रकाशित करनेवाले थे—आर्य समाज के कार्यकर्त्ता श्री कृष्ण शर्मा। फीजी टाइम्स एंड हेरल्ड नामक ब्रिटिश प्रकाशन संस्था ने 11 मई, 1935 ई. को 'शान्तिदूत' साप्ताहिक हिन्दी पत्र का प्रकाशन प्रारम्भ किया। इस पत्र के सम्पादन का दायित्व पं. गुरुदयाल शर्मा को दिया गया। यह पत्र आज भी सजधज के साथ निकल रहा है तथा दक्षिण प्रशान्त का प्रमुख हिन्दी पत्र है जो 80 वर्षों से फीजी के समस्त भारतीयों को संगठित करने, उन्हें देश, विदेश तथा भारत के समाचारों से अवगत कराने तथा उन्हें साहित्यिक मंच देने का कार्य लम्बे समय से कर रहा है। आज शान्तिदूत साप्ताहिक समाचार-पत्र विदेशी हिन्दी पत्रकारिता का कीर्तिस्तम्भ बन गया है। श्री जोगिन्दर सिंह 'कवॅल' के शब्दों में,—"शान्तिदूत की निराली आन और बान ने फीजी की जनता में इसे लोकप्रिय बनाया है। हिन्दी के प्रचार-प्रसार में इसने बहुमूल्य सहयोग किया है।"[1]

श्री महेश चन्द्र शर्मा 'विनोद' ने शान्तिदूत को नया आयाम दिया। उसके रूप में सामग्री चयन में और विज्ञापन की दिशा में और अधिक सावधानी बरती।[2] चौथे दशक में फीजी में अनेक हिन्दी मासिक तथा साप्ताहिक पत्रों का प्रकाशन हुआ। पं. बी.डी. लक्ष्मण ने 'किसान', अखिल फीजी कृषक महासंघ ने—'दीनबन्धु', ज्ञानीदास ने 'ज्ञान' तथा 'तारा', आर्य पुस्तकालय ने 'पुस्तकालय', काशीराम कुमुद ने 'प्रवासिनी', राम खेलावन ने 'प्रकाश' नाम के पत्रों का प्रकाशन किया। 'जंजाल', 'सनातन प्रकाश', तथा 'मजदूर' आदि पत्र भी बाद में प्रकाशित हुए, किन्तु वे बहुत कम समय तक ही चल पाए। चौथे दशक में ही सूवा से 1945 ई. में—'द इंडियन टाइम्स' का प्रकाशन हुआ।[3] आगे चलकर श्री काशीराम कुमुद ने प्रवासिनी' का प्रकाशन किया। यह अपने समय की बहुत लोकप्रिय पत्रिका थी। शान्तिदूत नामक प्रतिष्ठित पत्र के सम्पादक श्री महेश चन्द्र शर्मा 'विनोद' ने इसकी प्रशंसा करते लिखा था—

प्रवासिनी खिलती रहे, बढ़ती रहे, चलती रहे।
गुण से भरे सुन्दर बने, हंसती रहे, बसती रहे।।
आठों पहर चर्चा करे, विनोद ऐ प्रवासिनी।
दुखनाशिनी, सुखदायिनी, सद्भावनी, मृदुरागिनी।।[4]

1. शान्तिदूत, पृ. 4, 24 मई, 1984 (स्वर्ण जयन्ती विशेषांक)
2. फीजी बात (हिन्दी की एक विदेशी भाषिक शैली) भाषा-विमलेश कांतिवर्मा, पृ. 34-35, वर्ष-36, अंक-2, केन्द्रीय हिन्दी निदेशालय, भारत सरकार, नई दिल्ली, नव-दिसम्बर-1996
3. द इंडियन टाइम्स, पृ. 5, वाल्यूम 5, नं. 2,3, मार्च-1949
4. फीजी में हिन्दी की साहित्यिक परिधि-विमलेश कांति शर्मा, पृ. 56, राजभाषा विभाग, गृह मंत्रालय, भारत सरकार, अंक 69, सन् 1995

बताते हैं, शान्तिदूत के बाद जिस पत्र को बहुत समादर मिला, वह था—'जागृति'। यह अर्द्धसाप्ताहिक पत्र था। इसके सम्पादक थे—पं. राघवानन्द शर्मा। यह लगभग तीन दशकों तक फीजी के पश्चिमी जिलों में विकास करनेवाले किसानों के बीच लोकप्रिय था। यह 1975 में बन्द हुआ। सन् 1953 ई. में 'आवाज' नाम का अखबार प्रकाशित हुआ, पर दुर्भाग्य से यह भी शीघ्र ही बन्द हो गया। इस पत्र में राजनीतिक मुद्दे अधिकतर उठाए जाते थे। उसके बाद फीजी में लगभग एक दशक तक पाठकों का प्रियपत्र 'झंकार' निकला। इसमें सिनेमा से सम्बन्धित सामग्री प्रमुखता से प्रकाशित की जाती थी। इसके सम्पादक श्री ज्ञानीदास थे। उन्होंने इस पत्र से पहले 'तारा' नामक मासिक पत्र भी प्रकाशित किया था, किन्तु उसे बन्दकर 'झंकार' का सम्पादन शुरू किया। बहुत अधिक विज्ञापन छापने के बाद भी यह समाचार-पत्र सन् 1958 ई. में धनाभाव के कारण बन्द हो गया।

पंडित कमला प्रसाद मिश्र के सम्पादन में सन् 1958 ई. में 'जयफीजी' पत्र का सम्पादन शुरू हुआ यह साप्ताहिक पत्र अब तक प्रकाशित हो रहा है। यह पत्र फीजी के लौटोका से प्रकाशित होता है। सन् 1978 ई. से इसकी छपाई ऑफसेट पर यूनिवर्सल प्रिंटिंग प्रेस से होती हैं। डॉ. कमला प्रसाद मिश्र को भारत सरकार 'विश्व हिन्दी सेवी साहित्यकार' से सम्मानित कर चुकी है। डॉ. मिश्र उक्त पत्र का गिरमिट विशेषांक 11 मई, 1979 ई. में निकाल चुके हैं। सन् 1974 ई. में विवेकानन्द शर्मा ने अपने सम्पादन में सनातन धर्म महासभा के मुखपत्र के रूप में 'सनातन सन्देश' नाम का पत्र निकाला। यह पत्र मासिक था। श्री. एस.एस. दास के सम्पादन में एक साप्ताहिक पत्र 'सरताज' का बाद में प्रकाशन हुआ। सन् 1918 से 1926 ई. के बीच फीजी के सूचना मंत्रालय की ओर से 'फीजी वृत्तान्त' तथा 'शंख' पत्र-प्रकाशित किए गए। इनमें सरकारी समाचारों की प्रमुखता रहती थी। सन् 1926 ई. में 'राजदूत' तथा द्वितीय विश्वयुद्ध के समय 'विजय' अंक प्रकाशित हुए। उसके बाद श्री नटवर लाल गांधी के सम्पादन में 'फीजी समाचार-पत्र' निकला। सन् 1986 ई. में 'फीजी दर्शन' मासिक पत्र का प्रकाशन श्री रामलोचन के सम्पादकत्व में हुआ। इधर, 1986 ई. से ही 'साहित्यकार' नामक पत्र का प्रकाशन फीजी हिन्दी परिषद की ओर से निरन्तर हो रहा है। इसके सम्पादक श्री रामनारायण गोविन्द हैं। कुल मिलाकर फीजी में हिन्दी पत्रकारिता का एक अनुपम, प्रभावपूर्ण तथा दीर्घ कालीन इतिहास है।[1] जय फीजी, फीजी समाचार, जागृति, प्रवासिनी और शान्ति दूत कितने ही हिन्दी समाचार-पत्र हैं, जिन्होंने एक ओर दीर्घ काल तक प्रवासी भारतीयों को फीजी, भारत तथा विदेश के समाचारों से अवगत कराया है, समय-समय पर उनका मार्ग दर्शन किया है, उनका नित नवीन सामग्री से मनोरंजन किया है और नये कवियों तथा लेखकों को प्रोत्साहित किया है वहीं दूसरी ओर फीजी के भारतवासियों को संगठित भी किया है, अपने देश, अपनी भाषा तथा अपनी संस्कृति के प्रति उनके मन में सम्मान जगाया है एवं परोक्ष रूप से हिन्दी के प्रचार-प्रसार में बहुत बड़ा योगदान भी दिया है।[2]

(23) मॉरीशस में हिन्दी पत्रकारिता

भौगोलिक दृष्टि से मॉरीशस हिन्द महासागर का 720 वर्ग मील में फैला एक छोटा सा द्वीप है। अन्य द्वीपों के मुकाबले यह बहुत ही छोटा द्वीप है। हमारे पूर्वज चीन, फ्रांस, इंग्लैंड तथा अफ्रीका की यात्रा करते हुए, यहाँ आकर बसे थे। मॉरीशस में हिन्दू, मुस्लिम, बौद्ध तथा ईसाई मतों को मानने वाले निवास करते हैं। यहाँ की लोकभाषा 'क्रिओल' है। इसकी राजधानी पोर्टलुई है जिसका क्षेत्रफल-2040 वर्ग किलो मीटर है।[3] इस राष्ट्र ने अब तक 54 हिन्दी पत्र प्रकाशित करने का कीर्ति स्तम्भ स्थापित कर विश्व में प्रथम स्थान का गौरव प्राप्त किया है। मॉरीशस ही पहला ऐसा राष्ट्र है, जहाँ भारत से बाहर दो बार 'विश्व हिन्दी सम्मेलन' हो चुका है। साथ ही मॉरीशस में 'विश्व हिन्दी सचिवालय' का प्रधान कार्यालय भी स्थापित

1. भाषा (फीजी में हिन्दी पत्रकारिता : स्वरूप और विकास लेख)—डॉ. विमलेश कांति शर्मा, पृ. 105, केन्द्रीय हिन्दी निदेशालय, अक्टूबर-नवम्बर-1998, दिल्ली
2. भाषा-पृ. 112
3. पत्रकारिता के सिद्धान्त—श्री गुरु शरण लाल, पृ. 63

है। इस दृष्टि से यह देश 'विश्व हिन्दी का महातीर्थ' बन चुका है, जहाँ विश्व के हिन्दी प्रेमी सदा प्रेरणा, शक्ति और उत्साह लेने के लिए आते रहते हैं। इसे 'लघु भारत' भी कहा जाता है।[1]

मॉरीशस में 15 मार्च, 1909 को 'हिन्दुस्तानी' साप्ताहिक पत्र का प्रकाशन पहले-पहल आरम्भ हुआ। इसके प्रथम सम्पादक डॉ. मणिलाल थे। यह पत्र हिन्दी, अंग्रेजी और गुजराती में एक साथ प्रकाशित होता था। हिन्दुस्तानी के मुख-पृष्ठ पर जो ध्येय अंकित होता था, वह इस प्रकार था— *''व्यक्तियों की स्वतंत्रता, मानव भातृत्व, जातियों की समानता''*। सन् 1910 में 'मारीशस आर्य पत्रिका' का प्रकाशन प्रारम्भ हुआ, जो साप्ताहिक था। प्रारम्भ में यह पत्र आर्य सभा के पदाधिकारियों की देख-देख में चला और सन् 1916 में पं. काशीनाथ किष्टो इसके सम्पादक बने। सन् 1916 में ही मॉरीशस में 'ओरियंटल गजट' नामक पत्र प्रकाश में आया। श्री रामलाल इसके प्रथम सम्पादक थे, जो भारतीयों के बारे में प्रचुरता से छापते थे। सन् 1920 में इन्डो मॉरीशस संघ के तत्वावधान में 'मॉरीशस इंडियन टाइम्स' का एवं सन् 1924 में श्री गजाधर राजकुमार के सम्पादन में 'मॉरीशस मित्र' नामक पत्र प्रकाश में आया। मॉरीशस मित्र में अधिकतर सामाजिक सुधार एवं भातृत्व भावना से सम्बन्धित पठनीय सामग्री प्रकाशित होती थी। सन् 1929 में 'आर्यवीर 'नामक द्विभाषी साप्ताहिक पत्र प्रकाश में आया, जिसके प्रथम सम्पादक पं. काशीनाथ विष्टो थे और यह आर्य समाज का मुख-पत्र था।[2] सन् 1933 में यहाँ से 'सनातन धर्मार्थ' पत्र निकला। श्रीनरसिंह दास इसके सम्पादक थे। यह द्विमासिक पत्र था। बाद में यहाँ से 1936 ई. में 'इंडियन कल्चर रिव्यू' नामक पत्र निकला। इसे प्रकाशित किया 'इंडियन कल्चरल एसोशियेशन' नामक संस्था ने। इसके सम्पादक थे—डॉ. के हजारी सिंह। सन् 1942 में पब्लिक रिलेशंस ऑफिस से 'मासिक चिट्ठी' नामक एक लघु सूचनात्मक पत्र निकला। सन् 1945 ई. में 'धर्मवीर जागृति' नामक दैनिक पत्र छपना शुरू हुआ। इसके प्रथम सम्पादक थे श्री जयनारायण राव। सन् 1948 में 'जमाना' पत्र प्रकाश में आया। श्री विष्णु दयाल बन्धु इसके प्रथम सम्पादक थे।

9 नवम्बर, 1950 से 'आर्योदय' पाक्षिक बाद में मासिक पत्र का जन्म हुआ। यह पहले 'आर्यवीर जागृति' के नाम से छपता था। इसके प्रथम सम्पादक पं. आत्माराम विश्वनाथ थे। इसके बाद पं. मोहित लाल हुए। सन् 1935 में 'दुर्गा' साप्ताहिक सूर्य मंगर भगत के सम्पादकत्व में निकला। सन् 1960 में 'अनुराग', 1965 में 'बालसखा' पत्रिका, सन् 2006 में चौमाही बाल पत्रिका', सन् 1960 में 'नवीजन' पाक्षिक, 1930 में 'बसन्त', 1987 में 'स्वदेश', 1972 में 'भारतीय समाचार', 1989 में 'भारतदर्शन', 1990 में 'आक्रोश' 1988 में त्रैमासिक 'इन्द्रधनुष', सन् 1990 में ही 'मुक्ता', सन् 1995 में हिन्दी प्रचारिणी सभा से 'पंकज' त्रैमासिक, सितम्बर, 1999 में बच्चों की पत्रिका 'सुमन', सन् 2001 में 'जनवाणी' साप्ताहिक का प्रकाशन हुआ। मॉरीशस में 'विश्व हिन्दी सचिवालय' स्थापित है। इसके द्वारा विश्व हिन्दी समाचार 'त्रैमासिक' तथा 'विश्व हिन्दी पत्रिका' वार्षिक का प्रकाशन होता है। इनके अलावा 'हिन्दुस्तानी' (1909) 'मॉरीशस आर्य पत्रिका' पाक्षिक जून, 1911, 'ओरियंटल गजट' सं. रामलाल तिवारी, 'मॉरीशस इंडियन टाइम्स' 'दैनिक सं.पं रामअवध शर्मा', 'मॉरीशस मित्र' दैनिक (1924) सं. राजकुमार गजाधर, सनातन धर्मांक (1933), 'मासिक चिट्ठी', 'सैनिक', 'मजदूर', 'दीवाली सन्देश', 'वर्तमान', परिवर्तन', 'शिवरात्रि' (1976)', 'वैदिक जनरल', 'समाजवाद', 'कांग्रेस', 'हमारा देश', 'प्रकाश', 'त्रिवेणी', 'दर्पण' (1971), 'आभा', 'प्रभात', 'निर्माण' (1976), 'रणभेरी', 'सृजन' (1993), 'रिमझिम' (1997) सं. अभिमन्यु अनत आदि पत्र-पत्रिकाएँ मॉरीशस की हिन्दी पत्रकारिता के इतिहास के स्वर्णिम पृष्ठ हैं। अभिनन्दन ग्रन्थों में पं. मोहन लाल मोहित और राष्ट्र कवि ब्रजेन्द्र भगत 'मधुकर' विशेषांक विश्व हिन्दी-पत्रकारिता के अभिनव ग्रन्थ हैं।[3]

---

1. विश्व हिन्दी पत्रिका, पृ. 29
2. हिन्दी पत्रकारिता के प्रतिमान—डॉ. हरदान हर्ष, पृ. 23-24
3. विश्व हिन्दी पत्रिका, पृ. 30-31

अध्याय -3

तृतीय पर्व

प्रिन्ट पत्रकारिता और मुद्रण कला (Typography) या छापे की कला अथवा टाइप-विन्यास या मुद्रण शिल्प-विज्ञान : प्रूफ पठन या प्रूफ रीडिंग की तकनीकी जानकारी

खंड-'अ'
मुद्रण कला

(1) मुद्रण कला : स्वरूप, आशय तथा अर्थ

मुद्रण को 'कला' के साथ-साथ अतिशय सम्मान से 'मुद्रण शिल्प-विज्ञान' भी कहा जाता है। कुछ लोग इसे 'वैज्ञानिक शैल्पिक साहित्य' तथा 'विश्वव्यापिनी कला' भी कहना पसन्द करते हैं। उनका कहना है कि मुद्रण का क्षेत्र विशाल है और स्वतः यह एक वृहत् विज्ञान है, जो समस्त ज्ञान का वाहक है। उसे यदि समग्र विकास एवं सत्ता का आधार कहें, तो कोई अत्युक्ति नहीं। इस चतुर्दिक प्रभावशालिनी कला की व्यापकता और सत्ता-महत्ता की इयत्ता बतलाना कठिन है[1] लघुतर हिन्दी शब्द सागर के अनुसार 'मुद्रण' का अर्थ होता है—किसी चीज पर अक्षर आदि अंकित करना तथा 'मुद्रा' का अर्थ होता है—'टाइप से छपे हुए अक्षर'।[2] इधर वामन शिवराम आप्टे के 'संस्कृत-हिन्दी कोश' के अनुसार 'मुद् + रा + ल्युट्, पृषो. से बने शब्द 'मुद्रणम्' का अर्थ होता है—मोहर लगाना, मुद्रांकित करना, छापना, चिह्न लगाना तथा 'मुद्रयति' (ना.धा.पर.) का अर्थ होता है—मोहर लगाना 'अनया मुद्र' या 'मुदयैनम्'।[3] कुल मिलाकर मुद्रण या छपाई वह तकनीक है, जिसमें यांत्रिक व प्रकाश यांत्रिक प्रक्रियाओं द्वारा पाठ्य पुस्तक, आलेख, निदर्शचित्र आदि का पुनरुत्पादन और अनुलिपि की जाती है। दूसरे शब्दों में, कागज, कपड़ा, लकड़ी, धातु, काँच या किसी संश्लिष्ट पदार्थ पर पाठ्य पुस्तकों और निदर्शचित्रों की कई प्रतियाँ बनाने की कला का नाम मुद्रण है।[4] एक महत्त्वपूर्ण पुस्तक 'हिन्दी

---

1. मुद्रण कला—श्री छविनाथ पांडेय, वक्तव्य भाग, बिहार राष्ट्र भाषा-परिषद, पटना, मू. 25 रुपये, द्वितीय संस्करण, सन् 1981 ई.।
2. लघुतर हिन्दी शब्द सागर—सं. श्री करुणापति त्रिपाठी, पृष्ठ 930, नागरी प्रचारिणी सभा, काशी, फरवरी, 1995 ई.।
3. संस्कृत-हिन्दी कोश—सं. वामन शिवराम आप्टे, पृष्ठ 807, नाग प्रकाशन-11ए/यू.ए. जवाहर नगर, दिल्ली, मू. 120 रुपये, सन् 1991 ई.।
4. हिन्दी विश्वकोश—निदेशक सम्पूर्णानन्द, पृष्ठ 335, खंड-9, नागरी प्रचारिणी सभा, वाराणसी, मू. 30 रुपये, प्रथम सं. सन् 1967 ई.।
5. हिन्दी के आदि मुद्रित ग्रन्थ-श्री कृष्णाचार्य, पृष्ठ-01, भारतीय ज्ञानपीठ प्रकाशन, दुर्गाकुण्ड, वाराणसी, मू. 7 रुपये, प्रथम संस्करण-1966 ई.।

के आदि मुद्रित ग्रन्थ[5] के अनुसार' अलग-अलग अक्षरों को ढालकर टाइप के रूप में बनाने, उन्हें जोड़कर (कम्पोज कर) मनचाहे आकार के पृष्ठ में व्यवस्थित कर, चाहे जितनी प्रतियाँ छाप लेने की क्रिया को मुद्रण कला की संज्ञा दी जाती है।

डॉ. रामचन्द्र तिवारी, इसे परिभाषित करते हुए कहते हैं कि मुद्रण एक पूर्ण प्रक्रिया है, जिसमें कम्पोज, प्रूफ संशोधन, पेज-मेकअप और मशीन से छपाई इत्यादि शामिल हैं। इसलिए मुद्रण की परिभाषा करना सरल नहीं है। मोटे तौर पर कहें तो कागज, कपड़े या ऐसी ही किसी अन्य उपयुक्त वस्तु (यथा-टीन) पर प्रतिकृति अंकन और स्याही तथा दाब की सहायता से उस प्रतिकृति को कागज पर बड़ी संख्या में उतारे जा सकने का नाम मुद्रण है।[1] सच तो यह है कि किसी भी पाठ्य अथवा चित्रित सामग्री को दबाव द्वारा स्याही के उपयोग से कागज पर उतारने की प्रक्रिया को मुद्रण अथवा प्रिन्टिंग कहा जाता है। बदलते परिवेश में मुद्रण की तकनीक और माध्यमों में भारी परिवर्तन आ गया है। परम्परागत रूप में मुद्रण वह प्रक्रिया है, जो किसी निश्चित सतह पर रंग अभिकर्त्ताओं की एक निश्चित मात्रा का दबाव युक्त प्रणाली से डालकर पाठ्य सामग्री या चित्र को उतारने का काम करती है। मुद्रण का कार्य केवल पुस्तकों या समाचार-पत्रों के प्रकाशन के लिए ही नहीं किया जाता, बल्कि अब तो कपड़ों, वालपेपर, पैकिंग सामग्रियों तथा बिलबोर्ड पर भी मुद्रण होने लगा है। आम लोगों को साक्षर बनाने तथा उन तक सूचनाएँ पहुँचाने में मुद्रण का योगदान सर्वोपरि है। आज भी इसे सशक्त प्रसार माध्यम माना जाता है।[2] स्वामी ओमानन्द का विचार है कि 'मुद्रा' शब्द का प्रयोग हमारे यहाँ प्राचीन काल से मिलता है। व्यक्तिगत चिह्न के रूप में भगवान् राम की 'मुद्रिका' हनुमान् जी ने विरह विदग्धा सीता जी को देने के लिए अशोक वाटिका में डाली थी। 'मुद्राराक्षस' में भी राक्षस की मुद्रा व्यक्तिगत चिह्न थी।'राजकीय मुद्रा' के रूप में 'मुद्रा' का प्रयोग कौटिल्य के अर्थशास्त्र में भी मिलता है।[3] इस मुद्रांकन या मुद्रा की प्रतिकृति के अंकन ने अन्ततः मुद्रण की प्रेरणा दी।[4] इस दृष्टि से मुद्रा या मुद्रण शब्दों की समीपता दृष्टव्य है।[5] चीनी भाषा में भी 'यिन' शब्द मुद्रा एवं समस्त प्रकार के मुद्रण का अर्थबोध कराता है।[6] ज्ञानवयोवद्ध साहित्यकार पं. छविनाथ पांडेय की पुस्तक 'मुद्रण कला' की भूमिका लिखते बिहार राष्ट्रभाषा परिषद्, पटना के तत्कालीन निदेशक श्री श्रुतिदेव शास्त्री कहते हैं कि मुद्रण एक कला है, ऐसी प्राचीन मान्यता अनुचित नहीं है, लेकिन आज के वैज्ञानिक युग में जिस चतुष्पथ पर वह खडा है, वहाँ उसके साथ शिल्प या तकनीक और विज्ञान—दोनों मिल गए हैं। आज कला, शिल्प और विज्ञान-इन तीनों के मिश्रण से उद्भुत उपलब्धि का नाम आधुनिक मुद्रण है, यह विकास की सर्वातिशायी परिणति है। यह वैज्ञानिक आविष्कार का मूल है।[7]

(2) मुद्रण-कला का संक्षिप्त इतिहास

(क) मुद्रण-कला का विश्व इतिहास

मुद्रण-कला का जन्म निश्चित रूप से किस देश में हुआ, किस व्यक्ति विशेष के द्वारा हुआ, इतिहास की किस तवारीख को हुआ, धरती के सबसे प्राचीन मुद्रित ग्रन्थ का क्या नाम है? यह कला किस देश की उपज है, वहाँ से दूसरे देश में कैसे पहुँची,—उपरोक्त सभी सवाल आज भी संभ्रम की जलकुम्भी में उलझे हुए हैं। इन्हें आज भी अपने मुकम्मल उत्तर की तलाश है। इल्मे तारीख का माहिर भी यहाँ उक्त सवालों को लेकर खामोश है। यद्यपि यह दावा किया जाता है कि विश्व साहित्य में वेद सबसे

1. हिन्दी पत्रकारिता : विविध आयाम सं. डॉ. वेद प्रताप वैदिक में डॉ. रामचन्द्र तिवारी का लेख, 'मुद्रणकला', पृष्ठ-151, हिन्दी बुकसेंटर, नई दिल्ली, मू. 150 रु सन् 2000।
2. हिन्दी दैनिक 'आज' वाराणसी संस्करण, मंगलवार, 8 अप्रैल सन् 2008 ई.।
3. हरियाणे के प्राचीन मुद्रांक-स्वामी ओमानन्द, पृष्ठ- 73, झज्जर, सन् 1975 ई.।
4. The Book, The Story of Printing and Book Making-Duglas Mak Murti, Page-95
5. हिन्दी पत्रकारिता : विविध आयाम में डॉ. रामचन्द्र तिवारी का लेख, पृष्ठ-145।
6. Invention of printing in China and its Spread West Ward-Tomes Francis Chester, p. 11. Newyork, 1956.
7. मुद्रण कला—श्री छविनाथ पांडेय, भूमिका भाग।

प्राचीन ग्रन्थ है और इनकी रचना भारत में हुई, तथापि मुद्रण-कला के आविष्कार का श्रेय भारत को प्राप्त नहीं है।[1] कला के रूप में एक विद्वान् के अनुसार मुद्रण का आरम्भ चीन में हुआ।[2] श्री छविनाथ पांडेय का भी विचार है कि मुद्रण-कला का प्रचलन बहुत प्राचीन काल से चीन और जापान में था। यूरोप में यह कला पन्द्रहवीं सदी में चीन से गई। आरम्भ में लकड़ी पर अक्षरों की खुदाई होती थी और उनसे छाप ली जाती थी। लकड़ी के दो तख्तों के बीच लकड़ी का ठप्पा रखकर उस पर स्याही फैला दी जाती थी। उस पर कागज रखकर शिकंजे की तरह दाब देकर कागज पर छाप ले ली जाती थी।[3] एक पुस्तक में सबसे प्राचीन तिथिवाला मुद्रित ग्रन्थ 'धारणी सूत्र' माना जाता है, जो कि कोरिया में सन् 704 से 751 ई. के बीच मुद्रित था। तदुपरान्त सन् 770 ई. में 'धर्मसूत्र' नाम की पुस्तक छपी। साथ ही एक हजार पृष्ठोंवाली बौद्ध-पुस्तक 'त्रिपिटक' भी उस समय तक छप चुकी थी। अब तक की तिथि-सहित प्रमाणित प्राचीनतम पुस्तक 'वज्रसूत्र' मानी जाती है, जो 11 मई सन् 868 ई. में मुद्रित हुई थी।[4]

मुद्रण-कला पर बेहद गम्भीर पुस्तक लिखनेवाले आदरास्पद श्रीकृष्णाचार्य का कहना है कि इस कला के विकास में टाइप, कागज और स्याही बनाने से लेकर छापने की मशीन बनाने की विधियों का इतिहास भी सम्मिलित किया जाता है। इस दृष्टि से मुद्रण-कला के आविष्कार का श्रेय किसी एक व्यक्ति को नहीं मिल सकता। आज की खोजों और वैज्ञानिक दृष्टि-सम्पन्न युग में भी यह बताना सहज नहीं हैं कि संसार में पहली पुस्तक किसने छापी या पहली प्राप्त मुद्रित पुस्तक कौन सी है? जर्मनी के गुटेन्बर्ग (1394-1468) का नाम मुद्रण-कला के आविष्कार की दृष्टि से सबसे अधिक लिया जाता है। सिद्धान्ततः इस कला के आरम्भ के सम्बन्ध में यह स्थापना बहुत-कुछ ठिकाने की मानी जाती है,—"हालैंड में पुस्तकें हैं, प्रलेख-(डाक्यूमेंट्स) नहीं, फ्रांस में प्रलेख हैं, किन्तु पुस्तकें नहीं, इटली में न पुस्तकें हैं। प्रलेख, जर्मनी में प्रस्तकें भी हैं, प्रलेख भी।"[5] इधर डॉ. शार्दूल विक्रम सिंह तथा डॉ. ऋचा कुमार का विचार है कि[6] मुद्रण के आरम्भ एवं आविष्कार के सन्दर्भ में मूल रूप से कोई लिखित तथा सर्वमान्य तिथि एवं आविष्कारक का नाम नहीं आता है। मुद्रण का अर्थ यदि मूल प्रति के समरूप बहुत सारी प्रतियों के उत्पादन तथा स्याही का स्थानान्तरण दो सपाट सतहों के दबाव द्वारा लिया जाए तो इसका इतिहास लगभग एक हजार साल पुराना है, क्योंकि कपड़ों की छपाई यूरोप में छठी शताब्दी से ही आरम्भ मानी जाती है, जबकि कोरिया एवं जापान में धार्मिक दस्तावेजों का मुद्रण आठवीं शताब्दी से आरम्भ माना जाता है। ये दस्तावेज लकड़ी के गुटकों द्वारा तैयार किए जाते थे, जिसमें जिन जगहों पर स्याही की आवश्यकता नहीं होती थी, उस बिना मुद्रण की सतह को काटकर अथवा खुरचकर, स्याही की आवश्यकतावाले स्थान, जिसे 'मुद्रण-सतह' कहा जाता है, से नीचे कर दिया जाता था। सामान्यतः इस विधि का उपयोग उस काल में बहुत ही कम संख्या में कागज अथवा कपड़े पर मुद्रण हेतु किया गया। पूर्वी एशिया में नवीं शताब्दी के उत्तरार्द्ध में बौद्ध ग्रन्थ तथा धार्मिक दस्तावेजों का मुद्रण बड़ी संख्या में प्रतिरूप तैयार करने हेतु किया गया है।

कृष्णाचार्य मुद्रण कला के जन्म का रिश्ता जर्मनी से मानते हैं। उनके अनुसार इतना मान लेने में सम्भवतः किसी को आपत्ति नहीं है कि मुद्रण-कला के आविष्कार का सम्बन्ध सबसे अधिक जर्मनी से है। इस दृष्टि से तथा अन्य कई कारणों से भी जर्मनी के गुटेनबर्ग (Johann Gensfleichzium Gutenberg) का महत्त्व कई कारणों से अन्य मुद्रकों से श्रेष्ठ अवश्य है। मेंज के सुनार-कुल में उत्पन्न

1. हिन्दी पत्रकारिता : विविध आयाम—सं. वेदप्रताप वैदिक, पृष्ठ-146।
2. The Printing Press in India-Anant Kabke Priyolkar, Pol, 1958, Bombay.
3. मुद्रणकला—श्री छविनाथ पांडेय, पृष्ठ-02, पटना, बिहार।
4. पत्रकारिता प्रशिक्षण-डॉ. शार्दूल विक्रम सिंह तथा डॉ. ऋचा कुमार, पृष्ठ-93-94, भवदीय प्रकाशन, फैजबाद मू. 40 रु. 2007।
5. हिन्दी के आदि मुद्रित ग्रन्थ-कृष्णाचार्य, पृष्ठ-01।
6. पत्रकारिता प्रशिक्षण-डॉ. शार्दूल विक्रम सिंह तथा डॉ. ऋचा कुमार, पृष्ठ-93।

और राजनीतिक कारणों से निर्वासित इस व्यक्ति ने 1440 के आस-पास अपने मुद्रण सम्बन्धी प्रयोग स्ट्रासबुर्ग में किए। अपने परिश्रम और बैंकर जोहान फस्ट के आर्थिक सहयोग से उसने 1450 के आस-पास प्रायः मौलिक कठिनाइयों पर विजय प्राप्त कर ली। सन् 1452 में गुटेनबर्ग द्वारा प्रतिपृष्ठ 42 पंक्तियों में प्रकाशित बाइबिल मुद्रण-कला के इतिहास में चिर-स्मरणीय घटना के रूप में प्रतिष्ठित है।[1] इधर हिन्दी विश्व कोश के अनुसार मुद्रण-कला के जन्म का लश्तगा चीन से है।[2] वहाँ उल्लिखित है कि मुद्रण का जन्म एशिया में मृदगुटिका, मिट्टी के बरतन और पपीरस पदार्थों को चिह्नित करने के अविकसित रूप में हुआ। चिह्नित करने के प्रमुख साधन साँचे और लकड़ी में ब्लाँक थे। सुमेरिया, बैबिलोनिया, मिस्त्र, चीन, भारत, जापान और कोरिया में मुद्रण का यह प्रारम्भिक रूप सामने आया। कोरी छाप के बाद मसीकृत मुद्रण का युग आया। उभारदार डिजाइन स्याही लगाने के बाद चर्मपत्र और पपीरस पदार्थ पर दबाये जाते थे। सुनिश्चित ब्लॉक मुद्रण का जन्म चीन में 770 ई. के कुछ पहले हुआ। इसके बाद ब्लॉक से किताबें छपने लगीं। ब्लॉक से छपे हुये पृष्ठों की जिल्द बाँधकर किताबों का रूप दिया जाने लगा। ब्लॉक मुद्रण बहुत ही धीमी और भद्दी प्रक्रिया थी। लगभग 1040 ई. में पी शेंग नामक एक चीनी छापेखानेवाले ने मिट्टी के चल टाइप बनाये। इन टाइपों को मजमून छापने के लिए अलग-अलग बार-बार जोड़ा जा सकता था लेकिन एशियाई देशों में चल टाइप लोकप्रिय नहीं हुए, क्योंकि चीनी, जापानी और कोरियाई भाषाओं में हजारों अक्षर हैं। काठ के ब्लॉकों से छापने पर लागत में कमी और छापने में सहूलियत होती थी। सच तो यह है कि मुद्रण-कला के सम्बन्ध में सबसे पहले जानकारी प्राप्त करनेवाले देश-चीन और जापान हैं, ऐसा कुछ लोग कहते हैं। इनका मानना है कि सबसे पहले कागज निर्माण की कला में चीन निवासियों ने ही दक्षता प्राप्त की। सन् 175 ईसवी में ठप्पे से मुद्रण-कला का उल्लेख चीन में ही प्राप्त हुआ। इसके लिए काठ पर अक्षरों को उभारकर और उस पर स्याही लगाकर काठ के दो तख्तों के मध्य दबाकर छपाई कर ली जाया करती थी। सन् 1041 में चीन के पी. शांग नामक व्यक्ति ने चीनी मिट्टी के अक्षरों को तैयार किया। इन अक्षरों का विकसित रूप आज का टाइप है।[3] तिथियों में थोड़े हेर-फेर के साथ इस बात की पुष्टि रंगास्वामी पार्थ सारथी भी करते हैं[4], "Paper which was first made by the Chinese as a early as the second century A.D....The Chinese discovered the art of printing also. In 868 A.D. Wangcheich published a book printed from blocks. Copies of it still survive as man's oldest printed book. The first known use of movable types was by another Chinese. Pi Cheng in 1045 A.D. The oldest evidence of Chinese printing is a Buddhist scripture known as "Diamond Sutra" dated 868 A.D."

एक विद्वान्, लेखक श्री अनन्त काबका प्रियोल्कर का विचार है कि बौद्ध धर्म के प्रचार के लिए धार्मिक साहित्य की प्रतिलिपियाँ अधिक संख्या में प्राप्त करने के लिए मुद्रण का पहली बार प्रयोग चीन में हुआ।[5] 650 ईसवी में भगवान बुद्ध की मूर्ति छापने के लिए मुद्रण-कला का प्रयोग किया गया। चीन में सहस्र बुद्ध गुफाओं में 'हीरक सूत्र' नामक पुस्तक मिलती है। इसे ही संसार की सर्वप्रथम मुद्रित पुस्तक बताया जाता है।[6] चीनी भाषा ऐसी थी कि उसमें टाइप बनाने की अपेक्षा लकड़ी के ब्लाक बनाना अधिक सरल था इसलिए लकड़ी के टाइप ही चले।[7] चीन में बने लकड़ी के टाइप तंन हुआंग की गुफाओं से निकले हैं। इनकी लिपि उइगुर थी, जो मध्य एशिया में प्रचलित थी और

---

1. हिन्दी के आदि मुद्रित ग्रन्थ—कृष्णाचार्य, पृष्ठ-02।
2. हिन्दी विश्व कोश, खंड-9, पृष्ठ-335
3. पत्रकारिता के सिद्धान्त—डॉ. गुरुशरण लाल, पृष्ठ-38, भारत बुक सेन्टर, लखनऊ, मू. 200 रुपये सन् 2000 ई.।
4. Journalism in India : Ranga Swami Parthasarathy, p. 05
5. The Printing Press in India : A. K. Priyolkar, pol, Bombay
6. The Book, The Story of Printing and Bookmaking - Duglas Mak Murti, p. 95
7. The Book, The Story of Printing and Bookmaking - Duglas Mak Murti, p. 95

जो वर्णिक थी किन्तु जो टाइप मिले हैं, वे शब्दों के टाइप हैं, वर्णों के नहीं। इस प्रकार वर्ण-टाइपों के आविष्कार का श्रेय पाते-पाते चीन रह गया जो अन्ततः जर्मनी के गुटनबर्ग को मिला।[1] चीन से मुद्रण-कला जापान तथा कोरिया गई। कोरिया के राजा जनरल थी ने धातु के टाइपों की फाउड्री बनवायी।[2]

इसके बाद मुद्रण कला यूरोप महाद्वीप पहुँची, किन्तु चीन और कोरिया तथा जापान से कैसे और किस प्रकार पहुँची, बहुत साफ पता नहीं चलता। कई ग्रन्थों को खँगालने के बाद भी प्रामाणिक रूप में कुछ नहीं कहा जा सकता। इस प्रश्न के उत्तर में एक विद्वान कहते हैं कि ब्लॉक मुद्रण को मुसाफिरों, मिशनरियों और व्यापारी कारवाँओं ने यूरोप में पहुँचाया[3] किन्तु अधिकांश विद्वानों का मत यही है कि मुद्रण-कला समरकंद, ईरान तथा सीरिया के उसी रास्ते से यूरोप पहुँची, जिस रास्ते से रेशम वहाँ पहुँचा था। तेरहवीं सदी में चीन गए रोमन मिशनरी तथा मार्कोपोलो सरीखे यात्री चीन से मुद्रित सामग्री के नमूने लाये थे। यूरोप में भी अलग-अलग वर्णों के पृथक्-पृथक् टाइपों से मुद्रण प्रारम्भ होने के बहुत पहले ब्लॉकों के द्वारा ताशों तथा धार्मिक चित्रों की छपाई होती थी।[4] बहरहाल जो भी हो, पर इतना अवश्य कहा जा सकता है कि—यूरोप में मुद्रण-कला बहुत तेज गति से लोकप्रिय हुई और सम्भवतः वहीं से 1476 के आस-पास जर्मनी, इटली, फ्रांस, स्पेन, इंग्लैंड, डेनमार्क, स्वीडन, पुर्तगाल तथा रूस आदि देशों में इन टाइपों का चलन बढ़ा—"In Europe, a German, Johann Gutenburg, built one of the earliest movable cast-metal type printing machines in the middle of the 15th Century. William Caxton of Kent set up the first printing press in England in 1476."[5]

विद्वानों का एक बड़ा पक्ष यह स्वीकार करता है कि आधुनिक मुद्रण के आविष्कारक जर्मनी के **जान्स गुटेनबर्ग** ही हैं। साफ शब्दों में आधुनिक मुद्रण-कला के आविष्कारक जॉन जेनफेलियस्च ज़र लादेन नामक व्यक्ति थे, जिनका जन्म सन् 1939 से 1406 ई. के बीच जर्मनी मेन्ज शहर में हुआ। उनकी सही जन्म-तिथि ज्ञात नहीं है। यही व्यक्ति आगे चलकर जॉन गुटेनबर्ग के नाम से प्रसिद्ध हुआ। अपने जीवन काल के सन् 1428 ई. में मेन्ज शहर को छोड़कर उसने स्टुअर्सबर्ग में बसने के बाद 1438 में हॉन्स रीक, एन्डेयासरिव्ड्टजेन और एन्ड्रेन्स हिलिमैन के साथ साझेदारी में एक गोपनीय कला का अभ्यास आरम्भ किया। मुद्रण के विकास की कड़ी में गुटेनबर्ग ने परिवर्तनशील टाइपों को ढालने हेतु मिट्टी से लेकर कई तरह की धातुओं तथा उनके सम्मिश्रणों का प्रयोग किया और अन्ततः 'लेड' नामक धातु का त्रिआयामी, परिवर्तनशील एवं चल मुद्रक अक्षरों को ढालने हेतु प्रयोग होने लगा। निरन्तर विकास की दूसरी कड़ी में लेड कोटिन और एन्टिमनी के साथ मिलाकर, जिसमें लेड धातु की मात्रा सर्वाधिक लगभग 90 प्रतिशत थी एक मिश्र धातु तैयार हुई, जो ढलाई के बाद स्याही के सम्पूर्ण ग्रहण एवं स्थानान्तरण हेतु आदर्श साबित हुई।[6] इस तरह सन् 1556 ई. में विश्व का पहला समाचार-पत्र 'गजेटा' वेनिस से प्रकाशित होना प्रारम्भ हुआ। सन् 1475 ई. में कैक्सटन ने छपाई इंग्लैंड में प्रारम्भ की।

गुटेनबर्ग की मृत्यु (1468) के बाद 15 वर्षों में यूरोप भर में प्रेस खुल गए। स्वेडेन से सिसली तक और स्पेन से पोलैंड-हंगरी तक प्रेस खड़े हो गए। इन प्रेसों को बनाने में प्रायः जर्मन कारीगरों का हाथ रहता था। इटली में पहला प्रेस 1468 में बना और वेनिस में 1469 में। जर्मन कारीगरों में पहला उल्लेखनीय नाम निकोलस जेन्सन का है। कहा जाता है कि फ्रांस के सम्राट ने जेन्सन को चुपके से

---

1. The Book, The Story of Printing and Bookmaking - Duglas Mak Murti, p. 95
2. हिन्दी पत्रकारिता : विविध आयाम—डॉ. वेद प्रताप वैदिक, पृष्ठ-146।
3. हिन्दी विश्वकोश, पृष्ठ-335, खंड-9।
4. Printing To-day : John C. Tar, page 15, London 1950
5. Journalism in India : Ranga Swami Parthasarathy, p. 7
6. पत्रकारिता प्रशिक्षण—डॉ. शार्दूल विक्रम सिंह तथा डॉ. ऋचा कुमार, पृष्ठ-94।

यह कला समझने के लिए भेजा। बाद में जेन्सन वेनिस में बस गया और यहाँ इसने पहली बार 'लोअर केस' अक्षर बनाये। सन् 1470 ई में इसी व्यक्ति ने मुद्रण-कला का प्रवेश फ्रांस में कराया। फ्रांस में विलियम कैक्स्टन नाम के एक अच्छे पढ़े-लिखे व्यक्ति कौन्सल जनरल के पद से इंग्लैंड के व्यापारिक हितों की रक्षा किया करते थे। कैक्स्टन ने शौकिया तौर पर मुद्रण-कला सीख ली। मुद्रण-कला में दक्षता प्राप्त कर यह कौन्सल-जनरल 1476 ई. में इंग्लैंड लौट आया और इसी वर्ष इसने वेस्ट मिनिस्टर में प्रेस बना लिया। यूरोप भर में केवल इंग्लैंड में एक अव्यावसायिक व्यक्ति ने अपने देश में मुद्रण-कला का बीजारोपण किया।[1] कैक्स्टन ने अपनी मृत्यु (1491) तक लगभग 90 पुस्तकें छापीं। इनमें 74 पुस्तकें अंग्रेजी भाषा की थीं। यूरोप के अन्य अंचलों में प्रेस खुलने का क्रम इस प्रकार था—रोम-1467, वेनिस-1469, पेरिस नूनबर्ग-यूट्रेक-1470, मिलान-नेपल्स फ्लोरेन्स-1471, कोलोन-1472, लॉयन्स वैलेन्शिया बुडापेस्ट-1473, कैक्रोब्रुगेस-1474, लबेक ब्रेस्लो-1475, वेस्ट मिनिस्टर रोस्टॉक-1476, जेनेवा पालेर्मो मेसिना-1478, ऑक्सबुर्ग-1479, लन्दन-1480, एंडवर्पलाइपजिंग-1481, ओडेंस-1482 और स्टॉकहोम-1483।[2]

मेरे छोटे से निजी पुस्तकालय में नागरी प्रचारिणी सभा काशी से प्रकाशित बहुत ही फटी, जीर्ण-शीर्ण पत्रिका है। इसका मुख पृष्ठ नहीं है। इसमें पंडित **श्री सांवल जी नागर** का लेख 'गुजराती समाचार-पत्र' नाम से छपा है। इसमें मुद्रण-कला के सम्बन्ध में श्री नागर जी लिखते हैं—"इतिहास-विज्ञ महाशयों को भली-भाँति विदित है कि इस कला के अन्वेषण का सौभाग्य अंग्रेजों को नहीं वरन् जर्मनीवालों को प्राप्त है। सोलहवीं शताब्दी में जर्मनी प्रदेश के गुटेनबर्ग ने इस कला को निकाल उसे परिमार्जित किया और वहीं से वह यूरोप में प्रचलित हुई। अंग्रेजों के संसर्ग से इस देश में भी इसका शुभागमन हुआ। जब से इस कला का आगमन हुआ है, आर्य प्रजा की स्थिति पलट गई है। ...वर्तमान समय की तरह कार्य करनेवाले प्रेसों का प्रचार इंग्लैंड देश में सन् 1704 से 1740 ई. तक में हुआ। इस रीति के उत्पादक स्वफ्टि, डीफो, बोलिंगब्रूक और पलटनी नामक सज्जन थे। यही कार्य, फ्रांस देश में सन् 1789 से और जर्मनी में सन् 1796 से प्रारम्भ हुआ। उपर्युक्त सज्जनों के प्रयत्न का लाभ सबसे प्रथम 'लन्दन टाइम्स' को हुआ।[3]

बहरहाल, हस्तमुद्रण यंत्र द्वारा चल टाइपों को छापने का क्रम लगभग 400 वर्षों तक चला। औद्योगिक क्रान्ति काल में 1800 ई. में अर्ल स्टैन होप ने लोहमय हस्तमुद्रण यंत्र का आविष्कार किया।[4] औद्योगिक क्रान्ति की गतिविधि के साथ हस्तमुद्रण यंत्र पीछे छूट गए और उनका स्थान सिलिंडर प्लैटेन और रोटरी मशीनों ने लिया। सन् 1725 ई. में विलियम गेड ने दुहरी प्लेट तैयार करने की विधि, स्टीरियोटाइपिंग का आविष्कार किया जिसके कारण छपाई सस्ती हो गई और छपाई का प्रसार हुआ। सन् 1886 ई. में ऑटमर मरगैनथेलर ने लाइनो टाइपों का आविष्कार किया और 1898 में टालबर्ट लैंस्टन ने मोनो टाइप का आविष्कार किया, जिससे कि टाइप कैरोक्टरों को यंत्रों से ढाला और जोड़ा जाने लगा। कागज एवं स्याही निर्माण और टाइपोंग्रैफिक डिजाइन में भी क्रान्तिकारी उन्नति हुई। सन् 1840 ई. में गिलॉट ने जे.एन. नीप्से और डेगरे के फोटोग्राफी सम्बन्धी प्रयोगों से लाभ उठाकर जिंक प्लेटों के निक्षारण की विधि निकाली और 1851 में स्कॉटआर्चर ने गीले कोलोडियन विधि से निगेटिव तैयार करने की तरकीब निकाली। इसके बाद कंटिनुअस टोन (Continuous tone) हाफ टोन (Half tone) या जस्ते और ताँबे के ब्लॉकों का आविष्कार हुआ। फोटोग्राफी के तमाम टोन पुनरुत्पादित किए जाने लगे। निदर्श चित्रों की प्रकाशयांत्रिक छपाई के बाद रंगीन निदर्श चित्रों का पुनरुत्पादन होने लगा, जिसमें हर रंग को दिखाने के लिए ब्लाकों का अध्यारोपण करना पड़ता था। एलायस सेनेफेल्डर ने 1795 ई. में छपाई की प्लेनोग्राफ़िक या लिथोग्राफ़िक विधि निकाली जिसे 1905 में रूबेल ने वर्ण छपाई की लोकप्रिय

---

5. Five Hundred Years of Printing : S.H. Steinburg, P. 70, 1955
1. हिन्दी के आदि मुद्रित ग्रन्थ-कृष्णाचार्य, पृष्ठ-3।
2. नागरी पत्रिका—नागरी प्रचारिणी सभा काशी, में सांवल श्री नागर का लेख, पृष्ठ-108
3. हिन्दी विश्व कोश, पृष्ठ-336, खंड-9, काशी।

विधि ऑफसेट छपाई का आविष्कार कर पूर्णता प्रदान की। सन् 1890 ई. में कार्ल क्लिक ने उत्कीर्ण आकृति या ग्रेवुर विधि को पूर्णता तक पहुँचाकर सस्ते-से-सस्ते कागज पर वर्ण छपाई सम्भव कर दी। बीसवीं शताब्दी का आगमन होते ही छपाई की विविध प्रक्रियाओं में यंत्रीकरण, स्वचलीकरण और सुहावीकरण बड़े स्तर पर होने लगे। अविश्वास्य गति और दक्षता की—प्रिसिशन (Precision) मशीनें अब प्राप्त हो गई हैं। छपाई टेक्नोलॉजी में इलेक्ट्रॉनिकी, प्रकाशिकी,यांत्रिकी और रसायन विज्ञान की प्रयुक्ति से यह सम्भव हो सका है। कम्प्यूटर ने छपाई के इतिहास में एक नया अभूतपूर्व इतिहास जोड़ दिया है। अब छपाई पहले की तुलना में बहुत आसान और आकर्षक हो गई है।

(ख) मुद्रण-कला का भारतीय इतिहास

भारत में मुद्रण-कला के जन्मने के समय और स्थान को लेकर विद्वानों में एक राय का अभाव है। कुछ लोगों के अनुसार मुद्रण-कला ने सर्वप्रथम गोवा में 1550 ई. में, मुम्बई में 1862 ई. में, मद्रास में 1772 ई. में तथा कोलकाता में सन् 1779 ई. में जन्म लिया। नागरी प्रचारिणी सभा काशी की एक सूचना के अनुसार मुद्रण-कला ने भारत के **बंगाल प्रदेश** में प्रथमतः अपना पाँव रखा—"भारत वर्ष में इस कला का प्रवेश ईस्ट इंडिया कम्पनी के समय से हुआ। सबसे प्रथम धर्मग्रन्थ 'बाइबिल' के प्रकाशित करने की अभिलाषा से, अंग्रेजों ने सन् 1786 ई. में बंगाल प्रदेश के श्री रामपुर नामक नगर में एक प्रेस खोला था। पहिले पहले इसमें अंग्रेजी भाषा ही में कार्य होता था। लार्ड वेलस्ली के सुशासन में, सरकार के अधीनस्थ 'दी वर्ल्ड', 'कलकत्ता गजेट' आदि इसी प्रेस से प्रकाशित किए जाते थे। उस समय मद्रास प्रान्त में इस कला का प्रवेश हुआ था कि नहीं यह अज्ञात है, परन्तु बम्बई प्रान्त में 'बाम्बे हेरल्ड', 'कुरियर', 'गजेट' इत्यादि पत्र निकलने लगे थे।[1] कहीं मैंने पढ़ा है कि पुर्त्तगाल के धर्म प्रचारक मुद्रण-कला को 1550 ई. में गोवा लाये। इधर, श्री कृष्णाचार्य कहते हैं कि भारत में मुद्रण-कला का प्रवेश यूरोप के ईसाई मिशनरियों द्वारा हुआ। स्वभावतः आरम्भ समुद्रतटीय नगरों से—गोवा, मद्रास, ट्रांक्विबार, कलकत्ता और बम्बई से हुआ। मुद्रण-कला के जन्म का इतिहास गोवा से आरम्भ होता है।[2] फिर उसी पुस्तक में श्री कृष्णाचार्य जी गोवा में प्रथमतः प्रेस के आगमन को इस तर्क के साथ नकारते हैं कि, गोवा के इन प्रेसों की कोई परम्परा न चली। इन प्रेसों से प्रायः पुर्त्तगाली या इतालवी भाषा की पुस्तकें छपती थीं। भारतीय लिपियों की पुस्तकें छपने का समय अभी कुछ दूर था। अतः गोवा के प्रेसों को भारतीय मुद्रण-कला का जनक नहीं माना जा सकता,—" Brother John of Bustamente, John Quinquencio, John of Emden, Joannes Gonsalves and the anonymous Indians who were trained in Portugal and assisted Brother John Bustamente, are the fathers of Indian printing." हिन्दी विश्व कोश के अनुसार[3] आधुनिक छपाई की तकनीक भारत में 1556 ई. में आई अर्थात् अमरीका से सौ वर्ष पूर्व। गोवा में एक-पुर्त्तगाली जहाज काठ का एक हस्तदाब मुद्रणयंत्र, नक्काशी के औजार भी थे, सौंप गया। ये सब उपकरण अबीसिनिया के लिए रवाना किए गए थे। गोवा के मिशनरियों ने इस यंत्र के धार्मिक साहित्य छापने के लिए गोवा में स्थापित करने का निश्चय किया। तमिल लिपि में बाइबिल का प्रकाशन प्रारम्भ हुआ। सन् 1576 ई. में एक ब्राह्मण ईसाई पीरोलुइस, तमिल भाषा में धार्मिक साहित्य मुद्रण का कार्यभारी हुआ। सन् 1558 ई. तक मिशनरियों ने सारे भारत में हस्तदाब मुद्रणयंत्र स्थापित किए और देवनागरी, कन्नड़ और तमिल लिपि के टाइप ढाले। सरकार ने भी मुद्रण का महत्त्व समझा और सरकारी प्रेसों में स्टेशनरी, फॉर्म गजट आदि छपने लगे।

भारत में दूसरा प्रेस तत्कालीन बम्बई में 1674-75 में स्थापित किया गया।[4] नागरी प्रचारिणी पत्रिका के अनुसार[5] 1712 के पूर्व गुजराती और हिन्दी (नागरी) अक्षरों का प्रेसों में कहीं पता भी न

1. नागरी पत्रिका, नागरी प्रचारिणी सभा,काशी पृष्ठ-109।
2. हिन्दी के आदि मुद्रित गन्थ—श्रीकृष्णाचार्य, पृष्ठ-4।
3. हिन्दी विश्व कोश, नागरी प्रचारिणी सभा काशी, पृष्ठ-336।
4. Printing Press in India - Priyolkar, p. 31, 1958
5. नागरी पत्रिका, नागरी प्रचारिणी सभा, काशी, पृष्ठ-109, 110।

था। सन् 1670 ई में. 'दिव' बन्दर के **भीम जी पारिख** नामक एक वैश्य ने बम्बई के गवर्नर द्वारा एक पत्र—डाइरेक्टरों के बोर्ड को भेजा, जिसमें यह लिखा हुआ था कि यदि सरकार नागरी अक्षरों को ढाल दे तो वह एक प्रेस खोलकर कार्य करने को तैयार हैं। उस पत्र में यह भी प्रार्थना की गई थी कि सरकार किसी सुयोग्य मनुष्य को भेजकर इस कार्य में सहायता करे। इसके अनुसार कोर्ट ऑफ डाइरेक्टरों ने ८०० रु. वार्षिक वेतन पर मि हेनरी हिल को एक मशीन, थोड़े अंग्रेजी अक्षर और कुछ और सामान के सहित भारत वर्ष में भेजा परन्तु मि. हिल अक्षर ढालना न जानते थे अतएव महाशय भीम जी को प्रारम्भ में हताश होना पड़ा। भीम जी पारेख ने पुनः कोर्ट ऑफ डाइरेक्टर्स की सेवा में निवेदन पत्र भेजा और सन् 1678 ई. में डाइरेक्टरों ने एक (अक्षर खोदने एवं ढालने के कार्य में) चतुर व्यक्ति को भेजा जिसकी सहायता से भीम जी ने नागरी अक्षर बनाकर ढाले। इसके पश्चात् सन् 1790 ई. में रुस्तम जी खुरशेद जी नामक एक पारसी सज्जन ने अंग्रेजी अक्षरों में पंचांग प्रकाशित किया। इसी समय 'बम्बे कुरियर' के सर्वस्व मि. डगलास निकल्सन ने छह महाराष्ट्रों को कम्पोज करना सिखलाया और यही से देशी कम्पोजिटरों की वृद्धि प्रारम्भ हुई। जिस तरह नागरी अक्षरों के बनानेवाले भीम जी पारिख थे, उसी भाँति गुजराती अक्षरों के बनानेवाले पारसी जाति के फरदुन जी मर्जबान थे। उन्होंने गुजराती अक्षर बनाकर सन् 1892 ई. में समाचार नामक प्रेस खोला। इसी प्रेस से सन् 1822 ई. से 'बम्बई समाचार' नामक पत्र भी निकलने लगा और अभी तक बराबर निकल रहा है। इसके बाद सन् 1830 ई. में सरकार की ओर से भी एक प्रेस खोला गया। धीरे-धीरे नागरी, गुजराती प्रेस खुलने लगे। यहाँ तक कि सन् 1867 ई. में इस प्रान्त में प्रेसों की संख्या 25 थी और आज से दो वर्ष पूर्व इसकी संख्या 150 के ऊपर हो गई थी। गुजराती तथा नागरी अक्षरों को चित्ताकर्षक बनानेवाला **टामस ग्राहम** और सूरत का **जीवन** नामक एक लोहार था। सन् 1835 में टामस ग्राहम ने अक्षर खोदने और ढालने की युक्ति **जीवनदास** लोहार को बतलाई। 12 प्वाइंट के सादे पाइका अक्षर जो बम्बई की कई फाउंडरियों में बनते हैं, इसी जीवनदास के परिश्रम का फल है। सीसे के अक्षर बनने के पूर्व भारतवर्ष में शिला-छाप द्वारा पुस्तक, पंचांगादि छापने की रीति प्रचलित थी। सबसे पहले सरकारी फरमान, सर्क्यूलर नोटिस इत्यादि इसी शिला द्वारा छपते थे। पाश्चात्य देशों में प्रेसों की स्थापना पुस्तकों के प्रकाशित करने की अभिलाषा से हुई, परन्तु इस देश में समाचार पत्रों के छापने की इच्छा से इसकी स्थापना हुई। बम्बई प्रान्त का देशी भाषा का सबसे पुराना पत्र 'बम्बई समाचार' है। सन् 1822 में इसका जन्म हुआ। यह पत्र सन् 1832 में दैनिक होकर कई कारणों से 1833 में साप्ताहिक हुआ।

भारत की प्रथम टाइप-फौण्ड्री के संस्थापक जावजी दादाजी

इधर, निर्णय सागर प्रेस के स्वामी जावजी दादा जी ने मुद्रण-कला की दीक्षा ग्रैहम से लेकर भारत-प्रसिद्ध टाइप फाउंड्री 1864 में खड़ी की। कुछ विद्वान् मानते हैं कि भारत में मुद्रण के इतिहास में अपना नाम सर्वप्रथम अंकित करानेवाले **जावजी दादा जी** थे। उन्होंने सन् 1864 में अमेरिकन मिशन टाइप फाउंड्री के प्रसिद्ध कारीगर से टाइप-निर्माण के कार्य का प्रशिक्षण लेकर अपनी स्वयं की निर्णय सागर नाम की एक टाइप फाउंड्री की स्थापना की। अपनी इसी टाइप फाउंड्री से उन्होंने विविध प्रकार की धार्मिक पुस्तकों का प्रकाशन किया।[1] यही नहीं, इसी मुद्रणालय की फाउंड्री में **रानू जी राव जी** ने मराठी (देवनागरी) और गुजराती भाषाओं के सुन्दर टाइप बनाये।[2] स्वभावतः नागरी के नयनाभिराम टाइप बाद में बम्बई में ही बने, कलकत्ता में नहीं। जॉन शेक्सपियर कृत 1813 में प्रकाशित 'हिन्दुस्तानी ग्रामर' में दो पृष्ठ नागरी लिपि और हिन्दी भाषा

1. पत्रकारिता के सिद्धान्त—डॉ. गुरुशरण लाल, पृष्ठ-38।
2. पंचम लाइब्रेरी कान्फ्रेन्स, बम्बई, पृष्ठ-229, (रिपोर्ट) सन् 1942 ई.।

(पंचतंत्र की कहानी) में छपे हैं। लन्दन में प्रकाशित हिन्दी भाषा (नागरी लिपि) का यह सम्भवतः पहला नमूना है। इसका टाइप उत्कृष्ट है। सन् 1813 के आस-पास छपा इतना सुन्दर टाइप कहीं देखने में नहीं आया। यों लन्दन में चार्ल्स विल्किन्स कृत संस्कृत-व्याकरण 1808 में छप चुका था, किन्तु इस पुस्तक का टाइप हिन्दुस्तानी ग्रामर में प्रयुक्त टाइप से तुलना में पर्याप्त साधारण है। भारत में नागरी लिपि के निजी सुडौल-सुस्पष्ट रूप का विकास निर्णयसागर प्रेस में हुआ। टाइप में प्रयुक्त धातु भी अधिक अच्छी होने से टाइप टिकाऊ होता था। दाम कुछ अधिक होने पर भी हिन्दी क्षेत्र में 'बम्बइया' टाइप की माँग अधिक होती थी, विशेषकर अच्छा काम करनेवाले प्रेसों में। एक अन्य व्यक्ति राम जी ने 1837 में स्थापित गणपत कृष्णा जी के लीथो प्रेस को टाइप प्रेस का रूप दिया।

मिशन प्रेस और निर्णय सागर मुद्रणालय में नागरी टाइप का विकास स्वतंत्र रूप से हुआ था, किन्तु मराठी की पहली पुस्तकें श्री रामपुर प्रेस में ही छपी थीं। पहली बार इस प्रेस में केरी द्वारा लिखित या सम्पादित ग्रन्थ—मराठी भाषा का व्याकरण (1805), मराठी-अंग्रेजी कोश (1810), सिंहासन बत्तीसी (1814)—नागरी या मोड़ी लिपियों से छपे। सन् 1792 में स्थापित बम्बई के कूरियर प्रेस ने 1823 में 'विदुर नीति' और 1824 में **'सिंहासन बत्तीसी'** का प्रकाशन किया। जहाँ तक पता लगा है, कूरियर प्रेस में ये नागरी टाइप विल्किन्स की फाउंड्री (इंग्लैंड) से मँगाये गए थे। श्री प्रियोलकर का भी यही मत है।[1] इस विवरण से स्पष्ट है कि बंगाल के समान टाइप बनाने की सुविधा बम्बई में 1830-35 तक न हो सकी। नागरी टाइप श्री रामपुर से या इंग्लैंड से मँगाये जाते थे। फाउंड्री स्थापित करने के लिए सहायक सामग्री बम्बई में अमेरिका से प्राप्त हुई। अठारहवीं शती के अन्त में बंगाल की तरह बम्बई और मद्रास में भी, पंचानन जैसा टाइप निर्माता और श्रीरामपुर जैसा मुद्रण केन्द्र बनने का सुयोग न बना। फल यह हुआ कि यद्यपि ऐतिहासिक दृष्टि से मुद्रण कार्य का श्री गणेश **गोवा, मद्रास और बम्बई** में हुआ, किन्तु अच्छी टाइप फाउंड्री के अभाव में मुद्रणालयों की स्थायी परम्परा न चली। यह काम भंडारी जाति के **गणपत कृष्णा जी** ने 1840 के आस-पास अमेरिकन मिशन प्रेस से प्रेरणा लेकर आरम्भ किया। बंगाल में मिशनरी जोश के साथ नागरी टाइप के उचित विकास की परम्परा भी एक तरह से समाप्त हो गई। आगे चलकर बंगाल में बंगला लिपि और बम्बई क्षेत्र में मराठी भाषा के कारण नागरी लिपि के टाइपों का विकास होना स्वाभाविक भी था।[2]

वस्तुतः विलियम करे नामक ईसाई पादरी, चार्ल्स विल्किन्स, बंगाली पंचानन कर्मकार तथा बाद में एक अन्य व्यक्ति मनोहर के प्रयास से कलकत्ता के श्री रामपुर में टाइपों का निर्माण हुआ। कलकत्ता के इन फाउंड्री टाइपों की माँग बंगाल के बाहर मुबम्ई तक हुई। इसी बीच कुछ लोग बताते हैं कि,[3] "A printing press was captured by the English in Pondicherry which was entrusted to the great Tamil scholar Frabricins, who was resident at Vepery later on to gain fame as the Dioceason Press. It was in this press that Frabricins printed his human books and his epoch making 'Tamil- English Dictionary' some whereabout the beginning of the 19 th century...and it was not long before the fine printers Hunt refined on Tamil type to such an extent as to transform it into a thing of beauty and Tamil-English lexicon completed in 1862 will "Even to-day, stand comparison with any press in the world."

भारत में प्रेस स्थापित करने का तीसरा प्रयास **डेनिश मिशनरी बर्थालेम्यो जीगेनबल्ग** ने किया। यह प्रेस ईसाई धर्म का प्रचार करने के लिए 1712 में ट्रांकूबर (मद्रास) में स्थापित किया गया था।[4]

1. प्रेमी अभिनन्दन ग्रन्थ, पृष्ठ-178।
2. हिन्दी के आदि मुद्रित ग्रन्थ—कृष्णाचार्य, पृष्ठ-17
3. National library (Carey Exhibition) p. 2 Calcutta, 1955
4. The Printing Press In India-A.K.Kabka, p. 31

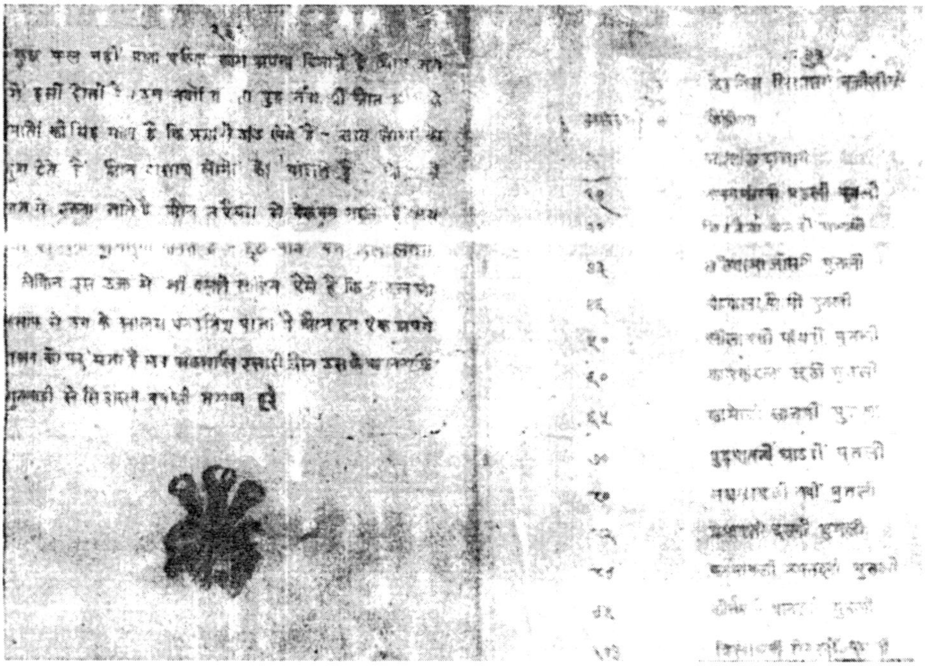

सिंहासन बत्तीसी (1805 ई.)

सन् 1557 में प्रकाशित सेण्ट जेवियर कृत 'डॉक्ट्रिना क्रिस्टाओ' (पुर्त्तगाली भाषानुवाद) भारत में छपी सम्भवतः पहली पुस्तक है। बिब्लियोतेक नासियोनाल, पेरिस में इस पुस्तक की मलाबार-तमिष प्रति है। मेमॉएर्स ऑफ द मद्रास लाइब्रेरी ऐसोसियेशन (1942) में इस पुस्तक के मुख पृष्ठ की फोटो प्रतिलिपि दी हुई है। इस अनुवादित पुस्तक का नाम क्रिस्त्या वन्नकनम् (Christia Vannakanam) है।[1] सन् 1576 ई. में एक ब्राह्मण ईसाई पीरोलुइस, तमिल भाषा में धार्मिक साहित्य मुद्रण का कार्यभारी हुआ। सन् 1558 में कोल्लम और बाद में कोचीन के मिशनरियों ने हस्तदाब मुद्रणयंत्र स्थापित कर धार्मिक साहित्य छापना प्रारम्भ कर दिया। सन् 1580 ई. तक मिशनरियों ने सारे भारत में हस्तदाब मुद्रणयंत्र स्थापित किए और देवनागरी कन्नड़ और तमिल लिपि के टाइप ढाले। सरकार ने भी मुद्रण का महत्त्व समझा और सरकारी प्रेसों में स्टेशनरी, फॉर्म, गजट आदि छपने लगे।[2] त्रिचूर के समीप अम्बलक्कदु में जोन्नेस गोन्साल्वेल (Joannes Gonsalves) नाम के व्यक्ति ने 1577 में **मलाबारी टाइप** बनाये। आरम्भ में ये मलाबारी टाइप तमिष पुस्तकों के काम में भी आते थे। फ़ायर पौलीनस नाम के किसी व्यक्ति ने लिखा है कि तमिष-पोर्चुगीज़ कोश के लिए इग्नेशस एकॉमनी (Ignatius Aichcamoni) नामक व्यक्ति ने **तमिष टाइप** बनाये थे। तमिष भाषा के टाइप बनाने का वास्तविक इतिहास बारथॅलॅम्यूजिगेन बल्ग के प्रयत्नों से शुरू होता है। उसने 1708 और 1711 के बीच बाइबिल का तमिष अनुवाद किया और होले नामक नगर में तमिष टाइप बनवाये। आकार में बड़े होने के कारण ये टाइप काम में नहीं लाये जा सके। जिगेनबल्ग ने पुनः निजी प्रयत्न किए। ट्रांक्वेबार के समीप कागज का कारखाना भी बैठाया गया। सन् 1715 में जिगेनबल्ग का यह न्यू टेस्टामेंट का तमिष अनुवाद बिबलिया ड्युम्युलिया (Biblia Dumulia) नाम से छपा। इस सब प्रयत्नों के होते हुए भी मद्रास में प्रेसों का विकास विशेष तेजी से नहीं हुआ। सन् 1863 तक मद्रास में केवल दस मुद्रणालय थे।[3] गोवा के प्रेसों

1. हिन्दी के आदि मुद्रित ग्रन्थ—कृष्णाचार्य, पृष्ठ-5।
2. हिन्दी विश्व कोश, पृष्ठ-336।
3. National Librasy (The Carey Exlibition of early priting and fine printing) Calcutta, p.l, 1955

की मुद्रित सामग्री आज बहुत सीमित मात्रा में उपलब्ध है। कहा जाता है कि टीपू सुल्तान के आक्रमणों में यह सामग्री नष्ट हो गई।[1] सन् 1556 के आस-पास पुर्त्तगाली इस मुद्रण कला को गोवा ले आए, किन्तु अंग्रेज यह कभी नहीं चाहते थे कि मुद्रण पर पुर्तगालियों का एकाधिकार हो, अतः तत्कालीन गवर्नर जनरल वारेन हेंस्टिंग्स ने चार्ल्स विकिल्स को बंगला भाषा में टाइप तैयार कराने तथा प्रेस की व्यवस्था करने के लिए नियुक्त किया। अतः विकिल्स ने सन् 1778 में बंगला-अंग्रेजी व्याकरण का प्रकाशन किया। इसके साथ उसने सन् 1805 में देवनागरी अक्षरों के टाइपों को तैयार किया।[2]

अन्त में निष्कर्ष के रूप में आदरणीय श्री कृष्णाचार्य जी कहते हैं कि[3] भारतीय मुद्रण-कला का स्थायी आरम्भ कलकत्ता से हुआ। ईस्ट इंडिया कम्पनी के उच्च कर्मचारी और भारतीय विद्याओं के जानकार चार्ल्स विल्किल्स (1750-1836) ने. मि. ऐन्ड्रयूज के हुगली प्रेस में लगी नैथेनियन ब्रेसी हॉलहेड (Nathaneil Brassey Halhed) कृत 'अ ग्रामर ऑफ बंगाली लैंग्वेज' (A Grammar of Bengali Language) पुस्तक के लिए पहली बार बंगला टाइप बनाये। हॉलहेड (1751-1830) कम्पनी के कर्मचारी थे। कम्पनी के कर्मचारियों को बंगला ज्ञान कराने के लिए उसने यह बंगला व्याकरण 1778 में छपाया। भारत में बंगला और नागरी टाइप के जनक दो व्यक्ति थे—**चार्ल्स विकिल्स** और **पंचानन कर्मकार।** विकिल्स 1770 में कम्पनी की नौकरी में भारत आए। नौकरी के साथ-साथ इस विद्यानुरागी अंग्रेज ने संस्कृत भाषा और साहित्य का अभ्यास कर भगवद्गीता, हितोपदेश और शकुन्तला नाटक का अंग्रेजी अनुवाद किया। विकिल्स ने हुगली प्रेस के लिए बंगला टाइप बनाने का उद्योग किया। विकिल्स के टाइप सम्बन्धी विचारों और प्रारम्भिक कार्यों को पूर्णता देने का कार्य पंचानन-कर्मकार ने किया। इतना ही नहीं, पंचानन ने अन्य भारतीय लिपियों के टाइप बनाये और उनमें सुधार किए। सन् 1786 में विल्किल्स भारत से चले गए। सन् 1800 में वह 'इंडिया ऑफिस' के प्रथम पुस्तकाध्यक्ष और 1806 में वह हेलेबरी कॉलेज में प्राच्य विद्याओं के अध्यापक नियुक्त हुए। सन् 1808 में उनकी 'संस्कृत व्याकरण' पुस्तक छपी। सन् 1833 में विल्किल्स 'नाइट' पदवी के विभूषित हो 1836 में परलोकवासी हुए। सन् 1808 के व्याकरण में प्रयुक्त नागरी टाइप के समान सुन्दर टाइप भारत में उस समय तक नहीं बन पाया था।

सन् 1798 में बैप्टिस्ट मिशनरी विलियम केरी ने कलकत्ता की किसी टाइप फाउंड्री का विज्ञापन पढ़ा। उसे बताया गया कि पंचानन नाम के एक लुहार ने टाइप बनाये हैं। पंचानन उस समय प्रसिद्ध संस्कृतज्ञ कोलब्रुक के बंगले के पास रहते थे। पंचानन कोल ब्रुक के कर्मचारी थे। केरी ने अपने श्री रामपुर प्रेस में टाइप बनवाने के लिए पंचानन को कोलब्रुक से माँगा। कोलब्रुक राजी नहीं हुए। केरी ने अधिक वेतन का प्रलोभन भी दिया। अन्त में एक चाल सफल हुई। उसने पंचानन को कुछ दिनों के लिए माँगा। बाद में श्री रामपुर आए पंचानन को केरी ने कुछ तो डेनमार्क के प्रशासन के सहयोग से और कुछ अपने अनुनयपूर्ण व्यवहार से सदैव के लिए रोक लिया। इधर, कोलब्रुक के क्रोध और प्रयत्नों का कोई फल न निकला। सन् 1807 में प्रकाशित मोमोएर (श्रीरामपुर से) में लिखा गया कि,—"परम पिता परमेश्वर की कृपा से हमें ऐसा कलाकार प्रेस स्थापित करते ही मिला जिसने चार्ल्स विल्किल्स के विचारों को अच्छी तरह हृदयंगम कर लिया था। उसकी सहायता से हमने टाइप फाउंड्री बनाई। यद्यपि वह अब दिवंगत है, किन्तु अपनी कला कई साथियों को इतने अच्छे रूप में दे गया है कि वे लोग अब सुन्दर टाइप बना और ढाल रहे हैं। ये इतने शुद्ध हैं कि इनकी तुलना किसी भी योरोपीय कलाकार से की जा सकती है।[4] केरी की जीवनी लिखने वाले जॉर्ज स्मिथ ने लिखा कि देवनागरी का एकदम नया फॉट तैयार है, इसे भारत में निर्मित सबसे सुन्दर टाइप माना जाता है। इसमें लगभग 1,000

1. हिन्दी के आदि मुद्रित ग्रन्थ—कृष्णाचार्य, पृष्ठ-6।
2. पत्रकारिता के सिद्धान्त—डॉ. गुरुशरण लाल, पृष्ठ-39।
3. हिन्दी के आदि मुद्रित ग्रन्थ—कृष्णाचार्य, पृष्ठ-11-12।
4. The Memoirs Relative to Translations, quoted from Carey's life : George Smith, p. 181

टाइप समूहों का उपयोग होता है। आगे चलकर पंचानन के भतीजे **मनोहर** ने इस कला में इतनी दक्षता प्राप्त कर ली थी कि,—"वह प्रायः सब भारतीय भाषाओं में प्रयुक्त लिपियों के टाइप बनाने लगा। उसके द्वारा बनाये टाइप मिशन प्रेस में और बिक्री के रूप में 40 वर्षों तक वितरण के प्रधान आधार थे। वह अन्त तक लुहार जाति का हिन्दू बना रहा और श्रीरामपुर 1860 तक पूर्वीय देशों का टाइप-निर्माण केन्द्र।" बहुत सही-सही कहना हो तो कहा जा सकता है कि नागरी टाइपों का जन्म स्थान कलकत्ता नगर नहीं, हुगली और श्रीरामपुर हैं। श्री रामपुर में ही प्रथम बड़ी टाइप फाउंड्री बनी, जिसने बम्बई तक टाइप की माँग पूरी की। श्री रामपुर में सर्वप्रथम इंग्लैंड से ही टाइप ढलवाकर मँगाने के प्रयत्न हुए थे और ये सब प्रयत्न असफल रहे[1]—"The Persian fount, which Mr. Fuller had sent out cost Rs. 500. The missionaries had also desired him to ascertain whether Telinga and Nagree founts might not be obtained more cheaply and expeditiously in London, where Fry and Figgings, the eminent founders, had been employed in preparing Oriental punches for the East India - Company... attention at Serampore."

(3) भारतीय भाषाओं में मुद्रण का संक्षिप्त लेखा-जोखा

भारतवर्ष में मुद्रण यंत्र स्थापित करने का श्रेय अधिकांश लोग पुर्त्तगालियों को देते हैं।[2] **श्री अम्बिकाप्रसाद बाजपेयी** भी इसी विचार के हैं कि मुद्रण यंत्र सर्वप्रथम यूरोपवासी ही भारत लाये। सन् 1550 ई. में भारत के गोवा शहर में प्रेस की स्थापना हुई। सन् 1674 ई. में ईस्ट इंडिया कम्पनी द्वारा तत्कालीन बम्बई में मुद्रणालय खोला गया। 18वीं शताब्दी में ही मद्रास, कोलकाता तथा हुगली आदि स्थानों में छापेखाने स्थापित हुए।[3]

इस प्रकार भारतीय भाषाओं में मुद्रण कार्य का शुभारम्भ हुआ। दक्षिण में एक ओर मलाबारी टाइप बनाये गए तो वहीं तमिष टाइप भी बनाये गए। दक्षिण में ही कोल्लम-कोचीन में मुद्रण यंत्र स्थापित होते ही पुस्तकों का प्रकाशन शुरू हुआ। इसी तरह देवनागरी और कन्नड़ टाइप भी कालान्तर में ढाले गए। इधर, पारसी जाति के फरदुन जी मर्जबान ने गुजराती अक्षरों का निर्माण किया। उन्होंने सन् 1892 ई. में 'समाचार' नामक प्रेस खोला। इसी प्रेस से सन् 1822 ई. में 'बम्बई समाचार' नामक पत्र प्रकाशित हुआ। चूँकि छपाई अभी तक सरकार और मिशनरी तक ही सीमित थी, अतः उसका व्यापक विकास न हो सका। शिशिक्षुता (Apprenticeship) की व्यवस्था के अभाव में भारतीयों के लिए इसका ज्ञान शक्य नहीं था।[4] भारत में कोई औद्योगिक क्रान्ति नहीं हुई और यहाँ की अर्थव्यवस्था प्रधानतया कृषि पर निर्भर थी। अंग्रेज शासक भारत में शिक्षा का व्यापक प्रसार करना नहीं चाहते थे, अतः मुद्रित सामग्री की माँग सीमित थी। इन सभी कारणों से भारत में मुद्रंण का विकास अवरुद्ध रहा। मद्रास, कलकत्ता आदि के मिशनों के बन्द हो जाने पर जब इनके प्रेस बिके तक भारत में छपाई का प्रसार हुआ। बन्द हुए प्रेस के कर्मचारियों ने बम्बई, कलकत्ता और मद्रास में अपने प्रेस स्थापित किए और इस प्रकार भारतीय प्रेस उद्योग का जन्म हुआ। **श्री रुस्तम जी कार्शप जी** के निदर्शन में भारत का पहला समाचार-पत्र, बाम्बे करीयर (Bombay Career) का प्रकाशन 1775 ई. में प्रारम्भ हुआ।

(4) देवनागरी लिपि में मुद्रण का संक्षिप्त ब्यौरा

भारत वर्ष में हजारों वर्षों तक प्रचलित ब्राह्मी के गर्भ से जन्मी देवनागरी कुछ लोगों के अनुसार अक्षरात्मक (Syllabic) लिपि है तो कुछ लोग इसे ध्वन्यात्मक (Phonetic) लिपि भी मानते हैं। देवनागरी को अक्षरात्मक इसलिए कहा जाता है कि इसके वर्ण (अक्षर-Syllable) हैं, स्वर भी और व्यंजन भी।' 'क' 'ख' आदि व्यंजन सस्वर हैं—अकारयुक्त हैं। वे केवल ध्वनियाँ नहीं हैं, अपितु सस्वर अक्षर

1. William Carey and the Serompore Books (1800-1834) - Mr. Siddiq Khan, P. 247, Vol.-3, No.3, 1961
2. आधुनिक हिन्दी साहित्य का इतिहास—डॉ. बच्चन सिंह, पृष्ठ-25।
3. समाचार पत्रों का इतिहास—श्री अम्बिका प्रसाद वाजपेयी, पृष्ठ-93।
4. हिन्दी विश्वकोश, पृष्ठ-336।

हैं। अतः अपने गुणों तथा अन्यान्य लोकोत्तर विशिष्टताओं से आपूरित देवनागरी अन्तर्देशीय ही नहीं, बल्कि अन्तर्राष्ट्रीय लिपि बन चुकी है। आदर्श या वैज्ञानिक लिपि में जितने गुण होने चाहिए, देवनागरी उन सबका सम्यक् निर्वहन करती है। विश्व की किसी भी लिपि की तुलना में देवनागरी निःसन्देह सर्वप्रधान सुन्दर, पूर्ण, सरल, अधिक निर्दोष तथा वैज्ञानिक लिपि है। इस लिपि की वैज्ञानिकता पर भारतीय विद्वानों के साथ-साथ प्रायः सभी यूरोपीय विद्वान-ब्लूमफील्ड, हेनरीस्वीट, जे.आर. फर्च, डॉ. अल्फ्रेडमूलर, जेम्स प्रिसेप, कुपेरी, बेबर, सेनसन, कस्ट सेनार्ट, वेनफे, टेलर, डी.के. बूलर तथा डेविड डेरिंजर आदि भी मुग्ध रहे हैं। डॉ. डेरिंजन ने इसकी वैज्ञानिकता की मुक्त कंठ से प्रशंसा करते हुए लिखा है—"Devenagari is one of the most perfect systems of writing. A part from its weekness, it has remen dessentially unaltered for many centuries, being obviously easier to write correctly and constentally." कुल मिलाकर देवनागरी भारत की सबसे अधिक सम्पन्न, शास्त्रीय, बहुप्रयुक्त और समृद्ध लिपि है।

CAPUT VII.
De Literis Brachmanum.

चाइना इलेस्ट्रेटा : आरम्भिक पृष्ठ (1667 ई.)

मैं समझता हूँ कि देवनागरी में अन्तर्निहित उक्त गुणों के कारण ही पश्चिम के विद्वानों ने सम्पूर्ण भारतीय भाषाओं की लिपियों में देवनागरी लिपि में ही फॉट तैयार करने से लेकर अनुवाद कर्म किया। इन्होंने सर्वप्रथम देवनागरी टाइप ढालने का निर्णय लिया और वह भी भारतवर्ष के बाहर यूरोप में। श्री कृष्णाचार्य महोदय अपनी प्रसिद्ध पुस्तक 'हिन्दी के आदि मुद्रित ग्रन्थ' में इस तथ्य की ओर संकेत करते कहते हैं कि अथानासी किर्चरी-(Athanasi Kircheri) द्वारा लिखी गई पुस्तक **'चाइना इलेस्ट्रेटा'** देवनागरी लिपि में छपी थी। इसका प्रकाशन ज्ञात तिथि के अनुसार 1667 ई. है। यह देवनागरी लिपि में छपनेवाली सम्भवतः प्रथम पुस्तक थी। कृति में कई अध्याय हैं, जिनमें सातवें अध्याय का नाम 'डलिटेरिस ब्राकमानुस' (De Literis Brachmanns) है। यह अध्याय इस पुस्तक के पृष्ठ 162-163 पर पड़ता है। इसमें पाँच प्लेट हैं। इन प्लेटों में पाणिनि का प्रथम सूत्र—अ, इ, उ-तथा बाहरखड़ी के कुछ रूप साथ ही पाँचवी प्लेट में पीटर नॉस्टर (Peter Noster) और आवे मारिया (Ave Maria) नाम से प्रसिद्ध बाइबिल की प्रार्थना है। उदाहरण के तौर पर—

Ave	Maria	Gratia	Plena	Dominus
आवे	मारीया	ग्रसीअ	प्लेना	दोमिनस

इसी तरह उक्त पुस्तक का छठाँ अध्याय पृष्ठ 156-162 के बीच पड़ता है। इस अध्याय में ब्राह्मण कथाओं पर चर्चा की गई है। वर्णन को जिन्दा-जीवन्त बनाने के लिए कथा में आए अवतारों का सचित्र वर्णन किया गया है। इन चित्रों पर नागरी और भ्रष्ट भाषा में लैटिन के साथ नाम अंकित किए गए हैं। यह पुस्तक राष्ट्रीय ग्रन्थालय, कोलकाता में सुरक्षित है।[1] इसके अलावा रोम एम्स्टरडम, लीपजिंग, बैक्ट्रीयानी आदि में भी नागरी लिपि में छोटी-मोटी छपाई हुई है।[2] इतना ही नहीं, कालान्तर में भी, नागरी लिपि में कई अन्य पुस्तकें छपीं। सन् 1678 ई. में होरट्स इंडिकस मलाबारी' (Hortus Indicus Malabari) नाम की पुस्तक ऐम्स्टरडम से ही छपी। बताते हैं, इसकी भूमिका में संस्कृत की ग्यारह पंक्तियाँ नागरी में मुद्रित हैं। इसी तरह सन् 1738 ई. में थियोफीलस सिगफ्रिड बेयर (Theophiles Sigefrido Bayero) नाम के एक विद्वान ने सेन्ट पीटर्सबर्ग से एक पुस्तक 'हिस्टोरिया रेग्नी ग्रेइकोरम बैक्ट्रीयानी) प्रकाशित करायी। कहीं उल्लेख है कि बेयर (Bayero) महोदय मैक्समूलर, ब्रगमैन तथा बॉप नाम के विद्वानों से भी पहले तुलनात्मक भाषा-विज्ञान (Comparative Linguistics) पर काफी काम कर चुके थे। उनकी उक्त पुस्तक में जहाँ बहुत ही कम मात्रा में अरबी, यूनानी, तमिल आदि लिपियों (Scripts) के नमूने दिए गए हैं, वहीं देवनागरी लिपि के नमूने बहुतायत मात्रा में दिए गए हैं। पुस्तक में महीनों, वार, गिनती आदि के नाम नागरी लिपि में हैं। भाषा का नाम ब्राह्मण दिया है। नागरी अक्षर टाइप से मुद्रित हैं, ब्लॉक से नहीं। रोमनलिपि में लिखी इस पुस्तक के अवतरणों के बीच-बीच में नागरी के पृथक्-पृथक् अक्षर मुद्रित हैं। किर्चरी की पुस्तक की तरह यह मुद्रण प्लेटों पर कागज के एक ओर नहीं है। नागरी अक्षर एक शिरोरेखा से बँधे हुए नहीं, वरन् टाइप की तरह सटे हुए किन्तु पृथक् हैं। टाइपों का आकार पर्याप्त बड़ा और कलकत्ता से छपी गिलक्रिस्ट की 'हिन्दुस्तानी ग्रामर' में उपलब्ध टाइप से भी भद्दा होने के कारण नागरी मुद्रण के पूर्वतम रूप का द्योतक है। कुछ उदाहरण इस प्रकार हैं—

"दक, दुउ, न्नाई, चारे, पाजे, छेइ, आने, श्रटे, नाउ, दाह।"

पुस्तक की भाषा जर्मन है, अतः इस अवसर पर बेयर के ब्राह्मण भाषा का अर्थ या अन्य रहस्यों का उद्घाटन नहीं किया जा सका है। सन् 1745 में शुल्जी (Benjamini Schulzii) कृत 'हिन्दोस्तानिका' की भूमिका, पृष्ठ तीन पर देवनागरीकाए (Devanagaricae) शब्द का प्रयोग और उसी के नीचे, 'व्यंजन' शीर्षक से 'क' से लेकर 'ह' तक अक्षर नागरी में छपे हैं। सम्पूर्ण पुस्तक के 83 पृष्ठ उर्दू की तरह बाएँ के दाएँ छपे हैं। पुस्तक में उूर्द लिपि का उपयोग प्रचुर मात्रा में हुआ है।[3]

इसी तरह रोम में एक प्रसिद्ध पुस्तक सन् 1771 ई. में प्रकाशित हुई। नाम था—'ऐल्फाबेटम् ब्राह्मणीकम् सिउ इन्दोस्तानम उनवर्सिटारिस काशी।' इसके लेखक—गियोबानी क्रिस्टफोरो अमादुजी (Giovanni Cristoforo Amaduzzi) थे। इस पुस्तक की रचना वाराणसी के आस-पास की बोली (भाषा—हिन्दी) को आधार बनाकर की गई है। यद्यपि इस पुस्तक में कहीं-कहीं अरबी, फारसी तथा उर्दू आदि भाषाओं के शब्दों का प्रयोग हुआ है, किन्तु मूलतः यह कृति प्रथम बार नागरी के चल-टाइप में छपी है। इस पुस्तक में छपे नागरी के टाइप आकार में कुछ बड़े अवश्य है, किन्तु भारत में बने 1802-1803 ई. में नागरी मुद्रणों की तुलना में आते हैं। **डॉ. रामचन्द्र तिवारी** का विचार है कि[4] भारतीय मुद्रण कला का स्थायी आरम्भ कलकत्ता से हुआ। भारत में बंगला और नागरी टाइप के जनक दो व्यक्ति थे—चार्ल्स विल्किंल्स और पंचानन कर्मकार। विल्किंल्स ही वह पहले अंग्रेज थे, जिन्होंने बंगला का प्रथम व्याकरण 1778 में छापा और संस्कृत का अध्ययन ही नहीं किया, बल्कि भागवतगीता, हितोपदेश और शकुन्तला का अंग्रेजी अनुवाद भी किया। इन्होंने संस्कृत व्याकरण 1779 में प्रकाशित किया, किन्तु 1808 में छापे उसके दूसरे संस्करण में देवनागरी लिपि के अक्षर

1. हिन्दी के आदि मुद्रित ग्रन्थ—कृष्णाचार्य, पृष्ठ-9
2. हिन्दी पत्रकारिता : विविध आयाम—सं. डॉ. वेदप्रताप वैदिक, पृष्ठ-149।
3. हिन्दी के आदि मुद्रित ग्रन्थ—कृष्णाचार्य, पृष्ठ-9-10।
4. हिन्दी पत्रकारिता : विविध आयाम—पुस्तक में डॉ. रामचन्द्र तिवारी का लेख 'मुद्रण कला', पृष्ठ-149।

प्रयोग किए गए। इसे छापनेवाला प्रेस कलकत्ता के पास हुगली में था। इस व्याकरण में प्रयुक्त नागरी टाइप जितने सुन्दर टाइप भारत में उस समय तक नहीं बने थे। चार्ल्स विल्किंल्स ने 1795 में इस्पात के देवनागरी अक्षर बनाये, उनसे मैट्रिक्स बनाये और फिर साँचे। उन साँचों से टाइपों का एक फॉट अपने हाथ से ढाला। इस टाइप का प्रयोग करके सोहल पृष्ठों के प्रूफ भी तैयार कर लिये गए, किन्तु आग लग जाने के कारण वे सारे टाइप हाथ से फैल गए, खो गए अथवा बेकार हो गए। वस्तुतः चार्ल्स विल्किंल्स ने देवनागरी के टाइप तो 1795 में तैयार कर लिये थे, किन्तु उनका प्रयोग करके संस्कृत व्याकरण 1808 में लन्दन में छपा। इससे पूर्व ही विलियम कैरी ने मराठी का व्याकरण 1805 में तथा संस्कृत व्याकरण 1806 में प्रकाशित करा दिया, जिसमें देवनागरी के टाइपों का प्रयोग किया गया था। इससे भी पूर्व श्री रामपुर कॉलेज के छात्रों का शोध-प्रबन्ध देवनागरी लिपि में छपा था। कलकत्ता के राष्ट्रीय पुस्तकालय में गिलक्राइस्ट की लिखी एक अन्य पुस्तक 'हिन्दुस्तानी भाषा का व्याकरण' सुलभ है, जो 1796 में कलकत्ता के 'क्रोनिकल प्रेस' में छपी थी। सम्भवतः यह पुस्तक देवनागरी में छपी प्रथम पुस्तक है।...इस प्रकार डॉ. कैरी द्वारा बनवाये गए टाइप ही देवनागरी के प्रथम धातु टाइप थे, जिनकी परम्परा आज भी विद्यमान है, भले ही सबसे पहले भारत में मुद्रण गोवा या ट्रान्कूवर में हुआ हो, किन्तु मुद्रण के परिमाण और विविधता की दृष्टि से देखें तो श्री रामपुर मिशन का मुद्रण कार्य ही वास्तव में ऐसा है, जिसे हम भारत में मुद्रण का विधिवत् श्री गणेश मान सकते हैं।

(5) हिन्दी मुद्रण का सम्पालन (प्रारम्भिक) युग

सम्पालन युग का अर्थ होता है—प्रारम्भिक काल। साफ शब्दों में, हिन्दी मुद्रण का उद्‌भव या उषाकाल। इसे अंग्रेजी में (Incunabula period) कह सकते हैं। श्री कृष्णाचार्य इसे हिन्दी मुद्रण का सृजनात्मक युग कहना पसन्द करते हैं। हिन्दी में मुद्रण किन-किन व्यक्तियों के सहयोग से प्रारम्भ हो सका, प्रेरणा कहाँ-कहाँ से मिली, स्थितियों ने कितना सहयोग किया, कुल मिलाकर हिन्दी में मुद्रण के शुरुआती दौर का लेखा-जोखा जानने के लिए उक्त तथ्यों की जानकारी बहुत आवश्यक होती है। यूरोप में सम्पालन युग का अध्ययन पूर्ण विकसित शास्त्र के रूप में प्रतिष्ठित हो चुका है। कोनराड हेब्लर नाम जर्मन विद्वान् की पुस्तक इस विषय का प्रामाणिक ग्रन्थ है। सन् 1925 में लिखी इस जर्मन पुस्तक का अंग्रेजी अनुवाद ग्रोलियर क्लब न्यूयॉर्क द्वारा 1933 में 'द स्टडी ऑफ इन्क्युनाब्युला' नाम से प्रकाशित हुआ। हेब्लर ने सम्पालन युगीन पुस्तक की व्याख्या इस प्रकार की है,—"Incunabula are productions in which we can follow the development of the book and in which the printer expressed himself in his work as an independent, creative master..."[1]

बताते हैं, यूरोप में पुस्तकें प्रारम्भिक चरण में हाथ से लिखी जाती थीं। हाथ की नकल ही मुद्रण के जन्म का मूल उत्स है। यहीं से मुद्रण की शुरुआत हुई। मुद्रण के लिए टाइपों का निर्माण शुरू हुआ। भारत में मुद्रण-कला यूरोप की विकसित मुद्रण पद्धति के साथ आई। भारत में बंगाल के श्रीरामपुर में प्रथमतः टाइपों का निर्माण शुरू हुआ। इस कार्य में अंग्रेज चार्ल्स विल्किंल्स, बंगाल के पंचानन कर्मकार तथा कालान्तर में उसका भतीजा मनोहर ने सहयोग किया। इन हिन्दी टाइपों की एक विशेषता यह थी कि इनकी माँग बंगाल के प्रकाशन संस्थानों में तो बहुत अधिक थी ही, बंगाल के बाहर कई अन्य प्रदेशों यथा मुम्बई आदि में भी इनकी माँग बहुत होती थी। बम्बई के अमेरिकन मिशन प्रेस में 1817 में छपी मराठी पुस्तक 'सेण्ट मैथ्यू का शुभ वर्तमान् के टाइप श्री रामपुर की फाउंड्री से मँगाये गए थे। यद्यपि, इस प्रकार श्री रामपुर प्रेस-द्वारा ही भारत में सम्पालन युग का श्री गणेश हुआ और यह परम्परा ही आगे बढ़ी, किन्तु इसके बाद नागरी के बम्बइया टाइप ही हिन्दी प्रदेश में अधिक लोकप्रिय हुए। ये टाइप अधिक टिकाऊ और सुन्दर थे।[2]

1. हिन्दी के आदिमुद्रित ग्रन्थ-कृष्णाचार्य, पृष्ठ-20।
2. वही, पृष्ठ-21।

बहरहाल, इस प्रसंग को यहीं स्थगित कर आगे बता दें कि अंग्रेज लेखक गिलक्रिस्ट की 'हिन्दुस्तानी ग्रामर' कलकत्ता के क्रॉनिकल प्रेस से सन् 1796 में सम्भवतः पहली बार छपी। ऊपर फारसी लिपि में, पुनः नागरी लिपि में अमीर खुसरों की यह मुकरी मुद्रित है—

''सारी रइनि छतिअन पर राखा। रस कश वाका सब ही चाखा।
भोर भवो तब दीनो डार। क्या सखि साजन नहिं सखी हार।।''

कालान्तर में इस पुस्तक का पूरक भाग 'Appendix' नाम से 32 पृष्ठों में कलकत्ता के ही जॉज़ेफ कपूर द्वारा 1799 में प्रकाशित हुआ। सच तो यह है कि हिन्दी भाषा और नागरी लिपि में कोई पुस्तक किंचित 1802 से पहले नहीं छपी। 1803 में डब्ल्यू. चैप्लिन की थीसिस ''सती होने की रीति'' 9 पृष्ठों में छपी। 1804 में जे. रोमर का प्रबन्ध 'हिन्दुस्तानी शीर्षक' के अन्तर्गत् छपा। 1805 ई. में हिन्दुस्तानी प्रेस कलकत्ता ने विलियम हण्टर की 'हिन्दुस्तानी भाषा की बाइबिल' मोतीराम की कृति 'माधोनल' (अनु. मजहर अली और लल्लू जी) तथा सुन्दर कवीश्वर कृत सिंहासन बत्तीसी' नागरी टाइप में छपी। इस हिन्दुस्तानी प्रेस की स्थापना गिलक्रिस्ट ने की थी। इसे वे अपनी निजी सम्पत्ति भी मानते थे। हिन्दी की पुस्तकें संगठित रूप से पहली बार छापने का श्रेय हिन्दुस्तानी प्रेस को ही है।[1] कालान्तर में इसी प्रेस से 1807 में तुलसीदास की 'गीतावली' और 'राम सगुनावली', 1809 में बिहारी की 'सप्तशतिका', 1810 में प्रेमसागर, सतसई, अशआर मियाँ नजीर के तथा गोस्वामी तुलसीदास कृत 'रामायण', 1814 में कवि मतिराम कृत 'रसराज', 1815 में कवित्त रामायण और सभा विलास, 1817 में ब्रज विलास तथा माधव विलास, 1818 में कोकसारम् 1819 में सुदामाचरित तथा 1820 में सभा विलास, वृन्दसतसई और लल्लू लाल जी द्वारा सम्पादित सरसरस का मुद्रण हुआ। इसके बाद इस प्रेस से छपी किसी पुस्तक की जानकारी मुझे नहीं है। बहरहाल, आज इक्कीसवीं सदी के इस वैज्ञानिक युग में भारतीय मुद्रण-कला का कितना विकास हुआ है, यह इस विषय में जिज्ञासा रखनेवाले सभी जानते हैं।

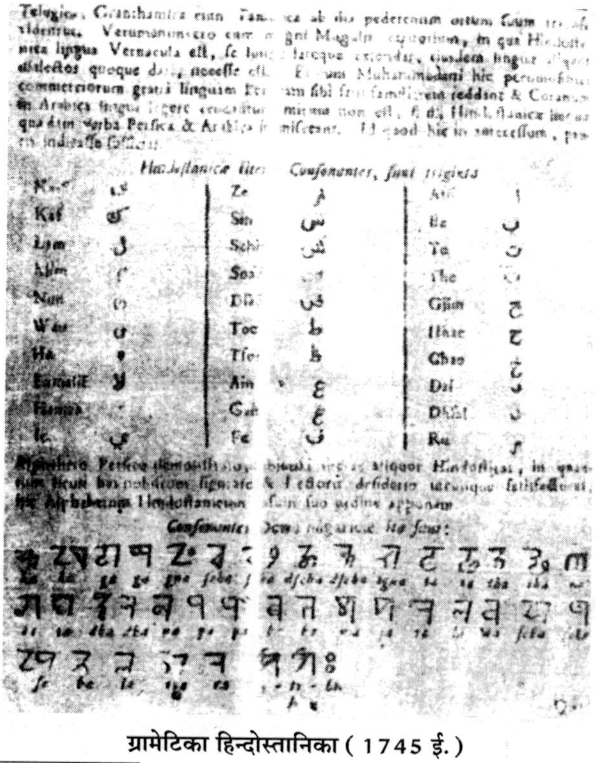

ग्रामेटिका हिन्दोस्तानिका (1745 ई.)

1. गिलक्रिस्ट-अतीक सिद्‌दीकी, पृष्ठ-36, सन् 1961

(6) हिन्दी मुद्रण के तीन अन्य युग

(क) लल्लू लाल जी युग (1801-1822), (ख) मिशन युग (1822-1844) तथा (ग) शिव प्रसाद युग (1845-1870)।

(क) लल्लू लाल जी युग (1801-1822)

हिन्दी मुद्रण के इस युग में छपाई का काम परवान चढना शुरू किया। कई ऐसे लोगों के प्रयास से हिन्दी में पुस्तकें छपनी शुरू हुईं। इनमें तीन नाम विशेष रूप से उल्लेखनीय हैं,—विलियम कैरी (1761-1834), जान वॉर्थविक गिलक्रिस्ट (1759-1841) तथा भारत के श्री लल्लू लाल (1761-1824) जी। हिन्दी मुद्रण को धार देने में केरी का सहयोग विशेष रूप से था। केरी श्री रामपुर मिशन और वहाँ के प्रेस के प्रमुख थे। गिलक्रिस्ट भारत में चिकित्सक के रूप में आए थे, किन्तु सन् 1800 ई. में कोलकाता के फोर्ट विलियम कॉलेज में फारसी और हिन्दुस्तानी विभाग के अध्यक्ष बनाये गए। यद्यपि इन ब्रिटिश शासकों का मुख्य उद्देश्य भारत से व्यापार करके धन लूटना और इंग्लैंड को समृद्ध बनाना था, किन्तु मुद्रण के माध्यम से अपने धर्म और शिक्षा का प्रसार, कम्पनी कर्मचारियों के लिए इस देश की भाषा, संस्कृति तथा शिक्षा-सम्बन्धी जानकारी प्राप्त करना भी था।

बहरहाल, इस समय तक हिन्दी गद्य अपनी प्रारम्भिक अवस्था से निकलकर आगे बढ़ ही रहा था कि प्रेस (मुद्रण) के अस्तित्व में आ जाने से उसे और अधिक गति मिली। हिन्दी पत्रकारिता चलनी शुरू हुई। इसने हिन्दी गद्य के विकास और परिष्कार में सहयोग प्रदान किया। इस कला का जन्म, इस कृति के पाठक, पहले से जानते हैं, सर्वप्रथम जनभाषा बंगला में हुआ और हिन्दी में इसका आरम्भ कलकत्ते में ही पंडित जुगलकिशोर शुक्ल द्वारा हुआ। सन् 1800 ई. में फोर्ट विलियम कॉलेज की स्थापना के समय से ही लल्लू लाल जी 'भाषा' मुन्शी बने, पश्चात् 'सर्टिफिकेट पंडित' बने और उसके बाद सन् 1801 ई. में उसी कॉलेज में स्थायी नौकरी शुरू की। लल्लू लाल जी का उपनाम 'लाल कवि' था। बताते हैं, गिलक्राइस्ट के आदेश से लल्लू लाल जी ने खड़ी बोली गद्य में 'प्रेम सागर' लिखा, जिसमें भागवत दशमस्कन्ध की कथा वर्णित है। ये गुजराती ब्राह्मण थे, किन्तु आगरा में रहते थे, जीविका की तलाश में कलकत्ता गए थे।

श्री सदल मिश्र भी लल्लू लाल की तरह फोर्टविलियम कॉलेज से सम्बद्ध थे। इन्होंने 'नासिकेतोपाख्यान' नामक ग्रन्थ लिखा। यह ग्रन्थ यद्यपि चर्चित तो अवश्य हुआ, किन्तु अंग्रेजों की तत्कालीन भाषा-नीति के अनुरूप इसमें 'भाषा' का प्रयोग नहीं हुआ था अतएव लल्लू लाल जी के 'प्रेमसागर' को तो तत्कालीन पाठ्यक्रम में स्थान मिला, किन्तु सदल मिश्र के 'नासिकेतोपाख्यान' को उपेक्षा के बट्टे-खाते पर फेंक दिया गया, जो भाषा की दृष्टि से अपेक्षाकृत श्रेष्ठ रचना थी। बहरहाल, 'प्रेमसागर' इस युग की श्रेष्ठ रचना मानी गई, इसके अनुवाद हुए, कठिन शब्दों के कोश बने। हाँ, इतना जरूर है कि हिन्दी मुद्रण के प्रति लल्लूलाल जी सौ टंचखाँटी समर्पित साहित्यकार थे। इसी समय हिन्दी मुद्रण-कला को प्रौढ़ता-सुघड़ता मिलनी शुरू हुई। यहाँ तक कि इनकी तुलना इंग्लैंड के अंग्रेजी भाषा के प्रथम मुद्रक विलियम कैक्स्टन से की जाती है। अतः हिन्दी मुद्रण के प्रति लल्लू लाल जी की उक्त देन के कारण ही नागरी मुद्रण के इस समय को 'लल्लू लाल' युग कहा जाता है।

(ख) मिशन युग (1822-1844 ई.)

नागरी मुद्रण का यह समय 'मिशन युग' या 'मिशनरी युग' माना जाता है। दरअसल, इस समय ईसाई मिशनरियों ने अपने देश से यहाँ आकर अपने धर्म, साहित्य आदि के प्रचार-प्रसार के लिए इस देश के बहुलांश की भाषा हिन्दी को माध्यम बनाया। उन्होंने ईसाई, धर्म, संस्कृति तमद्दुन, तहजीब के प्रचार-प्रसार के लिए जगह-जगह हिन्दी मुद्रण खोले, उनमें अपने साहित्य से सम्बन्धित हिन्दी भाषा की ढेरों पुस्तकें छापीं। बैप्टिस्ट मिशन प्रेस कलकत्ता का नाम इस सन्दर्भ में प्रमुखता से लिया जा सकता है। इधर, सन् 1817 ई. में कलकत्ता में 'कलकत्ता स्कूल बुक सोसाइटी' (Calcutta School Book Society) की स्थापना

हुई। इस सोसाइटी ने अपनी संस्कृति, धर्म आदि के प्रचार-प्रसार के लिए उत्तर भारत के अधिकांश हिस्सों यथा—आगरा, बनारस, इलाहाबाद तथा मिर्जापुर आदि स्थानों पर अपने हिन्दी मुद्रण खोलकर पुस्तकें छापीं। इन पुस्तकों को उन्होंने सामान्य से लेकर उच्च शिक्षण संस्थाओं के पाठ्यक्रमों में लगाया। बताते हैं, 1939-40 तक इन मिशनरी संस्थानों ने ही उत्तर भारत में टाइप द्वारा छपनेवाली पुस्तकों के मुद्रण पहली बार खोला। इधर, लल्लू लाल जी ने भी कलकत्ता से आगरा आकर अपना स्वतंत्र प्रेस खोलने का उद्यम किया, किन्तु पुनः किसी काम से कलकत्ता लौटने पर वहीं उनका देहान्त हो गया।

ईसाई मिशनरी ने उत्तर भारत में सर्व प्रथम हिन्दी मुद्रण आगरा में सन् 1837 ई. में स्थापित किया। इधर, 'क्रिश्चियन ट्रैक्ट ऐण्ड बुक सोसाइटी' (Christian Tract and Book Society) नाम की एक और संस्था का गठन सन् 1823 ई. में कलकत्ता में हुआ। कुल मिलाकर कहने का मन्तव्य यह है कि ईसाई मिशनरियों ने अधिक-से-अधिक संख्या में हिन्दी मुद्रण खोल उनसे अपने धर्म के प्रचार-प्रसार हेतु पुस्तकें छापीं। हिन्दी मुद्रण का इनका व्यवसाय कलकत्ता से दिल्ली तक छा गया। इन प्रेसों में इन्होंने अपने धर्म के साथ-साथ इतिहास, भूगोल, गणित, सामान्य विज्ञान, विज्ञान, नक्षत्र सम्बन्धी अंग्रेजी की पुस्तकों को हिन्दी में अनूदित कर उन्हें प्रकाशित किया। दरअसल, देखा जाए तो हिन्दी मुद्रण बहुतायत खोलने के पीछे हित तो इनके अपने थे, किन्तु इधर, हिन्दी मुद्रण भी दिन-पर-दिन उन्नत करता जा रहा था। अतः इन सभी कारणों से इस युग को मिशन युग कहने में कोई अत्युक्ति या बेजां नहीं होना चाहिए।

(ग) शिव प्रसाद युग (1845-1870)

हिन्दी मुद्रण और नागरी लिपि के प्रचार-प्रसार में जिस प्रकार अपने अमूल्य दाय देकर लल्लू लाल जी सम्मान के साथ 'लाल कवि' बने, ठीक उसी तरह हिन्दी और नागरी लिपि के प्रति उतना ही निखालिस समर्पण के कारण श्री शिवप्रसाद जी 'सितारे हिन्द' बने। कहते हैं, चूँकि राजा शिव प्रसाद जी सरकारी नौकरी में थे, अतः वे अंग्रेजों की नीतियों का समर्थन करते थे। वे अंग्रेजों के कृपा पात्र माने जाते थे। अतः तत्कालीन शासन में उनका अच्छा प्रभाव था। राजा साहब के समय तक उर्दू का प्रवेश सरकारी कार्यालयों में हो चुका था। कुछ लोगों का कहना है कि फारसी लिपि के स्थान पर वे देवनागरी लिपि के पुरजोर समर्थक और हितैषी थे, किन्तु कालान्तर में वे सरकारी दबाव में आकर उर्दू को ही इस देश की मुख्य भाषा मानने की वकालत करने लगे थे। वस्तुतः इस युग के दो प्रसिद्ध लेखकों-राजा शिव प्रसाद सिंह और राजा लक्ष्मण सिंह ने हिन्दी के स्वरूप-निर्धारण के प्रश्न पर दो सीमान्तों का अनुगमन किया। राजा लक्ष्मण ने विशुद्ध संस्कृतनिष्ठ हिन्दी का समर्थन किया और राजा शिवप्रसाद ने हिन्दी का गवाँरूपन दूर करते-करते उसे 'उर्दू-ए-मुअल्ला' बना दिया।[1]

उक्त तमाम बातों के अतिरिक्त इतना तय है कि शिवप्रसाद जी अपने समय के बड़े हिन्दी-चिन्तक, लेखक, सृजन संस्कृति को बढ़ावा देनेवाले, प्रवीण पत्रकार तथा दक्ष भाषाविद् थे। 'मानवधर्म सार', 'योगवशिष्ट' के चुने हुए श्लोक, 'उपनिषद् सार', 'भूगोलहस्तामलक', 'आलसियों का कोड़ा', 'वर्णमाला', 'राजा भोज का सपना', 'विद्यांकुर' तथा 'इतिहास तिमिर नाशक' आदि उनके प्रसिद्ध ग्रन्थ हैं। उनकी उक्त सारी पुस्तकें हिन्दी प्रेस में ही छपीं। इतना ही नहीं, आगरा, इलाहाबाद, मिर्जापुर, बनारस आदि स्थानों में खुले हिन्दी प्रेस में उनकी अधिकांश पुस्तकें छपीं। उन्होंने अंग्रेज इतिहासकारों को उनकी भूलों की ओर भी समय-समय पर संकेत किया—"Even so cautions a writer as Elphinstone was liable to commit such mistakes as to say, that Firoz Tuglak was nephew of the late king (Muhammad Tuglak), when Dow calls him, 'his cousin', or than Nasir-ud-Din Mahmud was the grandsom of Altamash (correctly Altimash), when he was in-fact his son; or that Altamash was purchased for 50,000 pieces of silver, when only 50,000 chitals were paid for him, 50 of which make a tanka or rupee of that time....like Marshmam....he calls, Raja Jeysingh of Jeypore and Raja Jesswunt Singh of Jodhpore : 'Marhatta generals'...The

1. हिन्दी साहित्य का इतिहास—सं. डॉ. नगेन्द्र, पृष्ठ-474, नेशनल पब्लिशिंग हाउस, दिल्ली।

difficulty of correcting Indian names written in Persian is rather greater than those written in English." कुल मिलाकर, अपने उक्त सृजनात्मक हस्तक्षेप से शिवप्रसाद जी ने हिन्दी मुद्रण को पुष्ट-प्रौढ़ किया। अतः हिन्दी मुद्रण के इस कालखंड को शिवप्रसाद युग कहना नामुनासिब और बेजां नहीं होगा।

(7) मुद्रण के विविध प्रकार

(1) लेटर प्रेस मुद्रण—अंग्रेजी में इसका एक नाम 'रिलीफ मुद्रण' है, तो हिन्दी में इसे 'अक्षर मुद्रण' कहते है। वस्तुतः रिलीफ मुद्रण या अक्षर मुद्रण टाइप, ब्लॉक, प्लेट आदि से छापने की तकनीक का नाम है। इसमें डिजाइन और लिपि रिलीफ में यानी उभरे हुए होते हैं। दूसरे शब्दों में, ये मुद्रणीय क्षेत्र की अपेक्षा ऊँचे तल पर रहते हैं। जब स्याही चढ़ायी जाती है, तब वह केवल मुद्रणी क्षेत्र पर ही पड़ती है, क्योंकि अमुद्रणीय क्षेत्र निचाई पर होता है। इस प्रकार स्याहीयुक्त मुद्रणीय क्षेत्र जब कागज के सम्पर्क में आते हैं, तो स्याही को कागज पर स्थानान्तरित करते हैं और कागज पर मुद्रणीय क्षेत्र की छाप पड़ जाती है। अक्षर मुद्रण की विशेषता सत्य और निश्चित छाप है। लिपि का प्रत्येक बिन्दु और उसकी सारी रूपरेखा सफाई के साथ, ज्यों-की-त्यों पुनरुत्पादित होती है। मुद्रण की इस विधि को हाशिया छोड़कर छापने के कारण आसानी से पहचाना जा सकता है। चल टाइपों के उपयोग के कारण यह बहुत ही लचीली विधि है। अक्षर मुद्रण बहुत की प्राचीनतम् विधि है और आज भी छपाई की बुनियादी विधि यही है।[1]

(2) लीथोग्राफी या ऑफसेट मुद्रण—'लीथोग्राफी' शब्द ग्रीक शब्द 'लिको' से बना है, जिसका अर्थ 'पत्थर' होता है। सन् 1798 में सेल्फेन्डर नामक एक जर्मन ने एक पत्थर खोज निकाला। जर्मनी की दक्षिण सीमा पर इस पत्थर की बहुत सी खानें हैं। भारत में भी यह पत्थर पाया जाता है। इस पत्थर के द्वारा छपाई को शिला-मुद्रण या लिथो (लीथो) प्रिन्टिंग कहते हैं। उर्दू भाषा का साहित्य कुछ समय पूर्व तक केवल इसी प्रणाली से छपता था। लिथो पत्थर में एक विशेषता होती है कि, इस पर खोदना नहीं पड़ता, बल्कि आसान-सी रासायनिक क्रिया के द्वारा यह अक्षरों को ग्रहण कर लेता है और फिर उस पर छपाई की जा सकती है।[2]

(3) ग्रेवियोर, ग्रेव्योर या डिस्प्रेड मुद्रण—इस मुद्रण विधि की प्रकृति अक्षर मुद्रण के ठीक उल्टा होती है। अक्षर प्रेस में छपाई के लिए अक्षरों को उभार दिया जाता है। ये उभरे हुए अक्षर ही मुद्रण के लिए स्याही ग्रहण करते हैं, किन्तु इसके ठीक विपरीत ग्रेवियोर पद्धति में मुद्रण सतह के नीचे दबी हुई बनाते हैं। इन दबे हुए अक्षरों में ही स्याही भरी जाती है। सम्भवतः इस प्रक्रिया से छपाई में सुविधा होती है। ग्रेवियोर विधि से छपाई की कला को बहुत दिनों तक गोपनीय रखा गया था, पर सन् 1910 ई. में 'द साउथेण्ड स्टैंडर्ड' नामक अखबार ने 'वेब रोटरी लेटर प्रेस मशीन' में ग्रेवियोर सिलेन्डर की मदद से जब कुछ चित्र छापे तब इसका खुलासा हुआ। ग्रेवियोर मशीन की छापने की गति बहुत तेज होती है। इन मशीनों का प्रयोग आजकल अधिकतर प्लास्टिक सतह पर मुद्रण हेतु किया जाता है।

(4) फ्लैक्सोग्राफी मुद्रण—फ्लैसोग्राफी मशीन का मूल निर्माण तथा विकास एलस्के लाराईन नामक एक औजार बनाने वाले कुशल कारीगर ने किया, परन्तु सन् 1908 ई. में सी.ए. होलवेग नामक एक व्यक्ति द्वारा कागज के थैले को एक रोटरी मुद्रण मशीन पर लचीले मुद्रण गुटखों द्वारा अल्कोहल में घुले एनीलीन रंगों द्वारा मुद्रण करने की विधि का ब्रिटिश पटेन्ट कराने के कारण होलवेग को फ्लैक्सोग्राफी का आविष्कारक माना जाता है। फ्लैक्सोग्राफी अपेक्षाकृत सरल एवं सस्ती मुद्रण पद्धति है।[3]

(5) सिल्क स्क्रीन मुद्रण—सिल्क स्क्रीन मुद्रण की पद्धति का आविष्कार मानचेस्टर के सैमुअल सीमोन ने किया। मुद्रण की यह नवीनतम विधि है। जब इस पद्धति से प्रारम्भ में छपाई की जाती थी तो छपाईवाले कागज या गत्ते पर उसी शक्ल की 'स्टेन्सिल' काटी जाती थी। इस स्टेन्सिल को छापने या मुद्रित करनेवाली जगह पर स्याही लगाकर रख दिया जाता था, बस थोड़े ही देर में चित्र या अक्षर

1. हिन्दी विश्व कोश, पृष्ठ-336।
2. पत्रकारिता : परिचय और विश्लेषण—डॉ. प्रीता व्यास, पृष्ठ-301।
3. भारतीय मीडिया : अन्तरंग पहचान (सं. डॉ. स्मिता मिश्र) में 'मुद्रणकला' लेख-डॉ. अम्बरीश पांडेय, पृष्ठ-129।

उग जाते थे। यह प्रक्रिया अधिकतर सजावट के लिए की जाती थी, किन्तु आज छपाई की उक्त विधि में ढेरों परिवर्तत किए जा चुके हैं। विलियम ह्यूज गोर्डन तथा हैरी एल हिट ने सन् 1916 ई. में छपाई की इस पद्धति को समय-समय पर इसके विषय में लेख-लिखकर लोगों का ध्यान आकर्षित किया। इनता ही नहीं, इन लोगों ने सन् 1922 ई. में छपाई की इस विधि पर एक स्वतंत्र पुस्तक का प्रणयन ही कर डाला। परिणाम हुआ, ब्रिटेन में सन् 1925 तक आते-आते सिल्कस्क्रीन मुद्रण पद्धति की अनेक मुद्रण शालाएँ खुल गयीं।

(8) मुद्रण यंत्रों का वर्गीकरण

अंग्रेजी में प्रेस शब्द से बोध होता है—'दबाना'। अक्षर पर स्याही लगाकर उनको दबाकर उभारने की कला से ही मुद्रण का आरम्भ हुआ। आज 'प्रेस' को मुद्रण-कला का एक महत्त्वपूर्ण अंग माना जाने लगा है। मुद्रण से ही समाचार-पत्र का भी महत्त्व है अर्थात् समाचार-पत्र, पत्रिकाओं की आधारशिला मुद्रण ही है। वैसे भी बिना दबाव के मुद्रण नहीं होता। इस प्रकार मुद्रण की विकासयात्रा आरम्भ हुई। आरम्भ में लकड़ी के हैड प्रेस सामने आए, फिर आगे बढ़ने पर सिलिंडर मशीनों ने अपना प्रभाव जमाया। इस प्रकार मुद्रण के विकास की गति में क्रमशः प्रगति हुई।[1]

(क) सिलिंडर मशीन

अठारहवीं शताब्दी के अन्तिम समय में इंग्लैंड के विलियम निकोल्सन ने छपाई के लिए इस मशीन के आविष्कार की कोशिश की, किन्तु उन्हें बहुत सफलता नहीं मिल सकी। सन् 1790 में निकोल्सन ने अपने इस काम को पुनः मूर्त्त रूप देने का प्रयास किया, पर, दुर्भाग्य से उन्हें पुनः असफलता ही हाथ लगी। कालान्तर में एक अन्य तकनीकी जानकारी में दक्ष शिल्पी श्री फेडरिक कोएनिंग ने निकोल्सन के इस प्रयास को साकार रूप दिया। कोएनिंग अनथक श्रमी और जेहनी व्यक्ति थे। उनको नित-नूतन आविष्कार के तलाश की भूख थी, सो उन्होंने इस जटिल कार्य को धैर्य, लगन और बिना थके कर डाला। इस कार्य को उन्होंने लन्दन में सन् 1810 ई. में मूर्त्त रूप दिया और इस प्रकार छपाई की पहली सिलिंडर मशीन उन्होंने प्रस्तुत किया। छपाई के आरम्भिक चरण में एक व्यक्ति कागज को मशीन में डालता था और दूसरा व्यक्ति मुद्रित पन्ने को मशीन से बाहर निकालता था, किन्तु यह प्रक्रिया बहुत धीमी और थका देनेवाली थी। मुद्रण का काम सन्तोषजनक नहीं हो पाता था, फलतः कोएनिंग ने गरज और जरूरत

सिलिंडर मशीन

1. पत्रकारिता के सिद्धान्त—डॉ. गुरुशरण लाल, पृष्ठ-40।

के अनुसार इसमें सुधार किया। सिलिंडर मशीन के इतने दीर्घकाल के इतिहास में समय-समय पर इसमें अनेक सुधार हुए। बहरहाल, इस मशीन के चार प्रकार बताए जाते हैं,—(1) स्टॉप सिलिंडर मशीन, (2) प्रत्यक्ष दबाववाली स्टॉप सिलिंडर मशीन, (3) टूरिवोल्यूशन सिलिंडर मशीन तथा (4) परफेक्ट डिलिवरी। इन्हें हम डॉ. गुरुशरण लाल के शब्दों में क्रमशः इस प्रकार देख सकते हैं[1]

(1) स्टॉप सिलिंडर मशीन—अपने नाम के अनुसार इस मशीन का सिलिंडर एक चक्कर लगाने के बाद स्वतः रुक जाता है। इसके साथ टाइपवाले मैटर को अपने स्थान पर लौटा देता है। टाइपवाला मैटर जब दूसरी छाप लेने के लिए वापस आता है, तब सिलिंडर पुनः घूमता है।

(2) प्रत्यक्ष दबाव वाली स्टॉप सिलिंडर मशीन—इस मशीन में भी यही क्रम रहता है। अन्तर केवल इतना होता है कि टाइपवाले मैटर के साथ स्याही की सिल नहीं होती। बेलन की फर्मे पर स्याही पहुँचा देता है।

(3) टूरिवोल्यूशन सिलिंडर मशीन—इस मशीन में सिलिंडर न रुककर निरन्तर घूमा करता है। एक चक्कर में वह कागज पर छाप लेता है और दूसरा खाली हो जाता है। तभी टाइपवाला मैटर अपने स्थान पर वापस चला जाता है तथा

(4) परफेक्ट डिलिवरी—सिलिंडर मशीन में न तो टेप होता है और न पंखा ही। पतले ड्रम, ग्रिटर और धागे मुद्रण कार्य को गति प्रदान करते हैं। सिलिंडर-ग्रिवर से जब मुद्रित शीट पृथक होता है, तब ड्रम के ग्रियर उसे पकड़ लेते हैं और धागे को तानों पर पहुँचा देता है। ये धागे सिलिंडर के चक्करों के साथ घूमते हैं और इस प्रकार आगे बढ़ते रहते हैं। मुद्रित शीट उनके सहारे एक सीमा तक जाकर रुक जाती है।

(ख) ट्रेडिल मशीन

छपाई की नई-नई तकनीकों के समक्ष सम्प्रति ट्रेडिल मशीन भले ही अपना पुराना वैभव खो चुकी है, किन्तु कभी इसका बड़ा महत्त्व था। छपाई की यह पुरानी मशीन है। हाल तक इसके माध्यम से जो मुद्रण कार्य होता रहा है, उसमें समय-समय पर जरूरत के अनुसार इस मशीन में सुधार किए जाते रहे। वस्तुतः इस मशीन का निर्माण सन् 1830 ई. में रंगल्स नामक कुशाग्र बुद्धि सम्पन्न व्यक्ति ने किया था। रंगल्स द्वारा निर्मित होने के कारण इस मशीन का 'रंगल्स कार्ड प्रेस' नामकरण किया गया। अपने निर्माण के शुरुआती दौर में इस मशीन से छपाई तो कुछ दिनों तक ठीक-ठीक होती रही, किन्तु कालान्तर में इस पेशे से जुड़े लोगों को इसमें कई तरह की खामियाँ दिखायी देने लगीं। उदाहरण के लिए छपाई करते समय प्लेटों के दबाव कम या अधिक होने के कारण कहीं गहरी छपाई तो कहीं हल्की छपाई हो जाती थी, जिससे अपेक्षित सफाई नहीं हो पाती थी। उक्त सभी परेशानियों के कारण, फ्रेडरिक कोएनिंग की तरह डेजेनर नामक एक अन्य व्यक्ति ने सन् 1860 ई. में 'लिबर्टी' नामकी छपाई सम्बन्धी एक अन्य मशीन का आविष्कार किया। यह मशीन रंगल्स की उक्त मशीन से कई सन्दर्भों में भिन्न थी, फिर भी इसमें कुछ खामियाँ थीं, जिसकी वजह से यह बहुत लोकप्रिय नहीं हो पाई। इधर, एक अन्य व्यक्ति जॉर्ज गार्डेन ने सन् 1861 ई. में 'फ्रेकलिन गार्डन' नाम की एक अन्य मशीन का आविष्कार किया। यह मशीन पूर्व की मशीनों से अपेक्षाकृत सुधरी-परिष्कृत थी। इसमें पहले की मशीनों की कमियों को छान-निथार लिया गया था। स्याही और प्लेट का सन्तुलन बराबर बना रहता था। अतः यह मशीन बहुत दिनों तक छपाई के काम में प्रयोग में लाई जाती रही।

(ग) ऑफसेट मशीन

पत्रकारिता पर एक गम्भीर पुस्तक 'पत्रकारिता के सिद्धान्त' लिखने वाले आदरणीय डॉ. गुरुशरण लाल जी ऑफसेट मशीन के रोचक और मनोविनोदी आविष्कार के विषय में बताते हैं कि लीथो मशीन की छपाई अन्य मशीनों की छपाई से सर्वथा भिन्न होती है। इसमें एक चिकना और सपाट पत्थर एक विशेष

1. पत्रकारिता के सिद्धान्त—डॉ. गुरुशरण लाल, पृष्ठ-41।

प्रकार के कागज पर लिखे हुए अक्षरों की छाप ग्रहण कर लेता है और उसके बाद सादे कागजों पर उसकी प्रति मुद्रित होती है। लीथो मशीन के आविष्कारक के सम्बन्ध में कोई स्पष्ट जानकारी नहीं मिलती है। लीथो मशीन पर मुद्रण करने से पूर्व मुद्रण करनेवाले विषय को विशेष प्रकार से तैयार कागज पर लिख लिया जाता है। इस पर लेखन-कार्य करनेवालों को 'कातिब' कहा जाता है। जिस प्रकार लेटर प्रेस में कम्पोज करनेवालों को 'कम्पोजिटर' कहा जाता है, उसी प्रकार लीथो मशीन में लेखन कार्य करनेवाले को 'कातिब' कहा जाता है। इन दोनों के कार्य में 'कातिब' का कार्य बड़ा ही कठिन होता है। इसको कोई साधारण व्यक्ति नहीं कर सकता। कुल मिलाकर ऑफसेट मुद्रण प्रणाली अन्य मुद्रण-प्रणाली से सर्वथा भिन्न है। इसे 'परोक्ष मुद्रण' भी कहते हैं।[1]

ऑफसेट मशीन

(9) ऑफसेट मुद्रण की विशेषताएँ तथा उससे लाभ

इस छपाई को प्लैनोग्राफिक (Planographic) या लिथो ऑफसेट मुद्रण (Litho Offset Printing) भी कहते हैं। प्लैनोग्राफिक छपाई की इसे लोकप्रिय विधि में प्लेट और कागज के बीच निर्दोष सम्पर्क और निर्दोषमसि अन्तरण में रबर चादर की लचक का लाभ उठाया जाता है। सिलिंडर पर आरोपित चादर प्लेट सिलेंडर से स्याही की छाप लेकर इस मशीन प्रतिबिम्ब को इम्प्रेशन सिलेंडर द्वारा आलम्बित कागज पर ऑफसेट कर देती है। ऑफसेट प्लेटों का निर्माण फोटोग्राफी द्वारा अर्थात् सूक्ष्मग्राहीकृत प्लेटों को निगेटिव के अन्तर्गत् छापकर होता है।[2] बहरहाल, ऑफसेट छपाई अधिक सुन्दर और साफ होती है। इसमें कागज पर रबर से इम्प्रेशन पड़ने के कारण दबाव बहुत कम होता है जिसे कागज की दूसरी सतह प्रभावित नहीं होती। हल्के दबाव के कारण प्लेट भी जल्दी नहीं घिसती। रबर के लचीलेपन के

1. पत्रकारिता के सिद्धान्त—डॉ. गुरुशरण लाल, पृष्ठ-42।
2. हिन्दी विश्व कोश, पृष्ठ-338।

कारण बारीक लाइनों या हाफटोन ब्लॉक्स की छपाई मोटे और रूखे कागज पर भी अच्छी तरह से हो जाती है। इसमें स्याही का खर्च भी कम आता है। कागज पर भी कम दबाव के कारण किसी तरह की सिकुड़न नहीं पड़ती है। आजकल छपाई के लिए ऑफसेट मुद्रण प्रणाली ही ज्यादा अपनायी जाती है। इससे सस्ती और बेहतर छपाई मिलती है।[1]

(10) ऑफसेट मुद्रण की कमियाँ-खामियाँ

कहते हैं, जहाँ कुछ विशेषताएँ होती हैं, वहीं बगल में कुछ कमियाँ-खामियाँ भी खड़ी होती हैं। साफ शब्दों में, ऑफसेट मुद्रण से जहाँ कम समय में छपाई की अन्य विधियों की तुलना में छपाई अधिक होती है, सस्ती होती है, किसी भी तरह के खुरदुरे या घटिया कागज पर छपाई खूबसूरत होती है, स्याही भी कम लगती है, आदि,—वहीं पर इस पद्धति से छपाई करने में कुछ परेशानियों का भी सामना करना पड़ता है, जैसे—कम प्रकाशन पर लागत मूल्य अधिक होती है, छपाई की मशीनों का मूल्य आसमान छूनेवाला होता है। फल यह होता है कि कम पूँजीवाले लोग इस विधि से प्रकाशन करने में कठिनाई का अनुभव करते हैं। साफ शब्दों में, छपाई की यह विधि काफी महँगी और खर्चीली होती है, जबकि सम्प्रति इसी विधि का चलन है।

(11) हिन्दी मुद्रण की समस्याएँ

हिन्दी मुद्रण की अपनी कुछ दुश्वारियाँ है। कुछ लोगों का कहना है कि यदि हिन्दी मुद्रण की उक्त कमियों पर ध्यान दिया जाए तो हिन्दी मुद्रण भी अंग्रेजी मुद्रण की कतार में खड़ा हो सकता है। यद्यपि आज के बदले समय में हिन्दी मुद्रण, की बहुत सारी दुर्बलताएँ दूर भी हो चुकी हैं। परिणाम हुआ है, समाचार-पत्रों से लेकर पत्रिकाएँ और पुस्तकें सुन्दर 'गेटअप', खूबसूरत 'कलेवर' तथा मनोहारी हिन्दी प्रिन्ट में छपकर, लकदक सजधज कर, रोज हमारे सामने आ रही हैं। वस्तुतः इस सदी में छपाई की मशीनों में क्रान्तिकारी बदलाव हुआ है, मुद्रण-सम्बन्धी टाइपों में 'प्वाइंटों' में परिवर्तन हुआ है। कागज में भी परिवर्तन हुआ है, चित्रों की छपाई में बदलाव हुआ है। कुल मिलाकर मुद्रण सम्बन्धी हर पड़ाव और मोड़ पर खासा बदलाव हुआ है। फिर भी तमाम बदलावों के बावजूद हिन्दी-मुद्रण की कुछ-न-कुछ कमियाँ शेष रह गई हैं। पहली, बात तो यह कि अंग्रेजी मुद्रण की तुलना में हिन्दी-टाइप अधिकतर 12 और कभी 14 प्वाइंट में होता है, जबकि अंग्रेजी के टाइप अधिकांशतया 6 या 8 प्वाइंट के होते हैं। इससे बड़ा फर्क पड़ता है। छोटे प्वाइंट होने के कारण, जहाँ अंग्रेजी समाचार-पत्रों में अधिक समाचार अँटते-छपते हैं, वहाँ बड़े प्वाइंट होने के कारण हिन्दी समाचार-पत्रों में समाचारों-विचारों की जगह सिकुड़ती-बटुरती जाती है। बड़ी और महत्त्वपूर्ण खबरें भी छपने से वंचित रह जाती हैं और यदि छपती भी हैं तो कम स्थान पाती हैं। इधर, कागज के स्तर पर भी एक अन्तर यह होता है कि जहाँ अंग्रेजी अखबारों में पृष्ठों-पन्नों की संख्या ज्यादा होती है, हिन्दी समाचार-पत्रों में पृष्ठ भी इनकी तुलना में कम होते हैं।

डॉ. रामचन्द्र तिवारी[2] हिन्दी-मुद्रण की कुछ अन्य समस्याओं की ओर संकेत करते लिखते हैं कि हिन्दी के मुद्रण में सबसे अधिक शिकायत होती है, मात्राओं, खासकर ए (े), ऐ (ै), ओ (ो), औ (ौ) की मात्रा टूटने की। अंग्रेजी में मोनो के स्थान पर लाइने अधिक पसन्द किया जाता है और हिन्दी में आठ या दस प्वाइंट का कम्पोज मोनो के स्थान पर लाइनों से किया जाए तो मात्रा टूटने की समस्या नहीं आएगी, क्योंकि मुद्रण की दाब पूरी लाइन पर पड़ने से मात्राएँ नहीं टूटेंगी। मोनो होने पर हर मात्रा का टाइप अलग होता है, जो कमजोर रहता है। हिन्दी के सभी प्रमुख दैनिक-पत्र अंग्रेजी के पिछलग्गू हैं। फलतः हिन्दी का पत्र उस समय छपता है, जब रोटरी मशीन खाली होती है। डाक संस्करणों के लिए गाड़ियाँ तो एक ही समय पर छूटती हैं, अतः अंग्रेजी का-पत्र नवीनतम् समाचार लेने की दृष्टि से छपता है और हिन्दी समाचार पहले छापा जाता है। दैनिक हिन्दी पत्रों को आज भी समाचार प्रधानतया

1. पत्रकारिता : परिचय और विश्लेषण—डॉ. प्रीता व्यास, पृष्ठ-302।
2. हिन्दी पत्रकारिता : विविध आयाम—सं. वेदप्रताप वैदिक, पृष्ठ-163।

अंग्रेजी भाषा की समाचार समितियों के माध्यम से मिलते हैं, अतः सम्पादन के स्थान पर अनुवाद अधिक महत्त्वपूर्ण हो जाता है। अनुवाद के बाद सुसम्पादन की स्थिति नहीं आती। यदि आती है, तो हस्तलिखित पांडुलिपि में ही काट-छाँट हो जाने से प्रेस के लिए अधिक कष्ट साध्य हो जाती है। इसका प्रभाव समाचार-पत्र के अशुद्धि-रहित मुद्रण पर पड़ता है। हिन्दी के समाचार-पत्रों में अंग्रेजी के समाचार-पत्रों की अपेक्षा अधिक अशुद्धियाँ मिल जाएँगी। हिन्दी के दैनिकों की स्थिति प्रायः अंग्रेजी दैनिक के उपोत्पाद की जैसी होती है, इसीलिए हिन्दी में दैनिक के लिए शीर्षकों के विविध रूप से टाइप नहीं मँगाये जाते। हिन्दी में आठ प्वाइंट से लेकर 144 प्वाइंट तक के अनेक फेसों के टाइप हैं। इनमें से अनेक टाइप हिन्दी के समाचार-पत्रों के शीर्षकों का आकर्षण बढ़ा सकते हैं, किन्तु ऐसा होता कम ही है। इस प्रकार दैनिक पत्रों के मुद्रण से सम्बन्धित समस्याओं में से कोई भी समस्या ऐसी नहीं है, जिसका समाधान कुछ प्रयास करने तथा अनुकूल इच्छा शक्ति होने पर न किया जा सके।

(12) समाचार-पत्र के कागज : आकार-प्रकार और मुद्रण-कला

पुस्तकें, पत्र-पत्रिकाएँ, विशेषांकों, स्मारिकाओं और दैनिक समाचार-पत्रों की छपाई तथा पृष्ठ-निर्माण—पुस्तक, पत्र-पत्रिकाओं और दैनिक समाचार-पत्रों के लिए कागज और स्याही का महत्त्व तथा जरूरत सर्वविदित है। साफ शब्दों में, छपाई, कागज और स्याही का त्रिकोण रिश्ता बहुत पुख्ता है। ये सभी एक-दूसरे की बेहद जरूरत हैं। इनमें से एक के अभाव में दूसरे का काम नहीं चल सकता। बहरहाल, विद्यार्थी, लेखक, व्यापारी कार्यालय इस सबको इनकी जरूरत होती है। मुद्रण-कला की तरह यह प्रश्न भी कुछ दिनों तक संशय का शिकार रहा कि कागज और स्याही किस देश के दिमाग की ऊर्वर उपज हैं। अधिकांश विद्वानों ने मुद्रण की तरह इनकी भी उत्पत्ति चीन देश ही मानी है। सच तो यह है कि मुद्रण-कला के आविष्कार के मूल में कागज का उपयोग सर्वप्रथम आता है। यह सुनिश्चित और सर्वमान्य तथ्य है कि चीन ने पूर्ण विकसित कला के रूप में कागज-निर्माण कला बाहर भेजी। जब संसार में किसी को भी कागज के प्रयोग का ज्ञान नहीं था उस समय चीन में अनेक प्रकार के कागजों का निर्माण होता था। कागज का आविष्कार 105 ई. के आस-पास हुआ माना जाता है। कागज बनाने की दिशा में प्रथम प्रयास 256 ई.पू. के आसपास हुआ और कागज का निर्माण 105 ई. में हुआ। चीनी बन्दियों ने इस कला का ज्ञान समरकंद में अपने विजेता अरबों को आठवीं सदी में दिया और मूर प्रजाजनों ने 12-13वीं सदी में अपने स्पेनिश विजेताओं का इसका ज्ञान दिया। तब से अब तक कागज के विकास की कहानी मानव-ज्ञान के विकास की कहानी है। संसार में आज जितना कागज बनता है, उसका सर्वाधिक भाग छपाई में प्रयुक्त होता है। कागज किस चीज का बना है, उसमें स्याही को पार जाने से रोकने की कितनी क्षमता है, कागज कितना चिकना या खुरदुरा है आदि दृष्टियों से कागज की अनेक किस्में हैं। इन किस्मों के दाम भी अलग-अलग हैं।[1]

छपाई के काम में आनेवाला कागज दो रूपों में आता है। बड़ी-बड़ी रीलों के रूप में (जिन पर अखबार छपते हैं) और शीटवाले रिम के रूप में एक रिम में लगभग पाँच सौ शीट होती है। ये विभिन्न नामों से मिलते हैं। जो रिमवाले कागज़ शीटों में कटे हुए आते हैं, उनकी लम्बाई ज्यादा और चौड़ाई कम होती है। इन शीटों को मोड़कर वह आकार दिया जाता है, जिसमें छपाई होनी चाहिए। इसके हर मोड़ को अलग नाम से जाना जाता है। पहला मोड़ फोलियों, दूसरा क्वार्टी, तीसरा ऑक्टेव कहलाता है। फोलियों में चार पृष्ठ (दो पन्ने) होते हैं, क्वार्टी में आठ पृष्ठ (चार पन्ने) और ऑक्टेव में सोलह पृष्ठ (आठ पन्ने) होते हैं। इन कागजों की बनावट दो तरह की होती है—बीब और लेडेड। शीट को बल्क के सम्मुख रखने पर यदि कागज़ पर नन्ही-नन्ही बुंदकियों का जाल दिखता हो तो इस तरह के कागज को बीब कहेंगे और यदि लम्बी-लम्बी धारियाँ दिखायी दें तो उसे लेडेड कहेंगे। लेडेड कागज पतला होता है, पर वजन में भारी होता है, जबकि बीब वजन में हल्का पर मोटा होता है। कुछ कागज एक ओर चिकने ओर दूसरी ओर रुखे होते हैं, जबकि कुछ कागज दोनों ओर चिकने होते हैं। दूसरी तरह के कागज़ का उपयोग अच्छी छपाई के लिए होता है।[2]

1. हिन्दी पत्रकारिता : विविध आयाम—सं. वेदप्रताप वैदिक, पृष्ठ-159।
2. पत्रकारिता : परिचय विश्लेषण—डॉ. प्रीता व्यास पृष्ठ-21, अयन प्रकाशन दिल्ली, मूल्य 225 रु. सन् 1996 ई.।

छपाई के लिए कागजों की अनेक किस्में बाजार में उपलब्ध हैं। हाँ, इतना ध्यान रखना होता है कि कागज जितना अच्छा होगा, छपाई भी उतनी ही साफ-सुथरी, स्पष्ट, मोहक, सुचिक्कड़ और सुन्दर होगी, पृष्ठ सज्जा खूबसूरत होगी। दरअसल, अलग-अलग किस्म की छपाई के लिए अलग-अलग तरह के कागजों का प्रयोग किया जाता है। कागजों के कुछ महत्त्वपूर्ण प्रकार इस तरह हैं, यथा—मिल फिनिश, मशीन फिनिश, फेदरवेट, मनीला पेपर, डुप्लिकेंटिंग पेपर, ऑफसेट पेपर, कवर पेपर, मेकेनिकल एंटीक, आइवरी फिनिश, आर्टपेपर, टाइपिंग पेपर, वाइवुल, मेकेनिकल ग्लेज्ड, न्यूज प्रिन्ट, ग्रीज प्रूफ, क्रेयन पेपर, टिश्यू, सैफ्टी पेपर, रेपिंग, पार्चमेंट, ट्रेसिंगपेपर, आइवरी बोर्ड, मेनीफोल्ड तथा क्राफ्ट आदि। कागज के आकार-प्रकार तथा उसके मोड़से जुड़ा हुआ एक शब्द है—**विन्यसन**। इसे अंग्रेजी में Imposing कहते हैं, जिसका आशय हिन्दी में 'इम्पोजिशन' अर्थात् 'उचित स्थान' पर होता है। साफ शब्दों में पुस्तक में प्रत्येक पन्ने को जहाँ जिस तरह रहना चाहिए, उसी हिसाब से कम्पोज किए हुए मैटर को सजाने की क्रिया को 'विन्यसन' या 'इम्पोज' कहते हैं। इनके अलावा कागजों की कुछ महत्त्वपूर्ण कोटियाँ निम्न हैं—

छपाई के कागज के नाम	**नाप इंच में**	**नाप सेन्टीमीटर में**
फुल स्केप	$13\frac{1}{2}$''×$16\frac{1}{2}$''	33.5×42
डबल फुलस्केप	17''×27''	43×69
क्राउन	15''×20''	38×51
डबल क्राउन	20''×30''	51×76
डिमाई	$17\frac{1}{2}$''×$22\frac{1}{2}$''	44.5×57
डबल डिमाई	22''×36''	57×89
रायल	20''×26''	51×69
इम्पीरियल	22''×30''	56×76
मीडियम	18''×23''	45.5×58.5

कागजों के उक्त भेदों में अधिकांशतया न्यूज प्रिन्ट, डुप्ले आर्ट, ऐंटिक, आर्ट पेपर, फेदरवेट, एम.एफ. प्रिन्टिंग, ह्वाइट प्रिन्टिंग, एम.जी.पेपर तथा मैपलीथी सुपर का प्रयोग किया जाता है। इन कागजों पर ही ज्यादातर कैलेंडर, पोस्टर, पुस्तकें, पत्र-पत्रिकाएँ, विशेषांक तथा स्मारिकाएँ छापी जाती हैं। इनसे छपाई देखने में सुन्दर और चित्ताकर्षक होती है।

फर्मा कसने का स्टोन

खंड-'ब'

(क) मुद्रण तकनीक—'कम्पोजिंग', 'टाइप सेटिंग' या 'अक्षर-संयोजन'

विज्ञान ने आज व्यक्ति-जीवन के हर क्षेत्र में क्रान्तिकारी बदलाव किया है। हमारे परिवेश और उसके भीतरी तहों में पैठकर उसने प्रभावशाली अन्दाज में उत्तरोत्तर दुर्लभ विकास किया है। अब तक अनुद्घाटित रहस्य सामने आए हैं। इसी क्रम में इसने तकनीक को भी बदलकर उसे नई पैरहन और लिबास-पोशाक दे दिया। इसकी वंश परम्परा में अवतरित हुए कम्प्यूटर और इंटरनेट ने मुद्रण, छपाई तथा सूचनाओं के लेन-देन में नाउम्मीद विस्फोटक बदलाव कर दिया है। छठें दशक में छपनेवाला अखबार, सातवें दशक में रोटरी मशीन पर छपने शुरू हुए, सातवें दशक के अन्त में छपाई-क्षेत्र में बेनजीर बदलाव हुआ। मोनो कम्पोजिंग की मशीनें लगीं, फिर तकनीक में और सुधार हुआ तो लाइनोटाइप कम्पोजिंग प्रणाली आई और आठवें दशक में तो मुद्रण की तकनीक का विस्फोट ही हो गया। क्रान्ति के इस दौर में ऑफसेट मशीने आ गयीं। सुन्दर और मनचाही छपाई, मंत्र मुग्ध कर देनेवाले चित्र, छपाई की गति में क्षिप्रता-त्वरा इस मशीन की विशेषता बन गई। नवें दशक में मजल्लः, अख्वारों, समाचार-पत्रों, पत्रिका, रिसाला में छपनेवाली खबरों को जैसे पंख लग गए। सुदूरवर्ती समाचार तारघर की बजाय अब फैक्स (Fax) तथा टेलीफोन (Telephone) से पलक झपकते भेजे जाने लगे।

सुप्रसिद्ध पत्रकार और लेखक **श्री हर्षदेव**[1] कहते हैं कि वस्तुतः बीसवीं शताब्दी के आखिरी वर्षों में जनसंचार के क्षेत्र में ऐसे तीन अत्यन्त महत्त्वपूर्ण वैज्ञानिक चमत्कार हुए, जिन्होंने सारे परिदृश्य को एक नया ही आकार दे दिया। ये तीनों अलग-अलग नहीं, वरन् एक-दूसरे से गहराई से जुड़े हुए हैं,—(1) सैटेलाइट जो दुनिया के एक से दूसरे कोने तक बिजली की रफ्तार से सन्देश पहुँचाने में सक्षम हैं और पृथ्वी पर स्थित केबल प्रणाली से जुड़े रहते हैं, (2) कम्प्यूटर, जिसके जरिये किसी भी सूचना-सन्देश को भंडारित, सम्पादित और सुसज्जित किया जा सकता है और (3) डिजिटल प्रणाली का विकास, जिसके जरिये सूचनाओं का प्रसंस्करण सम्भव हो सका है और इसके द्वारा विकसित इलेक्ट्रॉनिक टेक्नालॉजी के जरिये ही सूचनाओं के भंडारण तथा सम्प्रेषण सुविधा की गति और क्षमता लाखों गुना बढ़ सकी है...इस नई व्यवस्था में न तो कम्पोजीटर की कोई भूमिका रह गई है और न प्रूफरीडर, फोरमैन, टाइपिस्ट, पेस्टअपमैन की तथा न टाइप (सीसे में ढले अक्षर) रैक, स्टिक, गटर, लेड, रूल, मैटर, गैली का कोई काम रह गया है। सारा काम बस कम्प्यूटर पर सम्पन्न हो जाता है। पहले जो काम कई घंटे में हो पाता था, उसे करने में अब केवल कुछ मिनट का ही समय लगता है। बहरहाल, अब सवाल उठता है कि 'कम्पोजिंग' का अर्थ—आशय क्या होता है। इस सम्बन्ध में इस क्षेत्र में काम कर चुके कुछ प्रमुख लोगों की कुछ टिप्पणियों को इस प्रकार देखा जा सकता है,—

(1) कम्पोजिंग का अर्थ-आशय

श्री छविनाथ पांडेय[2] का कहना है कि केस के खानों में से एक-एक अक्षर को लेकर ठीक जगह पर स्टिक में रखने के काम को 'कम्पोज करना' कहते हैं और जो यह काम करता है, 'कम्पोजिटर' कहलाता है। **डॉ. रामचन्द्र तिवारी**[3] का कहना है कि टाइपों को एक स्टिक में मिलाकर लाइन बनाना और इस प्रकार की लाइनों से पृष्ठ तैयार करना कम्पोज कहलाता है। **डॉ. विनोद गोदरे**[4] के विचार से टाइपों की सहायता से दिए हुए 'मैटर' को 'लाइन' व 'पृष्ठ' तैयार करने के कार्य को कम्पोजिंग कार्य कहते हैं। विद्वान प्राध्यापक **डॉ. रमेश चन्द्र त्रिपाठी**[5] इसे परिभाषित करते कहते हैं कि, साधारण

---

1. उत्तर आधुनिक मीडिया तकनीक—हर्षदेव, पृष्ठ-81, वाणी प्रकाशन, दरियागंज दिल्ली, मू. 175रु. सन् 2001 ई.।
2. मुद्रण कला—श्री छविनाथ पांडेय, पृष्ठ-47।
3. हिन्दी पत्रकारिता : विविध आयाम—सं. वेदप्रताप वैदिक, पृष्ठ-153 में रामचन्द्र तिवारी का लेख 'मुद्रणकला'।
4. हिन्दी पत्रकारिता : स्वरूप और सन्दर्भ-डॉ. विनोद गोदरे, पृष्ठ-124, वाणी प्रकाशन, दिल्ली, मूल्य-175 रु., सन् 2000 ई.।
5. पत्रकारिता के सिद्धान्त—डॉ. रमेश चन्द्र त्रिपाठी, पृष्ठ-358, अशोक प्रकाशन, नई सड़क, दिल्ली, मूल्य-80 रु., सन् 2010 ई.।

शब्दों में कम्पोजिंग का अर्थ है—केस के खानों में से एक-एक अक्षर उठाकर स्टिक में ठीक जगह पर रखना, किन्तु यह अर्थ अपने आप में पूर्ण नहीं। प्रक्रिया की दृष्टि से भले ही इस प्रक्रिया को सही मान लिया जाए पर कम्पोजिंग में और कई बातें हैं। किसी प्रकाशन में अक्षरों को स्टिक में जमाने के बाद गैलियाँ बनाना, शीर्षक तैयार करना, प्रूफ निकालना, प्रूफ की गलतियों को ठीक करना, पेज बनाना और उसे फर्मे में कसकर मुद्रण के लिए मशीन पर भेजना भी कम्पोजिंग विभाग के अन्तर्गत आता है।

(2) कम्पोजिंग के प्रकार

(क) हाथ से कम्पोजिंग तथा (ख) मशीनी एवं कम्प्यूटर कम्पोजिंग।

(क) हाथ से कम्पोजिंग की विधि

छपाई के क्षेत्र में आधुनिक तकनीक के आ जाने से अब हाथ से कम्पोजिंग लगाना नहीं होती। यह विधि लगभग पुरानी पड़ गई है। पहले इस तकनीक से पुस्तकें और समाचार-पत्र आदि छपते थे। जब यह तकनीक कुछ दिनों पहले तक चलन में थी, तब 'मैटर' को कम्पोज करनेवाला व्यक्ति लकड़ी के खानेदार बक्से में 'टाइप' रखा करता था। वह इन टाइपों से बने अक्षरों को अपनी जरूरत के हिसाब से उठाकर पीतल की बनी स्टिक में जोड़ता या जमाता जाता था। टाइप के बने ये अक्षर उस लकड़ी के खानेदार बक्से में अलग-अलग खंडों-खानों में रखे जाते थे। प्रिन्टिंग सामग्री को छापते समय सिद्धहस्त कम्पोजिटर अलग-अलग खानों से टाइपों (अक्षरों) को उठाकर कम्पोज करता जाता था। जिस प्रकार टंकक को टंकण करते समय पता होता है कि टाइप मशीन में कौन-सा अक्षर कहाँ है, अतः जरूरत पड़ने पर उन्हें ही उठाता है, ठीक इसी तरह कम्पोजिटर को भी प्रत्येक खाने में रखी टाइपों के बारे में पता होता था। बहरहाल, अपनी उक्त सिद्धहस्तता और अभ्यास से वह मैटर को छापनेवाली मशीन में सजाकर लगा देता था। मशीन उसे छापती थी। यह प्रक्रिया छपाई के इतिहास में कई सौ साल तक चलती रही, पर अब बरा-ए-नाम रह गई है।

(ख) मशीनी तथा कम्प्यूटर कम्पोजिंग

हाथ कम्पोजिंग की तुलना में मशीन या कम्प्यूटर विधि द्वारा की गई कम्पोजिंग में मैटर ज्यादा और शीघ्र छपता है। हाथ कम्पोजिंग में समय, श्रम और खर्च जहाँ ज्यादा पड़ता हैं, इन विधियों से इसकी तुलना में खर्च कम पड़ता है और मैटर भी काफी छपता है। इस विधि में समस्त टाइपों को, छापने की जरूरत के हिसाब से, हाथ की तुलना में मशीन से एकत्र करते हैं और उन्हें यथोचित सजाकर मशीन पर चढ़ाकर मैटर छापते हैं। कम्प्यूटर विधि में कम्प्यूटर द्वारा आपरेटर कॉपी सबसे पहले कम्पोज करता है। उपसम्पादक कॉपी को कम्प्यूटर से ही सम्पादित करता है। सम्पादित करते हुए ही वह इसमें बाकी संशोधन भी कर देता है। कम्प्यूटर कम्पोजिंग का सबसे बड़ा फायदा यही है कि प्रूफ रीडर की जरूरत नहीं होती। उपसम्पादक कॉपी एडिट करते हुए इस कमी को पूरी कर देता है। इसके बाद ही कॉपी सीधे टाइप सेंटर पर भेजता है और करीब आधा मिनट से पाँच मिनट के बीच ब्रोमाइड बाहर आ जाता है। ब्रोमाइड पोस्टिंग विभाग में जाता है और मनवांछित लगाया जा सकता है।[1]

(3) मशीनी तथा कम्प्यूटर कम्पोजिंग के प्रकार

(1) **लाइनोटाइप मशीन**—यह टाइपों की एक समूची पंक्ति को धातुखंड के रूप में सेट कर देती है। लाइनोटाइप परिचालक कुंजीफलक की सहायता से कॉपी को टाइप करता है। मशीन टाइप के साँचों या मैट्रिक्सों को पंक्ति में जोड़ती है। जब मैट्रिक्सों की एक पूरी पंक्ति जुड़ जाती है, तब मशीन के साँचे में पिघली धातु जमकर कठोर हो जाती है और तैयार धातुखंड एक धानी में गिरता है।

1. पत्रकारिता के सिद्धान्त—डॉ. रमेश चन्द्र त्रिपाठी, पृष्ठ-362।

(2) मोनो टाइप प्रणाली—इसकी दो इकाइयाँ होती हैं—कुंजीफलक और ढालक। मोनोटाइप परिचालक कुंजीफलक पर कॉपी टाइप करता है। फलतः एक कागज के गोले में, जिसे स्पूल (Spool) कहते हैं, छिद्रण होता है। छिद्रण संयोजन में किया जाता है, अर्थात् विभिन्न संयोजन द्वारा प्रदर्शित किए जानेवाले हर अक्षर के लिए एक बार में दो या तीन छिद्र किए जाते हैं। छिद्रण के स्पूल का भरण ढालक से किया जाता है। यह मशीन टाइपों को स्वचालित विधि से ढालती है और उन्हें ठीक क्रम से जोड़ती है। मोनोटाइप का एक लाभ यह भी है कि किसी भी टाइप के स्थान पर दूसरी टाइप रखकर संशोधन करना सम्भव होता है।

(3) लेजर टाइप सेटिंग—कम्पोजिंग (Composing) या टाइप सेटिंग विभाग में कॉपी सेट की जाती है। पहले स्टिक और बाद में गैलियों के कॉपी के अनुसार टाइपों को जोड़कर शब्द, पंक्ति और पृष्ठों की रचना की जाती है। टाइपों को जोड़ने का काम कम्पोजिटर या अक्षर योजक (Compositors) करते हैं। बड़े स्तर के मुद्रणालयों में टाइपों को जोड़ने का काम मशीनें करती हैं, जिन्हें लाइनोटाइप या मानोटाइप मशीन कहते हैं।

(4) डिजाइन और अभिन्यास—डिजाइन विभाग में हस्तलिखित प्रति को छापने की विशद योजना बनाई जाती है। मूल पाठ की डमी या अभिन्यास तैयार किया जाता है।

(5) लाइन और हाफ़टोन ब्लॉक—अक्षर मुद्रण छपाई की विधा में शब्दों और वाक्यों के समूह से पाठ्य सामग्री को हाथ या मशीन से योजित करना होता है, किन्तु निदर्श चित्रों के पुनरुत्पादन के लिए उन्हें लाइन या हॉफटोन ब्लॉक का रूप देकर पृष्ठों और फर्मों में अक्षरयोजित पाठ के साथ निविष्ट करना पड़ता है। लाइन और हॉफटोन ब्लॉकों को अक्षर मुद्रण के बुनियादी सिद्धान्त के अनुसार मुद्रण क्षेत्र की अपेक्षा ऊँचे तल पर होना चाहिए।[1]

(4) भारत में मुद्रण की नवीनतम तकनीकी क्रान्ति

या

आधुनिक मुद्रण प्रौद्योगिकी तथा सूचना प्रौद्योगिकी

आज परम्परागत मुद्रण तकनीक काफी पीछे छूट गई है। आधुनिक मुद्रण माध्यमों और तकनीक ने आज मुद्रण का स्वरूप ही बदल दिया है। इसके प्रचलित स्वरूपों में प्रिन्ट मेकिंग, जिससे छवियों का कागज, फेब्रिक, प्लास्टिक पर विभिन्न माध्यमों से उत्पादन, ऑफसेट प्रिन्टिंग, लेटर सेट प्रिन्टिंग, स्क्रीन प्रिन्टिंग, कोलोटाइप प्रिन्टिंग, फ्लेक्सोग्राफी, इलेक्ट्रॉनिक प्रिन्टिंग तथा आफिस प्रिन्टिंग शामिल हैं। अब तो कम्प्यूटर द्वारा भी लेसर प्रिन्टिंग या डाट मेट्रिक्स प्रणाली का प्रयोग कर मुद्रण किया जाने लगा है। पत्र-पत्रिकाओं से लेकर बहुमूल्य दस्तावेजों और यहाँ तक कि करेन्सी नोटों को भी मुद्रण प्रक्रिया द्वारा तैयार किया जाता है। बहरहाल, मुद्रण का क्षेत्र जितना विविधतापूर्ण है, इसका कार्यक्षेत्र भी उतना ही विस्तृत है। लगभग सारे कामों में किसी-न-किसी तरह का मुद्रण कार्य शामिल होता है। करेंसी नोट, पुस्तकें, पत्रिकाएँ, समाचार-पत्र, डाक टिकट, विज्ञापन सामग्री, पैकिंग सामग्री शुभकामना-पत्र, निमंत्रण-पत्र-सभी में मुद्रित सामग्री का उपयोग हो रहा है। इस लिहाज से मुद्रण क्षेत्र अभी भी सम्भावनाओं का क्षेत्र बना हुआ है। इस क्षेत्र में कम्पोजर/फोटो टाइप सेटर/टाइपोग्राफर/मुद्रण मशीन आपरेटर और मुद्रण तकनीक विशेषज्ञ, इन्जीनियर सभी की आवश्यकता होती है। आज इस व्यवसाय/रोजगार में लाखों लोग संलग्न हैं और इतने ही लोगों के लिए यहाँ निरन्तर सम्भावनाएँ बनती जा रही हैं।[2]

बताते हैं, यूरोपीय पुनर्जागरण के समय यूरोप में सर्वप्रथम बौद्धिक एवं वैज्ञानिक क्रान्ति हुई। इसी क्रान्ति के फलस्वरूप वहाँ कैक्स्टन के द्वारा छापेखाने की मशीन का आविष्कार हुआ, किन्तु भारत में इसकी शुरुआत 18वीं शताब्दी के उत्तरार्द्ध में कोलकाता से जेम्स ऑगस्टस हिक्की द्वारा 'बंगाल

1. हिन्दी विश्व कोश—नागरी प्रचारिणी सभा काशी, पृष्ठ-363।
2. 'आज' (दैनिक), 8 अप्रैल, मंगलवार, वाराणसी संस्करण, सन् 2008 ई.।

गजट ऑफ कैलकटा जनरल ऐडवाइजर' नामक समाचार-पत्र के प्रकाशन से हुई थी। 'उदन्त मार्तण्ड' तथा इस अवधि में छपनेवाले सभी समाचार-पत्र पुरानी प्रौद्योगिकी से ही प्रकाशित हुए थे। कालान्तर में समय बदला। मुद्रण की दुनिया भी बदली। छपाई के नये-नये टिकाऊ, लोकप्रिय और लोकमान्य यंत्र आविष्कृत हुए। इनसे छपाई की रफ्तार बढ़ी, समय की बचत हुई। गुणवत्ता विवर्धित हुई। छपाई की जटिल प्रक्रिया सरल हुई। कुलमिलाकर छपाई के इतिहास में सुघरता दीप्ति और कांति का नया पन्ना जुड़ा। सभी जानते हैं, शुरुआती दौर में तकनीकी दक्षता के पहले भारत में मुद्रण कार्य बहुत श्लथ और मन्दगति से होता था।

बहरहाल, नई तकनीक ने मुद्रण को नवजीवन, संजीवनी और शाश्वतता तथा सार्वभौमिक अमरता दिया। मुद्रण क्षेत्र का नव पल्लवन-पोषण और नये सिरे से संवर्द्धन हुआ। मुद्रण शिल्प और मुद्रण शैली में व्यापाक परिवर्तन हुआ। स्पष्टतः यह कि नवीनतम तकनीक ने मुद्रण के मूल्य और मानकों तथा रूप स्वरूप को बदला। बताते हैं, रायटर ने भारत में क्रीड नामक टेलीप्रिन्टर सबसे पहले इस्तेमाल किए थे। इसके बाद जर्मन कम्पनी सीमेन्स का टेलीप्रिन्टर आया। इटली में बनी ओलीविटी टेलीप्रिन्टर मशीन का जो मॉडल 1955-58 के दौरान पत्रकारिता के क्षेत्र में तहलका मचाये हुए था, इसमें टाइपिंग यूनिट का कैरी नहीं चलता था। पुनः जब दिसम्बर, 1960 ई. में हिन्दुस्तान टेलीप्रिन्टर्स कम्पनी को भारत में टेलीप्रिन्टर्स बनाने का काम सौंपा गया, तो इस सरकारी कम्पनी ने उस वक्त के शर्तबाजों की बोलती बन्द कर दी। वस्तुतः ओलीविटी के मॉडल में बाद में काफी सुधार कर ऐसा प्रिन्टर बनाया गया, जिसमें प्रिन्टिंग करनेवाले हिस्से द्वारा कागज पर दाएँ से बाएँ घूमकर टाइप किया जाता था। इससे यांत्रिक खराबियाँ दूर हो गयीं। बाद में हिन्दी टेली प्रिन्टर भी इसी मशीन के भीतर थोड़े-बहुत बदलावों के साथ बनाये गए।[1] आगे चलकर मुद्रण के लिए सन् 1964-65 ई. में क्रमिक रूप से तत्कालीन पूर्वी जर्मनी से आयात करके मँगाई गयीं ऑटो सिलेंडर मशीनें पत्र की पन्द्रह हजार प्रतियाँ छाप रही थीं, तभी यह महसूस किया गया कि इतनी तेज गति से चलनेवाली मशीनों से भी लगातार बढ़ती माँग को पूरा करना लगभग नामुमकिन है। तब भी हमारे यहाँ हैंड कम्पोजिंग होती थी। आखिरकार सन् 1968 में नागपुर में एक प्लेटबेंड रोटरी मशीन लगायी गई। सन् 1970 में अमरीका से आयात करके एक वेब-आपसेट मशीन भारत में लाई गई। समूचे भारत में केवल 'नई दुनिया' अखबार तब वेब-आपसेट मशीन पर छपता था। इसी तरह 'अमर उजाला' भारत का दूसरा व उत्तर प्रदेश का प्रथम आधुनिक अखबार बन गया। अमर उजाला के तत्कालीन प्रधान सम्पादक ने लिखा था कि—"उनके अखबार में जुलाई में 1971 को मोनोटाइप मशीनों का प्रयोग हुआ।" आगे चलकर सन् 1978 ई. में लाइनों टाइपपाल ने ध्वन्यात्मक पद्धति पर आधारित हिन्दी में की-बोर्ड का विकास किया। भारत में आनन्द बाजार पत्रिका' एवं 'रविवार' ने सबसे पहले इस पद्धति को अपनाया और इतना विकास किया कि उसके पास डिजिटल डिजाइनों का उपयोग करने की क्षमता भी विकसित हो गई।[2]

दरअसल, हिन्दी-मुद्रण और पत्रकारिता पर सर्वप्रथम संचार उपग्रहों, कम्प्यूटर तथा इंटरनेट जैसे मूल्यवान आविष्कारों ने प्रभाव डाला। संचार क्रान्ति और प्रौद्योगिकी ने जीवन के अन्य क्षेत्रों में विस्मयकारी और चकित कर देनेवाला परिवर्तन तो किया ही, मुद्रण को इन्होंने सर्वाधिक प्रभावित किया। इन्हें और अधिक पुष्ट किया भूमंडलीकरण वैश्वीकरण ने। आधुनिक तकनीक ने मुद्रण पर, पृष्ठ की साजसज्जा, विषय-वस्तु तथा अर्थव्यवस्था आदि पर भरपूर असर किया। उक्त अखबारों की देखा-देखी छपाई सम्बन्धी नई तकनीक का प्रयोग बाद में रायपुर के 'देशबन्धु' और भोपाल के 'भास्कर' में भी शुरू की गई। दिल्ली में भी नये प्रकाशित 'जनसत्ता' और 'पंजाब केसरी' में फोटो कम्पोजिंग प्रणाली पहले शुरू हुई, 'हिन्दुस्तान' और 'नवभारत टाइम्स' में बाद में। दिल्ली के अंग्रेजी पत्रों में भी अपेक्षाकृत कम प्रसार संख्यावाला 'पेट्रियट' पहले फोटो कम्पोजिंग प्रणाली की ओर गया और

1. Prominent Land—marks in the History of Tele communication in India : Smit Ganguli, p. 2-3, 1987
2. संचार क्रान्ति और हिन्दी पत्रकारिता—डॉ. अशोक कुमार शर्मा, पृष्ठ-54, डायमंड पॉकेटबुक्स, शाहदरा, दिल्ली, 2006 मूल्य 95 रु.।

बड़े पत्र बाद में। यही कलकत्ता तथा अन्य नगरों में भी हुआ। लेकिन मद्रास के 'हिन्दू' ने छपाई मे एक नया परीक्षण किया। 'हिन्दू' में सबसे पहले पूरा कम्पोज किया हुआ पृष्ठ तार की लाइनों द्वारा उसके कोयम्बटूर स्थित प्रेस को भेजा गया, जहाँ छापकर उसे वितरित किया गया। इस प्रकार समाचार-पत्र केवल एक स्थान पर सम्पादित हुआ और दूसरे स्थान पर प्रकाशित।[1]

नई तकनीक की उपज बहुकार्यकारी कम्प्यूटर 1988 ई. के बाद बाजार में अवतरित हुए। इन्होंने मुद्रण कार्य को पहले की तुलना में और भी अधिक सरल-सहज बना दिया। यद्यपि मुद्रण की नितान्त नई तकनीक ने कुछ संकट भी पैदा किया। साफ शब्दों में सूचना प्रौद्योगिकी के कारण जिस प्रकार की नवीनतम तकनीक की मशीनें आयीं, उसके कारण छपाई के लिए कर्मचारियों की संख्या घटानी पड़ी। आगे चलकर हिन्दी पत्रकारिता में अधिकांश कार्य कम्प्यूटरों के द्वारा किए जाने का प्रभाव संस्थानों में कार्यरत लोगों पर पड़ा। आनेवाले जमाने के पत्र-पत्रिकाएँ न्यूनतम स्टाफ की मदद से निकलेंगे। प्रकाशन में ऑटो-मेटिक प्लेट मैकिंग प्रोसेसिंग विभाग के प्लेटमेकरों की आवश्यकता ही समाप्त हो जाएँगी।[2] कुछ अन्य लोगों का भी विचार है कि नई तकनीक ने मुद्रण और छपाई का काम आसान तो कर दिया, किन्तु प्रबन्धन को कोई बहुत आर्थिक लाभ नहीं हुआ, वह इसलिए कि अब मुद्रण के लिए नई तकनीक में 'दक्ष और कुशल' लोगों की जरूरत पड़ेगी और पड़ भी रही है। जाहिर है, अकुशल कर्मचारियों की तुलना में इनका देय महँगा पड़ रहा है। इधर, मुद्रण कार्य में आनेवाली नई तकनीक से लैस नई मशीनें एक तो खरीदनें में बहुत महँगी पड़ रही हैं, दूसरे इनका रख-रखाव भी काफी महँगा होता है। इस नई तकनीक ने जहाँ हिन्दी में कई नई तरह की पत्रकारिता यथा-वेब पत्रकारिता, इंटरनेट पत्रकारिता, टेलीविजन पत्रकारिता को जन्म दिया, समाचार-पत्रों की प्रसार संख्या में अभूतपूर्व वृद्धि हुई, वहीं दूसरी ओर मुद्रण कार्य-जो कल तक स्वावलम्बी था, अब वह 'टोटल' नई तकनीक पर निर्भर हो गया है।

किन्तु, नई तकनीक पर उक्त तमाम लांछनों के बावजूद इसने मुद्रण कार्य को बहुत सुविधा भी दी है, उदाहरण के लिए मुद्रण कार्य में त्वरा और गति आ गई है, जिसकी वजह से समाचार-पत्रों की पलक झपकते असंख्य प्रतियाँ छापकर पाठकों तक पहुँचाया जा रहा है। नई तकनीक की वजह से मुद्रण कार्य के सुलभ-सरल हो जाने से सम्पादक मंडल पर मानसिक दबाव भी कम हो गया है। अब वे समाचारों की गुणवत्ता, विश्वसनीयता पर ज्यादा ध्यान देते हैं। नई तकनीक से रंगीन मुद्रण पहले की तुलना में और भी सुन्दर-सलोना तथा रूप विशिष्ट हो जाता है। छपाई सम्बन्धी विकसित नई प्लेटों ने मुद्रण को और भी अधिक गतिमान बना दिया है। नई तकनीक ने पुरानी मशीनों को चलन से बाहर किया और उनकी जगह नई-नई मशीनों का ईजाद किया। इन नई मशीनों यथा वेब ऑफसेट, डिजिटल ऑफसेट, शीड फीड ऑफसेट तथा ड्राई ऑफसेट आदि से छपाई की गुणवत्ता-सुन्दरता पर बहुत असर पड़ा है। नई तकनीक ने मुद्रण का पुराना केंचुल उतार कर जहाँ नया वेष धारण कराया है, छपाई के काम आनेवाली स्याहियों ने भी अपना रूप-रंग बदल लिया है। इन स्याहियों से छपी सामग्री ने पृष्ठ-सज्जा को नया आयाम दिया है। इनमें अल्ट्रा वायलेट हीट सेट, इलेक्ट्रोस्टेटिक म्वाइश्चर सेट तथा क्वीकसेट नाम की स्याहियों ने छपाई के क्षेत्र में नई क्रान्ति पैदा की है। इसी तरह बाइंडिंग के क्षेत्र में भी मुद्रण की नई तकनीक ने नया पड़ाव स्थिर किया है। पहले बाइंडिंग हाथ से हुआ करती थी, किन्तु अब आधुनातन तकनीक ने हाथों को विश्राम देकर यह काम मशीनों को सौप दिया है। मशीनों की गुणवत्ता पर असर हुआ है। इन नई मशीनों में कटिंग, केसिंग, इन लाइन वाइडिंग तथा ऑटोमेटिक फोल्डिंग आदि चर्चित हैं। इस तरह, कुल मिलाकर यह कि नई तकनीक ने मुद्रण और छपाई को नया तथा वृहत्तर आयाम दिया है।

1. मुद्रण के तकनीकी सिद्धान्त—डॉ. नवीन चन्द्र गुप्त, पृष्ठ-63-64, तक्षशिला प्रकाशन दिल्ली, 1995 ई. मू. 100 रु.।
2. Advance News-Paper Production, World-wide Printer, Part-4, Page-92, 1989

खंड-'स'

टाइप

मुद्रण कला को 'टाइप विन्यास', 'टाइप कला' या अंग्रेजी में (Typography) कहते हैं। किसी धातु या मिश्र धातु से ढाले हुए वर्णमाला के अक्षरों को 'टाइप' कहते हैं। टाइप का समूह बनाकर और उस पर स्याही लगाकर छापने की कला को 'टाइप कला' कहते हैं। छपाई की प्रमुख कला होने के कारण टाइप या मुद्रण-कला का आविष्कार मानव के सर्वोत्तम आविष्कारों में उल्लेखनीय है। छपाई की विविध-कलाओं में 'टाइप-कला' का स्थान अन्यतम है। इसकी प्रमुख प्रतिद्वन्द्वी कलाएँ-लिथो ऑफसेट तथा फोटोग्रैव्योर-अत्यधिक प्रगतिशील हैं, किन्तु टाइप-कला अपने विस्तृत क्षेत्र तथा अगण्य सुविधाओं के कारण अपना प्रभुत्व बनाये हुए है। छपाई के समय अशुद्धियों का निवारण करने के जितने साधन टाइप-कला में उपलब्ध हैं, उतने छपाई की किसी और कला में उपलब्ध नहीं हैं।[1]

सच तो यह है जिस प्रकार गृह-निर्माण कार्य में सुन्दरता लाने के लिए अनेक प्रकार की सामग्री, जैसे—लोहा, सीमेंट, ईंट, लकड़ी, रंग-रोगन आदि का प्रयोग किया जाता है, उसी प्रकार मुद्रण-कार्य को सुन्दर व आकर्षक बनाने के लिए विभिन्न प्रकार के टाइपों का प्रयोग किया जाता है। इन्हीं विविध प्रकार के टाइपों द्वारा पृष्ठों की साज-सज्जा को 'टाइप विन्यास' (Typography) की संज्ञा दी जाती है। टाइपोग्राफी भवन-निर्माण है, तो टाइपोग्राफर भवन-निर्माता है और इस कार्य में लगाया गया प्रत्येक किस्म का टाइप ईंट के समान है और प्रत्येक शब्द के बाद छोड़ा गया 'स्पेस' प्रत्येक ईंट की आपस की दूरी है और छपा हुआ प्रत्येक पृष्ठ उसका 'ले-आउट' है,— Typography is architecture and typographer is architect. The building bricks he uses the type-faces and the mortar is the spacing he selects for composition. The blue-prints are called lay-outs."[2]

(1) 'टाइप' कला है

'टाइप' (Type) अंग्रेजी शब्द है, जिसका हिन्दी अर्थ 'मुद्रण', 'टंकण' या 'टंकण करना' होता है। छपाई से टाइप का घनिष्ठ रिश्ता होता है। साफ शब्दों में, बिना टाइप के छपाई की कल्पना असम्भव होती है। विज्ञान के नित नये-नये आविष्कारों से सृष्टि के तमाम गूढ़ रहस्यों, बहुत-सी परतों का उद्‌घाटन हुआ है। विज्ञान ने सम्भावनाओं की बहुत सी बन्द खिड़कियों को खोला है। इसी तरह मुद्रण और छपाई के क्षेत्र में भी तमाम तरह के नये-नये टोने-टोटके और प्रयोग रोज-ब-रोज सामने आ रहे हैं, किन्तु 'टाइप' का महत्त्व अभी भी अंगद के पाँव की तरह स्थिर है। साफ शब्दों में, टाइप का महत्त्व जितना कल था, उतना ही आज भी है और सम्भवतः कल भी बना रहेगा।

कई लोग टाइप को उपयोगी और औद्योगिक कला के साथ-साथ ललित कला भी मानते हैं। **हिन्दी विश्वकोश**[3] में इसे परिभाषित कर इसके कलात्मक पक्ष पर प्रकाश डालते लिखा गया है, किसी धातु या मिश्र धातु से ढाले हुए वर्णमाला के अक्षरों को टाइप कहते हैं। टाइप का समूह बनाकर और उस पर स्याही लगाकर छापने की कला को टाइप-कला कहते हैं। छपाई की प्रमुख कला होने के कारण टाइप कला का आविष्कार मानव के सर्वोत्तम आविष्कारों में उल्लेखनीय है। विद्वानों की विद्वता, बुद्धिमानों की बुद्धिमत्ता, नेताओं के आदेश, कलाकारों की कला, सभी को टाइप कला ने अमर बनाया है। मानव को वैज्ञानिक, आर्थिक, राजनीतिक तथा सामाजिक क्षेत्रों में प्रगति पथ पर निरन्तर अग्रसर करनेवाली यही कला है। छपाई की विविध कलाओं में टाइप-कला का स्थान अन्यतम है। इसकी प्रमुख प्रतिद्वन्द्वी कलाएँ, लीथो ऑफसेट तथा फोटो ग्रैव्योर अत्यधिक प्रगतिशील हैं, किन्तु टाइप कला अपने विस्तृत

1. हिन्दी विश्व कोश, पृष्ठ-136, खंड-5 नागरी प्रचारिणी सभा काशी, 1965 ई.।
2. मुद्रण के तकनीकी सिद्धान्त—डॉ. नवीनचन्द्र गुप्त पृष्ठ-1, तक्षशिला प्रकाशन दिल्ली।
3. हिन्दी विश्व कोश, पृष्ठ-136, काशी नागरी प्रचारिणी सभा वाराणसी, खंड-5, सन् 1965।

क्षेत्र तथा अगण्य सुविधाओं के कारण अपना प्रभुत्व बनाये हुए है। छपाई के समय अशुद्धियों का निवारण करने के जितने साधन टाइप-कला में उपलब्ध हैं, उतने छपाई की किसी और कला में नहीं हैं। इधर, एक अन्य पत्रकार विद्वान डॉ. अरुण जैन[1] का कहना है कि सामान्यतः 'टाइप' शब्द टंकण के अर्थ में रूढ़ हो गया है अर्थात् आमबोलचाल की भाषा में मशीन से 'टाइप करने' को ही 'टाइप' कहा जाता है, लेकिन 'प्रेस लाइन' में इसका अर्थ बिलकुल बदल जाता है। प्रेस में 'टाइप' उन्हें कहा जाता है, जिनको कम्पोज करने से मुद्रण सम्भव होता है। ये टाइप या अक्षर धातु के ढले हुए होते हैं। विद्वान प्राध्यापक डॉ. रमेश चन्द्र त्रिपाठी[2] का कहना है कि हाथ से लिखे अथवा टंक मुद्रित अक्षर, चिह्नों आदि का स्थान एक विशेष धातु से निर्मित अक्षर या चिह्न ले लेते हैं, जिन्हें 'टाइप' कहा जाता है। मुद्रण के लिए टाइप का वही स्थान है, जो चित्रकला के लिए रंग व तूलिका अथवा शिल्पकला के लिए छेनी और हथौड़ी का। टाइप का उपयोग अपने आप में एक कला बन चुका है, जिसे 'टाइपोग्राफी' कहा जाता है। इस कला के द्वारा निर्जीव धातु के टाइप यों व्यवस्थित व पंक्तिवद्ध किए जाते हैं कि उसमें एक विशिष्ट प्रकार की स्पन्दनशीलता का आभास होने लगता है। टाइप की अपनी भाषा व संवेदनशीलता होती है।

(2) टाइपों का आविष्कार

टाइप कला का आविष्कार मानव की प्रगति के आरम्भिक पदचिह्नों के साथ-साथ हुआ। अपनी आन्तरिक भावनाओं को दूसरों पर व्यक्त करने के उद्देश्य से मानव ने शिलाओं पर आकार खोदना सीखा। अक्षरों तथा शब्दों के विकास के साथ-साथ सुमेर, बैबीलोनिया, मिस्र, भारत, चीन और कोरिया में लकड़ी, शिला, धातु की मुहरें और ठप्पे प्रयोग में आने लगे। ग्यारहवीं शताब्दी में पी शिंग ने चीन में पहली बार मिट्‌टी को पकाकर टाइप बनाये। सीसा, राँगा तथा सुरमा की मिश्र धातु से पहली बार राटनबर्ग ने जर्मनी में 15वीं शताब्दी में टाइप बनाये। उन्होंने छपाई का यंत्र तथा स्याही बनाकर टाइप कला का पूर्ण रूप से आविष्कार किया।[3] टाइप के आविष्कार का श्रेय, डॉ. रमेश चन्द्र त्रिपाठी[4] जॉन गुटेनबर्ग को ही देते हैं। वे कहते हैं कि प्रत्येक वर्ग के पृथक् टाइप का आविष्कार करने का श्रेय साधारणतः मेज में जन्मे व स्टॉसवर्ग के निवासी जॉन गुटेनबर्ग को है। यह स्वर्णकार का पुत्र था। तेजी से ज्यादा तादाद में बाइबिल छापने के उद्‌देश्य से इसने टाइपों का निर्माण किया था। गुटेनवर्ग काफी गरीब था। वह अपने छापेखाने की कला सिखाने का प्रलोभन देकर अपने भागीदारों से धन लगवाता था, हाँलाकि उसने प्रतिज्ञा की थी कि वह किसी के साझे में टाइप ढालने का कार्य नहीं करेगा। सन् 1456 में या इससे भी कुछ पहले गुटेनबर्ग ने 42 लाइनों की बाइबिल छापी थी। इसी पुस्तक को यूरोप की पहली मुद्रित पुस्तक माना जाता है। यह पुस्तक कब और कहाँ से छपी, इसका संकेत नहीं मिलता, मगर अभी तक इस सन्दर्भ मे जो साक्ष्य उपलब्ध हैं, उसके आधार पर पक्के तौर पर कहा जा सकता है कि बाइबिल के टाइपों को बनाने की तकनीक गुटेनबर्ग की है, किन्तु इसका अधिकांश भाग या अन्तिम फस्ट व शोफर के हाथों की रचना है। हो सकता है, इसे छापने की योजना गुटेनबर्ग की रही हो या यह काम तब शुरू हुआ हो, जब गुटेनबर्ग व फस्ट की साझेदारी चल रही थी। इस समय जो जानकारी मुद्रण के आविष्कार सम्बन्धी सुलभ है, परिवर्तनीय टाइपों से छपाई की खोज 1440 तथा 1450 के बीच हुई और प्राप्त साक्ष्य के अनुसार इसका श्रेय जान गुटेनबर्ग को ही है। वैसे टाइप के आविष्कर्त्ताओं के रूप में हारलेम (हालैंड) के कास्टर, ब्रूगेज (बेल्जियम) के जोनीज वाइये व फस्टर (इटली) के पामकीलों कास्टेल्ड के नाम भी लिए जाते हैं।

1. पत्रकारिता और पत्रकारिता—डॉ. अरुण जैन, पृष्ठ- 226, हिन्दी बुक सेन्टर, दिल्ली, मू. 275 रु. सन् 2003 ई.।
2. पत्रकारिता के सिद्धान्त—डॉ. रमेश चन्द्र त्रिपाठी, पृष्ठ-351, अशोक प्रकाशन, दिल्ली, मू. 80 रु. सन् 2010।
3. हिन्दी विश्व कोश, पृष्ठ-136, खंड-5, काशी।
4. पत्रकारिता के सिद्धान्त—डॉ. रमेश चन्द्र त्रिपाठी, पृष्ठ-351।

(3) टाइप कला के सिद्धान्त

टाइप कला के निम्नलिखित तीन सिद्धान्त माने गए हैं—

(1) पारिमाणिक (विस्तार, आकार तथा परस्पर अनुरूपता)

(2) वैधानिक (योजना, अभिकल्प तथा रचना) तथा

(3) चाक्षुष (दृष्टि सम्बन्धी)।

(1) **पारिमाणिक सिद्धान्त** के अनुसार पुस्तक या अन्य छपनेवाली वस्तुओं की माप (विस्तार), टाइप की माप, टाइप तथा ब्लाकों की आकृति तथा क्षेत्रफल इत्यादि व्यावहारिक ढंग से उपयुक्त होने चाहिए। इसके उपक्रम, कागज की पारिमाणिक माप, मुद्रण की मशीनों की माप तथा पढ़नेवालों की सुविधा है।

(2) **वैधानिक सिद्धान्त** के अनुसार छपनेवाली वस्तु की रूपरेखा पहले बना लेनी चाहिए और उसे तदनन्तर कार्यान्वित करना चाहिए। व्यावहारिक कठिनाइयों को दूर करने तथा मितव्यय की सीमाओं में रहते हुए मुद्रण कार्य विधिपूर्वक सम्पन्न करना चाहिए।

(3) **चाक्षुष सिद्धान्त** के अनुसार टाइप कला को ललित कलाओं की मर्यादाओं का पालनकरना पड़ता है। अभिकल्प बनाने में स्याही, रंग, टाइप, आकृति कागज की अनुरूपता, समतोलन तथा स्थिरता आदि का यथोचित ध्यान रखना चाहिए। इस क्षेत्र में टाइप कला को ललित कलाओं की तरह हर नई विचारधारा को अपनाने के लिए प्रस्तुत रहना चाहिए।

आज के परमाणु युग में दूसरी कलाओं की भाँति टाइप कला भी प्रगतिशील है। सार्वजनिक यंत्रीकरण के साथ-साथ अणुयंत्रों ने इस कला पर भी अपना आधिपत्य स्थापित कर लिया है। हस्तकौशल का स्थान अणुशक्तियाँ ग्रहण कर रही हैं, किन्तु फिर भी टाइप कला पर से ललित कलाओं का प्रभुत्व प्रायः कभी नहीं हट सकेगा।[1]

(4) टाइप के विभिन्न अंग या टाइप फेस

टाइप के जुम्मां-जुम्मां दस अंग बताये गए हैं,—

(1) **फुट**—टाइप के नीचे का हिस्सा, जिस पर टाइप खड़ा होता है फुट कहा जाता है।

(2) **निक**—एक छोटी-सी गली, जिसे हरेक टाइप में बनाया जाता है। यह टाइप के सीधे-टेढ़े का सूचक होता है।

(3) **ग्रूव**—यह टाइप के नीचे का भाग होता है। इसे ढालने के बाद हमेशा घिस कर साफ कर लिया जाता है।

(4) **शोल्डर**—टाइप के एक महत्त्वपूर्ण अंग 'बिअर्ड' के नीचे बाडी के ऊपर का भाग होता है।

(5) **काउंटर**—एक स्थान विशेष जो कम्पोज करने पर दो अक्षरों के मध्य खाली रहता है।

(6) **पिन**—यह एक निशान विशेष होता है, जो टाइप के बगल में बाडी पर बना होता है।

(7) **बाडी**—शोल्डर के नीचे तक के हिस्से को बाडी कहा जाता है।

(8) **सेरिफ**—टाइप फेस का वह भाग, जो दाहिने-बाएँ निकला होता है।

(9) **फेस**—टाइप के ऊपरी भाग को फेस कहते हैं। यही हिस्सा छपता है

(10) **बिअर्ड**—टाइप फेस और शोल्डर के बीच के आड़े-तिरछे हिस्से को बिअर्ड कहा जाता है तथा

(11) **विड्थ**—टाइप की चौड़ाई को 'विड्थ' कहते हैं।

(5) टाइप मशीन के विभिन्न यंत्र तथा उनका संचालन

1. **स्पेस बार (Space Bar)**—टाइपराइटिंग के अन्तर्गत इसका प्रयोग अत्यन्त महत्त्वपूर्ण है। इसका प्रयोग शब्दों के बीच में स्थान छोड़ने के लिए किया जाता है। यदि इसका प्रयोग नहीं किया गया तो सारे शब्द आपस में मिल जाएँगे, इसका संचालन दाएँ हाथ के अँगूठे से होता है।

---

1. हिन्दी विश्वकोश, पृष्ठ-136, खंड-5, काशी।

2. **टेबुलेटर बार (Tabulator Bar)**—इसका प्रयोग टेबुलेशन कार्य में किया जाता है। पहले मशीन को पाँच या छह स्थानों पर सेट करके बारी-बारी से इसको दबाते हैं जिससे कि कैरिज उन स्थानों पर ही रुकता है जहाँ सेट किया गया है। उदाहरणार्थः—

495-00	249-00	15-85	57-00	834-35
513-00	249-00	15-40	75-00	897-40

3. **टैबसेट की (Tab Set Key)**—(TAB SAT) इसका प्रयोग टेबुलेशन कार्य के लिए किया जाता है। हमको जहाँ जहाँ मशीन को सेट करना है उस स्थान पर इसको दबाने से, मशीन उस स्थान पर ही रुकेगी जिससे कि गिनतियाँ या पैराग्राफ एक ही स्थान से अर्थात् बराबर से आएँगे।
4. **टैब क्लीयर की (Tab Clear Key)**—(TAB SAT) इसका प्रयोग उस समय किया जाता है जबकि मशीन को जोकि कई स्थानों पर सेट है, को खत्म (क्लीयर) करना होता है। इसका संचालन 'टेबुलेटर बार' को दबा-दबा कर कैरिज को सेट पर लाएँगे और टेबुलेटर क्लीयर को दबाते जाएँगे।
5. **टच रेगुलेटर (Touch Regulator)**—इसका प्रयोग उस समय किया जाता है जब एक साथ कई प्रतियाँ छापना होता है उस समय उसे रेगुलेटर को नीचे की ओर खिसकाने से मशीन के स्ट्रोक्स भारी पड़ेंगे जिससे सभी प्रतियाँ साफ-साफ छपेंगी।
6. **की रिलीज (Key Release)**—(R K) इसका प्रयोग उस समय किया जाता है जब दो टाइपबार आपस में फंस जाते हैं तो उनके छुड़ाने के लिए ''की रिलीज'' को दबाते हैं, जिससे टाइपबार अलग हो जाते हैं।
7. **मार्जिन सेट (Margin Set)**—यह मशीन का एक महत्त्वपूर्ण पुर्जा है इससे मार्जिन सेट करते हैं। इसको ऊपर से हल्का-सा पुश करके या दबाकर आगे पीछे-करके इच्छानुसार कागज पर मार्जिन लगाते हैं तथा जिस स्थान से टाइप करना होता है उस स्थान से टाइप करते हैं।
8. **रिबन कैरियर (Ribbon Career)**—यह मशीन का एक महत्त्वपूर्ण पुर्जा है इसमें रिबन को फँसाते हैं जब टाइप किया जाता है तब रिबन ऊपर नीचे-उठता गिरता है यदि यह ऊपर न उठे तो टाइप के अक्षर नहीं छपेंगे तथा यह रिबन को ठीक रखने एवं मुड़ने से रोकता है।
9. **कार्ड होल्डर (Card Holder)**—टाइप मशीन के ढक्कन के पीछे दो प्लास्टिक के टुकड़े लगे होते हैं। दोनों टुकड़ों में छिद्र बना रहता है इसके छिद्रों में पेंसिल या लेड पेन फँसाकर खड़ी तथा पड़ी रेखाएँ खींच सकते हैं।
10. **पेपर रिलीज लीवर (Paper Release Lever)**—इसका प्रयोग टाइप मशीन में कागज लगाने के बाद उस समय किया जाता है, जबकि लगाया गया कागज रोलर पर टेढ़ा चढ़ जाता है या मुड़ जाता है तो पेपर रिलीज लीवर को आगे की ओर खींच लेते हैं जिससे कागज ढीला हो जाता है और उसे इच्छानुसार सही करके लीवर को फिर पीछे की ओर कर देते हैं।
11. **प्लेटेन लॉक (Platen Lock)**—यह कैरिज के बायीं एवं दायीं ओर होता है इसके अन्दर रोलर रखा होता है इसके दोनों ओर लाक सिस्टम होता है जो रोलर को हिलने-डुलने नहीं देता है।
12. **रिबन इन्डीकेटर (Ribbon Indicator)**—इसका प्रयोग रिबन के संचालन में किया जाता है यदि हमें स्टेंसिल काटना होता है तो इसका प्रयोग करना पड़ेगा या (लाल या

काला) रिबन लगा है तो इसको अपनी इच्छानुसार लाल या काला टाइप करने के लिए इसको ऊपर तथा नीचे खिसकाना पड़ता है।

13. **राकेट डिटेन्ट लीवर (Ratchet Detent Lever)**—बेलन को दाँतेदार चक्र से मुक्त रखने के लिए इसका प्रयोग किया जाता है तथा लाइन बनाने में भी इसका प्रयोग करते है।

14. **हैंडिल या कैरेज रिटर्न लीवर (Handle or Carriage Return Lever)**—टाइप करते समय जब पंक्ति के अन्तिम सिरे पर पहुँचती हैं उस समय इसको बाएँ हाथ से दाएँ की तरफ खींचते हैं तथा उसके बाद दूसरी पंक्ति को टाइप करते हैं।

15. **मार्जिन रिलीज (Margin Release)**—इसका प्रयोग पंक्ति के अन्त में उस समय किया जाता है जब कोई शब्द टाइप करते समय अधूरा रह गया हो उस समय दाहिने हाथ की कनिष्टका से गार्जिन दबाते हैं जिससे मशीन का मार्जिन लाक खुल जाता है और शब्द को पूरा किया जाता है।

16. **शिफ्ट कुंजी (Shift Keys)**—इसका प्रयोग अंग्रेजी में कैपिटल अक्षर छापने में तथा हिन्दी में आधे अक्षर छापने में किया जाता है यदि हमको कैपिटल **A** छापना है तो दाएँ हाथ की कनिष्टका से शिफ्ट को दबाएँगे फिर बाएँ हाथ की कनिष्टका से **A** छापने पर कैपिटल **A** छपेगा।

17. **शिफ्ट लाक (Shift Lock)**—यह पुर्जा शिफ्ट की के पास एवं ऊपर लगा होता है इसका प्रयोग अंग्रेजी टाइपिंग में यदि एक साथ कई कैपिटल शब्द टाइप करना होता है, तो इसको दबाकर टाइप करते हैं।

18. **बैक स्पेसर (Back Spacer)**—जब कैरिज को पीछे लाना होता है तो इसको दबाने से कैरिज (एक स्पेस) पीछे की ओर खिसक जाता है तथा अक्षर को जहाँ टाइप करना होता है, टाइप करते हैं।

19. **लाइन स्पेस रेगुलेटर (Line Space Regulator)**—लाइन स्पेस रेगुलेटर की सहायता से हम मैटर को एक, डेढ़, दो, ढाई तथा तीन स्पेस के अन्तर से टाइप कर सकते हैं तथा इसके बराबर में जो प्लेटेन लाक होता है उस पर नम्बर बने होते हैं उस नम्बर पर इसे खिसका देते हैं जिससे उस नम्बर के अनुसार ही पंक्तियों के बीच में अन्तर स्पेस छूटता है।

20. **वैरियेबुल लाइन स्पेस बार (Variable Line Space-bar)**—इसका प्रयोग (हाफ स्पेस) आधे स्थान पर टाइप करने के लिए बीच में किया जाता है यदि हम सिंगल स्पेस पर टाइप कर रहे हैं और हमें उनके बीच में टाइप करना होता है तो इसका प्रयोग करते हैं इसके लिए रोलर के बायीं ओर के लट्टू में एक पुश बटन को अन्दर दबाकर रोलर को ऊपर तथा नीचे सेट करके टाइप करते हैं जैसे 1 1/2

21. **पेपर साइड गाइड (Paper Side Guide)**—इसका प्रयोग उस समय किया जाता है जब कई कागजों पर एक समान हाशिया टाइप करना होता है। इसे एक स्थान पर सेट करके उसी के बराबर से कागज को लगाते जाएँगे जिससे कि समान स्थान से प्रत्येक प्रतियों में हाशिया बन जाएगा।

22. **पेपर बेल्स (Paper Bails)**—टाइप मशीन में बेलन के ऊपर एक लोहे की छड़ लगी होती है जिसमें दो रबर के गुटके पहनाएँ रहते हैं इन्हें पेपर बेल कहते हैं। ये पेपर बेल कागज को दबाये रखते हैं जिससे कि टाइप करते समय कागज फट-फट की आवाज न करें एवं कागज फटने न पाये।[1]

---

1. साभार Anupam Typing Master (Hindi Typing and English Typing) : Usha Gupta, p. 24. Parmatma Auto Printing Press, 354 Motinagar, Lucknow.

बहरहाल, कम्पोज करनेवाले को चाहिए कि टाइप के उक्त सभी अंगों के मेल से अक्षरों, शब्दों, चित्रों तथा आकारों का प्रदर्शन, प्रस्तुत विषय के हेतु ऐसे उपयुक्त ढंग से होना चाहिए कि जहाँ पढ़नेवालों को विषय का अभिप्राय ग्रहण करने में पूरी सहायता मिले, वहाँ सुन्दरता और स्वच्छता का भी समावेश हो। पुस्तक या अन्य छपनेवाली वस्तु के विधान, परिमाण तथा खाके उसके विषय के अनुकूल ही होने चाहिए।

(6) अंग्रेजी टाइप के प्रकार

(अ) टैक्स्ट, ओल्ड इंग्लैंड या ओल्ड इंग्लिश टैक्स्ट—बताते हैं, अंग्रेजी टाइपों में यह सर्वाधिक प्राचीन-पुरानी टाइप है। चूँकि इस टाइप का प्रयोग सबसे पहले इंग्लैंड निवासी विलियम कैक्स्टन ने किया था, अतः इसका नाम औल्ड इंग्लैंड या ओल्ड इंग्लिश टैक्स्ट भी पड़ा। इंग्लैंड में इस टाइप का प्रयोग बहुत दिनों तक होता रहा। यद्यपि कहीं-कहीं यह भी उल्लिखित है कि इस टाइप का प्रथमतः प्रयोग गुटेनवर्ग ने किया था। कई तरह के टाइपों के प्रयोग में आ जाने से इस टाइप का प्रयोग लगभग चलन से बाहर हो गया है।

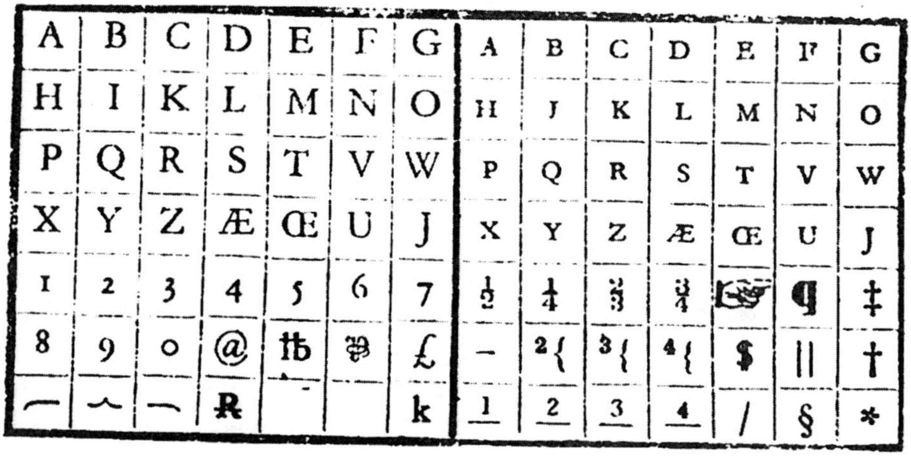

अँगरेजी अपर केस (इंगलिश)

अँगरेजी अपर केस (अमेरिकन)

(ब) इटैलिक—इस टाइप का एक नाम आल्डास टाइप भी है। चूँकि इसका निर्माण आल्डास मानूशियस ने 1501 ई. में किया था, अतः इसका नाम इटैलिक टाइप के साथ-साथ आल्डास टाइप भी रखा गया। इसमें अक्षरों का झुकाव लिखते वक्त दाहिनी ओर होता है। अंग्रेजी के इस टाइप में रोमन की तुलना में कैपिटल अक्षर छोटे होते हैं। अब इस टाइप का प्रयोग भी न्यून हो गया है।

(स) गोथिक व सेंसेरिफ—कभी मुद्रण के लिए इस टाइप का महत्त्व बहुत अधिक होता था। अमेरिकी देशों में इसी टाइप का प्रयोग बहुत दिनों तक होता रहा। इसकी एक विशेषता यह होती है कि इसका प्रत्येक अक्षर लगभग एक ही समान मोटाई का होता है। कुछ लोगों का विचार है किं अमेरिका से पहले इसका प्रथम प्रयोग जर्मनी में हुआ था। किन्तु कालान्तर में किन्हीं कारणों से इसके प्रयोग के प्रति वहाँ उदासीनता आ गई। फिर भी, इस टाइप का कभी बहुत महत्त्व रहा है।

(द) रोमन—रोमन टाइप को हम दो भागों में बाँट सकते हैं—(1) पुरानी रोमन टाइप तथा (2) नई रोमन टाइप। पुरानी रोमन टाइप के आविष्कर्त्ता इटली के रहनेवाले श्री जेंसन हैं, तो उर्दू रोमन टाइप के जन्मदाता बडोनी माने जाते हैं। साफ शब्दों में, एक पुरानी शैली की रोमन टाइप है, तो दूसरी आधुनिक शैली की रोमन टाइप। जाहिर है, नई टाइप का जन्म पुरानी में परिष्कार के परिणामस्वरूप हुआ। दरअसल, पुरानी टाइप में छपे अक्षर पढ़ने में काफी मशक्कत करवाते थे और नई टाइप में छपे अक्षर स्पष्ट खूबसूरत और पतले तथा पठनीयता में आसान होते हैं, अतः पुरानी की तुलना में नई अर्थात् आधुनिक टाइप ही सम्प्रति काफी प्रयोग में लाई जा रही है।

(य) स्क्रिप्ट व कर्सिव—बक़ौल डॉ. रमेश चन्द्र त्रिपाठी[1] हस्तलिपि के एकदम निकट है—यह टाइप। इसका रूप-स्वरूप इटालिक टाइप जैसा है। इनमें लेखन जैसा बहाव है। इनका प्रमुख अन्तर इनका परस्पर जुड़े होने का है। यद्यपि ये जुड़े हुए नहीं हैं, पर ऐसा दिखायी देता है। कुछ कर्सिव टाइप तो इस तरह से बने होते हैं कि उनके अन्तर को पहचानना ही मुश्किल होता है। शीर्षक, विज्ञापन या निमंत्रण वगैरह में इनका इस्तेमाल होता है।

(7) अंग्रेजी के कुछ अन्य टाइप परिवार

(क) सेंचूरी—कभी यह अपने समय की काफी प्रिय प्रचलित अंग्रेजी टाइप थी। बताते हैं, अंग्रेजी की सुविख्यात पत्रिका 'सेंचूरी' की छपाई के लिए विशेषतः इस टाइप का निर्माण किया गया था। इसकी ढलाई सन् 1895 ई. में हुई थी। अधिक-से-अधिक मैटर छापने के खास मकसद से इस टाइप की चौड़ाई बहुत कम रखी गई। अपने निर्माण के प्रारम्भिक दिनों में यह बहुत लोकप्रिय नहीं हो पाई थी, किन्तु समय-समय पर हुए सुधारों के कारण इसकी माँग बाद में बढ़ती गई। इसके परिष्कृत रूप को बाद में 'एक्पेंडेडटाइप' नाम दिया गया। इस टाइप से कागजों पर छपे अक्षर बहुत खूबसूरत, छोटे और बहुत कम स्थान घेरनेवाले होते थे।

(ख) चेलटेन हम—इस टाइप का निर्माण दो प्रेस मालिकों के समवेत प्रयास से हुआ। एक थे—मेरी प्रेस माउंट के मालिक अपडाइक तथा दूसरे थे—चेलटेन हम प्रकाशन संस्थान के मुखिया किम बाल। इन दोनों लोगों ने क्रमशः कर्मणा तथा गुडहम नामक टाइप बनानेवालों से सम्पर्क साध इनसे सुघर, छोटे और सुन्दर उगने वाले अक्षरों की टाइप बनाने का आग्रह किया। टाइप का निर्माण हुआ और यह चलन में काफी लोकप्रिय हुई। इसमें

1. पत्रकारिता के सिद्धान्त—डॉ. रमेश चन्द्र त्रिपाठी, पृष्ठ-355।

समय-समय गरज के अनुरूप सुधार भी होते गए, अतः इसमें व्याप्त दोषों को समय-समय पर निथार लेने के कारण इसका प्रयोग बहुत दिनों तक होता रहा।

(ग) केसलान—इस टाइप का निर्माण विलियम केसवाल ने किया था। यह टाइप अब तक के निर्मित टाइपों में सर्वाधिक लोकप्रिय हुई। अमरीका और यूरोप के बाजारों में इसकी बेहद माँग थी। केसवाल द्वारा निर्मित उक्त केसलान टाइप से छपे अक्षर इतने सुन्दर थे कि इनका प्रयोग न्यू टेस्टामेंट की छपाई में भी किया गया। अमेरिका में तो यह टाइप बहुत लोकप्रिय थी ही, ब्रिटेन में भी अपनी लोकप्रियता के शिखर पर पहुँच गई और वहाँ की राष्ट्रीय टाइप (अक्षर) बन गई।

(घ) गाउडी—यह अमरीका का बड़ा टाइप निर्माता रहा है। इसे अपने स्कूली जीवन से ही अक्षर रूपांकित करने का शौक था। उसके हाथ के बने अक्षर विज्ञापन में काफी लोकप्रिय हुए। पहली टाइप डिजाइन उसने सन् 1896 में तैयार की। इसमें कैपिटल वर्ण व संख्याओं के टाइप थे। बाद में अमेरिकन टाइप फाउंड्री में इसमें लोअर केस का टाइप भी जोड़ दिया। इस टाइप का नामकरण केमेलोट किया गया। इसके बाद गाउडी ने अनेक तरह के खूबसूरत टाइप बनाये। उनके समय में ही करीब सौ तरह के टाइप बाजार में थे। इनमें गाउडी ओल्ड स्टाइल, गाउडी ओपन, काउडी केटेलाग, फोरम कैपिटल, डीपेइन ज्यादा लोकप्रिय हुए। टाइप को रूपांकित करने के लिए उन्होंने दो किताबें भी लिखीं, जिनमें रोमन वर्णमाला के विकास व इतिहास पर चर्चा है।[1]

(8) देवनागरी टाइप : प्रमुख फाण्ट तथा उनके नाम

एक सूचना के अनुसार देवनागरी टाइप का निर्माण पहली बार भारतीय धरती से बहुत दूर इंग्लैंड में हुआ और वहाँ के एक सर्जक अथानासी किर्चरी (Athanasi Kircheri) की एक पुस्तक 'चाइना इलेस्ट्रा' में नागरी लिपि का प्रयोग भी हुआ। कुछ लोगों का विचार है कि भारत में नागरी टाइपों का निर्माण पहली बार कोलकाता के समीप हुगली और श्रीरामपुर में हुआ। श्री रामपुर में ही सबसे पहले Type Fondry स्थापित हुई। यहाँ पर इंग्लैंड से टाइप ढलवाकर मँगाये जाते थे। यह बात दीगर है कि यह प्रयास बहुत सफल नहीं रहा—"At Serampore the missionaries had been able to obtain from their native workman a complete fount of Nagree, consisting of

कलकतिया टाइप के केस

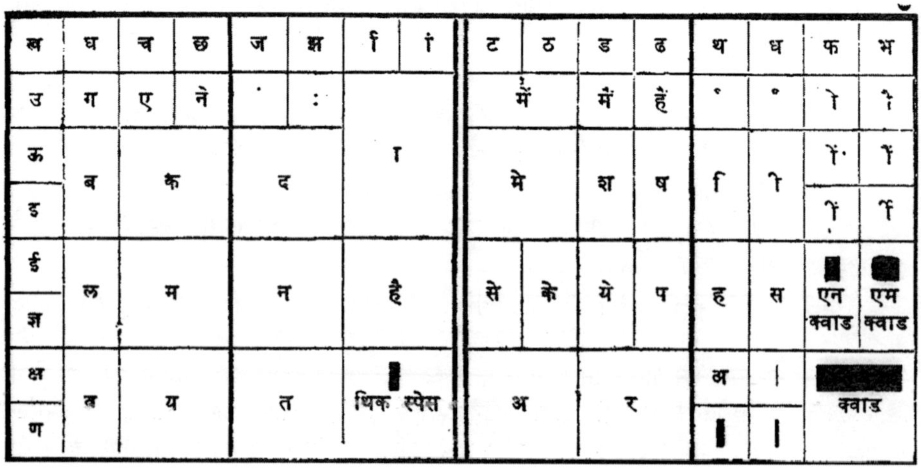

1. पत्रकारिता के सिद्धान्त—डॉ. रमेश चन्द्र त्रिपाठी, पृष्ठ-356।

700 characters, for about £ 100. In the course of the first ten years of their laboures the difference between the expense of their own foundry, and the sum which would have been required for the preparation of the founts in London, fell little short of £ 2,000."[1]

कालान्तर में नागरी टाइप बनाने का अगला प्रयास मुम्बई में हुआ। बताते हैं, 12 अक्टूबर 1835 ई. को एलिजा ए. बेब्सटर नामक व्यक्ति ने मुम्बई में 'टाइप फाउंड्री' स्थापित करने के लिए विदेश से कुछ सामान मँगवाया। यहाँ पर 1838 में नागरी टाइप का पहला 'फान्ट' (Fount) तैयार हुआ। इस फान्ट को कलकत्ता में बने फान्ट से बेहतर बताया गया। यहीं से नागरी टाइप बनाने की परम्परा का स्वतंत्र रूप से विकास हुआ।

पुस्तकों से ज्ञात होता है कि कालान्तर में बंगाल में साफ-सुथरा और सुन्दर-सुडौल टाइप बनाने में असफल हो जाने के कारण एक तरह से यहाँ उदासीनता-अन्यमनस्कता हो गई। बाद में जावजी दादा जी ने एक संकल्प के साथ नागरी टाइप बनाने का प्रयास किया। उन्होंने 1864 में एक प्रेस खोला। उसका नाम रखा गया—'निर्णय सागर प्रेस'। यह प्रेस बाद में काफी प्रसिद्ध हुआ। यहीं पर काम करते हुए एक अन्य व्यक्ति रानू राव जी ने गुजराती के साथ-साथ मराठी-देवनागरी टाइप भी बनाये। ये टाइप बहुत खूबसूरत थे। इन उत्कृष्ट, उन्नत और अपेक्षाकृत

बम्बइया टाइप के केस (लोअर केस)

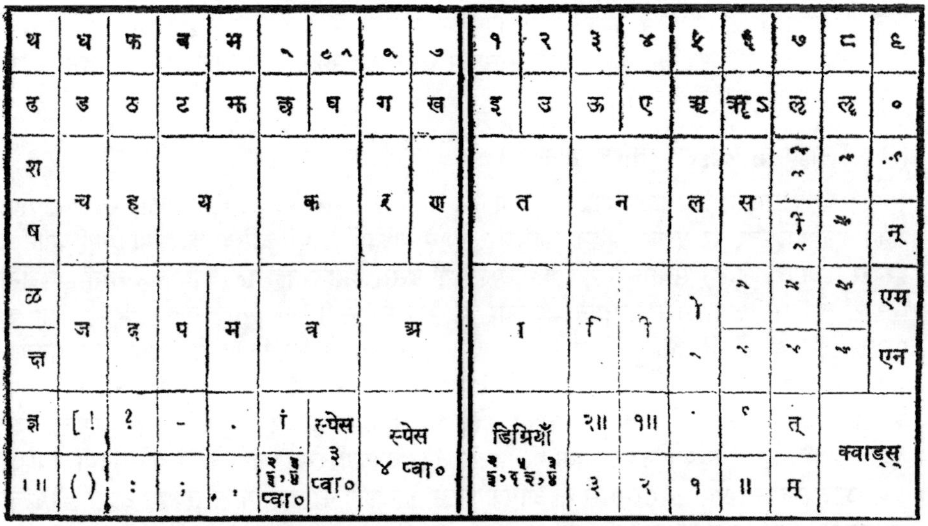

अनेक दोषों से रहित टाइपों को देखने के बाद लोगों का मानना था कि भारत में नागरी टाइपों का वैज्ञानिक रूप देने का पहला कार्य निर्णयसागर की फाउंड्री ने ही किया था। इस फाउंड्री में बनी नागरी टाइप की धातु बहुत सुन्दर होती थी। इनमें ज्यादा टिकाऊपन होता था, परिणामतः इन्हीं बम्बइया नागरी टाइपों की माँग पूरे देश में काफी होती थी। बहरहाल, बम्बई में बनी टाइपों को लोगों ने 'बम्बइया टाइप' कहा तो कलकत्ता में बनी टाइप' कलकतिया टाइप' कही गई। बम्बइया टाइप खंड प्रणाली पर आधारित थी तो कलकतिया टाइप अखंड प्रणाली पर। बहरहाल, देवनागरी टाइप के कुछ प्रमुख फोंटों के नाम इस प्रकार हैं—(1) कृति, (2) आकृति, (3) श्री लिपि, (4) चाँदनी, (5) कृतिदेव, (6) सुलेखा, (7) मयूर, (8) अक्षर धारा, तथा (9) अर्जुन आदि।

1. William Carey and the Serampore Books (1800 - 1834) by M. Siddiq Khan as appeared in LIBRI, Vol. II No. 3, page 247-48, 1961

(9) हिन्दी एवं अंग्रेजी टाइप : कुछ बुनियादी फासला

आकृति-आकार, प्रकृति-संरचना आदि कई स्तरों पर हिन्दी और अंग्रेजी-इन दोनों टाइपों में खासा फर्क होता है, इसीलिए दोनों की टाइप में एक आसान होती है तो दूसरी कुछ कठिन। हिन्दी टाइप को 'खंड टाइप' तथा 'अखंडटाइप'—उक्त दो टुकड़ों में विभक्त किया गया है। अक्षर तथा मात्राएँ पृथक्-पृथक् खंड में होने के कारण इन्हें खंड टाइप कहा जाता है तथा जहाँ अक्षर तथा मात्राएँ खंड-खंड में नहीं होतीं 'अखंड टाइप' कहा जाता है। बम्बइया और कलकतिया टाइप इसी श्रेणी में आती हैं। हिन्दी अखबारों में 8, 10 या 12 प्वाइंट के टाइपों का बहुधा प्रयोग होता है। इधर, अंग्रेजी टाइप मशीन में चार पंक्तियाँ होती हैं। इनमें सबसे नीचेवाली पंक्ति के ऊपरवाली पंक्ति को प्दर्स दै कहते हैं। चूँकि हिन्दी के बरक्स अंग्रेजी के अक्षरों की आकृति तीन तरह की होती है—कैपिटल लेटर, स्माल कैपिटल तथा स्माल लेटर्स व लोअर केस। हिन्दी की तुलना में अंग्रेजी टाइप के प्वाइंट नीचे की ओर होते हैं। इधर, हिन्दी की लिपि देवनागरी में स्वर, व्यंजन की मात्राओं की अलग-अलग व्यवस्था करनी पड़ती है, अतएव अंग्रेजी टाइपों की तुलना में हिन्दी की टाइपों की ढलान, अलग तरह की होती है। एक ओर अंग्रेजी के टाइप छपाई के लिए जहाँ 5 प्वाइंट से लेकर 80 प्वाइंट तक बनाये जाते हैं, वहीं हिन्दी के टाइप अधिकतम 12 प्वाइंट तक ढाले जाते हैं। **डॉ. रमेश चन्द्र त्रिपाठी**[1] कहते हैं कि बम्बई को छोड़कर प्रायः सभी जगह कलकतिया टाइप का उपयोग होता है। बम्बइयाटाइप में मात्राएँ डिग्री के द्वारा बैठाई जाती है, इसलिए मात्राएँ ठीक बैठ जाती हैं। इस टाइप से कम्पोजिंग में वक्त लगता है, लेकिन कम्पोजिंग शुद्ध होती है। कलकतिया टाइप में ऊपर की मात्राएँ कर्ण-प्रणाली से बैठायी जाती हैं। इस टाइप में ह्रस्व, दीर्घ इकाई, ए, ऐ, ओ, औ की मात्राएँ अक्षरों से जुड़ी नहीं रहतीं। इन मात्राओं को जोड़ने के लिए कर्ण-प्रणाली का प्रयोग होता है।

(10) टाइप के प्वाइंट (प्वाइंट प्रणाली)

सम्पूर्ण धरती सम्प्रति विश्वग्राम Global Village बनने की ओर अग्रसर है। प्रकृति, स्वभाव, रहन-सहन आदि के स्तर पर संचार-साधनों खासकर, दृश्य माध्यमों ने पूरी दुनिया को समानधर्मी बनाने की पुरजोर कवायद की है। संयोग से टाइपों के फॉट भी इससे अछूते नहीं रहे। जब तक धरती के अनेक हिस्सों के साहित्य और समाज के बारे में सूचना नहीं थी, तब तक तमाम तरह की परस्पर विभिन्नताएँ थीं, किन्तु संचार साधनों द्वारा एकवामय हो गए विश्व में टाइपों द्वारा होनेवाली छपाई भी प्रभावित हो गई है। एक निर्णय के द्वारा यह तय हुआ कि धरती के अधिकांश राष्ट्र छपाई के लिए एक ही प्रकार की टाइप का प्रयोग करें। इन लोगों के इस प्रयास को 'प्वाइंट प्रणाली' कहा गया। इसमें टाइपों के प्वाइंट का एक ही मानक और आदर्श रूप रखने का सुझाव दिया गया।

आजकल लगभग 15,000 से भी अधिक प्रकार के टाइपों का उपयोग हो रहा है। टाइपों की ऊँचाई के अनुसार उन्हें 'प्वाइंट्स' कहते हैं। एक इंच में 72 प्वाइंट्स होते हैं और उसी आधार पर 6, 7, 8, 9, 10, 11, 12, 14, 16, 18, 20, 24, 30, 36, 48, 60 तथा 75 प्वाइंट्स प्रचलित हैं। टाइपों के विविध डिजाइन भी होते हैं। अच्छे पत्र इनका अधिकाधिक उपयोग करते हैं।[2] सच तो यह है कि टाइप के फेस की बनावट और नाप के लिहाज से उसके अलग-अलग प्वाइंट होते हैं। प्वाइंट प्रणाली सभी देशों के लिए एक माप अपनाने के लिए एक मानक पैमाना है। एक प्वाइंट इंच का बहत्तरवाँ भाग होता है या यों कहें कि एक इंच में 72 प्वाइंट होते हैं। बारह प्वाइंट का पाइका प्वाइंट 1660 44 इंच होता है। बारह प्वाइंट का एक 'एम' और छह प्वाइंट का एक 'एन' होता है। इस प्वाइंट पद्धति से अनेक प्रकार के टाइप बनाये जाते हैं। हिन्दी और अंग्रेजी दोनों में यही मानक प्वाइंट प्रणाली काम में लाई जाती है। फेस की बनावट के लिहाज से पहले टाइप की बहुत अधिक किस्में नहीं मिलती थीं लेकिन अब बहुत-सी किस्में मिल जाती हैं। एक नाप या एक बाडी के टाइप में जितने अक्षर होते हैं, उन्हें सम्मिलित रूप में 'फॉट' कहते

---

1. पत्रकारिता के सिद्धान्त—डॉ. रमेशचन्द्र त्रिपाठी, पृष्ठ-356।
2. आधुनिक पत्रकारिता—डॉ. अर्जुन तिवारी, पृष्ठ-55।

७२ प्वा० (काला फेस)

छपाई एक कला

४८ प्वा० (काला फेस)

छपाई एक कला है

३६ प्वा० (काला फेस)

छपाई एक कला है, जिसके विकास

३६ प्वा० (इटालिक फेस)

छपाई एक कला है, जिसके विकास

३६ प्वा० (लेटर टाइप)

छपाई एक कला है, जिसके विकास के लिए दिल, दिमाग

२४ प्वा० (काला फेस)

छपाई एक कला है, जिसके विकास के लिए

२० प्वा० (काला फेस)

छपाई एक कला है, जिसके विकास के लिए दिल, दिमाग

१८ प्वा० (काला फेस)

छपाई एक कला है, जिसके विकास के लिए दिल, दिमाग

१६ प्वा० (काला फेस)

छपाई एक कला है, जिसके विकास के लिए दिल, दिमाग और श्रम

१६ प्वा० (मोनो फेस)

छपाई एक कला है, जिसके विकास के लिए दिल दिमाग और श्रम

१४ प्वा० (इटालिक फेस)

छपाई एक कला है, जिसके विकास के लिए दिल, दिमाग और

१४ प्वा० (लेटर टाइप)

छपाई एक कला है, जिसके विकास के लिए दिल, दिमाग और

१२ प्वा० (इटालिक फेस)

छपाई एक कला है, जिसके विकास के लिए दिल, दिमाग और श्रम तीनों का संयोग

१२ प्वा० (काला फेस)

छपाई एक कला है, जिसके विकास के लिए दिल, दिमाग और श्रम तीनों का

१२ प्वा० (नं० ३ लाइट फेस)

छपाई एक कला है, जिसके विकास के लिए दिल, दिमाग और श्रम तीनों का संयोग आवश्यक है।

१० प्वा० (लाइट फेस)

छपाई एक कला है, जिसके विकास के लिए दिल, दिमाग और श्रम तीनों का संयोग आवश्यक है।

८ प्वा० (लाइट फेस)

छपाई एक कला है, जिसके विकास के लिए दिल, दिमाग और श्रम तीनों का संयोग आवश्यक है।

प्वाइंट-प्रणाली के अनुसार टाइपों के नमूने

हैं। हिन्दी के फॉट में 450 टाइप होते हैं। जिनमें शामिल हैं—एक फॉट के कुल अक्षर पूर्ण एवं वर्ण, संयुक्त अक्षर, एक्सेंट, अंकों के टाइप, लीडर, ब्रेस, निशान, पूर्ण विराम, कॉमा तथा स्पेस आदि।

(11) हिन्दी समाचार-पत्र और टाइपों के प्वाइंट

सुप्रसिद्ध पत्रकार-साहित्यकार **डॉ. बच्चन सिंह**[1] का कहना है कि नागरी अक्षरों में आठ प्वाइंट से लेकर 144 प्वाइंट तक के टाइप बनाये गए हैं। ज्यादा बड़े टाइप धातु के न होकर लकड़ी के होते हैं और आकर्षक डिजाइनों में होते हैं किन्तु कम्प्यूटर ने 6 प्वाइंट तक के अक्षर विकसित किए है, जिन्हें आवश्यकतानुसार छोटा और बड़ा किया जा सकता है। जाहिर है, अब कम्प्यूटर तकनीक विकसित होने के कारण धातु तथा लकड़ी के टाइपों की प्रासंगिकता घटती जा रही है। अब कम्प्यूटर ही शीर्षक को वांछित आकार दे सकता है, फिर भी अभी लाइनों या मोनो मशीनों अथवा हाथ से ढाले गए टाइपों का प्रयोग भी बड़े पैमाने पर हो रहा है, इसलिए उनके बारे में भी जानकारी हासिल किया जाना आवश्यक है।

हिन्दी समाचार-पत्रों में मूल समाचार प्रायः 12 प्वाइंट में कम्पोज किया जाता है। कुछ समाचार-पत्रों ने 10 प्वाइंट काभी प्रयोग किया, किन्तु वह व्यावहारिक नहीं हुआ, क्योंकि समाचार-पत्र तो हर आयु वर्ग का पाठक पढ़ता है। जो समाचार-पत्र कम्प्यूटर (लेजर प्रिन्टिंग या डी.टी.पी.) से निकल रहे हैं, वे 9 या सवा नौ प्वाइंट में ही मूल समाचार देते हैं। इधर 12 प्वाइंट से बड़े टाइपों का प्रयोग शीर्षकों में किया जाता है, जैसे—14, 16, 18, 20, 22, 24, 30, 36, 40, 60, 72, 90, 100 आदि। ये शीर्षक टाइप काले (Dark) और सफेद (Light) फेसों में होते हैं। दैनिक समाचार-पत्रों में कम्पोजीटरों की व्यावहारिक भाषा में इन्हें 'प्वाइंट' के स्थान पर 'लाइन' या 'पाइका' कहते हैं, जैसे—72 प्वाइंट के शीर्षक को 'सिक्स (6) लाइन' या '6 पाइका' कहेंगे। शीर्षक लगाने में इन्हीं शब्दों का इस्तेमाल प्रायः होता है, जैसे—यदि हमें 72 प्वाइंट का शीर्षक तीन कॉलम में देना है तो पहले शीर्षक लिखेंगे, फिर उससे बायीं तरफ प्वाइंट लिखेंगे 6 पै. × 3. कभी-कभी पाइका या लाइन न लिखकर केवल प्वाइंट ही दे देते हैं, जैसे—6×3 अर्थात् 72 प्वाइंट 3 कॉलम।

खंड-'द'

(द) प्रूफ पठन और प्रूफ संशोधन (Proof Reading and Proof Rectification)

अथवा

प्रूफ रीडिंग की तकनीकी जानकारी

(1) प्रूफ रीडिंग या पठन अथवा शोधन का अर्थ-आशय

मुद्रण-कला की तरह प्रूफ संशोधन भी कला ही है। मुद्रण के साथ ही प्रूफ संशोधन कला भारत में पश्चिम से आई है। मुद्रण रूप में जो भाव, विचार कागज पर मूर्त रूप से जन्मता है, प्रूफ रीडिंग, शोधन या पठन के माध्यम से उसे सुन्दर-सलोना रूप दिया जाता है। जिस प्रकार भोजन बनाने से पहले चावल, दाल या सब्जी में से अनावश्यक तत्त्वों यथा-कंकड़, पत्थर, घास-फूस आदि को निकाल, बीन-पछोर कर भोजन को जाइकेदार बनाया जाता है, उसी तरह से कागज पर छपी सामग्री में से अशुद्धियों को छान-निथार या हिलोर-छिछिन कर उसे खुशजमाल और सुरूप बना दिया जाता है। सच तो यह है कि प्रूफ संशोधन के बिना छपी सामग्री कभी-कभी अर्थ का अनर्थ तथा बवाल बवंडर कर सकती है। पुस्तक, अखबार लेखक और प्रकाशक की प्रतिष्ठा पर आँच आ सकती है। अशुद्ध छपी सामग्री के लिए इन सभी को अपने पाठकों से कभी-कभी क्षमा याचना करनी पड़ती है। अतः 'मैटर' के 'फाइनल' छपने से पहले 'फाइनल प्रूफ' का पढ़ा जाना बहुत ही आवश्यक होता है।

---

1. हिन्दी पत्रकारिता का नया स्वरूप—बच्चन सिंह, पृष्ठ-148, विश्व विद्यालय-प्रकाशन, वाराणसी।

सच तो यह है किं 'प्रूफ रीडिंग' लेखक और प्रकाशन संस्थान के बीच बेहद महत्त्वपूर्ण कड़ी है। यह दोनों के रिश्ते की संहिता को पुख्ता बनाती है। बताते हैं, पश्चिम में प्रूफ-शोधन पर बड़ा बल दिया जाता है किन्तु अपने देश में यह निठल्ला या बैठे ठाले का कार्य माना जाता है। प्रूफ रीडिंग सम्बन्धी शिथिलता का ही यह परिणाम होता है, कि 'गाजीपुर' को 'गाजियाबाद बनते देर नहीं लगती। प्रूफ सम्बन्धी आलस्य से भाषा-भ्रष्ट होती है, अर्थ का अनर्थ होता है, बहुत महत्त्व की छपी सामग्री के प्रति पाठक उदासीन होता है। कुल मिलाकर, प्रूफ सम्बन्धी अशुद्धियाँ लेखक, प्रकाशक और पुस्तक-तीनों के सामने धन, समय और प्रतिष्ठा के साथ-साथ अन्य कई तरह की जोखिम पैदाकर सकती है। कभी-कभी अखबार, पुस्तक तथा पत्रिका-सम्पादक को अगले दिन या अगले संस्करण में अशुद्धि के लिए खेद प्रकट करने के लिए विवश होना पड़ता है। एक शब्द में यह भी कह सकते हैं कि अशुद्ध छपी सामग्री पाठक को मुँह चिढ़ाती-बिराती है। प्रूफ-शोधन का महत्त्व यद्यपि सभी प्रकार के मुद्रण में होता है, किन्तु पत्रकारिता जैसी संवेदनशील विधा में तो इसका महत्त्व खासा बढ़ जाता है। वस्तुतः पत्रकारिता और जनसंचार में प्रूफ रीडिंग का महत्त्वपूर्ण स्थान होता है। विभिन्न स्रोतों से प्राप्त होनेवाले समाचारों को अगर शुद्ध करके पाठक तक न पहुँचाया जाए, तब तक पत्र निकालने का उद्देश्य निरर्थक हो जाएगा। अखबार रोज प्रकाशित किए जाते हैं, इसलिए इसके प्रकाशन में अकसर जल्दबाजी होती है। कम्पोजीटर, कम्पोजिंग कला में तो निपुण होता है, लेकिन वह बहुत शिक्षित हो, ऐसा समझना हमारी भूल कही जाएगी। कम्पोजीटर द्वारा मैटर कम्पोज करने के बाद प्रूफ रीडर ही उसकी असल कसौटी माना जाता है। प्रूफ रीडर अगर कम्पोजिंग मैटर (सामग्री) को ठीक ढंग से शुद्ध नहीं कर पाता, तब इससे पत्र की प्रतिष्ठा धूमिल हो जाती है। पाठक अशुद्ध छपे पत्र को पढ़ना नहीं चाहेगा। अशुद्धियाँ रहने पर समाचार-सूचनाओं के अर्थ बदलने का संशय हमेशा बना रहता है।[1]

अतः कम्पोजिंग के दौरान हुई गलतियों में सुधार की क्रिया को ही प्रूफ पठन, प्रूफ संशोधन या प्रूफ रीडिंग कहते हैं। इस क्रिया में मूल प्रति या पांडुलिपि के साथ प्रूफ का मिलान किया जाता है और टाइप सेटिंग से सम्बन्धित तथा अन्य प्रकार की भूलों को संकेतित कर दिया जाता है, ताकि कम्पोजिटर उनके अनुसार कम्पोज किए मैटर को आवश्यक संशोधन कर डाले।[2] **डॉ. बलदेव राज गुप्त**[3] के विचार से "Book magzine and newspaper Journalists use the term proof to identify material in type. Mistakes are bound to be there or such proofs mainly because the compositors are after all human beings who are bound to commit mistakes when they work under pressure."

(2) प्रूफ रीडिंग के विभिन्न रूप, भेद या वर्गीकरण

विद्वानों ने प्रूफरीडिंग के चार से लेकर छह भेद तक माने हैं। **डॉ. हरिमोहन** और डॉ. **सविता चड्ढा** ने इसके कुल छह भेद स्वीकार किए हैं हाँ, नामान्तर अवश्य है, लेकिन **डॉ. विजयपाल सिंह** ने प्रूफ रीडिंग के स्थूल रूप में चार भेद ही स्वीकार किया है, यथा—

(क) डॉ. विजयपाल सिंह[4] का वर्गीकरण—डॉ. विजयपाल सिंह ने प्रूफ रीडिंग के चार भेद स्वीकार किया है, यथा—(1) गैली प्रूफ, (2) मेकअप प्रूफ, (3) द्वितीय प्रूफ तथा (4) प्रिन्ट आर्डर प्रूफ।

(ख) डॉ. सविता चड्ढा का वर्गीकरण[5]—(1) गैली प्रूफ (2) मेकअप प्रूफ, (3) प्रथम प्रूफ या पेज प्रूफ, (4) दूसरा प्रूफ या मशीन प्रूफ, (5) अन्तिम प्रूफ या तृतीय प्रूफ तथा (6) प्रिन्ट ऑर्डर प्रूफ।

(ग) डॉ. हरिमोहन का वर्गीकरण[6]—(1) गैली प्रूफ (Galley Proof), (2) मेकअप प्रूफ (Make-up Proof), (3) प्रथम प्रूफ या पेज प्रूफ (Ist Proof or Page Proof), (4) दूसरा प्रूफ (IInd Proof), (5) तीसरा प्रूफ (IIIrd Proof) तथा (6) प्रिन्ट ऑर्डर प्रूफ या अन्तिम प्रूफ (P.O Proof or Final Proof)।

1. पत्रकारिता जगत—डॉ. अशोक प्रियदर्शी, सुनील कुमार सिन्हा, पृष्ठ 42, मगध कलाकार प्रकाशन, पटना।
2. प्रयोजनमूलक हिन्दी—डॉ. विजयपाल सिंह, पृष्ठ-89।
3. Journalism by Old and New Masters : Dr. Baldev Raj Gupta, p. 90
4. प्रयोजनमूलक हिन्दी—डॉ. विजयपाल सिंह, पृष्ठ-90।
5. हिन्दी पत्रकारिता : सिद्धान्त और स्वरूप—डॉ. सविता चड्ढा, पृष्ठ-163।
6. सम्पादन कला एवं प्रूफ पठन—डॉ. हरिमोहन, पृष्ठ-98।

कम्पोज की गई सामग्री को 'गैली' जो कि धातु की बनी होती है, जिसके तीनों ओर लकड़ी का उठा हुआ फ्रेम भी होता है, में रखा जाता है। कम्पोज की गई सामग्री को स्टिक से उतारकर गैली में रखकर सबसे पहला प्रूफ दिखाया जाता है, जिसे गैली प्रूफ[1] कहते हैं। कुछ प्रकाशन कार्यालयों में तो गैली-संशोधन के बाद एक और प्रूफ भी निकाला जाता है। इसे **रिवाइज्ड-गैली प्रूफ**[2] (Revised Galley Proof) कहा जाता है। प्रूफ रीडर जब गैली प्रूफ पढ़कर भेज देता है, तब कम्पोजिंग की हुई सामग्री को तद्नुसार ठीक कर देता है, फिर संशोधित किए हुए मैटर के कागज के आकार के अनुसार पृष्ठों में विभाजित कर देता है और प्रत्येक पृष्ठ पर फोलियो (पुस्तक का नाम तथा अध्याय) पृष्ठ संख्या डाल देता है। जिस पृष्ठ से अध्याय शुरू होता है, उस पर फोलियों के रूप में अध्याय का नाम तथा पृष्ठ संख्या नहीं डाली जाती। इसके बाद प्रत्येक पृष्ठ के मैटर को एक मजबूत धागे से बाँधकर पृष्ठ को क्रमानुसार व्यवस्थित कर देता है। अब उन्हें 4, 8, 12, 16 पृष्ठीय फर्म के रूप में प्रूफ रीडर के पास पढ़ने के लिए भेजा जाता है। इस दूसरे प्रूफ को मेकअप या प्रथम प्रूफ कहा जाता है।[3] प्रूफ की अशुद्धियों को शुद्ध कर तीसरा प्रूफ, प्रूफ रीडर के पास भेजने की प्रक्रिया प्रिन्ट ऑर्डर प्रूफ या फाइनल प्रूफ कही जाती है। इस प्रकार का प्रूफ सम्पादक या लेखक स्वतः पढ़ना पसन्द करते हैं।

लेकिन ये बातें पुरानी तकनीक की हैं। फोटों कम्पोजिंग जैसी आधुनिक तकनीक के विकास में प्रूफ तकनीक को भी बदल दिया है। इस तकनीक में प्रूफ उठाने की कोई अलग से मशीन की जरूरत नहीं होती है। जो कम्प्यूटर मशीन छपाई के लिए फाइनल प्रिन्ट निकालती है, वही प्रूफ भी निकाल देती है। पेज बनाने की प्रक्रिया भी अब हैण्ड कम्पोजिंग या लाइनों-मोनों मशीनों के जमाने की नहीं रह गई। मशीने कागज पर जो फाइनल प्रिन्ट तैयार करती हैं, उन्हें काटकर उप सम्पादक यथास्थान एक बड़े शीट (अखबार के आकार का कागज) पर चिपकवा देता है। इस शीट को पेस्टिंग सीट कहते हैं। पेस्टिंग शीट पर समाचार चिपकाने का काम पेस्टर (पेस्टअप मैन) रबर सोल्यूशन से करता है। पूरा पेज तैयार होने के बाद डेस्क इंचार्ज इसे चेक करता है। इस तरह पेज प्रूफ या फार्मा प्रूफ उठाने की आवश्यकता नहीं रह जाती। पेस्टेड पेज में ही गलतियाँ पकड़ ली जाती हैं। जो लोग अर्थ और समय की बचत करना चाहते हैं वे प्रूफ निकालने के बजाय सीधे प्रिन्ट ही निकाल लेते हैं। प्रूफ रीडर उसी प्रिन्ट में करेक्शन कर देते हैं, जिसे सुधार कर आपरेटर दुबारा फाइनल प्रिन्ट निकाल देता है। इससे प्रूफ के लिए इस्तेमाल होनेवाले कागज की बचत होती है और समय की भी। अभी भी कहीं-कहीं ऐसी फोटो कम्पोजिंग मशीनें हैं, जिनका प्रिन्ट ब्रोमाइड पेपर पर आता है। ब्रोमाइड पेपर काफी महँगा होता है। ये मशीने अब लेजर मशीनों से बदली जा रही हैं।[4]

(3) प्रूफ संशोधन के प्रकार

प्रूफ में जिस तरह की अशुद्धियाँ पाई जाती हैं, उनके अनुसार संशोधनों को मोटे तौर पर चार श्रेणियों में रखा जा सकता है—

(1) विराम चिह्नों तथा वर्तनी की अशुद्धियाँ,

(2) टाइप (मुद्राक्षरों) के विविध प्रकारों—जैसे इटैलिक, रोमन, स्माल, कैपिटल और विभिन्न प्वाइंटों—8, 10, 12, 14, 16, 18, 20, 24, 36, 48, 78, आदि के टाइपों की सेटिंग से सम्बन्धित भूलों का सुधार तथा तत्सम्बन्धी निर्देश,

(3) अक्षरों और शब्दों को मिलाने, निकालने या अलग करने, पैराग्राफ तोड़ने या मिलाने आदि बातों से सम्बन्धित संशोधन और

1. हिन्दी पत्रकारिता : सिद्धान्त और स्वरूप—डॉ. सविता चड्ढा, पृष्ठ-164।
2. प्रयोजनमूलक हिन्दी : डॉ. शरद भटनागर, पृष्ठ-169।
3. प्रयोजनमूलक हिन्दी—डॉ. विजयपाल सिंह, पृष्ठ-91।
4. हिन्दी पत्रकारिता का नया स्वरूप—डॉ. बच्चन सिंह, पृष्ठ-49।

(4) अन्य सामान्य संशोधन, जैसे—अक्षरों का प्रूफ में स्पष्ट न आना, मूल प्रति का कोई शब्द या वाक्य कम्पोजीटर की असावधानी से कम्पोज करने से छूट जाए अथवा मूल प्रति (पांडुलिपि) के किसी शब्द या स्थल की असंगति पर प्रूफ रीडर भी और उसको सम्पादक या लेखक से पूछने के लिए चिह्नित कर देना इत्यादि।[1]

(4) प्रूफ रीडर के कर्तव्य

प्रूफ रीडर के अपने कुछ कर्तव्य भी हैं, यथा-प्रूफ रीडर को पांडुलिपि में परिवर्तन करने का कोई अधिकार नहीं होता। अगर प्रूफ रीडर को किसी तरह की शंका हो, तब वह उचित निशान लगाकर (???) सम्पादक से अथवा लेखक से पूछ सकता है। पहला प्रूफ यदि सही ढंग से सफाई से ध्यानपूर्वक पढ़ा जाए, तब आगे आनेवाला प्रूफ देखने में प्रूफ रीडर को कोई विशेष कठिनाई नहीं होगी। प्रूफ रीडिंग करते समय मूल पांडुलिपि साथ में रखना आवश्यक होता है। ऐसा करने से किसी तरह की शंका नहीं रहती है।[2] **डॉ. विजय पाल सिंह**[3] के शब्दों में प्रूफ रीडर की दृष्टि चील की सी होनी चाहिए, जो अशुद्धियाँ रूपी खाद्य पर अचूक झपट्टा मारने में समर्थ हो। वह स्वयं अशुद्धियाँ न करता हो। यदा-कदा अपने विवेक से अशुद्धियों को ठीक कर सके। इसके साथ ही—

The duties of a proof reader are as follows :

1. To see that the copy prepared by the editorial department is reproduced by the printer without omission or addition.
2. To see that it reads grammatically.
3. To call attention to any obvious slips in statements of facts."[4]

उपरोक्त के अलावा प्रूफ रीडर के कुछ अन्य भी कर्तव्य हैं, यथा[5]—

1. प्रूफ पढ़ने के बाद प्रूफ रीडर को संकेत देना चाहिए कि प्रूफ के अनुसार मैटर में गलतियाँ लगाने के बाद मुद्रक या कम्पोजिटर को क्या करना है। इसके लिए प्रूफ रीडर को प्रूफ के बाएँ या दाएँ किनारे पर निर्देश लिखना चाहिए। यदि वह "संशोधन करें" लिखकर उसके नीचे अपने लघु हस्ताक्षर करके प्रूफ वापस भेज दे तो उसका अर्थ यह होता है कि प्रूफ में संकेतित अशुद्धियों को संशोधन करके दूसरा प्रूफ प्रस्तुत करें, इसके लिए प्रूफ रीडर प्रूफ पर 'सो अगेन' (Show again) भी लिखता है। जब वह 'संशोधन एवं मैकअप' (Correct and Makeup) लिखे तो उसका अर्थ होगा अशुद्धियों को ठीक करके पेज प्रूफ (Page Proof) दिखाएँ और जब वह "मशीन प्रूफ" (Machine Proof) लिखे तो इसका अर्थ यह माना जाएगा कि छपाई (Printing) प्रारम्भ करने से पहले मशीन पर निकाला गया पहला कागज पढ़वा लिया जाए। "साफ प्रूफ" (Clear Proof) या "फिर से प्रूफ उठाएँ" (Proof again) लिखने का अर्थ है कि प्रूफ साफ-सुथरा और फिर से उठाकर प्रस्तुत किया जाए। "ओ.के., संशोधन करके छापो" (O.K. Correct & Print) लिखने का अर्थ है मैटर को मशीन पर छपने के लिए दे दिया जाए। अगर प्रूफ के ऊपर प्रूफ रीडर द्वारा "संशोधन करके मिलाएँ और छापें (Correct Compare and Print) लिखा हो तो इसका मतलब होता है कि गलतियाँ ठीक तरह से लगाकर एक बार मुद्रक द्वारा स्वयं मिलान करके जिम्मेदारीपूर्वक छाप दिया जाए। प्रूफ रीडर ऐसा तभी लिखता है जबकि प्रूफ के ऊपर कुछ गलतियाँ संकेतित (Marked) होती हैं और उन गलतियों को ठीक करने की जिम्मेदारी वह मुद्रक के ऊपर छोड़ देता है।

---

1. प्रयोजनमूलक हिन्दी—डॉ. विजयपाल सिंह, पृष्ठ-91।
2. पत्रकारिता जगत—अशोक प्रियदर्शी, सुनील कुमार सिन्हा, पृष्ठ-42-43।
3. प्रयोजनमूलक हिन्दी—डॉ. विजयपाल सिंह, पृष्ठ-93।
4. Journalism by Old and New Masters : Dr. Baldev Raj Gupta, p. 90
5. मुद्रण के तकनीकी सिद्धान्त—डॉ. नवीनचन्द्र गुंप्त, पृष्ठ-52-53 से साभार, तक्षशिला प्रकाशन दिल्ली-1995।

2. यदि प्रूफ रीडर ने कहीं पर प्रूफ के ऊपर प्रश्नवाचक चिह्न (Query Mark) लगाकर भेजा तो तो लेखक या सम्पादक को चाहिए कि वह उसे अवश्य देखे। यदि कहीं अशुद्धि रह गई हो या कुछ मैटर छूट गया है तो उसे ठीक कर दिया जाए और यदि सब ठीक है तो प्रश्नवाचक चिह्न को काट दिया जाए।
3. जो भी मैटर प्रूफ के रूप में उसके पास शोधनार्थ आया है वह प्रेस एक्ट (Press Act) के अनुसार है या नहीं यह देखना प्रूफ रीडर के लिए आवश्यक होता है।
4. यदि कोई प्रूफ किसी की मानहानि या किसी के प्रति अपमानजनक, कानून की दृष्टि से कुछ भी यदि आपत्तिजनक लिखा गया है, तो ऐसी परिस्थिति में प्रूफ रीडर का कर्तव्य है कि वह मुद्रणालय के व्यवस्थापक या स्वामी का ध्यान इस ओर अवश्य आकर्षित करे जिससे ऐसी महान गलतियों का उचित समाधान किया जा सके।
5. मूल कॉपी में यदि किसी प्रकार की त्रुटि का आभास हो तो उसे प्रत्येक स्थल पर हाशिये में प्रश्नवाचक चिह्न (Query Mark) लगाकर प्रूफ फाइनल करने के लिए लेखक या मूल प्रति प्रेषक या सम्पादक के पास भेजना भी प्रूफ रीडर का कर्तव्य है। प्रूफ के वापस आने पर प्रूफ रीडर को इस बात के लिए आश्वस्त हो जाना चाहिए कि उसके द्वारा लगायी गई "क्वेरी" (Query) का समाधान हो गया है।
6. प्रूफ रीडर के लिए प्रूफ पठन और शोधन के पश्चात अन्त में तिथि सहित अपने लघु हस्ताक्षर (Initials) करने भी आवश्यकीय है। प्रत्येक प्रूफ पर पहला, दूसरा, तीसरा या अन्तिम (I, II, III or Final) प्रूफ लिखा जाना भी आवश्यक है। यदि प्रूफ अस्पष्ट है या दुबारा मँगाना पड़े तो उस पर संकेत लगा देना चाहिए, जैसे दुबारा प्रूफ उठाएँ या फिर से दिखाएँ (Proof again or Show again)।
7. प्रूफ संशोधन करने में प्रूफ रीडर को अपनी स्वतंत्रता का प्रयोग नहीं करना होता। सभी शोधन उसे मूल प्रति (Original Copy) के अनुसार करने चाहिए।
8. अच्छे प्रूफ रीडर की दृष्टि सदैव कम्पोज किए गए मैटर में रह गई अशुद्धियों पर ही केन्द्रित होती है।
9. प्रूफ पठन के लिए मूल प्रति पठन में तीव्रता होना और उसके साथ-साथ प्रूफ रीडर की दृष्टि की सुस्थिरता और अशुद्धि केन्द्रीयता होना भी आवश्यक है।
10. प्रूफ रीडर की नजर अत्यन्त पैनी होना अत्यधिक महत्त्वपूर्ण है, जिससे गलतियाँ छूट जाने की सम्भावनाएँ कम हो जाती हैं। यों कहिये कि प्रूफ रीडर की नजर चील पक्षी की तरह होनी चाहिए जो कि अशुद्धियाँ पर झपटती हैं।
11. चित्रों, तालिकाओं, फूट नोटों आदि का संयोजन मूल प्रति के अनुसार हुआ है या नहीं इसकी छानबीन प्रूफ रीडर को जिम्मेदारीपूर्वक करनी चाहिए।
12. प्रत्येक चित्र संख्या, अनुच्छेद संख्या, अध्याय क्रम, तालिका संख्या आदि को क्रमबद्ध रूप से देखना भी प्रूफ रीडर का एक महत्त्वपूर्ण कर्तव्य है। इसके लिए उसे छपा हुआ पिछला मैटर अवश्य देख लेना चाहिए जिसे डमी (Dummy) या फाइल कॉपी (File Copy) कहते हैं।
13. एक योग्य और कुशल प्रूफ रीडर को भाषा और विषय के ज्ञान के अतिरिक्त मुद्रण सम्बन्धी तकनीकी जानकारी होना अनिवार्य है। उसे भाषा और व्याकरण के साथ-साथ कम्पोजिंग, छपाई और बाइंडिंग (Composing, Printing and Binding) का भी अच्छा ज्ञान होना चाहिए।
14. सामान्य ज्ञान के क्षेत्र में भी प्रूफ रीडर को योग्य होना चाहिए ताकि वह कुशल प्रूफ रीडिंग के साथ-साथ लेखक की त्रुटियों की ओर भी संकेत कर पाये अन्यथा वह मूल प्रति से ही प्रूफ का मिलान कर पाएगा।

(5) प्रूफ रीडर के गुण या विशेषताएँ

सर्व प्रथम प्रूफ पाठक को भाषा का विशेषज्ञ और तत्सम्बन्धी विषय का जानकार अवश्य होना चाहिए, अन्यथा प्रूफ में भाषायी अर्थ-सम्बन्धी गलतियाँ रह जाने की सम्भावना रहती है और प्रशासमिक दस्तावेजों के मुद्रण का उद्देश्य पूरा नहीं हो पाता है। प्रूफ रीडर को शब्द-संरचना, वाक्य की प्रयुक्ति, वर्तनी सुधार का अभ्यास और भाषा का अच्छा ज्ञान होना आवश्यक है। उसमें अशुद्धियों को सूँघने-परखने की अचूक क्षमता अवश्य होनी चाहिए। भाषा-विशेषज्ञों द्वारा निर्धारित प्रूफ-पठन के मानक चिह्नों का विशेष बोध होना प्रूफ रीडर की सर्वाधिक महत्त्वपूर्ण विशेषता होती है। इसी विशेषता के फलस्वरूप प्रूफ रीडर पठन की प्रक्रिया को सुविधा पूर्वक सम्पादित करता है।[1] अशुद्धियों को शुद्ध करने में प्रूफ रीडर को एक ही मैटर को बार-बार दुहराना होता है और उसे शुद्ध करना पड़ता है, इसलिए अच्छे और सुलझे प्रूफ रीडर को धैर्यवान होना चाहिए। प्रूफ रीडिंग की महत्ता से, प्रूफ रीडर पूर्ण परिचित हो। तेजी से प्रूफ पढ़ने की आदत हो। प्रूफ देखने में सफाई का ध्यान रहे। भारतीय मानक संस्था द्वारा मानकीकृत स्वीकृत चिह्नों की पूर्ण जानकारी होनी चाहिए। सच तो यह है कि प्रूफ रीडर का कार्य अत्यधिक महत्त्वपूर्ण और जिम्मेदारी युक्त होता है। उसे प्रिंटिंग मशीन पर होनेवाली प्रत्येक गतिविधियाँ व कार्यों से परिचित होना आवश्यक है। हर प्रकार के टाइपों का ज्ञान, प्रूफ पठन सम्बन्धी प्रत्येक चिह्नों का ज्ञान तथा अक्षर विन्यास आदि की पूर्ण जानकारी उसके लिए अत्यन्त आवश्यकीय है। इन बातों के अभाव में उसका कार्य सफल नहीं हो सकता। प्रूफ रीडर को पांडुलिपि में अपने आप कोई परिवर्तन नहीं करना चाहिए। यदि उसे लगे कि पांडुलिपि में कहीं कोई अशुद्धि है या कोई वाक्य गलत है, तो इसके लिए उसे लेखक या सम्पादक से सम्पर्क स्थापित करना चाहिए। इसके लिए उसे सम्बन्धित स्थान पर प्रश्नवाचक चिह्न लगा देना चाहिए, जिससे लेखक या प्रकाशक का ध्यान अशुद्धिवाले स्थान पर पहुँच जाएगा और वह उस अशुद्धि का संशोधन कर देगा या उपयुक्त सुझाव दे देगा।[2]

(6) प्रूफ रीडिंग : उद्देश्य, महत्त्व तथा आवश्यकता

प्रूफ लेने का मुख्य उद्देश्य यह जानना होता है किं कम्पोजिंग शुद्ध हुई है या नहीं, प्रूफ मशीन या प्रिन्टिंग मशीन पर कम्पोज सामग्री की प्रतिलिपि ली जाती है। दरअसल, प्रूफ रीडिंग का उद्देश्य मुद्रण में लुकी-छिपी अशुद्धियों को छान-निथार कर बाहर निकालना होता है। इससे मुद्रण में सफाई आ जाती है, शुद्ध साफ सामग्री पढ़ने में मन लगता है। शुद्ध छपी हुई सामग्री के प्रति मन में सम्मान बढ़ता है।

इन सबके अलावा प्रूफ रीडिंग का अपना विशेष महत्त्व होता है। छपी सामग्री से अशुद्धियों को दूर कर देने से भाव और विचार स्वच्छ आसमान की तरह साफ और स्पष्ट हो जाते हैं। इस तरह की सुस्पष्ट सामग्री पाठक का ध्यान अपनी ओर बहुत आकर्षित करती है। पाठकीयता के प्रति मन में चाव बढ़ता है। सुरुचि जागती है। रह गया, प्रूफ रीडिंग की आवश्यकता का सवाल, तो इस पर बहुत लिखने की जरूरत नहीं है, क्योंकि सामान्य पाठक भी इसकी जरूरत को जानता है। दरअसल, सम्पादकीय विभाग या लेखक द्वारा अधिकतर प्रतियाँ हाथ से लिखी भेजी जाती हैं। प्रति की लिखावट अधिक खराब और अस्पष्ट होती है। जल्दी में लिखने के कारण भी प्रति का स्वरूप बिगड़ जाता है। इसके अतिरिक्त अनेक कारणों से भाषा के गठन में भी अशुद्धियों रह जाती हैं। कभी-कभी तो समाचार तथा लेख के विचार और तथ्यों में तालमेल ही नहीं बैठता। अस्पष्ट लिपि और खराब टाइपिंग के कारण कम्पोजीटर उल्टा-सीधा मैटर कम्पोज कर डालता है, जिनका शुद्धिकरण प्रूफ रीडर को उत्तरदायित्व पूर्ण करना होता है।[3] इससे स्वतःस्पष्ट है कि मुद्रण के बाद प्रूफ रीडिंग की कितनी आवश्यकता होती है। अगली बात यह कि कभी-कभी समाचारों के सम्पादन में या समाचार लेखन में तथ्यात्मक भूले रह जाती हैं। जल्दबाजी में सम्पादन या लेखन के कारण कुछ त्रुटियाँ निगाहों से ओझल हो जाती हैं या वाक्य-विन्यास

1. प्रशासनिक हिन्दी : टिप्पणी और प्ररूपण—डॉ. चन्द्रपाल, पृष्ठ-64।
2. मुद्रण के तकनीकी सिद्धान्त—डॉ. नवीनचन्द्र गुप्त, पृष्ठ-52।
3. मुद्रण के तकनीकी सिद्धान्त—डॉ. नवीनचन्द्र गुप्त, पृष्ठ-48।

गड़बड़ हो जाता है या शब्दों का सार्थक और सटीक प्रयोग नहीं हो पाता। यदि मूल प्रतियों में ज्यादा अशुद्धियाँ होती हैं तो उसमें सुधार भी ज्यादा करना पड़ता है और इस तरह मूल प्रतियों का स्वरूप इस कदर बिगड़ जाता है कि वे समझ के बाहर हो जाती हैं, लेकिन अनुभवी तथा विवेकशील प्रति संशोधक ये सारी गड़बड़ियाँ दूर करता है। वह सम्पादक की गलतियों पर नजर रखता है और प्रोडक्शन विभाग की गलतियों पर भी। इस प्रकार वह एक सम्पादक की काविलियत रखता है।[1] अतः स्वयं स्पष्ट है कि प्रूफ रीडिंग का अपने आप में कितना महत्त्व है।

(7) प्रूफ रीडिंग में सावधानियाँ या ध्यान देने योग्य बातें

प्रति संशोधन करते समय प्रथम आवश्यकता होती है—एकाग्रता की। एकाग्रता होने पर भाषा, तथ्य और टाइप की गलतियाँ स्वतः मन और आँखों को खटक जाती हैं। बहरहाल, कुछ निम्न बिन्दुओं पर ध्यान देना आवश्यक हो जाता है।

(1) प्रति में अधिक गड़बड़ी और उलझन होने की स्थिति में यदि संशोधक कम्पोजीटर के निकट जाकर मैटर को ठीक कराने में (मदद देने में) शान के खिलाफ न समझता हो तो एक अच्छी एवं उपयोगी बात है। ऐसा करके पत्र के साथ सबकी शान मर्यादा बचा लेना उत्तम है।

(2) किसी प्रकार के भ्रम को न टाला जाए। गलती को स्वयं ठीक करने की चेष्टा की जाए, यदि वह सम्भव न हो तो तुरन्त सम्पादकीय विभाग से पूछताछ की जाए या भ्रम-निवारण के लिए कॉपी भेज दी जाए।

(3) संशोधन के चिह्न उसी क्रम से हाशिएँ में लगाएँ, जिससे वे संशोधित पंक्ति में हों। बायीं ओर से संशोधन बाएँ हाशिएँ पर और दायीं ओर के दाहिने पर।

(4) कॉपी से मिलान अति आवश्यक है। अंक और न के स्थलों को तो बड़े ध्यान से मिलाना चाहिए। शब्द इस प्रकार न टूटे कि उनका स्वरूप बेतुका उपहासास्पद बन जाए, जैसे आजा द, न वरात्र आदि। गिनती की बड़ी संख्या को अक्षरों में सुधार देने से गलती रहने की सम्भावना नहीं होती है, जैसे—1530 के बजाय ''एक हजार पाँच सौ तीस।''

(5) कभी-कभी और छोटी-मोटी होनेवाली गलतियाँ तो दैनिक पत्र में क्षम्य हैं, पर उनकी भरमार किसी प्रकार क्षम्य नहीं हैं। पत्र में कम-से-कम गलती हो, इसके लिए द्वितीय बार प्रूफ पढ़ने की व्यवस्था बहुत ही लाभकारी होती है। प्रति संशोधन में गलतियाँ रह जाने से अनेक समाचार बड़े उपहासास्पद, बिल्कुल उल्टे और पत्र के सम्मान में बट्टा लगानेवाले हो जाते हैं। इसलिए कहा जा सकता है कि समाचार-पत्र की भाषा तथा उच्चारण की प्रत्येक गलती के लिए प्रूफरीडर ही जिम्मेदार है।[2]

(6) प्रूफ का कागज कम्पोज मैटर की चौड़ाई से इतना अधिक चौड़ा होना चाहिए कि संशोधन के लिए दोनों तरफ पूरा हाशिया रहे, ताकि प्रूफ-रीडर संशोधन को साफ-साफ अंकित कर सके।

(7) गैली में मैटर कसकर बँधा रहना चाहिए। ढीला मैटर होने से टाइप विखर जाते हैं और प्रूफ साफ नहीं उठता। किनारे पर के टाइपों के गिर जाने का भय बन रहता है।

(8) गैली सहित मैटर प्रेस पर रखकर प्रूफ नहीं उठाना चाहिए। इससे टाइप पर दाब अधिक पड़ता है और अगर स्क्रिप्ट या इटालिक टाइप रहा, तो कर्ण के टूट जाने का भी भय रहता है। अक्षरों में रोशनाई भी भर जाती है।

(9) जिस कागज पर प्रूफ लिया जाए, उसे पानी से नम कर दिया जाए। इससे कागज मुलायम हो जाता है। नम कागज पर प्रूफ साफ और स्पष्ट उठता है, तथा

(10) कम्पोज किया मैटर गैली में समकोण पर रहना चाहिए।[3]

---

1. हिन्दी पत्रकारिता का नया स्वरूप—डॉ. बच्चन सिंह, पृष्ठ-47।
2. हिन्दी पत्रकारिता : एक परिचय—सुरेन्द्र बीनू सिन्हा, डॉ. आशीष कुमार सैनी, पृष्ठ-119, 120।
3. मुद्रण कला—श्री छविनाथ पांडेय, पृष्ठ-114।

(8) संशोधन : 'मेकअप' 'मशीन प्रूफ', ओ. के., 'संशोधन करके मुद्रितकरो' तथा 'प्रेस'

प्रूफ रीडिंग करते समय उक्त सभी महत्त्वपूर्ण शब्द बार-बार जेहन में उभरते हैं। प्रूफ रीडिंग करने से लेकर फाइनल प्रूफ के बीच में ये सभी शब्द अनेक अवसरों पर प्रयुक्त होते हैं। प्रूफ रीडिंग के विभिन्न पड़ावों पर प्रयुक्त होनेवाले ये सभी शब्द इस बात के संकेतक होते हैं कि प्रूफ संशोधन कहाँ तक पहुँचा है, बीच-बीच में संशोधन-सम्बन्धी कौन-कौन सी प्रक्रिया अपनायी जाती है। वस्तुतः प्रूफ पढ़ने के पश्चात् यह भी संकेत देना होता है कि प्रूफ के अनुसार सामग्री में अशुद्धियाँ लगाने के बाद क्या करना होता है। इसके लिए वह प्रूफ के ऊपर बायीं ओर अथवा दायीं ओर के कोने में निर्देश लिख देता है। जब वह 'संशोधन करो' लिखकर नीचे हस्ताक्षर करके भेजे तो इसका आशय यह होता है कि अशुद्धियाँ दूर करके दूसरा प्रूफ दो।

जब वह 'संशोधन और मेकअप' लिखे, तब उसका अर्थ होगा कि त्रुटि दूर करके पेज बना दिया जाए और पेज प्रूफ दिया जाए। जब वह 'मशीन प्रूफ' लिखे, तब इसका तात्पर्य है कि मुद्रण आरम्भ करने से पहले मशीनों से मुद्रित होकर निकला पहला कागज पढ़वा लिया जाए। 'साफ प्रूफ' लिखे जाने का आशय है कि साफ-सुथरा प्रूफ निकालकर प्रूफ रीडर को पढ़ने के लिए दिया जाए। 'ओ.के.', 'संशोधन करके मुद्रित करों' अथवा 'प्रेस' लिख देने का अर्थ है कि उसे मुद्रण के लिए मशीन पर भेज दिया जाए। अगर प्रूफ रीडर ने कहीं सन्देह व्यक्त करते हुए प्रश्नवाचक चिह्न लगाकर भेजा है तब लेखक अथवा सम्पादक का दायित्व होता है कि उसे अवश्य देखे। यदि अशुद्धि रह गई है अथवा कुछ छूट गया है तो उसे सही कर दें और यदि ठीक है तो प्रश्नवाचक चिह्नों को काट दें।[1]

(9) प्रूफ रीडर, प्रति संशोधक या समाचार-पत्र-शोधक (Proof Reader) का महत्त्व

अक्षर-अक्षर जोड़कर, जो व्यक्ति किसी 'मैटर' या 'सामग्री' का प्रकाशन कागज पर करता है, उसे कम्पोजीटर (Compositor) कहते हैं। बक़ौल श्री छविनाथ पांडेय[2] केस के खानों में से एक-एक अक्षर को लेकर ठीक जगह पर स्टिक में रखने के काम को कम्पोज करना कहते हैं और जो यह काम करता है, वह कम्पोजीटर कहलाता है। सामग्री कम्पोज करने के बाद कागज पर उतारी गई छाप या प्रतिलिपि प्रूफ (Proof) कही जाती है। इधर, आक्सफोर्ड डिक्शनरी के अनुसार कम्पोजीटर द्वारा कम्पोज किए गए अक्षरों से परीक्षण के लिए ली गई छाप को प्रूफ कहते हैं। उक्त छाप में से छपाई सम्बन्धी अशुद्धियों को श्रम और बेहद मनोयोग के साथ जो व्यक्ति खोज-खोजकर निकालता है, उसे प्रूफ रीडर, प्रति संशोधक या प्रूफ शोधक (Proof Readers) कहा जाता है। साफ शब्दों में कम्पोज सामग्री में गलतियाँ सुधारनेवाला व्यक्ति प्रूफ रीडर कहा जाता है,—"Majority world define 'Proof readers' as those whose jobs were checking galleys and type to determine whether typographical or printer's errors were made. A few book and magazine Journalists describe the duties of a proof reader as checking a writer's manuscripts for writing not printing errors."[3]

प्रूफ संशोधक और अक्षर-योजक—ये दोनों ही शुद्ध मुद्रण के मेरुदंड माने जाते हैं। भारत के साथ विश्व के कई ऐसे देश हैं, जहाँ इनका बेहद सम्मान और महत्त्व है। पाश्चात्य देशों में, विशेषकर अमरीका और यूरोप में प्रूफ संशोधक वही व्यक्ति होता है, जो कम-से-कम पाँच-छह वर्षों के अक्षर- योजन कार्य का अनुभव रखता है, साथ ही कई वर्षों तक कॉपी होल्डर का काम किए हुए रहता है।[4] वस्तुतः पुस्तक या किसी पत्र-पत्रिका में छपाई सम्बन्धी भूलों का परिष्कारक

1. पत्रकारिता के सिद्धान्त—श्रीकमलापति त्रिपाठी, पृष्ठ-194, अनीता प्रकाशन, दिल्ली, मूल्य 40 रु.।
2. मुद्रण कला—श्री छविनाथ पांडेय, पृष्ठ-60, बिहार राष्ट्र भाषा-परिषद पटना, सन् 1981, मू. 25 रुपये।
3. Journalism by Old and New Masters : Dr. Baldev Raj Gupta, p. 90
4. मुद्रण कला—श्री छविनाथ पांडेय, पृष्ठ-60।

यही प्रति संशोधक या प्रूफ रीडर है। इसकी थोड़ी सी-लापरवाही से समाचार-पत्र, पुस्तक और पत्रिका की प्रतिष्ठा ध्वस्त हो सकती है, क्योंकि छपी-सामग्री में जाने-अनजाने यदि अशुद्धियाँ छूट गई हैं, तो वह पाठक को मुँह बिराएँगी। छपी सामग्री की भद्द पिटेगी। साफ शब्दों में यह कि प्रूफ सम्बन्धी थोड़ी-सी भी शिथिलता से अखबार, पत्रिका और पुस्तक के विरुद्ध समाज में गलत सन्देश जाएगा। अतः ऐसी स्थिति में प्रूफ रीडर का बड़ा महत्त्व होता है। उसकी ही कृपा पर छपी सामग्री का भविष्य टिका होता है। अतः प्रूफ रीडर के इतने बड़े महत्त्व को देखते हुए प्रेस आयोग (Press Commission) ने इन्हें **श्रमजीवी पत्रकार** की श्रेणी में रखने का सुझाव दिया था। पर, दुर्भाग्य से प्रबन्धन इन्हें, श्रमजीवी पत्रकार की श्रेणी में मानता ही नहीं। अतः श्रमजीवी पत्रकार को मिलनेवाली तमाम तरह की सुविधाओं से आज भी प्रूफ रीडर मरहूम हैं। डॉ. नवीन चन्द्र गुप्त[1] लिखते हैं कि इतनी बड़ी जिम्मेदारी का एहसास करते हुए प्रेस आयोग ने अपने प्रतिवेदन में समाचार-पत्र के संशोधकों को पत्रकार की कोटि में रखने का सुझाव दिया था, पर प्रेस के स्वामियों ने इस मान्यता को देने से इनकार कर दिया था। अखिल भारतीय श्रमजीवी पत्रकार संघ और उनकी अनेक शाखाओं ने सर्वोच्च न्यायालय में मामला पेश करके यह निर्णय प्राप्त कर लिया कि समाचार-पत्र के संशोधक श्रमजीवी पत्रकारों की कोटि में है। अतः यह स्पष्ट है कि योग्यता, शिक्षा और अनुभव की दृष्टि से संशोधकों का कार्य विशेष महत्त्वपूर्ण और उत्तरदायित्वपूर्ण है। प्रति संशोधक एक ओर विचारों, तथ्यों और भाषा के क्षेत्र में सम्पादकीय कार्य पर कड़ी नजर रखनेवाले हैं, तो दूसरी ओर टंकण (Type writing) आदि को लेकर होनेवाली अशुद्धियों के सुधारक। एक सूक्ष्म कार्य है, तो दूसरा स्थूल।

(10) प्रूफ संशोधन (Proof Rectification) की नई तकनीक : कुछ सुझाव तथा परामर्श

प्रूफ संशोधन में सबसे पहले पृष्ठ संख्या, शीर्षक आदि देखकर प्रूफ पढ़ना चाहिए। सांकेतिक चिह्न बाएँ हाशिये पर क्रम से बनाना चाहिए और जब इस ओर जगह न रहे, तब दाहिने हाशिये पर उसी क्रम से चिह्न बनाना चाहिए। अच्छा यह होगा कि खड़े बल में प्रूफ के दो भाग मान लिए जाएँ और बायी ओरवाले आधे भाग के लिए चिह्न बाएँ हाशिये पर और दाहिनी ओर के चिह्न दाएँ हाशिये पर बनाये जाएँ। प्रूफ के ऊपर से रेखा खींचकर फिर हाशिये पर शोधन करने का ढंग अच्छा नहीं माना जाता है। इससे प्रूफ भद्दा हो जाता है और यदि रेखाएँ एक दूसरे को काटती हुई जाती हैं, तो कम्पोजीटर के लिए ठीक-ठीक शुद्धि करना कठिन हो जाता है। शोधन ऐसी स्याही से करना चाहिए, जो स्पष्ट दिखायी दे। इसके लिए लाल स्याही ठीक रहती है। शोधन में, पेन्सिल का उपयोग नहीं करना चाहिए। शोधन के लिए एक संकेत लिखने के बाद एक खड़ी रेखा खींचकर तब दूसरा शोधन चिह्न बनाना उचित है। लेख में जो भी संशोधन किए जाएँ, उनके लिए हाशिये पर सांकेतिक चिह्न अवश्य बना दिए जाएँ अन्यथा संशोधन व्यर्थ हो जाएँगे। कम्पोजीटर केवल हाशिए के चिह्नों के अनुसार शोधन करते हैं। संकेतों के अतिरिक्त कम्पोजीटर की सूचना के लिए, जो कुछ लिखा जाए उसे वृत्त से घेर देना चाहिए। शोधन होने के बाद दूसरी बार पुनः पाठ के लिए जो प्रूफ आता है, उसमें केवल पूर्वसंशोधन को ही नहीं देखना चाहिए, अपितु यह भी देखना चाहिए कि एक ही शोधन दो बार तो नहीं हो गया या कोई टाइप तो नहीं निकल गया है अथवा कोई अचिह्नित टाइप तो नहीं बदला गया है। साधारणतः प्रूफ तीन बार देखा जाता है। अशुद्धियाँ अधिक होने पर इससे अधिक बार भी देखा जा सकता है। केवल वर्ण-विन्यास के शोधन से ही प्रूफ-संशोधक के कर्तव्य की इतिश्री नहीं हो जाती। विचारों और भावों की स्पष्टता की ओर भी प्रूफ शोधक को लेखक का ध्यान आकर्षित करना चाहिए और सन्देह-निवारण के लिए पांडुलिपि सहित प्रूफ को लेखक के पास भेज देना चाहिए। प्रेस की भाषा में इस क्रिया को 'क्वेरी' ठीक करना कहते हैं।[2]

1. मुद्रण के तकनीकी सिद्धान्त—डॉ. नवीन चन्द्र गुप्त, पृष्ठ-49।
2. हिन्दी विश्व कोश, खंड-8, पृष्ठ-25, नागरी प्रचारिणी सभा, वाराणसी, 1967 ई.।

कुल मिलाकर संक्षेप में कहा जा सकता है कि उसमें भाषा की योग्यता होनी चाहिए। उसकी आँखें गलतियों को पकड़ने के लिए अभ्यस्त हों। व्याकरण का उसे ज्ञान होना चाहिए। विराम चिह्नों का सही प्रयोग उसे मालूम होना चाहिए और साथ ही उसमें धैर्य की मात्रा पर्याप्त होनी चाहिए। हमारे देश में इस गुण की नितान्त जरूरत है, क्योंकि यहाँ के लोग प्रेस कॉपी तैयार करवाना अपव्यय समझते हैं। जैसी-तैसी पांडुलिपि प्रेस में दे देते हैं। कम्पोजीटर भी इतने कम पढ़े-लिखे होते हैं कि पांडुलिपि को ठीक तरह से पढ़ नहीं सकते, अक्षर पहचानना मात्र जानते हैं। इससे कम्पोजीशन में इतनी अधिक गलतियाँ रहती हैं कि यदि प्रूफ रीडर व्युत्पन्न नहीं है और उसमें धैर्य नहीं है, तो प्रूफ को ठीक तरह से शुद्ध नहीं कर सकेगा। विदेशों में ऐसी संस्थाएँ हैं जो प्रूफ-रीडिंग की शिक्षा देती हैं और बाकायदा उसकी परीक्षा भी होती है। वहाँ ऐसी संस्थाएँ भी हैं, जो प्रूफ संशोधन का व्यवसाय भी करती हैं।[1]

(11) प्रूफ संशोधन के चिह्न या प्रूफ संशोधन-संकेत (Proof Marks)

प्रूफ संशोधन के संकेत दो प्रकार के होते हैः एक तो कुछ विशेष चिह्न होते हैं और दूसरे अंग्रेजी के कतिपय अक्षर होते हैं, जिनका पृथक्-पृथक् तात्पर्य होता है। हिन्दी में अभी तक स्वतंत्र प्रूफ-संकेत नहीं बने हैं। अंग्रेजी के चिह्न ही अभी तक इसके लिए व्यवहृत होते हैं, किन्तु हिन्दी में इन चिह्नों से पूरा काम नहीं चल पाता। हिन्दी की मात्राएँ रेफ, हलन्त, अनुस्वार आदि के लिए अंग्रेजी के प्रूफ संकेतों से काम नहीं चलाया जा सकता। अतः आवश्यक है कि इनका स्पष्ट उल्लेख हाशिये पर कर दिया जाए।[2]

(1) भारतीय मानक संस्था द्वारा मानकीकृत संकेत

पैरा–	L
अक्षर निकालना–	d
अक्षर निकाल कर मिला दें–	(d)
स्पेस देना–	#
स्पेस कम करना–	⁀ ‿
गलत टाइप–	w.f.
टाइप उठा नहीं–	X
अक्षर अथवा शब्द का स्थान बदलना–	⟲
अक्षर अथवा शब्द का स्थान बदलना–	⊔⊓
एक सीध में पंक्ति रखना–	‖
पंक्ति सीध में की जाए–	=
पूर्ण विराम–	।
कौमा, विसर्ग, सैमीकौलोम–	(,), (:), (;)
पंक्तियों के बीच की जगह कम करना–	←
डैश–	—
प्रश्नवाचक चिह्न–	?
पैरा अथवा पंक्ति मिलाना–	⟶
लेड या स्पेस दबाना–	⊥
सम्पादक से पूछना–	(???)

1. मुद्रण कला—श्री छविनाथ पांडेय, पृष्ठ-119-120
2. हिन्दी विश्व कोश, खंड-8, पृष्ठ-25।

प्रूफ संशोधन के लिए निम्नलिखित चिह्नों का उपयोग किया जाता है—

संकेत	अर्थ
	टाइप हटा दो या निकाल दो।
	हटा दो और शेष को जोड़ दो।
	उल्टा लगा है, ठीक करो।
	अक्षरों को मिलाओ।
	वृत्त में घिरे हुए शब्द या अक्षर का स्थान बदलो।
	नया पैराग्राफ बनाओ।
	विरामचिह्न दो।
	दो अवतरण चिह्न दो।
	संक्षिप्त करो।
	क्वेरी ठीक करो।
	एक अवतरण चिह्न दो।
	जगह करो।
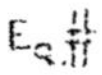	रिक्त स्थान बराबर करो।
va या v	समान स्थान दो।
×	टूटा अक्षर बदलो।
=	एक लाइन में करो।
[	बायीं ओर हटाओ।
]	दाहिनी ओर हटाओ।
	ऊपर हटाओ।
	नीचे हटाओ।
□	एक एम स्थान छोड़ो, जैसा नये पैरा के आरम्भ में होता है।
≡ या |||	ऊपर नीचे की पंक्तियों को एक सीध में करो।
tr	स्थान बदलो।
w.f.	विजातीय टाइप बदलो।
en	एक छोटा डैश लगाओ।
em	एक बड़ा डैश लगाओ।
Stet	रहने दो।
run on	पैरा मत छोड़ो।

b.f.	बड़े टाइप लगाओ।
ǀ	शेष भाग से इस भाग के टाइप छोटे करो।
⊢ या :	वर्ग या टाइप के स्थान के चिह्नों की ओर ध्यान दो।
e.d. >	दो पंक्तियों के बीच में और स्थान करो।
(	दो पंक्तियों के बीच में जगह कम करो।
;	अर्धविराम चिह्न लगाओ।
, या ,	अल्पविराम चिह्न लगाओ।
: या ⊙	उपविराम चिह्न लगाओ।
⌢	युक्ताक्षर लगाओ।
√	स्थान कम करो।
ital	इटैलिक टाइप लगाओ।
rom	रोमन टाइप लगाओ।
caps	अंग्रेजी के कैपिटल अक्षर लगाओ।
l.c. या s.c.	अंग्रेजी के छोटे अक्षर लगाओ।
!	सम्बोधन चिह्न दो।
?	प्रश्नवाचक चिह्न दो।
-/ या = /	समासचिह्न लगाओ।
(/)	लघुकोष्ठक।
[/]	बड़ा कोष्ठक।
ा	आकार।
ि	ह्रस्व इ की मात्रा।
ी	दीर्घ ई की मात्रा।
े या (े)	ए की मात्रा।
ै या (ै)	ऐ की मात्रा।
(ु)	उकार।
(ू)	ऊकार।
⊙	अनुस्वार।
(:)	विसर्ग।
(्)	हलन्त।
(ˋ)	रेफ

खंड-'य'

पृष्ठ सज्जा (Make-up) या पृष्ठ-विन्यास तथा ले-आउट (Lay Out) या अभिन्यास

(1) साज-सज्जा का स्वरूप तथा अर्थ

पृष्ठ-विन्यास, पृष्ठ सज्जा, ले-आउट (Lay Out), डिजाइन तथा मेक-अप आदि शब्द लगभग समानार्थी हैं। इन सभी का अर्थ होता है—पृष्ठ को सजाना। पश्चिम के विद्वान् बार्न हाट पृष्ठ विन्यास के विषय में लिखते हैं कि—"Newspaper make-up consists of dividing and using space the space, of the newspaper page to accommodate type illustrations and more after than not advertisement." इधर, डॉ. अशोक प्रियदर्शी[1] कहते हैं, कि किसी भी पत्र का प्रथम पृष्ठ 'शो विन्डो' (Show Window) कहा जाता है। जिस तरह फल-विक्रेता अच्छे-अच्छे खूबसूरत फलों को सामने लगाकर ग्राहकों को अपनी दुकान की ओर आकर्षित करने का प्रयास करता है, ठीक उसी तरह सम्पादक अपने ग्राहकों को अथवा पाठकों को प्रथम पृष्ठ के मैटर, साज-सज्जा से आकर्षित करने का प्रयास करता है। अगर समाचार-पत्र का प्रथम पृष्ठ ही बेतरतीब ढंग से सजा हो, तब पत्र में चाहे जितना भी महत्त्वपूर्ण समाचार हो, पाठक उसे खरीदने का प्रयास नहीं करेगा। यही कारण है कि आज के अधिकांश समाचार-पत्रों के प्रथम पृष्ठ-रंगीन देखने को मिलते हैं। रंगों का चुनाव इस तरह किया जाता है, जो आँखों को प्रिय लगे। बक़ौल डॉ. अर्जुन तिवारी[2] समाचार, चित्र, विज्ञापन, रूपक, अग्रलेख, कार्टून आदि समस्त प्रकाश्य सामग्रियों

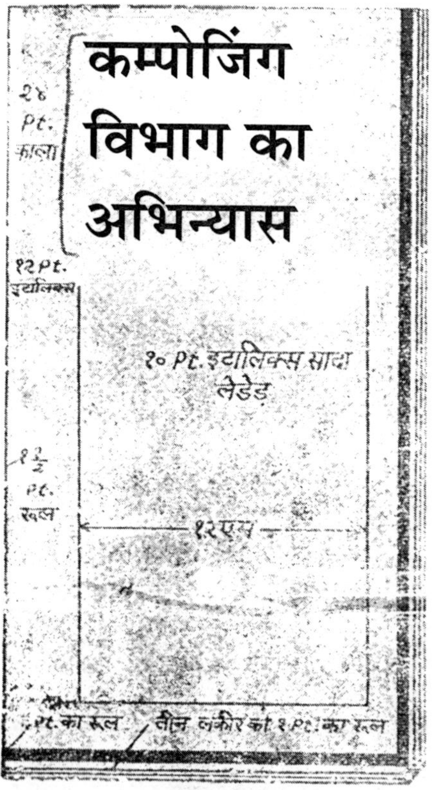

अभिन्यास

कम्पोज की गई सामग्री

1. पत्रकारिता जगत—अशोक प्रियदर्शी, सुनील कुमार सिन्हा, पृष्ठ-51
2. आधुनिक पत्रकारिता—डॉ. अर्जुन तिवारी, पृष्ठ-96

को विविध पृष्ठों पर सजाने-सँवारने की विधि पृष्ठ-सज्जा या पृष्ठ-विन्यास है। यह एक ऐसी सफल और प्रभावशाली कला है, जिससे किसी बात को पाठकों की आँखों के रास्ते से दिल-दिमाग तक पहुँचती जाती है। पत्र-जगत में पृष्ठ-सज्जा या पृष्ठ-विन्यास का वही स्थान है, जो भवन-निर्माण में वस्तु कला का है।

महत्त्व के अनुसार समाचार का आकार और उसके लिए स्थान-निर्धारित करना, नये रूप-रंग में पत्र को आकर्षक और मनोरम बनाना, पाठकों को उनकी आवश्यकतानुसार समाचार ढूँढ़ने में सहायता पहुँचाना तथा पत्र के व्यक्तित्त्व को विश्वसनीय बनाना ही पृष्ठ-सज्जा है। इस प्रकार पत्र-अलंकरण और सम्यक-सम्प्रेषण की मनोहारी पद्धति को ही पृष्ठ-सज्जा या पृष्ठ-विन्यास के अन्तर्गत् समाहित किया जाता है,—"The sub-editor's third major function is to make up the pages. Display or page make up in brief means typographical arrangement of news."[1]

(2) पृष्ठ-सज्जा कला है

यदि नृत्य करना, चित्र बनाना बाँसुरी बजाना और तनी हुई रस्सी पर चलना कला है, तो समाचार-पत्रों के प्रति पाठकों के मन में 'ग्रेविटेशन' (Gravitation) अर्थात् आकर्षण और जाजिबीयत पैदा करने के लिए उनके पृष्ठों को सजाना भी कौशल और कला ही है। वस्तुतः कला चाहे रंजक हो या उपयोगी कमोबेश-ये दोनों हमारा मनोरंजन करती हैं। कह सकते हैं, कला आनन्द उत्पन्न करने का एक उपक्रम है। कुल मिलाकर पृष्ठ-सज्जा भी कला है। आज के इस नितान्त वैज्ञानिक युग में समाचार पत्रों के पृष्ठों की सजावट के लिए तमाम तरह के नवाचार और टोने-टोटके हो रहे हैं। समाचारों के प्रस्तुतिकरण की नई विधि, कौशल, नई टेक्नालॉजी, दृष्टि, विचार आदि तरह-तरह के उपक्रम से अखबारों के पन्नों को अलंकृत किया जा रहा है, उनमें कलात्मकता पैदा करने का उद्यम किया जा रहा है। अभी थोड़ी देर पहले मैंने संकेत किया है कि ले-आउट, पृष्ठ-विन्यास और पृष्ठ-सज्जा स्थूल अर्थ में समानार्थी हैं। पृष्ठ सज्जा पत्रकारिता का महत्त्वपूर्ण अवयव है। दरअसल, आधुनिक पत्रकारिता की एक महत्त्वपूर्ण आवश्यकता और विशेषता उसकी साज सज्जा है, जिसका आधार सामग्री का प्रकाशनार्थ स्थान निर्धारण एवं चित्रों तथा विज्ञापनों से सन्तुलन है। मुद्रण के लिए प्रायः जो टाइप हिन्दी में प्रयुक्त होते है, वे दस प्वाइंट से लेकर 72 प्वाइंट के आकार के होते हैं।[2] पाठ्य सामग्री के साथ चित्र, स्केच, कार्टून आदि का अपना महत्त्व है, जो सामग्री में विविधता, रोचकता वृद्धि करने के अतिरिक्त उसकी उपयोगिता एवं पृष्ठ का आकर्षण बढ़ाते हैं। कुल मिलाकर पृष्ठ-विन्यास पत्रकारिता का अभिन्न अंग है। पाठक को ज्ञानवर्द्धक और मनपसन्द पठन सामग्री चाहिए, लेकिन अच्छी सुन्दर प्रस्तुति के साथ। पृष्ठ की साज-सज्जा एक कला है तथा 21वीं शताब्दी में उसका महत्त्व भी लेखन कला से कम नहीं रहेगा।[3]

(3) दैनिक समाचार-पत्र के विविध पृष्ठों की साज-सज्जा या सजावट

(1) प्रथम पृष्ठ की साज-सज्जा

किसी भी समाचार-पत्र, पत्रिका या पुस्तक के लिए मुख पृष्ठ का विशेष महत्त्व होता है, क्योंकि यह सम्पूर्ण अखबार, पत्रिका या पुस्तक के व्यक्तित्त्व की झलक देता है। मुखपृष्ठ से ही पता चलता है कि सम्बन्धित अखबार किसी घटना की कितना महत्त्व दे रहा है। साफ शब्दों में मुखपृष्ठ अखबार का 'शो विंडो' ओर जज्बएदिल होता है। इस तरह समाचार-पत्र के प्रथम पृष्ठ को अखबार का 'प्राण पृष्ठ' कहना बेजां नहीं होगा। यह उस अखबार का दर्पण या बिम्ब होता है। जिसमें समाचार-पत्र के भीतर के अमूमन प्रत्येक पृष्ठ का चेहरा झाँकता है। इस पृष्ठ पर सबसे ऊपर समाचार-पत्र की नाम-पट्टिका (नेमप्लेट) होती है। आमतौर पर यह बीचोबीच होती है किन्तु अब यह भी कोई नियम नहीं रह गया है। जरूरत के अनुसार नाम पट्टिका को भी इधर-उधर खिसका दिया जाता है। इसके नीचे कौन-सा संस्करण है? किस तारीख का है? किस दिन का

1. Journalism By Old and new Masters : Dr. Baldev Raj Gupta, p. 85
2. वृहत हिन्दी पत्रकारिता कोश—सं. पुरुषोत्तम दास टंडन, पृष्ठ-685।
3. उत्तर आधुनिक मीडिया तकनीक—डॉ. हर्षदेव, पृष्ठ-84

है? वर्ष? समाचार-पत्र की पंजीकरण संख्या? और मूल्य? सम्बन्धी विवरण होता है। इस पहले पृष्ठ पर सर्वाधिक महत्त्वपूर्ण समाचार स्थान पाते हैं। पृष्ठ को आकर्षक बनाने के लिए अच्छे चित्र, सन्तुलित टाइपोग्राफी, बाक्स मैटर आदि का प्रयोग किया जाता है। कुछ समाचार-पत्र इस पृष्ठ को रंगीन चित्रों से सजाते हैं तो कुछ पूरे ही पृष्ठ को दो रंगों में देते हैं। कुछ समाचार-पत्र काली की जगह नीली स्याही का प्रयोग करते हैं।[1]

वस्तुतः इस पृष्ठ का खास महत्त्व होता है, वह इसलिए कि समाचार-पत्र हाथ में आते ही प्रथम पृष्ठ पर ही पाठकों की दृष्टि जाती है। अतः इसे कलात्मक रूप देना बहुत जरूरी होता है। इस पृष्ठ को सजाने-सँवारने का काम उस व्यक्ति के पास होना चाहिए जो काल्पनिक, विवेकशील, कलाप्रिय तथा ऊर्वर मस्तिष्क का हो। उसे इस बात का निरन्तर ध्यान देना चाहिए कि प्रथम पृष्ठ पर विज्ञापन कितना और कहाँ होना चाहिए, अन्य चित्रों को कहाँ देना है। कार्टून, प्रथम पृष्ठ की साँस होता है, अतः उसे कहाँ दिया जाए इत्यादि। सच तो यह है कि प्रथम पृष्ठ की साज-सज्जा के लिए सर्वप्रथम पत्र के शीर्षक पर ध्यान देना आवश्यक है। शीर्षक कुछ इस तरह बड़े प्वाइंट में कलात्मक ढंग से लिखे जाएँ, जो पाठकों को तुरन्त आकर्षित कर सकें। अगर शीर्षक रंगीन दिया जाए तो ज्यादा अच्छा होगा।

आज प्राप्त किए सभी समाचारों में प्रमुख समाचार का चयन करना पड़ता है, जिसे 'लीड न्यूज' भी कह सकते हैं। प्रमुख समाचारों के चयन में इसे नहीं भूलने की जरूरत है कि क्षेत्रीय समाचारों अथवा क्षेत्रीय समाचारों में प्रमुख समाचार हों, तब उसे भी प्रथम पृष्ठ पर स्थान देना न्यायोचित होगा। कहने का तात्पर्य यह है कि विभिन्न स्रोतों से प्राप्त किए गए प्रमुख समाचारों को प्रथम पृष्ठ पर ही स्थान देना उचित होता है। यही कारण है कि प्रथम एवं अन्तिम पृष्ठ की छपाई सबसे अन्त में रात्रि 2-3 बजे तक की जाती है। प्रभम पृष्ठ की सजावट के लिए तस्वीरों का भी उपयोग किया जाता है। तस्वीरों से, समाचार की विश्वसनीयता बढ़ती है। तस्वीरों का उपयोग मुख्य रूप से समाचार-पत्र के मुड़ने के स्थान से ऊपर ही किया जाना चाहिए। अगर बाक्स में रुचिकर समाचार भी दिया जा रहा हो, तब बाक्स के समाचार और चित्र का प्रकाशन अगल-बगल या ऊपर-नीचे सटाकर कभी नहीं करना चाहिए। ऐसा करने से तस्वीर और बाक्स के समाचार का औचित्य ही समाप्त हो जाता है।[2] इधर, डॉ. नवीन चन्द्र गुप्त[3] का कहना है कि अधिकतर यही होता है कि प्रथम पृष्ठ महत्त्वपूर्ण और अद्यतन समाचारों और चित्रों के लिए निर्धारित रहता है। परन्तु यह कोई अनिवार्य नियम नहीं है। अंग्रेजी के कुछ ऐसे समाचार-पत्र हैं, जो प्रथम पृष्ठ पर समाचार देते ही नहीं। प्रथम पृष्ठ को महत्त्वपूर्ण विज्ञापनों के लिए सुरक्षित रखा जाता है। प्रथम पृष्ठ के विज्ञापनों से पत्र को अच्छी आय होती है। अतः यह उचित ही जान पड़ता है कि प्रथम पृष्ठ पर श्रेष्ठ, नवीन और महत्त्वपूर्ण समाचारों को स्थान दिया जाए।

छपाई सम्बन्धी नई-नई तकनीकों के आ जाने के कारण पृष्ठ-सज्जा सम्बन्धी कई पुराने अनुशासन टूटे हैं। लेटर प्रेस से छपाई सम्प्रति बन्द होने और कम्प्यूटर के आ जाने बाद पत्र की साज-सज्जा सुन्दर और स्वच्छ हो गई है। अब तो कई अखबारों ने पैसा कमाने की झक में पहला पृष्ठ ही विज्ञापनों को सौंप दिया है। कॉलम का नियम भी शिथिल हो गया है। समाचार-पत्र के भीतर किस पृष्ठ पर कौन-सी सामग्री छापी गई है, पुस्तक के विषय सूची की तरह उस अखबार के प्रथम पृष्ठ पर अधिकांशत; ऊपर बायीं ओर सूत्रात्मक शैली में संकेत कर दिया जा रहा है। उदाहरण के लिए—

जागरण विशेष—

पवार से दोस्ती पर महाराष्ट्र भाजपा में भी एकराय नहीं — पृष्ठ-15
यह ट्रेन भी करती है, मुसाफिरों का इंतजार — पृष्ठ-17
पिछले मैच में हमने सर्वश्रेष्ठ हॉकी खेली — पृष्ठ-18

अन्दर पढ़ें—

भारत बनाम न्यूजीलैंड एकादश।[4]

---

1. पत्रकारिता : परिचय और विश्लेषण—डॉ. प्रीता व्यास, पृष्ठ-163।
2. पत्रकारिता जगत—अशोक प्रियदर्शी, सुशील कुमार सिन्हा, पृष्ठ-37-38।
3. मुद्रण के तकनीकी सिद्धान्त—डॉ. नवीनचन्द्र गुप्त, पृष्ठ-11।
4. दैनिक जागरण, रविवार, 2 फरवरी सन् 2014, वाराणसी (नगर) संस्करण।

(2) शीर्षकीकरण (Head-line Writing)

(क) शीर्षक : समाचार की मूल आत्मा (ख) शीर्षक रचना के प्रकार, (ग) शीर्षकीकरण का उद्देश्य, (घ) शीर्षकीकरण के समय ध्यान देने योग्य बातें तथा (ङ) शीर्षक संरचना के आधार भूत सिद्धान्त—उक्त सभी प्रश्नों के उत्तर के लिए कृपया इस पुस्तक के **समाचार लेखन के विविध रूप** शीषर्क को पढ़ें।

(3) सम्पादकीय पृष्ठ या सम्पादकीय लेखन (Editorial Writing)

सम्पादकीय लेखन किसी भी अखबार का प्रवेश द्वारा होता है। सम्पादकीय लेख किसी राष्ट्रीय अन्तर्राष्ट्रीय घटनाओं पर भरसक लिखा जाता है। यह लेख जितनी ही सशक्त शैली, प्रामाणिक तथ्य और सुन्दर-सरल भाषा में लिखा जाता है, समाचार के स्तर का वह पुख्ता प्रमाण बनता है। बिना सम्पादकीय के—कोई भी अखबार नीरस, श्रीहीन और उबाऊ लगता है। सुप्रसिद्ध पत्रकार खुशवन्त सिंह कहते भी हैं—"The function of an editor of a daily paper is largely, if not entirely, directional, political and administrative. Virtually the only part of the paper on which an editor can impose his personal stamp is on the edit page, The rest is at the mercy of the news editor who presides over the desk, the chief of bureau and the reporters," सच तो यह है कि सम्पादकीय पृष्ठ समाचार-पत्र के प्रत्येक पृष्ठ से महत्त्वपूर्ण होता है। सम्पादकीय लेखन के भीतर टिप्पणियाँ, विविध तरह की समीक्षा, आलोचना, सम्पादक के नाम पत्र, फीचर तथा अग्रलेख आदि होते हैं। माना जाता है कि सम्पादकीय सम्पादक द्वारा लिखी जाती है, जिसकी सीमा 500 से 1000 शब्दों तक होती है। सम्पादकीय लेखन संक्षिप्त होने के साथ ही विश्वसनीय, रोचक, तर्कसम्मत, निष्पक्ष, स्वतः स्फूर्त, तो होना ही चाहिए, इसमें प्रशंसा, मार्गदर्शन और चेतावनी का स्वर भी गूँजना चाहिए। कुल मिलाकर डॉ. हरिमोहन के शब्दों में—''सम्पादकीय लिखना बहुत जिम्मेदारी का काम है। यह केवल सम्पादक के व्यक्तित्व को ही नहीं दर्शाता, अपितु समूचे समाचार-पत्र का प्रतिनिधित्व करता है, इसलिए सम्पादकीय बहुत सोच-समझकर, प्रभावशाली ढंग से, इस शैली में लिखना चाहिए कि उसे साधारण पाठक से लेकर गम्भीर पाठक तक हर श्रेणी के लोग, पढ़ समझ सकें।''

(4) सम्पादक के नाम पत्र तथा स्वरूप

अमूमन प्रत्येक सुप्रसिद्ध समाचार-पत्र में 'सम्पादक के नाम पत्र' (Letters to the Editor) का एक 'कॉलम' (Column) होता है। इस कॉलम को समाचार-पत्र का "Safety Valve" कहा जा सकता है। इसमें समाचार-पत्र का पाठक निजी स्तर से लेकर सार्वजनिक समस्याओं तक को प्रकाशित करने के लिए समाचार-पत्र के सम्पादक के पास भेजता है। यह पत्र समस्याओं को तो प्रस्तुत करता ही है, सुझाव भी देता है। यह पत्र किसी घटना, चोरी, खाद, पानी, बिजली की समस्या, दंगों की संभावित सूचना, बाढ़, सूखा, भूकम्प से राहत की समस्या हो सकता है। कभी-कभी इस कॉलम में प्रकाशित इस पत्र की निजी समस्याएँ समूह की भी समस्याएँ बन जाती हैं, जाहिर है, एक सम्पूर्ण समाज उन समस्याओं का समाधान समाचार-पत्र के माध्यम से घर बैठे प्राप्त कर लेता है।

कुल मिलाकर एक अच्छा समाचार-पत्र 'सम्पादक के नाम पत्र' छाप कर लोकप्रिय, बनता है। सच तो यह है कि समाचार-पत्र का यह कॉलम छपे शब्दों में जनता की आवाज होता है, मनुष्य-मनुष्य के बीच संवाद स्थापित करने का माध्यम होता है। एक कुशल और प्रवीण सम्पादक इसे अपने समाचार-पत्र में स्थान देकर अपनी बौद्धिक कुशलता को प्रकाशित करता है। भरसक यह कॉलम, सम्पादकीय पृष्ठ पर होता है, जिसमें टीका-टिप्पणी से लेकर विचार-विमर्श तक होता है।

स्वरूप—''समाजवाद पर हावी पूँजीवाद''[1]

---

1. ज्ञान प्रकाश पांडेय, रामपुर माँझा, जिला-गाजीपुर।

समाजवाद पर पूँजीवाद हावी है। नतीजा ये है कि मनुष्य द्वारा निर्मित वस्तु के साथ इंसान भी बाजार में खड़ा है। देश को इक्कीसवीं सदी में विकसित राष्ट्र बनाना है तो मनुष्य को शोषण से मुक्त कराने का प्रयास करना होगा। एक ऐसी सभ्यता विकसित करनी होगी, जिसमें अन्धविश्वास मुक्त धर्म, भौतिक भोगवाद रहित विज्ञान, पाप रहित समृद्धि, युद्ध रहित राजनीति की कामना देश का प्रत्येक नागरिक कर सके।''

(5) अग्रलेख

हर अखबार के बीच का अर्थात् चौथा या पाँचवाँ पन्ना ''सम्पादकीय पन्ना'' कहलाता है। इस पन्ने पर कई तरह की सामग्री छापी जाती है, जिसमें सम्पादकीय प्रमुख होती है। इस सम्पादकीय में कई तरह के लेख होते हैं, जिनमें पहला लेख अग्रलेख होता है, शेष टीका-टिप्पणियाँ सम्पादक के नाम पत्र या अन्य कोई स्तम्भ होता है। अग्रलेख का कार्य बहुत सरल और आसान नहीं माना जाता, क्योंकि इसमें राजकीय नीतियों का खुलासा, आलोचना, सुझाव, अनुशंसा-प्रशंसा आदि सभी कुछ समाहित होता है। कुल मिलाकर यह बड़ा संवेदनशील लेखन होता है। यद्यपि अग्रलेख में लेखक को वैचारिक अभिव्यक्ति की काफी छूट होती है, अतः यहाँ लेखक को अपना सन्तुलित और निश्चित दृष्टिकोण प्रस्तुत करना चाहिए। यहाँ काल्पनिक तथ्य नहीं प्रस्तुत किए जाते। अग्रलेख के लिए विवेक और ज्ञान का समन्वय अति आवश्यक होता है। यहाँ द्विअर्थी शब्दों के इस्तेमाल से बचना चाहिए। कम पैराग्राफ में कथ्य की क्रमबद्ध प्रस्तुति अग्रलेख की बहुत बड़ी विशेषता होती है।

(क) अग्रलेख के प्रकार

अमेरिकी समाचार-पत्रों में अधोलिखित प्रकार के अग्रलेखों को महत्त्वपूर्ण स्थान मिलता है, यथा—

(1) Editorials that Interpret (2) Editorials that Criticise
(3) Editorials that Persude (4) Editorials that Praise

इधर, सुप्रसिद्ध साहित्यकार, पत्रकार डॉ. अर्जुन तिवारी अग्रलेखों की निम्न कोटियाँ तय करते कहते हैं कि अपने देश के विभिन्न पत्रों के अग्रलेखों को निम्नलिखित भागों में बाँटा जा सकता है— (क) उत्साहवर्द्धक अग्रलेख (ख) कर्तव्यबोधक अग्रलेख, (ग) सुझावात्मक अग्रलेख, (घ) आन्दोलनात्मक अग्रलेख, (ङ) समसामयिक अग्रलेख, (च) पक्ष समर्थक अग्रलेख।

(ख) अग्रलेख : प्रस्तुति के सिद्धान्त

सम्पादकीय पृष्ठ के हृदय स्वरूप अग्रलेख में प्रभावोत्पादकता, सामयिकता, निष्पक्षता, विश्वसनीयता और संक्षिप्तता आदि विशेषताएँ होती हैं। अग्रलेखकों में कर्तव्य बोध जागरित करने के निमित National Conference of Editorial Writers, 1949—U.S.A. द्वारा निर्धारित नीति निर्देशक सिद्धान्तों में कुछ इस प्रकार दृष्टव्य हैं,—(1) The editorial writer should present facts honestly and fully. It is dishonest and unworthy of him to base an editorial on half truth. He should never consciouly mislead a reader, distort situation or place any person in a false light. (2) The editorial writer should support his colleagues in their xxxxx to the highest standards of professional integrity. His reputation is their reputation and their is his. मन्तव्य यह कि सम्पूर्ण तथ्यों का ईमानदारी से प्रस्तुतीकरण, पुष्ट प्रमाणों पर आधारित निष्कर्ष-प्राप्ति, पक्षपात से विरति, मत-मतान्तर का प्रकाशन, अपने विवादास्पद निर्णय में संशोधन हेतु तत्परता, अन्तरात्मा के प्रतिकूल विचार न प्रकाशित करने की दृढ़ता तथा सहयोगियों के प्रति निष्ठा की भावना, यही—सम्पादकों की सुनीति है। इन्हीं सिद्धान्तों-निर्देशों के अनुरूप यदि अग्रलेख प्रस्तुत हो तो निश्चय ही वह सन्तुलित, प्रामाणिक, उत्तेजनारहित और मंगलकारी होता है।[1]

---

1. आधुनिक पत्रकारिता—डॉ. अर्जुन तिवारी, पृष्ठ-60

(6) आमुख या अग्रांश

इसके अध्ययन के लिए इस पुस्तक के **समाचार लेखन के विविध रूप** के तहत आमुख या अग्रांश को पढ़ा जा सकता है।

(7) स्तम्भ लेखन–समाचार-पत्रों के विभिन्न स्तम्भों की योजना

पाठकीय स्वाद की निरन्तरता बनाये रखने के लिए हर मझोला और स्थापित किसिम का अखबार-मालिक अपने अखबार में सप्ताह के सातों दिन अलग-अगल स्तम्भ प्रकाशित करता है। इससे पाठकीय जड़ता और उबाऊपन टूटता है, साथ ही अखबार के प्रति पाठकों के मन में पढ़ने की जिज्ञासा और कौतूहल बना रहता है। पाठकों को रोजाना नई पठनीय सामग्री मिलती है, इससे उनके ज्ञान के क्षितिज का फैलाव होता है। कभी राजनीति, साहित्य, विज्ञान, धर्म, दर्शन, तो कभी बाल-सुधार, समाज-सुधार, स्वास्थ्य, त्योहार, कला, व्यापार, मनोरंजन, कृषि, फिल्म, विदेशी चर्चा आदि से सम्बन्धित सामग्री के छपने से अखबारी-एकरसता टूटती है, कुल मिलाकर अखबार में रोजाना छपनेवाले अलग-अलग तरह के विभिन्न स्तम्भ स्वतः अपने लिए और अखबार के पाठकों के लिए—लाभकर सिद्ध होते हैं। इनमें से कुछ को इस तरह देखा जा सकता है—

(1) **साहित्य एवं दर्शन**—कुछ लोग समाचार-पत्र को आम आदमी का विश्वविद्यालय मानते हैं। जीवन का कोई भी सम्भवतः ऐसा क्षेत्र नहीं है, जो इसके दायरे में न आए। खेलकूद, कृषि, यांत्रिक, वैज्ञानिक समाचारों के साथ-साथ अखबार का कम-से-कम एक पन्ना साहित्य एवं दर्शन सम्बन्धी खबरों और सूचनाओं के प्रकाशनार्थ छोड़ा जाता है। नये, पुराने लेखकों की कविताएँ, धारावाहिक उपन्यास, कहानियाँ, व्यंग, के साथ-साथ पुस्तकों की समीक्षाएँ इस पृष्ठ को सुशोभित करती हैं। सन्तों के जीवन दर्शन, धार्मिक कर्मकांड, देवी-देवताओं के माहात्म्य की सूचनाएँ भी प्रकाशित की जाती हैं। इस तरह यह स्तम्भ पूरी तरह साहित्य एवं दर्शन सम्बन्धी सामग्री के प्रकाशनार्थ समर्पित होता है।

(2) **विज्ञान स्तम्भ**—विज्ञान-लेखन में रुचि रखनेवाले लोग जो लेख लिखते हैं, उन्हें विज्ञान-स्तम्भ के भीतर प्रकाशित किया जाता है। यह स्तम्भ वैज्ञानिक खोजों की नवीनतम सूचना देता है। उदाहरण के लिए सूचना क्रान्ति के इस युग में नेटवर्क, इंटरनेट, ई-मेल, कम्प्यूटर जैसे तकनीकी शब्द समाचार-पत्रों के लिए प्रिय शब्द बन गए हैं। अखबारों में निरन्तर छपने के कारण ही ये शब्द सामान्य जन के लिए सहज, रोचक शब्द बन गए हैं।

(3) **आर्थिक जगत स्तम्भ**—इस स्तम्भ के तहत देश के साथ पूरे विश्व की आर्थिक स्थिति, औद्योगिक-व्यापारिक स्थिति, शेयर बाजार, पूँजी बाजार, वैट कानून, डालर के मुकाबले रुपये की स्थिति, उद्योगों में मुद्रा का निवेश, कम्पनियों या उपक्रमों का शुद्ध लाभ, मुद्रा स्फीति या संकुचन ब्याज दर की बढोत्तरी, घटोत्तरी, विदेशी -व्यापार जैसे मुद्दों को उठाया जाता है। चूँकि इस स्तम्भ का सम्बन्ध देश के विकास से जुड़ा हुआ है और इसे पढ़नेवाला भारी पाठक समूह इस देश में है, अतः इसे विशेषज्ञ लोग ही सामान्यतया लिखते हैं।

(4) **कृषि स्तम्भ**—अखबर के प्रिय स्तम्भों में से एक है—कृषि स्तम्भ। कृषि-बहुल देश होने के कारण बहुत भारी तबका इसे पढ़ता है। इस स्तम्भ के भीतर कृषि सम्बन्धी नई खोजों, खाद, बीज, सिंचाई, मौसम, वर्षण, अनावर्षण, फसलों की सम्भावित पैदावार, फसलों की सुरक्षा, पशुओं की बीमारी और बचाव जैसी मूल्यवान् समस्याओं पर प्रकाश डाला जाता है।

(5) **चिकित्सा-स्वास्थ्य सम्बन्धी स्तम्भ**—यह स्तम्भ भी आमजन में काफी लोकप्रिय है। अखबारों के लिए यह स्तम्भ महत्त्व का होता है। इस स्तम्भ में विभिन्न तरह की बीमारियाँ

रोकथाम के लिए देसी-विदेशी पद्धतियाँ, जड़ी-बूटियाँ, अमुक, मौसम में रोगों का निदान कैसे करें—जैसे मनुष्य की बुनियादी समस्याओं पर प्रकाश डाला जाता है। 'मन की उलझन', 'सवाल आपके-जवाब डॉक्टर के'—जैसे शीर्षक इस स्तम्भ की शोभा होते हैं।

(6) **बाल-जगत्**—यह स्तम्भ बच्चों में काफी लोकप्रिय होता है। खासकर, रविवार के दिन की छुट्टी में इस स्तम्भ की तलाश बच्चों को होती है। पहेली, चुटकुला, चित्र बनाना, व्यंग्य लिखना, बालकथा, बुझौबल या बूझो तो जानें जैसे प्रसंग की चर्चा की जाती है। इससे बच्चों के मानसिक ज्ञान का विस्तार होता है। भाषा सरल होने से बच्चे इसे बहुत चाव से पढ़ते हैं।

(7) **कला, संस्कृति एवं पुरातत्त्व**—अखबार में यह स्तम्भ गम्भीर और समझदार पाठकों के लिए छपता है। सरल, सहज और बोधगम्य भाषा में यह स्तम्भ अपनी संस्कृति और कला के पक्षों को उजागर करता है। देश में हुए उत्खलन, उनसे प्राप्त मूर्तियों की उम्र मय चित्र के—यह स्तम्भ प्रकाशित करता है। जाने-माने अखबार इस विषय के विशेषज्ञों से इस स्तम्भ को लिखवाते हैं।

(8) **चलचित्र (Film) जगत्**—भरसक रंगीन छपाई में छपा यह स्तम्भ पाठकों का बहुत लोकप्रिय पन्ना होता है। इस स्तम्भ में सिनेमा जगत् अर्थात् 'हालीवुड और बालीवुड' सम्बन्धी समाचारों का प्रकाशन होता है। कौन फिल्म 'प्लाप' हुई, किसने 'गोल्डेन जुबली' मनाया, कौन कलाकार 'पब्लिसिटी स्टंट' का मोहताज नहीं, किसका रोमांस किसके साथ की चर्चा तो की ही जाती है, फिल्मों की समीक्षा भी सरल-सहज भाषा में प्रस्तुत होती है। हिन्दुस्तान का 'रंगोली' पन्ना महज यही सूचना देता है।

(9) **खेल स्तम्भ**—तकरीबन हर बड़े अखबार में खेल स्तम्भ छपता है। अन्य स्तम्भों की तरह यह स्तम्भ भी पाठकों का लोकप्रिय स्तम्भ होता है। इस स्तम्भ में जनपद स्तर से लेकर देश-विदेश तक में खेल को बढ़ावा देने के लिए क्या-क्या किया जा रहा है—की सूचना दी जाती है। इसमें खेलों की समीक्षा, साक्षात्कार (Interview), पूरी दुनिया में किस खेल में कौन हारा-कौन जीता आदि की चर्चा की जाती है।

(10) **त्योहार और धार्मिक उत्सव**—भारत धर्मप्राण देश है। हर धर्म के माननेवाले लोगों के लिए अखबारों में धार्मिक सूचनाएँ, तिथियाँ, त्योहार के निश्चित दिन, राशियाँ, ज्योतिष सम्बन्धी सूचनाएँ छापी जाती हैं। त्योहारों के महत्त्व को रेखांकित करने के लिए कभी-कभी लोक-कथाओं का प्रकाशन भी किया जाता है।

(11) **आकाशवाणी और दूरदर्शन**—आकाशवाणी और दूरदर्शन तो आगामी चौबीस घंटे के अपने कार्यक्रमों की सूचना पाठकों को देते ही हैं, अखबारों में भी इनसे सम्बन्धित खबरें छापी जाती हैं। इलेक्ट्रॉनिक मीडिया में कल किसका कार्यक्रम होगा, कौन-कौन कार्यक्रम होगा, किस चैनल पर कल, कब क्या दिखाया जाएगा—की सूचना, 'प्रिन्ट मीडिया' अर्थात् अखबारों में भी छपती है।

(12) **परराष्ट्र वार्त्ता स्तम्भ**—अखबारों का यह स्तम्भ, पूरी धरती पर कल क्या हुआ, घटनाओं का ब्यौरा, अपने देश से बाहरी मुल्कों का सम्बन्ध, विदेश नीति, विदेशी आतंकवाद, भूकम्प, बाढ़, सुनामी जैसी आपदाओं का प्रकाशन करता है। 'अफ्रीका का तोता भी जानता है गणित', 'फिर उड़ान भरने को तैयार मानवयुक्त अन्तरिक्षयान' जैसी खबरों का प्रकाशन 'अराउंड द वर्ल्ड' स्तम्भ के भीतर छपती हैं।

(8) विविध प्रकार की समीक्षाएँ

बाजार, खेलकूद, फिल्म, कला, नृत्य कला, संगीत कला, पुस्तक समीक्षा तथा रंगमंच आदि की समीक्षाएँ—लोकतांत्रिक मूल्यों में भरोसा करनेवाली पत्रकारिता सामाजिक सरोकारों से प्रेरणा ग्रहण

करती है। वह एक ओर समय-समय पर निरंकुश होती सभ्यताओं, व्यवस्थाओं-विसंगतियों, जीवन में निहित पाखंडों, दुरभि सन्धियों आदि को अपने महत्त्वपूर्ण पृष्ठों में उद्‌घाटित करती है, जीवन, समाज के सुख-दुख-दर्द, यातना, उदासी, संघर्ष, अमानवीय सन्दर्भों में भी जीवन की लय और राग की तलाश करती है तथा मनुष्य के मानवीय बने रहने की सम्भावनाओं को टटोलती है, तो दूसरी ओर वह धर्म, संस्कृति, बाजार, पूँजी, खेलकूद, फिल्म, नृत्य कला, संगीत तथा पुस्तक पोथियों की भी निष्पक्ष समीक्षा का प्रयास करती है। किसी भी भाषण में प्रकाशित होनेवाले स्थापित-प्रतिष्ठित अखबार रोज इन्हें अपने किसी-न-किसी सफे पर अवश्य स्थान देते हैं। सभी जानते हैं, सम्प्रति पूँजी और बाजार के दुष्चक्र में मानवीय स्वर अवरुद्ध हो गया है। बाजार ने मनुष्य की संवेदना छीन, उसे बहुत कट्‌टर-क्रूर बना दिया है। देश और विश्व की अर्थव्यवस्था पर रोशनी डालने के लिए अमूमन हर समाचार-पत्र 'अर्थजगत्' या कई अन्य अलग-अलग नामों से बिकनेवाली वस्तुओं के भाव छापते हैं ठीक इसी तरह गाँव, जनपद, प्रदेश, राष्ट्र और अन्तर्राष्ट्रीय स्तर पर होनेवाले हर तरह के खेलों की जानकारी भी ये समाचार-पत्र रोजाना प्रमुखता से छापते हैं। अधिकांश अखबार 'खेल जगत्' को अन्तिम पृष्ठ पर छापते हैं। दैनिक जागरण अन्तिम पन्ने से पहले पृष्ठ पर तो जनसत्ता भी अपने अन्त के पहले पृष्ठ पर खेल-सम्बन्धी समाचारों को छापते हैं। यहाँ खेल-विशेषज्ञों से भी लेख लिखवाये जाते हैं। इसी तरह, हम जानते हैं, फिल्म और पत्रकारिता के सरोकार परस्पर जुड़े होते हैं, दोनों में गहरा रिश्ता होता है। कहते भी हैं, सिनेमा संसार का सबसे खूबसूरत सांस्कृतिक उपहार है। प्रायः सभी अखबार सम्भवतः रविवार के दिन 'फिल्म समीक्षा', 'चलचित्र जगत्' या 'फिल्मी दुनिया' शीर्षक से सिनेमा-समाचार छापते हैं। जनसत्ता में यह हर 'रविवारी' दूसरे पन्ने पर छपता है। इसमें फिल्मों की अच्छाईयाँ, किरदारों की भूमिका, कौन नायक, खलनायक की भूमिका में है, फिल्म का बाक्स ऑफिस पर भविष्य क्या है, किस किरदार ने अपने तथा दर्शकों के साथ न्याय किया है, इत्यादि पर प्रकाश डाला जाता है।

देश में कहीं-न-कहीं आए दिन नृत्य समारोह होते रहते हैं, खासकर भारत का वसन्तोत्सव समारोह तो पूरी दुनिया में प्रसिद्ध है। इस तरह के नृत्य समारोहों में कभी सामूहिक प्रस्तुति होती है, तो कभी एकल नृत्य भी पेश किया जाता है। कभी-कभी कुछ कलाकर नृत्य रचना प्रस्तुत करते समय समूह में मंच साझा करते हैं। इन नृत्यों में कामदेव और रति की भूमिका में बहुधा नृत्य प्रस्तुत किया जाता है। इन सबके अलावा अलग-अलग विषयों पर भी नृत्य परिकल्पनाएँ प्रस्तुत कर विविध मनोहारी छटाएँ परोसी जाती हैं। कभी युगल नृत्य पेश करते समय परम्परागत तोड़े, टुकड़े और तिहाइयों को पूरी नजाकत के साथ मोहक रूप में प्रस्तुत किया जाता है। पंडित विरजू महाराज, ममता महाराज, दीपक महाराज, वास्वती मिश्र, जय किशन महाराज, मालती श्याम, रानी खानम्, दुर्गा आर्या, कुमुदिनी लखिया, नीलिमा अजीम, रेणु शर्मा, गीतांजलि लाल, पं. कृष्णमोहन मिश्र तथा शाश्वती मिश्र आदि सुप्रसिद्ध कलाकार इस तरह के कार्यक्रमों को मूर्त्त रूप देते हैं। श्रेष्ठ, स्थापित तथा इस तरह की प्रस्तुतियों को पसन्द करनेवाले समाचार-पत्र इस तरह के कार्यक्रमों की समीक्षा अपने अखबारों में सप्ताह में एक-न-एक दिन अवश्य छापते हैं। इससे लाभ यह होता है कि इस तरह की प्रस्तुतियों को बढ़ावा और प्रोत्साहन मिलता रहता है। ठीक इसी तरह देश में आए दिन कहीं-न-कहीं कला मेले का आयोजन होता रहता है। कला मेलों की इन शृंखलाओं में हजारों कलाकारों की कृतियाँ प्रदर्शित की जाती हैं। इनमें व्यावसायिक कला संस्थाओं के साथ-साथ निजी कला-दीर्घाएँ भी सक्रिय हिस्सेदारी करती हैं। इनमें गैलेरी और कलाकारों का विवरण प्रस्तुत किया जाता है। कहीं रंगीन कृतियों के मिक्चर पोस्टकार्ड में होते हैं तो कहीं महज कैप्शन होते हैं। यहाँ कभी-कभी तांत्रिक और आध्यात्मिक चित्र भी प्रस्तुत किए जाते हैं। कुल मिलाकर समय-समय पर लगने वाले कला मेले में पारम्परिक और नवीन, आधुनिक तथा प्रयोगशील, देशी-विदेशी अनेकानेक कलाकृतियों को प्रस्तुत किया जाता है। स्पेन की गैलरी, गेलेरिआ जोआं गास्पर, सिंगापुर की इंडिगो बू आर्ट तथा इजराइल की ब्रूनो आर्ट ग्रुप विभिन्न शैलियों और संस्कृतियों की कलाकृतियों की संरचना के लिए विश्व विख्यात हैं। भारत में मुम्बई की केमोल्ड प्रेस्कॉट रोड गैलरी तथा दिल्ली की गैलरी एस्पास सुप्रसिद्ध हैं। अनिश कपूर,

शिल्पा गुप्ता, दयनिता सिंह, कार्ल एंटाओं, जी.आर. इरान्ना, चिन्तन उपाध्याय, जी.आर. सन्तोष, जानी, सोहन कादरी, सुजाता बजाज तथा जरीना हाशमी आदि कलाकारों द्वारा निर्मित कला कृतियाँ मशहूर हैं। देश की हर भाषा के अखबार बाजार, संगीत, सिनेमा, कला, शिक्षा आदि की तरह कला गैलरियों में प्रदर्शित विभिन्न शैलियों की कलाकृतियों की सूचना, समीक्षा अपने अखबारों के माध्यम से पाठकों को समय-समय पर देते रहते हैं। ठीक इसी तरह अनेक समाचार-पत्र देश में समय-समय पर हो रहे नाट्य समारोहों की सूचना और समीक्षा का स्तम्भ छापते हैं। इस स्तम्भ में समीक्षक बताता है कि अमुक नाटक रंगमंच पर अभिनीत किया गया। उसकी प्रस्तुति, भाषा, नाटक की केन्द्रीय चिन्ता, चरित्रों के अभिनय आदि की समीक्षा रंगमंच स्तम्भ में प्रस्तुत की जाती है।

ठीक इसी तरह प्रतिष्ठित और चर्चित समाचार-पत्रों में आए दिन कला जगत् भी स्थान पाता है। कला शिक्षा पर चर्चा होती है। सच तो यह है कि कला शिक्षा का सवाल हमारी बुनियादी संस्कृति का सवाल है। अतः बल दिया जाता है। कि कला शिक्षा के पुनरुद्धार की फिलवक्त बहुत जरूरत है। कभी-कभी कलाओं पर हुई गम्भीर गोष्ठियों से हमें पता चलता है कि पश्चिमी कला ही महज कलात्मक नहीं है और न तो सारी कलाएँ ही पश्चिमी हैं। भारत का काफी बड़ा हिस्सा ग्रामीण है, जहाँ से कलाओं को बहुत प्रोत्साहन मिलता है। कभी-कभी अखबारों के इन पृष्ठों पर कला-चर्चा में यह भी बात उठती है कि कला-प्रयोगों को सिफत बाजार पर नहीं छोड़ा जा सकता, बल्कि पारम्परिक कला में बौद्धिक ढाँचे के रूप में समकालीन प्रयोगों का होना जरूरी है। ढेर सारे अखबार नियमित रूप से संगीत पर भी प्रकाशपात करते रहते हैं। जनसत्ता चूँकि सांस्कृतिक साहित्यिक अखबार है, अतः इसमें तकरीबन प्रत्येक बुधवार को संगीत चर्चा होती है। जनपद, प्रदेश, देश एवं विदेश में हुई कला जगत की हलचल की आहट मिलती है। किस संगीत गायक-गायिका ने किससे साथ शास्त्रीय संगीत की प्रस्तुति और संगत की, ठुमरी, दादरा और गजल गायकी, राग-बिहाग, राग तोड़ी, राग-देस भैरवी का उसे कितना ज्ञान है आदि की जानकारी, इस विषय में रुचि रखनेवाले पाठकों को समय-समय पर मिलती रहती है।

प्रायः राष्ट्रीय स्तर के प्रत्येक समाचार-पत्र और पत्रिकाएँ पुस्तक समीक्षा का महत्त्वपूर्ण स्तम्भ देते हैं। पुस्तकों में विचारों की अलग दुनिया बसती है। आरोप लगता है कि पाठकीयता, खासकर, पुस्तकों के प्रति, दम तोड़ रही है। पुस्तकें महँगी हो गई हैं, अतः पाठकों की पहुँच अब पुस्तकों तक नहीं रह गई है, लेकिन मैं विश्वास दिलाता हूँ। कि देश में कहीं भी पुस्तक मेला लगने दीजिए, देखिये पाठकों का सैलाब! सवाल उठता है, पाठकीयता कहाँ मरी है? इन छपी पुस्तकों को कौन खरीद और पढ़ रहा है? कुल मिलाकर यह कि फिलवक्त कौन-सी नई पुस्तक छपकर आई है, कहाँ से छपी है? मूल्य कितना है? उसकी विषय-वस्तु या कथ्य क्या है? पुस्तक की प्रस्तुति और भाषा-शैली का स्तर कैसा है? इत्यादि की जानकरी पाठकों को अखबारों-रिसालात से ही मिलती है। अतः वह पुस्तक यदि पाठक के मनोनुकूल हुई तो वह तमाम दुश्वारियों के उसे खरीद भी लेता है।

वस्तुतः पुस्तकें पाठकों को अज्ञानता के अँधेरे में ज्ञान और विवेक का मशाल जलाती हैं। भटकाव और विचलन के दौर में पुस्तकें पाठकों की मार्गदर्शक मित्र बनती हैं। इतना सब जानते हुए अधिकांश समाचार-पत्र बाजार में नई छपकर आई पुस्तकों की समीक्षा करवाते हैं। उसी दिन वे उसी पन्ने पर या कभी विशेष परिशिष्ट निकाल कर कविता, कहानी, लघु उपन्यास, रेखाचित्र, व्यंग, गीत साथ ही किसी बड़े गद्यकार या कवि की किसी कृति के सौ साल या पचास वर्ष पूरा होने पर उसकी विशेष चर्चा करवाते हैं। इतना ही नहीं, कभी मीडिया पर तो कभी पत्रकारिता पर-होनेवाली महत्त्वपूर्ण बहस भी इन पृष्ठों में स्थान पाती है।

(9) दृश्य सामग्री की व्यवस्था

जिस प्रकार रंग-बिरंगे फूलों से लदरी कोई वाटिका अपनी सोधी महक-ग़मक से हमारे मन के छाजन में अँटकी-लटकी जड़ता, कुण्ठा और नैराश्य को समाप्त करने की पुरजोर कोशिश करती है, ठीक

उसी प्रकार आज की पत्रकारिता अपने रंग-बिरंगे परिधान चित्रों से सज-सँवर कर हमारा ध्यान अपनी ओर खींचने का सतत् प्रयास करती है। ठाठ-बाट से निखालिस समाचार-पत्र-पत्रिकाएँ लोगों को प्रभूत-प्रामाणिक सामग्री देने के बावजूद-मनोहर नहीं लगतीं। जाहिर है, कार्टून ग्रैफिक्स, रेखाचित्र और फोटो के माध्यम से आज के पत्र पाठकों का अपना अच्छा बाजार बना रहे हैं।

(क) कार्टून

कार्टून गम्भीर विधा है। कार्टून जीवन से जुड़े सरोकारों की बारीक पड़ताल है। खुद के भीतर झाँकते दूसरे को बाह्य ही नहीं, अन्दरूनी तौर पर पूरी तरह से खोलकर प्रस्तुत करने की सांगोपांग कला।[1] संस्कृति, साहित्य और तमाम दूसरी कलाओं का स्थान भले ही समाचार-पत्रों में निरन्तर कम होता चला गया है, लेकिन आज भी मुख पृष्ठ को समृद्ध करती कोई कला नजर आती है तो वह कार्टून ही है। इस समय कला ही नहीं, पत्रकारिता की भी यह वह विधा है, जिसमें रेखाएँ किसी स्तर पर सम्पादित नहीं होतीं है। कार्टून रेखाएँ कुछ नहीं कहती हुई भी बहुत कुछ कह देती हैं। जीवन से जुड़ी विद्रूपताओं के सूक्ष्म अंकन में ये रेखाएँ कभी गुदगुदाती हैं, कभी प्रहार करती हैं, कभी सोच का नया आकाश भी अनायास ही ये दे देती हैं। अपनी सहज-सरल रेखाओं के माध्यम से ये युगीन सच्चाइयों को सदा रूबरू कराती हैं। साफ शब्दों में, कार्टून की रेखाएँ समकालीन जीवन की सांगोपांग अभिव्यक्ति होती हैं। सफल कार्टूनिस्ट के लिए आवश्यक है कि उसे शब्दों की समझ हो तथा रेखाचित्र बनाने आता हो।

कार्टून शब्द मूलतः अंग्रेजी भाषा का है। हिन्दी में इसे 'कारटून' भी लिखते हैं, जिसका अर्थ होता है, व्यंगचित्र। समाचार-पत्रों में कार्टून बनानेवाला 'कार्टूनिस्ट' (Cartoonist) नाम से जाना जाता है। कार्टून किसी भी पत्र-पत्रिका की ताकत माने जा सकते हैं। ये बोलते नहीं, मूक-मौन भाषा में ही बहुत-कुछ कहते हैं। पाठकों की निगाह सम्भवतः अखबार में पहले ही पृष्ठ के नीचे बायी 'ओर छपे कार्टूनों पर जाती हैं। इनका व्यंग मुख्य रूप से किसी वर्तमान सामाजिक, राजनीतिक विद्रूपताओं पर होता है। इनकी चोट बड़ी गहरी होती है। ये बिहारी के 'नावक के तीर' की तरह बेलौस और निडर होकर तत्कालीन व्यवस्था की विंसगतियों पर आक्रमण करते हैं। व्यवस्था और प्रशासन को उसकी भूलों की ओर संकेत कर चुपचाप उन्हें अपने से सीख लेने का आग्रह करते हैं। इन कार्टूनों अथवा व्यंग चित्रों की सर्जना सम्भवतः हर अखबार अपने ही लोगों से करवाता है। कुछ अखबारों में ''भाई साहब—, ''चलते-चलते, आप फरमाते हैं'' आदि शीर्षक भी दिए जाते हैं। कुल मिलाकर ये कार्टून अखबारों के प्रति पाठकीयता बढ़ाते हैं। भारत में कार्टून कला के भीष्म पितामह शंकर रहे हैं, पर कार्टून में विचार और सम्पादकीय दीठ से कार्टून कला को पंख देनेवाले 26 जनवरी, 2015 को स्वर्गीय हो गए मशहूर व्यंग चित्रकार, जीते भी किंवदन्ती बन गए **श्री आर.के. लक्ष्मण** ने ही दिए। कार्टून कला के भारत में आरम्भ को श्री लक्ष्मण ब्रिटिश लोगों की देन मानते थे। जनसत्ता के 'काक' और 'इरफान' सुप्रसिद्ध कार्टूनिस्ट हैं।

कार्टून जीवन की एकरसता को तोड़ते हैं। सभी अखबार, चाहे वे एशियाई हों, यूरोपीय हों या चाहे वे अमरीकी अखबार हों; नियमित रूप से एक स्तम्भ की तरह कार्टूनों का प्रकाशन करते हैं। 'द न्यूज' 'डान' (कराची) और 'डेली टाइम्स' जैसे पाकिस्तानी समाचार-पत्र, 'द न्यूयार्क टाइम्स', 'द मियामी हेराल्ड', शिकागो ट्रिब्यून' और 'द बोस्टन ग्लोब' जैसे अमरीकी समाचार-पत्र, 'द टाइम्स', 'द गार्जियन' और 'दि इन्डपेन्डेण्ट' जैसे प्रतिष्ठित ब्रिटिश अखबार और 'द टाइम्स ऑफ इंडिया' या 'हिन्दुस्तान टाइम्स' जैसे जाने-माने भारतीय समाचार-पत्र अपने कार्टूनों के जरिये सूचना, शिक्षा और मनोरंजन के काम को बखूबी अंजाम देते हैं। सवेरे-सवेरे ज्यों ही पाठक के हाथों में अखबार आता है, त्यों ही पाठक की निगाहें या तो हेडलाइन पर जाती हैं या फिर कार्टून के कालम पर! कार्टून कॉलम एक प्रकार के नवाचार या अनोखे ट्रेंड के परिचायक हैं। 'नई दुनिया' अखबार का

1. जनसत्ता, 1 फरवरी, 2015, लखनऊ संस्करण।

कार्टून-कॉलम 'चुटकी' अपने कटाक्ष और व्यंग की तीक्ष्णता के कारण सहज ही किसी का ध्यान खींच सकता है। हिन्दी के अन्य समाचार-पत्र भी अपने इन्हीं आनुषंगिक लक्ष्यों पर ध्यान देने के चलते विशेष दर्जा हासिल कर चुके हैं। अगर 'पंजाब केसरी' अपनी रंगीन तस्वीरों और लाइफ-स्टाइल की साफ्ट-न्यूज के कारण सराहा जाता है तो 'राजस्थान पत्रिका' का कार्टून-कॉलम 'झरोखा' भी कुछ कम तीखा या कम मसालेदार नहीं होता।

अंग्रेजी अखबारों में कार्टून-कॉलमों की बात करें तो 'द हिन्दू' के कार्टून-कॉलम 'कार्टूनस्केप' और 'टाइम्स ऑफ इंडिया' के कार्टून-कॉलम 'यू सेड इट' का नाम प्रमुखता से हमारे सामने आता है। केशव तथा आर. के. लक्ष्मण का नाम इनसे सम्बद्ध रहा है।[1]

(ख) छायाचित्र या ग्रैफिक्स (Graphics) की व्यवस्था

ग्रैफिक्स का आशय है—किसी वस्तु की साज-सज्जा, आलेख, चित्र या लेखाचित्र कला। साफ शब्दों में, सजावट या सजीव चित्रांकन ग्रैफिक्स कहा जा सकता है। स्थूल अर्थ में इसे आरेख, रूप-चित्र, शब्द-चित्र, छाया-चित्र या आलोक-चित्र भी कह सकते हैं। ग्रैफिक्स के कारण समाचार-पत्र रोचक व पठनीय हो जाते हैं। ग्रैफिक्स अर्थात् चित्र बहुत साफगोई और दृढ़ता से हमारा ध्यान अपनी ओर खींचते हैं। इस विधि से पत्र-पत्रिकाओं में बनी विभिन्न रंग छायाएँ, घटनाओं के चित्र जीवन के सुख-दुख, प्रेम, सौन्दर्य, आशा-आस्था को पाठकों के भीतर बहुत गहरे तक उतारती हैं। ग्रैफिक्स सामान्य घटना और दृश्य को, जीवन के अधबुने जटिल ब्यौरों को, वर्जनाओं को रस से लबालब कर रोचक ढंग से हमारे सामने परोसते हैं।

1. नया ज्ञानोदय में 'मीडिया लेखक प्रांजलधर का लेख' मीडिया में नवाचार यानी ट्रेन्ड की महिमा', पृष्ठ-55, मई, सन् 2010 भारतीय ज्ञानपीठ मासिक साहित्यिक पत्रिका।

(ग) रेखाचित्र

रेखाचित्र का भी पत्रकारिता से रिश्तों की अभिन्न संहिता है। रेखाचित्र शब्द अंग्रेजी के 'स्केच' (Sketch) का हिन्दी पर्याय है। इसके खाका, कच्चा नक्शा (Out-line) या रूपरेखा अर्थ भी किए जा सकते हैं। इन शब्दों के अतिरिक्त हिन्दी में रेखाचित्र के पर्याय के रूप में व्यक्ति चित्र, शब्दचित्र, शब्दांकन आदि शब्दों का प्रयोग भी होता है, परन्तु विद्वान् प्रायः इस विधा को 'रेखाचित्र' नाम से ही अभिहित करते हैं। अंग्रेजी में 'थंबनेल स्केच' नाम से प्रसिद्ध इस विधा में "किसी व्यक्ति, वस्तु, स्थान, घटना, दृश्य आदि का तटस्थतापूर्वक ऐसा संक्षिप्त अंकन किया जाता है कि हमारे मानस नेत्रों के समक्ष उसका एक अनाविल एवं निर्भ्रान्त चित्र साकार हो उठता है। इस विधा की सर्वप्रमुख विशेषता उसकी चित्रात्मकता है। इसमें शब्दों को इस प्रकार चुन-चुनकर रखा जाता है, जिससे चित्रित विषय का फोटो ही पाठक के सम्मुख उपस्थित हो जाता है।[1]

सच तो यह है कि रेखाचित्र मूलतः चित्रकला का शब्द है। जिस प्रकार चित्रकार कुछ नपी-तुली रेखाओं से कोई चित्र अंकित करता है, उसी प्रकार साहित्य में भी शब्दों के माध्यम से किसी वस्तु, व्यक्ति या घटना का चित्र प्रस्तुत करने की कला रेखाचित्र कहलाती है। चित्रकला रेखाओं का प्रयोग करती है और साहित्य में उसका माध्यम शब्द होते हैं, सम्भवतः इसीलिए इसके लिए 'शब्द-चित्र' का प्रयोग किया जाता है। चित्रकला के रेखाचित्र और साहित्य के शब्द-चित्र, में माध्यम का वैभिन्य होते हुए भी प्रवृत्ति, दृष्टि और शैली का साम्य है, फिर भी एक मौलिक अन्तर तो रह ही जाता है कि चित्रकला का रेखाचित्र स्थिर होता है, जबकि शब्द-चित्र गति का अहसास कराने में भी सक्षम होता है। कुल मिलाकर रेखाचित्र किसी भी व्यक्ति, चरित्र, स्थिति, दृश्य, वातावरण, भाव, क्रिया-कलाप को लेकर लिखा जा सकता है। इसमें व्यक्ति के जीवन की घटनाओं, चरित्र की असामान्य स्थिति अथवा किसी दृश्य का भावात्मक वर्णन हो सकता है। उसमें एक ओर चित्रात्मकता होती है तो दूसरी ओर कथा और भाव तत्त्व की झलक।[2]

(घ) रिपोर्ताज और पत्रकारिता

(1) रिपोर्ताज

इस गद्य-विधा का सम्बन्ध मूलतः पत्रकारिता से है। यह एक प्रकार से विशिष्ट घटनाओं से सम्बन्धित समाचारों का ही रूप होता है। परन्तु सामान्य रूप से लिखे गए समाचार और रिपोर्ताज के मध्य अन्तर होता है। रिपोर्ट का अर्थ है—समाचार, सूचना आदि। सामान्य रूप से लिखा गया समाचार 'रिपोर्ट' है। रिपोर्ट का कलात्मक रूप 'रिपोर्ताज' है। 'रिपोर्ट', रिपोर्ताज का रूप तभी धारण करती है, जब वस्तुगत तथ्य को रेखाचित्र और संस्मरण की शैली में प्रभावोत्पादक ढंग से प्रस्तुत किया जाता है। रिपोर्ट के समान रिपोर्ताज में भी सच्ची घटनाओं का वर्णन किया जाता है। रिपोर्ताज केवल कल्पना-प्रसूत नहीं होते है।[3]

इधर, डॉ. श्रीमती सरोज सिंह[4] लिखती हैं कि रिपोर्ताज हिन्दी गद्य की आधुनिकतम विधाओं में से एक है। रिपोर्ताज फ्रेंच भाषा का शब्द, जो अंग्रेजी रिपोर्ट (Report) शब्द के बहुत निकट है। अन्तर केवल यही है कि रिपोर्ट का लेखक समाचार-पत्रों का संवाददाता होता है, जबकि रिपोर्ताज का लेखक विशुद्ध रूप से साहित्यकार होता है। रिपोर्ट पत्रकारिता का विषय है तो रिपोर्ताज साहित्य की एक विधा। रिपोर्ताज के लिए 'सूचनिका' और 'प्रसंग-चित्र' इन दो शब्दों का भी व्यवहार किया

1. हिन्दी भाषा और साहित्य-डॉ. किरण बाला, पृष्ठ-294, वी.के. पब्लिशिंग हाउस, सुभाष मार्केट, बरेली, मू. 75 रु. 1994।
2. हिन्दी पत्रकारिता : सिद्धान्त और स्वरूप—डॉ. सविता चड्ढा, पृष्ठ-140।
3. प्रयोजनमूलक हिन्दी—डॉ. भारती शर्मा, पृष्ठ-250।
4. नवीन गद्य-चयनिका—डॉ. सरोज सिंह, पृष्ठ-23-24, लोकभारती प्रकाशन, इलाहाबाद, प्र. स. 2002।

जाता है। अंग्रेजी के रिपोर्ट शब्द से रिपोर्टर (Reporter) बना है, जो समाचार-पत्रों के लिए सूचनाओं का संकलन करता है, समाचार-पत्रों का भविष्य बहुत-कुछ कुशल रिपोर्टर पर निर्भर करता है। कहते भी हैं, बिना रिपोर्टर के समाचार-पत्र जल के अभाव में सूखे कुएँ की तरह होता है—"A newspaper is what its reporters make of it. A newspaper without a reporter is like a well without water. A reporter has to be alert and ready to cover the event at a moment's notice. Procrastination is the thief of time."[1]

रिपोर्ताज को विद्वानों ने विभिन्न रूपों में देखा है, यथा—'हिन्दी साहित्य कोश' के अनुसार, रिपोर्ट के कलात्मक और साहित्यिक रूप को रिपोर्ताज कहते हैं।'[2] डॉ. रामविलास शर्मा का विचार है कि, "रिपोर्ताज साहित्य का सबसे लचीला रूप है, जिसकी सीमा एक पृष्ठ से लेकर कई सौ पृष्ठों की मोटी पुस्तक तक हो सकती है।"[3] रिपोर्ताज की उत्पत्ति के सम्बन्ध में कहा जाता है कि इसकी उत्पत्ति द्वितीय महायुद्ध के बाद रूस में हुई। रूसी प्रभाव के कारण ही यह विधा हिन्दी में विकसित हुई[4] डॉ. रामचन्द्र तिवारी की मान्यता है कि, "द्वितीय महायुद्ध के अवसर पर यूरोपीय साहित्य में इस गद्य-विधा का विशेष विकास हुआ। हिन्दी में रिपोर्ताज 1940 के आसपास लिखे जाने लगे।[5] रिपोर्ताज की उत्पत्ति के सम्बन्ध में कन्हैयालाल मिश्र 'प्रभाकर' का मत इस प्रकार है—"कुछ लोग कहते हैं कि पत्रकार कला में रिपोर्ताज का आविष्कार रूस में हुआ और वहाँ से भारत में आया। निश्चय ही उस देश में रिपोर्ताज अपने स्वतंत्र रूप में पनपा होगा, हिन्दी को उसका श्रेय लेने की आवश्यकता नहीं, पर हिन्दी में यह स्वतंत्र रूप से पनपा है और उस पर किसी का किसी तरह का भी ऋण नहीं। हाँ, बाद में इस विधा के लिए रिपोर्ताज नाम रूसी के माध्यम से हिन्दी ने लिया—यह एक प्रत्यक्ष सच्चाई है"[6]

हिन्दी में रिपोर्ताज लेखन कार्य कब से और किसके द्वारा शुरू हुआ, इस सम्बन्ध में मतैक्य नहीं है। बालकृष्ण राव एवं श्री राम शर्मा का मत है कि हिन्दी के पहले रिपोर्ताज लेखक रांगेय राघव हैं, जिन्होंने 1940 के 'बंगाल के अकाल' पर लिखा। कुछ लोगों के अनुसार शिवदान सिंह चौहान द्वारा लिखित 'लक्ष्मीपुरा' हिन्दी का पहला रिपोर्ताज है। अन्य मत के अनुसार श्री कन्हैया लाल मिश्र 'प्रभाकर' द्वारा 1926 में लिखित रिपोर्ताज हिन्दी का पहला रिपोर्ताज है। इस सन्दर्भ में प्रभाकर जी स्वतः कहते हैं, "वास्तविक रूप में यही मेरा पहला रिपोर्ताज था। सन्, महीना, तारीख के आँकड़ों में सोचनेवाले इतिहास लेखकों का काम है कि वे देखें—यही हिन्दी का पहला रिपोर्ताज तो नहीं था।"[7]

बहरहाल, रिपोर्ताज में किसी घटना का आँखों देखा चित्र होता है। इसमें किसी सामयिक घटना, दृश्य आदि का विवरण सूक्ष्य ब्यौरों और निजी प्रतिक्रियाओं के साथ आँखों देखी घटना के रूप में प्रस्तुत किया जाता है, रिपोर्ताज में कहानी के तत्त्व विद्यमान हो सकते हैं, किन्तु उसकी तरह वह काल्पनिक नहीं होता। कहानी में अभिप्रायों की गहराई और कथावस्तु, चरित्र, वातावरण आदि की बनावट होती है, रिपोर्ताज सामयिक घटना का स्थूल वर्णन करके रह जाता है। उसमें तथ्य और सामाजिक सोद्देश्यता, सामयिकता आदि पर विशेष बल होता है। रिपोर्ताज की एक विशेषता यह भी है कि वह किसी स्थिति का गतिशील चित्र प्रस्तुत करता है। उसके दृश्य चलचित्र की भाँति परिवर्तित और गतिशील होते हैं। कुल मिलाकर रिपोर्ताज सोद्देश्य और सामयिक रचना है।[8]

1. Professional Journalism—M.V. Kamath, P. 27
2. हिन्दी साहित्य कोश—पृष्ठ-152।
3. प्रगति और परम्परा—डॉ. रामविलास शर्मा, पृष्ठ-177।
4. नवीन गद्य चयनिका—डॉ. सरोज सिंह, पृष्ठ-24-25।
5. हिन्दी का गद्य साहित्य—डॉ. रामचन्द्र तिवारी, पृष्ठ-202,203 विश्वविद्यालय प्रकाशन, वाराणसी, 1992।
6. हिन्दी गद्य विधाएँ—कन्हैया लाल मिश्र 'प्रभाकर', पृष्ठ-49।
7. हिन्दी गद्य विधाएँ—कन्हैया लाल मिश्र 'प्रभाकर', पृष्ठ-47-50।
8. हिन्दी पत्रकारिता : सिद्धान्त और स्वरूप—डॉ. सविता चड्ढा, पृष्ठ-142।

(ङ) छायांकन या फोटो पत्रकारिता

कृपया इसके लिए इस पुस्तक का '**पत्रकारिता के विविध रूप या प्रमुख प्रकार**' शीर्षक देखिये।

(4) पृष्ठ सज्जा के अनिवार्य अंग

निम्नलिखित तत्त्व पृष्ठ सज्जा के अनिवार्य अंग माने जाते हैं,—

(1) डिजाइन (Design)
(2) मेकअप (Make-up) तथा
(3) ले-आउट (Lay-out)।

(1) डिजाइन (Design)

पृष्ठों की साज-सज्जा अद्यतन पत्रकारिता की एक बहुत बड़ी आवश्यकता और विशेषता है, जिसका आधार सामाग्री का प्रकाशनार्थ स्थान निर्धारण एवं चित्रों तथा विज्ञापनों से सन्तुलन है। डिजाइन का अर्थ होता है—'अभिकल्पना', 'परिकल्पना', 'खाका', 'रूपरेखा' या 'ढाँचा' किन्तु सीधी-सादी भाषा में, पत्रकारिता के सन्दर्भ में इसका अर्थ होता है—पृष्ठों को सजाना-सँवारना। उन्हें इस तरह से सुन्दर रूपाकार देना, कि पाठक की मुहब्बत का जज्बा समाचार-पत्र के प्रति बढ़े। पाठक के मन में अखबार के प्रति रुझान और जाजिबीयत पैदा हो। पत्र में किस दिन कितने पृष्ठ जाएँगे, उन पृष्ठों में कौन-कौन सामग्री, किस पृष्ठ पर होगी, विज्ञापन पन्नों पर कहाँ-कहाँ दिए जाएँगे, दो विज्ञापनों के बीच खबरें किस टाइप और प्वाइंट में छपेंगी, अखबार के मुख्य पृष्ठ की मुख्य 'टाइटिल' किस प्वाइंट में होगी—साफ शब्दों में, कुल मिलाकर अखबार को खूबसूरत खुशकामती ओर सुष्ठु कलेवर में ढालना ही डिजाइन है। बहरहाल, हालिया जन्मीं छपाई की नित नई-नई तकनीकों ने अखबारों की खूबसूरती में मोहक डिजाइन से चार चाँद लगा दिया है।

(2) मेकअप (Make-up)

मेकअप का हिन्दी में तमाम अर्थों के बीच एक अर्थ होता है—बनाव, शृंगार-पटार, भेस-भूषा। एक अर्थ होता है—अंगराग (Cosmetics)। साफ शब्दों में, जो महत्त्व देह के लिए अंगराग का होता है—वही महत्त्व 'मेकअप' का समाचार-पत्रों के लिए होता है। 'मेकअप' प्रक्रिया में समाचार-पत्रों के पृष्ठों में चित्र कर्म, नक्काशी और रंग आमेज करते हैं, जिससे पत्र के प्रतिपाठकों के मन में रौनक तथा शोभा बढ़ जाती है। समाचार-पत्र की शोभा-सुहानापन, दीप्ति और प्रकाश में वृद्धि होती है। निष्कर्ष यह कि अखबार के पृष्ठों में नई ताजगी, टटकापन, रंग-ढंग और आकर्षण-आनन्द बढ़ जाता है।

आज के इस प्रतियोगी समय में अखबारों में मेकअप की प्रक्रिया बहुत महत्त्वपूर्ण और जरूरी हो गई है। कार्टून खबरें, विज्ञापन आदि मेकअप द्वारा ही समाचार-पत्रों में सजाए जाते हैं, जिससे वे पाठकों को नयनामिराम लग सकें। कम्प्यूटर के आ जाने से यह प्रक्रिया और अधिक सरल-सहज और सस्ती तो हो ही गई है, समय की भी बचत हो गई है। कम्प्यूटर के प्रयोग से कम महत्त्व का समाचार अगले दिन छप जाता है और बहुत महत्त्वपूर्ण समाचार उसी दिन तत्काल लगा दिया जाता है। अखबारों में चित्र-प्रयोग के लिए पहले ब्लाक-विधि का प्रयोग होता था, किन्तु कम्प्यूटर ने अब इसकी जगह लेकर मेकअप का काम आसान कर दिया है।

(3) ले-आउट (Lay-out)

अंग्रेजी 'ले-आउट' का हिन्दी आशय होता है—खाका बनाना, अभिन्यास-विन्यास या आकलन करना। इन अर्थों के अलावा इसके अन्य अर्थ 'स्वरूप' तथा 'प्रारूप' भी होते हैं। इस तरह से प्रारूप के जिस आधार पर पृष्ठ-सज्जा की जाती है,—'ले-आउट' कहते हैं। पृष्ठ-सज्जा की इस महत्त्वपूर्ण प्रक्रिया में यह तय किया जाता है कि कौन समाचार अखबार के किस पन्ने पर दिया जाए, विज्ञापनों को किस

पन्ने पर सुसज्जित किया जाए, जिससे खबरों, चित्रों और विज्ञापनों में सन्तुलन सधा रहे, पाठक भी सन्तुष्ट-प्रसन्न रहें और अखबार के प्रति उनकी रुचि बनी रहे।

(5) उत्कृष्ट पृष्ठ सज्जा के कुछ प्रमुख या मूल तत्त्व, नियम या सिद्धान्त

विद्वानों ने पृष्ठ सज्जा के लिए अधोलिखित पाँच तत्त्वों की ओर इशारा किया है, यथा—(क) सन्तुलन (Balance) (ख) विरोधाभास (Contrast) (ग) फोकस बिन्दु (Focus Point) (घ) संगति (Harmony) तथा (5) गति (Movement या Motion)।

(क) सन्तुलन

पृष्ठ सज्जा सन्तुलित होनी चाहिए। उपलब्ध साधनों—समाचार, कार्टून, चित्र, बाक्स, इंसेट को इस तरह सजाया जाए कि पेज कहीं भारी और कहीं हल्का न होने पाये। किसी-किसी उपसम्पादक में यह प्रवृत्ति होती है कि वे सभी महत्त्वपूर्ण खबरें और चित्र पृष्ठ के ऊपरी हिस्से में ही देना चाहते हैं। नतीजतन निचला हिस्सा काफी हल्का हो जाता है। इसी प्रकार चूँकि लीड समाचार प्रायः बाएँ हिस्से में आता है, इसलिए दाहिना हिस्सा हल्का हो जाता है। कभी-कभी विज्ञापनों की अधिकता से भी पेज असन्तुलित हो जाता है। अच्छी पृष्ठ सज्जा वही है, जो पूरे पृष्ठ को सन्तुलित रखे। सन्तुलन को कुछ विद्वानों ने दो भागों में बाँटा है—(1) औपचारिक (Formal) या सममित (Symetrical) और (2) अनौपचारिक (Informal)। मेकअप का पारम्परिक तरीका ही औपचारिक सन्तुलन कहलाता है, क्योंकि यह एक ऐसा सधा-सधाया मेकअप होता है, जो परीक्षणों पर खरा उतर चुका होता है। अनौपचारिक सन्तुलन प्रयोगवादी मेकअप में बिठाना होता है, जो प्रायः कठिन इसलिए होता है, क्योंकि नित-नवीन होता है, ज्यादा कल्पनाशीलता, योग्यता, दक्षता और कलात्मकता की माँग करता है।[1]

(ख) विरोधाभास

जिस तरह अकेले किसी लम्बे व्यक्ति पर दर्शकों की दृष्टि नहीं पड़ती है और अगर तीन चार छोटे कद के व्यक्ति के बीच उस लम्बे व्यक्ति को खड़ा किया जाए, तब सभी उसे उत्सुकता से देखते हैं। ठीक उसी तरह किसी समाचार को अपेक्षाकृत अधिक महत्त्व देने के लिए तथा पृष्ठ को सजाने के लिए विरोधाभास का प्रयोग किया जाता है। विरोधाभास के लिए समाचार-पत्रों में रोमन, इटैलिक, लाइन फेस, बोल्ड फेस, काले फेसवाले-टाइपों एवं लाइन ब्लाक, हाफ टोन ब्लाक द्वारा विरोधाभास प्रकट किया जा सकता है।[2] डॉ. बलदेव राज गुप्त[3] का कहना है कि, "This pattern is pleasing to the eye, but pictures are necessary to make the element of contrast striking. In this the balance is achieved by diagonal display of main features."

(ग) फोकस बिन्दु

पाठकों की रुचि, आवश्यकता और प्रवृत्ति के अनुसार पत्र के किसी विशेष अंश पर सबका ध्यान चला जाता है, जिसे फोकस बिन्दु के रूप में समझा जा सकता है। भाषा की प्रवृत्ति, साज-सज्जा का प्रभाव और पाठकों के पत्र पढ़ने का ढंग तीनों द्वारा मुख्य फोसक बिन्दु का निर्धारण होता है। हिन्दी, अंग्रेजी समाचार-पत्रों का मुख्य फोकस बिन्दु पत्र के बायीं ओर का ऊपरी स्थान होता है। उर्दू, पत्रों का मुख्य फोकस बिन्दु पृष्ठ के दाहिनी और ऊपरी भाग में होता है। हिन्दी पत्र के भीतरी पृष्ठों में मुख्य फोकस बिन्दु दाहिनी ओर ऊपर होता है। नौकरी ढूँढ़ने वाले का ध्यान वर्गीकृत विज्ञापन की ओर एवं खेल-खिलाड़ियों का ध्यान खेल-कूद समाचारवाले पृष्ठ की ओर चला जाता है।[4]

---

1. हिन्दी पत्रकारिता का नया स्वरूप—बच्चन सिंह, पृष्ठ-157-158।
2. पत्रकारिता जगत—अशोका प्रियदर्शी, पृष्ठ-40।
3. Journalism by old and new Masters–Dr. Baldev Raj Gupta, P.86
4. आधुनिक पत्रकारिता—डॉ. अर्जुन तिवारी, पृष्ठ-57।

(घ) संगति

पृष्ठ सज्जा का यह तत्त्व प्रकृति में विरोधाभास से एकदम उलटा है। कहीं-कहीं इसका नाम 'एकत्व' या 'समन्वय' भी पाया जाता है। अखबार का कुशल सम्पादक पृष्ठ-सज्जा के निर्माण में इस नियम या तत्त्व का प्रयोग सन्तुलन, विरोधाभास और गतिनामक तत्त्वों में सामन्जस्य स्थापित करते हुए करता है। इस प्रक्रिया में पृष्ठ की साज-सज्जा के लिए पूरे पृष्ठ को एक इकाई के रूप में मानकर उसे इस तरह सुसज्जित किया जाता है किं पाठकों को वह पूरा पृष्ठ अपनी ओर जबरिया आकर्षित करने में सक्षम हो।

(ङ) गति

"मेकअप के क्षेत्र में गति का तात्पर्य नेत्रों की उस स्थिति से है, जो समाचार-पत्र के विभिन्न स्थानों पर क्रमशः और लगातार सक्रिय होती हैं।" पृष्ठ सज्जा के सौन्दर्य और नेत्रों की गति के बीच मनोवैज्ञानिक सम्बन्ध होता है। इसी सिद्धान्त के आधार पर विज्ञापन जगत् में क्रान्तिकारी परिवर्तन हो रहे हैं। छोटे परदे पर आनेवाले विज्ञापनों का तो आधार ही मानव प्रकृति होता है। आँखें वहीं रुकती हैं, जहाँ मन को तृप्ति मिलती है, इसलिए पृष्ठ सज्जा में आकर्षण पैदा करके, फोकस बिन्दु बनाकर नेत्रों की गति को नियंत्रित किया जा सकता है।[1]

(6) पृष्ठ सज्जा के लिए ध्यान देने योग्य कतिपय आवश्यक बातें या सावधानियाँ

डॉ. प्रेमनाथ चतुर्वेदी[2] ने पृष्ठ-विन्यास के लिए पत्रकारों को दस मंत्र दिए हैं,—

(1) महत्त्वपूर्ण समाचार सबसे ऊपर दिए जाएँ।
(2) महत्त्व के अनुकूल टाइप के आकार का प्रयोग हो।
(3) विभिन्न शीर्षकों में सन्तुलन स्थापित रहे।
(4) समाचार एवं शीर्षकों के टाइपों में विविधता हो।
(5) लम्बे समाचारों में दो-दो स्टिक पर उपशीर्षक दिए जाएँ, ताकि समाचार के प्रति रुचि बनी रहे।
(6) विज्ञापन या चित्र से सटा हुआ बाक्स समाचार पृष्ठ पर नहीं दिए जाएँ।
(7) चित्र के अभाव में छोटा-बड़ा बाक्स समाचार दें।
(8) दृष्टि-विज्ञान के अनुसार पृष्ठ या ऊपरी बायाँ भाग अति महत्त्वपूर्ण होता है, इसलिए विशेष महत्त्वपूर्ण समाचार ऊपर बायीं ओर ही देना उचित है।
(9) समाचार का शेष भाग आगे के पृष्ठों पर अथवा अन्तिम पृष्ठों पर देना चाहिए। पाठक उलटकर नहीं पढ़ना चाहता, वह आगे ही बढ़ता जाता है। अन्य पृष्ठों का शेषांश प्रथम पृष्ठ पर देना बुद्धिमानी नहीं कही जाएगी तथा
(10) पत्रकारिता के शब्द और चित्र सहयोगी होते हैं। चित्र के आकार-प्रकार, पृष्ठ पर उनके स्थान सम्बन्धी बातों पर ध्यान देकर पत्र को मनोरम बनाया जा सकता है।

उक्त सुझावों के अतिरिक्त पृष्ठ-सज्जा में सबसे महत्त्वपूर्ण बात ध्यान में रखने की यह होती है कि,—

(1) पाठक को पठन सामग्री बोझिल या बहुत लम्बी महसूस न हो।
(2) वह समाचार कथा पढ़ना शुरू करने में हिचकिचाहट या बाधा अनुभव न करे।
(3) किसी पृष्ठ या समाचार का मेकअप ऐसा न हो कि पाठक को बोझ महसूस हो,
(4) पूरा पृष्ठ सन्तुलित ढंग से प्रस्तुत किया गया हो।
(5) हर पृष्ठ इस प्रकार तैयार किया जाए कि बीच-बीच में पाठक को कुछ राहत महसूस हो। यह काम तस्वीरों, लोगो, चित्र, नक्शे, कार्टोग्राफ आदि के द्वारा किया जाता है तथा
(6) शीर्षक भी ऐसे न हों कि पृष्ठ भारी, भरा-भरा और भद्दा या अनाकर्षक मालूम हो।[3]

---

1. हिन्दी पत्रकारिता का नया स्वरूप—बच्चन सिंह, पृष्ठ-159।
2. समाचार सम्पादन—डॉ. प्रेमनाथ चतुर्वेदी, पृष्ठ-84।
3. उत्तर आधुनिक मीडिया तकनीक—हर्षदेव, पृष्ठ-84।

(7) पृष्ठ सज्जा की विविध विधियाँ तथा पृष्ठ सज्जा के प्रकार

अधिकांश लोगों ने पृष्ठ सज्जा के चार भेद माने हैं, किन्तु कहीं-कहीं इनके कुछ और भी भेदों की चर्चा की जाती है। बहरहाल, इसके चार भेदों को ही केन्द्र मानकर आगे चर्चा की जा रही है,—

(1) उर्ध्वगामी या ऊर्ध्वाधर पृष्ठ सज्जा (Vertical Make-up)
(2) क्षैतिज, अनुप्रस्थ या आड़ी पृष्ठ सज्जा (Horizontal Make-up)
(3) मॉडलर, मॉड्यूलर या आधुनिक पृष्ठ सज्जा (Moduler Make-up)
(4) सर्कसनुमा, असन्तुलित या विखंडित पृष्ठ सज्जा (Circus Make-up)

(1) उर्ध्वगामी या ऊर्ध्वाधर पृष्ठ सज्जा

पृष्ठ सजावट की यह विधि परम्परागत और बहुत सरल मानी जाती है। इस विधि में पृष्ठ सज्जा इस सलीके से की जाती है कि समाचार-पत्र का पन्ना ऊपर से नीचे की ओर लम्बाकार दिखे। इसमें 'लीड' अर्थात् समाचार का मुख्य बिन्दु, जिसे पहले पैरा में दिया जाता है, इसमें समाचार का सार होता है तथा 'बाटम' के अलावा शेष खबरें दो या एक कालम की होती हैं। पृष्ठ सजाने की इस प्रक्रिया में यह भी ध्यान रखना चाहिए कि एक खबर दूसरी खबर के ऊपर नहीं होती। बड़ी खबरों को अगले पृष्ठों में 'शेष' लिखकर छापा जाता है। इस तरह से पृष्ठ को खूबसूरत विधि से सजाया-सन्तुलित किया जाता है।

(2) क्षैतिज, अनुप्रस्थ या आड़ी पृष्ठ सज्जा

इस विधि का प्रयोग बहुत पहले अपेक्षाकृत छोटे आकार के अखबारों में अपनायी जाती थी, किन्तु कालान्तर में कई बड़ी शक्ल के अखबार सम्पादक भी पृष्ठों की सजावट के लिए इस विधि को अपनाने लगे। बड़े अखबारों में खबरों को कई कॉलमों में बाँटा जाने लगा, जिससे वे खूबसूरत और प्रभावशाली दिखें। इससे सुविधा यह हुई कि अखबार के पाठकों के बार-बार अपनी आँखों को नीचे से ऊपर ले जाने की वर्जिश नहीं करनी पड़ती। यहाँ यह ध्यान रखने की बात है कि उर्ध्वगामी पृष्ठ सज्जा में जहाँ पेज ऊपर से नीचे की तरफ बनता है, वहीं इस प्रक्रिया में पृष्ठ बायीं ओर से दायीं ओर लेटा हुआ लगता है।

(3) मॉडलर, मॉड्यूलर या आधुनिक पृष्ठ सज्जा

आजकल पृष्ठ सज्जा में परम्परागत सिद्धान्तों को व्यवहार में नहीं लाया जाता, बल्कि नित-नूतन प्रयोग हो रहे हैं। कभी-कभी तो पत्र का 'नेमप्लेट' ही इधर-उधर कर दिया जाता है। अब तो साज-सज्जा हेतु आधुनिक टाइप, आकर्षक शीर्षक संरचना, चित्रात्मक सामग्री और क्षैतिज मेकअप की पद्धति का प्रयोग हो रहा है। समय-सीमा और संस्करण की क्षिप्रता साज-सज्जा को प्रभावित करनेवाले तत्त्व और नवीनता आजकल के पत्रकारों की प्रकृति है, जिसके परिणामस्वरूप परम्परागत प्रद्धति से हटकर पत्र-जगत में नूतन शैली की प्रभावशाली एवं कलापूर्ण साज-सज्जा प्रयोग में लाई जा रही है।[1]

(4) सर्कसनुमा, असन्तुलित या विखंडित पृष्ठ सज्जा

पृष्ठ सज्जा की इस विधि को 'ब्रोकेन पेज मेकअप' (Broken Page Make-up) भी कहा जाता है। इसके नित-नूतन हो रहे प्रयोग को देखते हुए पत्रकार श्री बच्चन सिंह जी इसका एक नया नाम 'प्रयोगवादी' या 'प्रयोगधर्मी पृष्ठ सज्जा' धरते हैं। पृष्ठ सज्जा की इस विधि से वे इतने प्रभावित हैं कि इसे 'मिश्रित पृष्ठ सज्जा' भी कहना पसन्द करते हैं, क्योंकि ऐसी पृष्ठ सज्जा जिसमें सभी शैलियों का घालमेल हो अथवा एक निश्चित शैली न हो, निर्धारित नियमों का पालन न किया गया हो अथवा स्वीकृत मानदंडों की उपेक्षा की गई हो।[2]

---

1. आधुनिक पत्रकारिता—डॉ. अुर्जन तिवारी, पृष्ठ-58।
2. हिन्दी पत्रकारिता का नया स्वरूप—बच्चन सिंह, पृष्ठ-156।

(8) भीतरी पृष्ठ सज्जा की तीन श्रेणियाँ

आकर्षक दिखने के लिए समाचार-पत्रों को हर प्रकार से सुसज्जित करने का यत्न किया जाता है। ऊपर मुख्य शीर्षक चित्र, कार्टून, अन्तर्राष्ट्रीय खबरें, कभी-कभी स्थानीय या आंचलिक-जनपदीय खबरें तथा आकर्षक लगनेवाले विज्ञापनों आदि से अखबार के प्रथम पृष्ठ को सजाते-सँवारते हैं, जिससे अखबार का पाठक खबर और विज्ञापन का आनन्द एक साथ ही ले सके, किन्तु उतना ही महत्त्व अखबार के भीतरी पृष्ठों का भी होता है, वह इसलिए कि प्रथम पृष्ठ से लेकर अन्तिम पृष्ठ तक अखबार सुन्दर-सलोना, मनोहारी और कमालेफन लगना चाहिए। बहरहाल, एक विद्वान **डॉ. प्रवीण दीक्षित**[1] ने समाचार-पत्र की भीतरी पृष्ठ सज्जा के लिए तीन विधियाँ बतायी हैं,—

(1) सन्तुलित पृष्ठ सज्जा (Balanced Make-up)

(2) डिसेडिंग ऑर्डर पृष्ठ सज्जा (Discending Order Make-up) तथा

(3) सिंगल स्टोरी डिस्प्ले (Single Story Display)

(1) सन्तुलित पृष्ठ सज्जा—इस तरह की पृष्ठ सज्जा में खबरों और चित्रों में समरूपता रखने का प्रयास करते हैं,—"In this pattern multi-col : headlines are strewn all over the page without much regard for symmetry or balance. For this reason it is called "Helter skelter." It makes the page look newsy and this pattern is often used by the provincial or regional newspapers."[2]

(2) डिसेन्डिग ऑर्डर पृष्ठ सज्जा—इस तरह की पृष्ठ सज्जा में किसी निश्चित विधि, नियम या प्रारूप का अनुपालन नहीं किया जाता। इसमें भरसक समाचार-पत्र के बायीं ओर का पहला शीर्षक कुछ बड़ा रखते हैं और शेष का उसकी तुलना में छोटा रखते हैं।

(3) सिंगल स्टोरी डिस्प्ले—कभी-कभी अधिक विज्ञापनों को अखबरों में स्थान देने से खबरों के लिए स्थान सिकुड़ जाता है, अतः कई कॉलमों में फैलनेवाली खबरों को एक बड़े कॉलम में समेट कर लगा देते हैं। इन्हें ही सिंगल स्टोरी डिस्प्ले कहा जाता है।

(9) पृष्ठ सज्जा के विविध आयाम

आज से लगभग पाँच-छह दशक पहले तक अखबारों के पृष्ठों की सजावट पर बहुत तवज्जुह और अनुध्यान नहीं दिया जाता था, किन्तु अखबार की महत्ता और प्रतिष्ठा के अनुसार विश्वसनीय और भरोसे की खबरों के चयन पर बल बहुत दिया जाता था। खबरों के चुनाव में पाठक की पसन्द भी एक मुद्दा और पक्ष बनती थी, किन्तु कालान्तर में समय ने अपने साथ-साथ अखबारी पाठकों की रुचि और स्वाद को भी बदला। खबरें विश्वसनीय हों, आकर्षक-बिन्दास हों, चटपटी हों, समाचार-पत्रों के पृष्ठों में भी चमक-दमक और दीप्ति-कांति हो, हर सफा नयेपन से लैस हो नव-नवल पैरहन और लिवास में पाठक के समक्ष उपस्थित हो। कुल मिलाकर यह कि अखबारी पाठक को कम पैसे में गाँव-जवार की खबरों से लेकर वैश्विक हलचलों तक की जानकारी चाहिए। प्रत्येक पृष्ठ सजधजकर पाठक के सामने आकार उसे बीते कल, आज और आनेवाले कल के बारे में बताये।

पर, इसके पूर्व समय में अखबारी पृष्ठों को सजाने के लिए उतने संसाधन विकसित नहीं हुए थे, जितने आज हो गए हैं। चाहे अखबार की छपाई हो, कार्टून हो, कागज की सुघड़ता हो, विज्ञापन की मनोरमता हो, चित्रों की सजावट हो—सभी क्षेत्रों और विभागों में महत्त्वपूर्ण बदलाव हुआ है। यह बदलाव अभूतपूर्व कहा जाएगा। फिर, उस समय परस्पर मजल्लह और अखबारी गलाकाट प्रतिस्पर्द्धा भी नहीं थी, किन्तु धीरे-धीरे अब अखबारों के बीच व्यावसायिक होड़ बढ़ी, नम्बर 'वन' बनने का जुनून शुरू हुआ तो अखबारों को सजाने-सँवारने की ओर ध्यान दिया जाने लगा, जिसके पीछे पहली मंशा तो यह भी कि अखबारी पाठकों की वृद्धि हो, अखबार खूब बिके, 'सर्कुलेशन' की रफ्तार बढ़े और विज्ञापनों की संख्या में भी इजाफा हो। कुल मिलाकर यह कि तभी से अखबारों को विविध आयामी बनाया जाने लगा।

1. जन माध्यम और पत्रकारिता—डॉ. प्रवीण दीक्षित, पृष्ठ-151।
2. Journalism By Old and new Masters : Dr. Baldev Raj Gupta, p. 86

(10) पृष्ठ सज्जा के लिए कुछ महत्त्वपूर्ण सुझाव-सलाह

लोकतंत्र को साफ सुथरा, पुख्ता और पारदर्शी बने रहने देने के लिए अखबारों की भूमिका को नजरंदाज नहीं किया जा सकता। इनके प्रकाशन का उद्देश्य महज व्यावसायिक और पूँजीपतियों, व्यापारियों तथा कॉरपोरेट घरानों की आमदनी का हित-साधन ही नहीं है, बल्कि अपने समय की जघन्यताओं, क्रूरताओं, बहुविध, क्षेत्रों में पसरे अन्याय, अराजकता, शोषण, अमानवीयता, वैमनस्य और विद्रूपताओं का खुलासा करना भी है। स्पष्टतः यह कि आज के धुर पूँजीवादी व उपभोक्तावादी दुनिया में अखबार एंटीडोट (Antidote) अर्थात् विषहर का काम कर सकते हैं। अतः ऐसी स्थिति में यदि कोई अखबार इनसे विमुख है तो वह तमाम तरह की विसंगतियों के साथ इकहरेपन और जड़ता का शिकार हो सकता है।

अब यहाँ पर सवाल उठता है कि अख़बार के पृष्ठों की सजावट के साथ-साथ उक्त महत्त्वपूर्ण खबरों में से किसे किस कोने में दिया जाए? पाठक की निगाह सर्वप्रथम अखबार के किस कोने में पड़ती है? महत्त्वपूर्ण खबरों को कितने प्वाइंट में छापा जाए? खबरों के चयन में निष्पक्षता-तटस्थता बरती गई है कि नहीं? कुल मिलाकर अखबार में महत्त्वपूर्ण खबर कहाँ छपे? कार्टून कहाँ दिए जाएँ? विज्ञापन तथा अन्य तरह के चित्रों को कहाँ स्थान दिया जाएँ? इन उक्त बातों पर गौर करने से किसी भी अखबार के प्रति पाठकों की रुचि दिन-पर-दिन बढ़ेगी। इस सम्बन्ध में ख्यातिलब्ध पत्रकार श्री हर्षदेव कहते हैं, कि पृष्ठ-सज्जा को अधिक आकर्षक बनाने के लिए पढ़ने की आदत का व्यापक वैज्ञानिक अध्ययन किया गया। इससे यह निष्कर्ष सामने आया कि सबसे पहले पाठक की आँख पृष्ठ के बायीं ओर सबसे ऊपर छपी सामग्री पर पड़ती है और फिर वहाँ से दक्षिण पूर्व अर्थात् दायीं ओर से नीचे खिसकती हुई पृष्ठ के निचले छोर तक पहुँचती है। इस बाएँ शिखर से दाएँ निचले छोर तक की रेखा को 'सघन पठन रेखा' कहते हैं। इस वैज्ञानिक तथ्य के जानने के बाद पृष्ठ सज्जा में न केवल आवश्यक परिवर्तन किए गए, बल्कि वह इस प्रकार की जाने लगी कि समाचारों को महत्त्व के अनुरूप और पाठक के पढ़ने की आदत के अनुसार प्रस्तुति के तरीके अपनाये गए।

अतः इस आधार पर स्पष्ट हुआ कि उस दिन की सर्वाधिक प्रभावशाली खबर को पेज के बायीं ओर ऊपर छापते हैं, किन्तु कभी-कभी इसमें नयापन और पाठकों की पाठकीयता का स्वाद बदलने के लिए खबरों को पन्ने के दायीं ओर से ऊपर चौथे, पाँचवें और छठें कॉलम से भी छाप दिया जाता है। बीच में उस दिन की मुख्य खबर को और अधिक प्रामाणिक तथा विश्वसनीय बनाने अर्थात् 'आँखों देखा हाल' की तरह उस खबर से सम्बन्धित चित्र को बीच में छाप देते हैं। इस तरह से यहाँ यह ध्यान रखते हैं कि पूरे पृष्ठ पर समाचारों का सन्तुलन बना रहे। किसी ओर खबरों की बहुलता न हो और वहीं कहीं किसी ओर खबरों का टोटा और छूछापन न हो। इस प्रक्रिया को अंग्रेजी में 'बैलेंस' और हिन्दी में 'सन्तुलन' कहते हैं। पृष्ठों में आकर्षण बढ़ाने के लिए 'बाक्स' और 'इंसेट' समाचारों का प्रयोग, कई लोगों के अनुसार उपयुक्त होता है। हाँ, यहाँ यह ध्यान रखना चाहिए कि पृष्ठ पर बाक्स की बहुतायत न हो। अधिक-से-अधिक इनकी संख्या दो या तीन होनी चाहिए। पृष्ठ पर जो शीर्षक दिए जाएँ, उनके बीच थोड़ी सी जगह होनी चाहिए। शीर्षकों को फैलाकर छापना चाहिए, ताकि पाठकों की आँखों को किसी तरह की पढ़ने सम्बन्धी परेशानी न होने पाए। शीर्षकों और चित्रों में हमेशा सन्तुलन बना रहना चाहिए। कुल मिलाकर ऐसा प्रयास होना चाहिए कि—

(1) The page must look attractive (2) There must be harmony in its look and (3) Except in the broken page, biggest head-lines should be used at the top followed by gradually smaller heads and less bold type lower down the page. More important stories are generally taken above the fold and as far as possible, a human interest story is used for the anchor. A general precaution to be taken is that headlines should not bump against each other in the adjacent columns and head lines of the same type size should not be feathered close to one another.[1]

---

1. Journalism By Old and new Masters : Dr. Baldev Raj Gupta, p. 86

(11) पृष्ठ सज्जा की कतिपय विसंगतियाँ-विरोधाभास

पृष्ठ सज्जा अखबार की आत्मा, रूह और प्राणवायु कही जा सकती है, जहाँ खबरें बसती हैं। यह किसी अखबार के चरित्र की निर्मित करती है, उसके स्वरूप को गढ़ती-सिरजती है। खासकर, इस प्रतिस्पर्द्धा समय में इसका महत्त्व पहले के सापेक्ष और अधिक बढ़ गया है। खूबसूरत पृष्ठ सज्जा अखबारों के प्रति पाठकों की लय निरन्तर बनाये रखने में सक्षम होती है। स्पष्टतः यह कि वह घर की तरह होती है, जहाँ कोई अखबार अपनी खबरों के साथ निवास करता है। यदि किसी समाचार-पत्र की पृष्ठ सज्जा ढीली है, तो खबरों की बनावट-कसावट भी हल्की होगी। साथ ही अखबार की सुघड़ता, प्रदीर्घता और विलक्षणता पर भी असर पड़ेगा।

पर, दुर्भाग्य से पृष्ठ सज्जा के अपने कई अन्तर्विरोध भी होते हैं। आज के इस क्रान्तिकारी सूचना तकनीक के जमाने में इन अन्तर्विरोधों-विसंगतियों से बहुत पहले मुक्ति मिल जानी चाहिए थी, पर ऐसा हो नहीं सका, बल्कि दुर्भाग्य से आज भी कुछ विसंगतियाँ पृष्ठ सज्जा के सामने बिना हल किए सवाल की तरह खड़ी है। इनमें से एक समस्या पहले पृष्ठ पर छपनेवाली लम्बी खबरों को लेकर है। कुछ लोगों का विचार है कि लम्बी-बड़ी खबरों को पहले पृष्ठ पर अँटाने का प्रयास किया जाएगा, तो पाठक उन्हें पढ़ते-पढ़ते ऊब-उदासीनता का अनुभव करेगा, कॉलम भी छिन्न-भिन्न और अस्त-व्यस्त हो सकते हैं, प्रथम पृष्ठ का सन्तुलन गड़बड़ा सकता है, चित्रों और विज्ञापनों पर आँच आ सकती है, जो किसी अखबार के आर्थिक मेरुदंड होते हैं। तब ऐसी स्थिति में आखिर किया क्या जाए? पहले पृष्ठ पर मुकम्मल रूप में न अँटनेवाले लम्बे समाचार के शेषांश को भीतर के किसी पृष्ठ पर ले लिया जाए या नहीं। उदाहरण के लिए दैनिक समाचार-पत्र जनसत्ता अधिकांशतः बड़ी खबरों को प्रथम पृष्ठ पर ही अँटाने का प्रयास करता है, इसके बाद भी जो खबरें प्रथम पृष्ठ पर नहीं अँट पातीं हैं, उन्हें अधिकतर पृष्ठ-८ पर या अधिक-से-अधिक से पृष्ठ-९ पर 'बाकी पेज ८ या ९' लिखकर छापता है।

बहरहाल, इस विरोधाभास को दूर करने के लिए प्रसिद्ध पत्रकार श्री हर्षदेव[1] ने कुछ अपने सुझाव इस प्रकार दिए हैं, यथा—

(1) अधिक लम्बे समाचार को अनुप्रस्थ अर्थात् हॉरीजेन्टल सज्जा शैली का सहारा लेते हुए पाँच, छह या सात कॉलम में बाँट दिया जाए या फिर

(2) समाचार तीन-चार कॉलम में पृष्ठ के मोड़ (मध्य भाग) तक समाप्त कर दिया जाए, अथवा

(3) लम्बी समाचार कथा को एंकर के स्थान पर प्रयोग में लाया जाए। किसी समाचार कथा का शेषांश उन्हीं स्थितियों में अन्य पृष्ठों पर ले जाया जाए, जब (1) बचा हुआ भाग पाठक के लिए सूचना या तथ्यों की दृष्टि से विशेष महत्त्व का हो और (2) शेषांश कम-से-कम एक चौथाई कॉलम का अवश्य हो तथा (3) शेषांश ऐसे पृष्ठ पर ले जाया जाए, जिस पर उस समाचार कथा से सम्बन्धित अन्य समाचार भी दिए गए हों और यदि ऐसा न हो तो भी शेषांश उन पृष्ठों पर कभी न दिए जाएँ जो दूसरी प्रकृति के समाचारों के लिए नियत हों, जैसे—अपराध या स्थानीय अथवा नगर के समाचारों को व्यापार अथवा खेल पृष्ठ पर देना बेतुका होगा और अटपटेपन को प्रकट करेगा। फिर भी, भविष्य में समाचार शेषांश को लेने और न लेने पर बहस जारी रहेगी और इसका समाधान किसी नियम-सिद्धान्त को निर्धारित कर देने से सम्भव नहीं होगा। समाचार अपने महत्त्व से स्थान पाता है और किसी नियम-सिद्धान्त को नहीं मानता।

(12) पृष्ठ सज्जा के उद्देश्य

पृष्ठ सज्जा के दो उद्देश्य हो सकते हैं—एक, अखबार को सुन्दर एवं आकर्षक बनाना तथा दो, उपलब्ध पठनीय सामग्री को उसके महत्त्व के मुताबिक पृष्ठ में स्थान देना। पृष्ठ सज्जा और प्रकाश्य सामग्री का सम्बन्ध अन्योन्याश्रित होता है। पेज सजाने के लिए आवश्यक है कि विविधतापूर्ण खबरें हों, कार्टून

1. उत्तर आधुनिक मीडिया तकनीक—हर्षदेव, पृष्ठ-४४।

हो, छायाचित्र हों और ये चीजें पाठकों तक अच्छी तरह पहुँचे, इसके लिए जरूरी है कि पृष्ठ सज्जा खूबसूरत और सही तरीके से हो इसलिए पृष्ठ सज्जा की रूपरेखा दिमाग में तभी बना ली जाती है, जब खबरों का चयन किया जाता है और उन पर शीर्षक लगाये जाते हैं।[1] **डॉ. शार्दूल विक्रम सिंह**[2] के अनुसार पृष्ठ सज्जा के अधोलिखित उद्देश्य होते हैं,—

(1) समाचार-पत्र को आकर्षक बनाना

(2) पत्र की सजीवता बनाये रखना

(3) पाठकों के अनुरूप समाचारों का चयन करना

(4) समाचार के महत्त्व के अनुरूप उसका उचित आकार तथा स्थान निर्धारित करना

(5) पाठकों को मनचाहे समाचार ढूँढ़ने में कठिनाई न हो, इसका प्रयास करना,

(6) यह तय करना कि किस समाचार को उभारना है या उसे प्रमुखता देनी है, तथा

(7) समाचार-पत्र, समाचार-पत्र ही लगे, वह पोस्टर न बन जाए, इस बात पर विशेष ध्यान देना। कुल मिलाकर पृष्ठ सज्जा के कुछ अन्य उद्देश्य इस प्रकार हो सकते हैं—

(1) To help tell the day's news,

(2) To give a meaningful pattern to the presentation of news,

(3) To express relative importance of news,

(4) To make the newspaper attractive and

(5) To make it easy for the reader to find news to minimise his effort to find, read and understand news."[3]

(13) पृष्ठ सज्जा का महत्त्व

आज के इस नये दौर में अखबार और साज-सज्जा का बेहद करीबी रिश्ता होता है। बिना साज सज्जा के महत्त्वपूर्ण विचार और खबरों के होने के बावजूद-कोई समाचार-पत्र पाठकों के ऊपर अपना अपेक्षित असर नहीं डाल सकता। स्पष्टतः यह कि साज-सज्जा का सर्वाधिक प्रभाव अखबारों पर पड़ता है। साज सज्जा ही किसी अखबार की प्राणवायु होती है। वही अखबार को आज के इस प्रतियोगी परिवेश में बाजार में टिकने देने में सहायता करती है। इससे अखबार की प्रसार संख्या में वृद्धि होती है,—अखबार की आय और आयु में वृद्धि होती है अन्यथा अखबार के हाशिये पर जाने का खतरा बना रहता है।

जिस प्रकार कटिबद्ध संवाददाता अखबार की आत्मा माना जाता है, उसी प्रकार मेकअप या साज-सज्जा भी अखबार की ऑक्सीजन मानी जाती है। साज-सज्जा से अखबार का रसास्वादन बढ़ जाता है। उसमें व्याप्त कलात्मकता पाठक को अपनी ओर बरबस खींचती है। सच तो यह है कि अखबार की साज-सज्जा उसका सिंगार-पटार तो है ही, अखबार को वह अलंकृत भी करती है तथा सम्प्रेषण का प्रभावी माध्यम भी बनती है। यह साज-सज्जा सम्पूर्ण पत्रकारिता का मुख्य अंग होती है। इससे समाचार-पत्र देखने में सुन्दर, प्रभविष्णु तो बनता ही है, उसमें तहम्मुल और संजीदगी भी बढ़ती है। साज-सज्जा अखबार में नई रवानगी, ताजगी और पाठकीयता के प्रति रुझान पैदा करती है। अखबार नई भंगिमा, ताजगी, नई लय तथा नव-नवल राग से भर जाता है। कुल मिलाकर चित्रित बहुलता और साज-सज्जा अखबार को आधुनिक तथा पाठकीय रोचकता से भर देती हैं। वस्तुतः साज-सज्जा अखबार का गतिशील पक्ष है।

(14) पृष्ठ सज्जा सम्बन्धी कुछ अन्य मुद्दे

(क) डम्मी पृष्ठ सज्जा (Dummy Page Make-up)

अखबार की पृष्ठ सज्जा या छपाई के सन्दर्भ में, 'डमी' का शाब्दिक अर्थ होता है—'नमूने का अंक'। इसे थोड़ा और फैलाकर कहें तो कह सकते हैं कि सम्पादकगण आपस में विचार-विमर्श के बाद किसी

1. हिन्दी पत्रकारिता का नया स्वरूप—डॉ. बच्चन सिंह, पृष्ठ-153।
2. पत्रकारिता प्रशिक्षण—डॉ. शार्दूल विक्रम सिंह, डॉ. ऋचा कुमार, पृष्ठ-101।
3. Journalism By Old and new Masters : Dr. Baldev Raj Gupta, p. 86

कागज पर पृष्ठ का खाका तैयार करते हैं, जिसमें संकेत होता है कि कौन सा समाचार, चित्र और विज्ञापन आदि पृष्ठ में कहाँ छपने हैं। इस खाका को ही 'डमी' कहते हैं और इस विधि से समाचार-पत्र के पृष्ठ की सजावट को 'डमी पृष्ठ सज्जा' कहा जाता है। इसे 'लेआउट' (Layout) तथा 'फाइल कॉपी' भी कहा जाता है। इस प्रक्रिया में अखबार के पूरे आकार या छोटे आकारवाले कागज पर समाचारों, चित्रों और विज्ञापनों की स्थिति की रूपरेखा दी जाती है। निष्कर्षतः यह कि, 'डमी' समाचार-पत्र में पृष्ठों और विज्ञापनों की स्थान-योजना उस दिन के लिए समाचारों को मिलनेवाले स्थान की जानकारी देती है,—"It is always advisable to plan the page well in advance. This plan is called the 'dummy'. The dummy is generally received from the advertisement department, showing the space reserved for advertisement. The advertisment arrangement is not to be disturbed and the rest of the space has to be utilised for featuring the news."[1] डमी बनाने के बाद मुख्य उपसम्पादक को अपने सहयोगी उपसम्पादकों, प्रेस के फोरमैन से भी बात कर लेनी चाहिए ताकि जो समाचार फैक्स से आने हैं, उन्हें कम्पोज करवाना होगा। वैसे तो आज कल बाहर के संवाददाता ई-मेल से समाचार भेजते हैं, इसलिए उन्हें कम्पोज करवाने की जरूरत नहीं होती, केवल उनका सम्पादन करना पड़ता है। मेकअप मैन को डमी की जानकारी दे देनी चाहिए ताकि वह भी उसकी रूप रेखा अच्छी प्रकार समझ सके। कई बार आवश्यक कारणों से डमी में फेर बदल करना पड़ जाता है। यदि उपसम्पादक या कोई अन्य साथी किसी प्रकार का सुझाव दे तो परिवर्तन करने में किसी प्रकार का संकोच अनुभव नहीं करना चाहिए, क्योंकि अखबार का काम एक टीम-वर्क है और अच्छा सुझाव किसी तरह से भी आ सकता है।[2]

जनसत्ता

विकास की राजनीति शुरू हो : मोदी

गुजरात के बाद उत्तर प्रदेश को करना है दंगा मुक्त

हिंदुत्व के फैसले पर सात

का पीठ करेगा पुनर्विचा

(ख) पत्रिकाएँ, विशेषांकों तथा स्मारिकाएँ : सामग्री चयन तथा साज-सज्जा

साज-सज्जा चाहे अखबारों की हो या पत्रिकाओं की—इसका बड़ा महत्त्व होता है। साज-सज्जा के अभाव में निखालिस समाचारों में वह कूवत नहीं है कि वह बहुत देर तक पाठकों को बाँधकर रख सके। अच्छे-से-अच्छा समाचारों का संकलन भी मेकअप अर्थात् साज-सज्जा के अभाव में फीका और प्रभाव हीन हो सकता है। सम्भवतः इसीलिए पश्चिमी चिन्तक रेडर तथा स्टेम्पल ने साज-सज्जा (Make-up) के महत्त्व की ओर इशारा करते हुए कहा भी है कि—"The quality of news and editorial matter is judged by the make-up."

दैनिक समाचार-पत्रों और पत्रिकाओं में कलेवर, आकार-प्रकार, खबरों, मूल्य तथा साज सज्जा के स्तर पर बुनियादी रूप में अनेक भिन्नताएँ हैं। दैनिक समाचार-पत्रों में प्रकाशित समाचारों, घटनाओं तथा व्यौरों का असर सामान्य पाठक के मन-मस्तिष्क पर अधिक-से-अधिक समाचार-पत्रों के अगले दिन प्रकाशित होने तक रहता है, किन्तु पत्रिकाओं में छपनेवाली सामग्री अखबारों में छपनेवाली सामग्री से भिन्न होती है। पत्रिकाओं का महत्त्व दस्तावेजी और संग्रहणीय होता है। समाचार-पत्र सूचना के स्तर पर-तात्कालिक बौद्धिक उपशमन करते हैं, जबकि पत्रिकाएँ लम्बे कालखंड तक बौद्धिक शान्ति देती रहती हैं। इनमें प्रकाशित सामग्री अधिकांशतः बासी नहीं पड़ती। उनका महत्त्व चिर स्थायी होता है। यद्यपि दैनिक समाचार-पत्रों में भी नाटक, कहानी, कविता, व्यंग छपते रहते हैं, जिनका आनन्द बालक

1. Journalism By Old and new Masters : Dr. Baldev Raj Gupta, p. 88
2. भारतीय मीडिया : अन्तरंग पहचान—सं. डॉ. स्मिता मिश्र, पृष्ठ-89।

से लेकर वृद्ध, सामान्य पढ़े से लेकर काफी पढ़े-लिखे लोग लेते हैं, किन्तु इनका महत्त्व पत्रिकाओं में छपनेवाली उक्त सामग्रियों की तुलना में कम होता है।

मासिक पत्र-पत्रिकाओं और दैनिक समाचार-पत्रों में एक समस्या छपनेवाली सामग्री के चयन की है। सच तो यह हैं कि चाहे दैनिक समाचार-पत्र हो, या स्थायी असर डालनेवाली पत्रिकाएँ हों, सम्पादक सजग और चौकन्ना रहते हैं कि समाचार या रचनाएँ विश्वसनीय हों, तथ्यहीन, उबाऊ और नीरस न हों। खासकर पत्रिकाओं की सामग्री में विविधता और सरसता होनी चाहिए। डॉ. रत्नाकर पांडेय[1] कहते भी हैं कि पाठक एकरसता नहीं, विविधता चाहता है। सहजता नहीं, तीव्रता चाहता है। शुष्कता नहीं, रोचकता चाहता है। मासिक-पत्र का सम्पादक इस वास्तविकता के प्रति सदा सजग रहता है। वह·एक पक्षीय संकीर्ण उद्‌भावनाओं का कभी समर्थन नहीं करता। ऐसे सम्पादक का संसार अनेक दिव्याशाओं से पूर्ण होता है।

ठीक इसी तरह साज-सज्जा के स्तर पर भी दोनों में भिन्नताएँ होती हैं। सुप्रसिद्ध पत्रकार-लेखक **डॉ. अरुण जैन** लिखते हैं कि मासिक पत्रिका का रूप, क्योंकि दैनिकों अथवा साप्ताहिक समाचार-पत्रों से भिन्न होता है, उसकी सज्जा व प्रस्तुतीकरण भिन्न तरह से किया जाता है। अतः मासिक-पत्रों के सम्पादकों को मुद्रण एवं पत्रिका शिल्पतंत्र से भी परिचित होना आवश्यक है अन्यथा वह अच्छी-से-अच्छी रचना के साथ भी न्याय नहीं कर सकेगा। अच्छे आकर्षक प्रस्तुतीकरण के अभाव में अनेक मासिक-पत्र अच्छी रचनाओं का भी बुरा हाल कर देते है। आधुनिक युग में साहित्य सम्पादकों और पत्रिका सम्पादकों को कागज, मुद्रण, टाइप, टाइप फेसेज, प्रूफ रीडिंग, टाइपोग्राफी, ब्लाक प्लेसिंग, ब्लाक पैकिंग, फोटोग्राफी, फोटो एन्ग्रेविंग, ट्रेडल, रोटरी, ऑफसेट आदि कई प्रकार की मुद्रण एवं सज्जा तकनीक की जानकारी होनी चाहिए। उन्नत शिल्प तंत्र के ज्ञान का अभाव सम्पादक के मार्ग की सबसे बड़ी बाधा है। ठीक इसी तरह पत्रिकाओं के सम्पादक समय विशेष पर किसी खास विषय को लेकर विशेषांकों का प्रकाशन करते हैं। खास विषय में कोई कवि, गद्य लेखक, पत्रकार, राजनेता, धर्म, संस्कृति, भाषा आदि कुछ भी हो सकता है। वस्तुतः विशेषांक निकालने की परम्परा हमारे यहाँ बहुत पुरानी है। विशेषांक में उस विषय-विशेष का सांगोपांग वर्णन या प्रकाश डालने का प्रयास किया जाता है। स्मारिकाएँ भी समय-समय छपती-प्रकाशित होती रहती हैं। इन्हें हम विशेषांकों का छोटा रूप कह सकते हैं। स्मारिका अर्थात् किसी व्यक्ति की स्मृति में किसी खास अवसर पर निकलने-छपनेवाली सामग्री। इसे सुसज्जित करने के लिए इसमें छपनेवाली सामग्री से सम्बन्धित कार्टूनों, चित्रों और फोटों, छायाचित्रों आदि का प्रयोग भी किया जाता है। आकार-प्रकार में ये पत्रिकाओं की हमशक्ल होती हैं। हाँ, एक अन्तर यह होता है कि पत्रिकाओं में जहाँ विविध प्रकार की विविध रुचिवाली सामग्री छपती हैं, स्मारिकाओं में भरसक विषय-विशेष से ही सम्बन्धित सामग्री छापी जाती है। इनकी सजावट भी पत्रिकाओं की ही तरह की जाती है।

(ग) रंग-संयोजन या रंग-योजना

कहते हैं, जीवन बहुरंगी है। अगर यह बहुरंगीपन व्यक्ति जीवन से गायब हो जाए तो वह इकहरा, एकरस, यांत्रिक, बेजांन और निष्क्रिय हो जाता है। ठीक वही स्थिति समाचार-पत्र और पत्रिकाओं की भी है। यदि इनमें रंग-संयोजन, चित्र-निरूपण (Illustration) न किया जाए तो तमाम उम्दा, पुष्ट-प्रामाणिक समाचारों के होने के बावजूद इनके प्रति पाठकों के मन में अपेक्षित आकर्षण और कौतूहल नहीं पैदा होगा। जिस तरह कोई दुकानदार अपनी दुकान पर ग्राहकों को आकर्षित करने के लिए बेचनेवाले सामानों को बहुत सलीके-करीने से, सुव्यवस्थित ढंग, रंग-विरंगे रंगों से सुसज्जित करके रखता है, ठीक वही स्थिति आज के बाजार और व्यावसायिक युग में समाचार-पत्रों और पत्रिकाओं की है। वस्तुतः रंग-योजना और संयोजन में वह क्षमता है कि जटिल अदृश्य भाव मूर्त रूप धारण कर लेता है। ये मौन चित्र अपने पाठकों से सीधे संवाद करते हैं। सम्प्रेषण के प्रचलित चौखटों से हटकर अपने भीतर के सभी भावों

1. हिन्दी पत्रकारिता : विविध आयाम—सं. डॉ. वेदप्रताप वैदिक, पृष्ठ-105।

का प्रकाशन करते हैं इनका तलस्पर्श कला की तरह मनोरम होती है। ये आँखों को शब्द देते हैं। गूँगा भाव चित्रों के माध्यम से बिना शोर किए हमारे सामने प्रकट हो जाता है।

रंगों की योजना से समाचारों को नया आयाम और बिम्ब मिलता है। पत्र-पत्रिकाओं में प्रकाशित होनेवाले आरेख, ग्राफ, कार्टून और छायाचित्र रंगों के भराव से जीवन्त और सजीव हो उठते हैं। आज के इस तकनीकी दौर में शायद ही कोई आर्थिक दृष्टि से अत्यन्त जर्जर अखबार या पत्रिका हो जो अपने यहाँ छपनेवाली सामग्री को ताजा-टटका बनाने के लिए रंग-योजना का प्रयोग न करता हो। कम्प्यूटर के आ जाने से इस क्षेत्र में क्रान्तिकारी बदलाव हुआ है। चित्रों को बनाने के लिए ब्लाक बनाने की पुरानी पद्धति से अब मुक्ति मिल गई है। समाचार-पत्रों और पत्रिकाओं में रंगों के भराव के लिए अनेक रंगों के साथ-साथ पीला, हरा तथा लाल रंगों का प्रयोग प्रमुखता से करते हैं। काले रंगों का प्रयोग चित्रों को विश्वसनीय बनाने के लिए अवसरानुकूल समय-समय पर किया जाता है। रंगीन छपाई हेतु तीनों मूलभूत रंगों की अलग-अलग प्लेट्स बनाई जाती है। प्रोसेस कैमरे की सहायता से इन्हें अलग किया जाता है। कम्प्यूटर स्कैनर की मदद से चित्रों को अभिनव आयाम भी दिया जा सकता है। मुद्रण के समय पहले पीला, उसके ऊपर हरा और फिर लाल रंग की प्लेट को छापा जाता है। संयोजन से रंगीन चित्र अपने मूल स्वरूप में उभर आता है। काले रंग की प्लेट का इस्तेमाल अन्त में किया जाता है, जिससे पाठकीय सामग्री व चित्र को सम्पूर्णता प्रदान करनेवाले रंग प्रकाशित होते हैं।[1] "It is also the sub-editor's job to edit' pictures. The element of contract and figures must be at their best in photographs for good impression in the newspapers. All the unnecessary past of the picture is useful for the purpose of the related story and sometimes the photographs is too small to suit the requirements. The effect picture is always brightened when suitable and catchy descriptive lines are written under it."[2]

कार्ल एंटाओ का काष्ठ शिल्प

(घ) पृष्ठ सज्जा में 'बॉक्स' और 'इनसेट' समाचारों की भूमिका

समाचारों की पृष्ठ साज-सज्जा को खुशगवार, रुचिकर और मनोवांछित बनाने में 'बाक्स' और 'इनसेट' समाचारों की भूमिका को नकारा नहीं जा सकता। खासकर, प्रथम पृष्ठ को बाक्स समाचार के जितने मुख्य प्रकार होते हैं, यथा टायबाक्स या बाटमबाक्स-से सुन्दर-सुलोचन बनाया जाता है। अतः ऐसी स्थिति में प्रश्न पैदा होता है, 'बाक्स समाचार का अर्थ क्या होता है? बाक्स समाचार का महत्त्व क्या होता है? दरअसल, बाक्स समाचार का बड़ा महत्त्व होता है। बाक्स में दी जानेवाली खबर एक कॉलम या दो, तीन-चार अथवा और अधिक कॉलम में भी हो सकती है। आमतौर पर समाचार को विशेष महत्त्व

1. पत्रकारिता एवं जन-संचार गाइड—डॉ. सुधीर सोनी, पृष्ठ-34, यूनिवर्सिटी पब्लिकेशन जयपुर।
2. Journalism By Old and new Masters : Dr. Baldev Raj Gupta, p. 90

देने के लिए बाक्स में प्रस्तुत किया जाता है, लेकिन कई बार ऐसी स्थिति भी बन जाती है कि पहली लीड के अलावा एक और समाचार उतने ही या उससे अधिक महत्त्व का आ जाता है और उसे कई कॉलम के बॉक्स के रूप में पेश करके बराबर की वरन् कई बार उससे ज्यादा अहमियत देते हैं।[1] इसी का एक पड़ोसी शब्द है—'बॉक्स हेडिंग' (Box Heading) जिसका मूल आशय होता है—समाचार को विशेष महत्त्व प्रदान करने के लिए उसके हेडिंग को सादे या बेलबूंटेदार बॉर्डर से घेर दिया जाता है। इस तरह सुसज्जित आकर्षक हेडिंग को 'बॉक्स हेडिंग' कहा जाता है।[2]

पृष्ठ को खूबसूरत बनाने के लिए, कुछ पत्रकारों का विचार है कि 'लीड' समाचार के बगल में चार कॉलम का 'बॉक्स' बना देना चाहिए। 'लीड' का अर्थ होता है समाचार का प्रमुख केन्द्र बिन्दु, जिसे पहले पैरा में दिया जाता है, ताकि समाचार का सार उसमें आ जाए और आकर्षण बढ़े। ख्यातिलब्ध पत्रकार और लेखक **श्री बच्चन सिंह**[3] के अनुसार पेज में फोकस बिन्दु बनाने के लिए 'बाक्स' समाचारों का इस्तेमाल किया जाता है। रूपाकार के लिहाज से बाक्स समाचारों में एक तो रूलों की सजावट की जाती है, दूसरे समाचार की बाडी को ही सामान्य समाचारों से अलग कम्पोज करा लिया जाता है जैसे—यदि सामान्य समाचारों की कम्पोजिंग कॉलम की चौड़ाई में 11M, की है तो बाक्स समाचार की $9\frac{1}{2}$ M की करा लेंगे। बाक्स समाचार का टाइप अपेक्षाकृत डार्क भी हो सकता है। जहाँ तक रूलों की सजावट का सवाल है, कभी सिर्फ शीर्षक ढँकते हैं, कभी तीन तरफ से समाचार की काया ढंकी होती है, लेकिन शीर्षक खुला होता है और कभी पूरा समाचार चारों तरफ से घिरा हुआ होता है। फोटो कम्पोजिंग में चूँकि लाइन निगेटिव में हाथ से खींची जाती है, इसलिए बाक्स ज्यादा साफ-सुथरा और खूबसूरत बनता है। अब कम्प्यूटर पर बाक्स बनाना ज्यादा आसान हो गया है। इसकी लाइनें खूबसूरत भी लगती हैं।

इधर इनसेट (Inset) का अर्थ होता है—अन्तर्निविष्ट वस्तु या आन्तरिक चित्र अथवा नक्शा। कुछ समाचार मूल समाचारों के साथ आकर्षण या पाठक ध्यान आकर्षित करने के लिए 'इनसेट' कर दिए जाते हैं। इससे मूल समाचार अपेक्षाकृत ज्यादा प्रभावी बन जाता है। समाचार-पत्रों में अधिकतर इनसेट समाचारों को मूल समाचारों के बीच में देते हैं। इनसेट समाचार की पहचान के लिए इस समाचार को या तो बाड़े की तरह चारों ओर से घेरते हैं या ऊपर नीचे ही घेरते हैं। ऊपर-नीचे या चारों तरफ की घेरे-बन्दी से अखबार के पाठक का ध्यान बरबस उस समाचार की ओर चला जाता है। इसे 'बाक्स-प्रभूत' भी कहा जाता है। कभी मूल समाचार को बैलेंस करके उसमें नीचे की तरफ इनसेट समाचार देते हैं। इनसेट-समाचार कभी खुले समाचार के बीच लगाते हैं और कभी बाक्स समाचार के बीच। बड़े बॉक्स समाचार में छोटा बॉक्स समाचार, यह प्रयोग ज्यादा नहीं चलता। यदि ऐसा कभी प्रयोग करें भी तो एक से ज्यादा समाचार इनसेट न करें। इससे पृष्ठ सज्जा में फूहड़ता आती है। इनसेट का आकार-प्रकार मूल समाचार से छोटा और शीर्षक एक पंक्ति का होना चाहिए। इनसेट समाचार की उपमा नारी के माथे की बिन्दी से दी गई है अर्थात् इनसेट और मूल समाचार में वही अनुपात होना चाहिए, जो बिन्दी और ललाट में होता है।[4]

1. उत्तर आधुनिक मीडिया तकनीक—डॉ. हर्षदेव, पृष्ठ-138।
2. पत्रकारिता के सिद्धान्त—कमलापति त्रिपाठी, पृष्ठ-228।
3. हिन्दी पत्रकारिता का नया स्वरूप—बच्चन सिंह, पृष्ठ-165।
4. हिन्दी पत्रकारिता का नया स्वरूप—बच्चन सिंह, पृष्ठ-167।

अध्याय -4

चौथा पर्व

पत्रकारिता से सम्बन्धित कुछ महत्त्वपूर्ण लेखन—समाचार-पत्रकारिता के मूल तत्त्व : समाचार लेखन तथा संकलन के मुख्य आयाम अथवा समाचार लेखन कला के अन्तरवर्ती तत्त्व या घटक

भाग-I

समाचार : अर्थ तत्त्व एवं स्रोत तथा समाचार लेखन कला : कथा (News Story) और शीर्षक (Head-line)

(1) समाचार : परख और पहचान

समाचार को अंग्रेजी में न्यूज (News) और उर्दू में 'खबर' कहते हैं। यह शब्द देश के अन्य अनेक अहिन्दी इलाकों में भी इतना लोकप्रिय है कि वहाँ भी 'समाचार' के लिए 'खबर' शब्द का ही प्रयोग करते हैं। बंगला और असमियाँ में 'हालचाल' के लिए 'खबर' ही बोलते हैं। हाँ, मराठी में समाचार के लिए 'मातम्या' शब्द व्यवहृत होता है। बहरहाल 'न्यूज' (समाचार) को पत्रकारिता की सांस कहा जाता है। खबरों को समझना, पहचान करना, सीखना और प्रस्तुत करना—अपने आप में कला है। पत्रकारिता में समाचार को समझना ही बुनियादी बात है। समाचार समाज सापेक्ष माना जाता है। जिस तरह के समाज में रहते हैं और उसे जैसा बनाना चाहते हैं, उसी के बीच समाचार की परिभाषा निर्धारित होती है। जैसा मीडिया होता है, उसी के अनुसार समाचार को परिभाषित किया जाता है। प्रिन्ट में टेबलॉयड, इविनिंगर और दूसरे तरह के प्रकाशनों में खबरों की पहचान का विस्तार हुआ है तो रेडियो, टेलीविजन, इंटरनेट और समाचार-पत्रों द्वारा उठाये गए विषयों में अन्तर दिखायी देने लगता है। सच तो यह है कि समाचार या, खबर (न्यूज) की समझ समय-दर-समय बदलती रही है। पूँजीवादी पत्रकारिता में खबरों की प्रभावशाली धारा के बारीक औजार सम्प्रति तैयार हुए हैं। 'न्यूज' के आकार और उसकी समझ बहुत जटिल हो गई है। उदाहरण के लिए 1 जनवरी 2011 को दिल्ली से प्रकाशित होनेवाले समाचार-पत्रों के पहले पेज पर छपी खबरों का एक सर्वेक्षण किया गया। एक जनवरी 2011 को अंग्रेजी के दैनिक 'द हिन्दू' में 20 पृष्ठों में 110 तरह की सामग्री प्रकाशित हुई। 'द इंडियन एक्सप्रेस' में 28 पेज में 104 खबरें थीं। 'जनसत्ता' के बारह पृष्ठों में 103, 'द टाइम्स ऑफ इंडिया' के 30 पृष्ठों पर 165, 'नव भारत टाइम्स' में 18 पृष्ठों में 91 और 'मेल टुडे' (टेबुलाइड) में 40 पृष्ठों में 120 सामग्री थी। द हिन्दू में पहले पृष्ठ पर आठ, द इंडियन एक्सप्रेस में सात, द टाइम्स ऑफ इंडिया में छोटी-बड़ी 13, जनसत्ता में 12, नवभारत, टाइम्स में सात खबरें थीं। सच तो यह है कि समाचार या खबर का फलक बहुत विस्तृत होता है। इसके अन्तर्गत् समाचार के बुनियादी तत्त्व, समाचार की संरचना, समाचार लेखन की प्रक्रिया, बुनियादी सिद्धान्त, समाचार एकत्र करने के क्षेत्र, एकत्र करने की पद्धति, समाचार की अवधारणा, परिभाषा, तत्त्व, समाचार मूल्य का विकास, समाचार की बदलती अवधारणा; मुद्दे और

चुनौतियाँ, समाचार रिपोर्ट के विभिन्न प्रकार यथा—तथ्यात्मक समाचार, विश्लेषणात्मक समाचार, व्याख्यात्मक समाचार, विवरणात्मक समाचार, खोजी समाचार, शोधपरक (इन डेप्थ) समाचार, धारावाहिक समाचार, स्थानीय समाचार, आर्थिक एवं विकास के समाचार, राष्ट्रीय समाचार, राजनीतिक, खेल, अपराध, विदेश, शिक्षा तथा वाणिज्य आदि विभिन्न तरह के समाचारों के पहलू अध्ययन के लिए शामिल किए जाते हैं।[1]

(2) समाचार शब्द की व्युत्पत्ति तथा अर्थ

विद्वानों ने समाचार शब्द की व्युत्पत्ति 'सम्—आ V चर् + घञ्' से माना है, जिसका तात्पर्य सम्यक् आचरण करना या व्यवहार बतलाना है। सम्यक् आचरण के अनुरूप ही जब निष्पक्ष भाव से तथ्यों की सूचना दी जाती है, तो वह समाचार माना जाता है। समाचार के लिए 'सूचना', 'विवरण', 'खबर', 'संवाद', 'वृत्तान्त' आदि शब्दों का भी समय-समय पर प्रयोग किया जाता है। संस्कृत ग्रन्थ अमरकोष में 'वार्ता', 'वृत्ति', 'प्रवृत्ति' तथा 'उदन्त'—ये चार शब्द समाचार हेतु प्रयुक्त हुए हैं। इन सभी शब्दों से किसी घटना की पूरी जानकारी देने का भाव स्पष्ट होता है। बहरहाल, समाचार लेखन स्वतः में स्वतंत्र विधा बन गया है। सच तो यह है कि चाहे प्रिन्ट मीडिया—पत्र-पत्रिकाएँ हों या इलेक्ट्रॉनिक मीडिया—रेडियो, दूरदर्शन आदि हों—इन सबकी ताकतवर वस्तु समाचार ही है। जीवन-जगत से समाचारों को बीन-बटोरकर उन्हें लिखना और प्रस्तुत करना बहुत सरल नहीं है। वस्तुतः समाचार लेखन एक कला है, यह कला योग्यता, रियाज, प्रतिभा और दूरदृष्टि से ज्यादा निखरती और विश्वसनीय बनती है। डॉ. संजीव भानावत के अनुसार, 'समाचार' को अंग्रेजी में 'न्यूज' कहते हैं। 'न्यूज' (News) में 'न्यू' शब्द निहित है, जिसका अर्थ नवीन होता है अर्थात् नवीनता में समाचार निहित होता है। समाचार के अंग्रेजी शब्द पर ध्यान दें तो पता चलता है कि यह शब्द अंग्रेजी वर्णमाला के चार अक्षरों से बना है—NEWS। ये चार अक्षर चार दिशाओं का बोध कराते हैं अर्थात् North, East, West and South। स्पष्टतः उत्तर, पूर्व, पश्चिम तथा दक्षिण—चतुर्दिक दिशाओं का बोध जो कराये, वह समाचार है तथा इन समाचारों को जो प्रस्तुत करे, वह समाचार-पत्र है। समाचार-पत्र को अंग्रेजी में 'न्यूज पेपर' (Newspaper) कहते हैं। इधर, **हेडन कोश** के अनुसार, 'सब दिशाओं की घटनाओं को समाचार कहते हैं। 'न्यूज' के चार अक्षर चार दिशाओं के आद्याक्षर हैं,—

N-Narth—(उत्तर)
E-East—(पूर्व)
W-West—(पश्चिम)
S-South—(दक्षिण)

उत्तर, पूर्व, पश्चिम, दक्षिण की घटनाओं को समाचार समझना चाहिए। वस्तुतः 1500 ई. के पूर्व 'टाइडिंग' (Tiding) शब्द का प्रचलन 'समकालीन घटनाओं की सूचना' के रूप में था। बाद में मुद्रण कला के विकास के साथ 'न्यूज' शब्द का प्रयोग होने लगा, जिसका तात्पर्य है—सूचनाओं के संकलन और प्रसारण द्वारा लाभ अर्जित करना, सूचनाओं का यदा-कदा प्रसारण 'टाइडिंग' है, जबकि सुनियोजित ढंग से शोधपूर्ण समाचारों का संकलन तथा प्रसार ही 'न्यूज' है।

(3) समाचार की परिभाषा तथा स्वरूप

पत्रकारिता का सम्भवतः सबसे खूबसूरत, खुशजमाल किन्तु परिभाषा के सन्दर्भ में सबसे विवादास्पद शब्द है—'समाचार'। शायद इतनी विवादास्पद और अन्तर्विरोधी परिभाषा किसी अन्य शब्द की नहीं हुई होगी। अभी एक परिभाषा अपनी उम्र जी नहीं पाती, कि दूसरी सामने आ जाती है। अनुभवी शब्दवीर और परिभाषाकार भी कोई एक मुकम्मल तथा निश्चित परिभाषा गढ़ नहीं पाये, "क्षणे-क्षणे यन्नवतामुपैति तदैव रूपम् रमणीयतायाः 'या' भए न केते जगत के चतुर चितेरे कूर'। स्पष्टतः यह कि समाचार की हर परिभाषा जन्मते ही बासी और पुरानी हो जाती है और एक नई परिभाषा सामने आ जाती है। कदाचित्

1. जन मीडिया (खबरों की समझ हासिल करती कहानियाँ) पृ. 26, सं. अनिल चमड़िया, वर्ष 2, अंक-18, 2013, रोहिणी, दिल्ली

'समाचार' की ठोस और सर्वमान्य परिभाषा के लिए ही ब्रिटेन के जाने-माने अखबार 'मैनचेस्टर गार्जियन' (Manchester Gaurdian) को एक प्रतियोगिता करानी पड़ी थी। इस प्रतियोगिता में पुरस्कार की उचित राशि भी नियत की गई थी। बहरहाल, समाचार की अनेक परिभाषाएँ बनाई-गढ़ी-गयीं, यथा—'वर्तमान विचार, घटना या विवाद का विवरण समाचार है', 'उत्तेजक सूचना सामान्यतः समाचार है', 'बहुसंख्यकों की अधिकतम रुचि जिसमें हो, वह समाचार है', 'सम्पादक जिस बात को कहे, वह समाचार है', 'समाचार अति गतिशील साहित्य है', 'मनुष्य जिसे जानना चाहे, वह समाचार है', जिसे आप कल तक नहीं जानते थे, वह समाचार है', 'घटना का विवरण समाचार है', 'जिसे कोई दबाना चाह रहा हो, वही समाचार है, शेष विज्ञापन है', 'सामान्य से परे कोई बात समाचार है', 'अकस्मात् जो घटे, वही समाचार है', 'पाठक जिसे जानना चाहते हैं, वह समाचार है', 'कामान्धता, धन-पिपासा और दुष्कृत्य ही समाचार है', 'प्रचलित विचार, घटना या समस्या का विवरण समाचार है, ''जिस बात को छपने से पत्र की बिक्री बढ़ती है, वही समाचार है, 'जिस घटना की पूर्व से जानकारी न हो, वह समाचार है', 'नवीन घटनाएँ समाचार की कोटि में आती हैं', 'सत्य घटनाएँ समाचार-पत्र की सामग्री होती हैं', 'बहुसंख्यक, जिस तत्त्व को रुचिकर समझते हों, वह समाचार होता है', 'पाठक की जिज्ञासा को जो शान्त करे, वह समाचार है और 'जो घटना और तथ्य पाठकों को अपनी ओर आकृष्ट करे, वह समाचार है,' आदि-आदि।

इसी तरह विदेशी विद्वानों ने भी 'समाचार' को परिभाषित करने का प्रयास किया है,—उनमें से कुछ इस प्रकार हैं,—'जब कुत्ता आदमी को काटे तो वह समाचार नहीं है, बल्कि जब आदमी कुत्ते को काटे तो वह समाचार बनता है,—When dog bites man, it is no news. When man bites dog it is news" वस्तुतः समाचार का स्वरूप अत्यन्त व्यापक और विशुद्ध माना जाता है',—"News has no geographic boundaries News is always revealing. News is what interests people. News is news."[1] बहरकैफ,—समाचार के इस स्वरूप को विद्वानों, पत्रकारों और समीक्षकों ने विविध रूप से परिभाषित किया है, जिनमें कुछ मुख्य को इस प्रकार देखा जा सकता है,—

(1) **के. एम. श्रीवास्तव** लिखते हैं कि ''जिस प्रकार ईश्वर की परिभाषा पर सहमति नहीं हो सकी है, उसी भाँति 'समाचार' की भी निश्चित परिभाषा पर सभी व्यक्ति सहमत नहीं हो सके हैं।''

(2) **श्री नन्दकिशोर त्रिखा** ने समाचार को अखबार के लिए कच्चा माल मान लिखा है कि, ''परिभाषा के बिना भी समाचार का बोध पाठक को उस स्पन्दन से होता है, जो वह उसे पढ़कर प्राप्त करता है। समाचार का बोध उस आंशिक या पूर्ण सन्तोष से भी होता है, जब पाठक उसे पढ़कर अपने को अधिक सूचित, ज्यादा शिक्षित पाता है। अतः समाचार को सदैव नया, दिलचस्प, मनोरंजक और महत्त्वपूर्ण होना चाहिए।

(3) **माइकेल कार्नेल** कहते हैं कि "News is current information made available to public, information without which people cannot decide what to think or how to act. News is the concise, accurate report of an event—not the event itself. News is not a Supreme Court decision or a hurricane or a landing on the moon. It is the newsman's record that decides, the disaster, or the 'gain that took place and it is important to somebody to know about it."

(4) **जार्ज एच. मोरिस** नें 'समाचार' को जल्दी में लिखा गया इतिहास माना है।

(5) **डॉ. संजीव भानावत** के अनुसार, 'प्रत्येक घटित घटना', कल तक जो हम नहीं जानते थे, 'लोग जिसके बारे में चर्चा करते हैं', 'पाठक क्या चाहते हैं', पत्रकार जिसे लिखने में सन्तुष्टि महसूस करता है', 'अथवा 'सम्पादक अपने समाचार-पत्र में जो कुछ प्रकाशित करता है' वह सब समाचार है।

(6) **गारनेल्ड जॉनसन** लिखते हैं कि, "No news is good news." "News in what the Newspaper prints and what the Radio broadcasts." "News is a compilation of facts and events of current interest, of importance to the reader." "News is Sex. Money, Crime."

---

1. Professional Journalism-M.V. Kamath, P. 83, Vikash Publisling House, Delhi, 1995

(4) समाचार : अवधारणा और मूल्य

'समाचार' पत्रकारिता का जीवन और ताप है, बारिश और फुहार है, जिससे पत्रकारिता में जीवन्तता, प्राणवत्ता और स्पन्दनशीलता आती है। समाचार ही पत्रकारिता का मजबूत स्तम्भ है', जिस पर पत्रकारिता की बुनियाद पड़ती है। पत्रकारिता का भवन इसी पर टिका होता है। समाचार-शून्य और विपन्न पत्रकारिता की कल्पना ही नहीं की जा सकती है। वही पत्रकारिता का रूप, रंग, राग, स्वाद, रचना तथा रस-सभी कुछ होता है। वस्तुतः वही पत्रकारिता में पावन भाव से अपनी उपस्थिति निरन्तर दर्ज कराता रहता है। कुल मिलाकर समाचार-पत्रकारिता की रोशनी है, अनुगूँज है, केन्द्रीय धुरी है, प्राण तत्त्व है। बिना इसके पत्रकारिता की कोई शकल-सबीह नहीं बनती है। वह पत्रकारिता की पैरहन है। मनुष्य की ज्ञान-पिपासा समाचारों को सुन-पढ़ लेने के कारण ही उपशमित होती है। वस्तुतः समाचार की अवधारणा मानवीय सभ्यता के प्रारम्भ से खोजी जा सकती है। मानवीय सभ्यता के विकास के साथ ही इसका स्वरूप भी परिवर्तित होता चला गया। आपसी वार्त्तालाप, पत्र-लेखन अथवा ऐसे ही किसी माध्यम द्वारा हम प्रायः समाचारों का ही आदान-प्रदान करते हैं। ऐसे समाचारों का महत्त्व प्रायः सार्वजनिक नहीं होता तथा ये निजी महत्त्व की सीमा में ही रहते हैं।[1] **श्री के.एम. श्रीवास्तव**[2] समाचार की अवधारणा को ईश्वर की आवधारणा के साथ जोड़ते हुए लिखते हैं कि जिस प्रकार ईश्वर की परिभाषा पर सहमति नहीं हो सकी है, उसी भाँति, समाचार की भी निश्चित परिभाषा पर सभी व्यक्ति सहमत नहीं हो सके हैं। फिर भी, इतना तो तय है कि प्रायः हर घटना में समाचारत्व किसी-न-किसी रूप में विद्यमान रहता है, लेकिन ये सभी घटनाएँ समाचार नहीं बन पातीं।[3]

एक विद्वान् लिखते हैं कि समाचार-पत्र समाचारों से ही बनता है, लेकिन जिस तरह समाचार-पत्र में छपी हर चीज समाचार नहीं हुआ करती, ठीक वैसे ही प्रत्येक घटना भी समाचार की शक्ल नहीं ले सकती। जिस गुण विशेष के कारण कोई घटना समाचार का अंग बनती है, उसे 'समाचारत्व' (News Value) का नाम दिया जा सकता है। समाचार एक व्यापक अर्थ बोधवाला शब्द है। इसके अन्तर्गत् घटना की साधारणता, उसका नयापन, व्यापक जन समूह का हित-साधन, प्रचार-प्रसार तथा ऐसे ही अन्य कितने शब्दार्थ समाहित हैं। स्पष्ट है कि कोई घटना किसी-न-किसी 'न्यूज वैल्यू' के बिना रोचक समाचार का रूप नहीं ले सकती। जैसे यदि कुत्ता आदमी को काटता है तो यह समाचार नहीं है, लेकिन यदि आदमी कुत्ते को काट ले तो यह समाचार हो जाएगा, क्योंकि कुत्ते द्वारा आदमी को काटा जाना एक सामान्य बात है, लेकिन आदमी द्वारा कुत्ते को काटा जाना नई, असाधारण और लोगों के लिए कुतूहल की बात है।[4] इधर, समाचार-सूचना की अवधारणा और उसके मूल्य (Value) को रेखांकित करते **डॉ. बल्देव राज गुप्त**[5] कहते हैं कि,—"News is the timely reports of the events, facts and opinions in which a number of people take interest. But, information that is only interesting cannot be considered as news. e.g. gossips or jokes, because time liness is an important factor. only in anusual cases, hot news can be derived from old and cold events as any archaelogical or—historical discovery or any new and revolutionary information.

(5) समाचार : संरचना या गठन

समाचार उत्पाद (Product) भी है और दृष्टिकोण (point of view) भी है। अन्य उत्पादों के समान ही समाचार भी संकलित, विकसित, सज्जित किया जाता है। तदुपरान्त समाचार-पत्र, रेडियो, टी.वी., केबल, इंटरनेट द्वारा इसे बेचा जाता है। साथ-ही-साथ 'समाचार' एक नजरिया भी है। लोग क्या सोचते हैं, क्या चाहते हैं, उनकी रुचियाँ, ज्ञान आदि से सम्बन्धित उनके दृष्टिकोण की अभिव्यक्ति भी समाचार द्वारा होती है। इसके साथ संवाददाता और सम्पादक का नजरिया भी समाचार में अभिव्यक्त होता है।[6] समाचार को मुकम्मल खबर बनने के

1. समाचार लेखन के सिद्धान्त और तकनीक—डॉ. संजीव भानावत, पृ. 01. यूनिवर्सिटी पब्लिकेशंस, जयपुर।
2. News Reporting and Editing—K.M.Shrivastava. P.2.
3. समाचार लेखन के सिद्धान्त और तकनीक—डॉ. संजीव भानावत, पृ. 02
4. हिन्दी-पत्रकारिता : एक परिचय-सुरेन्द्र, बीनूसिन्हा, डॉ. आशीष कुमार मैसी, पृ. 43, भारतीय पत्रकारिता संस्थान, बरेली,
5. Journalism By Old and New Masters-Dr. Baldev Raj Gupta. P.08
6. भारतीय मीडिया : अन्तरंग पहचान-सं. डॉ. स्मिता मिश्रा, पृ. 111, भारत पुस्तक भंडार, दिल्ली सन् 2004 ई.

लिए उसके 'गठन' सम्बन्धी तत्त्वों के अनुशासन का अनुपालन बेहद जरूरी होता है। इनके अभाव में समाचार अपने पूर्ण अर्थ को व्यक्त करने में अक्षम-अपंग होता है। समाचार की पुख्ता संरचना और गठन के लिए शीर्षक (Head Line), क्रेडिट लाइन (Credit Line), बाई लाइन (By Line), समाचार का प्रथम अनुच्छेद, समाचार का प्रथम अनुच्छेद 'आमुख' (Intro या Lead) तथा समाचार की बॉडी (Body) आदि तत्त्वों का क्रमबद्ध ढंग से प्रयोग आवश्यक होता है।

दरअसल, समाचार-पत्र पर पहले दृष्टि शीर्षक (Head line) पर ही जाती है। यह प्रत्येक समाचार का प्रमुख तत्त्व होता है। पत्र का पाठक प्रथमतः मुख्य शीर्षक देखकर ही अखबार पढ़ने के लिए लालायित होता है। अतः ऐसी स्थिति में शीर्षक का संक्षिप्त, सार्थक और थोड़े में सब-कुछ कह देने की क्षमता रखनेवाला होना जरूरी होता है। शीर्षक को विद्वानों ने समाचारों की खिड़की (Show window) या दरीचा कहा है। क्रेडिट लाइन समाचारों के स्रोत को सूचित करती है। उदाहरण के लिए समाचारों के अन्त में 'भाषा', हि.स. (हिन्दुस्तान समाचार), यूनि (यूनिवार्त्ता) आदि लिखकर बता देते हैं कि उक्त समाचार अमुक समाचार एजेन्सियों से प्राप्त हुए हैं। कभी-कभी समाचारों के शीर्षक के ठीक नीचे संवाददाता का नाम भी दे देते हैं। इसे ही बाई लाइन (By Line) कहते हैं। समाचार की बॉडी अर्थात् समाचार का सम्पूर्ण शरीर समाचार के 'ककार'—'कहाँ', 'क्या', 'कब', 'कौन' के साथ-साथ 'कैसे' और 'क्यों' का समाधान यहाँ होता है। 'लीड' (Lead) अर्थात् 'आमुख' में समाचार का संक्षेप दिया जाता है। समाचार-गठन में इनका पालन आवश्यक होता है,—"The most Commonly used Stories in the newspapers are single elements news. Some Stories have a number of elements or themes, according to their importance, the journalist put the facts to gather or structures the news story as per the requirement of the lead he decides. The story is devided into two parts besides the headlines,—(i) The Lead and (ii) The Body. Lead in the opening of a story sometimes it in Called an 'intro', Lead is a brief Summary of the events. The Body of the news story includes the facts, quotes and incidents that explain the various elements used in the lead. In other words, we can say the body is the term used to desecribe the remainder of story, following the 'Lead'[1]।

(6) समाचार तैयार करने की तकनीकी जानकारी

समाचार प्रस्तुति की तकनीकी जानकारी संवाददाता या पत्रकार को होना बहुत आवश्यक होती है। समाचारों की प्रस्तुति का सलीका यदि बहुत उपयुक्त जिन्दा-जीवन्त न हो तो अच्छे-से-अच्छा समाचार भी पत्र-पाठकों के ऊपर अपना अपेक्षित असर नहीं डाल पाएगा। समाचार उपलब्ध होने के बाद संवाददाता को इस बात का खयाल रखना होता है कि किस समाचार को पहले लगाया जाए और किसे बाद में? पहले लगाये गए समाचार का असर पाठक के ऊपर कितना होगा और बाद में लगाये गए समाचार का कितना? घटनाओं में कौन सी घटना ज्यादा महत्त्वपूर्ण है और कौन-सी कम महत्त्व की है? उन्हें सिलसिलेवार करने का तरीका क्या हो सकता है? समाचारों की प्रस्तुति इतनी खूबसूरत होनी चाहिए कि अश्लील, वीभत्स और दुराचार सम्बन्धी समाचार भी पाठकों का ध्यान अपनी ओर खींच सके। समाचार प्रस्तुति में पत्रकारीय नैतिकता और मर्यादा का ध्यान हमेशा होना चाहिए। वस्तुतः समाचार कैसे लिखा जाता है? इन प्रश्नों का उत्तर जान लेने से ही कार्य नहीं चलेगा, क्योंकि संवाददाता को बड़ी सूझ-बूझ के साथ यह देखना पड़ता है कि उसके पाठकों की किस प्रकार के समाचारों की माँग है? संसार एक बड़ा विशाल रंगमंच है और जीवन एक अत्यन्त विस्तृत क्रीड़ा-स्थल, जिस पर चल रही अनगिनत गतिविधियों को मात्र एक समाचार-पत्र की लपेट में लेना असम्भव है। पत्रकार की सफलता इसी में है कि वह विवेक और समझदारी से काम ले और वही समाचार चुने जो जनहित में हो, अथवा उसके समाचार-पत्र की नीति या पाठकों की अभिरुचि के अनुकूल हों। समाचारों के चयन, लेखन और प्रस्तुतीकरण में यह एक निर्णायक तत्त्व है।[2]

1. Journalism By Old and New Masters-Dr. Baldev Raj Gupta. P. 13
2. पत्रकारिता के सिद्धान्त—डॉ. रमेश चन्द्र त्रिपाठी, पृष्ठ-04

पत्र-पत्रिकाओं, शोधग्रन्थों, जर्नलों तथा सद्यः प्रकाशित पुस्तकों से सूचनाएँ प्राप्त करने और उसे खबरों में इस्तेमाल करने अथवा खबर का रूप देने में यह बात काफी महत्त्व रखती है कि उसकी सामाजिकता अथवा पठनीयता है भी या नहीं। उसमें नई बात क्या है? आँखमूँदकर कुछ भी दुहरा देना गलत होगा। जिस स्रोत से सामग्री लें, उसका उल्लेख आवश्यक करें। उद्धृत सामग्री को पूरी तरह मौलिक और अपना बनाने का प्रयास प्रेस की आचार-संहिता का उल्लंघन है और पत्रकारिता जैसे पवित्र पेशे की छवि को धूमिल करता है। पत्र-पत्रिकाओं से खबरों या सूचनाओं की पुनर्प्रस्तुति में भी काफी सावधानी बरतने की आवश्यकता होती है। कभी-कभी न्यस्त स्वार्थों के चलते नियोजित ढंग से खबरें गढ़ी जाती हैं। इन खबरों का उद्देश्य किसी व्यक्ति या संस्था का हित-साधन करना अथवा किसी व्यक्ति या संस्था को क्षति पहुँचाना होता है। राजनीतिक खबरों में यह खेल ज्यादा चलता है।[1] कुल मिलाकर समाचारों में यथासम्भव सच्चाई हो। उनमें किसी प्रकार के पूर्वाग्रह या पक्षपात का समावेश न हो। सत्यता पत्रकार को विश्वसनीय बनाकर पत्रकारिता को गरिमा मंडित करती है। समाचारों की भाषा, वाक्य-विन्यास और उनका प्रस्तुतीकरण ऐसा हो कि उन्हें समझने में आम पाठक को कोई असुविधा न हो। किसी बात को संक्षेप में लिखना या कहना बुद्धिमत्ता की निशानी है। थोड़े-से-थोड़े शब्दों में अधिक-से-अधिक सार या समाचार दिया जाना चाहिए। कुशल पत्रकार समाचार में एक भी शब्द फालतू नहीं जाने देता, किन्तु वह ऐसी कृपणता भी नहीं करता कि पूरा समाचार ही अबूझा बन कर रह जाए। संक्षेपण से जहाँ पत्र में अधिकाधिक समाचारों के लिए जगह बचती है, वहीं पाठकों को एक ही दृष्टि में ज्यादा बातें जानने का अवसर मिलता है।[2] अन्त में यह कि पत्रकारों को चाहिए कि समाचार-पत्र की बिक्री बढ़ाने के लिए जान बूझकर कामोत्तेजक, चटपटेदार, सनसनी पैदा करनेवाले समाचार न जाने दें। इससे आचार-संहिता टूटती है और पत्रकारीय मर्यादा पर भी खतरा पैदा हो सकता है। अतः प्रयास होना चाहिए कि अखबारों में स्वस्थ, शुद्ध, उदात्त, परिमार्जित समाचार छपें, पहेली और दुर्बोध लगनेवाले समाचार अखबार के सामने कालान्तर में संकट पैदा कर सकते हैं।

(7) समाचार लेखन और प्रस्तुति : विज्ञान है या कला?—भाषा-विज्ञान और अनुवाद की तरह पत्रकारिता के महत्त्वपूर्ण अंग और प्राणाधार 'समाचार' के साथ एक प्रश्न चस्पा कर दिया जाता है कि अखबारों के लिए समाचार लेखन और उनकी प्रस्तुति क्या विज्ञान है? शिल्प है? कला है? अथवा वैज्ञानिक कला है? आखिर, समाचार लेखन तथा उसकी प्रस्तुति की पहचान इनमें से किस रूप में बनती है? इसका सन्तोषजनक उत्तर देना बड़ा सरल नहीं है। तो क्या एक चतुर शिल्पकार की तरह इसका उत्तर पाठकों के विवेक पर छोड़ दिया जाए? वस्तुतः पत्रकारिता विधा पर काम करनेवाले अनुभव और अनुभूति-सम्पृक्ति विद्वानों ने 'समाचार' को उसकी सम्पूर्णता में समय-समय पर देखने का मुहावरा अलग-अलग ढंग से गढ़ने की कोशिश की है। कुछ लोगों को समाचार लिखकर उसे प्रस्तुत करने में विशिष्ट शिल्प की आहट मिलती है, तो कुछ को उसमें कलात्मकता और वैज्ञानिकता भी दिखायी देती है। कई लोग कहते हैं कि समाचार की प्रस्तुति अंशतः शिल्प है, अंशतः कला है तथा अंशतः विज्ञान भी है। अब यहाँ एक प्रश्न बनता है कि यदि समाचार लेखन और उसकी प्रस्तुति शिल्प, कला और विज्ञान है तो क्या उसे लिखने और प्रस्तुत करनेवाला संवाददाता शिल्पकार, कलाकार और वैज्ञानिक माना जाएगा? अगला सवाल बनता है कि, यदि समाचार सृजन और उसकी प्रस्तुति कला है, तो क्या यह उस रूप में 'कला' है, जिस रूप में संगीत, नाटक, नृत्य, काव्य, चित्र और मूर्त्ति आदि हैं? प्रश्न तो यह भी बनता है कि जो लोग समाचार लेखन और प्रस्तुति को 'वैज्ञानिक कला' मानते हैं, उनसे पूछा जा सकता है कि क्या इसमें समाचार की पृष्ठभूमि का विज्ञान पक्ष एवं प्रयोग की कलाधर्मिता मिलकर समाचार को एक 'वैज्ञानिक कला' बनाते हैं।

सच तो यह है कि समाचार सृजन और प्रस्तुति के क्षेत्र में इतना अधिक वैविध्य है कि कला, शिल्प या विज्ञान-इनमें से किसी एक स्वरूप के साथ इसके सम्बन्धों का निर्धारण करना बहुत कठिन काम है। प्रिन्ट और इलेक्ट्रॉनिक मीडिया में भाषा, शैली, लीड, शीर्षक तथा अपने आकार-प्रकार के स्तर पर इसका स्वरूप बदलता रहता है। कल्पना, सहजता, व्यवस्था एवं सुरुचि के स्तर पर विभिन्न माध्यमों में समाचारों

1. हिन्दी पत्रकारिता का नया स्वरूप—बच्चन सिंह, पृ. 86
2. हिन्दी पत्रकारिता : एक परिचय—सुरेन्द्र बीनू सिन्हा, डॉ. आशीष कुमार मैसी, पृ. 48

की प्रस्तुति का तरीका-तकनीक और शऊर में परिवर्तन होता रहता है। अतः इस सवाल को किसी एक खाँचे-बाड़े में दोब कर रखना, बहुत कठिन नहीं तो सरल भी नहीं है। कुछ लोग यह मानते हैं कि यदि इसके व्यावहारिक पहलू पर ध्यान दिया जाए तो इसमें 'विज्ञान' और 'कला'—ये दोनों रूप झाँकते दिखायी देते हैं। साफ शब्दों में, समाचार लेखन की प्रस्तुति में यदि प्रभविष्णुता है तो इसमें उक्त दोनों तत्त्व परस्पर मिले लगते हैं। समाचारों की प्रभविष्णु प्रस्तुति का अर्थ यहाँ संवाददाता/पत्रकार की भाषा पर अचूक पकड़, शैली में पैनापन तथा विविध विषयों की गहरी जानकारी से है। यदि उसे उक्त तत्त्वों पर अधिकार है तो वह अवश्य ही समाचारों की प्रस्तुति सरल-सहज, रुचिकर और आबोताबी हुनर के साथ कर सकेगा। उसका समाचार पठनीय, रोचक लजीज और चित्ताकर्षक बनेगा। अतः ऐसी स्थिति में उसके लेखन में साक्षात् 'कलात्मकता' के दर्शन होंगे और यदि समाचारों की प्रस्तुति में क्रमबद्धता के अनुशासन-शीर्षक, सूत्रोल्लेख, आमुख, व्याख्या तथा निष्कर्ष आदि का सख्ती से अनुपालन किया गया है तो यहाँ 'वैज्ञानिकता' भी बगल में खड़ी दिखायी देगी। पश्चिम के एक चिन्तक एल.के. डिकर के बताये कुछ तत्त्वों के हिसाब से यदि समाचारों की प्रस्तुति की जाए तो वह अवश्य ही 'वैज्ञानिक कला' के भीतर आएगी। ये तत्त्व हैं—सूचना (Information) उद्‌देश्य (Intention), प्रक्रिया (Method), पृष्ठभूमि एवं प्रबन्ध (Administration) और पारस्परिक संचार (Inter Communication)। इसे संक्षेप में '9.9 M.A.9' नाम से भी जाना जाता है। इन सभी के अलावा समाचारों की प्रस्तुति में चार सकारों—सामयिकता, सत्यता, स्पष्टता तथा संक्षेपण तथा छह ककारों—क्या, कहाँ, कब, कैसे, क्यों तथा कौन—का बरताव भी सिलसिलेवार हो तो अच्छा है। पश्चिम के ही एक अन्य विद्वान् रुडियर्ड किपलिंग ने इनके लिए '5' 'W' और '1'-'H' के रूप में जिकर किया है, यथा What, Where, When, Who, Why तथा How.

विद्वानों का एक समूह समाचार संग्रह और प्रस्तुति में कला का दर्शन करता है। इनके अनुसार प्रतिदिन के समाचारों का संग्रह करने के लिए भी संवाददाता को अपने शिल्प के अस्त्र-शस्त्र से लैस रहना होता है। वास्तव में वह नवीन समाचारों को यंत्रवत लिखने वाला व्यक्ति मात्र नहीं होता, अपितु कला के व्यापक अर्थों में एक चिन्तनशील कलाकार भी होता है।[1] वस्तुतः प्रेस के लिए समाचार लिखना भी एक कला है। इसमें प्रवीणता प्राप्त करने के लिए चार बातों को हमेशा ध्यान में रखना चाहिए-सत्यता, समाचारों में सच्चाई हो, किसी पूर्वाग्रह या पक्षपात से समाचार न लिखा जाए और हमेशा संक्षेपण से काम लिया जाए।[2]

(8) समाचारों का संक्षेपीकरण या संक्षेपण या सार लेखन (Summary)

'सम्क्षिप् + ल्युट + अन्' संक्षेपण' शब्द का अर्थ है—विस्तार घटा देने की क्रिया (Abridgment). संक्षेपीकरण, न्यूनन, घटाव, या काट-छाँट। वस्तुतः संक्षेपण का अर्थ ही होता है,—छोटा कर देना। किसी भाव, विचार, भाषण, घटना, कथन, अवतरण या समाचार आदि को किसी 'प्लेटफॉर्म' पर दो तरह से प्रस्तुत किया जाता है—(1) व्यास शैली में तथा (2) समास शैली में। व्यास शैली में जहाँ किसी कथ्य आदि की प्रस्तुति मय उदाहरण के विस्तार में या फैलाकर की जाती है, तो समास शैली में वही वस्तु सिकुड़कर अर्थात् संक्षेप में लघु आकार में प्रस्तुत होती है। अब यहाँ एक सवाल की कंछी फूट सकती है कि आखिर भावाभिव्यक्ति में उक्त दोनों शैलियों में उपयुक्त—सटीक, सार्थक कौन हो सकती हैं? दरअसल, इस सवाल का उत्तर देना बड़ा सरल-सहज नहीं है, क्योंकि ''को बड़ छोट कहत अपराधू।'' दोनों अपनी-अपनी जगह आवश्यकतानुसार मौजूं हैं। उदाहरण के लिए मैं स्वतः बिहारी के किसी एक दोहे की व्याख्या हिन्दी, अंग्रेजी और संस्कृत उद्धरणों के साथ घंटों पढ़ाता हूँ, कक्षा में विद्यार्थियों की खिड़की तोड़ भीड़ होती है। जाहिर है, एक दोहे की व्याख्या में व्यास शैली में ही अपनी बात कही जा सकती है, लेकिन किसी विज्ञान की प्रयोगशाला में रसायन शास्त्र के सूत्र की व्याख्या में सूत्रात्मक या समास शैली में ही अध्यापक अपने छात्रों को सारी बातें बताता है। अतः ऐसी स्थिति में गरज के अनुसार दोनों जरूरी हैं।

---

1. पत्रकारिता के सिद्धान्त—कमलपति त्रिपाठी, पृ. 211
2. पत्रकारिता के सिद्धान्त—रमेश चन्द्र त्रिपाठी, पृ. 6

फिर भी, मेरे इन तमाम तर्कों के बाद जनमत समास शैली का ही पक्षधर है। इसके लिए लोगों के अपने-अपने तर्क हैं, जिनमें मुख्य यह है कि आज के व्यावसायिक, आपाधापी, भागमभाग-भगदड़, घटना की तरह दौड़ तथा एक ग्लोबल समाज में बदल रही दुनिया में कम्प्यूटर, इंटरनेट और ई-मेल ने जहाँ हर वस्तु पदार्थ, भाव, विचार को पड़ोसी बना दिया है—हमारे पास पल भर भी समय नहीं है कि चौकी पर पलत्थी मारकर व्यास शैली में भाषण और प्रवचन देनेवाले पुरोहित की बात सुनें। इस समाज में हर वस्तु, सम्बन्ध—ये सभी कुछ 'शार्ट कट' शैली में जी रहे हैं। हर व्यक्ति आज 'गागर में सागर' और 'बिन्दु में सिन्धु' चाहता है— "What is life if full of care,
We have, no time to stand and stare."

संस्कृत का यह श्लोक—"अर्द्ध मात्रा लाघवेन पुत्र जन्म मन्यते वैयाकरणाः" अर्थात् "यदि व्याकरण में आधी मात्रा कम हो जाए तो वैयाकरण को इतनी प्रसन्नता होती है जितनी पुत्र जन्म पर" सिद्ध करता है कि भारतीय मनीषा की समझदारी और सोच प्रारम्भ से ही संक्षेपण के प्रति सजग-सतर्क रही है। दरअसल, प्राचीन काल में मुद्रण कला का विकास न होने के कारण वाचिक परम्परा पर तो बल दिया ही जाता था, तथ्यों को कंठस्थ भी करना पड़ता था। सम्भवतः इसीलिए ज्ञान के साधकों ने सूत्र शैली का इजाद किया। उन्होंने इस बात पर बल दिया कि कम-से-कम शब्दों और अक्षरों में अधिक-से-अधिक भावाभिव्यक्ति हो। वेद, उपनिषद, गीता तथा 'अष्टाध्यायी' उनके सूत्र शैली में बात कहने के ही प्रमाण हैं। कुल मिलाकर संक्षेपण का महत्त्व हमारे यहाँ शुरू से ही रहा है। विस्तृत कथ्य, भाषण, व्याख्या, विवरण, वक्तव्य को काट-छाँटकर उनमें से फिजूल, व्यर्थ अप्रासंगिक, निरर्थक, पुनरावृत्त और असम्बद्ध तथ्यों को त्यागकर ठोस और संक्षिप्त रूप में प्रस्तुत करने की परम्परा हमारे देश में बहुत पहले से ही रही है।

अंग्रेजी में संक्षेपीकरण को 'कटिंग' (cutting), 'ट्रिमिंग' (trimming)', ब्यावलिंग' (boiling) तथा 'स्लेशिंग' (Slashing) कहते हैं। बहरहाल, समाचारों का संक्षेपीकरण करते समय अधोलिखित तथ्यों पर गौर करना चाहिए—

(1) मूल अनुच्छेद को ध्यान से पढ़ना,
(2) अन्नावश्यक वर्णन छाँट देना,
(3) समाचारों में लम्बे-लम्बे वाक्यों के स्थान पर सामासिक शब्दों का प्रयोग किया जाना चाहिए,
(4) समाचार लेखन में प्रयुक्त वाक्य सुगठित और सुसम्बद्ध होने चाहिए,
(5) समाचारों में मौलिकता की रक्षा करना,
(6) वाक्यों के लिए शब्द-समूहों या पदों का प्रयोग करना चाहिए,
(7) संक्षेपण में समाचारों की शैली आडम्बर और तड़क-भड़क से दूर होनी चाहिए,
(8) सड़क छाप तार्किक मुहावरों का प्रयोग समाचार लेखन में बचकानापन पैदा कर सकता है,
(9) भावों, विचारों की क्रमबद्धता और संगति बनी रहनी चाहिए तथा
(10) समाचारों का संक्षेपण प्रवाहपूर्ण होना चाहिए। वह कथ्यों के जोड़-तोड़ का पेबन्द न लगे। अन्त में यह कि वह मूल की तस्वीर, परतों-पहलुओं का समग्र रूप में इतना सुन्दर-सुघर रचाव करे कि मूल से ताजा-टटका तो लगे ही, समय की धुन्ध और कुहासे में भी निरन्तर प्रासंगिक बना रहे। इस तरह से मूल का चेहरा, भाषा रूप और कथ्य को अपने भीतर सुरक्षित रखने का माद्दा रखनेवाला संक्षेपण स्तुत्य और दीर्घजीवी होता है, यही उसकी विशेषता भी होती है।[1]

(9) समाचारों के 'ककार'

समाचारों की शृंखलाबद्धता, खूबसूरत संरचना, समाचारों की लय और निरन्तरता बनी रहे, बताते हैं, इसके लिए पश्चिम के एक विद्वान् एडविन एल. शू मैन ने छह सूत्रों का इजाद किया था। शू मैन की उक्त चर्चित कृति Practical Journalism सन् 1894 ई. में प्रकाशित हुई थी।[2] उनका कहना था कि समाचार लिखते समय यदि इन छह ककारों का ध्यान रखा जाए तो समाचार विश्वसनीय, पुष्ट-प्रामाणिक

1. प्रयोजनमूलक हिन्दी की नई भूमिका-डॉ. कैलाश नाथ पांडेय, पृ. 583, लोकभारती प्रकाशन, इलाहाबाद
2. Practical Journalism-Show Man. P. 47

तो होगा ही, वह कहीं से असम्बद्ध भी नहीं लगेगा। उसमें कहीं से पैबन्द या जोड़ का आभास नहीं होगा। साफ शब्दों में, इससे समाचारों का सातत्य तो अजस्रम बना ही रहेगा, सम्प्रेषणीयता को भी किसी तरह का खतरा पैदा नहीं होगा। उनके उक्त छह ककार नामक सूत्र का सिद्धान्त इस प्रकार है,[1]

(1) क्या (What) अर्थात् क्या घटित हुआ?
(2) कब (When) अर्थात् घटना किस समय घटी?
(3) कहा (Where) अर्थात् घटना किस स्थल पर घटी?
(4) कौन (Who) अर्थात् घटना किससे सम्बन्धित है?
(5) क्यों (Why) अर्थात् घटना का कारण क्या है? तथा
(6) कैसे (How) अर्थात् घटना कैसे घटित हुई?

चूँकि इस सिद्धान्त के सभी 6 सूत्रों का पहला हिन्दी अक्षर 'क' से शुरू होता है। अतः इसे 'छह ककार सिद्धान्त' कहते हैं। पाँच सूत्रों के प्रथम अक्षर अंग्रेजी में डब्ल्यू (W) से आरम्भ होते हैं, इसलिए उसे 'फाइव डब्ल्यूज़ थियरी' (Five W's Theory) भी कहते हैं। इस बात पर विवाद की गुंजाइश हो सकती है कि किसी समाचार के इंट्रो या आमुख में ही इस सिद्धान्त का प्रतिपालन किया जाए अथवा नहीं, लेकिन इस बात में विवाद की गुंजाइश नहीं है कि किसी भी समाचार में सभी 'छह ककार' के उत्तर समाहित किए जाने चाहिए इसलिए संवाददाता किसी घटना के बारे में सूचना एकत्र करे तो उसे इस सिद्धान्त को ध्यान में रखना चाहिए और इसमें किए गए शब्दों के उत्तर खोजने चाहिए। इसके बिना समाचार में परिपूर्णता नहीं आ सकती।[2]

कुल मिलाकर उक्त तत्त्वों की खराद पर किसी भी समाचार को माँजने से समाचार के सामने विश्वसनीयता का संकट खड़ा नहीं होगा। उसका अनियंत्रित बहाव नहीं होगा। समाचार किसी अनियंत्रित आवेग का शिकार नहीं होगा। उक्त छह ककार नामक तत्त्व समाचारों के संवेगों की रास को ढीला नहीं देंगे, साथ ही समाचार भी अविश्वसनीयता के घटाटोप अँधेरे में आस्था की अक्षत् मशाल बन जलते और उद्भासित होते रहेंगे।

(10) समाचारों के 'सकार'

अखबरों में छपी घटनाएँ बहुधा एक दिन की सुर्खी बनकर चुक-बुझ जाती हैं। अगले दिन वे पाठक के मन पर निरर्थक बोझ होने का अहसास कराती हैं, किन्तु इन सबके बरक्स संवाददाता के पास समाचार-प्रस्तुति का यदि सुन्दर कौशल है तो वे समाचार-पाठक के मन पर कई दिनों तक अपना असर करते हैं, वे जल्दी निष्प्रभ और निस्तेज नहीं पड़ते। पाठक की अकुलाई तलाश उन्हें ढूँढ़ती है और समाचार-पत्र भी शैथिल्य का शिकार नहीं हो पाता। यह एक कला है। रंग, गन्ध को किसी बासन का आकार देना ही तो कला का पुरुषार्थ है। समाचारों को हम पत्रकारिता की नाड़ी और शिरा मान सकते हैं। यह अखबारों की आवाज होता है। पत्रकारों की आत्मा समाचारों में ही बसती है। बिना समाचारों के मुकम्मल पत्रकारिता की कल्पना नहीं की जा सकती। समाचारों के प्रति पाठकों की अभिरुचि बनाये रखने के लिए **सकार** की कल्पना की गई है। इस कल्पना को साकार रूप देनेवाले हैं—डॉ. राजेन्द्र कुमार जी। इन्होंने पत्रकारिता से सम्बन्धित 'संवाद और संवाददाता' नाम की एक गम्भीर पुस्तक की रचना की है। इस पुस्तक में समाचारों की गुणवत्ता और श्रेष्ठता बनाये रखने के लिए उसी तरह 'चार सकार' की कल्पना की गई है, जिस तरह से पश्चिमी चिन्तक एडविन एल. शू मैन ने समाचारों के चरित्र को अक्षुण्ण बनाये रखने के लिए अपनी चर्चित कृति Practical Journalism में छह **ककार** की कल्पना की थी, बहरहाल, समाचार-पत्रों के लिए समाचार लिखते समय यदि उक्त सकारों पर अमल-आचरण किया जाए तो समाचारों की विश्वसनीयता तो बनी ही रहेगी, वह किसी ओछेपन का शिकार नहीं हो पाएगा। वह सतही वैचारिक जलजलों से आक्रान्त नहीं होगा। वह किसी वैचारिक भीरूता के घेरे में नहीं आएगा। कुल मिलाकर यह कि समाचार संकीर्णता के गन्दे प्रदर्शन से मुक्त रहेगा। उसका चरित्र भी सुरक्षित रहेगा। वह किसी

1. समाचार लेखन के सिद्धान्त और तकनीक—डॉ. संजीव भानावत, पृ. 38
2. हिन्दी पत्रकारिता का नया स्वरूप—बच्चन सिंह, पृ. 87

पाखंड और जड़ता का ग्रास नहीं बन पाएगा। निष्कर्षतः यह कि यह सकार समाचारों में नैतिकता बचाये रखने के लिए आवाजदार मंच की तरह है। ये चार सकार सूत्र इस प्रकार हैं—

सत्यता—समाचारों में सच्चाई हो, किसी पूर्वाग्रह या पक्षपात से समाचार न लिखा जाए। **स्पष्टता-** समाचार को समझने में सामान्य पाठकों को मुश्किल नहीं होनी चाहिए और हमेशा **संक्षेपण** से काम लिया जाए। किसी बात कों संक्षेप में कहना या लिखना बुद्धिमत्ता की निशानी है। **सुरुचि** समाचार को सुरुचिपूर्ण ढंग से लिखा जाए।[1] इसी तरह की एक कल्पना पत्रकार *डॉ. नन्द किशोर त्रिखा* ने भी की है। यद्यपि डॉ. त्रिखा साहब ने किसी 'सकार' या 'ककार' की कल्पना तो नहीं की है, लेकिन समाचारों को शुष्कता और निष्क्रियता जैसी कुछ अन्य खामियों से बचाये रखने के लिए उन्होंने पाँच सूत्र बताये हैं, यथा (1) सरलता, (2) सुस्पष्टता, (3) तारतम्य, (4) क्या, कहाँ, कब, कैसे, क्यों और कौन के उत्तर, (5) आवश्यक पृष्ठभूमि।[2]

(11) समाचार चयन के आधार

समाचारों के फैले हाट-बाजार में हर दृष्टि से उपयुक्त समाचारों को बीन-पछोर कर समाचार-पत्रों के लिए चुनना अपने आप में चुनौती और संकटपूर्ण काम है। चूँकि समाचारों की विश्वसनीयता, शुद्धता और खूबसूरती पर ही अखबार का भविष्य निर्भर होता है, अतः समाचारों के चयन में विशेष दक्षता और अनुभव की जरूरत होती है। समाचार ऐसा हो, जिसमें पाठकों की रुचि निरन्तर बनी रहे। समाचार सीधा सपाट होना चाहिए। उलझनपूर्ण समाचार पाठकों के मन में खटास पैदा करता है। उसमें तथ्यों की तोड़-मरोड़ न हो। अतः समाचार-सम्पादक को **सारं गृहणन्ति पंडिता** का ध्यान रखते हुए समाचारों का चयन-चुनाव करना चाहिए। पश्चिमी चिन्तक जूलियस साल्टर इलियास ने कहा भी है,—"हम अपने पत्र में ऐसे समाचार दें, जिससे पाठक मुस्कराये और उत्साहित हो। प्रत्येक पृष्ठ पर ऐसे समाचारों को स्थान मिले, जिनसे पाठकों, का मन खुश हो।"

कुल मिलाकर समाचारों के चयन में यह बराबर ध्यान रखना चाहिए कि समाचार जटिल और रहस्यमय न हों। सही हो, तथ्यपरक हों। समाचारों का चयन करनेवाला अखबार में सम्मान और आदर का अधिकारी होता है। यदि समाचार-पत्र में सुरुचिपूर्ण, संवेदना-सम्पृक्त, समाज को नई दिशा और आलोक देनेवाला समाचार छपेंगे तो अखबार का 'सर्कुलेशन' बढ़ेगा और सम्पादक की भी प्रतिष्ठा बढ़ेगी। अतः ऐसी स्थिति में समाचारों का चयन अन्यमनस्क ढंग से आँख मूँदकर नहीं करना चाहिए। वस्तुतः अखबारों में कोई भी समाचार यक-ब-यक नहीं छप जाता। उसे कई पड़ावों को पार करना पड़ता है। समाचार चयनित होकर अखबार के दफ्तर में आता है, फिर उसे छाना-निथारा जाता है, उसमें शोधन-परिमार्जन किया जाता है, पुनः उसे आगे बढ़ाया जाता है। उक्त सम्पूर्ण प्रक्रिया को अंग्रेजी में Selection, Filter तथा Screening कहा जाता है और समाचार नियंत्रण की क्रिया को एक शब्द में 'गेट कीपिंग' (Gate Keeping) कहते हैं। प्रकाशित होनेवाले समाचारों का चयनकर्त्ता 'गेट कीपर' (Gate Keeper) कहा जाता है,—"Individual or groups who decide what will be printed or broad cast. They select and reject news item out of a host of such item available at their disposal." बहरहाल, समाचारों के चयन के लिए कुछ मानक या आधार इस प्रकार हो सकते हैं,—

1. **जनाकर्षण**—समाचार-पत्रों में छपनेवाले समाचार मानवीय सुरुचि के होने चाहिए। जीवन में निराशा तथा कुण्ठा फैलानेवाले समाचार जन सामान्य में बहुत उत्साह से नहीं पढ़े जाते। देश-प्रदेश की प्रगति के समाचार, राष्ट्रीय भावनाओं को उद्दीप्त करनेवाले समाचार, किसी शोषित-पीड़ित व्यक्ति के पक्ष में खड़े होनेवाले समाचार, अभावग्रस्तता झेल रहे व्यक्ति का अपने श्रम से प्रगति कर नाम रोशन करनेवाले समाचार लोगों के बीच काफी प्रशंसित और सराहे जाते हैं।

1. समाचार लेखन के सिद्धान्त और तकनीक—डॉ. संजीव भानावत, पृ. 31
2. समाचार संकलन और लेखन—डॉ. नन्दकिशोर त्रिखा, पृ. 65, विश्वविद्यालय प्रकाशन, वाराणसी।

2. **जनरुचि**—समाचार-पत्रों में प्रकाशित समाचार यदि हमारे मन के अनुकूल हैं तो हम उसे बहुत पसन्द करते हैं। साफ शब्दों में, खबर यदि व्यक्ति-हित चिन्तक है, सुविधा और लाभ की आहट यदि उससे मिल रही है, तो व्यक्ति उसे बहुत पसन्द करता है। कुलमिलाकर आदमी का यह स्वभाव होता है कि वह अपने और स्वजनों आदि के विषय में जानने की रुचि अधिक रखता है। अतः लोकरुचि का समाचार अखबारों में ज्यादा प्रशंसा प्राप्त करता है। कभी-कभी हत्या, डकैती, बलात्कार, धोखाधड़ी, जालसाजी आदि से सम्बन्धित समाचार भी लोग खूब पसन्द करते हैं, पर उस तरह के समाचारों से समाज में विकृति-विकार भी पैदा होने का खतरा बना रहता है।
3. **तथ्यों की पवित्रता**—समाचार-पत्रों में सन्दिग्ध सूचनाओं, तथ्यों तथा किसी के झूठे अपमान से सम्बन्धित समाचार नहीं छापे जाने चाहिए। तथ्यों की पवित्रता और उसकी आँच को बराबर ध्यान में रखना चाहिए। जो तथ्य राष्ट्रहित के विरुद्ध जाते हों, जिनसे राष्ट्रीय मर्यादा के खंडित और क्षरित होने का खतरा बनता हो, इस तरह के समाचारों के प्रकाशन में सजगता बरती जानी चाहिए।
4. **लीड के तत्त्व**—जैसे 'इंट्रो' (Intro) शब्द Introduction का संक्षिप्त रूप है, उसी तरह 'लीड' (Lead) शब्द भी अंग्रेजी Leader का संक्षेप है। दोनों शब्दों का अर्थ यद्यपि-पत्रकारिता में स्थूल रूप में एक ही लिखा जाता है, 'जैसे कोई लीडर अर्थात् 'नेता' समाज का नेतृत्व एवं मार्गदर्शन करता है, ठीक उसी तरह समाचारों में 'लीड' अर्थात् यह सभी समाचारों में प्रमुख पहचान रखता है। साफ शब्दों में, समाचारों की भीड़ में प्रमुख-प्रधान समाचार ही 'लीड' समाचार कहा जाता है। अब यहाँ पर सम्पादक के सामने समाचार सम्बन्धी एक संकट खड़ा होता है कि समाचारों की भीड़ में 'लीड' समाचार का चुनाव कैसे हो? किस समाचार को लीड मानकर प्रथम पृष्ठ पर दिया जाए और किसे उससे थोड़ा अल्प महत्त्व का मानकर भीतर के पृष्ठों में दिया जाए? यद्यपि समाचार-पत्र का प्रत्येक पृष्ठ महत्त्वपूर्ण होता है। पर प्रथम पृष्ठ पर राष्ट्रीय-अन्तर्राष्ट्रीय महत्त्व के सर्वाधिक प्रमुख समाचार को छापते हैं, शेष समाचारों को भीतर के पृष्ठों में। यद्यपि इस समय एक नई परम्परा शुरू हुई है। अब लगभग सभी अखबार जैसे जनपदीय हो गए हैं। प्रथम पृष्ठ के साथ-साथ भीतर के कई पृष्ठों तक महज उस जनपद के ही समाचार छापते हैं, जिस जिले के संस्करण का अखबार छपता है। यह जरूरी नहीं कि अब गाजीपुर (उ.प्र.) जिले का समाचार बगल के जौनपुर या आजमगढ़ जिले से छपनेवाले समाचार-पत्रों में मिल ही जाए। बहरहाल, मूल विषय पर लौटते हुए यह कहना है कि महत्त्वपूर्ण खबर को ही 'लीड' बनाया जाता है। इस 'लीड' समाचार को बहुत मोटे अक्षर में शीर्षक देकर प्रकाशित किया जाता है।

(12) समाचारों की परिधि, विविधता या क्षेत्र

इस धरती पर समाचार अहर्निश पैदा होते रहते हैं। बड़े समाचार, छोटे समाचार। सुखद 'समाचार', दुःखद समाचार। जो समाचार किसी के मन और शरीर को पुलक स्पर्श दे पुलकित कर गया, वह सुखद समाचार और जो समाचार सफ्फाक सन्नाटे के साथ मन को पीड़ित कर गया, वह दुःखद-समाचार हुआ। कुल मिलाकर समाचारों के अलग-अलग रूप रंग, गन्ध और स्वाद जैसी जिसकी प्रकृति और मनःस्थिति-वैसे समाचार। अतः ऐसी स्थिति में समाचारों के क्षेत्र और उनकी परिधि का निर्धारण करना बड़ा सरल नहीं होता है। फिर भी स्थूल रूप से समाचारों की परिधि और उनकी चौहद्दी के सीमांकन का प्रयास समय-समय पर किया गया है। इन्ही समाचारों में से कुछ राजनीति से सम्बन्धित होते हैं, कुछ समाज से सीधे अनुस्यूत् होते हैं तो कुछ खेल और अर्थ जगत से तो कुछ सांस्कृतिक और जनरुचि के होते हैं।

समाचार-पत्रों में उक्त सभी तरह के समाचारों को उनकी हैसियत, जरूरत और गरज के अनुसार स्थान दिया जाता है। चूँकि अखबार के पाठक हर उम्र, रुचि, विचार के होते हैं, अतः अखबार के सम्पादक महोदय अपने अखबार में हर तरह के समाचारों को छापकर सभी तरह के पाठकों की जिज्ञासाओं के उपशमन का उद्यम करते हैं। रात के समय आसमान में छपरे तारों की तरह अखबार में छपे समाचारों में से अखबार का पाठक अपनी-अपनी रुचि के अनुसार समाचारों को छाँट-बराकर पढ़ता है। यह बहुत जरूरी नहीं कि एक ही समाचार हर पाठक को अच्छा ही लगे। हाँ, कभी-कभी कुछ समाचार अवश्य ऐसे होते हैं, जो अधिकांश पाठकों की पसन्द बनते हैं। दरअसल, समाचार-पत्र चलाना अब एक व्यवसाय हो गया है इसलिए कुछ भी छापते समय सम्पादक यह सोचते हैं कि इसे उसके पाठक पसन्द करेंगे या नहीं, सम्पादकों का प्रयास होता है कि वे ऐसे समाचार, लेख आदि दे सकें, जिन्हें लोग रुचि लेकर पढ़ें। पाठकों को लुभाने के लिए समाचार-पत्र में यौन-विषयक, आपराधिक व रोमाण्टिक समाचारों को स्थान दिया जाने लगता है, चित्रों के चयन में भी यही ध्यान रखा जाता है कि वे एकदम ध्यान खींचनेवाले हों। सनसनीखेज समाचारों को प्रमुखता दी जाती है। इस तरह की पत्रकारिता को **पीत पत्रकारिता** (Yollow Journalism) कहते हैं। जनता की रुचि के अनुकूल सामग्री जुटाते हुए भी पत्रकारिता के आदर्शों और मर्यादाओं को सदा ध्यान में रखना चाहिए। हर समाचार की शालीन और सुरुचिपूर्ण प्रस्तुति होनी चाहिए ताकि जन-जीवन को अधिक उदार, शुद्ध, स्वस्थ व परिमार्जित बनाया जा सके। समाचार-पत्र समाज को दिशा देते हैं, उसकी विचारधारा को प्रभावित करते हैं, इसलिए प्रकाशन सामग्री के बारे में उन्हें सावधानी बरतनी चाहिए।[1] बहरहाल, समाचारों के क्षेत्र और परिधि का बँटवारा तो इसलिए किया गया है कि संवाददाताओं को इन समाचारों के चयन में सुविधा हो। आगे हम इन समाचारों को अतिसंक्षेप में इस प्रकार देख सकते हैं,—

(1) **राजनीतिक समाचार**—अखबारों में राजनीति से सम्बन्धित समाचार बहुलता से प्रकाशित होते हैं। खास कर, चुनावों के मौसम में तो गाँव-जवार, ठेठ-देहात के राजनीतिक समाचारों की भरमार हो जाती है, फिर जनपद, प्रदेश, देश और अन्तर्राष्ट्रीय राजनीतिक समाचारों का सिलसिला शुरू होता है।

(2) **खेल समाचार**—वैश्विक स्तर पर खेलों की साम्प्रतिक लोकप्रियता को देखते हुए अधिकांश अखबार पूरा एक पृष्ठ ही 'खेल समाचार 'या' खेल जगत् शीर्षक से छाप रहे हैं। कुछ अखबार तो डेढ़ पृष्ठ भी खेल से सम्बन्धित खबरों को दे रहे हैं। इन खेलों में गाँव, नगर, जनपद, प्रदेश, देश और अन्तर्राष्ट्रीय स्तर पर होनेवाली हर तरह की खेल शामिल हैं।

(3) **सामाजिक समाचार**—सामाजिक समाचार अपने विषय के अनुरूप दो तरह के हो सकते हैं, सर्जनात्मक और विघटनात्मक। सर्जनात्मक समाचारों में विकास, कल्याण, नव-निर्माण, नव-जागरण, शैक्षणिक प्रगति, स्वास्थ्य आदि से सम्बन्धित समाचार होते हैं। विघटनात्मक समाचारों में दंगे-फसाद, तोड़-फोड़ व अन्य अपराधों से सम्बन्धित घटनाएँ रोग, महामारी, प्रकोप व दुर्घटना आदि के समाचार होते हैं।

(4) **आर्थिक समाचार**—वित्त एवं अर्थ से सम्बन्धित खबरें भी प्रमुख रूप से अखबारों के पृष्ठों में भरपूर स्थान पाती हैं। इसमें बाजार समाचार, शेयर मार्केट की खबरें सूचकांकों के गिरने-चढ़ने की खबरें, भारतीय जीवन बीमा तथा बैंक क्षेत्र के नियामक इरडा, भेदभावरहित बाजार पहुँच (एन डी एम ए) की खबरें, द्विपक्षीय व्यापार की खबरें, वाणिज्य मंत्रालय की खबरें, बाजार में दवाओं की आपूर्ति सम्बन्धी खबरें, म्यूचुअल फण्ड, संस्थागत निवेशकों के समाचार, घरेलू विनिर्माण की नरमी या चढ़ाव की खबरें, प्रतिस्पर्द्धा अपीलीय न्यायाधिकरण (काम्पैक्ट) सम्बन्धी समाचार, निजी क्षेत्र के बैंकों के साथ-साथ राष्ट्रीयकृत बैंकों के समाचार आदि प्रकाशित होते हैं।

---

1. पत्रकारिता : परिचय और विश्लेषण—डॉ. प्रीता व्यास, पृ. 76

(5) **सांस्कृतिक समाचार**—किसी समाचार-पत्र में यदि संस्कृति, धर्म, रीति-रिवाज, लोक, कला, नृत्य, तीज-त्योहार, फिल्म, गीत-संगीत के समाचार यदि प्रकाशित न हों तो वह अधूरा और खाली माना जाता है। दरअसल, समय-समय पर होनेवाले उत्सव और तमाम तरह के अनुष्ठान—कर्मकांड, किसी समाज में व्याप्त जड़ता को तोड़ते हैं और नये उत्साह का संचार करते हैं। इनसे समाज में नया सन्देश जाता है। अतः इस तरह के समाचारों का प्रकाशन आए दिन छोटे-बड़े और मझोले समाचार-पत्रों में होता रहता है।

(6) **जनरुचि समाचार**—जनरुचि समाचार अर्थात् ऐसे समाचार जिनमें जन सामान्य की रुचि सहज रूप से हो। कभी-कभी कुछ समाचार कौतुक और विनोद पैदा करते हैं तो कभी कुछ समाचार सनसनी और सिहरन से व्यक्ति को रोमांचित कर देते हैं। कुछ समाचारों से मन में घृणा, राग-द्वेष पैदा होता है तो कुछ समाचार व्यक्ति के मन में साहस और त्याग की भावना पैदा करते हैं। कुछ समाचार मन में भय, आतंक पैदाकर व्यक्ति के मन में साहस और त्याग की भावना पैदा करते हैं। कुछ समाचार मन में भय, आतंक पैदाकर डरावने रूपक और बिम्ब पैदा कर देते हैं तो कुछ नई खोजों—आविष्कारों के प्रति मन में ललक-लालसा के साथ नई जिज्ञासा पैदा करते हैं। कुछ समाचार-पत्र प्रकृति में हुई घटनाओं तथा भविष्य में होनेवाली घटनाओं की भविष्यवाणी आदि छापकर व्यक्ति के मन में उत्सुकता और गुदगुदी पैदा करते हैं।

(13) समाचारों के प्रकार या समाचारों का वर्गीकरण (Types of News)

विद्वानों ने स्थूल तथा सूक्ष्म, स्थान तथा क्षेत्र, स्वरूप और गुण, विषय, प्रकृति तथा घटना आदि के आधार पर समाचारों के दो से लेकर अनेक भेद किए हैं। **श्री प्रेमनाथ चतुर्वेदी**[1] ने समाचारों के मुख्य दो भेद माने हैं, (1) विशिष्ट समाचार (Spot News) तथा व्यापी समाचार (Spread News)।

श्री प्रवीण दीक्षित समाचारों के चार भेद मानते हैं—(1) स्थानीय समाचार, (2) प्रान्तीय समाचार, (3) अन्तर्देशीय समाचार, (4) अन्तर्राष्ट्रीय समाचार।[2] किन्तु **श्री हैरम्ब मिश्र** ने स्थूल रूप से समाचारों के चार भेद यथा—(1) स्थानीय समाचार, (2) प्रान्तीय समाचार, (3) अखिल देशीय समाचार, (4) अन्तर्राष्ट्रीय समाचार मानते हुए उनके 19 सूक्ष्म भेद किए हैं, यथा—[3] (1) भाषण, वक्तव्य और विज्ञप्ति, (2) आततायियों के कुकर्म, छेड़छाड़, मारपीट, पॉकेटमारी, चोरी, ठगी, डकैती, छूरेबाजी, जुआ, हत्या, अपहरण, बलात्कार, (3) जमीन जायदाद के लिए एक ही परिवार के सदस्यों के बीच फौजदारी और मुकदमेबाजी, (4) जातिवाद कलह तथा विद्वेष, (5) रंगभेद और वर्णभेद से उत्पन्न अशान्ति, (6) क्षेत्रीयतावादियों एवं प्रान्तीयतावादियों के झगड़े, (7) धार्मिक एवं साम्प्रदायिक उपद्रव और वैमनस्य, (8) स्थानीय, क्षेत्रीय, प्रान्तीय, तथा अखिल देशीय दिलचस्पी एवं महत्त्व के न्यायिक निर्णय, (9) परिवहन तथा मार्ग दुर्घटनाएँ साइकिल, स्कूटर, इक्का, ताँगा, बस, ट्रक और कार से लेकर ट्रेन, जहाज और हवाई जहाज तक की दुर्घटनाएँ, (10) अवर्षण, अतिवर्षण, बाढ़, आँधी, हिमपात, (11) भू-भ्रंश, भूकम्प, (12) असामयिक या आकस्मिक मृत्यु, आत्महत्या, (13) जातीय, सामाजिक, व्यावसायिक एवं राजनीतिक संस्थाओं, संगठनों तथा दलों की बैठकें, विशेष बैठकें, सम्मेलन, समारोह, प्रदर्शन और जुलूस, (14) श्रम आन्दोलन, किसान आन्दोलन, (15) सरकारी, सामाजिक, राजनीतिक, व्यक्तियों का स्वागत और विदाई, (16) स्थानीय शासन-निकायों और सरकारी विभागों की गतिवधियों, (17) कर्मचारियों, अधिकारियों तथा राजनीतिक कार्यकर्त्ताओं और नेताओं की मनमानी और ज्यादातियों की शिकायतें, (18) व्यक्तिगत समाचार, जैसे परीक्षा या सांस्कृतिक एवं बौद्धिक कार्यों में विशेष सफलता, विदेश यात्रा, विवाह तथा (19) मेलों और पर्वों के समाचार।

---

1. समाचार सम्पादन-प्रेमनाथ चतुर्वेदी, पृ. 22
2. जन माध्यम और पत्रकारिता, डॉ. प्रवीण दीक्षित भाग-1, पृ. 130
3. संवाददाता : सत्ता और महत्त्व—हैरम्ब मिश्र, पृ. 71

डॉ. बच्चन सिंह[1] ने समाचारों के वर्गीकरण के लिए अधोलिखित तालिका बनाई है,—

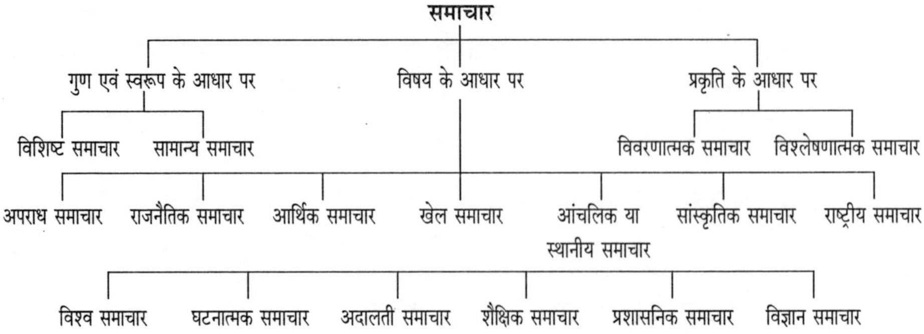

डॉ. प्रीता व्यास[2] ने प्रमुख समाचारों का वर्गीकरण इस प्रकार किया है,—(1) सीधा समाचार (Straight News), (2) व्याख्यात्मक समाचार (Interpretative News), (3) तात्कालिक विशिष्ट समाचार (Spot News), (4) दीर्घकालिक या व्यापी समाचार (Spread News) तथा (5) प्रवाही समाचार (Flowing News) **पं. कमलापति त्रिपाठी**[3] ने समाचारों का वर्गीकरण इस प्रकार किया है,—

(क) विचार प्रधान समाचार, (ख) भाव प्रधान समाचार, (ग) शोध प्रधान समाचार, (घ) सनसनीखेज समाचार, (ड.) व्यक्तिपरक समाचार, (च) विवरण प्रधान समाचार तथा (छ) एकांगी समाचार।

उक्त वर्गीकरणों में से कुछ प्रमुख को इस प्रकार देखा जा सकता है,—

(1) तात्कालिक या विशिष्ट समाचार (Spot News)—इसे कुछ लोग 'आज का समाचार' भी कहते हैं। यह वह समाचार होते हैं, जिनके बारे में पहले से कुछ मालूम नहीं होता, परन्तु वे समाचार गरमागरम एवं अद्यतन होते हैं। विशिष्ट समाचार अपने गुणों के कारण पृष्ठ पर मुख्य स्थान ग्रहण करते हैं। कभी-कभी तो वे इतने महत्त्व के होते हैं कि कम महत्त्व के समाचारों को हटाकर पृष्ठ का स्वरूप ही बदल देना पड़ता है। पूर्व निर्धारित अति महत्त्व के समाचार गौण रूप ले लेते हैं।

(2) दीर्घकालिक या व्यापी समाचार (Spread News)—व्यापी समाचार वह है जो अपने महत्त्व और प्रभाव के कारण पृष्ठ पर ऐसा स्थान पाता है, मानो उस पर आच्छादित हो। उसका विस्तार भी बड़ा हो सकता है। यह भी सम्भव है कि व्यापी समाचार के खंडन-मंडन के लिए अन्य समाचार भी उसके अनुगामी का स्थान ग्रहण करते हों। व्यापी समाचार को स्थान भी विशेष मिलता है और उसका शीर्षक भी अधिक आकर्षक होता है। इस प्रकार के समाचार अपने में पूर्ण होते हैं।[4]

(3) सीधा समाचार (Straight News)—नाम से ही स्पष्ट है, इस तरह के समाचार सीधी, सरल भाषा में प्रस्तुत होते हैं। यहाँ किसी घटना से किसी तरह की छेड़छाड़ नहीं की जाती है। तथ्यों का प्रस्तुतीकरण सही सटीक ढंग से होता है। साफ शब्दों में कहा जा सकता है कि इस प्रकार के समाचारों में अपनी ओर से न कुछ जोड़ते हैं, न छोड़ते हैं,—"A Straight news Story gives factual account of what has happened in a simple, clear and accurate manner. This type of story never distorts or gives wrong facts, It draws no conclusions, makes no accusations, offers no opinions and does not indulge in any speculations."[5]

(4) व्याख्यात्मक समाचार (Interpretatine News)—समाचारों की व्याख्या और चीर फाड़ जिस तरह के समाचारों की प्रस्तुति में की जाए, वह व्याख्यात्मक समाचार जाना जाएगा।

---

1. हिन्दी पत्रकारिता का नया स्वरूप—बच्चन सिंह, पृ. 49
2. पत्रकारिता : परिचय और विश्लेषण—डॉ. प्रीता व्यास, पृ. 85-86
3. पत्रकारिता के सिद्धान्त—कमलापति त्रिपाठी, पृ. 44
4. समाचार सम्पादन—प्रेमनाथ चतुर्वेदी, पृ. 23
5. Mass Communication and Journalism in India-D.S. Mehta. P.71

यहाँ समाचारों की प्रस्तुति से पहले उसकी छान-बीन, जाँच-पड़ताल की जाती है। छपने के बाद इस तरह के समाचारों का पाठकों पर क्या असर और प्रभाव पड़ेगा, इन सभी का ध्यान यहाँ रखा जाता है—"Interpretative news story, on the other hand, reports happening in depth, gives all of the picture, provides background and puts some meaning in to the news to that the reader can better understand and appreciate event."[1]—

(5) **प्रवाही समाचार** (Flowing News)—प्रवाही समाचार अर्थात् जहाँ समाचारों का प्रवाह और नैरन्तर्य बना रहे, उसे प्रवाही समाचार कह सकते हैं। इस तरह के समाचारों में घटनाओं का खुलासा बहुत जल्द नहीं होता। उदाहरण के लिए इस देश में बहुत-सी ऐसी घटनाएँ हैं, जिनका-तमाम जाँच-पड़ताल और आयोग बैठाने के बाद अभी तक कोई निष्कर्ष नहीं निकल पाया है, इन्हें प्रवाही समाचार कहा जाता है।

(14) कुछ अन्य महत्त्वपूर्ण समाचार लेखन

(1) विज्ञान समाचार

एक बहुत पुराना और बासी सवाल समय-समय पर उठता रहा है कि विज्ञान व्यक्ति के लिए वरदान है या अभिशाप? इसका सीधा-सादा उत्तर भी बनता रहा है कि यदि विज्ञान का बेजां और अराजक-अनुचित इस्तेमाल न किया जाए तो बिलाशक यह व्यक्ति के लिए वरदान सिद्ध हुआ है। आज की दुनिया इसी विज्ञान के सहारे विकास के शिखर पर पहुँच चुकी है। दूरसंचार, कृषि, यातायात, चिकित्सा, शिक्षा आदि ढेरों क्षेत्रों में विज्ञान ने अभूतपूर्व प्रगति करवायी है। देश की सीमा-सुरक्षा के लिए नित-नये अस्त्र-शस्त्र भी यह मुहैया करवा रहा है। अखबार पर दृष्टि जाते ही आज का आदमी विज्ञान सम्बन्धी समाचारों को खोजता है। उसे इस बात की जिज्ञासा और तलाश रहती है कि देश के वैज्ञानिकों ने इस समय कौन-सा नया शोध किया है? हिन्दी विरोधी बार-बार एक सवाल उठाते रहे हैं कि हिन्दी भाषा में विज्ञान सम्बन्धी प्रकाशन का अभाव है। अतः ऐसी स्थिति में अखबारों में विज्ञान-समाचार लिखनेवालों को चाहिए कि वे सरल-सहज भाषा में हिन्दी में विज्ञान-सम्बन्धी-सामग्री प्रस्तुत करने के लिए विज्ञान-लेखकों को प्रोत्साहित करें। फल यह होगा कि विज्ञान की लोकप्रियता साक्षर और थोड़े से भी पढ़े लोगों के बीच फैलेगी विज्ञान-सम्बन्धी जिज्ञासाओं का उपशमन होगा। हिन्दी में मानकीकरण की समस्या बहुत पुरानी है, अतः विज्ञान लेखकों को चाहिए कि विज्ञान-सम्बन्धी तकनीकी शब्दावली का हिन्दी तर्जुमा कोष्टक में दे दें। वैज्ञानिक आविष्कारों का चित्र भी देना चाहिए। इससे अनुसन्धान को समझने में सुविधा होगी।

(2) मौसम-समाचार

मौसम के समाचारों में सभी रुचि रखते हैं। ये समाचार इसलिए महत्त्वपूर्ण होते हैं क्योंकि सारे काम-काज मौसम के अनुसार ही चलते हैं। कृषि, व्यापार, औद्योगिक उत्पादन, समुद्र व हवाई यात्राएँ, खेलकूद, सांस्कृतिक गतिविधियाँ, सामाजिक जीवन के सभी क्षेत्र मौसम से प्रभावित होते हैं। यही कारण है कि सभी समाचार-पत्र मौसम के पूर्वानुमान के समाचार दिया करते हैं। मौसम के समाचार दो तरह के होते हैं—एक सामान्य और दूसरे विशेष। सामान्य समाचार वे हैं, जिनमें तापमान, आनेवाले दिन के लिए पूर्वानुमान होते हैं। विशेष समाचारों में भारी वर्षा, शीतलहर, गर्मी के कारण होनेवाले नुकसानों आदि के बारे में अनुमान दिया जाता है, यह भी कि बाढ़ या शीतलहर या गर्मी के कारण क्या क्षति हुई और भविष्य में मौसम कैसा बने रहने की सम्भावना है। ये सभी सूचनाएँ मौसम विभाग समाचार-पत्रों को नियमित रूप से देता है।[2]

यद्यपि समय-समय पर मौसम सम्बन्धी भविष्यवाणी आकाशवाणी और दूरदर्शन से भी होती रहती है, फिर भी अखबारों में मौसम समाचार लिखनेवालों को चाहिए कि वे भी अपने पुख्ता स्रोत से देश के नागरिकों को मौसम सम्बन्धी जानकारी देकर उन्हें सजग करें। कहीं भूकम्प आने की सूचना हो,

1. हिन्दी पत्रकारिता : एक परिचय—सुरेन्द्र बीनू सिन्हा, डॉ. आशीष कुमार मैसी, पृ. 44
2. पत्रकारिता : परिचय और विश्लेषण—डॉ. प्रीताव्यास, पृ. 98

बादल फटने की सूचना हो, सूनामी की सूचना हो फेलिन तूफान या जमीन धँसने की सूचना हो, बाढ़-सूखा, ओला, अतिवृष्टि, अनावृष्टि के साथ-साथ प्रत्येक दिन के तापमान की सूचना समाचार-पत्रों में प्रकाशित होनी चाहिए।

(3) अपराध समाचार

वर्तमान समय को अराजक-अपराधी समय कहा जा सकता है। घर के भीतर से लेकर गली-मुहल्ले, मुख्यमार्ग होते यह अपराध हर जिले की अदालतों तक रोज आता है। इतना ही नहीं, अपने कई चेहरों के साथ यह अपराध, प्रदेश और देश की सीमा-सरहद को पार कर अन्तर्राष्ट्रीयक्षितिज को भी प्रतिदिन छूता है। कुल मिलाकर छोटे-बड़े अपराध खड्ग-खम्भे से लेकर प्रत्येक जगह मौजूद है। समाचार-पत्र भी इन्हें खूब छापते हैं। इधर, समाचार-पत्र का पाठक भी अन्य समाचारों के साथ-साथ प्रथमतः अपराध सम्बन्धी छपे समाचारों को ही खोजता है। समाचार-पत्र का हर पृष्ठ शायद ही विभिन्न तरह के अपराध सम्बन्धी खबरों से वंचित हो। कहीं, जान लेने-देने का अपराध है, कहीं खेल सम्बन्धी अपराध हैं, कहीं आर्थिक अपराध की खबरें हैं, कहीं राजनीतिक-सामाजिक अपराध हैं, कहीं विवाह-सम्बन्धी अपराध हैं, तो कहीं सिनेमा या चलचित्र सम्बन्धी अपराध हैं।

अब यहाँ पर एक सवाल पैदा होता है कि रोजाना झुण्ड-के-झुण्ड पैदा होनेवाले अपराधों को समाचार-पत्र छापें या छुपाएँ? यदि हर किसिम के अधिकांश अपराधों को अखबार रोज छापते हैं तो क्या इससे समाज में अपराध को बढ़ावा नहीं मिलेगा और यदि इसके ठीक विपरीत इन अपराधों को समाचार-पत्र अपने सफों पर उचित स्थान नहीं देते हैं तो क्या इससे उनका पत्रकारीय आचरण स्खलित नहीं होगा? बहरहाल, अधिकांश लोगों का विचार है कि अपराध छोटे हों या बड़े, छोटे लोगों से सम्बन्धित हों या बड़े लोगों से—उन्हें छुपाना-दुबाना नहीं चाहिए। हाँ, इतना ध्यान अवश्य रखना चाहिए कि भाषा शिष्ट, सन्तुलित और सुलझी हो, समाज-विरोधी लोगों को इससे प्रोत्साहन न मिले। अपराध सम्बन्धी खबरों को छापते समय प्रबन्धन को चाहिए कि उनकी सत्यता की मुकम्मल पड़ताल कर-करवा लें, क्योंकि अपराधों की सत्यता कभी-कभी सन्देह के दायरे में आ जाती है। अतः इसे बराबर ध्यान में रखना चाहिए।

(4) स्थानीय समाचार

समाचार-पत्रों की बुनावट समाचारों से ही होती है। इसमें जनपद, प्रदेश, देश और अन्तर्राष्ट्रीय समाचार रोज छपते हैं, किन्तु अखबार का पाठक जिस क्षेत्र, इलाके का रहनेवाला हो, उस क्षेत्र की खबरों की उपेक्षा हो तो कुछ खाली-खाली सा लगता है। साफ-शब्दों में, स्थानीय समाचारों का भी अपना महत्त्व होता है। इससे अखबार के प्रति स्थानीय लोगों के मन में प्रेम और सम्मान बढ़ता है। यद्यपि पिछले डेढ़-दो दशकों से अधिकांश समाचार-पत्रों में स्थानीय खबरों को प्रमुखता दी जा रही है। स्थानीय और जनपदीय खबरें तकरीबन दो या तीन पृष्ठों में स्थान पा रही हैं। वस्तुतः स्थानीय खबरों का अपना महत्त्व होता है। व्यक्ति इसमें अपनी समस्याओं को छपता देखना चाहता है और साथ ही उनके समाधान का आग्रह भी करता है। **सत्यदेव विद्यालंकार**[1] ने लिखा भी है कि, "...मेरा अनुभव है कि जिन पत्रों ने पत्रकारिता के इस महत्त्वपूर्ण अंग की उपेक्षा की है, वे पनप नहीं सके। जिन संचालकों ने बिना टाँगों के अपने पत्रों को चलाने का प्रयत्न किया, वे उसमें सफल नहीं हो सके।"

(5) दैवी आपदा सम्बन्धी समाचार

प्रकृति सृष्टि की सर्जना करती है तो संहार भी करती है। धरती भयंकर आपदा का शिकार हो जाती है। भूकम्प, विनाश, बाढ़, हिमपात, ओलावृष्टि आदि शस्त्रों से प्रकृति सृष्टि पर समय-समय पर आक्रमण करती रहती है। फल होता है—जीवन-जगत् की लय बिगड़ जाती है, चारों ओर अराजकता पसर-पलर जाती है, सृष्टि के सामने अस्तित्व का संकट पैदा हो जाता है। जान-माल का भारी नुकसान होता है।

1. हिन्दी पत्रकार की आपबीती जगबीती—सत्यदेव विद्यालंकार, पृ. 77

कुल मिलाकर चारों ओर कारुणिक दृश्य सर्वत्र दिखायी देने लगता है, अतः ऐसी स्थिति में इस तरह के समाचारों को अखबारों में प्रमुखता से स्थान मिलता है। पर, यहाँ पर संवाददाता या पत्रकार को चाहिए कि इस तरह का समाचार भेजते समय थोड़ा संयम-सब्र से काम लें। उदाहरण के लिए, घटना का वर्णन बहुत बढ़ा-चढ़ा कर नहीं करना चाहिए, जिससे अफरा-तफरी का माहौल पैदा हो जाए। समाचार-पत्रों को चाहिए कि वह सरकार को राहत कार्य जल्दी शुरू करने के लिए प्रेरित करे। वस्तुतः समाचार-पत्रों की यही सामाजिक भूमिका होती है।

(6) साम्प्रदायिक दंगा-सम्बन्धी समाचार

जब-जब अवसरवादी हवाएँ देश में बहती हैं, स्वार्थी, बेखौफ तथा लंपट तत्त्वों को अराजकता फैलाने का अवसर मिल जाता है। फलतः दो सम्प्रदायों की टकराहट हो जाती है, कभी वर्ग संघर्ष, कभी जाति संघर्ष, कभी समुदाय का ही परस्पर संघर्ष, कभी प्रदेश के नाम पर क्षेत्रीयता-स्थानीयता का संघर्ष हो जाया करता है। बहरहाल, इस तरह के संघर्ष बेहद संवेदनशील होते हैं। वे कोमल तन्तु से नरम होते हैं। इन घटनाओं को इलेक्ट्रॉनिक और प्रिन्ट मीडिया तत्काल नोटिस ले इन पर फोकस करना शुरू कर देते हैं। पर, इन दोनों को चाहिए कि वे इन घटनाओं के प्रकाशन-प्रसारण पर थोड़ा संयम और धीरज से काम लें। घटनाओं को बढ़ा-चढ़ाकर वर्णन न करें। अफवाहों को नियंत्रित करने और दोबने में मदद करें। श्रेष्ठ जनों की बैठक कर मामले को सुलझाने का यत्न करें। सम्प्रदाय-विशेष का उल्लेख न करें। साथ ही इस घृणित कार्य की भर्त्सना करें।

(7) संसदीय समाचार

इसके अध्ययन के लिए इस प्रस्तुक का, **प्रिन्ट मीडिया में समाचार रिपोर्टिंग या समाचार प्रेषण** शीर्षक देखिये।

(8) शोक समाचार

इन समाचारों को सभी पाठक तो पढ़ते नहीं हैं, किन्तु सम्बन्धित परिवार व व्यक्तियों के लिए समाचार की एक-एक पंक्ति का महत्त्व होता है। ऐसा लगता है कि मृत्यु का समाचार देना तो बड़ी आसान-सी बात है, लेकिन यह बात नहीं है, इन समाचारों को देते समय काफी सावधानी बरतनी होती है, यथा—[1]

(1) शोक समाचार लिखने से पहले मृत्यु और उसके कारण आदि की दो-तीन बार जाँच कर लेना चाहिए,

(2) मृत्यु का समाचार लेते समय दुःख कातर किसी परिजन की अपेक्षा किसी ऐसे व्यक्ति से पूछताछ करनी चाहिए, जो मृतक के बारे में सही-सही जानकारी दे सके,

(3) शोक समाचार के साथ यदि चित्र भी देना हो तो जाँच कर लेना चाहिए कि चित्र मृतक का ही है या नहीं,

(4) इस तरह के समाचार की भाषा सरल, सन्तुलित होनी चाहिए,

(5) भावनापूर्ण मातमी भाषा का प्रयोग उचित नहीं है, आम पाठक पर तो इससे कुछ प्रभाव पड़ता नहीं है, और जिन पर प्रभाव पड़ सकता है, वे पहले से अपने सम्बन्धी की मृत्यु से व्यथित होंगे, ऐसी स्थिति में यह भाषा उनके दुःख में वृद्धि करने के अतिरिक्त और कुछ नहीं करेगी,

(6) यह साधारण शिष्टाचार की बात है कि मृतक के बारे में लिखते समय उसकी अच्छाइयों को, उपलब्धियों को ही लिखना चाहिए। उसकी बुराई नहीं करनी चाहिए,

(7) मृत्यु के समाचार में किसी का उपहास नहीं करना चाहिए तथा

(8) शोक समाचारों में स्थान की गुंजाइश के अनुसार दुःखी परिवार के सदस्यों व मृतक के संस्कार के समय उपस्थित व्यक्तियों के नाम भी दिए जाते हैं।

---

1. पत्रकारिता : परिचय और विश्लेषण—डॉ. प्रीता व्यास, पृ. 100

(9) रेडियो समाचार

साक्षर-निरक्षर नेत्रहीन-नेत्रयुक्त सभी को नूतनतम घटनाओं की जानकारी देने का कार्य रेडियो करता है। कम-से-कम समय में अत्यन्त महत्त्वपूर्ण समाचारों का विश्वसनीयता के साथ प्रसारण करनेवाला रेडियो ही होता है। 15, 10 और 5 मिनटों के प्रसारित होनेवाले बुलेटिनों में मुख्य-मुख्य समाचार नपे-तुले शब्दों में पढ़ना पड़ता है। सम्पादक हेडलाइंस तैयार कराता है। देखा जाता है कि सबसे अन्त में तैयार समाचार सबसे पहले सुनाये जाते हैं। हेड लाइंस में समाचारों का सार तत्त्व दिया जाता है। सम्पादक के निर्णयानुसार प्राथमिकता के साथ उस दिन का सर्वाधिक महत्त्वपूर्ण समाचार, जिसे लीड स्टोरी कहते हैं, प्रसारित होता है। रेडियो के लिए समाचार लिखते समय इस बात का ध्यान रखना चाहिए कि,[1]—"इस प्रकार लिखो कि मानो तुम स्वयं लोगों से बात कर रहे हो। ऐसी वार्त्ता सामाजिकता, निकटता, महत्त्व और भावना जैसे आवश्यक तत्त्वों से पूर्ण हो।" डाउलिंग लेदरवुड ने लिखा है कि "समाचार किसी घटना, परिस्थिति, स्थिति या राय की सही और सामयिक सूचना है—ऐसी सूचना, जिसमें उन लोगों को, जिनके लिए वह अभिप्रेत हो, दिलचस्पी होगी।"[2]

(10) दूरदर्शन समाचार

दूरदर्शन विद्युतीय अध्यायों में सचित्र समाचार-सम्प्रेषण का सशक्त माध्यम है। समाचारों के प्रसारण गति को दूरदर्शन जितनी क्षिप्रता से बढ़ाता है, प्रिन्ट माध्यमों में खासकर-समाचार-पत्र के पास वह शक्ति सामर्थ्य नहीं है। वस्तुतः अखबारों के छपने का अपना एक नियत समय होता है। हाँ, इन दोनों माध्यमों में एक अन्तर यह है कि दूरदर्शन में समाचारों को विश्वसनीय रूप से ताजा-टटका या सीधे प्रसारण के माध्यम से तुरन्त देख लेते हैं, जब कि समाचार-पत्रों में ऐसा नहीं है। इन दोनों में 'पढ़ने', 'सुनने' और साक्षात 'देखने' का यही अन्तर है। बहरहाल, दूरदर्शन या निजी समाचार प्रसारण माध्यमों को चाहिए कि समाचार प्रसारण में निष्पक्षता बरतें। घटनाओं का सही-सटीक दृश्यांकन करें।

(11) डाक समाचार

सूचना प्रौद्योगिकी के सशक्त सूचना सम्प्रेषण के माध्यमों के इस दौर में डाक समाचार का अब कोई बहुत महत्त्व नहीं रह गया है। अब दूरदराज के संवाददाता अपने से जुड़े अखबार के लिए सूचनाओं को ई-मेल, इंटरनेट या चलदूरभाष (Mobile) के माध्यम से घर बैठे पलक झपकते भेज रहे हैं। दरअसल, डाक के माध्यम से भी भेजी जानेवाली सूचनाएँ, 'नौ दिन चलै अढ़ाई कोस' की गति से विलम्ब से पहुँचती हैं। अतः इस विलम्ब से पहुँची बासी सूचनाओं का प्रकाशन समाचार-पत्रों के लिए बहुत महत्त्वपूर्ण नहीं रह गया है।

(15) समाचारों के कुछ अन्य भेद

उक्त समाचारों के अलावा समाचार के कुछ अन्य भेद भी प्राप्त होते हैं। इन्हें अतिसंक्षेप में इस प्रकार देख सकते हैं—

(क) घटना प्रधान समाचार—घटना प्रधान समाचार को अंग्रेजी में Hard News कहते हैं। इस तरह के समाचार मुख्यतः घटनाओं की जमीन पर खड़े होते हैं। रुडयार्ड किपलिंग का समाचार सम्बन्धी छह ककार-अर्थात् घटनाएँ कब, कहाँ, क्या, कौन, क्यों और कैसे-घटीं का सिद्धान्त यहाँ लागू होता है। अतः इस आधार पर हम कह सकते हैं कि अखबारों में घटना प्रधान समाचारों की बहुलता होती है।

---

1. आधुनिक पत्रकारिता—डॉ. अर्जुन तिवारी, पृ. 34
2. Journalist in year—Dowling Letherwood, P.53

(ख) विश्लेषण प्रधान समाचार—इस तरह के समाचारों को अंग्रेजी में 'Soft News' कहते हैं। नाम से ही स्पष्ट है, इस कोटि के समाचार घटना प्रधान समाचारों से प्रकृति और विभाजन में भिन्न होते हैं। यहाँ—समाचारों का विश्लेषण-विवेचन किया जाता है, चीर-फाड़कर उनकी सत्यता और असलियत तक पहुँचने का प्रयास किया जाता है।

(ग) अपेक्षित समाचार—इस तरह के समाचारों के लिए हिन्दी में एक नाम 'डायरी समाचार' (Diary News) भी दिया गया है। गोष्ठियों, जनसमारोहों, सभाओं, विधानसभा, विधान-परिषद, लोकसभा तथा राज्यसभा आदि से सुनियोजित ढंग से प्राप्त समाचारों को अपेक्षित समाचार कहा जाता है।

(घ) आकस्मिक समाचार—आकस्मिक समाचार का एक अन्य नाम 'गर्म समाचार' (Hot News) भी रखा गया है। ऐसे समाचार, जिनका जन्म आकस्मिक रूप से हो जाता है—वे इसी श्रेणी में आते हैं। उदाहरण के लिए हत्या, डकैती, दुर्घटना, प्राकृतिक आपदाएँ आदि इसी श्रेणी में आते हैं।

(16) दृश्य-श्रव्य माध्यम : समाचार प्रस्तुति-कुछ जरूरी अपेक्षाएँ एवं सावधानियाँ

प्रिन्ट माध्यमों के लिए समाचार लिखने का काम तो थोड़ा सरल भी है, किन्तु दृश्य-श्रव्य माध्यमों के लिए समाचारों को लिखना और उनको प्रस्तुत करना कुछ कठिन अवश्य है। प्रिन्ट माध्यमों में समाचार छप कर बाँटे जाने के बाद उसमें किसी तरह का तत्काल संशोधन सम्भव नहीं है। सुधार-सम्बन्धी कार्यवाही उसके अगले दिन के संस्करण में ही सम्भव हो पाती है, किन्तु दृश्य-श्रव्य माध्यमों में पहले से पढ़े जा रहे समाचारों के कुछ समय के लिए रोककर उन्हें 'इक्सक्लूसिव' (Exclusive) या 'अभी-अभी' या 'ब्रेक्रिग न्यूज' (Breaking News) लिख-बोलकर नये समाचारों का प्रसारण किया जाता है। अतः ऐसी स्थिति में इस माध्यम का समाचार लेखन बहुत रियाज, अभ्यास और बुद्धि चातुर्य तथा कौशल की माँग करता है।

दरअसल, दृश्य-श्रव्य माध्यमों पर एक-एक पल का बहुत महत्त्व होता है। समाचार लेखक और वाचक दोनों को इन माध्यमों की सीमाओं का ज्ञान होना अपेक्षित होता है। यहाँ एक तयशुदा और निश्चित समय में लिखे समाचारों को बोलना पड़ता है। जाहिर है, समाचार लिखने और बोलनेवाले दोनों को थोड़ा संयम और धैर्य से काम लेना पड़ता है। इन सबके साथ ही, कुछ और भी सावधानियों पर गौर और तवज्जुह-तसव्वुर किया जाए तो इस माध्यम के लिए समाचारों का लेखन और उनकी प्रस्तुति बहुत आसानी से हो सकती है। अतः इस सन्दर्भ में पहली बात तो यह कि समाचारों की भाषा सरल-सहज होनी चाहिए। चूँकि इस माध्यम पर प्रस्तुत होनेवाले समाचारों को दर्शक और सुननेवाले साक्षर-निरक्षर से लेकर काफी पढ़े-लिखे लोग तक होते हैं, अतः समाचारों में ऐसी भाषा का इस्तेमाल होना चाहिए, जो न बहुत क्लिष्ट हो तथा जो न उलझाववाली हो। द्वि अर्थी शब्दों का प्रयोग समाचार की समझ में भ्रम पैदा करता है, अतः इस तरह के प्रयोग से बचना चाहिए। संयुक्ताक्षरों के प्रयोग से भी परहेज, निषेध करना चाहिए। समाचारों में यदि सम्भव हो तो तृतीय पुरुष के कथनों का प्रयोग करना चाहिए। जहाँ तक समाचारों को लिखनेवाले कागज के प्रयोग का सवाल है, इसका आकार 'ए-4' का होना चाहिए। अगली बात यह कि कागज पर केवल एक ही ओर समाचारों को लिखें, तो बेहतर है। हाँ, यदि समाचारों को लिखने के लिए पृष्ठों को बढ़ाने की जरूरत पड़ती है, तो इसकी सूचना प्रथम पृष्ठ पर **ओर** या **More** चिह्नित करके देनी चाहिए। **डॉ. बलदेव राज गुप्त**[1] का विचार है कि,—"The identification of a story must be with a Slug- the lead story must have a name on the top so that it can be identified. Slug usually consists of the key words that derives a story e.g. a story about the Prime Minister of India might be slugged' Prime minister' and a story about earthquake in Latoor could be simply slugged 'Quake'. Inwire

1. Journalism By Old and New Masters- Dr. Baldev Raj Gupta, P.12

stories, all news items require writers; Subs identification and the 'time'. If a story runs more than a page the word 'more' is wrihen in the bottom right hand corner."

इसी तरह यदि उपभाग लिखना हो तो **6 ए 7 बी** का उल्लेख करना चाहिए। कागज पर समाचारों को लिखते समय ऊपर से ढाई इंच तथा दोनों किनारों पर एक-एक इंच का हाशिया अवश्य छोड़ना चाहिए। समाचारों को लिखते समय पुनः ध्यान देना चाहिए कि वाक्य इतने बड़े नहीं होने चाहिए कि उन्हें 'स्क्रीन' पर पढ़ते समय साँस अँटकने लगे। अतः छोटे-छोटे वाक्यों का चयन करना चाहिए। समाचारों की शुरुआत सवालिया लहजे में नहीं होनी चाहिए। लिखित समाचार को हू-ब-हू पढ़ना चाहिए। उसमें अपनी ओर से कुछ भी काट-छाँट या रद्दोबदल नहीं करना चाहिए। धर्म, सम्प्रदाय, काले-गोरे, जात-पाँत, स्त्री-पुरुष आदि से सम्बन्धित समाचारों को लिखने-पढ़ने में सन्तुलन और तटस्थता बनाये रखनी चाहिए और अन्त में प्रथम पृष्ठ से सम्बन्धित बात समाचारों को लिखने-पढ़ने में सन्तुलन और तटस्थता बनाये रखनी चाहिए और अन्त में प्रथम पृष्ठ से सम्बन्धित बात यह कि प्रथम पृष्ठ पर समाचार का समय, पढ़ने वाले अर्थात् वाचक का नाम, सम्पादक का नाम तथा दिन-दिनांक को अवश्य टाँकना चाहिए। दृश्य-श्रव्य माध्यमों के लिए समाचार वाचन करते समय बीच-बीच में चित्र, फिल्म, कैप्शन, स्ट्रिंगर, मोन्टाज तथा फ्लैश आदि के साथ-साथ विज्ञापनों का भी ख्याल रखना चाहिए।

(17) समाचार कथा (News Story) या समाचार लेखन : कुछ महत्त्वपूर्ण सावधानियाँ-सजगताएँ

समाचार और समाचार-पत्रों के बीच अन्योन्याश्रिता होती है। कोई भी समाचार-पत्र अपने भीतर-छपे विश्वसनीय, श्रेष्ठ तथा बेबाक समाचारों से ही उत्तम पहचान पाता है। सच तो यह है कि समाचार, अखबार और पाठक के बीच पुल का काम करते हैं। समय और समाज के विविध यथार्थ को अपने अन्तस्तल में समेटे समाचार अखबार के प्रति पाठकों के मन में दिलचस्पी-दिलपसन्दी पैदा करते हैं। समाचार और अखबार इन दोनों का कार्य एक-दूसरे के बिना नहीं चल सकता। यदि पूर्वाग्रह से रहित सामाजिक सरोकारों से सम्पृक्त समाचार तथा-रिश्वत खोरी, घूस-वृत्ति, बेईमानी, अक्षमता, अवैध अनुपस्थिति, सरकारी तंत्र की लूट, जुल्मशिआरी आदि का प्रकाशन अखबारों में नियमित होता है तो वह अखबार यश का भागी बनता है अन्यथा कुकीर्ति और रुसवाई झेलता है और कुछ दिनों बाद उसके सामने भविष्य में अपने बने रहने का संकट खड़ा हो सकता है।

समाचार, समाज के जटिल और विविध यथार्थ के सूक्ष्म उद्घाटन की हैसियत रखते हैं। पाठकों को निथरी और पारदर्शी जानकारी देते हैं। पाठकों के मन में कशिशे इश्क पैदा करते हैं। सम्भवतः इसीलिए समाचारों को तमाम सम्मानों के साथ **समाचार कथा** भी कहा गया है। 'कथ + अङ् + टाप्' से बनी 'कथा' गद्यमयी रचना का एक भेद है, जो आख्यायिका से भिन्न होती है,—*"प्रबन्ध कल्पनांस्तोक सत्याँ प्राज्ञाः कथा विदुः परपराश्रय या स्यात् सा मताख्यायिका बुधैः"*। 'कथा' का एक अर्थ—'वार्त्तालाप' या 'बातचीत' भी कर सकते हैं। बहरहाल, कटु सत्य की तलाश ही इसका प्रधान लक्ष्य होता है। समाचार, व्यक्ति जीवन के विविध चित्रों को अखबारों में उकेरता-अंकित करता है। अतः जब यह तय हो गया कि समाचारों के अभाव में समाचार-पत्र एकांगी, अधूरा और खंडित है तो उसे समाचार-पत्रों और पत्रिकाओं में छपने के लिए लिखते समय कुछ आवश्यक सजगताएँ बरतनी होती हैं,—यथा[1]

(1) समस्त तथ्यों को संकलित करना,
(2) कथ्य की काया की योजना बनाना और लिखना,
(3) आमुख लिखना,
(4) परिच्छेदों का निर्धारण करना,
(5) वक्ता के कथन को अविरल रूप से प्रस्तुत करना तथा
(6) सूत्रों के संकेत को उद्धृत करना।

---

1. पत्रकारिता के सिद्धान्त—कमलापति त्रिपाठी, पृ. 216

बक़ौल **डॉ. प्रीता व्यास**[1] समाचार लेखन में अनावश्यक विस्तार से बचना आवश्यक होता है। इसके लिए जरूरी है,—

(1) समाचार को कई बार पढ़कर उसका सार या मुख्य बातें ही ली जाएँ,

(2) विचार-भंग नहीं होना चाहिए,

(3) जिन शब्दों के निकाल देने से समाचार के मूल भाव या अर्थ पर प्रभाव न पड़ता हो, उन्हें निकाल देना चाहिए,

(4) वाक्य छोटे-छोटे होने चाहिए, लेकिन वे नकारात्मक नहीं होने चाहिए,

(5) किसी वक्ता के भाषण को संक्षिप्त करते समय उसकी पुनरावृत्तियों को हटा देना चाहिए तथा,

(6) वाक्यों को जोड़नेवाले बहुत से शब्द एक ही वाक्य में प्रयोग करने से बचना चाहिए।

कुल मिलाकर,—"The news writer should write the stories-that are readable, Thorough, fair and accurate. The most important rudiments of a news story begin with, 'accuracy' of correct names, places, facts and the words spelled. For this the check and the double check is required. The facts must be verified from all sides to avoid a blunder. The 'attribution' is also most important authenticity of a news item. All the informations and statements must be attributed to the source of the material 'Brevity' is another significant rudiment. The writer must pick up the rest which are necessary to prove points. Badly written materials does not communicate clearly."[2]

(18) समाचारों के मूल तत्त्व, गुण, घटक, आयाम या सूत्र (Ingredients of News)

समाचार और विचार किसी अखबार की शक्ति एवं सम्पदा होते हैं। 'यदि इनकी प्रस्तुति उत्कृष्ट शिल्प, हुनर और शऊर के साथ अखबारों में की जाए तो अखबार का नया मानचित्र बनता है, वह एक नये अर्थ और रवानगी को प्राप्त होता है। कुल मिलाकर समाचारों की विवेक सम्मत, पूर्वग्रह मुक्त तथा स्वस्थ मूल्य दृष्टि सम्पृक्त प्रस्तुति अखबारों में संवाद और सम्प्रेषण की नई धार पैदा करते हैं। दरअसल भूमंडलीकरण, उपभोक्तावाद और बाजारीकरण के दुष्प्रभावों और अपसंस्कृति के दबावों के तहत सम्प्रति समाचारों की फार्मूलाबद्ध प्रस्तुति में थोड़ी शिथिलता आई है, फिर भी समाचारों के परम्परागत मूल तत्त्व, गुण, घटक, आयाम या सूत्रों का स्थान अभी पहले की तरह बना हुआ है। किसी घटना को समाचार बनने के लिए विद्वानों ने कुछ तत्त्वों का निर्धारण किया है। इन्हीं तत्त्वों की खराद पर चढ़कर कोई घटना मुकम्मल, पुख्ता और भरोसे का समाचार बनती है। ये तत्त्व उस चौखटे की तरह हैं, जहाँ समाचारों की जाँच-परख होती है। ये तत्त्व ही समाचारों का सम्पूर्ण कलेवर और वितान रचते हैं। इनके बरताव से समाचारों के प्रति मन में नई उत्फुल्लता पैदा होती है। समाचार नये परिधान-पैरहन, और नए लिबास में सज-धज कर सामने आता है, अन्यथा समाचार लेखन में उक्त तत्त्वों की उपेक्षा से अखबार ठूँठ वृक्ष की तरह एकरस, जड़ और नीरस प्रतीत होता है। विद्वानों द्वारा समय-समय पर निर्धारित समाचार-सम्बन्धी तत्त्वों को हम क्रमशः इस रूप में देख सकते हैं—

(1) श्री प्रेमनाथ चतुर्वेदी[3] ने समाचार के मूल तत्त्वों को इस प्रकार बाँटा है,—

(1) नवीनता, (2) सामयिकता, (3) सामीप्य, (4) स्वहित, (5) धन, (6) काम-वासना, (7) संघर्ष और रोमानी, (8) असाधारणता, (9) वीर पूजा, (10) यश, (11) रहस्यपूर्ण, (12) मानवीय गुणों का उद्रेक, प्रेम, दया, ईर्ष्या, सहानुभूति, त्याग, भय, आतंक और घृणा आदि, (13) साहस और वीरता (खेल और साहसिक कार्यों) के समाचार, (14) आविष्कार और खोज, (15) कुकृत्य, (16) मानव की प्रगति की कहानी,

1. पत्रकारिता : परिचय और विश्लेषण—डॉ. प्रीता व्यास, पृ. 91
2. Journalism By Old And New Masters-Dr. Baldev Raj Gupta. P.13
3. समाचार सम्पादन-प्रेमनाथ चतुर्वेदी, पृ. 22-23

(17) नाटकीयता, (18) विशिष्टता, (19) परिणाम (ब्यापक और सघन), (20) संस्कृति, (12) विश्वास, (22) स्वास्थ्य, (23) सुरक्षा, (24) बन्धुत्व (अन्तर्राष्ट्रीय, राष्ट्रीय, प्रादेशिक, नगरीय, जातीय) (25) सामाजिक और आर्थिक परिवर्तन।

(2) डॉ. नन्द किशोर त्रिखा[1] ने पाठकों को दिलचस्प लगनेवाली विशिष्ट बातों के आधार पर समाचार तत्त्वों का वर्गीकरण निम्न प्रकार किया है,—

(1) नवीनता और असामान्यता, (2) अपेक्षित, (3) आत्मीयता, आकांक्षा, (4) व्यक्तिगत प्रभाव, (5) निकटता, (6) करुणा और भय, (7) धन, (8) मानवीय पक्ष, (9) सहानुभूति, (10) रहस्य।

(3) श्री डी.एस. मेहता ने अपनी पुस्तक 'Mass Communication and Journalism in India" में समाचार के निम्न प्रमुख तत्त्व स्वीकार किया है—

(1) तात्कालिकता या सामयिकता (Immediacy or timeliness), (2) सत्यता और वस्तुनिष्ठता (Truth and objectivity), (3) नजदीकता और समीपता (Nearness and propinquity), (4) रुचिकर या महत्त्वपूर्ण (Interesting and siginficant), (5) महत्त्वपूर्ण व्यक्ति (Widely Known person), (6) घटना का समय और स्थान (Timing and place of occurence of an event), (7) संख्या एवं आकार (Number and size), (8) दुविधा तथा रहस्य (Suspense and mystery),[2]

(4) श्री के.एस. श्रीवास्तव—ने समाचार के निम्न प्रमुख तत्त्व स्वीकार किया है—

(1) परिवर्तन (Change), (2) संघर्ष (Conflict), (3) दुर्घटना (Disaster), (4) प्रगति (Progress), (5) परिणाम (Consequence), (6) कारण (Cause), (7) प्रसिद्धि और प्रमुखता (Eminence and prominence), (8) सामयिकता (Timeliness), (9) निकटता (Proximity), (10) अनूठापन या विलक्षणता (Novelty), (11) मानवीय अभिरुचि (Human interest)।[3]

(5) एम.वी. कामथ[4] ने नेथामसन फाउंडेशन के सम्पादकीय अध्ययन केन्द्र (Editorial Study Centre) के उन 20 वर्गों को उद्धृत किया है, जो समाचार के महत्त्वपूर्ण तत्त्व हैं,—

(1) विलक्षणता (Novelty), (2) व्यक्तिगत (Personal Impact), (3) स्थानीय समाचार (Local news), (4) धन (Money), (5) अपराध (Crime), (6) सेक्स (Sex), (7) संघर्ष या द्वन्द्व (Conflict), (8) धर्म (Religion), (9) दुर्घटना और दुखान्तिका (Disaster and tragedy), (10) हास्य (Humour), (11) मानवीय रुचि (Human interest), (12) पददलित (The underdog), (13) रहस्य (Mystery), (14) स्वास्थ्य (Health), (15) विज्ञान (Science), (16) मनोरंजन (Entertainment), (17) प्रसिद्ध व्यक्ति (Famous people), (18) मौसम (Wheather), (19) भोजन (Food), (20) अल्पसंख्यक (Minorities)।

(6) श्री रंगा स्वामी पार्थसारथी[5] ने समाचार के महत्त्वपूर्ण तत्त्वों को इन प्रमुख बिन्दुओं के आधार पर विवेचित किया है,—

(1) असामान्य घटनाएँ (Unusual events), (2) रहस्य तथा अज्ञात (Mysteries and the unknown), (3) प्रमुख व्यक्ति, स्थान, वस्तु (Prominent people, Place and thing), (4) व्यक्ति जो चर्चा कर रहे हैं (Whatever people are talking about), (5) अधिकृत व्यक्तियों के वक्तव्य (Statements by persons in authority), (6) नये विचार-सामान्य पाठकों के लिए कोई नई वस्तु (New Ideas-anything that is likely

---

1. समाचार संकलन और लेखन—डॉ. नन्द किशोर त्रिखा, पृ. 9
2. Mass Communication and Journalism in India-D.S. Mehta. P. 71-72
3. News Reporting and Editing-K.M. Shrivastava. P.03
4. Professional Journalism-M.V. Kamath. P.84-85
5. Basic Journalism-Ranga Swami Partharthy, 25

to be new to the general reader), (7) पाठक के जीवन को प्रभावित करनेवाली प्रत्येक घटना (All events that affect reader's lives), (8) कुछ काल तक पाठक की कल्पना को बाँधे रखनेवाली प्रवृत्तियाँ अथवा सतत् घटनाएँ (Trends or continuing events that grasp the Imagination of readers over a period of time), (9) मनुष्य तथा मनुष्य के मध्य एवं मनुष्य तथा प्रकृति के मध्य संघर्ष (Conflict between man and the man between man and nature), (10) प्राकृतिक घटना, हिंसा, विपत्ति, दुर्घटना (Natural phenomen violence, calamities and disaster), (11) मानवीय भावनाओं को छूनेवाली दुखान्तिकाएँ तथा सुखान्तिकाएँ (Tragedies and come dies that appeal to the human emotion), (12) स्वास्थ्य सम्बन्धी विषय (Topics of Health), (13) पर्यावरण (Environment) तथा (14) समाचार का क्यों (The why of news).

उपर्युक्त उद्धरणों से समाचार के तत्त्वों का व्यापक बोध होता है। वस्तुतः हमारे आस-पास का सम्पूर्ण जीवन समाचार की दृष्टि से महत्त्वपूर्ण है। संचार साधनों के द्रुतगामी विकास ने सारे विश्व को एक परिवार की अवधारणा में परिवर्तित कर दिया है। आज हम न सिर्फ अपने राष्ट्र की गतिविधियों के बारे में जानने को उत्सुक रहते हैं वरन् दूसरे राष्ट्रों के सुख-दुःख में भागीदार होना चाहते हैं। अतः मानवीय जीवन से जुड़ा हर पक्ष समाचार की परिधि में आ जाता है। आवश्यकता है, उस दृष्टि विशेष को विकसित करने की जिसके आधार पर हम बहुजन के लिए रुचिकर समाचारों को एकत्रित व संग्रहीत कर सकें।[1] बहरहाल, अब समाचार सम्बन्धी कुछ अति प्रमुख तत्त्वों को इस तरह व्याख्यायित कर सकते हैं,—

(1) **तात्कालिकता या सामयिकता** (Immediancy or Timeliness)—अंग्रेजी में एक कहावत है, 'News is new' अर्थात् घटना को समाचार के लिए नवीन होना आवश्यक है। बीते कल का समाचार पुराना हो जाता है, इसलिए तात्कालिक नवीनता समाचार की सर्वाधिक महत्त्वपूर्ण शर्त है। एक पाठक जब सान्ध्य समाचार-पत्र या अगले दिन का समाचार-पत्र पढ़ता है तो उसकी यह अपेक्षा होती है कि वह पिछले दिन के समाचार-पत्र से कुछ नया पढ़े। समाचार जल्दी ही बासी हो जाता है, जिसे पढ़ने में पाठक की कोई रुचि नहीं होती। यदि आज कोई समाचार-पत्र 'वर्ल्ड ट्रेड सेन्टर' के आतंकी हमले में ध्वस्त होने की खबर छापे तो उसका कोई महत्त्व नहीं होगा। यदि उस खबर का 'फॉलोअप' छपे तभी उसका महत्त्व होगा।[2]

(2) **सत्यता एवं वस्तुनिष्ठता** (Truth and Objectivity)—समाचारों के लिए समय का जितना महत्त्व है, सत्यता का भी उतना ही है। समाचारों का प्रामाणिक होना बहुत आवश्यक है। 'लन्दन टाइम्स' के एक संवाददाता ने कहा था, "समाचार सबसे पहले देना चाहिए, किन्तु सबसे अधिक जल्दबाजी में नहीं। किसी घटना का सत्य व सन्तुलित विवरण समाचार को महत्त्वपूर्ण बनाता है। समाचारों का सत्य भी कई तरह का होता है और इस कारण पत्रकार अक्सर परेशानी में पड़ जाते हैं। एक सत्य तो है, सत्यों का खुलासा करना और दूसरा है इस तरह खुलासा करना कि वास्तविक रूप में पाठकों के सामने उजागर हो सके। हर समाचार सत्य की कसौटी पर खरा नहीं उतरता और इसलिए यह समस्या भी रहती है कि किस समाचार को पत्र में स्थान दिया जाए और किसे नहीं[3]

(3) **नजदीकता एवं समीपता** (Nearness and proximity)—समीपता समाचार के लिए महत्त्वपूर्ण तत्त्व है। साफ शब्दों में, जिस घटना को समाचार के रूप में समाचार-पत्र में स्थान दिया जा रहा है, वह कहाँ घटी? क्या अखबार के प्रसार क्षेत्र से दूर घटी है या नजदीक? यदि घटना नजदीक घटी है, तो अधिकांश अखबार-पाठक उसे पढ़ने में रुचि और चाव दिखाएँगे, किन्तु वही घटना यदि ऐसी जगह घटी है, जिसके बारे में लोग जानते

1. समाचार लेखन के सिद्धान्त और तकनीक—डॉ. संजीव भानावत, पृ. 10
2. भारतीय मीडिया : अन्तरंग पहचान—सं. डॉ. स्मिता मिश्रा, पृ. 112
3. पत्रकारिता : परिचय एवं विश्लेषण—डॉ. प्रीता व्यास, पृ. 75

ही नहीं, तो उस समाचार के प्रति अन्यमनस्कता का भाव ही पैदा होता है। अतः ऐसी स्थिति में नजदीक और समीप घटी घटना को अखबारी समाचार बनाने में प्राथमिकता देनी चाहिए।

(4) **रुचिकर एवं महत्त्वपूर्ण** (Interesting and Significant)—समाचारों के चुनाव में जन सामान्य की रुचि का तो ध्यान रखना ही चाहिए, यह बात भी ख्याल रखनी चाहिए कि समाचार महत्त्वपूर्ण भी हो। वस्तुतः अखबार के पाठक हर मिजाज और स्तर के होते हैं। अतः समाचार-पत्रों में खेल वाणिज्य, फिल्म, साहित्य, दर्शन राजनीति, कला, रंगमंच, नृत्य तथा पुस्तक समीक्षा, कहानी, कविता आदि से सम्बन्धित सामग्री भी प्रकाशित होती रहनी चाहिए।

(5) **महत्त्वपूर्ण व्यक्ति** (Widely known person)—अपने-अपने क्षेत्रों में प्रतिष्ठित, गणमान्य या चर्चित व्यक्तियों के साक्षात्कार भी समाचार-पत्रों में छपने चाहिए। इनके वक्तव्य समाज और राष्ट्र के लिए आदर्श बन सकते हैं। इनके बहुत सारे अनजाने मानवीय पहलू भी उद्घाटित होकर लोगों के सामने आ सकते हैं। लोग इन सारी चीजों से सीख लेकर उन पर अमल-आचरण भी कर सकते हैं।

(6) **घटना का समय और स्थान** (Timing and Place of Occurance of an event)—अखबार में छपे समाचारों की विश्वनीयता बनाये रखने के लिए घटी घटना का समय और स्थान का अंकन अवश्य कर देना चाहिए। प्रशासनिक अधिकारी घटी घटना की पड़ताल के लिए सरकारी पत्रों में छपी खबर को आधार बना सकते हैं। यह उनके लिए प्रमाण के रूप में काम आ सकती है।

(7) **संख्या एवं आकार** (Number and Size)—यदि अकस्मात् हुई किसी घटना का बयान समाचार-पत्र में छपता है तो सबसे पहले हताहत लोगों की निश्चित संख्या पर पाठक का ध्यान जाता है। दरअसल, घटना में घायलों के कुशल क्षेम को लेकर अखबार का पाठक चिन्तित होता है। अतः ऐसी स्थिति में हादसे में शिकार लोगों की सटीक संख्या और घटना कहाँ घटी, घटनास्थल का आकार क्या था, आदि भी अखबार में प्रकाशित होनी चाहिए।

(8) **दुविधा तथा रहस्य** (Suspense and Mystery)—अखबार में छपे समाचार बेबाक एवं तथ्य आधारित होने चाहिए। उन्हें दुविधा एवं रहस्य से दूर रखना चाहिए। वस्तुतः अखबार पाठक का बहुत बड़ा मित्र होता है। तमाम तरह के आरोपों को झेल रहे समाचार-पत्र आज भी गाँव-जवार के न जाने कितने निश्च्छल मनों के अन्तरंग हैं। अतः समाचारों में साफगोई, खुलापन होना चाहिए। कोई दुराव-छिपाव नहीं होना चाहिए। स्पष्टतः यह कि समाचार रहस्य की दुर्गन्ध से दूर होने चाहिए। सही सटीक अखबारी सूचना अखबार के प्रति विश्वास बढ़ाती है।

(19) समाचार संकलन या प्राप्ति के विभिन्न स्रोत या सूत्र

अखबारों में छपनेवाले समाचार बाजार की किसी दुकान, मॉल या जिंसखाना में सजाधजा कर रखे गए किसी पण्य-पदार्थ की तरह बिकाऊँ नहीं होते, जिसे संवाददाता खरीदकर अखबारों को मुहैया कराता है, बल्कि वह इन समाचारों के संकलन-संचयन के लिए गली-गली की खाक़ छानता, जेठ की प्रचंडताप, असह्य शीत लहरी और छप्पनों कोट होनेवाली बरसात में बड़ी जद्दोजहद करता तलाशता-फिरता रहता है। समाचारों की खोज और तलाश की इस यात्रा में उसे विचार, घटना या वस्तु की जानकारी अनेक संगठनों, संस्थाओं, स्थानों और व्यक्तियों से मिलती है। इन्हें ही हम **समाचार स्रोत** या **समाचार सूत्र** (News Source) कह सकते हैं। पत्रकारिता के क्षेत्र में नये-नये प्रवेश करनेवाले संवाददाताओं को प्रारम्भ में समाचार स्रोत की जानकारी करना थोड़ा कठिन काम होता है। धीरे-धीरे जब वही संवाददाता इन समाचारों के साथ जीने-मरने लगते हैं, तो इन्हें समाचारों के मूल्य (News value) का पता लगना शुरू होता है। जब वे यह भी जान-समझ जाते हैं कि कौन समाचार किस-किस सूत्र या स्रोत से हस्तगत हो सकता है। इसके लिए उसे समाचारों का फ़कीर और दरवेश बनना पड़ता है। बहरहाल, समाचारों की तलाश में निकलते समय धीरे-धीरे परिपक्व हो चुके संवाददाता अपने साथ अपेक्षित सामग्री और

साधनों को ले लेते हैं। समाचारों को लिखने के लिए वे अपने साथ नोटबुक, पेंसिल, टेप-रिकॉर्डर और लैपटॉप आदि नये संसाधनों को रखते हैं।

सुप्रसिद्ध मीडिया लेखक **डॉ. संजीव भानावत**[1] का कहना है कि समाचार-पत्र में समाचारों का अथाह भंडार होता है। ये समाचार विभिन्न अंचलों से विभिन्न माध्यमों द्वारा विभिन्न स्रोतों से प्राप्त होते हैं। सामान्य पाठक के लिए यह स्वाभाविक जिज्ञासा हो सकती है कि समाचार-पत्रों में ये समाचार इतनी जल्दी कैसे, किस प्रकार तथा कहाँ-से-कहाँ पहुँच जाते हैं। फिर वह आगे अपने इन सवालों का उत्तर स्वतः देते लिखते हैं कि समाचारों के स्रोत अनन्त हैं। समाचारों के वैविध्य के साथ स्रोत का भी वैविध्य और वैशिष्ट्य होता है। संवाददाता सजग रहते हुए अपनी सूक्ष्म निगाह से 'समाचारों' की टोह में रहता है,—"Good reporting in the discovery of as many important facts as possible, their selection and presentation so that they make a comprehensible story."[2] समाचारों के स्रोत का सम्यक् और सफल दोहन वही संवाददाता कर सकता है, जो मानव स्वभाव को समझने में सक्षम हो और दूसरों के प्रति व्यवहार कुशलता का परिचय दे सके,[3] "The clever journalist is known by his ability to seperate the chaff from the wheat, the human interest from the dull."

सच तो यह है कि समाचारों का संग्रहण एक जटिल एवं श्रमसाध्य कार्य है। दिन-प्रतिदिन के समाचार संग्रहण के लिए संवाददाताओं को निरन्तर चौकन्ना रहना पड़ता है। संवाददाता की दिलचस्पी हर उस घटना में होती है, जिसमें समाचार बन सकने की सम्भावना होती है। वह हर घटना को समाचार के नजरिये से देखता है। संवाददाता के कार्य का कोई निश्चित समय नहीं होता, वह हर समय सक्रिय रहता है। किसी भी घटना की सूचना मिलते ही वह घटनास्थल के दौरे पर चल पड़ता है। समाचारों के लिए उसे विभिन्न अन्य स्रोतों से भी सम्पर्क रखना पड़ता है।[4] बहरहाल, **डॉ. नन्द किशोर त्रिखा**[5] के अनुसार समाचार स्रोतों का वर्गीकरण तीन श्रेणियों में किया जा सकता है,—

(1) प्रत्याशित स्रोत (Expected Source)
(2) पूर्वानुमानित स्रोत (Pre-expected Source) तथा
(3) अप्रत्याशित स्रोत (Unexpected Source)

(1) प्रत्याशित स्रोत—इस तरह के स्रोत संवाददाताओं की जानकारी में पहले से ही होते हैं सिर्फ उनसे सम्पर्क साधने और उनके द्वारा समाचार पाये जाने की कुशलता संवाददाता में होनी चाहिए। अपराध जगह की खबरों के लिए पुलिस एक प्रत्याशित स्रोत है, क्योंकि अपराध होते ही रहते हैं और उसके जुर्म में अपराधी या सन्देहास्पद लोग पकड़े जाते हैं। ऐसे अपराध और अपराधी तरह-तरह की खबरों के आधार होते हैं।[6] कुल मिलाकर इस तरह के स्रोत के तहत पुलिस स्टेशन, पत्रकारवार्ता, साक्षात्कार, संसद तथा विधान मंडलों के अधिवेशन, प्रेस विज्ञप्तियाँ, न्यायालयों की कार्यवाही, चिकित्सालय, राजनैतिक दलों के अधिवेशन, विभिन्न समितियाँ, सरकार की सार्वजनिक घोषणाएँ तथा समाचार की विभिन्न एजेन्सियाँ आदि आती हैं।

(2) पूर्वानुमानित स्रोत—पूर्वानुमानित स्रोत संवाददाता की योग्यता और प्रतिभा पर निर्भर करते हैं। अपने आसपास के माहौल से कई बार ऐसे सूत्र हाथ लग जाते हैं, जिनके आधार पर रोचक समाचार प्राप्त किए जा सकते हैं। सरकारी घोषणाओं का हश्र, विश्वविद्यालयों का शैक्षिक वातावरण, महानगरीय जीवन से जुड़े विविध प्रसंग और उनका प्रभाव, औद्योगिक प्रगति और जन- जीवन इत्यादि विविध विषयों से जुड़े अनेक प्रश्नों पर पूर्वानुमान के आधार पर समाचारों की खोज में जाया जा सकता है।[7]

---

1. समाचार लेखन के सिद्धान्त—डॉ. संजीव भानावत, पृ. 14
2. Journalism-David Wain Wright.P.88
3. संवाद और संवाददाता—डॉ. राजेन्द्र, पृ. 32
4. कार्यालयी हिन्दी—डॉ. विजयपाल सिंह, पृ. 71
5. समाचार संकलन और लेखन—डॉ. नन्द किशोर त्रिखा, पृ. 14
6. हिन्दी पत्रकारिता : एक परिचय-सुरेन्द्र बीनू सिन्हा, डॉ. आशीष कुमार मैसी, पृ. 45
7. समाचार लेखन के सिद्धान्त और तकनीक—डॉ. संजीव भानावत, पृ. 15

(3) **अप्रत्याशित स्त्रोत—डॉ. प्रवीण दीक्षित**[1] ने इस प्रकार के समाचारों के लिए 82 स्त्रोतों की चर्चा की है। बहरहाल, प्रत्येक नगर या जनपद के निम्नलिखित सूत्रों से समाचार प्राप्त किए जा सकते हैं—

(1) राजनीतिक दल के नेता,
(2) राजनीतिक दलों के कार्यालय,
(3) पुलिस के थाने-चौकियाँ,
(4) चिकित्सालय,
(5) न्यायालय-परिसर,
(6) महापालिका और उसके अनुविभाग,
(7) पालिका कार्यालय और सदस्य
(8) अग्नि शामक दस्ता,
(9) स्कूल-कॉलेज,
(10) क्लब,
(11) आर्थिक संगठन,
(12) सामाजिक संस्थाएँ,
(13) साहित्यिक संस्थाएँ,
(14) धार्मिक संस्थाएँ,
(15) हवाई हड्डा,
(16) बस स्टेशन,
(17) रेलवे स्टेशन,
(18) विभिन्न उद्योगों के श्रमिक संगठन,
(19) कर्मचारी संगठन,
(20) जिला सूचना कार्यालय,
(21) शिक्षक संघ,
(22) बार एसोसियेशन,
(23) चार्टर्ड एकाउंटेन्ट्स एसोसियेशन,
(24) जिला-परिषद,
(25) नोटीफाइड एरिया कार्यालय और सदस्य,
(26) टाउन एरिया कार्यालय और सदस्य,
(27) विकास खंड,
(28) ग्रामसभा,
(29) ग्रामपंचायत,
(30) जिला नियोजन कार्यालय,
(31) जिलाधिकारी,
(32) अतिरिक्त जिलाधिकारी,
(33) जिला स्वास्थ्य अधिकारी,
(34) तहसीलदार,
(35) जिला उद्योग कार्यालय,
(36) स्वास्थ्य निदेशालय,
(37) जिला विद्यालय निरीक्षक,
(38) जिला पूर्ति कार्यालय,
(39) सरकारी, अर्द्धसरकारी तथा गैर सरकारी जनसम्पर्क अधिकारी,
(40) पुलिस अधिकारी,
(41) शव परीक्षा केन्द्र,
(42) काफी हाउस, जलपान गृह,
(43) नाइट क्लब,
(44) युवक संगठन,
(45) महिला संगठन,
(46) विद्यार्थी यूनियन,
(47) जिला जेल,
(48) हवालात,
(49) विश्वविद्यालय,
(50) सेन्ट्रल एक्साइज और कस्टम,
(51) आयकर कार्यालय,
(52) सेल्स टैक्स कार्यालय,
(53) सेवा समितियाँ,
(54) चैम्बर ऑफ कॉमर्स,
(55) मेडिकल एसोसियेशन और पदाधिकारी,
(56) विभिन्न उद्योगों-व्यवसायों के संगठन और उनके पदाधिकारी,
(57) रोटरी क्लब, लायन क्लब, लियो क्लब, लाज,
(58) धर्मशालाएँ, मुसाफिर खाने,
(59) अनाथालय,
(60) महिला आश्रम,
(61) भूतपूर्व तथा वर्तमान एम.पी.एम.एल.ए., एम.एल.सी. कॉरपोरेटर, म्यु. कमिश्नर, चैयरमैन,
(62) जिला बोर्ड के सभासद, अध्यक्ष,
(63) श्रमिक नेता,
(64) भ्रष्टाचार विरोधी संगठन,
(65) युवक छात्र नेता,
(66) वैज्ञानिक प्रयोगशालाएँ,
(67) लोकसभा, राज्यसभा, विधानसभा, विधान-परिषद,
(68) सभा,
(69) सम्मेलन,
(70) सार्वजनिक कार्यक्रम,
(71) प्रेस नोट,
(72) समाचार बुलेटिन,
(73) पत्रक (हैण्ड आउट्स),
(74) श्रमिक संगठन,
(75) पर्यटन कार्यालय,
(76) बन्दरगाह,
(77) प्रमुख व्यवसायी/उद्योगपति,
(78) वकील,
(79) बाजार,
(80) बैंक,
(81) होटल, रेस्तरा
(82) वित्तीय और औद्योगिक निगम

1. जनमाध्यम और पत्रकारिता—डॉ. प्रवीण दीक्षित, भाग-1, पृ. 151

समाचार स्रोत के बारे में उपर्युक्त अध्ययन के बाद यह कहा जा सकता है कि हमारे चारों ओर की दुनिया समाचार का सागर है। जरूरत इस बात की है कि कुशल संवाददाता के रूप में हमें कुशल गोताखोर और तैराक बनना होगा। संवाददाता की योग्यता, सूझ-बूझ, साहस, निष्ठा, ईमानदारी और परिश्रम की भावना समाचार रूपी सागर में से अनेक मोती मणियों को समाचार के रूप में निकाल कर उसे प्रकाशित करने में सहायक बनेगी। संवाददाता हर वक्त अपनी आँख, कान और नाक खुले रखें, न जाने कब कोई समाचार दिखायी दे, सुनायी दे अथवा गन्ध आ जाए। यदि वह हर समय जागरूक रहा तो संवाददाता को अपने कार्य में कभी कोई कठिनाई नहीं आएगी। धीरे-धीरे संवाददाता समाचार के स्रोतों पर भी विश्वास प्राप्त कर सकेगा।[1]

Sources of News (in Indian context)[2]

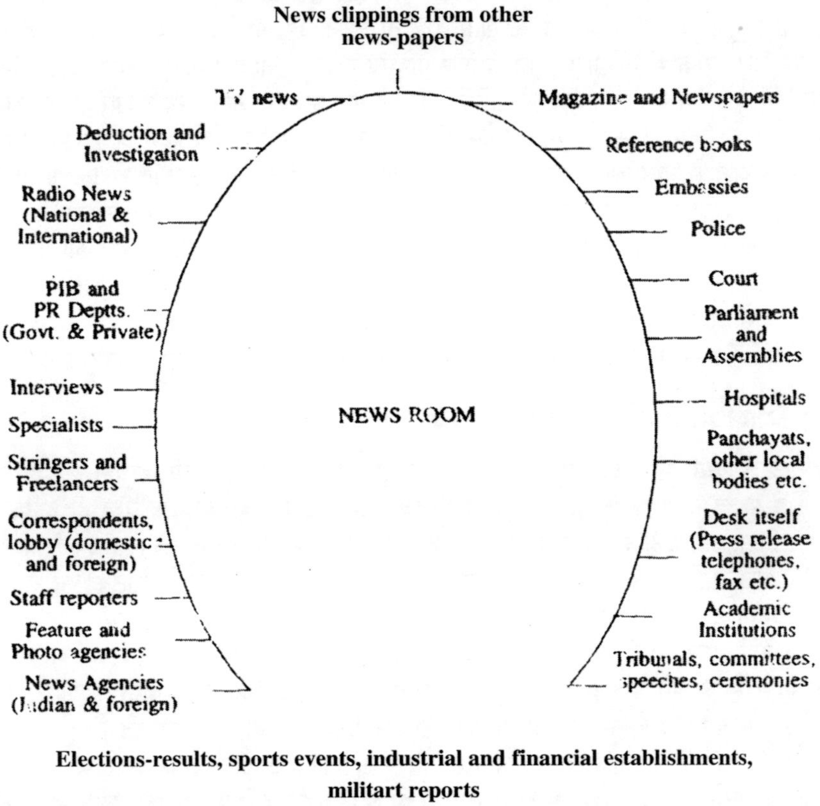

(20) समाचार प्राप्त करने की दक्षता एवं विधि

समाचार सर्वत्र मौजूद होते हैं। जरूरत होती है,—इनमें से उपयुक्त, सार्थक, सटीक, समसामयिक और प्रभावकारी समाचारों को चुनने-बटोरने की कला, तकनीक और विधि की जानकारी की। वस्तुतः समाचारों का संकलन विभिन्न स्रोतों से वही संवाददाता प्राप्त कर सकता है, जिसके पास अपना प्रौढ़ विवेक और वैचारिक निडरता हो। वह व्यवहार कुशल होने के साथ-साथ मनोवैज्ञानिक भी होना चाहिए। उसे सामाजिक बोध भी हो और उसका स्वतः का चेहरा सामाजिक हो। विभिन्न स्रोतों से समाचार लेने-निकालने के लिए संवाददाता को अपने सामाजिक समझ के दायरे को बढ़ाना होगा, संकीर्ण और संवेदनहीन, शुष्क और अकुशल

1. पत्रकारिता और पत्रकारिता—डॉ. अरुण जैन, पृ. 88
2. Journalism By Old And New Masters. Dr. Baldev Raj Gupta के पृष्ठ 21 से साभार।

प्रकृति का संवाददाता अपने इस दायित्व में बहुत सफल नहीं हो सकता। विचारों की उदात्तता से वह लबरेज होना चाहिए। ऊहापोह और संशयग्रस्त संवाददाता समाचार संकलन में काफी कठिनाई झेलेगा।

कहते हैं, बातचीत में सिद्ध व्यक्ति दूसरों के पेट में हेल-प्रवेश कर इच्छित वस्तु ले लेता है। सहिष्णु-संहनशील संवाददाता गम्भीर किस्म के अपराध, यथा-रिश्वत, लूटपाट, हिंसा, आगजनी, खयानत-ग़बन तथा बलात्कार-व्यभिचार से सम्बन्धित समाचार भी बहुत आसानी से विभिन्न स्त्रोतों से उपलब्ध कर सकता है। बस, उसके पास सामाजिक नजरिया और विषम परिस्थितियों से शान्त भाव से निपटने का गुर होना चाहिए। वह समाज के पाखंड को समझनेवाला हो। साधन हीनता के बावजूद समाचार संकलन में वह योद्धा मिजाज और शुद्ध जीवट का व्यक्ति हो। वह तार्किक हो। सृजन, विचार, ज्ञान तथा संवाद का उसमें मंजुल-मनोरम समन्वय होना चाहिए। उसकी दृष्टि का फोकस समाचार के छोटे-बड़े प्रत्येक स्त्रोतों तक जाता है।

वह पदचपल व्यक्ति हो। वह समाचारों का प्यासा हो। समाचार प्राप्त करने के लिए उसके भीतर विषम स्थितियों से जूझने का माद्दा हो। उसके भीतर बेहद तल्लीनता और गहरी विचारशीलता हो। वह निर्वैयक्तिक विवेचक हो। उसके भीतर खीझ, निराशा और मोहभंग न पैदा होता हो। कुल मिलाकर उसमें 'नर्वस ब्रेक डाउन' का दुर्गुण न हो। समाचारों की प्राप्ति के लिए स्त्रोतों के साथ-साथ सम्पर्क और मेल-जोल भी बहुत जरूरी होता है। जिस भी क्षेत्र से समाचार देने की ड्यूटी लगायी जाती है, सर्व प्रथम आप उस क्षेत्र से परिचित हों। अपने स्त्रोत से सम्बन्धित महत्त्वपूर्ण लोगों के नाम व पते, टेलीफोन नं. आदि आपके पास एक डायरी में नोट होने चाहिए। साथ ही स्त्रोत के निजी और सार्वजनिक जीवन के बारे में अधिकाधिक जानकारी प्राप्त कर लेना भी ठीक रहेगा-विशेष रूप से वे अपना नाम कैसे लिखते हैं, कोई उपनाम भी प्रयोग करते हैं कि नहीं तथा उनकी मित्र-मंडली उन्हें किस नाम से पुकारती है। इसी तरह आपको यह भी ध्यान रखना है कि जिनसे आप सम्पर्क बनाते हैं, वे आपके पत्र से अच्छी तरह से परिचित हों। एक अच्छे पत्रकार का गुण होता है कि उसका कोई फैसला अन्य पत्रकारों की अपेक्षा अलग ढंग का दिखायी पड़े।[1]

(21) प्राप्त समाचारों के प्रयोग में सावधानियाँ

अब तक के किसी भी स्त्रोत यथा-सत्ता तंत्र से, किसी प्रतिष्ठान से या किसी संस्थान से-प्राप्त समाचारों का कोई महत्त्व नहीं था, क्योंकि ये महज समाचार स्त्रोत और संवाददाता के बीच ही आवाजाही कर रहे थे, किन्तु जब यही समाचार अक्षर के रूप में अखबारों में सार्वजनिक रूप से प्रकाशित हो अपना आकार-प्रकार पाते हैं, तब इनका बड़ा भारी अर्थ निकलता है। अखबार के पाठक इन समाचारों का अपना-अपना आशय निकालते हैं। ये समाचार किसी की प्रतिष्ठा बढ़ाते हैं, किसी को समाज में नई पहचान और शिनाख्त देते हैं, तो किसी की किरकिरी और किसी की छबि बदरंग तथा बदनामी कर बहुत दिनों से अर्जित प्रतिष्ठा को धूल-धूसरित कर देते हैं। फल होता है, बहुत से लोग आहत होते हैं और तत्सम्बन्धी अखबार या पत्र-पत्रिका पर मानहाँनि का दावा तक कर देते हैं।

यद्यपि, सम्प्रति अनेक अखबार समाचारों और प्रकाशित विज्ञापनों को लेकर अपने पाठकों को प्रतिदिन आगाह भी करते हैं—**अखबार में छपी सूचनाओं और विज्ञापनों पर अमल करने से पहले इनके स्त्रोतों और इनकी विश्वसनीयता को अवश्य जाँच लें** इतना ही नहीं, इस तरह की चेतावनी अब तो अखिल देशीय स्तर की पत्रिकाएँ भी लिखने लगी हैं,—**पत्रिका में प्रकाशित विचार लेखक के अपने हैं। पत्रिका का इनसे कोई लेना-देना या सरोकार नहीं है।** अतः ऐसी स्थिति में संवाददाता को चाहिए कि वह विभिन्न स्त्रोतों से प्राप्त समाचारों को हिलोर-पछोर लें, खूब छान-निथार कर ही अखबार में छपने के लिए जाने दें। उन्हें यह देख लेना चाहिए कि अमुक समाचार छपने पर कोई बवाल-बवंडर, दंगा-फसाद, उपद्रव, बलवा, खलल और मारकाट होने का संशय न हो। यहाँ यह भी देख लेना चाहिए कि कहीं वह समाचार पूर्वाग्रह प्रेरित तो नहीं है, कहीं वह 'पेड न्यूज' की तरह भ्रामक सन्देश देनेवाला तो नहीं है। कभी-कभी झूठी विज्ञाप्तियाँ भी छप जाया करती हैं। बाद में इनका खंडन-मंडन होता रहता है। अतः संवाददाता को चाहिए कि वह अपने निजी सम्पर्क स्त्रोत से इनका पता लगाये। यदि इनकी सत्यता

1. हिन्दी पत्रकारिता : एकपरिचय—सुरेन्द्र, बीनू सिन्हा, डॉ. आशीष कुमार मैसी, पृ. 47

का पता लगाने में किसी तरह की कोताही और शिथिलता हुई तो ये भारी-मुसीबतों और तबाहियों का सबब बन सकती हैं। अतः हकीक़त की रोशनी में इनकी जाँच-पड़ताल अखबार में छपने से पहले ही मुकम्मल रूप में हो जानी चाहिए। कुछ अन्य महत्त्वपूर्ण बात यह कि सूत्रों की गोपनीयता बहुत जरूरी है। सूत्र किसी संवाददाता को तभी खबरें दे सकता है, जब उसे पक्का यकीन होगा कि उसकी गोपनीयता बनी रहेगी यानी कोई जान नहीं पाएगा कि अमुक सूचना अमुक व्यक्ति ने दी है। खास तौर पर अपराध याग़बन घोटालों के मामले में सूत्र का खुलासा होने पर वह संकट में पड़ सकता है। नकारात्मक खबरों में (ग़बन, भ्रष्टाचार, घोटाले आदि) में सूत्रों की मौखिक बातों पर आँखमूँद कर विश्वास नहीं करना चाहिए। प्रथम सूचना की पुष्टि के लिए दस्तावेजी प्रमाण प्राप्त करना चाहिए और सम्बद्ध पक्षों से भी बेझिझक बातचीत की जानी चाहिए।[1]

(22) समाचारों की भाषा शैली

रोमांचकारी शब्द 'समाचार' की कोई एक ठोस परिभाषा अब तक नहीं की गई है। शास्त्रीय परिभाषाएँ भी विभिन्न हैं, जैसे—"अगर कुत्ता आदमी को काटता है" तो यह खबर नहीं है। यदि "आदमी कुत्ते को काटे तो यह खबर है।" समाचार का अंग्रेजी पर्यायवाची शब्द 'न्यूज' है—NEWS अर्थात् North (उत्तर), East (पूर्व), West (पश्चिम) और South (दक्षिण)। इसका आशय यह है कि समाचार चतुर्दिक व्याप्त है। एक गम्भीर परिभाषा यह भी है कि "जिसे कहीं कोई दबाना चाह रहा हो, वही खबर है, शेष सब विज्ञापन हैं।" New का अर्थ होता है नया। News हुआ उसका बहुवचन, यानी ताजा-से-ताजा और नई-से-नई बात समाचार होता है।[2] जाहिर है, चाहे मुद्रित माध्यम समाचार-पत्र, पत्रिकाएँ हों या विद्युतीय माध्यम-रेडियो, दूरदर्शन इनके लिए एक अलहदे प्रकार की भाषा की जरूरत होती है। चूँकि इन माध्यमों का सीधा सम्बन्ध सामान्य जनता से लेकर विशिष्ट तरह के लोगों से होता है अतः यहाँ प्रयुक्त होनेवाली भाषा प्रचलित किसिम या रोजमर्रा प्रयोग की होनी चाहिए। चाहे समाचारों की भाषा हो, समाचार लेखन की भाषा हो, उद्‌घोषणा की भाषा हो, सम्पादकीय की भाषा हो, धारावाहिकों की भाषा हो, समाचार वाचन की भाषा हो, चर्चा-परिचर्चा की भाषा हो या सीधे प्रसारण की भाषा हो—विशुद्ध साहित्यिक या संस्कृतनिष्ठ भाषा का प्रयोग इन माध्यमों में नहीं होना चाहिए, लेकिन इसका अर्थ यह भी नहीं है कि वह भाषा एकदम आमफहम ही हो, क्योंकि समाचार-पत्रों-पत्रिकाओं तथा रेडियो, दूरदर्शन से एक बड़े बौद्धिक समाज का भी जुड़ाव होता है, अतः भाषा ऐसी हो जो इन दोनों के बीच की हो। **डॉ. संजीव भानावत**[3] कहते हैं कि समाचार की भाषा तकनीकी विषयों की भाँति निश्चित नहीं होती। समाचार-पत्र को समाचार विभिन्न स्रोतों से, संवाददाताओं के माध्यम से उपलब्ध होते हैं। इन संवाददाताओं का शैक्षणिक तथा मानसिक स्तर भी भिन्न-भिन्न होता है। अतः इन समाचारों की भाषा में पर्याप्त वैविध्य भी देखने को मिलता है। इसी भाँति समाचार-पत्र के पाठकों के स्तर में भी काफी विभिन्नता होती है। अतः समाचार की भाषा ऐसी होनी चाहिए कि समाचार-पत्र का औसत पाठक उसे समझ सके। इधर, **डॉ. प्रीता व्यास**[4] उसी बात को विस्तार देती कहती हैं कि जहाँ तक समाचार की भाषा का सवाल है—यह सरल, स्पष्ट और आकर्षक होनी चाहिए। समाचार लिखते समय यह ध्यान में रखना चाहिए कि समाचार केवल बुद्धिजीवियों के लिए नहीं, बल्कि एक आम आदमी के लिए लिखा जा रहा है, जो बहुत परिमार्जित भाषा नहीं समझता। आम आदमी भी समझ सके इसलिए उसकी बोलचाल की भाषा को अपनाना चाहिए। एक सीमा तक समाचार-पत्र पाठकों के लिए भाषा शिक्षक का भी कार्य करता है, इसलिए उन्हें भाषा के प्रति लापरवाही नहीं अपनानी चाहिए।

क्रिश्चियन साइंस मॉनिटर ने समाचार-पत्रों के लिए समाचार प्रकाशन-सम्बन्धी 25 तरह के सुझावों को इस तरह बताया है, जिसका उल्लेख **एम.वी. कामथ**[5] ने अपनी एक पुस्तक में अधोलिखित

1. हिन्दी पत्रकारिता का नया स्वरूप—बच्चन सिंह, पृ. 85
2. समाचार संकलन और लेखन—नन्द किशोर त्रिखा, पृ. 7, हिन्दी समिति, उत्तर प्रदेश शासन, लखनऊ सन् 1974
3. समाचार—लेखन के सिद्धान्त और तकनीक—डॉ. संजीव भानावत, पृ. 38, यूनिवर्सिटी पब्लिकेशंस, जयपुर, सन् 1997
4. पत्रकारिता : परिचय और विश्लेषण—डॉ. प्रीता व्यास, पृ. 101
5. Professional Journalism-M.K. Kamath, P.109, Vikas Publishing House, Delhi. 1995

रूप में किया है, यथा—(1) Use short simple words, (2) Use more one-syllable words, use familiar words. (3) Use familiar words, (4) Use personal words, (5) Use concrete words, (6) Make every word work, (7) Avoid technical words, (8) Get rid of rubber stamp phrases, (9) Put sparkle and freshness into simple phrases, (10) Create figures of speech, (11) Use intimate phrase, (12) Use short sentences, (13) Make frequent use of very short sentences, (14) Use short sentences as an aid to clear thinking, (15) Make sentences active, (16) Use short simple paragraph, (17) Use very short paragraphs for variety and emphasis, (18) Use one idea paragraphs, (19) Use paragraphs for actions, impact and result, (20) Write for a specific purpose, (21) Write to one person, one human being, (22) Talk to that person right where he is, (23) Talk to that person in his own field of knowledge, (24) Work with one basic idea, (25) Write with one view point.

कभी नागरी प्रचारिणी सभा, दक्षिण हिन्दी प्रचार सभा जैसी संस्थाएँ, 'सरस्वती' जैसी पत्रिकाएँ और महात्मा गांधी, मदन मोहन मालवीय और राम मनोहर लोहिया जैसी विभूतियाँ अपनी भाषा को लेकर न केवल अति संवेदनशील, बल्कि सक्रिय भी थीं। बीसवीं शती के पूर्वार्द्ध में यानी स्वतंत्रता प्राप्ति तक तो यह सक्रियता जुनून की हद तक थी। सत्तर के दशक तक भी भाषा की यह स्थिति नहीं थी, पर नवउदारवादी नीतियों से भूमंडलीकरण की कुछ ऐसी बयार बही, जिसमें और चीजों के साथ भाषा की शुद्धता का प्रश्न 'बेमानी' माना जाने लगा। महानगरों से शुरू होकर छोटे कस्बों-शहरों तक यह लापरवाही अपने पाँव पसार रही है। टीवी रंगीन हुआ तो अखबार भी रंगीन हो गए, पत्रिकाएँ चिकने पन्नोंवाली हो गयीं। 'धर्मयुग', 'साप्ताहिक हिन्दुस्तान', 'सारिका', 'पराग' बन्द हो गयीं, जिन्हें पढ़कर लाखों पाठक सचमुच भाषा का संस्कार पाते थे, उनका शब्द-भंडार और शब्द-ज्ञान दोनों बढ़ता था। अब अखबार सबसे ज्यादा पढ़े जाने के लिए नहीं, सबसे ज्यादा बिकने के लिए छपते हैं—ऐसे में कुछ स्वयं सेवी संस्थाएँ, लघु पत्रिकाएँ और जुनूनी व्यक्ति भाषा का संकल्प लेकर सामने आएँ तो, शायद 'भाषा बहता नीर हो जाए', वरना स्थितियाँ अभी नालेवाली ही दिख रही हैं।[1]

(23) समाचार लेखन की भाषा और भाषा का आधुनिकीकरण

समाचार लेखन की भाषा ऐसी होनी चाहिए कि बेदम समाचार भी जिन्दा-जीवन्त हो जाए। भाषा यदि प्रभविष्णु तथा असरकारक होगी तो समाचार स्वतः पाठक से संवाद स्थापित कर लेगा। चूँकि अखबार के पाठक साक्षर-निरक्षर से लेकर काफी पढ़े-लिखे तक होते हैं, अतः एक चलती किसिम की भाषा का प्रयोग समाचार लेखन में होना चाहिए। खाँटी साहित्यिक या दार्शनिक भाषा समाचारों को समझने में खलल डाल सकती है। हाँ, इतना अवश्य होना चाहिए कि नीरस, उबाऊ, दुःख, यातना, निराशा और पीड़ा से सम्बन्धित समाचार अखबार में छपने पर और गहरी वेदना न पैदा करें। भाषा, भाव-व्यंजना को व्यक्त करने में सक्षम-समर्थ होनी चाहिए। समाचार लेखन की भाषा के सन्दर्भ में अकबर इलाहाबादी का निम्न शेर पेशे खिदमत है, जहाँ वे कहते हैं कि भाषा तरल, सरल और सबकी समझ के दायरे में हो—**जुबां ऐसी हो कि सब समझें, बयाँ ऐसी कि सब मानें।** स्पष्टतः यह कि भाषा सर्वग्राह्य होनी चाहिए। समाचार लिखते समय अपनी और पाठक की दैहिक भाषा के प्रभावों की कल्पना करके उन प्रभावों को लिखित भाषा में उतारने का प्रयास जरूरी होता है। कल्पना और वास्तविकता के बीच की दूरी जिस हद तक घटायी जा सके, उतनी ही सफलता समाचार लिखने में होगी।''[2]

वस्तुतः समाचार लेखन न तो निबन्ध लेखन है, न पुस्तक लेखन की कला के समान है और न ही सामान्य डाक पत्रों की तरह। इसकी अपनी कला है।[3] समाचार लेखन और उद्घोषणा दोनों का मुख्य उद्देश्य पाठक के साथ त्वरित और सरल ढंग से भावों का संचार करना है और इसके लिए एक विशेष प्रकार का लेखन जरूरी होता है। समाचार लेखन और उद्घोषणा लेखन की भाषा इतनी आसान होनी

1. जनसत्ता में 'चलता है का शिकार भाषा भी'—अवनिजेश अवस्थी, पृ. 7, लखनऊ संस्करण, 19 मई, 2013 ई.
2. मीडिया लेखन—डॉ. रमेश चन्द्र त्रिपाठी तथा डॉ. पवन अग्रवाल, पृ. 29
3. समाचार संकलन और लेखन-नन्दकिशोर त्रिखा, पृ. 88

चाहिए कि अति सामान्य व्यक्ति भी समझ जाए। इनकी भाषा उलझावपूर्ण और द्वैध पैदा करनेवाली नहीं होनी चाहिए। समाचारों की भाषा और उद्घोषणा की भाषा समझने के लिए यदि पाठक को शब्द कोश की सहायता लेनी पड़ेगी तो यह लेखन बहुत सफल नहीं माना जा सकता है। इनकी वाक्य रचना व्यवस्थित होनी चाहिए, जिससे लिखित शब्द का अर्थ निकालने में पाठक को सुविधा हो। कुल मिलाकर यहाँ अनुवादी भाषा से बचते हुए उन शब्दों का प्रयोग करना चाहिए, जिनसे पाठक का परिचय हो।

सम्प्रेषणीयता एवं सुपाठ्यता के लिए भाषा में सहजता और स्वाभाविकता के साथ कसाव भी होना चाहिए। कसी भाषा के कुछ गुर निम्नवत् हो सकते हैं,—[1]

(1) लम्बे, जटिल वाक्यों एवं बड़े पैराग्राफों का प्रयोग न किया जाए।
(2) जहाँ तक सम्भव हो, पुनरुक्ति से बचें। निरन्तर नवीनता रमणीयता उपस्थित करती है।
(3) जब तक बहुत आवश्यक न हो, तब तक विशेषणों से बचना चाहिए।
(4) निष्प्रयोजन विभक्तियाँ अर्थ ग्रहण में बाधा उत्पन्न करती हैं। अतः इनसे बचना चाहिए।
(5) 'कहने का तात्पर्य यह है', 'मतलब यह है', 'ध्यान रहे', 'ज्ञातव्य है' और इसी तरह के अन्य प्रयोगों से बचना चाहिए क्योंकि यह असमर्थ भाषा के लक्षण हैं।
(6) हिन्दी में दोहरी-तिहरी क्रियाएँ, जैसे—'बेंच डाला', 'बन्द कर दिया', 'लेट गया' आदि बोलने का चलन है। इसके स्थान पर क्रिया इकहरी रखने से भाषा में कसाव आता है।
(7) समाचारों में लाक्षणिक एवं आलंकारिक भाषा का प्रयोग नहीं करना चाहिए।
(8) संकेताक्षरों के स्थान पर पूर्ण नाम उल्लिखित करना चाहिए। जो संकेताक्षर आम प्रचलन में आ गए हैं, उनका प्रयोग उचित है, जैसे उत्तर प्रदेश के लिए उ.प्र., सेन्ट्रल इंटेलीजेन्स ब्यूरो के लिए सी.बी.आई.।
(9) संख्याएँ अंकों में न लिखकर शब्दों में लिखनी चाहिए।
(10) संस्कृतनिष्ठ शब्दावली के स्थान पर सहज एवं आम बोलचाल की शब्दावली प्रयोग करनी चाहिए, किन्तु आर्थिक जगत्, खेल जगत् आदि विषयक समाचार लिखते समय तत्सम्बन्धी परिभाषिकों का प्रयोग अनुचित नहीं होता। साथ ही क्षेत्र विशेष अथवा प्रबन्धन रीति के कारण संस्कृत अथवा उर्दू, संस्कृत मिली हिन्दुस्तानी भाषा का प्रयोग उचित है, जैसे पंजाब केसरी अथवा डेलीट्रिब्यून।

जहाँ तक **भाषा का आधुनिकीकरण** का सवाल है, सुप्रसिद्ध भाषा-चिन्तक **डॉ. त्रिभुवन नाथ शुक्ल**[2] इसे परिभाषित करते लिखते हैं कि—, "आधुनिकीकरण भाषा की वह संकल्पना है, जिसमें भाषा का अभिव्यक्ति एवं रूप-रचना के धरातल पर पुनः नव संसृजन होता है। ग्रहणशीलता इसकी एक महत्त्वपूर्ण आवश्यकता है। यह नव संसृजन सायास न होकर सहज होता है। भाषा के आधुनिकीकरण के स्तर हैं, ध्वनि, लिपि, शब्द, वाक्य, अर्थ और प्रयुक्ति।" डॉ. शुक्ल के अनुसार आधुनिकीकरण का प्रश्न उत्पादकता, विकास की गति, सामाजिक परिवर्तन, वैज्ञानिक प्रगति एवं प्रयोग, औद्योगिकीकरण और इसी प्रकार के अन्यान्य सन्दर्भों से जुड़ा रहता है। कुल मिलाकर "भाषा का आधुनिकीकरण" के अर्थ को वे और अधिक साफ करते लिखते हैं—

(क) भाषा का युग सापेक्ष्य होना,
(ख) भाषा का अपने स्वरूप में वैज्ञानिक अथवा निर्विकल्पक होना,
(ग) सामाजिक स्थितियों एवं सन्दर्भों की अभिव्यक्ति में सक्षम होना,
(ख) अधुनातन एवं तकनीकी अभिव्यक्तियों से युक्त होना,
(ङ) संक्षिप्त एवं सूत्रात्मकता से युक्त होना,
(च) नवीनतम् एवं उपयोगी प्रयुक्तियों की अभिव्यक्ति में सक्षम होना तथा
(छ) व्याकरणिक समाज सिद्ध संकल्पनाओं से सिद्ध हो सकने की क्षमता से युक्त होना।

---

1. राजर्षि टंडन मुक्त विश्वविद्यालय की पुस्तिका 'जन माध्यमों के लिए लेखन'—सं. डॉ. अर्जुन तिवारी, पृ. 13 से साभार।
2. हिन्दी अनुशीलन-सं. यतीन्द्र तिवारी, पृ. 94, भारतीय हिन्दी परिषद्-इलाहाबाद, वर्ष-45, अंक 02, जून 2003 ई.

भाग-2
प्रिन्ट मीडिया में समाचार रिपोर्टिंग या समाचार-प्रेषण

(1) 'रिपोर्ट' तथा 'रिपोर्टिंग' का अर्थ—आशय और अवधारणा

जिस प्रकार अंग्रेजी भाषा का 'एकेडमी' (Academy) शब्द हिन्दी में बिना ना-नुकुर के सहज रूप में 'अकादमी' के रूप में स्वीकार कर लिया गया है, ठीक उसी तरह अंग्रेजी का 'रिपोर्ट' (Report) शब्द भी लोक भाषाओं में 'रपट' शब्द के रूप में पचा लिया गया है। रपट शब्द अंग्रेजी के रिपोर्ट का तद्‌भव रूप है। सुप्रसिद्ध कोशकार **फादर कामिल बुल्के**[1] ने अपने सुप्रसिद्ध कोश ग्रन्थ में 'रिपोर्ट' शब्द के विविध अर्थों को इस प्रकार बताया है—Verb (क्रिया)—1. (Official) रिपोर्ट (या प्रतिवेदन) प्रस्तुत करना, लिखना या देना, 2. (Give an account) विवरण देना, 3. (For press) संवाद लिखना या भेजना, 4. (Inform) खबर, समाचार या सूचना देना, बतलाना, कहना, 5. (Complain) के विरुद्ध शिकायत करना, 6. समुपस्थित या उपस्थित हो जाना, Noun—1. रिपोर्ट, प्रतिवेदन, 2. विवरण, 3. संवाद, सूचना, 4. (To police) रपट आदि।

'रिपोर्ट' शब्द के लिए हिन्दी में प्रतिवेदन शब्द का प्रयोग प्रचलित है। अंग्रेजी का 'रिपोर्टिंग' (Reporting) शब्द भी इसी अर्थ में चल रहा है। **डॉ. विजयपाल सिंह**[2] लिखते हैं कि प्रतिवेदन शब्द का प्रयोग अंग्रेजी के दो शब्दों रिपोर्ट (Report) तथा 'रिप्रिजेन्टेशन' (Representation) के हिन्दी पर्याय के रूप में किया जाता है। हम रिपोर्ट शब्द को 'प्रतिवेदन' के रूप में ही लेते हैं। रिप्रिजेन्टेशन के लिए हिन्दी में 'अभ्यावेदन' शब्द उपयुक्त प्रतीत होता है। इधर, सुप्रसिद्ध भाषाविज्ञानी **डॉ. कैलाश चन्द्र भाटिया**[3] कहते हैं कि प्रतिवेदन तो 'रिपोर्ट' (Re = back + portrate = to carry) का रूपान्तर मात्र है, जिसका प्रयोग निम्नलिखित अर्थों में किया जाता है—

(1) To carry and repeat (a message), (2) To given account of a legal case heard. To give information about, (3) To make known the presence, approach, (4) To write an account…for publication as in a newspaper, (5) To give official account/formal account of the results of an investigation, (6) To present something referred for study with conclusion/recommendations (to a person or group authorised to consider proposal), (7) To make a charge about to a person in authority, (8) A record of speeches delivered and actions taken during a session of any deliberative body. 'प्रतिवेदन' संस्कृत शब्द है। इसका प्रयोग प्राचीन काल में नहीं होता था। 'प्रति' संस्कृत का उपसर्ग है, जिसको लगा देने से—(1) की ओर/की दिशा में, (2) लौटकर वापिस, (3) के मुकाबले/के विरुद्ध/के विपरीत, (4) ऊपर आदि अर्थ अभिव्यक्त होते हैं। 'प्रतिवेदम्', 'प्रत्येक वेद में' या 'प्रत्येक वेद के लिए' अर्थ में प्रयोग में आता था। आज इसका प्रयोग किसी घटना, कार्य, योजना आदि के सम्बन्ध में छानबीन, पूछताछ आदि करने के बाद तैयार किया गया विवरण जो किसी अधिकारी या सभा आदि के सामने प्रस्तुत करने को हो—अर्थ में किया जाता है। 'आख्या' अर्थ में भी कोई-कोई प्रयोग कर देता है। संस्कृत में इसका (आख्या) प्रयोग नाम अभिधान के लिए होता था। बहुधा समास के अन्त में जब प्रयुक्त होता है तो इसका अर्थ होता है—'नामक' या 'नामवाला'। वस्तुतः 'आख्या' किसी 'टिप्पणी' के लिए प्रयोग में लाया जा सकता है।

'रपट' शब्द का हिन्दी पर्याय यद्यपि 'प्रतिवेदन' अवश्य किया गया है, किन्तु दोनों शब्दों के अर्थ अलग-अलग चित्र प्रस्तुत करते हैं। 'प्रतिवेदन' शब्द से जहाँ अर्थ की मीठी-मद्धिम आँच निकलती है, वहीं 'रपट' शब्द का नाम लेते ही थाना, कचहरी का खौफनाक मंजर सामने खड़ा हो जाता है। सम्भवतः इसीलिए ये दोनों शब्द हिन्दी में अलग-अलग सन्दर्भों और क्षेत्रों में प्रयुक्त भी किए जाते हैं।

पत्रकारिता के क्षेत्र में 'रिपोर्ट' और 'रिपोर्टिंग' बेहद बहुचर्चित शब्द हैं। यहाँ 'रिपोर्ट' का सामान्य अर्थ होता है—शीघ्रता के साथ सही-सटीक सूचना देना। दूसरे शब्दों में, घटना की इतिवृत्ति ही नहीं,

1. अंग्रेजी हिन्दी कोश—फादर कामिल बुल्के, पृ. 560, एस. चन्द एंड कम्पनी, नई दिल्ली, 1990
2. प्रयोजनमूलक हिन्दी—डॉ. विजयपाल सिंह, पृ. 69, संजय बुक सेन्टर, वाराणसी-1998
3. हिन्दी भाषा का प्रयोजनमूलक स्वरूप—डॉ. कैलाश चन्द्र भाटिया, पृ. 89, साहित्य भवन इलाहाबाद

बल्कि सूचना, खबर की तह में प्रवेश कर दबी हुई सच्चाइयों, घटनाओं, खबरों को उद्घाटित और पर्दाफाश करना 'रिपोर्ट' के दायरे में आ सकता है। कुल मिलाकर, समाचार-पत्रों के लिए संवाद लिखना, खबरों का खुलासा कर उन्हें अखबारों में छपने के लिए भेजना, घटनाओं का लेखा-जोखा प्रस्तुत करना आदि 'रिपोर्ट' के ही भीतर आते हैं। इसे ही 'समाचार-लेखन' भी कह सकते हैं। इधर, 'रिपोर्टिंग' (Reporting) शब्द की पैदाइश 'रिपोर्टेयर' से मानी जाती है, जिसका तात्पर्य होता है—'अन्य स्थान से कुछ पीछे ले जाना'। तात्पर्य यह कि सूचना और खबरों की गहराई में जाकर उनकी सत्यता का अंकन-टंकण करना 'रिपोर्टिंग' कही जा सकती है।

(2) प्रेस रिपोर्ट का सम्पादन या प्रेस रिपोर्ट लेखन एक कला है (Art of Report writing)

प्रेस रिपोर्ट एक तरह का लिखित विवरण होता है। इस विवरण में किसी कार्य-व्यापार या विषय के विभिन्न तथ्यों का लेखा-जोखा प्रस्तुत किया जाता है। यह लेखा-जोखा या रिपोर्ट—किसी समारोह, उत्सव, घटना, गोष्ठी, सेमिनार, समिति की बैठक सभा, जुलूस, उद्घाटन-विमोचन, लोकार्पण आदि की हो सकती है। इस रिपोर्ट के दायरे में कम्पनियाँ, मंत्रालय, कार्यालय, विभाग आदि के कार्य-कलाप भी आ सकते हैं। इनकी बैठकों की कार्यवाही के ब्यौरे रिपोर्ट में किए जाते हैं। कोई भी रिपोर्टर अपने पत्र का प्रतिनिधि होता है। सरकार देश के समाचारों को जनता तक पहुँचाने के लिए 'श्वेत पत्र' के रूप में रिपोर्ट का प्रयोग करती है। अतः ऐसी स्थिति में रिपोर्टर का उत्तरदायित्व और बढ़ जाता है।

दरअसल, समाचार-पत्रों के लिए समाचारों के संकलन के बाद उसे विधिवत् रूप में सम्पादित करने की समस्या आती है। यह कार्य बहुत अधिक जटिल, क्लिष्ट और चुनौतीपूर्ण होता है। जो रिपोर्टर इन चुनौतियों को झेलकर समाचारों का सही सम्पादन कर लेते हैं, वही सफल रिपोर्टर होते हैं। वे ही इस कला में पारंगत माने जाते हैं। कहते हैं, प्रेस रिपोर्ट के सम्पादन में मुख्य रूप से तीन बातों का ध्यान देना चाहिए, ये हैं—महत्त्व, समय और स्थान। इन तीनों की संगति बहुत आवश्यक है। अगर समाचार-पत्र में समय और स्थान—दोनों मौजूद हैं तो, समाचार को विस्तार के साथ प्रस्तुत किया जा सकता है और यदि समय, स्थान का अभाव है तो समाचारों को विस्तार के लोभ से बचना चाहिए। समय और स्थान के साथ रिपोर्टर को समाचार के महत्त्व पर गौर करना चाहिए, क्योंकि थोड़ी-सी लापरवाही के कारण पत्र का महत्त्व जनता की दृष्टि में कम हो सकता है।

सच तो यह है कि रिपोर्टर की भूमिका किसी स्टेनो की तरह नहीं होती, जो भाषण सुनकर रिपोर्टिंग कर दिया। उसे राष्ट्रीय-अन्तर्राष्ट्रीय खबरों और घटनाओं से परिचित होना चाहिए। रिपोर्टर को चाहिए कि वह समाचार-पत्रों में कोई लम्बा समाचार न दे। समाचारों की भाषा सरल और स्पष्ट होनी चाहिए। रिपोर्टर को चाहिए कि किसी सरकारी नीति से सम्बन्धित समाचारों में अपना मत न दे, उसमें कोई फेर-बदल न करे। हाँ, गैर-सरकारी स्तर पर अपना कुछ सतर्क संशोधन वह प्रस्तुत कर सकता है। कोई घटना किस लिए, क्यों और किस समय घटी—इन सबकी जानकारी जनता जानना चाहती है, अतः इन सबकी प्रस्तुति बहुत सावधानी से होनी चाहिए। महत्त्व, समय और स्थान की तरह किसी भी अच्छी रिपोर्ट के लिए पाँच तत्त्वों का ख्याल रखना पड़ता है। ये हैं—निकटता, सार्वजनिकता, सामयिकता, महत्त्वपूर्ण व्यक्ति के विषय में जिज्ञासा तथा अभिरुचि। रिपोर्टर की भाषा अपनी होनी चाहिए। रिपोर्टर रिपोर्टिंग कानून का उल्लंघन न करे। रिपोर्टिंग में 'हम' शब्द की जगह 'ऐसा ख्याल किया जाता है' आदि शब्दों का प्रयोग होना चाहिए।

(3) रिपोर्टिंग : प्रकृति, सिद्धान्त और प्रकार

प्रिन्ट और विद्युतीय माध्यमों में समाचार रिपोर्टिंग 'रिपोर्टर' की प्रतिभा का कड़ा इम्तिहान मानी जा सकती है। दरअसल, अप्रसिद्ध, तटस्थ, विचारधारा निरपेक्ष रह कर विनय, सरल और सौम्यता के साथ की गई रिपोर्टिंग अपने-अपने माध्यमों में वैचारिकता के नये मूल्य स्थापित करती है। प्रत्येक माध्यम की रिपोर्टिंग के लिए अपने कुछ निश्चित मानदंड और सिद्धान्त होते हैं। इन सिद्धान्तों की खराद पर चढ़ी खबरें ही

माध्यम का स्तर तय करती हैं। अतः ऐसी स्थिति में रिपोर्टर को चाहिए कि घटनाओं और स्थितियों के हर छोटे-ब्यौरे को बेहद ईमानदारी और साफगोई के साथ अपनी रिपोर्टिंग में बुने। जतन और लगन से की गई रिपोर्टिंग माध्यम को कद्दावर बनाती है। यह रिपोर्टिंग चाहे सामाजिक अनुशासन से सम्बन्धित हो या धर्म, नौकरशाही, खेल की दुनिया की हो या भ्रष्टाचार, राजनीति, व्यवसाय या अकादमिक जगत् की हो—ईर्ष्या, अहंकार, द्वेष, आत्ममुग्धता, छल आदि को त्यागकर निष्पृह भाव से होनी चाहिए। मन में किसी के प्रति किसी तरह की ग्रन्थि-ग्रस्तता नहीं होनी चाहिए अन्यथा रिपोर्टिंग का सौन्दर्य क्षरित और खंडित हो सकता है। कुल मिलाकर यह कि मंच की ताली बजाऊ रिपोर्टिंग तात्कालिक क्षणिक प्रशंसा तो प्राप्त कर सकती है, किन्तु अन्ततः वह प्रलाप और विलापग्रस्तता का शिकार हो जाएगी। वह अपनी चमक और पहचान खो देगी, तदर्थ समाचार-लेखन में निम्नलिखित प्रक्रियाएँ पूरी की जानी चाहिए—

(1) समग्र तथ्यों को संकलित करना, (2) कथा की काया की योजना बनाना एवं उसे लिखना, (3) आमुख लिखना, (4) परिच्छेदों का निर्धारण करना, (5) वक्ता के 'कथन' को अविकल रूप में प्रस्तुत करना तथा (6) सूत्रों के संकेत को उद्धृत करना। कथा की काया में ऐसा प्रयास होता है कि प्रथम अनुच्छेद में घटना की जानकारी हो जाए। पुनः घटना के उद्देश्य उसकी प्रक्रिया, पृष्ठभूमि तथा प्रतिक्रिया को स्पष्ट करना चाहिए। तत्पश्चात् समाचार के पारस्परिक सम्बन्धों का उल्लेख होता है। एल.के. डिकर के अनुसार Information (सूचना), Intention (उद्देश्य), Method (प्रक्रिया, विधि) Administration (घटना की पृष्ठभूमि एवं प्रबन्ध) और Inter communication (पारस्परिक संचार) से परिपूर्ण समाचार ही सुबोध और सुग्राह्य होता है। संक्षेप में उसे 9.9. M.A. 9 के रूप में जाना जाता है। समाचार लेखन में वही पत्रकार सफल माना जाता है, जो भाषाविद् हो। सरल, प्रवाहपूर्ण, सुस्पष्ट और चटपटी भाषा में लिखित समाचार सर्वग्राह्य होता है। छोटे वाक्य, छोटे अनुच्छेद, स्वीकारात्मक भाव और जोशीली भाषा का प्रयोग कर कोई भी पत्रकार सुलेखक हो सकता है।[1] अब हम समाचार रिपोर्टिंग के कुछ प्रमुख प्रकारों को इस प्रकार देख सकते हैं,—

(1) व्याख्यात्मक रिपोर्टिंग

(क) स्वरूप-विवेचन

व्याख्यात्मक शैली का प्रयोग करने के कारण ही इस तरह की रिपोर्टिंग को 'व्याख्यात्मक रिपोर्टिंग' कहते हैं। समाचारों की बारीक चीरफाड़ और गहन विश्लेषण के कारण इस रिपोर्टिंग का एक अन्य नाम 'विश्लेषणात्मक रिपोर्टिंग' भी रखा गया है। इस तरह की रिपोर्टिंग का मुख्य तात्पर्य खबरों के हर पहलू-पक्ष पर सम्यक् रूप से रोशनी डालना होता है। खबरों की गहन पड़ताल के कारण कुछ लोग इसे 'रिपोर्टिंग की शोध-परक विधा' मानते हैं। बताते हैं, समाचारों के विश्लेषण और व्याख्यायित करने की प्रवृत्ति 20वीं सदी में शुरू हुई। पश्चिम के देशों में फ्रांस में इसकी शुरुआत द्वितीय विश्वयुद्ध के पूर्व ही हो चुकी थी। भारत में भी समाचार-पत्रों में लोकतंत्र के बचे रहने, प्रसंग और स्थितियों का सामना करने के लिए रिपोर्टिंग की यह शैली काफी चलन में है।

(ख) परिभाषा

व्याख्यात्मक रिपोर्टिंग को परिभाषित करें तो कह सकते हैं, जिस रिपोर्टिंग में तथ्य का विशद-विस्तृत विवेचन किया जाए, उसे व्याख्यात्मक रिपोर्टिंग या विश्लेषणात्मक रिपोर्टिंग कह सकते हैं। अन्य तरह की रिपोर्टिंग के सापेक्ष यहाँ खबरों की विवेचना काफी विस्तार पाती है। खबरों के हर पहलू पर गम्भीरता के साथ व्यापक रूप में यहाँ विवेचना की जाती है। संडे—न्यूयार्क टाइम के पूर्व सम्पादक और सुप्रसिद्ध पत्रकार श्री लेस्टर मार्केल (Lester Markel) ने व्याख्यात्मक रिपोर्टिंग को परिभाषित करते लिखा था,—"मेरी समझ में व्याख्या समाचार की गहरी समझ को स्पष्ट करना है। इसमें किसी घटना को अन्य घटनाओं से सन्दर्भित किया जाता है। यह समाचार में रंग, सम्पूर्ण वातावरण का समावेश, तथ्यों को अर्थ प्रदान करनेवाले मानवीय कारक या संक्षेप में कहें तो तथ्यों की क्रमबद्ध प्रस्तुति और सबसे प्रमुख समाचार का अर्थ स्पष्टीकरण है।"

1. आधुनिक पत्रकारिता—डॉ. अर्जुन तिवारी, पृ. 27

(ग) व्याख्यात्मक समाचार की संरचना

व्याख्यात्मक-विश्लेषणात्मक रिपोर्टिंग में समाचारों की संख्या के लिए मुख्य रूप से निम्न तथ्यों को आधार बनाते हैं। इन्हीं तथ्यों और बिन्दुओं की बुनियाद पर इस तरह के समाचारों का स्वरूप स्थिर किया जाता है, यथा-घटना क्यों घटी अर्थात् 'तात्कालिक कारण', घटना का कारण क्या था अर्थात् 'पृष्ठभूमि', घटना कैसे घटी अर्थात् 'प्रक्रिया' और घटना का परिणाम क्या हुआ अर्थात् 'निष्कर्ष' और 'निचोड़'। इस तरह के समाचारों की बुनावट में तथ्यों की गहरी छानबीन की जाती है, कहीं कोई पक्ष छूट न जाए, यह भी पता लगाया जाता है कि घटित घटना का सम्बन्ध अन्य घटनाओं से कैसा, किस प्रकार का था। यहाँ यह भी संकेत करने का प्रयास किया जाता है कि घटित घटना का परिणाम क्या हुआ और भविष्य में उसके निष्कर्ष क्या हो सकते हैं।

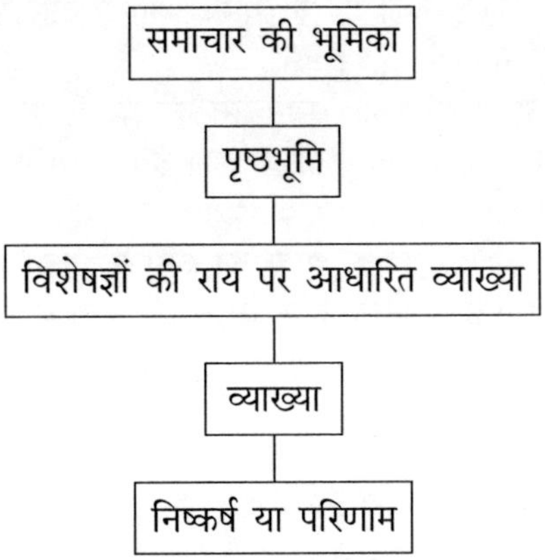

(घ) व्याख्यात्मक रिपोर्टिंग की विशेषताएँ

(1) इस तरह की रिपोर्टिंग में रिपोर्टर अखबार के पाठकों के सामने घटित घटना की पृष्ठभूमि पर तो सम्यक् प्रकाश डालता ही है, घटित घटना की तह में प्रवेश कर उसके कारणों की ओर भी इशारा करता है,

(2) व्याख्यात्मक रिपोर्टिंग में भरसक प्रयास किया जाता है कि समाचार सुगठित ढंग से अखबार के पाठक तक पहुँचे। समाचार रिपोर्टिंग के इस प्रकार में घटना और विचार को निष्पक्ष रूप में प्रस्तुत किया जाता है।

(3) यहाँ रिपोर्टर अखबार के पाठकों के समक्ष अपना स्वरूप आदर्श समाचार लेखक के रूप में प्रस्तुत करने का प्रयास करता है। एक सच्चे पत्रकार की तरह वह जानता है कि पत्रकारिता जिस सच्चाई को प्राप्त करना चाहती है, वह न विज्ञान की सच्चाई है और न किसी कवि या उपन्यासकार का सच। पत्रकारिता में आदर्श सच्चाई है—तथ्यपरकता अर्थात् वस्तुनिष्ठता।

(4) इस तरह की रिपोर्टिंग में समाचार प्रस्तोता जीवन का कोई खंड, मार्मिक क्षण, अपने में अर्थपूर्ण कोई घटना या प्रसंग समाचार के तंत्र में बाँधने का प्रयास करता है। समाचार प्रस्तुति का उसका अपना अन्दाज होता है। उसके द्वारा प्रस्तुत समाचार कभी पाठकों को हँसाता है, कभी उदास कर जाता है, कभी विस्मित और चकित भी कर देता है और कभी गम्भीर मन्थन के लिए विवश कर देता है, तथा

(5) वह अपने शिल्प, अनुभव और संवेदना की चाशनी में लपेटकर समाचारों को इतनी संजीदगी और संयम से पाठक के सामने परोसता है कि हाशिये के बेबस लोग भी उसमें भरोसा और सुकून पाते हैं।

(ङ) व्याख्यात्मक रिपोर्टिंग में सावधानियाँ

(1) अंग्रेजी में एक शब्द है—'Objectivity'। इसे हिन्दी में 'वस्तुनिष्ठता' नाम से जानते हैं अर्थात् इसका सीधा-सादा भाव हम विषय-वस्तु के प्रति 'ईमानदारी से पूर्ण समर्पण' लगा सकते हैं। साफ शब्दों में 'निष्ठा का भाव' है। यह पत्रकारिता की भाषा में समाचारों की प्रस्तुति का ईमानदार प्रतिमान होता है, अतः रिपोर्टर को उक्त बात का बराबर ख्याल रखना चाहिए।

(2) किसी भी समाचार की प्रस्तुति तथ्यों से बिना छेड़छाड़, तोड़-फोड़ और भेदभाव के की जानी चाहिए। अगर इनका पालन नहीं हुआ तो, पत्र-पत्रिका से पाठक का भरोसा टूटेगा।

(3) समाचारों की प्रस्तुति में झटपटापन और हड़बड़ी नहीं होनी चाहिए। समाचार के स्रोतों का उल्लेख करते हुए उनकी प्रस्तुति धीरज, समझ और संवेदनशीलता से होनी चाहिए। समाचार कल्पित न हों।

(4) समाचार पक्षधरता से रहित हों। समाचारों की प्रस्तुति में अबूझ भाषा का इस्तेमाल नहीं होना चाहिए। भाषा में ताजगी होनी चाहिए। इस समय की अधिकांश पत्र-पत्रिकाएँ हिन्दी भाषा के सौन्दर्य को विकृत करने का प्रयास कर रही हैं। स्पष्टतः यह कि समाचार-पत्र और अन्य दृश्य माध्यम हिन्दी भाषा को अंग्रेजी भाषा का चोला पहनाने में व्यस्त हैं। अतः ऐसी स्थिति में होना यह चाहिए कि अपनी भाषा में उपलब्ध शब्दों की बजाय अंग्रेजी आदि अन्य भाषाओं के शब्दों का प्रयोग नहीं करना चाहिए, इससे अपनी भाषा का शील-संस्कार टूटता है।

(2) अन्वेषणात्मक या खोजपरक रिपोर्टिंग

इसके अध्ययन के लिए कृपया इस पुस्तक का 'खोजी समाचार' (Investigative Reporting) शीर्षक पढ़ने का कष्ट करें।

(3) अपराध रिपोर्टिंग

(क) अपराध : अर्थ तथा जन्मने के कारण

अपराध एक सार्वभौम सामाजिक प्रघटना है। यह समाज एवं काल-विशेष की परिस्थितियों से संयुक्त होता है। साफ शब्दों में, यह समाज एवं काल सापेक्ष होता है। इसकी समस्या सभी कालों एवं युगों में रही है। आदिकाल से ही प्रत्येक समाज में अपराध किसी-न-किसी रूप में विद्यमान रहा है। आदिम जीवन का अध्ययन करनेवाले अनुसन्धानकर्त्ताओं ने कोई भी समाज ऐसा नहीं पाया है, जिसमें अपराध सम्बन्धी व्यवहार घटित नहीं हुए हैं। अपराध के उद्‌गम तथा विकास की जानकारी के लिए विशाल प्राचीन भारतीय साहित्य में दृश्य पटल पर दृष्टि डालने पर ऐसा ही स्पष्ट होता है।[1] अपराध, आज समाज में गम्भीर रूप धारण कर लिया है। भारत के साथ-साथ वैश्विक स्तर पर इसकी समस्या बेहद जटिल और गम्भीर बन चुकी है। वर्ग-विभेद, आपसी द्वेष, ढीला नियंत्रण, शोषण, भ्रष्टाचार, भावात्मक अस्थिरता, भग्न-परिवार, गरीबी, पिछड़ापन, शराबखोरी, उचित सम्मान और प्रेम का अभाव, सरलता और सुगमता से धन प्राप्ति का सिद्धान्त, उन्माद, कट्टरता, माता-पिता के नियंत्रण का अभाव, वहशीपन, लैंगिक असन्तुष्टि, विलम्ब से विवाह, तलाक, झूठा-प्रदर्शन, अन्तरजातीय-विवाह से असन्तुष्टि, दहेज, मानसिक हीनता (Mental defect or Feeble mindedness), मनोविक्षिप्त (Psychosis), स्नायुरोग (Neuropathic), मृगी (Epilepsy) तथा मनस्ताप (Psychoneuroses) आदि अन्य ढेरों कारण व्यक्ति को अपराधी बनाते हैं।

---

1. सामाजिक समस्याओं का समाज शास्त्र-प्रो. श्यामधर सिंह, डॉ. मीरासिंह, पृ. 259, मिश्रा, ट्रेडिंग कॉर्पोरेशन, वाराणसी, सन् 2003 ई. मू. 160 रुपये।

(ख) अपराध समाचार लेखन (Reporting) : कुछ महत्त्वपूर्ण सावधानियाँ

अन्य तरह के लेखन की तुलना में अपराध-लेखन कुछ कठिन काम माना जाता है। गुनाहों की काली कोठरी में छिपे अपराधों को खोजने के लिए रिपोर्टर के पास विवेक और सजगता की ऐसी खुली खिड़की होनी चाहिए, जिससे छन-निथर कर प्रकाश दूर तक जाता है। आज हिंसा तथा अपराध की प्रणालियाँ और तौर तरीके भी जैसे सुसंस्कृत हो गए हैं। व्यक्ति, समाज और देश कोई भी इस हिंसा चक्र से बरी नहीं है। चारों ओर रक्तपात, आग और हिंसा ग्रस्त माहौल पसर गया है,—

"कितनी तो हिंसा है,
समुद्रतल में रहती मछलियों में,
धरती के पक्षियों में,
पशुओं में, प्रकृति में,
तुम्हें चहुँ ओर से घेरे जन्म से,
जन्मों तक हिंसा के हिंसा क्रम है,
जो हिंसा सिखाते हैं, उकसाते हैं,
इतिहास का पृष्ठ-पृष्ठ, पंक्ति-पंक्ति,
शब्द-शब्द रंगा है, रक्त से।"[1]

अतः चारों ओर फैली परिवेशगत हिंसा, छलछद्म और क्रूरता के बीच समाचारों को सहेजना बटोरना बड़ा आसान नहीं होता। इसके लिए रिपोर्टर को बहुत परिश्रम से तारीखवार सुचिन्तित, सुतार्किक तथा संवेदना के साथ घटनाओं को जोड़ना पड़ता है। खाँटी कल्पना से अपराध-लेखन एक तरह से अपराध ही माना जाएगा। सच तो यह है कि अपराध-लेखन या क्राइम रिपोर्टिंग एक विशिष्ट कला है। इसके लेखन के लिए कुछ विशिष्ट बातों की जानकारी जरूरी है। अपराधों के समाचारों का प्रमुख सूत्र पुलिस होती है। हमारे देश में प्रायः पुलिस के कथनों को ही अपराध के समाचारों का आधार बनाया जाता है। बहरहाल, संवाददाताओं को चाहिए कि वे घटनास्थल पर जाकर प्रत्यक्षदर्शियों तथा अन्य लोगों की सभी बातों की पूरी खोज करें। यदि एक बात की पुष्टि दूसरे से नहीं होती तो भी सभी प्रकार के विवरण प्राप्त करना चाहिए। भिन्न-भिन्न अपराधों की खबरों में विभिन्न प्रकार की बातों का पता लगाना और उन्हें समाचार में लिखना आवश्यक होता है। कभी-कभी कुछ बातें नहीं भी लिखी जाती हैं।[2] कुल मिलाकर रिपोर्टर को यह प्रयास करना चाहिए कि उसके अपराध सम्बन्धी समाचार लेखन से किसी तरह का सामाजिक, जातीय विद्वेष और साम्प्रदायिक तनाव न फैले। सूत्रों के पुख्ता होने के बावजूद उन्हें 'स्पाट रिपोर्टिंग' करनी चाहिए। मौके पर जाकर घटनाओं की सत्यता को छानना-निथारना चाहिए। अपराध सम्बन्धी घटनाओं की समीक्षा कानूनी दृष्टि से भी करनी चाहिए। उसके लेखन में ऐसी ताकत हो कि अपराधी, अपराध से स्वतः घृणा करना शुरू करें साथ ही सम्पूर्ण समाज में अच्छा सन्देश जाए।

(ग) अपराध रिपोर्टिंग और प्रेस का अटूट सम्बन्ध

बाजार के दबाव-प्रभाव तथा सत्ता की सीकरी की साँकलों में बँधकर आज के समाचार-पत्रों ने भले ही लाभांशवादी लीक पकड़ ली हो, फिर भी उनकी भूमिका सामाजिक पहरुआ की है। कुछ समय के लिए लोभ और भय तथा भ्रष्ट सरकारी तंत्र का हिस्सा भले ही ये समाचार-पत्र बन गए हों, किन्तु—समाज से सीधा सम्बन्ध और संवाद बनाने में इनकी भूमिका को नकारा नहीं जा सकता। समय के जानने और समझने के ये समृद्ध स्रोत होते हैं। संचार के तमाम माध्यमों में समय की तस्वीर उकेरने-गढ़नेवाले ये प्रमुख घटक होते हैं। समय के भीतर झाँककर अपनी प्रज्ञा की छेनी-रेती से ये समाचार और विचार को गढ़ते हैं। चूँकि इनका एक-एक शब्द, एक-एक सम्प्रेषण सन्देश होता है, अतः ये विचलित और उद्विग्न समाज को भटकाव के अँधेरे में आस्था की अक्षत् लौ से रास्ता बताते हैं।

1. 'नया व्याकरण' शीर्षक कविता, बलदेव वंशी, पृ. 29, कविता समग्र-सं. डॉ. कृष्णदत्तपालीवाल, किताब घर, अंसारी रोड, दरियागंज, नई दिल्ली, फरवरी 2014 ई.मू. 1750 रुपये (तीन खंड)।
2. हिन्दी पत्रकारिता : एक परिचय-सुरेन्द्र बीनू सिन्हा, डॉ. आशीष कुमार मैसी, पृ. 138

अतः ऐसी स्थिति में हम यह मान सकते हैं कि अपराध नियंत्रण में प्रेस की खासी भूमिका हो सकती है। समाज में बदलाव, विकास और परिमार्जन में इनका महत्त्वपूर्ण दखल होता है। सामाजिक-जागरूकता इनका प्रमुख लक्ष्य होता है। इनके पास वह क्षमता होती है कि अपराधोन्मुख समाज में प्रेम और भाई-चारे का मार्ग प्रशस्त कर सकते हैं। ये सामाजिक स्खलन और पतनशीलता को नैतिक मानदंडों के 'ब्रेकर' से रोकने में सक्षम होते हैं। प्रेस तमाम अनसुलझे प्रश्नों से टकराता है और उनका बहुत शिद्दत से समाधान भी करता है। कुल मिलाकर इस कुटिल और जटिल समय में प्रेस की भूमिका पहले की तुलना में और भी अधिक महत्त्वपूर्ण हो जाती है। इस तरह यह कि अपराध नियंत्रण में प्रेस सिद्ध और समर्थ हैं। वे भटक गए लोगों को यह बता सकते हैं कि अमुक सड़क पर अँधेरा है, काँच है, काई है, अतः उस पर चलना ठीक नहीं है। इसी तरह प्रेस, व्यक्तिगत जीवन में भर गई कुण्ठा, निराशा, एकरसता और एकांगीपन को तोड़ उनकी जगह आस्था और विश्वास का दीपक जला सकता है।

(4) न्यायालय रिपोर्टिंग

न्यायालय न्याय का आलय होता है, इसे एक व्यक्ति या व्यक्तियों के ऐसे समूह, जिनके पास न्यायिक प्राधिकार हो, किसी विशिष्ट अभियोग के सन्दर्भ में विवादों को निर्णय की सुनवाई के लिए अधिकार प्राप्त हो, जैसे—राजस्व, दीवानी, फौजदारी, सैन्य आदि मामले में निर्णय देना। **कोर्ट** का तात्पर्य उस चैम्बर, हाल अथवा भवन से भी होता है, या ऐसे स्थान से भी होता है, जहाँ इस प्रकार की न्यायिक प्रक्रिया सम्पन्न होती है।[1]

(क) न्यायालय रिपोर्टिंग में सावधानियाँ

न्यायमूर्ति जे.एस. वर्मा ने न्यायिक प्रक्रिया की रिपोर्टिंग के सन्दर्भ में मीडिया को आगाह करते हुए एक बार कहा था कि न्यायालय में चल रहे मुकदमे की प्रगति सम्बन्धी मीडिया रिपोर्टिंग लिखते समय अतिरिक्त सावधानी बरतनी चाहिए, जिससे यह सुनिश्चित हो सके कि यह मीडिया द्वारा चलाया जा रहा मुकदमा नहीं है। मुकदमे की सुनवाई या कार्यवाही की रिपोर्टिंग उद्देश्यपरक एवं सत्य तक ही सीमित होनी चाहिए। रिपोर्ट में रिपोर्टर की राय को सम्मिलित नहीं किया जाना चाहिए। आपराधिक मुकदमे में जब तक अन्तिम निर्णय नहीं हो जाता, तब तक दोषी व्यक्ति की निर्दोषता एवं उसका पक्ष लिए जाने की सम्भावना को भी ध्यान में रखना चाहिए। उन्होंने आगे प्रेस को सनसनीखेज खबरों से दूर रहने की सलाह दी थी। इस बात का भी ध्यान रखना चाहिए कि मीडिया रिपोर्टिंग से हुए भ्रान्तिपूर्ण प्रचार के कारण न्यायिक प्रक्रिया की साख पर आँच नहीं आनी चाहिए क्योंकि स्वतंत्र समाज की पहली शर्त स्वतंत्र प्रेस होता है, इसलिए न्यायिक प्रक्रिया की मीडिया रिपोर्ट को जन सहभागिता के साथ न्याय प्रणाली में सुधार लाने एवं उसमें अधिकाधिक विश्वास उत्पन्न करने के उद्देश्य से लिखी जानी चाहिए।

(5) संसदीय रिपोर्टिंग

(1) भारतीय संसद–जनता की प्रतिनिधि

संविधान के अनुसार भारत गणराज्य (Republic of India) के संघीय विधानमंडल (Union legislature) को संसद् (Parliameat) कहा जाता है। अनुच्छेद-79 स्पष्ट रूप से कहता है कि संघ के लिए एक संसद होगी जो राष्ट्रपति (President) और दो सदनों से मिलकर बनेगी जिनके नाम राज्यसभा (Council of States) और लोकसभा (House of the People) होंगे।

राष्ट्रपति + राज्यसभा + लोकसभा = संसद

राष्ट्रपति, संसद का उसी प्रकार अनिवार्य अंग है जैसे संसद के दो सदन। अनुच्छेद-52 के अनुसार भारत का एक राष्ट्रपति होगा। अनुच्छेद-53 यह कहता है कि संघ की समस्त कार्यपालिका-शक्ति राष्ट्रपति में निहित होगी और वह इसका प्रयोग इस संविधान के अनुसार या तो स्वयं या अपने अधीनस्थों के द्वारा करेगा। राष्ट्रपति का निर्वाचन एक निर्वाचक मंडल (Electoral College) द्वारा किया जाता है।

1. आधुनिक पत्रकारिता—डॉ. अर्जुन तिवारी, पृ. 31

संसद के दोनों सदनों के निर्वाचित सदस्य और राज्यों की विधानसभाओं के निर्वाचित सदस्य मिलकर निर्वाचन मंडल का निर्माण करते हैं, तत्पश्चात् राष्ट्रपति का निर्वाचन आनुपातिक प्रतिनिधित्व पद्धति के अनुसार एकल संक्रमणीय मत द्वारा तथा ऐसे निर्वाचन में मतदान गूढ़ श्लाका द्वारा होता है। राष्ट्रपति संसद का अंग होते हुए भी वह किसी भी सदन में न तो बैठता है, न उनकी चर्चाओं में भाग लेता है, तथापि संसद से सम्बन्धित कुछ ऐसे सांविधानिक कृत्य हैं जिनका उसे समय-समय पर निर्वहन करना होता है। राष्ट्रपति प्रायः अपने सभी कृत्यों का निर्वहन प्रधानमंत्री अथवा मंत्रीपरिषद् के परामर्श से ही करता है। संसद के दोनों सदनों के प्रत्येक सदस्य को सदन में अपना स्थान ग्रहण करने से पहले राष्ट्रपति या उसके द्वारा नियुक्त व्यक्ति के सामने शपथ (Oath) लेनी पड़ती हैं अथवा प्रतिज्ञान करना पड़ता है।

(क) राज्य सभा (Council of States)

राज्य सभा राज्यों की परिषद है। संविधान के अनुसार राज्य सभा में अधिकतम 250 सदस्य हो सकते हैं जिनमें से 12 सदस्य राष्ट्रपति द्वारा मनोनीत (Nominated by the President) होते हैं और शेष 238 राज्यों और संघ राज्य क्षेत्रों (Union Territories) द्वारा चुने हुए। राज्य-सभा के चुने गए सदस्य राज्य विधाओं द्वारा आनुपातिक प्रतिनिधित्व पद्धति (Proportional Representation System) के अनुसार एकल संक्रमणीय मत (Single transferable Vote) से निर्वाचित किए जाते हैं।

संघ के विभिन्न राज्यों को राज्य सभा में समान प्रतिनिधित्व नहीं दिया गया है। भारत में प्रत्येक राज्य के प्रतिनिधियों की संख्या ज्यादातर उसकी जनसंख्या पर निर्भर करती है। राज्य सभा का सदस्य चुने जाने के लिए 30 वर्ष की न्यूनतम आयु का प्रावधान है।

राज्य सभा एक स्थायी निकाय है और उसे भंग नहीं किया जा सकता। उसका विघटन (Dissolution) नहीं हो सकता। राज्य सभा के प्रत्येक सदस्य की कार्यावधि छह वर्षों की होती है, उसके सदस्यों में से यथासम्भव एक-तिहाई सदस्य प्रत्येक दो वर्ष पर निवृत्त हो जाते हैं। सदस्यों की पदावधि उस तिथि से आरम्भ हो जाती है जब भारत सरकार द्वारा सदस्यों के नाम राजपत्र में अधिसूचित किए जाते हैं। उपराष्ट्रपति जो संसद के दोनों सदनों के सदस्यों द्वारा निर्वाचित किया जाता है, राज्य सभा का पदेन (Ex-Officio) सभापति होता है, जबकि उपसभापति पद के लिए राज्य सभा के सदस्यों द्वारा अपने में से किसी सदस्य को निर्वाचित किया जाता है।

(ख) लोकसभा (House of the People)

लोक सभा आम लोगों का, जनता का सदन है। यह सदन सार्वभौम वयस्क मताधिकार (Universal Adult franchise) के, आधार पर जनता द्वारा प्रत्यक्ष निर्वाचन से चुने गए प्रतिनिधियों से बनता है। वयस्क मताधिकार के लिए आयु 18 वर्ष है अर्थात् अब कोई भी भारतीय नागरिक नारी अथवा पुरुष 18 वर्ष का होते ही लोक सभा के सदस्यों के निर्वाचन में मतदान का अधिकारी हो जाता है। लोक सभा के निर्वाचन में उम्मीदावार बनने के लिए न्यूनतम आयु 25 वर्ष रखी गई है। लोक सभा की अधिकतम सदस्य संख्या 552 हो सकती है, परन्तु वर्तमान में 545 है जिसमें दो सदस्य आंग्ल-भारतीय समुदाय का प्रतिनिधित्व करने के, लिए राष्ट्रपति ने मनोनीत किया है। निर्वाचित किए जानेवाले सदस्यों की कुल संख्या को राज्यों के बीच ऐसी रीति से वितरित किया जाता है जिससे कि प्रत्येक राज्य के लिए आवण्टित स्थानों की संख्या और राज्य की जनसंख्या के बीच यथासम्भव ऐसा अनुपात रहे जो सब राज्यों के लिए समान हो। इसी प्रकार प्रत्येक राज्य को चुनाव क्षेत्रों में इस प्रकार बाँटा गया है कि प्रत्येक चुनाव क्षेत्र को दिए गए स्थानों और उसकी जनसंख्या का अनुपात जहाँ तक सम्भव हो एक जैसा हो।

लोक सभा की कार्यावधि संविधान ने निर्धारित कर दी है क्योंकि लोकतंत्र में यह नितान्त आवश्यक है कि देश की सर्वाधिक प्रतिनिधित्व संख्या समय-समय पर जनादेश (People's mandate) प्राप्त करती रहे। लोकसभा की कार्यावधि उसकी प्रथम बैठक के लिए नियत तिथि, से पाँच वर्षों की है। पाँच वर्षों की अवधि समाप्त हो जाने पर सदन स्वतः भंग हो जाता है। कुछ परिस्थितियों में सदन की पूर्ण कार्यावधि समाप्त होने से पूर्व ही इसे भंग किया जा सकता है।

(2) सदन का महत्त्व और उसकी रूपरेखा

भारतीय संसद बहुमुखी भारतीय समाज का दर्पण है। संसद में भारत के लोगों का, उनकी राजनीतिक जागृति के स्तर का, उनके सीधे-सादे जीवन का और उनकी समस्याओं, आशाओं और आकांक्षाओं का अधिक प्रतिनिधि स्वरूप दिखायी देने लगा है।

भारत की संसद राष्ट्रीय स्तर पर संवैधानिक रूप से संगठित सभी लोगों के विचारों का प्रतिनिधित्व करती है, उसका देश की राजनीतिक व्यवस्था में बहुत महत्त्वपूर्ण स्थान है। इसमें जनता की सम्प्रभुता (Sovereignty) का समावेश एवं सार है; यह राष्ट्र की आवाज और उसका दर्पण है। संसद को सर्वोपरि यह देखना होता है कि लोगों की जिन इच्छाओं एवं आकांक्षाओं का प्रतिपादन इसके सदनों में किया जाता है उनकी यथासम्भव उत्तम रीति से पूर्ति हो।

संक्षेप में कह सकते हैं कि हमारे देश की राजनीतिक व्यवस्था में सभी वयस्क लोग अर्थात् जिन्होंने 18 वर्ष की आयु प्राप्त कर ली हो, मतदाता हैं, वे अपने-अपने राज्यों में लोक सभा के और विधानसभाओं के सदस्य चुनते हैं। राज्यों की विधानसभाएँ राज्य सभा के सदस्य चुनती है। राष्ट्रपति का निर्वाचन एक निर्वाचक मंडल (Electoral College) द्वारा किया जाता है जिसमें राज्य सभा, लोक सभा और राज्यों की विधानसभाओं के निर्वाचित सदस्य होते हैं। राष्ट्रपति नाम मात्र अथवा संवैधानिक कार्यपालिका है, वास्तविक अथवा राजनीतिक कार्यपालिका मंत्रिपरिषद होती है। मंत्रिगण संसद् सदस्य अवश्य होने चाहिए और वे सामूहिक रूप से लोकसभा के प्रति उत्तरदायी होते हैं। जहाँ तक कार्यपालिका और विधानमंडल के सम्बन्धों का प्रश्न है, उनकी स्थिति विरोधात्मक नहीं है। दोनों जनता की सेवा में भागीदार हैं।

(3) संसद और विधानसभा की संरचना

संसद की संरचना के बारे में प्रथम बिन्दु के तहत बताया जा चुका है। कृपया बिन्दु देखें।

विधानसभा की संरचना—संविधान में प्रत्येक राज्य के लिए एक विधानमंडल का उपबन्ध है। प्रत्येक राज्य का विधानमंडल राज्यपाल तथा एक या दोनों सदनों को मिलाकर बनता है। राज्य में विधानमंडल या तो एक सदनीय होता है या दो सदन वाला। बिहार, महाराष्ट्र, तमिलनाडु, कर्नाटक और उत्तर-प्रदेश में दो सदनोंवाला विधानमंडल है जिसे केवल विधानसभा कहते हैं।

विधानसभा जनता के प्रतिनिधियों का सदन है। इसकी-न्यूनतम सदस्य संख्या 60 और अधिकतम सदस्य संख्या 500 हैं। राज्य से चुनाव-क्षेत्रों के वयस्कमताधिकार के आधार पर सीधे मतदान द्वारा विधानसभा के सदस्यों का चुनाव होता है। प्रत्येक चुनाव-क्षेत्र की जनसंख्या के आधार पर ही सदनों में सदस्यों का प्रतिनिधित्व होता है। जनसंख्या के आधार पर राज्य में SC/ST के लिए राज्य की विधानसभा में उसकी सदस्य संख्या निर्धारित की जाती है। राज्यपाल यदि यह समझता है कि ऐंग्लो-इंडियन जाति को पर्याप्त प्रतिनिधित्व नहीं मिला है तो वह विधान सभा में उक्त समुदाय के एक सदस्य को नामजद कर सकता है।

राज्य में विधानसभा की कालावधि 5 वर्षों की होती है, किन्तु यदि राज्यपाल चाहे तो नियत समय से पूर्व भी विधानसभा भंग कर सकता है। विधानसभा का मुख्य पदाधिकारी अध्यक्ष होता है उसका चुनाव विधानसभा के सदस्यों द्वारा अपने ही सदस्यों में से किया जाता है। सभा अपने सदस्यों में से ही एक उपाध्यक्ष का चुनाव भी करती है।

(4) संसदीय कार्यवाही

संसद की एक महत्त्वपूर्ण भूमिका प्रशासन पर निगरानी रखना है। इस दायित्व को पूरा करने के लिए संसदीय प्रश्न एक सशक्त माध्यम है। प्रश्नोत्तर काल के माध्यम से देश का प्रत्येक नागरिक संसद के साथ जुड़ता है। अपने प्रतिनिधि के माध्यम से संसद के दरवाजे पर जाकर अपनी गुहार करता है, अपनी शिकायतें रखता है। इस प्रकार सरकार अपनी प्रत्येक भूल-चूक के लिए संसद के प्रति और संसद के द्वारा लोगों के प्रति उत्तरदायी होती है। सदस्यों को सम्बन्धित मंत्रियों से सार्वजनिक महत्त्व के मामलों के बारे में सूचना प्राप्त करने हेतु प्रश्न पूछने का अधिकार है।

(क) प्रश्न काल (Question Hour)

प्रश्नों के उत्तर केवल सदन में दिए जाते हैं। दोनों सदनों में प्रत्येक बैठक के पहले घंटे के दौरान प्रश्न पूछे जाते हैं और उनके उत्तर प्राप्त किए जाते हैं। इसे 'प्रश्न काल' कहा जाता है। इस काल के दौरान संसद सदस्य सर्वसाधारण महत्त्व के विषयों के बारे में प्रश्न पूछते हैं और उन पर चर्चा करते हैं।

(ख) शून्य काल (Zero Hour)

संसद के दोनों सदनों में प्रश्नकाल के तत्काल बाद का समय "शून्यकाल" के नाम से जाना जाता है क्योंकि प्रश्नकाल की समाप्ति 12 बजे होती है और 12 बजे दोपहर का समय न तो मध्याह्न पूर्व का समय होता है और न ही मध्यान्ह पश्चात का, अतः शून्यकाल हुआ। प्रायः शून्यकाल पूरे एक घंटे तक अर्थात् 12 बजे से 1 बजे तक चलता है। शून्यकाल में चूँकि बिना पूर्व सूचना के अविलम्बनीय महत्त्व का कोई भी मामला उठाया जा सकता है।

(ग) तारांकित प्रश्न (Starred Questions)

सदन में सदस्य जिस प्रश्न का मौखिक उत्तर (Oral Answers) चाहता है, यह तारांकित प्रश्न होता है। ऐसे प्रश्न के उत्तर के पश्चात् सदस्यों द्वारा तत्सम्बन्धी अनुपूरक प्रश्न (Supplementary-Questions) भी पूछे जा सकते हैं। तारांकित प्रश्न का लक्षण है कि सदस्य उस पर तारांक लगाकर उसको विशेषाँकित करता है।

(घ) अतारांकित प्रश्न (Un-Starred Questions)

सदस्य जिन प्रश्नों का उत्तर लिखित चाहते हैं, वे अतारांकित प्रश्न कहलाते हैं। सदन में इसका मौखिक उत्तर नहीं दिया जाता और न ही इस पर कोई अनुपूरक प्रश्न पूछे जाते हैं।

(ङ) अल्पसूचना प्रश्न (Short-Notice Question)

अल्पसूचना प्रश्न किसी अविलम्बनीय लोक महत्त्व के विषय (Matter of Urgent Public Interest) से सम्बन्धित होता है और इसको सामान्य प्रश्न पूछने के लिए निर्धारित 10 दिन की अवधि से कम की सूचना देकर पूछा जा सकता है।

(च) ध्यानाकर्षण प्रस्ताव (Calling Attention Motion)

कोई संसद सदस्य अध्यक्ष की पूर्व अनुमति से अविलम्बनीय लोक महत्त्व **(Urgent Public Importance)** के किसी विषय की ओर किसी मंत्री का ध्यान आकर्षित कर सकता है और उससे प्रार्थना कर सकता है कि वह उस विषय के सम्बन्ध में वक्तव्य (Statement) है। सामान्यतया, ध्यानाकर्षण प्रस्ताव दैनिक समाचार-पत्रों में प्रकाशित खबरों पर आधारित होती है।

(5) संसदीय कार्यवाही (विधायी)

(क) विधेयकों पर विचार

सभी विधायी प्रस्ताव विधेयकों के रूप में संसद में पेश किए जाते हैं। विधेयक विधायी प्रस्ताव का मसौदा होता है। विधेयक संसद के किसी एक सदन में सरकार द्वारा या किसी गैर-सरकारी सदस्य द्वारा पेश किया जा सकता है। अधिनियम का रूप लेने से पूर्व विधेयक को संसद में विभिन्न अवस्थाओं से गुजरना पड़ता है। प्रत्येक विधेयक के प्रत्येक सदन में तीन वाचन होते हैं। सामान्यतया, विधेयक "पेश करना", जो कि विधेयक का प्रथम वाचन है, केवल औपचारिकता है और प्रथा के अनुसार इस अवस्था में चर्चा नहीं की जाती है। जब विधेयक सदन में पेश हो जाता है तो उसे भारत के राजपत्र में प्रकाशित किया जाता है।

विधेयक का द्वितीय वाचन सबसे अधिक विस्तृत एवं महत्त्वपूर्ण अवस्था है। इस चरण में सर्वप्रथम समूचे विधेयक पर सामान्य चर्चा होती है तत्पश्चात्, सदन चाहे तो विधेयक को सदन की प्रवर समिति को या दोनों सन्दनों की संयुक्त समिति को निर्दिष्ट कर सकता है या उस पर राय जानने के लिए परिचालित कर सकता है या यदि चाहे तो सीधे उस पर विचार कर सकता है। विधेयक पर विचार करने का प्रस्ताव स्वीकृत हो जाने के पश्चात् विधेयक पर खंड वार विचार आरम्भ होता है। प्रत्येक खंड चर्चा के लिए अलग से सदन के समक्ष रखा जाता है। खंडवार विचार प्रायः लम्बा और कठिन होता है क्योंकि प्रत्येक खंड पर साधारणतया, अलग से चर्चा की जाती है और प्रत्येक संशोधन पर भी चर्चा अलग से होती है और उसे सदन द्वारा अलग से स्वीकृत या अस्वीकृत किया जाता है। जो संशोधन स्वीकृत हो जाते हैं वे विधेयक का अंग बन जाते हैं।

तृतीय वाचन में जब विधेयक के सभी खंडों पर और अनुसूचियों पर, यदि कोई हो, सदन विचार कर लेता है और उन्हें स्वीकृत कर लेता है तो मंत्री यह प्रस्ताव कर सकता है कि विधेयक को पास किया जाए। इस अवस्था में केवल शाब्दिक, औपचारिक और आनुषंगिक संशोधन ही पेश किए जा सकते हैं।

जिस सदन में विधेयक पेश किया गया हो उसमें पास किए जाने के पश्चात् उसे सहमति के लिए इस आशय के सन्देश के साथ दूसरे सदन में भेजा जाता है। वहाँ विधेयक फिर उक्त तीनों अवस्थाओं से गुजरता है। दूसरा सदन इनमें से कोई कार्यवाही कर सकता है।

(अ) वह सदन उस विधेयक को पूर्णतया अस्वीकार कर सकता है जिसमें दोनों सदनों के बीच गतिरोध उत्पन्न हो सकता है।

(ब) वह विधेयक को उसी रूप में या संशोधनों के साथ पास कर सकता है।

(स) यह भी हो सकता है कि वह सदन विधेयक पर कोई कार्यवाही न करे अर्थात् उसे सदन पटल पर खड़ा रहने दे। ऐसी स्थिति में, यदि विधेयक प्राप्त होने की तिथि से छह माह बीत जाते हैं तो यह मान लिया जाता है कि गतिरोध उत्पन्न हो गया है।

किसी विधेयक पर दोनों सदनों के बीच असहमति के कारण गतिरोध के मामले में एक असाधारण स्थिति उत्पन्न हो जाती है जिसका समाधान दोनों सदनों की संयुक्त बैठक में होता है। जब दोनों सदनों द्वारा कोई विधेयक अलग-अलग या संयुक्त बैठक में पास कर दिया जाता है तो उसे राष्ट्रपति की अनुमति के लिए उसके समक्ष प्रस्तुत किया जाता है। यदि राष्ट्रपति अनुमति नहीं देता है तो विधेयक का अन्त हो जाता है किन्तु चूँकि राष्ट्रपति एक संवैधानिक प्रधान होता है जिसे मंत्रिपरिषद के परामर्श पर ही कार्य करना होता है, इसलिए सामान्यतया वह अपने मंत्रियों के परामर्श के विरुद्ध जाकर अनुमति को नहीं रोकेगा किन्तु वह सूचना, स्पष्टीकरण या परामर्श पर पुनः विचार करने की माँग कर सकता है और इस प्रयोजन के लिए विधेयक को सरकार के पास वापस भेज सकता है।

यदि राष्ट्रपति अनुमति प्रदान कर देता है तो अनुमति की तिथि से विधेयक अधिनियम बन जाता है।

(ख) कार्य स्थगन प्रस्ताव (Adjournment Motion)

सामान्यतया अध्यक्ष की अनुमति के बिना सदन की किसी बैठक में कोई ऐसा कार्य नहीं किया जाता जो इस दिन की कार्यसूची में सम्मिलित न हो तथापि अविलम्बनीय लोक महत्त्व के किसी निश्चित मामले पर चर्चा करने के लिए अध्यक्ष की अनुमति से सदन का सामान्य कार्य स्थगित करने का प्रस्ताव पेश किया जा सकता है।

स्थगन प्रस्ताव पेश करने का मुख्य उद्देश्य तुरन्त घटित किसी ऐसे लोक महत्त्व के मामले की ओर, जिसके गम्भीर परिणाम हो सकते हैं और जिसके बारे में समुचित विधायी कार्य में बहुत बिलम्ब हो सकता है, सदन का ध्यान आकर्षित करना है। उठाया जानेवाला मामला इतना गम्भीर होना चाहिए, जिसका समूचे देश पर और उसकी सुरक्षा पर कुप्रभाव पड़ता हो तथा सदन के अपने सामान्य कार्य रोककर उस पर तुरन्त विचार करना आवश्यक हो गया है।

(ग) अविश्वास प्रस्ताव (Motion of No-Confidence)

मंत्रीपरिषद् सामूहिक रूप से लोक सभा के प्रति जिम्मेदार है। वह तब तक पदासीन रहती है जब तक उसे लोकसभा का विश्वास प्राप्त हो। लोक सभा द्वारा मंत्रिपरिषद् में विश्वास का अभाव व्यक्त करते ही सरकार संवैधानिक रूप से पद त्याग करने के लिए बाध्य होती है, चाहे प्रधानमंत्री सभा के विघटन की सिफारिश करे या न करे। इस विश्वास का पता लगाने के लिए, नियमों में इस आशय का एक प्रस्ताव पेश करने का उपबन्ध है जिसे ''अविश्वास प्रस्ताव'' कहा जाता है।

(घ) विशेष चर्चा

किसी ऐसे प्रश्न से उत्पन्न होनेवाले मामलों पर जिसका उत्तर सदन में दिया जा चुका हो, आधे घंटे की चर्चा लोकसभा में सप्ताह में तीन दिन अर्थात् सोमवार, बुधवार और शुक्रवार को बैठक के अन्तिम आधे घंटे में की जा सकती है। ऐसी चर्चा का विषय पर्याप्त लोक महत्त्व का होना चाहिए जो हाल के किसी तारांकित, अतारांकित या अल्पसूचना प्रश्न का विषय रहा हो और जिसके उत्तर के किसी तथ्यात्मक मामले का स्पष्टीकरण करना आवश्यक हो।

(6) बजट एवं संसदीय समिति : महत्त्वपूर्ण कार्य

बजट इस आशय का प्रस्ताव होता है कि आगामी वर्ष के दौरान किस मद पर कितना धन खर्च किया जाना है और उसमें कितना धन किस स्रोत से आएगा या कहाँ से जुटाया जाएगा। वित्तीय मामलों के लिए, विशेषरूप से बजट सम्बन्धी कार्य करते समय, संसद में जो प्रक्रिया अपनायी जाती है उसकी तीन अवस्थाएँ हैं—

(क) बजट पेश किया जाना

हमारी संसद में बजट दो भागों में पेश किया जाता है अर्थात् रेलवे वित्त के सम्बन्ध में ''रेल बजट'' और सामान्य बजट। रेल बजट रेलमंत्री द्वारा लोक सभा में प्रत्येक वर्ष फरवरी मास के तीसरे सप्ताह में किसी दिन पेश किया जाता है और सामान्य बजट वित्तमंत्री द्वारा फरवरी मास के अन्तिम कार्य दिवस को सायं 5 बजे पेश किया जाता है। बजट पेश करते हुए बजट भाषण दिया जाता है जो वास्तव में संसद में सबसे महत्त्वपूर्ण भाषणों में से एक होता है, जो दो भागों में होता है—पहले भाग में देश का सामान्य-आर्थिक सर्वेक्षण होता है और दूसरे भाग में आगामी वित्तीय वर्ष के लिए ''कराधान प्रस्ताव'' होते हैं। लोकसभा में वित्तमंत्री का भाषण समाप्त होने पर बजट की एक प्रति राज्य सभा के पटल पर रखी जाती है। उसके तुरन्त पश्चात् मंत्री वित्त विधेयक पेश करता है जिसमें सरकार के कराधान प्रस्ताव होते हैं।[1]

(ख) बजट पर चर्चा

बजट पर दो अवस्थाओं में चर्चा की जाती है अर्थात् सामान्य चर्चा और उसके बाद विस्तार में ''अनुदानों की माँगों पर चर्चा और मतदान''।

(ग) विनियोग विधेयक (Appropriation Bill)

संविधान के अनुसार भारत की संचित निधि में से कोई धन, संसद द्वारा विधि के अधिनियम के बिना, नहीं निकाला जा सकता है। इस उपबन्ध के अनुसरण में लोकसभा में एक विधेयक पेश किया जाता है जिसमें लोकसभा द्वारा स्वीकृत अनुदानों की सब माँगों तथा संचित निधि पर प्रभावित व्यय सम्मिलित किया जाता है। इस विधेयक को विनियोग विधेयक कहा जाता है। विधेयक के लोक सभा द्वारा पास किए जाने के पश्चात् अध्यक्ष प्रमाणित करता है कि वह एक धन विधेयक है और उसे राज्य सभा के पास भेजा जाता है। राज्य सभा को विधेयक में संशोधन करने या उसे अस्वीकृत करने की शक्ति प्राप्त

1. किन्तु केन्द्र सरकार ने निर्णय लिया है कि 2017 से रेल और सामान्य बजट—दोनों एक ही साथ पेश किया जाएगा।

नहीं है और उसे विधेयक पर अपनी सम्मति प्रदान करनी ही पड़ती है। इसके पश्चात् विधेयक राष्ट्रपति की अनुमति के लिए उसके समक्ष प्रस्तुत किया जाता है।

(घ) वित्त विधेयक

आनेवाले वर्ष के लिए सरकार के सब वित्तीय प्रस्ताव एक विधेयक में सम्मिलित किए जाते हैं जिसे वित्त-विधेयक कहा जाता है। यह विधेयक साधारणतया प्रत्येक वर्ष बजट पेश किए जाने के तुरन्त पश्चात् लोक सभा में पेश किया जाता है। इस विधेयक को पेश करने की अनुमति के लिए प्रस्ताव का विरोध नहीं किया जा सकता और उसे तुरन्त मतदान के लिए रखा जाता है। विधेयक पर चर्चा सामान्य प्रशासन और स्थानीय शिकायतों सम्बन्धी ऐसे मामलों पर होती है जिनके लिए संघ सरकार उत्तरदायी हो। यह विधेयक पेश किए जाने के पश्चात् 75 दिनों के भीतर संसद द्वारा इस पर विचार करके पास किया जाना और उस पर राष्ट्रपति की अनुमति प्राप्त हो जाना आवश्यक है।

(7) संसद की वित्तीय समितियाँ

संसद का उत्तरदायित्व है वह सरकार द्वारा तैयार किए गए करारोपण के प्रस्तावों और व्यय के अनुमानों की जाँच करे और उनका अनुमोदन करे। समय चूँकि कम होता है, प्रायः अनेक मंत्रालयों और विभागों सम्बन्धी माँगों पर चर्चा हो ही नहीं पाती और गिलोटिन का प्रयोग कर दिया जाता है। इसी अधूरे काम को वित्तीय समितियाँ पूरा करती हैं। संसद की वित्तीय समितियाँ सरकार के खर्चे की और कार्य निष्पादन की विस्तृत छानबीन करने का काम करती है और इस प्रकार वित्तीय मामलों में प्रशासन का संसद के प्रति उत्तरदायित्व सुनिश्चित होता है। मुख्यतः तीन वित्तीय समितियाँ संसद द्वारा अनुमोदित नीतियों और कार्यक्रमों के क्रियान्वयन् में अकुशलताओं, अपव्यय और असावधानी को प्रकाश में लाती है। उनकी सिफारिशों का उद्देश्य इन नीतियों और कार्यक्रमों को मितव्ययता से, कुशलता से और शीघ्रता से कार्यरूप देने के लिए प्रशासन को सदा सतर्क बनाये रखता है।

(क) लोक लेखा समिति (Public Accounts Committee)

सह समिति लोक सभा की वित्तीय समितियों में सबसे पुरानी समिति है। समिति के 22 सदस्य होते हैं। (15 लोक सभा के और 7 राज्य सभा के)। वर्ष 1967 से चली आ रही परिपाटी के अनुसार विरोधी पक्ष के किसी सदस्य को इस समिति का सभापति नियुक्त किया जाता है। लोकलेखा समिति भारत सरकार के व्यय को वहन करने के लिए संसद द्वारा अनुदत्त राशियों का विनियोग दिखानेवाले लेखाओं, भारत सरकार के वार्षिक वित्त लेखाओं और सभा के सामने रखे ऐसे अन्य लेखाओं की जाँच करती है जिन्हें वह ठीक समझे, चूँकि प्राक्कलन समिति सार्वजनिक व्यय के अनुमानों सम्बन्धी कार्य करती है, इसलिए लोकलेखा समिति को कभी-कभी प्राक्कलन समिति की ''जुड़वा बहन'' भी कहा जाता है। इन दो समितियों के कार्य एक दूसरे के पूरक हैं।

(ख) प्राक्कलन समिति (Estimates Committee)

इस समिति के सभी 30 सदस्य लोक सभा के होते हैं। सरकारी खर्च में मितव्ययिता और कार्यकरण में कुशलता लाने सम्बन्धी सुझाव देने के लिए इस समिति का गठन किया जाता है। यह समिति वार्षिक बजट अनुमानों की विस्तृत जाँच करती है ताकि—

(क) इस सम्बन्ध में प्रतिवेदन दे कि प्राक्कलनों में अन्तर्निहित नीति के अनुरूप क्या-क्या मितव्ययिता, संगठन में सुधार कार्यकुशलता या प्रशासनिक सुधार किए जा सकते हैं।

(ख) प्रशासन में कार्यकुशलता और मितव्ययिता लाने के लिए वैकल्पिक नीतियों का सुझाव दें।

(ग) इस बात की जाँच करें कि क्या प्राक्कलनों में अन्तर्निहित नीति की सीमा में रहते हुए धन ठीक ढंग से लगाया गया है या नहीं।

(घ) इसका सुझाव दे कि प्राक्कलन किस रूप में संसद में पेश किए जाएँ।

(ग) सरकारी उपक्रमों सम्बन्धी समिति

अनेक निगम और सरकारी कम्पनियाँ, जिन्हें आमतौर पर सार्वजनिक उपक्रम कहा जाता है, अस्तित्व में आई हैं जिनमें भारी धनराशियाँ लगी हुई हैं। उन पर लगायी गई धनराशियाँ चूँकि भारत की संचित निधि से ली गई है अतः लोक सभा का यह दायित्व हो जाता है कि वह उनके कार्यों पर पर्याप्त नियंत्रण रखे। इस प्रयोजन के लिए संसद द्वारा सरकारी उपक्रमों सम्बन्धी समिति गठित की गई है जिसके 22 सदस्य हैं, जिनमें से 15 सदस्य लोक सभा द्वारा निर्वाचित हैं और 7 सदस्य राज्य सभा द्वारा। समिति का सभापति अध्यक्ष द्वारा समिति के लोक सभा से निर्वाचित हुए सदस्यों में से नियुक्त किया जाता है।

(8) संसदीय समितियाँ

संसद की वित्तीय समितियों के अलावा अन्य विभागों के सम्बन्ध में सुझाव देने हेतु संसद में समितियों का गठन किया जाता है—

(अ) कार्यमंत्रणा समिति (Business Advisory Committee)

प्रत्येक सदन में एक कार्य मंत्रणा समिति है। लोक सभा में अध्यक्ष सहित इस समिति के 15 सदस्य हैं। अध्यक्ष इस समिति का पदेन सभापति होता है। राज्य सभा में उपसभापति सहित इसके ग्यारह सदस्य हैं। राज्य सभा का सभापति समिति का पदेन सभापति होता है। अध्यक्ष या सभापति जैसी भी स्थिति हो, समिति को मनोनीत करता है और समिति तब तक कार्य करती है जब तक वह पुनर्गठित न हो जाए। समिति का कृत्य यह सिफारिश करना है कि सरकार द्वारा लाये जानेवाले विधायी तथा अन्य कार्य को निपटाने के लिए कितना समय नियत किया जाए। परन्तु राज्य सभा में समिति यह भी सिफारिश करती है कि गैर-सरकारी सदस्यों के विधेयकों तथा संकल्पों पर चर्चा के लिए कितना समय नियत किया जाए।

(ब) नियम समिति (Rules Committee)

प्रत्येक सदन की एक नियम समिति है। लोक सभा में नियम समिति के 15 सदस्य हैं जिनमें अध्यक्ष भी सम्मिलित हैं जो समिति का पदेन सभापति होता है। राज्य सभा में सभापति और उपसभापति इस समिति के 16 सदस्य हैं। राज्य सभा का सभापति इस समिति का पदेन सभापति होता है। इस समिति के कृत्य इस प्रकार हैं—सदन में प्रक्रिया तथा कार्य संचालन के मामलों पर विचार करना और नियमों में ऐसे किन्हीं संशोधनों की या परिवर्द्धनों की सिफारिश करना जो आवश्यक समझे जाए।

(स) याचिका समिति (Committee on Petitions)

प्रत्येक सदन की एक याचिका समिति है। लोक सभा में इस समिति के 15 सदस्य हैं और राज्य सभा में 10 सदस्य। इस समिति का कार्य ऐसी प्रत्येक याचिका की जाँच करना है जो सदन में पेश किए जाने के पश्चात् समिति को निर्दिष्ट हो जाती है। समिति ऐसा साक्ष्य लेने के उपरान्त, जो वह उचित समझे, याचिका में की गई विशिष्ट शिकायतों पर सदन में प्रतिवेदन पेश करती है। समिति या तो समीक्षाधीन विशिष्ट मामले में या भविष्य में ऐसे मामलों की रोकथाम के लिए सामान्य रूप में उपचारात्मक उपायों का सुझाव देती है।

(द) विशेषाधिकार समिति (Commitee on Privilege)

संसद के प्रत्येक सदन के सदस्यों को व्यक्तिगत रूप से और सदन को सामूहिक रूप से कुछ विशेषाधिकार प्राप्त हैं जिनमें वे कुछ ऐसे अधिकारों और उन्मुक्तियों के पात्र हैं जिनके बिना सदन और उसके सदस्य अपने कृत्यों का निर्वहन प्रभावी और सुचारु रूप से नहीं कर सकते। जब किसी विशेषाधिकार के भंग

होने का प्रश्न उत्पन्न होता है, सदन जाँच के लिए और प्रतिवेदन देने के लिए विशेषाधिकार समिति को निर्दिष्ट किया जाता है। यह समिति प्रत्येक सदन में गठित की गई है। विशेषाधिकार समिति आमतौर पर दोनों सदनों में उनके पीठासीन अधिकारियों द्वारा आमतौर पर प्रत्येक वर्ष गठित की जाती है। लोक सभा में इसके 15 सदस्य हैं और राज्य में 10 सदस्य।

उक्त समितियों के अलावा संसद की अन्य समितियाँ गैर-सरकारी सदस्यों के विधेयकों तथा संकल्पों सम्बन्धी समिति, सभा की बैठकों से सदस्यों की अनुपस्थिति सम्बन्धी समिति, सरकारी आश्वासनों सम्बन्धी समिति, अधीनस्थ विधान सम्बन्धी समिति, सभा पटल पर रखे गए पत्रों सम्बन्धी समिति, अनुसूचित जातियों तथा अनुसूचित जनजातियों के कल्याण सम्बन्धी समिति, सामान्य प्रयोजन समिति, आवास समिति, ग्रन्थालय समिति, संसद सदस्यों के वेतन तथा भत्ते सम्बन्धी संयुक्त समिति इत्यादि।

(9) संसद के अन्य कार्य

संसदीय कार्य को, सरकारी कार्य और गैर-सरकारी कार्य नाम से दो मुख्य, श्रेणियों में बाँटा जा सकता है, अर्थात्

(क) सरकार द्वारा प्रारम्भ किए जानेवाले कार्य और

(ख) गैर-सरकारी सदस्यों द्वारा प्रारम्भ किए जानेवाले कार्य, जो सरकारी समय में किए जाते हैं।

(क) सरकारी कार्य

मंत्रियों द्वारा पेश किए जानेवाले संकल्पों, प्रस्तावों को सरकारी कार्य कहा जाता है। कोई प्रस्ताव पेश करने की अपनी इच्छा की सूचना मंत्री को भी महासचिव को देनी होती है। यद्यपि इस हेतु कोई समय निश्चित नहीं है तथापि सूचना कई दिन पूर्व देनी होती है। मंत्रियों द्वारा पेश किए जानेवाले प्रस्तावों का उद्देश्य सामान्यतया ऐसी अन्तर्राष्ट्रीय सन्धियाँ, अभि समयों या समझौतों पर सदन की स्वीकृति लेना होता है जो सरकार द्वारा किए गए हों या सरकार की कुछ राष्ट्रीय और अन्तर्राष्ट्रीय नीतियों की घोषणा करना या उन्हें अनुमोदित कराना होता है, या कुछ समितियों की सिफारिशों को अनुमोदित कराना होता है।

(ख) गैर-सरकारी कार्य

गैर-सरकारी सदस्यों द्वारा पेश किए जानेवाले संकल्पों को गैर-सरकारी सदस्यों के संकल्प कहा जाता है। हर दूसरे शुक्रवार की बैठक के अन्तिम $2^{1/2}$ $2\frac{1}{2}$ घंटे गैर-सरकारी सदस्यों के प्रस्तावों पर चर्चा के लिए नियत किए जाते हैं।

(ग) सांविधिक कार्य

ये संकल्प किसी मंत्री द्वारा पेश किए जा सकते हैं और गैर-सरकारी सदस्य द्वारा भी। इन्हें इस नाम से इस कारण जाना जाता है कि ये सदा संविधान के किसी उपबन्ध के या संसद के किसी अधिनियम के अनुसरण में लाये जाते हैं।

(10) संयुक्त अधिवेशन (Joint Sitting)

किसी विधेयक पर दोनों सदनों के बीच असहमति होने से गतिरोध उत्पन्न हो जाता है, जो कि एक असाधारण स्थिति है। इसका समाधान दोनों सदनों की संयुक्त बैठक में होता है। संविधान के उपबन्धों के अधीन, उस दिशा के सिवाय जिसमें लोक सभा का विघटन होने के कारण विधेयक व्यपगत हो गया हो, राष्ट्रपति विधेयक पर विचार-विमर्श करने और मत देने के प्रयोजन के लिए अनुच्छेद-108 के तहत दोनों सदनों की संयुक्त बैठक बुला सकता है। ऐसी संयुक्त बैठक की अध्यक्षता लोक सभा अध्यक्ष द्वारा की जाती है और महासचिव, लोक सभा संयुक्त बैठक के सचिव के रूप में कार्य करता है। संयुक्त बैठक पर लोक सभा के प्रक्रिया नियम लागू होते हैं। इस बैठक में उन संशोधनों के सिवाय

किसी और संशोधन का प्रस्ताव नहीं किया जा सकता जो विधेयक को पास करने में देर होने के कारण आवश्यक हो गए हों ऐसी बैठकों में निर्णय दोनों सदनों के उपस्थित और मतदान करनेवाले समस्त संख्या के बहुमत द्वारा किए जाते हैं। अब तक संयुक्त बैठक में केवल तीन विधेयक दहेज निषेध विधेयक (Dowry Prohibition Act 1971) बैंकिंग सेवा आयोग (निरसन) विधेयक (Banking Service Commission (Repeal) Act, 1974 और POTA 1998 पारित किए गए हैं।

(11) नियम 377 के तहत उठाये जानेवाले मुद्‌दे

प्रश्न काल के तुरन्त बाद अनेक सदस्य एक साथ खड़े होकर अपना मामला उठाना चाहते हैं, जिन्हें वह अत्यन्त महत्त्वपूर्ण समझते हैं और जिसके लिए प्रक्रियागत कार्यवाही करना उनके लिए विलम्बकारी होता है, इससे सदन में शोर और अव्यवस्था का वातावरण उत्पन्न हो जाता है। इस प्रकार मूल्यवान् समय की हानि को देखते, हुए दोनों सदनों के पीठासीन अधिकारी महसूस करने लगे थे कि इस प्रथा को रोकने की आवश्यकता है। वे चाहते थे कि कोई ऐसी प्रक्रिया विकसित की जाए जिससे कि सदस्य उस मामले को उठा सके जो हाल ही के किसी प्रश्न, स्थगन प्रस्ताव, ध्यानाकर्षण प्रस्ताव आदि का विषय न रहे हो। फलस्वरूप राज्य सभा में "विषय उल्लेख" (Special Mention) की प्रथा और लोक सभा में नियम 377 के अधीन मामलों को उठाने की प्रथा आरम्भ हुई। सर्व प्रथम 14 मई, 1966 को नियम 377 के उपबन्ध का प्रयोग किया गया जब पुलिस द्वारा एक संसद सदस्य के साथ किए दुर्व्यवहार सम्बन्धी मामला उठाया गया। यह एक ऐसा मामला था जो किसी भी अन्य नियम के अधीन उठाया नहीं जा सकता था।

व्यवस्था के प्रश्नों से भिन्न मामलों को या ऐसे मामलों को जिन्हें प्रश्नों, अल्पसूचना प्रश्नों, ध्यान आकर्षण-सूचनाओं, प्रस्तावों आदि से सम्बन्धित नियमों के अन्तर्गत नहीं उठाया जा सकता, नियम 377 के अन्तर्गत उठाया जा सकता है।

जो सदस्य नियम 377 के अन्तर्गत किसी मामले को उठाना चाहता हो उसे उसकी सूचना महासचिव को लिखित रूप में दे देनी होती है। उनका प्रस्तावित कथन साधारणतया 250 शब्दों से अधिक शब्दों का नहीं होना चाहिए। कोई सूचना ग्राह्य बनाने के लिए उसमें; अन्य बातों के साथ-साथ केवल स्थानीय महत्त्व का मामला अथवा सत्र के दौरान इस नियम के अन्तर्गत सदस्य द्वारा पहले उठाये गए विषय के समान या न्यायालय के विचाराधीन मामला (Sub-Judicial Matter) नहीं उठाया जाना चाहिए और कोई ऐसा मामला नहीं उठाया जाना चाहिए जिसमें तर्क, अनुमान, व्यंग्योक्तियाँ, अभ्यारोप या मानहानिकारक कथन हों।

अध्यक्ष द्वारा यथा स्वीकृति पाठ की प्रति सम्बन्धी सदस्य को उस दिन दी जाती है जब उसे मामला उठाने की अनुमति दी जाती है। सदस्य को अपने वक्तव्य के अनुमोदित पाठ से हटकर कुछ कहने की अनुमति नहीं होती। सामान्यतया, मंत्री 377 नियम के अधीन उठाये जानेवाले मामलों पर वक्तव्य नहीं देते हैं। तथापि, यदि कोई मंत्री ऐसा करना चाहे तो वह अध्यक्ष की अनुमति से उस विषय पर वक्तव्य दे सकता है। सदस्य द्वारा नियम 377 के अधीन उठाये गए मामलों के बारे में सम्बन्धित मंत्री सीधे सदस्य को पत्र लिखता है और उस मामले पर सरकार के दृष्टिकोण अथवा उस पर सरकार द्वारा की गई कार्यवाही की सूचना देता है। यह मद कार्यसूची में सम्मिलित नहीं की जाती है।

(12) प्रेस दीर्घा

लोक सभा के सदन की पहली मन्जिल पर अनेक सार्वजनिक दीर्घाएँ बनी हुई हैं। वहीं पर प्रेस दीर्घा भी बनी हुई है। प्रेस दीर्घा अध्यक्ष पीठ के बिलकुल ऊपर इसी दीर्घा में बैठकर पत्रकार और संवाददाता अपने-अपने पत्र-पत्रिकाओं एवं चैनलों के लिए ब्रीफिंग करते हैं। इस दीर्घा में सभी पत्रकार प्रवेश नहीं कर सकते। उन्हें यहाँ प्रवेश की अनुमति इसी दीर्घा की समिति की अनुशंसा पर की जाती है। ऐसे पत्रकार जिन्हें कम-से-कम दस साल का अनुभव संसदीय पत्रकारिता का है, उन्हें संसद के केन्द्रीय सभागार और

मतदान कक्ष में प्रवेश के लिए 'विशेष पास' जारी किया जाता है। प्रेस दीर्घा की अगली पंक्ति में प्रिन्ट और इलेक्ट्रॉनिक मीडिया के प्रतिनिधियों के बैठने की व्यवस्था है। यहाँ सभी पर्चहनवीस अर्थात् संवादकार (संवाददाता), अखबारी नुमाइंदे हेडफोन की सुविधा से लैस होते हैं। कुल मिलाकर यह कि हर तरह के संवाददाताओं/पत्रकारों को महत्त्वपूर्ण खबरें और सूचनाएँ इसी केन्द्रीय सभा कक्ष से प्राप्त होती हैं।

(13) संसदीय रिपोर्टिंग

इसके लिए इस पुस्तक का 'पत्रकारिता का क्षेत्र या प्रकार' शीर्षक देखा जा सकता है।

भाग-3
समाचार-पत्रकारिता

(1) समाचार-पत्र : अर्थ और परिभाषा

इसके लिए इस पुस्तक का 'पत्र, समाचार-पत्र तथा पत्रकार' शीर्षक देखें।

(2) समाचार-पत्र एवं पत्रिकाएँ : वैश्विक स्तर पर प्रारम्भिक स्थिति

इस पुस्तक का 'विदेशों' में पत्रकारिता, शीर्षक, देखें।

(3) समाचार-पत्र की विशेषताएँ और गुण

महात्मा गांधी ने समाचार-पत्रों में कभी 'प्रचंडशक्ति' देखा था, पंडित नेहरू ने इसे 'लोकतांत्रिक प्रक्रिया की एक आवश्यक विशेषता' कहा था तो विद्वान् लेखक और पत्रकार अम्बिका प्रसाद बाजपेयी ने समाचार-पत्रों को 'लोकगुरु' कहा था। साफ शब्दों में, समाचार-पत्र अपनी खुपिया आँख से समाज के उस उपेक्षित-अनचिह्नार कोनों में रोशनी डालता है, जहाँ सामान्य व्यक्ति की निगाह जाकर भी नहीं जा पाती। वह आमफहम, अलक्षित लोगों की समस्याओं को आत्मसात् कर उसे उचित प्लेटफॉर्म पर सहज भाव से उठाता है। इसे सामाजिक समस्याओं का बोध काफी गहरा और सक्रिय होता है। वह एक विलक्षण विनई व्यक्ति की तरह समाज के लिए अद्‌भुत और प्रेरक मिसाल होता है। सच कहने की जोखिम, उसकी प्रकृति होती है।

सच तो यह है कि समाचार-पत्र हर समय और समाज में प्रायः सविनय अवज्ञा या सिविल नाफरनामी की भूमिका निभाता है। वह समाज में नव जागरण और नई जागृति का सन्देश देता है। अन्धविश्वास, जाति, धर्म, सम्प्रदाय की कुत्सितता, नारी शोषण, सामाजिक छल-प्रपंच आदि पर भी वह निर्भीकता के साथ सम्यक् 'फोकस' डालता है। इसके साथ ही समाज-निर्माण में लगनेवाले पैसे को लूटने और बटोरनेवाले लोगों को नामजद करने के साथ ही समाज में हो रही खाद्य पदार्थों की कालाबाजारी, जमाखोरी, तस्करी, अन्याय-पक्षपात, अपहरण, राजनीति के गलत संरक्षण, काले और सरकारी धन की बन्दरबाट आदि बुराइयों पर बेबाक टिप्पणी कर समाज और राष्ट्र के प्रति अपने उत्तरदायित्व का निर्वहन कर वह यश, मान्यता और प्रशंसा भरपूर प्राप्त कर अपने कद को बढ़ाता है। माखनलाल चतुर्वेदी ने पत्र को 'अपना शस्त्र' माना था। इस तरह वह अन्याय, भ्रष्टाचार, तानाशाही और साम्प्रदायिकता के खिलाफ लड़ता रहता है। वह सामाजिक राजनीतिक विद्रूपताओं-विसंगतियों को उद्‌घाटित करता है तो बेजुबानों, बेसहाराओं के प्रति करुणामय दृष्टि भी रखता है। वह ठेठ गँवई जीवन के ताफ-तफलीफों में झाँक उनका समाधान-निदान भी प्रस्तुत करता है, तो सामाजिक उत्सवों-उल्लेखों से भी वह जुड़ाव-लगाव रखता है। इस तरह वह विसंगतियों पर चोट करता, आपात्‌काल जैसी वंदियों का निषेध कर अपने को व्यक्ति और समाज का हितैषी सिद्ध करता है। कुलमिलाकर, वह शिक्षा, मीडिया, धर्म, प्रशासन, नौकरशाही, धन-लोलुपता, अमानवीयता, खतरे में पड़ी व्यक्ति की स्वतंत्रता, जन-असन्तोष, कॉरपोरेट पैसे का खेल, बाजारीकरण, समाज में लुप्त हो रहे मानवीय मूल्यों पर प्रकाश डालता समाज के पहरेदारों को सदैव रहगुजर की शिक्षा-सलाह देता है।

(4) समाचार-पत्र : कर्तव्य एवं महत्त्व

मैं समझता हूँ, लोकतांत्रिक भारत में सम्प्रति समाचार-पत्रों का महत्त्व 'सत्ता की शक्ति से बड़ा' है। अतः ऐसी स्थिति में समाचार-पत्र का प्रथम कर्तव्य और सन्देश होना चाहिए—'स्वायत्तता के साथ सहयात्रा'। सभी जानते हैं, पूर्व की तुलना में दुनिया इस समय कई नये खतरों और जोखिमों से भर गई है। मानवता-मनुष्यता में गिरावट का दौर क्षिप्र गति से जारी है। मानवाधिकारों को लेकर दुनिया भर में जागरूकता का आन्दोलन चल रहा है। तमाम सरकारें मानवता की भलाई के लिए उद्योग कर रही हैं। सन् 2013 की रिपोर्ट से पता चला है कि विश्व में पाँच करोड़ से अधिक लोग अपनी जमीन से उजड़कर अन्यत्र शरणार्थी बनने के लिए विवश हुए हैं। अतः ऐसी बदहाल-बेहाल स्थिति में समाचार-पत्रों के अपने कुछ कर्तव्य होते हैं।

वस्तुतः लोकतंत्र में अभिव्यक्ति की स्वतंत्रता एक प्रमुख स्तम्भ होती है, इसलिए लोकतंत्र की आकांक्षाओं और अपेक्षाओं को पूरा करने का दायित्व समाचार-पत्रों पर आता है।[1] इस अवस्था में पत्रकार-जागरूक चिन्तक के रूप में राष्ट्र को सतत् आत्मालोचन की स्थिति में रखनेवाला तत्त्व बन जाता है। वह एक तरह से समाज और राष्ट्र के लिए नियन्ता और नियामक की भूमिका अदा करता है। पत्रकारिता जन-जन को विश्व तथा देश में घटित घटनाओं की जानकारी देती है। पत्रकार जनता की आँख और कान होते हैं। वह मुद्रित या इलेक्टॉनिक माध्यमों से जनता को अपने देखे-सुने को पहुँचाता है।[2] सच तो यह है कि हिन्दी पत्रकारिता का जन्म ही 'राष्ट्रीय चेतना', लोक-कल्याण और समाज-सुधार के महत् उद्देश्य से हुआ था। यही उसका मिशन था। इसमें व्यक्तिगत लाभ-हाँनि, स्वार्थपरता, आत्मकेन्द्रित उद्देश्यों की बजाय राष्ट्रीय सामाजिक दाय का निर्वहन करना भी एक लक्ष्य था। डॉ. संजय भानावत सूचना देना,—शिक्षित करना तथा मनोरंजन करना—पत्रकारिता का उद्देश्य मानते हैं।[3]

(5) समाचार-पत्रों के आदर्श

"If I thought of keeping up my reputation for making paradoxical statements, I should have said that the only good newspaper is that which does not exist. That would have been like the declaration of the old colonial American that the only good Red Indian was the deal Indian or of the anarchists who said that the only good government was no government."[4]

समाचार-पत्रों के अपने कुछ आदर्श होते हैं, जिनकी रक्षा और अनुपालन इनके लिए आवश्यक होता है। इन्हें अपने अनुभव-अनुसन्धान तथा निरन्तर कुछ नया रचने की जिद्द और धुन से समाज में पसरी तमाम तरह की विकृतियों को काछ-बटोर कर उनकी जगह नैतिक मूल्यों की स्थापना करनी चाहिए। तमाम तरह की रूढ़ियों को तोड़ने की हिकमत का परिचय देते इन्हें व्यक्ति के भीतर बैठ गई एकरसता और ऊब को दूर कर उनकी जगह जीवन जीने की ललक और उमंग पैदा करना चाहिए। उन्हें संयम, सन्तुलित और ज्ञानसिद्ध की तरह उदारचरित हो परिसीमित राष्ट्रीयता में ही सन्तुष्ट नहीं होना चाहिए, बल्कि रेत से तेल निकालने की मशक्कत और क्षमता से लैस हो समस्याओं के समाधान के लिए आगे आना चाहिए। पुरुषार्थी योद्धा की तरह समाज में स्वाधीनता बोध और ईमानदारी का पाठ पढ़ाना चाहिए। सत्य की रक्षा के लिए समर्पित होना चाहिए। पूँजी इकट्ठा करने और तमाम तरह के लोभ-लालच से दूर इन्हें पाखंडी और छल छद्मी चरित्र का नहीं बनना चाहिए। लोकसत्य की रक्षा इनका प्रण होना चाहिए। सामाजिक आदर्शों के अनुपालन की रक्षा के लिए इन्हें उधार की विचार-धारा और किराये की कोख नहीं तलाशनी चाहिए।

तथ्यों को तर्कपूर्ण, प्रामाणिक, सुसंगत प्रकाशित करने के लिए आचार-संहिता की अपनी श्रेष्ठ कसौटी तय करनी चाहिए। समाज के मूल्यों की अवहेलना समाचार-पत्रों के लिए आत्मघातीसिद्ध हो सकता है। वे ''कन्फ्यूज समाचार'' और खबरों को छाप महज 'गंगा नहान' की औपचारिकता पूरी न करें, बल्कि देश में

1. पत्रकारिता के विविध रूप—डॉ. रामचन्द्र तिवारी, पृ. 61
2. हिन्दी पत्रकारिता : स्वरूप एवं सन्दर्भ—डॉ. विनोद गोदरे, पृष्ठ-18
3. पत्रकारिता के विविध परिदृश्य-डॉ. संजय भानावत, पृ. 4
4. My Idea of a Good Newspaper-Nira C.Chaudhuri, P.105

गंगा-यमुनी संस्कृति की विचारधारा के पोषक-प्रचारक बनें। सामाजिक-विकारों की शिनाख्त कर उन्हें दूर करने में योगदान दें। समाज में दीर्घकालीन शान्ति के लिए ऋषि भाव से कुशासन की जगह अनुशासन-पर्व स्थापित करने में मदद करें। यही उनका पत्रकारीय धर्म और आदर्श है, अन्यथा वे कृष्ण भक्त कवियों के निखालिश 'अष्टछाप' बन कर रह जाएँगे।

(6) समाचार-पत्र की निर्माण प्रक्रिया

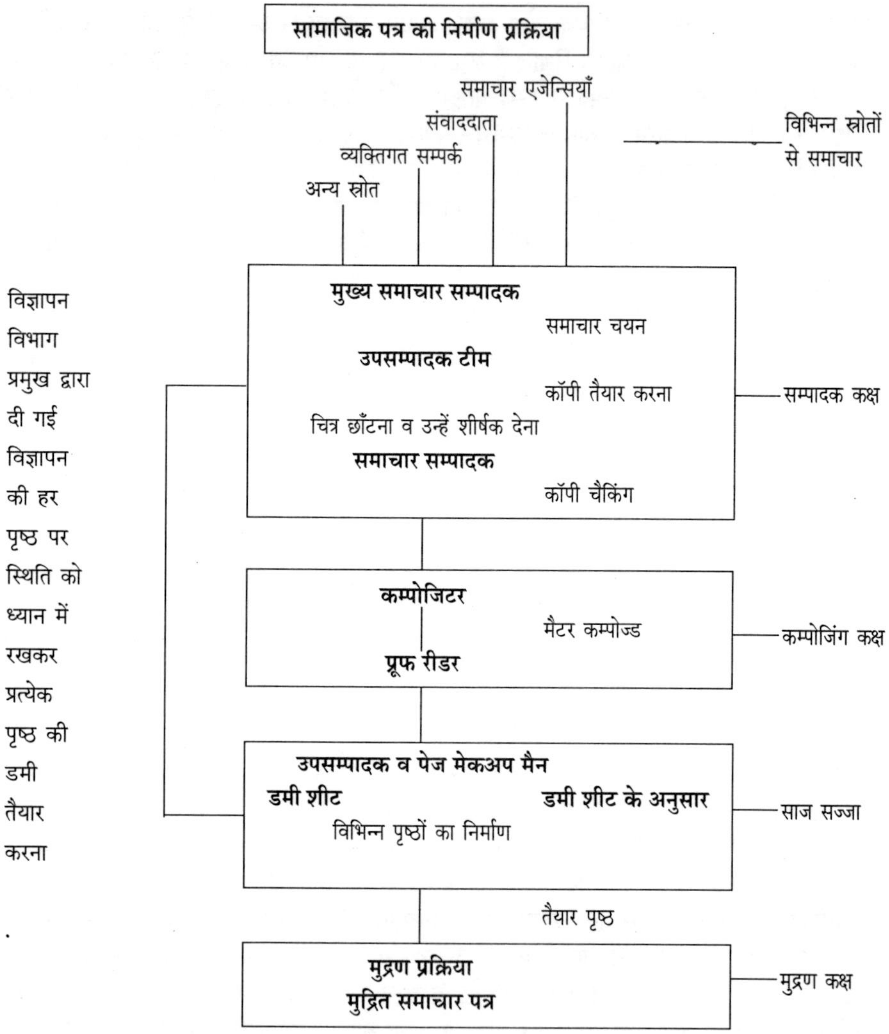

(7) समाचार-पत्र के प्रथम पृष्ठ की सजावट

अखबार के प्रथम पृष्ठ की सजावट के लिए अंग्रेजी की एक पुरानी शब्दावली 'Show Window' का इस्तेमाल किया जाता है, जिसका हिन्दी में आशय होता है—'प्रदर्शन खिड़की'। आज के अधीर और तेज भागते समय में बहुत सारे लोगों के पास अखबार के प्रत्येक पृष्ठ को पढ़ने का अवसर नहीं होता, अतः वे यह प्रयास करते हैं कि मोटी खबरों को जानने के लिए अखबार का महज प्रथम पृष्ठ ही पढ़ लिया जाए। अतः ऐसी

स्थिति में वे खबरों के सपाट सारांश के लिए प्रथम पृष्ठ को ही पढ़ते हैं। इधर, अखबार-सम्पादक भी प्रथम पृष्ठ के अलावा अखबार के भीतर के अन्य पृष्ठों पर पसरी खबरों की सूचना 'Synopsis' अर्थात् संक्षेप, 'Summary', रूपरेखा या 'Out line' प्रथम पृष्ठ पर 'भीतर के पृष्ठों में' शीर्षक से देने का प्रयास करता है।

कहते भी हैं, अखबार के प्रथम पृष्ठ की कलात्मक सजावट, लालित्य और खूबसूरत रचाव पाठकों के मन-प्रदेश में ज्यादा देर तक घुमड़ता है। अतः इस प्रथम पृष्ठ को हर कोण से सजाने का प्रयास सम्पादक करता है। उसे सुन्दर शिल्प देता है, विचारोत्तेजक और प्रीतिकर बनाता है। साफ शब्दों में, प्रथम पृष्ठ को वह चित्रित, श्रृंगारित और नक्शीन-निगारी करने में किसी तरह का आलस्य और कोताही नहीं करता। यहाँ यह बात ध्यान देने की है कि अखबार के प्रथम पृष्ठ को समय-समय पर सजाने की पृथक्-पृथक् विधियाँ अपनायी जाती रही हैं। आज के इस सूचना-प्रौद्योगिकी प्रधान समय में तो अखबार के पहले पन्ने को नये कलेवर और पैरहन देने की जैसे होड़ लग गई है। बहरहाल, अखबार के 'Front page' अर्थात् प्रथम पृष्ठ पर समाचारों की सजावट को अंग्रेजी में 'Typographical arrangement of news' कह सकते हैं। समाचारों, खबरों की सजावट के इस क्रम में कभी-कभी अखबार के छपनेवाली अगले दिन की खबरों, सामग्रियों की सूचना एक दिन पहले ही प्रथम पृष्ठ पर दे दी जाती है। दैनिक 'जनसत्ता' में ऐसा ही किया जाता है।

जनसत्ता
रविवारी
24 अगस्त, 2014

बेघर बच्चों की बेबसी

देश में लावारिस बच्चों की मुश्किलों के बारे में बता रही हैं गायत्री आर्य।

• कविताएं/ प्रगति सक्सेना • कहानी / अचला बंसल • देखीसुनी / अजदक • मुद्दा : धर्म के गुनहगार / सवाईसिंह शेखावत • चिकित्सा : खौफ की महामारी / अभिषेक कुमार सिंह • योजना : विकास का झूठा रूपक / नवीन पाल

भारत की हार का मतलब

इंग्लैंड के हाथों भारतीय क्रिकेट टीम की हार का जायजा ले रहे हैं फ़ज़ल इमाम मल्लिक।

नन्ही दुनिया

• कहानी / देवेंद्र कुमार • गीत / नंद चतुर्वेदी, मदन देवड़ा • जानकारी/ प्रकीर्तिमा • रंग-रेखाएं/ पूर्वा

(8) सावधानियाँ

प्रथम पृष्ठ की सजावट के लिए कुछ सावधानियाँ बरतना आवश्यक होता है, यथा-शीर्षक कुछ इस तरह बड़े प्वाइंट में कलात्मक ढंग से लिखे जाएँ, जो पाठकों को तुरन्त आकर्षित कर सकें। अगर शीर्षक रंगीन दिए जाएँ तो ज्यादा अच्छा होगा। अगर स्थानीय समाचारों अथवा क्षेत्रीय समाचारों में प्रमुख समाचार हों तब उसे भी प्रथम पृष्ठ पर स्थान देना उचित होगा। विभिन्न स्रोतों से कुछ ऐसे भी समाचार, समाचार-पत्र को प्राप्त होते हैं, जो आश्चर्यजनक कुतूहल पैदा करनेवाले होते हैं। ऐसे समाचारों को प्रकाशित करने के लिए 'बाक्स' बनाये जाते हैं। बाक्स पर नजर पड़ते ही पाठक की उत्सुकता उस समाचार को पढ़ने की हो जाती है और वे उसे रुचि से पढ़ते हैं। प्रथम पृष्ठ की सजावट के लिए तस्वीरों का भी उपयोग करते हैं। तस्वीरों से समाचार की विश्वसनीयता बढ़ती है। तस्वीरों का उपयोग मुख्य रूप से समाचार-पत्र के मुड़ने के स्थान से ऊपर ही किया जाना चाहिए। अगर बाक्स में रुचिकर समाचार भी दिया जा रहा हो, तब बाक्स के समाचार और चित्र का प्रकाशन अगल-बगल या ऊपर-नीचे सटाकर कभी नहीं करना चाहिए। ऐसा करने से तस्वीर और बाक्स के समाचार का औचित्य ही समाप्त हो जाता है, इसलिए दोनों के प्रकाशन में आपस में दूरी बनाये रखना आवश्यक है।[1]

1. पत्रकारिता जगत—अशोक प्रियदर्शी, सुनील कुमार सिन्हा, पृ. 37

(9) समाचार-पत्रों की उपयोगिता, उद्देश्य और आवश्यकता

स्वतंत्रता आन्दोलन के दौर से लेकर आज के भयावह, हिंसक और कठिन समय में अखबारों की महती भूमिका, उपयोगिता-आवश्यकता को नजरंदाज नहीं किया जा सकता। जब देश परतंत्र था, तब भी समाचार-पत्रों ने अपनी पूर्णक्षमता और औक़ात के अनुरूप देशवासियों को स्वतंत्रता की राह दिखाने के लिए आस्था और विश्वास का चिराग जलाया। देश के स्वतंत्र होने के बाद भी तमाम ना-नुकूर और आरोपों-प्रत्यारोपों के बीच ये अपने उसी अन्दाज में जी रहे हैं। आज भी ये नैराश्य के धुँधलके को दूर कर आशा के जुगनू बटोरने का काम कर रहे हैं। वक्त और समाज की एक-एक करवट इनके भीतर दर्ज और इन्दराज होती है। सामाजिक जीवन के बड़े से लेकर छोटे व्यौरों को सही-सटीक लेखा-जोखा और दस्तावेज इनके पास होता है। इनके पास चारों ओर फैले सामाजिक परिदृश्य का खूबसूरत कोलाज और एलबम होता है। जीवन के विविध सन्दर्भों को व्यापक और दिलचस्प ढंग से उजागर-उद्घाटन करने में ये पूर्णतया सक्षम होते हैं। लोकतांत्रिक समाज में फैली तमाम हरकतों का ये समाचार-पत्र निर्भीकता और बेबाकी से पर्दाफाश करते हैं। लूटपाट, अपहरण, घोटाले, तस्करी, दंगे, जनसंहार, मानव अंगों का व्यापार, आतंकवाद, नक्सलवाद, धरना, अनशन, नागरिक परिदृश्य की अनैतिकता, राजनैतिक अराजकता, प्रशासनिक अक्षमता-अकर्मण्यता, सत्ता-संरक्षण और समाज में फैली पाखंड की विषैली बेल, समाज के शोषित लोग, व्यसनी, दुराचारी, असहाय स्त्री, लोकाधिकार का हनन जैसी सामाजिक बुराइयों पर रोशनी डाल उनकी जगह सामाजिक व्यवस्था में नैतिकता की पौध लगाते हैं।

सच तो यह है कि समाचार-पत्र सत्ता और समाज के बीच संवादधर्मिता स्थापित करते हैं। ये मानवीय मूल्यों के पोषक और पैरोकार होते हैं। एक ओर ये शासन-व्यवस्था की विसंगतियों और विडम्बनाओं पर समय-समय पर प्रकाशपात करते हैं तो वहीं ये नागरिक समाज के सरोकारों की ओर भी इशारा करते हैं। इनके पास समकालीन समय और समाज की गहरी समझ होती है। आज हम भले ही विचार-दरिद्र हो गए हैं, हमारे विचारों के गलियारे भले ही सूने और एकान्त हो गए हैं, किन्तु सूचना-धनी तो हम हैं ही। कुंठित और हताश व्यक्ति के जीवन में ये समाचार-पत्र सात्त्विक लगाव तो पैदा करते ही हैं, जीवन जीने की अदम्य लालसा भी पैदा करते हैं। घनघोर संकट में भी ये भरोसे का दीपक जलाते हैं। समाचार-पत्र हमें समय-समय पर चेताते कहते हैं कि आज का बाजार हमें केवल नये-नये उत्पादों से परिचित ही नहीं कराता, बल्कि उनके प्रति हमारे भीतर आकर्षण पैदा कर हमारी संवेदनाओं को भी कुंद बना रहा है। वस्तुतः ये छोटी-छोटी चीजों के माध्यम से बड़ी बात बहुत आसानी से साफगो और स्पष्टवादी की तरह कहते हैं। इनका फ़लक व्यापक होता है। कुल मिलाकर, समकालीन मुद्दों—राजनीति, प्रकृति, पर्यावरण, विदेशनीति, व्यापार नीति, स्त्री-शोषण के संकट, आधुनिकीकरण, कर्ज में डूबे किसान, दलित-दमित-वंचित और हाशिये पर चले गए आदमी, वंचना-विषमता, बलात्कार, सामाजिक अन्याय, नफरत, बाजारवाद, वैश्वीकरण, अतिशय भौतिकता, असहिष्णु धार्मिकता, जड़हीन सामुदायिकता, वस्तुओं की बढ़ रही गोदामियत, वैवाहिक विज्ञापन, खाद्य-संकट, धमाका, चोरी, दुर्घटना, मौसम, विकास, बारिस से भींग गई फसल, ओलावृष्टि-अतिवृष्टि-अनावृष्टि, भूकम्प, सुनामी, जहरखुरानी-अगलगी, गबन-रिश्वतखोरी, शिक्षा-सम्बन्धी बातें, निविदा, सूचना, खेल, शेयर बाजार खोया-पाया आदि सम्बन्धी जानकारी समय-समय पर अपने पाठकों को देते रहते हैं। अतः ऐसी स्थिति में यह पूछा जा सकता है कि समाचार-पत्रों से बड़ा दूसरा यारबाश एवं समाज का शुभ-चिन्तक दूसरा कौन हो सकता है?

(10) समाचार-पत्रों के प्रकार, वर्गीकरण या रूप

हिन्दी-पत्रकारिता पर महत्त्वपूर्ण पुस्तक लिखनेवाले, विद्वान, प्राध्यापक डॉ. रमेश चन्द्र ने पत्रों का विभाजन इस प्रकार किया है,[1]

1. पत्रकारिता के सिद्धान्त—डॉ. रमेश चन्द्र त्रिपाठी, पृ. 200, अशोक प्रकाशन, दिल्ली।

(क) प्रकाशनावधि के अनुसार पत्र के कई रूप में, यथा

(1) दैनिक, (2) अर्द्धसाप्ताहिक, (3) साप्ताहिक, (4) पाक्षिक, (5) मासिक, (6) द्विमासिक, (7) त्रैमासिक, (8) अर्द्धवार्षिक, (9) वार्षिक तथा (10) अनियतकालिक।

(ख) आकार के आधार पर

(1) डिमाई 20 × 3 × 4, गुटका एवं डाइजेस्ट पत्रकारिता, (2) वृहद् आकारवाली पत्रकारिता, (3) पोस्टकार्ड पत्रकारिता, (4) पटल पत्रकारिता, (5) दीवार पत्रकारिता, (6) अन्तर्देशीय पत्रकारिता;

(ग) स्तर के आधार पर

(1) बृहत् पत्रकारिता, (2) लघु पत्रकारिता, (3) दीर्घकालिक, (4) अल्पकालिक पत्रकारिता, (5) सामुदायिक पत्रकारिता, (6) सरकारी पत्रकारिता, (7) संस्थागत पत्रकारिता।

(घ) रचना के आधार पर

कबीर, भारतेन्दु हरिऔध, प्रसाद और निराला आदि नाम से प्रकाशित होनेवाली पत्रकारिता।

(5) कृति के आधार पर

मानस आदि कृतियों पर आधारित पत्रकारिता

(च) प्रस्तुति के आधार पर

(1) मुद्रित पत्रकारिता, (2) चक्रमुद्रित पत्रकारिता, (3) पोस्टर पत्रकारिता, (4) वीडियो पत्रकारिता, (5) अन्तरिक्ष पत्रकारिता, (6) हस्तलिखित पत्रकारिता, (7) जनसंचार-रेडियो पत्रकारिता, (8) दूरदर्शन पत्रकारिता, (9) लोक सम्पर्क (सूचना) पत्रकारिता।

(छ) क्षेत्रीयता के आधार पर

(1) जनपदीय पत्रकारिता, (2) राष्ट्रीय पत्रकारिता, (3) अन्तर्राष्ट्रीय पत्रकारिता, (4) अवधी, ब्रज, भोजपुरी, राजस्थानी और दक्षिण भारतीय भाषाओं पर आधारित पत्रकारिता।

(ज) उद्देश्य के आधार पर

(1) साहित्यिक, (2) बालपत्र, (3) वाणिज्य-व्यवसाय विषयक, (4) विज्ञान एवं तकनीकी, (5) समाचार-पत्रकारिता, (6) धार्मिक-आध्यात्मिक, (7) फिल्मी पत्रकारिता, (8) महिलोपयोगी, (9) सांस्कृतिक एवं कला-विषयक, (10) राजनीतिक, (11) आर्थिक, (12) औद्योगिक, (13) कलात्मक, (14) सहकारिता, (15) बैंकिंग पत्रकारिता, (16) ग्रामीण, (17) खेल, (18) घरेलू पत्रकारिता, (19) रोजगारपरक, (20) प्रतियोगितापरक, (21) शिक्षा संस्थाओं की पत्रकारिता, (22) सहकारी, (23) जातीय पत्रकारिता, (24) दार्शनिक पत्रकारिता, (25) लोकसाहित्य की पत्रकारिता, (26) अपराध, (27) विधि पत्रकारिता तथा (28) ब्रेल पत्रकारिता।

(11) समाचार-पत्र व्हाट्सएप, फेसबुक और इंटरनेट

सूचना-समाचार प्रसारण के तमाम विद्युतीय माध्यम, नई सूचना तकनीक तथा बाद में सोशल मीडिया का जब से जन्म हुआ है, तबसे भूकम्प आने की अफवाह की तरह यह जुमला बार-बार उछाल दिया जाता है कि छपे अक्षरों के दिन अब समाप्त हो रहे हैं, पाठकों के हाथ से अखबार, पत्रिकाएँ तथा पुस्तकालयों से पुस्तकें लापता हो जाएँगीं। यह स्थिति महज भारत में ही नहीं बल्कि वैश्विक

होगी। रेडियो और दूरदर्शन के अवतरित होने के बाद हल्ला मचा कि अब अखबार शनैः-शनैः विलुप्त हो जाएँगे, ठीक उसी तरह इंटरनेट, कम्प्यूटर और अब सोशल मीडिया के आ जाने के बाद मनगढ़ंत और भ्रामक खबरें फैलाई जा रही हैं कि 'चूँकि सोशल मीडिया का चलन जोरों पर है, अतः बड़ी संख्या में लोग सोशल मीडिया के विभिन्न घटकों या माध्यमों-व्हाट्सएप, फेसबुक तथा ट्विटर आदि से ही खबरें प्राप्त कर लेंगे, छपे अखबार धरे-के-धरे रह जाएँगे। वस्तुतः सोशल मीडिया वैचारिक लेन-देन का उभरता हुआ मंच या 'प्लेटफॉर्म' तो अवश्य बना है, किन्तु इस कृति के पाठक बताएँ कि उन्होंने अखबार, पत्रिका या पुस्तकों के प्रति अरुचि-उदासीनता किसी भी समाज-समुदाय में हाल के वर्षों में देखा है, बल्कि मैं समझता हूँ कि पत्र-पत्रिकाओं और पुस्तकों का प्रकाशन भारत में हालिया काफी बढ़ा है। अब भी हमारी खोजी दृष्टि समाचारों की तलाश दरवाजे पर सुबह आए-अखबारों में ही करती है। दरअसल, समाचार-पत्रों में, समाचारों-विचारों का जो विविध विस्तार मिलता है, वह उक्त माध्यमों से हमें कत्तई नहीं मिल सकता।

वस्तुतः नई सूचना तकनीक खासकर इंटरनेट के उदय से समाचार-पत्रों के विलुप्त होने की खबर जंगल में आग की तरह फैलाई एक अमेरिकी लेखक ने। फिलिप्स मेयर ने अपनी एक पुस्तक 'द वैनेशिंग ऑफ न्यूज पेपर' (The Vanishing of Newspaper) में इस बात का खुलासा किया कि 2043 तक अमेरिका में दैनिक समाचार-पत्रों का खात्मा हो जाएगा। इधर, 'द इकॉनामिस्ट' ने भी उक्त बात की पुष्टि करते इसी समय 'हू किल्ड द न्यूज पेपर' (Who killed the Newspaper) शीर्षक में लिखा कि,—"अखबार अब लुप्त प्राय प्राणी होता जा रहा है। दुनिया भर में अखबारों की प्रसार संख्या घट रही है। सन् 1999 से 2005 ई. के बीच अखबारों की विश्वव्यापी प्रसार संख्या में पाँच प्रतिशत की कमी आई है। यह कमी यूरोप में तीन फीसदी है तो अमेरिका में छह फीसदी। सन् 1960 में अमेरिका की अस्सी फीसदी आबादी अखबार पढ़ती थी, अब यह आँकड़ा घटकर 50% तक पहुँच गया है। इस आशंका से भयभीत होकर चीन ने अखबार उद्योग के लिए पंचवर्षीय योजना तक बना डाली है।" बस क्या था, शीघ्र ही अखबार के अन्त की खबर स्वीडन, यूरोप, न्यूयार्क तथा इटली आदि देशों में पंख लगाकर फैली। इन देशों में अखबार पाठकों के आँकड़े निकाले जाने लगे। अखबार के प्रति पाठकों की घटती रुचि का मूल कारण इंटरनेट बताया गया। कहा गया कि खबरों की उपलब्धि के तमाम स्रोतों-साधनों में इंटरनेट प्रमुख है। इंटरनेट के आ जाने से नई पीढ़ी छपे अक्षरों में खबरों को पढ़ने के लिए समय नहीं निकाल पाती। इस युवा पीढ़ी का 16% हिस्सा इंटरनेट से जुड़ चुका है। अभी हाल में ही अपने सुप्रसिद्ध अखबार का प्रकाशन बन्द करनेवाले मीडिया मुगल रुपर्ट मर्डोक ने इंटरनेट से जुड़ी इस नई पीढ़ी को 'डिजिटल बाशिन्दे' नाम दिया था। बहरहाल, पश्चिमी देशों में अखबारों की आलोकप्रियता के कारणों में इंटरनेट के अलावा कई अन्य कारण भी बताए गए, जैसे—लोगों का रेडियो और दूरदर्शन से खबरों का सुन लेना, अगली बात खबरों के प्रति अरुचि, मुफ्त में मिलनेवाले 'मेट्रो अखबारों' ने भी अखबार की प्रसार में कमी करवा दी। उदाहरण दिया गया, स्वीडन की कम्पनी, मेट्रो इंटरनेशनल' के अनुसार सम्प्रति दुनिया में तकरीबन 280 लाख मुफ्त में बँटनेवाले अखबार छापे जा रहे हैं।

यूरोप में तो मुफ्त अखबारों ने 16 फीसदी बाजार पर कब्जा जमा लिया है। हाल के वर्षों में अखबार को सबसे ज्यादा आघात इंटरनेट की वजह से लगा है। *न्यूयॉर्क टाइम्स* का इंटरनेट संस्करण जितने लोग सर्फ करते हैं उतने लोग अखबार नहीं पढ़ते। *इटली के ला रिपब्लिक* के वेब साइट पर दस लाख लोग रोज आते हैं, जबकि अखबार का कुल प्रसार इसका आधा भी नहीं। इन हालात में अखबारों का मुनाफा घट रहा है, इसकी वजह से कहीं कर्मचारियों की संख्या में कसौटी हो रही है, तो कहीं परियोजनाएँ दरकिनार की जा रही हैं। द *न्यूज़पेपर एसोसिएशन ऑफ अमेरिका* का कहना है कि 1990 से *2004 के बीच इस उद्योग के कर्मचारियों* की संख्या में 18 फीसदी की कमी आई है। *'न्यूयॉर्क टाइम्स'* को अखबार में निवेश के लिए अपने नौ टेलीविजन स्टेशन बेचने

पड़ गए। यह अखबार सन् 2008 से अपना साइज भी घटाने जा रहा है, जिससे तकरीबन चार करोड़ डॉलर की बचत होगी। 'द वाशिंगटन पोस्ट', 'यूएसए टुडे' और 'द वाल स्ट्रीट जरनल' तो पहले ही अपना आकार घटा चुके हैं। पहली बार द वॉल स्ट्रीट जरनल ने पहले पेज पर विज्ञापन छापने शुरू कर दिए हैं।

जो अखबार इतने बड़े नहीं हैं, उन्हें तो इससे भी कड़े फैसले करने पड़े हैं। लेकिन इस माहौल में उम्मीद की किरणें भी दिखायी पड़ रही हैं। अब अखबार नये फार्मेट, नये व्यापारिक मॉडल आदि की बात करने लगे हैं। पूरे संगठन का इतना भारी पुनर्गठन इतना आसान नहीं है। प्राथमिकताओं की फेहरिस्त में अब सबसे ऊपर है, अखबार के वेबसाइट को आधुनिक बनाना। अब ये वेबसाइट अखबारों की ऑनलाइन प्रतिलिपि भर नहीं हैं, अब उसके लिए अच्छे पत्रकारों को अलग से भर्ती किया जाता है। अखबारों के पत्रकारों को ज्यादा-से-ज्यादा स्थानीय खबरों के लिए तैयार किया जा रहा है।

'यूएसए टुडे' में मोजो नियुक्त किए हैं। मोजो उन पत्रकारों को कहा जाता है जो मोबाइल फोन और लैपटाप से लैस होते हैं और मौके से ही खबर तैयार करके भेज देते हैं। विज्ञापन बढ़ाने के लिए परम्परागत अखबार अब मुक्त अखबार भी छाप रहे हैं। फ्रांस का 'ले मान्द' और मर्डोक का 'न्यूज़ इंटरनेशनल' अब ऐसे अखबार की तैयारी कर रहे हैं।

इसके साथ ही नागरिक पत्रकार का चलन शुरू हो रहा है। ब्लॉगर्स और नागरिक पत्रकार के आज के युग में खबर देने का काम प्रशिक्षित पत्रकारों के साथ ही कोई भी कर सकता है। दक्षिण कोरिया के वेबसाइट ओमीन्यूज़ के पास 33,000 नागरिक पत्रकार और संवाददाता है।[1]

पर, भारत में तो आप नई सूचना तकनीक का दबाव किसी भी समाचार-पत्र एवं पत्रिकाओं पर नहीं देख रहे होंगे, बल्कि सम्भावना व्यक्त की गई है कि 2017 तक भारतीय मीडिया उद्योग का राजस्व 2,24500 करोड़ रुपये तक पहुँच जाएगा। सन् 2011 में यह आँकड़ा 80500 करोड़ रुपये का था, जो 20 फीसदी वृद्धि दर की रफ्तार से 2012 में 96500 करोड़ तक पहुँच गया। मीडिया उद्योग में टेलीविजन और प्रिन्ट का वर्चस्व बना हुआ है, 40 फीसदी और 22 फीसदी हिस्सेदारी के साथ। यह स्थिति आगे भी बनी रहेगी। भारत में साक्षरता की दर बढ़ने और 70% से ज्यादा आबादी के कस्बों-गाँवों में रहने के चलते अखबार की माँग बनी रहेगी। शहरी इलाके में भी अखबारी पाठक कम नहीं हुए हैं। फिलहाल, भारतीय अखबार उद्योग दुनिया में दूसरा सबसे बड़ा अखबार उद्योग है, जो तेजी से वृद्धि कर रहे बाजारों में से एक है।[2]

(12) समाचार-पत्रों की भाषा

इस पुस्तक का 'हिन्दी पत्रकारिता : कुछ भाषागत खतरे और चुनौतियाँ, देखें।

(13) समाचार-पत्रों में प्रयोग की जानेवाली कुछ शीर्षक संरचनाएँ

इस पुस्तक का 'शीर्षकों के विभिन्न प्रकार, संरचना के आधारभूत सिद्धान्त या शीर्षक तैयार करने की विधियाँ तथा शीर्षकों का महत्त्व' पढ़ें।

(14) समाचार-पत्रों में विभिन्न स्तम्भों की योजना

इस पुस्तक का 'समाचार-पत्रों के विभिन्न स्तम्भों की योजना देखें।

---

1. हिन्दुस्तान—नई शक्ल अख्तियार करते अखबार—मनिका चोपड़ा, वाराणसी संस्करण, सन् 2005 ई.।
2. गवर्नेंस नाउ में दीपक रस्तोगी का लेख 'बढ़ रहा है मीडिया का कारोबार', पृ. 54, 24,A, माइंडमिल कॉरपोरेट टॉवर, सेक्टर-16, फिल्म सिटी, नोएडा, उत्तर प्रदेश, वर्ष-1, अंक-4, 1-15 अक्टूबर 2013 ई.

भाग-4

समाचार-पत्र-प्रबन्धन : समाचार-पत्र के विभिन्न विभागों के आन्तरिक संगठन और प्रकार्य-पत्रकारिता/प्रेस-प्रबन्धन : प्रशासनिक व्यवस्था, विक्री-वितरण तथा विज्ञापन

(1) अखबारों का स्वामित्व

आजादी का समूचा आन्दोलन अनेक बलिदानों, संघर्षों, कारावास एवं यातनाओं-पीड़ाओं से भरा हुआ है। इस आन्दोलन में अनेक स्वतंत्रता संग्राम-सेनानियों की शहादत ने अपने अनुपम साहस, उच्च आदर्श और निर्भयता भाव प्रकाश-स्तम्भ की तरह कितने ही भूले-भटके लोगों को मार्ग दिखलाया। इन सेनानियों के सामने त्याग, वीरता के साथ-साथ क्रान्ति और आजाद भारत का राजनीतिक मानचित्र स्पष्ट था। आजादी के इस आन्दोलन में अखबार भी सेनानियों की भूमिका में निरन्तर सक्रिय थे। इन पत्र-पत्रिकाओं में समय-समय पर यह उद्घोषणा होती थी कि, क्रान्ति मानव जाति का वह अधिकार है, जिसे कोई भी ठुकरा नहीं सकता। क्रान्ति की वेदी पर इन अखबारों ने अपने यौवन का नैवेद्य समर्पित किया। यह क्रान्तिकारी विप्लव आन्दोलन समूचे देश में क्रान्ति की मशाल जलाकर देशवासियों को जागृत कर रहा था। आजादी के दरमियान इन अखबारों का एक लक्ष्य भूखे पेट और आधा गिलास जल पीकर देश मुक्ति के लिए स्वतः को खाकसार कर देना था। इन्होंने किया भी। फिरंगी-मुक्ति के साथ-साथ इनके कुछ अन्य लक्ष्य, जैसे—स्वतंत्र भारत में समता, भाई-चारा तथा साझी संस्कृति की स्थापना भी थे, पर दुर्भाग्य से स्वतंत्र भारत में बाजार की शक्तिशाली ताकतों ने इनके विचारों को अपेक्षित रूप में प्रचारित नहीं होने दिया।

बहरहाल, आजाद भारत में स्वतंत्रता संघर्ष के अप्रतिम योद्धा 'अखबारों' ने भी अपना स्वरूप बदला। सेवा और बलिदान का भाव अखबारों से धीरे-धीरे दूर होता चला गया। साफ शब्दों में पत्रकारिता दुकानदारी में तब्दील होने लगी। अखबारों का नियंत्रण खरामह-खरामह समाज के खून को जोंक की तरह आहिस्ता-आहिस्ता चूसनेवाले पूँजीपतियों के हाथ में आ गया। इनकी निष्ठा बदली। सेवा-संघर्ष की जगह 'पत्रकारिता' उद्योग में बदल लोभ-लाभ में ऊभने-चूभने लगी। वह दुरंगी हो गई। आजादी के दौर में अखबारों का प्रबन्धन प्रायः एक ही व्यक्ति करता था। एक ही व्यक्ति समाचार-पत्र का मालिक, सम्पादक, व्यवस्थापक-प्रबन्धक, मुद्रक, प्रकाशक-सभी कुछ होता था। साफ शब्दों में, सम्पादक से लेकर प्रूफ रीडिंग तथा कभी-कभी समाचार-पत्रों के 'डिस्पैच' तक का काम एक ही व्यक्ति सम्पादित करता था। इस तरह एक ही व्यक्ति अखबार के सम्पादक-प्रबन्धक की भूमिका में जीता था, किन्तु आज के इस औद्योगिक युग में, जब से अखबारों ने अपने 'आजादी के योद्धा' वाले रूपक को छोड़ा 'कारोबारी' रूप को धारण कर लिया है, तब से अखबारों के प्रबन्धन का स्वरूप बदला है। आज अखबारी पाठकों की संख्या में अभूतपूर्व वृद्धि हुई है। अखबार की छपाई, कागज का दाम, छपाई-मशीन की लागत, कर्मचारियों की मासिक पगार तथा अखबारों के वितरण पर बेहद खर्च बढ़ा है। बताते हैं, यदि पत्र-पत्रिकाओं में विज्ञापन न छपें, तो अखबारों का प्रकाशन बन्द हो जाएगा। कुल मिलाकर आज के अखबारों के प्रकाशन और स्वतंत्रता पूर्व के अखबारों के प्रकाशन में लक्ष्य, ध्येय और लागत में काफी अन्तर आ गया है। आज के अखबारों का टंट-घंट बढ़ा है। प्रशासनिक व्यवस्था सुचारु रूप से चले, अतः समाचार-पत्र के कार्यालय को कई टुकड़ों में बाँट दिया गया है। उनके अपने-अपने कामों का बँटवारा भी कर दिया गया है, जिससे अखबार की छपाई में कहीं-कोई व्यवधान न आए, प्रकाशन का सातत्य बना रहे। समाचार-पत्र कार्यालय में काम करनेवाले लोगों में सम्पादक (अब अधिकांशतः अखबार मालिक), प्रबन्धकर्त्ता, विज्ञापन का काम देखनेवाले, प्रसार प्रबन्धकर्त्ता, मुद्रण-विभाग का प्रबन्धकर्त्ता तथा महाप्रबन्धक मुख्य होते हैं। इन्हें इस प्रकार देखा जा सकता है—

अखबारों के स्वामित्व के लिए कई विधियाँ अपनायी जाती हैं, यथा—

(1) व्यक्तिगत या एकल स्वामित्व (Individual ownership)। यहाँ मालिक ही पत्र का सम्पादक और प्रबन्धक होता है,

(2) साझेदार (Partnership)। इस व्यवस्था में लाभांश को आपस में बाँटने का समझौता, साझेदारी अधिनियम, 1932 की धारा 4 के अनुसार साझेदारों द्वारा किया जाता है,—"Partnership is the relation between persons who have agreed to share the profits of a business caused on by all or any of them acting for all."

(3) हिस्सेदारों की कम्पनी (Limited Company)। इस व्यवस्था में अंशधारी का स्वामित्व सीमित होता है। भारतीय कम्पनी अधिनियम, 1956 की धारा तीन के अनुसार इन कम्पनियों का पंजीकरण किया जाता है।

(4) न्यास के अधीन (Trust)। इस व्यवस्था में सभी ट्रस्टी अखबार प्रकाशन से लाभ की आशा न करते हुए महज सेवा भाव से समाचार-पत्र प्रकाशन पर ध्यान देते हैं और

(5) सहकारी संस्था (Co-operative Society)। इस व्यवस्था में भी लाभार्जन उद्‌देश्य नहीं होता।

(2) समाचार-पत्र की प्रशासनिक व्यवस्था या समाचार-पत्र प्रबन्धन-संगठन

'प्रेस-प्रबन्धन' भी एक कला है, तकनीक है, हुनर है। यह कोई आवश्यक नहीं कि एक कुशल पत्रकार पत्रकारिता का कुशल प्रबन्धक ही हो, क्योंकि, "Journalism is a lofty profession and not a trade or a craft. It is a bit of snobbery that one can usefully do without. Journalism no doubt is a profession, but a journalist who limits himself to his profession is more likely to find that he has the most unenviable of talent." दरअसल, पत्रकारिता की **प्रशासनिक व्यवस्था** प्रेस की रीढ़ होती है। यहाँ अनुशासन का एक क्रमबद्ध 'चैनल' होता है, जिसमें आपादमस्तक सभी लोग जुड़े होते हैं। व्यवस्था के कुशलतापूर्वक नियमन के लिए सभी विभागों के कर्मचारी सामूहिक भावना से अपने कर्तव्यों और उत्तरदायित्वों का निर्वाह करते हैं। वे यहाँ महज़ अपने को सेवा कार्यरत कर्मचारी नहीं समझते, पत्रकारिता को जीविका अर्जन का केवल साधन अथवा माध्यम नहीं मानते, बल्कि पत्रकारिता को जनहित में निष्ठापूर्वक की गई साधना मानते हैं। सच तो यह है कि संगठन के सुचारु संचालन के लिए सभी विभागों के बीच उचित तालमेल का होना आवश्यक है। शीर्षस्थ प्रबन्धक वर्ग, स्वामी या संचालन मंडल समाचार-पत्र की नीति की रूपरेखा तैयार करते हैं। उसके बाद उस नीति का कार्यान्वयन प्रबन्धकों पर छोड़ दिया जाता है। समाचार-पत्र चलाना अब व्यवसाय हो गया है और व्यवसाय की सफलता-असफलता उसके प्रबन्ध-प्रशासन पर निर्भर करती है। कई समाचार-पत्र अच्छे सम्पादन के बावजूद कमजोर प्रबन्ध और प्रशासन के कारण बन्द हो गए। प्रशासनिक व्यवस्था के भीतर कार्यालय की सम्पूर्ण व्यवस्था, विज्ञापन, प्रचार कार्य आदि का संचालन समाहित होता है जिसे हम थोड़ा विस्तार से इस प्रकार देख सकते हैं—

वस्तुतः प्रतिष्ठान-संस्थान, उद्योग-धन्धे या निजी जीवन में ही यदि सख्त नियमन-अनुशासन का सख्ती से अनुपालन न हो तो वहाँ अराजकता की स्थिति पैदा हो सकती है, सम्पूर्ण व्यवस्था छिन्न-भिन्न हो सकती है। समाचार-पत्र उद्योग-समूहों में भी यह बात सौ टंच सही है। यहाँ जितने विभाग होते हैं, उनमें आन्तरिक तालमेल और लय बनाये रखने के लिए एक पुख्ता प्रशासनिक व्यवस्था होती है। आजकल बड़े समाचार-पत्र समूहों ने इसे एक नया नाम Human Resource Development' (H.R.D.) दिया है। सम्प्रति यह अपने इसी रूप में कार्यरत है। समाचार-पत्र उद्योगों में कर्मचारियों की नियुक्ति उनकी उपस्थिति की निगरानी, उनके वेतन, समय-समय पर उस वेतन में होनेवाली वृद्धि, कर्मचारियों की चिकित्सा सम्बन्धी जरूरत, उनके अवकाश-आवास की देखभाल का उत्तरदायित्व प्रशासनिक विभाग के जिम्मे ही होता है। प्रशासनिक विभाग भरसक यह कोशिश करता है कि संस्थान की साज-सज्जा, कर्मचारियों के उपयोग में आनेवाले उपकरणों की कमी न हो। स्पष्टतः यह कि प्रशासनिक विभाग संस्थान में होनेवाली हर गतिविधि पर अपनी खुफियाँ आँख लगाये रखता है। वही कर्मचारियों-अधिकारियों की गोपनीय रिपोर्ट समय-समय पर प्रबन्धन को देता रहता है। सच तो यह है कि प्रशासनिक विभाग ही

समाचार-पत्र उद्योग की मौजूँ साँस होता है। यह विभाग यह भी ध्यान रखता है कि वेतन को लेकर कर्मचारियों और प्रबन्धन में किसी तरह का टकराव न हो। संस्थान में तालाबन्दी न होने पाये। हड़ताल, धरना, प्रदर्शन और अन्य किसी तरह की हिंसक बारदातें न होने पाएँ।

एच. आर. डी. विभाग का संगठन

एच. आर. डी. अधिकारी

वरिष्ठ सहायक | रिकॉर्ड कीपर | वेतन बनानेवाले

(क) एच.आर.डी. अधिकारी

बड़े समाचार-पत्र समूह में इस तरह के अधिकारियों की नियुक्ति होती है। इस अधिकारी का काम वरिष्ठ सहायक से तालमेल बैठाकर कर्मचारी-प्रबन्धन की समस्याओं का समाधान करना होता है। यह अधिकारी प्रबन्धन-कर्मचारी दोनों का हित-चिन्तक होता है। समाचार-पत्र की छपाई के लिए कागज, स्याही, मशीनों की देखभाल, विद्युत-व्यवस्था, जेनरेटर आदि की व्यवस्था इन्हीं के जिम्मे होती है।

(ख) उपस्थिति पंजिका

समाचार-पत्र समूह में कार्यरत कर्मचारियों की उपस्थिति-अनुपस्थिति की देखभाल के लिए एक लिपिक की नियुक्ति की जाती है। इसे ही उपस्थिति पंजिका सहायक कहा जाता है। यह लिपिक कर्मचारियों के आने-जाने, उनकी छुट्टी-अवकाश, चिकित्सा सम्बन्धी बातों का भी ध्यान रखता है। इनके हिसाब से ही वह महीने के अन्त में इनका वेतन बनाने और भुगतान करने की व्यवस्था में लग जाता है।

(3) प्रबन्धक की योग्यता : प्रसार, विपणन और विज्ञापन आय में उसकी भूमिका

उचित प्रबन्धकीय अनुशासन से रहित किसी भी अखबार का ढाँचा ज्यादा दिन तक टिकाऊ नहीं रह सकता। कार्यालयीय कामकाज को सही ढंग से निपटाने, आपसी तालमेल बनाये रखने के लिए प्रबन्धक को अपेक्षित योग्यता, अनुभव, चिन्तन, सोच-विचार और परख-पहचान की क्षमता से लैस होना आवश्यक होता है। वह कर्तव्यनिष्ठ हो, कार्य के प्रति समर्पित होना चाहिए। विवेकी हो, उसके पास सामाजिक बोध हो, अखबार के लिए अधिक-से-अधिक विज्ञापन इकट्ठा कर सकता हो, क्योंकि बिना विज्ञापन के अखबार का प्रकाशन, कर्मचारियों का दैनिक भुगतान आज के इस बाजारवादी समय में काफी कठिन हो गया है। अखबार की प्रतियाँ ज्यादा-से-ज्यादा पाठकों तक पहुँचवाने का कौशल रखता है। उसका सम्बन्ध सत्ता, विद्वान् नेता, उद्योगपति, समाज चिन्तक आदि समाज के हरवर्ग से होना चाहिए।

कुल मिलाकर यह कि अखबार का प्रबन्धक बहुआयामी व्यक्तित्व और चरित्र का होना चाहिए। लगन, प्रतिभा और कर्मठता तथा सर्जनात्मक प्रतिभा से वह अखबार का कलेवर बदल सकता है। उसके पास समाचार सूँघने की अचूक शक्ति होनी चाहिए। किस समाचार को अखबार में कहाँ, कब छापना है, उसका अगले दिन पाठकों के ऊपर क्या असर होगा इसकी तालीम और अनुभव उसके पास होना चाहिए। उसे यह प्रयास करना चाहिए कि अखबार में छापे की त्रुटियाँ भरसक न हों, क्योंकि इसका असर सीधा अखबार के प्रसार और विपणन पर पड़ सकता है। अतः अखबार की शुद्ध छपाई, स्थानीय सरल शब्दों के प्रयोग तथा उसकी साज-सज्जा पर प्रबन्धक को बहुत ध्यान देना चाहिए। अखबार में कौन विज्ञापन और चित्र, विज्ञप्तियाँ, सूचनाएँ, खोया-पाया, शेष अगले पृष्ठ सम्बन्धी समाचार किस पृष्ठ पर जाएगा, इसकी जानकारी प्रबन्धक को होनी चाहिए। कहने का आशय यह कि समाचार-पत्र के हर पृष्ठ के उन्नयन की काबिलियत और स्मृति बोध

उसके पास होनी चाहिए। इस तरह समाचार-पत्र का योग्य प्रबन्धक अपने गम्भीर चिन्तन-मनन, अध्ययन तथा सृजन की मूल्यवान् सहभागिता से अखबार के व्यक्तित्व का निर्माण कर उसे सर्वतोमुखी उत्कर्ष पर पहुँचा सकता है।

(4) विज्ञापन-प्रबन्धन, विज्ञापन व्यवस्थापक/विज्ञापन-विभाग

विज्ञापन आज लगभग सभी जनसंचार माध्यमों का एक आवश्यक अंग बन गया है। वैश्वीकरण के दौर में जहाँ एक ओर पूरा विश्व सिमट कर छोटा हो गया है, वहीं बाजारवाद के प्रभाव में हर बड़ा या छोटा व्यवसायी अपने उत्पाद को अधिक-से-अधिक बेच लेना चाहता है। देश के हर कोने में उसके उत्पाद के बारे में लोग जानें, इसके लिए वह जनसंचार माध्यमों के द्वारा विज्ञापन का सहारा लेता है। एक तरफ विज्ञापनों से जहाँ ये सभी माध्यम अर्थ लाभ करते हैं, वहीं दूसरी ओर उत्पाद बेचनेवाला व्यवसायी भी इन विज्ञापनों के माध्यम से बहुसंख्य लोगों तक अपनी पहुँच बनाकर अर्थ लाभ करता है। यानी विज्ञापन से दोनों ही लाभान्वित होते हैं। आज विज्ञापन के व्यवसाय ने बहुत अधिक लोगों को रोजगार के अवसर भी उपलब्ध कराये हैं।[1]

ठीक इसी तरह समाचार-पत्रों में विज्ञापन-व्यवस्था आधुनिक पत्रकारिता की रीढ़ मानी जाती है। विज्ञापन-व्यवस्थापन ही इस विभाग का मुखिया होता है। सच तो यह है कि एक सफल समाचार-पत्र में बिक्री से प्राप्त आमदनी व विज्ञापन से प्राप्त आमदनी में 1:2 का अनुपात होता है। यानी ग्राहकों से यदि 5,000/-प्राप्त हुए तो विज्ञापनों से 10,000/-प्राप्त होना चाहिए। आदर्श अखबार में 60% जगह समाचारों आदि से और 40% जगह विज्ञापनों से भरी होती है।[2] समाचार-पत्रों के लिए विभिन्न विज्ञापन एजेन्सियों के अतिरिक्त प्रभाव तथा प्रत्यक्ष सम्पर्क से भी विज्ञापन संग्रह का कार्य किया जाता है। कुछ पत्रों के निजी विज्ञापन प्रतिनिधि भी होते हैं। विज्ञापन-विभाग के अन्तर्गत् प्रायः विज्ञापन व्यवस्थापक, जनसम्पर्क अधिकारी, लेखाकार आदि कर्मचारी होते हैं। विभिन्न, समाचार-पत्रों एवं पत्रिकाओं में जो विज्ञापन-प्रकाशित होते हैं, वे कई श्रेणियों के होते हैं। इनमें वर्गीकृत विज्ञापन, सज्जित विज्ञापन, स्थान निर्दिष्ट-सज्जित विज्ञापन, अवधि अनुबन्धित विज्ञापन आदि होते हैं।[3]

(5) सम्पादकीय प्रबन्धन

किसी भी अखबार के दफ्तर में मुख्य रूप से पाँच ऐसे लोग बैठते हैं, जिनके ऊपर अखबार के जन्म से लेकर पाठक के हाथ में जाकर उसे पढ़े जाने तक का मुकम्मल उत्तरदायित्व होता है, ये लोग हैं, (1) सम्पादक, (2) विज्ञापन प्रबन्धकर्त्ता, (3) प्रसार-प्रबन्धकर्त्ता, (4) मुद्रण-विभाग का प्रबन्धकर्त्ता तथा (5) महाप्रबन्धक। उक्त पाँचों महत्त्वपूर्ण पदों पर आसीन व्यक्ति अपने-अपने विभागों की उचित देखभाल करते हैं। कुछ लोग उक्त विभागों में सबसे महत्त्वपूर्ण विभाग 'विज्ञापन-विभाग' को बताते हैं। उनका तर्क है कि विज्ञापन-विभाग की आय से ही समाचार-पत्र कार्यालय का सम्पूर्ण खर्च चलता है, किन्तु इसका यह अर्थ कत्तई नहीं है कि दूसरे विभाग का कोई महत्त्व ही नहीं है। वास्तव में सामान्य-प्रबन्ध, विज्ञापन और प्रसार-ये तीनों विभाग संगठित रूप से समाचार-पत्र प्रकाशन का कार्य करते हैं। इनकी कार्य-कुशलता एक दूसरे पर निर्भर होती है, फिर भी इनमें अन्य सहकर्मियों की तुलना में सम्पादक का महत्त्व अपेक्षया अधिक होता है। सम्पादकीय सामग्री यदि समाचार-पत्र में पाठकों को प्रभावित करती हैं, तो जाहिर है, अखबार की बिक्री और प्रसार संख्या बढ़ेगी और अखबार यदि अधिक-से-अधिक संख्या में पाठकों के हाथ में जाएगा तो तय है कि प्रसार संख्या के कारण उसे विज्ञापन काफी मिलेंगे, तब अखबार कार्यालय की आय बढ़ेगी और तब अच्छी पगार प्राप्त कर कर्मचारी प्रसन्न रहेंगे।

1. रेडियो का कलापक्ष—डॉ. नीरजा माधव, पृ. 84, विश्वविद्यालय प्रकाशन, वाराणसी, मू. 40 रु., सन् 2006 ई.
2. पत्रकारिता : परिचय एवं विश्लेषण—डॉ. प्रीता व्यास, पृ. 153,
3. वृहत् हिन्दी पत्रकारिता कोश—पुरुषोत्तम दास टंडन, पृ. 685

(6) मुद्रण-उत्पादन विभाग

मुद्रण-विभाग को हम समाचार-पत्र का प्रसूतिका गृह यानी 'सौरी-घर' कह सकते हैं। यहीं पर अखबार जन्मता है और भावों, विचारों, समाचारों, विज्ञप्तियों, सूचनाओं, चित्रों आदि के तेल-उबटन से मालिश कर पलता-पुसता है, तब सुन्दर-सलोना बनकर पाठक के हाथों में वाचन हेतु आता है। यद्यपि पिछले लगभग एक दशक से भारत में सूचना तकनीक की सर्वथा नई क्रान्ति आ जाने से छपाई की प्रक्रिया, जो पहले बहुत जटिल थी, बेहद आसान हो गई है। श्रम एकदम कम, छपाई में क्षिप्रता, लागत कम, सुन्दर कलेवर और रातोंरात लाखों प्रतियाँ।

पहले मुद्रण यंत्र काफी महँगे मिलते थे, हाथ से कम्पोजिंग होती थी, जिसके लिए मोनोटाइप, लाइनोटाइप आदि मूल्यवान मशीनों की जरूरत पड़ती थी। कम्पोज करनेवाली मशीन में टाइप सदैव नये प्रयोग किए जाते थे, क्योंकि समय-समय पर इन्हें गला दिया जाता था, फिर कई बार प्रयोग करने के कारण वे घिस भी जाते थे। फल होता था—पत्रिका, पत्र या पुस्तक का प्रकाशन भद्दा, धुँधला, अस्पष्ट, कुल मिलाकर बहुत साफ नहीं होता था। छपाई के लिए रोटरी और सिलेंडर मशीनों का प्रयोग होता था, फिर अखबार छपकर फोल्ड होता था। कुल मिलाकर यह कि छपाई की पुरानी पद्धति और पुरानी मशीनों से अच्छी छपाई की बहुत विश्वसनीयता नहीं होती थी। ज्यादा प्रतियाँ छापने के लिए रोटरी जैसी बहुत महँगी मशीन काम में लाई जाती थी। इस मशीन के भीतर फ्लैट बेल्ट, स्टीरियो तथा यूनीट्यूबलर का प्रयोग होता था। छपाई के वक्त सावधानी की बहुत जरूरत होती थी, क्योंकि कागज के मटमैला होने और स्याही फैलने का डर होता था। प्रूफ रीडिंग में भी दिक्कत होती थी, किन्तु आज अखबारों की छपाई में अभूतपूर्व क्रान्ति हुई है। न स्याही फैलने का डर, न अशुद्ध छपाई का भय, प्रूफ रीडिंग भी बेहद आसान। मशीनों का भी बहुत ताम-झाम नहीं। मानव श्रम भी बहुत कम। कुल मिलाकर यह कि आज कम श्रम, कम शक्ति और कम खर्च में अखबार की छपाई खूब सुन्दर और मनोहारी हो रही है।

(7) प्रसार-विभाग

समाचार-पत्र कार्यालय का प्रसार-विभाग कई सन्दर्भों में बहुत महत्त्वपूर्ण विभाग होता है। वस्तुतः इसका मुख्य कार्य होता है—अखबारों की प्रसार संख्या दिनोंदिन बढ़ाना, किन्तु अखबार की प्रसार संख्या तभी बढ़ेगी, जब अखबार का सम्पादकीय विभाग परिपक्व, मँझा हुआ, उत्कृष्ट समाचार-विचार प्रस्तुत करनेवाला हो। आज के बाजारवादी समय में अखबार के पाठकों की संख्या तभी बढ़ सकती है, जब हर तरह के पाठकों के लिए उसमें बौद्धिक खुराक उपलब्ध हों। श्रेष्ठ और खूबसूरत शब्द बद्ध सामग्री हो, अग्रलेख हो, मोहक विज्ञापन हों, रविवारी संस्करण निकलता हो, उसमें कविता, कहानी, नाटक, व्यंग, नन्हे बच्चों की दुनिया तथा पुस्तक समीक्षा प्रकाशित होती हों। वस्तुतः जब किसी अखबार की प्रसार संख्या बढ़ती है, उसके प्रसार का ग्राफ ऊपर जाता है तो विज्ञापनदाता स्वयं अखबार की ओर इसलिए खिचता जाता है कि उसका विज्ञापन अधिक-से-अधिक लोगों तक पहुँचेगा और उसके उत्पाद की बिक्री बढ़ेगी। इस प्रकार हम यह कह सकते हैं कि अखबार की अधिकाधिक प्रसार संख्या के लिए सम्पादकीय विभाग, विज्ञापन-विभाग और प्रसार-विभाग इन तीनों का परस्पर सहयोग बेहद जरूरी होता है। प्रसार संख्या अधिक होने से अखबार का श्वेत या रिक्त स्थान उतना ही अधिक बिकेगा और अखबार की आय भी उतनी ही बढ़ेगी।

(8) बिक्री-वितरण प्रबन्धन

पत्र की बिक्री-वितरण, लेखा, विज्ञापन, प्रचार-प्रसार वस्तुतः इसी व्यवस्था का एक अनिवार्य हिस्सा है। समाचार-पत्रों के बिक्री के लिए वितरण की निश्चित तिथि तो ज्ञात नहीं है, किन्तु यह व्यवस्था पुनर्जागरण काल (Renaissance time) से मानी जाती है।[1] कभी-कभी कुछ पत्रकार या प्रबन्धक आने-जानेवाले यात्रियों से लोगों को सूचनाएँ भेजवाते थे और अपने ग्राहकों को 'समाचार चौपन्ने' (News Pamphlets)

1. सम्पादन कला एवं प्रूफ पठन-डॉ. हरिमोहन, पृ. ९८

देते थे। बहरहाल, आज पत्रों की वितरण व्यवस्था एकदम बदल गई है। प्रायः समाचार-पत्र निर्धारित समय पर कार्यालय से वितरण हेतु उपलब्ध हो जाते हैं। इन्हें स्वतंत्र रूप से हॉकरों, एजेंटों, डाक, टैक्सी, ट्रेन, जहाज, नाव द्वारा उचित दरों पर बिक्री-वितरण के लिए दे दिया जाता है। समाचार-पत्रों की बिक्री-वितरण व्यवस्था इन माध्यमों के अतिरिक्त स्टाल, बसअड्डे और रेलवे से भी होता है। जो समाचार-पत्र अधिक-से-अधिक बिकेगा, आर्थिक रूप से वही सम्पन्न और लोकप्रिय माना जाएगा। बिक्री-वितरण की सभी व्यवस्था प्रसार-व्यवस्थापक (Circulation Manager) की होती है।

कुल मिलाकर यह कि समाचार-पत्र बिक्री-वितरण का जिम्मा प्रसार विभाग ही करता है। यह विभाग अखबार को दूर-दराज भेजने के लिए डाक, रेल, बस और हवाई सेवा का इस्तेमाल करता है। कुछ प्रतियाँ स्थानीय एजेंटों को दे दी जाती हैं। ये एजेंट अपने निश्चित हाँकरों के माध्यम से दरवाजे-दरवाजे अखबार को पहुँचाते हैं। कुछ प्रतियाँ घूम-घूमकर भी बेंच दी जाती हैं, तो कुछ रेल, बस अड्डों या अन्य भीड़-भाड़वाली जगहों से भी बिक्री की जाती है।

(9) समाचार-पत्र-वितरण बढ़ाने के उपाय

व्यक्ति के जीवन में समाचार-पत्र का विशिष्ट महत्त्व होता है। अखबार, व्यक्ति को विस्तार-विकास का नया फलक और आयाम देता है, हदबन्दिया और तमाम तरह की संकीर्णताओं को तोड़कर उसके सामने अनुभव का नया विस्तार सौंपता है। अखबार के माध्यम से आज का आदमी एक-दूसरे तक पहुँचता है। आज की हलचलों और उद्देश्यों से भरे जीवन में वह आदमी को शान्ति का अनुभव कराता है, मानसिक क्षितिज के विस्तार में साझेदारी निभाता है। कुल मिलाकर वह अपने सक्रिय हस्तक्षेप से निजबद्धता को तोड़ व्यक्ति और समाज के बीच नये रिश्तों की स्थापना करता है। अतः इतनी महत्त्वपूर्ण भूमिका में जीनेवाले अखबारों के फैलाव-विस्तार के लिए समय-समय पर उचित उपाय होनी चाहिए, यथा-पहली बात यह कि अखबार का 'सर्कुलेशन' बनाये, बढ़ाने के लिए निरन्तर नई 'आइडिया और आइडियोलॉजी' तथा मुद्दों और समय-समय पर होनेवाले आन्दोलनों की 'रिपोर्टिंग' दिलचस्प ढंग से होनी चाहिए। अगली बात यह कि अखबार का सम्पादकीय प्रभावशाली होना चाहिए। सामग्री सम्पादन में हर तरह के पाठकों की रुचि का निरन्तर ख्याल रखना चाहिए। टिप्पणियाँ मन को स्पर्श कर गुदगुदानेवाली होनी चाहिए। समाचारों-विचारों का सन्तुलित समंजन अखबार में होना चाहिए। सम्पादकीय श्रेष्ठता की अनुगूँज पत्र-पाठक के मन में जादू की तरह निरन्तर बनी रहनी चाहिए। पाठकों के मन में अखबार के प्रति उत्कंठा होनी चाहिए। अगली बात यह है कि अखबार रोज विभिन्न छवियों में पाठकों के सामने जाएँ। अखबार की साज-सज्जा उसकी ताकत और पहचान होती है। अतः इस पर भी अखबार प्रबन्धन को ध्यान देना चाहिए। प्रयास यह होना चाहिए कि अखबार को पाठक न खोजे, बल्कि पाठक ही अखबार को खोजता उसके पास पहुँचे।

अखबार के अधिक-से-अधिक 'सर्कुलेशन' के लिए स्थानीय 'एजेंटो' का सहयोग बहुत अपेक्षित होता है। ऐसी स्थिति में अखबार-प्रबन्धन को चाहिए कि वह इन एजेंटों की अखबार-वितरण सम्बन्धी समस्याओं पर ध्यान दे। इन्हें इनकी संचार-परिवहन व्यवस्था सम्बन्धी कठिनाइयों पर ध्यान दें। इन्हें आज के भीषण महँगाई के युग में कमीशन सम्बन्धी उचित हक-हुकूक दे। इसके लिए उन्हें यह ध्यान देना पड़ेगा कि शहर के अन्य अखबार अपने एजेंटों को कौन-कौन सुविधाएँ दे रहे हैं। स्थानीय वितरक यदि प्रसन्न हैं तो वह अखबार के फैलाव में सहयोग करेगा क्योंकि इसमें उसके अपने हित भी सुरक्षित हैं।

अखबार-प्रबन्धन को चाहिए कि वह अखबार का नगर या शहर संस्करण भी निकाले। स्थानीय खबरों को महत्त्व दे। अब तो अधिकांश अखबार जैसे जनपदीय हो गए हैं। जिस जिले में वे बँटते हैं, लगभग आधी खबरें उसी जिले की होती हैं। बगलवाले जिलों की खबरें पाठक को मिल ही नहीं पातीं। अतः इस पर भी ध्यान देना चाहिए। समय-समय पर विशेषांकों का भी प्रकाशन होना चाहिए। कुल मिलाकर यह कि आज बाजार के उग्र-तुर्श प्रतिस्पर्द्धी माहौल और परिवेश में अखबार को जिन्दा-जीवन्त बने रहने देने के लिए उसकी बिक्री-वितरण सम्बन्धी व्यवस्था पर ध्यान देना चाहिए।

(10) समाचार-पत्र की अर्थ-व्यवस्था में विज्ञापन की भूमिका

सम्प्रति समाचार-पत्रों और विज्ञापनों के बीच समय और सच के साथ अटूट अनन्यता है। शायद ही कोई अखबार हो, जो वित्तीय आग्रह और दबाव से मुक्त हो। उनकी संख्या होगी, तो विरल होगी। विज्ञापन, अखबार का बाजारू आग्रह कहा जा सकता है, किन्तु देखा जाए तो पत्रकारिता के जन्म से ही अखबारों के सामने वित्तीय संकट बिना हल किए सवाल की तरह खड़ा है। समय-समय पर ढेरों समाचार-पत्र समूह अखबार के क्षरण-छिजाव और उनके अस्तित्व को लेकर वित्तीय संकट से जूझते और रस्साकस्सी करते रहे हैं। ढेरों नामजद समाचार-पत्र और पत्रिकाएँ अर्थाभाव के कारण समय-समय पर दम तोड़ गयीं। विज्ञापन अखबार की आमदनी का मुख्य स्रोत होते हैं। महज समाचारों, खबरों और विचारों के छपने से अखबार जिन्दा नहीं रह सकता, अखबार के अक्षत् स्वरूप को सुरक्षित रखने और उन्हें अबाध गति से सतत् प्रकाशित होते रहने के लिए विज्ञापन का वित्तीय रसायन और लेप बहुत जरूरी होता है। अखबारी दुनिया का यह सबसे बड़ा सच है। अखबारों में मुद्रित-छपी खबरें भले ही पाठकों को तमाम तरह की शान्ति देती हों, लेकिन अखबार का कार्यालय आर्थिक स्तर पर सन्तुष्ट नहीं हो पाता। इन्हें पैसा देनेवाले विज्ञापन की जड़ी-बूटी बहुत आवश्यक होती है।

वस्तुतः अखबार के पास बेचने के लिए दो ही चीजें होती हैं, पहला है, वह मुद्रित स्थान, जिसमें खबरें, विचार, समाचार आदि होते हैं। इन्हें पाठकों को बेचा जाता है, किन्तु उसी अखबार में कुछ स्थान अमुद्रित, बिना छपे, श्वेत या खाली रिक्त भी होता है, इसे ही विज्ञापनदाताओं को बेचा जाता है। विज्ञापन के लिए छोड़ी गई यही जगह अखबार की आमदनी होती है, साँस होती है, अस्मिता होती है। विज्ञापनों से प्राप्त उक्त पूँजी से ही अखबार रेंगता, सरकता और चलता है। कुल मिलाकर यह कि विज्ञापन आज के पत्र-पत्रिकाओं की रीढ़ है। इनके महत्त्व को देखते हुए अधिकतर पत्र-प्रबन्धन ने यहाँ 'जन सम्पर्क अधिकारी' की नियुक्ति कर रखा है। यह अधिकारी विज्ञापन समितियों के सम्पर्क में निरन्तर बना रहता है। समाचार-पत्र कार्यालयों में कला-निर्देशक भी होते हैं और इन्हीं के साथ बैठनेवाला विज्ञापन-लेखक भी होता है। यह विज्ञापन-लेखक विज्ञापनदाताओं के विज्ञापनों के लिए आकर्षक शब्दावली में विज्ञापन तैयार करने में सहायता करता है, उसे अन्तिम रूप देता है।

भाग-5

सम्पादक, सम्पादकीय विभाग की संरचना तथा समाचार-पत्र सम्पादन में सम्पादक की भूमिका

> "The rabble gather round the man of news,
> And listen with their mouths wide open :
> Some tell, some hear, some judge the news, some make it.
> And he that lies most loud in most believe'd,
> We may or may not agree with that."

(1) सम्पादक का अर्थ-आशय

जिस प्रकार औपनिवेशिक शासन और स्वाधीनता आन्दोलन के दौर में समाचार की परिभाषा आज से भिन्न थी, सामान्य व्यक्ति और उनके हित सामान्यतः समाचार नहीं बनते थे, ठीक उसी तरह आजादी के पहले और बाद की पत्रकारिता में तेजी से आए बदलाव ने सम्पादक के अधिकार उसकी हैसियत, उसकी विचार-दृष्टि, प्रबन्ध तंत्र के अनावश्यक दखल तथा बाजार की माँग आदि के कारण अखबार में सम्पादक की भूमिका-उपयोगिता तो लगभग सम्प्रति खत्म ही हो गई, 'सेवा' से 'व्यावसायिक' तथा

'पेशेवर' हो गई पत्रकारिता ने सम्पादक के स्वरूप और अर्थ को बदल दिया, फिर भी सम्पादक का जो अर्थ-आशय होता है, उसे इस प्रकार देखा जा सकता है,—

सामान्य शब्दों में कहें तो जो सम्पादन-कार्य करे, वह सम्पादक है अर्थात् अभीष्ट मुद्रणीय सामग्री को प्रकाशन योग्य बनाने के लिए उसके पाठ निर्धारण, संशोधन, मुद्रण की अपेक्षाओं के अनुरूप संयोजन आदि की प्रक्रिया को सम्पन्न करनेवाला विशेषज्ञ 'सम्पादक' कहलाता है।[1] इधर एक विद्वान, एम. वी. कामथ का कहना है कि,—The Editor lays down general editorial policy which his Resident Editors will scrupulously follow. He is the captain of the team whose wishes are law. It is he who will get editorials written by his junior colleagues the Assistant Editors and, in the ultimate analysis, it is he who bears the brunt of public criticism or gathers the laurels".[2] इसे और अधिक साफ करते एक अन्य विद्वान् लिखते हैं कि सम्पादक वह व्यक्ति है, जो किसी केन्द्र से प्रकाशित समाचार-पत्र में सम्पादक का कार्य करता है। समाचार-पत्र में छपनेवाले समाचारों का चयन और प्रकाशन सम्पादक का कार्यक्षेत्र माना जाता है। वह समाचार-पत्र की नीतियों का निर्धारण करता है। समाचार के किस पृष्ठ पर कौन-कौन समाचार जाएँगे, समाचारों के शीर्षक हल्के-फुल्के होने चाहिए या औपचारिक, समाचारों की भाषा और शैली कैसी होनी चाहिए चित्रों, कार्टूनों आदि का प्रयोग होना चाहिए—इन सब बातों का फैसला सम्पादक करता है। वह वरिष्ठ पत्रकार होता है। Press and Registration of Books Act के अनुसार, समाचार-पत्र में जो कुछ छपता है, उसका निश्चय करनेवाला व्यक्ति सम्पादक कहलाता है। सम्पादक ही पत्र की आत्मा होता है।[3]

(2) सम्पादक : भूमिका और महत्त्व

"Editor means the person who controls the selection of the matter that is published in a newspaper." अर्थात् समाचार-पत्र में छपनेवाले समाचारों के चयन और उस पर नियंत्रण रखनेवाला व्यक्ति 'सम्पादक' होता है। इसी से अन्दाजा लगाया जा सकता है कि समाचार-पत्र को महत्त्वपूर्ण और कलेवर देने में सम्पादक-संस्था कितनी जरूरी, यकीनी, अनिवार्य और लाजिमी होती है। आज सम्पादक के अधिकारों और उसकी हद-हैसियत को भले ही अखबार-प्रबन्धन ने 'सीज़ कर दिया हो, कतरब्योंत कर दिया हो, पर समाचार-पत्रों में छपनेवाले विचारों-समाचारों और सरोकारों के सन्दर्भ में उसकी सर्वोपरि भूमिका को कत्तई इनकार नहीं किया जा सकता। सच तो यह है कि पराधीन भारत में मुक्ति-आन्दोलन के समय अखबार भी जद्दोजहद कर रहे थे। उस समय अधिकांश स्वतंत्रता आन्दोलन सेनानी, साहित्यकार एवं पत्रकार ही अखबार निकाल रहे थे। वही स्वतः अखबारों के स्वामी-सम्पादक हुआ करते थे। अतः इन सम्पादकों के ऊपर किसी तरह के बाजार, विज्ञापन-व्यवसाय, सर्कुलेशन, एबीसी या नेशनल रीडरशिप, सर्वे प्रसार संख्या आदि का कोई दबाव नहीं था। इस समय इन सम्पादकों का महत्त्व अखबार के पाठक और मालिक से ऊपर था। 'हरिजन' के सम्पादक महात्मा गांधी और 'कर्मवीर' के सम्पादक माखन लाल चतुर्वेदी इस बात के पुख्ता उदाहरण हैं।

सच तो यह है कि सम्पादक प्रतिदिन अपने सहायक सम्पादकों की बैठक बुलाकर उनसे नवीनतम् घटनाचक्र या घटनाक्रम पर विचार-विमर्श करता है। किस-किस विषय पर सम्पादकीय टिप्पणी करनी-लिखती हैं, यह तय करता है। वह अन्य समाचार-पत्रों से अपने पत्र की तुलना करता है, कोई महत्त्वपूर्ण समाचार छूट गया हो या ठीक ढंग से नहीं दिया गया हो या कोई अन्य त्रुटि रह गई हो—उसकी ओर ध्यान आकर्षित करता है। 'नारद', 'वार्ताहर' बनकर घटनाओं के मानसरोवर में गोता लगाता है और नीर-क्षीर विवेकी बनकर समाचारों की मुक्ता माला तैयार करता है।[4]

---

1. सम्पादन कला एवं प्रूफ पठन-डॉ. हरिमोहन, पृ. 76, तक्षशिला प्रकाशन, दिल्ली, सन् 1995
2. Professional Journalism-M.V.Kamath. P.24
3. पत्रकारिता के सिद्धान्त—डॉ. रमेश चन्द्र त्रिपाठी, पृ. 225
4. आधुनिक पत्रकारिता—डॉ. अर्जुन तिवारी, पृ. 72

(3) सम्पादक की योग्यताएँ एवं गुण

चूँकि अखबार का सारा दारोमदार, निर्भरता और इनहिसार सम्पादक पर ही निर्भर होता है, अतः सम्पादक के पास हर क्षेत्र की दक्षता होनी चाहिए। साफ शब्दों में अच्छा सम्पादक वही माना जाता है, जो जागरूक हो, उसकी कई-कई आँखें हों और चारों दिशाओं में घूमें। वह सब तरफ समसामयिक घटनाक्रम को सामाजिक-सांस्कृतिक सन्दर्भ में जोड़कर देखें। उसका दृष्टिफलक बड़ा होना चाहिए। सामयिक राजनीतिक घटनाओं पर स्वस्थ, निष्पक्ष और बेबाक टिप्पणी करे। इतना ही नहीं, अपने पाठकों की बौद्धिक भूख के उपशमन हेतु उसे सामाजिक और राजनीतिक हलचलों पर भी विचार-विमर्श करने की क्षमता होनी चाहिए। उसका प्रत्येक सम्पादकीय किसी एक विषय पर ही बहुधा केन्द्रित न होकर विविधता लिए होना चाहिए, जो पाठकों का ध्यान जाने-अनजाने विविध पक्षों की ओर खींचे। इन सबके साथ उसका सम्पादकीय रचनात्मक और वैचारिक दायित्व को निबाहे। ज्वलन्त समस्याओं पर वह फोकस इतने विविध ढंग से डाले कि उसके सम्पादकीय में उसकी चिन्ता और चिन्तन के व्यापक फलक दिखायी दे।

सच तो यह है कि सम्पादक 'team job' का मुखिया होता है। उसे विविध विषयों का अध्येता होना चाहिए। उसके पास इतनी क्षमता होनी चाहिए कि वह अपने अधीनस्थ काम करनेवाले लोगों पर नियंत्रण रख सके। उसे निष्पक्ष और दृढ़ निश्चयी होना चाहिए,—"He must be a man of affairs, he out and about and make friends outside the office as well as inside. He must have imagination, energy, drive, pertinacity, must know a good deal about the law of libel,—

> Heaviness may endure for a night,
> But joy cometh in the morning."

(4) श्रेष्ठ सम्पादक के लक्षण और आदर्श

सम्पादक धर्म का निर्वहन करना बहुत सरल कार्य नहीं है। कह सकते हैं, 'तलवार पर धावनों' है। सम्पादकीय कर्म सम्पादक के जीवन का इम्तिहान है। यहाँ 'कागज की लेखी से ज्यादा आँखिन की देखी' से काम लेना पड़ता है। समाज और ज्ञान की विभिन्न शाखाओं से सन्तुलन साधना पड़ता है। उसे अपने सम्पादकीय में सारी बातें साधार कहनी पड़ती हैं। सच तो यह है कि 'सम्पादक का काम स्वतः में साधना है, तपस्या है, मश्क और इबादत है। उसे पाठकीय प्रतिक्रिया की हताशा और उदासी से बचना होता है। उसकी कलम में फौलादी मजबूती होनी चाहिए अन्यथा पत्रकारिता रोगग्रस्त हो जाएगी। उसके सम्पादकीय समाचार-पत्र पाठकों को यह सन्देश दें कि सम्पादक की कलम ही उसका सबसे बड़ा हथियार है। शब्द चयन, वाक्य-विन्यास, विश्लेषण-विवेचन, सार-गर्भिता और चुटीली-मनोरम भाषा-शैली में अपने पाठकों के ऊपर अपने सम्पादकीय की अमिट छाप छोड़ना श्रेष्ठ और सफल सम्पादक का प्रमुख लक्षण और पहचान है। वह संकट में भी अपने सम्पादकीय आदर्श से स्खलित और विचलित नहीं होता।

स्वतंत्रता से पूर्व विविध कठिनाइयों और बाधाओं का सामना करने के लिए सम्पादक सदैव तत्पर रहते थे। पत्र के माध्यम से अपनी बुलन्द आवाज जनता के बीच बिखेर कर राष्ट्रीयता और देश-प्रेम की भावना पैदा करने का दायित्व सम्पादकों पर रहता था। यही मूल कारण था कि अनेक पत्र-अंग्रेजी सरकार द्वारा बन्द करा दिए गए। अनेक सम्पादकों को कारागार-जाना पड़ा। स्वतंत्रता प्राप्ति के बाद जन-जीवन में बदलाव आया। राष्ट्रहित की बातें भूलकर राजनीतिक माहौल बन गया। लोग 'परहित' भूलकर 'स्वहित' में लग गए। सम्पादक का कर्तव्य और आदर्श बनता है, कोई भी विचार 'बहुजन हिताय, बहुजन सुखाय' को दृष्टि में रखकर प्रस्तुत किया जाए। बुराइयों का पर्दाफाश, उनके कारणों का विश्लेषण और पुनः उनके निराकरण के उपाय निर्भीकतापूर्वक प्रस्तुत करना किसी भी आदर्श सम्पादक के प्रमुख लक्षण और कर्तव्य हैं।[1]

---

1. पत्रकारिता जगत—अशोक प्रियदर्शी, डॉ. सुशील कुमार सिन्हा, पृ. 32

(5) सम्पादक : कार्य, कर्तव्य और दायित्व

किसी पत्र-पत्रिका को प्रतिष्ठा के गुम्बद पर ले जाने में सम्पादक की केन्द्रीय भूमिका होती है। उसके श्रम, स्वाध्याय और सम्पादकीय में छलकते शब्दानुराग से अखबार का कद ऊपर उठता है। अतः ऐसी स्थिति में सम्पादकीय की लय और धार निरन्तर बनी रहे, सम्पादक को चाहिए कि वह अपने इस कर्तव्य और दायित्व पर निरन्तर ध्यान देते रहें। सम्पादक को कत्तई सत्ता-परस्त नहीं होना चाहिए। उसे लोभ लालच से दूर रहना चाहिए। आज विश्व के कई देशों में 'सत्ताएँ' सम्पादक के सामने प्रलोभनों का चारा-चुग्गा फेंककर उनकी मानसिकता और विचार को अपदस्त कर रही हैं। इन्होंने शोर मचा रखा है कि दुनिया को विचारों और श्रेष्ठ भावों से नहीं, 'चीजों' से बदला जा सकता है। अतः उन्होंने 'विचार' को 'चीज' में तब्दील करने की कोशिश भी कर दिया है। फल हुआ है, जो सम्पादक अपनी ईमानदारी और कर्मठता से, अपने नैतिक और बौद्धिक आभा से, अपने समाचार-पत्र को भरा-पूरा, प्रामाणिक और विपुल सन्दर्भों से जोड़ने का प्रयास करता है, 'चीजें' उसे इकहरा, एकरसता, खंडित और एकसेपन का शिकार बना देती हैं। उसका अपना अनुभव बोध, निर्भीकता, तर्क संगतता-सभी कुछ दाँव पर लग चटक-दरक रहा है। अतः ऐसी स्थिति में सम्पादक को चाहिए कि वह अपनी गहन-वैचारिकता, भाव-सम्पन्नता, रागात्मक-संवेदना, भाषिक-रम्यता तथा युग-जीवन की धड़कनों और स्पन्दनों से अखबार में वैचारिक लालित्य पैदा करते हुए उसे गम्भीर और पठनीय बनाये। सम्पादक का सम्पादकीय अपने श्रद्धास्पद भावों से अखबार-पाठक के पठनीय चित्त को आनन्दित करे। बिना किसी हड़बड़ी और दुचित्तेपन, बिना किसी उलझाव के अपने मूल्यवान् चिन्तन को सहज भाव से पाठकों के सामने रखे, साथ ही वह अपनी और अपने सहयोगियों की साख का भी बराबर ध्यान रखे।

कुल मिलाकर सम्पादक को चाहिए कि वह समाचार-पत्र को अपनी वैचारिक श्रेष्ठता दे। भ्रामक और जटिल भावों की प्रस्तुति से वह अपने को दूर रखें। प्रबन्धकीय और पूँजीगत हितों के दबाव में अपनी प्रभावी, प्रधान, स्वीकार्य, वांछनीय तथा सम्पादक की परम्परागत गौरवशाली भूमिका को न भूलें। शिल्प और मनोहारी स्वरूप के साथ अन्तर्वस्तु की प्रस्तुति गम्भीरता और तन्मयता से करे। वह समाचार-पत्र के व्यावसायिक पक्ष, प्रबन्धन के बेजां दबाव और तसर्रुफ-हस्तक्षेप तथा पाठकों की इच्छा और माँग के बीच ऐसा रास्ता तलाशे कि 'आम के आम, गुठलियों के दाम' भी बना रहे। निरर्थक पक्षपोषण अखबार के लिए कभी घातक सिद्ध हो सकता है।

(6) सम्पादक के कार्यों का विभाजन

अल सुबह सूचनाओं 'सन्देशों' विज्ञापनों, विचारों, समाचारों, विज्ञप्तियों से लदा-'पटा जो समाचार-पत्र हमारे सामने आता है, उसे मूर्त्त रूप देने में महज सम्पादक का ही हाथ नहीं होता, बल्कि उसे सजाने-सँवारने तथा खूबसूरत शक्ल-सबीह अख्तियार कराने में अखबार प्रतिष्ठान का एक बड़ा तंत्र काम करता है। इसमें अखबार के प्रधान सम्पादक से लेकर व्यापार प्रबन्धक, संयुक्त सम्पादक, सहायक सम्पादक, समाचार सम्पादक, साहित्य सम्पादक, प्रबन्ध सम्पादक, विज्ञापन प्रबन्धक, प्रसार प्रबन्धक, कार्यालय प्रबन्धक, सहायक समाचार सम्पादक, मुख्य उप सम्पादक, उप सम्पादक, संवाददाता, कला सम्पादक, फोटो सम्पादक आदि ढेरों लोग बहुत मनोयोग और जतन से अपने सहयोग की समिधा देते रहते हैं किन्तु इनमें से कुछ ऐसे लोग होते हैं, जो सीधे-सीधे सम्पादक से जुड़कर उसके कार्यों में हाथ बँटाते हैं। ये लोग हैं—साहित्य सम्पादक, कला सम्पादक तथा फीचर सम्पादक। इनके सहयोग से सम्पादक का काम आसान हो जाता है। इन्हें हम संक्षेप में इस प्रकार देख सकते हैं,—

साहित्य सम्पादक—बड़ी हैसियतवाले बड़े अखबार प्रकाशन समूह अपने यहाँ प्रधान सम्पादक की सहायता लिए कई अन्य तरह के सम्पादकों को रखते हैं। उनमें साहित्य सम्पादक, कला सम्पादक तथा फीचर सम्पादक आदि प्रमुख हैं। कुछ को छोड़कर प्रायः अधिक सर्कुलेशन और रुतबावाले अखबार साप्ताहिक या विशेषांक निकालते हैं। कई अखबारों में साहित्य सम्बन्धी सामग्री छापने का एक निश्चित दिन होता है। साहित्य से जुड़ी सामग्री छापनेवाला विशेषज्ञ 'साहित्य सम्पादक' कहा जाता है। यह सम्पादक अखबार

के छपने में छपने वाली कहानी, लघु उपन्यास, आलोचना पुस्तक समीक्षा, साहित्यिक टिप्पणियों आदि को जाँच-परखकर छापने की संस्तुति करता है। समाचार-पत्र कार्यालय में आई इस तरह की सामग्रियों को वह छानता-निथारता है, पाठकों के लिए उनकी उपयोगिता क्या हो सकती है? वह यह भी विचार करता है कि छपनेवाली साहित्य-सम्बन्धी सामग्री का स्तर क्या है? इनके छपने पर पाठकीय प्रतिक्रिया क्या हो सकती है? अखबार का भविष्य क्या हो सकता है? उक्त सभी सवालों पर साहित्य सम्पादक मुकम्मल रूप में विचार करता है। हाँ, उसका यह दायित्व और कर्तव्य होता है कि अखबार में प्रकाशित होने आई कहानी, कविता, समीक्षा, या टिप्पणियों से वह छेड़छाड़ अर्थात् उनमें वह संशोधन परिवर्द्धन न करे। वह उक्त सामग्री को ज्यो-का-त्यों छाप तत्सम्बन्धी रचनाकार को सूचित कर दे। इसी तरह कुछ प्रतिष्ठित अखबार और प्रत्रिकाओं में **कला सम्पादक** रखे जाते हैं। अखबार में कलात्मकता पैदा करने के लिए ये उत्तरदायी होते हैं। समाचार-पत्रों में फोटोग्राफ्स और रेखाचित्रों से ये पृष्ठों को सजाते हैं। पृष्ठों की आकर्षक साज सज्जा में इनका सहयोग फोटोग्राफर और कलाकार देते हैं। कलासम्पादक ही जरूरत के अनुसार यह तय करता है कि अखबार में रेखाचित्र और छायाचित्र को कहाँ स्थान दिया जाए। उसके इस काम में अखबार के उपसम्पादक, सहायक सम्पादक, साहित्य सम्पादक तथा फीचर सम्पादक आदि सहयोग करते हैं। कुल मिलाकर अखबार में रंग-संयोजन और कला-सामग्री को उपयुक्त स्थान पर निर्धारित कर उसकी कलात्मक अभिवृद्धि का सारा दारोमदार कला सम्पादक का ही होता है। यही स्थिति **फीचर सम्पादक** की भी है। फीचर सम्पादक भी सभी पत्र-पत्रिकाओं में नियुक्त नहीं होते। बहरहाल, फीचर सम्पादक और साहित्य सम्पादक कई सन्दर्भों में समानधर्मी होते हैं। फीचर से पत्र-पत्रिका में पाठकीय स्वाद-सौन्दर्य बढ़ जाता है। अतः ऐसी स्थिति में फीचर सम्पादक को बहुमुखी प्रतिभा का होना चाहिए। कुल मिलाकर यह कि उक्त तीनों सम्पादक अपने विचार, कला, साहित्य, चिन्तन, सृजन से समाचार-पत्र को तराशते हैं, उसे पठनीय बनाते हैं।

(7) सम्पादकीय बैठकें

छोटे-बड़े हर समाचार-पत्र और पत्रिकाओं के प्रबन्धक इनके भविष्य को लेकर चिन्तित रहते हैं। बाजार से होनेवाली होड़ प्रतिस्पर्द्धा और चुनौती को ये चेतावनी के रूप में लेते हैं। अतः भविष्य में अखबार के सामने आने वाली चुनौतियों से लाम लेने के लिए अखबार के सम्पादक की देख-रेख में समाचार-पत्र के कार्यालय में अपनी जरूरत के अनुसार सप्ताह में एक दिन या कभी-कभी प्रतिदिन एक बैठक सम्पन्न होती है। इसे ही अखबारी भाषा में 'सम्पादकीय बैठक' नाम से जाना जाता है। इस बैठक में समाचार-पत्र के प्रमुख लोग अर्थात् सम्पादक, मुख्य उपसम्पादक तथा सहायक सम्पादक भाग लेते हैं। इस महत्त्वपूर्ण बैठक में अखबार के भूत और भविष्य पर रोशनी डाली जाती है। आगे आनेवाले दिनों में अखबार की प्रतियों की वितरण संख्या, उसकी वृद्धि कैसे की जाए? आगे आने वाली अड़चने कौन-कौन सी हैं, किस सामग्री-समाचार को किस पृष्ठ पर छापने से अखबार के सम्मान में बढ़ोत्तरी होगी, सम्पादकीय का विषय क्या हो, चित्रों की सजावट अखबार में कहाँ-कहाँ की जाए? कुल मिलाकर अखबार की साख और 'क्रेडिट' पाठकों के बीच कैसे बढ़े, इस पर इस बैठक में गम्भीर मनन-मंत्रणा होती है। इस तरह का विमर्श अखबार के लिए ही उपादेय होता है। इसी बहाने पूरा सम्पादक मंडल, छोटे-बड़े कर्मचारी, एक स्थान पर बैठकर अखबार के सुखद भविष्य के लिए अपनी-अपनी राय और मूल्यवान सुझाव देते हैं।

(8) सम्पादकीय विभाग का गठन एवं संरचना (Organization and Structure of Editorial Department) तथा सम्पादक मंडल के कार्य और उनका महत्त्व

(क) सम्पादकीय विभाग की रूपरेखा

(1) सम्पादकीय कक्ष का गठन

स्वतंत्रता आन्दोलन के दरम्यान यह बात सुनने में आती थी कि अखबार का प्रकाशक ही स्वयं संवाददाता, समाचारों का संकलनकर्त्ता, सम्पादक, सहायक सम्पादक और यहाँ तक कि अपने अखबार का वितरक भी वही होता था। दरअसल, यह कार्य उनके अभूतपूर्व राष्ट्रप्रेम का द्योतक था, अपने अखबार के माध्यम

से सोते लोगों को जगाने का उद्यम था। तमाम फांकाकशी और अभावग्रस्तता में जीवित रहने के बाद भी वे घर के गहने गिरवी रखकर अकेले अखबार छापकर देश मुक्ति के आन्दोलन में अपनी हिस्सेदारी करते थे। वही अकेले ही अखबार की छापे की अशुद्धियों को देखते थे और अकेले ही जो बन पड़ता था, अपनी सीमा में अपने अखबार की साज-सज्जा पर भी ध्यान देते थे। यह उनकी लगन और कर्मठता थी, जिसके आधार पर अपने चिन्तन, सोच-विचार, सर्जनात्मक प्रतिभा का विस्फोट स्वतः सम्पादित-प्रकाशित मजल्लह में वे करते थे। वे त्यागी और यशस्वी थे। इन मुहतरम पत्रकारों द्वारा समय-समय पर की गई सांस्थानिक-सांस्कृतिक गोष्ठियों, रचना-पाठ के आयोजन और देश-मुक्ति के लिए चलाये गए आन्दोलनों-ललकारों की गूँजे-अनुगूँजें आज भी इनके अखबारों में छपे अक्षरों में सुनी जा सकती हैं।

किन्तु, देश के स्वाधीन होते ही अखबार प्रकाशन का स्वरूप बदला। पत्रकारिता का लक्ष्य, लय और उसकी धार तथा प्रकृति में बड़ा भारी फेर-बदल हुआ। त्याग की जगह पत्रकारिता आमदनी-उपार्जन का जरिया बनी। इसने उद्योग और धन्धे की शक्ल अख्तियार कर लिया। प्रकाशनों ने अखबार प्रकाशन का भारी तंत्र खड़ा कर लिया। सम्पादक मंडल का गठन और संरचना हुई। सम्पादकीय कक्ष में समाचार सम्पादक, मुख्य उपसम्पादक और कई उपसम्पादकों के पद सृजित हुए। सम्पादकीय विभाग में तरह-तरह के समाचारों को छाँटने के लिए अलग-अलग 'डेस्क' बनीं। डेस्क का प्रभारी उप मुख्य सम्पादक बनाया गया। इस उपमुख्य सम्पादक के अधीनस्थ अनेक उप-सम्पादक बनाये गए। अखबार के दफ्तर में कार्यों का बँटवारा हुआ। पहले यहाँ सुबह, दोपहर और सान्ध्य की पालियों में काम सम्पादित किए जाते थे। बाद में कहीं-कहीं समय के बँटवारे में पुनर्विचार कर काम करने का समय बदला गया। बहरहाल, प्रत्येक पाली में काम करने के लिए समाचार सम्पादक, उपमुख्य सम्पादक और कई उपसम्पादक तय किए गए। साफ शब्दों में, एक 'टीम' बनी, जिसकी संयुक्त जिम्मेदारी तय की गई।

एजेन्सियों और अन्य स्रोतों से प्राप्त समाचारों को छाँटने-बराने का काम या उत्तरदायित्व उपमुख्य सम्पादक को दिया गया और उसे यह भी निर्देश दिया गया कि वह इन समाचारों को सम्पादित करने के लिए अपने सहयोगियों के पास भेजेंगे। इन सहयोगियों से कहा गया कि वे उपमुख्य सम्पादक से प्राप्त समाचारों का शीर्षकीकरण, लीड, डबल, सिंगल तथा तीन कॉलम में सम्पादित करने का काम करेंगे। इधर, सम्पादकीय-विभाग का मुखिया सम्पादक तो होता है, अतः समाचार-पत्र में कौन सामग्री कब, कैसे और कहाँ छपेगी, यह उत्तरदायित्व उसे सौंपा गया। अन्त में समाचारों के 'मेकअप' का काम उपमुख्य सम्पादक या वरिष्ठ उपसम्पादक को दिया गया। इनके मेकअप करने के बाद ही अखबार का जन्म होता है।

(2) सम्पादकीय कक्ष में सन्दर्भ-सामग्री

कुछ विद्वान् जिस प्रकार मूल की तुलना में अनुवाद को दोयम दर्जे या परले स्तर का काम मानते हैं, उसी प्रकार अनेक प्रबुद्धजन ऐसे भी हैं, जो साहित्य की तुलना में पत्रकारिता को दूसरी कतार में यह कहते हुए खड़ा करते हैं कि पत्रकारिता चलता-फिरता साहित्य है, इसमें स्थायित्व नहीं होता। इसका प्रभाव पाठकों के मन-मस्तिष्क पर पानी के बुलबुले अर्थात् संचारी भाव की तरह होता है आदि-आदि, पर दुर्भाग्य से वे अपनी पहचान की गर्भनाल को भूल जाते हैं। वे यह भी भूल जाते हैं कि समय-समय पर इन्हीं पत्र-पत्रिकाओं में छपी उनकी रचनाओं, कविता, कहानी, पुस्तक चर्चा, आलोचना, उपन्यासों-से आज उनकी पहचान बनी है। साफ शब्दों में, पत्र-पत्रिकाओं से ही उन्हें यह सम्मान प्राप्त हुआ है।

बहरहाल, समाचार-पत्र प्रकाशन बहुत जटिल और विद्वतापूर्ण कार्य है, खासकर वर्तमान परिदृश्य में बाजार ने इसके सामने अनेक तरह की चुनौतियाँ खड़ी कर दी हैं। सच तो यह है कि अखबार अपने आप में बहुत बड़ी सम्भावना होते हैं। समाज की दिशा बदलने में इनकी महत्त्वपूर्ण भूमिका होती है। ये तमाम तरह के विचार-विमर्श के पुख्ता प्लेटफॉर्म या मंच-मचान होते हैं। गलत दिशा में जा रही सत्ता को भी ये चुनौती-चेतावनी देते हैं। तमाम तरह के लांछनों को झेलते ये समाचार-पत्र हमें, सजग करते हैं कि आज की वैचारिकी का रिश्ता पूँजीवाद से है। इस पूँजीवाद ने आज व्यक्ति को वस्तु में बदलकर खेत का बेजान ढेला बना दिया है। अतः इतने बड़े उत्तरदायित्व को निभाने वाली पत्रकारिता को कैसे दोयम दर्जे का काम कहा जा सकता

है। यहाँ के कार्यालयों में भी अपने ग्रन्थालय होते हैं। सम्पादन कार्य के समय शब्दों, हिज्जे की वर्तनी, शब्दों की उत्पत्ति और उनके अर्थ आदि को जानने-समझने के लिए यहाँ उच्च कोटि के शब्द कोश, मानचित्र, भारत का संविधान, प्रेस कानून, साहित्यकोश, विश्वकोश, कटिंग संग्रह, शुद्ध-लेखन सम्बन्धी उच्च कोटि के विश्वसनीय ग्रन्थ, समान्तर कोश, साथ ही केन्द्रीय और प्रान्तीय सरकारों के मंत्रियों की सूची, इसी तरह लोक सभा तथा राज्य सभा के सदस्यों की सूची, उनके दूरभाष नम्बर, साथ ही प्रादेशिक विधानसभाओं के सदस्यों की सूची अपने पास रखने का भरसक से प्रयास करते हैं।

(3) समाचार चयन और समाचार निर्धारण

इसके अध्ययन के लिए इस पुस्तक का 'समाचार-पत्रकारिता के मूल तत्त्व' के भीतर समाचार चयन के आधार शीर्षक देखने का कष्ट करें।

(4) समाचार का सम्पादन

इसके अध्ययन के लिए इस पुस्तक का समाचार-पत्रकारिता के मूल तत्त्व के भीतर 'प्राप्त समाचारों के प्रयोग में सावधानियाँ' शीर्षक देखें।

(5) समाचार : शीर्षक

इसके अध्ययन के लिए इस पुस्तक का 'समाचार शीर्षकीकरण या शीर्षक लेखन' पढ़ें।

(ख) खबरें और कुछ महत्त्वपूर्ण 'डेस्क'

(1) **सेन्ट्रल डेस्क**—इसे हम समाचार-सम्पादक का केन्द्रीय या प्रधान 'डेस्क' कह सकते हैं। वस्तुतः अखबार के मुख पृष्ठ या प्रथम पृष्ठ पर छपनेवाली खबरों के बारे में इस डेस्क पर विचार होता है। ये खबरें राष्ट्रीय अन्तर्राष्ट्रीय हो सकती हैं। प्रादेशिक या राज्यस्तरीय खबरों के विषय में भी यहाँ विचार होता है। ये खबरें समाचार समितियों से भी प्राप्त हो सकती हैं, स्थानीय स्रोत या संवाददाताओं से भी प्राप्त हो सकती हैं। समाचार सम्पादन के लिए बनी यह डेस्क बड़ी महत्त्वपूर्ण होती है।

(2) **स्थानीय डेस्क**—नाम से ही पता चल जाता है, इस डेस्क का प्रधान अखबार का नगर प्रमुख होता है। इसे ही 'City Chief' भी कहते हैं। यहाँ सम्पादक के आदेशानुसार अलग-अलग तरह की खबरों के लिए अलग-अलग संवाददाताओं को काम सौंप दिया जाता है। उदाहरण के लिए शैक्षिक, सामाजिक, अपराध, न्याय, विज्ञान, राजनीति सम्बन्धी खबरों का चयन अलग-अलग व्यक्ति करते हैं। इस तरह के व्यक्ति बहुत ही श्रम और मनोयोग से दिन भर खबरों को एकत्र करते हैं बाद में उन खबरों को वे नगर प्रभारी को अखबार में छपने के लिए सौंपते हैं। यह नगर प्रभारी एकत्र की गई विभिन्न खबरों को सम्बन्धित 'टेबुल' या 'डेस्क' पर भेज देता है।

(3) **आंचलिक डेस्क**—गाँवों, पिछड़े इलाकों, कस्बों, शहरों, उपनगरों, नगरों से समाचार एकत्र करने के लिए अखबार-प्रबन्धन अपने अखबार की आर्थिक हैसियत के अनुसार कुछ-अंशकालिक या 'सीजनल' संवाददाताओं की नियुक्ति करता है। ये अंशकालिक संवाददाता अपने द्वारा स्थान-स्थान से इकट्ठा की गई खबरों को मोबाइल, फैक्स या डाक के माध्यम से इस डेस्क पर भेजते हैं।

(4) **ब्यूरो कार्यालय**—हर बड़े, अखबार प्रबन्धन ने अपने समाचार-पत्र को दूर-दूर तक पहुँचाने के लिए तथा स्थानीय खबरों को अपने अखबार में उचित स्थान देने के लिए छोटे-बड़े नगरों में 'ब्यूरो कार्यालय' खोल लिये हैं। इसी कार्यालय में अखबार का स्थानीय ब्यूरो चीफ बैठता है। इस 'चीफ' की दक्ष और तेज-तर्रार संवाददाताओं की अपनी एक टीम होती है। यह टीम समाचार संकलन से लेकर कम्प्यूटर में समाचारों के छपने तक ब्यूरो चीफ की मदद करती है।

(ग) सम्पादकीय विभाग के कुछ पत्रकार और सहकर्मी

जो व्यक्ति सम्पादकीय विभाग का प्रधान होता है, अखबार के सम्पादकीय कार्य का निरीक्षण-निर्देशन करता है और समाचार-पत्र में छपनेवाली खबरों अन्य सामग्रियों का उत्तरदायी होता है, उसे **सम्पादक** कहा जाता है। सम्पादक को उसके विभिन्न कार्यों में मदद करनेवाला व्यक्ति **संयुक्त सम्पादक** कहा जाता है। इसी तरह इस विभाग में एक पद **सहायक सम्पादक** का भी होता है। इनका मुख्य कार्य अखबार के लिए बाहर से आई विभिन्न प्रतिक्रियाओं पर सम्पादक से विचार-विमर्श करना होता है। सहायक सम्पादक अखबार के लिए आलोचनात्मक टिप्पणियाँ भी लिखते हैं, साथ ही 'Editorial' लेखन में भी सहायता करते हैं। जो व्यक्ति समाचार सम्पादक के सभी कार्यों में मदद करता है, वह **सहायक समाचार सम्पादक** कहा जाता है,—"In the meantime the Assistant News Editor, a most important and invaluable man, will have prepared the list for presentation and discussion at the midday conference, presided over usually by the Editor, and in his absence, by the News Editor." इसी तरह उपसम्पादकों की टीम का प्रभारी व्यक्ति **मुख्य उपसम्पादक** होता है। यह उपसम्पादकों के कार्यों का बँटवारा करता है, साथ ही उनके कार्यों का निरीक्षण और समीक्षा करता है। सम्पादकीय विभाग में एक महत्त्वपूर्ण पद **उप सम्पादक** का होता है। इनका कार्य और उत्तरदायित्व व्यापक और महत्त्वपूर्ण होता है। ये अखबार में सम्पादकीय विभाग की महत्त्वपूर्ण धुरी होते हैं। इनके चरित्र की एक खासियत यह होती है कि ये अखबार में प्रकाशित खबरों का चयन करते हैं, हर तरह की अशुद्धियों को निथारते हैं। साफ शब्दों में, खबरों को हर कोण से तराशकर उन्हें पाठकों के सामने परोसते हैं। इसके बावजूद भी सामान्य पाठक उन्हें कम ही जान पाता है, सम्भवतः इसीलिए उन्हें ***पत्रकारिता का अज्ञात योद्धा*** कहा जाता है। संवाददाताओं को उनकी 'बीट' के अनुसार काम सहेजने-सौंपनेवाला व्यक्ति **सिटी चीफ** कहा जाता है। यह रिपोर्टिंग टीम का प्रधान माना जाता है। समाचार-पत्र में प्रकाशित होनेवाली खबरों को विभिन्न स्थानों से जुटाकर उनकी रिपोर्ट बनानेवाला व्यक्ति **रिपोर्टर** कहा जाता है। इसी तरह जगह-जगह से सूचनाओं और खबरों को विभिन्न स्थानों से जुटाकर उन्हें अखबार के प्रधान दफ्तर में मोबाइल, फैक्स, तार, डाक से भेजनेवाला व्यक्ति **संवाददाता** कहा जाता है। इन्हे **कार्यालय संवाददाता, विशेषसंवाददाता, विदेश संवाददाता** तथा **निज संवाददाता**—इन मुख्य चार श्रेणियों में बाँटा गया है। अखबार में छपाई सम्बन्धी अशुद्धियों को निकालनेवाला व्यक्ति **प्रूफ रीडर** कहलाता है। उन्हें ***प्रूफ रीडर*** तथा ***कॉपी होल्डर*** इन दो श्रेणियों में विभक्त किया गया है। प्रेस कॉपी पढ़नेवाला व्यक्ति **कॉपी होल्डर** कहलाता है। इनके अतिरिक्त सम्पादकीय विभाग में कार्यरत कुछ अन्य पत्रकारों के पद इस प्रकार हैं,—(1) अग्र लेखक (लीडर राइटर), (2) खेल सम्पादक, (3) वाणिज्य-सम्पादक, (4) फिल्म-सम्पादक, (5) पत्रिका सम्पादक, (6) व्यंग-चित्रकार (कार्टूनिस्ट), (7) फोटोग्राफर या छायाकार, (8) कलाकार तथा (9) री राइटमैन (Re-Write Man)।

(9) सम्पादकीय की भाषा

हर समाचार-पत्र में 'सम्पादकीय पृष्ठ' होता है। यह पृष्ठ वैचारिक अभिव्यक्ति का एक तरह से 'प्लेटफॉर्म' कहा जा सकता है। इसकी स्थिति समाचार-पत्रों के मध्य अर्थात् पृष्ठ संख्या 4 से 6 के बीच की होती है। **डॉ. हरिमोहन** के अनुसार सम्पादकीय (Editorial) किसी भी समाचार-पत्र अथवा पत्रिका की रीति-नीति का दर्पण होता है। यह एक खिड़की है, जिसके पार से समाचार-पत्र की आवाज ही मुखर नहीं होती, अपितु, युग-चेतना की अनुगूँज भी सुनायी देती है। कुल मिलाकर सम्पादकीय समाचार-पत्र की आत्मा होती है। प्रसिद्ध लेखक और पत्रकार **खुशवन्त सिंह** का कहना है कि, "The function of an editor of a daily paper is largely, if not entirely, directional political and administrative. Virtually the only part of the paper on which an editor can impose his personal stamp is on the edit page. The rest is at the mercy of the News Editor who presides over the desk, the chief of bureau and the reporters very often the editor only sees their handy work when the paper is delivered to him in the early hours of the morning. Then all he can do is to perform a kind of post-mortem in the hope that improvements will follow." अतः

जब समाचारों के सम्पादकीय पृष्ठ का इतना महत्त्व है, तो जाहिर है, उसकी अभिव्यक्ति भी सुन्दर, स्पष्ट और टुकड़ों में बँटी भाषा में होनी चाहिए। वस्तुतः सम्पादकीय समाचार-पत्र के लिए फिल्म की 'रील' या कम्प्यूटर की 'फ्लापी' है, जिसमें समाचार-पत्र की केन्द्रीय 'थीम' या 'वस्तु' उतरती है। सफल सम्पादकीय लेखन के लिए आवश्यक है कि उसका ढाँचा छोटा हो, भाषा सरल हो, वह विचारों को आकार दे सकता हो, वह इतना सहज हो कि सामान्य पाठक भी सरलता से सम्पादकीय में व्यक्त भाव का अर्थ आसानी से निकाल सके, यदि सम्पादकीय की भाषा सधी और नियंत्रित नहीं है तो वह पाठकीयता में अरुचि तो पैदा करेगी ही, थोड़ा सा भाषिक स्खलन अखबार की प्रतिष्ठा को धूमिल कर सकता है।

भाग-6

मुख्य उपसम्पादक (Chief Sub-editor), उप सम्पादक (Sub-editor), कॉपी एडीटर, सम्पादकीय (Editorial page), तथा सम्पादक के नाम पत्र (Letters to Editor)

(1) मुख्य उपसम्पादक : समाचार-पत्र का विश्वकर्मा

मुख्य-उप सम्पादक वह व्यक्ति होता है, जो समाचार-पत्र के मेज पर किसी एक पाली का कार्य सँभालता है और एक या एक से ज्यादा उपसम्पादकों के बीच कार्य का वितरण तथा उसका निरीक्षण करता है और सामान्यतः समाचार-पत्र में या किसी विशेष संस्करण में समाचारों की व्यवस्था और समाचारों की विस्तार सीमा का निश्चय करने के लिए उत्तरदायी होता है।[1] इतना ही नहीं, वह भाषा, वाक्य-संरचना, फॉर्म आदि की दृष्टि से समाचार-पत्र को तराशता है। वस्तुतः मुख्य उपसम्पादक समाचार-पत्र को सजाने सँवारने वाला जिद्दत तराज होता है। अपनी प्रज्ञा की छेनी-रेती से वह समाचारों को सुन्दर शिल्प प्रदान करता है, अपने अनुभव की आँच और उसके ताप से समाचार-पत्र में सुघड़ता और दुरखिंशदगी पैदाकर अखबार को भदरंग होने से बचाता है। उसे पता होता है कि समाचार-पत्र की अपनी जिम्मेदारी होती है, अतः वह अपनी शक्ति, सीमा और अधिकार के दायरे में अखबार को व्यापार, उद्योग और अखबार के कॉरपोरेट कल्चर से भरसक बचाने का उद्यम करता है। कुल मिलाकर उसे अखबार की प्रबन्ध-संरचना में सेवा और लाभ के द्वन्द्व का पता होता है, फलतः वह अपने द्वारा सम्पादित अखबार को उत्पाद और बाजारीकरण के क्षरण तथा दुष्चक्र से रक्षा करता है।

सम्भवतः इसीलिए कुछ लोग उसे संवादों-समाचारों के बियाबान को मोहक और सुगन्धित पुष्प गुच्छों से सजानेवाला अपनी पाली का 'माली' कहते हैं, तो कुछ लोग उसे 'शिल्पकार', 'वस्तुकार' और समाचार-पत्र-पत्रिका को आबदार-चमकदार बनानेवाला 'विश्वकर्मा' और 'प्रजापति' भी कहते हैं,—"Chief Sub-Editor, is the man who actually manages the news desk and distributes 'Copy' to the Sub-editors, on smaller papers the news Editor doubles up as the ultimate arbiter of what goes into a newspaper. He must scan all in coming news, issue directions for appropriate editing and display of the same copy... ."[2] कुल मिलाकर यह कि समाचार-पत्र यदि रथ है तो समाचार उसे उड़ा ले जाने वाले अन्धे घोड़े और पत्रकार विवेक का धनी चतुर सारथी। यह सारथी समाचार रूपी घोड़ों को अनुशासन में रखकर पत्र-रथ को गन्तव्य की ओर ले जाता है। वस्तुतः मुख्य उप-सम्पादक भगवान् श्री कृष्ण सदृश्य कुशल सारथी होता है।[3]

(2) मुख्य उपसम्पादक के कार्य, गुण एवं दायित्व

कहते हैं, समाचार कक्ष का समाचार टेबुल समाचार-पत्र का हृदय होता है। समाचार सम्पादन की प्रक्रिया, समाचारों का चयन, समाचारों के चयन का आधार क्या होना चाहिए तथा समाचारों के शार्षकों

1. पत्रकारिता के सिद्धान्त—डॉ. रमेश चन्द्र त्रिपाठी, पृ. 226
2. Professional Journalism—M.V. Kamath, P.25
3. आधुनिक पत्रकारिता—डॉ. अर्जुन तिवारी, पृ. 69

के नामकरण सम्बन्धी चिन्तन-मनन यहीं पर होता है। मुख्य उपसम्पादक और उपसम्पादकों की समाचार सम्पादन में क्या भूमिका होती है, समाचार टेबुल के पास आते ही ज्ञात हो जाता है। साफ शब्दों में, समाचारों के सम्पादन में सम्पादक, मुख्य उपसम्पादक तथा उपसम्पादक की अलग-अलग भूमिकाओं का गवाह यही 'टेबुल' होता है।

बहरहाल, हम कह सकते हैं कि समाचार सम्पादन में जहाँ सम्पादक समाचारों की योजना बनाता है, वहीं मुख्य उप सम्पादक तथा उपसम्पादक उस कार्य को मूर्त्त और जीवन्त रूप देते हैं। समाचार सम्पादन कक्ष में समाचार सम्पादक के साथ-साथ सहायक सम्पादक, मुख्य उपसम्पादक, उपसम्पादक, प्रधान सम्पादक अपनी-अपनी पालियों में अपने-अपने उत्तरदायित्वों को पूरा करते हैं। पर, इतना अवश्य कहा जा सकता है कि अखबार के छपने में पूरी 'टीम' की संयुक्त जिम्मेदारी होती है। जहाँ तक मुख्य उप सम्पादक के कार्य एवं उत्तरदायित्व का प्रश्न है—वह अखबार में छपने के लिए विभिन्न सूत्रों, माध्यमों, एजेन्सियों से प्राप्त समाचारों को छाँटता है। अपने विवेक और कौशल से अखबार के स्तर के अनुकूल समाचारों का चयन करता है, यह कार्य करते समय उसे यह भी ध्यान देना होता है कि पाठकों की रुचि किस तरह समाचारों में होती है। उसे समीपता (Proximity) अर्थात् समीप के समाचारों को छापने में प्रमुखता देनी होती है। उसे सामयिकता (Timeliness) अर्थात् ताजा-टटकी घटनाओं पर विशेष ध्यान देना होता है। बासी समाचार अखबार के प्रति पाठकों के मन में अरुचि पैदा कर सकते हैं। अगली बात का जो, उसे ध्यान देना होता है वह है—प्रमुखता (Prominence)। साफ शब्दों में राष्ट्रपति, प्रधानमंत्री, मुख्यमंत्री, बड़े लेखक, नीतिगत बड़े मसले, फिल्मी अभिनेताओं, शेयर बाजार, रक्षा, आर्थिक मामलों से सम्बन्धित समाचारों को प्रमुखता देनी होती है। इसी तरह मुख्य उपसम्पादक को यह भी ध्यान देना होता है, कि उन समाचारों पर विशेष बल दिया जाए, जिनके परिणामों (Consequences) का असर जनता पर सीधे पड़ता है, यथा-मौसम, तूफान, सूखा, बाढ़, शीत लहरी, पेट्रोल, गैस, डीजल आदि के मूल्य के घटने-बढ़ने सम्बन्धी समाचारों को अवश्य छापना चाहिए। ऊपर मैंने यह भी कहा है कि समाचार चयन में मुख्य उप सम्पादक को चाहिए कि वह मानव रुचि (Human Interest) से सम्बन्धित समाचारों का पूरा ध्यान दें। उप सम्पादक के लिए कहा भी गया है,—"He is the master craftsman who shapes the newspaper, who gives it individuality, character and personality. He is the one who serves the readers with good news, views etc. It is the responsibility of the Sub-editor to identify the short-comings and ractify them in the interest of organization, the people and above all profession."[1] विद्वानों ने मुख्य उपसम्पादक के कार्यों को तीन भागों में बाँटा है, यथा—(1) रचनात्मक, (2) व्यवस्था-सम्बन्धी तथा (3) निरीक्षण-सम्बन्धी।[2] इसे थोड़ा फैलाकर इस प्रकार देख सकते हैं,—

(1) रचनात्मक कार्य—

(अ) समाचार-शोधन एवं उसके प्रस्तुतीकरण के स्वरूप का निर्णय।

(ब) समाचारों का गठन तथा

(स) शीर्षकों की रचना।

(2) व्यवस्था सम्बन्धी कार्य—

(अ) निश्चित स्थान की पूर्ति हेतु समाचार की काया का निर्णय,

(ब) कम्पोजिटर तथा मुद्रक की कार्य क्षमता पर ध्यान।

(3) निरीक्षण सम्बन्धी कार्य—

(अ) तथ्य एवं भाषा सम्बन्धी भ्रान्ति न रह जाए,

(ब) कानूनी उलझन न उपस्थित हो तथा

(स) समाचार की स्पष्टता तथा सार्थकता पर सतत् दृष्टि।

---

1. Professional Journalism—M.V. Kamath, P.23
2. पत्रकारिता के सिद्धान्त—डॉ. रमेशचन्द्र त्रिपाठी, पृ. 224

(3) उप सम्पादक : अर्थ आशय

उप-सम्पादक में 'उप' प्रत्यय 'समीपता' या 'लघुता' का द्योतक है। 'उप सम्पादक' लघु भले ही माना जाता हो, उसका उत्तरदायित्व 'लघु' नहीं है। इस दृष्टि से उसके लिए 'उप' का अर्थ 'समीप' ही अधिक उचित है,—समीप यानी वह सम्पादक के समीप रहकर उसके निर्देशानुसार कार्य करता है।[1] सच तो यह है कि सम्पादक पत्र नीति का निर्धारक है, तो उप-सम्पादक निर्धारित नीति के अनुरूप पत्र का सम्पादन, प्रकाशन करनेवाला व्यक्ति है। एक का कार्य व्यवस्था देना है, तो दूसरा शास्त्रों का अनुयायी। सम्पादकीय स्तम्भों का उत्तरदायित्व सम्पादक पर है तो समाचार-पत्र के अवशेष भाग की। जिम्मेदारी उप-सम्पादक को वहन करना होता है।[2] इस प्रकार, उपसम्पादक वह व्यक्ति है, जो समाचारों के सभी विवरणों को प्राप्त करता है, चुनता है, छोटा करता है, सारांश लिखता है, विस्तृत करता है, अनुवाद करता है, सम्पादन करता है और उनके शीर्षक देता है। वह सब या इनमें से कुछ कार्य कर सकता है।[3] कुल मिलाकर वह समाचार-पत्र कार्यालय का 'अज्ञात योद्धा' (Unseen Hero), समाचारों का शिल्पकार, वास्तुकार या कलाकार होता है।

(4) उपसम्पादक के कर्तव्य एवं गुण

समाचार-पत्र की आबरू, यश और नेकनामी का सम्पूर्ण दारोमदार उपसम्पादक के ऊपर ही चूँकि निर्भर होता है, अतः ऐसी स्थिति में उपसम्पादक के पास अपना विवेक और अखबारी दफ्तरों में काम करने का गहरा अनुभव होना चाहिए, तभी वह अपने पाठकों के साथ न्याय कर सकता है। अखबार की साज-सज्जा, उसे सुन्दर कलेवर देकर पाठकों के चित्त में उतारना, अखबार में कौन समाचार कहाँ, किस कालम में जाएगा, कौन विज्ञापन किस पृष्ठ पर जाएगा, जिसमें 'आम के आम गुठलियों के दाम' चरितार्थ हो सके अर्थात् विज्ञापन से प्रबन्धन को पैसा भी मिल सके तथा अखबार की चमक-दमक भी बढ़ जाए आदि का सम्यक बोध उपसम्पादक को होना चाहिए। इन सबके अलावा उसके पास इस बात का भी हुनर होना चाहिए कि अखबार के पाठकों के मनोरंजन तथा ज्ञान वृद्धि के लिए समय-समय पर कहानी, कविता तथा अन्य अनेक प्रकार के लेख वह दे सके। अखबार में मेकअप तथा प्रूफ संशोधन का भी गुण उसके पास होना चाहिए। उसके भीतर 'टीम' भावना होनी चाहिए। कमलापति त्रिपाठी ने उपसम्पादक को चार नेत्रोंवाला व्यक्ति माना है। उनका कहना है कि उसका एक नेत्र घड़ी पर रहना चाहिए, दूसरा समाचार की सत्यता पर, तीसरा नेत्र आपत्तिजनक तथा मानहानिकारक बातों को रोकने की ओर और चौथा नेत्र पत्र की अधिकाधिक सामाजिकता, पूर्णता और सर्वांगीणता की ओर रखना चाहिए।[4]

(5) उपसम्पादक के कार्य एवं दायित्व

अंग्रेजी पत्रकारिता की भाषा में उपसम्पादक को 'डेस्क परसन' या 'कॉपी एडीटर' भी कहते हैं। उसके अखबार में, यदि वह प्रखरमेधा और अनुभव की सम्पदा से लैस है तो खूबसूरत चित्र और ताजे समाचारों की खुशबू निकलती-गममती रहती है, अल-सुबह अखबार का पाठक इन्ही का आनन्द लेता है। वह प्रयास करता है, उसके अखबारों में समाचारों का दुहराव और पिष्टपेषण न हो। वह ***अखबार का दर्जी*** कहा जाता है, जो समाचारों को काँट-छाँट और नाप-तौल कर पाठक और समाचार-पत्र के बीच सन्तुलन साधता है। उसके कार्यों-दायित्वों पर प्रकाश डालते कहा गया है,—"A poor sub-editor may be guilty of such a charge but a good Sub-editor is a reporter's best friend. Sub-editors, like children, are neither seen nor heard, they are read by an unsuspecting public which oftener than not is ignorant of their very existence. In essence, a Sub-editor's job is to 'prepare' or 'sub' copy to make it suitable for publication. In that sense he is a creative artist. It was Northcliffe who said, "Reporters write the paper; sub-editors make it." How true."[5] उसे यह भी ध्यान देना होता

1. सम्पादन कला एवं प्रूफ पठन—डॉ. हरिमोहन, 80
2. आधुनिक पत्रकारिता—डॉ. अर्जुन तिवारी, पृ. 69
3. भारतीय समाचार पत्रों का संगठन एवं प्रबन्ध—डॉ. सुकुमाल जैन, पृ. 121
4. पत्र और पत्रकार-कमलापति त्रिपाठी, पृ. 61
5. Professional Journalism-M.V. Kamath. P.32

है कि अखबार के लिए छपनेवाला समाचार सत्य हो, आपत्तिजनक और मानहॉनि जैसी परेशानियाँ पैदा करनेवाला न हो। अगली बात यह कि उसका ध्यान समाचार-पत्र के लिए नियुक्त होनेवाले संवाददाता और विशेष संवाददाताओं पर भी होता है। कहाँ रिपोर्टर नियुक्त होना है, कहाँ संवाददाता तथा कहाँ विशेष संवाददाता की जरूरत है—इन सभी बातों की उसे जानकारी होनी चाहिए। उसे चुस्त और टपटेल दिमाग का भी होना चाहिए। सहयोगियों का सहयोग उसकी बड़ी ताकत होती है। उसके हाथ में निरन्तर लाल, नीली पेंसिल होनी चाहिए। वह निपुण, चतुर-सुजान होना चाहिए। उसे अखबार के पाठकों के मनोविज्ञान की भी जानकारी होनी चाहिए। अखबारी पाठकों के बोध के अनुसार अखबार में भाषा का प्रयोग करना चाहिए। कुल मिलाकर उसे सनसनी खेज, विवादास्पद बयानों, भ्रामक सूचनाओं, खबरों और तथ्यों से दूर रहना चाहिए। यही सब किसी भी समाचार-पत्र के उपसम्पादक के कार्य एवं महत्त्वपूर्ण उत्तरदायित्व हैं।

(6) उपसम्पादक की योग्यता

अखबार में छपे हर छोटे-बड़े समाचारों का समाज में विभिन्न कुनबों पर परोक्ष-अपरोक्ष असर पड़ता है, अतः ऐसी स्थिति में अखबार का उपसम्पादक ऐसा होना चाहिए, जो तीक्ष्ण-प्रखर मेधा का हो। तीव्र स्मरण शक्ति से लैस उपसम्पादक ही अखबार के साथ न्याय कर सकता है। वस्तुतः घटनाओं की प्रस्तुति का सीधा रिश्ता स्मरण शक्ति से जुड़ा होता है। वह लेखनकला में पारंगत और निष्णात् होना चाहिए। उसमें विनम्रता-विनयशीलता के साथ पत्रकारीय हब-खब और सिद्धान्तों की सम्यक् जानकारी होनी चाहिए। उसे व्यवस्था सम्बन्धी ज्ञान होना चाहिए। समाचारों के शीर्षकीकरण की कला में उसे पारंगत होना चाहिए क्योंकि शीर्षक ही समाचार के प्राण होते हैं। ये शीर्षक ही पाठकों का ध्यान अखबार की ओर खींचते हैं। अखबार की बिक्री बढ़ाने में शीर्षक आकर्षक लगने चाहिए। उसके पास भाषा-बोध भी होना चाहिए। उसकी भाषा में सरलता हो। व्याकरण-सम्बन्धी अशुद्धियाँ अखबार को बौना बनाती है और पत्र-व्यवसाय पर इसका खराब असर पड़ता है,—"He should be well-read. He should have a sound current affairs background. He must be able to follow mass interest and have a nodding acquaintance with sectional ones as well, He must have an analytical mind He should have a good knowledge of the mechanical processes of newspaper production". कुल मिलाकर उसका लक्ष्य अखबार के प्रति 'मिशनरी' होना चाहिए। महज पैसा कमाने की सतही भावना और कोरी औपचारिकता अखबार के ऊपर गन्दा असर डाल सकती है। उसे समाचारों के स्वाद, रंग-रूप, गन्ध-स्पर्श का बखूबी ज्ञान होना चाहिए। कल्पनाशीलता, सहानुभूतिपूर्ण भावना, समाचारों के महत्त्व आदि का भी पूर्णतः ज्ञान उसे होना चाहिए। आलस्य, प्रमाद, अहंकार, चंचल-विचलित और अस्थिर दिमाग उसके शत्रु कहे जा सकते हैं। उसे अध्ययनशील और ज्ञानवान होना चाहिए।

(7) मुख्य उपसम्पादक, उपसम्पादक तथा संवाददाता : साम्य-वैषम्य

एक सुप्रशिक्षित, कुशल योग्य और अनुभवी उप सम्पादक ही मुख्य उपसम्पादक के पद पर नियुक्त किए जाते हैं। मुख्य उपसम्पादकों के गुण, विशेषताएँ और कर्तव्य प्रायः उपसम्पादकों के ही होते हैं, भिन्नता सिर्फ इस माने में होती है कि मुख्य उपसम्पादक में नेतृत्व और निर्णय क्षमता होती है, जिसके चलते वह अपनी टीम का नेतृत्व करता है, उससे इच्छा के अनुरूप कार्य लेता है और पाठकों के समक्ष एक आकर्षक तथा सन्तुलित अखबार प्रस्तुत करता है। यदि योग्य और सक्षम उपसम्पादक सहयोगी के रूप में मिला हो तो मुख्य उपसम्पादक उसे ज्यादातर अपने अधिकार सौंप देता है। लगभग पूरी स्वायत्तता दे देता है। इस तरह वह अपना बोझ घटाकर बचे समय और शक्ति का सदुपयोग अखबार को और अच्छा बनाने में करता है। इसी तरह संवाददाता भी समाचार-पत्र का महत्त्वपूर्ण अंग होता है। अगर मुख्य उपसम्पादक दफ्तर का 'शिफ्ट इंचार्ज' है, उपसम्पादक आँख है तो संवाददाता भी सम्पादक की 'दाहिनी भुजा' कहा जा सकता है। संवाददाता ही अखबार में छपनेवाले समाचारों का संग्राहक होता है। 'फील्ड वर्क' अर्थात् स्टेशन, पुलिस स्टेशन, रेलवे, अस्पताल, कचहरी आदि विभिन्न कार्यालयों की खाक छानकर वह समाचारों का संकलन करता है और उन्हें अखबार के दफ्तर में जमा करता है। उपसम्पादक उन समाचारों के ढेर

में उपयुक्त समाचार का शोधन और बीछ-बराकर उन्हें अलग करता है। कुल मिलाकर संवाददाता समाचारों को खोजने के लिए सड़कों, गलियों, मोहल्लों को सूँघता-फिरता है। चूँकि उपसम्पादक संवाददाताओं द्वारा एकत्र किए गए समाचारों का अखबारों के लिए 'फाइनल चयन' करते हैं सो इन्हें संवाददाताओं से श्रेष्ठ और उत्तरदायी माना जाता है,[1]—"A reporter may be and often is a specialist. But the man at the desk needs to be a 'generalist'. He handles all kinds of copy. A reporter may be excused for making a mistake. A sub-editor who fails to correct it does not deserve to be one.

(8) सम्पादकीय पृष्ठ की संरचना

सम्पादकीय पृष्ठ को हम समाचार-पत्र का केन्द्रीय पन्ना कह सकते हैं। यहाँ समाचार-पत्र की आत्मा बसती है। यह पन्ना अर्थों, अभिप्रायों की ऐसी क्यारी होता है, जहाँ विभिन्न तरह के भावों, विचारों के रंग-विरंगे सुमन-गुच्छ खिलते हैं। यहाँ सम्पादक अपने विवेक की मन्द-मन्द खुलती खिड़की से समाज के कोने-अँतरों में छिपे अनेक रहस्यों का पर्दाफाश करता है। अन्य पृष्ठों की तुलना में यह पन्ना सम्पादक के भोगे-भुगते और अध्ययन-जुगते अनुभव का बयान करता है। विचार-प्रधान यह पन्ना समाचार-पत्र का वह दर्पण होता है, जहाँ भाषा, अनुभव और कथ्य के सुन्दर मेल से सम्पादक समसामयिक घटनाओं को बिना किसी शोर के आहिस्ता से पाठकों के सामने प्रस्तुत करता है। समाचार-पत्र का यह पन्ना पाठकों के बीच अनेक बहसों को जन्म देता है। यह पन्ना एकरसता और ऊब को तोड़ता, बौद्धिक वर्जिश के लिए पाठकों को निमंत्रित भी करता है। कुल मिलाकर अपनी मौलिक दृष्टि, शैली, गहराई, रेंज और प्रखरता से सम्पादक इसमें पठनीयता और चाव पैदा करता है।

(9) सम्पादकीय पृष्ठ : महत्त्व एवं प्रभाव

सम्पादकीय लिखना भी एक कला है। सम्पादकीय समाचार-पत्र का प्राण है। यह जितना कठिन है, उतना ही उत्तरदायित्वपूर्ण होता है। इस कार्य की शिक्षा पुस्तकों के सहारे उतनी नहीं मिल सकती, जितनी किसी समाचार-पत्र कार्यालय में काम करने से। समाचार-पत्र में समाचारों की दृष्टि से पहला सामने का पृष्ठ ही मुख्य है, लेकिन समाचारों पर विचार और समीक्षा की अपेक्षा सम्पादकीय पृष्ठ का महत्त्व ही सर्वोपरि होता है। प्रतिदिन विशिष्ट व्यक्तियों, नेताओं के भाषण होते रहते हैं। उनके तथ्यों को स्पष्ट करने के लिए टिप्पणियाँ लिखी जाती हैं। सर्वसाधारण को उन्हें समझाने हेतु समीक्षा करते हुए आलोचना-प्रत्यालोचना भी की जाती है। इसी प्रकार विज्ञान, तकनीक, गायन, वादन, नृत्य, साहित्यिक गोष्ठी आदि के आयोजन होते रहते हैं। शिक्षा में बदलाव और प्रगति होती है, इन सबका परिचय सुधी पाठकों से कराने के लिए सम्पादकीय पृष्ठ पर 'नोट' आदि देने होते हैं। विभिन्न राष्ट्रीय व अन्तर्राष्ट्रीय समस्याओं पर लोक शिक्षा के लिए आवश्यक प्रकाश डालना भी जरूरी होता है जो इसी पृष्ठ पर होता है। रेल बजट और सामान्य बजट-समाचार के रूप में तो प्रथम पृष्ठ पर जाते हैं, लेकिन व्याख्या रेल भाड़े अर्थात् माल भाड़े और यात्री भाड़े पर वृद्धि का सामान्य जनता पर क्या असर पड़ेगा, विभिन्न वस्तुओं के कराधान का क्या प्रभाव होनेवाला है?—यह सभी तथा अन्यान्य तरह की जानकारियों को सम्पादकीय पृष्ठ की सामग्री में ही संजोया जा सकता है।[2] एक बात यहाँ ध्यान देने की और है कि प्रायः प्रकाशित होनेवाले समाचार-पत्रों सम्पादकीय का अत्यधिक महत्त्व होता है, जबकि सान्ध्य में प्रकाशित होनेवाले दैनिक समाचार-पत्रों में इसका इतना अधिक महत्त्व नहीं होता है। वास्तव में सुबह प्रकाशित होनेवाले समाचार-पत्रों के सम्पादकीय को बुद्धिजीवी वर्ग और सामान्य वर्ग के पाठक अधिक महत्त्वपूर्ण समझते हैं।[3]

(10) सम्पादकीय लेखक : कुछ विशेषताएँ

समाचार-पत्र में सम्पादकीय लेखक द्वारा टाँका गया एक-एक अक्षर अर्थपूर्ण होता है। उसके लिखे का असर बहुत दूर और गहरे तक जाता है। अतः ऐसी स्थिति में सम्पादकीय लेख के लेखक के पास उदारता,

1. हिन्दी पत्रकारिता का नया स्वरूप, बच्चन सिंह, पृ. 33
2. हिन्दी पत्रकारिता : एक परिचय सुरेन्द्रबीन, सिन्हा, डॉ. आशीष कुमार मैसी, पृष्ठ-205
3. जनसत्ता में मृणाल पांडेय का लेख 'खबरें खोते अखबार' शीर्षक लेख, 18 अप्रैल, 2010, लखनऊ संस्करण।

संवेदनशीलता, सजगता और सुलझी विवेक-बुद्धि होनी चाहिए। मनीषा और बौद्धिक मेधा से वह लबरेज होना चाहिए। वह चिन्तक, गम्भीर, निर्भीक और शब्द सामर्थ्य के साथ जीनेवाला शब्दों को सार्थक विचार में बदलने की क्षमता रखता हो उसके व्यक्तित्व में परम्परा और आधुनिकता का अधीत संगम होना चाहिए। उसके पास इतनी क्षमता हो कि वह समस्याओं को बहुत गहराई और रेडिकल ढंग से सोच-समझ सके। इनमें उसकी गहरी रुचि और समझ होनी चाहिए। सम्पादकीय लेखक को किसी प्रलोभन के झाँसे में नहीं फँसना चाहिए। समझौतावादी प्रकृति से दूर उसे अपनी समझ की दृष्टि पर जिद्द पूर्वक अड़े रहना चाहिए, क्योंकि सम्पादकीय लेखन का काम बहुत निरापद नहीं होता है। विचार प्रस्तुति में उसके भीतर किसी तरह की घबड़ाहट-झुँझलाहट या ऊब-उबन नहीं होनी चाहिए, बल्कि बहुत मनोयोग और लगन से समस्याओं को विन्यस्त करना चाहिए।

वस्तुतः सम्पादकीय लेखक समाचार-पत्र में सम्पादकीय लिखकर समाज में कई तरह का सन्देश और पैगाम भेजता है। वह सामाजिक मसीहाई और उद्धारक की भूमिका में जीता है। वह एक ओर शहरातियों की चिन्ता करता है, तो दूसरी ओर वह गँवई चिन्ता में भी मगन रहता है। उसके पास समझ तथा संवेदना का मंजुल मेल होना चाहिए। उसके लेखन पर राजनीतिक अन्धाधुन्धी और धरम धक्के का असर नहीं होना चाहिए। उसकी खुपिया आँख सामाजिक अन्याय, अपवर्जन और टुच्चेपन की ओर निरन्तर देखती रहनी चाहिए। उसके पास बदलते हुए देश, काल और वैचारिक परिवेश की मुकम्मल समझ होनी चाहिए। कुल मिलाकर, उसे अपने सम्पादकीय लेखन के माध्यम से सामाजिक अराजकता के प्रति उत्तेजक हस्तक्षेप करनेवाला होना चाहिए। उसके भीतर विराट का बोध, लोगों की परवाह और एक दूसरे के लिए जिम्मेदार होने का भाव आदि तत्त्व होने चाहिए।

(11) सम्पादकीय लेखक के कर्तव्य एवं उत्तरदायित्व

(1) भारत केवल विशालतम् लोकतंत्र ही नहीं, बल्कि पिछड़ी दुनिया का 'सफलतम' प्रजातंत्रवादी गणतंत्र भी है। अतः ऐसी स्थिति में सम्पादकीय लेखन करनेवाले व्यक्ति को चाहिए कि वह अपने लेखन में किसी तरह की पक्षधरता न बरतें। उनका लेखन सन्तुलित, सधा हुआ, पतली रस्सी पर नटों की तरह चलनेवाला होना चाहिए।

(2) सम्पादकीय लेखक को चाहिए कि वह अपने लेखन में पत्रकारिता के आदर्श और उसके मूल्यों का ख्याल बराबर रखें। अपने लेखन को सामाजिक सरोकारों से जोड़ने का प्रयास करें। बिना किसी गिला-शिकवा या भय-भूत के सामाजिक उत्कंठा बनाये रखें। सामाजिक सरोकारों में ही जीने की सार्थकता तलाशें। उनके लेखन में सरल हृदय मानवीयता निरन्तर साथ-साथ यात्रा करती रहें। पत्रकारीय मानदंडों और आदर्शों की रक्षा के लिए लुभावने और प्रतिष्ठित पदों को त्यागने में विलम्ब न करें।

(3) कहते हैं, लगातार अच्छी खबरें जुटाना एक महँगा, जोखिम भरा और श्रमसाध्य सौदा है। इसके लिए मीडिया संस्थान को सिर्फ कुशल पत्रकार ही नहीं, एक ईमानदार, धैर्यवान सम्पादक, जो अपने संवाददाताओं को जरूरी शोध और समाचार आकलन के लिए जरूरी संसाधन दिलवाये, फिर विवाद उठने पर अपनी खबर और संवाददाता के पक्ष में तनकर खड़ा रहे।[1]

(4) अपने लेखन में गंगा-जमनी तहजीब और संस्कृति को साकार करते रहने का निरन्तर संकल्प लें। सम्पादकीय लेखन निष्पक्ष, निरपेक्ष, तटस्थ होना चाहिए। अपने लेखन में वे साम्प्रदायिक, वर्गीय जातीय और खेमेबन्दी की गन्दी भावना का उभार न दें। सम्पादक को बराबर यह ध्यान देना होगा कि समय-समय पर तमाम तरह की अवसरवादी हवाओं के बहने के बाद भी भारत एक है। इसी सन्दर्भ में वह पूरी दुनियाँ में महान है। अतः वे अपने लेखन में विवेक और अनुभव से काम लें।

1. जनसत्ता में मृणाल पांडेय का लेख, 'खबरें खोते अखबार' शीर्षक लेख, 18 अप्रैल, 2010, लखनऊ संस्करण।

(5) सम्पादकीय लेखक का अगला उत्तरदायित्व यह बनता है कि वह अपने लेखन में अन्याय, असमानता और अनैतिकता का प्रतिकार करें और इनकी जगह न्याय, नैतिकता, सच्चाई, तार्किकता के मूल्यों की स्थापना करें। सामाजिक भटकाव रोकने का प्रयास करें। नैतिक बोध और उदात्त विचार संकल्पधर्मी चेतना उनके लेखन में मौजूद होनी चाहिए तथा

(6) सम्पादकीय लेख की भाषा अखबार के पाठकों को ध्यान में रखकर भरसक सरल-सरस होनी चाहिए। सच तो यह है कि सम्पादकीय लेखक के नैतिक विचार और उत्तरदायित्व का संकल्प ही सम्पादकीय की सुन्दर, शिष्ट भाषा और शैली बन जाता है। कुल मिलाकर, भाषा और शिल्प सम्पादकीय के अनुकूल होने चाहिए। भरसक कर्कश-कठोर भाषा-प्रयोग से बचें। भाषा में पाठकीयता का लालित्य बना रहे। अखबार का पाठक खूब चाव और रस के साथ पढ़े। स्थानीय समाज से जुड़ी भाषा का इस्तेमाल हो, इसके लिए स्थानीय भाषा के गुण सूत्रों को जानना होगा। स्पष्टतः यह कि ऐसा लगे जैसे पाठक से सीधा संवाद हो रहा है।

(12) सम्पादकीय लेखन तथा अग्रलेख

(क) अर्थ-आशय, (ख) अग्रलेख लिखते समय ध्यान देने योग्य कुछ बातें या अग्रलेख नीति-निर्देशक सिद्धान्त, (ग) अग्रलेख के प्रकार

(1) उत्साहवर्द्धक अग्रलेख, (2) कर्तव्य बोधक अग्रलेख, (3) आन्दोलनात्मक अग्रलेख, (4) पक्ष-समर्थक अग्रलेख, (5) सुझावात्मक अग्रलेख, तथा (6) समसामयिक अग्रलेख

इसके लिए इस पुस्तक का 'पृष्ठ-सज्जा', 'पृष्ठ-विन्यास' या 'ले आउट' शीर्षक देखें।

(13) सम्पादक तथा सम्पादकीय टिप्पणियाँ : विभिन्न दबावों के दायरे में अर्थात् कठिन अग्निपरीक्षा

(क) मालिक, सरकार तथा पाठक के त्रिकोण का ध्यान

नरपति हितकर्ता द्वेष्यतां याति लोके
जनपद हितकर्ता त्यज्यते पार्थिवेन्द्रैः।
इति महति विरोधे वर्तमाने समाने
नृपति जनपदानां दुर्लभः कार्यकर्ता॥

अर्थात् "जो राजा का पक्ष लेता है, प्रजा उससे द्वेष करने लगती है, जो प्रजा के हित की बात करता है, वह राजाओं की नजरों से गिर जाता है। इस प्रकार जब दोनों ओर समान रूप से विरोधी परिस्थिति हो तब ऐसा व्यक्ति बहुत दुर्लभ है, जो राजा और प्रजा-दोनों का काम करनेवाला हो और दोनों का समान भाजन हो।"

सम्पूर्ण विश्व में पत्रकारिता चाहे विद्युतीय हो या कागज पर छपे शब्दों की हो—इन दोनों के सामने सम्प्रति साख का संकट बहुत बड़े सवाल की तरह खड़ा रहा है। साफ शब्दों में, साख आधारित पत्रकारिता इस समय खतरे में है। मीडिया के लिए उसकी सबसे बड़ी पूँजी और सम्पदा साख ही होती है। कोई भी समाचार-पत्र साख से ही अपनी पहचान और अँकड़ के साथ जिन्दा-जीवन्त बना रह सकता है अन्यथा उसका हश्र मीडिया मुगल रुपर्ट मर्डोक के ब्रिटिश अखबार 'न्यूज ऑफ द वर्ल्ड' (News of the World) की तरह हो सकता है। उन्होंने 10 जुलाई 2011 को बिना किसी विज्ञापन के अड़तीस पन्ने का संस्करण निकाला और पहले पन्ने पर बड़े अक्षरों में लिखा, *"थैंक यू ऐंड गुड बाय।"* यह अखबार का आखिरी संस्करण था। यह बताने के लिए अब यह क्यों नहीं छपेगा, पूरे पन्ने के सम्पादकीय में अखबार ने अपने गौरवशाली इतिहास की चर्चा करते हुए लिखा कि जब इसकी साख ही नहीं रही तो इसे प्रकाशित करके क्या करेंगे? सम्पादक कॉलिन मेयर ने इसे साढ़े सत्तर लाख पाठकों की श्रद्धांजलि कहा।

कुल मिलाकर यह कि साख का सवाल समाचार-पत्र के सम्पादक से सीधे जुड़ा होता है। इधर, सम्पादकीय लेखक अर्थात् सम्पादक की स्थिति साँप-छछूंदर की होती है। वह अखबार मालिक, सत्ता और पाठक के त्रिकोण में घड़ी के पेण्डुलम की तरह झूलता है। सभी जानते हैं, कोई रिक्शा खींचने वाला अखबार नहीं निकालता। अखबार निकालता है पूँजीपति। कुछ समाचार-पत्रों को सम्भवतः अपवाद स्वरूप छोड़ दें तो सभी समाचार-पत्र देश के पूँजीपतियों और धनियों से संचालित-प्रकाशित होते हैं। सरकार यदि देश में पूँजी के समान प्रवाह के लिए पूँजीपतियों के खिलाफ कोई कार्रवाई करती है, तो स्वाभाविक है कि पूँजीपति-बौखलाएँगे। अब यहीं पर समाचार-पत्र सम्पादक/सम्पादकीय लेखक के सामने एक संकट आ खड़ा होता है कि वह किसका पक्ष ले? पूँजीपतियों का, सरकार का या सामने खड़ा निष्पक्ष समाचार पढ़ने का आदी अखबार पाठक का? आखिर ऐसी विषम स्थिति में अखबार का सम्पादक करे तो क्या करे? यदि पूँजीपति अखबार स्वामी को सही समाचार छाप कर अप्रसन्न करें तो सम्पादक की रोजी-रोटी जाए, सरकार को अप्रसन्न करे तो तमाम लांछनों के साथ उसकी कुर्सी खतरें में पड़ती है और यदि वह अखबार-पाठक को गलत समाचार परोसता है, तो अखबार के सामने साख वाली खबर देने की छवि चटकने-दरकने का संकट खड़ा हो जाएगा। स्पष्टतः यह कि उपनिषद् की यह पंक्ति,—"क्षुरस्य धारा निशिता दुरत्यता दुर्ग पथस्तत्कवयो वदन्ति" की तरह सम्पादक का काम सम्पादकीय लेखन में तलवार की तीखी धार पर चलने की तरह होता है।

सच तो यह है कि अब समाचार-पत्र में सम्पादक की हैसियत पहले की तरह नहीं रह गई है। सब जानते हैं, पत्रकार उत्तरोत्तर बिकाऊ जींस बनता चला गया है। आज पत्रकार की या लेखक की या सम्पादक की आजादी कोई माने नहीं रखती। कुछ भी छापने न छापने का अधिकार मालिक के पास चला गया है। आज पराड़कर या चलपति राव होते तो सर्वेसर्वा मालिक उन्हें भी कान पकड़कर दरवाजा दिखा सकता था। जब स्थिति ही ऐसी बन गई है तो कोई पत्रकार क्यों ऐसी स्टोरी फाइल करेगा, सम्पादक भी ऐसी सामग्री क्यों छापेगा, जो मालिक के गले से उतर न सके जिसे देखकर सरकार नाक-भौं सिकोड़े? नतीजा यह कि आज कल अधिकतर अखबार खबरें न छापकर अनर्गल सामग्री से अखबार के पन्ने भरने में लगे हैं, जिसमें गरमागरम सेक्स, बलात्कार, हत्या सम्बन्धी सामग्री की प्रधानता और सुलभता रहती है। फिर यही अखबार बड़ी-बड़ी कम्पनियों के इश्तहारों की खबर की शक्ल देकर चाँदी काटने में लगे हैं। वरिष्ठ पत्रकार **पंकज विष्ट** भी कहते हैं,—"मालिकों को जब यह पता चल गया कि सम्पादक नामक की बला का महत्त्व क्या है? और ये काम तो कोई भी मान बैठे कि नई-नई मशीनों और तकनीक के बल पर रंग-बिरंगे अखबार निकालकर वह पाठकों को रिझा लेंगे। नतीजतन सम्पादन विभाग का महत्त्व धीरे-धीरे खत्म होने लगा।

वस्तुतः स्वतंत्र और निष्पक्ष पत्रकारिता समाज के लिए सकारात्मक शक्ति की तरह काम करती है। विश्वास और समाचारों के प्रति पाठकों का भरोसा किसी अखबार की जड़ी-बूँटी कहा जा सकता है। पाठकों की दृष्टि में गैर जिम्मेदार अखबार पूँजीपतियों का पारिवारिक कारोबार तो हो सकता है, वह पाठकों के लिए महज 'आप ही कलेक्टर, आप ही बैरिस्टर' से अधिक कुछ नहीं हो सकता। वस्तुतः अखबार के सम्पादक के सामने अखबार की विक्री या 'सर्कुलेशन' बढ़ाने का संकट, विज्ञापन छापकर अखबार की आय बढ़ाने का संकट, रीडरशिप और टी.आर.पी. का संकट, सत्ता, राजनीति और कॉरपोरेट के दबाव का संकट, कुल मिलाकर इन संकटों के बीच सरोकारी पत्रकारिता का संकट तो सम्पादक के सामने बना ही रहेगा।

(ख) भाषा-शैली एवं सामग्री का ध्यान

सम्पादकीय लेखन बेहद गम्भीर कार्य है। अखबार का सम्पादक अपने गम्भीर चिन्तन-मनन से तथ्यों की प्रस्तुति शोधपरक और प्रामाणिक ढंग से अखबार में सम्पादकीय के रूप में प्रस्तुत करता है किन्तु यहाँ वह ध्यान रखता है कि इस सम्पादकीय के पाठक कई स्तर के हैं। अतः कठिन और गम्भीर विषय पर लिखे सम्पादकीय को वह बेहद मनोरम शैली और सरल भाषा में प्रस्तुत करता है। साफ शब्दों में, वह

अपने सम्पादकीय को अपच-उबाऊ, कठिन-क्लिष्ट, अबूझ भाषिक प्रयोगों से कठिन नहीं बनाना चाहता। वह यह भी ध्यान रखता है कि उसका अग्रलेख बहुत अधिक लम्बा और विस्तृत न हो। उसका अग्रलेख विचार की जगह समाचार न बनने पाये। बहरहाल, दक्ष और प्रवीण सम्पादक अपने अग्रलेख में सामग्री सन्तुलन बनाये रखने का प्रयास बराबर करते रहते हैं।

(ग) विषय, स्थान एवं संरचना का ध्यान

अखबार का सम्पादकीय लेखक सम्पादकीय लेखन के लिए विषय चयन में यद्यपि स्वतंत्र होता है, फिर भी वह यह ध्यान अवश्य रखता है कि सम्पादकीय का विषय प्रासंगिक, ताजा-टटका, पाठक को प्रभावित करनेवाला हो। भरसक वह ध्यान रखता है कि सम्पादकीय लेखन हाल की घटी घटनाओं पर हो। यदि सम्पादक बीस साल पुरानी किसी घटना या प्रसंग को आधार बनाकर सम्पादकीय लेखन करता है तो इसका बहुत महत्त्व पाठक के लिए नहीं होगा। वह सम्पादकीय अनाकर्षक और बासी माना जाएगा। जहाँ तक समाचार-पत्रों में सम्पादकीय के स्थान का सवाल है, सभी पाठक जानते हैं, उसका एक निश्चित स्थान पत्र-पत्रिकाओं में होता है। भरसक सम्पादकीय की परम्परा पत्रिकाओं में शुरुआती पृष्ठों में ही होती है और अखबारों में मध्य में। यह पन्ना अखबार में अधिकांशतया बाएँ पन्ने पर पड़ता है। इस पृष्ठ पर केवल सम्पादकीय के रूप में सम्पादक के विचार ही नहीं होते, बल्कि यहाँ पाठकों के लेख, पत्र, सुझाव-शिकायत भी दर्ज कर इस पृष्ठ की संरचना की जाती है। प्रत्येक समाचार-पत्र पाठकीय स्वाद बदलने के लिए रविवारीय संस्करण निकालता है। इस रविवारीय संस्करण के लिए विविध विषयों का चुनाव किया जाता है। कभी मुद्दे अन्तर्राष्ट्रीय तो कभी राष्ट्रीय बनते हैं। भारतीय पत्रकारिता के इतिहास में एक बार ऐसा अवसर भी आया था, जब देश में अखबारों पर सेंसर लागू हुआ, तब अनेक समाचार-पत्रों ने अपने सम्पादकीय कॉलम खाली छोड़ दिए थे।

(14) सम्पादकीय लेखन में सावधानियाँ

कोई भी सम्पादकीय सम्पादक की महज विचाराभिव्यक्ति मात्र ही नहीं होता, बल्कि वह अपने आप में सम्प्रेषण और सामाजिक सन्देश भी होता है। सम्भवतः इसीलिए इस पन्ने का महत्त्व अखबार के पहले और अन्तिम पृष्ठ से भी ज्यादा होता है। वस्तुतः यह पन्ना अखबार की आवाज और कई सन्दर्भों में पब्लिक मंच या प्लेटफॉर्म भी कहा जा सकता है। अतः सम्पादकीय लेखन में सम्पादक को कुछ सजगताएँ और सावधानियाँ बरतने की जरूरत होती हैं।

सम्पादकीय ऐसा हो, जो कई सार्थक बहसों को जन्मे। उनमें समस्याओं के समाधान की आहट भी सुनायी दे। वह भटके समाज को नई दिशा एवं प्रेरणा दे। सम्पादक को चाहिए कि वह इतने महत्त्वपूर्ण पद का निर्वहन करते हुए सत्ता, पैसे और ख्याति के लिए सत्ता के जलाशय के पास कभी और कदापि नहीं फटके। वह खिलाड़ियों की तरह विचारों की पैरहन और जर्सी को बार-बार न बदले अन्यथा उसका अखबार आगत भविष्य में किसी (अपने सम्पादकीय)—महामारी का शिकार हो सकता है। उसे अपने सम्पादकीय में शिक्षा, विज्ञान, तकनीक, इतिहास, राजनीति, स्वास्थ्य, कृषि, वाणिज्य के साथ-साथ देश की भाषा कला, संस्कृति और साहित्य पर भी फोकस डालना चाहिए। सच तो यह है कि सम्पादकीय पन्ना, सम्पादक का वैचारिक मेरुदंड होता है। इसे खासकर बुद्धि जीवियों को रोज सुबह तलाश रहती है। इन बुद्धिजीवियों में हर विषय से सम्बन्धित सम्पादकीय को पसन्द करनेवाले लोग होते हैं, अतः सम्पादक को किसी विषय को अस्पृश्य मानकर बहिष्कृत नहीं करना चाहिए। सम्पादकीय में सम्पादक की दृष्टि विचारों के प्रति संवेदनशील-सहिष्णु बनी रहनी चाहिए। कहीं भी दोहरापन नहीं दिखना चाहिए। उसका सम्पादकीय किसी खास विषय के प्रचार का ब्रांड नहीं लगना चाहिए। सम्पादक को चापलूस और लोलुप प्रकृति का नहीं होना चाहिए। दरअसल, सत्ता बार-बार तमाम तरह के प्रलोभनों से सम्पादक के भीतर के सम्पादक को मार देना चाहती है। अतः इससे सम्पादक को सजग रहना होगा और अपने भीतर के सम्पादक के चरित्र को सुरक्षित रखना होगा।

सभी जान रहे हैं, ग्लोबल समाज में सम्पूर्ण विश्व के साथ-साथ भारतीय समाज में भी चहुँओर कलह-कलरव फैला हुआ है। विचार धाराओं की टकराहट रोज हो रही है। राजनीति की जगह सम्प्रति शासन बाजार-संचालित है। ढहते-ढँगलाते कमजोर व्यक्ति का हिस्सा बाजार जबरिया हड़प रहा है साथ ही विचार के स्तर पर उसे अपने कायनात और तम्बू में खींच उसके ऊपर अपना वैचारिक लबादा और पोशाक ओढ़ा रहा है। कुल मिलाकर बाजार ने आज के व्यक्ति को लोभी तो बना ही दिया है, मनुष्य असहिष्णु, क्रूर और क्रुद्ध बन गया है। अतः ऐसी स्थिति में सम्पादक को चाहिए कि वह अपने सम्पादकीय में ऐसा कुछ न लिखे, जिससे वह पेट्रोल में चिनगारी का काम करे।

(15) सम्पादकीय लेखन के प्रकार, भेद या वर्गीकरण

सम्पादकीय लेखन का क्षेत्र विस्तृत और विविध होता है। स्वाद और रुचि की भिन्नता के कारण उनके अपने पाठक वर्ग हैं। बताते हैं, शिक्षित और बुद्धिजीवी वर्ग साहित्यिक छौंकवाले अग्रलेखों को काफी रुचि के साथ पढ़ता है। इन अग्रलेखों में सम्पादक के ज्ञान, विविध विषयों की उसकी जानकारी आदि का पता चलता है। किसी वस्तु की प्रस्तुति उसकी शैली भाषा पर उसके अधिकार की उसकी आहट उसके द्वारा प्राप्त होती है। बहरहाल डॉ. अर्जुन तिवारी ने अपने देश के विभिन्न पत्रों में प्रकाशित होनेवाले सम्पादकीय (अग्रलेखों) को निम्नलिखित वर्गों में बाँटा है,—

(1) उत्साहवर्द्धक अग्रलेख, (2) कर्तव्यबोधक अग्रलेख,
(3) सुझावात्मक अग्रलेख, (4) आन्दोलनात्मक अग्रलेख,
(5) समसामयिक अग्रलेख, (6) पक्ष समर्थक अग्रलेख।[1]

किन्तु डॉ. हरिमोहन के विचार से यह वर्गीकरण उचित नहीं है। उत्साहवर्द्धक अग्रलेख से क्या तात्पर्य है? यह तिवारी ने स्पष्ट नहीं किया। उत्साहवर्द्धन किसका? यदि पाठक का, तो उसका उत्साहवर्द्धन घटना की प्रकृति पर निर्भर है। इसी तरह, कर्तव्यबोधक अग्रलेख अस्पष्ट वर्ग है। यों भी कर्तव्यबोधक और उत्साहवर्द्धक लगभग पूरक वर्ग है। सुझावात्मक अग्रलेख एक वर्ग माना जा सकता है। सुझाव में ही उत्साहवर्द्धन और कर्तव्यबोधक दोनों समाये जा सकते हैं। 'आन्दोलनात्मक' वर्ग भी स्वीकरणीय है। 'समसामयिक' अग्रलेख अलग वर्ग नहीं माना जा सकता क्योंकि प्रायः सम्पादकीय समसामयिक समस्या या समाचार पर ही लिखे जाते हैं। प्राचीन सन्दर्भों को भी समसामयिक सन्दर्भों में लगभग सभी सम्पादकीयों में प्रस्तुत किया जा सकता है। 'पक्षसमर्थक' भी एक वर्ग हो सकता है, इसमें कोई सन्देह नहीं। अतः उचित रहेगा कि हम सम्पादकीय को निम्नलिखित रूप में वर्गीकृत करके देखें,—

(1) पक्ष समर्थक, प्रशंसात्मक सम्पादकीय,
(2) आलोचनात्मक सम्पादकीय,
(3) आन्दोलनात्मक सम्पादकीय,
(4) व्याख्यात्मक सम्पादकीय तथा
(5) विविध।[2]

(16) सम्पादकीय पृष्ठ का महत्त्वपूर्ण स्तम्भ : व्यंग्य विनोदात्मक स्तम्भ

सम्पादकीय पृष्ठ विविध स्वाद और रुचि से भरे विविध व्यंजनों से भरी थाली की तरह है। कहीं भ्रष्टाचार, लूटपाट, हत्या-बलवा आदि पर टिप्पणियाँ होती हैं, तो कहीं तीज, त्योहार, होली, दीवाली, मेले जैसे राष्ट्रीय धर्मों पर टिप्पणियाँ होती हैं, तो कहीं जनहित में सरकार द्वारा की गई विभिन्न घोषणाओं की संभावित सफलता-असफलता पर समीक्षा की गई होती है, वहीं सम्पादकीय पृष्ठ

1. आधुनिक पत्रकारिता—डॉ. अर्जुन तिवारी पृ. 43
2. सम्पादन कला एवं प्रूफ पठन-डॉ. हरिमोहन, पृ. 94

पर व्यंग टिप्पणियों और चित्रों के माध्यम से बहुत सारी बातें कह दी जाती हैं। सच तो यह है कि अन्य स्तम्भों की तरह सम्पादकीय पृष्ठ का महत्त्वपूर्ण और जन सामान्य के लिए बेहद रुचिकर स्तम्भ है—व्यंग विनोद तथा हास्य स्तम्भ। इसका मूल उद्देश्य होता है—शिष्ट, संयत भाषा में सरकारी, गैर सरकारी मुद्दों की व्यंग भरी समीक्षा। इससें पाठकों की पाठकीय रुचि और स्वाद बदल जाते हैं।

किन्तु व्यंग्य स्तम्भ का लेखन बहुत आसान नहीं होता, जितना अखबार का पाठक और पत्रिका का पाठक समझता है। वह भी प्रतिदिन व्यंग्य का लेखन तो बहुत जटिल होता है। इसे लिखने के लिए लेखक को मानसिक वर्जिश करनी पड़ती है। इस व्यंग्य स्तम्भ को कुछ लोग समाचार-पत्र का 'स्पेशल डिश' या 'चटपटी चाट' कहते हैं। जो काम कविवर बिहारी ने सोते से जगाने के लिए तत्कालीन राजा के लिए किया था, अखबार का व्यंग्यकार भी वही काम अपने पाठकों को जागरूक करने के लिए करता है। कुछ लोग इसमें स्थायित्व के अभाव के कारण इसे साहित्यिक रचना की कोटि में नहीं रखना चाहते। बहरहाल, समाचार-पत्रों में व्यंग-स्तम्भ-लेखन की परम्परा का पता बहुत पहले से चलता है। पहले व्यंग्य-स्तम्भ-लेखन की शुरुआत मासिक या पाक्षिक पत्रिकाओं में ही अधिकांशतया होती थी, लेकिन बाद में एक लेखक इन्द्रवाचस्पति ने इसका श्री गणेश अर्जुन में 'गांडीव के तीर' तथा 'नारद की वीणा' से किया। उसके बाद दैनिक समाचार-पत्रों में पाठकों की व्यंग्य स्तम्भ में रुचि के कारण सम्पादकों ने इसे एक तरह से जरूरी बना दिया। फल यह हुआ कि, पाठकीय जड़ता-नीरसता खत्म हुई, अखबार की वितरण संख्या बढ़ी। जिन अखबारों में आज व्यंग्य-स्तम्भ नहीं होता, वह छूछा और खाली-खाली लगता है।

(17) समसामयिक लेख तथा शिकायती पत्र : अर्थ तथा महत्त्व

सम्पादकीय पृष्ठ पर विविध प्रकार के भाव, विचार और समाचार प्रकाशित किए जाते हैं। कहीं इस पृष्ठ पर विद्वानों के लेख होते हैं, तो कहीं, 'नजरिया', कहीं, 'साइबर संसार', होता है, तो कहीं 'मनसा वाचा कर्मणा' में धार्मिक शिक्षा होती है, कहीं 'विदेशी' अखबार से होता है, तो कहीं व्यंग्य रूप में 'नश्तर' होता है, कहीं, 'पाठकों के पत्र', 'पाठकनामा' 'मेल बाक्स' होता है, तो कहीं '75 साल पहले' छपता है, कहीं 'दुनिया मेरे आगे है', तो कहीं 'समान्तर' है और कहीं, 'चौपाल' होती है। इतना ही नहीं, इसी पन्ने पर 'सामयिक लेख' भी प्रकाशित होता है। इस सामायिक लेख में वर्तमान की घटनाओं की चीर फाड़ होती है, उन पर टिप्पणियाँ होती हैं, लेकिन कभी-कभी यहाँ एक प्रश्न 'सामाजिक लेख' को लेकर पैदा होता है कि 50 वर्ष पूर्व की घटनाओं पर यदि इस समय बहस हो तो क्या उसे समसामयिक माना जा सकता है कि नहीं? 'समसामयिक लेख' गम्भीर अध्ययनशील व्यक्ति से भरसक लिखवाये जाते हैं। वे इस तरह के लेखकों अपने अनुभव की चासनी में पागकर प्रस्तुत करते हैं। सामयिक लेख के विषय राजनीति, दर्शन, राष्ट्रीय-अन्तर्राष्ट्रीय, प्रादेशिक-सभी कुछ हो सकते हैं। सामयिक लेखों से सामाजिक जागरूकता, विश्वास की भावना समाज में पनपती है। इसे पढ़कर भटके लोग सम्हलने की कोशिश करते हैं। अतः इस तरह के लेख बहुज्ञानी लोग लिखें तो इसकी अपनी सार्थकता बनती है।

जहाँ तक *शिकायती पत्रों* का प्रश्न है, हिन्दी के समाचार-पत्रों में सबसे अधिक पत्र व्यक्तिगत शिकायतों के होते हैं। ये व्यक्तिगत शिकायतें भी बड़ी विविध ढंग की होती है—कहीं किसी को भविष्य-निधि का पैसा नहीं मिला, विधवा को उसके स्वर्गीय पति की पेंशन नहीं मिली, डाकखाने से मनी ऑर्डर गायब हो गया, विद्यार्थी को उसका परीक्षा-परिणाम या रोल नम्बर नहीं मिला, किसी डाकखाने में लिफाफे या पोस्टकार्ड ही खत्म हो गए, कोई अध्यापक या नगर निगम का चतुर्थ श्रेणी का कर्मचारी तीन मास से वेतन न मिलने से परेशान है, कहीं सड़कें टूटी होने और नालियों की सफाई न होने की शिकायत है। कुल मिलाकर, दैनिक जीवन में सामान्य नागरिक

को जिन-जिन परेशानियों से गुजरना पड़ता है उन सबकी शिकायत वह पत्र लिखकर अखबार में छपवाना चाहता है।[1]

(18) सम्पादकीय, अग्रलेख तथा रूपक में अन्तर

सभी जानते हैं, सम्पादकीय पृष्ठ समाचार-पत्र का बहुत ही महत्त्वपूर्ण सफा माना जाता है। इस पृष्ठ पर सम्पादक अपने सम्पादकीय के माध्यम से स्वतः झाँकता है। सम्पादक अपनी प्रतिभा से इसे सजाता-सँवारता है। इस पृष्ठ की सुन्दर संरचना और शिल्प में वह जी-जान लगा देता है। यथार्थ और जरूरत पड़ने पर अपनी कल्पना शीलता के मंजुल समन्वय की बारीक बुनावट से इसे सजीव, रसमय-रससिक्त बनाने में वह कत्तई कोताही नहीं करता। कुल मिलाकर श्रम और तन्मयता से रचा गया सम्पादकीय पन्ना सम्पादक के बहुपठित ज्ञान का प्रमाण होता है। ख्यातनाम पत्रकार श्री *हीरा प्रसाद चतुर्वेदी* भी इस बात की ताईद-तस्दीक करते कहते हैं कि आत्मा और शरीर में जो सम्बन्ध है, वही सम्बन्ध समाचार-पत्र और सम्पादकीय में है।[2]

सम्पादकीय लेख को ही 'अग्रलेख' भी कहते हैं। यह अखबार का मुकुर और शीशा होता है। इधर, रूपक, जीवन के प्रति एक नवीन दृष्टिकोण, दैनिक जीवन की करुणा, उसके नाटक और उसके हास्य को उसके मूल रूप में ग्रहण कर उसका चित्रण करने की एक विधि है। इन तीनों के बीच कई समानताओं के बावजूद उक्त तीनों का अपना पृथक् महत्त्व है। पत्रकारिता के क्षेत्र में इन तीनों की अपनी अनिवार्य हैसियत होती है। रूपक प्रचार का महत्त्वपूर्ण माध्यम होता है। यह व्यक्ति जीवन में मनोरंजन, ज्ञानवर्द्धन और मार्गदर्शन करता है। तथ्यपूर्ण विवेचनों द्वारा पाठक की ज्ञान वृद्धि ही इसका मूल उद्देश्य होता है। प्रस्तावना, विवरण और उपसंहार इन तीन टुकड़ों में इसका शरीर बँटा होता है।

(19) समाचार लेखन और सम्पादकीय लेखन में अन्तर

समाचार लेखन और सम्पादकीय लेखन पत्रकारिता की दो अलग-अलग प्रमुख धाराएँ, विधाएँ मानी जाती हैं। सम्पादकीय लेखन अखबार की नीतियों का प्रतीक माना जाता है। इधर, समाचार लेखन भी कई लोगों के अनुसार अपने आप में कला और शिल्प है। जिस प्रकार सम्पादकीय लेखन के लिए यह आवश्यक है कि अच्छा सम्पादकीय वही लिख सकता है, जिसके पास विविध विषयों की जानकारी हो, सर्जनात्मक प्रतिभा हो, लगन और कर्मठता हो, चिन्तन और सोच-विचार के स्तर पर वह परिपक्व हो। ठीक यही शर्तें अच्छे समाचार लेखन के लिए भी अपेक्षित हैं।

पर, इन सब समानताओं के बावजूद समाचार लेखन और सम्पादकीय लेखन में थोड़ा फासला अवश्य होता है, यथा—समाचार किसी घटना को संकेतित करता है, जब कि सम्पादकीय का मुख्य उद्देश्य जनमत को प्रभावित करना होता है। समाचार लेखन की आत्मा, मूल कथ्य की संक्षिप्तता मानी जाती है। इसमें समाचार लेखक के अपने विचारों का कोई महत्त्व नहीं होता, किन्तु सम्पादकीय की आत्मा वस्तुनिष्ठता, निष्पक्षता, निर्भीकता और निर्लिप्तता है। सम्पादकीय में लेखक के विचारों को महत्त्वपूर्ण माना जाता है। समाचार लेखक, आवश्यक नहीं है कि उस समाचार का शीर्षक भी दे। शीर्षक बैठाने का दायित्व उपसम्पादक का होता है, लेकिन सम्पादकीय लेखक को सम्पादकीय का शीर्षक देना अनिवार्य हो जाता है, क्योंकि इसमें पत्र की आवाज गूँजती है। सम्पादकीय लेखक को सम्पादक का प्रतिनिधि माना जाता है। समाचार में मात्र घटना का उल्लेख होता है, उसके लिए पृष्ठभूमि का विश्लेषण करना उचित नहीं, लेकिन सम्पादकीय में घटना की पृष्ठभूमि का विश्लेषण करना आवश्क होता है।[3]

---

1. हिन्दी पत्रकारिता : विविध आयाम में क्षितीश वेदालंकार का लेख। सम्पादकीय, पृष्ठ-48, सम्पादक—डॉ. वेदप्रताप वैदिक, हिन्दी बुक सेन्टर, नई दिल्ली, संस्करण 2002 ई., मू. 150 रुपये।
2. सम्पादकीय और फीचर लेखन—हीरा प्रसाद चतुर्वेदी, पृ. 19
3. पत्रकारिता जगत—अशोक प्रियदर्शी, सुनील कुमार सिन्हा, पृ. 50, मगध कलाकार प्रकाशन, 106, कृष्णानगर, प्रथम संस्करण, अगस्त-1996, पटना, मूल्य 60 रुपये।

भाग-7
समाचार लेखन के विविध रूप
या
कुछ महत्त्वपूर्ण समाचार लेखन

समाचार लेखन : वैज्ञानिक कला है—कुछ समय पहले कुछ कॉरपोरेट शक्तियों एवं इलेक्ट्रॉनिक मीडिया के मिले-जुले गठजोड़ ने एक साजिश-षड्यंत्र के तहत् यह बहस बहुत जोर से उठायी थी कि छापेखाने और उसमें छपनेवाले अखबार तथा पत्रिकाओं के दिन अब लद गए हैं। ये अब आम आदमी से बहुत दूर चले जाएँगे। अखबार अप्रासंगिक हो हाशिये पर सरक जाएँगे। स्पष्टतः यह कि उन्होंने प्रिन्ट मीडिया के बरक्स प्रलाप शुरू किया। उन्होंने आरोप लगाया कि समाचार-पत्रों में लोकतांत्रिकता और विचारों की जगह सिकुड़ती चली गई है। सो, कभी अपनी बात बेबाकी से कहने का व्यापक मंच, मचान और प्लेटफॉर्म 'समाचार-पत्रों' का अवसान नजदीक आ गया है।

पर, आप किसी भी वस्तुनिष्ठ पैमाने से देखें तो इनका उक्त आरोप सतहा, छिछोर-ओछा और सनसनीखेज ही सिद्ध हुआ है। इलेक्ट्रॉनिक मीडिया और तथाकथित सोसल मीडिया के उदय और विस्तार के बावजूद सम्प्रेषण के इस पुराने माध्यम समाचार-पत्रों का न लोप हुआ और न उनकी निरन्तरता में ही कमी आई। इलेक्ट्रॉनिक मीडिया के 'आज के ताजा और तुरन्त खबर' परोसने के दावों को खारिजकर 'प्रिन्ट मीडिया के 'कल के बासी खबर' को भी लोग खूब चाव से पढ़ रहे हैं। न कोई दफ्तर कागज विहीन हुआ और न अखबार ही बन्द हुए, बल्कि गाजीपुर से लेकर दिल्ली तक नित नये अखबार छप रहे हैं। इनके पाठकों की अपनी दुनिया रोज बन रही है। अखबारों के माध्यम से हर खबर दरवाजों पर दस्तक दे भीतर रसोईघर तक पहुँच रही है, बल्कि इलेक्ट्रॉनिक माध्यम खासकर, निजी चैनलों की तुलना में इनकी खबरों में जटिलता, अबूझता, असम्प्रेषणीयता, असावधानी, अपरिपक्वता, नासमझी और आलस्य आदि का विकार और प्रदूषण नहीं है इसलिए इनके यहाँ खबरें सन्तुलित और पुष्ट-प्रामाणिक छपती हैं। ये अखबार आज भी लगभग तटस्थ हो देश में हो रही, हिंसा, अपराध, खेलकूद, राजनीति, नैतिकता, सिनेमा, साम्प्रदायिकता, जातिवाद, सतही धर्मपरायणता, मौसम, विज्ञान, विकास, वाणिज्य, शिक्षा, संसद विधान सभाओं आदि से सम्बधित खबरों को छाप रहे हैं। कुल मिलाकर आज भी पहले की तरह अखबारों में 'समाचार लेखन के विविध रूप' सतत् देखे जा सकते हैं।

सच तो यह है कि समाचार-पत्र विभिन्न प्रकार के समाचारों के गुलदस्ता होते हैं। अखबार में छपे उक्त विभिन्न प्रकार के समाचारों का चयन लोग अपनी प्रकृति, जरूरत और मिजाज के अनुसार करते हैं। बस थोड़ी सी आवश्यकता होती है—समाचार लेखक की सजगता की अर्थात् समाचार लेखन को प्रभावशाली ढंग से प्रस्तुत करने के लिए लेखक को विविध विषयों की जानकारी, भाषा पर अधिकार और काल्पनिकता आदि के गुण से परिपूर्ण होना अनिवार्य है, तभी वह रोचक उत्सुकतापूर्ण, कुतूहलमय एवं पठनीय प्रस्तुति में सफल होगा। इस आधार पर लेखन, कला का स्वरूप ग्रहण कर लेता है, वहीं दूसरी ओर समाचार के विभिन्न प्रभागों शीर्षक, सूत्रोल्लेख, आमुख, व्याकरण, निष्कर्ष आदि का एक निश्चित क्रम होता है, जिसकी प्रस्तुति अत्यन्त व्यवस्थित होती है। इस कारण समाचार लेखन को विज्ञान भी माना जाता है, किन्तु यह निर्विवाद है कि दोनों स्वरूप एक दूसरे के पूरक हैं। अच्छे लेखन के लिए **चार सकारों**—सामयिकता, सत्यता, स्पष्टता तथा संक्षेपण और **छह ककारों**—क्या, कहाँ, कब, कैसे, क्यों, कौन का विशेष महत्त्व है। प्रसिद्ध पाश्चात्य विद्वान् रुडियर्ड किपलिंग ने इन्हें 5-डब्ल्यू और 1-एच के रूप में उल्लिखित किया है अर्थात् What, where, when, who, why, and how.

उपर्युक्त आधारों पर केन्द्रित समाचार के लेखन प्रारूप को विद्वानों ने स्तूपाकार, विलोम स्तूपाकार तथा बहुआयामी (डायमंडाकार) तीन स्वरूपों में स्पष्ट किया है। प्रसिद्ध पाश्चात्य विद्वान, एल.के.डिकर

के अनुसार एक अच्छे समाचार में सूचना (Information), उद्देश्य (Intention), प्रक्रिया (Method), पृष्ठभूमि एवं प्रबन्ध (Administration) और पारस्परिक संचार (Inter Communication) होना अनिवार्य है। इस प्रक्रिया को 9.9 M.A.9 के रूप में भी जाना जाता है। पूर्वोल्लिखित है कि समाचार का स्वरूप पाँच प्रभागों में विभाजित होता है। इसको यह भी कह सकते हैं कि काया (Body) के पाँच भाग होते हैं। व्यवस्थित समाचार प्रस्तुति में यह अपेक्षा की जाती है कि सर्वप्रथम शीर्षक प्रस्तुत किया जाए, फिर सूत्रोल्लेख आमुख, व्याख्या एवं निष्कर्ष क्रमवत लिखे जाएँ[1]। बहरहाल, कुछ महत्त्वपूर्ण समाचार लेखन को हम अधोलिखित रूप में इस प्रकार देख सकते हैं—

(1) रेडियो हेतु समाचार लेखन

रेडियो साक्षर-निरक्षर, नेत्रहीन-नेत्रयुक्त-सभी व्यक्तियों को-नवीनतम घटनाओं की जानकारी देने का कार्य सुचारु रूप से करता है। वास्तव में रेडियो ही कम-से-कम समय में अत्यधिक महत्त्वपूर्ण समाचारों को विश्वसनीयतापूर्वक प्रसारित करनेवाला अत्यन्त सशक्त एवं प्रभावशाली माध्यम है। रेडियो पर पन्द्रह, दस और पाँच मिनटों के प्रसारित होनेवाली बुलेटिनों में प्रमुख-प्रमुख समाचार नपे तुले शब्दों में पढ़ना-पड़ता है। इन समाचारों की हेडलाइंस रेडियो का सम्पादक तैयार करता है। यह प्रायः देखा-जाता है कि सबसे अन्त में तैयार समाचार रेडियो पर सबसे पहले सुनाये जाते हैं। वस्तुतः समाचारों का सारतत्त्व हेडलाइंस में दिया जाता है। रेडियो के सम्पादक के निर्णयानुसार प्राथमिकता की दृष्टि से दिन का सर्वाधिक महत्त्वपूर्ण समाचार, जिसे 'लीड स्टोरी' की संज्ञा से अभिहित किया जाता है, प्रसारित किया जाता है।[2] रेडियो हेतु समाचार लिखते समय इस बात का विशेष रूप से ध्यान देना चाहिए,—"इस प्रकार लिखो मानो कि तुम कुंछ लोगों से बात कर रहे हो। ऐसी वार्ता सामयिकता, निकटता, महत्त्व और भावना जैसे आवश्यक तत्त्वों से पूर्ण हो।" इस विषय में डाउलिंग लेदर वुड ने अपनी एक पुस्तक में लिखा है,—"समाचार किसी घटना, परिस्थिति, स्थिति या राय की सही और सामयिक सूचना है—ऐसी सूचना, जिसमें उन लोगों को, जिनके लिए वह अभिप्रेत हो, दिलचस्पी होगी।"[3]

वस्तुतः नाटक हो, वार्ता हो अथवा समाचार या कोई और विधा—उक्त बातों के अलावा कुछ अन्य महत्त्वपूर्ण बातों का अनुपालन आवश्यक होता है,—

(1) उन शब्दों का प्रयोग करना चाहिए, जो सामान्य बोलचाल में प्रयुक्त होते हों और जन साधारण, जिनको आसानी से ग्रहण कर सके। कठिन शब्दों से सदैव बचना चाहिए,

(2) वाक्य सरल हों, छोटे-छोटे हों, शुद्ध तथा रोचक हों,

(3) विषय के अनुरूप उनमें प्रभाव-क्षमता होनी चाहिए,

(4) भारी-भरकम शब्दावली, व्यर्थ का शब्दाडम्बर और उलझे हुए वाक्य रेडियो-लेखन के लिए शत्रु हैं,

(5) रेडियो-लेखन के लिए दी गई विधा के अनुरूप अभिव्यक्ति होनी चाहिए। विषय के साथ न्याय हो और उस विधा के तात्त्विक स्वरूप के प्रति भी न्याय होना चाहिए। साथ ही ध्यान में सदैव यह बात रहनी चाहिए कि हम किसके लिए लिख रहे हैं। हमारे लिखे को कौन-श्रोता सुनेंगे? उन पर इसकी क्या प्रतिक्रिया होगी?

(6) प्रत्येक कार्यक्रम की समय-सीमा पूर्व निर्धारित होती है। अतः उस समय सीमा का ध्यान रखना आवश्यक होता है। समाचारों में तो यह समय-सीमा अनिवार्यतः अपनायी जाती है। इसलिए महत्त्व के क्रम से समाचार लिखे जाते हैं, साथ ही वाक्य-विन्यास का विशेष ध्यान रखना होता है, ताकि यदि किसी कारण से समय समाप्त होने को हो,

---

1. जनमाध्यमों के लिए लेखन-(राजर्षि टंडन मुक्त विश्वविद्यालय की बुकलेट) तृतीय खंड, पृ. 10, इलाहाबाद
2. पत्रकारिता के सिद्धान्त—कमलापति त्रिपाठी, पृ. 206
3. Journalist in the Year-Dowling Lether Wood. P. 89

तो महत्त्वपूर्ण समाचार छूटे नहीं। यदि कोई समाचार अधूरा छोड़ना पड़े तो वाक्य पूरा हो जाए तथा

(7) जैसा कि सभी तरह के समाचार लेखन का नियम है, समाचार-सार शुरू में हो और उसका विस्तार आगे चले। इसके अतिरिक्त समाचार-रचना में समाचार के मुख्य सिद्धान्त छह ककार (या five Ws और एक H) को नहीं भूलना चाहिए, ये हैं—क्या (what), क्यों (why) कब (when), कहाँ (where), किसने (who) तथा कैसे (how)?[1]

(2) दूरदर्शन हेतु समाचार-लेखन

मीडिया-मर्मज्ञ **डॉ. हरिमोहन**[2] का विचार है कि टेलीविजन लेखन एक चुनौती भरा कार्य है। साधारण लेखन से पृथक् इस लेखन का मुख्य गुण उसकी बिम्बधर्मिता है। लेखक को हर स्थिति में दृश्यों और बिम्बों में सोचना पड़ता है। दूसरे, यह एक टीम वर्क है, इसलिए उस लेखन की सफलता कई प्रतिभाओं एवं यंत्रों पर निर्भर करती है। इस दृष्टि से पहले हमें निर्माता, निर्देशक, निर्माण-सहायक, तल-प्रबन्धक, प्रतिभा अथवा अभिनेता, कैमरामैन, दृश्यबन्ध अभिकल्पकार, लेखाचित्र, कला-पर्यवेक्षक एवं कलाकार, रूप सज्जाकार तथा अन्य कर्मियों (यथा-वेश पर्यवेक्षक) (Costume designer), सामग्री पर्यवेक्षक लाइब्रेरियन, चित्रकार आदि) की सुविधाओं-आवश्यकताओं आदि को ध्यान में रखना पड़ता है। एक टेलीविजन लेखक को इन सबके कर्तव्यों आदि का थोड़ा-बहुत ज्ञान होना चाहिए। निर्माता-निर्देशक और कलाकारों के अतिरिक्त दृश्यबन्ध-अभिकल्पकार के साथ उसका सामंजस्य अनिवार्य है। इसके बाद मूल बात आती है भाषा की। हर माध्यम की अपनी भाषा है। फिल्म एवं टेलीविजन की अपनी भाषा है। यहाँ शब्द भी बोलते हैं, रंग भी, मौन भी और संगीत भी।

(3) फिल्म हेतु समाचार-लेखन

अखबारी पाठकों का एक बड़ा खासकर युवा वर्ग फिल्म जगत में निरन्तर होनेवाली गतिविधियों से परिचित होना चाहता है, सम्भवतः इसीलिए हर छोटी-बड़ी हैसियत की पत्रिकाएँ और अखबार अपनी गुंजाइश के अनुकूल आध पृष्ठों से लेकर एक पृष्ठ तक फिल्मिस्तान की हलचलों को सचित्र रूपायित करते हैं। बहरहाल, फिल्म-लेखन के लिए फिल्म लेखक को इस मायानगरी की बाहरी और भीतरी दुनिया से बखूबी और मुकम्मल रूप से विशेषज्ञ होना आवश्यक होता है। वस्तुतः खूबसूरत फिल्म और दिल को छू जानेवाले गीत आज भी हमारे मशीनी जीवन में संवेदनाओं को जगाने का काम करते हैं। फिल्म-समीक्षक इस पन्ने पर बताता है कि इस महीने या इस हफ्ते कौन-कौन सी फिल्में आयीं, साथ ही किन-किन फिल्मों के निकट भविष्य में पूरा हो रुपहले पर्दे पर आने की सम्भावना है। गीतों के साथ जुड़े रागों और इस्तेमाल में लाये गए म्युजिकल इन्स्ट्रमेंट का प्रयोग कैसा रहा? फिल्म का कथ्य, भाषा, उसकी मेलोडी, गीत की व्यंजना, उनकी प्रासंगिकता और माधुर्य से सम्बन्धित उनकी अच्छाइयों और खामियों पर प्रकाश-पात ही फिल्म समीक्षक का उद्देश्य होता है।

(4) अपराध समाचार लेखन

अपराध लेखन या क्राइम रिपोर्टिंग एक विशिष्टकला है। इसके लेखन के लिए कुछ विशिष्ट बातों की जानकारी जरूरी होती है। अपराधों के समाचारों का प्रमुख सूत्र पुलिस होती है। इसके अतिरिक्त अपराधों के शिकार होनेवाले लोग और घटनाओं के साक्षी भी अपराधों की खबरों के स्रोत होते हैं।

हमारे देश में प्रायः पुलिस के कथनों को ही अपराध के समाचारों का आधार बनाया जाता है। यदि किसी राजनीतिक नेता या नागरिक ने इसका खंडन किया तभी दूसरे पक्ष का उल्लेख होता है, अन्यथा नहीं, यह तरीक़ा ग़लत है। समाचार समितियों के समाचारों में विशेष रूप से पुलिस की

1. सम्पादन कला एवं प्रूफ पठन—डॉ. हरिमोहन, पृ. 59, तक्षशिला प्रकाशन, अंसारी रोड, दरियागंज, दिल्ली सन् 1995
2. सम्पादन कला एवं प्रूफ पठन—डॉ. हरिमोहन, पृ. 63

सूचनाओं को अपराधों के समाचारों का आधार बनाया जाता है। चूँकि अधिकांश अखबार संवाद समितियों पर निर्भर रहते हैं, इसलिए उनके ही समाचार अधिकांश पत्रों में छपते हैं। राजधानी के तथा कुछ अन्य स्थानों के बड़े पत्रों में स्थिति कुछ भिन्न है, क्योंकि वे पत्र अपने संवाददाताओं को घटनास्थल पर भेजकर सभी पहलुओं का पता लगवाते हैं। संवाददाताओं को चाहिए कि वे घटनास्थल पर जाकर प्रत्यक्षदर्शियों तथा अन्य लोगों की सभी बातों की पूरी खोज करें। यदि एक बात की पुष्टि दूसरे से नहीं होती हो तो भी सभी प्रकार के विवरण प्राप्त करने चाहिए। भिन्न-भिन्न अपराधों की खबरों में विभिन्न प्रकार की खबरों का पता लगाना और उन्हें समाचार के रूप में लिखना आवश्यक होता है। हाँ, कुछ बातें नहीं भी लिखी जाती हैं।[1]

(5) स्थानीय समाचार लेखन

समाचार-पत्रों में स्थानीय समाचारों को छापना, उन्हें समंजित कर विधिवत् लिखना बेहद आवश्यक होता है क्योंकि अखबारों का पाठक अपने इर्द-गिर्द पिछले चौबीस घंटे में घटी प्रत्येक घटना के विषय में जानने की जिज्ञासा रखता है और अखबार से विश्वसनीय उसे दूसरा कोई माध्यम या साधन इस सिलसिले में दूसरा कुछ नहीं मिल सकता। अतः स्थानीय समाचार लेखक को चाहिए कि वह गाँव, कस्बा, शहर की हर छोटी-बड़ी घटना को अपने अखबार में तवज्जो दे। कुल मिलाकर स्थानीय समाचारों के सम्पादन-लेखन में कुछ और भी बातों का ध्यान रखना आवश्यक होता है, यथा—

(1) नगर का हित एवं जन भावना,
(2) नगर के सभी पक्षों की सन्तुष्टि,
(3) सामूहिक शिकायतों के प्रकाशन में जागरूकता,
(4.) प्रकाशित समाचारों की प्रतिक्रिया,
(5) समाचार की प्रामाणिकता,
(6) बासी समाचारों से परहेज,
(7) समाचार से सम्बन्धित उपलब्ध चित्रों का उपयोग,
(8) सही समाचारों का प्रकाशन,
(9) नगर के नेताओं का स्तर और उनकी लोकप्रियता का ध्यान रखा जाए,
(10) व्यक्तिगत कटाक्ष एवं पक्षपात से दूर रहें,
(11) नगर के विभिन्न क्षेत्रों की जानकारी रहनी चाहिए,
(12) समाचारों में विविधता रहे,
(13) नामों के प्रकाशन में संयम तथा
(14) अपने कार्यालय के आदमियों के नामों के प्रकाशन में उदासीन रहें। अत्यन्त आवश्यक होने पर ही नाम प्रकाशित करें।[2]

(6) मौसम समाचार लेखन

जीवन का पल-पल और हर पड़ाव मौसम से प्रभावित होता है। व्यक्ति का स्वास्थ्य, कृषि, यात्रा, व्यापार, खेलकूद, उद्योग धन्धे-सभी कुछ पर मौसम सीधे असर करता है। कुल मिलाकर हर गतिविधि मौसम की गिरफ्त में होती है। अतः समाज का हर कुनबा, कृषक, व्यापारी, उद्योगपति-आदि मौसम सम्बन्धी जानकारी के प्रति लालायित रहते हैं। इधर प्रत्येक अखबार मौसम सम्बन्धी जानकारी प्रतिदिन, अपने पाठकों को देते रहते हैं। मौसम सम्बन्धी लेखन के लिए उनके अपने विशेषज्ञ होते हैं, जिनके माध्यम से वे बताते हैं कि इस साल देश में मानसून कैसा रहेगा, कब तक मानसून आने की सम्भावना है, देश के किस हिस्से में अतिवृष्टि से भूस्खलन की सम्भावना है, कहाँ सूखे की स्थिति बन सकती है,

1. हिन्दी-पत्रकारिता : एक परिचय-सुरेन्द्र बीनू सिन्हा तथा डॉ. आशीष कुमार मैसी पृ. 138
2. पत्रकारिता जगत—अशोक प्रियदर्शी तथा सुनील कुमार सिन्हा, पृ. 37, मगध कलाकार प्रकाशन पटना।

किन-किन फसलों को नुकसान पहुँच सकता है, कहाँ कोहरा छाया रहेगा, कहाँ आसमान साफ रहेगा आदि। अतः ऐसी स्थिति में मौसम सम्बन्धी समाचार लिखते समय निम्न बातों का ध्यान रखना चाहिए—

(1) पाठकों की रुचि पहले जहाँ वह रह रहा है, वहाँ के तथा आसपास के मौसम के बारे में जानने की होती है, इसके बाद ही वह अन्य जगहों के मौसम में दिलचस्पी लेता है। इसलिए समाचार-पत्र के प्रकाशन स्थल व उसके प्रसार क्षेत्र को ध्यान में रखकर ही समाचार बनाना चाहिए,

(2) यदि किसी स्थान पर (चाहे वह देश में हो या विदेश में) कोई बड़ी घटना हो जाए तो उसके बारे में सभी जानना चाहेंगे, अतः वह उसके महत्त्व के अनुरूप ही दी जानी चाहिए, जैसे कहीं भूकम्प या बाढ़ आ जाए या ज्वालामुखी फटने जैसी कोई घटना हो जाए, जिसमें जान-माल की क्षति हुई हो,

(3) समाचार-पत्र के क्षेत्र में मौसम के अचानक परिवर्तन से जन-जीवन पर जो असर पड़ा हो, उसके बारे में लेख, चित्र-फीचर तथा परिचर्चा दी जा सकती है,

(4) मौसम सम्बन्धी आँकड़े उन सभी स्थानों के दिए जाने चाहिए, जहाँ तक समाचार-पत्र का प्रसार है,

(5) मौसम का समाचार लिखते समय यह ध्यान रखना चाहिए कि वह एक पूर्वानुमान है, हो सकता है-अनुमान गलत भी निकल जाए।[1]

(7) खेल समाचार लेखन

खेल समाचार के अभाव में कोई भी अखबार भरा-पुरा नहीं माना जा सकता। खेल, जीवन का अभिन्न हिस्सा बन चुका है। गाँव से लेकर अन्तर्राष्ट्रीय स्तर तक खेलों के प्रति अभिरुचि बढ़ी है। पूरी धरती पर विविध तरह के खेल अहर्निश हो रहे हैं, खेलों के महत्त्व का अन्दाजा-अनुमान इसी से लगाया जा सकता है कि हर अखबार और छोटी-बड़ी पत्रिकाएँ अपने-अपने विशेषज्ञों से खेल सम्बन्धी समाचार रोज लिखवाती ही हैं, इलेक्ट्रॉनिक मीडिया में कई निजी चैनल्स महज खेलों का प्रसारण ही रात-दिन कर रहे हैं। इसी तरह क्रिकेट और हॉकी जैसे महत्त्वपूर्ण खेलों की Running Commentry (संवाद) रेडियो-दूरदर्शन पर आए दिन होती रहती है। कुल मिलाकर यह कि खेल समाचार लेखक या संवाददाता इनकी मनोरम प्रस्तुति आलंकारिक टिप्पणियों और मानवीय अभिरुचियों के साथ करते हैं।

(8) विज्ञान समाचार लेखन

यह बड़ा पुराना सवाल है कि विज्ञान वरदान है या अभिशाप? इसका उत्तर जो भी हो, किन्तु यहाँ यह तय है कि व्यक्ति जीवन के विकास में विज्ञान का अभूतपूर्व योगदान है, तभी यह सवाल उछला। विज्ञान ने व्यक्ति के हर क्षेत्र को प्रभावित किया है। अतः प्रत्येक अखबार में अमूमन विज्ञान-सम्बन्धी लेखन यथा—फीचर, जीवनी, लेख, विज्ञान-जगत से सम्बन्धित चुटकुले, व्यंग तथा कार्टून समय-समय पर होता रहता है। यही कारण है कि विज्ञान समाचार से सम्बन्धित ढेरों पत्रिकाएँ सम्प्रति हर भाषा में प्रकाशित हो रही हैं। कुल मिलाकर विज्ञान समाचार लेखन पत्रकारिता का महत्त्वपूर्ण अंग है, जिसके लिखने में थोड़ी सावधानी-सजगता अवश्य बरतनी चाहिए।

(9) डाक समाचार लेखन

सूचना, क्रान्ति के इस समय में सूचना-सम्प्रेषण के नये-नये साधनों के जन्म लेने के बाद अब डाक समाचार लेखन का महत्त्व पहले की तरह नहीं रह गया है, क्योंकि डाक के प्राप्त समाचार मूलतः देर से प्राप्त होता है। कहने को वह 'बासी' समाचार कहा जाएगा और बासी समाचार, पत्र के लिए उपयोगी नहीं होता, लेकिन सम्पादन करते समय इस बात का ध्यान रखना जरूरी है कि पत्र की लोकप्रियता के लिए उचित फेर-बदल करते हुए उसका उपयोग किया जाए। उसकी भाषा में एकरूपता हो। डाक

1. पत्रकारिता परिचय एवं विश्लेषण—प्र. प्रीता व्यास, पृ. 92

से प्राप्त होनेवाले समाचार काफी बड़े होते हैं। अशुद्धियों का भंडार रहता है। इसका मूल कारण होता है कि गाँव के संवाददाता अप्रशिक्षित होते हैं और वे यह कार्य जन कल्याण हेतु एवं अपने क्षेत्र में लोकप्रिय बने रहने हेतु करते हैं। उनके द्वारा भेजे गए कुछ समाचारों को पत्र में शामिल करने में पत्र एवं संवाददाता दोनों का सम्मान बना रहता है।[1]

(10) संसदीय समाचार लेखन

संसद, देश-विदेश की समस्याओं पर विचार-मंथन और उन्हें सुलझाने की सबसे बड़ी पंचायत कही जा सकती है। संसद में देश के वर्तमान और भविष्य से सम्बन्धित हर मुद्दे पर समय-समय पर चर्चा होती रहती है। इधर किसी राष्ट्रीय-अन्तर्राष्ट्रीय समस्या को लेकर कल संसद में क्या बहस-मुबाहसे हुए, इसे जानने की जिज्ञासा देश के प्रत्येक नागरिक के मन में होती है। समाचार जानने के तमाम संसाधनों-रेडियो, दूरदर्शन, चल दूरभाष, इंटरनेट आदि के होने के बावजूद शहर से लेकर गाँव तक का आदमी अल सुबह उस बहस के परिणाम को जानने के लिए अखबार की ओर लपकता है। अखबार, अब भी उसे बहुत भरोसे का लगता है। बहरहाल, अखबार प्रबन्धन के पास भी संसदीय समाचारों को लिखने वाले विशेषज्ञ होते हैं। अपनी सीमा और दायरे में वे संसदीय समाचारों का लेखन करते रहते हैं। हाँ, इस सम्बन्ध में उन्हें थोड़ी जानकारी रखने की जरूरत अवश्य पड़ती है। जैसे, उन्हें जानना चाहिए कि लोकसभा, राज्यसभा, राज्य विधान सभा, राज्य विधान-परिषद् की संरचना कैसे होती है? उन्हें यह भी जानना चाहिए कि विधायिका के कार्य और उसके दायित्व कौन होते हैं, संसदीय प्रक्रियाएँ कैसे संचालित की जाती हैं, प्रश्नोत्तर, अल्प सूचना प्रश्नों, ध्यानाकर्षण प्रस्ताव, विशेष उल्लेख और धन्यवाद प्रस्ताव तथा उस पर होनेवाली बहस के बारे में भी जानना संसदीय समाचार लेखन के लिए जरूरी होता है।

(11) वाणिज्य-व्यापार लेखन

देश की अर्थ-व्यवस्था को सुदृढ़ रखने और मजबूती देने के लिए व्यापार-तिजारत की अहम भूमिका होती है। वाणिज्य-व्यापार के महत्त्व को देखते हुए देश के औद्योगिक और व्यापारिक-व्यावसायिक घरानों से अनेक समाचार-पत्र और छोटी-बड़ी पत्रिकाओं के प्रकाशन हो रहे हैं। उनमें सम्प्रति उत्कृष्ट वाणिज्य-व्यापार समाचार लेखन हो रहा है। इतना ही नहीं, कई इलेक्ट्रॉनिक्स चैनल्स ('आवाज' आदि) भी इस तरह की खबरों का प्रकाशन दिन-रात कर रहे हैं। कुल मिलाकर प्रिन्ट मीडिया और इलेक्ट्रॉनिक चैनल्स पर वाणिज्य समाचारों में दैनिक बाजार भाव, नवीनतम राष्ट्रीय एवं अन्तर्राष्ट्रीय उत्पादनों की जानकारी, देश-दुनिया की आर्थिक समस्याएँ, स्टॉक एक्सचेंज, सर्राफा बाजार, मंडी भाव, शेयर बाजार, वस्तुओं के भावों में उतार-चढ़ाव, मुद्रा-विनियम, खाद्य-पदार्थों के महँगे होने में सट्टेबाजों की भूमिका आदि के विषय में सूचनाएँ दी जाती हैं।

(12) शोक समाचार लेखन

इन समाचारों को साधारण पाठक तो पढ़ते नहीं है, किन्तु सम्बन्धित परिवार व व्यक्तियों के लिए समाचार की एक-एक पंक्ति का महत्त्व होता है। ऐसा लगता है कि मृत्यु का समाचार देना तो बड़ी आसान सी बात है, लेकिन यह बात नहीं है, इन समाचारों को देते समय काफी सावधानी बरतनी होती है, यथा—

(1) शोक समाचार लिखने से पहले मृत्यु और उसके कारण आदि की दो-तीन बार जाँच कर लेना चाहिए,

(2) मृत्यु का समाचार लेते समय दुःख कातर किसी परिजन की अपेक्षा किसी ऐसे व्यक्ति से पूछताछ करनी चाहिए, जो मृतक के बारे में सही-सही जानकारी दे सके,

(3) मृत्यु समाचार के साथ यदि चित्र भी देना हो तो जाँच कर लेना चाहिए कि चित्र मृतक का ही है कि नहीं,

1. पत्रकारिता जगत—अशोक प्रियदर्शी तथा सुनील कुमार सिन्हा, पृ. 36

(4) इस तरह के समाचार की भाषा सरल, सन्तुलित होनी चाहिए,
(5) भावनापूर्ण मातमी भाषा का प्रयोग उचित नहीं है, आम पाठक पर तो इससे कुछ प्रभाव पड़ता नहीं है और जिन पर प्रभाव पड़ सकता है, वे पहले से ही अपने सम्बन्धी की मृत्यु से दुखित होंगे, ऐसे में यह भाषा उसके दुःख में वृद्धि करने के अतिरिक्त और कुछ नहीं करेगी,
(6) यह साधारण सी बात है कि मृतक के बारे में लिखते समय उसकी अच्छाइयों को, उपलब्धियों को ही लिखना चाहिए, उसकी बुराई नहीं करनी चाहिए,
(7) मृत्यु के समाचार में किसी का उपहास नहीं करना चाहिए तथा
(8) शोक समाचारों में स्थान की गुंजाइश के अनुसार दुःखी परिवार के सदस्यों व मृतक के संस्कार के समय उपस्थित व्यक्तियों के नाम भी दिए जाते हैं।[1]

(13) विकास समाचार लेखन

बदलते समय और समाज ने पत्रकारिता की प्रकृति, स्वभाव तथा चरित्र को बदला है। साफ शब्दों में, पत्रकारिता अब बहुविध हो गई है। अब यह किसी खूँटे विशेष में बँध कर ही नहीं रह गई है, बल्कि इसका रिश्ता राजनीति, समाज, साहित्य, विज्ञान, कला और वाणिज्य से होता हुआ विकास से सम्बन्धित प्रत्येक पहलू का स्पर्श कर रहा है। दरअसल, विकास समाचार लेखन में फोकस महज विकास केन्द्रित होता है। वह विकास चाहे कृषि का हो, उद्योग का हो, व्यापार सम्बन्धी हो, स्वास्थ्य सम्बन्धी हो, खेल सम्बन्धी हो या अनुसन्धान (Research) सम्बन्धी हो। कुल मिलाकर वह विकास (Development) किसी भी क्षेत्र या सन्दर्भ का हो। आजकल अधिकांश पत्र-पत्रिकाओं और समाचार-पत्रों में विकास सम्बन्धी लेखन जोरों से हो रहा है। केन्द्र के साथ-साथ प्रादेशिक सरकारें अपने-अपने विकास कार्यक्रमों को जन सामान्य तक पहुँचाने के लिए पत्र-पत्रिकाओं तथा समाचार-पत्रों का प्रकाशन तो कर ही रही हैं, अलग से इन विषयों से सम्बन्धित परिशिष्ट भी निकाले जा रहे हैं। 'योजना' इसी तरह की सरकारी क्षेत्र की पत्रिका है। विकास सम्बन्धी लेखन में शोधों का काफी महत्त्व है। अपने समय की सुप्रसिद्ध पत्रिका 'रविवार' में उस पत्रिका के सभी विशेष संवाददाता रहे श्री राजीव शुक्ल ने विकास-सम्बन्धी लेखन को 18 भागों में विभक्त किया था, यथा—उद्योग, कृषि, शिक्षा और साक्षरता, आर्थिक गतिविधियाँ, नीति और योजना, परिवहन, संचार, जनमाध्यम, ऊर्जा और ईंधन, श्रम व श्रमिक कल्याण, रोजगार, विज्ञान और तकनीक, रक्षा, रक्षा-अनुसन्धान और उत्पाद तकनीक, परिवार नियोजन, स्वास्थ्य एवं चिकित्सा सुविधाएँ, शहरी विकास, ग्रामीण विकास, निर्माण और आवास, पर्यावरण और प्रदूषण।

(14) शैक्षिक समाचार लेखन

शिक्षा, समाज और समाचार-पत्र-इन तीनों के बीच रिश्तों की प्रगाढ़ संहिता होती है। शिक्षा और समाचार-पत्र इन दोनों का समाज़ के सन्दर्भ में एक ही लक्ष्य होता है, समाज को शिक्षित करना, समाज से जड़ता दूर कर उसकी जगह चैतन्यता, समाज में फैले अज्ञता के अन्धकार को हटा कर उसकी जगह, जागरूकता फैलाना आदि। शिक्षा और समाचार-पत्र-ये दोनों समाज को विकास का नया सन्देश देते हैं। तमाम तरह की कुरीतियाँ—नशाखोरी, जुआ, शराब, धूम्रपान, व्यभिचार, छिनैती तथा अन्यान्य तरह के होनेवाले सामाजिक अपराधों के प्रति समय-समय पर ये दोनों समाज को सतर्क करते रहते हैं।

समाचार-पत्रों में पहले की तुलना में आजकल शिक्षा से सम्बन्धित समस्याओं पर खासा लेखन हो रहा है। पत्र-पत्रिकाएँ और अखबार लगभग प्रत्येक दिन समाज के लिए शिक्षा का महत्त्व, शिक्षा की वर्तमान स्थिति पर तमाम निजी और सरकारी स्तर पर प्रकाश डालने का उद्यम कर रहे हैं, इसके बावजूद शिक्षा का प्रचार-प्रसार अपेक्षित गति से नहीं हो पा रहा है। बहरहाल, पत्र-पत्रिकाएँ इस दिशा में सन्नद्ध हैं।

---

1. पत्रकारिता : परिचय एवं विश्लेषण—प्रीता व्यास पृ. 100

(15) अन्तर्राष्ट्रीय समाचार लेखन

गाँव-जवार, जनपद, प्रदेश और देश की सीमाओं की चौहद्दी को लाँघकर बस गई एक बाहरी दुनियाँ की घटनाओं पर भी आए दिन समाचार-पत्रों और रिसालात में फोकस डाला जा रहा है। कुल मिलाकर इस तरह के समाचार लेखन के मुद्दे अन्तर्राष्ट्रीय होते हैं। किस देश ने मिसाइल का परीक्षण किया, उससे कौन देश नाराज हुआ, पंचशील के सिद्धान्त का अन्तर्राष्ट्रीय स्तर पर क्या महत्त्व हो सकता है, रूस और अमेरिका के बीच कैसे सम्बन्ध हैं, चीनी सैनिक बार-बार भारतीय सीमा में घुसने की कोशिश कर रहे हैं, भारत के प्रति पाकिस्तान की नियति कैसी है, श्रीलंका, बांग्लादेश, अफगानिस्तान, मालदीप आदि पड़ोसी देशों से भारत के रिश्ते कैसे हैं, विदेश नीति की सम्प्रति प्रासंगिकता रह गई है या नहीं। कुल मिलाकर इस तरह के लेखन का अन्तर्राष्ट्रीय स्तर पर सामाजिक, आर्थिक, सामरिक, शैक्षिक, साम्प्रदायिक आदि स्थिति का मूल्यांकन-विश्लेषण, विवेचन और उन पर लेखन ही मूल लक्ष्य होता है।

भाग-8

प्रेस कॉपी एवं डमी (Press copy and Dummy)

(1) प्रेस कॉपी एवं डमी : अर्थ-आशय

सामान्य भाषा में, प्रेस कॉपी, का अर्थ 'पांडुलिपि' और 'हस्तलिखित समाचार' से लिया जाता है। यदि इसे परिभाषा के स्तर पर लिया जाए तो कह सकते हैं कि 'लिखित सामग्री को छापने के लिए प्रेस में भेजना' कॉपी कहलाता है। साफ शब्दों में, प्रेस में कम्पोज के लिए भेजी जानेवाली लिखित सामग्री के एक-एक पृष्ठ या पूरी पांडुलिपि को 'कॉपी' कहा जाता है। यह अखबार के लिए लिखित मैटर होता है, जिसे सम्पादक अखबार के कम्पोजीटर को देता है। अब यहाँ पर कम्पोजीटर या प्रति संशोधक (Proof Reader) उस कॉपी में तथ्यात्मक, भाषा तथा व्याकरण सम्बन्धी भूलों को ठीक करते हैं। अगर उक्त प्रकार की अशुद्धियों का निराकरण 'कॉपी' में नहीं किया गया तो इससे अखबार की प्रतिष्ठा पर आँच आ सकती है।

इसी तरह 'डमी' (Dummy) का अर्थ पत्रकारिता की भाषा में समाचार-पत्र का छोटे पैमाने पर रूपरेखा बनाना, जिसकी सहायता से छपनेवाले पत्र सजाए जाएँ—'डमी' कहलाता है। साफ शब्दों में, सम्पादकगण आपस में विचार-विमर्श के बाद किसी कागज पर पृष्ठ का खाका तैयार करते हैं, जिसमें संकेत होता है कि कौन-सा समाचार, चित्र और विज्ञापन आदि पृष्ठ में कहाँ छपने हैं, इस खाका को 'डमी' कहते हैं। कहीं-कहीं इसके लिए 'डम्मी' शब्द भी व्यवहृत होता है। डमी पर विभिन्न समाचारों, चित्रों तथा विज्ञापनों आदि की स्थिति का पृष्ठानुसार संकेत दिया जाता है। 'डमी' समाचार-पत्र या पुस्तक के एक फर्मे के पूर्ण आकार का होता है। इसे कहीं-कहीं 'ले-आउट' (Lay out) भी कहते हैं तो कहीं-कहीं 'फाइल कॉपी' (File Copy) भी कहा जाता है।

(2) प्रेस कॉपी में होनेवाली त्रुटियाँ

समाचार-पत्र में छपने से पहले प्रेस कॉपी में अनेक तरह की अशुद्धियाँ रह जाती हैं, यथा-वर्तनी, व्याकरण, भाषा तथा तथ्य सम्बन्धी अशुद्धियाँ। अतः 'Corrections', 'alterations' and 'additions'—इन तीन सूत्रों पर यदि ध्यान दिया जाए तो अशुद्धियों को छाना-निथारा जा सकता है—"Unless the copy is to be re-written or translated, the sub-editor should very carefully correct all the errors-of spellings, grammar, language and facts (the portfolio held by a minister may have been-wrongly stated or a place mentioned may be in Canada and not USA as Stated, for instance.) The corrections, alterations and additions must be made neatly so that the type-setter's job is made easy. Appropriate editing symbols should be used while editing the copy as the typesetters follow them easily".[1] वस्तुतः कभी-कभी जल्दबाजी में या अस्पष्ट लिखावट के कारण, कभी-कभी नौसिखिया कम्पोजीटर या मशीनी गड़बड़ी के कारण तमाम तरह की अशुद्धियाँ 'कॉपी' में रह जाती हैं। कभी-कभी वाक्य-विन्यास (Syntax) की वजह से भी ढेरों त्रुटियाँ 'प्रेस कॉपी' में बची रह जाती हैं।

प्रति संशोधन विभाग में सुप्रसिद्ध पत्रकार-चिन्तक **श्री बच्चन सिंह**[2] के अनुसार प्रायः एक मुहावरा प्रचलित है—'कॉपी फालो नो मिस्टेक', अर्थात् सम्पादकीय कापियों का आँख मूँदकर अनुगमन। कहना न होगा कि यह एक घातक प्रवृत्ति है। इससे वे गलतियाँ नहीं सुधारी जा सकतीं, जो सम्पादक या संवाददाता से जाने-अनजाने हो जाती हैं। इसलिए जो प्रति संशोधक इस मुहावरे का इस्तेमाल अपने बचाव के लिए करते हैं, वे भूल करते हैं और अपनी जिम्मेदारी से बचना चाहते हैं। वास्तव में उनका कर्तव्य हर प्रकार की गलतियों को सुधारना है, चाहे वे सम्पादकीय विभाग की हों या प्रोडक्शन विभाग की। यह सही है कि सम्पादन सम्बन्धी त्रुटियों को सुधारना आसान काम नहीं है, लेकिन एक प्रतिसंशोधक को यह योग्यता रखनी ही चाहिए। सम्पादकीयय, भूलों का एहसास होते ही उसे बिना किसी संकोच के उस व्यक्ति से सम्पर्क कर लेना चाहिए, जिसने 'कॉपी' लिखी हो या सम्पादित की हो। वह न हो तो उसके सहयोगी या किसी सक्षम व्यक्ति से परामर्श किया जा सकता है, लेकिन किसी भी हालत में जान-बूझकर गलती नहीं जाने देनी चाहिए। कुल मिलाकर आमतौर पर कॉपी में निम्नलिखित त्रुटियाँ होती हैं,—

1. अर्थ सम्बन्धी त्रुटियाँ,
2. नाम सम्बन्धी त्रुटियाँ,
3. शीर्षक सम्बन्धी त्रुटियाँ,
4. स्थान सम्बन्धी त्रुटियाँ,
5. उद्धरण सम्बन्धी त्रुटियाँ,
6. पता सम्बन्धी त्रुटियाँ,
7. आयु सम्बन्धी त्रुटियाँ,
8. संख्या सम्बन्धी त्रुटियाँ,
9. समय सम्बन्धी त्रुटियाँ,
10. व्याकरण सम्बन्धी त्रुटियाँ,
11. हिज्जे की त्रुटियाँ,
12. तथ्यों की त्रुटियाँ,
13. अभियांत्रिकीय त्रुटियाँ,
14. टाइपोग्राफिकल त्रुटियाँ।

(3) प्रेस कॉपी के सम्पादन (Copy Editing) में ध्यान देने योग्य कुछ महत्त्वपूर्ण बिन्दु

प्रेस कॉपी में होनेवाली अशुद्धियों पर यदि थोड़ी सजगता बरती जाए, तो, इनसे मुक्ति मिल सकती है। **डॉ. रमेश कुमार जैन**[3] के अनुसार प्रेस कॉपी के सम्पादन में अधोलिखित बिन्दुओं पर गौर किया जाए तो अशुद्धियों की सम्भावना बहुत कम बच सकती है, यथा—

(1) समाचार कॉपी में प्रथम पृष्ठ के ऊपर की ओर सम्पादन करनेवाले अपना नाम लिखें,
(2) प्रथम कॉपी का एक तिहाई भाग खाली छोड़ दें,
(3) लिखावट साफ और अक्षर बड़े होने चाहिए, जिससे कम्पोजिटर आसानी से पढ़ ले,
(4) समाचार कॉपी के दोनों ओर हाशिया रहे, बायीं ओर अधिक और दाहिनी ओर कुछ कम,
(5) कागज के दोनों ओर पांडुलिपि नहीं लिखी जानी चाहिए,
(6) एक पृष्ठ पर पैरे पूरे आएँ। पैरे के दो पृष्ठों पर बिखेरना ठीक नहीं, क्योंकि इससे कम्पोज विभाग को कॉपी तैयार करने और उसे बाँटने में कठिनाई होती है,
(7) पृष्ठ के नीचे की ओर कुछ अंश खाली रखें, कागज की कंजूसी करना ठीक नहीं,
(8) हाथ से लिखी अथवा टाइप की हुई पंक्तियों में अधिक अन्तर छोड़ें, जिससे सम्पादन में आसानी हो,
(9) समाचार के वाक्य अधिक लम्बे न हों। वाक्य अधिक-से-अधिक बीस शब्दों का हो,
(10) पैरे भी लम्बे न बनाएँ। तीन-चार वाक्य का पैरा अच्छा होता है। छोटे पैरे इसलिए बनाने चाहिए कि उनसे पृष्ठ के गठन में सुविधा होती है। आवश्यकता पड़ने पर किसी भी अनावश्यक पैरे को आसानी से काटा जा सकता है,

---

1. Journalism by old and New Masters-Dr. Baldev Raj Gupta, P.80-81.
2. हिन्दी पत्रकारिता का नया स्वरूप-बच्चन सिंह, पृ. 47
3. समाचार सम्पादन और पृ. सज्जा—डॉ. रमेश कुमार जैन, पृ. 26-28

(11) जो भी 'प्रेस कॉपी' में लिखा जाए अथवा संशोधन किया जाए, वह स्पष्ट शब्दों में किया जाए। सम्पादन के चिह्न भी साफ हों। 'प्रेस कॉपी' में यदि पंक्तियों के मध्य स्थान हो तो वहाँ संशोधन करना चाहिए अन्यथा बायीं या दायीं ओर के हाशिये पर,

(12) यदि 'प्रेस कॉपी' में संशोधन इतना अधिक हुआ है कि कम्पोजिटर उसे पढ़ने में अक्षम हो, तो संशोधित स्वरूप को अपने हाथ से अलग कागज पर साफ और स्पष्ट शब्दों में लिख देना चाहिए। मूल संशोधित 'कॉपी' को आड़ी लाइन में काटकर उसे भी साफ 'कॉपी' के साथ लगा दिया जाए, जिससे कि आगे चलकर कहीं कोई अशुद्धि रहे तो मूल प्रति से मिलान किया जा सके,

(13) 'प्रेस कॉपी' में यदि आज, कल, परसों आए तो उसके बाद कोष्ठक में तारीख अथवा वार लिखना न भूलें,

(14) 'नहीं' शब्द को पुनः कोष्ठक में लिखना चाहिए। याद रखिये 'नहीं' शब्द रह गया तो अर्थ ही बदल जाएगा,

(15) नामों को स्पष्ट और मोटे अक्षरों में लिखना चाहिए,

(16) 'प्रेस कॉपी' पर 'स्लग' (संकेत चिह्न) और पृष्ठों की संख्या अवश्य लगाएँ,

(17) शीर्षक 'प्रेस कॉपी' के प्रथम पृष्ठ पर दिया जाए अथवा अलग पृष्ठ पर। यदि शीर्षक अलग पृष्ठ पर लिखा जाए तो कॉपी का 'स्लग' और उसकी संख्या का संकेत उस पर अवश्य कर दें,

(18) 'प्रेस कॉपी' की समाप्ति पर समाप्ति का निशान 'थर्टी' (×××) अर्थात् तीस का संकेत अवश्य देना चाहिए। यह प्राचीन बेतार के तार का चिह्न है, जिसका अर्थ है—'समाप्त' या 'इति',

(19) समाचार का सम्पादन करते समय कभी-कभी एक ही घटना के अनेक रूप सामने आते हैं। समाचार के सूत्र बदलते हैं, तो रूप भी बदल जाते हैं। ऐसी स्थिति में हमें घटना के तथ्यात्मक सत्य पर ही अधिक ध्यान देना चाहिए। पत्रकार के लिए तथ्य पवित्र है, मत या विचार नहीं,

(20) समाचार का सम्पादन करते समय समाचार का पीछा (Follow up) किया जाए, विशेषरूप से विकासोन्मुखी समाचारों का, जिससे उनकी कड़ी बनी रहे। यदि किसी समाचार में पाठक की रुचि जगी है और उसके सम्बन्ध में अधिक जानने की उत्कंठा उसने पैदा की है तो उस सम्पादक का कर्तव्य है कि वह उसे पूरा करे,

(21) समाचार का सम्पादन करते समय अनेक ऐसे समाचार होते हैं, जिनका सम्बन्ध किसी भूतकाल की घटना से होता है। अतः समाचार के पूर्व सन्दर्भ को याद दिलाने के लिए संकेत देना न भूलें,

(22) लम्बे समाचार के बीच उपशीर्षक दें, जिससे समाचार सुन्दर बन सके, उपशीर्षक छोटे और आकर्षक हों,

(23) यदि समाचार एक पृष्ठ से अधिक बड़ा है तो पृष्ठ के नीचे 'जारी' (More) लिखिए तथा

(24) नया पैरा किसी अंक से प्रारम्भ नहीं करना चाहिए। यदि पैरा का आरम्भ किसी एक अंक से करना पड़े तो उसको अक्षरों में लिखना चाहिए।

इधर, एक अन्य विद्वान **डॉ. बल्देव राज गुप्त**[1] का इस सम्बन्ध में विचार है कि,—The test of good copy is :

(1) It must contain news;
(2) The opening paragraph must tell in simple words the most important facts about the event reported,
(3) The language should be simple and crisp,
(4) Although, the most important facts are mentioned in the opening paragraphs, some striking ones should also be spread over the subsequent paragraphs to substain the reader's interest,
(5) Long reports must carry catchy sub-headlines after every three or four paragraphs to break monotony and finally;
(6) The Story must be compact.

1. Journalism by old and new Masters-Dr. Baldev Raj Gupta-18

इसी तरह **श्री प्रेमनाथ चतुर्वेदी**[1] का भी कहना है कि स्थानीय समाचारों का चयन और सम्पादन करते समय निम्नलिखित बातों का ध्यान रखना चाहिए,—

(1) नगर का हित,
(2) जनता की भावना,
(3) नगर के समस्त वर्गों की यथासम्भव तुष्टि,
(4) सामुदायिक शिकायतों के प्रकाशन की ओर जागरूकता,
(5) समाचार पर हुई प्रतिक्रिया पर निगाह,
(6) समाचार की अतिशयोक्ति हीनता और प्रामाणिकता,
(7) बासीपन की गन्ध से बचाव,
(8) अद्यतन समाचारों की चित्रों से यथासम्भव यथाशीघ्र पुष्टि,
(9) समस्त उचित समाचारों के लिए द्वार खुला रहे, परन्तु अनुचित और निम्नस्तरीय समाचारों की पूर्ण उपेक्षा की जाए,
(10) नगर के नेताओं के स्तर और उनकी लोकप्रियता का ज्ञान,
(11) विभिन्न संस्थाओं के स्तर और उनकी सेवाओं के बारे में जानकारी,
(12) संवाददाता किसी प्रवाह में तो नहीं बह गया,
(13) व्यक्तिगत कटाक्ष की गन्ध अवांछनीय,
(14) पक्षपात से दूर रहना। 'सब अपने, न कोई पराया' सिद्धान्त का पालन,
(15) नगर की दल बन्दी पर निगाह,
(16) नगर की विभिन्न क्षेत्रों की स्थिति के बारे में जानकारी,
(17) समाचारों में विविधता तथा
(18) नामों के देने में संयम।

भाग-9
समाचार शीर्षकीकरण (Headline writing) या शीर्षक लेखन

(1) शीर्षक : अर्थ-आशय

पत्रकारिता की भाषा में कई लोगों ने शीर्षक को 'समाचार का वातायन', 'खिड़की' या 'झरोखा' कहा है। खूबसूरत, सन्तुलित और अच्छा शीर्षक अखबार के फलक पर उगा हुआ ऐसा नयनाभिराम बिम्ब होता है, जिसके आलोक से उससे सम्बन्धित 'समाचार' अखबार पाठक की आँखों के सामने प्रभाषित-प्रकाशित हो जाता है। वह समाचार-पत्र के पाठक और समाचार-पत्र के बीच सम्पर्क, संवाद और सम्बन्ध स्थापित करता है। अखबार का सुष्ठु, सुन्दर और चित्ताकर्षक-असरकारक शीर्षक अगले दिन शहर, गाँव और कस्बे में अखबार वितरित होते ही 'चर्चा का विषय' साफ शब्दों में, 'talk of the town' बन जाता है। इतना ही नहीं, अपनी ओर आकर्षित करनेवाला 'शीर्षक' अखबार के सम्पादक और उपसम्पादक के चिन्तन, सोच-विचार, सृजन, अखबार के प्रति उनकी प्रणति, लगन-समर्पण, कर्मठता की परख-पहचान भी करवाता है। कुल मिलाकर जैसे कोई सम्पादक, उपसम्पादक अखबार में छापे की अशुद्धि और उसकी साज-सज्जा आदि पर पर्याप्त प्रभूत ख्याल करता है, ठीक उसी प्रकार यशस्वी सम्पादक अखबार में प्रभावान्विति तथा पाठकों पर मजबूत पकड़ बनाये रखने के लिए खूबसूरत और ध्यानाकर्षक शीर्षक भी रचता है,—"It is curious thing that some sub-editors who can do an excellent job-editing copy reach a stage of mental panic when it comes to giving a headline to the story. Not

1. समाचार सम्पादन-प्रेमनाथ चतुर्वेदी, पृ. 50

every heading, of course, can be dashed off in a moment, but the trouble frequently is that often the sub-editor finds that he has just that much time available to him and not more. He can't wait for eternity to conjure up that brilliant headline which will be the talk of town the next morning. For the sub-editor eternity is measured in seconds, especially if it is time to go to press and a major story breaks at that psychological moment."[1]

सच तो यह है कि समाचारों को पढ़ने के प्रति रुचि और ललक, जाज़िबीयत ओर रुजहान शीर्षक ही पैदा करते हैं। पाठक की निगाह प्रथमतः अखबार में शीर्षक पर ही जाती है। सम्भवतः इसीलिए इलेक्ट्रॉनिक मीडिया में शीर्षक की ओर दर्शकों की दृष्टि को आकर्षित करने के लिए ही चित्रों की 'क्लीपिंग' करते हैं। इसके बाद समाचारों का विस्तार करते हैं। बहरहाल, शीर्षक किसी भी समाचार-पत्र के लिए महत्त्वपूर्ण बिन्दु होते हैं। कई लोगों ने सम्भवतः इसीलिए शीर्षक को परिभाषित करने का प्रयास किया है। **डॉ. प्रीता व्यास**[2] का मानना है कि समाचारों के संकलन और फिर उन्हें लिखने के बाद महत्त्वपूर्ण कार्य है—शीर्षक देना। समाचार के ऊपर दिया गया वह छोटा सा वाक्यांश, जिसमें समाचार का मूल भाव/तथ्य निहित होता है, समाचार शीर्षक (News Head line) कहलाता है। **डॉ. बच्चन सिंह**[3] कहते हैं कि शीर्षक समाचार सार और भाव को प्रथम दृष्टि में ही पाठकों तक पहुँचाने वाला वाक्यांश होता है। यह किसी भी समाचार-पत्र का प्राण होता है और उसके पृष्ठों को आकर्षक एवं पठनीय बनाने में महत्त्वपूर्ण भूमिका अदा करता है। समाचार-पत्र विशेष की नीति, परम्परा और उसके व्यक्तित्व का बोध शीर्षक ही देते हैं। शीर्षक इस बात का भी प्रमाण देते हैं कि मुख्य उप सम्पादक अथवा इंचार्ज का शब्द-भंडार, उसकी भाषा और उसकी कल्पनाशीलता कैसी है। शीर्षक ऐसा आवरण होते हैं, जो समाचार में निहित कमियों को भी ढक लेते हैं। शरीर में जो महत्त्व शीर्ष का होता है, वही समाचार-पत्रों में शीर्षकों का माना गया है। इसी तरह **डॉ. प्रेमनाथ चतुर्वेदी**[4] का विचार है कि मानव-शरीर में जो शीर्ष का महत्त्व है, वही समाचार में शीर्षक का। शीर्षक समाचार का प्राण और उसके सार का विज्ञापन होता है। समाचारों के शीर्षक से यह बोध हो सकता है कि समाचार-पत्र की विचारधारा, नीति और परम्परा किस प्रकार की है। शीर्षक समाचार-पत्र की मनोभावना का स्पष्ट प्रतिबिम्ब हैं। सम्भवतः यही कारण है कि पश्चिमी चिन्तक ब्रूस वेस्टली ने शीर्षक को समाचार-पत्र का **डिस्प्ले विन्डो** बताया है।

(2) शीर्षक लेखन की कला का विकास

बताते हैं, शीर्षक लेखन में कलात्मक अभिरुचि पैदा करने की परम्परा की शुरुआत पश्चिम की देन है। खासकर, अमरीकी पत्रकारिता में शीर्षक लेखन की कला का विशेष उन्नयन हुआ। शीर्षक लेखन वहाँ पृष्ठ सज्जा का महत्त्वपूर्ण हिस्सा माना जाता था। बक़ौल **डॉ. रामचन्द्र तिवारी**[5] समाचार-पत्रों में शीर्षक लेखन की कला का विकास धीरे-धीरे हुआ है। 1702 में प्रकाशित समाचार-पत्र 'डेली कौरांट' के प्रथम पृष्ठ पर बड़े-बड़े शीर्षक थे ही नहीं। दैनिक पत्रों के प्रकाशन से पूर्व जो पर्चे (लीफ लैट) निकलते थे, उनमें बड़े-बड़े टाइप में सनसनीदार शीर्षक रहते थे। सन् 1613 में ऐसे ही एक पर्चे का शीर्षक आज के बैनर की भाँति था। राबर्ट ई. गार्स्ट और थ्योडोर बर्न्सटीन के मतानुसार 'बोस्टन गजट' में 1781 में आधुनिक ढंग का प्रथम शीर्षक एक अतिरिक्त पर्चे पर दिया गया था। लन्दन के 'टाइम्स' ने 1789 में कई पंक्तियों के शीर्षक प्रथम बार दिए थे। फरवरी 1823 के 'संडे टाइम्स' के प्रथम संस्करण में आधुनिक ढंग के शीर्षक दिए गए थे। समाचार-पत्रों में पहले एककालमा शीर्षक रहते थे। दो कॉलम या इससे अधिक लम्बे शीर्षक देने का काम बाद में आरम्भ हुआ। वस्तुतः शीर्षक-लेखन को एक कला का रूप प्रदान करके शीर्षकों को समाचार-पत्र के पृष्ठ की सज्जा का अंग बनाने के काम

1. Professional Journalism-M.V. Kamath, Page-212
2. पत्रकारिता : परिचय और विश्लेषण—डॉ. प्रीता व्यास, पृ. 101
3. हिन्दी पत्रकारिता का नया स्वरूप—बच्चन सिंह, पृ. 128
4. फीचर लेखन-प्रेमनाथ चतुर्वेदी, पृ. 48, प्रकाशन विभाग, सूचना और प्रसारण मंत्रालय, भारत सरकार, मू. 10 रुपये
5. हिन्दी पत्रकारिता : विविध आयाम सं. डॉ. वेदप्रताप वैदिक, में डॉ. रामचन्द्र तिवारी का लेख 'शीर्षक कैसे दें? पृ. 29, हिन्दी बुक सेन्टर, नई दिल्ली सन् 2002 मूल्य 150 रुपये

में अमेरिकी पत्रकारिता का योगदान महत्त्वपूर्ण है। अमरीकी गृहयुद्ध के समाचारों की सनसनी और तार के माध्यम से समाचार-प्रेषण व्यवस्था का विकास होने के कारण अमरीकी पत्रों में शीर्षकों को आकर्षण एवं सुघड़ता प्रदान की।

इधर, भारत में मुख्यतः भारतेन्दु युग में जनता को अपनी ओर आकृष्ट करना पत्रों का उद्देश्य था। इसके लिए आकर्षक शीर्षक दिए जाते थे। कुछ उदाहरण दृष्टव्य हैं,—अंग्रेज स्तोत्र', 'तृप्यन्ताम', 'कलियुग ककहरा', 'एंग्लो-इंडियन शक्ति गाती है', 'कलिराज की सभा', 'वृत्तान्त बलकावली', 'प्रेरित कलापि कलरव', 'सरकार हम हिन्दुस्तानियों पर शक क्यों करती हैं?' 'लार्ड लीटन साहिब बहादुर का कर्तव्य', 'मार्जारमूषक', 'प्रेस ऐक्ट के मुँह में घूर' आदि ऐसे ही शीर्षकों से सामान्य पाठकों को आकृष्ट किया जाता था। उपर्युक्त शीर्षकों से यह स्पष्ट होता है कि उस युग में छोटे शीर्षकों का प्रचलन उतना नहीं था, जितना लम्बे शीर्षकों का। कहीं-कहीं पूरे वाक्य में शीर्षक दिए जाते थे। ऐसे शीर्षक विचारोत्तेजक एवं व्यंग्यात्मक होते थे। आधुनिक पत्रकारिता में किसी लेख या कविता में लेखक का नाम ऊपर अथवा नीचे और शीर्षक नीचे देने की प्रथा है, किन्तु 19वीं शती की हिन्दी पत्रकारिता में ऐसी बात नहीं थी। प्रारम्भ में पत्रों को देखने पर हमारा निष्कर्ष है कि शीर्षक के अलावा लेखक का नामोल्लेख नहीं मिलता। लेखक का नाम देने की प्रथा 19वीं शती के अन्तिम दशक में प्रचलित हुई। उस समय उसमें लेखक का नाम शीर्षक के नीचे लिखा मिलता है। सन् 1890 ई. तक लेखकों के नाम छपते ही नहीं थे। कहीं-कहीं छद्म नामों से लेख लिखे जाते थे। कृत्रिम नामों के पीछे परिस्थिति की विवशता थी। 'हिन्दी प्रदीप' में 'परसन' नाम से अनेक लेखादि इसी विवशता के परिचायक हैं।

(3) शीर्षक बनाना कला है

शीर्षक समाचार की मूल आत्मा होता है। वस्तुतः समाचार का शीर्षकीकरण स्वतः में कला है। समाचार पढ़ते समय सबसे पहले पाठक का ध्यान शीर्षक पर ही जाता है। यह शीर्षक विस्तृत कथ्य या भाव को संक्षेप में सूचित कर देता है। एक विद्वान् लिखते हैं कि कलात्मक शीर्षक अखबार के प्रति कशिश और रागात्मक लगाव पैदा करता है,—"The head-line, of course, is a part of the display and the art of giving head-lines is really the art of salemanship in excelence. With Sight head-lines and pleasing display, even a dull newspaper can be-considerably brightened, though it is necessary to emphasize that topography of newspaper is no thing in itself". इधर, **डॉ. अर्जुन तिवारी**[1] लिखते हैं कि शीर्षक समाचार-सार, घटना-परिणाम तथा स्थिति-संकेत का सूचक होता है। शीर्षक बनाना एक कला है, जिसके द्वारा पाठकों के मन और मस्तिष्क पर सत्ता स्थापित की जाती है। सजग, सचेत, गुणग्राही, उपसम्पादक समाचारों के शीर्षक ऐसे बनाते हैं, जो आकर्षक हो, सुबोध हो, पैने और चटपटे हों तथा विश्वसनीय हों। **पंडित कमलापति त्रिपाठी**[2] ने लिखा है कि, "उपयुक्त सफल और पूर्णांग शीर्षक अपने चार-छह अक्षरों में ही समाचार के सारे भाव, उसकी ध्वनि, उसकी महत्ता और उसके तमाम आधार और वातावरण को भी क्षणमात्र में उसी प्रकार झलका देता है, जिस प्रकार आकाश में सहसा चमककर चपला विलुप्त हो जाती है। शीर्षक केवल समाचार की सूचना अथवा संक्षिप्ताशय अथवा उसकी व्याख्या मात्र नहीं करता। इन सबके सिवा वह स्वयं 'समाचार-शरीर' का प्राण होता है, जो सारे स्तम्भ में जीवन का संचार कर देता है। पाठक जीवन के इसी स्पन्दन का अनुभव करता है।

कुल मिलाकर यह कि समाचारों के लिए शीर्षक लिखना एक कला है, साथ ही महत्त्वपूर्ण भी। समाचारों को उचित ढंग से प्रदर्शित और प्रस्तुत करने के लिए उचित शीर्षक अत्यन्त आवश्यक होता है। वस्तुतः शीर्षक के द्वारा किसी समाचार को सँवारा या बिगाड़ा जा सकता है। कभी-कभी एक बहुत अच्छा समाचार उचित शीर्षक के अभाव में पाठकों का ध्यान आकृष्ट नहीं कर पाता। कुछ लोग केवल समाचारों के शीर्षक पढ़ने के आदी होते हैं और वे शीर्षक के आधार पर ही समाचार के बारे में निर्णय ले लेते हैं। इस प्रकार हम देखते हैं कि शीर्षक पाठकों को प्रभावित करने में महत्त्वपूर्ण रोल अदा करते

1. आधुनिक पत्रकारिता—डॉ. अर्जुन तिवारी, पृ. 102
2. पत्र और पत्रकार—कमलापति त्रिपाठी तथा पुरुषोत्तम दास टंडन, पृ. 72

हैं और इस तरह समाचार-पत्र की छवि को सुधारते हैं।[1] पश्चिम के एक सुप्रसिद्ध अखबार *'Late City Edition'* के पत्रकार **श्री एलेन हालकम्ब** भी इस मत के पक्षधर हैं कि शीर्षकों की खूबसूरत प्रस्तुति समाचार-पत्र के पाठक को यह निर्णय लेने में सहायता करती है कि कौन समाचार तत्काल पढ़ना है और कौन बाद में,—"A newspaper may be judged pretty accurately by its head-lines. If its aim is to amuse and shock its readers first, and inform them after wards, its heads will display an intensive repertory of shockers and thrillers. When a balanced news perspective is the idea, the head-writer will endeavour to get the picture in focus, use Just the right word." **डॉ. प्रीता व्यास**[2] भी इस मत की पोषक हैं कि शीर्षक लिखना भी अपने आप में कला है। शीर्षक ही होते हैं, जिन पर पाठक का ध्यान सबसे पहले जाता है। पाठक एक दृष्टि सभी समाचार शीर्षकों पर डालता है, फिर अपनी रुचि के क्रम से समाचार पढ़ता है। समयाभाव के कारण कई बार पाठक जल्दी-जल्दी मात्र शीर्षक ही पढ़ कर मुख्य घटनाओं का अन्दाजा लगा लेता है।

(4) अच्छे या प्रभावीशीर्षक के अपेक्षित गुण, तत्त्व या विशेषताएँ

अच्छे शीर्षकों में समाचारों की आत्मा निवास करती है। दिलचस्प शीर्षक समाचारों के चरित्र की रक्षा करते हैं। साफ शब्दों में, उत्तम-उम्दा, प्रभावशाली और खूबसूरत शीर्षक मरे हुए, बेदम-बेजान समाचारों में जान डाल उन्हें जिन्दा-जीवन्त बना देते हैं। इतना ही नहीं, ये अखबार और उसमें छपे हुए समाचारों की बड़ी शक्ति और मक्दरत होते हैं। बहुआयामी शीर्षकों का असर पाठक के मन पर देर तक अंकित रहता है। हृदयस्पर्शी शीर्षक की अनुगूंजे सम्पूर्ण अखबार में पसरी होती हैं। इस तरह के शीर्षक अखबार को लोकप्रिय बनाते हैं। इतना ही नहीं, उत्कृष्ट शीर्षक अखबार सम्पादकों की सर्जनात्मक और बौद्धिक उदग्र प्रतिभा का भी बयान करते हैं। ये अखबार की विशिष्ट पहचान होते हैं, जटिल आशयों को खोलते हैं। इस तरह कह सकते हैं कि अखबारी पन्ने पर उगे हुए नये-तुले और ठोस शीर्षक अखबार की शोभा बढ़ानेवाले कशीदकारी होते हैं। नई व्यंजना में गढ़े शीर्षकों में समाचारों की सहज लय और स्पन्दन-धड़कन सुनी जा सकती है। निष्कर्षतः यह कि शीर्षक और समाचारों का रिश्ता अत्यन्त निकट का होता है। शीर्षक ही किसी अखबार को प्रतिष्ठा के पायदान पर पहुँचाते हैं। अतः ऐसे शीर्षकों की अपनी कुछ इल्मीयत और विशेषता होती है, जिन्हें संक्षेप में इस प्रकार देखा जा सकता है,—

(1) शीषक तथ्यपरकता और यथार्थता पर आधारित होना चाहिए,
(2) शीर्षक पढ़ते ही अखबार के पाठकों को समाचारों का अन्दाजा लग जाना चाहिए,
(3) शीर्षक की एक महत्त्वपूर्ण विशेषता होती है-समाचारों के प्रति पाठकों की अभिरुचि को जगाना,
(4) अखबार, चूँकि अखबार-पाठकों की अल-सुबह की बौद्धिक खुराक होते हैं, अतः शीर्षक ऐसा हो, जो पाठक-मन को मुदित, उत्फुल्ल और प्रफुल्ल कर दे,
(5) एकरसता, इकहरा और इकतान शीर्षकों से भरसक बचा जाना चाहिए,
(6) समाचारों को तौलकर ही शीर्षकों का वजन रखा जाना चाहिए,
(7) खंडित और अपूर्ण शीर्षक समाचारों को निष्प्रभ बनाते हुए उन्हें उलझन में डालते हैं,
(8) उत्कृष्ट शीर्षकों में नाम की जगह पद की चर्चा होती है,
(9) समाचार का शीर्षक ताजा-टटका, समसामयिक और वर्तमान काल का होना चाहिए, तथा
(10) मनोहारी शीर्षक पाठक को अखबार पढ़ने के लिए प्रेरित करते हैं।

(5) इलेक्ट्रॉनिक माध्यमों में शीर्षक लेखन

प्रिन्ट और इलेक्ट्रॉनिक माध्यमों में समाचारों के शीर्षकीकारण में कुछ फासला होता है। विद्युतीय माध्यमों में समाचार प्रसारण के मुख्य माध्यम-रेडियो और दूरदर्शन होते हैं, जबकि प्रिन्ट माध्यमों में अखबार और पत्रिकाएँ। विद्युतीय माध्यमों में समाचार प्रसारण में जहाँ समय-सीमा का बहुत ध्यान रखा जाता है, वहीं प्रिन्ट माध्यमों में समाचारों के लिए उपलब्ध स्थान का महत्त्व होता है।

1. हिन्दी-पत्रकारिता : एक परिचय-सुरेन्द्र बीनू सिन्हा तथा डॉ. आशीष कुमार मैसी, पृ. 49
2. पत्रकारिता : परिचय और विश्लेषण, प्रीता व्यास, पृ. 101

बहरहाल, शीर्षकीकरण का महत्त्व दोनों माध्यमों में होता है। विद्युतीय माध्यमों में खासकर दूरदर्शन पर शीर्षकों का बेहद महत्त्व होता है। यहाँ शीर्षकीकरण के लिए कई तरह की पद्धतियाँ प्रयोग में लाई जाती हैं। इस माध्यम में यह ध्यान रखते हैं कि शीर्षक सामान्य पाठक की समझ में आ जाए। वाक्य छोटे, नपे-तुले और सन्तुलित होने चाहिए। अबूझ भाषा समाचारों को बोझिल बनाती है। शब्दस्फीति से यहाँ भरसक बचते हैं। कुल मिलाकर समाचारों की प्रस्तुति यहाँ जानी-पहचानी भाषा और सहज-शिल्प में होनी चाहिए। कुछ लोग नाटकीय शीर्षकों को भी पसन्द कर सकते हैं। इलेक्ट्रॉनिक माध्यमों में समाचारों और उनके शीर्षकों के साथ-साथ चित्रात्मकता और दृश्यात्मकता का भी महत्त्व होता है, यद्यपि आकाशवाणी में ऐसा नहीं होता। यहाँ भी सम्पूर्ण समाचार पढ़ने से पहले और बाद में मुख्य समाचार पढ़ने की परंपरा है। कह सकते हैं, ये मुख्य समाचार एक तरह से इनके समाचारों के शीर्षक ही होते हैं। सच तो यह है कि रेडियो और दूरदर्शन पर समय का बहुत महत्त्व होता है, जब कि अखबारों में कॉलम का। बहरहाल, अलग-अलग सन्दर्भों में शीर्षक का महत्त्व दोनों—प्रिन्ट और इलेक्ट्रॉनिक माध्यमों में अपने-अपने ढंग से होता है।

(6) शीर्षक तैयार करते समय ध्यान देने योग्य बातें या महत्त्वपूर्ण सावधानियाँ

शीर्षक देते समय *डॉ. प्रीता व्यास*[1] के अनुसार निम्न बातों का खयाल करना चाहिए,—

(1) वह समाचार के अनुकूल हो,
(2) वह समाचार की रोचकता बढ़ाये,
(3) वह पृष्ठ की सज्जा में सहायक हो,
(4) उसके कारण समाचार को समझने में आसानी हो,
(5) उसमें समाचार का सार तत्त्व निहित हो,
(6) उसमें 'विशेषण' या 'मत' प्रकट नहीं किया गया हो,
(7) वह भी समाचार की तरह 'ऑब्जेक्टिव' हो,
(8) उससे अधिक उपयुक्त शीर्षक दूसरा कोई न हो,
(9) उसे कभी सम्पादकीय या प्रचारधर्मी न बनाएँ,
(10) शीर्षक प्रश्नवाचक या आदेशात्मक न हो और न ही भूतकाल में हो,
(11) निर्जीव शीर्षक का प्रयोग कभी नहीं करना चाहिए,
(12) एक ही शीर्षक में अनेक तथ्य ठूँस-ठूँस कर नहीं भरना चाहिए,
(13) यदि शीर्षक में दो या दो से अधिक पंक्तियाँ हों तो उनकी 'टाइपोग्राफिकल' दर्शनीयता का ध्यान दें,
(14) ऐसे शीर्षकों का प्रयोग न करें जो द्वि-अर्थी हों,
(15) ऋणात्मक शीर्षक नहीं होना चाहिए,
(16) शीर्षक में प्रसिद्ध व्यक्तियों के केवल नाम या उपनाम का ही प्रयोग करें,
(17) शीर्षक का प्रारम्भ क्रिया से न करें,
(18) यह ध्यान रखें कि एक ही शीर्षक में किसी शब्द या भाव की पुनरावृत्ति न हो,
(19) शीर्षक में जब आश्रित वाक्यांश किसी संयोजक द्वारा न जोड़ा जाए तो अर्द्ध-विराम का प्रयोग करें तथा
(20) शीर्षक की संज्ञा या क्रिया को विशेष परिस्थितियों में ही संक्षिप्त करें अन्यथा नहीं, साथ ही—"As has been well said, headlines convey to the reader the news in capsule form. It helps to make headlines lively it the present tense is used. Verbs must be used in head lines as they convey action. But it is not necessary to use 'is', 'are' etc. and article in head-lines."[2]

---

1. पत्रकारिता : परिचय और विश्लेषण—डॉ. प्रीता व्यास पृ. 102
2. Journalism by old and New Masters-Dr. Baldev Raj Gupta. P.82

(7) शीर्षकीकरण का उद्देश्य

(1) पाठकों की निगाह में अखबार का व्यक्तित्व उदात्त और उत्तम बनाना,
(2) अखबार को खरीदने के लिए पाठकों को उत्साहित और प्रेरित करना,
(3) समयाभाव वाले अखबार वाचकों के लिए अतिसंक्षेप में सब कुछ बता देना,
(4) अलग-अलग किसिम के 'टाइपों' के द्वारा पृष्ठ सज्जा को सुन्दर और सजीला बनाना,
(5) रुचि के अनुसार समाचार खोजने में सहायता करना,
(6) खूब सूरत शीर्षक से समाचार अपने में पूर्ण तथा बोलता हुआ लगता है। उपरोक्त तथ्यों की ओर डॉ. बलदेव राज गुप्ता ने भी इस प्रकार संकेत किया है,

(1) To attract attention,
(2) To tell the story-conveying maximum meaning in minimum words,
(3) To induce the reader to read the story,
(4) to beautiful the page,
(5) to make the reader aware of the importance or seriousness of the event reported and
(6) to increase the sale of the newspaper.[1]

(8) शीर्षकों के विभिन्न प्रकार, संरचना के आधारभूत सिद्धान्त या शीर्षक तैयार करने की विधियाँ तथा शीर्षकों का महत्त्व

समाचार-पत्रों में शीर्षकों का महत्त्व यद्यपि शुरू से ही रहा है, किन्तु जब से अखबार व्यापार और उद्योग बन कारपोरेट कल्चर से जुड़ गया है, अखबार के बिक्री-वितरण तथा उसे लोकप्रिय बनाने में शीर्षकों की खासी भूमिका हो गई है। आजादी के पहले अखबार के भारतीय स्वामियों में देश-सेवा की भावना अधिक सक्रिय थी, लिहाजा अखबार की प्रबन्ध-संरचना में सेवा और लाभ का द्वन्द्व अधिक नहीं उभरता था पर अब यह शुद्ध व्यापार बन गया है। दूसरे शब्दों में सम्प्रति अखबार को **अप-मार्केट** बनाने की होड़ में अखबारों में मनोरंजन, फैशन और पार्टी समाचार या फीचर तो छापे ही जा रहे हैं, शीर्षकों की खूबसूरती पर भी मुकम्मल ध्यान दिया जा रहा है। बाजारीकरण ने तो शीर्षकीकरण में एक नई होड़ पैदा कर दी है। बहरहाल, अखबारों में शीर्षकीकरण का महत्त्व असन्दिग्ध है,—"From years of experience in all branches of journalism, one can say with some conviction that headlining is the most difficult job that a sub-editor has to perform. It is the head lines that make a newspaper popular. This makes the newspaper look newsy."[2] इसी तरह पाश्चात्य विद्वान् **एफ. बार्नहार्ट** कहते हैं कि समाचार के शीर्षक आँखों को विश्राम देते हैं, ये पत्र के विज्ञापन जैसे होते हैं, जो पाठकों को पत्र खरीदने हेतु प्रेरित करते हैं। टाइप का आकार पत्र का स्वर कहा जाता है। टाइप का आकार जितना बड़ा होगा, उसका स्वर उतना ही ऊँचा होगा,—"Type talks. Bold and flashy types shout for reader's attention in an exciting, way. The type and the way it is used gives the newspaper character and individuality." अब हम शीर्षक रचना के कुछ मुख्य प्रकारों को इस प्रकार देख सकते हैं—

(1) क्रास लाइन—इसे 'की लाइन' भी कहते हैं। समाचार-पत्र के एक कॉलम या मध्यभाग में रखे गए केवल एक पंक्ति लघु शीर्षक को क्रास लाइन शीर्षक कहते हैं, जैसे—शिक्षक प्रदर्शन करेंगे।

(2) ड्राप लाइन—इसमें दो अथवा तीन लाइन होती है, जिनकी कम्पोजिंग बायीं तरफ की प्रथम लाइन से थोड़ा दाहिने हटकर की जाती है। तीसरी लाइन की कम्पोजिंग, दूसरी लाइन की शुरुआत से थोड़ा दाहिने हटकर की जाती है। इसे ड्राप लाइन के अलावा 'स्टेप हेड' भी कहते हैं।

---

1. Journalism by old and New Masters-Dr. Baldev Raj Gupta. P. 81
2. Journalism by old and New Masters-Dr. Baldev Raj Gupta. P. 82

(3) **विलोम सोपानी**—इस तरह के शीर्षक की पंक्तियाँ बायीं ओर समान दूरी में ही कम्पोज की जाती हैं, लेकिन इसका ध्यान रखा जाता है कि दाहिनी तरफ प्रथम, द्वितीय और तीसरी लाइन के समापन में दूरिया घटती जाती हैं, जैसे—

(4) **पूर्णपाती शीर्षक**—ऐसे शीर्षक समान रूप से बराबर होते हैं। समाचार-पत्रों में ऐसे शीर्षक का प्रचलन अधिक है। इसमें यह ध्यान रखना आवश्यक होता है कि शीर्षक के अक्षरों की संख्या एक कॉलम से अधिक नहीं जाए।

(5) **प्लश प्लेट**—ऐसे शीर्षक में प्रथम पंक्ति तो बायीं तरफ से शुरू होती है, लेकिन दूसरी पंक्ति का क्रम अनिश्चित होता है।

(6) **विलोम स्तूपी**—ऐसे शीर्षक की पहली पंक्ति पूरे कालम की होती है। शेष दूसरी एवं तीसरी पंक्ति क्रमवार दोनों तरफ से छोटी होती जाती है। पिरामीड की तरह दीखने लगती है, जैसे—

(7) **हैंगिग इण्डेन्शन**—इसमें प्रथम पंक्ति पूरे कॉलम की होती है। दूसरी एवं तीसरी पंक्तियों को बायीं ओर समान स्थान छोड़कर लिखा जाता है, जैसे—

(8) **स्क्वायर इन्डेशन**—पूरे कॉलम में फैला तीन या चार पंक्तियोंवाला शीर्षक स्क्वायर इन्डेशन कहलाता है। ब्रिटेन, अमेरिका के पत्रों में ऐसे शीर्षक का प्रचलन है।

(9) **कटि शीर्षक**—डमरू अथवा युवती की कमर के समाल्न बने शीर्षक 'कटि शीर्षक' कहे जाते हैं। इसमें पहली और तीसरी लाइन की दूरी समान रहती है। दूसरी पंक्ति दोनों तरफ से समान रूप से छोटी कर कम्पोज की जाती है।

(10) **पताका शीर्षक**—नाम पट्टी के नीचे पूरी चौड़ाई में सबसे मोटे टाइप में दिया जाने वाला शीर्षक पताका शीर्षक, बैनर या स्ट्रीमर कहलाता है। दूसरे शब्दों में, 'लीड न्यूज' का शीर्षक पताका शीर्षक होता है। यह पत्र के बायीं तरफ से आरम्भ होकर दाहिने तरफ तक आठों कॉलम में फैला होता है।[1]

(11) **कैप्शन**—फोटो शीर्षकों को कैप्शन कहते हैं। इनके दो प्रकार होते हैं। प्रथम प्रकार को ओवर लाइन कैप्शन कहते हैं। इन्हे फोटो के ऊपर दिया जाता है। दूसरे को अंडरलाइन कैप्शन कहा जाता है। इन्हें फोटो के नीचे दिया जाता है।

(12) **गगन रेखा**—अखबार में नामपट्ट के ऊपर सर्वाधिक मोटे टाइप में विशेष स्थिति में इसका प्रयोग करते हैं।

(13) **डेक**—यह शीर्षक पूर्ण एवं स्पष्ट होता है, जिसका प्रयोग एक या उससे अधिक पंक्तियों में हो सकता है एक ही टाइप में तीन-चार पंक्तियों तक का डेक माना जाता है।

(14) **डबल डेक**—जैसा कि नाम से स्पष्ट है, जहाँ दो-दो पंक्तियों में दो तरह के शीर्षक दिए गए होते हैं, उसे डबल डेक शीर्षक कहते हैं।

(15) **उद्धरण शीर्षक**—इसे राष्ट्र के विशिष्ट महत्त्वपूर्ण व्यक्तियों के नाम के साथ प्रयोग किया जाता है।

(16) **फीचर हेड**—जहाँ फीचर के ही किसी वाक्यांश का प्रयोग शीर्षक के रूप में किया जाता है, वहाँ फीचर हेड शीर्षक स्वीकार किया जाता है। कवि सम्मेलन, मुशायरा, विचार गोष्ठी में इसी प्रकार के शीर्षक प्रयुक्त होते हैं।

(17) **आइब्रो**—इस शीर्षक के लिए कई नामों, यथा—स्नैपर (Snapper), किकर (Sk-icker), टिकलर (Tickler), ओवरलाइन (Overline), रीड इन (Read in) तथा टाप लाइन (Top-line) का प्रयोग किया जाता है। यह एक तरह का 'फ्लैग' शीर्षक ही है, जिसका प्रयोग सह शीर्षक के रूप में किया जाता है।

(18) **बाक्स हेड**—चारों तरफ रूल से घिरे शीर्षक को बाक्स हेड (Box head) शीर्षक कहा जाता है।

(19) **हुड हेड**—ऊपर, दाएँ, बाएँ अर्थात् तीन तरफ रूल से घिरे शीर्षक को हुड हेड (Hood Head) शीर्षक कहते हैं।

---

1. पत्रकारिता जगत—अशोक प्रियदर्शी, पृ. 39 से साभार

अभी भी शीर्षकों के कई अन्य प्रकार यहाँ शेष हैं, यथा—स्टैंडिग, हेड, जम्प हेड, स्प्रेड हेड, ब्लैंकेट हेड, सपोर्टिंग शीर्षक, छिन्न बाक्स, क्रासर रॉकेट शीर्षक, प्रश्नात्मक-शीर्षक, बिस्मयादि बोधक शीर्षक, बेलनाकार शीर्षक, वेदिका शीर्षक, भिन्न टाइप शीर्षक, शेषांक शीर्षक, बहुरंगी शीर्षक, उपशीर्षक, ऐंकर, स्काई लाइन, बाइंडर, स्ट्रोक हेड तथा प्रकृति के आधार पर तथ्यात्मक, भावात्मक, तटस्थ, विरोधी या समर्थक और प्रचारात्मक शीर्षक आदि उक्त सभी को यहाँ विस्तार से दे सकना स्थानाभाव के कारण सम्भव नहीं हो पाया है।

भाग-10
समाचार आमुख, अग्रांश इंट्रो (Intro) या कथामुख
अथवा
लीड (Lead) या मुखड़ा तथा समाचार की प्रस्तुति-प्रक्रिया

(1) आमुख का अर्थ-आशय

इंट्रो शब्द 'इंट्रोडक्शन' का संक्षिप्त रूप है। यह समाचार का सारांश, सार (Summary), आत्मा या प्राण कहा जा सकता है। आमुख या इंट्रो से समाचार का सूक्ष्म परिचय या जानकारी मिलती है। आज के पाठक के पास इतना समय नहीं है कि वह सारा अखबार पढ़े। वह तो आनन-फानन में समाचारों के शीर्षक पर नजर डालकर या अधिक-से-अधिक शुरू के वाक्य (Intro-इंट्रो) पढ़कर अपनी जिज्ञासा शान्त करना चाहता है।[1] इस 'इंट्रो' को अमरीकी पत्रकारिता में 'लीड' (Lead) कहते हैं। वस्तुतः समाचार का पहला आकर्षण उसका शीर्षक होता है, लेकिन शीर्षक द्वारा जो आकर्षण पाठक के मन में पैदा हुआ, यदि समाचार का प्रथम अनुच्छेद उसे बनाये नहीं रख सका तो समाचार की सार्थकता सन्दिग्ध हो जाती है। पहला पैराग्राफ समाचार की खिड़की की तरह होता है। पहले पैराग्राफ को पढ़ने के बाद यदि पाठक में आगे पढ़ने की जिज्ञासा जगी तो वह समाचार बिना रुके पढ़ जाएगा। यदि समाचार पाठक में ऐसी जिज्ञासा जगाने में असफल रहा तो वह उस समाचार को अधूरा छोड़कर किसी अच्छे समाचार की तलाश करने लग जाएगा। समाचारों में प्रस्तुत वस्तु का परिचय यदि 'शो विन्डो' की तरह पहले पैरा में कर दिया जाए और वह पाठक को अच्छा लगे तो फिर वस्तु बिक कर ही रहेगी। इस परिचय को ही अंग्रेजी में संक्षेप में 'इंट्रो' (इंट्रोडक्शन) और हिन्दी में आमुख कहते हैं।[2] वस्तुतः इसके लिए चतुर, अनुभवी और खूबसूरत दिमाग की जरूरत होती है,—"It is hard reality that most of the readers are head line scanners and expect the remaining information from the lead paragraph which is also known as the introduction part of a news report. In this context, leader writing demands not only skillon or expertise but also the capability on the part of the leader writer to introduce the vital elements of news item or report for the benefit of the readers who hurriedly glance through the newspaper pages. A lead is the beginning of a news story and often it is only one paragraph long. There was a practice of summarizing the entire story in the first sentence which led to the notion of five Ws: who, what, when, where and why. Sometimes 'how' was also included in the Summary lead. To-day, leader writing is one of the important journalistic function."[3]

1. पत्रकारिता और पत्रकारिता—डॉ. अरुण जैन, पृ. 190
2. हिन्दी पत्रकारिता : एक परिचय—सुरेन्द्र बीनू सिन्हा, डॉ. आशीष कुमार मैसी, पृ. 49
3. Journalism by old and new Masters, Dr. Baldev Raj Gupta, P. 12 Vishwavi dyalya Prak ashan, Chowk, varanasi, Rs-250, 1997

सच तो यह है किसी भी समाचार का प्रथम 'पैराग्राफ' (Paragraph) 'इंट्रो' कहा जाता है। इस 'इंट्रो' अर्थात् समाचार के प्रथम पैराग्राफ में एक विदेशी विद्वान् **शू मैन**[1] के अनुसार छह प्रश्नों के उत्तर अनिवार्य होते हैं, यथा—(Five 'W' and one 'H' theory) What = क्या, Where = कहाँ, When = कब, Who = कौन, Why = क्यों तथा How = कैसे। यद्यपि कुछ लोग कहते हैं कि पत्रकारिता के क्रमिक विकास में अब यह परम्परा धीरे-धीरे कम देखने को मिलती है।[2] आज का पाठक समाचार के एक अंश का अवलोकन कर, सम्पूर्ण घटना से परिचित होना चाहता है, इसलिए अब संवाददाता अपने आमुख या इंट्रो में ही पूरे समाचार के तथ्यों को संक्षेप रूप में प्रकट कर देता है। अन्य देशों में उन्हीं तथ्यों का विस्तृत विवेचन किया जाता है। प्रत्येक पाठक समाचार के निष्कर्ष, महत्त्वपूर्ण अंश एवं अन्तिम परिणाम जानने के लिए उत्सुक रहता है। गोस्वामी तुलसीदास ने 'श्रीरामचरित मानस' में एक पद्य देकर आमुख के महत्त्व को समझाया है। नीचे उद्धृत पंक्तियों में श्री हनुमान जी ने श्री भरत जी को श्रीराम जी के आगमन का समाचार पहले सुनाया, तत्पश्चात् श्रीरामजी की कीर्ति गाई,—

"रिपु रन जीति सुजस सुर गावत। सीता सहित अनुज प्रभु आवत।
तब हनुमन्त नाई पद माथा। कहे सकल रघुपति गुन गाथा।।"

(2) आमुख लेखन की प्रक्रिया : कुछ सावधानियाँ

आमुख को समाचार दुर्ग का 'प्रवेश द्वार' कहा जाता है। कुछ लोग इसे पूरे समाचार का *'प्रदर्शन कक्ष'* (Show-window) भी मानते हैं। दरअसल, पश्चिम में 1880 ई. के पूर्व पत्रों में कालक्रम से घटना का विवरण दे दिया जाता था। इस दिशा में प्रथम पहल पश्चिमी अखबारनवीस **एडविन एल. शू मैन** ने की। उन्होंने अखबारों में आकर्षक समाचार-रचना पर ध्यान दिया एवं समाचारों के पहले अनुच्छेद (Paragraph) को खूबसूरत और ध्यानाकर्षक बनाया। उनका कहना था कि समाचार के पहले अनुच्छेद में ही संवाद या सार-सर्वस्व निहित होता है। अतः ऐसी स्थिति में हमें चाहिए कि समाचार लेखन के इस महत्त्वपूर्ण तत्त्व पर काफी सावधानी बरतें।

समाचार का आमुख (Intro) बहुत प्रभावशाली और असरकारक होना चाहिए, जिससे वह समाचार-पत्र के पाठकों का ध्यान अपनी ओर आकर्षित कर सके। आमुख यदि दिलचस्प रहेगा, तो वह अखबार के अधिक-से-अधिक पाठकों को अपनी ओर आकर्षित कर सकेगा। सच तो यह है कि इस भागमभाग समय में आम तौर पर लोग सारा समाचार पढ़ने की बजाय आमुख पढ़कर ही यह तय कर लेते हैं कि यह समाचार उनके मतलब का है कि नहीं? बिना आमुख के समाचार वैसे ही होता है, जैसे बिना चेहरे का व्यक्ति। कुल मिलाकर यह कि इंट्रो सम्पूर्ण समाचार का परिचायक होता है। किसी भी समाचार की आत्मा इंट्रो में ही बसती है। ध्यान देने की अगली बात यह है कि इंट्रो संक्षिप्त होना चाहिए। अपनी संक्षिप्त काया में वह सम्पूर्ण सूचनाओं का लेखा-जोखा रखता है। भरसक प्रयास करना चाहिए कि इंट्रो एक ही अनुच्छेद का हो। यदि वह एक पैराग्राफ में न समा सके तब दूसरे पैराग्राफ में उसे डालना चाहिए। इस दूसरे पैराग्राफ को लोग द्वितीय आमुख (Second Intro) कहते हैं।

आमुख लेखन में समाचार की विषय-वस्तु पर गौर करना आवश्यक होता है। आमुख लेखन को भाषा बहुत माँजती-सँवारती है। अतः भाषा सारगर्भित और संक्षिप्त हो, तो उत्तम है। वह भाषा इतनी सुन्दर हो, जैसे शब्द-भाषा, रंग-रेखा-सुरों की भाषा। वस्तुतः भाषा का सुन्दर आलोक आमुख को ताजा-टटका पैरहन देता है। भाषा के प्रभाव से आमुख लेखन शब्द, रंग, रेखा, ध्वनि, मुद्रा आदि का समवेत स्वरूप हो जाता है। आमुख लेखन और भाषा का गहरा रिश्ता होता है। अतः यहाँ हमें यह ध्यान रखना चाहिए कि समाचार की प्रकृति और मिजाज के अनुरूप भाषा का इस्तेमाल हो। उदाहरण के लिए समाचार यदि दुखान्त हो तो उसकी भाषा गम्भीर होनी चाहिए और आमुख लेखन में हास्य-व्यंग्य का पुट हो तो गम्भीर भाषा का प्रयोग नहीं करना चाहिए।

1. Practical Journalism-Show Man, P-82
2. पत्रकारिता जगत—अशोक प्रियदर्शी, पृ. 23

कुल मिलाकर आमुख समाचार-पत्र में पसरे समाचारों की थाह लेने की लग्गी की तरह होते हैं। अतः उनकी प्रस्तुति ऐसी हो, जिससे अखबार के पाठकों के मन में समाचारों को पढ़ने की बेचैनी और भूख पैदा हो। वह पाठकों के मन को बार-बार उद्वेलित करे। उसमें लालित्य हो, वह बांसी, रूढ़ और जटिल न लगे। उसका रचाव ऐसा हो कि वह संवेद्य, मर्मस्पर्शी लगे। अन्त में यह कि इंट्रो ऐसा होना चाहिए, जैसे वह सीधे अखबार के पाठक से संवाद कर रहा हो। उसमें विट और पैनापन हो।

(3) आमुख के प्रकार

डॉ. प्रवीण दीक्षित[1] ने अपनी एक चर्चित कृति में आमुख की संख्या 21 गिनाई है। बहरहाल, समाचारों की प्रकृति, मिजाज, शिल्प और शैलीगत विशेषताओं के आधार पर वर्गीकृत इन आमुखों को इस प्रकार देख सकते हैं,—पंच आमुख (Punch Lead), विस्तृत आमुख (Comprehensive Lead), प्रश्नात्मक आमुख (Question Lead), संज्ञा वाक्यांश आमुख (Noun Clause Lead), व्याख्यात्मक आमुख (Interpretative Lead), सामान्य रूप आमुख (Infinite Lead), उद्धरण आमुख (Ouoto Lead), उपाख्यान आमुख (Anecdote Lead), आज आमुख (Today Lead), आप और मैं आमुख (You and Me Lead), निलंबित अभिरुचि आमुख (Suspended Interest Lead), आश्रित वाक्यांश आमुख (Dependent Clause Lead), कारतूस आमुख (Cartage Lead), आलंकारिक आमुख (Figurative Lead), तब और अब आमुख (Then and Now Lead), सूक्ति आमुख (Epigram Lead), धर्मयुद्ध आमुख (Crusade Lead), आश्चर्य कारक आमुख (Astonisher Lead), साराँश आमुख (Summary Lead), दुर्घटना आमुख (Accident Lead) तथा यत्र-तत्र आमुख (Here and There Lead) आदि।

(4) आमुख की विशेषताएँ

(1) "Leads should be simple, brief, compact, vigourus, attractive and should shoot straight as a rifle bullet into the reader's attention" अर्थात् समाचार का आमुख (Lead) सरल, संक्षिप्त, प्रभावशाली और आकर्षक होना चाहिए जो पाठक के ध्यान में राइफल की गोली की तरह सीधे लगे,

(2) "They should be written in a manner appropriate to the subject matter. Not all stories are serious; not all may be treated in a light manner. Leads that are bombastic, exaggerated, weak, inadequate, fantastic or marked by faulty perspective should be edited or rewritten into correct form. Involved leads and lead sentences should be split up and more forcefull and vigorous" अर्थात् आमुख समाचार के विषयवस्तु के अनुसार लिखे जाने चाहिए। न तो सभी समाचार गम्भीर (महत्त्वपूर्ण) होते हैं और न ही सभी को हल्के-फुल्के ढंग से लिया जा सकता है। बम्बास्टिक, अतिशक्तिपूर्ण, कमजोर, अपर्याप्त, काल्पनिक या गलत परिप्रेक्ष्य में लिखे गए आमुख का या तो सम्पादन कर दिया जाना चाहिए या उन्हें सही ढंग से दुबारा लिखा जाना चाहिए। उलझे हुए आमुख या वाक्यों को तोड़कर उन्हें सशक्त तथा जीवन्त बनाया जाना चाहिए।

(3) "They should not carry gratuitions opinion of the writer, unless they are signed. They should fix authority for information lest the reader question the story's authenticity." अर्थात् आमुख में समाचार लेखक के स्वयं के बेमतलब विचार नहीं होने चाहिए जब तक कि वे हस्ताक्षरित (अधिकृत) नहीं हो।

(4) "They should very in style. The more varied the leads, the more interesting the newspaper" अर्थात् आमुख की शैली में भी विभिन्नता होनी चाहिए। समाचारों के आमुखों में जितनी विविधता होगी, समाचार-पत्र उतना ही रुचिकर होगा।

(5) "They should avoid begining withs nonessential details, such as "At a meeting of", "Last evening" or "At 2:30 o'clok this afternoon" Details of

1. जन माध्यम और पत्रकारिता—डॉ. प्रवीण दीक्षित, पृ. 41

time and place, unless vitally important, should be made subsidiary" अर्थात् अनावश्यक विवरणों जैसे 'एक बैठक में', कल शाम', 'आज दोपहर बाद ढाई बजे' आदि से समाचारों का आमुख शुरू नहीं किया जाना चाहिए। जब तक बहुत आवश्यक या महत्त्वपूर्ण न हो, समय व स्थान के विवरण आमुख में गौड़ होने चाहिए।

(6) "Copy editors should be alert to detect and bring to the fore 'buried' leads important news mistakenly lost in the body of the story. The lead must have substance; it must justify newsworth lyiness" अर्थात् कॉपी सम्पादक को समाचार में छिपे आमुख को खोज निकालने के प्रति सतर्क रहना चाहिए। कभी-कभी महत्त्वपूर्ण खबर समाचार में गलती से खो जाती है। आमुख समाचार का सार होना चाहिए और इससे समाचार की उपयुक्तता सिद्ध होनी चाहिए तथा

(7) "Above all, leads should be accurate" अर्थात् सबसे जरूरी है कि आमुख सही होना चाहिए।[1]

भाग-11
फीचर (रूपक) लेखन (Feature Writing)

(1) फीचर : नामकरण पर असमंजस

फीचर आधुनिक पत्रकारिता का अभिन्न अंग और अनिवार्य आग्रह है। कुछ लोग इसे रंगीन, चित्रात्मक, चटपटालेखन मानते हैं तो कुछ लोग सचित्र, मनोरम-कमनीय और दिलचस्प लेख। पर, इतना तय है कि मनोयोग से लिखे गए फीचर पत्र-पत्रिकाओं के प्रति पाठकों के मन में आकर्षण और रगबत पैदा करते हैं। खुशकलम अर्थात् अच्छा लिखनेवाला लेखक फीचर के माध्यम से मरे भाव में जीवन्तता पैदा कर सकता है। यदि समाचार अखबार की रीढ़ है तो फीचर अखबार की आत्मा। यह विषय वस्तु के प्रति पाठक के मन में मोह, लगाव, उत्सुकता, ललक जगाता और गुदगुदाता है। कहते भी हैं, रहस्य-रोमांच से युक्त विषय की खूबतरीन और उत्तमोत्तम प्रस्तुति ही फीचर है। इसका महत्त्व आज प्रिन्ट के साथ-साथ 'ब्राडकॉस्टिंग मीडिया' के लिए भी बहुत है,—"Thus writing a good feature demands a good writer. Feature writing is a crucial weapon in the arsenal of writing talents required of the professional print journalist, particularly now, when broadcast news also in focussing more and more on such popular stories."[2] पर, दुर्भाग्य से पत्रकारिता के इस खूबसूरत और सलोने तत्त्व 'फीचर' के साथ भी नामकरण का झमेला-झंझट लगा हुआ है। हिन्दी की सर्वथा नवीन लेखन-विधा फीचर का नामकरण विवाद का विषय बना हुआ है। कई विद्वान् इसे 'रूपक' नाम से अलंकृत करते हैं। 'सम्पादक कला' पुस्तक के लेखक *श्री के.पी. नारायणन्* प्रभृति विद्वान् इसे 'रूपक' नाम देना ही पसन्द करते हैं।[3] इधर, अपनी एक पुस्तक में **श्री विश्वनाथ सिंह**[4] ने 'फीचर' का नाम 'रूपक' न कर 'रूपांकरण' किया है। लगता है, यह नामकरण 'रूपक' के आधार पर धरा गया है। उक्त लेखकों से अलग-अलहदा एक अन्य लेखक **श्री प्रेमचन्द गोस्वामी**[5] ने 'फीचर' के लिए 'रूपक' तथा 'रूपांकरण' नामों को नकार कर 'फीचर' शब्द ही इस्तेमाल किया है। **श्री प्रेमनाथ चतुर्वेदी**[6] ने भी 'फीचर' नाम के ही पक्ष में अपनी सहमति देते लिखा है कि रूपक के स्थान पर फीचर शब्द को ग्रहण कर लेना ही श्रेयस्कर है। **ब्रजभूषण सिंह**[7] ने भी रूपक शब्द का प्रयोग फीचर के अर्थ में किया है।

1. Editing the day's news- George C. Bastian, Leland D. Case, Fleyd k. Basbette- page 95, The Macmillen Company, Newyork -1956
2. Journalism by old New Masters-Dr. Baldev Raj Gupta, P.48
3. सम्पादन कला—के.पी. नारायणन, पृ. 51
4. पत्रकारिता : सिद्धान्त और विश्लेषण—विश्वनाथ सिंह, पृ. 35
5. पत्रकारिता प्रतिमान-प्रेमचन्द गोस्वामी, पृ. 76
6. फीचर लेखन-प्रेमनाथ चतुर्वेदी, पृ. 02
7. रूपक-लेखन—ब्रजभूषण सिंह, पृ. 19

संस्कृत साहित्य में रूपक शब्द अनेक स्थलों पर व्यवहृत हुआ है। अलंकार और नाट्यशास्त्र में इसका बहुतायत प्रयोग हुआ है। भरत मुनि ने 'दस रूप' का प्रयोग नाट्य की दस विधाओं के लिए किया। धनंजय ने इसका (रूपक) स्पष्टीकरण करते हुए रूप का आरोप होने से नाट्य को रूपक की अभिव्यक्ति प्रदान की है। नाट्य दर्पणकार ने रूपित किए जाने के कारण नाटक आदि को 'रूपक' की संज्ञा दी है। भरत मुनि ने रूपक के जिन दस भेदों का वर्णन किय है, वे हैं, प्रकरण, भाणा, व्यायोग, समवकार, डिम, ईहा, भृंग, अंक, वीथी और प्रहसन। इसके अठारह उपभेद भी हैं। संगीत में भी एक ताल का नाम रूपक है।[1]

(2) फीचर : व्युत्पत्ति तथा अर्थ

दरअसल, फीचर (Feature) शब्द लैटिन के 'Factura' से बना है, जिसके हिन्दी में कई अर्थ होते हैं, यथा-आकृति, विशेषता, लक्षण, नखशिख, व्यक्तित्व, रूपरेखा, चेहरा-मोहरा, अनुहारि और नाक-नक्श आदि। लेकिन इन सबके बीच एक नाम है—'रूपक'। यह नाम हिन्दी में फीचर का प्रतिनिधि होने का खम ठोंकता है। वस्तुतः संस्कृत में रूपक का अर्थ होता है—'रूप का आरोप', पर, दुर्भाग्य से 'रूपक' नाम भी हिन्दी में फीचर का वारिश ठीक से नहीं हो पाया है। इसकी जगह अधिकांश विद्वान् 'फीचर' शब्द ही इस्तेमाल करते हैं। अंग्रेजी शब्द कोश, ''स्टैंडर्ड इंग्लिश डिक्शनरी'' (Standard English Dictionary) में फीचर के मुख्य पाँच अर्थ दिए गए हैं,—

(1) Part of face : The nose, mouth, chin and forehead are features,
(2) Distinct part or quality thing that stands out and attracts attention,
(3) Features, the face,
(4) A long motion picture,
(5) A special article, Comic strip etc, in a newspaper.

इधर **डॉ. वशिष्ठ अनूप**[2] कहते हैं कि आधुनिक हिन्दी गद्य-साहित्य में फीचर का विशेष महत्त्व है। रेडियो के सन्दर्भ में फीचर का अर्थ है—'रूपक'। यद्यपि यह कहना कठिन है कि फीचर का अनुवाद 'रूपक' क्यों, कब और कैसे कर लिया गया। अब तो फीचर के लिए रूपक शब्द रूढ़ हो गया है। बी.बी.सी. में फीचर नाम 'यथातथ्य सूचनाओं पर आधारित रचना' के लिए व्यवहृत होता है। बी.बी.सी. के विशेष कार्यक्रमों की सूचनाएँ-पत्रों में प्रकाशित होती थीं। इन कार्यक्रमों को सामान्य कार्यक्रमों की तुलना में अधिक महत्त्व दिया जाता था और इन्हें 'फीचर्ड' (Featured) प्रोग्राम कहते थे। बोलचाल में 'ड' का लोप हो गया और ये 'फीचर प्रोग्राम' कहे जाने लगे। पहले फीचर प्रोग्राम का अर्थ वहाँ विशेष कार्यक्रम ही था, लेकिन धीरे-धीरे उसके अन्तर्गत् सभी रचनाएँ आने लगीं। बहरहाल, हिन्दी में कुछ विद्वानों ने फीचर' को ''मनोरंजक ढंग से लिखा गया प्रासंगिक लेख'' तो कुछ लोगों ने इसे ''विभिन्न क्षेत्रों की नवीनतम हलचलों का शब्दचित्र'' बताया है, कुछ ने इसे ''त्रिविध शाब्दिक चित्रण'' कहा है, तो कुछ ने ''कौन, क्या, कब, कहाँ, क्यों, कैसे से परे हटकर संघात करनेवाला लेखन'' बताया है।

सभी जानते हैं, हिन्दी ने अन्य भाषाओं के हजारों शब्द तत्सम अथवा तद्भव रूप में आत्मसात् किए हैं। हिन्दी की यह पुरानी वृत्ति आज भी बनी हुई है और इसी के अनुसार 'फीचर' शब्द को हिन्दी में लिया जा सकता है। यह शब्द बोलने में सरल है और कानों के लिए किसी प्रकार कटु भी नहीं है। पिछले 50-60 सालों में 'फीचर' शब्द का प्रचलन इतना अधिक हो गया है कि अब यह शब्द नया नहीं लगता। हिन्दी में ही नहीं, भारत की अन्य भाषाओं में भी यह शब्द प्रचलित है। फिल्म जगत् में भी 'फीचर' शब्द का प्रयोग फीचर के गुणवाली फिल्मों के लिए होता है। इन सब बातों पर विचार कर हम इसी निर्णय पर पहुँचते हैं कि रूपक के स्थान पर फीचर शब्द को ग्रहण कर लेना ही श्रेयस्कर है।[3]

---

1. फीचर लेखन-प्रेमनाथ चतुर्वेदी, पृ. 02
2. व्यावहारिक एवं प्रयोजनमूलक हिन्दी तथा समाज शास्त्र—डॉ. वशिष्ठ द्विवेदी अनूप, पृ. 97
3. फीचर लेखन-प्रेमनाथ चतुर्वेदी, पृ. 03

(3) फीचर की परिभाषा

फीचर पत्रकारिता का सुर्खफाम होता है। कुशल फीचरकार अपने फीचर में जीवन का रेशा-रेशा बुनता है। फीचर से पठनीयता के साथ एक नई लय और प्रवाह पैदा होता है। जड़ता टूटती है और पढ़ने के प्रति मन में उत्सुकता पैदा होती है। कथ्य का स्वाद बदल जाता है। अतः विद्वानों ने इतने महत्त्वपूर्ण तत्त्व फीचर को समय-समय पर विभिन्न रूपों में देखा है एवं अपनी प्रज्ञा की छेनी रेती से तराश कर इसके स्वरूप को स्थिर करने का प्रयास किया है, जिन्हें हम संक्षेप में इस प्रकार देख सकते हैं, पत्रकारिता से सम्बन्धित कई पुस्तकों के लेखक **डॉ. अर्जुन तिवारी**[1] का विचार है कि रंगीन वृत्तात्मक रचना रूपक है। मानवीय अभिरुचि के साथ मिश्रित समाचार जब चटपटा बन जाता है, तो फीचर के रूप में जाना जाता है। रोचक विषय का मनोरम और विषद प्रस्तुतीकरण ही फीचर है। इसमें दैनिक समाचार-पत्र, सामयिक विषय अथवा बहुसंख्यक पाठकों की रुचिवाले विषय की चर्चा होती है। इसका लक्ष्य मनोरंजन करना, सूचना देना तथा जनता को कार्य करने का व्यावहारिक निर्देश प्रदान करना होता है। कुल मिलाकर समसामयिक घटनाओं एवं विविध क्षेत्र के अद्यतन परिवर्तन के सचित्र और मनोरम स्वरूप को फीचर या रूपक कहा जा सकता है। बहरहाल नीचे कुछ प्रमुख परिभाषाओं को देखा जा सकता है,

(1) **पी.डी. टंडन** का कहना है, ''मनोरंजक ढंग से लिखे गए प्रासंगिक लेख'' को फीचर कहते हैं।[2]

(2) **डी.एस. मेहता** के अनुसार, ''फीचर में उस तथ्य को उभारा जाता है, जो महत्त्व का होते हुए भी स्पष्ट नहीं होता। फीचर किसी विषय के जानकार व अज्ञानी पाठक के लिए शिक्षक, पथ-प्रदर्शक एवं मनोरंजक होता है।[3]

(3) पत्रकार **एम.वी. कामथ** का विचार है कि,—"A feature, in the circumstances, must feed the reader with new information of which he has been hitherto ignorant It must provide him with all that he wanted to know but had on time to entire about".[4]

(4) **डॉ. ए. आर. डंगवाल** कहते हैं कि, ''किसी घटना का मनोरम और विशद् प्रस्तुतीकरण ही फीचर है।''[5]

(5) **डॉ. संजीव भानावत** का मानना है कि फीचर किसी भी सामाजिक घटना की रोचक व्याख्या हो सकती है। इसमें सामाजिक तथ्यों का यथेष्ट समावेश तो होता ही है, अतीत की घटनाओं तथा भविष्य की सम्भावनाओं से भी वह जुड़ा रहता है। समय की धड़कनें इसमें गूँजती हैं।[6]

(6) **स्पेन्सर क्रम्प** के अनुसार, "A feature story, despite its name, is not fiction but a norfiction article tailored for consumption by a newspaper or electronic media."

कुल मिलाकर फीचर का क्षेत्र अत्यन्त व्यापक-विस्तृत होता है। परिवेश की व्यापकता के कारण फीचर लेखन के लिए विभिन्न विषय, हम ढूँढ़ सकते हैं। मानवीय जीवन के विविध पहलुओं पर विविध प्रकार के फीचर लिखे जा सकते हैं तथा जनरुचि के अनेक क्षेत्रों को फीचर का विषय बनाया जा सकता है। सामाजिक राजनीतिक, आर्थिक, वैज्ञानिक, धार्मिक, सांस्कृतिक, पौराणिक आदि विविध विषयों पर श्रेष्ठ फीचर लिखे गए हैं। चित्रात्मक तथा व्यंग्यात्मक फीचर आज विशेष लोकप्रियता अर्जित कर रहे हैं।[7]

(4) फीचर : पृष्ठभूमि और अवधारणा

हिन्दी में 'फीचर' पत्रकारिता से सम्बन्धित नव विकसित गद्य विधा है। यद्यपि इसके सामने आज भी परिचय और पहचान का संकट बना हुआ है, क्योंकि रेखाचित्र, संस्मरण, डायरी आदि की तरह यह

1. जन संचार और हिन्दी पत्रकारिता—डॉ. अर्जुन तिवारी, पृ. 35
2. भारतीय पत्रकार कला—पी.डी. टंडन, पृ. 221
3. Mass Communication and Journalism-D.S. Mehta. P.215
4. Professional Journalism- M.V. Kamath. P. 163
5. पत्रकारिता के मूल तत्त्व—डॉ. ए. आर. डंगवाल, पृ. 103
6. समाचार लेखन के सिद्धान्त और तकनीक—डॉ. संजीव भानावत, पृ. 88
7. समाचार लेखन के सिद्धान्त और तकनीक—डॉ. संजीव भानावत, पृ. 88

मुकम्मल और पुख्ता रूप में स्थापित नहीं हो पाई है, फिर भी इतना बेलाग रूप में तय है कि पत्रकारिता के कलात्मक और चटक-पटक लेखन में फीचर ने प्रभूत सहयोग दिया है। समाचारों को मनोरंजक और स्वादिष्ट बनाने में यह मसाला का काम करता है। इस तरह फीचर एक अत्याधुनिक लेखन-विधा है, जो पत्रकारिता के क्षेत्र में विकसित पल्लवित और समृद्ध हुई है।[1] स्वाधीनता के पश्चात् हिन्दी पत्रकारिता में रूपक-लेखन की नई विधा का विकास हुआ। मानवीय अभिरुचि की मनोरंजक सामग्री को अब सचित्र रूप में प्रकाशित करके आम जनता तक प्रस्तुत किया जाता है। राष्ट्र की स्वतंत्रता के बाद मुद्रण और सम्पादन कला में तीव्र गति से प्रगति हुई है। फलस्वरूप पत्रकारों का ध्यान कलात्मक लेखन एवं जीवन के विविध पक्षों को गहरायी से समझकर उसे अभिरुचि देने की ओर गया। आधुनिक हिन्दी गद्य के स्मारक-साहित्य में फीचर (रूपक) का विशेष महत्त्व है।

कुल मिलाकर समाचार जगत् की लेखन-क्रिया का नया स्वरूप फीचर है।[2] कई विद्वान् इसे गद्यगीत मानते हैं, जो नीरस, लम्बा और गम्भीर नहीं हो सकता। यह किसी घटना, विचार, व्यक्ति आदि का त्रिविध शाब्दिक चित्रण होता है। एक विद्वान् ने फीचरीकरण अथवा मानवीकरण को गहन संवेदना का एक औजार या उपकरण माना है। कुल मिलाकर फीचर समाचार मूलक यथार्थ भावना प्रधान और सहज कल्पना वाली रसमय एवं सन्तुलित गद्यात्मक अथवा दृश्यात्मक समस्या आदि के रहस्य की विशेष जानकारी के साथ-साथ आत्मीयता, भावना और विवेचना का भी समावेश करता है।[3] निष्कर्षतः यह कि फीचर एक प्रकार के लेख हैं, जिनसे आहट मिलती है कि घटना क्यों घटी और उसका भावी परिणाम क्या होगा?

(5) हिन्दी में फीचर लेखन साहित्य का विकास

मनोरंजक ढंग से लिखा गया प्रासंगिक लेख फीचर कहा जाता है। किसी दृश्य का थोड़े शब्दों में रूपांकन करना ही इसकी ताकत और मूल आत्मा है। सच तो यह है कि फीचर गद्य में लिखा हुआ एक तरह की गीतिका (Lyric) है, शब्दों में संग्रहीत सन्निहित मन की क्षणिक स्थिति है, मनोरंजन का उत्स है। इससे अखबारों का रंग चटख और टॉंठ हो जाता है। यहाँ ज्ञान, यथार्थ, कौतूहल, जिज्ञासा, कल्पना आदि की बुनावट रसमय गद्य में होती है।

बहरहाल, मेरे हाथ में एक विदेशी लेखक रोलैंड ई. वूल्स की पुस्तक "Journalism in Modern India" है, जिसका प्रकाशन् संवत् 2010 में ज्ञानमंडल लिमिटेड बनारस से हुआ है। इसके पृ. 132 पर लिखा है कि 'फीचर' लिखने की कला का भारत में अधिक विकास नहीं हो पाया है। फिर आगे, 1942 के 'भारत छोड़ो' आन्दोलन का उल्लेख करते हुए लिखा है कि, "अमृत पत्रिका, युगान्तर आनन्द बाजार पत्रिका आदि में इसका श्री गणेश अब हो गया है। इसके उद्‌गम और प्रचार का श्रेय ब्रिटिश तथा अमेरिकन समाचार-पत्रों के प्रभाव को है।"[4] जाहिर है, जब फीचर लेखन पूरे भारतीय साहित्य में एकदम ताजा-टटकी घटना है, तब ऐसी स्थिति में हिन्दी साहित्य में फीचर लेखन की स्थिति क्या होगी? अनुमान लगाया जा सकता है। सच तो यह है कि इस धरती पर फीचर की उम्र ही कुल 100-125 वर्ष के बीच की है। इतना ही नहीं, इस कृति का लेखक लिखता है कि,—"एक बार मैंने 'मामूली लोगों से मिलिये' शीर्षक लेख लिखा। उसमें मैंने एक माली, घरेलू नौकर, मेहतर, खटिक, टाँगे वाला तथा होटल में काम करनेवाले एक लड़के के बारे में लिखा है। उसमें मैंने फोटो भी दिए थे, फिर भी 12 समाचार-पत्रों ने उसे छापने से इनकार कर दिया। केवल एक ने छापना स्वीकार किया, वह भी तब, जब उसके सम्पादन को मेरे इस कथन पर किसी तरह विश्वास हो गया कि 'फीचर' लिखने की प्रवृत्ति को बढ़ावा देना आवश्यक है—हमेशा बड़े आदमियों की ही चर्चा करते रहना तथा मामूली व्यक्ति की सर्वथा उपेक्षा करना ठीक नहीं।"

---

1. व्यावहारिक एवं प्रयोजनमूलक हिन्दी तथा साहित्य शास्त्र—डॉ. फूलवदन सिंह, पृ. 174
2. फीचर लेखन—श्री प्रेमनाथ चतुर्वेदी, पृ. 03
3. राजर्षि टंडन मुक्त विश्व विद्यालय द्वारा सम्पादित 'जन माध्यमों के लिए लेखन' बुलेटिन, तृतीय भाग, पृ. 28
4. Journalism in Modern India-R.E. Wools, P.132

अतः ऐसी स्थिति में यह स्पष्ट है कि हिन्दी में 'फीचर लेखन साहित्य का विकास' जैसा सवाल ही अभी बेमानी है। कुल मिलाकर हिन्दी साहित्य में फीचर बहुत कम लिखे गए हैं, जिसके कारण इस विधा का अभी तक पूर्ण विकास हिन्दी में नहीं हो पाया है। *एक विद्वान्* के अनुसार 1947 तक देश के अधिकतर पत्र अंग्रेजों के खिलाफ लिखने और देश-प्रेम का प्रचार करने में बड़े जोर-शोर से लगे रहे। हर दिन लम्बे-लम्बे लेख और सम्पादकीय छपते थे और वे लोगों को सरकार के खिलाफ बगावत करने के लिए प्रेरित करते थे। कुछ अखबार ऐसे भी थे, जो दिन-रात कांग्रेस और राष्ट्रीय नेताओं की निंदा करने में जुटे रहते थे। एक कारण यह भी था कि हमारे देश में शिक्षित लोगों की कमी है और इसलिए 'फीचर' लिखनेवालों का अभाव रहा। जब अच्छे फीचर लिखे ही नहीं जा सकते थे तो छपने का कोई सवाल ही नहीं उठता था। हमारे देश में पत्रकारिता अभी तक बहुत जोर-शोर से नहीं बढ़ी है और फोटोग्राफी में अभी बहुत पीछे है, दुनिया के बड़े-बड़े देशों से। सालों तक सबका ध्यान पत्रकारिता के उसी पहलू पर गया, जो देशवासियों को अंग्रेजों के खिलाफ झंडा उठाने के लिए प्रेरित करे। जो कोई अखबार निकाल सकता था, वह अपने अखबार में तत्कालीन सरकार की कटु निन्दा करता था। 'मनोरंजक फीचर' लिखने की ओर किसी का ध्यान भी नहीं जाता था। देश में बड़े-बड़े नेताओं ने अपने-अपने अखबार निकाले थे। गांधी जी 'हरिजन' का सम्पादन करते थे, डॉ. पट्टाभि ने, 'जन्म भूमि' निकाला था, लाला लाजपतराय ने 'दि पीपुल' नामक अखबार चलाया था, सुरेन्द्र नाथ बनर्जी ने 'दि बंगाली' नामक अखबार प्रकाशित किया और श्री सुभाष चन्द्र बोस ने 'दि फारवर्ड ब्लाक' को जन्म दिया था। पहले भी 'इलस्ट्रेटेड वीकली ऑफ इंडिया' और कुछ इने-गिने पत्रों में 'फीचर' छपते थे अब भी छपते हैं। 'धर्मयुग' तथा भारतीय भाषाओं के कुछ साप्ताहिक अखबारों में अच्छे फीचर छपते थे। बहुत से दैनिकों में भी अब 'फीचर' छपने लगे हैं, पर, उनका स्तर अभी बहुत ऊँचा नहीं है। उनकी अपनी कुछ कठिनाइयाँ भी हैं। फिर भी, पूरी आशा है कि कुछ सालों के बाद हमारे देश के बहुत से पत्र-पत्रिकाओं में रोचक और सुन्दर 'फीचर' छपने लगेंगे। इन्हीं तथ्यों की ओर संकेत करते **डॉ. रमेश चन्द्र त्रिपाठी**[1] भी कहते हैं कि उन्नत देशों में रूपक-लेखन पत्रकारिता की अभिव्यक्ति के रूप में बहुत लोकप्रिय हुआ है। भारत में भी धीरे-धीरे उसका विकास हो रहा है। वस्तुतः भारत में राजनीति ने पत्रकारिता को जन्म दिया। समाचार-पत्र स्वतंत्रता संग्राम के साधन भी थे, अतः समाचार-पत्रों में राजनीति प्रमुख रही है। एक सीमा तक गैर-राजनीतिक विषयों पर कम ध्यान दिया गया। भारत में पत्रकारिता के उद्भव और विकास को देखने पर यह मालूम होता है कि स्वतंत्रता संग्राम में लेखनी का उपयोग तलवार की तरह किया गया, न कि साहित्यिक अभिव्यक्ति के साधन के रूप में। स्वतंत्रता और आधुनिक घटनाओं के फलस्वरूप पत्रकारिता में अभिव्यक्ति का रूप-सम्बन्धी जो परिवर्तन हुआ है, सामान्यतः उसी के परिणामस्वरूप रूपक का प्रदुर्भाव हुआ है।

बहरकैफ, हिन्दी फीचरों का प्रकाशन सम्प्रति सारिका, नवभारत टाइम्स, झँकार, नई धारा, विशाल भारत आदि विभिन्न पत्रों में हुआ है। इसके पूर्व, धर्मयुग, हिन्दुस्तान, कादम्बिनी में भी प्रभूत मात्रा में फीचर का प्रकाशन समय-समय पर हो चुका है। बताते हैं, इस दिशा में सबसे महत्त्वपूर्ण काम 'बटरोही' का है। बटरोही ने अनेक फीचरों की रचना की है। उनके 'इलाहाबाद' संज्ञक फीचर में इलाहाबाद नगर के वास्तविक स्वरूप का चित्रण मिलता है,—"बाहर से यह शहर रूखा एवं उत्तेजनहीन है, किन्तु अपनी आन्तरिकता में सक्रिय हैं। इसमें लेखक ने सुन्दर उपमान प्रस्तुत किए हैं,—"जैसे इलाहाबाद कोई परमहंस, दार्शनिक हो, जो वृद्धावस्था में अपनी किसी एकान्त कॉटेज में विश्राम कर रहा हो।" बटरोही के अलावा, विवेकी राय, मोहन राकेश, सलमा सिद्दीकी, कमलेश्वर, मृणाल पांडेय, मणि मधुकर, सुधा अरोड़ा, विजय प्रताप, के.पी. सक्सेना तथा गंगा प्रसाद आदि ने इस विधा के विकास के लिए सतत् प्रयास किया है। इनके पहले भारतेन्दु हरिश्चन्द्र, महावीर प्रसाद द्विवेदी तथा निराला आदि ने फीचर के करीब जाने का प्रयास किया था। कुल मिलाकर इस समय हिन्दी में फीचर सम्बन्धी हो रहे लेखन को देखकर यही कहा जा सकता है कि हिन्दी में फीचर लेखन-विधा का भविष्य समुज्ज्वल है।"[2]

---

1. पत्रकारिता के सिद्धान्त—डॉ. रमेश चन्द्र त्रिपाठी, पृ. 334
2. व्यावहारिक एवं प्रयोजनमूलक हिन्दी तथा साहित्य शास्त्र—डॉ. फूलबदन सिंह, पृ. 98

(6) फीचर के प्रमुख अंग तथा फीचर लेखन की प्रमुख तकनीक

रेखाचित्र, संस्मरण, यात्रा-वृत्तान्त, डायरी-साहित्य आदि की तुलना में 'फीचर' हिन्दी का नवजात शिशु रूप है। इसकी सत्ता और पहचान हिन्दी साहित्य में शनैः शनैः बन रही है। अतः फीचर के आदर्श लेखन के लिए फीचर लेखक को इसके कुछ प्रमुख अंगों पर ध्यान देने के साथ-साथ फीचर लेखन की तकनीक और शऊर को भी जानना चाहिए। इन्हें अलक्षित और नजरंदाज नहीं करना चाहिए। विद्वानों ने फीचर के चार प्रमुख अंग माने हैं, (1) शीर्षक, (2) प्रस्तावना, (3) विवरण या मुख्य कलेवर तथा (4) उपसंहार। साफ शब्दों में एक अच्छे फीचर के लिए उक्त चार पक्षों का सही समायोजन होना जरूरी है। फीचर की आकर्षक प्रस्तुति के लिए अग्रलिखित तकनीक या विधि का प्रयोग करना चाहिए, यथा—

(1) सामग्री टाइप कराकर भेजनी चाहिए, साथ ही फुल स्केप पेपर के दाएँ-बाएँ दोनों तरफ थोड़ी जगह छोड़कर लेखन कार्य किया जाना चाहिए,

(2) जहाँ चित्र का स्केच लगाना हो, वहाँ पर चौकोर निशान बनाकर फोटो या चित्र का कैप्शन तथा संख्या लिख देनी चाहिए,

(3) कागज के ऊपरी भाग में बायीं तरफ विषय लिख देना चाहिए।

(4) फीचर की समाप्ति पर अपना नाम, पता और टेलीफोन नम्बर लिखकर हस्ताक्षर कर देने चाहिए,

(5) फीचर के साथ सम्बन्धित चित्र, फोटोग्राफ्स तथा कवरिंग लेटर लगा देना चाहिए, जिसमें सम्पादक के नाम एक सूचना होती है, कि लेख किस सम्बन्ध में भेजा जा रहा है।

(6) फीचर के प्रारम्भ में शीर्षक, उपशीर्षक को बोल्ड या डार्क कर दिया जाता है,

(7) फीचर न अधिक लम्बा लिखें न संक्षेप में,

(8) फीचर को पाठकों की रुचि और समय के अनुकूल हर वर्ग को ध्यान में रखकर लिखना चाहिए तथा

(9) फीचर को सम्बन्धित पत्र-पत्रिका में भेजते समय कवरिंग लेटर, स्वनाम पता लिखा लिफाफा, पत्र की स्वीकृति के लिए लिफाफे के ऊपर लगा पोस्टकार्ड (जिस पर लेखक का पता लिखा हो) अच्छी तरह पिनअप किए गए पृष्ठ, सम्बन्धित चित्र एवं फोटो ग्राफ्स भेजने का ध्यान रखना चाहिए।[1] इन सबके अलावा फीचर की प्रभविष्णु, सुघड़ तथा लयात्मक प्रस्तुति के लिए इन बातों पर भी ग़ौर करना चाहिए, यथा—

(क) शीर्षक

फीचर लेखन में शीर्षक का बेहद महत्त्व होता है। शीर्षक एक ऐसा तत्त्व या अंग है, जो वस्तुतः सबसे पहले पाठक का ध्यान अपनी ओर खींचता है। शीर्षक में फीचर की आत्मा बसती है। लम्बे, चौड़े वक्तव्य, निष्प्राण भाषा और अरुचिकर शीर्षक पर पाठकों का ध्यान नहीं जाता है। अतः शीर्षक और भाषा फीचर के लिए जरूरी है कि उनमें जीवन्तता हो। भाषा बोधगम्य हो, सरल-सहज हो। फीचर ऐसा हो कि उसे पढ़ने में पाठक को आनन्द आए और उसी आनन्द में लेखक पाठकों के समक्ष अपनी बात रख दे। तब तो फीचर लेखक की सफलता है। जरूरी नहीं है कि प्रत्येक फीचर के साथ उपशीर्षक भी हो, उसका उद्देश्य यह है कि विषय-वस्तु का संक्षिप्त संकेत उसके माध्यम से दिया जाए।[2] वस्तुतः आज का युग सजावट और प्रदर्शन का है। अतः शीर्षक पढ़ने में आकर्षक और सुन्दर होना चाहिए। उसका बाह्य आकर्षण टाइप के चयन में और आन्तरिक आकर्षण उसकी भाषा तथा भाव में निहित है। भाषा और भाव की दृष्टि से शीर्षक के गुण निम्न प्रकार हैं[3],—

(1) सरल,

(2) सजीव,

(3) ज्ञानवर्द्धक,

(4) सार्थक,

---

1. राजर्षि टंडन मुक्त विश्व विद्यालय द्वारा सम्पादित 'जनमाध्यमों के लिए लेखन'—पृ. 74-75
2. जनसम्पर्क : सिद्धान्त और व्यवहार—डॉ. सुशील त्रिवेदी तथा डॉ. शशिकान्त शुक्ल, पृ. 56
3. फीचर लेखन—श्री प्रेमनाथ चतुर्वेदी, पृ. 40

(5) यथा सम्भव छोटा,
(6) उत्कंठा उत्पन्न करनेवाला,
(7) फीचर का 'व्यक्तित्व' उभरे,
(8) विषय के अनुकूल हो,
(9) उसमें लक्षणा और व्यंजना शक्तियों का प्रयोग हो,
(10) भाषा की वक्रता हो,
(11) सत्य पर आधारित हो,
(12) भ्रम में न डालनेवाला हो,
(13) अकर्मक क्रिया का कम-से-कम प्रयोग,
(14) संक्षिप्त प्रयोगों का कम-से-कम व्यवहार,
(15) यदि दो शीर्षक हों, तो उनमें विरोधाभास न हो। वे एक-दूसरे के पूरक हों।

ऊपर दिए, पन्द्रह गुणों का ध्यान रखते हुए शीर्षक गठन करना आसान काम नहीं। सतत् अभ्यास और अध्ययन से ही शीर्षक देने की कला में सफलता मिलती है। शीर्षक देने में मनोविज्ञान का ज्ञान होना भी आवश्यक है। शीर्षक देने में हठधर्मी से काम नहीं लेना चाहिए। इस बात का भी ध्यान रखना परम आवश्यक है कि फीचर के विषय के अनुकूल ही उसका शीर्षक होना चाहिए।

(ख) प्रस्तावना

बक़ौल **डॉ. डंगवाल**[1] अंग्रेजी में प्रस्तावना को 'इंट्रोडक्शन' कहते हैं। 'इंट्रोडक्शन' का संक्षिप्त रूप 'इंट्रो' है। अमेरिकी पत्रकारिता की भाषा में 'इंट्रो' को 'लीड' कहते हैं। हिन्दी-उर्दू पत्रकार इसे 'आमुख' या 'मुखड़ा' भी कहते हैं, किन्तु प्रस्तावना ही अधिक प्रचलित है। मुख्य तथ्य का उद्घाटन होने से प्रस्तावना का फीचर में विशिष्ट स्थान है। यह फीचर का एक तरह से परिचय-पत्र होता है। प्रस्तावना के माध्यम से फ़ीचर के विवरण का सार-तत्त्व प्रस्तुत कर शेष-विवरण को जानने की जिज्ञासा पैदा की जाती है। श्रेष्ठ, अच्छी और उत्तम प्रस्तावना प्रथम व्यक्ति से सन्दर्भित विषय-वस्तु के प्रति पाठक का ध्यान आकर्षित करती है। इस प्रकार मूल विषय की नव्यतम और महत्त्वपूर्ण जानकारी प्रस्तावना में दी जाती है। विषय-वस्तु की विभिन्नता के अनुसार प्रस्तावना-लेखन में विविधता वस्तुतः लेखक की शैली पर निर्भर करती है। प्रस्तुतीकरण के तरीके में छूट होने पर भी यह अपेक्षित है कि उसमें सारगर्भित तथ्य और विचार समाहित है। इधर, **डॉ. फूलबदन सिंह**[2] का विचार है कि प्रस्तावना में तथ्य का निष्कर्षणात्मक और महत्त्वपूर्ण अंश पाठक की सन्तुष्टि हेतु प्रभावशाली रूप में आना चाहिए। फीचर का प्रारम्भ और अन्त रोचक एवं आलंकारिक शैली में अच्छा एवं उपयुक्त माना जाता है। यही कारण है कि कुछ फीचर-लेखक प्रस्तावना का प्रारम्भ लघु-कथा-प्रविधि के अनुरूप करते हैं। कुछ नाटकीय पुट-देकर अथवा किसी मनोरंजक तरीके से प्रारम्भ लघु-कथा-प्रविधि के अनुरूप करते हैं। कुछ नाटकीय पुट देकर अथवा किसी मनोरंजक तरीके से प्रारम्भ करते हैं और उसे सजाते-सँवारते हैं। सारतः प्रस्तावना किसी भी तरीके से क्यों न लिखी जाए, किन्तु उसे पाठक में औत्सुक्य एवं अभिरुचि उत्पन्न करने में समर्थ अवश्य होना चाहिए। बहरहाल, प्रस्तावना को निम्नलिखित भागों में बाँटा जा सकता है,—

(क) चित्रात्मक प्रस्तावना—इस प्रकार की प्रस्तावना में आकर्षक रूप से तथा शब्दों के जाल में बाँधकर पाठकों के समक्ष किसी महत्त्वपूर्ण व्यक्ति, असाधारण वस्तु तथा मनोरमस्थल की झलक प्रस्तुत की जाती है।

(ख) घटनात्मक प्रस्तावना—किसी भी घटना को शब्दों का ऐसा जामा पहनाकर प्रस्तावना लिखी जाती है, जो पाठक को सम्पूर्ण घटना की सम्पूर्ण जानकारी प्राप्त करने के लिए बाध्य करती है।

---

1. पत्रकारिता के मूल तत्त्व—डॉ. ए.आर. डंगवाल, पृ. 111
2. व्यावहारिक एवं प्रयोजनमूलक हिन्दी तथा साहित्यशास्त्र—डॉ. फूलबदन सिंह, पृ. 175

(ग) **प्रश्नात्मक प्रस्तावना**—इस प्रकार की प्रस्तावना में कुछ प्रश्न पाठकों के समक्ष रखे जाते हैं। उनके उत्तर जानने के लिए पाठक को आगे का लेख पढ़ने के लिए प्रोत्साहित किया जाता है।

(घ) **सादृश्य मूलक प्रस्तावना**—इस प्रकार की प्रस्तावना में लेखक पाठकों के सामने घटना विशेष का दृश्य इस प्रकार उपस्थित करता है, जैसे घटना सामने घटित हो रही है। साथ ही उस घटना से सम्बन्धित दूसरी घटना से प्रस्तावना शुरू की जाती है।

(ङ) **विरोधात्मक प्रस्तावना**—पाठक की जानने की इच्छा जगाने के लिए दो विरोधी स्थितियों का चित्रण या विवरण देते हुए प्रस्तावना लिखी जाती है, ताकि पाठक वास्तविकता जानने की उत्सुकता में सारा लेख पढ़ ले।

(च) **लघु वाक्यांश प्रस्तावना**—इस प्रकार की प्रस्तावना का आरम्भ फीचर के सबसे महत्त्वपूर्ण वाक्य या शब्द से किया जाता है।

(छ) **उद्धरण प्रस्तावना**—इस प्रकार की प्रस्तावना किसी समकालीन प्रासंगिक तथा उपयुक्त उद्धरण के साथ लिखी जाती है, ताकि पाठक दोनों का सह सम्बन्ध जानने की उत्सुकता से फीचर का पूर्ण अध्ययन करें।[1]

(ग) विवरण या मुख्य कलेवर

फीचर लेखन का अगला महत्त्वपूर्ण अंग, सोपान या तत्त्व है विवरण या मुख्य कलेवर। प्रस्तावना में जिन तथ्यों का संकेत या इशारा करते हैं, विवरण में उसका पूर्णरूपेण खुलासा करते हुए उसे सन्तुष्ट करते हैं। विवरण में फीचर लेखक का विस्तार मुक्त रूप से करता है। यहाँ भावों की क्रमबद्धता पर विशेष ध्यान दिया जाता है। साफ शब्दों में, छिन्न-भिन्न भाव यहाँ जोड़े जाते हैं। कुल मिलाकर फीचर-कथा यहाँ अपना विस्तार पाती है। भावों से सन्तुलन बना रहे, शब्दों का प्रयोग उपयुक्त और सटीक हो आदि बातों का ध्यान यहाँ फीचरकार को बराबर रखना पड़ता है गम्भीर दार्शनिक और अबूझ रहस्य सम्बन्धी शब्दावलियों के प्रयोग का भरसक यहाँ निषेध होना चाहिए। भावातिरेक और भाव-शून्यता-दोनों ही फीचर को गूढ़ बना सकती है, अतः यहाँ इन सभी बातों का ध्यान रखना चाहिए।

(घ) उपसंहार

कुछ विद्वानों का कहना है कि फीचर के लिए जितना महत्त्व शीर्षक का है, उतना ही महत्त्व उपसंहार का भी है। उपसंहार में फीचर लेखक अपने फीचर का केन्द्रीय तत्त्व दे देता है। यहाँ फीचर का निचोड़ या सारांश प्रस्तुत किया जाता है। यद्यपि यह कोई बहुत कड़ा या सख्त नियम नहीं है कि यहाँ फीचर का सम्पूर्ण सारांश या निथरा रूप प्रस्तुत कर ही दिया जाए। फीचर लेखक इस भाग में स्वतंत्र है कि वह अपने फीचर का सार यहाँ दे या न दें। वह चाहे तो अनुत्तरित प्रश्न अपने पाठकों पर भी छोड़ सकता है। इससे होता यह है कि किसी कौतूहल सम्पृक्त उपन्यास की तरह पाठक की जिज्ञासा फीचर पढ़ने में अन्त तक बनी रहती है।

(7) फीचर : समाचार-पत्र की आत्मा

विद्वानों ने फीचर को समाचार-पत्र की आत्मा और प्राण कहा है। फीचर से पत्र का आकर्षण बढ़ जाता है। फीचर लेखक अपने जीवन के अनुभवों से पत्र को सँवारता और जीवन्त बनाता है, समाचार-पत्र को नई अर्थ-दीप्ति से भर देता है। पूरी आत्मीयता से रचा गया फीचर समय, समाज और नियति का प्रामाणिक प्रवक्ता होता है। फीचर समाचार-पत्र में लम्बी बयान बाजी नहीं करता, बल्कि सीधे, सरल शब्दों और मोहक लहजे में अन्तर्मन् की गाँठ खोलता है। हाँ, कभी-कभी कथ्य के दो-टूकपन, व्यंग्य की बेधकता और नाटकीयता से भी मुदित भाषा में सारी बातों का बयान करता है, फिर भी नाटकीयता

1. राजर्षि टंडन मुक्त विश्वविद्यालय द्वारा सम्पादित 'जनमाध्यमों के लिए लेखन' पृ. 28

से परहेज हो तो अच्छा है। दरअसल, आजकल समाचार-पत्रों के मुख्यतः चार अंग होते हैं—समाचार, फीचर, लेख और चित्र। समाचार और लेख तो अनेक समाचार-पत्रों में तनिक हेर-फेर के साथ एक-से होते हैं, अथवा हो सकते हैं, पर फीचर नहीं। फीचर वह लेख है, जिसकी अपनी विशेषता और अपना व्यक्तित्व होता है। विशिष्ट लक्षण के कारण ही आज फीचर लेखन को विशेष महत्त्व दिया जाता है। अपने महत्त्व के कारण ही फीचर समाचार-पत्र के व्यक्तित्व को उभारने में सहायक सिद्ध होते हैं और जो समाचार-पत्र जितने अधिक श्रेष्ठ फीचर प्रकाशित करता है, पाठक उसके प्रति उतना ही अधिक आकर्षित होते हैं। समाचार नई जानकारी देता है। इस नवीनता के कारण सामान्य पाठक उसको पढ़ना चाहता है। फीचर में समाचार और समस्या आदि के रहस्य की विशेष जानकारी के साथ आत्मीयता, भावना और विवेचना के गुणों का समावेश होता है। इन तत्त्वों के कारण ही पाठक की उससे भावनात्मक सन्तुष्टि होती है। पाठक की यही सन्तुष्टि उसके आकर्षण का मूल कारण है। इस सन्तुष्टि की उपलब्धि फीचर में समाविष्ट उसके अनेक मूल तत्त्वों के कारण होती हैं।[1]

सच तो यह है कि समाचार-पत्रों में यदि परिपक्व भाषा शैली, सटीक और प्रामाणिक तथ्य और विशेष सामग्री को रोचक और ललित शैली में फीचर के रूप में प्रस्तुत किया जाए तो समाचार-पत्रों की माँग बहुत बढ़ जाती है। सम्भवतः यही कारण है कि चटख रंग में लिखे फीचर के कारण पत्र-पत्रिकाओं की माँग बाजार में काफी होती है। सुन्दर और उपयोगी फीचर से समाचार-पत्रों और पत्रिकाओं की खपत बढ़ती है। सम्भवतः इसीलिए आजकल हर स्तरीय अखबार और रिसालात में सम्पादक या प्रबन्धक श्रेष्ठ और चर्चित लेखकों से फीचर लिखवाते हैं, फलतः उनके अखबार और पत्रिकाओं का 'सर्कुलेशन' रातों-रात बढ़ जाता है।

(8) फीचर लेखन : आवश्यक सुझाव, सावधानियाँ या उपयोगी बातें

तमाम ना-नुकुर और असहमतियों के बावजूद इतना तो कहा ही जा सकता है कि फीचर किसी भी अखबार या पत्र-पत्रिका की ताकत और जड़ी-बूटी बन चुका है। खूबसूरत फीचर की निकलती गन्ध से पाठक उसकी ओर खिंचा चला जाता है। अतः ऐसी स्थिति में फीचरकार को चाहिए कि फीचर लिखते समय वह फीचर लेखन सम्बन्धी कुछ जरूरी बातों पर गौर करे, ताकि उसके फीचर में प्राणवत्ता आने के साथ-साथ पाठकों के बीच उसके फीचर की विश्वसनीयता और भरोसा बना रहे। अतः इसके लिए उसे चाहिए कि कल्पना के साथ-साथ अपने फीचर में यथार्थ का भी सम्मिश्रण करे ताकि उसका फीचर सन्दिग्धता का शिकार न हो। उदाहरण के लिए फीचर में अपने इर्द-गिर्द की घटनाओं के बयान के समय वह महज दर्शक ही न रहे, बल्कि खुद उसका हिस्सा भी बने। विसंगतियों और विद्रूपताओं का सहज यथार्थपरक चित्रण करे। अपने अनुभव के सत्य को बिना किसी लाग-लपेट के व्यक्त करे। अगली बात यह है कि फीचर में सूक्ष्म मानवीय संवेदनाओं की सहज और विश्वसनीय अभिव्यक्ति हो। कथ्य की बुनावट जितनी गहन हो, भाषा भी रूई के फाहे की तरह उतनी ही नरम, कोमल और खूबसूरत हो। कुल मिलाकर फीचर में किसी तरह की रहस्यात्मकता और अबूझ पहेली का उलझाव न हो। मर्म आसानी से समझ में आ जाए। बहरहाल, इसी तरह कुछ अन्य सावधानियों पर भी यदि गौर किया जाए तो फीचरकार का फीचर श्रेष्ठ, सुपाठ्य तो होगा ही, प्रशंसित, कमनीय और मनोरम-आकर्षक भी होगा। यथा—

(1) फीचर का प्रस्तुतीकरण मनोरंजक, सरस और सुबोध ढंग से होना चाहिए,

(2) तथ्यों को चित्रों और शब्दों की सहायता से भरसक रंगीन और आकर्षण स्वरूप देना चाहिए,

(3) फीचर की सफलता इसी में है कि उसे पढ़ने में पाठकों को आनन्द आए। वह उसे चाव से पढ़े,

(4) फीचरी की शैली यदि ललित निबन्ध की हो, भाषा कविता की हो और उत्सुकता निरन्तर उपन्यास की तरह बनी रहे तो वह अपने पाठकों का ध्यान अपनी ओर निरन्तर खींचता रहेगा,

(5) वह ज्ञानवर्द्धक हो, सरल और सजीव हो,

1. फीचर लेखन—प्रेमनाथ चतुर्वेदी, पृ. 9

(6) विषयानुकूल हो, अपनी बात चुपचाप कह लेने में सक्षम हो,
(7) फीचर संभ्रम पैदा करने के विकार से रहित हो,
(8) फीचर में अनावश्यक विस्तार और फैलाव न हो, अन्यथा फीचर पढ़ते समय पाठक उबन महसूस कर सकता है,
(9) फीचर में समय-समय पर हास-परिहास, मनोविनोदी तत्त्वों का यदि मेल हो तो उसमें चार चाँद लग सकता है तथा
(10) कुल मिलाकर[1] फीचर लेखक के पास कवि-सा भावुक हृदय, समीक्षक का-सा प्रौढ़ चिन्तन, इतिहासकार-सा इतिहास-बोध, वैज्ञानिक की-सी तार्किकता, समाजशास्त्रीय-सा समाज बोध तथा भविष्य को परखने की क्षमता होनी चाहिए। फीचर लेखक को अपने परिवेश के प्रति पर्याप्त सजग होना चाहिए और उसके पास एक ऐसी सूक्ष्म दृष्टि होनी चाहिए जो आस-पास के विविध विषयों को फीचर का विषय बनाने की प्रेरणा दे सके।

(9) फीचर लेखन की कला

फीचर लेखन एक कला है। जिस प्रकार प्रत्येक कला में दक्षता पाने के लिए कुछ मूलभूत सिद्धान्तों का ज्ञान प्राप्त कर उसका सतत् अभ्यास करना जरूरी होता है, इसी प्रकार लेखन कला में पटुता पाने के लिए भी कुछ सिद्धान्त की बातों पर ध्यान रखना होगा। जिस विधा के लेखक हम बनना चाहते हैं, उसी विधा की कृतियों का हमें सतत् अध्ययन करना चाहिए। फीचर लेखन की बात जब हम करते हैं, तो हमारा सबसे पहले ध्यान उसके चार मूलभूत आधारों पर जाता है। ये मूल आधार हैं,—सत्य, जिज्ञासा, विश्वास और योग्यता। फीचर सत्य पर आधारित हो और ऐसे लिखा जाना चाहिए कि प्रथम वाक्य से ही पाठक के मन में उत्तरोत्तर जिज्ञासा उत्पन्न हो। फीचर पाठक के भीतर जानकारी की प्यास पैदा करे ओर उसे बुझाता भी रहे। फीचर लिखते समय लेखकों को कालिदास के ग्रन्थों के टीकाकार मल्लिनाथ का कथन याद रखना चाहिए,—**नामूलं लिख्यते किंचित्** अर्थात् जिस बात का आधार न हो, उसे नहीं लिखना चाहिए। अगली बात यह कि फीचर लेखन की कला में लेखक के स्वाध्याय, तथ्यों के प्रेषण और शैली के हृदयग्राही स्वरूप के साथ-साथ लेखक की योग्यता समाहित है। फीचर के प्रति विश्वास लेखक और पाठक-दोनों के प्रति जरूरी है। आत्म विश्वास से लिखा गया फीचर पाठक के मन में विश्वास उत्पन्न करेगा। श्रेष्ठ फीचर वही है, जो सत्य पर आधारित हो, जिसे पढ़कर पाठक को नई जानकारी प्राप्त हो और वह सन्तुष्ट हो सके।[2]

(10) फीचर लेखन की भाषा-शैली

विद्वानों ने भाषा को जीवित शक्ति माना है। भाषा की महीन बुनावट में मुमुर्ष भाव भी जाग्रत-जीवन्त हो उठता है। खासकर फीचर लेखन में यदि भाषा चुटीली, मर्मभरी, प्रयुक्त हुई है तो वह फीचर पठनीय बन जाता है। फीचर का स्वाद बढ़ जाता है। कभी-कभी कुछ भूले-बिसरे मुहावरों और कहावतों के पिरो देने से फीचर धारदार तो बन ही जाता है, दिलचस्प भी लगने लगता है। कभी-कभी हल्की-फुल्की उक्तियों के प्रयोग से भी फीचर पाठक को गुदगुदाने लगता है। व्यंग विनोद और हास्य का पुट और छौंक भी फीचर में रोचकता पैदा करते हैं। कुल मिलाकर यह कि यदि फीचर में उपयुक्त भाषा का प्रयोग किया जाए तो फीचर तात्कालिक ताप और वैचारिक आँच से लैस हो सकता है।

ठीक इसी तरह से फीचर लेखन में शैली का महत्त्व है। विद्वानों ने शैली को विचारों की वेशभूषा कहा है। भावाभिव्यक्ति के लिए भाषा-शिल्प की तरह शैली का भी महत्त्व होता है। यदि भाषा-शैली दोनों आवेगी हों तो अभिव्यक्ति के संकट के साथ पठनीयता का खतरा पैदा हो सकता है। सम्भवतः इसीलिए विद्वानों ने कहा भी है कि सादगी उत्कृष्ट लेखन का अनिवार्य तत्त्व है, जो शब्द, वाक्य, परिच्छेद

1. हिन्दी पत्रकारिता : एक परिचय-सुरेन्द्र बीनू सिन्हा तथा डॉ. आशीष कुमार मैसी, पृ. 56
2. राजर्षि टंडन मुक्त विश्वविद्यालय द्वारा सम्पादित 'जन माध्यमों के लिए लेखन', पृ. 32

आदि सभी को संस्पर्श करती है।[1] **बी.एन. आहूजा** [2] भावाभिव्यक्ति में शैली के महत्त्व पर प्रकाश डालते लिखते हैं,—"Style is concerned with the manner in which you present your information, not the content. The following tips for developing a style may be helpful—

(1) Identify the basic elements of style,
(2) Select a format for a particular writing project,
(3) Follow Consistent usage in language,
(4) Punctuate clearly and constistently."

सुप्रसिद्ध मीडिया लेखिका **डॉ. प्रीता व्यास**[3] कहती हैं कि शैली के आवश्यक गुण हैं,—सरलता, सजीवता, स्पष्टता, मर्मस्पर्शिता और प्रभावोत्पादकता। यदि विनोद का भी पुट हो तो सोने में सुहागा। उनके अनुसार शैली के लिए आवश्यक गुण संक्षेप में इस प्रकार हैं,—

(1) शब्द थोड़े, पर अर्थ अधिक (अरथु अमित आखर थोरा—तुलसीदास),
(2) आसानी से समझ में आए,
(3) साहित्यिक पुट लिए ओजपूर्ण भाषा हो,
(4) शब्द तथा वाक्यों के अर्थानुसार उनका शुद्ध प्रयोग,
(5) अपनापन,
(6) मुहावरे, कहावतों और सूक्तियों का सही प्रयोग,
(7) वाक्य रचना सरल, पर ढीली नहीं,
(8) वाक्यों के गठन में अनेक रूपता,
(9) शब्दों, विचारों और वाक्यों की पुनरावृत्ति नहीं,
(10) अनुच्छेद न बहुत छोटे हों और न बहुत बड़े,
(11) हर अनुच्छेद के प्रथम वाक्य में ही महत्त्वपूर्ण नवीन विचार,
(12) प्रत्येक अनुच्छेद व वाक्य में कथन का तारतम्य,
(13) अनावश्यक कुछ नहीं—न वाक्य न भाव,
(14) विषय के अनुकूल कथन का प्रकार,
(15) दुरूह व तकनीकी शब्दावली व वाक्यावली का प्रयोग कम-से-कम,
(16) अनुवादी भाषा का पूर्ण परित्याग,
(17) भाव व भाषा के संस्कारों की रक्षा का ध्यान,
(18) ग्रामीण शब्दों का प्रयोग केवल प्रसंगवश, अधिक नहीं तथा
(19) शैली के परिमार्जन के लिए रचना का बार-बार पठन।

कुल मिलाकर यह कि फीचर लेखन में यदि लोक प्रयोगों से समन्वित शैली का प्रयोग हो तो श्लाघनीय होता है। इसके साथ ही भावात्मक शैली का प्रयोग भी उत्तम और शिष्ट माना जाता है।

(11) फीचर लेखन की प्रविधि

यदि किसी फीचरकार के पास विषय-वस्तु की समझ और चौकस दृष्टि हो, भाषिक सजगता हो, थोड़ा वक्त और श्रम हो, तो विषय-वस्तु की तिक्तता के बावजूद वह अपने कथ्य को तीखेपन और बुनावट के बनावटीपन से बचाकर उसकी प्रस्तुति सुन्दर सलीके से कर सकता है, अन्यथा उसकी प्रस्तुति भदेस, अनगढ़ और इकहरेपन का शिकार हो जाएगी। फीचरकार को अपने अनुभवों का बयान बिना किसी छल-छद्म के सीधे-सीधे करना चाहिए। उसे स्वतः ऐसा लगे कि वह जो कहना चाह रहा है शिल्प और प्रयोग की गुह्य-गुफाओं के न होने के बावजूद स्पष्ट और साफ सुथरे रूप में कह ले जा रहा है। पाठकों की कल्पनाशीलता के लिए वह कुछ शेष नहीं छोड़ रहा है। बहरहाल, फीचर लेखन और उसकी प्रस्तुति एक कला है। यह विधि और हुनर सभी को नहीं आती। अतः ऐसी स्थिति में हमें चाहिए कि,

1. पत्रकारिता के मूल तत्त्व—डॉ. ए.आर. डंगवाल, पृ. 105
2. Theory and Practice of Journalism-B.N. Ahuja, P. 101
3. पत्रकारिता : परिचय एवं विश्लेषण—डॉ. प्रीताव्यास, पृ. 118

फीचर के शीर्षक में सरलता हो, शीर्षक चयन में सजीवता का बोध हो, शीर्षक देने से पूर्व इसका ध्यान रखना आवश्यक है कि वह ज्ञानवर्द्धक हो। जितना छोटा और सार्थक शीर्षक होगा, उतना ही वह पाठकों को अपनी ओर आकर्षित करने में सक्षम होगा। शीर्षक, फीचर के विषय के अनुकूल हो, लक्षणा और व्यंजना शक्तियों का प्रयोग हो, भाषा की वक्रता हो, सत्य पर आधारित हो, भ्रम में न डालनेवाला हो, अकर्मक क्रिया का प्रयोग शीर्षक रचना में कम-से-कम किया जाए। यदि शीर्षक दो हो, तब यह ध्यान रखना आवश्यक है कि दोनों शीर्षकों में विरोधाभास न हो, बल्कि एक दूसरे का पूरक बना रहे।[1] लम्बे, चौड़े वक्तव्य, निष्प्राण भाषा और अरुचिकार शीर्षक पर पाठकों का ध्यान नहीं जाता।

भाषा सरल और बोधगम्य हो। फीचर ऐसा हो कि उसे पढ़ने में आनन्द आए एवं उसी आनन्द में लेखक अपनी बात पाठकों के समक्ष रख दे, तब तो फीचर लेखक की सफलता है। जरूरी नहीं है कि प्रत्येक फीचर के साथ उपशीर्षक भी हो, उसका उद्देश्य यह है कि विषय-वस्तु का संक्षिप्त संकेत उसके माध्यम से दिया जाए। फीचर के प्रारम्भ का इंट्रो' (Intro) समाचार के 'इंट्रो' से भिन्न होगा। वह सीधा हो, सरल हो, और पढ़ते ही पाठक को अपनी ओर खींच ले, तभी उसकी सफलता है। इंट्रो में सम्पूर्ण सामग्री की बात आ जानी चाहिए। मुख्य मुद्दा क्या है, उसकी सीमाएँ क्या हैं? विषय का विस्तार कितना है? उसमें सीधे अपने विषय पर नहीं आना चाहिए। सर्वप्रथम लेखक को वातावरण निर्मित करना चाहिए।[2]

(12) फीचर के गुण और लक्षण

फीचर, हिन्दी साहित्य में नव विकसित विचारशील विधा है। अन्य विधाओं की तरह धीरे-धीरे हिन्दी साहित्य में फीचर की भी सत्ता स्थापित हो रही है। अब यह भी पाठकों के बीच समादृत और लोकप्रिय विधा बन चुकी है। इसने भी अब अपना आदर्श और मूल्य स्थापित कर लिया है। इस तरह की आशा का आभास और आहट निरन्तर लिखे जा रहे फीचरों से प्राप्त हो रही है। फीचर, अब महज मन बहलाव की वस्तु नहीं रह गया है। इसमें भी समय और समाज की सच्चाई बेखौफ़ व्यक्त हो रही है। तमाम तरह के अन्तर्विरोधों से ग्रस्त और विडम्बनाओं से घिरे होने के बावजूद फीचरकार सृजन सम्बन्धी अपने आचरण की शुद्धता से फीचर को अक्षत बचाये रखने का प्रयास कर रहा है। रेखाचित्र संस्करण, डायरी लेखन तथा यात्रा आदि की तुलना में अब फीचर को हाशिये पर नहीं ठेला जा सकता। फीचर लेखक की दृष्टि और शिल्प फीचर लेखन में न तो रैडिकल है और न सुस्त, न यहाँ विचारों का विराम है, न ठहराव, बल्कि अपने भीतर आज के फीचर ने इतने विशिष्ट गुण पैदा कर लिए हैं कि मुद्दों को उठाना और उनका समाधान प्रस्तुत कर पाठक के ऊपर अपेक्षित प्रभाव छोड़ना उसके लिए अब कठिन नहीं रह गया है। फीचर के गुणों पर प्रकाश डालते **ब्रजभूषण सिंह आदर्श**[3] लिखते हैं कि, "अच्छा रूपक (फीचर) किसी विषय की पार्श्वभूमि में 'समाचार के पीछे समाचार' का विश्लेषण, चर्चा तथा स्पष्टीकरण प्रस्तुत करता है। वह ज्ञात अथवा अल्पज्ञात घटना का समीक्षण कर लेखबद्ध चित्र प्रस्तुत कर पाठक को नवीन तथ्यों से अवगत कराता है। वह अन्वेषण करता है तथा विषय-वस्तु की अनावृत्ति कर विश्वसनीय साक्ष्य से अपनी उपपत्तियों को परिपुष्ट बनाता है। वह घटनाओं द्वारा जनता पर होनेवाले प्रभाव का पूर्वानुमान करता है तथा सम्भावित परिणामों की ओर ध्यानाकर्षित करता है। इसी तरह **श्री प्रेमनाथ चतुर्वेदी**[4] ने फीचर के लक्षणों पर इस प्रकार प्रकाश डाला है,—"फीचर आधुनिक पत्रकारिता के क्षेत्र में लेखन की वह विधा है, जो मनोरंजक ढंग से समाचार की वर्तमानभूमि पर खड़ी होकर भूत पर दृष्टि डालती हुई, भविष्य की उड़ान भरने में सक्षम है। फीचर में लेखक का व्यक्तित्व सामने नहीं आता। उसका लेखक तो पत्रकार की तरह पर्दे के पीछे रहकर पाठक के लाभार्थ घटनाओं और व्यक्तियों का वर्तमान, भूत और भविष्य के परिवेश में मूल्यांकन करता है। फीचर न रेखाचित्र है, न रूपक और न गद्यगीत। फीचर, फीचर है। फीचर है किसी समाचार के व्यापक प्रभाव का दर्शन और मूल्यांकन।"

1. पत्रकारिता जगत्—अशोक प्रियदर्शी, सुशील कुमार सिन्हा, पृ. 53
2. जनसम्पर्क : सिद्धान्त और व्यवहार—डॉ. सुशील त्रिवेदी, शशिकान्त शुक्ल, पृ. 58
3. रूपक-लेखन-व्रजभूषण सिंह, आदर्श, पृ. 75
4. फीचर लेखन-प्रेमनाथ चतुर्वेदी, पृ. 10

कई विद्वानों ने संवेदना को फीचर का प्राण कहा है। यह पाठक की जिज्ञासा, आशंका, संत्रास, सहानुभूति आदि को उद्दीप्त कर उसका उपशमन भी करता है। फीचर के लक्षणों के विषय में **श्री डी.एस. मेहता**[1] ने लिखा है, "फीचर में उस तथ्य को उभारा जाता है, जो महत्त्व का होते हुए भी स्पष्ट नहीं होता और उसका प्रस्तुतीकरण ही फीचर के व्यक्तित्व, उसकी शक्ति और उसके औचित्य का बोध देता है। अध्ययन, अनुसन्धान और साक्षात्कारों के बल पर फीचर में तथ्यों का विस्तार किया जाता है। फीचर किसी विषय के जानकार और अज्ञानी पाठक के लिए शिक्षक, पथ-प्रदर्शक और मोहक का काम करता है, "The feature is a sort of lyric in prose 'a momentary mood garnered…An article on the other hand deals with several moods from…gay and from sublime to ridiculous'. If the article is like many…a neat little beautiful room cottage". इधर, पश्चिम के एक जानकार ने फीचर में मनोभावों के प्रदर्शन को फीचर का उत्तम लक्षण माना है। वे लिखते हैं,—"मनोभाव। यही तो कुंजी है। फीचर में क्रोध का प्रदर्शन हो सकता है। उसमें दया प्रकट हो सकती है। उसमें हास्य-व्यंग का भाव प्रकट हो सकता है। उसमें घृणा भी प्रकट हो सकती है। फीचर में कुछ-न-कुछ प्रकट होना चाहिए।"[2] **स्व. डॉ. विवेकी राय** की मान्यता है कि फीचर चलती घटनाओं, सामाजिक और राजनैतिक आदि क्षेत्रों की नवीनतम हलचलों का शब्द चित्र होता है। वह न केवल शुष्क विवरण है, अपितु, समीक्षा, विश्लेषण और दिशा-निर्देश आदि तथ्यों से भी परिपूर्ण है। वह समाचारों अथवा सूचनाओं का वैचारिक कोण से स्वस्थ स्पर्श है। वह पत्रकार द्वारा सम्पन्न ऐसा शुद्ध साहित्यिक कार्य है, जो सृजनात्मक मूल्यों से जुड़ा होता है। फीचर में सूचनात्मकता को भावनात्मकता और कल्पनात्मकता का पुट देकर ऐसा प्रस्तुत किया जाता है कि मुख्य तथ्य की विश्वसनीयता और पुष्ट होती चलती है। अन्त में **डॉ. प्रीता व्यास**[3] का विचार है कि अच्छे फीचर के मूलतः चार आधार होते हैं, (1) जिज्ञासा, (2) सत्यता, (3) योग्यता तथा (4) विश्वास। फीचर ऐसा होना चाहिए जो जिज्ञासा जगाये, जो कोरी कल्पना न हो, जो आत्मविश्वास से लिखा गया हो और जिसमें लेखक के स्वाध्याय और तथ्यों के प्रेक्षण व शैली का सुन्दर परिचय मिलता हो। फीचर में यदि निम्न नौ रत्नों की आभा भी हो तो वह अधिक आकर्षक बन जाता है,—

1. मोहकता,
2. सामान्य तथ्यों का आकर्षक प्रस्तुतीकरण,
3. व्यक्तियों की विशेष जानकारी,
4. तर्क संगत दृष्टिकोण,
5. गतिशील शैली,
6. विचित्रता,
7. व्यापकता (भाव व प्रभाव का दायरा सीमित न हो),
8. तथ्य और उसके प्रभाव पर जोर तथा
9. ज्ञान और भावना की शक्ति का विकास हो।

(13) फीचर सामग्री का चयन : समस्याएँ और समाधान

फीचर को हम जनरंजन के साथ-साथ शिक्षण का भी हिस्सा मान सकते हैं। हिन्दी की अन्य विधाओं की चुनौतियों से लाम लेते इसने हिन्दी में अब अपनी पहचान बनानी शुरू कर दी है। अभी तक इसके सामने जो पहचान का संकट था, उससे अब यह विधा धीरे-धीरे उबर रही है। इसे अब हाशिये की विधा कह कर इसकी उपेक्षा नहीं की जा सकती। हाँ, यहाँ यह बात गौर करने लायक है कि यदि फीचर को अन्य विधाओं की समकक्षता प्राप्त करनी है तो फीचरकारों को फीचर लिखते समय विषय, कथ्य, शैली आदि के चयन-चुनाव पर ध्यान देना होगा। फीचर को खूबसूरत और श्रेष्ठ-दमदार बनाने के लिए फीचरकार को विराट व्यंजना, विस्तृत अर्थ फलक और बहुविध दृष्टि-विधान पर भी चिन्तन-मनन करना होगा। प्रयास यह भी होगा कि एक-एक वाक्य असर कारक हो। मुहावरों की मणिमाला यथास्थान प्रयुक्त हों। कथासूत्र

---

1. Mass Communication and Journalism in India-D.S. Mehta, 87
2. Features with Flayer-Prrison Nichols, Page-21
3. पत्रकारिता : परिचय और विश्लेषण—डॉ. प्रीता व्यास, पृ. 110

में विश्रृंखलता न हो। फीचर सामग्री के चुनाव में फीचर लेखक का कौशल दिखायी देना चाहिए। कुलमिलाकर यह कि फीचर में रचनात्मक विवेक के साथ भाषाई चमत्कार और आकर्षण का आग्रह भी होना चाहिए।

वस्तुतः कोई भी फीचर लेखक अपने फीचर की विषय-वस्तु दो स्रोतों से प्राप्त करता है,— (1) प्राथमिक स्रोत तथा (2) द्वितीयक स्रोत। पहलेवाले स्रोत में सामग्री का चयन निजी स्तर पर निजी अनुभव या अन्य दूसरे व्यक्तियों से प्राप्त की जाती है, जबकि दूसरे स्रोत में विषय-सामग्री का चयन पत्र पत्रिकाओं, पुस्तकों, आत्मकथाओं, सरकारी-गैर सरकारी कार्यालयों और किंवदन्तियों से प्राप्त की जाती है। अब फीचर लेखक के सामने यह समस्या उठती है कि उक्त दोनों स्रोतों से प्राप्त सामग्रियों में वह किनका चुनाव करें और किनका नहीं, जिससे उसका फीचर मनोहारी, पठनीय और पाठक-प्रशंसित हो सकें। बहरहाल, इन समस्याओं के समाधान के लिए उसे अधोलिखित कुछ अन्य बातों पर भी ध्यान देना चाहिए,—

(1) फीचर की विषय-वस्तु ताजा-टटकी तथा समसामयिक मुद्दों से सम्पृक्त हो,
(2) यदि फीचर लेखक के पास सृजनात्मकता का दीर्घ अनुभव हो, दृष्टि परिपक्व हो तो वह फीचर की कमजोर विषय-वस्तु को भी बड़ी खूबी और कोमलता के साथ प्रस्तुत कर सकता है,
(3) फीचरकार के पास भाषा और शिल्प का वह चमत्कार होना चाहिए, जो अपने शब्दों की छुअन को हृदय के कोने-कोने तक अहसास करा दे,
(4) फीचरकार के पास घटना-संयोजन की उत्कृष्ट प्रस्तुति का कौशल है तो उसे यह प्रयास करना चाहिए कि फीचर पढ़ते समय पाठक की उत्सुकता और रंग-रभस की जगमगाहट बनी रहे,
(5) समय के कठोर सत्य पर खड़े असंवेदनशील फीचर से बचना चाहिए,
(6) फीचर लेखन में वस्तु और पात्र के अनुरूप शब्दों का चुनाव करना चाहिए,
(7) फीचर लेखक को इस तरह का प्रयास करना चाहिए कि उसका फीचर पढ़े जाने के बाद पाठक के मन में देर तक घुमड़ता रहे। उससे अन्य लोग प्रेरणा लेकर लिखना शुरू करें, तथा
(8) फीचर लेखक को यह बात भी ध्यान देना चाहिए कि उसके फीचर में बतौर उदाहरण भाषा के स्तर पर घटिया कविता, फूहड़ तुकबाजी और जहरीले गद्य का प्रयोग न हो पाये। यदि उपरोक्त बातों पर ध्यान दिया जाए तो फीचर सुन्दर और उपयोगी होने के साथ-साथ उसके लेखन में समय-समय पर आनेवाली समस्याओं से समाधान मिल सकता है।

(14) फीचर को प्रभावोत्पादक या रोचक बनाने के मुख्य उपाय

(1) फीचर में प्रभविष्णुता पैदा करने के लिए फीचर लेखक के पास सृजन कर्म और अनुभव की विशिष्ट सम्पदा होनी चाहिए, अन्यथा उसका फीचर तंगनजरी और कुंदजहनी का शिकार हो जाएगा,
(2) फीचर लेखन में भरसक लालित्य का पुट होना चाहिए, शब्दों, वाक्यों और विचारों के बार-बार दुहराव से बचना चाहिए,
(3) वाक्यों के गठन पर बराबर निगाह बनी रहनी चाहिए। फीचर लेखक को चाहिए कि वाक्य योजना में जगह-जगह आकर्षक तत्त्वों का समावेश करे,
(4) फीचर लेखन के शब्दों में अपच-उबाऊपन नहीं होना चाहिए। शैली इतनी आकर्षक हो कि, 'अगली पंक्तियों में क्या लिखा है' की उत्सुकता और कौतूहल निरन्तर बना रहना चाहिए,
(5) भाषा ओजपूर्ण हो, ऐसा लगे, जैसे भाव और भाषा पूरे फीचर में मित्र की तरह गलबहियाँ डालकर चल रहे हैं,
(6) फीचर में गलीछाप और अबूझ भाषा का इस्तेमाल नहीं होना चाहिए। देशज शब्दों के प्रयोग से यदि फीचर की ताकत और श्री बढ़ रही हो, तो उनके प्रयोग पर विचार करना चाहिए,
(7) कहावतों, मुहावरों और सूक्तियों की छौंक फीचर में यथास्थान लगती रहनी चाहिए, इससे फीचर की जीवन्तता और प्राणवत्ता निरन्तर बनी रहती है,
(8) फीचर में पाठकों की अभिरुचि का ख्याल बराबर बना रहना चाहिए,
(9) फीचर लेखन में तकनीकी शब्दावली के प्रयोग से भरसक परहेज करना चाहिए, तथा
(10) विषय के अनुरूप कथन का प्रयोग करना चाहिए।

(15) फीचर लेखन के मुख्य तत्त्व

फीचर अमूमन आकर्षक और जज्बेदिल संरचना होती है। यद्यपि खूबसूरत फीचर लेखन बहुत कठिन कार्य है। फीचर लेखक का यह प्रयास होता है कि वह अपने फीचर में अनकहे को बेहद सलीके से प्रस्तुत कर उसे श्रेष्ठ और स्मरणीय बना दे। पाठकों की उत्सुकता और अभिरुचि को वह जगाये रखे, तभी उसकी सार्थकता होती है। वह यह भी प्रयास करता है कि फीचर को काव्यात्मक शिल्प देकर उसकी ऊँचाई और महत्ता को बढ़ाये। वह शुष्क-श्लथ पड़े फीचर में आत्मीयता का रंग घोलकर उसकी एकरसता, ठहराव तथा जड़ता को तोड़ने का प्रयास करता है। वह यह भी प्रयास करता है कि अच्छी भाषा और बेहतर-शिल्प से कथ्य में चार चाँद लग जाए। कुल मिलाकर उसकी कोशिश होती है कि वह बेहतरीन ढंग से बिखरी कथावस्तु को सिलसिलेवार ढंग से प्रस्तुत कर फीचर विधा के भूगोल को फैलाये तथा आवाजदार मंच भी दे। उक्त तमाम सजगताओं के बावजूद उत्कृष्ट फीचर लेखन के लिए कुछ ऐसे अन्य अलहदा तत्त्व भी होते हैं, जिनकी ओर ध्यान देना फीचरकार के लिए मुनासिब होता है, यथा—

(1) फीचर लेखक को पहली सजगता तो यह बरतनी चाहिए कि वह शुरू से अन्त तक विषय की सीमा या चौहद्दी को अतिक्रमित न करे। फीचरकार ने अपने मस्तिष्क में फीचर की जिस रूपरेखा, नक्शा या खाका (Sketch) को बनाया है, उसका ध्यान और बराबर बना रहना चाहिए। सीमा के अतिक्रमण पर फीचर के कथानक का क्रम भंग हो सकता है, परिणामतः फीचर की शक्लोशबाहत और डीलडौल ध्वस्त हो सकती है। सारा श्रम बेजाँ और निरर्थक हो सकता है,

(2) फीचर लेखन के कुछ प्रमुख अगले तत्त्वों पर प्रकाशपात करते डॉ. फूलवदन सिंह तथा डॉ. विजयकुमार[1] ध्यान दिलाते हैं कि फीचर लेखक को सदैव पाठकों को सतर्क रखने की कोशिश करनी चाहिए, ताकि पाठक आगे आनेवाली बातों को पढ़ने हेतु उत्सुकता दिखाएँ,

(3) फीचर रचना को रोचक और आकर्षक बनाने के लिए उसमें प्रतिक्रियाओं एवं घटनाओं का उचित प्रयोग अति आवश्यक होता है।

(4) हास-परिहास जीवन की अनमोल निधि है, जो जीवन को रसमय बनाती है: अतः फीचर लेखक को अपने द्वारा लिखित फीचर में सम्यक् हास-परिहास का पुट देकर रचना को सुन्दर बनाने का प्रयास करना चाहिए,

(5) फीचर का निर्माण करते समय लेखक को भूमिका इस तरह लिखनी चाहिए कि पाठक के मन में उसके सम्बन्ध में औत्सुक्य और अभिरुचि पैदा हो जाए,

(6) फीचर लेखक की सफलता का महत्त्वपूर्ण तत्त्व सुन्दर प्रारम्भ और आनन्दमय अन्त होता है,

(7) फीचर रोचक और धमाकेदार होना चाहिए, न कि लम्बा, नीरस और गम्भीर,

(8) लेखक का अनुभव और अनुमान भी एक महत्त्वपूर्ण तत्त्व है, जिससे फीचर का जन्म होता है, तथा

(9) पुराने पत्र-पत्रिकाओं के अध्ययन से एक अच्छे फीचर की रचना की जा सकती है।

कुल मिलाकर कम शब्द में अधिक जानकारी देना, सुन्दर और ठोस शीर्षक के माध्यम से केन्द्रीय विषय को व्यक्त करना, कथ्य का आरम्भ तथा अन्त आकर्षक होना, विषय-वस्तु के प्रति पाठक का ध्यान आकर्षित करना, कल्पना तत्त्व के साथ विषय का तथ्यपरक चित्रण प्रस्तुत करना, विषय का क्रमबद्ध प्रवेश, विकास और उपसंहार में सरसता स्थापित करना, घटनाओं का सटीक अन्वेषण कर दक्षतापूर्वक उनकी प्रस्तुति करना आदि ही फीचर लेखन के मुख्य तत्त्व माने जा सकते हैं—"Analysis, explanation तथा discussion" भी फीचर के अन्तवर्ती तत्त्व माने जा सकते हैं क्योंकि,—"A feature is expected to give the background to the news, which includes analysis, explanation and discussion. It should document facts, possibly anticipate developments". इन सबके अतिरिक्त 'भावना' को फीचर का प्रथम तत्त्व माना गया है, क्योंकि भावना द्वारा ही फीचर में रस उत्पत्ति होती है,—

"भावेन लभते सर्वम्, भावेन देव दर्शनम् ।
भावेन परम ज्ञानम्, तस्माद् भावाभिलम्बनम्।।"

---

1. व्यावहारिक एवं प्रयोजनमूलक हिन्दी तथा साहित्य शास्त्र—डॉ. फूलबदन सिंह तथा डॉ. विजयकुमार, पृ. 178

(16) फीचर की मुख्य विशेषताएँ

फीचर आधुनिक पत्रकारिता के क्षेत्र में लेखन की वह विधा है, जो मनोरंजक ढंग से समाचार की वर्तमान भूमि पर खड़ी होकर भूत पर दृष्टि डालती हुई, भविष्य की उड़ान भरने में सक्षम हो। फीचर न रेखाचित्र है, न रूपक और न ही गद्यगीत। फीचर, फीचर है। फीचर किसी समाचार के व्यापक प्रभाव का दर्शन और मूल्यांकन है। फीचर लेखक को फीचर की उन विशेषताओं की जानकारी अवश्य होनी चाहिए, जिन्हें जानने व अपनाने के बाद उसका फीचर तुरन्त प्रकाशित होने के लिए पात्रता अर्जित कर ले।[1]

बहरहाल, फीचर की विशेषताएँ निम्नलिखित हैं,—

(1) फीचर को समाचार-पत्र का 'ग्रीन रूम' (Green Room) कहा जाता है, जिसमें पाठक झाँक कर तथ्यों के रोएँ-रेशे को परत-दर-परत देखना चाहता है, अतः जीवन के सुख-दुःख का रूपायन, तनावों-तकलीफों की अभिव्यक्ति बेहद ईमानदारी और 'एकेडेमिक' स्तर पर होनी चाहिए, यदि वर्णन में झूठ, बनावटी एवं फूहड़पन की गन्ध उठेगी, तो वहाँ विश्वसनीयता का संकट पैदा हो जाएगा,

(2) फीचर, फीचरकार के रचनात्मक व्यक्तित्व को विस्तार देता है, वह जटिल रचाव के अन्तःसूत्र को बखूबी खोलता है, अतः विद्वता के आतंक से बचते हुए इसकी प्रस्तुति इस तरह से हो कि फीचरकार का रचनात्मक लेखन भी क्षतिग्रस्त न हो और पाठक भी सन्तुष्ट दिखे,

(3) फीचरकार को चाहिए कि वह कथ्य को विचार और संवेदना की चाशनी में लपेटकर इस तरह पाठकों के समक्ष हौले से रखे, जिस तरह कोई कुशल और प्रवीण वकील मुकदमा जीतने के लिए नजीरों को प्रस्तुत करता है,

(4) फीचर की भाषा, शब्दावली ऐसी हो, जिससे फीचर की भाव-प्रवणता, गतिशीलता निरन्तर बनी रहे,

(5) 'नाटकीय अतिरंजना' फीचर की दुश्मन होती है, अतः इनसे बचना चाहिए, बल्कि अपनी पैनी निगाह, सूक्ष्म निरीक्षण शक्ति, गहन अध्ययन द्वारा उसकी प्रस्तुति औपन्यासिक शैली में हो, तो वह फीचर श्रेष्ठ एवं उत्तमोत्तम माना जा सकता है,

(6) फीचर लेखक को यह भी ज्ञात होना चाहिए कि फीचर मनोरंजक, अनौपचारिक एवं मेल-मिलाप की शैली में लिखा जाता है।

(7) इसकी प्रस्तुति उपन्यास की तरह बहुरंगी शैली में होती है,

(8) फीचर लेखन के साथ भावों की स्पष्ट अभिव्यक्ति के लिए यदि सम्बन्धित चित्र, फोटो या कार्टून का प्रयोग किया जाए तो फीचर का लुत्फ और लिज्जत बढ़ जाती है।

(9) **डी.एस. मेहता**[2] के अनुसार, समाचार तथ्यपरक है, फीचर उस समाचार को नया आयाम ही नहीं देता, उसकी परीक्षा और शल्यक्रिया भी कर डालता है। दोनों की लेखन शैली और प्रस्तुतीकरण में भेद होता है। फीचर लेखन की विशेषता यह भी है कि इसमें विविधता के दर्शन होते हैं। इसमें तथ्य रंगीन और सजीव होते हैं। चुटीली तथा प्रभावोत्पादक भाषा उसमें पृष्ठभूमि प्रतिपादन और भावात्मक प्रस्तुतीकरण का आधार होती है। फीचर लेखक अधिक विमर्शक होता है, और वह शाश्वत समाचार की क्षण-भंगुरता को लाँघनेवाला होता है। फीचर में लेखक के अनुभव शैली लालित्य और विनोद के भी दर्शन होते हैं।

(10) फीचर महज शुष्क विवरण ही नहीं होता है, बल्कि समाचार की शक्ति और जान होता है। अतः किसी भी उम्दा फीचर से अखबार की उत्तमता, खरापन और खुशनुमाई बढ़ जाती है,

(11) फीचर में आदर्श एवं उपदेश की डींग तथा हेकड़ी नहीं बघारी जाती, अन्यथा फीचर को बौना तथा हीन-हेठ बनते देर नहीं होगी,

---

1. राजर्षि टंडन मुक्त विश्वविद्यालय द्वारा सम्पादित 'जन माध्यमों' के लिए लेखन', पृ. 33
2. Mass Communication and Journalism in India-D.S. Mehta, P.81

(12) फीचर में ऐसा गुण होता है कि वह पाठक की आँखों के रास्ते हौले-हौले दिल में उतरता है,
(13) फीचर लेखन में तथ्य की प्रस्तुति सीधे-सपाट होती है। आड़े-तिरछे या घुमा-फिराकर किसी बात को कहने से फीचर का फीचरपन संकटग्रस्त हो सकता है तथा
(14) अपनी बात की पुष्टि के लिए फीचर में लोकोक्तियों, मुहावरों, मशहूर व्यक्तियों के कथनों और उदाहरणों को यथास्थान उद्धृत किया जा सकता है।

(17) फीचर लेखक की योग्यताएँ

बताते हैं, हिन्दी की अन्य विधाओं की तुलना में फीचर कुछ जटिल-दुष्कर कार्य है। अनेक असहमतियों के बावजूद सम्प्रति यह समकालीन हिन्दी साहित्य की समय और संसार पर विचार करने की लगभग एक प्रतिनिधि विधा बन चुकी है। अतः ऐसी स्थिति में इस प्रतिष्ठित विधा के लेखक के पास कुछ अपेक्षित योग्यताएँ होनी चाहिए। मसलन, उसके पास नवोन्मेषशालिनी प्रतिभा होनी चाहिए। उसके पास साहित्य के विभिन्न अनुशासनों के बीच संवाद-सहकार और समन्वय स्थापित करने की लोकोत्तर क्षमता होनी चाहिए। समाज को देखने-समझने के साथ जीवन मूल्यों और दृष्टियों की परिपक्व समझ से वह लैस होना चाहिए। वह कल्पना के साथ-साथ यथार्थ के विभिन्न स्तरों के उद्घाटन की कुशलता में सयाना-समझदार होना चाहिए। उसके पास प्रज्ञा की खराद पर खरादी गई ऐसी तीक्ष्ण और प्रखर मेधा होनी चाहिए, जिसके बल पर वह यथार्थ के अपरिचित, उपेक्षित और अदेखे का बयान अपने फीचर में कर सके। अगली बात यह कि उसके पास मस्तिष्क ही नहीं, बल्कि हृदय भी होना चाहिए, ज्ञान ही नहीं प्रेम की परख भी होनी चाहिए। उसके पास बौद्धिक सचेष्टता हो तो संवेदना के तलस्पर्शी मर्म की भी छुअन हो, जिससे वह अपने फीचर में 'नेह-मेह' की रसवर्षा कर सके। उसके हृदय-प्रदेश में हर्ष-विवाद दोनों यात्रा कर रहे हों। 'भगत गैल न मिली' की जमीनी समझ का वह बूढ़ा महन्त हो तो इसे 'सोने में सुहागा' समझा जाएगा। फीचर साहित्य के पश्चिमी मर्मज्ञ **स्पेन्सर क्रम्प** का इस सम्बन्ध में विचार है,—"Spencer Crump commented on the preparation for writing features." The best feature writers usually are those who are well grounded in conventional news. The know how to gather facts and recognise those that have the elements that can make readable feature."

दरअसल, फीचर लेखक के पास फीचर के अच्छा आरम्भ और खूबसूरत अन्त करने की क्षमता हो। वह शब्द स्फीति की जगह शब्दों का मितव्ययी हो तो उत्तम है। पत्रकार **श्री बच्चन सिंह**[1] का विचार है कि फीचर लेखक के पास अभिव्यंजना शक्ति हो, मानवीय दृष्टि हो, सर्जनात्मकता हो, कल्पनाशीलता हो और विषय से सम्बन्धित भरपूर तथ्य हों। फीचर की सफलता का मापदंड ही यह है कि वह अपने पाठक को संवेदना के स्तर पर कितनी गहराई में जाकर स्पर्श करता है। फीचर की यह क्षमता होनी चाहिए कि वह पाठक के अन्तरतम को उद्वेलित करे। वर्ण्य विषय के प्रति प्रतिक्रिया के लिए तैयार करे। रचना और पाठक के बीच साधारणीकरण हो। समाचारों में सिर्फ तथ्य होता है, लेकिन फीचर में सृजन भी होता है। लब्बोलुवाब यह कि फीचर लेखक के पास धारदार भाषा हो—"A feature writer must have the appreciation for the power of words. As a word smith he must know the varied meanings of words, their proper use and grammatical influence. He must carefully use each word, its meaning, metaphoric values and compositional techniques with its personification. Rightly choose, Select and fit the words according to decorative and aesthetic needs"[2] उसके पास जीवन के विभिन्न क्षेत्रों—दर्शन समाज, संस्कृति, धर्म, इतिहास, आदि का ज्ञान हो, उसके पास अपने कानों और आँखों पर भरोसा करते हुए भावों, अनुभूतियों, मनोवेगों और निरीक्षण-शक्ति के माध्यम से फीचर लिखने की क्षमता हो, उसके पास बहुआयामी ज्ञान हो,—"A good feature writer must have qualities to look, listen and learn. He needs on ability to observe surroundings keenly, that enables him to paint the surroundings

1. हिन्दी पत्रकारिता का नया स्वरूप—बच्चन सिंह, पृ. 72
2. Journalism by old and New Masters- Dr. Baldev Raj Gupta.51

descriptively. The feature writer must cultivate the characteristic of curiosity and look at the life and other national activities. A feature writer should ask why the poultry farm eggs are vegetarian.?"[1]

(18) फीचर : वर्गीकरण या भेद

विद्वानों ने फीचर के तीन भेद या वर्गीकरण किए हैं,—(1) वर्णात्मक फीचर, (2) व्याख्यात्मक फीचर तथा (3) चित्रात्मक फीचर। इनमें से किसी भी तरह का फीचर लिखा जाए, विषय व प्रतिपादन के स्वरूप में मेल होना चाहिए। वर्णन, चित्रण व व्याख्या में आपसी तालमेल का होना आवश्यक है। यह भी ध्यान रखा जाना चाहिए कि वर्णन और चित्रण करने में जो उदाहरण प्रस्तुत किए जाएँ, वे प्रभावोत्पादक हों। साथ ही वर्णन की शैली भी मनोरंजक हो।[2]

बहरहाल, प्रमुख विषयों, वस्तुओं या तथ्यों की रुचिकर और आनन्ददायक प्रस्तुति **वर्णनात्मक फीचर** की श्रेणी में आती है। इसमें फीचरकार का व्यक्तित्व आड़ में ही रहता है। मौसम विज्ञान, खेलकूद, यात्रा सम्बन्धी या इतिहास से सम्बद्ध लेखन इसी श्रेणी में आता है। **व्याख्यात्मक फीचर** के लेखन में बड़ी सावधानी रखनी पड़ती है, क्योंकि व्याख्यात्मक फीचर, थोड़ी सी भी असावधानी के कारण नीरस हो सकता है, जबकि 'नीरसता' को फीचर की श्रेणी से कोसों दूर रखने की जरूरत होती है इसलिए ऐसे फीचर का प्रारम्भ ऐसे ढंग से किया जाता है कि पाठक एक-दो लाइन पढ़कर ही आकर्षित हो जाए और वह पढ़ने में इतना मशगूल रहे कि फीचर का अन्त कब हुआ, इसका पता ही न चले। व्याख्यात्मक फीचर लिखने में घटनाओं और सन्दर्भों की व्याख्या करना, आवश्यक होता है।[3] **चित्रात्मक फीचर** में लिखी जानेवाली वस्तु के चित्रों का खाका लेखनी द्वारा खींचा जाता है। कुल मिलाकर इस तरह के फीचर में वस्तु को बहुत सुन्दर बिंबों और करीने से प्रतिबिंबित एवं चित्रित किया जाता है। सरलता, जीवन्तता-सजीवता इसकी अलग विशेषता होती है।

(19) फीचर : स्वरूप और प्रकार

फीचर की निश्चित संख्या की गिनती करना बहुत सरलकार्य नहीं है, क्योंकि यह फीचरकार के बुद्धिकौशल और कल्पना की ऊर्वराशक्ति पर निर्भर है कि वह फीचर के लिए कोई भी विषय चुनकर लिख सकता है। विषय अनन्त है, अपनी रुचि, समझ और पैठ, उदग्र और गहरे पांडित्य के मेल से, लोकोत्तर प्रतिभा के सहज-समरस सह अस्तित्व से फीचर लिखने के लिए निपट स्थानीय विषय से लेकर विराट तक को आधार बना सकता है। जाहिर है, ऐसी स्थिति में फीचर के निश्चित प्रकार की तफसील करना नामुमकिन है, क्योंकि,—"A feature can be based on a news item. It is a news feature. A feature can be based on Sports. It is sports feature. A feature can be based on adventure-mountain climbing, hunting. It is an adventure feature. A feature can be on Science. It is science feature, xxxx there are other kinds of feature as well. A cartoon strip is a feature a personal diary is a feature, a column is a feature."[4]

बहरहाल, विद्वानों ने दो से लेकर बाईस तक फीचर के भेद किए हैं, जिनमें से कुछ प्रमुख को इस प्रकार देखा जा सकता है,—

(1) **व्यक्तिपरक फीचर**—यथा, साहित्य, संगीत, कला, खेल, राजनीति, विज्ञान आदि क्षेत्रों से सम्बद्ध महत्त्वपूर्ण व्यक्तियों से सम्बद्ध फीचर। उदाहरण के लिए—"आजादी के इतिहास में महारानी लक्ष्मीबाई एक ऐसी अग्नि शिखा हैं, जोदीपक की लौ बनकर रह गई हैं। अंग्रेजों की अधीनता न स्वीकार करनेवाली वे एक ऐसी स्वतंत्र रानी हैं, जिसे हम दुर्गा का अवतार कह सकते हैं।"

1. Journalism by old and New Masters- Dr. Baldev Raj Gupta.51
2. पत्रकारिता : परिचय और विश्लेषण—डॉ. प्रीता व्यास, पृ. 114
3. पत्रकारिता जगत : अशोक प्रियदर्शी, पृ. 52
4. Pofessional Journalism-M.V. Kamath, P. 163

(2) **समाचार फीचर**—इस तरह के फीचर में समाचार का तत्त्व छिपा रहता है। घटित घटना का सांगोपांग विवेचन इसमें किया जाता है। ऐसे फीचर को अंग्रेजी में 'न्यूज फीचर', 'न्यूज फालोअप्स', 'न्यूज इन डेप्थ' तथा 'न्यूज बिहाइड न्यूज' भी कहते हैं। ये फीचर मनोरंजनात्मक तथा 'सूचनात्मक' होते हैं और समाचार के तथ्यों तथा अन्य विवरण को समेटे रहते हैं। समाचार से सीधे सम्बद्ध होने के कारण ही इन्हें 'समाचार-फीचर' कहते हैं।[1] उदाहरण—"भारत समारोह के लिए विशाल स्तर पर तैयारियाँ पूरी कर ली गई हैं। समारोह का शुभारंभ 22 मार्च को लन्दन के रायल फेस्टिवल हाल की छत से एक साथ 500 फाख्ता उड़ा कर किया जाएगा।"

(3) **सांस्कृतिक फीचर**—इस तरह के फीचर में लोकनृत्य, वेश-भूषा, आचार-विचार विषयक फीचर समाहित होते हैं। इसमें सांस्कृतिक पुट की झलक मिलती है। उदाहरण,—"लो, होली का आगमन हो गया। प्रकृति के अपार वैभव एवं ऐश्वर्य के साथ। सर्दी का कँपा देनेवाला प्रभाव समाप्त हो चुका है।"

(4) **खेलकूद तथा क्रीड़ा विषयक फीचर**—इसके अन्तर्गत् खिलाड़ियों का संस्मरण, खेल का विवरण आदि चित्रित किया जाता है।

(5) **चित्रपरक फीचर**—इसे चित्रात्मक फीचर भी कह सकते हैं। इसके अन्तर्गत् चित्रों का जिन्दा और जीवन्त बिंब उकेरा जाता है। **के.पी. नारायणन** के शब्दों में सम्प्रति चित्रात्मक फीचर का विकास हो रहा है और इसके लिखने का ढंग भी बदल रहा है।" यहाँ चित्र थोड़े में अपनी पूरी बात कह देते हैं।

(6) **यात्रा परक या पर्यटन फीचर**—इसके अन्तर्गत् यायावरी प्रकृति के लेखक अपनी यात्राओं के सुन्दर संस्मरणों को रूपायित करते हैं। यात्रा वृत्तान्त का आकर्षक ढंग से फीचर के रूप में अभिव्यक्ति पर्यटन फीचर के भीतर आती है। उदाहरण—"दुनिया का सबसे बेहतरीन शहर है सिडनी। आप भी आस्ट्रेलिया के इस महानगर की सैर करोगे तो कह उठोगे कि सिडनी जैसा कोई शहर नहीं।"

(7) **मौसमी फीचर**—इसके अन्तर्गत् सालभर के प्रमुख त्योहारों होली, दीपावली, क्रिसमस, ईद, बड़ादिन, कुंभमेला, स्वतंत्रता दिवस या महापुरुषों से सम्बन्धित पुण्य तिथियों का रोचक वृत्तान्त प्रस्तुत किया जाता है।

(8) **घटना परक फीचर**—साम्प्रदायिक, जातीय दंगे, सुनामी, भूकम्प और अन्य तरह के हादसे इसके अन्तर्गत् आते हैं।

(9) **सामान्य जन से सम्बन्धित फीचर**—समाज के निम्न कुनबे यथा-चौकीदार, चपरासी, माली, भंगी आदि से सम्बन्धित वृत्त इसके अन्तर्गत् आते हैं।

(10) **विज्ञान परक फीचर**—इस फीचर के अन्तर्गत् कृषि, विज्ञान, रक्षा, जनसंचार आदि के क्षेत्र में हुए नये प्रयोग और नई खोज रोचक ढंग से प्रस्तुत की जाती है। उदाहरण के लिए "आक्सफोर्ड विश्वविद्यालय के शोध कर्त्ताओं ने संसार की सबसे छोटी परखनली का निर्माण किया है। इस कार्य के लिए इनका नाम 'गिनीज बुक ऑफ वर्ल्ड रिकॉर्ड्स' ने भी अपने संस्करण में दर्ज किया है।

(11) **साक्षात्कार परक फीचर**—आम और खास लोगों से लिया गया साक्षात्कार अब रुचिकर ढंग से प्रस्तुत किया जाता है, तब उसे इसी श्रेणी में रखा जाता है।

(12) **हास्य-व्यंग परक फीचर**—जैसा कि नाम से ही स्पष्ट है, हास्य-व्यंग से सम्बन्धित लेखन इस फीचर के अन्तर्गत् आते हैं। यहाँ हास्य की छौंक के साथ भाषा चुटीली होती है। पर ध्यान दिया जाता है कि किसी पर किसी तरह का निजी आक्षेप, छींटाकशी या चरित्र हनन न होने पाये।

(13) **इतिहासपरक या ऐतिहासिक फीचर**—अतीत की घटनाएँ, ऐतिहासिक व्यक्तियों, स्मारकों आदि का भावपूर्ण चित्रण इस तरह के फीचर के भीतर आता है,—"The historical feature

1. व्यावहारिक एवं प्रयोजनमूलक हिन्दी तथा साहित्य शास्त्र—डॉ. फूलबदन सिंह तथा डॉ. विजय कुमार, पृ. 76

is the outcome of the work of a writer about his research in the libraries or gathering the facts from the community which give new look and the development of a particular thing or work or achievement e.g."

(14) **अंचलपरक या स्थानीय फीचर**—अंचल विशेष या स्थान विशेष को आधार बनाकर लिखा गया फीचर 'अंचल परक' या 'स्थानपरक फीचर' कहा जाता है।

(15) **समस्यापरक फीचर**—इस तरह के फीचर में सामाजिक, आर्थिक, राजनीतिक समस्याओं की पड़ताल होती है।

कुल मिलाकर यह कि फीचरों के ढेरों प्रकार हैं। सबके बारे में विस्तार से दे पाना सम्भव नहीं है। हाँ, कुछ प्रमुख नाम इस प्रकार हैं, यथा—मानवीय रुचि विषयक फीचर, अनुभव और पूछताछ पर आधारित विश्लेषणात्मक फीचर, व्यक्तिपरक फीचर, व्यावहारिक मार्गदर्शनपरक फीचर, Profile Feature, Dramatic Feature, Hobby Feature, Participatory Feature, Explanatory Feature, Commemorative Feature, Business Feature, आदि।

(20) फीचर सिंडीकेट तथा विभिन्न फीचर समितियाँ

'फीचर' और सिंडीकेट' ('Feature', 'Syndicate) ये दोनों शब्द आंग्ल भाषा के हैं। 'फीचर' के यद्यपि हिन्दी अनुवाद कई किए गए हैं, लेकिन अधिकांश लोग 'रूपक' नाम को स्वीकृति देते हैं। इधर, 'सिंडीकेट' की हिन्दी **फादर—कामिल बुल्के** के शब्द कोश में **अभिषद** दी गई है। फीचर और सिंडीकेट—ये दोनों शब्द संज्ञा माने जा सकते हैं। बहरहाल, मेरे विचार से 'अभिषद' का तात्पर्य प्रकाशन सामग्री के स्रोत से हो सकता है। कुल मिलाकर यह कि छोटे-बड़े समाचार-पत्रों, छोटी-मझोली पत्रिकाएँ अपने पाठकों के पाठकीय स्वाद में चाव पैदा करने के लिए फीचर सामग्री का प्रकाशन समय-समय पर करती रहती हैं। फीचर सम्बन्धी सामग्री तो उक्त पत्रिकाओं को निजी स्तर पर सीधे फीचर लेखकों से प्राप्त हो जाती हैं और शेष सामग्री इन्हें **फीचर सिंडीकेट** या **फीचर समितियों** से प्राप्त होती हैं। मीडिया-लेखक और जाने-माने पत्रकार **श्री हर्षदेव**[1] का कहना है कि फीचर सिंडीकेट ऐसे सक्षम और दूरदर्शी पत्रकारों की टोली है, जो पाठकों की जिज्ञासा को समझती है कि लेख और फीचर के रूप में पाठक की उत्सुकता किस वर्तमान विषय के बारे में जानने-समझने की होगा। फीचर सिंडीकेट मासिक आधार पर अथवा प्रति लेख या फीचर की दर से समाचार-पत्रों से शुल्क लेते हैं।

सच तो यह है कि फीचर समितियाँ जनसंचार की रीढ़ होती हैं। ये समितियाँ लगभग प्रत्येक विषय पर उचित मूल्य पर पत्र-पत्रिकाओं को फीचर मुहैया कराती हैं। इन समितियों की एक खासियत यह होती है कि ये पंजीकृत (Registerd) होती हैं। इनके पास अपना बड़ा तंत्र होता है। मसलन, फोटोग्राफर, उपसम्पादक, सह सम्पादक, सम्पादक, संवाददाता तथा फीचर लेखक आदि। प्रिन्ट के साथ-साथ इलेक्ट्रॉनिक मीडिया भी इन समितियों और सिंडीकेटों से समय-समय पर अपनी गरज और जरूरत के अनुसार फीचर खरीदती रहती हैं। आज के बाजारवादी-तिजारती समय में जब से पत्र-पत्रिकाओं में फीचर की माँग बढ़ी है, फीचर सिंडीकेट और फीचर समितियों के भी भाव चढ़ गए हैं। पत्र-पत्रिकाएँ फीचर सम्बन्धी सामग्री इन्ही समितियों से प्राप्त करती हैं। ये समितियाँ अपने पत्रकारों के माध्यम से फीचरों की आपूर्ति पत्र-पत्रिकाओं को करवाती हैं। फीचर सिंडीकेट और फिचर समितियों द्वारा प्रेषित फीचरों के प्रकाशन से सम्प्रति समाचार-पत्रों और पत्रिकाओं का महत्त्व काफी बढ़ा है। इस प्रकार के फीचर सिंडीकेट और फीचर समितियाँ परोक्ष-अपरोक्ष हिन्दी-पत्रकारिता के विकास में अपना महत्त्वपूर्ण योगदान दे रहे हैं।

भारत में फीचर सिंडीकेट को एक मान्यता प्राप्त, विश्वसनीय और वैज्ञानिक सामग्री स्रोत का दर्जा दिलाने का श्रेय **सोमदेव** को है। उन्होंने सन् 1962 में 'पब्लिकेशन सिंडीकेट' के नाम से जयपुर में इसकी स्थापना की। जल्दी ही उनके ग्राहकों की संख्या काफी हो गई। अतः राष्ट्रीय फलक प्रदान करने के लिए 1965 में सिंडीकेट का कार्यालय जयपुर से दिल्ली लाया गया। इस प्रतिष्ठान ने अंग्रेजी और हिन्दी के अतिरिक्त मराठी, उर्दू, बंगला और तमिल समाचार-पत्रों की भी फीचर सम्बन्धी आवश्यकताओं को न केवल

1. उत्तर आधुनिक मीडिया तकनीक—हर्षदेव, 97

पूरा किया, वरन् यह कुछ ही समय में उनकी अनिवार्यता बन गया। 'पब्लिकेशन सिंडीकेट' के सम्पादकमंडल में डॉ. सुनीति कुमार चटर्जी, डॉ. मुल्कराज आनन्द, डॉ. पी.टी. राजू और डॉ. देवराज उपाध्याय जैसी ख्याति के विद्वान् शामिल थे। इसी प्रकार सिंडीकेट के नियमित लेखकों में चक्रवर्ती राजगोपालाचारी, वी.वी.गिरि, दीवान चमनलाल, जे.एन. महालनवीस, हुमायूँ कबीर, एम.एस. स्वामीनाथन, भगवतशरण उपाध्याय, विमल मित्र, प्रभाकरमाचवे, के.एन. काटजू, आनन्द नारायण मुल्ला, सम्पूर्णानन्द, आर.आर.दिवाकर, के. एम. पन्निकर जैसे विभिन्न क्षेत्रों के ज्ञानवान व्यक्ति शामिल थे। 'पब्लिकेशन सिंडीकेट' ने भारतीय-पत्रकारिता को दो महत्त्वपूर्ण योगदान दिए। एक समाचार-पत्रों विशेष रूप से भाषायी पत्रों की पठनीयता को स्तरीय बनाने और दो, सैकड़ों नये पत्रकारों व लेखकों को आगे बढ़ाने का काम किया।[1] इधर, एक अन्य विद्वान् का विचार है कि भारतीय रूपक सिन्डिकेट का जन्म एक दशक पहले हो चुका है। वे विकासशील संस्थाएँ हैं और बहुधा एक व्यक्ति द्वारा संचालित की जाती हैं। भारतीय समाचार-पत्रों में सिंडीकेटों द्वारा दिए गए रूपकों का प्रचार तेजी से बढ़ता जा रहा है। **समाचार-पत्र आयोग** ने इस पहलू पर विचार करते हुए कहा है,—"यद्यपि सिन्डिकेटों द्वारा दी गई सामग्री सामान्यतः हॉनिकारक सिद्ध नहीं हुई है, तथापि इस बात की सम्भावना है कि कुछ विदेशी हास्य चित्रावलियाँ बच्चों के मन पर बुरा प्रभाव डालें। किसी कहानी को व्यंग्य-चित्रों के क्रम में प्रकाशित करना हमें आपत्तिजनक प्रतीत नहीं होता और वह हमें उपयोगी तकनीक जान पड़ती है, किन्तु हमारा यह विचार है कि जिन कथाओं को धारावाहिक रूप में दिया जाता है, वे अवांछनीय होती हैं। उनमें से कुछ तो अपराध का गौरव बढ़ाती हैं और वह भी ऐसी पृष्ठभूमि के साथ जो भारत के लिए परकीय होती हैं, नैतिक मूल्यों के प्रति संभ्रम की स्थिति उत्पन्न कर देती हैं।"[2]

अब हम भारत में सक्रिय कुछ प्रमुख फीचर सिंडीकेट और फीचर समितियों के नामों को अधोलिखित ढंग से इस प्रकार देख सकते हैं,[3]

1. **यूनाइटेड प्रेस ऑफ अमेरिका**—1907 में स्थापित यह संस्था व्यापार, खेल, फिल्म, संस्कृति, कला, सामाजिक क्रियाकलापों से सम्बन्धित समाचार संकलन एवं प्रेषण का कार्य कर रही है। यह फीचर सप्लाई करने का भी कार्य करती है।
2. **आवास**—सन् 1835 में स्थापित यह समिति सन्दर्भ लेख और पृष्ठभूमि सामग्री विभिन्न समाचार-पत्रों एवं पत्रिकाओं को भेजने का कार्य करती है।
3. **इंडियन न्यूज एंड फीचर एलायंस (INFA)**—वर्ष 1959 से यह समिति विभिन्न पत्र पत्रिकाओं को लेख, फीचर आदि हिन्दी और अंग्रेजी भाषा में भेजती है।
4. **न्यूज फीचर्स ऑफ इंडिया**—यह मुम्बई की संस्था है। यह संस्था भी विभिन्न विषयों पर फीचर्स, फोटो, समाचार एवं मानचित्र प्रेषित करती है। इसके द्वारा प्रेषित सामग्री का काफी महत्त्व है।
5. **इंडिया प्रेस एजेंसी**—सन् 1957 में स्थापित इसका कार्यालय दिल्ली में है। यह समिति विभिन्न पत्र-पत्रिकाओं को समाचार और फीचर्स आदि भी सप्लाई करती है।
6. **पब्लिकेशन सिंडीकेट**—इसका कार्यालय भी दिल्ली में ही है। यह विशिष्ट प्रकृति के लेख एवं फीचर्स ही उपलब्ध कराती है।
7. **हिन्दुस्तान समाचार**—इस समिति का कार्यालय मुम्बई में है। इसकी स्थापना 1948 में हुई थी। यह समिति भी समाचारों के साथ-साथ फीचर्स भी प्रेषित करती है।
8. **सत्य समाचार**—यह समिति ग्वालियर में तथा यह भी समाचार भेजने के साथ-साथ विभिन्न फीचर एवं लेख प्रेषित करती है।
9. **प्रेस ट्रस्ट ऑफ इंडिया**—हालाँकि इस समिति की स्थापना 1949 में हो चुकी थी। पहले यह केवल समाचारों का प्रेषण करती थी, किन्तु 1980 से इस समिति ने फीचर सेवा भी आरम्भ कर दी है।

---

1. उत्तर आधुनिक मीडिया तकनीक—हर्षदेव, 98
2. हिन्दी पत्रकारिता : एक परिचय-सुरेन्द बीनू सिन्हा तथा डॉ. आशीर्ष कुमार मैसी, पृ. 57-58
3. राजर्षि टंडन मुक्त विश्वविद्यालय द्वारा सम्पादित, 'जन माध्यम के लिए लेखन', पृ. 70-71

10. **अदिति फीचर्स**—यह समिति नई दिल्ली में स्थिति है। यह सामयिक, अन्तरराष्ट्रीय आदि विषयों पर फीचर प्रेषित करती है।
11. **प्रेस एशिया इंटरनेशन**—इसका मुख्यालय भी नई दिल्ली में है। इस संस्था की विशेषता इसके पाकिस्तान सम्बन्धी लेख हैं। इसके अतिरिक्त भी यह विभिन्न विषयों पर लेख एवं फीचर्स उपलब्ध कराती है।
12. **एशिया फीचर्स**—यह समिति नई दिल्ली में स्थित है। यह विभिन्न फीचर्स अंग्रेजी समाचार-पत्रों को सप्लाई करती है।
13. **फीचर सिंडीकेट**—यह समिति आर्थिक, सामाजिक, राजनीतिक, धार्मिक, वार्षिक, वैज्ञानिक, मनोरंजनात्मक, पुण्यतिथि, खेलकूद बाजार भाव, निवेश, स्वास्थ्य, योग आदि पर लेख, फीचर, फोटो, चित्र और कार्टून विभिन्न पत्र-पत्रिकाओं को उपलब्ध कराती है।
14. **उर्वशी फीचर्स**—यह समिति भी नई दिल्ली में कार्यरत है तथा महिलाओं, दाम्पत्य, फिल्म, स्वास्थ्य से सम्बन्धित विशिष्ट सामग्री प्रेषित करती है।
15. **मीडिया फीचर्स ऑफ इंडिया**—यह भारत की एक प्रतिष्ठित फीचर एजेंसी है जिसका मुख्यालय दिल्ली में है तथा ब्यूरो कार्यालय मेरठ, शिमला, देहरादून, चंडीगढ़, जयपुर, मुम्बई में है। यह समाचारों-पत्रों और सेटेलाइट चैनल्स को अपनी सेवाएँ देती हैं। इन सबके अतिरिक्त एसोसिएटेड न्यूज एंड फीचर्स, प्रेस वार्त्ता फीचर्स, युगान्तर, किंग फीचर सिंडिकेट, शब्दार्थ, यूनीवार्ता, हिन्दी फीचर सेवा, प्रेस ट्रस्ट फीचर सेवा, डैपप न्यूज, ऋचा फीचर्स, उत्थान सिंडिकेट, एसोसिएटेड प्रेस, महाराज फीचर्स, युवराज फीचर्स, उत्थान सिंडिकेट, रंगरेखा फीचर्स, सर्वोदय प्रेस सर्विस बुलेटिन, हिन्दुस्तान फीचर सर्विस लि., विचार आलेख सेवा, मन्थ फीचर्स, प्रेस वैट, कुमार अनिल न्यूज एंड फीचर्स, हिन्दी वार्त्ता फीचर्स, राष्ट्रीय समाचार फीचर्स नेटवर्क, सवेरा समाचार फीचर सर्विस, सैलानी फीचर सर्विस, विनायक फीचर्स और फीचर सेवा आदि भी फीचर्स प्रेषित करते हैं।

(21) कुछ अन्य तरह के प्रमुख फीचर लेखन : कतिपय सजगताएँ-सावधानियाँ

(क) साधारण फीचर

कई साधारण फीचर, जिनका सम्बन्ध किसी चालू या प्रचलित समाचार या घटना से नहीं होता, सम्पादक या संवाददाता के किसी विचार पर आधारित होते हैं। एक सुन्दर उद्यान, जिसमें लोग घूमने-फिरने जाते हैं। परन्तु उसके इतिहास और उसके अस्तित्व में लाने में जो समस्याएँ आयीं, उसके बारे में आम तौर पर कुछ मालूम नहीं होता। एक कुशल फीचर लेखक इस सम्बन्ध में रोचक तथ्य प्राप्त कर पाठक की रुचि की एक बहुत ही अच्छी कथा प्रस्तुत कर सकता है।[1] वस्तुतः इस तरह के फीचर लेखन में थोड़ी-सी सजगता की जरूरत होती है। साधारण फीचर में प्रयुक्त होनेवाली भाषा, ऐसी हो, जो सामान्य से लेकर काफी पढ़े-लिखे लोगों तक की समझ में आ जाए। यहाँ कठिन-क्लिष्ट शब्दों के प्रयोग से बचना चाहिए। किसी शब्द का प्रयोग करते समय फीचर तथा पत्र-पत्रिका के स्तर और पाठक को निरन्तर ध्यान में रखना चाहिए। अतः ऐसी स्थिति में सौम्य शब्दों का प्रयोग साधारण-सामान्य घटना पर आधारित फीचर में भी चार चाँद लगा सकता है।

(ख) चित्र फीचर या फोटो फीचर

चित्र स्वभावतः पाठकों को अधिक आकर्षित करते हैं। वे अधिक स्पष्ट होते हैं, सत्य भी, मुखर भी। एक कहावत है,—"एक चित्र दस हजार शब्दों से भी अधिक प्रभावशाली होता है।" चित्रों द्वारा भी फीचर लिखे जाते हैं। विभिन्न प्रकार के चित्र इस प्रकार सजाए जाते हैं कि जिस समस्या, कहानी या घटना से उनका सम्बन्ध हो, वह उभर कर आए। चित्रों के चुनाव में यह भी ध्यान रखा जाता है कि वे एक

1. पत्रकारिता के सिद्धान्त—डॉ. रमेश चन्द्र त्रिपाठी, पृ. 338

से न हों तथा सम्बन्धित विषय के क्रमिक विकास को दर्शाते हों। चित्र स्पष्ट हों और आकर्षक भी। इन चित्रों के साथ उपयुक्त लेखन भी आवश्यक है। चित्र फीचर में पाठकों को शब्दों व चित्रों का सुन्दर समन्वय मिलता है। संसार की लगभग सभी भाषाओं के दैनिक, साप्ताहिक, मासिक चित्र फीचर देते हैं—श्वेत-श्याम भी और बहुरंगी भी। सर्वाधिक चित्र फीचर देनेवाली मासिक पत्रिका है—नेशनल ज्योग्राफिकल।[1] लगभग हर बार इसमें प्रकृति व भूगोल विषयक सात चित्र फीचर होते हैं। वस्तुतः आज दृश्य-श्रव्य माध्यमों की बढ़ती लोकप्रियता ने सभी दैनिकों को बाध्य कर दिया है कि वे न सिर्फ 'विक्येरियस' बनाएँ, बल्कि, ब्लैक ऐन्ड ह्वाइट' की जगह 'कलर्ड' तस्वीरों को प्राथमिकता दें। इससे रिपोर्टों एवं लेखों को ज्यादा विश्वसनीयता प्राप्त होती है तथा उनकी सम्प्रेषणीयता भी कई गुणा बढ़ जाती है।[2]

(ग) समाचारी फीचर

इस तरह के फीचर सत्य घटनाओं को केन्द्र मानकर लिखे जाते हैं। नियमित पत्रकार ही इस तरह के फीचर भरसक लिखते हैं। कभी-कभी स्वतंत्र पत्रकारों को भी यह उत्तरदायित्व दे दिया जाता है। अगर कुशल और पारंगत फीचर लेखक हो, तो पत्र-पत्रिका का स्तर ऊँचा उठ जाता है। सच तो यह है कि समाचारी फीचर दैनिक समाचार को मनोरंजक ढंग से प्रस्तुत करता है। वे तथा रहस्य, जिनका समाचार की दृष्टि से महत्त्व न हो, पर उस घटना से सम्बन्धित हो, जनचर्चा का विषय हो, उसे मनोरंजक रूप देकर लिखा जाए, जिससे पाठक को वह दिलचस्प लगे और उसे आद्योपान्त जानकारी भी हो जाए। उसमें न तो बनावटी तथ्य को स्थान देना चाहिए और न ही उसे नाटकीय बनाना चाहिए। सीधे सरल शब्दों में उसे अधिक-से-अधिक प्राप्य रोचक जानकारी के साथ प्रस्तुत कर देना चाहिए। सीधे शब्दों में कहा जाए तो बिना नमक-मिर्च लगाये।[3] कुलमिलाकर इस तरह के फीचर लेखन में द्विअर्थी शब्दों का प्रयोग न किया जाए। भाषा उलझनपूर्ण न हो। भाषा की स्पष्टता बहुत आवश्यक है। अच्छे और सटीक शब्दों का प्रयोग इस तरह के फीचर लेखन के लिए शालीन माना जाता है।

(घ) विशिष्ट फीचर

इस तरह के फीचर का स्वरूप समाचारी फीचर से थोड़ा अलहदा होता है। विशिष्ट फीचर का लेखन अमूमन स्वतंत्र लेखक ही करते हैं। दरअसल, यह फीचर किसी व्यक्ति या अवसर विशेष के लिए लिखा जाता है। इस फीचर के नाम से ही स्पष्ट है, इसमें विषय-गांभीर्य का अपना विशेष महत्त्व होता है। सच तो यह है कि समाचारी फीचर तात्कालिक होते हैं। समाचार आया, उसका किसी ने अनुगमन किया और फीचर बन गया। तब रह गया तो रह गया, आगे किसी और समाचार का इंतजार करना पड़ेगा। विशिष्ट फीचर के लिए सामग्री एकत्र भी की जा सकती है। पुरानी एकत्र सामग्री भी काम में आ सकती है। पुरानी स्मृतियों को ताजा किया जा सकता है और उन्हें पुनः आकर्षक ढंग से प्रस्तुत किया जा सकता है। उत्सवों, ऋतुओं, पर्यटन-स्थलों, ऐतिहासिक स्थानों, महापुरुषों, चिर स्मरणीय घटनाओं तथा जीवन के शाश्वत प्रश्नों पर लिखे गए फीचर सदैव ताजा बने रहते हैं। उन्हें सदा पसन्द किया जाता है।[4] जहाँ तक इस प्रकार के फीचर में भाषा-प्रयोग का सवाल है, शब्दों का प्रयोग चुने हुए शीर्षक, घटना एवं तथ्यों को समझाने के लिए किया जाना चाहिए।

(ङ) स्थिति फीचर

इस तरह के फीचर को अंग्रेजी में 'Situation Feature' कहा जाता है। वस्तुतः 'सिच्युएशन फीचर' उन हालात की व्याख्या करता है, जिनमें हाल ही में कोई घटना घटी है। एक सड़क दुर्घटना में दो व्यक्ति मारे गए थे। उस दुर्घटना को लेकर लिखा गया फीचर इस तरह शुरू हो सकता है,—''मोटर-

---

1. पत्रकारिता : परिचय और विश्लेषण—डॉ. प्रीता व्यास, पृ. 120
2. संचार माध्यम (अयोध्या कांड समाचार विश्लेषण—लेख) अजय चौधरी, पृ. 15, सन् मार्च, 1995
3. पत्रकारिता और पत्रकारिता—डॉ. अरुण जैन, पृ. 116, हिन्दी बुक सेन्टर, नई दिल्ली सन् 2003
4. फीचर लेखन-प्रेमनाथ चतुर्वेदी, पृ. 15

साइकिल अब सड़कों का स्थायी अंग है'' और इसके उपरान्त नगर में कितनी मोटर-साइकिल हैं, किस प्रकार के व्यक्ति इन्हें चलाते हैं और लाइसेंस की क्या शर्त है और इस प्रकार मोटर साइकिलों से सम्बन्धित रोचक ब्यौरे से फीचर की रचना की जा सकती है। ऐसे फीचर भी हैं, जो ऐसे तथ्यों या घटनाओं से सम्बन्धित रोचक ब्यौरे से फीचर की रचना की जा सकती है। ऐसे फीचर भी हैं, जो ऐसे तथ्यों या घटनाओं से सम्बन्धित होते हैं, जिनकी उपयुक्तता सीधे समाचार के प्रतिपादन की नहीं होती जैसे किशोरों का एक शिविर जो,—समाज सेवा विभाग द्वारा संचालित हो या किसी महाविद्यालय के विद्यार्थियों द्वारा आयोजित पिकनिक''।[1]

(22) फीचर : हिन्दी की कुछ प्रमुख विधाओं से समता-विषमता

(1) फीचर और समाचार

विद्वानों ने फीचर को समाचार-पत्र की आत्मा कहा है। वह समाचार-पत्र को नया व्यक्तित्व और आयाम देता है। सुन्दर फीचर से समाचार-पत्र के प्रति पाठकों का रुझान बढ़ता है। वह पाठकों का मनोरंजन करने के साथ ही उन्हें शिक्षित-प्रशिक्षित भी करता है। सच तो यह है कि दोनों में कुछ समानता के साथ कुछ बुनियादी अन्तर भी होता है, यथा-संक्षिप्तता समाचार की आत्मा है, जब कि विस्तार फीचर का गुण। समाचार में किसी एक घटना का रंग मिलता है, लेकिन फीचर बहुरंगी होता है। किसी समाचार पर फीचर लिखा जा सकता है, लेकिन किसी फीचर पर समाचार नहीं लिखा जा सकता। समाचारों में एकरूपता होती है, लेकिन फीचर में विशिष्टता होती है,[2]—"It will be noticed that every feature arises out of news item. The news does not tell the whole story. It is left to the feature writer to fill in the blanks. The feature becomes attractive in direct proportion to the element of curiosity stirred by news item... A feature is saleable to the extent that it strikes readers interest when the news is still hot."[3]

पश्चिम के एक विद्वान् *विलियम जी ब्लेयर* का मानना है कि समाचार वह है, जिसमें बहुसंख्यकों की अधिकतर रुचि हो। समाचारों के छह ककारों यथा—'क्या', 'कब', 'कहाँ', 'क्यों' 'कौन?' और 'कैसे?' का क्रमबद्ध महत्त्व होता है, लेकिन फीचर में इस तरह के क्रम के अनुपालन की कोई बाध्यता आवश्यक नहीं होती।[4] इसी तरह एक अन्य पाश्चात्य चिन्तक *विलियम एल.रिवर्स* का मानना है कि फीचर समाचार से बड़ा होता है, फीचर लेखक पठनीय अनुभव प्रस्तुत करता है। उसमें सूचना को उतना महत्त्व नहीं दिया जाता, जितना शैली, लालित्य और विनोद को।''[5]

(2) फीचर और लेख

फीचर और समाचार की तरह फीचर और लेख में भी कुछ बातें समान धर्मा होती हैं, तो कुछ इन दोनों को एक-दूसरे से भिन्न भी करती हैं। लेख मूल अर्थ में समस्त लिखी सामग्री के लिए आता है, किन्तु वास्तव में यह उस गद्य रचना के लिए प्रयुक्त होने लगा है, जिसमें लेखक प्रमुखतया निर्वैयक्तिक ढंग से किसी विषय पर शास्त्रीय ढंग से प्रकाश डालता है। इसे अंग्रेजी का 'आर्टीकल' कह सकते हैं।[6] शैली की दृष्टि से दोनों की प्रस्तुति समाचारों से अलहदा होती है। कुल मिलाकर फीचर और लेख समानजीवी और परस्पर विरोधी-दोनों होते हैं, यथा-फीचर जहाँ कल्पना और भावनाओं की जमीन पर खड़ा किया जा सकता है, वहीं लेख के लिए कल्पना की जगह प्रामाणिक आँकड़ों और तथ्यों

1. पत्रकारिता के सिद्धान्त—डॉ. रमेश चन्द्र त्रिपाठी, पृ. 338
2. पत्रकारिता जगत—अशोक प्रियदर्शी, पृ. 54
3. Professional Journalism-M.V. Kamanth. P.162
4. How to write Special Feature Articles-William G. Bayer. P.57
5. Mass Media-Williom, L.Revers.P.23
6. हिन्दी साहित्य कोश, भाग-1, पारिभाषिक शब्दावली, पृ. 344, ज्ञानमंडल लिमिटेड, वाराणसी, वसन्तपंचमी-2020

की गरज होती है। फीचर मनोविनोदी हो सकता है, किन्तु लेख में हास्य और मनोविनोद निषिद्ध होता है। यहाँ गम्भीरता एवं चिन्तन-मनन बहुत आवश्यक होता है। फीचर का सम्बन्ध हृदय से होता है, जबकि लेख का सम्बन्ध मस्तिष्क से। फीचर एक प्रकार का गद्य गीत है, अर्थात् क्षणिक मुद्रा का अलंकरण होता है, पर लेख बहुआयमी, गम्भीर और उच्च कृति होता है।[1] फीचर लेखन सामान्यतः अगम्भीर होता है, उसमें यत्र-तत्र परिहास का पुट निहित रहता है, जबकि लेख में लेखक को उपलब्ध तथा प्राप्त आधार-सामग्री पर गम्भीरतापूर्वक ध्यान देना पड़ता है।[2] फीचर साफ-सुथरी और मनोरम एक कक्षवाली कुटी है, किन्तु लेख अनेक कमरोंवाला बहुमंजिला विशाल भवन है।[3] फीचर और लेख की परस्पर विषमता को रेखांकित करते **डॉ. पी.डी. टंडन**[4] कहते हैं कि,—"किताब पढ़कर, आँकड़े जमा करके लेख लिखे जा सकते हैं, लेकिन 'फीचर' लिखने के लिए अपनी आँख, कान, भावों, अनुभूतियों, मनोवेगों और अन्वेषण का सहारा लेना पड़ता है। लेख लम्बा, अरुचिकारक भारी भी हो सकता है, परन्तु ये बातें 'फीचर' की मौत हैं। फीचर को मजेदार, दिलचस्प और दिलपकड़ होना पड़ेगा।" कुल मिलाकर संक्षेप में लेख में प्रामाणिक जानकारी, सरल, सुबोध भाषा, सम्बन्धित चित्र तथा समस्या एवं समाधान एवं प्रारम्भ दिलचस्प होना चाहिए, जबकि फीचर की अवयवी संरचना में इनका समावेश सहज रूप से ही हो जाता है। 'अच्छा प्रारम्भ और आनन्दमय अन्त' यही फीचर लिखने की सफलता का मुख्य तत्त्व है।[5]

(3) फीचर और निबन्ध

नि + बन्ध + घञ् से बने 'निबन्ध' शब्द के कई अर्थ होते हैं। उनमें एक अर्थ है—साहित्यिक रचना या कृति—"प्रत्यक्षरश्लेषमय प्रबन्ध विन्यास वैदग्ध्य निधिर्निबन्ध चक्रे।" याज्ञवल्क्य स्मृति में निबन्ध शब्द का प्रयोग, द्रव्य के लिए हुआ है,—"निबन्धों द्रव्यमेव"। हेमचन्द्र ने बन्धन के अर्थ में इसका प्रयोग किया है। गीता में भी इस शब्द का व्यवहार बाँधने की क्रिया के अर्थ में ही हुआ है—"निबन्धा सुरीमता"। इन सबके अतिरिक्त निबन्ध का प्रयोग लिखे हुए भोजपत्रों को सँवारकर बाँधने या सीने की क्रिया के लिए भी होता था, किन्तु कालान्तर में अर्थ-संकोच के रूप में केवल साहित्यिक कृति के लिए इसका प्रयोग किया जाने लगा। **लेख, सन्दर्भ, रचना** और **प्रस्ताव** शब्द निबन्ध के पर्याय माने जाते हैं। इसके पहले संस्कृत में 'प्रबन्ध' को 'निबन्ध का समानार्थी माना जाता रहा है।

लेकिन आधुनिक काल के विद्वानों ने स्वीकार किया है कि निबन्ध को किसी परिभाषा के दायरे में बाँधना कठिन है। इस दृष्टि से निबन्ध अपने शाब्दिक अर्थ के विपरीत **बन्धनहीन** है। वस्तुतः हिन्दी का निबन्ध शब्द अंग्रेजी के ESSAY शब्द का अनुवाद है। निबन्ध के लक्षणों में स्वच्छन्दता, सरलता के साथ लेखक के वैयक्तिक आत्मनिष्ठ दृष्टिकोण का पता चलता है। जहाँ तक फीचर का सवाल है, इसका प्रमुख लक्ष्य तथ्यों की खोज के साथ-साथ मनोरंजन, प्रशिक्षण तथा निदर्शन है—'Longer bits in newspapers a piece of writing which explains, amplifies and interprets issues with study, research and interview." एक विद्वान् प्राध्यापक हैं—**कृष्ण मोहन बोहरा**। उनका यह कथन मशहूर है कि निबन्ध में लेखक का अपनापन अधिक प्रकट होता है, जबकि फीचर तो अधिकतर घटनाक्रम और लोक प्रतिक्रिया पर केन्द्रित रहता है। निबन्ध को 'अपनेपन' या 'मैं पन' से नहीं बचाया जा सकता है। वह निबन्ध में रहना आवश्यक है—चाहे प्रत्यक्ष हो या परोक्ष। कुलमिलाकर कह सकते हैं कि निबन्ध और फीचर दोनों में श्रेष्ठ गद्य के दर्शन होते हैं। दोनों ही स्थायी साहित्य की कोटि में पहुँचने की कोशिश में रहते हैं। दोनों के आधारभूत विषय चयन की कोई सीमा नहीं। निबन्ध में 'मैं' किसी-न-किसी रूप में झलकता है, किन्तु फीचर

1. व्यावहारिक एवं प्रयोजनमूलक हिन्दी तथा साहित्यशास्त्र—डॉ. फूलबदन सिंह, पृ. 181
2. हिन्दी पत्रकारिता की रूपरेखा—एन.सी.पन्त एवं मनोज कुमार, पृ. 151
3. जनसंचार एवं हिन्दी पत्रकारिता—डॉ. अर्जुन तिवारी, पृ. 152
4. आधुनिक पत्रकारिता डॉ. अर्जुन तिवारी की पुस्तक के पृष्ठ 47 पर पी.डी. टंडन का उद्धरण।
5. हिन्दी पत्रकारिता : स्वरूप और सन्दर्भ—डॉ. विनोद गोदरे, पृ. 97

में 'मैं' होता ही नहीं। निबन्ध में पांडित्य की झलक मिलती है, किन्तु फीचर में पांडित्य का प्रदर्शन लेशमात्र नहीं होता।[1]

(4) फीचर और कहानी

फीचर और कहानी में परस्पर तुलना, साम्य-वैषम्य और भेद-विभेद का प्रश्न ही मुझे बेहद अटपटा, बेमानी तथा असंगत लगता है। दरअसल, कहानी उम्र में फीचर से बहुत बड़ी जेठी है। कहानी का जब जन्म हुआ था, तब फीचर का कहीं अता-पता ही नहीं था, यहाँ तक कि हिन्दी साहित्य के श्रेष्ठ और प्रामाणिक ग्रन्थों में रेखाचित्र, संस्मरण, डायरी, रिपोर्ताज, यात्रा-वृत्तान्त, जीवनी, आत्मकथा तथा इंटरव्यू आदि पर प्रभूत चर्चा होती है, किन्तु वहाँ फीचर का नामों निशान तक नहीं है। बौद्ध, जातक, पंचतंत्र, हितोपदेश, वैताल पंचविंशविशतिक, शुक्र सप्तशती तथा दशकुमार चरित्र इत्यादि संस्कृत ग्रन्थों में कहानियों के रोचक उदाहरण विद्यमान हैं। कुल मिलाकर यह कि कहानी की परम्परा भारत में अति प्राचीन है, जबकि फीचर का जन्म अभी हाल ही में हुआ है। अतः इन दोनों में **पहला अन्तर** उम्र का हो गया। इन दोनों में **दूसरा अन्तर** साहित्य के स्तर पर हो सकता है। कहानी का अपना भरा-पूरा और समृद्ध साहित्य है, जबकि फीचर का साहित्य उसकी तुलना में चंचुवत कहा जा सकता है। जहाँ तक फीचर में मनोविनोदी तत्त्वों की उपस्थिति का सवाल है, कहानी में भी इसकी कोई कमी नहीं है। इसे हम इन दोनों के बीच **तीसरे अन्तर** के रूप में रेखांकित कर सकते हैं। **चौथी** बात यह कि जिस प्रकार फीचर समाचार-पत्र की आत्मा कहा जाता है, उसी तरह कहानी भी प्राणवायु की तरह व्यक्ति के जीवन में अनिवार्य जान पड़ती है। **पाँचवीं** बात यह कि अमूमन फीचर तथ्यों पर आधारित होता है, जबकि अधिकांश कहानियाँ कल्पना की जमीन पर खड़ी की जाती हैं। वस्तुतः कहानियाँ भी सच्ची घटनाओं पर सृजित होती हैं, हाँ, उसे रोचक एवं आकर्षक बनाने के लिए शैली और कला का आश्रय लेते उसमें काल्पनिकता का पुट दे दिया जाता है। इसे हम दोनों के बीच **छठें** तत्त्व के रूप में स्वीकार कर सकते हैं।

(5) फीचर और रूपक

फीचर (Feature) अंग्रेजी शब्द है। इसके लिए हिन्दी में कई शब्द प्रयोग किए जाते हैं, यथा—विशेषता, वैशिष्टता, वैशिष्ट्य तथा लक्षण आदि। इसी तरह आकृति, चेहरा-मोहरा, नाक-नक्श, आकार-प्रकार, रूप-शक्ल भी हिन्दी में इसके लिए इस्तेमाल किए जाते हैं। इन सभी के अतिरिक्त 'रूपक (Presentation) तथा रूपरेखा (Sketch) शब्द भी व्यवहृत किए जाते हैं। अधिकांश विद्वानों ने उक्त पर्यायों में 'रूपक' शब्द को इसका प्रमुख पर्याय माना है। यह 'रूपक' शब्द अंग्रेजी फीचर का हिन्दी तर्जुमा या अनुवाद है। हाँ, यह कहना बहुत कठिन अवश्य है कि फीचर का हिन्दी अनुवाद 'रूपक' क्यों, कब, कैसे और किस आधार पर कर लिया गया? बहरहाल, अब यह 'रूपक' ही फीचर के लिए हिन्दी में रूढ़ हो गया है। यह शब्द अब चलन में है। इसके पहले 'रूपक' शब्द का प्रयोग संस्कृत-हिन्दी में कई सन्दर्भों में प्रयुक्त हुआ है। भरत, भामह, दंडी, वामन, मम्मट, जयदेव, रुद्रट, विश्वनाथ आदि संस्कृत के आचार्यों ने तथा हिन्दी के केशव, भूषण, मतिराम, कुलपति, पद्माकर आदि कवियों ने रूपक शब्द का प्रयोग अलंकारों के लिए किया है। नाटक के साथ भी इसका नाम समय-समय पर साटा गया है, यथा—रेडियो रूपक। हालाँकि 'रूपक' तथ्य पर आधारित होता है, जबकि नाटक कल्पना पर।

(6) फीचर और कमेंट्री

'कमेंट्री' (Commentry) शब्द आंग्ल भाषा का है, जिसके कई अर्थ हिन्दी में खुलते हैं, यथा—टीका, टिप्पणी, आलोचना (Criticism), व्याख्या, विवरण, वर्णन (of eye witness) आदि। 'कमेंट्री'

1. राजर्षि टंडन मुक्त विश्व विद्यालय द्वारा सम्पादित 'जनमाध्यमों के लिए लेखन', पृ. 29

का मूल शब्द 'कमेंट' है। इस 'कमेंट' का भाववाचक संज्ञा है—'कमेंट्री'। 'कमेंट्री' का प्रयोग बहुधा पत्रकारिता (प्रसारण) के क्षेत्र में होता रहता है। 'वृत्तान्त पत्रकारिता' (Commentary Journalism) इसी से सम्बन्धित है। किसी स्थान विशेष पर हो रहे कार्यक्रम, खेलकूद, मेला, पन्द्रह अगस्त, छब्बीस जनवरी आदि का आँखों देखा हाल प्रसारित करना पत्रकारिता के इसी कोटि के अन्तर्गत, आता है। दृश्य-श्रव्य माध्यमों के इस तरह के कार्यक्रमों के अवसर पर वृत्तान्त पत्रकारिता का बहुत महत्त्व होता है। विशिष्ट, स्वर, शैली, स्वर के उतार-चढ़ाव और खूबसूरत भाषा का प्रयोग करते समय कहीं-न-कहीं रूपक या फीचर की सुगन्ध 'कमेंटेटर' के मुँह से फूटती रहती है। पश्चिमी विचारक **ब्रियन निकल्स** का कहना है कि फीचर का बाँकापन उसमें निहित भावुकता और टीका में है। कमेंट्री में वर्णन और टीका है, पर भावुकता नहीं। लेखन अथवा मौलिक वर्णन में तथ्यपरक आलोचना का थोड़ा बहुत अंश हो, तो पाठक या श्रोता को अच्छा लगता है। पर, यह भी ध्यान रखने की बात है कि आलोचना कदापि सीमा से बाहर न जाए। वह आटे में नमक का रस देनेवाली हो। कमेंट्री में भावुकता को स्थान देना उचित नहीं। फीचर में तथ्यों की व्याख्या और टीका के साथ भावुकता का विशेष पुट होना आवश्यक है।

(7) फीचर खंड एवं सम्पादकीय लेख

समाचार-पत्र या लघु पत्रिकाओं में सम्पादकीय लेखन बेहद अनिवार्य तत्त्व होता है। इसे प्रायः पत्र-पत्रिका का सम्पादक सम्पादित करता है या सह सम्पादक। समाचार-पत्र के सम्पादकीय जन साधारण की रुचि के अनुकूल या प्रतिकूल दोनों हो सकते हैं। प्रायः ये ताजा-टटके मुद्दों पर लिखे जाते हैं। यहाँ सम्पादक भरसक प्रयास करता है कि सम्पादकीय की भाषा, सरल-सहज, स्पष्ट ललित और मनमोहक-चित्ताकर्षक हो। इधर, समाचार-पत्रों में लिखे जानेवाले फीचर की स्थिति सम्पादकीय लेखन से काफी भिन्न और बेमेल होती है। सम्पादकीय लेख में एकदम नपे-तुले शब्दों में, बिना किसी उलझाव के अखबार के माध्यम से सम्पादक अपनी बात पाठकों तक पहुँचाता है। सम्पादकीय लेखन का उद्देश्य पाठकों का मनोरंजन करना नहीं होता, किन्तु इधर, फीचर लेखक मनोविनोदी शैली में पाठक के मन को गुदगुदाता हुआ अपनी बात रखता है। इन दोनों में यह काफी गहरा अन्तर माना जा सकता है।

पश्चिम के फीचरकार विलियम एल. रिवर्स का विचार है कि सम्पादकीय, समीक्षा तथा लेखों से भिन्न होता है—फीचर। इनके अनुसार तर्क संगत निर्णय व वकालत में जो भेद है, वही भेद फीचर और सम्पादकीय में है। **श्री प्रेमनाथ चतुर्वेदी** का इस सम्बन्ध में कहना है कि फीचर लेखक तथ्यों को तौलता है, उनके आधार पर वकालत नहीं करता। वह पाठक को फुसलाता नहीं, पर उसके ज्ञान की वृद्धि करता है। सम्पादकीय से फीचर कहीं मेल खाता है, कहीं नहीं। उनका मेल तो वहीं तक है, जब वे समाचार के तथ्यों का विश्लेषण करते, विशिष्टता प्रदान करते अथवा उन्हें छिपाते हैं। फीचर सम्पादकीय से तब भिन्न हो जाता है, जब उसमें तथ्यों का निष्पक्षता से सर्वेक्षण किया जाता है। सम्पादकीय में लेखक के विचार और मत पर विशेष जोर रहता है। फीचर इसके विपरीत है। उसका लेखक अपने विचारों का धनी तथा अपने मत का दृढ़ता से प्रतिपादक नहीं जान पड़ता है। सब-कुछ होते हुए भी उसमें 'अपनापन' नहीं होता। सम्पादकीय 'लोकनेता' है, फीचर 'जन सेवक'।

(8) फीचर और रेखाचित्र

फीचर और रेखाचित्र कई सन्दर्भों में एक ही प्रकृति, मिजाज और पृष्ठभूमि के हैं तो कई स्तरों पर वे एक-दूसरे से भिन्न भी हैं। उदाहरण के लिए जिस प्रकार तमाम दावों के बावजूद हिन्दी में रिपोर्ताज को एक सुनिश्चित साहित्य-रूप की प्रतिष्ठा अभी नहीं मिल पाई है, ठीक उसी तरह फीचर के सामने भी पहचान का संकट बना हुआ है। बहुत लोग मुझसे ही पूछते हैं, यह फीचर क्या है? यह अपनी समकालीन विधाओं से किस प्रकार भिन्न है? फीचर सम्बन्धी किसी श्रेष्ठ पुस्तक का नाम बताइये? हिन्दी साहित्य

की समृद्धि में फीचर का योगदान क्या है? हिन्दी के कुछ नामआवर अर्थात् ख्यातिलब्ध फीचर लेखकों के नाम बताइये? आदि। बहरहाल, मुझे चुप रह जाना पड़ता है। सच तो यह है कि हिन्दी में रिपोर्ताज साहित्य मूलतः विदेशी साहित्य के प्रभाव से आया, वहीं फीचर की भी वही स्थिति है। 'रिपोर्ताज' फ्रांसीसी भाषा का शब्द है। अंग्रेजी शब्द 'रिपोर्ट' से इसका गहरा सम्बन्ध है। रिपोर्ट सामान्यतः समाचार-पत्र के लिए लिखी जाती है, और उसमें साहित्यिकता नहीं होती, किन्तु फीचर में साहित्यिकता का पुट और स्वाद होता है। जहाँ "आँखों देखी और कानों सुनी" घटनाओं पर रिपोर्ताज लिखा जा सकता है, वहीं फीचर में इस तरह का कोई बहुत सख्त अनुशासन नहीं है। यहाँ कल्पना भी जरूरत के अनुसार मदद कर सकती है। हाँ, इतना आवश्यक है कि उत्सवों, मेलों, बाढ़ों, अकालों, युद्धों, महामारियों को आधार बनाकर रिपोर्ताज और फीचर—दोनों लिखे जा सकते हैं।

(9) फीचर तथा हिन्दी की अन्य विधाएँ

कुछ लोगों का कहना है कि हिन्दी की अन्य विधाओं, यथा-उपन्यास, कहानी, नाटक, एकांकी, डायरी लेखन आदि से फीचर की तुलना नहीं की जा सकती। हाँ, यह अवश्य है कि लेखन की इन विधाओं की झलक फीचर में यथा प्रसंग आ सकती है। ऐसा करने से फीचर अधिक रोचक और प्रभावी बन जाता है। पर फीचर में इनका प्रयोग बहुत ही कम मात्रा में और उपयुक्त प्रकरण को अधिक खिलाने के साधन के रूप में करना चाहिए। जैसे मुख का सौन्दर्य ललाट, कपोल, अथवा चिबुक के एक-दो तिल बढ़ा देते हैं, वैसे ही इन विधाओं में से एक-दो का संक्षिप्त प्रयोग फीचर की शोभा की वृद्धि कर देता है। मुख पर छाये अधिक तिल जिस प्रकार उसको कुरूप कर देते हैं, उसी तरह फीचर में ऊपर दी गई विधाओं की अधिक मात्रा उसकी विशिष्टता को समाप्त कर देती है। यदि हम कहें कि जैसे मुख और तिलों की तुलना करना हास्यास्पद है, वैसे ही फीचर की कहानी, नाटक, संस्मरण से किसी तरह की तुलना करने का प्रयास भी।[1]

(23) फीचर लेखन के उद्देश्य

(1) कोई भी स्वतंत्र लेखक पत्रकार, जिनकी कोई नियमित आय नहीं है, स्वतंत्र फीचर लिखकर कुछ पैसे कमा सकता है। इतना ही नहीं, कोई भी प्रतिभाशाली व्यक्ति, चाहे वह किसी पेशे व्यापार या नौकरी में लगा हो, वह भी फीचर लेखन कर नियमित आमदनी कर सकता है,

(2) यदि फीचर स्तरीय है, तो दो तरह का लाभ होता है, पहला-पत्र, पत्रिका की प्रतिष्ठा और माँग बढ़ती है, दूसरा फीचर लेखक की स्वतः शोहरत बढ़ती है। वह यश का भागी बनता है।

(3) फीचर लेखन से रचनात्मकता और सृजन कर्म के प्रति अभिरुचि बनी रहती है।

(4) फीचर लेखन से ज्ञान और पहचान का दायरा व्यापक-विशाल हो सकता है।

(5) मँजे-मँजाए फीचरकार को बाजार तलाशना नहीं पड़ता। बाजार ही उसके पास आ सकता है,

(6) फीचर लिखकर कोई भी फीचर लेखक पाठक में औत्सुक्य, सहानुभूति और हास्यव्यंग्य का संचार कर सकता है,

(7) फीचर से पाठक की कल्पना शक्ति को प्रभावित करना भी फीचरकार का एक लक्ष्य होता है,

(8) चित्रों और शब्दों की सहायता से कोई भी फीचर लेखक तथ्यों को रंगीन और चित्ताकर्षक रूप देना चाहता है,

(9) अपने फीचर के माध्यम से फीचर लेखक, पाठकों को अदेखे-अनजाने संसार की यात्रा कराता है, फलतः पाठक के ज्ञान-क्षितिज का विस्तार होता है तथा

(10) इतना ही नहीं, फीचर लेखक स्वतः अपने सम्बन्धों का दायरा बढ़ा लेता है।

1. फीचर लेखन—श्री प्रेमनाथ चतुर्वेदी, पृ. 38

भाग-12
खोजी समाचार (Investigative Reporting)

(1) खोजी समाचार : अर्थ-आशय

इसे खोजी पत्रकारिता का ही एक संस्करण माना जा सकता है। पत्रकारिता की शब्दावली में इसके लिए 'अनुसन्धात्मक', 'अन्वेषात्मक' या 'जासूसी' नाम से भी जाना जाता है। खोजी समाचार संकलन पत्रकारिता का अभिन्न अंग है। सामाजिक दुष्प्रवृत्तियों, राजनीतिक कदाचार, प्रशासनिक भ्रष्टाचार, असामाजिक, व्यापारिक गतिविधियों आदि का भंडाफोड़ करना, रिश्वत खोरी, काला बाजारी, दलाली, जनता के धन का दुरुपयोग, शोषण आदि का खुलासा और प्रकाशन करना खोजी या अन्वेषणात्मक समाचार के भीतर ही आते हैं।

अंग्रेजी के Investigation शब्द का अर्थ होता है, अनुसन्धान, खोज, जाँच, छानबीन, जाँच-पड़ताल। 'खोजी समाचार' अर्थात् समाचारों को खोजना, दबे-छुपे समाचारों को बाहर निकालना, उनका पर्दाफाश करना। कुल मिलाकर पर्दे की आड़-ओट में छुपे बुर्क़ानशी, समाचारों को बेपर्दा करने की प्रक्रिया खोजी समाचार के भीतर आती है। इसे कुछ लोग एक मानसिक प्रक्रिया कहते हैं, वहीं कुछ लोग 'समाचार खोजक' की तुलना उस शिकारी से करते हैं, जो अपने शिकार की तलाश में भूख-प्यास, खाना-पीना, दिन-रात, तपती जेठ, प्रचंड शीतलहर और छप्पनों, कोट होनेवाली बरसात की चिन्ता किए बिना लगा रहता है। हाँ, यहाँ एक बात यह है कि जिन समाचारों का उद्घाटन पहले नहीं हुआ हो अर्थात् अनुद्घाटित समाचारों का खुलासा करनेवाले समाचार खोजक का महत्त्व काफी होता है। इस प्रक्रिया में निष्पक्षता और निर्भीकता बहुत आवश्यक होती है।

(2) समाचारों को खोजना : कठिन काम

भ्रष्टाचार, रिश्वतखोरी, बेईमानी, सूदखोरी, कालाबाजारी, चोरी, घपला तथा देह व्यापार का पर्दाफाश एवं आतंकी गिरोहों की गतिविधियों से सम्बन्धित कुकृत्यों को जन सामान्य के सामने लाना 'लोहे का चना चबाना' की तरह बेहद कठिन कार्य है। जान जोखिम में और प्राण पत्ते पर। बहुत ही चुनौती भरा काम। कई सौ पत्रकार धरती के कोने-अँतरे से समाचारों को छानबीन और खोज हेर कर जन सामान्य के सामने लाये, फलतः अपनी जान से हाथ धो बैठे। अभी भी समाचारों को खोजने में पत्रकार मारे ही जा रहे हैं। शेयर घोटाला कांड, चारा घोटाला कांड, बोफर्स कांड, स्व. रहमान अन्तुले कांड, भागलपुर का आँख फोड़वा कांड, चीनी, कोयला आवंटन कांड, टू जी स्पेक्ट्रम कांड, मुम्बई का आदर्श सोसाइटी कांड, अरबों का इन्जिनीयर यादव सिंह प्लाट आवंटन कांड, अमेरिका का बाटरगेट कांड, फ्रांस का गुप्त दस्तावेज देनेवाला कांड, जापान का व्याय्ज टाउन स्कूल कांड आदि अनेक उदाहरण समाचारों की कठिन खोज की उपज है। **डॉ. बलवेद राज गुप्त**[1] लिखते हैं, कि,—"The gathering of news is as old as humanity. The art of collection and writing news is becoming more complex, sophisticated and even specialised. Modern reporting poses great challenges to reporters, who must equip themselves properly to function as useful and successful reporters, Reporting is job where one must be ready to be present at odd places and odd-hours to get the best possible information so as to fulfil the increasing hunger of the readers for news, views and above all entertainment in the modern world."

दरअसल, इस तरह के समाचार लिखनेवाले पत्रकारों के लिए **डॉ. अर्जुन तिवारी**[2] कहते हैं कि सच्चा अन्वेषी पत्रकार उल्लू, कुत्ता, बिल्ली का पर्याय माना जा सकता है। उल्लू को अँधेरे में ही सूझता है। वह दिन में निष्क्रिय रहता है, रात में उसकी सक्रियता बढ़ जाती है। वस्तुतः प्रकाश

1. Journalism by Old and New Masters-Dr. Baldev Raj Gupta. P.22
2. आधुनिक पत्रकारिता—डॉ. अर्जुन तिवारी, पृ. 120, विश्वविद्यायलय प्रकाशन-वाराणसी, 1990

में मौन रह कर अन्वेषी पत्रकार अँधेरे में उन तमाम घोटालों को अच्छी तरह से देख लेता है, जिन पर किसी की नजर नहीं पड़ती है। परदे के अँधेरे में किए जा रहे कुकृत्यों को देखकर अन्वेषी पत्रकार व्यवस्था की कालिमा को उजागर करता है। सदैव पीछे लगे रहना यह कुत्ते का प्रकृति प्रदत्त स्वभाव है। घटनाओं के पीछे लगे रहनेवाले पत्रकार जरा-सी आहट पाकर चैतन्य हो जाते हैं। वांछित सूचना प्राप्त करने हेतु दुम हिलाते हैं और जैसे ही उन्हें सफलता मिलती है, वे दुम दबाकर भाग जाते हैं। बिल्ली भी दबे पाँव आती है, शिकार करके भाग जाती है। बहरहाल, इस तरह के समाचार-संकलन और उन्हें लिपिबद्ध करते समय शैली के साथ-साथ कुछ अन्य तथ्यों की ओर भी ध्यान देना चाहिए, यथा—"Don't overlook a tip from any source. Some of the best leads may come from the tips that don't look promising. Many, perhaps most-won't pan out. But don't overlook any possibilities, Don't be a policeman. Make plans from the start. Don't leap in to it, Keep going. The investigative way is hard, but don't stop if you think you have something"[1]

भाग-13

समाचारों का अनुवर्तन (Follow up) और उसकी प्रविधि

(1) समाचारों का अनुवर्तन : अर्थ-आशय तथा परिभाषा

'अनुवर्तन' शब्द में 'अनु' का अर्थ होता है—'पश्चात्' या 'पीछे'—*'सर्वे नारदमनु उपविशंति'* या *'क्रमेण सुप्तामनु संविवेश सुप्तोत्थितां प्राप्तरनूदतिष्ठत'।* 'अनु' शब्द अव्ययीभाव समास बनाने के लिए संज्ञा शब्दों के साथ प्रयुक्त होता है या क्रिया या कृदन्त शब्दों से पूर्व जोड़ा जाता है अथवा स्वतंत्र सम्बन्ध बोधक अव्यय के रूप में कर्मकारक के साथ प्रयुक्त होता है और कर्म प्रवचनीय माना जाता है। इस प्रकार कुल मिलाकर 'अनु + वृत्त + ल्युट्' से बने 'अनुवर्तनम्' का अर्थ हुआ—'अनुगमन' या 'पीछे-पीछे चलना'। 'अनुवर्तन' के लिए अंग्रेजी में 'Follow-up' शब्द का प्रयोग किया जाता है। कहीं-कहीं इसके लिए 'Go after' शब्द भी व्यवहृत हुआ है, जिसका अर्थ होता है, अनुसरण करना, अनुयायी होना, अनुकरण करना, पीछा (pursue) करना आदि। अतः इस तरह से कुल मिलाकर 'समाचारों का अनुवर्त्तन' पद का अर्थ हुआ—'समाचारों का पीछा करना', **डॉ. श्याम सिंह 'शशि'**[2] के अनुसार, "अधूरे समाचारों के शेष तथ्यों का संग्रह करके उन्हें पाठकों के समक्ष प्रस्तुत करना 'पीछा करना' कहलाता है, यह कार्य चाहे एक दिन में सम्पन्न हो, चाहे अधिक दिनों में।" इधर, **डॉ. अर्जुन तिवारी**[3] इसी बात को इस तरह कहते हैं, "गत दिवस के समाचारों की अगली और नवीन सूचना प्राप्ति की प्रक्रिया को समाचारों का अनुवर्त्तन' कहा जाता है। **डॉ. विनोद गोदरे**[4] भी थोड़ी सी भाषा बदलकर इसे इस तरह कहते हैं," गत दिवस की अगली और नवीन सूचना प्राप्ति की प्रक्रिया को समाचारों का अनुवर्त्तन कहा जाता है। **उत्तर प्रदेश राजर्षिटंडन मुक्त विश्वविद्यालय द्वारा सम्पादित एक पुस्तिका**[5] में इसे परिभाषित करते कहा गया है, एक दिन पूर्व प्रकाशित हो चुके किसी समाचार के आधार पर उसी समाचार से सम्बन्धित और नये तथ्यों को प्राप्त करने के प्रयास को अनुवर्त्तन (Follow-up) कहते हैं। एक अन्य विद्वान् **श्री एम.वी. कामथ**[6] इस सम्बन्ध में कहते हैं कि, "There is therefore much truth in the comment that the follow-up is not

1. Professional Journalism- M.V. Kamath. P. 156
2. हिन्दी पत्रकारिता : विविध आयाम—सं. वेदप्रताप वैदिक, पृष्ठ-84
3. आधुनिक पत्रकारिता—डॉ. अर्जुन तिवारी, पृ. 46
4. हिन्दी पत्रकारिता : स्वरूप एवं सन्दर्भ—डॉ. विनोद गोदरे, पृ. 102
5. राजर्षि टंडन मुक्त विश्वविद्यालय द्वारा सम्पादित 'समाचार संकलन' पृ. 20
6. Professional Journalism-M.V. Kamath, P.88

only an essential part of an active newspaper's function but often leads upto a more important story than the original. In fact, in this instant, the follow-up story never ceased to interest the reader fill the country become free."

(2) अनुवर्तन : स्वरूप निर्धारण में ध्यान देने योग्य बातें

(1) बासी समाचारों के बार-बार प्रकाशन से पाठक ऊब सकता है। अतः पुराने के साथ-साथ नये समाचारों की प्रस्तुति भी आवश्यक होती है। इससे समाचार-पत्र के प्रति पाठक के मन में ललक और भूख निरन्तर बनी रहती है।

(2) प्रभावकारी ढंग से तथ्यों का अन्वेषण एवं उनका उद्‌घाटन करने से पत्र लोकप्रिय होता है और जनसेवा भी अधिक करता है।[1] समाचार-पत्र सम्पादक/प्रबन्धन को इस बात का भी ध्यान बराबर देना चाहिए।

(3) "किसी भी समाचार के तब तक पीछे पड़े रहना, जब तक कि वह खत्म न हो जाए"— प्रत्येक संवाददाता को इस बात पर भी गौर करना चाहिए।

(4) *डॉ. श्याम सिंह 'शशि'* के अनुसार, "हमारे यहाँ बहुत से समाचार इसलिए महत्त्वपूर्ण नहीं लगते कि, उन्हें सही ढंग से प्रस्तुत नहीं किया जाता। इसका अर्थ यह हुआ कि उनका ठीक प्रकार से पीछा नहीं किया गया।" यह तथ्य बराबर दिमाग में बना रहना चाहिए।

(5) अनुवर्त्तन प्रक्रिया से किसी पाठक को किसी के प्रति पक्षधरता या मुखालफत का संशय न हो।

(6) अनुवर्त्तन की एक मंशा अपने पाठकों को भावी भयानक खबरों से आगाह करना भी होता है।

(7) अनुवर्त्तन में इस बात से हमेशा सजग रहना चाहिए कि खबरों, विवरणों या तथ्यों का दुहराव न हो तथा

(8) अनुवर्त्तन के स्वरूप-निर्धारण में यह उल्लेखनीय तथ्य है कि आज जो हुआ है, वह महत्त्वपूर्ण एवं रोचक है, लेकिन कल होनेवाला इससे भी अधिक महत्त्वपूर्ण एवं रोचक हो सकता है। प्रायः बाद के समाचार ज्यादा प्रभावी होते हैं। प्रकाशित समाचारों या वक्तव्यों का पीछा करने से कभी-कभी अन्य महत्त्वपूर्ण गोपनीय समाचार प्राप्त होते हैं।[2]

(3) अनुवर्त्तन की कोटियाँ

अनुवर्त्तन की अनेक कोटियाँ होती हैं, यथा—

(1) उसी दिन के समाचारों का अनुवर्त्तन,
(2) निश्चित दिन के समाचारों का अनुवर्त्तन,
(3) दीर्घकालिक अनुवर्त्तन,
(4) स्थानीय अनुवर्त्तन तथा
(5) विज्ञापनों का अनुवर्त्तन।

स्पष्ट है कि अनुवर्त्तन समाचार को आकर्षक, प्रभावी एवं सुरुचिपूर्ण बनाता है और घटना के लुके-छिपे तथ्यों को उद्‌घाटित करता है।[3]

(4) अनुवर्त्तन के लिए मूल समाचार सूत्र

अनुवर्त्तन के लिए मूल समाचार सूत्र सामान्यतः समाचार-पत्रों को ही माना जाता है, किन्तु यदि कोई संवाददाता चाहे तो अन्य सूत्रों को भी अनुवर्त्तन का आधार बना सकता है। जिस प्रकार

1. आधुनिक पत्रकारिता—डॉ. अर्जुन तिवारी, पृ. 46
2. पत्रकारिता प्रशिक्षण—डॉ. शार्दूल विक्रम सिंह तथा डॉ. ऋचा कुमार, पृ. 80
3. पत्रकारिता प्रशिक्षण—डॉ. शार्दूल विक्रम सिंह तथा डॉ. ऋचा कुमार, पृ. 80

दैनिक तथा साप्ताहिक पत्र-पत्रिकाओं को पढ़कर समाचार अनुवर्त्तन की प्रेरणा मिल सकती है, उसी प्रकार रेडियो और टेलीविजन समाचारों को सुनकर भी अनुवर्त्तन किया जा सकता है। समसामयिक विषयों पर प्रकाशित पुस्तकों, 'अफवाहों', राजनीतिक क्षेत्रों में चलनेवाली चर्चाओं, सम-सामयिक विज्ञापनों आदि से सभी अनुवर्त्तन समाचार बन सकते हैं। कुछ घटनाएँ बड़ी-बड़ी रहस्यपूर्ण हत्याएँ, अपहरण, सेक्स-स्कैंडल आदि ऐसी हो सकती हैं, जो प्रेरक सूत्र होती हैं। जिस समाचार के प्रति पाठकों के मन में विशेष उत्सुकता या जिज्ञासा का भाव हो, उसे तब तक अनुवर्तित करना चाहिए, अब तक कि रोचकता का महत्त्व समाप्त न हो जाए। इस रोचकता के कारण ही बड़ी-बड़ी घटनाओं के अनुवर्त्तन कई-कई दिनों, सप्ताहों तथा महीनों लगातार क्रमबद्ध ढंग से चलाये जाते हैं। इन अनुवर्त्तन समाचारों के लिए लेखन शैली भी इस तरह की अपनायी जाती है, जिससे घटना का क्रमिक विकास हो और पढ़नेवाले के मन में अन्य का अनुवर्त्तन पढ़ने की भी उत्सुकता और जिज्ञासा बनी रहे। कुछ अनुभवी संवाददाता बड़े-बड़े महत्त्वपूर्ण अपराध समाचारों का अनुवर्त्तन इस प्रकार करते हैं, जैसे कोई जासूसी उपन्यासकार अपने कथानक का क्रमिक विकास करते समय पाठक की रुचियों और जिज्ञासाओं का उतना ही ध्यान रखता है, जितना मनोवैज्ञानिक और सक्षम जासूस रख सकता है।[1]

(5) अनुवर्त्तन का महत्त्व

समाचार जगत् में अनुवर्त्तन का विशिष्ट एवं प्रभूत महत्त्व होता है। इससे अखबार के अखबारी मूल्य में श्री वृद्धि होती है। आगे क्या होगा या क्या होनेवाला है, यह प्रश्न पाठक के दिमाग में उसी समय आ जाता है, जब वह कोई ऐसी घटना, कार्य या कथन का कोई ऐसा समाचार पढ़ता है, जो आज ही पूरा नहीं हुआ। जो पूरा हो गया है, उसके बारे में भी वह 'क्यों' का उत्तर चाहता है। कौन, क्या, कब और कैसे के साथ उसे 'क्यों' और 'आगे क्या' बताना भी उतना ही जरूरी है। आज जो हुआ है, महत्त्वपूर्ण और रोचक है, लेकिन कल होनेवाला इससे भी अधिक महत्त्वपूर्ण और रोचक हो सकता है। बहुधा बाद के समाचार ज्यादा प्रभावी होते हैं। प्रकाशित समाचारों और वक्तव्यों का पीछा करने से कभी-कभी अनन्य, एकांतिक समाचार प्राप्त होते हैं।

अतः समाचारों का पीछा करना, समाचार संकलन प्रक्रिया का आवश्यक अंग है। सक्रिय और सचेत समाचार-पत्र इसे प्रथम बार प्रकाशित समाचारों से भी अधिक महत्त्व देते हैं। ये पत्र अधिक लोकप्रिय होते हैं, जो समाचारों का जोरदार तरीके से अनुवर्त्तन या पीछा करते हैं और तथ्यों को खोज-खोजकर उनका उद्घाटन करते हैं,[2] "A newspaper that fails to follow-up a story merely a series of unrelated events, never projects life as a pattern. A newspaper's approach must be holistic, not fragmentary. In a good newspaper office, the News Editor or the Chief Reporter or the Editor himself will carefully go through every item in his own or a rival newspaper"[3] कुल मिलाकर कह सकते हैं कि,—"Follow-up implies continuity…Follow-up is not only an essential part of an active newspaper's function but it often leads, to a major important story than the original. Infact, in this instant, the follow-up story never ceased to interest the reader fill country became free".[4] इस तरह कुल मिलाकर समाचारों के अनुवर्त्तन से समाचार-पत्र का तेज और ताप बढ़ता है तथा पाठक नितनई बन रही खबरों की दुनिया से वाक़िफ़ होता है।

---

1. राजर्षि टंडन मुक्त विश्वविद्यालय द्वारा सम्पादित 'समाचार संकलन', पृ. 20 से साभार
2. समाचार संकलन और लेखन श्री नन्द किशोर त्रिखा, पृ. 24, हिन्दी समिति, उत्तर प्रदेश शासन, लखनऊ, 1974
3. Professional Journalism-M.V. Kamath, P. 91
4. Professional Journalism-M.V. Kamath, P. 91

भाग-14

पत्रकार वार्ता (Press Conference), पत्रकार सम्मेलन या संवाददाता सम्मेलन

(1) पत्रकार वार्त्ता : अर्थ-आशय

हिन्दी में इसे 'पत्र-प्रतिनिधि सम्मेलन', 'पत्रकार संमेलन', 'प्रेस सम्मेलन', 'संवाददाता सम्मेलन' आदि नामों से भी जाना जाता है। विश्वसनीय और ठोस समाचार प्राप्त करने का यह बहुत बड़ा स्रोत माना जाता है। कभी-कभी मंत्री, सचिव या वरिष्ठ अधिकारी या निजी संस्थान के उच्चाधिकारी किसी घटना की पृष्ठभूमि की जानकारी, शासन या संस्था की कोई नीति, जनहित सम्बन्धी किसी तथ्य का उद्घाटन पत्रकारवार्त्ता में करते हैं। पत्रकारवार्त्ता का आयोजन सरकारी-गैर सरकारी दोनों ही संस्थाओं द्वारा आयोजित किए जाते हैं। इस तरह के आयोजन में भरसक अधिमान्यता प्राप्त पत्रकारों को ही बुलावा दिया जाता है। इस संम्मेलन में आहूत पत्रकार, पत्रकारवार्त्ता बुलाने के अवसर पर तरह-तरह के सवाल करते हैं। यहाँ सभी को सवाल पूछने का समान अधिकार होता है। इसे और अधिक स्पष्ट और साफ करते हुए **डॉ. बलदेव राज गुप्त**[1] कहते हैं कि, "A press conference is simply a group interview at which reporters take turns asking questions to the subject. Such face to face meetings between newsmen and news makers have several advantages for the officials who call them. For one they are an easy and inexpensive way to release news to all the media simultaneously. The issue being publicised gets complete coverage and charges of favouritism to any segment of the press can avoided."

पत्रकार सम्मेलन (Press Conference) में 'सम् + मिल् + ल्युट्' से बने 'सम्मेलन' शब्द का अर्थ ही होता है—परस्पर मिलना, मिलाप करना, एकत्र करना, संग्रह करना आदि। पत्रकार सम्मेलन से अखबारों को समाचारों की नई तथा ताजा-टटकी खुराक समय-समय पर मिलती रहती है। इधर, जिन अखबारों में नये समाचार न छपे, वह अखबार जड़ता, बासीपन और पाठकों की अरुचि के शिकार हो जाते हैं। पत्रकारवार्त्ता या अपेक्षाकृत छोटे संवाददाता सम्मेलन को पत्रकारिता की भाषा में 'समाचार गोष्ठी' (News Conference) भी कहते हैं। इस तरह के संवाददाता सम्मेलन करने की परम्परा या चलन वैश्विक स्तर पर है। विश्व में ढेरों देश ऐसे हैं, जहा अवसर-अवसर पर देश के लोकप्रिय या अधिकृत नेता, संगठनों के अधिकारी या विशिष्ट व्यक्ति, जनता के सामने अपने देश की भावी योजनाओं और नीतियों का खुलासा करते रहते हैं। इस तरह की पत्रकारवार्त्ता कभी पाक्षिक, मासिक, त्रैमासिक, छमाही या वार्षिक हो सकती है या जरूरत या गरज के अनुसार कभी भी आनन-फानन में भी बुलाई जा सकती है।

कहते हैं नेहरू जी हर महीने की पाँच-छह तारीख को खुली प्रेस कान्फ्रेस किया करते थे, जिसमें सभी समाचार-पत्रों के प्रतिनिधि आ सकते थे। उन्हें हर तरह के प्रश्न पूछने की स्वतंत्रता थी और नेहरू हर विषय पर खुलकर बात करते थे। यह एक प्रकार से सरकार के एक महीने के क्रिया-कलापों का लेखा-जोखा होता था। अगर किसी महीने वे बाहर होते थे तो वापस आते ही, 'कान्फ्रेन्स' होती थी। पत्रकारों को इस 'प्रेस कान्फ्रेन्स' की बेसब्री से प्रतीक्षा होती थी। इसी प्रकार नेहरू जी देश के हर मुख्यमंत्री को हर महीने एक पत्र लिखते थे, जिसमें देश की समस्याओं पर चर्चा होती थी, किन्तु आज हमारे सामने कितना बड़ा बौद्धिक संकट खड़ा हो गया है, जब हम पूरे दस वर्ष में पूर्व प्रधानमंत्री श्री मनमोहन सिंह की मात्र तीन 'प्रेस कान्फ्रेन्स' देखते हैं और वे भी पूर्व निश्चित प्रश्नों और चुनिन्दा कुछ संवाददाताओं के साथ। वर्तमान प्रधानमंत्री श्री नरेन्द्र मोदी, हो सकता है,—पत्रकारवार्त्ता की चुप्पी को तोड़ें। बहरहाल, यहाँ एक तथ्य ध्यान देने योग्य है कि सूचनाओं-समाचारों की गम्भीरता या स्तर के अनुरूप पत्रकार सम्मेलन के नाम पर पत्रकारों का जमावड़ा जिलाधिकारी, अन्य सरकारी अधिकारी या अर्द्ध सरकारी अधिकारी, निजी कलकारखानों के अधिकारी अथवा जनसम्पर्क अधिकारी जनसामान्य तक अपनी बात

1. Journalisn By Old And New Masters—Dr. Baldev Raj Gupta. P. 67

या सन्देश पहुँचाने के लिए पत्रकारवार्त्ता के नाम पर-कर सकते हैं। पत्रकारवार्त्ता की एक खासियत यह होती है कि यहाँ प्रश्न पूछनेवाले ढेरों, किन्तु उत्तर देनेवाला महज एक ही होता है।

(2) पत्रकारवार्त्ता बुलाने का उद्देश्य

अभी स्पष्ट किया गया है कि शासनाध्यक्ष, किसी पार्टी का नेता, मान्य अधिकारी अपनी पार्टी, शासन की नीतियों, नवीनतम घटनाओं, हलचलों, गतिविधियों तथा समस्याओं के समाधान हेतु किए जा रहे प्रयासों, कार्य-कलापों की पुख्ता जानकारी देने हेतु संवाददाता सम्मेलन का आयोजन करते हैं,—"The press conference is a neccessary means of transmitting information, particularly in large cities where officials and celebrities cannot afford the time to grant individual interviews to many reporters. It is not an effect arena for the skilled interviewer. No opportunity is lost for establishing rapport. Hospitality, tension and gamesmanship usually reign at such sessions leading to defensive posturing by the speaker. Follow-up questions, the essence of good interviews, are impossible to ask. A skilled and well prepared interviewer would be foolish to ask perspective question only to hear or read the answer first in a competing-medium"[1]

कुल मिलाकर यह कि शासन के अध्यक्षों, राजनीतिक दलों के साधिकार प्रवक्ताओं, निगमों के प्रबन्धकों तथा अन्य महत्त्वपूर्ण व्यक्तियों की सुविधा के लिए प्रेस-कॉन्फ्रेंस का आयोजन किया जाता है, इसलिए कि वे एक ही अवसर पर सभी पत्रकारों से भेंट कर सकें एवं अपना पक्ष प्रस्तुत कर सकें, प्रेस-कॉन्फ्रेंस में पत्रकार कई एक बातों का स्पष्टीकरण भी प्राप्त करते हैं और कई एक आपत्तियों के उत्तर की भी माँग करते हैं। इस तरह प्रेस-कॉन्फ्रेंस दोनों पक्षों, पत्रकारों और समालाप्य व्यक्तियों के लिए सुविधाजनक होती है। कई बड़े-बड़े पत्रकार प्रेस-कान्फ्रेन्स में जाना इसलिए पसन्द नहीं करते, क्योंकि जो समाचार वे अपने उच्चस्तरीय मेल जोल से निकाल लेते हैं, प्रेस-कॉन्फ्रेंस में शामिल होने से 'एकमात्र' अपने समाचार पर उनका अधिकार समाप्त हो जाता है, क्योंकि प्रेस-कान्फ्रेन्स के बाद उनका समाचार सामान्य हो जाता है।[2]

(3) पत्रकारवार्त्ता की सफलता हेतु कुछ सुझाव

यहाँ हम पत्रकारवार्त्ता की सफलता हेतु कुछ सूत्र-संकेत या मंत्र की ओर इशारा कर रहे हैं। यदि इनका गम्भीरता से अनुपालन किया जाए तो मैं समझता हूँ कि पत्रकारवार्त्ता में सवालोजवाब अर्थात् प्रश्न करने और उसका उत्तर चाहनेवालों के लिए कुछ सुविधा हो सकती है, यथा—

(1) पत्रकारवार्त्ता में विवादास्पद सवाल उठाने से बचें। ऐसे सवाल न पूछें, जिससे साम्प्रदायिक सद्भाव या जातीय मेल-जोल पर असर पड़े।

(2) पत्रकारवार्त्ता में बड़बोलापन से परहेज करना चाहिए। इस अवसर पर प्राप्त होनेवाली हर छोटी-बड़ी सूचनाओं को अपने नोटबुक में टॉक लेना चाहिए, क्योंकि यही सूचनाएँ अखबार का खजाना बनती हैं।

(3) बोलने में मितव्ययिता बरतें। जिससे उत्तर पाना है, उसे बोलने दें। छोटे उत्तर के लिए बड़ा सवाल न करें।

(4) ऐसे सवाल करें, जो सामूहिकता का प्रतिनिधित्व करता हो। व्यक्तिगत या किसी के निजी संसार को प्रभावित करनेवाला सवाल न पूछें। कुल मिलाकर निजी आरोप-प्रत्यारोप या आक्षेप लगाने वाले सवालों को पत्रकारवार्त्ता में न उठाएँ, जिससे तूँ-तूँ, मैं-मैं और छिनरी-बुजरी की स्थिति पैदा हो जाए तथा

---

1. Journalism By Old And New Marters-Dr. Baldev Raj Gupta, Page. 67
2. पत्रकारिता प्रशिक्षण—डॉ. शार्दूल विक्रम सिंह तथा डॉ. ऋचा कुमार, पृ. 60

(5) सवाल पूछने में संकोची-शर्मिला, अव्यावहारिक-अशिष्ट, अपरिपक्व, भीरु और डरपोक संवाददाता पत्रकारवार्त्ता में 'अनफिट' सिद्ध हो सकता है, अतः जिस अखबार के लिए वह खबर इकट्ठा करने गया होता है, उसके साथ वह न्याय नहीं कर पाता है। अतः सवाल पूछने में साहसी, हाजिर जवाब तथा प्रत्युत्पन्नमति संवाददाता यदि पत्रकारवार्त्ता में शिरकत करें, तो श्लाघनीय होगा।

(4) पत्रकारवार्त्ता हेतु तैयारी

पत्रकारवार्त्ता में 'सवाल-जवाब' करने में वही व्यक्ति सफल हो सकता है, जिनके पास विशिष्ट मेधा, काबिलियत, अक्लमन्दी और बुद्धिमत्ता हो। साफ शब्दों में, जो संवाददाता/पत्रकार बौद्धिक वर्जिश करते हों, हाजिर जवाब हों, वाक्पटु हों, जिनके पास अक्ले सलीम अर्थात् सन्तुलित बुद्धि हो, वही इस काम में सफल हो सकते हैं। चूँकि इस अवसर पर 'To the Point' अर्थात् सटीक और उपयुक्त सवाल किए जाते हैं, अतः वे ही संवाददाता या पत्रकार इसमें पूर्ण रूप से सफल हो सकते हैं, जिन्हें गाँव से लेकर वैश्विक स्तर की ताजा-टटकी जानकारी हो, जिनका सामान्य ज्ञान लबरेज और मुँहामुह हों। अतः अखबार प्रबन्धन को चाहिए कि वह ऐसे अवसर पर उन्हीं लोगों को भेंजे, जो उक्त शर्तों को लगभग पूरा करते हैं। प्रबन्धन उन्हें समझाये कि जो विषय उनकी समझ में न आए, उन पर संवाददाता संमेलन में टीका-टिप्पणी करने के लिए जुबान न खोलें। बेहतर है चुप रहें अन्यथा भरी भीड़ में मूर्ख बन जाने का खतरा हो सकता है। अतः जिस अखबार के लिए वह खबर इकट्ठा करने आए थे, उस अखबार की प्रतिष्ठा पर आँच आ सकती है।

छोटी-छोटी बातों पर या मामूली बातों पर प्रेसवार्त्ता का आयोजन उपयुक्त नहीं माना जा सकता। इसका आयोजन तभी किया जाए, जब कोई विशेष समाचार या सूचना दी जाती है। इसके आयोजन की आवश्यकता की जानकारी भी सम्पादकों, पत्रकारों या संवाददाताओं को बता देनी चाहिए और यह भी बता देना उपयुक्त होगा कि जनता के लिए यह जानकारी क्यों आवश्यक है। अगली बात यह कि प्रेसवार्त्ता का समय 30 मिनट से एक घंटे के मध्य होना चाहिए। प्रेसवार्त्ता के मध्य कोई साफ्ट ड्रिंक्स, काफी या चाय, बिस्कुट आदि से स्वागत करना चाहिए। अधिक उपयुक्त होगा कि किसी पृथक् काउंटर पर प्रेसवार्त्ता के उपरान्त इसकी व्यवस्था की जाए। वार्त्ता प्रारम्भ होने के पूर्व जनसम्पर्क अधिकारी को आगन्तुकों को यह भी बता देना चाहिए कि किस प्रकार के प्रश्न पूछे जाने हैं। साथ ही प्रेसवार्त्ता को सम्बोधित करनेवाले व्यक्ति को यह भी बता देना चाहिए कि उन्हें किस धारा में जाना है तथा उनकी सीमा क्या है और संक्षेप में वार्त्ता के प्रयोजन की जानकारी भी दे देनी चाहिए। इससे संवाददाताओं, पत्रकारों को प्रश्न पूछने में सुविधा होगी और वे सम्बन्धित प्रश्न ही पूछेंगे।[1]

(5) पत्रकारवार्त्ता में बरती जानेवाली कुछ अन्य प्रमुख सावधानियाँ

पत्रकारवार्त्ता के समय संवाददाताओं/पत्रकारों को कुछ सावधानियाँ-सजगताएँ अपेक्षित होती हैं, यथा—पत्रकार या संवाददाता को कम, नपे-तुले शब्दों में, छोटे-छोटे प्रश्न पूछना चाहिए, वक्ता द्वारा मिले उत्तरों को कॉपी में टॉक लेना चाहिए, क्योंकि यही उत्तर अखबार के समाचार बनते हैं। संवाददाताओं को चाहिए कि वे अपनी बारी की प्रतीक्षा करते हुए सभी को सवाल पूछने का अवसर दें। साथी संवादाताओं के सवालों और उनसे मिले उत्तरों को भी ध्यान से सुनना चाहिए। इस अवसर पर कई बार ऐसे प्रश्न और उनसे मिले उत्तर होते हैं जिन्हें प्रकाशनार्थ उपयुक्त नहीं समझा जाता, अतः ऐसे वार्त्तालाप या तथ्य को 'ऑफ द रिकॉर्ड' (Off the record) कर देना चाहिए। इन सावधानियों के अलावा पत्रकारवार्त्ता में शिष्ट भाषा, संयत आचरण और व्यवहार कुशलता की अपेक्षा की जाती है,—इसका ध्यान बराबर होना चाहिए।

प्रश्नों का भरसक दुहराव न हो। साफ शब्दों में, पत्रकारवार्त्ता में यदि किसी व्यक्ति ने किसी सवाल को पूछ लिया है तो पुनः उसे नहीं उठाना चाहिए। सवाल पूछने की शैली सधी-सीधी हो, घुमा-फिराकर

1. जनसम्पर्क : सिद्धान्त और व्यवहार—डॉ. सुशील त्रिवेदी तथा शशि कान्त शुक्ल, पृ. 50-51, मध्य प्रदेश हिन्दी ग्रन्थ अकादमी, रवीन्द्रनाथ ठाकुर मार्ग, भोपाल, प्रथम संस्करण-1996

पूछे गए सवाल उलझन पैदा कर सकते हैं,—"One disadvantage of press conference is that there are usually few or no chances to ask follow-up questions in which the subject would be required to elaborate on an answer. Therefore, the reporter must try to utilise his opportunity by asking clear, comprehensive and direct questions. It is a mistake for reporter to ask a question that's can be answered with "yes" or "no" because that's what he is likely to get-especially if it's on a sensitive issue. To elicit a good response a question should be well thought out in advance and be phrased articulately."[1]

इसी तरह पत्रकारवार्त्ता में उठाए गए मुद्दे ज्वलन्त और समसामयिक हों। इस अवसर पर पूछे गए सवाल इस तरह के हों, जो समूह का प्रतिनिधित्व करते हों। यदि पत्रकार प्राप्त उत्तर से असन्तुष्ट हैं तो उन्हें प्रश्नों की झड़ी नहीं लगानी चाहिए। प्याज के छिलके की तरह परत-दर-परत एक-एक सवाल उठाना चाहिए। इस तरह के विशिष्ट अवसर पर संवाददाताओं पत्रकारों को यथा समय उचित स्थान पर पहुँच जाना चाहिए। विलम्ब से पहुँचने पर, हो सकता है, किसी महत्त्वपूर्ण प्रश्न और उसके उत्तर से पत्रकार महरूम हो सकता है। अगली बात यह कि जब तक पत्रकारवार्त्ता में सवालों का अन्तिम छोर न आ जाए, तब तक इस आयोजन से उठना नहीं चाहिए। एक महत्त्वपूर्ण बात यह कि प्रेस कॉन्फ्रेंस का निमंत्रण पत्र स्पष्ट और सरल होना चाहिए, जिससे उसके उद्देश्य की ओर संक्षिप्त-सा संकेत तो हो, पर, इस बात का ध्यान रखा जाए कि समाचार समय से पहले हो, 'आउट' या 'लीक' न हो जाए, क्योंकि हो सकता है, कि पारस्परिक होड़ में प्रेस प्रतिनिधि प्रेस कॉन्फ्रेंस के पहले ही समाचार को मोड़-तोड़कर अपने अखबारों में भेज दें, जिससे प्रेस-कॉन्फ्रेंस का बुलाना ही बेकार हो जाए। प्रेस कॉन्फ्रेंस का समय ऐसा होना चाहिए कि प्रेस प्रतिनिधि डाक, तार टेलीफोन या टेलीप्रिन्टर पर सारा समाचार अपने दफ्तर को सुगमता से भेज सकें। जिन दिनों संसद या विधानमंडलों, के अधिवेशन हो रहे हों या बड़े-बड़े समाचारों के आने की सम्भावना हो, उन दिनों साधारणतया प्रेस कॉन्फ्रेंस नहीं बुलानी चाहिए।[2]

दूरदर्शन के छायाकार, फिल्मों के छायाकार, प्रिन्ट तथा इलेक्ट्रॉनिक मीडिया के पत्रकारों तथा नामःनिगारों को अपने हर साजो-सामान से लैस होकर पत्रकारवार्त्ता में जाना चाहिए। स्पष्टतः यह कि टेपरिकॉर्डर, स्टेनो टाइप, रेकॉर्डर, कॉपी-कलम आदि बराबर साथ में होने चाहिए। पत्रकारों को अगली सावधानी यह बरतनी चाहिए कि यदि किसी सवाल का उत्तर अस्पष्ट, अधूरा, आंशिक या संशय में डालनेवाला हो तो भी अगला प्रश्न झंलाहट-झुझलाहट के साथ नहीं पूछना चाहिए, बल्कि उसे पुनः शिष्ट-संयत भाषा में पूछना चाहिए। ऐसे महत्त्वपूर्ण अवसर पर हँसी-ठिठोली, या मजाक नहीं होना चाहिए। संस्कृतनिष्ठ और जटिल भाषा में सवाल न पूछें। पूरे समय तक चौकन्ना बने रहें। कुल मिलाकर बक़ौल **डॉ. बी.एन. आहूजा**[3]—"When ever a news conferenec is called, a few simple rules are followed by the participants. On the part of the news source, or his public relations representatives, there is tacit understanding that there is news to impart and explain that will be worth the time of the reporters who are assigned. On the part of the reporters, they agree to listen and report accurately but they take no guarantees of use in any farm.

(6) ऑफ द रिकॉर्ड (Off the Record) बनाम ऑन द रिकॉर्ड (On the Record)

पत्रकारवार्त्ता में उक्त दोनों शब्दों—ऑफ द रिकॉर्ड तथा ऑन द रिकॉर्ड का बड़ा महत्त्व होता है। 'ऑफ द रिकॉर्ड' का आशय पत्रकारवार्त्ता में कही गई कुछ बातों को पत्र-पत्रिकाओं में छापने से मना करना है और जिन बातों के प्रकाशन पर सहमति बनती है, उन्हें 'ऑन द रिकॉर्ड' अर्थात् छापने के लिए स्वीकृति देना है। स्पष्टतः यह कि किसी भी वक्तव्य का वह अंश, जो प्रकाशन के लिए नहीं होता, उसे 'ऑफ द रिकॉर्ड' कहते हैं। **डॉ. गुरु शरण लाल**[4] का कहना है कि प्रेस कॉन्फ्रेंस में कभी-कभी ऐसी बातें

---

1. Journalism By Old And New Masters-Dr. Baldev Raj Gupta, P.68, Vishwa Vidyalya Prakashan Chowk. Varanasi, 1997.
2. लोक सम्पर्क—डॉ. राजेन्द्र, पृ. 289, हरियाणा साहित्य अकादमी, चंडीगढ़, मूल्य.75 रुपये
3. History of Press Laws and Communication- B.N. Ahuja, P.164, Surject Publication-Delhi.
4. पत्रकारिता के सिद्धान्त—गुरुशरण लाल, पृ. 20, भारत बुक सेन्टर, लखनऊ, मूल्य-200 रुपये सन् 2000 ई.

हो जाती हैं, जिन्हें प्रेस कॉन्फ्रेंस के आयोजक प्रकाशित नहीं करना चाहते, क्योंकि कभी-कभी पृष्ठभूमि के स्पष्टीकरण के लिए ऐसी-ऐसी बातें बतायी जाती हैं, जिनका जनहित में प्रकाशन करना हितकर नहीं होता। अतः आयोजक 'ऑफ द रिकॉर्ड' कहकर इन बातों को प्रकाशित न करने का अनुरोध कर लेते हैं। शिष्टाचार के तहत संवाददाताओं को प्रेस कॉन्फ्रेंस के आयोजकों की भावनाओं का सम्मान करते हुए उनको कभी प्रकाशित नहीं करना चाहिए। देखा जाता है कि संवाददाता समाचार संकलन की होड़ में इस आदर्श को भूल जाते हैं।

'ऑफ द रिकार्ड' को और अधिक स्पष्ट करते हुए एक चर्चित पत्रकार कहते हैं कि साक्षात्कार, सर्वेक्षण अथवा प्रेस कॉन्फ्रेंस में बातचीत के दौरान बहुत सी बातें ऐसी होती हैं, जिन्हें छापने से मना कर दिया जाता है। साक्षात्कार देनेवाला व्यक्ति या प्रेस कान्फ्रेन्स बुलानेवाला व्यक्ति विनम्रतापूर्वक कह देता है कि अमुक बात छापने के लिए नहीं है। संवाददाता का नैतिक दायित्व है कि वह उन अंशों का प्रकाशन न करे जो 'ऑफ द रिकॉर्ड' कहे गए हैं, हालाँकि कुछ संवाददाता इसमें ईमानदारी नहीं बरतते। प्रतिद्वन्द्वी समाचार-पत्रों से आगे निकलने की होड़ में वे बातें भी लिख जाते हैं, जो प्रकाश्य नहीं होतीं। इसके पीछे उनका उद्देश्य यह होता है कि उनका समाचार दूसरों से कुछ नया और अलग दिखायी दे।[1] कुछ लोग ऑफ द रिकॉर्ड तथा ऑन द रिकॉर्ड' को प्रेस कॉन्फ्रेंस का पाखंड मानते हैं। इनका विचार है कि इन दिनों भारतीय लोकतंत्र जितना ऑफ द रिकॉर्ड चलता है, उससे कहीं अधिक ऑफ द रिकॉर्ड से चल रहा है। यानी 'सच', 'ऑन द रिकॉर्ड' बोलिये और 'झूठ' ऑन द रिकॉर्ड बोलिये। कुछ मंत्री पहले ऑफ द रिकार्ड बात कहेंगे, फिर 'ऑन द रिकॉर्ड' बातें कहेंगे। अपनी बात को आगे बढ़ाते हुए ये लिखते हैं कि 'ऑफ द रिकॉर्ड' और 'ऑन द रिकॉर्ड' का वर्गीकरण भी जब तब गला घोंटने के लिए किया जाता है। कांग्रेस और बीजेपी के नियमित संवाददाता सम्मेलन में यह रोज देखने को मिलता है कि पार्टी प्रवक्ता उस कुर्सी के 'ऑन द रिकॉर्ड' बातें करने के बाद कुछ 'ऑफ द रिकॉर्ड' बातें करता है।[2]

(7) मान्यता (Recognition) और प्रत्यायन (Accreditation)

अंग्रेजी Recognition का अर्थ 'मान्यता' (of an institution), 'अभिज्ञान' (indentification), 'पहचान' या 'मान्यता प्राप्त' होता है तो 'Accreditation' का आशय भी स्थूल रूप से 'मान्यता दिलाना', 'अधिकृत करना', 'प्रत्यायित करना' (give credentials to) या 'प्रत्यायन' (accreditation) होता है। इस बात को और अधिक साफ करते हुए एक स्थल पर लिखा गया है।[3] कि केन्द्रीय अथवा राज्य सरकारों ने पत्रकारों को मान्यता (recognition) और प्रत्यायन (accreditation) देने के कुछ नियमोपनियम बना रखे हैं, जिनके अधीन प्रेस-प्रतिनिधियों को लोक-सम्पर्क-अभिकरणों द्वारा सुविधाएँ दी जाती हैं, ताकि वे बिना किसी कठिनाई के सूत्रों से समाचार संकलित कर सकें। पत्रकारों के लिए इस विषय में सरकार की नीति को बुनियादी तौर पर समझना जरूरी होता है, क्योंकि इसे जानकर ही वे इन सुविधाओं का पूरा-पूरा लाभ उठा सकते हैं। सरकार की ओर से पत्रकारों को मान्यता दी जाती है या उन्हें 'प्रत्यायित' किया जाता है। मान्यता और प्रत्यायन में मूलतः कोई भेद नहीं है, केवल यह बात जरूर है कि मान्यता-प्राप्त पत्रकारों को उतनी सुविधाएँ नहीं दी जातीं, जो प्रत्यायित पत्रकारों को प्राप्त होती हैं। कारण यह है कि मान्यता प्रायः उन पत्रकारों को दी जाती है, जो जिला स्तर पर या इसके नीचे के शहरों और कस्बों में काम करते हैं, या जिनके दैनिक समाचार-पत्रों की प्रसार संख्या एक निश्चित स्तर की हो, तथापि समाचार संकलन के मामले में मान्यता-प्राप्त अथवा प्रत्यायित दोनों दशाओं में सभी पत्रकारों को समान रूप से स्वतंत्रता प्राप्त है।

1. हिन्दी पत्रकारिता का नया स्वरूप-बच्चन सिंह, पृ. 97, विश्वविद्यालय प्रकाशन, वाराणसी, मू. 200 रुपये सन् 2003 ई.
2. समयान्तर (पत्रिका), पृष्ठ-17, सम्पादक-पंकज विष्ट, 79-ए, दिलशाद गार्डेन, दिल्ली, मूल्य 15 रुपये सन् 2004
3. पत्रकारिता प्रशिक्षण—डॉ. शार्दूल विक्रम सिंह तथा डॉ. ऋचा कुमार, पृ. 61, भवदीय प्रकाशन, अयोध्या-फैजाबाद (उ.प्र.), मू. 40 रुपये सन् 2007 ई.

(8) पत्रकारवार्त्ता तथा साक्षात्कार में अन्तर

भेंटवार्ता का व्यापकतर रूप पत्रकार सम्मेलन है। किसी पत्रकार अथवा संवाददाता की किसी विशिष्ट व्यक्ति से बातचीत पत्रकार के प्रेस की एकान्त धरोहर बनकर रह जाती है। पर, कॉन्फ्रेंस में सभी प्रेस पत्रकार अपने-अपने ढंग से समाचार का दोहन करते हैं। अपने अखबार की नीति के मद्देनजर रखकर समाचार-संग्रह को महत्त्व देते हैं। अपनी समाचारगत प्राथमिकताओं का निर्वाह करते हैं।[1] लेकिन यहाँ हमें यह ध्यान रखना चाहिए कि साक्षात्कार तथा प्रेस कॉन्फ्रेंस में थोड़ा-सा अन्तर होता है। साक्षात्कार का आयोजन संवाददाता के व्यक्तिगत प्रयासों के कारण सम्भव हो पाता है। संवाददाता जब किसी विषय विशेष पर कोई जानकारी प्राप्त करना चाहता है तो वह अपने प्रयासों के आधार पर उस विषय के विशेषज्ञ से साक्षात्कार का समय निर्धारित करता है। इसके विपरीत प्रेस कॉन्फ्रेंस का आयोजन व्यक्ति, संस्था या विभाग द्वारा निश्चित समय पर आयोजित किया जाता है, जिसमें भाग लेने के लिए संवाददाता को विधिवत निमंत्रण पत्र भेजा जाता है। साक्षात्कार में जहाँ संवाददाता प्रायः अकेला ही साक्षात्कारदाता से प्रश्न करता है, वहीं प्रेस-कॉन्फ्रेंस में विभिन्न संवाद माध्यमों में प्रतिनिधि उपस्थित रहते हैं। साक्षात्कार के लिए संवाददाता को व्यापक व विशद तैयारी करनी पड़ती है, जबकि प्रेस कॉन्फ्रेंस के लिए यह इतना अधिक आवश्यक तथा अपेक्षित नहीं होता है।[2]

(9) पत्रकारवार्त्ता के छोटे-बड़े कई रूप

(क) विशेष प्रेस ब्रीफिंग (Press Briefing)

इसे हम पत्रकारवार्त्ता का बेहद संक्षिप्त रूप कह सकते हैं। यह संवाददाता सम्मेलन अल्पकालिक अवधि या थोड़े समय का होता है। इसमें सूचनाओं, विवरणों, ब्योरों का खुलासा अति संक्षेप, निचोड़ या सारांश के रूप में किया जाता है। इस सम्मेलन की एक विशेषता यह होती है कि इसमें शिरकत करने के लिए अधिमान्यता प्राप्त पत्रकारों को ही आमंत्रित किया जाता है। तथ्यों का उद्घाटन किसी विशेष क्षेत्र का ही होता है। इस तरह की पत्रकारवार्त्ता सरकारी-गैर सरकारी दोनों ही संस्थाओं द्वारा की जा सकती है। कुल मिलाकर इस पत्रकारवार्त्ता के नाम से ही जाहिर है—इस मौके पर किसी समाचार-विशेष की तल्खीस की जाएगी। इन सबके बावजूद कभी-कभी मंत्रियों, सचिवों या वरिष्ठ अधिकारियों द्वारा किसी जटिल विषय पर अधिमान्यता प्राप्त पत्रकारों के समक्ष अपनी व्याख्या प्रस्तुत करनी होती है, तब उन्हें पूरे विस्तार के साथ किसी विषय पर पूरी जानकारी इनके माध्यम से जनता तक पहुँचाने की जिम्मेदारी जनसम्पर्क अधिकारी के कन्धों पर आ पड़ती है और इसे इसके आयोजन का सफलतापूर्वक संचालन और संयोजन दोनों ही करने पड़ते हैं। कभी-कभी विदेशी संवाददाताओं के लिए अलग से प्रेस ब्रीफिंग आयोजित की जाती है क्योंकि राष्ट्रीय विकास के कई मुद्दों पर उनकी कोई रुचि नहीं होती। उनकी रुचि के विषय कुछ दूसरे ही होते हैं। इनमें भारतीय पत्रकारों की रुचि तो सम्भव है, पर विदेशी पत्रकारों के लिए ये विषय शुष्क होते हैं।[3]

(ख) प्रेस यात्रा (Press Tours)

सभी जानते हैं, अखबार-सूचना समाचार सम्प्रेषण के सशक्त सूत्र होते हैं। अतः ऐसी स्थिति में सरकारी या निजी क्षेत्र के संस्थान या उपक्रम अपने-अपने उत्पाद या विकास कार्यों की जानकारी जन-जन तक पहुँचाने के लिए अखबार नवीसों को 'प्रेस यात्रा' या 'प्रेस टूर' पर आमंत्रित करते हैं। यह पत्रकारवार्त्ता बड़ी अजीब होती है। इसे हम चलती-फिरती पत्रकारवार्त्ता' भी कह सकते हैं। इसमें मनबहलाव और मनोरंजन—दोनों ही होता है। वस्तुतः संस्थान आमंत्रित पत्रकारों को अपने साधन से उन स्थानों पर ले जाते हैं, जिनका प्रचार-प्रसार या विज्ञापन इनका लक्ष्य होता है। यहाँ इन्हें प्रचारित वस्तु की जानकारी बखूबी दी जाती है। इन सरकारी वस्तुओं की जानकारी लेकर ये पत्रकार उन्हें अपने-अपने समाचार-पत्रों में छापते हैं।

---

1. हिन्दी पत्रकारिता : स्वरूप एवं सन्दर्भ—डॉ. विनोद गोदरे, पृ. 101, वाणी प्रकाशन नई दिल्ली, मू. 175 रु. सन् 2000
2. समाचार लेखन के सिद्धान्त और तकनीक—डॉ. संजीव भानावत, पृ. 84, यूनिवर्सिटी पब्लिकेशन, जयपुर मू. 150 सन् 1997
3. जन सम्पर्क : सिद्धान्त और व्यवहार-डॉ. सुशील त्रिवेदी तथा श्री शशिकान्त शुक्ल, पृ. 49

इस तरह की प्रेस यात्रा में थोड़ी सजगता की दरकार होती है। उदाहरण के लिए साथ जा रहे पत्रकारों के आवास, खाने-पीने की मुकम्मल व्यवस्था होनी चाहिए। आते समय भी इनके लिए उसी सुविधा का ध्यान रखना चाहिए। बेहतर तो यह होगा इन पत्रकारों को 'प्रेस टूर' की जानकारी पहले ही दे दी जाए। संस्थान को यह भी तय कर लेना चाहिए कि उसके साथ जा रहे पत्रकार राष्ट्रीय, क्षेत्रीय या जनपदीय-किस स्तर के रहने चाहिए। अन्त में यह कि संस्थान को चाहिए कि इन पत्रकारों की सुरक्षा, उनकी देखभाल आदि का जिम्मा अपने संस्थान के किसी प्रतिष्ठित, विश्वसनीय कर्मचारी या जनसम्पर्क अधिकारी को सौंप देनी चाहिए।

(ग) प्रेस भेंट या प्रेस से मिलिये (Meet the Press)

प्रेस भेंट या 'प्रेस से मिलिये' कार्यक्रम भी प्रेसवार्त्ता का ही एक अभिन्न अंग है। हाँ 'प्रेसवार्त्ता' या 'प्रेस से मिलिए' कार्यक्रमों में एक बुनियादी अन्तर यह है कि जहाँ प्रेसवार्त्ता अधिकांशतः सार्वजनिक या निजी संस्थाओं द्वारा, सरकारी उपक्रमों द्वारा, उद्यमी संस्थाओं द्वारा या किसी विशिष्ट व्यक्ति या नेताओं द्वारा बुलाई जाती है, वहीं प्रेस भेंट या 'प्रेस से मिलिये' कार्यक्रम का आयोजन सामान्यतया प्रेस संगठनों द्वारा किया जाता है। प्रेस संगठन उपयुक्त अवसर पर या कभी-कभी जरूरत पड़ने पर आकस्मिक भी किसी सम्मानित या ख्यातिलब्ध व्यक्ति को, किसी मंत्री या संस्था प्रमुख को किसी विषय विशेष पर उनके विचार जानने के लिए उन्हें 'प्रेस से मिलिये' कार्यक्रम के तहत आमंत्रित करता है। इस कार्यक्रम में होनेवाली चर्चा का विषय कभी-कभी बहुत विशिष्ट भी नहीं होता है। एक बात का ध्यान यहाँ अवश्य दिया जाता है कि आमंत्रित सम्मानित व्यक्ति का उचित सम्मान इस प्रेसवार्त्ता में अवश्य हो। उनके जलपान, खानपान, आने-जाने का मार्ग वहन प्रेस संगठन ही करता है। वस्तुतः यह भेंट या वार्त्ता खाँटी औपचारिक होती है। इसमें कई मुद्दों को 'समराइज' किया जाता है। बहरहाल, इतना अवश्य है कि इस कार्यक्रम से बहुत सारी नई बातें सामने आती हैं, जो अगले दिन समाचार-पत्रों में छपकर जनता तक पहुँचती हैं और जनता उस पर क्रिया-प्रतिक्रिया देती है।

(घ) प्रेस क्लब (Press Club)

'क्लब' अर्थात् ऐसा स्थल-स्थान विशेष जहाँ किसी तरह की गोष्ठी विचार-मंथन, वाद-विवाद किया जा सके। पत्रकारिता की भाषा में इसे पत्रकारों को उठने-बैठने, वैचारिक लेन-देन और 'पत्रकारवार्त्ता स्थल' कह सकते हैं, जहाँ एक ही स्थान पर पत्रकारों को सूचनाएँ उपलब्ध करायी जा सकें। इसे कुछ लोग **प्रेस काम्प्लेक्स** या **पत्रकार भवन** भी कहना पसन्द करते हैं। वस्तुतः पत्रकारीय कर्म प्रारम्भ से ही बड़ा सम्मानित, कई सन्दर्भों में निरापद और अनाविल माना जाता रहा है, इसलिए देश के अनेक छोटे-बड़े शहरों में पत्रकारवार्त्ता के लिए 'प्रेस क्लब' या 'प्रेस भवन' बनाये जाते थे। अब भी यह परम्परा सतत् जारी है। प्रादेशिक सरकारें, प्रेस संस्थानों, प्रेस संगठनों, प्रेस कर्मियों के परस्पर या बाहरी आगन्तुकों से संवाद के लिए छोटे-बड़े शहरों के मध्य में या शहर के बाहर जहाँ जैसी जगह उपलब्ध हो जाए, 'प्रेस-भवन' का निर्माण करवाती हैं। कहीं-कहीं जहाँ प्रेस क्लब नहीं हैं, प्रेसवार्त्ता के लिए किसी उपयुक्त होटल, लॉज या शॉपिंग कॉम्प्लेक्स या मॉल का चयन कर लिया जाता है और वहीं पर पत्रकारवार्त्ता सम्पादित कर ली जाती है। अगर स्थान दूर है, तो पत्रकारों को आने-जाने का व्यय या वाहन की व्यवस्था पत्रकारवार्त्ता सम्पादित करनेवाले सरकारी या निजी संस्थान को स्वतः करनी पड़ती है। कुछ कम्पनियाँ अपने उत्पाद के प्रचार के लिए प्रेस क्लब या होटल आदि में पत्रकारवार्त्ता करती हैं, तो उन्हें पत्रकारों के जलपान और भोजन तथा कुछ उपहार की भी व्यवस्था करनी पड़ती है।

(ङ) प्रेस रिलीज (Press Release)

प्रकाशन अनुमति या किसी संस्था कार्यालय द्वारा पत्र-पत्रिका में प्रकाशनार्थ दी गई लिखित सूचना, विज्ञप्ति या वक्तव्य आदि को 'प्रेस रिलीज' कहते हैं। वस्तुतः प्रेस रिलीज समाचारों से अनुस्यूत एक अभिलेख होती है। इस अभिलेख को जरूरत पड़ने पर अखबारों में छापने के लिए दिया जाता है। यह लिखित

सूचना का ही एक रूप है। इसकी भाषा बहुत सरल और स्पष्ट होती है। इसे (1) प्रेस नोट्स (Press Notes), (2) प्रेस कम्युनिक्स (Press Communiques), (3) हैन्ड आउट (Hand out), (4) अन ऑफिसियल हैन्ड आउट (Un Official Hand out) तथा (5) नान न्यूज रिलीजेज (Non News Releases) आदि भागों में बाँटा गया है। प्रेस कम्युनिक्स तथा प्रेस नोट्स के विषय में अगले सफों में पढ़ेंगे, शेष बचे 'हैन्ड आउट' को कोई अधिकृत शासकीय प्रवक्ता जारी नहीं करता, बल्कि यह प्रेस सूचना कार्यालय द्वारा निर्गत किया जाता है। इसमें माननीय नेताओं के वक्तव्य तथा मंत्रालयों की प्रतिदिन की गतिविधियाँ प्रसारित की जाती हैं। इसी तरह 'अन ऑफिसियल हैन्ड आउट' को जारी करते समय किसी रिलीजिंग एजेन्सी का नाम नहीं दिया जाता। यहाँ यह ध्यान रखा जाता है कि इसे सुस्पष्ट भाषा में प्रभावशाली ढंग से प्रसारित किया जाए। 'नानन्यूज रिलीजेज' में 'न्यूज लेटर' व्यक्तित्व चर्चा आदि के माध्यम से सरकार या किसी अन्य संगठन के विषय में प्रपत्र जारी होते हैं।

(च) प्रेस विज्ञप्ति, प्रेस नोट संचार, प्रेस कम्यूनिक और प्रेस पत्राचार (Press Note and Press Communique)

(1) प्रेस विज्ञप्ति की परिभाषा तथा स्वरूप

प्रेस विज्ञप्ति को अंग्रेजी में 'Press Communication' कहा जाता है। व्यावसायिक पत्र लेखन के सन्दर्भ में 'प्रेस संचार' शब्द का अर्थ 'प्रेस विज्ञप्ति' और 'प्रेस नोट' से ही लिया जाता है। किसी सूचना, नीति अथवा निर्णय को सर्वसाधारण तक पहुँचाने की दृष्टि से केन्द्र सरकार प्रेस विज्ञाप्ति या प्रेस नोट का उपयोग करती है। इस तरह के प्रकाशन के लिए दो पद्धतियाँ हैं। पहली प्रणाली—'प्रेस विज्ञप्ति' कहलाती है एवं दूसरी प्रणाली को 'प्रेस नोट' कहते हैं। कुछ लोग 'प्रेस विज्ञप्ति' और 'प्रेस नोट' को एक ही मानते हैं, किन्तु दोनों में सूक्ष्म अन्तर है। प्रेस नोट की अपेक्षा प्रेस विज्ञप्ति औपचारिक और संवेदनशील होती है अर्थात् थोड़े से शाब्दिक परिवर्तन से अर्थ का अनर्थ होने की आशंका बनी रहती है। प्रेस विज्ञप्ति के आलेख में सर्वप्रथम सबसे ऊपर इस बात का निर्देश रहता है कि उसे कब प्रकाशित किया जाए। इसके बाद 'रचना-रूप' का उल्लेख किया जाता है। पश्चात् आलेख में शीर्षक या विषय देते हैं। शीर्षक देते समय इस बात का ध्यान रखना होता है कि वह संक्षिप्त हो। प्रेस विज्ञप्ति के अन्त में आदेश जारी किया जाता है कि इसे सूचना अधिकारी के पास भेज दिया जाए, ताकि वह इसे जारी कर सकें। इसके बाद दायीं ओर विज्ञप्ति जारी करनेवाले अधिकारी का हस्ताक्षर और पदनाम लिखा जाता है। इसके बाद बायीं ओर पहली पंक्ति में मंत्रालय का नाम और दूसरी पंक्ति में पहले स्थान, फिर तिथि लिखी जाती है। कभी-कभी स्थान व तिथि का उल्लेख ऊपर भी कर दिया जाता है। कुल मिलाकर प्रेस विज्ञप्ति में किसी तरह की काँट-छाँट नहीं की जाती है। दो देशों के बीच होनेवाले संवादों अथवा नीतिगत लिए गए निर्णयों की जानकारी कराना इसका प्रमुख लक्ष्य होता है।

इधर, प्रेस नोट में किसी विषय को अत्यन्त संक्षेप में प्रस्तुत किया जाता है। कार्यालय के किसी भी अधिकारी द्वारा इसे जारी किया जा सकता है। यहाँ किसी विषय विशेष की ही नहीं, बल्कि किसी भी तरह की जानकारी के लिए प्रेस नोट का सहारा लिया जा सकता है और सभी की जानकारी के लिए इसका इस्तेमाल हो सकता है। कुल मिलाकर सरकारी नीतियाँ, निर्णयों और आदेशों को जब सार्वजनिक सकल देनी होती है तो सरकार अपने इस शासकीय पत्र 'प्रेस नोट' का प्रयोग करती है। समाचारों का सार्वजनिक अर्थात् आम-खास सभी के लिए खुलासा करना ही इस पत्र का मूल लक्ष्य होता है।

(2) प्रेस विज्ञप्ति का प्रयोजन

सरकार किसी निर्णय, प्रस्ताव या आदेश आदि को व्यापक रूप से प्रचारित-प्रसारित करना चाहती है तो वह उसे प्रेस विज्ञप्ति के रूप में समाचार-पत्रों में प्रकाशनार्थ भेजती है। प्रेस विज्ञप्ति विशेष अवसर पर ही जारी की जाती है। इसके जारी होने के कुछ निश्चित प्रयोजन, उद्देश्य और स्थितियाँ होती हैं,

जिनमें से कुछ प्रमुख नीचे दी जा रही हैं। वस्तुतः राष्ट्र के विषय में जनता के समक्ष सरकार द्वारा खुलासा करने का सशक्त माध्यम प्रेस, विज्ञप्ति होती है। बहरहाल कुछ निश्चित प्रयोजनों को देखिए—

(1) सरकार द्वारा किसी विषय पर अपनी नीति अथवा निर्णय की घोषणाओं के लिए,
(2) विदेशों के साथ अपनी राजनीतिक, कूटनीतिक, आर्थिक तथा सांस्कृतिक सम्बन्धों की घोषणा के लिए,
(3) राष्ट्रीय, अन्तर्राष्ट्रीय सिफारिशों की घोषणा के लिए,
(4) अपने देश तथा बाहरी मुल्कों के प्रधानमंत्रियों, राष्ट्राध्यक्षों, विदेश मंत्रियों के बीच हुई नीतिगत वार्ता सम्बन्धी जानकारी देने के लिए,
(5) अन्तर्राष्ट्रीय गोष्ठियों, सम्मेलनों आदि की जानकारी देने के लिए तथा
(6) राष्ट्रीय समस्याओं के समाधान हेतु बनी समितियों और आयोगों द्वारा दिए गए सुझावों-समाधानों की जानकारी देने के लिए।

(3) प्रेस-विज्ञप्ति की अवधारणा

प्रेस विज्ञप्तियाँ सामान्यतः केन्द्रीय सरकार द्वारा ही जारी की जाती हैं। सच कहा जाए तो प्रेस विज्ञप्ति 'सरकारी बयान' होती है। इस तरह से सरकारी कार्यप्रणाली में प्रेस-विज्ञप्ति या प्रेस नोट एक विशेष किसिम की महत्त्वपूर्ण भूमिका निभाते हैं। केन्द्रीय सरकार अपने आदेशों, संस्तुतियों, प्रस्तावों, निर्णयों आदि को सार्वजनिक रूप से प्रचारित-प्रसारित करने के लिए ही समाचार-पत्रों में प्रेस विज्ञप्तियाँ छपवाती हैं। प्रेस विज्ञप्ति में खबरों को ज्यों-का-त्यों अर्थात् यथा तथ्य मुकम्मल रूप में प्रस्तुत करना होता है। इसमें अखबारों की ओर से कुछ जोड़ा या छोड़ा नहीं जाता है। ये पत्र औपचारिक होते हैं, अतः इसमें सम्बोधन, प्रेषक, प्रेषिती, स्वनिर्देश आदि नहीं होते। इसकी निर्मिति सूचना विभाग द्वारा न होकर सरकार के सम्बन्धित विभाग के किसी अनुभवी और योग्य अधिकारी की देख-रेख में होती है, फिर इन्हें सूचना अधिकारी के पास समाचार-पत्रों में प्रकाशनार्थ या प्रसारार्थ भेज दिया जाता है। सूचना विभाग इसे समाचार एजेन्सियों/समाचार-पत्रों के पास भेज देता है। समाचार-पत्र के सम्पादक के पास इस बात का अधिकार नहीं है कि वह इन प्रेस विज्ञप्तियों में काट-पिट करे। हाँ, यदि वह प्रेस विज्ञप्ति नहीं है, तो सम्पादक उसे कुछ संशोधनों के साथ सम्पादित कर सकता है।

प्रेस विज्ञप्तियों को प्रसारित करने से पहले आवश्यक विधिक नियमों की जानकारी और उनका परिपालन बहुत आवश्यक होता है। इन प्रेस विज्ञप्तियों पर प्रेस सूचना ब्यूरो या राज्य सरकारों द्वारा अपने जनसम्पर्क निदेशालय या लोक सम्पर्क निदेशालय के पास प्रकाशित किए जाने से पूर्व अधिकृत अधिकारी द्वारा हस्ताक्षर करना आवश्यक होता है। अग्रसारित करनेवाले या हस्ताक्षर करनेवाले अधिकारी के पद, नाम का दाईं ओर उल्लेख हो जाने के बाद बायीं ओर का स्थान छोड़कर मंत्रालय का नाम, तिथि व स्थान अंकित किया जाता है। कुल मिलाकर प्रेस विज्ञप्ति सूचनात्मक होती है। औपचारिकता इसका सहज गुण है। सावधानी-सजगता यहाँ इसलिए आवश्यक है कि थोड़ी सी गफलत या चूक सरकार और जनता के बीच मनमुटाव पैदा कर सकती है।

(4) प्रेस-विज्ञप्ति का क्षेत्र

प्रेस विज्ञप्ति का क्षेत्र बहुविध और बहुआयामी है। खासकर, आधुनिक युग में इसके प्रयोग का फलक और क्षेत्र तो अतिविस्तृत हो गया है। दरअसल, प्रेस विज्ञप्ति एक ऐसा प्लेटफार्म है, जहाँ से सरकार इसके माध्यम से राजनीतिक, सामाजिक तथा व्यावहारिक आदि क्षेत्रों से सम्बन्धित घोषणाएँ जारी करती रहती है। कुल मिलाकर इसमें हर क्षेत्रों से सम्बन्धित सरकारी ब्यौरे होते हैं। संसदीय सूचनाएँ, परीक्षा सम्बन्धी सूचनाएँ भी कभी-कभार प्रेस विज्ञप्ति के दायरे में आती हैं।

प्रेस विज्ञप्ति के प्रयोग का अति महत्त्वपूर्ण क्षेत्र अन्तर कार्यालयीय भी है। कभी-कभी एक कार्यालय किसी दूसरे कार्यालय में सूचना की विज्ञप्ति के लिए इसका प्रयोग करते हैं। कार्यालयों में इसका प्रयोग विभिन्न स्तरों के कर्मचारियों को निर्देश, जानकारी देने के लिए किया जाता है। इसके प्रयोग का अगला

क्षेत्र व्यावसायिक भी है। व्यावसायिक स्तर पर किस देश से किस स्तर के आयात-निर्यात, लेन-देन सम्बन्धी आदेश-निर्देश जानकारी विज्ञप्ति के रूप में ही प्रकाशित की जाती है। प्रेस-विज्ञप्ति के प्रयोग का महत्त्वपूर्ण क्षेत्र राजनीतिक भी है। किसी राजनीतिक विचार, निर्णय और गोष्ठियों की जानकारी प्रेस-विज्ञप्ति के द्वारा प्रकाशित की जाती है। किन्हीं दो राष्ट्राध्यक्षों के बीच हुए राजनीतिक निर्णय, संधियाँ, विवादास्पद मुद्दों पर बातचीत जारी रहने सम्बन्धी सूचनाएँ प्रेस-विज्ञप्ति के माध्यम से प्रकाशित की जाती हैं। ठीक इसी तरह प्रेस विज्ञप्ति के प्रयोग का एक महत्त्वपूर्ण क्षेत्र समाज भी है। व्यक्ति सामाजिक प्राणी होता है। समाज की हर तरह की हलचलों, गतिविधियों, बातचीत, गोष्ठियों आदि की जानकारी के लिए जनता व्यग्र-बेचैन रहती है। अतः सरकार सामाजिक सूचनाओं के प्रकाशनार्थ प्रेस-विज्ञप्ति का ही सहारा लेती है।

(5) प्रेस-विज्ञप्ति की भाषा शैली

प्रेस-विज्ञप्ति की भाषा सामान्य जन के निकट की होनी चाहिए। जाहिर है, जो भाषा नितान्त सहज-सरल होगी, वही सबके लिए सुलभ और बोधगम्य होगी। भाषा में स्पष्टता होनी चाहिए, जिससे आम पाठक को किसी प्रकार की शंका-द्वैध न हो। प्रेस-विज्ञप्ति में कहावतों-मुहावरों, लोकोक्तियों का कत्तई प्रयोग न हो। कठिन शब्दों के प्रयोग से बचा जाए, जिससे "सबको खबर दे" की धारणा बनी रही। प्रेस विज्ञप्ति में इधर-उधर की फिजूल चर्चा न हो, मूल विषय पर ही लिखा जाए। भाषा संक्षिप्त हो, क्योंकि आजकल लोगों के पास इतना समय नहीं होता कि वह अनावश्यक बातों को पढ़ने के लिए समय निकाल सकें। भाषा विनम्र हो, भद्र हो, शिष्ट-संयत हो, तथ्य को प्रकाशित करनेवाली हो, भाषा में आलंकारिता न हो, क्योंकि अलंकृत भाषा जनमानस के लिए दिक्कत पैदा कर सकती है। भाषा रोचक हो, प्रवाह पूर्ण हो, पठनीयता में बाधक न हो, इसमें प्रत्येक शब्द नाप-तौल कर प्रयोग किया गया हो, जिसमें अभीप्सित अर्थ ही व्यक्त हो सके। भाषा में अर्द्ध विराम, पूर्ण विराम अर्थात् व्याकरणिक अनुशासनों का ध्यान रखा गया हो, अतिशयोक्तिपूर्ण भाषा तथ्यों को प्रदूषित बनाती है।

कुल मिलाकर प्रेस विज्ञप्ति की द्विअर्थक, अस्पष्ट, भ्रामक और अनिश्चित भाषा से संकट पैदा होता है। प्रेस-विज्ञप्ति की भाषा इतनी साफ और एकार्थक होनी चाहिए कि उससे दूर-दूर तक दूसरे अर्थ की छाया न दिखायी दे। संक्षेप में कहें तो प्रेस-विज्ञप्ति की भाषा व्याकरण सम्मत, सरल, स्पष्ट तथा परिमार्जित होनी चाहिए। इसमें संयम, गरिमा, गांभीर्य और निर्वैयक्तिकता होनी चाहिए। इसमें केवल तथ्यों का सीधा उल्लेख मन्तव्य का स्पष्ट कथन और किसी प्रकार का अर्थान्तर-अर्थभेद नहीं होना चाहिए। प्रेस-विज्ञप्ति के लेखन की विशिष्ट शैली होती है, जिनका अनुपालन आवश्यक होता है। कहते हैं—"Style is the man himself" अर्थात् हर व्यक्ति की अपनी शैली की निजी सत्ता और महत्ता होती है। शैली विचारों की वेश-भूषा होती है। विद्रूप और टेढ़े-मेढ़े कथ्य भी सुन्दर शैली से सुशोभित हो जाते हैं। अतः लेखक को चाहिए कि वह अपने कथ्य को सुन्दर शिल्प और शैली में ढाले। यहाँ एक बात का ध्यान रखना चाहिए कि हिन्दी लेखन शैली और अंग्रेजी लेखन शैली में पर्याप्त अन्तर होता है। अतः अंग्रेजी में सोचकर हिन्दी अनुवाद करना उपयुक्त नहीं होगा, खासकर विज्ञप्ति के लिए। दरअसल, प्रेस-विज्ञप्ति प्रायः रूढ़िगत, औपचारिक और सामान्य शैली की ही सुन्दर मानी जाती है।

(6) प्रेस-विज्ञप्ति का वैध पक्ष

सामाजिक और व्याकरणिक अनुशासनों की तरह प्रेस-विज्ञप्ति के कुछ नैतिक और वैध-वैधानिक अनुशासन भी तय किए गए हैं। चूँकि यह पत्र सरकारी गतिविधि, निर्णयों, फैसलों को समाचार-पत्रों में प्रकाशनार्थ सीधे उत्तरदायी होता है, अतः इसकी अपनी कुछ नैतिक जिम्मेदारियाँ भी होती हैं। प्रेस-विज्ञप्ति जारी करने से पूर्व उसके कानूनी पक्ष पर गम्भीरतापूर्वक विचार कर लेना चाहिए। इसके लिए भरसक पटु, विषय का गहरा ज्ञाता और पैनी तर्क शक्तिवाला व्यक्ति हो तो अच्छी बात है। विषय और देशकाल के ज्ञान से अनभिज्ञ व्यक्ति 'नौ की लड़की नम्बे खर्च' करा सकता है। साफ शब्दों में, अर्थ का भयंकर अनर्थ हो सकता है। देश में एक नई बहस का जनम हो सकता है। अतः प्रेस विज्ञप्ति जारी होने से पहले इसके वैध पक्ष पर विचार होना बहुत आवश्यक होता है।

प्रेस की स्वतंत्रता की रक्षा कानून करता है और उसके बदले में कानून की मर्यादा प्रेस कायम रखता है। प्रेस परिषद् अधिनियम 1965 तथा उसी के संशोधन 1978 के अनुसार 28 सदस्यों वाली स्थायी प्रेस-विज्ञप्ति को दीवानी अदालतों के अधिकार प्राप्त हैं। यह परिषद् पत्र, पत्रकारों और सरकारों के आपसी मामलों, आरोपों, शिकायतों आदि की छानबीन, पड़ताल, सुनवाई करके अपना निर्णय देती है। प्रेस स्वाधीनता की सुरक्षा की गारंटी यह प्रेस विज्ञप्ति ही देती है। इतना ही नहीं, पत्रों, पत्रकारों के आत्मानुशासन का नियमन भी यही प्रेस-विज्ञप्ति करती है।

(7) प्रेस विज्ञप्ति जारी करनेवाले सक्षम अधिकारी की भूमिका

प्रेस-विज्ञप्ति जारी करने में सक्षम प्राधिकारी की भूमिका महत्त्वपूर्ण होती है। उसके बिना प्रेस-विज्ञप्ति जारी करना असम्भव होता है। अतः प्रेस विज्ञप्ति जारी करने से पहले प्रेस विज्ञप्ति की विषय-वस्तु, भाषा-शैली, जनता और सरकार के बीच रिश्तों की संहिता आदि की जाँच-परख प्रेस-विज्ञप्ति जारी करनेवाले अधिकारी द्वारा पूर्ण रूप से कर ली जानी चाहिए। तथ्यों की गलती प्रेस विज्ञप्ति के जारी करनेवाले अधिकारी को अपने लपेटे में ले सकती है। पहले भी कई बार कहा जा चुका है कि प्रेस-विज्ञप्ति केन्द्रीय सरकार द्वारा जारी की जाती है। इसमें सरकार से सम्बन्धित निर्देश का ब्यौरा होता है। जब सरकार अपनी मंशा या कोई नीतिगत निर्णय सामान्य जन के सामने रखना चाहती है तो उसे प्रेस-विज्ञप्ति का सहारा लेना पड़ता है। इसमें सक्षम अधिकारी ऐसी कोई बात नहीं लिखता, जिसका राजनीतिक तथा कूटनीति दृष्टि से दोहरा अर्थ निकलता हो। यहाँ अधिकारी प्रेषक, प्रेषिती, सम्बोधन तथा स्वनिर्देश का उल्लेख नहीं करता। यह सूचना विभाग से प्रसारित न होकर केन्द्र सरकार के किसी सक्षम अधिकारी द्वारा प्रसारित की जाती है। हाँ, सूचना-विभाग के पास प्रकाशनार्थ हेतु अवश्य भेजी जाती है, उसके बाद सूचना-विभाग उसे प्रकाशित होने के लिए समाचार-पत्रों एवं समाचार एजेन्सियों के पास भेज देता है। सक्षम अधिकारी इसे किसी विशेष अवसर पर ही जारी करता है। देसी-विदेशी महत्त्वपूर्ण निर्णय, राजनीतिक, आर्थिक निर्णय या दो देशों के बीच हुई किसी वार्ता की जानकारी के लिए इसे सक्षम अधिकारी जारी करता है। सक्षम अधिकारी प्रेस-विज्ञप्ति जारी करने से पूर्व प्रेस विज्ञप्ति के आलेख में सबसे ऊपर इस बात का उल्लेख करता है कि इसे कब प्रकाशित किया जाए, जैसे "दिनांक 15 जनवरी, 2005 को सायंकाल 6 बजे से पहले प्रकाशित न किया जाए" इसके बाद वह "रचना-रूप" का उल्लेख करता है, यथा—'प्रेस-विज्ञप्ति'। उसके बाद वह सक्षम अधिकारी आलेख में विषय/शीर्षक का उल्लेख करता है। वह इसका ध्यान रखता है कि कथ्य को व्यास शैली की जगह समास शैली में प्रस्तुत किया जाए। इसके बाद वह आदेश देता है कि इसे सूचना विभाग को भेज दिया जाए। आदेश के बाद दायीं ओर हस्ताक्षर करने के बाद की पंक्ति में वह नाम देता है। इसके बाद बायीं ओर पहली पंक्ति में मंत्रालय का नाम देता है, तथा दूसरी पंक्ति में स्थान का नाम देता है। अगली पंक्ति में तिंथि देता है। कभी-कभी तिथि पत्र में दायीं ओर भी दी जाती है।

इस प्रकार प्रेस-विज्ञप्ति जारी करते समय सक्षम अधिकारी की महती भूमिका होती है। वह विज्ञप्ति में संयमित और सरल-सुबोध भाषा का इस्तेमाल करता है। वांछित शब्द चूँकि किसी भी विज्ञप्ति पत्र की शोभा होते हैं, अतः इसे अवांछित शब्दों के प्रयोग से परहेज-गुरेज करना चाहिए।

(8) प्रेस-विज्ञप्ति की विषय-वस्तु

केन्द्र सरकार द्वारा प्रकाशित-प्रसारित प्रेस विज्ञप्ति में मुख्य रूप से आदेश, निर्णय, प्रस्ताव आदि केन्द्रीय विषय बनते हैं। साफ शब्दों में सरकार की ओर से किसी विषय विशेष के निर्णय की घोषणा, विदेशों के साथ कूटनीतिक, सांस्कृतिक, राजनीतिक तथा आर्थिक सम्बन्धों की घोषणा, अन्तर्राष्ट्रीय सम्मेलन में सिफारिशों की घोषणा, किन्हीं बाहरी देशों के बीच प्रधानमंत्री या राष्ट्रपति के बीच-विदेशी मुद्दों पर बातचीत के परिणाम की घोषणा आदि को जनहित में सार्वजनिक रूप से प्रचारित-प्रसारित किया जाता है। यही बातें प्रेस-विज्ञप्ति की मुख्य विषय-वस्तु बनती हैं।

(9) प्रेस विज्ञप्ति तथा प्रेस नोट में अन्तर

प्रेस विज्ञप्ति और प्रेस नोट में ऊपरी तौर पर कोई अन्तर तो दिखायी नहीं पड़ता, पर विद्वानों के अनुसार इन दोनों में थोड़ा फाँक और फर्क है।

प्रेस विज्ञप्ति	प्रेस नोट
1. प्रेस विज्ञप्ति में किसी प्रकार की काट-छाँट नहीं की जाती है।	1. प्रेस नोट में ऐसी कोई बाध्यता नहीं है, यहाँ काट-छाँट हो सकती है, किन्तु विवरण संक्षिप्त होता है।
2. प्रेस विज्ञप्ति अधिक औपचारिक होती है।	2. प्रेस नोट पूर्ण रूप से अनौपचारिक होता है।
3. प्रेस विज्ञप्ति की आवश्यकता जनता को बहुत अधिक होती है।	3. प्रेस नोट की जरूरत जनता को बहुत अधिक नहीं होती।
4. प्रेस विज्ञप्ति में परीक्षाओं के परिणाम आदि की सूचना दी जा सकती है।	4. प्रेस नोट में ऐसा नहीं होता।
5. प्रेस विज्ञप्ति का विषय लम्बा हो सकता है।	5. प्रेस नोट का विषय संक्षिप्त होता है।
6. प्रेस विज्ञप्ति में सरकारी विभागों की विज्ञप्तियाँ ज्यादा होती हैं।	6. यहाँ ऐसा नहीं होता।
7. प्रेस विज्ञप्ति के कई वैध पक्ष होते हैं।	7. प्रेस नोट के लिए कोई निर्धारित वैध पक्ष नहीं होता है।
8. प्रेस विज्ञप्ति के ऊपर दिनांक तथा उससे पहले 'प्रकाशित न हो' लिखा जाता है।	8. इसके प्रकाशन में इस तरह की कोई बाध्यता नहीं होती।
9. प्रेस विज्ञप्ति केन्द्रीय सरकार के विशेष अधिकारी द्वारा ही जारी होती है।	9. इसे कार्यालय में नियुक्त अधिकारी भी जारी कर सकता है।
10. प्रेस विज्ञप्ति सूचना विभाग द्वारा प्रकाशनार्थ भेजी जाती है।	10. जबकि इसे कोई उपसम्पादक भी सम्पादित कर सकता है।
11. प्रेस विज्ञप्ति में सम्बोधन, प्रेषक, प्रेषिती का उल्लेख नहीं होता।	11. किन्तु प्रेस नोट में सम्बोधन, प्रेषक, प्रेषिती का उल्लेख होता है।
12. प्रेस विज्ञप्ति में मंत्रालय का नाम, स्थान आदि का उल्लेख होता है।	12. जबकि प्रेस नोट में इन सबका उल्लेख नहीं किया जाता।

(10) प्रेस-विज्ञप्ति का नमूना[1]

उत्तर प्रदेश सरकार
भाषा-विभाग
संख्या 1117/इक्कीस 20-60
(लखनऊ, दिनांक 27 मई, 1965)

प्रेस-विज्ञप्ति

(1) उत्तर प्रदेश शासन की प्रेस विज्ञप्ति संख्या 592-इक्कीस, 4-1959, दिनांक 20 जनवरी, 1959 में राज्य सरकार की भाषा नीति का स्पष्टीकरण किया गया था। उस विज्ञप्ति के पैराग्राफ पाँच में यह कहा गया था कि राज्य की महत्त्वपूर्ण विधियों, नियमों, कानूनों आदि के सारांश को, उन जगहों में, जहाँ की आबादी का एक बड़ा हिस्सा उर्दू से परिचित है, उर्दू में भी प्रचारित और प्रकाशित किया जाएगा। इस प्रयोजन के लिए रामपुर, बिजनौर, बरेली, मुरादाबाद, सहारनपुर और मुजफ्फनरगर के जिलों तथा लखनऊ शहर को चुना गया था।

1. व्यावहारिक हिन्दी निर्देशिका—डॉ. गोपीनाथ श्रीवास्तव, पृ. 174

भाग-15

साक्षात्कार विधा (Interview) या मौखिक प्रश्नावली
अथवा
भेंटवार्त्ता या विशेष-परिचर्चा या समालाप

(1) साक्षात्कार : नवजात किन्तु सशक्त विधा

साक्षात्कार सम्प्रति रोजमर्रा की जिन्दगी की टकराहटों को अपने भीतर खूबसूरत और मोहक चित्रों के साथ अंकन करनेवाली **जनसंचार की धारदार एवं प्रभविष्णु विधा** के रूप में उभर कर सामने आई है। इसकी उम्र जुम्मा-जुम्मा सम्प्रति सौ साला भी नहीं हुई है। कई दशकों तक घड़ी के पेण्डुलम की तरह इसका स्वरूप ही स्थिर नहीं हो पा रहा था। कभी इसे रेखाचित्र और संस्मरण के भीतर समेंटा जाता था, तो कभी निबन्ध आदि के भीतर। साफ शब्दों में, विधागत पृथक् और स्वतंत्र हैसियत इसे कभी नहीं मिली, जिसकी वह हकदार थी। हाँ, कभी-कभार बराए-नाम इसकी चर्चा साहित्येतिहास सम्बन्धी पुस्तकों में अवश्य हो जाती रही है। उदाहरण के लिए **डॉ. सत्येन्द्र**[1] **, डॉ. नगेन्द्र**[2] **, डॉ. भगत सिंह**[3] **, डॉ. गंगा प्रसाद गुप्त**[4] **, डॉ. गोविन्द त्रिगुणायत**[5] **, डॉ. रामचन्द्र तिवारी**[6] **, डॉ रामगोपाल सिंह चौहान**[7] **, डॉ. कोति मिरे**[8] **, डॉ. शंकर देव अवतरे**[9] **, डॉ. विश्वनाथ शुक्ल**[10] **, डॉ. सत्यकाम वर्मा**[11] **, डॉ. विश्वनाथ तिवारी**[12] **, डॉ. आलोक कुमार रस्तोगी**[13] **, डॉ. हरदयाल**[14] **, डॉ. रमेश कुन्तल मेघ**[15] **, डॉ. नन्द किशोर त्रिखा**[16] **, डॉ. शास्त्री एवं डॉ. गोस्वामी**[17] **, डॉ. यासीन दयाल तथा डॉ. रमेश कुमार जैन**[18] **, डॉ. मधुकर गंगाधर**[19] **, डॉ. भँवर सुराणा, डॉ. मनमोहन सहगल, डॉ. उषा सिंहल** आदि विद्वानों ने समय-समय पर अपने ग्रन्थों में इस पर यथास्थान प्रकाश डाला है। इसी तरह **डॉ. चन्द्रभन रावत**[20] **, डॉ. पदम सिंह शर्मा कमलेश**[21] **, डॉ. प्रभाकर माचवे, डॉ. सुशीला अग्रवाल, डॉ. वीरेन्द्र कुमार गुप्त, डॉ. शचीरानी गुर्टू, डॉ. रामावतार, डॉ. कन्हैया लाल मिश्र 'प्रभाकर', डॉ. कमल किशोर गोयनका, प्रो. विष्णु कान्त शास्त्री तथा डॉ. हरिवंश राय बच्चन** प्रभृति विद्वानों ने भी स्फुट रूप से साक्षात्कार विधा पर रोशनी डाली है।

1. साहित्य के सिद्धान्त—डॉ. सत्येन्द्र, पृ. 201
2. हिन्दी साहित्य का इतिहास (सम्पादन)—डॉ. नगेन्द्र, पृ. 72
3. हिन्दी साहित्य को कूर्मांचल की देन—डॉ. भगत सिंह, पृ. 386
4. हिन्दी साहित्य में निबन्ध और निबन्धकार—डॉ. गंगा प्रसाद गुप्त, दूसरा भाग, पृ. 502
5. शास्त्रीय समीक्षा के सिद्धान्त—डॉ. गोविन्द त्रिगुणायत, पृ. 102
6. हिन्दी का गद्य साहित्य—डॉ. रामचन्द्र तिवारी, द्वितीय संस्करण, पृ. 203-4
7. आधुनिक हिन्दी साहित्य—डॉ. रामगोपाल सिंह चौहान, पृ. 329
8. हिन्दी गद्य के विविध साहित्यिक रूपों के उद्‌भव और विकास का अध्ययन—डॉ. कोतिमिरे, पृ. 110
9. साहित्य चिन्तन—डॉ. शंकरदेव अवतरे, पृ. 240
10. हिन्दी साहित्य का वृहत् इतिहास—डॉ. विश्वनाथ शुक्ल, भाग-14, पृ. 494
11. हिन्दी साहित्यानुशीलन—डॉ. सत्यकाम वर्मा, पृ. 551
12. छायावादोत्तर हिन्दी गद्य साहित्य—डॉ. विश्वनाथ तिवारी, पृ. 317
13. हिन्दी साहित्य का इतिहास—डॉ. आलोक कुमार रस्तोगी, दूसरा खंड, पृ. 197
14. आधुनिक हिन्दी गद्य साहित्य—डॉ. हरदयाल, पृ. 160
15. समसामयिक हिन्दी साहित्य—डॉ. रमेश कुन्तल मेघ, पृ. 280
16. समाचार संकलन और लेखन—डॉ. नन्द किशोर त्रिखा, पृ. 190
17. समीक्षा तत्त्व—डॉ. शास्त्री तथा डॉ. गोस्वामी, पृ. 170
18. संवाददाता और समाचार लेखन—डॉ. यासीन दलाल एवं डॉ. रमेश कुमार जैन पृ. 215
19. रेडियो लेखन—डॉ. मधुकर गंगाधर, पृ. 72
20. इंटर व्यू : एक कला (साहित्य सन्देश) डॉ. चन्द्रभान रावत पृ. 19, सन् 1950
21. मैं इनसे मिला—डॉ. पद्म सिंह शर्मा, कमलेश, प्रथम भाग, मेरा दृष्टिकोण, पृ. 12, 13

किन्तु भला हो, जयपुर के उद्‌भट विद्वान् **डॉ. विष्णु पंकज** का, जिन्होंने अपने अद्‌भुत रचनात्मक कार्य के माध्यम से हाल के वर्षों में साक्षात्कार विधा को नई शक्लो-सूरत और पहचान देने में अद्‌भुत भूमिका निभायी। उन्होंने 'साक्षात्कार विधा' पर स्वतंत्र रूप से शोध कार्य किया। उनके प्रयास से साक्षात्कार विधा डायरी, रिपोर्ताज, आलोचना, संस्मरण, आत्मकथा, निबन्ध तथा जीवनी आदि की तरह पत्रकारिता का अभिन्न हिस्सा बन चुकी है। कुल मिलाकर आज यह उक्त विधाओं की कतार में खड़ी हो, हिन्दी की स्वतः समहृत विधा बन गई है। फिलवक्त यह प्रिन्ट और इलेक्ट्रॉनिक मीडिया यानी अखबारों, रिसालात-पत्रिकाओं, दूरदर्शन तथा रेडियो की परमप्रिय विधा सिद्ध हुई है। इसे, इस तरह भी समझिये कि साक्षात्कार के अभाव में पत्रकार तथा पत्रकारिता-दोनों कुछ खाली-खाली से लगते हैं। पत्रकारों के अलावा अनेक आलोचकों, साहित्यकारों ने भी अपने लेखन में इस विधा, पर मुक्त मन से रोशनी डाली है। लब्बोलुवाब यह कि आज साक्षात्कार उपेक्षित, अग्राह्य और नजरअन्दाज-विधा नहीं रह गई है। कलमकारों और पत्रकारों से इसका सीधा संवाद स्थापित हो गया है। सुघर साज-सज्जा, कलात्मक और सुरुचिपूर्ण चित्र, खूबसूरत अल्फाज और तर्जुमा, बेहद सलीका और संवेदनशीलता तथा अभिव्यक्ति की कोमलता आदि खूबियों के कारण पत्रकारिता और साहित्य के प्रांगण में इसने अपना पुख्ता मंच-मचान और प्लेटफॉर्म प्राप्त कर लिया है। अब यह नवजात विधा 'साक्षात्कार' पहचान की मोहताज और दलिद्दर नहीं रह गई है।

(2) साक्षात्कार : नामकरण का जमघट

साक्षात्कार विधा पश्चिमी उपज है, किन्तु यह भारत में अनेक विधाओं में रच-पच कर लोकप्रिय विधा बन गई है। सम्प्रति यह साहित्य और पत्रकारिता—इन दोनों की स्वतंत्र एवं महत्त्वपूर्ण विधा बन अलंकृत हो रही है। इसके बिना प्रिन्ट और इलेक्ट्रॉनिक मीडिया की पत्रकारिता बेस्वाद और रसहीन लगती है। साक्षात्कार, पहले प्रिन्ट मीडिया के लिए ही लिया जाता था, जैसे—समाचार-पत्र तथा पत्रिका हेतु, किन्तु जनसंचार माध्यमों (विशेषतः इलेक्ट्रॉनिक मीडिया) के तीव्र विकास के कारण यह विधा अत्यधिक लोकप्रिय होती जा रही है। प्रिन्ट हो चाहे रेडियो या फिर टी.वी. चैनल सभी माध्यमों में इंटरव्यू सर्वाधिक प्रमुख कार्यक्रम शैली बन गया है। इसके द्वारा किसी साहित्यकार, कलाकार, राजनीतिज्ञ, समाज सुधारक आदि के विचार खुलकर सामने आते हैं।[1]

वस्तुतः साक्षात्कार शब्द अंग्रेजी के 'इंटरव्यू' (Interview) का हिन्दी रूपान्तर है। मूल अंग्रेजी शब्द 'इंटरव्यू' दो शब्दों 'इंटर + व्यू' (Inter + view) से बना है। 'इंटर' शब्द का अर्थ होता है—'आन्तरिक' और 'व्यू' शब्द का अर्थ 'देखना' होता है। इस प्रकार 'साक्षात्कार' का शाब्दिक अभिप्राय 'आन्तरिक रूप से देखना' होता है। भारत में यद्यपि परस्पर संवाद, प्रश्नोत्तर और शंका-समाधान की परम्परा प्राचीनकाल से सतत् चली आ रही है, किन्तु वर्तमान समय में 'साक्षात्कार' इतनी लोकप्रिय विधा सिद्ध हुई है कि विद्वानों ने समय-समय पर इसके ढेरों नाम गढ़ और धर लिये हैं। इसके हिन्दी पर्यायों में भेंटवार्त्ता, बातचीत, भेंट, अन्तरंग भेंट, मुलाकात, वार्त्ता, वार्त्तालाप, परिप्रश्न तथा संवाद आदि चलन में हैं। इस विधा के लिए कुछ लोगों ने साक्षात्वार्त्ता, समक्ष भेंट, समक्षकार, अन्तर्वीक्षा, अन्तर्व्यूह, अन्तरव्यूह (इंटरव्यू), अनुवीक्षा, अन्तर्दर्शन, मौखिक प्रश्नावली, प्रत्यक्ष वार्त्ता, विशेष परिचर्चा, प्रत्यक्ष समीक्षण, साक्षात् वार्त्तालाप, प्रत्यक्षालाप, समालाप, अभिमुख संवाद, संवार्त्ता, साहित्यिक वार्त्ता आदि हिन्दी शब्दों का भी प्रयोग किया है, इस विधा के लिए कुछ साक्षात्कारवार्त्ता मूल अंग्रेजी शब्द 'इंटरव्यू' का ही प्रयोग करते हैं।

(3) साक्षात्कार : अर्थ-आशय तथा परिभाषा

(1) *डॉ. श्यामसुन्दर दास* के अनुसार,—"साक्षात्कार का अर्थ 'व्यक्तियों का आपस में मिलना', भेंट, मुलाकात, साक्षात् वार्त्तालाप, आपस में विचारों का आदान-प्रदान कहा गया है।"[2]

(2) प्रमुख आलोचक *डॉ. नगेन्द्र* ने साक्षात्कार को इस प्रकार परिभाषित किया है,—"इंटरव्यू से अभिप्राय उस रचना से है, जिसमें लेखक व्यक्ति-विशेष के साथ साक्षात्कार करने के

---

1. भारतीय मीडिया : अन्तरंग पहचान सं. डॉ. स्मिता मिश्र, पृ. 301
2. हिन्दी शब्द सागर—सं. श्यामसुन्दर दास, पृ. 88, नागरी प्रचारिणी सभा, काशी।

बाद प्रायः किसी निश्चित प्रश्नमाला के आधार पर उसके व्यक्तित्व एवं कृतित्त्व के सम्बन्ध में जानकारी प्राप्त करता है और अपने मन पर पड़े प्रभाव को लिपिबद्ध कर डालता है।''[1]

(3) आलोचक स्व. *डॉ. रामचन्द्र तिवारी* के अनुसार,—''इंटरव्यू में कला, साहित्य, राजनीति, दर्शन, अध्यात्म, विज्ञान आदि किसी भी क्षेत्र की महान् और मान्य विभूतियों से मिलकर किन्ही प्रश्नों के सन्दर्भ में उनके विचार या दृष्टिकोण जानने और उन्हें उन्हीं की शैली, भाषा और भंगिमा में व्यक्त करने की चेष्टा की जाती है। मिलने वाला सुविधा की दृष्टि से कुछ प्रश्न तैयार कर लेता है और क्रमशः उन प्रश्नों के उत्तर के रूप में वह उस विख्यात, विशिष्ट, अनुभवी और महान् व्यक्ति के विचार जान लेने की चेष्टा करता है।[2]

(4) सुप्रसिद्ध साक्षात्कारकर्त्ता *डॉ. पद्म सिंह शर्मा 'कमलेश'* का कथन है कि—''इंटरव्यू देनेवाला व्यक्ति अपनी योग्यताओं को स्वयं व्यक्त करता है और यह इंटरव्यू लेनेवाले पर निर्भर है कि वह इंटरव्यू देनेवाले को अपना विश्वासपात्र बनाकर उससे जो चाहे सो निकलवा ले। यह बड़ा कठिन काम है, जो श्रद्धा, परिश्रम तथा बुद्धिमत्ता पर निर्भर करता है।''[3]

(5) इसी तरह विद्वान् *श्री प्रभाकरमाचवे* का विचार है कि, ''इंटरव्यू देना, मैं आयने में देखकर बनने-सँवरनेवाले व्यक्ति की मनःक्रिया की तरह मानता हूँ। उसमें व्यक्ति खामख्वाह 'सेल्फ कान्शन' हो ही जाता है। यानी यह बात जाहिर है कि तुम सवाल पूछोगे तो मैं कितना भी चाहूँ अपने को जरा छिपाते, दबते-दबाते जवाब दूँगा। ख्याल कुछ यह भी है कि यह छपनेवाली भी है, पढ़नेवाले क्या कहेंगे वगैरह-वगैरह।''[4]

(6) पत्रकार *श्री नन्दकिशोर त्रिखा* का कहना है कि, ''भेंटवार्त्ता या समालाप समाचार संकलन का आवश्यक अंग ही नहीं है, बल्कि इसके बगैर अधिकांश समाचार, सरकारी वक्तव्य, भाषण, सार्वजनिक घोषणाएँ, विज्ञप्तियाँ और औपचारिक आयोजनों के विवरण मात्र होते हैं। इन सबकी खबरें स्वभावतः एक पक्षीय या एकांगी होती हैं। इनमें 'क्यों' और 'कैसे' पूछने की गुंजाइश नहीं होती, जबकि 'क्यों' और 'कैसे' का उत्तर ही खबरों की जान होता है। प्रत्यक्ष भेट या टेलीफोन पर किया गया समालाप समाचारों को पूर्ण करता है। 'क्यों' और 'कैसे' सवाल इन्ही के जरिये पूछे जा सकते हैं।''[5]

(7) पश्चिम के William Metz तथा डेगान विश्वविद्यालय के विद्वान् *Ken Metzler* ने 'साक्षात्कार' को रूपांकित करते लिखा है कि,—"an interview is a conversation direct towards a goal" तथा A journalistic interview is a conversation between two parties for the purpose of gathering information on behalf of an audience".[6]

(8) *डॉ. विश्वनाथ तिवारी* का अभिमत है कि,—''इंटरव्यू का अभिप्रेत वास्तविकता का उद्घाटन है। जिस व्यक्ति का इंटरव्यू लेना है, उसी के शब्दों में उसकी उपलब्धियों का विश्लेषण और मूल्यांकन प्रस्तुत करना लेखक का लक्ष्य होता है। अतः जाहिर है, यथार्थ के उद्घाटन की भावना इंटरव्यू के जन्म का कारण है। 'इंटरव्यू' का शाब्दिक अर्थ यदि 'अन्तर्दर्शन' माना जाए तो इसका वास्तविक लक्ष्य प्रकट हो जाता है। इंटरव्यू का अभिप्रेत आन्तरिक विश्लेषण है। उसमें स्थूल वर्णन से अधिक गोपनीय तथ्यों के उद्घाटन की प्रवृत्ति होती है।...इंटरव्यू में संस्मरण और रेखाचित्र के तत्त्व घुल-मिल जाते हैं।''[7]

(9) बक़ौल *डॉ. विष्णु पंकज,*—''वास्तव में साक्षात्कार पत्रकारिता और साहित्य की मिली-जुली विधा है। इसकी सफलता साक्षात्कारकर्त्ता की कुशलता, साक्षात्कार-पात्र के सहयोग तथा

1. हिन्दी साहित्य का इतिहास—सं. डॉ. नगेन्द्र, पृ. 720, नेशनल पब्लिसिंग हाउस, दिल्ली, प्र. संस्करण-1973
2. हिन्दी का गद्य साहित्य—डॉ. रामचन्द्र तिवारी, पृ. 311, विश्वविद्यालय प्रकाशन, वाराणसी
3. मैं इनसे मिला—डॉ. पद्म सिंह शर्मा कमलेश, पृ. 61
4. मैं इनसे मिला—प्रभाकर माचवे, पृ. 195, भाग दो
5. समाचार-संकलन और लेखन—डॉ. नन्द किशोर त्रिखा, पृ. 32
6. Communication and Development Reporting in Media—Metze leLee Metzler, P.87. U.S.A
7. छायावादोत्तर हिन्दी गद्य साहित्य—डॉ. विश्वनाथ तिवारी, पृ. 17

दोनों के सामंजस्य पर निर्भर होती है। साक्षात्कार तैयारी करके अथवा कभी-कभी बिना तैयारी के भी, लिए जाते हैं। पत्रकारों को प्रायः तुरत-फुरत साक्षात्कार लेने पड़ जाते हैं। कुछ लोग नायक के हाव-भाव और देशकाल आदि का चित्रण करते हैं, जबकि बहुत से व्यक्ति साक्षात्कार को मात्र प्रश्नोत्तर के रूप में ही प्रस्तुत करते हैं।[1]

(4) साक्षात्कार का इतिहास

(क) साक्षात्कार का विश्व इतिहास

अपनी कलात्मक प्रस्तुति और सृजन की असीम सम्भावनाओं से लैस साक्षात्कार विधा पत्रकारिता की अकूत ऊर्जा और ताकत है। वक्त के अनेक पहलुओं को अपने में समेटनेवाली इस विधा की स्वीकार्यता भारत के साथ-साथ वैश्विक स्तर पर भी है। एक ओर इसके भीतर पाठक के अन्तस् में दबी संवेदनाओं की कोमल भूमिका को कुरेदने की क्षमता है, वहीं दूसरी ओर यह व्यक्ति जीवन के संघर्षों, संत्रासों, जटिलताओं-विद्रूपताओं को भी बड़ी सजगता से चित्रित करती है। साहित्य और पत्रकारिता में वैचारिकता के नये मूल्य स्थापित करने के कारण इसे विश्वव्यापी फ़लक प्राप्त हो चुका है। अब यह विधा व्यक्ति जीवन का खुला बयान बन चुकी है। अपनी उक्त विशेषताओं के कारण इसे भारत के साथ-साथ सम्पूर्ण विश्व में नये ढंग से निरन्तरता प्राप्त हो रही है। इस तरह कुल मिलाकर बेलाग यह कि साक्षात्कार विधा अब बहुत दलिद्दर और मोहताज नहीं रह गई है, बल्कि वैश्विक पहचान इसे निःसन्देह मिल चुकी है।

यहाँ एक तथ्य ध्यान रखने लायक है कि भारत के साक्षात्कार लेखन और पाश्चात्य साक्षात्कार लेखन में एक बुनियादी फर्क-फाँक है। वस्तुतः प्रतीच्य साक्षात्कार लेखन का ताल्लुक पहले महज पत्रकारिता, खासकर प्रिन्ट पत्रकारिता अर्थात् पत्र-पत्रिकाओं तथा पुस्तकों तक ही सीमित था, बाद में यह इलेक्ट्रॉनिक अर्थात् दूरदर्शन, रेडियो का विषय बना, किन्तु भारत में इसके ठीक बरक्स इसका सम्बन्ध प्रिन्ट और इलेक्ट्रॉनिक पत्रकारिता से तो था ही, साहित्य से भी इसका गहरा रिश्ता था। बहरहाल मूल विषय पर लौटते हुए बता दें कि, पश्चिम में साक्षात्कार विधा का जन्म उन्नीसवीं शताब्दी में ही हो गया था। इस समय यह विधा वहाँ की पत्र-पत्रिकाओं में परवान चढ़ लोकप्रिय हो गई थी। समाज के हर कुनबे के लोग—कलाकारों, साहित्यकारों, पत्रकारों, राजनीति में रुचि रखनेवाले तथा सत्ता पक्ष से जुड़े लोगों ने इसे अपने लेखन का विषय बनाया। कुल मिलाकर समाज के विभिन्न वर्गों के साक्षात्कार लेने-देने में रुचि रखनेवाले लोग अपनी विभिन्न तरह की अभिव्यक्तियाँ इस विधा में करने लगे। इस प्रकार बहुत जतन और लगन से तैयार साक्षात्कार नामक बिरवा पश्चिम में धीरे-धीरे झकोर और गज्झिन हो गया।

डॉ. विष्णु पंकज[2] के अनुसार कवि लैंडर की प्रमुख गद्य-पुस्तक 'इमेजिनरी कान्वर्सेशंस' में अतीत के महान् साहित्यिक पात्रों के काल्पनिक वार्त्तालाप हैं। इस गद्य-कृति की रचना कई वर्षों (सन् 1824-53) में हुई थी। इसके संवादों की संख्या एक सौ पचास है। इनमें जीवन और साहित्य से सम्बन्धित नाना प्रकार के विषय लिए गए हैं। लेखक की भाषा-शैली 'सूत्रात्मक, अनलंकृत, अनुदार और तक्षण कला से परिपूर्ण' है। इनमें से कुछ संवाद तो नाटकीय हैं, शेष विचारात्मक और दार्शनिक हैं। 'पेण्टामेरान', जिसमें पेटार्क और वोकेशियों के बहुत से संवाद दिए गए हैं, दाते की सुन्दर आलोचना के कारण विशेष उल्लेखनीय हैं। बस क्या था! बाद के साहित्यकारों, बुद्धिजीवियों, लेखक-संगठनों, समकालीन पत्रकारों तथा अन्य अनेक तरह के कद्दावर सृजनकर्मियों ने खूबसूरत भाषा और प्रतीकों के माध्यम से साक्षात्कार विधा को अन्य विधाओं की समकक्षता के लिए प्रयास करना शुरू किया। डब्ल्यू.टी.स्टीड को पश्चिम में इस विधा का पुरोधा और आचार्य माना जाता है। उन्होंने तत्कालीन एक सुप्रसिद्ध पत्रिका Review of Reviews का सफल सम्पादन किया। अपने सम्पादकत्व काल में उन्होंने अपने-अपने क्षेत्र की अनेक नामवर-नामदार हस्तियों से साक्षात्कार लिया। इसी क्रम में रेमंड फील्डर कुक, लारेंस, डिस्क जौकी, जॉर्ज शेफर, रोम्याँ रोला, डॉ. किंसी, डॉ. कुबलर रास, राइनर, लुई, फिशर,

1. जन संचार की विधा साक्षात्कार—डॉ. विष्णु पंकज, पृ. 22, अटोलिया पब्लिकेशन, न्यू सांगानेर रोड, जयपुर सन् 2011
2. जन संचार की विधा साक्षात्कार—डॉ. विष्णु पंकज, पृ. 78

जोलोरोव, सुसान बैल्कमोर, गाइटेंलेज, रोबिन डे, रिचर्ड बर्गिन, स्टीक रिचर्ड्स, डायना गुडमैन, केन्नैथ रिंग आदि पाश्चात्य सर्जक सुप्रसिद्ध साक्षात्कारकर्त्ता रहे हैं। एक चर्चित नाम एच. डब्ल्यू. नेशनल का भी है, जिन्होंने पश्चिम में इस विधा को प्रतिष्ठा का ऊँचा आसन दिया।

बाद के साक्षात्कारकर्त्ताओं ने अपने-अपने साक्षात्कारों के लिए विषयों का स्वतंत्र चुनाव किया। साफ शब्दों में, राजनीति, समाज, सेना, युद्ध के साथ-साथ मृत्यु के बाद पुनर्जन्म आदि को साक्षात्कार का विषय बनाया गया। उदाहरण के लिए अमेरिका में प्रकाशित Life after Life नामक पुस्तक जन्म और मृत्यु के तमाम चमत्कारों से भरी हुई है। इस पुस्तक में मृत्यु और जन्म अर्थात् इस पार एवं उस पार के धुन्ध के विषय में तमाम रोचक जानकारियाँ इकट्ठा की गई हैं। बताते हैं, साक्षात्कार विधा ने अमेरिकी साहित्य की श्रीवृद्धि में योगदान दिया है। कहीं युद्ध क्षेत्र में युद्धरत सैनिकों के साक्षात्कार हैं, तो कहीं खेल सम्बन्धी साक्षात्कार लिये गए हैं और कहीं दूरदर्शन कार्यक्रमों और उसकी तकनीकों से सम्बन्धित साक्षात्कार हैं। ब्लूम, मैनवेल, स्टीव तथा लुडविगा आदि पश्चिम के सिद्धहस्त और ख्यातिलब्ध साक्षात्कार कर्त्ता हैं, जिन्होंने बेहद श्रम और अपनी कठिन तपस्या से श्रेष्ठ साक्षात्कारों का सम्पादन कर वहाँ के साहित्य को जीवन्त बनाया है। इसी तरह Interviews with History पुस्तक की लेखिका इतालवी महिला पत्रकार ओरियाना फलाची ने अपने समय के श्रेष्ठ और चर्चित राजनीतिकों से साक्षात्कार लिया है। एक अन्य पुस्तक पेरिस 'रिव्यू' भी पश्चिम की श्रेष्ठ साक्षात्कारों से भरी-पुरी पुस्तक मानी जाती है। रेमंडमूडी मनोविज्ञान से सम्बन्धित पश्चिम की सिद्धहस्त साक्षात्कार कर्त्ता मानी जाती है। इनकी एक चर्चित कृति का नाम Life of Life है। इसका प्रकाशन काल सन् 1975 है। इसमें जितने भी साक्षात्कार संकलित किए गए हैं, वे हमें आश्चर्यलोक में ले जाते हैं। आश्चर्य-अचम्भा से सम्पृक्त इस कृति में लेखिका ने कुछ ऐसे लोगों से साक्षात्कार लिया है, जो दिवंगत होने के बाद पुनः जीवित हो गए थे। यही नहीं, इसी तरह के चमत्कारों से पटी एक और पुस्तक कालान्तर में प्रकाशित हुई। इस कृति के कृतिकार हैं—कनेक्टीकर विश्वविद्यालय के प्रोफेसर-केन्नेथ रिंग। अपनी इस किताब में इस विद्वान् प्रोफेसर ने अपने समय के 702 व्यक्तियों के साक्षात्कार लिए हैं। साक्षात्कार-सम्बन्धी इस पुस्तक में चौकानेवाले ढेरों अजीबोग़रीब तथ्य सामने आए। मरकर पुनः जन्म प्राप्त करनेवालों ने साक्षात्कार में बताया कि उन्होंने मृत्यु के गह्वर में प्रवेश करते समय पाँच प्रमुख दृश्यों को अपनी आँखों से देखा। ये हैं, शान्ति, शरीर का छोड़ना, अँधेरी सुरंग में प्रवेश, उसके बाद उस अँधेरी सुरंग को पार करना तथा प्रकाश पुंज का दृश्यमान होना। इसी तरह पश्चिम के ही एक और परामनोविज्ञानी थे—सुसान बैल्कमोर। उनकी पुस्तक का नाम है—Beyond the Body.इसका प्रकाशन 1982 में हुआ। उन्होंने इसमें 36 चुनिंदा लोगों से साक्षात्कार लिये थे। आस्ट्रेलिया में भी इस तरह के चमत्कार कर देनेवाले साक्षात्कार लिये गए हैं। नामों की भीड़ में न्यूसाउथ वेल्स विश्वविद्यालय आस्ट्रेलिया के प्रोफेसर हार्वे इरविन प्रमुख हैं। उन्होंने भी असीम लोक की यात्रा कर पुनः धरती पर आ गए कई व्यक्तियों से बात कर उन्हें अपनी पुस्तक में समेटा-सहेजा था।

सन् 1990 में साक्षात्कार से सम्बन्धित एक जोरदार पुस्तक अंग्रेजी भाषा में छपी। इस कृति का नाम है—'दलाई लामा'। कृतिकार हैं—श्री विजयक्रान्ति। वस्तुतः लगभग 200 पृष्ठों में पसरी यह कृति शुद्ध रूप से साक्षात्कारों का संग्रह है। बौद्ध धर्म गुरु विश्व प्रसिद्ध आदरणीय दलाई लामा से समय-समय पर लिये गए साक्षात्कारों का संकलन है यह ग्रन्थ। कृतिकार ने सन् 1960 ई. से 1977 ई. तक के बीच दलाई लामा से साक्षात्कार लिया था। यह साक्षात्कार संग्रह 130 विशिष्ट चित्रों से भी सुसज्जित है। इसी तरह लन्दन के एक समाज सेवी संगठन 'पानोसा' से 'सुनो परिवर्तन के लिए' शीर्षक से एक पुस्तक छपी। इसका प्रकाशन काल सन् 1993 है। इसमें निम्नवर्गीय मजलूमों की व्यथा-कथा का रूपांकन हुआ है। इसमें सूडान, इथोपिया तथा चाड आदि देशों के सत्रह भाषाओं में साक्षात्कार छपे हैं। ठीक उक्त क्रम में **डॉ. विष्णु पंकज**[1] लिखते हैं कि भारत में भी अनेक साक्षात्कारकर्त्ताओं ने अंग्रेजी भाषा में साक्षात्कार लिये हैं। बंगाल के कवि, गायक दिलीप कुमारराय द्वारा अंग्रेजी में लिए गए साक्षात्कारों का संकलन (1951-60) 'Among the Great' शीर्षक से प्रकाशित हुआ है। प्रीतीश नन्दी, कुलदीप नायर,

1. जन संचार की विधा 'साक्षात्कार'—डॉ. विष्णु पंकज, पृ. 80

आर. के. करंजिया, बहराम, जनार्दन ठाकुर आदि ने तेजतर्रार साक्षात्कार लिये हैं। बनारसीदास चतुर्वेदी, निहाल सिंह, चान्द, खुशवन्तसिंह आदि ने भी अंग्रेजी में साक्षात्कार लिए हैं। निमायी साधन बसु ने इन्दिरा गांधी से की गई भेंट वार्ताओं का संकलन पुस्तक रूप में प्रकाशित किया है। डॉ. प्रभाकर ने निहाल सिंह का साक्षात्कार लिया। बलजीत, शशिकुमार आदि ने दूरदर्शन पर साक्षात्कार लिए हैं। अंग्रेजी पत्र-पत्रिकाओं, आकाशवाणी-दूरदर्शन के प्रतिनिधियों द्वारा समय-समय पर विभिन्न लोगों से साक्षात्कार लिये गए हैं। दूसरे अनेक पत्रकारों-लेखकों ने भी अंग्रेजी में साक्षात्कार लिये हैं।

(ख) साक्षात्कार का भारतीय इतिहास

वाद-विवाद, संवाद, शास्त्रार्थ, शंका-समाधान, प्रश्न-उत्तर, चर्चा-परिचर्चा, विचार-विमर्श, और मंथन-मनन-चिन्तन की परम्परा भारत में बहुत पुराने काल से चली आ रही है। भारतीय मनीसा, ऋषियों-चिन्तकों ने अपनी बुद्धि, सृजन, कल्पना, सत्कर्म से भारतीय समाज के मानस और चेतना तंत्र की दृष्टि से लोगों को उद्‌बुद्ध किया। तत्त्व मन्थन उनके चरित्र का बुनियादी जीवनाचार था। परस्पर सहकार-संवाद, इस देश की खासियत रही है। आज के भारतीय विद्वानों को उक्त संवादों में ही 'साक्षात्कार' की आहट मिलती है। इन्हीं में वे साक्षात्कार विधा की तलाश करते हैं। सम्भवतः इसीलिए कठोपनिषद् के 'नचिकेता-यम संवाद' को श्रेष्ठ साक्षात्कार भी मानते हैं, जहाँ नचिकेता यम से प्रश्न करता है,—''जिस आत्म-तत्त्व सम्बन्धी महान् ज्ञान के विषय में सभी लोग शंका करते हैं कि मरने के पश्चात् यह आत्मा रहता है या नहीं, इस विषय में आपका जो निर्णय है, वह आप हमें बतावें। वह अनिर्वचनीय परमानन्द यह परमात्मा ही है, ऐसा ज्ञानी लोग मानते हैं। मैं भी उसे किस तरह समझूँ, क्या वह प्रकाशित होता है या अनुभव में आता है।'' इसी प्रकार युद्ध भूमि में मृत्यु के निकट पहुँचे रावण के पास लक्ष्मण का जाना और राजनीति से सम्बन्धित सवालों के उत्तर प्राप्त करना भी एक साक्षात्कार ही है। गीता में भी श्रीकृष्ण और अर्जुन के बीच जो संवाद हुआ है, विद्वानों ने उसे भी साक्षात्कार की कोटि में रखा है। अर्जुन के प्रश्न इस प्रकार हैं—''अपने कुटुम्ब को मारकर हम कैसे सुखी होंगे? समाधि में स्थित स्थिर बुद्धिवाले पुरुष का क्या लक्षण है? और स्थिर बुद्धि पुरुष कैसे बोलता है? कैसे बैठता है? कैसे चलता है? यह पुरुष बलात्कार से लगाये हुए के सदृश न चाहता हुआ भी किससे प्रेरित हुआ पाप का आचरण करता है? जो यह ध्यान देने योग्य आपने महत्त्व-भाव से कहा है, उसकी मैं मन के चंचल होने से बहुत काल तक ठहरनेवाली स्थिति को नहीं देखता हूँ। योग से चलायमान हो गया मन, जिसका, ऐसा शिथिल यत्नवाला श्रद्धायुक्त पुरुष योग की सिद्धि को भगवत् -साक्षात्कारता को न प्राप्त होकर किस गति को प्राप्त होता है? ब्रह्म क्या है? और अध्यात्म क्या है? तथा कर्म क्या है? और अधिभूत नाम से क्या कहा गया है? तथा अधिदेव नाम से क्या कहा जाता है? आपको मैं तत्त्व से जानना चाहता हूँ, क्योंकि आपकी प्रवृत्ति को मैं नहीं जानता। मैं संन्यास और त्याग के तत्त्व को पृथक्-पृथक् जानना चाहता हूँ।''

महाभारत का 'भीष्म-युधिष्ठिर-संवाद' भी उत्तम कोटि का साक्षात्कार माना गया है। युधिष्ठिर ने भीष्म से जो प्रश्न किया, वह अधोलिखित रूप में इस प्रकार है—''जिसकी देह और धन-सम्पत्ति क्षीण हो गई हो, जो आलसी तथा अत्यन्त कष्ट में हो, उस राजा को अपने संकट से मुक्त होने के लिए क्या करना चाहिए? संकटकाल उपस्थित होने पर ब्राह्मण को किस वृत्ति से जीवन-निर्वाह करना चाहिए? किसका धन लें? किसका धन न लें? शक्तिशाली शत्रुओं से घिरे राजा को क्या करना चाहिए?''[1]

(5) हिन्दी का पहला साक्षात्कार आखिर कौन?

हिन्दी के कई अन्य प्रश्नों की तरह ''हिन्दी का पहला साक्षात्कार कौन?'' का सवाल आज भी अपने उत्तर की तलाश में फलकजद हो गया है। यह सवाल, साक्षात्कार की उम्र लगभग सौ साला होने के बाद भी संभ्रम की जलकुम्भी में उलझा हुआ है। इस सम्बन्ध में कई तरह के मत सामने आते हैं। कुछ तर्क धरातल वाले तो कुछ तर्कहीन। अपने-अपने तर्क, अपने-अपने निष्कर्ष। बहरहाल, इस दिशा में कुल तीन मत

1. जनसंचार की विधा : साक्षात्कार—डॉ. विष्णु पंकज, पृ. 81

सामने आते हैं। हिन्दी में साक्षात्कार के प्रवर्त्तन का श्रेय कुछ लोग बनारसीदास चतुर्वेदी को देते हैं, वहीं कुछ लोग डॉ. पद्म सिंह शर्मा 'कमलेश' को तो कुछ लोग हिन्दी की सुप्रसिद्ध कहानी 'उसने कहा था' के कहानीकार श्री चन्द्रधर शर्मा गुलेरी को हिन्दी का प्रथम साक्षात्कार विधा की बुनियाद डालनेवाला मानते हैं।

हिन्दी के रस-मर्मज्ञ और समीक्षक डॉ. नगेन्द्र तथा प्रख्यात विद्वान् डॉ. विश्वनाथ शुक्ल ने बनारसीदास चतुर्वेदी को हिन्दी-साक्षात्कार विधा का प्रथम प्रवर्त्तक माना है। इन लोगों ने सन् 1931ई. में 'विशाल भारत' के सितम्बर में छपी, उनकी 'रत्नाकर जी से बातचीत' को हिन्दी का प्रथम साक्षात्कार माना है। इधर, डॉ. पद्म सिंह शर्मा 'कमलेश' को हिन्दी का पहला साक्षात्कारकर्त्ता मानने वालों में श्री क्षेमचन्द्र सुमन तथा डॉ. रामगोपाल सिंह चौहान हैं। सन् 1952 ई. में डॉ. पद्म सिंह शर्मा 'कमलेश' का साक्षात्कार से सम्बन्धित एक संग्रह छपा था, नाम था—'मैं इनसे मिला'। यह कृति दो भागों में प्रकाशित हुई थी। उक्त विद्वान् द्वय ने इसी आधार पर डॉ. कमलेश को हिन्दी साक्षात्कार का प्रथम सूत्रपात करनेवाला माना था।

पर, डॉ. विष्णु पंकज ने उक्त विचारों से भिन्नता व्यक्त करते हुए पं. चन्द्रधर शर्मा गुलेरी को हिन्दी साक्षात्कार विधा का पहला प्रतिष्ठापक माना है। अभीचन्द सफा पहले मैंने बताया है कि डॉ. विष्णु पंकज ने हिन्दी की साक्षात्कार विधा पर 'हिन्दी इंटरव्यू : उद्‌भव और विकास' शीर्षक से गम्भीर शोध कार्य किया है। डॉ. आलोक रस्तोगी ने उनकी पुस्तक के बारे में लिखा है,—"यद्यपि इंटरव्यू की यह विधा पिछले तीस वर्षों से अधिक प्रभावी रूप में प्रचलित हुई है, तथापि भारतवर्ष में इसका अस्तित्व काफी पहले से है। हिन्दी साहित्य के इतिहासों में इसे अभी तक मान्यता नहीं मिल पाई। इस विधा में पहला शोध कार्य डॉ. विष्णु पंकज ने सन् 1974-76 में करके पी.एच.डी की उपाधि प्राप्त की।[1] अपने उक्त शोधपरक ग्रन्थ में डॉ. विष्णु पंकज ने 'उसने कहा था' प्रसिद्ध कहानी के कहानीकार पं. चन्द्रधर शर्मा गुलेरी को हिन्दी में साक्षात्कार-विधा का प्रवर्त्तक सिद्ध किया है तथा मासिक 'समालोचक के सितम्बर, 1905 के अंक में प्रकाशित 'संगीत की धुन : एक संवाद' को हिन्दी का पहला साक्षात्कार माना है। गुलेरी जी ने इसमें महान् संगीतज्ञ पं. विष्णु दिगम्बर पलुस्कर से लिया साक्षात्कार प्रस्तुत किया है। गुलेरी जी 'समालोचक' के अघोषित सम्पादक भी थे। यद्यपि इनसे भी पूर्व में राधाचरण गोस्वामी ने भारतेन्दु हरिश्चन्द्र से साक्षात्कार कर उनसे अनेक साहित्यिक प्रश्न किए थे, परन्तु इस वार्त्तालाप को वे साहित्यिक ढंग से लिखकर नहीं रख सके थे। इस प्रकार हिन्दी में पहला साक्षात्कार, गुलेरी जी द्वारा पलुस्कर जी का लिया हुआ, माना जाना चाहिए। इस विधा के प्रवर्त्तक गुलेरी जी थे, बनारसी दास जी या कमलेश जी नहीं। यद्यपि ये दोनों प्रमुख साक्षात्कारकर्त्ता के रूप में प्रतिष्ठित हैं।"[2]

(6) हिन्दी साक्षात्कार साहित्य का विकास

शिल्प, कथ्य और प्रयोगधर्मिता के सुन्दर संगम की दृष्टि से साक्षात्कार सम्प्रति विश्व के अधिकांश देशों के साहित्य में हस्तक्षेपकारी विधा सिद्ध हुई है। अखबारों, पत्रिकाओं, पत्रों तथा इलेक्ट्रॉनिक मीडिया में इस समय प्रकाशित हो रहे साक्षात्कारों से इसकी वैश्विक हैसियत और खाका का पता चलता है। कहीं, इसमें समकालीन जीवन संघर्ष का बयान हुआ है, कहीं समाज व्यवस्था की विद्रूपताओं पर व्यंग्य-प्रहार हुआ है तो कहीं अजस्र करुणा का संचार भी हुआ है। कुल मिलाकर विवरण-विस्तार और अनेक प्रसंगों के छूते फ़लक इसमें कहीं ऊब या नीरसता पैदा होने नहीं देते बल्कि कलात्मक और कथ्यात्मक दृष्टि से अपनी खूबसूरत सघन बुनावट तथा आकर्षक भाषा-फलक ने इसके भूगोल का विस्तार ही किया है। इस तरह व्यक्ति के अन्तर्मन के साथ-साथ उसके सम्पूर्ण परिवेश और युग की स्वाभाविक अभिव्यक्ति के लिए इंटरव्यू विधा सर्वाधिक लोकप्रिय हुई। व्यक्ति की महत्ता की स्वीकृति के साथ पश्चिमी देशों में इंटरव्यू विधा का उद्‌भव हुआ। पाश्चात्य साहित्य के सम्पर्क और प्रभाव के कारण यह विधा हिन्दी बंगला, मराठी, तमिल, तेलुगु, कन्नड़ आदि भारतीय भाषाओं में प्रचलित हुई।[3]

1. हिन्दी साहित्य का इतिहास (द्वितीय खंड)—डॉ. आलोक रस्तोगी, पृ. 303
2. जनसंचार की विधा 'साक्षात्कार'—डॉ. विष्णु पंकज, पृ. 83
3. नवीन गद्य-चयनिका-सम्पादक—डॉ. श्रीमती सरोज सिंह, पृ. 29, लोकभारती प्रकाशन, इलाहाबाद सन् 2002 ई.

हिन्दी साक्षात्कार विधा में रुचि रखनेवाले अधिकांश पाठक हिन्दी साक्षात्कार विधा के प्रथम पुरस्कर्त्ता और कलमकार होने का गौरव भी बनारसीदास चतुर्वेदी को देते हैं। तत्कालीन सुप्रसिद्ध पत्रिका 'विशाल भारत' में सन् 1931 ई. के अन्त में श्री चतुर्वेदी का साक्षात्कार 'रत्नाकर जी से बातचीत' प्रकाशित हुआ था। इसे ही कुछ लोग हिन्दी का पहला साक्षात्कार मानते हैं। इन कुछ लोगों में डॉ. नगेन्द्र तथा डॉ. विश्वनाथ शुक्ल मुख्य हैं, किन्तु साक्षात्कार विधा पर पृथक् और महत्त्वपूर्ण शोध करने का दावा करनेवाले डॉ. विष्णु पंकज श्री चतुर्वेदी को हिन्दी का प्रथम साक्षात्कारकर्त्ता नहीं मानते। उनका कहना है कि श्री चतुर्वेदी का साक्षात्कार 'रत्नाकर जी से बाचतीत' वस्तुतः इंटरव्यू न होकर संस्मरण, रेखाचित्र और निबन्ध का मिला-जुला रूप है।[1] यद्यपि पं. बनारसीदास चतुर्वेदी ने सन् 1920 से ही साक्षात्कार लेने शुरू कर दिए थे। उन्होंने आरम्भ में अंग्रेजी में तथा बाद में हिन्दी में भी साक्षात्कार लिए। उनका एक साक्षात्कार 'प्रेमचन्द जी के साथ दो दिन' विशाल भारत के जनवरी, 1932 के अंक में प्रकाशित हुआ था। उन्होंने महात्मा गांधी, रवीन्द्रनाथ ठाकुर, जवाहरलाल नेहरू, मुंशी प्रेमचन्द, महावीर प्रसाद द्विवेदी, रोम्याँ रोला, दीनबन्धु एंड्र्यूज, पर्ल बक, रामानन्द बाबू, लुई फिशर, गोर्की की प्रथम पत्नी, वारान्निकोव तथा अज्ञेय आदि के साक्षात्कार भी लिये। सन्त निहाल सिंह ने भी कुछ विशिष्ट व्यक्तियों के साक्षात्कार लिये। जी.पी. श्रीवास्तव की पुस्तकों—'मर्दानी औरत' (1920) तथा 'भइया अकिल बहादुर' (1939) में दो काल्पनिक और तीव्र व्यंग्यात्मक साक्षात्कार पाये जाते हैं। इनमें पक्षपाती समालोचकों और लिफाफिया सम्पादकों आदि की अच्छी खबर ली गई है।[2]

सन् 1933 का वर्ष हिन्दी साहित्य और पत्रकारिता के खाते में भाग्यशाली रहा। इस साल कई साक्षात्कार अपने-अपने क्षेत्र की नामी-गिरामी हस्तियों और फर्दों से लिये गए। नवम्बर के महीने में श्री रामवर्मा का एक साक्षात्कार अपने समय की ख्यातनाम पत्रिका 'विशाल भारत' में छपा। इसी क्रम में उन्होंने देशी-विदेशी कई प्रतिष्ठित लोगों यथा—महात्मा गांधी, महावीर प्रसाद द्विवेदी, रवीन्द्रनाथ ठाकुर, आचार्य पद्मसिंह शर्मा तथा क्षितिमोहन सेन के साथ-साथ अनेक विदेशी लोगों जैसे—एम.पी. फोर्ड, सर-स्टे फोर्ड क्रिप्स, पर्लवक, लॉर्ड पैथिक लारेंस तथा जर्मनी विद्वान् लैंडेल के भी साक्षात्कार लिये। इसी वर्ष अर्थात् 1933 में ही सुप्रसिद्ध कथाकार मुंशी प्रेमचन्द ने अपने समय की शोहरत प्राप्त कहानीकार उषा देवी मित्रा का साक्षात्कार पत्र के माध्यम से लिया था। धीरे-धीरे हिन्दी साहित्य में साक्षात्कार लेखन के प्रति लोगों की रुचि बढ़ती गई। धीरे-धीरे सिलसिला आगे बढ़ा तो सन् 1938 में डॉ. प्रभाकर माचवे की एक पुस्तक उपन्यासकार जैनेन्द्र से सम्बन्धित साक्षात्कारों की आयीं। नाम था—'जैनेन्द्र के विचार'। इतना ही नहीं, जैनेन्द्र के साथ-साथ माचवे जी ने सन् 1939 ई. में आलोचक प्रवर आचार्य रामचन्द्र शुक्ल का भी साक्षात्कार लिया था, जिसका प्रकाशन जानी-मानी पत्रिका 'वीणा' में अक्टूबर सन् 1939 ई. में हुआ। सन् 1941 के मार्च-अप्रैल में 'साधना' (सम्पादक-डॉ. सत्येन्द्र) का विशेषांक निकला, जिसमें अनेक प्रतिष्ठित साहित्याकरों के इंटरव्यू प्रकाशित हुए। इंटरव्यू विधा के विकास में 'साधना' पत्रिका के इस अंक का विशेष स्थान है। इसके बाद दूसरी पत्रिकाओं में भी अनेक महापुरुषों और साहित्यकारों के इंटरव्यू समय-समय पर प्रकाशित हुए। पुस्तक रूप में पहला प्रयास बेनीमाधव शर्मा द्वारा प्रस्तुत 'कवि दर्शन' है।[3] कविदर्शन में हरिऔध जी, आचार्य रामचन्द्र शुक्ल, श्यामसुन्दर दास और मैथिलीशरण गुप्त आदि रचनाकारों के इंटरव्यू सम्मिलित हैं।

हिन्दी एकांकियों पर प्रामाणिक काम करनेवाले डॉ. रामचरण महेन्द्र का एक साक्षात्कार सन् 1947 ई. में 'हिमालय' नाम की पत्रिका में छपा। यह साक्षात्कार उन्होंने श्री हरिभाऊ उपाध्याय से लिया था। कालान्तर में उन्होंने निराला, रामकुमार वर्मा, चतुरसेन शास्त्री तथा उपेन्द्रनाथ अश्क से भी लिया। सन् 1947 ई. में हंस में भारतभूषण अग्रवाल का अज्ञेय से सम्बन्धित साक्षात्कार छपा। सन् 1947 में ही दिसम्बर के हंस में एक साक्षात्कार पुनः प्रकाशित हुआ। यह साक्षात्कार बाद में काफी चर्चित हुआ। यह साक्षात्कार

---

1. जन संचार की विधा साक्षात्कार—डॉ. विष्णु पंकज, पृ. 87
2. जनसंचार की विधा साक्षात्कार—डॉ. विष्णु पंकज, पृ. 87
3. नवीन गद्य चयनिका-सम्पादक—डॉ. श्रीमती सरोज सिंह, पृ. 29

था नरोत्तम नागर द्वारा लिया गया निराला का 'अपने ही घर में सरस्वती का अपमान'। इधर, 'नई धारा' में तो 'हम इनसे मिले' एक स्थायी स्तम्भ ही आरम्भ कर दिया गया था, जिसमें समय-समय पर अनेक महत्त्वपूर्ण साक्षात्कार प्रकाशित हुए। इनमें 'राष्ट्रपति डॉ. राजेन्द्र प्रसाद' (डॉ. महेश नारायण), 'जैनेन्द्र जी के साथ कुछ क्षण' (नन्द कुमार कोहली) आदि उल्लेखनीय हैं। डॉ. रामकुमार वर्मा ने सन् 1950 तथा 1953 में निराला जी से साहित्यिक नोंक-झोंक भी की थी, जो कैलाश कल्पित के साक्षात्कार-संग्रह 'साहित्य के साथी' (1957) में प्रकाशित हुई।[1]

साक्षात्कार विधा के जानकारों का कहना है कि इंटरव्यू विधा का सर्वाधिक लोकप्रिय ग्रन्थ डॉ. पद्मसिंह शर्मा, 'कमलेश' द्वारा लिखित 'मैं इनसे मिला' है। दो भागों में प्रकाशित इस पुस्तक का पहला भाग सन् 1952 में प्रकाशित हुआ। भूमिका में अत्यन्त विस्तार के साथ इंटरव्यू लेखन की आवश्यकता तथा उसके महत्त्व पर विचार किया गया है। इस ग्रन्थ में कुल 22 साहित्यकारों के इंटरव्यू छपे। 'मैं इनसे मिला' शीर्षक ग्रन्थ के दो खंड इंटरव्यू-विधा के विकास के परिचायक हैं। रामधारीसिंह दिनकर की पुस्तक 'वट पीपल' महत्त्वपूर्ण है। इसमें संस्मरण, रेखाचित्र और इंटरव्यू का सम्मिलित रूप प्रस्तुत है। इसी प्रकार देवेन्द्र सत्यार्थी की पुस्तक 'कला के हस्ताक्षर' इंटरव्यू है, किन्तु स्वयं लेखक ने इसे रेखाचित्र माना है। सन् 1960 के आसपास कई काल्पनिक इंटरव्यू भी प्रकाशित हुए। इस प्रकार के इंटरव्यू में स्वर्गीय विशिष्ट व्यक्तियों के कृतित्व से सम्बन्धित प्रश्नों को उठाया गया है, लेखक ने स्वयं अपना दृष्टिकोण उत्तर के रूप में प्रस्तुत किया है। इस विधा में विष्णु प्रभाकर, शिवदान सिंह चौहान, कैलाश कल्पित आदि ने भी उल्लेखनीय कार्य किया है। डॉ. शिवप्रसाद सिंह द्वारा लिया गया डॉ. हजारी प्रसाद द्विवेदी का इंटरव्यू परम्परित शैली से अलग हटकर है।[2]

श्री कैलाश कल्पित ने भी डॉ. कमलेश की परम्परा को आगे बढ़ाया। उनके साक्षात्कार-संग्रह 'साहित्य के साथी'। (1957), 'साहित्य साधिकाएँ' (1962), व 'साहित्यकारों के संग' (1987) शीर्षक से छपे हैं। 1955 में श्री राजेन्द्र यादव ने एक काल्पनिक साक्षात्कार 'एण्टन चैखवः एक इंटरव्यू' पुस्तक रूप में छपाया। सन् 1962 में विश्व का सबसे बड़ा साक्षात्कार 'समय और हम', डिमाई आकार के 648 पृष्ठों में प्रकाशित हुआ, जिसे श्री वीरेन्द्र गुप्त ने श्री जैनेन्द्र से लिया था। 'हिन्दी कहानियाँ और फैशन' (1964) में श्री उपेन्द्रनाथ अश्क का साक्षात्कार है, जिसे डॉ. सुरेन्द्र सिन्हा ने लिया है। 'प्रस्तुत प्रश्न' में श्री हरदयाल सिंह मौजी, श्री गजानन पोतेदार व डॉ. प्रभाकर माचवे ने जैनेन्द्र जी से साक्षात्कार लिये हैं। श्री शरद देवड़ा ने अपनी एक पुस्तक में 'अनेक लेखिकाओं से काल्पनिक साक्षात्कार लिये हैं। श्रीविष्णु प्रभाकर तथा यशपाल जैन की पुस्तकों में उनके द्वारा लिए गए अनेक देशी-विदेशी व्यक्तियों के साक्षात्कार हैं। प्रमुख साक्षात्कारकर्त्ता डॉ. रणवीर रांग्रा के साक्षात्कार-संग्रह 'सृजन की मनोभूमि' (1968) व 'साहित्यिक साक्षात्कार' (1978) शीर्षक से छपे हैं। श्री कन्हैयालाल मिश्र प्रभाकर व श्री अक्षय कुमार जैन भी एक प्रमुख साक्षात्कारकर्त्ता माने जाते हैं। श्री जैन के साक्षात्कार उनकी पुस्तकों 'याद रहीं मुलाकातें', 'शिखरों की छाँह में' आदि में छपे हैं। श्री गोपाल प्रसाद व्यास की पुस्तक 'हलो-हलो' में काल्पनिक हास्य-व्यंग्यात्मक साक्षात्कार हैं। सातवें दशक में साधारण व निम्न समझे जानेवाले पात्रों से साक्षात्कार लेने की एक विशेष लहर चली और अनेक साक्षात्कारकर्त्ताओं ने इस प्रकार के साक्षात्कार प्रस्तुत किए। श्री रामावतार ने प्रसिद्ध कथाकार जैनेन्द्र जी का एक बड़ा साक्षात्कार। (578 पृ.) 'समय, समस्या और सिद्धान्त' शीर्षक से प्रस्तुत किया था। स्व.श्री विष्णुकान्त शास्त्री का साक्षात्कार संग्रह 'बांग्लादेश' के सन्दर्भ में भी उल्लेखनीय है। श्री सतीश कुमार ने भी पैदल विश्व भ्रमण किया और विश्व के अनेक प्रमुख व्यक्तियों के साक्षात्कार लिए जो, 'आदमी दर आदमी' (1974) तथा 'बातचीत' (1975) शीर्षक से पुस्तक रूप में छपे हैं। अन्य उल्लेखनीय साक्षात्कार-संग्रहों में 'शार्टकट की संस्कृति' (केशव चन्द्र वर्मा), 'अन्तरंग' (1981) श्री कन्हैया लाल नन्दन, 'अवरोध', (अज्ञेय), 'सोच-समझ' (1985) श्री कान्त जोशी, 'चिरस्मरणीय भेंटवार्त्ताएँ (सं. विष्णु पंकज)', 'कथन-उपन्यास' (महेश दर्पण), 'मैं इनसे

1. जनसंचार की विधा साक्षात्कार—डॉ. विष्णु पंकज, पृ. 88
2. नवीन गद्य-चयनिका-सं. डॉ. श्रीमती सरोज सिंह, पृ. 29

मिली' (आशारानी वोहरा), 'परिप्रश्न' (अश्विनी), 'जिज्ञासाएँ मेरी : समाधान बच्चन के' (डॉ. कमल किशोर गोयनका), 'साक्षात्कार' (कर्ण सिंह चौहान) उल्लेखनीय है। डॉ. गोयनका ने मारीशस के साहित्यकार श्री अभिमन्यु अनत का साक्षात्कार लिया है, जो छप चुका है। इसी तरह श्री राजेन्द्र परदेशी का भी साक्षात्कार-संग्रह शीघ्र ही छपकर आया है।[1]

सन् 1991 ई. में सुप्रसिद्ध लेखिका पद्मा सचदेव के दो साक्षात्कार संग्रह 'मितवाघर' तथा 'दीवानखाना' प्रकाशित हुए। सन् 1992 में डॉ. माजदा असद का साक्षात्कार संग्रह 'इंटरव्यू का प्रकाशन हुआ। सन् 1993 में श्री अक्षय कुमार जैन का साक्षात्कार 'नवभारत टाइम्स' में प्रकाशित हुआ। सन् 1993 में ही 'आजकल' के सितम्बर महीने में शमशेर बहादुर सिंह का साक्षात्कार छपा। इंटरव्यू साहित्य के विकास में विभिन्न **पत्र-पत्रिकाओं** का विशेष योगदान रहा है। 'सारिका' पत्रिका के अधिकांश अंकों में शैली-शिल्प में नया प्रयोग करते हुए अनेक महत्त्वपूर्ण साहित्यकारों का इंटरव्यू प्रकाशित हो चुका है। 'नई धारा' के साथ 'धर्मयुग' में भी कुछ व्यक्तियों के इंटरव्यू प्रकाशित हो चुके हैं। नये इंटरव्यू लेखकों में मनोहर श्यामजोशी, निर्मलवर्मा, केशवचन्द्र वर्मा, सुदर्शन चोपड़ा, अरुणेश नीरन, डॉ. विश्वनाथ प्रसाद के नाम विशेष, उल्लेखनीय हैं। वस्तुतः मनोहरश्याम जोशी ने 'सारिका' के लिए कुछ साधारण परिवारों के इंटरव्यू लिए थे। उनका यह प्रयास परम्परा से हटकर इंटरव्यू साहित्य को एक विस्तृत आयाम प्रस्तुत करता है। अरुणेश नीरन ने 'ज्ञानोदय', 'सारिका' तथा 'साप्ताहिक हिन्दुस्तान' आदि पत्रिकाओं में अनेक इंटरव्यू लिखे। डॉ. विश्वनाथ प्रसाद तिवारी ने 'ज्ञानोदय' पत्रिका में आचार्य हजारीप्रसाद द्विवेदी और सेठगोविन्द दास के इंटरव्यू लिये थे, जो बहुत चर्चित हुए थे। डॉ. विश्वनाथ प्रसाद का महादेवी वर्मा का लिया गया इंटरव्यू भी काफी चर्चित रहा है।

इस तरह कुल मिलाकर यह कि सम्प्रति साक्षात्कार प्रकाशन की प्रक्रिया अब भी सतत् जारी है। पुस्तकाकार रूप में, पत्र-पत्रिकाओं के माध्यम से साक्षात्कार विधा का विकास, विकास के पथ पर अजस्त्र अग्रसर है। वर्तमान समय में एक सशक्त गद्य-विधा के रूप में साक्षात्कार स्थापित भी हो चुका है।

(7) साक्षात्कार लेना और देना एक वैज्ञानिक कला है

साक्षात्कार की प्राणवान, जीवन्त और चित्ताकर्षक प्रस्तुति अपने आप में कला है। दरअसल, प्रस्तुति का हुनर और कौशल ही कला की कशिश और आकर्षण होता है। पर, प्रस्तुति से पहले साक्षात्कार लेने और देने की तरकीब उसे कलात्मकता का रूप देती है। डॉ. चन्द्रभान रावत लिखते हैं कि इंटरव्यू लेना भी एक कला है, इसमें बड़े कौशल की आवश्यकता होती है। आप प्रश्न पूछें और उत्तरदाता आपको इधर-उधर ही भटकाता रहे और किसी प्रश्न का उत्तर ठीक से न दे। वस्तुतः किसी व्यक्ति से उसके जीवन की बातें निकलवा लेना एक कला है, इसके लिए पहली आवश्यकता इस बात की है कि इंटरव्यूकार अपने मन से उक्त व्यक्ति से सम्बन्धित सभी पूर्वाग्रहों को निकाल दे, यह साफ स्लेट लेकर उसके पास पहुँचे तभी सत्य स्वरूप उस पर अंकित हो सकेगा। दूसरी आवश्यकता यह है कि वह उस लक्ष्य व्यक्ति का विश्वासपात्र बन जाए, बिना उसका विश्वासपात्र हुए वह सारी बातें उससे नहीं कहलवा सकता...। तीसरी आवश्यकता इस बात की है कि इंटरव्यू मित्र-शत्रु भाव से न लिया जाए।[2] इधर, प्रसिद्ध विद्वान के.पी. नारायण[3] कहते हैं कि जिस व्यक्ति से आप को साक्षात्कार करना हो, उस व्यक्ति के बारे में गहराई से आप अध्ययन करें एवं उससे सम्बन्धित व्यक्तियों से मिलकर जानकारी प्राप्तकर लें। तत्पश्चात् सम्बन्धित विषय पर अच्छी जानकारी प्राप्त करें। इतनी तैयारी करने के बाद आप प्रश्नों की सूची तैयार कर लें। अगर सम्भव हो तब साक्षात्कार देनेवाले व्यक्ति से भी उक्त प्रश्नों पर विचार-विमर्श कर लें, ताकि इनके जवाब देने के लिए पहले से ही मानसिक रूप से तैयार रह सकें। अति विशिष्ट लोगों से साक्षात्कार लेने के लिए पत्रकार को ज्यादा सावधानी रखनी पड़ती है। उनके सम्मान एवं प्रतिष्ठा को देखते हुए प्रश्नों

1. हिन्दी-पत्रकारिता : एक परिचय-श्री सुरेन्द्र बीनू सिन्हा, डॉ. आशीष कुमार मैसी, पृ. 71-72 से साभार
2. इंटरव्यू : एक कला—डॉ. चन्द्रभान रावत, पृ. 9, साहित्य सन्देश, जनवरी-1950
3. पत्रकारिता जगत्—अशोक प्रियदर्शी, पृ. 24

को तैयार किया जाता है। साक्षात्कार लेते समय सम्मान भरे शब्दों से सम्बोधित किया जाता है। ऐसा भी सोचना साक्षात्कारकर्त्ता के लिए उचित नहीं कि वह सामने बैठे प्रतिष्ठित व्यक्ति से अपने को छोटा समझने लगे।[1] दरअसल, समाचार संकलन में साक्षात्कार का महत्त्वपूर्ण स्थान है। पत्रकारिता की यह भी एक कलापूर्ण विधा है। भेंटवार्त्ताएँ समाचार के महत्त्वपूर्ण स्रोतों में से होती हैं। इनसे मिली जानकारी गहन और सटीक होती है। साक्षात्कार लेना भी एक कला है।[2] इसे संजोकर लिखना भी एक कला है,—Writing an interview in an art. The straight question and answer technique in easy. It calls for no special effort on the part of the reporter, Such an interivew may provide the reader with most information, but it is, at best, two-dimensional."[3]

इस तरह यह हुआ कि साक्षात्कार लेना एक विशेष कला है। डॉ. सावित्री चड्ढा[4] भी कहती हैं कि इंटरव्यू लेना एक कला है और इस कला का पहला सिद्धान्त् है, जिसका इंटरव्यू लिया जाना है, उससे अच्छी जान-पहचान कर लें। यह सब आपको शुरू में चार-पाँच मिनटों में कर लेना चाहिए। उसके पश्चात् आप बिना किसी हिचकिचाहट के प्रश्न कर सकेंगे और आपको बिना संकोच के उन प्रश्नों का उत्तर भी मिलेगा। अगली बात यह कि किए जानेवाले प्रश्न ऐसे हों कि आप जो जानना चाहते हैं, उन बातों का उत्तर स्पष्ट और सही मायने में मिल जाए। अपने इंटरव्यू को इस तरह से खत्म करें कि ऐसा प्रतीत हो कि आप का विचार एक अच्छा लेख लिखने का है। यदि आप शिष्टतापूर्वक इंटरव्यू समाप्त करेंगे तो आपको सादर-सत्कार के साथ विदा किया जाएगा और जब कभी बाद में भी आप उन सज्जन से मिलना चाहेंगे तो आपको आसानी से समय मिल जाएगा। विदा होते समय यह जरूर कहिये कि आपको बहुत अच्छी सामग्री मिल गई है और उसके लिए आप उनके आभारी हैं। निष्कर्षतः यह कि सौम्य और आकर्षक व्यक्तित्व, साक्षात्कार-पात्र की संस्कृति के अनुकूल आचरण, परिधान, भाषा, वक्तृत्व-शक्ति श्रद्धा, जिज्ञासा, धैर्य, शिष्टता, मनोविज्ञान का ज्ञान, बात निकालने की कला, तटस्थवृत्ति, समय का ध्यान, लेखन-शक्ति, अच्छा श्रोता होना, वातावरण पर ध्यान देना, पूर्वाग्रह-रहित होना, अपनी विचारधारा दूसरों पर न लादना, बदलती हुई परिस्थितियों के अनुसार वार्त्ता में मोड़ देना आदि विशेषताओं में से जितनी अधिक साक्षात्कारकर्त्ता में होगी, वह उतना ही कुशल और सफल होगा। उसे साक्षात्कार विधा, उसकी तकनीक, साहित्य की अन्य विधाओं का ज्ञान, उनके अन्तर की जानकारी भी होनी चाहिए। एक कुशल साक्षात्कारकर्त्ता ही साक्षात्कार की कला का उपयोग और प्रदर्शन कर सकता है। ठीक इसी तरह साक्षात्कार देना भी एक कला है। हर आदमी एक अच्छा साक्षात्कार नहीं दे सकता। साक्षात्कार एक उपयोगी और महत्त्वपूर्ण विधा है। उसमें यदि नवीन और महत्त्वपूर्ण सामग्री नहीं आएगी, तो वह कोई अच्छा साक्षात्कार नहीं होगा। जिस प्रकार साक्षात्कारकर्त्ता में कुछ विशेषताएँ होनी चाहिए, उसमें बात निकालने की कला हो, उसी प्रकार साक्षात्कार पात्र में यदि अहंकार होगा, यदि वह भेंटकर्त्ता को सहयोग नहीं देगा, यदि उसका व्यवहार अच्छा नहीं होगा तो साक्षात्कार उपयोगी और अच्छा नहीं बन सकेगा।[5] इधर, डॉ. नन्द किशोर त्रिखा का कहना है कि[6] समालाप्य व्यक्ति ऐसा हो सकता है, जो स्वतः ही सारी जानकारी दे दे और ऐसा भी हो सकता है, जो मुँह खोलना ही नहीं चाहे। दोनों ही परिस्थितियों में भेटवार्त्ताकार या समालापक को बड़ा सतर्क, सयाना और विवेकी बनने की आवश्यकता होती है। यदि कोई व्यक्ति अपने आप बहुत-कुछ बताता है, तो सम्भव है, वह आपको अपने मुफ्त प्रचार का साधन बनाने की कोशिश कर रहा हो। ××× जो व्यक्ति कुछ नहीं बोलता और आपसे सहयोग करने को तैयार नहीं है, वह निश्चय ही आप से कुछ छिपाने की कोशिश में है। ऐसे व्यक्तियों से निपटना आसान नहीं होता। इन व्यक्तियों से खबर निकाल लेने में आपका व्यावसायिक चातुर्य काम में आता है।

1. सम्पादनकला—के.पी. नारायण, पृ. 223
2. पत्रकारिता : परिचय और विश्लेषण—डॉ. प्रीता व्यास, पृ. 122
3. Professional Journalism-M.V. Kamath, P. 150
4. हिन्दी पत्रकारिता : सिद्धान्त और स्वरूप—डॉ. सविता चड्ढा, पृ. 148
5. जन संचार की विधा : साक्षात्कार—डॉ. विष्णु पंकज, पृ. 46
6. समाचार संकलन और लेखन—डॉ. नन्द किशोर त्रिखा, पृ. 41

(8) साक्षात्कार का महत्त्व

पत्रकारिता में साक्षात्कार प्रणाली का सर्वाधिक महत्त्व होता है। पत्रकारिता के अन्य क्षेत्रों में साक्षात्कारदाता स्वयं अपने आप भी कुछ विशेष प्रकार की सूचना या जानकारी प्रदान करता है जो संवाद बनाने में सहायक होती है। पत्रकारिता के क्षेत्र में किसी प्रकार की अध्ययन-सामग्री के निरीक्षण और मत्स्यापन में भी साक्षात्कार की महत्त्वपूर्ण भूमिका होती है। साक्षात्कार को व्यावहारिक दृष्टि से एक प्रकार की 'मौखिक प्रश्नावली' की भी संज्ञा दी जा सकती है। इसमें साक्षात्कारकर्त्ता साक्षात्कारदाता से आमने-सामने मौखिक उत्तर प्राप्त करता है। अनुसन्धान के क्षेत्र में साक्षात्कार को एक सार्थक और श्रेष्ठ उपकरण माना जाता है। जो व्यक्ति किसी कारण से लिखित रूप से गुप्त सूचनाएँ नहीं देना चाहते, उनसे भी साक्षात्कार द्वारा सूचनाएँ प्राप्त हो जाती हैं। प्रश्नावली में कुछ प्रश्न प्रश्नकर्त्ता से भी छूट सकते हैं और लिखित उत्तरदाता भी प्रश्नों की उपेक्षा कर सकता है। कभी-कभी प्रश्न का समुचित उत्तर भी नहीं मिल पाता। इस प्रकार की कमियाँ साक्षात्कार में नहीं होतीं, साक्षात्कारकर्त्ता अपने उद्देश्य को समझाकर मूल सूचनाएँ प्राप्त कर सकता है और आवश्यकतानुसार पूरक प्रश्न भी कर सकता है। इससे किसी एक ही प्रश्न के विभिन्न अवस्थाओं में उत्तर प्राप्त करके उसकी विश्वसनीयता ज्ञात की जा सकती है। साक्षात्कार से अनुसन्धानकर्त्ता अशिक्षितों बच्चों, अल्प बुद्धिवालों अथवा भाषा को कम समझनेवालों से भी अपने अपेक्षित उत्तर प्राप्त कर सकते हैं। इसीलिए अनुसन्धानकर्त्ता पत्रकार यह जानना चाहता है कि किसी स्थिति, समस्या, घटना अथवा तटस्थ के सम्बन्ध में लोग क्या अनुभव करते हैं, क्या स्मरण करते हैं, उनके उद्वेग, प्रेरणाएँ और क्रियाएँ-प्रतिक्रियाएँ क्या हैं—तो उनका साक्षात्कार करके ही ज्ञात किया जा सकता है।[1] इधर, डॉ. अर्जुन तिवारी का विचार है कि[2] प्रकाशनोपयोगी तथ्यों को प्राप्त करने की कला ही साक्षात्कार है। साक्षात्कार और सम्पर्क से समाचार की विशद जानकारी प्राप्त की जाती है। देखा जाता है कि सरकारी, सार्वजनिक घोषणाएँ, विज्ञप्तियाँ तथा मंचीय भाषणों द्वारा प्रायः एकपक्षीय तत्त्वों को प्रस्तुत किया जाता है। साक्षात्कार द्वारा पत्रकार समाचारों से सम्बद्ध अधिकारी से पक्ष-विपक्ष, गुण-दोषों एवं जनमत के प्रभाव की ठोस बातें ज्ञात करता है, "Interview : a meeting between journalist or radio or T.V. broadcaster and a notable person to discuss the latter's views."[3] सच तो यह है कि आजकल संचार माध्यमों के बदलते स्वरूप, देश एवं विदेश की आर्थिक, राजनैतिक परिस्थितियाँ, विघटित होते मानवमूल्य, सत्य, ईमानदारी के बजाय कुर्सी की रक्षा के लिए की जानेवाली एकपक्षीय बयानबाजी के बीच से सम्बद्ध महत्त्वपूर्ण व्यक्तियों से साक्षात्कार कर सत्यान्वेषक तथ्यों की वस्तुस्थिति, समस्या या योजना के विविध आयामों का अनुसन्धान करता है और उसे विविध संचार माध्यमों से जनता तक पहुँचाता है ताकि जनता के बारे में लिये गए निर्णयों से जनता स्वयं भी समझ सके और उन विचारों-वक्तव्यों के प्रति अपनी सक्रिय भागीदारी कर सके। भेंटवार्ता, समालाप या साक्षात्कार द्वारा समाचार के 'क्यों' और 'कैसे' की गहरी जानकारी मिलती है, समाचार पूर्णता को प्राप्त होता रहे।[4]

कुल मिलाकर आधुनिक पत्रकारिता में साक्षात्कार या भेटवार्ता का काफी महत्त्व है।[5] इसकी लोकप्रियता आज शिखर पर है। समाचार-पत्रों में प्रतिदिन ऐसी रपटें छपती हैं, जो साक्षात्कार द्वारा प्राप्त की जाती हैं। आज पत्र-पत्रिकाएँ प्रसिद्ध व्यक्तियों या बिल्कुल अनजान व्यक्तियों का, जिन्होंने किसी विशेष क्षेत्र में सफलता प्राप्त की या कार्य किया हो, साक्षात्कार प्रकाशित करती रहती हैं। सच तो यह कि समाचारों की दुनिया में साक्षात्कार का अपना विशेष महत्त्व है। सामचारों को एकत्र करने में विभिन्न लोगों से साक्षात्कार करना पड़ता है। घटनास्थल को देखे बिना अच्छा साक्षात्कार बना पाना कठिन है। रेडियो, दूरदर्शन एवं प्रिन्ट मीडिया के लिए भी साक्षात्कार लिये जाते हैं। तीनों

1. राजर्षि टंडन मुक्त विश्वविद्यालय द्वारा सम्पादित 'समाचार-संकलन', पृ. 47
2. आधुनिक पत्रकारिता—डॉ. अर्जुन तिवारी, पृ. 44
3. Chamber's Dictionary. P.51
4. हिन्दी पत्रकारिता : स्वरूप एवं सन्दर्भ—डॉ. विनोद गोदरे, पृ. 98
5. हिन्दी पत्रकारिता : सिद्धान्त और स्वरूप—डॉ. सविता चड्ढा, पृ. 143

माध्यमों के लिए साक्षात्कार करने के तरीके थोड़े अन्तर के साथ लगभग समान ही होते हैं। साक्षात्कारकर्त्ता को प्रिन्ट मीडिया के लिए जितना सतर्क रहना पड़ता है, उससे ज्यादा सावधानी इलेक्ट्रॉनिक मीडिया के साक्षात्कारकर्त्ता को रखनी पड़ती है।[1]

(9) साक्षात्कार : तैयारियाँ तथा सावधानियाँ सम्बन्धी कुछ मुख्य दिशा-निर्देश

साक्षात्कार लेना और उसका प्रकाशन करना बहुत सरल कार्य नहीं है। दरअसल, यह कार्य बेहद बौद्धिक वर्जिश की दरकार रखता है। चूँकि साक्षात्कार कभी-कभी बहुत संवेदनशील मुद्‌दा बन जाता है, अतः यहाँ साक्षात्कार लेने और देनेवाले के बीच बहुत सन्तुलन साधना पड़ता है, यद्यपि साक्षात्कार लेने के लिए कोई कानूनी मानक नहीं है,—"No rules for a standard interview have yet been made. No script for a standard story has been written. The interview still offers the reporter his best chance at a story all his own"[2] बहरहाल, साक्षात्कार लेने से पहले क्या-क्या तैयारियाँ और सावधानियाँ बरतनी पड़ती हैं, उन पर संक्षेप में यहाँ प्रकाश डाला जा रहा है—

(1) साक्षात्कार यदि जनसम्पर्ककर्त्ता के द्वारा लिया जा रहा है तो पहले उसे अपना होमवर्क करना चाहिए। उसे इस प्रकार का बनाना होगा कि वह इंटरव्यू देनेवाले की पूरी-पूरी जानकारियों को एकत्र कर ले, उसके ज्ञान का परिसीमन कर ले। अच्छा यह होगा कि साक्षात्कार लेने के पूर्व प्रश्नों की एक सूची बना ली जाए, फिर सिलसिलेवार उससे प्रश्न पूछे जाएँ। यदि साक्षात्कार देनेवाले से कुछ परिचय हो तो उन्हें भी प्रश्न दिखा दिए जाएँ और उस पर चर्चा कर ली जाए, जिससे दोनों व्यक्ति पूर्व से ही तैयार हो जाएँगे। हो सकता है, कुछ प्रश्नों को इधर-उधर करना पड़े। यह भी हो सकता है, कि साक्षात्कार देनेवाला भी पूर्व से तैयार हो जाए। इससे साक्षात्कार बहुत उपयुक्त और प्रभावशाली बन जाएगा। जनसम्पर्ककर्त्ता को यह ध्यान में रखना चाहिए कि एक अच्छा साक्षात्कारकर्त्ता पक्षपातरहित होता है, उसे तर्क की नहीं, सत्य की खोज करनी चाहिए। साक्षात्कार का प्रारम्भ सरल, सुबोध और बोधगम्य शब्दों में करना चाहिए, फिर धीरे-धीरे तीखे और गम्भीर प्रश्नों की ओर बढ़ना चाहिए। उसका रूप आक्रामक न हो, यह ध्यान में रखना चाहिए।[3]

(2) अगली बात यह कि, पत्रकार कुशाग्रबुद्धि से सम्पन्न, हाजिर जवाब तथा व्यवहार कुशल होना चाहिए। उसमें, 'उड़ती चिड़िया' पहचानने की क्षमता होनी चाहिए। समालापक का कार्य कुछ इस तरह का औघड़ काम ही है। कभी-कभी समालाप्य विषय के बजाय स्वयं को ही भेंटवार्त्ता के केन्द्र में प्रतिष्ठित करने लगता है। कभी-कभी वह मूल विषय के बजाय इधर-उधर की बातों में भटक जाता है। कभी-कभी वह 'समस्या' के समाधान के बजाय अपने विपक्षियों पर ही प्रहार करने लगता है। कभी-कभी वह साक्षात्कार लेनेवाले को अपने समकक्ष नहीं समझता। उससे बातचीत करना उसे अपमान जनक लगता है। ऐसे अड़ियल समय पर भेंटवार्त्ताकार की व्यवहारकुशलता काम आती है। वह समालाप्य के असन्तोष को दूर करता है। वह विषय से भटके समालाप्य को फिर विषय पर ले आता है।[4]

(3) पहले तो साक्षात्कारदाता का चुनाव ही बहुत सावधानी से करना पड़ता है। प्रायः देखा जाता है कि किसी व्यक्ति को तुष्ट करने के लिए उसकी सतही बातें छाप दी जाती हैं। यह समाचार-पत्र और पाठक वर्ग दोनों के साथ अन्याय है। साक्षात्कार हमें ऐसे व्यक्ति का लेना चाहिए जिसे जीवन के किसी क्षेत्र में विशेषज्ञता हासिल हो एवं जिससे प्राप्त सूचनाओं का समाचार की दृष्टि से महत्त्व हो।[5]

1. पत्रकारिता जगत्—अशोक प्रियदर्शी, पृ. 24
2. History of press Laws and communication B.N. Ahuja P. 166
3. जनसम्पर्क : सिद्धान्त और व्यवहार—डॉ. सुशील त्रिवेदी तथा डॉ. शशिकान्त शुक्ल, पृ. 68
4. हिन्दी पत्रकारिता : स्वरूप और सन्दर्भ—डॉ. विनोद गोदरे, पृ. 99
5. हिन्दी पत्रकारिता का नया स्वरूप—श्री बच्चन सिंह, पृ. 89

(4) साक्षात्कार लेनेवाले को चाहिए कि वह आलतू-फालतू बात न कहकर सीधे विषय या मुख्य मुद्दे पर बात करे। इससे मूल्यवान समय की बचत होती है। साक्षात्कार लेते समय वातावरण मैत्रीपूर्ण होना चाहिए। सुलझा और विज्ञ पत्रकार धैर्यवान श्रोता भी होता है,—"Normally, an interviewer approaches the subject directly. This will save much of precious time. To help establish a friendly atmosphere and put on man at ease, it may be well at the start ××× A good journalist also a good and attentive listener, A meeting of eyes is a conversational art anywhere."[1]

(5) अन्त में कुल मिलाकर यह कि साक्षात्कार के पूर्व विषय-विशेष की पूरी तैयारी करें। साक्षात्कार के उपकरणों को पूरी तरह जाँच लें। प्रयोग में आनेवाले उपकरण टेप, उसकी बैटरी, माइक्रोफोन आदि की जाँच कर लें, टेस्ट रिकॉर्डिंग के साथ इंटरव्यू सेट करें। माइक्रोफोन को रिकॉर्डर के बहुत पास नहीं रखें। पूछे जानेवाले प्रश्नों को विषयगत रखते जाएँ। एक समय में केवल एक ही प्रश्न रखें। जहाँ तक हो सके, प्रश्न पूरी तरह याद रखें। उन्हें कंठस्थ कर लें। इस बात की पूरी तैयारी रखें कि प्रश्न अचानक भी पूछे जा सकते हैं। इसलिए पूरा आत्म विश्वास रखें।[2]

(10) साक्षात्कार के प्रकार

इंटरव्यू काल्पनिक और वास्तविक भी होते हैं। अतः स्वरूप के आधार पर इसके दो भेद किए गए हैं,—विषयनिष्ठ और व्यक्तिनिष्ठ। शैली के आधार पर इस विधा के कई भेद किए गए हैं,—विवरणात्मक, वर्णनात्मक, विचारात्मक, प्रभावात्मक, हास्य-व्यंग्यात्मक, भावात्मक, प्रश्नोत्तरात्मक। औपचारिकता के आधार पर इंटरव्यू के दो भेद किए गए हैं। औपचारिक और अनौपचारिक। सम्पर्क के आधार पर इसके प्रत्यक्ष भेटात्मक पत्र व्यवहार द्वारा, फोनवार्त्ता आदि भेद होते है। लघु और दीर्घ दो प्रकार के इंटरव्यू होते हैं। विषय के आधार पर साहित्यिक एवं साहित्येतर-दो तरह के इंटरव्यू होते हैं। प्रकाशन और प्रसारण के आधार पर प्रकाशित, प्रसारित तथा प्रदर्शित-तीन तरह के इंटरव्यू होते हैं।[3] श्री.बी.एन. आहूजा भी स्थूल रूप में इन्हें The Casual Interview, The Personality Interview, News Interview तथा Telephone Interview जैसी कुछ प्रमुख श्रेणियों में बाँटते हैं।[4] उधर, डॉ. सुरेन्द्र बीनू सिन्हा तथा डॉ. आशीष कुमार मैसी ने साक्षात्कार को इस प्रकार वर्गीकृत किया है,[5]

(1) स्वरूप के आधार पर—

(क) व्यक्तिनिष्ठ, (ख) विषयनिष्ठ

(2) शैली के आधार पर—

(क) विवरणात्मक (ख) वर्णनात्मक

(ग) विचारात्मक (घ) प्रभावात्मक

(च) हास्य-व्यंग्यात्मक (छ) भावात्मक

(ज) प्रश्नोत्तरात्मक

(3) औपचारिकता के आधार पर—

(क) औपचारिक (ख) अनौपचारिक

(4) सम्पर्क के आधार पर—

(क) प्रत्यक्ष भेंटात्मक (ख) पत्र-व्यवहार (पत्र इंटरव्यू)

(ग) फोनवार्त्ता (घ) काल्पनिक

(5) आकार के आधार पर—

(क) लघु (ख) दीर्घ

---

1. Journalism by Old and New Masters-Dr. Baldev Raj Gupta, P.64
2. जनसम्पर्क : सिद्धान्त और व्यवहार—डॉ. सुशील त्रिवेदी तथा डॉ. शशिकान्त शुक्ल, पृ. 68
3. पत्रकारिता—प्रशिक्षण—डॉ. शार्दूल विक्रम सिंह तथा डॉ. ऋचा कुमार, पृ. 73
4. History of Press Laws and Communications-B.N Ahuja, P.166.
5. हिन्दी पत्रकारिता : एक परिचय—डॉ. सुरेन्द्र बीनू सिन्हा तथा डॉ. आशीष कुमार मैसी, पृ. 63

(6) **विषय के आधार पर—**
(क) साहित्यिक
(ख) साहित्येत्तर

(7) **वार्त्ताकारों के आधार पर—**
(क) पत्र-पत्रिका प्रतिनिधि द्वारा
(ख) आकाशवाणी प्रतिनिधि द्वारा
(ग) दूरदर्शन प्रतिनिधि द्वारा
(घ) लेखकों द्वारा
(ङ) अन्य द्वारा

(8) **वार्त्ता-पात्रों के आधार पर—**
(क) विशिष्ट अथवा उच्चपात्रों
(ख) साधारण अथवा निम्न पात्रों के
(ग) आत्म साक्षात्कार

(9) **प्रस्तुति के आधार पर—**
(क) पत्र-पत्रिका में प्रकाशित
(ख) आकाशवाणी पर प्रकाशित
(ग) दूरदर्शन पर प्रदर्शित
(घ) प्रस्तुति के लिए प्रतीक्षारत

(10) **अन्य आधारों पर—**
(क) योजनाबद्ध
(ख) आकस्मिक
(ग) अन्य।

अब उक्त साक्षात्कारों में से कुछ प्रमुख के विषय में अधोलिखित रूप में इस प्रकार संक्षेप में जान सकते हैं,—

(क) कार्यों के आधार पर

(1) **कारक परीक्षक साक्षात्कार** (Dignostic Interviews)—इस तरह के साक्षात्कार किसी अति गम्भीर समस्या या घटना का खुलासा करने के मकसद से किए जाते हैं। इसका उद्देश्य समस्याओं के समाधान के लिए साक्षात्कार कर पहल करना है। इन समस्याओं में तालाबन्दी, हड़ताल, जलसा-जुलूस, बेरोजगारी आदि से सम्बन्धित विषय हो सकते हैं।

(2) **उपचार साक्षात्कार** (Treatment Interviews)—किसी समस्या के समाधान-निदान या उपचार के लिए लिया गया साक्षात्कार उपचार साक्षात्कार कहा जाता है। इसका प्रमुख उद्देश्य समस्या और उसके समाधान की टोह लेना होता है। समाज के हर वर्ग के प्रबुद्ध लोगों यथा—न्यायाधीश, शिक्षा शास्त्री, वित्त मामले से जुड़े लोग, समाजशास्त्री आदि से इस तरह के साक्षात्कार लिए जा सकते हैं।

(3) **अनुसन्धान साक्षात्कार** (Research Interviews)—अनुसन्धान या खोजपरक साक्षात्कार का लक्ष्य किसी घटना और उस घटना को जन्म देनेवाले कारणों की तलाश होता है। इस साक्षात्कार की एक विशेषता यह होती है कि इसमें पूछे जानेवाले प्रश्न पहले से ही निर्धारित कर लिए जाते हैं।

(ख) औपचारिकता के आधार पर

(4) **औपचारिक साक्षात्कार** (Formal Interviews)—इस प्रकार के साक्षात्कार को नियंत्रित-नियोजित, निर्देशित या व्यवस्थित साक्षात्कार भी कहा जाता है। वस्तुतः इस तरह के साक्षात्कार के तहत् साक्षात्कार लेने और देनेवाले के बीच कुछ नपे-तुले सवालों पर बात की जाती है। इसकी अपनी एक खासियत यह होती है कि साक्षात्कार में प्रश्न पूछने और उत्तर देनेवाले के बीच जिस भाषा-शैली का प्रयोग हुआ है, उसे हू-ब-हू प्रकाशन के लिए दे दिया जाता है। साफ शब्दों में,—इसमें किसी स्तर पर हेर-फेर नहीं किया जा सकता।

(5) **अनौपचारिक साक्षात्कार** (Informal Interviews)—यह साक्षात्कार औपचारिक साक्षात्कार का ठीक उलटा होता है। साक्षात्कार लेने-देने के सारे बन्धन यहाँ शिथिल होते हैं, उदाहरण

के लिए यहाँ साक्षात्कार लेते समय सवालों की तयशुदा सूची नहीं होती। सवालों का क्रम, उनका आकार-प्रकार घटाया-बढ़ाया जा सकता है। साक्षात्कार देने का लहजा कथा कहानी की तरह होता है। इसी में अपने मत-मुताबित बातों को उत्तर पानेवाला संग्रह कर लेता है।

(ग) भाग लेनेवालों की संख्या के आधार पर

(6) **व्यक्तिगत साक्षात्कार** (Personal Interviews)—नाम से ही स्पष्ट है, इस प्रकार का साक्षात्कार लेने के लिए किसी एक ही व्यक्ति से सम्पर्क साधा जाता है। बताते हैं, इस प्रकार के साक्षात्कार लेने में समय थोड़ा अधिक लगता है। दूसरी कमी यहाँ उत्तर लिखने तथा विश्लेषण करने में पक्षपात करने की सम्भावना बतायी जाती है,— "Personal observation combined with the asking of questions to secure details sufficient to develop a non fiction narrative account of a scene or an anecdote. The result is a factual writing that reads like a fiction."[1]

(7) **समूह साक्षात्कार (Group Interviews)**—समूह में लिए जानेवाले साक्षात्कार इसी कोटि में आते हैं। इस तरह के साक्षात्कार में भीड़ से पूछे गए सवालों के कोई ठोस, मुकम्मल उत्तर की उम्मीद नहीं की जा सकती। अधिक उत्तरदाता होने से किसी एक उत्तरदाता के निजी स्वभाव, दृष्टिकोण या विचारधारा का कुछ खास पता नहीं चल पाता। दरअसल, यह साक्षात्कार भीड़ के बीच विचार गोष्ठी बन जाता है। कभी-कभी इसके कई लाभ भी हो जाते हैं, जैसे—समय और पैसे की बचत के साथ-साथ एक स्थान विशेष पर एक ही साथ एक बड़ी जमात से परिचय हो जाता है।

(घ) अध्ययन पद्धति के आधार पर

(8) **अनिर्देशित साक्षात्कार** (Non-directive Interviews)—इस प्रकार के साक्षात्कार में साक्षात्कार लेने और देनेवाले के बीच स्वतंत्र संवाद होता है। इस प्रकार साक्षात्कार की प्रकृति अनौपचारिक या अनियंत्रित साक्षात्कार से मेल खाती है। यहाँ पहले से तयशुदा कोई प्रश्नावली या अनुसूची नहीं होती। साक्षात्कार देनेवाला यहाँ पूर्ण रूप से स्वतंत्र होता है और इसी बीच साक्षात्कार लेनेवाला अपनी जरूरत की बात टॉक लेता है,—"In non directive interview, the interviewer ask lots of questions, expecting and usually obtaining short answers. In non directive interview, the interviewer lets the respondent tell the story. Whatever can be remembered. At the end the interviewer may ask a few specific questions for expansion or clarifications".[2]

(9) **केन्द्रित साक्षात्कार** (Focused Interviews)—इस प्रकार का साक्षात्कार केन्द्रीकृत होता है। यह किसी व्यक्ति विशेष से लिया हुआ साक्षात्कार होता है। यहाँ सवालों के उत्तर नपी-तुली या सन्तुलित भाषा में दिए जाते हैं। साफ शब्दों में, उत्तर देने की अपनी एक सीमा होती है। विषयेत्तर उत्तर इसका सबसे बड़ा दोष माना जाता है। किसी विशिष्ट व्यक्ति के मन में व्याप्त या छिपी भावनाओं-धारणाओं का पता लगाने के लिए इस साक्षात्कार का इस्तेमाल किया जाता है। कई विद्वान् इसे साक्षात्कार की पथ-प्रदर्शिका (Interview-Guide) भी कहते हैं।

(10) **पुनरावृत्ति साक्षात्कार** (Repeated Interviews)—इस प्रकार के साक्षात्कार को बार-बार दोहराया जाता है। इससे यह ज्ञात किया जाता है कि कोई व्यवहार सामाजिक परिस्थिति या मनोवैज्ञानिक अथवा किन-किन कारकों, क्रियाओं और अभिव्यक्तियों से प्रभावित या उत्पन्न हुई है। इस प्रकार पाल लैजार्सफील्ड (Paul Lazarsfield) और उनके सहयोगियों ने यह पता लगाया था कि अमरीकी नागरिकों को राष्ट्रपति के चुनाव के सम्बन्ध में अपनी राय या अभिमत बनाने में महानता के रूप में उनका मस्तिष्क किन-किन स्थितियों से गुजरता है।[3]

1. Journalism By Old and New Masters-Dr. Baldev Raj Gupta. P.58
2. Journalism By Old and New Masters-Dr. Baldev Raj Gupta. P.57
3. राजर्षि टंडन मुक्त विश्वविद्यालय द्वारा सम्पादित समाचार-संकलन,—पृ. 47

(ङ) समयावधि के अनुसार

(11) अल्प सम्पर्क साक्षात्कार (Short Contact Interviews)—साक्षात्कार का यह लघु रूप होता है। इसे चलता-फिरता साक्षात्कार भी यह कहते हैं। साफ शब्दों में, इस तरह के साक्षात्कार में समय, स्थान आदि मुकर्रर नहीं होता, बल्कि रेलवे स्टेशन, बस अड्डा, होटल, कैफटेरिया, पान की दुकान, यात्रा आदि कुल मिलाकर रास्ते चलते इस तरह के साक्षात्कार का सम्पादन कर लिया लाता है। इसका सबसे बड़ा लाभ यह होता है कि कम पैसे, कम जुगाड़ में कभी-कभी महत्त्वपूर्ण हस्तियों या ज्ञानवृद्ध व्यक्तियों से यक-ब-यक गूढ़ या बहुत काम की उपयोगी सूचनाएँ प्राप्त हो जाती हैं। ये सूचनाएँ समाज-हित पोषक होती हैं।

(12) दीर्घ सम्पर्क साक्षात्कार (Prolonged Interviews)—इस प्रकार के साक्षात्कार में काफी समय लगता है। इसमें इत्मीनान से किसी गम्भीर समस्या, घटना या गूढ़ रहस्यों का उद्घाटन करने का प्रयास किया जाता है। स्पष्टतः यह कि यह लम्बा साक्षात्कार होता है। जटिल और अनसुलझी समस्याएँ इस साक्षात्कार का विषय बनती हैं। आर्थिक घोटाले अपराध, स्त्री-उत्पीड़न, आतंकवाद आदि लम्बे समय तक चलनेवाले विषय इसकी मूल जमीन होते हैं। समस्याओं का समाधान-निदान इस साक्षात्कार का मुख्य लक्ष्य होता है।

(11) साक्षात्कार तथा हिन्दी की कुछ प्रमुख विधाएँ—हिन्दी गद्य की नवीनतम-नव्यतम विधाओं में 'साक्षात्कार' एक नई ऊर्जावान और सशक्त विधा है। यह विधा भी कई अन्य विधाओं की तरह पश्चिम से आई है। हिन्दी में अब इसे सर्वथा स्वतंत्र पृथक् साहित्य-विधा के रूप में पहचान, हैसियत और इयत्ता मिल चुकी है। प्रिन्ट और इलेक्ट्रॉनिक मीडिया में निरन्तर चर्चा में रहनेवाला साक्षात्कार सम्प्रति हिन्दी की प्राणवान् और समृद्धवान् विधा का रूप अख्तियार कर चुका है। कुल मिलाकर आधुनिक युग में पत्र-पत्रिकाओं की वृद्धि के कारण साक्षात्कार का प्रचुर-पर्याप्त विकास हुआ है। इस युग में साक्षात्कार लेखन की विविध शैलियों के दर्शन होते हैं। इसका क्षेत्र अत्यन्त विशाल एवं विविधतापूर्ण है। संवेदनशीलता एवं मर्मस्पर्शिता के कारण आज यह विधा परवान पर है।

कभी साहित्य और पत्रकारिता के बीच घड़ी के पेण्डुलम की तरह झूल रही यह विधा परिचय और शिनाख्त की मुहताज थी, पर आज हिन्दी की निबन्ध, जीवनी, संस्मरण, आत्मकथा, नाटक, आलोचना, रेखाचित्र आदि सशक्त विधाओं के तत्त्व और उनकी गन्ध कमोवेश साक्षात्कार में सुगंधित होती रहती है तभी तो डॉ. विश्वनाथ तिवारी के अनुसार, "इंटरव्यू में संस्मरण और रेखाचित्र के तत्त्व घुल मिल जाते हैं। वास्तविक इंटरव्यू में तो ऐसा नितान्त स्वाभाविक है।"[1] इधर, एक अन्य विद्वान् डॉ. भगत सिंह का भी कहना है कि,—"जीवनी साहित्य का नवीनतम् रूप साक्षात्वार्त्ता (इंटरव्यू) है। जिस प्रकार 'संस्मरण' और 'डायरी' आत्मकथा के रूप हैं, उसी प्रकार जीवनी रूप के साथ इंटरव्यू का सीधा सम्बन्ध है। वस्तुतः इंटरव्यू, संस्मरण, रेखाचित्र, जीवनी और नाटकीय शैली का सम्मिश्रण है ××× संवादों के समावेश से इसमें नाटकीयता उभरने लगती है। नाटक के दो पात्रों के समान दोनों, अपने-अपने व्यक्तित्व, योग्यता आदि के अनुरूप वार्त्ता करते हैं। अतः जीवनी, आत्मकथा, संस्मरण, नाटक, उपन्यास, आलोचना आदि सभी साहित्यिक रूपों की विशेषताओं को लेकर इंटरव्यू विकसित होता है।"[2]

इधर, डॉ. गोविन्द त्रिगुणायत इंटरव्यू को 'संस्मरण' ही घोषित करते कहते हैं कि, "संस्मरण की भाँति जीवनपरक साहित्य का यह भी एक नवीनतम रूप, बल्कि यह भी एक संस्मरण ही है।"[3] एक अन्य विद्वान् डॉ. शंकरदेव अवतरे का भी मानना है कि,—"आकार की दृष्टि से साक्षात्कार चाहे

1. छायावादोत्तर, हिन्दी गद्य साहित्य—डॉ. विश्वनाथ तिवारी, पृ. 29
2. हिन्दी साहित्य को कूर्मांचल की देन—डॉ. भगत सिंह, पृ. 386
3. शास्त्रीय समीक्षा के सिद्धान्त—डॉ. गोविन्द त्रिगुणायत, पृ. 508

बढ़कर प्रबन्ध बन जाए या घटकर रेखाचित्र बन जाए पर निबन्ध साहित्य की-सी आत्मीयता इसमें मिलती है। जीवनी, संस्मरण, रेखाचित्र, डायरी, पत्र, यात्रा, रिपोर्ताज, अनुवीक्षा (इंटरव्यू) गद्यगीत, लघुकथा, गल्प, हास्य-व्यंग्य आदि अनेक प्रकारों में इसे देखा जाता हैं।[1] डॉ. विष्णु पंकज का इस सम्बन्ध में यहाँ यह कहना है कि,''[2] कुछ साक्षात्कारकर्त्ता साक्षात्कार की भूमिका निबन्धात्मक शैली में प्रस्तुत करते हैं। अनेक साक्षात्कार-रचनाओं में साक्षात्कार-पात्रों की जीवनी तथा उनके कृतित्व का वर्णन भी होता है। साक्षात्कार पात्र अपने जीवन और कृतित्व के विषय में जो विचार प्रस्तुत करता है, वे उसकी भाषा में होने के कारण आत्मकथात्मक होते हैं। साक्षात्कार संस्मरणात्मकता का गुण भी लिए रहता है। साक्षात्कार-नायक कभी-कभी अपने या दूसरों से सम्बद्ध संस्मरण सुनाने लगता है। कोई-कोई साक्षात्कारकर्त्ता साक्षात्कार पत्र का रेखाचित्र भी प्रस्तुत कर देता है। दूरदर्शन पर इस प्रकार के रेखाचित्र की आवश्यकता नहीं पड़ती। साक्षात्कार में नाटक के संवाद कथन-उपकथन मुख्य रूप से होते हैं। कुछ साक्षात्कार तो मात्र कथन-उपकथन (प्रश्नोत्तर) ही होते हैं। साक्षात्कार में नायक अपनी अथवा दूसरों की रचनाओं या विचारों की आलोचना भी कर सकता है। कभी-कभी यह कार्य साक्षात्कारकर्त्ता भी कर सकता है। साक्षात्कार में रिपोर्ताज के गुण भी कुछ अंशों तक हो सकते हैं। साक्षात्कार में कई बार उद्धरण के तौर पर सूक्तियों, गद्यांशों, पद्यांशों आदि का प्रस्तुतीकरण हो सकता है।''

कुल मिलाकर यह कि यद्यपि साक्षात्कार है तो स्वतंत्र विधा, पर हिन्दी की अधिकांश विधाएँ उसमें न्यूनाधिक समाहित होती हैं। साक्षात्कार में **जीवनी** तत्त्व का समावेश भेंटकर्त्ता कर सकता है, तो सहायक रूप में इसमें **निबन्धात्मकता** की छौंक भी दी जा सकती है। यह बात दीगर है कि इतने मात्र से ही साक्षात्कार निबन्ध की शक्ल नहीं ओढ़ सकता, पर इन दोनों में कई स्तरों पर यदि दूरी है तो निकटता भी है। कहते हैं, 'स्व' को किसी-न-किसी रूप में अभिव्यक्त करने की इच्छा शाश्वत और विश्वसनीय होती है। यही आकांक्षा **आत्मकथा** का सृजन करती है। आत्मकथा एक तरह से जीवनी ही होती है, इसीलिए इस विधा को 'आत्मचरित' भी कहा जाता है। साक्षात्कार को, कई लोग आत्मकथा का ही रूप मानते हैं। सच तो यह है कि साक्षात्कार और आत्मकथा यद्यपि है तो पृथक् विधाएँ, फिर भी साक्षात्कार देनेवाला इसमें अपनी भुक्तभोगी स्थिति का बयान कर सकता है, अपनी आपबीती कह सकता है, अतः इस आधार पर दोनों में नैकट्य की स्थिति अवश्य बन जाती है, फिर भी साक्षात्कार पूरी तरह आत्मकथा नहीं हो सकता।

साक्षात्कार कभी-कभी **रेखाचित्र** का भी एहसास, कराता है। 'रेखाचित्र' नाम से सहज अनुमान लगाया जा सकता है कि इस शब्द का सम्बन्ध 'चित्रकला' से होना चाहिए। हिन्दी में इस शब्द का प्रयोग अंग्रेजी के 'स्कैच' के पर्याय के रूप में प्रचलित हुआ। 'स्कैच' चित्रकला का शब्द है, जिसका लाक्षणिक प्रयोग साहित्य में किया जाने लगा। दोनों कलाओं में माध्यम का भेद है। चित्र में जो काम रेखाओं से लिया जाता है, साहित्य में वही काम शब्द करते हैं। इसीलिए रेखाचित्र के पर्याय के रूप में शब्द-स्कैच, शब्द-चित्र, व्यक्ति-चित्र, तूलिका-चित्र, चरित लेख आदि अनेक शब्दों का प्रयोग सुझाया गया है। हिन्दी में इनमें से 'स्कैच', रेखाचित्र और शब्द चित्र ही अधिक प्रचलित हुए, उनमें भी 'रेखाचित्र' सर्वाधिक प्रयोग में लाया जाने लगा।[3] दरअसल, रेखाचित्र विधा का प्रयोग साक्षात्कार विधा में रोचकता और आकर्षण पैदा करने के लिए किया जाता है। हालाँकि उक्त प्रयोग की अपनी सीमा भी होती है। ठीक इसी तरह कई सन्दर्भों में साक्षात्कार की सन्निकटता **संस्मरण** से भी होती है। जहाँ तक संस्मरण का प्रश्न है, इसके नाम के सम्बन्ध में कोई विशेषमत भेद नहीं है। यूँ महादेवी वर्मा ने अपनी रचनाओं को स्मृति चित्र कहा है। यह शब्द किसी दूसरी कला से साहित्य में आयातित नहीं है, परन्तु अंग्रेजी के 'ममोयर्स' के वजन पर हिन्दी में इसका प्रचलन हुआ है। हिन्दी में लिखे गए अधिकांश संस्मरण

1. साहित्य चिन्तन—डॉ. शंकरदेव अवतरे, पृ. 240
2. जन संचार की विधा-साक्षात्कार—डॉ. विष्णु पंकज, पृ. 48
3. पत्राचार पाठ्यक्रम एवं अनुवर्ती शिक्षा विद्यालय (दिल्ली विश्वविद्यालय) सं. डॉ. शुभलक्ष्मी में डॉ. निर्मला जैन का लेख 'संस्मरण एवं रेखाचित्र : अन्तः सम्बन्ध और रचना प्रक्रिया', पृ. 118
   पत्राचार पाठ्यक्रम एवं अनुवर्ती शिक्षा विद्यालय, दिल्ली विश्वविद्यालय में निर्मला जैन का लेख, पृ. 118

'रेखाचित्र' की विशेषताओं से युक्त हैं अर्थात् उनमें स्मृति के आधार पर किसी विषय का 'रेखाचित्रात्मक' वर्णन किया गया है[1]। सच तो यह है कि साक्षात्कार के लेन-देन में कभी-कभी साक्षात्कार देनेवाला नितान्त निजी स्तर पर उतर कर अपने जीवन के संस्मरणों को सुनाना शुरू करता है। वैसे ये दोनों विधाएँ हिन्दी में पृथक् अस्मिता-अस्तित्त्व रखती हैं। कभी-कभी साक्षात्कार में **आलोचना** की भी आहट मिल जाती है। साक्षात्कार देनेवाला बात आगे बढ़ने पर प्रसंग के अनुसार तत्सम्बन्धी व्यक्ति की आलोचना भी कर देता है। फिर भी इसका अर्थ यह नहीं कि साक्षात्कार और आलोचना एकवामय हो गए। दोनों पृथक् अस्तित्व की विधाएँ हैं। इसी तरह इसकी निकटता **रिपोर्ताज** से भी होती है। वस्तुतः रिपोर्ताज तीव्र भावना में रंगी साहित्यिक रिपोर्ट मात्र होता है। डॉ. रामचन्द्र तिवारी की मान्यता है कि,—''द्वितीय महायुद्ध के अवसर पर यूरोपीय साहित्य में, इस गद्य विधा का विशेष विकास हुआ। हिन्दी में रिपोर्ताज सन् 1940 के आस-पास लिखे जाने लगे''।[2] श्री कन्हैयालाल मिश्र 'प्रभाकर' का विचार है कि, ''कुछ लोग कहते हैं कि पत्रकार कला में रिपोर्ताज का आविष्कार रूस में हुआ और वहाँ से यह भारत में आया। ××× हाँ, बाद में इस विधा के लिए रिपोर्ताज नाम रूसी के माध्यम से हिन्दी ने लिया, यह एक प्रत्यक्ष सच्चाई है।''[3] वस्तुतः दोनों विधाओं में एका का आधार वर्णन की यथातथ्यता है। इसके अलावा साक्षात्कार में सम्पूर्ण रूप में नहीं तो सहायक रूप में ही रिपोर्ताज की उपस्थिति महसूस की जाती है।

आशय यह कि इसी तरह नाटक, संवाद, डायरी, परिचर्या, फन्तासी, पत्र, केरीकेचर, कविता, उपन्यास, फीचर, यात्रा साहित्य आदि विधाएँ हिन्दी की सर्वथा स्वतंत्र विधाएँ हैं, फिर भी कहीं-न-कहीं किसी पड़ाव पर साक्षात्कार के भीतर इनका स्वरूप झाँक जाता है। कुल मिलाकर यह स्पष्ट है कि साक्षात्कार एक स्वतंत्र और समग्र विधा है। यह अन्य विधाओं से भिन्न है। उस पर दूसरी अन्य विधाओं का प्रभाव दृष्टिगोचर होता है। अन्य विधाओं के गुणों, तत्त्वों का समावेश साक्षात्कार को अधिक सजीव, सौष्ठवपूर्ण, साहित्यिक और प्रभावी बना देता है। परन्तु साक्षात्कार में अन्य—विधाओं का समावेश सीमित, सन्तुलित और सहायक रूप में ही होना चाहिए अन्यथा साक्षात्कार, साक्षात्कार न रहकर अनेक विधाओं की खिचड़ी बनकर रह जाएगा[4]

(12) कुछ महत्त्वपूर्ण अन्तर

(क) साक्षात्कार तथा पत्रकार सम्मेलन में अन्तर

इसके लिए कृपया इस पुस्तक का 'पत्रकारवार्त्ता' शीर्षक पढ़ें।

(ख) साक्षात्कार (Interview) तथा प्रभाव (Impression) में अन्तर

हिन्दी के कई विद्वान् 'साक्षात्कार' तथा 'प्रभाव को समानधर्मी मानते हैं, किन्तु यदि सूक्ष्म रूप में ध्यान दिया जाए तो दोनों में आपस में कई स्तरों पर भेद भी है। डॉ. पद्मसिंह शर्मा 'कमलेश' ने दोनों के बीच की दूरी को इस प्रकार रेखांकित किया है,''[5] 'इम्प्रेशन' और 'इंटरव्यू' दो भिन्न वस्तुएँ हैं। इंटरव्यू का अर्थ है, आप जो पूछें, उसका उत्तर लिखें और इंटरव्यू देनेवाले की स्वीकृति की मुहर भी उस उत्तर पर हो, ताकि 'भूल सुधार' करते हुए इंटरव्यू लेनेवाले को क्षमायाचना न करनी पड़े। 'इम्प्रेशन' का अर्थ है कि आप पर किसी के व्यक्तित्व का भला या बुरा जो प्रभाव पड़ा है, उसे आप ज्यों-का-त्यों व्यक्त कर दें। इन दोनों को एक दूसरे का पर्यायवाची समझना ठीक नहीं। इसका यह अभिप्राय नहीं है कि इम्प्रेशन का नितान्त बहिष्कार होना चाहिए। नहीं, रोचकता के लिए इंटरव्यू लेनेवाला इंटरव्यू

1. हिन्दी का गद्य साहित्य—डॉ. रामचन्द्र तिवारी, पृ. 202
2. हिन्दी की गद्य विधाएँ—कन्हैया लाल मिश्र प्रभाकर, पृ. 49
3. जन संचार की विधा 'साक्षात्कार'—डॉ. विष्णु पंकज, पृ. 56-57
4. जन संचार की विधा 'साक्षात्कार'—डॉ. विष्णु पंकज, पृ. 56-57
5. मैं इनसे मिला (प्रथम भाग) मेरा दृष्टिकोण—पद्म सिंह शर्मा कमलेश, पृ. 12

देनेवाले की परिस्थिति, उसकी भाव-भंगिमा और उसके व्यवहारों से कुछ उपयोगी निष्कर्ष निकाल सकता है। पर वे निष्कर्ष ऐसे भी हों, जिनसे इंटरव्यू देनेवाले के स्वभाव की किसी विशेषता का पता चलता हो और जिन्हें वह भी स्वीकार करता हो।''

(ग) साक्षात्कार और चर्चा-परिचर्चा (Discussion) या वाद-विवाद में अन्तर

कतिपय विद्वान् साक्षात्कार और चर्चा-परिचर्चा में फर्क-फॉक मानते हैं, जबकि अनेक लोगों का कहना है कि इन दोनों के बीच विभाजन की कत्तई कोई सीमा रेखा नहीं होती, बल्कि चर्चा-परिचर्चा साक्षात्कार की ही दूसरी फोटोकॉपी या संस्करण है। कोई भी अखबार अपने संवाददाता या पत्रकारों की मार्फत समाज के विभिन्न वर्गों, यथा-समाज सेवियों, नेताओं, शिक्षक प्रतिनिधियों, व्यापार-संगठनों साफ शब्दों में किसी समूह के मुखिया या प्रतिनिधियों से किसी भी समसामयिक या नये-पुराने मुद्दों पर विचारों का आमंत्रण करता है और उन विचारों को ही अगले दिन अपने साक्षात्कार पत्र में छापता है। वाद-विवाद के लिए मुद्दों की स्पष्ट शर्त नहीं होती है। साफ शब्दों में, मुद्दे स्थानीय, राष्ट्रीय या अन्तर्राष्ट्रीय-कुछ भी हो सकते हैं। हाँ, समस्याएँ या बहस के बिन्दु महत्त्वपूर्ण होने चाहिए। उदाहरण के लिए नक्सल समस्या, देश में हुए तमाम घोटाले, विदेशी बैंकों में जमा देशीधन, गृह युद्ध के कारण इराक से भारत को तेल आपूर्ति पर प्रभाव, राष्ट्रीय स्तर पर छेड़छाड़ और अराजकता की समस्या आदि-महत्त्वपूर्ण विषय हो सकते हैं। यहाँ, एक सजगता यह होनी चाहिए कि वाद-विवाद के लिए जिस विषय को चुना जाए-उसकी कमोवेश जानकारी पत्रकारों तथा जिनसे वाद-विवाद होना है—को होनी चाहिए।

(13) साक्षात्कार का उद्देश्य

साक्षात्कार वैचारिक लेन-देन का महत्त्वपूर्ण प्लेटफॉर्म होता है। बहुत सारे नये सन्देश, नई जानकारियाँ-सूचनाएँ समाज को साक्षात्कार के माध्यम से मिलती हैं। गम्भीर विचार-विमर्श मन्थन से अनसुलझी समस्याओं के समाधान का मार्ग प्रशस्त हो सकता है। वस्तुतः एक अच्छा साक्षात्कार ऐसा माध्यम है, जो लोगों को सही बात कहने के लिए प्रोत्साहित करता है। साक्षात्कार के अन्तर्गत् प्रश्नोत्तर के माध्यम से किसी व्यक्ति से उसके बारे में, उसके विचारों एवं दृष्टिकोणों के बारे में जानकारी प्राप्त होती है। इस प्रकार के जनसम्पर्क कार्य में तीन प्रकार के लोग आते हैं,—

(1) **विशेष**—वे लोग जिनके पास किसी विषय-विशेष का ज्ञान हो और जो उससे सम्बन्धित जानकारी दे सकें,

(2) **ख्यात व्यक्ति**—इस वर्ग में वे लब्ध प्रतिष्ठित व्यक्ति आते हैं, जिनके वास्तविक व्यक्तित्व के बारे में लोग जानना चाहते हैं और

(3) **साधारण व सामान्य जन**—इस वर्ग में समाज के साधारण जन आते हैं, चाहे वे सड़क पर चलने वाले लोग हों या साधारण, जो दूसरे कार्यों में लगे हुए हों।[1]

सच तो यह है कि इंटरव्यू चाहे प्रिन्ट-मीडिया के लिए हो या इलेक्ट्रॉनिक मीडिया के लिए, इसका उद्देश्य मूलतः विशिष्ट व्यक्ति से साक्षात् भेंट करना होता है। हालाँकि आज कल नई सूचना तकनीक के आगमन से टेलीफोनिक इंटरव्यू व वीडियो-कान्फ्रेसिंग का भी प्रचलन हो रहा है, फिर भी साक्षात् भेंट करके लिए गए इंटरव्यू अभी भी विश्वसनीय और प्रभावशाली बनते हैं। जिस व्यक्ति से इंटरव्यू लिया जा रहा है, वह तो महत्त्वपूर्ण होता ही है, लेकिन इंटरव्यू लेनेवाले की महत्ता भी कम नहीं है, क्योंकि वही तो सही मौके पर सही प्रश्न पूछकर बात निकलवा लेता है और पाठक/श्रोता के सामने प्रस्तुत करता है।[2] इधर, साक्षात्कार के उद्देश्यों पर प्रकाश डालते डॉ. बलदेव राज गुप्त कहते हैं,—
"The press conference is a necessary means of transmitting information, particularly in

1. जनसम्पर्क सिद्धान्त और व्यवहार—डॉ. सुशील त्रिवेदी तथा डॉ. शशिकान्त शुक्ल, पृ. 68
2. पत्रकारिता प्रशिक्षण—डॉ. शार्दूल विक्रम सिंह तथा डॉ. ऋचासुकुमार, पृ. 73-74

large cities where officials and celebrities cannot afford the time to grant individual interviews to many reporters."[1] अन्त में कुल मिलाकर यह कि अधिकांश, इंटरव्यू प्रकाशन के लिए लिये जाते हैं। पत्र-पत्रिकाओं में छपते हैं। इनके संकलन भी प्रकाशित होते हैं। रेडियो और टी.वी. के माध्यम से भी इंटरव्यू किए जाते हैं। इनका प्रसारण होता है। वाणी के उतार-चढ़ाव तथा भेंटकर्त्ता और इंटरव्यू देनेवाले की भाव-भंगिमा का पता चलता है। उसकी विचारधारा का खुलासा होता है। रेडियो सुनने और दूरदर्शन में सुनने और देखने की सुविधा होती है। कुरेद-कुरेद कर बात से बात निकाली जाती है। श्रोता और दर्शक प्रभावित होते हैं। छपी हुई भेंटवार्त्ताएँ इस इंटरव्यू से भिन्न होती हैं। उनमें गम्भीर चिन्तन पाया जाता है। इनका महत्त्व स्थायी होता है। एक भेंटवार्त्ता को अनेक बार भी पढ़ा जा सकता है और विचार भी किया जा सकता है। यह सामग्री साहित्य-इतिहास की स्थायी निधि बन जाती है। वर्षों बाद भी उसका उपयोग किया जा सकता है।[2]

भाग-16

संवाददाता (Reporters) या समाचार-पत्र का जीवनरक्त (Life Blood) अथवा समाचार-पत्र का तीसरा खम्भा (Third Pillar) या समाचार सूँघा

(1) संवाददाता : संक्षिप्त इतिहास

'सम + वद् + घञ्' के मेल से बने 'संवाद' शब्द का अर्थ होता है,—'वार्त्तालाप', 'समाचार देना' तथा 'सूचना देना' आदि। अतः इस आधार पर समाचार देनेवाला व्यक्ति 'संवाददाता' कहा जा सकता है। एक पुस्तक में 'संवाददाता' को 'समाचारदाता' भी कहा गया है।[3] अंग्रेजी में इसे 'Reporter' कहते हैं तो उर्दू में 'खबररसाँ' कह सकते हैं। किसी भी माध्यम के प्रति संवाददाताओं की निष्ठा असन्दिग्ध होती है। रचनात्मक और समर्पित सोच के संवाददाता अपने अखबार की ऊर्जा और प्राण होते हैं। ये किसी भी समाचार माध्यम के खाद होते हैं, जिनके श्रमपूर्वक एकत्र किए गए समाचारों से अखबार फलता-फूलता है। इनमें सिसृक्षा और जिजीविषा अर्थात् रचने तथा समाचारों को जानने की इच्छा और ललक घुली-मिली होती है। स्पष्टतः यह कि संवाददाता शान्त, सौम्य, सच्ची संवेदनशीलता और चाक्षुष विचार की सघनता से लैस हो समाचारों को खोजता-तलाशता है। चूँकि समाचार और खबरें ही पत्रकारिता की ऑक्सीजन होते हैं, समाचारों-खबरों की ही जमीन पर संचार माध्यम खड़े होते हैं, अतः संवाददाता की महत्ता स्वयं सिद्ध है।

सच तो यह है कि प्रकृति से लेकर मनुष्य तक बासीपन और 'पुरातनता के निर्मोक' को पसन्द नहीं करते। समाचारों के सन्दर्भ में भी यही बात कही जा सकती है। मनुष्य की अल सुबह ज्ञान-पिपासा और बौद्धिक भूख तब शान्त और उपशमित होती है, जब वह कोई ताजा-टटका और नया-नतून समाचार प्रातः काल सुन लेता या पढ़ लेता है, क्योंकि पढ़ा-लिखा व्यक्ति दिन शुरू होते ही समाचारों से अपनी बौद्धिक खुराक पाता है और साक्षर-अनपढ़े अपनी तमाम जिज्ञासाओं को शान्त करते हैं। भूमंडल में कहाँ क्या घट रहा है, क्या घटा है अर्थात् विगत् और आगत् को जानने की इच्छाव्यक्ति के भीतर आदिमकाल से ही रही है। समाचार-सूचना प्राप्त करने के आधुनिक संसाधन जब विकसित नहीं हुए थे, तब दो-चार व्यक्ति इकट्ठा होकर परस्पर पारिवारिक, सामाजिक तथा धार्मिक चर्चा कर लिया करते थे, किन्तु बताते हैं, उस समय भी 'संवाददाता' थे, जिन्हें न कहीं से इनका 'लाइसेंस' या 'प्रमाण-पत्र' लेना पड़ता

1. Journalism By Old And New Masters-Dr. Baldev Raj Gupta, P. 67
2. भारतीय मीडिया : अन्तरंग पहचान—सं. डॉ. स्मिता मिश्रा, पृ. 302, भारत पुस्तक भंडार 343-ई. ब्लाक, सोनिया विहार, दिल्ली, मूल्य 400 रुपये, सन् 2004
3. हिन्दी पत्रकारिता : विविध आयाम—सं. डॉ. वेदप्रताप वैदिक, पृ. 79

था, और न ही कहीं से पगार ही मिलती थी। उस समय न कोई प्रेस था और न प्रबन्धन, न अखबारों के 'सर्कुलेशन' की चिन्ता थी, और न कोई आचार-संहिता थी और न 'टी.आर.पी. की ही फिक्र थी। मूल विषय पर आते हुए बताते हैं, कि महर्षि श्री नारद जी आदि संवाददाता हैं। ये पौराणिक काल के संवाददाता कहे जाते हैं। वे स्वयंभू स्वतः स्फूर्त संवाददाता कहे जाते हैं, "प्राचीन मनीषियों ने, कदाचित् यह कभी नहीं सोचा होगा कि कलियुग में वह भी समय आएगा, जब मर्त्यलोक से देवलोक और देवलोक से मर्त्यलोक की अनवरत यात्रा करनेवाले देवर्षि नारद एक से अनेक हो जाएँगे और स्थान-स्थान एवं नगर-नगर में किसी भी बात को लेकर नई चर्चा चलानेवाले 'नारद-ही-नारद' चलते-फिरते नजर आएँगे। इन नारदों के हाथ में वीणा के स्थान पर लेखनी होगी और ये कलियुगी नारद, किसी अन्तरिक्ष यान पर सवार होकर भूलोक से चन्द्रलोक पर पहुँचेंगे और पौराणिक 'नारद' की देवलोक जाने की कथा को सच्चा-सिद्ध कर दिखाएँगे।"[1]

इधर, अंग्रेजी भाषा साहित्य के विद्वान् जी.रंगास्वामी पार्थ सारथी भी इस बात की पुष्टि करते हैं।"[2] हैरंब मिश्र ने संवाददाता की प्राचीनता के बारे में लिखते हुए मनु को भी 'संवाद पुरुष' माना है। इसी तरह वे संजय को एक अद्वितीय युद्ध-क्षेत्र संवाददाता मानते हैं तो महात्मा बुद्ध को भी उन्होंने उनकी उपदेश और सन्देश शैली के आधार पर महान् संवाददाता माना है।[3] डॉ. संजीव भानावत का विचार है कि[4]—प्राचीन एवं मध्यकालीन भारत में विभिन्न शासकों ने शासन व्यवस्था को सुचारु रूप से चलाने की दृष्टि सुदृढ़ एवं गुप्तचर व्यवस्था भी स्थापित की थी। संवाददाता को 'गुप्तचरों का गुप्तचर' भी कहा गया है। संवाददाता अपनी सूक्ष्म दृष्टि से सभी जगह निगाह रखता है। जासूस की भाँति वह अपने 'संवाद' की टोह में रहता है। इस प्रकार कहा जा सकता है कि संवाद तथा संवाददाता की अवधारणा मानवीय सभ्यता के उद्‌भव काल से ही किसी-न-किसी प्रकार से प्रचलित थी। समय के प्रवाह में यह अवधारणा स्पष्ट होती चली गई तथा-पत्रकारिता आधुनिक अर्थों में विकसित हो गई।"

(2) संवाददाता : अर्थ-आशय तथा परिभाषा

समाचार-पत्रों के लिए समाचारों की खुराक जुटानेवाला व्यक्ति संवाददाता कहा जा सकता है। कुछ लोगों ने संवाददाता को समाचार-पत्रों का 'Third Pillar' (तीसरा खम्भा), तो कुछ ने कान, आँख, नाक, मुख तो कुछ ने समाचार-पत्रों के लिए कच्चामाल बटोरने वाला, तो कुछ ने 'प्रेस-जगत्' के हृदय की धड़कन—"The reporter is the heart-beat of the press and the press would be quite dead without him".[5] तो कुछ ने इन्हें 'समाचार-पत्र का जीवन-रक्त' (Life Blood)[6], तो कुछ ने कहा कि,—"संवाददाता वह व्यक्ति होता है, जो समाचार-पत्र के प्रकाशन केन्द्र के अतिरिक्त किसी भी केन्द्र से समाचार संकलित कर उसे तार, डाक या अन्य किसी भी माध्यम से प्रेषित करता है,—"Correspondent is a person who gathers and despatches by wire or post to any centre other than the centre of publication." बहरहाल इनके अतिरिक्त संवाददाता की कुछ अन्य परिभाषाओं को इस प्रकार देखा जा सकता है,—

(1) **पत्रकारों के लिए बने मजीठिया वेतन बोर्ड के अनुसार,**—"Reporter means a person who gathers and presents news at a particlar cuntre."[7]

(2) **उत्तर प्रदेश राजर्षि टंडन मुक्त विश्वविद्यालय की एक पुस्तिका के अनुसार,**— "समाचारों से सम्बन्धित जन माध्यमों-दैनिक तथा साप्ताहिक समाचार-पत्र-पत्रिकाओं,

---

1. समाचार लेखन के सिद्धान्त और तकनीक—डॉ. संजीव भानावत, पृ. 25
2. Basic Journalism-Ranga Swami Parthasarathi, P.02
3. संवाददाता : सत्ता और महत्त्व-श्री हैरम्ब मिश्र, पृ. 5
4. समाचार लेखन के सिद्धान्त और तकनीक—डॉ. भानावत पृ. 26
5. Truth, Images and Distortions-Sunny Thomar, P.47
6. Basic Journalism-Ranga Swami Partha Sarathi, P.54-55
7. मजीठिया वेतन बोर्ड ने संवाददाता की उक्त परिभाषा और स्वरूप को स्थिर किया है।

समाचार और फीचर एजेन्सियों, रेडियो, टेलीविजन आदि के लिए समाचार संकलित करके भेजनेवालों को संवाददाता कहते हैं।''[1]

(3) सुप्रसिद्ध साहित्यकार-पत्रकार डॉ. रमेश चन्द्र त्रिपाठी के अनुसार,—''सम्पादकीय विभाग के प्रत्येक कार्य को सम्पन्न करने हेतु संवाददाता प्रमुख होता है। संवाददाता-अर्थात् संवाद देनेवाला। इसका मुख्य कार्य है—संवाद संकलन, संवादों की गुणवत्ता और समाचार बनाने के लिए न्यायविद की तरह उनका आकलन। संवाददाता, उस व्यक्ति का अंग है, जो सूचनाएँ दे सकता है और उन्हें दबा भी सकता है। संवाददाता समाचार देता है और सम्पादक उसका शोधन करता है।''[2]

(4) डॉ. बलदेव राज गुप्त के अनुसार—"Reporting is a job wherein one must be ready to be present at odd places and odd hours to get the best possible information so as to fulfil the increasing hunger of the reader for news, views and above all entertainment in the modern world."[3]

(5) जाने माने पत्रकार तथा कुशल लेखक श्री हर्षदेव के अनुसार,—''संवाददाता किसी घटना या घटनाओं का विवरण सम्बन्धित स्थल पर जाकर जुटाता और फिर उसे एकत्र जानकारी को क्रमबद्ध रूप में समाहित करके पाठक की रुचि को ध्यान में रखते हुए समाचार के रूप में प्रस्तुत करता है।''[4]

(3) संवाददाता के गुण या विशेषताएँ

संवाददाताओं को उनके भीतर सन्निहित विशिष्ट गुणों के आधार पर उन्हें समय-समय पर विभिन्न विशेषणों से नवाजा गया है। कभी उन्हें हर छोटी-बड़ी खबर रखनेवाला **भीष्म पितामह** कहा गया, तो कभी समाचार-पत्रों की पहली **सीढ़ी-सोपान,** इन्हे कभी **सृजनात्मक और मौलिक साहित्यकार** बताया गया, तो कभी **गुप्तचर** कहा गया। इसी तरह कभी **शोधकर्त्ता,** कभी **कल्पनाशील प्राणी** की उपाधि दी गई, तो कभी *प्रिन्ट और इलेक्ट्रॉनिक मीडिया के लिए* **प्रोटीन** बताया गया। कहते हैं, अपने विशिष्ट गुणों और विशेषताओं के कारण ये संवाददाता दोस्त, और दुश्मन-दोनों से समाचार प्राप्त कर लेने की क्षमता रखते हैं। इनके पास अचूक लक्ष्य भेदी खुपिया आँख होती है। इन सबके अलावा किसी संवाददाता के भीतर *डॉ. अर्जुन तिवारी*[5] के अनुसार,—अधोलिखित विशेषताएँ होनी चाहिए,—

(क) पैनी दृष्टि तथा श्रवणशक्ति,
(ख) मुद्रलेखन, आशुलेखन एवं टंकण का ज्ञान,
(ग) सत्यनिष्ठा और निर्भीकता,
(घ) मातृभाषा के अतिरिक्त एक विदेशी भाषा पर अधिकार,
(ङ) जटिल घटनाओं, विविध समस्याओं को समझने की शक्ति,
(च) सगाचार सूँघने या 'nose for news' की क्षमता,
(छ) अनन्त जिज्ञासा-वृत्ति और अटल उत्सुकता।

इधर, सुप्रसिद्धि पत्रकार श्री बच्चन सिंह[6] का कहना है कि एक आदर्श पत्रकार के गुण संवाददाताओं में भी अपेक्षित हैं। वह एक जासूस भी होता है, मनोवैज्ञानिक भी और समाजशास्त्रीय भी। वह अतीत, वर्तमान और भविष्य-तीनों में जीता है। किसी भी घटना को सही सन्दर्भों में समझने के लिए जरूरी

1. उत्तर प्रदेश राजर्षि टंडन मुक्त विश्वविद्यालय की पुस्तिका 'समाचार-संकलन', पृ. 39, सन् 2005 ई.
2. पत्रकारिता के सिद्धान्त—डॉ. रमेश चन्द्र त्रिपाठी, पृ. 228
3. Journalism By Old and New Masters-Dr. Baldev Raj Gupta, P.22
4. उत्तर आधुनिक मीडिया तकनीक—हर्षदेव, पृ. 55, वाणी प्रकाशन, दिल्ली, द्वि.सं. 2004, मू. 175 रु.
5. आधुनिक पत्रकारिता—डॉ. अर्जुन तिवारी, पृ,72, विश्वविद्यालय प्रकाशन, वाराणसी, मूल्य-120 रुपये
6. हिन्दी पत्रकारिता का नया स्वरूप—श्री बच्चन सिंह, पृ. 42, विश्वविद्यालय प्रकाशन, वाराणसी, प्रथम संस्करण 2003 ई. मूल्य 200 रुपये।

होता है कि उसके पूर्वापर सम्बन्धों को ध्यान में रखें। संवाददाता में सूझबूझ और कुशलता की थोड़ी भी कमी समाज और व्यवस्था को संकट में डाल सकती है। समाचारों के चयन में उसका अपना विवेक ही उसका साथी होता है। खासतौर पर दंगों, उथल-पुथल, दैवी-आपदाओं तथा युद्ध के समय उसकी जिम्मेदारी बढ़ जाती है। उसके कार्य के लिए कोई नियत समय नहीं होता है। उसे हमेशा मुस्तैद रहना पड़ता है। संवाददाता जितना अधिक व्यवहार कुशल होगा, उसका जन-सम्पर्क जितना अधिक होगा, उतना ही वह सफल भी होगा। संवाददाता जहाँ कार्यरत हो, वहाँ की संस्कृति, रहन-सहन, आचार-विचार और जन-जीवन की कार्यशैलियों, आदतों तथा सोच के विभिन्न धरातलों को गहराई से समझना उसके लिए निहायत जरूरी हो जाता है। इसके बिना वह खबरों की सच्चाई तक नहीं पहुँच सकता। जो खबर एक महानगरीय जीवन के सच को उजागर करती है, वही आदिवासी जीवन के सच को भी उजागर करे, यह न तो सम्भव है और न ही जरूरी।

संवाददाता सम्बन्धी कुछ अन्य विशेषताओं को निम्नवत् इस प्रकार देखा जा सकता है,—

(1) **संवाददाता : समाचार-पत्र की आँख, कान और मुँह**—संवाददाता किसी भी माध्यम का कान, आँख और मुख माना जाता है। घटनाओं का प्रत्यक्षदर्शी होने के कारण वह आँख होता है, गली, सड़क पर चलते या किसी सभा, गोष्ठी, मंच या सभागार में सम्पन्न हुई गतिविधियों को सुनने के कारण वह कान होता है तथा अपनी घ्राण शक्ति के बल पर वह प्रत्येक समाचार को सूँघता है, अतः वह नाक भी होता है। कहने की मंशा यह है कि उसे अपने भीतर उक्त गुणों को विकसित कर सही सन्दर्भों में संवाददाता बनना चाहिए।

(2) **निष्पक्षता**—यह आम अनुभव की बात है कि यदि कोई संवाददाता व्यक्तिगत अथवा अपने संस्थान की नीति के कारण किन्हीं समाचारों के मामले में पक्षपात् करता है, तो उसे समाचार देनेवाले लोग फौरन ही उसकी बजाय उसके प्रतिद्वन्द्वी को खबर का सुराग देना शुरू कर देते हैं। बेचारा वह संवाददाता 'रेशम का कीड़ा' बनकर रह जाता है और उसका प्रतिद्वन्द्वी उन्हीं स्रोतों से समाचार प्राप्त कर नाम और यश-दोनों उसी की आँखों के सामने बटोर रहा होता है। किसी भी संस्थान या पत्रकार को पक्षपातपूर्ण काम करने के बदले में यह बहुत बड़ी कीमत चुकानी पड़ती है और वे लोकसम्मान और विश्वसनीयता-दोनों से ही वंचित हो जाते हैं।[1]

(3) **विश्वसनीयता, निडरता एवं सत्यता**—संवाददाता के व्यवसाय को गरिमा देनेवाले तत्त्वों में विश्वसनीयता एक अहम भूमिका अदा करती है। इसे समाचार संकलन के लिए काफी ऐसे व्यक्तियों से मिलना पड़ता है एवं ऐसे व्यक्ति, स्वयं उससे मिलते हैं, जो सशर्त बहुत गोपनीय खबर देते हैं, जिससे देश-विदेश में तहलका मच सकता है। घोटाले, भ्रष्टाचार, व्यभिचार आदि के मामले उजागर तो हो जाते हैं, परन्तु वे संवाददाता से अपना नामोल्लेख अथवा इस समाचार के साथ स्वयं को जोड़ा न जाए, यह शर्त रखते हुए सत्य एवं विश्वसनीयता को समर्पित संवाददाता इसे स्वीकार कर लेता है और दबावों-प्रभावों के होने पर भी वह स्रोतों का उद्घाटन नहीं करता।[2]

(4) **समाचारबोध एवं नैतिकता**—समाचार बोध संवाददाता की प्राथमिक योग्यता है। इसके अभाव में वह पत्रकारिता जगत् में कभी सफल नहीं हो सकता। किसी घटना के महत्त्वपूर्ण तथ्यों की जानकारी कर वह उसे आधार पर पूर्ण समाचार तैयार करता है। यदि उसे 'समाचार क्या है? इसी का पता नहीं चलेगा तो वह न तो तथ्य ही एकत्र कर पाएगा और न ही समाचार बना पाएगा। समाचार बोध के साथ-साथ समाचारों के संभावित स्रोतों को भी उसे अच्छी जानकारी होनी चाहिए। इस दृष्टि से उसे अपने सम्पूर्ण परिवेश की उचित जानकारी भी होनी चाहिए।[3]

1. उत्तर आधुनिक मीडिया तकनीक—श्री हर्षदेव, पृ. 59
2. हिन्दी पत्रकारिता : स्वरूप और सन्दर्भ—डॉ. विनोद गोदरे, पृ. 92
3. समाचार-लेखन के सिद्धान्त और तकनीक—डॉ. विनोद गोदरे, पृ. 29

दरअसल, नैतिकता का प्रश्न संवाददाताओं के सामने बेहद जटिल रूप में खड़ा होता है। साफ शब्दों में, यह कि नैतिकता संवाददाता की अग्नि-परीक्षा होती है। चूँकि इनका सम्बन्ध समाज के अच्छे-बुरे, पढ़े-अनपढ़े, सभ्य-उद्दंड-सभी प्रकार के लोगों से होता है, अतः निष्पक्ष समाचार-संकलन में इन्हें कई तरह की परेशानियों का संकट झेलना पड़ता है। कभी-कभी अपने विरुद्ध जानेवाले समाचारों को छुपाने के लिए कुछ लोग उपहार, मुद्रा अर्थात् कई तरह के प्रलोभन देते हैं, कुछ लोग भय दिखाते हैं, अतः ऐसी विषम स्थिति में संवाददाता को सजगता बरतनी चाहिए और नैतिकता के मूल्य पर आँच नहीं आनी देनी चाहिए।

(5) **भाषा पर विलक्षण अधिकार**—संवाददाता के सामने एक संकट समाचार-पत्र की भाषा को लेकर भी होता है। क्या अखबार की भाषा संस्कृत निष्ठ हो? अति सरल हो? बोलचाल की हो? वाक्य-विन्यास और व्याकरण की दृष्टि से आखिर कैसी हो? क्या उसमें अरबी, उर्दू, अंग्रेजी या अन्य प्रान्तीय बोलियों के शब्दों का प्रयोग होना चाहिए। 'समाचार-पत्रों की भाषा' पर शोध करनेवाले विद्वान् डॉ. माणिक मृगेश[1] भी सवाल पूछते हैं कि समाचार-पत्र की भाषा कैसी हो? क्या इसकी भाषा साहित्य जैसी हो या फिर देशज, दोनों ही बातें समाचार-पत्र के लिए ठीक नहीं है। समाचार-पत्रों की भाषा, भाषा की एक अलग 'प्रोक्ति' है, जिस प्रकार साहित्य की अलग भाषा होती है, कार्यालयों की अलग भाषा होती है, फिल्मों की अलग भाषा होती है। ठीक उसी प्रकार समाचार-पत्रों की भी अलग भाषा होती है जो उसे भाषा की अन्य प्रयुक्तियों से अलगाती है। जहाँ एक ओर साहित्य की भाषा में तत्सम शब्दों की भरमार होती है और कार्यालयीय हिन्दी में पारिभाषिक शब्दावली की अधिकता होती है। वहीं, समाचार-पत्रों की भाषा में आम बोलचाल के देशज शब्दों का बाहुल्य होता है। कुल मिलाकर समाचार-पत्रों की भाषा बोलचाल की और रपटीली भाषा होनी चाहिए।

(6) **जिज्ञासा एवं कौतूहल**—जिज्ञासा और कौतूहल का भाव संवाददाता को समाचार संकलन में जिन्दा जीवन्त बनाये रखता है। समाचार चाहे छोटा हो या बड़ा, गौड़ हो या बहुत महत्त्वपूर्ण-सभी तरह के समाचारों के प्रति उसके मन में कौतूहल और जिज्ञासा बनी रहनी चाहिए। किसी भी खबर के प्रति उसके मन में अन्यमनस्क, आलस्य या उदासी का भाव नहीं होना चाहिए। हर घटना, स्थिति और कारणों को कौतूहलपूर्वक देखना चाहिए। अच्छा हो, वह प्रश्नकर्त्ता बना रहे। कुल मिलाकर यदि उसके मन में समाचारों के प्रति जागरूकता नहीं रहेगी, तो वह न अपने साथ और न अपने समाचारों के साथ तथा न समाचार-पाठकों के साथ न्याय कर पाएगा, बल्कि उसका संवाददातापन भी संशयग्रस्त हो जाएगा।

(7) **प्रत्युत्पन्नमति सम्पृक्त**—संवाददाता को विलक्षण प्रतिभाशाली और स्थिति के अनुकूल हाजिर जवाब होना चाहिए। उसे सामान्य ज्ञान की बुनियादी जानकारी होनी चाहिए। उसके पास अध्ययन का विराट फ़लक होना चाहिए। इस अध्ययन और अनुभव के ताप से ही वह खबरों को भाँप सकता है। उसे पत्रकारीय नियमों की भी जानकारी होनी चाहिए। कुल मिलाकर संवाददाता यदि कुशाग्रबुद्धि सम्पृक्त है, तो वह अपने तर्क और मेधा से विषमस्थितियों को भी अनुकूल ढाल सकता है, अन्यथा 'नीम हकीम खतरे जान' हो सकता है।

(8) **रोचक एवं मनोरंजक शैली**—संवाददाता के पास समाचारों की प्रस्तुति शैली मोहक, लजीज और आकर्षक होनी चाहिए। उसके पास ऐसी विशिष्ट क्षमता हो कि भदेस, फूहड़ और अशुभ समाचार भी प्रस्तुत करते समय मनोरंजक बन जाए। पाठक की उत्सुकता और अगले समाचारों के प्रति लयनिरन्तर बनी रहे। वह समाचारों को पढ़ते समय उबन-ऊब न महसूस करे। कुल मिलाकर यह कि मनोरंजक और रोचक शैली में प्रस्तुत समाचार पाठक को अपनी ओर बाँधे रखता है, मन पर भार नहीं पड़ने देता।

---

1. समाचार पत्रों की भाषा—डॉ. माणिक मृगेश, पृ. 19, वाणी प्रकाशन, दरियागंज, दिल्ली, सन् 1999, मू. 150 रुपये

(4) संवाददाता की अर्हता या योग्यताएँ

किसी भी समाचार-पत्र का स्वास्थ्य सेहत, शक्ल-सबीह, आस्था-विश्वास, लोकप्रियता और माँग-बहुत कुछ योग्य संवाददाता के ऊपर निर्भर होती है। दरअसल, संवाददाता के पास वह खुफिया आँख होनी चाहिए, जिससे वह समाज के कोने-अँतरे, दीन-हीन, उपेक्षित लोगों की सूचना समाचार-पत्र के माध्यम से समाज को दे। दरअसल, संवाददाता की कुशलता, योग्यता और उसके समाचार-संकलन पर समाचार-पत्र की प्रगति, प्रसिद्धि और जनता द्वारा उसकी ग्राह्यता निर्भर करती है। संवाददाता में दूरदर्शिता, कठिन परिश्रम और लगन का होना अत्यन्त आवश्यक है,—"He should be well-read. He should have a sound current-affairs background. He must be able to follow mass interest and have a nodding acquaintance with sectional Questions as well...He is well advised in the circumstances, to report to his editor ××× He must have an eye for accuracy. He should have a good grasp of law."[1]

इसके अतिरिक्त उसकी योग्यता में निम्नलिखित बातें सहायक होती हैं,—(1) दूरदर्शिता, (2) भाषा पर अधिकार, (3) जटिल समस्याओं को समझने की क्षमता, (4) गहन अध्ययन, (5) एक विदेशी भाषा का ज्ञान, (6) प्रचलित घटनाओं की अच्छी जानकारी, (7) श्रवणशक्ति, (8) समाचार सूँघने की क्षमता, (9) समाचारों का विश्लेषण, (10) समाचारों पर आधारित सम्मति, (11) उसे छह ककार की भी जानकारी होनी चाहिए,[2]—

(1) क्या (What)—घटना घटित हुई?

(2) कहाँ (Where)—किस स्थान पर घटना घटी?

(3) कब (When)—किस समय घटना घटी?

(4) किसने (Who)—किसके साथ घटना घटित हुई?

(5) क्यों (Why)—घटना का कारण क्या है?

(6) कैसे (How)—घटना कैसे घटी?

इन गुणों के अतिरिक्त किसी संवाददाता में यह भी योग्यता या गुण होना चाहिए, यथा—(1) लम्बे समय तक कठिन परिश्रम करने की क्षमता, (2) सदैव जागरूक, (3) कुशाग्रबुद्धि, (4) आत्म-विश्वास, (5) अच्छा व्यक्तित्व, (6) समाज सेवा की भावना, (7) लोभ से दूर, (8) पत्रकारिता के विभिन्न पहलुओं का ज्ञान, (9) पत्रकारिता के नियमों और कानूनों का अच्छा ज्ञान, (10) धैर्य, (11) साहस, (12) निर्भीकता, (13) दृढ़ता, (14) कुरेदकर समाचार, ढूँढ़ने की क्षमता तथा (15) रिपोर्टिंग करने की भाषा एवं क्षेत्रीय भाषा की अच्छी जानकारी।[3]

इधर, पश्चिम के सुप्रसिद्ध पत्रकार मौरिस फेजेन ने अपनी एक पुस्तक में किसी भी संवाददाता में निम्न योग्यताओं का सन्निहित होना आवश्यक बताया है,—"××× he needs the best qualities of a detective (as an investigator), or a psychologist (for handling and summing up people), and of a lawyer (for drawing logical inferences from fact). He has to develop certain thinking processes called for by his special skill. It affects his reading and his way of life. I would ask a beginner to try to comprehend the importance of his basic raw material-news. Without it rumour runs riot."[4] इधर, श्री के.एम. श्रीवास्तव[5] ने संवाददाता की योग्यताएँ इस प्रकार बताई हैं,—(1) समाचार बोध (News Sense), (2) स्पष्टता (Clarity), (3) वस्तुनिष्ठ, (Objectivity), (4) परिशुद्धता (Accuracy), (5) जागरूकता (Alertness), (6) गति (Speed), (7) शान्त (Calmness), (8) उत्सुकता (Curiosity), (9) सन्देह (Scepticism), समय की पाबन्दी (Punctuality), (11) धैर्य (Patience), (12) कल्पना (Imagination), (13) दूरदर्शी

---

1. Professional Journalism- M.V. Kamath, P.33
2. पत्रकारिता के सिद्धान्त—डॉ. गुरुशरण लाल, पृ. 19
3. पत्रकारिता जगत्—अशोक प्रियदर्शी तथा सुनील कुमार सिन्हा, पृ. 24
4. Practice of Journalism-Maurice Fagence, P.68
5. News Reporting and Editing-K.M.Srivatava, P.8 to 12~

(Foresightedness), (14) आत्म अनुशासन (Self-discipline), (15) सत्यनिष्ठा (Integrity), (16) निर्भीक और स्पष्टवादी (Fearlessness and Frankness), (17) व्यवहारशीलता (Tactfulness), (18) पहल करने की क्षमता (Initiative), (19) गतिशील (Mobility) तथा (20) परिश्रमी (Diligence).

(5) संवाददाता का महत्त्व

संवाददाता सार्थक और उपयोगी समाचारों का चयन कर समाज में व्याप्त अज्ञानता के अन्धकार को दूर करने के लिए समाचार-पत्रों के माध्यम से आस्था की मशाल जलाता है। वह सर्वग्राही अँधेरे को अपनी लेखनी से दूर करता है। आदर्शों के नये प्रतिमान स्थापित करता है। समाजोपयोगी समाचारों का सृजन-संचयन कर वह पत्रकारिता का नया ठाठ रचता-बुनता है। अपनी प्रवीण और अन्वेषी प्रतिभा से वह दिशाहीन हो भटक गए लोगों को नई राह दिखाने में माहिर होता है। वस्तुतः वह समाचारों का सर्जक-शिल्पी होता है। लोकहितकारी समाचारों के माध्यम से वह पत्रकारिता के पुराने प्रतिमानों और मूल्यों को बदलता है। इस प्रकार उसके दस्तावेजी महत्त्व के समाचारों से समाज में जागरण का नया सबेरा होता है। विद्वान् बताते भी हैं कि समाचार-पत्रों के लिए उसका वही महत्त्व होता है, जो आकाश में सूरज का। संवाददाता के बिना कोई अखबार बिना पानी के सूखे कुएँ की तरह होता है,—"There is no substitute for a good reporter. In the final analysis it is he who is the chief contributor to a daily newspaper. A newspaper without a reporter is like a well without water. It is immaterial where the reporter works for a paper or a news agency, what is relevant is that he is the primary source of news, the man who "brings it back alive."[1]

संवाददाता समाचार-पत्र का विश्वकर्मा या प्रजापति होता है। वह सूँघकर, गढ़कर, खोदकर तथा लिखकर समाचारों को अपने मस्तिष्क की चाक पर रखकर अपनी प्रज्ञा की छेनी-रेती से उसे तराशता है, गढ़ता है, बेजान और मरी हुई खबरों में जान फूँकता है। कुल मिलाकर वह मुमुर्ष और बासी-उपेक्षित खबरों को निगाहे शौक अर्थात् उनमें पाठक की उत्कंठा और लालसा की दृष्टि पैदा करता है। समाचार-पत्र का पाठक उन्हे शौक की आँख से पढ़ता है। सम्भवतः इसीलिए उसे *'सृजनात्मक साहित्यकार* भी कहा गया है। वह अपने समाचारों की खमीर से समाज को बखबर—खबरदार और होशियार करता है। *डॉ. नन्दकिशोर त्रिखा*[2] कहते हैं कि समाचार-पत्र (और संवाद समितियों) में संवाददाता का वही स्थान है, जो उस संस्थान का समाज में होता है। संवाददाता का महत्त्व इसलिए ही नहीं कि समाचार अखबार का कच्चा माल है और संवाददाता खनन के समान उसका उत्खनन करता है, वरन् इसलिए भी है कि यह कच्चा माल सही तरीके से प्रयुक्त न होने पर अणुशक्ति के समान विनाशकारी भी हो सकता है। इधर, *डॉ. संजीव भानावत*[3] संवाददाताओं के महत्त्व पर प्रकाश डालते हैं कि संवाददाता अथवा रिपोर्टर (Reporter) किसी भी समाचार-पत्र के लिए गौरव होते हैं, प्रत्येक घटना के घटित स्थल पर प्रायः ये मौजूद रहते हैं। कहीं कोई सेमिनार हो, प्रेस-कान्फ्रेन्स हो, सांस्कृतिक-साहित्यिक आयोजन हो, नेताओं के भाषण हों, सार्वजनिक सभाएँ हों, दुर्घटना अथवा अन्य कोई अपराध या वारदात हो, खेल का मैदान हो तात्पर्य यही है कि समाचार की दृष्टि से महत्त्वपूर्ण प्रत्येक स्थल पर ये संवाददाता पहुँचने का प्रयास करते हैं,—"He is the one who leads his team of men and women who provide us the core and content of news, day in and day out, round the clock. A reporter, like the Sun in the skies, is always on duty. Everything is grist to his particular will. Birth, marriages, deaths-what is cynically described at the Hatch, Match and Despatch Department, disaster and tragedy, conflict, mutinies and rebellions, wars and pestilence, Religion, Science, Money, Mystery and Sex, entertainment or just plain weather and food. Nothing human is alien to him."[4]

---

1. Professiconal Journalism- M.V. Kamath, P.27
2. समाचार संकलन और लेखन-श्री नन्दकिशोर त्रिखा, पृ. 11
3. समाचार लेखन के सिद्धान्त और तकनीक—डॉ. संजीव भानावत, पृ. 22
4. Professional Journalism- M.V. Kamath, P.26

(6) संवाददाता : कार्य, कार्यशैली या कार्यपद्धति और दायित्वबोध

किसी भी संवाददाता के तीन मुख्य कार्य माने जाते हैं, (1) समाचारों को एकत्र करना, (2) समाचारों को व्याख्यायित करना तथा (3) समाचारों का विश्लेषण करके अभिमत देना। इधर, पाश्चात्य पत्रकार *मोरिस फेंगेंस* (Maurice Fagence) संवाददाताओं के कार्यों का निर्धारण करते लिखते हैं कि संवाददाता का कार्य समाचारों को शीघ्रता से एकत्र करना, स्पष्टता के साथ अर्थापन (Interpret) करना तथा शुद्धता के साथ उसे समझ में आने या जानने योग्य बनाना है।[1] वस्तुतः पहले भी संकेत किया जा चुका है कि संवाददाता समाचारों के लिए समाचारों का कच्चा माल (Raw Materials) इकट्ठा करता है, जिसे समाचार-पत्र का सम्पादक अपने अनुभव और ज्ञान के आँवें में पकाकर, ठोक-पीटकर, हर कोण से छान-निथार और टोर्रा नमक की तरह छिछिन-पछोर कर तब समाचार-पत्रों में छापता है।

पर, यहाँ ध्यान देने की बात यह होती है कि समाचार-पत्रों के लिए समाचारों का कच्चा माल इकट्ठा करते समय संवाददाताओं के सामने नाना तरह के जोखिम और जबूनी की जिल्लत और संकट खड़े होते हैं। कहीं बन्दूकें तनती हैं, कहीं प्रलोभन-पुचकार होता है, कहीं उपहार की शक्ल ओढ़े घूस की पेशकश होती है, अतः ऐसी स्थिति में संवाददाता अपने को संशय के दोराहे पर खड़ा पाता है। यदि गलत, झूठ और मनगढ़ंत समाचार छपे तो अखबार की प्रतिष्ठा दाँव पर लगती है और यदि सही समाचार छपे तो उधर दबंगों-मवालियों की टेढ़ी भृकुटियाँ तनती हैं। अतः ऐसी स्थिति में उसे साहस और धैर्य के साथ काम लेना होता है अर्थात् 'साँप भी न मरे और लाठी भी न टूटे'। इस तरह की विषम स्थिति में संवाददाता का अपनी नैतिकता, निष्ठा, ईमानदारी की मूल्यवान् पूँजी और गाँठ को सुरक्षित रखनी चाहिए, क्योंकि यही उसके और उसके अखबार को काम आएगी। खबरों की तोड़-मरोड़, तथ्यहीन-असत्य खबरों से उसे सदैव बचकर रहना चाहिए। अकुशल संवाददाता के हाथों पड़कर समाचार कभी डायनामाइट से भी अधिक खतरनाक बन सकता है। इसीलिए एक प्रबुद्ध सम्पादक ने कहा है कि,—

"There is no bigger word in newspapering than Reporter".

संवाददाता के लिए निम्नलिखित पंक्तियाँ सारगर्भित हैं,—

"Hear one side you will be in dark.
Hear both sides, all will be clear."

अर्थात् एक पक्ष की बात सुनकर संवाददाता अँधेरे में रहता है, उसे भ्रान्तियों का शिकार होना पड़ता है, परन्तु पक्ष-विपक्ष-दोनों की बातें सुनकर वह स्पष्ट धारणा बना लेता है। संवाददाताओं में गणेश के समान ही शीघ्रता से तथ्यबोध की क्षमता होती है, जो मुदमंगलदाता हैं। संवाददाता तो वह अप्रतिम हंस है, जो घटनाओं के मानसरोवर में गोता लगाता है और नीर-क्षीर विवेकी बनकर शब्दों के मोती से समाचारों की मुक्तमाला तैयार करता है। चयन और विशिष्टता के कारण महात्मा *मुंशीराम शर्मा* संवाददाताओं को *वार्ताहर* कहते थे।[2] कुल मिलाकर यह कि पक्षधरतारहित और विश्वसनीयता के धरातल पर पनपी और पुष्ट हुई खबरें किसी अच्छे संवाददाता की पहचान होती हैं। खबर भरसक ताजा-टटकी हो, उसमें बासीपन की सड़ान्ध न हो।

कहते भी हैं, Time (समय), Tide (गति), और News (समाचार) किसी की प्रतीक्षा नहीं करते और विलम्ब से प्राप्त समाचारों में बासीपन की दुर्गन्ध आने लगती है, साथ ही पुराना समाचार कोई पाठक पढ़ना नहीं चाहेगा, इसलिए संवाददाता को सजग और निरन्तर चौकन्ना रहना पड़ता है। अपनी श्लथ और लद्धत कार्य-पद्धति को बदलना पड़ता है, पेड़ से गिरनेवाले सूखे पत्ते की खड़खड़ाहट पर हिरन की तरह चुस्त-दुरुस्त गति से भागम-भाग करना पड़ता है, तभी वह सफल संवाददाता की बिरादरी में शामिल हो सकता है, "A reporter has to be alert and ready to cover the event at a moment's notice. Procrastination is not only the thief of time, it is sure way to lose a story to rivals. And nothing is more damaging to a reporter's status than the tab that he has missed a story. Missed stories are like-missed opportunities. They never recur." सच तो यह है कि संवाददाता, यदि अन्यथा न लिया जाए—तो कहा जा सकता है कि समाचार-पत्र का कलाकार, अभिभावक

---

1. Practice of Journalism- Maurice Fagence. P.50
2. आधुनिक पत्रकारिता—डॉ. अर्जुन तिवारी, पृ. 74

और पटवारी होता है। उसके समाचार संकलन की कार्यपद्धति का सीधा असर समाचारों पर पड़ता है, अतः उसे कम्प्यूटर और इंटरनेट की तरह समाचार संकलन के लिए गतिमान रहना चाहिए।

(7) संवाददाताओं का कार्यक्षेत्र

संवाददाताओं के कार्यक्षेत्र का निर्धारण-परिसीमन अत्यन्त दुष्कर-दुरूह और जटिल कार्य है। वस्तुतः इनके कार्यक्षेत्र का बँटवारा, उसकी चौहद्दी और रकबे का सीमांकन करना बहुत सरल नहीं है। इनके काम की प्रकृति, कौन घटना कहाँ घटती है, कब घटती है? अर्थात् गाँव, जवार, शहर, जिला-जनपद, मंडल, राजधानी, देश या विदेश, जल, थल, नभ, कार्यालय, कचहरी, भीड़ भरा और जाम लगा हुआ व्यस्त चौराहा, मंडी, सड़क, जमीन और जमीन के भीतर, घर और घर के भीतर-बाहर-हर जगह संवाददाता की आवश्यकता होती है।

दरअसल, संवाददाता की शोभा खबरें होती हैं। वह खबरों को जीता है, उन्हीं में साँस लेता है। खबरें ही उसकी रब्तेबाहम और दोस्त-मित्र होती हैं। अतः सवाल है कि खबरों का क्या भरोसा कि वे उसे कहाँ मिलेंगी। खबरों की प्रकृति और उनके मिजाज-मन का क्या एतिवार-एतक़ाद, कि वे कहाँ, किस जगह और किस शक्ल में घट कर प्रकट तथा लुप्त हो जाएँ! इधर, संवाददाताओं की परेशानी, यह है कि उन्हें इन्ही खबरों को बटोरना-सहेजना है। रोज इकट्ठा करना है। इन छितराई-बिखरी खबरों को इकट्ठा करने के लिए उन्हें बेतहाशा-सरपट दौड़ना है, किधर दौड़ना है, इसी का तो पता नहीं है। अतः ऐसी विषम स्थिति में संवाददाताओं के कार्यस्थल विशेष का सीमांकन निर्धारण कैसे होगा? इधर, पाठक को ताजा और जमीनी खबर चाहिए। बासी खबरें पाठकों तथा समाचार-पत्रों को मुँह बिराएँगी-चिढ़ाएँगी। ताजा-टटकी खबरों को इकट्ठा करने के लिए उसे रात-दिन, धूप-बरसात, कड़कड़ाती ठंड और रूह कँपा देनेवाली प्रचंड लू को झेलते-चलते रहना है। पुलिस स्टेशन जाना है तो इधर, बीहड़-बियाबान में डाकुओं से मिलना है। सुबह प्रदेश के मुखिया के संवाददाता संम्मेलन में शिरकत करना है, शाम को पोस्टमार्टम घर जाना है। कौन, कब किस जगह मिलेगा, भरोसा नहीं है। इधर, उसे समाचारों को धो-पोंछकर 'समाचार-डेस्क' पर पहुँचाने की हड़बड़ी और घबड़ाहट है। अतः उक्त विषम परिस्थितियों में संवाददाता के कार्य-क्षेत्र का निर्धारण करना बहुत सरल-सहज नहीं है। मुझे तो लगता है, यह सवाल ही बेमानी और अप्रासंगिक है, क्योंकि यदि संवाददाता के कार्य क्षेत्र का सीमांकन कर दिया जाएगा तो खबरों की आवक और उपलब्धता मुश्किल हो जाएगी और सही समय पर ताजा खबरों का अखबारों में छपना भी कठिन हो जाएगा।

(8) संवाददाता : रिपोर्टिंग की तकनीकें

जैसे-जैसे समय बदल रहा है, नई-नई तकनीकें सामने आ रही हैं। प्रिन्ट और इलेक्ट्रॉनिक संचार माध्यमों में सूचना और समाचार भेजने में रोज नई-नई तकनीकों का प्रयोग हो रहा है। फल हुआ है, सूचनाएँ पलक झपकते यथास्थान पहुँच रही हैं। जाहिर है, संवाददाता की प्रकृति, कार्य-शैली और स्वरूप में भी परिवर्तन हुआ है। वस्तुतः भारतीय पत्रकारिता के अपने लगभग एक सौ साल के इतिहास में इसने अपने कई रंग-रूप बदले। आजादी के पहले पत्रकारिता 'मिशन' थी, आजादी के बाद वह 'कमीशन और घूसखोर' हो गई। स्वतंत्रतापूर्व की पत्रकारिता में संवाददाताओं के भी स्वभाव और आचरण-बरताव में त्याग, बलिदान और संयम-सन्तोष की भावना कूट-कूट कर भरी होती थी। वह फॉकाकशी की चिन्ता किए बिना शरीर और दिमाग का इस्तेमाल करते थे। हाथ में कलम, औसत दर्जे की 'नोटबुक' तथा फटे और जीर्ण-शीर्ण पन्नोंवाली डायरी लिये, आग-पानी का सामना करते, सामने आनेवाली दुर्घटनाओं से तीखी मुठभेड़ लेते हर तरह के समाचारों का संकलन करते थे। उन्हें अपने श्रम से इकट्ठा की गई सूचनाओं में बड़ा सन्तोष-सुकून मिलता था, किन्तु समय और परिस्थिति ने अपने में बहुत परिवर्तन कर लिया है। वैज्ञानिक आविष्कारों ने नई तकनीक और हुनर से आज के संवाददाताओं को लैस और सुसज्जित कर दिया है। आज के संवाददाताओं के पास तकनीकों का भरपूर भंडार है। वह इनका इस्तेमाल समाचार-सम्प्रेषण में कर भी रहा है। आज वह अपने इस कार्य को सम्पादित करने में मोबाइल, इंटरनेट, कम्प्यूटर आदि नये तकनीकी माध्यमों का प्रयोग जल्द-से-जल्द समाचारों को भेजने-भेजवाने में कर रहा है और वह इसमें सफल भी है।

(9) संवाददाता : बरती जानेवाली कुछ सावधानियाँ

अखबारों के लिए सूचना पहुँचाना सम्प्रति बेहद-जोखिम भरा काम है। सच तो यह है कि संवाददाता का उत्तरदायित्व ही काफी संवेदनशील मसला है। खासकर, आज के इस उग्र और अन्धी पूँजीवादी व्यवस्था में निष्पक्ष बने रहना काफी जटिल हो गया है। कहीं कॉरपोरेट यानी उद्योग घरानों का बेजाँ दबाव, कहीं राजनेताओं का अनावश्यक हस्तक्षेप, स्पष्टतः यह कि संवाददाता चौतरफा दबावों से घिरा होता है। अतः ऐसी अस्त-व्यस्त, विषम-विरुद्ध स्थिति में उसके लिए कुछ सावधानियों पर अमल करना आवश्यक और मौजू हो जाता है। सच तो यह है कि समाचार-पत्रों में व्यावसायिक प्रतिस्पर्द्धा, राजनीति के बदलते स्वरूप, समाज व्यवस्था में दिनोंदिन बढ़ती जटिलता और सामाजिक परिवर्तन की निरन्तर तेज होती जा रही रफ्तार के चलते संवाददाताओं का काम न तो पहले जैसा आसान रह गया है और न ही उसे कुछ सूत्रों में समेटा जा सकता है। अपने अखबार को 'स्कूप' खबर देने और अपेक्षाकृत जल्दी खबर देने की लालसा एवं होड़ में कभी-कभी संवाददाता खुद खतरे में पड़ जाते हैं। सत्यापन न कर पाने की हड़बड़ी में समाचारों के गलत हो जाने या तथ्यों से दूर भटक जाने की सम्भावनाएँ रहती हैं। ऐसे हालात में संवाददाताओं की कार्य कुशलता, सूझबूझ, चुस्ती, विवेकशील और मजबूत तथा विश्वसनीय स्रोत ही उनकी मदद कर सकते हैं।[1]

इधर, *डॉ. बलदेव राज गुप्त* भी संवाददाताओं को कुछ सावधानियाँ बरतने की सलाह देते हैं। उनके अनुसार संवाददाता को अपने कार्य को निःस्वार्थ भाव से सम्पादित करना चाहिए। किसी भी जनहित के कार्य को पूरी ईमानदारी से पूरा करना चाहिए, क्योंकि वह अखबार के साथ-साथ पूरे समाज के प्रति भी उत्तरदायी होता है। आज की आधुनिक रिपोर्टिंग काफी अध्ययन-मनन की माँग करती है। अनुभव की जरूरत अलग से होती है। उसे कुशाग्र, चालाक होने के साथ-साथ आधुनिक सूचना तकनीक का भी ज्ञान रखना चाहिए। यही नहीं, उसे थोड़ा-बहुत हर विषय का बोध होना चाहिए। इतना ही नहीं, किसी भी संवाददाता को राजनीति, समाज, विज्ञान तथा संसदीय ज्ञान के साथ-साथ अन्तर्राष्ट्रीय सम्बन्धों की भी जानकारी होनी चाहिए,—"...The reporter must be selfless in his work and rise to the occasion to serve the organisation where he works and the people whom he serves. Modern reporting demands greater acquisition of knowledge, experience, skills and techniques towards improving the performance of the reporters and more importantly the quality of reporting or news collection. In the modern world. The reporter has to know something about every subject and everything of some subject. He / she should have a well-stored mine of knowledge as well as experience and a thorough knowledge of at least one particular subject say politics, society, economics, law, entertainment, sports, environment, science, technology, parliamentary affairs, international relations etc. Public educatability, social responsibility and professional integrity as well as excellence should be expressed in terms of reportorial services."[2] डॉ. श्रीपाल शर्मा भी संवाददाताओं को सावधान करते कहते हैं कि—उसे,[3]—

(1) सर्व प्रथम सम्पर्क-सूत्र स्थापित करने चाहिए,
(2) किसी संस्था के मुखिया या उसके निजी सहायक से सम्पर्क करना चाहिए,
(3) सम्पर्क निरन्तर रहना चाहिए,
(4) अपने सम्पर्क सूत्र से आत्मीयता रखनी चाहिए,
(5) चुगली से बचना चाहिए,
(6) सभी राजनैतिक दलों से सम्पर्क रखना चाहिए,
(7) मनोवैज्ञानिक ज्ञान होना चाहिए,
(8) समाचार में सत्यता होनी चाहिए,
(9) सूचना स्रोत का विश्वास सदैव रखना चाहिए,
(10) विभिन्न संस्थाओं, प्रकाशित उद्योग समाचार बुलेटिन का ज्ञान उसे आवश्यक होता है,

---

1. हिन्दी पत्रकारिता का नया स्वरूप—श्री बच्चन सिंह, पृ. 43
2. Journalism By Old And New Masters-Dr. Baldev Raj Gupta, P.22
3. पत्रकारिता के मूल सिद्धान्त—डॉ. श्रीपाल शर्मा, पृ. 79

(11) अन्य संवाददाताओं से समाचार लेने के अतिरिक्त स्वयं समाचार एकत्र करना श्रेयस्कर होता है तथा

(12) प्रत्येक संवाददाता को प्रेस ऐक्ट, सेंसर नियमों तथा अन्य सभी प्रकाशन सम्बन्धी बातों की जानकारी होनी आवश्यक होती है।

(10) संवाददाता और अभिव्यक्ति की स्वतंत्रता

भारतीय संविधान ने भारत के हर व्यक्ति को अभिव्यक्ति की स्वतंत्रता दी है, पर इस स्वतंत्रता की भी कुछ सीमाएँ तय की गई हैं। लोकतांत्रिक मूल्यों में यकीन रखनेवाले सभी लोग जानते हैं कि कोई भी व्यक्ति किसी के निजी जीवन में दखल नहीं दे सकता। हाँ, यदि उस व्यक्ति से सार्वजनिक हित और अहित न सधता हो। मतभेदों पर सहमति-असहमति, उस पर विचार विमर्श, जद्दोजहद, बहस-मुबाहिसा लोकतंत्र के बुनियादी सिद्धान्तों का प्रमुख हिस्सा हैं। वस्तुतः लोकतंत्र सबसे पहले नागरिक अधिकारों की गारंटी देता है, किन्तु यहाँ यह भी संकेत किया गया है कि कोई भी व्यक्ति उस अधिकार का बेजाँ इस्तेमाल नहीं कर सकता। कोई भी व्यक्ति किसी की धार्मिक आस्था को ठेस नहीं पहुँचा सकता, दंगा भड़काने की साजिश-षड्यंत्र नहीं कर सकता, दो समुदायों के बीच वैमनस्य नहीं पहुँचा सकता। अगर उक्त सभी दुष्चक्रों में कोई व्यक्ति लिप्त पाया जाता है, तो यह उसका कृत्य अभिव्यक्ति की आजादी पर कुठाराघात है।

जहाँ तक किसी संवाददाता के लेखकीय अधिकार या स्वतंत्रता का प्रश्न है, उसकी भी एक चौहद्दी तय की गई है। जिस प्रकार उसे लिखने का अधिकार मिला हुआ है, ठीक उसी प्रकार पढ़ने की आजादी पाठकों का अधिकार है। अतः उसे अपने लिखने पर संयम की चाबुक और नैतिकता का अनुशासन बराबर बनाये रखना चाहिए। किसी भी संवाददाता को कुछ भी, किसी के भी विरुद्ध लिखने की अराजक छूट नहीं है। उसे ऐसा कुछ नहीं लिखना चाहिए कि उसकी परिणति बलवा, हिंसा, तोड़फोड़ या विवाद में बदल जाए। उसके इस तरह के समाज-विरुद्ध लेखन से उसके साथ-साथ अखबार की साख को भी बट्टा लग सकता है। दरअसल, तमाम ना-नुकूर और हाँ-ना के बाद भी पत्रकारिता और उससे जुड़े लोगों को भारतीय समाज में अतिशय सम्मान मिला हुआ है। अतः इस सम्मान की रक्षा के लिए संवाददाता को अपनी कलम पर अंकुश रखना चाहिए।

कुल मिलाकर यह कि किसी भी संवाददाता को ऐसा कुछ भी लिखने का अधिकार या स्वतंत्रता नहीं है, जिससे समाज में नाराजगी, खफ़गी और रंजोगम पैदा हो। अतः ऐसी स्थिति में खबर छापने से पहले मोल-तोल से बचना चाहिए। खबरें, जिस स्रोत से मिली हैं, उसे किसी को भी नहीं बताना चाहिए, अन्यथा विश्वसनीयता और स्रोत पर भरोसे का संकट पैदा हो सकता है। दरअसल, भारत में लोकतांत्रिक मूल्यों की समझ सिकुड़ती जा रही है। सारांशतः यह कि लोकतंत्र में अपने कर्तव्यों और उत्तरदायित्वों का बोध सुतरीवाली रस्सी की तरह क्षीण होता जा रहा है, अतः ऐसी स्थिति में संवाददाता को अपनी अक्ले-सलीम यानी सद्बुद्धि से काम लेना चाहिए।

(11) संवाददाताओं की श्रेणियाँ या प्रकार

समाचार-पत्रों के लिए समाचारों के संकलन का कार्य विविध संवाददाताओं द्वारा किया जाता है। अतः उनके कार्य, समाचार संकलन की प्रकृति तथा अन्यान्य आधार पर उन्हें कई श्रेणियों में बाँटा गया है। कुछ विद्वानों ने इनकी तीन श्रेणियाँ बनाई हैं, तो कुछ ने चार। विद्वान् प्राध्यापक और मीडिया विशेषज्ञ *डॉ. संजीव भानावत*[1] ने इनकी तीन श्रेणियाँ-अन्वेषणात्मक, व्याख्यात्मक तथा प्रतिलिपित्यात्मक-माना है। एक अन्य विद्वान् *सन्नी थामस*[2] (Sunny Thomas) ने भी इन्हें तीन ही भागों—अन्वेषणात्मक (Investigative), व्याख्यात्मक (Interpretative) तथा प्रतिलिपियात्मक (Transcreative) में बाँटा है। संवाददाता के स्वरूप को स्पष्ट करते वे लिखते हैं,—"The interpretative reporter, who writes what ho sees and what he construes to be its meaning." इधर एक चर्चित विद्वान् *डॉ. नन्दकिशोर त्रिखा*[3] भी इन्हें तीन ही भागों

1. समाचार लेखन के सिद्धान्त और तकनीक—डॉ. संजीव भानावत, पृ. 22
2. Thuth, Images and Distortions- Sunny Thomas, P.108
3. समाचार संकलन और लेखन-श्री नन्दकिशोर त्रिखा, पृ. 75

में बाँटते हैं,—(1) कार्यालय संवाददाता, (2) विशेष संवाददाता तथा (3) मुफस्सिल संवाददाता। इन्हें स्पष्ट करते हुए वे कहते हैं कि, जो समाचार-पत्र के प्रकाशन के स्थान पर स्थानीय समाचारों का संकलक है, वह "कार्यालय संवाददाता" होता है, जो समाचारों का संकलन ही नहीं करता, उनका विश्लेषण और फलितार्थ का विवेचन भी करता है, वह 'विशेष संवाददाता' होता है तथा जो दूर-दूर स्थित छोटे स्थानों की खबरों को भेजता है, वह 'मुफस्सिल संवाददाता' (Mofussil Correspondents) कहा जाता है।

लेकिन कुछ विद्वान् ऐसे भी हैं, जो इन्हें चार श्रेणियों में बाँटते हैं। *डॉ. गुरुशरण लाल*[1] उन्हीं में हैं। आपने इन्हें—(अ) कार्यालय संवाददाता, (आ) नगरेतर संवाददाता, (इ) विशेष संवाददाता तथा (ई) विदेश संवाददाता इन चार श्रेणियों में बाँटा है। इधर दूसरे वेतन आयोग ने भी संवाददाताओं के चार प्रकार का उल्लेख किया है,—(1) विशेष संवाददाता[2], (2) चीफ रिपोर्टर या मुख्य कार्यालय संवाददाता, (3) उपमुख्य कार्यालय संवाददाता या वरिष्ठ कार्यालय संवाददाता तथा (4) कार्यालय संवाददाता और संवाददाता। बहरहाल, संवाददाताओं की उक्त श्रेणियों को संक्षेप में इस प्रकार देखा जा सकता है—

(क) कार्य की महत्ता के आधार पर

(1) **लाइनर**—संवाददाता की यह श्रेणी अपेक्षाकृत छोटे शहरों से समाचारों को प्रेषित करती है। इनके पारिश्रमिक का आधार समाचार-पत्रों में छपी पंक्तियाँ होती हैं। दरअसल, इस तरह के संवाददाता कभी-कभार ही बतौर शौकिया समाचार भेजते हैं। ये पूर्णकालिक संवाददाता नहीं होते,—"A 'liner' is not a full time reporter. More often that not he may be a lawyer or a school teacher living in a small town who is authorised to send in stories to a newspaper on the understanding that he will be paid by line. If his story does not appear, neither will his money order".

(2) **स्ट्रिंजर**—इस प्रकार के संवाददाता भी पूर्णकालिक नहीं होते, किन्तु भुगतान प्राप्ति के सन्दर्भ में इनकी स्थिति लाइनर से थोड़ी अच्छी होती है। कहीं-कहीं इनके नाम **रिटेनर** भी मिलते हैं,—Somewhat better off than him is the "Stringer". who will 'string' for a paper and submit news items for publication often he would have been retained through payment of a nominal sum to cover expenses. He would not be a full-time employee and would be free to 'string for other papers as well."

(3) **फुलफ्लेज्ड जर्नलिस्ट**—इन्हें पूर्णकालिक संवाददाता का दर्जा प्राप्त होता है। इनकी नियुक्ति बहुधा जिला मुख्यालयों पर ही होती है। इन्हें उपसम्पादक की लगभग सारी सुविधाएँ प्राप्त होती हैं,—"A metropolitan newspaper may hire full-fledged reporters on a regular basis at district headquarters though this is still rare.

(4) **स्टॉफर्स**—इस प्रकार के संवाददाताओं की तनख्वाह निर्धारित होती है। इन्हें स्ट्रिंजर कोटि के संवाददाताओं की सुविधाएँ अनुमन्य होती हैं। इनकी नियुक्तियाँ अधिकांशतया राजधानी मुख्यालय पर ही होती हैं। इन्हें अखबार का नियमित कर्मचारी ही माना जाता है,—"The regulars or staffers are those who work at the newspaper's home base. Their salaries and emoluments are fixed and they enjoy certain rights normally denied to strangers. It is common for the more senior among them to be assigned the more prestigious beats-Like the Secretariat or the Legislative Assembly."[3]

---

1. पत्रकारिता के सिद्धान्त—डॉ. गुरुशरण लाल, पृ. 17
2. "It is the special correspondent's special responsibility to inform the reader the meaning of the facts. This is where his talents are most called for. Facts without opinion are barren, opemon without facts is arrogance. What the special-correspondent has always to beware of is the tendency to offer opinion without supporting data. Professional Journalism-M.V. Kamath, P.28
3. अंग्रेजी के उक्त सभी उद्धरण M.V. Kamath keâer hegmlekeâ Professional Journalism के पृ. 27-28 से

(ख) दूसरे वेतन आयोग के आधार पर

(5) विशेष संवाददाता—जैसा कि नाम से ही जाहिर है, संवाददाताओं में इन्हें कुछ विशिष्ट स्थान प्राप्त होता है। समाचार-पत्र के सहायक सम्पादक, सम्पादकीय लेखक तथा समाचार सम्पादक के समकक्ष का दर्जा इन्हें प्राप्त होता है। *डॉ. श्री कृष्णलाल श्री धरानी* के अनुसार वह एक संकेतक भी होता है और सतर्क करनेवाला भी होता है। वह समाचार एजेन्सियों की भाँति ही घटनाओं की सूचना देता है किन्तु प्रवृत्ति उसकी अपनी विशेष होती है। वह घटनाओं का पूर्वेक्षण भी कर सकता है। इधर, डॉ. अर्जुन तिवारी का कहना है कि विशेष संवाददाता सम्पादक के कान और परामर्शदाता होते हैं। स्तम्भ-लेखक सदृश वह अपने व्यक्तित्व से समाचार को प्रभावित करता है, परन्तु पत्र की नीति के अनुरूप ही उसे कार्य करना पड़ता है।[1]

(6) मुख्य कार्यालय संवाददाता—इन्हें 'चीफ रिपोर्टर' (Chief Reporter) की भी संज्ञा दी गई है। इस प्रकार के संवाददाता को विशेष संवाददाता से नीचे की श्रेणी प्राप्त होती है। इनका काम समाचारों का निरीक्षण-परीक्षण करना होता है।

(7) उपमुख्य कार्यालय संवाददाता—इस प्रकार के संवाददाताओं की गिनती तीसरी श्रेणी के संवाददाताओं की जाती है।

(8) कार्यालय संवाददाता—कुछ लोग इन्हें 'संवाददाता' का ओहदा देने के पक्ष में नहीं हैं, यद्यपि इनकी गिनती संवाददाताओं के चौथे वर्ग में की जाती है।

(ग) मीडिया के आधार पर

(9) प्रिन्ट मीडिया के संवाददाता—विभिन्न समाचार-पत्रों और पत्रिकाओं के लिए समाचार-सम्प्रेषण करनेवाले संवाददाता प्रिन्ट मीडिया के संवाददाता कहे जाते हैं।

(10) इलेक्ट्रॉनिक मीडिया के संवाददाता—

(अ) दूरदर्शन संवाददाता—विद्युतीय माध्यमों खासकर, दूरदर्शन के लिए समाचार प्रेषण करनेवाले व्यक्ति दूरदर्शन संवाददाता कहे जाते हैं। समाचार भेजने की इनकी व्यवस्था अन्यों से थोड़ी भिन्न होती है। यहाँ ध्वनि के साथ-साथ चित्रों का भी प्रकाशन होता है। इस क्षेत्र में सम्प्रति सम्भावनाओं के रोज नये-नये द्वार खुल रहे हैं। सरकारी दूरदर्शन के साथ-साथ निजी क्षेत्रों में भी अनेक खबरिया चैनल्स आए दिन सामने आ रहे हैं।

(ब) रेडियो संवाददाता—जाहिर है, रेडियो के लिए समाचार भेजनेवाले व्यक्ति को रेडियो संवाददाता कहते हैं। इस माध्यम में समाचार बहुत ही नये-तुले अर्थात् कम शब्दों में भेजे जाते हैं, फिर अगली बात यह है कि समाचार सम्प्रेषण भी यहाँ तत्काल करना पड़ता है। अधिकांश रेडियो संवाददाता पूर्णकालिक होते हैं।

(घ) इनके अतिरिक्त कुछ अन्य मुख्य प्रकार

(11) विधायिका के संवाददाता—कुछ संवाददाताओं को संकट तथा विधानसभाओं में होनेवाली गतिविधियों को 'कवर' करने के लिए नियुक्त किया जाता है। ये उन जगहों पर होनेवाली विभिन्न कार्यवाहियों यथा-विधेयकों, अध्यादेशों तथा 'बजट' सत्रादि पर होनेवाली बहसों की रिपोर्ट तैयार कर अपेक्षित स्थान पर भेजते हैं।

(12) विधि संवाददाता—कोर्ट-कचहरी में विभिन्न मुद्दों और मुकदमों पर होनेवाली बहसों और उनके परिणामों की जानकारी जो संवाददाता अपने समाचार-पत्रों को मुहैय्या कराते हैं, इन्हें विधि संवाददाता कहते हैं। इस तरह के संवाददाता दिन भर कचहरी में रहकर कानून सम्बन्धी जानकारी इकट्ठा करते रहते हैं।

(13) संवाद समिति का संवाददाता—बताते हैं, कोई भी समाचार-पत्र-प्रबन्धन इतना सक्षम नहीं होता कि वह प्रत्येक स्थान से समाचारों को एकत्र करने के लिए अपना निजी सूचना-

1. आधुनिक पत्रकारिता—डॉ. अर्जुन तिवारी, पृ. 76

संकलन तंत्र खड़ा कर सके। चाहे यह प्रबन्धन प्रिन्ट मीडिया सम्बन्धी हो या इलेक्ट्रॉनिक मीडिया से सरोकार रखता हो। अतः इन्हें ऐसी स्थिति में समाचार संकलन के लिए संवाद समितियों पर निर्भर रहना पड़ता है। पी.टी.आई., यू.एन.आई., यूनिवार्त्ता, भाषा, वार्त्ता, रायटर तथा ए.पी. आदि ऐसी ही संवाद समितियाँ हैं, जहाँ से देशी-विदेशी समाचार इन अखबार प्रबन्धन को मिलता रहता है।

(14) **विदेश संवाददाता**—विदेशी संवाददाताओं के लिए श्री धारानी भी लिखते हैं कि वे अखबारी दुनिया के राजदूत सरीखे होते हैं, जो युद्ध तथा शान्ति में हमेशा हिस्सा ग्रहण करते हैं भले ही उसका उन्हें भान न हो। विदेशी संवाददाताओं के लिए वे दो प्रमुख बातों का होना भी आवश्यक मानते हैं,—

(1) विदेशी भाषाओं का ज्ञान,

(2) शब्द-चित्र प्रस्तुत करने की स्वाभाविक योग्यता।[1]

सच तो यह है कि विदेशों से समाचार प्राप्त करने के लिए इस तरह के संवाददाताओं को तैनात किया जाता है। विदेशों में रहते इन्हें काफी सुविधाएँ प्राप्त होती हैं। यद्यपि इन्हें अपने देश में भी काम करते काफी सुविधाएँ प्राप्त होती हैं। यहाँ एक पूरा कार्यालय और कर्मचारी इन्हें मुहैया कराये जाते हैं।

(15) **सुरक्षा-विशेषज्ञ संवाददाता**—सुरक्षा सम्बन्धी खबरों को समाचार-पत्रों तक पहुँचानेवाले संवाददाता सुरक्षा विशेषज्ञ संवाददाता कहे जाते हैं। राष्ट्रीय सुरक्षा से जुड़े मामलों का सही-सही मूल्यांकन-विश्लेषण करना ही इनका उत्तरदायित्व होता है। यदि खबरों को भेजने में थोड़ी सी भी लापरवाही हुई तो अर्थ का अनर्थ हो सकता है। अतः इन्हें बहुत सजग रहना पड़ता है। ऐसी स्थिति में इन्हें सुरक्षा सम्बन्धी मामलों की बारीक जानकारी होनी चाहिए यदि सुरक्षा-विशेषज्ञ संवाददाता सीमा पर हो रहे युद्ध का संजय की तरह 'आँखों देखा हाल' भेज रहा हो, तो भी उसे खबरों के प्रति सन्तुलन बनाये रखना चाहिए। आज कल इस तरह की रिपोर्टिंग को 'जड़ित पत्रकारिता' कहते हैं।

(16) **आतंक और संवाददाता**—संवाददाताओं की अब तक जितनी श्रेणियाँ उपर बतायी गई हैं, काम के लिहाज से सबसे कठिन और खौफनाक है—आतंक संवाददाता का कार्य। इस तरह के संवाददाता का जीवन पत्ते पर टिका होता है। उसे आतंकियों और सरकार-दोनों से लाम और लोहा लेना पड़ता है। यदि वह आतंकियों के विरुद्ध लिखता है तो उसे जान की बाजी दाँव पर लगानी पड़ती है और इसके ठीक उलट सरकारी नीतियों की वह मुखालफत करता है तो उसे सरकार का कोपभाजन बनना पड़ता है और इतना ही नहीं, सरकार उसके ऊपर आतंकियों से मिले होने की शंका भी करती है, जबकि पूरी दुनियाँ में कई सौ संवादाताओं को अब तक आतंकियों से जान गँवानी पड़ी है। अतः ऐसी विषम स्थिति में इस तरह के संवाददाता को बहुत संयम और विशेष रणनीति के साथ समाचार लिखना पड़ता है।

(17) **वाणिज्य और अर्थ संवाददाता**—बताते हैं, वाणिज्य और अर्थ—दे दोनों क्षेत्र संवाददाताओं के लिए ऊर्वर जीवन होती हैं। अधिकांश संवाददाता सम्भवतः इसीलिए इस क्षेत्र में काम करना चाहते हैं। वस्तुतः तमाम देशी-विदेशी कम्पनियाँ गलत-सही ढंग से कारोबार करती रहती हैं। संवाददाताओं की नजर उनके इस काम पर बराबर बनी रहती हैं। अगर ये संवाददाता थोड़ा सा प्रलोभन में पड़ जाएँ तो रातों रात मालामाल बन सकते हैं, किन्तु उनका यह कार्य देश और समाज हित में कत्तई नैतिक नहीं कहा जा सकता। बहरहाल, वाणिज्य और अर्थ संवाददाता को शेयर मार्केट, विदेशी मुद्रा विनिमय, फसल, चाय, कहवा, रबड़ आदि से सम्बन्धित खबरों का सही-सटीक विश्लेषण कर इनकी निष्पक्ष तस्वीर जन सामान्य के सामने प्रस्तुत करना होता है।

---

1. समाचार लेखन के सिद्धान्त और तकनीक—डॉ. संजीव भानावत, पृ. 25

(18) **खेल-कूद संवाददाता**—खेल-सम्बन्धी खबरों का दृश्यांकन कर उन्हें समाचार-पत्रों में छपने के लिए भेजनेवाला व्यक्ति खेलकूद संवाददाता कहा जाता है। देखने-सुनने में यह कार्य बहुत आसान लगाता है, पर उतना ही कठिन-क्लिष्ट है। पहली बात तो यह है कि इस तरह के संवाददाता को खेल कूद की बारीकियों, नियम-कानून की जानकारी होनी चाहिए तभी वह मैदान में होनेवाली हर प्रकार की खेल का विश्लेषण कर सकता है। गेंद का बाउंड्री पर जाना, कैच लेना तथा एल.बी.डब्ल्यू. सही दिया गया है या गलत, कौन फाउल हुआ, कौन आउट हुआ जैसी घटनाएँ मैदान में हमेशा घटती रहती हैं, अतः ऐसी विषम स्थिति में इनकी रिपोर्टिंग बहुत आसान नहीं होती। कई खेलों के नियम रोज बन बिगड़ रहे हैं, अतः इनकी भी जानकारी रखना खेल-संवाददाता के लिए आवश्यक होता है।

(19) **साहित्य-संस्कृति संवाददाता**—देश की संस्कृति और साहित्यिक कृतियों के पठन-पाठन तथा उनकी समीक्षा मूल्यांकन में रुचि रखनेवाले लोग इस तरह के संवाददाता बनते हैं। साहित्य, संस्कृति-संवाददाता को समाचार सम्प्रेषण करते समय तत्सम्बन्धी कृति की जानकारी होनी चाहिए। उसके पास परिष्कृत-भाषा, प्रौढ़ समझ और तत्त्वान्वेषी दृष्टि होनी चाहिए। कुल मिलाकर यह क्षेत्र बहुत सम्मानित, किन्तु सजगता की माँग करता है।

(20) **फिल्म संवाददाता**—फिल्म जगत् में रुचि रखनेवाले, कला पारखी लोग इस क्षेत्र में आते हैं। फिल्मों की समीक्षा-विश्लेषण-मूल्यांकन कर उन्हे अखबार की वस्तु बनाते हैं। फिल्म कैसी है? इसके किरदार कैसे हैं? पटकथा कैसी है? बाक्स ऑफिस पर इसका भविष्य क्या है? फिल्म में शब्दों की सर्कसबाजी कैसी हुई है? क्या फिल्म महज कामेडी-डिटेक्टिव है? फिल्म में नाटकीय परिस्थितियाँ कैसी बन पड़ी है? मेकअप कैसा है? फिल्म में दृश्यात्मक विविधता और श्रव्यात्मक अदाकारी कैसी है? फिल्म संवाद और पैरोडी के स्तर पर कैसी बनी है? आदि की चीड़फाड़ करना ही इस तरह के संवाददाता का मुख्य कार्य होता है।

(21) **राजनीतिक संवाददाता**—राजनीतिक गतिविधियों की जानकारी माध्यमों में प्रकाशित होने के लिए भेजने वाले व्यक्ति राजनीतिक संवाददाता कहे जाते हैं। राजनीति सम्बन्धी समाचार लेने के लिए ये संवाददाता विभिन्न दलों के नेताओं के सम्पर्क में निरन्तर बने रहते हैं। राजनेता ही इस तरह की खबरों की खुराक और स्रोत होते हैं। यहाँ यह बात ध्यान देने की है कि संसदीय संवाददाता और राजनीतिक संवाददाता में कोई बहुत बुनियादी फासला नहीं होता, क्योंकि संसदीय संवाददाताओं से ही कभी-कभी राजनीतिक संवाददाताओं का काम लिया जाता है। वस्तुतः जिन दिनों संसद या विधानसभाओं की बैठकें नहीं होतीं, उन दिनों इन स्थानों की राजनीतिक हलचलों की जानकारी एकत्र कर ये संवाददाता अपने-अपने माध्यमों को भेजते हैं।

(22) **अपराध संवाददाता**—अपराध सम्बन्धी घटनाओं की रिपोर्टिंग करनेवाले व्यक्ति को अपराध संवाददाता कहा जाता है। स्थानीय स्तर पर कहाँ लूट, मार पीट, हत्या, हिंसा, आगजनी, बलवा-बवाल हुआ है, इन सबकी जानकारी अपने-अपने माध्यमों को ये संवाददाता भेजते हैं। इन घटनाओं की जानकारी कभी ये पुलिस से प्राप्त करते हैं, तो कभी स्थानीय जनता से लेते हैं। आर्थिक स्तर पर कमजोर या कम 'सर्कुलेशन' वाले समाचार-पत्र के अपराध संवाददाता ही न्यायालय संवाददाता का भी काम करते हैं। इन्हें कुछ लोग 'स्थानीय संवाददाता भी कहते हैं। बड़े या पूँजी सम्पन्न प्रकाशन समूह अपने यहाँ स्वतंत्र रूप से न्यायालय संवाददाता रखते हैं।

(23) **समर या युद्ध संवाददाता**—युद्ध क्षेत्र की सूचना इकट्ठा करने के लिए माध्यमों द्वारा नियुक्त व्यक्ति समर या युद्ध संवाददाता कहे जाते हैं। युद्धों का समाचार इकट्ठा करना, उनकी समीक्षा करना और बाद में उन्हें अपने माध्यम के लिए भेजना बहुत ही चुनौतीपूर्ण एवं संवेदनशील काम है। अतः युद्ध संवाददाता का चयन करना-किसी भी माध्यम के लिए

बहुत सरल नहीं होता। इससे दो देशों के सम्बन्ध पहले की तुलना में बहुत खराब हो सकते हैं। अतः इस तरह के संवाददाता की नियुक्ति के लिए सरकारी अनुमति तो आवश्यक होती ही है, उन्हें सघन प्रशिक्षण लेना भी इस संवेदनशील मसले के लिए बहुत जरूरी होता है।

(24) **विज्ञान-संवाददाता**—वैज्ञानिक क्षेत्रों में होनेवाले शोधों, खोजों, आविष्कारों आदि की जानकारी के प्रति सामान्य जन से लेकर बौद्धिक हलकों तक में निरन्तर उत्सुकता बनी रहती है। इस उत्सुकता की तृप्ति के लिए प्रिन्ट तथा इलेक्ट्रॉनिक माध्यमों में विज्ञान से सम्बन्धित खबरें निरन्तर प्रकाशित होती रहती हैं। इन वैज्ञानिक खबरों समाचारों को भेजनेवाला व्यक्ति ही विज्ञान संवाददाता कहा जाता है।

(25) **श्रम संवाददाता**—भारत में श्रमिक समस्या तमाम समस्याओं की भीड़ में एक ज्वलन्त मुद्दा है। श्रमिकों की समस्याएँ, ट्रेड यूनियनों के आन्दोलन तथा श्रम कानूनों को लेकर यहाँ निरन्तर बहसें होती रहती हैं। श्रमिकों के रोजगार, पगार, भत्ते, महँगाई तथा भविष्य-निधि आदि के विषय में सूचनाएँ छपती-प्रकाशित होती रहती हैं। इन सूचनाओं को भेजनेवाले को ही श्रम संवाददाता कहा जाता है।

(26) **औद्योगिक संवाददाता**—इस देश में उद्योगों का महाजाल फैला हुआ है। इनकी अपनी-अपनी समस्याएँ हैं। कहीं नये उद्योग की स्थापना का संकट है, तो कहीं उत्पादकता का, कहीं इन उद्योगों, कल-कारखानों में काम करनेवाले श्रमिकों-मजदूरों की असाध्य समस्याएँ हैं, तो कहीं पूँजी जुटाने और लगी पूँजी को निकालने का खतरा है तो कहीं उद्योग सम्बन्धी रोज बनने-बदलने वाली औद्योगिक नीतियों का बवाल है। इन्हीं समस्याओं का प्रकाशन प्रिन्ट और इलेक्ट्रॉनिक माध्ममों में निरन्तर किया जाता है। इन समाचारों को भेजनेवाले औद्योगिक संवाददाता कहे जाते हैं।

(27) **बाजार संवाददाता**—अखबारों तथा पत्र-पत्रिकाओं में बाजार सम्बन्धी समाचार निरन्तर छपते रहते हैं, इन्हें इन माध्यमों को भेजनेवाले बाजार संवाददाता कहे जाते हैं। बाजार में आर्थिक वृद्धि की स्थिति क्या है? निवेशकों का रुझान किधर और किसमें है? सप्ताह के शेयर कारोबार की स्थिति क्या रही है? किस जीन्स की स्थिति क्या है? किस वस्तु का बाजार भाव उतार पर या चढ़ाव पर है? वाहनों की बिक्री मन्द या सुस्त है? खाद्य-वस्तुओं की स्थिति कैसी है? सोना, चाँदी का 'रेट' क्या है? आदि की जानकारी बाजार संवाददाता ही देता है।

(28) **नगर संवाददाता**—अपने आस पास या स्थानीय खबरों को एकत्र कर अपने समाचार-पत्रों को भेजनेवाले संवाददाता की नगर संवाददाता (City Reporter) कहा जाता है। कभी-कभी इनके द्वारा भेजे गए समाचार बहुत ही महत्त्व के होते हैं। इनकी खुपिया आँख अपने आस-पास घटने वाली हर घटना को अपने भीतर इकट्ठा करती रहती है।

(29) **अंशकालिक संवाददाता**—अंग्रेजी में इन्हें Part-time Correspondent कहते हैं। इन्हें कुछ लोग समाचारों-सूचनाओं का सन्देशवाहक भी कहते हैं। वस्तुतः अंशकालिक संवाददाता किसी प्रकाशन संस्थान के नियमित वेतन भोगी कर्मचारी नहीं होते, अतः ये किसी एक ही अखबार या माध्यम से सम्बद्ध नहीं होते, बल्कि एक ही साथ कई अखबारों को समाचार भेजते रहते हैं इन्हें इन समाचारों को भेजने के बदले रिटेनर (Stringer) के रूप में प्रति कॉलम या प्रति समाचार के बदले पारिश्रमिक दिया जाता है।

(12) स्तम्भ लेखन अर्थात् अनुभवी संवाददाता

बक़ौल *डॉ. शार्दूल विक्रम सिंह* और *डॉ. ऋचासुकुमार* आज कल विशेष संवाददाताओं के अलावा वरिष्ठ और अनुभवी पत्रकारों का एक वर्ग क्षेत्र में ऐसा आया है, जिसे स्तम्भ लेखक कहते हैं। स्तम्भ लेखक विशेष संवाददाता ही होते हैं, अन्तर केवल यह है कि एक स्तम्भ लेखक के फीचर या न्यूज पेपर एक साथ बहुत से समाचार-पत्रों में छपते हैं या 'सिंडीकेट किए जाते हैं। विशेष संवाददाता को तो अपने ही समाचार-पत्र की आवश्यकताओं को सामने रखकर लिखना होता है। स्तम्भ लेखकों का नाम भी

उनकी रचनाओं के साथ प्रकाशित होता है इसलिए अमेरिकी स्तम्भ-लेखक वाल्टर लिप्मैन जैसे पत्रकार अन्तर्राष्ट्रीय ख्याति प्राप्त कर गए और उनका आदर और सम्मान एक साधारण समाचार-पत्र के सम्पादक से कहीं बढ़ गया। स्तम्भ-लेखकों में विज्ञान, व्यापार और खेलकूद आदि विषयों पर लिखनेवाले विशेषज्ञों का अपना ही स्थान होता है। युद्ध-क्षेत्र से समाचार संकलित करना अथवा युद्ध की स्थिति पर व्याख्यात्मक जानकारी देना, पत्रकारिता का एक गौरवपूर्व अंग हैं इसके लिए संवाददाताओं को विशेष ट्रेनिंग दी जाती है और सैनिक शिविरों में जीवन बिताना पड़ता है। सशस्त्र सेनाओं के प्रेस-सम्पर्क और पब्लिसिटी के लिए अपनी ही व्यवस्था होती है, जिसकी सहायता से विशेष संवाददाता युद्ध क्षेत्र से समाचार प्राप्त करते हैं।

(13) संवाददाता और रिपोर्टर में अन्तर

हिन्दी में संवाददाता और रिपोर्टर का स्थूल अर्थ लगभग एक ही माना जाता है। साफ शब्दों में दोनों का अर्थ 'समाचार भेजनेवाला' होता है, जब कि कभी-कभी इन दोनों शब्दों में कुछ लोग फर्क-फॉक और भेद-विभेद करते हैं। वस्तुतः दोनों के काम की प्रकृति लगभग एक ही होती हैं। संवाददाता के लिए अंग्रेजी में Correspondent शब्द का इस्तेमाल होता है, जिसका अर्थ हिन्दी में 'पत्र-व्यवहारी', 'संवाददाता' तथा 'समाचारदाता' किया गया है,जब कि रिपोर्टर (Reporter) का अर्थ 'प्रतिवेदक' के साथ-साथ 'संवाददाता' भी किया जाता है। अतः इस आधार पर दोनों में कोई अन्तर नहीं दिखायी देता। 'रिपोर्ट' तैयार करने को ही 'समाचार-लेखन' कहा जाता है, जबकि खबरिया माध्यमों अर्थात् दैनिक साप्ताहिक समाचार-पत्र-पत्रिकाओं, समाचार और फीचर एजेन्सियों, रेडियों, दूरदर्शन आदि के लिए समाचारों को संकलित करके भेजने वाले को संवाददाता कहते हैं।

किन्तु कहीं-कहीं इन दोनों के बीच होनेवाले सूक्ष्म अन्तर की ओर भी इशारा किया गया है। वेतन-समिति की सिफारिशों के अनुसार—"Reporter is a person who gathers and presents news at particular centre." अर्थात् रिपोर्टर वह व्यक्ति होता है, जो किसी निश्चित केन्द्र पर समाचार संकलित और प्रस्तुत करता है। डॉ. श्याम सिंह शशि के अनुसार रिपोर्टर के लिए सही हिन्दी शब्द 'समाचारदाता' है जबकि 'संवाददाता' का सही अर्थ है—'Correspondent', किन्तु अब दोनों के लिए मात्र 'संवाददाता' शब्द का प्रयोग होने लगा है।[1] इधर, संवाददाता को रिपोर्टर से थोड़ा भिन्न बताते कहा गया है—"Correspondent is a person who gathers and despatches by wire, post or any other means, news from any centre other than the centre of publication." अर्थात् संवाददाता वह व्यक्ति होता है, जो समाचार-पत्र के केन्द्र के अतिरिक्त किसी भी केन्द्र से समाचार संकलित कर उसे तार डाक या अन्य किसी माध्यम से प्रेषित करता है। इधर, एक चर्चित पुस्तक के लेखक श्री विष्णुदत्त शुक्ल[2] ने इन दोनों में भेद करते हुए लिखा है कि "रिपोर्टर समाचार-पत्रों का ऐसा साधारण कर्मचारी है, जो स्थान-स्थान पर और किसी भी अवसर पर जाकर समाचार संग्रह करता है और उन्हें पत्र कार्यालय के पास भेजता है, किन्तु संवाददाता हमेशा इधर-उधर नहीं जाया करते। उनकी नियुक्ति विशेष अवसरों पर और विशेष स्थानों पर ही की जाती है। जब कहीं कोई खास घटना घटी, कोई उत्सव हुआ, सभा हुई और वारदात हुआ, तब संवाददाताओं की नियुक्ति होती है। वे उस स्थल और अवसर पर जाकर तमाम बातों की छानबीन करते हैं और उसकी सूचना समाचार-पत्र के पास भेजते हैं। वे लोग भी संवाददाता कहलाते हैं, जो किसी विशेष स्थान के रहनेवाले होते हैं और उन्हें उस स्थान के या उसके आस-पास के समाचार भेजने का अधिकार या हुक्म दे दिया जाता है। रिपोर्टर एक ही स्थान के लिए बँधे नहीं होते हैं। उनके जिम्मे सब तरह के काम होते हैं।"

1. हिन्दी पत्रकारिता : विविध आयाम—सं. वेदप्रताप वैदिक में डॉ. श्याम सिंह शशि का लेख—'समाचार-संकलन', पृष्ठ-81, छात्र संस्करण सन् 2002, हिन्दी बुक सेन्टर, 4/5, बी आसफअली रोड नई दिल्ली-110002, मूल्य 150 रुपये।
2. पत्रकार कला—श्री विष्णुदत्त शुक्ल, पृष्ठ-71, सन् 1937।

अध्याय -5

पाँचवाँ पर्व

सूचनाएँ (Informations) एवं समाचार समितियाँ (News Agencies) या संवाद-समितियाँ

खंड-एक

पत्रकारिता सम्बन्धी कुछ महत्त्वपूर्ण विदेशी तथा भारतीय संगठन

(अ) सूचनाएँ

(1) सूचना का सामान्य-परिचय

(1) पृष्ठभूमि

सूचना अपने शाब्दिक अर्थ में बाह्य विश्व का आभ्यन्तरीकरण है। इसके लिए प्रयुक्त अंग्रेजी शब्द **Information** का सही हिन्दी पर्याय 'अन्तःकरण' ही है, जबकि संस्कृत मूल के सूचना, सूच्य, सूचित, सूची आदि शब्दों की व्युत्पत्ति 'सु' और 'चिद्' या 'चित्' शब्दों से मानी जा सकती है, जिसका तात्पर्य है—भलीभाँति चैत होना। 'स् भावे ल्युट्' प्रत्यय से निर्मित सूचना का अर्थ—बतलाना, प्रकट करना या भंडाफोड़ करना भी है—"स जातु सेव्यमानोऽपि गुप्त द्वारो न सूच्यते"। इसके अलावा इसके अन्य अर्थों में पता लगाना, गुप्त भेद जानना, संकेत करना आदि भी हैं—'अमन्यतल नलं प्राप्तं कर्मचेष्टाभिसूचितं'। सूचित करना तो इसका मुख्य अर्थ है ही—'संयोगो हि वियोगस्य संसूचयति सम्भवम्'।

बहरहाल, आज हमारा समाज औद्योगिक सूचना संकुल से संचालित हो रहा है। सूचना आज के विश्व की सबसे बड़ी ताकत है। सूचनाएँ हर जगह तैर रही हैं, बह और प्रवाहित हो रही हैं। फिलवक्त इस धरती पर जो देश जितना सूचना सम्पन्न और लबालब है, वह उतना ही समर्थ और ताकतवर है। सूचनाओं की क्षिप्रगति से प्रवाहित होने के कारण आजकल एक शब्द चल पड़ा है—'सूचना विस्फोट'। साफ शब्दों में, यह समय सूचनाओं के विस्फोट का है। पर, पुरसुकून इस बात का है कि यह 'विस्फोट' बम-विस्फोट' की तरह विध्वन्सक और जानलेवा-हत्यारा नहीं है, बल्कि मोहक, कशिशपूर्ण और रचनात्मक-सृजनात्मक है। आज जिनके पास सूचनाओं की सहज उपलब्धता है, प्रगति के पथ पर वही अग्रसर भी हैं और जहाँ सूचनाओं का अभाव है, या सूचनाएँ मशक्कत से मिल रही हैं, हर तरह की विपन्नता और संकट भी वही हैं। इस तरह सूचनाओं के मिलने-न-मिलने के आधार पर अर्थात् सम्पन्नता और विपन्नता के कारण हमारे भारतीय समाज का चेहरा 'डिजिटल डिवाइड' हो रहा है।[1] कुल मिलाकर

1. हिन्दी अन्तर्राष्ट्रीय—श्री हरिहर प्रसाद चतुर्वेदी, पृष्ठ-21, हिन्दी हाउस, अंक 2, कबीर नगर वाराणसी।

उपलब्ध सूचनाओं ने कृषि, उद्योग, अर्थ, समाज, विज्ञान-व्यवसाय, रोटी, कपड़ा और मकान की समृद्धि में अपूर्व योगदान किया है। सूचना और उसके संस्रोतों से विश्व मानवता प्रभावित हुई है।

(2) सूचना जानने का अधिकार

अब यहाँ पर कई सवाल दरपेश हैं, यथा—क्या प्रजातांत्रिक व्यवस्थावाले देश में रह रहे व्यक्ति को सूचना जानने का अधिकार नहीं है? क्या सूचनाएँ समाज के लिए मुफीद नहीं है? माना कि सरकार द्वारा कुछ ऐसे विषयों को न्यूनतम रखा गया है, जिनके बारे में सूचनाएँ रोकी जा सकती हैं, इनमें अन्य बातों के अलावा देश की प्रतिरक्षा, सम्प्रभुता और अखंडता से जुड़े मामले, अपराधों की गवेषणा और सार्वजनिक व्यवस्था से जुड़े मामले शामिल हैं, किन्तु जन नीतियों और निर्णयों की जानकारी प्राप्त करने का अधिकार क्या हमारा नहीं है, जिनसे हमारा जीवन प्रभावित होता है। हमारे जीवन और स्वतंत्रता से जुड़ी सूचनाएँ हमें क्यों नहीं मिल सकती? आखिर ब्रिटिश काल से शासन और जन सामान्य के बीच डाले गए गोपनीयता के आवरण को हम कब हटाएँगे? इस देश में सरकारी गोपनीयता की कैद में पड़ी सार्वजनिक प्रकृति की बहुतेरी सूचनाएँ समाज की पहुँच से कब तक दूर रहेगी?

सच तो यह है कि "गवर्नमेंट ऑफ इंडिया एक्ट—1935" की छत्रछाया में फूलते-फलते भारतीय गणतंत्र को गोपनीयता कानून अंग्रेजों से विरासत में मिला था। गांधी जी ने गोपनीयता को पाप की संज्ञा दी थी और वे यह मानते थे कि गन्दगी को गोपनीयता और अँधेरे की जरूरत होती है और सभी पाप अँधेरे में ही किए जाते हैं। सो, अंग्रेजों ने भारतीयों की वाक् और अभिव्यक्ति की आजादी को छीनते हुए "सरकारी गोपनीयता कानून 1923" की धारा (5) में गोपनीयता बनाये रखने के लिए पाँच अन्य कानून भी जोड़े, यथा—(1) गोपनीयता साक्ष्य अधिनियम, (2) जाँच आयोग अधिनियम, (3) औद्योगिक विवाद अधिनियम, (4) परमाणु ऊर्जा अधिनियम, (5) केन्द्रीय सिविल सेवाएँ (आचरण) नियम तथा मैनुअल ऑफ डिपार्टमेंटल सिक्युरिटी इन्स्ट्रक्शन।[1]

अब सवाल यहाँ यह है कि सूचना तो लोकतंत्र की शक्ति होती है। लोकतांत्रिक व्यवस्था में समाज के लिए सूचना जानने का अधिकार जीने के अधिकार से कम महत्त्वपूर्ण नहीं होता, तो आखिर जब समाज के लिए सूचनाएँ बहुत बड़ी जरूरत हैं, तो उन्हें उद्‌घाटित करने में व्यावहारिक कठिनाई किस बात की? इन सवालों का उत्तर बड़ा सरल है। दरअसल, सरकारी सूचनाओं की गोपनीयता की आवश्यकता सबसे अधिक सत्ताधारी नेताओं और नौकरशाहों को होती है। अंग्रेजों ने इस कानून को प्रेस और जन-आलोचना से अपनी सत्ता की रक्षा करने के लिए बनाया था ताकि गुलाम सत्ता पर उँगली न उठा सकें। पर अब यह लोकतांत्रिक शासन अपनी प्रेस और जनता से सूचनाएँ छिपाना चाहता है? क्या यह महज औपनिवेशिक सोच है? क्या यह कानून सरकार की ढाल है?

यदि आप सूचना जानने के अधिकार के इतिहास पर दृष्टि डाले तो पाएँगे कि संयुक्त राष्ट्रसंघ द्वारा दिसम्बर, 1948 में जारी हुई मानवाधिकारों की सार्वभौम घोषणा के अनुच्छेद 19 में स्पष्टतः लिखा है कि हर व्यक्ति को विचार और अभिव्यक्ति की स्वतंत्रता का अधिकार है। देश की सीमाओं की चिन्ता किए बगैर किसी भी माध्यम से सूचनाएँ एवं विचार एकत्र करने का अधिकार भी इसमें शामिल है। 1966 में जारी नागरिक और राजनैतिक अधिकारों के प्रतिज्ञापत्र में भी सूचना की स्वतंत्रता की वकालत करते हुए अनुच्छेद 19 (2) के बिन्दु 2 में सूचना एकत्र करने के अधिकार को मान्यता दी गई है। इतना ही नहीं, भारत में तमिलनाडु देश का पहला राज्य है, जहाँ सूचना जानने के लिए अधिकार से सम्बन्धित विधेयक 1997 में लागू हुआ। गोवा में भी 1977 में ही कानून बना। उत्तर प्रदेश में भी 24 जुलाई, 1997 को सरकार ने पंचायत स्तर पर जनता को सूचनाएँ देने सम्बन्धी निर्देश जारी किए। मध्य प्रदेश में भी 1998 में सूचना का अधिकार विधेयक पारित हुआ। इधर, द्वितीय प्रेस आयोग ने 1982 में प्रकाशित अपनी रिपोर्ट में सरकारी गोपनीयता कानून (1923) की धारा 5 में संशोधन कर गोपनीयता का दायरा केवल राष्ट्रीय सुरक्षा के प्रश्नों तक सीमित रखने का सुझाव दिया था। इसी

1. जनसत्ता, दिल्ली संस्करण, 16 दिसम्बर, 2001।

प्रकार सुप्रीम में कोर्ट में 1975 में राजनारायण बनाम उत्तर प्रदेश में भारतीय साक्ष्य अधिनियम की धारा 123 तथा 162 पर फैसला देते हुए पीठ के एक न्यायाधीश जस्टिस मैथ्यू ने लिखा कि सार्वजनिक कार्य के बारे में जानने का हक सभी को है। 1981-82 में भी एस.पी. गुप्ता बनाम भारत सरकार मामले में जस्टिम पी.एन. भगवती ने अनुच्छेद 19 (1) का हवाला देते हुए सरकारी सूचनाओं को सार्वजनिक करने पर बल दिया था। सच तो यह कि जर्मन स्थित ट्रॉसपेरेन्सी इंटरनेशनल द्वारा भ्रष्ट देशों की सूची जारी की जाती है। इनमें वे देश जहाँ भ्रष्टाचार अत्यन्त कम है, जैसे—स्वीडन, डेनमार्क, नार्वे, फ्रांस, कनाडा, जर्मनी और ब्रिटेन—वहाँ के नागरिकों को जानने का अधिकार मिला हुआ है। दूसरी ओर सर्वाधिक भ्रष्ट देशों की सूची में शामिल पाकिस्तान, भारत, मलेशिया, ब्राजील, मैक्सिको, इटली, हंगरी, चीन आदि देशों में नागरिकों को जानने का अधिकार नहीं है।[1]

(3) सूचना की अवधारणाएँ/सिद्धान्तकियाँ

मनोवैज्ञानिक दृष्टि से सूचना मनुष्य द्वारा अपने परिवेश के प्रति संज्ञान विकसित करने एवं अद्यतन करने की प्रक्रिया है। यह प्रक्रिया मानव सभ्यता के विकास के साथ और जटिल, व्यापक किन्तु विशिष्ट हो गई है। प्राचीन काल में मनुष्य अपनी ज्ञानेन्द्रियों का उपयोग केवल शीत-धूप तथा हानि-लाभ के प्रत्यक्ष एवं सीमित स्तर पर ही कर पाता था। उदाहरण के लिए, जीवन सुरक्षा के लिए सामने शेर या साँप देखकर अथवा क्षुधा-शमन के लिए सामने पका फल या आसान शिकार देखकर आदि मानव के जीवन का सूचना-चक्र पूरा हो जाता होगा, किन्तु आधुनिक मनुष्य का सूचना तंत्र राडारों के साथ-साथ उपग्रहों से प्राप्त तस्वीरों तक पहुँच गया है। संचार की विकसित तकनीक के कारण आज सूचनाएँ पलक झपकते दुनिया के किसी भी हिस्से में बहुत आसानी से पहुँच जा रही है। डाक-विभाग से आगे बढ़कर रेडियो, टेलीफोन, टी.वी. वायरलेस, कम्प्यूटर, इंटरनेट तथा मोबाइल जैसे स्रोतों ने सूचना को सर्व सुलभ बना दिया है।

सच तो यह है कि आज के मनुष्य का सूचना-तंत्र केवल मानव, विश्व या पृथ्वी तक ही सीमित नहीं है, बल्कि वह ब्रह्मांड व्यापी हो गया है। आज की मनुष्य-जाति ब्रह्मांड की अज्ञात सभ्यताओं के नाम से भी सन्देश प्रसारित कर रही है। आज के भूमंडलीकरण और वैश्वीकरण का मुख्य आधार भी उसका सर्वव्यापी तंत्र ही है। इस प्रकार हम देखते हैं कि सूचना मनुष्य के ज्ञान-जगत का ही विस्तार है। व्यावहारिक व्याप्ति की दृष्टि से 'सूचना' शब्द NEWS या 'समाचार' से अधिक व्यापक है, लेकिन सैद्धान्तिक रूप से दोनों शब्द समानार्थी हैं। हेडन कोश के अनुसार सर्व दिशाओं की घटना को 'NEWS' कहते हैं। इस 'न्यूज' के चार अक्षर चार दिशाओं के आद्याक्षर हैं—N = North (उत्तर), E = East (पूरब), W = West (पश्चिम), S = South (दक्षिण)। ये चारों अक्षर चार दिशाओं का बोध कराते हैं। "North, East, West, South, what comes from there makes news" अर्थात् चतुर्दिक दिशाओं का जो बोध कराये, वह समाचार है।

पर अंग्रेजी का NEWS शब्द NEW का बहुवचन है। यह संस्कृत 'नव' के समानार्थी लैटिन शब्द 'नोवा' से विकसित है, जिसका तात्पर्य है—नवीन घटनाएँ। इस बिन्दु पर 'सूचना' या 'Information' अधिक व्याप्तिपरक और कालनिरपेक्ष शब्द है, जिसके अनुसार NEWS भी एक सूचना है लेकिन सूचना, सूचना है, उसके लिए नई या पुरानी होना बहुत महत्त्वपूर्ण नहीं है। वह पुरानी भी हो सकती है, फिर भी वह सदैव नये मनुष्य या मनुष्य समुदाय के लिए महत्त्वपूर्ण और उपयोगी होती है, क्योंकि "समाचार (सूचना) कोई ऐसी चीज नहीं है, जिसे आप कल तक नहीं जानते थे", या "पर्याप्त संख्या में मनुष्य जिसे जानना चाहे, वह समाचार है।"

आज सूचना सम्बन्धित ज्ञान एवं अध्ययन एक वैज्ञानिक विषय का रूप ले चुका है। मिखालोव ए.आई. के शब्दों में—"सूचना विज्ञान एक नवीन वैज्ञानिक विषय है, जो सूचना के प्रतिमान और सामान्य-गुणों और साथ ही सभी संचार प्रक्रियाओं जिसमें विज्ञान सूचना गतिविधियाँ सम्मिलित हैं—से सम्बन्ध रखता है।" एक अन्य विद्वान् जे.एच. शेरा के अनुसार—"सूचना विज्ञान शोध का वह क्षेत्र है, जो सूचना की विधियाँ एवं तकनीकों के वास्तविक अर्थ को रेखांकित करता है, साथ ही वह सूचना-प्रवाह का अध्ययन

1. हिन्दुस्तान—राघवेन्द्र मिश्र (वाराणसी संस्करण) 25 मई, 2005।

करता है।'' कुल मिलाकर एक अन्य विद्वान् ब्रो हेराल्ड के अनुसार विज्ञान एक वास्तविक विषय है, जो सूचना के गुण एवं व्यवहार की शोध करता है तथा सूचना की अधिकतम उपलब्धता एवं उपयोगिता हेतु सूचना संसाधित करने का माध्यम है। यह ज्ञान से सम्बन्धित है, जिसमें सूचना का उद्‌भव संग्रह, संगठन, पुनर्प्राप्ति, व्याख्या प्रेषण, रूपान्तरण और उसका उपयोग सम्मिलित है। यह प्राकृतिक एवं कृत्रिम सूचना पद्धतियों में दर्शायी गई सूचना के शोध, दक्षतापूर्ण सूचना-सम्प्रेषण में प्रयुक्त संकेतों के प्रयोग तथा सूचना संसाधन विधियों एवं तकनीकों जैसे—कम्प्यूटर और उसकी कार्य-पद्धतियों का भी अध्ययन करता है।

(4) सूचना : समाज की जरूरतें

समाज को सूचना 'जानने का अधिकार'—यह शब्दावली अमेरिकी उपज है। इस धरती पर ढेरों ऐसे लोकतांत्रिक देश हैं, जहाँ की जनता को सूचना जानने का अधिकार नहीं है। वहाँ का समाज आज भी तथ्यों की गोपनीयता या 'प्राइवेसी' के नाम पर न जाने कितनी गतिविधियों से अनभिज्ञ है। ढेरों ऐसी सूचनाएँ होती है, जिन्हें नियम, कानून, मर्यादा, औचित्य, देशहित-जनहित के नाम पर वहाँ के समाज से छुपा कर रखा जाता है। तर्क दिया जाता है कि देशहित और लोकहित में तथ्यों को गोपनीय रखना अनिवार्य है। यदि इन सूचनाओं को प्रकट कर दिया जाए तो देश में अराजकता और उद्‌दंडता, बिखराव की स्थिति पैदा हो सकती है।

पर, हमें यह जानना चाहिए कि मनुष्य बुद्धि प्रधान प्राणी है। वह न सिर्फ अपने परिवेश की सूचनाओं के प्रति सजग रहता है, बल्कि शिक्षा जैसी प्रक्रिया के माध्यम से अगली पीढ़ी तक भी अपने समय की समस्त अर्जित सूचनाओं को पहुँचाता है। सामाजिक प्राणी होने के कारण वह स्वयं ज्ञान प्राप्त करता है और दूसरों को भी प्रदान करता है। इस प्रकार सूचना उसके समाज का ही नहीं, बल्कि सभ्यता का भी प्रमुख आधार है। नवीनतम सूचनाएँ ही नये सामाजिक परिवर्तनों को जन्म देती हैं। नवीनतम आविष्कार और तकनीक उसकी सभ्यता को निरन्तर प्रगतिशील और बेहतर बनाती है। अतः जाहिर है, सूचना किसी भी समाज की ऑक्सीजन की तरह प्रथम जरूरत है।

(5) सूचना का स्वरूप

आधुनिक युग में सूचना अनुसन्धान एवं विकास परियोजनाओं का अनिवार्य अंग है। एक अद्यतन सूचना-तंत्र जहाँ वैज्ञानिकों के लिए शोध में सहायक होता है, वहाँ वह उन्हें अनावश्यक पुनरावृत्ति से भी बचाव करता है। वस्तुतः मानव समाज में निरन्तर नई-नई शोधों, नई-परिकल्पनाओं और नये विचारों की प्रक्रिया चलती रहती है, नये तथ्य, नई जानकारियाँ सामने आती हैं, जिन्हें सूचना कहते हैं। यह सूचना, उसे जानने की इच्छा रखनेवाले मनुष्य और जानकार के बीच अन्तःक्रिया से उत्पन्न होती है। 'ऑक्सफोर्ड डिक्शनरी' के अनुसार ''सूचना का अर्थ सूचित करना, कथित बात, ज्ञान को अनेक वांछित वस्तुएँ तथा समाचार आदि से है।'' इधर, एक अन्य विद्वान् हाफमैन के अनुसार, ''वक्तव्यों, तथ्यों अथवा संख्याओं की सम्पूर्णता को सूचना कहते हैं, जो बौद्धिक, तर्कपूर्ण विचारधारा अथवा किसी अन्य मानसिक कार्यपद्धति के अनुसार अवधारणात्मक ढंग से परस्पर सम्बद्ध होती हैं।'' इसी प्रकार बेल सूचना को ''समाचारों, तथ्यों, आँकड़ों, प्रतिवेदनों, अधिनियमों, कर संहिताओं, न्यायिक निर्णयों, प्रस्तावों और इसी तरह की अन्य चीजों से सम्बन्धित'' मानते हैं।

वस्तुतः अपने स्वरूप में प्रायः सूचना अक्षरों से युक्त होती है। सूचना का अभिप्राय चयन, व्यवस्थापन तथा अव्यवस्थित तथ्यों की बौद्धिक व्याख्या से भी होती है। सूचना विचारधाराओं का भी प्रतिनिधित्व करती है।

(6) सूचना के प्रकार

जे.एन. शेरा ने सूचना के छह प्रकार माने हैं। उनके अनुसार वातावरण द्वारा प्राप्त होनेवाली सूचनाएँ 'प्रेरक सूचना' (Stimulatory Information), सहयोग और समन्वय के आधार पर सामूहिक गतिविधियों को प्रभावित करनेवाली 'दिशा सूचक सूचना' (Directive Information), निर्णय निर्धारण प्रक्रिया से सम्बन्धित सूचना, नीति सम्बन्धी सूचना (Empirical Information), प्रयोगशाला, साहित्यिक खोज

या शोध से स्वयं के अनुभवों द्वारा प्राप्त सूचना 'अनुभवात्मक सूचना' (Empirical Information), कार्य-प्रविधि को और विकसित करनवाली सूचनाएँ 'कार्य विविध सूचना' (Procedural Information) तथा किसी समस्या के अस्थिर क्षेत्रों से उत्पन्न होनेवाले विचार, परिकल्पनाएँ आदि 'प्रत्ययात्मक सूचना' (Conceptual Information) होती है।

(7) सूचना की शुद्धता और व्यावसायिक निर्मिति

आज विश्वव्यापी सूचना तंत्र के युग में सूचना की विश्वसनीयता और शुद्धता एक महत्त्वपूर्ण मुद्दा बन चुकी है। एक गलत, अशुद्ध या झूठी सूचना पड़ोसी से लेकर न सिर्फ दो देशों के बीच युद्ध करा सकती है, बल्कि विश्वयुद्ध का कारण भी बन सकती है। उदाहरण के लिए शीत युद्ध के दौर में अमेरीका और रूस के बीच गलत सूचना के कारण युद्ध की स्थितियाँ बन गई थीं, जिससे बचने के लिए सूचना के प्रत्यक्ष आदान-प्रदान या 'हॉट लाइन' की व्यवस्था की गई। अनावश्यक सन्देह और तनाव से बचने के लिए भारत पाकिस्तान के बीच भी ऐसा ही सूचना तंत्र स्थापित किया गया है। भारत में तो अधिकांश दंगे झूठी सूचनाओं और अफवाहों से ही फैले और फैलते हैं। गुजरात के गोधरा कांड के सम्बन्ध में तो आज भी यह स्पष्ट नहीं हो सका है कि ट्रेन में आग भीतर से लगी या बाहर से लगायी गई। हालाँकि अधिकांश लोगों का विचार है कि आग बाहर से ही लगायी गई। बहरहाल, इस सूचना के प्रसार ने कि यह कार्य मुस्लिमों ने ही किया है—गुजरात को दंगों में झोंक दिया। अतः ऐसी स्थिति में सूचना की शुद्धता और प्रामाणिकता नितान्त आवश्यक है। सूचना के उत्स पर शुद्धता का 'फिल्टर' लगाना आवश्यक एवं मौजू है, ताकि अशुद्ध, भ्रामक, सनसनीखेज स्थिति पैदा करनेवाली तलछट या गाद वहीं रह जाए और शुद्ध सच और प्रामाणिक सूचना बाहर आ जाए।

जहाँ तक सूचना की व्यावसायिक निर्मिति का सवाल है, आज के उपभोक्तावादी बाजार में किसी भी व्यावसायिक निर्मिति के सम्बन्ध में दी जा रही सूचना की सत्यता शुद्धता को सत्य की कसौटी और खराद पर कसना-परखना आवश्यक हो गया है। दरअसल, सूचना आज व्यवसाय हो चुकी है, इसलिए कई बार सूचना चयन का आधार उसके तथ्य या महत्त्व नहीं, बल्कि उसके बिकने एवं सनसनीखेज होने की क्षमता होती है। इस समय तमाम ऐसे विज्ञापन इलेक्टॉनिक मीडिया द्वारा प्रसारित किए जा रहे हैं, जिनकी विश्वसनीयता पर प्रश्न चिह्न लगाया जा रहा है। दरअसल छलावा भरे विज्ञापनों द्वारा दी जा रही सूचना द्वारा निरीह और अभावग्रस्त जनता का शोषण किया जा रहा है। यद्यपि गलत सूचना से भरे विज्ञापनों की शिकायत 'उपभोक्ता फोरम' में की जा सकती है, बावजूद इसके कोई ठोस नतीजा नहीं निकल सकता, क्योंकि ये विज्ञानपकर्त्ता पुनः अन्य छद्म नाम से उसी व्यावसायिक निर्मिति को बाजार में उतार सकते हैं। अतः ऐसी स्थिति में सूचना और प्रसारण मंत्रालय द्वारा दूरदर्शन पर दी जा रही सूचना तथा विज्ञापनों से सम्बन्धित शिकायत को दर्ज करने के लिए कोई संस्था या प्रकोष्ठ की स्थापना अवश्य होनी चाहिए।

(8) सूचना की स्वतंत्रता

सूचना की शोभा उसकी स्वतंत्रता है। यदि सूचना गोपनीयता के कटघरे में कैद है, तो जाहिर है उसे उसकी स्वतंत्र हैसियत से महरूम किया जा रहा है। दरअसल, सारी लड़ाई सूचना को स्वतंत्र रूप देने और न देने के बीच है। सरकार, सत्ता, राजनीति, सरकारी प्रणाली, तानाशाही या राजशाही सूचना की स्वतंत्रता को सीमित या कुंठित करती हैं। सभी जानते हैं—आज सूचना और संचार क्रान्ति का युग है। आज सूचना तंत्र पर वर्चस्व के प्रयास को युद्ध के रूप में देखा जा सकता है। इस समय अमेरिका 'सूचना साम्राज्यवाद' और 'सांस्कृति उपनिवेशवाद' के माध्यम से विश्व को जीतने का प्रयास कर रहा है।

इधर, पश्चिमी मीडिया भी अमेरिकी हितों की पोषक हैं। ये उसके साम्राज्यवादी हितों के अनुरूप समाचारों को तोड़-मरोड़ कर परोसती हैं। अभी कुछ ही दिनों पूर्व विश्व ने प्रायोजित और 'नियंत्रित' सूचना तंत्र को भी देखा, जिसमें अमेरिकी फौज की निगरानी और संरक्षण में ही पत्रकार अपनी सूचनाएँ सम्पूर्ण विश्व को भेज पाते थे, जबकि सच्चाई यह है कि स्वतंत्रता और निष्पक्षता के बिना सूचना के

आदर्श स्वरूप की कल्पना ही नहीं की जा सकती। स्वतंत्र और निष्पक्ष सूचना प्राप्त करना हर मनुष्य का अधिकार है, खासकर, भारत जैसे लोकतांत्रिक देश में तो सूचना की स्वतंत्रता के बिना स्वस्थ लोकतंत्र की कल्पना ही नहीं की जा सकती।

(9) सूचना की विश्वसनीयता

विश्वसनीयता के अभाव में सूचना अपना उद्देश्य पूरा नहीं कर सकती। सही माध्यम, स्रोत या तथ्यों के अभाव में प्राप्त सूचना न सिर्फ भ्रामक और एकपक्षीय होती है, बल्कि वह उस सूचना-तंत्र की सामाजिक प्रतिष्ठा और व्यावसायिक स्थिति को ठेस और क्षति पहुँचा सकती है। यही कारण है, कि प्रायः सभी संचार माध्यम चाहे वह कोई अखबार हो, या टी.वी. चैनल—सूचना की विश्वसीयनता के लिए सजग रहते हैं। फिर भी प्रायः देखा जाता है कि किसी भावात्मक जुड़ाव, अतिरंजता, पूर्वाग्रह, दुराग्रह या पक्षपात के कारण सूचना माध्यम अपनी विश्वसनीयता खो देते हैं। उदाहरण के लिए भारत-पाकिस्तान के पिछले युद्धों में देखा गया कि दोनों दशों के नागरिक अपने देश के सूचना तंत्र पर भरोसा न करके बी.बी. सी. 'न्यूज' सुनना पसन्द करते थे।

इतना ही नहीं, अप्रैल-मई 2004 में चौदहवीं लोकसभा चुनाव के समय मीडिया के चुनाव सर्वेक्षण गलत हुए। मीडिया जिस दल समूह को सुविधाजनक बढ़त देते हुए सरकार बनाता दिखा रहा था, वह सत्ता के बाहर हो गया और जिस दल समूह के खाते में दूसरे नम्बर के लिए आँकड़े दिखाये जा रहे थे, वह पहले नम्बर पर आ गया। इसके पहले भी 2002 तथा 2003 के विभिन्न विधानसभा चुनावों के समय भी चुनाव सर्वेक्षणों के आँकड़े सही नहीं निकले थे। अतः ऐसी स्थिति में आवश्यक है कि सूचनाओं की बिक्री के लिए उन्हें चटपटा न बनाया जाए। उनकी विश्वसनीयता को सुरक्षित रखा जाए। उपभोक्ताओं की उत्सुकता बनाये रखने के लिए सूचनाओं की यथार्थपरकता पर गपशप शैली न हावी होने पाये। सूचनाओं की विश्वसनीयता बनाये रखने के लिए उन्हें खेल तथा मनोविनोद की शैली में प्रस्तुत किया जाए। उपभोक्तावादी बाजार में मौद्रिक लाभ के लिए सूचनाओं पर अनुमानों की फंतासी का रसायन न लगाया जाए।

(10) सूचना और तथ्य

प्रसिद्ध विद्वान् और कवि **डॉ. रामप्रकाश कुशवाहा** कहते हैं कि सूचना स्वयं तथ्य नहीं होती, बल्कि तथ्यों के बारे में होती है। इसका कारण यह है कि सूचना एक एक मनुष्य से दूसरे मनुष्य के बीच तथ्यों के आदान-प्रदान एवं सम्पर्क के क्रम में उत्पन्न होती है। दूसरे शब्दों में, यह सम्पर्क का ज्ञानात्मक रूप है। इसीलिए तथ्य अपने स्वरूप में जहाँ वस्तुनिष्ठ और संख्यात्मक माने जाते हैं, वहीं सूचना अभिव्यक्तिपरक, अक्षरात्मक और विचारात्मक होती है।

सूचना-निर्माण में सूचना के क्षेत्र एवं प्रकार के अनुरूप तथ्य-संग्रह का स्वरूप भिन्न हो सकता है। सामाजिक, सांस्कृतिक एवं राजनीति तथ्य जहाँ सूचना के निकटतम एवं प्रत्यक्ष स्रोत की माँग करते हैं, वहीं अन्तरिक्ष एवं विज्ञान सम्बन्धी उन्नत तकनीक की अपेक्षा रखते हैं।

(11) सूचना तथा विधि और 2005 में सूचना की मुक्ति

तमाम तरह के कड़े विधि-विधान से जद्दोजहद और कशमकश करते अन्ततः सूचना को गोपनीयता के कब्जे से "सूचना के अधिकार सम्बन्धी विधेयक 2004" के नाम से 150 संशोधनों के साथ 11 मई, 2005 को लोकसभा में पारित होने के साथ ही मुक्ति मिल गई है। इससे आम नागरिक और सरकार के बीच परस्पर "भरोसे के सम्बन्धों" की शुरुआत हुई है। इस विधेयक के पारित हो जाने से देश में कार्यरत सभी संस्थान बेहतर तरीके से कार्य करेंगे तथा जनता के प्रति जवाबदेह होंगे। आप जानते हैं, प्रेस आयोग (1977-82) ने जनता के सूचना अधिकारों को स्वीकार करते हुए "शासकीय गुप्त बात अधिनियम 1923" की धारा-5 को समाप्त कर जनता के अनुरूप वैकल्पिक प्रावधान करने की सिफारिश की थी। प्रजातांत्रिक व्यवस्था में सही सूचना एवं जानकारी के अभाव में जनता न तो

अपनी पसन्द की सरकार चुन सकती है और न ही सरकार द्वारा अपने हितों की सुरक्षा तथा उसकी कार्य प्रणाली पर नजर ही रख सकती है। भारत में औपनिवेशिक रिश्तों के कारण ब्रिटिश सरकार ने भारतीयों के सूचना अधिकारों को अनावश्यक रूप से सीमित किया था।

किन्तु, सौभाग्य से मई 2005 में भारतीय संसद ने चिर प्रतीक्षित "सूचना के अधिकार विधेयक, 2005" को पास कर भारतीय नागरिकों को सूचना पाने का अधिकार प्रदान कर दिया है और इसके सही क्रियान्वयन के लिए केन्द्र और राज्य स्तर पर सूचना आयोगों की व्यवस्था की है, जिसका मुख्यालय दिल्ली में बनाया गया है। उसके शाखा कार्यालय देश के अन्य भागों में भी आवश्यकतानुसार बनाये गए हैं। इसके अतिरिक्त प्रत्येक राज्य का अलग सूचना कार्यालय भी बनाया गया है। सूचना के अधिकार से कानून में केन्द्रीय सूचना आयोग में मुख्य सूचना आयुक्त और सूचना उपायुक्तों की नियुक्ति के बारे में भी यह व्यवस्था की गई है कि इनकी नियुक्ति निर्वाचन आयोग की तरह ही राष्ट्रपति द्वारा गठित एक समिति की सिफारिश पर की जाएगी। इस समिति के तीन सदस्य होते हैं, यथा—प्रधानमंत्री, समिति के अध्यक्ष, प्रधानमंत्री द्वारा नामांकित मंत्रिमंडल का एक मंत्री और लोकसभा में विपक्ष के नेता। इसी प्रकार राज्य सूचना आयोग में मुख्य आयुक्त और उपायुक्तों की नियुक्ति राज्यपाल द्वारा गठित समिति की सिफारिशों पर होती है। इसके भी तीन सदस्य होते हैं, यथा—मुख्यमंत्री (अध्यक्ष), मुख्यमंत्री द्वारा नामांकित मत्रिमंडल का एक मंत्री व विधानसभा में विपक्ष का नेता। इस तरह से कुल मिलाकर सूचना आयोग की मुख्य भूमिका भारतीय नागरिकों को विधि सम्मत सूचना उपलब्ध कराना है।

(12) सूचना और कानून

विज्ञान की तरह सूचना भी स्वयं में अच्छी-बुरी नहीं होती, बल्कि इसका प्रयोग—उपयोग करनेवाले की मानसिकता ही उसे अच्छा या भद्दा-बदशक्ल बनाती है, इसीलिए सूचना-तंत्र के नियमन के लिए कानून निर्मित किए गए हैं। एक लोकतांत्रिक देश होने के कारण भारत में शासन के पक्ष एवं विपक्ष में जनमत निर्माण में सूचना-तंत्र की महत्त्वपूर्ण भूमिका होती है, पर इसके बेजां इस्तेमाल को रोकने के लिए कानून भी बगल में खड़े कर दिए गए हैं।

दरअसल, भारत में सूचना-सम्बन्धी कानूनों के निर्माण की शुरुआत ब्रिटिश काल में हुई थी। सन् 1799 ई. में लार्ड वेलेजली ने समाचार-पत्रों के सम्बन्ध में कानून बनाये, जिसके अनुसार पत्र पर मुद्रक, सम्पादक और संचालक के नाम-पते छापना अनिवार्य कर दिया गया। सन् 1823 के 'एडम्स रेगुलेशन' के अनुसार पत्र छापने के पूर्व लाइंसेस लेना आवश्यक कर दिया गया और कानून भंग करने पर 400 रु. जुर्माना और 4 माह की सजा की व्यवस्था की गई। पुनः 14 मार्च, 1878 ई. के "वर्नाक्युलर प्रेस एक्ट" के द्वारा लार्ड रिपन ने अंग्रेजी भाषा के पत्रों को छोड़कर अन्य भाषा के पत्रों का पूर्ण-नियंत्रण जिला मजिस्ट्रेट को सौंप दिया, जिसे जमानत माँगने और पत्र को जब्त करने का अधिकार था।

स्वतंत्र भारत में पुराने सभी कानूनों को रद्द कर 31 अगस्त, 1951 को नये संविधान के अनुरूप कानून बनाया गया और "दे प्रेस आब्जेक्शनेबल मैटर एक्ट-1951" के अन्तर्गत् बिना मुकदमा चलाये सरकार को किसी भी प्रकार की सजा का अधिकार नहीं दिया गया। जिला न्यायाधीश ही जमानत देने, चेतावनी देने या प्रेस जब्त करने के अधिकारी हैं। सन् 1978 में प्रेस की स्वतंत्रता और स्तर को बनाये रखने के लिए एक प्रेस-परिषद् की स्थापना के लिए अधिनियम बनाया गया, जिसका नाम 'प्रेस परिषद् अधिनियम-1978' है। इसके पश्चात् 'प्रेस परिषद् (जाँच प्रक्रिया) विनियम-1979' के द्वारा परिवादों की जाँच का अधिकार प्रदान किया गया है।

आज सबको सूचना प्राप्त करने का अधिकार मिल गया है। अपने संवैधानिक अधिकारों के तहत संसद और विधानसभाएँ सरकार से जो सूचना लेने का हक रखती हैं, वहीं सूचना अब सड़क का आम आदमी भी सरकार से ले सकेगा। सूचना के अधिकार के कानून ने बाकायदा लिखत-पढ़त में हर व्यक्ति को यह अधिकार दे दिया है। पुलिस थाना और केन्द्रीय जाँच ब्यूरो (C.B.I.) भी इस कानून के भीतर आ गए हैं। अगर व्यक्ति चाहे तो सरकारी इमारत के निर्माण का गुणवत्ता भी जाँच

कर सकता है, हाँ, केवल चुनिन्दा एक दर्जन गुप्तचर और जाँच एजेन्सियाँ व सुरक्षा बलों को कानून के दायरे से बाहर रखा गया है। यह सूचना के अधिकार का कानून अपने प्रावधानों में बेहद ताकतवर है। इसके कुछ प्रावधान 15 जून से ही अमल में आ गए थे किन्तु पूरा कानून 12 अक्टूबर, 2005 से लागू कर दिया गया है। इस कानून में अधिकारियों का वेतन, भत्ता तथा बजट की जानकारी आदि भी शामिल हैं।

कुल मिलाकर 'सूचना के अधिकार' प्राप्ति से आम जनता द्वारा अपने जनप्रतिनिधियों का मूल्यांकन लोकतांत्रिक ढंग से हो सकेगा। इसे लोकतांत्रिक व्यवस्था की सफलता की कुंजी माना जा सकता है, क्योंकि इससे व्यवस्था में पारदर्शिता आएगी। इस कानून में यह व्यवस्था है कि गलत सूचना देनेवाले संस्थानों को विभागीय कार्यवाही का सामना करना पड़ेगा। यदि कोई अधिकारी किसी को सूचना देने से आनाकनी करता है तो उस पर 25 हजार रुपये का जुर्माना और उसकी चरित्र पंजिका में प्रतिकूल टिप्पणी दर्ज की जाएगी। इस कानून से हर क्षेत्रों की सूचनाएँ आम भारतीय नागरिक को तो मिलेंगी ही, गरीब व्यक्ति को इसके लिए शुल्क (फीस) भी नहीं देनी पड़ेगी। किस परियोजना में क्या हो रहा है, किस कम्पनी को ठेका मिल रहा है, किसको लाभ और किसे हानि हो रही है—इन सबकी जानकारी किसी भी व्यक्ति को आसानी से मिल सकती है। इस कानून से कम्पनियों की जनता, शेयर धारकों, उपभोक्ताओं व कानून-व्यवस्था के प्रति जवाबदेही तय होगी तथा लोग वित्तीय घोटालों, अस्वास्थ्यकर सामग्रियों, भोपाल गैस कांड जैसी दुर्घटनाओं से भी महफूज रहेंगे। यही नहीं, इसके दायरे में गैर सरकारी संगठन भी आ गए हैं, जिससे तथाकथित 'एन. जी. ओ.', जो फर्जी ढंग से सरकारी पैसा हजम कर जाते हैं—उन पर लगाम लगेगी। सभी मंत्रालयों में सरकारी विभाग, संवैधानिक संगठन के दफ्तर, सार्वजनिक निगम तथा बैंक आदि के बारे में भी सूचनाएँ एकत्र की जा सकती हैं।

श्रमजीवी पत्रकार (The Working Journalist) कानून—सन् 1955 में भारत सरकार ने 'श्रवजीवी पत्रकार कानून' पास किया। इसके अनुसार पत्रकारों और प्रूफ रीडरों को श्रमजीवी पत्रकार मानकर उनकी सेवा के लिए नियम बनाये गए। इसकी तीसरी धारा के अन्तर्गत श्रमजीवी पत्रकारों पर सन् 1947 का 'औद्योगिक विवाद अधिनियम' लागू किया गया। 23 मई, 1957 को पत्रकारों की सेवा के नियमों को प्रकाशित करके उनके काम के घंटों, अवकाश और अनुग्रह राशि आदि का स्पष्टीकरण हुआ। बाद में 6 फरवरी, सन् 1960 को इनमें संशोधन भी हुआ।[1] दरअसल, इस कानून में श्रमजीवी पत्रकार कौन-कौन लोग हो सकते हैं—को स्पष्ट रूप से परिभाषित किया गया है। श्रमजीवी पत्रकार की परिभाषा इस अधिनियम के अनुसार इस प्रकार है—"ऐसा व्यक्ति, जिसका मुख्य व्यवसाय पत्रकार का है और उसके अन्तर्गत् सम्पादक, अग्रलेख लेखक, समाचार सम्पादक, उप सम्पादक, फीचर लेखक, प्रकाशक-विवेचक, रिपोर्टर, संवाददाता, व्यंग्य चित्रकार, प्रूफ रीडर, समाचार-छाया चित्रकार भी हैं, किन्तु ऐसा कोई व्यक्ति इसके अन्तर्गत् नहीं है, जो—

(क) मुख्य रूप के प्रबन्धकीय या प्रशासकीय हैसियत में नियोजित है,

(ख) पर्यवेक्षकीय हैसियत में नियोजित होते हुए या तो अपने पद से संलग्न कर्तव्यों की प्रकृति के कारण या अपने में निहित शक्तियों के कारण ऐसे कृत्यों का पालन करता है, जो मुख्यतः प्रबन्धकीय प्रवृत्ति के हैं।[2] इस अधिनियम के माध्यम से इसके अन्तर्गत् आनेवाले लोगों के जीवन की सुरक्षा हर तरह से करने का प्रयास किया गया है यथा—

इस कानून के तहत् यह प्रावधान किया गया है कि यदि किसी श्रमजीवी को नियोजक द्वारा नौकरी से पृथक् किया जाता है तो सम्पादक को उसे छह माह पूर्व तथा अन्य श्रमजीवी पत्रकार को तीन माह पूर्व नोटिस देना होगा। ग्रेच्युटी के भुगतान के सन्दर्भ में भी इस कानून में विशेष प्रावधान रखे गए हैं। समाचार-पत्र प्रतिष्ठान में तीन वर्ष से अधिक समय से कार्यरत श्रमजीवी पत्रकार की सेवाएँ नियोजक द्वारा समाप्त कर दी जाती हैं अथवा वह पेंशन की आयु प्राप्त कर लेता है तथा यदि दस वर्ष से कार्यरत

1. वृहत हिन्दी पत्रकारिता कोश, पृष्ठ-615।
2. पत्रकारिता : परिचय और विश्लेषण—डॉ. प्रीता व्यास, पृष्ठ-207।

कोई श्रमजीवी पत्रकार स्वेच्छा से त्याग पत्र दे देता है अथवा सेवारत पत्रकार की आकस्मिक मृत्यु हो जाती है, तो वे ग्रेच्युटी भुगतान के हकदार हो जाते हैं।[1] इसी तरह, श्रमजीवी पत्रकार को लगातार चार सप्ताह में भोजन के समय को छोड़कर 140 घंटे से अधिक कार्य करने को बाध्य नहीं किया जा सकता। प्रत्येक सात दिन की अवधि में चौबीस घंटे का लगातार विश्राम दिया जाना आवश्यक है। इस अवधि में रात दस बजे से सुबह दस बजे तक की समयावधि सम्मिलित है। श्रमजीवी पत्रकारों को प्रस्तावित अवकाशों तथा आकस्मिक अवकाशों की सुविधा के अलावा अर्जित अवकाश व चिकित्सा का भी लाभ मिलेगा। इन अवकाशों में नियमानुसार वेतन दिया जाएगा।[2] श्रमजीवी पत्रकारों के वेतन आदि के बारे में समय-समय पर विचार करने हेतु वेतन मंडलों का भी गठन किया गया है। इन वेतन मंडलों में समाचार-पत्र-प्रतिष्ठान के नियोजकों तथा श्रमजीवी पत्रकारों के प्रतिनिधि होते हैं। इनमें कुछ व्यक्ति स्वतंत्र होते हैं, जिनमें से एक उच्च न्यायालय या सर्वोच्च न्यायालय का न्यायाधीश (सेवारत या सेवानिवृत्त) होता है, जो इस मंडल का सरकार द्वारा नियुक्त अध्यक्ष होता है।[3]

भाग-दो

(ब) विश्व में समाचार समितियों का उदय तथा विकास

(1) समाचार समिति : अवधारणा, अर्थ तथा परिभाषाएँ

समाचार समितियों को कहीं-कहीं 'वायर सर्विस' (Wire Service) कहते हैं, कहीं-कहीं 'प्रेस ऐसोशियेशन' (Press Association) और कहीं-कहीं स्थानीय, प्रदेश, राष्ट्रीय तथा अन्तर्राष्ट्रीय स्तर पर 'समाचार-सम्प्रेषक 'न्यूज एजेन्सी' भी कहते हैं, "A wire service also known as a press association or news agency, supplies the news media with news from all sources, local, state, national and foreign. It also provides pictures, features, criticism, cartoons, comics and all the other by-products of the news. Whether it is co-operatively owned by its members, or paid for by its clients, it is a wholesaler of news."

बहरहाल, समाचार समितियों को हम समाचारों का अढ़तिया कह सकते हैं। इनकी विशेषता यह होती है कि ये खुद समाचारों का प्रकाशन नहीं करतीं, बल्कि समाचारों का संकलन कर उन्हें पहले से निश्चित अपने ग्राहकों को समय पर भेजती हैं। इस तरह से हम इन्हें 'समाचारों का व्यापारी' 'कारोबारी', 'उद्यमी' या 'एजेन्ट' (Agent) भी कह सकते हैं। समाचारों का लेन-देन ही इनका व्यवसाय और धन्धा होता है। स्पष्टतः यह कि समाचार-पत्रों और समाचार समितियों में चोली-दामन का सम्बन्ध होता है। एक-दूसरे के बिना दोनों दरफ्शां नहीं हैं। बहुत पहले समाचारों के प्रेषण के लिए बादल, चाँद, कबूतर, मैना, मोर, हंस, तोते, दूती, लोकनी, कुरनी, कौए, सुग्गे आदि से समाचार भेजने की परम्परा का पता चलता है,—"भोरे होते कागा, पुकारे काहे राम। कौन परदेसी आएगा मोरे गाँव" किन्तु आज बदलते समय में टेलेक्स, टेलीप्रिन्टर, रेडियो, दूरभाष, दूरदर्शन फैक्स, कम्प्यूटर, इंटरनेट, ई-मेल, मोबाइल, सेलुलरफोन, साइबरस्पेश, लैपटॉप, टेलीटैक्स, मोडम, ई-कॉमर्स आदि सूचना संचार माध्यमों द्वारा पलक झपकते एक स्थान से दूसरे स्थान तक सूचनाएँ भेजी जा रही हैं। कुल मिलाकर यह कि वर्तमान समय सूचना-विस्फोट का है। इन माध्यमों के साथ अब तो सूचना-समाचारों के साथ चित्र भी भेजे जाने लगे हैं किन्तु ध्यान देने की बात यहाँ यह है कि उक्त सूचना सम्प्रेषण तंत्रों से समाचारों का आदान-प्रदान बहुत खर्चीला होता है। अतः बड़े समाचार-पत्र समूहों को छोड़कर मध्यम तथा लघु समाचार-पत्रों के लिए 'समाचार समितियाँ' कम खर्च, बाला नशीं सिद्ध हुई हैं। अगली बात यह कि उक्त सूचना-तंत्रों के विस्तार से पहले किसी भी बड़े-छोटे समाचार-पत्रों में जो समाचार छपते थे, उनमें वैविध्य का

1. पत्रकारिता का इतिहास एवं जनसंचार माध्यम—डॉ. संजीव भानावत, पृष्ठ-188।
2. पत्रकारिता : परिचय एवं विश्लेषण—डॉ. प्रीता व्यास, पृष्ठ-208।
3. पत्रकारिता का इतिहास एवं जनसंचार माध्यम—डॉ. संजीव भानावत, पृष्ठ-188।

अभाव दिखायी देता था, अतएव ऐसी स्थिति में समाचारों के संकलन, प्रेषण तथा वितरण में इन समाचार समितियों से समाचार-पत्र समूहों को बहुत लाभ मिलता है। वैश्विक स्तर पर पल-पल घटित घटनाओं को एक-जगह से दूसरी जगह प्रामाणिक ढंग से भेजने का विश्वसनीय और सशक्त पुख्ता माध्यम ये समाचार समितियाँ ही हैं। ये समाचार समितियाँ पहले दूर मुद्रक लाइनों से आकाशवाणी तथा दूरदर्शन केन्द्रों को समाचार भेजती हैं और यही समाचार श्रोताओं तथा दर्शकों को सुनाये जाते हैं। इस तरह इन समाचार समितियों का उत्तरदायित्व बहुआयामी और व्यापक होता है। इनकी सेवा बहुमुखी होती है। **डॉ. विनोद गोदरे**[1] मेरी उक्त बातों की पुष्टि करते कहते हैं कि समाचार-पत्रों के समाचारों का वैश्विक स्तर बनाये रखने के लिए 'समाचार एजेन्सी' अस्तित्व में आई। ये समाचार समितियाँ अपने संवाददाताओं द्वारा समाचार संकलन करती हैं और अपने ग्राहकों की माँग के अनुसार उन्हें निष्पक्ष तथा तथ्यात्मक समाचार देती हैं। अब यह समाचार-पत्र की नीति पर निर्भर करता है। कि वह कौन से समाचार को कितनी प्राथमिकता दें। समाचार समितियों की यह कारोबारी नीति होती है कि वह समाचार को निष्पक्ष, सर्वतोमुखी और यथातथ्य भाव से अपने संयुक्त सदस्य समाचार-पत्रों को भिजवाएँ। न्यूज सर्विस या कारोबारी लेन-देन में वे अपनी व्यावसायिक मर्यादा का पूर्णरूप से पालन करती हैं। अपने किसी वैयक्तिक स्वार्थ के लिए वे तथ्य या आँकड़ों में जोड़-तोड़ कर किसी विवाद को जन्म देना अपने व्यावसायिक 'एथिक्स' के खिलाफ समझती हैं इसलिए वे नवीनतम समाचारों को नवीनतम तथ्यों एवं आँकड़ों सहित वितरित करती हैं।

डॉ. मुनहरि पाठक [2] कहते हैं कि विकास के लिए आयामों के साथ समाचार समितियों ने अपना कार्यक्षेत्र व्यापक किया। पत्रकारिता ज्यों-ज्यों विकसित होती गई, इन समितियों ने समाचारों के साथ-साथ फोटो, फीचर, सहायक सामग्री, सन्दर्भ लेख कतरन सेवा आदि की दिशा में भी पहल की। कालान्तर में समाचार समितियों की उपादेयता साबित हुई। उनके कार्य-विस्तार के साथ उन्हें परिभाषित किया जाना भी आवश्यक हो गया। कई परिभाषाएँ सामने आयीं। उनकी विविध सेवाओं की सार्थकता के बारे में भी विवाद चले। बहरहाल, कुछ महत्त्वपूर्ण परिभाषाओं को इस प्रकार देखा जा सकता है—

(1) **इंसाइक्लोपीडिया आफ ब्रिटेनिका**[3] के अनुसार,—"वह समिति, जो कि समाचार-पत्र पत्रिकाएँ, क्लब, संगठनों व निजी व्यक्तियों को तारों, पांडुलिपियों, फूफ, टेप मशीन, प्रतिलिपियों और कभी-कभी टेलीफोन द्वारा समाचार प्रेषित करती हैं। समितियाँ स्वयं समाचार प्रकाशित नहीं करती, वरन् निजी स्तर पर अपने ग्राहकों को सूचनाएँ प्रदान करती हैं।

(2) **संयुक्त राष्ट्र शिक्षा, सामाजिक एवं सांस्कृतिक संगठन**[4]—इस संगठन ने सन् 1952 ई. में समाचार समिति को इस प्रकार परिभाषित किया था—"समाचार समिति एक उद्यम है—चाहे उसका कानूनी स्वरूप कैसा भी हो-समाचार एवं समाचार विषयक सामग्री एकत्र करना एवं तथ्यों का प्रकटीकरण या प्रस्तुतीकरण है तथा उन्हें समाचार संस्थाओं को, विशेष परिस्थितियों में निजी व्यक्तियों को इसकी दृष्टि से वितरित करना है कि उन उपभोक्ताओं को व्यावसायिक, विविध एवं नियमानुकूल स्थितियों में मूल्य के एवज में जहाँ तक सम्भव हो सम्पूर्ण एवं निष्पक्ष समाचार सेवा प्राप्त हो सके।"

(3) **डी.एस. मेहता**[5] के अनुसार—"समाचार समिति का आधारभूत कार्य समाचार तथा समसामयिक घटनाओं का समाचार विवरण का प्रेषण समाचार-पत्रों तथा अपने ग्राहकों को करना है।"

---

1. हिन्दी पत्रकारिता : स्वरूप एवं सन्दर्भ—डॉ. विनोद गोदरे, पृष्ठ-86।
2. हिन्दी पत्रकारिता : विविध आयाम—(सं. वेदप्रताप वैदिक) में डॉ. मनुहरि पाठक का लेख, 'समाचार समितियाँ' पृष्ठ-253, हिन्दी बुक सेन्टर, नई दिल्ली, मूल्य 150 रुपये, सन् 2002 ई.।
3. The Encyclopaedia Britanica.
4. संयुक्त राष्ट्र, शिक्षा, सामाजिक एवं सांस्कृतिक संगठन ने सन् 1952 में समाचार समिति को परिभाषित किया था।
5. Mass Communication and Journalism in India-D.S. Mehta, P. 52

(4) **ऐ मैनुअल ऑफ न्यूज एजेन्सी रिपोर्ट्स**[1] पुस्तक में 'समाचार समितियों की आवधारणा' इस प्रकार व्यक्त की गई हैं—"समाचार का प्रसार-समाचार समितियों का प्राथमिक कार्य है।

(5) सन् 1977 में समाचार समितियों पर पत्रकार **श्री कुलदीप नैयर** की अध्यक्षता में गठित समिति ने कहा है,—"समाचार समिति वह माध्यम है, जो प्रेस यानि समाचार-पत्र की संरचना व विषय-वस्तु को सूचित करे।"[2]

(2) समाचार समिति : गठन के कारण, कार्य एवं उद्देश्य

कुछ सम्पन्न समाचार-पत्र समूहों को छोड़ दें तो अधिकांश मध्यम, मझोले और लघु हैसियतवाले समाचार-पत्र समूहों के पास आर्थिक स्तर पर इतनी सम्पन्नता नहीं होती कि वे विदेश की बात तो दूर देश की ही सूचनाओं खबरों, समाचारों को प्राप्त करने के लिए अपने देश में संवाददाता नियुक्त कर सकें। अतः ऐसी स्थिति में यह तय है कि खबरों से अधूरा, अपुष्ट समाचार-पत्र अपने पाठकों को सन्तुष्ट नहीं कर सकता। पत्र का पाठक विश्वसनीय खबरों से महरूम रह सकता है। अतः ऐसी स्थिति में ये समाचार समितियाँ छोटे-बड़े हर समाचार-पत्र समूहों को ताजा-टटकी और समसायमिक घटनाओं की खबरें देती रहती हैं। इसके अलावा इन समितियों की कुछ अन्य भूमिकाएँ भी होती हैं, जैसे—समाचार-पत्रों तथा संस्थानों के साथ-साथ रेडियो स्टेशनों, टेलीविजन सेन्टरों, होटलों दूतावासों तथा अन्य उपभोक्ताओं और क्रयकर्त्ताओं को विक्रय हेतु भी ये समाचार-सम्प्रेषित करती हैं। अतः ऐसी स्थिति में समाचार समितियाँ दूसरे देशों की समितियों से समझौते कर राष्ट्रीय अन्तर्राष्ट्रीय स्तर के समाचार शीघ्र ही अपने ग्राहकों तक पहुँचा देती हैं। ये समितियाँ अपने संवाददाताओं तथा दूर मुद्रकों के द्वारा यह कार्य कर पाने में सक्षम होती हैं। विकासशील देशों में समाचार समितियों को दोहरी भूमिका का निर्वाह करना पड़ता है एक तो सूचनाओं की वाहिका के रूप में तथा जनमत शिक्षित करने की दिशा में।[3]

(3) समाचार-पत्र जगत में समाचार समितियाँ : महत्त्व, अपेक्षा एवं आवश्यकता

अपने जन्म से ही समाचार समितियाँ हर स्तर के समाचार-पत्रों के लिए सूचनाओं और खबरों का खुराक होती हैं, समाचार का स्रोत होती हैं। चाहे 19वीं शताब्दी का राजनैतिक तथा सांस्कृतिक पुनर्जागरण काल रहा हो, चाहे उत्तर आधुनिक काल रहा हो, समाचार-सम्प्रेषण में इनकी भूमिका और महत्त्व असन्दिग्ध है। अपनी विश्वसनीय और सतत् सक्रिय भूमिका के चलते सम्भवतः इस समय पूरी दुनिया में 120 से भी अधिक राष्ट्रों में ये समितियाँ अपनी सेवाएँ दे रही हैं। विकासशील देशों में आर्थिक विपन्नता के कारण इनकी स्थापना का मुद्दा आज भी एक सवाल की तरह खड़ा है। बहरहाल, जिन देशों में ये अपनी सेवाएँ दे रही हैं, वहाँ इनसे आज के चुनौतीपूर्ण समय में कुछ अपेक्षाएँ आवश्यकताएँ भी हैं, यथा—

(1) वे सरकारी नियंत्रण से मुक्त हों,

(2) समाचार-संकलन व प्रेषण में क्षिप्रता करें,

(3) समाचार वस्तुनिष्ठ और सत्य हों,

(4) समाचार प्रेषित करते समय इन समितियों को बराबर यह ध्यान देना चाहिए कि उनके द्वारा प्रेषित समाचार किसी देश में अराजकता न पैदा करें। साफ शब्दों में, वे समाचार समाजहित तथा राष्ट्रहित में हों। उनसे देश की अखंडता और सार्वभौमिकता बनी रहे,

(5) उनके द्वारा भेजे गए, समाचार वहाँ के पाठकों को 'अपील' करें,

(6) समाचार समितियों को चाहिए कि वे किसी घटना के महत्त्वपूर्ण और प्रासंगिक तथ्यों को दें,

(7) समाचार समितियों को तटस्थ, निष्पक्ष और बिना लाग-लपेट के पूर्वाग्रहरहित हो समाचारों का प्रेषण करना चाहिए,

---

1. A Manual of News Agency Reports नामक पुस्तक के News Agency Concept, अध्याय के पृष्ठ-32 को देखें।
2. प्रसिद्ध पत्रकार कुलदीप नैयर की अध्यक्षता में बनी समिति ने सन् 1977 में समाचार समिति को परिभाषित किया था।
3. पत्रकारिता का इतिहास एवं जन-संचार माध्यम—डॉ. संजीव भानावत, पृष्ठ-133।

(8) समाचार समितियों को चाहिए कि वे स्थानीय समस्याओं से सम्बन्धित खबरों को भी भेजने में निष्पक्षता बरतें,

(9) चूँकि समाचार समितियाँ समाचारों की सूचिका होती हैं, अतः उन्हें चाहिए कि किसी देश में समाचार प्रेषित करते समय वहाँ के जनमत को शिक्षित करने की भी कोशिश करें और अन्त में,

(10) इन्हें यह भी चाहिए कि खबरों के सम्प्रेषण में किसी भी तरह के राजनीतिक, साम्प्रदायिक तथा आर्थिक दबावों से मुक्त होकर काम करें।

(4) विदेशी समाचार समितियों के विकास के विविध चरण

समाचार समितियों को कुछ देशों में 'वायर' (तार) एजेन्सी भी कहा जाता है, किन्तु वास्तव में तार संचार के विकास के बहुत पहले ही 'व्यावसायिक' व राजनीतिक संस्थाओं के उदय के फलस्वरूप समाचारों के संकलन एवं वितरण के लिए विशेष संगठनों की आवश्यकता अनुभव की गई। प्रारम्भ में पुलिस, कोर्ट आदि संस्थाओं से सम्बन्धित समाचारों के लिए समाचार-पत्र आपस में सहयोग करते थे। सन् 1820 ई. में ऐसोसियेशन आफ मार्निंग न्यूज पेपर्स नामक संस्था न्यूयार्क में गठित की गई। यह संस्था सहकारिता के आधार पर यूरोप से आने वाली रपटों का संकलन करती थी। इंग्लैंड में भी एक संस्था कायम हुई। उसके माध्यम से समाचार-पत्रों को संसद की कार्यवाही की रिपोर्ट सुलभ होने लगी। कहते हैं, उन रपटों में ऊबा देनेवाली एकरूपता होती थी। **डॉ. संजीव भानावत**[1] विदेशी समाचार समितियों के विकास पर प्रकाश डालते बताते हैं कि हंगरी मूल का, फ्रांसीसी युवक चार्ल्स आवास (Charsles Havas) आधुनिक समाचार समितियों का जन्मदाता माना जाता है। सन् 1826 में उसने 'न्यूज ब्यूरो' (News Bureau) की स्थापना की। धीरे-धीरे आवास को महत्त्वपूर्ण सफलताएँ मिलती गयीं तथा उसने विशेष संवाददाताओं की नियुक्ति भी की। आवास के ब्यूरो को इन संवाददाताओं के द्वारा समाचार भेजे जाते थे। ये समाचार सन्देशवाहक अथवा डाक (Special Carriars or by post) द्वारा पहुँचाए जाते थे। उसके बाद उनका अनुवाद कर ग्राहकों को प्रेषित किया जाता था। प्रारम्भ में प्राइवेट व्यक्ति, राजनेता, व्यापारी आदि ही इसके ग्राहक बने। सन् 1826 में सभी समाचार-पत्रों ने आवास के इस सुझाव को अस्वीकार कर दिया कि पत्रों को भी ग्राहक बनना चाहिए। सन् 1840 में उसने पेरिस, लन्दन और ब्रसेल्स के मध्य कबूतरों के द्वारा समाचार सेवा का कार्य प्रायोगिक रूप से प्रारम्भ किया। समाचार प्रेषण की प्रक्रिया में इस तरह के प्रयोगों से आवास की एजेन्सी ने कालान्तर में अपार लोकप्रियता अर्जित कर ली।

सन् 1848 ई. मे बर्नार्ड वोल्फ (Berenard Wolff), जो कि आवास का ही पहले एक कर्मचारी था, नेशनल जीतुंग (National Zeitung) नामक बर्लिन समाचार-पत्र का निदेशक बना। समाचार-पत्र के खर्चें को कम करने के लिए उसने कुछ फर्मों से समाचार-प्रेषण के लिए व्यापारिक आधार पर समझौते किए। उसने हैम्बर्ग, फ्रैंकफुर्त्त तथा पेरिस से स्टॉक एक्सचेंज के कोटेशन प्रेषित किए तथा उत्तरी यूरोप एवं जर्मनी में स्थापित टेलीग्राफ कार्यालयों से प्राप्त सामान्य समाचारों को भी प्रेषित किया। जर्मनी में वोल्फ के प्रयासों को काफी सफलताएँ मिलीं तथा अन्ततः वोल्फ समिति (Woalff Agency) की स्थापना हुई। इसी वर्ष आवास समिति में अनुवादक के रूप में कार्य कर चुके जुलियस रायटर (Julias Reuter) ने लन्दन रायल एक्सचेन्ज, लन्दन में एक कार्यालय व्यापारिक समाचारों के लिए खोला। उसे भी प्रतिरोध का सामना करना पड़ा तथा कोई भी समाचार-पत्र उसकी सेवाएँ लेने के लिए तैयार नहीं हुआ, किन्तु 1856 के अन्ततः लन्दन के अधिकांश पत्रों ने रायटर की ग्राहकता स्वीकार कर ली। 'द टाइम्स' भी रायटर की सेवाएँ लेने लगा, जिसने कि पहले मना कर दिया था। सन् 1848 में ब्रिटेन में विद्युत टेलीग्राफ के प्रयोग तथा डाक सुविधाओं के विकास से समाचार प्राप्त करने में तेजी आ गई। सन् 1851 में लन्दन-पेरिस के बीच केबल सेवा के प्रारम्भ में ब्रिटिश प्रेस को विदेशी समाचार प्राप्त करने में भी सुविधा हो गई थी।

1. पत्रकारिता का इतिहास एवं जन-संचार माध्यम—डॉ. संजीव भानावत, पृष्ठ-135-136।

इधर, यूरोप में समाचार समितियों के विकास का प्रभाव अमेरिका में भी हुआ। यहाँ न्यूयार्क में कुछ समाचार-पत्रों ने परस्पर मिलकर सन् 1948 में 'हार्बर न्यूज एसोसियेशन' (Harbour News Association) नाम की एक संस्था का गठन किया। जैसा कि हार्बर नाम से ही स्पष्ट है, यह संस्था नौकाओं से समाचारों का आदान प्रदान करती थी। न्यूयार्क में 1850 ई. में, 'जनरल न्यूज एसोसियेशन' (General News Association) नाम की एक एजेन्सी स्थापित हुई। इस तार एजेन्सी का विलय 1857 ई. में गठित एक कम्पनी के साथ किया गया और नया नाम रखा गया—'नेशनल न्यूयार्क एसोसियेटेड प्रेस' (National Newyork Associated)। श्री अरुण भट्टाचार्य[1] लिखते हैं कि उस समय इसके मात्र सात समाचार-पत्र सदस्य थे। यूरोप के समाचारों के लिए इसने वोल्फ से एक समझौते पर हस्ताक्षर किए, किन्तु जर्मनी की समाचार समिति ने न्यूयार्क एसोसियेटेड प्रेस द्वारा आवास तथा रायटर से किए समझौते को स्वीकार नहीं किया। इसी समय न्यूयार्क एसोसियेटेड की प्रतिस्पर्द्धा में यूनाइटेड प्रेस एसोशिएशन (United Press Association) प्रारम्भ हुई। सन् 1985 ई. तक 700 समाचार-पत्र न्यार्क एसोसियेटेड प्रेस के ग्राहक हो गए थे। सन् 1909 में यूनाइटेड प्रेस एसोसियेटेड प्रेस एसोसियेशन तथा इंटरनेशनल न्यूज सर्विस का आपस में विलय हो गया तथा यूनाइटेड प्रेस इंटरनेशनल नाम से नई समिति प्रारम्भ हुई, जिसे आज U.P.I. कहते हैं। आगे चलकर यूरोप की तीन प्रमुख समितियों, 'आवास', 'वोल्फ' व 'रायटर' ने अपने कार्य का विस्तार अन्तर्राष्ट्रीय स्तर पर करना प्रारम्भ किया। ज्यों-ज्यों इन तीनों समाचार समितियों की सेवाएँ उपयोगी होने लगीं त्यों-त्यों विभिन्न देशों में राष्ट्रीय समाचार समितियाँ गठित होती गयीं। प्रारम्भिक राष्ट्रीय समाचार समितियों में 'टेलिग्राफिका स्टेफनी इटली' (1853-1945) 'वेस्टर्न एसोसियेटेड प्रेस अमेरिका' (1859-1892) एवं 'प्रेस एसोसियेशन इंग्लैंड' (1868 से अभी तक) प्रमुख समझी गयीं। राष्ट्रीय समितियों ने अन्तर्राष्ट्रीय समाचार एजेन्सियों से समाचारों का आदान-प्रदान प्रारम्भ किया। समाचारों के लिए प्रसार-माध्यमों की बढ़ती हुई आवश्यकताओं को पूरा करने में अन्तर्राष्ट्रीय एजेन्सियों को कठिनाई होने लगी। न तो वे पूरे समाचार एकत्र कर पाती थीं और न ही अपने बढ़ते हुए व्यय-भार को वहन करने में समर्थ हो पा रही थीं। उन्हें आपसी सहयोग के लिए बाध्य होना पड़ा। यूरोप की तीनों एजेन्सियों 'आवास', 'रायटर' व 'वोल्फ' ने 1865 में समाचारों के आपसी आदान-प्रदान के लिए समझौते किए। बाद में 1872 में अमेरिका का 'नेशनल न्यूयार्क ऐसोसियेडेट' प्रेस भी इस समझौते में शामिल हो गया।[2]

बाद में समाचार समितियों के महत्त्व का एहसास विश्व के कई अन्य देशों को भी हुआ, फलतः इन देशों में भी समाचार समितियाँ गठित की जाने लगीं। सन् 1866 ई. में डनेमार्क में एक समाचार समिति स्थापित की गई। इसी तरह Magyr Tavirati Iroda नाम की समाचार समिति का गठन सन् 1881 में हंगरी में हुआ। इसी तरह न्यूजीलैंड में 'न्यूजीलैंड प्रेस एसोसियेशन' की स्थापना सन् 1879 में की गई। पुर्त्तगाल में सन् 1844 में 'लुसानिया समाचार समिति' स्थापित की गई। सन् 1945 ई. में पुरानी Stefani Agency के उपकरणों को लेकर "Agewzia Nazionale Stampa Associate नाम से एक इटालियन समाचार समिति प्रारम्भ की गई। कालान्तर में चीन, ब्राजील, अर्जेन्टीना, वेनेजुएला आदि देशों में भी समाचार समितियों का गठन हुआ। बताते हैं, 1914 ई. तक आते-आते इन समितियों का पूरी धरती पर सूचनाओं के आदान-प्रदान में इतनी महत्त्वपूर्ण भागीदारी हो गई कि ये समाचारों की एक मात्र मुख्य माध्यम बन गई। सरकारों ने भी इनका यथेष्ट सहयोग किया। सन् 1857 में जब वोल्फ एजेन्सी वित्तीय संकट में थी, तब जर्मनी सरकार ने उसे सहायता प्रदान की। जर्मनी सरकार ने इस एजेन्सी की महत्ता तथा प्रभाव को महसूस कर लिया था तथा इस बात के लिए वह दृढ़ थी कि जर्मनी की प्रेस को प्रेषित किए जानेवाले समाचार ब्रिटेन या फ्रांस से नहीं मिले प्रथम विश्व युद्ध तक समाचार समितियों में आपसी सहयोग भी था। जर्मनी की समिति ने रायटर तथा फ्रांसीसी एजेन्सी से स्वयं को पृथक् कर लिया। तब जर्मनी की सरकार Trans Ocean नाम से एक समाचार समिति का गठन किया। इसे प्रथम

1. The Indian Press-Profession to Industry-Arun Bhattacharya, P. 39
2. हिन्दी पत्रकारिता : विविध आयाम—सं. वेद प्रताप वैदिक, पृष्ठ-255।

सरकारी एजेन्सी कहा जा सकता है। सन् 1915 में सरकार द्वारा गठित इस समिति को राज्य की ओर से धन उपलब्ध कराया जाता था साथ ही इस पर अधिकारियों का पूरा नियंत्रण रहता था। सन् 1917 में सोवियत संघ द्वारा भी ऐसा ही किया गया। बोल्शेविक सरकार ने मास्को में एक 'न्यूज ब्यूरो' स्थापित किया जो 1918 में समाचार समिति के रूप में परिवर्त्तित हो गया। इसे तास (Tass) एजेन्सी कहा जाता था।[1] इधर, 'आवास' 'रायटर' और 'वोल्फ' ने 1865 ई. में परस्पर सहयोग के लिए आपस में समझौते किए। अमेरिका का 'नेशनल न्यूयार्क एसोसियेटेड प्रेस' भी 1872 में उक्त समझौते में शामिल हो गया। कालान्तर में इन चारों समितियों ने सारे विश्व को चार क्षेत्रों में बाँट दिया। प्रत्येक समाचार समिति को अपने-अपने क्षेत्र में समाचारों के संकलन एवं वितरण का एकाधिकार प्राप्त था। 'आवास' का क्षेत्र 'फ्रांस', इटली, स्पेन पुर्त्तगाल, स्विटजरलैंड तथा मध्य एवं दक्षिणी अमेरिका था। 'रायटर' का क्षेत्र ब्रिटिश साम्राज्य, टर्कीव सुदूर पूर्व (जिसमें रायटर व आवास का सहयोग था) था। 'वोल्फ' का क्षेत्र जर्मनी, आस्ट्रिया, नीदरलैंड, स्कैंडिनेविया, रूस व बालकान था। 'न्यूयार्क ऐसोसियेटेड प्रेस' का क्षेत्र संयुक्त राज्य अमरीका था। चारों समितियों का समझौता 1934 तक ही चल पाया। उन दिनों अमेरिका में 'यूनाइटेड प्रेस' (स्थापित सन् 1907) ने अपने ही साधनों से विश्व समाचारों का संकलन व वितरण प्रारम्भ कर दिया था। 'एसोसियेटेड प्रेस' ने भी विश्व के विभिन्न स्थानों पर सीधे समाचार देना प्रारम्भ करके समझौते को भंग कर दिया। कालान्तर में प्रथम विश्व युद्ध में जर्मनी की पराजय के बाद 'वोल्फ' का अन्तर्राष्ट्रीय स्वरूप विलुप्त हो गया। जर्मनी की नाजी पार्टी के समाचार संगठन डी.एन.बी. ने 1933 में अवशिष्ट 'वोल्फ' को आत्मसात कर लिया। विविध विवादों और आपसी तनावों का अन्त 1934 के विखराव में हुआ। समितियों के कार्य के लिए नये युग का प्रारम्भ हुआ। प्रत्येक समाचार समिति ने स्वतंत्र रूप से स्वयं को गठित किया।[2]

(5) खबरों के लेन-देन में विदेशी समाचार समितियों का पक्षपात

संचार क्रान्ति के अन्तर्राष्ट्रीय विशेषज्ञ पीरो इवासिक की अध्यक्षता में गठित एक समिति ने 1981 में अपनी सिफारिशें गुटनिरपेक्ष राष्ट्रों के सातवें सम्मेलन हेतु विचारार्थ दी थी, जिन्हें पुस्तक आकार में छापा गया। इस पुस्तक में कहा गया है,—"खबरों की दुनिया में विकसित राष्ट्रों का नजरिया एकतरफा है। वे यही चाहते हैं, जो हम दें, वही विकासशील देशों में छपे। हमारे यहाँ क्या हो रहा है, उन्हें इसकी कत्तई चिन्ता नहीं है। हालत यह है कि लगभग बीस गुटनिरपेक्ष राज्यों में कोई समाचार एजेन्सी है ही नहीं, इन एजेन्सियों की विकास की असमान गति, पेशेवर विशेषज्ञों की कमी, बहुत महँगी दूर संचार दरें और दूर संचार उपकरणों का लगभग समस्त उत्पादन, इलेक्ट्रॉनिकी में काफी चुनिन्दा देशों तक सीमित होने के कारण इस मामले में आत्म-निर्भरता दूर-दूर है। अपने मुल्क को हमें दूसरों के नजरिये से देखना पड़ता है।[3]

स्वतंत्रता पूर्व हालात और भी खराब थे। आज तो तमाम साधन हैं। हिन्दी पत्रकारिता काफी समृद्ध है। मगर स्वतंत्रता से पहले भारतीय पत्रों में विदेशी खबरों का ही बाहुल्य रहता था। प्रधानता भी उनको ही मिलती थी। कारण, 'रायटर' समाचार समिति विदेश के समाचारों, विशेषकर ब्रिटेन, अमरीका और पश्चिमी यूरोप में समाचारों को शीघ्र, सुगठित रूप में और विस्तार से टेलीप्रिन्टर पर देती थी। 'रायटर' का स्वार्थ जिस प्रकार के समाचारों से सिद्ध होता था। उन्हीं को भारतीय पाठकों के गले उतारा जाता था। स्वतंत्रता के बाद जैसा परिवर्तन होना चाहिए था, वैसा नहीं हुआ। अब भी बाहर से समाचार अधिकांशतः उन्हीं पुराने हाथों में है।[4] विदेशी समाचार एजेन्सियाँ ज्यादातर ब्रिटेन अमरीका और यूरोप के अन्य देशों

1. पत्रकारिता का इतिहास एवं जनसंचार माध्यम—डॉ. संजीव भानावत, पृष्ठ-136।
2. हिन्दी पत्रकारिता : विविध आयाम—वेदप्रताप वैदिक, पृष्ठ-255-256।
3. News Agencies Pool of non Allied Contries : A Perspective : Bharatiya Jan Sanchar Sansthan, p. 9
4. आधुनिक पत्रकारिता : चुनौतियों और संभावनाएँ—डॉ. अशोक कुमार शर्मा, पृष्ठ-22, डायमंड बुक्स दिल्ली, 2006, मूल्य. 95 रुपये।

के ही समाचार देती हैं। एशियाई देशों के वे ही समाचार हम तक आते हैं, जो संकटपरक होते हैं। ऐसा जान पड़ता है, मानो एशिया में केवल संकट के ही समाचार होते हैं। इस परम्परा का ऐसा प्रभाव चला आ रहा है कि खबरों का चयन करनेवाले पत्रकार भी इसी मनोवृत्ति के बन गए हैं। उन्हें भी विदेशी समाचारों को घटाटोप के कारण या तो एशियाई समाचार दिखते ही नहीं। यदि दिखते हैं तो सम्पादन तथा पृष्ठ सज्जा के समय उनका महत्त्व अपेक्षाकृत कम समझा जाता है।[1] **चाणक्य सेन**[2] के अनुसार एशियाई समाचार एजेन्सियों द्वारा प्राप्त होनेवाले समाचार भी अधिकांशतः समाचार कक्ष अथवा कम्पोजिंग कक्ष में 'किल' हो जाते हैं। एशियाई समाचारों की इसलिए हत्या हो जाती है, क्योंकि उपसम्पादक 'संकट' के अलावा एशियाई गतिविधियों को महत्त्व नहीं देते हैं। दूसरा कारण यह भी है कि बौद्धिक एवं भावात्मक दृष्टि से उनका मन पश्चिमी संसार की गतिविधियों से ज्यादा मेल खाता है। चयन किए गए समाचार कुछ भी हों, उनका दृष्टिकोण पश्चिमी ही होता है। फिनलैंड के पूर्व राष्ट्रपति उरुवों केक्कोनेन ने इस सम्बन्ध में करीब दो दशक पूर्व कहा था,—"अन्तर्राष्ट्रीय स्तर पर सूचना के आदान-प्रदान पर बहुत थोड़े से देशों तथा कुछ बहुराष्ट्रीय कम्पनियों ने एकाधिकार जमा लिया है। वे अपने विचारों को अन्य राष्ट्रों पर थोप रहे हैं। विकासशील देशों के लिए ऐसे कानून बना दिए गए हैं, जो बाकी विश्व के सामने उन देशों में घट रही घटनाओं की केवल विकृत तस्वीर ही पेश करते हैं।"[3] प्रसिद्ध लेखक-विचारक यूली मगारी के अनुसार,—"यूरोप और अमरीका की समाचार एजेन्सियों द्वारा कूटनीतिक अखाड़ेबाजी के लिए यह तरीका निकाला गया है कि विकासशील देशों से सम्बन्धित शर्मनाक व संकट सम्बन्धी समाचारों को बढ़ा-चढ़ाकर पेश किया जाए और अपने राष्ट्रों से सम्बन्धित ज्वलन्त समस्याओं के स्थान पर पाठकों को ऐसी सनसनी खेज, सस्ती तथा चटपटी खबरे दी जाएँ जिनसे उनका ध्यान ही इन समस्याओं पर न जाए, अलबत्ता मनोवृत्ति भी विकृत हो जाए। करोड़ों लोगों पर चटपटी खबरों की ऐसी बौछार करके संसार की वास्तविक घटनाओं को तोड़ना-मरोड़ना एक सोची-समझी नीति का परिणाम है। उद्देश्य है—अन्य देशों पर अपना वर्चस्व बनाये रखना। इस नीति से ही वे उन राष्ट्रों में असन्तुलन पैदा करते हैं, समाज में कटुता पैदा करते हैं तथा उन देशों की प्रगति की राह से दूर रखकर अपने ऊपर अनेक प्रकार से आश्रय बनाये रखते हैं।"[4]

(6) प्रमुख अन्तर्राष्ट्रीय समाचार समितियों (Agencies) का संक्षिप्त परिचय

विश्व में समाचारों सूचनाओं के लेन-देन के लिए समय-समय पर अनेक समाचार समितियों की स्थापना की गई। इनमें से अनेक समाचार समितियों ने भारत के प्रमुख नगरों में सूचनाओं के लेन-देन के लिए अपने-अपने प्रधान तथा शाखा कार्यालय खोल रखे हैं। उक्त विदेशी समाचार समितियों ने भारत में 'न्यूज ब्यूरो' तो खोल ही रखा है, अनेक संवाददाताओं को भी नियुक्त किया है। बहरहाल, यूनेस्कों ने सन् 1952 ई. में वैश्विक स्तर की समाचार समितियों का एक सर्वेक्षण किया था। इनमें से कुल सात को अन्तर्राष्ट्रीय समाचार समिति होने का गौरव प्राप्त हुआ था, जिनके नाम अग्रलिखित हैं—

(1) ए. पी. (Associated Press) (अमरीका)
(2) आई. एन. एस. (International News Service) (अमरीका)
(3) यू. पी. आई. (United Press International) (अमरीका)
(4) रायटर (Reuters) (ब्रिटेन)
(5) ए. एफ. पी. (Agency France Press) (फ्रांस)
(6) तास (Tass) (रूस)
(7) तानजुंग (Tanjung) (युगोस्लाविया)

1. हिन्दी पत्रकारिता : विविध आयाम—सं. वेद प्रताप वैदिक, पृष्ठ-441।
2. Asian News in the Indian Press (सर्वेक्षण)—Chankya Sen, P. 59
3. आधुनिक पत्रकारिता : चुनौतियाँ और सम्भवानाएँ—डॉ. अशोक कुमार शर्मा, पृष्ठ-21 से साभार
4. सूचना साम्राज्यवाद—यूली मगार, पृष्ठ-10।

इन समितियों के अलावा पोलैंड और पश्चिमी जर्मनी की समितियाँ भी भारत में समाचार भेजती हैं। बहरहाल, उक्त समाचार समितियों में से कुछ अतिमहत्त्वपूर्ण को आगे संक्षेप में इस प्रकार देखा जा सकता है,—

(क) एसोसियेटेड प्रेस (ए.पी.)

सुविख्यात साहित्यकार **मार्क ट्वेन** ने एकबार मजाक में कहा था कि संचार के कोने-कोने में रोशनी फैलाने वाले सिर्फ दो ही स्रोत हैं—आकाश में सूर्य और धरती पर एसोसियेटेड प्रेस, समाचार एजेन्सियों में रायटर व ए.पी. ही ताकतवर हैं।[1] सच तो यह है कि एसोसियेटेड प्रेस आज विश्व की सबसे बड़ी सहकारी समाचार समिति है। सन् 1848 में न्यूयार्क के छह दैनिक समाचार-पत्रों ने इसका गठन किया था। सन् 1856 में इसका नाम 'न्यूयार्क एसोसियेटेड प्रेस' हो गया व इसने क्षेत्रीय समाचार-पत्रों को सेवा देना प्रारम्भ किया। समाचार-प्रेषण के खर्चों को कम करने के लिए अमेरिका में 'वेस्टर्न ए.पी.', 'सदर्न ए.पी.' व 'न्यू इंग्लैंड ए.पी.' की स्थापना हुई। सन् 1892 में इन सबके विलय के नये 'एसोसियेटेड प्रेस' का गठन हुआ। इसने 'रायटर', 'आवास' व 'वोल्फ' के साथ अपने सम्बन्ध जोड़े। सन् 1890 तक 'ए.पी.' 700 समाचार-पत्रों को सेवा दे रहा था। एसोसियेटेड प्रेस ने अपने ग्राहक समाचार-पत्रों पर अन्य एजेन्सियों की सेवा न लेने का प्रतिबन्ध लगा रखा था। इसका मुख्यालय इलिनाय में था। वहाँ एकाधिकार के विरोध में इसके विरुद्ध मुकदमा चला तो इसने अपना मुख्यालय न्यूयार्क स्थानान्तरित कर लिया। जहाँ के कानून के अनुसार इसकी सदस्यता पर नियंत्रण सम्भव था। मगर यह नियंत्रण 1945 में अमेरिका के सर्वोच्च न्यायालय के फैसले के बाद ही समाप्त हो सका। ए.पी. सहकारी निगम है तथा समाचार-पत्रों व रेडियो केन्द्रों की सदस्यता नियंत्रित है। 'ए.पी.' सरकार से किसी भी प्रकार का अनुदान अथवा सहायता नहीं लेती। इसने 'वायस' आफ अमेरिका के लिए भी अपनी समाचार सेवाएँ देने से मना कर दिया ताकि उसके समाचारों की मूलभूत प्रामाणिकता पर धब्बा न लगे।[2]

इस समाचार समिति की एक विशेषता यह है कि इसे दुनिया की सबसे पुरानी समाचार समितियों में से एक होने का भी गौरव प्राप्त है,—"The oldest is the Associated press, a cooperative non-profit news gathering agency that lives assessments on its members to meet its costs. It no less powerful rival is United Press International, formed in 1958 when the United Press Associations bought out the heart owned international news service. UPI sells its service to its clients on a contract basis."[3] बताते हैं, इस समाचार समिति के पास एक लाख संवाददाताओं की व्यवस्था है। कुछ कर्मचारियों की संख्या, 2300 है, नई सूचना के अनुसार सम्भवतः यह संख्या अब 5000 हो गई है। ए.पी. की समाचार समितियाँ सम्प्रति 100 से ऊपर देशों में फैली हुई हैं, जिसके लगभग 1300 समाचार-पत्रों, 3400 प्रसारणों एवं 1000 व्यक्तिगत, समाचार उपभोक्ता हैं। इसके पास 4 लाख तार लीज पर हैं। ए.पी. ने विस्तृत और व्यापक पैमाने पर सन् 1900 ई. में अपनी सेवा शुरू की थी। प्रगति करते-करते आज यह 7200 से ऊपर माध्यमों को अपनी सूचनाएँ दे रही हैं। भारत में इसका मुख्यालय 19, नरेन्द्र प्लेस, संसद मार्ग, नई दिल्ली है।

(ख) रायटर्स (Reuters)

इस समाचार समिति का सम्बन्ध ब्रिटेन से था। सन् 1851 ई. में लन्दन पेरिस के बीच समाचारों के लेन-देन के लिए जब 'केबल' सेवा प्रारम्भ हुई, तब रायटर्स ने भी अपनी व्यावसायिक सेवा प्रारम्भ की। रायटर्स को समाचारों के सम्प्रेषण में महारत हासिल थी। सम्भवतः यही कारण है कि एक समय ऐसा आया कि पूरी दुनिया के समाचार जगत पर रायटर्स ने अपना आधिपत्य स्थापित कर लिया। यद्यपि

1. आधुनिक पत्रकारिता : चुनौतियाँ और संभावनाएँ—डॉ. अशोक कुमार शर्मा, पृष्ठ-116।
2. हिन्दी पत्रकारिता : विविध आयाम—सं. वेद प्रताव वैदिक, पृष्ठ-258।
3. History of Press Laws and Communications : B. N. Ahuja, p. 209

यह, दीगर बात है कि कालान्तर में एसोसियेटेड प्रेस ने रायटर्स के उक्त एकाधिकार को तोड़ दिया। कुछ लोग बताते हैं कि जर्मन युवक जुलियस ने रायटर्स की स्थापना की थी। यह युवक 'आवास' में प्रशिक्षण ले चुका था। रायटर्स भी वहीं अनुवादक था। प्रतिभावान रायटर्स ने लन्दन स्टॉक एक्सचेंज के समीप व्यावसायिक समाचार सम्प्रेषण की दृष्टि से अपना कार्यालय खोला। समाचार भेजने के लिए पहले इसने कबूतरों का इस्तेमाल किया,—"Reuters, the British service, is the principal global rival of the two American giants. Although Reuters has fewer than 100 major newspaper outlets in the United States, these include some of the leading American papers. It is tailoring its service to meet North American needs. Like the AP-Dow Jones service for commercial clients, Reuters has a special economic service for business houses too. Reuters often runs neck to neck with the AP and UPI on certain types of major foreign stories and in the Commonwealth it has news sources that normally tend to favour a British than an American Service."[1]

बाद में तार प्रणाली की शुरुआत के बाद रायटर्स ने व्यावसायिक समाचारों के साथ अनेक देशों को राजनीतिक समाचार भी भेजना प्रारम्भ किया। सन् 1859 ई. में इटली के युद्ध की सूचना देते ही इसका प्रभाव पूरी दुनिया में फैल गया। कालान्तर में इसने 1923 में रेडियो माध्यम से समाचार भेजना प्रारम्भ किया। बस क्या था, पहले की तुलना में इसका 'नेम फेम' पूरी दुनिया में हो गया। सन् 1962 ई. में इसने समाचारों को भेजने के लिए उपग्रह माध्यम का प्रयोग किया। बाद में 1964 में इसने इस सिलसिले में कम्प्यूटर का इस्तेमाल किया। रायटर्स से समाचारों का लेन-देन सबसे पहली बार भारत में 'बाम्बे टाइम्स' (Bombay Times) ने किया। कोलकाता के तत्कालीन 'बंगाली पत्र' तथा 'टाइम समाचार-पत्र' ने भी बाद में रायटर्स की सेवा ली। सन् 1899 ई. में रायटर्स की मृत्यु हुई। उसके मरने के बाद 'रायटर्स' प्राइवेट कम्पनी के रूप में चलती रही। बाद में कई समाचार-पत्र इसके शेयर होल्डर बन गए। इसके बाद सन् 1941 ई. में ब्रिटिश प्रेस एसोसियेशन' (British Press Association) ने इसे अपने पूर्ण अधिकार क्षेत्र में ले लिया। उसके बाद आस्ट्रेलियन 'एसोसियेटेड प्रेस' तथा न्यूजीलैंड प्रेस एसोसियेशन' भी इसके सदस्य बने एवं सन् 1949 ई. में पी.टी.आई. अर्थात् प्रेस ट्रस्ट ऑफ इंडिया' भी इसका सक्रिय सदस्य बन गया। सम्प्रति यह समाचार समिति प्रगति पर है। अब इसने समाचार-पत्रों के साथ-साथ रेडियो, दूरदर्शन तथा विभिन्न चैनलों को भी समाचार-सूचना मुहैया कराना शुरू किया है। इसके पास-फिलवक्त 1200 पत्रकार 'कैमरामैन, छायाकार तथा संवाददाता हैं। ग्राहकों की संख्या 3000 है तथा इसके पास 500 ब्यूरों हैं। यह 6500 समाचार-पत्रों व सैकड़ों रेडियो स्टेशनों तथा दूरदर्शन केन्द्रों को समाचार भेजता है। भारत में इसका कार्यालय 27, पृथ्वीराज लेन, संसद मार्ग, नई दिल्ली में है।

(ग) यूनाइटेड प्रेस इंटरनेशनल (यू.पी.आई.)

एसोसियेटेड प्रेस तथा यूनाइटेड प्रेस इंटरनेशनल में कई स्तरों पर गहरी समानता और परस्पर रिश्ता है। दरअसल, इस समिति के संस्थापक एडवर्ड विलिस स्क्रिप्स हैं। उन्होंने ए.पी. से ही प्रेरणा ग्रहण कर सन् 1907 में इस समिति की स्थापना अमेरिका में की। स्क्रिप्स ए.पी. के सदस्य थे। उनके श्रम से आज इस समिति को विश्व की सबसे बड़ी स्वतंत्र समिति होने का गौरव प्राप्त है। ए.पी. की कार्यपद्धति का सीधा असर स्क्रिप्स पर पड़ा था,—A Pand U.P.I. both report about seven thousand world-wide outlets, as does Reuters, the British news agency. These outlets, consist of newspapers, radio and TV stations, news magazines, government agencies and even private concerns with a news service requirement. Many leading newspapers use both American services being members of AP and clients of UPI. *** In writing style UPI is generally under greater pressure to produce colorful accounts of fast moving events while

1. History of Press Laws and Communications : B. N. Ahuja, p. 210

AP seeks terseness and action. Both are quite disciplined in attempting to observe the first rule of journalism-accuracy. With some newspaper or other client meeting a dead-line every time a breath is drawn, the wire service reporter has the best of reasons to worry about getting the facts right as well as getting them first."[1]

दुर्भाग्य से सन् 1918 में इसे तब बदनामी भी झेलनी पड़ी, जब इसने यह गलत समाचार प्रसारित कर दिया कि,—''प्रथम विश्वयुद्ध समाप्त हो गया है।'' खैर, इस गलत समाचार के प्रसारण से इसने सीख लिया और पुनः इसने अपनी कार्यक्षमता और कुशलता के बाद सभी का विश्वास अर्जित कर लिया। आज यह प्रगति के शिखर पर है। इसके विकास की कल्पना इसी से की जा सकती है कि 1907 में इसके 369 ग्राहक थे। सन् 1929 में इसने 45 देशों के 1970 समाचार-पत्रों को सीधी सेवा देने में सफलता प्राप्त की। यूरोपीय समाचार-पत्रों को 1921 से ही 'यू.पी.' की सीधी सेवाएँ प्राप्त हो चुकी थीं।' आई.एन.एस.' 1909 में न्यूयॉर्क में प्रारम्भ हुई और 1945 तक इसका भारी विस्तार हो गया।' आई.ए.एस.' ने 1951 में ही टेली-टाइप-सेटर' न्यूज सर्किट्स का प्रारम्भ किया। नई एजेन्सी यू.पी. आई. के ग्राहकों, समाचार-पत्रों वे रेडियो स्टेशनों की संख्या 7500 है। इनमें 5400 ग्राहक 71 देशों में हैं। इसके 211 समाचार व चित्र ब्यूरों में से, 92 विदेशों में हैं। कर्मचारियों की संख्या 90 हजार है, जिनमें से दो हजार अमेरिका से बाहर 85 राष्ट्रों में कार्यरत हैं। यू.पी.आई. की सहायक एजेन्सियाँ- 'यूनाइटेड फीचर सिंडीकेट', 'ब्रिटिश यूनाइटेड प्रेस' व 'ओशन प्रेस' है। 'यू.पी.आई. का एक चार्टर्ड प्रेस निगम है। वह अपने वित्तीय वक्तव्य प्रकाशित नहीं करती।[2]

(घ) तास (टेलिग्राफोनी एजत्वोसोवियतस्कवो सयूजा)

समाचार समिति 'तास' का यद्यपि किसी भी भारतीय समाचार समिति से समाचारों के लेन-देन का सम्बन्ध नहीं है, फिर भी यह सोवियत संघ की विश्व-प्रसिद्ध समाचार समिति है। इसकी स्थापना क्रान्ति के बाद 1918 में 'रोस्ता' के नाम से हुई थी। क्रान्ति से पूर्व रूस में 'पीटर्सबर्ग' टेलिग्राफन एजेंटर' कार्य कर रही थी। 'रोस्ता' का उद्देश्य सरकारी घोषणाएँ और संवाद भेजने के साथ-साथ बोलशेविक नियंत्रित देशों में प्रचार सामग्री भेजना था। बाद में 10 जुलाई, 1925 को 'रोस्ता' का स्थान 'तास' ने ले लिया। सोवियत संघ के प्रत्येक गणतंत्र में स्थानीय समाचार समितियाँ गठित की गई जोकि तास कि सहायक समितियाँ हैं। इन एजेन्सियों को देश के अन्य गणतंत्रों व विदेशों के समाचार तथा संघीय सरकार की सूचनाएँ 'तास' के माध्यम से ही प्राप्त होती हैं। सभी साम्यवादी देशों की राष्ट्रीय समाचार समितियों के लिए भी 'तास' ही अन्तर्राष्ट्रीय समाचारों का प्रमुख साधन है। सोवियत संघ के लिए तो 'तास' समाचार वितरण करने की एक संस्था है। 'प्रावदा' के सम्पादकीय व समाचार सक्षेपणों का प्रसारण भी इसी के द्वारा होता है।[3]

'तास' की स्थापना सन् 1917 में 'पेट्रोग्रेड टेलेग्राफ एजेन्सी' के रूप में हुई थी। अन्तर्राष्ट्रीय समाचार समितियों में महत्त्वपूर्ण स्थान रखनेवाली यह समिति अपने जन्म के प्रारम्भिक दौर में समाजवादी क्रान्ति और विचारधारा से प्रभावित थी। सन्देश प्रेषण का कार्य सोवियत संघ में यह अपने संवाददाताओं के माध्यम से ही करती थी। एक सूचना के अनुसार विदेशों तथा आन्तरिक क्षेत्रों में समाचार समिति 'तास' के 20,000 ग्राहक हुआ करते थे। कालान्तर में तास की अन्य सहयोगी समितियाँ भी अस्तित्व में आयीं—'नोवोस्ती प्रेस एजेन्सी', जिसे संक्षेप में 'ए.पी.एन. कहते हैं,—उनमें से एक रही है। इसका जन्म सोवियत संघ के लेखकों, पत्रकारों तथा कुछ अन्य सहयोगी संगठनों के माध्यम से हुआ था। कुछ लोग बताते हैं, सोवियत संघ में ऐतिहासिक परिवर्तन का गहरा असर तास तथा उसकी सहयोगी समिति ए.पी.एन. के ऊपर भी पड़ा था। बहरहाल, कुछ दिनों बाद इन दोनों समाचार समितियों ने परस्पर सहयोग से एक नई समाचार समिति का गठन किया, नाम पड़ा—'इतर' अर्थात् 'द इन्फार्मेशन टेलेग्राफ एजेन्सी

1. History of Press Laws and Communications : B. N. Ahuja, p. 209-10
2. हिन्दी पत्रकारिता : विविध आयाम—सं.वेदप्रताप वैदिक, पृष्ठ-259।
3. हिन्दी पत्रकारिता : विविध आयाम सं. वेदप्रताप वैदिक, पृष्ठ 60

ऑफ रसिया'। पहले की तुलना में अब इसका कार्यक्षेत्र और अधिक व्यापक विस्तृत हो गया, परन्तु 'तास' शब्द के प्रभाव को देखते हुए ट्रेडमार्क 'तास' का ही रखा गया। 'तास' का जुड़ाव 'इतर' से होते ही इसे बाद में 'इतर तास' नाम से जाना जाने लगा। तास और चीन की समाचार समिति 'शिन्हुआ' में परस्पर तुलना करते डॉ. बी.एन. आहूजा लिखते हैं,—"Two government operated news services dominate the dissemination of information in the world areas that are under communist control. They are Tass the official service of the Soviet Union and its rival, Hsinhua (New China News Agency, or NCNA) the official service of the Peoples Republic of China, with their national newspapers and electronic media, all under the control or their respective governments, the two communist agencies have a monopoly in their own countries. ***Tass and Hsinhua must be considered propaganda services as well as news agencies, Since they frequently bend the news when to fit the national purpose and even suppress news when it is convenient to do so.***And both, scanned on a day-by-day basis, provided the now communist world with the details of the power struggle between Moscow and Beijing."[1] कुल मिलाकर तास बहुभाषी समाचार समिति है। अपनी सेवाएँ जर्मनी, फ्रेंच, रूसी, स्पेनिश तथा अंग्रेजी में अब भी यह समिति दे रही है। इस नई एजेन्सी का कार्यालय नई दिल्ली में ए-32 वेस्ट एंड कॉलोनी में है।

(ङ) फ्रांस प्रेस समिति (ए.एफ.पी.)

यह फ्रांस सरकार द्वारा वित्तपोषित समाचार समिति है। इसका जन्म 15 मार्च, 1944 को हुआ था। वस्तुतः 1835 में स्थापित 'हवास' समाचार समिति के साथ फ्रांस की एक समाचार समिति 'फ्रांसीस डी इन्फार्मेशन' का विलय कर 'फ्रांस प्रेस समिति' का गठन किया गया। यह स्वशासी संगठन है। इसके द्वारा प्रेषित एक ही महत्त्वपूर्ण समाचार ने इसे रातोरात प्रसिद्धि के शिखर पर पहुँचा दिया वह समाचार था—4 मार्च, 1953 को दिवंगत हुए स्टालिन की मृत्यु का। इस समाचार ने दुनिया में इसका नाम पैदा किया। उसी उत्साह से बाद में इसने अरबी भाषा में अपनी सेवाएँ देनी शुरू की। 1 जनवरी, 1985 को इसने अपनी अन्तर्राष्ट्रीय फोटो सेवा भी प्रारम्भ की। अपने समाचार स्रोतों के संजाल के कारण फ्रांस की 'फ्रांस प्रेस समिति' पूरी दुनिया में प्रसिद्धि के प्रथम पायदान पर पहुँच गई है। बाद में इनके दो कर्मचारियों—पाल जूलियस रायटर तथा वरनार्ड वोल्फ -ने ब्रिटेन और जर्मनी में स्वतंत्र रूप से अपनी-अपनी समाचार समितियाँ स्थापित कीं। इसका परिणाम हुआ—ब्रिटेन, फ्रांस और जर्मनी के साथ-साथ सम्पूर्ण धरती पर इनका प्रभुत्व स्थापित हो गया,—"In addition to Reuters, the French wire service, Agence Farance Press is a competing factor in the global news business. It is naturally favorite in France and French Speaking countries. Agence France Press probably has around 3 thousand outlets of all kinds. The French service and its predecessor. Howas have always had a greater attraction in Latin America than in English speaking countries. Because this is still true, AFP maintains its popularity south of border. But it is not in a Class with the "Big 3" of world wire service journalism AP, UPI and Reuters."[2]

ए.एफ.पी. सम्प्रति बहुआयामी चरित्र की समाचार समिति बन गई है। इसके नेटवर्क का फलक बहुत विशाल हो गया है। बताते है, 70 हजार से ज्यादा समाचार समितियाँ इससे समाचार खरीदती हैं तो इधर, 10,000 से ज्यादा समाचार-पत्र इसके ग्राहक हैं। इसके पास 110 समाचार ब्यूरो हैं और इसके नेटवर्क का फैलाव 150 से अधिक मुल्कों में हो गया है। इसके पास 170 पूर्णकालिक संवाददाता हैं और 500 से ज्यादा अंश कालिक पत्रकार हैं साथ ही 3,350,000 शब्दों से ज्यादा इसका प्रतिदिन का समाचार प्रसारण अनुपात है। कुल मिलाकर आज विश्व की प्रमुख समाचार समितियों में इसकी विशिष्ट पहचान बन गई है।

1. History of Press Laws and Communications : B. N. Ahuja, p. 213
2. History of Press Laws and Communications : B. N. Ahuja, p. 213

(च) कुछ अन्य अन्तर्राष्ट्रीय समाचार समितियाँ

(1) अरब न्यूज एजेन्सी	A. N. A.	अरब
(2) तास	Tass	रूस
(3) विसन्यूज	Wisnews	ग्रेट ब्रिटेन
(4) रॉयटर	Reuters	ग्रेट ब्रिटेन
(5) ऐसोसियेटेड प्रेस ऑफ अमेरिका	AP	ग्रेट ब्रिटेन
(6) इंटरनेशनल न्यूज सर्विस	INS	संयुक्त राज्य अमरीका
(7) यूनाइटेड प्रेस इंटरनेशनल	U.P.I	संयुक्त राज्य अमरीका
(8) यूनाइटेड प्रेस ऑफ अमेरिका	U.N.A	संयुक्त राज्य अमरीका
(9) न्यू चाइना न्यूज एजेन्सी	NCNA	चीन
(10) सिन्हुआ	Hsinhua	चीन
(11) अन्तारा	Antara	इन्डोनेशिया
(12) सेल्फा	SELFA	चेकोस्लोवाकिया
(13) एजेन्सी फ्रांस	A. F.	फ्रांस
(14) फ्रेंच न्यूज एजेन्सी	F. N. A	फ्रांस
(15) मोटोसामे	Montsame	मंगोलिया
(16) क्योदो न्यूज सर्विस	Quyodu News Service	जापान
(17) कोरियन सेन्ट्रल न्यूज एजेन्सी	KCNA	उत्तरी कोरिया
(18) योनहॉप	Yonhop	दक्षिण कोरिया
(19) के.पी.एल.	KPL	लाओस
(20) वियतनाम न्यूज एजेन्सी	UNA	वियतनाम
(21) थाइन्यूज एजेन्सी	TNA	फिलिपींस
(22) फिलिपींस न्यून एजेन्सी	PNA	फिलिपींस
(23) बनीमा	Baneema	मलेशिया
(24) पेट्रा	Petra	जार्डेन
(25) लंका अनुवाप	LA	श्रीलंका
(26) एसोसियेटेड प्रेस ऑफ पाकिस्तान	APP	पाकिस्तान
(27) बंगलादेश न्यूज एजेन्सी	Bangaladesh News Agency	बंगलादेश
(28) इन्डोनेशियन प्रेस एजेन्सी	I PA	इन्डोनेशिया
(29) इरना	Iranna	ईरान
(30) बख्तर	Bakhtar	अफगानिस्तान
(31) अनाडोलू	Anadoloo	टर्की
(32) अन्सा	Ansa	इटली

(33) एन.डी.एन.	NDN	पूर्वी जर्मनी
(34) अल्जीरियाई प्रेस सर्विस	APS	अल्जीरिया
(35) अरब रिवोल्यूशनरी न्यूज एजेन्सी	ARNA	लीबिया
(36) इथोपिया न्यूज एजेन्सी	ENA	इथोपिया
(37) घाना न्यूज एजेन्सी	G. N. A.	घाना
(38) इराकी न्यूज एजेन्सी	I. N. A.	इराक
(39) केन्या न्यूज एजेन्सी	K. N. A.	कीनिया
(40) मोरकों प्रेस एजेन्सी	M. P. A.	मोरक्को
(41) पी.ए.पी.	PAP	पोलैंड
(42) प्रीन्सा लैटिना	PL	क्यूबा
(43) राष्ट्रीय संवाद समिति	NSC	नेपाल
(44) शिहाता	Shihata	तंजानिया
(45) तान्जुग	Tanjung	यूगोस्लाविया
(46) अंगोला	Angola	अंगोप

इसके अलावा अमेरिका, रूस, ब्रिटेन, फ्रांस, जर्मन जनवादी गणतंत्र, इटली, जापान, पश्चिमी जर्मनी पोलैंड, यूगोस्लाविया आदि देशों की कई अन्य समाचार समितियाँ यथा—पी.ए.पी., ए.डी.एन., एन.एस.एस.आ., डी.पी.ए., जी.जी.प्रेस तानज्जुग, नोवोस्ती, इकोनॉमिक न्यूज सर्विस, वी.डब्ल्यू.डी. ग्लोबल न्यूज एजेन्सी तथा नियर एंड फार ईस्ट न्यूज एजेन्सी तथा यू.पी.आई.टी. एन. भी अन्तर्राष्ट्रीय समाचार समितियाँ हैं। बहरहाल, हम बेलाग कह सकते हैं कि समाचार समितियाँ अखबारी जाति का महत्त्वपूर्ण हिस्सा हैं, लेकिन वे समाचारों के सम्प्रेषण के अलावा भी कई काम करती हैं, मसलन बाजार भाव, महत्त्वपूर्ण विषयों पर फीचर देना, सन्दर्भ-सामग्री (Back ground) देना, खेती, आर्थिक, औद्योगिक, शिक्षा आदि पर विशेष फीचर सेवाएँ तथा सामयिक लेख सेवाएँ भी उक्त समाचार समितियाँ चलाती हैं, हालाँकि इनका मुख्य काम खबरों का प्रसारण ही है।[1]

(7) सरकार नियंत्रित समाचार समितियाँ

सरकार के नियंत्रण में प्रथम समाचार समिति 'ट्रांस ओसियन' की स्थापना 1915 में जर्मनी में हुई। इसका प्रमुख कार्य युद्ध का प्रचार करना था। सोवियत संघ ने 1918 में एक समाचार समिति की स्थापना की, जो कम्युनिस्ट पार्टी व संघीय सरकार की प्रवक्ता थी। सन् 1925 में इसी समिति को 'तास' में परिवर्तित किया गया, जो सोवियत गणतंत्र के लिए अतर्राष्ट्रीय समाचार समिति बन गई। पूर्वी यूरोप के देशों में साम्यवाद सोवियत संघ के प्रभाव की वृद्धि के साथ-साथ वहाँ की सरकारों ने पश्चिमी समितियों के प्रभाव से मुक्त अपनी सरकारी राष्ट्रीय समाचार समितियाँ कायम कीं, जो अन्तर्राष्ट्रीय समाचारों के लिए 'तास' से सम्बद्ध थी। पूर्वी यूरोप के देशों में पोलैंड की 'पी.ए.पी.', हंगरी की 'एम.टी.आय व रूमानिया की 'एगर प्रेस एजेन्सी' अधिक विकसित हो सकी, किन्तु वे 'तास' की छाया में ही रही। साम्यवादी देशों में चीनी गणतंत्र की 'नवचीन समाचार एजेन्सी' विशेष स्थान बना सकी। 'तास' से सम्बन्ध रखते हुए भी 'नवचीन एजेन्सी' अन्तर्राष्ट्रीय क्षेत्र में अपना विशेष प्रभाव नहीं बना सकी। साम्यवादी देशों की समाचार समितियाँ सीधे मंत्रिमंडल के प्रति उत्तरदायी होती हैं। इनकी नियुक्तियाँ एवं प्रबन्ध भी प्रायः सरकार के प्रतिनिधि सूचनामंत्री के हाथ में रहता है।[2]

1. जनसंचार—राधेश्याम शर्मा, पृष्ठ-364।
2. हिन्दी पत्रकारिता : विविध आयाम—सं. वेदप्रताव वैदिक, पृष्ठ-256।

(8) अन्तर सरकारी समाचार समितियाँ

इस तरह की समाचार समितियों का महत्त्व कई सन्दर्भों में विश्वस्तर की समाचार समितियों की तरह ही होता है। साफ शब्दों में मुख्य समाचार समितियों की तरह अन्तर सरकारी समाचार समितियाँ भी सूचना सम्प्रेषण की मुख्य भूमिका में जीती हैं। समितियाँ भी विश्व के कोने-कोने में समाचारों को भेजने का उत्तरदायित्त्वपूर्ण कार्य करती हैं। इतना ही नहीं वैश्विक स्तर की समाचार समितियों की तरह ये भी दूरदर्शन केन्द्रों, रेडियों केन्द्रों, समाचार प्रतिष्ठानों तथा अन्य अनेक संस्थानों को समाचार मुहैया कराती हैं। हाँ, बस इतना अन्तरभर हो सकता है कि ये राष्ट्रीय, क्षेत्रीय तथा अन्य बड़ी समाचार समितियों से अनुबन्धित होती हैं। इनके पास भी बड़ी हैसियत की समाचार समितियों की तरह देश-विदेश में संवाददाता होते हैं, प्रमुख राजधानियों में समाचार ब्यूरों होते हैं।

वैश्विक स्तर की समाचार समितियों से सरकारी समाचार समितियों का अगला अन्तर यह हो सकता है कि ये अधिकाशन्तः अपने देश की सीमा में ही काम करती हैं। इनकी खासियत यह होती है कि ये स्थानीय समाचारों को भी मुख्य समाचारों में सम्मिलित कर उन्हें सम्प्रेषित करती हैं। विश्व में फैली कुछ अन्तर सरकारी समाचार समितियाँ इस प्रकार हैं—

(1)	क्योदो तथा जी जी प्रेस	जापान
(2)	डी. पी. ए.	पश्चिमी जर्मनी
(3)	सिन्हुआ	चीन
(4)	साउथ अफ्रीकन प्रेस ऐसोसियेशन	दक्षिण अफ्रीका
(5)	सी. एन. ए. (Central News Agency)	ताइवान
(6)	मीना (Middle East News Agency)	मिस्त्र
(7)	पी. टी. आई. तथा यू. एन. आई.	भारत
(8)	कूना (Kuwait News Agency)	कुबैत
(9)	इरना (Islamic Republican News Agency)	इरान
(10)	ए. पी. पी. (Associated Press of Pakistan)	पाकिस्तान
(11)	तानजुग	यूगोस्लाविया

एक सूचना के आधार पर पूरे विश्व में तकरीबन 1200 क्षेत्रीय एवं राष्ट्रीय स्तर की अन्तर सरकारी समाचार समितियों का संजाल फैला हुआ है।

(9) गुट निरपेक्ष समाचार समिति 'पूल' (N. A. N. A. P.) या गुट निरपेक्ष राष्ट्रों का समाचार पुंज (Non-Aligned News Pool)

गुट निरपेक्ष समाचार एजेन्सी पूल (एन.ए.एन.ए.पी.) उन गुट निरपेक्ष देशों की समाचार एजेन्सियों के बीच समाचारों के आदान-प्रदान की व्यवस्था है, जो समाचारों की प्राप्ति के मामले में लम्बे समय तक असन्तुलन और पक्षपात के शिकार रहे हैं, यह पूल 1876 में शुरू हुआ। सन् 1976 से 1979 तक भारत इस पूल का अध्यक्ष रहा। यह पूल पूरे विश्व में कार्यरत है और चार महाद्वीपों—एशिया, यूरोप, अफ्रीका और लैटिन अमेरिका को अपने कार्य क्षेत्र में समेटे हुए हैं, पूल के समाचार चार भाषाओं में प्रेषित किए जाते हैं—अंग्रेजी, स्पेनिश, फ्रेंच और अरबी। पूल की गतिविधियों में एक निर्वाचित संस्था, समन्वय समिति और अध्यक्ष का कार्यकाल साथ-साथ चलता है तथा अध्यक्ष पद बारी-बारी से मिलता है। इसके अध्यक्ष और सदस्यों का चुनाव जनरल कान्फ्रेंस द्वारा किया जाता है, जो पूल के लिए निर्णय करनेवाली शीर्ष संस्था है। समन्वय समिति के सदस्यों का चुनाव क्षेत्रीय प्रतिनिधित्व, निरन्तरता, सक्रिय हिस्सेदारी और बारी-बारी के आधार पर होता है।[1] वस्तुतः गुटनिरपेक्ष एवं विकासशील राष्ट्रों के मध्य समाचारों के क्षेत्र में आपसी सहयोग तथा आदान-प्रदान के आधार पर समाचार व्यवस्था स्थापित करने का विचार सन् 1973 में अल्जीरिया की बैठक में प्रस्तावित किया गया। इस सम्मेलन

1. हिन्दी पत्रकारिता का इतिहास—जगदीश प्रसाद चतुर्वेदी, पृष्ठ-391-392।

में समाचार सूचना के क्षेत्र में उत्पन्न उपनिवेशवादी प्रवृत्तियों को समाप्त करने का आह्वान किया गया। लिमा में अगस्त, 1975 में गुट-निरपेक्ष राष्ट्रों के विदेश मंत्रियों के सम्मेलन में समाचार पुंज के संविधान निर्माण की आवश्यकता पर बल दिया गया। कोलम्बों (श्रीलंका) में गुट-निरपेक्ष राष्ट्रों के शिखर सम्मेलन (1976) में इस प्रकार पुँज (न्यूज पूल) विधिवत् स्थापना कर दी गई। जुलाई, 1976 में नई दिल्ली में आयोजित एक विशेष सम्मेलन में 62 राष्ट्रों के सूचना मंत्रियों और संचार माध्यमों के प्रतिनिधियों ने भाग लिया तथा समाचार पुंज के लिए विस्तृत संविधान बनाया। समाचार पुँज के गठन के पीछे यूगोस्लाविया की समाचार समिति 'तान्जुग' की विशेष भूमिका रही। समाचार पुँज में सम्मिलित सभी समाचार समितियों में इसे ही अधिक अनुभवी होने का श्रेय प्राप्त था।[1]

जब उक्त समाचार पुंज की स्थापना की गई तब इसमें 20 देशों की समाचार समितियाँ थीं। तत्कालीन समय में पुरी दुनिया में गुट निरपेक्ष आन्दोलन से ताल्लुक रखनेवाले 101 राष्ट्र थे, उनमें से 62 राष्ट्र इस समाचार पुँज के सक्रिय सदस्य बन गए। उस समय इस समाचार पुँज के 9 क्षेत्रीय केन्द्र बनाये गए। उनके नाम हैं,—भारत, मिस्त्र, कूयबा, इराक, यूगोस्लाविया, ट्यूनिशिया तथा बेनेजुएला। ये केन्द्र स्थानीय समाचार समितियों को समाचार देते हैं और स्थानीय समाचार समितियाँ इन समाचारों को अपने निश्चित ग्राहकों को समाचार देती हैं। उधर, गुट निरपेक्ष राष्ट्रों को यूगोस्लाविया ने अंग्रेजी, स्पेनिश तथा फ्रेंच भाषा में समाचार देना शुरू भी कर दिया था। भारत की प्रमुख समाचार समिति पी.टी.आई. उक्त समाचार पुँज की सक्रिय सदस्य हैं। भारत ने अब तक आठ राष्ट्रों—मलेशिया, बांग्लादेश, श्रीलंका, वियतनाम, इंडोनेशिया, बहरीन, क्यूबा, यूगोस्लाविया—से उपग्रह सम्बन्ध स्थापित कर लिये हैं। इतना ही नहीं, उपग्रह के माध्यम से भारत ने 12 अन्य राष्ट्रों की समाचार समितियों से अपने को जोड़ लिया है। इसका सुखद परिणाम यह हुआ है कि उक्त देशों के ताजा-टटका समाचार भारत को प्रतिदिन प्राप्त हो जाते हैं। एक सम्भावना व्यक्त की गई है कि यदि समाचार पुँज की यही प्रगति रही तो वह कालान्तर में बहुराष्ट्रीय समाचार समिति (Transnational News Agency) का स्वरूप ग्रहण कर लेगा। समाचार पुँज की हालिया प्रगति पर प्रकाशपात करते सुप्रसिद्ध पत्रकार-लेखक **जगदीश प्रसाद चतुर्वेदी**[2] लिखते हैं, पुँल के आरम्भ से छह आम सभाओं के अलावा, समन्वय समिति की 17 नियमित बैठकें और एक विशेष भी हो चुकी है। पूल का पिछला महा-सम्मेलन तेहरान (ईरान) में जून, 1992 में हुआ, जब ईरान की समाचार एजेन्सी 'इरना' ने अंगोला की समाचार एजेन्सी 'अंगोप' से अध्यक्षता ग्रहण की। समन्वय समिति की सितम्बर, 2000 ई. में बेलग्राद में एक विशेष बैठक आयोजित की गई थी, जिसकी मेजबानी यूगोस्लाविया की समाचार एजेन्सी तान्चुंग ने की। समन्वय समिति के वर्तमान सदस्यों में एशिया से भारत, इन्डोनेशिया, वियतनाम, उत्तर कोरिया, कुवैत, सीरिया, मंगोलिया, बहरीन, अफगानिस्तान लेबनाम और ओमान, अफ्रीका से अंगोला, अल्जीरिया, बुरकीना फासो, कांगों इथोपिया, मिस्त्र, घाना, गिनी-बिसाऊ, मोरक्यो, मोजांबिक, नामीबिया, सेनेगल सूडान, तंजानिया, ट्यूनिशिया और जांबिया, यूरोप से यूगोस्लाविया और लैटिन अमेरिका से बोलीविया, क्यूबा, इक्वाडोर, मेक्सिको, पेरू, सूरीनाम और वेनेजुएला शामिल हैं।

पूल का संस्थापक अध्यक्ष रहने के साथ-साथ भारत ने इसके गठन और विस्तार में महत्त्वपूर्ण भूमिका निभाई है। इंडिया न्यूज पूल डेस्क का संचालन प्रेस ट्रस्ट ऑफ इंडिया करती है। एजेन्सी दैनिक आधार पर पूल के सहयोगियों से समाचार प्राप्त कर उन्हें भारतीय समाचार प्रदान करती है। बाहर से पूल में प्रतिदिन लगभग 15,000-20,000 शब्द पी.टी. आई. को भेजे जाते हैं और पी.टी.आई. से लगभग 8,000-9,000 शब्द बाहर भेजे जाते हैं। अन्तारा (इन्डोनेशिया), बेरनामा (मलेशिया), बी.एस.एस. (बांग्लादेश) जी.एन.एन. (बहरीन), मैप (मोरक्को) मोटंसेम (मंगोलिया), नाम्पा (नामीबिया), प्रेंसा लाटिना (क्यूबा), आर.एस.एस. (नेपाल), साना (सीरिया) और बी.एन.ए. (वियतनाम) के साथ उपग्रह स्थलीय ई-मेल संचार के जरिये समाचारों का आदान-प्रदान किया जाता है। कुल मिलाकर इस नई अन्तर्राष्ट्रीय समाचार व्यवस्था ने गुटनिरपेक्ष राष्ट्रों के मध्य प्रत्यक्ष संवाद कायम करने का एक खुला मंच उपस्थित

1. पत्रकारिता का इतिहास एवं जनसंचार माध्यम—डॉ. संजीव भानावत, पृष्ठ-146।
2. हिन्दी पत्रकारिता का इतिहास—जगदीश प्रसाद चतुर्वेदी, पृष्ठ-392-393।

किया है। अल्पकाल में इसने काफी प्रतिष्ठा एवं सम्मान अर्जित कर लिया है। यह एक प्रकार का (Self Paying Project) है जिसमें समाचार प्रेषित करनेवाला राष्ट्र ही उसके समस्त व्यय का भार वहन करता है। समाचार पानेवाले समाचार-पत्र को इसकी पूरी आजादी है कि वह इनका उपयोग करे या न करें।[1]

(10) अन्तर्राष्ट्रीय प्रसारण संगठन

सूचना सम्प्रेषण के तमाम माध्यमों, खासकर रेडियो या दूरदर्शन के विभिन्न चैनलों द्वारा जो सन्देश प्रसारण अपने देश की सरहद-सीमाओं के बाहर किया जाता है, उन्हें अन्तर्राष्ट्रीय प्रसारण कहा जा सकता है। समय-समय पर अन्तर्राष्ट्रीय प्रसारण के लक्ष्य बदलते रहे हैं। दरअसल, पहले इसका एक मात्र लक्ष्य था—अपने देश के बाहर किसी अन्य मुल्क में रहने वाले प्रवासियों को देश के हालातों, समाचारों से अवगत कराना। देश की हर गतिविधि, प्रगति, भावी कार्यक्रमों आदि के बारे में विदेश में रहने वाले भारतीयों को सूचित करना ही इस प्रसारण का मुख्य प्रारम्भिक लक्ष्य था। पर, कालान्तर में इसके लक्ष्यों में परिवर्तन हुआ। देश के बाहर रहने वाले लोगों को देशी समाचारों से अवगत कराने के साथ-ही-साथ इसका एक अन्य लक्ष्य हो गया—धनार्जन। हिटलर ने इस अन्तर्राष्ट्रीय प्रसारण को महज 'प्रोपेगेंडा' माध्यम कहा था। द्वितीय विश्व युद्ध में इस प्रसारण की प्रमुख भूमिका रही है। कुल मिलाकर ये प्रसारण 'सूचना साम्राज्य' स्थापन में अपनी विशेष भूमिका अदा करते हैं। कभी केवल देश के लिए, कभी देश-विदेश दोनों के लिए सूचनाओं को प्रसारित करता यह संगठन आज भी अपनी खासी भूमिका के लिए चर्चित है। अतः अच्छा होगा कि इनमें से कुछ प्रमुख अन्तर्राष्ट्रीय प्रसारण संगठनों के बारे में यहाँ अति संक्षेप में जान लिया जाए—

(क) ब्रिटिश ब्राडकॉस्टिंग कॉरपोरेशन (बी.बी.सी)

अपने देश के सूचना-सम्प्रेषण माध्यमों द्वारा प्रसारित सूचनाओं पर हमें कम भरोसा होता है, किन्तु बी.बी.सी. लन्दन द्वारा प्रसारित समाचारों पर हमें पक्का यकीन रहता है,—ऐसा क्यों? या तो हम भारतीयों की यह हीन ग्रन्थि ग्रस्तता है या तो बी.बी.सी. लन्दन द्वारा प्रसारित समाचार खाँटी सही होते हों। बहरहाल जो भी हो, लेकिन यह तय है कि बी.बी.सी. लन्दन का भारतीयों पर मनोवैज्ञानिक दबाव है कि उसके द्वारा प्रसारित समाचारों को हम आँख मूँदकर सही मानते हैं। समाचार प्रसारण का यह कॉरपोरेशन एक स्वतंत्र निगम है। इसकी स्थापना सन् 1922 ई. में हुई थी। ब्रिटेन के गृहमंत्रालय ने रॉयल चार्टर को इसे सूचना प्रसारण का लाइसेन्स दिया था। ब्रिटेन का यह मुख्य प्रसारण केन्द्र तो है ही, पूरी दुनिया में यह कुछ अपवादों को छोड़कर विश्वसनीय प्रसारण केन्द्र माना जाता है। उपभोक्ताओं-ग्राहकों के लाइसेन्स शुल्क से इसका संचालन किया जाता है। बताते हैं, यह ब्रिटेन की संवैधानिक व्यवस्था के साथ-साथ वहाँ के राजपरिवार की सूचनाओं के प्रसारण हेतु कुछ सीमा तक प्रतिबन्धित है। इसके लिए अगला निषेध यह है कि यह न तो उस देश की संस्कृति, सभ्यता-तमद्दुन, रीति-रिवाज अर्थात् वहाँ की परम्पराओं के बरक्स न तो टिप्पणी कर सकता है और न विज्ञापन ही प्रसारित कर सकता है। इसके द्वारा सम्प्रति 5 राष्ट्रीय चैनल्स और 33 लोकल चैनल्स का संचालन किया जाता है। रेडियो से प्रसारित होनेवाले कार्यक्रमों की रूपरेखा इस प्रकार है,—

(i) **रेडियो 1**—इसके द्वारा 21 घंटे का प्रसारण किया जाता है। इस पर विशेषकर संगीत का प्रसारण होता है।

(ii) **रेडियो 2**—इसके द्वारा 24 घंटे का प्रसारण होता है। इस पर नाटक और कहानी प्रस्तुत किए जाते हैं।

(iii) **रेडियो 3**—इसके द्वारा भी 24 घंटे का प्रसारण होता है, जिसमें मनोरंजन मुख्य होता है।

(iv) **रेडियो 4**—इस पर केवल 2 घंटे के प्रसारण में समाचार एवं समसामयिक विषय प्रमुख होते हैं।

(v) **रेडियो 5**—रेडियो का यह चैनल सन् 1990 में प्रारम्भ हुआ। यहाँ मुख्यतः बच्चों की शिक्षा से सम्बन्धित कार्यक्रम प्रस्तुत किए जाते हैं।

---

1. पत्रकारिता का इतिहास एवं जनसंचार—डॉ. संजीव भानावत, पृष्ठ-148।

(ख) बी.बी.सी. विदेश सेवा

सूचना-सम्प्रेषण में इस माध्यम का कोई शानी नहीं। राष्ट्रीय और अन्तर्राष्ट्रीय स्तर पर चौबीस घंटे सूचनाओं का सैलाब बी.बी.सी की इस विदेश सेवा से उमड़ता रहता है। खबरें अमूमन निष्पक्ष, भाषा साफ-सुथरी और कलात्मक, प्रसारणकर्त्ताओं के उच्चारण का लहजा और टोन बेहद कशिशपूर्ण तथा मोहक। एक विशेषता यह कि एक ही साथ यहाँ से विश्व की सुप्रसिद्ध कई भाषाओं में सूचनाओं का प्रसारण होता है। कुछ मुख्य भाषाएँ, जिनमें यहाँ से समाचार प्रसारित किए जाते हैं, उनके नाम इस प्रकार हैं,—हिन्दी, उर्दू, नेपाली, रसियन, स्लैव, पोलैंड की भाषा पोलिस, बर्मीज, इंडोनेशियन, फ्रेंच, जर्मन, पुर्त्तगाली, ग्रीक, मन्दारिन, थाई, रोमानियन आदि। सेटेलाइट ने बी.बी.सी. को पूरी दुनिया के साथ अधिकांश भारतीय घरों में पहुँचा दिया है।

(ग) बी.बी.सी. टेलीविजन प्रसारण

बी.बी.सी की यह समाचार प्रसारण सेवा, सूचनाओं को सचित्र प्रस्तुत करने के कारण काफी लोकप्रिय रही है। इसे कुछ लोग पूरे विश्व के जनसंचार संगठनों का 'मॉडल' घोषित करते हैं, यहाँ तक कि समाचारों की विश्वसनीयता की पुष्टि भी इसी प्रसारण सेवा से करते हैं। कुल मिलाकर समाचारों की तटस्थता, निष्पक्षता, बेलागपन और प्रथमतः समाचार देने की इसकी खासियत ने इसे कभी प्रतिष्ठा के शिखर पर पहुँचा दिया था, किन्तु कुछ जानकारों का विचार है कि इस प्रसारण संस्था में अब पहलेवाला तेवर, रौ और जुझारूपन नहीं रह गया है। कई मौके ऐसे भी आए, जहाँ इसकी विश्वसनीयता संस्था के दोराहे पर खड़ी मिली है। चाहे भारत में आपात् काल रहा हो, फाकलैंड की समस्या रही हो, खाड़ी युद्ध रहा हो अथवा ईरानी, क्रान्ति रही हो—हर मौके पर इसकी निष्पक्षता सन्दिग्घता का शिकार रही है। सभवतः यही कारण था कि इसके तत्कालीन अध्यक्ष गेविन डेविश, महानिदेशक ग्रेग डाइक तथा पत्रकार एन्ड्यूगिलिगन संस्था से त्याग पत्र दे दिया था। पत्रकार जेरमी क्लिट्स कहते हैं कि केबल प्रसारणों के जरिये सी.एन.एन. और बी.बी.सी. टेलीविजन ने भारत में हिंसा-प्रतिहिंसा की आग भड़काई। भावनाओं के बारूद में पलीता लगाया। इन माध्यमों ने 6 दिसम्बर, 1992 को लाखों लोगों के टेलीविजन सेट पर बाबरी मस्जिद का विध्वन्स दिखाया। नजीजतन सैकड़ों दंगे भड़क उठे। हांगकांग के स्टार टेलीविजन नेटवर्क द्वारा बी.बी.सी. के समाचार केबल द्वारा सीधे प्रसारित किए गए, भारत में कम-से-कम डेढ़ करोड़ लोगों ने एक साथ देखा। इस प्रसारण का नतीजा यह हुआ कि एक ओर रातोंरात जनता की नजर में दूरदर्शन एक अविश्वसनीय सरकारी माध्यम बन गया। वहीं केबल टेलीविजन की प्रसिद्धि बढ़ी।[1]

(घ) वॉयस ऑफ अमेरिका (वी.ओ.ए.)

सूचनाओं के अन्तर्राष्ट्रीय प्रसारण में यदि बी.बी.सी. अव्वल दर्जे पर है, तो वायस ऑफ अमेरिका दूसरे स्थान पर है। अपनी बेबाक और तल्ख समसामयिक टिप्पणियों के लिए यह प्रसारण सेवा प्रसिद्ध है। इसकी प्रसारण अवधि को हम दो टुकड़ों में बाँट सकते हैं। प्रथमतः इस संस्था से सूचनाओं का प्रसारण सन् 1941 ई. में किया गया। यह समय द्वितीय विश्वयुद्ध का था। तब यह बतौर व्यक्तिगत संगठन माना जाता था। वस्तुतः उस समय तक अमेरिका के पास कोई भी अपनी प्रसारण संस्था नहीं थी बल्कि सरकार सूचनाओं के लेन-देन शार्ट वेब ट्रांसमीटरों को पट्टे पर किराये के रूप में लेती थी। बहरहाल, द्वितीय विश्वयुद्ध के बाद यह संस्था बन्द हो गई, किन्तु पुनः इसे सन् 1953 में प्रारम्भ किया गया।। इसी समय अमेरिका यूनाइटेड स्टेट इन्फार्मेशन एजेन्सी (United State Information Agency) की स्थापना हुई।

एक खासियत यह कि वॉयस ऑफ अमेरिका से समाचारों का प्रसारण पूरी दुनिया के लिए तो किया जाता है, किन्तु खुद इसके आन्तरिक प्रसारणों पर वहाँ प्रतिबन्ध है। बहरहाल, तमाम दावों के बावजूद बी.बी.सी. टेलीविजन प्रसारण सेवा की तरह वायस ऑफ अमेरिका का प्रसारण भी विवादों के घेरे में है। जिन देशों से अमेरिकी सम्बन्ध अच्छे नहीं हैं, वहाँ की खबरों में निष्पक्षता कम, मुखालफत का स्वर प्रबल

1. Secularism Under Sease : Prof. S.A.H. Halki and R. Abaras, p. 311-12

सुनाई पड़ता है। वियतनाम और खाड़ी देशों में हुए युद्ध इस बात की तस्दीक-ताईद करते हैं कि इस प्रसारण संस्था का एक केन्द्र श्रीलंका में है, जहाँ से भारत तथा अन्य दक्षिण एशियाई देशों को सूचनाएँ भेजी जाती हैं। वॉयस ऑफ अमेरिका एक सप्ताह में ८०० घंटे का प्रसारण 35 भाषाओं में करता है।

(11) सूचना प्रौद्योगिकी और समाचार समितियाँ

सारी दुनिया की समाचार एजेंसियों के लिए यह एक कठिन दौर है। सूचना प्रौद्योगिकी के तेजी से बढ़ते दखल और सारी दुनिया में इंटरनेट के असीमित विस्तार ने उनके सामने नई चुनौतियाँ खड़ी कर दी है। सारी दुनिया में यह माना जा रहा है कि समाचार एजेन्सियों का भविष्य तभी सुरक्षित है जब वे बदलती तकनीक को आत्मसात करने और बाजार की नई जरूरतों को समझने में तत्परता दिखाएँगी। अमेरिका के तमाम समाचार-पत्र समूह, जो मन्दी के चलते अपने स्टाफ में कटौती करने और दूसरे देशों में स्थित ब्यूरो बन्द करने में लगे हैं, मानते हैं कि समाचार एजेन्सियों को अब खबर के प्राथमिक और विश्वसनीय स्रोत भर होने की अपनी भूमिका में बदलाव लाना होगा।

एजेन्सियों के प्रति सकारात्मक रुख रखनेवाले मीडिया विशेषज्ञ मार्सेल फेनेज का मानना है कि बीते बारह सालों में इंटरनेट और मोबाइल के विस्तार ने एजेन्सियों के लिए असीमित सम्भावनाओं को जन्म दिया और उसके लिए एक बिलकुल नया बाजार सामने आया है। मगर उनका कहना है कि अगर समाचार एजेन्सियाँ इसका लाभ उठाना चाहती हैं तो उन्हें मल्टीमीडिया की अवधारणा को समझते हुए नई तकनीक के साथ चलना होगा और खबरों में वीडियो और तस्वीरों की अहमियत को स्वीकार करना होगा।

आम तौर पर न्यूज एजेन्सी को विभिन्न समाचार उद्योगों को खबरें और कंटेट मुहैया करानेवाली संस्था के रूप में परिभाषित किया जाता है। इतिहास में सबसे पुरानी समाचार एजेन्सी के रूप में एएफपी का नाम सामने आता है, जिसने 1835 में अपनी सेवाएँ देना आरम्भ किया था। इसे पेरिस के एक अनुवादक और विज्ञापन एजेंट चार्ल्स लुइस ने स्थापित किया। बाद में उनके दो कर्मचारी पॉल जुलिएस रॉयटर और बर्नार्ड वूल्फ ने लन्दन और बर्लिन में प्रतिद्वन्द्वी समाचार एजेन्सियों की स्थापना की। शानदार इतिहास और दो विश्व युद्धों की गवाह रह चुकी इन समाचार एजेन्सियों का चेहरा बीते बीस वर्षों में तेजी से बदला है। सिर्फ भारत में ही नहीं ब्रिटेन तक में राष्ट्रीय अखबारों की अवधारणा खत्म हो रही है और वहाँ भी 'प्रोविंसियल न्यूज' का बोलबाला है। दुनिया भर के अखबारों में खर्चे कम करने और स्टाफ घटाने की कवायद चल रही है, ऐसी स्थिति में समाचार एजेन्सियों के प्रति उनके रवैये में बदलाव भी आया है। वहीं एजेन्सियों या वायर्ड सर्विसेज के लिए हर रोज बदलती जरूरतों को समझना काफी कठिन होता जा रहा है।

इंटरनेट के इस दौर में एजेन्सियों के सामने सिटिजन जर्नलिज्म भी एक नई चुनौती मीडिया में आम जनों की भागीदारी या लोकतांत्रिक पत्रकारिता के रूप में देखा सकता है। सूचनाओं को दूसरों तक पहुँचाने के इस नये माध्यम से मीडिया की सक्रियता, रिपोर्टिंग, विश्लेषण और सूचना के प्रसार में अहम भूमिका निभायी है। अपनी किताब 'हाऊ आडिएंसेज आर शेपिंग द फ्यूचर आफ न्यूज एंड इनफार्मेशन' में शाइनी बोमैन और क्रिस विलिस कहते हैं, 'मूलतः लोगों की भागीदारी के इरादे के साथ खड़े किए गए इस सूचना नेटवर्क ने पहली बार एक स्वतंत्र, निष्पक्ष खरे और ऐसे विस्तृत माध्यम को जन्म दिया है जिसकी एक लोकतांत्रिक व्यवस्था में सचमुच जरूरत है।'

दरअसल सिटिजन जर्नलिज्म का विकास इंटरनेट के उस दौर में हुआ, जो नेट की भाषा में 'यूजर जेनरेटेड कंटेट' पर आधारित था। इसे जन्म दिया था तेजी ने उभरती इंटरनेट और नेटवर्किंग टेक्नोलॉजी ने, जैसे कि ब्लॉग, चैट रूम, मैसेज बोर्ड, विभिन्न इंटरनेट समूह और मोबाइल कम्प्यूटिंग। बदलती तकनीक यह सुविधा लेकर आई कि खबर पढ़नेवाला अपनी राय दे सकता है। किसी मुद्दे पर अपना मत प्रदान कर सकता है। दक्षिण कोरिया की वेबसाइट ओह माई न्यूज को इसी अवधारणा के चलते जबरदस्त सफलता मिली। उसका नारा था—हर नागरिक एक रिपोर्टर है। इस वेबसाइट के पास चालीस से ज्यादा रिपोर्टर और सम्पादकों की टीम थी जो कुल कंटेट के सिर्फ बीस प्रतिशत में अपना योगदान देती थी। इतना ही नहीं ओह माई न्यूज ने पचास हजार से ज्यादा स्वतंत्र नागरिक पत्रकार तैयार किए

जिनकी मदद से इस वेबसाइट ने वहाँ के रूढ़िवादी राजनीतिक माहौल में हस्तक्षेप कर उसके खिलाफ जनमत तैयार करने में अहम भूमिका निभायी।

दूसरी परफ पारम्परिक समाचार स्त्रोतों के सामने ब्लॉग एक नई चुनौती बनकर सामने आया है। बहुत से ब्लॉगर्स ने लोकतांत्रिक या भागीदारी पत्रकारिता को चुनकर खुद को मुख्यधारा मीडिया के सामने एक विकल्प के तौर पर खड़ा किया है। कुछ मीडिया विशेषज्ञ ब्लॉग के विस्तार को सूचनाओं के बाजारीकरण के खिलाफ एक विद्रोह के रूप में देखते हैं। हालाँकि कुछ को चिन्ता है कि ब्लॉगर्स न तो कॉपीराइट का सम्मान कर रहे हैं, न ही मीडिया की सामाजिक जिम्मेदारी से उनका कोई लेना-देना है। यह ब्लागर्स और यूजर जेनरेटेड कंटेट की ही देन थी कि सन् 2006 में टाइम मैगजीन ने साल की शख्सीयत के रूप में जिसे चुना वह 'यू' था, यानी एक आम नागरिक जो अब खुद को अभिव्यक्त कर सकता है।

समाचार की दुनिया में आए इन तमाम बदलावों को ब्रिटेन और अमेरिका के बहुत से मीडिया विशेषज्ञ, सकारात्मक नजरिये से देख रहे हैं। उनका मानना है कि आज समाचार एजेन्सियों के पास पहले के मुकाबले कहीं ज्यादा बड़ा और विविधता से भरा बाजार है। नई तकनीक ने यह सुविधा दी है कि किसी भी मुद्दे, किसी भी खबर या तस्वीर को चन्द मिनटों में दुनिया के किसी भी कोने में भेजा जा सकता है।[1]

(12) सेटेलाइट (उपग्रह) और समाचार समितियाँ

समाचार एजेन्सियाँ जनसंचार की रीढ़ हैं। समाचार एजेन्सी सभी सम्भव स्त्रोतों-स्थानीय, प्रान्तीय, राष्ट्रीय और अन्तर्राष्ट्रीय-से सामग्री जुटाकर समाचार माध्यमों को उपलब्ध कराती हैं। समाचार के अलावा वह घटना विशेष से सम्बन्धित चित्र, आँकड़े, फीचर, विश्लेषण, लेख तथा व्यंग चित्र कार्टून कथाएँ (कामिक्स) और अन्य प्रासंगिक सामग्री भी प्रदान करती हैं। समाचार एजेन्सी के ग्राहकों में मुख्यतः समाचार-पत्र, पत्रिकाएँ, रेडियो, टेलीविजन चैनल सरकारी प्रतिष्ठान, राजनीतिक दल और व्यावसायिक घराने होते हैं।[2] बहरकैफ, सौभाग्य से सम्प्रेषण सम्बन्धी हालिया जन्मे संसाधान समाचार भेजने में उक्त समितियों के लिए रामबाण सिद्ध हुए हैं। ये समितियाँ इन नये साधनों का प्रयोग कर पलक झपकते सूचनाओं का आदान-प्रदान अपने ग्राहकों को कर रही हैं। कुल मिलाकर यह कि जैसे-जैसे धरती पर तकनीकी विकास होता गया है, समाचार भेजने, संकलन करने तथा उन्हें वितरित करने में समाचार समितियों को सुविधा होती गई है। आज का व्यक्ति बैलगाड़ी युग से बहुत आगे मारकोनी के वायरलेस रेडियो, उसके बाद टेलीविजन आदि संचार साधनों के युग में पहुँच गया है। उसे इतने से सन्तोष नहीं हुआ तो इन सभी माध्यमों को लाँघकर वह उपग्रह (सेटेलाइट) की दुनिया को भी अपनी मुट्ठी में कर लिया। फल हुआ, समाचार समितियों के माध्यम से धरती पर पल-पल घटनेवाली घटनाएँ क्षण भर में ही कोने-कोने में पहुँचने लगी हैं। ऐसा लगा, जैसे हजारों, लाखों मील की घटनाएँ वारास्ता नये संचार सम्बन्धों के हमारे घर के भीतर चुपचाप आकर खड़ी हो गयीं। निष्कर्ष रूप में यह कि सेटे लाइट समाचार समितियों के लिए अचूक औषधि सिद्ध हुआ है।

पर, दुर्भाग्य से सेटेलाइन की सुविधा प्राप्त समितियाँ समाचार भेजने में पक्षधरता बरतती हैं। साधन-सम्पन्न ये समाचार समितियाँ विकसित राष्ट्रों की बाहुबली समितियाँ कही जा सकती हैं। ब्रिटेन की 'रायटर', अमेरिकी की एसोसियेटेड प्रेस' तथा 'यू.पी.आई.' रूस की 'इटार तास' एवं फ्रांस की ए.एफ.पी. इन समितियों में प्रमुख हैं। इन्होंने पूरी दुनिया में अपना आधिपत्य स्थापित कर लिया है। विकसित देशों की ये समाचार समितियाँ विकासशील देशों को जो समाचार भेजती हैं, उनमें पसन्द उन्हीं की होती है। साफ शब्दों में, विकसित देशों की उक्त समाचार समितियाँ विकासशील देशों के ऊपर अपने सड़े-गले, सारहीन, अप्रासंगिक और बासी समाचारों को जबरिया थोपती है। परिणामतः कई बार समाचारों को लेकर संभ्रम और विश्वसनीयता का संकट पैदा होता है। विकासशील देशों के समाचारों के ग्राहक राष्ट्रों तक सही खबरें नहीं पहुँच पाती। बल्कि यहाँ तक सूचना मिलती है कि विकसित देशों की ये समाचार समितियाँ विकासशील देशों की छवि खराब करने की दोषी पाई गई हैं। ये समाचार समितियाँ

1. खबरों के बाजार में लेख—दिनेश श्री सन्त, जनसत्ता 12 जुलाई, 2009, लखनऊ संस्करण से साभार।
2. उत्तर आधुनिक मीडिया तकनीक-डॉ. हर्षदेव, पृष्ठ-90।

पूरी दुनिया में भेजे जानेवाले विदेशी समाचारों का लगभग दसवाँ हिस्सा समाचारों का ही सम्प्रेषण करती हैं अर्थात् 3 करोड़ 50 लाख शब्द इनके द्वारा पूरी दुनिया में भेजे जाते हैं।

बहरहाल, विकसित देशों की समाचार समितियों द्वारा पक्षपात पूर्ण समाचार भेजे जाने से आजिज होकर विकासशील देशों ने विकल्प के तौर पर कुछ स्थानीय, क्षेत्रीय समितियों का गठन किया, जिनमें गुट निरपेक्ष समाचार समिति पूल, कैरेबियन न्यूज एक्सचेंज पूल तथा लैटिन अमरीका की एसिन समाचार समितियों के नाम प्रमुख हैं। हाँ, यह दीगर बात है कि इन विकल्पों से भी इन्हें उक्त समस्याओं से बहुत छुटकारा नहीं मिल सका। सच तो यह है कि विकसित राष्ट्रों की समाचार समितियों के पास समाचार संकलन के प्रचुर और सशक्त सक्षम माध्यम हैं। सैकड़ों संवाददाता विश्व के कई सौ देशों में ब्यूरों कार्यालयों से लैस इन समाचार समितियों के समक्ष विकासशील देशों की समाचार समितियाँ बेबस, साधनहीन और अपंग हैं। इनके पास विकसित राष्ट्रों की तुलना में सूचना स्रोत का मजबूत समाचार ढाँचा और संरचना नहीं है। उदाहरण के लिए विश्वविख्यात समाचार समिति ए.पी. के पास समाचार सूचनाओं के तकरीबन 1000 से ऊपर ग्राहक हैं, तो एसोसियेटेड प्रेस के पास विश्व की आधुनिकतम तकनीक से लैस समाचार संकलन-प्रसारण का विशाल नेटवर्क और संजाल है। इस समिति के पास, 5000 से ऊपर संवाददाता हैं, ढेरों अंशकालिक संवाददाता हैं, जो अमेरिका के 3400 ब्राडकास्टर्स तथा 1300 समाचार-पत्रों को अपनी सेवाएँ देते हैं। इधर, रायटर के पास फोटोग्राफर, कैमरामैन और पत्रकारों की कुल संख्या 1200 है, जो विश्व के तकरीबन 100 समाचार प्रसारण केन्द्रों में कार्यरत हैं। इसी तरह एक अन्य सुप्रसिद्ध समाचार समिति ए.एफ.पी. विश्व के 150 से अधिक देशों में सूचना देने का कार्य करती है। बताते हैं, 70 समाचार समितियाँ और 10,000 समाचार-पत्र इस समिति से समाचार खरीदते हैं। इसके पास विदेशों में 110 सूचना केन्द्र हैं। इन केन्द्रों में 170 पूर्णकालिक और 500 से अधिक अंशकालिक संवाददाता हैं। यह प्रतिदिन 33 लाख 50 हजार शब्द अपने ग्राहकों को भेजती है। कुल मिलाकर यह कि ये समाचार समितियाँ बेहद सशक्त, सम्पन्न और आज सेटेलाइट की सुविधा से पूर्व की तुलना में इनकी ताकत में और भी अधिक बढ़ोत्तरी हो गई है। अतः छोटी और साधनहीन, कम औक़ातवाली समाचार समितियाँ इनका मुकाबला करने में लाचार होती हैं। ऐसी स्थिति में जो समाचार इन्हें बड़ी समाचार समितियों से प्राप्त होता है, इन्हें मजबूरन उन्हें स्वीकार करना पड़ता है। इधर, पी.टी.आई. और यू.एन.आई. ये दो प्रमुख समाचार समितियाँ भारत में मुख्य रूप से समाचार-सम्प्रेषण का कार्य कर रही है। इन्होंने भारत के हर कोने में अपना सूचना संजाल फैला रखा है। इसके अलावा इन समितियों के संवाददाता, इजराइल, पाकिस्तान, बांग्लादेश, श्रीलंका, नेपाल, दुबई, साथ ही अमेरीका, ब्रिटेन और आस्ट्रेलिया आदि 15 से अधिक देशों में फैले हुए हैं। अन्ततः यह कि आधुनिक तकनीक खासकर, सेटेलाइट की सुविधा से उक्त समाचार समितियाँ पूरी धरती पर कम खर्च में बिना बिलम्ब के समाचार भेजने का कार्य निरापद रूप में कर रही हैं।

(13) संचार-विकास और सूचनाओं के लेन-देन के कुछ प्रमुख सहयोगी संगठन

सूचनाओं के समान और निष्पक्ष वितरण के अभाव में कई देश पतनशीलता के शिकार हो गए। बताते हैं, सोवियत शासित क्षेत्रों में सूचनाओं के एकतरफा प्रवाह के कारण वहाँ सूचना-शून्य पैदा हो गया। फल हुआ, सोवियत संघ खंड-खंड विखर गया। दो ध्रुवीय व्यवस्था तहस-नहस हो गई और विश्व एक ध्रुवीय हो गया। कुल मिलाकर यह कि सूचनाओं के स्वस्थ सन्तुलित लेन-देन के अभाव में बेहद खतरनाक परिणाम निकल सकते हैं। सम्भवतः इन्हीं सभी परिणाणों का ख्याल करके बहुत पहले से ही पूरे विश्व में सूचनाओं की प्रसार व्यवस्था को दुरुस्त करने के लिए समाचार समितियों के अनेक संगठनों का जन्म हुआ। इन सभी संगठनों के द्वारा सूचनाओं को मुकम्मल ढंग से अपेक्षित राष्ट्रों तक पहुँचाने एवं साधने का कार्य किया जा रहा है। इन संगठनों में प्रमुख रूप से यूरोप परिषद्, यूरोपियन आर्थिक सहयोग संगठन, अमेरिकी राज्यों का संगठन, अफ्रीकी एकता संगठन, दक्षिण एशियाई क्षेत्रीय सहयोग संगठन (सार्क), आसियान आदि का नाम लिया जा सकता है। इसी तरह अरब दूर संचार संघ, पैन अफ्रीका दूर संचार संघ, यूरोपियन ब्राड कास्टिंग, यूनियन, एशिया पैसेफिक यूनियन, यूनेस्को

संयुक्त राष्ट्र शैक्षणिक, वैज्ञानिक एवं सांस्कृतिक संगठन (यूनेस्को), आई.टी.यू. अन्तर्राष्ट्रीय दूर संचार संघ, अन्तर्राष्ट्रीय दूर संचार उपग्रह संगठन (इंटलसेट) भी इस दिशा में सक्रिय सहयोग कर रहे हैं। अतः संचार सन्दर्भ में इनमें से कुछ प्रमुख को इस प्रकार देश सकते हैं—

(क) यूनेस्को अर्थात् संयुक्त राष्ट्र शैक्षणिक वैज्ञानिक एवं सांस्कृतिक संगठन

''युद्ध मनुष्यों के मस्तिष्कों में प्रारम्भ होते हैं, अतः मनुष्यों के मस्तिष्क में ही शान्ति की सुरक्षा के लिए व्यवस्था की जानी चाहिए'' इस नारे के साथ इस संगठन का जन्म हुआ। साफ शब्दों में, इस संगठन का बुनियादी उद्देश्य ही सन्तुलित, निष्पक्ष, स्वस्थ सूचना का प्रसार तथा शिक्षा का प्रसार-प्रचार करना रहा है। इंग्लैंड के तत्कालीन प्रधानमंत्री ऐटली तथा प्रसिद्ध अमेरिकी कवि आर्चीवाल्ड मैक्लिस इस संगठन की स्थापना के मूल प्रेरक थे। इसकी स्थापना 4 नवम्बर, 1946 ई. को हुई। बाद में इसे 14 दिसम्बर, 1946 को संयुक्त राष्ट्रसंघ से जोड़ा गया। इसका मुख्यालय पेरिस में है। शुरुआती दौर में इसके 20 सदस्य थे। कालान्तर में इसके सदस्यों की संख्या बढ़ते-बढ़ते 188 तक हो गई। यूनेस्को के कार्य क्षेत्र का दायरा बहुत व्यापक है।

इस संगठन का जन्म ही सूचनाओं का पक्षपातपूर्ण एकतरफा प्रवाह रोकने के उद्देश्य से हुआ था। संचार-विकास के लिए इस संगठन ने कई अन्तर्राष्ट्रीय कार्यक्रम तैयार किए हैं। यहाँ तक कि नई सूचना व्यवस्था के लिए इसी की पहल पर मैकब्राइड आयोग का गठन हुआ था। इस आयोग के गठन से एक बड़ा लाभ यह हुआ कि तीसरी दुनिया के देशों में असमान संचार व्यवस्था पर विशेष बल दिया गया। इस संगठन के निम्न तीन प्रमुख भाग हैं—

1. **महासम्मेलन**—संगठन की नीति, कार्यक्रम तथा बजट इसी के द्वारा तैयार किए जाते हैं। इसकी बैठक साल में दो बार होती है। इसमें सभी देशों का प्रतिनिधित्व होता है।
2. **सचिवालय**—गृह प्रबन्ध का कार्य सम्पादित करनेवाले इस विभाग का अध्यक्ष महानिदेशक होता है तथा
3. **कार्यकारी मंडल**—यह विभाग महासम्मलेन के निर्णयों को क्रियान्वित करता है। इसमें 51 सदस्य होते हैं, जिनका चुनाव चार सालों के लिए होता है।
   (अ) शिक्षा, विज्ञान, संस्कृति और संचार के क्षेत्रों की प्रवृत्तियों और जानकारी के आदान-प्रदान के लिए अन्तर्राष्ट्रीय केन्द्र की भूमिका निभाना,
   (ब) देशों को अपनी नीतियाँ और विकास परियोजनाओं को निर्धारित करने में मदद करने के लिए तकनीकी विशेषज्ञ सहायता उपलब्ध कराना,
   (स) अनुसन्धान, प्रशिक्षण और शिक्षा को प्रोत्साहन देकर जानकारी के विकास, हस्तान्तरण और आदान-प्रदान की सुविधा उपलब्ध कराना तथा
   (द) वर्तमान की मुख्य घटनाओं के प्रति समझ विकसित करनेवाले विचारक संगठन की भूमिका निभाना और बौद्धिक तथा दिशा-निर्देश तैयार करना।

(ख) अन्तर्राष्ट्रीय दूर संचार संघ

संचार-विकास में आनेवाली बाधाओं को दूर करने के उद्देश्य के साथ जन्मे इस संघ को अंग्रेजी संक्षेप में 'आई.टी.यू.' कहते हैं। अंग्रेजी में इसका पूरा नाम 'International Tele-communication Union' है। इसकी स्थापना पेरिस में 1865 ई. में हुई थी, तब इसे 'अन्तर्राष्ट्रीय टेलीग्राफ संघ' नाम दिया गया था, परन्तु बहुत दिनों बाद सन् 1932 में स्पेन के मेड्रिड शहर में एक 'अन्तर्राष्ट्रीय दूरसंचार समझौता' पारित हुआ, इसके बाद सन् 1934 में इस संगठन का नाम बदलकर 'अन्तर्राष्ट्रीय दूर संचार संघ' कर दिया गया और 1947 ई. में इसे संयोग से संयुक्त राष्ट्र की दूर संचार सम्बन्धी एजेन्सी बनने का सौभाग्य भी प्राप्त हो गया। सम्प्रति इसका मुख्यालय स्विट्जरलैंड के जेनेवा शहर में है।

संचार सम्प्रेषण के क्षेत्र में इस संघ की महती भूमिका को नकारा नहीं जा सकता। यह संचार-सम्बन्धी कई सन्धियों को स्वीकृति देता है, जिनमें फ्रीक्वेन्सी स्पेक्ट्रम की आकाश तरंगों और आन्तरिक तरंगों में प्रयोग का आदेश प्रमुख है। यह संघ अन्तर्राष्ट्रीय नेटवर्क को परस्पर जोड़ने में मदद करता

है। इतना ही नहीं, रेडियो फ्रीक्वेंसी के वितरण में भी यह सक्रिय भूमिका निभाता है साथ ही भू-स्थिर उपग्रह कक्ष के प्रयोग के नियम भी इसके दायरे में ही आते हैं। यह संगठन सूचनाओं को लेकर विकसित और विकासशील राष्ट्रों के बीच सन्तुलन भी स्थिर करता है। इस समय 189 देश इसके सदस्य हैं तथा 482 सदस्य है। ये सदस्य विभिन्न क्षेत्रों से आते हैं। प्रशासकीय परिषद्, अन्तर्राष्ट्रीय रेडियो परामर्श समिति सामान्य सचिवालय, प्लेनिपोटेन्शरी कान्फ्रेस, अन्तर्राष्ट्रीय टेलीग्राफ और टेली फोन परामर्श समिति तथा अन्तर्राष्ट्रीय फ्रीक्वेन्सी परिषद इस संघ के प्रमुख अंग हैं।

(ग) सार्क देश व जनमाध्यम

'सार्क' को अंग्रेजी में 'South Asian Association for Regional Co-operation' कहते हैं। हिन्दी में इसे दक्षिण एशियाई क्षेत्रीय सहयोग संघ कहा जाता है। संक्षिप्त नाम इसका दक्षेश है। यह कुल सात देशों का संगठन है इनमें भारत, पाकिस्तान बांग्लादेश, श्रीलंका, नेपाल और मालदीव सम्मिलित हैं। सार्क का मुख्यालय नेपाल के काठमांडू (काठमाड़ौ) में है। उक्त सातों देशों के राष्ट्राध्यक्षों का 7 और 8 दिसम्बर, 1985 को ढाका में सम्मेलन हुआ। इस सम्मेलन में परस्पर सहयोग की नियति-नीति और उद्देश्यों को लेकर 'सार्क' की बुनियाद पड़ी। उस समय यह तय किया गया कि ये सातों देश विकसित राष्ट्रों की तुलना में काफी गरीबी, अशिक्षा और जनसंख्या की अधिकता से पीड़ित हैं अतः कई क्षेत्र ऐसे हैं, जिनमें परस्पर सहयोग कर एक दूसरे की समस्याओं का निराकरण किया जा सकता है। सार्क के 7 वे सम्मेलन में इस सन्दर्भ में एक समझौते पर हस्ताक्षर भी किए गए। उसे 'साप्ता अर्थात् South Asian Preferencial Trade Arrangment' कहा गया। बहरहाल, परस्पर सहयोग के लिए जिन कुछ क्षेत्रों को चिन्हित किया गया उनमें डाकतार, तकनीकी, विज्ञान, दूरसंचार, सूचनाओं के लेन-देन आदि प्रमुख थे। मीडिया विकास पर इन देशों ने परस्पर फोकस करने का निर्णय लिया जिसका नाम 'सेव' अर्थात् South Asian Audio visiual Exchange रखा गया। बहरहाल, मीडिया विकास जैसे कुछ मुद्दों को छोड़ दिया जाए तो आप देख ही रहे हैं—इन देशों में कितना परस्पर सहयोग—सौहार्द्र है? पाकिस्तान का रवैया नकरात्मक-नाखादा है, कभी-कभी श्रीलंका और बांग्लोदश से भी छोटे-मोटे मुद्दों पर अन्तर्विरोध हो ही जाता है। बहरहाल, तमाम ना-नुकुर और भीतरी असहमतियों के बावजूद सार्क की बैठकें कहीं-न-कहीं होती रहती हैं।

(घ) अन्तर्राष्ट्रीय दूर-संचार उपग्रह संगठन (इंटलसेट)

इस संगठन का मुख्यालय वाशिंगटन डी.सी. में बनाया गया है। विश्वव्यापी व्यापार उपग्रह व्यवस्था के नियंत्रण एवं निष्पादन को लक्ष्य कर इस संगठन की स्थापना 1964 में की गई। इस संगठन में सम्प्रति 143 सदस्य राष्ट्र हैं। इस संगठन की एक विशेषता यह है कि यह 19 जियो सिंक्रोनस उपग्रहों द्वारा भूमंडलीय संचार सेवाओं का संचालन करता है। सभी राज्य इस्तेमाल के हिसाब से इसका खर्च वहन करते हैं। व्यापारिक सेवा, टी.वी. सेवाएँ, घरेलू संचार सेवाएँ, अन्तर्राष्ट्रीय टेलीफोन तथा डिजिटल द्वारा ट्रान्समीशन सर्विस आदि इसके द्वारा संचालित मुख्य सेवाएँ हैं।

(ङ) यूरोपीय ब्राडकॉस्टिंग संघ

इस संगठन का मुख्यालय जेनेवा में है। यह राष्ट्रीय प्रसारकों का बहुत बड़ा संघ होने का दावा करता है। इस संघ में 50 यूरोपीय तथा भू-घिरे राज्यों के 69 सक्रिय सदस्य, 29 अफ्रीका तथा अमेरिका एवं एशिया के देशों से 48 सह सदस्य शामिल हैं। इसकी दूरदर्शन सम्बन्धी क्रियाओं में 42 टी.वी. चैनल सम्मिलित हैं। ये सभी इंटलसेट, ई-यू टेलसेट तथा एशिया से उपग्रहों से जुड़े हैं। कुल मिलाकर यह संगठन अपने लक्ष्य में सफल है।

(14) मैकब्राइड आयोग (Commission) एवं उसकी रिपोर्ट

सूचना किसी राष्ट्र और बाजार की प्रमुख शक्ति होती है। सूचना और संचार में राष्ट्र का विकास अन्तर्निहित होता है। अमीर-गरीब किसी भी देश के लिए सूचना औजार का काम करती है। सूचना और संचार

के अभाव में सत्ता का उपयोग और अन्य तरह की राजनीतिक प्रक्रियाओं की कल्पना मुश्किल है। सूचनाओं से जिज्ञासाएँ उपशमित होती हैं। सूचना और विकास का अविच्छिन्न सम्बन्ध होता है। इतना ही नहीं, व्यक्ति, समूह और राष्ट्र—इन सभी के लिए सूचनाएँ अपरिहार्य होती हैं। सूचना लाभकारी साधन है, मैत्री बढ़ाने का जरिया है। यह सत्ता का एक उपकरण है। साथ ही एक प्रकार की सेवा व्यवस्था है।

पर, दुर्भाग्य से बहुत पहले से सूचना प्रवाह में जिसकी लाठी उसकी भैंस का नियम चल रहा है। इस पर स्वामित्व और नियंत्रण कुछ ही शक्तियों के पास है। ये शक्तियाँ ही सूचना-संचार साधनों को फिलवक्त नियंत्रित कर रही हैं। इन्होंने सूचना का एकतरफा प्रवाह कर रखा है जिससे सूचना-प्रवाह में असन्तुलन पैदा हो गया है। सामग्री और समाचार-प्रेषण पर इन्हीं बड़ी शक्तियों और एजेन्सियों का कब्जा तथा प्रभुत्व है। पूर्वाग्रह-संयुक्त सूचनाएँ इनकी तरफ के परोसी जा रही हैं, जिससे कई देशों में सांस्कृतिक, राजनीतिक और सामाजिक प्रदूषण पैदा हो गया है। दबंग एजेन्सियों ने 'अन्तर्राष्ट्रीय सूचना और संचार व्यवस्था' को छिन्न-भिन्न कर दिया है। इससे इस क्षेत्र में असन्तुलन पैदा हो गया है। विकसित और विकासशील देशों के बीच दूरी काफी बढ़ी है। शहरी और ग्रामीण क्षेत्रों में सूचना, शिक्षा और मनोरंजन के क्षेत्रों में असमानता पैदा हुई है। प्रभुता सम्पन्न शक्तियों ने सूचना को बाजार की व्यापारिक वस्तु बना दिया। समाचार व्यापारिक उत्पाद बन गए। उनमें अन्तर्निहित अच्छे गुणों का तिरोधान हो गया। दबंग शक्तियाँ सूचनाओं को तोड़-मरोड़ कर उन्हें छिन्न-भिन्न कर रही हैं। उनकी लय बिगाड़ रही हैं। अपने हित-साधन के अनुकूल निर्मित कर उन्हें मंडी का माल बना दिया है। उनकी खरीद-फरोख्त कर अच्छा लाभ कमा रही हैं।

अतः नव स्वतंत्र राष्ट्रों ने सूचना समाचारों के दोषपूर्ण प्रवाह को झेलते-झेलते पश्चिमी मीडिया का उपभोक्ता बनने से अपने को नकारा। सन् 1970 ई. में विश्व सूचना प्रवाह के एकतरफा प्रवाह के विरुद्ध की सुगबुगाहट शुरू हुई। बीती और बासी खबरों के विरुद्ध आवाजें उठीं। मनमर्जी से सूचना उपलब्ध कराने की पुरानी परम्परा के खिलाफ भौंहें तनीं। विकासशील देशों ने विकसित देशों का सांस्कृतिक उत्पाद बनने से बग़ावत की। कुल मिलाकर इन देशों ने सूचनाओं के साम्राज्यवाद को ढहाना शुरू किया और पुरानी, जीर्ण-शीर्ण लिजलिजी तथा जबरिया थोपी गई दुर्गन्धयुक्त सूचना-व्यवस्था की जगह एक नई विश्व सूचना व्यवस्था की स्थापना की बात करनी शुरू की। सन् 1970 के दशक में विकासशील देशों ने औचित्यपूर्ण और प्रासंगिक सूचना-प्रवाह के लिए वैश्विक स्तर पर अपनी आवाज तेज करते हुए सर्वथा नई विश्व सूचना एवं संचार व्यवस्था **न्यूको** (New World Information and Communication Order) की माँग की, जिनमें उक्त कारणों के अतिरिक्त कुछ अन्य कारण इस प्रकार थे—

(1) द्वितीय विश्व युद्ध के बाद कई नये राष्ट्रों का आविर्भाव हुआ।

(2) नये स्वतंत्र राष्ट्रों तथा पश्चिम के औद्योगिक राष्ट्रों के बीच जो वित्तीय सम्बन्ध था, उसके कारण पश्चिमी राष्ट्रों की सम्पत्ति और शक्ति दोनों बढ़ रही थीं, जबकि नये राष्ट्रों का न सिर्फ आर्थिक दृष्टि से बल्कि राजनैतिक और सांस्कृतिक दृष्टि से भी विकसित राष्ट्रों पर निर्भरता बढ़ती जा रही थी।

(3) अमेरिका व सोवियत संघ के आक्रामक प्रभाव से परेशान होकर नये राष्ट्रों ने गुट निरपेक्ष संगठन का निर्माण कर लिया।

(4) नव स्वतंत्र राष्ट्रों को लगने लगा था कि उनका विकास अमीर राष्ट्रों पर निर्भर हो गया है। यह निर्भरता एवं असमानता बिना दृढ़ संकल्प के दूर नहीं की जा सकती तथा

(5) अमीर देशों की अन्तर्राष्ट्रीय संगठनों में ताकत बढ़ रही थी, जिससे ये अमीर राष्ट्र काफी चिन्तित थे।[1]

बहरहाल, संचार-विकास से जुड़ी समस्याओं के निराकरण के लिए मैकब्राइड आयोग की स्थापना हुई, जिसकी चर्चा आगे होगी। सम्प्रति न्यूकों के इतिहास की प्रमुख घटनाओं को अधोलिखित रूप में देखा जा सकता है—

1. उत्तर प्रदेश राजर्षि टण्डन मुक्त विश्वविद्यालय की ओर से प्रकाशित पुस्तिका, पृष्ठ-9।

न्यूको के इतिहास की प्रमुख घटनाएँ

वर्ष	घटना
1945	संयुक्त राष्ट्र संघ की स्थापना
1946	यूनेस्को का गठन
1948	संयुक्त राष्ट्र ने मानवाधिकारों के सार्वभौम घोषणा को स्वीकार किया।
1961	गुटनिरपेक्ष संगठन का जन्म तथा बेलग्रेड में प्रथम गुट निरपेक्ष बैठक।
1968	यूनेस्को द्वारा मोनट्रियल में जन संचार व समाज विशेषज्ञों की एक सभा बुलाई गई, जिसमें प्रथम बार दो तरफा एवं सन्तुलित समाचार-प्रवाह की बात कही गई।
1970	यूनेस्को का 16वाँ सम्मेलन, जिसमें राष्ट्रीय जनसंचार नीति निर्माण में सदस्यों की मदद लेने की बात कही गई।
1972	यूनेस्को का 17वाँ सम्मेलन, जिसमें 'जनसंचार माध्यमों की घोषणा' के प्रस्ताव को स्वीकार किया गया।
1973	अल्जीयर्स में गुटनिरपेक्ष राष्ट्रों की चौथी बैठक, जिसमें जन संचार के क्षेत्र में सहयोग करने तथा जनमाध्यमों/चैनलों के पुनर्व्यवस्थापन की बात कही गई।
1974	(i) यूनेस्कों का 18वाँ सम्मेलन, इसमें, 'जनमाध्यम घोषणा' का प्रारूप तैयार करने का विचार-विमर्श।
	(ii) सयुक्त राष्ट्र की महासभा ने नई अन्तर्राष्ट्रीय आर्थिक व्यवस्था के प्रस्ताव को स्वीकार किया।
1975	(i) गुट निरपेक्ष राष्ट्रों ने समाचार समिति 'पूल' की स्थापना की
	(ii) यूनेस्को ने पेरिस में जनसंचार विशेषज्ञों की अन्तरसरकारी सभा बुलाई।
	(i) न्यूको की स्थापना के सम्बन्ध में गुटनिरपेक्ष राष्ट्रों ने ट्यूनेसिया में 'सूचना' विषय पर एक सिम्पोजियम आयोजित किया।
	(ii) नई दिल्ली में 'पूल' का प्रथम सम्मेलन।
	(iii) कोलम्बो में गुट निरपेक्ष राष्ट्रों की 5वीं बैठक, जिसमें दिल्ली घोषणा का अनुमोदन हुआ। 'पूल' के संविधान की मंजूरी हुई और 'पूल' समन्वय समिति की स्थापना हुई।
1977	मैकब्राइड आयोग की स्थापना
1978	(i) यूनेस्को का नैटोवी में 19वाँ सम्मेलन। जनसंचार माध्यम के मुद्दे पर बातचीत।
	(ii) लैटिन अमेरीका, कैरेबियन देश, सैनजोश व कोस्टारिका के संचार नीति के लिए यूनेस्को प्रथम अन्तर सरकारी सम्मेलन।
	(iii) मैकब्राइड आयोग की दूसरी बैठक।
	(iv) यूनेस्कों के 20वें सम्मेलन में संचार माध्यमों की घोषणा को स्वीकार किया गया।
1979	मैकब्राइड आयोग की रिपोर्ट प्रकाशित।
	(i) पेरिस में यूनेस्को के अन्तरसरकारी सम्मेलन में विकासशील देशों में संचार-विकास के लिए संस्थाओं के निर्माण व सहयोग के लिए मसौदा तैयार किया, जिसके लिए यूनेस्को द्वारा संचार विकास के लिए अन्तर्राष्ट्रीय कार्यक्रम (आई.पी.डी.सी.) की स्थापना की गई।
1980	(ii) बेलग्रेड में यूनेस्को का 21वाँ सम्मेलन। मैकब्राइड आयोग की रिपोर्ट को स्वीकार किया गया।

1981	पेरिस में आई.पी.डी.सी. के लिए अन्तरसरकारी आयोग का प्रथम अधिवेशन।
1982	पेरिस में यूनेस्को की चौथी विशेष बैठक में अमेरिका ने यूनेस्को से बाहर निकल जाने की धमकी दी। अमेरिका ने कहा, वर्तमान समय की नीतियों एवं कार्यों को जारी रखना चाहिए।
1983	यूनेस्को के 22वें सम्मेलन में सदस्य राष्ट्रों से आई.पी.डी.सी. की सहायता के लिए सहयोग बढ़ाने की अपील की गई। न्यूको के सहायक कार्यक्रमों को पारित किया गया।
	(i) नई दिल्ली में आयोजित प्रथम गुटनिरपेक्ष मीडिया सम्मेलन में विश्व व्यवस्था के लिए किए जा रहे प्रयास में तेजी पर बल दिया गया, जिसमें नई सूचनाएँ एवं आर्थिक व्यवस्था तथा नई विश्व सूचना एवं संचार व्यवस्था प्रमुख अंग है।
1984	(ii) 31 दिसम्बर, 1984 से अमेरिका ने यूनेस्को की सदस्यता छोड़ी।
1985	अमेरिका के छोड़ने के बाद ब्रिटेन और फिर सिंगापुर भी सदस्यता त्यागी।[1]

बहरहाल, सूचना प्रवाह के पक्षपातपूर्ण सम्प्रेषण को लेकर विकासशील देशों ने विकसित देशों के ऊपर आरोपों का गोला दागते हुए यह भी आरोप लगाया कि पश्चिमी राष्ट्र सूचना का असमान प्रवाह कर रहे हैं, ये कमजोर और साधनहीन विकासशील देशों के प्रति अच्छा दृष्टि कोण और नजरिया नहीं रखते, सूचनाओं पर इनका एकाधिकार है। अतः ये मनमाने ढंग से नकारात्मक खबरों को जबरिया थोपते हैं। संचार तकनीक के विकास के लिए जो धन वितरित किया जाता है, वह भी असमान होता है, ये बहुधा सनसनीखेज समाचार ही देते हैं, इनकी सूचनाओं पर इनके देशों से सम्बन्धित खबरों पर पश्चिमी प्रभाव ज्यादा देखा जाता है और ये पश्चिमी समाचार समितियाँ पूँजीवादी व्यवस्था का पोषण करती हैं। उपरोक्त आरोपों ने, कुल मिलाकर यह कि स्वस्थ और सन्तुलित सूचना प्रवाह के लिए ऐसा माहौल तैयार किया कि मैकब्राइड आयोग का गठन नितान्त अपरिहार्य हो गया,—"In furtherance to these institutions, UNESCO set up the international commission (also known as the Mac-Bride Commission) to probe into the problems of communication and information. The international programme for development of communication (IPDC) established under the auspices of the UNESCO played significant role in the task of acceleration the peace of development of global communication infrastructure. The NAMEDIA meet (1983) Exhorted the media men of the non-aligned countries to arm themselves with technological competence and unmitigated professionalism by promoting mutual co-operation and exchange of information among the non-aligned countries with a view to combat the media imperialism."[2]

कई दशकों तक पत्रकारों की सुरक्षा की वकालत करनेवाले मैकब्राइड आयरलैंड के पूर्व विदेश मंत्री थे। साफ-सुलझी दृष्टि रखनेवाले प्रसिद्ध कूटनीति मैकब्राइड नोबेल शान्ति एवं लेनिन शान्ति पुरस्कार से सम्मानित थे। इनका पूरा नाम सीन मैकब्राइड था। इन्हीं की अध्यक्षता में सूचना-संचार सम्बन्धी विवादों को निपटाने के लिए सन् 1977 में **मैकब्राइड कमीशन या आयोग** का गठन हुआ। इसका मुख्यालय **पेरिस** बनाया गया। इस आयोग में 16 सदस्य नामित किए गए थे। इसमें वी.जी. वर्गीज भारत के प्रतिनिधि की हैसियत से सम्मिलित हुए थे। अमेरिका, सोवियत संघ, जापान, चीन, मिस्त्र, जायरे, कनाडा, फ्रांस, इन्डोनेशिया, ट्यूनेशिया, नीदरलैंड, कोलम्बिया, यूगोस्लाविया तथा नाइजीरिया—इस समिति के अन्य सदस्य राष्ट्र थे। इसकी उस समय कुल 8 बैठकें हुईं, जिनमें 4 बैठकें मुख्यालय में तथा शेष 4 मैक्सिको, स्वीडेन, यूगोस्लाविया एवं भारत में हुईं। इस आयोग ने **नाना स्वर, एक विश्व या विश्व एक, आवाज अनेक** (Many Voices, One World) नाम से अपनी रिपोर्ट 1979 ई. में सौंपी, जो बाद में उक्त नाम से ही प्रकाशित भी हुई।

1. उत्तर प्रदेश राजर्षि टण्डन मुक्त विश्वविद्यालय की पुस्तिका पृष्ठ-9
2. History of Press Laws and Communications- B. N. Ahuja. P. 171-172

आयोग की रपट प्रकाशित होने के बाद, कुछ देशों में इसके साथ सहमति और असहमति के स्वर उभरे। कुछ विचारकों ने कहा कि सूचना सम्बन्धी आयोग की रपट का मूल्यांकन आधार असन्दिग्ध है, तो कुछ ने इससे अपनी असहमति जताई। फिर भी, जो रपट प्रकाशित हुई, उसके कुछ प्रमुख मूल बिन्दु इस प्रकार थे यथा—''इस आयोग ने संचार की मुख्य भूमिका का परीक्षण, समाजीकरण, शिक्षा, मनोरंजन एवं सांस्कृतिक विकास के अतिरिक्त संचार को एक सामाजिक आवश्यकता, राजनीतिक उपकरण, आर्थिक शक्ति, शिक्षा के माध्यम के रूप में भी किया। इसके अतिरिक्त आयोग ने यूनेस्को तथा विश्व के विभिन्न संगठनों के द्वारा संचार के सन्दर्भ में उठायी जानेवाली आवाजों को भी अपने विचार-विमर्श में शामिल किया। आयोग के अनुसार संचार व्यक्ति, समुदाय तथा राष्ट्र के साथ-ही-साथ राजनीतिक, आर्थिक ताकत एवं आधारभूत सामाजिक आवश्यकता है। विकास में निर्णायक भूमिका के लिए शिक्षा को औजार व संस्कृति के मूलभूत अंग के रूप में बताया गया है। आयोग ने कहा कि स्वतंत्र प्रवाह-वास्तव में एकतरफा प्रवाह है। इसने विकसित एवं विकासशील देशों के बीच के असन्तुलन को भी परिभाषित किया एवं तकनीक के कारण समाचार प्रवाहक के पहचान की। इसके अतिरिक्त विश्व की ग्रामीण जनसंख्या की संचार समस्या, निरक्षरता, भाषा की समस्या, डाक सेवा समाचार समितियों के द्वारा प्रेषित सन्देश में असन्तुलन, रेडियो, टेलीविजन एवं फिल्म के क्षेत्र में विकसित देशों का एकाधिपत्य का भी मूल्यांकन भी आयोग की विषयवस्तु थी। आयोग के अध्ययन में उपग्रह निर्माण एवं प्रक्षेपण के क्षेत्र में विकसित देशों का एकाधिकार तथा कम्प्यूटर अनुप्रयोग भी सम्मिलित था। इसके अतिरिक्त आयोग ने संचार माध्यमों के स्वामित्व पत्रकारों की स्वतंत्रता आदि पर भी विचार किया। आयोग ने अपने अध्ययन में विकास की चिन्तन प्रक्रिया एवं इसके शोध एवं तकनीकी विकास को भी सम्मिलित किया था। आयोग इस नतीजे पर पहुँचा कि असन्तुलन और असमानता का प्रथम कारण आर्थिक कमी ही है। उसने कहा कि संचार का एकतरफा प्रवाह राजनैतिक और आर्थिक रूप से गरीब देशों को लगातार अमीर देशों पर आश्रित रहने को बाध्य करता है। आयोग ने काफी विचार-विमर्श के बाद 82 संस्तुतियाँ एवं सुझाव दिए, जिसमें से 51 संस्तुतियों को यूनेस्को ने स्वीकार किया।''[1] इन सबके अतिरिक्त आयोग ने छठें दशक में विकासशील देशों के लिए कुछ अन्य सिफारिशें भी कीं, जैसे—''विकासशील देशों को इस बात की व्यवस्था करनी चाहिए कि उनके यहाँ प्रति सौ व्यक्ति दैनिक समाचार-पत्रों की कम-से-कम दस प्रतियाँ, बीस रेडियों सेट और सिनेमा की दो सीटें हों।''

यद्यपि उक्त रपट में परस्पर विरोधी तथा कुछ अस्पष्ट बातें भी थीं। इस परिमाणात्मक दृष्टिकोण में माध्यम के विषयों के प्रश्न की उपेक्षा की गई हैं। अधिकतम उपलब्धियों के प्रतिशत निर्धारण में संचार की पहुँच के बारे में धनी तथा गरीब और शहर तथा गाँव के बीच असमानताओं की समस्या की अनदेखी की गई है। इतना ही नहीं, इस आयोग की रपट में परम्परागत माध्यमों, संचार के प्रमुख विषय अथवा संवाहक के रूप में धर्म तथा राजनीतिक हिस्सेदारी—इन तीन प्रमुख क्षेत्रों की भी उपेक्षा की गई है। रपट में टेलीविजन फिल्मों पर विस्तार से विचार किया गया है, परन्तु सिनेमा पर नहीं, हालाँकि अधिकांश विकासशील देशों में मनोरंजन का यही प्रमुख साधन है।[2] अन्ततोगत्वा सन् 1981 में सम्पन्न हुए यूनेस्को के 21वें सम्मेलन में मैकब्राइड आयोग की रिपोर्ट को स्वीकार किया गया। रिपोर्ट की संस्तुतियाँ न्यूको के स्वरूप व उसमें शामिल बिन्दुओं को स्पष्ट करती हैं। इस प्रस्ताव का 14वाँ पैराग्राफ न्यूको के आधारभूत स्वरूप को स्पष्ट करता है, जो इस प्रकार है—

(क) विश्व की नई सूचना एवं संचार व्यवस्था निम्न विचारों पर आधारित है—

(i) असमानता एवं असन्तुलन का निराकरण जो कि वर्तमान स्थिति को प्रतिबिम्बित करता है,

---

1. उत्तर प्रदेश राजर्षि टण्डन मुक्त विश्वविद्यालय की पुस्तिका, पृष्ठ-13।
2. संचार माध्यम—मैकब्राइड रपट : एक मूल्यांकन—जी.न.श्री.राघवन अनुवाद—राम बिहारी विश्वकर्मा, पृष्ठ 42, जनवरी-जून, 1981, भारतीय जनसंचार संस्थान, डी-13, साउथ एक्सटेंशन भाग-2, नई दिल्ली।

(ii) व्यक्तिगत या जनता के रूप में या किन्ही अन्य बिन्दुओं पर ध्यान करने के एकाधिकार का निराकरण,

(iii) स्वतंत्र एवं सन्तुलित प्रवाह तथा समाचार एवं विचार के अच्छे स्वरूप के लिए सभी बाहरी व भीतरी रुकावटों को दूर करना,

(iv) सूचना के माध्यमों एवं उनके श्रोतों की संख्या को बढ़ाना,

(v) सूचना एवं प्रेस को स्वतंत्रता देना

(vi) पत्रकारिता की स्वतंत्रता तथा इसमें कार्य करनेवाले पत्रकारों को जिम्मेदारी पूर्ण स्वतंत्रता का बोध कराना,

(vii) विकासशील देशों को अपनी स्थिति सुधारने के लिए खुद के तैयार किए साधनों को बढ़ावा, स्वयं को प्रशिक्षित करना, अपने क्रिया-कलापों को बढ़ावा तथा खुद की आवश्यकतानुरूप संचार माध्यमों का विकास करना,

(viii) इन सबको प्राप्त करने में विकसित राष्ट्रों का सहयोग,

(ix) प्रत्येक व्यक्ति को संस्कृति का आदर करना, प्रत्येक राष्ट्र के हित को ध्यान में रखकर सूचना देना। साथ ही उन के सामाजिक एवं सांस्कृतिक मूल्यों को भी ध्यान में रखना,

(x) अन्तर्राष्ट्रीय सूचना के विनियम में समानता, न्यायपूर्णता को ध्यान में रखना।

(ख) संयुक्त राष्ट्र के चार्टर में लिखी गई अन्तर्राष्ट्रीय नियम के मूलभूत सिद्धान्त पर ही नई विश्व सूचना एवं संचार व्यवस्था स्थापित होनी चाहिए।

(ग) सूचना एवं संचार की समस्याओं का समाधान ढूँढ़ना तथा आवश्यकताओं का विकल्प होना, क्योंकि हर देश की सामाजिक, राजनैतिक, सांस्कृतिक व आर्थिक व्यवस्था एक दूसरे से भिन्न होती है।[1]

भाग-3

(स) भारत में समाचार या संवाद समितियाँ

(1) भारत में समाचार समितियों का उदय तथा विकास

गम्भीरता से विचार करने पर हम निष्कर्ष के इस छोर पर पहुँचते हैं कि पश्चिम की संवाद समितियों की तुलना में भारतीय समाचार समितियों का उदय, जन्म, उन्नयन, विकास-विस्तार बहुत ही दिलचस्प, रोमांचक और अनकहे-अनजाने में हुआ है। परिस्थिति विशेष के दबाव में भारतीय समाचार समितियों की बुनियाद पराधीन भारत में पड़ी। साफ शब्दों में, इनके जन्म के मूल में कुछ अंग्रेजी अखबार उसके अंग्रेज पत्रकारों की परस्पर प्रतिस्पर्द्धा, राग-देष और प्रतिद्वन्द्विता होड़ थी, किन्तु माध्यम बने प्रमुख भारतीय पत्रकार-श्री केशव चन्द्र राय। श्री के.सी. राय को ही भारत में प्रथम समाचार एजेन्सी का जन्मदाता या पिता कहा जाता है। स्पष्टतः यह कि प्रथम भारतीय समाचार समिति के जन्मने का सारा श्रेय श्री राय के ही खाते में जाता है। श्री राय जन्मना प्रातिभ थे। वे विद्वान पत्रकार थे। समाचारों को सूँघकर उन्हें कहीं से भी खोज लेने में उन्हें असाधारण महारत हासिल थी। कुल मिलाकर यह कि समाचारों की तलाश में उन्हें जरा भी बौद्धिक या सर्जनात्मक आलस्य नहीं था। बहरहाल 19वीं शताब्दी के प्रथम दशक में इस देश में अंग्रेजी के चार सुप्रसिद्ध समाचार-पत्र प्रकाशित हो रहे थे। उनके नाम थे— इंगलिशमैन (English Man), स्टेट्समैन (Statesman) पायनियर (Pioneer) तथा इंडियन डेली न्यूज (Indian Daily News) ये सभी चारों समाचार-पत्र सम्भवतः ब्रितानी हुकूमत द्वारा कुछ-न-कुछ वित्तपोषित थे। सो, भारत में रहकर ये समर्थन-स्तुति-गुणगान अंग्रेजों का ही करते थे इन अखबारों

1. उत्तर प्रदेश राजर्षि टण्डन मुक्त विश्वविद्यालय की पुस्तिका, पृष्ठ-13, 14 से साभार

में सर्वाधिक प्रभावशाली पायनियर था। श्री हैंसमैन (Hensman) पायनियर के पत्रकार थे। वे काफी प्रतिभाशाली थे। उस पत्र से उनके जुड़ने के कारण तत्कालीन समाज में पायनियर का काफी प्रभाव था। अतः शेष तीनों पत्रों के पत्रकार क्रमशः स्टेट्समैन के काट्स (Coasts) इंडियन डेली न्यूज के डलास (Dallas) तथा इंगलिशमैन के बक हैंसमैन (Buck Hensman) से भीतर-ही-भीतर राग-द्वेष और चिढ़ रखते थे। अतः हैंसमैन को नीचा दिखाने के लिए इन तीनों ने मिलाकर 'एसोसिएटेड प्रेस ऑफ इंडिया' (A.P.I.) नाम से सन् 1905 ई. में एक समाचार समिति की स्थापना की। इन तीनों ने अपने स्वार्थों की प्रपूर्ति हेतु भारत के चर्चित पत्रकार श्री केशवचन्द्र राय से सहयोग लिया। श्री राय ने भी उन्हें मुक्त मन से सहयोग दिया। बाद में वरिष्ठता और अनुभव के आधार पर श्री राय ने इन तीनों द्वारा स्थापित समिति ए.पी.आई. में निदेशक पद की माँग की, किन्तु सत्ता से जुड़े इन तीनों ने श्रीराय को उक्त पद देने से नकार दिया। परिणाम हुआ, श्री राय ने भी इन्हें अपना बहुमूल्य सुझाव-सहयोग देना बन्द कर दिया। जिसका परिणाम भयंकर-भयावह हुआ। इन तीनों क्रूर अंग्रेज पत्रकारों ने इसके प्रतिशोध में श्री राय के पिता को जलाकर मारने की कोशिश की, पर ईश्वरीय अनुकम्पा से श्री राय के पिता इस हादसे में बाल-बाल बचे।

इधर, असन्तुष्ट श्री राय ने कालान्तर में उक्त समाचार समिति से पृथक होकर एक अन्य पत्रकार श्री उषानाथ सेन के सहयोग से अपना स्वतंत्र प्रेस व्यूरों (Press Bureau) स्थापित किया। फल हुआ, श्री राय के इस साहसिक कदम से परास्त होकर अंग्रेज पत्रकारों ने कुछ दिनों बाद श्री राय की मान-मनौवल और मनुहार शुरू की। अंग्रेजों को अन्ततः झुकना पड़ा और उन्हें ए.पी.आई. का निदेशक बनाना पड़ा। श्री राय ने भी इस मौके का लाभ लिया। अंग्रेज सरकार से भारतीय तार कानून में सुधार तो करवाया ही, रजिस्टर्ड संवाद समितियों को नई सुविधाओं से भी लैस करवाया। बहरहाल, ए.पी.आई. ने कोलकाता, मुम्बई और मद्रास में अपनी शाखाएँ भी खोलीं। यह समाचार समिति अखबारों से प्रतिमाह 350 रुपये शुल्क लेती थी, परन्तु दुर्भाग्य से तमाम प्रयासों के बाद भी ए.पी.आई. घाटे में घिसट-घिसट कर किसी तरह चल रही थी। इसका लाभ आर्थिक रूप से सम्पन्न तत्कालीन समाचार समिति 'रायटर' ने उठाया। इस समिति ने सन् 1915 ई. में ए.पी.आई. का अपने में ग्रहण कर लिया। ए.पी.आई. के रायटर में विलय के बाद ही श्री राय ने ए.पी.आई. से अपना नाता तोड़ लिया और स्वतंत्र रूप से अपनी एक समाचार समिति 'इंडियन न्यूज एजेन्सी' (Indian News Agency) का शुभारम्भ किया। इसे दो फुलस्केप कागज पर टाइप किया जाता था। साफ शब्दों में, यह एजेन्सी दो पृष्ठों की प्रतिदिन बुलेटिन जारी करती थी और गृह तथा सैनिक अधिकारियों को 60 रुपये प्रतिमाह की दर से समाचार उपलब्ध कराती थी। बताते हैं, छोटे और मझोले समाचार-पत्रों के लिए श्री राय की यह व्यवस्था बहुत लाभकारी थी। सन् 1947 ई. में श्री राय की उक्त समाचार समिति बन्द हो गई, परिणामतः छोटे मझोले समाचार-पत्रों को काफी नुकसान उठाना पड़ा।

एक ध्यातव्य तथ्य यहाँ यह है कि सन् 1915 से 1934 तक रायटर तथा ए.पी.आई. के गठबन्धन ने ब्रिटिश हुकूमत की कठपुतली बन भारत के स्वतंत्रता संग्राम के खिलाफ काफी विषवपन किया। अतः उक्त समाचार समितियों को भारत-विरोधी दुष्प्रवृत्ति का सामना करने के लिए राष्ट्रीय चेतना से सराबोर अपने समय के सुप्रसिद्ध समाज सेवी श्री सदानन्द ने सन् 1927 ई. में एक 'फ्री प्रेस न्यूज एजेन्सी ऑफ इंडिया'—एफ.पी.आई. (Free Press News Agency of India-F.P.I.) समाचार समिति का गठन किया। श्रीसदानन्द जी ने अपनी इस समिति के लक्ष्यों और उद्देश्यों के बारे में लिखा कि,—"इस तथ्य को समझ लिया गया था कि समाचार देने में राजकीय सहायता प्राप्त समाचार समितियों के एकाधिकार के कारण स्वस्थ जनमत तैयार करना असम्भव नहीं, तो कठिन अवश्य होता है, क्योंकि जनमत प्रतिदिन मिलनेवाले समाचारों के अनुसार ही ढल जाता है।" पर, दुर्भाग्य से राष्ट्रवादी विचारधारा से लैस होने के कारण श्री सदानन्द जी की समाचार समिति को जन्म से ही तमाम तरह के संकटों का सामना करना पड़ा। एक ओर एफ.पी.आई. से हताश-निराश रायटर तथा ए.पी.आई. के गठबन्धन ने सदानन्द को परेशान करना शुरू किया तो दूसरी ओर तत्कालीन ब्रितानी हुकूमत ने उन समाचार-पत्रों को परेशान

करना शुरू किया जो सदानन्द की समिति के समाचार प्रकाशित करते थे। इतना ही नहीं, तत्कालीन सरकार ने सन् 1930 ई. में एक अध्यादेश पारित किया, जो एफ.पी.आई. के विरुद्ध था। बाद में श्री सदानन्द को हैरान करते हुए सरकार ने उनकी समिति के टेलीग्राम भी सेंसर शुरू कर दिया। अन्ततः हद तब हो गई, जब तत्कालीन सरकार ने रायटर और ए.पी.आई. आदि का पक्ष लेते हुए एक ओदश पारित कर दिया, जिसका मकसद था—फ्री प्रेस न्यूज एजेन्सी यानी सदानन्द की समिति के ग्राहक रायटर की ही सेवा स्वीकार करें। ग्राहक संशय के दोराहे पर खड़े हो गए। सदानन्द के लिए एक नई मुश्किल खड़ी हो गई। फिर भी, बहादुर सदानन्द ने इन विषम स्थितियों में अपना आपा और हिम्मत नहीं खोयी, बल्कि नये साहस के साथ फ्री प्रेस जरनल (Free Press Journal) नाम का एक नया प्रातःकालीन दैनिक समाचार-पत्र शुरू किया। इसका प्रकाशन जून, 1930 ई. में मुम्बई से प्रारम्भ किया गया। सदानन्द का यह प्रयास भी अंग्रेजों को काफी खटका। अतः अंग्रेजों ने इस दैनिक समाचार-पत्र के प्रकाशन में भी कई तरह की खलल पैदा किया। अतः यह जरनल भी आर्थिक परेशानियों के कारण बन्द करना पड़ा, फिर भी सदानन्द का यह अभूतपूर्व प्रयास भारतीय समाचार समितियों के ऐतिहासिक विकास क्रम में राष्ट्रीयता का प्रचार-प्रसार करनेवाला महत्त्वपूर्ण पड़ाव और मील का पत्थर साबित हुआ। सन् 1935 में एफ.पी.आई. अन्ततः बन्द हो गई।

कुछ समय उपरान्त इस दिशा में एक और नव्य प्रयास शुरू हुआ। तत्कालीन कलकत्ता के एक चर्चित पत्रकार श्री वी. सेन ने 1 सितम्बर, सन् 1933 ई. को एक नई समाचार समिति का सूत्रपात किया। इसका नाम पड़ा—'यूनाइटेड प्रेस ऑफ इंडिया'। कुछ लोग बताते हैं, यह समिति 'फ्री प्रेस न्यूज एजेन्सी' की उत्तराधिकारिणी के रूप में जन्मी। इसका भी लक्ष्य था—'साम्राज्यवाद के विरुद्ध अनवरत संघर्ष'। श्री सेन ने इस समाचार समिति के लिए कलकत्ता और लौहार के साथ-साथ देश के कई अन्य हिस्सों में कार्यालय खोले। कुछ ही दिनों में इस समिति से समाचार लेनेवाले ग्राहकों की संख्या 100 से अधिक हो गई। यह समिति रायटर तथा ए.पी.आई. गठबन्धन के लिए एक बड़ी चुनौती के रूप में उभरी। टेली प्रिंटर सेवा के अभाव में भी यह अपनी क्षमता और दक्षता के साथ अपना कार्य पूरा किया, यद्यपि आर्थिक जद्दोजहद इस समिति के साथ बराबर लगा रहा, किन्तु कई अन्य पत्रकारों तथा स्वतंत्रता संघर्ष के सेनानियों ने अपने सहयोग की समिधा से इस समिति का मनोबल बढ़ाया और देश के स्वतंत्र होने के बाद सन् 1948 ई. में डॉ. राजेन्द्र प्रसाद ने इसकी टेलीप्रिन्टर लाइन का उद्घाटन किया था। कालान्तर में भारत में ढेरों समाचार समितियों ने जन्म लिया, यथा—'एसोसियेटेड प्रेस ऑफ इंडिया' इंडियन न्यूज एजेन्सी' 'फ्री प्रेस एजेन्सी', 'यूनाइटेड प्रेस ऑफ इंडिया', 'प्रेस ट्रस्ट ऑफ इंडिया' (पी.टी.आई.) 'यूनाइटेड न्यूज ऑफ इंडिया', 'समाचार', 'हिन्दुस्तान समाचार', 'इंडियन न्यूज एंड फीचर एजेन्सी', 'न्यूज फीचर ऑफ इंडिया', 'इंडियन न्यूज एंड फीचर एलायन्स', 'हिन्दुस्तान समाचार समिति', 'इंडियन प्रेस एजेन्सी', 'प्रेस एशिया इंटरनेशनल', 'समाचार भारती', 'ईस्टर्न इंडियन' न्यूज एजेन्सी', केरल प्रेस', 'एसोसियेटेड न्यूज सर्विस', 'इंडिपेन्डेन्ट न्यूज सर्विस', 'ज्ञानांजन दिल्ली', 'भारतीय समाचार-लखनऊ', 'हिन्दी न्यूज सर्विस', 'नेशनल प्रेस ऑफ इंडिया', 'फोटोग्राफिक न्यूज सर्विस', 'उत्थान', 'नेशनल न्यूज सर्विस', 'बुन्देलखंड न्यूज एजेन्सी-सागर', 'भारत न्यूज एजेन्सी', 'जे.जे.न्यूज', 'ओरियन्ट न्यूज एजेन्सी', 'इंडिया न्यूज सर्विस', 'कश्मीर न्यूज सर्विस', 'जिज्ञासा', 'फारेन न्यूज एंड फीचर्स लिमिटेड', 'पब्लिकेशंस सिंडीकेट', 'एशिया फीचर्स', 'सत्य समाचार', 'हंस वार्त्ता', 'एसोसियेटेड न्यूज सर्विस हैदराबाद', 'कान्टीनेन्टल न्यूज सर्विस', 'सेन्ट्रल न्यूज लेटर', 'भोपाल', 'करंट न्यूज हैदराबाद', 'सेन्ट्रल न्यूज एंड फीचर्स', 'भोपाल', 'कामर्शियल न्यूज एंड फीचर सर्विस' 'नई दिल्ली', 'इकोनामिक्स सर्विस', 'बुम्बई', 'एक्सप्रेस न्यूज सर्विस', 'नई दिल्ली', 'हिन्दुस्तान समाचार को-आपरेटिव सोसाइटी लिमिटेड', 'बम्बई', 'आई.पी.ए. वाराणसी', 'मध्य प्रदेश समाचार', 'एन.एफ.के.', 'उड़ीसा न्यूज', 'राजस्थान समाचार', 'सर्वोदय बिहार सेवा', 'साक्षी समाचार सेवा', 'इन्दौर', 'उर्दू न्यूज सर्विस' तथा 'युगवार्त्ता' आदि। अब इनमें से कुछ बहुत महत्त्वपूर्ण को इस प्रकार देखा जा सकता है,—

(2) वर्तमान भारतीय (स्वतंत्र भारत में) कुछ प्रमुख समाचार समितियों का विवेचन

(क) पी.टी.आई. (Press Trust of India)

इस समाचार एजेन्सी की मान्यता देश की सबसे बड़ी समाचार समिति के रूप में है। कई लोगों का कहना है कि इसकी स्थापना 1949 ई. में हुई किन्तु एक अन्य विद्वान डॉ. बी.एन. आहूजा का कहना है कि इसकी स्थापना सन् 1947 में ही हो गई थी,—"PTI was set upon 27 August, 1947. After negotiations, it took over the assests a news scan service. This is a video news service comprising a 24" screen displaying edited items in a continous streams in the form of self-contained capsules. PTI is also running the Non alligned News desk in Delhi."[1] बहरहाल, इसका मुख्यालय दादाभाई नौरोजी, रोड, मुम्बई में है। ब्रिटेन की विश्व प्रसिद्ध समाचार एजेन्सी 'रायटर' तथा एशिया की सबसे बड़ी समाचार एजेन्सी पी.टी.आई. के बीच सन् 1948 में तत्कालीन उपप्रधानमंत्री सरदार वल्लभभाई पटेल के माध्यम से समाचारों के लेन-देन के लिए एक समझौता हुआ। इस समझौते के तहत् पी.टी.आई. रायटर को भारतीय समाचार मुहैया कराती है, तो रायटर से पी.टी.आई. को अन्तर्राष्ट्रीय समाचार प्राप्त होते हैं। पी.टी.आई. यह समाचार रायटर को अंग्रेजी में देती है।

कुल मिलाकर वह कि पी.टी.आई. के पास सर्वाधिक ग्राहक समाचार-पत्र है। बकौल डॉ. हर्षदेव उसका नेटवर्क एशिया में किसी भी अन्य समाचार एजेन्सी से बड़ा है, जो 40 देशों की राजधानियों तक फैला हुआ है। सभी महत्त्वपूर्ण देशों-संयुक्त राष्ट्र संघ, न्यूयार्क लन्दन, मास्को, नैरोबी, बीजिंग, इस्लामाबाद, कुआलालम्पुर, ढाका, काठमाड़ौ (काठमांडू) कोलम्बो, बुल्गारिया, हंगरी, पोलैंड, जर्मनी आदि महत्त्वपूर्ण देशों में पूर्णकालिक तथा लगभग सभी प्रमुख स्थानों पर उसके अंशकालिक संवाददाता कार्यरत हैं। देश में उसके कार्यालयों की संख्या 125 से अधिक है। पी.टी.आई. प्रतिदिन लगभग एक लाख शब्द समाचार-पत्रों को उपलब्ध कराती है। इनमें राजनीति के अलावा, आर्थिक, वाणिज्यिक और खेल-सम्बन्धी समाचारों की प्रधानता रहती है। सन् 1980 से पी.टी.आई. ने कम्प्यूटर द्वारा समाचारों को भेजना शुरू किया, सन् 1986 में 'स्कैन समाचार सेवा' प्रारम्भ की, 10 अप्रैल, 1986 से हिन्दी समाचार सेवा 'भाषा' का प्रारम्भ किया। हिन्दी में यह समिति प्रतिदिन 35,000 शब्द तथा फ्रेंच में 8,500 शब्द प्रतिदिन समाचार-पत्रों को प्रेषित करती है।

(ख) यू. एन. आई. (U.N.I.) तथा यूनिवार्त्ता (Univarta)

प्रथम प्रेस आयोग (1954) ने अपनी सिफारिशों में यह कहा था कि स्वरूप और निष्पक्ष पत्रकारिता के लिए यह आवश्यक है कि देश में दो सशक्त समाचार समितियाँ काम करें, ताकि समाचारों के लेन-देन में किसी एक का एकाधिकार न रहे। सम्भवतः इसीलिए कुछ लोग कहते हैं कि इस एजेन्सी का जन्म पी.टी.आई. की प्रतिद्वन्द्विता के तहत हुआ। बहरहाल, जो भी हो, लेकिन इतना तय है कि इसकी बुनियाद 21 मार्च, 1961 ई. को पड़ी। पर, डॉ. वी.एन. आहूजा मानते हैं कि—"UNI was registered as a company in 1959 and started news operations in March, 1961. In May 1982, UNI launched its news service in Hindi under the credit line of Univarta. It operates a news service to the media in four Gulf countries. PTI and UNI have collaborations agreements with various international news agencies for foreign news. In addition, they have their own correspondents at key centres of the world. Both the agencies are serving newspapers in different languages, besides AIR, Doordarshan Central/state governments public sector undertakings etc."[2]

यहाँ यह भी ध्यान रखना होगा कि पी.टी.आई. की तुलना में यू. एन. आई. को अपने अस्तित्व बचाने के लिए काफी जद्दोजहद करनी पड़ी। पी.टी.आई. को राष्ट्रीय और एशिया स्तर का चेहरा

1. History of Press Laws and Communications- B.N. Ahuja. P. 130
2. History of Press Laws and Communications- B.N. Ahuja. P. 130

बनाने में जहाँ पटेल ने इसे रायटर जैसी अन्तर्राष्ट्रीय समिति से जोड़कर महत्त्वपूर्ण कार्य किया, वहीं यू.एन.आई. के लिए बंगाल के पूर्व मुख्यमंत्री डॉ. बी.सी. राय संकटमोचक बने। दरअसल, वित्तीय खस्ताहाली और समाचार ग्राहकों के अकाल के कारण इसे दुर्दिन झेलने पड़े। कालान्तर में तत्कालीन गृहमंत्री लालबहादुर शास्त्री के सहायक और सूचना अधिकारी श्री कुलदीप नायर ने अपनी बौद्धिक दक्षता से इसे पी.टी.आई के समकक्ष खड़ा किया। बाद में एक अन्य पूर्व अधिकारी श्री मीरचन्दानी ने भी इसे मजबूती दी।

बहरहाल, ताजा आँकड़ों के हिसाब से यू.एन.आई. के इस समय अपने देश में 90 केन्द्र हैं। ये केन्द्र 80,000 किमी. लम्बी टेलीप्रिन्टर लाइन से जुड़े हुए हैं। डॉ. संजीव भानावत के अनुसार चौदह प्रमुख भाषाओं के लगभग 400 समाचार-पत्र इसकी समाचार सेवाओं से लाभ ले रहे हैं। लगभग 300 स्थानों पर यू.एन.आई. के संवाददाता हैं। इसी तरह 19 विदेशी समाचार समितियों से इसके समझौते हैं तथा 17 विदेशी संवाददाताओं की नियुक्ति भी इस समिति ने की है।[1] कुल मिलाकर यह संस्था राष्ट्रीय और अन्तर्राष्ट्रीय स्तर पर समाचार देती है। यह वित्तीय पृष्ठभूमि के समाचार, खेलकूद समाचार (साप्ताहिक), कृषि समाचार (साप्ताहिक), अंग्रेजी और गुजराती भाषा में प्रकाशित करती है।[2] यू.एन.आई. में भी अब कम्प्यूटर तकनीक पर आधारित टेलीप्रिन्टर का प्रयोग प्रारम्भ हो गया है। इसी तरह 1 मई, 1982 ई. को यू.एन.आई. की हिन्दी शाखा यूनिवार्त्ता की स्थापना हुई। यह यू.एन.आई. 'यू.न्यू.' नाम से भी जानी जाती है तथा 'यूनिवार्त्ता' को 'वार्त्ता' भी संक्षेप में कहते हैं। हिन्दी 'बेल्ट' में यूनिवार्त्ता की ग्राहक संख्या, सापेक्ष, किसी अन्य समिति के ज्यादा है। 'यूनाइटेड न्यूज ऑफ इंडिया' (यू.एन.आई.) के ही अधीन काम करती है। इसका प्रधान कार्यालय नई दिल्ली में है। भारत के 60 शहरों में इसके शाखा कार्यालय हैं।

(ग) समाचार भारती (Samachar Bharti) और समाचार (Samachar)

'समाचार भारती' का जन्म एक पब्लिक लिमिटेड कम्पनी के रूप में अक्टूबर, 1966 में हुआ था। इसके संस्थापक स्वाधीनता सेनानी लाला फीरोज चन्द्र थे, जिन्होंने पत्रकारिता की शिक्षा लालालाजपत राय के साथ काम करके ली थी। उन्हें तत्कालीन प्रधानमंत्री श्री लालबहादुर शास्त्री का सहयोग मिला। फलतः विभिन्न राज्य सरकारों ने 'समाचार भारती' के शेयर खरीदे। इसके निदेशक मंडल में श्रीयुत श्री प्रकाश और श्री जयप्रकाश नारायण जैसे नेता इसके अध्यक्ष रहे—फिर भी यह नहीं चल सकी। आपात काल के दौरान जब चार संवाद समितियों—'प्रेस ट्रस्ट ऑफ इंडिया', 'यूनाइटेड न्यूज ऑफ इंडिया', 'हिन्दुस्तान समाचार' और 'समाचार भारती' को मिलाकर 'समाचार' बनाया गया, उस समय तक सभी संवाद समितियों की शेयर पूँजी समाप्त हो चुकी थी, सभी घाटे में चल रही थीं। समाचार में विलय के समय पी.टी.आई. के 201, यू.एन.आई. के 182, हिन्दुस्तान समाचार के 66 और समाचार भारती के 27 ग्राहक थे। हिन्दुस्तान समाचार का 31 मार्च, 1976 तक का कुल घाटा 6 लाख रुपये से कुछ अधिक आँका गया था, जब कि दिसम्बर, 1975 तक पी.टी. आई का कुल घाटा 36 लाख रुपये से ज्यादा था। इसी दुर्दशा की वजह से कर्मचारी यूनियनों ने 'समाचार' का स्वागत किया।

'समाचार' में हिन्दी और अंग्रेजों शाखाएँ काफी हद तक अलग-अलग थीं। सिर्फ विदेशी और अहिन्दी भाषी क्षेत्रों के समाचारों का अनुवाद होता था। हिन्दी और अंग्रेजी विभाग एक-दूसरे से खबरें ले सकते थे। पर हिन्दी समाचार अंग्रेजी का अनुवाद नहीं था। कुलदीप नायर समिति ने भी 'वार्त्ता' की, स्वतंत्र भाषाई समिति के रूप में परिकल्पना की थी, जो अंग्रेजी की 'सन्देश' से अलग रहती और विदेशी 'न्यूज इंडिया' में बराबरी की हिस्सेदारी होती। परन्तु जनता सरकार 'पुनः मूषिको भव' के लिए वचनबद्ध थी इसलिए उसने फिर से 'हिन्दुस्तान समाचार' और 'समाचार भारती' को पुराने प्रबन्धकों को सौंप दिया। यद्यपि वे इन संस्थाओं को चलाने में असमर्थ सिद्ध हो चुके थे। सन् 1978

1. प्रेस कानून और पत्रकारिता—डॉ. संजीव भानावत, पृष्ठ-58।
2. पत्रकारिता के सिद्धान्त—गुरुशरण लाल, पृष्ठ-166।

में 'समाचार' के विघटन के बाद 'हिन्दुस्तान समाचार' की तुलना में 'समाचार भारती' का विकास तेजी से हुआ। इससे ग्राहकों की संख्या 150 तक पहुँच गई। अमेरिकी 'यूनाइटेड प्रेस इंटरनेशनल' की विदेशी सेवा लेकर 'समाचार-भारती' अपने आप में सम्पूर्ण संवाद समिति बन गई थी, किन्तु इसके प्रबन्धकों ने यू.पी.आई. को, समझौते के अनुसार शुल्क की एक किश्त भी अदा नहीं की। परिणाम स्वरूप यू.पी.आई. ने 'समाचार भारती' से अपना नाता तोड़ लिया। इसका परिणाम हुआ कि इसके ग्राहकों की संख्या घटनी आरम्भ हो गई।[1]

(घ) हिन्दुस्तान समाचार (Hindusthan Samachar)

हिन्दुस्तान समाचार कर्मचारियों की सहकारी समिति थी। हिन्दुस्तान समाचार की स्थापना एक प्राइवेट कम्पनी के रूप में एस.एस. आप्टे द्वारा दिसम्बर, 1948 ई. में की गई। इस एजेन्सी की स्थापना का मूल उद्देश्य था—प्रादेशिक भाषा में विभिन्न क्षेत्रों के पत्रों को समाचार प्रेषित करना। आरम्भ में इसकी स्थापना प्राइवेट लिमिटेड कम्पनी के रूप में की गई किन्तु 1957 ई. में इसका संचालन को ऑपरेटिव सोसाइटी के रूप में किया जाने लगा। देवनागरी भाषा में टेलीप्रिन्टर का अभाव था। जबलपुर के टेलीफोन कारखाने में रोमनलिपि के टेलिप्रिन्टर को देवनागरी लिपि में परिवर्तित कर चार मशीन तैयार की गई और सर्व प्रथम दिल्ली और पटना के बीच टेलीप्रिन्टर सेवा द्वारा समाचार देना शुरू किया गया। हिन्दुस्तान समाचार द्वारा हिन्दी, मराठी, बंगला, उर्दू, पंजाबी, तेलुगु, कन्नड़, मलयालय, नेपाली, गुजराती, असमियाँ, उड़िया, और अंग्रेजी भाषाओं में समाचार देने का कार्य किया गया। इसके माध्यम से 80 समाचार-पत्र, 20 आकाशवाणी केन्द्र और दूरदर्शन केन्द्र देवनागरी भाषाओं में समाचार पाते रहे। तास, पाकिस्तान, प्रेस इंटरनेशनल और काठमांडू से 'हिन्दुस्तान' (हिन्दुस्थान) समाचार का समझौता हुआ और समझौते के अनुसार इनके बीच समाचारों का आदान-प्रदान होता रहा। हिन्दुस्तान समाचार द्वारा फीचर सेवा की शुरुआत 'युगवार्ता' नाम से की गई है। हिन्दुस्तान समाचार द्वारा 50 हजार शब्दों के समाचार प्रतिदिन ग्राहकों को दिए जाने थे, लेकिन अर्थाभाव के कारण यह एजेन्सी बन्द हो गई।[2]

(ङ) भाषा (Bhasha)

जुलाई, 1996 ई. में इसकी शुरुआत हुई। बताते हैं, कुछ दिनों पहले तक इससे 100 से ज्यादा समाचार-पत्र जुड़े थे। वस्तुतः पी.टी.आई. की हिन्दी यूनिट 'भाषा' के नाम से 1986 ई. में आरम्भ की गई। 'भाषा' द्वारा हिन्दी में ग्राहकों को समाचार दिए जाते हैं। आज यह सेवा 60 हजार किलोमीटर के टेलीप्रिन्टर लाइन से जुड़ी हुई है। सच तो यह है कि भाषा राष्ट्रीय आधार पर तो समाचार दे ही रही है, क्षेत्रीय आधार पर भी यथा-उत्तर प्रेदश, आन्ध्रप्रदेश एवं केरल में भी यह काम कर रही है। यह समिति चालीस प्रतिशत अन्तर्राष्ट्रीय समाचारों के साथ प्रतिदिन एक लाख शब्दों के समाचार अपने ग्राहकों को भेजने का काम करती है। न्यूयार्क, लन्दन, बीजिंग, क्वालालंपुर, नैरोबी, इस्लामाबाद, काठमांडू, ढाका, बहरीन आदि में इस समिति के स्थायी कार्यालय हैं। लगभग दो दर्जन विदेशों की राजधानी में इस समिति द्वारा स्थायी संवाददाता नियुक्त किए गए हैं, जो उन देशों के समाचार समिति को प्रेषित करते हैं।[3]

(च) इन्फा (INFA)

इस समाचार समिति का पूरा नाम 'इंडियन न्यूज एंड फीचर्स एलायन्स' है। इसकी स्थापना सन् 1959 ई. में हुई। इसका पता जीवन दीप, संसद मार्ग, नई दिल्ली है। इसकी स्थापना का मूल उद्देश्य भारतीय समाचार-पत्रों को देश की प्रमुख राजनीतिक और सामाजिक गतिविधियों का परिचय कराना था। 'इन्फा'

---

1. संचार माध्यम 'हिन्दी संवाद समितियाँ' लेख—क्षितिन्द्रमोहन श्रीवास्तव, पृष्ठ-25, जून, 1989।
2. पत्रकारिता जगत—अशोक प्रियदर्शी तथा सुनील कुमार सिन्हा, पृष्ठ-17।
3. पत्रकारिता जगत—अशोक प्रियदर्शी तथा सुनील कुमार सिन्हा, पृष्ठ-16।

प्रसंग लेख सेवा सबसे सशक्त है। यह पार्टी-कोरम, राजनीतिक डायरी, आर्थिक घटनाएँ, राउन्ड दी स्टेट्स, संसद का सप्ताह आदि प्रमुख सेवाएँ हिन्दी तथा अंग्रेजी दोनों में देती है। इसके क्षेत्रीय कार्यालय 11 स्थानों पर हैं।[1] इसके अलावा रविवार परिशिष्टों के लिए पाठ्य सामग्री, चुनी हुई खबरें, समाचारों की पृष्ठभूमि और न्यूजलेटर (समाचार चिट्ठियाँ) भी भेजी जाती हैं। यह एजेन्सी उन प्रादेशिक और लघु समाचार-पत्र, पत्रिकाओं की विशेष रूप से सेवा करती है, जो दिल्ली तथा अन्य मुख्य समाचार केन्द्रों में निजी संवाददाता या प्रतिनिधि रखने का खर्च नहीं बर्दाश्त कर सकते हैं।[2]

(छ) नेशनल न्यूज सर्विस (National News Service)

देश में समाचारों के विकास और उनकी भिन्न प्रकार की समाचार सम्बन्धी आवश्यकताओं को देखते हुए 1962 ई. में केवल उद्योग व्यापार सम्बन्धी भाव, समाचार समीक्षा आदि के लिए विशिष्ट व्यापार पत्रकार श्री नेकी राम गुप्ता ने 'नेशनल न्यूज सर्विस' की स्थापना की जिसके द्वारा दिए गए उपभोक्ता तथा कृषि व औद्योगिक जिंसों के भाव, समाचार समीक्षा, फीचर आदि आज बंगाल, बिहार, उत्तर प्रदेश, मध्य प्रदेश, महाराष्ट्र, दिल्ली, पंजाब, हरियाणा, चंडीगढ़, राजस्थान, आन्ध्र के हिन्दी, अंग्रेजी, उर्दू, पंजाबी के 80 से भी अधिक समाचार-पत्र 'एन.एन.एस.' की क्रेडिटलाइन से प्रकाशित किए जाते हैं।

अपने किस्म की यह देश में प्रथम उद्योग व्यापार समाचार सेवा अन्य समाचार एजेन्सियों के मुकाबले में कम महत्त्व नहीं रखती। इसका कार्यालय उद्योग व्यापार के प्रमुख केन्द्र कारोनेशन बिल्डिंग, चाँदनी चौक, दिल्ली में हैं। समाचार-पत्र जगत में जिस तेजी से प्रतिस्पर्द्धा बढ़ी है, उस तेज़ी से सभी समाचार-पत्रों ने खेल, महिला, फिल्म, शिक्षा पर विशेष सामग्री के अतिरिक्त, उद्योग-व्यापार समाचार पर भी अब अधिक ध्यान देना शुरू कर दिया है, जिस कारण देश के समाचार जगत में उद्योग-व्यापार समाचारों के लिए 'नेशनल न्यूज सर्विस' का भी अपना महत्त्व बढ़ गया है और इसका संचालन-सम्पादन श्रमजीवी व्यापार पत्रकार श्री केसर सिंह गुप्ता द्वारा किया जा रहा है।[3]

(3) भारत में विदेशी संवाद समितियाँ

पाँचों विश्व समाचार समितियों के न्यूज ब्यूरो भारत में नई दिल्ली में स्थिति हैं। इनके अलावा कुछ अन्य विदेशी समाचार समितियों के समाचार ब्यूरो अथवा संवाददाता भी भारत में हैं, जिनका विवरण अति संक्षेप में हैं,—

(1) **डी.पी.ए. (ड्टूशे प्रेस एजेन्टूर)**—पश्चिमी जर्मनी में 1949 में स्थापित यह एजेन्सी विश्व की प्रमुख समाचार एजेन्सियों में है। इसकी प्रसंग-लेख-सेवा, शोध-सेवा, सूचना-सेवा आदि विशेष महत्त्वपूर्ण समझी जाती हैं।

(2) **नोवोस्ती**—यह सोवियत संघ की मुख्य भूमि की सरकारी समाचार समिति है एवं 'तास' की सहायक है।

(3) **क्योदो न्यूज सर्विस (जापान)**—यह समाचार समिति 'जी.सी. प्रेस' की समाचार समितियों के पुनर्गठन के रूप में अतिस्त्व में आई। 'क्योदो' समाचार सेवा जापान के समाचार-पत्रों की सहकारी समाचार एजेन्सी है। 'क्योदो' ने 1951 में 'जापान न्यूज लेटर' नाम से जापानी समाचारों का साप्ताहिक डाइजेस्ट अंग्रेजी में प्रारम्भ किया। आदान-प्रदान के आधार पर समाचार-पत्रों एवं समाचार समितियों को सूचना भेजी जाती थीं।

(4) **ए.डी.एन.**—यह जर्मन डेमोक्रेटिक रिपब्लिक की राजकीय समाचार एजेन्सी है, जिसकी स्थापना बर्लिन में 1946 में हुई। विदेशी समाचारों का इसका मुख्य स्रोत 'तास' है।

1. हिन्दी पत्रकारिता : विविध आयाम—सं. वेद प्रताप वैदिक, पृष्ठ-274।
2. लोकसम्पर्क डॉ. राजेन्द्र, पृष्ठ-279, हरियाणा साहित्य अकादमी, चंडीगढ़, मूल्य-75 रुपये।
3. हिन्दी पत्रकारिता : सिद्धान्त और स्वरूप—डॉ. सावित्री चड्ढा, पृष्ठ-44।

(5) पी.ए.पी. (पोलिश एजेन्सी प्रेस)—इसकी स्थापना 1943 में द्वितीय विश्व युद्ध के समय हुई। यह पोलैंड की सरकारी समाचार समिति है। विश्व की बड़ी राजधानियों में इसके स्थायी संवाददाता है। 'तास' के अतिरिक्त अन्य कई समितियों में इसके समाचारों का आदान-प्रदान चलता है।

(6) ए.एन.एस.ए.—1853 में इटली में स्थापित एजेन्सी 'टेलिग्राफिका स्टेफनी' की समाप्ति के पश्चात् 1945 में रोम के समाचार-पत्रों ने इसकी स्थापना की। यह सरकारी संस्था है। 'अंसा' के विदेशी व्यूरो धीरे-धीरे बढ़ते जा रहे हैं। विश्व के प्रमुख देशों की राजधानियों में इसने अपने संवाददाता नियुक्त किए हैं। साथ ही इसने अनेक देशों की राष्ट्रीय समितियों से समाचारों के आदान-प्रदान के समझौते किए हैं।

(7) जी.जी. प्रेस (जापान)—लिमिटेड कम्पनी के रूप में 1945 में स्थापित इसमें सारे शेयर्स इसी के कर्मचारियों के हैं। यह सरकार से किसी भी प्रकार का अनुदान नहीं लेती है। जी.जी. प्रेस अमेरिका, यूरोप और एशिया के देशों को हवाई डाक से समाचार सेवा प्रदान करती है।

(8) ताजुंग (यूगोस्लाविया)—इसकी स्थापना 1943 ई. में हुई। यूगोस्लाविया के समाचार-पत्रों, रेडियो स्टेशनों तथा अन्य सार्वजनिक और निजी संस्थानों से प्राप्त आय द्वारा अपना वित्तीय प्रबन्ध करती है। इसे 'यू.पी., व 'ए.एफ.पी. से विदेशी सेवा भी प्राप्त है।[1]

भाग-4

(द) पत्रकारिता सम्बन्धी कुछ महत्त्वपूर्ण भारतीय समाचार-पत्र संगठन

(क) कुछ प्रमुख भारतीय समाचार-पत्र संगठन : संक्षिप्त इतिहास

भारत में पत्रकारिता के उद्‌भव और विकास का आकलन करने पर इस तथ्य की अवगति होती है कि यद्यपि ब्रिटिश सरकार की नीति आरम्भ से ही न केवल भारतीय भाषाओं के प्रति कठोर और दमनपूर्ण रही है वरन् अंग्रेजी समाचार-पत्रों के प्रति भी उसका रुख न्यूनाधिक रूप में वैसा ही रहा है। यह एक उल्लेखनीय तथ्य है कि ब्रिटिश शासन काल में न केवल भारतीय वरन् अंग्रेज पत्रकारों ने भी समाचार-पत्रों के लिए स्वतंत्रता की माँग की और उन्हें ब्रिटिश सरकार द्वारा दंडित भी किया गया। परिणाम हुआ, देशी-विदेशी पत्रकारों ने आजिज आकर पत्रकारों की संगठनात्मक एकता पर बल देना शुरू किया। यद्यपि भारत में पत्रकारों की संगठनात्मक एकता के प्रयास उन्नीसवीं शताब्दी में ही होने लगे थे और हिन्दी पत्रकारों ने इस दिशा में पहल की थी, परन्तु विदेशों में भी इस दिशा में अनेक प्रयास हुए हैं। बहरहाल, साम्प्रतिक पत्रकारिता इस दृष्टि से पर्याप्त चेतना सम्पन्न कही जाएगी, क्योंकि आज इस व्यवसाय से जुड़े हुए अनेक वर्गों ने अपने-अपने संघ बना लिये हैं। हिन्दी पत्रकारिता के विकास के समानान्तर पत्रकारों में भी अपने अधिकारों के प्रति जागरूकता आई है। आरम्भ में उन्होंने प्रेस की स्वतंत्रता के लिए आवाज उठायी और आन्दोलन किए। इनके विरुद्ध विशेष रूप से ब्रिटिश शासन ने कानूनी प्रतिबन्ध लगाये और अनेक पत्रकार दंडित हुए। कालान्तर में समाचार-पत्र उद्योग एक महत्त्वपूर्ण औद्योगिक इकाई बन गया और क्रमशः सम्पादकों, इतर कर्मचारियों, प्रूफरीडरों और हाकरों ने भी अपने-अपने संगठन बनाये। इस संगठनों के निर्माण के मूल में सामूहिक संघर्ष की भावना तथा संगठन की एकता में आस्था थी। हिन्दी पत्रकारिता के उद्‌भव काल से लेकर वर्तमान काल तक विभिन्न समाचार-पत्रों से सम्बन्धित राष्ट्रीय, प्रादेशिक तथा जिला स्तरों पर अनेक संगठन निर्मित हो चुके हैं।[2]

---

1. उत्तर प्रदेश राजर्षि टण्डन मुक्त विश्वविद्यालय की पत्रिका, 'मीडिया प्रबन्धन', पृष्ठ-11-12 से समाचार।
2. वृहत् हिन्दी पत्रकारिता कोश, पृष्ठ-609।

ऐतिहासिक दृष्टिकोण से भारत में सर्वप्रथम बहुभाषी समाचार-पत्र संगठन सन् 1891 ई. बना। इसका जन्म भारतीय अखबारों के विरुद्ध ब्रिटिश सत्ता की नीति और नियति का विरोध करना था। श्री पुरुषोत्तमदास टण्डन के संरक्षकत्व में 1907 ई. में एक 'सम्पादक समिति' की स्थापना हुई। यह संस्था 1913 ई. तक चली। 1910 ई. के 'प्रेसएक्ट' की कठोर धाराओं की ओर सरकार का ध्यान आकर्षित करने के लिए बंग एसोसियेशन' नामक संगठन बनाया गया। समाचार-पत्रों के हितों की रक्षा के लिए 1915 ई. में 'प्रेस एसोशियेशन ऑफ इंडिया' नामक पत्रकार संगठन की स्थापना हुई। कालान्तर में पत्रकारों के संगठन की कतार में सन् 1926 ई. में 'हिन्दी साहित्य सम्मेलन' की ओर से एक 'सम्पादक सम्मेलन' खड़ा किया गया। इस संगठन की ओर से देश में कई सम्मेलन आयोजित किए गए, किन्तु कुछ दिनों बाद दुर्भाग्य से यह संगठन भी भंग हो गया। श्री विष्णुदत्त शुक्ल के मंत्रित्व में कोलकाता में 14 अप्रैल, 1930 को एक संगठन का गठन हुआ। इसका नाम रखा गया—'अखिल भारतवर्षीय हिन्दी सम्पादक सम्मेलन'। बाद में इसका नाम बदलकर 'अखिल भारत वर्षीय पत्रकार सम्मेलन' कर दिया गया। इसका शुल्क शुरू में 3 रुपये था, किन्तु बाद में कम करके एक रुपया कर दिया गया। श्री बाबू राव विष्णु राव पराड़कर की अध्यक्षता में 'हिन्दी सम्पादक समिति' का गठन हुआ। इसके मंत्री और संयोजक बने श्री नरदेव शास्त्री तथा गोपी बल्लभ उपाध्याय। इसी तरह सन् 1938 ई में 'अपर इंडिया जर्नलिस्ट एसोसियेशन' का गठन हुआ, जिसके उपाध्यक्ष विष्णुराव पराड़कर बनाये गए। यह संगठन श्रमजीवी पत्रकारों का हितैषी था। इसी साल यानी 1938 में ही ग्यारह सदस्योंवाले एक संगठन 'उत्तर प्रदेशीय प्रेस कन्सल्टेटिव कमेटी' का गठन हुआ। बाद में 31 जुलाई, 1946 को हुए इसके पुनर्गठन में बाईस सदस्य बनाये गए। पश्चात् 27 फरवरी, 1939 को चौदह सदस्यों से लैस एक समिति का गठन हुआ, नाम पड़ा—'दि इंडियन एंड ईस्टर्न न्यूज पेपर सोसाइटी'। सन् 1953 में इसके सदस्यों की संख्या 81 हो गई। बाद में एक अन्य संस्था की स्थापना हुई, जिसका नाम था—'इंडियन इन्स्टीट्यूट ऑफ आर्ट इन इन्डस्ट्री'। कोलकाता में इसका जन्म 1940 में हुआ। इसी वर्ष दिल्ली तथा उत्तर प्रदेश में दो संगठनों की स्थापना हुई। दिल्ली के संगठन का नाम था—'पत्रकार संघ' और उत्तर प्रदेश के संगठन का नाम था—'संयुक्त प्रान्तीय पत्र परामर्शदायी समिति'। प्रख्यात पत्रकार श्री विष्णु राव पराड़कर का जुड़ाव इस संगठन से था।

सन् 1940 में ही देश के अंग्रेजी समाचार-पत्रों ने अपना एक संगठन दिल्ली में स्थापित किया। उसका नाम था—'आल इंडिया न्यूज पेपर्स एडीटर कान्फ्रेन्स'। इसी साल अर्थात् 1940 में ही 'इंडियन एंड ईस्टर्न न्यूज पेपर्स सोसाइटी' के प्रयास से 'अखिल भारतीय समाचार सम्पादक सम्मेलन' का आयोजन हुआ। सन् 1950 में 'भारत-पाकिस्तान सम्मेलन' आयोजित किया गया, जिसमें एक कमेटी का जन्म हुआ, नाम था—'भारत-पाकिस्तान संयुक्त प्रेस कमेटी'। इसके बाद सन् 1941 में 'दि इंडियन लैंग्वेजेज न्यूज पेपर एडीटर्स एसोसियेशन' की स्थापना हुई। इसका प्रधान कार्यालय मुम्बई में स्थापित किया गया। इसके बाद इसी संगठन के सहयोग से 'इंडियन न्यूज पेपर्स कोआपरेटिव सोसाइटी लिमिटेड' का निर्माण हुआ। इसी साल अर्थात् सन् 1941 में ही 'अखिल भारतीय हिन्दी पत्रकार संघ' की स्थापना हुई। पत्रकारिता सम्बन्धी अनेक समस्याओं को उठाने वाले इस संगठन का प्रथम अधिवेशन दिल्ली में हुआ। इसमें श्रमजीवी पत्रकारों के लिए चालीस रुपए प्रतिमास की न्यूनतम वेतन की माँग प्रस्तुत की गई थी। इसका दूसरा अधिवेशन दिल्ली में ही हआ, तीसरा कोलकाता में, चौथा कानपुर में तथा पाँचवाँ अधिवेशन सन् 1945 में मथुरा में आयोजित हुआ। सन् 1942 में 'उत्तर प्रदेश हिन्दी पत्रकार संघ' का गठन हुआ। यह एक ऐसा मंच सिद्ध हुआ, जिसमें पत्रकारों से सम्बन्धित तमाम ज्वलन्द मुद्दे समय-समय पर उठाए जाते रहे। सन् 1944 में 'अखिल भारतीय समाचार-पत्र सम्पादक सम्मेलन' लाहौर में हुआ। इसके बाद एक अन्य संगठन 'दि एडवरटाइजिंग एजेन्सीस ऑफ इंडिया' की स्थापना सन् 1945 में हुई। इसी तरह सन् 1947 में 'इंडियन न्यूज पेपर्स को आपरेटिव सोसाइटी लिमिटेड' का गठन मुम्बई

में हुआ। सन् 1949 में ऑडिट व्यूरों ऑफ सर्कुलेशन लिमिटेड (A.B.C.) की स्थापना की गई। सन् 1950 में 'काशी पत्रकार संघ' का गठन हुआ। इसी वर्ष 'भारतीय श्रमजीवी पत्रकार संघ' जन्मा। इस संगठन से पत्रकार चेलापति राव, मृणाल कान्त बोस, देवदास गांधी, के. रामाराव, ज्वालासिंह तथा जगदीश प्रसाद चतुर्वेदी आदि जुड़े रहे। बाद में 'इंडियन जर्नलिस्ट ऐसासिएेशन', 'उत्तर प्रदेश श्रमजीवी पत्रकार संघ', 'बम्बई श्रमजीवी पत्रकार संघ' तथा दक्षिण भारत पत्रकार संघ' का गठन हुआ। सन् 1952 में 'प्रेस आयोग' का भी गठन हुआ था। इसी साल 'दि इंडियन सोसाइटी ऑफ एडवरटाइजर्स' नाम के संगठन की स्थापना मुम्बई में की गई। सन् 1955 में भारत सरकार ने 'श्रमजीवी पत्रकार कानून' पास किया। इसके पहले 1947 में औद्योगिक विवाद अधिनियम पारित हो चुका था। मई सन् 1956 में भारत सरकार ने 'प्रथम वेतन बोर्ड' की स्थापना की। इसके बाद 12 नवम्बर, सन् 1963 में भारत सरकार के श्रम मंत्रालय द्वारा द्वितीय वेतन बोर्ड' की स्थापना की गई। 'प्रेस परिषद् अधिनियम' (1965) के अनुसार भारत में इसका गठन 16 नवम्बर, 1966 को हुआ। सन् 1978 में 'प्रेस कौंसिल ऐक्ट' का गठन हुआ। इसके बाद सन् 1969 ई. में नेशनल यूनियन ऑफ जर्नलिस्ट', 'इंडिया' अर्थात् 'राष्ट्रीय पत्रकार यूनियन' नामक संस्था की स्थापना हुई। बाद में मद्रास में एक पत्रकार संघ 'दि सदर्न इंडिया जर्नलिस्ट फेरडेशन' की स्थापना हुई। इसी क्रम में पत्रकारीय एकजुटता के लिए 'गुजराती पत्रकार परिषद', 'भारतीय पत्रकार मंडल', 'भारतीय पत्रकार परिषद' (दिल्ली), 'प्रेस इन्स्टीट्यूट ऑफ इंडिया', 'उत्तर प्रदेश जर्नलिस्ट एसोसियेशन', 'इंडियन स्माल न्यूज पेपर्स एसोसिएेशन' उत्तर प्रदेश न्यूज पेपर्स प्रूफ रीडर्स गिल्ड', 'बिरहाना रोड पत्र विक्रेता संघ', 'लखनऊ वर्किंग जर्नलिस्ट ऐसासियेशन', 'सम्पादन कर्मी पत्रकार संगठन', 'इंडियन फेडरेशन ऑफ वर्किंग जर्नलिस्ट्स', 'एडिटिंग जर्नलिस्ट्स आर्गनाइजेशन', 'यू.पी.वर्किंग जर्नलिस्ट्स एसोशियेशन, 'भारतीय श्रमजीवी पत्रकार महासंघ', 'द इंडियन ऐन्ड ईस्टर्न न्यूज पेपर्स सोसाइटी', 'अखिल भारतीय हस्तलिखित पत्रकार संघ', 'प्रेस गिल्ड ऑफ इंडिया', 'इंडियन रूरल प्रेस एसोसियेशन', 'आल इंडिया न्यूज पेपर्स एसोसियेशन', 'आल इंडिया न्यूज पेपर्स इम्प्लाइज फेडरेशन', 'आल इंडिया स्माल एंड मीडियम न्यूज पेपर्स फेडरेशन', 'उत्तर प्रदेश संवाददाता समिति' आदि पत्रकारिता सम्बन्धी समय-समय पर स्थापित संस्थाएँ तथा संगठन आज भी पत्रकारों के हित चिन्तन में निरन्तर सक्रिय हैं। इन संगठनों के कारण पत्रकारिता क्षेत्र में जुड़े लोग अपनी माँग, 'हक-हुकूक' अधिकार आदि के प्रति काफी आश्वत और निश्चिन्त हैं, फिर भी उक्त संगठनों के बैनर तले आज भी पत्रकार कर्मी अपनी विभिन्न समस्याओं को लेकर आन्दोलन करते रहते हैं। बहरहाल, इनमें से कुछ बहुत प्रभाव संगठनों को हम इस प्रकार आगे देख सकते हैं,—

(ख) कुछ महत्त्वपूर्ण भारतीय समाचार-पत्र संगठनों का संक्षिप्त परिचय

(1) द इंडियन लैग्वेज न्यूज पेपर सोसाइटी

इस संस्था का शुभारम्भ 1936 के प्रारम्भ में भारत, बर्मा एवं लंका के समाचार-पत्रों की केन्द्रीय संस्था के रूप में हुआ था। इसका मुख्य उद्देश्य सदस्य समाचार-पत्रों में परस्पर समान रुचि के प्रश्नों को हल करने में सहयोग देना था। द्वितीय विश्वयुद्ध के दिनों में अखबारी कागज के वितरण की समस्या को हल करने में सरकार को इस संस्था ने बड़ी सहायता दी थी। इस संस्था ने ही एक सम्पूर्ण भारतीय समाचार समिति की स्थापना का निर्णय लिया था, जो 1947 में प्रेस ट्रस्ट ऑफ इंडिया के रूप में सामने आया। रायटर से प्रेस ट्रस्ट ऑफ इंडिया के समझौतों में भी इस संस्था की महत्त्वपूर्ण भूमिका रही। सरकार को समय-समय पर अखबारी कागज, मुद्रण सामग्री आदि के सम्बन्ध में भी यह संस्था सलाह देती रही है।

इस संस्था के सदस्यों ने ही 'ऑडिट व्यूरों ऑफ सरकुलेशन' संस्था की स्थापना का विचार साकार किया, जिसके सदस्य समाचार-पत्रों की प्रसार संख्या का सत्यापन किया जाता है। एडवरटाइजिंग एजेन्सीज

एसोसियेशन ऑफ इंडिया आदि की सहायता से यह संस्था विज्ञापन एजेन्सियों को प्रमाणित करती है। विभिन्न सरकारों द्वारा समाचार-पत्र जगत के कार्य कलापों के सम्बन्ध में बनाये जा रहे कानूनों के सम्बन्ध में भी यह संस्था अपनी राय जाहिर करती रही है। समय-समय पर इसके अधिवेशन होते रहते हैं। इसका मुख्यालय दिल्ली में है।[1] इस एसोसियेशन का प्रभाव बताते हैं, इसके 80 सदस्यों पर है, जो अखबारों और आवधिक प्रकाशनों से जुड़े हैं। यह अखबारी उद्योग के व्यवसायी पक्ष से जुड़ी संस्था मानी जाती है।

(2) अखिल भारतीय हिन्दी पत्रकार संघ

अखिल भारतीय हिन्दी पत्रकार संघ भी भारतीय सम्पादक सम्मेलन की तरह युद्ध काल की समस्याओं के कारण पैदा हुआ। इसका पहला अधिवेशन जनवरी, 1941 में 'विश्वमित्र' के संचालक एवं सम्पादक ला. मूलचन्द अग्रवाल की अध्यक्षता में दिल्ली में हुआ। अधिवेशन में पत्रों पर सरकारी प्रतिबन्ध, अखबारी कागज, समाचार-पत्र सलाहकर समिति आदि पर प्रस्ताव स्वीकार किए गए, लेकिन श्रमजीवी पत्रकारों की स्थिति का जिक्र नहीं किया गया। दूसरा अधिवेशन 'सैनिक' आगरा के सम्पादक श्री कृष्णदत्त पालीवाल की अध्यक्षता में दिल्ली में ही हुआ और उसमें श्रमजीवी पत्रकारों के लिए 40 रुपये प्रतिमाह के न्यूनतम वेतन की माँग की गई। अखिल भारतीय हिन्दी पत्रकार संघ का तीसरा अधिवेशन कलकत्ता में 1943 में हुआ। इस अधिवेशन में न्यूनतम वेतन आदि प्रश्नों पर संचालकों और श्रमजीवी पत्रकारों में तनाव पैदा हो गया। इसका चौथा अधिवेशन 1944 में कानपुर में हुआ। श्री बनारसीदास चतुर्वेदी की अध्यक्षता में संघ का पाँचवाँ अधिवेशन 1946 में मथुरा में हुआ। संघ के संविधान में भारी परिवर्तन किए गए और उसे प्रजातंत्री रूप दिया गया। फलतः यह संघ श्रमजीवी पत्रकारों का संगठन बन गया। बाद में अखिल भारतीय श्रमजीवी पत्रकार संघ के निर्माण और इसके सक्रिय नेताओं के उस में संलग्न हो जाने के कारण हिन्दी पत्रकार संघ का काम ठप्प हो गया।[2]

(3) भारतीय सम्पादक संघ (एडीटर गिल्ड)

सम्पादकों की समस्याओं के निराकरण हेतु यह जरूरी समझा गया कि वे एक ऐसे मंच का गठन करें, जहाँ उनकी व्यावसायिक समस्याओं का निराकरण हो सके। उदाहरणार्थ प्रेस की स्वतंत्रता, आचार संहिता, संचार माध्यम का ढाँचा, सूचना की सुविधा आदि समस्याएँ कुल मिलाकर यह कि उक्त समस्याओं को दूर करने के लिए जो संगठन बनाया गया, उसे ही एडीटर गिल्ड नाम से जाना गया। इसकी सदस्यता व्यक्तिगत होती है। संस्थाओं को इसका सदस्य नहीं बनाया जा सकता। किसी भी दैनिक समाचार-पत्र या पत्रिकाओं में कार्यरत सम्पादक ही इसके सदस्य बन सकते हैं। वे पत्रकार भी इसकी सदस्यता के अधिकारी हैं, जो किसी दैनिक समाचार-पत्र या पत्रिकाओं में कम-से-कम पाँच वर्ष के काम का अनुभव रखते हों। इस श्रेणी में उन व्यक्तियों को भी सम्मिलित किया गया है, जो जनसम्पर्क सेवाओं के अधिकारी रहे हैं या हैं। सहायक सदस्यों को मत देने का यहाँ अधिकार नहीं है। प्रत्येक सदस्य को संघ के नियम तथा आचार संहिता का पालन करना आवश्यक होता है तथा प्रत्येक सदस्य प्रेस की स्वतंत्रता के समर्थन के लिए प्रतिबद्ध होता है।

(4) द इंडियन फेडरेशन ऑफ वर्किंग जर्नलिस्ट

हाल ही में बना यह संगठन 1500 सदस्य होने का दावा करता है। यह श्रमिक संगठन होने में विश्वास करता है और इसका काम संवैधानिक प्रावधानों के अनुरूप पत्रकारों की भौतिक स्थिति में

1. पत्रकारिता और पत्रकारिता—श्री अरुण जैन, पृष्ठ-71।
2. हिन्दी पत्रकारिता विविध आयाम—सं. वेदप्रताप वैदिक, पृष्ठ-289।

सुधार और नौकरी की सुरक्षा सुनिश्चित करना है। इसमें कम पैसा पानेवाले उप सम्पादकों और रिपोर्टरों के अलावा ऊँची तनख्वाहवाले सम्पादक, समाचार सम्पादक, विशेष संवाददाता भी शामिल हैं। ऊँची तनख्वाह वाले कई लोग मालिकों के करीबी होते हैं, खैर, यह इकलौता संगठन नहीं है और बहुत सारे पत्रकार इसके सदस्य भी नहीं हैं। इसका साल में एक बार सम्मेलन होता है और उसमें श्रमजीवी पत्रकारों की स्थितियों में सुधार के लिए प्रस्ताव पास किए जाते हैं और आमतौर पर इसे सरकार के पास भेजा जाता है।[1]

(5) भारतीय श्रमजीवी पत्रकार संघ (आई.एफ.डब्ल्यू.जे.)

इस संस्था का मुख्यालय प्लाट नं. 29, शंकर मार्केट, कनाट, सर्कस, नई दिल्ली में स्थित है। यह संस्था भारतीय श्रमजीवी पत्रकारों की ट्रेड यूनियनों का पहला श्रमिक संगठन है। इसकी स्थापना 28 अक्टूबर, 1950 को एक अखिल भारतीय पत्रकार सम्मेलन में की गई थी, जो वरिष्ठ पत्रकार एम. चेलापति राव की अध्यक्षता में दिल्ली में सम्पन्न हुआ था। प्रत्येक प्रदेश में इस संगठन की शाखाएँ हैं। यही नहीं देश के सभी राज्यों की पत्रकार यूनियनें इस फेडरेशन की सदस्य हैं। इसका दूसरा अधिवेशन 16 अप्रैल, 1951 को बम्बई में हुआ था। इस संस्था का मुख्य उद्देश्य पत्रों के व्यावसायिक काम के स्तर को उन्नत करना और श्रमजीवी पत्रकारों के सामूहिक हितों की रक्षा करना है, जैसे—समय-समय पर पत्रकारों की सेवा शर्तों, वेतन सम्बन्धी माँगे, काम के घंटे, व्यावसायिक प्रशिक्षण आदि प्रश्नों पर निर्णय व आन्दोलन करना है। इस संस्था की सदस्यता अब सभी पत्रकारों के लिए खुली है। यही कारण है कि सबसे अधिक पत्रकार इस संस्था के सदस्य हैं क्योंकि इसमें पत्रकार की परिभाषा इतनी विस्तृत रखी गई है कि प्रूफ शोधक से सम्पादक तक सभी पत्रकार जिनमें स्वतंत्र पत्रकार भी शामिल है, इस संगठन से सम्बद्ध किसी यूनियन के मेम्बर बन सकते हैं। संघ अपना मासिक पत्र 'दि वर्किंग जर्नलिस्ट' भी प्रकाशित करता है।

श्रमजीवी पत्रकारों के मुकदमे भी इस संस्था से लड़े जाते हैं और समय-समय पर उनके व्यावसायिक पुनर्प्रशिक्षण की व्यवस्था की जाती है। इस संस्था के सदस्य, विभिन्न राजकीय तथा अर्द्धराजकीय संस्थाओं की सलाहकार समितियों में प्रतिनिधित्व करते हैं। संघ की माँग पर ही सन् 1952 ई. में प्रथम प्रेस आयोग की नियुक्ति हुई और सन् 1955 में पत्रकार अधिनियम पारित हुआ।[2]

(6) आल इंडिया न्यूजपेपर्स इम्प्लाइज फेडरेशन

इस संस्था की स्थापना सन् 1960 में हुई और इसका मुख्यालय 9, शंकर मार्केट, नई दिल्ली-11000 में स्थित है। यह संस्था दिल्ली, महाराष्ट्र, बंगाल, तमिलनाडु व केरल में बहुत ताकतवर रूप में जानी जाती है। इस संस्था का मुख्य उद्देश्य गैर पत्रकार कर्मचारियों के आर्थिक व सामाजिक हितों की रक्षा करना है और इस संस्था में अपने सदस्यों के हितों के संरक्षण के लिए अनेक बार आन्दोलन व हड़तालें भी की हैं। इस संस्था के सदस्य पत्रकार और गैर पत्रकार-दोनों हैं और कहीं-कहीं गैर पत्रकार ही इस संस्था के सदस्य हैं। इस संस्था के पदाधिकारियों का चुनाव श्रम संघ प्रतिनिधियों के वार्षिक अधिवेशन में किया जाता है। इस पत्रकार संगठन के अतिरिक्त सब एडिटर गिल्ड, इंडियन रूरल प्रेस-एसोसियेशन, आल इंडिया उर्दू स्माल न्यूज पेपर्स एडीटर्स काउंसिल, रिसर्च इस्टीट्यूट फार न्यूज पेपर्स डेवलपमेंट, इंडियन ऐण्ड ईस्टर्न न्यूज पेपर्स सोसाइटी, एडीटर्स गिल्ड आफ इंडिया, द इंडियन सोसाइटी ऑफ एडवर्टाइजिंग काउंसिल ऑफ इंडिया, द एडवर्टाजिंग एजेन्सीज एसोसिऐशन ऑफ इंडिया आदि मुख्य हैं।[3]

---

1. जन मीडिया, सम्पादक—अनिल चमड़िया, पृष्ठ-13, ए4/5, सेक्टर 18, रोहिणी दिल्ली-85, रुपये 20, सन् 2013।
2. हिन्दी पत्रकारिता : विकास और विविध आयाम—डॉ. (श्रीमती) सुशीला जोशी, पृष्ठ-54।
3. पत्रकारिता का इतिहास—लक्ष्मीकान्त उपाध्याय, पृष्ठ-288, जनशक्ति प्रकाशन, लक्ष्मी नगर, दिल्ली, मूल 595 रुपये।

(7) ऑडिट ब्यूरो ऑफ सर्कुलेशन (ए.बी.सी.)

प्रकाशकों, विज्ञापन समितियों तथा विज्ञापकों के प्रतिनिधियों की सहायता से स्थापित इस संस्था का मुख्यालय मुम्बई में है। इसका जन्म सन् 1948 ई. में हुआ था। इसकी प्रकृति अलाभकारी संगठन की रही है। समाचार-पत्रों या पत्रिकाओं की वास्तविक सशुल्क प्रसार या वितरण संख्या का पता लगाकर उसे प्रमाणित करना ही इसका मुख्य लक्ष्य होता है। यह संस्था प्रसार सम्बन्धी आँकड़ों का सत्यापन चार्टर्ड एकाउंटेंट या किसी अन्य विश्वस्त माध्यमों से समय-समय पर कराती रहती है। इनती ही नहीं, प्रकाशक और विज्ञापक-दोनों ही विज्ञापन की दरें निश्चित कर उसका लाभ उठाते रहें, अतः इसके लिए यह संस्था अपने ऑडीटर्स से इसका आवश्यकतानुसार परीक्षण मूल्यांकन कराती रहती है।

(8) प्रेस गिल्ड ऑफ इंडिया

इसे संक्षेप में पी.जी.आई. कहते हैं। इसकी स्थापना सन् 1954 ई. में हुई थी। सम्प्रति इसका मुख्यालय गिल्ड हाउस, गली नं. 6, मैजेस्टिक बिल्डिंग, मुम्बई 4000। है। बताते हैं, यह पत्रकारों की सामाजिक एवं सांस्कृतिक संस्था है। 'प्रेस गिल्ड' अर्थात् समान स्तर के व्यवसायवालों की यह संस्था समय-समय पर अपने यहाँ अपने-अपने क्षेत्र के विद्वानों, पत्रकारों तथा राजनेताओं को समसामयिक विषयों पर बोलने या विचार-विमर्श करने के लिए आमंत्रित करती है। इस विचार-विमर्श या गोष्ठी में ज्वलन्त मुद्दों पर बहस होती है। बहुत सारे निष्कर्ष निकलते हैं। नये-नये विचार सामने आते हैं। समाज के अतिबौद्धिक वर्ग से जुड़ी यह संस्था अपने यहाँ वाचनालय और क्लब आदि का भी संचालन करती है।

(9) अखिल भारतीय पत्रकार संघ

इस संस्था का पंजीकृत कार्यालय मुरादाबाद में है तथा केन्द्रीय कार्यालय दिल्ली में स्थित है। सन् 1980 में पालेकर अवॉर्ड की घोषणा के बाद जुलाई के महीने में इस अवॉर्ड को क्रियान्वित करने के लिए इस संस्था की स्थापना की गई। इस संस्था की शाखाएँ देश के लगभग सभी प्रान्तों में स्थापित हैं और इसके सदस्यों की कुल संख्या लगभग सात हजार है। इस संस्था को केन्द्रीय सरकार द्वारा मान्यता प्रदान की गई है तथा इसी के सदस्य पालेकर अवॉर्ड के त्रिपक्षीय समिति के सदस्य हैं।[1]

(10) उत्तर प्रदेश जर्नलिस्ट्स एसोसियेशन

यह प्रादेशिक स्तर पर पत्रकारों का एक महत्त्वपूर्ण संगठन है। प्रदेश के सभी जनपदों से बड़ी संस्था में पत्रकार इसके सदस्य बनते हैं। यह उत्तर प्रदेश के पत्रकारों का सही अर्थों में प्रतिनिधित्व करनेवाली संस्था है और उनके हितों के लिए निरन्तर सक्रिय रही है। अन्तर्भारतीय प्रादेशिक तथा स्थानीय स्तर पर आज अनेक पत्रकार और पत्र समूह कर्मचारी संगठन बन चुके हैं, जो इस उद्योग के विभिन्न पक्षों से जुड़े हुए वर्गों के हितों की रक्षा के लिए संघर्ष कर रहे हैं। अनेक समाचार-पत्र संस्थानों ने अखबारी कागज पर आयात मूल्य का विरोध किया था। कुल मिलाकर इस एसोसिऐशन का उद्देश्य पत्रकारों, समाचार-पत्रों से जुड़े अन्य कर्मियों के हितों की रक्षा शैक्षिक तथा नई तकनीक का ज्ञान कराना रहा है। इसके साथ ही इसका उद्देश्य स्वच्छ एवं मिशनरी पत्रकारिता करनेवाले पत्रकारों को संगठित करना, पत्रकारिता में स्वच्छ वातावरण का निर्माण करना तथा पत्रकारिता एवं साहित्य के क्षेत्र में श्रेष्ठ सेवाओं को सम्मानित करना, अभावग्रस्त पत्रकारों की सहायता करना,प्रेस की गरिमा एवं सम्मान को बनाये रखने की दिशा में कार्य करना और आचार-संहिता का निर्माण करना तथा राष्ट्रीय एकता एवं अखंडता के हित में कार्य करना भी रहा है।[2]

1. पत्रकारिता का इतिहास—लक्ष्मीकान्त उपाध्याय, पृष्ठ-289।
2. वृहत् हिन्दी पत्रकारिता कोश, पृष्ठ-617।

भाग-5

(य) पत्रकारिता : केन्द्र और राज्य सरकारें तथा जनसम्पर्क (Public Relations)

(क) जनसम्पर्क : स्वरूप तथा अर्थ

जनसम्पर्क की सही-सटीक परिभाषा दे सकना बहुत सरल कार्य नहीं है, क्योंकि विद्वानों में इसकी परिभाषा तथा स्वरूप पर एका नहीं है। कुछ लोग इसे 'आधुनिक मानवीय विज्ञान' मानते हैं, तो कुछ लोग 'विभिन्न सामाजिक विज्ञानों का सम्मिश्रण', कहीं इसके बारे में कहा जाता है कि यह 'विचारों के सम्प्रेषण का शिल्प' है, तो कहीं इसके 'द्विपक्षीय सम्प्रेषण' के होने की चर्चा मिलती है। कई जानकारों का मानना है कि 'सामान्य जनता के प्रचार के लिए सम्बन्ध बनाने का यह एक पुख्ता प्लेटफॉर्म है।' कुल मिलाकर यह कि जनसम्पर्क की कोई सार्वदेशिक परिभाषा प्राप्त नहीं होती।

दरअसल, जनसम्पर्क प्रजातंत्र का आधार होता है। यह एक गत्यात्मक-गतिक (Dynamic) प्रक्रिया है। यह धारणा का निर्माण करता है। सरकार और जनता के सम्बन्ध प्रजातंत्र में कैसे मजबूत होते हैं,—इस पर यह मुकम्मल रूप में प्रकाश डालता है। जनसम्पर्क को अंग्रेजी भाषा में (Public Relations) कहते हैं। इस 'पब्लिक रिलेशन में 'पी.' (P) का अर्थ किया गया है, Performance और 'आर' (R) का अर्थ है—(Recognition) अर्थात् जनसम्पर्क के माध्यम से अच्छे कार्य की अभिस्वीकृति होती है। जनसम्पर्क को हम निष्कर्षतः सरकार और जनता के बीच संवाद या सम्बन्ध बनानेवाला पुल या सेतु कह सकते हैं। लोकतंत्र और जनता के बीच संवादों का निरन्तर होना बहुत आवश्यक होता है। दोनों के बीच सम्प्रेषण का अन्तराल (Coumunication gap) खतरनाक हो सकता है। जनसम्पर्क/जनसंचार तंत्रों के माध्यम से सरकार अपनी लोककल्याणकारी नीतियों का खुलासा अपने देश की जनता से करती है। जनहित में कौन-कौन से कार्यक्रम, योजनाएँ चल रही हैं, किन्हें भविष्य में लागू करना है, जनता की भागीदारी की अपील आदि के साथ देश में सम्प्रति कौन-कौन-सी प्रमुख समस्याएँ हैं, राष्ट्रीय एकता एवं अखंडता बनाये रखने का सुझाव, पंचवर्षीय योजनाओं की प्रगति छुआछूत उन्मूलन, शराब पीने से होनेवाली हाँनियाँ साथ ही भ्रष्टाचार जैसी सामाजिक बुराइयों की ओर लोगों का ध्यान आकर्षित करती है। स्पष्टतः यह कि लोकहित तथा लोकसेवा ही जनसम्पर्क का मूल मन्तव्य होता है।

कुल मिलाकर जन कल्याण, सरकार के अभियानों में सामान्य जन के सहयोग की अपील, कानूनों के पालन का निर्देश, राष्ट्रीय एवं अन्तर्राष्ट्रीय समस्याओं-घटनाओं पर सरकारी रुख, सरकार के पक्ष में जनमत बनाने के लिए 'प्रोपेगेंडा' युद्ध के समय में सजगता आदि जनसम्पर्क के मूल लक्ष्य होते हैं। हाँ, इतना जरूर है कि केन्द्र या प्रादेशिक सरकारें इन सरकारी तंत्रों का प्रयोग दलगत प्रचारों में नहीं कर सकतीं।

(ख) जनसम्पर्क और ब्रिटिश शासन

निरंकुश अंग्रेजी शासन को भी जनसम्पर्क का महत्त्व मालूम था। सम्भवतः यही कारण था कि उन्होंने भी सामान्य जन को शासन की नीतियों की सूचना देने के लिए 1878 ई. में 'प्रेस कमिश्नर' (Press Commissioner) की नियुक्ति की थी। यह प्रेस कमिश्नर सूचनाओं के प्रचार प्रसार के लिए अखबारों में निरन्तर सम्पर्क बनाये रखता था। इसी बीच प्रथम विश्व युद्ध शुरू हुआ। इस युद्ध में ब्रिटिश शासन ने भारतीय जनता को युद्ध की जानकारी देने, युद्ध के लिए धन-जन प्राप्त करने के लिए देश के अनेक हिस्सों में 'पब्लिसिटी बोर्ड' (Publicity Board) गठित किया। इस 'पब्लिसिटी बोर्ड' से अंग्रेज सरकार ने काफी लाभ कमाया। परिणामतः उसने इसे स्थायी रूप दे दिया। सन् 1920 में तत्कालीन सरकार ने इसका नाम बदलकर 'केन्द्रीय सूचना बोर्ड (Central Board of Information) रख दिया। इस नये नाम के पीछे टाइम्स ऑफ इंडिया (Times of India) के तत्कालीन सम्पादक श्री स्टेले रीड का हाथ था। इलाहाबाद विश्व विद्यालय के राजनीति-विभाग के तत्कालीन प्राध्यापक श्री रशब्रुक को इस संस्था का प्रथम प्रधान बनाया गया। सन् 1923 में इसका नाम 'ब्यूरो ऑफ पब्लिक' (Bureau of Public) किया गया।

कालान्तर में जब द्वितीय विश्व युद्ध शुरू हुआ तो इसके नामकरण के विषय में फिर से परिवर्तन का सुझाव आया। युद्ध के समापन के बाद तत्कालीन सरकार ने 1949 ई. में 'सेन्ट्रल बोर्ड ऑफ इन्फारमेशन' का नाम बदलकर 'पत्र सूचना कार्यालय' (Press Information Bureau) किया। इसे ही संक्षेप में पी.आई.बी. (P.I.B.) कहा गया। फोटो विभाग, आल इंडिया रेडियो आदि भी लोगों से सम्पर्क के माध्यम बनाये गए। बाद में एक नया संगठन बनाया गया, नाम पड़ा 'नेशनल वार फ्रंट' (National War Front) इधर, जब द्वितीय विश्व युद्ध खत्म हुआ तो पुनः इस फ्रंट का नाम बदला गया और इसे 'फील्ड पब्लिसिटी ऑरगनाइजेशन' (Field Publicity Organization) कहा गया। देश के स्वतंत्र होने के बाद भी भारत सरकार तथा प्रादेशिक सरकारों को जनसम्पर्क की जरूरत महसूस हुई। फलतः केन्द्रीय सरकार के अधीन एक स्वतंत्र 'सूचना और प्रसारण मंत्रालय' स्थापित किया गया। इसी तरह विभिन्न राज्यों में जन सामान्य से सूचनाओं को लेने-देने के लिए 'सूचना और प्रचार निदेशालय' बनाया गया। बाद में इन्हें 'जनसम्पर्क निदेशालय' कहा गया। ये निदेशालय तत्सम्बन्धी राज्यों के सूचना मंत्रालय के अधीनस्थ कार्य करते हैं।

(अ) भारत सरकार और जनसम्पर्क

भारत सरकार के केन्द्रीय सूचना प्रसारण मंत्रालय (Ministry of Information and Broadcasting) के तत्त्वाधान में अधोलिखित विभाग प्रचार, प्रसार तथा जनसम्पर्क का कार्य करते हैं, जिन्हें हम इस प्रकार देख सकते हैं,—

(1) आकाशवाणी (आल इंडिया रेडियो)
(2) दूरदर्शन
(3) फिल्म प्रभाग (फिल्म डिवीजन)
(4) पत्र सूचना कार्यालय (प्रेस इन्फार्मेशन ब्यूरो)
(5) भारत में समाचार-पत्रों के पंजीयक
(6) प्रकाशन विभाग
(7) क्षेत्र प्रचार निदेशालय
(8) विज्ञापन एवं दृश्य प्रचार निदेशालय
(9) फोटो प्रभाग
(10) गवेषणा, सन्दर्भ और प्रशिक्षण-विभाग

इसे और अधिक विस्तार से इस प्रकार देखा जा सकता है,—

1. पत्र सूचना कार्यालय (Press Information Bureau)
2. आकाशवाणी (All India Radio)
3. फिल्म्स डिवीजन (Films Division)
4. प्रकाशन विभाग (Publication Division)
5. रजिस्ट्रार ऑफ न्यूज पेपर्स फार इंडिया (आर.एन.आई.) (Registrar of News Papers)
6. विज्ञापन और दृश्य-प्रचार निदेशालय (डी.ए.वी.पी.) (Directorate of Advertising and Visual Publicity)
7. क्षेत्रीय प्रचार निदेशालय (Field Publicity)
8. फोटो डिवीजन (Photo Division)
9. गवेषणा एवं सन्दर्भ विभाग (Research and Refrence Division)
10. गीत और नाटक-विभाग (Song and Drama Division)
11. फिल्म महोत्सव निदेशालय (Film Exhibitions)
12. दूरदर्शन (Television)

13. केन्द्रीय फिल्म सेन्सर बोर्ड या फिल्म सर्टिफिकेशन (Central Film Censor Board or Film-Certification)
14. राष्ट्रीय फिल्म संग्रहालय तथा तीन सार्वजनिक संस्थान भी प्रचार माध्यम कार्य के लिए केन्द्रीय सरकार के सूचना मंत्रालय के अधीन हैं,—
    (क) राष्ट्रीय फिल्म विकास निगम,
    (ख) भारतीय चलचित्र नियति निगम तथा
    (ग) फिल्म वित्त निगम

सूचना मंत्रालय के अधीन तीन रजिस्टर्ड सोसाइटी हैं,—

(1) भारतीय जनसंचार संस्थान, नई दिल्ली (Indian Instituate of Mass Comnunication New Delhi)
(2) फिल्म एवं टेलीविजन इन्स्ट्रीट्यूट, पूना (Film and Telivision Institute of Poona) तथा
(3) बाल फिल्म सोसाइटी

राज्य सरकारों में भी अपने-अपने राज्यों में जन-सम्पर्क का कार्य अपने निदेशालयों द्वारा सम्पन्न कराया जाता है। केन्द्रीय सरकार एक राष्ट्रीय स्वरूप (National Concept) सम्मुख रखकर जनसम्पर्क का कार्य सम्पादित करती है।[1] इन विभागों के नाम से ही स्पष्ट है कि इनका कार्य क्षेत्र जनसंचार के विभिन्न साधनों की कौन-सी विधा के अन्तर्गत माना जा सकता है। मुख्यतः यही समझना चाहिए कि इन चौदह इकाइयों में प्रत्येक इकाई जन-संचार के जाने-माने साधनों का प्रयोग करती है। कुल मिलाकर जन संचार के विभिन्न माध्यमों का ऊपर जो विश्लेषण किया गया है, उसके अनुसार भारत सरकार का सूचना एवं प्रसार मंत्रालय अपने कार्यक्षेत्र में जनसंचार की सभी गतिविधियों को समेटता है। केन्द्र और राज्य सरकार के जनसंसार विभाग परस्पर तालमेल से काम करते हैं, क्योंकि दोनों स्तरों पर लक्ष्य तो एक ही है, राष्ट्र हित के विषयों पर जनसाधारण में राष्ट्रीय और देश भक्तिपूर्ण जागृति पैदा करना।[2] अब इनमें से कुछ प्रमुख को इस प्रकार देखा जा सकता है—

(1) पत्र सूचना कार्यालय (Press Information Bureau)

जनसम्पर्क के कार्यों में सर्वाधिक हाथ बँटानेवाला पत्र सूचना कार्यालय मुख्यतः दो भागों में बँटा हुआ है,—(1) प्रशासनिक विभाग तथा (2) प्रेस प्रचार कार्य से सम्बन्धित विभाग। पत्र सूचना कार्यालय का सबसे बड़ा अधिकारी 'मुख्य सूचना अधिकारी' कहा जाता है। इसे अंग्रेजी में Principal Information Officer कहते हैं। इसके अतिरिक्त कुछ और भी अधिकारी होते हैं, जो विभिन्न विभागों का काम देखते हैं। कई Section Officer भी इसमें काम करते हैं। सच तो यह है कि जनसंचार के क्षेत्र में यह सबसे प्राचीन संस्थान है। जनसामान्य को सरकार की सूचनाएँ देना तथा केन्द्र सरकार और मंत्रालयों से सतत् सम्पर्क रखना, उनके कार्यों की जानकारी जनता तक पहुँचाना प्रमुख है। यह भारत में कार्यरत समाचार-पत्र संवाददाताओं से सम्पर्क रखता है, प्रचार से सम्बन्धित जो बातें हैं, वे उन तक पहुँचाता है। इसके प्रमुख कार्यों में सूचनाओं को वितरण करना सरकार की नीतियों, कार्यक्रमों, प्रचार माध्यमों की सहायता से जनता तक पहुँचाना और जनता की क्या प्रतिक्रिया प्रेस के माध्यम से व्यक्त हों रही है, उन्हें सरकार तक पहुँचाना है। मंत्रियों और सचिवों के लिए प्रेस वार्त्ताओं का आयोजन करना, ब्रीफिंग करना, प्रेस प्रतिनिधियों के द्वारा चाही गई जानकारियों को देना, पत्रिकाओं, समाचार-पत्रों के लिए विशेष प्रकाशन सामग्री तैयार करना, फीचर्स तैयार कर रिलीज करना, समाचार छायाचित्र तैयार कर जारी करना। पत्र सूचना कार्यालयों के सूचना कर्मी मंत्रालयों/विभागों से सम्बद्ध रहते हैं और विभिन्न कार्य निपटाते हैं। उनके महत्त्वपूर्ण कार्य हैं,—सूचना माध्यमों की जानकारी देना, और समाचार-पत्रों में छपी अपने-अपने

1. उत्तर प्रदेश राजर्षि टण्डन मुक्त विश्वविद्यालय (जनसम्पर्क अभियान), खंड-दो, पृष्ठ 21, सन् 2005 ई.।
2. जनसंचार-सम्पादक-डॉ.राधेश्याम शर्मा, पृष्ठ-19-20, हरियाणा साहित्य अकादमी, चंडीगढ़, द्वितीय संस्करण, मूल्य-75 रुपये, सन् 1993 ई.।

मंत्रालयों से सम्बन्धित रिपोर्टों तथा जनता की शिकायतों के बारे में फीडबैक उपलब्ध कराना।[1] स्पष्टतः यह कि,—"The Press information Bureau (P.I.B.) is the central agency of the government for putting out information on its policies, programmes and activities. The information goes to dailies as well as news periodicals, news agencies and radio and television organisations both Indian and foreign. With a country-wide teleprinter network and air bag facilities, P.I.B. reaches newspapers not only in Delhi but also in other parts of the country. No other organisation in the country reaches such a large number of newspapers and other media. While about a thousand newspapers subscribe to the wire agencies. P.I.B. distribute its press material to over 7,000 newspapers."[2] पत्र सूचना कार्यालय के उक्त तमाम उत्तरदायित्वों में एक यह भी जोड़ लें कि सरकारी नीतियों के बारे में पत्र-पत्रिकाओं में जो कुछ छपता है, उससे वह प्रत्येक मंत्रालय को परिचित रखें। इस उद्देश्य से इस विभाग में प्रतिदिन देश के प्रमुख अखबार मँगवाये जाते हैं। दो अधिकारियों की देखरेख में दर्जन भर सूचना-सहायक अखबारों की एक-एक खबर का पारायण करते हैं और फिर सम्बन्धित विभाग के पास सवेरे-सवेरे ही वह सामग्री सूचनार्थ-अवलोकनार्थ भिजवा देते हैं।[3]

कुल मिलाकर पत्र सूचना कार्यालय सरकारी क्रिया-कलापों के सम्बन्धित फोटो कवरेज की व्यवस्था करता है और देश भर के अंग्रेजी तथा अन्य भारतीय भाषाओं में प्रकाशित दैनिकों तथा पत्रिकाओं को फोटो उपलब्ध कराता है। वर्ष 2001-2002 के दौरान अखबारों तथा पत्र-पत्रिकाओं को 1,85,423 फोटो वितरित किए गए। पी.आई.बी. की वेबसाइट (WWW. Pib.nic.in) वर्ष 1999 से कार्यरत है। पी.आई.बी. अपने 26 क्षेत्रीय केन्द्रों के साथ वीडियो कान्फ्रेसिंग व्यवस्था से जुड़ा है। इससे क्षेत्रीय केन्द्रों के सूचना माध्यमों से जुड़े लोग नई दिल्ली या देश के अन्य भागों में होनेवाले संवाददाता सम्मेलनों में भाग ले सकते हैं। वर्ष 2003 में पी.आई.बी. द्वारा 1050 संवाददाताओं और 300 कैमरामैनों को मुख्यालय पर मान्यता प्रदान की गई थी। नियमित मान्यता देने के अलावा पी.आई.बी. हर वर्ष अल्पावधि के लिए भारत आनेवाले 500 से अधिक विदेशी मीडिया कर्मियों को अस्थाई मान्यता भी प्रदान करता है।[4] पत्र सूचना कार्यालय की प्रशासनिक एवं व्यावसायिक व्यवस्था को इस प्रकार देखा जा सकता है,—

पत्र सूचना कार्यालय की प्रशासनिक एवं व्यावसायिक व्यवस्था

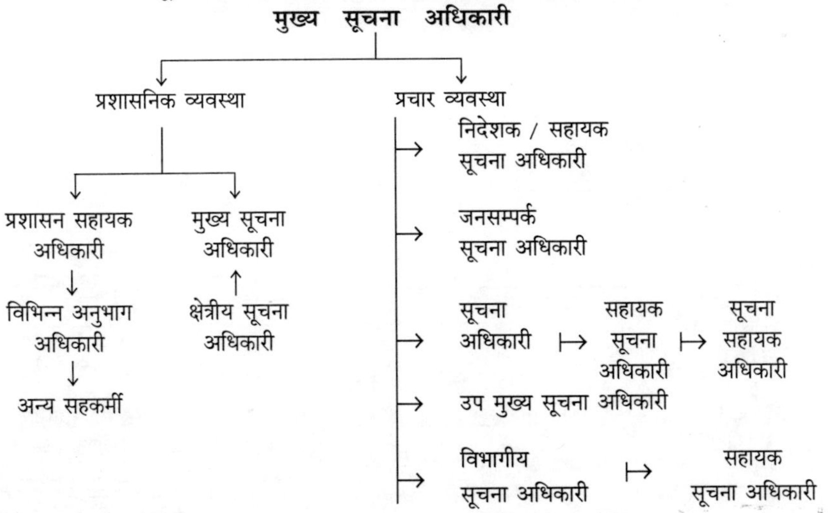

1. जनसम्पर्क : सिद्धान्त और व्यवहार—डॉ. सुशील त्रिवेदी तथा डॉ. शशिकान्त शुक्ल, पृष्ठ-170।
2. History of Press Laws and Communications- B. N. Ahuja. P. 128
3. समयान्तर—पंकज बिष्ट, पृष्ठ-79 ए, दिलशाद गार्डेन, दिल्ली, मूल्य-15 रुपये सन् 2004 ई.।
4. हिन्दी पत्रकारिता का इतिहास—जगदीश प्रसाद चतुर्वेदी, पृष्ठ-388।

(2) आकाशवाणी (All India Radio)

सितम्बर, 1959 में जब भारत में दूरदर्शन ने जन्म लिया, तो बहुत लोगों के मन में एक सवाल खदबदाने लगा कि दूरदर्शन अब रेडियो के विकल्प के रूप में खड़ा हो गया है। इसे सुननेवाले कम हो जाएँगे, सो इसका महत्त्व अब कम हो जाएगा। पर, रेडियो श्रोताओं के सौभाग्य से इसका रुतबा और इसके चाहनेवाले पहले की तुलना में घटे नहीं बढ़े हैं। यह गरीब की टुटही झोपड़ी से लेकर पाँच सितारा होटलों में आवाज की अपनी उसी खनक, रवानी, लय और मंत्र मुग्ध कर देनेवाली लजीज शैली के साथ बजते हुए लोगों के साथ सुख-दुःख में सहयोग सहकार कर रहा है। वस्तुतः यह जिन्दा और जीवन्त श्रव्य माध्यम है। सन्देश, समय-समय पर देश-विदेश के समाचार, संगीत, खेलकूद, कृषि नौकरी, खोया-पाया और निजी तथा सरकारी विज्ञापन—क्या नहीं है इसके पास?[1]

स्पष्टतः यह कि आकाशवाणी राष्ट्रीय जीवन को प्रभावित करनेवाली घटनाओं और क्षेत्रीय समाचारों से लेकर राष्ट्रीय समाचारों की उचित जानकारी प्रस्तुत करती है। अतः अपने उक्त विलक्षण गुणों के कारण जन सम्पर्क का सशक्त माध्यम साबित हो चुकी है। इसके माध्यम से समय-समय पर बाल, बुजुर्गों, श्रमिकों, महिलाओं के साथ-साथ-साथ कृषकों के लिए भी कार्यक्रम प्रस्तुत किए जाते हैं तो कभी फीचर रेडियो रूपक, आँखों देखा हाल, सामाजिक कार्यक्रम, विद्यालय, कार्यक्रम, झरोखा कार्यक्रम स्थल रिकॉर्डिंग का कार्यक्रम, शोक-सूचना कार्यक्रम, विशेष सूचनाएँ, खोया-पाया, ज्योतिष, साहित्यिक कार्यक्रम, कहानी, पाठ, कविता पाठ, नाटक, प्रहसन, रूपक, पत्रिका कार्यक्रम, वार्त्तालापपरक कार्यक्रम, साक्षात्कार, संगोष्ठी, बातचीत, परिचर्चा, आमने-सामने, रेडियो-रिपोर्ट, गीत-संगीत तथा शास्त्रीय गीत-संगीत लोकगीत तथा अन्य अनेक तरह की समस्याएँ तथा उनके समाधान खेलकूद, चुटकुले, मनो-विनोद तथा रोगों के निदान-उपचार के उपाय बनाये जाते हैं। आकाशवाणी के दो विभाग—(1) उत्पादन (Production) तथा (2) समाचार होते हैं। ये दोनों विभाग स्वतंत्र होते हैं। आकाशवाणी का सबसे बड़ा अधिकारी महानिदेशक (Director General) होता है। इसी के अधीन तमाम अधिकारी तथा कर्मचारी होते हैं। आकाशवाणी के तकनीकी विभाग की देखरेख के लिए 'मुख्य अभियन्ता' का पद भी होता है। कुल मिलाकर यह कि अन्य समाचारों के साथ-साथ सरकार की मंशा, उसकी सभी योजनाएँ तथा अन्यान्य तरह की जानकारियों सामान्य जन तक पहुँचाने का यह सशक्त पुख्ता तथा विश्वसनीय माध्यम है। आकाशवाणी की प्रशासनिक व्यवस्था को इस प्रकार देखा जा सकता है—

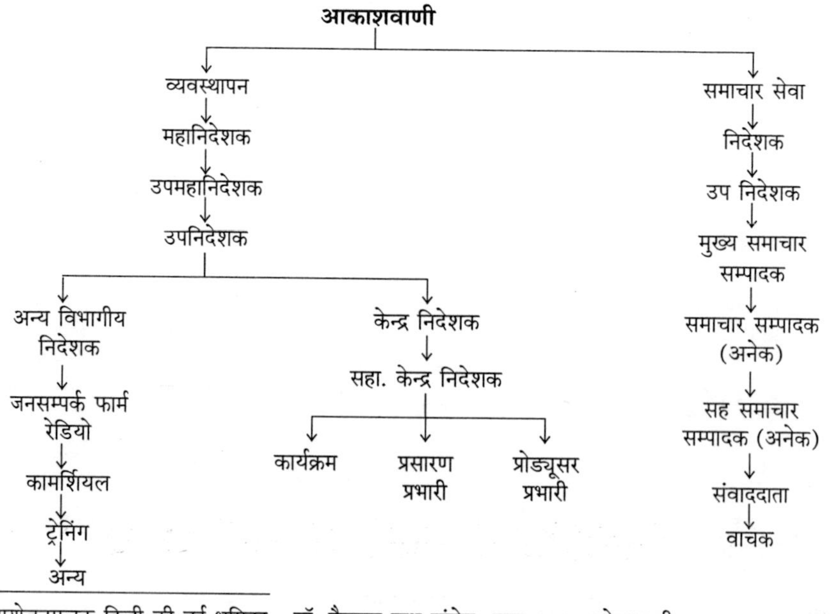

1. प्रयोजनमूलक हिन्दी की नई भूमिका—डॉ. कैलाश नाथ पांडेय, पृष्ठ-351, लोकभारती प्रकाशन, इलाहाबाद।

(3) दूरदर्शन (Television)

आधुनिक तकनीक के विकास में दूरदर्शन, जनसम्पर्क के लिए एक सशक्त माध्यम बना हुआ है। इस तंत्र में दृश्य और श्रव्य दोनों का समावेश है। दूरदर्शन की लोकप्रियता बहुत अधिक है। जनसम्पर्क में सत्यता का बड़ा महत्त्व है। दूरदर्शन सत्य का दर्शन कराता है। इसने सरकार के लिए जनसम्पर्क का काम आसान किया है। इस तंत्र के माध्यम से भी समाचार, भेटवार्त्ता, नाटक, संगीत आदि के कार्यक्रम प्रसारित किए जाते हैं।[1] सच तो यह है कि दूरदर्शन क्षेत्रीयता के विकास के साथ-साथ राष्ट्रीय एकता को बढ़ाने में भी सहायक सिद्ध हुआ है। इसके प्रमुख लक्ष्यों में भी कुछ प्रमुख हैं, यथा-खेलकूद में रुचि बढ़ाना, जनमानस में सामाजिक चेतना बढ़ाना, सामाजिक बुराइयों पर प्रकाश डालना, नशाखोरी, मद्यपान, जुआ, धूम्रपान आदि से होनेवाली परेशानियों पर प्रकाश डालने के साथ जनसंख्या नियंत्रण तथा परिवार कल्याण पर प्रकाश डालना, कला, संस्कृति, इतिहास, पर्यटन को बढ़ावा देने के साथ इनकी रक्षा पर बल देना, समय-समय पर कृषि उत्पादनों के लिए उपाय बताना, मौसम की भविष्यवाणी करना, पर्यावरण सम्बन्धी चेतावनी देना, जलवायु-सन्तुलन, गरीब, कमजोर वर्गों महिलाओं तथा बच्चों को कुपोषण से होनेवाली हानियों की ओर इशारा करना—कुल मिलाकर सामाजिक सजगता इसका मुख्य लक्ष्य होता है। इन सबके अलावा लोकगीतों, फिल्मी गीतों, शास्त्रीय संगीत, नाटक और प्रहसन आदि के माध्यम से यह समाज का मनोरंजन भी करता है इसीलिए इसके सामाजिक दाय के महत्त्व को देखते हुए केन्द्रीय सरकार ने दूरदर्शन में समय-समय पर सुधार, नये कार्यक्रमों की प्रस्तुति, नई-नई कार्य योजनाओं के लिए कई सलाहकार समितियों का गठन किया है, यथा—

(1) मीडिया सलाहकार समिति,
(2) केन्द्र में कार्यक्रम सलाहकार समिति,
(3) केन्द्र में परिवार कल्याण कार्यक्रम के बारे में सलाहकार समिति,
(4) धारावाहिक कार्यक्रमों की चयन समिति तथा
(5) हिन्दी फीचर फिल्मों-क्षेत्रीय भाषाई फिल्मों की चयन समिति। ग्रामीण लोगों की आवश्यकताओं के लिए भी उनके स्तर के अनुसार कार्यक्रम तैयार किए जाते हैं।

दूरदर्शन-संगठन

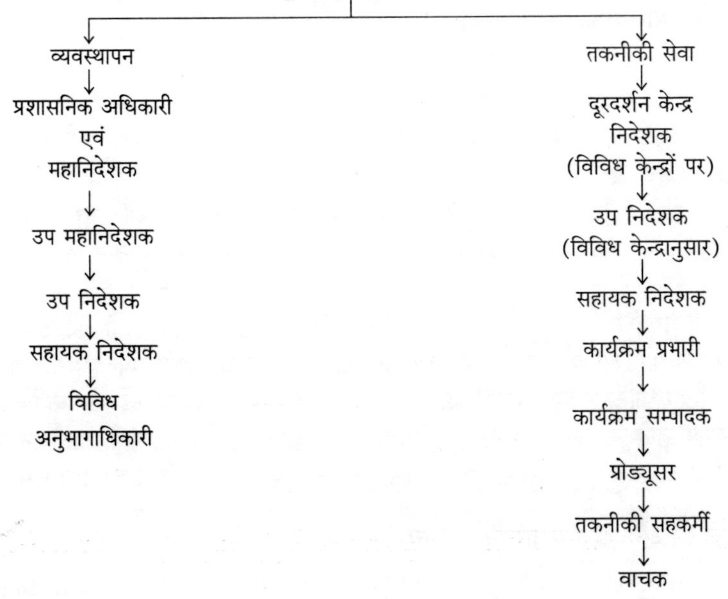

1. पत्रकारिता जगत—अशोक प्रियदर्शी, सुशील कुमार सिन्हा, पृष्ठ-83, मगध कलाकार प्रकाशन-पटना।

(4) फिल्म प्रभाग (Films Division)

फिल्म प्रभाग प्रचार माध्यमों में बहुत सशक्त प्रभाग है। यह प्रभाग देश की जनता को सूचना, शिक्षा, जागरूकता तथा कर्मों के प्रति चैतन्य बनाये रखने के लिए कई तरह के उपाय करता है। सामान्य से लेकर प्रबुद्ध वर्ग तक को प्रेरित करने के लिए यह प्रभाग वृत्त चित्र, न्यूज रील तथा अनेक तरह की फिल्मों का निर्माण कर उन्हें सभी के सामने परोसता है, जिसका असरकारक प्रभाव पड़ता है। बताते हैं, ब्रिटेन ने सन् 1939 ई. में जर्मनी पर आक्रमण करने की घोषणा की। चूँकि उस समय भारत में ब्रिटिश हुकूमत काम कर रही थी, सो उन्होंने उस युद्ध में भारतीयों से भी सहयोग की अपेक्षा की। इस अपेक्षा की प्रपूर्ति हेतु ब्रिटेन ने जिन प्रचार-माध्यमों के प्रयोग पर बल दिया, उनमें फिल्म' भी एक माध्यम थी। कालान्तर में जी.बी.एच. वाडिया की अध्यक्षता में इस सिलसिले में एक सलाहकार मंडल का गठन किया गया। इसे गति देने के लिए अलेक्जेंडर शॉ और कुछ अन्य तकनीकी विशेषज्ञों को भारत में इग्लैंड से बुलाया गया। परिणामतः 1943 ई. में एक 'वृत्त चित्र फिल्म' (Documentary Film) बनी और उसका प्रदर्शन भी हुआ।

फिल्मों के माध्यम से अपने देश की जनता को कर्तव्यनिष्ठ तथा जागरूक बनाने के लिए विश्व के अनेक देशों ने अपने यहाँ फिल्म प्रभाग की स्थापना की। कनाडा के नेशनल फिल्म बोर्ड (National Film Board), ब्रिटेन के क्राउन फिल्म तथा रूस के न्यूज रील स्टूडियों-मास्को की तरह देश के स्वतंत्र होने के बाद तत्कालीन भारतीय प्रधानमंत्री पंडित नेहरू ने भी महसूस किया कि भारत में भी एक फिल्म प्रभाग बनना चाहिए। अतः नेहरू जी के प्रयास से तत्कालीन बम्बई में सन् 1948 ई. में फिल्म प्रभाग (Films Division of India) स्थापित हुआ। कालान्तर में देश की अधिकांश भाषाओं में सामाजिक जागरूकता, राष्ट्रीय एकता, साम्प्रदायिक मेल-मिलाप छुआछूत-अस्पृश्यता, परिवार-कल्याण, पर्यटन, शिक्षा, सामाजिक-विकास, कृषि, मेले, त्योहार तथा अन्यान्य तरह के उत्सव, व्यापार, उपभोक्ता-संरक्षण, बाल-विवाह तथा स्वास्थ्य आदि को लक्ष्य कर फिल्म-प्रभाग ने फिल्मों, वृत्तचित्रों आदि का निर्माण किया, परिणामतः इनका बेहद सकारात्मक प्रभाव भारतीय जनता पर पड़ा। कुल मिलाकर यह कि फिल्में जन सम्पर्क का शक्तिशाली माध्यम सिद्ध हुईं। दर्शकों ने इनका पुलकभरा स्वागत भी किया और अपने भीतर की तमाम तरह की बुराइयों को-इनसे सीख लेकर-दूर भी किया।

(5) फोटो प्रभाग (Photo Division)

फिल्मों के ठीक उलट फोटो अपनी खामोश भाषा में बहुत कुछ कहते हैं। अतः सरकार अपनी नीतियों का प्रचार-प्रसार कार्यक्रमों की रूपरेखा आदि इसके माध्यम से जनता तक पहुँचाती है। यह विभाग केन्द्रीय सूचना मंत्रालय के अधीन काम करनेवाले पत्र सूचना कार्यालय की देखरेख में काम करता है। फोटो प्रभाग राष्ट्रीय तथा अन्तर्राष्ट्रीय घटनाओं के छायांकन करने के साथ-साथ सामाजिक, सांस्कृतिक तथा आर्थिक परिदृश्यों में हुए बदलाव को भी दर्शाता है। फोटो प्रभाग में घटनाओं वस्तुओं आदि का रूपांकन श्वेत-श्याम-दोनों रूपों में किया जाता है। यहाँ तैयार चित्रअल्प राशि भुगतान के बाद प्राप्त किए जा सकते हैं।

यहाँ तैयार चित्रों को पत्र सूचना कार्यालय देशभर के समाचार-पत्रों को उपलब्ध कराता है विदेशों में इन फोटुओं को विदेश मंत्रालय, विदेश प्रचार विभाग द्वारा उपलब्ध कराता है। इतना ही नहीं, यहाँ तैयार फोटो विदेशी अतिथियों, राष्ट्रनायकों, मंत्रियों तथा अन्य कई तरह के विशिष्ट व्यक्तियों को भेंट किए जाते हैं, फोटो प्रभाग, राष्ट्रीय स्तर पर कई तरह के प्रतियोगी आयोजन भी कराता है। समाचार-पत्रों के साथ-साथ दूरदर्शन तथा अन्य इलेक्ट्रॉनिक चैनल्स भी फोटो प्रभाग से फोटो लेते हैं।

(6) विज्ञापन और दृश्य प्रचार निदेशालय (D.A.V.P.)

जनसम्पर्क के इस माध्यमों को पहले डी.ए.वी.पी. अर्थात् (Directorate of Advertising and Visual Publicity) कहते थे, किन्तु बाद में इसका नाम विज्ञापन और दृश्य प्रचार निदेशालय किया गया।

केन्द्रीय सूचना प्रसारण मंत्रालय से यह विभाग सन् 1955 ई. में जुड़ा। यह बहुमाध्यम केन्द्रीय एजेन्सी है। इसके माध्यम से केन्द्र सरकार अपनी भावी योजनाओं, वर्तमान में उनकी प्रगति की जानकारी लोगों तक पहुँचाती रहती है। इस निदेशालय के कार्यालय देश भर में फैले हुए हैं, जिनके माध्यम से विज्ञापनों, होर्डिंग, सिनेमा, पुस्तिकाओं, स्लाइडों, भित्ति-चित्रों, पोस्टरों, रेल, बसों और ट्रामों तथा कारों पर चिपकाये जानेवाले विज्ञापन तथा ब्रोशरों फोल्डरों के जरिये निदेशालय प्रचार-प्रचार करता है।

इतना ही नहीं, यह निदेशालय सामाजिक-आर्थिक सुधार तथा सौमनस्य बनाये रखने के लिए भी कई तरह के विज्ञापन प्रसारित करता है। उदाहरण के लिए तस्करी, नशाखोरी, शराबखोरी, परिवार कल्याण, हम दो हमारे दो, राष्ट्रीय एकता, पर्यावरण उपभोक्ता, सजगता, समय पर सरकारी कोषों में कर जमा करने के लिए प्रोत्साहन तथा अन्य कई तरह की सामाजिक बुराइयाँ यथा—दहेज, दहेजहत्या आदि वीभत्स बुराइयों पर विज्ञापन दिखायी जाते रहते हैं। यह निदेशालय केवल रेलवे को छोड़कर केन्द्र सरकार के लगभग सभी मंत्रालयों का विज्ञापन एजेन्ट हैं,—"Advertisements in various newspapers, journals on behalf of various ministries (except railways) and departments of the Government are released to the press by the directorate. A number of autonomous bodies and public sector undertakings also channelise their advertisements through DAVP. Keeping in view the advertising policy of the Government, specific publicity requirements and budgetary allocations, a balanced and equitable placement of advertisements is aimed at. In pursuance of the broad social objectives of the Government, appropriate weightage/consideration is given to small and medium newspapers/journals specialised scientific and technical journals, language newspaper/periodicals and newspapers/journals published especially from backward, border and remote area. The DAVP also accredits advertising agencies to enable them to undertake publicity work of public sector enterprise and autonomous bodies."[1]

(7) रजिस्ट्रार ऑफ न्यूज पेपर्स फॉर इंडिया (Registrar of News Papers for India R.N.I.)

प्रेस कमीशन की अनुशंसाओं के प्रति फलस्वरूप प्रेस रजिस्ट्रार ऑफ न्यूजपेपर की स्थापना की गई। इसके अन्तर्गत 1867 के बुक्स तथा प्रेस रजिस्ट्रेशन अधिनियम में संशोधन किया गया और समाचार-पत्रों के संचालन एकत्रीकरण तथा इनसे सम्बन्धित सूचनाओं के लिए संगठन की स्थापना की गई। जुलाई, 1956 को रजिस्ट्रार ऑफ न्यूजपेपर्स अस्तित्व में आया। इसके द्वारा सेना में प्रकाशित प्रत्येक समाचार-पत्र उसके स्वामित्व आदि से सम्बन्धित आँकड़े उपलब्ध किए जाने लगे। प्रभाग के अन्तर्गत, प्रमुख कार्य हैं,—

(1) भारत में प्रकाशित सभी समाचार-पत्र की जानकारी का रख-रखाव करना,
(2) जिला मजिस्ट्रटों को समाचार-पत्रों को दिए गए शीर्षक (नाम) की जानकारी देते रहना,
(3) समाचार-पत्रों के स्वामित्व और प्रसार संख्या की प्रतिवर्ष जानकारी एकत्र करना,
(4) एक्ट के अन्तर्गत समाचार-पत्र के अभिलेखनों का परीक्षण करते रहना,
(5) भारत में प्रेस की स्थिति से सम्बन्धित आँकड़ों को एकत्र करना और उन्हें सरकार को प्रेषित करना तथा समय-समय पर प्रेस से सम्बन्धित जानकारी सरकार को देना तथा
(6) समाचार-पत्र उद्योग के लिए मशीनों, कम्पोजिंग मशीनों आदि के लिए अनिवार्य प्रमाण पत्र उपलब्ध कराना।[2] इसी तरह डॉ. बी.एन. आहूजा का विचार है कि,—"The office of the registration of newspapers for India commonly known as Press

1. History of Press Laws and Communications- B. N. Ahuja. P. 172
2. जनसम्पर्क : सिद्धान्त और व्यवहार—डॉ. सुशील त्रिवेदी तथा डॉ. शशिकान्त शुक्ल, पृष्ठ-173।

registrar came into being on 1 July, 1986. The duties and functions of the Press registrar are defined in the Press and Registration of Book Act, 1867 as amended from time to times. A part from these duties the Registrar also allots newsprint and recommends import of printing machinery for newspapers."[1]

(8) प्रकाशन विभाग (Pnblication Division)

केन्द्र सरकार का अपना स्वतंत्र प्रकाशन-विभाग है। इस प्रकाशन-विभाग से सरकार देश की जनता से सम्पर्क साधती है। प्रकाशन-विभाग, सामाजिक-हित की पत्र-पत्रिकाएँ, पुस्तकें, चित्र-एलबम आदि समय-समय पर प्रकाशित करता रहता है। उक्त छपी सामग्रियों में सरकार की भावी-नीतियों, राष्ट्रीय-अन्तर्राष्ट्रीय घटनाओं का लेखा-जोखा, विवरण, प्रधानमंत्री तथा राष्ट्रपति के विचारों को प्रमुखता दी जाती है। यह सामग्री बाजार मूल्य से बहुत कम पैसे में जनता को दी जाती है। प्रकाशन-विभाग केन्द्र सरकार की नीतियों को देश की अधिकांश भाषाओं में प्रकाशित करता है—"The Publication Division of the ministry of Information and Broadcasting is one of the leading publishing houses in the country. Originally set up in 1941, as the foreign branch of the Bureau of Public Information. It acquired its present name and separate identity in 1944. It publishes books, journals and other printed material in Hindi, English and all other major Indian languages on a wide range of subjects including art and culture, history and tradition, political evolution, democrat process, economic development and social resurgence On an average, the Division brings out over a hundred titles a year.[2]

कुल मिलाकर यह कि यह विभाग तमाम तरह की शिक्षाप्रद, ज्ञानवर्द्धक सामाग्रियों का भी प्रकाशन करता है। बच्चों के लिए महान लोगों की जीवनियाँ छापकर यह प्रकाशन-विभाग उनके भीतर सन्मार्ग के साथ-साथ राष्ट्रीय भावनाओं का भी पल्लवन करता है। इसके साथ बड़े और समझदार लोगों के लिए धर्म, संस्कृति, राष्ट्रीयता आदि से सम्बन्धित सामग्री का भी प्रकाशन होता है। 'योजना', 'कुरुक्षेत्र', 'आजकल', 'बालभारती', तथा रोजगार समाचार छापकर बहुत ही कम लागत में लोगों तक पहुँचाता है। इतना ही नहीं, कई तरह की ग्रन्थमालाएँ भी यहाँ से प्रकाशित हुई हैं, जैस—' गांधी वाङ्मय', 'आधुनिक भारत के निर्माता' आदि। निष्कर्षतः यह कि यहाँ से कई तरह के 'जर्नल', 'पुस्तकें' प्रकाशित होती रहती हैं और सरकार इनके माध्यम से अपना सन्देश लोगों तक पहुँचाती रहती है।

(9) गीत और नाटक प्रभाग (Song and Drama Division)

केन्द्रीय सूचना एवं प्रसारण मंत्रालय ने गीत और नाटक प्रभाग के उद्देश्यों का खुलासा करते बहुत पहले ही कहा था,—''गीत और नाटक प्रभाग को योजना प्रचार हेतु सजीव मनोरंजन माध्यम के रूप में स्थापित किया गया था, इस आशा के साथ कि यह लोकरंजन का परम्परागत माध्यम ग्रामीण जनता पर प्रभावशाली होगा।'' दरअसल, यह प्रभाग जनहित के अपने सभी कार्यक्रमों का खुलासा गीतों, नाटकों, लोकगीतों आदि के माध्यम से जनता से सम्मुख रखता है। मंत्रालय के इस काम में कभी-कभी निजी क्षेत्र की संस्थाएँ भी सहयोग कर दिया करती हैं। इस माध्यम से प्रसारित किया गया सन्देश ग्रामीण अंचलों में ज्यादा असरकारक सिद्ध हुआ है। लोकहित में लिए गए निर्णयों को जन-जन तक पहुँचानेवाला यह माध्यम अपने शुरुआती दौर में बहुत छोटे दायरे में था, किन्तु इसकी असरकारक लोकप्रियता को देखते हुए सरकार ने देश में इसकी छोटी-बड़ी कई शाखाएँ खोल दीं। इस माध्यम से राष्ट्रीय नीतियों, मुद्दों एवं कार्ययोजनाओं का प्रचार-प्रसार करते समय-नाटक नृत्य-नाटक, कठपुतली आदि का सहारा लिया जाता है। इनके कार्यक्रम स्थानीय बोलियों में भी प्रस्तुत किए जाते हैं। सीमावर्ती प्रचार योजना और सैनिक प्रचार योजना गीत और नाटक प्रभाग के मुख्य विषय हैं।

1. History of Press Laws and Communications- B. N. Ahuja. P. 126
2. हिन्दी पत्रकारिता : विकास और विविध आयाम—डॉ. श्रीमती सुशीला जोशी, पृष्ठ-119-120।

(10) क्षेत्रीय प्रचार निदेशालय (Field Publicity)

सूचना एवं प्रसारण मंत्रालय का यह प्रभाग सरकारी नीतियों के प्रचार-प्रसार के लिए अधिकतर ग्रामीण क्षेत्रों में सक्रिय रहता है। सभी जानते हैं, भारत गाँव बहुल देश है। शहरी क्षेत्रों के लोग किसी-न-किसी प्रचार माध्यम से सरकार द्वारा उठाए गए जनहित के कार्यक्रमों को जान जाते हैं, किन्तु गाँव के लोगों तक सरकारी नीतियों की जानकारी, खासकर पिछड़े इलाके तक या तो नहीं पहुँच पाती है और यदि पहुँच पाती भी है तो काफी मुश्किलों के बाद। अतः केन्द्र सरकार देश के पिछड़े और दूरदराज हलकों तक अपनी नीतियों के बारे में बताने के लिए इस माध्यम का सहारा लेती है। इसका अपना एक संगठन है। यह संगठन जनता से सीधे संवाद स्थापित करता है और सरकार की उपलब्धियों की जानकारी देता है। इस संगठन की एक विशेषता यह है कि यह जनता की प्रतिक्रिया भी सरकार तक पहुँचाता है और सरकार उस पर सोच-विचार कर अमल करती है। इस महत्त्वपूर्ण प्रभाग की स्थापना केन्द्र सरकार ने सन् 1953 में की थी।

(11) अनुसन्धान तथा सन्दर्भ प्रभाग (Research and Reference Division)

विदुषी डॉ. श्रीमती सुशीला जोशी[1] के अनुसार वर्ष 1945 में स्थापित गवेषणा एवं सन्दर्भ व प्रशिक्षण प्रभाग, सूचना और प्रसारण मंत्रालय, एककों तथा जनसंचार से जुड़े अन्य संगठनों की पृष्ठभूमि, लेख, अनुसन्धान और सन्दर्भ सामग्री तथा अन्य सेवाएँ उपलब्ध कराता है। यह प्रभाग सूचना बैंक की तरह कार्य करता है। प्रभाग जनसंचार माध्यमों की प्रवृत्तियों का भी अध्ययन करता है। यह प्रभाग भारतीय जनसंचार संस्थान के सहयोग से भारतीय सूचना सेवा के अधिकारियों के प्रशिक्षण की व्यवस्था भी करता है। प्रभाग हर माह विशेष पत्रिकाओं की जाँच-परख के बाद एक रिपोर्ट तैयार करता है। साथ ही केन्द्रीय रिपोर्टों का सार भी तैयार करता है। गवेषणा सन्दर्भ और प्रशिक्षण प्रभाग 'डायरी ऑफ इवेंट्स' नामक एक पाक्षिक पत्रिका भी निकालता है। इस प्रभाग की दो महत्त्वपूर्ण परियोजनाओं में दो वार्षिक ग्रन्थों के संकलन का कार्य भी है। ये ग्रन्थ हैं—'भारत' एक सन्दर्भ ग्रन्थ है जो देश के बार में सूचनाओं का प्रामाणिक संकलन है और 'मास मीडिया इन इंडिया' देश के जनसंचार के बारे में जानकारी प्रदान करता है,—"The research and reference division performs a basic and Pivotal function as an information servicing agency to the ministry of information and broadcasting. Its media unite and their field office. It serves as an information bank as well as aid to their programming and publicity campaigning work. The Division studies, in particular, trends in mass communication media and maintains a reference and documentation service on current affairs and mass communication.[2]

(ग) राज्यों में जनसम्पर्क संगठन और उनके कार्य

केन्द्र सरकार की तरह राज्य सरकारों ने भी अपनी-अपनी सरकारों की नीतियों, गतिविधियों तथा जनकल्याणकारी कार्यक्रमों को जनता तक पहुँचाने के लिए 'जनसम्पर्क तंत्रों' का गठन किया है। ये तंत्र राज्य सरकारों की जन भावनाओं को मंडल, जिला, तहसील और विकास खंडों तक ले जाते हैं यद्यपि प्रादेशिक सरकारों के इस प्रचार तंत्र को मोटे रूप में 'जनसम्पर्क विभाग' नाम दिया गया है, किन्तु अधिकांश सरकारों ने अपने-अपने राज्यों में इसके अलग-अलग नाम रखे हैं। उदाहरण के लिए हरियाणा में इसे **'लोकसम्पर्क विभाग'** कहा जाता है, हिमाचल प्रदेश में **'हिम सम्पर्क'** विभाग नाम दिया गया है, उत्तर प्रदेश में इसे 'सूचना-विभाग' कहा जाता है तो कई अनेक प्रदेशों में इसे **'सूचना और प्रचार निदेशालय'** और कहीं इसके लिए **'पर्यटन विभाग'** भी नाम दिया गया है। बहरहाल, इनके नाम अलग-अलग अवश्य हैं, किन्तु इन सबके लक्ष्य एक ही हैं—हर प्रदेश सरकार की नीतियों का प्रचार-प्रसार करना।

---

1. हिन्दी पत्रकारिता : विकास और विविध आयाम—डॉ. श्रीमती सुशीला जोशी, पृष्ठ-119-120
2. History of Press Laws and Communications- B. N. Ahuja. P. 131-32

राज्यों के जनसम्पर्क विभाग का संगठन निम्नवत् होता है,—

निदेशक

↓

संयुक्त निदेशक / उप निदेशक

↓ ↓ ↓

सहायक निदेशक (प्रेस)	सहायक-निदेशक (प्रकाशन-उत्पादन)	सहायक निदेशक (क्षेत्रीय प्रचार)
↓		↓
(राज्यों को क्षेत्रों (Zones) में बाँटकर भी रखे जा सकते हैं)		(फिल्म, नाटक, भजन-मंडली, प्रदर्शनी, सभा, संगठन आदि)

यहाँ हम राज्य सरकारों के प्रचार तंत्रों को संक्षेप में इस प्रकार देख सकते हैं,—

(1) प्रदर्शनी शाखा,

↓

(2) गृह पत्रिका,

↓

(3) प्रेस शाखा,

↓

(4) फिल्म शाखा,

↓

(5) सूचना केन्द्र,

↓

(6) गीत नाट्य शाखा,

↓

(7) विज्ञापन-शाखा,

↓

(8) कटिंग शाखा।

(1) प्रदर्शनी शाखा—अधिकांश राज्य सरकारें अपनी-अपनी सरकारों की उपलब्धियों और भावी कार्यक्रमों को जन-जन तक पहुँचाने के लिए समय-समय पर प्रदर्शनियों का आयोजन करती हैं। ये प्रदर्शनियाँ भीड़-भाड़ के अवसर, खासकर, मेले या अन्य कई तरह के उत्सवों पर लगायी जाती हैं। इन प्रदर्शनियों में राष्ट्रीय एकता सम्बन्धी कई तरह के पोस्टर भी प्रदर्शित किए जाते हैं, यथा—'एक राष्ट्र एक प्रान'। केन्द्र सरकार भी इस तरह के आयोजन करती रहती है। इसमें बीस सूत्रीय कार्यक्रमों से लेकर साम्प्रदायिक सद्भाव के सन्देश सम्बन्धी प्रदर्शनी लगायी जाती है। केन्द्र सरकार द्वारा कई बार 'प्रियदर्शिनी इन्दिरा गांधी' नामक प्रदर्शिनी लगायी जा चुकी है।

(2) गृह पत्रिका—राज्य सरकारों का प्रकाशन-विभाग पत्रिकाओं का प्रकाशन निरन्तर करता रहता है। इसे 'गृह पत्रिका' कहते हैं। इसके माध्यम से सरकारें अपने प्रदेश की जनता से राज्य सरकार की गतिविधियों, योजनाओं का खुलासा और बयान करती हैं। इसमें सससामयिक मुद्दों पर लेख, व्यंग, कहानी, कविता और नाटक प्रकाशित होते रहते हैं। उत्तर प्रदेश सरकार का प्रकाशन विभाग प्रत्येक साल 'उत्तर प्रदेश वार्षिकांक प्रकाशित करता है, जिसमें विकासखंड, तहसील और जनपदों की उपलब्धियों को बताया जाता है।

(3) **प्रेस शाखा**—राज्य सरकारें लगभग रोजाना प्रेस शाखा के माध्यम से 'प्रेस-विज्ञप्ति' (Pressnote या Press Comminique) जारी करती हैं। इन प्रेस विज्ञप्तियों का माध्यम रेडियो, दूरदर्शन, समाचार-पत्र आदि भी हो सकते हैं। स्पष्टतः यह कि इन प्रेस विज्ञप्तियों के जरिये प्रिन्ट और इलेक्ट्रॉनिक माध्यमों से सरकार अपनी बात प्रदेश की जनता तक पहुँचाती है।

(4) **फिल्म शाखा**—राज्य सरकारें फिल्म शाखाओं के माध्यम से भी अपने विकास कार्यों को जनता तक पहुँचाती हैं। उपलब्धियों के छोटे-छोटे वृत्त चित्र बनाकर दिखाये जाते हैं। फिल्में जनसम्पर्क का जोरदार माध्यम होती हैं। सरकारें अपने मन्तव्यों का प्रकाशन इनके माध्यम से सामान्य जन तक पहुँचाती हैं। इनके माध्यम से सांस्कृतिक कार्यक्रमों का भी आयोजन होता रहता है।

(5) **सूचना केन्द्र**—प्रदेश की प्रगति, विकास, भविष्य के कार्यक्रमों को प्रचारित-प्रसारित करने के लिए भारत के हर प्रदेश में सूचना केन्द्रों की स्थापना की गई है। इसके लिए बाकायदा सूचना अधिकारी और उनका एक बड़ा कार्यालय होता है। यहाँ से रोजाना सायंकाल पूरे जनपद की सूचना प्रदेश सरकार को भेजी जाती है। इधर, राज्य सरकारें भी अपनी नीतियों को सामान्य जन तक पहुँचाने के लिए इनके यहाँ सूचनाएँ भेजती रहती हैं। इस केन्द्र का अपना एकबहुत बड़ा पुस्तकालय होता है, जहाँ सरकार हर विषयों से सम्बन्धित पुस्तकें भेजती रहती हैं। स्थानीय भाषाओं के कई समाचार-पत्र रोज यहाँ आते हैं। लोग इन्हें पढ़ने के लिए दूर-दूर से आते रहते हैं।

(6) **गीत नाट्य शाखा**—इस शाखा के माध्यम से प्रादेशिक सरकारें अपने सन्देशों का प्रचार प्रसार करती रहती हैं। अपनी भावनाओं के अंकन के लिए सरकारें नाटकों, बैले, कठपुतलियों, नृत्य नाटिकाओं, लोकगीतों का आयोजन कराती हैं। दूरस्थ क्षेत्रों में जहाँ आवागमन और अन्य तरह के संचार माध्यमों का अभाव हैं—सरकारें इन माध्यमों का सहारा लेती हैं।

(7) **विज्ञापन शाखा**—विज्ञापन प्रचार-प्रसार के सशक्त माध्यम हैं। सरकारें इनके माध्यम से अपनी योजनाओं की जानकारी खूबसूरत ढंग से जन सामान्य के समक्ष प्रस्तुत करती हैं। इन विज्ञापनों में जिले से लेकर प्रदेश तक के विकास सम्बन्धी कार्यक्रमों की झलक दिखायी ज़ाती है। प्रदेश के सभी विभागों का विज्ञापन सूचना एवं जनसम्पर्क की विज्ञापन शाखा से ही दिया जाता है।

(8) **कटिंग शाखा**—'कटिंग' (Cutting) का अर्थ होता है—काटना, कतरना, ब्यौंतना आदि। छोटे स्तर पर ही सही, प्रचार प्रसार का यह भी एक माध्यम है। सरकारें, इस माध्यम से भी जनता से जुड़ती हैं, इस माध्यम में विभिन्न समाचार-पत्रों की प्रमुख खबरों को काट-काटकर इकट्ठा कर लिया जाता है। बाद में उन खबरों की कतरनों को सम्बन्धित विभाग में भेजकर लोगों का ध्यान आकर्षित किया जाता है।

अध्याय -6	छठाँ पर्व
	भारतीय संविधान; प्रेस, जन एवं मीडिया सम्बन्धी कुछ प्रमुख कानून या प्रेस विधि एवं समसामयिक मुद्दे प्रेस की आचार संहिता, प्रेस आयोग, प्रेस-परिषद्, प्रसार भारती ऐक्ट एवं प्रसार भारती बोर्ड

भाग-1
(क) भारतीय संविधान

(1) सामान्य परिचय

स्वतंत्रता प्राप्ति के पश्चात भारत के सामने सबसे महत्त्वपूर्ण कार्य था, एक ऐसे संविधान की रचना करना, जिसके माध्यम से भारत उन उद्देश्यों को प्राप्त कर सके जिसके लिए भारतीयों ने स्वतंत्रता की लड़ाई लड़ी थी। यह एक कठिन कार्य था, क्योंकि भारत के सामने अनेक कठिनाइयाँ थीं।

कैबिनेट-योजना के अनुसार नवम्बर, 1946 में संविधान सभा के सदस्यों का चुनाव किया गया। कुल 296 सदस्यों में से 211 सदस्य कांग्रेस के तथा 73 मुस्लिम लीग के चुने गए, शेष स्थान खाली रहे। संविधान सभा के प्रमुख सदस्यों में जवाहर लाल नेहरू, राजेन्द्र प्रसाद, सरदार पटेल, मौलाना आजाद, गोपाल स्वामी आयंगर, गोविन्द बल्लभ पन्त, अब्दुल गफ्फार खाँ, टी.टी.कृष्णामाचारी, अल्लादी कृष्णास्वामी अय्यर, हृदयनाथ कुंजरु, सर एच.एस.गौड़, के.टी. शाह, मसानी, आचार्य कृपलानी, डॉ. अम्बेडकर, डॉ. राधाकृष्णन, डॉ. जयशंकर, लियाकत अली खाँ, ख्वाजा नजीमुद्दीन, सर फिरोजखान नून, सुहरावर्दी, सर जफरुल्ला खाँ, डॉ. सच्चिदानन्द सिन्हा आदि थे।

संविधान बनाने के लिए जब संविधान सभा की पहली बैठक 9 दिसम्बर, 1946 को डॉ. सच्चिदानन्द की अध्यक्षता में सम्पन्न हुई तो उसके सामने अनेक चुनौतियाँ थीं। एक तरफ तो वे सीमाएँ थीं, जिन्हें कैबिनेट योजना ने लगाया था, वहीं दूसरी तरफ मुस्लिम लीग का यह निर्णय कि वह संविधान सभा की बैठक में हिस्सा नहीं लेगी। इन सबसे विचलित हुए बिना हमारे संविधान निर्माता अपने कर्तव्य पथ पर साहस और निश्चय के साथ अड़े रहे। घटनाचक्र तेजी से घूमा और 3 जून, 1947 को यह निर्णय हो गया कि देश का विभाजन होना है। इसके बाद मुस्लिम लीग के असहयोग का कोई महत्त्व नहीं रह गया। अगस्त, 1947 में स्वतंत्रता अधिनियम पारित होने पर वे सभी परिसीमाएँ भी समाप्त हो गयीं जो कैबिनेट प्रतिनिधिमंडल द्वारा संविधान सभा पर लगायी गयीं थी। 1947 के अधिनियम के पारित होने पर संविधान सभा एक सम्प्रभु निकाय बन गई और वह भारत के लिए जैसा भी चाहे संविधान बना सकती थी। वह कैबिनेट मिशन की सीमाओं के भीतर कार्य करने के लिए बाध्य नहीं थी।

इस अनिश्चितता की स्थिति के बावजूद 11 दिसम्बर, 1946 को हुई संविधान सभा की बैठक में डॉ. राजेन्द्र प्रसाद को इसका स्थायी अध्यक्ष तथा श्री बी.एन. राव को इसका संवैधानिक सलाहकार नियुक्त किया गया, संविधान के प्रारूप का निर्धारण करने के लिए डॉ. अम्बेडकर की अध्यक्षता में प्रारूप समिति

बनाई गई। संविधान सभा की बैठकों में संविधान के प्रारूप पर 8 महीने बहस हुई, इस दौरान उसमें भी अनेक संसोधन किए गए। संविधान सभा के कुल 11 अधिवेशन हुए। इस प्रकार संविधान सभा ने कुल मिलाकर 2 वर्ष 22 महीने और 18 दिन के अथक तथा निरन्तर परिश्रम के पश्चात् 26 नवम्बर, 1949 तक संविधान के निर्माण कार्य को पूरा करके इसे अन्तिम रूप से स्वीकार कर लिया गया। संविधान के कुछ उपबन्ध तो उसी दिन अर्थात् 26 नवम्बर, 1949 को ही प्रवृत्त हो गए और शेष उपबन्ध 26 जनवरी, 1950 को प्रवृत्त हुए जिसे संविधान के प्रवर्तन (लागू होने) की तारीख कहा जाता है।

(2) प्रस्तावना या उद्देशिका

भारतीय संविधान की उद्देशिका को ही प्रस्तावना कहा जाता है। संविधान की रचना के समय निर्माताओं का क्या उद्देश्य था, वे किन उच्चादर्शों की स्थापना भारतीय संविधान में करना चाहते थे इन सबको जानने का माध्यम उद्देशिका ही है। उच्चतम् न्यायालय के अनुसार उद्देशिका संविधान निर्माताओं के विचारों को जानने की कुंजी है। भारतीय संविधान की उद्देशिका (प्रस्तावना) (Preamble) निम्न प्रकार से है—

"हम, भारत के लोग, भारत को एक सम्पूर्ण प्रभुत्व सम्पन्न, समाजवादी, पंथ निरपेक्ष लोकतंत्रात्मक गणराज्य बनाने के लिए, तथा उसके समस्त नागरिकों को—सामाजिक, आर्थिक और राजनैतिक, न्याय, विचार, अभिव्यक्ति, विश्वास, धर्म और उपासना की स्वतंत्रता, प्रतिष्ठा और अवसर की समता प्राप्त करने के लिए, तथा उन सबमें व्यक्ति की गरिमा और राष्ट्र की एकता और अखंडता सुनिश्चित करनेवाली बन्धुता बढ़ाने के लिए दृढ़ संकल्प होकर अपनी इस संविधान सभा में आज तारीख 26 नवम्बर, 1949 ई. (मिति मार्गशीर्ष शुक्ल सप्तमी, संवत दो हजार छह विक्रमी) को एतद्द्वारा इस संविधान को अंगीकृत, अधिनियमित और आत्मार्पित करते हैं।"

उच्चतम् न्यायालय के अनेक निर्णयों में उद्देशिका का महत्त्व और उसकी उपयोगिता बतायी गई है किन्तु उद्देशिका को न्यायालय में प्रवर्तित नहीं किया जा सकता। जहाँ संविधान की भाषा में सन्दिग्धता होती है वहाँ उद्देशिका संविधान के विधिक निर्वचन में सहायता करती है।

(3) विशेषताएँ

सामान्य तौर पर भारतीय संविधान को उधार का संविधान कहा जा सकता है किन्तु उसके रचनाकारों की इस बात के लिए प्रशंसा करनी होगी कि उन्होंने विद्यमान संविधानों के सर्वोत्तम लक्षणों को एकत्र किया और उनके कार्यकरण में जो दोष प्रकट हुए थे उनके परिहार के लिए उन्हें उपान्तरित करते हुए अपने देश की आवश्यकता और विद्यमान दशाओं के लिए अनुकूलित किया। भारतीय संविधान की प्रमुख विशेषताएँ निम्नवत् हैं—

(1) संविधान की प्रस्तावना गौरवमयी तथा सारगर्भित है।
(2) यह संविधान जनता का, जनता द्वारा तथा जनता के लिए निर्मित संविधान है जो प्रजातंत्र का अनिवार्य तत्त्व है। प्रभुसत्ता जनता में निहित है।
(3) यह लिखित तथा विस्तृत संविधान है। इसमें 448 अनुच्छेद तथा 12 अनुसूचियाँ हैं। (2007 की स्थिति के अनुसार)
(4) इसमें लचीलेपन का सामंजस्य है।
(5) इसमें श्रेष्ठ तत्वों को अन्य देशों के संविधानों से ग्रहण करके समन्वयात्मक रूप प्रदान किया गया है।
(6) इसमें सम्प्रभुत्व सम्पन्न लोकतंत्रात्मक गणराज्य की व्यवस्था है।
(7) यह पंथ निरपेक्ष राज्य की स्थापना करता है।
(8) इसमें ऐसे संघात्मक स्वरूप की व्यवस्था है जो एकात्मकता की ओर झुका हुआ है लेकिन अपने कार्य क्षेत्र में सभी राज्य स्वतंत्र हैं।
(9) इसमें नागरिकों को 6 मौलिक अधिकार प्रदान किए गए हैं जिनकी रक्षा का भार सर्वोच्च न्यायालय को है।

(10) इसमें संसदात्मक शासन प्रणाली का प्रावधान है।

(11) इसमें राज्य के नीति-निर्देशक तत्व शामिल हैं जो सरकार को दिशा निर्देशित करते हैं कि वह किस प्रकार राजसत्ता का प्रयोग करे। यह न्यायालय द्वारा लागू नहीं किए जाते हैं फिर भी वह न्यायालय को दिशा-निर्देश देने में सक्षम है।

(12) यह अन्तर्राष्ट्रीय सहयोग तथा विश्व शान्ति के आदर्श को मान्यता प्रदान करता है।

(13) इसमें बिना रंग, धर्म, जाति, यौन के भेदभाव के वयस्क मताधिकार नागरिकों को प्राप्त है।

(14) अस्पृश्यता का अन्त, स्त्रियों के समान अधिकार, पंचायती राज आदि व्यवस्थाओं का इसमें समावेश है।

(15) इसमें निःशुल्क प्राथमिक शिक्षा को मूल अधिकार से जोड़ दिया गया है।

(16) इसमें स्वतंत्र तथा सशक्त न्यायपालिका की स्थापना की व्यवस्था है।

(17) इसमें आपात कालीन स्थिति की घोषणा का प्रावधान है।

(18) यह राष्ट्रीय एकता का पोषक है।

(19) यह एक राजभाषा हिन्दी को देवनागरी लिपि में मान्यता प्रदान करता है। यहाँ पर अन्य भाषाएँ स्वीकृत हैं।

(20) इसमें अल्प संख्यक वर्ग को विशेष महत्त्व दिया गया है यद्यपि ऐसा करने में समता के सिद्धान्त को पूर्णरूपेण दृष्टि में रखा गया है।

(21) इसमें जम्मू-कश्मीर राज्य के लिए विशेष उपबन्धों की व्यवस्था है।

इस प्रकार भारतीय संविधान सुन्दर फूलों (सुविचारों) का गुलदस्ता कहा जाता है।

(4) नागरिकता

किसी भी राज्य की जनसंख्या को दो वर्गों में विभाजित किया जाता है—नागरिक और अन्यदेशीय। नागरिक वह व्यक्ति होता है जिसे कुछ सामाजिक और राजनैतिक अधिकार प्राप्त होते हैं। ये अधिकार विदेशियों को प्रदान नहीं किए जाते हैं। नागरिकता संविधान द्वारा प्रदत्त वह अधिकार है जो केवल नागरिकों को ही प्रदान किया जाता है। भारतीय संविधान में निम्नलिखित अधिकार केवल नागरिकों को ही प्राप्त हैं—

(1) नागरिकों के बीच केवल मूलवंश, जाति, लिंग, जन्मस्थान, के आधार पर कोई भेद भाव नहीं करेगा।

(2) राज्याधीन नौकरियों के विषय में अवसर की समता का अधिकार।

(3) भाषण एवं अभिव्यक्ति की स्वतंत्रता, सभा, संघ, भ्रमण, आवास तथा पेशे की स्वतंत्रता।

(4) संविधान के कुछ पदों जैसे—राष्ट्रपति, उपराष्ट्रपति, उच्च न्यायालयों और उच्चतम् न्यायालयों के न्यायाधीश, राज्यपाल, महान्यायवादी, महाधिवक्ता आदि केवल नागरिकों द्वारा ही धारित किए जा सकते हैं।

(5) लोक सभा और प्रत्येक राज्य की विधान सभा के निर्वाचन के लिए मत देने का अधिकार और संसद का सदस्य होने का अधिकार तथा राज्य के विधान मंडल का सदस्य होने का अधिकार केवल नागरिकों तक सीमित है।

भारत अपने नागरिकों को केवल एक तथा समान नागकिता प्रदान करता है। भारत के किसी भी भाग या राज्य में रहने पर हर नागरिक को एक ही नागरिकता प्राप्त होती है।

यदि कोई भारतीय विदेशी राज्य की नागरिकता प्राप्त कर लेता है, चाहे वहाँ जन्म के कारण या दीर्घ आवास के कारण, वह भारत की नागरिकता से इस दशा में वंचित रहेगा। अतः कोई भी भारतीय, भारत की तथा अन्य देश की नागरिकता साथ-साथ नहीं रख सकता है। संविधान में निम्नलिखित 5 वर्गों के व्यक्तियों को नागरिकता देने की व्यवस्था की गई है—

(1) वे व्यक्ति जो मूलतः भारतीय और यहीं के निवासी हैं। इसमें वे व्यक्ति भी शामिल किए गए हैं जो संविधान को लागू होने के समय इस देश में कम से कम 5 वर्षों से रह रहे थे।

(2) वे व्यक्ति जो पाकिस्तान से 19 जुलाई, 1948 से पहले भारतीय क्षेत्र में आ गए थे।

(3) वे व्यक्ति जो 19 जुलाई, 1948 के बाद पाकिस्तान से भारत आए और भारत में 6 माह रहने के बाद उचित अधिकारी को प्रार्थना पत्र देकर नाम पंजीकृत करा लिया है।

(4) वे व्यक्ति जो पाकिस्तान चले गए थे और बाद में स्थायी निवास का परमिट या अनुज्ञा लेकर भारत चले आए हैं। प्रार्थना-पत्र देकर नागरिकता के लिए पंजीकरण करा सकते हैं।

(5) वे प्रवासी व्यक्ति जो मूलतः भारतीय नागरिक हैं और विदेशों में रहते हैं।

अनुच्छेद 11 द्वारा प्रदत्त शक्तियों के आधार पर भारतीय संसद ने इस प्रयोजन के लिए भारतीय संसद अधिनियम 1955 पारित किया। यह अधिनियम संविधान लागू होने के पश्चात नागरिकता प्राप्त करने और उसके समाप्त होने से सम्बन्धित बातों के लिए उपबन्ध करता है।

नागरिकता प्राप्त करने की विधियाँ

संविधान लागू होने के पश्चात निम्नलिखित पाँच प्रकार से नागरिकता प्राप्त की जा सकती है—

1. **जन्म से**—26 जनवरी, 1950 के बाद भारत में पैदा हुआ व्यक्ति भारत का नागरिक होगा।
2. **वंशक्रम द्वारा**—26 जनवरी, 1950 या उसके पश्चात् भारत के बाहर पैदा हुआ व्यक्ति भारत का नागरिक होगा यदि उसके जन्म के समय उसका पिता भारत का नागरिक है।
3. **रजिस्ट्रीकरण (पंजीकरण) द्वारा**—कोई भी व्यक्ति जो संविधान या नागरिकता अधिनियम के उपबन्धों के अनुसार नागरिक नहीं है, पंजीकरण के लिए आवेदन देकर भारत की नागरिकता अर्जित कर सकता है।
4. **देशीयकरण द्वारा**—कोई भी विदेशी व्यक्ति जो वयस्क हो चुका है और प्रथम अनुसूची में वर्णित देशों का नागरिक नहीं है भारत सरकार से निर्धारित प्रपत्र पर देशीयकरण के लिए आवेदन पत्र दे सकता है। कुछ निर्धारित शर्तों के आधार पर यदि केन्द्रीय सरकार सन्तुष्ट है तो देशीयकरण प्रमाण पत्र दे सकती है।
5. **अर्जित भू-भाग के समायोजन द्वारा**—यदि कोई नया भू-भाग भारतीय क्षेत्र में सम्मिलित कर लिया जाता है तो भारत सरकार विज्ञप्ति द्वारा उन व्यक्तियों का उल्लेख करेगी जो उस भूमि के सम्मिलित किए जाने पर भारत के नागरिक हो जाएँगे।

नागरिकता समाप्ति के तरीके

भारतीय नागरिकता अधिनियम 1955 नागरिकता समाप्ति के लिए उपबन्ध करता है जो निम्नवत् हैं—

(1) यदि कोई भारतीय किसी अन्य देश की नागरिकता ग्रहण कर लेता है।

(2) यदि कोई स्वेच्छा से भारत की नागरिकता का परित्याग कर देता है।

(3) यदि भारत को यह विश्वास हो जाए कि किसी व्यक्ति द्वारा भारत की नागरिकता कपटपूर्ण ढंग से अर्जित की गई है तो वह उसे भारतीय नागरिकता से वंचित कर सकती है।

5 मौलिक कर्तव्य
भाग-4 (क) [अनुच्छेद 51 (क)]

विश्व के किसी भी लोकतंत्रात्मक संविधानों में (केवल जापान को छोड़कर) मौलिक कर्तव्यों का स्पष्ट उल्लेख नहीं किया गया है। ब्रिटेन, कनाडा और आस्ट्रेलिया में नागरिकों के अधिकार और कर्तव्य सामान्य और न्यायिक निर्णयों द्वारा विनियमित होते हैं। अमेरिका के संविधान में केवल मूल अधिकारों का ही उल्लेख है। इसके बावजूद उपर्युक्त देशों के नागरिक कर्तव्य परायण हैं और समाज एवं देश के प्रति अपने उत्तरदायित्त्व का पूर्णरूपेण निर्वाह करते हैं।

इसके विपरीत साम्यवादी देशों के संविधानों में अधिकारों की अपेक्षा नागरिक के मौलिक कर्तव्यों पर विशेष बल दिया जाता है और उसका स्पष्ट उल्लेख पाया जाता है। 1993 में बने स्वतंत्र देशों के

राष्ट्रकुल के संविधान लागू होने के पूर्व सोवियत संघ का स्थान इन देशों में प्रमुख था। सोवियत संघ के संविधान के 7वें अध्याय में नागरिकों के मौलिक कर्तव्यों का विस्तार से उल्लेख किया गया था। सोवियत संघ के संविधान के अनुसार प्रत्येक सोवियत नागरिक का यह कर्तव्य था कि वह संविधान का पालन कर, देश के कानूनों का पालन करे (अनु. 59), कर्मकारों में अनुशासन बनाये रखे (अनु. 60), वह देश की सार्वजनिक सम्पत्ति की रक्षा करे तथा अनु. 63 के अनुसार नागरिक के लिए सैनिक-सेवा अनिवार्य थी और प्रदेश की सुरक्षा करना उनका पावन कर्तव्य है।

किसी भी संविधान में मौलिक कर्तव्यों का होना एक प्रगतिशील कदम है। भारतीय संविधान में मौलिक कर्तव्यों की व्याख्या का न होना संविधान में महत्त्वपूर्ण कमी थी, जो 42वें संशोधन में मौलिक कर्तव्यों के अध्याय को शामिल करके दूर की गई। वस्तुतः संविधान निर्माण के कुछ वर्षों के बाद से ही यह अनुभव किया जा रहा था कि भारतीय नागरिक अपने अधिकारों के बारे में अधिक जागृत हैं और अपने कर्तव्यों के प्रति कम, जिसके फलस्वरूप राष्ट्रीय चरित्र का निर्माण सही ढंग से नहीं हो सका।

भारतीय संविधान में उपर्युक्त कमी को दूर करने के लिए सोवियत संघ के संविधान का अनुकरण कर मौलिक कर्तव्यों का समावेश संविधान/संशोधन के माध्यम से किया गया। फरवरी, 1976 में पूर्व रक्षा मंत्री सरदार स्वर्ण सिंह की अध्यक्षता में 9 सदस्यों की एक समिति बनाई गई जिसने मई, 1976 में प्रस्तुत अपनी रिपोर्ट में सिफारिश की कि मौलिक अधिकारों के साथ-साथ मौलिक कर्तव्यों का भी एक अध्याय संविधान में शामिल किया जाए। तत्पश्चात् इस समिति की सिफारिश को स्वीकार करते हुए 42वें संशोधन अधिनियम, 1976 द्वारा संविधान में एक नया भाग-4क (IV A) जोड़ा गया जिसके द्वारा पहली बार संविधान में नागरिकों के मूल कर्तव्यों को समाविष्ट किया गया है। नये अनु. 51 (क) के अनुसार भारत के प्रत्येक नागरिक का यह कर्तव्य होगा कि वह—

(क) संविधान का पालन करें और उसके आदर्शों, संस्थाओं, राष्ट्रध्वज और राष्ट्रगान का आदर करें;

(ख) स्वतंत्रता के लिए हमारे राष्ट्रीय आन्दोलनों को प्रेरित करनेवाले उच्च आदर्शों को हृदय में संजोये रखें और उसका पालन करें;

(ग) भारत की प्रभुता, एकता और अखंडता की रक्षा करें और अक्षुण्ण बनाये रखें;

(घ) देश की रक्षा करें और आवाहन किए जाने पर राष्ट्र की सेवा करें;

(ङ) भारत के सभी लोगों में समरसता और समान भ्रातृत्व की भावना का निर्माण करें; जो धर्म भाषा और प्रदेश या वर्ग पर आधारित सभी भेदभाव से परे हो; ऐसी प्रथाओं का त्याग करें जो स्त्रियों के सम्मान के विरुद्ध है;

(च) हमारी सामासिक (Composite) संस्कृति की गौरवशाली परम्परा का महत्त्व समझें और उसका परिरक्षण करें;

(छ) प्राकृतिक पर्यावरण की, जिसके अन्तर्गत वन, झील, नदी, और वन्य जीव भी हैं, रक्षा करें, उनका संवर्द्धन करें तथा प्राणिमात्र के प्रति दयाभाव रखें;

(ज) वैज्ञानिक दृष्टिकोण, मानववाद और ज्ञानार्जन तथा सुधार की भावना का विकास करें;

(झ) सार्वजनिक सम्पत्ति को सुरक्षित रखे और हिंसा से दूर रहे;

व्यक्तिगत और सामूहिक गतिविधियों के सभी क्षेत्रों में उत्कर्ष की ओर बढ़ने का सतत् प्रयास करें जिससे राष्ट्र निरन्तर बढ़ते हुए प्रयत्न और उपलब्धि की नई ऊँचाइयों को छू ले।

(6) संसदीय विशेषाधिकार

संसद के दोनों सदनों के सदस्यों को कुछ विशेषाधिकार प्राप्त हैं। संसदीय विशेषाधिकारों का उद्देश्य संसद की स्वतंत्रता, प्राधिकार और गरिमा की रक्षा करना है। ये ऐसे विशेषाधिकार हैं जिनके बिना संसद सदस्य अपने कृत्यों का निर्वहन नहीं कर सकते। अनुच्छेद 105 (3) और अनुच्छेद 194 (3) के अन्तर्गत यह प्रावधान किया गया है कि संसद को वे सभी विशेषाधिकार जो 1950 को ब्रिटेन की संसद के 'हाउस ऑफ कॉमन्स' के सदस्यों एवं समितियों को प्राप्त थे, प्राप्त है।

एक वाद के तहत् उच्चतम न्यायालय ने यह निर्धारित किया कि यदि संसद के मध्य संघर्ष की स्थिति उत्पन्न होती है तो विशेषाधिकारों को अधिमानता दी जाएगी, क्योंकि ये स्वतंत्र उपबन्ध हैं। इन विशेषाधिकारों को दो भागों में विभाजित किया जा सकता है—

(1) जिनका सदस्यों द्वारा व्यक्तिशः उपयोग किया जाता है : ये इस प्रकार है—

(i) गिरफ्तारी से उन्मुक्ति—प्रत्येक सदस्य को सदन या उसकी किसी समिति के अधिवेशन या संयुक्त अधिवेशन के चलते रहने या बैठक के पूर्व अथवा पश्चात् की 40 दिन की अवधि के दौरान सिविल मामलों में गिरफ्तारी से उन्मुक्ति प्राप्त होगी, किन्तु आपराधिक मामलों में या निवारक निरोध की विधि के अधीन गिरफ्तारी में नहीं।

(ii) गवाह के रूप में उपस्थिति से उन्मुक्ति—जब संसद का अधिवेशन चल रहा हो, तब सदन की अनुमति के बिना किसी भी सदस्य को न्यायालय में गवाही देने के लिए बाध्य नहीं किया जा सकता।

(iii) वाक् स्वतंत्रता—सदन या उसकी किसी समिति में कही गई, किसी बात के लिए किसी सदस्य के प्रति, न्यायालय में बाद नहीं लाया जा सकता किन्तु इसका अर्थ यह नहीं कि सदस्य सदन की अवमानना पर उतर आए। साथ ही अनुच्छेद 121 के अनुसार उच्चतम न्यायालय या उच्च न्यायालय के किसी न्यायाधीश के कर्तव्य पालन सम्बन्धी आचरण पर महाभियोग की कार्यवाही के अलावा अन्य किसी प्रकार से सदन या उसकी किसी समिति में चर्चा नहीं जा सकेगी।

(2) सदन के सामूहिक विशेषाधिकार—ये इस प्रकार हैं—

(i) सदन के वाद-विवाद या कार्यवाहियों के प्रकाशन को रोकने का अधिकार।

(ii) अजनबियों को सदन से बाहर जाने का आदेश देना।

(iii) सदन के आन्तरिक मामलों को विनियमित करने एवं संसद भवन की चारदीवारी के भीतर कुछ कहने या करने के सम्बन्ध में न्यायालय की जाँच से उन्मुक्ति।

(iv) संसदीय कदाचार को प्रकाशित करने का अधिकार।

(v) सदस्यों एवं बाहरी व्यक्तियों को दंडित करने का विशेषाधिकार आदि।

इसके अतिरिक्त भी संसद के प्रत्येक सदन को निम्न शक्तियाँ प्राप्त हैं—

(1) जब सदन गोपनीय बैठक के लिए बैठता है तो उस समय कोई भी व्यक्ति, जो सदन का सदस्य नहीं है, सभाकक्षों और दीर्घाओं इत्यादि में नहीं रह सकता।

(2) न्यायालयों को संसद की कार्यवाही की जाँच करने का निषेध।

(3) प्रत्येक सदन स्वयं अपने विशेषाधिकारों का रक्षक है। यह न केवल किसी ऐसे विषय का एकमात्र निर्णायक है जो किसी प्रकार के विशेषाधिकार को भंग करता हो, बल्कि यह उचित समझे तो किसी भी ऐसे व्यक्ति को कारावास का दंड दे सकता है या उसकी भर्त्सना कर सकता है, जिसे यह अपमान का दोषी समझता हो। संसद सदस्यों और बाहरी व्यक्तियों को सदन की अवमानना के लिए तथा सदन के विशेषाधिकारों को भंग करने के लिए, दंड देने की शक्ति, संसद का सबसे महत्त्वपूर्ण विशेषाधिकार है। इसी के तहत् सन् 1990 में एक पूर्व मंत्री श्री के.के. तिवारी को राज्यसभा ने इसी प्रकार का दंड दिया था। इसी शक्ति के कारण संसद के विशेषाधिकार वास्तविक बनते हैं।

(ख) भारत में मानवाधिकार (Human Rights) और मीडिया की भूमिका

(1) मानवाधिकार की अवधारणा

मानवाधिकार एक शक्तिमान कल्पना है।[1] वस्तुतः मानवाधिकार वे अधिकार हैं, जो प्रत्येक व्यक्ति को मानव होने के नाते स्वतः ही प्राप्त हो जाते हैं, चाहे उसकी सामाजिक, आर्थिक स्थिति अथवा राष्ट्रीयता,

1. शोध संचयन (शोध अर्द्धवार्षिकी) में डॉ. सुरचना त्रिवेदी का लेख 'मानवाधिकारों के आलेख में संस्कृत साहित्य' पृष्ठ-111।

जाति, लिंग आदि कुछ भी हो। कुछ विशेषज्ञ मानवाधिकार को प्राकृतिक अधिकार का पर्याय भी कहते हैं। मानव जीवन में मानवाधिकारों के महत्त्व को समझते हुए ही संयुक्त राष्ट्र महासभा ने मानवाधिकारों की सार्वभौम घोषणा, 10 दिसम्बर, 1948 ई. को सर्वसम्मति से की।[1] भारत में मानवाधिकारों के विचारों को सर्वोच्च महत्त्व देने की परम्परा बहुत पुरानी है। स्वातंत्र्योत्तर भारत में 'मानवाधिकारों' को लेकर जो कल्पना की गई है, उनका उल्लेख भारतीय धर्मशास्त्रों में बहुत पहले से ही हुआ मिलता है। वाक् स्वतंत्रता का सर्वाधिक प्रबल उदाहरण बंकिम चन्द्र चटर्जी के आनन्दमंठ में लिखा 'वन्दे मातरम्' गीत है। अंग्रेजों के अत्याचार और भारतीय जनता की दीन दशा का अनुभव करते हुए इस काल में अकाल पीड़ित देश की भयावह दशा का चित्रण मूल अधिकारों के हनन को उजागर करता है—

"एकं तन्मृतनग्नाङ्गमं निष्प्रच्छदमातपशीतम्।
योरपगृध्राणायकं कबलमहहा रक्तच्युतिदिग्धाम्।।"

"एकं प्रेतवनं तद् यत्र न कश्चिच्छोकालापी एको भ्राम्यन्नात्मा यस्यनगेहः कोऽपिक्वापि।"[2]

इसी प्रकार वीरोदय काव्य में पशुबलि तथा स्वार्थपरता पर प्रहार करते हुए कहा गया,—

"स्वीयां पिपासा शमयेत परासृजा क्षुधां पर प्राण विपत्तिभिः प्रजा।
परं फलतं हियतेऽन्यतो हटाद्वि कीर्यते स्वोदरपूर्तये सत्र।।"[3]

इस प्रकार शोषण के विरुद्ध अधिकार का पूर्ण प्रयोग संस्कृत साहित्य में भी मिलता है।

संयुक्त राष्ट्र मानवाधिकार परिषद (UNCHR : The United Nations Human Rights Council) की स्थापना संयुक्त राष्ट्र महासभा द्वारा 15 मार्च, 2006 को की गई। 47 सदस्यीय इस परिषद ने 53 सदस्यीय मानवाधिकार आयोग का स्थान लिया है। 47 सीटों को संयुक्त राष्ट्र के क्षेत्रीय समूहों में बाँटा गया है, जिसमें से 13 सीटें अफ्रीका को, 13 एशिया को, 6 पूर्वी यूरोप को, 8 लातिनी अमेरिका और कैरिबियाई देशों तथा 7 पश्चिमी यूरोप और अन्य समूहों को प्रदान किया गया है। आयोग एक स्वायत्त निकाय था परन्तु परिषद का स्तर और ऊपर उठकर महासभा के स्तर तक का हो गया है। मानवाधिकार के लिए उच्चायुक्त का कार्यालय (OHCHR : The Office of the High Commissioner for Human Rights) संयुक्त राष्ट्र का एक विभाग है। इसका लक्ष्य संयुक्त राष्ट्र चार्टर और 1993 में मानवाधिकार पर विश्वसम्मेलन में जारी वियना घोषणा पत्र और कार्यक्रमों को लागू करना है। इधर, भारत के राष्ट्रीय मानवाधिकार आयोग (NHRC : The National Human Rights Commission) का गठन मानवाधिकार अधिनियम, 1993 के अन्तर्गत किया गया। भारत में मानवाधिकार संरक्षण अधिनियम वर्ष 1993 में पारित किया गया तथा इसे 2006 में संशोधित किया गया। इस अधिनियम में ही राष्ट्रीय मानवाधिकार आयोग के गठन और अधिकारों की व्यवस्था की गई है। इसमें आयोग को वैधानिक दर्जा प्रदान किया गया है। इसका कार्य भारत में मानव अधिकार के संरक्षण तथा संवर्द्धन का आधार तैयार करना है। इस अधिनियम में राज्यों में मानवाधिकार आयोग के गठन, मानवाधिकार न्यायालय और विशेषलोक अभियोजक की भी व्यवस्था है।[4]

मौलिक अधिकारों और मानवाधिकारों की रक्षा के लिए सत्तर के दशक में सुप्रीम कोर्ट ने पब्लिक इंटरेस्ट लिटीगेशंस का रास्ता दिखाया। इनका हनन होने पर कोई भी नागरिक अथवा संगठन जनहित में संविधान के अनुच्छेद-32 के तहत सुप्रीम कोर्ट और अनुच्छेद-226 के तहत सीधे हाई कोर्ट का दरवाजा खटखटा सकता है। ऐसा करते समय यह ध्यान रखना जरूरी है कि उसमें व्यक्ति अथवा संगठन का कोई निजी हित अथवा राजनीतिक स्वार्थ निहित नहीं हो। समाज के कमजोर वर्गों को सहज न्याय के इरादे से सुप्रीम कोर्ट ने जनहित याचिका की प्रक्रिया अपनाई थी। लेकिन बाद में मानवाधिकारों की

---

1. संचार माध्यमों में निशान्त सिंह का लेख 'मानवाधिकार संरक्षण और मीडिया की भूमिका', पृष्ठ-5, अक्टूबर-दिसम्बर, 1998 ई.।
2. शंखनाद—डॉ. राधावल्लभ त्रिपाठी, पृष्ठ-52।
3. वीरोदय—18/13-14।
4. सिविल सर्विसेज क्रॉनिकल, पृष्ठ-81, नवम्बर-2007 ई.।

रक्षा से पर्यावरण संरक्षण, वन एवं वन्यजीवों की रक्षा, पशु-पक्षियों और जलचरों की रक्षा जैसे विषय भी इसके दायरे में आ गए। इस प्रक्रिया का दुरुपयोग रोकने के इरादे से सुप्रीम कोर्ट ने पीआईएल के लिए 1988 में व्यापक दिशा-निर्देश तैयार किए। धीरे-धीरे इनका दायरा बढ़ता गया और प्रशासन, पुलिस और निजी क्षेत्र के सन्दिग्ध छवि वाले लोगों की साँठगाँठ को उजागर करनेवाले मामले भी इसके दायरे में आ गए। नये निर्देशों के तहत मुख्य रूप से 10 प्रकार के मामले ही इसके दायरे में आएँगे। इनमें बन्धुआ मजदूरी, उपेक्षित बच्चों, श्रम कानून के अनुरूप मजदूरी न देने, कैदियों की शिकायतें पुलिस हिरासत में मौत, महिला उत्पीड़न और विवाहिता को जलाकर मारने और बलात्कार जैसे मामलों के अलावा पर्यावरण संरक्षण, प्रदूषण नियंत्रण, प्राचीन-धरोहर संस्कृति के संरक्षण तथा वन एवं वन्य जीव सुरक्षा जैसे मामले शामिल किए गए हैं। पत्नी, बच्चों और माता-पिता के भरण-पोषण से सम्बन्धित मामलों में न्याय के लिए अब सीआरपीसी की धारा-125 के तहत ही वाद दायर करना होगा। वर्तमान दिशा-निर्देशों के तहत मेडिकल और दूसरी शैक्षणिक संस्थाओं में प्रवेश, मकान मालिक, किराएदार, विवाद, नौकरी, पेंशन तथा ग्रेच्यूटी और कुछ अपवादों के अलावा केन्द्र व राज्य के सरकारों के खिलाफ दायर वादों को जनहित याचिका के रूप में विचार नहीं किया जाता। न्यायालय को यदि लगता है कि निजी या राजनीतिक हित साधने के लिए पीआईएल का दुरुपयोग किया गया है तो ऐसे व्यक्ति या संगठन पर वह जुर्माना भी करता है, ताकि यह दूसरे लोगों के लिए नजीर बन सके।[1]

सच तो यह कि भारत में मानवाधिकार से सम्बन्धित प्रमुख चुनौतियाँ नस्लीय एवं जातीय भेदभाव, भाषा एवं क्षेत्र के आधार पर बाधाएँ, दंगे, भुखमरी, हिंसा, महिला एवं बाल-शोषण, पुलिस अत्याचार, आतंकी गतिविधियाँ, अल्पसंख्यकों के प्रति किया जाने वाला अत्याचार, दलितों पर अत्याचार, जेल में कैदियों की अमानवीय स्थिति आदि हैं। सरकार ने मानवाधिकारों के संरक्षण के लिए अनेक अधिनियम बनाये हैं, जिसमें बालश्रम अधिनियम-1986, राष्ट्रीय अल्संख्यक आयोग अधिनियम-1990, राष्ट्रीय अनुसूचित जाति और जनजाति आयोग अधिनियम-1990, राष्ट्रीय पिछड़ा वर्ग आयोग अधिनियम-1993, निशक्त व्यक्ति अधिनियम-1995 तथा सबसे महत्त्वपूर्ण मानव अधिकार संरक्षण अधिनियम-1993 है। सरकार ने विभिन्न क्षेत्रों के लिए राष्ट्रीय स्तर पर अनेक आयोग यथा-महिला, अल्पसंख्यक, सफाई कर्मचारी, अनुसूचित जाति और जनजाति, मानवाधिकार का गठन किया है। मानव अधिकार से सम्बन्धित मामलों में नीति सम्बन्धी मामलों के समन्वय और कार्यान्वयन के लिए गृह मंत्रालय में एक अलग मानवाधिकार प्रकोष्ठ की स्थापना की गई है।[2]

(2) यातना का वैश्विक इतिहास

यातना का इतिहास सदियों पुराना है। प्राचीन ग्रीक और रोमन काल में यातना को खासकर बन्दियों से 'कन्फेशन' उगलवाने का सर्वाधिक 'विश्वसनीय' तरीका समझा जाता था। मध्यकाल में यूरोप में फौजदारी के मामलों में अभियुक्त से सच उगलवाने के लिए और उसके साथियों तक पहुँचने के लिए यातना को व्यापक पैमाने पर इस्तेमाल किया जाने लगा। इंग्लैंड में अदालत में जब किसी जुर्म का सन्दिग्ध व्यक्ति अपना अपराध स्वीकार करने से इंकार करता था, तो उसे फर्श पर लिटाकर उसके शरीर पर भारी वजनदार वस्तुएँ रख दी जाती थीं और कई बार व्यक्ति की इससे मौत तक हो जाती थी। सन् 1772 में यह अमानुषिक प्रथा बन्द कर दी गई। जापान में 'दांगोकु' नामक आपराधिक प्रक्रिया में न्यायाधीशों को प्रतिवादी की पीठ पर और अन्यत्र बेंत से पिटवाने का अख्तियार हासिल था। युग बदल गया, शासन और शासक बदल गए, लेकिन यातना का रूप-स्वरूप नहीं बदला/यातना देना, चूँकि गैर कानूनी और मानवधिकारों का गम्भीर उल्लंघन है, इसलिए ज्यादातर यातनाएँ अक्सर बन्द कमरों और अँधेरी कोठरियों में गुपचुप पूर्वतः यातना सत्ता पक्ष द्वारा राजनीतिक विरोधियों के दमन, उत्पीड़न के साथ जुड़ी हुई थीं। सियासी तौर के अलावा धार्मिक मर्यादा के नाम पर किस तरह

1. हिन्दुस्तान—8 अप्रैल सन् 2007 ई. वाराणसी संस्करण।
2. सिविल सर्विसेज क्रॉनिकल, पृष्ठ-81, नवम्बर 2007 ई.।

एक खास वर्ग को चुन-चुन कर यातना और उत्पीड़न का शिकार बनाया जाता है, इसका सबूत है— तालिबान द्वारा हाल के सालों में महिलाओं के प्रति जालिमाना व्यवहार। 'व्यभिचार' का आरोप तो तालिबानी शासन के दौरान किसी अफगानी लड़की या महिला के उत्पीड़न और उसे सार्वजनिक रूप से अपमानित करने का सबसे आसान उपकरण और बहाना बन गया। अफगान लेखिका सपोयमाई जरिएब के मुताबिक कोई व्यक्ति किसी महिला पर व्यभिचार का बस आरोप भर लगा दे, उसे बिना किसी सबूत के ही पत्थर मारे जाते थे।[1]

आज भी दुनिया के 123 देशों की सरकारी एजेन्सियाँ बर्बर यातनाएँ देती हैं। संयुक्त राष्ट्र में लोगों या कैदियों को यातनाएँ दिए जाने के विरोध में बहुत से प्रस्ताव और कानून पारित होने के बावजूद आज भी दुनिया भर के तमाम देश इस बुराई का इस्तेमाल कर रहे हैं। कहीं अपराधियों से सच उगलवाने के नाम पर तो कहीं नागरिकों को नियंत्रण में रखने के नाम पर सरकारी एजेन्सियाँ यातना का हथकंडा अपनाती हैं। इराक की गरेब जेल हो या फिर अमेरिका के कब्जे वाली ग्वान्तनामो बे जेल दुनिया भर की ऐसी तमाम जगह कैदियों को प्रताड़ित किए जाने के लिए कुख्यात रहा हैं। कभी व्यक्ति सरकारी एजेन्सियों की यातना का शिकार बनता है तो कभी उसे विद्रोहियों, आतंकवादियों और समाज विरोधियों की दी जानेवाली यातना झेलनी पड़ती है। मानव सभ्यता के दुश्मन तालिबान और अलकायदा जैसे संगठन अपनी बात न मानने वालों का सिर कलम कर डालते हैं। ये संगठन महिलाओं के नेल पॉलिश का इस्तेमाल किए जाने पर प्लास से उनके नाखून तक उखाड़ देते हैं। दुनिया भर में किसी भी देश के कानून में यातना की इजाजत नहीं दी गई है, फिर भी इसका धड़ल्ले से इस्तेमाल हो रहा है। दुनिया भर में मानवाधिकार संगठनों और अदालतों का लचीला रुख भी यातना दिए जाने का एक बहुत बड़ा कारण है।

'टार्चर सर्वाइवर्स नेटवर्क' के मुताबिक आधुनिक सभ्यता वाले आज के जमाने में भी दुनिया के कम-से-कम 123 देश अपने नागरिकों को नियंत्रण में रखने के लिए यातना का इस्तेमाल करते हैं। संयुक्त राष्ट्र 1945 में अपनी स्थापना के समय से ही यातना को खत्म कराए जाने के लिए काम करता रहा है, किन्तु आजतक उसे सफलता नहीं मिल पाई है। इधर, 10 दिसम्बर, 1984 ई. को संयुक्त राष्ट्र महासभा ने प्रस्ताव 39-46 के तहत 'कन्वेशन अगेंस्ट टार्चर' (कैट) संधि को स्वीकार किया। यह संधि 26 जून, 1987 से प्रभाव में आई। सन् 1997 में डेनमार्क के प्रस्ताव पर संयुक्त राष्ट्र महासभा ने हर साल 26 जून को यातना पीड़ितों के समर्थन में अन्तर्राष्ट्रीय दिवस मनाने की घोषणा की। 'कैट' संधि के अनुच्छेद-1 के मुताबिक नींद से वंचित करना, बिजली के झटके लगाना, पानी में सिर डुबो देना, चिकित्सा आधार पर जान बूझकर मनोरोगी अस्पताल में भर्त्ती करा देना, नशीली वस्तुएँ देना, भूखे रखना, अधिक सर्दी या धूप में नंगे बदन व्यक्ति को खड़ा कर देना और नियमित पिटाई जैसी चीजें यातना के दायरे में आती हैं। मई 2002 ई. में 'कैट' के तहत छह अन्तर्राष्ट्रीय मानवाधिकार संधियाँ और हुईं, जिन पर 128 देशों ने दस्तखत किए। पाकिस्तान, भूटान, ब्रुनेई, लाओस, मलेशिया, म्यामांर, उत्तर कोरिया, सिंगापुर, थाईलैंड और वियतनाम-इन संधियों में शामिल नहीं हुए। बहरहाल, अन्तर्राष्ट्रीय मानवाधिकार संगठनों के मुताबिक पश्चिम और यूरोप सहित पूरी दुनिया में संधियों के बावजूद यातना देने का क्रम जारी है। दक्षिण एशिया में यातना के मामले में जहाँ बांग्लादेश, पाकिस्तान, श्रीलंका और भारत का नाम आता है, तो वहीं पूर्वी एशिया में चीन, जापान और उत्तर कोरिया यातना देनेवाले देशों की सूची में शामिल हैं। दक्षिण पूर्व एशिया में बर्मा, इंडोनेशिया, मलेशिया और फिलीपींस का नाम यातना देनेवाले देशों में शुमार हैं।

इन देशों के अलावा, एमनेस्टी ने अल साल्वाडोर के एक पुलिस अधिकारी के हवाले से लिखा है कि वहाँ भी कई कैदियों की आँखों पर पट्टी बाँधकर उन्हें जिन्दा ही कुएँ में धक्का देकर खत्म कर दिया जाता है। चूँकि बच्चों और औरतों के पास कोई राजनीतिक ताकत नहीं होती, सो वे बदनसीब यातना और उत्पीड़न के सबसे बड़े और बुरा शिकार होते हैं। यौन शोषण के लिए महिलाओं और

1. जनसत्ता में जगजीत सिंह का लेख 'यातना के कई चेहरे', (रविवारीय), 5 जुलाई 2009 ई. दिल्ली संस्करण।

बच्चों की तिजारत, खतरनाक व्यवसायों में बाल मजदूरों के प्रति शारीरिक सख्ती, महिलाओं और लड़कियों के साथ एकल या सामूहिक बलात्कार इस नाजुक वर्ग के प्रति यातना के प्रचलित रूप हैं। द्वितीय विश्वयुद्ध में रूसी और यहूदी महिलाओं की अस्मत जमकर लूटी गई। ताजा सन्दर्भ में बालकन्स में लड़ाई के दौरान बोसनिया-हरजेगोविना में बीस से पचास हजार महिलाओं और लड़कियों के साथ बलात्कार किया गया, जिसकी टीस और त्रासदी को ये महिलाएँ आज तक भुला नहीं पाई हैं। उधर, चीन में आबादी का ग्राफ नीचे लाने के लिए, जिसकी 'ससेक्स स्टोरी' को दुनिया भर में एक मॉडल के रूप में पेश किया गया, सरकारी कारिंदों द्वारा हजारों औरतों को मानसिक और शारीरिक यंत्रणा देकर जबरन नसबन्दी के लिए मजबूर किया गया। बढ़ते राष्ट्रीय-अन्तर्राष्ट्रीय दबावों के नतीजतन कई देशों ने यातना की क्रूर इबारत को मिटाने के लिए सम्बद्ध सरकारों को जहाँ सख्त कानून बनाने और अमल में लाने होंगे, वहीं पुलिस तंत्र को, जो यातना का सबसे बड़ा आरोपित पक्ष है, मानवाधिकारों की रक्षा-सुरक्षा के लिए भी संवेदनशील बनाना होगा। दोनों में से किसी एक के भी अभाव में यातना का क्रूर सिलसिला रोकना असम्भव है।[1] यद्यपि आधुनिक युग में कैदियों से पूछताछ के कई मनोवैज्ञानिक तरीके इजाद हो चुके हैं, अतः अब यातना देने की कोई जरूरत नहीं है। अपराधियों से सच उगलवाने में नार्को परीक्षण, लाई डिटेक्टर और साइकोएनालिसिस जैसे परीक्षण काफी कारगर साबित हो सकते हैं।

(3) भारत में मानवाधिकारों का हनन

भारत में भी मानवाधिकारों के हनन की अनगिनत शक्लें हैं, जिसका चरम रूप हिरासत में उत्पीड़न और फर्जी मुठभेड़ के मामलों में दिखायी देता है। मानवाधिकारों के पक्ष में सर्वोच्च न्यायालय के खड़ा होने के बावजूद यह प्रक्रिया कहीं सीधे और कहीं आड़े-अलोते सतत् जारी रहती है। अन्तर्राष्ट्रीय संगठन 'ह्यूमन राइट्स वॉच' (Human Rights Watch) की 175 देशों में मानवाधिकार की स्थिति की जायजा लेने वाली एक रिपोर्ट के मुताबिक भारत में किसी-न-किसी रूप में हर दूसरा व्यक्ति मानवाधिकार हनन की समस्या से पीड़ित है। भारत में हर तीसरा बच्चा कुपोषित है और चौथा व्यक्ति भूखे सोने को मजबूर है। महिलाओं की स्थिति तो और भी अधिक चिन्तनीय है। कार्यालयों और अन्य स्थलों पर यौन उत्पीड़न जैसी जघन्य वारदातें शर्मसार करती हैं। जिस देश के नागरिक भूखे सोने को मजबूर हों, स्त्रियों की सुरक्षा संकट में हो, वहाँ मानवाधिकार संरक्षण के प्रति संजीदगी का अनुमान आसानी से लगाया जा सकता है। यों घरेलू हिंसा, दहेज समस्या, कार्यस्थल पर महिलाओं के उत्पीड़न जैसी कठिनाइयों से निपटने के लिए कानून बन चुके हैं, लेकिन इससे भी स्थिति में सुधार हो रहा है। यह भी गौरतलब है कि भारतीय समाज में मानवाधिकारों का सर्वाधिक हनन गरीब तबके का होता है। बाल श्रमिकों का नियोजन, बन्धुआ मजदूर प्रथा, आदिवासियों का शोषण, बड़े बाँधों और विद्युत परियोजनाओं से विस्थापन, जल, जंगल और जमीन पर जन-सामान्य के अधिकारों की अस्वीकृति वगैरह मानवाधिकार से जुड़े मसले हैं।

यह घोर विडम्बना है कि देश के हर प्रदेश में महिला आयोगों और महिला थानों की स्थापना के बावजूद महिलाओं पर अत्याचारों का बोलबाला है। महिला अत्याचारों के मामलों में सामाजिक संगठनों की झंडाबरदारी और पुलिस की संवेदनशीलता के दावों के बावजूद अबलाओं को मौत के मुँह में ढकेलने का कुचक्र जारी है। 'महिलाओं के खिलाफ घरेलू हिंसा : पुरुषों का दृष्टिकोण' विषय पर हुए एक अध्ययन में बताया गया है कि चालीस प्रतिशत महिलाओं को घर की चारदीवारी में भी, किसी-न-किसी रूप में शारीरिक हिंसा का सामना करना पड़ता है। इनमें से आधी महिलाओं के साथ ऐसी घटनाएँ गर्भावस्था के दौरान होती हैं। राष्ट्रीय महिला आयोग की सूचना के मुताबिक 69.5 फीसदी युवतियों की शादी अठारह से भी कम उम्र में हो जाती है और प्रशासन मूकदर्शन बना रहता है। बेचारी अबोध बालिका सास और पति द्वारा बहुत प्रताड़ित की जाती है। आधी आबादी, औरत अपने ही घर

1. जनसत्ता, 5 जुलाई सन् 2009 ई. दिल्ली संस्करण।

में लहूलुहान है। उसे सताया जाता है, जलाया जाता है और मार भी दिया जाता है। पति परमेश्वर, चाहे मारे-पीटे, दुत्कारे या घर के दरवाजे के बाहर धकेल दे, वह चौखट से ही बँधी रहेगी। सुहागन के रूप में आई है, शव के रूप में ही विदा होगी। देहत्याग किया तो श्मशान स्थल पर ही रिश्ते और दहेज के सौदे पति के लिए पटने लगेंगे। नई बहू से घर भी दमकेगा और दहेज से घर की तिजोरी भी भरेगी। घर के बाहर बेबस महिला, असुरक्षित, डरी-सहमी रहती है। उसे रोजाना ही छेड़छाड़ का शिकार होना पड़ता है। बस यात्रा में गुण्डे चुटकी काटते हैं, फब्तियाँ कसते हैं। कामकाजी महिलाओं को भी सहकर्मियों के ताने और बॉस के द्वारा यौन उत्पीड़न भी सहने पड़ते हैं। उच्चतम न्यायालय के दिशा-निर्देश के बावजूद अभी तक कामकाजी महिलाओं के यौन उत्पीड़न की रोकथाम के लिए न ही कोई सार्थक कदम उठाए गए हैं और नहीं कोई सक्षम कानून ही बनाया गया है। रक्षक ही भक्षक बन गए हैं। मंत्री से संत्री तक सभी नारी का शोषण करते हैं। शिकायत करनेवाली महिला की शामत है। काम के बदले शरीर की माँग के किस्से दबी जुबान से ही वे सुना पाती हैं। नौकरी छोड़ नहीं सकती और तबादले की तलवार भी सिर पर लटकती रहती है। दफ्तर में दमन से कैसे मुकाबला करें? थाने, कार्यस्थल, अस्पतालों, धार्मिक स्थलों पर बलात्कार की खबरें आम हैं। कुल मिलाकर राष्ट्र में औसतन हर छह मिनट में कोई-न-कोई महिला किसी-न-किसी तरह के अपराध की चपेट में आ जाती है। हर सैतालीस मिनट में एक महिला बलात्कार की शिकार होती है, जब कि हर चवालीस मिनट में एक महिला का अपहरण किया जाता है। हर तीसरी महिला अपने पति या सम्बन्धी के अत्याचार का सामना कर रही है।[1]

इसी तरह गरीबी से अभिशप्त परिवारों के बच्चों का सर्वाधिक शोषण होता है, क्यों कि बच्चे ही गरीब के धन होते हैं। अधिक बच्चे अधिक धन की धारणा के अनुरूप गरीब बच्चे पैदा करते जाते हैं। कुछ जन्म लेते ही मृत्यु की गोद में चले जाते हैं, बचे हुए बच्चे कुपोषण के शिकार होकर अन्धे, काने, लंगड़े-लूले जीते हैं और सड़कों, पटरियों, कारखानों, खेतों, चाय-पान की दुकानों पर काम करते हुए जीवनयापन करते हैं। अपनी रोटी के साथ माँ-बाप के लिए भी रोटी की व्यवस्था करते हैं। ईंट-भट्टों, शहर की गन्दी बस्तियों, घरेलू नौकर, कूड़ा बीनने वाले, बुनकर बच्चों का जीवन यातनामय होता है। शिक्षा, भोजन, वस्त्र एवं आवास जैसी-आधारभूत सेवाओं से वंचित ये बच्चे मानवता के लिए चुनौती होते हैं। बाल वेश्यावृत्ति भी भयानक, अमानवीय परिस्थिति है, जिसे बालिकाएँ झेलती हैं तथा एड्स जैसी घातक बीमारी की शिकार हो जाती हैं। घरेलू हिंसा भी एक जटिल समस्या है। बाल-शोषण मानवता के विरुद्ध एक जघन्य अपराध है। यह शोषण तक ही नहीं, एक व्यापार बन गया है। बाल वेश्यावृत्ति सामाजिक पतन का अभिलक्षण है।[2] यह सभी मानवाधिकार के ही दायरे में आता है।

देश की जनता को लुभाने के लिए कई राजनीतिक दल 'इंडियाशाइनिंग' और हर कदम पर 'भारत बुलन्द' जैसे नारे देते रहे हों, लेकिन एक अध्ययन के मुताबिक सच्चाई यह है कि देश में रोज औसतन 250 लोग मानवाधिकार हनन के शिकार होते हैं। सन् 2008 ई. में रोजाना औसतन 259 लोगों के मानवाधिकारों के हनन के मामले सामने आए, जब कि यह आँकड़ा इसी अवधि में 2007 में 270 का था। आयोग के अनुसार 2007 में आयोग में 98 हजार 539 मामले दर्ज किए गए। एक जनवरी से 31 दिसम्बर 2006 ई. के बीच आयोग में 80 हजार 971 शिकायतें दर्ज की गई थीं और इस साल इस अवधि में रोज 222 से अधिक लोगों के मानवाधिकारों का हनन हुआ। पुलिस मुठभेड़ के मामलों में देश में अव्वल होकर 'मुठभेड़ प्रदेश' बन चुके उत्तर प्रदेश में रोज करीब 62 व्यक्ति ज्यादती के शिकार होते हैं। मानवाधिकार हनन के मामले में सुरक्षा बल, अर्द्धसैनिक बल और कारागार कर्मी भी पीछे नहीं हैं। राष्ट्रीय मानवाधिकार आयोग के आँकड़ों के अनुसार एक अप्रैल 2006 से 31 जनवरी 2009 ई. तक उत्तर प्रदेश में पुलिस के खिलाफ मानवाधिकार

1. जनसत्ता में ज्ञान प्रकाश पिलानिया का 'दमन से निजात' लेख, 8 मार्च, सन् 2009 ई, दिल्ली संस्करण।
2. पर्यावरण अध्ययन—डॉ. मंगला सिंह, पृष्ठ-82, मिश्रा ट्रेडिंग कारपोरेशन, वाराणसी-सन् 2010 ई.।

हनन के 67399 मामले सामने आए। आँकड़ों के मुताबिक 2006-07 में पुलिस ज्यादती के खिलाफ मानवाधिकार हनन के 21899 मामले दर्ज किए गए, वहीं, 2007-08 में इन आँकड़ों में जबरदस्त वृद्धि हुई और यह 26000 के पार पहुँच गया। इस अवधि में लगभग रोज तीन से अधिक अत्यन्त पिछड़ावर्ग, अनुसूचित जाति, अनुसूचित जनजाति और अल्पसंख्यक वर्ग के लोगों के मानवाधिकार का हनन हुआ।

पुलिस द्वारा मानवाधिकार उल्लंघन

वर्ष 2011-12 से 2014-2015 के दौरान

1,456	2,532	446
↑	↑	↑
हिरासत में यातना	गैर कानूनी गिरफ्तारी	हिरासत में मौत

	2011-12	2012-13	2013-14	2014-15
हिरासत में मौत	128	143	140	35
हिरासत में यातना	678	366	303	109
गैरकानूनी गिरफ्तारी	1249	703	457	123

हिरासत में सर्वाधिक 69 मौत महाराष्ट्र में[1]

इसी तरह अलोकतांत्रिक कानूनों के आधार पर बहुत सारे लोगों को लम्बे समय तक जेलों में रखकर यातनाएँ दी जाती हैं। छत्तीसगढ़ जन सुरक्षा अधिनियम मार्च 2006 से लागू है, जिसका घोषित उद्देश्य राज्य में नक्सली गतिविधियों को काबू करना है, किन्तु इस अलोकतांत्रिक कानून के तहत सलवा जुडूम के तमाम विरोधियों को सबक सिखाने की कोशिश की जाती रही है। भारत में आजादी के बाद से आज तक दर्जनों ऐसे कानून बने हैं। मणिपुर के और उत्तर-पूर्व के कुछ अन्य राज्यों में लागू सशस्त्र बल विशेषधिकार अधिनियम सबसे चर्चित अलोकतांत्रिक कानून है। शुरू में इसे सितम्बर, 1958 में कुछ 'क्षेत्रों में नगा विद्रोह से निपटने के लिए लागू किया गया था। धीरे-धीरे इसे लगभग समूचे उत्तर-पूर्व में कर दिया गया। इसके तहत किसी भी आयुक्त, अधिकारी या एनसीओ तक को किसी शक के आधार पर गोली मारने का अधिकार है। सन् 2004 में एक गिरफ्तार महिला की मौत का विरोध कर रहे लोगों पर सेना की गोलीबारी से दस लोगों की मौत हो गई थी। चार नवम्बर 2004 से राज्य की एक महिला इरोम शर्मिला चानू इस कानून के खिलाफ अनशन पर थीं। जम्मू-कश्मीर में यह कानून 1990 से लागू है। सन् 1998 में उच्चतम न्यायालय ने निर्देश दिया था कि इस कानून की हर छह महीने पर समीक्षा की जानी चाहिए, किन्तु ऐसा नहीं किया गया। 'मीसा' कानून के तहत आपात्काल में बीस हजार से ज्यादा राजनीतिक लोगों को जेल में डाल दिया गया था। सन् 1977 में जनता पाटी की सरकार ने कानून को समाप्त का दिया। इसी तरह सन् 1980 में आया राष्ट्रीय सुरक्षा कानून यानी रासुका भी एक काला कानून है।

वर्ष 1985 में आतंकवादी गतिविधियों को नियंत्रित करने के लिए 'टाडा' नाम से एक विशेष कानून लाया गया, जिसके दुरुपयोग के चलते 1995 में समाप्त किया गया। सन् 1978 में लागू जम्मू-कश्मीर जनसुरक्षा अधिनियम के अन्तर्गत राज्य में सेना को विशेष अधिकार दिया गया। इनके अलावा गुजरात में 'पासा' महाराष्ट्र, दिल्ली और कर्नाटक में 'मकोका' कानून बनाये गए। आतंकवादी गतिविधियों को रोकने के लिए मार्च 2002 में 'पोटा' कानून लागू किया गया, किन्तु इसके दुरुपयोग के कारण अक्टूबर, 2004 में इसे समाप्त किया गया। मुम्बई में आतंकवादी गतिविधियों को रोकने के लिए 'राष्ट्रीय जाँच एजेन्सी' बनाने का प्रस्ताव किया गया। बहरहाल भारत ने मानवाधिकारों के सार्वभौम घोषणा पत्र

1. (2014-15 के आँकड़े 20 जुलाई तक के) ये आँकड़े-लोकसभा, मानवाधिकार आयोग, अमर उजाला, 10 दिसम्बर, 2014 ई.

(Universal Declaration Human Rights) सहित कई अन्य अन्तर्राष्ट्रीय सहमतियों पर हस्ताक्षर किए हैं। इनके अन्तर्गत स्वतंत्रता और समान अधिकार, गैर भेदभाव, व्यक्ति के जीवन, स्वतंत्रता और सुरक्षा का अधिकार, प्रताड़ना से रक्षा का अधिकार, समान कानून का अधिकार, मनमाने ढंग से गिरफ्तार न किए जाने का अधिकार, सम्पत्ति की रक्षा का अधिकार पर जोर दिया गया।[1]

(4) सभी राज्यों में मानवाधिकार आयोग की आवश्यकता

अन्तर्राष्ट्रीय संगठन 'ह्यूमनर राट्स वाच' की 175 देशों में मानवाधिकार की स्थिति का जायजा लेती एक रिपोर्ट में भारत के बारे में कहा गया था कि यहाँ महिलाओं, बच्चों और आदिवासियों के मानवाधिकार से जुड़ी समस्याएँ ज्यादा हैं। इसका मूल कारण सभी राज्यों में मानवाधिकार आयोग का नहीं होना है। दस दिसम्बर, 1948 को मानवाधिकारों की रक्षा के लिए संयुक्त राष्ट्र महासभा ने एक प्रस्ताव पारित किया था। बाद में विश्व निकाय ने सभी सदस्य देशों से 1950 से 10 दिसम्बर को **मानवाधिकार दिवस** मनाने को कहा। सन् 1948 में पारित इस प्रस्ताव का यह 65 वाँ साल था। मानवाधिकार के क्षेत्र में 2005 से सक्रिय और विभिन्न मामलों में अब तक 13 जनहित याचिका दायर कर चुके गुजरात के गैर सरकारी संगठन ''सिटीजन फोरम आन ह्यूमन राइट्स, के अनुसार 1993 में भारतीय मानवाधिकार संरक्षण कानून बनने के 15 साल बाद भी हर राज्य में मानवाधिकार आयोग के गठन के लिए गम्भीरता से प्रयास नहीं किए गए। एक सूचना के अनुसार केन्द्र शासित प्रदेशों सहित करीब 16 राज्यों में मानवाधिकार आयोग नहीं थे। अतः ऐसी स्थिति में सभी वर्गों के मानवाधिकारों की रक्षा कैसे की जा सकती है? इतना ही नहीं, एक पूर्व प्रधान न्यायाधीश न्यायमूर्ति श्री के.जी. बालकृष्णन ने एक मामले की सुनवाई में कई प्रदेशों में मानवाधिकार आयोग नहीं होने के कारण केन्द्र और राज्यों को कारण बताओ नोटिस भी जारी किया था। उनका कहना था कि जब कई राज्यों में मानवाधिकार हनन से जुड़ी शिकायतों पर ध्यान देने के लिए कोई निकाय ही नहीं है तो वहाँ मानवाधिकारों की रक्षा कैसे सुनिश्चित की जा सकती है?

राष्ट्रीय मानवाधिकार आयोग की वेबसाइट के अनुसार आयोग ने कहा कि महाराष्ट्र नव निर्माण सेना के बिहारियों के खिलाफ अभियान, पुलिस हिरासत में हुई मौतों, बाटला हाउस मुठभेड़ कांड, सोहराबुद्दीन फर्जी मुठभेड़ या आरुषि हत्याकांड जैसे मामलों में मानवाधिकार के मुद्दे तो सुर्खियों में आ जाते हैं लेकिन एक आम आदमी के पुलिस हिरासत में आए दिन होनेवाले मानवाधिकार हनन पर कोई ध्यान नहीं देता। अतः ऐसी स्थिति में देश के प्रत्येक राज्य में मानवाधिकार आयोग का गठन होना जरूरी है।

(5) मानवाधिकार संरक्षण में मीडिया की भूमिका

मीडिया कई तरह के लांछनों और नक्स-नुक्स जैसी भ्रान्त धारणा की शिकार है। आरोप लगते हैं कि ''इसका कोई मिशन नहीं है। अपनी शर्तों और माँगों के अनुरूप निखालिस अब यह कारोबारी हो गई है। मीडिया के भीतर बौद्धिकता लगातार घट रही है। मुनाफा और पूँजी ने मीडिया को फलकजद कर दिया है। यह अपने ध्येय से च्युत हो गई है। लाभ के अलावा अन्य अधिकांश मुद्दे इसके कवरेज से बाहर हो गए हैं। विज्ञापन और बाजार-इसके लंगोटिया यार हो गए हैं। अब यह कोई जोखिम नहीं लेती है। किसी तरह के जन-आन्दोलन और मानवाधिकार हनन की यह परवाह नहीं करती आदि-आदि।''

लेकिन मैं समझता हूँ कि मीडिया व्यापक अर्थों में भले ही जनतांत्रिक-लोकतांत्रिक न हो, पर सीमित अर्थों में ही सही, इसने ढेरों, सकरात्मक भूमिकाओं को भी जीया है। भूखमरी, कुपोषण, भ्रष्टाचार, बाढ़, बलवा, हत्या, अन्याय-अराजकता, शोषण, बलात्कार-छिनरपन जैसे असंख्य सामाजिक बुराइयों को भी इसने पर्याप्त और अपेक्षित फोकस किया है, इसमें किसी भी तरह का शक-सन्देह नहीं। महिलाओं और बच्चों के शोषण की घटनाओं को इसने जनता और सत्ता के सामने समय-समय पर प्रस्तुत किया है और आज भी यह क्रम जारी है। कुछ अपवादों को छोड़कर मानवाधिकारों के हनन को उजागर करने

1. जनसत्ता में बिपिन चन्द्र का गम्भीर लेख 'लोकतंत्र में अलोकतांत्रिक कानून', 18 मई 2009 ई.।

में इसका 'रिकार्ड' खराब नहीं है। सच तो यह है कि विज्ञापन के माध्यम से पूँजी एकत्रित करना इसके जीने के लिए अपरिहार्य है, अन्यथा कभी-कभी यह भी देखा गया है कि किसी तरह का जन आन्दोलन हो या मानवाधिकार हनन हो, अखबार और अन्य न्यूज चैनल्स ने इन्हें सामने लाने में मुखपत्र की तरह काम किया है। साफ शब्दों में जाने-अनजाने किए जा रहे मानवाधिकार हनन रोकने की जिम्मेदारी सरकार की तो है ही, मीडिया और सामाजिक संगठन भी अहम भूमिका निभाते हैं। तमाम आर्थिक व शैक्षणिक उन्नति, जन जागरूकता में वृद्धि आदि के बावजूद करोड़ों भारतवासियों के गरीबी में जीने, स्वास्थ्य सुविधाओं में उनकी पहुँच न होने, नन्दी ग्राम में किसानों को जबरन हटाने, लाखों किसानों की आत्महत्याएँ, नर्मदा बाँध से लोगों के उजड़ने, कश्मीर में कभी-कभी सुरक्षा बलों की तथाकथित ज्यादतियाँ जैसी घटनाओं का खुलासा करने में मीडिया कभी पीछे नहीं रहता। भारत की स्वतंत्र प्रेस और सामाजिक संगठनों ने मानवाधिकार हनन के तमाम मामलों पर जन जागरूकता पैदा करने में प्रशंसनीय योगदान दिया है, परिणाम हुआ, अनेक मामलों में सरकार ने कई बार सकारात्मक कदम भी उठाए।

सम्भवतः इसीलिए राष्ट्रीय मानवाधिकार आयोग का मानना है कि भारत जैसे बड़े देश में अनुसूचित जाति व जनजाति से जुड़े और दूसरी तरह के मानवाधिकार उल्लघन्न के मामलों पर अकेले नजर रख पाना मानवाधिकार आयोग के लिए कठिन है, इसलिए इस कार्य में मीडिया और एनजीओ का पूरा सहयोग लिया जाना चाहिए। सच तो यह है कि भारत में मानवाधिकारों के संरक्षण में मीडिया की भूमिका शनैः शनैः बढ़ती ही जा रही है। स्वतंत्रता से पूर्व भारत के गाँवों में सामन्तवादी प्रवृत्ति का बोलबाला था। मजदूरों से भूपति नाममात्र की मजदूरी पर दिन-रात काम लेते थे, बेगारी कराई जाती थी, सामन्तों द्वारा महिलाओं का यौन शोषण किया जाता था और विरोध करने पर अमानवीय अत्याचार किए जाते थे, किन्तु आजादी मिलने,प्रेस की स्वतंत्रता और विकास के बाद परिदृश्य में बदलाव आने लगा। पिछले लगभग सत्तर वर्षों में इस दिशा में काफी सफलता मिली है। दुर्भाग्य से उत्तर प्रदेश, बिहार और उड़ीसा के कुछ इलाकों में अब भी सामन्ती प्रवृत्ति के लोग शेष हैं, जो गरीब मजदूरों और भूमिहीनों पर अमानवीय अत्याचार करते हैं। मानवाधिकारों के इस प्रकार के घृणित हनन को प्रकाश में लाने का कार्य समाचार-पत्र पत्रिकाओं द्वारा बखूबी किया जा रहा है। पिछले दिनों बिहार में दलितों के मानवाधिकारों के गम्भीर हनन और फिर उसके बाद राज्य सरकार की बर्खास्तगी ने मानवाधिकारों के संरक्षण में मीडिया की भूमिका को ही रेखांकित किया है।

इसे शुभ लक्षण ही कहा जाना चाहिए कि विभिन्न अंग्रेजी व हिन्दी दैनिक समाचार-पत्रों ने मानवाधिकार सम्बन्धी सूचनाओं व जानकारी के लिए नियमित स्तम्भों की व्यवस्था कर दी है। दूसरी ओर राज्य सरकारों के अतिरिक्त राष्ट्रीय मानवाधिकार आयोग के द्वारा भी ऐसी व्यवस्था की गई है, जिससे समाचार-पत्रों में मानवाधिकार के हनन से सम्बन्धित खबर के छपने पर ही सन्दिग्ध व्यक्तियों या दोषियों के विरुद्ध कार्रवाई की जा सकती है। राष्ट्रीय मानवाधिकार आयोग की प्रकाशित रिपोर्ट के अनुसार ऐसे कई उदाहरण हैं, जिनमें केवल समाचार-पत्रों में प्रकाशित सूचना के आधार पर ही मामला बनाया गया और दोषी पाये गए व्यक्ति को दंड व पीड़ित को मुआवजा दिया गया। देखा गया है कि मानवाधिकार सम्बन्धी रिपोर्ट प्रकाशित करते समय कभी कभी पत्र-पत्रिका अतिरंजना और अतिशयोक्ति के शिकार हो जाते हैं। इस परिप्रेक्ष्य में कुछ दिन पहले पंजाब,जम्मू व कश्मीर तथा साम्प्रदायिक दंगों से सम्बन्धित खबरों का उल्लेख किया जा सकता है। स्पष्ट है मानवाधिकारों के संरक्षण में मीडिया की अत्यन्त महत्त्वपूर्ण भूमिका है। भारत जैसे विशाल व अर्द्धशिक्षित देश में यह भूमिका और भी महत्त्वपूर्ण हो जाती है, क्यों कि इसके बड़े-बड़े राज्यों में शासन और प्रशासन के बल पर मानवाधिकारों की रक्षा सम्भव नहीं है। मानवाधिकारों के सन्दर्भ में न्यायपालिका, विधायिका और कार्यपालिका पर गहन नजर रखने और आम जनता को जागरूक व प्रेरित करने का महत्त्वपूर्ण कार्य केवल और केवल मीडिया-प्रिन्ट और इलेक्ट्रॉनिक दोनों—के बल पर ही सम्भव है।[1]

---

1. संचार माध्यम में निशान्त सिंह का लेख 'मानवाधिकार संरक्षण और मीडिया की भूमिका', पृष्ठ-5, अक्टूबर-दिसम्बर, 1998 ई.।

भाग-2

भारत में प्रेस-सम्बन्धी प्रमुख कानून, उनका संक्षिप्त इतिहास तथा अंग्रेजों द्वारा उनका समय-समय पर बेजां इस्तेमाल

(1) भारत में प्रेस : स्वतंत्रता एवं प्रतिबन्ध

(क) आजादी पूर्व भारत में प्रेस की स्थिति

(अ) "लिखे हुए शब्दों पर प्रतिबन्ध अभिव्यक्ति की स्वतंत्रता के मंदिर के पवित्रतम स्थल पर अक्षम्य कुठाराघात है।"[1]

(ब) "वस्तुतः जानना, अभिव्यक्ति एवं तर्क-वितर्क की स्वतंत्रता, सभी स्वतंत्रताओं में बड़ी है।"[2]

(स) "सरकार एवं प्रेस के मध्य सम्बन्ध, किसी राजनीतिक प्रक्रिया के हृदय-स्थल की तरह हैं। हालाँकि सम्पूर्ण विश्व में, कौन सी सूचना समाज तक जाए, इसे लेकर लगातार संघर्ष होता रहा है। कभी यह संघर्ष अभिव्यक्ति की स्वतंत्रता को सामाजिक/विधिक आधार देता है अथवा कभी वह राष्ट्रीय हित, सुरक्षा एवं मानवीय मूल्यों के नाम पर प्रतिबन्धित हो जाता है।[3]

प्रेस और कानून जुड़वा बच्चे की तरह होते हैं। प्रेस अर्थात् पत्रकारिता के जन्म के साथ ही कानून ने भी जन्म ले लिया। जैसे-जैसे पत्रकारिता की वय बढ़ती गई, समय-समय पर कानून भी गढ़े-रचे गए, परतंत्र भारत में भी, स्वतंत्र भारत में भी। सत्ता से पत्रकारिता की अनबन सदैव रही है। जब-जब किसी सत्ता की कुर्सी को, समृद्धि, यश और शक्ति को पत्रकारिता से आँच और चुनौती मिलती है—वह सत्ता पत्रकारिता को बेलगाम, निरंकुश, उच्छृंखल और न जाने किन-किन गन्दे जुमलों से पैबस्त कर कानून के माध्यम से उसकी हद-जद, हैसियत तथा औकात बताती है। इससे पत्रकारिता का चरित्र क्षतिग्रस्त होता है। अंग्रेजों ने अपने शासन के अन्धे दौर में पत्रकारिता को अपनी शर्तों पर जीने और आचरण बरतने के लिए बाध्य किया, पत्रकारिता को अपना पालतू बनाने की कोशिश की, पर साहस और अदम्य ऊर्जा सम्पृक्त भारतीय पत्रकारिता ने उनका मुँहतोड़ जवाब देते अपने अस्तित्व को बचा लिया।[4] बहरहाल, मुद्रण-विज्ञान में रुचि रखनेवाले लोग जानते हैं कि भारतवर्ष में मुद्रण-यंत्र (प्रेस या छापाखाना) स्थापित करने का श्रेय पुर्तगालियों को है। वास्कोडिगामा द्वारा भारत के समुद्री मार्ग की खोज के साथ ही पुर्तगालियों के कदम भारत में पड़े। सन् 1550 में उन्होंने दो मुद्रण यंत्र यूरोप से भारत में मँगवाए। इनमें से एक प्रेस गोवा में स्थापित किया गया। प्रेस स्थापना के पीछे उनकी मंशा भारत में ईसाई धर्म के प्रचार-प्रसार के लिए धर्म-पुस्तिकाओं का प्रकाशन करना था और इस तरह 1557 ई. में गोवा के पादरियों ने पहली पुस्तक भारत में प्रकाशित की। उन्होंने दूसरा प्रेस 1578 में तमिलनाडु के तिनवेली जिले के पौरीकील नामक स्थान पर स्थापित किया। सन् 1684 ई. में ईस्ट इंडिया कम्पनी ने मुम्बई में मुद्रणालय लगाया।[5] इन सभी प्रारम्भिक छापेखानों का मकसद महज धार्मिक पुस्तकों का प्रकाशन ही था। समाचार-पत्रों के प्रकाशन का विचार इनके दिमाग में दूर-दूर तक नहीं था। सम्भवतः इसीलिए तकरीबन 100 वर्षों तक कम्पनी के प्रदेशों में कोई अखबार छपा ही नहीं। कहीं मैंने पढ़ा है कि ऐसा शायद अपने व्यापार में उनकी व्यस्तता के कारण हुआ। इसी बीच 1772 में तंजौर जिले के तिनकोवर में डेनमार्क के पादरियों ने प्रेस स्थापित किया। सन् 1772 में ही अंग्रेजी ने मुद्रास में छापाखाना खोला तथा सन् 1779 में कोलकाता में प्रेस की स्थापना हुई। कोलकाता के प्रेस की देखरेख

1. The Right to the Battle Against Censorship : Paul Blenshord, p. 4, Vecon Press, Boston 1995
2. Free Speech and Free Press : J.J. Paterson, p. 14, Little Brom and Company, Boston, 1939
3. Band Controversial Literature and Politcal Control in British India : N. Garald Barriar, 4, (Introduction) Manohar, Delhi, 1976
4. प्रयोजनमूलक हिन्दी की नई भूमिका—डॉ. कैलाशनाथ पांडेय, पृष्ठ-446, लोकभारती प्रकाशन, इलाहाबाद।
5. लेकिन डॉ. नगेन्द्र द्वारा सम्पादित पुस्तक 'हिन्दी साहित्य का इतिहास' के पृष्ठ-441 पर मुम्बई में स्थापित प्रेस का वर्ष 1674 दिया गया है।

का जिम्मा चार्ल्स विलिकिन्स को सौंपा गया था। इन्होंने हुगली में एक बांग्ला भाषा और नागरी का टाइप तैयार कर एक स्थानीय व्यक्ति नथनील हलहैड की सहायता से बांग्ला भाषा का पहला व्याकरण तैयार किया।

वस्तुतः भारत में सन् 1768 ई. में समाचार-पत्र प्रकाशित करने का प्रथम प्रयास एक अंग्रेज **विलियम वोल्ट्स** ने किया, किन्तु वह तत्कालीन शासकीय हस्तक्षेप के कारण अपने प्रयास में असफल हो गए, अन्ततः श्रेय मिला-**जेम्स ऑगस्टन हिक्की** (James Augustus Hickey) को। **हिक्की महोदय** ने सन् 1780 में भारत का पहला समाचार-पत्र **बंगाल गजट** (The Bengal Gazattee) प्रकाशित किया। इसे इतिहास की पुस्तक में **कलकत्ता जनरल एडवरटाइजर** (The Calcutta Generad Advestiser) नाम से भी जाना जाता है। इस साहसी समाचार सम्पादक ने कम्पनी की कमियों को समय-समय पर खुलकर प्रकाशित किया, फलतः जुर्माना और क़ैद की सजा के साथ मार्च 1882 में हिक्की के छापेखाने को जब्त कर लिया गया। **वारेन हेस्टिंग्स** के समय में समाचार-पत्र प्रकाशन का दूसरा प्रयास नवम्बर सन् 1780 ई. में **इंडियन गजट** के रूप में हुआ, जो सफल रहा। इस समाचार-पत्र के **मालिक बी. मेन्जिक** थे और सम्पादक **पीटर रोड** थे। चूँकि यह अखबार कम्पनी समर्थक था, सो कम्पनी ने इसे ढेरों सुविधाएँ दीं। सन् 1784 ई. में फ्रांसिस ग्लैडविन के सम्पादकत्त्व में एक समाचार-पत्र **ओरियण्टल एडवरटाइजर** छपा। इसे भी कम्पनी की कृपा का प्रसाद मिलता था। इसी तरह सन् 1785 में भारत की **प्रथम त्रैमासिक पत्रिका एशियाटिक मिस्लेनी** तथा **बंगाल रजिस्टर** का प्रकाशन हुआ, किन्तु बताते हैं, इनमें से अधिकांश पत्रों की नीति सरकार से मान्यता और मदद ही प्राप्त करना था।[1]

पर, दुर्भाग्य से आनेवाले दिन अखबारों के लिए मजर्रतदेह सिद्ध हुए। जिन अखबारों ने कम्पनी की नीतियों के विरुद्ध लिखा, वे तरह-तरह के कानूनों के जियादतियों-जुल्मों के शिकार हुए। प्रेस की स्वतंत्रता को लेकर प्रारम्भ से ही अंग्रेजों और भारतवासियों में टकराहट रही। इस संघर्ष में भी राजाराम मोहन राय ने पहल की। एडम के समय की प्रेस की स्वतंत्रता पर जो आक्रमण हुआ, उसके विरोध में उन्होंने अपने अन्य राष्ट्रवादी मित्रों के साथ कलकत्ता उच्च न्यायालय में आवेदन किया। उन्होंने सरकार की इस कार्यवाही को अप्रजातांत्रिक, अव्यावहारिक तथा प्रतिक्रियावादी बताया। रमेश चन्द्र दत्त के अनुसार संवैधानिक ढंग से राजनीतिक अधिकार प्राप्त करने के संघर्ष की यह शुरुआत थी।[2] अब हम आगे कुछ प्रमुख अंग्रेज शासकों की प्रेस नीति को इस प्रकार देख सकते हैं,—

(1) लॉर्ड कार्नवालिस की प्रेस-नीति

वारेन हेस्टिंग्स की तरह लार्ड कार्नवालिस भी प्रेस पर अंकुश रखने की नीति के समर्थक थे। मि. विलियम्स ड्यूएन के सम्पादकत्व में प्रकाशित **बंगाल जरनल** की जब्ती इसका स्पष्ट प्रमाण है। विलियम्स ड्यूएन ने 1791 ई. में **इंडियन वर्ल्ड** नामक समाचार-पत्र का प्रकाशन शुरू किया, किन्तु इसकी उम्र महज तीन साल ही रही।

(2) सर जॉन शोर की प्रेसनीति

जॉन शोर भारत के गवर्नर-जनरल थे। स्पष्ट और मुखर कथन वाले समाचार-पत्रों से इनकी भी अनवरत् अनबन होती रहती थी। जाहिर है, ये प्रेस प्रतिबन्ध के समर्थक थे। इन्हीं के कार्य काल में 1794 में इंडियन वर्ल्ड के प्रकाशक विलियम्स ड्यूएन को भारत निकाला की साजिश रची गई और अन्ततः इसी साल ड्यूएन को गिरफ्तार कर उन्हें स्वदेश लन्दन भेज दिया गया। जॉन शोर को जब इतने से भी सन्तोष नहीं हुआ तो उन्होंने स्वस्थ पत्रकारीय मूल्यों के सम्पोषक और सन् 1795 ई. में कोलकाता से बंगाल हाराकरू नामक समाचार-पत्र के सं. प्रकाशक डॉ. चार्ल्स मैकलिन को भी लन्दन भेज दिया।

---

1. History of Indian Journalism S. Natrajan, P. 62
2. हिन्दी साहित्य का इतिहास—सम्पादक डॉ. नगेन्द्र, पृष्ठ-441।

(3) लॉर्ड वेलेजली की प्रेस नीति

सम्भवतः अखबारों को अंग्रेजी सत्ता के विरुद्ध बेलाग टिप्पणियाँ करने के विरुद्ध उन्हें नियंत्रित करनेवाला ''अधिनियम-1797'' पहला कानून था। इसके प्रयोक्ता थे—प्रथम गवर्नर जनरल लार्ड वेलेजली (Lord Wellesley)। दरअसल, ब्रिटिश पार्लियामेंट में अनुदार दल में टोरियो की संख्या अधिक थी, जो भारतीय पत्रों की स्वाधीनता के विरुद्ध थे।[1] वेलेजली ने 1799 में समाचार-पत्रों का पत्रेक्षण अधिनियम (The Censorship of the Press Act) पारित किया। यह वह समय था, जब फ्रांस के आक्रमण का भय बना हुआ था। वेलेजली यह नहीं चाहता था कि कोई भी समाचार-पत्र ऐसे तथ्य प्रकाश में लाए, जो फ्रांस तथा भारतीय रियासतों के विरुद्ध उसकी किसी दुर्बलता को उजागर करे। सन् 1799 ई. में ब्रूस ने **एशियाटिक मिरर** समाचार-पत्र निकाला। इस पत्र में कम्पनी की सैन्य शक्ति सम्बन्धी भेद प्रकाशित किए जाने से वेलेजली अत्यधिक क्रोधित हुआ। उसने एशियाटिक मिरर के सम्पादक के विरुद्ध ईस्ट इंडिया कम्पनी के संचालकों को लिखा। ब्रूस ने इस पर क्षमा माँग ली, किन्तु वेलेजली ने समाचार-पत्रों पत्रेक्षण अधिनियम पारित कर दिया तथा समाचार-पत्रों पर युद्ध कालीन सेन्सर तत्काल प्रभाव से लागू कर दिया। सचिव को यह स्पष्ट अनुमति थी कि वह सेना, जलपोत, माल और धन के आने-जाने के विषय में कोई जानकारी प्रकाशित करने की अनुमति न दें। कम्पनी व भारतीय रियासतों के सम्बन्धों के विषय में कोई ऐसी जानकारी न छपे, जिससे कि असन्तोष उत्पन्न हो।[2]

वेलेजली के कानून के तहत वे भी अखबार आए, जिसका सम्पादन स्वतः अंग्रेज कर रहे थे। दरअसल, कुछ अंग्रेज सम्पादक भी समय-समय पर सत्ता की नालायकियत की ओर इशारा कर दिया करते थे, अतः देसी सम्पादकों के साथ-साथ उन्हें भी यातना झेलनी पड़ती थी,—"The East India Company from the Governor General downwards to the least important official in the administration was hostile to the press although it was owned and managed by Englishmen... However, it was not until 1799 that the first restrictions on the press were imposed by law. The man responsible was the Marquis of Wellesley who came to India in 1798 as Governor General." बहरहाल, 13 मई 1799 ई. में वेलेजली ने समाचार-पत्रों को चेताया कि,—

(1) रविवार को पत्र का प्रकाशन न हो,
(2) प्रत्येक पत्र के अन्त में मुद्रक अपना नाम लिखें,
(3) पत्र का प्रकाशन तभी किया जाए, जब सरकार द्वारा नामित अधिकारी उसे जाँच लें तथा
(4) पत्र के सम्पादक/संचालक भी अपने नाम की जानकारी सरकार के सचिव को दें।

कालान्तर में वेलेजली को लगा कि कई अखबार उसके आदेश का पालन नहीं कर रहे हैं, तो उसने पुनः 22 मई, सन् 1801 को नये आदेश में उन्हें पालन करने के लिए आवश्यक बताया। इसका परिणाम हुआ कि कई अखबारों का प्रकाशन भूमिगत रूप में शुरू हुआ। वस्तुतः वेलेजली के नियमों को भंग करने पर उद्वासन का दंड (Deportation) मिलता था। इस कानून के पीछे वास्तव में कम्पनी सरकार का एकमात्र उद्देश्य मैटकाफ की जीवनी से स्पष्ट हो जाता है,—''उन दिनों हमारी नीति यह थी कि भारत के लोगों को जहाँ तक हो सके,—अज्ञानता और अन्धकार में रखा जाए। देशी जनता में ज्ञान फैलाने के किसी भी प्रयत्न का उन दिनों कड़ा विरोध किया जाता था।'' सन् 1807 में यह अधिनियम पत्रिकाओं, पम्पलेट तथा पुस्तकों पर भी लागू कर दिया गया,—

(1) Every Printer of a newspaper to print his name at the bottom of the paper.
(2) Every Editor and proprietor of a paper to deliver in his name and place of abode to the secretary to the Government.

1. हिन्दी पत्रकारिता—डॉ. कृष्ण बिहारी मिश्र, पृष्ठ-22।
2. भारतीय संस्कृति का इतिहास—डॉ. ए.के. मित्तल, पृष्ठ-256, साहित्य भवन पब्लिकेशन, आगरा, मूल्य 180 रुपये।

(3) No paper to be published on Sunday.
(4) No paper to be published at all until it shall have been previously inspected by the secretary to the government, or by person authorised by him for that purpose.
(5) The penalty for offending against any of the above regulations to be immediate embarkation for Europe."[1]

(4) लॉर्ड हेस्टिंग्स की प्रेस नीति

वेलेजली के बाद लार्ड मिन्टो ने भी अखबारों के प्रति पुरानी सख्ती जारी रखी, किन्तु इसके बाद सन् 1813 में गवर्नर जनरल के रूप में आए लार्ड हेस्टिंग्स ने सुलझे दृष्टिकोण का परिचय देते हुए नियमों में कुछ ढील और नरमी की। साहित्यिक अभिरुचि के हेस्टिंग्स ने जनता के लिए समाचार-पत्रों का महत्त्व समझा। इधर, 'कलकत्ता जनरल' के सम्पादक डॉ. ब्राइस ने भी समाचार-पत्रों पर लगे कड़े प्रतिबन्ध का मुखर विरोध किया, जिसका परिणाम हुआ कि 19 अगस्त, सन् 1818 ई. को सेंसरशिप का खात्मा अखबारों से हो गया। फिर, क्या था, पुनः समाचार-पत्रों के प्रकाशन का नया सिलसिला शुरू हुआ। कुल मिलाकर यह कि सन् 1818 ई. में पूर्व पत्रेक्षण अधिनियम बन्द कर दिया गया, किन्तु कुछ अन्य नियम लागू कर दिए गए। लॉर्ड हेस्टिंग्स ने स्पष्ट निर्देश दिए कि,—

(1) कोर्ट ऑफ डायरेक्टर्स, ब्रिटिश सरकार के अधिकारियों, कौंसिल के सदस्यों के प्रति, सुप्रीम कोर्ट के न्यायाधीशों के प्रमुख पादरी के सार्वजनिक कार्यों व प्रतिष्ठानों के विरुद्ध कोई भी समाचार न छापा जाए,
(2) धार्मिक विश्वासों व भावनाओं पर चोट करनेवाली तथा भारतीय जनता में आतंक फैलाने वाली खबरें न छापी जाएँ तथा
(3) किसी व्यक्ति के आचरण पर आघात करनेवाली खबरें तथा विदेशी पत्रिका से ऐसी बातों को उद्धृत कर न छापा जाए, जिससे कि असन्तोष फैले,—

(1) Animadversions on the measures and proceedings of the honourable Court of Directors or other public authorities in England connected with the Government of India, or disquisitions on political transactions of the local administration or offensive remarks levelled at the public conduct of the members of the council, of the judges of the Supreme Court or of the Lord Bishop of Calcutta.
(2) Discussions having a tendency to create alarm or suspicion among the native population of any intended interference with their religious opinions.
(3) Private scandal and personal remarks, on individuals to excite dissension in society.[2]

Council Chamber
19th August, 1818

J. Adam
Chief Secretory to the Govt.

(5) जान एडम्स और प्रेस

सन् 1823 ई. में जान एडम्स की नियुक्ति स्थापनापन्न गवर्नर जनरल के रूप में हुई। इनकी नीति अखबारी स्वातंत्र्य के विरुद्ध थी। प्रेस की मुक्ति, उन्हें कम्पनी पर संकट लगती थी। अतः इस नये, कार्यवाहक गवर्नर जनरल जान एडम्स ने 1923 में फिर उन्हीं अखबार विरोधी अधिनियमों

1. History of the Press Laws and Communication : Dr. B. N. Ahuja, p. 72, Surjeet Publications, Kamala Nagar, Delhi, 1993, Rs. 150.00
2. History of the Press and Press Laws and Communication's : Dr. B. N. Ahuja, p. 72

को लागू किया,—"An ordinance was issued in 1823 by the acting Governor General John Adam, called the Adam Regulations which made the restrictions on the press more stringent."

एडम्स का स्पष्ट आदेश था कि बिना सरकारी अनुमति के पत्र-पत्रिका या विज्ञप्ति का प्रकाशन न किया जाए। उसका यह भी आदेश था कि बिना लाइसेन्स के चलने वाले प्रेस को जब्त कर लिया जाए। एडम्स ने सन् 1823 ई. में अनुज्ञप्ति नियम (The Licensing Regulation of 1823) लागू कर दिया, 14 मार्च, 1823 को पारित इस कानून के अनुसार—

(1) सरकारी स्वीकृति के बिना फोर्ट विलियम के क्षेत्र में ऐसे समाचार-पत्र, पत्रिका, विज्ञप्ति या पुस्तक पर प्रतिबन्ध लगा दिया जाए, जिसमें सरकारी नीति व कार्यों की आलोचना हो,

(2) अब प्रकाशन सम्बन्धी सरकारी अनुमति प्राप्त करने के लिए आवेदन पत्र के साथ शपथ-पत्र भी देना अनिवार्य कर दिया गया। इसमें पत्रिका, समाचार-पत्र और पुस्तिका के प्रकाशन का नाम व पता होना अनिवार्य कर दिया गया,

(3) आवेदन पत्र व शपथ पत्र में उस मकान का विस्तृत विवरण देना अनिवार्य कर दिया गया, जहाँ से प्रकाशन होता है,

(4) यदि बिना लाइसेन्स के समाचार-पत्र प्रकाशित होता है तो प्रकाशक को चार सौ रुपए जुर्माना एवं चार माह के कारावास की सजा दी जाएगी।

इस अध्यादेश का विरोध गौरीचरण बनर्जी, राजाराम मोहनराय एवं द्वारका नाथ ठाकुर ने किया। एक स्मरण-पत्र (Memorandum) सरकार के सामने 31 मार्च, 1823 को प्रस्तुत किया गया। यह मानवीय आधार पर तैयार पत्र था। नवम्बर 1826 में यह स्मरण पत्र अस्वीकृत कर दिया गया। इस अधिनियम के अन्तर्गत राजा राम मोहन राय की पत्रिका **मिरात-उल-अखबार** बन्द कर दी गई। इधर, जे.एस. बकिंघम को इंग्लैंड भेज दिया गया। मि. फर्ग्यूसन की सुप्रीम कोर्ट में दायर अपील को भी निरस्त कर दिया गया। मुख्य न्यायाधीश ने स्पष्ट कर दिया कि कम्पनी सरकार व प्रेस की स्वतंत्रता-दोनों एक साथ नहीं चल सकते।[1]

(6) लॉर्ड अमहर्स्ट की रूढ़िवादी नीति

लॉर्ड एडम्स के बाद लार्ड अमहर्स्ट 1823 से 1827 तक गवर्नर जनरल रहे, लेकिन प्रेस के प्रति इनकी भी नजरिया रूढ़िवादी ही थी। इन्होंने भी एडम्स की ही प्रेस सम्बन्धी नीति का पालन किया, बल्कि थोड़ा आगे बढ़कर प्रेस की स्वतंत्रता छीनने के लिए एक और नया कानून बना दिया। इस कानून के तहत यह निश्चित किया गया कि अब किसी भी सरकारी कर्मचारी का किसी समाचार-पत्र से सम्बन्ध रखना अनुशासनहीनता मानी जाएगी।

(7) जेम्स बकिंघम की प्रेस के प्रति लचर दृष्टि

इसके बाद एक अन्य अंग्रेज जेम्स बकिंघम ने कलकत्ता जनरल का सम्पादन शुरू किया। सुलझी और साफगो दृष्टि के बकिंघम प्रतिभाशाली थे। सन् 1818 में उक्त जनरल का सम्पादन कार्य शुरू करते ही उन्होंने तत्कालीन गवर्नरों को उनके कर्तव्यों के प्रति सजग किया, सो कम्पनी ने उन्हें 1823 ई. में देश-निकाला कर दिया।

(8) लॉर्ड विलियम बैंटिक की प्रेस सम्बन्धी सख्त और नरम नीति

लार्ड विलियम बैंटिक का कार्यकाल 1828 से 1835 तक था। बैंटिक प्रगतिशील विचार के थे। अतः कुछ दिन के लिए अखबारों के प्रति जड़ और जिद्दी भाव समाप्त हुआ। पत्र-पत्रिकाओं के

1. भारतीय संस्कृति का इतिहास—डॉ. ए. के. मित्तल, पृष्ठ-257।

प्रकाशन में वृद्धि हुई किन्तु बाद में ढेर सारे दबावों के कारण इन्होंने भी प्रेस पर कई तरह के प्रतिबन्ध लगा दिए।

(9) गवर्नर जनरल मेटकॉफ की उदार 'प्रेस नीति 1835'

लार्ड विलियम बैंटिक के बाद एक उदारवादी गवर्नर जनरल मेटकॉफ (Sir Charles Metcalfe) का पर्दापण हुआ। प्रेस के प्रति मेटकाफ की उदार और पक्षपातरहित दृष्टि थी—Metcalfe appreciated the importance of newspapers, and felt they should be allowed to function without restrain. He believed the press was an instrument more for the education of the people than for information to the rulers." पर, दुर्भाग्य से प्रेस के प्रति मेटकाफ की उदारता उनके लिए घातक सिद्ध हुई। उनकी उदारवादी विचार धारा से 'कोर्ट ऑफ डाइरेक्टर' नाराज हुए, जिसका परिणाम हुआ सन् 1838 में मेटकॉफ का पुनः इंग्लैंड जाना। फिर भी, सच तो यह है कि भारतीय पत्रकारिता और प्रेस की स्वतंत्रता के लिए अथक परिश्रम करनेवाले गवर्नर जनरल मेटकॉफ का नाम प्रशंसनीय है। मेटकॉफ की दृष्टि में प्रेस की स्वतंत्रता अनिवार्य थी। सन् 1823 ई. के नियमों को मेटकॉफ ने निरस्त कर दिया, इसीलिए इतिहास में मेटकॉफ को **"समाचार-पत्रों का मुक्तिदाता"** भी कहा जाता है।[1] लार्ड मैकाले, उस समय कानून का सदस्य था, उसने मेटकॉफ की पूरी सहायता की, मैकाले ने 1835 ई. में अपने **प्रसिद्ध वृत्त** (Minutes) में प्रेस की स्वतंत्रता के लिए महत्त्वपूर्ण निर्णय दिया, जिससे भारतीय प्रेस पूर्णतः स्वतंत्र हो गया। इस कदम के चलते कम्पनी ने मेटकॉफ को वापस बुला लिया, किन्तु कलकत्ता के लोगों ने उसकी स्मृति में **मेटकॉफ-हाल** का निर्माण किया। उसके समय बना अधिनियम इस दृष्टि से महत्त्वपूर्ण था, कि मुद्रक व प्रकाशक को अब केवल प्रकाशन के निश्चित स्थान की सूचना भर देनी होती थी। यह कानून 1856 ई. तक चलता रहा। यही कारण है कि 1856 ई. तक अनेक समाचार-पत्रों का प्रकाशन आरम्भ हो गया। मेटकॉफ कानून-1835 इस प्रकार है,—

(1) भारतीय प्रेस के मुक्तिदाता लॉर्ड मेटकॉफ ने एडम्स के अनेक नियमों को समाप्त कर दिया, जैसे—लाइसेन्स प्रणाली तथा अनुमति-पत्र।

(2) सन् 1825 के उस आदेश को भी रद्द कर दिया गया, जिसमें प्रावधान था कि कम्पनी के कर्मचारी किसी भी समाचार-पत्र से सम्बद्ध न रहें तथा

(3) राजद्रोही, आपत्तिजनक तथा उकसाने-भड़काने वाले लेखन प्रतिबन्धित, इसे न मानने वालों पर भारी जुर्माने का प्रावधान किया गया।

मेटकॉफ की जगह दूसरे उदारवादी जनरल **लार्ड आकलैंड** आए, पर उन्हें भी 1842 में यहाँ से जाना पड़ा। सन् 1842 से 1844 तक **लार्ड एटोनबरो** का कार्यकाल था। इन्होंने प्रेस के प्रति कुछ सख्ती अवश्य बरती। पश्चात् 1844 से 1848 तक **लार्ड हेनरी हार्डिंग** का शासन था। प्रेस के प्रति कोई बदलाव इनमें भी नहीं दिखा। हार्डिंग के बाद एक अन्य सुप्रसिद्ध **लार्ड डलहौजी** सन् 1848 में भारत आए। इन्होंने ब्रिटिश शासन का विस्तार और सुधार किया।

(10) लार्ड केनिंग का गलाघोंटू प्रेस ऐक्ट या अनुज्ञप्ति अधिनियम

(Gagging या Licensing Act) 1857

केनिंग 1856 में भारत में गनवर जनरल बने। केनिंग के जनरल बनते ही प्रथम स्वाधीनता संग्राम नाम का 1857 का ब्रिटिश सरकार के विरुद्ध सुप्रसिद्ध विद्रोह शुरू हुआ। इधर, दिल्ली के **सादिक-उल-अखबार**, लखनऊ के **सुल्तान-उल-अखबार** अंग्रेजों की नीतियों पर जमकर प्रहार कर रहे

1. भारतीय संस्कृति का इतिहास—डॉ. ए. के. मित्तल, पृष्ठ-257।

थे। बहरहाल, जाहिर है, इस तरह के विद्रोह को दबाने के लिए सत्ता सबसे पहले बुद्धि जीवियों तथा उनकी आवाज पत्र-पत्रिकाओं पर आक्रमण करती है। केनिंग ने भी वही किया। 13 जून, 1857 को एक आदेश के तहत बिना अनुमति के प्रेस खोलने, पत्र-पत्रिकाओं और पुस्तकों के खिलाफ प्रतिबन्ध लगा दिया। साफ शब्दों में, सरकार ने प्रेस पर नियंत्रण के लिए कठोर कदम उठाए। आपातकालीन स्थिति से निबटने के लिए 1857 के अधिनियम संख्या-15 अनुज्ञप्ति व्यवस्था लागू कर दी गई।[1] इसके अनुसार,—

(1) बिना अनुज्ञप्ति के मुद्रणालय रखना व उसका प्रयोग अवैध घोषित कर दिया गया,
(2) सरकार को अनुज्ञप्ति देने व रद्द करने का पूर्ण अधिकार प्राप्त हो गया,
(3) सरकार किसी भी पुस्तक, मुद्रित विषयों व समाचार-पत्रों के प्रकाशन को कभी रोक सकती थी।

सन् 1857 ई. के इस अधिनियम के अन्तर्गत् द्वारका नाथ टैगोर के बंगाल हरकारू का अनुमति-पत्र छीन लिया गया। 'फ्रैन्ड्स ऑफ इंडिया' को 'प्लासी के सौ वर्ष' नामक लेख छापने पर चेतावनी दी गई। दूरबीन, समाचार सुधावर्षण एवं सुल्तान-उल-अखबार पर मुकदमा चलाया गया। गुलशन-ए-नौ-बहार का तो प्रकाशन ही बन्द हो गया। केनिंग के गलाघोंटू कानून को कार्यान्वित करते समय उसकी आवश्यकता पर जोर देते हुए बताया गया,—"मुझे सन्देह है कि इस बात को पूरी तरह समझा भी जा रहा है या नहीं कि पिछले कुछ सप्ताहों से भारतीय समाचार-पत्र (अंग्रेजी के नहीं, भाषायी पत्र) भारतीय जनता को जानकारी देने के नाम पर उनमें राजद्रोह का जहर भर रहे हैं।"[2] बहरहाल, इसे "गलाघोंटू कानून—1857" (Ganging Act) कहा गया—"In the wake of the Munity of 1857, Lord Canning, Governor General promulgated the press Act of 1857, which re-introduced all the restrictions imposed on the press by the Regulations of 1825. Printing presses were required to obtain a licence to function or to print a newspaper or book..." पर, कुछ दिनों बाद एक चमत्कार हुआ। महारानी विक्टोरिया की घोषणा से 13 जून, 1858 को केनिंग 'भारत के प्रथम वायसराय' बने और तत्काल बाद इनके उक्त गलाघोंटू कानून का अन्त हो गया। यह व्यवस्था लगभग एक वर्ष तक लागू रही। परिणाम हुआ—पत्रों की संख्या बढ़ी। पत्रकारी निर्भीकता में भी इजाफा हुआ। इसके बाद 1869 में **सर जान लारेंस**, सन् 1869 में **लार्ड मयो** तथा सन् 1857 से 1876 तक **लार्ड नार्थ ब्रुक** भारत के वायसराय बने। इन लोगों के शासन काल में प्रेस सम्बन्धी नियमों में बहुत भारी उलटफेर नहीं हुए।

(11) सन् 1858 से 1950 के मध्य प्रेस का विकास

सन् 1857 ई. की क्रान्ति के लगभग 1 वर्ष पश्वात् ही पार्लियामेंट ने ईस्ट इंडिया कम्पनी से भारतीय शासन अपने हाथों में ले लिया और केनिंग पहले वायसराय बने। संवैधानिक परिवर्तन होने से एक नये आत्म विश्वास को बल मिला। सन् 1857 से 1867 ई. के मध्य के 10 वर्षों में अनेक समाचार-पत्र प्रकाशित हुए। मुम्बई से प्रकाशित होनेवाले टाइम्स ऑफ इंडिया का प्रकाशन सन् 1861 ई. में इलाहाबाद से प्रकाशित होनेवाले पायोनियर का प्रकाशन 1885 ई. में, अमृतबाजार पत्रिका का प्रकाशन 1868 में और स्टे्टसमैन का प्रकाशन 1875 ई. में आरम्भ हुआ।[3]

---

1. History of Indian Journalism-J. Natrajan P.61
2. समाचार पत्र (The Press) चेलापति राव (हिन्दी अनुवाद—वासुदेव शर्मा) पृष्ठ-69।
3. भारतीय संस्कृति का इतिहास—डॉ. ए. के. मित्तल, पृष्ठ-258-359।

अंग्रेजों के शासनकाल में प्रकाशित कतिपय महत्त्वपूर्ण पत्र-पत्रिकाएँ

पत्र का नाम	सम्पादक	प्रकाशन का वर्ष
बंगाल गजट	हिक्की	1780
इंडिया गजट	वी.मैन्जिक, पीटर रोड	1780
ओरियण्टल एडवरटाइजर, एशियाटिक मिरर	फ्रांसिस ग्लैडविन ब्रूस	1785
दिग्दर्शन	विलयम कैरी	1818
मुम्बई समाचार	फर्दून जी मर्जवान	1822
समाचार दर्पण, बंगाल गजट	जोशुआ मांर्शमैन, हरुचन्द्रराय	1820, 1826
संवाद कौमुदी	ताराचन्द दत्त, भवानी चरण बनर्जी	1820
ब्रह्मैनिकल मैगजीन	राजा राममोहन राय	1821
मीरात-उल-अखबार	राजा राममोहन राय	...
उदन्त मार्तण्ड	जुगल किशोर शुक्ल	1826
जामे जहाँनुमा	हरिहर दत्त	1823
बनारस अखबार	गोविन्द रघुनाथन	1845
ज्ञानद्वीप	अली	...
ग्वालियर गजट	लक्ष्मनदास	1853
समाचार सुधावर्षक	श्यामसुन्दर सेन	1854
कविवचन सुधा	भारतेन्दु हरिश्चन्द्र	1865
अल्मोड़ा	सदानन्द सनवाल	1871
दीप्त प्रकाश	खत्री	1872
ज्ञान प्रदायिनी	नवीनचन्द्र राय	1866
मित्र विलास	मुकुन्दराय कश्मीरी	1877
ब्राह्मण	प्रताप नारायण मिश्र	1883
हिन्दू पेट्रिअट	...	1893
अमृतबाजार पत्रिका	शिशिरकुमार, मोतीलाल घोष	...
आर्यगजट	खुशहालचन्द	1924
ऊषा	सन्तराम	1914
मौजी	...	...

(12) सन् 1867 का समाचार-पत्र तथा पुस्तक पंजीकरण अधिनियम

वायसराय सर जॉन लारेन्स के शासनकाल में प्रेस तथा समाचारों को नियंत्रित करने के लिए कानून 'समाचार-पत्र एवं पुस्तक पंजीकरण नियम' पारित किया गया। इस अधिनियम का मुख्य लक्ष्य छापेखानों की गतिविधियों के बारे में जानकारी प्राप्त करना था। इस अधिनियम के तहत पुस्तकों और समाचार-पत्रों के प्रकाशन की स्वतंत्रता छीन ली गई।[1] किन्तु एक पुस्तक में एक विद्वान लिखते हैं कि इस अधिनियम का उद्देश्य समाचार-पत्रों पर रोक लगाना नहीं था। उनका कहना है कि 1867 ई. के पंजीकरण अधिनियम

1. हिन्दी पत्रकारिता : स्वरूप एवं सन्दर्भ—डॉ. विनोद, गोदरे, पृष्ठ-157।

का प्रेस के विकास के इतिहास में महत्त्वपूर्ण स्थान है। इसका सबसे बड़ा कारण यह है कि इसने मेटकॉफ के अधिनियम को परिवर्तित कर दिया। साथ ही 1890, 1914, 1952 एवं 1953 ई. के संशोधनों के साथ यह आज तक अपना अस्तित्व बनाये हुए है। इस अधिनियम का मूलभूत उद्देश्य समाचार-पत्रों व मुद्रणालयों को नियमित रूप देना था। समाचार-पत्रों व मुद्रणालयों पर रोक लगाना इसका उद्देश्य नहीं था। इस अधिनियम द्वारा प्रत्येक छपी हुई पुस्तक एवं समाचार-पत्र पर मुद्रक, प्रकाशक एवं मुद्रण स्थान का नाम छापना अनिवार्य कर दिया गया। यह भी व्यवस्था लागू कर दी गई कि प्रकाशक छपी हुई पुस्तक की एक प्रति बिना मूल्य के सरकार को सौंपेगा।[1]

(13) समाचार-पत्रों पर बहाबी आन्दोलन का प्रभाव

सन् 1809-70 ई. के मध्य देश में बहाबी आन्दोलन हुआ था। इस आन्दोलन की भयावहता से भयभीत अंग्रेजों ने समाचार-पत्रों पर कई तरह की पाबन्दियों लगाईं, जिसमें एक मुख्य यह भी था कि किसी भी समाचार-पत्र में राजद्रोहात्मक लेख प्रकाशित नहीं होने चाहिए। यदि सरकार की इस आज्ञा का उल्लंघन होगा तो कड़ी-से-कड़ी सजा दी जाएगी। तत्कालीन सरकार ने इस तरह के लेखों को समाचार-पत्रों में प्रकाशित होने से रोकने के लिए भारतीय दंड संहिता (Indian Penal Code) की धारा-124 में एक और धारा-125-A जोड़ दी। इसमें यह व्यवस्था की गई थी कि राजद्रोह या किसी भी तरह की अराजकता फैलाने वाले लेख छपने पर लेखक और प्रकाशक-दोनों पर जुर्माना, कुछ समय तक देश निकाला या आजीवन निर्वासन की सजा दी जा सकती है।

(14) वर्नाक्यूलर प्रेस ऐक्ट (Vernacular Press Act) 1878

नार्थब्रुक के बाद लार्ड लिटन (Lord Lytton) भारत के वायसराय बने। इनके सत्ता में आने से पूर्व भारत में पत्रों की संख्या में काफी वृद्धि हो चुकी थी। यह ऐसा समय था, जब भारत में कुल 644 पत्र-पत्रिकाएँ प्रकाशित हो रही थीं और उनमें 400 पत्र भाषायी पत्र थे। इनकी पाठक संख्या भी लगभग एक लाख थी।[2] अतः पत्रों की स्वतंत्रता तथा उनकी बाढ़ रोकने के लिए लिटन ने 1 मार्च, 1878 को एक विशेष अधिनियम वर्नाक्यूलर प्रेस ऐक्ट—1878 (Vernacular Press Act of 1878) पास किया। इस अधिनियम को प्राच्य भाषाओं के प्रकाशन पर बेहतर नियंत्रण रखने का अधिनियम "An Act for more stringent control of publication in Original Language" नाम से जाना जाता है— "No printer or publisher against whom such action had been taken could resort to a court of law." वस्तुतः उस समय देश में राष्ट्रीय भावना का उभार चरम पर था, पत्र पत्रिकाओं के द्वारा सोती जनता को जगाया जा रहा था, जैसे भारतेन्दु हरिश्चन्द्र ने बनारस से 1868 में प्रकाशित 'कवि वचन सुधा' में भारत से धन के निष्कासन पर करारा प्रहार करते हुए लिखा, "सरकार का कहना है कि रेलवे कम्पनी वालों ने जो द्रव्य व्यय किया है, उसका ब्याज सरकार को देना पड़ता है और उसे लेनेवाले बहुधा विलायत के लोग हैं। कुल मिलाकर 26 करोड़ रुपया बाहर जाता है।[3] आगे कटाक्ष करते हुए उन्होंने लिखा,—"जब अंग्रेज विलायत से आते हैं, प्रायः कैसे दरिद्र होते हैं और जब हिन्दुस्तान से अपने विलायत जाते हैं तो कुबेर बन जाते हैं। यह स्पष्ट करता है कि रोग और दुष्काल-इसके कारण अंग्रेज ही हैं।[4]

वस्तुतः इस कानून के मूल में भारत सचिव सैलिसबरी ही हैं। इन्होंने 6 मई 1857 को नार्थ ब्रुक को एक पत्र लिखकर समाचार-पत्रों पर नियंत्रण करने के लिए कहा। नार्थब्रुक से तो उस समय कार्य न हुआ, पर लिटन के वायसराय बनते ही प्रतिक्रियावादी गतिविधियाँ बढ़ गई। आरम्भ में लिटन को

1. भारतीय संस्कृति का इतिहास—डॉ. ए.के. मित्तल, पृष्ठ-258।
2. A History of Indian Journalism-S. Nat Rajan. P. 69.
3. कविवचन सुधा—सं. भारतेन्दु हरिश्चन्द्र, 9 मार्च 1878 ई.।
4. कवि वचन सुधा—सं. भारतेन्दु हरिश्चन्द्र, 18 मई 1878 ई.।

भी कौंसिल के कानूनी सलाहकार ऑर्थर हॉबहाउस एवं बंगाल प्रेसीडेंसी के गवर्नर टैंपल का विरोध सहना पड़ा, किन्तु इन दोनों के भारत से जाते ही 14 मार्च, 1878 ई. को उसने एक कानून पास करवा ही लिया, इसे इतिहास में **'प्राच्य भाषा प्रकाशन उत्तमता नियंत्रण कानून'** (Varnacular Press Act) कहा जाता है, इस अधिनियम के द्वारा—

(1) जिले के दंडनायकों को व्यापक अधिकार दे दिए गए। अब जिले का दंडनायक सरकार से आज्ञा लेकर भारतीय समाचार-पत्र के प्रकाशक को इस बात के लिए बाध्य कर सकता था कि वह ऐसे अनुबन्ध पर हस्ताक्षर करे, जिसमें सरकार विरोधी प्रकाशन नहीं होगा। इतना ही नहीं, वह जाति, वर्ण व धर्म के वैमनस्य को बढ़ावा न देनेवाले लेख छापने का भी वचन देगा,

(2) किसी भी समाचार-पत्र को दंडनायक जब्त कर सकता था। मुद्रणालय जब्त करने का भी उस स्थिति में उसे अधिकार था, जब कि उसने आज्ञा का उल्लंघन किया हो,

(3) दंडनायक के निर्णय के विरुद्ध अपील का अधिकार नहीं होगा तथा

(4) इस अधिनियम से बचने का एक ही रास्ता रखा गया। वह यह कि प्रकाशन अपने पत्र की एक प्रति सरकारी पत्रेक्षण समिति को पत्र छापने से पूर्व देगा।[1]

इस अधिनियम की सर्वाधिक दोषपूर्ण बात यह थी कि इसने देशी समाचार-पत्रों व अंग्रेजी भाषा में छपे समाचार-पत्रों में भेद किया। इतिहासकार **डॉ. ए.के. मित्तल**[2] के अनुसार दोषी को अपील का अधिकार न होना और भी अन्यायपूर्ण था। इस अधिनियम का अत्यधिक विरोध हुआ। सर फिरोजशाह मेहता ने टाइम्स में लेख लिखा,—"यदि सरकार स्वतंत्र व निष्पक्ष आलोचना करने का अधिकार नहीं देगी, तो सरकार कठिनता से मालूम कर सकेगी कि किन-किन क्षेत्रों में शासन दोषपूर्ण है।" एक विद्वान श्री सुरेन्द्र नाथ बनर्जी ने तो यहाँ तक कहा कि,—"इस कानून के लागू होने के 15 महीने के भीतर वर्नाक्यूलर प्रेस ऐक्ट ने मद्रास छोड़कर समस्त भारत के समाचार-पत्रों का गला घोंट दिया।" 'सोमप्रकाश', 'भारत मिहिर' तथा 'ढाका प्रकाश' के विरुद्ध मुकदमे चलाये गए। बहरहाल, प्रेस ऐक्ट का बहुत विरोध हुआ। 17 अप्रैल, 1878 ई. को कोलकाता के टाउन हाल में इंडियन एसोसियेशन की सभा बुलाई गई। इसमें 4000 लोग उपस्थित हुए। सभा ने एक प्रस्ताव पास किया। इस प्रस्ताव में इस ऐक्ट को समाप्त करने की बात कही गई। यह भी उल्लेखनीय है कि इस सभा में विद्यार्थी ही अधिक थे। जमींदार वर्ग से सम्बन्धित ब्रिटिश एसोसियेशन ने इसमें भाग नहीं लिया, स्मृति-पत्र पास कर इंग्लैंड लिबरल पार्टी के नेता के पास भेजे गए। हाउस ऑफ कामन्स में 23 जुलाई, 1878 ई. को इस कानून की आलोचना हुई। लिबरलपार्टी के नेता ग्लैडस्टन के प्रस्ताव के पक्ष में 360 सदस्यों ने वोट दिया। फलस्वरूप, जब ग्लैडस्टन की सरकार बनी तो 1882 में यह कानून समाप्त कर दिया गया। सुरेन्द्र नाथ बनर्जी ने इसे इंडियन एसोसियेशन की सफलता बताया, तो कोलकाता के 'इंडियन मिरर' ने यहाँ तक लिखा कि "अगर हमारे नौजवान आजकल की तरह चलते रहेंगे तो सम्भवतः वे रूस के छात्रों की तरह आन्दोलनकारी बन सकते हैं।"[3]

(15) लॉर्ड रिपन की प्रेस-नीति

लार्ड लिटन के बाद लार्ड रिपन सन् 1880 में अगले वायसराय के रूप में भारत आए। रिपन प्रेस की मुक्तता के पक्षधर थे। वे भारतीयों की जन आकांक्षाओं को अच्छी तरह समझते थे। अतः इन्होंने वर्नाक्यूलर प्रेस ऐक्ट को समाप्त किया—"The obnoxious Act, which led to a storm of protest from Indian leaders was repealed in 1881 by Lord Ripon, the "Benevolent Victory" as he was called by Indians." वस्तुतः इस कानून के खात्मे के पीछे अंग्रेजों के अपने कुछ तर्क थे।

1. भारतीय संस्कृति का इतिहास—डॉ. ए.के. मित्तल, पृष्ठ-260 ई.।
2. भारतीय संस्कृति का इतिहास—डॉ. ए.के. मित्तल, पृष्ठ-260।
3. इंडियन मिरर सन 1879 ई.।

उनका कहना था कि प्रेस पर पाबन्दी वाला यह कानून भारतीयों में शक-शंका पैदा करेगा, इससे सरकार को परेशानी होगी। एक लेखक **डाउवैल** ने लिखा था कि,—"यह कठोर कदम जनता के दिमागों में शंका पैदा करेगा और सरकार को जनता की वास्तविक भावनाओं और इच्छाओं का ज्ञान नहीं हो पाएगा।"[1] अतः काफी सोच-विचार के बाद यह कानून समाप्त किया गया।

(16) राजद्रोह अधिनियम 1870

रिपन के बाद एक अन्य **लार्ड डफरिन** का भारत में आगमन हुआ। डफरिन भी प्रेस के प्रति नरम और उदारवादी विचार के थे। इन्हीं के शासन काल में ए.ओ. ह्यूम की प्रेरणा से भारतीयों का प्रमुख राजनैतिक संगठन "भारतीय राष्ट्रीय कांग्रेस" का गठन 28 दिसम्बर, 1885 को किया गया। डफरिन के बाद आए लैसडाउन ने राजकीय दस्तावेजों तथा सूचनाओं के प्रकाशन पर प्रतिबन्ध लगा दिया। सन् 1894 में **लार्ड एलगिन** भारत में अगले गवर्नर जनरल बने। इनके पद संभालते ही 1896-97 में देश में बहुत बड़ा अकाल पड़ा, परिणामतः बहुत लोग मरे। चारों ओर अशान्ति फैली। हिंसा बढ़ी। सरकार ने इस हिंसा और अशान्ति का मूल समाचार-पत्रों को माना, अतः "राजद्रोह अधिनियम—1870" (Law of Sedition) की संख्या 27 की धारा-5 के दंड संहिता की धारा 124-A" में किए गए संशोधन के अनुसार,—

(1) महारानी या (2) सरकार के विरुद्ध बोले गए या लिखे गए शब्दों, चिह्नों या ज्ञापन द्वारा असन्तोष या उथल-पुथल सम्बन्धी कार्यवाही को अनुचित मान उसे निषिद्ध किया गया।

(17) ऑफिशियल सीक्रेट्स ऐक्ट 1889

सरकार और पत्रकारिता के बीच निरन्तर संघर्ष चलता रहा। यद्यपि ब्रितानिया सरकार ने वर्नाक्यूलर ऐक्ट को समाप्त कर दिया था, फिर भी सत्ता और पत्रकारिता के बीच सामंजस्य स्थापित नहीं हो पाया। कारण स्पष्ट है, राष्ट्रीय चेतना के गायक-नायक पत्रकारों की प्रखरता को भोथरा कर देना चाहती थी और पत्रकार शासन में लगे दीमकों की ओर जनता का ध्यान आकर्षित करना चाहते थे। सरकार के मैले घिनौने त्रासद इरादों का पर्दाफाश करना चाहते थे और राष्ट्रीय चेतना को नया तेवर देना चाहते थे।[2] दुर्भाग्य से एंग्लो इंडियन अखबार तथा राजा शिवप्रसाद सितारे हिन्द[3] जो अंग्रेज शासन के जी हजूरिया थे; उन्होंने हिन्दी पत्रकारिता की बढ़ती लोकप्रियता और घने होते प्रभाव को खत्म करने के लिए सरकार पर दबाव डाला कि वह प्रेस कानून में परिवर्तन करे।[4] इस दुष्चक्र का विरोध राष्ट्रीय पत्र कर रहे थे[5] और अपने पर लगाये गए मिथ्या आरोपों का निरसन कर रहे थे, पर अपनी सत्ता के बचाव तथा राष्ट्रीय अस्मिता के पत्रों का दमन करने के लिए तत्कालीन लार्ड लैंसडाउन ने विवश हो 9 अक्टूबर 1889 को कार्यालय गोपनीय दस्तावेज और सूचना पारित कर दी तथा 17 अक्टूबर 1889 को अपनी स्वीकृति देकर इसे तुरन्त प्रभावी बना दिया। इस कानून के अन्तर्गत यदि किसी प्रतिबन्धित राजकीय दस्तावेज या योजना से परिचित कोई व्यक्ति उसे किसी अनधिकृत व्यक्ति को बतलाता है या उसे प्रकाशित करता है तो वह कानून की दृष्टि में दोषी है। इतना ही नहीं, इसमें किसी विदेशी एजेन्ट को ऐसी सूचनाएँ या दस्तावेज देने पर देश-निकाला अथवा दो से पाँच साल की सजा का प्रावधान किया गया था।[6]

---

1. Rise and Growth of Hindi Journalism -Dr. Ram Ratan Bhat Nagar. P. 142.
2. हिन्दी पत्रकारिता : स्वरूप और सन्दर्भ—डॉ. विनोद गोदरे, पृष्ठ-158।
3. The Press—M. Chelapati Rao. P. 69.
4. Repots on Native News Papers : 21 September -1889,-N.W. P. and Panjab-1889, दबदबा-ए-केशर पृ. 609।
5. हिन्दुस्तान—11 अगस्त, 1980।
6. हिन्दी पत्रकारिता : स्वरूप और सन्दर्भ—डॉ. विनोद गोदरे, पृष्ठ-158।

(18) समाचार-पत्र अधिनियम 1908

सुप्रसिद्ध लॉर्ड कर्जन को जनवरी सन् 1899 में भारत का नया वायसराय बनाया गया। देश को स्वतंत्र कराने की राजनीतिक और सामाजिक कशमकश जारी थी। समाचार-पत्र और जनता की आवाज को दबाने के लिए कर्जन के समय सरकारी गोपनीयता कानून में कई तरह के संशोधन किए गए। लोगों ने इन संशोधनों का विरोध किया। सरकार ने इसी सन्दर्भ में गोखले को "ब्रिटिश साम्राज्य के लिए अशान्ति का जनक" बताया। सच तो यह है कि लार्ड कर्जन की प्रतिगामी नीतियों ने भारत में जन असन्तोष को जन्म दिया, कर्जन के द्वारा किए गए बंग-भंग ने तो पूरे देश में तूफान ही खड़ा कर दिया था। उसने यद्यपि कुछ महत्त्वपूर्ण सुधार अवश्य किए, किन्तु इसके पीछे भी साम्राज्यवादी भावना निहित थी। कर्जन की नीतियों के फलस्वरूप भारतीय राष्ट्रीय कांग्रेस में भी उग्रवादी विचारधारा को बल मिला, समाचार-पत्रों ने कर्जन की नीतियों की कटु आलोचना जारी रखी। अतः इस असन्तोष को काबू में रखने के लिए 1908 ई. में अर्ल ऑफ मिण्टो द्वितीय (Earl of Minto II) के वायसराय काल में एक समाचार-पत्र अधिनियम पारित हुआ। इसे **1908 का समाचार-पत्र अधिनियम** कहा जाता है, इसके अनुसार,[1]—

(1) उस समाचार-पत्र को जब्त करने का सरकार को पूरा अधिकार होगा, जो ऐसी सामग्री का प्रकाशन करेगा, जिससे हिंसा और हत्या को बल मिलता हो,

(2) स्थानीय सरकार को यह अधिकार होगा कि वह 1867 ई. के अधिनियम के अन्तर्गत समाचार-पत्रों व पुस्तकों के पंजीकरण के सन्दर्भ में मुद्रक या प्रकाशक की दी गई घोषणा को समाप्त कर सकती है तथा

(3) मुद्रक और प्रकाशन को यह अधिकार दे दिया गया कि वे मुद्रणालय के जब्त होने के 15 दिन के भीतर उच्च न्यायालय में अपील कर सकते हैं।

इस अधिनियम के अन्तर्गत 'युगान्तर', 'सन्ध्या' एवं वन्देमातरम्' नामक समाचार-पत्रों का प्रकाशन बन्द कर दिया गया।

(19) भारतीय मुद्रणालय अधिनियम 1910

सन् 1916 में लॉर्ड चेम्सफोर्ड यहाँ के वायसराय बने। प्रेस के प्रति उनकी धारणा—"The function of the press informing public opinion holds within its compare the possibility of an ideal as high noble as any that can be imagined..." इसी बीच सन् 1910 ई. में लार्ड हार्डिंग के कार्यकाल में बनाये गए प्रेस सम्बन्धी नियमों को समाप्त करने की पुरजोर माँग उठी। ये नियम इस प्रकार थे,—

(1) जिला मजिस्ट्रेटों को यह अधिकार दे दिए गए कि वह किसी भी समाचार-मत्र के मालिक या प्रकाशक से पंजीकरण जमानत राशि (Registration Security) माँग सकता है,

(2) जमानत की राशि 500 रु. से लेकर 2,000 रुपए तक हो सकती है,

(3) जिला मजिस्ट्रेटों को जमानतें जब्त करने का भी अधिकार होगा,

(4) पुनः रजिस्ट्रेशन के लिए 1,000 रुपए से 10,000 रुपये तक, जो भी सरकार माँगेगी, देना होगा,

(5) अधिनियम की धारा 4 (1) में यह स्पष्ट कर दिया गया कि किसी भी संकेत, शब्द, आकृति, जिससे प्रत्यक्ष या परोक्ष रूप से या हत्या व विस्फोटक पदार्थों के अधिनियम के अधीन कोई भी अपराध करने, सेना में असन्तोष फैलाने, भारतीय रियासतों के विरोध में लिखना, ब्रिटिश सम्राट के प्रति भावना भड़काना पूर्णतः प्रतिबन्धित माना गया,

(6) जिला मजिस्ट्रेटों को यह अधिकार मिल गया कि वे आपत्तिजनक सामग्री के पुनः प्रकाशित होने पर नये पंजीकरण को रद्द कर सकते थे,

---

1. भारतीय संस्कृति का इतिहास—डॉ. ए.के. मित्तल, पृष्ठ-259।

(7) इसके विरुद्ध दो माह के भीतर उच्च न्यायालय की विशेष कोर्ट (Special Tribunal) में अपील की जा सकती थी तथा

(8) प्रकाशक को दो प्रतियाँ सरकार को बिना किसी मूल्य के देनी होंगी।

कुल मिलाकर, यह अधिनियम लिटन के समय के 1878 के अधिनियम का पुनर्जीवन ही था। अधिनियम की कठोरता का अनुमान इसी से लगाया जा सकता है कि इस अधिनियम के अन्तर्गत 705 मामलों में बड़ी जमानतें ली गयीं। सन् 1915 ई. तक इसके अन्तर्गत 5 लाख रुपये की जमानतें जब्त की गयीं, यही नहीं 286 समाचार-पत्रों को कड़ी चेतावनी दी गई।[1] अन्ततः सन् 1919 में एक अधिनियम पारित हुआ। सर तेज बहादुर सप्रू भारत के प्रथम कानूनी सदस्य बने। सप्रू की अध्यक्षता में एक समाचार-पत्र समिति का गठन हुआ। इसमें उदार-अनुदार दृष्टि रखनेवाले सभी लोग थे और सभी लोगों ने इस कानून का पुरजोर विरोध किया, जिसका परिणाम हुआ, उक्त समिति की रिपोर्ट के आधार पर अन्ततः सन् 1921 ई. में 1908 तथा 1910 ई. के प्रेस ऐक्ट को रद्द कर दिया गया।

(20) प्रिंस प्रोटेक्शन बिल 1922

भारतीय मुद्रणालय अधिनियम—1910 के रद्द हो जाने से भारतीय पत्रकारिता को नया तेवर मिला। उसने सरकारी नीतियों की डटकर आलोचना करना प्रारम्भ कर दिया। समाचार-पत्रों ने अन्याय तथा दमन का प्रतिकार करने के लिए, अपनी कमर कस ली। पत्रों ने छोटी-छोटी रियासतों को समाचारों के केन्द्र में स्थापित कर लिया। इस स्थिति में 1922 में 'प्रिन्ट प्रोटेक्शन बिल' पारित किया गया। इसमें पुस्तकों, समाचार-पत्रों तथा अन्य दस्तावेजों के प्रचार को निषिद्ध कर दिया गया, जिसमें भारतीय रियासतों के राजा, सरकार या प्रशासन के विरुद्ध नफरत तथा असन्तोष को बढ़ावा देने का प्रयत्न किया गया हो। भारतीय समाचार-पत्रों ने इसका जमकर विरोध किया। असेम्बली में भी मतदान इस अधिनियम के विपक्ष में गया, परन्तु वायसराय ने अपनी शक्ति का उपयोग कर, नियम में परिवर्तन कर इसे जारी रखा।[2]

(21) भारतीय समाचार-पत्र आपातकालीन कानून 1930

पुनः 1930 में प्रेस पर नियंत्रण रखने के लिए "Indian Press (Emergeney Powers) Ordinance" पारित किया गया। अन्ततः गांधी जी के नेतृत्व में सविनय अवज्ञा आन्दोलन की धमकी के बाद 6 मार्च, 1931 को यह अधिनियम वापस ले लिया गया।

(22) भारतीय समाचार-पत्र संकट कालीन अधिकार कानून 1931

इसके बाद लार्ड विलिंगटन भारत में सन् 1931 में नये वायसराय बन कर आए। प्रेस और गांधी जी के प्रति इनका रवैया बहुत सख्त था। राष्ट्रीय आन्दोलन का नेतृत्व करने के कारण गांधी को जेल भेजा और प्रेस के विरुद्ध ''भारतीय समाचार-पत्र (संकटकालीन अधिकार) अधिनियम'' पारित किया। अपने जन्म के शुरुआती दौर में यह कानून अस्थायी था, पर बाद में अंग्रेजों ने हवा का रुख अपने प्रतिकूल देख इस कानून को सन् 1935 में स्थायी बना दिया। वस्तुतः भारत में राष्ट्रवादी गतिविधियों में तेजी आने, 1929 की लाहौर कांग्रेस में पूर्ण स्वराज्य का लक्ष्य घोषित करना तथा सविनय अवज्ञा आन्दोलन के आरम्भ होने से ब्रिटिश हुकूमत ने जो कदम उठाए, उनमें प्रेस पर पुनः नियंत्रण भी था। इतना ही नहीं, 1910 के अधिनियम को पुनः लागू कर दिया गया। इस कानून के अन्तर्गत बम्बई क्रानिकाल से 3,000 रुपए, 'अमृतबाजार पत्रिका' से 6,000 रुपए तथा 'आनन्द बाजार पत्रिका' से 1,000 रुपए जमानत के लिए जमा कराए गए। जमानत की यह राशि बाद में सरकार ने जब्त कर ली।[3]

---

1. भारतीय संस्कृति का इतिहास—डॉ. ए.के. मित्तल, पृष्ठ-261।
2. हिन्दी पत्रकारिता : स्वरूप और सन्दर्भ—डॉ. विनोद गोदरे, पृष्ठ-175।
3. भारतीय संस्कृति का इतिहास—डॉ. ए.के. मित्तल, पृष्ठ-262।

भारतीय प्रेस अधिनियम 1910 तथा 1931 के अन्तर्गत गांधी जी से सहानुभूति रखनेवाले प्रतिबन्धित किए गए कुछ महत्त्वपूर्ण पर्चे[1]

वर्ष	प्रतिबन्धित साहित्य स्थल	भाषा	लेखक/ प्रकाशक	मुद्रण स्थल	मूलतः
1921	असहयोग चना	हिन्दी	स्वामी निर्भयानन्द	कानपुर	संयुक्त प्रान्त
1921	असहयोग	हिन्दी	कृष्णा	चन्द्रप्रभा प्रेस बनारस	संयुक्त प्रान्त
1921	असहयोग	हिन्दी	रेवती शरण गुप्ता	बनारस	संयुक्त प्रान्त
1921	असहयोग फाग	हिन्दी	द्वारिका प्रसाद	प्रयाग	संयुक्त प्रान्त
1921	असहयोग वीर भारत	हिन्दी	सुन्दर शर्मा	कानपुर	संयुक्त प्रान्त
1921	असहयोग की तान	हिन्दी	'अक्सर' एक असहयोगी	उरई	संयुक्त प्रान्त
1921	असहयोग आनन्द	हिन्दी	नीलकंठ	महोबा (झांसी)	संयुक्त प्रान्त
1921	विदेशी कपड़ों को छोड़ों	हिन्दी	लक्ष्मी नारायण शर्मा, सिक्रेटरी कांग्रेस कमेटी	अलीगढ़	संयुक्त प्रान्त
1922	अहिंसा संग्राम	हिन्दी	पं. रामसमुझ शुकुल	बनारस	संयुक्त प्रान्त
1922	अहिंसात्मक गांधी घोर संग्राम	हिन्दी	जगदीश प्रसाद तिवारी	कानपुर	संयुक्त प्रान्त
1922	बॉय काट	उर्दू	मुद्रक-मुश्ताक अहमद	मेरठ	संयुक्त प्रान्त
1922	गांधी माला	हिन्दी	काली प्रसाद	मुजफ्फरपुर	संयुक्त प्रान्त
1923	असहयोग रहस्य	हिन्दी	एम. इन्द्र विरूमल	एटा व अलीगढ़	संयुक्त प्रान्त
1923	गांधी का डंका	हिन्दी	प्रकाशक जसवन्त सिंह	अलीगढ़	संयुक्त प्रान्त
1923	गांधी लॉयन एंड इंग्लिश डॉग्स (शेर गांधी और विलायती कुत्ते)	हिन्दी	प्रका. पं. शिव बालक द्विवेदी	लखनऊ	संयुक्त प्रान्त
1923	महात्मा गांधी प्रताप	हिन्दी	संकलक-मार्केण्डेय प्रसाद गुप्त अग्रवाल	मुजफ्फरपुर	संयुक्त प्रान्त
1930	आल इंडिया कांग्रेस कमेटी बुलेटिन 30 अप्रैल, 1930	अंग्रेजी	कांग्रेस रिसर्च विभाग	इलाहाबाद	संयुक्त प्रान्त
1930	इलाहाबाद सत्याग्रही स्वराज और सेवकों के राष्ट्रीयगण	हिन्दी	प्रकाशक, शिवमूर्ति सचिव सत्याग्रह कमेटी इलाहाबाद	इलाहाबाद	संयुक्त प्रान्त
1932	कांग्रेस बुलेटिन जेल अंक	हिन्दी कमेटी	हिन्द प्रान्तीय कांग्रेस	...	संयुक्त प्रान्त
1932	किसानों के साथ जुलुम	हिन्दी	श्रीप्रकाश, सचिव प्रान्तीय कांग्रेस कमेटी	इलाहाबाद	संयुक्त प्रान्त
1932	लन्दन में महात्मा जी	हिन्दी 'मस्ता'	गया प्रसाद श्रीवास्तव	कानपुर	संयुक्त प्रान्त

1. राजकीय अभिलेखागार, लखनऊ, संयुक्त प्रान्त, होम पुलिस, पत्रावली संख्या—260, 1193 एवं 1107/ 1934 ई.।

(23) आपराधिक संशोधित कानून (Criminal Amendment Act) 1932

अंग्रेजों ने समाचार-पत्र अधिनियम 1931 को ही विस्तार देकर सन् 1932 में प्रेस से ताल्लुकात रखनेवाला एक अन्य कानून पारित किया। इसे ही आपराधिक संशोधन कानून—1932 कहा गया। इस कानून में 1931 के कानून की धारा 4 में यह बात भी जोड़ दी गई कि समाचार-पत्रों में कत्तई उन बातों को न छापा जाए, जो सरकार की रीति-नीति के खिलाफ होती हों, जिनसे सरकार के अस्तित्व पर संकट आने का खतरा हो। कुल मिलाकर यह कि इन सभी बातों की सख्त हिदायत उक्त अधिनियम में दी गई।

(24) वैदेशिक सम्बन्ध अधिनियम (The Foreign Relation Act) 1933

इसी समय 2 अप्रैल, सन् 1933 को विदेशी राष्ट्रों के विरुद्ध कुछ भी लिखने पर प्रतिबन्ध के लिए "विदेश सम्बन्ध अधिनियम" (The Foreign Relation Act) पारित किया गया। यह कानून अपने किसिम का निराला था। पहली बार देश के साथ-साथ विदेशी सम्बन्धों पर असर डालने वाला कानून बना। इस कानून में ऐसी सामग्री के प्रकाशन पर पूर्णतः पाबन्दी लगा दी गई, जिससे ब्रिटिश सरकार तथा अगल-बगल के देशों से सम्बन्धों पर फर्क-फॉक पड़ें,—"Its objects was to penalize publications calculated to interfere with the maintenance of good relations between His Majesty's Government and friendly foreign states. The necessity of this law arose when the newspapers criticised the administration in certain states adjoining the frontiers of India."[1] इसी कानून में विद्रोहात्मक साहित्य को रूपायित किया गया, जिसमें कहा गया कि,—"कोई भी पुस्तक, समाचार-पत्र तथा अन्य कोई मसौदा, जिसमें इस प्रकार की अपमानजनक सामग्री हो, जिससे ब्रिटिश सरकार तथा इस प्रकार के राज्य के पारस्परिक सम्बन्धों पर प्रभाव पड़ने का डर हो, उसे विद्रोहात्मक साहित्य की श्रेणी में रखा जा सकता था।"[2]

(25) भारतीय राज्य संरक्षण अधिनियम 1934

कालान्तर में अर्थात् 1934 में एक नया अधिनियम "भारतीय राज्य (सुरक्षा) अधिनियम" लागू किया गया। इस कानून के लागू करने के पीछे मुख्य उद्देश्य ब्रिटिश प्रशासनिक व्यवस्था की आलोचना को रोकना था।

(26) इंडिया ऐक्ट 1939

द्वितीय विश्वयुद्ध आरम्भ होते ही भारत की सुरक्षा को दृष्टि में रखते हुए पुनः पूर्व पत्रेक्षण (Pre Censorship) लागू कर दी गई,—"Defence of India Rules 1939 : The above Laws continued to remain io force upto 1939, when the World War II broke out. In order to meet the difficult situation the Government of India was forced to pass the Defence of India Act." इसी समय "शासन गुह्य अधिनियम (Official Secrets Act) एवं समाचार-पत्र संकटकालीन अधिनियमों में कतिपय संशोधन किए गए। छह वर्ष के लिए सरकार ने सभी छापेखानों को अपने नियंत्रण में ले लिया। सरकार को प्राप्त ये सभी शक्तियाँ द्वितीय विश्व युद्ध की समाप्ति तक लागू रहीं।

सन् 1940 में 'नेशनल हेराल्ड' पर प्रतिबन्ध लगाया गया, जिसके विरोध में 1943 में अनेक समाचार-पत्रों ने हड़ताल रखी और अन्ततः बहुत मशक्कत के बाद 15 अगस्त सन् 1947 को भारत स्वतंत्र हुआ। अन्ततः श्री अम्बिकाप्रसाद वाजपेयी[3] का यह कहना सच हुआ कि,—"भारत में प्रेस व छापेखाने एवं समाचार-पत्र गैरसरकारी अंग्रेजों के उद्योग से स्थापित हुए थे। उन्होंने समाचार-पत्रों का संचालन और सम्पादन ही नहीं किया था, स्वेच्छाचारी शासकों से समाचार-पत्र की स्वतंत्रता का संग्राम भी चलाया था। इस संग्राम में, जैसा सभी संग्रामों में होता है, कभी हार और कभी जीत होती रही। शासकों के पक्ष में पशुबल था और सम्पादकों का सम्बल नैतिक बल और अन्त में उनकी (प्रेस की) विजय हुई और भारतीय समाचार-पत्र उत्तरोतर स्वतंत्र होता गया।"

1. History of Press Laws and Communications-B.N. Ahuja. P. 67.
2. ब्रिटिश कालीन भारत का इतिहास—विद्याधर महाजन, सावित्री महाजन, पृष्ठ-517।
3. समाचार पत्रों का इतिहास—अम्बिका प्रसाद वाजपेयी, पृष्ठ-92।

(ख) प्रेस स्वतंत्रता सम्बन्धी अद्यतन कानून

देश आजाद हुआ। जिन अखबारों ने अंग्रेजी कानूनों की ताप झेला था तथा जो इस क्षेत्र में अभी आ रहे थे—सबने स्वतंत्र देश में स्वतंत्र अभिव्यक्ति की माँग की। साफ शब्दों में, स्वतंत्र प्रेस की माँग उठी। चूँकि लोकतंत्र में प्रेस ही व्यक्ति की आवाज होता है, इसलिए इसके महत्त्व को समझते हुए भारतीय संविधान में वाक् एवं अभिव्यक्ति की स्वतंत्रता (Freedom of speech and expression) की व्यवस्था संविधान के 19वें अनुच्छेद में की गई। अब यहाँ पर एक संशय उठा कि वाक् एवं अभिव्यक्ति की स्वतंत्रता का आशय केवल व्यक्ति से है या प्रेस से भी है? उत्तर मिला कि वाक् एवं अभिव्यक्ति की स्वतंत्रता में ही प्रेस की भी स्वतंत्रता अन्तर्भुक्त है। संविधान में प्रेस एवं व्यक्ति की स्वतंत्रता का अर्थ एक ही है। डॉ. अम्बेडकर ने इसे स्पष्ट करते हुए कहा कि, "प्रेस को ऐसे कोई विशेष अधिकार नहीं, जो नागरिकों को व्यक्तिगत रूप से प्राप्त नहीं है। समाचार-पत्र का सम्पादक या प्रेस का प्रबन्धक भी नागरिक है और जब वे समाचार-पत्र में अपने विचार व्यक्त करते हैं तो वे अभिव्यक्ति स्वातंत्र्य का उपयोग करते हैं इसलिए मेरे विचार से प्रेस की स्वतंत्रता अथवा मुद्रण की स्वतंत्रता का अलग से उल्लेख किया जाना आवश्यक नहीं है।" बहरहाल, न्यायालय ने भी सभी प्रकार की अभिव्यक्ति को 'वाक्' के भीतर ही माना है। अब संविधान के 19वें अनुच्छेद में नागरिकों के मौलिक अधिकारों को देखिए—

(1) Freedom of speech and expression अर्थात् वाक् एवं अभिव्यक्ति की स्वतंत्रता,
(2) Freedom to assemble peacefully and without arms अर्थात् हथियारों के बिना शान्तिपूर्वक एकत्र होने की स्वतंत्रता,
(3) Freedom to form association and unions अर्थात् संगठन तथा संघ बनाने की स्वतंत्रता,
(4) Freedom to move freely throughout the territory of India अर्थात् भारत के किसी भी क्षेत्र में अबाध संचरण की स्वतंत्रता,
(5) Freedom to reside and settle in any part of the territory of India अर्थात् भारतीय क्षेत्र में कहीं भी रहने और बसने की स्वतंत्रता तथा—
(6) To practice any profession or to carry on any occupation, trade or business अर्थात् किसी व्यापार—वृत्ति, व्यवसाय या आजीविका की स्वतंत्रता।

इधर, द्वितीय प्रेस आयोग ने भी अपना निष्कर्ष निकाला कि संविधान में प्रेस की अलग से स्वतंत्रता का उल्लेख कोई जरूरी नहीं है, क्योंकि अनुच्छेद 19 (1) (ए) में वह अवधारणा पूरी तरह समाहित है। हाँ, यह तथ्य ध्यातव्य रहा है कि स्वतंत्रता सम्बन्धी यह अधिकार महज भारतीय नागरिकों को ही प्राप्त हैं, प्रकाशन सम्बन्धी कार्य कर रहे किसी गैर-भारतीय नागरिक (Non-citizens) को यह अधिकार कत्तई प्राप्त नहीं हैं। इसी बीच स्वतंत्र भारत में प्रेस की स्वतंत्रता के आशय से सम्बन्धित एक लम्बी किन्तु गम्भीर बहस की शुरुआत हुई कि प्रेस स्वातंत्र्य का आशय नैतिकता के दायरे में रहकर अपने उत्तरदायित्वों का पालन करना है या सदाचार-शिष्टाचार का अतिक्रमण, मानहानि, न्यायालय की अवमानना, विद्रोही, भड़काऊ या उत्तेजित करनेवाले लेख लिखना है। बहरहाल, लम्बी बहसबाजी के बाद इस सम्बन्ध में संविधान में पहला संशोधन 1951 में किया गया और पुनः 1963 में 16वाँ संशोधन कर वाक् एवं अभिव्यक्ति की स्वतंत्रता पर प्रतिबन्धों का दायरा बढ़ाया गया, यथा—

(1) Sovereignty and Integrity of India अर्थात् भारत की सार्वभौमिकता तथा अखंडता,
(2) Security of the State अर्थात् राज्य की सुरक्षा,
(3) Friendly relations with foreign states अर्थात् बाहरी राज्यों के साथ मित्रतापूर्ण सम्बन्ध,
(4) Public order अर्थात् सार्वजनिक व्यवस्था,
(5) Decency or morality अर्थात् सदाचार अथवा नैतिकता,
(6) Contempt of Court अर्थात् न्यायालय का अपमान,
(7) Defamation अर्थात् मानहान तथा
(8) Incitement to an offence अर्थात् हिंसा को प्रोत्साहन।

बाद में भारतीय संविधान ने इनके दुरुपयोग सम्बन्धी प्रतिबन्ध पर अपनी स्वीकृति की मुहर लगाया।

पश्चात् संविधान में कई संशोधन हुए, जिनमें एक कई कारणों से प्रसिद्ध है। यह है—संविधान का 44वाँ संशोधन। इसमें देश में—युद्ध, बाह्य आक्रमण, किसी तरह की अशान्ति, उपद्रव एवं विद्रोह

की स्थिति में आपात काल घोषित करने की व्यवस्था है, सरकार विषम स्थिति में समाचार-पत्रों पर सेंसरशिप लागू कर सकती है। बहरहाल, आपको याद होगा, अपने देश में अब तक तीन बार आपात काल की घोषणा हो चुकी है—(1) 26 अक्टूबर, 1962 को चीनी आक्रमण के समय जब देश पर सुरक्षा का खतरा पैदा हो गया था, (2) 3 दिसम्बर, 1971 को भारत पर पाकिस्तानी आक्रमण के समय तथा (3) 26 जून, 1975 को देश में 'आन्तरिक अशान्ति' के नाम पर आपात काल लागू किया गया, जो 19 महीने चला। इसमें प्रेस पर सख्ती से सेंसरशिप लागू की गई। इसे लागू करनेवाली देश की वह पूर्व प्रधानमंत्री श्रीमती इन्दिरा गांधी थी, जिनके विषय में उनके निजी प्रेस सलाहकार श्री बी.जी. बर्गीज कहते थे कि वे प्रेस से बात करने में बहुत संकोची और लजीली हैं—"She is very shy of the press. At the beginning, I persuaded her to hold press conference every month. But she gave up this practice after I left. She treats the press conference as a necessary evil." सेंसरशिप के कारण समाचारों का स्वतंत्र और मुक्त प्रकाशन और व्यक्ति की अभिव्यक्ति पर बहुत कड़ी पाबन्दी लग गई। सेंसर वाले आदेश के कारण—"News was not to be published which contributes to the scare and demoralisation about the general situation or public interest in all respects, as determined by the Central Government nothing which will contribute even in a remote way to affect or worsen the law and order situation..." इस आपाल काल में देश के सुप्रसिद्ध नेता और पत्रकार नजरबन्द हुए। सामान्य लोगों को भी काफी यातना झेलनी पड़ी।

इधर, मानव अधिकार घोषणा पत्र (Human Rights Convention) के अनुच्छेद 19 के द्वारा प्रेस की स्वतंत्रता सम्बन्धी अधिकार पर प्रकाश डाला गया है, जिन्हें हम इस प्रकार देख सकते हैं—

(1) Everyone shall have the right to hold opinions without interference अर्थात् प्रत्येक व्यक्ति को बिना हस्तक्षेप के विचार रखने का अधिकार है,

(2) Everyone shall have the right to freedom of expression, this right shall include freedom to seek, receive and impart information and ideas of all kinds regardless of frontiers, in writing or in print, in the form of art of through any other media of his choice अर्थात् प्रत्येक व्यक्ति को अभिव्यक्ति की स्वतंत्रता है। लिखित, प्रकाशित या अन्य किसी रुचिकर माध्यम के द्वारा सभी प्रकार की सूचनाएँ तथा जानने एवं आदान-प्रदान करने की स्वतंत्रता का अधिकार इसमें सम्मिलित है,

(3) The exercise of the rights provided for in the foregoing paragraph carries with it special duties and responsibilities. It may, therefore, be subject to certain restrictions but they shall be such only as are provided by law and are necessary—(1) For respect of the right or reputations of others, (2) For the protection of national security or of public order or of public health or morals अर्थात् इन अधिकारों का प्रयोग विशेष कर्तव्य एवं उत्तरदायित्वों की अपेक्षा करता है, जिनका उल्लेख आगे किया गया है। अतः इन पर कुछ प्रतिबन्ध लगाये जा सकते हैं, किन्तु ये कानून की सीमा में आते हैं तथा ये आवश्यक हैं—(1) दूसरों के अधिकारों तथा सम्मान के लिए, (2) राष्ट्रीय सुरक्षा अथवा सार्वजनिक व्यवस्था अथवा सार्वजनिक स्वास्थ्य एवं नैतिकता की रक्षा के लिए।

अनुच्छेद 20 के अनुसार—

(1) Any propaganda for war shall be prohibited by law अर्थात् युद्ध के प्रचार से सम्बन्धित किसी प्रकार का प्रचार इस कानून द्वारा प्रतिबन्धित है,

(2) Any advocacy of national, racial or religious hatred that constitutes incitement to discrimination, hostility or violence shall be prohibited by law अर्थात इस कानून के द्वारा राष्ट्रीय, जातीय अथवा धार्मिक घृणा का प्रचार करना, जो भेदभाव, शत्रुता अथवा हिंसा की भावना को प्रेरित करे, पर आधारित हो—प्रतिबन्धित किया गया है।

इस प्रकार हम देखते हैं कि विश्व के कई मुल्कों की तरह अपने देश में भी प्रेस को उसकी गरिमा तथा महत्त्व के अनुरूप, मर्यादा को सुरक्षित रखते हुए वाक् एवं अभिव्यक्ति की स्वतंत्रता है।

2. स्वतंत्रता संघर्ष के दौरान हिन्दी का राष्ट्रभाषा के रूप में विकास तथा उस संघर्ष में हिन्दी का योगदान

अथवा

राष्ट्रभाषा के रूप में हिन्दी के प्रचार-प्रसार और उसकी प्रतिष्ठा के प्रति, स्वतंत्रता आन्दोलन के मध्य, विभिन्न पत्र-पत्रिकाओं एवं समाचार-पत्रों का योगदान

या

हिन्दी की विकास यात्रा और समसामयिक हिन्दी पत्रकारिता

कहते हैं, भाषा अपनी जमीन से उखड़कर भटक गए लोगों को अन्धेरे में मशाल थमाती है। वह व्यक्ति और समाज के बीच जीवित संवाद बनती है। वह परम्परा को आधुनिकता से मिलाती है। वस्तुतः भाषा किसी भी देश की संस्कृति का अक्षय कोष होती है। हिन्दी ने इस देश में भाषा के उक्त सभी गुणों को जिया। इसने भारत की परम्परा, संस्कृति और विचार की धरोहर को वहन करते हुए इन सबको अपने भीतर अक्षुण्ण रखा। वह भारतीय सर्जनात्मकता का अपराजेय संकल्प रही है। स्वतंत्रता आन्दोलन के दौर में वह गुलामी और अन्धकार, हताशा और दुख से लड़ने का औजार थी। इसने भारतीय धरती के रूप-रंग, गन्ध-रस इन सबका समय-समय पर एहसास कराया। आजादी के दरम्यान मुरझाए मनों को अपनी विशिष्ट ऊर्जा से सींचकर हरा किया। विचारों के बंजरपन, द्वन्द्व और संशय में इसने जीवन संघर्ष का जीवट और सृजन की प्रेरणा दी। कुल मिलाकर हर तरह की जड़ता के विरुद्ध संस्कृति की गतिशीलता की लड़ाई लड़ी। इसके विपरीत अंग्रेजी ने इस देश के सांस्कृतिक बोध को कुचला, राष्ट्र के टुकड़े किए, आबादियों को बाँटा, फिर भी हिन्दी ने संस्कृति के तार टूटने नहीं दिया। इसने इस देश की उदारता, परिवेश, छवि, संवेदना, इन सभी को विशिष्ट चिन्तन सरणि के लौह साँचे में ढाल कर एक सार तथा भिन्नताहीन बनाया। आज भी हिन्दी के भीतर इस देश का सम्पूर्ण इतिहास फेटकर समाहित है। आज भी यह इस देश की जलधारा की भाषा है, लोकगीत की भाषा है, आसमान के रंग और नदी के उठते उफान की भाषा है, आदिम रिश्तों की भाषा है साथ ही भाषा के भोजपत्र पर लिखी विप्लव की अग्नि ऋचा भी है, किन्तु इस देश की धरती पर सरहदों की कशीदाकारी करनेवालों ने इसे टुकड़ों-टुकड़ों में बाँटा। स्वतंत्रता संग्राम की भाषा हिन्दी आज भी आरोपित जटिलता का संकट झेल रही है। अपने ही देश में यह पनाह बीन बन खून और खाक में घिसट रही है।

आप जानते हैं, 1857 ई. में इस देश में रोमांचकारी खूनी विद्रोह हुआ था। इसे ही भारत के इतिहास में 'प्रथम स्वतंत्रता संग्राम' के नाम से जाना जाता है। अंग्रेजी राज से मुक्ति की छटपटाहट में पूरे देश की जनता एकजुट थी। जरूरत थी तो महज एक ऐसी भाषा की जो पूरे मुल्क की पुख्ता आवाज बनकर उभरे। वह भाषा थी हिन्दी। हिन्दी इस देश के बहुलांश की भाषा थी। इसने इस चुनौती को स्वीकार कर स्वतंत्रता आन्दोलन में अपनी सक्रिय हिस्सेदारी निभाई। भोजपुरी, ब्रजभाषा, मगही, कन्नौजी, जयपुरी आदि विभिन्न रूपों में हिन्दी बिखरी अवश्य थी, किन्तु गद्य की शक्ल खासकर बोलचाल, भाषण, सूचना आदि के स्तर पर यही अखिलदेशीय संवाद का माध्यम बन रही थी। इसी को समय-समय पर हिन्दी, हिन्दुई, हिन्दुस्तानी आदि नामों से विविध पैरहन और वेशभूषा से सजाया जाता रहा। लेकिन इसका अर्थ यह नहीं है कि हिन्दी सम्पूर्ण देश की आम स्वीकृति की निरापद भाषा बन गई थी।

तत्कालीन शासक अंग्रेजों ने हिन्दी का विरोध हर स्तर पर किया। उन्होंने हिन्दी को आजादी की लड़ाई की भाषा बनने में हर अवरोध खड़ा किया। 'फूट डालो और शासन करो' की अपनी नीति के तहत इन अंग्रेजों यथा—बीम्स, डॉण्डफ, ट्रेवेयिलन, प्राइस, टेलर, गिल क्राइस्ट तथा गार्सा द तासी ने प्रथमतः हिन्दी को हिन्दुओं से तथा उर्दू को मुसलमानों से जोड़ा। इन्होंने उर्दू की तुलना में हिन्दी को जहाँ हेय, गवारूँ—"They opposed the introduction of Hindi in Law Courts and Government Departments on the ground that Hindi was too vulgar and Common place a language to be given official recognition. It lacked both poise and dignity….besides it was a difficult language." चुकी हुई तथा अनिश्चय दस-बारह बोलियों का समूह मात्र बताया, वहीं उर्दू को मुसलमानों की जाति, मजहब, सम्प्रदाय, पहचान और अन्ततः खांटी इस्लामियत से नत्थी तो किया ही 'मुस्लिम सांस्कृतिक अल्पमत' का एक नया नारा गढ़ते हुए मुसलमानों को चेताया भी कि "इस्लामियत की पहचान उर्दू खतरे में है।" हम लोग अपनी 'किंग्स इंग्लिश' (Kings English) की तरह तुम लोगों की उूर्द को भी 'किंग्श लैंग्वेज' (शासन की भाषा) बनाना चाहते हैं। गिल क्राइस्ट तो हिन्दी को बुतपरस्तों की भाषा मानते थे। हिन्दी को फूटी आँखों से न देखने वाले डॉ. गिल क्राइस्ट उर्दू की जगह हिन्दी तथा अन्य देशी भाषाओं के पक्ष में निर्गत सरकारी आदेशों की अवहेलना निरन्तर करते रहे,—"It is hereby enacted that from the First day of December 1837, it shall be lawful for the Governor General of India in Council, by an order in Council to dispense either generally, or with in such local limits, as may seen to him meet with any provision of any Regulation of the Bengal Code, which enjoins the use of the Persian language in such Proceedings. अंग्रेजों के इस हिन्दी-विरोधी कुकर्म में सर सैय्यद अहमद खाँ ने भी सहयोग दिया। सर सैय्यद खाँ ने उर्दू की लड़ाई लड़ने के लिये 1893 ई. में बाकायदा Urdu Defence Association (M.A.O.) कायम करते हुए हिन्दी के विरुद्ध एक जबर्दस्त आन्दोलन चलाया और कहा कि मुसलमानों के लिए हिन्दी घातक सिद्ध होगी,—"Sir Syed Ahmad Khan openly denounced the pro-Hindi agitation saying that the adoption of Hindi language would greatly injure educated Mussalmans. He held to be the gseatest injury save deprivation of their religion." कुल मिलाकर उर्दू समर्थकों ने हिन्दी को उर्दू के टाट से बाहर कर दिया। सूफी कवि नूर मुहम्मद ने कहा—

"जानत है यह सिरजन हारा। जो कुछ है मन-मरम हमारा।।
हिन्दू मग पर पाँव न राखेउँ। का जौ बहुतै हिन्दी भाखेउँ।।
मन इसलाम मसल कै माजेउं। दीन जेवरी करकस भाजेउँ।।"

इतना ही नहीं, उस्ताद 'सौदा' के लिए तो हिन्दुस्तान ही रौरव नरक बन गया—

"गर हो काशिशे शाहे खुरासान तो सौदा,
सिजदा न करूँ हिन्द की नापाक जमीं पे।"

बहरहाल, काफी झूमा झटकी, मशक्कत, जुलूस, नारेबाजी के बाद तो हिन्दी को उसका आंशिक हक मिला, क्योंकि फारसी लिपि हिन्दी का साथ छोड़ने का नाम नहीं ले रही थी, मैकडोनेल के आदेश No. 585/3-343C,68-1900 के साथ हिन्दी का गौरव पुनः उसे वापस मिला,—"(1) All person may present their petitions or complaints either in the Nagri or in the Persian character, as they shall desire. (2) All summons, proclamations and like in Vernacular issuing to the public from the courts or from Revenue official, shall be in the Persian and Nagri. character and the portion in the letter invariably be field up as well as that in the farmer. (3) No one shall be appointed, except in a purely English office, to any ministerial appointment after one year from the date of this Resolution unless he knows both Hindi and Urdu, and any one appointed in the interval who knows one of these languages not the other, shall be required to equaly in the language, which he does not know within one year of his appointment." दरअसल इन अंग्रेजों का स्पष्ट लक्ष्य हिन्दू धर्म और हिन्दी भाषा का अपमान करना था। भारतीयों के लिये मैकाले ने लिखा,—"A race debased by three thouasnd years of despostism and priest-craft and sunk in slavery and superstition."

किन्तु इस देश और हिन्दी को महात्मा गांधी का जीवन भर ऋणी रहना पड़ेगा, क्योंकि स्वतंत्रता आन्दोलन की भाषा हिन्दी के प्रति महात्मा जी का बड़ा भारी दाय है। महात्मा गांधी ने 1916 ई. के कांग्रेस अधिवेशन के अध्यक्ष श्री बाल गंगाधर तिलक से जब हिन्दी में बोलने का आग्रह किया तो बगल में बैठी श्रीमती एनी बिसेन्ट ने इस पर नाखुशी जाहिर की। गांधी जी, आपको ज्ञात है, गुजराती भाषी थे, चूँकि लन्दन में उन्होंने वकालत की शिक्षा प्राप्त की थी, सो अंग्रेजी का भी उन्हें गहरा बोध था।

इसके बावजूद भारतीय स्वाधीनता आन्दोलन के केन्द्रीय सूत्रधार बने गांधी ने हिन्दी का अखिल देशीय चन्दोवा और वितान गढ़ा-रचा तथा बुना जबकि स्वतंत्रता की फसल को बेखौफ काट उससे अपना घर ऊभ-चूभ कर पाटने वाले बाद के नेताओं ने अपनी चिन्ता तो जरूर की, पर हिन्दी की नहीं की। भारतीय राजनीति के फलक पर गांधी जी का उदय सन् 1916 ई. के आसपास हुआ था। इसके पहले चूँकि उनका कार्य क्षेत्र लगभग गुजरात ही था, अतः हिन्दी से उनका रिश्ता दूर का ही था, फिर भी स्वतंत्रता आन्दोलन की भाषा बनाने और जन-जन तक पहुँचाने के लिए उन्होंने हिन्दी का नया चेहरा और चरित्र निर्मित किया। इस सन्दर्भ में सर्वप्रथम गुजरात के शिक्षित वर्ग को स्वभाषा गौरव का महत्त्व समझाते हुए गांधी जी ने 1909 में कहा कि,—"क्या वे लोग जो अपनी मातृभाषा का अपमान करते हैं, कभी देश का भला कर सकते हैं...जो लोग अपनी भाषा छोड़ देते हैं, वे देशद्रोही हैं और जनता के प्रति विश्वासघात करते हैं।"[1] उनके इसी स्वभाषा प्रेम का उदात्तीकरण राष्ट्रभाषा के रूप में हुआ।[2] उन्होंने बड़े मनोयोग से हिन्दी सीखी और भविष्य में हर स्तर पर हिन्दी में ही कार्य करने का संकल्प लिया।

बहरहाल, प्रसंग को पीछे खिसकाते हुए मैं आपको बता रहा हूँ कि एनी बिसेन्ट की हिन्दी-सम्बन्धी आपत्ति पर गांधी जी ने स्पष्ट कहा कि,—"काग्रेस का करीब-करीब सारा ही काम अंग्रेजी में चलाने से राष्ट्र को बहुत नुकसान उठाना पड़ा है...इन तमाम वर्षों के लम्बे समय में कांग्रेस दिखाने भर को राष्ट्रीय रही है, लोक शिक्षा की कसौटी पर उसे कसें, उसकी कीमत कूतें तो कहना होगा कि वह कभी राष्ट्रीय नहीं थी।[3] उनकी इस भावना को मराठी के प्रखर विद्वान अंग्रेजी के कुशल प्रवक्ता श्री तिलक ने सच्चे हृदय से स्वीकार करते हुए कानपुर के एक सार्वजनिक समारोह में कहा कि,—"यदि मैं उन लोगों में से हूँ जो चाहते हैं और जिनका विचार है कि हिन्दी ही राष्ट्र भाषा हो सकती है। मैं हिन्दी समझ सकता हूँ और टूटी-फूटी बोल भी सकता हूँ, व्याख्यान नहीं कर सकता।"[4] इधर हिन्दी के महत्त्व की जमीनी सच्चाई को भाँपते हुए अन्ततः श्रीमती एनी बिसेन्ट को भी मद्रास में 1928 में हुए हिन्दी सम्मेलन में हिन्दी के प्रति अपना पूर्ण विश्वास व्यक्त करते हुए कहना पड़ा कि,—"I do hope to see that Hindi becomes the common-language of India and I do think that the teaching of Hindi should be made compulsory in Indian schools in stead of compulsory knowledge of English, if you cannot have both."[5] फिर क्या था, कालान्तर में उनके मन में हिन्दी के प्रति एक तीव्र जिज्ञासा और जुस्तजू का एहसास हुआ, जिसे उन्होंने अपने एक प्रसिद्ध ग्रन्थ में व्यक्त किया कि—"भारतवर्ष के भिन्न-भिन्न भागों में जो अनेक देसी भाषाएँ बोली जाती है, उनमें एक भाषा ऐसी है, जिसमें सभी भाषाओं की अपेक्षा एक विशेषता यह है कि वह सबसे अधिक बोली जाती है, वह है, हिन्दी। हिन्दी जानने वाला व्यक्ति सम्पूर्ण भारत में यात्रा कर सकता है और उसे हर जगह हिन्दी बोलने वाले मिल जाएँगे—"Among the various vernaculars that are spoken in the different parts of India, there is of that stands out strongly from the rest, as that which is most widest known. It is Hindi. A man who knows Hindi can travel all over India and find everywhere Hindi speaking people ...The learning of Hindi is a sacrifice that Southern Indian might well make to the unification of the India Nation."[6]

गांधी जी का विचार था कि—"मेरी मातृभाषा में कितनी ही खामियाँ क्यों न हों, मैं उससे उसी तरह चिपटा रहूँगा, जिस तरह अपनी माँ की छाती से।"[7] अन्ततः गांधी जी ने घोषणा की कि,—"अगर स्वराज करोड़ों भूखों मरने वालों का, करोड़ों निरक्षरों का, निरक्षर बहनों और दलितों व अन्त्यजों का हो और इन सबके लिए हो तो हिन्दी एकमात्र राष्ट्रभाषा हो सकती है।"[8] सम्भवतः इसीलिए सन् 1918

1. Thoughts on National Language, P. 189, Nawa Jeevan Publishing House Ahmadabad
2. हिन्दी भाषा और साहित्य—डॉ. राम प्रकाश, पृष्ठ-45, नोएडा 1990।
3. यंग इंडिया—21 जनवरी, 1920।
4. सरस्वती, फरवरी, 1917।
5. हिन्दी प्रचारक, मद्रास।
6. Nation Building- Ani Besant, P. 87
7. शिक्षा का माध्यम—महात्मा गांधी, पृष्ठ-61।
8. यंग इंडिया, जून—1931।

में प्रथम विश्व युद्ध के दौरान भारत की अंग्रेजी सरकार द्वारा 'गठित युद्ध-परिषद' में जब गांधी जी को भी आहूत किया गया तो जाने से पहले उन्होंने यह पहली शर्त रखी कि,—''मुझे हिन्दी या हिन्दुस्तानी में बोलने की अनुमति दी जाए।'' गांधी जी के इस प्रस्ताव को तत्कालीन अंग्रेज वायसराय को अन्ततः स्वीकार करना पड़ा। यही नहीं, गांधी जी के ही निर्देश पर मद्रास के तत्कालीन मुख्यमंत्री श्री राजगोपालाचारी ने सभी विद्यालयों में हिन्दी-शिक्षण अनिवार्य किया। तमिलनाडु में हिन्दी प्रचार का कार्य सर्वप्रथम सेलम शहर में राजा जी के सहयोग से शुरू हुआ। सन् 1927 ई. में जब मद्रास सरकार ने प्रथमतः हिन्दी को पाठ्यक्रम में स्थान दिया तो उस समय कुछ लोगों ने सरकार की उक्त नीति का विरोध किया। उन दिनों श्री राजगोपालाचारी 'दक्षिण भारत हिन्दी प्रचार सभा, के उपाध्यक्ष थे। उन्होंने विरोधियों को कड़ी डाँट-पिलाते हुए छात्रों के नाम एक प्रस्तावना कर यहाँ तक लिखा कि,—''हिन्दी का अध्यापन विद्यालयों में अनिवार्य विषय के रूप में लागू किया जाना चाहिए, किन्तु छात्रों को तब तक प्रतीक्षा नहीं करनी चाहिए, जब तक शिक्षाधिकारी राष्ट्रभाषा हिन्दी के महत्त्व को समझ कर उसे विद्यालयों के लिए अनिवार्य विषय बनाते हैं,—"Every student should utilize his spare time to learning the national language. It should be compulsory part of the school courses, but we should not wait till the Education Authorities realise their duty.'' इतना ही नहीं राजा जी ने तो यहाँ तक कहा कि सभी दक्षिण वालों को हिन्दी सीखनी चाहिए, क्योंकि अगर भारत में किसी भी प्रकार की जनतांत्रिक सरकार बनेगी, तो हिन्दी ही एकमात्र राजकीय भाषा हो सकेगी,—"Hindi should be a necessary part of the South Indian School curriculum from the political, social and commercial points of view. South Indian could afford to be disfranchised in the coming Swaraj. They should all learn Hindi, which have any form of democratic Government.'' श्री राजा जी के साथ प्रमुख शिक्षाशास्त्री **टी. विजय राघवचारी, श्रीरंग स्वामी आयंगर** तथा **श्री रामास्वामी अय्यर** ने भी दक्षिण में हिन्दी शिक्षण पर बल दिया।

इसके बाद तो हिन्दी स्वराज आन्दोलन की मुख्य भाषा बन गई। कलकत्ता, पूना, बंगलौर, लखनऊ, खंडवा, जबलपुर, लाहौर, वृन्दावन, दिल्ली, उदयपुर, आदि स्थानों से हिन्दी में साप्ताहिक, मासिक, त्रैमासिक, पत्र-पत्रिकाएँ निकलनी शुरू हो गई। पूरे देश में राष्ट्रभाषा के रूप में हिन्दी की अलख जगी। हिन्दी नई राष्ट्रीय चेतना की भाषा बनी। हिन्दी का फैलाव पूरे देश में हो गया। हिन्दी को बढ़ावा देने के लिए **स्वामी दयानन्द सरस्वती, भूदेव मुखोपाध्याय, न्यायमूर्ति शारदा चरण मित्र, लोकमान्य बाल गंगाधर तिलक, पं. केशववामन पेठे, न्यायमूर्ति कृष्ण स्वामी अय्यर, सन्त बिनोवा भावे, डॉ. वी.के. आर.वी. राव, डॉ. एस.एम. कुत्रे, डॉ. बी. राघवन, श्री वी.के. गोकाक, श्री वी. कृष्णवारियार, सर गुरुदास बनर्जी, श्री एच.ए. अजवानी, श्री बालकृष्ण भट्ट, श्री महादेव गोविन्द राना डे, गोपालकृष्ण गोखले, मदनमोहन मालवीय, रामानन्द चटर्जी, रवीन्द्रनाथ टैगोर, रमेशचन्द्र दत्त, श्री मन्नारायण, किशोर लाल, घनश्याम मशरूवाला, वीर सावरकर बन्धु, काका कालेलकर, सं. गोविन्द दास, डॉ. राजेन्द्र प्रसाद आदि के अलावा कुछ संस्थानों यथा—नागरी प्रचारिणी सभा-काशी, लिपि विकास-परिषद कलकत्ता, राष्ट्रभाषा परिषद-वर्धा, हिन्दी साहित्य सम्मेलन-प्रयाग** ने भी मुक्तमन से सहयोग दिया।

लेकिन इन सबसे अलग बंगभाषी मनीषियों ने हिन्दी को स्वराज आन्दोलन की भाषा बनाने में अपूर्व योगदान दिया। हिन्दी को इन्होंने अपने सैद्धान्तिक चिन्तन, मनन और कृतित्व का आधार बनाया। बंगाल में हिन्दी का विशाल फलक तैयार करनेवालों में सबसे पहला नाम आता है—आदरणीय **तारिणी चरण मित्र** का। 1875 में कलकत्ता में स्थापित फोर्ट विलियम कालेज में हेड मुंशी रहे श्री मित्र ने अपने सम्पादकत्व में 1805 में 'बैताल पचीसी' का प्रकाशन करवा हिन्दी को राष्ट्रभाषा के रूप में मान्यता दिलाने की पूरी कोशिश की। "The Oriental Febulist'' नाम के चर्चित ग्रन्थ का हिन्दी अनुवाद भी उन्होंने किया। बाद मे ब्रह्म-समाज के संस्थापक श्री राजाराम मोहन राय ने 1815 में 'वेदान्त सार' का हिन्दी अनुवाद कर उसकी प्रतियाँ निःशुल्क घर-घर बँटवायी। उनके हिन्दी गद्य का एक नमूना देखिए,—''जो सब ब्राह्मण सांगवेद अध्ययन नहीं करते, सो सब ब्रात्य हैं। यह प्रमाण करने की इच्छा करके ब्राह्मण

धर्म परायण श्री सुब्रह्मण्य शास्त्री ने जो पत्र सांग वेदाध्ययन-हीन अनेक इस देश के ब्राह्मणों के समीप पठाया है, उससे देखा, जो उन्होंने लिखा है—वेदाध्ययनहीन मनुष्य को स्वर्ग और मोक्ष होने शक्ता नहीं।'' **श्री ईश्वर चन्द्र विद्यासागर** ने भारतेन्दु हरिश्चन्द्र की पत्रिका 'कविवचन सुधा' में समय-समय पर अपने निबन्धों को प्रकाशित करवाया। मशहूर लोक सेवक **श्री केशव चन्द्र सेन** ने हिन्दी प्रस्तुति के लिए 'सुलभ समाचार' नामक पत्र का सम्पादन किया। आपने हिन्दी को राष्ट्रीय भाषा बनाने के लिये 1875 में जोरदार शब्दों में लिखा कि,—''यदि भारतवर्ष एक ना हइले, भारतवर्ष एकता न हय, तब तहार उपाय कि? समस्त भारतवर्षे एक भाषा व्यवहार करइ उपाय। एकन्ह जतो गुलि भाषा प्रचलित आछे, तहार मध्य हिन्दि भाषा सर्वज्ञ-इ प्रचलित। एह हिन्दि भाषा के यदि भारतवर्षेर एकमात्र भाषा करा जाए, तबे अनायासे शीघ्र सम्पन्न होइते पारे...भाषा एक न हइले एकता इहले पारे का?''

हिन्दी को बहुमान दिलाने वालों में जस्टिस आफ पीस कहे जानेवाले श्री नवीन बाबू ने 1863 से 1881 के बीच 'हिन्दू बान्धव', ज्ञान प्रदायिनी' आदि पत्रिकाओं का प्रकाशन किया। **नवीन बाबू** की **सुपुत्री श्रीमती हेमन्त कुमारी** ने 1888 में 'सुगृहिणी' नाम की महिलापयोगी हिन्दी पत्रिका का प्रकाशन किया। बंगाल के ऋषि और तत्व चिन्तक **श्री अरविन्द घोष** ने हिन्दी को रवानी देने के लिए 'कर्मयोगी' तथा 'धर्म' नामक दो पत्रिकाओं का सम्पादन किया। बंगला साहित्य के प्रथम पंक्ति के निबन्धकार **श्री भूदेव मुखोपाध्याय** भी हिन्दी के लिए सदैव जिए-मरे। उनकी कुछ पंक्तियाँ दखिए—

''धन्य धन्य गवर्नमेंट, परजा सुखदायी। जामनीक दूरि करी, नागरी चलाई।
भुवनदेव करि, प्रकार, लाट निकट जाई। परजा दुख दूर करह, जामनी दुराई॥''

'आनन्द मठ' के लेखक और 'वन्दे मातरम्' के मंत्र दृष्टा श्री बंकिम चन्द्र चटर्जी ने हिन्दी के विकास में कृती भूमिका का निर्वहन किया। उन्होंने अपनी पत्रिका 'बंग दर्शन' में 1878 में हिन्दी के लिए दो टूक और बेलाग लिखा कि,—'इंग्रेजी भाषा द्वारा वाहा हौक किन्तु हिन्दी शिक्षा न करिले कोनो कमेई चलिवे ना। हिन्दि भाषाय पुस्तक ओ वक्तृता द्वारा भारतेर अधिकांश स्थानेर मंगले साधन करिबेन, केवल बंगला ओ इंग्रेजी चर्चाय हइवे ना।...बांगलार न्याय जे हिन्दिर उन्नति हइते छेना, इहा देशेर दुर्भाग्येर विषय।'' **तारा मोहन मित्र** ने अपने किसिम का पहला हिन्दी अखबार 'बनारस' का प्रकाशन आगरा से 1844 में किया। कालान्तर में इन्होंने 1850 में बनारस से 'सुधाकर' नामक अखबार का प्रकाशन किया। हिन्दी को राष्ट्रभाषा के विरुद, से जोड़ने की नीयत रखनेवाले प्रयाग के इंडियन प्रेस के मैनेजर **बाबू गिरिजा प्रसाद घोष** का योगदान हिन्दी के प्रति समर्पण की उनकी शिनाख्त करवाता है। हिन्दी में वे 'लाला पार्वती नन्दन' नाम से लिखते थे। इसी तरह कथ्य की दृष्टि से हिन्दी में अपनी तरह की अकेली कहानी लिखनेवाली **'बंग महिला'** की 'दुलाईवाली' कहानी पर हिन्दी को गर्व है। **रवीन्द्र नाथ ठाकुर** ने हिन्दी को पुरस्सर सहयोग दिया, इसे सभी जानते हैं। क्रान्ति आस्फिया **श्री सुभाष चन्द्र बोस** हिन्दी को स्वाधीनता आन्दोलन की भाषा बनाने के प्रबल पक्षधर थे। 'हिन्दी बंगवासी' के सम्पादक **श्री अमृतलाल चक्रवर्ती** ने तमाम बन्धेजों को पार करते हुए हिन्दी की अक्षत सेवा की। 1905 में कोलकाता में 'लिपि विस्तार परिषद' नाम की सांस्कृतिक संस्था के संस्थापक न्यायमूर्ति **श्री शारदा चरण मित्र** ने कहा कि,—''इंगराजी भाषा आमादेर साधारण भाषा हदते पारे ना। वर्तमान हिन्दि अनेक परिमाणेय आमादेर राष्ट्र भाषार अभाव पूरन करिते पारे। हिन्दि सहजे शिक्षा कर जाए, सुतरां सहजेइ आर्यावर्तेर राष्ट्रभाषा हइते पार।''

इसी तरह **क्षिति मोहन सेन, रामानन्द चटर्जी, सुरेश चन्द्र समाजपति, नागेन्द्र नाथ बसु, श्यामा प्रसाद मुखर्जी, बन्धु बांधव उपाध्याय, सुनील गंगोपाध्याय, केशव चन्द्र सेन, रमेश चन्द्र दत्त, आई.सी.एस., स्वर्ण कुमारी घोषाल, बुद्धदेव बसु, अशोक कुमार भट्टाचार्य, गोपाल वेदान्त शास्त्री, अमृत लाल चक्रवर्ती, तारा मोहन मित्र, नीरेन्द्र नाथ चक्रवर्ती, डॉ. राजेन्द्र लाल मित्र, अन्नदा शंकर राय, श्याम सुन्दर सेन, हीरेन मुखर्जी, नारायण दास भौमिक** तथा प्रसिद्ध भाषा वैज्ञानिक **डॉ. सुनीत कुमार चटर्जी** ने हिन्दी को राष्ट्रीय फलक पर आसीन कराने में मदद की। **डॉ. श्यामा प्रसाद मुखर्जी** तो हिन्दी को पूरे देश के लोगों के अनुभव का हिस्सा बनाना चाहते थे।

उन्होंने संविधान सभा के समक्ष हिन्दी के पक्ष में ललकारते हुए कहा कि,—"Not that it (Hindi) is necessarily the best of Indian languages. It is for the main reason that is the one language which is understood by the largest single majority in this country today."

भारतीय जन-जागरण और स्वदेश प्रेम को पल्लवित करने तथा हिन्दी को राष्ट्रीय आन्दोलन की भाषा बनाने में पत्र-पत्रिकाओं की बहुत सक्रिय भूमिका रही है। 1850-57 का समय इस देश में 'गदर' के नाम से जाना जाता है। देश को स्वतंत्र कराने के लिए राजनैतिक संघर्ष उस समय चरम पर था। आन्दोलन, सत्याग्रह, धरना, जुलूस, स्वतंत्रता आन्दोलन के अभिन्न हिस्से थे। लेकिन पत्रकार, पत्रिकाएँ और अखबार की भूमिका इनसे कमतर नहीं थी। इन अखबारों-समाचार-पत्रों की स्पष्ट घोषणा थी कि, जब बन्दूक सामने हो, तो तुम अखबार निकालो—

खींचो न कमानों को न तलवार निकालो।
जब तोप मुकाबिल है तो अखबार निकालो॥

बहरहाल अंग्रेजों से जूझते, उनसे संघर्ष करते ये अखबार, दैनिक, साप्ताहिक, पाक्षिक और मासिक बन कर निकलते थे। इनके माध्यम से ही हिन्दी स्वतंत्रता संग्राम सेनानी बनी। ये सभी माध्यम सम्पूर्ण देश से हिन्दी में निकलते थे। लेकिन आपको बताएँ कि हिन्दी पत्रकारिता की प्रसवभूमि बंगाल ही है। हिन्दी के टाइप भी सबसे पहले बंगाल में श्रीरामपुर जिले के पंचानन कर्मकार ने बनाये थे। हिन्दी का प्रथम पत्र 'उदन्त मार्तण्ड' 30 मई, 1826 ई. को श्री जुगल किशोर शुक्ल के सम्पादन में यहीं से निकला था। उसके मुख पृष्ठ पर यह श्लोक लिखा रहता था—

''दिवाकान्त कान्ति बिना ध्वान्तमन्तं, न चाप्नोति तद्वज्जगत्यज्ञ लोकः।
समाचार सेवामृते ज्ञत्वमाप्तं, न शक्नोति तस्मांत्करोमिति यत्नं॥''

किन्तु आर्थिक विषमताओं के कारण प्रति मंगलवार को प्रकाशित होनेवाला यह समाचार-पत्र 4 दिसम्बर 1827 को हमेशा के लिये बन्द हो गया। इसके अन्तिम अंक में सम्पादक ने लिखा—

''आज दिवस लौं उग चुक्यौं मार्तण्ड उदन्त।
अस्ताचल को जात है, दिनकर दिन अब अन्त॥''

हिन्दी को स्वतंत्रता आन्दोलन के दौर में राष्ट्रव्यापी स्वरूप अख्तियार कराने में निम्न अखबारों की भूमिका महत्त्वपूर्ण थी—

1. संवाद कौमुदी 1820, 2. मार्तण्ड 1846, 3. बनारस सुधाकर 1850, 4. भारत मित्र 1878, 5. उचित वक्ता 1880, 6. हिन्दी बंगवासी 1890

इस दौर में देश के विभिन्न अंचलों से निकलने वाले कुछ और समाचार-पत्रों की सूची देखिएः—

1. अल्मोड़ा अखबार—संवत 1928, सम्पादक पं. सदानन्द सलवाल
2. हिन्दी दीप्ति प्रकाश—1929 सं. कार्तिक प्रसाद खत्री, कलकत्ता
3. बिहार बन्धु—1929, केशव राम भट्ट
4. सदादर्श—1931, लाला श्री निवासदास, दिल्ली
5. काशी पत्रिका—1933, वाँ बालेश्वर प्रसाद (मासिक)
6. भारतबन्धु—1933, सं. तोताराम, अलीगढ़
7. भारत मित्र—1934, सं. रूद्रदत्त, कलकत्ता
8. मित्र-विलास—1934, कन्हैया लाल, लाहौर
9. हिन्दी प्रदीप—1934, बालकृष्ण भट्ट प्रयाग (मासिक)
10. आर्य दर्पण—1934, मु. बख्तवार सिंह, शाहजहाँपुर
11. सार सुधा निधि—1935, सं. सदानन्द मिश्र, कलकत्ता
12. उचित वक्ता—1935, सं. दुर्गा प्रसाद मिश्र, कलकत्ता
13. सज्जन कीर्ति सुधाकर—1936, वंशीधर, उदयपुर
14. भारत सुदशा प्रवर्तक—1936 गणेश प्रसाद, फर्रुखाबाद

15. आनन्द कादंबिनी—1938, बदरी नारायण चौधरी, मिर्जापुर
16. देश हितैषी—1929, अजमेर
17. दिनकर प्रकाश—1940, रामदास वर्मा, लखनऊ
18. धर्म दिवाकर—1940, देवी सहाय, कलकत्ता
19. प्रयाग समाचार—1940, देवकीनन्दन त्रिपाठी
20. ब्राह्मण—1940, प्रताप नारायण मिश्र
21. शुभ चिन्तक—1940, सीताराम, जबलपुर
22. सदाचार मार्तण्ड—1940, लाला चन्द्र शास्त्री, जयपुर
23. हिन्दो स्थान—1940, राजा रामपाल सिंह, इंग्लैंड
24. पीयूष प्रवाह—1941, अम्बिका दत्त व्यास, काशी
25. भारत जीवन—1941, रामकृष्ण वर्मा, काशी
26. भारतेन्दु—1941, राधा चरण गोस्वामी, वृन्दावन
27. कविकुल रंज दिवाकर—1941, रामनाथ शुक्ल, बस्ती

द्विवेदी युगीन पत्रिकाएँ—1. समालोचक—1902, जयपुर, 2. हिन्द केसरी—1904, नागपुर, 3. स्त्री दर्पण—1904, प्रयाग, 4. अभ्युदय—1907, प्रयाग, 5. इन्दु—1909, काशी, 6. सम्मेलन पत्रिका—1911, प्रयाग, 7.प्रताप—1913, कानपुर, 8. कलकत्ता समाचार—1914, कलकत्ता, 9. सर्व हितैषी—1914, चपरौली।

गांधी युगीन पत्रिकाएँ—1. चाँद—1922, प्रयाग, (मासिक), 2. मतवाला—1923, कलकत्ता (साप्ताहिक), 3. अर्जुन—1925, दिल्ली (दैनिक), 4. हिन्दू पंथ—1926, कलकत्ता (साप्ताहिक), 5. कल्याण—1927, गोरखपुर (मासिक), 6. भारत—1928, प्रयाग, (दैनिक), 7. विशाल भारत—1928, कलकत्ता (मासिक), 8. पंजाब केशरी—1929, लाहौर, (साप्ताहिक), 9. हंस—1930, काशी (मासिक), 10. विश्व बन्धु—1933, लाहौर, (दैनिक), 11. हिन्दुस्तान—1937, दिल्ली (दैनिक), 12. सरिता—1945, दिल्ली (मासिक), 13. मधुकर—1946, टीकमगढ़ (पाक्षिक)।

कुछ और दैनिक—1. आज—1920, काशी, 2. नवयुग—1933, दिल्ली, 3. जागृति—1936, कलकत्ता, 4. नवज्योति—1936, अजमेर, 5. अधिकार—1938, लखनऊ, 6. नवभारत—1939, नागपुर, 7. जागरण—1942 झांसी, 8. संसार—1944, काशी, 9. नया हिन्दुस्तान—1944, दिल्ली, 10. जय हिन्दी—1946, जबलपुर, 11. सन्मार्ग—1946, काशी।

कुल मिलाकर यह कि हिन्दी आजाद हिन्द फौज की भाषा थी, सन्तों की भाषा थी, अंग्रेजों से लड़ने की भाषा थी, स्वतंत्रता संग्राम और राष्ट्रीय एकता की भाषा थी। स्वदेशी और स्वराज स्थापन हेतु इसने उक्त पत्र-पत्रिकाओं के अलावा सरस्वती, स्वराज, स्वदेश, प्रभा, केसरी, भारत बन्धु, कर्मयोगी, लोकमान्य, नृसिंह, महारथी, उत्साह, देहाती, अवधवासी, देवनगर, समाज, मथुरा गजट, सैनिक, मालवा अखबार, बुद्धि प्रकाश, हरिश्चन्द्र पत्रिका, नागरी पत्रिका, वीणा, वेंकटेश्वर समाचार, रणभेरी, अंजलि और अग्रदूत के रूप में स्वतंत्रता संग्राम के पक्ष में महान आहुतियाँ दे आजादी की पालकी ढोया।

(3) स्वतंत्र पत्रकारिता तथा प्रतिबन्धित पत्रकारिता
अथवा
प्रेस स्वातंत्र्य तथा कानूनी प्रतिबन्ध

प्रसूतिका गृह में अपने जन्म के साथ ही भारतीय पत्रकारिता विभिन्न तरह के झोलों और प्रतिबन्धों से घिर गई। आप जानते हैं, भारत में प्रेस अंग्रेजों के आगमन के बाद आया। उन्होंने कोलकाता के उपनगर सीरामपुर में धर्म प्रचार के उद्देश्य से मुद्रणालय खोला, किन्तु पहला समाचार-पत्र 'बंगाल गजट ऑफ

कलकत्ता जनरल एडवरटाइजर' (Bengal Gazette alias Cacutta General Advertiser) नाम से 29 जनवरी, 1780 ई. में प्रकाशित हुआ। यह पत्र अंग्रेज सज्जन जेम्स ऑगस्ट हिक्की (James Augustes Hicky) की मेहनत का प्रतिफल था। इस ऐतिहासिक प्रथम भारतीय पत्र में हिक्की ने मन और आत्मा की स्वतंत्रता का आग्रह किया। अपने इस पत्र के माध्यम से उन्होंने वारेन हेस्टिंग्स (Warren Hastings) सरकार के प्रशासन की आलोचना शुरू की तथा त्रुटियों की ओर ध्यान आकृष्ट किया। अपनी निर्भीकता का पुरस्कार हिक्की को जेल यातना के रूप में मिला। न केवल उसे, वरन् उस समय के तमाम निर्भीक पत्रकारों, जिनमें अधिकांश अंग्रेज ही थे को सरकार का कोप भाजन बनना पड़ा, क्योंकि वे निर्भीकतापूर्वक आवाज उठा रहे थे और अंग्रेज सरकार की शासन प्रणाली की कटु आलोचना करते हुए दुनीतियों का विरोध कर रहे थे। यहाँ तक कि कई पत्रकारों को भारत से निष्कासित कर दिया गया। अंग्रेज सरकार ने न्याय के पक्षधर पत्रकारों को यातनाएँ दी, उनकी निजी सम्पत्ति हड़प ली।[1]

अंग्रेजों की दमनकारी नीति के शिकार ढेरों भारतीय पत्रकार भी हुए। वस्तुतः स्वराज्यपूर्व पत्रकारिता की यह एक तरह की अग्नि-परीक्षा थी। किसी भी समय ब्रिटिश सरकार की दमनकारी नीतियों के कारण जब्ती; कुर्की, वारंट, दंड, जेल यात्रा—इन सबके लिए मानसिक और शारीरिक तैयारी रखनी पड़ती थी। इसमें से कई तरह के मार्ग भी निकाल लिए जाते थे। कुछ सत्याग्रह या 'भारत छोड़ो' जैसे आन्दोलनों के या क्रान्तिकारी दलों के पत्र गुप्त रीति से टंकित चक्रमुद्रित (साइक्लोस्टाइल) किए जाते और बाँटे-जाते। सरकार को पता ही नहीं चलता था कि यह 'अंडर ग्राउंट' प्रेस कहाँ है? कन्नड़ भाषा के आर.आर. दिवाकर सन् 42 में ऐसा ही पत्र निकालते थे। उस समय के पत्रकारों को अंग्रेजी का ज्ञान, अंग्रेज को मात करने के लिए जरूरी था। वे अंग्रेजी कानून को भी बखूबी जानते थे। उनमें से अधिकांश वकालत पढ़े हुए नेता थे। भारत में तब विदेश से केवल अंग्रेजी पत्र और वे भी बहुत देर से आते थे। परन्तु उन्हें आदर्श मानकर पत्रकार तुर्की-बतुर्की पत्र लिखते थे। जवाहर लाल जी 'न्यू स्टेट्स मैन' बराबर पढ़ते थे। नार्मन कुजिन्स उनके मित्र थे। अन्य देशों के बहुत कम पत्र देश में आते थे। अन्य योरोपीय या दूर पूर्व की भाषाएँ जानने वाले नेता कम थे। मौलाना आजाद अरबी जानते थे, 'अल अहराम' पढ़ते थे, काहिरा का। डॉ. केसकर फ्रांसीसी अखबार 'ल्यूमानिदे' पढ़ते थे। डॉ. लोहिया जर्मन पत्र-पत्रिकाएँ पढ़ते थे। कामरेड अशरफ रूसी पत्र 'इजवेस्ताया' पढ़ते थे। पर हिन्दी पत्रकारों में श्री हेमचन्द्र जोशी को छोड़ विदेशी भाषा के ज्ञाता कम थे। राजा महेन्द्रप्रताप जापानी में पत्र निकालते थे, तोक्यो से।

दरअसल, उस समय की उद्भूत पत्रकारिता का लक्ष्य ही था—राष्ट्रीय जागरण, उद्बोधन, राजनीतिक स्वतंत्रता की प्राप्ति। अंग्रेजों ने तत्कालीन समाज को कई टुकड़ों में बाँटने की कोशिश की। उन्होंने अपने शासन की नींव गहरी डालने के लिए हर तरह का धतकरम किया। तमाम तरह की वंदिशें लगाईं। अतः ऐसी स्थिति में स्वराज पूर्व की पत्रकारिता एक तरह की अग्नि परीक्षा ही हो गई थी। किसी भी समय बर्तानिया शासन अपनी दमनकारी नीति के कारण पत्रकारों की सम्पदा-सम्पत्ति हड़प लेता था। अपने मत की निर्भीक और स्वतंत्र घोषणा पर अंग्रेजों ने प्रतिबन्ध लगा दिया था। सन् 1782 ई. में हिक्की के 'बंगाल गजट' के स्थगित होने के बाद 'इंडियन वर्ल्ड' के सम्पादक श्री डुएन भी अपने विचार स्वातंत्र्य के कारण अंग्रेज सरकार के कोपभाजन बने और उन्हें बन्दी बनाया गया और कालान्तर में यूरोप भेज दिया गया।

सन् 1795 में मद्रास में समाचार-पत्रों के सेंसर की कठोर राजाज्ञा जारी हुई। 'मद्रास गजट' को इसी सन्दर्भ में आदेश हुआ कि वह प्रकाशन के पूर्व अपने समस्त स्तम्भों का सेंसर करा ले। 1796 में 'टेलीग्राफ' और 'कलकत्ता गजट' को भी प्रतिबन्ध झेलना पड़ा और अन्ततः 1799 में देश के सभी समाचार-पत्रों पर सेंसर की कैंची चला दी गई। इसी समय 'बंगाल हुरकारू' के सम्पादक चार्ल्स मैकलीन पर भी प्रतिबन्ध लगाकर उन्हें स्वदेश लौटा दिया गया। सन् 1799 का 'प्रेस पंजीकरण अधिनियम' लार्ड वेलेजली (Wellesley) द्वारा कलकत्ता से जारी किया गया था। इस आदेश के मुताबिक यह आवश्यक

1. सम्पादन कला एवं प्रूफ पठन— डॉ. हरिमोहन, पृष्ठ-41

कर दिया गया था कि, ''प्रत्येक समाचार-पत्र का मुद्रक पत्र के नीचे छोर पर अपना नाम प्रकाशित करे, समाचार-पत्र का सम्पादक और मालिक अपने नाम और स्थान की सूचना सरकार के सचिव को दे, रविवार को कोई पत्र प्रकाशित न किया जाए, प्रत्येक पत्र सरकार के सचिव अथवा उसके मनोनीत अधिकारी द्वारा पूर्व निरीक्षण के बाद ही प्रकाशित किया जाए—

(1) Every printer of a newspaper was required to print his name at the bottom of the paper,
(2) Every editor and proprietor of a newspaper should notify his name and address to the Secretary to the Government,
(3) No newspaper should be published on Sunday,
(4) No newspaper should be published unless it was inspected previously by the secretary to government,
(5) The penalty for infringement of the law would be immediate deportation."

सन् 1818 ई. में वारेन हेस्टिंग्ज ने प्रेस कानून में कुछ परिवर्तन कर रविवार को पत्र प्रकाशन की अनुमति तो दी, लेकिन कुछ शर्तें नई भी जोड़ दीं, यथा—ब्रिटिश सरकार को कमजोर करनेवाले किसी भी लेख का प्रकाशन नहीं होना चाहिए। सन् 1818 ई. में ही सर टामस मुनरो ने अंग्रेजों और भारतीयों द्वारा प्रकाशित अखबारों में भेदभाव करते हुए अंग्रेजों की तुलना में भारतीय अखबारों पर प्रतिबन्ध लगाने की वकालत की। पुनः 4 अप्रैल सन् 1823 को भारत के स्थानापन्न गवर्नर जनरल जान एडम (John Adam) ने प्रेस सम्बन्धी कानून (Adam Regulation) लागू कर अभिव्यक्ति की स्वतंत्रता खतरे में डाल दी। इस नियम के अनुसार कोई भी व्यक्ति बिना सरकारी आदेश के समाचार-पत्र, पुस्तिका, विज्ञप्ति और पुस्तक आदि प्रकाशित नहीं कर सकता था। इस आदेश का पहला शिकार राजा राममोहन राय का फारसी समाचार-पत्र 'मिरातुल अखबार' हुआ। 1823 का समाचार-पत्रों के प्रतिबन्ध का कानून 1835 तक चलता रहा, क्योंकि सन् 1835 में चार्ल्स मैटकाफ (Charles Matcalf) ने उसे रद्द कर दिया, जिसका परिणाम यह हुआ कि उन्हें पुनः इंग्लैंड बुला लिया गया।

भारतीय स्वतंत्रता संग्राम 1857 के समय भी समाचार-पत्रों की स्वतंत्रता पर अंकुश लगाया गया। 1867 में एक नया कानून "Press and Registration of Book Act-1867" पास किया गया। उसके बाद 1878 में एक बेहद विवादास्पद कानून लार्ड लिटन द्वारा भारतीय समाचार-पत्रों में हिंसा और विद्रोह की भावना को रोकने के लिए लाया गया—"The most controversial law against the press was passed during the viceroyalty of Lord Lytton in 1878 and it was restricted to the Indian owned language press." इस कानून को "An Act for the better control of publication in oriental languages—1878" कहा गया। पुनः 1889 में ब्रिटिश सरकार ने एक कानून बनाया, जिसका मतलब था कि सरकार की गुप्त सूचना, समाचार आदि का कोई प्रकाशन न करे। 1908 में एक नियम बनाया गया, जिसकी मंशा समाचारों का अस्तित्व ही समाप्त करने की थी। यह अधिनियम ''अपराधों को भड़काने, दंगा फैलाने'' वाला था—To put amend to their (that is, of newspapers which contain any incitement to murder or any offence under the Explosive Substances Act-1908 or to any act of violence." पुनः 1910 में ''भारतीय मुद्रणालय अधिनियम'' (Indian Press Act) जारी किया गया। इसके तहत आपत्तिजनक और विद्रोहात्मक सामग्री छापने पर प्रतिबन्ध लगा था। 'अमृत बाजार पत्रिका', 'बाम्बे क्रॉनिकल', 'दि हिन्दू', 'दि ट्रिब्यून', 'दि पंजाबी' तथा 'हिन्दवासी' आदि अपने समय के लोकप्रिय पत्र इस नियम के चपेट में तो आए ही, करीब 200 से अधिक प्रेस तथा 130 से अधिक समाचार-पत्र शुरू ही नहीं हो पाए। 1914 में ''कॉपीराइट कानून'' तो 1922 में ''प्रेस लॉ अपील एंड एमेंडमेंट एक्ट'' बना, जिसके तहत विभिन्न प्रकार के अपराधों के भागी प्रकाशनों की जब्ती का आदेश था। 1923 में 'भारतीय सरकारी रहस्य अधिनियम' तो पास ही हुआ, प्रयाग में मोतीलाल नेहरू के 'इंडिपेंडेंट' की भी स्थापना हुई। कुछ दिन बाद यह पत्र भी प्रतिबन्धित हो गया। 1926 में 'कन्टेम्प्ट ऑफ कोर्ट', 1930 में ''प्रेस आर्डिनेन्स'', 1931 में ''भारतीय समाचार-पत्र—संकटकालीन अधिकार अधिनियम'', 1932 में ''विदेश सम्बन्ध अधिनियम'', सन् 1933 में ''मुद्रणालय

अधिनियम'', 1934 में ''भारतीय राज्य सुरक्षा अधिनियम'' पास किया गया, जिसके तहत सरकार अपराधी समूहों को दंडित कर सके।

15 मार्च, 1947 को तथा 4 अक्टूबर, 1947 को भारत सरकार ने एक ''पत्र कानून जाँच समिति'' (Press Laws Enquiry Committee) गठित की थी। इस समिति ने 22 मई, 1948 को अपना प्रतिवेदन प्रस्तुत किया, जिसके परिणामस्वरूप अनेक अवांछनीय और घृणित कानून स्वतः रद्द हो गए,—"It favoured the abolition of laws specially concering the press and the incorpration of their major provisions in the ordinery laws of the land." सम्प्रति हमारे संविधान में वाक् और अभिव्यक्ति की स्वतंत्रता दी गई है, परन्तु पत्र संचालकों की नीति ही आज पत्रकारिता की स्वतंत्रता और वाक् की स्वतंत्रता का मज़ाक बन कर रह गई है। यह भी एक प्रकार की प्रतिबन्धित पत्रकारिता का ही उदाहरण है। यह प्रतिबन्धित पत्रकारिता संसदीय कानूनों में भी अपना रास्ता तलाश लेती है। संविधान में कुछ प्रमुख धाराओं का प्रावधान प्रतिबन्धित पत्रकारिता को उत्साहित करता है। अवमान लेखन, अपवचन, मानहानि, न्यायालय की अवमानना, सदाचार एवं नैतिकता का उल्लंघन, स्वराज्य सुरक्षा एवं विद्रोह, हिंसा को प्रोत्साहन आदि संवैधानिक रूप से पत्रकारिता को—प्रतिबन्धित करते हैं। आपात् स्थिति में पत्रकारों एवं समाचार-पत्रों को प्रतिबन्धित कर दिया गया था। राष्ट्रीय सुरक्षा के नाम पर अभिव्यक्ति एवं वाक् की स्वतंत्रता को खारिज कर दिया गया था। स्वतंत्रता-आन्दोलन के समय जब अंग्रेजों ने एक या दूसरे बहाने हिन्दी समाचार-पत्रों को प्रतिबन्धित कर दिया था, तब रणभेदी, रणचंडिका, ज्वालामुखी आदि पत्रिकाओं ने आजादी के आन्दोलन को जिन्दा रखा था। वस्तुतः व्यावसायिक एवं प्रतिबन्धित पत्रकारिता, पत्रकारिता की मृत्यु का शोकगीत है।[1] बहरहाल, आज भारत में प्रेस स्वतंत्र है, प्रतिबधों से मुक्त है, हाँ, आपात् काल में इस पर प्रतिबन्ध जरूर लगे थे, किन्तु अब इस पर कोई दबाव नहीं है।

(4) स्वाधीनता संघर्ष या आन्दोलन में हिन्दी पत्रकारिता की भूमिका
अथवा
भारतीय मुक्ति संग्राम या राष्ट्रीय जागरण में हिन्दी पत्रकारिता का योगदान

चाह नहीं मैं सुरबाला के गहनों में गूँथा जाऊँ।
चाह नहीं प्रेमी माला में विंधप्यारी को ललचाऊँ॥
चाह नहीं संम्राटों के शव पर हे हरि डाला जाऊँ।
चाह नहीं देवों के सिर पर चढ़ भाग्य पर इठलाऊँ॥
मुझे तोड़ लेना वनमाली, उस पथ पर देना तू फेंक।
मातृभूमि पर शीश चढ़ाने, जिस पर जाएँ वीर अनेक॥

सुप्रसिद्ध पत्रकार, सेनानी, कवि और 'भारतीय आत्मा' जैसे उदात्त विशेषणों से अलंकृत-विभूषित स्वर्गीय **श्री माखनलाल चतुर्वेदी** की उक्त काव्य पंक्तियाँ भारतीय स्वतंत्रता संग्राम में हिन्दी पत्रकारिता की भूमिका का पुख्ता बयान करती हैं। उपरोक्त काव्य-पंक्तियाँ स्वतंत्रता संग्राम की केन्द्रीय स्वर हैं। विद्वानों ने पत्रकारिता को समय-समय पर अनेक सम्बोधनों से नामीद किया है। कभी पत्रकारिता को **गतिमान संसद** कहा गया तो कभी **काल धर्म की तीसरी आँख**, कभी **वैचारिक चेतना का उद्वेलन** कहा गया, तो कभी **लोकनायकत्व की सहज विधा**, कभी इसे **पाँचवाँ वेद** कहा गया, तो कभी **सत्य को जानने का मार्ग** कहा गया, कभी पत्रकारिता को **समाज की वाणी और मस्तिष्क** कहा गया, तो कभी इसे **सत्य के रस का स्त्रोत** माना गया, कभी इसे **सूचक से ज्यादा प्रेरक** माना गया, तो कभी **जन भावना की अभिव्यक्ति, सद्भावों की पृष्ठभूमि और नैतिकता की पीठिका** स्वीकार किया गया। इतना ही नहीं पत्रकारिता को **समाज और संस्कृति के साथ सीधा संवाद और विचारों**

1. हिन्दी पत्रकारिता : स्वरूप एवं सन्दर्भ—डॉ. विनोद गोदरे, पृ. 39

का ताजा इतिहास माना गया, कभी इसे **अज्ञानियों को ज्ञान ज्योति एवं मदोन्मत्त शासक को सद्बुद्धि देनेवाली विधा** स्वीकार किया गया, किन्तु इन सबसे अलग हटकर विद्वानों ने इसे **सभ्यता, संस्कृति और स्वतंत्रता की वाणी होने के साथ ही जीवन और जगत में अभूतपूर्व क्रान्ति की अग्रदूतिका** कहा। हिन्दी पत्रकारिता ने अपनी विशिष्ट ऊष्मा-आँच, लपट तथा तेज-ओज से स्वतंत्रता संग्राम की लड़ाई लड़ा। हिन्दी पत्रकारिता का देश की आजादी के संघर्ष से गहरा रिश्ता रहा है। अपनी व्यापक और क्रान्तिकारी हलचलों से इसने स्वतंत्रता आन्दोलन के दौर में रंग, धर्म, नस्ल, जाति, वर्ग, लिंग आदि को भुलाकर साम्राज्यवादी-तानाशाही निरंकुश शक्तियों को-मानवीय मूल्यों और आजादी के लिए ताल ठोंक कर ललकारा।

देश के किसी भी आन्दोलन को, चाहे वह बंग-भंग के विरोध का, स्वदेशी बायकाट या क्रान्तिकारियों का आन्दोलन हो, चाहे चंपारन, खेड़ा या बारदोली का सत्याग्रह हो, हिन्दी के पत्र प्राथमिकता देने में कभी नहीं चूके। गांधी जी पत्रों के महत्त्व को जानते थे, इसीलिए असहयोग आन्दोलन प्रारम्भ करने से पहले उन्होंने बम्बई से सन् 1919 में हिन्दी पत्र 'सत्याग्रही' निकाला, जिसने जनता में अभूतपूर्व चेतना भर दी एवं हिन्दी पत्रों को दिशा-निर्देश भी दिया। सभी बड़े स्वतंत्रता सेनानी हिन्दी पत्रों से जुड़े रहे। महात्मा गांधी के 'नवजीवन' और 'हरिजन सेवक' इसी परम्परा के थे। श्री मदनमोहन मालवीय ने 'हिन्दोस्थान', 'अभ्युदय', और 'मर्यादा' के माध्यम से यह परम्परा कायम रखी। डॉ. राजेन्द्र प्रसाद 'देश' से सम्बद्ध थे तो आचार्य नरेन्द्र देव 'संघर्ष' से। श्री गणेश शंकर विद्यार्थी राजनेता भी थे, मजदूर नेता भी थे, साहित्यकारों के भी नेता थे, क्रान्तिकारियों के समर्थक भी। उन्होंने साम्प्रदायिक एकता के लिए अपना बलिदान कर दिया परन्तु वे सबसे पहले और सबसे अन्त में एक आदर्श पत्रकार थे। उन्होंने हिन्दी पत्रकारिता को नई जीवनी-शक्ति और नई दिशा दी। कितने सम्पादक जेल गए, कितने पत्रों की जमानतें जब्त हुईं, कितनों के प्रेस जब्त कर लिए गए, यह एक महाग्रन्थ का अलग विषय हो सकता है, परन्तु इस परम्परा में हिन्दी के पत्र और पत्रकार किसी क्षेत्र या भाषा से पीछे नहीं रहे। उन्होंने नेतृत्व दिया और कुर्बानी दी।[1]

दरअसल, स्वतंत्रता आन्दोलन के दौर में हिन्दी पत्रकारिता क्रान्ति की शंखनाद थी। इसने अपने लौकिक प्रेम को राष्ट्र प्रेम में रूपान्तरित किया। इसका मुख्य स्वर ही क्रान्ति और विद्रोह का रहा है। इस दौर में इसकी देशभक्ति, ओज और उत्साह देखते ही बनता है। भारतमाता की काव्यमयी मौलिक कल्पना करते इसने स्वतंत्रता सेनानी की भूमिका में भी जिया। हिन्दी पत्रकारिता त्याग की मिसाल है, संग्राम और रचना की निरन्तर साधना है, व्यापक पीठिका पर राष्ट्रीयता की पुख्ता अवधारणा है। इस दौर के कवि एक ही साथ पत्रकार, सम्पादक, साहित्यकार, स्वतंत्रता आन्दोलन के पुरस्कर्ता—सभी कुछ थे। राष्ट्रीय धारा की कविताओं की रचना के साथ स्वतंत्रता संग्राम में इन्होंने तेजस्वी हिस्सेदारी, जेल यात्रा तथा कुर्बानियाँ भी दीं। स्पष्टतः यह कि इन्होंने अपनी पत्रकारिता के जरिए स्वतंत्रता आन्दोलन की विराट पीठिका तैयार की। इनका जीवन त्याग का उत्कृष्ट निदर्शन है। इन्होंने अपनी गढ़ी-अनगढ़ी भाषा में क्रान्ति की हुंकार की। अपनी पत्रकारिता को जनजागरण और राष्ट्रीयता बोध का मिशन बनाया। राष्ट्रोद्धार के लिए उन्होंने हिमालयी संकल्प लिया। अपनी रचनाओं की आँच और ऊष्मा से राष्ट्रीयता की खुशबू बिखेरी। युवाओं के मन में पसरी हुई शिथिलता और सन्नाटे को तोड़ा। कुल मिलाकर अपनी पत्रकारिता को फकीराना अन्दाज में जीया। उस समय अखबारों के पहले पृष्ठ पर हर अंक में यह विज्ञापन छपता था,—**अमुक पत्र के लिए एक एडीटर चाहिए जो हिन्दी, अंग्रेजी और उर्दू का विद्वान् हो, जिसका एक पैर अमुक अखबार के दफ्तर में हो और दूसरा जेल में हो। तनख्वाह जौ की दो रोटी और एक प्याला पानी, इससे ज्यादा जो तकदीर में हो।** कुल मिलाकर यह कि इन नेताओं और पत्रकारों के भीतर देश स्वातंत्र्य का इतना गहरा जज्बा था कि इन्होंने अपनी चल-अचल सम्पत्ति, गहना-गीठो, जीवन भर कमाकर जमा की गई पूँजी-गाँठ—इन सबकी चिन्ता नहीं करते हुए अपने-

1. हिन्दी पत्रकारिता का इतिहास—जगदीश प्रसाद चतुर्वेदी, पृ. 10, प्रभात प्रकाशन, 4/19, आसफअली रोड, नई दिल्ली, मूल्य पाँच सौ रुपये सन् 2011 ई.

अपने अखबार निकाले। अपनी-अपनी नौकरियाँ त्यागी। सख्त सजा हुई, जेल गए, फाँसी हुई, हँसते-हँसते फंदा झूल गए। कुल मिलाकर, देश की स्वतंत्रता के लिए इन्होंने अपने को समर्पित कर दिया,—

उम्र को सूत की तरह काता,
बालों को अधपकाया,
पैरों की नसें सुखाईं,
रक्त को जलाया ईंधन की तरह,
तब कहीं सुधरी यह छोटी सी दुकान,
तब कहीं साँसों में उम्मीद जगी,
तब कहीं शहर में होने की वजह बनी,
तब कहीं लगा कि रोज सुबह होती है।[1]

आज तमाम तरह के मूल्य परक छिजाव के बावजूद अपने संख्यात्मक एवं गुणात्मक परिवर्तनों के कारण, बिलाशक, भारतीय पत्रकारिता अपने सुनहरे दौर में शिखर पर है। प्रसार संख्या, गुणवत्ता, समाचारों के प्रसार, प्रचार, छायांकन, चित्रांकन, सम्पादन कला, समाचार संकलन, संचार सुविधा, सूचना प्रौद्योगिकी, अंकन-टंकण, संचार-क्रान्ति, अत्याधुनिक संचार एवं वैज्ञानिक उपकरणों की सुलभता एवं समाचार तथा सूचनाओं की 'प्रोसेसिंग' तथा प्रस्तुतीकरण—आदि आयामों की दृष्टि से भारतीय पत्रकारिता तथा समाचार एजेन्सियों की सक्षमता एवं सामर्थ्य शक्ति में अकूत इजाफा एवं तरक्की हुई है। इस तरक्की का अन्दाजा-अनुमान इतने से ही लगाया जा सकता है कि आज किसी भी भारतीय व्यक्ति को किसी भी प्रकार की सूचना प्राप्ति के लिए किसी विदेशी समाचार-पत्र और समाचार एजेन्सियों पर निर्भर नहीं रहना पड़ रहा है, बल्कि इसके ठीक उलट कई विदेशी समाचार एजेन्सियाँ और पत्र-पत्रिकाएँ भारतीय सूचना-स्रोत पर निर्भर हो गई हैं। आज के पत्रकार को इंटरनेट, फैक्स, माइक्रोवेव और उपग्रह पर आधारित ऐसे संचार साधन उपलब्ध हैं, जिनके जरिए वह दुनियाँ के एक कोने से दूसरे कोने तक अपने समाचार चित्र, फिल्में आदि भेज सकता है या वहाँ से इन्हें प्राप्त कर सकता है। इसी प्रकार डेस्कटाप प्रकाशन प्रणाली ने समाचार-पत्र प्रकाशन की प्रक्रिया को इतना सरल बना दिया है कि कोई भी व्यक्ति अपने कम्प्यूटर पर स्वयं अपने समाचार-पत्र की कम्पोजिंग कर सकता है। उसे अच्छे-से-अच्छा ले-आउट प्रदान कर सकता है, यहाँ तक कि फोटो आदि छापने के लिए भी अब ब्लाक वगैरह बनवाने की झंझट नहीं, बस स्कैनर के जरिए फोटो या ग्राफिक्स आदि बड़ी आसानी से कम्पोज करके कलर में छापे जा सकते हैं।[2]

लेकिन कल्पना कीजिए, स्वतंत्रता पूर्व की पत्रकारिता के उस कठिन, परीशांहाल तथा मुफलिस दौर की, जहाँ, धूल-गर्द और कीचड़ से भरी हुई गलियों में चना-चबैना और सत्तू फाँकते हुए आवागमन से रहित गाँवों तक जेठ की झुलसा देनेवाली लू से भरी दुपहरिया, शरीर को बनबना देनेवाली क्वार की तीखी तीक्ष्ण धूप, हाड़ कँपकँपा देनेवाली पूस की रात और सावन-भादों की ताल ठोंकती नदियों की बाढ़ का सामना करते लोगों ने निष्काम और समर्पित भाव से पत्रकारिता धर्म का निर्वहन किया। यह उनके जज्बेदिल अर्थात् पत्रकारिता के प्रति प्रेम का सहज-निश्छल जाजिबीयत थी। पत्रकारिता के प्रति अपने मन में फशिशे इश्क के कारण आज वे पत्रकार आदर और इस्तिक़्बाल के पात्र हैं।

सच तो यह है कि आजादी की लड़ाई में हिन्दी पत्रकारिता का अपना खासा योगदान रहा है। लड़ाई के शुरुआती दौर के बाद देश के विभिन्न भागों से हिन्दी के समाचार-पत्रों और राजनैतिक तथा साहित्यिक लघु पत्रिकाओं का प्रकाशन शुरू हो गया था। इनमें तत्कालीन सामाजिक और राष्ट्रीय जीवन की विभिन्न परिस्थितियों और यथार्थ का वर्णन था। सन् 1906 ई. में बंगाल का विभाजन और इसके साथ ही

1. बहुत नर्म चादर थी जल से बुनी—नरेश चन्द्रकार, पृ. 34, परिकल्पना प्रकाशन, 69, बाबा का पुरवा, पेपर मिल रोड, निशान्तगंज, लखनऊ, मूल्य-60 रुपये सन् 2008 ई.
2. संचार माध्यम (त्रैमासिक पत्रिका में अक्षय कुमार का लेख 'स्थानीय समाचार का स्वरूप और भूमिका') पृ. 25, अक्टूबर-दिसम्बर सन् 1998 ई.

कांग्रेस में गरम दल की सक्रियता से ब्रिटिश सरकार चौकन्नी हो गई थी। सन् 1910 ई. में अंग्रेजी सरकार ने 'इंडियन प्रेस ऐक्ट' लागू कर दिया। इसके तहत अखबार के सम्पादक या मालिक को 500 से 2000 रुपए तक की जमानत लेनी पड़ती थी। अंग्रेजी सरकार उन सभी पुस्तकों, अखबारों और पत्रिकाओं को जब्त कर लेती थी, जिनमें अंग्रेजी हुकूमत का विरोध होता था। इसी कानून के तहत 'युगान्तर', 'वन्देमातरम्', 'संध्या', 'फारवर्ड ब्लाक' जैसे अखबारों को जब्त कर लिया गया था। हिन्दी की प्रतिबन्धित पत्रिकाओं में बन्द उन कविताओं का विवेचन किया जाए तो पता चलता है कि आजादी की लड़ाई में वे खासी भूमिका निभा रही थीं। इन कविताओं में खुल्लम खुल्ला ब्रिटिश सरकार की हुकूमत पर चोट है। सच्चे अर्थों में इन कविताओं के भीतर भारतीय मुक्ति संग्राम का इतिहास छिपा है। अंग्रेजी सरकार की गलत नीतियों और गहरी साजिशों का भी पर्दाफाश इनमें है। पर दुख की बात है कि आजादी के बाद भी ये सारी चीजें अँधेरे में हैं। आज का पाठक इनसे अछूता है। छपी हुई इन कविताओं में ज्यादातर कवि गिरफ्तारी के डर से अपना नाम बदल कर लिखते थे।

चाँद का फाँसी अंक हिन्दी पत्रकारिता के इतिहास में मील का पत्थर है, जिससे भविष्य की पत्रकारिता दिशा लेती रहेगी। चाँद के इस अंक में 'फाँसी' और 'डायर' आदि कविताएँ छपी हैं। 'फाँसी' कविता के कवि का नाम 'एक राष्ट्रीय आत्मा' है, जो निश्चय ही श्री माखनलाल चतुर्वेदी हैं। इनमें कवि देशभक्ति को राजद्रोह ठहराने वाली ब्रिटिश हुकूमत की कड़ी निन्दा करते हुए कहता है,—

दलित देश में देश भक्ति को राजद्रोह ठहराते हैं,
नाश्क शासक देश भक्त को फाँसी पर लटकाते हैं।
औरों को भयभीत बनाकर सत्पथ से भटकाते हैं,
परतंत्रों को पावन पथ पर यों रोड़े अँटकाते हैं।।

शंखनाद काशी से छपनेवाली साप्ताहिक 'राजनीतिक' पत्रिका थी, जिसके मुख पृष्ठ पर हमेशा गीत, गजलें और कविताएँ छपती थीं। इस पर अंग्रेजी हुकूमत की बड़ी निगाह थी। इसके कई अंक जब्त कर लिए गए। 14 नवम्बर, 1932 के अंक में छपी एक कविता की कुछ पंक्तियाँ,—

इलाही तुम भी ख्याल गवाह तुमको बना रहे हैं,
हम हिन्दू वालों को पाके दुर्बल वो हर तरह से सता रहे हैं।
सुना है फरियाद पर वो मेरे गजब के तेवर चढ़ा रहे हैं,
तो सर कटाने की आरजू में हम आज मक्तल में जा रहे हैं।।

इस कविता में भारतीय जनमानस में स्वतंत्रता सम्बन्धी घुमड़ते कई सवालों को कवि ने एक साथ सामने रखा है। सन् 1942 ई. में **करो या मरो** का नारा इसी कविता के आधार पर बना। 20 फरवरी, 1933 ई. के अंक में रामप्रसाद बिस्मिल की एक कविता छपी, जिसमें कवि ने अंग्रेजों को ललकारते हुए लिखा,—**चखा देंगे मजा बर्बाद ए गुलशन का गुलचों को; बहार आ जाएगी जिस दम आशियाँ होगा।** इसके अलावा शंखनाद के कई अंक जब्त हुए। इसी तरह आगरा से निकलने वाली **सैनिक** पत्रिका के भी कई अंक जब्त हुए। इन तीनों में बहुत सारी कविताएँ अंग्रेजी हुकूमत का विरोध करती थीं। 8 फरवरी, 1928 ई. के अंक में प्रकाशित अमृत लाल चतुर्वेदी की 'तीसरी फरवरी' ऐसी ही कविता थी। इस पत्रिका के मुख पृष्ठ पर पंक्तियाँ हमेशा छपती थीं,—**कमर बाँधकर अमर समर में नाम करेंगे! सैनिक हैं हम विजय स्वत्व संग्राम करेंगे।**

क्रान्ति का प्रकाशन राजाराम शास्त्री के सम्पादन में कानपुर से होता था। इसके दो अंक जब्त हुए। इसमें साहित्यिक रचनाएँ भी प्रकाशित होती थीं। 'क्रान्ति' के 1939 ई. अक्टूबर अंक में प्रकाशित स्वराज प्रसाद त्रिवेदी की 'बेड़ी के गीत' कविता आजादी के एक दीवाने कैदी की मस्ती का गीत गाती है, तो दूसरी तरफ आजादी के लिए हँसते-हँसते अपने प्राणों की बलि देनेवाले अमर शहीदों की वीरता की कहानी भी कहती हैं,—

कुछ कहते थे उसको पागल हाँ सचमुच में दीवाना था।
जो जली शमा आजादी की, हाँ उसका ही परवाना था।।

इसके सिवा तपेशचन्द्र त्रिवेदी की 'कृति-पर्व', गिरधर लाल संघी की 'मानव के बन्धन' आदि कविताएँ स्वाधीनता आन्दोलन से जुड़ी हुई हैं और भारतीय जनता को संघर्ष की नई चेतना से लैस करती हैं। लाहौर से निकलने वाली **बलिदान** पत्रिका के भी कई अंक जब्त कर लिए गए। **बुन्देल खंड केसरी** के दिसम्बर, 1933 ई. के अंक में इसी तरह की कई कविताएँ छपीं। एक कविता में कवि का नाम नहीं है, किन्तु इन कविताओं में अंग्रेजी हुकूमत के खिलाफ तीव्र प्रतिक्रिया व्यक्त करते हुए उसकी गद्दारी, मक्कारी और बदकारी की भर्त्सना की गई है। कवि ने इसमें विश्वास व्यक्त किया है कि इन जालिम अंग्रेजों का शासन जल्द ही खत्म होगा, क्योंकि वीर भारतीयों ने भारत आजाद करने का बीड़ा उठा लिया है,—

सता ले हम गरीबों को अरे बदकार थोड़े दिन,
कहाँ ले हम गरीबों से अजी सरकार थोड़े दिन।
हमारा खून नाहक भी कभी तो रंग लाएगा।
रहेगी हाथ में कातिल तेरे तलवार थोड़े दिन॥

स्वदेश का विजयादशमी विशेषांक 1924 ई. में पांडेय बेचन शर्मा 'उग्र' के सम्पादन में गोरखपुर से छपा था जिसे तुरन्त ही जब्त कर लिया गया। यशपाल के सम्पादन में निकलने वाली **विप्लव** पत्रिका को 1939 ई. में जब्त कर लिया गया। इस अंक में कई अच्छी कविताएँ छपी थीं। इसमें प्रभाकर माचवे की 'शनीचरी' कविता भी है। इनके अलावा **शान्ति, हलधर** आदि प्रतिबन्धित पत्रिकाओं में अंग्रेजी शासन के खिलाफ किसान-मजदूरों के एकजुट करने तथा अंग्रेजों को यहाँ से मार भगाने के लिए जनता में राष्ट्रीय और साम्राज्यवाद विरोधी चेतना जाग्रत करनेवाली कविताएँ छपती थीं।[1]

सच कहा जाए तो स्वतंत्रता आन्दोलन की कोख में ही भारतीय पत्रकारिता का जन्म हुआ इसलिए भारतीय पत्रकारिता और भारतीय राष्ट्रीयता-दोनों की विकास भूमियाँ एक-दूसरे की पूरक रही हैं। भारतीय पत्रकारिता ने राष्ट्रीयता के विकास की उचित जमीन तैयार की। इधर, राष्ट्रीय आन्दोलन की पृष्ठभूमि में ही हिन्दी पत्रकारिता भी जन्मी। **पयाम-ए-आजादी** स्वतंत्रता आन्दोलन के दौर का प्रमुख अखबार था। इसके प्रकाशक थे—स्वतंत्रता आन्दोलन में शिरकत करनेवाले नेता अजीमुल्ला खाँ। दिल्ली में इसका प्रकाशन 8 फरवरी 1857 से शुरू हुआ। इस समाचार-पत्र ने स्वतंत्रता आन्दोलन को नई धार दी, परिणामतः ब्रिटिश हुकूमत इससे घबराती थी और इसीलिए, इसकी प्रति जिसके पास मिलती थी, उसे तरह-तरह की सजा दी जाती थी। बहादुर शाह के पुत्र केदार बख्त इसके मुद्रक थे। इसमें 1857 का प्रसिद्ध राष्ट्रगीत छपा था,—

हम हैं, इसके मालिक, हिन्दोस्तां हमारा,
पाक वतन है कौम का, जन्नत से भी प्यारा।
ये है हमारी मिल्कियत, हिन्दुस्तान हमारा,
इसकी सहामियत से, रोशन है जग सारा॥

8 अप्रैल 1857 को जब मंगल पांडेय को फाँसी दी गई, तब ब्रिटिश सरकार के खिलाफ बहादुरशाह जफर का ऐतिहासिक सन्देश पयाम-ए-आजादी में इस प्रकार प्रकाशित हुआ था— *"हिन्दुस्तान के हिन्दुओं और मुसलमानों उठो। खुदा ने इंसान को जितनी बरकतें अता की हैं, इनमें सबसे कीमत बरकत आजादी है।"* लॉर्ड कर्जन ने बंगाल को दो टुकड़ों में बाँटने का घृणित कार्य किया था। उस समय उसकी तीखी प्रतिक्रिया भारतीय समाज में हुई थी। इतिहासकार **डॉ. विपिन चन्द्र** लिखते हैं कि,—"16 अक्टूबर, 1905 का दिन पूरे बंगाल में शोक दिवस के रूप में मनाया गया। घरों में चूल्हे नहीं जले। लोगों ने उपवास रखा व कलकत्ता में हड़ताल घोषित की गई। जनता ने जुलूस निकाला। सबेरे जत्थे-के-जत्थे लोगों ने गंगा स्नान किया और फिर सड़कों पर 'वन्देमातरम्' गाते हुए प्रदर्शन करने लगे। यह वन्देमातरम् समूचे आन्दोलन की ओर से युद्ध की दुन्दुभी था।"[2] बाद में जलियांवाला बाग हत्याकांड ने पूरे देश को हिलाकर रख दिया। दरअसल, अंग्रेजों के विरुद्ध संघर्ष के इस प्रारम्भिक दौर में कई साहसी अखबारों

1. जनसत्ता (जब्त पत्रिकाओं में बन्द अनलिखा इतिहास) रुस्तम राय, 12 अक्टूबर सन, 1986 दिल्ली संस्करण
2. भारतीय का स्वतंत्रता संघर्ष—डॉ. विपिन चन्द्र, पृ. 87

ने जन्म लिया,—"जी सुब्रह्मण्य अय्यर के सम्पादन में *'दि हिन्दू'* और *'स्वदेश मित्र'*, बाल गंगाधर तिलक के सम्पादन में *'केसरी'*, *'मराठा'*, सुरेन्द्रनाथ बनर्जी के सम्पादन में *'बंगाली'*, शिशिर कुमार और मोती लाल घोषक सम्पादन में *'अमृत बाजार पत्रिका'*, गोपाल कृष्ण गोखले के सम्पादन में *'सुधाकर'*, एन.एन. के सम्पादन में *'इंडियन मिरर'* तथा दादा भाई नौरोजी के सम्पादन में *'हिन्दुस्तानी'* जैसे अनेक अखबार अस्तित्व में आए।[1] केसरी के मुखपृष्ठ पर प्रकाशित ब्रिटेन को चेतावनी दृष्टव्य है,—"सावधान! निश्चिन्त न विचरना, जब देश की प्रजा नींद से उठ जाएगी, तब तुम्हारी खैर नहीं।"[2] सुप्रसिद्ध लेखक, पत्रकार और सेनानी आदरणीय **प्रभाकर माचवे**[3] लिखते हैं कि, भारतीय स्वाधीनता संग्राम में पत्र-पत्रिकाओं ने एक प्रभावशाली अस्त्र का काम किया। कई पत्रों को ब्रिटिश सरकार ने जब्त कर लिया, उनसे जमानतें माँगी, उनके सम्पादकों को जेल में डाला, कड़ी सजाएँ दीं। ऐसे जब्तसुदा पत्रों की सभी भारतीय भाषाओं में मिलाकर संख्या कई सैकड़ों में होगी। उस जमाने में हर नेता का अपना अखबार था। लोकमान्य तिलक का 'केसरी' 'मराठा' था, लाला लाजपतराय का 'पंजाब केसरी' और 'एडवांस' था। देशबन्धु चितरंजन दास का 'जुर्गाता' था। मौलाना आजाद का 'अल-हिलाल' और 'कामरेड' था। महात्मा गांधी का 'यंग इंडिया', 'नव जीवन' और 'हरिजन सेवक' था। जवाहर लाल नेहरू का 'नेशनल हेरल्ड' था और यह सूची बहुत लम्बी बनाई जा सकती है। हिन्दी जगत में मेरे देखने में जिन राष्ट्रीय दैनिकों, साप्ताहिकों, पाक्षिकों, मासिकों ने लोक जागृति का बड़ा कार्य किया और जिससे हिन्दी के महान लेखक जुड़े थे, वे स्वराज पूर्व महत्त्वपूर्ण पत्र-पत्रिकाएँ हैं,—'सरस्वती' (मा.) महावीर प्रसाद द्विवेदी से श्री नारायण चतुर्वेदी तक), 'कर्मवीर' (सा) माखन लाल चतुर्वेदी), 'स्वराज्य' (सा.) (सिद्धनाथ माधव आगस्कर), त्यागभूमि', 'जीवन साहित्य' (हरिभाई उपाध्याय), 'विशाल भारत' (मा.) (बनारसीदास-चतुर्वेदी), 'सैनिक' (सा.) (सच्चिदानन्द हीरानन्द वात्स्यायन 'अज्ञेय'), 'दिनमान', 'आरती' (मा.), चाँद' (मा.) (महादेवी वर्मा), 'विप्लव' (मा.) (यशपाल), 'विचार' (मा.) (भगवतीचरण वर्मा)', 'आगामी कल' (मा.) प्रयागचन्द्र शर्मा), 'विश्ववाणी', (मा.) (विश्वंभरनाथ पांडेय)', 'नया साहित्य', 'जनयुग' (द्वैमासिक, सा.) (शमशेर बहादुर सिंह, कपिचन्द जैन, यश सिन्हा), 'विश्व मित्र' (मा.) (इलाचन्द्र जोशी), 'संग्राम' (सा.) (धर्मवीर भारती), 'योगी (सा.) 'नई धारा' (मा.) (रामवृक्ष बेनीपुरी), 'संघर्ष' (पा.) (आचार्य नरेन्द्र देव), 'हंस', 'जागरण' (प्रेमचन्द)। स्वाधीनता संग्राम में इनका योगदान इस तरह रहा,—

(1) स्वाधीनता संग्राम के शहीदों, सेनानियों, महापुरुषों की जीवनियाँ एवं संग्राम की घटनाएँ देकर,

(2) विदेश के स्वाधीनता संग्राम की कहानियाँ देकर,

(3) मूक जनता, किसान, कामगार, दलित, वंचित-मुंचित, दुखदर्द, शिकायतों को वाणी देकर,

(4) जमींदार और पूँजीपतियों, शोषण और अत्याचारों के विरुद्ध कविता, कहानी, रेखाचित्र लिखकर,

(5) भारतीयों में अपने इतिहास के प्रति गौरवाभिमान जागृत कर,

(6) भारतीयों को अपनी मातृ भाषाओं के प्रति अभिमान जागृत कर,

(7) ब्रिटिश कूटनीति का दंभस्फोट कर,

(8) भाग्यवाद या यथास्थितिवाद का विरोध कर,

(9) बच्चों में राष्ट्रीय भावना बढ़ाकर तथा

(10) जो क्रान्तिकारी भारत के बाहर गए थे, उनके बारे में लिखकर।

पत्रों का 'स्वाधीनता संग्राम' के साथ सम्बन्ध कहीं सीधे आन्दोलनों के मुख पत्र की तरह और अप्रत्यक्ष रूप में होता था। चाँद का फाँसी अंक ऐसा ही एक विशेषांक जब्त हुआ था पर, 'मर्यादा' का प्रवासी अंक गिरमिटिया मजदूर भारतीयों की व्यथा-कथा को उजागर करता था।

1. भारत का स्वतंत्रता संघर्ष—डॉ. विपिन चन्द्र, पृ. 65
2. पत्रकारिता एवं राष्ट्रीय चेतना का विकास—डॉ. अर्जुन तिवारी, पृ. 90
3. संचार माध्यम (पत्रकारिता और स्वाधीनता संग्राम-प्रभाकर माचवे का लेख), पृ. 9, सितम्बर-1989 ई.

विद्वान बताते हैं कि हिन्दी पत्रकारिता के क्षेत्र में **हिन्दी प्रदीप** का उदय एक क्रान्तिकारी घटना थी। इसे हिन्दी का प्रथम राजनीतिक पत्र माना जाता है। इस पत्र ने हिन्दी पत्रकारिता को एक नया तेवर और रौ प्रदान किया। इतना ही नहीं, इसने बंग-भंग के आन्दोलन के दौर में बम बनाने और फेंकने की क्रान्तिकारी गतिविधियों के बीच माधव शुक्ल की एक ओजस्वी कविता **बम क्या है?** छाप दी,—

कुछ डरो न केवल इसमें बुद्धि भरम है, सोचो यह क्या है जो कहलाता बम है।
यह नहीं स्वदेशी आन्दोलन का फल है, नहीं 'बायकाट' अथवा 'स्वराज्य' की कल है।
जब-जब नृप अत्याचार महा करते हैं, और प्रजा दुखी चिल्लाते ही रहते हैं।
नहीं दीनों की जब कहीं सुनायी होती, तब इतिहास की बात सत्य ही होती।
'माधव' कहता यह किसका बुरा करम है, सोचो यह क्या है, जो कहलाता बम है।

बस क्या था, गोरों ने इस पत्र को सन् 1908 ई. में बन्द करने का आदेश दिया। दरअसल, तत्कालीन पत्र-पत्रिकाओं में छपे, जो तथ्य अंग्रेजों की सत्ता और कुर्सी को आँच देनेवाले होते थे, उसे वे अपने द्वारा बनाये गए पूर्व के कानूनों द्वारा सेंसर या जब्ती करने का आदेश दे देते थे। इस सम्बन्ध में उन्होंने बाद में कुछ और कड़े कानून बनाये,—"An ordinance was issued in 1823 by the acting Governor General John Adam, called the Adam Regulations which made the restrictions on the press more stringent. It laid down that every newspaper, journal, pamphlet or printed-matter in any language should obtain a licence from the Governor-General in Council was empowered to cancel the licence after issuing due notice and it would be published in the gazette. The second part of the regulations, called "Regulation of printing establishments-1923" prohibited the publication or circulation of any newspaper or book or printed matter without a licence. Unlicensed presses were to be attached by magistrates. It was laid down that the name of the printer and the place where it was printed should be prominently published in the first and last pages of the publication."[1]

6 जनवरी, 1914 ई. को एक ओर लाला हरदयाल ने **गदर** में ललकारा,—"क्रान्ति के साथियों तैयार हो जाओ। देश और विदेश में अपने उद्देश्य का प्रचार करो। सेवा और बलिदान के नये व्रत लो। मुट्ठी भर अंग्रेजों ने जोर जबरदस्ती से हमें गुलाम बना रखा है। वे हमें कुचल देना चाहते हैं। हिन्दुस्तान के नौजवान स्त्री-पुरुषों को इसका उत्तर देना चाहिए,[2] वहीं दूसरी ओर **प्रभा** ने भी ताल ठोंका, "सात शताब्दियों का आयरलैंड का इतिहास इस बात का जीता-जागता प्रमाण है कि राष्ट्रों की स्वाधीनता की पिपासा बिना स्वाधीनता के नहीं बुझ सकती। भुलाया गया, फुसलाया गया, धमकाया गया, पीटा गया, जितने प्रयत्न हो सकते थे, सब किए गए, परन्तु आयरलैंड की स्वतंत्रता की इच्छा किसी प्रकार न दब सकी। प्रकृति के एक नियम के सामने मनुष्य की समस्त वैज्ञानिक चालाकियाँ, उसका सारा राजनीतिक कमाल और चतुराई को खाक चाटनी पड़ी।"[3] **प्रताप** ने नीति परक दो पंक्तियाँ इस प्रकार छापा,—

जिसको न निज गौरव तथा निज देश का अभिमान है।
वह नर नहीं नर पशु निरा है और मृतक समान है।।

कालान्तर में यही पंक्तियाँ पत्र का आदर्श वाक्य बन गयीं। इधर, **आज** का लक्ष्य ही था—राष्ट्रीय चेतना का प्रचार-प्रसार। स्वराज प्राप्ति, कर्तव्य पालन तथा अधिकार बोध आदि इस सुप्रसिद्ध समाचार-पत्र के लक्ष्य थे। स्वतंत्रता आन्दोलन को गत्वरता देने के लिए इस अखबार ने साहस पूर्वक देश की जनता को सोते से जगाया,—

क्या सचमुच स्वराज चाहते हो? क्या कांग्रेस के सदस्य बने?
क्या तिलक स्वराज कोष को दिया? क्या चरखा चलाया?
अगर नहीं तो स्वराज्य के योग्य नहीं हैं, केवल चार दिन,
अब भी समय है, देर किया तो क्या जवाब दोगे?[4]

1. Journalism in India-Rangaswami Prthasarathy, Page-156
2. गदर, 6 जनवरी, अंक-1914 ई.
3. प्रभा, पृ. 51, मई-1920 ई.
4. आज, 27 जून, सन् 1921 ई.

सन् 1920 ई में **वर्तमान**[1] का प्रकाशन श्री रमाशंकर अवस्थी ने किया। इस समाचार-पत्र पर भी कई बार प्रतिबन्ध लगे, लेकिन इसने भी अन्य पत्रों की तरह हिम्मत नहीं हारी, बल्कि घोषणा किया,—

भारत के हम और हमारा भारत प्यारा।
स्वतंत्रता है जन्म सिद्ध अधिकार हमारा।।

कोलकाता से प्रकाशित **स्वतंत्र** नामक अखबार गांधी जी के विचारों से काफी ओत-प्रोत था। इसका प्रकाशन अम्बिका प्रसाद वाजपेयी ने 4 अगस्त, 1920 को किया। इसका लक्ष्य ही था,—

परतंत्रयात्परं दुखं न स्वातंत्रयात्परं सुखम्।
अप्रवासी गृही नित्यं स्वतंत्र सुखमेघते।।

स्वतंत्रता आन्दोलन के दौर में अन्य ढेरों पत्र-पत्रिकाओं, साहित्यकारों, समाज सुधारकों, राजनेताओं, युवक-युवतियाँ, पत्रकारों, बच्चों, बुजुर्गों और महिलाओं ने अपनी सेवाएँ अर्पित कीं। सभी का नाम लेना यहाँ स्थानाभाव के कारण असम्भव है। उक्त पत्र-पत्रिकाओं के अतिरिक्त हरिजन, क्रान्ति, आर्य जागरण, नवीन राजस्थान, हंस, रणभेरी, रणडंका, छत्तीसगढ़ मित्र, तूफान, ज्वालामुखी, हिन्दू संसार, विजय, प्रभात, बहिष्कार, विशाल कीर्ति, प्रभा, देहाती, प्रियंवदा, स्वदेश, नवनीत, मथुरा समाचार, सत्यवादी, ज्ञानशक्ति, समाज, सूर्य, मथुरा गज़ट, शक्ति, भारत चित्र, नृसिंह, कर्मयोगी, महारथी, सरस्वती, केसरी, उत्साह, साप्ताहिक हिन्दोस्तान, अभ्युदय, महारथी, दिल्ली समाचार-पत्र, लोकमत, समय, माँ, मतवाला, इन्दू, श्री शारदा, माधुरी, समन्वय, अवतार, सुधा, विशाल भारत, रंगीला, नवजीवन, हरिजन सेवक, हरिजन बन्धु, यंग इंडिया, छात्र सहोदर, अभ्युदय, खत्री हितकारी, क्षत्रिय, आयुर्वेद, सुधानिधि, कुलश्रेष्ठ, ज्योतिप्रभा, कवि, जान्हवी, गृह लक्ष्मी, उषा, सारस्वत, महिला हितकारक, प्रेम, निर्भय, ज्ञानोदय, हिन्दू पंच, भारतवासी, सर्वशिक्षक, पालीवाल, संकल्प, मनोरमा, शिशु, श्री वैष्णव, तथा सेवक आदि न जाने कितने पात्रों ने आजादी का अनथक अलख गीत गाया। इन पत्रों में सांस्कृतिक, राजनीतिक नवजागरण के स्वर मुखरित हुए।

सच तो यह है कि स्वाधीनता आन्दोलन के इस दौर में अमूमन सभी अखबारों ने ऋग्वेद के **यतेमहि स्वराजे** अर्थात् ''हम स्वराज के लिए सदैव यत्न करें'' को अपना मूल ध्येय बना लिया था। ब्रह्म समाज, आर्य समाज, प्रार्थना समाज तथा श्री रामकृष्ण मिशन के साथ देश की हर भाषा में छपनेवाले तत्कालीन पत्र-पत्रिकाओं ने 'स्वराज', 'सुराज' और 'स्वतंत्रता' का उद्घोष किया। इन्हीं के साथ हिन्दी-पत्रकारिता ने भी **राष्ट्र जागृयांवयम्** का भी शुभ-संकल्प लिया और अपने उक्त लक्ष्य और 'मिशन' में वह पूर्णरूपेण सफल भी रही—

वे नृशंस दर्शन से ही मर जाएँ आँखें मूँदे,
अत्याचारी, वधिक विदेशी छाती पर अधिक न कूँदें।
एक बार माँ! एक बार तू नाच काम बन जाएगा,
तांडव की बस एक कला में रक्त पात्र भर जाएगा।।

तथा

हो उथल-पुथल जब देश बीच और खौले खून जवानों का।
बलिदेवी पर बलि चढ़ाने को, अब चले झुण्ड मर्दानों का।

(5) स्वतंत्रता आन्दोलन के दौर की कुछ महत्त्वपूर्ण पत्रिकाओं के आदर्श वाक्य, सिद्धान्त वाक्य, घोषणा-पत्र, नीति वाक्य या उद्देश्य वाक्य

जंग-ए-आजादी के दौर में बरतानी हुकूमत से लाम-लोहा लेने वाली अधिकांश पत्रिकाओं के अपने-अपने आदर्शवाक्य, सिद्धान्त-वाक्य, घोषणा-पत्र, नीति वाक्य या उद्देश्य वाक्य होते थे। ये आदर्श वाक्य बहुधा उनके मुखपृष्ठ पर प्रकाशित होते थे। दरअसल, ये आदर्शवाक्य इन पत्रिकाओं के नीतिवाक्य ही थे। पराधीनता के दौर में इन वाक्यों ने तत्कालीन समाज को सोते से जगाया, उन्हें स्वतंत्रता आन्दोलन के समर

1. वर्तमान, पृ. 9, सन् 1920 ई.

में कूदने के लिए प्रेरित किया। इन वाक्यों से लागों को नया उत्साह और ललकार मिलती थी। पराधीनता के अँधेरे में इनसे लोगों को आत्म-विश्वास, साहस और गरिमा का एहसास होता था। इन सूक्त वाक्यों ने लोगों को व्यवस्था के खिलाफ विद्रोह-विरोध करने के लिए उकसाया, पराधीनता की जकड़न को झटकने की ताकत दी। पत्रिकाओं के सम्पादकों ने इन घोषणा-पत्रों में ठेठबिंबों, लोकोक्तियों और उपमानों के जरिए बड़ी सहजता से तत्कालीन सामाजिक व्यवस्था और उसके अन्तर्विरोधों को उजागर किया, निराशा के घने कुहासे में ओझल हो गए युवाओं को संवाद-सहकार के लिए जगाया, चुप्पी के लम्बे फासले को पाटा।

दरअसल, उस समय तत्कालीन क्रूर सत्ता के बरक्स कुछ भी लिखना बड़ा सरल-सहज नहीं था, बल्कि बहुत बड़ा जोखिम था, फिर भी इन पत्रिकाओं ने अनथक सृजनशीलता और चिन्तनशीलता से प्रभावशाली अन्दाज में सूत्र वाक्यों में लोगों के सामने अपनी-अपनी बातें रखीं। स्मृतियों का साँकल-गवाक्ष खोल बहस का नया मंच तैयार किया। कुल मिलाकर इन सूक्त वाक्यों ने तत्कालीन समाज के भीतर गहरे पैठ और बैठ गए इकहरेपन, संकीर्णता एवं एकरसता को तोड़ा, एकांगिता और तंगनजरी के शिकार हो गए लोगों को झकझोरा, धुंध और भ्रम से बाहर निकाला, समग्रता, व्यापकता तथा बहुलता के परिसर में प्रवेश कराकर कबीर की तरह समाज-चेता की भूमिका में जीया। इन सूक्त वाक्यों में जीवन-जगत के विविध पक्षों की अभिव्यक्ति हुई है। इनका फलक बहुआयामी और देश काल-सापेक्ष है। आज भी कई साहित्यिक पत्रिकाएँ सामाजिक उद्‌बोधन और जागरण की इस परम्परा को अक्षुण्य रखे हुई हैं। बहरहाल, प्राचीनकालीन कुछ प्रमुख पत्रिकाओं के आदर्श वाक्यों को हम इस प्रकार देख सकते हैं,—

समाचार-पत्र/पत्रिकाएँ-प्रकाशन काल–प्रकाशक–उद्‌देश्य वाक्य, आदर्श वाक्य, सिद्धान्त वाक्य या नीति वाक्य

1.	उदन्त मार्तण्ड	30 मई, 1826 ई. युगल किशोर सुकुल	"दिवाकान्त कान्ति विनाध्वान्तमन्तं, न चाप्नोति तद्वज्जगत्यज्ञ लोकः। समाचार सेवान्तते ज्ञत्वमाप्तं, न शक्नोति तस्मात्करोमीति यत्नः।"
2.	बंगदूत	10 मई, 1829 ई. राजाराम मोहन राय	"दूतनि की यह रीति बहुत थोरे में भाषैं, लोगनि को बहुलाभ होय याही तै लाखैं। बंगला को दूत पूत यहि वायु को जानौ, होय विदित सब देश कलेश को लेश न मानौ।"
3.	बनारस अखबार	1845 ई. गोविन्द रघुनाथ थत्ते	"सुबनारस अखबार यह शिव प्रसार आधार, बुधिविवेक जन निपुन को चितहित बारंबार। गिरिजापति नगरी जहाँ गंग अमल जलधार, नेतशुभाशुभ मुकुर को, लखोविचार-विचार।।"
4.	कवि वचन सुधा	15 अगस्त, 1867 ई. भारतेन्दु हरिश्चन्द्र,	"खल गगन सौ सज्जन दुखिमति होहिं हरिपदमति रहे अपधर्म छूटै, स्वतत्व निज भारत गहै, कर दुख बहै।। बुध तजहिं मत्सर, नारि नर सम होहिं, जग आनन्द लहै। तजि ठााम कविता, सुकविजन की अमृत बानी सब कहै।।"
5.	बिहार बन्धु	सन् 1872, मदनमोहन भट्‌ट तथा केशव भट्‌ट	"मरण उपरान्त यदि जन्मूँ तो जन्म दे भारत में। कि जिसमें देश-सेवा हो, नये तन से, नये मन से।।"
6.	हरिश्चन्द्र चन्द्रिका	15 जून, 1874, भारतेन्दु हरिश्चन्द्र	"कविजन कुमुदगन हियविका सिचकोर रसिकन मुख भरै। प्रेमिन सुधा सों सोचि भारतभूमि आलस तम हरै।। उद्‌यम सुऔषधि पोखि विरहिन तापि खल चोरन दरै। हरिचन्द की यह चन्द्रिका पर कासि जग मंगल करै।।"
7.	बाला बोधिनी	01 जनवरी, 1874 भारतेन्दु हरिश्चन्द्र	"जोहरि सोई राधिका जो शिव सोई शक्ति। जो नारि सोई पुरुष यामें कछु न विभक्ति।। सीता अनुसूया सती अरुंधती अनुहारि। शील लाज विद्यादि गुण लहौ सकल जगनारि।।"

8.	हिन्दी प्रदीप	01 दिसम्बर, 1877 बालकृष्ण भट्ट	"शुभ सरल देश स्नेह पूरित, प्रकट ह्वै आनन्द भरे। नचि दुसह दुर्जन वायु सौं मणि दीप समथिर नहिं टरे।। सूझे विवेक विचार उन्नति कुमति सब यामें जरे। हिन्दी-प्रदीप प्रकाशि मुरखतादि भारत तम हरै।।"
9.	भारत मित्र	17 मई, 1878 छोटूलाल मिश्र, दुर्गाप्रसाद मिश्र	"जयोऽस्तु सत्यनिष्ठानां येषां सर्वे मनोरथाः।" तथा "सगुण खनिज विचित्र अति खोले सबके चित्र। शोधै नरचरित्र यह 'भारत मित्र' पवित्र।।"
10.	सारसुधा निधि	13 जनवरी, 1879 सदानन्द, गोविन्दनारायण मिश्र, शंभुनाथ तथा दुर्गा प्रसाद मिश्र	"कुमुद रसिक मनमोदकर हरिदुख तम सरवत्र। जनपथ दरसावे अचल 'सारसुधानिधि' पत्र।। काव्य रसायन यत्र तत्र सुदर्शन नृप चरित्त। 'सारसुधानिधि' पत्र-होय व्यसन ज्वर विषम हर।।"
11.	उचितवक्ता	7 अगस्त, 1880 दुर्गाप्रसाद मिश्र	"हितं मनोहारि च दुर्लभ वचः।"
12.	क्षत्रिय पत्रिका	19 मई, 1881 ई. रामदीन सिंह	"विकसित क्षत्रिय पत्रिका भारत सरवर माँहि। करहिं कृपा या पर सदा जौ क्षत्रिय नरनाहि।। तौ यह थोड़हि दिवस में सकै सकल दुख मेटि। करै एकता प्रबल पुनि सब क्षत्रियन समेटि।।"
13.	आनन्द कादम्बिनी	सन् 1881ई. बदरीनारायण चौधरी 'प्रेमघन'	"यो भूतं च भव्यं च सर्वं यश्चोधिष्ठति। स्व प्रर्यस्य च ।...।...। ।...।...। केवलं तस्मै ज्येष्ठाय ब्रह्मणेन नमः ।। 9।। यस्य भूमिः प्रभान्तरि ।...।...। ...।...।...। क्षभुतो दरम् । दिवं यश्चक्रे मर्द्धानं तस्मै ज्येष्ठाए ब्रह्मणै नमः ।। 2 ।। यस्य सूर्यश्घक्षुश्चन्द्रम। श्च पुनर्णव। अग्निं यश्चक्र संहितायाम् कांडे 90 प्रपाठके 23 अनवाके 4।। मं 9। 32।33।"
14.	प्रयाग समाचार	सन् 1882 ई. देवकीनन्दन तिवारी	"खेती और बनिज न्याय नीतिनट खेल यामे। गाने औ बजाने के उचाखेर को विचार है।। काव्य कला चातुरी चितेरी चाह चोखे। समाचार के प्रचार को 'प्रयाग समाचार है।"
15.	धर्म्म दिवाकर	सन् 1883 ई. पं. देवी सहाय शर्मा	"न जातु कामान्न लोभाद् धर्म त्येज्जी वितस्यापि हेतोः। धर्म नित्यः सुख दुखे त्वनित्ये जीवोनित्यो हेतुरस्याव्यनित्यः।।"
16.	आर्य विनय	01 मई 1885 ई. पं. रुद्रदत्त शर्मा	"आर्य विनय छंद पद गहे गद्गद गिरा उचार, विनवत आर्य सुबन्धु जनु सुनिये दीन प्रकारा आर्य अवनि गवनि विपद भव नीरधि मँझधार, लव निमेख अवरेख चित करहु कछुक प्रतिकारा।।"
17.	भारत भ्राता	अप्रैल 1887 ई. रीवा नरेश के सेनाध्यक्ष लाल बलदेव सिंह	"स किं सखा साधु न शास्ति यो, धिमं हिताम्नयः संश्रृणते स किं प्रभुः। सदानुकूलेध्व हि कुर्वते रतिं, नृपेष्वमात्येषु च सर्वसम्पदः।।"
18.	नागरी नीरद	01 सितम्बर 1892 प्रेमधन	"नवल नागरी लतापै वर विद्या परसाय। करै प्रफुल्लित नागरी नीरद छबि सो छाय।।"
19.	सज्जन विनोद	सन् 1894 ई. पं. कृष्ण लाल शर्मा	"भारत भ्रम अघहरण को विरचति यह नवयंत्र, सुखी होहिं सब प्रजा नृप धर्म कर्म रति तंत्र। धर्म सारु अरु रसिक छवि नाना जग व्यवहार... चरि अर्जुन लिए देश-देश मनुहार।।"
20.	सरस्वती	सन् 1900 ई. महावीर प्रसाद द्विवेदी	"सरस्वती श्रुति महती न हीयताम् ।"
21.	छत्तीसगढ़ मित्र	जनवरी, 1900 ई. वामन राव चिंचोलकर तथा माधवराव सप्रे	"पापान्नि वारयति योजयते हिताय। गुहयं निगूहति गुणान् प्रकटी करोति।। आपद-गतं न च चहाति ददाति काले। सन्मित्र लक्षणमिदं प्रददन्ति सन्तः।।"

22.	लक्ष्मी	सन् 1903 ई. गोरेलाल मंजु तथा सुशील	"जननी जन्म भूमिश्च स्वर्गादपि गरीयसी, धर्म पयोधि-निवासिनी, कर्म-कमल आसीन। सत्यदेव पद सेविनी, 'लक्ष्मी' परम प्रवीन।।"
23.	नृसिंह	सन् 1907 ई. अम्बिका प्रसाद वाजपेयी	"यदा-यदा हि धर्मस्य...सम्भवामि युगे-युगे।।"
24.	इन्दु	सन् 1911 ई. अम्बिका प्रसाद गुप्ता	"सज्जन चित्त चकोरन को, हुलसावन भावन पूरो अनिन्दु है। मोहन काव्य के प्रेमिन के हित, साँच सुधारस को बाल बिन्दु है।। ज्ञान प्रकाश प्रसारि हिय बिच, ऐसो जो मूरखता की तम बिन्दु है। काव्य महोदधि ते प्रकट्यो, रस रीति कलायुत पूरण 'इन्दु' है।।" "ऊँ इन्दुशेषराय नमः।"
25.	प्रभा	प्रभा 7 अप्रैल, 1913 माखन लाल चतुर्वेदी	"या निशा सर्व भूतानां... जगो उठो भाइयों नींद को छोड़ दो, जगो आलस्य को तोड़ दो, मिटे सर्वदा को अविद्या निशा, प्रभापूर्ण हो जाए, प्राची दिशा।।"
26.	साप्ताहिक 'प्रताप'	सन् 1913 गणेश शंकर विद्यार्थी	"जिसको न निज गौरव तथा निज देश का अभिमान है। वह नर नहीं नर पशु निरा है, और मृतक समान है।।"
27.	कलकत्ता समाचार	सन् 1914 अमृत लाल चक्रवर्ती	"न जातु कामात्र भयात्र लोभार्द्धमम् त्येजेज्जीविस्या अपि हेतोः।"
28.	विज्ञापन	सन् 1915 नारायण दत्त विद्याश्रमी	"भारत समुन्नति कार्य में निज योग देने को नया। प्रिय देश सेवा हेतु 'विज्ञापन' उपस्थित हो गया।।"
29.	कर्मवीर	17 जनवरी, 1919 माधव राव सप्रे	"कर्मण्येवाधिकारस्ते मा फलेष कदाचन् ।"
30.	स्वदेश	6 अप्रैल सन् 1919 दशरथ प्रसाद द्विवेदी	"जो भरा नहीं है भावों से, बहती जिसमें रस धार नहीं। वह हृदय नहीं, वह पत्थर है, जिसमें स्वदेश का प्यार नहीं।।"
31.	श्री शारदा	अप्रैल सन् 1920 नर्मदा प्रसाद मिश्र	"गुरुतां नयन्ति हि गुणाः न संहति।" (भारवि)
32.	स्वतंत्र	4 अगस्त, 1920 अम्बिका प्रसाद वाजपेयी	"पारतंत्र यात्परम् दुखम् न स्वातंत्रयात्परम् सुखम् । अप्रवासी गृही नित्यम् स्वतंत्र सुखमेधते।।"
33.	माधुरी	जुलाई, 1922 रूपनारायण पांडेय	"सिता, मधुर-मधु, सुधा, तिय-अमर-माधुरी धन्य। पैनो रस साहित्य की यह माधुरी अनन्य।।"
34.	नवीन राजस्थान	सन् 1922-विजय सिंह 'पथिक'	"यश, वैभव की चाह नहीं, परवाह नहीं जीवन रहे-न-रहे। यदि इच्छा है, यह है, जग में स्वेच्छाचार दमन न रहे।।"
35.	समन्वय	सन् 1922 स्वामी माधवानन्द	"ये यथा मां प्रपद्यन्ते तांस्तथैव भजाम्यहम् । मम वर्त्मानुवर्तन्ते मनुष्याः पार्थ सर्वशः।।"
36.	मतवाला	23 अगस्त, 1923 नवजादिक लाल, शिवपूजन सहाय तथा निराला	"अमिय गरल शशि-सीकर रविवर, राग-विराग भराप्याला। पीतै हैं जो साधक उनका, प्यारा है यह मतवाला।।"
37.	सुधा	अगस्त, 1923 दुलारे लाल भार्गव तथा रूपनारायण पांडेय	"कीन्हेहु सुलभ सुधा वसुधा हूँ। सिन्धु मथे सुर ही लही नैकु न सतयुग माहि। सहज सुलभ सोई सुधा सबै समै सब काहि।।"
38.	त्यागभूमि	अक्टूबर, 1927 ई. हरिभाऊ उपाध्याय	"आत्म समर्पण होत जहें, जहाँ शुभ्र बलिदान। मर मिटने को साथ जहें, तहें हैं श्री भगवान।।"
39.	विशाल भारत	जनवरी, 1928 ई. बनारसी दास चतुर्वेदी	"सत्यम् शिवम् सुन्दरम्, नायमात्मा बलहीनेन लभ्यः।"
40.	आर्य सन्देश	सन् 1937 त्रिलोकी नाथ शास्त्री तथा रामदेव	"उठ, बाँध कमर, क्यों डरता है। फिर देख प्रभु क्या करता है।।"

हाल के वर्षों तक हिन्दुस्तान टाइम्स प्रकाशन समूह की मासिक पत्रिका 'कादम्बिनी' का निम्नलिखित आदर्श वाक्य उक्त श्रेष्ठ परम्परा का ही निदर्शन करता है,—*आकल्पं कवि नूतनाम्बुदमयी कादम्बिनी वर्षतु।''*

भाग-3
नये-पुराने कुछ प्रमुख मीडिया कानून

(1) सूचना-स्वातंत्र्य विधेयक, 2000

प्रशासन में खुलापन, पारदर्शिता और जवाबदेही का सम्प्रवर्तन करने के लिए, लोक प्राधिकारियों के नियंत्रण के अधीन-लोकहित से संगत सूचना तक पहुँच सुनिश्चित करने के लिए प्रत्येक नागरिक को स्वतंत्रता का और उससे सम्बन्धित या उसके आनुषांगिक विषयों का उपबन्ध करने के लिए विधेयक

भारत गणराज्य के इक्वावनवें वर्ष में संसद द्वारा निम्नलिखित रूप में यह अधिनियमित हों :—

अध्याय-1
प्रारम्भिक

संक्षिप्त नाम, विस्तार और प्रारम्भ

(1) इस अधिनियम का संक्षिप्त नाम सूचना-स्वातंत्र्य अधिनियम, 2000 है।
(2) इसका विस्तार जम्मू-कश्मीर राज्य के सिवाय सम्पूर्ण भारत पर होगा।
(3) यह उस तारीख को प्रवृत्त होगा जो केन्द्रीय सरकार, राजपत्र में अधिसूचना द्वारा, नियम करे।

परिभाषाएँ

इस अधिनियम में, जब तक कि सन्दर्भ से अन्यथा अपेक्षित न हो,—

(क) ''समुचित सरकार'' से अभिप्रेत है,—
- (i) केन्द्रीय सरकार द्वारा स्थापित, गठित, उसके स्वामित्वाधीन, प्रत्यक्षतः उपलब्ध कराई गई निधियों द्वारा सारभूत रूप से वित्तपोषित या नियंत्रित किसी लोक प्राधिकारी के सम्बन्ध में केन्द्रीय सरकार;
- (ii) राज्य सरकार द्वारा स्थापित, गठित, उसके स्वामित्वाधीन, प्रत्यक्षः या अप्रत्यक्षतः उपलब्ध कराई गई निधियों द्वारा सारभूत रूप से वित्तपोषित या नियंत्रित किसी लोक प्राधिकारी के सम्बन्ध में राज्य सरकार;

(ख) ''सक्षम अधिकारी'' से अभिप्रेत है—
- (i) लोक सभा या विधान सभा की दशा में अध्यक्ष और राज्य सभा या विधान परिषद् की दशा में सभापति;
- (ii) उच्चतम न्यायालय की दशा में, भारत का मुख्य न्यायमूर्ति;
- (iii) उच्च न्यायालय की दशा में, उच्च न्यायालय का मुख्य न्यायमूर्ति;
- (iv) संविधान द्वारा या उसके अधीन सृजित अन्य प्राधिकारियों की दशा में, यथास्थिति, राष्ट्रपति या राज्यपाल;

(ग) ''सूचना-स्वातंत्र्य'' से निम्नलिखित के माध्यम द्वारा किसी लोक प्राधिकारी से सूचना अभिप्राप्त करने का अधिकार अभिप्रेत है—
- (i) निरीक्षण, उद्धरण और टिप्पणी लेना;
- (ii) ऐसे लोक प्राधिकारी के किन्हीं अभिलेखों की प्रमाणित प्रतियाँ अभिप्राप्त करना;

(iii) जहाँ ऐसी जानकारी का भंडारण किसी कम्प्यूटर में या किसी अन्य युक्ति में किया जाता है वहां डिस्केटों, फ्लापियों, इलेक्ट्रॉनिक साधनों या प्रिन्ट-आउट के माध्यम से अभिप्राप्त करना;

(घ) ''सूचना'' से किसी लोक प्राधिकारी के प्रशासन, कार्यों या विनिश्चयों के सम्बन्ध में किसी रूप में, कोई सामग्री अभिप्रेत है;

(ङ) ''विहित'' से, यथास्थिति, समुचित सरकार या सक्षम प्राधिकारी द्वारा इस अधिनियम के अधीन नियमों द्वारा विहित अभिप्रेत है;

(च) ''लोक प्राधिकारी'' से—

(i) संविधान द्वारा या उसके अधीन;

(ii) समुचित सरकार द्वारा बनाई गई किसी विधि द्वारा,
स्थापित या गठित कोई प्राधिकारी या निकाय अभिप्रेत है और इसके अन्तर्गत समुचित सरकार के स्वामित्वाधीन नियंत्रणाधीन या सारभूत रूप से प्रत्यक्षः या अप्रत्यक्षतः उपलब्ध कराई गई निधियों द्वारा वित्तपोषित कोई अन्य निकाय है;

(छ) ''लोक सूचना अधिकारी'' से धारा 5 की उपधारा (1) के अधीन नियुक्त लोक सूचना अधिकारी अभिप्रेत।

(ज) ''अभिलेख'' के अन्तर्गत है—

(i) कोई दस्तावेज, पांडुलिपि और फाइल;

(ii) किसी दस्तावेज की कोई माईक्रोफिल्म या माइक्रोफिश और प्रतिचित्र प्रति;

(iii) ऐसी माइक्रोफिल्म में समाविष्ट प्रतिबिम्ब या प्रतिबिम्बों का कोई पुनरुत्पादन (चाहे वर्धित रूप में हो या

(iv) किसी कम्प्यूटर द्वारा किसी अन्य युक्ति द्वारा प्रस्तुत कोई अन्य सामग्री;

(झ) ''अन्य व्यक्ति'' से सूचना के लिए अनुरोध करनेवाले व्यक्ति से भिन्न कोई व्यक्ति अभिप्रेत है और इसमें साथ प्राधिकारी भी है।

अध्याय-2
सूचना-स्वातंत्र्य और लोक प्राधिकारियों की बाध्यताएँ

सूचना-स्वातंत्र्य

3. इस अधिनियम के उपबन्धों के अधीन रहते हुए, सभी नागरिकों को सूचना की स्वतंत्रता होगी।

4. प्रत्येक लोक प्राधिकारी;—

लोक प्राधिकारियों की बाध्यताएँ

(क) अपने सभी अभिलेख ऐसी रीति और प्रारूप में रखेगा जो सम्यक् रूप से सूचीपत्रित और अनुक्रमणिकाबद्ध अपेक्षाओं के संगत हों;

(ख) ऐसे अन्तरालों पर जो समुचित सरकार या सक्षम अधिकारी द्वारा विहित किया जाए;—

(i) उसके संगठन, कृत्य और कर्तव्यों की विशिष्टियां;

(ii) उसके अधिकारियों और कर्मचारियों की शक्तियों और कर्तव्य तथा निश्चिय करने के अनुक्रम में अनुपालन की जाने की प्रक्रिया;

(iii) उसके कृत्यों के निर्वहन के लिए लोक प्राधिकारियों द्वारा स्थापित सन्नियम;

(iv) नियम, विनियम, विनिर्देश, मेनुअल और उनके कृत्यों के निर्वहन के लिए उसके कर्मचारियों द्वारा प्रयुक्त नियंत्रण के अधीन अन्य प्रवर्ग के अभिलेख;

(v) सूचना अभिप्राप्त करने के लिए नागरिकों को उपलब्ध सुविधाओं के ब्यौरे; और

(iv) लोक सूचना अधिकारी का नाम, पदाभिधान और अन्य विशिष्टयाँ, प्रकाशित करेगा;

(ग) महत्त्वपूर्ण विनिश्चयों और नीतियों से सम्बन्धित ऐसे सभी सुसंगत तथ्य, जो जनता को प्रभावित करते हैं, ऐसे विनिश्चय नीतियों की घोषणा करते समय प्रकाशित करेगा;

(घ) अपने विनिश्चयों के कारण चाहे प्रशासकीय या न्यायिककल्प हों, उनको देगा, जो ऐसे विनिश्चयों से प्रभावित हों।

(ङ) किसी परियोजना को प्रारम्भ करने से पूर्व जनता को साधारणतः या प्रभावित व्यक्तियों को या जिनका उक्त पंक्ति से विशिष्टतः प्रभावित होना संभाव्य है, या जिस तक उसकी युक्तियुक्त रूप से पहुँच है, जिसकी, उसकी राय में, उन्हें लोक सिद्धान्तों को बनाये रखने के सर्वोत्तम हित में जानकारी होनी चाहिए, उसे उपलब्ध तथ्यों को प्रकाशित या संसूचित करेगा।

लोक सूचना अधिकारियों की नियुक्त

5. (1) प्रत्येक लोक प्राधिकारी, इस अधिनियम के प्रयोजनों के लिए एक या अधिक अधिकारियों को लोक सूचना अधिकारी के रूप में नियुक्त करेगा।

(2) प्रत्येक लोक सूचना अधिकारी, सूचना के लिए अनुरोधों के सम्बन्ध में व्यवहार करेगा और ऐसी सूचनाओं वाले किसी व्यक्ति को उचित सहायता प्रदान करेगा।

(3) लोक सूचना अधिकारी किसी ऐसे अन्य अधिकारी की सहायता ले सकेगा जिसे वह अपने कर्तव्यों के निर्वहन के लिए आवश्यक समझे।

(4) कोई ऐसा अधिकारी, जिसकी सहायता उपधारा (3) के अधीन माँगी गई है, उसकी सहायता चाहने वाले सूचना अधिकारी को सभी सहायता प्रदान करेगा।

सूचना अभिप्राप्त करने के लिए अनुरोध

6. सूचना अभिप्राप्त करने का इच्छुक व्यक्ति सम्बद्ध लोक सूचना अधिकारी को अपने द्वारा माँगी गई सूचना की विशिष्ट विनिर्दिष्ट करते हुए लिखित रूप में या इलेक्ट्रॉनिक साधनों के द्वारा अनुरोध करेगाः

परन्तु जहाँ ऐसा अनुरोध लिखित रूप में नहीं किया जा सकता है वहाँ लोक सूचना अधिकारी मौखिक रूप में अनुरोध वाले व्यक्ति को उसे लेखबद्ध करने के लिए सभी युक्तियुक्त सहायता प्रदान करेगा।

अनुरोधों का निपटारा

7. (1) धारा 6 के अधीन अनुरोध के प्राप्त होने पर, लोक सूचना अधिकारी यथासम्भवशीघ्र, और किसी भी दशा में उसकी प्राप्ति से तीस दिन के भीतर ऐसी फीस के सन्दाय पर, जो विहित की जाए, सूचना उपलब्ध कराने का विनिश्चय करेगा धारा 8 और धारा 9 में विनिर्दिष्ट कारणों में से किसी कारण से अनुरोध को अस्वीकृत कर देगाः

परन्तु जहाँ किसी अतिरिक्त फीस के सन्दाय पर सूचना उपलब्ध कराने का निश्चिय किया जाता है जो सूचना उपलब्ध करने के बराबर है, वहां वह अनुरोध करनेवाले व्यक्ति को सूचना भेजेगा जिसमें उसके द्वारा अवधारित फीसों का विवरण दिया जाएगा और उससे उक्त फीस जमा करने के लिए अनुरोध किया जाएगा और उक्त सूचना के प्रेक्षण और फीस के सन्दाय के बीच की अवधि को ऊपर विनिर्दिष्ट तीस दिनों की अवधि की संगणना करने के प्रयोजन के लिए अपवर्जित किया जाएगा।

(2) उपधारा (1) के अधीन कोई विनिश्चय करने के पूर्व, लोक सूचना अधिकारी धारा 11 के अधीन अन्य व्यक्ति द्वारा किए गए अभ्यावेदन पर विचार करेगा।

(3) जहाँ उपधारा (2) के अधीन अनुरोध अस्वीकृत कर दिया जाता है वहाँ लोक सूचना अधिकारी अनुरोध करनेवाले व्यक्ति को निम्नलिखित के बारे में संसूचित करेगा,—

(i) ऐसी अस्वीकृति के लिए कारण;

(ii) वह अवधि जिसके भीतर ऐसी नामंजूरी के विरुद्ध कोई अपील की जा सकेगी;

(iii) अपील प्राधिकारी की विशिष्टयाँ।

(4) साधारणतया सूचना उस प्रारूप में उपलब्ध कराई जाएगी जिसमें वह माँगी गई है जब तक कि वह किसी लोक प्राधिकारी के साधनों का अननुपातिक रूप से अपयोजन न करे या प्रश्नगत अभिलेख की सुरक्षा या परिरक्षण के लिए हानिकर न हो।

सूचना के प्रकट किए जाने से छूट

8. (1) इसमें इसके पूर्व अन्तर्विष्ट किसी बात के होते हुए भी, निम्नलिखित सूचना को जो उपधारा (2) में निर्दिष्ट किसी विषय से सम्बन्धित सूचना नहीं है, प्रकट किए जाने से छूट प्राप्त होगी, अर्थात् :—

(क) ऐसी सूचना, जिसके प्रकट किए जाने से भारत की प्रभुता और अखंडता, राज्य की सुरक्षा, भारत के नीति सम्बन्धी, वैज्ञानिक या आर्थिक हित या अन्तर्राष्ट्रीय सम्बन्धों का व्यवहार प्रतिकूल रूप से प्रभावित होता हो;

(ख) ऐसी जानकारी जिसके प्रकटन से लोक सुरक्षा और व्यवस्था, किसी अपराध के पता लगाने और अन्वेषण पर प्रतिकूल प्रभाव पड़ता हो या जिसके कारण कोई अपराध कारित करने के लिए उत्प्रेरेणा उत्पन्न होती हो अथवा किसी लंबित मामले के निष्पक्ष विचारण या न्यायनिर्णयन पर प्रतिकूल प्रभाव पड़ता हो;

(ग) ऐसी सूचना जिसके प्रकटन से केन्द्र-राज्य सम्बन्धों पर प्रतिकूल प्रभाव पड़ता हो, जिसके अन्तर्गत केन्द्रीय सरकार और राज्य सरकारों या उनके किसी प्राधिकारियों या अभिकरणों के बीच गोपनीय रूप से आदान-प्रदान की गई सूचना भी है;

(घ) मंत्रिमंडलीय कागज-पत्र, जिसके अन्तर्गत मंत्रिमंडल सचिवालय और अन्य अधिकारियों के विचार-विमर्श के अभिलेख भी हैं;

(ङ) कार्यवृत्त या सलाह अभिलेख जिसके अन्तर्गत कार्यपालक विनिश्चय या नीति निर्धारण से पूर्व विनिश्चय करने की प्रक्रिया के दौरान लोक प्राधिकरण के किसी अधिकारी द्वारा दी गई विधिक सलाह, राय या की गई सिफारिशें भी हैं;

(च) विधि द्वारा संक्षिप्त व्यापार या वाणिज्यिक गोपनीय बातें या ऐसी सूचना जिसके प्रकटन से विधिपूर्ण, आर्थिक और वाणिज्यिक हितों या किसी लोक प्राधिकारी की प्रतियोगी स्थिति पर प्रतिकूल प्रभाव पड़ता हो या किसी व्यक्ति को अनुचित लाभ या हानि होती हो; और

(छ) ऐसी सूचना जिसके प्रकटन के परिणामस्वरूप संसद या राज्य विधान-मंडल के विशेषाधिकार का उल्लंघन होता हो या किसी न्यायालय के विधिपूर्ण आदेश का उल्लंघन होता हो।

(2) ऐसी किसी घटना, बात या किसी विषय से सम्बन्धित कोई सूचना, जो उस तारीख से पच्चीस वर्ष पूर्व घटित हुई हो या हुआ हो जिसके लिए धारा 6 के अधीन कोई अनुरोध किया जाता है, उस धारा के अधीन अनुरोध करनेवाले किसी व्यक्ति को उपलब्ध कराई जाएगी;

परन्तु जहाँ उस तारीख के बारे में, जिससे पच्चीस वर्ष की उक्त अवधि की गणना की जानी हैं कोई प्रश्न उद्‌भूत होता है तो केन्द्रीय सरकार का विनिश्चय अन्तिम होगा।

कतिपय मामलों में पहुँच से इंकार करने के आधार

9. धारा 8 के उपबन्धों पर प्रतिकूल प्रभाव डाले बिना, कोई लोक सूचना अधिकारी भी सूचना के लिए अनुरोध को वहाँ अस्वीकृत कर सकेगा जहाँ ऐसा अनुरोध—

(क) अति साधारण प्रकृति का है या ऐसी प्रकृति का है कि उसमें, अपेक्षित सूचना का पता लगाने या तैयार करने सम्बन्धी मात्रा को ध्यान में रखते हुए, किसी लोक प्राधिकारी के साधनों का अननुपातिक अपयोजन अन्तर्वलित होगा या जो ऐसे प्राधिकारी के कार्यकरण में प्रतिकूल रूप से विघ्न डालेगा।

परन्तु जहाँ ऐसा अनुरोध इस आधार पर अस्वीकृत कर दिया जाता है कि अनुरोध अति साधारण है वहाँ लोक सूचना अधिकारी का यह कर्तव्य होगा कि वह अनुरोध करनेवाले व्यक्ति को, जहाँ सम्भव हो, उसके अनुरोध के ऐसी रीति से पुनर्विरचित किए जाने में सहायता करे जो उसके अनुपालन को सुकर बनाये;

(ख) ऐसी सूचना से सम्बन्धित है जिससे किसी विशिष्ट समय में विधि, नियमों, विनियमों या आदेशों से किए जाने के लिए अपेक्षित है और ऐसी सूचना को ऐसे अनुरोध की प्राप्ति से तीस दिन के भीतर प्रकाशित की सम्भावना है; या

(ग) ऐसी सूचना से सम्बन्धित है जो जनता को उपलब्ध प्रकाशित सामग्री में अन्तर्विष्ट है;

(घ) ऐसी सूचना से सम्बन्धित है जिससे किसी व्यक्ति की एकान्तता पर अनधिकृत हमला होता है।

पृथक्करणीय

10. यदि सूचना तक पहुँच के लिए अनुरोध इस आधार पर अस्वीकृत कर दिया जाता है कि यह ऐसी सूचना है जो प्रकट किए जाने से छूट प्राप्त है तो इस अधिनियम में किसी बात के होते हुए भी, अभिलेख के उस भाग तक प्रकट की जा सकेगी जिसमें कोई ऐसी सूचना अन्तर्विष्ट नहीं है जो इस अधिनियम के अधीन प्रकट किए जाने से छूट प्राप्त हो उस भाग से, जिसमें छूट प्राप्त सूचना अन्तर्विष्ट है, उचित रूप से पृथक की जा सकती है।

अन्य व्यक्ति की सूचना

11. जहाँ किसी लोक प्राधिकारी का किसी पक्षकार द्वारा किए गए अनुरोध पर ऐसी सूचना प्रकट करने का अधिकार किसी अन्य व्यक्ति से सम्बन्धित है या जिसका उसके द्वारा प्रदाय किया गया है और उसे उस अन्य व्यक्ति द्वारा गोपनीय रखा गया है, वहाँ लोक सूचना अधिकारी, ऐसे अन्य व्यक्ति को सूचना द्वारा प्रस्तावित प्रकटीकरण, यदि कोई है, के विरुद्ध ऐसी सूचना की प्राप्ति की तारीख से पचास दिन के भीतर माँगेगाः

परन्तु विधि द्वारा संरक्षित व्यापारिक या वाणिज्यिक गुप्त बातों की दशा में के सिवाय, प्रकटीकरण अनुज्ञात किया यदि ऐसे प्रकटीकरण में लोक हित का महत्त्व किसी ऐसे अन्य व्यक्ति के हितों को किसी संभावित नुकासान या क्षति पूर्ति अधिक है।

अपीलें

12. (1) लोक सूचना अधिकारी के विनिश्चय द्वारा व्यथित कोई व्यक्ति ऐसे विनिश्चय के प्राप्त होने के तीस दिन के भीतर ऐसे प्राधिकारी को अपील कर सकेगा जो विहित किया जाएः

परन्तु ऐसा प्राधिकारी उक्त तीस दिन की अवधि की समाप्ति के पश्चात् भी अपील ग्रहण कर सकेगा। यह समाधान हो जाता है कि अपीलार्थी को अपील, समय पर, फाइल करने से पर्याप्त कारण से निवारित करेगा।

(2) उपधारा (1) के अधीन विनिश्चय के विरुद्ध द्वितीय अपील ऐसे निश्चिय के तीस दिन के भीतर केन्द्रीय सरकार या राज्य सरकार या सक्षम प्राधिकारी की होगीः

परन्तु, यथास्थिति, केन्द्रीय सरकार या राज्य सरकार या सक्षम प्राधिकारी उक्त तीस दिन की अवधि के पश्चात् भी अपील ग्रहण कर सकेगा यदि उसका यह समाधान हो जाता है कि अपीलार्थी को अपील, समय पर करने से पर्याप्त कारण से निवारित किया गया था।

(3) उपधारा (1) और उपधारा (2) में निर्दिष्ट अपीलों का निपटारा, यथास्थिति, ऐसी अपीलों की प्राप्ति तीस दिन के भीतर या ऐसे कारणों से जो लेखबद्ध किए जाएंगे, बढ़ाई गई अवधि के भीतर किया जाएगा।

(4) यदि लोक सूचना अधिकारी का विनिश्चय, जिसके विरुद्ध अपील उपधारा (1) या उपधारा (2) के अधीन की जाती है, अन्य व्यक्ति की सूचना से सम्बन्धित भी है, तो अपील प्राधिकारी उस अन्य व्यक्ति को सुनवाई का उचित समय देगा।

अध्याय-3
प्रकीर्ण

सद्भावपूर्वक की गई कार्रवाई के लिए संरक्षण

13. इस अधिनियम या इसके अधीन बनाये गए किसी नियम के अधीन सद्भावपूर्वक की गई या की जाने के लिए किसी बात के लिए कोई भी वाद, अभियोजन या अन्य विधिक कार्यवाही किसी व्यक्ति के विरुद्ध नहीं होगी।

अधिनियम का अध्यारोही प्रभाव होगा

14. शासकीय गुप्त बात अधिनियम, 1923 और प्रवृत्त प्रत्येक अन्य अधिनियम उस सीमा तक प्रवृत्त नहीं रहेंगे जिन अधिनियम के उपबन्धों से असंगत है।

न्यायालयों की अधिकारिता का वर्जन

15. कोई भी न्यायालय इस अधिनियम के अधीन किए गए किसी आदेश की बाबत कोई वाद, आवेदन या अन्यवाद ग्रहण नहीं करेगा और ऐसे किसी आदेश को इस अधिनियम के अधीन किसी अपील के माध्यम से भिन्न किसी रूप में प्राप्त किया जाएगा।

अधिनियम का कतिपय संगठनों को लागू न होगा

16. (1) इस अधिनियम की कोई बात,—

(क) अनुसूची में विनिर्दिष्ट ऐसे आसूचना और सुरक्षा संगठनों को जो केन्द्रीय या किसी राज्य सरकार द्वारा संगठन है या ऐसे संगठनों द्वारा सम्बन्धित सरकारों को दी गई किसी सूचना को लागू नहीं होगी;

(ख) जब तक कि अनुसूची के भाग ख की उपधारा (2) के अधीन संशोधन नहीं किया जाता है, तब तक ऐसे किसी भी सुरक्षा संगठनों को, चाहे उनका कोई भी नाम हो, जो राज्य सरकार इस रूप में अपने कर्तव्यों का निर्वहन कर रहे हैं, लागू नहीं होगी।

(2) केन्द्रीय सरकार, राजपत्र में अधिसूचना द्वारा, अनुसूची में केन्द्रीय या किसी राज्य सरकार द्वारा स्थापित किसी अन्य आसूचना या सुरक्षा संगठन को सम्मिलित करके या उसमें पहले से ही विनिर्दिष्ट किसी संगठन को उसमें से निकाल कर उक्त अनुसूची का संशोधन कर सकेगी और ऐसी अधिसूचना के प्रकाशन पर ऐसा

संगठन अनुसूची में, यथास्थिति, सम्मिलित किया गया या उससे लोप किया गया समझा जाएगा।

(3) उपधारा (2) के अधीन निकाली गई प्रत्येक अधिसूचना संसद के प्रत्येक सदन के समक्ष रखी जाएगी।

नियम बनाने की केन्द्रीय सरकार की शक्ति

17. (1) केन्द्रीय सरकार इस अधिनियम के उपबन्धों को कार्यान्वित करने के लिए नियम, राजपत्र में अधिसूचना द्वारा बना सकेगी।

(2) विशिष्टतया और पूर्वगामी शक्ति की व्यापकता पर प्रतिकूल प्रभाव डाले बिना, ऐसे नियम निम्नलिखित सभी या किन्हीं विषयों के लिए उपबन्ध कर सकेंगे, अर्थात् :—

(क) वे अन्तराल जिन पर धारा 4 के खंड (ख) के उपखंड (i) से लेकर उपखंड (iv) में निर्दिष्ट विषय प्रकाशित किए जाएँगे;

(ख) धारा 7 की उपधारा (1) के अधीन सन्देय फीस;

(ग) वह प्राधिकारी जिसके समक्ष धारा 12 की उपधारा (1) के अधीन कोई अपील की जा सकेगी;

(घ) कोई अन्य विषय जो विहित किया जाना अपेक्षित हो या विहित किया जाए।

नियम बनाने की राज्य सरकार की शक्ति

18. (1) राज्य सरकार इस अधिनियम के उपबन्धों को कार्यान्वित करने के लिए नियम, राजपत्र में अधिसूचना द्वारा, बना सकेगी।

(2) विशिष्टतया और पूर्वगामी शक्ति की व्यापकता पर प्रतिकूल प्रभाव डाले बिना ऐसे नियम निम्नलिखित सभी या किन्हीं विषयों के लिए उपबन्ध कर सकेंगे, अर्थात् :—

(क) धारा 7 की उपधारा (1) के अधीन सन्देय फीस;

(ख) वह प्राधिकारी जिसके समक्ष धारा 12 की उपधारा (1) के अधीन कोई अपील की जा सकेगी;

(ग) कोई अन्य विषय जो विहित किया जाना अपेक्षित हो या विहित किया जाएः

परन्तु प्रारम्भिक नियम केन्द्रीय सरकार द्वारा, राजपत्र में अधिसूचना द्वारा, बनाये जाएंगे।

नियम बनाने की सक्षम प्राधिकारी की शक्ति

19. (1) सक्षम प्राधिकारी इस अधिनियम के उपबन्धों को कार्यान्वित करने के लिए नियम, राजपत्र में अधिसूचना द्वारा बना सकेगा।

(2) विशिष्टतया और पूर्वगामी शक्ति की व्यापकता पर प्रतिकूल प्रभाव डाले बिना ऐसे नियम निम्नलिखित सभी या किन्हीं विषयों के लिए उपबन्ध कर सकेंगे, अर्थात् :—

(क) धारा 7 की उपधारा (1) के अधीन सन्देय फीस;

(ख) वह प्राधिकारी जिसके समक्ष धारा 12 की उपधारा (1) के अधीन कोई अपील की जा सकेगी;

(ग) कोई अन्य विषय जो विहित किया जाना अपेक्षित हो या विहित किया जाए।

नियमों का संसद के समक्ष रखा जाना

20. (1) केन्द्रीय सरकार द्वारा इस अधिनियम के अधीन बनाया गया प्रत्येक नियम, बनाये जाने के पश्चात् यथाशीघ्र संसद के प्रत्येक सदन के समक्ष, जब वह सत्र में हो,

कुल तीस दिन की अवधि के लिए रखा जाएगा। यह अवधि एक सत्र में अथवा दो या अधिक आनुक्रमिक सत्रों में पूरी हो सकेगी। यदि उस सत्र के या पूर्वोक्त आनुक्रमिक सत्रों को ठीक बाद के सत्र के अवसान के पूर्व दोनों सदन उस नियम में कोई परिवर्तन करने के लिए सहमत हो जाएँ, तो तत्पश्चात् वह ऐसे परिवर्तित रूप में ही प्रभावी होगा। यदि उक्त अवसान के पूर्व दोनों सदन सहमत हो जाएँ कि वह नियम नहीं बनाया जाना चाहिए, तो तत्पश्चात् वह निष्प्रभाव हो जाएगा। किंतु नियम के ऐसे परिवर्तित या निष्प्रभाव होने से उसके अधीन पहले की गई किसी बात की विधिमान्यता पर प्रतिकूल प्रभाव नहीं पड़ेगा।

(2) राज्य सरकार द्वारा इस अधिनियम के अधीन बनाया गया प्रत्येक नियम अधिसूचित किए जाने के पश्चात् यथाशीघ्र, राज्य विधान-मंडल के समक्ष रखा जाएगा।

कठिनाइयों को दूर करने की शक्ति

21. (1) यदि इस अधिनियम के उपबन्धों को प्रभावी करने में कोई कठिनाई उत्पन्न होती है तो केन्द्रीय सरकार, राजपत्र में प्रकाशित आदेश द्वारा ऐसे उपबन्ध कर सकेगी जो इस अधिनियम के उपबन्धों से असंगत न हों और जो उक्त कठिनाई को दूर करने के लिए आवश्यक और समीचीन प्रतीत हों:

परन्तु ऐसा कोई आदेश इस अधिनियम के प्रारम्भ की तारीख से दो वर्ष की अवधि की समाप्ति के पश्चात् नहीं किया जाएगा।

(2) इस धारा के अधीन किया गया प्रत्येक आदेश इसके किए जाने के पश्चात् यथा शीघ्र संसद के सदनों के समक्ष रखा जाएगा।

अनुसूची

(धारा 16 देखिए)

भाग-क

केन्द्रीय सरकार द्वारा स्थापित आसूचना और सुरक्षा संगठन

1. आसूचना ब्यूरो।
2. मंत्रिमंडल सचिवालय की अनुसन्धान और विश्लेषण शाखा।
3. राजस्व आसूचना निदेशालय।
4. केन्द्रीय आर्थिक आसूचना ब्यूरो।
5. प्रवर्तन निदेशालय।
6. स्वापक नियंत्रण ब्यूरो।

भाग-ख

राज्य सरकार द्वारा स्थापित आसूचना और सुरक्षा संगठन

संगठन का नाम राज्य का नाम

1.

2.

3.

उद्देश्यों और कारणों का कथन

24 मई, 1997 को नई दिल्ली में हुए "प्रभावी और उत्तरदायी सरकार" सम्बन्धी मुख्यमंत्री सम्मेलन में सूचना के अधिकार विधि अधिनियमित करने की आवश्यकता को सर्वसम्मति से स्वीकार किया गया था। कार्मिक, लोक शिकायत और पैंशन मंत्रालय सम्बन्धित अनुदान की माँगों पर अपनी 38वीं रिपोर्ट में समिति ने यह सिफारिश की कि सरकार को ऐसे विधान के अधिनियम के लिए उपाय करने चाहिए।

2. सरकार को और पारदर्शी तथा जनता के प्रति जवाबदेह बनाने के लिए भारत सरकार ने श्री एच.डी. शौरी की अध्यक्षता में सूचना के अधिकार तथा खुली और पारदर्शी सरकार के सम्प्रवर्तन सम्बन्धी एक कार्यकारी समूह की नियुक्ति की। कार्यकारी समूह से यह कहा गया था कि वह सूचना अधिनियम के पूर्णतः अधिकार या इसके खुले और उत्तरदायी शासन की आवश्यकता को पूरा करने के लिए चरणबद्ध रीति में पुनःस्थापन की व्यवहार्यता की और सिविल सेवा (आचरण) नियम और शासकीय प्रक्रिया निर्देशित के सन्दर्भ में नियमों के ढाँचे की जाँच करे। उक्त कार्यकारी समूह ने मई, 1977 में अपनी रिपोर्ट सरकार को सूचना स्वातंत्र्य विधेयक के प्ररूप के साथ प्रस्तुत की। कार्यकारी समूह ने सिविल सेवा (आचरण) नियम और विभागीय सुरक्षा अनुदेश निर्देशिका में उपयुक्त संशोधनों की सिफारिश की ताकि उन्हें प्रस्तावित विधेयक के अनुरूप बनाया जा सके।

3. बाद में कार्यकारी समूह द्वारा प्रस्तुत किए गए विधेयक के प्रारूप पर केन्द्रीय सरकार द्वारा गठित मंत्रियों के समूह द्वारा यह सुनिश्चित करने के लिए विचार-विमर्श किया गया कि राष्ट्रीय हित, भारत की प्रभुता और अखंडता तथा विदेशी राज्यों के साथ मैत्रीपूर्ण सम्बन्धों का संरक्षण करने के साथ-साथ जनता को स्वतंत्र सूचना उपलब्ध होती रहे।

4. प्रस्तावित विधेयक संविधान के अनुच्छेद 19 तथा मानव अधिकारों की सर्वव्यापी घोषणा के अनुच्छेद 19, दोनों के अनुसार हैं।

5. हमारे वर्तमान लोकतांत्रिक ढाँचे में नागरिकों और गैर-सरकारी संस्थाओं के लिए सूचना के अबाध प्रवाह में अनेक अवरोध हैं जिनके अन्तर्गत विद्यमान विधिक ढाँचा, प्रारम्भिक स्तरों पर अवसंरचना की कमी और नियमों के पुराने ढाँचे के परिणामस्वरूप सिविल सेवा में गोपनीयता की प्रवृत्ति है। सरकार चरणबद्ध रीति से इन सभी पहलुओं पर कार्रवाई करना चाहती है ताकि सूचना स्वतन्त्र्य अधिनियम एक स्थिर, ईमानदार, पारदर्शी और दक्ष सरकार वाले उद्देश्य से संगत वास्तविकता बन जाए।

संक्षिप्त नाम, विस्तार और

6. प्रस्तावित विधेयक से नागरिक इस बात के लिए समर्थ हो जाएंगे कि उनकी पहुँच कानूनी आधार पर सूचना तक हो, इस उद्देश्य को अग्रसर करने की दृष्टि से, प्रस्तावित विधेयक के खंड 3 में यह विनिर्दिष्ट है कि इस अधिनियम के उपबन्धों के अधीन रहते हुए, प्रत्येक नागरिक को सूचना स्वातंत्र्य का अधिकार होगा। खंड-4 के अधीन प्रत्येक लोक प्राधिकारी की यह बाध्यता होगी कि वह सूचना प्रदान करे और सभी अभिलेख, जो सम्यक् रूप से सूचीबद्ध, अनुक्रमणिकाबद्ध, उसकी कार्यात्यक अपेक्षाओं से संगत और ऐसे अन्तरालों पर, जो समुचित सरकार या सक्षम प्राधिकारी द्वारा विहित किए जाएँ, प्रकाशित हों, रखे।

7. विधेयक उपरोक्त उद्देश्यों की प्राप्ति के लिए है।

नई दिल्ली, 15 मई, 2000

वित्तीय ज्ञापन

विधेयक के खंड-5 के उपखंड (1) में एक या अधिक अधिकारियों की, सूचना के अनुरोधों पर कार्यवाही करने के लिए लोक सूचना अधिकारी के रूप में नियुक्ति का उपबन्ध है। आशा है कि विभिन्न अभिकरण इस अधिनियम के प्रयोजन के लिए अपने विद्यमान अधिकारियों में से कुछ को लोक सूचना अधिकारी के रूप में नियुक्त करेंगे या प्रचार या सूचना अधिकारियों को लोक सूचना अधिकारी के रूप में पुनः पदाभिहित करेंगे। केवल कुछ मामलों में इस प्रयोजन के लिए अतिरिक्त पदों का सृजन करना आवश्यक हो सकता है।

अतः आशा यही है कि विधान से उद्भूत इस सम्बन्ध में जनशक्ति अपेक्षा की पूर्ति केन्द्रीय और राज्य स्तर पर विभिन्न अभिकरणों की मंजूर की गई विद्यमान सदस्य-संख्या में से विद्यमान बजट के भीतर की जाएगी।

2. इस प्रक्रम पर यह सम्भव नहीं है कि सूचना के प्रदाय के लिए अपेक्षित कम्प्यूटरों और अन्य कार्यालय उपस्कर के रूप में सामग्री संसाधनों के सम्बन्ध में उपगत किए जानेवाले व्यय के ठीक-ठीक ब्यौरे दिए जाएँ। तथापि, इन मदों की अपेक्षा की पूर्ति विभिन्न अभिकरणों में कम्प्यूटरीकरण के चल रहे कार्यक्रमों द्वारा हो जाने की सम्भावना है और किसी अतिरिक्त व्यय की क्षतिपूर्ति सूचना के प्रदाय के लिए फीस की वसूली करके की जा सकती है।

3. प्रस्तावित विधेयक के अधिनियम बन जाने के पश्चात्, राज्यों को दिशा-निर्देश देने और सरकार को प्रगति की रिपोर्ट देने के लिए नियमों और अनुदेशों को अन्तिम रूप देने के लिए केन्द्रीय सरकार के अधीन कार्मिक, लोक शिकायत और पेंशन मंत्रालय में एक मीडिया सेल गठित किया जाएगा। इस सेल में एक संयुक्त सचिव, दो उप-सचिव, दो ज्येष्ठ विश्लेषक और दो पारम्परिक अनुभाग होंगे। इसके अतिरिक्त उपर्युक्त अधिकारियों के वैयक्तिक कर्मचारिवृन्द भी नियुक्त किए जाएंगे। 28 लाख रुपए का अनुमानित अवर्ती व्यय सेल में अधिकारियों और कर्मचारिवृन्दों के वेतन के सम्बन्ध में उपगत होने की सम्भावना है।

4. विधेयक में कोई अन्य आवर्ती या अनावर्ती व्यय अन्तर्वलित नहीं है।

प्रत्यायोजित विधान के बारे में ज्ञापन

विधेयक का खंड 16 (2) केन्द्रीय सरकार को, राजपत्र में अधिसूचना द्वारा, केन्द्रीय सरकार या राज्य सरकार द्वारा स्थापित किसी अन्य आसूचना या सुरक्षा संगठन को सम्मिलित करने या उसमें से पहले से विनिर्दिष्ट किसी संगठन का लोप करने के लिए अनुसूची का और संशोधन करने के लिए सशक्त करता है।

विधेयक का खंड 17 इस अधिनियम के उपबन्धों को कार्यान्वित करने के लिए नियम बनाने के लिए सशक्त करता है। उस खंड का उपखंड (2) उन विषयों को प्रमाणित करता है जिनकी बाबत इस खंड के अधीन नियम बनाये जा सकेंगे।

ये विषय, अन्य बातों के साथ-साथ, उन अन्तरालों से, जिन पर संगठनों की विशिष्टियाँ भेजी जाएंगी, उसके अधिकारियों द्वारा कृत्यों और कर्तव्यों, ऐसे संगठन में सूचना अभिप्राप्त करने के लिए जनता को उपलब्ध सुविधाओं के ब्यौरों; किसी संगठन से कोई सूचना अभिप्राप्त करने के लिए सन्देय फीस; विहित किए जानेवाले प्राधिकारी, जिसके समक्ष लोक सूचना अधिकारी के विनिश्चय के विरुद्ध अपील की जा सकेगी, और किसी अन्य बात, जिसे विहित किया जाना अपेक्षित है, से सम्बन्धित है।

विधेयक का खंड 18 राज्य सरकार को अधिनियम के उपबन्धों को कार्यान्वित करने के लिए नियम बनाने के लिए सशक्त करता है। वे विषय, जिनकी बाबत ऐसे नियम बनाये जा सकेंगे, विनिर्दिष्ट हैं। ये विषय, अन्य बातों के साथ-साथ किसी संगठन से सूचना अभिप्राप्त करने के लिए सन्देय फीस; विहित किए जानेवाले प्राधिकारी, जिसके समक्ष लोक सूचना अधिकारी के विनिश्चय के विरुद्ध अपील की जा सकेगी और किसी अन्य बात, जिसे विहित किया जाना अपेक्षित है, से सम्बन्धित है।

विधेयक का खंड 19 सक्षम प्राधिकारी को अधिनियम के उपबन्धों को कार्यान्वित करने के लिए नियम बनाने के लिए सशक्त करता है। ये विषय, अन्य बातों के साथ-साथ, किसी संगठन के लोक सूचना अधिकारी से सूचना अभिप्राप्त करने के लिए सन्देय फीस; विहित किए जानेवाले प्राधिकारी, जिसके समक्ष लोक सूचना अधिकारी के विनिश्चय के विरुद्ध अपील की जा सकेगी और किसी अन्य बात, जिसे विहित किया जाना अपेक्षित है, से सम्बन्धित है।

विधेयक का खंड 21 केन्द्रीय सरकार को, आदेश द्वारा कतिपय ऐसी कठिनाईयों को, जो उसे आवश्यक या समीचीन प्रतीत हों, दूर करने के लिए सशक्त करता है। इसके अतिरिक्त, ऐसा आदेश इस खंड के अधीन इस अधिनियम के प्रारम्भ के दो वर्ष की अवधि की समाप्ति के पश्चात् नहीं किया जाएगा। प्रत्येक ऐसा आदेश संसद के दोनों सदन के समक्ष रखा जाएगा।

नाम, विस्तार और संक्षिप्त नाम

वे विषय, जिनकी बाबत नियम बनाये जा सकेंगे, प्रशासनिक ब्यौरे और प्रक्रिया के विषय हैं, अतः यह व्यवहार्य नहीं है कि उनका विधेयक में ही उपबन्ध किया जाए। अतः विधायी शक्ति का प्रत्यायोजन सामान्य है।

200 का विधेयक संख्यांक 125

(2) केबल टेलीविजन नेटवर्क (विनियमन) संशोधन विधेयक, 2000 केबल टेलीविजन नेटवर्क (विनियमन) अधिनियम, 1995 का और संशोधन के लिए विधेयक

भारत गणराज्य के इक्यावनवें वर्ष में संसद द्वारा निम्नलिखित रूप में यह अधिनिमित हो:—

संक्षिप्त नाम

1. इस अधिनियम का संक्षिप्त नाम केबल टेलीविजन नेटवर्क (विनियमन) संशोधन अधिनियम, 2000 है।

धारा 2 का संशोधन

2. केबल टेलीविजन नेटवर्क (विनियमन) अधिनियम, 1995 की (जिसे इसमें इसके पश्चात् मूल अधिनियम कहा गया है) धारा 2 के खंड (क) को खंड (कक) के रूप में पुनःअक्षरांकित किया जाएगा और इस प्रकार पुनःअक्षरांकित खंड (कक) के पूर्व निम्नलिखित खंड अन्तःस्थापित किया जाएगा, अर्थात् :—

(क) ''प्राधिकृत अधिकारी'' से उसकी अधिकारिता की स्थानीय सीमाओं के भीतर—

(i) जिला मजिस्ट्रेट, या

(ii) उपखंड मजिस्ट्रेट, या

(iii) पुलिस आयुक्त,

अभिप्रेत है और इसके अन्तर्गत केन्द्रीय सरकार या राज्य सरकार द्वारा अधिकारिता की ऐसी स्थानीय सीमाओं के लिए जो उसे सरकार द्वारा अवधारित की जाएँ, प्राधिकृति अध्रिकारी के रूप में राजपत्र में अधिसूचित कोई अन्य अधिकारी भी है;'।

धारा 5 का संशोधन

3. मूल अधिनियम की धारा 5 के परन्तुक का लोप किया जाएगा।

धारा 6 का संशोधन

4. मूल अधिनियम की धारा 6 के परन्तुक का लोप किया जाएगा।

धारा 8 के स्थान पर धारा का प्रतिस्थापन

5. मूल अधिनियम की धारा 8 के स्थान पर निम्नलिखित धारा रखी जाएगी अर्थात् :—

दूरदर्शन के चैनलों का अनिवार्य पारेषण

''8. (1) प्रत्येक केबल आपरेटर, केबल टेलीविजन नेटवर्क (विनियमन) संशोधन अधिनियम, 2000 के प्रारम्भ से, स्थानीय आवृत्तियों का उपयोग करनेवाले से भिन्न आवृत्तियों पर उपग्रह के माध्यम से प्राइम बैंड में कम-से-कम दो दूरदर्शन के स्थानीय चैनलों और राज्य की प्रादेशिक भाषा के एक चैनल का पुनःपारेषण करेगा।

(2) उपधारा (1) में निर्दिष्ट दूरदर्शन चैनलों को ऐसे चैनलों पर पारेषित किसी कार्यक्रम में कोई लोप या परिवर्तन किए बिना पुनःपारेषित किया जाएगा।

(3) प्रसार भारती (भारतीय प्रसारण निगम) अधिनियम, 1990 की धारा 3 की उपधारा (1) के अधीन स्थापित प्रसार भारती (भारतीय प्रसारण निगम) ऐसे प्रत्येक दूरदर्शन चैनल का संख्यांक और नाम, जो केबल आपरेटर द्वारा अपनी केबल सेवा में पुनःपारेषित किए जाएंगे और ऐसे चैनलों के अभिग्रहण और पुनःपारेषण की रीति, राजपत्र में अधिसूचना द्वारा विनिर्दिष्ट कर सकेगा।''

धारा 11 का संशोधन

6. मूल अधिनियम की धारा 11 की उपधारा (1) के स्थान पर निम्निलिखित उपधारा रखी जाएगी, अर्थात् :—

''(1) यदि प्राधिकृत अधिकारी के पास विश्वास करने का कारण है किसी केबल आपरेटर ने धारा 3, धारा 5, धारा 6 या धारा 8 के उपबन्धों का उल्लंघन किया है या उसके द्वारा किया जा रहा है तो वह केबल टेलीविजन नेटवर्क को प्रचालित करने के लिए ऐसे केबल आपरेटर द्वारा उपयोग किए जानेवाले उपस्कर का अभिग्रहण कर सकेगा।''

धारा 18 का संशोधन

7. मूल अधिनियम की धारा 18 में, ''राज्य सरकार द्वारा, राजपत्र में अधिसूचना द्वारा, इस निमित्त विनिर्दिष्ट ऐसे अधिकारी की, जो केन्द्रीय सरकार के समूह 'क' अधिकारी की पंक्ति से नीचे का न हो,'' शब्दों के स्थान पर ''किसी प्राधिकृत अधिकारी द्वारा,'' शब्द रखे जाएंगे।

8. मूल अधिनियम की धारा 19 में,—

धारा 19 का संशोधन

(i) ''राज्य सरकार द्वारा इस निमित्त प्राधिकृत अधिकारी, जो केन्द्रीय सरकार के समूह 'क' अधिकारी की पंक्ति से नीचे का न हो'', शब्दों के स्थान पर ''कोई अधिकृत अधिकारी'' शब्द रखे जाएंगे;

(ii) ''किसी विशेष कार्यक्रम का, यदि उससे'' शब्दों के स्थान पर ''किसी कार्यक्रम या चैनल, यदि वह धारा 5 में निर्दिष्ट विहित कार्यक्रम कोड और धारा 6 में निर्दिष्ट विज्ञापन कोड के अनुरूप नहीं है या यदि उससे'' शब्द रखे जाएंगे।

9. मूल अधिनियम की धारा 20 को उसकी उपधारा (1) के रूप में पुनःसंख्यांकित किया जाएगा और इस प्रकार पुनःसंख्यांकित उपधारा (1) के पश्चात् निम्नलिखित उपधाराएँ अन्तःस्थापित की जाएंगी, अर्थात् :—

धारा 20 का संशोधन

उपधारा (1) के पश्चात् निम्नलिखित उपधाराएँ अन्तःस्थापित की जाएंगी, अर्थात् :—

''(2) जहाँ केन्द्रीय सरकार—

(i) भारत की प्रभुता या अखंडता; या

(ii) भारत की सुरक्षा; या

(iii) भारत के किसी विदेशी राज्य के साथ मैत्रीपूर्ण सम्बन्धों; या

(iv) लोक व्यवस्था, शिष्टाचार या नैतिकता;

के हित में ऐसा करना आवश्यक या समीचीन समझती है वहाँ वह, आदेश द्वारा किसी चैनल या कार्यक्रम के पारेषण या पुनःपारेषण को विनियमित या प्रतिषिद्ध कर सकेगी।

(3) जहाँ केन्द्रीय सरकार यह समझती है कि किसी चैनल का कोई कार्यक्रम धारा 5 में निर्दिष्ट विहित कार्यक्रम कोड या धारा 6 में निर्दिष्ट विहित विज्ञापन कोड के अनुरूप नहीं है वहाँ वह, आदेश द्वारा, ऐसे कार्यक्रम के पारेषण या पुनःपारेषण को विनियमित या प्रतिषिद्ध कर सकेगी।''

उद्देश्यों और कारणों का कथन

केबल टेलीविजन नेटवर्क (विनियमन) अधिनियम, 1995 देश में केबल टेलीविजन नेटवर्क के प्रचालन को विनियमित करने की दृष्टि से अधिनियमित किया गया था, जिससे उनके प्रचालन में एकरूपता लाई जा सके। दर्शकों को अवांछनीय कार्यक्रमों को उपलब्ध कराए जाने से बचाया जा सके तथा इस प्रौद्योगिकी का अधिक-से-अधिक अनुकूलतम विदोहन को समर्थ बनाया जा सके जिसके पास अभिदाताओं को सूचना और मनोरंजन का विस्तृत पूल उपलब्ध कराने की क्षमता है।

2. पिछले पाँच वर्षों से अधिनियम के प्रवर्तन में कतिपय खामियाँ आई हैं। इन खामियों में मुख्यतः ये हैं : मुक्त प्रसारण चैनलों पर कार्यक्रमों और विज्ञापन कोड का पालन न करना, प्रभावी प्रवर्तन तंत्र का अभाव और दूरदर्शन चैनलों के वहन में केबल आपरेटरों को उपलब्ध विस्तृत विवेकाधिकार। दूरदर्शन चैनलों के पुनःपारेषण की रीति विहित करने के लिए समुचित उपबन्धों का भी अभाव है। इसके परिणामस्वरूप लोक सेवा प्रसारणकर्ता के महत्त्वपूर्ण स्थानीय चैनलों जैसे दूरदर्शन-1 और दूरदर्शन-2 की उपेक्षा होती है।

3. उपरोक्त खामियों को दूर करने के लिए यह प्रस्ताव किया गया है—

(i) मुक्त प्रसारण चैनलों को कार्यक्रम और विज्ञापन कोड के विस्तृत क्षेत्र के भीतर लाना चाहिए जिससे दर्शकों को अवांछनीय कार्यक्रमों के वितरण से बचाया जा सके;

(ii) स्वयं अधिनियम में ही प्राधिकृत अधिकारियों को परिभाषित किया जाए और केन्द्रीय तथा राज्य सरकार के साथ एक अतिरिक्त प्राधिकारियों को सूचित करने के लिए सशक्त किया जाए कि प्राधिकृत और विनिर्दिष्ट अधिकारियों के बीच भेद को दूर किया जाए;

(iii) प्राधिकृत अधिकारियों को अधिनियम की धारा 3, धारा 5, धारा 6 और धारा 8 के उपबन्धों में से किसी के भी उल्लंघन में केबल टेलीविजन नेटवर्क के प्रचालन के लिए केबल आपरेटरों द्वारा प्रयोग किए जानेवाले उपस्कर को अभिगृहीत करने के लिए सशक्त किया जाए;

(iv) प्राधिकृत अधिकारियों को ऐसे किसी कार्यक्रम या चैनल को प्रतिषिद्ध करने के लिए सशक्त किया जाए यदि वह विहित कार्यक्रम और विज्ञापन कोड के अनुरूप न हो;

(v) केन्द्रीय सरकार की शक्तियों के विस्तार क्षेत्र को पर्याप्त रूप से उपान्तरित किया जाए जिससे भारत की सुरक्षा, सम्प्रभुता और एकता, लोक-व्यवस्था, सदाचार, नैतिकता आदि के हित में सुधारात्मक उपाय तत्काल किया जा सके;

(vi) केबल नेटवर्क के माध्यम से एक प्रादेशिक भाषा के चैनल के साथ दो दूरदर्शन के स्थानीय चैनलों की एकरूप वहनता और उचित प्रतिगृहीयता को सुनिश्चित करने के लिए उपयुक्त संशोधन किए जाएँ जिससे अभिदाताओं को लोक सेवा प्रसारणकर्ता के मुख्य चैनलों से वंचित न किया जा सके;

(vii) प्रसार भारती (भारतीय प्रसारण निगम) को केबल आपरेटर द्वारा अपनी केबल सेवा में पुनःपारेषित किए जाने के लिए प्रत्येक दूरदर्शन चैनल की संख्या और नाम तथा ऐसे चैनलों के प्रतिग्रहण और पुनःपारेषण अधिसूचना द्वारा विनिर्दिष्ट करने के लिए सशक्त किया जाए।

4. विधेयक उपरोक्त उद्देश्यों की प्राप्ति के लिए है।

नई दिल्ली;
26 जुलाई, 2000

उपाबन्ध
केबल टेलीविजन नेटवर्क (विनियमन) अधिनियम, 1995
(1995 का अधिनियम संख्यांक 7)
से उद्धरण

कार्यक्रम कोड

5. कोई भी व्यक्ति किसी केबल सेवा के माध्यम से किसी भी कार्यक्रम का तब तक पारेषण या पुनः पारेषण नहीं करेगा जब तक कि ऐसा कार्यक्रम विहित कार्यक्रम कोड के अनुरूप न हो :
परन्तु इस धारा की कोई बात विदेशी उपग्रह चैनलों के ऐसे कार्यक्रमों को लागू नहीं होगी, जो ऐसे किसी विशिष्ट या विकोडक के उपयोग के बिना ग्रहण किए जा सकते हैं।

विज्ञापन कोड

6. कोई भी व्यक्ति किसी केबल सेवा के माध्यम से किसी भी विज्ञापन का तब तक पारेषण या पुनः पारेषण नहीं करेगा जब तक कि ऐसा विज्ञापन विहित विज्ञापन कोड के अनुरूप न हो :
परन्तु इस धारा की कोई बात विदेशी उपग्रह चैनलों के ऐसे कार्यक्रमों को लागू नहीं होगी, जो ऐसे किसी विशिष्ट या विकोडक के उपयोग के बिना ग्रहण किए जा सकते हैं।

दूरदर्शन के दो चैनलों का अनिवार्य पारेषण

8. (1) डिश एंटिना या केबल टेलीविजन ग्राही का ही उपयोग करनेवाला प्रत्येक केबल आपरेटर इस अधिनियम से केबल सेवा के माध्यम से अपनी पसन्द के कम-से-कम दो दूरदर्शन चैनलों का पुनः पारेषण करेगा।
(2) उपधारा (1) में निर्दिष्ट दूरदर्शन चैनलों को ऐसे चैनलों पर पारेषित किसी कार्यक्रम में किसी विलोपन या परिशोधन बिना पुनः पारेषित किया जाएगा।

अध्याय-3
कतिपय उपस्कर का अभिग्रहण और अधिहरण

केबल टेलीविजन नेटवर्क के प्रचालन के लिए उपयोग किए गए उपस्कर का अभिग्रहण करने की शक्ति

11. (1) यदि सरकार द्वारा इस निमित्त प्राधिकृत किसी अधिकारी, के पास, जो केन्द्रीय सरकार के समूह 'क' अधिकारी पंक्ति से नीचे का न हो (जिसे इसमें इसके पश्चात् प्राधिकृत अधिकारी कहा गया हो), यह विश्वास करने का कारण है कि केबल आपरेटर ने धारा 3 के उपबन्धों का उल्लंघन किया है या उसके द्वारा किया जा रहा है तो वह केबल टेलीविजन नेटवर्क को प्रचालित करने के लिए ऐसे केबल आपरेटर द्वारा उपयोग किए जानेवाले उपस्कर का अभिग्रहण कर सकेगा।

अपराधों का संज्ञान

18. कोई भी न्यायाल इस अधिनियम के अधीन दंडनीय किसी अपराध का संज्ञान, राज्य सरकार द्वारा, राजपत्र में अधिकारी द्वारा, इस निमित्त विनिर्दिष्ट ऐसे अधिकारी को, जो केन्द्रीय सरकार के समूह 'क' अधिकारी की पंक्ति से नीचे का हो, लिखित रूप में किए गए परिवाद पर ही करेगा, अन्यथा नहीं।

अध्याय-5
प्रकीर्ण

कतिपय कार्यक्रमों का पारेषण लोकहित में प्रतिषिद्ध करने की शक्ति

19. जहाँ राज्य सरकार द्वारा इस निमित्त प्राधिकृत अधिकारी, जो केन्द्रीय सरकार के समूह 'क' अधिकारी की पंक्ति से नीचे का न हो, लोकहित में ऐसा करना आवश्यक या समीचीन समझता है वहां वह ऐसे आदेश द्वारा किसी केबल आपरेटर से किसी विशेष कार्यक्रम का, यदि उससे विभिन्न धार्मिक, मूल वंशीय, भाषाई या प्रादेशिक समूहों या जातियों या समुदायों के बीच आपसी अथवा शत्रुता, घृणा या वैमनस्य की भावनाएँ, धर्म, मूलवंश, भाषा, जाति या समुदाय के आधारों पर अथवा किसी भी अन्य अपराधों पर, सप्रवर्तित होनी संभाव्य हो या जिससे लोक प्रशान्ति में विघ्न पड़ना संभाव्य हो, पारेषण या पुनः पारेषण करने से प्रतिषिद्ध कर सकेगा।

(3) भारतीय साइबर कानून

मई 2000 में भारतीय संसद के दोनों सदनों ने सूचना टेक्नोलॉजी विधेयक (Information Technology Act 2000 को पारित किया। अगस्त 2000 में राष्ट्रपति द्वारा स्वीकृति मिलने पर यह विधेयक सूचना टेक्नोलॉजी अधिनियम 2000 (Information Technology Act 2000) के नाम से लागू हुआ। साइबर कानून (Cyber Laws) IT Act 2000 का ही अंग है।

इस अधिनियम का उद्‌देश्य 'ई-वाणिज्य' (e-commerce) को भारत में वैधानिक ढाँचा प्रदान करना है। साइबर कानून का भारत में अभी नई आर्थिक स्थितियों और ई-कामर्स पर काफी गहरा प्रभाव पड़ेगा। इसलिए IT अधिनियम 2000 के विविध पहलुओं को जानना आवश्यक होगा। सूचना टेक्नोलॉजी अधिनियम 2000 का एक और महत्त्वपूर्ण उद्‌देश्य इलेक्ट्रॉनिक माध्यमों द्वारा प्रस्तुत दस्तावेजों को वैधानिकता प्रदान किया जाना है। इस अधिनियम के कुछ महत्त्वपूर्ण बिन्दु इस प्रकार हैं—

"अधिनियम के द्वितीय अध्याय में डिजिटल हस्ताक्षर (Digital Signature) को मान्यता देने की बात कही गई है। यानी कोई भी ग्राहक (Subscriber) डिजिटल हस्ताक्षर करके किसी इलेक्ट्रॉनिक दस्तावेज पर प्रमाणित (authenticate) कर सकता है। आगे यह भी कहा गया है कि कोई भी व्यक्ति उस डिजिटल हस्ताक्षर को सत्यापित भी कर सकता है।" लेकिन डिजिटल हस्ताक्षर के लिए प्रयुक्त मशीनों के बारे में निर्देश है। जैसे आज तकनीक बहुत तेजी से आगे बढ़ रही है। आज बाजार में डिजिटल हस्ताक्षर की कई तरह की मशीनें (Digital Signature Systems DSS) आ रही हैं। ऐसे में साइबर कानून असिमेट्रिक क्रिप्टो तकनीक को ही मान्यता देता है। बहुत सम्भव है कि आनेवाले कुछ ही समय में इसका विकल्प उपस्थित हो जाए। इसलिए यह आवश्यक है कि इस अधिनियम में जल्दी-जल्दी बदलाव लाया जाता रहे।

तृतीय अध्याय में ई-प्रशासन (E-governance) के बारे में बताया गया है। भारतीय प्रशासन में फैली लाल फीताशाही को खत्म करने के लिए यह अत्यन्त कारगर सिद्ध होगा। केन्द्र सरकार के साथ-साथ राज्य सरकारें भी आई.टी. नीति बनाकर उन्हें क्रियान्वित करने का प्रयास कर रही हैं। जिसमें 'साइबराबाद' के नाम से प्रसिद्ध हैदराबाद निश्चित रूप से महत्त्वपूर्ण है। आंध्र प्रदेश के मुख्यमंत्री चन्द्रबाबू नायडू भारतीयों में सर्वाधिक हाई-टेक मुख्यमंत्री माने जाते हैं। विभिन्न साइट-पोर्टल भी ई-प्रशासन की दिशा में शोध कर रहे हैं। भारत में नेटजाल नामक भारतीय भाषाओं के पोर्टल ने इस दिशा में काफी शोध करके उल्लेखनीय कार्य किए हैं जैसे विभिन्न भारतीय भाषाओं और राज्यों/ जिलों के अनुरूप प्रशासनिक प्रपत्र तैयार कर रहा है जिस तक एक ग्रामीण भी सुगमता से पहुँच सके। किन्तु दूसरी ओर, खंड 3(9) के तहत किसी भी सरकारी संस्थान को इलेक्ट्रॉनिक दस्तावेज

प्राप्त करने या जारी करने के लिए बाध्य नहीं किया जा सकता। ऐसी स्थिति में 'ई-प्रशासन' का उद्देश्य कितना साकार किया जा सकेगा, यह तो आने वाला समय ही बताएगा।

यह अधिनियम अध्याय- IV द्वारा प्रमाणित करनेवाले प्राधिकारी की योजना की व्यवस्था करता है। यहाँ प्रमाण प्राधिकारी नियंत्रक की व्यवस्था है जो इस कार्य का सर्वेक्षण करेगा। साथ ही नियम और शर्तों को भी स्थापित करेगा। नियंत्रक डिजिटल हस्ताक्षर प्रमाणपत्र के स्वरूप और विषय भी नियंत्रित करेगा। अधिनियम में विदेशी प्रमाण प्राधिकारी की पहचान की आवश्यकता पर बल दिया गया। इसी अध्याय में डिजिटल हस्ताक्षर प्रमाणपत्र जारी करने का लाइसेंस प्रदान करने सम्बन्धी विविध प्रावधानों का भी उल्लेख है।

अध्याय- VII में डिजिटल हस्ताक्षर प्रमाणपत्र सम्बन्धी योजनाओं का विस्तार से वर्णन है। साथ ही ग्रहण (Subscriber) के कार्यों/कर्तव्यों (Duties) पर भी प्रकाश डाला गया है।

अध्याय- IX में विभिन्न अपराधों से सम्बन्धित दंड व्यवस्था और निर्णयादेशों (adjudication) का उल्लेख है। कम्प्यूटर अथवा कम्प्यूटर सिस्टम आदि को नष्ट करने के अपराध के दंड के फलस्वरूप एक करोड़ रुपए तक का हर्जाना प्रभावित व्यक्ति को देना होगा। इस दंड का निर्णय तय करने हेतु निर्णयादेश अधिकारी की नियुक्ति का भी प्रावधान है। यह अधिकारी भारत सरकार में कम-से-कम 'निदेशक' पद पर कार्यरत होना चाहिए। इस अधिकारी को दीवानी अदालत की शक्तियाँ प्राप्त होंगी।

अध्याय- X में साइबर नियम अपील न्यायाधिकरण (Cyber Regulation appellate Tribunal) की स्थापना या उल्लेख है। इस न्यायाधिकरण में निर्णयादेश अधिकारी के फैसलों के विरुद्ध याचिका दाखिल की जा सकती है।

अध्याय- XI में विभिन्न साइबर अपराधों के बारे में बताया गया है कि इन अपराधों की जाँच पुलिस उपअधीक्षक अथवा उससे उच्च पदासीन पुलिस अधिकारी ही कर सकता है। साइबर अपराधों में कम्प्यूटर स्रोत के दस्तावेजों से छेड़छाड़, अश्लील सामग्री का कम्प्यूटर पर प्रकाशन, साइबर हैकिंग आदि शामिल है।

इस अधिनियम के अन्तर्गत साइबर नियम परामर्श समिति (Cyber Regulation Advisory Committee) की स्थापना का भी प्रावधान है। यह समिति समय-समय पर सरकार को इन नियमों से सम्बन्धित सुझाव दे सकती है। साथ ही इस अधिनियम ने अन्य वर्तमान कानूनों में भी संशोधन का सुझाव दिया है ताकि सूचना टेक्नोलॉजी अधिनियम के साथ उनका सामंजस्य बिठाया जा सके। जिन कानूनों के वर्तमान स्वरूप में संशोधन का सुझाव दिया गया है वे इस प्रकार हैं—

1. भारतीय दंड संहिता 1860 (Indian Penal Code 1860)
2. भारतीय साक्ष्य अधिनियम 1872 (Indian Evidence Act 1872)
3. बैंकर पुस्तक साक्ष्य अधिनियम 1891 (Banker's Book Evidence Act 1891)
4. भारतीय रिजर्व बैंक अधिनियम 1934 (The Reserve Bank of India Act 1934)[1]

(4) समाचार-पत्र और न्यायालय की अवमानना

संविधान जहाँ वाक् एवं अभिव्यक्ति की स्वतंत्रता प्रदान करता है वहाँ यह भी कहता है कि इस अधिकार का उपयोग करने में न्यायालय की अवमानना न की जाए। उच्चतम न्यायालय एवं उच्च न्यायालयों को अपनी अवमानना करनेवाले लोगों और पत्रकारों को दंड देने की स्पष्टतः शक्ति प्रदान की गई है। अन्य न्यायालयों की अवमानना के लिए न्यायालय अवमानना अधिनियम 1952 के अन्तर्गत दंड देने की व्यवस्था की गई। इस अधिनियम में ''अवमानना'' की निश्चित परिभाषा नहीं दी गई। अतिरिक्त सोलोसेटरी जनरल श्री एच.एन. सन्ताल की अध्यक्षता में गठित समिति की सिफारिशों के आधार पर इस कानून को अधिक प्रभावी बनाने के लिए 1971 में पुनः ''न्यायालय की अवमानना'' का नया कानून पारित किया गया। 1976 में पुनः इसमें कुछ संशोधन किया गया।

---

1. भारतीय मीडिया : अन्तरंग पहचान—सं. डॉ. स्मिता मिश्र, पृष्ठ-107

न्यायालय की अवमानना से तात्पर्य दीवानी तथा फौजदारी अवमानना है—

1. **दीवानी अवमानना**

   जान बूझकर अदालत के निर्णय, डिग्री, निर्देश, रिट अथवा अन्य अदालती प्रक्रिया की अवज्ञा या अदालत में दी गई शपथ का उल्लंघन किया जाए।

2. **फौजदारी अवमानना**

   फौजदारी अवमानना से तात्पर्य ऐसे प्रकाशन जो शब्दों द्वारा बोले गए या लिखे गए, या संकेतों द्वारा या दृश्य रूपणों द्वारा या अन्य किसी प्रकार से हैं—

   (1) अदालत की विश्वसनीयता पर आघात पहुँचाये या आघात पहुँचाने की प्रवृत्ति हो या उसे कम करे अथवा कम करने की प्रवृत्ति हो।

   (2) न्यायिक कार्यवाही के प्रति पूर्वाग्रह उत्पन्न करें, हस्तक्षेप करे या हस्तक्षेप करने के प्रवृत्ति हो।

   (3) न्याय प्रशासन में बाधा पहुँचाता हो या उसको बाधा पहुँचाने की प्रवृत्ति, हो, जिससे न्यायपालिका की प्रतिष्ठा और गरिमा पर प्रतिकूल प्रभाव पड़े।

इस कानून के अनुसार निम्नलिखित परिस्थितियों में कोई व्यक्ति न्यायालय की अवमानना का दोषी हो सकता है—

(1) न्यायालय के न्यायाधीश पर अनौचित्य और अयोग्यता का आरोप लगाया जाए अथवा उनके चरित्र हनन का प्रयास किया जाए।

(2) न्यायपालिका की प्रतिष्ठा, गरिमा, अधिकार अथवा निष्पक्षता पर सन्देह प्रकट किया जाए।

(3) न्यायालय में विचाराधीन मामलों पर ऐसी टिप्पणियाँ प्रकाशित की जाएँ, जिनसे उन मामलों के सन्दर्भ में आम जनता भ्रमित हो या किसी प्रकार के पूर्वाग्रह से ग्रस्त हो।

(4) विचाराधीन मामलों से सम्बन्धित जब जूरी, पत्रकारों तथा साक्षियों को प्रभावित करने का प्रयास किया जाए अथवा उन पर किसी प्रकार के आक्षेप लगाये जाएँ।

(5) न्याय प्रशासन में किसी प्रकार का हस्तक्षेप करना या उसमें बाधा पहुँचाना।

(6) गवाहों को किसी प्रकार की धमकी देना।

(7) पुलिस पूछताछ में रुकावट डालने का प्रयास करना।

(8) न्यायाधीश की आज्ञा के विरुद्ध अदालत की कार्यवाही अथवा अभियुक्त के चित्र का प्रकाशन।

(9) चोरी छिपे अदालत की कार्यवाही की रिपोर्ट का प्रकाशन।

(10) अदालत की कार्यवाही का गलत एवं तथ्यों को तोड़-मरोड़ कर भ्रामक रूप से प्रकाशन।

अवमानना की कार्यवाही किसी न्यायाधीश को व्यक्तिगत आरोपों से बचाने के लिए नहीं हैं। इस प्रकार के मिथ्या विवादों के सन्दर्भ में यह देखा जाता है कि क्या ये आरोप किसी न्यायाधीश से व्यक्तिगत रूप से सम्बद्ध हैं अथवा न्याय प्रशासन व्यवस्था में जनता की आस्था कम करने के उद्देश्य से लगाये हैं। यदि ये आरोप व्यक्तिगत स्तर पर है तो न्यायाधीश सम्बद्ध पक्ष से सामान्य कानूनों का ही सहारा लेगी लेकिन न्यायपालिका का सम्मान कम अथवा न्याय के प्रति आस्था कम करनेवाले हों तो "अदालत की अवमानना" का मामला बन सकता है।

अभियुक्तों के चित्रों के प्रकाशन में पूर्ण सावधानी बरतनी आवश्यक है। अनेक फौजदारी मामलों में अभियुक्त की पहचान महत्त्वपूर्ण हो जाती है तो दूसरी ओर कई बार पुलिस अधिकारियों के अनुरोध पर अपराधियों की खोज के लिए समाचार-पत्रों में चित्र प्रकाशित कराये जाते हैं। अपराधों से सम्बन्धित तथ्यात्मक सामग्री पर यह कानून किसी प्रकार की रोक नहीं लगाता है किन्तु अभियुक्त की गिरफ्तारी तथा मामले की सुनवाई के प्रारम्भ होने पर प्रेस में तथ्य आदि का प्रकाशन वर्जित है।

अदालत की कार्यवाही की सत्य तथा तथ्यात्मक रिपोर्ट के प्रकाशन पर कोई प्रतिबन्ध नहीं है। भारतीय दंड संहिता की धारा 499 के चौथे अपवाद के अनुसार "किसी न्यायालय की कार्यवाहियों को या किन्हीं ऐसी कार्यवाहियों के परिणाम की सारतः सही रिपोर्ट को प्रकाशित करना मानहानि नहीं

है।'' इसी भाँति सार्वजनिक हित में न्यायिक निर्णयों की विवेक पूर्ण आलोचना अदालत की अवमानना नहीं हैं। न्यायिक निर्णयों पर विवेकपूर्ण टिप्पणी तभी की जा सकती है जबकि मामले की सुनवाई हो चुकी हो तथा उस पर निर्णय दिया जा चुका हो। किसी भी मामले का अन्तिम निर्णय तभी माना जाता है जबकि उसमें उस निर्णय के विरुद्ध अपील के लिए दिए गए समय की अवधि समाप्त हो गई हो तो उसकी भी सुनवाई हो गई हो और निर्णय दे दिया जाए।

उल्लेखनीय है कि अवमानना की जाने की तिथि के एक वर्ष बाद अवमानना करनेवाले पर किसी प्रकार का मुकदमा नहीं चलाया जा सकता।

अवमानना का दोषी पाये जाने पर छह माह की साधारण कैद अथवा दो हजार रुपयों तक जुर्माना अथवा दोनों सजाएँ दी जा सकती हैं। यदि न्यायालय सन्तुष्ट हो जाए तो अभियुक्त द्वारा माफी माँगे जाने पर उसे क्षमा किया जा सकता है अथवा दंड में कुछ छूट भी दी जा सकती है।

5. प्रेस एवं पुस्तक पंजीकरण अधिनियम

मुद्रित पुस्तकें, समाचार-पत्रों तथा नियत समय पर निकलने वाली पत्र-पत्रिकाओं की स्थिति का मूल्यांकन समय-समय पर करते रहने के उद्देश्य से प्रेस एवं पुस्तक पंजीकरण अधिनियम लागू किया गया। इस क़ानून के अभाव में न तो पत्रों के प्रकाशन की नियमितता पर नियंत्रण रखा जा सकता है और न ही भारत में इसकी स्थिति का लेखा-जोखा स्पष्ट हो सकता है। प्रेस रजिस्ट्रार विभिन्न प्रकाशनों के मध्य एक कड़ी के रूप में कार्य कर इनके विकास में योगदान की पृष्ठभूमि तैयार करता है।

इस अधिनियम का उद्देश्य समाचार-पत्रों की स्थिति का मूल्यांकन करना तत्सम्बन्धी आंकड़े रखना ही है। यह अधिनियम किसी भी स्तर पर उन पर नियंत्रण स्थापित नहीं करता है। इसके द्वारा भी संविधान में प्रदत्त ''वाक् एवं अभिव्यक्ति की स्वतंत्रता'' का मौलिक अधिकार भी बाधित नहीं होता है।

इस अधिनियम की धारा 1 में ''पुस्तक'', ''समाचार-पत्र'', ''पर्चा'' ''सम्पादक,'' ''मुद्रित,'' ''मजिस्ट्रेट,'' ''प्रेस रजिस्ट्रार'', ''रजिस्ट्रार'', तथा 'विहित' शब्दों को स्पष्ट किया गया है। इसके अनुसार—

(1) पुस्तक से तात्पर्य उसका प्रत्येक भाग (बोल्यूम), उसका कोई अंक जो किसी भी भाषा में हो तथा म्यूजिक, नक्शा, चार्ट या प्लान जो छपा हुआ हो, से है। इसका तात्पर्य प्रत्येक उस कृति से है जो छपी हुई हो।

(2) समाचार-पत्र से तात्पर्य कोई भी मुद्रित सामयिकी कार्य से है जिसमें सार्वजनिक समाचार अथवा सार्वजनिक समाचारों पर टिप्पणियाँ होती हैं।

(3) सम्पादक से तात्पर्य उस व्यक्ति से है जो समाचार-पत्र में प्रकाशित होनेवाली सामग्री के चयन को नियंत्रित करता है।

(4) पर्चे या पेपर से तात्पर्य पुस्तक के अतिरिक्त समाचार-पत्र सहित हर तरह के दस्तावेज से है।

(5) प्रेस रजिस्ट्रार से तात्पर्य भारत के समाचार-पत्रों का केन्द्र सरकार द्वारा धारा 19 के अन्तर्गत नियुक्त रजिस्ट्रार का कोई वह अन्य व्यक्ति से है जो केन्द्र सरकार, प्रेस रजिस्ट्रार के सब अथवा कोई कार्य करने के लिए नियुक्त करे।

(6) मुद्रण में साइक्लोस्टाइलिंग तथा लीथोग्राफी से की कई छपाई सम्मिलित है।

(7) रजिस्ट्रार से तात्पर्य धारा 19वीं के अन्तर्गत रखे गए रजिस्ट्रार से है।

इस अधिनियम का भाग 2 मुद्रणालयों तथा समाचार-पत्रों से सम्बन्धित आवश्यक धाराओं से सम्बद्ध है। भाग 3 पुस्तकों के वितरण से सम्बद्ध है। इस भाग की धारा 9 के अनुसार अधिनियम के प्रभाव में आने के बाद भारत में छपी प्रत्येक सम्पूर्ण पुस्तक की छपी प्रतियाँ, सभी मानचित्रों, छपे हुए अथवा अन्य उत्तीर्ण चित्रों सहित सबसे पहले अच्छी प्रति की भाँति तैयार और रंगीन, उनके मुद्रण

और प्रकाशक (यदि पुस्तक का प्रकाशन हुआ हो तो) के बीच हुए किसी करार के बावजूद मुद्रण द्वारा उस स्थान पर और उस अधिकारी के पास सरकारी व्यय से मुक्त वितरित की जाएगी कि जिसके लिए राज्य सरकार शासकीय राजपत्र में की गई अधिसूचना द्वारा समय-समय पर निम्न प्रकार से निर्देश दे :—

(क) किसी भी प्रकरण में किसी पुस्तक के मुद्रणालय से बाहर प्रथम बार वितरण की तिथि से एक कलेण्डर मास के अन्दर, उसकी वैसी एक प्रति और।

(ख) यदि राज्य सरकार उस दिन से एक कलेण्डर मास की अवधि के अन्दर मुद्रक से (पुस्तक की) एक से अधिक प्रतियाँ (दो से अधिक नहीं) वितरित कराना चाहे, तो एक और अथवा दो प्रतियाँ जैसा राज्य सरकार निर्देश दे, वितरित की जाएगी।

इस अधिनियम के भाग-4 में इसके प्रावधानों के उल्लंघन के लिए दंड की व्यवस्था का वर्णन किया गया है। भाग-5 पुस्तकों के रजिस्ट्रीकरण से सम्बद्ध है। भाग-5 ए, समाचार-पत्रों के रजिस्ट्रीकरण से प्रावधानों को स्पष्ट करते हैं। भाग-6 में विविध प्रावधान है। संक्षेप में इस अधिनियम के प्रमुख प्रावधान इस प्रकार हैं—

(1) प्रत्येक प्रकाशित पत्र पर मुद्रक, प्रकाशक तथा जहाँ से वह पत्र छपता है, का उल्लेख स्पष्ट रूप से होना चाहिए।

(2) जिला, प्रेसीडेन्सी तथा डिवीजनल मजिस्ट्रेट की अनुमति प्राप्त होने पर ही मुद्रक पत्र छाप सकता है।

(3) पत्र के मालिक तथा सम्पादक का नाम पत्र के प्रत्येक अंक पर अंकित होना चाहिए।

(4) मुद्रक और प्रकाशक को पत्र की भाषा और काल की जानकारी देते हुए पत्र के मालिक का लिखित अधिकार पत्र घोषणा पत्र के साथ संलग्न कर उस पर जिला, प्रेसीडेन्सी या सब डिवीजनल मजिस्ट्रेट के समक्ष हस्ताक्षर करना आवश्यक है।

(5) पत्र के नाम, भाषा, काल, सम्पादक, प्रकाशक आदि में होनेवाले परिवर्तन की सूचना सम्बन्धित अधिकारियों को देकर नया आज्ञा पत्र प्राप्त करना आवश्यक है।

(6) घोषणा पत्र की स्वीकृति के बाद, यदि कोई साप्ताहिक पत्र छह सप्ताह तक अथवा अन्य समाचार-पत्र तीन माह तक प्रकाशित नहीं हो पाता है तो आज्ञा पत्र रद्द या बेकार या अमान्य हो जाएगा।

(7) घोषणा पत्र उस स्थिति में भी बेकार या अमान्य हो जाएगा यदि तीन महीने की अवधि में दैनिक, साप्ताहिक, अर्द्ध-साप्ताहिक और पाक्षिक पत्र अपनी नियमित संख्या के आधे से भी कम प्रकाशित होने लगे।

(8) एक वर्ष की अवधि तक पत्र का प्रकाशन न होने पर भी घोषणा पत्र रद्द हो जाएगा।

(9) यदि कभी गलती से किसी पत्र के अंक में उसके सम्पादक का नाम गलत छप गया है और वह दावा करें कि उक्त अंक का सम्पादक वह नहीं था तो उसे चाहिए कि उसे इसकी जानकारी मिलने के दो सप्ताह के अन्दर डिस्ट्रिक, प्रेसीडेन्सी अथवा सब-डिवीजनल मजिस्ट्रेट के समक्ष अथवा दावा प्रस्तुत करके तत् सम्बन्धी प्रमाण-पत्र उससे प्राप्त कर ले।

(10) मजिस्ट्रेट को यह अधिकार है कि वह प्रेस रजिस्ट्रार या अन्य किसी व्यक्ति की माँग पर पूरी जाँच पड़ताल का आदेश देकर घोषणा पत्र अमान्य घोषित कर दे।

(11) यदि किसी पत्र का घोषणा पत्र रद्द कर दिया गया है तो वह रद्द करने की 60 दिन की अवधि के मध्य अपील करने का अधिकारी है, इसके बाद नहीं।

(12) प्रत्येक प्रकाशित पत्र की एक प्रति प्रेस रजिस्ट्रार को तथा दो प्रतियाँ राज्य सरकार को निःशुल्क भेजनी होंगी।

(13) प्रेस नियम की अनुपालना न करने की स्थिति में पत्र के सम्पादक तथा मुद्रक पर दो हजार रुपये तक का जुर्माना तथा छह माह की साधारण कैद की या दोनों सजाएँ दी जा सकती हैं।

(14) पत्र के मुद्रक, प्रकाशक या सम्पादक न रहे तो इस विषय की सूचना मजिस्ट्रेट को तुरन्त देनी आवश्यक है, अन्यथा दो सौ रुपये तक का जुर्माना हो सकता है।

(15) कोई भी व्यक्ति यदि इस अधिनियम की धारा 4 के प्रावधानों का उल्लंघन करते हुए बिना घोषणा पत्र दाखिल किए हुए यदि मुद्रण यंत्र रखता है तो मजिस्ट्रेट उसे दो हजार रुपये तक का जुर्माना या छह माह तक की साधारण कैद अथवा दोनों सजाएँ दे सकता है।

(16) कोई भी व्यक्ति यदि इस अधिनियम के प्रावधानों के अन्तर्गत जानते हुए या जानबूझकर झूठी घोषणा करता है, मजिस्ट्रेट के समक्ष यह सिद्ध होने पर दो हजार रुपये तक जुर्माना तथा छह माह तक की कैद की सजा हो सकती है।

(17) भारत में प्रकाशित किसी समाचार-पत्र के मुद्रक पर इस अधिनियम की धारा 11ए के अनुसार यदि सम्बन्धित अधिकारी को पत्र की प्रतियाँ नहीं भेजता तो उस अधिकारी की शिकायत पर, मजिस्ट्रेट के समक्ष दोष सिद्ध होने पर पचास रुपये तक जुर्माना किया जा सकता है।

(18) भारत में प्रकाशित किसी समाचार-पत्र के प्रकाशन पर यदि धारा 11बीं के अनुसार प्रकाशित पत्र की प्रतियाँ नहीं भेजता तो प्रेस रजिस्ट्रार की शिकायत पर मजिस्ट्रेट के समक्ष दोष सिद्ध होने पर प्रत्येक गलती पर पचास रुपये तक का जुर्माना किया जा सकता है।

(19) प्रेस रजिस्ट्रार को पत्र का पूरा विवरण प्रत्येक वर्ष भेजना आवश्यक है और प्रेस रजिस्ट्रार के संकेत पर उसे छापना भी होगा।

(20) प्रेस रजिस्ट्रार को गलत सूचनाएँ भेजने पर पाँच सौ रुपये तक का दंड दिया जा सकता है।

(21) केन्द्र सरकार की अनुमति लेकर राज्य सरकार किसी भी समाचार-पत्र पर प्रेस कानून को आंशिक अथवा सम्पूर्ण रूप से लागू न करने की विज्ञप्ति सरकारी गजट में जारी कर सकती है।

(22) यह अधिनियम पूरे भारत में लागू एवं मान्य रहेगा।

(6) पुस्तक और समाचार-पत्र (सार्वजनिक पुस्तकालय) परिदान अधिनियम, 1954

इस अधिनियम की धारा 3क में यह स्पष्ट किया गया है कि प्रत्येक प्रकाशक की पुस्तक के प्रकाशन के 30 दिनों में अपने खर्चे पर उसकी एक-एक प्रति कलकत्ता स्थित राष्ट्रीय पुस्तकालय तथा तीन अन्य सार्वजनिक पुस्तकालयों को प्रेषित कर देनी चाहिए। यह अधिनियम प्रत्येक संशोधित संस्करण पर लागू होता है।

सन् 1956 के संशोधन द्वारा इसे समाचार-पत्रों पर भी लागू कर दिया गया है। यह अधिनियम सरकार द्वारा प्रकाशित पुस्तकों पर भी लागू होता है। सिर्फ सरकार के उपयोग के लिए प्रकाशित पुस्तकें इस अधिनियम के प्रावधानों से मुक्त रखी गई हैं।

इस अधिनियम के प्रावधानों का उल्लंघन करने पर पचास रुपये तक जुर्माना हो सकता है और यदि पुस्तक का मामला हो तो उसकी कीमत के बराबर दंड दिया जा सकता है।

(7) शासकीय गुप्त बात अधिनियम 1923

यह कानून सन् 1923 में लागू किया गया था। ब्रिटेन में जो कानून 1911 में इस सन्दर्भ में बना था उसी को 1923 में भारत पर भी लागू कर दिया गया था। यह कानून हाल के वर्षों में काफी चर्चित रहा है तथा विभिन्न स्तरों पर इसमें परिवर्तन की माँग की गई है। पत्र और पत्रकार का यह दायित्व है कि वह देश की अखंडता, प्रभुसत्ता तथा एकता को कायम रखने की दिशा में अपना रचनात्मक योगदान दे। इस बात में कोई विवाद नहीं कि राष्ट्रीय सुरक्षा के संवेदनशील प्रश्नों से किसी को खिलवाड़ करने की छूट नहीं दी जा सकती, किन्तु दूसरी ओर यदि सरकार इस कानून का दुरुपयोग करते हुए स्वहितों की पूर्ति को ही सार्वजनिक हितों के स्थान पर प्राथमिकता देने लगे तो इसका पर्दाफाश पत्र और पत्रकार को तो करना ही होगा।

इस कानून के अनुसार कोई भी व्यक्ति निम्न परिस्थितियों में दंड का भागी बन सकता है।

(1) राष्ट्रीय हित और सुरक्षा की दृष्टि से निषिद्ध स्थानों पर पूर्व अनुमति के बिना प्रवेश करना तथा उसके सन्दर्भ में प्रत्यक्ष अथवा परोक्ष रूप से किसी भी प्रकार की जानकारी शत्रु पक्ष को देना।

(2) निषिद्ध स्थानों पर जाकर वहाँ के ऐसे स्कैच, प्लान, मॉडल या फोटो बिना पूर्व अनुमति के नहीं लिए जा सकते तथा न ही प्रकाशित किए जा सकते हैं, जिनसे शत्रु पक्ष को किसी भी प्रकार की जानकारी मिल सके।

(3) भारतीय गणतंत्र की प्रभुसत्ता, अखंडता तथा सार्वभौमिकता को प्रत्यक्ष अथवा अप्रत्यक्ष रूप से प्रभावित करने के प्रयास इस अधिनियम के तहत दंडनीय अपराध हैं।

(4) विदेशी ऐजेन्टों से सम्पर्क के प्रयास किए जाएँ, जिससे राष्ट्रीय हितों पर आंच आती हो।

(5) स्वयं को छद्‌म रूप से अथवा गलत रूप से सरकारी अधिकारी बताना।

(6) सरकारी मोहरों, चित्रों, गुप्त योजनाओं आदि को अनधिकृत व्यक्ति को सौंपना।

(7) विभागीय अनुमति के बिना सरकारी मोहरों आदि का प्रयोग।

(8) सेना के तीनों अंगों—थल सेना, नौ सेना तथा वायु सेना अथवा अन्य किसी सरकारी अधिकारी की निर्धारित वेश-भूषा बिना कानूनी अधिकार के पहनना तथा उससे मिलती जुलती वेशभूषा पहन कर स्वयं को अधिकृत अधिकारी सिद्ध करने का प्रयास।

(9) पासपोर्ट, नौ सैनिक, हवाई सैनिक, पुलिस या राजकीय पास, सर्टिफिकेट, लाइसेन्स आदि में किसी भी प्रकार का अनधिकृत परिवर्तन करने का प्रयास।

(10) सरकारी मोहरों आदि का गैरकानूनी निर्माण या विक्रय का प्रयास।

(11) अनधिकृत रूप से सरकारी दस्तावेजों को अपने पास रखना अथवा जानबूझकर विभागीय निर्देशों के उपरान्त भी उन्हें अधिकृत व्यक्ति को न सौंपना।

इस कानून के तहत जो पूरे भारत में सभी सरकारी कर्मचारियों पर तथा विदेशों में रह रहे भारतीयों तथा सरकारी कर्मचारियों पर लागू है 3 वर्ष से 14 वर्ष तक जेल की सजा हो सकती है। प्रथम श्रेणी के मजिस्ट्रेट के आदेश पर सन्दिग्ध स्थान पर छापा मारकर स्थिति की जाँच की जा सकती है तथा वहाँ उपस्थित व्यक्तियों की तलाशी ली जा सकती है एवं उपलब्ध दस्तावेज आदि भी जब्त किए जा सकते हैं।

सरकारी गोपनीयता कानून के दो प्रमुख पक्ष हैं पहला पक्ष जासूसी से सम्बद्ध है तो दूसरा सरकारी सूचनाओं की गोपनीयता का। इन्हें इस कानून की धारा 2 तथा 5 में विवेचित किया गया है। धारा 5 के प्रकाशन को रोका जा सकता है। हालाँकि सरकार ने प्रेस इनफार्मेशन ब्यूरो का गठन कर रखा है, किन्तु उसके माध्यम से हमें सरकार की कथित ''सफलताओं की कहानियों'' की ही जानकारी मिल सकती है। इन समाचारों की उपयोगिता से इन्कार नहीं किया जा सकता, क्योंकि इनके द्वारा जनता का सरकार में विश्वास पैदा होता है, किन्तु सरकारी स्तर पर व्याप्त भ्रष्टाचार अथवा गलत कार्यों का पर्दाफाश दूसरी ओर प्रशासन को स्वस्थ्य तथा चुस्त भी बनाये रखता है।

धारा 5 के अन्तर्गत गोपनीयता को बहुत अधिक व्यापकता प्रदान की गई है। इसके अनुसार सभी प्रकार की गोपनीय सूचनाएँ समादिष्ट हो जाती हैं—उनके प्रकाशन का कोई भी प्रभाव हो। गोपनीय सूचनाएँ देनेवाला तथा इन्हें ग्रहण करनेवाला दोनों ही इस एक्ट के तहत अपराधी हैं। गोपनीयता की निश्चित परिभाषा के अभाव में सरकार ही यह निर्धारित करती है किसे गोपनीय समझा जाए और किसे नहीं। सरकार के निर्णय के पुनरावलोकन का अधिकार न्यायपालिका को है। न्यायालय ही यह निर्धारित करेंगे कि इस अधिनियम के तहत किसी व्यक्ति ने अपराध किया है या नहीं। सरकार स्वयं को परेशानियों से बचाने के लिए ऐसे दस्तावेजों के जो राष्ट्रीय सुरक्षा या सार्वजनिक हित से जड़े हुए नहीं हैं, को भी गोपनीय घोषित कर देती है। उल्लेखनीय है कि

यदि कोई व्यक्ति सार्वजनिक हित में किसी गोपनीय सूचना को प्रकट करता है तो भी उसके खिलाफ कार्यवाही की जा सकती है। इसका कोई अपवाद नहीं है—भले ही राष्ट्रीय सुरक्षा या सार्वजनिक हित से जुड़े हुए नहीं हैं, को भी गोपनीय घोषित कर देती है। उल्लेखनीय है कि यदि कोई व्यक्ति सार्वजनिक हित में किसी गोपनीय सूचना को प्रकट करता है तो भी उसके खिलाफ कार्यवाही की जा सकती है। इसका कोई अपवाद नहीं है—भले ही राष्ट्रीय सुरक्षा या अन्य हित उसके द्वारा सुरक्षित रहते हैं या खतरे में पड़ते हैं।

धारा 5 के अन्तर्गत अधिकतम तीन वर्ष की जेल या जुर्माना या दोनों सजाएँ दी जा सकती हैं।

गुप्त सूचनाओं से सम्बन्धित यह धारा सिर्फ शासकीय गोपनीयता से ही सम्बद्ध है। अन्य गैर सरकारी इसके अन्तर्गत नहीं आते। अतः यह धारा सरकारी मंत्रालयों तथा विभागों की रक्षा करती है, अन्य निगम जैसे विश्वविद्यालय, सरकारी कम्पनी अथवा सार्वजनिक निगम की गोपनीयता इसके क्षेत्राधिकार के बाहर है। धारा 5 के मुख्य प्रावधानों के अन्तर्गत सरकार ने व्यापक अधिकार प्राप्त कर लिए तथा किसी भी प्रकार की सरकारी सूचना को प्रकट करने के आधार के अन्तर्गत दोषी पाये गए व्यक्ति को तीन वर्ष तक की सजा अथवा जुर्माना या दोनों प्रकार की सजाएँ दी जा सकती हैं।

(8) युवकों के लिए हानिप्रद प्रकाशन कानून 1956

यह कानून 1 फरवरी, 1957 से लागू किया गया। इस कानून का मुख्य उद्देश्य था कि बालकों और किशोरों को ''हानिकारक प्रकाशनों'' के सम्भावित दुष्परिणामों से बचाया जाए। ''यंग परसन्स'' से तात्पर्य बीस या इससे कम वर्ष की आयु के बच्चों से है।

देश के बालक यदि बाल्यकाल में अपराध और हिंसा के शिकार होने लगेंगे तो युवावस्था कैसी होगी? निश्चित रूप से उक्त स्थिति अत्यन्त खतरनाक होगी। ऐसी विषम स्थिति से बालकों की सुरक्षा हेतु संसद द्वारा पारित इस कानून के अनुसार ''हानिकारक प्रकाशन'' का तात्पर्य उस पत्रिका, पेम्पलेट, लीफलेट, समाचार-पत्र या ऐसे ही किसी अन्य प्रकाशन से है जो चित्रों अथवा बिना चित्रों की सहायता से या सम्पूर्ण रूप से चित्रों द्वारा ही मुख्यतः यह भावना चित्रित करें :—

1. अपराधों की आज्ञप्ति।
2. हिंसा या क्रूरता के कार्य।
3. घृणित एवं भयावह प्रकृति की घटनाएँ।

इस प्रकार का प्रकाशन बालकों या किशोरों के संवेदनशील मानस को प्रभावित कर उन्हें अपराध, हिंसा तथा दूसरे क्रूर कार्यों के लिए प्रोत्साहित कर सकता है। अतः हिंसा तथा अपराध प्रवृत्तियों को भड़काने वाली सामग्री पर प्रतिबन्ध समाज एवं राष्ट्र के जीवन में स्वच्छता कायम रखने के लिए आवश्यक ही नहीं अपितु अपरिहार्य भी है। ऐसे किसी भी प्रकाशन को राज्य सरकार कानून विशेषज्ञों से विचार-विमर्श करने के पश्चात् प्रतिबन्धित या दंडित कर सकती है। ऐसे कदम उठाने के लिए उचित कारण बताने आवश्यक हैं। प्रभावित व्यक्ति यदि चाहे तो साठ दिन के भीतर उच्च न्यायालय में इस आदेश के विरुद्ध अपील दायर कर सकता है।

ऐसे हानिकारक प्रकाशन की सन्दिग्ध स्थान पर खोज कराने हेतु प्रथम श्रेणी का मजिस्ट्रेट, सब-इंस्पेक्टर या इससे ऊँचे पद के किसी पुलिस ऑफिसर को यह अधिकार दे सकता है। ऐसे प्रकाशक को नष्ट करने का आदेश भी अदालत द्वारा दिया जा सकता है। यदि कोई व्यक्ति इस प्रकार के हानिकारक प्रकाशन की बिक्री करता है, किराये पर देता है वितरण करता है या अन्य किसी माध्यम से प्रसारित करता है अथवा बिक्री, किराये, वितरण, सार्वजनिक प्रदर्शन या वितरण हेतु इनका मुद्रण या निर्माण करता है या सभी का इनका परिचय देने हेतु विज्ञापन करता है तो उसे छह माह की कैद या जुर्माना या दोनों सजाएँ हो सकती हैं।

(9) श्रमजीवी पत्रकार और अन्य समाचार-पत्र कर्मचारी (सेवा की शर्तें) और प्रकीर्ण उपलब्ध अधिनियम 1955

समाचार-पत्र स्थापनों में कार्यरत श्रमजीवी पत्रकारों तथा अन्य व्यक्तियों की कतिपय सेवा की शर्तों को विनियमित करने की दृष्टि से यह अधिनियम लागू किया गया। इस अधिनियम के अनुसार समाचार-पत्र के आशय हैं :—

"समाचार-पत्र" से ऐसी कोई छपी हुई नियतकालीन कृति अभिप्रेत है, जिसमें सार्वजनिक समाचार या सार्वजनिक समाचारों पर टीका टिप्पणियाँ हों और इसके अन्तर्गत छपी हुई नियतकालीन कृति का ऐसा अन्य वर्ग भी है जो केन्द्रीय सरकार द्वारा शासकीय राजपत्र में समय-समय पर इस निमित्त अधिसूचित किया जाए।

श्रमजीवी पत्रकार को परिभाषित करते हुए इस अधिनियम में कहा गया है "श्रमजीवी पत्रकार" से कोई ऐसा व्यक्ति अभिप्रेत है जिसका मुख्य व्यवसाय पत्रकार का है और उसके अन्तर्गत सम्पादक, अग्रलेख लेखक, समाचार सम्पादक, उप सम्पादक, फीचर लेखक, प्रकाशन-विवेचक, रिपोर्टर, संवाददाता, व्यंग्य चित्रकार, समाचार फोटोग्राफर और प्रूफ रीडर भी है किन्तु ऐसा कोई व्यक्ति इसके अन्तर्गत नहीं है जो :—

(1) मुख्य रूप से प्रबन्धकीय या प्रशासकीय हैसियत नियोजित है, या

(2) पर्यवेक्षकीय हैसियत में नियोजित होते हुए या तो अपने पद से संलग्न कर्तव्यों की प्रकृति के कारण या अपने निहित में शक्तियों के कारण ऐसे कृत्यों का पालन करता है जो मुख्यतः प्रबन्धकीय प्रकृति के हैं। यहाँ हमारा मूलतः सम्बन्ध श्रमजीवी पत्रकारों से है अतः उन्हीं से सम्बन्धित प्रमुख प्रावधानों का उल्लेख किया जा रहा है :—

इस कानून के तहत यह प्रावधान किया गया है कि यदि किसी श्रमजीवी पत्रकार को नियोजक द्वारा नौकरी से पृथक किया जाता है तो उसे सम्पादक को छह माह पूर्व या अन्य श्रमजीवी पत्रकार को तीन माह पूर्व नोटिस देना होगा। ग्रेच्युटी के भुगतान के सन्दर्भ में भी इस कानून में विशेष प्रावधान रखे गए हैं। समाचार-पत्र प्रतिष्ठान में तीन वर्ष से अधिक समय से कार्यरत श्रमजीवी पत्रकार की सेवाएँ नियोजित द्वारा समाप्त कर दी जाती हैं अथवा वह पेन्शन की आयु प्राप्त कर लेता है तथा यदि दस वर्ष से कार्यरत कोई श्रमजीवी पत्रकार स्वेच्छा से त्याग पत्र दे देता है अथवा सेवारत पत्रकार की आकस्मिक मृत्यु हो जाती है तो वे ग्रेच्युटी के भुगतान के हकदार हो जाते हैं।

मृत्यु होने पर श्रमजीवी पत्रकार द्वारा मनोनित व्यक्ति तथा यदि किसी का मनोनयन नहीं किया गया तो उसका परिवार वे सभी लाभ एवं अधिकार प्राप्त करने के अधिकारी हैं, जिनका प्रावधान औद्योगिक विवाद कानून 1947 में किया गया है। नौकरी से हटा दिए जाने, सेवा निवृत्ति, त्याग-पत्र अथवा मृत्यु पर प्रत्येक सेवारत वर्ष के पन्द्रह दिन के औसत वेतन का भुगतान ग्रेच्युटी के रूप में किया जाएगा।

श्रमजीवी पत्रकार को लगातार चार सप्ताह में 140 घंटे से अधिक कार्य करने को बाध्य नहीं किया जा सकता। प्रत्येक सात दिन की अवधि में 24 घंटे का लगातार विश्राम दिया जाना आवश्यक है। इस एक्ट के अन्तर्गत यह भी प्रावधान है कि श्रमजीवी पत्रकारों को प्रस्तावित अवकाश तथा आकस्मिक अवकाशों की सुविधा के अतिरिक्त अर्जित अवकाश तथा चिकित्सा अवकाश के लाभ भी मिलेंगे। अर्जित अवकाश पूरी की गई कार्यावधि 1/11 भाग से कम नहीं होंगे तथा इस अवधि का पूरा वेतन दिया जाएगा। चिकित्सा अवकाश आधे वेतन पर पूरी की गई कार्यावधि का 1/18 भाग से कम दिनों के नहीं होंगे।

(10) भारतीय दंड संहिता और प्रेस कानून

भारतीय दंड संहिता की कुछ प्रमुख धाराएँ प्रेस जगत को प्रभावित करती हैं। इनमें प्रमुख हैं :

1. **धारा 124 (ए) :**—यह धारा राजद्रोहात्मक प्रकाशनों को प्रतिबन्धित करती है।
2. **धारा 153 (क) :**—यह धारा धर्म, मूलवंश, जन्म स्थान, निवास स्थान, भाषा इत्यादि के आधार पर विभिन्न समूहों के बीच शत्रुता का सम्प्रवर्तन और सौहार्द बने रहने पर प्रतिकूल प्रभाव डालने वाले कार्य से सम्बद्ध है।

3. **धारा 153 (ख)** :—पूजा स्थलों पर किए गए अपराधों से सम्बद्ध यह धारा "राष्ट्रीय अखंडता" पर प्रतिकूल प्रभाव डालने वाले लाँछन, को दंडनीय अपराध घोषित करती है।
4. **धारा 292** :—यह धारा अश्लील सामग्री आदि के विक्रय से सम्बद्ध है।
5. **धारा 295 (क)** :—धार्मिक भावनाओं का विद्वेषपूर्ण ढंग से आहत करने के तथा अपमानित करने के प्रयास को यह धारा दंडनीय अपराध घोषित करती है।
6. **धारा 505** :—तीनों सेनाओं के सदस्यों को विद्रोह करने, कर्तव्य की अवहेलना करने, लोक में भय या संग्राम उत्पन्न कराने, लोकशान्ति के विरुद्ध अपराध को उत्प्रेरित करने तथा अफवाहें आदि फैलाने के प्रयासों को इस धारा के प्रावधानों के अन्तर्गत दंडित किया जा सकता है।

(11) डाक और तार अधिनियम 1885

इस अधिनियम की धारा 5 (2) सरकार अथवा उसके द्वारा अधिकृत अधिकारी को किसी भी तार के सन्देश को रोकने का अधिकार प्रदान करती है। इस धारा में यह उपबन्धित किया गया है कि सार्वजनिक संकट अथवा सार्वजनिक सुरक्षा के हित में केन्द्रीय सरकार अथवा राज्य सरकार अथवा राज्य या केन्द्र सरकार विशेष रूप से अधिकृत कोई अधिकारी इस बात के लिए सन्तुष्ट हो कि भारत की प्रभुत्ता तथा अखंडता, राज्य की सुरक्षा, विदेशी राज्यों के साथ मैत्रीपूर्ण सम्बन्धों या सार्वजनिक व्यवस्था या अपराधी को रोकने के लिए यह आवश्यक अथवा उचित है तो वह कारणों का लिखित उल्लेख करते हुए आदेश देकर तार द्वारा दिए जानेवाले सन्देश या प्राप्त सन्देश को रोक सकता है।

राज्य अथवा केन्द्रीय सरकार द्वारा पत्रकारों के प्रेस सन्देश जो भारत में प्रकाशित किए हों तो उन्हें रोका नहीं जाएगा यदि वे इस उपधारा के अन्तर्गत प्रतिबन्धित नहीं किए गए हों।

इस अधिनियम की सार्वजनिक इमरजेन्सी संविधान के अनुच्छेद 352 में वर्णित इमरजेन्सी नहीं है। इसके अन्तर्गत क्षेत्र विशेष में अशान्ति को अधिक भड़काने वाले या इसके प्रभाव को अन्य क्षेत्रों में फैलाने वाले सन्देशों तथा अफवाहों को रोकना है। श्री आर.सी.एम. सरकार इस अधिनियम को अभिव्यक्ति स्वतंत्रता पर किसी प्रकार का बन्धन नहीं मानते हुए कहते हैं कि इस उपधारा का परिशीलन करने पर यह स्पष्ट होता है कि सरकार को प्राप्त शक्तियाँ उन्मुक्त नहीं हैं, इस पर अनेक नियंत्रण हैं। पहला इस अधिकार का प्रयोग सार्वजनिक इमरजेन्सी तथा सार्वजनिक सुरक्षा के हित में ही किया जा सकता है। दूसरे इस अधिकार का प्रयोग सरकार अथवा अधिकृत अधिकारी द्वारा निश्चित आधारों पर जो इस उपधारा में स्पष्ट किए गए हैं, ही कर सकता है। ये आधार जैसे भारत की प्रभुसत्ता तथा अखंडता, राज्य की सुरक्षा आदि अनुच्छेद 19 (2) के द्वारा कवर होते हैं। अतः इस उपधारा के प्रावधान अनुच्छेद 19 (1) (ए) में प्रदत्त अभिव्यक्ति की स्वतंत्रता की गारण्टी का अतिक्रमण नहीं करते। तीसरे इस अधिकार का प्रयोग लिखित कारण बताते हुए जारी आदेश के द्वारा ही किया जा सकता है। अन्तिम यह उपधारा अधिस्वीकृत संवाददाताओं द्वारा प्रेषित प्रेस सन्देश पर लागू नहीं होती जब तक कि उनका प्रेषण विशेष रूप से प्रतिबन्धित नहीं किया गया हो।

द्वितीय प्रेस आयोग ने भी इस अधिकार के औचित्य को स्वीकार करते हुए सरकार के इस अधिकार को मान्यता प्रदान की है। इसके साथ आयोग ने इसके दुरुपयोग को रोकने के लिए कुछ सुझाव भी दिए हैं।

(12) भारतीय डाक घर अधिनियम 1888

भारतीय डाक घर अधिनियम की धारा 26 सरकार अथवा उसके द्वारा अधिकृत अधिकारी को सार्वजनिक सुरक्षा के हित या शान्ति के समय किसी वस्तु को रोकने या आदेशानुसार उसे निपटाने का अधिकार प्रदान करती है। इस शक्ति का उपयोग किन आधारों पर किया जाए, इसका उल्लेख इस अधिनियम में नहीं है।

धारा 27 बी कुछ अधिकारियों को किसी भी समाचार-पत्र या वस्तु को डाक द्वारा भेजने के समय रोकने का अधिकार प्रदान करती है जहाँ उन अधिकारियों को यह सन्देह हो कि इसमें राजद्रोहात्मक सामग्री है।

इस प्रकार यह अधिनियम सरकार को अपरिमित शक्तियाँ प्रदान करता है।

भारतीय डाकघर (संशोधन) विधेयक 1986 के कारण विवाद हो गया है। इस विधेयक की धारा 16 उक्त धारा 26 का संशोधन करती हुई सरकार को व्यापक अधिकार प्रदान करती है। इस संशोधन में चिट्ठी खोलने अथवा रोकने के कुछ और नये कारण जोड़ दिए गए हैं। इस प्रस्तावित संशोधन के अनुसार भारत की सार्वजनिकता और अखंडता की खातिर राज्य की सुरक्षा के वास्ते विदेशी राज्यों से मधुर रिश्तों के लिए सार्वजनिक व्यवस्था के नाम पर अथवा किसी अपराध को उकसाना रोकने के लिए सरकार चिट्ठियाँ खोल सकती है और सरकार ही निर्णय करेगी कि कब ऐसा करना उचित व आवश्यक है।

(13) प्रेस व औषधि और चमत्कारिक उपचार (आपत्तिजनक विज्ञापन) अधिनियम 1954—Press and the Drugs and Magic Remedies (Objectionable Advertisements) Act, 1954—

विज्ञापन भी अभिव्यक्ति का एक प्रकार है, लेकिन इसका वास्तविक स्वरूप उस उद्देश्य से स्पष्ट होता है, जिसकी अभिवृद्धि के लिए इसका प्रयोग किया जाता है। ऐसे विज्ञापन जो प्रत्यक्ष या परोक्ष रूप से भ्रमित करते हों तथा औषधि के स्वरूप को गलत परिप्रेक्ष में व्यक्त करते हों, इस अधिनियम के तहत् दंडनीय हैं। ऐसे विज्ञापनों के लिए विज्ञापनदाता के साथ-साथ विज्ञापन के प्रकाशन व मुद्रक भी जिम्मेदार होते हैं।

जनता को अनुचित, अश्लील, अवैध व आपत्तिजनक विज्ञापनों के खतरों से बचाने के लिए यह अधिनियम पारित किया गया था! इसके अन्तर्गत निम्नलिखित विज्ञापन[1] प्रतिबन्धित हैं—

1. महिलाओं के गर्भपात तथा गर्भधारण का आश्वासन देनेवाली औषधियाँ।
2. मनुष्य में यौन शक्ति की वृद्धि का आश्वासन देनेवाली औषधियाँ।
3. महिलाओं में मासिक धर्म से सम्बन्धित रोगों के इलाज की औषधियाँ।
4. पागलपन, कोढ़, मिर्गी, नपुंसकता आदि रोगों का उपचार करनेवाली औषधियाँ।
5. मंत्र, कवच आदि तंत्र-मंत्र के साधनों के, चमत्कारिक साधनों के प्रभाव से बीमारियों की जाँच व निदान का आश्वासन।

दंड प्रावधान

पहली बार इस अधिनियम की धाराओं का उल्लंघन करने पर छह मास की कैद या जुर्माना या दोनों ही सजाएँ एक साथ, और दोबारा कभी उल्लंघन करने पर एक वर्ष की कैद या जुर्माना या दोनों ही सजाएँ एक साथ दी जा सकती हैं।

सरकार की पूर्वानुमति के बाद यदि औषधि का विज्ञापन प्रकाशित होता है तो उस पर इस कानून का प्रभाव नहीं होगा। सरकार चाहे तो उचित कारणों का उल्लेख करते हुए अनुमति वापस भी ले सकती है। किसी औषधि के सम्बन्ध में सरकार द्वारा मुद्रित या प्रकाशित किसी विज्ञापन पर भी यह कानून लागू नहीं होता।

---

1. 54 रोगों का विज्ञापन प्रतिबन्धित है—मस्तिष्क के रोग और विकार, गर्भाशय के रोग और विकार, ऋतु स्राव के विकार, तंत्रिका तंत्र के विकार, प्रोस्टेटिक ग्रन्थि के विकार, ड्राप्सी अपस्मार, सामान्य स्त्रीरोग, मधुमेह, बधिरता, मोतियाबिन्द, अन्धत्व, रक्त विषाक्तता, ब्रइट रोग कैंसर, एपेंडिसाइटिस, आर्टियोस्थिक्लीरोसिस, दौरे, ज्वर, स्त्री वक्ष की संरचना, गॉल ब्लैडर स्टोन, किडनी स्टोन, ब्लैडरस्पेन ग्लूकोमा, कोढ़, घेंघा, हृदय रोग, उच्च व निम्न रक्तचाप, हिस्टीरिया हाइड्रोसील, लकवा, पागलपन, कुष्ठ, ल्यूकोडर्मा, लॉकजॉ, लोकोमीटर एटॉक्सिया, ल्यूपस, तंत्रीय दौर्बल्य, मोटापा, प्लेग, प्लूरिसि, निमोनिया, रियूमेटिजम, विदार, यौन नपुसंकता, चेचक, शिशु लकवा, कद, स्त्रियों में बांझपन, ट्रैकोमा, यक्ष्मा, ट्यूमर, टायफाइड ज्वर, गैस्ट्रो इटैस्टाइनल ट्रैक के दोष, यौन रोग, सिफलिस, सूजाक, मृदु शकर, लिम्फो ग्रैन्यूलोमा, वैजाइनल ग्रैन्यूलोमा।

(14) पुरस्कार-प्रतियोगिता अधिनियम, 1955

(The Prize Competition Act of 1955)

समाचार-पत्रों और पत्रिकाओं में ऐसी विभिन्न प्रतियोगिताएँ या पहेलियाँ प्रकाशित होती हैं जिन पर पुरस्कार की घोषणा की जाती है, जैसे क्रास वर्ड पज़ल, रिक्त स्थान भरिए, चित्र पहेली, वर्ग प्रतियोगिताएँ आदि।

ये प्रतियोगिताएँ पाठकों को काफी आकर्षित करती हैं। बड़ी संख्या में लोग इनके प्रति सकारात्मक रुझान व्यक्त करते हैं। इन प्रतियोगिताओं में दिए जानेवाले पुरस्कारों के नियमन व नियंत्रण के लिए यह अधिनियम बनाया गया। इस अधिनियम के अनुसार—

1. एक हज़ार रुपए से अधिक राशि की पुरस्कार प्रतियोगिताओं का प्रकाशन वर्जित है।
2. प्रतियोगिता आरम्भ करने से पहले सरकार द्वारा नियुक्त लाइसेंस अधिकारी की अनुमति लेना आवश्यक है।
3. इन प्रतियोगिताओं को आरम्भ करने के लिए लाइसेंस हेतु सम्बन्धित अधिकारी के समक्ष आवेदन पत्र प्रस्तुत करना पड़ता है। इस आवेदन पत्र पर निश्चित शर्तों के आधार पर लाइसेंस अधिकारी अपनी स्वीकृति या अस्वीकृति देता है। अस्वीकृति की स्थिति में वह कारण स्पष्ट करता है।
4. इन प्रतियोगिताओं के संचालकों को अपनी आय और व्यय का पूरा ब्यौरा लाइसेंस अधिकारी के समक्ष प्रस्तुत करना पड़ता है। यदि आय-व्यय का विवरण प्रस्तुत न किया जाए तो अधिकारी लाइसेंस की वैधता समाप्त कर सकता है।
5. लाइसेंस अधिकारी की अनुमति के बिना प्रतियोगिता आरम्भ करने पर कानून की शर्तों के अनुसार तीन माह की कैद या एक हज़ार रुपए तक जुर्माना या दोनों ही सजाएँ एक साथ दी जा सकती हैं।
6. आय-व्यय का लेखा-जोखा प्रस्तुत न करने पर या गलत विवरण देने पर एक माह की कैद या पाँच सौ रुपए जुर्माना या दोनों ही सजाएँ एक साथ दी जा सकती हैं।

भाग-4

(अ) हिन्दी पत्रकारिता : कुछ समसामयिक मुद्दे तथा नई प्रवृत्तियाँ

1. खतरों के बीच खबर बनते खबरनवीस अर्थात् पत्रकारों का उत्पीड़न

आज मीडिया बाजार के दबावों के आगे भले ही झुकता नजर आ रहा हो, किन्तु आजादी पूर्व के स्वाधीनता आन्दोलन और राष्ट्र के नव निर्माण की इसकी भूमिका को सभी आदर के साथ सिर-माथे लेते हैं, पर बदले समय में आज पत्रकार कई तरह की रूही तकलीफ और मनोदाह के शिकार हैं। समाज को सन्मार्ग का रास्ता दिखाने वाले ये पत्रकार आज हाशिये पर हैं। अभिव्यक्ति की स्वतंत्रता के संवैधनिक अधिकारों के पैरोकार इन पत्रकारों पर पूरी दुनिया में लगातार हमले हो रहे हैं। ये आहत और अराजकता की चपेट में हैं। पत्रकार, किसी धर्म या जाति की भावनाओं का प्रतिनिधित्व नहीं करता, वह सकल समाज का हित-पोषक होता है। वही पत्रकार सम्प्रति दुःख-दर्द, यातना, संघर्ष, उदासी, अमानवीयता, अव्यवस्था और ढेरों तरह की विसंगतियों की चपेट में हैं। कहीं वह अपने ही प्रबन्धन के उत्पीड़न की चपेट में है, तो कहीं आर्थिक मदद न मिलने से बीमार पत्रकार जवानी में ही दम तोड़ रहे हैं, सही खबर छाप देने से कहीं वह भ्रष्टाचारी, तश्कर, ठेकेदार, खनिज माफिया और मवाली-बवाली तथा नेताओं द्वारा हत्या हो जाने जैसी बदक़दमी को झेल रहा है, तो कहीं अभिव्यक्ति की आजादी का पुरोधा होने का दावा करनेवाला बड़े घराने का अखबार समूह उसे सम्मानजनक वेतन भी नहीं देता और कहीं वह नक्सलवादी,

आतंकवादी, तथा हिंसक आपराधिक गतिविधियों का ग्रास बन रहा है। अतः ऐसी स्थिति में आज का पत्रकार संशय के दोराहे पर खड़ा है।

भारतीय प्रेस-परिषद् की अधिनियम की धारा-13 के तहत प्रेस की स्वतंत्रता बनाये रखने का दायित्व प्रेस-परिषद् का है। प्रेस-परिषद् के अनुसार, पत्रकार अगर किसी घटना की खबर लेने मौके पर जाता है, तो उस समय वह अपनी ड्यूटी पर होता है। जनता के बारे में सरकार और जनता-दोनों को सही सूचना पहुँचाना उनका मौलिक अधिकार और मूलभूत उत्तरदायित्व होता है। इन्हें इस अधिकार से कत्तई वंचित नहीं किया जा सकता। अतः समाचारों-सूचनाओं के 'कवरेज' के दौरान किसी भी मीडियाकर्मी के साथ बदसलूकी नहीं की जा सकती। यदि कोई सुरक्षाबल का जवान या पुलिसकर्मी समाचार संकलन कर रहे पत्रकार के साथ किसी भी तरह की बदसलूकी करता है, तो उसके विरुद्ध आपराधिक मामला चलाया जा सकता है। साफ शब्दों में पत्रकारों के साथ किसी भी तरह की बदसलूकी और अशोभनीय आचरण विधान विरुद्ध होता है, किन्तु इस समय सत्ता और अपराधियों के तीन-तिकड़म के कारण फिलवक्त पत्रकारों को साहस से खबर लिखने की कीमत चुकानी पड़ रही है। उन्हें 'पत्रकारिता का अघोषित आपात्काल' झेलना पड़ रहा है। सच तो यह है कि देश से लेकर वैश्विक स्तर तक पत्रकारों के बरक्स दमन, दम-बदम-चरम पर हैं। पूरी दुनिया में सरकारें अलग-अलग तरीकों से 'सच कहने-लिखने पर पत्रकारों का उत्पीड़न कर रही हैं।' सही कहा जाए तो सरकारें अब अपने ही बताये सच को प्रतिबन्धित कर रही हैं। जो पत्रकार उसे उजागर करने की कोशिश करता है, उन्हें या तो गोली मार दी जाती है या देशद्रोही करार दे दिया जाता है।

सच तो यह है कि पत्रकारों की प्रताड़ना सत्ताधारियों की हावी है। वे पत्रों को दरबे में बन्द रखना चाहते हैं। 20 दिसम्बर, 1985 के पूर्व किए गए एक सर्वेक्षण से स्पष्ट है कि पत्रकारों पर हमले की गति बढ़ रही है। विगत वर्षों की तुलना में उस साल दो गुनी घटनाएँ हुईं, जिसमें 30 पत्रकार मारे गए। 13 बन्धक बनाये गए और 70 घायल हो गए एवं 109 पत्रकारों को जेल में बन्द कर दिया गया। 'फ्रीडम हाउस' संगठन ने अपने एक प्रतिवेदन में बतलाया कि 1987 में 12 देशों में 34 पत्रकार मारे गए। अमेरिकी मानवाधिकार संस्थान की वार्षिक रिपोर्ट में कहा गया कि प्रेस पर नियंत्रण के लिए कठोर कदम उठाकर भी पत्रकारों को पीड़ित किया गया।[1] अन्तर्राष्ट्रीय समाचार सुरक्षा संस्थान (INSI) ने दुनिया भर में पत्रकारों की सुरक्षा को लेकर एक व्यापक सर्वेक्षण करवाया है, जिसमें यह उजागर हुआ कि विश्व भर में हर हफ्ते काम के दौरान दो पत्रकार अपनी जान गवाँ देते हैं। 'इंटरनेशनल न्यूज सेफ्टी इन्स्टीट्यूट' दुनिया के अनेक मीडिया संगठनों, प्रेस स्वतंत्रता समूहों, मानवहितों के लिए काम कर रहे संगठनों का एक साझा प्रयास है। आई. एन. एस. आई. ने ये सर्वेक्षण जनवरी, 1996 से जून 2006 के दौरान करवाया था। यह सर्वेक्षण पत्रकारों की सुरक्षा को लेकर अब तक का सबसे वृहद् एवं व्यवस्थित अध्ययन था।

सर्वेक्षण में पाया गया कि पिछले दस सालों में विश्व के अनेक भागों में समाचार एकत्र करते हुए 1,000 पत्रकार मारे गए। इनमें से केवल एक चौथाई पत्रकारों ने ही युद्ध एवं सैन्य गतिविधि वाले इलाकों में अपनी जान गँवायी। सर्वेक्षण में पाया गया कि करीब 657 पत्रकारों को अपने ही देश में शान्तिकाल के दौरान हत्या कर दी गई। मारे गए दो-तिहाई पत्रकारों के हत्यारों की पहचान भी नहीं हो पाई। वस्तुतः कुछ देशों में प्रेस की आवाज को चुप करने का सबसे आसान, सस्ता एवं असरकारक तरीका है—पत्रकारों की हत्या करवा देना। उक्त संस्थान की रिपोर्ट में यह खुलासा किया गया था कि अधिकांश पत्रकारों की हत्या इसलिए की गई, क्योंकि वे अधिकारियों और अपराधियों के काले कारनामों का पर्दाफाश कर रहे थे। दुखद बात तो यह भी है कि अधिकांश मामलों में पत्रकारों के हत्यारों को सजा नहीं मिल पाई। आँकड़े बताते हैं कि दस में से नौ मामलों में हत्यारों को कभी सजा नहीं मिल पाती। बी. बी. सी. ग्लोबल न्यूज के निदेशक रिचर्ड सैमब्रूक के मुताबिक गम्भीर बात है कि दुनिया भर में पत्रकारों की हत्या करना बहुत आसान हो गया है और हत्यारों का खुला घूमना पत्रकारों पर आक्रमण

1. आधुनिक पत्रकारिता—डॉ. अर्जुन तिवारी, पृष्ठ 136

को और उकसा रहा है। सन् 2000 ई. के बाद पत्रकारों के खिलाफ हमलों और हत्याओं में इजाफा हुआ है। सन् 2005 में अपने काम के दौरान मारे गए पत्रकारों की तादात 147 थी, जबकि यह संख्या 2006 में बढ़कर 167 हो गई।

रिपोर्ट के अनुसार पिछले दस सालों में सबसे अधिक पत्रकार ईराक (138), रूस (88), कोलम्बिया (72), फिलिपींस (55), इरान (54), भारत (45), अलजीरिया (32), पूर्व यूगोस्लाविया (32), मैक्सिको (31), पाकिस्तान (29), ब्राजील (27), अमेरिका (21), बांग्लादेश (19), उक्रेन (17) मारे गए। लगभग आधे मामलों में पत्रकारों की हत्या गोली मार कर की गई। हत्या के अन्य तरीकों में बम, चाकू, पिटाई, यातना, रस्सी से गला घोंटना भी रहा, जब कि अनेक महिला एवं पुरुष पत्रकारों का अब तक पता ही नहीं चल पाया है। पत्रकारों पर होनेवाले हमलों और उनकी हत्याओं का वस्तुतः दुनिया भर में कोई व्यवस्थित रिकॉर्ड नहीं रखा जाता। आई. एन. एस. आई. के अलावा अन्तर्राष्ट्रीय पत्रकार संघ, अन्तर्राष्ट्रीय पत्रकार संस्थान, वर्ल्ड एसोसिएशन ऑफ न्यूज पेपर्स और रिपोर्ट्र्स विदाउट बॉर्डर्स भी इस सम्बन्धी आंकड़े रिकार्ड करती है।[1]

अभी पिछले वर्ष पूरी दुनिया में 134 पत्रकारों की हत्या हुई, जिसमें से 65 की मौत 'कान्फ्लिक्ट रिपोर्टिंग करते हुए हुई है। 'इंटरनेशनल न्यूज सेफ्टी इन्स्टीट्यूट' के इन आँकड़ों से कान्फ्लिक्ट रिपोर्टिंग की चुनौतियाँ समझी जा सकती हैं। आज सीरिया, ईराक, अफगानिस्तान जैसे पश्चिमी एशियाई देश ही नहीं सूडान, सोमालिया जैसे अफ्रीकी देश भी संघर्ष के दौर से गुजर रहे हैं। भारत, पाकिस्तान, म्यांमार जैसे देशों की तस्वीर भी ज्यादा बेहतर नहीं है। ऐसी स्थिति में पत्रकारीय मूल्यों का निर्वहन करनेवाले खबरनवीसों के लिए खतरे ज्यादा बढ़ गए हैं। उन्हें न सिर्फ लोगों (चाहे वह संघर्ष के हिमायती हों या विरोधी) की मानसिकता पढ़नी होती है, बल्कि संवेदना का परिचय देते हुए खबरों की निष्पक्षता भी बनाये रखनी होती है। ऐसी स्थिति में थोड़ी-सी चूक उनकी जान जोखिम में डाल सकती है।[2]

2016 : विश्व में 122 पत्रकार मारे गए, इनमें पाँच भारत के भी

इंटरनेशनल फेडरेशन ऑफ जर्नलिस्ट्स ने अपनी सालाना रिपोर्ट में कहा कि अफ्रीका, अमेरिका, एशिया प्रशान्त, यूरोप, पश्चिम एशिया और अरब जगत के 23 देशों में पत्रकार हत्या, बम हमला और गोलीबारी जैसी घटनाओं में असमय मौत का शिकार बने। इराक में सबसे ज्यादा आठ पत्रकार मारे गए।

भारत में 14 फरवरी को जन सन्देश टाइम्स के ब्यूरो चीफ तरुण मिश्रा, एक स्थानीय चैनल के पत्रकार इंद्रदेव यादव की 16 मई, दैनिक हिन्दुस्तान के ब्यूरो चीफ राजदेव रंजन की 13 मई को, जय हिन्द के ब्यूरो चीफ किशोर दवे की 22 अगस्त और दैनिक भास्कर के पत्रकार धर्मेंद्र सिंह की हत्या 12 नवम्बर को हुई।

दुनियाभर में 2016 में 122 पत्रकार एवं मीडियाकर्मी मारे गए। नई रिपोर्ट के मुताबिक इनमें से 93 मीडियाकर्मी विभिन्न वजहों से की गई हत्या, बम विस्फोट और गोलीबारी जैसी घटनाओं में मारे गए और अन्य की मौत दुर्घटनाओं में हुई। भारत में 2016 में पाँच पत्रकार मारे गए और सूची में इसका स्थान आठवाँ है। इराक इस सूची में सबसे ऊपर है।

इंटरनेशनल फेडरेशन ऑफ जर्नलिस्ट्स (आइएफजे) ने शुक्रवार को जारी अपनी सालाना रिपोर्ट में कहा कि अफ्रीका, अमेरिका, एशिया प्रशान्त, यूरोप, पश्चिम एशिया और अरब जगत के 23 देशों में पत्रकार हत्या, बम हमला और गोलीबारी जैसी घटनाओं में असमय मौत का शिकार बने। आइएफजे ने कहा कि 2015 में हत्या, बम हमला और गोलीबारी जैसी घटनाओं में 112 पत्रकार मारे गए थे और 2016 में यह संख्या घट कर 93 हुई है। इराक अभी भी मीडियाकर्मियों के मारे जाने के मामले में (15 पत्रकारों के मारे जाने) के साथ इस सूची में सबसे ऊपर है। इराक के बाद अफगानिस्तान (13)

1. मीडिया मीमांसा : सं. अच्युतानन्द मिश्र, पृ. 43, जून-अगस्त, 2007, भोपाल।
2. हिन्दुस्तान, वाराणसी संस्करण-2011 ई.।

और मेक्सिको (11) का स्थान है। पत्रकार ट्रेड यूनियनों के सबसे बड़े वैश्विक संघ के प्रकाशित आंकड़ों के अनुसार मेक्सिको के बाद यमन में आठ, ग्वाटेमाला में छह, सीरिया में छह और भारत व पाकिस्तान में पाँच-पाँच पत्रकार मारे गए।

हत्या, बम विस्फोट और गोलीबारी जैसी घटनाओं में 93 पत्रकारों के मारे जाने के अलावा ब्राजील के 20 खेल पत्रकारों की मौत कोलंबिया के मेडेलीन शहर के ऊपर विमान दुर्घटना में हो गई। नौ रूसी पत्रकारों की मौत सैन्य विमान दुर्घटना में हो गई। हालाँकि 2016 में हत्या, बम विस्फोट और गोलीबारी जैसी घटनाओं में मारे गए पत्रकारों की संख्या 2015 के मुकाबले कम है। रिपोर्ट में बताया गया है कि भारत में 14 फरवरी को जन सन्देश टाइम्स के ब्यूरो चीफ तरुण मिश्रा की हत्या कर दी गई। एक स्थानीय चैनल के पत्रकार इंद्रदेव यादव की 16 मई को हत्या कर दी गई। दैनिक हिन्दुस्तान के ब्यूरो चीफ राजदेव रंजन की 13 मई को जय हिन्द के ब्यूरो चीफ किशोर दवे की 22 अगस्त को और दैनिक भास्कर के पत्रकार धर्मेंद्र सिंह की हत्या नवम्बर को हुई।

भारत में वर्ष 2015 में निशाना बना कर किए गए हमलों में छह मीडियाकर्मी मारे गए थे। इनमें 'आज तक' चैनल और दैनिक जागरण के पत्रकार भी शामिल थे। आइएफजे के अध्यक्ष फिलिप लेरूथ ने कहा, 'पत्रकारों और मीडिया कर्मचारियों के खिलाफ हिंसा में कमी हमेशा ही स्वागत योग्य है लेकिन इन आंकड़ों और मीडिया कर्मचारियों को निशाना बना कर लगातार होने वाले हमलों के चलते मौजूदा सुरक्षा संकट के खत्म होने की कोई आशा नहीं दिखती है। आइएफजे का दावा है कि वह 140 देशों के छह लाख से ज्यादा पत्रकारों का प्रतिनिधित्व करता है। संगठन ने 2015 तक हत्याओं, गोलीबारी और बम हमलों की घटनाओं में 2,297 मीडियाकर्मियों की मौत दर्ज कर चुका है।

सच तो यह है कि पत्रकारों के विरुद्ध हिंसा, पत्रकारिता की स्वतंत्र अभिव्यक्ति पर अंकुश लगाने का एक निन्दनीय प्रयास है। किन्तु यह प्रयास सदैव हिंसक ही हो, ऐसा नहीं है। स्वतंत्र अभिव्यक्ति को कई तरह के प्रलोभनों तथा दिशा भ्रमों द्वारा भी कुंठित करने का प्रयास किया जाता है। आज विश्व में जिस बड़े पैमाने पर सूचना को नियंत्रित करने का घिनौना खेल चल रहा है, वह भी अभिव्यक्ति की स्वतंत्रता के विरुद्ध एक तरह से रक्तहीन हिंसा ही है। कूटनीति जनसम्पर्क और विज्ञापन के नाम पर सच को झुठलाने के प्रयास तथा झूठ को सच बनाने के उपाय भी अभिव्यक्ति पर कुठाराघात करते हैं। प्रश्न यह है कि इस तरह के वातावरण में पत्रकारिता के उच्चतम मूल्यों की रक्षा किस प्रकार की जाए तथा समाचारों को असत्य, तिकड़म और प्रलोभन के जाल से किस तरह बचाया जाए। इस कार्य के लिए हमें एक ओर पत्रकारों की व्यावसायिक शिक्षा की ओर ध्यान देना होगा क्योंकि उच्च श्रेणी का प्रशिक्षण ही पत्रकारों को गुणवत्ता तथा व्यावसायिक मूल्यों के प्रति अटूट आस्था दे सकता है। हाल के वर्षों में पत्रकारों को अगवा कर अपनी माँगे मनवाने की 'परम्परा' भी इन दिनों बढ़ी है। इन्हीं सब खतरों के मद्देनजर पत्रकारों के लिए अब हॉस्टाइल इनवॉयरनमेंट मैनेजमेंट, इमरजैन्सी मेडिकल ट्रीटमेंट, रिपोर्टिंग सेफ्टी इन क्राइसिस जोन, ट्रॉमा रिस्क मैनेजमेंट जैसे विषयों को पढ़ना अनिवार्य-सा हो गया है। चूँकि संसाधनों के अभाव के कारण सभी मीडिया संस्थान अपने पत्रकारों को कान्फ्लिक्ट रिपोर्टिंग के लिए तैयार नहीं कर सकते, इसलिए कान्फ्लिक्ट रिपोर्टिंग की जिम्मेदारी स्वतंत्र पत्रकार निभाने लगे हैं। आज जब देश दुनिया की राजनीतिक और कूटनीतिक परिस्थितियाँ बदलने की वजह से बहुपक्षीय संघर्ष बढ़ा है, तो कान्फ्लिक्ट रिपोर्टिंग की सीमाएँ भी बढ़ी हैं, किन्तु इसके साथ ही, चुनौतियाँ सटीक खबरों को जल्दी पहुँचाने की भी हैं, क्योंकि अब संचार-साधन भी डिजिटल हो गए हैं। बहरहाल, पत्रकारों के विरुद्ध हिंसा करने तथा हिंसा की तरफ से आँखें मूँदनेवालों को यह समझना चाहिए कि यह अभिव्यक्ति की स्वतंत्रता पर कुठाराघात है, जिसका यह हश्र होगा कि हम एक बार फिर मध्ययुगीन अन्धकार की ओर चले जाएँगे और यह स्थिति किसी के भी हित में नहीं होगी।[1]

---

1. संचार माध्यम, सम्पादकीय से, जनवरी-मार्च, 1995, दिल्ली।

2. सन् 1975 ई. का आपात्काल और हिन्दी पत्रकारिता

"क्या हुआ आपको
क्या हुआ आपको?
सत्ता की मस्ती में भूल गयीं बाप को
इन्दु जी, इन्दु जी, क्या हुआ आपको?"

अपने फक्कड़ मिजाज और बेलौस कविताई के लिए सराहे गए जन आन्दोलनों के कवि श्री नागार्जुन की उक्त पंक्तियाँ देश में लगे आपात्काल की भयावहता का पुख्ता बयान करती हैं। हमारे देश में अब तक तीन बार आपात्काल लागू किया जा चुका है—चीनी आक्रमण के समय (बाह्य खतरा) 26 अक्टूबर, 1962 को पाकिस्तानी आक्रमण के समय (बाह्य खतरा) 3 दिसम्बर, 1971 को तीसरी बार आन्तरिक अशान्ति के कारण देश की सुरक्षा के संकट को देखते हुए 26 जून, 1975 को। सन् 1975 में आपात्काल की घोषणा के बाद समाचार-पत्रों पर कड़ी सेंसरशिप लागू कर दी गई। 26 जून, 1975 को सरकार ने केन्द्रीय सेंसरशिप आदेश (Central Censorship Order) और आपात स्थिति में प्रेस के लिए दिशा-निर्देश (Guidelines for the press in the present Emergency) जारी किए गए। सेंसरशिप सम्बन्धी आदेश में सरकार द्वारा अधिकृत अधिकारी की पूर्व स्वीकृति के बिना आपात्काल की घोषणा आन्तरिक सुरक्षा अधिनियम, भारतीय सुरक्षा आदि अधिनियमों से सम्बन्धित समाचारों, टिप्पणियों, रिपोर्टों व अफवाहों के प्रकाशन प्रतिबन्धित कर दिए गए। प्रेस की शक्ति व महत्ता को आपात्काल के दौरान कुचलने का काफी प्रयास किया गया। सम्पादकों व संवाददाताओं की गिरफ्तारी से लेकर समाचार-पत्रों के कार्यालयों पर छापे मारना, उन्हें विद्युत् आपूर्ति न करना, कार्यालय बन्द करा देना आदि बातें सामान्य हो गई थीं।[1]

चेतावनी और एहतियात के तौर पर सशंक तत्कालीन प्रधानमंत्री श्रीमती इन्दिरा गांधी ने 1931 के बदनाम प्रेस (Emergency Powers) कानून से भी भयंकर सेंसरशिप 26 जून, 1975 में 1971 के एक्ट के अधीन लगायी थीं। आपात्काल की घोषणा होते ही प्रेस-परिषद् भंग कर दी गई। अभिव्यक्ति की स्वतंत्रता और नागरिक अधिकारों के दमन के साथ ही संविधान में छेड़छाड़ कर लोकतंत्र को निरीह बनाने का भी काम किया गया। अखबारों और टी.वी. चैनलों के सम्पादकीय विभागों में पुलिस और अन्य खुफिया लोगों का प्रवेश शुरू हो गया। न्यायपालिका और पत्रकारों को धमकाने का काम तो हुआ ही। प्रतिकूल पत्रकारों की सूची भी बनाई जाने लगी। केन्द्र सरकार द्वारा देश के प्रेस को उनकी हद और हैसियत में रहते हुए उनके लिए कुछ सख्त निर्देश दिए गए थे—Press is advised to keep the following main points in view while filing messages, news stories and comments etc.—

1. Any attempt to subvert the functioning of democratic institution.
2. Any attempt to compel members to resign.
3. Anything relating to agitation and violent incidents.
4. Any attempt to incite armed forces and police.
5. Any attempt promoting disintegration and...endangering the unity of the country.
6. Report containing false allegations against leaders.
7. Any attempt at denigrating the institution of the Prime Minister.
8. Any attempt endangering law and order and disturb normal functioning.
9. Any attempt to the threaten internal stabilily, production and prospects of economic inprovement.

बताते हैं, कुछ वकीलों, मीडियाकर्मियों का एक छोटा समूह और कुछ दिग्गज राजनीतिज्ञों ने देश में लगे आपात्काल का विरोध किया था, अन्यथा शेष समर्पित थे। यह भी बताते हैं कि समाचार-पत्रों में 'इंडियन एक्सप्रेस' और 'स्टेट्समैन' को छोड़कर अधिकांश, साष्टांग हो गए थे।[2] आपात् काल, दरअसल, भारतीय मीडिया के इतिहास की एक विभाजक रेखा है। यहाँ उसकी ताकत और सीमाएँ दोनों

1. पत्रकारिता : परिचय और विश्लेषण, डॉ. प्रीता व्यास, पृ. 183
2. जनसत्ता, 25 जून, 2015 ई.

एक साथ प्रकट हुईं। आपात्काल के दौरान मीडिया में त्रासदी और प्रहसन—दोनों एक साथ दिखायी पड़े। एक पत्रिका ने अपने एक अंक में इसका विरोध किया तो वह अपने दूसरे ही अंक में इसका गुणगान भी करती दिखी। बहरहाल, हमें यह नहीं भूलना चाहिए कि आपात्काल के दौरान लोकतांत्रिक नागरिक स्वतंत्रता की आवाज वर्चस्वशील मीडिया के मार्फत नहीं, बल्कि कस्बों, शहरों और गाँवों में बिखरे हुए हैण्डबिल पर्चे और छोटे अखबारों के द्वारा हुआ।[1] यहाँ मूल विषय का स्पर्श करते हुए यह कहना है कि चूंकि देश के समाचार-पत्र तत्कालीन सत्ता के मनोनुकूल समाचारों का प्रकाशन नहीं कर रहे थे, सो इनके ऊपर सेंशरशिप लागू कर दी गई।

समाचार-पत्र रजिस्ट्रार की रिपोर्ट दिनांक 28 मार्च, 1979 के अनुसार आपात्काल के दौरान लगभग पौने तीन हजार समाचार-पत्रों के घोषणा पत्रों को रद्द कर दिया गया था। दैनिक पत्रों की कुल बिक्री संख्या 45 हजार कम हो गई थी। न केवल पत्रों की बिक्री दर में कमी आई, बल्कि सामान्य वृद्धि दर में भी कमी आई। सन् 1975 में वृद्धि 2.2% थी, जो सन् 1976 में गिरकर 0.7% रह गई। रिपोर्ट के अनुसार सन् 1976 में देश के समाचार-पत्रों की कुल संख्या 13,320 थी। छोटे पत्रों की स्थिति और भी अधिक असन्तोषजनक थी। सन् 1975 में इनकी संख्या 7,567 थी और सन् 1976 में इनकी संख्या 7,188 रह गई। इनकी बिक्री संख्या साढ़े सात लाख कम हो गई। रजिस्ट्रार की रिपोर्ट के अनुसार आपात्काल में हिन्दी पत्रों का प्रतिशत 25.3 से गिरकर 24.7 प्रतिशत रह गया और अंग्रेजी पत्रों का प्रतिशत 20.8% रहा। आपात्काल से पूर्व हिन्दी पत्रों की बिक्री अंग्रेजी पत्रों के मुकाबले कम रही। अंग्रेजी पत्रों की बिक्री संख्या 78 लाख 24 हजार प्रतियाँ थीं, जबकि हिन्दी पत्रों की 71 लाख 38 हजार प्रतियाँ रह गई। अन्य भाषायी पत्रों में तमिल, मलयालम, गुजराती, मराठी, उर्दू, बंगला, तेलुगु और कन्नड़ भाषाओं के पत्रों की बिक्री संख्या दस-दस लाख प्रतियों से ज्यादा थी। इसी बीच प्रेस को नियंत्रण में रखने के लिए सरकार उन्हें चेताती भी रहती थी, यथा—

National Emergency

In times of National emergency the obligations that fall on the Press are more onerous than on the community at large. The exercise of the right of freedom of the press is, therefore, subject to limitations dictated by national security. The Press should recognise this fact and offer its fullest co-operation in the building up of and sustaining the national moral by

(i) Withholding publication of information considered by the appropriate authorities to be detrimental to national interests;
(ii) Not disseminating directly or indirectly confidential information that they may collect in the course of their professional duties;
(iii) Withholding re-publication of information and comment prejudicial to national interests from foreign and internal sources; and
(iv) Enjoining upon those connected with the press to avoid loose talk, as this is likely to lead to wild rumours due to the general belief in the public that members of the press have access to sources not generally available.

यद्यपि समाचार-पत्र रजिस्ट्रार के अनुसार 1976 में दैनिकों की संख्या पिछले वर्ष के 835 से बढ़कर 875 तो हुई, किन्तु उनकी बिक्री संख्या 93,83,000 से कम होकर 93,38,000 रह गई। राज्यवार समाचार-पत्रों में महाराष्ट्र से 1948, दिल्ली से 1637, उत्तर प्रदेश से 1597 और पश्चिम बंगाल से 1347 समाचार-पत्र प्रकाशित होते थे। इसी तरह आन्ध्र प्रदेश, गुजरात, कर्नाटक, राजस्थान, तमिलनाडु, केरल और मध्य प्रदेश से 500 पत्र प्रकाशित होते थे। चार बड़े महानगरों से निकलने वाले समाचार-पत्रों में दिल्ली का स्थान सर्वोच्च रहा। यहाँ से 733 पत्र अंग्रेजी के और 438 हिन्दी के प्रकाशित होते थे इसके बाद दूसरे स्थान पर मुम्बई रहा।

1. प्रभात खबर, 4 सितम्बर, 2004 ई.

सन् 1977 में विभिन्न राजनैतिक विचारधाराओं वाली पार्टियाँ एक जगह एकत्र हुईं और नई पार्टी, 'जनता पार्टी' के नाम से बनाई गई। इस पार्टी ने मार्च, 1977 में आम चुनाव जीता और प्रेस पर लगी सेंसरशिप को समाप्त कर प्रेस को आजाद किया पर दुर्भाग्य से सत्ता अर्थात् कुर्सी के लोभ में ये पार्टियाँ परस्पर लड़-झगड़कर ताश के पत्तों की भाँति बिखर गयीं और इधर सातवीं लोकसभा चुनावों की घोषणा हो गई। चुनावों की तैयारी के लिए घोषण-पत्र प्रकाशित होने लगे। कांग्रेस (ई.) की तत्कालीन अध्यक्षा श्रीमती इन्दिरा गांधी, जो मार्च, 1977 के चुनाव में बुरी तरह हार गई थी—ने 01 दिसम्बर, 1979 को अपने चुनाव घोषणा-पत्र में स्पष्ट रूप से एलान किया कि "यदि उनकी पार्टी चुनाव जीत कर पुनः सत्ता में आती है तो कांग्रेस (ई.) के शासनकाल में प्रेस स्वतंत्र रहेगा।"

चुनाव जनवरी, 1980 में हुआ, इन्दिरा गांधी की उल्लेखनीय जीत हुई। इधर, लोगों को आशंका थी कि सत्ता पार्टी पुनः प्रेस पर प्रतिबन्ध लगाएगी, लेकिन यह सब आशंकाएँ दूर हो गयीं। वर्तमान सरकार ने प्रेस को स्वतंत्र किया। सरकार के तत्कालीन सूचना एवं प्रसारण मंत्री श्री बसन्त साठे ने अनेक बार घोषणा की कि प्रेस की स्वतंत्रता पर कोई आंच नहीं आएगी। उन्होंने फरवरी, 1980 को अपने प्रथम संवाददाता सम्मेलन में कहा, "प्रेस को पूर्ण स्वतंत्रता मिलेगी, लेकिन किसी को भी यह छूट नहीं मिलेगी वह समाज या देशहित को चोट पहुँचाये।" आगे उन्होंने स्पष्ट किया, "सरकार और प्रेस परस्पर अलग नहीं रह सकते।" दोनों के बीच रचनात्मक सम्बन्ध होने आवश्यक हैं। सरकार प्रेस की स्वतंत्रता का आदर करेगी और उसके विरुद्ध बदले की भावना से काम नहीं करेगी।" ऐसी घोषणा करके मंत्री ने प्रेस पर भारी दायित्व डाल दिया। जो लोग यह सोचते थे कि कांग्रेस (ई.) सरकार प्रेस पर प्रतिबन्ध लगाएगी, उनकी शंका का निवारण करते बसन्त साठे ने आगे कहा, "जो लोग 19 महीनों (आपात् काल) की घटना की दुहाई देते हैं, वे हीनभावना से ग्रस्त हैं, क्योंकि उनके मूल्यांकन गलत प्रमाणित हो चुके हैं। पिछली घटनाओं को भूल जाना चाहिए। श्रीमती गांधी 11 वर्षों तक प्रधानमंत्री रही हैं, इसलिए सिर्फ 18 महीनों की घटनाओं पर जोर देने की जरूरत नहीं है।"

3. टी.आर.पी. अर्थात् टेलीविजन रेटिंग प्वाइंट प्रणाली और खबरिया चैनल्स

इलेक्ट्रॉनिक्स माध्यमों खासकर निजी क्षेत्र के खबरिया चैनल्स पर सम्प्रति दर्शकों को आकर्षित करने की होड़ मची हुई है। इन चैनल्स पर दिखाये जानेवाले कार्यक्रमों को यदि अधिक-से-अधिक दर्शक देखेंगे तो यह तय है कि उन पर दिखाये जानेवाले विज्ञापनों से भी वे प्रभावित होंगे तो यह भी निश्चित है कि उसी अनुपात में चैनल्स की आमदनी बढ़ेगी और उस आमदनी से प्रबन्धन, कर्मचारियों की तनख्वाह तथा इंसेटिव का क्या रिश्ता है—यह बताने की जरूरत नहीं है। दूसरे शब्दों में पगार और टी.आर.पी. का सीधा-सीधा रिश्ता है। सच तो यह है कि आज के खबरिया चैनल्स के बाजार में पत्रकारों की सालाना या महीने का वेतन चैनल्स की टी.आर.पी. की हैसियत से तय होती है।

अब यहाँ पर कई सवाल दरपेश हैं, यथा टी.आर.पी. रेटिंग यदि नीचे चली जाती है तो कोई चैनल अपनी आचार संहिता या अपनी 'पॉलिसी' तोड़कर, खबरों को मिर्च-मसाला में लपेटकर दर्शकों को खबरों के नाम दुधमुँहा बच्चे का झुनझुना थमाएगा? क्या समाचारों की गुणवत्ता की कीमत पर चैनल्स की टी.आर.पी. बढ़ाने का उद्यम श्लाघनीय और उत्तम माना जाएगा? क्या मुनाफा कमाने और टी.आर.पी. को दुरुस्त रखने के लिए सामाजिक विकृतियों—नंगापन, हिंसा, सेक्स, चमत्कार, पाखंड अन्धविश्वास और अपराधों को बढ़ावा देना श्रेयस्कर है? आखिर क्रिकेट की जंगी उत्तेजना और सनसनी सिनेमा के सस्ते और फूहड़ लटके-झटके, कभी धर्म के नाम पर अधर्म और अन्धविश्वास का अँधेरा भारतीय समाज को कौन-सा सन्देश देगा? आखिर टी.आर.पी. की अन्धी और लंगड़ी दौड़ में शामिल कुकुरमुत्तों की तरह बढ़ गए दिशाहीन और सांस्कृतिक प्रदूषण फैलाने वाले खबरिया-बावरिया चैनल्स पर लगाम कब लगेगी? टी.आर.पी. बढ़ाने के नाम पर टी.वी. शो 'बिग बॉस' और राखी सावन्त का इंसाफ जैसी आपत्तिजनक चीजें दर्शकों को दिखाना कहाँ तक जायज था? सवाल है, क्या इस कुकृत्य से टी.आर.पी. बढ़ी? पहले 'बिग बॉस' टी.आर.पी. बढ़ाने के लिए अन्तर्राष्ट्रीय पहलवान खली को ले आया, बात

न बनी तो डॉली बिन्द्रा को घर में प्रवेश कराकर लड़ना-झगड़ना और गाली-गलौच करवाना शुरू किया, इसके बाद सारा और अली की शादी करायी गई, जबकि वे पहले से ही विवाहित थे। कहते हैं यह नकली शादी कराने के लिए इन्हें मोटी रकम दी गई, फिर भी बात नहीं बनी, टी.आर.पी. नहीं बढ़ी तो महज तीन दिन के लिए ढाई करोड़ की मोटी राशि देकर पामेला एंडरसन जैसी बदन दिखाने वाली मशहूर हॉलीवुड अदाकारा को बुलाया गया। 'राखी का इंसाफ' शो में राखी का ऊटपटांग और अभद्र भाषा का प्रयोग कमाने से ज्यादा गवाँने वाला ज्यादा सिद्ध हुआ। अन्ततः इस शो में एक आदमी ने 'नामर्द' कहे जाने पर आत्महत्या जैस्द600ो कदम उठा लिया। सवाल है, उक्त 'शो' से टी.आर.पी. कितनी बढ़ी, कितनी कमाई हुई? कुल मिलाकर इसे हम चैनल्स की लागरी, उन्माद और जुनून ही कह सकते हैं।

सच तो यह है कि यह सब **टी.आर.पी.** अर्थात् **टैमरेटिंग प्वाइंट** के दबाव के कारण हो रहा है। 'टी.आर.पी.' दुनिया की मशहूर कम्पनी टैम का भारत में दर्शकों की पहुँच चैनलों तक नापने का पैमाना है, जिसे भारतीय ब्रॉडकास्टरों के सहयोग से करीब डेढ़ दशक पहले शुरू किया गया था और देखते-ही-देखते इसे ना सिर्फ मीडिया इंडस्ट्री, बल्कि विज्ञापनदाताओं के प्रमुख संगठनों ने मान्यता दे दी। आज हालत यह है कि दर्शकों की ज्यादा संख्या तक पहुँच की बजाय क्वालिटी के दर्शकों तक टेलीविजन कार्यक्रमों की पहुँच ही विज्ञापन देने और पाने का अहम जरिया बन गया है। यही वजह है कि टी.आर.पी. यानी टैम रेटिंग प्वाइंट के पैमाने में कोई पीछे नहीं रहना चाहता। लोगों का आरोप है कि हिन्दी के खबरिया चैनल्स पर **'तीन सी'** और **एक एस** यानी क्राइम, क्रिकेट और सिनेमा के साथ सेक्स का ही बोलबाला है। उनमें भी बालीवुड की खबरों की बहुतायत है। इसकी भी वजह टी.आर.पी. की रेटिंग का ही पैमाना है।[1]

सुप्रसिद्ध पत्रकार और भारतीय जनता पार्टी के पूर्व राज्य सभा सदस्य आदरणीय श्री बलवीर पुंज[2] स्पष्ट कहते हैं कि इलेक्ट्रॉनिक मीडिया में आज चटपटी खबरों को परोसने की होड़ लगी है। वीभत्स हत्याकांड या यौनाचार के चित्रों से सनसनी पैदा करनेवाले मीडिया में इस बात की जरा भी चिन्ता नहीं कि इससे युवाओं में गलत सन्देश भी जा सकता है। फिल्मों के रोमांटिक-कामुक दृश्य या फिल्मी डान की शानोशौकत भरी जिन्दगी या हिंसा के बल पर समाज में व्याप्त उसके खौफ से युवा जल्दी आकर्षित होते हैं, किन्तु जिसे समाज में ज्यादा पसन्द किया जाता हो उसे परोसना मीडिया का दायित्व नहीं है। कटु सत्य है कि इलेक्ट्रॉनिक मीडिया टी.आर.पी. के चक्कर में इन बातों का अनदेखी करता है। सड़क दुर्घटना या प्राकृतिक आपदा से मातमग्रस्त परिवार के घर मीडिया का पहुँचना और परिजनों से पूछना कि 'आपको कैसा लग रहा है', मेरे विचार से न केवल अपरिपक्वता दर्शाता है, बल्कि यह चैनल की संवेदनहीनता को भी रेखांकित करता है। चैनलों पर समय और बाजार का दबाव है। न्यूज चैनल्स अपनी-अपनी टी.आर.पी. बढ़ाने के लिए सत्य अन्वेषण और यथार्थ उजागर करने के मूल दायित्व से ही भटक जाते हैं। आरुषि हत्याकांड में सीबीआई जाँच में मृतका के पिता को क्लीन चिट तो मिल गई है, किन्तु महीने भर जिस व्यक्ति की प्रतिष्ठा को नई-नई कहानियों से तार-तार किया गया उसकी भरपाई कैसे होगी? चैनल वाले सारा दोष भले ही नोएडा पुलिस पर डालने की कोशिश करें, किन्तु मृत किशोरी का चरित्र हनन और मां-पिता का मानमर्दन उनकी अतिसक्रियता के कारण हुआ।

कैमरामैन और रिपोर्टर विवश हैं तो एक दूसरे से आगे निकलने की होड़ में खबर की गुणवत्ता व समाज पर पड़ने वाले उसके प्रभाव-दुष्प्रभाव की परीक्षा करने के लिए चैनलों के पास वक्त नहीं है। यदि एक चैनल अपने दायित्वों के निर्वहन के लिए स्वनिर्धारित निषेधों का अनुपालन करता है तो उसे अपने पिछड़ने का खतरा भी सताता है। समय और रीति के अनुसार बहना उसकी मजबूरी है, किन्तु क्या यह मीडिया के मूल्यों व मानकों पर खरा उतरता है। समाज पर खबरों के प्रभाव को लेकर मीडिया को समन्वित तौर पर कुछ ठोस संहिता बनाने पर विचार करना चाहिए। बाजार की माँग और विज्ञापन

---

1. कथादेश में उमेश चतुर्वेदी का लेख, 'टी.आर.पी. है क्या बला!, पृ. 109, अगस्त 2009 ई.
2. दैनिक जागरण में बलवीर पुंज का लेख : 'एक बेकाबू होड़, अगस्त, 2014

के दबाव के बीच सभ्य समाज के हितों की रक्षा के लिए सन्तुलन बनाना इलेक्ट्रॉनिक मीडिया की पहली अनिवार्यता है। चैनलों को यह समझना चाहिए कि टीआरपी की अनियंत्रित दौड़ स्वयं उनके लिए भी आत्मघाती साबित हो सकती है। प्रिण्ट मीडिया में भी कभी-कभी अतिसक्रियतावाद के कारण विश्वसनीयता पर प्रश्न खड़े होते रहे हैं।

'न्यूयार्क टाइम्स' जैसे प्रतिष्ठित समाचार-पत्र को भी खोजी पत्रकारिता का दुष्परिणाम झेलना पड़ा था। भ्रामक तथ्यों के आधार पर सनसनीखेज समाचारों के प्रकाशन के लिए महिला पत्रकार सहित समाचार सम्पादकों व प्रबन्ध सम्पादकों को बर्खास्त होना पड़ा। कुछ समय पूर्व दिल्ली की एक स्कूल शिक्षिका पर एक चैनल ने छात्राओं के साथ देह व्यापार कराने का आरोप लगाया था। खबर के प्रसारित होते ही स्कूल पर हमला हुआ, सम्बन्धित शिक्षिका के साथ मार-पीट की गई। समय पर पुलिस हस्तक्षेप नहीं करती तो शिक्षिका की जान भी जा सकती थी। बाद में पता चला कि किसी व्यक्ति ने शिक्षिका से बैरशोधन के लिए चैनल के पत्रकार को अपना माध्यम बनाया था। इससे मीडिया की विश्वसनीयता पर जो बट्टा लगा उसकी भरपाई कैसे हो सकती है या उक्त शिक्षिका को जिस सामाजिक दंश से दो-चार होना पड़ा वह क्या क्षतिपूर्ति देने मात्र से धुल सकता है? उपभोक्ताओं के हितों की रक्षा और समाज पर पड़ने वाले उसके प्रभाव की चिन्ता करना मीडिया का दायित्व बनता है। कई विश्वविख्यात समाचार-पत्रों के साथ काम कर चुके और वर्तमान में मोरकेट विश्वविद्यालय में पत्रकारिता के प्रोफेसर फिलिप सेब ने 'गोइंग लाइव' नामक अपनी पुस्तक में लिखा है, "पत्रकारिता का अर्थ उपभोक्ताओं तक समाचार-जानकारी उपलब्ध कराने तक सीमित नहीं है। समाचार को प्रेषित कर देने मात्र से काम खत्म नहीं होता। अच्छा लेखन, अच्छी तस्वीरें, अच्छी ध्वनि—ये मूलभूत तत्त्व हैं जो श्रोताओं को सोचने और प्रतिक्रिया व्यक्त करने के लिए प्रेरित करते हैं।" समाचार के प्रसारण से पूर्व बाह्य परिस्थितियों की चिन्ता और खबर की परख अच्छी पत्रकारिता की अनिवार्यता है। पूर्व अमेरिकी राष्ट्रपति क्लिण्टन और मोनिका लेवेंस्की की कहानी उजागर करनेवाले इंटरनेट समाचार-पत्र के मालिक मैट ड्रज से काफी समय पहले साप्ताहिक पत्रिका 'न्यूजवीक' के पास यह सनसनीखेज खबर पहुँच चुकी थी, किन्तु यह जानते हुए भी कि देर करने से दूसरे स्रोत इस कहानी को ले उड़ेंगे, न्यूजवीक ने इसकी सत्यता को परखना जरूरी समझा। हमारे चैनलों को भी इससे कुछ सीखना चाहिए।

4. स्टिंग ऑपरेशन का सच

पत्रकारिता के आज के व्यावसायिक आलम में भले ही मूल्यों, मानकों और आदर्शों का संकट और टोटा पड़ गया हो—किन्तु पत्रकारिता का नारा ही होता है—'सच और सही लिखना', खबर वही, जो हमने कही; किन्तु यहाँ पर कुछ सवाल पैदा हो रहे हैं कि आज की पत्रकारिता में किस सीमा तक सच लिखा जा रहा है? सच लिखने में पत्रकारिता के सामने कौन-कौन संकट आड़े आते हैं? पश्चिम के ब्रेख्त ने पत्रकारिता में सच लिखने की पाँच कठिनाइयों को सूत्रबद्ध किया था, ये हैं—1. उस वक्त सच लिखने का साहस, जबकि उसे हर जगह दबाया जा रहा हो, 2. सच को पहचानने की चातुरी, 3. उसे हथियार के रूप में उपलब्ध कराने की कला, 4. सच को पहचानने की चातुरी तथा 5. उन लोगों को चुनने का विवेक, जिनके हाथों में सच सबसे ज्यादा प्रभावकारी होगा।

पत्रकारिता की कोख में सच दिखाने के नाम पर हालिया जन्मा 'स्टिंग ऑपरेशन' जिसकी उम्र अभी जुम्मा-जुम्मा 40 साला भी नहीं हो पाई है, ने पत्रकारिता के फलक पर बदनुमा दाग लगा दिया है। दरअसल अंग्रेजी 'Sting' का अर्थ होता है—डंक मारना, करारी चोट करना, डसना, दंश मारना आदि किन्तु इसे मैं उससे भी फूहड़ पत्रकारीय कर्म 'Stigma' अर्थात् लांछन लगाना, बट्टा, दाग लगाना तथा क्षति पहुँचाना मानता हूँ। अगर आप मेरी बात से असहमत हैं, तो क्या आप इससे सहमत नहीं हैं कि इसी स्टिंग ऑपरेशन ने भारतीय जनता पार्टी के तत्कालीन अध्यक्ष को अपमानित होकर पद छोड़ने के लिए बाध्य कर दिया, फल हुआ, उनकी राजनीति का सूरज दुपहरिया में ही डूब गया। स्टिंग ऑपरेशन में भ्रष्टाचार की जासूसी, छानबीन और निगाहे तअम्मक खुफिया कैमरे से रिकॉर्ड की जाती है। अमेरिकन

'स्लेंग' से निकले शब्द 'स्टिंग' का प्रयोग अमेरिका में उन गुप्त अभियानों के लिए किया जाता था, जो पुलिस द्वारा किसी अपराधी को फंसाने के लिए चलाये जाते थे। सन् 1970 के आसपास तेजी से प्रचलन में आया शब्द कब और किस तरह अपराधियों को पकड़ने के लिए जाल बिछाने का पर्याय बन गया, पता भी नहीं चला। धीरे-धीरे ये स्टिंग ऑपरेशन पत्रकारिता का हिस्सा बन गए और सामाजिक विद्रूपताओं को सामने लाने का उपक्रम बनते गए। पश्चिमी देशों में पत्रकारों ने इसका इस्तेमाल कुछ इस तरह किया कि ये पूरी दुनिया में नये 'पत्रकारीय हथियार' के रूप में अपनाये जाने लगे। भारतीय पत्रकारिता जगत में इसे प्रचलन में लाने का श्रेय तहलका डॉट कॉम के तरुण तेजपाल को दिया जाता है। इसके बाद तो यह इलेक्ट्रॉनिक मीडिया में तेजी से आत्मसात की जानेवाली सर्वाधिक महत्त्वपूर्ण प्रवृत्ति बन गई। 'आपरेशन दुर्योधन', 'आपरेशन चक्रव्यूह' आदि कई ऐसे स्टिंग आपरेशन चलाये गए, जिन्होंने पत्रकारिता को नये मायने दिए।[1]

कुछ लोग इसे इलेक्टॉनिक माध्यम की 'इन्वेस्टिगेटिव जर्नलिज्म' यानी खोजी पत्रकारिता कहते हैं, तो कुछ लोग 'भंडाफोड़ पत्रकारिता'। निजी चैनलों के उदय होने के बाद यही खोजी पत्रकारिता 'स्टिंग' में बदल गई। बहरहाल, व्यक्तिगत रूप से इसे मैं पत्रकारिता का बड़बोलापन और मनबढ़ई मानता हूँ। पत्रकारिता के नाम पर यह एक तरह की नौटंकी और नाटक है, टोपी उछालना है, मोलभाव और लेन-देन का मोल-तोल करने का मीडियायी भय है, जिसने सरकारों को हिला दिया, कई नेताओं की कुर्सियाँ खिसका दिया। अभी संकेत किया है कि इस तरह के स्टिंग की शुरुआत भारत में तहलका के तरुण तेजपाल ने किया। बहुतों को अपमानित और लांछित करनेवाले तरुण तेजपाल स्वतः लांछित होकर सम्प्रति कारागार में हैं। उन्हें कांग्रेस का अघोषित प्रचारक माना जाता था। उन्होंने वाजपेयी सरकार में रक्षा सौदों पर झूठा स्टिंग आपरेशन किया, फल यह हुआ कि भारतीय सेना के लिए आधुनिक हथियारों की खरीददारी अटक गई। इतना ही नहीं, रक्षा-विशेषज्ञों का अनुमान था कि इस आपरेशन से भारतीय सेना की तैयारी कोई दस साल पीछे हो गई।

बहरहाल, तरुण तेजपाल के स्टिंग आपरेशन के बाद इस देश में भ्रष्टाचार को बेनकाब तथा जड़ से उखाड़ फेंकने के लिए किए जानेवाले स्टिंग आपरेशनों की बाढ़ आ गई, यथा—दिल्ली के बिक्रीकर कार्यालय में रिश्वत लेते रंगे हाथ पकड़वाने के नाम पर हुआ स्टिंग आपरेशन 'घूसमहल' बी. एम. डब्ल्यू. कांड में वकीलों की मिलीभगत का स्टिंग या पैसा लेकर संसद में सवाल पूछने वाले सांसदों का स्टिंग और-तो-और हद तो तब हो गई, जब स्टिंग आपरेशन की नौटंकी रचकर दिल्ली की एक अध्यापिका को देह व्यापार में लिप्त दिखाने का नाटक एक चैनल द्वारा किया गया। वस्तुतः यह कहने में हर्ज नहीं कि ज्यादातर स्टिंग आपरेशन इसी इरादे से किए जाते रहे हैं कि मछली कांटे में फंस ही जाए। इसके लिए सर्वथा अनुकूल चारे और कांटे का इंतजाम करने में कोई कोर-कसर नहीं उठा रखी जाती। यदि फिर भी कसर रह जाती है, तो बाकी का काम फुटेज की एडिटिंग कर देती है। मीडिया, सरकार के पहले अपने स्टिंग आपरेशन से तहलका मचाने वालों ने खूब नाम कमाया। अब इनमें से एक नाम की चारों ओर थू-थू हो रही है—इसलिए और भी ज्यादा, क्योंकि उन्होंने भी खुद को सरकार या उससे ऊपर ही समझ लिया था। इन महाशय ने यौन उत्पीड़न स्वीकार करने के साथ ही खुद के लिए सजा भी तय कर ली—अगर आप छह माह की छुट्टी को सजा मान रहे हों तो। शायद ऐसा किसी कबिलाई व्यवस्था में ही होता होगा और वह तब जब कबीले का स्वामी अपने 'कृपालु स्वभाव' को दर्शाने की विशेष इच्छा रखता होगा।[2]

स्टिंग ऑपरेशन के उक्त तथाकथित उदाहरण तो निजी चैनल्स द्वारा सम्पादित किए गए थे, अब जानिये कि भारत का पहला स्टिंग ऑपरेशन कौन-सा था और कब किया गया था? सुप्रसिद्ध पत्रकार श्री हर्षदेव[3] ने अपनी एक पुस्तक में इसका उल्लेख करते हुए लिखा है कि "स्टिंग ऑपरेशन का पहला

1. पत्रकारिता : तब से अब तक—धनजंय चोपड़ा, पृ. 103, उत्तर प्रदेश हिन्दी संस्थान, लखनऊ सन् 2007 ई.
2. दैनिक जागरण, वाराणसी संस्करण, 2013 ई.
3. क्राइम रिपोर्टर-हर्षदेव, पृ. 80, भारतीय जन संचार संस्थान, अरुणा आसफ अली मार्ग, नई दिल्ली, मूल्य 125/- रुपये, सन् 2005 ई.

मामला हमारे सामने 1978 में आया था, जब उपप्रधानमंत्री जगजीवन राम के पुत्र सुरेश राम और उनकी महिला मित्र सुषमा चौधरी के निर्वस्त्र चित्र सुश्री मेनका गांधी की पत्रिका 'सूर्या' में प्रकाशित किए गए थे। ये चित्र मोरार जी देसाई सरकार में एक अन्य उपप्रधानमंत्री चरण सिंह के दो विश्वासपात्र सहयोगियों ने पत्रिका को उपलब्ध कराये थे। कांग्रेस ने इन तस्वीरों को छपवाकर देश के हिन्दी भाषी क्षेत्रों में बँटवाया था।'' यही तस्वीरें उस पुस्तिका में थीं। सासाराम के लिए इसका खास महत्त्व इस मायने में था कि वहाँ जगजीवन राम उम्मीदवार थे।...स्टिंग पत्रकारिता के लिए काफी धन की जरूरत होती है और इसका अपनी नापसन्दगी वाले राजनीतिक 'विरोधी' को 'दुरुस्त' करने के लिए दुरुपयोग किया जा सकता है।

अन्त में सवाल उठता है कि सनसनीखेज स्टोरी पाने की ललक-लालच में किसी के भविष्य के साथ या टी.आर.पी. बढ़ाने के लिए इस तरह का षड्यंत्र या खिलवाड़ कितना जायज है? क्या यह खोजी पत्रकारिता की सनसनी नहीं है? क्या इससे स्वतः मीडिया का भ्रष्ट और मलिन चरित्र उजागर नहीं होता है? वस्तुतः इस तरह के ऑपरेशन का दुःखद पक्ष यह रहा है कि कई वकीलों को अपनी वरिष्ठता गँवानी पड़ी, कई बिक्रीकर अधिकारी निलंबित हुए और कई सांसदों की अलानाहक सांसदी चली गई। पर फर्जी और दुर्भावना से प्रेरित इन स्टिंग करनेवालों को आखिर क्या मिला, उत्तर है—(तरुण तेजपाल) 'जेल'।

5. साइबर अपराध

1. साइबर अपराध का अर्थ-आशय

तेजी से सूचनाओं के आदान-प्रदान, सरकार और संगठनों तक सरकार की पहुँच, जानकारियों के उपयोग से सभी के लाभान्वित होने की जरूरत को पूरा कर सचमुच वैश्विक और जागरूक नागरिक बनाने का लक्ष्य पूरा करने में सहयोग देने को तत्पर कम्प्यूटर आधारित तकनीक इंटरनेट का एक पहलू बड़ा ही खतरनाक है और यह है—इसका आपराधिक उपयोग। ऐसे अपराध को साइबर अपराध कहा जाता है। इसका तात्पर्य इंटरनेट पर अवैधानिक कृत्य करना है। इसी अपराध के कारण विस्तृत नेटवर्क को खतरा पैदा हो गया है। कम्प्यूटर का जिन गलत कार्यों के लिए दुरुपयोग होता है, उसमें से ई-मेल भेदन, क्रेडिट कार्ड फ्रॉड, स्पैम्स, साफ्टवेयर पाइरेसी आदि प्रमुख हैं। एक ओर साइबर अपराध के नित नये आयाम सामने आ रहे हैं, तो दूसरी ओर इनकी संख्या में वृद्धि हो रही है। सरकार और आम जनता के लिए ये अपराध एक बड़े खतरे के रूप में सामने आ रहे हैं। कई बड़े हमलों की योजना देश के बाहर बनती है, तो अनेक देश के भीतर, किन्तु साइबर अपराधी पूरी दुनिया में फैले हुए हैं।[1]

भारतीय अपराध की दुनिया में साइबर अपराध एक नये अध्याय के रूप में जुड़ा है। जिस गति से सूचना प्रौद्योगिकी का विकास हुआ है, 'साइबर क्राइम टेक्नोलॉजी' की प्रगति भी उसी गति, बल्कि मन की गति से हुआ है। साइबर की आभासी दुनिया में छिपकर तमाम अपराध हो रहे हैं। दरअसल, दुनिया में मौजूद अँधेरे और उजाले के तमाम द्वन्द्व साइबर जगत में भी हैं। धीरे-धीरे यह साफ होता जा रहा है कि इंटरनेट ज्ञान-विज्ञान, सूचना और मनोरंजन का क्षेत्र ही नहीं, बल्कि विचारधाराओं की दुर्दान्त लड़ाई का मैदान भी है। बाहर अगर चोर-लुटेरे, बदमाश और उनका पीछा करती पुलिस है तो साइबर जगत में भी है। बाहर तो पुलिस आसानी से नाका लगा सकती है, खबर मिलने पर सन्दिग्धों पर नजर रख सकती है, लेकिन साइबर जगत के साथ दिक्कत यह है कि यह दिल बहलाव का कम्प्यूटर गेम नहीं है। इंटरनेट की दुनिया में अपराध करनेवालों के आगे पुलिस फिलहाल बेबस दिखायी पड़ती है, क्योंकि इस नये माध्यम की समझ पुलिस या प्रशासन को कम है। बदलती टेक्नोलॉजी से कदम नहीं मिला पाने के कारण कई बार वकील तक साइबर कानूनों की बारीकियाँ नहीं समझ पाते हैं। यह एक ऐसी समस्या है, जो कड़े कानून बनाने भर से दूर नहीं होगी। कानून का पालन सुनिश्चित करने के काम में लगे व्यक्तियों और तमाम एजेन्सियों के आधुनिकतम प्रशिक्षण का इंतजाम भी करना होगा। यह इसलिए भी जरूरी है कि इस मामले में कानून और टेक्नोलॉजी की जटिलता का शिकार निर्दोष

1. सिविल सर्विसेज क्रॉनिकल, पृ. 18, नवम्बर 2007 ई.

लोगों को न होना पड़े। एक और दिक्कत यह है कि इंटरनेट दुनिया के नक्शे पर खिंची राष्ट्रों और राज्यों की सीमाओं को नहीं मानता। इसके लोकप्रिय होने के पीछे एक कारण खुलेपन और लोकतांत्रिकता का इसका बुनियादी उसूल रहा है। दिलचस्प है कि कम्प्यूटर की तरह इंटरनेट ने भी सैनिक प्रयोगशालाओं में जन्म लिया, पर एक बार उपभोक्ता बाजार में पहुँचते ही यह सरकारों के हाथ से निकल गया। जल्द ही कम्प्यूटर वाइरस और हैकिंग के अपराध सामने आने लगे। इंटरनेट का इस्तेमाल करनेवालों की निजता पर खुलेपन से जो खतरा उठा, उसे पासवर्ड जैसे उपायों से दूर किया गया, मगर पासवर्ड चुराने, वेबसाइट पर कब्जा करने जैसे जुर्मों में जब आतंकवादी और ज्यादा बड़े संगठित गिरोह उतरने लगे तो कम्प्यूटर और इंटरनेट, दोनों खुलेपन की दुनिया से चौकसी और निगरानी के निजाम की तरफ बढ़ने लगे। ऐसी हालत में नागरिकों की निजता की रक्षा के प्रश्न भी उठने शुरू हुए। इंटरनेट के ताने-बाने का चरित्र वैश्विक है, इसलिए अन्तर्राष्ट्रीय आतंकवाद से तमाम राष्ट्र मिलकर ही निपट सकते हैं।[1]

दरअसल, डिजिटल संस्कृति के प्रसार के साथ ही साइबर अपराध और उसका दायरा तेजी से बढ़ा है। इंटरनेट ने लोगों को एक नई पहचान अवश्य दी, जिसके चलते अब भौगोलिक दूरियाँ, लिंग तथा उम्र की सीमा की कोई अहमियत नहीं रही। साइबर अपराध के दायरे में खास तौर पर इंटरनेट, मोबाइल, फोन, एटीएम, क्रेडिट कार्ड, कम्प्यूटरीकृत बिलिंग सिस्टम, डीटीएच, ई-मेल, स्नूफिंग, पासवर्ड थेफ्ट, पासवर्ड कॉपिंग, वेबसाइट हैकिंग, पासवर्ड ब्रेक, कम्प्यूटरीकृत सरकारी व गैर सरकारी दस्तावेज आते हैं, जिन्हें वाइरस और वर्म्स डालकर हानि पहुँचाई जाती है।

2. साइबर अपराध करने के तरीके

साइबर अपराध भारतीय समाज के लिए नया खतरा पैदा हुआ है। तेजी से बढ़ती इसकी रफ्तार इस बात का संकेत है कि वह जल्दी ही सुरक्षा एजेन्सियों के लिए एक बड़ा सिरदर्द साबित होने जा रहा है और सच तो यह है कि हो भी गया है। जो आंकड़े मिल रहे हैं, उनसे पता चलता है कि वर्ष 2006 के मुकाबले मात्र एक साल में ही इन अपराधों में 50 फीसदी बढ़ोत्तरी हुई है। सबसे अधिक चिन्ताजनक बात यह है कि अपराध की इस दुनिया पर राज युवाओं का है, क्योंकि 60 फीसदी अपराधी 18 से 30 साल के बीच के हैं। इंटरनेट इस्तेमाल करनेवाले देशों में भारत चौथे स्थान पर है और धीरे-धीरे यहाँ इंटरनेट यूजर्स की संख्या बढ़ रही है। इसी के साथ साइबर अपराधों में भी तेजी से बढ़ोत्तरी दर्ज की गई है। 'नेशनल क्राइम रिकॉर्ड ब्यूरो' (N.C.R.B.) की एक रिपोर्ट के अनुसार सर्वाधिक 46 प्रतिशत साइबर अपराध अश्लील साहित्य (पोर्नोग्राफी) से सम्बन्धित हैं, जब कि दूसरा नम्बर हैकिंग का है। वास्तविक दुनिया से अलग साइबर स्पेस में किए जानेवाले इन अपराधों में आमतौर पर कम्प्यूटर डाक्यूमेंट्स के साथ छेड़छाड़, हैकिंग, साइबर पोर्नोग्राफी, झूठे इलेक्ट्रॉनिक साक्ष्य देना, सुरक्षित कम्प्यूटर डाक्यूमेंट्स को अनधिकृत रूप से एक्सेस करना तथा गोपनीयता को भंग करना शामिल है। भारत में इन अपराधों का इतिहास बहुत नया है और इनकी सजा का प्रावधान दो वर्गों—क्रमशः आई.टी. ऐक्ट 2000 तथा भारतीय दंड संहिता के तहत है। सन् 2006 में जहाँ इस तरह के अपराधों की संख्या 147 थी, अगले वर्ष 2007 में वह बढ़कर 217 पर पहुँच गई, जो 50 फीसदी की बढ़ोत्तरी दिखाती है। जहाँ तक भा. द. सं. के तहत अपराधों की संख्या का सवाल है, 2006 में 311 केस दर्ज किए गए, जबकि अगले साल इनकी संख्या 339 हो गई। रिपोर्ट के अनुसार 35 महानगरों में से 17 में दोनों कानूनों के तहत तकरीबन 300 केस प्रकाश में आए, यह एक वर्ष में 32.6% की बढ़ोत्तरी दिखाते हैं।[2] अब आप अनुमान लगा सकते हैं कि 2016 में इससे सम्बन्धित अपराधों की स्थिति क्या होगी?''

साइबर अपराधी सूचनाओं का अश्लील कारोबार तो कर ही रहे हैं, दूसरों के बैंक खातों से रुपये भी उड़ा रहे हैं। दूसरों के कम्प्यूटर की सूचनाएँ भी चुरा रहे हैं, क्रेडिट कार्डों का दुरुपयोग भी कर रहे हैं, उसके माध्यम से निरन्तर धोखाधड़ी भी कर रहे हैं। अपराधी डाटाबेस में संकलित सूचनाओं में प्रवेश

---

1. जनसत्ता, 24 दिसम्बर, 2013, दिल्ली संस्करण।
2. हिन्दुस्तान, 28.01.2009 ई. चंडीगढ़ संस्करण।

करे उन्हें चुराकर उनका बेजां इस्तेमाल कर रहे हैं। इसी तकनीक का प्रयोग कर टैक्स चोरी, धनशोधन और एक खाते से दूसरे खाते में धन का गैरकानूनी हस्तान्तरण कर रहे हैं, अश्लील, अशोभनीय सूचनाएँ प्रकाशित कर रहे हैं, इंटरनेट या लाटरी खुलने का प्रलोभन देकर रकम हड़प रहे हैं। आतंकवादी संगठन तो अब निर्दोष नागरिकों में भय और दहशत फैलाने के लिए **मोबाइल फोन बम** का इस्तेमाल कर रहे हैं। इस प्रक्रिया में मोबाइल फोन से जैसे ही कोई नम्बर लगता है, वैसे ही विस्फोट की सम्भावना बन जाती है। अब इस मोबाइल फोन बम की क्षमता बढ़ाने के लिए इसमें ग्रेनेड तथा डिटोनेटर का प्रयोग हो रहा है। यह अपनी तरह का अनोखा बम सामने आया है। दरअसल, साइबर माफिया विभिन्न देशों की सरकारी खुफिया एजेन्सियाँ और विभिन्न आतंकवादी समूह साइबर अपराध के लिए नये तरीके रोज खोज रहे हैं और हमले कर रहे हैं। इनमें सबसे खतरनाक होता है—देश के कम्प्यूटरों से खुफिया और संवेदनशील सूचनाओं की चोरी, जिसका दुश्मन देश या आतंकवादी दुरुपयोग कर सकते हैं। एक अन्य तरीके के हमले में कम्प्यूटर हैकर सैकड़ों-हजारों मील दूर रहकर भी कम्प्यूटरों पर नियंत्रण स्थापित कर लेते हैं और सूचना का दुरुपयोग करते हैं। इन हमलों का एक अन्य रूप है—अति महत्त्वपूर्ण कार्यालयों के कम्प्यूटरों के हार्डडिस्क और फाइलों को नष्ट कर देना। इसके अलावा किसी देश के 'इन्फार्मेशन हाइवे' के यातायात को जाम कर देना, ताकि सारी सेवाएँ ही ठप्प पड़ जाएँ। इन हमलों के लिए कम्प्यूटर हैकर विभिन्न तरीके के मैलवेयर जैसे कम्प्यूटर वायरस, बग, बौट, वर्म ट्रोजन होर्स, स्पाईवेयर, स्पैम आदि दूसरों के कम्प्यूटरों में भेजते और स्थापित कर देते हैं। साइबर हमले से देश के महत्त्वपूर्ण बुनियादी ढाँचे जैसे दूरसंचार, बिजली वितरण, परिवहन, बैंकिंग आदि वित्तीय सेवाओं, विद्युत ग्रिड, एयरपोर्ट ट्रैफिक कण्ट्रोल जैसी आवश्यक जनोपयोगी सेवाओं को पंगु बनाया जा सकता है। एक कम्प्यूटर से लेकर किसी प्रणाली के एक महत्त्वपूर्ण भाग के लकवाग्रस्त होने या एक विशेष क्षेत्र में बुनियादी सेवाओं, यहाँ तक कि इसका पूरा तंत्रिका केन्द्र भी ध्वस्त हो सकता है, जिससे पूरे देश में अफरा-तफरी भी फैल सकती है। यह हालीवुड में बनी किसी विज्ञान फिल्म की कपोलकथा नहीं बल्कि हकीकत हो सकती है। कुछ हद तक साइबर हमले की वास्तविक मिसाल 2007 में एस्टोनिया और 2008 में जार्जिया पर हुए हमलों में देखी जा सकती है। जाहिर तौर पर रूस से हुए इन हमलों में सरकारी वेबसाइटों के यातायात में बाढ़ आ गई थी। इससे वहां की बैंकिंग प्रणाली ध्वस्त हो गई थी, राष्ट्रपति, प्रधानमंत्री, संसद और अन्य सरकारी तथा निजी एजेन्सियों के दफ्तरों के आपसी सम्पर्क टूट गए थे और पूरा सिस्टम बैठ गया था।[1]

ऑनलाइन कर रिटर्न जमा करनेवालों को साइबर ठग उनके खातों की जानकारी हासिल करने के लिए 'फिशिंग हमले' और खतरे की चेतावनी का इस्तेमाल करते हैं। भरसक, इस तरह का हमला आयकर रिटर्न दाखिल करते समय होता है। साइबर अपराधी इस समय का इस्तेमाल 'ई-मेल के जरिए फिशिंग स्कैम हमलों के लिए करते हैं। वस्तुतः यह मछली पकड़ने जैसा एक इंटरनेट अपराध है। रिटर्न दाखिल करनेवालों को इसकी जानकारी नहीं होती। अपराध की इस प्रक्रिया में रिटर्न दाखिल करनेवालों को ई-मेल भेजा जाता है, जिसमें कहा जाता है कि आई.टी. रिफंड उपलब्ध है। एक बार उस पर क्लिक करने के बाद यूजर को वेबसाइट पर भेजा जाता है, जो आयकर विभाग की वेबसाइट जैसी लगती है। इस वेबसाइट पर व्यक्तिगत वित्तीय जानकारियाँ एक फॉर्म के जरिये हासिल की जाती हैं। बस, यह सूचना किसी घोटालेबाज के पास पहुँच सकती है; जो आपके क्रेडिट कार्ड या बैंक खाते को खाली कर सकता है। हाल के वर्षों में फिशिंग हमलों में इसीलिए बढ़ोत्तरी हुई है। इसका मूल कारण आम लोगों की अज्ञानता तथा साइबर अपराधियों की तकनीकी जानकारी है। लोग यह नहीं जानते कि उनकी वित्तीय जानकारियों का इंटरनेट के माध्यम से दुरुपयोग हो रहा है। उसके अलावा वे वित्तीय संस्थानों तथा सरकारी विभागों की अपने ग्राहकों से सम्पर्क की नीति के बारे में नहीं जानते। यह मामला इसलिए और भी जटिल हो जाता है कि साइबर ठग इंटरनेट प्रौद्योगिकी के खिलाड़ी होते हैं और लोग यदि इस तरह की धोखाधड़ी के बारे में जब तक जागरूक होते हैं, तब तक ये साइबर लप्पेबाज कोई-न-कोई नई तकनीक निकाल लेते हैं। फिशिंग ई-मेल और वेबसाइट असली जैसे दिखते हैं, जिसमें ग्राहक

1. दैनिक जागरण में डॉ. निरंजन कुमार का लेख 'ई-बार्डर पर साइबर खतरा' : 5 फरवरी, 2010, वाराणसी।

उलझ जाता है। हाल में जो फिशिंग हमले सामने आए हैं, उनमें आर.बी.आई. फिशिंग घोटाला, आई.सी.सी. विश्व कप 2011 घोटाला और वेलेण्टाइन-डे घोटाला शामिल हैं।

इसी तरह साइबर अपराध के तरीकों में एक अलग तरीका इंटरनेट पर लाटरी खुलने का प्रलोभन देना भी है। यह अपराध विश्व भर में **419 नाइजीरियन लॉटरी धोखाधड़ी** के नाम से जाना जाता है। इस कुख्यात अपराध को ज्यादातर इंग्लैंड में रहने वाले नाइजीरियाई मूल के लोग अंजाम दे रहे हैं। ये दुनिया भर में ई-मेल के जरिए लॉटरी खुलने का लालच देकर लोगों को ठग रहे हैं। इस तरह के कई अपराधी कई प्रदेशों की साइबर पुलिस की गिरफ्त में आए भी हैं। साइबर प्रकोष्ठों को अब तक आस्ट्रेलिया, इंग्लैंड, अमेरिका, नाइजीरिया, केन्या, लेसिथो, स्विटजरलैंड के अलावा बंगलूर, दिल्ली और उत्तर पूर्वी राज्यों में सक्रिय अपराधियों के बारे में सूचना मिली है। क्रेडिट कार्डों के जरिए, वस्तुतः साइबर धोखाधड़ी बहुत नई नहीं है। सुविधाजनक **प्लास्टिक मनी** के तौर पर प्रचारित क्रेडिट कार्ड की चोरी आसान नहीं है। दुनिया भर के साइबर अपराधियों के लिए अब क्रेडिट कार्डों तक पहुँचना और उनका 'पिन नम्बर' जानकर कार्ड धारक को लूटना आसान हो गया है। इसके लिए वे तरह-तरह के हथकण्डें अपनाते हैं। इनमें डाक से भेजे जानेवाले कार्ड की चोरी अपेक्षाकृत पुराने तरीकों से लेकर नई प्रौद्योगिकी के जरिए—वेबसाइटों की हैकिंग करके कार्ड नम्बर जानना शामिल है। उदयपुर स्थित क्रेडिट कार्ड एंड मैनेजमेंट कंसल्टेन्सी (C.Ç.M.C.) के अध्ययन के मुताबिक देश में क्रेडिट कार्ड सम्बन्धी धोखाधड़ी की घटनाएँ सलाना 30% की दर से बढ़ रही हैं। इस अध्ययन के मुताबिक, सलाना प्रति क्रेडिट कार्ड 60,000/- रुपये और प्रति एटीएम कार्ड 30,000/-रुपया का नुकसान हो रहा है। इसमें अनुमान लगाया गया है कि भारत में कुल क्रेडिट कार्डों का 2 फीसदी या कहें 100 भारतीय कार्डधारकों में से दो कभी-न-कभी धोखाधड़ी के शिकार हो रहे हैं।

कार्ड सम्बन्धी धोखाधड़ी की आम वजह

गुम/चोरी हुए कार्ड : कार्ड सम्बन्धी धोखाधड़ी की आम वजह

डाक/कुरियर में गुम : अपराधी नये या नवीनीकृत कार्ड को रास्ते में पार कर देते हैं और उसका दुरुपयोग करते हैं।

डाक/टेलीफोन/इंटरनेट के जरिए ऑर्डर : फर्जी खरीद-फरोख्त, जिसमें अनधिकृत व्यक्ति कार्ड धारक के कार्ड नम्बर का इस्तेमाल करके खरीदारी या सेवाओं का इस्तेमाल करते हैं।

फर्जी/अनुलिपिक कार्ड : वैध नाम, खाता संख्या और अन्य आँकड़ों वाले, ऐसे कार्ड, जिनमें फर्जी प्रतीक चिह्न और पहचान के संकेत हों।

कार्ड बिलों या बिक्री प्रपत्रों के जरिए वसूली—सन्दिग्ध व्यवसायी किसी कार्डधारक द्वारा खरीदारी के बाद भुगतान करने के दौरान पेश कार्ड का दुरुपयोग करता है। वह उस समान के भी पैसे वसूल लेता है, जो खरीदा ही नहीं गया या फिर सम्बन्धित पर्चियों को अन्य व्यावसायियों तक पहुँचा देता है।[1]

इतना ही नहीं, साइबर अपराधों के मामले में **इंटरनेट घंटों** की चोरी करने के मामले भी यदा-कदा प्रकाश में आने लगे हैं। इस प्रक्रिया में यदि कोई व्यक्ति किसी का गोपनीय इंटरनेट कोड या पासवर्ड हासिल कर ले और उसके सहारे वास्तविक मालिक की सहमति के बगैर वह उसका इस्तेमाल करता है, तो उसे इंटरनेट घंटों की चोरी कहा जाता है। इन्फार्मेशन टेक्नोलॉजी एक्ट में इससे निबटने की कोई व्यवस्था नहीं की गई है। भारतीय दंड संहिता की धारा 379 में चोरी की परिभाषा दी गई है। इंटरनेट घंटों की चोरी के मामलों में कई बार पुलिस भी इसी धारा में मुकदमे दर्ज करती है, लेकिन इस धारा का इन मामलों में लागू करना संगत नहीं है। धारा 379 केवल 'चल सम्पत्ति' की चोरी पर लागू होती है। इंटरनेट के पासवर्ड या गुप्त कोड चल सम्पत्ति की परिभाषा में नहीं आते।

1. इंडिया टुडे, पृष्ठ 65, 22 अगस्त सन् 2001 ईस्वी।

इंटरनेट के प्रचलन के साथ ही उस पर मौजूद गलत सूचनाओं और जानकारियों से जुड़ी जोखिम भी बढ़ी है। इंटरनेट पर स्वास्थ्य सम्बन्धी सलाह देनेवाले नीम-हकीमों की संख्या बढ़ती जा रही है। सन् 2000 ई. में अकेले अमेरिका में तीन करोड़ सैतालिस लाख लोगों ने स्वास्थ्य से सम्बन्धित मामलों में साइबर नीम-हकीमों की मदद ली। यह पिछले साल की तुलना में 56 फीसदी ज्यादा था। ऐसे वेबसाइटों की संख्या जहाँ 1998 में 28 लाख थी, अगले साल यह बढ़कर 95 लाख तक पहुँच गई थी। इसमें बहुत से ऐसे हैं, जो कैंसर, डाइबिटीज, अर्थराइटिस और दिल के रोगों का अचूक इलाज होने का दावा करते हैं। इससे धोखेबाजी के अलावा जनस्वास्थ्य की अपूरणीय क्षति होती है। ऐसे मामले भी प्रकाश में आए हैं, जिसमें रोगियों की मौत इन गलत सलाहों पर अमल करने के कारण हो जाती है। मौजूदा कानून के कई ऐसे हिस्से हैं, जिन्हें लागू करने के लिए सरकार ने जरूरी ढाँचा भी तैयार नहीं किया है। डिजिटल सिग्नेचर भी उसमें से एक है, जिन्हें जारी करने के लिए अभी तक प्रशासनिक ढाँचा नहीं है। ऐसे प्रशिक्षित लोगों की बेहद कमी है, जो इस कानून की बारीकियों को समझ सकें। पीठासीन अधिकारियों की स्थिति भी इससे बहुत अलग नहीं है।[1] इनके अतिरिक्त साइबर क्राइम के 152 अन्य तरीके भी हैं। माइक्रोसाफ्ट कम्पनी की एक रिपोर्ट के अनुसार—"विश्व में प्रति सेकेंड अरबों ई-मेल का आदान-प्रदान होता है। ई-मेल के पासवर्ड को तोड़कर या थोड़ी-सी हेरा-फेरी कर हानि पहुँचाना सरल है। वाइरस से एक ही साथ करोड़ों लोगों को हानि पहुँचाई जा सकती है। **लव-लेटर** नामक वाइरस ने तो 30 देशों के 22 करोड़ से अधिक कम्प्यूटरों को एक साथ हानि पहुँचाई थी। माइक्रोसाफ्ट जैसी शक्तिशाली कम्पनी को इस वाइरस के डर से तीन दिनों तक अपने कार्यों को बन्द रखना पड़ा था। वाइरस का भयावह रूप है—वर्म्स। साफ्टवेयर को तहस-नहस करने के साथ ही यह कभी हार्डवेयर को भी हानि पहुँचाता है। राबर्ट मोरिस ने इंटरनेट के उपभोक्ताओं के लिए ऐसे वर्म्स बनाये, जिसने अनेक वेबसाइटों को ही नष्ट कर दिया।[2]

3. साइबर अपराध की श्रेणियाँ

वर्तमान में साइबर अपराध को मुख्य रूप से तीन श्रेणियों में बांटा जा सकता है—

1. व्यक्ति के विरुद्ध किया जाने वाला साइबर अपराध,
2. सम्पत्ति के विरुद्ध किया जाने वाला साइबर अपराध तथा
3. सरकार के विरुद्ध किया जाने वाला साइबर अपराध।

व्यक्ति के विरुद्ध किए गए साइबर अपराध में चाइल्ड पोर्नोग्राफी, ई-मेल से प्रताड़ित करनेवाला सन्देश देना, दुर्व्यापार अश्लील सामग्री का प्रचार आदि शामिल हैं। आजकल इंटरनेट के द्वारा बच्चों में नशीली दवाओं की लत लगायी जा रही है। प्रतिबन्धित दवाओं को युवावर्ग के मुँह लगाकर उन्हें इसके लिए पैसा जुटाने हेतु कई अवैध और अनैतिक तथा मनुष्यता के लिए घातक कार्य करने के लिए प्रेरित करती हैं। संयुक्त राष्ट्र संघ की एक रिपोर्ट के अनुसार अवैध मादक पदार्थों की बिक्री अब इंटरनेट के द्वारा की जा रही है तथा अब इसका प्रचलन बढ़ रहा है। बच्चों के प्रति होनेवाला यह ऐसा अपराध है, जिसकी क्षतिपूर्ति नहीं हो सकती, क्योंकि इससे आनेवाली पीढ़ी के बिगड़ने की पूरी सम्भावना बनी रहती है। व्यक्ति के विरुद्ध किए जानेवाले अपराध में 'साइबर हेरेसमेंट' एक विशिष्ट श्रेणी का अपराध है, जो लैंगिक, प्रजातीय, धार्मिक या अन्य प्रकार का हो सकता है। इससे लोगों की निजता को भी खतरा पैदा हो सकता है। **सम्पत्ति के विरुद्ध** किए जानेवाले साइबर अपराध में कम्प्यूटर बर्बरता, क्षतिदायक प्रोग्राम का प्रेषण शामिल है। इसके अन्तर्गत कई बार कॉरपोरेट साइबर खुपिया की सहायता से किसी कम्पनी का तकनीकी डेटाबेस ही चुरा लिया जाता है या फिर गायब करवा दिया जाता है। इंटरनेट जुआ (ई-सट्टा) का बोलबाला हो रहा है। दुनिया भर में इंटरनेट पर लॉटरी और सट्टे का व्यवसाय लगभग दो अरब रुपये का हो चुका है। कई अपराधी गिरोह हवाला कारोबार में इंटरनेट का प्रयोग करते हैं।

1. जनसत्ता, 10 नवम्बर, 2000 ई., दिल्ली संस्करण।
2. प्रतियोगिता दर्पण, पृष्ठ 818, दिसम्बर, 2006 ई.

विशेषज्ञों के अनुसार अपराधियों के लिए यह माध्यम अधिक सुरक्षित रहा है। **सरकार के विरुद्ध** किए गए साइबर अपराध में सबसे महत्त्वपूर्ण साइबर आतंकवाद है। इसके तहत इंटरनेट द्वारा सरकारी या देश के नागरिकों को धमकी देने का काम किया जाता है। कई आतंकवादी संगठन इंटरनेट के माध्यम से ही अपने संगठन का प्रचार-प्रसार, लोगों से चन्दा उगाही तथा अपने प्रति सहानुभूति पाने आदि का कार्य संचालित करते हैं। इनके द्वारा ही फंड (वित्त) का हस्तान्तरण भी किया जाता है।[1]

4. साइबर अपराध के कुछ उदाहरण

1. जालसाजों की एक नई दुनिया विकसित हो रही है जो स्पेशल मोबाइल नम्बर हैक करने का गोरखधंधा कर रहे हैं। असली उपभोक्ता को दर किनार कर फर्जी दस्तावेज के सहारे खास नम्बरों का सिम हासिल कर भारी दामों में बेचा जा रहा है। इसमें नेटवर्क प्रदाता कम्पनियों के कर्मचारी भी शामिल हैं। इनका हौसला इतना बढ़ गया है कि अब पुलिस अफसरों का नम्बर उड़ाने में ये खौफ नहीं खाते। इस गोरखधन्धों में स्पेशल नम्बरों का कोड चल रहा है। जालसाजों ने पाँच बार एक ही अंक के नम्बर को **पेण्टा**, छह बार को **हेक्जा** और सात बार को **सेप्टा** कोड नाम दिया है। आखिर में तीन अंकों की पुनरावृत्ति वाले नम्बर को प्रीमियम नाम दिया गया है। इन नम्बरों की कीमत भी इसी आधार पर वसूली जाती है। राजफाश तब हुआ, जब एक पुलिस अफसर का नम्बर हैक हो गया। उस प्रीमियम नम्बर में आखिर में 100100 था। जालसाजों ने उनके नम्बर पर कोई काल फारवर्ड कर दी और जबकि वह गड़बड़ी ठीक कराने में जुटे थे, तभी उन्हीं के नाम से सिम गायब होने की अर्जी थाने में डाली गई और नये सिम के लिए अर्जी पर थाने की मुहर लगवा ली, फिर फर्जी दस्तावेज लगाकर नया सिम हासिल कर लिया गया। सिम उस अफसर के नाम पर ही लिया गया लेकिन लेनेवाला कोई और था, सिम जिस प्रदाता कम्पनी का था, उसे बदलकर दूसरी कम्पनी का करा दिया गया। इस मामले में रायबरेली और लखनऊ में मुकदमा भी दर्ज कराया गया, फिर इसकी जाँच लखनऊ की क्राइम ब्रांच को सौंपी गई। वस्तुतः जब से एक कम्पनी का नम्बर दूसरी कम्पनी में बदलने की सुविधा हुई, तभी से यह गोरखधन्धा शुरू हुआ।

2. बंगाल का चिटफंड घोटाला सामने आए ज्यादा समय नहीं हुआ है, तब चिटफंड कम्पनियों पर लगाम लगाने की बहुत बातें हुई थीं, किन्तु कम निवेश पर अधिक कमाई का लालच देकर लोगों को ठगने के नये-नये तरीके आजमाने वाले गिरोहों की सक्रियता कम नहीं हो रही है। एक कम्पनी के खिलाफ बाईस सौ करोड़ से ऊपर की ठगी का मामला इसी का नमूना है। भारतीय मूल के एक युवक ने सिंगापुर में इंटरनेट के जरिए विभिन्न बहुराष्ट्रीय कम्पनियों के लिए सर्वेक्षण करनेवाली कम्पनी के तौर पर 'स्पीक एशिया' का पंजीकरण कराया। ऐसी ही दूसरी कम्पनियाँ उसने इटली, ब्रिटेन, ब्राजील आदि देशों में भी शुरू की। करीब चार साल पहले स्पीक एशिया ने भारत में पांव पसारना शुरू किया। उसने ऑन लाइन सर्वेक्षण करके घर बैठे कमाई का लालच दिया। इसके तहत लोगों को ग्यारह हजार रुपये देकर कम्पनी से अपना इंटरनेट पासवर्ड लेना पड़ता था, फिर उन्हें कुछ कम्पनियों के सर्वेक्षण फार्म मुहैया कराये जाते थे। सर्वेक्षण के बदले उन्हें निर्धारित रकम देने का वादा किया गया था। हर सदस्य के अधिक-से-अधिक सदस्य बनाने के लिए प्रोत्साहित किया गया। नया सदस्य बनाने पर प्रतिव्यक्ति एक हजार रुपये कमीशन के तौर पर दिया जाता था। इसके अलावा हर साल बावन हजार रुपये मुनाफे के तौर पर देने का वादा था। बेरोजगारी के आलम और इंटरनेट के बढ़ते इस्तेमाल के दौर में कम्पनी के इन प्रस्तावों ने युवाओं को बड़े पैमाने पर आकर्षित किया। पिछले करीब दो साल में ही चौबीस लाख से ज्यादा लोग सदस्य बन गए और इस तरह दो हजार दो सौ छिहत्तर करोड़ रुपये कम्पनी के खाते में पहुँच गए। अच्छी बात है कि दिल्ली पुलिस ने मुस्तैदी दिखायी और इस धोखाधड़ी के सरगना को धर दबोचा। मामले की छानबीन से पता चला कि सर्वेक्षण के लिए लोगों को उपलब्ध कराये गए फार्म फर्जी थे।

इंटरनेट के जरिये ठगी का यह अकेला मामला नहीं है। हर बाजार, चौक-चौराहे, रेलवे स्टेशन, बस अड्डे पर घर बैठे सालाना लाखों रुपये कमाने को उकसाते इश्तहार देखे जा सकते हैं। इंटरनेट

1. सिविल सर्विसेज क्रानिकल, पृष्ठ 18, नवम्बर, 2007 ई.

और मोबाइल फोन पर लगभग रोज ही ऐसी कमाई के नुस्खे बतानेवाले सन्देश मिलते हैं। यों इंटरनेट पर किसी भी व्यावसायिक या सांस्थानिक गतिविधि चलाने के लिए वेबसाइट का पंजीकरण कराना पड़ता है। इस तरह उसमें प्रकाशित प्रसारित होनेवाली सामग्री पर नजर रखे जाने का प्रावधान है। इंटरनेट पर बढ़ रही आपराधिक गतिविधियों के मद्देनजर हर देश में साइबर कानून हैं। मगर इंटरनेट की दुनिया इतनी विशाल हो चुकी है कि हर वेबसाइट पर नजर रखना आसान नहीं है। फिर यह किसी खास इलाके में रहकर चलनेवाला कारोबार नहीं है। किसी भी देश में पंजीकरण कराकर कोई ऑनलाइन कम्पनी दुनिया भर में अपना जाल फैला सकती है। जब तक किसी वेबसाइट के खिलाफ शिकायत न दर्ज करायी जाए, उस पर अंकुश लगाना मुश्किल बना रहता है। धोखाधड़ी करनेवाली कम्पनियाँ इसी का फायदा उठाती हैं। जब शारदा समूह के चिटफंड घोटाले का खुलासा हुआ तब भी इस जरूरत को रेखांकित किया गया था कि इंटरनेट के सहारे छल का कारोबार कर रही कम्पनियों पर भी अंकुश लगाने के उपाय तलाशे जाने चाहिए। मोबाइल फोनों और वेबसाइटों पर आनेवाले इस तरह के विज्ञापनों की विश्वसनीयता सन्दिग्ध होती है। ऐसे में अगर इनकी पुख्ता जाँच और प्रामाणिकता सिद्ध होने के बाद ही प्रसारण का नियम बने तो कुछ हद तक ऐसी धोखाधड़ी पर रोक लगायी जा सकती है।[1]

5. साइबर अपराध और शिकार होते बच्चे

कम्प्यूटर या मोबाइल फोन पर सिर्फ एक क्लिक कर इंटरनेट के जरिए देश-दुनिया के लोगों से जुड़ रहे बच्चे बगैर कुछ सोचे-समझे अपने बारे में अहम जानकारियाँ साझा कर देते हैं, जिससे उनके साइबर शोषण के खतरे बढ़ गए हैं। एक सर्वेक्षण में यह दावा किया गया है। 'वैश्विक सुरक्षा टेक फर्म मैक एफी' द्वारा देश के 10 शहरों में कराये गए सर्वेक्षण 'भारतीय बच्चे ऑनलाइन कितने सुरक्षित हैं?' में इस बात का खुलासा किया गया। कि दौलतमन्द परिवार के 62% बच्चों ने स्वीकार किया कि वे इंटरनेट पर निजी जानकारियाँ साझा करते हैं। इसमें डराने, धमकाने, पीछा करने, यौन वार्त्तालाप और धोखाधड़ी जैसे कई खतरे हैं। दौलतमन्द परिवार के जिन 500 बच्चों के ई-मेल आईडी हैं, उनमें से 67 फीसदी चार से आठ साल आयु वर्ग के हैं, जबकि सोशल नेटवर्किंग साइट पर अपना अकाउंट रखनेवाले 54% बच्चे आठ से बारह साल के थे। इन बच्चों में 12% बच्चों ने स्वीकार किया कि वे इंटरनेट पर अपने माता-पिता के क्रेडिट कार्ड के बारे में जानकारियाँ साझा करते हैं।

बताते हैं, दुनिया में अश्लील साइटों का कारोबार सत्तावन अरब डालर का है, जिसमें तीस लाख डॉलर की सलाना आमदनी केवल चाइल्ड पोर्नोग्राफी से आती है। कुल वेबसाइटों में बयालीस लाख वेबसाइट घासलेटी साहित्य परोसती हैं। इनमें एक लाख वेबसाइटें गैर-कानूनी चाइल्ड पोर्नोग्राफी की है। रोजाना अड़सठ मिलियन पोर्नोग्राफिक साइटें क्लिक होती हैं। वस्तुतः ऑनलाइन चाइल्ड पोर्नोग्राफी यानी बाल अश्लील साहित्य मूलतः ऐसी तस्वीरें, लेख या इलेक्ट्रॉनिक सामग्री है, जिसमें नाबालिग बच्चों को आपत्तिजनक और अश्लील मुद्राओं और कृत्यों में लिप्त दिखाया जाता है। इसके लिए दूसरे बच्चों को ऐसे कामों के लिए उकसाने की कोशिश होती है। ऐसे लोग इंटरनेट चैटिंग और मैसेज के जरिए बच्चों को लुभाते हैं और उन्हें बरगलाकर गलत कामों के लिए उकसाते हैं। अब बच्चों के रोल मॉडल क्रिकेटर और फिल्मी सितारे नहीं रहे, बल्कि एनिमेटेड कार्टून और कम्प्यूटर के खेलों के चरित्र इनकी पहली पसन्द हैं। इसका फायदा पेडोफाइल्स उठाते हैं। इन कार्टून चरित्रों का इस्तेमाल अश्लील फुटेज बनाने के लिए करते हैं। चूंकि ये बच्चों के पसन्दीदा कार्टून होते हैं, अतः ये इनकी तरफ बहुत आसानी से आकर्षित भी हो जाते हैं। चैटिंग का नशा आज अधिकांश बच्चों को लग चुका है। ऑरकुट, माईस्पेश, फेसबुक, फ्रैंडस्टर जैसी वेबसाइटों पर आईडी होना मित्रों में अपना एक अलग ही रौब दिखाने के लिए जरूरी है।[2]

---

1. जनसत्ता, 28 नवम्बर, 2013, लखनऊ संस्करण।
2. जनसता, 4 जुलाई, 2010 ई.।

सन् 2014 ई. में हुए एक सर्वेक्षण के अनुसार अमेरिका और चीन के बाद भारत तीसरा ऐसा देश है, जहाँ सबसे ज्यादा लोग इंटरनेट का इस्तेमाल करते हैं। देश में 7.4 करोड़ लोग इंटरनेट पर सक्रिय हैं, लेकिन इनमें सबसे बड़ी संख्या में ऐसे लोग मौजूद हैं, जो साइबर बुलीइंग[1] के शिकार हैं। भारत में साइबर बुलीइंग के सबसे ज्यादा शिकार किशोर और बच्चे हैं। मैकेफे के मुताबिक 50 फीसदी बच्चों का मानना है कि उन्होंने दूसरे बच्चों को साइबर बुलीइंग का शिकार होते देखा है और 36 फीसदी बच्चों ने स्वतः स्वीकार किया है कि वे खुद इसका शिकार हुए हैं। सच कहा जाए तो साइबर वर्ल्ड में भारत का हर तीसरा बच्चा बुलीइंग का शिकार हुआ है। इनमें 53% बच्चे ऐसे हैं, जो लोगों से इंटरनेट पर मुलाकात के बाद पर्सनली उनसे मिलते हैं, 63 फीसदी बच्चे अजनबियों के साथ अपनी जीपीएस लोकेशन साझा करने से नहीं हिचकते हैं। सर्वे के मुताबिक 92 फीसदी बच्चों ने इंटरनेट पर ऐसी सामग्री डाली, जो उनके लिए खतरनाक हो सकती है। सोशल साइटों पर मौजूद 70 फीसदी बच्चों ने अपना फोन नम्बर, घर का पता और ई-मेल एड्रेस सार्वजनिक रूप से लोगों के साथ शेयर किया है, 80 फीसदी बच्चे यह मानते हैं कि उनकी आनलाइन गतिविधि उनकी जिन्दगी को प्रभावित कर सकती है। मैकेफे के सर्वे में चौंकाने वाला आँकड़ा यह सामने आया कि भारत में 52 फीसदी बच्चे स्कूल में भी फेसबुक और ह्वाट्सएप जैसी सेवा का इस्तेमाल कर लेते हैं। इससे भी चौंकानेवाली बात यह रही कि स्कूल में 8 से 12 साल की उम्र के बच्चे। उसे 17 साल की उम्र के बच्चों से ज्यादा सोशल साइटें इस्तेमाल करते हैं। ऑन लाइन रहने वाले 70 फीसदी बच्चे एक सप्ताह में औसतन पाँच घंटे इंटरनेट पर बिताते हैं। इसके बाद 93% यानी सबसे ज्यादा बच्चे फेसबुक का इस्तेमाल करते हैं और इसके बाद सबसे ज्यादा 87% यू-ट्यूब और 79% ह्वाट्सएप का इस्तेमाल करते हैं। अतः ऐसी स्थिति में अभिभावकों को चाहिए कि वे अपने बच्चों की ऑनलाइन गतिविधियों पर निरन्तर ध्यान दें ताकि बच्चों का शोषण न हो सके।[2]

6. भारत में साइबर चौकसी सम्बन्धी कुछ प्रमुख कानून तथा अन्य उपाय

इलेक्ट्रॉनिक माध्यमों को रोजमर्रा की जिन्दगी में वैधता देने और साइबर अपराधों से निबटने के लिए सन् 2000 ई. में 'इन्फार्मेशन टेक्नोलॉजी एक्ट' के नाम से एक नया कानून बनाया गया। कानून बनाने के लिहाज से भारत दुनिया का तेरहवाँ और एशिया में सिंगापुर के बाद दूसरा ऐसा देश था जहाँ इस तरह का कानून बना। कानून का उल्लंघन करनेवाला दुनिया के जिस भी कोने में हो, उसे इस कानून के तहत दोषी माने जाने का प्रावधान है। साइबर अपराधों की परिभाषा और उसके लिए दंड की व्यवस्था इस कानून में की गई है। तफ्तीश की जिम्मेदारी पुलिस उपाधीक्षक या उससे बड़े अधिकारी को दी गई। दंड प्रक्रिया संहिता से अलग हटकर पुलिस अधिकारियों को बगैर वारण्ट के तलाशी करने का अधिकार दिया गया।[3] इस कानून का नाम **सूचना प्रौद्योगिकी अधिनियम, 2000** है, जिसका सारांश इस प्रकार है।[4]

इस अधिनियम का उद्देश्य इलेक्ट्रॉनिक डेटा इंटरचेंज या अन्य इलेक्ट्रॉनिक साधनों संचार साधनों द्वारा किए गए लेन-देन को कानूनी मान्यता प्रदान करना है। इसके अलावा इसका लक्ष्य कागज आधारित संचार व सूचना संग्रहण के विकल्प का उपयोग करना, सरकारी संस्थाओं में दस्तावेजों के इलेक्ट्रॉनिक फाइलिंग को सुविधाजनक बनाना तथा भारतीय दंड संहिता, इंडियन एविडेन्स एक्ट, 1872, बैंकर्स बुक एविडेंस एक्ट, 1891 तथा आर.बी.आई. एक्ट, 1934 में संशोधन करना शामिल है। आगे

1. साइबर बुलीइंग क्या है?—इंटरनेट पर धमकी देना, पीछा करना, फोटो और जानकारी का गलत प्रयोग करना साइबर बुलीइंग कहा जाता है। ऑफ लाइन जिन्दगी में जिस तरह धमकियाँ दी जाती हैं, ब्लैकमैल किया जाता है, उसी तरह इंटरनेट पर भी लोगों का दुष्प्रचार किया जा सकता है, डराया जा सकता है और ब्लैकमेल किया जा सकता है। इसे ही साइबर बुलीइंग नाम से जानते हैं।
2. हिन्दुस्तान, 11 नवम्बर, 2014 ई. पटना संस्करण।
3. जनसत्ता में हरबंश दीक्षित का लेख 'साइबर की दुनिया में' 28 नवम्बर, 2013 ई.
4. सिविल सर्विसेज क्रॉनिकल, पृ. 19, नवम्बर 2007 ई.

चलकर इस अधिनियम की समीक्षा पर विशेषज्ञ समिति ने आँकड़ों की चोरी और अश्लीलता रोकने के लिए कड़े दंडात्मक उपायों का प्रस्ताव किया है। समिति ने वीडियो पोर्न और चाइल्ड पोर्न जैसी घटनाओं के लिए अधिक दंड की व्यवस्था की है।

साइबर अपराध से बचने के लिए निजी स्तर पर कुछ सावधानियों पर गौर करने की जरूरत है। उपयोगकर्त्ता को अपने मेल अथवा फेसबुक अकाउंट का पासवर्ड किसी को भी नहीं बताना चाहिए। साथ ही फेसबुक पर किसी अपरिचित व्यक्ति की फ्रेंड रिक्वेस्ट को स्वीकार करने से बचना चाहिए। महिलाओं के लिए आवश्यक है कि वे अपने फोटो फेसबुक पर शेयर न करें। सोशल नेटवर्किंग साइट्स के माध्यम से महिलाओं के खिलाफ हो रहे अपराधों की शिकायत साल दर साल बढ़ती जा रही है। फोटो से छेड़छाड़, फर्जी पहचान के माध्यम से धोखाधड़ी, भद्दे सन्देश और पोर्नोग्राफी की शिकायतें महिला आयोग के पास निरन्तर पहुँचती हैं। यदि किसी के फेसबुक अकाउंट पर अश्लील टिप्पणी की गई या कोई अश्लील ई-मेल भेजा गया है तो उसे अपने पास सुरक्षित रखना जरूरी है क्योंकि टिप्पणी करनेवाला उसे हटा भी सकता है। इन सबका ध्यान रखते हुए लोगों को तकनीकी ज्ञान बढ़ाने की जरूरत है। कुल मिलाकर संक्षेप में—

(1) अपने पासवर्ड को कुछ दिनों में बदलते रहें,
(2) वाई-फाई कनेक्शन में अगर आपका डिफाल्ट पासवर्ड है तो इसे बदल दें, क्योंकि इसके विन्यास में बदलाव करने में ज्यादा दिक्कत नहीं आती है,
(3) अपने वाई-फाई कनेक्शन को रूटर के माध्यम से सुरक्षित कर लें। कई रूटर्स में इस बात की सुविधा होती है, कि आप उसकी रेंज को कम कर सकें,
(4) अपने एस.एस.आई.डी. (नेटवर्क नाम) को छिपाएँ। एस.एस.आई.डी. मुख्यत आपके नेटवर्क का नाम होता है, अतः इसे छिपाना काफी जरूरी है,
(5) इसे इस्तेमाल न करने के दौरान वायरलेस रूटर, एक्सेस प्वाइंट और गेटवे को ऑफ रखें,
(6) किसी पब्लिक जगह जैसे साइबर कैफे में काम पूरा करने के बाद सिस्टम को लॉग ऑफ करें,
(7) अपने सिस्टम में एण्टी वाइरस इन्स्टाल करें और इसे अपडेट करते रहें,
(8) जब तक बहुत जरूरी न हो, पब्लिक वाई-फाई कनेक्शन (होटल कैफे) का इस्तेमाल न करें तथा
(9) नेटवर्क लिस्ट में मौजूद वाई-फाई नेटवर्क से प्रयेाग करने की कोशिश न करें।

7. भारत को मिली डिजिटल आजादी

सुप्रीम कोर्ट द्वारा आई.टी. एक्ट की धारा 66-A को रद्द किए जाने से भारत में एक नई डिजिटल आजादी का युग प्रारम्भ हुआ है। जिन लोगों की आवाज सैकड़ों वर्षों से नहीं सुनी जा रही थी, उन्हें इंटरनेट पर अब मौके मिले हैं। अलबत्ता संचार क्रान्ति के युग में विचारों के प्रसार पर नियंत्रण की सरकारों के लिए चुनौती को उक्त फैसले ने और ज्यादा बढ़ा दिया है, लेकिन अब इसमें दो मत नहीं हैं कि अदालत का फैसला अभिव्यक्ति की आजादी के पैरोकारों की दलीलों के लिहाज से मील का पत्थर साबित होगा। इंटरनेट तक पहुँच और इसकी सामग्री के इस्तेमाल पर लगी बन्दिशों में राहत के जरिए भारत ने 2014 में इंटरनेट आजादी की दिशा सर्वाधिक सुधार किया है। 'Freedom on the Net' की 2014 की एक रिपोर्ट के अनुसार बहुत कम देशों में पिछले साल की तुलना में इंटरनेट आजादी में वृद्धि देखने को मिली। सर्वाधिक सुधार भारत में देखा गया है। पिछले तीन साल में भारत में 350% साइबर अपराध बढ़ें हैं, जिसमें[1],

1. 1,638 लोग गिरफ्तार, जिनकी उम्र 18-30 आयु वर्ग के
2. 3,301 हुई 2013 में कुल गिरफ्तारी
3. 30.2 करोड़ यूजर 2014 के अन्त तक भारत में थे,

1. नवभारत (सम्पादकीय विशेष), 26 मार्च, 2015, नागपुर।

4. 14% के पास स्मार्ट फोन
5. 3 अरब लोग दुनिया में अब हैं ऑनलाइन
6. 2016 तक भारत फेसबुक पर होगा सबसे बड़ी आबादी वाला देश
7. 37% है फेसबुक और ट्विटर पर भारतीयों की वृद्धि दर,
8. 73% बच्चे कर रहे भारत में फेसबुक का इस्तेमाल,
9. 15% बच्चे 10 वर्ष के,
10. 8-9 वर्ष वाले 5-10% बच्चे
11. 75% अभिभावकों को बच्चों के फेसबुक की जानकारी तथा
12. 82% अभिभावकों ने फेसबुक पर अकाउंट खोलने में मदद की।

किन्तु 66-A के निरस्त होने का मतलब यह कत्तई नहीं है कि किसी को कुछ भी लिखने की आजादी होगी। दंगा फैलाने की कोशिश या किसी के खिलाफ आपत्तिजनक टिप्पणी करने पर आईपीसी की अन्य धाराओं के अन्तर्गत मुकदमा अब भी चलाया जा सकता है। सरकार के पास वेबसाइट को ब्लॉक करने का अधिकार बरकरार रहेगा, इसके अलावा, कुछ अन्य कानून भी हैं, यथा—

1. धारा 500—किसी की छवि को नुकसान पहुँचानां,
2. धारा 505—जनता के साथ धोखाधड़ी
3. धारा 505, 507—आपराधिक तौर पर धमकियाँ
4. धारा 124-A—इंटरनेट पर देशद्रोह को बढ़ावा देना तथा
5. धारा 295-A, 298—धार्मिक भावनाएँ भड़काना, ईशनिन्दा।

(6) खबरिया चैनल्स और यू ट्यूब वेबसाइट

इक्कीसवीं शताब्दी में मनोरंजन का सशक्त माध्यम बनकर उभरा है—इंटरनेट। एक हालिया सर्वेक्षण के मुताबिक गूगल और फेसबुक के बाद वीडियो शेयरिंग साइट 'यूट्यूब' तीसरी ऐसी वेबसाइट है, जिसे दुनिया भर में सर्वाधिक देखा जाता है। इसकी शुरुआत फरवरी 2005 में हुई थी। आज इसमें संगीत, फिल्म, स्पोर्ट्स से लेकर खबरों तक का अपार भंडार है। यह विजुअल कंटेंट के आदान-प्रदान का भी बेहतरीन माध्यम बनकर उभरी है। कई प्रोग्रामिंग कम्पनियाँ विशेष रूप से इसके लिए कंटेंट बना रही है। यू ट्यूब की बढ़ती लोकप्रियता को देखते हुए कई जानकर इसे टीवी. के लिए खतरे की घंटी मान रहे हैं। एक जानकार का कहना है कि यू ट्यूब निश्चित रूप से मनोरंजन के लिए प्लेटफॉर्म के रूप में उभरी है। इस वेबसाइट की खासियत ही यह कि आप मिस हुए प्रोग्रामों को सुविधानुसार कभी भी देख सकते हैं। यहाँ पर टीवी. के मुकाबले ज्यादा मनोरंजन की गुंजाइश भी है। आप अपनी पसन्द के अनुसार वैश्विक स्तर की चीजों को देख सकते हैं। यहाँ पर कोई भी अपना कंटेंट बनाकर डाल सकता है। इसमें टीवी की तरह सेंसर शिप भी नहीं है। अलग-अलग विषयों को 'एक्सप्लोर' करने के लिए यहाँ पर रचनात्मक छूट भी मिलती है। इससे इंटरनेशनल स्तर पर पहुँच बनाना आसान हो गया है।

किन्तु इसका अर्थ यह नहीं है कि यू ट्यूब के आने के बाद टीवी. की महत्ता कम हो जाएगी हाँ, आनेवाले समय में यू ट्यूब टी.वी. को चुनौती अवश्य दे सकती है। सच तो यह है कि नई तकनीक से सभी एक बार खतरा अवश्य महसूस करते हैं। जब टीवी आया तो लगा सिनेमा खत्म हो जाएगा, सब कुछ इसी पर देख लेंगे। थियेटर कौन जाएगा? पर दोनों चल रहे हैं। यू ट्यूब भी एक वैकल्पिक माध्यम है। चैनल के 'बैकअप शो' को देखने का यू ट्यूब सर्वश्रेष्ठ माध्यम है। इसके अलावा दुनिया भर के मनोरंजन जगत को जानने का यह बेहतरीन जरिया भी है। इसमें अपशब्दों का प्रयोग नहीं कर सकते।[1] दरअसल, शुरुआत में न्यूज चैनलों को यू ट्यूब की उपयोगिता समझ में नहीं आई किन्तु जल्दी ही समझ गए कि उनके हाथ खजाना लगा है। बस क्या था, चैनलों के सम्पादकों

1. दैनिक जागरण, 18 जनवरी 2015, वाराणसी संस्करण

और प्रोड्यूसर्स के बीच यू ट्यूब के अन्धाधुंध इस्तेमाल की प्रवृत्ति और मनोवृत्ति भी बढ़ी है। अब सम्पादकों को यकीन हो गया है कि विषय चाहे जो चुन लिया जाए, कोई वीडियो कोई ग्राफिक्स या कोई और सामग्री यू ट्यूब पर जरूर मिल जाएगी। एक शब्द में यू ट्यूब चैनलों के लिए हर किस्म के मर्ज की दवा बन गया है।[1]

(7) ब्लॉगिंग

अभिव्यक्ति के सभी माध्यमों में ब्लॉग ही एक ऐसा माध्यम है, जहाँ पर किसी को अपने विचार व्यक्त करने के साथ-साथ शब्दों के प्रयोग की भी स्वतंत्रता है। इसके साथ ही जहाँ, लेखक को अपनी बात कहने की पूरी आजादी है, वहीं पाठक भी खुलकर अपनी प्रतिक्रियाएँ दे सकते हैं। हालाँकि प्रचार-प्रसार के मामले में 'भारतीय ब्लॉग जगत' अभी पश्चिमी राष्ट्रों के मुकाबले काफी पीछे है, लेकिन कम्प्यूटर साक्षर व्यक्तियों में ब्लॉग काफी प्रसिद्ध हो रहे हैं। आज हमारे देश में भी किसी व्यक्ति का अपना ब्लॉग होना प्रतिष्ठा की बात समझी जाने लगी है। अपने ब्लॉग द्वारा कोई भी व्यक्ति अपने चाहने वालों को सन्देश दे सकता है और कई ज्वलन्त मुद्दों पर टीका-टिप्पणी भी कर सकता है। ब्लॉग पर व्यक्ति के अनुभव, चुनौतियाँ और सुख-दुख के प्रतिबिंब भी झलकते हैं। यहाँ व्यक्ति मीडिया को माध्यम बनाये बगैर अपने विचार स्पष्ट रूप से कह सकता है, जिसमें तोड़-मरोड़ की गुंजाइश ही नहीं रहती। इतना ही नहीं, कोई भी व्यक्ति अपने मनपसन्द व्यक्ति से ब्लॉग के माध्यम से सीधा संवाद भी कर सकता है। आज अनेक लोग अपनी अति व्यस्त दिनचर्या और व्यावसायिक प्रतिबद्धताओं के बीच ब्लॉग के जरिए सामाजिक सरोकारों से जुड़े हैं। वे कला हो या राजनीति, धर्म-कर्म हो या आतंकवाद सभी विषयों पर अपनी बेबाक टिप्पणी देते हैं।[2]

सच तो यह है कि ब्लॉग एक ऐसी प्रवृत्ति का नाम है, जिसने पत्रकारिता को 'बेलाग' करने का काम किया। 'ब्लॉग' के मायने उस निजी डायरी से है, जो इंटरनेट पर उपलब्ध होती है और इंटरनेट यूजर उसे पढ़कर अपने अभिमत देते हैं। वास्तव में किसी खबर या घटना पर इंटरनेट पर लिखी किसी टिप्पणी को देखकर दूसरे इंटरनेट यूजर भी प्रतिक्रिया व्यक्त करते हैं और इस तरह की गैर सम्पादित टिप्पणियाँ एक इंटरनेट यूजर से दूसरे यूजर तक सिलसिले बनाती चलती रहती है। सन् 1994 में वेबलॉग नाम से हुई एक शुरुआत 'ब्लॉग' का रूप लेकर अब एक बड़े दायरे में जानकारियाँ बाँटने का उपकरण बन गई है। एक सर्वेक्षण के मुताबिक भारत में सन् 2006 की समाप्ति तक 40 हजार से ज्यादा ब्लॉग थे, जिनमें से अधिकांश को मध्यवर्ग के इंटरनेट यूजर चला रहे थे। वास्तव में ब्लॉग एक ऐसा मंच बन चुका है, जिस पर उपिस्थत हो, कोई कहीं पर रहते हुए, किसी भी विषय पर बेबाक ढंग से अपने विचार रख सकता है या किसी के विचार का समर्थन या उसे खारिज कर सकता है।[3]

बताते हैं, आलोक कुमार हिन्दी के पहले ब्लॉगर हैं। उनके ब्लॉग का नाम नौ दो ग्यारह है। उनके बाद हिन्दी में ब्लॉगरों की संख्या बहुत अधिक बढ़ी है। सन् 2007 में इनकी संख्या काफी बढ़ी। एक आँकड़े के अनुसार अप्रैल 2013 में हिन्दी में ब्लॉगर्स की संख्या 50,000 से ऊपर थी, जिनमें एक चौथाई महिला ब्लॉगर्स थीं—Alok Kumar is known as the First Hindi blogger. His blog (9.2.11) was the first known Hindi blog. He coined the term Chittha (Hindi: चिट्ठा) for blog which was quickly adopted by other bloggers and later become the standard Hindi term for it. Because of the difficulties in valved in typing Hindi script, very few people used it on-line, but later on, due to the availability of Hindi typing tools, the number of Hindi bloggers began growing. In 2007, the number of Hindi blogs increased rapidly. This was due to the advent of Indic Unicode support in various blogging services and the advent of now Hindi typing to ols like Google Indic

1. कथादेश में मनीष कौशल का लेख 'यूट्यूब की अँधेरी सुरंग में चैनल', पृष्ठ-58, अगस्त 2009 ई.
2. मीडिया विमर्श में सुरेन्द्र पाल का लेख, 'ब्लॉग : बॉलीवुड का उभरता संचार माध्यम, पृष्ठ-41 जनवरी-मार्च 2009 ई.
3. पत्रकारिता : तब से अब तक—धनंजय चोपड़ा, पृ. 105, उत्तर प्रदेश हिन्दी संस्थान, लखनऊ, सन् 2007 ई.

Transliteration tool in Blogger and the promotion of Hindi blogging in the mainstream media. Some of the most popular Hindi bloggers are women. In April 2013, there were more than 50,000 Hindi blogs, one fourth of which were written by female bloggers. During the begining days, most Hindi blogs were personal and there were few topic focused blogs. During 2007, the number of Hindi blogs increased rapidly and blogs focused on various topics like cinema, technology, science, hobbies, photo blogs began. The Parikalpna Award is a literaryaward for bloggs in India. It is presented by the magazine Parikalpna Samay and the company Parikalpna."

भारत में पहले अन्तर्राष्ट्रीय ब्लॉगर्स सेमिनार का आयोजन नई दिल्ली में 30 अप्रैल 2011 को हुआ। इसका उद्घाटन उत्तराखंड के तत्कालीन मुख्यमंत्री श्री रमेश पोखरियाल निशंक ने किया। इस आयोजन में मुख्य रूप से अशोक चक्रधर, डॉ. रामदरस मिश्र, प्रभाकर श्रोत्रिय, रवीन्द्र प्रभात तथा विश्वबन्धु गुप्त आदि ने हिस्सा लिया। दूसरा हिन्दी ब्लॉगर्स सेमिनार का आयोजन लखनऊ में 27 अगस्त 2012 को किया गया। इसका उद्घाटन वरिष्ठ भारतीय पत्रकार श्री मुद्राराक्षस ने किया। इसमें मुख्य रूप से शामिल होनेवालों में शैलेन्द्र सागर, वीरेन्द्र यादव, उद्भ्रान्त, राकेश वेद, सुधाकर अदीब, रवीन्द्र प्रताप तथा डॉ. सुभाष राम थे। तीसरा ब्लॉगर्स नेपाल की राजधानी काठामड़ौ में 13 सितम्बर 2013 से 15 सितम्बर 2013 तक सम्पन्न हुआ। इसका उद्घाटन नेपाली कॉग्रेस के तत्कालीन वरिष्ठ नेता तथा वहाँ के कैबिनेट मंत्री श्री अजुर्न नरसिंहा ने किया। तीन दिनों तक चलने वाले इस कार्यक्रम में नेपाली, हिन्दी, भोजपुरी, अवधी, मैथिली, छत्तीसगढ़ी के लेखकों तथा लोक साहित्य के जानकारों ने हिस्सा लिया। चौथे ब्लॉगर्स सेमिनार का सम्पादन भूटान के थिम्पू में 16 जनवरी 2015 से 18 जनवरी 2015 तक हुआ। इसका उद्घाटन वहाँ के सेक्रेटरी जनरल तथा चैम्बर्स ऑफ कामर्स एवं इन्डस्ट्री के प्रमुख श्री फुब श्रींग ने किया। इसमें हिस्सा लेने वालों में वहाँ के डिप्टी सेक्रेटरी जनरल (चैम्बर्स ऑफ कामर्स एवं इन्डस्ट्री) श्री चन्द्र क्षेत्री, सार्क की महिला शाखा की मुखिया तथा इंटरनेशनल स्कूल ऑफ भूटान की प्रमुख श्रीमती शिन ले ल्हाम, आसाम विश्वविद्यालय सिल्चर के भाषा-विज्ञान विभाग प्रमुख श्री नित्यानन्द पांडेय, इंडियन डाकतार विभाग इलाहाबाद के क्षेत्रीय प्रमुख श्री कृष्ण कुमार यादव तथा हिन्दी के प्रमुख व्यंगकार श्री गिरीश पंकज आदि थे। पाँचवें ब्लॉगर्स का आयोजन श्रीलंका की राजधानी कोलम्बो तथा वहाँ की सांस्कृतिक राजधानी कैन्डी में 23 मई से 27 मई 2015 तक सम्पन्न हुआ। इसके उद्घाटनकर्त्ताओं में वहाँ के प्रसिद्ध नाटककार और रंगकर्मी श्री सोमरत्ने विथाना तथा उत्तर प्रदेश सरकार में कैबिनेट मंत्री श्री नकुल दूबे थे। इसमें हिस्सा लेने वालों में प्रमुख रूप से उत्तर महाराष्ट्र विश्वविद्यालय जलगाँव के हिन्दी विभागाध्यक्ष श्री सुनील कुलकर्णी तथा परिकल्पना समय पत्रिका के प्रमुख सम्पादक तथा व्यंगकार श्री रवीन्द्र प्रभात थे।

बताते हैं, ब्लॉग लिखने वाले भारतीय फिल्मकारों में सबसे पहले शम्मी कपूर का नाम आता है, जिन्होंने अपने ब्लॉग की शुरुआत 28 फरवरी 2003 को की। इसी तरह वॉलीवुड के सितारे अमिताभ बच्चन, आमिरखान, जॉन अब्राह्म, राहुल बोस, राहुल खन्ना, अनुपम खेर, बिपाशा बसु, गुल पनाग पायल, रोहतगी, फिल्म निर्देशक, अनुराग कश्यप, प्रकाश झा, निर्माता निर्देशक रामगोपाल वर्मा आदि के ब्लॉग भी इंटरनेट पर उपलब्ध हैं। पर दुर्भाग्य से भारत में ब्लॉगिंग के दुरुपयोग की शिकायतें इधर काफी प्राप्त हुई हैं। खबरों के नाम पर जंगल राज कायम करने की कोशिश भी ब्लॉग के बहाने होती दिखायी पड़ने लगी है। यह अकारण नहीं है कि भारत सरकार के दूर संचार विभाग को देश की सुरक्षा के नाम पर 13 जुलाई 2006 को 17 ब्लॉग पर प्रतिबन्ध लगाने का फरमान जारी करना पड़ा। सूचना जानने के अधिकार मिलने के बाद इस तरह के प्रतिबन्ध का जमकर विरोध भी हुआ। सच तो यह है कि अभी भारत के पास कुछ खास वेब पेज को रोकने की तकनीक नहीं है। इसके लिए पूरी साइट पर ही पाबन्दी लगानी पड़ती है, ताकि किसी खास इंटरनेट पते को रोका जा सके। फिलहाल यह पाबन्दी कारगर सिद्ध नहीं हुई।[1]

1. पत्रकारिता : तब से अब तक—धनंजय चोपड़ा, पृ. 105

(8) विकीपीडिया

पत्रकारिता की नई प्रवृत्तियों में इन दिनों विकीपीडिया के धड़ल्ले से इस्तेमाल किए जाने को भी स्थान मिला हुआ है। मीडिया-विशेषज्ञ आदरणीय श्री धनंजय चोपड़ा[1] का कहना है कि 'विकीपीडिया' को विश्व के ज्ञान भंडार के लोकतंत्रीकरण का प्रतिरूप कहा जा सकता है। वर्ष 2001 में जिमी वेल्स और लैरी सैंगर ने इंटरनेट के जरिए दुनिया को उसकी भाषा में ज्ञान का भंडार उपलब्ध कराने का स्वप्न देखा और जुट गए। हाल यह है कि यह स्वप्न विकीपीडिया के रूप में साकार हो चुका है और इसमें दस लाख विषयों पर दो सौ भाषाओं में जानकारियाँ उपलब्ध हैं। रोचक यह है कि इस विकी पीडिया को तैयार करने में संसार भर में फैले हजारों इंटरनेट (अवैतनिक) साक्षर जुटे हुए हैं जो नेट के जरिए अपनी वेबसाइटें व ब्लॉग्स को विकीपीडिया से जोड़कर लगातार जानकारियाँ दे रहे हैं। संशोधन कर रहे हैं। इधर, 15 जनवरी 2001 को फ्लोरिडा स्थित मास्टर साइट से शुरू हुए विकीपीडिया से हिन्दी का जुड़ाव 2003 में हुआ। तब से अब तक भारत की ओर से कई लाख जानकारियों का इजाफा इसमें किया जा चुका है। भारतीय पत्रकारों ने अब कई जानकारियाँ विकीपीडिया के हवाले से देना शुरू किया है। यह जानने योग्य है कि कोई भी राष्ट्रीय या अन्तर्राष्ट्रीय खबर, कुछ ही घंटों में विस्तृत जानकारी के साथ विकीपीडिया पर उपलब्ध होने लगी है। इस लगातार समृद्ध हो रहे सन्दर्भ कोष से अलग रह पाना आज असम्भव सा है।

वस्तुतः हिन्दी विकीपीडिया, विकीपीडिया का हिन्दी भाषा का संस्करण है, जिसका स्वामित्व विकीपीडिया संस्थापन के पास है। हिन्दी संस्करण जुलाई 2003 में आरम्भ किया गया था और 14 अक्टूबर 2012 तक इस पर 1,03,773 + वैध और लगभग 75,961+1 पञ्जीकृत सदस्य हैं। 30 अगस्त 2011 के दिन यह एक लाख लेखों का आँकड़ा पार करनेवाला प्रथम भारतीय भाषा विकीपीडिया बना। यह लेखों की संख्या, सक्रिय सदस्यों, प्रयोक्ताओं की संख्या, सम्पादनों इत्यादि के आधार पर भारतीय भाषाओं में उपलब्ध विकीपीडिया का सबसे बड़ा संस्करण है और सभी संस्करणों में चालीसवाँ और इसे मुख्यतः हिन्दी भाषी लोगों की आवश्यकताओं की पूर्ति के लिए बनाया गया था। चूँकि हिन्दी विकीपीडिया इंडिक स्क्रिप्ट (देवनागरी) का प्रयोग करता है इसलिए इसमें जटिल पाठ प्रतिपादन सहायक की आवश्यकता पड़ती है। विकीपीडिया पर ध्वन्यात्मक रोमन वर्णमाला परिवर्तक उपलब्ध है, इसलिए बिना किसी विशेष हिन्दी टाइपिंग सॉफ्टवेयर डाउनलोड किए रोमन कुञ्जीपटल का उपयोग देवनागरी में टंकण करने के लिए किया जा सकता है।

विशेष उपलब्धियाँ

11 जुलाई, 2003—हिन्दी विकीपीडिया का शुभारम्भ।
25 जनवरी, 2007—हिन्दी विकीपीडिया पर लेखों की संख्या 1,000 पहुँची।
16 जनवरी, 2007—हिन्दी विकीपीडिया पर लेखों की संख्या 5,000 पहुँची।
14 मार्च, 2007—हिन्दी विकीपीडिया पर लेखों की संख्या 10,000 पहुँची।
6 दिसम्बर, 2007—हिन्दी विकीपीडिया पर लेखों की संख्या 15,000 पहुँची।
29 मई, 2008—हिन्दी विकीपीडिया पर लेखों की संख्या 20,000 पहुँची।
11 जुलाई, 2008—हिन्दी विकीपीडिया के पाँच वर्ष पूरे हुए।
09 मई, 2009—हिन्दी विकीपीडिया पर लेखों की संख्या 30,000 पहुँची।
08 सितम्बर, 2009—हिन्दी विकीपीडिया भारतीय भाषाओं में विकीपीडिया का सबसे बड़ा संस्करण बना।
14 सितम्बर, 2009—हिन्दी विकीपीडिया पर लेखों की संख्या 50,000 पहुँची।
13 फरवरी, 2010—हिन्दी विकीपीडिया पर सदस्यों की संख्या 25,000 से अधिक हुई।
20 जून, 2010—हिन्दी विकीपीडिया पर सदस्यों की संख्या 30,000 से अधिक हुई।
26 नवम्बर, 2010—हिन्दी विकीपीडिया पर सदस्यों की संख्या 37,000 से अधिक हुई।
29 जनवरी, 2011—हिन्दी विकीपीडिया पर सदस्यों की संख्या 40,000 से अधिक हुई।
14 अगस्त, 2011—हिन्दी विकीपीडिया पर सदस्यों की संख्या 50,000 से अधिक हुई।

---

1. पत्रकारिता : तब से अब तक—धनंजय चोपड़ा, पृ. 106

30 अगस्त, 2011—हिन्दी विकीपीडिया पर लेखों की संख्या 1,00,000 से अधिक हुई।
17 जनवरी, 2012—हिन्दी विकीपीडिया पर सदस्यों की संख्या 60,000 से अधिक हुई।
7 नवम्बर, 2013—हिन्दी विकीपीडिया पर सदस्यों की संख्या 1,00,000 से अधिक हुई।

(9) खबरों का बहुत बड़ा मंच : फेसबुक

यह युग 'तरंग यांत्रिकी' का है। अब कम समय में ज्यादा-से-ज्यादा सूचना देना ही आज की तकनीक का मुख्य लक्ष्य है। समाचारों की दुनिया बदल रही है। भारत, सम्प्रति 'फेसबुक' का दूसरा सबसे बड़ा बाजार बन गया है। इसके माध्यम से कई सन्दर्भों में दुनिया में बड़ा बदलाव होगा और इस समय हो भी रहा है। पत्रकार और 'ग़ाज़ीपुर समाचार' साप्ताहिक के सम्पादक **श्री कमला शंकर यादव** कहते हैं कि आनेवाले समय में 'फेसबुक' दुनियाँ का सबसे बड़ा समाचार मंच बन जाएगा। समाचार मुहैया कराने वाली एजेन्सियाँ 'फेसबुक' को समाचार देंगी और वह अपने उपभोक्ताओं को समाचार सम्प्रेषित करेगा। इसके बदले वह समाचार देनेवाले को लाभांश देगा। अब फेसबुक पर हमें वीडियो, आडियो—सभी एक साथ मिल जाएँगे। फेसबुक द्वारा समाचार सम्प्रेषण में महज आठ सेकेंड का समय लगता है। अब इस समय को और भी कम करना चाहता है ताकि समाचार सम्प्रेषण को त्वरित किया जाता सके। एक नये आँकड़े के हिसाब से भारत में 14 करोड़ लोग इस समय 'फेसबुक' का प्रयोग कर रहे हैं। इसका मतलब है कि यह देश का समृद्ध तबका है, जो विज्ञापनों के माध्यम से खरीद-फरोख्त करता है। अब प्रकाशकों का फेसबुक से जुड़ना उनकी मजबूरी हो जाएगी; क्योंकि कोई भी प्रकाशक, विज्ञापनदाता और अपने बीच बिचौलियों को नहीं चाहता। यह 'फेसबुक' से ही सम्भव है। फेसबुक उपभोक्ताओं को उनकी रुचियों के हिसाब से समाचार या सूचना साझा करेगा। भारत में समाचारों की दुनियाँ इस प्रयोग से कितनी बदलेगी, यह देखने की बात होगी।

इस समय मीडिया के क्षेत्र में बहुत बड़े क्रान्तिकारी आविष्कारों पर वैज्ञानिक काम कर रहे हैं। आनेवाले समय में ऐसे साफ्टवेयर विकसित हो जाएँगे, जिन्हें 'काल दर्शन' कहा जाएगा। यह दूरदर्शन को दरकिनार कर देगा। त्रेता, द्वापर आदि युगों की जो ध्वनि तरंगे अन्तरिक्ष में व्याप्त हैं, उन्हें उनकी 'तरंग दैर्घ्य' के हिसाब से पकड़ने के लिए वैज्ञानिक लगे हुए हैं। समय लगेगा, लेकिन इसके सम्पन्न हो जाने पर राम, कृष्ण को भी देखा जा सकेगा। राम-रावण का युद्ध, महाभारत का युद्ध हम देख सकेंगे। इससे बहुत सारे मिथक ध्वस्त होंगे। नई धारणाएँ विकसित होंगी। इसके लिए वैज्ञानिक ऐसे 'चिप्स' तैयार करने में लगे हुए हैं, जिनके प्रयोग से आँखों की रेटिना पर अतीत के ये सारे चित्र दृश्यमान होने लगेंगे। इसके लिए किसी 'स्क्रीन' की आवश्यकता नहीं होगी। इतना ही नहीं, आनेवाले समय में मीडिया में 'रोबोट' का हस्तक्षेप बढ़ेगा। वस्तुतः रोबोट खतरनाक-से-खतरनाक समाचारों को सेकेंड में अर्थात् पलक झपकते ही फेसबुक, गूगल और इंटरनेट पर प्रेषित करेंगे। जिन समाचारों को मीडिया में प्रसारित होने पर सम्पादकों और मालिकों की हत्याएँ आए दिन हो रही हैं, उन्हें अब रोबोट संवाददाताओं द्वारा रोका जा सकेगा। इन रोबोटों का कोई कुछ बिगाड़ नहीं सकता। कुल मिलाकर यह कि रोबोटों के साफ्टवेयर का प्रयोग जब मीडिया में होने लगेगा, तो एक क्रान्ति आएगी। सारे समाचार फेसबुक पर आ जाएँगे, उन्हें कोई रोक नहीं पाएगा। रोबोटों के संवाददाता और एडीटर की भूमिका में मीडिया में आ जाने पर मीडिया में आदमी की भूमिका घटेगी। जब यहाँ आदमी की भूमिका घटेगी तो मीडिया में भ्रष्टाचार घटेगा। यह सब अन्तरिक्ष में स्थापित दूर संचार उपग्रहों की तरंग यांत्रिकी से सम्भव होगा। इतना ही नहीं, दूरसंचार उपग्रहों के माध्यम से प्रकृति में होनेवाले परिवर्तनों की भविष्यवाणी भी मीडिया करेगी। आज की बिकाऊँ मीडिया को तब बेचा-खरीदा नहीं जा सकेगा। बोली हुई बात को रोबोट 'कैच' कर लेगा और उसे तत्क्षण फेसबुक पर भेज देगा। इस तरह भविष्य 'काल-दर्शन' का होगा और मीडिया 'त्रिकालदर्शी' की भूमिका में होगी। सेकेंड से भी कम समय में दुनिया में घटित होनेवाली सारी घटनाएँ फेसबुक पर एक साथ पढ़ने और देखने के लिए उपलब्ध हो जाएँगी।[1]

1. पत्रकार श्री कमलाशंकर यादव, सम्पादक—'गाजीपुर समाचार' से साभार।

(ब)(1)–हिन्दी पत्रकारिता : कुछ भाषागत खतरे और चुनौतियाँ
या
हिन्दी पत्रकारिता में भाषा की शुद्धता का प्रश्न

विशाल शब्द-सम्पदा सम्पृक्त हिन्दी का महत्त्व पत्रकारिता की भाषा के रूप में असन्दिग्ध है। पत्रकारिता की भाषा के रूप में हिन्दी का कोई निश्चित रूप स्थिर नहीं रहा है। वस्तुतः पत्रकारिता के विभिन्न कालखंडों में चाहे हिन्दी की उद्‌भव कालीन पत्रकारिता रही हो, भारतेन्दुयुगीन पत्रकारिता रही हो, द्विवेदी युगीन पत्रकारिता रही हो, छायावादी युगीन पत्रकारिता रही हो या स्वातंत्र्योत्तर पत्रकारिता रही हो—समय-समय पर अपनी वेशभूषा, पैरहन, प्रकृति, मिजाज आदि बदल कर पत्रकारिता का हमजबाँ बन हिन्दी उसका साथ देती रही। सच तो यह है कि अभिव्यक्ति के माध्यम के रूप में पत्रकारिता की भाषा परिवर्तनशील होती है। उदाहरण के लिए विज्ञान पत्रकारिता के लिए हिन्दी के जिस रूप का इस्तेमाल करेंगे, अपराध, कृषि, दूरदर्शन, वाणिज्य या साहित्यिक पत्रकारिता में उस हिन्दी रूप का प्रयोग नहीं कर सकते। दरअसल, एक पत्रकार को पत्र तैयार करते समय सभी श्रेणियों के लोगों पर ध्यान देना होता है। पत्रकार अपने पत्र में कई तरीकों से पाठक के मन को प्रभावित करने की चेष्टा करता है। सम्पादकीय लेख के माध्यम से, समाचारों के चयन द्वारा और शीर्ष-प्रयोग कला तथा समाचार—प्रदर्शन से पत्रकार पाठक को आकर्षित करता है। किसी भी पत्र का उद्‌देश्य व्यक्तिगत, दलीय या व्यावसायिक नहीं होने चाहिए। समाचार-पत्रों में स्थानीय, प्रान्तीय, राष्ट्रीय और अन्तर्राष्ट्रीय समाचार होते हैं, जिनके अन्तर्गत् नाना प्रकार के समाचार होते हैं। भाषण वक्तव्य, विज्ञप्ति, आततताइयों के कुकर्म, छेड़छाड़, मारपीट, पॉकेटमारी, चोरी, ठगी, छुरेबाजी, जुआ, हत्या, अपहरण, बलात्कार, जमीन-जायदाद के लिए ही परिवार के सदस्यों या पट्‌टीदारों के मध्य फौजदारी एवं मुकदमेबाजी, जातिवादी कलह-विद्वेष, रंगभेद, वर्णभेदजन्य अशान्ति, क्षेत्रीय-प्रान्तीय झगड़े, आत्म हत्या, विभिन्न आन्दोलन, व्यवसाय, राजनीति, अतिवर्षण, अपवर्षण, स्वागत-विदाई, स्थानीय निकायों के समाचार, कर्मचारी से सम्बद्ध अनेक समस्याएँ, यात्रा, विवाह, विदेश-यात्रा, मेले, पर्व-त्योहार, खेलकूद, वाणिज्य आदि समाचार के अंग होते हैं। समाचार-पत्रों का क्षेत्र अत्यन्त व्यापक होता है। समाचार के विभिन्न शीर्षकों को पत्रकार ऐसी भाषा से सजाता है कि पाठक का ध्यान सहसा उधर खिंच जाए। दैनिक पत्रों में विस्तार होता है, साप्ताहिक, पाक्षिक, वार्षिक पत्रों, में भाषा कुछ और ही हो जाती है। सामान्य पत्रों, और साहित्यिक पत्रों की भाषा में बहुत अन्तर होता है। राजनीति पत्रिकाओं, सांस्कृतिक, धार्मिक, बाल-पत्रिकाओं आर्थिक, कृषि सम्बन्धी, शिक्षण सम्बन्धी, विज्ञान, फिल्म एवं महिलोपयोगी पत्रिकाओं की भाषा का वैविध्य देखा जा सकता है।[1]

सच तो यह है कि पत्रकारिता की भाषा तकनीकी और गैर तकनीकी में से कोई एक हो सकती है, किन्तु वह लिखित और औपचारिक अवश्य होती है। प्रयोजनमूलक स्तर पर पत्रकारिता की भाषा विशिष्ट तकनीकी क्षेत्र से सम्बद्ध होती है। यह सम्पादित शैली का एक रूप है। इसमें प्रत्येक विषय को सुविचारित ढंग से प्रतिपादित किया जाता है। इसमें तकनीकी शब्दों का प्रयोग भी स्थिति-विशेष के अनुसार किया जाता है। पत्रकारिता की भाषा का स्वरूप विशिष्ट तो होता ही है, किन्तु यह प्रौद्योगिकी और चिकित्सा की भाषा की तरह तकनीकी नहीं होती। यदि इसकी भाषा साहित्यिक नहीं होती, तो आमफहम भाषा भी नहीं होती। इसकी स्थिति दोनों प्रवृत्तियों के बीच ही होती है। इसमें प्रयुक्त भाषा का प्रभाव क्षेत्र व्यापक है, इसलिए लोक-व्यवहार में जिस भाषा का प्रयोग होता है, उसका प्रयोग पहले पत्रकार ही करते हैं। इस प्रकार पत्रकारिता की भाषा में सर्वजन-सुबोधता, प्रयोग धर्मिता और लचीलापन होता है, जो उसे विशिष्ट रूप प्रदान करता है। समाचार-पत्र समाज के सभी वर्गों द्वारा पढ़े जाते हैं। इसे एक सामान्य पढ़े-लिखे मजदूर से लेकर उच्च शिक्षित तक पढ़ते हैं। किसी घटना या स्थिति-विशेष के अनुरूप अभिव्यंजना पद्धति को गढ़ने की समस्या का सामना सबसे पहले समाचार-पत्रों को करना

1. जन संचार माध्यमों में हिन्दी—डॉ. चन्द्र कुमार, पृ. 52 क्लासिंकल पब्लिशिंग कम्पनी, नई दिल्ली, करमपुरा, मूल्य-250 रुपये, सन् 2000 ई.

पड़ता है। इसके लिए उन्हें कई बार प्रचलित पद्धति से हटना पड़ता है और व्याकरण के नियमों का अतिक्रमण भी करना पड़ता है। यह सारी प्रक्रिया पाठकों की बौद्धिक क्षमता के अनुकूल की जाती है। पत्रकारिता की भाषा सरल और सर्वग्राह्य बनाये रखने की अपेक्षा की जाती है। इसमें प्रचलित शब्द या तो अपना विकास स्वयं कर लेते हैं अथवा वे इस प्रकार प्रयुक्त होते हैं, जो समान्य जनता की समझ में आ जाएँ।[1] यद्यपि प्रत्येक समाचार-पत्र का अपना विशिष्ट लक्षित पाठक वर्ग होता है, जिसके अनुरूप उसकी भाषा सामग्री तय होती है, फिर भी इतना तो तय है कि समाचार-पत्र में प्रयुक्त होनेवाली भाषा एक व्यापक पाठक समुदाय को लक्षित करके गढ़ी जाती है। इसके लिए 'स्टाइल बुक' भी होती है। सहज, सुबोध भाषा में प्रस्तुत किए जानेवाले समाचारों में ही अधिकतर लोग रुचि लेते हैं, किन्तु इसका अभिप्राय यह नहीं है कि भाषा एकदम फूहड़ या बाजारू स्तर की हो। लक्षित पाठक वर्ग (Target Readership) के अनुसार भी पत्रों की भाषा के स्तर में अन्तर रहना स्वाभाविक है। अंग्रेजी समाचारों में बड़े-बड़े संयुक्त, मिश्रित तथा उलझे हुए वाक्य-गठन की परम्परा है, किन्तु हिन्दी के आम पाठक और श्रोता कम-से-कम शब्दों में सहज ढंग से सारी बात जानना चाहते हैं। इसी प्रकार समाचारों में लाक्षणिक या आलंकारिक शैली का प्रयोग भी अभीष्ट नहीं है।[2]

कुल मिलाकर पत्रकारिता की भाषा सरल, सहज और बोधगम्य होनी चाहिए, क्योंकि समाचार-पत्र के पाठकों में हर वर्ग के लोग शामिल होते हैं। इन पाठकों में कुछ तो बहुत पढ़े-लिखे होते हैं, तो कुछ तो एकदम कमचलाऊ और महज साक्षर होते हैं। अतः भाषा-प्रयोग में इन पाठकों का भी ध्यान रखना चाहिए। पत्रकारिता की भाषा के विषय में **गिरिजा कुमार माथुर** की राय कुछ अलहदा थी। गिरिजा कुमार माथुर एक बेजोड़ सम्पादक थे, लेकिन वे साहित्य को पत्रकारिता से अलग मानते हैं, जबकि **प्रभाष जोशी** साहित्य एवं पत्रकार दोनों को अभिन्न। पत्रकारिता की भाषा के विषय में उनका मानना है कि वह पत्रकार अच्छा माना जाता है, जो मुहावरेदार भाषा देता है। भाषा में मुहावरे आने ही चाहिए, तभी वह सफल होगा। पत्रकारिता में साहित्य की लच्छेदार भाषा नहीं चलती।[3] वस्तुतः यह हमारी पत्रकारिता का एक दुखद पहलू है कि हिन्दी के अखबारों में, यानी ज्यादातर अखबारों में जो ठेठ हिन्दी लिखी जा रही है, वह भी अपने में नीरस और बेज़ान है। आप ज्यादातर हिन्दी अखबारों को उठा लीजिए, उन्हें पाँच मिनट से अधिक पढ़ना मुश्किल है, हालाँकि, उनकी भाषा खाँटी हिन्दी है, उनका व्याकरण भी दुरुस्त है, उनके वाक्यों में अंग्रेजी के शब्द भी नहीं होते, पर न उनमें विचार का आलोक है, न मुहावरेदारी। राष्ट्रीय और अन्तर्राष्ट्रीय परिस्थितियों और घटनाओं का विश्लेषण करते वक्त इन अखबारों के औजार बड़े ही दकियानूस किस्म के होते हैं। राजनीति, खेल के बारे में इनका लिखा तो कुछ-कुछ अच्छा भी होता है, पर व्यापार, अर्थ व्यवस्था आदि के बारे में हमारे हिन्दी अखबार जो लिखते या छापते हैं, वह कत्तई पढ़ने लायक नहीं होता। अखबारों जैसी ही दुर्गति उन पत्रिकाओं की होती है, जो बड़े घरानों से निकलती हैं। इन पत्रिकाओं में ज्यादातर मुद्रित सामग्री अनूदित होती है और कई बार उन्हें समझने के लिए मूल अंग्रेजी का सहारा लेना पड़ता है। हिन्दी में राजेन्द्र माथुर जैसा गद्य लिखनेवाला कौन पत्रकार है? क्या सिर्फ शुद्ध व्याकरणिक हिन्दी लिखकर ही हिन्दी को आगे बढ़ाया जा सकता है? हिन्दी के अखबारों ने अच्छे गद्यकार पैदा करने क्यों बन्द कर दिए हैं?[4] बकौल **डॉ. वेद प्रताप वैदिक**[5] दैनिक समाचार-पत्रों की प्रवृत्ति ही ऐसी होती है कि वे न तो आग्रहवादी हो सकते हैं और न परहेजवादी। अपराध समाचारों के सम्पादन में अरबी-फारसी के फ़रार, ज़ब्त, बरामद, मुचलका, तफ्तीश, तलाशी, गिरफ्तारी,

---

1. संचार माध्यम (पत्रकारिता की भाषा और अनुवाद-लेख—डॉ. कृष्ण कुमार गोस्वामी), पृ. 43, जनवरी-जून, 1981
2. भारतीय मीडिया—अन्तरंग पहचान—सं. डॉ. स्मिता मिश्र, पृ. 118-119, भारत पुस्तक भंडार, दिल्ली, मूल्य-400 रु. सन् 2004
3. शब्द शिखर (जैसा मैने जाना लेख—राजरूप निगम) पृ. 109, सं.डॉ. आनन्द प्रकाश त्रिपाठी, कथायन, पटेल का बगीचा, यादव कालोनी सागर, मूल्य-50 रुपये, अंक-9, अगस्त 2009-10 ई.
4. कथादेश (विश्व हिन्दी सम्मेलन के बद—रवीन्द्र त्रिपाठी) पृ,-97, सं. हरिनारायण, सहयात्रा प्रकाशन, प्र.लि. दिलशाद गार्डेन, मूल्य—20 रुपये, सन् सितम्बर 2007 ई.
5. हिन्दी पत्रकारिता : विविध आयाम—डॉ. वेदप्रताप वैदिक, पृ. , 501

वारदात, सुराग, नक़बजनी, कैद, हिरासत, नजरबन्द, इस्तागासा, ज़मानत, ज़ालसाज़ी, ज्यादती, गिरोह, रिहाई, चालान, जाली, जुर्माना, दावा, अंग्रेजी के वारंट, रिमांड आदि जैसे अन्य विदेशी भाषाओं से आगत शब्दों में परहेज करना सम्भव नहीं है। अन्य प्रकार के समाचारों में भी कार्रवाई, मुद्दे, बहस, कारगर, वसूली, मुनाफा, दौरा, रवाना, वायदा, राहत, खरीदी, गुमराह, तबाही, तौर-तरीक़े, दस्तावेज, कागज़ात, इस्तीफा आदि कम्पनी, मजिस्ट्रेट, लाइसेन्स, स्टंट, सीलिंग, पासपोर्ट, बॉयकॉट, बोगस, रिपोर्ट, बीटो, सप्लाई, हाईकमान, कोटा, कोरम, कर्फ्यू, लेवी, रिकॉर्ड आदि का उन्मुक्त रूप से प्रयोग होता रहा। जब इस तरह के प्रयोगों को जनता ने सराहा, तभी दूसरे प्रयोगों की हिन्दी पत्रकारिता में शुरुआत हुई। बोलचाल की ठेठ शब्दावली तथा युग्म शब्दों तथा पुनरावृत्ति मूलक शब्दों का प्रयोग भी समाचार-पत्रों की भाषा में होने लगा। ठेठ शब्दावली में झड़प, हुल्लस, हथकंड़े, बावेला, धमकी, चपेट, ठप्पा, घोटाला, भिड़ंत, हौवा, लताड़, अॅटकल, घपला, अन्धाधुन्ध, भरमार, भंडाफोड़, मिलीभगत, हाथापाई, हड़कम्प, भगदड़, आदि तथा युग्म एवं द्वित्व मूलक शब्दों में—रोकथाम, लूटपाट, घुसपैठ, उलटफेर, लूटघसोट, तोड़फोड़, शोरशराबा, गुलगपाड़ा, छीना झपटी, दिन दहाड़े, छानबीन, जोश खरोश, सांठगांठ उठापटक, मारपीट, धक्कामुक्की, छिन्नभिन्न, रेलपेल, खुल्लमखुल्ला, गुत्थमगुत्था, गरमागरम, टालमटोल, तितरबितर, नोंकझोक, धर पकड़, दौरदौरा, छेड़छाड़, ठसाठस, चखचख, टोकाटाकी, दमखम, बोलबाला, ठाटबाट, हलचल, चिल्लपौं, होहल्ला आदि का धड़ल्ले से प्रयोग होता है।

सम्प्रति पत्रकारिता की भाषा हिन्दी के समक्ष कुछ खतरे और चुनौतियणँ उत्पन्न हुई हैं। इनमें से कुछ तो पुरानी हैं और कुछ चुनौतियाँ नई हैं, जिनसे हिन्दी को जूझना पड़ रहा है। हिन्दी में पत्रकारिता की भाषा में सबसे बड़ी समस्या **वर्त्तनी** को लेकर ही है। इस सम्बन्ध में कोई एकरूपता नहीं है। विसर्ग, अनुस्वार, विभक्तियाँ, नुक्ते आदि का इस्तेमाल अलग-अलग रूपों में होता है क्योंकि कोई ऐसा नियम नहीं बनाया गया है, जिसका पालन सभी समाचार-पत्र करें। दुख शब्द को ही लें। कुछ लोग इसे 'दुःख' और कुछ 'दुक्ख' लिखते हैं। 'सिख' को कहीं-कहीं सिक्ख' लिखा जाता है। हिन्दी में नुक्ते का इस्तेमाल लगभग समाप्त प्राय है, लेकिन कुछ लोग अभी भी लगाते हैं और वह भी मनमाने तौर पर। माँ शब्द में कहीं अनुस्वार का प्रयोग होता है, और कहीं चन्द्रबिन्दु का। 'कार्यकर्त्ता' में कहीं 'त्त' का इस्तेमाल होता है और 'संबंध' को 'सम्बन्ध' लिखा जाता है। कहीं 'मध्यप्रदेश' लिखा जाएगा तो कहीं 'मध्य प्रदेश' और कहीं 'खाकर' लिखा जाएगा तो कहीं 'खा कर'। संज्ञा शब्दों, खासकर, विदेशी नामों के मामले में तो और अराजकता की स्थिति है। विभिन्न पत्र-पत्रिकाएँ विभिन्न नामों का इस्तेमाल करती हैं। कोई 'मास्को' लिखता है, कोई 'मस्क्वा', कोई 'कम्बोडिया' लिखता है, कोई 'कम्पूचिया' तो कोई 'कम्बुजिया।' इसी प्रकार 'गोर्वाच्योव' भी चलता है तो 'गोर्वाचौफ' भी। लेकिन स्थिति तब और विकट हो जाती है, जब समाचार एजेन्सियों की कृपा से एक ही समाचार-पत्र में अमेरिका भी होता है, 'अमरीका' भी। 'गौहाटी' भी होता है, 'गुवाहाटी' भी, 'लेघारी' भी होता है, लेहारी' भी। कभी-कभी एक ही समाचार में भी भिन्नता होती है। इस स्थिति पर काबू पाने के लिए विद्वानों ने प्रयास किए। बाबू राव विष्णु पराड़कर, अज्ञेय तथा प्रभाष जोशी ने क्रमशः आज, दिनमान और जनसत्ता के लिए वर्तनी के कुछ मानक स्थिर किए, कुछ नियम बनाये। इसके अनुसरण से वर्तनी की समस्या पर काबू पाया जा सकता है, किन्तु दुर्भाग्यवश उसकी जानकारी कम अखबारनवीसों को ही है, जिन्हे है, वे भी स्वच्छंदता ही पसन्द करते हैं।[1]

वर्तनी सम्बन्धी समस्याओं के समाधान के लिए समय-समय पर कुछ प्रयास अवश्य हुए। यह बात अलग है कि ये समाधान अपनी पूर्णता को प्राप्त नहीं हुए। हिन्दी के सुप्रसिद्ध कवि, उपन्यासकार **अज्ञेय** द्वारा सुझाए कुछ निर्देशों को इस प्रकार देखा जा सकता है,—

(1) विभक्तियाँ सर्वनाम के साथ लिखी जाँयें यथाः मैंने, हमने, तुमने, उसका, उसके, किससे, जिससे, उससे,

(2) क्रिया पद 'कर' मूल क्रिया से मिलाकर लिखें,—यथाः जाकर, जमकर, हंसकर, मारकर, पीटकर, उठकर,

1. हिन्दी पत्रकारिता का नया स्वरूप—डॉ. बच्चन सिंह, पृ. 178, विश्वविद्यालय प्रकाशन, वाराणसी 2003 ई.

(3) चन्द्र बिन्दु के स्थान पर अनुस्वार का ही प्रयोग किया जाए यथा : हंसना, मां, पहुँचना,

(4) अनुस्वर का प्रयोग यथाः—सम्बन्ध, अन्त, वीरेन्द्र, (सम्बन्ध, अन्त, वीरेन्द्र, न लिखा जाए) इंसान, इंकार उर्दू शब्दों में 'न' की जगह अनुस्वार ही यथेष्ठ है,

(5) 'त्त' का प्रयोग

(1) कार्यकर्ता परिवर्तन, महत्त्वपूर्ण, नेतृत्व आदि शब्दों में एक ही 'त' रहेगा,

(2) इयत्ता, महत्ता, उत्तर जैसे शब्दों में 'त्त' ही लिखा जाएगा,

(6) उर्दू और अंग्रेजी के शब्दों में नुक्ते का इस्तेमाल न किया जाए, यथाः अंग्रेजी, जहर, सिर्फ, गजल, अपवाद

(1) जहाँ केवल एक नुक्ते के कारण अर्थ बदलता हो, सिर्फ वहीं नुक्ता लगाएँ, यथा-जलील और ज़लील,

(2) यदि कहीं अरबी-फारसी का उद्धरण शेर या वाक्य-विशेष आता है, तो शत-प्रतिशत आश्वस्त होने पर नुक़्ते का इस्तेमाल किया जा सकता है,

(7) हाइफन का बहुत सीमित प्रयोग हो—

(1) द्वन्द समास में : राम-लक्ष्मण, माँ-बाप, भाई-बहन,

(2) उपमा में : चाँद-सा मुखड़ा, झील-सी गहरी आँखें,

(8) क्रिया पदों में 'ये', 'या' 'यी' और 'ए', 'ई' का प्रयोग—जिंस क्रिया का रूप लिंग भेद के कारण बदले, वहाँ, या, यी, ये का प्रयोग होगा, जैसे—रामगया, सीता गई, वे गए (स्त्रियों के लिए हो तो वे गयीं),

(9) आज्ञा बोधक वाक्यों में—आइए, खाइए, पीजिए, बैठिए अथवा मंगाएँ, बुलाएँ, पहुँचाएँ,

(10) क्रिया जब संज्ञा रूप में प्रस्तुत हो तो 'ई' लिखें, यथाः सिलाई खराब है, पढ़ाई-लिखाई चौपट हो गई, मेरी पढ़ाई चल रही है, लेकिन किताब पढ़ायी गई, नकल करायी गई लिखा जाए।

(11) संस्कृत के शब्दों में जहाँ 'भी' का प्रयोग होता है, वहाँ 'ई' का इस्तेमाल उचित नहीं, यथा : स्थायी, अनुयायी,

(12) आदर सूचक 'वे'—वे (इन्दिरा गांधी) अमेरिका गई थीं।[1] ठीक इसी तरह 'आज' एक समय विभक्तियाँ संज्ञा के साथ जोड़कर लिखता था और भाषा में तत्सम शब्दों का इस्तेमाल ज्यादा होता था, लेकिन अब उसका पालन करीब-करीब नहीं हो रहा है। हालाँकि अब भी 'कार्रवाई' के स्थान पर 'काररवाई' लिखा जा रहा है, जब कि 'कारवाई' शब्द प्रचलन में नहीं है। 'दिनमान ने भी अपने लिए वर्तनी निश्चित की थी, लेकिन बाद में चलकर उसका उलंघन होने लगा। 'जनसत्ता' ने 1983 में अपनी अलग वर्तनी निश्चित की थी, जो शिक्षा मंत्रालय की वर्तनी से काफी मिलती-जुलती है लेकिन अब तक उसकी यात्रा पर नजर डालें तो यह भविष्यंवाणी मुश्किल होगी कि उस पर अमल बदस्तूर होता रहेगा।[2]

पत्रकारिता की भाषा हिन्दी के सामने अगली समस्या **अनुवाद** की है। कुछ समय पहले तक हिन्दी समाचार-पत्र अनुवाद पर आश्रित रहते थे, यद्यपि अब भी इससे मुक्ति नहीं मिल पाई है। वस्तुतः देश की अधिकांश संवाद समितियाँ अंग्रेजी में ही काम करती हैं। इन संवाद समितियों से प्राप्त अंग्रेजी समाचारों को हिन्दी में अनुवाद करना पड़ता है। अतः अंग्रेजी व्याकरण का सीधा असर हिन्दी अखबारों पर पड़ता है। जाहिर है, ऐसी स्थिति में यह अनुवादी हिन्दी काफी दोषपूर्ण, भ्रामक और शिथिल होती है। एक तो हिन्दी में अनुवाद की प्रक्रिया समयाभाव के कारण बहुत क्षिप्रता से की जाती है, अतः अनुवादक को स्रोत भाषा से लक्ष्य भाषा में अनुवाद के लिए गहरे ज्ञान की जरूरत होती है, उक्त जानकारी के अभाव में जो अनुवाद होता है, वह सटीक भावाभिव्यक्ति

1. हिन्दी पत्रकारिता का नया स्वरूप—डॉ. बच्चन सिंह, पृ. 179
2. हिन्दी पत्रकारिता का नया स्वरूप—डॉ. बच्चन सिंह, पृ. 206

नहीं कर पाता। उदाहरण के लिए 'एक्सचेंज ऑफ फायर' के लिए कई बार 'गोलियों का आदान-प्रदान' अनुवाद किया जाता है, जबकि 'दोनों ओर से गोलियाँ' चलीं अनुवाद अधिक ठीक लगता है 'क्वालिटी कन्ट्रोल' के लिए 'किस्म नियंत्रण' या 'गुण नियंत्रण, दिया गया है, जबकि इसका सही प्रयोग 'माल की उत्तमता का ध्यान रखना' होना चाहिए। इसी प्रकार अशुद्ध अनुवाद के कुछ अन्य उदाहरण भी दिए जा सकते हैं,—

थर्ड डिग्री मेथड्स—तीसरे दर्जे के हथकंडे
टैंक वार फेयर—तालाब लड़ाई
रेलवे स्लीपर—रेलवे स्टेशन पर सोने वाले
टू टेम दि रीवर्स—नदियों को पालतू बनाना[1]

सच तो यह है कि समाचार-पत्रों की भाषा सरल और सहज होनी चाहिए, जहाँ तक हो सके, ऐसे शब्द प्रयोग किए जाएँ जो पाठक के लिए बोधगम्य हों। कभी-कभी अंग्रेजी के हिन्दी पर्याय ऐसे दिए जाते हैं, जो पाठक की समझ के बाहर होते हैं, जैसे—जलावतरण (Lauuch) युगल (Doubles), लंबित (Pending), आत्म नियामक (Automatic) आदि। इसके अतिरिक्त हिन्दी में अपने शब्द होते हुए भी अन्य शब्दों का निर्माण किया जाता है। 'फूड ग्रेन' के लिए हिन्दी में 'अन्न' या 'अनाज' शब्द उपलब्ध है, लेकिन 'खाद्यान्न' का प्रयोग होता है। 'डेमोक्रेटिक डिसेंट्रलाइज़ेशन' के लिए 'पंचायती राज' शब्द है, लेकिन 'लोकतांत्रिक विकेन्द्रीकरण' का प्रायः प्रयोग किया जाता है, जो सामान्य पाठकों की बुद्धि में नहीं आता। इसी प्रकार 'हंगरस्ट्राइक', 'किचन', 'गार्डेन' आदि शब्दों के जो पर्याय बनाये गए हैं, वे पत्रकारिता की भाषा के अनुकूल नहीं है। यही नहीं, कभी-कभी ऐसे संस्कृतनिष्ठ शब्द दिए जाते हैं, जो सामान्य पाठकों के लिए बोधगम्य नहीं होते, जैसे—'मछलीपालन' के लिए मत्स्यपालन', और 'मुर्गापालन' के लिए 'कुक्कुट पालन'। इस प्रकार पत्र-पत्रिकाओं के उद्देश्यों को सामने रखते हुए भाषा को सरल और सुबोध बनाना चाहिए। ठीक इसी तरह अगला उदाहरण लें। हिन्दी भाषा और समाज की परम्परा के अनुसार, "प्रधानमंत्री जापान रवाना हुए" काफी है, परन्तु आम तौर से हिन्दी पत्रकारिता में इस प्रकार लिखा जाता है,—"प्रधानमंत्री जापान के लिए रवाना हुए। यहाँ 'के लिए', जाहिर है, अंग्रेजी के 'फॉर' (for) के लिए आया है। कारण, अंग्रेजी में इस समाचार का मुख्य शीर्षक होगा,—"पी.एम. डिपार्ट्स फॉर जापान"। इस प्रक्रिया से हिन्दी भाषा में नवीनता तो आई, परन्तु दुर्भाग्य यह हुआ कि वह धीरे-धीरे अनुवाद की भाषा के निकट पहुँचती गई। आज हिन्दी के अधिकांश पत्रों और पत्रिकाओं की भाषा पर अनुवाद की इस भाषा का प्रभाव देखा जा सकता है।[2] अंग्रेजी से हिन्दी अनुवाद का एक अन्य उदाहरण देखिए,—

"बैग बड़ा हैवी है।"
"आपके शूज़ इतने डर्टी कैसे हो गए?"
"आज हम स्विंग्स पर गए थे न?"
"ह्वाट स्विंग्स?"
"ओह नो, आप को ये भी नहीं पता कि हम झूले खाने गए थे तो शूज डर्टी हो गए।"
"ओपन योर बैग, मैम ने आज क्या करवाया?"
"पहले खाना तो फिनिश कर लूं।"
"बनाना चाहिए।"
"कभी आप बनाना कहते हो, कभी केला?"
"अरे, पहले माउथ वाश करके आओ।"
"ओ. के.।"

1. संचार माध्यम (पत्रकारिता की भाषा और अनुवाद-डॉ.कृष्ण कुमार गोस्वामी) पृ. 44, सन् 1981 ई.
2. संचार माध्यम ('भाषा, आधुनिक समाज और जन संचार माध्यम' लेख—डॉ. देवेन्द्र चौबे), पृ. 29, अक्टूबर-दिसम्बर 2000 ई.

"और हैंड भी अच्छी तरह वाश कर लेना।"
"ओ. के. मम्म।"
"अब स्लिपिंग के लिए चलें।"
"नहीं मम्मी, अभी स्लिप फील नहीं हो रहा।"[1]

सुप्रसिद्ध पत्रकार श्री **राम शरण जोशी**[2] कहते हैं कि हिन्दी पत्रकारिता को अंग्रेजी अखबारनवीसी का भाषाई संस्करण बनाने की हवा बही। हिन्दी को अंग्रेजी के मुकाबले दूसरे स्थान पर मानने की धारणा बलवती हुई। हिन्दी पत्रकारिता में एक नई परम्परा चल निकली। हिन्दी समाचार-पत्रों के सम्पादकीय पृष्ठ तक अंग्रेजी स्तम्भों से पटे रहने लगे। खुशवन्त सिंह, जनार्दन ठाकुर, कुलदीप नैयर, अरुण शौरी, गिरिलाल जैन, कूमी कपूर, तवलीन सिंह, के. सुन्दरराजन, नानपुरिया जैसे अंग्रेजी पत्रकारों के नामों की भरमार हिन्दी अखबारों में रहने लगी। इससे हिन्दी में स्वतंत्र लेखन के पनपने तथा नये लोगों के सामने आने की सम्भावनाओं पर प्रश्न चिह्न लग गया। इससे अप्रत्यक्षतः हिन्दी पत्रकारिता के विकास मार्ग में अनेक बाधाएँ पैदा हुईं।

हिन्दी पत्रकारिता की भाषा पर भूमंडलीकृत बाजार का दबाव काफी पड़ा है। अतः हिन्दी पत्रकारिता की भाषा विकृत हुई है। वस्तुतः भूमंडलीय परिप्रेक्ष्य के दबाव के कारण हिन्दी का एक नया व्याकरण उत्पन्न हो गया है। भाषा अपने युग की स्थितियों और प्रेरणाओं के अनुसार बदलती आई है। आज डिजिटल क्रान्ति के युग में भी वह बदलाव की ओर तेजी से बढ़ रही है। इक्कीसवीं सदी की पत्रकारिता में भाषा के प्रति सजगता का भाव विलुप्त हो गया है। प्राथमिकता केवल सूचना निर्माण, सूचना प्रस्तुति की रह गई है। मार्किटिंग सम्पादकों की दृष्टि भाषा संरचना पर नहीं, बल्कि राष्ट्रीय कम्पनियों के विज्ञापनों पर केन्द्रित हो गई है। कई बार पूरा पृष्ठ ही विज्ञापन के नाम कर दिया जाता है। विज्ञापन की भाषा, शब्द-संरचना, भाषा को कलात्मक बनाने के लिए भाषा विचलन का प्रयोग तो होता ही है, परन्तु हिन्दी और अंग्रेजी का मिश्रण और हिन्दी का अंग्रेजी वर्णों में लिखने की प्रक्रिया का प्रयोग बिल्कुल आम हो गया है। संक्षेप में कहें, हिन्दी समाचारों की भाषा व्याकरण की सीमाओं को पार करती हुई नये शब्द-संसार व वाक्य विन्यास को जन्म दे रही है, जो हिन्दी के विशुद्ध स्वरूप पर प्रहार कर रही है।[3]

सुप्रसिद्ध कवि, आलोचक **डॉ. अशोक वाजपेयी**[4] कहते हैं कि इलेक्ट्रॉनिक और प्रिन्ट मीडिया में भाषा के प्रति बेहद लापरवाही और उसके साथ अनाचार का एक नया युग आरम्भ हो गया है और सारी राजनीति उसका प्रतिरोध करने की बजाय उसका अपने हितों के लिए लाभ लेने में लग गई है। कोई भाषा शुद्ध नहीं होती और न ही रह सकती है। परिवर्तन भाषा की उत्तर जीविता का आधार होता है, लेकिन अगर ऐसे परिवर्तन बौद्धिक आलस्य, भाषिक लापरवाही और सांस्कृतिक शिथिलता के कारण आते हैं, जैसा कि इन दिनों आ रहे हैं तो उनसे भाषा की अपनी पहचान के खो जाने का संकट पैदा हो जाता है। राजभाषा के निहायत गैर मुहावरेदार और अनुवादजीवी रूप ने अगर हिन्दी को एक स्तर पर उसकी मटमैली गन्ध से काटकर बनावटी बनाने की कोशिश की तो आज का मीडिया अधिकांशतः उसे घटिया हालाँकि चिकनी-चुपड़ी अंग्रेजी का गरीब बिरादर बनाने पर तुला है। अच्छी और साफ-सुथरी हिन्दी अब साहित्य के अलावा सार्वजनिक जीवन के प्रायः हरेक क्षेत्र से गायब होती जान पड़ती है। दरअसल, जन संचार माध्यमों में भाषा का अपना एक अलग समाजशास्त्र होता है। यदि यह भाषा, समाज के बीच से, खासकर बहुलतावादी समाज के बीच से उठकर आए, तब वह अपना एक अलग मिजाज गढ़ती है, जैसा कि सुरेन्द्र प्रताप सिंह ने किया अथवा उनके पूर्व 'नई दुनिया' और 'नव भारत

1. जनसत्ता (एक नमूना : घरेलू हिन्दी संवाद लेख—रजनी नागपाल) पृ. 12, 14 सितम्बर-1997, दिल्ली संस्करण
2. हस्तक्षेप, राष्ट्रीय सहारा, पृ. 01, 8 नवम्बर, 1992 ई.
3. राजभाषा भारती (ग्लैमरस हो रहे हैं हिन्दी समाचार पत्र-मधुबाला) पृ. 34, राजभाषा विभाग, गृह मंत्रालय, नई दिल्ली, सितम्बर 2007
4. जनसत्ता (कभी-कभार) अशोक वाजपेयी, पृ. 4, कोलकाता, संस्करण, सन् 2004

टाइम्स' में राजेन्द्र माथुर ने। उन्होंने इस बात को समझा कि संचार माध्यमों में वही भाषा लम्बे समय तक टिक पाएगी, जिनमें जनता की भावनाओं, विचारों और जीवन के अनुभवों के वहन की क्षमता हो। यह समझदार सम्पादक का गुण भी होता है कि वह जिस भाषा अथवा प्रदेश में पत्र-पत्रिका का सम्पादन-प्रकाशन कर रहा होता है, वहाँ की भाषा और लोकाचार से परिचित होने की कोशिश करता है और इस प्रक्रिया में वह वहाँ की प्रचलित भाषा और शब्दावली का प्रयोग करता है। राजेन्द्र माथुर ने यह काम किया और पत्र-पत्रिकाओं के सम्पादन की प्रक्रिया में प्रादेशिक भाषा और लोक में प्रचलित भाषा और शब्दावली को समझा, उसकी ताकत को पहचाना और सम्भवतः यही कारण है कि हिन्दी के पत्रकारों में उन्हें सर्वाधिक महत्त्वपूर्ण माना जाता है। 'दिनमान' के सम्पादन के दौरान रघुवीर सहाय ने भी जनता की भाषा की इस ताकत को पहचाना था, इसलिए पुराने लोग आज भी उनके समय के 'दिनमान' को याद करते हैं। वस्तुतः इन सम्पादकों ने प्रिन्ट मीडिया में हिन्दी के ताकतवर रूप को विकसित करने के लिए एक दूसरा महत्त्वपूर्ण कार्य यह किया कि हिन्दी भाषा की गरिमा को बचाते हुए इसे जनता की महत्त्वाकांक्षा और अनुभव का माध्यम बनाया।[1] यद्यपि अपने पत्र को जन-सामान्य के सच से जुड़ा होने के तथ्य के प्रतिपादन में पत्रकार आम बोलचाल की भाषा का प्रयोग इस समय अधिकाधिक करते हैं और सरलता तथा बोधगम्यता की वृद्धि के लिए यह आवश्यक भी है। परन्तु क्षोभ होता है जब यह वर्ग भाषा के विकृत प्रयोग को भी आपत्तिजनक नहीं मानता। प्रायः समाचार-पत्रों की भाषा पर बरबस ध्यान चला जाता है। समाचार शीर्षक भी प्रायः चुभते हैं। एक प्रतिष्ठित हिन्दी पत्र ने लिखा—'बाहुबली विधायक...।' अब बाहुबली का क्या अर्थ है? सामान्यतया बाहुबली का अर्थ है जिसकी भुजाओं में शक्ति हो, हनुमान, भीम इत्यादि बाहुबली थे। अब 'बाहुबली' के दो अर्थ हो गए, एक अच्छे सन्दर्भ में और एक बुरे सन्दर्भ में।

एक अन्य शीर्षक हैं—'दागियों पर भारी हंगामें के बाद संसद...।' एक अन्य पत्र ने लिखा—'दागी मंत्रियों पर...।' 'दागियों' अथवा 'दागी' स्थानीय स्तर पर प्रचलित ठेठ भाषा के अतिप्रयुक्त शब्द हैं। प्रथम दृष्टयाः प्रयोग में कोई आपत्ति नहीं लगती। यहाँ प्रश्न लोकप्रियता के सापेक्ष स्तर का है। लांक्षित, आरोपी, कलंकित, दोषारोपित, अपकृत, दुर्नाम, न जाने कितने शब्द हैं जो अर्थ को प्रभावशाली रूप में व्यक्त करते हैं। इस सन्दर्भ में सामान्यतयाः सरलता एवं बोधगम्यता को आधार बना कर ऐसे प्रयोग किए जा रहे हैं। भाषा-विकास के क्रम में सरलता एवं बोधगम्यता कभी भी स्तरहीनता को प्रश्रय नहीं देती।

शब्दों के प्रयोग में उनका संस्कृतनिष्ठ होना, क्लिष्ट होना, प्रायः अप्रयुक्त होना, जैसे तर्क शब्द विशेष की अयोग्यता नहीं है। ऐसे तर्क अर्थहीन हैं। यहाँ पत्रकार यह भूल जाते हैं कि उनके निरन्तर प्रयोग से ही शब्दों के प्रचलित स्वरूप की न सिर्फ व्याख्या परिवर्तित हो सकती है अपितु वे शब्द भाषा की शुद्धता एवं स्तरोन्नयन का आधार भी बन सकते हैं। यही नहीं भूले-बिसरे शब्दों के अर्थ भी, यदि पत्रकार चाहें तो पुनर्स्थापित कर सकते हैं क्योंकि निरन्तर प्रयोग, संवाद के आशय की दक्ष अभिव्यक्ति शब्दों के अर्थों की व्यापकता निर्धारित करते हैं। पत्रकार की संवाद निरन्तरता एक ऐसी शक्ति है जो किसी भी अन्य माध्यम से अपेक्षाकृत शीघ्रता से शब्दों का प्रचलन बना अथवा बिगाड़ सकती है।

आयुध प्रकोष्ठ, निमग्न, आग्नेयास्त्र, पुरोनिधानित जैसे शब्द भी समाचार-पत्रों में प्रमुखता से प्रकाशित हुए हैं परन्तु कतिपय समाचारों में वाक्य विन्यास शब्द-प्रयोग की दृष्टि से खटकने वाले भी होते हैं। अस्थि रोग विभाग के स्थान पर 'आर्थोपेडिक्स विभाग' का प्रयोग एक ऐसे समाचार में जिसमें बहुप्रचलित 'डॉक्टर' के स्थान पर 'चिकित्सक' शब्द का प्रयोग किया गया हो, खटकता है। न्याय, अपराध, दंड विधान तथा प्रशासनिक प्रकार के समाचारों में उर्दू शब्दों का बाहुल्य रहता है। योजना से जुड़ी सूचनाओं में भी प्रायः यही स्थिति रहती है। कभी-कभी पूरे वाक्य में हिन्दी दुर्लभ हो जाती है। उदाहरणार्थ—'...उन्हें दो शिफ्टों में ड्यूटी करने का फरमान जारी...।'

1. संचार माध्यम—देवेन्द्र चौबे, पृ. 29, अक्टूबर-दिसम्बर सन् 2000 ई.

हिन्दी साहित्य, संगोष्ठी, हिन्दू धर्म, गङ्गा, सरोवर, धार्मिक स्थान इत्यादि से सम्बद्ध समाचारों में पत्रकारों की यही प्रचलित हिन्दी आश्चर्यजनक रूप से अति संस्कृतनिष्ठ तथापि जन-सामान्य के योग्य हो जाती है। प्रायः विदेशी संवाद समितियों से प्राप्त अनुदित समाचारों में भी उचित हिन्दी का प्रयोग रहता है परन्तु लन्दन, मध्य-पश्चिम एशिया से प्राप्त समाचार उर्दू-बाहुल्य शब्दावली के साथ होते हैं।

उर्दू शब्दावली में दौर, दौरान, इलाज, मद्‌देनजर, मुद्‌दा, परेशानी, कोशिश, आमादा, जिम्मेदार जैसे शब्द अपने सापेक्षी हिन्दी शब्दों, क्रमशः काल, तदनन्तर, उपचार, आलोक में, प्रश्न पर, समस्या, प्रयास, उद्धृत, उत्तरदायित्व से कहीं अधिक प्रयोग में लाये जाते हैं। जानबूझ कर सरलता के नाम पर आलस्यवश वर्तनी से छेड़छाड़ करना अशोभनीय है। उदाहरणार्थ—सम्बन्ध को संबंध, सन्ताप को संताप, अन्त को अंत, सम्पुष्ट को संपुष्ट, एवम् को एवं, सम्भव को संभव इत्यादि, तथा चन्द्र बिन्दु का विलोप मात्र टंकण सुविधा की ओट में आलस्यवश किया जाता है। हिन्दी के स्तरीकरण तथा विकास के सन्दर्भ में यह प्रवृत्तियाँ आत्मघाती हैं।

समाचार-पत्र के पाठकों में मात्र प्रबुद्ध वर्ग ही नहीं होता। प्रत्येक काल में किशोरवय तथा पूर्व-किशोरवय के नवप्रवेशी पाठकों की एक बड़ी संख्या भी होती है जो अपने भाषा ज्ञान का विकास कर रही होती हैं। इस नवप्रवेशी पाठक-वर्ग के लिए समाचार-पत्रों की भाषा एक प्रमुख भूमिका का निर्वाह करती है। अस्तु, समाचार लेखन के अर्थ मात्र समाचार प्रसारण ही न होकर अन्य सामाजिक उत्तरदायित्वों का निर्वहन भी है। समाज के नवप्रवेशियों को एक व्यवस्थित भाषा-ज्ञान प्रदान करना भी पत्रकार-वर्ग का सामूहिक दायित्व है। प्रबुद्ध वर्ग के स्तर पर भी मूलतः समाज-साहित्य-सामाजिक विचारधारा का सम्बन्ध संवाद पर आधारित है।

भाषा की प्रभावोत्पादकता उसका उल्लास तथा भाषा का विक्षोभ व्यक्ति से व्यष्टिकृत रूप में अलग-अलग संवाद आशय स्थापित करते हैं जिनका समवेत स्वरूप सामाजिक विचारधारा के रूप में प्रतिबिम्बित होता है। इस परिप्रेक्ष्य में भाषा का स्तरोन्नयन भी पत्रकारवर्ग का एक प्रमुख दायित्व बन जाता है। अन्य भाषाओं के पत्र विशिष्टता पर यथेष्ठ ध्यान देते हैं किन्तु घोर आश्चर्य है कि राष्ट्रभाषा 'हिन्दी' के पत्र निरन्तर हिन्दी का विकृत स्वरूप प्रसारित करते जा रहे हैं। यहाँ तक कि वर्तनी को अशुद्ध कर 'प्रचलन' बना लिया गया है। उदाहरणों से स्पष्ट है कि 'प्रचलित, सहज भाषा' का कोई निर्धारित मापदंड पत्रकारों को स्पष्ट नहीं है, तथापि शब्दों के अन्यार्थ प्रयोग प्रचलन एवं सहजता की आड़ में किए जा रहे हैं।[1]

(2) प्रजातांत्रिक व्यवस्था में चतुर्थ स्तम्भ के रूप में पत्रकारिता

समाचार-पत्र लोकतंत्र का प्रमुख अंग होता है। जब अखबारों का प्रकाशन आरम्भ हुआ, तब अपने देश में विशेषतः ब्रिटिश संसद की रिपोर्ट अखबरों में प्रकाशित की जाती थी। उस समय तक अखबारों को केवल वही जानकारी दी जाती थी, जो जनता से सम्बन्धित होती थी। प्रशासन की मान्यता थी कि सरकार के गोपनीय तथ्यों का प्रकाशन नहीं किया जाना चाहिए। उस समय पत्रकारिता की मान्यता थी, लेकिन लोकतंत्र में चौथे स्तम्भ के रूप में प्रचारित नहीं हुई थी। उस समय लोकतंत्र के तीन प्रमुख स्तम्भ माने जाते थे—सम्राट, विधायिका और कार्यपालिका। पत्रकारिता को लोकतंत्र के चौथे स्तम्भ के रूप में मान्यता प्रदान करने का श्रेय ब्रिटेन के विदेशमंत्री लॉर्ड बर्के को है। उन्होंने 1832 ई. में 'Burliegh and His Times' नामक अपने ऐतिहासिक भाषण में कहा था—"The gallery in which the reporters sit has become a fourth estate of the realm, the publication of the debates, a practice which seemed to the most literal statement of the old school full of danger to the great safe guards of Public property is now regarded by many persons as a safeguard tantamount and more than tantamount, to all the rest together." अर्थात् ''सत्ता के जिस गलियारे में पत्रकार बैठते हैं, वह चौथा स्तम्भ बन गया है। पहले सरकारी रिपोर्टों के प्रकाशन को सार्वजनिक हितों की सुरक्षा की दृष्टि से कुछ राजनीतिज्ञ खतरनाक समझते थे। अब संसद की रिपोर्टों के प्रकाशन को जनहित

1. हिन्दुस्तान (पत्रकारिता और भाषा : कुछ संवेदनशील तथ्य—अनुराग चौबे) 20 जुलाई, सन् 2004,—वाराणसी संस्करण।

की दृष्टि से सुरक्षित माना जाने लगा है।'' इस प्रकार सत्ता के साथ एक स्तम्भ और जुड़ गया तथा बर्के का वह 'फोर्थ स्टेट' पत्रकार के लिए अन्तराष्ट्रीय पहचान बन गया। वह लोकतंत्र का आवश्यक हिस्सा बन गया।[1] दरअसल लोकतांत्रिक व्यवस्था में प्रेस का सर्वाधिक महत्त्वपूर्ण कार्य लोकतांत्रिक मूल्यों की स्थापना और उनकी रक्षा करना है। एक ओर प्रेस शासकों के निजी एवं सार्वजनिक आचरण पर नियंत्रण रखता है और उन्हें साफ सुथरी शासन की प्रक्रिया को स्थापित करने के लिए बाध्य करता है, वहीं दूसरी ओर लोगों को उनके जनतांत्रिक अधिकार और कर्तव्यों से अवगत कराता है तथा लोगों में राजनीतिक एवं सामाजिक चेतना का प्रसार करता है। यह प्रेस का ही योगदान है कि, देश का प्रत्येक नागरिक चुनावी प्रक्रिया में शासकीय व्यवस्थाओं को आत्मसात कर सका है। प्रेस जहाँ, व्यवस्थापिका की कार्य विधियों से देश के करोड़ों लोगों को अवगत रखता है, वहीं वह कार्यालिका को निरंकुश होने से रोकता है और न्यायपालिका के निर्णयों की सामान्य लोगों को जानकारी देता है। जनमत निर्माण में भी प्रेस की महत्त्वपूर्ण भूमिका रही है। लोकतंत्रीय व्यवस्था में किसी भी नीति को लागू करने के लिए जनमत की आवश्यकता होती है। यह कार्य वृहत् स्तर पर प्रेस ही कर सकता है। राष्ट्रीय स्तर के समाचार-पत्रों के माध्यम से विशेष मुद्दों पर होनेवाली बहस जनमत निर्माण में सहायक होती, है। इसी प्रकार, समय-समय पर विशिष्ट लेखों के प्रकाशन से जन-सामान्य की नब्ज़ की पहचान होती है, जिसके अनुरूप शासक वर्ग अपनी कार्य विचार-यात्रा को गति देता है।[2]

पंडित कमलापति त्रिपाठी[3]—अपनी एक सुप्रसिद्ध कृति में लिखते हैं,—''साधक के लिए साधना का, त्यागी के लिए उत्सर्ग का, तपस्वी के लिए कष्ट सहन तथा अनासक्ति का, योद्धा के लिए संघर्ष और रण का, कवि के लिए अनुभूति की अभिव्यक्ति का, कलाकार के लिए संस्कृति के गूढ़ और रहस्यमय चित्रों का चित्रण करने का, आलोचक के लिए जीवन की स्थूल और सूक्ष्म धारा के विवेचन का, साहित्यिक के लिए लौकिक और अलौकिक यथार्थ और भावुक जगत को प्रकाश में लाने का पथ एक ही साथ उपस्थित कर देने में सिवा-पत्र, पत्रकारिता के आज कौन समर्थ है?'' यही है पत्रकारिता का महत्त्व और गुरुतर उत्तरदायित्व। अरबी शब्द 'खबर' का बहुवचन है—'अखबार'। अखबार में खबर देने, लिखने वाले लोग 'खबरनवीस' कहलाते हैं। यही 'खबरनबीस' हिन्दी में 'पत्रकार' नाम से जाने जाते हैं। लोकतांत्रिक शासन में इनके द्वारा की गई 'पत्रकारिता' का विशेष महत्त्व होता है। 'समाचार-पत्र' को लोकशाही का 'चतुर्थ स्तम्भ' (Fourth Estate) कहा जाता है। लोकशाही के शेष तीन स्तम्भ हैं—'विधायिका' (संसद, विधानसभा), कार्यपालिका (सरकार) और न्यायपालिका (न्यायालय)। अतः स्वतः जाहिर है, कि पत्रकारिता का क्षेत्र, कर्तव्य, उत्तरदायित्व कितना बड़ा और महत्त्वपूर्ण-प्रभविष्णु है। पर, दुर्भाग्य से कार्यपालिका, न्यायपालिका और विधायिका की तरह 'पत्रकारिता' को अपेक्षित सम्मान नहीं मिल पाया। सभी को ज्ञात है, आज न्यायपालिका, कार्यपालिका और विधायिका के सामने विश्वसनीयता का संकट है। अतः ले-देकर अविश्वास के अँधेरे में आस्था के दीपक के रूप में यही पत्रकारिता आज समाज का मार्गदर्शन कर रही है। आज यदि पत्रकारिता नहीं होती तो अधिनायकवादी और उदंड शक्तियाँ लोगों का जीवन दुर्वह बना देती। सच तो यह है कि पत्रकारिता अभिव्यक्ति की एक आकर्षक एवं मनोरम कला है। इसका काम जनसाधारण और जन-नेताओं के सामने लोक-कल्याण सम्बन्धी कार्यों की सूची प्रस्तुत करना है,[4]—"Journalism is communication. It is the events of the day distilled in to a few words, sounds or pictures, processed by the mechanics of communication to satisfy the human curiosity of a world that is a always eager to know that's new."

1. हिन्दी पत्रकारिता (भारतेन्दु-पूर्व से छायावादोत्तर काल तक)—डॉ. धीरेन्द्र नाथ सिंह, पृ. 03, विश्वविद्यालय प्रकाशन वाराणसी, प्रथम संस्करण-2003 ई. मूल्य-50 रुपये मात्र।
2. पत्रकारिता-प्रशिक्षण—डॉ. शार्दूल विक्रम सिंह, डॉ. ऋचा कुमार, पृ. 144, भवदीय प्रकाशन, अयोध्या-फैजाबाद, संस्करण-2007, ई. मूल्य, 40 रुपये मात्र।
3. पत्र और पत्रकार—श्रीकमलापति त्रिपाठी, पृ. 105, ज्ञानमंडल, वाराणसी।
4. पत्रकारिता के सिद्धान्त—श्री कमलापति त्रिपाठी, पृ. 79, अनीता प्रकाशन, नई सड़क, दिल्ली, मू. 40 रुपये

डॉ. वेद प्रताप वैदिक[1] पत्रकारिता के महत्त्व पर प्रकाश डालते हुए लिखते हैं—"विधायिका, कार्यपालिका तथा खबरपालिका भी लोकतंत्र का महत्त्वपूर्ण स्तम्भ है। पत्रकार को किसी विशेषाधिकार की आकांक्षा न रखते हुए न्यायाधीश की-सी निष्पक्षता और योद्धा की-सी निर्भीकता के साथ सच्चाई उजागर करनी चाहिए। वे अपनी स्वयं की आचार संहिता के साथ पत्रकारिता में प्रवेश करें।" **डॉ. रमेश कुमार जैन**[2] पत्रकारिता के दायित्व का परिचय देते हुए लिखते हैं,—"प्रेस जनता की वह संसद है, जिसका अधिवेशन कभी भी समाप्त नहीं होता है। एक वास्तविकता है कि जहाँ प्रेस जनता का जागरूक प्रहरी होता है, वहाँ वह सरकार और जनता के मध्य एक विश्वसनीय सम्पर्क-सूत्र की भूमिका भी निभाता है। जनसत्ता दैनिक के सुप्रसिद्ध सम्पादक स्व. **श्री प्रभाष जोशी**[3] पत्रकारिता के महत्त्व की ओर संकेत करते कहते हैं कि,—"न्यायपालिका, कार्यपालिका, विधायिका और प्रेस में यदि मैं चौथा, खम्भा हूँ तो पत्रकार होने के नाते मेरा अधिकार और कर्तव्य है कि इन तीन खम्भों को मैं 'जज' करूँ"। इधर, **डॉ. रामचन्द्र तिवारी**[4] पत्रकारिता को राष्ट्रीय चेतना का सशक्त माध्यम मानते लिखते हैं कि—"समग्र रूपेण पत्रकारिता व्यवसाय है, कला है और राष्ट्रीय चेतना को उद्दीप्त करने का सशक्त माध्यम है।" **जैम्स मैकडोनल**[5] पत्रकारिता को अप्रतिम महत्त्व देते कहते हैं कि—"पत्रकारिता को मैं रणभूमि से भी अधिक बड़ी चीज मानता हूँ, यह कोई पेशा नहीं, बल्कि पेशे से कोई ऊँची चीज है।" इधर, **डॉ. विनोद गोदरे**[6] पत्रकारिता के महत्त्व की ओर संकेत करते लिखते हैं कि सचमुच पत्रकारिता निर्भीक पत्रकार के लिए निरन्तर एक चुनौती है। उसे राष्ट्र की नब्ज पर लगातार नजर रखनी पड़ती है। इसके अलावा उसे जन-कल्याण के लिए शान्ति से लेकर संघर्ष के लिए तत्पर रहना पड़ता है। देश-विदेश की विभिन्न घटनाओं पर उसे नजर रखनी पड़ती है और अपने राष्ट्र की प्रजा के हिताहित में निर्णय लेने होते हैं। इस प्रकार प्रकाशन, संवाद लेखन एवं प्रसारण युक्त समाचार माध्यम का व्यवसाय ही पत्रकारिता है।

सुप्रसिद्ध लेखक श्री **अम्बिका प्रसाद वाजपेयी**[7] ने समाचार-पत्र को **लोक गुरु** कहा है। वे लिखते हैं कि समाचार-पत्र सिर्फ खबरें ही नहीं देता है, उनका महत्त्व बताता है और लोगों को शिक्षित करता है। इसलिए इसे लोकगुरु कहा गया है। यह कार्य वह दो तरह से करता है—जनसाधारण को उसके कर्तव्यों का बोध कराकर और शासक वर्ग को समय-समय पर चेतावनी देकर अथवा उसकी पीठ ठोंककर। जिस हद तक समाचार-पत्र निर्भीकता और प्रबुद्धता से कार्य कर पाता है, वह लेखक गुरु की भूमिका अदा करता है। **महात्मा गांधी** ने प्रजातांत्रिक व्यवस्था में चतुर्थ स्तम्भ के रूप में पत्रकारिता को अनिवार्य साधन माना है। उनकी मंशा थी कि सत्य की विजय के लिए समाचार-पत्र ही अनिवार्य साधन है। इधर, **महादेवी वर्मा** ने पत्रकारिता को एक रचनाशील विधा माना और कहा कि, "इसके बगैर समाज को बदलना असम्भव है। अतः पत्रकारों को अपने दायित्व और कर्तव्यों का निर्वाह निष्ठापूर्वक करना चाहिए, क्योंकि उन्हीं के पैरों के छाले का इतिहास लिखा जाएगा।"

कुल मिलाकर आज पत्रकारिता न केवल जनतांत्रिक-लोकतांत्रिक विचारों का वाहक है, बल्कि जनतांत्रिक चेतना का अग्रदूत भी है। खासकर, भारत में लोकतंत्र का भविष्य देश के समाचार-पत्रों के हाथ में है। भारत में पत्रकारिता की शक्ति का निरन्तर विकास हो रहा है। प्रजातांत्रिक व्यवस्था में चतुर्थ स्तम्भ के रूप में पत्रकारिता शिक्षक, गुरु माता-पिता, स्कूल, थियेटर, आदर्श, उदाहरण और परामर्शदाता मित्र-सब कुछ हो गई है। आज की पत्रकारिता की प्राणभूत शक्ति उसके मूल्यों के प्रति आस्था है। सम्भवतः इन्हीं सब विशेषताओं को देखकर बहुत पहले ही पश्चिमी चिन्तक **बर्क** ने कहा था कि, **"समाचार-**

1. डॉ. वेद प्रताप वैदिक द्वारा राजस्थान विश्वविद्यालय के पत्रकारिता विभाग सम्पर्क शिविर के सम्भाषण समारोह 3 सितम्बर, सन् 1986 को दिया गया वक्तव्य।
2. हिन्दी पत्रकारिता का आलोचनात्मक इतिहास—डॉ. रमेश कुमार जैन, पृ. 51
3. दिनमान में प्रकाशित स्व. श्री प्रभाष जोशी का लेख "उद्देश्य परक पत्रकारिता", 10-16 मार्च पृ. 79, सन् 1986
4. पत्रकारिता के विविध आयाम-डॉ. रामचन्द्र तिवारी, पृ. 56
5. आधुनिक पत्रकारिता—डॉ. अर्जुन तिवारी, पृ. 31 पर जैम्स मैकडोनल का उद्धरण।
6. हिन्दी पत्रकारिता : स्वरूप और सन्दर्भ—डॉ. विनोद गोदरे, पृ. ,17, वाणी प्रकाशन, 21-ए, दरियागंज। नई दिल्ली, प्रथम संस्करण, मूल्य-175 रुपये, सन् 2000 ई.
7. समाचार पत्र कला—अम्बिका प्रसाद वाजपेयी, पृ. 90, हिन्दी समिति, उत्तर प्रदेश, लखनऊ।

पत्र चौथी रियासत है। उस समय यह बात जरूर सत्य रही होगी पर, आज तो **प्रेस ही एकमात्र रियासत है,** क्योंकि अन्य तीनों की शक्तियों को वह अकेले ही हजम कर गई है।'' अतः ऐसी स्थिति में प्रजातांत्रिक व्यवस्था में चतुर्थ स्तम्भ के रूप में पत्रकारिता का महत्त्व असन्दिग्ध और निर्विवाद है।

(3) पत्रकारिता और आधुनिक चेतना के विविध आयाम

(क) साहित्य, राजनीति, समाजनीति तथा संस्कृति से पत्रकारिता का सम्बन्ध

पत्रकारिता का चरित्र और क्षेत्र बहुविध तथा बहुआयामी होता है। अपने व्यापक फलक पर वह इतिहास, राजनीति, समाज, साहित्य, संस्कृति आदि से तो जुड़ी ही रहती है, राष्ट्रीय अन्तर्राष्ट्रीय, प्रादेशिक, आंचलिक, स्थानीय घटनाओं, कृषि, उद्योग, श्रमिक समस्या, कालाबाजार अपराध, तोड़फोड़, दंगा, दुर्घटना, सामाजिक रचाव या विघटन, प्रकृति-प्रकोप, आविष्कार, कला, नृत्य, चलचित्र आदि सांस्कृतिक क्षेत्रों से भी उसके रिश्तों की संहिता सशक्त होती है। साफ शब्दों में जिस प्रकार साहित्य समाज का दर्पण या मुकुर होता है, ठीक उसी तरह पत्रकारिता भी धरती की हर धड़कन और स्पन्दन को अपने भीतर बुनती है, इनकी साक्ष्य बनती है। कुल मिलकर पत्रकारिता का क्षेत्र बहुत विराट होता है। उसके सम्बन्धों का दायरा जीवन के विविध क्षेत्रों से होता है, जिनमें कुछ को इस प्रकार देखा जा सकता है—

(1) पत्रकारिता और साहित्य

(अ) पत्रकारिता और साहित्य में अभिन्नता—कई विद्वानों का विचार है कि साहित्य एवं पत्रकारिता के बीच सम्बन्धों की गणित बहुत पुख्ता और सख्त होती है। इन दोनों के बीच यदि अन्तर है तो वह बहुत सूक्ष्म अन्यथा दोनों एक हैं, एक के बिना दूसरा अधूरा-आंशिक है। साहित्यकार और पत्रकार दोनों परस्पर निर्भर हैं। **श्री हेरम्ब मिश्र** का विचार है कि ''सर्वोत्तम पत्रकारिता साहित्य है और सर्वोत्तम साहित्य पत्रकारिता है।''[1] इधर, पश्चिम के सुप्रसिद्ध नाटककार **बर्नार्ड शा** ने भी माना है कि कुशल पत्रकार साहित्यकार से भिन्न नहीं है। अगर साहित्य का काम सरकार को ठीक-ठीक देखना और परखना है, तो पत्रकार का भी काम वही है। पाँच दशक पहले 'भारतीय ज्ञानपीठ' से 'हिन्दी पत्रकारिता' नामक एक बहुत ही गम्भीर, शोधपरक कृति का प्रकाशन हुआ था। इसके लेखक हैं, बलिया (उ.प्र.) में जन्मे और अब कलकत्ते में बस गए सुप्रसिद्ध ललित निबन्धकार आदरास्पद **श्री कृष्ण बिहारी मिश्र।** वे साहित्यकार और पत्रकार के बीच के रिश्ते पर फोकस डालते लिखते हैं,—''भारतेन्दु युग के साहित्य की वैशिष्ट्य-विवेचना के प्रसंग में प्रायः कहा जाता है कि वह अधिकांश पत्रकारिता का साहित्य है, जिस पर तात्कालिक प्रभाव प्रमुख है, इसलिए उसमें उस शाश्वत मूल्य की कमी है, जो साहित्य को युग सीमा से मुक्त करनेवाला और उसे युग-युग को आलोक देने की शक्ति से सम्पन्न करनेवाला अनिवार्य तत्त्व है अर्थात् भारतेन्दु युग का साहित्य शाश्वत मानव मूल्यों और मानवीय संवेदना की कलात्मक भूमि से उदासीन होकर युगधर्म के प्रति अधिक सचेत था, इसलिए वह युग विशेष का साहित्य होकर रह गया, युग-युग का साहित्य न हो सका कहना न होगा कि यह धारणा उन कलावादियों की है, जो शाश्वत मूल्य की चिन्ता में युगधर्म से आँख मूँद लेते हैं। यह पलायन की दिशा है।[2] अपने समय के अनेक ज्वलन्त सवालों और संवेदनशील संस्कृति-बिन्दुओं से गहरी संसक्ति के साथ संवाद करनेवाली चर्चित कृति 'सरोकारों के दायरे' के लेखक, सुप्रसिद्ध पत्रकार और माखनलाल चतुर्वेदी राष्ट्रीय पत्रकारिता एवं संचार विश्वविद्यालय-भोपाल के पूर्व कुलपति **श्री अच्युतानन्द मिश्र** ने साहित्य और पत्रकारिता के बीच रिश्तों की संहिता पर प्रकाश डालते इस प्रकार लिखा है,—''साहित्य और पत्रकारिता में विधाओं की विविधता के बावजूद, परस्पर सहयोग, निर्भरता, भाषा का प्रयोग, सामाजिक सरोकार तथा अन्तर्सम्बन्धों को लेकर अनेक लोकतांत्रिक देशों में अन्तहीन बहसें हुई हैं। साहित्य जिस तरह कालजयी और तात्कालिक—दोनों रूपों में होता है, उसी तरह पत्रकारिता के लेख, टिप्पणियाँ और विश्लेषण भी तात्कालिक के साथ स्थायी महत्त्व वाले भी होते हैं। जार्ज बर्नार्ड शा

1. पत्रकारिता : संकट और संत्रास—श्री हेरम्ब मिश्र, पृ. 24
2. हिन्दी पत्रकारिता—श्री कृष्ण बिहारी मिश्र, पृ. 31, भारतीय ज्ञानपीठ, नई दिल्ली, मू. 140 रु. सन् 2000

जैसे विश्व प्रसिद्ध साहित्यकार यह मानते थे कि,—ऐसा साहित्य बहुत दिनों तक जीवित नहीं रह सकता, जो पत्रकारिता न हो। नोबेल पुरस्कार से सम्मानित अर्नेस्ट मिलर हेमिंग्वे, जॉर्ज आरवेल, गैब्रियल गार्सिया मार्क्विज सहित विश्व साहित्य में दर्जनों ऐसे प्रतिष्ठित नाम हैं, जो श्रेष्ठ चिन्तक, साहित्यधर्मी होने के साथ श्रेष्ठ पत्रकार भी थे। राजनीतिक और सामाजिक समता, लोकतंत्र, प्रेस की आजादी, मताधिकार, सामाजिक न्याय और समाजवाद जैसे चिन्तन को आगे बढ़ाने का काम योरोप के लेखकों, चिन्तकों और पत्रकारों ने संयुक्त रूप से किया था। स्वतंत्रता संग्राम के दौरान हिन्दी साहित्य और हिन्दी पत्रकारिता के बीच कोई स्पष्ट विभाजक रेखा नहीं थी। साहित्यिक पत्रकारिता का जन्म इसी अभिन्नता के कारण सम्भव हो सका। ××× साहित्य की निरन्तरता और पत्रकारिता की आधुनिकता के बावजूद लोक भाषाओं से मिली सांस्कृतिक विरासत और सम्पूर्ण शब्द-सम्पदा—दोनों की संयुक्त और अविभाज्य धरोहर है।[1] इधर, **श्री बालकृष्ण राव** ने दोनों के अन्तःसम्बन्ध को व्यक्त करते हुए लिखा है—"अनाविल दृष्टि, चिन्तन-मनन और लेखक में प्रेषणीयता की शक्ति दोनों में होती है। प्रत्येक पत्रकार अंशतः साहित्यकार भी है, प्रत्येक साहित्यकार अनिवार्यतः पत्रकार भी।[2] **डॉ. राममोहन पाठक**[3] भी कहते हैं कि साहित्य और पत्रकारिता में कोई बुनियादी अन्तर नहीं है। अन्तर है तो केवल शैली का। जिसे हम साहित्य कहते हैं, वह काफी चिन्तन-मनन के बाद लिखा जाता है और पत्रकारिता शीघ्रता में लिखा साहित्य ही है। दरअसल पत्रकारिता और साहित्य—दोनों एक दूसरे के पूरक हैं। यह भी कहा जा सकता है कि पत्रकारिता साहित्य की जीवन शक्ति है। साहित्य के स्थायित्व के लिए उसमें पत्रकारिता की मौलिक विशिष्टताओं का समावेश होना बहुत जरूरी है। जिस साहित्य को पत्रकारों का सम्बल प्राप्त नहीं होता, वह अधिक दिन तक जीवित नहीं रह सकता। कुल मिलाकर यह कि पत्रकारिता साहित्य के मार्ग में अवरोध नहीं बनती, बल्कि उसकी यथेष्ट सहायता करती है।

(ब) पत्रकारिता और साहित्य में भिन्नता—पत्रकारिता और साहित्य के बीच तमाम एका के बाद भी, कुछ लोगों के अनुसार कई ऐसे मुद्दे हैं, जहाँ दोनों के बीच कुछ अन्तर है। पश्चिम के फ्रैंक मोरेस (Frank Moraes) ने कहा था कि "Journalism is literature in hurry." वहीं इनं दोनों के बीच विभाजक रेखा खींचते हुए पश्चिमी चिन्तक ऑस्कर वाइल्ड (Oscar Wilde) ने लिखा था कि—"The difference between journalism and literature is that journalism is unreadable and literature is not read." सी.एम.पोस्ट (C.M. Post) नाम के विदेशी विद्वान ने अपनी एक पुस्तक में दोनों में भेद करते लिखा है कि,—"आरम्भिक काल के पत्र साहित्य से ही सरोकार रखते थे, लेकिन स्थिति अब बदल चुकी है। साहित्य और पत्रकारिता में दूरियाँ बनती जा रही हैं ××× साहित्य, मौलिक भी हो सकता है, अनूदित भी, बन्धन मुक्त भी, बँधा हुआ भी, सापेक्ष भी, निरपेक्ष भी, स्वतंत्र भी, पराधीन भी, किन्तु पत्रकारिता एक ऐसी विधा है, जो अनूदित, बन्धन में, जकड़ी हुई, पराधीन रहकर अपने अस्तित्व को कायम नहीं रख पाएगी अथवा यदि वह अनूदित, बन्धनमय, पराधीन रह जाए तो वह किसी भी परिस्थिति में स्वस्थ नहीं रह पाएगी। पत्रकारिता, वास्तव में एक चुनौती है, जिसका आवश्यक गुण है—उत्तरदायित्व, अपनी स्वतंत्रता बनाये रखना, सभी दबावों से परे रहना, निष्पक्षता, समान और सभ्य व्यवहार।"[4]

बहरहाल, अनेक विद्वान् इन दोनों के बीच का अन्तर शैली के स्तर पर मानते हैं। इन लोगों का मानना है कि पत्रकार किसी भी तथ्य, घटना आदि का सम्प्रेषण सीधी-सरल भाषा में करता है, जबकि साहित्यकार अपनी किसी बात को पाठकों तक पहुँचाने के लिए अलंकार युक्त शैली का प्रयोग करता है। पत्रकार समास शैली के अभ्यस्त होते हैं तो साहित्यकार व्यास शैली में अपनी बात कहते हैं। साहित्य शैली में चरमावस्था या क्लाइमेक्स अन्त में होता है और पत्रकारिता की इस शैली के आरम्भ में। **डॉ. अर्जुन तिवारी**[5] का विचार है कि पत्रकारिता और साहित्य में उतना ही अन्तर मानना चाहिए,

---

1. समकालीन सोच त्रैमासिक पत्रिका में श्री अच्युतानन्द मिश्र का प्रकाशित लेख, 'साहित्य, पत्रकारिता और मीडिया', सं. डॉ. पी.एन. सिंह, पृ. 31, गौतम बुद्ध नगर कॉलोनी, ग़ाजीपुर (उ.प्र.) सन् 1913 ई.
2. माध्यम—श्री बालकृष्ण, राव, वर्ष—1, अंक-11
3. काशी की पत्रकारिता—डॉ. राममोहन पाठक, पृ. 76
4. Principal of Journalism—C.M. Post, P.161
5. जनसंचार एवं पत्रकारिता : स्वरूप और सिद्धान्त—डॉ. अर्जुन तिवारी, पृ. 53

जितना कि सुगम संगीत एवं शास्त्रीय संगीत में है। संगीत तो दोनों ही हैं, पर एक को जाने बिना दूसरे के प्रति औत्सुक्य और आत्मीयता की भावना नहीं जागरित होती। **डॉ. विनोद कुमार यादव**[1] ने अपने एक शोध ग्रन्थ में साहित्य और पत्रकारिता के बीच फर्क-फॉक को इस प्रकार रेखांकित किया है,—

साहित्य	पत्रकारिता
1. साहित्य अपने आप में कोई विधा न होकर स्वतंत्र विषय है,	1. जबकि पत्रकारिता एक विधा होते हुए भी स्वतंत्र विषय है,
2. साहित्य सायास भी हो सकता है और अनायास भी,	2. जबकि पत्रकारिता अनायास प्रक्रिया न होकर सायास प्रक्रिया है,
3. साहित्य की विषयवस्तु भूत, भविष्य और वर्तमान-तीनों हो सकता है,	3. जबकि पत्रकारिता की विषयवस्तु मुख्य रूप से वर्तमान और उसकी ज्वलन्त समस्याएँ हो सकती हैं,
4. साहित्य वस्तुनिष्ठता की कसौटी पर खरा हो, यह अनिवार्य और आवश्यक नहीं है,	4. पत्रकारिता की विषयवस्तु से यह अपेक्षा की जाती है कि वह वस्तुनिष्ठ की कसौटी पर खरी उतरे,
5. साहित्य कल्पना पर आधारित हो सकता है,	5. किन्तु पत्रकारिता कल्पना पर आधारित नहीं होती,
6. साहित्य, साहित्यिक मानकों पर खरा हो, यह आवश्यक नहीं,	6. किन्तु पत्रकारिता का पत्रकारिता के मानकों पर खरा होना आवश्यक है,
7. साहित्य, निरपेक्ष, स्वतंत्र, तटस्थ हो, यह आवश्यक नहीं,	7. किन्तु, पत्रकारिता का तटस्थ और स्वतंत्र होना आवश्यक है,
8. साहित्य का सम्बन्ध सीधे-सीधे विधि-विधान, राष्ट्र तथा राष्ट्रीय हितों से हो, यह आवश्यक नहीं,	8. किन्तु, पत्रकारिता का सम्बन्ध राष्ट्र एवं राष्ट्रीय हितों से हो, वह भी विधि-विधान के साथ हो, यह आवश्यक है,
9. साहित्य की अपनी कोई सीमा नहीं होती,	9. जबकि पत्रकारिता की अपनी सीमा होती है, वह भी स्वतंत्र, किन्तु मुख्य रूप से राष्ट्रीय हितों की सीमा तक तथा
10. साहित्य के लिए विषय वस्तु की विशेषज्ञता और मर्मज्ञता का होना आवश्यक नहीं,	10. जबकि पत्रकारिता के लिए विषय-मर्मज्ञ होना आवश्यक होता है।

(2) पत्रकारिता और राजनीति

हिन्दी पत्रकारिता अपने उत्स या उद्‌भव काल से ही विविधरूपा अनेकरूपा रही है। आज से 195 साल पहले जब पंडित युगल किशोर शुक्ल ने 'उदन्त मार्तण्ड' निकाला, तब भी पत्रकारिता का यही लक्ष्य था कि वह अपने पाठकों को राजनीतिक, सामाजिक, साहित्यिक और सांस्कृतिक स्तर पर जागरूक करे। खासकर, विदेशी शासन में तो जन सामान्य में **राजनीतिक चेतना** का संचरण तत्कालीन सामाजिक आवश्यकता थी। सम्भवतः यदि पत्रकारिता लोगों को विदेशी शासन के विरुद्ध राजनीतिक स्तर पर जागरूक नहीं करती, तो शायद स्वतंत्रता आन्दोलन और आगे खिंचता। दरअसल, हिन्दी पत्रकारिता राष्ट्र की

1. हिन्दी पत्रकारिता : बदलते सन्दर्भ (अप्रकाशित शोध-प्रबन्ध) डॉ. विनोद कुमार सिंह यादव, पृ. 36

मुक्ति, समाज सुधार, लोक शिक्षण, मनोरंजन, भाषा-प्रेम तथा लोक कल्याण का संकल्प लेकर चली थी। उसकी यह प्रतिज्ञा अंग्रेज हुकूमत को रास नहीं आई। उन्हें इसके मूल में अनी भावी पराजय की आहट सुनायी देने लगी। अतः उन्होंने इस पत्रकारिता की भ्रूण हत्या करने के लिए अनेक षड्यंत्र रचे। उन्होंने ऐसे नियम-अधिनियम बनाये, जिनसे हिन्दी पत्रकारिता को खतरा हो गया। मसलन, उन्होंने राष्ट्र-विरोधी बनाम शासन-विरोधी समाचारों के प्रकाशन पर रोक लगा दी। हिन्दी पत्रकारिता से सम्बद्ध लोगों को मौके-बेमौके कारावास का दंड दिया जाने लगा। सरकारी खरीद, सरकारी विज्ञापन भी हिन्दी की पत्रिकाओं को प्रायः नहीं दिए जाते थे। प्रेस बन्द करवा देना, छापाखानों को जब्त करवा देना, अखबारी कागज का कोटा कम करना, भारी दंड-व्यवस्था करना, हिन्दी-उर्दू का विवाद पैदाकर साम्प्रदायिकता का ज़हर फैलाना आदि तरीकों से अंग्रेज शासन ने हिन्दी पत्रकारों का मनोबल तोड़ने का भरसक प्रयास किया पर हिन्दी की नीलकण्ठी पत्रकारिता इस सारे जहर को पीकर भी जीवित रही और प्रकाशन की इस दुरंगी नीति का पर्दाफाश कर जनता को जाग्रत करती रही।[1]

वस्तुतः पत्रकारिता और साहित्य की तरह पत्रकारिता और राजनीति भी परस्पर नालबद्ध हैं। राजनीति का मूल उद्देश्य लोक कल्याण है। पत्रकारिता की भी मूल मंशा सर्वजन की बेहतरी है। दोनों समयानुकूल सहमति और प्रतिरोध की भूमिका में जीती हैं। जाहिर है, पत्रकारिता और राजनीति का अन्योन्याश्रित सम्बन्ध है। हिन्दी में राजनैतिक् पत्रकारिता का लम्बा इतिहास है। स्वराज, स्वाधीन, स्वतंत्र, विश्वमित्र, स्वयंसेवक, छत्तीसगढ़ केसरी, मजदूर आवाज, हुँकार, हरिजन सेवक, कर्मवीर, वीर अर्जुन, सैनिक, विप्लव, समाज आदि पत्रिकाओं ने अपने साम्यवादी, गांधीवादी अहिंसक विचार- धारा, साथ ही हिंसा मूलक क्रान्तिकारी विचारधारा द्वारा लोगों को राजनीतिक स्तर पर ललकारा। 'स्वराज' के सम्पादकों ने तो राष्ट्रप्रेम में अभिभूत होकर राष्ट्रीय जन-जागरण को इतना पुख्ता स्वर प्रदान किया कि उनमें से कई को कई बार राजद्रोह के अपराध में जेल जाना पड़ा। दरअसल, इन्होंने मुनादी की थी कि,—**स्वराज अखबार के लिए एक ऐसा सम्पादक चाहिए, जिसे दो सूखी रोटियाँ, एक गिलास ठंडा पानी और हर सम्पादकीय पर दसवर्ष की सजा।** पर, दुर्भाग्य से आजादी के पश्चात् पत्र-पत्रिकाएँ प्रायः कुछ घरानों एवं राजनीतिक दलों की बपौती बन कर रह गई हैं। आज इन समाचार-पत्रों में श्रेष्ठि वर्ग अथवा राजनीतिक दलों के ही हित सम्पादन के समाचार होते हैं। ये अखबार जनहित का सिर्फ मुखौटा ओढ़ते हैं। अच्छा मोटा आकर्षक वेतन, स्वतंत्र कक्ष तथा कार, फ्लैट आदि सुविधाएँ प्राप्त सम्पादक एक ओर तो अपने मालिकों को प्रसन्न रखने की निरन्तर कोशिश करता है और दूसरी ओर से वह सत्ता शिविर को, राजनेताओं, बड़े-बड़े प्रशासनिक अधिकारियों से मेल जोल बढ़ाकर अपना स्वार्थ-साधित करता है।[2]

(3) पत्रकारिता और समाजनीति

राजनैतिक चेतना के साथ-साथ पत्रकारिता का एक महत् लक्ष्य **सामाजिक नवजागरण का आह्वान** भी रहा है। साहित्यकारों की तरह समय-समय पर हिन्दी पत्रकारिता ने भी समाज सुधार परक आन्दोलनों को चलाया है। वस्तुतः पत्रकार भविष्यदृष्टा होता है। वह समस्त राष्ट्र की जनता की चित्तवृत्तियों, अनुभूतियों और आत्मा का साक्षात्कार करता है। पत्रकार किसी को ब्रह्मज्ञानी नहीं बना सकता, परन्तु मनुष्य की भाँति जीते रहने की प्रेरणा देता है। सच्चा पत्रकार निर्माण-क्रान्ति की लपटों से, समाज की बुराईयों को भस्म करने का आयोजन करता है। पत्रकार ऐसे समाज का विधिवत विकास करता है, जिससे आत्म-साक्षात्कार के इच्छुक लोगों को अपनी पहचान करने की दृष्टि मिलती है।[3] दलित उत्थान, नारी उत्थान, ग्रामोत्थान, अन्त्योदय उत्थान, सामाजिक कुरीतियाँ, नशा, मद्यपान, अस्पृश्यता निवारण, जातिगत समरसता की स्थापना पत्रकारिता का मूल लक्ष्य रहा है। दरअसल, पत्रकारिता सामाजिक विचारों की संवाहिका होती है। वह विद्रोह, आक्रोश और आलोचना के माध्यमों को स्वीकार करती हुई स्वस्थ सामाजिक मूल्यों

1. हिन्दी पत्रकारिता : स्वरूप और सन्दर्भ—डॉ. विनोद गोदरे, पृ. 34
2. हिन्दी पत्रकारिता : स्वरूप और सन्दर्भ—डॉ. विनोद गोदरे, पृ. 35
3. हिन्दी पत्रकारिता : डॉ. रामचन्द्र तिवारी, पृ. 291

की नियामिका होती है। देश व समाज में व्याप्त असन्तोष, चाहे वह देश, जाति, धर्म-किसी भी रूप में क्यों न हो, पत्रकारिता उसका सही विश्लेषण कर प्रतिबिंबित करती है। वह सामाजिक, राजनीतिक और आर्थिक प्रतिमानों को स्थापित करती है।[1]

पत्रकारिता का इतिहास बताता है कि इसकी मूल चेतना सामाजिक रही है। देश और समाज में नवजागरण का शंखनाद और सन्देश देना ही इसका प्रथम लक्ष्य रहा है। पत्रकारों ने समाज दुर्दशा को अपने पत्रों में महत्त्वपूर्ण स्थान दिंया है। **डॉ. वासुदेव प्रसाद** लिखते हैं कि समाज का इतना यथार्थवादी चित्रण पूर्ववर्ती हिन्दी साहित्य में नहीं मिलता। भारतेन्दु काल में अनेक सामाजिक पत्रिकाएँ प्रकाशित हुईं। उनमें नारी समस्या को बहुत सहानुभूति के साथ सुलझाने का प्रयास किया गया। पत्रकारों की दृष्टि सुधारवादी थी। उनमें बाल-विवाह, पर्दा-प्रथा, वृद्ध-विवाह, अनमेल-विवाह, विधवा-विवाह, स्त्री-शिक्षा आदि समस्याओं का उल्लेख हुआ। भारतबन्धु (अलीगढ़-1874), सकल सम्बोधिनी पत्रिका (अमृतसर-1875), मित्र-विलास, (लाहौर-1877), प्रयाग समाचार (प्रयाग-1822), बनारस समाचार (काशी-1882), देश-हितैषी (अजमेर-1882), काशी समाचार (काशी-1883), अबला हितकारक (लखनऊ-1884) भारतोदय (कानपुर-1885), भारत भार्गनी (प्रयाग-1888), सुग्रहिणी (शिलांग-1889), भारत दर्पण (कोलकाता-1889), सारन सरोज (छपरा-1894), वेंकटेश्वर समाचार (मुम्बई-1896), भारत मार्तण्ड (जोधपुर-1898), सुदर्शन, (1900) आदि पत्रिकाएँ पत्रकारिता से सामाजिक सम्बन्धों की बात कहती हैं। पत्रकारिता और समाज के बीच सम्बन्धों का एक अन्य उदाहरण लीजिए—1891 के 'एज आफ कन्सल्ट बिल' पर भारी मतभेद और तीव्र प्रतिक्रिया हुई। इस बिल के अनुसार 12 वर्ष से कम उम्र की पत्नी के साथ सहवास को प्रतिबन्धित किया गया। तिलक के 'केसरी' ने इस बिल के समर्थकों को परम्पराओं में अवांछित हस्तक्षेप बताया। **डॉ. संजीव भानावत** के अनुसार केसरी ने इस बिल के समर्थकों को विश्वासघाती (Traitor) भी कहा। 'अमृत बाजार पत्रिका' ने भी इस बिल का विरोध किया जब कि 'इंडियन मिरर' आदि कुछ पत्रों ने इसका समर्थन किया। बहरहाल इस विवाद ने भारतीय पत्रकारिता को राजनैतिक और सामाजिक सुधारों के प्रति और अधिक सचेत किया।

इस तरह समय, समाज और उसकी बदलती हुई भूमिकाओं की अन्तर्वस्तु को बारीकी से पकड़ने में पत्रकारिता पूर्णतः सक्षम-समर्थ है। आज पत्रकारिता भले ही शुद्ध तिकड़क और भ्रष्टाचार में तब्दील हो गई हो, किन्तु समाज को बदलकर "नया इंसान बनाने का वैचारिक दर्शन" भी कई सन्दर्भों में आज भी इसके पास है।

(4) पत्रकारिता तथा संस्कृति

पत्रकारिता से संस्कृति का भी अटूट रिश्ता है। प्रेस की स्थापना के पूर्व काव्यमय समाचार सूचनाएँ प्रसारित की जाती थीं। कालान्तर में पत्रकारिता ने इस दायित्व को निभाया। ब्रह्मसमाज, आर्य समाज, रामकृष्ण मिशन और थियोसॉफिकल सोसाइटी ने भारत के धार्मिक पुनर्जागरण में महत्त्वपूर्ण भूमिका निभायी। इन संस्थाओं ने धार्मिक एवं सांस्कृतिक पुनर्जागरण के लिए अनेक प्रयास किए, जिनमें पत्र-प्रकाशन भी शामिल है। इस प्रकार स्पष्ट है कि धार्मिक एवं सांस्कृतिक आन्दोलनों ने राष्ट्रीय चेतना के विकास में महत्त्वपूर्ण कार्य किया और पत्रकारिता ने इसे माध्यम के रूप में अपनाया। इन सांस्कृतिक और धार्मिक आन्दोलनों की प्रमुख गतिविधियों को पत्रकारिता ने प्रमुखता से प्रकाशित किया और इस प्रकार सांस्कृतिक पत्रकारिता ने एकता तथा राष्ट्रप्रेम के भावों को जगाकर राष्ट्रीय निष्ठा को पुष्ट किया। राष्ट्रीय एवं मानवीय मूल्यों से सन्दर्भित हिन्दी पत्रकारिता ने देशवासियों की नस-नस में स्वतंत्रता, समानता एवं विश्व बन्धुत्व की भावना का संचार किया। आरम्भिक काल के विविध पत्रों ने गौरवशाली सांस्कृतिक परम्परा और राजनीतिक चेतना का उन्नयन किया। विभिन्न पत्र-पत्रिकाओं द्वारा यह कार्य आज भी उसी निष्ठा से किया जा रहा है।[2]

---

1. हिन्दी पत्रकारिता : विकास और विविध आयाम—डॉ. श्रीमती सुशीला जोशी, पृ. 6, राजस्थान हिन्दी ग्रन्थ अकादमी जयपुर, पंचम संस्करण-2006 ई., मूल्य-80 रुपये।
2. उत्तर प्रदेश राजर्षि टण्डन मुक्त विश्वविद्यालय की पाठ्य सामग्री-सम्पादक—डॉ. अर्जुन तिवारी, पृष्ठ-54, द्वितीय खंड, इलाहाबाद, द्वितीय मुद्रण सन् 2005 ई.।

दरअसल, साहित्यिक एवं सांस्कृतिक खबरों से ही पत्र एवं पत्रकार के चरित्र की पहचान होती है। उससे पाठक वर्ग की साहित्यिक-सांस्कृतिक अभिरुचियों का भी पता-चलता है। आज व्यावसायिक आग्रह के कारण अच्छे से अच्छा समाचार-पत्र मारकाट, हत्या, हिंसा, अपराध आदि के समाचारों से पटा रहता है। प्रश्न पत्रकारिता की साफगोई और सच्चाई का न होकर राष्ट्रीय जीवन में उसकी भूमिका को लेकर खड़ा हो जाता है।[1] कुल मिलाकर हर युग की संस्कृति, संगीत, लोकचित्र लोककला, लोकगीत, आल्हा, कजरी, चैता, घाघ, भद्दरी हो या ललित कला, धर्म, दर्शन उत्सव आदि का सुन्दर रूपांकन पत्रकारिता में देखा जा सकता है। जब हमारे सामने किसी तरह का सांस्कृतिक संकट खड़ा होता है, जीवन में सरसता की जगह यांत्रिकता घुसती है, कलाकारों के प्रति एकाग्रता, निष्ठा कम होती है पत्रकारिता तब हमें चेताती है।

(4) आदर्श भित्तिक पत्रकारिता और व्यावसायिक पत्रकारिता का प्रामाणिक अन्तर्विरोध

'जब तोप मुक़ाबिल हो तो अखबार निकालो' जैसे आदर्श लक्ष्य को अपना मूल मंत्र मानने वाली स्वतंत्रता पूर्व की पत्रकारिता आदर्श भित्तिक थी। इसके कालखंड की पत्रकारिता महज मूल्यों और समाज में नैतिक आचरण की स्थापना के लिए जीती थी। उसका एक 'मिशन' था। इसका लक्ष्य जीवन मूल्यों को व्यावहारिक आयाम देना था। पत्रकार समर्पित थे। उनके पास विशिष्ट तेवर होता था। पत्रकारिता की साख उनकी अपनी साख होती थी। लोभ-लालच और अन्य तरह के प्रलोभनों से वे परहेज करते थे। उन्होंने तत्कालीन पत्रकारिता के इतिहास पर अपनी लेखनी और कलम-कुल्हाड़ा से निष्पक्ष अक्षर उगाया, जिसका प्रकाश, खुद्दारी और गैरत आज भी मद्धिम नहीं पड़ी है। सच तो यह है कि पत्रकारिता के आदर्श भित्तिक स्वरूप की रक्षा के लिए तत्कालीन पत्रकारों ने मधुव्रती बनकर जीवन के सत्य को इधर से उधर संचित सुरक्षित ही नहीं किया, बल्कि देवर्षि नारद की तरह भ्रमणशील संजय की तरह अध्यवसायी, अभिमन्यु की तरह निर्भीक, परशुराम की तरह साहसी, सुदामा की तरह सन्तोषी, दधीचि की तरह त्यागी, धर्मराज की तरह सत्यव्रती, भीष्म की तरह अडिग, गणेश की तरह प्रतिभा सम्पन्न, कृष्ण की तरह ज्ञानी एवं कर्मयोगी, श्री राम की तरह मर्यादावादी, श्री कृष्ण द्वैपायन की तरह प्रगतिशील और भगवान शिव की तरह लोकमंगल के लिए विषपायी बने।

स्वतंत्रता पूर्व राजनीति और पत्रकारिता प्रकाशन—दोनों मुफलिसी के ही दूसरे नाम थे। पत्र-पत्रिकाएँ भारतीय मानस को राष्ट्रीयता का सबक सिखाती थीं। सामाजिक एवं धार्मिक सुधारों के लिए शिक्षित एवं प्रेरित करती थीं और स्वतंत्रता के महासागर में तनावों के मकड़जाल तथा विदेशी आर्थिक शोषण के आक्टोपस के बीच मनोरंजन के क्षण जुटाकर यह भारतीयों को पूर्ण स्वतंत्रता के संकल्प से सम्बद्ध रखती थीं। उस समय पत्रकार 'पत्र' को 'मिशन' बनाकर चलता था। वाक् स्वतंत्रता, राष्ट्र की स्वतंत्रता उनके अन्तिम लक्ष्य थे। इसके लिए वे जेल जाते थे, कारावास भोगते थे। विदेशी सरकार उनके प्रेसों को जब्त कर लेती थी। समाचार-पत्रों की ग्राहक संख्या भी बहुत कम थी। कुल मिलाकर यह अत्यधिक नुकसान का सौदा था, परन्तु पत्रकार सब कुछ सहकर भी देश की स्वतंत्रता के लिए बचन बद्ध था किन्तु आजादी के बाद सारा दृश्य ही बदल गया।[2] आजादी के पूर्व उद्योगपति केवल लाभ की दृष्टि से अखबार नहीं निकालता था। लाभ उसे दूसरे उद्योगों या व्यापार से होता था। अब पत्र प्रकाशन अपने आप में फायदे का काम हो गया था, समाचार-पत्र के माध्यम से जनमत और सरकार पर प्रभाव डालने की ताकत आर्थिक लाभ से कहीं अधिक महत्त्वपूर्ण और उसके दूसरे व्यवसाय के लिए सहायक हो गई। पत्रकारों का वेतन और सुविधाएँ बढ़ी पर राजनीतिज्ञ की तरह पत्रकार का भी निहित स्वार्थ यथास्थिति बनाये रखना हो गया। अगर वह ऐसा न करे तो मालिक के रोष का डर था।[3]

अपने कर्तव्य बोध को मुकम्मल शक्ल अख्तियार कराने के कारण पूर्व की पत्रकारिता सम्मान और समादर प्राप्त करती थी। LondonTimes ने तो सम्भवतः इसीलिए पत्रकारिता को कला और जनसेवा माना था। कुल मिलाकर भारतीय पत्रकार अपनी देश भक्ति, निष्ठा, लगन, परिश्रम एवं अपूर्व त्याग

1. हिन्दी पत्रकारिता : स्वरूप एवं सन्दर्भ—डॉ. विनोद गोदरे, पृष्ठ-30।
2. हिन्दी पत्रकारिता : स्वरूप और सन्दर्भ—डा. विनोद गोदरे, पृष्ठ-36।
3. पत्र, पत्रकार और सरकार—काशीनाथ गोविन्द जोगलेकर, पृष्ठ-4।

के लिए विख्यात रहे हैं। प्रारम्भ में स्वाधीनता के लिए संघर्ष एवं राष्ट्रीयता के लिए प्रचार करना ही उनका कर्तव्य था। प्रारम्भिक पत्रकारिता के पत्रकारों के आदर्श महान थे और साधन सीमित। पत्रकारिता के लिए अनेक पत्रकारों ने कष्ट और यातनाओं को झेलते हुए अपने हौसले बुलन्द रखे एवं अपने कर्तव्य से डिगे नहीं। सदैव ऊँचे मानदंडों को अपनाकर पत्रकारिता निरन्तर बढ़ती रही। प्राचीन पत्रकारिता के सीमित साधनों के पत्रकार गणेश शंकर विद्यार्थी, देवीदत्त शुक्ल, विष्णुराव पराड़कर जैसे पत्रकार मजबूती से कलम को थामे बढ़ते रहे। हिन्दी के प्रथम पत्रकार पं. युगल किशोर शुक्ल, गणेश शंकर विद्यार्थी, अम्बिका प्रसाद वाजपेयी, शिवपूजन सहाय, सूर्यकान्त त्रिपाठी 'निराला', भगवती चरण वर्मा, पांडेय बेचन शर्मा 'उग्र' स.ही. वात्स्यायन अज्ञेय, छोटूलाल मिश्र, दुर्गा प्रसाद मिश्र, सदानन्द मिश्र- कई ऐसे नाम हैं—जिन्होंने आदर्श पत्रकारिता को अपनाया और समाज को नई दिशा दी।[1] इन्होंने अपने अकूत श्रम और निष्ठा से समाज में नये मूल्यों की स्थापना की, भटक गए लोगों को राह दिखायी और इस तरह के पत्रकारिता का जो 'आदर्शवादी' या 'आदर्श भित्तिक' स्वरूप हो सकता है—की रक्षा की।

किन्तु आज की पत्रकारिता का चरित्र और चेहरा बदला है। वह पेशेवर और व्यवसायी हो गई है। इसका आदर्शवादी स्वरूप चटक-तड़क गया है। बक़ौल **काशीनाथ गोविन्द जोगलेकर** प्रायः पत्रकार के लिए आज पत्रकारिता अपने स्वार्थ एवं महत्त्वाकांक्षाओं की सम्पूर्ति की जबर्दस्त सीढ़ियाँ बन गई है। पत्रकारिता आज राजनीतिज्ञ, जनता एवं कुबेरों का दोहन का सिद्धि मंत्र बन गई है और पत्रकारिता का अपने हित में इस्तेमाल करना राजनेताओं तथा पूँजीपतियों का व्यावसायिक पेशेवर दाँवपेच हो गया है।[2] कुल मिलाकर आज का पत्रकार अपना वेतन, कॉलम और स्वार्थ को ध्यान में रखकर काम करता है, सम्भवतः इसीलिए आज की पत्रकारिता अपने आदर्शवादी सतह से स्खलित हो गई है। लब्बोलुबाब यह कि पत्रकारिता साम्प्रतिक युग में प्रतिष्ठित व्यवसाय या उद्योग के रूप में अनुमन्य हो चुकी है। निष्ठा और निखालिस समर्पण बीते दिनों की बात बन गए हैं। आज की पत्रकारिता में गणेश शंकर विद्यार्थी, लाला लाजपतराय और तिलक के हुँकार की आग और तपिश नहीं रह गई है। जो समाचार लाभ देनेवाला है—वही छपेगा। सामाजिक सरोकार पत्रकारिता से पलायित हो गए हैं। पहले की पत्रकारिता उद्देश्यपूर्ण थी, उनका ध्येय पैसा कमाना नहीं था। आज की पत्रकारिता मिशन नहीं, व्यवसाय-पूर्ण 'व्यवसाय और कारोबार' हो गई है। आज की पत्रकारिता का उद्देश्य अधिक-से-अधिक अखबार बेचना है। इसके लिए उन्हें चाहे जो भी धतकरम करना पड़े। मुद्रण के तमाम वैज्ञानिक संसाधन उपलब्ध हो जाने के कारण पत्रों की प्रसार संख्या में आज बहुत वृद्धि हुई है, अखबार मालिक दोनों हाथ से पैसा बटोर रहे हैं, बावजूद इसके आदर्श भित्तिक चरित्र के चरक जाने के कारण पत्रकारिता के समक्ष विश्वसनीयता का संकट पैदा हुआ है। अतः ऐसे उत्पाती उपद्रवी और अराजक समय में भारत के पूर्व मुख्य न्यायाधीश **श्री के. सुब्बाराव** द्वारा बताए सुझाए गए आदर्श पत्रकारिता के कुछ प्रमुख लक्षणों पर यदि ध्यान दें तो सम्भवतः समस्या का समाधान-निदान हो सकता है। आदर्श पत्रकारिता सम्बन्धी उनके उक्त सुझाव सुप्रसिद्ध पत्रकार-लेखक **श्री नन्द किशोर त्रिखा** की पुस्तक 'समाचार संकलन और लेखन[3] में इस प्रकार संग्रहीत हैं,—

(1) शासन और शक्तिमान पूँजीपतियों के हाथ की कठपुतली न बनें,

(2) तथ्यों को सही-सही प्रकाशित करें और विचार प्रकट करते समय पक्षपात न करें,

(3) वे सर्वसाधारण को वैधानिक, राजनीतिक, आर्थिक और सामाजिक समस्याओं के विषय में प्रबुद्ध करने के लिए ईमानदारी से प्रयास करें और इस प्रकार प्रभावकारी लोकमत तैयार करें,

(4) वे न्यायालयों का व्यक्तित्व प्रतिबिम्बित करने का प्रयास करें, क्योंकि अन्ततः न्यायालय ही विधि व्यवस्था के संरक्षक हैं। विधि-व्यवस्था अथवा कानून बनाये रखने में शासन और प्रेस ये दोनों एक दूसरे के लिए कार्य करते हैं। प्रेस की स्वतंत्रता की रक्षा कानून करता है, बदले में कानून की मर्यादा प्रेस कायम रखता है।

---

1. हिन्दी पत्रकारिता : सिद्धान्त और स्वरूप—डॉ. सविता चड्ढा, पृष्ठ-61।
2. पत्र, पत्रकार और सरकार—काशीनाथ गोविन्द जोगलेकर, पृष्ठ-4-5।
3. समाचार संकलन और लेखन—नन्द किशोर त्रिखा, पृष्ठ-11

कुल मिलाकर यह कि आदर्श पत्रकारिता पीली या नीली पत्रकारिता एवं सस्ते मनोरंजन से परहेज करती है। कविवर **गोपाल सिंह नेपाली** ने लेखकों के धर्म के बारे में लिखा है,—**मेरा धन है स्वाधीन कलम।** यह बात आदर्श पत्रकारिता पर भी लागू होती है।[1]

(5) जनतंत्र में पत्रकारिता का दायित्व, गुण एवं भूमिका

पत्रकारिता के सरोकार सार्वभौम होते हैं। किसी-न-किसी रूप में उसका जुड़ाव जीवन से बना रहता है। वह अपने भीतर एक ओर जीवन की सूक्ष्म और नाजुक संवेदनाओं को सुरक्षित रखती है तो दूसरी ओर भय, क्षोभ, पीड़ा, दुख-दर्द, आकांक्षा, द्वन्द्व, अवसरवादिता, रिश्वतखोरी, चाटुकारिता, राजनीतिक दाँव-पेंच के साथ भी सामंजस्य स्थापित करती है और वहीं राजनीतिक, सामाजिक और साहित्यिक गतिविधियों का लेखा-जोखा भी सुरक्षित रखती है। इस तरह कभी वह हमारे साथ अनथक यात्रा करती हुई जीवन मूल्यों को उद्घाटित करती रहती है तो कभी वह हाशिए पर चले गए लोगों के दुख-दर्द को साझा कर उनकी पुख्ता और मुकम्मल आवाज बनती है। हम मीडिया पर भले ही 'डम्बिंग डाउन' और 'पेज थ्री' बनने का आरोप लगाएँ, किन्तु व्यक्ति जीवन में प्रवेश कर गए नैराश्य के धुँधलके को दूर कर आशा के जुगनू बटोरने का काम वही करती है। वह जटिल समय की त्रासद बिडम्बना को उद्घाटित करती है साथ ही एकरस और यांत्रिक हो गए जीवन में नया उत्साह भी भरती है। कुल मिलाकर, व्यक्ति और समाज के लिए पत्रकारिता के ढेरों दाय हैं। अपनी कल्पनाशीलता बुद्धि, विवेक, विश्लेषण, भाव-प्रवणता तथा तर्क के सहारे वह समाज के लिए दूरबीन का काम करती है। वह भविष्यवक्ता की तरह अपने उत्तरदायित्वों का निर्वहन करते हुए आसन्न संकटों और खतरों से समाज को आगाह करती है। वह किसी साहित्यकार की तरह कल्पना लोक में नहीं जीती, बल्कि यथार्थ की जमीन पर खड़ी होकर समस्याओं के निराकरण का प्रयास करती है।

यह खाँटी सच है कि तमाम तरह के मूल्यपरक गिरावट के बावजूद आज भी पत्रकारिता स्वदेशी हितों और अवसर पाते ही भारतीय सभ्यता, संस्कृति, तमद्दुन का पक्ष-पोषण करने से नहीं चूकती। देश की अखंडता, उसकी अस्मिता की रक्षा के लिए वह न्योछावर होने के लिए सतत् तैयार रहती है। यही कारण है कि अलगाववादी ताकतों से तीखी मुठभेड़ लेते प्रिन्ट और इलेक्ट्रॉनिक मीडिया के न जाने कितने पत्रकार देश के भीतर और सीमाओं पर अपने प्राणों की आहुतियाँ दे चुके हैं। यह है, उनकी और आदर्श पत्रकारिता के दायित्व का शानदार निदर्शन। पत्रकारिता का एक गुण निष्पक्षता का होता है। इस गुण के कारण कोई भी पत्रकार समाज में सम्मान प्राप्त करता है। सामाजिक मूल्यों का उत्कर्ष उसका प्रथम उत्तरदायित्व होता है। वह अपनी पत्रकारिता के बल पर एक नई दिशा देते सम्पूर्ण समाज को एक सूत्र में बाँधता है। कुल मिलाकर पत्रकारिता बहुत बड़ा समाज सुधारक भी होती है। वह अपने उत्तरदायित्वों का निर्वाह करते हुए समाज में व्याप्त गैर बराबरी छुआछूत, ऊँच-नीच, जातीयता तथा धार्मिक वैमनस्य आदि कुरीतियों को अपने समाचार-पत्रों के 'प्लेटफॉर्म' पर निरन्तर उठाती रहती है। वह समाज का हित-चिन्तक और कल्याणकारी होती है। सच तो यह है कि पत्रकारिता समाज में निरन्तर नवचेतना का संचार करती रहती है। घटनाओं तथा तथ्यों का विश्लेषण और चीर फाड़कर समाज को नया सन्देश देती रहती है।

वस्तुतः समाचार-पत्र का सबसे महत्त्वपूर्ण कर्तव्य यह है कि वह अपनी सूझ-बूझ से बड़ी घटनाओं तथा महत्त्वपूर्ण सरकारी निर्णयों की ठीक जानकारी जल्द-से-जल्द प्राप्त कर सकें और उन सभी को तत्काल देशवासियों तक पहुँचाएँ। ऐसा करना ही प्रेस के अस्तित्व का आधार है। जो समाचार-पत्र सरकार के निर्णय तथा अन्य क्षेत्रों की गतिविधियों से पर्दा नहीं उठा सकता, वह सम्मान के साथ अपने अस्तित्व को भी बरकार नहीं रख सकता। प्रेस का धर्म है—बोलना। राजनीतिज्ञ चुप्पी साधे रह सकते हैं, लेकिन प्रेस नहीं। एक तरह से पत्रकार का धर्म इतिहासकार के समान होता है, जो केवल सत्य की खोज में लगा रहता है और आनेवाले समय के लिए सच्ची घटनाएँ छोड़ जाता है। उसका धर्म यह नहीं है कि

1. हिन्दी पत्रकारिता : स्वरूप एवं सन्दर्भ—डॉ. विनोद गोदरे, पृष्ठ-38।

वह वही तस्वीर आनेवाले समय के लिए तैयार करे, जैसी शासक चाहते हैं, बल्कि कोशिश यही रहनी चाहिए कि वह सत्य के अधिक-से-अधिक निकट पहुँच सके। अच्छे पत्र और पत्रकार इसीलिए इस कोशिश में रहते हैं कि वे निष्पक्ष होकर अपना कार्य करते रहें। पत्रकारिता में ईमानदारी का बना रहना बहुत आवश्यक है, पर साथ ही यह बात भी ठीक है कि हर रोज के कार्य में ईमानदारी को बनाये रखना कोई आसान बात नहीं है। अच्छा चरित्र बनाये रखना एक तरह से हर रोज संघर्ष जैसा ही है। पत्रकार के चरित्र की सबसे बड़ी चुनौती है—उसका निष्पक्ष रहना। जो पत्र या पत्रकार निष्पक्ष रहने की बजाय पक्षधर हो जाता है, वह समय के साथ नहीं चल पाता और अपना महत्त्व भी खो देता है।[1]

दरअसल, समाज-निर्माण में पत्रकारिता की भूमिका पग-पग पर बड़ी महत्त्वपूर्ण होती है। सयानी समझवाला पत्रकार इन्हें बहुत शिद्दत से जीता है। पत्रकार को अपने उत्तरदायित्वों के प्रति पूर्ण जागरूकता होने के साथ समाचार देते समय तथ्य को प्रस्तुत करने में भी दक्ष होना चाहिए। अदक्ष पत्रकार द्वारा दी गई खबर 'डायनामाइट' के समान विस्फोटक हो सकती है। कल्पना कीजिए, किसी स्थान पर दो समुदायों के बीच अनबन और तनाव उत्पन्न हो गया है और वहाँ के सान्ध्य दैनिक का पत्रकार किसी पक्ष-विशेष की कोई खबर पाता है और उसे शाम को प्रकाशित कर देता है। नगर में अनावश्यक सनसनी फैल जाती है। दोनों पक्षों का तनाव जल्दी ही भयानक दंगों का रूप धारण कर लेता है। रात होते-होते अलानाहक अनेक निर्दोषों की जान चली जाती है। निस्सहायों की सम्पत्ति का भारी नुकसान हो जाता है। अतः एक सक्षम पत्रकार कभी भी समाचार को रोकता नहीं, गलत सूचना नहीं छापता, बल्कि वह समाचारों की प्रस्तुति इस कुशलता और कलात्मकता से करता है कि उसे पढ़ने के बाद किसी को कोई भ्रम या गलत फ़हमी न हो। दक्ष और अपने पेशे में प्रवीण पत्रकार ऐसी स्थिति में दोनों पक्षों का मत प्राप्त करके ही समाचार को सन्तुलित रूप में प्रस्तुत करने का प्रयास करता है।[2]

विद्वानों ने पत्रकारिता को रचनाशील विधा माना है। सामाजिक जागरूकता और नव-सृजन के माध्यम से वह तमाम तरह के बदलाव कर सकती है। इसके कुछ अन्य प्रमुख उत्तरदायित्वों को इस प्रकार देख सकते हैं—

(1) समाज को उचित दिशा में निर्देशित करना,
(2) जनता और पाठक को स्वस्थ मनोरंजक सामग्री देना,
(3) सामाजिक जनमत को अभिव्यक्ति देना,
(4) सांस्कृतिक और धार्मिक पक्षों का दो टूक विवेचन करना,
(5) सामाजिक कुरीतियों, जैसे—विधवा उपेक्षा, बहू हत्या, दहेज, बाल-विवाह, वेश्यावृत्ति, अन्धविश्वास आदि को मिटाने की दिशा में प्रभावी कदम उठाना,
(6) सरकारी नीतियों का विश्लेषण व प्रसारण करना
(7) सामान्य जन को उनकी ही भाषा में उनके कर्तव्याधिकार समझाना,
(8) कृषि उद्योग, स्वास्थ्य, बाल-विकास, क्रीड़ा, चलचित्र जगत के विविध कार्यक्रमों का प्रचार-प्रसार करना,
(9) स्वास्थ्य, परिवार कल्याण के प्रति नागरिकों को सचेत करना,
(10) विद्यार्थी, शिक्षा, शिक्षक वर्ग को समीचीन मार्ग बतलाना,
(11) संकटकालीन परिस्थितियों में राष्ट्र का मनोबल बढ़ाना,
(12) सर्व धर्म सद्भाव एवं सौहार्द्र भाव को पुष्ट करना,
(13) 'बसुधैव कुटुम्बकम्' की भावना का प्रसार करना,
(14) अन्याय का प्रतिरोध कर लोगों को मित्रवत मार्ग दिखाना ही पत्रकारिता है तथा
(15) समाज में मानव मूल्यों की स्थापना करके जन-जीवन को विकासोन्मुख बनाना।[3]

---

1. जन संचार—डॉ. राजेन्द्र, पृष्ठ-463।
2. पत्रकारिता का इतिहास—लक्ष्मीकान्त उपाध्याय, पृष्ठ-164, जनशक्ति प्रकाशन, दिल्ली, मू. 595 रुपये।
3. उत्तर प्रदेश राजर्षि टण्डन मुक्त विश्वविद्यालय इलाहाबाद—सं. डॉ. अर्जुन तिवारी, पृष्ठ-12।

पत्रकारिता के दायित्व को अधिक साफ करते हुए **डॉ. रमेश चन्द्र त्रिपाठी** कहते हैं कि समाज का प्रत्येक क्षेत्र पत्रकारिता के भीतर आ जाता है, इसलिए पत्रकारिता के दायित्व निम्नलिखित हो सकते हैं,—

(1) समाज को उचित दिशा-निर्देश देना,
(2) गरीबी उन्मूलन अभियान,
(3) नवीन आर्थिक योजनाओं का परिचय देना,
(4) सामाजिक कुरीतियों को विश्लेषित करना,
(5) धार्मिक और सांस्कृतिक पहलुओं पर बेलौस विचार,
(6) राजनैतिक अधिकारों के विषय में सामान्य जनता को सचेत करना,
(7) सरकारी नीतियों का प्रचार-प्रसार,
(8) नई-नई शिक्षा नीतियों और उपलब्धियों को जनता के बीच ले जाना,
(9) महिला जगत से सम्बन्धित समस्याओं का गुण-दोष परक विवेचन,
(10) बाल कल्याण कार्यक्रम का परिचय,
(11) परिवार नियोजन की महत्ता का विज्ञापन करना,
(12) विज्ञान की नव्यतम उपलब्धियों को जनता तक पहुँचाना,
(13) दलितोत्थान समस्या का विश्लेषण तथा
(14) देश की अखंडता की रक्षा और राष्ट्रीयता का पाठ पढ़ाना।

आज की पत्रकारिता का दायित्व क्षेत्र दिनोदिन बढ़ता जा रहा है, इसलिए उपर्युक्त दायित्वों के अतिरिक्त भी अनेक क्षेत्र और विषय अभी विद्यमान हैं, जिनके बारे में पत्रकारिता को अपना दृष्टिकोण स्पष्ट करना पड़ता है, यथा—हिन्दू कोड बिल हो या किशोर-किशोरियों का मुक्त मिलन हो या सेक्स शिक्षा हो, जात-पाँत तोड़ने के लिए अन्तर्जातीय विवाह हो या स्त्री-पुरुष के समान अधिकार हों, विवाह-विच्छेद के प्रश्न हों या शिक्षा-क्षेत्र में फैला भ्रष्टाचार हो, विद्यार्थियों और नवयुवकों तथा महिलाओं में बढ़ती नशीली चीजों के प्रयोग की समस्या हो,—इन सब पर पत्र-पत्रिकाओं में अब खुली बहस होती है। इसके अतिरिक्त राजनैतिक, भाषागत, साहित्यिक, सांस्कृतिक, धार्मिक, नैतिक और आदर्शगत आदि समस्याओं, विवादों को बहस के क्षेत्र में ले आना और उस पर निर्णय देना पत्रिकाओं का मुख्य कार्य है। समाज के विस्तीर्ण क्षेत्र से पत्रकारिता का सम्बन्ध हमेशा से रहा है। सामाजिक लोकाचारों में मौलिक परिवर्तन हेतु पत्रकारिता निरन्तर संघर्ष करती रही है। इसके द्वारा समाज को सामाजिक बुराइयों—शिशु हत्या, बाल-विवाह, विधवाओं की दयनीय दशा, दहेज प्रथा, वेश्यावृत्ति, अन्ध-विश्वास और छुआछूत आदि को समाप्त करने का बीड़ा उठाया।

और अन्त में यह कि समय और समाज के सन्दर्भ में सजग रहकर नागरिकों में दायित्वबोध कराने की कला को ही पत्रकारिता कहते हैं। इस तरह समसामयिक इतिहास का दूसरा नाम ही पत्रकारिता है। दैनिक क्रम में घटने वाली राजनीतिक, सांस्कृतिक एवं आर्थिक घटनाओं का समाज के समक्ष खुलासा करना ही पत्रकारिता है। पत्रकारिता मनुष्य के जीवन की विविधताओं, मान्यताओं, उसके जीवन में नित्य घटने वाली विविध घटनाओं एवं प्रसंगों को शीघ्र प्रस्तुत करने एवं समाज को जागरूक करने का सशक्त माध्यम है। आज के परिवेश में पत्रकारिता का मूल दायित्व अन्याय को सार्वजनिक संज्ञान में लाना, दोषों का परिहार करना, असहाय एवं कमजोर वर्ग की सहायता करना, जन-चेतना जागृत करना एवं सामाजिक कर्तव्यों के प्रति लोगों को जागरूक और सजग करना है। इस तरह समाज में प्रगतिवादी विचारधारा को प्रोत्साहन देते हुए समाज को, देश को, प्रगति के शीर्ष पर पहुँचाया जा सकता है।

(6) हिन्दी पत्रकारिता में स्त्री-विमर्श या महिला पत्रकारिता

युग-युग से प्रताड़ित नारी, समय की कठोर शिलाओं पर पाँव रखती, जिन्दगी की विषमताओं से संघर्ष करती, कभी देवी पद से विभूषित हो, भवन की कारा में आबद्ध, पाषाण मूर्ति के रूप में उपासक की हृदयहीन उपासना द्वारा अलंकृत होती रही, कभी पुरुषमर्यादा का प्रतीक बन, परम्परा की बेदी पर कुर्बान

होती रही—यही उसकी करुणा संवलित कहानी रही है। प्राचीन ने उसका क्रय-विक्रय किया और नवीन ने उसके क्रय-विक्रय के स्वरूप को थोड़ा बदला, लेकिन उसे सम्पत्ति के रूप में समझने की भूल कभी नहीं छोड़ी। वह घर की लक्ष्मी है, वधू है और साथ ही मर्यादा भी है, लेकिन क्या इस गौरव को वह बिना मूल्य चुकाए प्राप्त कर पाती है? उसकी मृत्यु के पश्चात् यहाँ तक कि उसकी अर्थी के पुष्प सूख भी नहीं पाते कि दूसरी के लिए शिविका अलंकृत होने लगती है। इस 'लक्ष्मी' के भस्म अभी श्मशान की मिट्टी में मिल नहीं पाते, तब तक दूसरी लक्ष्मी के लिए सुनहरी सेज सजाई जाने लगती है। नारी जीवन की मनोरमता का कठोर उपहास इससे अधिक और क्या हो सकता है? शताब्दी की इस नई सुबह में भी भारतीय समाज में महिलाओं के प्रति अभी हमारी बुर्जुआ और दकियानूस सोच बदली नहीं है। गाँव से लेकर वैश्विक स्तर तक आए दिन स्त्री सशक्तीकरण के लिए महिलाओं पर विमर्श, गोष्ठियाँ, सेमिनार, चर्चा-परिचर्चा, उनके हक-हुकूक तथा स्वाभिमान की रक्षा के लिए धरना, प्रदर्शन, जुलूस-नारेबाजी कुल मिलाकर तमाम तरह के आन्दोलन हो रहे हैं, किन्तु उनके प्रति पूरे भारतीय समाज में नजरिया सम्बन्धी बदलाव नहीं आ पा रहा है।

सच तो यह है कि आज भी नारी मुक्ति का प्रश्न यथास्थितिवाद का शिकार है। तमाम दावों के बावजूद वह अभी भी रूढ़िवादी चौखटों में आबद्ध है। स्वतंत्र पहचान, नारी के लिए दिवास्वप्न बनी हुई है। वह परम्परागत जकड़नों और सड़े-गले सामाजिक परिवेश के दबाव से स्वतंत्र नहीं हो पा रही है। आर्थिक रूप से स्वावलम्बन और स्वतंत्रता स्त्री के लिए दूर की कौड़ी बनी हुई है। वह पुराने समाज के पारम्परिक मूल्यों-आस्थाओं और नये समाज के मूल्यों के टकरावों के द्वन्द्व से गुजर रही है। अपनी अस्मिता-संहार की रक्षा में इसके सामने पुरुष की वर्चस्वतावादी पारम्परिक नजरिया और संस्कार आड़े आ जाते हैं। इसके चिन्तन-क्षितिज के विस्तार को पुरुष का अहंकारी मन बर्दाश्त नहीं कर पाता है। स्त्री की खुली स्वीकृति और 'बोल्ड' अभिव्यक्ति पुरुष स्वामित्ववादी मूल्यों के विरुद्ध, विद्रोह का स्वर मान लिया गया है। सम्प्रति नई उपभोक्तावादी संस्कृति और शिथिल समाज के पारम्परिक निरंकुश मूल्यों के संह्वात को वह गम्भीर उच्छवास लेती विवश हो झेल रही है। राष्ट्रीय आन्दोलन के दौर में हमारी अपनी जातीय अस्मिता की पहचान और जनवाद की माँग के साथ-साथ नारी मुक्ति निर्मित हुई.थी। स्वतंत्रता प्राप्ति के बाद की आधी सदी का कालखंड विश्व पूँजीवादी तंत्र की चौहद्दी के भीतर रुग्ण, विकलांग पूँजीवाद के मंथर विकास का यंत्रणादायी दौर रहा है, जिसने भारतीय स्त्री की परम्परागत सामन्ती गुलामी के ऊपर मुद्रा संस्कृति के नये दोहरे दबाव लाद दिए हैं और पूँजीवादी 'एलियनेशन' की त्रासदी आरोपित कर दी है। पिछले लगभग तीन दशक के बाजारीकरण के दौर ने पूँजी की नग्न-निरंकुश सत्ता और बाजार संस्कृति के उन विकृति रूपों से भारतीय नारी को परिचित कराया है, जिनसे लातिन अमेरिका की स्त्रियाँ और उत्पीड़ित वर्ग पहले से ही परिचित थे।[1]

बहरहाल, इस देश में उनके हित-पोषण के लिए राष्ट्रीय महिला आयोग है, स्त्री -संरक्षक संस्थाए हैं, तमाम तरह के कानून हैं, लेकिन दुर्भाग्य से इन सबका परिणाम-'ढाक के तीन पात' ही साबित हो रहा है। कहीं ये दहेज की शिकार है, तो कहीं बाल-विवाह, सती प्रथा, बलात्कार, घरेलू हिंसा, वेश्यावृत्ति, पुरुष-प्रधान पैतृक सामाजिक-व्यवस्था में लिंग, जातिभेद, विधवा-विवाह का न होने देना, लैंगिक अपराध, यौन-विस्फोट, यौनिक-उत्पीड़न, घरेलू हिंसा, अमानुषिक घरेलू श्रम, भेदभाव वाला पालन-पोषण, पत्नी की आय को हड़पना, तेजाबी हमले, 'ऑनर कीलिंग', इज्जत की जवाबदेही, मर्दाने मापदंडों पर स्त्री को वंचित रखना, कार्यस्थल पर उत्पीड़न, शादी और कैरियर का थोपा जाना तथा अन्यान्य तरह के शोषण की जबरदस्त गिरफ्त में है। प्रिन्ट और इलेक्ट्रॉनिक मीडिया में होनेवाले विज्ञापन तथा सिनेमा सीरियलों आदि में भी इनके अर्द्धनग्न चित्र अश्लीलता की सारी हदें पार कर रहे हैं। विज्ञापन माध्यमों में बलात्कारी का चित्र नहीं छापा जाएगा, किन्तु महिला का धुँधला चित्र जरूर दिखाया जाएगा। सुनते हैं, इस देश में कहीं-कहीं पुरुषों और महिलाओं के वेतनमानों में भी विसंगतियाँ

1. उत्तर प्रदेश (साहित्य वार्षिकी)—कात्यायनी, पृष्ठ-28, सूचना एवं जन सम्पर्क विभाग, उत्तर प्रदेश, पार्करोड, हजरतगंज, लखनऊ, मूल्य-25 रुपये सन् 1997।

हैं। गारा, मिट्टी ढोने वाले मजदूर का वेतन साथ में काम करनेवाली मजदूरनी से अधिक होता है। कुल मिलाकर यह कि महिलाएँ आज भी इस देश में गैर-बराबरी की शिकार हैं। वैश्विक स्तर पर इनकी सुरक्षा तथा व्यक्तित्व-विकास के लिए सन् 1993 ई. में मनीला में 'एशियन पैसेफिक सिम्पोजियम' हुआ, सन् 1994 ई. में बैंकाक तथा सन् 1994 ई. में ही जकार्त्ता में 'स्त्री विकास' पर कान्फ्रेन्स हुई। सन् 1995 ई. में टोरन्टो में तथा सन् 1995 ई. में ही एक 'वर्ल्ड कान्फ्रेन्स' हुई, जिसमें यह तय किया गया कि जीवन के सभी क्षेत्रों में महिलाओं की भागीदारी बढ़े, मीडिया में स्त्रियों की छवि का ध्यान रखा जाए, चलचित्रों, दूरदर्शन, समाचार-पत्रों एवं पत्रिकाओं में महिलाओं के नग्न-चित्रों के प्रदर्शन पर रोक लगायी जाए, स्त्रियों को उनके अधिकारों की पहचान कराई जाए तथा संचार माध्यमों खासकर पत्रकारिता (प्रिन्ट और इलेक्ट्रॉनिक) के क्षेत्र में इनकी प्रतिभा तथा कार्य कुशलता का लाभ लिया जाए।

पर, उक्त आयोजनों में तय किए गए सभी निर्णय महिलाओं के लिए हाथ से फिसलने वाली मछली की तरह ही सिद्ध हुए हैं। आज भी स्त्रियाँ ज्ञान और अनुशासन के विभिन्न माध्यमों में लैंगिक विषमता की शिकार हैं। विभिन्न कालखंडों में स्त्रियों के अवदान को नकारा नहीं जा सकता, फिर भी घटते लिंगानुपात, महिलाओं पर होनेवाली हिंसा पूर्व की तरह सतत् जारी हैं। फिल्मों और विज्ञापनों में महिलाओं की हैसियत एक उपभोग उत्पाद से अधिक की नहीं बन पा रही है। विज्ञापनों में पहनावे, प्रतीकों के साथ स्त्री-विरोधी छवि जारी है। पुरुषवादी मानसिकता की छाया से स्त्री आज भी उबर नहीं पा रही है। स्त्री स्वतंत्रता का प्रश्न जस-का तस, जहाँ था—वहीं अँटका हुआ है। वस्तुतः आर्य-अनार्य परम्परा और पारम्परिक मिथक भी स्त्री स्वातंत्र्य की मुखालफत करते हैं। उनकी रुचियों का निर्धारण अब भी पुरुष ही कर रहा है। पुरुष इसे यथास्थितिवाद के बाड़े में घेरे रखना चाहता है। पुरुष के लिए स्त्री कच्चे माल की तरह है। वह स्त्री को सहयात्री-सहधर्मी का दर्जा देने के लिए कत्तई तैयार नहीं है। अतः ऐसी स्थिति में महिलाओं के भीतर आन्तरिक गुलामी बनी हुई है। कुछ लोगों का आरोप है कि 'महिला सवाल पर मीडिया भी खामोश है। उसकी खामोशी से यही ध्वनित होता है कि मीडिया की बुनावट भी पुरुषवादी मस्तिष्क की तरह है। यहाँ भी स्त्री-विरोधी प्रवृत्तियाँ काम कर रही हैं। हिन्दी धारावाहिकों की कथावस्तु, भाषा आदि में स्त्री-विरोधी पुराने सामन्ती मूल्य सक्रिय हैं। मीडिया के लिए इनकी हैसियत सिफत 'मिस ब्यूटी' और 'क्वीन कान्टेस्ट' भर ही रह गई है। इलेक्ट्रॉनिक मीडिया, इंटरनेट और प्रिन्ट माध्यमों में पोर्नोग्राफी बहुत बढ़ी है। कहा जा सकता है कि मीडिया में लगी बहुराष्ट्रीय कम्पनियों की आवारा पूँजी ने स्त्रियों के पीछे जबरदस्त वीभत्स बाजार खड़ा कर दिया है। उक्त पूँजी ने इस देश के इतिहास के शानदार पृष्ठों से महिलाओं के नाभिनालबद्ध रिश्ते को भुला दिया है। अतः ऐसी विषम स्थिति में स्त्री-पुरुष में समानता कहाँ से आए?

यहाँ सवाल की एक शाख फूटती है कि अपने आदेश की लाठी से भेड़-बकरियों की तरह इन्हें हाँकने वाला भारतीय पुरुष समाज घर के भीतर इन्हें इनके उचित अधिकार से वंचित किए हुए है, तो बाहर पत्रकारीय कर्म के लिए वह इन्हें अवसर कैसे और क्यों दे सकता है? अगर आप हमारे उक्त तर्क से असहमत हैं तो बताइए कि देश के साढ़े तीन सौ से भी ज्यादा समाचार चैनल्स और अनगिनत छोटे-मंझोले अखबार तथा बीस से भी अधिक भाषाओं में बासठ हजार से भी ज्यादा दैनिक छप रहे हैं—इनमें कितनी महिला पत्रकार कार्यरत हैं। मीडिया विशेषज्ञ **श्री प्रांजल धर**[1] कहते हैं कि अखबारों में जहाँ तक महिला पत्रकारों की भूमिकाओं का सवाल है अभी भी यह मिथक अप्रासंगिक नहीं हुआ है कि यहाँ महिलाओं के काम का दायरा बेहद सीमित है। ऐसे लोगों की अच्छी खासी तादाद मौजूद है जो यह मानते हैं कि अखबारों के दफ्तरों में 'महिलाएँ या तो टाइप करने का कार्य कर सकती हैं या फिर फीचर लिख सकती हैं। ऐसी धारणा तो बहुत दिनों तक प्रचलित रही कि पत्रकारिता में महिलाओं का काम 'लाइफस्टाइल फीचर' तक सीमित रहता है, उन्हें 'की-बोर्ड' से चिपके रहना चाहिए, डेस्कवर्क ही उनका उचित कार्यक्षेत्र है...आदि, आदि। आज भी हिन्दी ही नहीं, अंग्रेजी भाषा की ही बात करें

1. नया ज्ञानोदय (प्रेस में आधी दुनिया और पब्लिक स्फीयर) लेख प्रांजल धर, पृष्ठ-84, सन् 2012 मू. 30 रुपये।

तो पूछा जाना चाहिए कि कितने राष्ट्रीय या अधिक प्रसार संख्यावाले अखबारों की सम्पादक महिलाएँ हैं? सम्पादक की तो बात ही छोड़िये, कितनी महिलाएँ पत्र-पत्रिकाओं में सीनियर रिपोर्टर या विशेष संवाददाताओं के पद पर विराजमान हैं? यहाँ महिला पत्रकारों का नाम गिनाकर विवाद खड़ा करना उचित नहीं है। बहरहाल, एक आम पाठक के नजरिए से अगर चीजों को देखा जाए तो पाठकों का साबका प्राय; खबरों से या सम्पादकीय से ही पड़ता है। यह बात दीगर है कि कुछ जागरूक और प्रबुद्ध पाठक ऐसे जरूर होते हैं जो खबरों की बाइलाइन भी बड़े गौर से पढ़ते हैं और जो लोग बाइलाइन में रुचि रखते हैं, उन पाठकों को इस बात का एहसास हो ही जाता है कि शायद ही किसी महत्त्वपूर्ण राष्ट्रीय अथवा अन्तरराष्ट्रीय घटना के कवरेज में छापी गई तस्वीरें किसी महिला फोटोग्राफर द्वारा खींची गई होती हों। आज किसी भी भाषा का कोई भी अखबार पढ़नेवाला एक मामूली बच्चा भी इस विसंगति से भली भाँति वाकिफ है कि अखबारों में माहिलाओं की भूमिकाएँ केवल यहीं तक सीमित रहती हैं कि वे विज्ञापनों की ब्रांडिंग करने के लिए एक साधनमात्र हैं। इसे महिलाओं की छवियों का वस्तुकरण कहा जाता है।

पेशेगत हिसाब से पत्रकारिता समाज का सबसे सम्मानित और बौद्धिक कार्य माना जाता है पर, दुर्भाग्य से महिलाएँ यहाँ भी दोयम दर्जा की शिकार हैं। "वह पत्रकार तो है, लेकिन चूँकि महिला है, इसलिए कमजोर है। उनकी कलम में ताकत तो है, लेकिन बाजुओं में नहीं। उनके इरादे बुलन्द हैं, लेकिन वह काम एक सीमा में ही कर सकती हैं"...ऐसे ही न जाने कितने लांछन उनके ऊपर लगाये जाते हैं। उन्हें उनकी क्षमताओं से अपने आकाश को कभी नापने नहीं दिया जाता। यूनेस्को के सर्वे में समाचार माध्यमों में काम करनेवाली दो-तिहाई महिला पत्रकारों ने माना है कि उन्हें दफ्तर में दुर्व्यवहार, उत्पीड़न और धमकी भरी स्थितियों का सामना करना पड़ता है। **यह महिला पत्रकारों पर वैश्विक सर्वे है।** दो सौ उन्यासी महिला पत्रकारों ने माना कि उनके साथ यौन हिंसा हुई है। वाशिंटन के इंटरनेशनल वुमेन्स मीडिया फाउन्डेशन (International Womens Media Foundation) और लन्दन के इंटरनेशनल न्यूज सेफ्टी इन्स्टीट्यूट (International News Safety Institute) ने इस सर्वे को जुलाई से नवम्बर 2013 के बीच पूरा किया। सर्वे के मुताबिक उत्पीड़न बॉस और सहकर्मी करते हैं।[1]

छोटे-बड़े हिन्दी, अंग्रेजी अखबारों में काम करनेवाली महिला पत्रकारों की दिक्कतें लगभग एक जैसी हैं। समय बदला लेकिन सूरत नहीं। पहले तो किसी छोटे-बड़े प्रतिष्ठान या प्रेस में पत्रकार के रूप में जुड़ने के लिए उन्हें नाना तरह के अपमान का सामना करना पड़ता है। उनसे उनकी सी.वी., नाम, पते चल दूर भाष नम्बर, बॉयोडॉटा और अन्य तमाम तरह के प्रमाण पत्र तो ले लिए जाते हैं, लेकिन कोई 'गॉडफादर' या 'एप्रोच' न होने से महज रस्मी सन्तोष का आश्वासन मिलता है। न तो ट्रेनिंग या इंटरनेशिप दी जाती है और यदि बहुत-कोशिश के बाद किसी संस्थान में नौकरी भी मिली तो 'प्रोड्यूसर' की जगह मात्र एक 'प्रोग्रामर' की। उनकी सारी कड़ी लगन, मेहनत, धैर्य, काम के प्रति ईमानदारी, आत्मविश्वास, संघर्ष—सब कुछ जवाब दे जाता है। महिला के नाम पर किसी तरह का भावनात्मक सहयोग और न आर्थिक सहयोग, बल्कि मानसिक दबाव और ज़द्दोजहद के बीच उनके सपने खंडित हो जाते हैं। इन सब संघर्षों के बाद यदि सौभाग्य से इन्हें महिला पत्रकार के रूप में काम करने का अवसर मिलता भी है तो फील्ड और ऑफिस—दोनों जगह इनके साथ सौतेला व्यवहार होता है। कभी 'क्राइमबीट' पर काम करना चाहा तो उन्हें महिला थाना दे दिया जाता है। महिला पत्रकारों के लिए आगे की कुछ मुसीबतों को देखिए, यथा—

(1) राजनीतिक दल, अपराध, उच्च शिक्षा, रेलवे जैसी बीट पर महिलाओं को रखने से पहले बहुत बार सोचा जाता है,

(2) साफ्ट स्टोरी महिलाओं से लिखवाई जाती है, लेकिन हार्डस्टोरी के लिए पुरुष पत्रकार ही प्राथमिकता होते हैं,

(3) साहित्य, संस्कृति, महिला युवा जैसी बीट महिलाओं के लिए ही मान ली गई है,

1. हिन्दुस्तान, 4 दिसम्बर 2013, पटना संस्करण।

(4) प्रमोशन या इन्क्रीमेंट के समय महिला पत्रकारों के साथ पक्षपात होता है और प्राथमिकता 'पुरुष' सहकर्मियों को दी जाती है,

(5) किसी बड़ी कवरेज से जुड़ी प्लानिंग में महिला पत्रकारों की सलाह कहीं-कहीं ली जाती है तथा

(6) अन्ततः समय-समय पर इनसे आने-जाने तथा रात में कितना समय दे पाएँगी जैसे बेतुके सवालों से भी इनकी तीखी मुठभेड़ होती रहती है।

दरअसल, भारत जैसे देश में कई सम्भावनाशील महिला पत्रकारों का कैरियर तो इस मामूली-सी बात की भेंट चढ़ गया कि महिलाओं को रात में बाहर नहीं निकलना चाहिए। अगर रात की शिफ्ट में काम करनेवाले पत्रकारों को घर तक छोड़ने के लिए कोई समाचार घराना किसी कैब या कार वगैरह की व्यवस्था करता भी है तो वह लड़कियों के लिए शायद ही कोई रियायत पूर्ण व्यवहार करता हो। अगर वह कैब किसी पुरुष पत्रकार को उसके घर के पासवाली गली तक छोड़ती है, तो वह महिला पत्रकारों को भी गली तक ही छोड़ेगी। ऐसा नहीं है कि वह लड़कों या पुरुषों को तो गली तक छोड़े और महिलाओं या लड़कियों के मामलों में घर तक छोड़ने जाए। ये बातें निश्चित रूप से प्रिंट मीडिया के लिए सही हैं, लेकिन प्रिन्ट से कहीं ज्यादा ये बातें इलेक्ट्रॉनिक मीडिया के लिए सत्य हैं। इसीलिए कहा भी जाता है पत्रकारिता करनेवाली लड़कियाँ, केवल पत्रकार ही होती हैं। उनके पास फिर लड़की होने या दिखने का ज्यादा विकल्प नहीं बाक़ी बचता। छुट्टियों की मुश्किलों के अलावा सारे अखबारों के दफ्तरों में महिलाओं के लिए अलग से शौचालय वगैरह की भी पर्याप्त व्यवस्था नहीं होती है। कुछ मीडिया संस्थान तो ऐसे हैं कि अगर वहाँ साथ-साथ काम करनेवाले पुरुष और महिला पत्रकार एक-दूसरे से शादी कर लें तो किसी एक को नौकरी छोड़ती पड़ती है। विवाह के बाद चाहे पति नौकरी छोड़े या फिर पत्नी। इसीलिए कुछ महिला पत्रकार अक्सर इस बात के लिए आवाजें उठाती रहती हैं कि महिला पत्रकारों के लिए अलग से जरूरी व्यवहार की आवश्यकता है। अमेरिकी समाचार-पत्रों के दफ्तरों में इसे 'सकारात्मक कार्रवाई' या 'अफरमेटिव ऐक्शन' कहा जाता है। प्रसिद्ध महिला पत्रकार जैनेट मैलकॉम ने अपनी विख्यात कृति 'द जर्नलिस्ट एंड द मर्डरर' (The Journalist and the Murderer) में पत्रकारों और उनके विषयों के बीच के रिश्ते की अच्छी पड़ताल की है और बताया है कि किस तरह महिला पत्रकार अनेक कारणों से हाशिये पर जाकर निराश होने को अभिशप्त हो जाती हैं।[1]

कुल मिलाकर हिन्दी-पत्रकारिता में महिलाओं की स्थिति दिन-पर-दिन सिकुड़ती जा रही है। लखनऊ जैसे उत्तर प्रदेश की राजधानी में कुछ बड़े हिन्दी अखबारों में एक-एक महिला फील्ड रिपोर्टर हैं और कहीं-कहीं तो एक भी नहीं। हिन्दी की अपेक्षा अंग्रेजी अखबारों में महिला पत्रकारों की स्थिति बेहतर है। ग्रामीण और कस्बाई इलाकों तथा जिला मुख्यालयों में महिला पत्रकार न के बराबर हैं। पूरे लखनऊ में सिर्फ एक अखबार में महिला सम्पादक के रूप में नियुक्त हैं, वह भी अंग्रेजी अखबार है।[2] अब एक नजर 'बिहार के हिन्दी और अंग्रेजी प्रिन्ट में महिलाओं की मौजूदगी देखिए। बिहार की राजधानी में काम कर रहे हिन्दी समाचार-पत्रों, पत्रिकाओं के पत्रकारों में 87 फीसदी पत्रकार सवर्ण हिन्दू परिवारों से हैं। इनमें 34 फीसदी ब्राह्मण, 23 फीसदी राजपूत, 14 फीसदी भूमिहार तथा 16 फीसदी कायस्थ हैं। हिन्दू पिछड़ी-अति पिछड़ी जाति, अशराफ मुसलमान और दलित समाज से आनेवाले पत्रकार महज 13 फीसदी है। इनमें बिहार की सबसे बड़ी जाति यादव का प्रतिनिधित्व सर्वाधिक, लगभग 3 फीसदी है। ओबीसी से आनेवाले अन्य पत्रकार वैश्य, कुशवाहा, कानू, केवट, कहार और चौरसिया जातियों के हैं। इनकी उपस्थिति प्रायः एक-एक फीसदी है। इसके अतिरिक्त अन्य दर्जनों पिछड़ी, अति पिछड़ी जातियों का कोई प्रतिनिधित्व न हिन्दी-अंग्रेजी प्रिंट में दिखता है, न ही इलेक्ट्रॉनिक में। हिन्दी प्रिन्ट में महिला (सवर्ण) की भागीदारी एक फीसदी है।

---

1. नया ज्ञानोदय—प्रांजल धर का लेख, पृष्ठ-85।
2. हिन्दुस्तान, 25 अगस्त, 2013 लखनऊ शहर संस्करण।

हिन्दी, अंग्रेजी, उर्दू/प्रिन्ट व इलेक्ट्रॉनिक मीडिया का वर्गीकृत आँकड़ा

	सवर्ण महिला/ पुरुष	हिन्दू ओबीसी ईबीसी महिला/ पुरुष	अशराफ मुसलमान महिला/ पुरुष	पसमान्दा मुसलमान महिला/ पुरुष	दलित हिन्दू महिला/ पुरुष	महिला	पिछड़ा महिला	अन्य
प्रिन्ट (हिन्दी)	87%	9%	1%	0%	3%	1%	0%	...
प्रिन्ट (अंग्रेजी)	75%	19%	4%	0%	0%	7%	4%	अन्य धर्मावलंबियों में एक ईसाई
प्रिन्ट (उर्दू)	8%		66%	26%	0%	0%	0%	...
इलेक्ट्रॉनिक (हिन्दी/अंग्रेजी)	90%	7%	3%	0%	0%	10%	0%	...
कुल	73%	10%	12%	4%	1%	3%	1%	...

अंग्रेजी अखबारों की स्थिति अन्धे में काना राजा सी है। इनमें कुल 7 फीसदी महिलाओं की भागीदारी है। यहाँ पिछड़ी जाति की 4 फीसदी महिलाओं की मौजूदगी भी ध्यान खींचती है। हिन्दू ओबीसी की उपस्थिति हिन्दी प्रिन्ट (9 फीसदी) की तुलना में अंग्रेजी प्रिन्ट में दुगुनी से ज्यादा (19 फीसदी) है। सवर्ण हिन्दुओं का कब्जा यहाँ 75 फीसदी है। अशराफ मुसलमान 4 प्रतिशत हैं। दलितों की नुमाइंदगी शून्य है। हिन्दी और अंग्रेजी प्रिन्ट में एक और रोचक अन्तर भूमिहार और राजपूतों की संख्या का है। हिन्दी प्रिंट की तुलना में यहाँ इन दो जातियों की संख्या आधी से भी कम (राजपूत-11 फीसदी और भूमिहार-6 फीसदी) हो गई है। अंग्रेजी भाषा पर ब्राह्मणों (36%) तथा कायस्थों (21%) का आधिपत्य दिखता है।[1]

हिन्दी, अंग्रेजी, उर्दू प्रिन्ट व इलेक्ट्रॉनिक मीडिया में महिलाएँ

	कुल महिलाएँ	हिन्दू ओबीसी/ इबीसी	अशराफ मुसलमान	पसमान्दा मुसलमान	दलित हिन्दू
प्रिन्ट हिन्दी	1%	0%	0%	0%	0%
प्रिन्ट अंग्रेजी	7%	4%	0%	0%	0%
प्रिन्ट उर्दू	0%	0%	0%	0%	0%
इलेक्ट्रॉनिक	10%	0%	0%	0%	0%
कुल	3%	1%	0%	0%	0%

हिन्दी में महिला पत्रकारिता के इतिहास को देखा जाए तो हमें स्पष्ट पता चलेगा कि महिलाओं ने भी समय-समय पर नाना संकटों को झेल हिन्दी पत्रकारिता में शानदार और शालीन पृष्ठ जोड़े हैं। बस, जरूरत इन्हें अवसर देने की रही है। इन्होंने भी समय की चुनौतियों को झेला, समय की नब्ज को टटोला और युग संघर्ष में शामिल हो अपनी सामर्थ्य के अनुसार कार्य का भरपूर निर्वाह किया। समस्या की पड़ताल कर उन्हें सुलझाने के लिए सूत्रों को तलाशा। इनके पास हर युग में समय के बाहर और भीतर-दोनों को देखने का कौशल रहा है और इन्होंने अपनी सोच की उपस्थिति से हर कालखंड में यह सिद्ध किया है कि किसी पुरुष पत्रकार-कलमकार की तरह अपने उद्देश्यों के प्रति इनके भीतर भी बेहद गम्भीरता रही है और वह अब भी है। भारतेन्दु हरिश्चन्द्र, महावीर प्रसाद द्विवेदी जैसे विशिष्ट

1. कथादेश (पिछड़ी सीटों पर हिस्सेदारी नामक लेख)—प्रमोद रंजन, पृष्ठ-117 सहयात्रा प्रकाशन प्रा.लि.सी-52/जेड 3, दिलशाद गार्डन, दिल्ली, अंक 6, मूल्य 60 रुपये, अगस्त 2009।

पत्रकारों एवं साहित्यकारों ने बाल बोधिनी, आर्यमहिला, कमला, भारत महिला जैसे अनेक महत्त्वपूर्ण पत्रों को सन् 1914 तक प्रकाशित कराया। सामाजिक बन्धनों के कारण शताब्दियों से शिक्षा जैसे जीवन के आवश्यक पक्ष से उपेक्षित महिला ने भी एक प्रकाश की ज्योति देखी। फलस्वरूप वह भी समाज की धारा से सम्बद्ध होने के लिए प्रयत्नशील हुई। परन्तु अब वह स्वयं भी प्रगति के प्रयत्नशील हुई। अपनी प्रतिभा को दर्शाते हुए हेमन्त कुमारी ने पत्रकारिता के क्षेत्र में प्रथम सम्पादक के रूप में प्रवेश किया। हेमन्त कुमारी ने महिलाओं की समस्याओं का वर्णन करते हुए। 1888 ईसवी में 'सुगृहणी' नामक पत्रिका का प्रकाशन जयपुर से प्रारम्भ किया।[1] इस प्रकार हिन्दी का प्रथम स्त्री-पत्रकार होने का गौरव श्रीमती हेमन्त कुमारी को ही प्राप्त होता है। अहिन्दी-भाषी (बांग्ला भाषी) होने के कारण हिन्दी की प्रथम अहिन्दी भाषी स्त्री पत्रकार भी वही हैं। 'सुगृहिणी' का ध्येय उसके नाम से ही स्पष्ट है। इसकी प्रथम संख्या में स्त्री जाति को सम्बोधित करके कहा गया है,—

"हे प्यारी बहनों! द्वार खोल देखो तुम्हारे यहाँ कौन आई? तुम लोग क्या इसे पहचानती हो? यह भी तुम्हारी एक भगिनी है। इसका नाम सुगृहिणी है। तुम्हारे दुखों को देखकर तुम्हे अज्ञानता और पराधीनता में बद्ध देखकर तुम्हारी यह बहिन तुम्हारे द्वार पर आई है।"[2] हेमन्त कुमारी ने स्त्री-शिक्षा सम्बन्धी कई महत्त्वपूर्ण पुस्तकें भी लिखीं। आदर्श माता, माता और कन्या, नारी पुष्पावली, हिन्दी-बंगला प्रथम शिक्षा आदि उनमें प्रमुख हैं। 'आदर्श माता' पर इन्हें पंजाब सरकार का 200 रुपए का पुरस्कार भी मिला था। इन्हें हिन्दी, अंग्रेजी तथा बंगला भाषा का बढ़िया ज्ञान था। इनके पति राजेन्द्र चौधुरी थे। हेमन्त कुमारी का जन्म सितम्बर 1868 में हुआ था और निधन सन् 1953 ई. में हुआ।

2 मई, सन् 1915 ई. में मध्य प्रदेश के खंडवा में जन्मी हीरादेवी चतुर्वेदी ने इलाहाबाद से लोकप्रिय 'मनोरमा' का सम्पादन किया। आपके सम्पादन काल में मनोरमा के स्तर में आशातीत वृद्धि हुई। कुछ दिनों बाद स्वास्थ्य ठीक न रहने से आपने सम्पादन कार्य छोड़ दिया। 'नीलम मंजरी', 'मधुमास', 'मधुवन', 'धरती के गीत', 'उलझी लड़ियाँ', 'रंगीन पर्दा, 'बुन्देली लोकगीत', 'घर की देवी' आदि आपकी चर्चित कृतियाँ हैं। आपको पत्रकारिता की प्रेरणा अपने पति देवीदयाल चतुर्वेदी से मिली। इसके पश्चात् श्रीमती हरिदेवी ने पत्रकारिता के क्षेत्र में अपने क्रान्तिकारी पाँवों को आगे बढ़ाया। इन्होंने प्रयाग से ही 1889 ई. में 'भारत भगिनी' नामक पत्रिका का सम्पादन किया। इन पत्रिकाओं के मूल विषय धर्म, समाज, स्त्री-शिक्षा, देश की स्वाधीनता, भाषा, देश की गौरवशाली संस्कृति, सभ्यता, विदेशी शासन आदि हुआ करते थे। बस क्या था, इन साहसी महिला पत्रकारों ने महिला जगत को सोते से जगाया। उनमें नई जागरूकता पैदा की। महिलाओं में नई चेतना आई। बहुत सुशिक्षित न होने के बावजूद पत्रकारिता के क्षेत्र में कई महिलाओं ने दस्तक दी। सन् 1909 ई. में प्रयाग से हिन्दी प्रदेश से स्त्री आन्दोलन की पहली और सबसे महत्त्वपूर्ण पत्रिका 'स्त्री दर्पण' का प्रकाशन रामेश्वरी नेहरू के सम्पादन में शुरू हुआ, जिसमें तत्कालीन वामपंथी विचारक सत्यभक्त, राधामोहन गोकुल जी, रमाशंकर अवस्थी आदि के साथ हिन्दी की पहली प्रखर नारीवादी विचारक उमा नेहरू और हृदय मोहिनी, हुक्मा देवी, सत्यवती और सौभाग्यवती आदि लेखिकाओं की रचनाएँ प्रकाशित होती थीं। 'स्त्री-दर्पण' की नियमित लेखिकाओं ने अपने लेखों और कहानियों में परदा प्रथा, बालविवाह, विधवा-विवाह, मृत-स्त्रीक विवाह आदि के साथ ही स्त्रियों के सामाजिक-राजनीतिक अधिकारों को भी मुद्दा बनाया। इन लेखिकाओं में एक सुधारवादी-उदारवादी धारा थी जो आर्य समाज के सामाजिक आन्दोलन, गांधी जी के विचारों और गांधी जी के राजनीतिक आन्दोलनों से प्रभावित थी। दूसरी धारा उमा नेहरू जैसी प्रखर नारीवादियों की थी जो मध्यवर्गीय उग्र परिवर्तनवाद और यूरोपीय नारी आन्दोलन, विशेषकर 1905 से चल रहे नारी मताधिकार आन्दोलन आदि से प्रभावित थीं।[3] इतना ही नहीं, सन् 1909

1. पत्रकारिता के सिद्धान्त—डॉ. गुरुशरण लाल, पृष्ठ-162, भारत बुक सेन्टर, लखनऊ, मू. 200 रु. सन् 2000 ई.।
2. भारतीय मीडिया : अन्तरंग पहचान—सं. डॉ. स्मिता मिश्र, पृष्ठ-69-70।
3. साक्षात्कार- पृष्ठ-93, जुलाई-सितम्बर, 1987 (हिन्दी प्रदेश : प्रथम विश्वयुद्ध के दौर में स्त्री-चेतना-वीर भारत तलवार, का लेख)

ई. में प्रयाग से ही एक पत्रिका 'गृहलक्ष्मी' का प्रकाशन शुरू हुआ। पंडित सुदर्शनाचार्य इस पत्रिका के प्रकाशक थे, किन्तु इसकी उपसम्पादिका गोपाल देवी थीं। पंडित सुदर्शनाचार्य की एक विशेषता यह थी कि उन्होंने उस समय की सख्त परम्परा को तोड़कर विधवा गोपाल देवी से विवाह किया था। बहरहाल, इधर, नई स्त्री-चेतना के स्वर 'स्त्री-दर्पण' के अतिरिक्त 'महिला सर्वस्व', 'आर्य महिला' जैसी महिला पत्रिकाओं के माध्यम से भी प्रकट हो रहे थे। सन् 1922 ई. से 'चाँद' का प्रकाशन स्त्री-चेतना के साथ ही उसके राजनीतिक-सामाजिक सरोकारों के विस्तार का भी प्रमाण था। वस्तुतः नारी जागरण और प्रबोधन के स्वरों से दूसरे-तीसरे दशक की कोई भी हिन्दी पत्रिका अछूती नहीं थी। 'सरस्वती', 'प्रभा', 'प्रताप', 'अभ्युदय', 'मर्यादा', 'सुधा' और 'माधुरी' आदि पत्रिकाओं में नारी जीवन विषयक समस्याओं और सैद्धान्तिक मुद्दों पर चलनेवाली बहसों में बहुतेरी लेखिकाएँ भी हिस्सा लेती थीं और उनकी नारी जीवन की समस्याओं/बिडम्बनाओं पर केन्द्रित बहुतेरी साहसपूर्ण कहानियाँ भी प्रायः प्रकाशित हुआ करती थीं।[1] मुम्बई की होमी व्याराबाला सम्भवतः ऐसी प्रथम महिला थीं, जिन्होंने 1930 ई. में 'इलेस्ट्रेटेड वीकली ऑफ इंडिया' में बतौर पत्रकार नौकरी प्रारम्भ की। साथ ही प्रथम महिला फोटो पत्रकार होने का श्रेय भी इन्हीं को जाता है। इसके बाद महिलाएँ पत्रकारिता में अपनी उपस्थिति दर्ज कराती रहीं। विमला पाटिल, अनीता सरकार, नीना मर्चेन्ट, इलासेन, अमिता मलिक, अरुणा मुखर्जी, अमृता रंगास्वामी उल्लेखनीय नाम हैं। अरुणा मुखर्जी और अमृता रंगास्वामी सम्भवतः ऐसी प्रथम महिलाएँ रहीं जो राष्ट्रीय समाचार-पत्र 'इंडियन एक्सप्रेस' में सहायक सम्पादक के पद पर पहुँची। 'नेशनल हेराल्ड' की विद्यादत्त रात्रि ड्यूटी करनेवाली प्रथम महिला पत्रकार थीं। क्षेत्रीय पत्रकारिता में 'सकाम' की लीला पारुलकर और 'लोकसत्ता' की लता राजे उल्लेखनीय हैं।[2]

सन् 1936 ई. में एक पत्रिका प्रकाशित हुई, नाम था—'प्रकाश'। इसकी सम्पादिका थीं—श्री मती कमला देवी। उन्होंने इस पत्रिका के माध्यम से तत्कालीन समाज में महिलाओं की दुर्दशा का जिन्दा-जीवन्त चित्रण किया। समाज सुधार देश-स्वातंत्र्य के लिए युवक-युवतियों को ललकारना, विधवा-विवाह के पक्ष में जनमत तैयार करना तथा स्त्री-शिक्षा पर समय-समय पर प्रकाश डालना ही इस पत्रिका का लक्ष्य था। इस पत्रिका के सहयोगी के रूप में श्रीमती आशा देवी और श्री कृष्ण दास गांधी का भी नाम आदर के साथ स्मरण किया जाता है। सन् 1938 में एक पत्रिका कलकत्ते से छपी थी, जिसकी सम्पादिका एक महिला ही थीं। चौथे दशक में एक पत्रिका 'भारती' का प्रकाशन जम्मू से हुआ। इस पत्रिका की सम्पादिका थीं—श्रीमती शान्ता कुमारी। राष्ट्रभाषा हिन्दी के पक्ष में जनमत तैयार करना, स्वदेशी वस्तुओं के प्रयोग पर बल देना, स्वतंत्रता का शंखनाद करना आदि इस पत्रिका के विषय हुआ करते थे। जम्मू से प्रकाशित इस पत्रिका के महत्त्व का आकलन इसी से लगाया जा सकता है कि यह पत्रिका 'कश्मीर के जन आन्दोलन का अग्रदूत' कही जाती है। सन् 1945-46 ई. में एक पत्रिका प्रकाशित हुई, नाम था—'महिलाश्रम'। इस पत्रिका की मूल कर्त्ता-धर्त्ता कमलाबाई लेले और कृष्णा बहन थीं। यह पत्रिका मूल गांधीवादी विचारधारा की जमीन पर खड़ी थी। इसका उल्लेख प्रेमचन्द ने अपनी पत्रिका 'हंस' और 'जागरण' में किया था। सम्भवतः प्रेमचन्द की शिवरानी देवी भी कहीं-न-कहीं इस पत्रिका से जुड़ी थीं। इसके बाद एक 'पत्र' दिल्ली से प्रकाशित हुआ, नाम था—'नवयुग'। यह पत्र साप्ताहिक था। इसके प्रधान सम्पादक तो श्री इन्द्रनारायण गुर्टू थे, लेकिन उनकी पत्नी शचीरानी गुर्टू का भी सहयोग इसमें प्रत्यक्ष-परोक्ष अवश्य मिलता था। इसी क्रम में तात्याटोपे नगर, भोपाल से निशा व्यास के सम्पादकत्व में 'अन्तर्यात्रा' पत्र का प्रकाशन हुआ, कलकत्ता से इन्दु जोशी ने 'अर्पणा' (त्रैमासिक) पत्र का प्रकाशन किया। महिला आन्दोलन, यातना, कथा, कहानी, श्रद्धांजलि, लेख-परिचर्चा, सामाजिक सन्दर्भ, शब्द-चित्र आदि स्तम्भ प्रेरणास्पद हैं। इसके अतिरिक्त इनमें कविताएँ भी हैं। महिला जागरण के प्रति जयरानी, कृष्णा देवी मिश्रा, पार्वती देवी खेतान के साथ-साथ के.एम. मुंशी, पंडित गोविन्द बल्लभ पन्त आदि के भी अभिमत प्रकाशित हुए इसमें आर्ट पेपर पर विजय लक्ष्मी पंडित, सरोजिनी नायडू, लक्ष्मी पति,

1. प्रभा और राष्ट्रीय जागरण—डॉ. सुजाता राय, पृष्ठ-110।
2. भारतीय मीडिया : अन्तरंग पहचान—सं. डॉ. स्मिता मिश्र, पृष्ठ-70।

सूर्यदेवी दीक्षित, ऊषा, पार्वती देवी खेतान, के चित्र उनकी विशिष्ट योग्यता को दर्शाते हुए छापे गए हैं। लेख बहुत विचारोत्तेजक हैं। क्या महिलाएँ पुरुषों से हीन हैं? के लेखक विष्णुदत्त शुक्ल हैं। अवन्तिका देवी के लेख 'क्या सीता का त्याग उचित था'? विशेष पठनीय है। 'प्रतिज्ञा प्रतीक' नाम के इस पत्र का प्रकाशन डॉ. सावित्री मिश्र ने इलाहाबाद से किया। 'बाल-दर्शन' (मासिक पत्र) की सम्पादक मानवती आर्य थी। यह बच्चों के बाल मंच सहित माता-पिता, संरक्षक-निरीक्षक आदि की पत्रिका है। तीस पृष्ठीय मध्यम स्तरीय इस पत्रिका में विविध विषयों पर सामग्री का प्रकाशन होता रहता है।[1]

स्वाधीन भारत में स्त्री शिक्षा और पत्रकारिता विधा में महिलाओं का रुझान—दोनों एक साथ बढ़े। महिलाओं ने सम्पूर्ण चेतनात्मक उत्कर्ष के साथ पत्रकारिता में एक ही साथ प्रकृति, संस्कृति, साहित्य और समाज सम्बन्धी अपने अनुभव और अध्ययन को उकेरा। उन्होंने अपने अन्दर की मेधा और मनीषा को पहचान कर अपने मूल्यवान अनुभव सम्पदा तथा जीवन सन्दर्भों के सत्य को पत्रकारिता में उतारा। उनका स्त्री-संवेदी मन पुरुष व्यक्तित्व से टक्कर लिया। अपनी अन्वेषणमयी दृष्टि से हिन्दी पत्रकारिता में एक नये सौहार्द्र-संकुल का उन्होंने निर्माण किया। मेरठ निवासी श्रीमती शान्ति भटनागर ने इसी समय महिला पत्रकारिता के विकास में योगदान दिया। उन्होंने डेढ़ वर्ष तक लखनऊ में 'कला' पाक्षिक पत्रिका का सम्पादन किया। बाद में आपने 'साप्ताहिक हिन्दुस्तान' में सहयोग किया। इतना ही नहीं, आपने 'सतरंगा आंचल' (दिल्ली), 'चाँद', 'माधुरी', 'दैनिकी हिन्दुस्तान', 'धर्मयुग', 'सारिका-, 'नीहारिका', 'आजकल', 'बालभारती' आदि अपने समय की बेहद लोकप्रिय पत्रिकाओं से भी अपने को सम्बद्ध किया। इसी तरह 11 अगस्त, 1926 ई. को सिकंदराबाद में जन्मी श्रीमती विद्याविभा सक्सेना ने हिन्दी महिला पत्रकारिता के सतत् विकास में महत्त्वपूर्ण कार्य किया। आपने सन् 1950 से ही दिल्ली के विभिन्न पत्रों में लेख, समीक्षा और संवाद लेखन के माध्यम से दैनिक हिन्दुस्तान और नव भारत टाइम्स से अपने को सम्पृक्त किया। इनमें आपने नियमित स्तम्भ लेखन किया। इनके अतिरिक्त 'शंखनाद' (जोधपुर), 'उद्योग परिचय', 'नारी समाज' (दिल्ली साप्ताहिक), दैनिक 'नवयुग' (जयपुर-1957) तथा 'प्रयाग पत्रिका' में भी अपने लेखन किया। यही नहीं, आप लोकसभा की दीर्घा में बैठने वाली पहली महिला पत्रकार भी रही हैं। सन् 1962 में आपने जयपुर से लोकसभा का चुनाव भी लड़ा। इन सबके अतिरिक्त दिल्ली की तवाइफों और वेश्याओं की समस्याओं का विशेष अध्ययन और लेखन भी किया। इसी तरह 6 जनवरी, 1932 ई. में कानपुर में जन्मी शीला झुनझुनवाला ने अपने समय की चर्चित पत्रिका 'धर्मयुग' में 'महिला जगत' का सम्पादन किया। इसी के साथ 'अंगजा' (दिल्ली मासिक 1969-72) की सम्पादिका बनीं, बाद में आपने 'कादम्बिनी' में सन् 1971 से 1975 तक सह-सम्पादिका का निर्वहन किया। मीडिया पर एक गम्भीर पुस्तक का सम्पादन करनेवाली विदुषी डॉ. स्मिता मिश्र लिखती हैं कि[2] सत्तर के दशक में महिला पत्रकारों की द्वितीय लहर आई। पत्रकारिता की मुख्य धारा में काफी संख्या में महिलाओं का प्रवेश हुआ। अभी तक महिलाएँ केवल महिला, पत्रिका जैसे 'फेमिना' आदि तक सीमित थीं, किन्तु सत्तर के दशक में नई ऊर्जा, नये तेवर लेकर महिलाएँ राष्ट्रीय समाचार-पत्रों से जुड़ीं—उषा राय, प्रभा दत्त, रजिया इस्माइल, ज्योत्स्ना कपूर, मधुमिता मजूमदार, मधु जैन, जीनत इस्माइल, कूमी कपूर, तवलीन सिंह (दिल्ली), जरीना मर्चेन्ट, ओल्गा टेंलिस, फातिमा जकारिया, एलिजाबेथ राव, दीना वकील, (मुम्बई), अंजलि सरकार (चेन्नई) गीता, अखमुदन, रीमा कश्यप (बैंगलोर), कल्याणी शंकर (हैदराबाद) आदि। यह वह समय था, जब विश्वव्यापी नारी मुक्ति आन्दोलन पूरे जोर पर था। सन् 1975 का वर्ष संयुक्त राष्ट्र संघ द्वारा अन्तर्राष्ट्रीय महिला वर्ष घोषित किया गया, जिस का गहरा प्रभाव पूरी दुनिया की महिलाओं पर पड़ा। भला भारत की महिलाएँ इससे कैसे अछूती रहतीं। अन्य क्षेत्रों के समान पत्रकारिता में भी महिलाओं ने भारी संख्या में प्रवेश किया। इन महिला पत्रकारों ने साहस और जोखिमपूर्ण रिपोर्टिंग की ओर रुख किया। इन्होंने अपने जुझारू रवैये से प्रबन्धकों को विवश किया कि वे नये सिरे से महिला पत्रकारों के बारे में अपनी राय कायम करें। सत्तर के दशक में भाषायी पत्रकारिता में भी महिलाओं का

1. पत्रकारिता के सिद्धान्त—डॉ. गुरुशरण लाल, पृष्ठ-162।
2. भारतीय मीडिया : अन्तरंग पहचान—सं. डॉ. स्मिता मिश्र, पृष्ठ-71।

प्रवेश प्रारम्भ हो गया था। महाराष्ट्र की पत्रकार इन्दुताई तिलक, जो कि बालगंगाधार तिलक की पुत्रबधू थीं, सम्भवतः प्रथम मराठी महिला थीं, जिन्होंने पत्रकारिता पाठ्यक्रम की डिग्री हासिल की थी। पुणे की ही विद्याबल ने 'स्त्री' पत्रिका में सहायक सम्पादक का पदभार ग्रहण किया। लता राजे 1966 ई. में 'लोकसत्ता' समाचार-पत्र में शामिल हुई। सन् 1969 ई. में नीलम उपाधे 'टाइम्स ऑफ इंडिया' से प्रशिक्षण प्राप्त कर 'महाराष्ट्र टाइम्स' में शामिल हुईं।

अस्सी के दशक ने महिलाओं को पत्रकारिता का एक व्यापक फलक प्रदान किया। इन्होंने अपने अनुभव की वास्तविकता पर एक बौद्धिक दीप्ति के साथ जीवन मूल्यों को सामने रखा। इस दशक में पत्रिकाएँ और महिला पत्रकार दोनों की संख्या काफी बढ़ी। इनमें नारी-प्रधान पत्रिकाएँ भी काफी प्रकाशित हुईं। इन महिला पत्रकारों ने इन पत्रिकाओं में व्यक्ति जीवन की विविध मनोदशाओं का रेखांकन किया। कहीं पुरुष सत्ता की साजिश की दुर्गन्ध फूटी, तो कहीं मानवाधिकार हनन की चर्चा हुईं, कहीं स्त्री-अत्याचार, कहीं विखंडित होता भारतीय समाज, भारतीय समाज की बिडम्बनाओं विद्रूपताओं तथा उसके पाखंड की बखिया उधेड़ी गई, तो कहीं निरन्तर गिरते जीवन मूल्य, भयावह पूँजीवादी संस्कृति, बढ़ती क्रूरता, साम्प्रदायिकता और जातिवाद—एक शब्द में, समय की नाजुक-नब्ज को बड़ी मुस्तैदी से इन्होंने समाज के जागरूक लोगों को समाज की सड़ांध की ओर इशारा किया। यह काम इन महिला पत्रकारों ने अपनी विशिष्ट भाव-ऊर्जा के बूते प्राणवन्त अनुभव-बिम्बों से रूपापित किया। इस दशक में एक सुप्रसिद्ध पत्रिका 'मानुषी' का प्रकाशन हुआ। यह महिलावादी पत्रिका थी। बताते हैं, अपने समय में यह इतनी अधिक चर्चित हुई कि छोटी-बड़ी हैसियत की अधिकांश महिला पत्रकार इससे जुड़ने की आकांक्षा रखती थीं। इसमें प्रकाशित सामग्री महज महिला जगत से ही सम्बन्धित नहीं होती थी, बल्कि समाज के हर महत्त्वपूर्ण सवाल इसमें उत्तर पाते थे। बहरहाल, इस समय की महिला पत्रकारों ने सामाजिक न्याय के निर्माण की प्रक्रिया में महत्त्वपूर्ण भूमिका निभायी। इसका सबसे बड़ा साक्ष्य यह है कि अस्सी के दशक में मानवाधिकार के लिए दिए जानेवाले 'इंडिया टूडे पी.यू.सी.एल.' पुरस्कार छह में से चार बार महिला पत्रकारों को ही मिले हैं।[1]

निम्न तालिका में विभिन्न नगरों से महिलाओं द्वारा प्रकाशित एवं सम्पादित पत्र-पत्रिकाओं का विवरण

पत्र का नाम	वर्ष	प्रकाशित होने का स्थान	लेखिका
नवभक्ति	1990	समस्तीपुर	यशोदेवी
प्रभा सन्देश की ओर	1986	पटना	विभा कुमारी
सरस्वती सन्देश की खोज	1986	पटना	रीना कुमारी
सन्दर्भ रश्मि	1986	पटना	राज कुमारी
सत्ता की खोज	1986	पटना	सरोज सिन्हा
सुमित्रा वाणी	1986	पटना	उषा कुमारी
कावेरी	1986	पटना	लीलावती देवी
कुमार तरंग	1986	पटना	शोभा सिंह
मिथिला के बोल	1987	पाटलिपुत्र	कृष्णा सिंह
नारी समता	1988	पटना	नीमा सिंह
राजधानी गौरव	1982	पटना	मुदुला सिंह
भाई-बहन	1968	पटना	विमला देवी
जननीत	1974	रोहतक	करतार देवी
होल-ढोल	1978	रोहतक	किरण गुप्ता
आगमन	1977	रेवाड़ी	तरुणा जैन

1. भारतीय मीडिया : अन्तरंग पहचान—सं. डॉ. स्मिता मिश्र, पृष्ठ-71।

आनन्द मार्केट	1981	यमुनानगर	वीना रानी
कंचन कावेरी	1921	बंगलौर	मनोरमा देवी वर्मा
भिलाई टाइम्स	1986	रामनगर (भिलाई)	मीनू मखवीजन
दतिया की पुकार	1986	दतिया (म.प्र.)	कुसुम त्रिपाठी
जनहित दर्शन	1986	छतरपुर (म.प्र)	सुभद्रा देवी
मणिधार टाइम्स	1986	गुना (म.प्र.)	मधुरानी
नवभारत	1985	भोपाल	मंजू नागौरी
आज की जनता	1972	इन्दौर	सरोज जैन
अमृत केसरी	1938	भोपाल	किरण त्रिपाठी
बघेली दर्पण	1960	भोपाल	एल.शुक्ला
प्रदेश समाचार दर्पण	1960	भोपाल	रेहाना सुल्ताना
अनुसुइया	1990	भोपाल	रुकमिणी देवी
बोल व्यवहार	1990	इन्दौर	सुधा मिश्रा
दिव्य शास्त्र	1990	भोपाल	सुषमा द्विवेदी
हिन्दू विवाह सन्देश	1974	भोपाल	विभा देवी श्रीवास्तव
गौरव गरिमा	1975	नागपुर	चन्द्रकान्ता राम भगत
फैसला	1995	नागपुर	मुफ्तार यादव
आर्य विजय	1985	मुम्बई	सुमित्रा आसिया
मेरी सहेली	1987	मुम्बई	साधना पाहवा
भीषण ज्योति	1981	मुम्बई	मेरी डीसूजा
जगत वाणी	1982	जालन्धर	श्रीमती सत्याराम
सौरभ	1978	पटियाला	जसविन्दर
बालभावना	1986	पटियाला	कु. सीमा
बाल सुमन	1976	तरनतारन	सुधा रानी
घरमेंटी	1977	अमृतसर	वृज कुमारी
भारत की महिमा	1986	कोटा	जया भटनागर
जय मेवाड़	1967	चित्तौड़गढ़	उषा देवी
कर्मपक्ष	1969	बीकानेर	पुष्पा किरण
मोदी राज न्यूज	1986	जयपुर	उषा किरण
मोदी सन मून	1990	भीलवाड़ा	मंजु अग्रवाल
अभियाचिका	1962	धौलपुर	श्रीमती एस.डी. जैन
अमर ज्योति	1962	जयपुर	लक्ष्मी चतुर्वेदी
नारी प्रतिवेदन	1985	जयपुर	एम.वी.वीनस
मीडिया आर.एल.सी	1985	नैनीताल	पिंगल नौंटियाल

इस प्रकार ये सभी पत्र-पत्रिकाएँ महिलाओं द्वारा पत्रकारिता के क्षेत्र में किए गए प्रयास को स्पष्ट करती हैं।[1] भूमंडलीकरण और बाजार के विस्तार ने प्रिन्ट के साथ इलेक्ट्रॉनिक मीडिया में सम्भावनाओं के अनेक द्वार खोले। महिला और पुरुष-दोनों को बेपनाह अवसर प्राप्त हुए। कुछ महिलाओं में प्रिंट की रूझान से ज्यादा इलेक्ट्रॉनिक मीडिया के प्रति आकर्षण दिखायी दिया। नब्बे के दशक में प्रिंट मीडिया का काफी विस्तार हो चुका था। शहरों के साथ-साथ ग्रामीण पत्रकारिता में भी महिलाओं ने अपनी अभिरुचि दिखायी। अपनी प्रखर प्रज्ञा के बल पर ये महिलाएँ आज प्रतिष्ठित समाचार-पत्र समूहों में अपनी योग्यता के बल पर छोटे-बड़े पदों पर कार्यरत हैं। या किसी-न-किसी रूप में सम्बद्ध हैं। मृणाल पांडेय, नीलिमा सिंह, पूर्णिमा त्रिपाठी, हेमा मालिनी (मेरी सहेली), गीता श्री (बिन्दिया) मीनू कक्कड़ (सुनन्दा), साधना पाहवा (होममेकर), प्रभादत्त, बरखादत्त, अर्चना वर्मा, (कथादेश), पूनम पांडेय, मंजरी सिन्हा, वर्षादास, मन्नू भंडारी (हंस), सय्यद मुबीन जैहरा, फरहत परवीन तथा प्रो. गीता बामजेई आदि ख्यातिलब्ध हैं।

पर, दुर्भाग्य से नई शताब्दी के शुरू आती दौर में ही हिन्दी पत्रकारिता क्षेत्र में महिलाओं की उतनी मजबूत स्थिति नहीं रह गई है, जितनी अपेक्षित थी। सम्प्रति उनका पब्लिक स्फीयर सिकुड़ रहा है। आखिर, ऐसा क्यों हो रहा है? तो क्या यह मान लिया जाए कि मीडिया में महिला पत्रकारिता घाटे का सौदा है? जिन महिला पत्रकारों ने पुरुष-पत्रकारों से अनेक जगहों पर अपने को श्रेष्ठ सिद्ध किया है, उनके प्रति उपेक्षा-बेरुखी की भावना क्यों? क्या यह सचमुच पूँजीवाद, बाजारवाद और नव उदारीकरण का असर है? और यदि ऐसा नहीं है, तो आप बता दीजिए कि इतने विशालकाय लोकतांत्रिक देश में हिन्दी-अंग्रेजी मीडिया संस्थानों में फैसला लेनेवाले पदों पर पत्रकार के रूप में कितनी महिलाएँ कार्यरत हैं?

(7) समाज निर्माण में जनमाध्यमों, खासकर समाचार-पत्रों की भूमिका
या
पत्रकारिता का सामाजिक उत्तरदायित्त्व

अनेक लोगों का आरोप है कि आज की पत्रकारिता नई पूँजी और राजसत्ता की दलाल हो गई है। सम्प्रति सत्ता, मुनाफे तथा आार्थिक वृद्धि की तरफदारी के दबाव में पत्रकारिता का चरित्र पूरी तरह से बदल गया है। सदैव न्याय और समता की लड़ाई लड़ने वाली पत्रकारिता का लोकतांत्रिक आग्रह नवउदारवाद के प्रभाव में छीज गया है। इन लोगों का अगला आरोप है कि आज की कॉरपोरेट मीडिया में जनपक्षधरता के लिए कोई स्थान रिक्त नहीं रह गया है। सत्ता के गलियारे में अपनी जगह बनाने के लिए इसने अपने जमीर को बेच दिया है तथा आजादी की लड़ाई में व्यापक और महत्त्वपूर्ण भूमिका निभानेवाली पत्रकारिता ने अपने शानदार पुराने मिशन को छोड़कर इस समय अपना व्यावसायिक हित साध लिया है। आरोपों की शृंखला आगे बढ़ती है कि अपनी व्यापकता, विराटता और निरन्तरता के बावजूद सामाजिक जीवन को यह पहले की अपेक्षा अधिक सुरक्षित तथा 'विपत्तिप्रूफ' नहीं बना पाई है। आज समाचार-पत्र लोगों में सही समझ विकसित करने और उनकी रूचि को विवेक सम्मत बनाने में ध्यान नहीं देते। इन्हें फ़क़त अपने 'पैकेज' का ध्यान बराबर बना रहता है। इस पैकेज ने आज की पत्रकारिता को नये तिलिस्म और सम्मोहन से घेर लिया है। अतः कुल मिलाकर आज के समाचार-पत्र विवेक शून्य हो, समाज हित-चिन्तन छोड़ चुके हैं। सनसनी-खेज और सस्ता मनोरंजन परोसने वाली आज की पत्रकारिता के पास नये विमर्श को जन्म देने के लिए कुछ बचा नहीं है। न तो यह आज के मानवीय अधिकारों से लड़ने की क्षमता रखती है और न तो इसके पास समाज के सही-सटीक द्वन्द्वों के शिनाख्त की ताकत ही रह गई है, आदि-आदि।

पत्रकारिता पर लगे उक्त हालिया आरोपों का एक पक्ष यह जरूर बनता है, लेकिन इसके विगत के सफों-पृष्ठों को पलटें तो पता लगता है कि इसका खूबतरीन और उत्तमोत्तम इतिहास भी रहा है। पत्रकारिता सामाजिक जीवन की नियामिका भी रही है और आज भी है। सामाजिक सरोकारों और संवेदना की बेहद सुन्दर तस्वीर पत्रकारिता में खिलती/प्रतिबिम्बित होती है। यह समाज से सीधा संवाद

1. पत्रकारिता के सिद्धान्त—डॉ. गुरुशरण लाल, पृष्ठ-163।

करती है। अपने आस-पास और अपने भीतर जो घटित होता है, उसकी पड़ताल करने में यह बेहद सक्षम-समर्थ होती है। आसपास के घेरे और वातारण को बेहद आश्वस्त ओर विश्वस्त ढंग से यह चित्रित करती है। सामाजिक समस्याओं के समाधान में यह अपनी सीमा में मुकम्मल ढंग से जिरह और सवाल-जवाब करती है। समाज के 'अनफिट' को नकारती है, बल्कि समाज के स्वप्न, आकांक्षा स्मृति एवं वेदना साथ ही मनोभाव को वह रूपायित-रेखांकित करती हैं। यह समाज के ढेर सारे मौजू प्रश्नों को उठाती है तथा उनका समाधान कर समाज की कई विशेषताओं और विसंगतियों को एक 'प्लेट फार्म' पर प्रस्तुत भी करती है। अतः कई सन्दर्भों में समाज और पत्रकारिता एक-दूसरे के पूरक होते हैं। समय और समाज को जाँचने वाली यह पत्रकारिता ही होती है। इसकी ताकत को एहसास कर किसी ने लिखा भी है,—

''झुक जाती है, तलवार भी बात के आगे,
झुक जाती है, सरकार भी अखबार के आगे,
अंगुली पर नचाती है, यह सरमायेदार को,
सड़कों पर नचाती है, यह लीडर की कार को,
मुर्दे को होश देती है-'अखबार नवीसी',
जिन्दे को होश देती है-'अखबार नवीसी'।

आयरलैंड के महान राजनेता और दार्शनिक एडमंड बर्क ने एक बार इंग्लैंड के 'हाउस ऑफ कॉमन' में संवाददाताओं की गैलरी को इंगित करते हुए कहा था कि,—''यहाँ देश का चौथा स्तम्भ बैठा हुआ है, जो शेष तीन स्तम्भों से भी महत्त्वपूर्ण है।'' दशकों पहले कही गई उनकी बात आज भी चरितार्थ होती है, फिर भी उस समय से लेकर 21 वीं शताब्दी के उदय तक परिस्थितियों में अभूतपूर्व परिवर्तन हुआ है और आज समाचार-पत्र की पहुँच समाज के हर वर्ग तक है, आज समाचार-पत्र हमारे जीवन का महत्त्वपूर्ण हिस्सा बन गया है। आज के समाचार-पत्र सरकारों के निर्माण एवं विघटन, जनमत तैयार करने तथा पाठकों के मस्तिष्क को प्रभावित करने जैसी व्यापक भूमिकाओं का निर्वाह कर रहे हैं। आज हजारों हिन्दी क्षेत्रीय भाषाओं के समाचार-पत्र-पत्रिकाओं ने जन-जन तक पहुँच बना ली है।[1]

कुछ मीडिया-चिन्तक यहाँ तक तर्क देते हैं कि—''पत्रकारिता से पुरानी 'मिशनरी स्पिरिट' की अपेक्षा उम्मीद करना न तो श्लाघनीय है और न उचित ही'', पर मेरा मानना है कि तमाम निषेधों-नकारों के बावजूद पत्रकारिता ने न तो अपने पुराने मूल्यों-मान्यताओं को छोड़ा है और न समाज में अपने उचित हस्तक्षेपकारी भूमिका में हाथ ही तंग किया है। जहाँ भी अवसर मिलता है, समाचार-पत्रों ने जनहित, के मुद्दे उठा, सत्ता-प्रतिष्ठान को उसके समाधान के लिए विवश किया है। चाहे पुलिस अत्याचार हो, नौकरशाही की बेलगाम निरंकुशता हो या नेताओं का भ्रष्टाचार, ऊपर से देखने में संन्यासी किन्तु भीतर से ढोंगी और बलत्कारी-छिनाल-सबके मामले बेलौस और तटस्थ भाव से उजागर किया है। कुल मिलाकर यह कि ऐसा नहीं है कि मीडिया कोई अच्छा काम नहीं करता। देश में हुए बड़े-बड़े घोटालों को मीडिया ने ही उठाया है, चाहे वे राष्ट्र मंडल खेलों के आयोजन से जुड़े रहे हों या 2-जी और कोयले के आबंटन से सम्बन्धित। कई ऐसे समाचार चैनल और अखबार समाज की समस्याओं के प्रति सचेत हैं और उन्होंने कुछ विशेष अभियान भी शुरू किए हैं। कन्या बचाओ, पहाड़ बचाओ, या निर्भया कांड जैसे मामलों में हमने मीडिया को नये रूप में देखा है। उसकी सक्रियता और मुखरता की वजह से ही निर्भया कांड पर उपजा नागरिक आक्रोश जन-आन्दोलन का रूप ले सका और आखिरकार यौन हिंसा विरोधी कानूनों में संशोधन हुए। हालाँकि बीर भूमि सामूहिक बलात्कार मामले में मीडिया में जितनी खबरें आई, वे बताती हैं कि मीडिया भी शायद वर्गीय आग्रहों से संचालित होता है। उसे लेकर उचित ही मीडिया और उन खबरों पर सवाल उठे। मीडिया के ऐसे रूप को देखकर जोसेफ स्टालिन का एक उद्धरण याद आता है,—**'सिर्फ एक मौत शोकान्त है और असंख्य मृत्यु आँकड़ा।'**[2]

---

1. प्रतियोगिता दर्पण, पृष्ठ-1748, अप्रैल, 2006।
2. जनसत्ता (मीडिया की मर्यादा-सुशील कुमार महापात्र) 31 मार्च, 2014, लखनऊ संस्करण।

बहरहाल, आज भी यह परम्परा के नाम पर समाज में व्याप्त अन्धविश्वासों के पोल खोलने में देर नहीं करती। समाज को इन बुराइयों से बचाने के लिए सजग-सतर्क करती रहती है। कभी पत्रकारिता समाज को बाजारू हथकंडों से सजग करती है तो कभी गरिमापूर्ण सांस्कृतिक मूल्यों की रक्षा भी करती है। वह सामाजिक मूल्यों की चिन्तक और रक्षक होती है साथ ही खारिज हो गए सामाजिक मूल्यों को पुनर्स्थापित कर पुनर्नवता भी करती है। वह समाज में सामाजिक समरसता और सौमनस्य स्थापित करती है। राष्ट्रीय एकता में समंजन स्थापित करने में इसकी भूमिका की अनदेखी नहीं की जा सकती, हाँ कभी-कभी स्थानीय समाचार-पत्र अपने क्षुद्र स्वार्थों की प्रपूर्ति हेतु जातिगत और साम्प्रदायिक वैमनस्य पैदा करने की कोशिश अवश्य करते हैं,—"In this background, it is a bit surprising that the role of the media in the campaign for national integration has received little notice from political leaders as also from the media practitioners. It is time that the matter was taken up by journalists themselves. And this needs in depth approach not a ritualistic profession of support for the national integration nor a cursory comment on the conduct of the press in the crisis situation.... There is no doubt that some of the local papers at tension spot do help so inflame communal feelings. Sometimes unwittingly but not calculatedly. For one thing. The groups which are identified as riot mongers have their close links which the press and they both work in concert. At other times in a highly tension charged situation, a small newspaper with an unscrupulous proprietor, may find it profitable to peddle the poison of communal hatred as a purely commercial proposition.[1] किन्तु बड़े समाचार-पत्र समूह इन सबका उपशमन कर, समाज में एका स्थापित कर अपनी सामाजिक भूमिका का पुख्ता निर्वहन करते हैं। विखंडित होते समाज को जोड़ने के पुख्ता सूत्र की मुस्तकबिल चिन्ता यह पत्रकारिता ही करती है।

समाचार-पत्रों को हम समाज शिल्पी मान सकते हैं। इनका बेहद शानदार इतिहास रहा है। ब्रिटिश हुकूमत ने जरा सी बात पर पत्रकारिता को प्रतिबन्धित किया, भारतीय पत्रकारिता ने उससे भी टक्कर लिया। इतना ही नहीं चाहे हिन्दू कोडबिल हो या किशोर-किशोरियों का मुक्त मिलन हो, सेक्स शिक्षा हो, परिवार-नियोजन के साधनों का प्रचार-प्रसार हो, जात-पात तोड़ने के लिए अन्तर्जातीय विवाह हों, या स्त्रियों के पुरुषों के साथ समान अधिकार हों, विवाह-विच्छेद के प्रश्न हों या शिक्षा क्षेत्र में फैला भ्रष्टाचार हो, विद्यार्थियों में बढ़ती नशीली चीजों के व्यवहार की समस्या हो, कुछ खुली बहस अब पत्र-पत्रिकाओं में होने लगी है। अभी-अभी दस बरस पहले तक कई सामाजिक कुरीतियों पर बहुत कम खुली परिचर्चाएँ पत्रों में होती थीं। मुझे याद है कि हिन्दी में जमनादास की मुज्तर की 'बुर्दाफ़रोश' तीस साल पहले छपी तो बड़ी भौंहें तनीं थीं। भारत विभाजन के बाद जिन नारियों को अनिच्छा से घर्षण, बलात्कार सहना पड़ा, उनके बारे में पुनर्वसन को लेकर खुली बहस बहुत मुश्किल से हो पाती थी। विदेशी मर्द या स्त्री के विवाह करनेवाले भारतीय को स्वराज से पहले तो बहुत ही टेढ़ी निगाह से देखा जाता था। डॉ. श्री के. केतकी (मराठी विश्वकोश सम्पादक) ने साठ वर्ष पूर्व जर्मन पत्नी शीलव्रती को व्रात्यस्तोय यज्ञ करके हिन्दू बनाकर अपनाया। महाराज होलकर ने शर्मिष्ठा देवी से इसी तरह विवाह किया। रुक्मिणी असंडेल को विदेशी से विवाह करने पर सामाजिक विरोध सहना पड़ा। बाद में गोरी बीवियाँ भारतीय समाज में थोड़ी-थोड़ी प्रतिष्ठा पाने लगीं। अन्नदा शंकर राय की पत्नी लीला राय तो पूरी तरह बंगालिन बन गयीं। लोकनाथ भट्टाचार्य की पत्नी फ्रांस बंगाली की विदुषी हैं। डॉ. के ए.एस. अय्यर (संस्कृतज्ञ) की विदेशी पत्नी तमिल ढंग की साड़ी पहनकर तमिल व्यंजन बनाती थीं। डॉ. राहुल की पत्नी रूसी थी,डॉ. कोटनीस की पत्नी चीनी थीं। राजीव गांधी की पत्नी इतालवी हैं। समाचार-पत्रों ने समाज सम्मत बनाया है।[2]

---

1. History of Press Laws and communication B.N. Ahuja P. 156, Surjeet Publications, Delhi
2. जनसंचार (पत्रकारिता के समक्ष खतरे और चुनौतियाँ—प्रभाकर माचवे) सम्पादक—डॉ. राजेन्द्र, पृष्ठ-344।

कभी 'हम दो-हमारे दो' का नारा लगाने वाली पत्रकारिता की सामाजिक भूमिका के बारे में **रमेश नैयर**[1] कहते हैं कि इसी प्रकार अन्य बहुत सारी सामाजिक मान्यताओं को अन्धविश्वास की बन्द गली से निकालकर वैज्ञानिक विवेक के खुले-उजले चौराहे तक लाने में भी जनसंचार माध्यमों ने क्रान्तिकारी भूमिका निभायी है। मसलन अब चेचक के बारे में बहुत हद तक यह माना जाने लगा है कि वह शीतला माता के अप्रसन्न होने जैसे दैवी प्रकोप के कारण नहीं, बल्कि कुछ रोगाणुओं के कारण होती है। यह भी स्वीकार किया जाने लगा है कि चेचक की रोकथाम के लिए चेचक निरोधक टीका लगवा लिया जाना चाहिए। इसी प्रकार कुष्ठरोग अब पूर्व जन्म के पापों का फल नहीं, बल्कि इसी जीवन में लगने वाला एक रोग है, जिसका उपचार भी सम्भव है। ऐसे कई अन्धविश्वास और रूढ़ियों को जनसंचार की मदद से बदला जा चुका है। इसी तरह ब्रिटेन के मध्ययुगीन समाज में चुड़ैल समझकर हजारों स्त्रियों को मौत के घाट उतार देने की परम्परा रही हो या भारत में बाल-विवाह और सती प्रथा, उन सबको समाज द्वारा अस्वीकृत कराने के पीछे जनसंचार और उससे पैदा हुई जन-जागृति की महत्त्वपूर्ण भूमिका रही है। उस समय जन संचार के साधन सीमित थे, पर आज असीम हैं। इन साधनों के कारण जागरूकता और जिज्ञासा समाज में बढ़ी है।

दरअसल, समाज की कामकाजी दुनिया का वातावरण और घटाटोप का सुन्दर बिम्ब पत्रकारिता में उतरता है। बहुत पहले और अब भी यह निरन्तर समाज के हक में खड़ी रही है। उस्मानिया विश्वविद्यालय के जनसंचार और पत्रकारिता विभाग ने सन् 1978 ई. में अंग्रेजी के आठ समाचार-पत्रों का इस बात के लिए सर्वेक्षण किया था वे सामाजिक मुद्दों को अपने समाचार-पत्रों में कितना महत्त्व देते हैं। इन पत्रों का उत्तर लगभग अनुकूल ही था,—"Have things changed since then? The department of communication and journalism of Osmania University undertook a content analysis of eight major English newspapers in four regions in June-August, 1978 and the finding was that on the overage, the eight newspapers devoted only 9.05 percent of space to "social issues" which again included health, education employment, crime, law and order, corruption (excluding the political variety) poverty and welfare, caste, religion marriage and dowry, language, prohibition, housing, strikes and agitations."[2] कभी इसने बाल-विवाह का विरोध किया,—"हिन्दू धन लालच में अपनी अल्पायु वाली लड़की का विवाह अधिक आयु वाले पुरुष से कर देते हैं। अतः इस प्रकार की प्रथा को रोकने के लिए कदम उठाने चाहिए" (आर्य दर्पण) तथा लारेंस गजट के अनुसार,—"सरकार ने सती प्रथा, कन्याओं की हत्या और गुलामों का व्यापार आदि कुप्रथाओं को बन्दकर दिया, परन्तु बाल-विवाह जैसी कुप्रथा हिन्दुओं, मुसलमानों और विशेषतः हिन्दुओं में विद्यमान है। कुछ लोग अपनी 6 या 7 वर्ष की कन्या का विवाह 60 या 70 वर्ष के बूढ़े आदमी से पैसे की लालच में कर देते हैं। इसका परिणाम यह होता है कि पति शीघ्र ही मर जाता है और उस लड़की को विधवा का जीवन व्यतीत करना पड़ता है," तो कभी सामाजिक अभिशाप 'दहेज प्रथा' का विरोध किया,—"ब्राह्मणों के इस वर्ग में लड़की का विवाह तब तक नहीं होता, जब तक लड़की का बाप वर के बाप को दान के रूप में अच्छी धन राशि न देता। इस प्रकार जिन लड़कियों के माँ बाप-निर्धन थे, बुढ़ापे तक अविवाहित बैठी रहती हैं। उनका जीवन वास्तव में कष्टमय और दयनीय होता है।" (कविवचन सुधा), तो कभी शिशु हत्या तथा अस्पृश्यता को समाचार-पत्रों ने ललकारा,—"ईश्वर सर्वशक्तिमान है, सब मनुष्य भाई-भाई हैं, स्त्री-पुरुष समान हैं, न्याय सबके लिए है, कर्म तथा योग्यता के आधार पर सभी को कार्य करने का अवसर मिलना चाहिए, प्रेम और श्रद्धा सभी को समान रूप से मिलनी चाहिए।"[3] इस तरह तत्कालीन समाचार-पत्रों और पत्रिकाओं ने तमाम तरह के समाज विरुद्ध लोकाचारों, सामाजिक बुराइयों, अन्ध-विश्वासों, विधवाओं की दयनीय स्थिति, वेश्यावृत्ति आदि पर 'फोकस' डाल लोगों का ध्यान इनकी ओर-आकर्षित किया।

1. जन संचार (जनसंसार द्वारा सामाजिक परिवर्तन-रमेश का लेख), सम्पादक—डॉ. राजेन्द्र, पृष्ठ-434।
2. Professional Journalism-M.K. Kamath, P.264.
3. आर्य समाज में लाला लाजपत राय का लेख, पृष्ठ-58।

भारतेन्दु युगीन पत्र-पत्रिकाओं ने समाज सुधार का स्वर बुलन्द करते हुए लोकतांत्रिक चेतना को पल्लवित किया। सन् 1900 ई. में सरस्वती के माध्यम से हरिश्चन्द्र जी ने भारतीय समाज में व्याप्त बुराइयों पर प्रहार करना आरम्भ कर दिया था। भारतीय नारी की स्थिति सुधारने हेतु उन्होंने स्त्रियों की प्यारी पत्रिका ''बालाबोधिनी'' का प्रकाशन जनवरी 1874 ई. से प्रारम्भ किया। महिलापयोगी और नारी जागरण की इस पत्रिका का सिद्धान्त था,—

''जोई हरि सोई राधिका जो शिव सोई शक्ति।
नारी जो सोई पुरुष, यामें कुछ न विभक्ति।।
सीता अनुसुया सती, अरुधन्ती अनुवारि।
शील लाज विधादि गुण, लहाँ सकल जग नारि।।
पतु, पति सुनकर लल कमल ललित ललरा लोग।
पढ़े गुने सीखे सुने, नासे सब जग शोग।।

सन् 1878 ई. में कलकत्ते से प्रकाशित 'भारत मित्र' भी सामाजिक पुनरुत्थान में पीछे नहीं रहा— ''राष्ट्रीय आन्दोलन के दौरान समाज सुधार आन्दोलन भी बराबर चलता रहा एवं हर पत्र-पत्रिका समसामयिक लेखों में, अग्रलेखों में सामाजिक विषयों पर लिखती रहीं। उदाहरण स्वरूप 'प्रभा' में प्रकाशित कुछ चुने हुए सामाजिक लेखों के शीर्षक देखिए,—'सामाजिक पवित्रता' 'समाज के पुराने बन्धनों पर एक दृष्टि', 'समाज शास्त्र में परिवर्तन की आवश्यकता', 'सामाजिक बहिष्कार', 'भारत की विधवाएँ', 'विधवा विवाह और महात्मा गांधी', 'वेश्यावृत्ति', 'स्त्री-शिक्षा', 'संसार में स्त्री का स्थान', 'स्त्रियों के राजनैतिक आधार', 'भारतीय महिलाएँ और वोट देने का अधिकार', 'जाति-पाँति', 'वर्ण-व्यवस्था', 'अछूत जातियों का प्रश्न', 'हिन्दू जाति की शारीरिक हीनता', 'बाल-विवाह' और 'दीर्घ जीवन' आदि। इस तरह से स्पष्ट है कि हिन्दी पत्र-पत्रिकाओं ने सामाजिक सुधारवादी आन्दोलन को गति दी। आर्यसमाजी हिन्दी पत्रकारिता हो, गांधीवादी हिन्दी पत्रकारिता या साहित्यिक हिन्दी पत्रकारिता हो सभी हिन्दी पत्र-पत्रिकाओं में सामाजिक चेतना के स्वर उद्घाटित हो रहे हैं। आज भी बहुत से दैनिक पत्रों में परिवार, समाज सम्बन्धी परिशिष्ट होते हैं। साहित्यिक पत्रिकाएँ कहानी, कविता, लेख आदि के माध्यम से समाज की विसंगतियों पर कुठाराघात करती हैं। शिक्षा सम्बन्धी पत्रिकाएँ सामाजिक चेतना के साथ महिलाओं और बालकों की समस्याओं को रेखांकित करते हुए उनका समाधान, ढूँढ़ती हैं। समाज-सुधार सम्बन्धी पत्र-पत्रिकाओं का सरोकार समाज से ही है।[1] कुल मिलाकर यह कि शिक्षा- दीक्षा, खेलकूद, विनोद-मनोरंजन, सामाजिक बुराइयों-कुरीतियों, समाज सेवा के विविध विषयों, बाल-विवाह, अनमेल-विवाह, विधवा विवाह, अन्तर्जातीय विवाह, हरिजन उद्धार, शिक्षा-उन्मूलन, खादी-प्रचार, स्वदेशी प्रचार, महिला शिक्षा, परदा प्रथा, प्रौढ़ शिक्षा, बेरोजगारी, जनसंख्या अभिवृद्धि, पर्यावरण प्रदूषण, कुष्ठ रोगियों की सेवा, नशाबन्दी, विज्ञान स्वास्थ्य, घरेलू आवश्यकताओं, आर्थिक, भाषागत, वाणिज्य, ग्रामीण, अपराध, कृषि, पशुपालन, तकनीकी धार्मिक हरित क्रान्ति, चिकित्सा तथा संस्कृति आदि विभिन्न सामाजिक विषय पत्रकारिता के अभिन्न अंग हैं।... इन तमाम अड़चनों के बाद भी पत्रकारिता और समाज का सम्बन्ध अन्योन्याश्रित है।[2]

सच तो यह है कि समाचार-पत्र शक्तिशाली समाज के निर्माण में अपना अमूल्य योगदान देते हैं,— "The scope and opportunity for the press at present to perform its social role are tremendous. One of the significant ways in which it can assist to the protection and promotion of human rights. The final report of international Commission for the study of communication problems presided over by Sean MacBride, emphasises that defence of human rights is one the media's most vital tasks."[3] प्रतिष्ठित और स्थापित समाचार-पत्र बराबर यह ध्यान देते हैं कि उनकी खबरों से राष्ट्रीय अस्मिता और अखंडता पर कोई संकट न आए। वे यह

1. हिन्दी पत्रकारिता के प्रतिमान—डॉ. हरदान हर्ष, पृष्ठ-71, रचना प्रकाशन, जयपुर सन्-1999, मूल्य 100 रुपये।
2. पत्रकारिता के सिद्धान्त—डॉ. रमेशचन्द्र त्रिपाठी, पृष्ठ-263, अशोक प्रकाशन, नई सड़क, दिल्ली सन् 2010, मूल्य 80 रुपये।
3. History of Press Laws and Communications B.N. Ahuja, P.143

भी ध्यान देते हैं कि मुख्लिस तथ्य और सत्य ही जनता के सामने छन-निथर कर जाए। अकाल, भूकम्प, बाढ़, सुनामी, दंगे, दहेज, हत्या, प्रताड़ना, छेड़छाड़, यौन शोषण तथा डायन बताकर प्रताड़ित करनेवाली सूचनाएँ देने में समाचार-पत्र निरन्तर सजग-सचेष्ट रहते हैं भ्रूण हत्या, जल प्रदूषण, ध्वनि प्रदूषण, मृदा प्रदूषण आदि पर भी ये निरन्तर समाचार और टिप्पणियाँ छापते रहते हैं और तो और सामाजिक जागरूकता फैलाने में इलेक्ट्रॉनिक मीडिया की आधुनिक तकनीक भी सम्प्रति अहम भूमिका निभा रही है। रुचिका गिरहोत्रा, जेसिका लाल और प्रियदर्शिनी मटटू को न्याय दिलाने की कोशिश में अहम भूमिका निभाने के चलते **सोशल नेटवर्किंग वेबसाइट्स** समेत आधुनिक तकनीक को अब गैर सरकारी संगठन भी दुनिया भर में अपनी आवाज उठाने के लिए अहम मंच के रूप में देख रहे हैं। इन मामलों को देखते हुए कई संगठन इस साल ट्विटर और ऑरकुट पर बेटी बचाने और बाल मजदूरी रोकने की अपील जैसी योजना बनाई है। कन्या भ्रूण हत्या और बच्चों के अधिकारों पर काम करनेवाली संस्था 'चाइल्डलाइन' काफी सक्रिय रहती है। लम्बे समय से इंटरनेट पर भ्रूण परीक्षण के बारे में जानकारी मिल रही थी, जिसके खिलाफ अभियान चलाने के लिए इस संस्था ने सोशल नेटवर्किंग वेबसाइट्स, एसएमएस और ब्लॉग का सहारा लिया। गैस पीड़ितों के अधिकारों के लिए काम करनेवाले संगठन 'भोपाल ग्रुप फॉर इन्फार्मेशन एंड ऐक्शन' ने भी कमोवेश इसी तरह का काम किया।

अन्ततः यह कि हिंसक, अराजक तत्वों तथा मजहब से भटके लोगों को सही रास्ता यह पत्रकारिता ही दिखाती है। इसका जन्म ही स्वार्थों के संकुचित बाड़े को तोड़कर उसकी जगह सेवा भावना के प्रसार के लिए हुआ है। वह अपराधों के विरुद्ध जनमत तैयार कर सामाजिक सद्भाव की बुनावट करती है। लोकतांत्रिक मूल्यों की रक्षक, पत्रकारिता वैचारिक अभिव्यक्ति की सुरक्षा की पैरवीकार होती है। ऊब, अवसाद, अकेलेपन और तमाम तरह की विसंगतियों से घिरे व्यक्ति को मुक्त कर इनकी जगह प्रसन्नता का शिल्प रचती है। यह सामाजिक शान्ति और खुलासा का शिल्पकार है। समाज का संगीत है। सामाजिक चुप्पी, सन्नाटे और धड़कनों को यह पत्रकारिता अपने भीतर महसूस कर उनका इन्दराज करती है। सामाजिक टोह की बारीक पहचान इसके पास होती है। आज भी यह अपने उक्त कर्तव्य का सम्यक् पालन करते हुए तालाब में उगे सिघाड़े की तईं पैदा हो गए हर तरह के भ्रष्टाचार चोरी, बेईमानी, लूटपाट, बलात्कार, बलवा, ढोंग, जालसाजी तथा अमानवीयता आदि तमाम सामाजिक विकृतियों का पुरजोर खुलासा वैसे ही करती है, जैसे वह पहले करती थी। मानवीय राग-विराग की बेहद खूबसूरत अभिव्यंजना करने में आज के समाचार-पत्र शिथिलता या कोताही नहीं करते, क्योंकि पत्रकारिता कभी शब्द और आचरण से बेईमान नहीं होती। सामाजिक मूल्यों, संस्कारों, सरोकारों को अपने भीतर अन्तर्ग्रथित करनेवाली पत्रकारिता का समाज से सम्बन्धों का रिश्ता बेहद पुख्ता होता है। इस तरह यदि यह पत्रकारिता सामाजिक सजगता के प्रति चौकस न हो तो—

> **''धरा बेंच देंगे गगन बेच देंगे,**
> **कली बेंच देंगे चमन बेंच देंगे।**
> **कलम के सिपाही अगर सो गए तो,**
> **वतन के सिपाही वतन बेच देंगे।।''**

(8) भारत का पहला प्रतिबन्धित समाचार-पत्र

> **निसार मैं तेरी गलियों में ऐ वतन कि जहाँ,**
> **चली है रस्म कि कोई सर न उठा के चले,।**
> **जो कोई चाहने वाला तवाफ को निकले नजर,**
> **चुरा के चले जिस्मों जां बचा के चले।।**

अभिव्यक्ति की स्वतंत्रता पर पाबन्दी का इतिहास पुराना है। भारत में प्रसूतिका गृह में जन्मते ही समाचार-पत्रों पर तमाम तरह के झोल उठ खड़े हो गए। कभी अश्लीलता और अभद्रता के नाम पर, कभी तथाकथित जातीय और साम्प्रदायिक विद्वेष फैलाने के नाम पर, कभी गोपनीयता के उद्घाटन के नाम पर तो कभी आचार संहिता के तोड़ने के नाम पर-समाचार-पत्रों पर समय-समय पर फौजी हुकूमत की तईं प्रतिबन्ध

लगाया जाता रहा है, जबकि समाचार-पत्रों ने समय-समय पर वक्त के पन्नों के ढेर में दबी ढेरों सूचनाओं को अवाम तक पहुँचाया है, इतिहास के अनछुए और गुमशुदा छोरों की तलाश किया है, अँधेरे और धुँधलके क्षेत्रों को उजागर किया है। साथ ही समूचे जीवन-जगत को प्रभाषित-प्रकाशित भी किया है। समय के गम्भीर सवालों से जूझना ही इन समाचार-पत्रों की प्रकृति रही है। स्वाधीनता की राह खोलने में इनकी अहम भूमिका रही है। इस तरह से कुल मिलाकर पत्रकारिता की राह बेहद कठिन और कर्म बेहद जोखिम भरा रहा है और इस समय भी है। अतः ऐसी स्थिति में प्रश्न होता है कि दुनिया के विशालतम लोकतंत्र, सफलतम प्रजातंत्रवादी गणतंत्र और सदृढ़-न्यायपालिका वाले देश में सक्रिय और सार्थक हस्तक्षेप करनेवाले समाचार-पत्रों को पाबन्दे जंजीर करना कितना उचित है? समाचार-पत्र तो सार्वजनिक विमर्श के व्यापक मंच मचान और माध्यम होते हैं। कभी 'हल्ला बोल' तो कभी अखबारों की 'होली जलाना' कभी मुकदमे ठोकना, कभी पत्रकारों को गिरफ्तार कर उन्हें जेल में डालना, कभी विशेषाधिकार हनन का आरोप लगाना, कभी सेंसर का शिकार बनाना, कभी विज्ञापन देने में भेद-भाव बरतना, कभी राजनीतिक दबाव, कभी शारीरिक और मानसिक उत्पीड़न-आशय यह कि इस देश में समय-समय पर लोकतंत्र के चौथे पाये और रक्षक 'प्रेस' के विरुद्ध जुल्मी करवाई के अनेक उदाहरण हैं, जिसमें अनेक पत्रकारों को अपनी जान भी गँवानी पड़ी है।''

हिन्द समाचार-पत्र समूह के पाठकों को याद होगा कि जब लाला जगतनारायण जी ने स्वतंत्रता के बाद 1948 ई. में 'हिन्द समाचार' शुरू किया था, उस समय होशियारपुर के तत्कालीन जिलाधीश कपूर सिंह के खिलाफ लेख लिखने पर उन्हें 10 दिन जेल में रहना पड़ा था। उस समय पंजाब में कांग्रेस का राज था तथा लाला जी कांग्रेस के प्रमुख नेताओं में थे। बाद में जब प्रताप सिंह कैरो मुख्यमंत्री बने तो उन्होंने हिन्द समाचार के इश्तिहार बन्द कर दिए और अनेक मुकदमे भी दायर कर दिए। इसके बाद ज्ञानी जैल सिंह आए तो उन्होंने इस समूह की बिजली काट दी, तब ट्रैक्टर से समाचार छापना पड़ा। अन्ततः न्यायपालिका के हस्तक्षेप से बिजली का कनेक्शन बहाल हुआ। पुनः आपातकाल के दौर में लाला जी को गिरफ्तार कर लिया गया और अखबारों पर सेंसर बैठा दिया गया। आतंकवाद के दौर में अलगाववादी-आतंकवादी तत्वों के विरुद्ध लिखने पर लाला जी व रमेश जी को अपने प्राणों का बलिदान देना पड़ा और हिन्द समाचार-पत्र समूह के 62 पत्रकार और अन्य कमचारी इस दौरान शहीद हुए। इसी तरह मार्च, 1964 ई. में विशेषाधिकार के उल्लंघन के लिए उत्तर प्रदेश विधान सभा ने केशव सिंह नाम के व्यक्ति को जेल भेज दिया। इसके पाँच रोज बाद वकील बी. सोलोमन ने इलाहाबाद हाई कोर्ट के समक्ष याचिका दायर की। हाईकोर्ट की दो सदस्यीय बेंच ने केशव सिंह को जमानत पर रिहा करने का आदेश दिया। इससे विधान सभा अध्यक्ष नाराज हो गए और उन्होंने केशव सिंह, उनके वकील और दोनों जजों को गिरफ्तार कर सदन के सामने पेश करने का आदेश सुना दिया। इस विचार करने के लिए 28 जजों की बेंच बैठी और विधान सभा अध्यक्ष को अपने आदेश को अमल करने से रोका गया। विधायिका और न्यायपालिका के बीच उत्पन्न हुई टकराव की इस स्थिति के बाद राष्ट्रपति ने सुप्रीम कोर्ट से सलाह माँगी। सुप्रीम कोर्ट की संविधान पीठ ने विधि-विशेषज्ञों से गहन विमर्श के बाद यह नहीं कहा कि ऐसे विशेषाधिकारों पर कोई रोक लगायी जानी चाहिए या इन्हें समाप्त कर देना चाहिए और यदि कभी टकराव की नौबत आ जाए तो आपसी विचार-विमर्श से ही उसे हल करने का प्रयास होना चाहिए।[1] सन् 1975 ई. का आपात काल पूरी दुनिया में कुख्यात है। दिवंगत तत्कालीन प्रधानमंत्री श्रीमती इन्दिरा गांधी ने जून, 1975 में, जब इलाहाबाद हाईकोर्ट ने उनके चुनाव को रद्द कर दिया था तो उन्होंने अपनी कुर्सी बचाने के लिए देश में आपात् काल लागू कर लोगों के बुनियादी अधिकार छीन लिए थे, प्रेस पर भी पाबन्दी लगा दी थी। उन्नीस महीने के आपात् काल में कई पत्रकार, साहित्यकार, नेता, समाजसेवी, जेल में डाल दिए गए। उस समय भी अभिव्यक्ति की स्वतंत्रता का बेरहमी से हनन हुआ, कइयों को अपनी जान भी गँवानी पड़ी थी।

1. प्रेस : दायित्व और यथार्थ—'विशेषाधिकार और लोकतंत्र' लेख-(बालमुकुन्द) पृष्ठ-194, सम्पादक ज्ञानेन्द्र रावत, यूनिवर्सिटी पब्लिकेशन 7/31, आंसारी रोड, दरियागंज, नई दिल्ली, मू. 450 रुपये सन् 2006 ई।

सन् 1980 और 1990 के दशकों में भी विधान सभा अध्यक्षों ने उन पत्रकारों को विशेषाधिकार भंग करने के नोटिस जारी किए, जिन्होंने उनके विवादास्पद निर्णयों पर या विधान सभा की कर्कश कार्यवाहियों पर आलोचनात्मक टिप्पणी की थी। भारत में विशेषाधिकार की शक्ति की गलत व्याख्या करके उसके दुरुपयोग के कुछ सबसे खराब उदाहरण हमें तमिलनाडु से मिलते हैं। उदाहरण के तौर पर 1987 ई. में तमिलनाडु विधानसभा ने साप्ताहिक पत्रिका 'आनन्द विकटम' के सम्पादक एस. बालासुब्रह्मण्यम् को जेल में बन्द करने का आदेश दिया, क्योंकि उन्होंने यह माँग की थी कि विधायकों के विशेषाधिकार को संहिताबद्ध किया जाए। यह एक पूरी तरह से वाजिब माँग थी। विधान सभा अध्यक्ष की शक्तियाँ 'गगनचुम्बी' अर्थात् असीम होती हैं। सन् 1991 ई. में इलेस्ट्रेटेड वीकली ऑफ इंडिया' के के.पी. ने एक लेख लिखा, जिसका शीर्षक था 'तमिलनाडु एसेम्बली फास्ट गेनिंग नोट राइटी' अर्थात् तमिलनाडु विधान सभा की त्वरित गति से बढ़ रही बदनामी।'' अध्यक्ष महोदय, जो एआईएडीएम के से थे—ने उनकी गिरफ्तारी के वारंट जारी कर दिए। उच्चतम् न्यायालय ने उनकी गिरफ्तारी रोक दी, लेकिन अध्यक्ष महोदय ने, जो अब डी.एम.के. से थे—उनके खिलाफ कार्रवाई को पाँच वर्ष से पहले समाप्त नहीं किया। सभी जानते हैं, 'द हिन्दू' दक्षिण भारत का सुप्रसिद्ध अखबार है, जिसकी स्वतंत्रता संग्राम में प्रमुख भूमिका रही है। इसकी उम्र 135 वर्ष के आसपास की है। इस अखबार ने सन् 2003 ई. में एक सम्पादकीय लिखा,—''बढ़ती असहिष्णुता''। इसमें आगे लिखा गया था कि जय ललिता का प्रशासन हर रोज असहिष्णुता के नये सोपान चढ़ रहा है। जनता के विभिन्न तबकों और विपक्षियों तथा मीडिया के खिलाफ राज्यसत्ता का फूहड़ उपयोग यह बताता है कि प्रशासन में जनतंत्र के प्रति हिकारत का भाव है। यह एक चिन्ताजनक बात है। इस टिप्पणी पर तमिलनाडु विधान सभा द्वारा कड़ी प्रतिक्रिया हुई। 'द हिन्दू' के प्रकाशक एस. रंगराजन, सम्पादक रवि, एक्जीक्यूटिव एडीटर मालिनी पार्थ सारथी, एसोसियेट एडिटर वी. जयन्त, विशेष संवाददाता राधा वेंकटेश को विधान सभा के विशेषाधिकार हनन के आरोप में 15 दिन के कारावास की सजा हुई। इतना ही नहीं, द्रमुक के मुखपत्र 'मुरासोली' के सम्पादक एस. सेलवम को भी 15 दिन की कैद की सजा हुई। इसके अतिरिक्त विशेषाधिकार हनन के लिए विधान सभा ने द्रमुक विधायक तथा तत्कालीन विधान सभा उपाध्यक्ष पृथी हमवाजहर्थो को भी 30 दिन की सामान्य कैद की सजा सुनायी तथा उन्हें गिरफ्तार कर जेल भेज दिया गया। बहरहाल, तमिलनाडु विधान सभा द्वारा की गई उक्त कार्यवाही की देश भर में कड़ी निन्दा की गई। सभी दलों ने भी निन्दा की।[1] बताते हैं, कामराज के समय में भी ऐसा होता रहा है और एम.जी. रामचन्द्रन के समय में भी ऐसा हो चुका है।

बहरहाल, अब यहाँ मूल विषय पर लौटते हुए हमें कई सवाल घेरते हैं कि आखिर भारत में समाचार-पत्रों पर प्रतिबन्ध की शुरुआत कब, किसके द्वारा तथा किस समाचार-पत्र से हुई? क्या समाचार-पत्रों के छपने के साथ ही पत्रकारिता का जन्म हुआ? क्या सरकारी घोषणाओं व एकपक्षीय राग अलापने वाले समाचार-पत्रों में छपी खबरों को हम पत्रकारिता कहें? अगर उसे पत्रकारिता कहें तो झूठ, फरेब, दमन, अत्याचार व शोषण के विरुद्ध भारत में लड़ने वाले समाचार-पत्रों की खबरों को क्या कहें? पत्रकारिता विधा में रुचि रखनेवाले हिन्दी व अंग्रेजी के अधिकांश विद्वान **जेम्स आगस्टन हिक्की को भारत में प्रथम समाचार-पत्र प्रकाशक** मानते हैं, यद्यपि श्री कमलापति त्रिपाठी ने **विलियम बोल्ट्स** को **प्रथम पत्रकार** होने का श्रेय दिया है। उनका कहना है कि[2] भारत में सबसे पहला प्रेस पुर्तगाली मिशनरी द्वारा सन् 1550 ई. में प्रारम्भ किया गया था। भारत में पुर्तगाली, फ्रांसीसी, डच और अंग्रेज व्यापारी आए, जिनमें आपस में संघर्ष हुए और अन्त में अंग्रेजों को विजय प्राप्त हुई, प्लासी के युद्ध में नवाब सिराजुद्दौला को पराजित करने के पश्चात् अंग्रेजों की ईस्ट इंडिया कम्पनी सन् 1757 ई. में बिना घोषणा किए भारत की शासक बन गई। भारत में आधुनिक अर्थों में समाचार-पत्रों का प्रारम्भ अंग्रेजों द्वारा अंग्रेजी भाषा में केवल अंग्रेजों के लिए ही हुआ। वास्तव में भारतीय पत्रकारिता के इतिहास में प्रथम पत्रकार होने का श्रेय

1. प्रेस दायित्व आरै यथार्थ—सम्पाकद-ज्ञानेन्द्र रावत, पृष्ठ-186।
2. पत्रकारिता के सिद्धान्त—पं. कमलापति त्रिपाठी पृष्ठ-153, अनीता प्रकाशन, गुरु नानक मार्केट, नई सड़क दिल्ली, मूल्य 40 रुपये।

भी **श्री विलियम बोल्ट्स** को ही जाता है। श्री बोल्ट्स मूलतः डच थे और लिज्बन में रहते थे। भूचाल आने के कारण वे अपना सब गवाँकर भारत पहुँचे और भारत आकर उन्होंने बंगला भाषा सीखी। बंगाल परिषद के दो सदस्यों की सहायता और अपने अत्यधिक परिश्रम और चतुराई से बोल्ट्स ने बहुत धन कमाया। श्री बोल्ट्स ने ईस्ट इंडिया कम्पनी के साथ मतभेद और संघर्ष हो जाने के कारण सितम्बर 1768 ई. में कलकत्ता के कौंसिल हाल और मुख्य स्थानों पर एक नोटिस लगवाया जो इस तरह था,—

जनसाधारण से

श्री बोल्ट्स जनता को सूचना प्रदान करने के लिए यह तरीका अपनाते हैं,—"इस नगर में छापाखाना न होने से व्यापारी वर्ग को बहुत नुकसान रहता है और समाज को वे समाचार दिए जाना अत्यन्त कठिन है, जिनमें हर ब्रिटिश प्रजा की दिलचस्पी है। इसीलिए बोल्ट्स उस या उन व्यक्तियों को सर्वाधिक प्रोत्साहन प्रदान करने को तैयार हैं, जो मुद्रण का काम जानते हैं, प्रेस टाइपों तथा अन्य सामान का प्रबन्ध कर सकते हैं। इसके साथ ही वह जनता को सूचित करना चाहते हैं कि उनके पास लिखित रूप में ऐसी जानकारी है, जिसमें हर व्यक्ति की गहरी दिलचस्पी होगी। जो जिज्ञासु व्यक्ति चाहें, उन्हें श्री बोल्ट्स के घर में वह सामग्री पढ़ने एवं नकल करने की अनुमति होगी। एक व्यक्ति दस से बारह बजे तक इच्छुक व्यक्तियों को इसमें सहायता प्रदान करने के लिए रहेगा।" बहरहाल, अपने देश के अनुभवों के आधार पर बरतानिया हुकूमत भारत में जन्मने वाली पत्रकारिता से खौफ खाने लगी। गोपनीय तथ्यों के उद्घाटन से ब्रिटिश अधिकारी संशयग्रस्त रहने लगे। अतः वे बोल्ट्स के उन प्रयासों को ध्वस्त करने में जुट गए। इधर, बोल्ट्स भी मानने वाले नहीं थे उन्होंने 'भारतीय विषयों पर विचार' नामक पुस्तक लिखकर भारत में कम्पनी अधिकारियों का यथा सम्भव पदार्फाश किया, जिसका परिणाम हुआ—अंग्रेज अधिकारियों ने सख्त नाराज होकर उन्हें एक जहाज में जबरिया डालकर ब्रिटेन भेज दिया।

इधर, हिन्दी तथा अंग्रेजी के अधिकांश विद्वानों के अनुसार जेम्स आगस्टन हिक्की ने ही भारत में प्रथम समाचार-पत्र प्रकाशित किया, पर दुर्भाग्य से यह पहला समाचार-पत्र ही अश्लीलता के आरोप का शिकार हो अकाल मृत्यु को प्राप्त हुआ। बोल्ट्स के स्वदेश लौटने के बारह साल की खामोशी के बाद जन्मे हिक्की के उक्त समाचार-पत्र का नाम 'बंगाल गजट' (Bengal Gazette) था। यही पत्र आगे चलकर 'कलकटा जनरल एडवर्टाइजर' (Calcutta General Advertiser) नाम से भी चर्चित हुआ। यह पत्र साप्ताहिक था। अधिकांश विद्वान् इस पत्र का जन्म 29 जनवरी सन् 1780 मानते हैं, किन्तु कमलापति त्रिपाठी इसका प्रकाशन 28 जनवरी 1787 ई. मानते हैं।[1] बहरहाल हिक्की निर्भीक और अक्खड़ स्वभाव के पत्रकार थे। वे अपने मन और विवेक से सत्य के पक्षधर थे। हिक्की का जन्म इंग्लैंड में सन् 1740 ई. में हुआ था। वहाँ उन्हें समुद्री व्यापार में काफी हानि उठानी पड़ी थी, समय से कर्ज न दे सकने के कारण कर्जदारों ने उन्हें जेल भेजवा दिया था। अतः उन्होंने जीवन में ढेरों उतार-चढ़ाव की तपिश ताप और वारिश को झेला था। मन में तल्ख आक्रोश और उसे व्यक्त करने की भड़ास बराबर उन्हें सालती रहती थी। इसके लिए उन्हें सुविधाजनक 'प्लेटफार्म' अखबार का प्रकाशन ही लगा। सो उन्होंने इस दिशा में हाथ बढ़ाया और 'बंगाल गजट' साप्ताहिक का प्रकाशन शुरू किया। हिक्की भी जानता था कि अखबार में प्रशासन की खामियों की आलोचना की जाए, तब उनमें सुधार हो सकता है।[2] हिक्की के उक्त लक्ष्य की प्रशंसा करते **स्व. प्रभाष जोशी** कहते हैं कि दूसरे कई विकसित देशों की तरह अपने यहाँ प्रेस सूचना और विज्ञापन के उद्योग की तरह फैला-पनपा नहीं। अंग्रेज बहादुर हिक्की ने जो पहला अखबार इस देश में निकाला, वह भी धन्धे और मुनाफे के लिए नहीं था। उसका भी उद्देश्य ईस्ट इंडिया कम्पनी में चलते घोटालों का भंडाफोड़ करना था। कोई अचरज नहीं कि कम्पनी बहादुर ने उन्हें देश से निकाला दिलवाकर उनके अखबार को बन्द करवा दिया। लगता है, हिक्की का

1. पत्रकारिता के सिद्धान्त—कमलापति त्रिपाठी, पृष्ठ-155।
2. पत्रकारिता जगत—अशोक प्रियदर्शी, सुनील कुमार सिन्हा, पृष्ठ-4 मगध कला प्रकाशन केन्द्र, पटना, मूल्य 60 रुपये, सन् 1996 ई.।

जर्नल इस बात का प्रमाण है कि भारत में किसी अंग्रेज ने भी अखबार निकाला तो वह अंग्रेजी प्रतिष्ठान के खिलाफ ही निकाला।[1] सच तो यह है कि हिक्की अपने पत्र में आंग्लसत्ता के इरादों और कारनामों की कलई खोलता था, पर कभी-कभी वह ऐसे लेख भी लिखता था, जिन्हें पढ़कर स्त्री-पुरुष सभी लज्जित हो जाते थे। यह उसका बहुत ही बड़ा कमजोर पक्ष था। ब्रिटिश अधिकारियों की निजी जिन्दगी में झाँकना उसके लिए काल बन गया। कभी उसके प्रशंसक रहे उसके मित्र उससे घृणा करने लगे। एच.ई.बस्टीड ने अपनी पुस्तक Echose of Calcutta में कभी उसे "भारतीय प्रेस का अगुआ" माना था, पर, कालान्तर में उसी ने हिक्की को 'निकम्मा' तक कहा। इसी तरह मार्ग्रीटा बार्नेस ने अपनी पुस्तक The Indian Prees : A Histroy of the Growth of public Opinion in India : में लिखा कि हिक्की ने, जितनी हिम्मत दिखायी, उससे अधिक खो दिया।

वस्तुतः इस पत्र में हिक्की ने लोगों के व्यक्तिगत जीवन पर श्लील-अश्लील टिप्पणियाँ की और वारेन हेस्टिंग्स को तानाशाह तक घोषित किया,—"James Augustus Hicky has the distinction of launching the first newspaper in India. His Bengal Gazette alias, Calcutta General Advertiser" came out on January 29, 1780 in Calcutta as a two sheet weekly. It declared itself as a weekly political and commercial paper open to all parties but influenced by none." Hicky had a column to himself thought which he used to talk to his readers directly....It was described as a wily and scurrilous paper and very soon earned the enmity of Warren Hastings the Governor General and Chief Justice Eligah Impey....Director."[2] कलकत्ता के राष्ट्रीय पुस्तकालय में 'बंगाल गजट' की जो प्रतियाँ हैं, उन्हें देखने से पता चलता है कि हिक्की ने किस प्रकार धृष्टता (साहस) से लोगों के सम्बन्ध में लिखा। अपने समय के लगभग सभी प्रसिद्ध लोगों (स्त्री-पुरुष दोनों) को उसने अपनी लेखनी का शिकार बनाया। हिक्की को शीघ्र ही पता चल गया कि बहुत से लोग अखबार में अपना नाम देखने को उतावले रहते थे भले ही उनके सम्बन्ध में कुछ भी लिखा जाए। उनकी इसी कमजोरी का लाभ उठाकर उसने अपने अखबार की प्रसार संख्या बढ़ाई। बस्टीड के शब्दों में—"जो लोग हिक्की या उसके अखबार में लिखनेवालों के कोप के शिकार होते थे, उनकी खबर कविताओं के माध्यम से ली जाती थी, महिलाओं का नाम न लिखकर केवल प्रथमाक्षर (Initial) से काम चलाया जाता था, उनकी वैवाहिक सम्भावनाएँ, उनके गुणों के साथ ही उनके कारनामे, उनके प्रेमी आदि सभी का विवरण का निर्बाध रूप से और कभी-कभी प्रशंसात्मक दृष्टि से भी दिया जाता था। समाज के अति महत्त्वपूर्ण व्यक्तियों की बखिया ऐसे नाम लिखकर उधेड़ी जाती थी कि—"जानकार लोगों को सही व्यक्ति का पता लगाने में मुश्किल न हो।" गवर्नर जनरल को 'ग्रेट मुगल' या 'टाइगर ऑफ वार' से सम्बोधित किया जाता था। चीफ जस्टिस इम्पी को 'फूलबन्दी का जज जेफरीन, पुराने किले के एक अफसर को 'मिस्टर पुराना किला' और मिल्टन नाम के एक अफसर को 'मिस्टर पैराडाइज लास्ट' नाम से पाठक जानने लगे थे। स्पष्टतः हिक्की का मुख्य निशाना वारेन हेस्टिंग्स और सर इलीजा इम्पी थे। हिक्की की भाषा भी अत्यन्त रुक्ष होती थी। उसकी टिप्पणियाँ और कविताएँ अश्लीलता की परिभाषा में उसी सीमा तक फिट बैठती थीं जो हम आज की पीत पत्रकारिता में देखते हैं। हेंस्टिग्स की पत्नी से सभी अंग्रेज परेशान रहते थे। हिक्की तो था ही। अतः जब हेस्टिंग्स ने देखा कि पानी सिर से ऊपर चला आ रहा है तो 14 नवम्बर 1780 को हिक्की के गजट को डाक से भेजे जाने का लायसेन्स निरस्त कर दिया गया। इसका कारण बतलाते हुए सरकार की ओर से कहा गया कि 'कुछ लोगों के व्यक्तिगत जीवन एवं चरित्र के सम्बन्ध में इसमें ऐसी बातें लिखी गई हैं, जिससे बंगाल में शान्ति भंग होने की आशंका है।[3] हिक्की के उक्त "आपत्तिजनक लेखन" के कारण गवर्नर जनरल वारेन हेस्टिंग्स ने पत्र के खिलाफ कड़ी कार्यवाही की। हिक्की को जून 1781 ई. में 80,000

1. जनसत्ता—प्रभाष जोशी (कागद कारे), नई दिल्ली संस्करण, 21 नवम्बर, 1999।
2. Journalism in India—Ranga Swami Parthsarthy, P. 19 Sterling Publishers pvt. lad. Third Edition, Rs. 125, 1995
3. वर्तमान साहित्य—महेन्द्र राजा जैन का लेख—भारत का पहला प्रतिबन्धित समाचार-पत्र पृष्ठ-61, हापुड़ रोड, गाजियाबाद, सन् 2003, मू. 15 रुपये।

रुपयों का जुर्माना अदा न कर सकने के कारण गिरफ्तार कर जेल में डाल दिया गया। पोस्ट ऑफिस के द्वारा पत्र को भेजने पर प्रतिबन्ध लगा दिया गया।[1] **एम. चेलापति राव** के अनुसार हिक्की तथा उसके अनुयायी अश्लील लेखन तथा स्वतंत्रता के पथ-प्रदर्शक बने।[2] पत्रकारिता पर महत्त्वपूर्ण पुस्तक लिखने वाले डॉ. बी. एन. आहूजा अपनी पुस्तक में उक्त सम्पूर्ण तथ्यों का खुलासा करते लिखते हैं कि,—"The Bengal Gazette was started as a weekly in 1780 by Hicky. From the very outset, the management of the journal came into conflict with Warren Hastings who was the Governor General of Bengal at that. The journal criticised Mr. Hastings and the general policy of Warren Hastings who was the Governor General of Bengal at that time. Warren Hastings took strong action against Mr. Hicky. The latter was arrested and imprisoned and the journal had to be stopped in 1782. It is a matter of history that Mr., Hicky was a very bold man and a great upholder of the liberty of the press. He was a pioneer in the history of journalism in India. The following words give an idea of the man Hicky was. "Mr. Hicky considers the liberty of the press to be essential to the very existence of an Englishman and a free Government. The subjects should have liberty to declare their principles and opinions, and every act which tends to coerce that principle is tyrannical and injurious to the community."[3]

बंगाल गजट महज दो पृष्ठों का समाचार-पत्र था। प्रत्येक शनिवार को नियमित रूप से निकलने वाला यह पत्र कुल बारह इंच लम्बा और आठ इंच चौड़ा था। यह तीन कॉलमों में दोनों ओर मुद्रित होता था। तमाम दुश्वारियाँ और यातनाओं को झेलने के बाद भी हिक्की अपने उक्त अखबार में ब्रिटिश अधिकारियों के काले कारनामों का भंडाफोड़ करता रहा। अपने समाचार-पत्र की नीति का खुलासा करता उसका यह वाक्य पत्रकारिता के लिए आदर्श वाक्य माना जाएगा—"अपने मन और आत्मा की स्वतंत्रता के लिए अपने शरीर को बन्धन में डालने में मुझे आनन्द आता है। यह राजनीतिक व व्यापारिक पत्र खुला तो सबके लिए है, पर प्रभावित किसी से नहीं है। डाक के अखबार भेजे जाने का लायसेन्स निरस्त होने के बाद उसने अखबार में लिखा—"वह झुकेगा नहीं, किसी के सामने नाक नहीं रगड़ेगा, टूटेगा भी नहीं, और न ही किसी की चापलूसी करेगा।...क्या मैं गुलामी के जुए और उत्पीड़न के सामने निरीह के समान झुक जाऊँगा? ग्रेट ब्रिटिश के सिंहासन तक मैं अपनी बात ले जाऊँगा।" अंग्रेज अफसरों के खिलाफ हिक्की का विषवमन उग्र से उग्रतर होता गया। इसी गति से अंग्रेज सरकार भी उसके खिलाफ कदम उठाती रही। जेल की दीवारों के अन्दर से भी हेस्टिंग्स, उसकी पत्नी और चीफ जस्टिस इम्पी के खिलाफ हिक्की ने अपना अभियान जारी रखा। बाद में उसे जुर्माना अदा न करने की स्थिति में 19 माह की जेल की सजा हुई। उसका छापाखाना, मशीन, टाइप आदि जब्त कर लिए गए। इस तरह 'बंगाल गजट' 1782 ई. में अकाल मृत्यु को प्राप्त हुआ। हिक्की 19 माह तक जेल में अकेला काल कोठरी में पड़ा रहा। हिक्की का अपना गुमराही व्यवहार भले ही विषवमन एवं अशिष्टता की श्रेणी में रखा जाए, जिसकी उसे सजा भी मिली, पर इस बात के लिए तो उसके साहस की प्रशंसा ही की जाएगी कि उसने अंग्रेजों के तानाशाही शासन के खिलाफ अपनी आवाज उठाई और अन्त समय तक जूझता रहा।[4] कुल मिलाकर आंग्ल सत्ता के फरेब को ललकारने की जुर्रत करनेवाले हिक्की को अन्ततः देश छोड़ने के लिए मजबूर कर दिया गया। समाचार-पत्र बन्द हो गया। जेल-यातना और जुर्म पाकर जो बोलती रही, सच-सच आत्मा की आवाज पर, उसी को पत्रकारिता कहना तर्क संगत और उचित होगा। इस तरह से यह कि समाचार-पत्र का जन्म कहीं हुआ हो, लेकिन पत्रकारिता की जन्मभूमि तो भारत ही है, अब यह मानने की इजाजत मिलनी चाहिए।[5]

1. पत्रकारिता का इतिहास एवं जन संचार माध्यम—डॉ. संजीव भानावत, पृष्ठ-16।
2. विदुर (दिल्ली से प्रकाशित होने वाली विदुर पत्रिका) पृष्ठ-7, फरवरी, 1980।
3. History of Prees and Prees Laws and communications - B.N. Ahuja, P. 56.
4. वर्तमान साहित्य, पृष्ठ-63।
5. हिन्दी पत्रकारिता : एक परिचय-सुरेन्द्र बीनू सिन्हा तथा डॉ. आशीष कुमार मैसी, पृष्ठ-20।

(9) कला, वृत्ति-पेशा, व्यवसाय, मिशन-मिशनरी या जनसेवा के रूप में पत्रकारिता

कैसे बाजार का दस्तूर तुम्हे समझाऊँ
जो बिक गया, वो खरीददार नहीं हो सकता।।

उक्त बाजार की प्रलयंकारी लहरों के सामने आज की पत्रकारिता लाचार-बेबस हो ठिठक गई है। बाजार सम्प्रति पत्रकारिता के वजूद को मिटाने की अघोषित कोशिश कर रहा है। मौजूदा समय की सर्वाधिक सृजनात्मक हस्ताक्षर पत्रकारिता इस बाजार की पूर्णतः गिरफ्त और फाँस में है। बाजार ने, बिला शक आज की पत्रकारिता को एकसंवेदी बना दिया है। बाजार की परजीवी आर्थिकता ने पत्रकारिता में 'प्रोफेशनलिज्म' की भावना पैदा कर 'न्यूज रूम' में बैठे लोगों के हाथ बहुत हद तक बाँध दिए हैं। इस तरह 'मिशन' के लिए समर्पित पत्रकारिता अब 'कमीशन' के लिए हो रही है। इस समय का यह सबसे बड़ा सच है। पत्रकारिता में जन्मा 'पेड न्यूज' (Paid News) पत्रकारिता की विकृत मानसिकता का सबसे बड़ा गवाह है, जहाँ पैसे लेकर मुनाफे के लिए 'न्यूज स्पेस' (News Space) बेचे गए, खबरें बिकीं, समाचारों की अन्तर्वस्तु नीलाम हुई, करोड़ों की 'डील' हुई। इस तरह से पत्रकारीय सिद्धान्तों, मूल्यों और आदर्शों की खुले सड़क हत्या हुई। अतः ऐसी विषम स्थिति में पत्रकारिता कला है, मिशन-मिशनरी या जनसेवा है,—जैसे सवाल सम्प्रति बासी, बेमानी और अप्रासंगिक हो गए हैं।

दरअसल, इस समय के कुछ अपवादों को छोड़ दें तो कह सकते हैं कि स्वतंत्रता पूर्व की पत्रकारिता ही 'मिशन' या 'जनसेवा' भाव की थी। उस समय पत्रकारों को न वेतन, न नियुक्ति पत्र, न भविष्य निधि, न पेन्शन, न ई.एस.आई., न आवागमन खर्च—कुल मिलाकर किसी तरह की कोई सुविधा नहीं, बल्कि 'जो घर फूँके आपना' के मिशन भाव से तमाम तरह के दमन झेलते हुए, सत्ता-प्रतिष्ठान के लोभ-लाभ के लुभावने प्रलोभनों को ठुकरा कर वकील की तरह जोखिम भरी जिन्दगी जीना पड़ता था। इतना ही नहीं, पत्रकारीय कर्म करने से पहले तत्कालीन समाचार-पत्रों में यह मुनादी कर दी जाती थी कि इस क्षेत्र में वही लोग आगे आएँ, जो—**"वेतन दो सूखे टिक्कड़, रोटियाँ, गिलास भर पानी और हर सम्पादकीय लिखने पर दस साल का काला पानी एवं प्रेस कुर्की या जब्ती के लिए तैयार हों।"** बहरहाल, ढेरों उदाहरण हैं, कि स्वतंत्रतापूर्व के अनेक पत्रकार खादी के पैबन्द लगे जोड़-सा कुर्ते, बढ़ी हुई दाढ़ी और अस्तव्यस्त, बेतरतीब बाल, घिसे चप्पल पहन खाकसार जीवन जीते अपनी पत्रकारिता के माध्यम से देश की स्वतंत्रता के तार बुनते थे, पर दुर्भाग्य से वही पत्रकारिता उन्हीं संघर्षशील पत्रकारों के लिए फिलवक्त संवेदनशील हो गई है। कदाचित् तत्कालीन पत्रकारिता में उक्त मिशनरी भावना से अभिभूत होकर ही कुछ लोगों ने बहुत शग़फ़-शौक से इसमें कलात्मकता की तलाश की, तो कुछ लोगों ने इसमें मिशन-मिशनरी या जनसेवा का भाव देखा। **चक्रवर्ती राजगोपालाचारी** ने इसे 'व्यवसाय' एवं 'उद्योग' की जगह महज 'कला' माना—"I want you to look upon journalism as an art not as an industry. Journalists are like painters and poets rather than factory workers. They are really creating works of art." When you journalists write an article present an Item of news. You are creating a work of art."[1] इधर, सुप्रसिद्ध पत्रकार **एम.वी. कामथ** इस सवाल का उत्तर बेहद साफगोई से देते कहते हैं कि पत्रकारिता का चेहरा जनसेवी का ही होना चाहिए,—"The sole aim of journalism should be se rvice. The press is a great power. But just as an unchanged torrent of water submerges countryside and devastates crops thus an uncontrolled pen services destroy."[2]

पर, आज की पत्रकारिता का रंग-ढंग और ढब बदल गया है। वह तंगदिली और तंग नजरी का शिकार हो गई है। पत्रकार **राजेन्द्र राव** कहते हैं कि स्वतंत्रता प्राप्ति के बाद पत्रकारिता पूरी तरह मुनाफा कमाने में लग गई। कमाई का बोलबाला हर तरफ हो गया और तब से चली ये पत्रकारिता आज एक

---

1. Journalisn in India—Ranga Swami Parthasasthy, P. 1] 1995, Rs-125.
2. Professional Journalism—M. V. Kamath, P. 269, 1995, Rs-75

विशुद्ध कारोबार के रूप में स्थापित हो चुकी है। टाइम्स ऑफ इंडिया जैसे अखबारों ने सम्पादक जैसी संस्था को ही खत्म कर दिया है।[1] सभी जानते हैं, उद्बोधन काल में पत्र और पत्रकारों ने राष्ट्रीय चेतना को उद्दीप्त किया। देश को स्वतंत्रता दिलाने में पत्रों ने प्रमुख भूमिका अदा की, क्यों कि इन्हीं के कारण स्वतंत्रता आन्दोलन को क्षिप्रता और गति मिली। राजनीतिक दासता, अन्याय, अंग्रेजों की शोषणकारी नीति, सामाजिक कुरूतियों, अन्ध-विश्वासों, धनी-निर्धन के बीच खाईं, कृषक-मजदूर आदि की समस्याओं तथा भारतीयों के स्वाभिमान की रक्षा आदि ही तत्कालीन पत्रकारिता के मिशन थे। भारतेन्दु कालीन आह्वान के फलस्वरूप स्व. छैल बिहारी दीक्षित ने ललकारा—

''उठ जाग-जाग सोए सपूत, बेदी पर फिर से देर हुई।
पलकें उघार बाहर निहार, जीवन बिखरा है देर हुई॥''

वस्तुतः स्वतंत्रता की प्राप्ति के साथ-साथ हिन्दी को राष्ट्रभाषा का दर्जा दिलाना भी तत्कालीन पत्रकारिता के कुछ अन्य मिशन थे। परिणाम हुआ—सन् 1900 ई. में हिन्दी भाषा को कचहरियों में स्थान मिला। सन् 1905 ई. के स्वदेशी आन्दोलन ने भी इस दिशा में सहयोग किया। तत्कालीन सृजनकर्मियों, साहित्यकारों, पत्रकारों, सम्पादकों, यथा—मदन मोहन मालवीय, डॉ. श्यामसुन्दर दास, शिवप्रसाद गुप्त, महावीर प्रसाद द्विवेदी, पंडित भरतलाल चक्रवर्ती आदि ने अपने-अपने लेखों में समय-समय पर राष्ट्रभाषा का मुद्दा उठाया, फलतः भारत के प्रत्येक जिले में नागरी प्रचारिणी सभा की स्थापना हुई। कुल मिलाकर तत्कालीन पत्रों ने राष्ट्रीय मुद्दों को निरन्तर उठाते हुए अपनी देशभक्ति का परिचय दिया। उस समय की यह पत्रकारिता बिना लोभ-लाभ और बिना मोल भाव की स्वस्थ मिशनवादी पत्रकारिता थी।

इस तरह हम देखते हैं कि आजादी तक पत्रकारिता मिशन थी। आजादी के पश्चात् प्रोफेशन और वर्तमान समय में कॉरपोरेट जगत की सेनसेशनल बन गई है। वर्तमान पत्रकारिता अपने मूल्यों से विचलित होती जा रही है। आज पत्रकारिता अपराध और अपराधी से घृणा करने की बजाय उन्हें महिमा मंडित करने में प्रयासरत दिखायी देती हैं।''[2] पत्रकारिता से मीडिया तक के सफर में हमारे नैतिक मूल्यों की बलि चढ़ा दी गई है। मीडिया सामाजिक सरोकारों के मुद्दों को छोड़ सेनसेशनल खबरों को महत्त्व दे रहा है। अन्ध विश्वास, कुप्रथा, कुरूतियों को मिटाने वाला मीडिया आज इनका सबसे बड़ा (प्रचारक) संवाहक बन गया है।[3] कई बार मीडिया बनी बनाई रूढ़ छवियों का भी शिकार होता है और उनका पोषण करता है। वह इन्हें बदलना तो दूर, खुद भी उनसे मुक्त होने की चेष्टा भी तब तक नहीं करता, जब तक कोई बड़ा जन दबाव आगे बढ़कर उन रूढ़ छवियों को ग़लत न साबित कर दे।[4] मीडिया के टेलीविजन पत्रकारिता में इन दिनों भय और भूत का उत्सव मनाया जा रहा है। अपराध और सेक्स की सामाजिक सरोकारों के नाम पर परोसा जा रहा है।[5] आलोचक, चिन्तक और उपन्यासकार **डॉ. गिरिराज किशोर** कहते हैं कि,—''मीडिया अन्ध-विश्वास का सबसे बड़ा संवाहक बन रहा है।''[6]

दरअसल, यह सब पत्रकारिता पर बाजारवादी धत्तकरम का दबाव है। बाजार-प्रसूत कोरी व्यावसायिकता ने पत्रकारिता के परम्परागत मूल्यों और मान्यताओं को बेरहम हो तोड़ दिया। मुनाफे के बाजार ने अखबारों को बड़ा तो जरूर बना दिया, किन्तु पैसे कमाने के इस छल-छद्म में विवेक और चिन्तन पीछे छूट गए। आधुनिक पत्रकारिता ने सम्प्रति अपनी गैर व्यावसायिक केंचुली उतार कर 'ब्रांड' के रूप में एक

---

1. पाखी ('जनसत्ता सिर्फ बौद्धिक अय्याशी'—राजेन्द्र राव का लेख) पृष्ठ-73 सं. प्रेम भारद्वाज सहारा इंडिया कम्यूनिकेशन प्रेस, सी-2,3 सेक्टर-11 नोएडा से मुद्रित एवं बी-107, सेक्टर-63, नोएडा से प्रकाशित, मूल्य-25 रुपये, सन् अगस्त 2012।
2. आधुनिक समाचार पत्र—प्रबन्धन—अनिल किशोर पुरोहित, पृष्ठ-154, नई दिल्ली, सन् 1998।
3. मध्य भारती (Madhya Bharti), हीरक अंक-60, 'नैतिक मूल्यों से विचलित होती पत्रकारिता' लेख, अनिल किशोर पुरोहित, पृष्ठ-213, डॉ. हरीसिंह गौर विश्वविद्यालय, सागर की शोध पत्रिका, सन् 2009।
4. हंस (खबरों के आतंकवादी लेख-वैभव सिंह), पृष्ठ- 59, अक्षर प्रकाशन, प्रा. लि. 2/36, अंसारी रोड, दरियांगज, नई दिल्ली-110002, मूल्य 25 रुपये, फरवरी- सन् 2007।
5. मध्यभारती—अनिल कुमार किशोर पुरोहित, पृष्ठ-214।
6. जनसत्ता—मीडिया का खेल—गिरिराज किशोर, 16 मार्च सन् 2007, नई दिल्ली संस्करण।

पोशाक-पैरहन पहन ली है, जिसका परिणाम हुआ है—अखबार अब महज़ 'ब्रांड' भर रह गए हैं। इधर, भारत में तेजी से पसर चुके सूचना-बाजार ने भी पत्रकारिता में वैचारिक शून्यता पैदा किया। सूचना माध्यमों द्वारा पैदा किए विकृत छवियों के मकड़जाल में उलझकर पत्रकारिता धन बटोरने का माध्यम बन गई। बाजार ने दलाली और दूसरे दोयम तरीके से पत्रकारिता के मानदंड बदल इससे अनैतिक रिश्ता स्थापित कर लिया। जो पत्रकारिता स्वतंत्रता पूर्व संवाद और सहकार का पुख्ता और विश्वस्त माध्यम थी,—कालान्तर में बाजार ने अपने बाजारू हथकंडों से उसके हर तरह के गरिमापूर्ण मूल्यों को रौंद दिया।

अन्यथा न लें तो कहा जा सकता है कि बाजार का अपना 'फन' छल और फरेब होता है। इस बाजार ने सीमाओं का अतिक्रमण करते हुए अपनी शर्तों को पत्रकारिता पर जबरिया थोप दिया है। इस तरह वह सम्प्रति पत्रकारिता को साध रहा है। पत्रकारिता में पहले लोकमत बोलता था, पर, आज वहाँ पैसा ठनक रहा है। जिस पत्रकारिता के पास भविष्य को भाँपने वाली एक ठोस और मुकम्मल निगाह होती थी, बाजार ने व्यामोह और मनोविदलता पैदा कर उसे धुँधला बनाने के साथ-साथ पत्रकारिता के चरित्र को दोमुँहा बना दिया। दोनों हाथसे मुक्त रूप में पैसा कमाने की अन्धी दौड़ में पत्रकारिता आज इतनी एकसंवेदी हो गई है कि मानीखेज हलचलों का उसके ऊपर कोई असर ही नहीं पड़ता। सच तो यह है कि बाजार ने हमारे यहाँ 'पोर्नोग्राफी (Pornography) अर्थात् अश्लील साहित्य का एक दैत्याकार मार्केट तैयार कर दिया है। इस बाजारीकरण के कारण ही आज की पत्रकारिता के पास गैरत और गुणवत्ता नहीं बची है। बाजार ने ही इसके 'मिशनरी' चरित्र को 'कमीशन' में तब्दील कर दिया। अनिल किशोर पुरोहित पुनः कहते हैं कि व्यावसायिकता एवं बाजारवाद के प्रभाव में पत्रकारिता ने अपने सभी सिद्धान्तों की बलि दे दी है, निरन्तर समाचारों का सम्प्रेषण करनेवाले मीडिया से लोगों का मोहभंग हो चुका है। मीडिया कर्मियों ने भी इस बात को अच्छे से भाँप लिया है। यही कारण है कि आज मीडिया के न्यूज चैनल हास्य कलाकारों, अजीबो-गरीब कारनामें, अजब-गज़ब ज्योतिष, अंकगणित, योग एवं धार्मिक कार्यक्रमों का प्रसारण प्रमुखता से करने लगे हैं।[1] इधर, **जवाहर लाल कौल** भी कहते हैं कि आज मीडिया के सामने वास्तविक खतरा इस बात का है कि है,जैसा एक-दो पीढ़ी पहले था कि जनता को सूचना देने के ऐतिहासिक कर्तव्यों को तोड़-मरोड़ कर शक्तिशाली लोगों के प्रचार में इस्तेमाल किया जाएगा। खतरा है कि पत्रकारिता को ऐसे तौर-तरीके में धकेला जाएगा, जहाँ इसका उद्‌देश्य जिस किसी तरीके से अधिक-से-अधिक ग्राहक जुटाना रह जाएगा।[2]

पत्रकारीय नैतिकता का आज का सशक्त खबर माध्यम 'अखबार' लोगों से छल कर रहा है। यह सब बाजारवादी होड़ और दबाव का प्रतिफल है क्योंकि आज जरूरत और लालसा की सीमाएँ बाजार तय कर रहा है। पत्रकारिता के लिए पाठक का हित सर्वोपरि होना चाहिए था। पाठकों को खबरों की भूख होती है। पर, दुर्भाग्य से अखबारों में विज्ञापन की तरह खबरें खूब बिक रही हैं। अखबारों में विज्ञापन अब पहले ही पृष्ठ को पैसे के लिए लील जा रहा है। साफ शब्दों में, अखबारों में अब विज्ञापन टिड्डियों की तरह छपर जा रहे हैं। स्पष्टतः यह कि आज पूरा पन्ना ही विज्ञापन चबा जा रहा है। अब यहाँ सवाल यह है कि आज पाठक को अखबार में विज्ञापन चाहिए या विज्ञापनों में अखबार? अब यहाँ मीडिया मालिक यह बताएँ कि उनका व्यवसाय विज्ञापन प्रचार है या खबर माध्यम चलाना? आज बाजार के दबाव के कारण ही अखबारों में सम्पादकों की भूमिका नेपथ्य में चली गई। **ज्ञानेन्द्र रावत** लिखते हैं कि आज पत्रकारिता पूँजीवाद की चेरी बनती दिखायी दे रही है, जहाँ सच्चाई नहीं, बल्कि मुनाफा कमाने के लिए स्वाद परोसा जा रहा है। मौजूदा पत्रकारिता की यह विशेषता रही है कि उसने कल के नायक को आज का खलनायक बनाने में महारत हासिल कर ली है। जहाँ तक सम्पादक का सवाल है, वह सम्पादक कम, औद्योगिक घरानों के पैरोकार अधिक नजर आने लगे हैं।''[3] अखबार प्रबन्धन या मालिक/

---

1. मध्य भारती—अनिल किशोर पुरोहित, पृष्ठ-216।
2. हिन्दी पत्रकारिता का बाजारभाव—जवाहर लाल कौल, पृष्ठ-85, नई दिल्ली, सन् 2000 ई.।
3. प्रेस : दायित्व और यथार्थ—सं. ज्ञानेन्द्र रावत (अपनी बात) यूनिवर्सिटी पब्लिकेशन, मूल्य-450 रुपये नई दिल्ली, सन् 2006 ई.।

स्वामी ही स्वयंभू सम्पादक हो गए हैं। फलतः अखबार के विचार और सरोकार ही गायब हो गए। सेक्स, अपराध, यौनकुंठा, लूटपाट, फिजीकल प्लेजर' जैसी वीभत्स खबरें ही अखबारों की प्राण बन गयीं। यह व्यावसायिता का ही दबाव है कि सम्प्रति अखबारों के 'सर्कुलेशन' (Circulation) अर्थात् प्रसार बढ़ाने की होड़ लगी हुई है। ए.बी.सी. (Audit Bureau of Circulation) अथवा 'नेशनल रीडर शिप' (National Readership) में प्रसार संख्या बहुत अधिक दिखाने की फ़िक्र ज्यादा बढ़ गई है।

वस्तुतः यह पत्रकारिता का विपर्यय काल है। विश्व पूँजीवाद ने आज दुनिया को एक ऐसा भूमंडलीकृत जुआघर बना डाला है, जिसमें मानव जीवन पर सट्टेबाज जुआरियों का शिकंजा कायम हो रहा है।[1] पूँजी के उक्त जुआघर ने पत्रकारिता को भी प्रभावित किया है, यही वजह है कि सम्प्रति पत्रकारिता में विश्वासघात, छद्म बनावटीपन, छल और कपट से भरी एवं बड़ी होती दुनिया का निर्माण हमारी आँखों के सामने हो रहा है। दरअसल यह पूरा दौर आर्थिक सुधार का है। इसमें बाजार सबसे ताकतवर बना हुआ है। मुनाफे की सोच ने सामूहिकता को खत्म कर दिया है। इन विषम स्थितियों में समझदारी से काम लेने का महत्त्वपूर्ण उत्तरदायित्त्व था—लोकतंत्र के चौथे खम्भे पत्रकारिता का। पर, दुर्भाग्य से पत्रकारिता ने भी आर्थिक सुधार के इस दौर में बाजार और मुनाफे का ही पाठ पढ़ना शुरू किया। जिस राजनीतिक सत्ता पर उसे निगरानी रखनी थी, उसी सत्ता की चाटुकारिता उसके मुनाफे का सबब बनी और पत्रकारिता झटके में मीडिया में तब्दील होकर धन्धे और मुनाफे का सच टटोलने लगी। पत्रकार भी 'इंटरप्यूनर' बनने लगा।[2]

कहते हैं, पत्रकार तो सत्य की निडरता में जीता है। वह समाज का वास्तुकार होता है। श्रम, बुद्धि और शक्ति ही उसकी ताकत होती है। आजादी के दौर में अनेक क्रान्तिकारियों के साथ पत्रकारों ने भी अंग्रेजी सत्ता के विरुद्ध लोहा-लाम लिया। पर, दुर्भाग्य से आज की पत्रकारिता एक ओर अपने सत्ता-सेठों तथा अखबार-मालिकों की महज़ पैरचम्पी और सिजदा में मस्त है तो दूसरी ओर अपनी लेखनी से लोकतंत्र, स्वायत्तता, स्वतंत्रता तथा समानता की सिंह गर्जना करनेवाली आज की पत्रकारिता बिलाशक अपने व्यवहार में अत्यन्त तानाशाह, कठमुल्ला, निरंकुश सामन्ती, पाखंडी और लालची हो गई है। यदि ऐसा नहीं है तो बताइए, आज कितने पत्रकार अन्याय तथा शोषण के विरुद्ध प्रतिवाद या संवाद कर रहे हैं? तो क्या यह मान लिया जाए कि आज की पत्रकारिता अपना सामाजिक एवं बौद्धिक साहस खो बैठी है? क्या आज की पत्रकारिता अपनी बुद्धि, प्रतिभा और विचारधारा-इन सबका इस्तेमाल सिफत अपने स्वार्थ के लिए कर रही है—सेवा या चेतना के लिए नहीं? कुल मिलाकर यह कि आज जिस पत्रकारिता से उम्मीद थी कि वह बाजारवाद एवं विश्वपूँजीवाद की पराधीनता से विश्वमानवता को मुक्त करेगी, वह खुद ही उसका शिकार हो गई। जयपुर से प्रकाशित होनेवाली अक्सर पत्रिका ने हिन्दी पत्रकारिता के सन्दर्भ में एक सर्वेक्षण हालिया प्रकाशित किया है। इसके माध्यम से पाठकों से पूछा गया है कि हिन्दी पत्रकारिता को आप किस रूप में देखते हैं, मिशन या व्यवसाय? क्या हिन्दी पत्रकारिता की विषय सामग्री से सन्तुष्ट हैं? क्या छात्रों की ज्ञान वृद्धि में हिन्दी पत्रकारिता सहायक है? क्या सूचना प्रदान करने में हिन्दी पत्रकारिता सक्षम है? महिलाओं के उत्थान में हिन्दी पत्रकारिता से सन्तुष्ट हैं? क्या हिन्दी पत्रकारिता के नकारात्मक प्रभाव भी पड़ रहे हैं? क्या पत्रकारों की कार्यशैली से आप सन्तुष्ट हैं? अन्य भाषाओं की तुलना में हिन्दी पत्रकारिता को प्रभावी मानते हैं? क्या समाज दायित्व निर्माण में हिन्दी पत्रकारिता की भूमिका अहम है? क्या हिन्दी पत्रकारिता इससे भी बेहतर हो सकती है? बहरहाल, उक्त सवालों के झुण्ड में मेरे प्रश्न का मूल उत्तर यही था कि 75 प्रतिशत पाठकों ने कहा कि हिन्दी पत्रकारिता व्यवसाय बन चुकी है तो 25 प्रतिशत ने मिशन का रूप बताया।[3] **नवनीत हिन्दी डाइजेस्ट** के सम्पादक **श्री विश्वनाथ सचदेव** के अनुसार आज की दुनिया में अखबार को 'प्रोडक्ट' मान लिया गया है तो **नई दुनिया राँची**

---

1. संचार माध्यम—'सूचना क्रान्ति : छवियाँ और यथार्थ' लेख—सुभाष धूलिया, पृष्ठ-26, सितम्बर, 2002, खंड-19 प्रकाशन विभाग, भारतीय जन संचार संस्थान, अरुणा आसफ अली रोड, जे.एन.यू. कैम्पस, नई दिल्ली-110067।
2. जनसत्ता (भीत और खम्भा लेख—पुण्य प्रसून बाजपेयी), 22 फरवरी सन् 2010 लखनऊ संस्करण।
3. अक्सर (पाठकों की दृष्टि में हिन्दी पत्रकारिता-संजय कुमार), पृष्ठ-48, ए-243, त्रिवेणीनगर, जयपुर, मूल्य-25 रुपये जुलाई-सितम्बर-2012।

के झारखंड संस्करण प्रभारी तथा सूचना के अधिकार पुस्तक के लेखक **श्री विष्णु राजगढ़िया** का कहना है कि मीडिया को पहले जहाँ मिशन के रूप में देखा जाता था, वहीं उसके विकास ने उसे एक बड़े व्यवसाय में परिणत कर दिया। स्वाभाविक कारणों से स्वातंत्र्योत्तर काल में भारतीय पत्रकारिता का मिशनवादी चरित्र अक्षुण्ण नहीं रह सका। इसकी मिशनरी भावना में व्यावसायिकता घुलती चली गई।[1] कुल मिलाकर समय और समाज की नई चिन्ताओं से टकराने की बजाय आज की पत्रकारिता एक खास भावनात्मक आवेग का शिकार हो गई।

अतः ऐसी स्थिति में पत्रकारिता के साथ चस्पा किए जानेवाले सवाल 'जनसेवा मिशन-मिशनरी आदि इसे मुँह चिढ़ाते हैं। पत्रकार और चर्चित लेखक **मुकेश कुमार**[2] भी स्वीकार करते हैं कि मीडिया के घाघ कारोबारी मिशनरी पत्रकारिता का वध करके उसे ऐसे 'प्रोफेशन' में बदल रहे हैं, जो धीरे-धीरे मुनाफे पर आधारित हो गया है या फिर होता जा रहा है। पत्रकारिता में मिशनरी शब्द या मिशनरी भावना ही अवांछित हो गई है। जब कोई नादान कभी मिशन या सरोकार की बात करता है तो ऐसी नजरों से देखा जाता है, मानो वह किसी विलुप्त होती प्रजाति का जीव हो।

बहरहाल, पत्रकारिता, चाहे जो भी हो, लेकिन इतना तय है कि—"सबकी खबर ले और सबको खबर दे" की मुनादी करती, विभिन्न तरह के फतवों का खतरा झेलती, छायावादी कवियों की तरह अपनी खुफिया आँख से बिना भेदभाव के—समाज के उन कोनों-अँतरों में फोकस डालती है, जो सदियों से उपेक्षित हैं, शोषित हैं। एक ओर यह जातीयता एवं साम्प्रदायिकता जैसे जड़ और सुलगते सवालों को बेनकाब और उदघाटित करती है, वहीं दूसरी ओर वैचारिक उहापोह के इस विकट दौर में संकटग्रस्त राष्ट्रीयता को नया जीवन दे उसे सींचती है। कभी यह समय, समाज और गलीज राजनीति से सीधी भिड़न्त करती है, तो कभी साम्राज्यवादी, फासीवादी शक्तियों से तीखी मुठभेड़ लेती समकालीन विडम्बनाओं और जटिलताओं के क्रूर ढाँचे को बेरहमी और निर्भीकता से तोड़ती है। कभी यह आर्थिक, सामाजिक, सांस्कृतिक और साहित्यिक मुद्दों को उनके छोटे-छोटे ब्यौरों के साथ विश्लेषित करती है, तो कभी यह अंग्रेजी के 'फ्रंटियर' और 'इकॉनामिक ऐन्ड पोलिटिकल वीकली' के रूप में महाशक्तियों के प्रभुत्ववाद के खिलाफ तीसरी दुनिया की ताकतवर आवाज बनती है।[3]

खबर बेचने का काला धन्धा

(10) 'पेड-न्यूज' अर्थात् पत्रकारिता का पुच्छलतारा

पत्रकारिता के फलक पर हालिया जन्मा 'पेड न्यूज' नामक आकाश का उच्छृंखल पर्यटक, भयावनी पूँछवाला पुच्छलतारा खुद पत्रकारिता की विश्वसनीयता और प्रामाणिकता के सन्दर्भ में अशुभ संकेत कर रहा है। आगे बढ़ने से पहले यहाँ पर यह विचार कर लिया जाए कि आखिर 'पेड न्यूज' का अर्थ क्या होता है? क्या यह खबरों के छापने का कोई नया साँचा, ढंग या ढब पैदा हुआ है? क्या यह खबरों के छापने के परम्परागत शिल्प और तरीके का निषेध तो नहीं है? क्या यह एक तरह से निष्पक्ष पत्रकारिता से किनाराकशी करने का नया माध्यम जन्मा है? दरअसल, विचारकों के अनुसार 'पेड न्यूज' की कोई कानून सम्मत परिभाषा अब तक स्पष्ट रूप से नहीं बन सकी है। यद्यपि सुप्रसिद्ध अंग्रेजी अखबार 'इंडियन एक्सप्रेस'[4] के अनुसार चुनाव आयोग ने भारतीय प्रेस परिषद से यह अवश्य आग्रह किया था कि वह 'पेड न्यूज' को परिभाषित करे। भारतीय प्रेस परिषद ने 'पेड न्यूज' की जो परिभाषा दी,

1. मीडिया विमर्श (पत्रकारिता की विश्वसनीयता पर गहराते सवाल-विष्णु राजगढ़िया), पृष्ठ-40, 428, रोहितनगर, फेज-1, भोपाल, मूल्य- 25 रुपये, जुलाई-सितम्बर 2009।
2. हंस (दूरदर्शन की वापसी-मुकेश कुमार का लेख), पृष्ठ-71, मूल्य-25 रुपये, फरवरी-2008, दिल्ली।
3. प्रयोजनमूलक हिन्दी की नई भूमिका—डॉ. कैलाश नाथ पांडेय, पृष्ठ-366, लोकभारती प्रकाशन, इलाहाबाद, मूल्य-650 रुपये, द्वितीय संस्करण सन् 2009।
4. इंडियन एक्सप्रेस डॉट कॉम, 17 दिसम्बर सन् 2009।

वह इस प्रकार है,—"कोई भी समाचार या विश्लेषण अगर पैसे या किसी और तरफदारी के बदले किसी भी मीडिया (इलेक्ट्रॉनिक या प्रिन्ट) में जगह पाता है, तो उसे 'पेड न्यूज' की श्रेणी में रखा जाएगा।"[1] इधर, हिन्दी के प्रतिष्ठित राधाकृष्ण प्रकाशन से चर्चित मीडिया लेखक मुहतरम दिलीप मंडल की एक गम्भीर पुस्तक छपकर आई है, नाम है—'मीडिया का अंडरवर्ल्ड'। इस पुस्तक में वह 'पेड न्यूज' के विषय में लिखते हैं।[2] "पेड न्यूज को लेकर न्यायपालिका या चुनाव आयोग या प्रेस परिषद किसी भी तरह की कार्रवाई करे या किसी तरह के दिशा-निर्देश दे, उससे पहले जरूरी है कि इस परिघटना की विधि सम्मत परिभाषा निश्चित कर ली जाए। इसके बिना तो जो मीडिया संस्थान 'पेड न्यूज' के लिए दोषी ठहराए जा रहे हैं, वे यह भी कह सकते हैं कि हम जो कर रहे हैं, वह पेड न्यूज नहीं है और पेड न्यूज पर तो रोक लगनी ही चाहिए। इस पुस्तक (मीडिया का अंडरवर्ल्ड) में जिस प्रवृत्ति को पेड न्यूज कहा गया है, उसका मतलब सम्पादकीय सामग्री के स्थान पर छपी या दिखायी गई उस सामग्री से है, जो देखने में तो समाचार लगे, पर उसके लिए अखबार या चैनल ने भुगतान लिया हो। यानी कोई समाचार जो दरअसल, विज्ञापन की तरह छपना या दिखना चाहिए, अगर समाचार की तरह और समाचार की जगह छपे या दिखे तो उसे 'पेड न्यूज' कहेंगे।" मेरे विचार से 'पेड न्यूज' का लब्बोलुवाब आशय होगा—"पैसा देकर समाचार-पत्रों में अपने मनमाफिक गलत-सही खबरों को बढ़ा-चढ़ाकर छपवाना और उनका अपने पक्ष में जनता को गुमराह करनेवाला विश्लेषण करवाना।" पेड न्यूज में खबरों की विश्वसनीयता सन्दिग्ध-शंकालु बनी रहती है। अतः ऐसी स्थिति में स्वस्थ पत्रकारिता के लिए यह बीमारी चकित और चिन्तित करनेवाली है। पिछले दिनों, खासकर चुनाव 2009-10 में पेड न्यूज के कारण पत्रकारिता अपने बहुत बुरे समय में जीने को अभिशप्त हुई। इस दौर में पत्रकारिता के सरोकारों और संघर्षों का क्षय-क्षरण भी हुआ। उसकी शानदार स्थिति और नियति बदल गई। पत्रकारिता पूँजी, सत्ता और बाजार के गलियारे में भटक गई। पैसा देकर अखबारों में खबरों के छपवाने का सिलसिला यद्यपि खरामह-खरामह साल भर चलता रहता है, किन्तु लोकसभा और विधान सभाओं के चुनावों के आते ही इसकी गति क्षिप्र और रंग चोखा हो जाता है। मैच फिक्सिंग की तरह यहाँ भी खबरों की फिक्सिंग होती है, पर दोनों में एक बुनियादी फासला होता है, और वह यह कि मैच में फिक्सिंग का लक्ष्य पैसा लेकर 'मैच' हारना होता है, किन्तु 'पेड न्यूज' में मीडिया को पैसा देकर येन केन प्रकारेण, हर तरह के धतकरम और छल-छद्म पाखंड से अपने पक्ष में हवा और जबरिया लहर बना चुनाव जीतना।

प्रेस और प्रेस परिषद के बीच सम्बन्धों को पुख्ता बनाने के प्रबल पक्षधर, देश में सूचना का अधिकार कानून लागू करवाने के लिए समय-समय पर मुखर नेतृत्व करनेवाले तथा पत्रकारिता को नई शक्ल-शबीह और पैरहन देने के प्रबल पक्षधर, पत्रकारिता के शलाका पुरुष मरहूम **श्री प्रभाष जोशी** ने 'पेड न्यूज' के भी खिलाफ सशक्त आन्दोलन चलाया था। 'पेड न्यूज' को जोशी जी '**पत्रकारिता की पापलीला**' कहते थे। इसी तरह पत्रकारिता के प्रति समर्पित कुछ पत्रकारों ने इसे '**पैकेज पद्धति से धन संग्रह की युक्ति**' बताया, कुछ ने इसे '**बिकाऊ**' या '**पैकेजी पत्रकारिता**' कहा, कुछ लोगों ने पेड न्यूज को '**पत्रकारिता का पेशवराना दुराचार**' कहा, वहीं कई चिन्तकों ने इस प्रवृत्ति को '**समाचारों को छापने और दिखाने के लिए फिरौती की तरह पैसे उगाहना**' बताया, कई ने इसे '**मीडिया फिक्सिंग**' तथा '**मीडिया का हाइजैक**' कहा तो कुछ ने इस गन्दी प्रवृत्ति को '**खबरों का ब्लैक आउट**' तथा '**सुपारी पत्रकारिता**' एवं '**पत्रकारिता का कलंक**' तक कहा। एक विद्वान् पत्रकार ने तो पेड न्यूज को '**पत्रकारिता के इलीट चरित्र पर भ्रष्टाचार की नई शक्ल में पैदा हुआ धूमकेतु**' तक कहा। सुविख्यात पत्रकार और माखन लाल चतुर्वेदी राष्ट्रीय पत्रकारिता विश्वविद्यालय-भोपाल (म.प्र.) के पूर्व कुलपति आदरास्पद अच्युतानन्द मिश्र ने इसे लोकतंत्र की मर्यादा, प्रेस की स्वतंत्रता, समाचारों की पवित्रता और नैतिकता को विद्रूप तथा शर्मसार करनेवाला कुकृत्य बताया। तत्कालीन सूचना और प्रसारण मंत्री

---

1. पेड न्यूज पर प्रेस परिषद द्वारा प्रकाशित रिपोर्ट।
2. मीडिया का अंडरवर्ल्ड—दिलीप मंडल, पृष्ठ-24, राधाकृष्ण प्रकाशन दरियागंज, नई दिल्ली, मू. 125 रुपये, सन् 2011 ई.।

अम्बिका सोनी ने 'पेड न्यूज' को न्यूज की शक्ल में विज्ञापन बताते हुए इसका नाम **'पेड न्यूज सिंड्रोम'** रखा था। इसी तरह वाल स्ट्रीट जनरल के दिल्ली स्थित ब्यूरो प्रमुख पॉल बैकेट मीडिया में जन्मे इस नये रोग पर सव्यंग टिप्पणी करते,—"Want Press Coverage, Give me some money" अर्थात् यदि अखबारों में खबर छपवाना चाहते हो तो मुझे पैसा दो" लिखा। प्रेस-कौंसिल के पूर्व चेयरमैन माननीय जस्टिस जी.एन. रे ने इसे, "This is perhaps the worst form of 'misinformation' or even 'disinformation' when the gullible public is led to believe the 'truth' of the glorified achievements and promises."[1] बताया।

बहरहाल, अब यहाँ पर कुछ सवाल दरपेश हैं, यथा—हक-नाहक की लड़ाई में हमेशा हक के पक्ष में खड़ी होनेवाली पत्रकारिता आखिर क्षुद्र-क्षणिक भौतिक सुख-सुविधाओं के रूप जाल में क्यों और कैसे उलझ गई? जिस पत्रकारिता के पास सदियों की अपनी निष्ठा और सच का आत्मबल था, वह पत्रकारिता अपने उदात्त और मूल्य परक उद्देश्यों से कैसे बहक-फिसल गई? अगला प्रश्न है, आखिर पत्रकारिता अपनी शानदार रवायत और परम्परा से विपथ होकर इस मूल्य ध्वंस यज्ञ में क्यों शामिल हो गई? प्रश्न तो यह भी है कि जिस पत्रकारिता के भीतर अनकहे को प्रकाशित करने की अकूत क्षमता और साहस होता है, वह आखिर पश्चिम की निरंकुश पूँजीवादी अर्थ-लोलुपता और लाभ-लोभ तथा मोल-तोल की विकृति की शिकार क्यों हो गई? खासकर, इस मूल्य-भ्रंश और अर्थ-वंचना के घटाटोप के इस विकट जटिल दौर में पैकेज और पैसे का लेन-देनकर खबर छापने-छपवाने की इस गन्दी नीति ने पत्रकारिता की गणित और उसके व्याकरण को तो छिन्न-भिन्न कर ही दिया है, पत्रकारीय आचार संहिता और सरकारी दिशा-निर्देशों को भी तहस-नहस कर दिया है। कुल मिलाकर यह कि पत्रकारिता का अपना गौरवशाली अतीत एवं समृद्ध सम्पन्न काल रहा है, किन्तु दुर्भाग्य से पैसा लेकर खबर बेचने की ओछी हरकत ने पत्रकारिता के अब तक के मूल्य- चिन्तन, मूल्यांकन, भाष्य-विमर्श आदि को खाकसार कर दिया, परिणाम हुआ,—प्रेस सम्प्रति महज **'सत्य का मदारी'** बन कर रह गया।

कहा जाता है कि भारतीय पत्रकारिता में 'पेड न्यूज' का रोग बहुत पुराना है। वस्तुतः यह रोग अखिल देशीय पत्रकारिता में व्याप्त रहा है, किन्तु दक्षिण की तुलना में उत्तर भारत के हिन्दी अखबारों में यह कुछ ज्यादा व्याप गया था। कभी प्रत्याशियों की ओर से तो कभी पार्टियों की ओर से मीडिया को पटाने-खरीदने का काम हुआ, कभी अखबारों ने स्वतः 'पैकेज' बेचने का धंधा शुरू किया तो कभी सत्तारूढ़ पार्टियों ने विज्ञापन देने, न देने तथा अन्य अनेक तरह का भय दिखाकर मीडिया में आतंक पैदाकर इस काले कारोबार को बढ़ावा दिया। लेकिन चूँकि पत्रकारिता को लोग बहुत ही पवित्र तथा अनाविल दृष्टि से देखते रहे हैं, सम्भवतः इसीलिए लोगों की दृष्टि कभी मीडिया के इस घिनौने, काले तथा ओछे कृत्य की ओर नहीं गई। सन् 2009 ई. में चुनावों में 'पेड न्यूज' का पानी जब सिर से ऊपर चला गया तो भयंकर विस्फोट हुआ और पत्रकारिता की साख गिरनी शुरू हुई। इस सम्बन्ध में 'द हिन्दू' के ग्रामीण मामलों के तत्कालीन सम्पादक पगलुम्मी साईनाथ ने भारतीय प्रेस परिषद के समक्ष 13 दिसम्बर 2009 तथा 27 जनवरी 2010 को एक प्रतिवेदन देते लिखा कि[2] अपने पत्रकारीय कैरियर में मैंने देखा है कि किस तरह धनबल और भ्रष्ट पत्रकारिता हमेशा से किसी भी चुनाव के परिणामों को प्रभावित करने के पीछे प्रमुख कारक रहे हैं—यह रातोरात पैदा हो जाने वाला कोई रुझान नहीं है। इसके बावजूद पिछले दो आम चुनाव-2004 और 2009 पिछले चुनावों से इस मामले में भिन्न रहे कि इनमें उम्मीदवारों ने अपने चुनाव प्रचार में बड़े पैमाने पर अभूतपूर्व पैसा खर्च किया। 2004 के चुनावों में खर्च किया गया पैसा किसी भी मानक से कहीं ज्यादा चौंकाने वाला था लेकिन 2009 में खर्च की गई रकम ने 2004 के उम्मीदवारों के चुनावी खर्च को पीछे छोड़ दिया। 2009 का चुनाव सातवाँ चुनाव था जिसे मैंने कवर किया और अपने कैरियर में मैंने कभी भी चुनाव, प्रचार पर इतना पैसा खर्च होते नहीं देखा। मेरे पास ऐसे साक्ष्य नहीं हैं, जिनसे मैं साबित

1. मीडिया मीमांसा—सं. अच्युतानन्द मिश्र, पृष्ठ-52, सितम्बर 2009, भोपाल।
2. मीडिया का अंडरवर्ल्ड—दिलीप मंडल, पृष्ठ-204।

कर सकूँ कि उम्मीदवार जो खर्च कर रहे थे, वह भारत के निर्वाचन आयोग द्वारा मंजूर खर्च की राशि से कहीं ज्यादा था। यह तो नंगी आँखों से ही देखा जा सकता था। इसके दस्तावेजी साक्ष्यों से सिद्ध करना एक अलग बात है।

यह एक चकित कर देनेवाला तथ्य था कि खबरों की मंडी में दिन रात घूमने और खबरों को सूँघने वाली पत्रकारिता यक-ब-यक शब्दों और पूँजी की मंडी की ओर क्यों घूम गई? बहरहाल, शब्दों की मंडी में खबरों के अपने-अपने दाम लगने लगे। ऊँची बोली लगाने वालों की खबरें बढ़-चढ़ कर छपनी शुरू हुई। जिनके पास पैसे नहीं थे या जिन प्रत्याशियों ने पैसे नहीं दिए, उनके बारे में नकारात्मक खबरें छपनी शुरू हुई। मालदारों ने मीडिया में काफी 'स्पेस' लिया। इनकी खबरें बोल्ड या मोटे अक्षरों में छपीं। पैसे के बाल पर सच की जगह सच की रचना जबरिया होने लगी। बेमेल और अस्वाभाविक खबरें स्वाभाविकता के रंग में रँगी जाने लगीं। स्पष्टतः यह कि 'पैसा फेंक, तमाशा देख' की शैली में पैसा और मोटा चारा तथा अन्यान्य तरह के प्रलोभनों को फेंककर अखबारों की खरीद-फरोख्त शुरू हुई। पैसा के बल पर खबरे विज्ञापन की खोल ओढ़कर अखबारों के मुखपृष्ठ या पहले पन्ने पर पसरकर उस पूरे पृष्ठ को लील गयीं। खबरें एवं विज्ञापन एकवामय हो गए। 'सारी बीच नारी है या नारी बीच सारी' का संशय गाढ़ा हो गया। 'पैकेज' के मोल भाव 'हा', 'ना', 'ना', 'हाँ' में होने लगे। महँगे उपहार, भेंट, अनुदान, भूखंड, रियायतों के आदान-प्रदान का दौर शुरू हुआ। खबरें 'मैनेज' शुरू हुई। मीडिया का ईमान बिका। खुदा की तरह पूज्य-परस्तीद पत्रकारिता सन्देहपरकता और प्रश्नवाचकता के दायरे में आ गई। सही समाचार-और खबरें दम तोड़ने लगे। समय-समय पर जिस पत्रकारिता से अधिकांश आन्दोलनों की पौ फूटी है। जिस पत्रकारिता से तमाम नई बहसों, चिन्ताओं,समस्याओं पर प्रखर वैचारिक संवाद, बौद्धिकता-तार्किकता के साथ शुरू होते रहे हैं, उस पत्रकारिता को पैसे की अतृप्त भूख ने काठ मार दिया। वैचारिक विवेक वयस्कता यकायक दिशाहीन हो गई। पूरी दुनिया में भारतीय न्याय प्रणाली तथा निष्पक्ष पत्रकारिता की विश्वसनीयता, खबरों की प्रामाणिकता और अद्वितीयता समय-समय पर सराही गई है, पर दुर्भाग्य से पैसे लेकर खबर छापने की ओछी और नापाक प्रवृत्ति ने पत्रकारिता के चेहरे को बदशक्ल और विकृत कर दिया। जिस पत्रकारिता ने समय-समय पर भ्रष्टाचार, कदाचार, सामाजिक विद्रूपताओं विडम्बनाओं को बेहिचक अवसर आने पर बनेकाब किया, नए-नये आन्दोलन चलाकर भारतीय लोकतंत्र को मजबूत किया, वही खुद भ्रष्टाचार की शिकार हो फलकजद हो गई। उसका यह धतकरम अपनी ही जड़ों में मट्ठा डालने जैसा था। पत्रकारिता तो मनुष्य को छोटी-मोटी क्षुद्रताओं से मुक्त करने का समर्थ औजार होती है। वह मनुष्य की संवेदनाओं का विस्तार-परिष्कार करती है। जिस पत्रकारिता में स्वतंत्रता आन्दोलन के दौरे में तमाम विदेशी प्रहारों से क्षत्-विक्षत् होकर भी भारत की सांस्कृतिक चेतना सुरक्षित रही है, उत्तर आधुनिक जीवन शैली की चौधियाहट और चपेट में पैसा लेकर खबरों की प्रवृत्ति ने उसके सामने कई तरह के खतरे पैदा कर दिया है।

कुछ अपवादों को छोड़कर कतिपय पत्रकारों में भी सत्ता पक्ष से नजदीकी हासिल करके विभिन्न तरह के लाभ लेने की प्रवृत्ति इधर, काफी बढ़ी है। सत्ता प्रतिष्ठानों, व्यावसायिक कम्पनियों तथा नेताओं से कीमती भेंट स्वीकार करना, अपनी स्वार्थ पूर्ति हेतु मनोनुकूल काम करवाना, विभिन्न योजनाओं का लाभ उठाना, भूखड़ों को प्राप्त करना और इन सबके बदले उनके मन माफिक खबरें परोसने का चलन सम्प्रति काफी बढ़ा है। इधर, राजनेताओं और अन्य दूसरे रसूखवाले लोगों को भी पत्रकारों के इस कमजोर-दुर्बल पक्ष का भान हुआ, फलतः उन्होंने मीडिया को अपने-अपने ढंग से अपने-अपने पक्ष में करने के लिए तरह-तरह के हथकंडे अपनाना शुरू किया, परिणाम हुआ, मीडिया खासकर समाचार-पत्र समूहों ने पैसा लेकर कच्ची-पक्की खबरें छापने का सिलसिला शुरू किया। सम्पादकीय 'स्पेस' पैसे लेकर बेचे जाने लगे। पत्रकारों को कहीं-कहीं "कैश ट्रान्सफर स्कीम" के तहत पैसे मिलने शुरू हुए। बस क्या था, यहीं से 'पेड न्यूज' एक संगठित उद्योग का रूप लेने लगा तथा पत्रकारीय मूल्यों का क्षरण-छिजाव शुरू हो गया। इलेक्ट्रॉनिक मीडिया में भुगतान वाली खबरें 'एक्सक्लूसिव'

खबरों के रूप में प्रकाशित होने लगीं। जब स्थिति चरम पर पहुँच गई तो अन्ततः भारतीय प्रेस-परिषद को इसकी जाँच के लिए दो सदस्यीय जाँच समिति बनानी पड़ी। परिषद के अनुसार इस धन्धे से लोकतंत्र को दोहरा खतरा है। एक तरफ इससे मीडिया के कार्यकलाप प्रभावित हो रहे हैं और दूसरी ओर स्वतंत्र एवं निष्पक्ष चुनाव भी बाधित हो रहे हैं।[1] सच तो यह है कि इस दौर में 'पेड न्यूज' का बाजार बड़ा हो गया था। उदाहरण के लिए आन्ध्र प्रदेश के 2009 चुनाव के बारे में अनुमान है कि उम्मीदवारों और पार्टियों ने प्रेस को 350 करोड़ रुपये पेड न्यूज छापने के लिए चुकाए।[2] चुनाव जीतने के बाद सिर्फ उम्मीदवार ही अमीर नहीं होते, पार्टियों का खजाना भी तेजी से भरने लगता है। 2004 से 2008 के बीच कांग्रेस और बीजेपी की जायदाद का आयकर विभाग को दिया गया ब्यौरा देखें तो इस दौरान बीजेपी की जायदाद 155 करोड़ रुपये से बढ़कर 177 करोड़ रुपये पर पहुँची, जबकि इसी दौरान केन्द्र की सत्ता में रही कांग्रेस की जायदाद 136 करोड़ रुपये से बढ़कर 340 करोड़ रुपये हो गई।[3] पार्टियाँ आयकर विभाग को जो ब्यौरा देती हैं, वह वास्तविक जायदाद का एक हिस्सा भर होता है, लेकिन इससे एक प्रवृत्ति का पता तो चलता ही है।[4] कुल मिलाकर आन्ध्र प्रदेश में पत्रकार यूनियनों का अन्दाजा था कि 'पेड न्यूज' का बाजार 300 करोड़ 1000 करोड़ रुपये के बीच का हो गया था। पैसा कमाने के लिए अखबार मालिकान ने अपने-अपने रिपोर्टरों, संवाददाताओं और विशेष संवाददाताओं को 'लक्ष्य' और 'कोटा' तय कर दिया था। यह कोटा उनके कार्य एवं गरिमा के हिसाब से बाँटा गया। इसी तरह महाराष्ट्र से प्रकाशित अखबारों के कई संस्करणों को 1 अक्टूबर और 10 अक्टूबर 2009 के बीच देखें तो पता चलता है कि खबरों की जगह पाने के लिए उम्मीदवारों में मारामारी थी। ऐसी कई खबरों के उदाहरण हैं जिनका आकार रहस्यमय तरीके से तय होता था, जिनमें शब्दों की संख्या 125-150 के बीच होती है लेकिन उम्मीदवार की तस्वीर दो कॉलम की होती। निश्चित आकार की खबरें जितना बताती नहीं थीं। उससे कहीं ज्यादा छुपा ले जाती थीं। खबरों के लिखने और लगाने का आकार विज्ञापनों से अलग होता है। कुछ अखबारों में एक से ज्यादा फान्ट टॉइप और एक से ज्यादा ड्राप केस में लिखी कई खबरें एक ही पन्ने पर थीं। ऐसा इसलिए हुआ क्योंकि ले आउट, फान्ट, प्रिन्ट आउट और तस्वीर सब कुछ उम्मीदवार द्वारा मुहैया कराए गए थे जिसने अखबार में उक्त जगह के लिए पैसे चुकाए थे।[5] इस तरह से कुल मिलाकर अखबार स्वस्थ, निष्पक्ष समाचार देने के बदले धन्धेबाज हो गए।

अधिकांश लोगों का कहना है कि मीडिया अभिव्यक्ति की आजादी का सबसे बड़ा पैरोकार होता है। वह पीड़ित लोगों की पीड़ा में साझा होने का सबसे बड़ा पंच-परमेश्वर बनने की घोषणा करता है, किन्तु वही मीडिया यदि लोभ लाभ, परानैतिक भोगवाद, सत्ता और बाजार के दबाव में खबरों की कतरव्योत करे तो वह अपनी ही कमाई प्रतिष्ठा की सम्पदा का सर्वनाश कर रहा है। वस्तुतः खबरों का बिकना पत्रकारिता के भविष्य के लिए अशुभ है, आसन्न 'ट्रेजडी' है साथ ही असंख्य संकटों की जननी है तथा पत्रकारिता के लिए एक पीड़ादायक सन्देश भी है। दरअसल पत्रकारिता की साख और भरोसा, निष्पक्षता तथा निष्ठा का लोप उसके चरित्र का लोप होगा। इससे पत्रकारीय नैतिकता और धर्म के सामने भी संकट पैदा होगा। प्रभाष जोशी का विचार है[6] जिन मालिकों और अखबारों ने आम चुनाव में चुनाव की खबरों के साथ यह धोखाधड़ी की है, उसने तो उस लोकतंत्र से ही खिलवाड़ किया है, जो प्रेस की स्वतंत्रता की गारंटी करता है। लोकतंत्र में पत्रकारिता का धर्म है कि वह चुनाव के समय वोटरों की सच्ची और प्रामाणिक खबरें दे और उन्हें ठीक फैसला करने में मदद करे। हमने देखा कि अखबारों ने काला पैसा बनाने के लिए पत्रकारीय धर्म छोड़ा और पाठकों से धोखाधड़ी की। यह प्रेस की स्वतंत्रता,

1. द हिन्दू, 23 जुलाई-2009।
2. द हिन्दू (आन्ध्र प्रदेश यूनियन ऑफ वर्किंग जर्नलिस्ट का वक्तव्य) 10 फरवरी-2010।
3. टाइम्स ऑफ इंडिया, पृष्ठ-1, 27 मार्च-2010, दिल्ली संस्करण।
4. मीडिया का अंडरवर्ल्ड—दिलीप मंडल, पृष्ठ-34।
5. मीडिया का अंडरवर्ल्ड—दिलीप मंडल, पृष्ठ-207।
6. जनसत्ता (चौकीदार का चोर होना लेख) प्रभाष जोशी, 17 मई 2009, नई दिल्ली।

विश्वसनीयता और लोकतंत्र में प्रेस की भूमिका को नष्ट करने का निर्ल्लज धतकरम है। इन लोगों ने समाचार-पत्र का काम छोड़कर छापेखाने का काम किया है इसलिए इनका रजिस्ट्रेशन रद्द किया जाना चाहिए और इनको प्रिटिंग प्रेस का लाइसेन्स लेना चाहिए। इसी तरह जिस उम्मीदवार की जितनी खबरें छपी हैं, वे सब विज्ञापन की दर से उसके चुनाव खर्च में शामिल की जानी चाहिए। कानून न हो तो अगली संसद को बनाना चाहिए।

बहरहाल, 2009 के लोकसभा और विधानसभाओं के चुनावों के दौर में 'पेड न्यूज' के कारण मीडिया का कॉरपोरेट में तब्दील हो मुनाफे की रेस लगाने की वजह से खबर और विज्ञापन के बीच की दूरी अमूमन मिट गई थी। खबरों और विज्ञापनों ने एक दूसरे की शक्लें ओढ़ लीं। इन दोनों के बीच फर्क और फाँक तथा भेद करना बड़ा कठिन हो गया। समाचार और खबरें विज्ञापन की तरह प्रायोजित की जाने लगीं। पाठकों के सामने एक बड़ा संशय हो गया कि जिस समाचार को वह पढ़-सुन रहा है, वस्तुतः वह खबर है या प्रत्याशी अथवा पार्टी का विज्ञापन। कुल मिलाकर यह कि इस दौर में खबरें खूब बिकीं। आन्ध्र प्रदेश, तमिलनाडु, उत्तर प्रदेश, मध्य प्रदेश, दिल्ली, महाराष्ट्र, राजस्थान, बिहार और झारखंड में खबरें शराब के ठेके की तरह मुक्त और निरापद-बेखौफ हो खूब बिकीं। खबरों को विज्ञापन की तरह पाठकों के सामने परोस कर पैसा कमाने की इस अन्धी दौड़ में प्रिन्ट और इलेक्ट्रॉनिक मीडिया—दोनों में कौन किससे कम था, यह कहना भी बड़ा मुश्किल था। दोनों ने अवसर के अनुसार, घाट के बोली की तरह खबरों के बेचने के गोरखधन्धे में टेंडर निकाल दोनों हाथ से पैसा कमाया। 2009 के लोकसभा और विधानसभा चुनाव ने विज्ञापन कारोबार में आई मन्दी से निबटने में मदद की। चुनाव के विज्ञापन प्रिंट, टेलीविजन, रेडियो, इंटरनेट और आउटडोर माध्यमों पर आए। चुनावी विज्ञापनों का 40 से 50 प्रतिशत हिस्सा प्रिन्ट की झोली में गिरा, जबकि 150 टेलीविजन चैनलों पर कुल 1,76,00! चुनावी विज्ञापन दिखाए गए/टी.वी. पर कुल मिलाकर 1439 घंटों के चुनावी विज्ञापन का प्रसारण हुआ। ये विज्ञापन 52 दलों की ओर से आए।[1] कुल मिलाकर उस समय खबरों के विज्ञापन के रूप में बेचने का धंधा चरम पर था,—

(1) पिछले लोकसभा चुनाव में पैकेज पत्रकारिता की बीमारी ने गम्भीर रूप ले लिया। उनके सभी उदाहरण हिन्दी प्रदेशों से हैं और यह संयोग हो सकता है,
(2) खबरें छपवाने/कवरेज करवाने के लिए पत्रकारों को खिलाना-पिलाना पड़ता है, बन्दोबस्त करना पड़ता है,
(3) पैकेज पत्रकारिता के धन्धे में पत्रकारों और विज्ञापन प्रतिनिधियों ने मिलाकर काम किया,
(4) लगभग सारा चुनावी कवरेज पैकेज पत्रकारिता के जरिए ही हुआ,
(5) पूरे पन्ने और कई बार पूरा-का-पूरा पहला पन्ना तक पैकेज के तहत बेच दिया गया तथा
(6) खबरें देखकर पता नहीं चल रहा था कि "यह टिकाऊ खबर है या बिकाऊ?" यानी विज्ञापनों को खबर बनाकर छापा गया है।[2]

दरअसल, अखबार, विभिन्न चैनल्स और रेडियो-ये तीनों खबरों के प्रसारण के सशक्त माध्यम होते हैं। इनमें रेडियो चूँकि सरकारी नियंत्रण में होता है, अतः यहाँ खबरों के अनाप-सनाप प्रसारण की नीलामी नहीं लग सकी, किन्तु अखबार और चैनल्स के निजी क्षेत्र में होने के कारण विज्ञापन रेट या दर पर खबरों के प्रचार-प्रसार की बोली खूब लगी। अधिकांश लोग जानते हैं, अखबार को लोग अपने घर में मजे में सहेज कर रखनेवाला महत्त्वपूर्ण दस्तावेज मानते हैं, पर इन दिनों ये अखबार 'विज्ञापनी पत्रिका' बन गए थे। जो अखबार खबरों के निमित्त पढ़े जाते हैं, वे इन दिनों विज्ञापनों की भरमार के कारण दृश्यवस्तु की तरह महज जैसे देखे जाने लगे। खबरों की खरीद-फरोख्त कर पैसा कमाने के जोश ने कई अखबारों के पूरे प्रथम पृष्ठ को ही विज्ञापन की शक्ल दे दिया। पाठकों को यह पता ही नहीं चलता था कि अखबार में छपा यह विज्ञापन है या विज्ञापन की वेश में खबर। बहरहाल, इस वक्त

1. India Media and Enterteainment Industry Report, Page-154, 2010
2. मीडिया का अंडरवर्ल्ड—दिलीप मंडल, पृष्ठ-46-47।

मीडिया से मुतल्लिक सारी आचार संहिताएँ ध्वस्त हो गई। पाठकों की आस्था ठिठक गई? जब कि चुनावों की रिपोर्टिंग के विषय में प्रेस-परिषद के स्पष्ट दिशा-निर्देश हैं—"प्रेस की यह जवाबदेही है कि चुनाव और उम्मीदवारों के बारे वह वस्तुनिष्ठ यानी ऑब्जेक्टिव रिपोर्ट देगा। समाचार-पत्रों से यह उम्मीद नहीं की जाती है कि वे गलत चुनाव अभियान या किसी उम्मीदवार या पार्टी या घटना के बारे बढ़ा-चढ़ाकर खबर या रिपोर्ट छापेंगे।[1] इसी तरह मीडिया मॉनटरिंग सेल जब भी बैठक करता है, चैनलों को स्कैन करके रिपोर्ट जारी कर उसके साथ विज्ञापन-सम्बन्धी महत्त्वपूर्ण निर्देश भी देता है। पर मीडिया के पूँजीवादी एजेन्डे और दृष्टिकोण ने सरकारी दिशा-निर्देशों की धज्जियाँ बेखौफ हो, मनमाफिक उड़ाई। रात-दिन समाचारों की शक्ल में विज्ञापन और पेड कन्टेन्ट दिखाए जाते रहे। केबल ऐक्ट के सारे नियमों और व्याकरणों को इन्होंने तहस-नहस कर खूब पैसा कमाया। मालिक, सम्पादक, संवाददाता, एजेन्टों और दलालों ने सच्ची-सही खबर देनेवाली प्रिन्ट और इलेक्ट्रॉनिक मीडिया की पत्रकारिता के सफ़े पर बदनुमा दाग़ लगा दिया।

कई प्रत्याशियों और पार्टियों ने मीडिया संस्थानों के इस जघन्य कृत्य की शिकायत चुनाव आयोग से की। चुनाव आयोग ने इस सम्बन्ध में कुछ कदम उठाया। आयोग ने पाँच राज्यों के विधान सभा चुनावों के दौरान अपने पक्ष में खबर छपवाने के बदले विभिन्न मीडिया संस्थानों-संगठनों को भुगतान करनेवाले उम्मीदवारों को 167 नोटिस जारी किए। इनमें सबसे ज्यादा 129 नोटिस पंजाब के उम्मीदवारों को जारी किए गए जब कि उत्तर प्रदेश में 38 नोटिस जारी किए गए। पंजाब में मतदान एक ही दिन 30 जनवरी को सम्पन्न हो गया था, जब कि उत्तर प्रदेश में सात चरणों में से अभी केवल चार चरण का ही मतदान हुआ था। आयोग के मुताबिक मणिपुर और उत्तराखंड में पेड-न्यूज देनेवाले उम्मीदवारों के खिलाफ कोई शिकायत नहीं मिली। यहाँ क्रमशः 28 और 30 जनवरी को मतदान हो गया था। पेड न्यूज की सबसे ज्यादा शिक्रायतें क्षेत्रीय और स्थानीय मीडिया के खिलाफ मिलीं। यद्यपि किसी मामले में शिकायत साबित नहीं हुई। चुनाव पैनल अन्तिम विचार बाद में तय किया और उम्मीदवारों के जवाब का इन्तजार किया। आयोग का कहना था कि प्राप्त सभी शिकायतों को सम्बन्धित राज्यों के मुख्य निर्वाचन अधिकारियों को भेज दिया गया और उन्होंने नोटिस जारी किए। शिकायत सम्बन्धित जिले और राज्य स्तरीय मीडिया प्रमाणन व निगरानी समितियों ने प्राप्त किया। चुनाव आयोग का कहना था कि इस बार विधान सभा चुनावों के दौरान पेड न्यूज से सम्बन्धित शिकायतें कम हैं और संभावित परिणामों को लेकर उम्मीदवार सजग हो गए हैं। चुनाव आयोग ने 20 अक्टूबर 2011 को उत्तर प्रदेश के बाहुबली विधायक डी.पी. यादव की पत्नी बिसौली विधान सभा क्षेत्र से विधायक उमलेश यादव को चुनाव लड़ने के अयोग्य घोषित कर दिया था। उन्हें 2007 के विंधान सभा चुनाव में मीडिया संगठनों को भारी भरकम राशि देकर अपने पक्ष में खबर प्रकाशित करवाने का दोषी पाया गया था। आयोग के मुताबिक यह मामला दूसरे उम्मीदवारों के लिए भविष्य में एक खतरे की घंटी का काम करेगा। बहरहाल, बाद के चुनावों को लेकर आयोग बहुत बेफिक्र नहीं था। आयोग इस बार पहले की तुलना में सजग था कि अगामी चुनावों में उम्मीदवार मीडिया घरानों की मिली भगत से नये तरीकों का इजाद कर आयोग को चकमा देने का प्रयास कर सकते हैं। पिछले साल अप्रैल और मई में हुए विधान सभा चुनावों के दौरान केरल से 41 शिकायतें मिली थीं, जब कि पश्चिम बंगाल से 23, तमिलनाडु से 147 और पांडिचेरी से 4 शिकायतें मिली थीं। इन शिकायतों की बाद में यद्यपि जाँच भी हुई थी।[2] कालान्तर में 'पेड न्यूज' को लेकर पैदा हुए विवाद की पृष्ठभूमि में प्रेस काउन्सिल ऑप इंडिया ने पुनः कहा कि चुनाव के दौरान कोई भी अखबार चुनाव की अन्तिम तिथि समाप्त होने तक एग्जिट पोल सर्वेक्षण प्रकाशित नहीं करेगा हालाँकि बेहद ठोस और सटीक सर्वेक्षण के मामले में इससे छूट ली जा सकती है। निर्देशों में इसके साथ ही कहा गया कि जब भी कोई अखबार चुनाव पूर्व सर्वेक्षण प्रकाशित करता है तो उसे बड़ी सावधानी से सर्वेक्षण कराने वाले संस्थान की जाँच-पड़ताल करनी चाहिए। इसमें सर्वेक्षण के आकार, अपनाई

1. प्रेस-परिषद के दिशा-निर्देश, सन् 2010।
2. जनसत्ता, 19 फरवरी, 2011 ई. लखनऊ संस्करण।

गई विधि आदि बातों का ध्यान रखा जाना चाहिए। प्रेस काउंसिल ने आगे प्रेस से कहा कि वह किसी पार्टी या उम्मीदवार के पक्ष में प्रचार करने के लिए किसी भी प्रकार का प्रलोभन स्वीकार न करे। दिशा-निर्देशों के मुताबिक प्रेस को किसी भी उम्मीदवार के व्यक्तिगत आचरण या आचार-व्यवहार को लेकर आलोचनात्मक या झूठी टिप्पणियों को प्रकाशित करने से बचना चाहिए। उसे समय-समय पर चुनाव आयोग पर निर्वाचन अधिकारी या मुख्य निर्वाचन अधिकारी की ओर से जारी किए किए गए आदेशों और निर्देशों का पालन करना चाहिए। इन निर्देशों में यह भी कहा गया कि प्रेस से यह उम्मीद नहीं की जाती कि वह किसी पार्टी या उम्मीदवार विशेष के लिए प्रचार में शामिल होगा। यदि वह ऐसा करता है तो उसे दूसरे पक्ष या प्रतिद्वन्द्वी उम्मीदवार को भी जवाब देने का अधिकार देना होगा। दिशा-निर्देश में आगे कहा गया कि चुनाव प्रचार के बारे में रिपोर्ट देते समय एक अखबार को किसी उम्मीदवार की ओर से उठाए गए मुद्‌दे को नजरअन्दाज नहीं करना चाहिए एवं उसके प्रतिद्वन्द्वी पर हमला नहीं बोलना चाहिए। यही नहीं इन दिशा-निर्देशों में यह भी कहा गया कि जनप्रतिनिधित्व अधिनियम 1951 के तहत साम्प्रदायिक और जातीय आधार पर चुनाव प्रचार प्रतिबन्धित है। इसमें आगे कहा गया कि प्रेस को ऐसी रिपोर्टों के बारे में सावधान रहना चाहिए जो धर्म, क्षेत्र, नस्ल, जाति, सम्प्रदाय या भाषा के आधार पर लोगों के बीच दुश्मनी या नफरत पैदा करते हों।

बहरकैफ, ऐसी स्थिति में मीडिया को यह समझना चाहिए कि वह महज़ सूचनाओं, खबरों-समाचारों के प्रचार-प्रसार का संवाहक ही नहीं होता, बल्कि सद्‌भावना और शान्ति का दूत भी होता है, इजारेदार पूँजी की सत्ता के नियमन और नियंत्रण से उसे अपने को मुक्त रखना चाहिए। अभिव्यक्ति की स्वतंत्रता की पैरवी उसकी मूल पहचान, पूँजी और गाँठ होती है। वैचारिक विनिमय का वह पुख्ता और मुकम्मल प्लेटफॉर्म होता है। स्पष्टतः यह कि अखबार समय का समर्थ भाष्यकार होता है विश्व बन्धुत्व का सन्देश और पैग़ाम उसका मूल स्वंर होता है। खासकर, आज के संक्राति काल में उससे उम्मीद और अपेक्षा की जाती है कि वह एक सुस्थिर समाज की रचना में अपनी महती भूमिका निभाए। हमारे वर्तमान के चौतरफा अनाचार, भ्रष्टाचार, अराजकता, स्वार्थपरता और अज्ञानता से घिर दिशाहीन हो गए समाज के हाथ में ज्ञान की अक्षत् मशाल थमाए। सच तो यह है कि मीडिया खासकर अखबारों की खबरें महज पढ़ने के लिए ही नहीं होतीं, उन्हें हम आत्मसात् भी करते हैं। हमारे भीतर वे एक अरसे तक हलचल करती गूँजती रहती हैं, इसलिए मीडिया को चाहिए कि वह खबरों की झूठ गढ़ने और उसे फैलाने का औजार बन झूठी संस्कृति का तूमार न खड़ा करे। यह धत-करम उसके लिए आपदायी या घातक ही सिद्ध होगा। खबरों की कपट और रचे फरेब से उसका अवमूल्यन ही होगा। लगे हाथ यहाँ हमें यह भी ध्यान रखना चाहिए कि गोयबल्स का झूठ इस देश के बहुलतावादी लोकतांत्रिक समाज में कुछ समय के लिए ही लोकतंत्र विरोधी फासीवादी प्रवृत्तियों को पैदा कर सकता है, सदैव के लिए नहीं।

दरअसल, पूँजीवादी व्यवस्था भले ही कुछ समय के लिए शोषण, उत्पीड़न तथा सामन्तीपन से मुक्ति दिला दे, किन्तु होती है,—यह अन्ततः घातक। यह जीवन मूल्यों को नष्ट करती है। आत्मबल और नैतिकता का बहुत क्षरण-छिजाव करती है, विकृति, विसंगति और उपसंस्कृति का फैलाव और विस्तार करती है, सभी स्तरों अर्थात् परिवार से लेकर राष्ट्रों तक को विखंडित करती है। यह विषफल होती है। समाज में विघटन-टूटन पैदा करती है। इतना ही नहीं, मीडिया[1] को यह भी जानना चाहिए कि पूँजी, मनुष्य का पूँजीगत शोषण-उत्पीड़न ही नहीं करती, बल्कि अमरबेल की तरह संस्कृति के फलते-फूलते वृक्षों की जड़ों को सुखाने का काम भी करती है। वह समाज की सहजता, सच्चाई, साधारणता और सक्रियता जैसे सामूहिक मूल्यों पर वज्र प्रहार भी करती है। आदमी पूँजी के वृक्ष में लगे फूलों पर इतना मुग्ध हो जाता है कि उसका फल क्या होगा, इसकी परवाह ही नहीं करता। उसके जीवन का एकमात्र संकल्प हो जाता है—पूँजी, उसके जीवन का एकमात्र प्रयोजन हो जाता है—पूँजी। यहाँ पर मुझे 'वाल्मीकि रामायण' का दशरथ-मरण-प्रसंग याद आ रहा है। दशरथ मृत्यु के बहुत निकट हैं। उस समय उन्हें जीवन का वास्तविक ज्ञान होता है। वे जीवन को अब समग्रता में देखने-जानने व व्यवहार

1. राष्ट्रीय सहारा, 16 सितम्बर, 1998 ई. बुधवार, लखनऊ संस्करण।

करने की सलाह देते हैं, किन्तु उनका अपना समय तो निकल चुका होता है। अब वे स्वयं को कुछ नहीं कर सकते। वे कौशल्या से कहते हैं,—

''कश्चिद् आम्रवनं छित्वा पलाशांश्च निषिञ्चति।
पुष्पं दृष्टवा फले गृध्नुः सः शोचति फलागमे॥''

अर्थात् कोई मनुष्य पलाश का सुन्दर फूल देखकर मन ही मन यह अनुमान करके कि इसका फल और भी मनोहर तथा सुस्वाद होगा, फल की अभिलाषा से आम के बगीचे को काटकर वहाँ पलाश के पौधे लगाता और सींचता है, वह फल लगने के समय पर पश्चाताप करता है। कहने का मतलब यह है कि पूँजीवादी व्यवस्था-तंत्र के फूल तो बहुत मनोहारी हैं ठीक पलाश की तरह, लेकिन इस फूल से जो फल बनता है, वह समाज, देश और दुनिया की समरसता के लिए बहुत कष्ठेला एवं कड़वा होता है।

कुल मिलाकर यह कि पूँजी बटोरने की अन्धी दौड़ में प्रिन्ट और इलेक्ट्रॉनिक मीडिया स्वयं को कमनजरी-तंगनजरी का शिकार न बनायें, साथ ही भारतीय अवाम की नैतिक और विश्वसनीय आवाज बन मीडिया के उच्चतर मानदंड का निर्वहन करें अन्यथा कभी उसे अपने ही सामने खुद की शक्ल न दिखाने का संकट पैदा हो जाएगा। सम्प्रति मीडिया की नैतिकता (Ethics) को लेकर जो नई बहस शुरू हुई है, उसमें हस्तक्षेप कर मीडिया के प्रति गम्भीर विश्वास पैदा करने में मदद करे। पूँजीवादी दृष्टिकोण के साथ समझौता उसके लिए खतरे की घंटी है। अपनी खोजी और जागरूक तथा अन्वेषी ताकत के बल पर पत्रकारिता प्रतिगामी शक्तियों की निरन्तर मुखालफ़त करती रही है, किन्तु पेड न्यूज की बदनुमा दाग़ से पत्रकारिता का राष्ट्रीय चरित्र तेजी से क्षरित हुआ है। अन्त में एक सवाल यह कि देश को परतंत्रता के सफ्फाक सन्नाटे और काली अँधेरी रात की गुमनाम गली की भटकन से दूर करने में जिस पत्रकारिता ने अपना सर्वस्व दाव पर लगा दिया, 'पेड न्यूज' के रूप में पैसे की हवस का शिकार वह क्यों हो गई? अतः सत्ता और पैसे के मद का मोह छोड़ पत्रकारिता को अपने अस्मितामूलक विमर्शों के पक्ष में दृढ़ता से खड़े होकर देश का नेतृत्व करना होगा, तभी पत्रकारिता सतत् प्रासंगिक बनी रह सकती है । इंशाअल्लाह अभी वक्त है।

(11) पत्रकारिता और सिनेमा पर बाजार का दबाव : हाशिये पर जाता आम आदमी

जीवन की हर झाँकी और मंजर को रूपायित करनेवाला सिनेमा यदि संसार का सबसे सुन्दर सांस्कृतिक उपहार है तो सर्वजन के हित-निहित से लबरेज पत्रकारिता समूचे जीवन जगत के अँधेरे और निषिद्ध धुँधलके क्षेत्र को उजागर करती है। सिनेमा और पत्रकारिता दोनों लक्ष्य की एक ही जमीन और भावभूमि पर खड़े होने की मुनादी करते हैं। बेशक, कभी दोनों आमजन की पीड़ा उनके सुख-दुख की अभिव्यक्ति के पुख्ता मंच-मचान या प्लेटफॉर्म थे भी, पर दुर्भाग्य से आज के उत्तर औद्योगिक मुख्य पूँजीवादी कॉरपोरेट यथार्थ में बिला शक दोनों ने आमजन से अपना मुँह फेर लिया। सिनेमा ने यदि सामान्य जन से अपने कैमरे का मुँह घुमा लिया तो—पत्रकारिता के अखबार नवीस की कलम ने आमजन को पहचानने और शिनाख्त करने से ही इनकार कर दिया। विरल अपवादों को छोड़ दें तो स्पष्टतः यह कि दोनों ने सामान्य जन के प्रति तंगदामन और तंगनजरिया अख्तियार कर लिया। अमूमन, आमजन से इनके रिश्तों की संहिता सम्प्रति चटक चुकी है। आमजन और इनके बीच चौड़ी होती जा रही खाईं के कारण खुला-फासला पैदा हो गया है। कभी जनपक्ष में खड़ी पत्रकारिता आज कुटिल व्यवस्था, कुटिल प्रकल्प और हाईपॉथेसिस की शिकार हो गई है। सामाजिक सरोकारों और लश्तगों को जैसे इसने प्रणाण कर लिया है। कभी वैचारिक कैनवास को विस्तार देनेवाली पत्रकारिता इस समय स्वतः खुर्दबुर्द हो खंडित आईने की तईं बदशक्ल हो हाशिये की विधा बन गई है। निष्कर्षतः यह कि आमजन के प्रति इन दोनों की चिन्ता महज 'लिफाफावादी' रह गई है।

बताते हैं, जब सिनेमा की शुरुआत हुई, किसी ने सोचा भी न होगा कि सिनेमा मनोरंजन की दुनिया में चमत्कार साबित होगा। पहली बार जब पर्दें पर जीते जागते इंसान लोगों को नजर आए तो उनके

लिए ये किसी तिलिस्म से कम नहीं था। नई पीढ़ी को ये सुनकर ताज्जुब हो सकता है कि कभी सिनेमाई दर्शक इतने भोले थे कि वे चप्पल-जूते सिनेमाघर के बाहर उतारकर दोनों हाथ जोड़ नत मस्तक हो अन्दर प्रवेश करते थे। इसलिए ये हमें कहने में गुरेज नहीं कि भारतीय सिनेमा आज सफलता के जिस मुकाम और शिखर पर है, वो आम दर्शकों की बदौलत है।[1] पर, दुर्भाग्य से वही भोलादर्शक आज सिनेमा से गायब हो गया है। आज का सिनेमा सस्ते लटकों-झटकों में उलझकर रह गया है। कुछ अपवादों को छोड़ दें तो हम यह कह सकते हैं कि इस सिनेमा में जो चीजें परोसी जा रही हैं, वे सिनेमा की पारम्परिक दुनिया से बिलकुल अलग-अलहदा, अस्वाभाविक और गॉशिपनुमा ज्यादा हैं। हालाँकि सिनेमा और पत्रकारिता के दो भिन्न क्षेत्र हैं, फिर भी हम इन्हें परस्पर गलबहियाँ, डालकर चलते भी देख सकते हैं। इन्हें हम एक साथ साध भी सकते हैं। पर, इन दोनों ने ही परस्पर कई तरह की एका के बावजूद अपने-अपने ढंग से अपने-अपने नये क्षितिज तराशे हैं। इन दोनों की तराश बुनियादी तौर पर समान है। ऊपर से दोनों घोषणा करते हैं कि—सामाजिक मूल्यों के प्रति अटूट निष्ठा और समर्पण दोनों में है, किन्तु मलाल इस बात का है कि उसमें से एक बम्बइया कला-व्यवसाय का शिकार हो गया तो दूसरी अर्थात् पत्रकारिता सत्ता के इर्द-गिर्द रहने वाली घुटी हुई सरकारी कला-कल्चर का ग्रास बन गई। पैसा कमाने की अतृप्त बम्बइया फिल्मी भूख ने कुछ अपवादों को छोड़कर सिनेमा को उसकी मूल सांस्कृतिक संवेदना से काट दिया। जो सिनेमा सभ्य और सजग समाज को सवाँरने का काम करता था, जिसमें कालान्तर में आने वाली पीढ़ियों को अतीत की तस्वीर साफ दिखायी देती थी, जो विरासत, विचार, कला माध्यमों, साहित्य, भाव-अनुराग आदि को अपने भीतर धरोहर के रूप में सुरक्षित रखने का पुख्ता माध्यम-मंजूषा था-बिगड़ैल बाज़ार ने उसकी साख और संवेदना को खाकसार कर दिया। समय का जीवन्त दस्तावेज तथा देशकाल का सांस्कृतिक-इतिहास अपने भीतर-दर्ज कर सुरक्षित रखनेवाला सिनेमा लोभ-लाभ की गणित में अपने उद्देश्य से स्खलित हो गया। जनता के सुख-दुख और आत्मीयता से जुड़ा सिनेमा अपने पूँजीपरस्त एजेन्डा के दबाव में सामान्यजन से होनेवाले सभी संवादों को समाप्त कर दिया। वह महज मुम्बई का तमाशाई सिनेमा बन गया। पैसे के बोझ से दबा मुम्बई का यह सिनेमा अपने निर्माण में लगे पैसे को वसूलने का केवल साधन बन गया। आमजन की आकांक्षाओं और अभिव्यक्तियों की पैसे के आकर्षण में इसने हत्या कर दी। परिणाम हुआ, सिनेमा जितना कल मुग्धकारी था, आज उतना ही वह उन्मत्तकारी हो गया। इसके ऊपर फिल्मी व्यावसायिकता हावी हो गई।

सिनेमा और पत्रकारिता अपने समय के भाष्य होते हैं। इन दोनों को तत्कालीन युग के संघर्षों प्रश्नों और अन्तर्विरोधों को समझने का कीमती खजाना माना जाता है। इन दोनों के भीतर तत्कालीन समय अन्तर्ध्वनित होता है। दोनों में स्वाधीनता-आन्दोलन के लय की अनुगूँज साफ सुनायी देती है। दोनों में अपने युग के यथार्थ बिम्ब मौजूद होते हैं। दोनों में विभिन्न मनः स्थितियों के विस्फोट का लेखा-जोखा मौजूद होता है। इतना ही नहीं इन दोनों में कभी अपने मूल्यों के प्रति अन्तरिम प्रतिबद्धता भी थी। पत्रकारिता और सिनेमा—इन दोनों ने अपने उत्कृष्ट साहस, कठिन श्रम, गहन लगन और उद्‌भट प्रतिभा के बल पर भारतीय समाज में अपनी विशिष्ट पहचान बनाई। पर इन सबके कुछ उलट यदि ध्यान दें, तो हम पाएँगे कि कई सन्दर्भों की मूल वृत्ति एक ही है, जैसे—धन कमाने के साथ-साथ पद-कद को बढ़ाना। सम्भवतः इसीलिए कालान्तर में दोनों सत्ता संस्थानों के शिकार हो गए। वैभव और पूँजी के अतिरेक से जन्मी व्याधियों की सख्त जकड़न में घिर गए। दोनों विचारधाराओं के खोखलेपन की गिरफ्त में आ गए। बाजारवादी आवारा पूँजी ने इन दोनों के भीतर के पारम्परिक नैतिक अनुशासन को तोड़ा। कुल मिलाकर सिनेमा और पत्रकारिता दोनों वैश्विक हलचलों और बाजार की आक्रामकताओं के शिकार हो गए।

बाजार ने पत्रकारिता और सिनेमा को अपने में फाँसकर इन्हें अपना दास और टहलुआ बना दिया। जो सिनेमा और पत्रकारिता अपने समय और समाज को जानने का पुख्ता और समृद्ध स्रोत हुआ करते

1. मीडिया विमर्श—'सच के कितना करीब सिनेमा'—कीर्ति सिंह का लेख, पृष्ठ-15, 428-रोहित नगर, फेज-1 भोपाल-मध्य प्रदेश, जनवरी-मार्च, सन् 2009, मूल्य-25 रुपये।

थे—बाजारवादी जड़ता के शिकार बन मूल्यों की खूबसूरत दुनिया के कट गए। संस्थानों, गढ़ों और मठों की कुत्सित नीतियों ने इन दोनों को अपना ग्रास बना लिया। फलतः आज सिनेमा और पत्रकारिता अपने चारित्रिक लक्षणों से च्युत हो अपने संवादी (डायलॉगिक) प्रकृति के विरुद्ध एकालापी (मोनोलॉगिक) हो गए। स्पष्टतः यह कि इन दोनों का सरोकार समाज से कम पैसा, पूँजी और व्यवसाय से ज्यादा हो गया। सिनेमा और पत्रकारिता बिकाऊ जिंस बन गए। जुम्मां-जुम्मां यह कि सिनेमा और पत्रकारिता का चेहरा और रिश्ता पूँजीवादी युगबन्दी का गठजोड़ हो गया।

अखबार तथा अखबारवालों को अत्यधिक सम्मान देने के लिए साल में एक दिन 'पत्रकारिता दिवस' मनाने की परम्परा पूरे विश्व के साथ-साथ भारत में भी है। भारत में प्रेस-परिषद अपनी स्थापना के दिन 'प्रेस-दिवस' मनाती है। यह दिन अपने यहाँ 16 नवम्बर को पड़ता है। वैश्विक परिदृश्य में अखबारवालों के लिए पत्रकारिता दिवस मनाने की शुरुआत अमेरिकी अखबार 'न्यूयार्क सन' ने की थी। लोगों तक अखबार पहुँचाने का उसे कोई साधन नहीं मिल रहा था, ऐसी स्थिति में अखबार मालिकों ने ऐसे लोगों को अपने यहाँ काम पर रखने का फैसला किया, जो कुछ पैसे लेकर उनके अखबार को लोगों तक पहुँचाएँ। अखबार ने इस कड़ी में सबसे पहले बारने फ्लाहर्दी नाम के शख्स को अपने यहाँ काम पर बुलाया। इस व्यक्ति ने 4 सितम्बर 1833 के दिन से पैदल ही अखबार बाँटने के काम की शुरुआत की। इसी ऐतिहासिक घटना की याद में हर साल 'न्यूज पेपर कैरियर डे' (News Paper Carrier Day) मनाया जाता है, क्योंकि इसी दिन से यहाँ वास्तविक समाचार क्रान्ति हुई थी। बहरहाल, यहाँ यह सवाल पैदा होता है कि जिन अखबारों के प्रति लोगों के मन में अगाध आस्था और विश्वास था, वे अखबार बाजारसेवी क्यों हो गए? जनतंत्र का चौथा स्तम्भ कहा जाने वाला अखबार सत्ता, प्रशासन और अपराध के जंगलतंत्र में कैसे भटक गया? आज की पत्रकारिता 'वाच डॉग' से 'लैप डॉग' बन पथभ्रष्ट कैसे, क्यों हो गई? समाज में चेतना और जागरूकता फैलाने वाली पत्रकारिता 'पेड न्यूज' और कुछ लोगों के शब्दों में 'फिक्सिंग' का शिकार आखिर कैसे हो गई? इसके सामने खुद अपनी ही हैसियत और यकीनी संकट क्यों पैदा हो गया? मानवीय संवेदना की जगह पूँजी-प्रलोभन की गुमनाम गलियों में शानदार रवायत वाली पत्रकारिता क्यों भूल-भटक गई? कुल मिलाकर यह कि खबरों की मंडी में दिन रात विचरण करनेवाली पत्रकारिता के लिए खबरों की जगह दानवी पूँजी कैसे और क्यों प्राण बन गई? कभी "एक पैर रेल में" तो "एक पैर जेल में" तथा "एक गिलास छूछा पानी एवं दो सूखी रोटी खाकर सच के लिए गोली खाने वाली पत्रकारिता" कालान्तर में व्यावसायिक़ता-व्यापार, ग्लेमर, खबरों की मार्केटिंग तथा बचत-मुनाफे का साधन क्यों बन गई? विश्वसनीय खबरों की जगह कई दिन पुरानी खबरों को सब्जी की तरह पानी छिरिक-छिरिक कर जबरिया ताजा-टटका बना उन्हें रेडिमेड विचारों की पैरहन और शक्ल में बेचने की पत्रकारिता को क्या जरूरत और गरज पड़ गई।

वस्तुतः मेरे विचार से नब्बे के दशक में उदारवादी आर्थिक नीतियों के प्रभावों में तेज़ी से जिस भूमंडलीकृत बाजार का अवतार और पदार्पण हमारे देश में हुआ, सभी वस्तुओं की तरह पत्रकारिता भी उसकी चपेट में आ गई। 'कॉस्मोपोलिटन कल्चर' ने देश के आर्थिक भूगोल को क्षिप्रता से बदला। फल हुआ, भूमंडलीकृत बाजार में अपने पैर जमाने के लिए पत्रकारिता में तरह-तरह के धतकरम और करतब होने लगे। पत्रकारिता के बहुराष्ट्रीय कम्पनियों और कॉरपोरेट के एजेन्डे पर काम करना शुरू किया। इधर, पूँजीपति, सत्ताधारी नेताओं और मालिकान के तिहरे दबाव ने भी पत्रकारिता के कान उमेठना शुरू किया। इन सबका परिणाम बहुत ही घातक हुआ। कभी जो पत्रकारिता पर्दाफाश का पर्याय थी, कालान्तर में बाजार के दबाव में जीवन और जगत की तमाम तरह की गड़बड़ियाँ और विकृतियाँ इनके कैमरे और कलम की परिधि से बाहर हो गए। तटस्थ और प्रतिरोध की पत्रकारिता का अर्थ सिर्फ राजनीति, प्रशासन और नागरिक समाज के भीतर की छोटी-छोटी गड़बड़ियों को सामने लाने तक सीमित रह गया। इस तरह आज की पत्रकारिता जनता की पुख़्ता और मुकम्मल आवाज न बनकर सत्ता और सम्पदा की गोद में विकसित होने लगी। कुल मिलाकर पत्रकारिता का लक्ष्य बदल गया।

अधिक से अधिक बचत और मुनाफा इसका लक्ष्य हो गया। इसकी नियति और प्रकृति बाजारजीवी हो गई। पैसा कमाऊ उद्योग में बदल यह शक्ति और धनबल का प्रतीक हो गई। जाहिर है, ऐसी स्थिति में पत्रकारिता के भीतर का जुझारू और जद्दोजहद करनेवाला योद्धा हार गया, जिसका कुफल हुआ, आज की पत्रकारिता संवेदनहीन, स्वार्थपरक आत्मकेन्द्रित और अन्ततः विफल एवं पराजित हो गई। अनगढ़ और अधसच्ची खबरों ने नागरिकों के अधिकार की रक्षक पत्रकारिता के चेहरे को बदशक्ल कर दिया। अपनी स्वार्थ पूर्ति हेतु इसने सत्ता के साथ एकीकरण कर लिया। मालिक और सत्ता का हित-पोषक बनने के कारण पत्रकारिता से निष्पक्ष खबरों का ढाँचा पूरी तरह ध्वस्त और तहस-नहस हो गया खबरों की साख शंका के दायरे में आ गई। उसके भीतर अभिव्यक्ति के लोकतंत्र का खात्मा नजदीक आने लगा।

सम्प्रति पत्रकारिता का अजीब उत्सव हमारे यहाँ मन रहा है। आर्थिक लोभ-लाभ के फंदे में पड़कर आज की पत्रकारिता ने बाजार को ही मूल और अन्तिम सच मान लिया। पूँजी और बाजार की क्रूर दिखने वाली शक्ल को आज की पत्रकारिता में मोहक अन्दाज में परोसा जाने लगा। बाजारवादी रुझान और ताकतों ने पत्रकारिता को सम्प्रति अपने भीतर ऐसा दबोच लिया कि यह बाजार के सामने तन कर खड़ी नहीं हो सकती। स्थिति तो यह हो गई कि लागत, कटौती और बचत के नाम पर 'फील्ड'में जाकर खबरों की रिपोर्टिंग करने की बजाय 'डेस्क' पर ही खबरों का निर्माण होने लगा। समाचार कक्ष में ही सच्चे-झूठे समाचार जन्मने लगे। खबरों के नाम पर बाहरी खबरों का अनुवाद और यू-ट्यूब आधारित (अखबारों में पेज) खबरों का चलन शुरू हुआ। निष्कर्षतः यह कि आज की पत्रकारिता महज़ ऊपर से रस्मी तौर पर जनता की आवाज बनने का पाखंड रच रही है। पत्रकारिता का इतिहास इस बात का शाहिद है कि समाचार-पत्रों ने अपनी अकूत कूव्वत और क्षमता के बल पर सत्ताओं को निर्मित और नष्ट-भ्रष्ट तथा ध्वस्त भी किया। सच तो यह है कि स्वाधीनता आन्दोलन के इतिहास में पत्रकारिता की शानदार भूमिका रही है। इसने उस आन्दोलन में अपने अपूर्व साहस और सहनशीलता का परिचय दिया। हौसला आफ़जाई किया, आन्दोलन के चरित्र को धारदार तथा पैना बनाया। ''भारत छोड़ो आन्दोलन में नेतृत्व का साझा किया। अंग्रेजों के रौब दाब से लाम और मुठभेड़ लिया। स्पष्टतः यह कि भारतीय पत्रकारिता अंग्रेजों के विरुद्ध हुई तमाम लड़ाइयाँ और उसके सतत् संघर्ष की साक्षी रही है। भारतीय जनता में लम्बे समय से पल रही आजादी की इच्छा का विस्फोट समय-समय पर पत्रकारिता में होता रहा है। पराधीनता के दौर में इसने संघर्ष का मॉडल तैयार कर उसमें सतत् सक्रिय हिस्सा भी लिया किन्तु अपने कर्तव्य बोध की बुनियादी या न्यूनतम जिम्मेदारी, विश्वास और मानवीय संवेदनाओं को ताक पर रखने के कारण लोगों के मन में पत्रकारिता के प्रति सम्मान का पुराना भाव जाता रहा।

बेशक, आज की पत्रकारिता की प्रतिष्ठा का ग्राफ शनैः-शनैः नीचे गिर रहा है। आम आदमी का सहारा और आवाज कही जानेवाली पत्रकारिता से आज सर्वहारा चुपचाप सरक कर हाशिये पर आ गया है। तो क्या यह मान लिया जाए कि बदलते समय में चढ़ते बाजार का असर पत्रकारिता पर हो गया है? क्या इस उत्तर आधुनिकतावादी दौर में ज्यादा-से-ज्यादा पा लेने की बढ़ती भूख ने पत्रकारिता के चरित्र और सरोकारों को बदल दिया। पूँजीवाद की चौतरफा गिरफ्त में घिरी पत्रकारिता को अट्‌ठहास करते ग्लोबलाइजेशन के इस विकट दौर में बाजार की शक्तियों ने उसकी सामाजिक भूमिका को सीमित संकुचित कर दिया है। बिना ना-नुकुर यह कि फिलवक्त पत्रकारिता के समक्ष विश्वसनीयता का घोर संकट सवाल की तरह खड़ा है। फरेब और दबंगई से झूठी-सच्ची खबरें छपने लगीं। बाजार, सत्ता और मालिकान ने पत्रकारों को खरीदा और भ्रष्ट किया। ऊपर से तथाकथित 'संस्कृति-पुरुष' कहे जानेवाले लोगों की झूठी प्रशंसाएँ छाप खुद पत्रकारिता अपने आप ही घटियापन की शिकार बनी। अहम्मन्यता, महत्त्वाकांक्षा, धन, सत्तासुख की आँच और यश के लिए पत्रकारिता ने अपने पत्रकारीय मूल्यों की बलि चढ़ाया। जिस पत्रकारिता का जन्मना लक्ष्य सभ्य, सुसंस्कृत, नैतिक, मानवीय, समतावादी, शोषण-विरोधी तथा अन्यान्य तरह की बेहतरी के लिए संघर्ष और जद्दोजहद करना था, वही पत्रकारिता आज की पूँजीवादी अर्थ-व्यवस्था में धन के सकेन्द्रण में लिप्त हो गई। छल-छद्म के साथ अनावश्यक

रूप से सनसनीखेज और गलत खबरों को छाप आज की पत्रकारिता अपने ही पतन का कारण बनने की ओर उन्मुख हो गई। सुप्रसिद्ध उपन्यास 'पहला गिरमिटिया' के उपन्यासकार डॉ. गिरिराज किशोर एक जगह लिखते हैं[1] कि, अब तो ज्यादातर अखबारों ने अपना दृष्टिकोण ही बदल दिया। सच्चाई, ईमानदारी, जनहितों की प्रतिबद्धता सब बीते दिनों की चीजें हो गई हैं। जन या देशहित प्राथमिकताओं की दृष्टि से काफी नीचे पहुँच गए। बिक्री मुख्य वस्तु हो गई। उसके लिए वे सुन्दरियों के चित्र छापते हैं। जब विश्वसुन्दरी का चयन होता है, तो पन्द्रह-बीस दिन के लिए मुख्य पृष्ठ उसी की सेवा को समर्पित हो जाते हैं। भिन्न-भिन्न सन्दर्भों के भिन्न-भिन्न चित्र। आजकल हर अखबार के बाएँ कोने पर एक 'कार्नर चित्र' छपता है। ज्यादातर उसमें सुन्दरियाँ होती हैं। सामान्य रूप से विदेशों के रोमांटिक समाचार, खबरे, देश और प्रदेश में होनेवाले जरायम, सम्प्रदायिक तत्त्वों और दंगों का विवरण, माफिया लोगों का गुणगान, सरकारी नीतियों का उन्हीं के प्रवक्ता के मुँह से खुलासा बगैरह ही उनके एजेन्डे पर होते हैं। जन साधारण अंग्रेजी और भाषाई अखबारों का अन्तिम एजेंन्डा है।

दरअसल, सम्पूर्ण विश्व में आज सब कुछ पूँजी निर्धारित कर रही है, सम्भवतः इसीलिए आज का समाज पूँजीवादी मॉडल के संक्रमण और साजिश का शिकार हो गया है। यही पूजी या सरमाया हमारे भविष्य के बिम्ब तय कर रही है अतः ऐसी स्थिति में पूँजी और बाजार के नापाक गठबन्धन में वास्तविक प्रश्न लापता और गायब हो गया है। बाजार, पूँजी का मित्र और सखा बन उसकी सहायता कर रहा है। कुल मिलाकर यह कि आज का बाजार पूँजीवाद की एक नई नक्काशी कर रहा है। बाजार ने पत्रकारिता को कुछ झूठे सपने दिखाए। बाजार ने नए-नये पाखंड और व्यूह रचे। नग्नता, उदंडता, हिंसा, क्रूरता, अमानवीयता, ठगी और पैसे की भूख आदि इसके विश्वसनीय शुभचिन्तक और खैरख्वाह हैं। इस बाजार ने भारत में शानदार परम्परा की जमीन से लोगों को विस्थापित कर उसकी जगह दासता की नई संस्कृति पैदा की। सुप्रसिद्ध आलोचक, चिन्तक स्व. डॉ. कृष्णदत्त पालीवाल की बाजार के प्रति अपनी कुछ धारणा है। डॉ. पालीवाल जी भूमंडलीकरण को छलिया मानते हैं। बाजार, वस्तुतः बौद्धिक विवेक को समाप्त कर देता है। स्मृति और तर्क को मिटा देता है। जीवन की मूल लय और दृष्टि को बर्बाद कर आदमी के भीतर के आदमियत की हत्याकर उसकी जगह उन्मत्त भोग की संस्कृति पैदा करता है। एक खास बात यह है कि क्रूर समाज का होने के कारण बाजार का अपना सगा कोई नहीं होता। इसकी प्रकृति कृतघ्न और नाशुक्रा की होती है। यहाँ भविष्य की कीमत पर वर्तमान को भोगा जाता है। बाजार ने सम्प्रति भ्रमित आधुनिकता में व्यक्ति को बुरी तरह उलझाकर रख दिया है। व्यक्ति बौड़िया रहा है। इसी बाजार की चपेट में व्यक्ति इस समय नैतिक अवमूल्यन के अँधेरे में भटक गया है। इतना ही नहीं बाजार ने जीवन के हर क्षेत्रों की तरह सांस्कृतिक क्षेत्र में भी घुसपैठ कर भारतीय समृद्ध विरासत को क्षरित और खंडित किया। बाजारीकरण की वजह से ही देश में शहरीकरण और यांत्रिकता फैली। बच्चों के खेलने की जगहों पर 'पार्किंग स्पेस' और 'मॉल' खड़े हो गए। क्रूर और बेरहम बाजार ने समाज के कोनों-अँतरों तक की शक्ल-सबीह बदल दी। अनैतिकता, असामाजिकता, अर्थ-आधारित छद्म जीवन-शैली-दूषित होते मूल्य और चारित्रिक पतन की भारतीय समाज की मूल गाँठ और पूँजी हो गए। इधर, हम भी मतलबी हो आत्मकेन्द्रित हो गए। हमारी बौद्धिक परिपक्तता, वैचारिक सूक्ष्मता, मौलिकता तथा रचनात्मकता की दिशा भटक गई। स्पष्टतः यह कि इस बाजार के कारण ही हमारे भीतर अधिकाधिक पैसा कमाने की होड़ और भूख पैदा हुई। बाजार ने हमारे मूल चरित्र को समाप्त कर दिया और उसकी जगह एक मूल्यहीन, भ्रष्टपूँजी केन्द्रित चरित्रहीन व्यवस्था पलत्थीमार कर पसर गई।

मेरी राय है कि बाजार दूर से मंजूरेनजर और सुविधा तो लगता है, पर इससे मित्रता का परिणाम अन्ततः कष्टकर, पीड़ादायक और बेधने वाला होता है। यह मूल्यों और निष्ठाओं को नष्ट कर देता है। पत्रकारिता के साथ यही हुआ। जो पत्रकारिता आजादी पूर्व साधनामयी थी, उसमें समन्वय की अनेक

1. जनसत्ता—'पत्रकारिता और प्रतिष्ठान'—श्री गिरिराज किशोर का लेख, पृष्ठ-6 दिसम्बर सन् 2000 ई., नई दिल्ली संस्करण।

पर्तें समय-समय पर उद्घाटित होती थी, ईमान, नैतिकता और निष्ठा इसकी मूल सम्पदा थी—स्वातंत्र्योत्तर पत्रकारिता में उक्त सभी तत्त्वों की कमी हो गई। यहाँ व्यावसायिकता और मूल्यहीनता बढ़ी। इसे अपनी शानदार-ठाटदार भूमिका का भान नहीं रहा, परिणाम हुआ पत्रकारिता के प्रति भद्रजनों की दृष्टि स्खलित हुई। पत्रकारिता ठेठ स्थानीय सन्दर्भों से कट गई। समय के गम्भीर सवालों को पहचानने से इसने इनकार किया। पसरते बाजार की चपेट में आकर सामाजिक राजनीतिक रुतबे के साथ-साथ अमीरी के घोड़े पर सवार होने के मुग़ालते में यह अनेक तरह की बिडम्बनाओं और विद्रूपताओं का शिकार हो गई। इसके पत्रकारीय मूल्य बाँझ-बंजर हो गए। भ्रष्ट सरकारी तंत्र का हिस्सा बनती जा रही पत्रकारिता को बाजारवादी अर्थ-व्यवस्था ने हीन ग्रन्थि ग्रस्त बना जनता के चित्त से उतार दिया। इतिहास के इस सर्वग्रासी समय में जब आमजन-राजसत्ता-कॉरपोरेट जगत और बाजार से हुज्जत कर रहा है—ऐसी विषम स्थिति में पत्रकारिता ने भी उनसे अपनी आँखें फेर उनकी आवाज बनने में अपना हाथ खींच लिया। सभी जानते हैं राजसत्ता का चरित्र 'बिल्डर्स स्टेट' और 'मर्केन्टाइल स्टाइल' में बदलता जा रहा है। इसका कुफल सीधे पत्रकारिता पर हुआ। पत्रकारिता में कला और संस्कृति के प्रसार से ज्यादा उनके बिचौलियों का जमघट लगता चला गया। मार्क्स ने कभी कहा था, 'पूँजीवाद' शोषण की व्यवस्था है। यह पूँजीवाद सभी वस्तुओं को पण्य समझता है। कहते हैं, पूँजीवादी प्रणाली व्यापक जन समुदाय की बजाय कुछ लोगों के हित लाभ में होती है, दूसरी ओर मार्क्सवादी पद्धति सर्वहारा के साथ अपनी पक्षधरता व्यक्त करती है।[1] इस तरह बाजार, पूँजीवाद, राजसत्ता और पत्रकारिता—इन चारों ने आपस में मौसाजाद भाई बन साहित्य, कला, दर्शन, संस्कृति तथा राजनीति—इन सबको पण्य बना दिया। डॉ. पालीवाल इसे बाजार का भस्मासुरी कृत्य मानते हैं। उनका विचार है कि पत्रकारिता आज जिस गम्भीर बीमारी की गिरफ्त में है, वह बाजारवादी आधुनिकता की काली करतूतों की देन है। बाज़ारवादी प्रवृत्तियों ने ही फिलवक्त मनुष्य, साहित्य और पत्रकारिता को उसके मूल उत्स से काट दिया है, जिसका परिणाम हुआ है—आज का व्यक्ति अकेलापन, आत्म निर्वासन और अमानवीकरण की पीड़ा को झेल रहा है, भूमंडलीकरण और बाजारवाद अब उपभोक्तावाद को लेकर संस्कृति, कला और साहित्य की छाती पर चढ़ बैठे हैं। पूरे देश में सांस्कृतिक परम्पराओं और प्रवृत्तियों का बंजर पसर रहा है। छद्म बाजार ने यौन क्रान्ति, नारीदेह, अश्लीलता, आत्म-मुग्धता, रूप-यौवन तथा बाजार-सम्पत्ति का वितंडा खड़ा कर दिया है। कुल मिलाकर वैश्वीकरण के प्रभाव में बाजार ने भारतीय मानस में अनियंत्रित उपभोगवादी लालसाओं को जन्माकर मूल्यों के क्षरण से संक्रमण की स्थिति पैदा कर दी है।

पत्रकारिता-पुरुष मरहूम श्री प्रभाष जोशी जी साख, सरोकार और विश्वास को ही पत्रकारिता की सबसे बड़ी पूँजी मानते थे। उनका विचार था कि स्वतंत्र और निष्पक्ष पत्रकारिता समाज के लिए एक सकारात्मक शक्ति के तौर पर काम करती है, अतः पत्रकारिता को समाज का भरोसा और यकीन प्राप्त होना चाहिए। सरोकार वाली खबरें पत्रकारिता को ज्यादा दिन जिन्दा रखती हैं, अखबार का सर्कुलेशन और रीडरशिप नहीं। जिस देश की पत्रकारिता राजनीति, संस्कृति और जीवन शैली को अपने तरीके से जबरिया, दबाने और बदलने की कोशिश करती है, उसका अन्त जल्दी हो जाता है। उदाहरण के लिए रूपर्ट मर्डोक के न्यूज कॉरपोरेशन से छपनेवाला ब्रिटिश अखबार—"न्यूज द वर्ल्ड" (News of the world) हमारे सामने है, जिसके पहले पन्ने पर बड़े अक्षरों में लिखा था—"थैंक यू ऐंड गुड बाय।" दरअसल, यह अपने समय का मशहूर अखबार अपने पत्रकारीय धर्म को छोड़कर खबरों के व्यापार में लगा था, जिसका परिणाम हुआ, कुछ दिनों बाद यह गन्दी पत्रकारिता के परिणाम का शिकार हो गया। सुप्रसिद्ध पत्रकार और लेखक श्री सन्दीप जोशी उक्त अखबार के दुखद अवसान पर मुकम्मल रोशनी डालते हुए लिखते हैं कि डेढ़ शतक से ज्यादा का इतिहास दो दशक की खबरों के खेल के कारण खत्म हो गया। इस अखबार में खबरें गढ़ी और चुराई जाने लगी थीं। सनसनीखेज खबरों से पाठकों को लुभाया जा रहा था। इस सतही पत्रकारिता का हश्र हुआ—अखबार का बिलोबाट हो गया। वस्तुतः 'न्यूज ऑफ द वर्ल्ड' मजदूर वर्ग का अखबार माना जाता था। बाकी इतिहास छोड़ भी दें अखबारों

1. इंडिया टुडे, पृष्ठ-64, 21 सितम्बर सन् 2011।

से खबरों का व्यापार करनेवाले रूपर्ट मर्डोक ने 'न्यूज ऑफ द वर्ल्ड' को 1969 में खरीदा और 1984 में इसका टेबलायड रूप निकाला। अखबार के लिए बाजारवादी सभ्यता ने नये आयाम खोजे। जाहिर है, ऐसे में अखबार का उत्तरदायित्व पाठक से छिटक कर बाजार के प्रति हो गया। लोकाचार से हटकर रोमांचकारी सनसनीखेज अखबार छपने लगे। पाठक को खबर देने के बजाय बाजार के उत्पाद बेचे जाने लगे। मनगढंत किस्सों की खबरें बनने लगीं। इन्हीं बाजारवादी हथकंडों को अपनाने के क्रम में 'न्यूज ऑफ द वर्ल्ड' मानहानि के कई दावों में घिरता गया। प्रसिद्ध फुटबाल खिलाड़ी वेन रुनी ने आफवाहों को खबर बनाकर छापने का आरोप लगाया और सौ हजार पाउण्ड का मुआवजा जीता। पिछले दो दशक में ऐसे कई मानहानि के दावे 'न्यूज ऑफ द वर्ल्ड' हारता आया था। अखबार का मानना था कि कामकाजी मध्यवर्ग की रुचि लोकप्रिय और प्रसिद्ध व्यक्तियों को गिरते और घिरते देखने में है। कहा जाता है कि इस अखबार के सम्पादक ने एक अन्य सम्पादक को 'न्यूज-ऑफ द वर्ल्ड' देखने-जाँचने के लिए भेजा। सम्पादक ने इस अखबार को कूड़ेदान में डाल दिया। फिर ध्यान आया कि कहीं बावर्ची तो न पढ़ ले तो उठा कर जला डाला। हफ्ते के छह दिन 'द सन' के नाम से और रविवार को 'न्यूज ऑफ द वर्ल्ड' के नाम से छपनेवाला वह चमकदार रंगीन अखबार लगातार सीमा लांघता रहा। खबर देने के बजाय खबर लेने के कारोबार में लगा यह अखबार गलती होने पर अपनी ही खबर लेने में चूक गया। आज बाजार मुनाफे पर चलता है और लोक आचार-विचार पर। बाजार और आचार के समन्वय से ही अखबार चलते हैं। लोगों द्वारा नकारे जाने और विज्ञापनों में कटौती के कारण 'न्यूज ऑफ द वर्ल्ड' हुआ। यह पत्रकारिता लोकाचार से ज्यादा बाजार की थी और उसी पर निर्भर थी। बाजार को भी आखिर लोगों तक जाना ही होता है। रूपर्ट मर्डोक सरकार और लोगों को एक साथ नाराज नहीं रख सकते थे। उनके पास कोई चारा नहीं बचा था। रूपर्ट मर्डोक जिन खबरों के जरिए लोगों के साथ खेलना चाहते थे, वे उनके ही खिलौने बन कर रह गए।[1]

इधर, बाजार का दबाव सिनेमा पर भी खूब पड़ा है। सिनेमा की भूमिका और प्रासंगिकता इस समय पूर्व की तुलना में बढ़ी ही थी कि वह भी पैसे की क्रूर और निर्मम भूख का शिकार हो गया। चरित्र, संवाद, प्लॉट, सीन तथा भाषा के स्तर पर यहाँ भी समय तथा व्याकरण सम्मत नियमों एवं भाषायी शर्तों का खुला उल्लंघन हो रहा है। जो सिनेमा कभी मानव मूल्यों को नष्ट करनेवालों के विरुद्ध तुमुल शंखनाद करता था, वह पैसे की अन्धी, बेलगाम और अतृप्त भूख की गिरफ्त में आ गया। सस्ती फिसल पट्टी जैसे दुर्गुणों के कारण यहाँ भी कोई पुरसुकून नहीं मिलता। स्पष्टतः यह कि समय के नये सवालों से बहुत दूर आज के सिनेमा पर भी बाजार और धन का दबाव और दखल हो गया। मूल सरोकार गायब हो गए। कभी संवाद का उपयुक्त मंच भारतीय सिनेमा कालान्तर में पैसा कमाने की होड़ में ग्लैमरस हो गया, बेमतलब की खबरों तथा अश्लील पारिवारिक कहानियों के जखीरे में तब्दील हो गया। सामाजिक समस्याओं से विमुख आज के सिनेमा में कुछ अपवादों को छोड़कर सामाजिक बदलाव की ईमानदार कोशिश कम दीखती है। स्वतंत्रता के संघर्ष के साथ-साथ भारतीय निर्माण के संघर्ष में भारतीय सिनेमा की महती भूमिका रही है। सिनेमा में समाज और संस्कृति को देखने और रचने की एक नई दृष्टि मिलती थी। सत्य, अहिंसा, राष्ट्र प्रेम, सेवा-सदाचार का पाठ रचने वाला वही सिनेमा बाद में पैसे की बम्बइया भूख का रोगी हो गया। ऊपर मैंने अभी संकेत किया है कि भारतीय सिनेमा का अतीत शानदार और गौरवशाली रहा है। संस्कृति, धर्म, साहित्य, समाज की लोक-परम्परा, रीति-नीति, मिट्टी की सोधी खुशबू, प्रकृति का अद्भुत पसमंजर परम्परा, इतिहास तथा आमजन की पीड़ा इन सभी का समंजन-अंकन इस सिनेमा में होता था। पर, आज के बाजार ने इसका चेहरा और चरित्र बदल इसे जैसे—जड़-जमादात बना दिया।

सच तो यह है कि सिनेमा खालिस मनोरंजन का साधन ही नहीं है, बल्कि वह जीवन की चित्रकारी, फोटोग्राफी तथा अक्कासी भी करता है। वह व्यक्ति जीवन में पसरे सफ्फाक सन्नाटे को दूर कर उसे अपनी विशिष्ट लय और टोन में पुरनूर और प्रभाषित करता है। टुकड़ा-टुकड़ा स्मृतियों को बहुत

1. जनसत्ता—'खबर से खेल' (दुनिया मेरे आगे कालम)—सन्दीप जोशी, पृष्ठ-6, अगस्त, 2011, नई दिल्ली संस्करण।

संजीदगी से बटोरकर चित्रलिखित करता है। अन्य कलाओं की तरह सिनेमा भी देखने की कला माना जाता है। वह अपने आप में सिनेमेटोग्राफिक आकार का होता है। वह मूल्यों को समझने और उन्हें अपनी जिन्दगी में सहज तरीके से ग्रहण करने का तरीका भी है। सिनेमा हमें मूल्यों के साथ खड़ा होने का गुर और लूर भी बताता है। कुल मिलाकर वह हमारे जीवन का अहम हिस्सा बन चुका है। उसके पास-जनपक्षीय और लोकतांत्रिक दृष्टिकोण होता है। वह लोकप्रिय और रचनात्मक माध्यम है। वह वैचारिक मानस की निर्मित में हमारी बहुत मदद करता है। वह प्रतीकों को गढ़ता-रचता है। स्पष्टतः यह कि वह मिली-जुली संस्कृति के विचारों का सशक्त पैरोकार होता है। व्यक्ति सोच को 'सिपलीफाई' करता है। व्यक्ति-जीवन में नाना तरह की महत्त्वपूर्ण भूमिका में जीता है। कई विद्वान् सिनेमा को आधुनिक युग का जादू कहते हैं। वह परम्परावादी एवं रूढ़िवादी समाज में परिवर्तन, जागरूकता और सुधार लाने में अपनी महती भूमिका अदा करता है। आज मनोरंजन और व्यवसाय का सबसे बड़ा माध्यम सिनेमा है। भारत का फिल्म बाजार 2010 में 87.50 अरब रुपये का था, जिसके अगले पाँच साल में 136.50 अरब रुपये हो जाने का अनुमान है। पिछले चार दशक से भी ज्यादा समय से संख्या के लिहाज से फिल्म निर्माण में भारत अव्वल बना हुआ है। हिन्दी के अलावा अन्य भारतीय भाषाओं में बनने वाली फिल्मों के दर्शकों की दुनिया में सबसे ज्यादा तादाद है। इस समय देश और सिनेमा की दुनिया में करीब 20 लाख लोगों को प्रत्यक्ष और अप्रत्यक्ष रूप से रोजगार मिला हुआ है। वहीं 2001 से 2010 के बीच भारत में लगभग 10932 फीचर फिल्में बनीं। यानी हर साल करीब 1100 फिल्में इनमें एक चौथाई के आस-पास हिन्दी फिल्में रही हैं। सचमुच आज भारत दुनिया की सबसे ज्यादा फिल्में बनाने वाले देश में शुमार तो है, पर इसकी दशा-दिशा को लेकर एक रचनात्मक दिशाभ्रम की स्थिति भी है। बहरहाल, उदारीकरण ने देश के बाजारों को बदला और बाजार ने सिनेमा को। पर सिनेमा का मतलब अब चाहे बाजार और मुनाफा हो, लेकिन इसकी शुरुआत परिवार और समाज से होती है, परदे का हर चरित्र हर घर और समाज के भीतर का हिस्सा होता। पर आज हिन्दी फिल्मों में सशक्त कथानक का अभाव पाया जा रहा है और फिल्में एक खास वर्ग और अप्रवासी भारतीय को ध्यान में रखकर बनाई जा रही है, जिसके कारण लोग सिनेमा से दूर होते जा रहे हैं, क्योंकि इन फिल्मों से वे अपने आप को नहीं जोड़ पा रहे हैं।[1] कुल मिलाकर सम्प्रति इन फिल्मों से सामान्य इंसान गायब है।

इतिहासकार, संस्कृतिकर्मी, डॉ. लालबहादुर वर्मा कहते हैं कि आज का दौर सबसे बुरा भी है और सबसे अच्छा भी। दुनिया वैश्विक गाँव बन रही है, तो असल गाँव उजड़ रहे हैं। दूरियाँ घट रही हैं तो दोस्ती में शिथिलता आ रही है। आज पुराने सारे वर्चस्व टूट रहे हैं। आज आत्महत्याएँ बढ़ रही हैं और आत्मकेन्द्रीयता भी। आज जितने सपने देखे जा रहे हैं पहले कभी नहीं देखे गए।[2] सच कहा जाए तो यह सब बाजार के दबाव और सत्ता-प्रतिष्ठान की मीठी-मद्धिम आँच का सुखद संस्पर्श लेने के लिए सिनेमा के भीतर हो रहा है। यही नहीं, कुछ अपवादों को छोड़कर अधिकांश फिल्में कमजोर कथानकों से बुनी गई हैं। राउडी राठौर, गैंग ऑफ बासेपुर, शंघाई फरारी की सवारी, तेरी मेरी कहानी, द डर्टी पिक्चर, एजेन्ट विनोद, जन्नत-2, विकी डोनर आदि फिल्मों के कथानक यदि एक ओर कमजोर तन्तुओं से बुने गए हैं तो दूसरी ओर इनमें मनोरंजन बेचने के नाम पर फूहड़पन बिक रहा है। चाहे फिल्म 'गोलमाल' से प्रेरित फिल्म 'बोल बच्चन' हो, 'कॉकटेल' हो, 'अग्निपथ' हो या 'थ्री इडियट्स' हो अधिकांश के कथानकों में दुहराव है, तो कहीं बासीपन है, कहीं घटनाओं की 'स्क्रिप्ट' मुकम्मल रूप में शक्ल नहीं ले पाई है, तो कहीं कहानी के नाम पर मौलिकता का अभाव साफ झलकता है तो कहीं हिंसा और सेक्स जैसे पुराने 'सब्जेक्ट' को 'पैचअप' करके प्रस्तुत किया जा रहा है।[3] कुल मिलाकर यह कि कभी रुपहला परदा हमारे सपने और अपनापन का प्रतीक होता था, वही आज बाजारवादी दबाव

1. जनसत्ता—'हिन्दी सिनेमा का सफर' रविशंकर, पृष्ठ-4, 29 जुलाई-2012।
2. इंडिया टुडे, पृष्ठ-81, 25 जुलाई 2012।
3. शुक्रवार, पृष्ठ-74, 23 अगस्त 2012।

में वह हालीवुड का हमराही बन गया है। कभी धार्मिक, पौराणिक और ऐतिहासिक फिल्में सिनेमा-दर्शकों की प्राण होती थीं, आज सिनेमा के सौ साला होने पर वही फिल्में ग्लैमर और निहायत घिनौने तरीके से अधिकाधिक पैसा कमाने के लिए हिंसा, सेक्स, मारधाड़, गाली-गलौज, अश्लीलता तथा अन्डरवर्ल्ड की दुनिया को दर्शकों के सामने परोस रही हैं।

हिन्दी सिनेमा अब सौ साल का हो चुका है। इस बीच सफलता-असफलता के तमाम पड़ावों और मोड़ों से यह गुजरा। इस दौर में यथार्थवादी फिल्म, कलात्मक फिल्म, समान्तार फिल्म, नई धारा की फिल्म, व्यावसायिक फिल्म तथा अव्यावसायिक फिल्म की तरह फिल्मों के अन्य कई रूप देखने को मिले। साल 1913 और महीना अप्रैल और स्थान मुम्बई का ओलंपिया थियेटर-100 साल पहले दादा साहब फाल्के ने जब अपनी फिल्म 'राजा हरिश्चन्द्र' का प्रदर्शन किया तब शायद ही किसी को यकीन हो रहा था कि श्वेत-श्याम पर्दे पर अभिव्यक्ति के इस मूक प्रदर्शन के साथ भारत में स्वदेशी चलचित्र निर्माण का सूत्रपात हो चुका है। दादा साहब फाल्के की 'राजा हरिश्चन्द्र' मूक फिल्म थी। फिल्म निर्माण में कोलकाता स्थित मदन टॉकीज के बैनर तले ए ईरानी ने महत्त्वपूर्ण पहल करते हुए पहली बोलती फिल्म 'आलमआरा' बनाई। इस फिल्म की शूटिंग रेलवे लाइन के पास की गई थी, इसलिए, इसके ज्यादातर दृश्य रात के हैं। भारतीय सिनेमा की शुरुआत बातचीत से नहीं बल्कि गानों के माध्यम से हुई। यही कारण है कि आज भी बिना गानों के फिल्में अधूरी मानी जाती हैं। वीडिया मूवी टोन को 80 हजार रुपये की लागत से निर्मित साल 1935 की फिल्म 'हंटरवाली' ने उस जमाने में लोगों के मानस पटल पर गहरी छाप छोड़ी। सन् 40 और 50 का दशक हिन्दी सिनेमा के लिहाज से शानदार रहा। सन् 1949 में राजकपूर की फिल्म 'बरसात' ने बाक्स ऑफिस पर धूम मचाई। इस फिल्म को उस जमाने में 'ए' सर्टिफिकेट दिया गया था। विमल राय ने 'दो बीघा जमीन' के माध्यम से देश में किसानों की दयनीय स्थिति का चित्रण किया। फिल्म में अभिनेता बलराज साहनी का संवाद-जमीन चले जाने पर किसानों की सत्यानाश हो जाता है—आज भी भूमि अधिग्रहण की मार झेल रहे किसानों की पीड़ा को सटीक तरीके से अभिव्यक्त करता है। यह पहली भारतीय फिल्म थी, जिसे कॉन फिल्म समारोह में पुरस्कार प्राप्त हुआ। सन् 50 के दशक में सामाजिक विषयों पर आधारित व्यावसायिक फिल्मों का दौर शुरू हुआ। वी. शान्ताराम की 1957 में बनी फिल्म 'दो आँखें बारह हाथ' में पुणे के 'खुला जेल प्रयोग' को दर्शाया गया है। लता मंगेशकर ने इस फिल्म के गीत 'ऐ मालिक तेरे बन्दे हम' को आध्यात्मिक ऊँचाइयों तक पहुँचाया। फणीश्वर नाथ रेणु की बहुचर्चित कहानी 'मारे गए गुलफाम' पर आधारित फिल्म 'तीसरी कसम' तथा कुछ अन्य फिल्में 'बदनाम बस्ती', 'आषाढ़ का एक दिन', 'सूरज का सातवाँ घोड़ा', 'एक था चन्दर एक थी सुधा', 'सत्ताइस डाउन', 'रजनी गन्धा', 'सारा आकाश', 'नदिया के पार' आदि उत्कृष्ट कथानक तथा अभिव्यक्ति का सशक्त उदाहरण हैं। 'धरती के लाल' और 'नीचा नगर' के माध्यम से दर्शकों को खुली हवा का स्पर्श मिला और अपनी मांटी की सोंधी सुगन्ध, मुल्क की समस्याओं और विभीषिकाओं के बारे में लोगों की आँखें खुलीं। 'देवदास', 'बन्दिनी', 'सुजाता' और 'परख' जैसी फिल्में उस समय बाक्स ऑफिस पर उतनी सफल नहीं रहने के बावजूद ये फिल्मों के भारतीय इतिहास के नये युग की प्रवर्तक मानी जाती हैं। महबूब खान की साल 1957 में बनी फिल्म 'मदर इंडिया' हिन्दी फिल्म-निर्माण के क्षेत्र में 'मील का पत्थर' मानी जाती है। त्रिलोक जेटली ने गोदान के निर्माता निर्देशक के रूप में जिस आर्थिक नुकसान का ख्याल किए बिना प्रेमचन्द की आत्मा को सामने रखा, वह आज भी आदर्श है। गोदान के बाद ही साहित्यिक कृतियों पर फिल्म बनाने का सिलसिला शुरू हुआ। प्रयोगवाद की बात करें तो गुरुदत्त की फिल्में 'प्यासा', 'कागज के फूल' तथा 'साहब, बीबी और गुलाम' को कौन भूल सकता है। रमेश सिप्पी की 1975 में बनी फिल्म 'शोले' ने हिन्दी फिल्म निर्माण को नई दिशा दी। यह अभिनेता अभिताभ बच्चन के 'एंग्री यंग मैन' के रूप में उभरने का दौर था। सन् 60 और 70 का दशक हिन्दी फिल्मों के सुरीले दशक के रूप में स्थापित हुआ तो 80 और 90 के दशक में फिल्मी गीत डिस्को की शक्ल ले चुके थे। पर, दुर्भाग्य से आज हिन्दी फिल्मों में सशक्त कथानक का अभाव पाया जा

रहा है, और फिल्में एक खास वर्ग और अप्रवासी भारतीयों को ध्यान में रखकर बनाई जा रही हैं। स्पष्टतः यह कि फिल्मों के नाम पर वनस्पति छाप मुस्कान, और प्लास्टिक के चेहरों की नुमाइश हो रही है, जिसके कारण सिनेमाघरों में दर्शकों की भीड़ काफी कम हो गई है। आज फिल्में मल्टीप्लेक्सों तक सिमट कर रही गई हैं।[1] कुल मिलाकर अब फिल्मों में मौलिक कहानी लेखकों का युग लगभग समाप्त हो चुका है। यह दौर सिक्वल या री-मेक फिल्मों का है। लिटरेचर से कहानी उठाने की बात अब यदा-कदा ही मिलती है, कि सिर्फ कुछ घटनाओं को जबरदस्ती रोचक जामा पहनाकर उसे स्क्रिप्ट की शक्ल दी जा रही है।[2]

अन्त में सवालों के कुछ कल्ले फूटते हैं कि आखिर बाजार के दबाव और पैसा कमाने के ग्लैमर के पीछे सिनेमा और पत्रकारिता अपनी साख पर सवालिया निशान क्यों लगा रहे हैं? तो क्या यह मान लिया जाए कि सिनेमा और पत्रकारिता अपने भविष्यगत तक्लीम, भूमिका और शक्लो-सूरत को लेकर बेफिक्र हैं? क्या ये दोनों अपने अतीत की शानदार रवायत, गरिमा और दायित्व बोध को भूल गए हैं? बिना ना नुकुर यह कि सम्प्रति इन दोनों के मूल्यों में निरन्तर ह्रास और पतन हो रहा है। अतः ऐसी स्थिति में इन्हें यह जानना होगा कि सत्ता के अल्पकालीन गन्दे और सफलता के क्षणिक बाजारवादी खेल में सिनेमाई तथा पत्रकारीय मूल्यों की हत्या हो रही है। इनके इस धतकरम से सिनेमा और पत्रकारिता दोनों महज 'प्रोडक्ट' या उत्पाद बन कर रह गए हैं। इसलिए इन्हें चाहिए कि अपनी आस्था और विश्वास की जमीन पर बाजारवादी कुप्रवृत्तियों को पाँव न रखने दें, अन्यथा साख के पतन का परिणाम अभी हमने ऊपर रूपर्ट मर्डोक को उदाहरण में देखा है। उक्त ढर्रे पर भारत में जिन संस्थानों ने खास कर पत्रकारिता को सत्ता, राजनीति और कॉरपोरेट के अखाड़े में तब्दील करने की कोशिश की, उनका भी अन्त करीब ही मानना चाहिए। अँकड़-अहंकार के साथ झूठी खबर बेचकर यदि कोई अखबार अपनी साख और 'क्रेडिट' को खतरे में डालता है, तो उसे समझना चाहिए कि साख आधारित पत्रकारिता का दौर लौटने की उम्मीद करना बहुत आसान नहीं है, क्योंकि पाठक की विश्वसनीयता ही पत्रकारिता की पूँजी, प्राण और मूल सम्पदा होती है। अगली बात यह कि आखिर पत्रकार पाठकों दर्शकों के प्रति गैर जिम्मेवार और अपने संस्थान के प्रति निष्ठा और जिम्मेदार होकर जो साखगवाँ रहा है, उसमें उसे हासिल आखिर क्या होता है? अगर इसे खोकर वह पत्रकारिता जैसे पवित्र कर्म में लगा हुआ है तो समाज की एक सकारात्मक शक्ति के तौर पर मीडिया का क्षय देर-सवेर अवश्यंभावी अवश्य है। अतः सभी विषयों के शोध-स्रोत की उस पत्रकारिता "आप ही कलक्टर और आप ही बैरिस्टर" बन गलत बहस-मुबाहसा न करे, वह महज सरोकारों वाली पत्रकारिता पर ध्यान केन्द्रित करें, क्योंकि उसका प्रत्येक सम्प्रेषण समाज के लिए बहुमूल्य सन्देश होता है। वह छद्म और दोहरे-चरित्र को छोड़कर अन्याय और शोषण के बरक्स अपने उद्देश्य और स्वभाव के अनुकूल योद्धा की तरह लड़े।

भाग-5

पत्रकारिता और आचार संहिता (Code of Conduct)

या

पत्रकार कला का नीतिशास्त्र (Ethics of Journalism)

आचार संहिता (Code of Conduct)—आचार संहिता को हम पत्रकारिता की 'तीसरी आँख' कह सकते हैं। सभी जानते हैं, लोकतंत्र के अन्य तीन स्तम्भों—विधायिका, कार्यपालिका व न्यायपालिका में मूल्यों का जब ह्रास होता है, तब प्रजातंत्र का चौथा स्तम्भ 'पत्रकारिता' उन्हें सहारा देती है, साथ ही उक्त तीनों स्तम्भों को नियंत्रित भी करती है। पर, दुर्भाग्य से सम्प्रति पत्रकारिता में ही कई तरह के

1. जनसत्ता—पृष्ठ-8, 22 अप्रैल-2012।
2. शुक्रवार पृष्ठ- 64, 23 अप्रैल 2012।

पतन शुरू हो गए हैं। पत्रकारिता में उपजे ये क्षिजाव और स्खलन लोकतंत्र के लिए घातक सिद्ध हो सकते हैं। आजादी के दौर में पत्रकारिता पवित्र और त्याग की भावना से लबालब 'मिशन' हुआ करती थी, कालान्तर में इसने 'पेशे' की शक्ल ओढ़-अख्तियार कर ली और आज तो दोटूक यह कि अधिकांशतः खाँटी व्यावसायिक गतिविधि बन गई है। इसने 'मिशन' को अपने से दूर झटक 'कमीशन' का लबादा और कवचधारी फर्गुल अपने ऊपर लैस कर लिया। बहरहाल किसी भी तरह का पेशा, व्यवसाय या कारोबार हो, सभी के लिए कुछ नियमन, कायदों और मानदंडों की गरज होती है। जहाँ तक पत्रकारिता का सवाल है, इसी बात को ध्यान में रखकर 'भारतीय प्रेस-परिषद' की स्थापना हुई थी। उसने लगभग डेढ़ दशक पहले पत्र पत्रिकाओं और समाचार एजेन्सियों के लिए **आचार संहिता** तैयार की और कुछ साल बाद उसे संशोधित भी किया। इस संहिता में दी गई हिदायतें व्यापक जन -हित प्रेरित रही हैं। मसलन, साम्प्रदायिक घटनाओं की खबर देते समय किस तरह की सावधानी बरती जाए, खबर या आरोप से प्रभावित व्यक्ति के स्पष्टीकरण को पत्र पत्रिकाओं में जगह दी जाए, हिंसा को किसी भी सूरत में महिमा मंडित और अलंकृत न किया जाए, किसी की निजता में दखल देने से बचा जाए। इन मानदंडों को पत्रकारिता जगत ने सहजता से स्वीकार भी कर लिया है।

पर, दुर्भाग्य से आज के तुर्श-तुरुश समय में पत्रकारिता के मानदंड चटक-दरक कर टूट रहे हैं, खंड-खंड हो रहे हैं। निजी क्षेत्र और बौद्धिक तबके में यह धारणा दृढ़ होती जा रही है कि पत्रकारिता क्षेत्र का एक हिस्सा लोभ-लाभ की गणित के दबाव में बेहद गैर-जिम्मेदाराना ढंग से काम कर रहा है, गलत और भ्रामक रिपोर्टिंग हो रही है, घटनाएँ अतरिंजित रूप में पेश हो रही हैं, पत्रकारिता के हलके में सनसनी पैदा करने की प्रवृत्ति बढ़ रही है, पैसा लेकर खबर छापने के कारण 'पेड न्यूज' नाम का राक्षस अवतरित हो गया है, 'स्पेस' और 'कॉलम' तक पैसे के बदले बिके और अभी बिक रहे हैं, खबरनुमा यानी खबरों में लपेटकर विज्ञापन छप रहे हैं। अतः देश और समाज को दिशा देने में अपनी महत्त्वपूर्ण भूमिका निभाने वाली पत्रकारिता कहीं भटकन की गुमनाम गली में फलक़ज़द न हो जाए, उसे अपनी हद और हैसियत में रहते हुए मर्यादित ढंग से काम करने तथा विकृतियों की तलछट और गाद को छान-निथार कर दूर करने के लिए ही 'आचार संहिता' का जन्म हुआ।

(1) आचार संहिता : व्युत्पत्ति, अर्थ तथा आवश्यकता

'आ+चर्+घञ' के मेल से बने 'आचार' शब्द का अर्थ होता है—आचरण, व्यवहार, रीति-रिवाज, प्रचलन, आचरण सम्बन्धी नियमों का अनुपालन ''यस्मिन्देशे य आचारः पारम्पर्यक्रमागतः'' तथा 'संहित+टाप्' से निर्मित 'संहिता' का अर्थ होता है—विधि या कानूनों का संग्रह या संकलन। इस तरह से 'आचार संहिता' का अर्थ हुआ कानूनों का अनुपालन। 'संहिता' को अंग्रेजी में 'Rules' कहते हैं। बहरहाल, परिवर्तन की निर्मम लपेट में धरती की हर वस्तु अपना चेहरा और चरित्र बदलती है, तो पत्रकारिता उससे अपने को अछूती कैसे रख सकती है? पत्रकारिता का मिशन भाव, सेवा भाव, निर्व्याज हितकारी भाव—सब कुछ काल के चाक पर आते ही बदलकर व्यवसाय भाव और सत्ता-प्रतिष्ठानों के लोभ-लाभ की आँच में पिघल कर 'लेन-देन' के भाव में बदल गया। समाचार-पत्रों ने व्यावसायिक प्रतिस्पर्द्धा और होड़ के इस दौर में सनसनीखेज, चटखारेदार समाचारों को छाप प्रतिद्वन्द्वी समाचार-पत्रों के प्रसार-तंत्र को तोड़ा है। इससे उनकी राजस्व रणनीति बदली है। अब ये शुद्ध रूप से पेशेवरों के हवाले हो गए हैं। समाचारों की जगह बर्रे की तरह छपरे विज्ञापनों की वजह से सामान्य पाठक की 'इमेज' और 'अवधारणा' इनके प्रति बदली है। कुल मिलाकर ये अपनी शानदार परम्परा को तोड़कर कमाऊपन की गिरफ्त में बुरी तरह से जकड़ गए हैं। तथ्यों की विश्वसनीयता पर संकट पैदा हुआ है। पत्रकारिता का स्वस्थ रूप विकृत हुआ है। छोटे-मोटे, स्कैंडल, चरित्र हनन, निजी खुन्नस ओर भड़ांस की वजह से पत्रकारिता का स्वरूप 'पीत' हो गया है। अतः इन्हीं सब दुर्गुणों की खरोंचों को दूर करने के लिए समय-समय पर अखबारों के लिए आचार-संहिता का निर्माण तथा उनमें संशोधन सुधार किया जाता रहा है।

(2) आचार संहिता की अनिवार्यता और अभिव्यक्ति की स्वतंत्रता

पत्रकारों की आचार संहिता का प्रश्न बहुत पुराना है। कई पत्रकार संगठनों की ओर से यह सवाल बार-बार उठता रहा है कि आचार संहिता का होना क्या जरूरी है? यदि आचार संहिता बहुत जरूरी ही है, तो इसे सरकार बनाये या पत्रकार संगठन? क्या आचार संहिताओं से अभिव्यक्ति या वाक् स्वतंत्रता पर बन्दिश-पेशबन्दी और प्रतिबन्ध नहीं लग जाएगा। तो क्या पत्रकारिता की तरह राजनीतिज्ञों और सरकारी अधिकारियों की भी कोई आचार संहिता नहीं होनी चाहिए? चिकित्सकों, वकीलों और अन्य व्यवसाय में लगे लोगों की तरह पत्रकारों के लिए आचार संहिताओं का निर्माण क्या उनकी पत्रकारिता की मर्यादा को शंकास्पद नहीं बनाएगा? इससे पत्रकारिता के उदात्त और मूल्य-परक उद्देश्यों पर क्या आँच नहीं आएगी? दरअसल, इन सभी प्रश्नों का उत्तर बहुत सरल सहज नहीं है।

कुछ लोग कहते हैं कि पत्रकारिता को बेलगाम, उच्छृंखल, पथच्युत तथा दायित्वहीन होने से बचाने के लिए आचार संहिताओं का होना बहुत जरूरी है। फिलवक्त, राजनीतिक गलियारों में कॉरपोरेट दलालों के खेल में पत्रकार भी शामिल हो गया है। सत्ता से खबर निकालते-निकालते वह खबरची अर्थात् पत्रकार स्वतः सत्ता हो गया है। इन्हीं पत्रकारों ने पत्रकारिता को 'मुनाफे' का धंधा बना दिया है। अतः ऐसी स्थिति में समाज के अन्य कुनबों की तरह पत्रकारिता में भी तमाम तरह के कमजोर तन्तु होते हैं, अतः पत्रकारिता को सतत् प्रासंगिक बनाये रखने के लिए आचार संहिता का नियमन बेहद आवश्यक है। सच तो यह है कि पत्रकार के कार्य की प्रस्तुति, वैधानिक सुविधाएँ, पत्र के प्रसार के लिए अपनाई जानेवाली विभिन्न नैतिक-अनैतिक युक्तियाँ, विज्ञापनों के लिए बेतहाशा भाग दौड़ एवं राष्ट्र, समाज लोकहित से परे पत्र-स्वामी के पक्ष में किए गए समझौते, अपनी ज्ञान-लिप्सा, वातानुकूलित व्यवसाय को समर्पण, खोखला सम्मान आदि ने आचार संहिता की अनिवार्यता का रेखांकित किया है।[1]

किन्तु पत्रकारों का एक समूह आचार संहिता के खिलाफ है। ये लोग आचार संहिताओं को अभिव्यक्ति की स्वतंत्रता का हनन मानते हैं! इनका तर्क है कि भारतीय पत्रकारों ने प्रेस की स्वतंत्रता बड़ी लम्बी लड़ाई लड़ने के बाद प्राप्त किया था, अनेक पत्रकारों ने प्रेस की स्वतंत्रता के लिए अपनी जान तक न्योछावर कर दी। कुछ फाँसी पर चढ़े, कुछ जेल गए। अतः इतने त्याग के बाद मिली अखबारी स्वतंत्रता पर पाबन्दी उचित नहीं है। भारतीय प्रेस ने अपने दो सौ वर्षों के इतिहास में अपनी एक शानदार परम्परा बना ली है। अनेक भारतीय पत्रकार संगठनों तथा वरिष्ठ और अनुभवी पत्रकारों ने अपनी ओर से नैतिकता से भरी-पुरी आचार संहिता को समय-समय पर तैयार कर स्वतः उन पर आचरण करते हुए उन्हें प्रचारित-प्रसारित किया है। समाज में इन आचार संहिताओं का आदर भी हुआ है। बताते हैं, मदनमोहन मालवीय, गणेश शंकर विद्यार्थी तथा कवि, पत्रकार माखनलाल चतुर्वेदी ने अपनी-अपनी ओर से आचार संहिता बना, उनका प्रचार-प्रसार किया था। ठीक इसी तरह समाज में आदर्शों और मूल्यों की स्थापना के लिए ख्यातिलब्ध पत्रकार श्री विष्णुराव पराड़कर ने दैनिक 'आज' के लिए आचार संहिता का निर्माण किया था। 'आज' के मालिक स्व. शिवप्रसाद गुप्त के चाहने के बाद भी पराड़कर जी इनमें थोड़ी सी भी शिथिलता के लिए कभी तैयार नहीं हुए। अतः ऐसी स्थिति में इनकी मान्यता है कि आचार संहिता की बन्दिश पत्रकार की स्वतंत्र वाक् एवं अभिव्यक्ति के लिए घातक सिद्ध हो सकती है।[2] यदि प्रेस घटनाओं को, जिस रूप में घटित होती हैं, उसी रूप में उन्हें प्रतिबिम्बित नहीं करे तो उसका होना कोई अर्थ नहीं रखता[3], किसी समाचार-पत्र का मालिक या सम्पादक सोचता है कि ऐसे समाचार दिए जाएँ, जिनसे पत्र की बिक्री बढ़े और इसके लिए वह यदि सनसनीखेज पत्रकारिता (पीत पत्रकारिता), सम्प्रदायों में दुर्भाव फैलाने आदि में प्रवृत्त होता है, तो वह उस प्रक्रिया के अनिवार्य परिणाम हो सकते

1. हिन्दी पत्रकारिता : स्वरूप और सन्दर्भ—डॉ. विनोद गोदरे, पृष्ठ-104।
2. हिन्दी पत्रकारिता का आलोचनात्मक इतिहास—डॉ. रमेश कुमार जैन, पृष्ठ-174।
3. अखिल भारतीय समाचार-पत्र सम्पादक सम्मेलन राष्ट्रीय पत्रकार संगठन का (गुजरात के अहमदाबाद में आरक्षण विरोधी आन्दोलन सन् 1985 के सन्दर्भ में) प्रतिवेदन।

हैं, इनका इलाज केवल आचार-संहिता नहीं है।[1] प्रेस पर अंकुश लगाने का एक ही अर्थ हो सकता है और वह है, राष्ट्रीय अभिव्यक्ति पर पाबन्दी लगाना।[2] इसी तरह दिनमान में छपे एक लेख के अनुसार "मुझे अगर आजाद और दायित्वहीन अखबारों और गूँगे तथा दायित्वपूर्ण अखबारों के बीच चुनाव करना पड़े तो मैं पहले को चुनूँगा।"[3] यही नहीं, द्वितीय प्रेस आयोग ने भी पत्रकारों के लिए आचार संहिता के गठन का विरोध किया था।[4]

(3) आचार संहिता का इतिहास

बहरहाल, तमाम तरह की जद्दोजहद और झूमा-झटकी के बाद पत्रकारीय अनुशासन बनाये रखने के लिए आचार-संहिता बनी। ये संहिताएँ एक ही दिन में नहीं, बल्कि समय-समय पर बनीं, यद्यपि भारतीय प्रेस से सम्बन्धित लोग इनसे असहमत ही थे। इनके अपने अपने तर्क थे। इन लोगों का कहना था कि भारतीय संविधान ने भारतीय प्रेस के लिए अपनी कई धाराओं में आचार संहिताओं का निर्धारण कर रखा है, तो फिर इन नई बन रही आचार संहिताओं का औचित्य क्या है? इन लोगों के अगले तर्क यह थे कि राष्ट्रीय पत्रकार संघ, अखिल भारतीय समाचार-पत्र सम्पादक सम्मेलन तथा भारतीय श्रमजीवी पत्रकार संघ ने आचार संहिताओं का निर्माण पहले कर रखा है, अतः नई आचार संहिता की कत्तई आवश्यकता ही नहीं थी, क्योंकि भारतीय पत्रकारों को भारतीय संविधान ने बहुत पहले अनुशासन में रहने का पाठ पढ़ा दिया है। पत्रकार संघ ने अपने अगले तर्कों में कहा कि भारतीय संविधान की मर्यादा का उल्लंघन करना, भारत की प्रभुता-अखंडता की साजिश, राज्य की सुरक्षा और विदेशी राष्ट्रों के साथ मैत्री पूर्ण सम्बन्धों पर आघात पहुँचाना, लोक-व्यवस्था, समाचार-शिष्टाचार के नियमों का अतिक्रमण, किसी के विरुद्ध अपमानजनक, मान हाँनिकारक लिखना तथा साम्प्रदायिकता भड़काना नियम-विरुद्ध है। अतः जब इन सभी तथ्यों की जानकारी भारतीय प्रेस को पहले से ही है, तो फिर समय-समय पर बार-बार बन रही इन आचार-संहिताओं की जरूरत ही क्या है?

यह तो आचार-संहिता के बरक्स विभिन्न पत्रकार संगठनों के कुछ सदस्यों की राय थी, किन्तु पत्रकार और राष्ट्रपिता महात्मा गांधी के अग्रलिखित वक्तव्य से यह ध्वनि होता है कि वे पत्रकारों के लिए आचार संहिता की जरूरत को महसूस करते थे, उनका एक वक्तव्य देखिए—"समाचार-पत्र एक प्रचंड शक्ति है, परन्तु जिस प्रकार निरंकुश जल का प्रवाह गाँव के गाँव डुबो देता है और सारी फसल का नाश कर देता है, उसी प्रकार निरंकुश लेखनी का प्रवाह भी सर्वनाश का सर्जन करता है। लेखनी पर यह अंकुश जब भीतर से लगाया जाता है, तभी वह लाभदायी हो सकता है।"

(अ) आचार संहिता की भारतीय पहल

बताते हैं, सन् 1934 में ब्रिटेन की नेशनल यूनियन ऑफ जर्नलिस्ट्स ने आचार संहिता के प्रश्न पर विचार करना शुरू किया। सन् 1936 में काफी बाद-विवाद के बाद एक आचार संहिता स्वीकार की गई और उसकी 13 धाराएँ यूनियन की नियमावली में सम्मिलित की गई, परन्तु यह आचार संहिता मुख्यतया पत्रकारों के निजी आचरणों से सम्बन्धित है और उसका सार यह है कि पत्रकार दूसरे लोगों के श्रम का, दुरुपयोग नहीं करेगा और ऐसा कोई काम नहीं करेगा, जिससे पत्रकार संघ, समाचार-पत्र या पत्रकारिता-धन्धे की बदनामी होती हो। सन् 1950 ई. में जब नई दिल्ली में भारतीय श्रमजीवी पत्रकार संगठन की स्थापना के लिए एक सम्मेलन बुलाया गया, तो उसने ब्रिटेन की आचार संहिता को थोड़े परिवर्तनों के साथ स्वीकार कर लिया।[5] उसके बाद संयुक्त राष्ट्र संघ ने पचास के दशक के आस-पास प्रेस के 'अधिकार पत्र' की रूपरेखा तैयार की थी। इस प्रारूप में पत्रकारों के लिए आचार संहिता

1. टाइम्स आफ इंडिया, सम्पादकीय, मई-1985 ई.।
2. राजस्थान पत्रिका में पत्रकार कुलदीप नैयर का लेख, 13 अगस्त, 1985 ई.।
3. दिनमान-पृष्ठ-23, 30 जून से 6 जुलाई, 1985 ई.।
4. हिन्दी पत्रकारिता : स्वरूप और सन्दर्भ-डॉ. विनोद गोदरे, पृष्ठ-105।
5. पराड़कर और हिन्दी पत्रकारिता की चुनौतियाँ—सं. अच्युतानन्द मिश्र, पृष्ठ-256, वाराणसी।

भी शामिल थी। उक्त आचार संहिता में सूचनाधिकार को मानवाधिकार माना गया और यह भी इंगित किया गया था कि पत्रकार निजी मामले में हस्तक्षेप नहीं करेंगे, लोक हित में समाचारों की प्रस्तुति निष्पक्ष करेंगे। बहरहाल, संयुक्त राष्ट्र संघ के उक्त प्रारूप का प्रभाव भारत पर भी पड़ा। इधर, भारत में सन् 1952 ई. में 'प्रथम प्रेस आयोग' का गठन हुआ। इस आयोग की सिफारिश के आधार पर प्रेस कौन्सिल ऑफ इंडिया ऐक्ट 1965 (Press Council of India Act 1965) पारित कराया गया। उसके बाद 1966 में तत्कालीन न्यायाधीश श्री जे.आर.मघेलकर की अध्यक्षता में भारत की प्रथम प्रेस परिषद् स्थापित हुई। इसे ही प्रेस के लिए आचार संहिता बनाने का काम सौंपा गया। प्रथम प्रेस आयोग ने भी सन् 1954 में आचार संहिता की जरूरत महसूस करते कहा था कि,—"हम यह बात जरूरी मानते हैं कि सभी पत्रकार अपने आपको एक आचरण-संहिता से बन्धा मानें। इससे यह सुनिश्चित हो सकेगा कि पत्रकार अपनी लेखनी का लक्ष्य सदैव समाज के प्रति अपने उच्च दायित्व का निष्पादन करना समझेगें, किन्तु प्रथम प्रेस आयोग ने स्वतः कोई आचार-संहिता तैयार नहीं की, बल्कि इसने भी प्रेस-परिषद को ही आचार-संहिता बनाने के लिए ताकीद किया। प्रथम प्रेस-आयोग ने प्रेस-परिषद् को पत्र पत्रिकाओं के लिए आचार संहिता बनाते समय अग्रलिखित 17 सिद्धान्तों का प्रतिपादन किया था।

इस समय तक आते-आते भारतीय पत्रकारों को सम्भवतः यह महसूस हुआ कि हर व्यवसाय में कोई-न-कोई काला भेड़िया अवश्य आ जाता है, जो स्वतंत्रता का दुरुपयोग कर पेशे को बदनाम करता है, सो इन्होंने भी 25 सितम्बर, 1953 ई. को 15 सूत्रीय आचार संहिता तैयार की। इसके पहले पं. मदनमोहन मालवीय, पराड़कर जी, गणेश शंकर विद्यार्थी जी तथा माखनलाल चतुर्वेदी प्रभृति ख्यातनाम् पत्रकारों ने अपनी-अपनी आचार संहिताएँ तैयार कर उन्हें अमल में लाना शुरू कर दिया था। यहाँ पर यह बात ध्यान देने योग्य है कि प्रथम प्रेस आयोग ने पत्रकारिता सम्बन्धी जो आचार-संहिता के सिद्धान्तों को तय किया था, लगभग वहीं सिद्धान्त अखिल भारतीय समाचार-पत्र सम्पादक सम्मेलन में भी तय किए गए थे। हाँ, आयोग ने इनमें कुछ नये सिद्धान्तों और नये मुद्दों को जोड़ा, तो कुछ को अपने घोषित सिद्धान्तों में शामिल नहीं किया।

(1) प्रेस आयोग के घोषित सिद्धान्त

(1) प्रेस जनमत बनाने का मुख्य साधन है। अपने इस कर्तव्य का पालन वह एक न्यासी (ट्रस्टी) के रूप में करे,
(2) प्रेस मूल मानवीय एवं सामाजिक अधिकारों का समुचित आदर करे,
(3) समाचारों का संकलन, वितरण और प्रकाशन हो और प्रेस को टीका-टिप्पणी करने का समुचित अधिकार हो,
(4) तनाव व हिंसा बढ़ाने वाली खबरों से बचें,
(5) समाचार तोड़-मरोड़कर न दें,
(6) प्रेस अपने समाचारों के लिए जिम्मेदारी स्वीकार करे,
(7) अपुष्ट खबरों के बारे में स्वयं यह संकेत दें कि अमुक-अमुक खबरें कहाँ, किन सूत्रों से, किस अवस्था में प्राप्त हुईं,
(8) प्रेस को समाचार-सूत्र उद्घाटन करने के लिए बाध्य नहीं किया जाए, किन्तु न्यायालय और प्रेस-परिषद को आवश्यक होने पर सूत्र जानने का अधिकार हो,
(9) पत्रकार व्यावसायिक आचरण को वरीयता दें और अपने व्यक्तिगत हितों को वरीयता न दें,
(10) गलत समाचारों का निवारण तत्परता से करें और खंडन प्रतिवाद इत्यादि का समुचित ढंग से प्रकाशन करें,
(11) प्रेस अपने व्यवसाय की प्रतिष्ठा के अनुकूल आचारण करे और अपनी प्रतिष्ठा का नाजायज लाभ न ले,
(12) लालच में आकर न कोई समाचार दें, न किसी समाचार को दबाने की चेष्टा करें,

(13) व्यक्तिगत विवादों को, जिनका समाज के हित से कोई सम्बन्ध नहीं हो, उजागर न करें,
(14) निजी जीवन के सम्बन्ध में कोई अफवाह न फैलाएँ और निजी मामलों को तब तक उजागर न करें, जब तक समाज के व्यापक हित में उसका प्रकाशन अनिवार्य न हो,
(15) निराधार आरोप लगाने से परहेज करें,
(16) साहित्यिक चोरी को गम्भीर व्यावसायिक अपराध मानें तथा
(17) संकटग्रस्त और आक्रान्त परिवारों के समाचार और फोटो इत्यादि समझ-बूझकर दें।

(2) अखिल भारतीय समाचार-पत्र सम्पादक सम्मेलन 1953 द्वारा तैयार की गई आचार संहिता

अखिल भारतीय समाचार पत्र सम्पादकों (All India News Paper Editors Conference) की एक महत्त्वपूर्ण बैठक 11 अक्टूबर, 1947 को मुम्बई में हुई थी, जिसमें समाचार-पत्रों के लिए कुछ आचार-संहिताओं का निर्धारण किया था, वे इस प्रकार हैं,—

(1) All editorial comments, expression of opinions whether through statements, letters to the editors or in any other form, shall be restrained and free from scurrilous attacks against leaders or communities and there shall be no incitement to violence ,
(2) News of incidents involving loss of life, lawlessness, arson etc., shall be described and reported in strictly objective terms and shall not be heavily displayed,
(3) Items of news calculated to make for peace and harmony and to help in the restoration and maintenance of Law and order shall be given prominence and precedence over other news,
(4) The greatest caution shall be exercised in the selection and publication of pictures, cartoons, poems etc.,
(5) Figures of casualties and names of communities shall not be mentioned in headlines तथा
(6) Nothing shall be published that is in conflict with safety of the State."

अखिल भारतीय सम्पादक सम्मेलन द्वारा आचार संहिता की जो बातें, इन सिद्धान्तों में शामिल नहीं हैं, वे इस प्रकार हैं,—

(1) पत्रकार अपनी स्थिति का दुरुपयोग ऐसे उद्‌देश्यों के लिए नहीं करेगा, जिनका पत्रकारिता से कोई सम्बन्ध नहीं,
(2) पत्रकार अपने व्यवसाय के अन्य सहयोगियों के प्रति दायित्व के बारे में सदैव सजग रहेंगे और अनुचित तरीकों से उसकी आजीविका खत्म करने की कोशिश नहीं करेंगे तथा
(3) समाचार-पत्र बुराई और अपराध को प्रोत्साहित करनेवाली बातें प्रकाशित करने से बचेंगे।

(3) भारतीय प्रेस-परिषद् की आचार संहिता सम्बन्धी दी गई व्यवस्था

सन् 1965 ई. में प्रेस-परिषद् अधिनियम पारित हुआ। अस्तित्व में आने के बाद प्रेस-परिषद ने भी आचार संहिता बनाने का प्रयास आरम्भ किया, किन्तु, उसने यह महसूस किया कि आचार संहिता एक सांस में नहीं बनाई जा सकती। परिषद् के फैसले और इसके द्वारा दी गई व्यवस्थाएँ स्वतः कालक्रम में आचार संहिता का रूप ले लेंगी। परिषद् ने प्रेस कौंसिल ऑफ इंडिया ऐक्ट की धारा 12 (2) बी की व्यवस्था करते हुए कहा कि वह भी एक सांस में आचार संहिता बनाने का निर्देश नहीं देती, बल्कि उसका भी तात्पर्य यही है कि आचार संहिता विकसित की जाए। सन् 1966 के बाद जितनी भी प्रेस-परिषदें बनीं, सभी ने यही रुख अख्तियार किया। सन् 1980 में परिषद् ने इस सम्बन्ध में प्रेस संगठनों, बार कौसिल ऑफ इंडिया, विश्वविद्यालय अनुदान आयोग और प्रमुख पत्रकारों की राय जानने की चेष्टा की। उन्होंने एक भी सांस में आचार संहिता बनाना अनुपयुक्त समझा। द्वितीय प्रेस आयोग ने भी यही विचार व्यक्त किया। सन् 1984 में प्रेस-परिषद् ने अपने 18 वर्षों के कार्यकाल में घोषित निर्णयों

का सारांश भारतीय विधि आयोग की सहायता से प्रकाशित किया। उसमें प्रेस परिषद द्वारा प्रेस के लिए प्रतिपादित सिद्धान्तों की अन्तरिम सूची दी गई है।

परिषद् द्वारा घोषित व्यवस्थाएँ

इनमें साम्प्रदायिक लेखन, प्रतिवाद प्रकाशन, अपुष्ट समाचार, मानहानि कारक समाचार, अश्लील समाचार और पत्रकारी सदाचारी सम्बन्धी सिद्धान्त सम्मिलित हैं। इन्हें इस प्रकार देखा जा सकता है,—

(क) साम्प्रदायिक लेखन

साम्प्रदायिक लेखन पर कहा गया है किः—

1. प्रेस को सरकारी नीतियों, व्यवस्थाओं की आलोचना करने या किसी क्षेत्र या राज्य विशेष की राजनीतिक या सांविधानिक स्थिति पर अपना विचार व्यक्त करने का पूरा अधिकार है, परन्तु उसे क्षेत्र-विशेष की अपराध (बलात्कार) आदि की घटनाओं को इस प्रकार उजागर नहीं करना चाहिए कि उस क्षेत्र में राजनीतिक अस्थिरता पैदा हो जाए या साम्प्रदायिक दंगे भड़क उठें।
2. प्रेस को क्षेत्र या समुदाय विशेष की वास्तविक कठिनाइयों/शिकायतों को इस प्रकार उजागर करना चाहिए ताकि उनका शान्तिपूर्वक समाधान हो सके। साम्प्रदायिक सद्भावना भंग न हो। सनसनीखेज, उत्तेजक या भड़काऊ शीर्षक नहीं देना चाहिए। दंगों की खबर इस प्रकार नहीं दी जाए कि जनता का, प्रशासन तंत्र पर से विश्वास उठ जाए।
3. साम्प्रदायिक विवादों से सम्बन्धित समाचारों की सच्चाई का पता, अच्छी तरह लगाना चाहिए।
4. प्रेस को इमानदारी के साथ विमति व्यक्त करने का अधिकार है परन्तु गन्दे शब्दों के इस्तेमाल या व्यक्तिगत आक्षेप लगाने का कोई औचित्य नहीं है।
5. व्यंग्य किया जा सकता है, व्यंग चित्र बनाये जा सकते हैं, परन्तु ओछेपन और अश्लीलता पर नहीं उतरना चाहिए।
6. सम्प्रदाय-विशेष के बारे में सरकारी नीति की ही तर्कसंगत आलोचना उचित है।
7. साम्प्रदायिक संगठनों पर पाबन्दी की माँग करना भी अनुमत है।
8. सम्प्रदाय-विशेष को बदनाम करना अनुचित है।
9. पत्रकारों की राजनीतिक विचारधारा पर नहीं, उनके अनुचित लेखों पर उंगली उठायी जा सकती है।
10. अपने समाचारपत्रों में प्रकाशित समाचारों और विचारों के लिए स्वयं सम्पादक जिम्मेदार होंगे। बीमारी आदि के कारण उनकी अनुपस्थिति के आधार पर, उसके विरुद्ध शिकायतें खारिज नहीं की जा सकती। अखबार के बन्द हो जाने के बाद भी शिकायतों पर विचार जारी रखा जा सकता है।
11. वर्तमान पीढ़ी को सावधान करने के लिए ऐतिहासिक तथ्यों का प्रकाशन अनुचित नहीं कहा जा सकता, चाहे उसके कारण किसी जाति-विशेष की भावना को ठेस पहुँचती हो।
12. साम्प्रदायिक घटनाओं पर अफवाह के आधार पर समाचार लिखना, तथ्यों को दबाकर विकृत समाचार देना भी अनुचित है।

(ख) प्रतिवाद प्रकाशन

1. अपने नियमित संवाददाताओं द्वारा प्रेषित समाचारों की सच्चाई पर अगर सम्पादक को शक न हो और वह प्रकाशित कर दे तो उन पर अनुत्तरदायी होने का आरोप नहीं लगाया जा सकता। अन्य सूत्रों से प्राप्त समाचारों की सच्चाई के बारे में उन्हें तसल्ली कर लेनी चाहिए। जल्दीबाजी करने से कोई लाभ नहीं होता।
2. गलत समाचार या टिप्पणी के प्रकाशन की स्थिति में, स्वयं उसका समुचित खंडन छापना चाहिए तथा खेद व्यक्त करना चाहिए। दूरगामी प्रभाव वाले गलत समाचारों का केवल खंडन प्रकाशित करना ना काफी होगा।

3. संवाददाता के विरुद्ध शिकायत के लिए भी सम्पादक ही जिम्मेदार होंगे।
4. नेता के आचरण पर सम्पादक की टिप्पणी का उत्तर पाठक भी दे सकता है।
5. लोकनेताओं पर गलत आक्षेप का खंडन करने का अधिकार किसी भी, उत्तरदायी व्यक्ति को है।
6. समाचारपत्रों को स्वतः ऐसे प्रतिवाद खंडन प्रकाशित करना चाहिए। इसमें देर नहीं करनी चाहिए। परन्तु खंडन तथ्यों पर आधारित होना चाहिए, आक्षेप मूलक या अस्पष्ट नहीं।
7. किसी प्रतिवाद को सम्पादक, जिस रूप में सम्पादन करके छापना चाहे उन्हें इसका अधिकार है।
8. सम्पादक को किसी प्रतिवाद की सच्चाई पर सन्देह हो तो उन्हें उसे अपनी टिप्पणी के साथ प्रकाशित करना चाहिए।
9. सम्पादक के नाम पत्रों के प्रकाशन के मामले में सम्पादक को चयन का अधिकार है, परन्तु इस अधिकार का दुरुपयोग नहीं होना चाहिए। हर पक्ष के विचार को स्थान देना चाहिए।
10. अखबार जिस व्यक्ति के आचरण पर टिप्पणी करे, उसका उत्तर जरूर छापना चाहिए।
11. पुस्तक समीक्षकों की टिप्पणी के उत्तर में आए हुए पत्रों को भी यथा सम्भव छापना चाहिए।
12. किसी विषय पर वाद/प्रतिवाद का सिलसिला कब बन्द किया जाए, यह सम्पादक का विवेकाधिकार है।
13. आमंत्रित लेखों का, सम्पादन करने का सम्पादक का अधिकार सुरक्षित है, परन्तु वे उसमें तोड़मरोड़ नहीं कर सकते। पारिश्रमिक के वादे पर प्राप्त लेख का पारिश्रमिक भेज दिया जाए, चाहे वह लेख प्रकाशन योग हो या नहीं। उन्हें लेखों को अस्वीकृत करने का अधिकार है।
14. भारतीय प्रेस परिषद् को किसी सम्पादक के प्रतिवाद छापने के लिए बाध्य करने का अधिकार नहीं है, किन्तु उनके विरुद्ध शिकायतों की जाँच के बाद, परिषद के निष्कर्षों को प्रकाशित करने के लिए बाध्य किया जा सकता है।

(ग) अपुष्ट समाचार

1. तनाव के समय अपुष्ट समाचारों का प्रकाशन अत्यन्त अनुचित है।
2. गलत समाचार के लिए सम्पादक द्वारा संवाददाता के विरुद्ध समुचित कार्रवाई की गई हो तो सम्पादक के विरुद्ध कोई कार्रवाई वांछित नहीं है।
3. समाचारों के प्रकाशन के समय, अगर समाचार विशेष पर विश्वास करने का ठोस आधार हो और कालक्रम में वह गलत साबित हो जाए तो सम्पादक को दोष नहीं दिया जा सकता।
4. राजनेताओं के बयानों को जाँच कर छापना आवश्यक नहीं, चाहे उन बयानों में, किसी पर गम्भीर आरोप क्यों नहीं लगाया गया हो।
5. सम्पादक को किसी सार्वजनिक वक्तव्य के एकाध वाक्य को चुनकर इस प्रकार नहीं उछालना चाहिए ताकि उसका भ्रामक प्रभाव पड़े।

(घ) प्रेस एवं जनसंचार के क्षेत्र में अपमान या अपमानकारी लेख

1. अपमानजनक लेख छापने के लिए सम्पादक के विरुद्ध कोई कार्रवाई नहीं की जा सकती, जब तक कि शिकायत कर्ता अपने आरोपों को पूरी तरह प्रमाणित नहीं कर दे।
2. राजनेताओं के सार्वजनिक आचरण पर टिप्पणी की जा सकती है, लेकिन उनके निजी मामलों को उजागर करना अनुचित है।
3. किसी को बदनाम करने के उद्देश्य से समाचार छापने वाले सम्पादक की निन्दा की जानी चाहिए। उनकी क्षमा-प्रार्थना भी स्वीकार नहीं की जानी चाहिए, अगर यह प्रतीत हो कि उन्होंने समाचारपत्र केवल लोगों को ब्लैकमेल करने के लिए निकाला है।
4. किसी को ब्लैकमेल करने के लिए अक्सर भद्दे और गन्दे समाचार प्रकाशित करनेवाले सम्पादक की भी तीव्र निन्दा होनी चाहिए।

5. जानबूझकर निराधार आरोप लगाना, पत्रकारिता के आदर्शों का खुल्लमखुल्ला उल्लंघन माना जाएगा।
6. निराधार आक्षेप लगाकर कर किसी का चरित्र हनन करना अत्यन्त अनुत्तरदायित्व पूर्ण कार्य होगा।
7. सम्पादक की ओर से जवाबी आक्रमण भी निषिद्ध है।

(ङ) अश्लीलता

1. अश्लीलता की ठीक-ठीक परिभाषा सम्भव नहीं है। इसका निर्धारण, समाचार या चित्र-विशेष का पाठकों पर प्रभाव के आधार पर होगा।
2. धन कमाने के काम वासना को उद्दीप्त करनेवाले समाचार/चित्र अत्यन्त अवांछित माने जाएंगे।
3. लोगों को भ्रष्ट और दुष्चरित्र बनाने वाले समाचार/चित्र आदि को अश्लील कहा जाएगा।
4. विज्ञापनों के लिए महिलाओं के चित्रों का केवल असाधारण मुद्रा में उपयोग अवांछित होगा।

(च) पत्रकारी शिष्टाचार

1. विश्वास में बतायी गई बातें प्रकाशित नहीं करनी चाहिए बशर्ते कि प्रकाशित करने के पूर्व, सूचना देनेवाले महाशय की अनुमति प्राप्त न कर ली जाए। सम्पादक इस स्पष्टीकरण के साथ उक्त समाचार को प्रकाशित कराएँ—कि इसे समाज के व्यापक हित में प्रकाशित किया जा रहा है, यद्यपि कि यह सूचना विधिवत प्राप्त नहीं हुई थी।
2. सम्पादकों को, लोगों द्वारा भेजे गए, लेखों को अगर प्रकाशित नहीं करना चाहें, तो वापस करना चाहिए, लेकिन कार्यालय की गलती से वापस न किया जा सके तो सम्पादक को दोष नहीं दिया जाना चाहिए।
3. विज्ञापन छापने के पहले, सम्पादक को देखना चाहिए कि इसमें कोई अवैध सामग्री तो शामिल नहीं है।
4. नकली विज्ञापन छापना पत्रकारिता के सिद्धान्त के प्रतिकूल है।
5. सम्पादक को, चाहे वह अत्यन्त अल्पमत में हो, अपना विचार व्यक्त करने का पूरा अधिकार है।
6. प्रकाशन के बन्द हो जाने के बाद भी, सम्पादक प्रकाशित सामग्रियों के लिए उत्तरदायी होते हैं।

(छ) पटना उच्च न्यायालय की व्यवस्था

हिन्दुस्तान टाइम्स के पटना संस्करण के विरुद्ध न्यायालय की मानहानि के मामले में पटना उच्च न्यायालय के न्यायाधीश प्रभाशंकर मिश्र तथा विनोद कुमार राय की खंडपीठ द्वारा हाल में प्रस्ताविक प्रेस/पत्रकारों की 13 सूत्री आचार-संहिता इस प्रकार थीः—

1. प्रेस जनमत बनाने का मूल साधन है, इसलिए पत्रकारों को एक न्यासी के रूप में काम करना चाहिए तथा जनहित की रक्षा और सेवा करनी चाहिए।
2. अपने कर्तव्यों के निर्वाह में पत्रकारों को नागरिकों के मौलिक अधिकारों और मूल अधिकारों का ख्याल रखना चाहिए। अत्यन्त विश्वस्त समाचार देना चाहिए।
3. पत्रकारों को इमानदारी से समाचार-संवर्धन और प्रकाशित करने तथा उन पर सिद्धान्तों के आधार पर समुचित टीका-टिप्पणी करने का अधिकार होना चाहिए।
4. पत्रकारों को ऐसी टीका-टिप्पणी से बचना चाहिए, जिसके कारण तनाव, हिंसा भड़कने की सम्भावना हो।
5. पत्रकारों को यह प्रयास करना चाहिए कि उनके द्वारा प्रेषित समाचार सर्वथा सही हो, कोई तथ्य तोड़ा-मरोड़ा नहीं जाए और न आवश्यक सूचनाएँ दबायी जाए। गलत प्रभाव पड़ने वाली सूचनाएँ नहीं प्रकाशित करें।
6. प्रकाशित समाचारों और टिप्पणियों के लिए जिम्मेदारी स्वीकार करनी चाहिए। अगर जिम्मेदारी नहीं लेनी हो, तो इसका उल्लेख समाचार में ही, स्पष्ट रूप से कर देना चाहिए।

7. अपुष्ट समाचारों के बारे में साफ लिखना चाहिए कि अमुक समाचार की पुष्टि नहीं हुई है।
8. पत्रकारों को गोपनीयता बरतनी चाहिए लेकिन प्रेस परिषद और न्यायालय के समक्ष इस पर जोर नहीं देना चाहिए।
9. पत्रकारों को अपने व्यावसायिक हितों को आघात नहीं पहुँचाना चाहिए, न ही व्यक्तिगत स्वार्थों के लिए सामाजिक हितों की तिलांजलि देनी चाहिए।
10. अपूर्ण या त्रुटिपूर्ण समाचारों को स्वयं सुधारना चाहिए।
11. पत्रकारों को अपने व्यवसाय की गरिमा और प्रतिष्ठा बनाये रखना चाहिए और अपने व्यवसाय का शोषण नहीं होने देना चाहिए।
12. पत्रकारों द्वारा घूस लेने से कोई और बुरी बात नहीं हो सकती।
13. पारस्परिक विवादों को, जिसका जन-हित में कोई ताल्लुक न हो, जारी रखना, पत्रकारिता के सिद्धान्तों के विरुद्ध होगा।

उच्च न्यायालय ने यह आचार-संहिता भारतीय प्रेस परिषद के सिफारिशों के आधार पर प्रस्तावित की थी। इसके पहले अनेक पत्रकार संगठनों आचार संहिताओं का निर्माण किया था लेकिन वे कारगर सिद्ध नहीं हुई क्योंकि प्रेस (समाचार-पत्रों और पत्रकारों) ने मोटे तौर पर निर्धारित आचार संहिता का पालन करते हुए भी अवांछित समाचारों को प्रकाशित करने में सफलता प्राप्त की।

यह सच है कि समाचारपत्र संगठनों ने ही सन् 50 के आसपास आचार-संहिता बनाने का निर्णय कर लिया था और उसके बाद विभिन्न संगठनों ने अपनी आचार-संहिता प्रकाशित की।[1]

(4) सम्पादकों का चार्टर और अधिकार पत्र

अखिल देशीय समाचार-पत्र सम्पादक सम्मेलन ने सम्पादकों का अधिकार पत्र भी तैयार किया था। इसका उद्देश्य समाचार-पत्रों में सम्पादकीय स्वाधीनता की रक्षा करना और स्वत्त्वाधिकारियों के मनमाने अधिकार पर किंचित् अंकुश लगाना था। यह घोषणा पत्र सम्पादकों के चार्टर के नाम से मशहूर हुआ, जिसे इस प्रकार देखा जा सकता है,—

1. सम्पादकीय नीति लागू करने, सम्पादकीय विभाग के कर्मियों को अनुदेश देने तथा पत्र संचालन में सम्पादक को पूर्ण स्वतंत्रता होगी।
2. समाचार-पत्र का प्रबन्ध बोर्ड सम्पादक के साथ विचार-विमर्श कर वार्षिक बजट तैयार करेगा।
3. सम्पादकीय स्टाफ तथा पत्र की विषयवस्तु के सम्बन्ध में सम्पादक का निर्णय अन्तिम होगा।
4. सम्पादकीय विभाग से सम्बन्धित सभी मामलों में सम्पादक प्रबध-मंडल, प्रोपराइटर से सीधा सम्पर्क रखेगा।
5. सम्पादकीय विभाग के किसी कर्मचारी की योग्यता का आकलन कर विशेष वेतन वृद्धि देने का अधिकार सम्पादक को होगा।
6. सम्पादक ही पत्र की नीति का संचालन करेगा उच्च मानदंडों को बनाये रखेगा, सभी प्रकार के दबावों का प्रतिरोध करेगा, सम्पादकीय विभाग के सदस्यों में सामुदायिक भावना विकसित करेगा तथा समाज के हितों की निष्पक्षता से रक्षा करेगा।
7. सम्पादक को, सरकार तथा मालिकों द्वारा समाचार-पत्र की सम्पादकीय नीति के तहत अपने कार्यों के निर्वहन में स्वतंत्रता दी जानी चाहिए।
8. प्रबन्ध मंडल तथा सम्पादक के बीच मतभेदों के कारण यदि सम्पादक त्यागपत्र दें अथवा उन्हें हटा दिया जाए तो वह शेष छुट्टियों के बदले में वेतन तथा छह माह की ग्रेच्युटी तथा बकाया वेतन का हकदार होगा।

नोट—यदि किसी समाचारपत्र में एक से अधिक सम्पादक हों तो सम्पादक से तात्पर्य मुख्य सम्पादक से है।

---

1. संचार माध्यम में रामजी प्रसाद सिंह का लेख, पृष्ठ-3, सन् 1989।

(5) आपात्काल और 17 सम्पादकों द्वारा तैयार की गई आचार-संहिता

देश में आपात् काल लगा। समाचार-पत्रों पर सरकार के लिए अनुपयुक्त समाचारों पर सेंसर की कैंची लगनी शुरू हुई। इधर, 4 जुलाई, 1975 ई. को भारतीय श्रमजीवी पत्रकार संघ के नेतृत्व में एक प्रतिनिधि मंडल तत्कालीन प्रधानमंत्री श्रीमती गांधी से मिल उन्हें समाचार-पत्रों पर लगे सेंसर को हटाने का आग्रह किया। इस प्रतिनिधि मंडल में एक प्रसिद्ध पत्रकार श्री जगदीश प्रसाद चतुर्वेदी भी थे। श्रीमती गांधी ने एक सवाल के जवाब में इनसे कहा कि, ''चतुर्वेदी जी, जो पत्रकारिता अपने आप को नियंत्रित नहीं कर सकती, उसे किसी-किसी दूसरे द्वारा नियंत्रित होना पड़ता है।''[1] बहरहाल, केन्द्र सरकार की पहल पर अखिल भारतीय सम्पादक सम्मेलन ने सन् 1976 ई. में आपात् काल के समय 17 प्रमुख सम्पादकों की एक समिति की सिफारिश पर चौदह सूत्रीय आचार संहिता तैयार की। इस आचार संहिता को तत्कालीन सूचना और प्रसारण मंत्री श्री विद्याचरण शुक्ल ने जनवरी, 1976 में संसद के दोनों सदनों में पेश किया था। उसके बाद एक संवाददाता सम्मेलन में श्री शुक्ल ने बताया कि उक्त आचार संहिता सरकार द्वारा स्वीकार कर ली गई और इसे कानून की शक्ल अख्तियार कराने पर विचार हो रहा है। इधर, 8 जनवरी, 1976 को श्री शुक्ल द्वारा राज्य सभा में प्रस्तुत उक्त आचार संहिता को इस प्रकार देखा जा सकता है,—

1. अपने कर्तव्यों के पालन में पत्रकार जन-साधारण और सामाजिक अधिकारों को सर्वाधिक महत्त्व देंगे और आलोचना में सद्भाव और निष्पक्ष व्यवहार को व्यावसायिक उत्तरदायित्व के एक अंग के रूप में स्वीकार करेंगे।
2. पत्रकार और समाचार-पत्र राज्य और जनता की उन गतिविधियों पर प्रकाश डालने और उनको प्रोत्साहित करने का प्रयास करेंगे, जिनसे राष्ट्रीय एकता और सुदृढ़ता, भारत की अखंडता तथा आर्थिक और सामाजिक प्रगति को बल मिलता है।
3. पत्रकार और समाचारपत्र उन समाचारों और टिप्पणियों को प्रकाशित नहीं करेंगे, जिनसे ऐसे तनावों को बल मिलता है, जिनसे नागरिक उथल-पुथल, विद्रोह और बगावत की सम्भावना हो। हिंसा की खुले शब्दों में निन्दा की जानी चाहिए।
4. पत्रकार और समाचारपत्र यह सुनिश्चित करेंगे कि समाचार तथ्यात्मक हों। किसी भी तथ्य को तोड़ा-मरोड़ा नहीं जाएगा। न ही ऐसे समाचारों को प्रकाशित किया जाएगा, जो असत्य हो या अविश्वसनीय है।
5. ऐसी काल्पनिक रिपोर्ट प्रकाशित नहीं होगी जो उत्तेजनात्मक हो या जिनसे अर्थ का अनर्थ होता हो। गलत रिपोर्ट या टिप्पणी का संशोधन प्रमुखता से प्रकाशित किया जाएगा।
6. विश्वास का सदैव आदर किया जाएगा। व्यावसायिक गोपनीयता की रक्षा की जाएगी।
7. पत्रकारिता से परे अन्य उद्देश्यों से सूचना एकत्रित करने के लिए पत्रकार अपने पद का दुरुपयोग नहीं करेंगे और न ही उनका व्यक्तिगत स्वार्थ उनके व्यावसायिक आचरण को प्रभावित करेगा।
8. पत्रकारों के लिए किसी भी समाचार या टिप्पणी का प्रकाशन करने या न करने के लिए किसी प्रकार का प्रलोभन या घूस लेने या इसकी माँग करने से बढ़कर और कोई बुरी चीज नहीं होगी।
9. पत्रकार और समाचारपत्र लोकहित के अतिरिक्त, किसी भी वाद-विवाद में नहीं पड़ेंगे।
10. पत्रकार और समाचारपत्र अफवाह या गप्प या व्यक्तियों के जीवन से सम्बन्धित सन्दिग्ध समाचारों का प्रकाशन नहीं करेंगे।
11. समाचारपत्र ऐसी सामग्री (विज्ञापन सहित) नहीं प्रकाशित करेंगे, जो अश्लील हो, या जिनसे दुष्कर्म, अपराध या गैर-कानूनी गतिविधियों को प्रोत्साहन मिलता हो।

---

1. पराड़कर और हिन्दी पत्रकारिता की चुनौतियाँ—सं. अच्युतानन्द मिश्र, पृष्ठ-259।

12. पत्रकार और समाचारपत्र लोकतंत्र, धर्मनिरपेक्षता और समाजवाद के राष्ट्रीय उद्देश्यों को बढ़ावा देने और उनको प्रतिबिम्बित करेंगे।
13. पत्रकार और समाचारपत्र ऐसे दंगों के समाचार का विकृत विवरण प्रकाशित नहीं करेंगे जो, किसी जाति, सम्प्रदाय, वर्ग, धर्म, क्षेत्रीय या भाषायी गुट से सम्बन्धित हो तथा अधिकारिक पुष्टि के बगैर सम्मिलित गुटों की संख्या या पहचान का ब्यौरा प्रकाशित नहीं करेंगे।
14. पत्रकार और समाचारपत्र ऐसी सूचना या टिप्पणी प्रकाशित नहीं करेंगे, जिनसे भारत की प्रभुसत्ता और अखंडता, देश की सुरक्षा या निर्देशों से मैत्री पूर्ण सम्बन्धों को आघात पहुँचता हो।

पुनः बाद में उसी "All India Newspaper Editors Conference" (A.I.N.E.C.) अर्थात् अखिल भारतीय समाचार-पत्र सम्पादक सम्मेलन द्वारा दिसम्बर, 1977 में परिष्कृत-परिमार्जित आचार-संहिता का नियमन किया गया, यथा—

दिसम्बर, 1977 में परिष्कृत-परिमार्जित अचार-संहिता—

(1) As the press is a primary instrument in the creation of public opinion, journalists should regard their work as a trust and be eager to serve and guard the public interests अर्थात् प्रेस जनमत निर्धारण का मुख्य साधन है। अतः पत्रकारों को अपना कार्य ट्रस्ट समझ कर करना चाहिए तथा जनहित की सेवा और सुरक्षा की रक्षा के लिए उन्हें सदा तत्पर रहना चाहिए,

(2) In the discharge of their duties journalists shall attach due value to fundamental, human and social rights and shall hold good faith and fair play in news report and comments as essential professional obligations अर्थात् मूल मानवीय और सामाजिक अधिकारों का पत्रकारों को उचित आदर करना चाहिए। अपनी वृत्ति या पेशे को पुनीत कर्तव्य मानकर समाचार देते समय पत्रकार को हमेशा निष्ठावान और न्यायनिष्ठ होना चाहिए,

(3) journalist shall observe special restraint in reports and comments dealing with tensions likely to lead, or leading, or civil disorder अर्थात् जातीय, धार्मिक और आर्थिक भेदों से उत्पन्न खिंचावों के समाचार देते समय या उन पर टीका-टिप्पणी करते समय पत्रकारों को खास तौर से अपने ऊपर नियंत्रण रखना चाहिए,

(4) Journalist shall endeavour to ensure that information disseminated is factually accurate. No fact shall be distorted and no essential facts shall be deliberately omitted. No information known to be false shall be published अर्थात् पत्रकार यह देखे कि जो कुछ छप रहा है, उसमें तथ्य की कोई गलती न हो, कोई हकीकत न तो तोड़ी-मरोड़ी जाए और न कोई आवश्यक तथ्य छिपाया जाए। जानबूझकर कोई गलत बात न छापी जाए। जो कुछ छपे उसकी सारी जिम्मेवारी पत्रकार स्वीकार करे। यदि किसी लेख की जिम्मेदारी अपने ऊपर लेने में असमर्थ हो, तो इसका उल्लेख विशेषतया कर दिया जाए,

(5) Responsibility shall be assumed for all information and comments published. If responsibility is disclaimed, this will be explicitly stated अर्थात् अफवाह और अपुष्ट समाचारों को अफवाह और अपुष्ट समाचार ही लिखा जाए। गलत तथ्यों का उत्तरदायित्व स्वतः ले लेना चाहिए,

(6) Confidence shall always be respected. Professional secrecy must be preserved अर्थात् गोपनीयता की रक्षा पत्रकारों का कर्तव्य है और उनकी प्रतिष्ठा इसी पर निर्भर है,

(7) Any report found to be inacurate and any comment on inaccurate reports shall be voluntarily rectified. It shall be obligatory to give fair publicity to a correction or contradiction when a report published is shown to be false or

inaccurate. अर्थात् गलत समाचारों का तुरन्त और स्वेच्छापूर्वक खंडन करना चाहिए और यदि ऐसे खंडन की माँग कहीं से की जाए तो गलत बातों का प्रतिवाद प्रकाशित होना ही चाहिए,

(8) Journalists shall not exploit their Status for non-journalistic purposes अर्थात् ऐसे उद्देश्यों के लिए जिनका सम्बन्ध पत्रकारिता से नहीं है, इस व्यवसाय की सहायता लेना दुरुपयोग है,

(9) There is nothing so unworthy as the acceptance or demand of a bribe or inducement for the exercise by a Journalist of his power to give or deny publicity to news and comments अर्थात् किसी बात को प्रकाशित करने या प्रकाशित न करने के लिए घूस माँगने या घूस स्वीकार करने से बढ़कर पत्रकार के लिए और कोई बुरी बात नहीं,

(10) Journalists shall be ever conscious of their obligations of their fellows in the profession and shall not seek to deprive fellow journalists of their livelihood by unfair means अर्थात् पत्रकार अनुचित तरीकों से अपने सहयोगियों का जीवन खराब करने का प्रयत्न न करे और न ही अपनी वृत्तीय स्थिति का किसी काम के लिए दुरुपयोग करे।

यहाँ पर मैं बता दूँ कि उक्त आचार संहिता पर पत्रकारों का समूह एकराय नहीं था। कई मुद्दे ऐसे थे, जिन पर कई पत्रकारों को एतराज था, पर चूँकि उस समय देश में आपात्काल लगा हुआ था, अतः इस आचार संहिता का मुखर विरोध नहीं हो सका। हाँ, पत्रकार संघ दो फाड़ अवश्य हो गया। आपात्काल बीतने के बाद स्पष्ट रूप से पत्रकारों ने इसके पक्षविपक्ष में बोलना शुरू किया। स्थिति यहाँ तक पहुँच गई कि नेशनल यूनियन ऑफ जर्नलिस्ट (National Union of Journalist) की एक संस्था ने अपनी एक नई आचार संहिता बना डाली, जिसमें स्पष्ट संकेत था कि सरकार द्वारा जबरिया थोपी गई आचार संहिता को पत्रकार कभी भी स्वीकार नहीं कर सकते।

(6) राष्ट्रीय पत्रकार संघ (National Union of Journalist)

राष्ट्रीय पत्रकार संघ (National Union of Journalist) के घोषणा पत्र में पत्रकारों से ये अपेक्षाएँ की गई हैं—

हम भारत के श्रमजीवी पत्रकार, जो अपने व्यवसाय को ट्रस्ट समझते हुए, स्वतंत्र तथा निष्पक्ष ढंग से समाचारों तथा टिप्पणियों को प्रकाशित कर, जनहितों की सेवा में विश्वास रखते हैं, यह मत व्यक्त करते हैं कि प्रेस की स्वतंत्रता तथा जानने का अधिकार अहरणीय है तथा लोकतांत्रिक प्रक्रिया में अन्तर्निहित है, जो यह महसूस करते हैं कि प्रेस तथा समाज तभी विकास कर सकते हैं, जब प्रत्येक व्यक्ति स्वतंत्र रूप से मौलिक मानवीय अधिकारों का उपयोग करे, उन्हें इन्हें मजबूत बनाना चाहिए, अतः हम इन अधिकारों का समर्थन एवं रक्षा करते हैं तथा ये मानते हैं कि पत्रकार का यह दायित्व है कि वह व्यक्तिगत एवं वृत्तिक गरिमा तथा अखंडता के मानदंडों को बनाये रखे और सिर्फ यही महसूस न करे कि वह भय या पक्षपात रहित है वरन् उसे व्यावहारिक रूप में प्रकट भी करे, पत्रकार को उचित जीवन यापन तथा सेवा शर्तें मिलें, यह प्रतिज्ञा करते हैं तथा घोषित करते हैं कि—

1. हम किसी भी कीमत पर तथ्यों को संकलित करने, प्रकाशित करने तथा निष्पक्ष टिप्पणी और आलोचना के अधिकार की रक्षा करेंगे।
2. हम समाचारों की रिपोर्ट तथा उनका विश्लेषण करते समय ईमानदारी बरतने का प्रयास करेंगे, सभी प्रकार के दबावों के होते हुए भी आवश्यक तथ्यों को दबाएँगे नहीं तथा सही ढंग से कार्य करने के नियमों की रक्षा व अनुपालन करेंगे।
3. हम किसी भी अधिकारी के द्वारा किसी भी रूप में लागू की गई सेन्सरशिप को स्वीकृत अथवा न्यायपूर्ण नहीं बताएँगे तथा हम स्वयं किसी अन्य पर सेन्सरशिप लगाने का प्रयास नहीं करेंगे।
4. मानवीय मौलिक अधिकारों तथा जनहित की रक्षा का हम प्रयत्न करेंगे।

5. व्यक्तिगत स्वार्थों के लिए हम अपने पद के द्वारा न तो किसी का शोषण करेंगे और न ही स्वयं का शोषण होने देंगे। व्यावसायिक आचरण को व्यक्तिगत मामलों से प्रभावित नहीं होने देंगे। पत्रकारिता के व्यवसाय की प्रतिष्ठा व अखंडता के प्रति जन विश्वास बनाये रखेंगे। केवल उन्हीं कार्यों को करेंगे जो पत्रकारिता की गरिमा और अखंडता के अनुकूल हों।
6. हम जानबूझकर किसी व्यक्ति के व्यक्तिगत अधिकारों तथा भावनाओं का अतिक्रमण नहीं करेंगे किन्तु हम रिपोर्टिंग तथा सार्वजनिक प्रभावशाली व्यक्तियों का जनहित में पर्दाफाश करने के अधिकार पर समझौता नहीं करेंगे क्योंकि सार्वजनिक मामले सार्वजनिक रूप से ही हल किए जाने चाहिए।
7. किसी समाचार को प्रकाशित करने या न करने के लिए रिश्वत लेने को हम गम्भीर वृत्तीय अपराध मानेंगे।
8. व्यावसायिक दायित्वों का निर्वाह करते समय पत्रकार अथवा प्रेस पर किसी भी क्षेत्र से किसी भी रूप से पड़ने वाले दबावों का हम एक साथ तथा व्यक्तिगत स्तर पर विरोध करेंगे।
9. हम विश्वास का सम्मान करेंगे तथा वृत्तीय गोपनीयता की रक्षा करेंगे।
10. व्यावसायिक स्तर के उन्नयन तथा कार्य की गुणात्मक वृद्धि के लिए हम सतत् प्रयत्न करते रहेंगे।
11. साम्प्रदायिक उन्माद तथा सामाजिक तनाव की घटनाओं के समय जनता के जानने के अधिकार के प्रति किसी प्रकार का पूर्वाग्रह न रखते हुए हम आत्म नियंत्रण तथा विवेक से काम लेंगे।
12. अपने कार्य, दायित्व तथा स्थिति को देखते हुए हम सामूहिक रूप से अच्छा वेतन तथा बेहतर सेवा शर्तें प्राप्त करने के लिए सतत् प्रयत्न करते रहेंगे। हम अपने साथी पत्रकार के आर्थिक अथवा व्यावसायिक हितों को गलत तरीके से हानि नहीं पहुँचाएँगे।

आप को सूचित कर दें कि तत्कालीन सूचना प्रसारण मंत्री स्व. विद्याचरण शुक्ल द्वारा दोनों सदनों में पेश आचार संहिता कानून का रूप नहीं ले पाई, क्योंकि 1977 में आपात्काल के चुनाव के बाद कांग्रेस का पतन हो गया। उसके बाद जनता पार्टी ने सत्ता संभाला। इस पार्टी ने आचार संहिता बनाने का काम फिर से प्रेस परिषद को ही सौंप दिया।

(7) दिल्ली यूनियन ऑफ जर्नलिस्ट की आचार संहिता

सन् 1978 ई. में दिल्ली पत्रकार संघ ने भी पत्रकारों के लिए आचार संहिता तैयार की थी, जिसे इस प्रकार देखा जा सकता है,—

1. सम्पादक समाचारों/विचारों के प्रकाशन में बाह्य या आन्तरिक हस्तक्षेप मंजूर नहीं करेगा।
2. प्रेस सत्तारूढ़ दल या विपक्ष का प्रचार-माध्यम नहीं बनेगा। पार्टियों के पत्रों से जुड़े पत्रकार भी किसी नेता का व्यक्तिगत प्रचार नहीं करेगा।
3. उन सूचनाओं को छोड़कर, जिससे शत्रु को लाभ हो या साम्प्रदायिकता फैले, सभी सूचनाओं को पत्रकार उपयोग करेंगे।
4. निराधार, सनसनीखेज या दुर्भावना मूलक समाचार नहीं छापेंगे और निजी मामलों को केवल लोक हित में उजागर करेंगे।
5. सभी प्रेस में प्रेस कर्मचारियों की परिषद बनेगी, जो आचार-संहिता के उल्लंघन के मामलों और स्वत्वाधिकारी एवं पत्रकारों के बीच विवादों को सुलझाएगी।
6. परिषद् का निर्माण होने तक पारस्परिक विवादों को किसी उपयुक्त संस्था को सुपुर्द किया जाएगा।
7. साम्प्रदायिक विभाग के सदस्यों, राजनीतिज्ञों, अधिकारियों और विज्ञापनदाताओं के बीच विवादों को निपटाने के लिए कानून द्वारा निर्मित एक समिति के समक्ष रखा जाएगा।
8. राजनीतिज्ञों के वक्तव्यों को सही परिप्रेक्ष्य में प्रकाशित किया जाएगा।
9. राजनीतिक दलों का दबाव स्वीकार नहीं करेंगे।
10. गलत समाचारों का प्रतिवाद उचित ढंग से प्रकाशित करेंगे।

11. सूचित का स्रोत गुप्त रखने के लिए विधान बनाने की माँग करेंगे।
12. संसद के विशेषाधिकार-हनन के दोषी पत्रकारों को सदन में अपना पक्ष प्रस्तुत करने का अवसर दिए जाने की माँग की जाएगी।
13. संसद/विधायिका की कार्यवाही सम्बन्धी सच्ची रिपोर्ट प्रकाशित करने का अधिकार माँगा जाएगा।
14. सूचना के स्वतंत्र प्रवाह को सुनिश्चित करेंगे।
15. पत्रकारिता के उच्च परम्पराओं की रक्षा के लिए उद्योग करेगा।

(8) नेशनल यूनियन ऑफ जर्नलिस्ट का 1981 का आगरा घोषणा पत्र

इसी क्रम में पत्रकारों की कुछ संस्थाओं ने भी अपनी तरफ से आचार संहिता जारी किया, जिसमें नेशनल, यूनियन ऑफ जर्नलिस्ट आगरा भी है। इसमें भारतीय श्रमजीवी पत्रकारों के लिए 12 दिशा-निर्देश दिए गए हैं, जिनमें मुख्य हैं—जनहित में निष्पक्ष समाचारों का प्रकाशन, प्रेस की आजादी और सूचना के अधिकारों की रक्षा, जनता को मौलिक अधिकारों की प्राप्ति में सहयोग, व्यक्तिगत और व्यावसायिक प्रतिष्ठा की जिम्मेदारी, भय के खिलाफ मुहिम और उसमें स्वयं की भागीदारी। मौलिक मानवाधिकारों की पक्षधरता, सेंसरशिप का विरोध, न शोषण करना, न होने देना, सार्वजनिक हित में न होने पर किसी की व्यक्तिगत भावनाओं या अधिकारों पर चोट न पहुँचाना, घूस या प्रलोभन से दूर रहना, पत्रकारों और प्रेस पर होनेवाले हमलों का विरोध, बेहतर कार्य के लिए प्रयास, विश्वास का सम्मान और गोपनीयता, साम्प्रदायिक तनाव की घटनाओं के सम्बन्ध में आत्म संयम, अपने कार्यों, जिम्मेदारियों तथा प्रतिष्ठा के अनुरूप सेवा-शर्तों और उच्चतम वेतनमान के लिए संघर्ष।

(9) बिहार संशोधक विधेयक 1982

इसके मुख्य पहलू निम्नांकित हैं,—

(1) अश्लील और गन्दी सामग्री के प्रकाशन पर रोक।
(2) ऐसे प्रकाशन पर रोक, जिससे सरकारी कर्मचारियों अथवा सार्वजनिक कार्यकर्मियों का मनोबल टूटे।
(3) सभी ऐसे प्रकाशनों के वितरण और बिक्री पर रोक।
(4) इस विधेयक के अन्तर्गत् ऐसे प्रकाशनों को अपराध माना गया है और इस पर छह माह से पाँच वर्ष तक की सजा हो सकती है।
(5) ऐसे अपराध को संज्ञेय और गैरजमानती बनाया गया है।
(6) ऐसे अपराधों के मुकदमों को कार्यकारिणी अदालत (Executive Magistrate) के यहाँ भी सुनवाई। निर्णय के लिए पेश किया जा सकता है।

जनता पार्टी के शासन के बाद जून, 1985 ई. में राज्यों के सूचना मंत्रियों के सम्मेलन में पत्रकारिता के लिए आचार-संहिता की माँग की गई थी। उक्त अवसर पर कतिपय, मामलों में प्रेस की भूमिका उत्तरदायित्व पूर्ण नहीं होने पर तत्कालीन केन्द्रीय सूचना एवं प्रसारण मंत्री वी.एन. गाडगिल ने कहा था, ''भारतीय प्रेस परिषद को पत्रकारिता व्यवसाय के विभिन्न संगठनों की राय लेकर आचार-संहिता बनानी चाहिए, क्योंकि डॉक्टरों और वकीलों के लिए आचरण-संहिता हो सकती है तो प्रेस के लिए क्यों नहीं?'' इधर 14 मई, 1986 को उन्होंने राज्य सभा में घोषणा की थी कि सरकार प्रेस की आजादी के प्रति वचनबद्ध है। भारतीय प्रेस-परिषद ऐसे सिद्धान्त बना सकेगी, ताकि प्रेस अपने लिए आचार-संहिता स्वयं बना सके।

(10) एडीटर्स गिल्ड ऑफ इंडिया की व्यवहार संहिता (Code of Practice)

लगभग डेढ़ दशक पहले एडीटर्स गिल्ड ऑफ इंडिया ने पत्रकारों के लिए आचार संहिता की जगह 'व्यवहार संहिता' का प्रतिपादन किया था। इसका आधार 'ब्रिटेन सोसाइटी ऑफ इंडिया' था। इस संहिता

को तत्कालीन राष्ट्रपति स्व. ए.पी.जे. अब्दुल कलाम ने 19 दिसम्बर 2002 ई. को अपने हस्ताक्षर से जारी किया था। वह इस प्रकार है,—

1. संवाददाताओं द्वारा भेजी जानेवाली रपटों के तथ्यों की जाँच हो और गलतियों को सशक्त सन्दर्भ पुस्तकालय की मदद से सुधारा जाए। हर प्रकाशन इस तरह के सन्दर्भ पुस्तकालय की अवश्य व्यवस्था करें। अनुमानों को तथ्यों के छद्मावरण में पेश करने की अनुमति नहीं होनी चाहिए।
2. तथ्यों को प्रत्यक्ष या उपलक्षित बयानों से अलग करें और तथ्यों को उनकी निर्धारित जगह पर ही रखें। बयानों को बयानों के निर्धारित स्थान पर ही रखें या और अगर उन्हें तथ्यों के साथ जगह देनी ही है तो यह सुनिश्चित करें कि बयान बयान ही रहे।
3. प्रकाशन के अधिकार को सर्वोच्चता देने से पहले इसे सार्थक 'जनहित' के साथ तौलें।
4. ऐसे निराधार आरोपों या वक्रोक्तियों को हटा दें जो खबर के लिए जरूरी नहीं हैं या फिर उन्हें तभी उस खबर में रहने दें जब इसके मानहानि सम्बन्धी पक्ष को पूरी तरह तौल लिया गया हो।
5. पर्याप्त समय सीमा के तहत पीड़ित पक्ष को अपना जवाब देने या खबर के खंडन का पूरा मौका दें।
6. जहाँ माफी माँगना जरूरी हो, सहर्ष, स्पष्टया और पूरी मर्यादा के साथ इसे प्रस्तुत करें।
7. अगर मानहानि की कार्यवाही शुरू होती है तो, पूरी निष्पक्षता और कानून को पूरा सम्मान देते हुए इसकी खबर छापें।
8. अगर आम लोगों के हितों को स्पष्टतः कोई खतरा न हो तो किसी व्यक्ति के निजी मामलों को अनावश्यक प्रचार देने से बचें। पर अगर ऐसा है, तो इस मामले को पूरी तन्मयता से बिना किसी डर के अंजाम दें लेकिन ऐसा शालीनतापूर्वक एवं अच्छे भाव से किया जाए। स्रोतों को परेशान करने या डराने धमकाने से बचें।
9. किसी खबर में लोगों की दिलचस्पी बढ़ाने के लिए उसमें अतिशयोक्ति से बचें। एक सीमा से आगे अतिशयोक्ति तथ्यों को विकृत कर देती है। वास्तविकता पर आधारित खबरें सनसनीखेज खबरों की तुलना में ज्यादा टिकाऊ होती हैं।
10. सरकारी कर्मचारियों के खिलाफ कर्तव्यों की कोताही सम्बन्धी आरोप लगाने से पहले इसे दुबारा जाँचना परखना चाहिए क्योंकि उनके सेवा सम्बन्धी नियम उन्हें जवाब का अधिकार नहीं देते, और सिर्फ सरकारी दस्तावेज ही उनकी मदद के लिए रहता है। पर अगर इन खबरों के आधार पुख्ता हैं तो यह निर्भीक हों न कि शेखी बघारने वाला या बचकाना।
11. दबाव में आकर तथ्यों को दबाना कर्तव्य से चूकना है।
12. ऐसे बयान या तथ्य जो नाम न बताए जाने की शर्त पर प्राप्त हुए हैं, उनमें नाम एकदम नहीं दिया जाना चाहिए।
13. अपने स्रोत को कानून की अन्तिम हद तक बचाने के अधिकार का प्रयोग करते हुए गुमनामी को झूठ या निन्दा परोसने के लिए लबादे के रूप में प्रयोग की अनुमति नहीं दी जाए। पत्रकारों को ऐसे स्रोतों के बारे में एक दूसरे को सावधान करना चाहिए जो गुमनाम रहकर भ्रम फैलाते हैं।
14. निजी दुख वाले दृश्यों से सम्बन्धित खबरों का संचालन नाजुक होता है। लेकिन 'मानवीय हितों' के नाम पर इन्हें आंख मूंद कर नहीं परोसा जाए। मानवाधिकार भी उतने ही महत्त्वपूर्ण हैं और इनके साथ-साथ निजी भावनाओं की गोपनीयता का भी इनमें उतना ही महत्त्व है।
15. पत्रकारों के सूचना के अधिकार का प्रयोग निजी लाभ प्राप्त करने के शक्तिशाली साधन के रूप में हो सकता है। पर ऐसा कभी नहीं होना चाहिए।
16. धार्मिक विवादों पर लिखते समय सभी सम्प्रदायों व समुदायों को समाना आदर दिया जाना चाहिए। इस तरह के व अन्य विवादों में सभी पक्षों के बारे में समान रूप से निष्पक्ष रिपोर्टिंग हो।

17. अपराध मामले की रिपोर्टिंग में विशेष कर सेक्स और उससे भी अधिक, बच्चों से सम्बन्धित मामलों की रिपोर्टिंग में यह ध्यान देना जरूरी है कि रिपोर्ट अपने आप में ही सजा न बन जाए जो किसी जीवन को अनावश्यक ही बर्बाद कर दे। कथित अपराधी, पीड़ित और गवाहों की पहचान अवश्य ही बहुत ही सावधानीपूर्वक की जानी चाहिए और इसमें लोगों के वर्ण या उनकी जाति पर कोई लांछन नहीं हो। जनहित के सर्वाधिक मजबूत आधार पर ही इन बातों को कमतर किया जाए।
18. 'चेकबुक जर्नलिज्म' या फिर पैसा देकर सूचना लेना पाप की कमाई की तरह है। ऐसा 'जनहित' में आवश्यक सूचना प्राप्त करने के लिए कोई विकल्प नहीं बचने की स्थिति में ही किया जाए। अगर ऐसा करना पड़ता है तो भुगतान की जानकारी किसी भी स्वीकृत वैध रूप में दी जाए एवं यह भुगतान उन लोगों को अवश्य ही नहीं किया जाए जो इससे सम्बन्धित कानूनी मामले से जुड़े हुए हैं। वित्तीय पत्रकारिता को बाजार के साथ खिलवाड़ के साथ मिश्रित नहीं किया जाए।
19. चोरी-छिपे सुनकर (और फोटो लेकर), किसी यंत्र का सहारा लेकर, किसी के निजी टेलीफोन पर बातचीत को पकड़कर, अपनी पहचान छिपाकर या चालबाजी से सूचनाएँ नहीं प्राप्त की जाएँ। सिर्फ जनहित के मामले में ही, जब ऐसा करना उचित हो, और जब किसी और तरीके से सूचनाएँ प्राप्त नहीं की जा सकें, ऐसा किया जाए।
20. पत्रकारों को ऐसे लोगों या संस्थानों से किसी भी तरह का लाभ अपने या अपने परिवार वालों के लिए प्राप्त नहीं करना चाहिए जिसकी गतिविधियों के बारे में या जिस पर वह रपट लिख रहे हैं।
21. पत्रकारों को बारी से पहले कम कीमत पर आवास सुविधा या भूमि या इसी तरह की सुविधाएँ प्राप्त नहीं करनी चाहिए।
22. अगर किसी पत्रकार के पेशेगत कारणों से उसके खिलाफ उसके काम करने के स्थान से बहुत दूर कोई मामला दायर किया गया है तो प्रबन्धन को उस पत्रकार को कानूनी संरक्षण देना चाहिए ताकि मीडिया को शक्तिशाली लोगों के घृणित कार्यों का पर्दाफाश करने से रोकने के लिए डराने धमकाने में इसका प्रयोग न हो सके।

(ब) आचार संहिता की पश्चिमी पहल

पत्रकारों से आदर्श आचरण की उम्मीद-अपेक्षा वैश्विक स्तर भी अमूमन सम्पूर्ण देशों में रही है। दरअसल, ये आचार संहिताएँ होती ही हैं, इसलिए कि विषम स्थितियों में निर्णय लेने में किसी तरह की शंका-दुविधा न रहे। संहिताओं के बनने की प्रक्रिया एक सुदीर्घ सामूहिक विचार की प्रक्रिया भी होती है। इन आचार संहिताओं से वैश्विक कल्याण की भावना पल्लवित होती है, मानवता सुरक्षित रहती है, अराजकता पर नकेल लगती है, अशिक्षा-अभद्रता दूर होती है, लोकहित का भाव प्रबल होता है, समाज पतन से बचता है। अतः यही सब विचार कर आचार संहिता निर्माण की गरज और जरूरत अधिकांश देशों में महसूस हुई। इस दिशा में सम्भवतः पहला प्रयास सन् 1916 में **स्वीडेन** में हुआ। इस देश की आचार संहिता में इस बात का उल्लेख किया गया था कि प्रकाशित समाचारों के विरुद्ध प्राप्त उचित प्रतिवादों को अवश्य छापा जाए और किसी के विरुद्ध प्राप्त शिकायतों को सम्बद्ध व्यक्ति की टिप्पणी के साथ छापा जाए। इसी तरह ब्रिटेन, अमेरिका, आस्ट्रेलिया के साथ-साथ संयुक्त राष्ट्र संघ की ओर से भी आचार संहिता का प्रारूप तैयार किया गया था, जिनमें से कुछ प्रमुख को हम अधोलिखित रूप में देख सकते हैं,—

(1) ब्रिटिश पत्रकारों का राष्ट्रीय संघ (National Union of British Journalist)

ब्रिटेन में सनसनी खेज पत्रकारिता से तंग आकर व्यक्तिगत गोपनीयता के अधिकार की माँग होने लगी और माना जाने लगा कि यह तय कर दिया जाना चाहिए कि समाचार-पत्र किस सीमा तक व्यक्तिगत

गोपनीयता को भंग कर सकते हैं। असल में ब्रिटिश प्रेस कौंसिल ने 1966 में ही एक प्रकार की आचार संहिता निर्धारित कर दी थी, यद्यपि उसे सिर्फ 'निर्देश' कहा गया। फिर 1971 में यह अनुभव किया गया कि समाचार-पत्र व्यक्तिगत स्वाधीनता और गोपनीयता में बहुत अधिक हस्तक्षेप कर रहे हैं। तब ब्रिटिश सरकार ने इस सम्बन्ध में 'यंगर कमेटी' की स्थापना की, जिसके समक्ष ब्रिटिश प्रेस कौंशिल ने अपना मत प्रकट किया। सन् 1976 में कौंसिल ने व्यक्तिगत गोपनीयता के सम्बन्ध में एक घोषणा पत्र प्रकाशित किया। आगे चलकर 1980 में ब्रिटिश प्रेस कौंसिल के समक्ष एक मामला आया, जिसे 'सटक्लिफ मामला' कहा जाता है। कौंसिल ने उसकी गहराई से जाँच की और 1983 में एक घोषणा पत्र भी जारी किया।[1] बहरहाल, पत्रकारों के राष्ट्रीय संघ, ग्रेट ब्रिटेन ने प्रमुख रूप में अधोलिखित आचार संहिता बना रखी है,—

(1) सहयोगी पत्रकारों से वैसा ही व्यवहार किया जाए, जैसा आपको उनसे अपेक्षित हो।
(2) बदनामी, अदालत की मानहानि और कॉपी राइट अर्थात् प्रतिलिप्याधिकार या कृतिसाम्य का हमेशा ध्यान रहे तथा
(3) अदालती कार्रवाई छापते समय भी सभी पक्षों के साथ न्यायोचित व्यवहार हो।

(2) आस्ट्रेलियन पत्रकारों की आचार संहिता (Code of Ethics of Australian Journalist)

आस्ट्रेलिया के पत्रकार संगठनों ने भी अपने लिए आचार संहिता स्वीकार की है। इसका श्री गणेश आस्ट्रेलिया पत्रकार संघ की न्यू साउथ वेल्स शाखा ने 1942 में किया था और 1944 में आस्ट्रेलियाई पत्रकार संघ (Australian Journalists Association) की नियमावली में इसे सम्मिलित कर लिया गया। इस नियमावली की विशेषता यह है कि जो सदस्य इसका पालन न करें, उस पर जुर्माना करने या उसे सदस्यता से हटा देने का प्रावधान इसमें है। सचमुच अनेक अवसरों पर सदस्यों पर जुर्माने किए गए और जब भी इन नियमों को अदालत में चुनौती दी गई है, अदालत ने इन्हें वैध माना है। इस आचार संहिता में कहा गया है कि आस्ट्रेलियाई पत्रकार संघ का सदस्य अपनी नौकरी की स्थिति में अत्यन्त ईमानदारी के साथ समाचारों की रिपोर्ट देगा और उनकी व्याख्या करेगा। कोई भी सदस्य आवश्यक तथ्यों को दबाएगा नहीं या किसी आवश्यक जानकारी को छिपाकर अथवा गलत या अनुचित जोर देकर सत्य की तोड़-मरोड़ नहीं करेगा। वह अपने निजी हितों को अपने कर्तव्यपालन पर असर नहीं डालने देगा, न किसी भी प्रकार की भेंट, दान या अन्य किसी प्रकार का प्रलोभन स्वयं स्वीकार करेगा या किसी को देगा। इसका वह पूरा प्रयास करेगा कि पत्रकार के धन्धे में उसकी निष्ठा और गरिमा के बारे में पूर्ण विश्वास कायम रहे।

(3) स्वीडन के पत्रकारों की आचार संहिता (Code of Ethices of Swedish Journalist)

स्वीडन के प्रेस क्लब ने बहुत दिनों से एक आचार संहिता बना रखी है, जो समाचार-पत्र कार्यालयों के नोटिस बोर्डों पर टंगी रहती है। इसमें कहा गया है कि सही सूचना ही दी जाए। यदि किसी समाचार का प्रतिवाद आए और वह न्यायोचित हो तो उसका प्रकाशन अवश्य किया जाए। किसी व्यक्ति से बिना पूछे व जाँचे उसके बारे में निर्णय न दिया जाए और अधिकारियों, डॉक्टरों, अध्यापकों के विरुद्ध उनके संगठनों को की गई शिकायतें तब तक न छापी जाएँ, जब तक कि जिस व्यक्ति के विरुद्ध शिकायत की गई है, उसे अपनी बात कहने का मौका न मिल जाए। इस आचार संहिता में यह भी कहा गया है कि अपराध करने के काम में लाए गए उपायों का विस्तृत विवरण नहीं छापना चाहिए और यौन अपराधों की रिपोर्ट तभी छापी जाए, जब अड़ोस-पड़ोस में उनका निरन्तर जोखिम हो या अन्य कोई विशेष कारण हो। स्वीडन की संस्थाओं ने मिलकर एक कोर्ट ऑफ आनर की स्थापना

1. पराड़कर और हिन्दी पत्रकारिता की चुनौतियाँ-सं. अच्युतानन्द मिश्रा, पृ. 261

की है, जिसमें पत्र-संचालकों और पत्रकार संघों के प्रतिनिधि होते हैं। कोर्ट का निर्णय समाचार-पत्रों में छपता है।

(4) नेशनल ऐन्ड पेन अमेरिकन प्रेस कांग्रेस (National and Pan American Press Congress)

नेशनल ऐण्ड पेन अमेरिकन प्रेस कांग्रेस ने पत्रकारों के लिए अधोलिखित 10 आचार संहिताओं का निर्धारण किया है—

1. अपने पत्र के नाम पर गर्व कीजिए। जोश के साथ अपना उत्साह दिखाइए पर व्यर्थ घमंड मत कीजिए।
2. पत्रकारों में जड़ता मृत्युवत है। एक ही लकीर को पीटते रहना बौद्धिक मृत्यु के सिवा और कुछ नहीं।
3. अवसर मत खोइये। अपना ज्ञान जितना भी बढ़ा सकें, बढ़ाइये। नवीनता के प्रदर्शन से मत चूकिए।
4. व्यक्ति से बड़ा समाज है, सरकार से बड़ा देश है, मनुष्य नश्वर है। संस्था और सिद्धान्त अमर हैं।
5. आर्थिक और साहित्यिक दोनों क्षेत्रों में आक्रमण का सामना आक्रमण से कीजिए, शान्ति से रहना हो तो अपनी रक्षा के लिए हमेशा तैयार रहिए। तलवार और पैसा कलम के दुश्मन हैं। आवश्यकता पड़े तो सम्मान रक्षा के लिए जीवन और धन दोनों की बलि दीजिए।
6. दृढ़ रहिए, पर हठी नहीं। परिवर्तनशील बनिए, पर कमजोर नहीं। उदार बनें पर हाथ बिल्कुल ढीला मत छोड़िए।
7. स्पष्टवादी, सगर्व और फुर्तीला रहिए तभी आपका सम्मान होगा। कमजोरी परलोक के लिए अच्छी है, नहीं तो वह जड़ता ही है।
8. जो कुछ छपा हो उसकी जिम्मेदारी लीजिए। व्यर्थ दोषारोपण पाप है। प्रतिष्ठा की हानि करनेवाली चीज न छापिए। घूस लेना पाप है।
9. किसी का विज्ञापन लेख की तरह छापना पाप है। साथी पत्रकार की जगह लेने की इच्छा रखना, कम वेतन पर काम करके साथी पत्रकार को निकालना भी पाप है। रहस्य जतन से रखिए, पत्र की शक्ति का व्यक्तिगत उपयोग कभी न कीजिए।
10. अधिक-से-अधिक मित्र बनाये! मित्र ऐसे हों जो आपके आदर के पात्र हों या जिनकी मित्रता से आपका सम्मान बढ़े। कुछ लोग आपसे शत्रुता भी करेंगे लेकिन आप निर्भीक और निःस्वार्थ होकर अपना काम करते रहें।

(5) अमेरिकन सोसाइटी ऑफ न्यूजपेपर्स एडीटर्स (American News Papers Gild)

(1) स्वतंत्र्य बुद्धि, आत्म-सम्मान और पक्षपातहीनता, ये गुण पत्रकारों में होने चाहिए।
(2) समाचार सम्पादन सम्पादकीय विभाग में होना चाहिए, व्यवस्था विभाग में नहीं।
(3) जब पत्रकार पर विश्वास रखकर उसे कोई रहस्य बताया जाए तब उस रहस्य का या रहस्य के सूत्र का उद्घाटन अदालत में भी पत्रकार को नहीं करना चाहिए। एक मालिक का रहस्य पत्र छोड़ने के बाद भी पत्रकार को दूसरे के सामने प्रकट नहीं करना चाहिये। जब तक न्यायालय से फ़ैसला नहीं होता किसी को अपराधी नहीं माना जाना चाहिए।
(4) पत्रकारों को राजनीतिक, आर्थिक, सामाजिक आनुवंशिक या धार्मिक पूर्वाग्रह से मनुष्य-मनुष्य में भेद नहीं करना चाहिए। औचित्य और तथ्य की सर्वदा रक्षा हो।
(5) पत्रकार का प्रथम कर्तव्य जनता को विशुद्ध सत्य और द्वेष रहित समाचार देना है। व्यक्तियों और समुदायों के अधिकार की रक्षा अवश्य होनी चाहिए।

(6) अन्तर्राष्ट्रीय न्यूज पेपर्स गिल्ड (International Code of Conduct)

सन् 1950-52 ई. में संचार कर्मियों के लिए संयुक्त राष्ट्र संघ ने **विश्व आचार संहिता** का एक प्रारूप तैयार कराया। इस प्रारूप को सन् 1954 ई. में जारी किया। संयुक्त राष्ट्र शैक्षिक, वैज्ञानिक एवं सांस्कृतिक संगठन (यूनेस्को) ने 1983 में प्रयाग और पेरिस में आयोजित चौथी सलाहकार समिति की बैठक में श्रमजीवी पत्रकारों के राष्ट्रीय एवं अन्तर्राष्ट्रीय संगठनों से अनुमोदित करा कर दस सूत्रीय अन्तर्राष्ट्रीय आचार संहिता प्रसारित की थी। यूनेस्को ने दिसम्बर, 1977 से नवम्बर, 1979 तक अध्ययन एवं सर्वेक्षण कर 312 पृष्ठों की रिपोर्ट फरवरी, 1980 ई. में प्रकाशित की है जिसे **ब्राइड रिपोर्ट** कहा जाता है। इसे हम अतिसंक्षेप में इस प्रकार देख सकते हैं,—

(1) सत्य सूचना पाने का जनता का अधिकार (People's Right to Information),

(2) उद्देश्यात्मक वास्तविकता के प्रति पत्रकार का समर्पण (The Journalist's Dedication to Objective Reality)

(3) पत्रकार का सामाजिक उत्तरदायित्व (The Journalist's Social Responsibility),

(4) पत्रकार की व्यावसायिक निष्ठा (The Journalist's Professional Integrity),

(5) जनता तक पहुँचना व सहभागिता (Public Access and Participation),

(6) गोपनीय एवं मानवीय मूल्यों का सम्मान (Respect for Privacy and Human Dignity),

(7) सार्वजनिक हितों का सम्मान (Respect of Public Interest),

(8) शाश्वत मूल्यों व सांस्कृतिक विविधता के प्रति सम्मान (Respect of Universal Valueas and Diversity of culture),

(9) मानवता की शत्रु मुख्य बुराइयों व युद्ध का निवारण (Elimination of War and other Great Evils Confronting Humanity) तथा

(10) नई विश्वसूचना व संचार व्यवस्था को प्रोत्साहन (Promotion to new World Information and Commuication order)।

सभी जानते हैं, आज बाजारवाद ने हमें हमारी अस्मिता से काट दिया है। पत्रकारिता भी उसकी निर्मम चपेट में आ गई। साफ शब्दों में, भोग, लालच और लिप्सा आदि बाजारवादी मित्रों ने पत्रकारिता को बेआबरू-बेदखल कर दिया है। पत्रकारिता खोखली हो गई है। वह अनैतिकता की गिरफ्त में आकर अपनी जड़ों से कट गई है। कभी की ईमानदार और बेबाक पत्रकारिता सम्प्रति मैली और कपटी हो गई है। फिलवक्त वह दिशाहीन हो भटक रही है। उसके भीतर सामाजिक निष्ठा की जगह मूल्यों के प्रति उदासीनता और विरक्ति का भाव पैदा हो गया है। अतः ऐसी स्थिति में मैं समझता हूँ कि प्रेस जगत की गरिमा बनाये रखने के लिए आचार संहिता का होना बहुत ही आवश्यक है, अन्यथा 'पेड न्यूज' और 'सेफोलॉजी' जैसी घटनाएँ आए दिन होती रहेंगी। हाँ, यदि पत्रकारों के भीतर आत्मानुशासन है तो आचार संहिता की कोई जरूरत नहीं।

भाग-6
प्रेस आयोग (Press Commission) एवं इनकी संहिता

(क) प्रथम प्रेस आयोग (First Press Commission)

देश के आजाद होने के बाद भारतीय श्रमजीवी पत्रकार महासंघ ने सरकार से प्रेस जगत की समस्याओं, प्रेस कानूनों में संशोधन-सुधारों के लिए 12-13 अप्रैल, 1952 को कलकत्ता अधिवेशन में एक प्रस्ताव के माध्यम से आग्रह किया। इसके पहले पंडित नेहरू भी 1 जून, 1951 को संसद में यह संकेत दे चुके थे कि देश हित में प्रेस आयोग का गठन आवश्यक है। बहरहाल, 16 मई, 1952 को नव-निर्वाचित राष्ट्रपति डॉ. राजेन्द्र प्रसाद ने प्रेस जगत की समस्याओं से रू-ब-रू होने के लिए

प्रेस आयोग के गठन की घोषणा की। 23 सितम्बर, 1952 को सूचना प्रसारण मंत्रालय ने इस सम्बन्ध में विज्ञप्ति भी जारी कर दी। यद्यपि इसकी प्रामाणिक घोषणा 3 अक्टूबर, 1952 को सरकारी गजट में जारी विज्ञप्ति के माध्यम से हुई। यह प्रेस आयोग जाँच कानून 1952 के तहत् स्थापित हुआ। इस आयोग में सदस्य के रूप में कुल 11 लोग थे, उनके नाम इस प्रकार हैं—(1) श्री न्यायमूर्ति जी.एस. राजाध्याक्ष (अध्यक्ष), (2) डॉ. सी.पी. रामा स्वामी अय्यर, (3) आचार्य नरेन्द्र देव, (4) डॉ. जाकिर हुसेन, (5) डॉ. वी.के.आर.वी. राव, (6) डॉ. पी.एच. पटवर्धन, (7) श्री त्रिभुवन नारायण सिंह, (8) श्री जयपाल सिंह, (9) श्री जे.नटराजन, (10) श्री एस. आर. भट्ट, (11) श्री एम. चेलापति राव।

आयोग ने भारतीय पत्रकारिता की विविध समस्याओं का अध्ययन करके 14 जुलाई, 1954 को अपनी रिपोर्ट भारत सरकार को दी। इस रिपोर्ट में भारत की सभी भाषाओं की पत्रकारिता की साझी समस्याओं के अलावा उनकी विशेष स्थितियों पर भी विचार किया गया। रिपोर्ट संसद में प्रस्तुत हुई और सरकार ने साधारणतया उसके मन्तव्य को स्वीकार कर लिया। उन्हें कार्यान्वित करने के लिए कई अधिनियम पारित हुए, जिनका प्रभाव हिन्दी पत्रकारिता पर उसी प्रकार पड़ा, जिस प्रकार अन्य भाषाओं की पत्रकारिता पर। लगभग बीस वर्षों तक भारतीय पत्रकारिता में इस आयोग की विभिन्न सिफारिशों को कार्यान्वित करने की माँग बढ़ती रही। कुछ मामलों में न्यायालयों के निर्णय भी पत्रकारिता की स्वाधीनता को परिभाषित करते हुए दिए गए। इसलिए सन् 1950 से लेकर जून, 1954 तक (जब आपात काल की घोषणा की गई और पत्रों की स्वाधीनता को प्रतिबन्धित किया गया) के दौर को हमने 'पत्र-स्वातंत्र्य का युग' कहना उचित समझा।[1]

(अ) स्थापना के उद्देश्य

जिन बातों की प्रेस आयोग को छानबीन कर अपनी रिपोर्ट और सुझाव देने थे, वे निम्न प्रकार थी,—"The Press Commission acquired into the state of the Press in India, its present and future lines of development and in particular examined : The Control, management, ownership and financial structure of newspapers (large and small), the periodical press and news agencies and feature syndicates...Freedom of the press and repeal or amendment of laws not in cousonance[2] with it.

(1) छोटे-बड़े समाचार-पत्रों, पत्रिकाओं, एजेन्सियों और फीचर सिंडीकेटों के नियंत्रण व्यवस्था और वित्तीय स्थिति,

(2) एकाधिकार और शृंखला-पत्रों का समाचार और विचार प्रभाव,

(3) प्रेस की मालिकाना कम्पनियों पर विज्ञापन और अन्य बाहरी प्रभाव,

(4) पत्रकारों की नियुक्ति, प्रशिक्षण, काम की स्थिति और उनके वित्तीय स्तर की रक्षा,

(5) प्रेस, कागज और मशीन आदि के विभिन्न पहलू,

(6) पत्रकारों के लिए स्तरीय आचार, सरकार और प्रेस का सम्बन्ध, प्रेस सलाहकार समिति और सम्पादकों तथा पत्रकारों की संस्थाएँ तथा

(7) प्रेस की स्वतंत्रता, कानूनों में ऐसे संशोधन जो प्रेस की स्वतंत्रता के लिए आवश्यक जान पड़े।

प्रेस आयोग की रिपोर्ट तीन खंडों में है—

(1) प्रेस जगत की जाँच और सुझाव,

(2) भारतीय पत्रकारिता का इतिहास,

(3) प्रश्नावली परिशिष्ट, ज्ञापन पत्र और पाठक सर्वे आदि।

प्रेस आयोग की रिपोर्ट के प्रथम खंड में 540 पृष्ठ हैं, 21 अध्यायों और 1539 अनुच्छेदों में विभाजित रिपोर्ट अपने ढंग की अद्वितीय है।

---

1. हिन्दी पत्रकारिता का इतिहास-जगदीश प्रसाद चतुर्वेदी, पृ. 267
2. History of Press Laws and Communication. B.N. Anuja. P. 108

(ब) मुख्य सुझाव या सिफारिशें या संस्तुतियाँ

(i) प्रेस परिषद् की स्थापना की जाए, जो सम्पादकीय स्वतंत्रता की रक्षा, औचित्यपूर्ण आलोचना आदि की सुनिश्चित स्थिति पैदा करे,
(ii) प्रेस रजिस्ट्रेशन की नियुक्ति की जाए। उसका दायित्व होगा प्रेस से सम्बद्ध तथ्यों और आँकड़ों को एकत्र करे और वह प्रतिवर्ष प्रेस की स्थिति पर प्रतिवेदन प्रस्तुत करे,
(iii) पृष्ठाधार मूल्य निर्धारित हो। विज्ञापन, मुद्रण के लिए निर्धारित स्थान में सप्ताह भर में चालीस प्रतिशत से अधिक न हो,
(iv) सम्पादकीय स्वतंत्रता तथा गरिमा की रक्षा की जाए,
(v) पत्रों पर कुछ नियंत्रण होना चाहिए। पत्र संचालन का स्वामित्व बहुसंख्यक लोगों में इस प्रकार बाँट देना चाहिए कि कोई व्यक्ति, पत्र का दुरुपयोग व्यक्तिगत स्वार्थ के लिए नहीं करे,
(vi) पत्र के मूलधन का 4% या बैंक दर से डेढ़ प्रतिशत जो भी अधिक हो, लाभांश पत्रकारों को देना चाहिए,
(vii) पत्रकारों के लिए एक आचार संहिता बने,
(viii) राज्य व्यापार निगम के माध्यम से अखबारी कागज की बिक्री हो,
(ix) सरकारी अथवा सरकार द्वारा नियंत्रित संवाद समितियाँ न रहें,
(x) प्रेस सम्बन्धी अधिनियमों में आवश्यक संशोधन किए जाएँ,
(xi) वर्ष में 10 दिन आम छुट्टियाँ, 15 दिन आकस्मिक छुट्टियाँ, एक माह की अर्जित छुट्टी एवं 20 दिनों की बीमारी छुट्टी, आधे वेतन पर पत्रकारों को मिलनी चाहिए,
(xii) ओछी पत्रकारिता को प्रोत्साहन न दिया जाए तथा
(xiii) पत्रों की जिल्दें सुरक्षित रखने की व्यवस्था की जाए।

(स) स्वीकृत सिफारिशें

आयोग की कुछ मुख्य सिफारिशों को सरकार ने स्वीकार कर लिया। इनमें मुख्य हैं—

(1) समाचार-पत्रों के रजिस्ट्रार (Registrar of Newspapers for India) जुलाई, 1956 में स्थापित किया गया। संक्षेप में इसे RNI कहा जाता है। प्रेस से सम्बन्धित आँकड़े एकत्र करने का दायित्व (RNI पर ही है। 1957 से इसी के माध्यम से अखबारी कागज का आवंटन होने लगा।
(2) प्रेस परिषद् की स्थापना आयोग की महत्त्वपूर्ण सिफारिश थी। भारत में प्रेस की स्वतंत्रता और समाचार-पत्रों तथा समाचार समितियों के स्तर को बनाये रखने और उनमें सुधार करने के प्रयोजन के लिए 4 जुलाई, 1966 को प्रेस परिषद् गठित की गई।
(3) श्रमजीवी पत्रकार कानून—1955, 20 दिसम्बर, 1955 से लागू किया गया। इसके अन्तर्गत् मुख्य रूप से पत्रकारों के कार्य के घंटे, वेतन तथा अन्य सेवा शर्तों आदि का नियमन किया गया। 1962 में इसमें पुनः कुछ संशोधन किए गए।
(4) पृष्ठानुसार मूल्य नियम सरकार ने 1956 में लागू किया, किन्तु 25 दिसम्बर, 1961 को सर्वोच्च न्यायालय ने इसे अमान्य ठहरा दिया, अतः सरकार ने इस निर्णय को वापस ले लिया।
(5) प्रेस सलाहकार समिति (Press Consultative Committee) का गठन 22 सितम्बर, 1962 में किया गया। इस समिति का मुख्य उद्देश्य सरकार और प्रेस के मध्य समान रुचि के विषयों पर सौहार्द्रपूर्ण सम्बन्ध कायम करना था।
(6) छोटे समाचार-पत्रों के विकास तथा उनकी जाँच के लिए सरकार ने श्री आर.आर. दिवाकर की अध्यक्षता में एक जाँच समिति गठित की। इस समिति ने पृष्ठानुसार मूल्य लागू करने

की पुनः सिफारिश की। समिति ने यह भी सिफारिश की कि सजावटी विज्ञापनों (Display Ads) का पचास प्रतिशत भाग लघु समाचार-पत्रों को दे दिया जाए।

(7) अभिव्यक्ति की स्वतंत्रता के मूलभूत सिद्धान्तों की रक्षा के लिए तथा एकाधिकार की प्रवृत्ति के खिलाफ समाचार-पत्रों को सहयोग देने के लिए सरकार ने, ''समाचार-पत्र वित्त निगम' नाम से स्वायत्तशासी संगठन बनाने का निर्णय किया है।4 दिसम्बर सन् 1970 को इस सम्बन्ध में लोकसभा में एक बिल भी प्रस्तुत की गई, किन्तु वह समाप्त (Laps) हो गई तथा

(8) समाचार-पत्रों तथा समाचार समितियों की वित्तीय स्थिति के लिए तथ्यान्वेषण समिति (Fact Finding Committee) की 14 अप्रैल, 1972 को नियुक्ति की गई, जिसने 14 जनवरी, 1975 को अपनी रिपोर्ट प्रस्तुत की।

(द) प्रथम प्रेस आयोग की समाचार-पत्रों सम्बन्धी तत्कालीन रिपोर्ट

प्रथम प्रेस आयोग ने अपनी रिपोर्ट में यह बताया था कि सन् 1954 तक प्राप्त सूचनाओं के अनुसार देश में कुल तीन सौ तीस दैनिक पत्र थे। इनमें किस भाषा में कितने दैनिक थे और उनकी प्रसार संख्या कितनी थी, उसका ब्योरा इस प्रकार है—छिहत्तर पत्र, तीन लाख उनहत्तर हजार प्रतियाँ—अंग्रेजी, इकतालीस पत्र छह लाख सत्तानबे हजार प्रतियाँ—असमियाँ, एक पत्र, तीन हजार प्रतियाँ,—बंगला, सातपत्र, दो लाख चार हजार प्रतियाँ—गुजराती, तेईस पत्र, एक लाख सत्तासी हजार प्रतियाँ—कन्नड़, पच्चीस पत्र, बहत्तर हजार प्रतियाँ—मलयालम, इक्कीस पत्र एक लाख छियानबे हजार प्रतियाँ—मराठी, छब्बीस पत्र, एक लाख इक्यानबे हजार प्रतियाँ—उड़िया, तीन पत्र-बयालीस हजार प्रतियाँ—तमिल, बारह पत्र, दो लाख अड़सठ हजार प्रतियाँ—तेलुगु, छह पत्र, अट्ठानबे हजार प्रतियाँ—उर्दू, सत्तर पत्रं, दो लाख तेरह हजार प्रतियाँ। इस प्रकार बारह भाषाओं के तीन सौ बीस पत्रों की प्रसार संख्या पच्चीस लाख दस हजार थी। अन्य भारतीय भाषाओं में नौ दैनिक पत्र छपते थे, जिनकी कुल प्रसार संख्या पन्द्रह हजार थी। एक पत्र चीनी भाषा में छपता था, जिसकी प्रसार संख्या पाँच हजार थी। इस प्रकार कुल तीन सौ तीस दैनिकों की प्रसार संख्या पच्चीस लाख पच्चीस हजार पाँच सौ थी।

द्वितीय प्रेस आयोग (Second Press Commission)—भारतीय प्रेस को निरन्तर गतिमान, जिन्दा और जीवन्त बनाये रखने के लिए जनता पार्टी के शासन काल में पूर्व सूचना और प्रसारण मंत्री श्री लालकृष्ण आडवाणी ने 18 मई, 1978 को द्वितीय प्रेस आयोग के गठन की घोषणा संसद के अधिवेशन के आखिरी दिन में की। ठीक 11 दिन बाद 29 मई सन् 1978 को उच्चतम न्यायालय के सेवा-निवृत्त न्यायाधीश श्री पी.के. गोस्वामी की अध्यक्षता में द्वितीय प्रेस आयोग का गठन किया गया। इसकी एक विशेषता यह थी कि इस आयोग में भी 11 ही सदस्य थे—

1. श्री अबू अब्राहम, कार्टूनिस्ट, इंडियन प्रेस, दिल्ली,
2. श्री प्रेम भाटिया, सम्पादक, ट्रिब्यून, चंडीगढ़,
3. श्री एस.एन. द्विवेदी, भूतपूर्व सांसद,
4. श्री मोनिउद्दीन हरीस, उर्दू पत्रकार,
5. प्रो. रवि जे. मथाई, प्रोफेसर, भारतीय प्रबन्ध संस्थान, अहमदाबाद
6. श्री यशोधर एन. मेहता, एडवोकेट,
7. श्री वी.के. नरसिंहन, सम्पादक, डेकन हेरल्ड, बैंगलोर,
8. श्री फाली एस. नरीमन, वरिष्ठ एडवोकेट, उच्चतम न्यायालय,
9. श्री एस. एच. वात्स्यायन, सम्पादक नवभारत टाइम्स, दिल्ली,
10. श्री अरुण शौरी, सीनियर फेलो, इंडियन कौंसिल आफ सोशल साइंस रिसर्च (सितम्बर, 1978 तक),
11. श्री निखिल चक्रवर्ती सम्पादक मेन स्ट्रीम दिल्ली।

तब 14 जनवरी, 1980 को श्री गोस्वामी तथा उनके साथियों ने सामूहिक रूप से त्याग पत्र दे दिया इसके बाद आयोग का पुनः गठन किया गया। इस बार उच्चतम न्यायालय के ही सेवानिवृत्त न्यायमूर्ति श्री के.के. मैथ्यू इस आयोग के अध्यक्ष बनाये गए। इस बार आयोग के सदस्यों की संख्या कभी 10 तो कभी 11—इसी बीच बनी रही। 21 अप्रैल, 1980 को गठित हुए इस आयोग के निम्न सदस्य थे—

1. न्यायमूर्ति श्री शिशिर कुमार मुखर्जी, कोलकाता उच्च न्यायालय के सेवा निवृत्त न्यायाधीश,
2. श्री अमृता प्रीतम, पंजाबी, हिन्दी कवयित्री तथा उपन्यासकार,
3. श्री पी.वी. गाडगिल, लेखक, पत्रकार,
4. श्री ईशरात अली सिद्दीकी, सम्पादक, कौमी आवाज, लखनऊ,
5. श्री राजेन्द्र माथुर, तत्कालीन सम्पादक, नई दुनिया, इन्दौर,
6. श्री गिरिलाल जैन, सम्पादक, टाइम्स ऑफ इंडिया, मुम्बई,
7. श्री के.आर. गणेश, भूतपूर्व केन्द्रीय राज्य मंत्री,
8. श्री मदन भाटिया, एडवोकेट, उच्चतम न्यायालय,
9. श्री रणवीर सिंह, सम्पादक, मिलाप दिल्ली,
10. प्रो. एच. के. परांजपे, अर्थशास्त्री।

श्री मदन भाटिया के त्यागपत्र देने के बाद अखिल भारतीय लघु एवं मध्यम समाचार-पत्र संघ के अध्यक्ष श्री प्रेमचन्द वर्मा को इस आयोग का सदस्य बनाया गया। इसी समय इलाहाबाद उच्च न्यायालय के सेवा-निवृत्त न्यायाधीश श्री ए.एन. मुल्ला को भी आयोग का सदस्य बनाया गया, जिससे सदस्यों की संख्या 11 हो गई, किन्तु 29 जनवरी, 1981 को अमृता प्रीतम के त्यागपत्र दे देने के बाद वह संख्या पुनः 10 हो गई।

(अ) स्थापना के उद्देश्य एवं कार्य

(1) वाक् एवं अभिव्यक्ति की वर्तमान संवैधानिक व्यवस्था के अतिरिक्त क्या किसी और प्रावधान की जरूरत है?
(2) प्रेस पर लगे सभी प्रतिबन्धों की जाँच,
(3) विकासशील एवं लोकतांत्रिक समाज में प्रेस की भूमिका,
(4) सम्पादकीय स्वतंत्रता, व्यावसायिक ईमानदारी और वस्तुनिष्ठ समाचार पाने के पाठकों के अधिकार को सुनिश्चित करने के उद्देश्य से प्रेस के घटकों के स्वामित्व का स्वरूप तथा उनका वित्तीय ढाँचा,
(5) सरकार और प्रेस में सम्बन्ध तथा राजकीय सेवाओं की भूमिका,
(6) समाचार-पत्र विकास के नये परिदृश्य,
(7) छोटे और मध्यम भाषायी पत्रों का विकास,
(8) नियतकालीन तथा विषय विशेष (Specialised) पत्रिकाओं का विकास,
(9) नागरिकों के वैयक्तिकता के अधिकार को संवैधानिक तथा कानून संरक्षण,
(10) समाचार-पत्र उद्योग की आर्थिक व्यवस्था, अखबारी कागज, मुद्रण मशीनें तथा समाचार-पत्र में अन्य निवेश आदि।

(ब) द्वितीय प्रेस आयोग : सिफारिशें, संस्तुतियाँ और कार्रवाई

द्वितीय प्रेस आयोग ने बहुत सी सिफारिशें की थीं, जिनमें से कुछ तो विवादास्पद हो गयीं; यानी वे सर्वसम्मत नहीं थीं। इस कारण उन सिफारिशों का कार्यान्वयन नहीं हुआ। आयोग ने सिफारिश की थी कि जो कम्पनियाँ संचार माध्यमों से सम्बन्धित हैं और जिनके हिस्सेदार भारतीय नागरिक

हैं, उन्हें संविधान के अनुच्छेद 19(1) के अन्तर्गत नागरिक माना जाए। साथ ही आयोग ने यह भी सिफारिश की थी कि कानूनों में ऐसा प्रावधान रखा जाए, जिससे किसी भी समाचार घराने पर शेयर होल्डर या ऋण के रूप में विदेशी स्वामित्त्व न रहे। विदेशी स्त्रोतों से विज्ञापन तथा मुद्रण अनुबन्ध उसी प्रकार किए जाएँ जिस प्रकार दूसरों के लिए किए जाते हैं। विदेशी तथा भारतीय स्त्रोतों का पूरा उल्लेख करते हुए प्रतिवर्ष एक बार समाचार-पत्रों द्वारा अपनी आय-व्यय का पूरा लेखा-जोखा प्रकाशित किया जाए। प्रत्येक समाचार-पत्र को निम्नलिखित सूचनाएँ प्रेस परिषद् को देनी होंगी।

1. विदेशी स्त्रोतों का राष्ट्र के अनुसार विवरण देते हुए विज्ञापन अथवा अन्य अनुबन्धों के द्वारा प्राप्त राजस्व की जानकारी, जिसमें भारतीय एजेन्सियों के माध्यम से प्राप्त विज्ञापन या मुद्रण अनुबन्ध भी सम्मिलित हैं।
2. प्रथम सौ शेयर धारकों के नाम, उनकी राष्ट्रीयता, पता, शेयरों की कुल संख्या एवं अनुपात की पूरी सूचना।

सभी भाषाओं के समाचार-पत्रों के सम्बन्ध में इस आयोग ने जो महत्त्वपूर्ण सिफारिशें की थीं, उनमें कहा गया था कि सरकारी गोपनीयता कानून में संशोधन किया जाए, जिससे समाचार-पत्रों को राज्य के कार्यों की जानकारी प्राप्त करने का पूरा अधिकार मिल सके तथा जनता राज्य के कार्यों से भलीभाँति परिचित हो सके। आयोग ने यह भी सिफारिश की कि मानहानि कानून में परिवर्तन कर ब्रिटेन में सन् 1952 का जो मानहानि कानून है, उसकी धाराएँ लागू की जाएँ। इस कानून के अनुसार मानहानि का अपराध फौजदारी न होकर दीवानी मामला होता है, जिसके लिए मानहानि करनेवाले को आर्थिक दंड दिया जा सकता है। आयोग ने यह भी सिफारिश की कि अदालत की मानहानि सम्बन्धी परिभाषा को परिवर्तित किया जाए और संसद् तथा विधानसभा के विशेषाधिकारों का संहिताकरण किया जाए।

श्री फीरोज गांधी द्वारा प्रस्तावित संसद की कार्रवाही रिपोर्ट सम्बन्धी अधिनियम जिसे आपात्काल में रद्द कर दिया गया था, जनता पार्टी की सरकार ने 44वें संविधान संशोधन विधेयक द्वारा संवैधानिक मान्यता प्रदान की थी। उस समय जो अनुच्छेद 361-क बनाया गया उसमें कहा गया था।

''संसद् और राज्यों के विधानमंडलों की कार्रवाइयों के प्रकाशन का संरक्षण—

(1) कोई व्यक्ति संसद् के किसी सदन या यथास्थिति, किसी राज्य की विधानसभा या किसी राज्य के विधानमंडल के किसी सदन की किन्हीं कार्रवाइयों की सारतः सही रिपोर्ट के किसी सामचार-पत्र के प्रकाशन के सम्बन्ध में किसी न्यायालय में किसी भी प्रकार की सिविल या दांडिक कार्रवाई का तब तक भागी नहीं होगा जब तक यह साबित नहीं कर दिया जाता है कि प्रकाशन दुर्भाग्य से किया गया है।

परन्तु इस खंड की कोई बात संसद् के किसी सदन या यथास्थिति किसी राज्य की विधानसभा या किसी राज्य के विधानमंडल के किसी सदन की गुप्त बैठक की कार्रवाइयों की रिपोर्ट के प्रकाशन पर लागू नहीं होगी।

(2) खंड (1) किसी प्रसारण केन्द्र के माध्यम से उपलब्ध किसी कार्यक्रम या सेवा के भागरूप बेतार तार यांत्रिकी के माध्यम से प्रसारित रिपोर्ट या सामग्री के सम्बन्ध में उसी प्रकार लागू होगा जिस प्रकार वह किसी समाचार-पत्र के प्रकाशित रिपोर्ट या सामग्री के सम्बन्ध में लागू होता है।

स्पष्टीकरण—इस अनुच्छेद में 'समाचार-पत्र' के अन्तर्गत समाचार एजेन्सी की ऐसी रिपोर्ट है, जिसमें किसी समाचार-पत्र में प्रकाशन के लिए सामग्री अन्तर्विष्ट है।''

आयोग के समक्ष यह सुझाव भी आया कि पत्रकार को सूचना के स्त्रोत को प्रकट न करने का अधिकार होना चाहिए।

भाग-7

भारतीय प्रेस-परिषद् (Press Council of India) एवं इसके दिशा-निर्देश

(1) भारत में प्रेस-परिषद् की स्थापना

प्रथम प्रेस आयोग ने सन् 1954 में अपनी रिपोर्ट में एक महत्त्वपूर्ण सिफारिश की थी कि सम्पादकीय स्वतंत्रता की रक्षा, समाचारों के प्रस्तुतीकरण में वस्तुनिष्ठता और प्रेस के विकास को प्रोत्साहित करने व बाहरी दबावों से उसकी रक्षा करने के लिए भारत में प्रेस परिषद की स्थापना की जानी चाहिए। इस सिफारिश के आधार पर जून, 1956 में एक विधेयक संसद में प्रस्तुत किया गया। लगभग दस वर्ष तक इस दिशा में कोई प्रगति नहीं हुई, फिर अन्ततः 12 नवम्बर, 1965 को यह विधेयक पारित हो गया और इसके तहत 4 जुलाई, 1966 को प्रेस परिषद का गठन हो गया। श्री न्यायमूर्ति जे.आर. मधोलकर उसके अध्यक्ष बनाये गए। सन् 1970, 1973 और 1974 में किए गए संशोधन के द्वारा इसे और भी प्रभावी बनाया गया। 31 दिसम्बर, 1975 को परिषद का कार्यकाल समाप्त हो जाने के बाद उसे बढ़ाया नहीं गया, अतः परिषद स्वतः समाप्त हो गई इसके बाद जनता पार्टी सरकार में सूचना और प्रसारण मंत्री श्री लालकृष्ण आडवाणी ने लोकसभा में 6 अप्रैल, 1977 को परिषद् की पुनर्स्थापना की घोषणा की और सन् 1978 में ''प्रेस परिषद अधिनियम'' पुनर्जीवित हो गया।

(2) प्रेस-परिषद् का गठन तथा स्वरूप

प्रेस परिषद में बाकायदा एक अध्यक्ष होते हैं और 28 सदस्य होते हैं। राज्यसभा के सभापति, लोकसभा के अध्यक्ष और परिषद के सदस्यों द्वारा बनी समिति से अध्यक्ष चुना जाता है। सदस्यों की कुल 28 संख्या में 13 श्रमजीवी पत्रकार, 6 पत्रों के सम्पादक और 7 सम्पादन में भिन्न श्रमजीवी पत्रकार। छोटे-बड़े एवं मझोले पत्रों से दो-दो प्रतिनिधि रहते हैं। इनमें से एक विश्वविद्यालय अनुदान आयोग, एक साहित्य अकादमी और एक भारत की विधिज्ञ परिषद के द्वारा निर्दिष्ट किया जाता है। इस तरह से यह संख्या तीन हो जाती है। प्रेस परिषद के सदस्यों में पाँच प्रतिनिधि सांसदों के बीच से चुनकर आते हैं। इनमें तीन लोकसभा के अध्यक्ष द्वारा अपने बीच से तथा शेष दो राज्यसभा के सभापति अपने सदस्यों के बीच से करते हैं।

(3) 1994 में 'प्रेस-परिषद्' की रिपोर्ट में प्रकाशित सदस्यों की सूची इस प्रकार हैं

	श्री आर.एस. सरकारिया जस्टिस	अध्यक्ष	भारतीय भाषाओं के सम्पादक
1.	श्री उत्तम चन्द्र शर्मा, सं. मुजफ्फरनगर बुलेटिन, मुजफ्फरनगर	सदस्य	
2.	श्री हर्षुख संस्थानी, सं. फुलछाब, राजकोट	सदस्य	
3.	श्री बी. जी वर्गीज, सं. वेस्टर्न टाइम्स, अहमदाबाद	सदस्य	अंग्रेजी पत्रों के सम्पादक
4.	श्री विशम्भर नेवार, सं. छपते-छपते, कलकत्ता	सदस्य	
5.	श्री रामू पटेल, सम्पादक, ट्रिब्यून, चंडीगढ़	सदस्य	
6.	श्री भी.एन. नारायणन्	सदस्य	
7.	श्री आर.सी. पंडित, श्रमजीवी पत्रकार, आज, उत्तर प्रदेश	सदस्य	
8.	श्री परमानन्द पांडेय श्रमजीवी पत्रकार, जनसत्ता, नई दिल्ली	सदस्य	
9.	श्री अरुण बागची, श्रमजीवी पत्रकार, आनन्द बाजार पत्रिका, कलकत्ता	सदस्य	
10.	श्री मधुकर उपाध्याय, श्रमजीवी पत्रकार, यूनीवार्ता, नई दिल्ली	सदस्य	
11.	श्री बृज भारद्वाज, श्रमजीवी पत्रकार, हिन्दुस्तान टाइम्स, नई दिल्ली	सदस्य	

12.	श्री उमाशंकर फडनीस, श्रमजीवी पत्रकार (स्वतंत्र सदस्य पत्रकारिता) नई दिल्ली	सदस्य	
13.	श्री हरिहर स्वरूप, श्रमजीवी पत्रकार, पी.टी.आई., नई दिल्ली	सदस्य	
14.	श्री के.एम. मैथ्यू, मलयाला मनोरमा, केरल	सदस्य	
15.	श्री वासुदेव राय, दि स्टेट्समैन, कलकत्ता	सदस्य	
16.	श्री एस.बी. सिंह, पंजाबी डाइजेस्टर, नई दिल्ली	सदस्य	
17.	श्री बी.एन. शर्मा, सान्ध्य ज्योति दर्पण, जयपुर	सदस्य	
18.	श्री राजेन्द्र कुमार वर्मा, जगत (हिन्दी), नई दिल्ली	सदस्य	
19.	श्री सतीश खुराना, डेटेंट (अंग्रेजी) नई दिल्ली	सदस्य	
20.	श्री के.पी.के. कुट्टी, यू.एन. आई. समाचार समिति के मैनेजर		
21	प्रो. के. सच्चिदानन्द मूर्ति, विश्वविद्यालय अनुदान आयोग के प्रतिनिधि		
22.	श्री ब्रह्मानन्द शर्मा, बार काउन्सिल के नामित प्रतिनिधि		
23.	प्रो. इन्द्रनाथ चौधरी साहित्य अकादमी के नामित प्रतिनिधि		
24.	श्री चन्दूलाल चन्द्राकर, लोकसभा अध्यक्ष द्वारा नामित सांसद प्रतिनिधि		
25.	श्रीमती गीता मुखर्जी, लोकसभा अध्यक्ष द्वारा नामित सांसद प्रतिनिधि		
26.	श्री सुशील चन्द्र वर्मा, लोकसभा अध्यक्ष द्वारा नामित		
27.	श्री.वी. एन. गाडगिल, राज्यसभा सभापित द्वारा नामित सांसद प्रतिनिधि		
28.	श्री आर. के. करंजिया राज्यसभा सभापति द्वारा नामित सांसद प्रतिनिधि।		

(4) प्रेस-परिषद् की वैश्विक स्थिति

चटपटी और अविश्वसनीय खबरों को परोसने की होड़ में बेकाबू पत्रकारिता को रोकने के लिए अधिकांश देशों में प्रेस-परिषदें गठित हैं। एक सूचना के अनुसार विश्व के लगभग 50 देशों में प्रेस-परिषदों अथवा उससे मिलती-जुलती संस्थाओं का गठन हो चुका है। दुनिया में प्रेस-परिषद् के गठन के विचार का उदय पहली बार स्वीडेन में हुआ। सन् 1972 ई. में नार्वे में, 1946 ई. में जापान में, सन् 1956 में जर्मनी में, आस्ट्रेलिया में 1961 में, साउथ कोरिया में 1961 में 1963 में इजराइल में, 1964 ई. में, डेनमार्क में, 1965 में भारत में, 1962 में, कनाडा में, 1969 में तुर्की में, 1972 में न्यूजीलैंड में, 1973 में श्रीलंका तथा अमेरिका में प्रेस-परिषदों का गठन हुआ, "The British example in setting up such a council had a considerable boosting effect on many countries where similar ideas had been entertained for quite a time. This was true especially in the case of the German Federal Republic. Certain ideas concerning press self-control which found their origin in the Weimar Era were already being discussed during the allied occupation of- Germamy between 1945-1949—

अभी हाल में प्रेस से निपटने के लिए सरकार को सख्त अधिकार देने के सुझाव पर गम्भीर चिन्ता जताते हुए दक्षिण एशिया मीडिया आयोग ने मीडिया समुदाय से स्वनियामक तंत्र को आकार देने की प्रक्रिया में तेजी लाने की अपील की है। आयोग का कहना था कि इससे मीडिया के अपने मामलों में सुधार लाने की योजनाओं की विश्वसनीयता बढ़ेगी और प्रेस की आजादी से सम्बन्धित व अन्य चुनौतियों में कमी आएगी। आयोग का विचार था कि मीडिया के कामकाज में खामियाँ हैं, अतः प्रेस-परिषद् स्वनियामक तंत्र को मजबूत करने के लिए रचनात्मक सुझाव दे। बहरहाल, सभ्य समाज के हितों की रक्षा के लिए ब्रिटेन में बहुत पहले ही प्रेस-परिषद् का गठन हो चुका था। यहाँ की प्रेस-परिषद को किसी तरह की कोई कानूनी अमली जामा नहीं पहनाया गया था। बल्कि इसमें समाज के चुने हुए बौद्धिक तबके के विशिष्ट लोगों को रखा गया था, जिनका सरोकार पत्रकारिता

से किसी तरह का नहीं था। वे निष्पक्ष, तटस्थ और ईमानदार थे, सम्भवतः इसीलिए इस देश की पत्रकारिता में बहुत पहले ही नैतिक अनुशासन स्थापित हो गया था। अन्य देशों की तुलना में आज भी यहाँ की पत्रकारिता पर बाजार का उतना दबाव नहीं है। यहाँ की मीडिया अभी 'इन्डस्ट्री' नहीं बनी हैं। खुली बाजार व्यवस्था से अभी यह दूर है सम्भवतः इसीलिए यहाँ की प्रेस-परिषद के समक्ष पत्रकारिता सम्बन्धी शिकायतें बहुत कम मिलती हैं।

इसी तरह ताइवान, जापान, यूनाइटेड किंगडम, यूनाइटेड स्टेट्स आदि देशों में भी प्रेस-परिषद का गठन हुआ है। ये परिषदें इन देशों में अपना काम निष्पक्ष और स्वतंत्र रूप में कर रही हैं। दक्षिण कोरिया में पत्रकारिता धंधा नहीं है और न लाभ-हानि पर ही टिकी है, बल्कि इनका अपना मिशन है—लोगों को सही-सही सूचना देना, सबकी खबर लेना। भारत की तरह इस देश में सत्ता से सटे पत्रकारों के नाम नहीं मिलते। जापान में भी प्रेस-परिषद् गठित नहीं है, लेकिन इसकी विशेषता यह है कि यह सरकारी कायदे कानून पर काम नहीं करती, बल्कि भीतर के नैतिक अनुशासन अर्थात् स्व-संचालित परिषद् है। इसका नाम है—'निहोन शिमबुन क्यो काई।' इसका गठन 23 जुलाई, 1946 में हुआ था। इस परिषद् का अपना एक तंत्र है, स्वतंत्र सचिवालय है, जाँच समिति है, सम्पादकीय मामलों की समिति है। पत्रकारों को इस संस्था द्वारा बनाये गए नियमों का अनुपालन करना पड़ता है। कुछ अन्य देशों में प्रेस-परिषदों की स्थिति इस प्रकार देखी जा सकती है—

A Comparison of National Press Councils Around the world

Country	Sponsoring organisations	Functions	Parvises	Basis of procedure	Sanctions	Source of funding	Success
Taiwan	Newspaper journalists & publishers, broadcasters & news agencies of Taipei	Adjudicates complaints. Research in self-regulation	Newspapers, News agencies & broadcast stations of Taipei	Press code of ethics, will enforce its own ethical codes	Correction, publicity	Member media organizations	Considered weak
United Kingdom	Newspaper journalists & publishers of Britain & Scotland periodical publishers	Adjudicates complaints defends press freedom other	Newspapers	"case law"	Publicity	Member press organizations	Considered effective
United States	Private Philanthropic foundations	Adjudicates complaints defends press freedom	National News media	"case law"	Publicity	Philanthropic foundations, some funding from the media	Considered weak

(5) 1992 में नई दिल्ली में सम्पन्न हुए प्रेस-परिषद् के तीसरे अन्तर्राष्ट्रीय सम्मेलन के कुछ महत्त्वपूर्ण निर्णय

22 से 24 अक्टूबर, 1992 में नई दिल्ली में प्रेस से सम्बन्धित एक अन्तर्राष्ट्रीय परिचर्या हुई, जिसमें दुनिया के तमाम देशों में प्रेस-परिषद् की वर्तमान स्थिति एवं उसकी शक्तियों पर चर्चा हुई। इस चर्चा में प्रेस से सम्बन्धित तमाम तरह के सुझाव सामने आए। जिन देशों में प्रेस-परिषद के पास मीडिया को नियंत्रित करने के लिए कम शक्तिया थीं, उन्हें और अधिक शक्ति देने की सिफारिश की गई। यहाँ यह भी आग्रह किया गया कि प्रेस-परिषद् का आधार लोकतांत्रिक हो, कार्यक्षम हो तथा कम खर्चीला हो। शिकायतों को सुनने के लिए प्रेस-परिषद के पास नैतिक शक्ति भी होनी चाहिए। उसे तमाम तरह की बाधाओं से मुक्त होना चाहिए। प्रेस परिषद् को शिकायतकर्ता की शिकयतों पर तरजीह देना चाहिए।

अर्थगर्भी शिकायतों पर विशेष ध्यान देना चाहिए। इसमें 'रिव्यू' और अपील करने का भी अधिकार होना चाहिए। कुल मिलाकर प्रेस-परिषद् के जो उद्देश्य हैं, जिसके लिए इसका जन्म हुआ है, उसे बराबर ध्यान में रखना चाहिए—

Observations Made and Resolutions Passed by Third International Conference on Press Councils and Similar Bodies on October 22-24, 1992, New Delhi, INDIA

1. The Conference has considered the proposal that press Councils be endowed with sanctions and powers in addition to the moral sanctions that they now enjoy, and the requirement that adverse adjudications be published in the newspaper concerned.
2. Press Councils are based on the premise that they are to provide a democratic, efficient and inexpensive facility for the hearing of complaints about and by the press.
3. The Conference makes the following observations:
   a. Were Council to be endowed with the power to impose other sanctions it would be equitable that the power to impose sanctions apply also when complaints are made by the Press.
   b. A power to impose meaningful sanctions raises a number of issues, including:
   –The onus of proof
   –The standard of proof
   –The right to and cost of legal representation
   –Whether review and/or appeal would be available.
   c. The effect of any or all of these issues changing Press Council procedures would militate against the basic premise, that Press Council provide a democratic, efficient and inexpensive facility for the hearing of complaints, and that the consequent inevitability would be that Press Councils would. in effect, become courts exercising judicial power, and the well known problems of excess cost. formality and delay would equally apply thus defeating the basic purpose of the Press Council.
4. The Conference drew inspiration from these words of Mahatma Gandhi : "The sole aim of journalism should be service. The Newspaper Press is a great power but just as unchained tarrent of water Submerges the whole countries side and devastates crops even so, an uncontrolled pen serves but to destroy. If the control is from without, it proves more poisonous than want of control. It can be profitable only when exercised from within."
5. The Conference, therefore. resolved. That. for these reasons, Press Councils should not seck nor be granted thc power to impose additional sanctions.
6. The Conference warmly welcomed the representatives of the British Press Complaints Commission and received their report with interest. The Conference congratulated the BPC on providing so soon after its inception an outstanding, effective and efficient system of non-statutory self-regulation.

   Noting that the system of self-regulation was under review in the United Kingdom;

   Recalling that the United Kingdom has been and remains an example in legal development and in the protection of traditional liberties;

And noting that any action in relation to Press regulation in the United Kingdom will be seen as a precident in other countries, The Conference recommends that the United Kingdom authorities may, therefore, maintain the traditional liberty of the British Press as well as the concept of non-statutory its responsibilities.

7. That the document 'A Guide to Journalistic Ethics' by the Press council of India, sorted out from the adjudications of the Council and the guidelines issued by it in their wake, in an effort to 'build Up a code of conduct, be recieved; and that other press Councils and similar Bodies be invited to prepare similar outlines with a view to their being discussed by Press Councils and similar bodies in anticipation of a World Association of Press Councils being established; and that the draft Code of Ethics from Honolulu and Cyprus be received and that the Conference expresses its appreciation to our colleagues from Cyprus and Honolulu for their work in drafting these documents.
8. At the Third Conference of International Press Councils and Similar Bodies in New Delhi in October-22-24, 1992, the Conference noted its appreciation of the efforts and hospitality offered by the hosts, the International Youth Centre and the Indian Press Council and the sponsors.

(6) प्रेस-परिषद् का महत्त्व

प्रेस-परिषद् को समाचार-पत्रों का पहरेदार कहा जाता है। प्रेस-परिषद् स्वतः नियामक संस्था है, जिसकी स्थिति न्यायालय जैसी है, जो जनता, सरकार, समाचार-पत्र की शिकायत पर निर्णय देती है। इसे वादियों, प्रतिवादियों को बुलाकर उनसे जिरह करते, प्रमाण माँगने, निर्णय देने का वैधानिक अधिकार प्राप्त है।[1] परिषद् प्रेसों की सुरक्षा के लिए कटिबद्ध संगठन है। वह पत्रकारों, पाठकों तथा प्रेस के मालिकों, की रक्षा कर पत्रकारिता की स्वतंत्रता और स्तरता को संरक्षित करती है। प्रेस-परिषद् नैतिकता की मर्यादा में स्वस्थ दाय के प्रति अपनी निर्णयात्मक भूमिका को निभाती है। इस प्रकार परिषद् प्रेस की स्वतंत्रता, व्यावसायिक जिम्मेदारियाँ, स्तर को कायम रखना तथा लोकाभिरुचि को निरन्तर विकसित करने की नैतिक जिम्मेदारी का वहन करती है परन्तु परिषद् का सबसे त्रासद पक्ष है, उसके पास कोई दंडात्मक अधिकार जैसे—पत्र प्रकाशन स्थगित करना, सम्पादक की गलती पर उसे कारावास देना, अखबारी कागज का कोटा सीमित करना अथवा विज्ञापन को रोक देना नहीं है। इस कारण परिषद् आज एक निस्पन्द, यांत्रिक संस्था बनकर रह गई है।[2]

(7) प्रेस-परिषद् की समितियाँ

परिषद् ने अपने कार्यों को आसानी से सम्पादन करने के लिए चार मुख्य समितियाँ बनाई हैं,—

(1) जाँच समिति (Inquiry Committee),

(2) चयन समिति (Selection Committee),

(3) वित्त समिति (Finance Committee) तथा

(4) सर्वोद्देश्य समिति (All purpose Committee)।

इनके अतिरिक्त परिषद् ने शोध खंड (Research Section) की स्थापना का निर्णय लिया, जिसमें अन्य राष्ट्रों की प्रेस-परिषदों के निर्णय तथा पत्रकारिता की प्रवृत्तियों पर किए गए अध्ययन आदि का संकलन व संग्रह किया जाता है।

---

1. आधुनिक पत्रकारिता—डॉ. अर्जुन तिवारी, पृ. 92
2. हिन्दी पत्रकारिता : स्वरूप और सन्दर्भ डॉ. विनोद गोदरे, पृ. 175

(8) प्रेस-परिषद् के वित्तीय स्रोत

परिषद् की आय के अपने स्रोत या साधन हैं। यह पंजीकृत समाचार-पत्रों और समाचार एजेन्सियों से शुल्क वसूल करती है। यह केन्द्र सरकार से अपना काम काज करने के लिए अनुदान भी प्राप्त करती हैं,[1]—"To meet its financial requirements, the Council has been empowered to levy fees on newspapers registered with the Registrar of Newspapers. The amount received is fairly substantial but not sufficiant to meet all the expenses. Therefore, the balance amount it paid as grant-in aid by the government. That does not, however in any way spell governmental control or interference of any kind with the Functioning or activities of the Council"[2] कुल मिलाकर परिषद् के वित्तीय स्रोत मुख्य रूप से निम्न हैं,[3]

(1) सूचना एवं प्रसारण मंत्रालय, भारत सरकार द्वारा वित्त पोषण तथा
(2) भारतीय समाचारपत्रों के पंजीयक द्वारा पंजीकृत समाचार-पत्रों का समाचार अभिकरणों से फीस की प्राप्ति द्वारा।

(9) प्रेस-परिषद् के लाभ

पत्रकारिता की सही दिशा व स्वस्थ विकास में प्रेस-परिषद् की भूमिका महत्त्वपूर्ण रही है। समाचारी पत्रों को अखबारी कागज़ के आवंटन सम्बन्धी समस्या को लेकर पत्रकारिता प्रवृत्तियों पर भी परिषद ने महत्त्वपूर्ण अध्ययन किया है। भारत में अभी परिषद् को दंडाधिकार नहीं दिए गए हैं। इसलिए परिषद् अपने निर्णयों की अनुपालना के लिए किसी को कानूनी रूप से बाध्य नहीं कर सकती, लेकिन फिर भी प्रेस परिषद् का नैतिक नियंत्रण रहता है। प्रेस-परिषद इस प्रकार नैतिक बन्धन के रूप में कार्य करते हुए पत्रकारिता की स्वस्थ परम्पराओं में निर्णायक भूमिकाओं का निर्वाह करती है। इधर, 16 जून, 1980 को शिमला में परिषद् की बैठक आयोजित की गई, जिसमें कुछ प्रस्ताव स्वीकार किए गए। इन प्रस्तावों में केन्द्र सरकार से यह सिफारिश की गई थी कि परिषद के 1978 के अधिवेशन में कुछ संशोधन करके परिषद् को इस बात का अधिकार दिया जाए कि वह केन्द्र, राज्य तथा अन्य सार्वजनिक उपक्रमों से दोषी समाचार-पत्रों को विज्ञापन देना बन्द करा दे या भारतीय डाकतार विभाग विशेष समय के लिए रियायती दर पर डाक सुविधा बन्द कर दे। परिषद् का यह भी विचार था कि पत्रकारिता की नैतिक संहिता का उल्लंघन करनेवाले पत्रकारों तथा सम्पादकों के अधिस्वीकरण, विशेष समय के लिए रद्द कर दिए जाएँ। परिषद् को प्रेस की स्वतंत्रता की रक्षा व व्यावसायिक उत्तरदायित्व एवं स्तर की अभिवृद्धि तथा जनरुचि के संरक्षण आदि उद्देश्यों को प्राप्त करने के लिए कुछ अधिकार देने होंगे ताकि वह अधिक प्रभावी एवं कारगर हो सके।[4] कुल मिलाकर पत्रकारिता की नैतिक संहिता का उल्लंघन करनेवाले समाचार-पत्रों के खिलाफ अथवा प्रेस की स्वतंत्रता को प्रत्यक्ष अथवा परोक्ष से प्रमाणित करनेवाली ताकतों के खिलाफ कोई भी व्यक्ति प्रेस-परिषद् में शिकायत कर सकता है, लेकिन शिकायत करने से पूर्व यह आवश्यक है कि शिकायतकर्त्ता पहले सम्बद्ध व्यक्ति अथवा समाचार-पत्र को लिखित रूप से ध्यान आकृष्ट करा लें। यदि शिकायतकर्त्ता उस लिखित अभियोग के उत्तर पाने पर असन्तुष्ट हो तो सम्पूर्ण विवरण के साथ वह प्रेस-परिषद् में शिकायत कर सकते हैं।[5]

(10) प्रेस-परिषद में शिकायत प्रस्तुत करने का ढंग

किसी अखबार सम्पादक, संवाददाता या पत्रकार द्वारा प्रकाशित किसी अनुपयुक्त समाचार जैसे—सम्मान को ठेस पहुँची हो, कार्टून या विज्ञापन द्वारा व्यंग्य किया गया हो, किसी पत्रकार ने किसी

1. हिन्दी पत्रकारिता का इतिहास-जगदीश प्रसाद चतुर्वेदी, पृ. 393
2. History of Press Laws and Communications, B.N. Ahuja. P.145
3. पत्रकारिता का इतिहास-लक्ष्मीकान्त उपाध्याय, पृ. 153, जनशक्ति प्रकाशन दिल्ली, मू. 595 रु. 2011 ई.
4. पत्रकारिता : परिचय और विश्लेषण—डॉ. गीता व्यास, पृ. 189
5. प्रेस कानून और पत्रकारिता—डॉ. संजीव भानावत, पृ. 58

के साथ अभद्रता की हो, झूठा आरोप लगाया हो—इन सब बातों की शिकायत आहत या पीड़ित व्यक्ति प्रेस-परिषद् में कर सकता है, पर, प्रेस-परिषद में शिकायत करने से पहले सम्बन्धित समाचार-पत्र के ब्यूरो चीफ या सम्पादक के सामने अपनी बात रखनी चाहिए। हो सकता है, जाने-अनजाने हो गई भूल को सम्पादक स्वीकार कर लें, अतः विवाद को भरसक सुलझा लेना चाहिए। हाँ, सम्पादक अपनी भूल स्वीकार नहीं करता है, तब शिकायकर्त्ता को प्रेस-परिषद में अपनी शिकायत लेकर जाना चाहिए, साथ में प्रमाण के लिए अखबार में छपे अखबार की कतरन, समाचार-पत्र जहाँ से छपा हो, सम्पादक का नाम तथा किस संस्करण में समाचार छपा आदि का सम्पूर्ण विवरण साथ में ले जाना चाहिए। प्रेस परिषद् की वार्षिक रिपोर्ट में कहा भी गया है,—"कोई भी व्यक्ति किसी समाचार-पत्र के विरुद्ध पत्रकारिता के औचित्य तथा रुचि में मान्य नैतिक सिद्धान्तों के व्यवधान के विरुद्ध प्रेस परिषद में शिकायत कर सकता है। शिकायतकर्त्ता के लिए यह आवश्यक नहीं है कि वह उस समाचार से सम्बद्ध हो। आरोपित व्यवधान समाचार-पत्र में किसी समाचार या वक्तव्य के प्रकाशन का अप्रकाशन अन्य सामग्री जैसे व्यंग्य चित्र, चित्र, मनोरंजन सामग्री या विज्ञापनों के रूप में हो सकते हैं। जनता में से कोई भी व्यक्ति पत्रकारों के व्यावसायिक दुराचार के विरुद्ध शिकायत कर सकता है। चाहे वह व्यक्ति समाचार-पत्र कार्यालय का कोई पत्रकार हो अथवा स्वतंत्र पत्रकार, किसी समाचार समिति द्वारा प्रेषित समाचार, जो किसी भी माध्यम से प्रसारित किया गया हो, के विरुद्ध शिकायत की जा सकती है।[1]

हाँ, ऐसे मामलों को प्रेस-परिषद् में नहीं ले जाया जा सकता, जिन पर न्यायालय में विचार हो रहा हो; शिकायत कर्त्ता को इस बात की सूचना प्रेस-परिषद् को देनी पड़ती है कि,—"अपनी सम्पूर्ण जानकारी और विश्वास के साथ परिषद के समक्ष सम्पूर्ण सम्बद्ध तथ्य प्रस्तुत किए हैं तथा शिकायत में व्यक्त किसी विषय के सम्बन्ध में किसी न्यायालय में कोई मामला विचाराधीन नहीं है।" बहरहाल, ढेरों उदाहरण हैं, जिनमें पीड़ित पक्ष को प्रेस-परिषद् से न्याय मिला है। चाहे प्रेस की आजादी का मसला रहा हो, समाचार-पत्र कार्यालयों या पत्रकारों पर हमले का मामला हो या पत्रकारिता की पवित्रता की मर्यादा का उल्लंघन रहा हो प्रेस-परिषद् ने अपनी सीमा में उनका समाधान समय-समय पर किया है।

(11) प्रेस-परिषद् के अधिकार एवं शक्तियाँ

प्रेस-परिषद् उन घटनाओं की समीक्षा करती रहती है, जो प्रेस की स्वतंत्रता में हस्तक्षेप करती हैं। प्रेस परिषद् अपने यहाँ प्राप्त प्रेस के विरुद्ध पत्रकारिता की आचारसंहिता के उल्लंघन करने या प्रेस की स्वतंत्रता में हस्तक्षेप करने की शिकायतों के सम्बन्ध में अपने दायित्वों का निर्वाह मुख्यतः न्याय-निर्णय के जरिए करती हैं। अगर जाँच के बाद परिषद् इस बात से सन्तुष्ट होती है कि किसी समाचार एजेन्सी या समाचार-पत्र ने पत्रकारिता की आचार-संहिता या सार्वजनिक रुचि का उल्लंघन किया है या किसी श्रमजीवी पत्रकार ने कोई व्यावसायिक कदाचार किया है, तो प्रेस-परिषद उसे चेतावनी दे सकती है, उसकी भर्त्सना या निन्दा कर सकती है या उसके आचरण को अस्वीकार या रद्द कर सकती है। प्रेस-परिषद् को सरकार सहित किसी अधिकार के विरुद्ध भी प्रेस की स्वतंत्रता में हस्तक्षेप करने के लिए ऐसी टिप्पणी करने का अधिकार है, जैसा वह उचित समझे। प्रेस-परिषद् के निर्णय अन्तिम होते हैं और उन्हें किसी न्यायालय में चुनौती नहीं दी जा सकती। कुछ पुराने उदाहरण हैं। वर्ष 2001 के दौरान परिषद् को 1250 शिकायतें मिली थी, जिनमें से 390 प्रेस में दायर की गयीं। इनमें 523 मामले पहले से लंबित थे। परिषद् ने 130 मामलों में निर्णय दिया, 1045 मामले जाँच के लिए पर्याप्त आधार के अभाव में परिषद् द्वारा खारिज कर दिए गए। परिषद ने वर्ष 2000-2001 के दौरान 1175 मामलों का निपटारा किया। प्रेस परिषद् अधिनियम-1978 के अन्तर्गत् परिषद् को अधिकार है कि वह प्रेस की स्वतंत्रता और उसके मानकों को प्रभावित करनेवाले मामलों पर स्वप्रेरित अध्ययन करा सकती है।[2]

1. पत्रकारिता : परिचय और विश्लेषण—डॉ. गीता व्यास, पृ. 194
2. हिन्दी पत्रकारिता का इतिहास—जगदीश प्रसाद चतुर्वेदी, पृ. 394

अपने कार्य के संचालन में परिषद् को निम्नलिखित शक्तियाँ प्राप्त हैं,[1]

(1) अधिनियम के अधीन अपने कृत्यों के पालन या कोई जाँच करने के लिए परिषद् को निम्नलिखित बातों के बारे में सम्पूर्ण भारत में ही शक्तियाँ प्राप्त होंगी, जो वाद का विचारण करते समय सिविल न्यायालय में सिविल प्रक्रिया संहिता 1908 के अधीन निहित हैं, अर्थात्—

(i) व्यक्तियों को समन करना और हाजिर, कराना तथा शपथ पर परीक्षा कराना,

(ii) दस्तावेजों का प्रकटीकरण और उनका निरीक्षण,

(iii) साक्ष्य का शपथ-पत्र पर लिया जाना,

(iv) किसी न्यायालय या कार्यालय से किसी लोक अभिलेख या उसकी प्रतिलिपियों की अध्यपेक्षा करना,

(v) साक्षियों का दस्तावेजों की परीक्षा के लिए कमीशन निकालना,

(vi) कोई अन्य विषय जो निहित किया जाए।

(2) उपधारा (1) की कोई बात किसी समाचार-पत्र, समाचार एजेन्सी, सम्पादक या पत्रकार को, उस समाचार-पत्र द्वारा प्रकाशित या उस समाचार एजेन्सी, सम्पादक या पत्रकार द्वारा प्राप्त या रिपोर्ट किए गए किसी समाचार या सूचना का स्रोत प्रकट करने को विवश करनेवाली नहीं समझी जाएगी।

(3) परिषद् द्वारा की गई प्रत्येक जाँच भारतीय दंड संहिता की धारा 193 और धारा 228 के अर्थ में न्यायिक कार्यवाही समझी जाएगी।

(4) यदि परिषद् अपने उद्‌देश्यों को क्रियान्वित करने के लिए या अधिनियम के अधीन अपने कृत्यों का पालन करने के लिए आवश्यक समझती है तो वह अपनी किसी रिपोर्ट में किसी प्राधिकरण के, जिसके अन्तर्गत सरकार भी है, आचरण के सम्बन्ध में ऐसा मत प्रकट कर सकेगी, जो वह ठीक समझे।

(12) प्रेस-परिषद् के कार्य एवं उद्‌देश्य

(1) समाचार-पत्रों और समाचार समितियों को अपनी स्वतंत्रता की रक्षा करने में सहायता देना,

(2) उच्च व्यावसायिक मानदंडों के अनुरूप समाचार-पत्रों, समाचार-समितियों एवं पत्रकारों के लिए आचार संहिता का निर्माण करना,

(3) यह सुनिश्चित करना कि समाचार-पत्र समाचार समितियों और पत्रकार जनरुचि के उच्च मानदंडों को बनाये रखे तथा उनमें नागरिक अधिकारों तथा उत्तरदायित्व की भावना बनी रहे,

(4) पत्रकारिता के व्यवसाय में लगे व्यक्तियों में उत्तरदायित्व एवं जनसेवा की भावना को प्रोत्साहन देना,

(5) लोक हित तथा सार्वजनिक महत्त्व के समाचार की सुलभता तथा प्रसार को अवरुद्ध करनेवाले घटना क्रम की समीक्षा करना,

(6) यदि भारत के किसी समाचार-पत्र या समाचार समिति को किसी विदेशी स्रोत से सहायता मिलती है तो उस मामले को केन्द्रीय सरकार, किसी व्यक्ति या किसी संस्था द्वारा उठाए जाने पर निगाह रखना। कोई मामला प्रेस-परिषद् को सौंप देने पर भी केन्द्रीय सरकार इस सम्बन्ध में उचित कार्रवायी करने को स्वतंत्र रहेगी;

(7) विदेशी समाचार-पत्रों, विदेशी दूतावासों या विदेशी सरकार के भारत स्थित अन्य प्रतिनिधियों द्वारा प्रकाशित पत्र-पत्रिकाओं का अध्ययन करना, उसके प्रसार तथा उनके प्रभाव पर निगाह रखना,

(8) पत्र-पत्रिकाओं के प्रकाशन एवं व्यवस्था और समाचार-समितियों में कार्यरत सभी श्रेणी के कर्मचारियों में समुचित कार्यपरक सम्बन्ध बढ़ाना,

---

1. पत्रकारिता : परिचय और विश्लेषण—डॉ. प्रीता व्यास, पृ. 194-195

(9) समाचार-पत्रों और समाचार-समितियों का स्वामित्व चन्द हाथों में इस प्रकार सिमटने की चिन्ता रखना, जिसमें पत्रकारिता की स्वतंत्रता प्रभावित हो तथा

(10) केन्द्रीय सरकार यदि कोई मामला परिषद् को भेजे तो उसका अध्ययन करना और उस पर अपना अनुषंगी कार्य करना।[1]

(13) प्रेस-परिषद् और आचार-संहिता

आचार-संहिता के निर्माण की दिशा में सन् 1982 में प्रेस-परिषद् ने यह महत्त्वपूर्ण निर्णय लिया कि परिषद् विचारित विवादों के अन्त में उल्लिखित कारणों, तत्प्रभावी व्यापक सिद्धान्तों और निर्णय-आदेशों पर आधारित एक सार-संग्रह का निर्माण कर उसे प्रकाशित करे। इस आधार पर परिषद् ने 1984 में भारतीय विधि संस्थान के साथ संयुक्त रूप से प्रेस प्रकाशन किया, जिसका नाम है,—'पत्रकारिता की आचार संहिता और जन-रुचि का उल्लंघन (Violation of Journalistic Ethics and Public taste)। यह पुस्तक छह भागों में विभाजित है। साम्प्रदायिक लेखन, उत्तर का अधिकार आदिशीर्षकों में विभाजित इन भागों में परिषद् द्वारा विभिन्न शिकायतों पर दिए गए निर्णय तथा उनसे सम्बन्धित सिद्धान्तों को उल्लिखित किया है। इस प्रकार, आचार-संहिता का प्रश्न इस समय अत्यन्त विवादास्पद है। प्रेस जगत ने इस प्रकार की संहिता का विरोध करते हुए प्रेस के स्वस्थ विकास में इसे बाधक माना है। प्रश्न उठता है कि यदि प्रेस ने स्वयं किसी प्रकार की आचार-संहिता का विकास कर भी लिया तो उस संहिता की क्रियान्विति कैसे की जाएगी? नई दिल्ली में 18 से 20 मार्च, 1983 को नेशनल मीडिया सेंटर द्वारा आयोजित एक संगोष्ठी में इस प्रश्न को उठाया गया था। वक्तव्यों ने कहा था कि हमें अखिल भारतीय स्तर पर एक ऐसे संगठन को विकसित करना होगा, जो सरकारी अधिकार में या सरकार द्वारा मनोनीत न हो, वरन् सम्पूर्ण प्रेस जगत से उसे मान्यता मिले। आचार-संहिता के बारे में राष्ट्रीय स्तर पर विचार-विमर्श की आवश्यकता भी प्रतिपादित की गई है।[2]

(14) भारतीय प्रेस-परिषद् अधिनियम '1978'

मीडिया के हितों की रक्षा करनेवाली संस्था भारतीय प्रेस-परिषद् दंडात्मक अधिकार रहित न्यायालय की तरह है। यद्यपि इसे न्यायालय की तरह अनेक अधिकार प्राप्त हैं, पर न्यायालयों में विचाराधीन मामलों पर विचार का अधिकार नहीं है। दरअसल, इसके पास नैतिक अनुशासन और नियंत्रण तो है, किन्तु अपने निर्णयों का अमल में लाने के लिए किसी को कानूनन बाध्य नहीं कर सकती। स्पष्टतः यह कि यह किसी अखबार या पत्रकार को किसी भूल पर सजा देने का हक नहीं रखती, बावजूद इसके यह शैक्षिक संस्थाओं, संसद, पत्रकारिता जगत के सभी वर्गों का प्रतिनिधित्व करनेवाली सम्मानित सर्वोच्च संस्था है। इसकी टिप्पणियों या दोष-सम्बन्धी संकेतों का सम्मान पत्रकार, केन्द सरकार, राज्य सरकारें, अन्य सार्वजनिक उपक्रम तथा जन सामान्य तक सभी सर माथे लेते हैं। चूँकि इतनी समादृत संस्था होने के बावजूद यह दंडात्मक अधिकारों से रहित है, इसलिए द्वितीय प्रेस आयोग ने सरकार को सलाह दी थी कि जिस अखबार के विरुद्ध भारतीय प्रेस-परिषद् कम-से-कम तीन बार प्रतिकूल टिप्पणी दे तो उसका लाइसेन्स और पंजीकरण खत्म कर दिया जाए। चूँकि उस समय परिषद् के कुछ सदस्य आयोग की उक्त सलाह के खिलाफ थे, अतः प्रेस-परिषद् को दंडात्मक अधिकार नहीं मिल सका।

वस्तुतः प्रेस-आयोग ने सरकार से प्रेस-परिषद् को दंडात्मक अधिकार देने के लिए सम्भवतः इसलिए आग्रह किया था कि किसी वस्तु की रक्षा और नियम के अनुपालन करने-करवाने के लिए अधिकार भी आवश्यक होता है। इधर, परिषद् के जन्मने का मूल लक्ष्य ही था—संवाद समितियों तथा समाचार-पत्रों की स्वतंत्रता की रक्षा और इनका स्तर निरन्तर ऊँपर उठाना,—"The jurisdiction of the Press Council has been made clear and unambiguous with reference to its functions in regard

1. आधुनिक पत्रकारिता—डॉ. अर्जुन तिवारी, पृ. 92
2. पत्रकारिता-प्रशिक्षण—डॉ. शार्दूल विक्रम सिंह, डॉ. ऋचा सुकुमार, पृ. 138

to preserving the freedom of the Press and maintain and improve the standards of newspapers news agencies by laying down specifically that the Council may make such observations, as it may think fit, in any of its decisions or reports respecting the conduct of any authority, including government. The parliament adopted on August 31, 1978, the Press Council Bill seeking to set up a Press Council for "Preserving the freedom of the press and maintaining and improving the standards of newspapers and news agencies in India."[1] इन सभी के अलावा प्रेस-परिषद् के प्रमुख लक्ष्यों में यह भी थे—पत्रकारों को बाहरी दबावों से बचाना, अखबारों के विरुद्ध शिकायतों पर गौर करना, पत्रकारों के लिए आचार-संहिता बनाना, उनमें अपने कर्तव्यों के प्रति बोध और उत्तरदायित्व की भावना पैदा करना, संचार कर्मियों को उनके मूल अधिकारों को बताना, संचार के क्षेत्र में शोध, अनुसन्धान और विकास को बढ़ावा देना, अखबार के वैदेशिक रिश्तों पर नजर रखते हुए उनके ऊपर एकाधिकार समाप्त करने का उपाय बताना, अखबार कर्मियों में भी कार्य संस्कृति पैदा करना, समाचार-पत्रों के लिए सेवाओं का विस्तार करना, अखबारों के विरुद्ध आई शिकायतों की जाँच करना, समाचारपत्रों में पनप रही पीत पत्रकारिता से समाचारों को बचाना, अखबारी सिद्धान्तों की रक्षा करना, अखबार कर्मियों पर बेजा दबाव न पड़ने देना, किसी का चरित्र-हनन अखबारों में न होने देना, अहिंसा-अश्लीलता पैदा करनेवाली खबरों को अखबारों में छपने से रोकना, व्यंग-चित्रों, विज्ञापनों, दृश्यों आदि पर ध्यान रखते हुए किसी व्यक्ति की मानहानि न होने देना आदि।

उक्त लक्ष्यों को ध्यान में रखते हुए जनता शासन ने भारतीय प्रेस-परिषद् के अधिनियमों को सन् 1978 ई. में फिर से बनवाया। इधर, सन् 16 जून, 1980 को प्रेस-परिषद् की एक बैठक शिमला में आयोजित की गई। इस बैठक में प्रेस-परिषद् के 1978 के अधिनियमों में संशोधन सम्बन्धी प्रस्ताव स्वीकार किए गए। बहरहाल, भारतीय प्रेस-परिषद् के इतिहास में भारतीय प्रेस-परिषद् को अपने कर्तव्य के निर्वाह में अनेक संकटों का सामना करना पड़ा, 2-3 वर्षों तक भारतीय श्रमजीवी पत्रकार महासंघ ने इसका बहिष्कार किया। उसकी यह शिकायत थी कि परिषद् में मनोनयन की पद्धति त्रुटिपूर्ण होने के कारण श्रमजीवी पत्रकारों को समुचित प्रतिनिधित्व नहीं मिलता। सन् 1970 में भारतीय परिषद् अधिनियम में संशोधन के बाद भी, राष्ट्रीय पत्रकार संघ (U.N.I.) को प्रतिनिधित्व दिए जाने के सवाल पर विवाद बना रहा, 1976 में राष्ट्रीय (आन्तरिक) आपात् काल में सरकार ने इसे बन्द कर दिया और भारतीय प्रेस कौंसिल ऐक्ट को एक अध्यादेश द्वारा समाप्त कर दिया गया।[2]

सर्वोच्य न्यायालय के पूर्व न्यायाधीश श्री जे. आर मघोलकर भारतीय प्रेस-परिषद् के प्रथम अध्यक्ष थे, न्यायाधीश राजगोपाल अयंगार दूसरे, न्यायाधीश ए.एन. ग्रोवर तीसरे, न्यायाधीश ए.एन. सेन चौथे, न्यायाधीश एस. सरकारिया पाँचवें तथा अगले अध्यक्ष जस्टिस पी.वी. सम्पत थे। न्यायाधीश श्री मार्कण्डेय काटजू भारतीय प्रेस-परिषद् के छठे अध्यक्ष थे। अब आगे हम प्रेस परिषद् अधिनियम को इस प्रकार देख सकते हैं,। यहाँ यह ध्यान रखना है कि इस अधिनियम में कुल चार अध्याय हैं, जिनमें अध्याय एक में इसके नाम और परिभाषा से सम्बन्धित बातें कही गई हैं,—

The Press Council Act, 1978 (Act-37 of 1978)

(1) Short title and extent.—

(1) This Act may be called **THE PRESS COUNCIL ACT, 1978.**

(2) It extends to the whole of India.

(2) Definitions.—In this Act, unless the context otherwise requires,—

(a) "Chairman" means the Chairman of the Council;

(b) "Council" means the Press Council of India established under Sec. 4;

(c) "member" means a member of the Council and includes its Chairman;

1. History of Press Laws and Communications. B.N. Ahuja, P.118
2. संचार माध्यम, पृ. 38, 1989 ई.

(d) "Prescribed" means prescribed by rules made under this Act;

(e) the expressions "editor" and "newspaper" have the meanings respectively assigned to them in the Press and Registration of Books Act, 1867. and the expression "working journalist" has the meaning assigned to it in the Working Journalists and other Newspaper Employees (Conditions of Service and Miscellaneous Provisions Act, 1955.

(3) **Rule of construction respecting enactments not extending to the State of Jammu and Kashmir or Sikkim.**—And reference in this Act to a law which is not in force in the State of Jammu and Kashmir or Sikkim shall, in relation to that State, be construed as a reference to the corresponding law, if any, in force in that State.

CHAPTER II
ESTABLISHMENT OF THE PRESS COUNCIL

4. Incorporation of the Council.—

(1) With effect from such date as the Central Government may, by notification in the Official Gazette, appoint, there shall be established a Council by the name of the Press Council of India."

(2) The said Council shall be a body corporate having perpetual succession and a common seal and shall by the said name sue and be sued.

(a) Press Council of India established w.e. f. 1-3-1979—S.O. 115 (E)—Gaz of Ind., 28-2-1979, Pt. II, S. 3 (ii), Ext, p.203

(5) Composition of the Council.—

(1) The Council shall counist of a Chairman and twenty-eight other members.

(2) The Chairman shall be a person nominated by a Committee consisting of the Chairman of the Council of States (Rajya Sabha), the Speaker of the House of the People (Lok Sabha) and a person elected by the members of the Council under sub-section (6) and the nomination so made shall take effect from the date on which it is notified by the Central Government in the Official Gazette.

(3) Of the other members—

(a) thirteen shall be nominated in accordance with such procedure as may be prescribed, from among the working journalists, of whom six shall be editors of newspapers and the remaining seven shall be working journalists other than editors, so, however, that the number of such editors and working journalists other than editors in relation to newspapers published in Indian languages shall be not less than three and four respectively.

(b) six shall be nominated in accordance with such procedure as may be prescribed from among persons who own or carry on the business of management of newspapers, so, however, that there shall be two representatives from each of the categories of big newspapers, medium newspapers and small newspapers;

(c) one shall be nominated in accordance with such procedure as may be prescribed from among persons who manage news agencies;

(15) प्रेस-परिषद् बनाम मीडिया परिषद् : नया विवाद

भारतीय प्रेस परिषद् के पूर्व अध्यक्ष सेवा निवृत्त न्यायमूर्ति मार्कण्डेय काटजू ने पत्रकारिता-मीडिया पर नैतिक अनुशासन स्थापित करने के लिए परिषद् की तर्ज पर मीडिया परिषद् के गठन की मंशा व्यक्त की। उन्होंने एक दिन कुछ वरिष्ठ सम्पादकों से बातचीत में कहा कि "सरकार, निजी क्षेत्र और बौद्धिक तबके में यह धारणा दृढ़ होती जा रही है कि मीडिया का एक हिस्सा बेहद गैर-जिम्मेदाराना ढंग से काम कर रहा है। गलत और भ्रामक रिपोर्टिंग करने, घटनाओं को अतिरंजित रूप में पेश करने और सनसनी पैदा करने की प्रवृत्ति बढ़ रही है। इसे गम्भीरता से लेने और दोषियों पर लगाम लगाने की जरूरत है। आगे उन्होंने कहा कि "मीडिया में घर कर गई विकृतियों को दूर करने के दो रास्ते हैं। यह तरीका विचार-विमर्श और समझाने-बुझाने का है और दूसरा तरीका है भारी जुर्माना लगाने, सरकारी विज्ञापन रोक देने और लाइसेंस रद्द कर देने का। अगर बातचीत से बात नहीं बनती तो जिम्मेवारी सिखाने का दूसरा तरीका आजमाया जाए। इतना ही नहीं, उन्होंने तत्कालीन प्रधानमंत्री मनमोहन सिंह को पत्र लिखकर टीवी चैनलों को पीसीआई के दायरे में लाने और उसका नाम **मीडिया परिषद्** करने की माँग की।" आदरणीय काटजू की बात का समर्थन कई लोगों ने किया। भारतीय प्रेस परिषद् के पूर्व अध्यक्ष जी.एन. रे ने कहा कि—"मीडिया के सभी पक्षों के लिए पूरी तौर पर स्वायत्तशासी मीडिया परिषद् बननी चाहिए। इलेक्ट्रॉनिक मीडिया पर उचित नियमन होना चाहिए। मीडिया प्रशिक्षण के सभी संस्थानों के कामकाज और गुणवत्ता के लिहाज से मीडिया परिषद् का बनना बहुत आवश्यक है। श्री रे ने अपनी बात आगे बढ़ाते हुए कहा कि एक मीडिया परिषद् से बात नहीं बनेगी। भाषा एवं आधुनिक तकनीकी में गुणवत्ता हो—इस लिहाज से भी परिषद् होनी चाहिए।" मीडिया परिषद् के गठन पर भारतीय प्रेस परिषद् के तत्कालीन अध्यक्ष श्री रे के समर्थन से उत्साहित दिल्ली यूनियन जर्नलिस्ट (डीयूजे) के तत्कालीन अध्यक्ष शैलेन्द्र कुमार पांडेय ने भी माँग रखी कि "विभिन्न लघु भाषाई अखबार, लघु पत्र-पत्रिकाओं और जर्नल के लिए भी मीडिया परिषद् का गठन होना चाहिए क्योंकि समाज में इनकी महत्त्वपूर्ण भूमिका है। उन्होंने कहा कि देश में धर्म निरपेक्ष, स्वतंत्र और निष्पक्ष मीडिया को मजबूती तभी मिलेगी जब सरकारी तंत्र से अलग प्रेस से ही जुड़े लोग मिल-बैठकर मीडिया का मार्ग दर्शन करें, क्योंकि देश की विविधता और समस्याओं के लिहाज से समाचार, सूचना और राय में घालमेल को रोकने के लिए पत्रकारों को प्रशिक्षण की जरूरत है। उन्होंने अफसोस जताया कि इतने दिनों बाद भी हिन्दी पत्रकारिता इस तरह विकसित नहीं हो पाई है, जिस तरह इसे होना चाहिए।" इसी तरह कुछ समय पहले सूचना प्रसारण मंत्रालय ने भी काटजू की ही तरह बात कही थी कि,—"मंत्रालय मीडिया को मर्यादित करने के उपाय सोच रहा है।"

पर, काटूज की मीडिया सम्बन्धी उक्त टिप्पणियों पर पत्रकारिता जगत में बहुत आक्रोश पैदा हुआ, कई अन्य लोगों तथा संगठनों ने भी विरोध व्यक्त किया। इन लोगों ने कहा कि काटजू की टिप्पणी दुर्भाग्यपूर्ण है। प्रेस परिषद् की चिन्ता वही नहीं होनी चाहिए, जो सरकार की है, लेकिन दोनों की भाषा और लहजे में साम्य दिखता है। फर्क यह है कि सरकार को जहाँ पूरा मीडिया गैर जिम्मेदार नजर आता है, वहीं काटजू ने मीडिया के एक हिस्से को कठघरे में खड़ा किया है। इन संगठनों ने सवाल किया कि क्या सरकार जैसा चाहती है, वैसा अखबार निकालना होगा? अगर नहीं तो फिर सरकारी विज्ञापन रोक देने का डर क्यों दिखाया जा रहा है? एक समय बिहार प्रेस विधेयक और मानहानि विधेयक जैसे कानूनों का भय दिखाया गया था। प्रबल प्रतिरोध के कारण ये विधेयक कानून की शक्ल नहीं ले पाए। शायद इन अनुवादों के कारण अब कानून के जरिए नकेल कसने की बजाय सुविधाओं से वंचित करने की तरकीब सोची जा रही है। न्यायमूर्ति काटजू भी मानते हैं कि मीडिया को हाँका नहीं जा सकता। मगर वे जो सुझाव दे रहे हैं, वे अगर कानूनी प्रावधानों के रूप में आ गए तो सरकार उनका डंडे की तरह इस्तेमाल करने में हिचकेगी नहीं। पत्रकारिता के मानदंडों का पालन सुनिश्चित करने के लिए हर सम्भव कोशिश होनी चाहिए। मगर ऐसे किसी भी उपाय के बारे में न सोचा जाए जो सरकार के लिए मीडिया पर अपनी मर्जी थोपने का जरिया साबित हो।

श्री काटजू के मीडिया परिषद् सम्बन्धी उक्त टिप्पणियों पर विरोध का सिलसिला यहीं नहीं रुका। समाचार चैनलों की ओर से गठित स्व-नियामक संस्था 'नेशनल ब्राडकॉस्टर्स एसोसियेशन' के अध्यक्ष पद की 'जिम्मेदारी संभाल रहे भारत के पूर्व प्रधान न्यायाधीश श्री जे.एस. वर्मा ने तो यहाँ तक कहा कि भारतीय प्रेस परिषद् को ही बन्द कर देना चाहिए। वह प्रभावहीन संस्था है। उन्होंने कहा कि सभी जानते हैं, प्रेस परिषद् अपने काम में विफल रही है, अतः उस पर सरकारी धन की बर्बादी न हो। यह (पीसीआई) सरकारी धन पर चलती है, तो क्यों न धन को बचाया जाए। कुछ धन मीडिया संगठनों जैसे एडिटर्स गिल्ड, न्यूज ब्रॉड कास्टर्स, एसोसियेशन तथा ब्रॉड कास्टर्स एडिटर्स ने भी श्री काटजू की टिप्पणियों पर गहरी अपत्ति की। इंडियन न्यूज पेपर सोसाइटी (आएन एस) ने भी भारतीय प्रेस परिषद् के तत्कालीन अध्यक्ष काटजू की मीडिया पर की गई टिप्पणियों को पूरी तरह पूर्वाग्रहग्रस्त बताया और समाचार-पत्रों को किसी तरह के 'कठोर' कानूनी प्रावधानों की परिधि में लाने के खिलाफ आगाह किया था। 'आई एन एस' ने कहा कि न्यायमूर्ति काटजू की टिप्पणी यह साबित करती है कि उनके विचार चौथे खम्भे के सदस्यों के खिलाफ पूरी तरह पूर्वाग्रह से ग्रस्त है। इस संस्था ने शंका व्यक्त की कि इसका मीडिया निगरानी संस्था के रूप में उनकी कार्यपद्धति, विशेष रूप से उसकी अर्द्धन्यायिक भूमिका पर प्रतिकूल प्रभाव पड़ेगा। आईएनएस अध्यक्ष आशीष वग्गा ने कहा कि काटजू की ओर से की गई टिप्पणियों को आईएनएस आशंका और व्याकुलता के साथ देखता है। यह संस्था प्रेस की स्वतंत्रता को कमजोर करने या अखबारों को कठोर कानूनी प्रावधानों के दायरे में लाने के किसी भी प्रयास का विरोध करेगा। काटजू का यह बयान परिषद् की स्थिति को भी असमर्थनीय बना दिया है। परिषद् में कई सदस्य प्रेस से हैं। इतना ही नहीं, न्यूज ब्राड कास्टर्स एसोसियेशन ने तत्कालीन प्रधानमंत्री श्री मनमोहन सिंह को पत्र लिखकर चेताया कि हम प्रेस परिषदृ के इस कदम का कड़ा विरोध करते हैं। इस संस्था ने पत्र में लिखा कि इलेक्ट्रॉनिक मीडिया तो संवैधानिक रूप से प्रेस परिषद् के दायरे से बाहर है। काटजू की अवांछित टिप्पणियों को हम हताशा के साथ आपके ध्यान में लाने के लिए मजबूर हुए हैं। हम आपसे विनम्रतापूर्वक अनुरोध करते हैं कि आप इसमें दखल दें।

मैं समझता हूँ इस इस विवाद से दो वर्ष पहले अर्थात् जुलाई 2009 ई. में ही छोटे पर्दे पर विभिन्न कार्यक्रमों और समाचार समितियों की निगरानी के लिए सरकार ने 'तीसरी आँख' के रूप में 'मीडिया निगरानी प्रणाली' का गठन कर दिया था। तत्कालीन सूचना और प्रसारण मंत्री श्रीमती अम्बिका सोनी ने एक बार लोकसभा में प्रश्न काल के दौरान भर्तृहरि माहताब के प्रश्न का उत्तर देते हुए कहा कि मीडिया की समाचार सामग्रियों और कार्यक्रमों का नियमन एक बेहद संवेदनशील मुद्दा है और हमें इस मुद्दे पर सिविल सोसाइटी अदालती आदेश अभिभावकों, बच्चों और मीडिया को विश्वास में लाने की जरूरत है। मीडिया के नियमन का मुद्दा सबसे पहले 1994 में उठा था एवं 1995 में अध्यादेश के जरिए आचार संहिता को लागू किया गया। इसके बाद भी इस विषय पर लगातार चर्चा होती रही। सम्भवतः भारत दुनिया का एक मात्र ऐसा देश है, जहाँ मीडिया के नियमन के लिए कोई नियामक निकाय नहीं है।

बहरहाल, तमाम विरोधों के बावजूद कई ऐसे लोग हैं, जो समाचारों में तथ्यपरकता, गुणवत्ता और सामाजिक सौहार्द्र के लिहाज से प्रेस-परिषद् की तई 'मीडिया-परिषद्' के गठन के पक्ष में खड़े दिखते हैं। इनका विचार है कि चैनलों पर प्रसारित होनेवाले धारावाहिकों, अन्य कार्यक्रमों, अश्लीलता, फूहड़ता, बच्चों, महिलाओं, अल्पसंख्यकों, बाल-अधिकार, महिला अधिकार, मानव अधिकार, साथ ही समाज में शान्ति, सौहार्द्र और एकता के प्रचार-प्रसार, खबरनुमा विज्ञापनों की निगरानी के लिए एक नियामक एजेन्सी होनी चाहिए। प्रेस कौन्सिल ऑफ इंडिया का पुनर्गठन होना चाहिए। पिछले दो दशकों में हुए मीडिया के विविध-विकास, शोध आदि को देखते हुए निष्पक्ष 'मीडिया आयोग' का गठन होना चाहिए, पहले और दूसरे प्रेस आयोग के आधार पर नये प्रेस आयोग का गठन होना चाहिए, जहाँ स्वार्थी हितों का टकराव न हो और सरकार तथा मीडिया के बीच दूरी कम हो। 'देश में हरियाणा ऐसा पहला राज्य है, जहाँ 'मीडिया-नीति' बन भी गई है। हाँ, मीडिया पर बेजां अंकुश कत्तई नहीं होना चाहिए।

भाग-8
प्रसार भारती (Prasar Bharti)

(1) प्रसार भारती : इतिहास

प्रसार भारती को पहले 'सार्वजनिक प्रसारण सेवा' नाम से जाना जाता था। बाद में इसका नाम 'प्रसार भारती' (Prasar Bharti) रखा गया। 'आकाशवाणी' और 'दूरदर्शन' इसके दो घटक हैं। सम्प्रति पूरी मीडिया खासकर 'आकाशवाणी' (Radio) तथा 'दूरदर्शन' (Television) भारत सरकार के सूचना और प्रसारण मंत्रालय के अधीन काम कर रहे हैं। आकाशवाणी को लोग सम्भवतः व्यंग्य में 'मुक्त आकाशवाणी पर बुद्धवाणी यानी आकाशवाणी' तथा 'सत्ता दर्शन' अर्थात् 'दूरदर्शन' नाम से भी अभिहित करते हैं। साफ शब्दों में ये दोनों सत्ता पार्टी के 'प्रवक्ता' या 'भोंपू' कहे जाते हैं। अतः इनकी विश्वसनीयता बढ़ाने, सरकारी तंत्र के दबाव से मुक्ति, गुणवत्ता पूर्ण अभिव्यक्ति कुल मिलाकर इन्हें इनकी तटस्थ, स्वच्छ छवि और पूर्वाग्रह रहित होने के लिए भारत सरकार ने सन् 1964 ई. में किसी अशोक चन्द्रा की अध्यक्षता में एक उच्चस्तरीय कमेटी का गठन किया। अतः इस आधार पर इसे कुछ लोग 'अशोक चन्द्रा 'समिति', तो कुछ लोग केवल 'चन्द्रा समिति' कहते हैं। बहरहाल, इस समिति ने काफी अध्ययन-मनन, चिन्तन विश्लेषण तथा लोगों से रायमशविरा करके इन दोनों को सरकारी हुक्मारानों के बेजां दखल-दबाव, अनावश्यक मकड़जाल और गैर जरूरी हस्तक्षेप से स्वतंत्र होने के लिए कुछ बहुमूल्य सुझाव-संकेत दिए। साफ शब्दों में, चन्द्रा समिति ने सरकार को इस सम्बन्ध में अपनी रिपोर्ट 1966 में सौंप दी। 'चन्द्रा समिति' की मुख्य राय थी कि लोगों तक सही सूचना-समाचार पहुँचने देने के लिए जटिल और अन्धे कानूनी गिरफ्त से बाहर कर इन दोनों को स्वायत्तता देनी पड़ेगी। यदि ऐसा नहीं होता है तो समाज में इनके प्रति विश्ववसनीयता का संकट पैदा हो सकता है। साथ ही इनका स्वस्थ विकास भी बाधित होगा, अतएव अनावश्यक तसर्रुफ से इन्हें सरकार को बचाने का प्रयास करना चाहिए। बहरहाल, सरकार ने 1976 में इन दोनों को अलग-अलग हैसियत देकर इनकी स्वतंत्रता-स्वायत्ता की ओर नया संकेत दिया। इस तरह ये दोनों इस साल एक-दूसरे से अलग हो गए।

सन् 1977 ई. में आपात् काल ने कांग्रेस शासन को अपने में लील लिया। देश में नई सत्ता आई। इस नई सत्ता अर्थात् नवगठित जनता पार्टी की सरकार ने रेडियो और दूरदर्शन के लोकतांत्रिक स्वरूप पर नये सिरे से विचार किया और इस क्रम में आरदणीय बी.जी. वर्गीस से रेडियो और दूरदर्शन की स्वायत्तता पर विचार-सुझाव देने का आग्रह किया। श्री वर्गीस की अध्यक्षता में एक समिति बनी। इस समिति ने रेडियो और दूरदर्शन की स्वतंत्र इयत्ता के लिए जोरदार सिफारिश की, जिनमें से कुछ प्रमुख को हम इस प्रकार देख सकते हैं।

बी.जी. वर्गीस की सिफारिशें—

(1) अपनी सिफारिश में समिति ने स्वतंत्र राष्ट्रीय ट्रस्ट **आकाश भारती** तथा **राष्ट्रीय प्रसारण ट्रस्ट** की स्थापना के लिए सरकार से आग्रह किया।

(2) इस समिति ने आकाशवाणी और दूरदर्शन के लिए दो अलग-अलग निगमों के स्थान पर एक चार स्तरीय विकेन्द्रीकृत उच्च प्रसारण संगठन बनाने का सुझाव दिया।

(3) उक्त चार स्तरीय संगठन का अर्थ था—केन्द्रीय, आंचलिक, क्षेत्रीय तथा स्थानीय।

(4) इस समिति ने सरकार से रेडियो और दूरदर्शन की स्वायत्तता सम्बन्धी सिफारिशों को 01 जनवरी, 1979 तक स्वायत्त ट्रस्ट के रूप में साकार कर लेने का आग्रह किया था।

पर, दुर्भाग्य ने उक्त सिफारिशों का पीछा यहाँ भी नहीं छोड़ा। जनता पार्टी की सरकार स्वयं ही अपने संकल्प से पीछे हट गई। उस समय सरकार ने शाह आयोग की कार्यवाहियों को पक्षपातपूर्ण तरीके से दिखाकर आकाशवाणी और दूरदर्शन का दुरुपयोग किया था। बहरहाल, इस समय तक

देश में पुनः कांग्रेस सत्तासीन हो गई थी। अतः अपने अन्तर्कलह के कारण जनता पार्टी के शासन का अन्त हो गया था। तत्कालीन कांग्रेस सरकार ने 1980 में वर्गीस समिति की सिफारिशों को उपेक्षा के बट्टे खाते में डाल दिया। उस समय देश में काफी राजनैतिक अस्तव्यस्तता थी। इधर रेडियो और दूरदर्शन के मुक्त अभिव्यक्ति सम्बन्धी बुनियादी लोकतांत्रिक अधिकार के विस्तार और मान्यता की माँग बढ़ती रही। लोगों में स्वायत्तता सम्बन्धी शिथिलता और टालमटोल पर उदासी, खीझ और आक्रोश बढ़ रहा था। इस बीच घटी कुछ घटनाओं ने लोगों को और अधिक शंकास्पद बना दिया। सन् 1983 ई. में भारत में एशियाई खेल हुए। तमाम तरह के आरोपों से मीडिया माध्यम घिर गए। इधर सन् 1989 ई. में देश में हुए लोकसभा चुनावों में तत्कालीन जनतादल ने जनता को आश्वस्त किया कि सत्ता में आने पर रेडियो और दूरदर्शन को इनकी स्वतंत्र हैसियत दे दी जाएगी।

बहरहाल, चुनाव में जीतने के बाद केन्द्र में सत्ता में आई राष्ट्रीय मोर्चा सरकार ने अपने वायदे को पूरा किया, 29 दिसम्बर, 1989 को लोकसभा में इस सम्बन्ध में एक विधेयक **प्रसार भारती** प्रस्तुत किया। इस विधेयक की एक विशेषता यह थी कि इसका प्रारूप 1964 ई. की आदरणीय अशोक कुमार चन्द्रा (चन्द्रा समिति) तथा 1977 ई. की. वी.जी. वर्गीस जाँच समिति की संस्तुतियों, साथ ही कुछ अन्य सिफारिशों को मिलाकर बनाया गया था। उक्त विधेयक 12 सितम्बर, 1990 ई. में अधिनियम का आकार ग्रहण कर सका। पर, यहाँ पर भी, कई बाधाएँ, सामने खड़ी हो गयीं। 'प्रसार भारती' अधिनियम बनने के बाद भी इसे लागू या प्रभावी होने में काफी समय लगा। लगभग सात वर्षों तक यह उपेक्षित पड़ा रहा। इस बीच 1995 में सर्वोच्च न्यायालय का एक निर्देश आया। सन् 1995 ई. में सर्वोच्च न्यायालय ने 'Secretary, Ministry of Information and Broad casting' बनाम 'Cricket Association of West Bengal' के एक मामले में निर्णय दिया,—"आज इलेक्ट्रॉनिक मीडिया-रेडियो और दूरदर्शन प्रचार के बहु प्रभावी माध्यम हैं। 'वायु तरंगें' सार्वजनिक सम्पत्तियाँ हैं और उनका प्रयोग सार्वजनिक फायदे के लिए किया जाना चाहिए।" न्यायालय ने यह भी आगे निर्णय दिया कि,—"सरकार को एक स्वतंत्र और स्वायत्त संस्था की स्थापना करनी चाहिए, जिसमें समाज के सभी वर्गों का प्रतिनिधित्व हो तथा वायु तरंगों के नियंत्रण विनयमित करें।" बस क्या था, न्यायालय के उक्त निर्णय के बाद 'प्रसार भारती' अधिनियम को प्रभावी बनाने के लिए प्रयास शुरू हुए। अन्ततः 23 नवम्बर, 1977 को "प्रसार भारती" (प्रसारण निगम) अस्तित्व में आया। सम्प्रति 'प्रसार भारती' का मुख्यालय दिल्ली में है।

(2) प्रसार भारती अधिनियम '1990'

जुलाई, 1990 में दूरदर्शन और आकाशवाणी को स्वायत्तता देने सम्बन्धी प्रसार भारती अधिनियम को राष्ट्रपति ने स्वीकृति प्रदान की, जिसे इस प्रकार देखा जा सकता है—

"THE PRASAR BHARATI (BROADCASTING CORPORATION OF INDIA ACT, 1990

(No. 25 of 1990)

(12 September, 1990)

"An Act to provide for the establishment of a Broadcasting Corporation for India to be known as Prasar Bharati, to define its composition, functions and powers and to provide for matters connected therewith or incidental thereto"

इस अधिनियम में आकाशवाणी और दूरदर्शन को एक निगम के दो अंग माना गया, जिन पर सरकार का कोई नियंत्रण नहीं है। 'आकाशवाणी' तथा 'दूरदर्शन' को परिभाषित करते यहाँ बताया गया है कि, " 'Akashvani' means the offices, stations and other establishments, by whatever name called which, immediately before the appointed day, formed part of or were under the Director-General, All India Radio of the Union Ministry of Information and Broadcasting." दूरदर्शन के लिए कहा गया है—" 'Doordarshan' means the offices, kendras and other establishments by whatever name called...Doordarshan of the Union Ministry of Information and Broadcasting." 1990 से लेकर 1995 तक संशोधनों से गुजरने के बाद जनवरी, 1995 में यह अधिनियम तत्कालीन प्रधानमंत्री को प्रस्तुत किया गया। अन्ततः 15 सितम्बर, 1997 से इसे लागू किया गया। बाद में 31 अक्टूबर, 1997 को एक अध्यादेश के माध्यम से इसमें कुछ महत्त्वपूर्ण परिवर्तन किए गए। पुनः कालान्तर में यह फैसला किया गया कि अन्तर्राष्ट्रीय उपग्रह प्रसारण के कारण एशिया में प्रसार के बदलते परिदृष्य को देखते हुए इसका पुनर्मूल्यांकन किया जाए। अतः केन्द्र सरकार ने 23 नवम्बर, 1997 को आकाशवाणी व दूरदर्शन के संचालन हेतु बहुप्रतीक्षित प्रसार भारती निगम के गठन की घोषणा की।

यह भी तय किया गया कि निगम के प्रबन्ध के लिए नौ सदस्यों का निर्देशक मंडल होगा। इसकी नियुक्ति राष्ट्रपति द्वारा एक समिति की सिफारिश पर की जाएगी। नियुक्ति समिति में भारतीय प्रेस परिषद् के अध्यक्ष, राज्यसभा के सभापति और राष्ट्रपति द्वारा नामित एक व्यक्ति होगा, प्रसार भारती अधिनियम के दूसरे अध्याय में इस बात का स्पष्ट उल्लेख है—

(4)—(1) The Chairman and the other Members shall be appointed by the President of India of the recommendation of a committee consisting of—

(a) the Chairman on the Council of States, who shall be the Chairman of the Committee,

(b) the Chairman of the Press Council of India established under Section 4 of the Press Council Act-1978. and

(c) one nominee of the President of India.

31 अक्टूबर 97 को राष्ट्रपति द्वारा जारी अध्यादेश के अनुसार आकाशवाणी और दूरदर्शन की सभी सम्पत्ति, राशि तथा कर्मचारियों की सेवाओं को प्रसार भारती में हस्तान्तरित करने या स्थानान्तरण पर लेने का अधिकार भी सरकार की जगह प्रसार भारती निगम को सौंप दिया गया है—"Where the Central Government has ceased to perform any function which under Section 12 are the functions of the Corporation, it shall be lawful for the Central Government to Transfer, by order and with effect from such date or dates as may be specified in the order...functions."

एक अन्य अध्यादेश के अनुसार प्रसार भारती निगम ही अपने अधिकार क्षेत्र में जानेवाले प्रसारण के सम्बन्ध में सेवा शुल्क या अन्य किसी तरह के शुल्क का निर्धारण करेगा। अधिनियम में यह भी कहा गया है कि निगम के कर्मचारियों के चयन के लिए चयन बोर्ड का गठन किया जाएगा। यह बोर्ड ही कर्मचारियों तथा अधिकारियों के चयन की सिफारिश करेगा। इतना ही नहीं, अध्यादेश के माध्यम से मूल अधिनियम में प्रसार भारती निगम की निगरानी के लिए प्रस्तावित संसदीय समिति तथा सांसदों की प्रसारण-परिषद् को समाप्त कर दिया गया है। अध्यादेश में यह भी कहा गया है कि निगम देश की एकता, अखंडता तथा संविधान में उल्लिखित सांस्कृतिक तथा लोकतांत्रिक मूल्यों को ध्यान में रखते हुए काम करेगा—"Upholding the unity and integrity of the country and the values enshrined in the Constitution तथा safeguarding the citizen's right to be informed freely. Truthfully and objectively on all matters of public interest, national or international and presenting balanced flow of information including contrasting views without advocating any opinion or ideology of its own." प्रसार भारती निगम में वरिष्ठ पत्रकार निखिल चक्रवर्ती को अध्यक्ष तथा भूतपूर्व सूचना एवं प्रसारण सचिव एस.एस. गिल को मुख्य कार्यकारी सचिव नियुक्त किया गया था। बोर्ड के अन्य 6 सदस्यों में बी.जी. बर्गीज, डॉ. आबिद हुसेन, प्रो. रोमिला थापर, प्रो. यू.आर.राव, ए. पद्मनाभन तथा साहित्यकार डॉ. राजेन्द्र यादव शामिल थे।

(3) प्रसार भारती अधिनियम की प्रमुख धाराएँ

प्रसार भारती अधिनियम में कुल चार अध्याय और 35 धाराएँ हैं। अध्याय एक में दो धाराएँ हैं, जिनके द्वारा अधिनियम का परिचय तथा आकाशवाणी व दूरदर्शन से सम्बन्धित कतिपय शब्दों को परिभाषित किया गया है, जैसे—

प्रसार भारती अधिनियम, 1990
(The Prasar Bharati Broadcasting Corporation of India Act, 1990)

परिभाषाएँ (Definitions) :

(अ) **'आकाशवाणी'** (Akashwani) से तात्पर्य ऑफिस, स्टेशन व अन्य संस्थापन से है जो इससे पूर्व डी.जी. (Director General) आल इंडिया रेडियो व इन्फॉर्मेशन व ब्रॉडकॉस्टिंग मंत्रालय से सम्बद्ध था।

(ब) 'नियुक्ति दिन' से तात्पर्य सेक्शन 3 में नियुक्ति दिनांक।

(स) ब्रोडकॉस्टिंग (Broadcasting) से तात्पर्य संचार का कोई भी माध्यम जैसे सिगनल, लेखन, आवाज, चित्र व सभी प्रकार के इलेक्ट्रो-मैगनेटिक वेब्स से हैं जो केबल के जरिए या स्पेस से सामान्य जनता द्वारा प्रत्यक्ष या परोक्ष रूप से ग्रहण की जाती है।

(द) 'बोर्ड' से तात्पर्य प्रसार भारती बोर्ड।

(i) 'ब्रोडक्रास्टिंग काऊंसिल' से तात्पर्य वह जो सेक्शन 14 में स्थापित की गई है।

(ii) 'चेयरमेन' से तात्पर्य कॉरपोरेशन का चेयरमैन जो सेक्शन 4 में नियुक्त किया गया है।

(iii) 'कॉरपोरेशन' (Corporation) से तात्पर्य प्रसार भारती (ब्रोडकास्टिंग कॉरपोरेशन ऑफ इंडिया) है जो सेक्शन 3 में स्थापित किया गया।

(iv) 'दूरदर्शन' (Doordarshan) से तात्पर्य वे ऑफिस, केन्द्र व अन्य संस्थापन्न जो इससे पूर्व (जबकि यह एक्ट आया) सूचना व प्रसारण मंत्रालय के डी.पी. के क्षेत्राधिकार व इसके भाग में थे।

(v) 'इलेक्टेड मेंबर' से तात्पर्य उस सदस्य से है जो सेक्शन (3) में चुना गया।

(vi) 'एक्जीक्यूटिव मेंबर' सेक्शन 4 में नियुक्त सदस्य।

(vii) 'केन्द्र' से तात्पर्य कोई भी प्रसारण केन्द्र जहाँ स्टूडियो या प्रसारण या दोनों व रिले स्टेशन हों।

(viii) सदस्य (व्यक्तिगत) सेक्शन 4 में नियुक्त।

(ix) नामित सदस्य—सूचना प्रसारण मंत्रालय से नामित सदस्य सेक्शन 3 में।

(x) नोन लेप्सेबल फंड (Non-Lapsable Fund) : वह कोष जो आकाशवाणी व दूरदर्शन की आवश्यकताओं हेतु विभिन्न योजनाओं में वाणिज्यिक रेवेन्यू के रूप में उपार्जित किया गया।

(xi) पार्ट टाइम मेंबर : सेक्शन 4 में नियुक्त अंशकालिक सदस्य।

(xii) प्रेस्काइब्ड (Prescribed) : इस एक्ट में बने नियमों के नियत।

(xiii) रिक्रूटमेंट बोर्ड : वह बोर्ड जो सेक्शन 10 के सब-सेक्शन (1) में विनिर्मित हुआ।

(xiv) रेगुलेशन : वे नियंत्रण जो कॉरपोरेशन द्वारा इस एक्ट में बनाये गए।

(xv) स्टेशन : कोई भी प्रसारण केन्द्र जहाँ प्रसारण व स्टूडियो या दोनों के साथ रिले स्टेशन भी हो।

(xvi) होल टाइम मेंबर : एक्जीक्यूटिव मेंबर, मेंबर (फाइनेंस), मेंबर (पर्सनल)

(xvii) वर्ष : (फाइनेंशियल वर्ष)

(i) कॉरपोरेशन की स्थापना : जब से केन्द्र सरकार इस हेतु स्वीकृति करे।
(ii) कॉरपोरेशन एक कॉरपोरेट संगठन होगा समस्त स्वामित्व व सम्मत्तियों सहित
(iii) मुख्यालय नई दिल्ली में होगा।
(iv) निर्देशन नियंत्रण, प्रबन्धन का अधिकारी प्रारूपानुसार प्रसार भारती बोर्ड होगा।
(v) बोर्ड के गठन का प्रारूप :
— चेयरमैन,
— एक एक्जीक्यूटिव मेंबर,
— एक मेंबर (फाइनेंस),
— एक मेंबर (पर्सनल),
— 6 पार्ट-टाइम मेंबर,
— डाइरेक्टर जनरल (आकाशवाणी Ex-Officio,
— डाइरेक्टर जनरल (दूरर्दशन) Ex-Officio,
— एक प्रतिनिधि : सूचना प्रसारण मंत्रालय द्वारा नामित,
— दो प्रतिनिधि : कॉरपोरेशन के कर्मचारियों में से चुनाव द्वारा होंगे जिनमें से 'एक यांत्रिकी' स्टाफ से होगा व दूसरा सामान्य कर्मचारियों से।
(vi) कॉरपोरेशन श्रेष्ठ प्रस्तुति के लिए अलग से कमेटियाँ नियुक्त कर सकेगा।

प्रकीर्णन (Miscellaneous) :

(i) केन्द्र सरकार को दिशा निर्देश देने का अधिकार होगा,
(ii) केन्द्र सरकार को सूचना-प्राप्ति का अधिकार होगा,
(iii) विशेष मामलों में संसद को सूचित किया जाएगा व समितियों के आधार पर बोर्ड के खिलाफ एक्शन लिया जाएगा,
(iv) चेयरमैन, मेंबर आदि सभी पब्लिक सर्वेंट होंगे।

(4) प्रसार भारती बोर्ड : गठन की प्रक्रिया

दूरदर्शन और आकाशवाणी को सरकारी मकड़जाल से निकालने की कवायद के तहत प्रसार भारती का गठन हुआ था, लेकिन वह इससे निकल नहीं पाया। वह फिर एनडीए सरकार रही हो या फिर यूपीए सरकार। इसके पहले प्रमुख के बतौर देश के अत्यन्त सम्मानित वरिष्ठ पत्रकार निखिल चक्रवर्ती की नियुक्ति हुई थी, पर दुर्भाग्य से बे बीमार पड़ गए और फिर नहीं रहे। इसके बाद एनडीए सरकार ने संघ परिवार की विचारधारा से नजदीकी रखनेवाले वरिष्ठ पत्रकार एम.वी. कामथ को इसका चेयरमैन बनाया, लेकिन वह वैसा कुछ नहीं कर सके, जैसा एनडीए सरकार चाहती थी। एक तो उनकी उम्र खासी हो चली थी, दूसरे उन्हें टीवी माध्यम का कोई गहरा अनुभव भी नहीं था। कामथ की छुट्टी होने के बाद अरुण भटनागर की नियुक्ति हुई। भटनागर सेवानिवृत्त नौकरशाह थे। भटनागर की नियुक्ति ऐसे समय हुई, जब अरसे से दिशाहीन महसूस करते आकाशवाणी और दूरदर्शन के कर्मचारियों में भारी असन्तोष था। प्रसार भारती के तत्कालीन सीईओ बीएस लाली ने कथित तौर से सबकी शक्तियाँ अपने में केन्द्रित कर ली थीं और डी.जी. बस नाम के डी.जी. रह गए थे। बहरहाल, खबर यह थी कि लाली को काबू में करने के लिए भटनागर की नियुक्ति की गई थी। मध्य प्रदेश काडर के अर्से से भटनागर दिल्ली में ही थे। वे कामथ की तरह मात्र बैठकों में ही आनेवाले चेयरमैन नहीं थे। कड़क छवि थी किन्तु इनकी भी नियुक्ति सफेद हाथी से ज्यादा कुछ सिद्ध नहीं हुई। अब तक इस पद पर दो वरिष्ठ पत्रकार तथा एक स्पेश वैज्ञानिक नियुक्त हो चुके हैं, इनकी भूमिका भी सजावटी से ज्यादा नहीं रही। **सम्प्रति ए.सूर्य प्रकाश** इसके नये मुखिया बनाये गए हैं।

बहरहाल, प्रसार भारती अधिनियम की विभिन्न धाराओं के प्रावधानों के अनुसार प्रसार-भारती का मुख्य कार्यालय नई दिल्ली में होगा तथा इसका संचालन दस-सदस्यीय प्रबन्ध मंडल (Management Board) द्वारा होगा। इस बोर्ड में एक चेरयमैन, एक कार्यकारी सदस्य (Executive Member), एक वित्तीय सदस्य (Member Finance), एक कार्मिक सदस्य (Member Personnel) तथा छह अंशकालिक (Part-Time) सदस्य होंगे। आकाशवाणी तथा दूरदर्शन के महानिदेशक इसके पदेन सदस्य (Ex-officio Member) होंगे तथा सूचना एवं प्रसारण मंत्रालय का एक प्रतिनिधि और कॉरपोरेशन के दो कर्मचारी, एक तकनीकी विभाग से तथा दूसरा सामान्य श्रेणी का प्रतिनिधि होगा। प्रबन्ध-मंडल का गठन राष्ट्रपति एक परिषद् की सलाह से करेंगे। इस परिषद् का अध्यक्ष राज्यसभा का अध्यक्ष होगा और इसमें प्रेस-परिषद् का अध्यक्ष तथा राष्ट्रपति द्वारा नामित एक सदस्य भी होगा। प्रसार भारती का अध्यक्ष अंशकालिक होगा तथा उसका कार्यकाल छह वर्ष का होगा, जबकि कार्यकारी, वित्तीय एवं कार्मिक सदस्य पूर्णकालिक होंगे तथा उनका भी कार्यकाल छह वर्ष का होगा। अन्य अंशकालिक सदस्यों का कार्यकाल भी छह वर्ष का होगा और उनमें से एक-तिहाई सदस्य दो वर्ष पश्चात् पदमुक्त हो जाएंगे। मनोनीत सदस्य का कार्यकाल दो वर्ष का होगा। राष्ट्रपति को यह अधिकार होगा कि वह अंशकालिक सदस्यों का कार्यकाल कम कर दें। किसी सदस्य का स्थान रिक्त होने पर इस पद पर नियुक्त सदस्य का कार्यकाल पूर्व सदस्य के नियुक्त किए जाने की तिथि से माना जाएगा। पूर्ण कालिक सदस्य प्रसार भारती कॉरपोरेशन के कर्मचारी होंगे और कॉरपोरेशन द्वारा निर्धारित सेवा शर्तों व वेतन-भत्ता को पाने के अधिकारी होंगे।[1]

प्रसार भारती प्रसारण निगम की समस्त शक्तियाँ प्रसार भारती बोर्ड में ही अन्तर्मुख होती हैं। बोर्ड का प्रशासनिक सदस्य ही इस निगम का मुख्य प्रशासनिक अधिकारी होगा। सदस्यों की आयु सीमा अधिकतम 62 वर्ष है। प्रत्येक साल प्रसार भारती बोर्ड की कम-से-कम छह बैठकें अनिवार्य हैं। प्रत्येक बैठक तीन माह के अन्तर पर हो जानी चाहिए, बोर्ड की हर बैठक की अध्यक्षता बोर्ड का चेयरमैन ही करेगा। यदि बैठक के दिन चेयरमैन अनुपलब्ध हैं, तो उनकी अनुपस्थिति में प्रशासनिक सदस्य अध्यक्षता करने का हकदार होगा। प्रसार भारती के सभी निर्णय बहुमत के आधार पर लिए जाएँगे।

(5) प्रसार भारती की स्वायत्तता : शंकाओं के दायरे में

प्रसार भारती विधेयक में यह व्यवस्था की गई है कि 22 संसद सदस्यों की समिति निगम के कार्यकलापों पर नजर रखेगी, किन्तु वर्तमान स्थितियों को देखते हुए नहीं लगता कि यह समिति वास्तव में निगम के क्रिया कलापों पर नजर रख सही मार्गदर्शन कर सकेगी। वरन् सम्भावना यही है कि 22 सदस्य दूरदर्शन के कार्यक्रमों में अनावश्यक हस्तक्षेप करेंगे। वे अपने भाई-भतीजे आदि के नृत्य, गीत, अभिनय आदि के कार्यक्रमों हेतु कार्यक्रम निर्माताओं पर दबाव डालेंगे। ऐसे में दूरदर्शन के निर्माता कहाँ तक अपनी स्वायत्तता का प्रयोग करेंगे, और कहाँ वे अपनी छवि में सुधार कर सकेंगे? वस्तुतः 22 संसद सदस्यों की समिति के अतिरिक्त 55 सदस्यों की प्रसारण समिति के गठन का भी प्रावधान है। यह समिति सार्वजनिक शिकायतों का आकलन करेगी। ऐसा प्रतीत होता है कि सरकार ने स्वायत्त प्रसारण निगम की स्थापना करते हुए इस बात का विशेष ध्यान रखा है कि बाहरी स्वायत्तता दिखाते हुए भी निगम पर सरकारी नियंत्रण कम न होने पाए। प्रसार भारती निगम के अन्तर्गत् नियुक्त मुख्य कार्यकारी तथा आकाशवाणी एवं दूरदर्शन के महानिदेशक स्वतंत्र रूप से कार्य करते रहे हैं, उन पर मुख्य कार्यकारी अधिकारी की नियुक्ति करने के पश्चात् दूरदर्शन की स्वायत्तता बढ़ेगी या कम होगी, यह भी विचारणीय है। सच तो यह है कि हमारे यहाँ वर्षों से प्रचलित सामन्ती परम्परा

1. पत्रकारिता-प्रशिक्षण—डॉ. शार्दूल विक्रम सिंह, डॉ. ऋचा सुकुमार, पृ. 125

ने चापलूसी को बढ़ावा दिया है। भारत में स्वायत्त निगमों की कार्यप्रणाली, प्रायः ऐसी रहती है कि निगमों के प्रधान प्रायः अनुशासित सरकारी कर्मचारी की तरह ही व्यवहार करते हैं। प्रसार भारती के अधिकारी भी इसी परम्परा में कार्य नहीं करेंगे? ऐसे में क्या दूरदर्शन के कार्यक्रम निर्माता उत्कृष्ट कार्यक्रम बनाकर जनता में अपनी छवि सुधार सकेंगे? ऐसी बहुत सी बातें हैं, जिनके आधार पर कहा जा सकता है कि प्रसार भारती विधेयक जिस रूप में पारित किया गया है, जिस प्रकार के निगम की स्थापना होगी, उसमें नहीं लगता कि दूरदर्शन के कार्यक्रम निर्माता स्वायत्तता का लाभ उठाकर अच्छे कार्यक्रमों का निर्माण कर सकेंगे तथा जनता में अपनी छवि सुधार सकेंगे। दूरदर्शन को वास्तविक स्वायत्तता प्रदान करने तथा उत्कृष्ट कार्यक्रम के निर्माण को प्रोत्साहित करने हेतु प्रसार भारती विधेयक पर पूरी तरह से पूर्ण विचार किया जाना आवश्यक है। इसमें संशोधन करके ही दूरदर्शन को वास्तविक स्वायत्तता दी जा सकती है तथा कार्यक्रमों के स्तर में सुधार किया जा सकता है।[1]

(6) प्रसार भारती : सेवा की शर्तें

अन्य निगमों, संस्थानों और विभागों की तरह प्रसार भारती में कार्यरत लोगों के लिए भी कुछ विधिक नियमों का अनुपालन करना आवश्यक होता है। इन नियमों के अनुपालन से प्रसार भारती में अनुशासन की शानदार और स्वस्थ परम्परा स्थापित हो सकी है। बहरहाल, इस निगम में काम करने की कुछ प्रमुख शर्तों में प्रथम बात यह है कि इसका अध्यक्ष और सदस्य भारतीय ही होगा। अगली बात यह कि निगम (Corporation) के अध्यक्ष या सदस्य के विरुद्ध किसी तरह का आरोप नहीं होना चाहिए। सजायाफ्ता व्यक्ति इस निगम का अध्यक्ष या सदस्य नहीं बन सकता। यदि निगम का अध्यक्ष पद संभालने या सदस्य बनने के बाद उसके खिलाफ उच्चतम न्यायालय से किसी अपराध में विरुद्ध फैसला आता है तो माननीय राष्ट्रपति नियमानुसार उसे उसके पद से हटा सकते हैं। अगली शर्त यह है कि यदि प्रसार भारती का अध्यक्ष या सदस्य भारतीय नागरिकता का त्याग कर देता है या कहीं और किसी अन्य संस्थान में कार्यरत हो जाता है या वह दिवालिया (Insolvent) घोषित हो जाता है या वह किसी समाज विरुद्ध, अनैतिक कार्य में लिप्त पाया जाता है अथवा वह शारीरिक रूप से अक्षम-अपंग, लाचार-विवश हो जाता है, जिससे निगम का कार्य बाधित होता है—तो उक्त स्थितियों में भी राष्ट्रपति उसे उस पद से हटा सकते हैं। हाँ, उपरोक्त स्थितियों के अलावा निगम के अध्यक्ष और सदस्य यदि चाहें तो स्वेच्छया अपने-अपने पदों से त्यागपत्र दे सकते हैं। इन सभी के अलावा, एक प्रमुख शर्त यह भी है कि यदि कोई अंशकालिक सदस्य निगम द्वारा किए गए किसी समझौते या अनुबन्ध (Contract) में अपने किसी हित लाभ का दोषी पाया जाता है, तो ऐसी स्थिति में भी राष्ट्रपति उसे प्रसार भारती से पदमुक्त कर सकते हैं।

(7) प्रसार भारती : कार्य, लक्ष्य, उद्देश्य और दायित्व

जहाँ तक प्रसार-भारती के कार्यों का सवाल है, वह यह सुनिश्चित करेगी कि निर्बाध सूचना प्राप्त करने के नागरिकों के मौलिक अधिकारों का उल्लंघन न हो। राष्ट्र की सामाजिक एवं सांस्कृतिक विविधता बनी रहे। प्रसार भारती विधेयक में प्राविधान है कि 'प्रसार भारती' निगम संसद के माध्यम से भारत की जनता के प्रति उत्तरदायी होगी। निगम देश की एकता, अखंडता तथा संविधान में निहित लोकतांत्रिक और सांस्कृतिक मूल्यों को सर्वोपरि रखकर कार्य करेगा। केन्द्र सरकार को राष्ट्रीय सुरक्षा और कानून व्यवस्था के हित में समय-समय पर प्रसारण रोकने के निर्देश देने का अधिकार होगा, जिसकी प्रति संसद में रखनी होगी।[2]

1. समाचार माध्यम में डॉ. अजय जोशी का लेख 'स्वायत्तता और दूरदर्शन कार्यक्रम', पृष्ठ-3, दिसम्बर-1991, दिल्ली
2. आधुनिक पत्रकारिता—डॉ. अर्जुन तिवारी, पृ. 119

प्रसार भारती अधिनियम 1990 में वर्णित प्रसार भारती निगम के प्रमुख लक्ष्य इस प्रकार हैं,—

(1) देश की एकता और अखंडता तथा संविधान में वर्णित मूल्यों को बनाये रखने में सहयोग करना,
(2) राष्ट्रीय एकता को बढ़ावा देना,
(3) जनहित के सभी मामलों के बारे में जानकारी प्रदान करके और सूचना के निष्पक्ष तथा सन्तुलित प्रवाह के माध्यम से नागरिकों के अधिकारों की रक्षा करना,
(4) शिक्षा और साक्षरता के प्रसार, कृषि, ग्रामीण विकास, स्वास्थ्य और परिवार कल्याण तथा विज्ञान और प्रौद्योगिकी के क्षेत्र में विशेष ध्यान देना
(5) महिलाओं से सम्बन्धित मुद्दे के बारे में जागरूकता पैदा करना और बच्चों, वृद्धों और समाज के अन्य कमजोर वर्गों के हितों की रक्षा के लिए विशेष उपाय करना,
(6) विविध संस्कृतियों, खेलों और युवा मामलों को समुचित कवरेज प्रदान करना।[1]

कुल मिलाकर प्रसार भारती का उद्देश्य लोक प्रसारण सेवा द्वारा लोगों का मनोरंजन करना, सूचना देना तथा शिक्षित करना है। इन सभी के अतिरिक्त उसके उत्तरदायित्वों में रेडियो एवं दूरदर्शन का सन्तुलित विकास करना भी है। इसके साथ विकलांगों, वनवासियों, शोध एवं विकास, श्रोता अध्ययन, जन अभिरुचि एवं जन कार्यक्रम, सामाजिक मूल्यों का बढ़ाव-विकास करना है।

भाग-9

(क) मीडिया कर्मी और उनके लिए बने वेतनमान

मीडिया कर्मियों को मुँह बिराते उनके लिए समय-समय पर बने वेतनमान

वैचारिक शून्यता के इस जटिल युग में यह कैसी बिडंबना है कि समय और समाज की समस्याओं के आभ्यन्तर को उजागर करनेवाले, उधम, उत्पात, उपद्रव, हलचल तथा जानलेवा घटनाओं से निरन्तर लाम ले स्वतः दुर्घटना बन रहे, सिद्धान्तों और मूल्यों को अपनी छाती से चिपकाए, धूल-धक्कड़ तथा लू से भरी दुपहरी में अपनी खुफिया आँख से समाचारों को बीनने-पछोरने वाले, कुछ अपवादों को छोड़कर अधिकांश कलमकार-पत्रकार, खबरनवीस आज अकिंचन और खस्तएगम की जिन्दगी जी रहे हैं। यह किसी भी सत्ता और प्रबुद्ध समाज के लिए चिन्तनीय विषय होना चाहिए। आजीविका के लिए पत्रकारिता का रास्ता चुनने वाले ये पत्रकार आज भी मुफलिसी के थपेड़ों की परवाह किए बिना जीवन के क्षरित मूल्यों के असह्य ताप से संघर्ष कर रहे हैं। यही नहीं, अपने श्रम और सर्जना तथा बुद्धि-मेधा एवं विचार की दीप्ति और कांति के दीपक से समाज में बढ़ और गाढ़े हो रहे अज्ञानता की तमिस्रा को छाँट स्वतः दीपशिखा भी बन रहे हैं।

सभी जानते हैं, उस घोर दासता के युग में, अपनी दीन-हीन अवस्था से उबरने के लिए हमारे पुनर्जागरण के कई मनीषी पत्रकारों ने स्वतः को खाकसार कर दिया। तब उन्हें न तो हवाई जहाज की टिकटें और पंच सितारा होटलें दरकार थीं, न भारी भरकम फेलोशिप, न नाम, न इनाम, सूखी रोटी एक गिलास जल, फटे वस्त्र, न कोई शौक, न सिंगार, केवल लक्ष्य था—खबर पाते ही खबर की ओर दौड़ पड़ना, सच के ऊपर पसरे स्याह पर्दे को ऊपर उठाना और उसे निस्वार्थ समाज तक पहुँचाना। तमाम तिरस्कार और लांछनाओं के लगने के बाद निडरतापूर्वक आज भी पत्रकार सामान्यजन की समस्याओं को अखबार के माध्यम से व्यवस्था के दरवाजे पर पहुँचा रहे हैं। पर, दुर्भाग्य से आज स्वतः ये पत्रकार अभावग्रस्तता के दासता कालीन युग में जी रहे हैं। आर्थिक संकट की अन्धी सुरंग से बाहर निकालने के लिए समय-समय पर सरकारों ने पत्रकारों के लिए न्यायाधीश पालेकर अवार्ड,

1. हिन्दी पत्रकारिता का इतिहास—जगदीश प्रसाद चतुर्वेदी, पृ. 389

बछावत आयोग, मजीठिया आयोग, मणिसाना वेतन बोर्ड, दिवातिया बेज बोर्ड, शिन्दे बेज बोर्ड तथा नरायण कुरुप बेज बोर्ड का गठन कर इन्हें तथाकथित नए-नए लुभावने वेतन आयोगों की सौगात दी, पर सबका परिणाम रहा-महज ढाक के तीन पात अर्थात् सिफर-शून्य, थोथा-खुक्खा। आज भी ये पत्रकार तथा अन्य अखबार कर्मी "कान्फेडरेशन ऑफ न्यूज पेपर ऐंड न्यूज एजेन्सी इम्प्लाइज ऑर्गनाइजेशंस" के बैनर तले श्रममंत्रालय पर प्रदर्शन करते हैं, तो कभी वेतन बोर्ड का कार्यकाल बढ़ाने की माँग करते हैं और कभी देश की सभी ट्रेड यूनियनों तथा प्रमुख राजनीतिक दलों के साथ मिलकर व्यापक आन्दोलन करते हैं। इधर, सरकार कभी वेतन बोर्ड ठपकर, उसकी जगह न्यायाधिकरण बनाने की साजिश करती है, तो उधर, ये पत्रकार अपने पारिश्रमिक के लिए मंत्रियों को ज्ञापन देकर इस मामले में तत्काल हस्तक्षेप करने की माँग करते हैं। आज से 36 वर्ष पहले अर्थात् अगस्त, 1980 में पालेकर न्यायाधिकरण ने पत्रकारों के वेतनमान पर जो अन्तिम सिफारिशें दी थीं, उसकी झलक मैं आपको दिखा रहा हूँ,—

वेतनमानों की तालिका

			समूह			
श्रेणी	**प्रथम (क)**	**प्रथम (ख)**	**द्वितीय**	**द्वितीय (क)**	**तृतीय**	**चतुर्थ**
प्रथम (ख)	1800-3525	1550-4070	1400-2850	1100-2620	1000-2480	800-1705
प्रथम (क)	1700-3310	1450-2895	1350-2715	1050-2500	950-2340	750-1565
प्रथम	1600-3090	1350-2700	1250-2565	950-2295	900-2200	700-1425
द्वितीय	1400-2625	1335-2315	1200-2380	900-2165	850-2060	650-1355
तृतीय	1250-2285	1200-2100	1050-2010	850-1850	800-1680	600-1175
पंचम		900-1445	825-1425		540-1115	500-985
षष्टम्		700-1190	625-1150		475-960	450-935
सप्तम्		650-1085	540-1010		425-910	400-795

इधर, कुछ वेज बोर्ड को देखिये, जिन्हें समय-समय पर चुनौतियाँ मिलीं—

(i) Divatia Wage Board **(दिवातिया वेज बोर्ड)**

Date of Appointment	**Date of Acceptance**	**Challenge**
02-05-1956	10-05-1957	*In Express Newspaper (P) Ltd. vs Union of India* 1959 SCR 12 the decision of the Divatia Wage Board as well as the constitutional validity of the Act was challenged before this Court. This Court set aside the decision of the Wage Board dt. 30. 04.1957 on the ground that it did not take into account the capacity of the industry to pay. As a result of this decision, and ordinance dated 14.06.1958 was promulgated which provided for the establishment of a Special Committee for making recommendations to the Central Government in regard to the rates of wages to be fixed for working journalists. Later. in September 1958 the working journalists (Fixation of Rates of Wages) Act, 1958 was passed by the Parliament.

(ii) Shinde Wage Board (शिन्दे वेज बोर्ड)

Date of Appointment	Date of Acceptance	Challenge
12.11.1963/ 25.02.1964	27-10-1967	*in Press Trust of India vs. Union of India & Ors.* (1974) 4 SCC 638 this Court struck down the recommendations of the second Wage Board insofar as PTI was concerned as unreasonable and far in excess of what the employees themselves were demanding and beyond the financial capacity of the establishment and violative of the fundamental rights guaranteed under part lll of the Constitution.

(iii) Palekar Wage Board (पालेकर वेज बोर्ड)

Date of Appointment	Date of Acceptance	Challenge
11.06.1957/ 06.02.1976	26.12.1980	The constitution of Wage Board was challenged on 20.07.1981 on the ground of lack of independence. In Decemoer 1977, the employer's representatives wrote to the Central Government that they were withdrawing from the Wage Board as desired by the organizations. The government made several efforts to resolve the dead-lock. On 28.08.1978, Writ Petitions ware filed by the Indian and Eastern Newspaper Society and Others in the High Court at Bombay challenging the constitution of the wage Boards. In order to find a solution, the President promulgated on 31.01.1979 the Working journalists and other Newspaper Employees (Conditions of Service and Miscellaneous Provisions (Amendment) Ordinance 1979 This ordinance provided for the constitution of a Tribunal consisting of a person who is/or has been a Judge of the High Court or Supreme Court in place of each such Board and the abolition of such Boards upon the constitution of such Tribunals and for the continuance of the interim wages notified by the Government after taking into account the recommendations of such Boards

(iv) Bachawat Wage Board) बछावत वेज बोर्ड

Date of Appointment	Date of Acceptance	Challenge
17.07.1985	31.08.1989	The award was challenged in *India Express Newspapers (Pvt.) Ltd. and Ors.* vs. *Union of India & Ors.* 1995 Supp (4) SCC 758

(v) Manisana Wage Board (मणिसाना वेज बोर्ड

Date of Appointment	Date of Acceptance	Challenge
09.09.1994	5.12.2000/1 5.12.2000 by Notification.	This Wage Board's award was challenged in Karnataka and Delhi High Court. The court while deciding the challenge struck down the award on the ground that the proviso to Section 12 (2) was not Callowed. However, despite the Manisana Award being struck down it was implemented by all the newspaper establishments.

(vi) Narayana Kurup Wage Board Majithia and Wage Board from 04.03.2009
(नारायण कुरुप वेज बोर्ड तथा मजीठिया वेज बोर्ड)

Date of Appointment	Date of Acceptance	Challenge
24,05.2007	31.12.2010	With a slight modification, the government notified it on 11.11.2011. Its report is accepted and impinged in these proceedings on various asserted grounds.

अभी हाल के वर्षों में मजीठिया वेज बोर्ड ने जो अपनी रिपोर्ट दी है, उसका गजट 11 नवम्बर 2011ई. को सरकार ने किया, उसे इस प्रकार देखा जा सकता है,—

TABLE-I

A. Working Journalists NEWSPAPER ESTABLISHMENTS

Class of Newspaper Establishments	<---Scales of Pay for Group of Employees --->					
	1A	1	2	3	4	5
I (Rs. 1000 Crore and above)		Rs. 25000-ARI (4%)-54800	Rs. 22000-ARI (4%)-48300	Rs. 19000-ARI (4%)-41700	Rs. 17000-ARI (4%)-37300	Rs. 15000-ARI (4%)-32900
II (Rs. 500 crorc and above but less than Rs. 1000 crore)	NO SCALE	Rs. 22000-ARI (4%)-48300	Rs. 20000-ARI (4%)-43900	Rs. 18000-ARI (4%)-39500	Rs. 16000-ARI (4%)-35100	Rs. 14000-ARI (4%)-30700
III (Rs. 100 crore and above but leass then Rs. 500 crore)		Rs. 20000-ARI (3%)-36200	Rs. 18000-ARI (3%)-32600	Rs. 161000-ARI (3%)-28900	Rs. 14000-ARI (3%)-25300	Rs. 13000-ARI (3%)-23500
IV (Rs. 50 crore and above but less than Rs. 100 crore)		Rs. 18000-ARI (3%)-32600	Rs. 16000-ARI (3%)-28900	Rs. 14000-ARI (3%-5%)-25300	Rs. 13000-ARI (3%)-23500	Rs. 12000-ARI (3%)-21700
V (Rs. 10 crore and above but less than Rs. 50 crore		Rs. 16000-ARI (2.5%)-26300	Rs. 14000-ARI (2.5%)-23000	Rs. 13000-ARI (2.5%)-21400	Rs. 12000-ARI (2.5%)-19700	Rs. 11000-ARI (2.5%)-18100
VI (Rs. 5 crore and above but less than Rs. 10 crore)		Rs. 14000-ARI (2.5%)-23000	Rs. 13000-ARI (2.5%)-21400	Rs. 12000-ARI (2.5%)-19700	Rs. 11000-ARI (2.5%)-18100	Rs. 10000-ARI (2.5%)-16400
VII (Rs. 1 crore and above but less than Rs. 5 Crore)		Rs. 12000-ARI (2%)-17900	Rs. 11000-ARI (2%)-16400	Rs. 10000-ARI (2%)-15900	Rs. 9000-ARI (2%)-13400	Rs. 8000
VIII (Less than Rs. 1 crore			Rs. 9000-ARI (2%)-13400		Rs. 8000-ARI (2%)-11900	Rs. 7000

Note : 'ARI' stands for Annual Rate of Increment

अब इधर, मीडिया कर्मियों की परेशानियों पर थोड़ा ध्यान दीजिए, जिसे मैं कथादेश से साभार दे रहा हूँ,—

(7) मीडिया स्टडीज ग्रुप का ताजा अध्ययन

मीडिया स्टडीज ग्रुप के तत्त्वाधान में देश में कार्यरत मीडिया-कर्मियों की कार्यस्थिति और जीवन-स्तर का एक अन्दाजा पाने के उद्देश्य से एक सर्वेक्षण किया गया। 13 जुलाई, 2008 से 13 जून, 2009 तक चले इस सर्वेक्षण के दौरान 150 मीडिया कर्मियों ने अपनी राय से सर्वेक्षण-दल को अवगत कराया। मीडिया-कर्मियों से प्रश्न ई-मेल के जरिए पूछे गए और उनकी प्रतिक्रियाएँ भी इंटरनेट पर उपलब्ध एक सेवादाता के जरिए प्राप्त हो सकीं।

सर्वेक्षण दल के सदस्य :—

1. अनिल चमड़िया, वरिष्ठ पत्रकार
2. देवाशीष प्रसून, शोधार्थी

प्रस्तुत है, इस सर्वेक्षण में भाग लेनेवाले मीडियाकर्मियों का विवरण इस प्रकार से है :—

प्रस्तुत सर्वेक्षण में अपनी प्रतिक्रियाओं से अवगत कराने वाले मीडियाकर्मियों में से 83.67% पुरुष और 16.33% महिलाएँ हैं। इन में से 34.48% लोगों का आयु-वर्ग 21 से 27 वर्ष तक था। 31.72% लोग 28 से 35 के आयु-वर्ग के थे। 36 वर्ष से अधिक आयु-वर्ग के 33.79% मीडियाकर्मियों ने अपनी राय से सर्वेक्षण-दल को अवगत कराया, सर्वेक्षण में दस वर्ष से अधिक का मीडिया में अनुभव रखनेवाले 43.15% मीडियाकर्मियों ने भाग लिया। 15.07% लोग ऐसे हैं, जो पाँच से दस साल तक का अनुभव रखते हैं। तीन से पाँच साल तक के अनुभवी मीडियाकर्मियों का प्रतिशत भी 15.07 ही है जबकि, 6.85% मीडियाकर्मी एक से तीन साल और 19.86% मीडियाकर्मी एक साल से भी कम समय का अनुभव रखते हैं। प्रतिक्रियादाताओं में 54.14% लोग प्रिन्ट मीडिया से, 24.31% लोग टेलीविजन से, 9.39% लोग इंटरनेट मीडिया से, 6.63% लोग एजेन्सी से और 5.52% लोग रेडियो से सम्बद्ध हैं, इनमें से 69.44% मीडियाकर्मी मुख्यालय में कार्यरत हैं। 24.31% मीडियाकर्मी क्षेत्रीय कार्यालय में कार्यरत हैं और 6.25% मीडियाकर्मी जिला कार्यालय में अपनी सेवाएँ दे रहे हैं। अपनी राय से अवगत कराने वाले लोगों में 54.11% मीडियाकर्मी डेस्क पर काम करते हैं और 46.89% फील्ड में। सर्वेक्षण में भाग लेनेवालों में 34.46% वरिष्ठ मीडियाकर्मी हैं, 40.56% मध्य-स्तर के पदों पर आसीन हैं और 20.98% कनिष्ठ।

सर्वेक्षण से निम्नलिखित आँकड़े सामने आते हैं :—

1. 65.51% मीडियाकर्मियों को प्रतिदिन आठ घंटे से अधिक काम करने पड़ते हैं। 33.65% लोगों ने स्वीकारा कि उनसे आठ घंटों का ही काम लिया जाता है जबकि 12.84% लोगों ने यह भी माना कि उन्हें आठ घंटों से भी कम काम करना पड़ता है।
2. 71.53% मीडियाकर्मियों को एक दिन का साप्ताहिक अवकाश मिलता है। 17.36% लोगों को दो दिनों का साप्ताहिक अवकाश मिलता है। जबकि, 11.11% लोग ऐसे भी है, जिन्हें कोई साप्ताहिक अवकाश नहीं मिलता।
3. 4.41% मीडियाकर्मी ऐसे हैं जो पिछले पाँच सालों से अधिक से अस्वस्थता महसूस कर रहे हैं। 6.62% लोगों की तीन साल से अधिक समय से बेहतर तबीयत नहीं है। तीन साल से कम लेकिन एक साल से अधिक समय से लचर तबीयत से परेशान मीडियाकर्मियों का प्रतिशत 21.32 है। 13.97% लोग एक साल से कम समय से गड़बड़ स्वास्थ्य से परेशान हैं। 53.68% लोग ऐसे हैं, जो दावा करते हैं कि उन्हें स्वास्थ्य-सम्बन्धी कोई दिक्कत नहीं है।
4. 13.50% मीडियाकर्मी हृदय एवं रक्तचाप सम्बन्धी रोगों से पीड़ित हैं। 13.81% मीडियाकर्मी मधुमेह से परेशान हैं। दंतरोग से पीड़ित मीडियाकर्मियों का प्रतिशत 11.39 है। 13.08%

लोग स्वयं को पेट सम्बन्धी रोगों से पीड़ित बताते हैं। 10.97% लोगों ने स्वीकारा है कि वे मानसिक दबाव और अवसाद से पीड़ित हैं। 14.34% मीडियाकर्मियों ने हड्डी एवं रीढ़ की तकलीफों से खुद को परेशान बताया। 11.81% लोगों के लिए नेत्ररोग परेशानी का सबब है। बस 2.10% लोगों ने कमजोरी, थकान और सरदर्द से स्वयं को पीड़ित बताया।

5. 48.06% मीडियाकर्मी यह दर्ज करते हैं कि उन्हें उपचार के लिए पर्याप्त समय मिल जाता है। लेकिन, 51.94% मीडियाकर्मियों के लिए यह सम्भव नहीं हो पाता है।
6. 61.27% मीडियाकर्मियों के खाने-पीने का कोई निर्धारित समय नहीं है, जबकि 17.61% मीडियाकर्मियों ने अपने भोजन का समय निर्धारित कर रखा है। 21.13% मीडियाकर्मी यह कहते हैं कि कभी उनके भोजन का समय निर्धारित रहता है और कभी नहीं।
7. कार्य-संस्कृति के प्रश्न पर 33.57% मीडियाकर्मियों का मानना था कि उनके संगठन में बेहतर कार्य-संस्कृति है। 54.55% मीडियाकर्मियों ने अपने कार्य-स्थल की कार्य-संस्कृति को औसत ही माना। जबकि 11.89% लोग ऐसे भी हैं, जिन्हें उनकी कार्य-संस्कृति बुरी लगती है।
8. 45.52% मीडियाकर्मी अपने सहकर्मियों के आपसी व्यावसायिक सम्बन्ध को बेहतर मानते हैं। 49.66% लोग सहकर्मियों के बीच व्यावसायिक सम्बन्ध को औसत मानते हैं। जबकि 4.83% लोगों का अनुभव है कि उनके सहकर्मियों से बीच अच्छे व्यावसायिक सम्बन्ध नहीं हैं।
9. 54.17% मीडियाकर्मी अपनी नौकरी के लिए असुरक्षा महसूस करते हैं। लेकिन 45.82% मीडियाकर्मी अपनी नौकरी को सुरक्षित मानते हैं।
10. 12.59% मीडियाकर्मियों ने अब तक छ% या उससे अधिक जगहों पर अपनी सेवाएँ दी हैं, 66.43% मीडियाकर्मी ऐसे हैं जो दो से पाँच नौकरियाँ बदल चुके हैं। एक ही संस्थान-संगठन में काम करनेवालों का प्रतिशत 28.98 है।
11. 56.25% मीडियाकर्मी दस किलोमीटर या उससे अधिक दूरी तय कर अपने कार्य-स्थल तक पहुँचते हैं। 21.53% मीडियाकर्मियों को इसके लिए 5 से 10 मिलोमीटर तक की दूरी तय करनी पड़ती है। 1 से 5 किलोमीटर तक दूरी तय करनेवाले लोगों का प्रतिशत 10.06 है। 1 से भी कम किलोमीटर की दूरी से आनेवाले सिर्फ 4.17 प्रतिशत मीडियाकर्मी हैं।
12. 16.32% मीडियाकर्मी अपने दफ्तर पहुँचने के लिए केवल मेट्रो रेल का इस्तेमाल करते हैं। जबकि 11.58% मीडियाकर्मियों को दफ्तर पहुँचने के लिए मेट्रो रेल के अलावे दूसरे साधनों की भी जरूरत पड़ती है। इसका मतलब यह है कि कुल 27.90% मीडियाकर्मी को अपने दफ्तर तक पहुँचने के लिए मेट्रो रेल की आवश्यकता पड़ती ही है। 13.16% मीडियाकर्मी अपने कार्य-स्थल तक पहुँचने के लिए कार का प्रयोग करते हैं। 18.42% मीडियाकर्मियों के यातायात का साधन दोपहिया सवारी है। 13.68% मीडियाकर्मी आटोरिक्शा का इस्तेमाल करते हैं, बस के जरिए 10.00% मीडियाकर्मी अपने कार्यालय पहुँचते हैं। 13.16% मीडियाकर्मियों को उनके कार्यालयों द्वारा भेजी गई अधिकृत गाड़ियाँ (official pick & ups) दफ्तर लाती हैं। 1.06% लोग स्थानीय रेल के जरिए अपने कार्यालय पहुँचते हैं। 1.59% मीडियाकर्मी पैदल ही अपने कार्य-स्थल पहुँच जाते हैं। 0.53% रिक्शा का इस्तेमाल करते हैं।
13. 52.35% मीडियाकर्मी दिन के पाली में काम करते हैं। 21.76% लोग शाम के वक्त काम करते हैं। 14.71% मीडियाकर्मियों का रात के समय काम करना निश्चित होता है। 11.18% लोग सुबह की पाली में अपने काम को अंजाम देते हैं।
14. जब मीडियाकर्मियों से यह जानने की कोशिश की गई कि मीडिया में उनका पसन्दीदा क्षेत्र कौन-सा है। जवाब में, 61.63% मीडियाकर्मियों ने प्रिन्ट में काम करने की इच्छा जाहिर की। 22.09% मीडियाकर्मी टेलीविजन में काम करना चाहते हैं। 4.65% लोगों की पसन्द

रेडियो थी और 6.98% इंटरनेट के जरिए मीडिया से जुड़ा रहना चाहते हैं। 4.65% मीडियाकर्मी स्वयं को समाचार एजेन्सी में काम करने के इच्छुक बताते हैं।

15. 54.55% मीडियाकर्मी अपने काम से सन्तुष्ट हैं, जबकि 45.45% मीडियाकर्मी असन्तुष्ट।

प्रतिक्रियादाताओं की टिप्पणियाँ

1. इस उद्योग में व्यक्ति के लिए कोई प्रगति नहीं है। (There is not growth for individual in this industry)
2. यह हमेशा पसन्द की बात नहीं होती (It is not always the choice).
3. कहने को पत्रकार हैं, सच तो यह है कि हम सब एक क्लर्क से ज्यादा कुछ भी नहीं। अब तो दर्द आदत सा बन गया है।
4. 17 साल की नौकरी में मुझे पिछले साल ही तरक्की मिली! क्योंकि शायद मैं मुसलमान हूँ। (I was promoted only last year after 17 years-May be it is because I am a Muslim.)
5. मैं अपने आप को रोज जलील होता देखता हूँ तो लगता है कि शायद सभी को ये सब सहना होता होगा, पर फिर लगता है कि शायद हमने ही पढ़ाई नहीं की होगी, ऐसे ही हमें भर्ती कर लिया बस गाली सुनने के लिए, मैं अपना विश्वास खो रहा हूँ।

इतना ही नहीं सुप्रीम कोर्ट ने भी अखबारों और समाचार एजेन्सियों के पत्रकारों और गैर पत्रकारों के वेतन के पुनर्निर्धारण के लिए गठित मजीठिया वेतन बोर्ड की सिफारिशों को बहाल रखा है। इन सिफारिशों को ज्यों का त्यों बरकरार रखते हुए शीर्ष अदालत ने कर्मचारियों को परिवर्तित वेतन देने का निर्देश दिया। मुख्य न्यायाधीश पी सदाशिवम, न्यायमूर्ति रंजन गोगोई और न्यायमूर्ति शिवकीर्ति सिंह वाली तीन सदस्यीय खंडपीठ ने 63 पेज के अपने फैसले में साफ कहा कि कर्मचारियों को परिवर्तित वेतन 11 नवम्बर, 2011 से मिलना चाहिए। हालाँकि मजीठिया वेतन बोर्ड ने ये लाभ नवम्बर, 2010 से देने की सिफारिश की थी। पर केन्द्र सरकार ने बोर्ड की सिफारिशें एक साल बाद 11 नवम्बर, 2011 को अधिसूचित की थीं। अदालत ने कहा कि कर्मचारियों को नया वेतन अप्रैल 2014 से मिलेगा और नियोक्ता को एक साल के भीतर चार किश्तों में उनकी 29 महीने की बकाया राशि का भुगतान करना होगा। सुप्रीम कोर्ट में कर्मचारियों की तरफ से कानूनी तर्क पत्रकार परमानन्द पांडेय ने रखा था।

कई पत्रकार संगठनों ने सुप्रीम कोर्ट के फैसले का स्वागत किया। इंडियान फेडरेशन आफ वार्किंग जर्नलिस्ट्स (आइएफडब्लूजे) ने इस ऐतिहासिक फैसले का स्वागत करते हुए कहा कि अदालत ने बेजबोर्ड की संवैधानिक वैधता को बरकरार रखा है। फेडरेशन के अध्यक्ष के. विक्रम राव और महासचिव परमानन्द पांडेय ने एक साझा बयान में कहा कि सेवायोजकों को अब वेजबोर्ड की सिफारिशों पर तुरन्त अमल करना चाहिए। कर्मचारी पिछले चौदह साल से उचित वेतन से वंचित हैं। आइएफडब्लूजे ने चेतावनी दी कि अदालती फैसले पर अमल में देरी हुई तो अवमानना का मामला बनेगा। साथ ही इससे समाचार-पत्र उद्योग में बेचैनी बढ़ेगी।

जजों ने अपने फैसले में कहा कि हम वेज़बोर्ड की सिफारिशों को वैध ठहराते हैं। बोर्ड ने अपनी सिफारिशें देने के लिए उचित प्रक्रिया का पालन किया था और उसके व उसके गठन के बारे में लगाये गए आरोप सही नहीं हैं। अदालत ने बोर्ड के गठन की वैधानिकता और इसकी सिफारिशों को चुनौती देनेवाली विभिन्न समाचार-पत्रों के प्रबन्धकों की याचिकाएँ खारिज कर दी। जजों ने कहा—हम पूरी तरह सन्तुष्ट हैं कि बोर्ड द्वारा अपनाई गई प्रक्रिया वैध है और उसने एकतरफा और मनमाने तरीके से कोई फैसला नहीं किया और प्रक्रिया में कोई अनियमितता नहीं है।

शीर्ष अदालत ने कहा कि अतिरिक्त वेतन (वेरियेबल पे) के बारे में बोर्ड की सिफारिशें भी उसके अधिकार क्षेत्र में थीं। यह नहीं कहा जा सकता कि वेतन संरचना अनुचित है।

अदालत ने जनवरी 2014 ई. में समाचार-पत्रों की याचिकाओं पर सुनवाई पूरी करने के बाद कहा था कि फैसला बाद में सुनाया जाएगा। श्रम मंत्रालय ने समाचार-पत्र उद्योग की आपत्तियों के बावजूद 2007 में मजीठिया वेतन बोर्ड का गठन किया था और इसके बाद जनवरी, 2008 से कर्मचारियों को मूल वेतन का 30 फीसदी तदर्थता के आधार पर अन्तरिम राहत देने की घोषणा की गई थी। वेतन बोर्ड ने 31 दिसम्बर, 2010 को अपनी सिफारिशें सरकार को सौंपी थीं, जिन्हें केन्द्र ने कुछ संशोधनों के साथ 11 नवम्बर, 2011 को अधिसूचित किया था।

मजीठिया वेतन बोर्ड की सिफारिशों को लागू करने के बजाय विभिन्न समाचार-पत्र संगठनों और एजेन्सियों के प्रबन्धन की तरफ से इसे सुप्रीम कोर्ट में चुनौती दी गई थी। सुप्रीम कोर्ट ने हालाँकि सुनवाई के दौरान कभी भी सिफारिशों को लागू करने पर रोक नहीं लगायी थी तो भी केन्द्र सरकार ने एक तो सिफारिशों को जानबूझ कर देर से अधिसूचित किया, ऊपर से समाचार-पत्र मालिकों ने इसे लागू करने से ही इनकार कर दिया। पहली बार अदालत में वेजबोर्ड को असंवैधानिक बता कर खारिज करने की माँग की गई। पर लम्बी सुनवाई के बाद और मामले के विभिन्न पहलुओं की गहराई से पड़ताल करने के बाद अदालत ने सभी चौदह याचिकाओं को खारिज कर दिया।

मीडिया संस्थानों में वेजबोर्ड लागू करने की स्थिति

क्रम	मीडिया संस्थान	कर्मचारियों की अनुमानित संख्या	वेजबोर्ड के तहत कर्मचारियों की अनुमानित संख्या	अवमानना का केस करनेवाले कर्मचारी
1.	द टाइम्स ऑफ इंडिया, दिल्ली	3000	496	वेजबोर्ड की सिफारिश को लागू किया
2.	दैनिक जागरण	20000 से ज्यादा	8283	335
3.	प्रभात खबर	1500		8
4.	हिन्दुस्तान टाइम्स	15000	1000	3 (दिल्ली से)
5.	दैनिक भास्कर	30000 से ज्यादा	12000	110
6.	नई दुनिया व नव दुनिया	7000	3000	108
7.	राजस्थान पत्रिका	15000	10000	150
8.	इंडियन एक्सप्रेस		3000	500 से ज्यादा

स्रोत : कर्मचारियों का केस लड़ रहे वकीलों से बातचीत के आधार पर (संख्या अनुमानित)

मजीठिया वेजबोर्ड की सिफारिश के खिलाफ याचिका दायर करने वाले मीडिया संस्थान

याचिका दायर करने वाले मीडिया संस्थान	याची के वकील	प्रतिवादी के वकील	सरकारी वकील
एबीपी प्रा.लि. व अन्य, बेनेट कॉलमेन क.लि. व अन्य, इंडियन न्यूजपेपर सोसाइटी व अन्य, यूनाइटेड न्यूज ऑफ इंडिया, प्रिंटर (मैसूर) प्रा.लि. व अन्य, नजस्थान पत्रिका प्रा.लि. व अन्य, प्रेस ट्रस्ट ऑफ इंडिया, ट्रिब्यून ट्रस्ट व अन्य, जागरण प्रकाशन लि., एक्सप्रेस पब्लिकेशन (मदुरैई) लि. व अन्य, इंडियन एक्सप्रेस लि. व अन्य, उषोदया पब्लिकेशन व अन्य, कस्तूरी एंड संस लि.	अनिल बी. दीवान, के.के. वेणुगोपाल, पीपी राव, अमल लेखी, एसएस रामदास, ब्रिजेन्द्र चाहर, गोपाल जैन, अखिल सिब्बल, नचिकेता जोशी, अनिल श्रीवास्तव, बीना गुप्ता, मनोज गोयल, ई.सी. अग्रवाल। (अभिषेक मनु सिंघवी, कपिल सिब्बल, सलमान खुर्शीद ने भी मीडिया मालिकों की पैरवी की।)	कोलिन गोंजाल्विस, परमानन्द पांडे, थॉम्पसन थामस	मोहन परासरन

समाचार-पत्रों और संवाद समितियों के कर्मचारियों के शीर्ष संगठन कन्फेडरेशन आफ न्यूजपेपर्स एंड न्यूज एजेन्सीज इंप्लाइज आर्गनाइजेशन (सीएनएनएईओ) के महासचिव एसएस यादव ने भी फैसले का स्वागत किया। उन्होंने कहा कि सुप्रीम कोर्ट के फैसले का सभी समाचार-पत्र प्रबन्धनों को सम्मान करना चाहिए और कर्मचारियों के कल्याण को ध्यान में रखते हुए इसे तुरन्त लागू किया जाना चाहिए।

बहरहाल, बहुत झूमाझटकी और लानत-मलानत के बाद इधर पत्रकारों के कल्याण के लिए सूचना एवं प्रसारण मंत्रालय से एक अधिसूचना जारी की गई है, जिसे इस प्रकार देखा जा सकता है,—

(8) सूचना एवं प्रसारण मंत्रालय

पत्रकार कल्याण स्कीम के लिए दिशा-निर्देश

(1 फरवरी, 2013 से लागू आशोधन के अनुसार)

1. **स्कीम का शीर्षक**—इस स्कीम को पत्रकार कल्याण स्कीम कहा जाएगा।
2. **लागू होने की अवधि**—यह स्कीम 1 फरवरी, 2013 से लागू होगी।
3. **स्कीम का उद्देश्य**—पत्रकारों और उनके परिवारों को आवश्यकता के आधार पर एकमुश्त अनुग्रह राहत प्रदान करना—

इस स्कीम के प्रयोजन के लिए पत्रकार से अभिप्रेत है—

1. एक श्रमजीवी पत्रकार जैसा कि श्रमजीवी पत्रकार एवं अन्य समाचार-पत्र कर्मचारी (सेवा की शर्त) और प्रकीर्ण उपबन्ध अधिनियम, 1955 में पारिभाषित किया गया है, अथवा
2. 'मीडियाकर्मी' जिसका उपव्यवसाय रेडियो, टेलिविजन के न्यूज चैलनों या वेबआधारित सेवाओं में रिपोर्टिंग अथवा सम्पादन-कार्य हैं और जो पूर्णकालिक अथवा अंशकालिक तौर पर एक या एक से अधिक संगठनों से सम्बन्धित हैं और इसके अन्तर्गत समाचार-सम्पादक, रिपोर्टर, फोटोग्राफर, कैमरामेन, स्वतंत्र पत्रकार आते हैं, पर इसमें ऐसा कोई व्यक्ति शामिल नहीं है जो—

(अ) मुख्यतः प्रबन्धकीय अथवा प्रशासनिक पद पर कार्यरत है, अथवा

(ब) पर्यवेक्षक के तौर पर कार्यरत है, अथवा उसके कार्यालय से जुड़े कार्यों की प्रकृति के अनुसार अथवा उसमें निहित शक्तियों के कारण, मुख्यतः प्रबन्धकीय प्रकृति का कार्य-निष्पादन करता है।

इस स्कीम के प्रयोजन के लिए परिवार से अभिप्रेत है पत्रकार, उसकी पत्नी/पति, आश्रित माता-पिता और आश्रित सन्तानें।

4. **स्कीम का निर्माण तथा प्रबन्धन**—यह स्कीम सूचना एवं प्रसारण मंत्रालय के अधीन निर्मित होगी तथा एक समिति द्वारा प्रशासित की जाएगी। इस समिति में निम्न व्यक्ति शामिल होंगे :—

भारत सरकार, सूचना एवं प्रसारण मंत्रालय के मंत्री/

राज्य मंत्री	संरक्षक
सचिव (सूचना एवं प्रसारण)	अध्यक्ष
प्रधान महानिदेशक (मीडिया एवं संचार), पत्र सूचना कार्यालय	सदस्य
अपर सचिव तथा वित्तीय सलाहकार	सदस्य
संयुक्त सचिव (नीति)	सदस्य
सूचना एवं प्रसारण मंत्रालय में प्रेस मामलों सम्बन्धी कार्य से जुड़े उप सचिव/निदेशक	सदस्य-संयोजक

5. **स्कीम से सहायता प्राप्त करने की पात्रता**—कोई भी पत्रकार इस स्कीम से सहायता प्राप्त करने के लिए पात्र होगा बशर्ते :—

(1) वह भारत का/की नागरिक हो,

(2) वह सामान्यतया भारत का/की निवासी हो,

(3) वह भारत सरकार मुख्यालय के पत्र सूचना कार्यालय को प्रत्यायित हो

अथवा

राज्य सरकारों/संघशासित प्रदेशों की सरकारों के मुख्यालयों (राजधानी) में प्रत्यायित हो।

(4) वे पत्रकार जो वर्तमान में भारत सरकार अथवा किसी राज्य सरकार/संघशासित प्रदेश की सरकार द्वारा प्रत्यायित न हो, वे भी इस निधि से सहायता प्राप्त करने के लिए पात्र होंगे यदि वे इन दिशा-निर्देशों के अन्तर्गत नियमित रूप से कम-से-कम 5 वर्षों तक पत्रकार रह चुके हों।

6. **स्कीम से मंजूरी की प्रक्रिया**—इस स्कीम से सहायता प्राप्त करने के लिए प्राप्त होनेवाले प्रस्तावों पर प्रधान महानिदेशक (मीडिया एवं संचार), पत्र सूचना कार्यालय द्वारा उचित कार्रवाई की जाएगी तथा उनकी विशेष सिफारिश तथा समर्थक कागजात के साथ समिति को भेजा जाएगा।

सिफारिशों पर समिति द्वारा विचार किया जाएगा तथा निर्णय लिया जाएगा एवं सूचना एवं प्रसारण मंत्री के अनुमोदन से सहायता जारी की जाएगी। तथापि, अति आवश्यक मामले में, समिति के अध्यक्ष द्वारा सूचना एवं प्रसारण मंत्री के अनुमोदन के लिए प्रक्रिया शुरू की जा सकती है तथा इसकी रिपोर्ट समिति की अगली बैठक में दी जाएगी।

7. **आवेदन प्रपत्र**—इस स्कीम के अन्तर्गत आर्थिक सहायता के लिए आवेदन अनुसूची-1 में निर्धारित प्रपत्र में प्रधान महानिदेशक (मीडिया एवं संचार), पत्र सूचना कार्यालय के समक्ष प्रस्तुत किया जाना चाहिए। समिति द्वारा कोई अन्य सूचना भी माँगी जा सकती है। समिति आवेदन-प्रपत्र में आवश्यकतानुसार संशोधन कर सकती है।

किसी पत्रकार/हितभागियों द्वारा आवेदन न करने पर भी समिति अपनी ओर से आर्थिक सहायता प्रदान करने से सम्बन्धित मामले पर कार्रवाई कर सकती है।

8. **इस स्कीम के अधीन उपलब्ध सहायता**—

(i) पत्रकार की मृत्यु के कारण उसके परिवार द्वारा बहुत अधिक अभाव सहे जाने की स्थिति में परिवार को 5 लाख रुपए तक की सहायता प्रदान की जा सकती है।

(ii) स्थाई अपंगता के कारण जीविका-उपार्जन कर पाने में असमर्थ पत्रकार को 5 लाख रुपए तक की सहायता दी जा सकती है।

(iii) कैंसर, गुर्दे में खराबी, हृदय-रोग जिसमें बाइपास/ओपन-हार्ट सर्जरी, एंजियोप्लास्टी जरूरी हो, ब्रेन हीमोरेज और पक्षाघात आदि की चिकित्सा के लिए 3 लाख रुपयों की सहायता दी जा सकती है। यह सहायता केन्द्रीय सरकार स्वास्थ्य योजना अथवा किसी अन्य बीमा/विभागीय स्वास्थ्य योजनाओं के अन्तर्गत कवर न होनेवाले चिकित्सा-व्यय के अधीन होगी। तथापि पत्रकार को 65 वर्ष की आयु तक ही इस प्रावधान के अन्तर्गत सहायता मिल सकती है।

(iv) दुर्घटनाओं में गम्भीर चोटों के कारण अस्पताल में भर्ती होने की स्थिति में 2 लाख रुपए तक की सहायता दी जा सकती है। यह सहायता केन्द्रीय सरकार स्वास्थ्य योजना अथवा किसी अन्य बीमा/विभागीय स्वास्थ्य योजनाओं के अन्तर्गत कवर न होनेवाले चिकित्सा-व्यय के अधीन होगी।

तथापि, अप्रत्यायित पत्रकारों के मामले में, उपरोक्त (ii), (iii) और (iv) सम्बन्धी मामलों में उपलब्ध सहायता की मात्रा 5 वर्षों तक नियमित रूप से काम कर चुके पत्रकारों के लिए

एक लाख रुपए तक सीमित होगी और इसके पश्चात् हर अगले 5 वर्षों के लिए समान रूप से काम करने पर यह राशि एक लाख रुपए की होगी जो प्रत्येक मामले में सहायता की अधिकतम सीमा के प्रावधान के अधीन होगी।

9. **अपवाद**—इन दिशा-निर्देशों में निहित किसी भी प्रावधान के बावजूद, समिति किसी बहुत विशेष-अपवादी मामले में, आवश्यकतानुसार उच्च स्तर पर सहायता की संस्तुति कर सकती है अथवा सूचना एवं प्रसारण मंत्री के अनुमोदन हेतु दिशा-निर्देशों में परिवर्तन का सुझाव दे सकती है।

10. **स्कीम के अन्तर्गत भुगतान**—इस स्कीम के अन्तर्गत वित्त वर्ष के दौरान पत्रकार कल्याण स्कीम के लिए निर्धारित बजटीय आबंटन में भुगतान किया जाएगा।

11. **बजट शीर्ष**—2220-सूचना एवं प्रचार (मुख्य शीर्ष) (याजनेतर)
    60-अन्य (उप-मुख्य शीर्ष)
    60.103-प्रेस सूचना सेवाएँ (लघु शीर्ष)
    01-पत्र सूचना कार्यालय
    01.02-पत्रकार कल्याण
    01.02.50-अन्य प्रभार

12. **सामान्य**—इस स्कीम से वित्तीय सहायता प्राप्त करना किसी श्रमजीवी पत्रकार का अधिकार नहीं होगा। इस निधि से सहायता केवल तब ही दी जाएगी जब समिति उस मामले की योग्यता/पात्रता से सन्तुष्ट हो तथा उस उद्देश्य के लिए वित्तीय संसाधन उपलब्ध हों। समिति को यह अधिकार है कि वह बिना कोई कारण बताए किसी भी आवेदन को अस्वीकार अथवा स्वीकार कर सकती है।

पत्रकार कल्याण स्कीम के अन्तर्गत पत्रकारों की आर्थिक सहायता के लिए आवेदन-पत्र

सेवा में
प्रधान महानिदेशक (मीडिया एवं संचार),
पत्र सूचना कार्यालय, 'ए' विंग', शास्त्री भवन,
नई दिल्ली-110001.

1.	पत्रकार का नाम जो आर्थिक सहायता चाहता है (अथवा जिसके लिए आर्थिक सहायता माँगी जा रही है)
2.	पत्रकार की मृत्यु होने की स्थिति में आवेदक का पूरा नाम, पते और मृत पत्रकार के सम्बन्ध के साथ
3.	पत्रकार की आयु एवं जन्म-तिथि
4.	पत्रकार का पूरा पता (आवास का प्रमाण संलग्न करें)
5.	संगठन जिसके लिए पत्रकार कार्य कर रहा था/है (यदि फ्रीलांस पत्रकार हो तो, जैसे लागू हो, सूचित करें
6.	रोजगार की प्रकृति (पूर्णकालिक/अंशकालिक, नियमित/संविदागत कर्मचारी/स्ट्रिंगर, सेवानिवृत्त, जॉब वर्क के लिए अनुबन्ध)
7.	उपरोक्त संगठन में सेवाकाल के साथ-साथ पत्रकार के कार्यानुभव का विवरण
8.	आर्थिक सहायता माँगने का कारण एवं उद्देश्य सम्बन्धित प्रमाण, जहाँ लागू हो, संलग्न करें)
9.	माँगी गई आर्थिक सहायता की राशि
10.	अन्य स्रोतों से प्राप्त/माँगी गई आर्थिक सहायता का विवरण : (उदाहरण के लिए प्रधानमंत्री राहत-कोष, मुख्यमंत्री राहतकोष, पत्रकार संघ आदि।
11.	क्या पत्र सूचना कार्यालय अथवा राज्य सरकार द्वारा प्रत्यायित है (विवरण दें)

मैं एतद्द्वारा प्रमाणित करता हूँ कि मेरे द्वारा दिया गया विवरण मेरी जानकारी के अनुसार सही है एवं आर्थिक सहायता हेतु अनुरोध से सम्बन्धित कोई भी जानकारी छिपाई नहीं गई है।

यदि कभी यह पाया जाता है कि आर्थिक सहायता गलत जानकारी अथवा तथ्यों के गलत प्रस्तुतिकरण के आधार पर प्राप्त की गई थी तो मैं उक्त सहायता-राशि की वापसी राष्ट्रीयकृत बैंकों में विद्यमान ब्याज-दर के साथ वापस करने के लिए वचनबद्ध हूँ।

आवेदक के हस्ताक्षर

स्थान :
दिनांक :
संलग्नक :

(ख) भारत में कुछ विभिन्न भाषाओं में सम्प्रति प्रकाशित होनेवाले कुछ प्रमुख समाचारपत्रों की सूची

(1) **असमी भाषा**—आजि, अग्रदूत, आजिर दैनिक बोतारी, आजिर असोम, आमार असोम, असोम बानी, भूमिपुत्र, दैनिक अग्रदूत, दैनिक जन्मभूमि, दैनिक जनसाधारण, दैनिक असोम, नूतन दैनिक, सादिन।

(2) **बांग्लाभाषा**—आजकाल, आनन्द बाजार पत्रिका, वर्तमान, दैनिक जुगशंख, दैनिक सामयिक प्रसंग, सैनिक सोनार कछार, सेंचुरी संवाद, गणशक्ति, संवादप्रतिदिन, संवाद, इकदिन, उत्तरबंग संवाद, प्रतिदिनि।

(3) **गुजराती**—अकिला दैनिक, बांबे समाचार, दिव्य भास्कर, गुजरात समाचार, जयहिन्द, सन्देश, सम्भव समाचार-पत्र, देश-प्रदेश नी आजकल, नोबात फुलचाब, कच्छ मित्र।

(4) **कन्नड़**—कन्नड़ प्रभा, जनतावाणी, जनता माध्यम, हसनवाणी, प्रजावाणी, क्रान्ति कन्नड़ डेली, संजीवनी संयुक्त कर्नाटक, तरंग, उदयवाणी, उषाकिरण, विजय कर्नाटक, वार्ता भारती।

(5) **कश्मीरी**—कोशुर अखबार, सोन मीरास।

(6) **मलयालम**—जनरल, अश्वमेघम, चन्द्रिका, दीपिका, देशाभिमानी, अनयुगम, जन्मभूमि, केरल कौमुदी, केरल कौमुदी फ्लैश, कला कौमुदी, माध्यमम्, मलयाला मनोरमा, मंगलम, मातृभूमि, पुण्यभूमि, तेजस, सिराज, वर्तमानम्, वीक्षानम्, मेट्रो वार्त्ता, कौमुदी प्लस इंटरनेट न्यूजपेपर।

(7) **मणिपुरी**—चिंगताम, हुयेन लांपाओ, इंफाल फ्री पेस, कांग्लापाओ, कांग्लीपाक्की मैरा, लांबुंग, मन्नाबा, मातामगी याकैरोल, मीयाम्, नहरोल्गी थौड़ांग, निंगताम लांपाओ, पाओनिलखोल, पोकनाफाम, प्रजातंत्र, पुंशी, सानालैबाक, सांगे एक्सप्रेस, तोकंगा, थौडैंग वाथोक, ईस्टर्न पोस्ट।

(8) **मराठी**—ऐक्य, केसरी, देशदूत, देशोन्नती, गोवाटाइम्स, गोमान्तक, गोवादूत, लोकमत, लोकसत्ता, कोंकण दर्शन, कोंकण वार्त्ता, महानगर, महाराष्ट्र टाइम्स, मुम्बई चौफेर, मुम्बई सन्धा, नवकाल, नवप्रभा, पुढारी, रत्नागिरी टाइम्स, सामना, सकाल, सनातन प्रभात, संचार, सन्ध्या काल, सन्ध्यानन्द, सम्राट, तरुण भारत, झुंजार नेता, महाविदर्भ, पुण्यनगरी।

(9) **मिजो**—वांग्लैनी।

(10) **नेपाली**—हिमगिरी, सुंचारी, हिमाली दर्पण।

(11) **ओड़िया**—धारित्री, द समाज, ओडिया संवाद, द प्रजातंत्र, द समय, प्रगतिवादी, अमा राजधानी, अनुपम भारत, ओडिया भास्कर, ईश्वर।

(12) **पंजाबी**—देश-विदेश टाइम्स, डेली अजित, पंजाब एक्सप्रेस (नया), सांझ सवेरा, जगवाणी, एनकाउंटर, अमर उजाला, शेर-ए-पंजाब, देश सेवक, नवन जमाना, पंजाबीट्रिब्यून, आज दी आवाज, चार दी कला, अकाली पत्रिका, रोजानास्पोकमैन।

(13) **तेलुगु**—आन्ध्र भूमि, आन्ध्र ज्योति, आन्ध्र प्रभा।

(14) **तमिल भाषा**—आनन्द विकटन्, दिनत्तन्दी, दिनसुऊर, दिनकरन्, दिनमलर, दिनमणि, कदिरावन, कुमदम्, कुमारी मुरासी, कालइ कदिर, मालइ मुरसु, मौलमलर, मनीचुदार, नमदु एमजीआर, तमिल मुरसु, तमिल सुदर, दिन बूमि, दिनत्तूदु, दैनासिधि, विडुतलइ, जनशक्ति, थीकदारि, मुद्रामनी।

(15) **हिन्दी**—नवभारत टाइम्स, दैनिक जागरण, हिन्दुस्तान, दैनिक भास्कर, राष्ट्रीय सहारा, राहत टाइम्स, डेलीन्यूज, राष्ट्रीय स्वरूप, आज, पायनियर, स्वतंत्र चेतना, जनसन्देश, वायस आफ लखनऊ, स्वतंत्र भारत, अमर भारती, अमर उजाला, वायस आफ ट्रेड, दलित मंच, हेराल्डयंग लीडर, मेट्रो हेराल्ड, दैनिक पूर्वोत्तर, दो बजे दोपहर, हरिभूमि, हिन्दी मिलाप, जनसत्ता, मुम्बई दैनिक सन्ध्या, कैरियर प्वाइंट साप्ताहिक, नई दुनिया, पूर्वांचल प्रहरी, पंजाब केसरी, प्रभात खबर, प्रातःकाल, संकल्प सन्देश, अम्बे भारती, अल्पविराम, अनुगामिनी, बागडोर न्यूज, ब्रजनायक, चंद्बल सुर्खी, सिटी हेडलाइन, दधचीदर्पण, डेलीन्यूज, दैनिक देता सन्देश, दैनिक इंडिया दर्पण, दैनिक हिन्दुस्तान, दैनिक नवज्योति, दक्षिण भारतराष्ट्र मत, दंडकारण्य समाचार, देहात सन्देश, देखो भोपाल, दोबजे दोपहर, इमालवा (रतलाम-म.प्र.), एक्सप्रेस न्यूज, गांडीव, गाँव कनेक्शन, गाँव-गिराँव, गोहनामुद्रिका हाड़ौती एक्सप्रेस, हमारा महानगर, हिन्दी सनातन मिलाप, हिन्दुस्तान एक्सप्रेस, इंडिया; शाम तक (ग्वालियर), इनसाइड स्टोरी, जबलपुर एक्सप्रेस, जयपुर, महानगर टाइम्स, जनमुख, जनवार्त्ता, झारखंड जागरण, जयलोक, काशीवार्त्ता, कड़वीबात, लीड इंडियन, एल.एन. स्टार न्यूज, लोकमत समाचार, मैहर टाइम्स, मेट्रो लाइव, मिलन टाइम्स, मोती आलोक बैरागी समाज, दैनिक सन्ध्या, दैनिक हिन्दी टेबलायड, नई दुनिया, नव किरन, नव भारत, नव भभूत टाइम्स, एन.सी.आर. टाइम्स, न्यू आब्सर्वर पोस्ट, हिन्दी डेली, न्यूज पोस्ट, पेजथ्री, पीपुल्स, समाचार, प्रभात पुंज, पंजाब फोकस, पंजाब वाच, पंजाब केसरी, प्रभात खबर, आज, प्रातःकाल, प्रेस की ताकत, पूर्वांचल प्रहरी, गाजीपुर समाचार, रचना क्रिया, रेडियेन्ट टुडे, राजकोट, क्राइम पत्रिका, राजस्थान पत्रिका, राँची एक्सप्रेस, राष्ट्रीय आवाज, रायबरेली सन्देश, राष्ट्र टाइम्स, सच का उजाला, सत्यम लाइव, सरकार की उपलब्धियाँ, सन्ध्या पहल, सम्पर्क आपतक, सन्मार्ग, सनसनी चौबीस घंटे, सत्यम न्यूज-भदोही, सीमापुरी टाइम्स, सेंसेक्स टाइम्स, सुबहतक, स्टार समाचार, स्वतंत्र भारत, टेलीविजन प्लस, उजाला, यूनाइटेड भारत, वीर अर्जुन, विकासशील भारत, द वायस आफ लीडर्स, व्यापार आफ्टरनून, अहमदाबाद मिरर, अरुणाचल फ्रंट, एशियन एज, द आसाम न्यूज, सेंटीनेक, विदर्भ चन्द्रिका, राजएक्सप्रेस, संख्या पहल, अनुगामिनी, गांडीव पहल, सन्मार्ग, रोज की खबर।

(16) **अंग्रेजी भाषा**—आफ्टरनून डिस्पैच एंड कूरियर, एशियन एज, असम ट्रिब्यून, द हिन्दू बिजनेस लाइन, बिजनेस स्टैडण्र्ड, अर्लीटाइम्स जम्मू, दैनिक एक्सेसियर, दैनिक समाचार एंड एनालाइसिस, दैनिक सोनार कछार, दक्कन क्रॉनिकल, दक्कन हेराल्ड, फिनांसियल एक्सप्रेस, फ्री प्रेस जर्नल, गोमान्तक टाइम्स, ग्रेटर कश्मीर, इम्फाल फ्री प्रेस, कश्मीर पोस्ट, कश्मीर ऑबजर्वर, कश्मीर टाइम्स, लोकमत टाइम्स, मणिपुर टुडे, मिड-डे, मिंट, मुम्बई मिरर, नागालैंड पोस्ट, नेशनल हेराल्ड, न्यूज टाइम्स, पाल वंशिकम, पॉप पौड़ी पायोनियर, रॉची एक्सप्रेस, स्टार ऑफ मैसूर, द असम ट्रिब्यून, दी असम एक्सप्रेस, दी इकॉनामिक्स, टाइम्स, द इनर्जी इरा, द फ्रंटियर सन, द हिन्दू, द हिन्दुस्तान

टाइम्स, दी इंडियन एक्सप्रेस, द मार्निंग क्वीक, द मोरूँग एक्सप्रेस, न्हात्की इंडिया, द न्यू इंडियन एक्सप्रेस, द न्यूज टुडे, द नार्थ इस्ट ऑब्जर्वर, द नार्थ ईस्ट टाइम्स, दी ऑयल फिल्ड टाइम्स, दी संघाई एक्सप्रेस, द सत्यम् टाइम्स, द सेंटनिक, द शिलांग टाइम्स, दी स्टेट्समैन, द संडे ऑबजर्वर, द टेलीग्राफ (कोलकाता), द टाइम्स ऑफ इंडिया, द ट्रिब्यून, चंडीगढ़ ट्रिब्यून, बैंगलोर मिरर, पीपुल्स मेल, फिनांसियल मेल, हिमालय मिरर, द रहमत।

परिशिष्ट

सहायक ग्रन्थ सूची

हिन्दी-ग्रन्थ

अजातशत्रु अच्युतानन्द—सं. डॉ. संजय द्विवेदी
आबेहयात—मुहम्मद हुसेन आजाद
आधुनिक हिन्दी साहित्य का इतिहास—डॉ. श्री कृष्ण लाल
आधुनिक पत्रकारिता—डॉ. अर्जुन तिवारी
आधुनिक पत्रकार कला—विष्णुदत्त शुक्ल
आधुनिक पत्रकारिता : चुनौतियाँ एवं संभावनाएँ—डॉ. अशोक कुमार शर्मा
आधुनिक पत्रकार कला—रामकृष्ण रघुनाथ खाडिलकर
आधुनिक हिन्दी साहित्य का इतिहास—डॉ. बच्चन सिंह
आधुनिक हिन्दी साहित्य—डॉ. राम गोपाल सिंह चौहान
इंटरव्यू : एक कला—डॉ. चन्द्रभान रावत
उत्तर आधुनिक मीडिया तकनीक—डॉ. हर्षदेव
उर्दू सहाफ़त : उन्नीसवीं सदी में—डॉ. ताहिर मसऊद
कविता समग्र—डॉ. कृष्ण दत्त पालीवाल
कार्यालयीय हिन्दी—डॉ. कैलाश नाथ पांडेय
कार्यालयीय हिन्दी—डॉ. विजय पालसिंह
क्राइम रिपोर्टर—डॉ. हर्षदेव
गुप्त निबन्धावली—बालमुकुन्द गुप्त
गणेश शंकर विद्यार्थी रचना संचयन—डॉ. सुरेश सलिक
गिल क्रिस्ट—अतीक सिद्दीकी
छायावादोत्तर हिन्दी गद्य साहित्य—डॉ. विश्वनाथ तिवारी
जनसंचार—डॉ. राधेश्याम शर्मा
जनसंचार—डॉ. राजेन्द्र
जनसंचार माध्यमों में हिन्दी—डॉ. चन्द्रकुमार
जनमाध्यम और पत्रकारिता—डॉ. प्रवीण दीक्षित
जनसम्पर्क : सिद्धान्त और व्यवहार—डॉ. सुशील त्रिवेदी, डॉ. शशिकान्त शुक्ल
जनसंचार की विधा, 'साक्षात्कार'—डॉ. विष्णु पंकज
तारीखे सहाफत—इमदाद साबरी
दलित पत्रकारिता : मूल्यांकन और मुद्दे
दलित साहित्य—डॉ. धर्मवीर
दलित सहित्य के यक्ष प्रश्न—डॉ. रामगोपाल भारतीय
द्विवेदी युग की हिन्दी गद्य शैलियों का अध्ययन—डॉ. शंकर दयाल चौऋषि

दूरदर्शन एवं सामाजिक विकास—डॉ. जयमोहन झा
दृश्य-श्रव्य सम्प्रेषण और पत्रकारिता—डॉ. जेम्स.एस.भूति
पत्रकारिता के अनुभव—डॉ. इन्द्रवाचस्पति
पत्रकारिता के सिद्धान्त—कमलापति त्रिपाठी
पत्रिका सम्पादन कला—डॉ. रामचन्द्र तिवारी
पत्रकारिता : संकट और संत्रास—हैरम्ब मिश्र
पत्र और पत्रकार—कमलापति त्रिपाठी
पत्रकारिता के सिद्धान्त—डॉ. रमेश चन्द्र त्रिपाठी
पत्रकारिता के सिद्धान्त—डॉ. गुरुशरणलाल
पत्रकारिता : तब से अब तक—डॉ. धनंजय चोपड़ा
पत्रकारिता जगत—डॉ. अशोक प्रियदर्शी, सुनील कुमार सिन्हा
पत्रकारिता एवं प्रेस विधि—डॉ. बसन्तीलाल बावेल
पत्रकारिता और पत्रकारिता—डॉ. अरुण जैन
पत्रकारिता : परिचय एवं विश्लेषण—डॉ. प्रीता व्यास
पत्रकारिता के विविध रूप—डॉ. रामचन्द्र तिवारी
पत्रकारिता के प्रतिमान—डॉ. प्रेमचन्द गोस्वामी
पत्रकारिता : इतिहास और प्रश्न—डॉ. कृष्ण बिहारी मिश्र
पत्रकारिता प्रशिक्षण—डॉ. शार्दूल विक्रम सिंह, डॉ. ऋचा कुमार
पत्रकारिता एवं जनसंचार गाइड—डॉ. सुधीर सेनी
पत्रकारिता : सिद्धान्त और विश्लेषण—विश्वनाथ सिंह
पत्रकारिता के मूल तत्त्व—डॉ. ए.आर. डंगवाल
पत्रकारिता के मूल सिद्धान्त—डॉ. श्रीपाल शर्मा
पत्रकारिता का इतिहास—लक्ष्मीकान्त उपाध्याय
पत्रकारिता एवं राष्ट्रीय चेतना का विकास—डॉ. अर्जुन तिवारी
पत्र, पत्रकार और सरकार—काशीनाथ गोविन्द जोगलेकर
पराड़कर जी एवं पत्रकारिता—डॉ. लक्ष्मीशंकर व्यास
पराड़कर जी एवं हिन्दी पत्रकारिता की चुनौतियाँ—सं. श्री अच्युतानन्द मिश्र
परम्परा का मूल्यांकन—डॉ. रामविलास शर्मा
पर्यावरण अध्ययन—डॉ. मंगला सिंह
प्रेस : दायित्व एवं यथार्थ—सं. डॉ. ज्ञानेन्द्र रावत
प्रताप नारायण मिश्र : जीवन और साहित्य—डॉ. सुरेशचन्द्र शुक्ल
प्रतापनारायण मिश्र—डॉ. रामचन्द्र तिवारी
प्रताप नारायण मिश्र की हिन्दी गद्य को देन—डॉ. शान्ति प्रकाश वर्मा
प्रयोजनमूलक हिन्दी—डॉ. विजय पालसिंह
प्रयोजनमूलक हिन्दी—डॉ. शरद भटनागर
प्रयोजनमूलक हिन्दी—डॉ. भारती शर्मा
प्रयोजनमूलक हिन्दी की नई भूमिका—डॉ. कैलाशनाथ पांडेय
प्रादेशिक भूगोल—प्रो. एस.एम. जैन
प्रेस कानून और पत्रकारिता—डॉ. संजीव भानावत
प्रभा और राष्ट्रीय जागरण—डॉ. सुजाता राय
प्रशासनिक हिन्दी : टिप्पण और प्रारूपण—डॉ. चन्द्रपाल
फिजी में हिन्दी पत्रकारिता : स्वरूप और विकास—विमलेश कांति शर्मा

फीचर लेखन—प्रेमनाथ चतुर्वेदी
बहुत नर्म चादर थी जल से बुनी—नरेश चन्द्रकर
बंगेर बाहिरी बंगाली—ज्ञानेन्द्र मोहन दास
भारत का स्वतंत्रता संघर्ष—डॉ. विपिन चन्द्र
भारतीय संस्कृति का इतिहास—डॉ. ए.के.मित्तल
भारत में पत्रकारिता—आलोक मेहता
भारत में अंग्रेजी राज—डॉ. सुन्दर लाल
भारतीय मीडिया : अन्तरंग पहचान—डॉ. स्मिता मिश्र
भारतेन्दु युग और हिन्दी का विकास—डॉ. रामविलास शर्मा
मदनमोहन मालवीय और हिन्दी नवजागरण—डॉ. समीर कुमार पाठक
माखनलाल चतुर्वेदी—डॉ. प्रभाकर माचवे
माधवराव सप्रे : प्रतिनिधि संकलन—डॉ. मैनेजर पांडेय
मुद्रण कला—छविनाथ पांडेय
मुद्रण के तकनीकी सिद्धान्त—डॉ. नवीन चन्द्र गुप्त
मीडिया लेखन—डॉ. रमेश चन्द्र त्रिपाठी, डॉ. पवन अग्रवाल
मीडिया का अन्डरवर्ल्ड—दिलीप मंडल
मणिमय—प्रकाश चन्द्र भुवालपुरी
मिश्र बन्धु विनोद—मिश्र बन्धु
योद्धा पत्रकार—हेमन्त
राजस्थान में हिन्दी पत्रकारिता का उद्‌गमाभा और विकास—डॉ. भँवर सुराणा
रूपक लेखन—ब्रजभूषण सिंह आदर्श
लोकसम्पर्क—डॉ. राजेन्द्र
विदेसिया, पलायन, बदलाव और लोक संस्कृति—बद्रीनारायण तिवारी
विश्व का प्रादेशिक भूगोल—डॉ. चतुर्भुज मामोरिया
ब्रिटिश कालीन भारत का इतिहास—विद्याधर महाजन, सावित्री महाजन
व्यावहारिक हिन्दी निर्देशिका—डॉ. गोपीनाथ श्रीवास्तव
शंखनाद—डॉ. राधावल्लभ त्रिपाठी
शिक्षा का माध्यम—महात्मा गांधी
शास्त्रीय समीक्षा के सिद्धान्त—डॉ. गोविन्द त्रिगुणायत
संचार क्रान्ति और हिन्दी पत्रकारिता—डॉ. अशोक कुमार शर्मा
संवाददाता : सत्ता और महत्त्व—हैरम्ब मिश्र
संवाद और संवाददाता—डॉ. राजेन्द्र
सम्पादन कला—के.पी. नारायणन
संचार क्रान्ति और विश्व जनमाध्यम—डॉ. अनिल अंकित
संचार का बदलता स्वरूप—डॉ. उषा अरोड़ा
सम्पादन कला एवं प्रूफ पठन—डॉ. हरिमोहन
समाचार-पत्र (The Press)—चेलापति राव
साहित्यिक पत्रकारिता—डॉ. राममोहन पाठक
समाचार सम्पादन—डॉ. प्रेमनाथ चतुर्वेदी
समाचार लेखन के सिद्धान्त और तकनीक—डॉ. संजीव भानावत
सरस्वती : उद्‌भव और विकास—डॉ. मुश्ताक अली
स्वतंत्रता आन्दोलन और हिन्दी पत्रकारिता—डॉ. अर्जुन तिवारी

समाचार-पत्रों का इतिहास—अम्बिका प्रसाद वाजपेयी
समाचार-पत्रों की भाषा—डॉ. माणिक मृगेश
समसामयिक हिन्दी साहित्य—डॉ. रमेश कुन्तल मेघ
साहित्य चिन्तन—डॉ. शंकर देव अवतरे
साहित्य के सिद्धान्त—डॉ. सत्येन्द्र
सामाजिक समस्याओं का समाज शास्त्र—डॉ. श्यामधर सिंह, डॉ. मीरा सिंह
सूचना साम्राज्यवाद—यूली मगार
साहित्य सुमन—बालकृष्ण भट्ट
हिन्दी पत्रकारिता—डॉ. कृष्ण बिहारी मिश्र
हिन्दी पत्रकारिता : स्वरूप और सन्दर्भ—डॉ. विनोद गोदरे
हिन्दी पत्रकारिता : विकास और विविध आयाम—डॉ. सुशीला जोशी
हिन्दी पत्रकारिता का वृहद् इतिहास—डॉ. अर्जुन तिवारी
हिन्दी पत्रकारिता का विकास—डॉ. एन.सी.पन्त
हिन्दी पत्रकारिता के प्रतिमान—डॉ. हरदान हर्ष
हिन्दी पत्रकारिता के विविध आयाम—सं. डॉ. वेदप्रताप वैदिक
हिन्दी पत्रकारिता का इतिहास—जगदीश प्रसाद चतुर्वेदी
हिन्दी पत्रकारिता : एक परिचय—सुरेन्द्र बीनू सिन्हा, डॉ. आशीष कुमार मैसी
हिन्दी पत्रकारिता : सिद्धान्त और स्वरूप—डॉ. सविता चड्ढा
हिन्दी पत्रकारिता : बदलते सन्दर्भ (अप्रकाशित शोध प्रबन्ध) डॉ. विनोद कुमार सिंह यादव
हिन्दी पत्रकारिता—डॉ. धीरेन्द्रनाथ सिंह
हिन्दी पत्रकारिता—डॉ. ईश्वरी प्रसाद तिवारी
हिन्दी पत्रकारिता में काशी का योगदान—डॉ. वशिष्ट नारायण मिश्र
हिन्दी पत्रकारिता का नया स्वरूप—बच्चन सिंह
हिन्दी पत्रकारिता की आपबीती-जगबीती—सत्यदेव विद्या लंकार
हिन्दी साहित्य का इतिहास—आचार्य रामचन्द्र शुक्ल
हिन्दी का गद्य साहित्य—डॉ. रामचन्द्र तिवारी
हिन्दी गद्य शैली का विकास—डॉ. जगन्नाथ प्रसाद शर्मा
हिन्दी भाषा के सामयिक पत्रों का इतिहास—राधाकृष्ण दास
हिन्दी समाचार-पत्रों की आरम्भिक कथा—वृजेन्द्र नाथ वन्द्योपाध्याय
हिन्दी साहित्य का संक्षिप्त इतिहास—डॉ. लक्ष्मीसागर वार्ष्णेय
हिन्दी निबन्धकार—डॉ. जयनाथ नलिन
हिन्दी साहित्य का विकास और कानपुर—नरेश चन्द्र चतुर्वेदी
हिन्दी के आदि मुद्रित ग्रन्थ—श्री कृष्णाचार्य
हिन्दी साहित्य का इतिहास—डॉ. बच्चन सिंह
हिन्दी भाषा और साहित्य—डॉ. किरण बाला
हिन्दी भाषा का प्रयोजन मूलक स्वरूप—डॉ. कैलाशचन्द्र भाटिया
हिन्दी साहित्यानुशीलन—डॉ. सत्यकाम वर्मा
हिन्दी की गद्य विधाएँ—कन्हैया लाल मिश्र 'प्रभाकर'
हिन्दी भाषा और साहित्य—डॉ. रामप्रकाश
हिन्दी साहित्य को कूर्मांचल की देन—डॉ. भगत सिंह

हिन्दी, संस्कृत तथा उर्दू की पत्र-पत्रिकाएँ और कोश—

नया ज्ञानोदय, विश्व हिन्दी पत्रिका, स्वान, दिनमान, जनसत्ता, हिन्दुस्तान, अमर उजाला, संचार माध्यम,

मीडिया-मीमांसा, मीडिया-विमर्श, माध्यम, कथादेश, स्वर्ण जयन्ती समारोह पत्रिका-मैसूर, सोच-विचार, भारतीय लेखक, वीणा, हस्तक्षेप, इंडिया टुडे, तहलका, हंस, आउटलुक, संवेद, वर्तमान साहित्य, विदुर, संचेतना, पारखी, ब्राह्मण, हिन्दी प्रदीप, वैचारिकी (कोलकाता), भाषा वागर्थ, समयान्तर, नागरी प्रत्रिका, समकालीन सोच, आजकल, साप्ताहिक हिन्दुस्तान, धर्मयुग, राष्ट्रीय सहारा, नवभारत टाइम्स, उदन्त मार्त्तण्ड, दैनिक हिन्दुस्तान, सरस्वती, भारतमित्र, अन्तिमजन, आज, इंडियन ओपीनियन, यथावत्, संकल्प, प्रभातखबर, सहारा समय, जनमीडिया, हिन्दी अनुशीलन, हिन्दी अन्तर्राष्ट्रीय, शान्तिदूत, द इंडियन टाइम्स, शोध संचयन (कानपुर), सिविल सर्विसेज, क्रॉनिकल, कविवचनसुधा, राजकीय अभिलेखागार, यंग इंडिया, हिन्दी प्रचारक मद्रास, गदर, प्रभा, वर्तमान, प्रतियोगिता, दर्पण, नवभारत (नागपुर) राजस्थान पत्रिका, शब्द-शिखर (सागर), राजभाषा भारती, उत्तर प्रदेश साहित्य वार्षिकी, साक्षात्कार, मध्यभारती (सागर), द हिन्दू, अक्सर (जयपुर) शुक्रवार (हिन्दी), हिन्दी शब्द सागर वृहत्त, हिन्दी पत्रकारिता, लघुतर हिन्दी शब्द सागर, संस्कृत-हिन्दी कोश, विश्व हिन्दी कोश, वृहत् हिन्दी पत्रकारिता कोश, अखबार जाने जहाँनुमा, कुशफुल अखबार तथा स्वराज (उर्दू)।

अंग्रेजी-ग्रन्थ

A History of Urdu Journalism-Nadir Ali khan
A History of Indian Journalism-J. Natrajan
Asian News in the Indian Press-Chanaky a Sen
An Account of the District of Sahabad-Froncis Buchman
Basic Journalism-Rangaswami Parthsarathi
Communication Media : Yesterday and Tomorrow-P.N. Malhan
Development of Hindi Prose Literature-Sharda Di Vedalankar
Dr. Ambedkar and the Dalit Future-V.R.K. Iyer
Echoes of Calcutta-H.E. Bustead
Editing the day's news-George C. Bastian
Fiehumdred Years of Printing S.H. Steenbury
Forms of Journalism: An Internal and External History—Dr. Gyan Pathak
Features with Flayer-Brison Nichols
How to write Special Feature Articles-William G. Blayer
History of Press Laws and Communications—B.N. Ahuja
Invention of Printing in China and its Spread west ward-Tames franeis Chester
Journalism in India-Ranga Swami Parth Sarathy
Journalist in the Year-Dowling Lerher Wood
Journalism in Modern India-R.E. Worls
Mass Communication-James-D. Harless
Mass Communication and Journalism in India-D.S. Mehta.
Mass Media-William L.Revers
My Idea of a Good Newspaper-Nira. C. Chaudhari
News Reporting and Editing.K.M. Shrivastava
Nations's Building. Ani Besant
Public Opinion and Government in India-Dr. Sushila Aggrawal

Professional Journalism-M.V. Kamath
Practice of Journalism-Maurie Fagence
Principal of Journalism-C.M. Post.
Secua-larism Under-Prof S.A.H. Halki
The Press and America- Edvin Emergy
Towards a Socialogy of Communication-Devish M. Rawell
The Indian-Press Margarita Barus
The Rise and Growth of Hindi Journalism-Dr. Ram Ratan Bhatnagar
The Newspaper in India-Hemendra Prasad Ghose
The Printing Press in India-A.K. Priyolkar
Theory and Practice of Journalism-B.N. Ahuja
Truth, Images and Distortion-Sunny Thomas
What is Journalism-Raef B. Blumenfield.